CÍCERO ROBSON **COIMBRA NEVES**

Membro do Ministério Público da União, no cargo de Promotor de Justiça Militar.

Mestre e doutorando em Direito Penal pela Pontifícia Universidade Católica de São Paulo (PUC-SP) e Mestre em Ciências Policiais de Segurança e Ordem Pública pelo Centro de Altos Estudos de Segurança da Polícia Militar do Estado de São Paulo (CAES).

Especialista em Direito Penal pela Escola Superior do Ministério Público de São Paulo (ESMP).

EDITORA *Jus*PODIVM

www.editorajuspodivm.com.br

CRIMES MILITARES EXTRAVAGANTES

VOLUME ÚNICO

COORDENAÇÃO

CÍCERO ROBSON COIMBRA NEVES

CRIMES MILITARES EXTRAVAGANTES

VOLUME ÚNICO

2ª edição

revista
atualizada
ampliada

2022

EDITORA *Jus*PODIVM

www.editorajuspodivm.com.br

EDITORA *Jus*PODIVM
www.editorajuspodivm.com.br

Rua Canuto Saraiva, 131 – Mooca – CEP: 03113-010 – São Paulo – São Paulo
Tel: (11) 3582.5757
• Contato: https://www.editorajuspodivm.com.br/sac

Diagramação: Equipe *Jus*PODIVM

Capa: Ana Caquetti

C929 Crimes militares extravagantes – Volume Único / Cícero Robson Coimbra Neves – 2. ed. – São Paulo: Editora JusPodivm, 2022
1.184 p. (Manuais - Volume Único)

Inclui bibliografia.
ISBN 978-85-442-3693-2

1. Direito Militar. 2. Direito Penal Militar. I. Neves, Cícero Robson Coimbra. II. Título.

CDD 341.7

There are no marks upon a man
That can say he's good or bad
No label and no tell tale sign
That can show he's full of lies

By your deeds, you will be known
Time will tell, truth will show
As we exhale every breath
We all got closer to our death

What will you say
What will you say
On judgement day
On judgement day

(Judgement day – Iron Maiden)

APRESENTAÇÃO

O Direito Penal Militar conheceu, em outubro de 2017, a sua mais relevante inovação legislativa trazida pela Lei n. 13.491, de 13 de outubro de 2017.

Há dois eixos disciplinados por essa Lei ao alterar o art. 9º do Decreto-lei n. 1.001, de 21 de outubro de 1969, o Código Penal Militar, a saber: a redefinição de crime militar, conceito agora mais abrangente, e a pormenorização da competência da Justiça Militar da União – ou do órgão da Justiça Militar da União, conforme a interpretação – nos crimes militares dolosos contra a vida de civis.

Interessa-nos, nesta obra, o primeiro eixo.

Nele está a alteração do inciso II do art. 9º do CPM, que passou a considerar crimes militares não só os previstos neste mesmo Código Castrense, mas também os da legislação penal, nas hipóteses trazidas pelas alíneas do inciso. O rol dos crimes militares, em outros termos, foi expandido.

Na redação anterior, para que o crime fosse considerado militar pelo inciso II, a premissa era a de que o fato deveria estar tipificado no CPM e na legislação penal comum de maneira idêntica. Preenchida essa premissa, o próximo passo na constatação do crime militar era verificar se uma das hipóteses do inciso II estava presente, a saber, a prática do fato por militar em situação de atividade contra militar na mesma situação (alínea "a" do inciso II), por militar em situação de atividade contra civil, militar reformado ou da reserva, em lugar sob administração militar (alínea "b" do inciso II), por militar em serviço ou atuando em razão da função contra civil, militar reformado ou da reserva (alínea "c" do inciso II), por militar em período de manobra ou exercício contra civil, militar reformado ou da reserva (alínea "d" do inciso II) ou por militar em situação de atividade contra a ordem administrativa militar ou contra o patrimônio sob administração militar (alínea "e" do inciso II). O exemplo claro é o do homicídio simples, tipificado identicamente no art. 121 do CP e no art. 205 do CPM, que praticado por um militar da ativa contra um militar da reserva, em lugar sujeito à administração militar era considerado crime militar.

Com essa disposição, os crimes militares tipificados de maneira idêntica no CPM e na legislação penal comum seguem a mesma lógica de antes, mas houve o acréscimo dos tipos penais constantes da legislação penal comum que não possuem idêntica previsão no CPM, os quais, hoje, se enquadrados em uma das alíneas do inciso II do art. 9º do Código Castrense, as mesmas acima enumeradas, serão, em regra, crimes militares. Trata-se de novos crimes militares, os **crimes militares extravagantes**.

Justamente nesse universo é que a obra se desenvolve, com a visão peculiar de cada autor sobre algumas das principais leis penais especiais e de alguns crimes do Código Penal comum, unindo-o ao Direito Castrense, indicando a possibilidade ou não de perpetração de um crime militar.

Cada autor teve liberdade absoluta para sustentar a ocorrência ou não do crime militar, assim como eventual aplicação de mecanismos específicos, a exemplo dos meios de obtenção de prova, o que não significa absoluta anuência do coordenador à tese apresentada, de absoluta responsabilidade do autor.

Liberdade, ademais, houve na forma de estrutura e de escrita, para que ocorresse uma dissertação sobre os temas de maneira absolutamente confortável.

A propósito dessa forma livre de escrita, em alguns pontos os autores podem ser divergentes em temas que são encontrados em duas ou mais legislações, o que recomenda que cada texto de autor seja deglutido isoladamente, como um sistema ou um livro à parte, para que o leitor saiba que aquele pensamento está inserido no tema de discussão e sob o viés do seu autor.

Espera-se que a leitura seja aprazível e que eventuais discordâncias com os posicionamentos sirvam para engrandecer o debate e tornar mais claro o caminho daqueles que atuam no Direito Militar.

Cícero Robson Coimbra Neves

SOBRE OS AUTORES

ABELARDO JÚLIO DA ROCHA: Advogado militante na Justiça Militar do Estado de São Paulo e no Tribunal do Júri. Especialista em Direito Militar. Sócio da Rocha e Mazitelli Sociedade de Advogados. Professor no Curso de Pós-Graduação em Direito Militar na Escola Paulista de Direito (EPD) e na FADISP. Presidente do Conselho de Administração do Colégio Presbiteriano do Brás (CPB). Pesquisador Convidado no Instituto Presbiteriano Mackenzie sobre violência doméstica e familiar. Autor de obras jurídicas e articulista na Revista Direito Militar da Associação dos Magistrados das Justiças Militares Estaduais - AMAJME. Diretor Jurídico da Associação de Defesa dos Agentes de Segurança Pública – ADEASP. Major da Reserva da Polícia Militar do Estado de São Paulo, havendo servido, entre outras Unidades, no 19º BPM/M, na Corregedoria da Polícia Militar e no 1º Batalhão de Polícia de Choque "Tobias de Aguiar" – Rondas Ostensivas Tobias de Aguiar – ROTA.

ALEXANDRE JOSÉ DE BARROS LEAL SARAIVA: Membro do Ministério Público da União, no cargo de Procurador de Justiça Militar.

ANNA BEATRIZ LUZ PODCAMENI: Membro do Ministério Público da União, no cargo de Promotora de Justiça Militar. Pós graduada no Curso de Altos Estudos de Política e Estratégia (CAEPE) da Escola Superior de Guerra (ESG).

CÍCERO ROBSON COIMBRA NEVES: Membro do Ministério Público da União, no cargo de Promotor de Justiça Militar. Mestre e doutorando em Direito Penal pela Pontifícia Universidade Católica de São Paulo (PUC-SP) e Mestre em Ciências Policiais de Segurança e Ordem Pública pelo Centro de Altos Estudos de Segurança da Polícia Militar do Estado de São Paulo (CAES). Especialista em Direito Penal pela Escola Superior do Ministério Público de São Paulo (ESMP).

FÁBIO NAKAHARADA: Oficial da Polícia Militar de São Paulo, formou-se Aspirante a Oficial no ano de 2000, tendo servido no 1º Batalhão de Choque, onde foi comandante de pelotão de ROTA, no 4º Batalhão de Choque, onde comandou Pelotão de Operações Especiais, na Escola Superior de Soldados, no Estado Maior da PMESP, no Gabinete do Comando Geral e atualmente desempenha funções na Assessoria Militar do Ministério Público de São Paulo. Mestre em Ciências Policiais de Segurança e Ordem Pública pelo Centro de Altos Estudos de Segurança da Polícia Militar do Estado de São Paulo (CAES). Especialista em Direito Penal pela Escola Superior do Ministério Público de São Paulo (ESMP). Possui especializações na PMESP: Curso de Patrulhamento Tático realizado no 1º

Batalhão de Choque e COESP - Curso de Operações Especiais, realizado no 4º Batalhão de Choque. Professor da Academia de Polícia Militar do Barro Branco.

FERNANDO HUGO MIRANDA TELES: Membro do Ministério Público da União, no cargo de Promotor de Justiça Militar. Especialista em Direito Militar. Graduado em Engenharia Mecânica pelo Instituto Militar de Engenharia (IME) e em Direito pela Universidade do Estado do Rio de Janeiro (UERJ). Membro colaborador da Secretaria de Direitos Humanos do Ministério Público Militar. Palestrante e professor de pós-graduações e cursos preparatórios. Autor de obras coletivas e artigos.

JORGE AUGUSTO CAETANO DE FARIAS: Membro do Ministério Público da União, no cargo de Promotor de Justiça Militar. Mestre em Direito Penal pela Universidade Católica de Brasília. Ex-Membro Auxiliar do CNMP, junto à Comissão de Sistema Prisional, Controle Externo da Atividade Policial e Segurança Pública.

JORGE CÉSAR DE ASSIS: Advogado inscrito na OAB-PR. Membro aposentado do Ministério Público Militar da União. Integrou o Ministério Público paranaense onde atuou inclusive na Vara da Infância e da Juventude. Oficial da Reserva não Remunerada da Polícia Militar do Paraná. Membro correspondente da Academia Mineira de Direito Militar. Sócio Fundador da Associação Internacional das Justiças Militares. Coordenador da Biblioteca de Estudos de Direito Militar da Editora Juruá.

LUCIANO COCA GONÇALVES: Juiz Federal Substituto da Justiça Militar. Bacharel em Direito pela Universidade Federal de Mato Grosso do Sul. Especialista em Direito Penal Militar e Processo Penal Militar pela Universidade Cândido Mendes. Ex-Sargento do Exército Brasileiro. Ex-servidor da Justiça Militar da União, onde ocupou os cargos de Técnico Judiciário, Analista Judiciário e de Oficial de Justiça.

MARIANA QUEIROZ AQUINO: Juíza Federal da Justiça Militar; Especialista em Direito Militar pela Universidade Cândido Mendes (UCAM); Diplomada em Direito Internacional Humanitário pela Universidade de Leiden, Holanda; Bacharela em Direito pela Pontifícia Universidade Católica de Campinas (PUC-Campinas); Autora do livro "Peculiaridades do Inquérito Policial Militar" e coautora dos livros "Direito Militar em Movimento – uma homenagem ao Prof. José Carlos Couto de Carvalho"; "Comentários à Lei de Organização da Justiça Militar da União", "Perspectivas da Justiça Militar Contemporânea" e "Estatuto dos Militares Comentado"; Autora de diversos artigos jurídicos, Professora de pós-graduação e de cursos preparatórios para concursos.

PATRÍCIA SILVA GADELHA: Juíza Federal Substituta da Justiça Militar da União. Especialista em Direito Público pela Universidade de Brasília (UNB).

RODRIGO GARCIA VILARDI: Oficial da Polícia Militar de São Paulo, formou-se Aspirante a Oficial no ano de 2000, tendo servido no 2º Batalhão de Polícia Militar Metropolitano, na Corregedoria da Polícia Militar, na Academia de Polícia Militar do Barro Branco, no Centro de Inteligência da Polícia Militar, na Assessoria Policial Militar da Secretaria de Segurança Pública e no 23º Batalhão de Polícia Militar Metropolitano. Mestre e Doutor em Direito pela Universidade de São Paulo (USP) e Mestre em Ciências Policiais de Segurança e Ordem Pública pelo Centro de Altos Estudos de Segurança da Polícia Militar do Estado de São Paulo (CAES). Especialista em Direito Penal pela Escola Superior do Ministério Público de São Paulo (ESMP). Professor da Academia de Polícia Militar do Barro Branco, do Centro de Altos Estudos em Ciências Policiais de Segurança e Ordem Pública - Cel Nelson Freire Terra (CAES), na Universidade Santa Cecília e na UNASP.

WENDELL PETRACHIM ARAUJO: Juiz Federal Substituto da Justiça Militar. Especialista em Direito Público e em Aplicações Complementares às Ciências Militares. Bacharel em Direito pela Universidade Federal de Pernambuco – UFPE. Ex-militar do Quadro Complementar de Oficiais do Exército Brasileiro (QCO/EB) e ex-militar do Centro de Preparação de Oficiais da Reserva do Recife (CPOR/Recife). Coautor do livro "Trajetórias de Sucesso - 22 Senhas para a sua Transformação nos Concursos Públicos" e "Perspectivas da Justiça Militar Contemporânea". Palestrante e Professor de cursos de pós-graduação.

SUMÁRIO

1. CRIME MILITAR EXTRAVAGANTE CONTRA O ESTADO DEMOCRÁTICO DE DIREITO (LEI N. 14.197/2021) **25**

Cícero Robson Coimbra Neves

1.1. Introdução 25
1.2. Os crimes militares extravagantes 26
1.3. A pretensa revogação dos crimes militares contra a segurança externa do País pela Lei de Segurança Nacional e pela Lei n. 14.197/2021 28
1.3.1. Crime de hostilidade contra país estrangeiro (art. 136 do CPM) 37
1.3.2. Crime de provocação a país estrangeiro (art. 137 do CPM) 37
1.3.3. Crime de ato de jurisdição indevida (art. 138 do CPM) 38
1.3.4. Crime de violação de território estrangeiro (art. 139 do CPM) 38
1.3.5. Crime de entendimento para empenhar o Brasil à neutralidade ou à guerra (art. 140 do CPM) 39
1.3.6. Crime de entendimento para gerar conflito ou divergência com o Brasil 40
1.3.7. Crime de tentativa contra a soberania do Brasil 42
1.3.8. Crime de consecução de notícia, informação ou documento para fim de espionagem 45
1.3.9. Crime de revelação de notícia, informação ou documento 47
1.3.10. Crime de turbação de objeto ou documento 49
1.3.11. Crime de penetração com o fim de espionagem 49
1.3.12. Crime de desenho ou levantamento de plano ou planta de local militar ou de engenho de guerra 50
1.3.13. Crime de sobrevoo em local interdito 50
1.4. Outros possíveis choques de crimes militares com os novos tipos penais do Título XII do CP 51
1.4.1. Crime de divulgação de segredo: 51
1.4.2. Crime de violação de segredo profissional 51
1.4.3. Crime de incêndio 52
1.4.4. Crime de explosão 53
1.4.5. Crime de atentado contra serviço de utilidade militar 54
1.4.6. Crime de interrupção ou perturbação de serviço ou meio de comunicação 54
1.5. Crimes contra o Estado Democrático de Direito em espécie 55

1.5.1. Crimes contra a soberania nacional ... 55
1.5.1.1. Atentado à soberania (art. 359-I do CP) ... 55
1.5.1.2. Atentado à integridade nacional (art. 359-J do CP) ... 65
1.5.1.3. Espionagem (art. 359-K do CP) ... 70
1.5.2. Crimes contra as instituições democráticas ... 81
1.5.2.1. Abolição violenta do Estado Democrático de Direito (art. 359-L do CP) ... 81
1.5.2.2. Golpe de Estado (art. 359-M do CP): ... 85
1.5.3. Crimes contra o funcionamento das instituições democráticas no processo eleitoral ... 90
1.5.3.1. Interrupção do processo eleitoral (art. 359-N do CP).. 90
1.5.3.2. Violência política (art. 359-P do CP) ... 99
1.5.4. Crime contra o funcionamento dos serviços essenciais ... 109
1.5.4.1. Sabotagem (art. 359-R do CP) ... 109
REFERÊNCIAS ... 117

2. CRIME MILITAR EXTRAVAGANTE DE ABUSO DE AUTORIDADE (LEI N. 13.869/2019) ... 119

Cícero Robson Coimbra Neves e Fábio Nakaharada

2.1. Crimes Militares Extravagantes ... 119
2.1.1. Torneando o sujeito passivo e a concepção da tipicidade indireta nos delitos de abuso de autoridade ... 121
2.1.2. Ordem administrativa militar ... 126
2.2. A nova lei de abuso de autoridade ... 127
2.3. Comparativo entre a Lei n. 4.898/65 e a Lei n. 13.869/19 ... 128
2.3.1. O bem jurídico tutelado ... 128
2.3.2. O direito de representação ... 129
2.3.3. A ação penal ... 130
2.3.4. O rito processual ... 132
2.4. Prisão preventiva ... 142
2.5. Liberdade provisória com ou sem fiança ... 144
2.6. Medidas cautelares diversas da prisão ... 150
2.7. Possibilidade de aplicação da nova lei de abuso de autoridade aos crimes ocorridos fora do território nacional ... 153
2.8. Competência para processar e julgar ... 155
2.8.1. Agentes Públicos estaduais e municipais ... 155
2.8.2. Agentes Públicos Federais (não militares) ... 156
2.8.3. Militares dos Estados e do Distrito Federal ... 159
2.8.4. Militares das Forças Armadas ... 163
2.8.5. Concurso de pessoas ... 164
2.8.6. Crimes de abuso do Código Penal Militar e os crimes de abuso de autoridade da Lei n. 13.869/19 ... 167
2.8.7. Abuso de autoridade e abuso de poder ... 168

2.8.8. Relação entre os tipos penais da Lei n. 4.898/1965 e a Lei n. 13.869/2019: casos de *abolitio criminis* e de aplicação do princípio da continuidade normativa 170
2.8.9. Comentários aos artigos da nova Lei de Abuso de Autoridade 175
2.8.9.1. Disposições gerais e sujeito ativo do delito 175
2.8.9.2. Efeitos da condenação 181
2.8.9.3. Penas restritivas de direitos 194
2.8.9.4. Sanções de natureza civil e administrativa 197
2.8.9.5. Crimes em espécie 201
2.8.9.5.1. Art. 9º 201
2.8.9.5.2. Art. 10 221
2.8.9.5.3. Art. 12 231
2.8.9.5.4. Art. 13 240
2.8.9.5.5. Art. 15 250
2.8.9.5.6. Art. 15-A 256
2.8.9.5.7. Art. 16 261
2.8.9.5.8. Art. 18 265
2.8.9.5.9. Art. 19 269
2.8.9.5.10. Art. 20 273
2.8.9.5.11 Art. 21 280
2.8.9.5.12 Art. 22 289
2.8.9.5.13. Art. 23 305
2.8.9.5.14. Art. 24 310
2.8.9.5.15. Art. 25 313
2.8.9.5.16. Art. 27 318
2.8.9.5.17. Art. 28 323
2.8.9.5.18. Art. 29 330
2.8.9.5.19. Art. 30 332
2.8.9.5.20. Art. 31 337
2.8.9.5.21. Art. 32 341
2.8.9.5.22. Art. 33 346
2.8.9.5.23. Art. 36 350
2.8.9.5.24. Art. 37 354
2.8.9.5.25. Art. 38 356
REFERÊNCIAS 359

3. CRIME MILITAR EXTRAVAGANTE E TERRORISMO 363
Alexandre José de Barros Leal Saraiva

3.1. Introdução 363
3.2. Crimes em espécie (Lei nº 13.260/2016) 369
3.2.1. Art. 2º 369
3.2.2. Art. 3º 377
3.2.3. Art. 5º 381
3.2.4. Art. 6º 388
REFERÊNCIAS 392

4. CRIME MILITAR EXTRAVAGANTE DE ORGANIZAÇÃO CRIMINOSA (LEI 12.850/2013) **395**

Fernando Hugo Miranda Teles

4.1. Introdução 395
4.2. Mandados de criminalização e a Convenção de Palermo 398
4.3. A Lei 13.491/2017 e os crimes militares extravagantes: um entendimento 407
4.4. Competência: Justiça Estadual/Federal ou Justiça Militar? 416
4.5. A Lei 12.850/2013 e o procedimento a ser adotado: CPP ou CPPM? 418
4.6. Crimes previstos na Lei 12.850/2013 419
4.6.1. O primeiro crime a ser comentado está no art. 2º da Lei 12.850/2013 423
4.6.1.1. Parágrafos pertinentes ao art. 2º da Lei 12.850/2013.. 429
4.6.2. Crimes ocorridos na investigação e na obtenção de prova 437
4.6.2.1. Art. 18 437
4.6.2.2. Art. 19 439
4.6.2.3. Art. 20 440
4.6.2.4. Art. 21 441
4.6.3. Crime de Associação Criminosa 442
4.7. Técnicas de investigação da Lei 12.850/2013 aplicáveis à Justiça Militar 444
4.7.1. Colaboração premiada 446
4.7.1.1. A colaboração premiada é a instrumentalização da traição e do comportamento antiético? 447
4.7.1.2. Procedimento e forma de execução do acordo de colaboração 449
4.7.2. Ação controlada 457
4.7.3. Infiltração de agentes 457
REFERÊNCIAS 458

5. CRIME MILITAR EXTRAVAGANTE E A LEI DE DROGAS (LEI N. 11.343/2006) **461**

Jorge Augusto Caetano de Farias

5.1. Lei 13.491, de 13 de outubro de 2017 461
5.1.1. Natureza material 462
5.1.2. Natureza processual 463
5.2. A Lei n. 11.343, de 23 de agosto de 2006 465
5.3. Crimes militares em matéria de drogas 466
5.3.1. A disciplina do tráfico, posse ou uso de entorpecente ou substância de efeito similar no Código Penal Militar 468
5.3.2. A disciplina do uso indevido, da produção não autorizada e do tráfico ilícito de drogas pela Lei 11.343/2006 469
5.3.3. Conflito aparente de normas entre o art. 290 do CPM e a Lei 11.343/2006? 469
5.3.4. Análise das condutas constantes da Lei 11.343/2006 e não previstas no CPM 474

5.3.4.1. Artigo 28 ... 474
5.3.4.1.1. Adquirir (*caput*) ... 475
5.3.4.1.2. Plantar, cultivar ou fazer a colheita (§ 1°) ... 477
5.3.4.2. Artigo 33 ... 478
5.3.4.2.1. Importar ... 478
5.3.4.2.2. Exportar ... 479
5.3.4.2.3. Remeter ... 480
5.3.4.2.4. Fabricar ... 481
5.3.4.2.5. Adquirir ... 481
5.3.4.2.6. Expor à venda ... 482
5.3.4.2.7. Oferecer ... 482
5.3.4.2.8. Art. 33, § 1º ... 482
5.3.4.2.9. Artigo 33, §§ 2º e 3º ... 483
5.3.4.3. Artigo 34 ... 484
5.3.4.4. Artigo 35 ... 485
5.3.4.5. Artigo 36 ... 486
5.3.4.6. Artigo 37 ... 486
5.3.4.7. Artigo 38 ... 487
5.3.4.8. Artigo 39 ... 488
5.3.5. Competência da Justiça Militar ... 489
5.3.6. Hediondez ... 491
5.3.7. Normas penais da Lei de Drogas aplicáveis ao Direito Penal Militar ... 493
5.3.7.1. Causa de diminuição de pena do art. 33, § 4º ... 493
5.3.7.2. Causas de aumento de pena do art. 40 ... 495
5.3.7.2.1. Transnacionalidade do delito ... 496
5.3.7.2.2. Abuso de função pública, educação, poder familiar, guarda ou vigilância ... 497
5.3.7.2.3. Dependências ou imediações de locais com maior concentração de pessoas ... 498
5.3.7.2.4. Violência, grave ameaça ou intimidação coletiva ... 498
5.3.7.2.5. Tráfico interestadual ... 499
5.3.7.2.6. Envolvimento de criança, adolescente ou vulnerável ... 499
5.3.7.2.7. Financiamento ou custeio do crime ... 499
5.3.7.3. Circunstâncias judiciais do art. 42 ... 500
5.3.7.4. Da pena de multa ... 501
5.4. Conclusão ... 502
REFERÊNCIAS ... 504

6. CRIME MILITAR EXTRAVAGANTE DO ESTATUTO DO DESARMAMENTO (LEI N. 10.826/2003) ... 507
Rodrigo Garcia Vilardi

6.1. O Estatuto do Desarmamento na tutela da incolumidade e segurança pública e da paz social ... 507
6.2. A proteção da regularidade das instituições militares em relação aos crimes previstos no estatuto do desarmamento ... 533
6.3. A ordem administrativa militar e os tipos penais previstos no Estatuto do Desarmamento ... 555
6.4. Os tipos penais militares por afetação da regularidade das instituições militares no Estatuto do Desarmamento ... 589
6.4.1. Posse irregular de arma de fogo, acessório ou munição de uso permitido ... 589
6.4.2. Omissão de cautela ... 656
6.4.3. Omissão de cautela – deixar de comunicar perda, furto, roubo ou outras formas de extravio de arma de fogo, acessório ou munição ... 676
6.4.4. Porte ilegal de arma de fogo, acessório ou munição de uso permitido ... 679
6.4.5. Disparo de arma de fogo ... 703
6.4.6. Porte ilegal de arma de fogo, acessório ou munição de uso restrito ou proibido ... 726
6.4.7. Concurso ... 764
6.4.8. Comércio ilegal e Tráfico internacional de arma de fogo ... 774
REFERÊNCIAS ... 803

7. CRIME MILITAR EXTRAVAGANTE DO ESTATUTO DO IDOSO (LEI N. 10.741/2003) ... 807

Wendell Petrachim Araujo

7.1. Introdução ... 807
7.1.1. Crimes Militares Extravagantes e o Estatuto do Idoso ... 807
7.1.2. Do bem jurídico tutelado ... 812
7.1.3. Do rito processual ... 815
7.1.4. Da Distribuição Interna de Competência para processar e julgar o crime militar extravagante na Justiça Militar ... 822
7.1.5. Da ação penal e do Direito de representação ... 829
7.1.6. Medidas cautelares diversas da prisão ... 831
7.1.7. Estatuto do Idoso e o Código Penal ... 833
7.1.8. Estatuto do Idoso e a Lei de Contravenções Penais ... 834
7.1.9. Estatuto do Idoso e a Lei de Tortura ... 835
7.2. Comentários aos crimes em espécie previstos no Estatuto do Idoso ... 836
7.2.1. Artigo 96, *Caput* ... 836
7.2.2. Artigo 96, Formas Equiparadas ... 840
7.2.3. Artigo 97 ... 845
7.2.4. Artigo 98 ... 848
7.2.5. Artigo 99 ... 850
7.2.6. Artigo 100 ... 854
7.2.7. Artigo 101 ... 858

7.2.8. Artigo 102 859
7.2.9. Artigo 103 861
7.2.10. Artigo 104 861
7.2.11. Artigo 105 865
7.2.12. Artigo 106 868
7.2.13. Artigo 107 871
7.2.14. Artigo 108 874
7.2.15. Artigo 109 874
7.3. Conclusão 874
REFERÊNCIAS 875

8. CRIME MILITAR EXTRAVAGANTE DE LAVAGEM DE DINHEIRO (LEI N. 9.613/1998) 877
Cícero Robson Coimbra Neves

8.1. Introdução 877
8.2. Conceitos inaugurais 878
8.2.1. Direito penal econômico e a lavagem de dinheiro 878
8.2.2. Direito Penal Militar e a Lei n. 13.491/2017 879
8.2.3. Conceito de crime de lavagem de dinheiro 880
8.3. Sujeitos dos delitos de lavagem de dinheiro 881
8.4. Bem jurídico tutelado nos delitos de lavagem de dinheiro 882
8.5. Fases da lavagem de dinheiro 883
8.6. Objeto material dos delitos de lavagem de dinheiro 884
8.7. Análise dos elementos objetivos dos tipos de lavagem de dinheiro 885
8.7.1. Tipo penal do caput do art. 1º 885
8.7.2. Tipo penal do § 1º do art. 1º 889
8.7.3. Tipo penal do § 2º do art. 1º 890
8.8. Elemento subjetivo nos crimes de lavagem de dinheiro 890
8.9. Infrações penais antecedentes 892
8.10. Prejudicialidade no crime de lavagem de dinheiro 892
8.11. Configuração do crime militar extravagante de lavagem de dinheiro 894
REFERÊNCIAS 897

9. CRIME MILITAR EXTRAVAGANTE DE TORTURA (LEI N. 9.455/1997) 899
Abelardo Júlio da Rocha

9.1. Crimes Militares Extravagantes 899
9.2. A Lei que define os crimes de Tortura (Lei nº 9.455/97) e a superveniência da Lei 13.491/17 902
9.2.1. A tortura na Constituição Federal de 1988 903
9.2.2. A proibição à tortura na história da humanidade 903
9.2.3. A proibição à tortura na história do Brasil 904
9.2.4. Legislação comparada 905
9.3. O crime de tortura praticado por militar 906

9.3.1. Os bens jurídicos tutelados nos crimes de tortura 907
9.3.2. A ação penal 907
9.3.3. O rito processual 907
9.3.4. Prisão Temporária 908
9.3.5. Prisão Preventiva 910
9.3.6. Liberdade provisória com ou sem fiança 911
9.3.7. Medidas cautelares diversas da prisão 912
9.3.8. Possibilidade de aplicação da lei de tortura aos crimes ocorridos fora do território nacional 914
9.3.9. Competência para processar e julgar 914
9.3.10. Militares das Forças Armadas 917
9.3.11. Militares dos Estados e do Distrito Federal 918
9.3.12. Integrantes da Força Nacional de Segurança Pública (FNSP) 919
9.3.13. Concurso de pessoas 920
9.3.14. Do concurso entre Crimes de Tortura e os crimes de abuso de autoridade da Lei nº 13.869/19 921
9.4. Comentários ao artigo da Lei n. 9.455/97 que define os crimes de tortura no que diz respeito à atividade militar 921
9.4.1. Tortura "Castigo" (Art. 1º, inciso II) 924
9.4.2. Tortura de Preso (§ 1º do Art. 1º) 927
9.4.3. Crime de Omissão frente à prática de Tortura (§ 2º, do Art. 1º) 928
9.4.4. Formas de Tortura qualificadas pelo resultado (Art. 1º, § 3º) 930
9.4.5. Circunstâncias de aumento de pena do crime de Tortura 931
9.4.5.1. Se o crime de Tortura é cometido por agente público (Art. 1º, § 4º, I) 931
9.4.5.2. Especial condição da vítima (Art. 1º, § 4º, II) 932
9.4.5.3. Se o crime de tortura é praticado mediante sequestro da vítima (Art. 1º, § 4º, III) 933
9.4.6. Efeitos da Condenação pelo crime de Tortura. (Art. 1º, § 5º) 933
9.4.7. O crime de tortura é inafiançável e insuscetível de graça ou anistia (Art. 1º, § 6º) 934
9.4.8. Regime de início do cumprimento da pena pela prática de tortura 934
9.5. Observações finais 935
REFERÊNCIAS 940

10. CRIME MILITAR EXTRAVAGANTE AMBIENTAL (LEI N. 9.605/1998) 943
Cícero Robson Coimbra Neves; Anna Beatriz Luz Podcameni e Patrícia Silva Gadelha

10.1. Aportes introdutórios 943
10.1.1. Lei n. 13.491/2017: Apresentação dos dois eixos 943
10.1.1.1. Primeiro eixo: redefinição do conceito de crime militar: 943
10.1.1.2. Segundo eixo: competência para processar e julgar o crime militar doloso contra a vida de civil 945

10.1.1.3. Situando a "Lei dos Crimes Ambientais" nessa inovação ... 949
10.1.2. Aferição da aplicação de dispositivos de parte geral nos crimes militares ambientais ... 949
10.1.3. A pena de multa nos crimes militares ambientais ... 951
10.1.4. Crime militar ambiental por pessoa jurídica? ... 952
10.1.5. Crime militar ambiental por civil e militar reformado ou da reserva remunerada ... 953
10.1.6. Bem jurídico nos crimes ambientais ... 954
10.1.7. Disposições gerais da Lei n. 9.605/1998 ... 956
10.1.7.1. Relação de causalidade ... 956
10.1.7.2. Regras específicas para a aplicação da pena ... 958
10.1.7.2.1. Primeira fase: pena-base ... 958
10.1.7.2.2. Segunda fase: pena alterada ... 959
10.1.7.2.3. Terceira fase: pena final ... 964
10.1.7.3. Penas em espécie ... 964
10.1.7.4. Suspensão Condicional da execução da pena ... 968
10.1.7.5. Fixação do quantum mínimo para a reparação do dano ambiental na sentença condenatória ... 969
10.1.7.6. Aplicação de dispositivos da Lei n. 9.099/1995 ... 969
10.2. Alguns crimes militares ambientais em espécie ... 975
10.2.1. Art. 29: ... 976
10.2.2. Art. 30: ... 983
10.2.3. Art. 31: ... 985
10.2.4. Art. 32: ... 988
10.2.5. Art. 33: ... 995
10.2.6. Art. 34: ... 998
10.2.7. Art. 35: ... 1001
10.2.8. Art. 37: ... 1003
10.2.9. Art. 38: ... 1003
10.2.10. Art. 38-A: ... 1008
10.2.11. Art. 39: ... 1010
10.2.12. Art. 40: ... 1012
10.2.13. Art. 40-A: ... 1015
10.2.14. Art. 41: ... 1016
10.2.15. Art. 42: ... 1018
10.2.16. Art. 44: ... 1020
10.2.17. Art. 45: ... 1022
10.2.18. Art. 46: ... 1024
10.2.19. Art. 47: ... 1026
10.2.20. Art. 49: ... 1028
10.2.21. Art. 50: ... 1030
10.2.22. Art. 50-A: ... 1032
10.2.23. Art. 51: ... 1035
10.2.24. Art. 52: ... 1037

10.2.25. Art. 54: 1040
10.2.26. Art. 55: 1043
10.2.27. Art. 56: 1045
10.2.28. Art. 58: 1047
10.2.29. Art. 61: 1049
REFERÊNCIAS 1050

11. CRIME MILITAR EXTRAVAGANTE DE LICITAÇÕES E CONTRATOS (LEI N. 8.666/1993 X LEI N. 14.133/2021) 1051
Luciano Coca Gonçalves

11.1. Considerações iniciais 1051
11.1.1. Introdução 1051
11.1.2. Da (in)dependência das instâncias penal, civil e administrativa 1053
11.1.3. Da competência da Justiça Militar para julgar crimes militares em licitações e contratos 1056
11.1.4. Dos crimes em licitações e contratos e o Direito Penal Intertemporal 1058
11.1.5. Da pena de multa prevista para os crimes em licitações e contratos 1061
11.1.6. Da aplicação da Lei nº 9.099/95 (suspensão condicional do processo e transação penal) e possibilidade do Acordo de Não Persecução Penal (ANPP) 1065
11.1.7. Perda do cargo 1070
11.1.8. Natureza da ação penal e procedimento 1073
11.1.9. Jurisprudência selecionada 1075
11.2. Dos crimes em licitações e contratos administrativos 1082
11.2.1. Considerações gerais 1082
11.2.2. Dos Crimes em espécie 1085
11.2.2.1. Contratação direta ilegal 1085
11.2.2.2. Frustração do caráter competitivo de licitação 1091
11.2.2.3. Patrocínio de contratação indevida 1095
11.2.2.4. Modificação ou pagamento irregular em contrato administrativo 1098
11.2.2.5. Perturbação de processo licitatório 1104
11.2.2.6. Violação de sigilo em licitação 1108
11.2.2.7. Afastamento de licitante 1111
11.2.2.8. Fraude em licitação ou contrato 1115
11.2.2.9. Contratação inidônea 1122
11.2.2.10. Impedimento indevido 1126
11.2.2.11. Omissão grave de dado ou de informação por projetista 1129
REFERÊNCIAS 1133

12. CRIME MILITAR EXTRAVAGANTE E ESTATUTO DA CRIANÇA E DO ADOLESCENTE (LEI N. 8.069/1990)........ 1137

Mariana Queiroz Aquino e Jorge César de Assis

12.1. Considerações sobre o Estatuto da Criança e do Adolescente........ 1137

12.2. Os delitos previstos no ECA e que podem ser classificados como crime militar........ 1139

12.2.1. Crimes ocorrentes nos hospitais militares........ 1139

12.2.2. Crimes ocorrentes em operações de garantia da lei e da ordem ou de policiamento ostensivo........ 1143

12.2.3. Crimes relacionados a sexo e pornografia envolvendo crianças e adolescentes........ 1145

12.3. Do depoimento sem dano na investigação do crime praticado contra criança ou adolescente........ 1148

12.4. Do rito processual dos crimes militares previstos no ECA e dos efeitos de sua condenação........ 1150

REFERÊNCIAS........ 1151

13. CRIMES MILITARES EXTRAVAGANTES RESULTANTES DE PRECONCEITO DE RAÇA OU DE COR (LEI N. 7.116/1989)........ 1153

Mariana Queiroz Aquino

13.1 Crimes Militares Extravagantes........ 1153

13.2 Histórico de criação da Lei........ 1154

13.3. Diferença entre o crime de injúria racial e racismo........ 1154

13.4. Tratamento penal da lei 7.716/89, como crime militar extravagante........ 1159

13.4.1. O bem jurídico tutelado........ 1159

13.4.2. A ação penal........ 1159

13.4.3. Elementos normativos........ 1159

13.5. Efeitos da condenação........ 1161

13.6. Crimes em espécie........ 1161

13.6.1. Artigo 3º........ 1161

13.6.2. Artigo 4º........ 1162

13.6.3. Artigo 5º........ 1164

13.6.4. Artigo 6º........ 1165

13.6.5. Artigo 7º........ 1166

13.6.6. Artigo 8º........ 1167

13.6.7. Artigo 9º........ 1168

13.6.8. Artigo 10........ 1169

13.6.9. Artigo 11........ 1170

13.6.10. Artigo 12........ 1171

13.6.11. Artigo 13........ 1172

13.6.12. Artigo 14........ 1173

13.6.13. Artigo 20........ 1174

REFERÊNCIAS........ 1177

1

CRIME MILITAR EXTRAVAGANTE CONTRA O ESTADO DEMOCRÁTICO DE DIREITO (LEI N. 14.197/2021)

Cícero Robson Coimbra Neves

1.1. INTRODUÇÃO

Os crimes militares contra a segurança externa do País estão capitulados no Livro II da Parte Especial do Código Penal Militar ("Crimes Militares em Tempo de Paz"), no Título I e têm o escopo de proteger o Brasil de agressões que atentem contra alguns dos elementos mais essenciais de um Estado, como o território, os segredos militares e o ordenamento jurídico.

Datados de 1969, na origem do atual Código Castrense, sempre foram confrontados com tipos penais previstos nas Leis de Segurança Nacional, especialmente na Lei n. 6.620, de 17 de dezembro de 1978 e na Lei n. 7.170, de 14 de dezembro de 1983.

Havia controvérsia sobre a sobrevivência, diante da superveniência dessas Leis, dos crimes contra a segurança externa do País, havendo quem sustentasse a total revogação dos delitos castrenses e quem propunha soluções para aparentes conflitos com base no sujeito ativo ou diferenciando-se o bem jurídico, assimilando uma ordem externa, dos crimes militares, e uma ordem interna, no caso dos crimes contra a segurança nacional, como veremos mais adiante.

Ocorre que a Lei n. 14.197, de 1º de setembro de 2021, revogou a Lei n. 7.170/1983, tornando ainda mais complexa a análise. Afinal, como ficaram os crimes militares contra a segurança externa do País?

Para trazer mais discussão, a Lei n. 14.197/2021 adicionou o Título XII no Código Penal comum, com os crimes contra o Estado Democrático de Direito, alguns dos quais podem ter colidência com os crimes militares contra a segurança externa do País.

Mas não é só. Os novos tipos incriminadores do Direito Penal comum trazidos pela mencionada Lei, em algumas situações, podem ser adjetivados como crimes militares, por permissão da nova redação do inciso II do art. 9º do CPM, dada pela Lei n. 13.491/2017.

É nesse universo um tanto quanto complexo que se pretende ingressar, com a análise dos crimes militares contra a segurança externa do País, verificando em cada caso se houve a revogação pela Lei n. 7.170/1983 e agora pela Lei n. 14.197/2021, além de incursionar pelos crimes contra o Estado Democrático de Direito, verificando se e em que condições podem ser considerados crimes militares extravagantes.

1.2. OS CRIMES MILITARES EXTRAVAGANTES

Com a edição da Lei n. 13.491, de 13 de outubro de 2017[1], o cenário do estudo do Direito Militar foi afetado de maneira muito peculiar.

Há dois eixos disciplinados pela nova Lei ao alterar o art. 9º do Decreto-lei n. 1.001, de 21 de outubro de 1969, o Código Penal Militar, a saber, a redefinição de crime militar, conceito agora mais abrangente, e a pormenorização da competência da Justiça Militar da União – ou do órgão da Justiça Militar da União, conforme a interpretação – nos crimes militares dolosos contra a vida de civis.

Interessa-nos, neste trabalho o primeiro eixo.

Nele está a alteração do inciso II do art. 9º do CPM, que passou a considerar crimes militares não só os previstos neste mesmo Código Castrense, mas também os da legislação penal, nas hipóteses trazidas pelas alíneas do inciso.

O rol dos crimes militares, em outros termos, foi expandido, o que se nota facilmente com a comparação do texto anterior e posterior à Lei n. 13.491/17:

QUADRO COMPARATIVO DA REDAÇÃO DO INCISO II DO ART. 9º DO CPM (antes e depois da Lei n. 13.491/17)	
REDAÇÃO ANTERIOR	**REDAÇÃO ATUAL**
II - os crimes previstos neste Código, **embora também o sejam com igual definição na lei penal comum**, quando praticados:	II – os crimes previstos **neste Código e os previstos na legislação penal**, quando praticados:

Na redação anterior, para que o crime fosse considerado militar pelo inciso II, a premissa era a de que o fato deveria estar tipificado no CPM e na legislação penal comum de maneira idêntica. Preenchida essa premissa, o próximo passo na consta-

[1] Registre-se que pendem no Supremo Tribunal Federal a Ação Direta de Inconstitucionalidade n. 5.804, ajuizada pelo Associação dos Delegados de Polícia do Brasil, e a Ação Direta de Inconstitucionalidade n. 5.901, ajuizada pelo Partido Socialismo e Liberdade (P-SOL) a discutir a constitucionalidade dos dispositivos trazidos pela Lei n. 13.491/17.

tação do crime militar era verificar se uma das hipóteses do inciso II estava presente, a saber, a prática do fato por militar em situação de atividade contra militar na mesma situação (alínea "a" do inciso II), por militar em situação de atividade contra civil, militar reformado ou da reserva, em lugar sob administração militar (alínea "b" do inciso II), por militar em serviço ou atuando em razão da função contra civil, militar reformado ou da reserva (alínea "c" do inciso II), por militar em período de manobra ou exercício contra civil, militar reformado ou da reserva (alínea "d" do inciso II) ou por militar em situação de atividade contra a ordem administrativa militar ou contra o patrimônio sob administração militar (alínea "e" do inciso II). O exemplo claro é o do homicídio simples, tipificado identicamente no art. 121 do CP e no art. 205 do CPM, que praticado por um militar da ativa contra um militar da reserva, em lugar sujeito à administração militar era considerado crime militar.

Com a nova disposição, os crimes militares tipificados de maneira idêntica no CPM e na legislação penal comum seguem a mesma lógica de antes, mas houve o acréscimo dos tipos penais constantes da legislação penal comum que não possuem idêntica previsão no CPM, os quais, hoje, se enquadrados em uma das alíneas do inciso II do art. 9º do Código Castrense, as mesmas acima enumeradas, serão, em regra, crimes militares. Trata-se de novos crimes militares, denominados pela doutrina de **crimes militares extravagantes**[2], **crimes militares por equiparação à legislação penal comum**[3] ou **crimes militares por extensão** (ASSIS, 2018, p. 39). Esses novos crimes militares devem ser considerados, também, crimes impropriamente militares, para os fins que assimilam essa categoria, a exemplo do disposto na parte final do inciso LXI do art. 5º da CF e do inciso II do art. 64 do CP, isso com a adoção da teoria clássica, malgrado posição doutrinária em sentido diverso (ASSIS, 2018, p. 38).

Justamente **nesse universo estão os crimes contra o Estado Democrático de Direito** passíveis de serem perpetrados por militares dos Estados ou das Forças Armadas. Exemplificativamente, "se o militar praticar violência ou grave ameaça com a finalidade de desmembrar parte do território nacional para constituir país independente, cometerá delito do art. 359-J do CP: se agir nas circunstâncias do art. 9º do CPM, haverá crime militar, do contrário, delito comum"[4].

Ocorre que, para haver a configuração do crime militar extravagante, como visto, não basta a subsunção da conduta ao tipo penal incriminador da lei especial, mas também é necessário que se encontre uma das hipóteses do art. 9º do Código Penal Militar, no caso dos crimes de abuso de autoridade, especificamente do inciso II (tipicidade indireta).

---

2 NEVES, Cícero Robson Coimbra. Inquietações na investigação criminal militar após a entrada em vigor da Lei n. 13.491, de 13 de outubro de 2017. **Revista Direito Militar**, Florianópolis, n. 126, p. 23-28, set./dez. 2017.

3 PEREIRA, Carlos Frederico de Oliveira Pereira. **A Lei nº 13.491, de 13 de outubro de 2017, e os crimes hediondos**. Disponível em: < http://www.mpm.mp.br/portal/wp-content/uploads/2017/11/lei-13491-crimes-hediondos.pdf. Acesso em: 04 jul. 2018.

4 CUNHA, Rogério Sanches; SILVARES, Ricardo. *Crimes contra o estado democrático de direito*. Salvador: Juspodivm, p. 202.

1.3. A PRETENSA REVOGAÇÃO DOS CRIMES MILITARES CONTRA A SEGURANÇA EXTERNA DO PAÍS PELA LEI DE SEGURANÇA NACIONAL E PELA LEI N. 14.197/2021

O estudo dos crimes militares contra a segurança externa do País sempre foi matizado pela com preensão dos crimes da Lei de Segurança Nacional, Lei n. 7.170/1983, discutindo-se eventual conflito aparente. O tema que voltou à tona, por conta da Lei n. 13.491/2017 e também pela edição da Lei n. 14.197/2021 que revogou a Lei n. 7.170/1983.

O conflito dos crimes deste título e a 7.170/1983, naturalmente, não se dava em todos os delitos, havendo crimes da Lei de Segurança Nacional sem par no Código Penal Militar, assim como crimes contra a segurança externa do País sem correlato na Lei de Segurança Nacional. Um exemplo da primeira espécie estava no crime do art. 12 da Lei de Segurança Nacional, que criminaliza, sob a ameaça de pena de reclusão de 3 a 10 anos, o ato de "importar ou introduzir, no território nacional, por qualquer forma, sem autorização da autoridade federal competente, armamento ou material militar privativo das Forças Armadas". No segundo caso, tinha-se como exemplo o crime "ato de jurisdição indevida", previsto no art. 138 do Código Penal Militar, que tipifica, sob ameaça de pena de reclusão de 5 a 15 anos, a conduta de "praticar o militar, indevidamente, no território nacional, ato de jurisdição de país estrangeiro, ou favorecer a prática de ato dessa natureza".

Havia, ainda, a possibilidade de que o conflito fosse da Lei de Segurança Nacional com dispositivo do Código Penal Militar fora dos crimes contra a segurança externa do País. Isso ocorria, por exemplo, no caso do homicídio (art. 205 do CPM) em comparação com o art. 29 da Lei de Segurança Nacional, que previa o homicídio contra o Presidente da República ou os Presidentes do Senado Federal, da Câmara dos Deputados ou do Supremo Tribunal Federal.

Mas, de fato, existiam tipos penais coincidentes na Lei de Segurança Nacional e nos crimes contra a segurança externa do País do Código Penal Militar, o que exigia o estudo para a solução de aparente conflito.

Avaliando o assunto, Célio Lobão[5] entendia que, com a superveniência da Lei n. 7.170/83, os delitos capitulados nos arts. 136 a 148 do CPM não eram mais delitos militares. Vê-se no autor uma visão mais radical entendendo por completa revogação dos crimes militares contra a segurança externa do País, paridos em 1969, diante da Lei se Segurança Nacional, de 1983.

Em sentido oposto, sustentando a sobrevivência de crimes militares contra a segurança externa do País, ainda que existissem tipos semelhantes na revogada *Lei de Segurança Nacional* (arts. 9º e 11), havia construção de Jorge César de Assis.

O autor, para dirimir eventual conflito, partia da Exposição de Motivos do Código Penal Militar, que assim dispõe em seu item 14:

5 LOBÃO, Célio. *Direito penal militar*. Brasília: Brasília Jurídica, 2004, p. 52.

> Dentre os primeiros, o Projeto mantém o relevo que o Código vigente dá aos crimes contra a segurança externa do País. Não interfere esta classificação com a legislação especial de segurança, pois no Projeto já se configuram os delitos que, além de ferirem a segurança externa do País, têm a natureza jurídica de crimes militares. São os praticados ou que configuram os casos de espionagem, tradicionalmente admitidos no direito militar[6].

Concluía, sob essa premissa, Jorge César de Assis:

> Parece-nos, data vênia, que a explicação está na própria Exposição de Motivos, que dirime qualquer dúvida ao estabelecer que *'os delitos que, além de ferirem a segurança externa do País, têm a natureza jurídica de crimes militares: são os praticados ou que configuram os casos de espionagem, tradicionalmente admitidos no Direito Militar'*.
>
> [...].
>
> Os tipos dos arts. 9º e 11 da Lei de Segurança Nacional, desde que praticados por militar, caracterizam crimes militares, como bem dito na Exposição de Motivos[7].

Adriano Alves-Marreiros, Guilherme Rocha e Ricardo Freitas possuíam interessante compreensão, segundo a qual, no CPM estão crimes que agridem a segurança externa, enquanto na Lei de Segurança Nacional estavam crimes que aviltam a segurança interna. Para os autores:

> São, portanto, crimes contra a segurança externa os do primeiro título da parte especial do Código Penal Militar e não se confundem com os crimes contra a segurança nacional que são crimes contra a segurança interna e que, desde a Constituição de 1988, são de competência da Justiça Federal, uma vez que à Justiça Militar foi atribuída competência para processar e julgar os crimes militares definidos em Lei (art. 124) e aos juízes federais a competência para os crimes políticos, ressalvada a competência da Justiça Militar e eleitoral (art. 109, V) e, como vimos, são crimes políticos os crimes contra a segurança interna[8].

A discussão também foi muito bem torneada por Alexandre Saraiva, já após a Lei n. 13.491/2017, mas antes da Lei n. 14.197/2021, nos seguintes termos:

> O mais interessante de tudo é que a LSN reconhece a possibilidade de coincidência de incriminação, chegando a criar um confuso método de distinção entre crime militar, crime comum e crime especial que afetem a segurança nacional. Com efeito, segundo o art. 2º da LSN, quando o fato também estiver previsto no Código Penal, no Código Penal Militar e nela própria, deve levar-se em conta, para a aplicação da LSN: a) motivação e os objetivos do agente; b) a lesão real ou potencial aos bens jurídicos mencionados no art. 1º.
>
> Ocorre que a lei não diz como aferir estes elementos!
>
> Para apimentar a questão, o Código Penal Militar (CPM) – que é de 1969, anterior, portanto, à LSN – contém um dispositivo no art. 28, que diz: "os crimes contra a segurança

---

6 ASSIS, Jorge, César de. *Comentários ao Código Penal Militar*. Curitiba: Juruá, 2017, p. 476.

7 ASSIS, Jorge, César de. *Comentários ao Código Penal Militar*. Curitiba: Juruá, 2017, p. 475-6.

8 ALVES-MARREIROS, Adriano; ROCHA RAMOS, Guilherme da; FREITAS, Ricardo de Brito Albuquerque Pontes. *Direito penal militar* – Teoria crítica & prática. São Paulo: Método, 2015, p. 981.

externa do país ou contra as instituições militares, definidos neste Código, excluem os da mesma natureza definidos em outras leis"[9].

Para dirimir o conflito, o autor aderia à distinção de Alves-Marreiros, Rocha e Freitas, acima exposta, segundo a qual os crimes militares tutelam a segurança externa e os crimes contra a segurança nacional, a segurança interna.

Por fim, trazemos a posição de Ênio Luiz Rossetto, mais adstrita ao art. 2º da revogada Lei de Segurança Nacional:

> "[...] De fato, quando o crime contra a segurança externa do País tiver natureza política e a conduta do agente subsumir-se à Lei de Segurança Nacional, fica afastado o Código Penal Militar. Do contrário, não há nenhuma objeção e aplicar ao militar o Código Penal Militar. Não se deve concluir açodadamente que crime contra a segurança é sempre crime político"[10].

Em resumo, portanto, colhemos 4 posições no cenário anterior à Lei n. 14.197/2021:

a) inaplicabilidade dos delitos contra a segurança externa do País diante da mais recente Lei de Segurança Nacional (Célio Lobão);

b) sobrevivência dos crimes militares contra a segurança externa do País, mesmo diante da ulterior Lei de Segurança Nacional, resolvendo-se eventual conflito em favor do crime militar quando o autor for militar (Jorge César de Assis);

c) sobrevivência dos crimes militares contra a segurança externa do País, mesmo diante da mais recente Lei de Segurança Nacional, resolvendo-se eventual conflito em favor do crime contra a segurança nacional quando a natureza da conduta for política, ou seja, o elemento subjetivo será preponderante (Ênio Luiz Rossetto);

d) sobrevivência dos crimes militares contra a segurança externa do País, mesmo diante da mais recente Lei de Segurança Nacional, resolvendo-se eventual conflito com base no bem jurídico, ou seja, na agressão à segurança externa, haverá crime militar, enquanto na agressão à segurança interna, haverá crime contra a segurança nacional (Adriano Alves-Marreiros, Guilherme Rocha e Ricardo Freitas; Alexandre Saraiva).

Todas as posições possuíam argumentos fortes, portanto mereciam ser consideradas, com a ressalva de que a de Célio Lobão merecia ser amainada, vez que não há conflito em todos os tipos penais dos diplomas confrontados.

Acrescente-se, ademais, que nenhuma das posições era capaz de trazer uma solução *a priori*, qual moldura que se aplique em todos os casos, mas se deve ana-

9 SARAIVA, Alexandre José de Barros Leal. *Segurança Externa e Administração Militar* - Crimes e Penas. Curitiba: Juruá, 2020, p. 24-5.

10 ROSSETTO, Enio Luiz. *Código Penal Militar comentado.* São Paulo: RT, 2015, p. 458.

lisar o caso concreto, com a possibilidade de, na busca de solução, lançar mão de uma ou mais propostas doutrinárias.

Para tornar mais claro, trabalhemos alguns casos como exemplos.

Como partida, tenha-se o citado art. 9º da revogada Lei de Segurança Nacional, mencionado por Jorge César de Assis, conflitante com o inciso I do art. 142 do CPM, o que fica evidente no seguinte quadro:

LSN	CPM
Art. 9º. Tentar submeter o território nacional, ou parte dele, ao domínio ou à soberania de outro país. Pena: reclusão, de 4 a 20 anos. Parágrafo único - Se do fato resulta lesão corporal grave, a pena aumenta-se até um terço; se resulta morte aumenta-se até a metade.	**Tentativa contra a soberania do Brasil** Art. 142. Tentar: I - submeter o território nacional, ou parte dele, à soberania de país estrangeiro; [...] Pena - reclusão, de quinze a trinta anos, para os cabeças; de dez a vinte anos, para os demais agentes.

A única distinção entre os tipos penais estava na elementar "domínio" da Lei de Segurança Nacional, não existente no Código Penal Militar, o que não nos parece distinguir os tipos, pois domínio pressupõe eliminar a independência plena do estado dominado, o que, seguramente, importa em afetação da soberania.

Não seria possível, aqui, adotar a teoria de Alves-Marreiros, Rocha e Freitas e de Alexandre Saraiva, pois se tratava de caso em que segurança externa e interna são inseparáveis para a análise. Não há como dizer que quando, por qualquer forma, se tente "entregar" o Brasil à soberania estrangeira, haja lesão da segurança interna em determinado caso e em outro haja lesão à segurança externa. Quando o agente tenta criar espaço geográfico brasileiro onde o próprio Brasil perderia a soberania, o domínio, entregando-o a outro país, não há como reconhecer hígida a segurança interna com afetação da externa e vice-versa, de maneira que impossível dissociar como querem os autores. Assim, ambos os tipos podiam vingar, prevalecendo o mais recente, como defendíamos.

Também não parecia estar no melhor caminho a distinção de Jorge César de Assis a entender que quando praticado por militar será crime militar e quando praticado por não militar seria crime contra a segurança nacional, pois esta condição é elemento estranho à descrição típica do crime militar. Em soma, apegar-se na Exposição de Motivos do Código Penal Militar, neste caso, tornava-se inviável, pois foi ela versada em 1969, não resistindo à sucessão temporal que lhe trouxe a Lei n. 7.170/1983.

Neste caso, não enxergávamos outra saída senão entender como Célio Lobão, a postular que este crime não mais era militar, diante de norma mais recente que o categorizou como crime contra a segurança nacional (*lex posterior derogat legi priori*), com a adição da visão de Ênio Rossetto, reconhecendo-se a natureza política da conduta, com a prevalência da Lei de Segurança Nacional.

Analisando, agora, o antigo conflito aparente do art. 11 da revogada Lei de Segurança Nacional e o inciso II do art. 142 do CPM, partamos da comparação dos tipos:

LSN	CPM
Art. 11 - Tentar desmembrar parte do território nacional para constituir país independente. Pena: reclusão, de 4 a 12 anos.	Tentativa contra a soberania do Brasil Art. 142. Tentar: [...]. II - desmembrar, por meio de movimento armado ou tumultos planejados, o território nacional, desde que o fato atente contra a segurança externa do Brasil ou a sua soberania; [...] Pena - reclusão, de quinze a trinta anos, para os cabeças; de dez a vinte anos, para os demais agentes.

Neste caso, igualmente, a análise seria em favor da norma mais recente nos casos em que a conduta não seja por meio de movimento armado ou tumultos planejados, pois, em sendo por essa forma, havia de prevalecer a norma mais específica, ou seja, o Código Penal Militar (*lex specialis derogat generali*). Note-se que, como no caso da precedente análise, a conduta afeta ao mesmo tempo a segurança interna e externa do País, de maneira que não é possível adotar esse critério de distinção.

Em alguns crimes a perpetração por militar poderia ser um dos elementos especializantes a solucionar aparente conflito – além de outros –, adotando-se a moldura próxima à de Jorge César de Assis.

LSN	CPM
Art. 8º - Entrar em entendimento ou negociação com governo ou grupo estrangeiro, ou seus agentes, para provocar guerra ou atos de hostilidade contra o Brasil. Pena: reclusão, de 3 a 15 anos.	**Provocação a país estrangeiro** Art. 137. Provocar o militar, diretamente, país estrangeiro a declarar guerra ou mover hostilidade contra o Brasil ou a intervir em questão que respeite à soberania nacional: Pena - reclusão, de doze a trinta anos.

Evidentemente, não havia, em regra, conflito entre os tipos penais acima, pois, na revogada Lei de Segurança Nacional o verbo nuclear era entrar em entendimento ou negociação, enquanto no CPM a conduta nuclear é desafiadora ao país estrangeiro, caracterizada pela provocação, mas, note-se, um outro elemento que torna o CPM especial é a perpetração por militar, elemento típico do crime de provocação a país estrangeiro.

Apenas para não deixar o raciocínio em construção sem desfecho, naqueles casos de conflito da revogada Lei de Segurança Nacional com dispositivo do Código Penal Militar fora dos crimes contra a segurança externa do País, a especialidade solucionava a questão. Assim, em um homicídio praticado por militar contra o Presidente da República, em nítida motivação política, haveria crime do art. 29 da Lei de Segurança Nacional e não do art. 205 do Código Penal Militar.

Enfim, no que concerne ao conflito entre Lei de Segurança Nacional e crime militar contra a segurança externa do país, a distinção era muito mais complexa do que as molduras apresentadas. Elegia-se como premissa , ao menos em regra, que os crimes contra a segurança externa do País sobreviveram à Lei de Segurança Nacional.

Havia, ainda, uma outra situação que devia ser analisada, desta vez à luz da Lei n. 13.491/2017.

Quando o crime estivesse apenas na Lei de Segurança Nacional, sem conflito com o Código Penal Militar, seria possível um crime militar extravagante contra a segurança nacional?

Não víamos óbices à resposta em sentido afirmativo.

Tomando-se o mesmo exemplo acima indicado, do art. 12 da Lei de Segurança Nacional, que criminaliza, sob a ameaça de pena de reclusão de 3 a 10 anos, o ato de "importar ou introduzir, no território nacional, por qualquer forma, sem autorização da autoridade federal competente, armamento ou material militar privativo das Forças Armadas", sem par no Código Penal Militar, era possível fazer uma construção que possibilitasse considerar tal fato como crime militar extravagante – não crime militar contra a segurança externa do Código Penal Militar, frise-se.

Imagine-se o exemplo de um militar do Exército que, estando em uma operação da Força Singular em fronteira, praticasse a conduta descrita no intuito de suprir organização que deseja turbar o regime representativo e democrático do Brasil. Neste caso, a subsunção típica seria na revogada Lei de Segurança Nacional (art. 12), mas, pela nítida afetação, também, da ordem administrativa militar – quem tem por missão proteger a fronteira, inclusive com poder de repressão em crimes trasnfronteiriços, ao turbar a ordem pública por essa conduta, não se alinha ao cumprimento do dever que lhe foi confiado pela instituição militar –, a situação conheceria enquadramento na alínea "e" do inciso II do art. 9º do CPM, caracterizando-se como crime militar extravagante contra a segurança nacional.

O processo deveria tomar corpo na Justiça Militar da União, não parecendo haver afronta ao inciso IV do art. 109 da Constituição Federal, diante da exceção, *in fine*, para a competência da Justiça Militar, embora, certamente um caso concreto levaria ao conflito de competência.

Mas, e agora? Com a revogação da Lei n. 7.170/1983 pela Lei n. 14.197/2021 como fica o cenário? Afinal, os crimes contra a segurança externa do País sobrevivem?

De maneira inaugural, deve-se lembrar que a Le n. 14.197, de 1º de setembro de 2021, acrescentou o Título XII na Parte Especial do Código Penal comum, trazendo os crimes contra o Estado Democrático de Direito, e não apenas revogou a Lei n. Lei nº 7.170/1983, o que indica a possibilidade de que alguns delitos da revogada Lei tenham sido prestigiados nesse universo, podendo-se falar no princípio da continuidade normativo-típica.

Dessa maneira, não se pode idealizar solução única para todos os casos, sendo necessário avaliar tipo penal por tipo penal. Naturalmente, o aparente conflito persiste em alguns tipos penais militares, mas, agora, em relação aos crimes do Título XII do Código Penal. Nessa linha, com muita perspicácia, aduzem Rogério Sanches e Ricardo Silvares:

> Assim como já ocorria com a revogada Lei de Segurança Nacional, temos no novo Título XII do CP tipos penais que muito se assemelham com alguns previstos no Código Penal Militar (CPM), o que certamente irá suscitar dúvidas: o quadro é de revogação dos crimes do CPM ou sua preservação com base no princípio da especialidade. Estamos nos referindo, em especial, aos crimes militares dos arts. 137, 140, 141, 142, 143, 144, 145, 146, 325, 326, 357, 359 e 366, que guardam inegáveis semelhanças com certos tipos do Título XII do CP, notadamente com os arts. 359-I, 359-J e 359-K"[11].

Os autores, ressalte-se, avaliando o conflito com a antiga Lei de Segurança Nacional para, após, verificar o eventual conflito com os novos tipos penais, anuem à nossa visão de não se poder sacramentar o fim dos crimes contra a segurança externa do País apenas pela entrada em vigor da Lei n. 7.170/1983, mas é preciso fazer uma avaliação de cada tipo, *verbis*:

> Os autores refutam, de plano, não sem razão, a posição assumida por Célio Lobão, pela evidente constatação de que realmente não era possível vislumbrar conflito entre todos os tipos penais contra a segurança externa previstos no CPM, com dispositivo da Lei de Segurança Nacional. Quanto aos demais posicionamentos, Cícero Robson Coimbra e Marcelo Streifinger observam que nenhum deles traz solução *a priori*, cabendo a obrigatória análise do caso concreto, Abrindo-se a possibilidade de utilização de uma ou mais das correntes acima descritas para encontrar a resposta adequada ao problema.
>
> Pensamos que, de fato, salvo algumas exceções, não se podia afirmar *a priori*, apenas com a comparação dos dispositivos do Código militar e da Lei de Segurança Nacional, que tinha ocorrido a revogação de tipos penais do primeiro.
>
> [...].
>
> O art. 2º da Lei n. 7.170 era de extrema importância para aplicação dos tipos penais, pois trazia um comando explícito para que se adotasse o critério da *especialidade* na hipótese de conflito aparente de normas. É dizer, havendo aparente conflito entre a Lei de Segurança Nacional e dispositivos do Código Penal, do Código Penal Militar ou de outras leis especiais, devia-se aplicar a primeira apenas se: (i) o agente tivesse a intenção de lesar ou de expor a perigo os bens jurídicos descritos no art. 1º da própria Lei de Segurança Nacional; e (ii) houvesse lesão ou risco de lesão aos mesmos bens jurídicos"[12].

Não se trata, pois, de simples conclusão pela revogação, como afirmávamos em relação à Lei n. 7.170/1983 e afirmamos agora, diante da Lei n. 14.197/2021.

---

11 CUNHA, Rogério Sanches; SILVARES, Ricardo. *Crimes contra o estado democrático de direito*. Salvador: Juspodivm, p. 183.

12 CUNHA, Rogério Sanches; SILVARES, Ricardo. *Crimes contra o estado democrático de direito*. Salvador: Juspodivm, p. 185-6.

Retomando alguns dos exemplos acima, utilizados no confronto com a antiga Lei de Segurança Nacional, podemos iniciar com a avaliação do conflito aparente entre o art. 142, I, do CPM, e o novo art. 359, § 2º, do CP:

LSN	CPM	CP (Lei n. 14.197/2021)
Art. 9º - Tentar submeter o território nacional, ou parte dele, ao domínio ou à soberania de outro país. Pena: reclusão, de 4 a 20 anos. Parágrafo único - Se do fato resulta lesão corporal grave, a pena aumenta-se até um terço; se resulta morte aumenta-se até a metade.	**Tentativa contra a soberania do Brasil** Art. 142. Tentar: I - submeter o território nacional, ou parte dele, à soberania de país estrangeiro; [...] Pena - reclusão, de quinze a trinta anos, para os cabeças; de dez a vinte anos, para os demais agentes.	Art. 359-I. [...] § 2º Se o agente participa de operação bélica com o fim de submeter o território nacional, ou parte dele, ao domínio ou à soberania de outro país: Pena - reclusão, de 4 (quatro) a 12 (doze) anos.

A única distinção que existia era a elementar "domínio" da Lei de Segurança Nacional, não existente no Código Penal Militar, levando-nos à conclusão de deveria prevalecer o mais recente, ou seja, da Lei de Segurança Nacional, que, em nossa compreensão revogara o dispositivo do CPM. Não podendo se considerar a hipótese de repristinação, não há como ressuscitar o tipo penal do inciso I do art. 142 do Código Castrense, de maneira que prevalece, hoje, o art. 359, § 2º, do CP, ainda que possua elementos específicos que, substancialmente, o distinguem do tipo penal militar incriminador, definindo-se a forma pela qual se busca submeter o território nacional à soberania (ou domínio) de outro país. Qualquer outra forma que não seja pela participação em operação bélica, se adotada nossa posição, seria fato atípico.

No caso do antigo conflito aparente do art. 11 da revogada Lei de Segurança Nacional e o inciso II do art. 142 do CPM, adicione-se, hoje, o art. 359-J do CP:

LSN	CPM	CP (Lei n. 14.197/2021)
Art. 11. Tentar desmembrar parte do território nacional para constituir país independente. Pena: reclusão, de 4 a 12 anos.	Tentativa contra a soberania do Brasil Art. 142. Tentar: [...]. II - desmembrar, por meio de movimento armado ou tumultos planejados, o território nacional, desde que o fato atente contra a segurança externa do Brasil ou a sua soberania; [...] Pena - reclusão, de quinze a trinta anos, para os cabeças; de dez a vinte anos, para os demais agentes.	Art. 359-J. Praticar violência ou grave ameaça com a finalidade de desmembrar parte do território nacional para constituir país independente: Pena - reclusão, de 2 (dois) a 6 (seis) anos, além da pena correspondente à violência.

Sustentávamos, igualmente, a análise seria em favor da norma mais recente nos casos em que a conduta não seja por meio de movimento armado ou tumultos planejados, pois, em sendo por essa forma, havia de prevalecer a norma mais específica, ou seja, o Código Penal Militar (*lex specialis derogat generali*). Hoje, como o novel tipo possui por elementar a violência e a grave ameaça, o que, naturalmente, abarca o movimento armado ou tumulto, parece-nos que deve prevalecer o tipo penal incriminador do Código Penal comum.

No caso de tipos penais que restringem a sujeição ativa a militar, ou seja, quando a perpetração por militar poderia – e pode – ser um dos elementos especializantes a solucionar aparente conflito, ainda remanesce adequada a moldura proposta por Jorge César de Assis. Comparemos:

LSN	CPM	CP (Lei n. 14.197/2021)
Art. 8º - Entrar em entendimento ou negociação com governo ou grupo estrangeiro, ou seus agentes, para provocar guerra ou atos de hostilidade contra o Brasil. Pena: reclusão, de 3 a 15 anos.	**Provocação a país estrangeiro** Art. 137. Provocar o militar, diretamente, país estrangeiro a declarar guerra ou mover hostilidade contra o Brasil ou a intervir em questão que respeite à soberania nacional: Pena - reclusão, de doze a trinta anos.	Art. 359-I. Negociar com governo ou grupo estrangeiro, ou seus agentes, com o fim de provocar atos típicos de guerra contra o País ou invadi-lo: Pena - reclusão, de 3 (três) a 8 (oito) anos.

Sobrevivia e sobrevive, portanto, crimes como o do art. 137 do CPM.

No que concerne, por fim, ao conflito entre outros tipos penais do CPM, que não aqueles contra a segurança externa do País, e os da revogada Lei de Segurança Nacional não trasladados de alguma forma para outro dispositivo pela Lei n. 14.197/2021, prevalece a análise anterior, sem a possibilidade de sobrevivência do tipo penal da Lei de Segurança Nacional, obviamente. Assim, em um homicídio praticado por militar contra o Presidente da República, em nítida motivação política, quando haveria crime do art. 29 da Lei de Segurança Nacional e não do art. 205 do Código Penal Militar, a única possibilidade de enquadramento será voltar ao artigo do Código Penal Militar para subsumir a conduta.

Finalmente, também não está excluída, como já ressaltado no início, a possibilidade de crime militar extravagante inserido no CP pela Lei n. 14.197/2021, a exemplo do crime de abolição violenta do Estado Democrático de Direito, do art. 359-L do CP, que pode ser perpetrado, por exemplo, por militar federal em sua função, justamente contrariando o mister constitucional do art. 142 da CF de garantir os poderes constituídos, portanto, aviltando a ordem administrativa militar (alínea "e" do inciso II do art. 9º do CPM).

Assim, exige-se a análise de cada tipo penal militar trazido pelo Código Penal Militar para verificar sua sobrevivência diante da sucessão legislativa que ocorreu, o que faremos a partir de agora.

1.3.1. Crime de hostilidade contra país estrangeiro (art. 136 do CPM)

> *Art. 136. Praticar o militar ato de hostilidade contra país estrangeiro, expondo o brasil a perigo de guerra:*
>
> *Pena: reclusão, de oito a quinze anos.*
>
> *Resultado mais grave*
>
> *§ 1º Se resulta ruptura de relações diplomáticas, represália ou retorsão:*
>
> *Pena – reclusão, de dez a vinte e quatro anos.*
>
> *§ 2º Se resulta guerra:*
>
> *Pena – reclusão, de doze a trinta anos.*

Em primeira análise, este delito não coincide com tipo penal da antiga Lei de Segurança Nacional, a inaugurar pela sujeição ativa, restrita a militar. Nesse sentido:

> Salta aos olhos as diferenças, inclusive quanto aos seus núcleos, entre os tipos da Lei de Segurança Nacional acima transcritos e as condutas dos arts. 136 (hostilidade contra país estrangeiro), 137, 138, 139, 145, 146, e 148 do CPM. Apenas por isso já é possível afirmar que eles permanecem em pleno vigor até os dias atuais [13].

Também não enxergamos conflito com os novos tipos penais inseridos no Código Penal Comum, que tratam dos crimes contra o Estado Democrático de Direito, de maneira que o tipo, anuindo na fala de Rogério Sanches e Ricardo Silvares, vige até o presente momento.

1.3.2. Crime de provocação a país estrangeiro (art. 137 do CPM)

> *Art. 137. Provocar o militar, diretamente, país estrangeiro a declarar guerra ou mover hostilidade contra o brasil ou a intervir em questão que respeite à soberania nacional:*
>
> *Pena – reclusão, de doze a trinta anos.*

Assim como no tipo penal precedente, compreendemos que o presente delito não coincide com tipo penal da antiga Lei de Segurança Nacional. Nessa linha:

> Salta aos olhos as diferenças, inclusive quanto aos seus núcleos, entre os tipos da Lei de Segurança Nacional acima transcritos e as condutas dos arts. 136 (hostilidade contra país estrangeiro), 137, 138, 139, 145, 146, e 148 do CPM. Apenas por isso já é possível afirmar que eles permanecem em pleno vigor até os dias atuais"[14].

Também não enxergamos conflito com os novos tipos penais inseridos no Código Penal Comum, que tratam dos crimes contra o Estado Democrático de Direito,

---

[13] CUNHA, Rogério Sanches; SILVARES, Ricardo. *Crimes contra o estado democrático de direito*. Salvador: Juspodivm, p. 194.

[14] CUNHA, Rogério Sanches; SILVARES, Ricardo. *Crimes contra o estado democrático de direito*. Salvador: Juspodivm, p. 194.

de maneira que o tipo, anuindo na fala de Rogério Sanches e Ricardo Silvares, vige até o presente momento. Como sustentamos acima, em sede introdutória, no caso de tipos penais que restringem a sujeição ativa a militar, caso do art. 137 do CPM, tem-se um dos elementos especializantes que indicam a sobrevivência do tipo penal militar incriminador, malgrado a proximidade com o art. 359-I do Código Penal comum, inserido pela Lei n. 14.197/2021.

1.3.3. Crime de ato de jurisdição indevida (art. 138 do CPM)

> *Art. 138. Praticar o militar, indevidamente, no território nacional, ato de jurisdição de país estrangeiro, ou favorecer a prática de ato dessa natureza:*
>
> ***Pena – reclusão, de cinco a quinze anos.***

Assim como nos tipos penais precedentes, compreendemos que o presente delito não coincide com tipo penal da antiga Lei de Segurança Nacional. Nessa linha:

> Salta aos olhos as diferenças, inclusive quanto aos seus núcleos, entre os tipos da Lei de Segurança Nacional acima transcritos e as condutas dos arts. 136 (hostilidade contra país estrangeiro), 137, 138, 139, 145, 146, e 148 do CPM. Apenas por isso já é possível afirmar que eles permanecem em pleno vigor até os dias atuais[15].

Também não enxergamos conflito com os novos tipos penais inseridos no Código Penal Comum, que tratam dos crimes contra o Estado Democrático de Direito, de maneira que o tipo, anuindo na fala de Rogério Sanches e Ricardo Silvares, vige até o presente momento. Como sustentamos acima, em sede introdutória, no caso de tipos penais que restringem a sujeição ativa a militar, caso do art. 138 do CPM, tem-se um dos elementos especializantes que indicam a sobrevivência do tipo penal militar incriminador.

1.3.4. Crime de violação de território estrangeiro (art. 139 do CPM)

> *Art. 139. Violar o militar território estrangeiro, com o fim de praticar ato de jurisdição em nome do brasil:*
>
> ***Pena – reclusão, de dois a seis anos.***

Assim como nos tipos penais precedentes, compreendemos que o presente delito não coincide com tipo penal da antiga Lei de Segurança Nacional. Nessa linha:

> Salta aos olhos as diferenças, inclusive quanto aos seus núcleos, entre os tipos da Lei de Segurança Nacional acima transcritos e as condutas dos arts. 136 (hostilidade contra país estrangeiro), 137, 138, 139, 145, 146, e 148 do CPM. Apenas por isso já é possível afirmar que eles permanecem em pleno vigor até os dias atuais"[16].

[15] CUNHA, Rogério Sanches; SILVARES, Ricardo. *Crimes contra o estado democrático de direito*. Salvador: Juspodivm, p. 194.

[16] CUNHA, Rogério Sanches; SILVARES, Ricardo. *Crimes contra o estado democrático de direito*. Salvador: Juspodivm, p. 194.

Também não enxergamos conflito com os novos tipos penais inseridos no Código Penal Comum, que tratam dos crimes contra o Estado Democrático de Direito, de maneira que o tipo, anuindo na fala de Rogério Sanches e Ricardo Silvares, vige até o presente momento. Como sustentamos acima, em sede introdutória, no caso de tipos penais que restringem a sujeição ativa a militar, caso do art. 139 do CPM, tem-se um dos elementos especializantes que indicam a sobrevivência do tipo penal militar incriminador.

1.3.5. Crime de entendimento para empenhar o Brasil à neutralidade ou à guerra (art. 140 do CPM)

> *Art. 140. Entrar ou tentar entrar o militar em entendimento com país estrangeiro, para empenhar o brasil à neutralidade ou à guerra:*
>
> ***Pena – reclusão, de seis a doze anos.***

Enxergamos proximidade deste delito com o art. 8º da revogada Lei de Segurança Nacional:

LSN	CPM
Art. 8º. Entrar em entendimento ou negociação com governo ou grupo estrangeiro, ou seus agentes, para provocar guerra ou atos de hostilidade contra o Brasil. Pena: reclusão, de 3 a 15 anos.	**Entendimento para empenhar o Brasil à neutralidade ou à guerra** Art. 140. Entrar ou tentar entrar o militar em entendimento com país estrangeiro, para empenhar o Brasil à neutralidade ou à guerra: Pena - reclusão, de seis a doze anos.

Seguindo nossa linha de raciocínio, a sujeição ativa por militar, exigida no tipo penal do art. 140 do CPM, traz-lhe um elemento especializando que sentenciava – e sentencia – sua sobrevivência, de maneira que deve ele, ainda hoje, ser aplicado.

Importante, no entanto, registrar posição, da qual discordamos, embora sempre merecedora de respeito, de Rogério Sanches e Ricardo Silvares:

> Ao mesmo tempo, porém, há duas diferenças cruciais: o art. 140 do CPM pune também a conduta de empenhar o Brasil à neutralidade, o que não existe no art. 8º da Lei de Segurança Nacional; e o agente ativo do crime do Estatuto castrense deve ser militar. Seria esta última condição um elemento especializante? Sem dúvida, mas não ao ponto de preservar a norma em face da Lei de Segurança Nacional. Ora, o art. 2º da Lei n. 7.170 deixava expresso que, em caso de conflito com o CPM, deveria prevalecer o tipo penal constante daquela, se o objetivo fosse atingir um dos bens jurídicos por ela tutelados, dentre os quais a soberania.
>
> Logo, como o art. 140 do Código militar descreve, quanto ao objetivo de provocar a guerra, a mesma conduta presente no art. 8º da Lei de Segurança, concluímos que, nesse aspecto, aquele foi revogado por este último dispositivo (preservada restou, no entanto, a conduta do art. 140 no que tange à conduta de empenhar em levar o país à neutralidade[17].

[17] CUNHA, Rogério Sanches; SILVARES, Ricardo. *Crimes contra o estado democrático de direito.* Salvador: Juspodivm, p. 194-5.

Novamente, com o devido respeito aos autores e amigos, discordamos dessa visão. O fato de haver o elemento especializante, especialmente a sujeição ativa por militar, impõe, de pronto, a solução do conflito em favor da norma mais específica, no caso o Código Penal Militar.

Com efeito, o art. 2º da Lei n. 7.170/1983 dispõe que quando o fato estiver também previsto como crime no Código Penal, no Código Penal Militar ou em leis especiais, levar-se-ão em conta, para a aplicação da Lei de Segurança Nacional, a motivação e os objetivos do agente e a lesão real ou potencial aos bens jurídicos mencionados no artigo anterior. Todavia, parece-nos que deve haver um pressuposto de aplicação do mencionado art. 2º, qual seja, a coincidência de elementos típicos, sem a especialização do tipo penal, fora da Lei de Segurança Nacional, conflitante.

No que concerne aos novos tipos penais contra o Estado Democrático de Direito, resgatamos que os crimes do CPM que restringem a sujeição ativa a militar, caso do art. 140, este elemento especializante indica sua sobrevivência, malgrado também exista aqui proximidade com o art. 359-I do Código Penal comum, inserido pela Lei n. 14.197/2021.

1.3.6. Crime de entendimento para gerar conflito ou divergência com o Brasil

> *Art. 141. Entrar em entendimento com país estrangeiro, ou organização nele existente, para gerar conflito ou divergência de caráter internacional entre o Brasil e qualquer outro país, ou para lhes perturbar as relações diplomáticas:*
>
> *Pena – reclusão, de quatro a oito anos.*
>
> *Resultado mais grave*
>
> *§ 1º Se resulta ruptura de relações diplomáticas:*
>
> *Pena – reclusão, de seis a dezoito anos.*
>
> *§ 2º Se resulta guerra:*
>
> ***Pena – reclusão, de dez a vinte e quatro anos.***

Também neste delito, enxerga-se proximidade de descrição típica com o art. 8º da revogada Lei de Segurança Nacional. Comparemos:

LSN	CPM
Art. 8º. Entrar em entendimento ou negociação com governo ou grupo estrangeiro, ou seus agentes, para provocar guerra ou atos de hostilidade contra o Brasil. Pena: reclusão, de 3 a 15 anos.	**Entendimento para gerar conflito ou divergência com o Brasil** Art. 141. Entrar em entendimento com país estrangeiro, ou organização nele existente, para gerar conflito ou divergência de caráter internacional entre o Brasil e qualquer outro país, ou para lhes perturbar as relações diplomáticas: Pena - reclusão, de quatro a oito anos. **Resultado mais grave** § 1º Se resulta ruptura de relações diplomáticas: Pena - reclusão, de seis a dezoito anos. § 2º Se resulta guerra: Pena - reclusão, de dez a vinte e quatro anos.

Diferentemente de tipos penais como o art. 140, no art. 141 do CPM a sujeição ativa é aberta, não sendo possível seguir o critério com base neste elemento especializante. Ao analisar especificamente este dispositivo do Código Castrense, Rogério Sanches e Ricardo Silvares avaliam:

> Ora, por 'conflito de caráter internacional entre o Brasil e qualquer outro país' deve-se entender como o 'conflito armado' entre nosso país e outro, pois o próprio tipo penal separa o vocábulo 'conflito' de outro, 'divergência', de modo que resta claro não se tratar de mero conflito de ideias, opiniões ou interesses. Tal conflito, diga-se, pode ou não levar à declaração formal de guerra. Por outro lado, a chave para a compreensão da expressão 'atos de hostilidade', em nosso ver, está na CF e no bem jurídico tutelado pelo art. 8º da Lei n. 7.170/1983: ato de hostilidade não pode ser qualquer ato contrário aos interesses nacionais, por mais relevantes e cruciais que sejam estes, mas aqueles que lesionem ou exponham a perigo de lesão a integridade do território brasileiro ou a nossa soberania (art. 1º, I, Lei 7.170). E ato dessa magnitude só pode ser aquilo que a CF denomina 'agressão armada' estrangeira, que pode justificar, como resposta, uma declaração de guerra de nossa parte (art. 84, XIX, e 137, II, CF).
>
> Assim, sempre que o agente, militar ou não, entrasse em entendimento com algum país para provocar conflito ou atos de hostilidade contra o Brasil, estava atingindo nossa soberania e praticando, necessariamente, o delito do art. 8º da Lei n. 7.170/1983, não havendo espaço para a aplicação do art. 141 do Código militar, salvo se a intenção fosse apenas gerar divergência ou perturbar as relações diplomáticas. Ou seja, fora dessas últimas hipóteses, tivemos mais um caso de revogação tácita[18].

Novamente, discordamos dos autores. Embora o conflito possa evidentemente resultar em guerra, quando verificar-se-ía a forma qualificada do § 2º do art. 141, não é apenas esse conflito a que o tipo penal se refere em seu *caput*. Não há, em outros termos, exatidão na compreensão de "guerra" presente no art. 8º da Lei de Segurança Nacional e a expressão "conflito" do dispositivo incriminador do CPM. Quando o legislador penal militar deseja que a contenda seja equiparada à guerra, o faz expressamente, como o fez no art. 140 do CPM, quando utilizou-se da expressão para empenhar o Brasil à "guerra" e não ao conflito.

Na forma como entendemos, a expressão "conflito" significa uma contestação profunda que implica adoção de medidas de retaliação ou até mesmo a guerra, quando o crime se qualificará pelo resultado, mas não necessariamente um conflito armado, sinônimo para os autores de guerra.

Não enxergamos, assim, a colidência entre o tipo penal do art. 141 do CPM e o art. 8º da revogada Lei de Segurança Nacional, a ponto de sustentar que o dispositivo incriminador do Código Castrense tenha restado revogado. Tambem, malgrado a proximidade com o art. 359-I do Código Penal comum, não vislumbramos coincidência com os delitos contra o Estado Democrático de Direito, introduzidos no Código Penal pela Lei n. 14.197/2021.

---

18 CUNHA, Rogério Sanches; SILVARES, Ricardo. *Crimes contra o estado democrático de direito*. Salvador: Juspodivm, p. 195-6.

1.3.7. Crime de tentativa contra a soberania do Brasil

Art. 142. tentar:

I – submeter o território nacional, ou parte dele, à soberania de país estrangeiro;

II – desmembrar, por meio de movimento armado ou tumultos planejados, o território nacional, desde que o fato atente contra a segurança externa do Brasil ou a sua soberania;

III – internacionalizar, por qualquer meio, região ou parte do território nacional:

Pena – reclusão, de quinze a trinta anos, para os cabeças; de dez a vinte anos, para os demais agentes.

Nesta previsão, o autor é punido pela tentativa de uma das três condutas relacionadas no tipo.

Na primeira delas, tenta submeter o País, no total ou parte dele (região, Estado, Município, vilarejo), a mando, domínio, autoridade de país estrangeiro, ou seja, tenta criar espaço geográfico brasileiro onde o próprio Brasil perderia a soberania, o domínio, entregando-o a outro país.

Como já ressaltado, no caso específico do inciso I do art. 142 do CPM, evidente estava a coincidência, o conflito com o art. 9º da revogada Lei de Segurança Nacional e, hoje, com o § 2º do art. 359-I do Código Penal. Resgatemos o quadro comparativo:

LSN	CPM	CP (Lei n. 14.197/2021)
Art. 9º - Tentar submeter o território nacional, ou parte dele, ao domínio ou à soberania de outro país. Pena: reclusão, de 4 a 20 anos. Parágrafo único - Se do fato resulta lesão corporal grave, a pena aumenta-se até um terço; se resulta morte aumenta-se até a metade.	**Tentativa contra a soberania do Brasil** Art. 142. Tentar: I - submeter o território nacional, ou parte dele, à soberania de país estrangeiro; [...] Pena - reclusão, de quinze a trinta anos, para os cabeças; de dez a vinte anos, para os demais agentes.	Art. 359-I. [...] § 2º Se o agente participa de operação bélica com o fim de submeter o território nacional, ou parte dele, ao domínio ou à soberania de outro país: Pena - reclusão, de 4 (quatro) a 12 (doze) anos.

Não há, em nosso sentir, elemento especializante que justifique a sobrevivência do art. 142, I, do CPM em face da Lei de Segurança Nacional. A única distinção entre os tipos penais estava na elementar "domínio" da Lei de Segurança Nacional, não existente no Código Penal Militar, o que não nos parece distinguir os tipos, pois domínio pressupõe eliminar a independência plena do estado dominado, o que, seguramente, importa em afetação da soberania. Conclui-se, nesse caminho, que deveria prevalecer o mais recente, ou seja, da Lei de Segurança Nacional, que, em nossa compreensão revogara tacitamente o dispositivo do CPM. Não podendo se considerar a hipótese de repristinação, não há como ressuscitar o tipo penal do inciso I do art. 142 do Código Castrense, de maneira que prevalece, hoje, o art. 359, § 2º, do CP – admitindo-se a possibilidade, sempre se ressalte, de crime militar extravagante –, ainda que possua elementos específicos que, substancialmente, o distinguem do tipo penal militar incriminador, definindo-se a forma pela qual se busca submeter o território nacional à soberania (ou domínio) de outro país. Qualquer outra forma que não seja pela participação em operação bélica, se adotada nossa posição, seria fato atípico.

Na segunda modalidade, do inciso II do art. 142, o autor tenta desmembrar, separar, destacar área geográfica, utilizando-se para tal de luta armada ou promovendo perturbações graves da ordem pública vigente, orquestradas no sentido de fazer com que o Estado brasileiro perca o controle sobre a região.

Novamente, como já indicamos, havia o conflito com a Lei n. 7.170/1983, comparemos:

LSN	CPM	CP (Lei n. 14.197/2021)
Art. 11 - Tentar desmembrar parte do território nacional para constituir país independente. Pena: reclusão, de 4 a 12 anos.	Tentativa contra a soberania do Brasil Art. 142. Tentar: [...]. II - desmembrar, por meio de movimento armado ou tumultos planejados, o território nacional, desde que o fato atente contra a segurança externa do Brasil ou a sua soberania; [...] Pena - reclusão, de quinze a trinta anos, para os cabeças; de dez a vinte anos, para os demais agentes.	Art. 359-J. Praticar violência ou grave ameaça com a finalidade de desmembrar parte do território nacional para constituir país independente: Pena - reclusão, de 2 (dois) a 6 (seis) anos, além da pena correspondente à violência.

Sustentávamos, igualmente, a análise seria em favor da norma mais recente nos casos em que a conduta não seja por meio de movimento armado ou tumultos planejados, pois, em sendo por essa forma, havia de prevalecer a norma mais específica, ou seja, o Código Penal Militar (*lex specialis derogat generali*). Hoje, como o novel tipo possui por elementar a violência e a grave ameaça, o que, naturalmente, abarca o movimento armado ou tumulto, parece-nos que deve prevalecer o tipo penal incriminador do Código Penal comum, do art. 359-J.

Também são pela não mais aplicação do inciso II do art. 142, Rogério Sanches e Ricardo Silvares:

> O inciso II do art. 142 do Estatuto penal militar, por sua vez, possuía identidade de bem jurídico tutelado e de conduta com o art. 11 da Lei de Segurança Nacional. Em ambos, era a soberania que acabava atingida e a conduta buscava desmembrar o território nacional. Logo, pensamos que, por força do art. 2º da Lei 7.210, sempre que a conduta se apresentasse, seria aplicável o art. 11 deste último veículo normativo, não restando espaço para a aplicação do art. 142 daquele Código, que fora, portanto, tacitamente revogado [...][19].

[19] CUNHA, Rogério Sanches; SILVARES, Ricardo. *Crimes contra o estado democrático de direito*. Salvador: Juspodivm, p. 196.

Naturalmente, quiseram os autores se referir à Lei n. 7.170/1983 e não à Lei n. 7210, como consignado, mas fica evidente a posição pela não aplicação do dispositivo em comento, abrindo válvula para a aplicação do art. 359-J do CP.

Na terceira e última modalidade (inciso III do art. 142 do CPM), o autor tenta, como no inciso I, obstar o poder soberano do Brasil sobre determinada região, mas, em vez de lhe entregar a mando de país estrangeiro, a área é internacionalizada, ou seja, passa a ser domínio de um grupo de países ou de todos os países.

Não havia, em nosso compreender, dispositivo conflitante na revogada Lei de Segurança Nacional, assim como não houve descrição dessa conduta nos crimes contra o Estado Democrático de Direito. Nessa mesma linha:

> Parece-nos que o inciso III procurou estabelecer a hipótese em que o agente tenta colocar parte do território brasileiro sob a administração de organismos internacionais, notadamente da Organização das Nações Unidas (ONU) ou da Organização dos Estados Americanos (OEA). Estes, como é cediço, não podem exercer domínio ou soberania sobre território de país algum, mas apenas atuar em missões diversas, inclusive de paz, ainda que com emprego de força militar. É disso que trata o inciso III, que, em nosso entender, possui conduta que nunca foi abarcada por qualquer tipo legal da Lei de Segurança Nacional, restando, pois, preservado[20].

Há certa proximidade, verdade, como art. 359-J do CP, trazido pela Lei n. 14.197/2021, mas ambos os dispositivos, do CPM e do CP, sobrevivem e as condutas podem ser diferenciadas, na forma também proposta por Rogério Sanches e Ricardo Silvares:

a) se o militar praticar violência ou grave ameaça com a finalidade de desmembrar parte do território nacional para constituir país independente, cometerá delito do art. 359-J do CP: se agir nas circunstâncias do art. 9º do CPM, haverá crime militar, do contrário, delito comum;

b) se o militar tentar internacionalizar, por qualquer meio, região ou parte do território nacional, cometerá o crime do art. 142, III, do CPM: o crime é militar próprio, pois a conduta só é prevista no Código militar"[21].

Com efeito, afora a concepção do crime propriamente militar, da qual divergimos, a separação das condutas com base na finalidade de constituir um Estado independente ou de internacionalizar parece adequada. Melhor, ainda, quando assumem a possibilidade de o crime comum poder ser adjetivado como crime militar, quando praticado nas condições do inciso II do art. 9º do CPM.

---

20 CUNHA, Rogério Sanches; SILVARES, Ricardo. *Crimes contra o estado democrático de direito*. Salvador: Juspodivm, p. 196.

21 CUNHA, Rogério Sanches; SILVARES, Ricardo. *Crimes contra o estado democrático de direito*. Salvador: Juspodivm, p. 202.

1.3.8. Crime de consecução de notícia, informação ou documento para fim de espionagem

Art. 143. Conseguir, para o fim de espionagem militar, notícia, informação ou documento, cujo sigilo seja de interesse da segurança externa do Brasil:

Pena – reclusão, de quatro a doze anos.

§ 1º A pena é de reclusão de dez a vinte anos:

I – se o fato compromete a preparação ou eficiência bélica do Brasil, ou o agente transmite ou fornece, por qualquer meio, mesmo sem remuneração, a notícia, informação ou documento, a autoridade ou pessoa estrangeira;

II – se o agente, em detrimento da segurança externa do Brasil, promove ou mantém no território nacional atividade ou serviço destinado à espionagem;

III – se o agente se utiliza, ou contribui para que outrem se utilize, de meio de comunicação, para dar indicação que ponha ou possa pôr em perigo a segurança externa do Brasil.

Modalidade culposa

§ 2º Contribuir culposamente para a execução do crime:

Pena – detenção, de seis meses a dois anos, no caso do artigo; ou até quatro anos, no caso do § 1º, n. I.

Não enxergamos dispositivo conflitante da revogada Lei de Segurança Nacional, embora houvesse proximidade com o inciso IV do parágrafo único do art. 13 dessa Lei, assim como há com o art. 359-K do Código Penal, acrescido pela Lei n. 14.197/2021, senão vejamos:

LSN	CPM	CP (Lei n. 14.197/2021)
Art. 13 - Comunicar, entregar ou permitir a comunicação ou a entrega, a governo ou grupo estrangeiro, ou a organização ou grupo de existência ilegal, de dados, documentos ou cópias de documentos, planos, códigos, cifras ou assuntos que, no interesse do Estado brasileiro, são classificados como sigilosos. Pena: reclusão, de 3 a 15 anos. Parágrafo único - Incorre na mesma pena quem: I - com o objetivo de realizar os atos previstos neste artigo, mantém serviço de espionagem ou dele participa; II - com o mesmo objetivo, realiza atividade aerofotográfica ou de sensoreamento remoto, em qualquer parte do território nacional;	**Consecução de notícia, informação ou documento para fim de espionagem** Art. 143. Conseguir, para o fim de espionagem militar, notícia, informação ou documento, cujo sigilo seja de interesse da segurança externa do Brasil: **Pena - reclusão, de quatro a doze anos.** § 1º A pena é de reclusão de dez a vinte anos: I - se o fato compromete a preparação ou eficiência bélica do Brasil, ou o agente transmite ou fornece, por qualquer meio, mesmo sem remuneração, a notícia, informação ou documento, a autoridade ou pessoa estrangeira;	**Espionagem** Art. 359-K. Entregar a governo estrangeiro, a seus agentes, ou a organização criminosa estrangeira, em desacordo com determinação legal ou regulamentar, documento ou informação classificados como secretos ou ultrassecretos nos termos da lei, cuja revelação possa colocar em perigo a preservação da ordem constitucional ou a soberania nacional: Pena - reclusão, de 3 (três) a 12 (doze) anos. § 1º Incorre na mesma pena quem presta auxílio a espião, conhecendo essa circunstância, para subtraí-lo à ação da autoridade pública. § 2º Se o documento, dado ou informação é transmitido ou revelado com violação do dever de sigilo:

LSN	CPM	CP (Lei n. 14.197/2021)
III - oculta ou presta auxílio a espião, sabendo-o tal, para subtraí-lo à ação da autoridade pública; IV - obtém ou revela, para fim de espionagem, desenhos, projetos, fotografias, notícias ou informações a respeito de técnicas, de tecnologias, de componentes, de equipamentos, de instalações ou de sistemas de processamento automatizado de dados, em uso ou em desenvolvimento no País, que, reputados essenciais para a sua defesa, segurança ou economia, devem permanecer em segredo.	II - se o agente, em detrimento da segurança externa do Brasil, promove ou mantém no território nacional atividade ou serviço destinado à espionagem; III - se o agente se utiliza, ou contribui para que outrem se utilize, de meio de comunicação, para dar indicação que ponha ou possa pôr em perigo a segurança externa do Brasil. **Modalidade culposa** § 2º Contribuir culposamente para a execução do crime: Pena - detenção, de seis meses a dois anos, no caso do artigo; ou até quatro anos, no caso do § 1º, nº I.	Pena - reclusão, de 6 (seis) a 15 (quinze) anos. § 3º Facilitar a prática de qualquer dos crimes previstos neste artigo mediante atribuição, fornecimento ou empréstimo de senha, ou de qualquer outra forma de acesso de pessoas não autorizadas a sistemas de informações: Pena - detenção, de 1 (um) a 4 (quatro) anos. § 4º Não constitui crime a comunicação, a entrega ou a publicação de informações ou de documentos com o fim de expor a prática de crime ou a violação de direitos humanos.

Malgrado a proximidade, não havia, como não há perfeita coincidência a permitir a conclusão pela inaplicabilidade do art. 143 em relação à revogada Lei de Segurança Nacional e, nem agora, em relação aos crimes contra o Estado Democrático de Direito, Sobrevivendo o tipo penal militar incriminador.

Também nesse mesmo caminho:

> O *caput* do art. 143 do CPM guardava semelhança com o inciso IV do parágrafo único do art. 13 da Lei de Segurança, dedicado à criminalização da espionagem. Com efeito, havia sinonímia dos núcleos do tipo, tendo sido o legislador da Lei n. 7.170 mais feliz no emprego da língua portuguesa: 'conseguir', no art. 143; 'obter' no art. 13.
>
> Por outro lado, havia diferenças quanto aos objetos materiais: no inciso IV do parágrafo único do art. 13, muito mais específico, eram desenhos, projetos, fotografias, notícias ou informações a respeito de técnicas, de tecnologias, de componentes, de equipamentos, de instalações ou de sistemas de processamento automatizado de dados, em uso ou em desenvolvimento no país, que, reputados essenciais para a sua defesa, segurança ou economia, deviam permanecer em segredo; no *caput* do art. 143, notícia, informação ou documento, cujo sigilo fosse de interesse da segurança externa do Brasil. A fórmula do legislador do Estatuto castrense abarcava tudo aquilo que constava do dispositivo da lei especial e muito mais. A conclusão, portanto, é a de que a Lei de Segurança Nacional não revogou o *caput* do art. 143 do CPM[22].

Ressalte-se que o novo tipo penal do Código Penal (art. 359-K) nem mesmo possui verbo nuclear aproximado, o que indica a continuidade de aplicação do art.

[22] CUNHA, Rogério Sanches; SILVARES, Ricardo. *Crimes contra o estado democrático de direito*. Salvador: Juspodivm, p. 197-8.

143 do CPM. Ademais, assiste razão a Rogério Sanches e Ricardo Silvares ao distinguir na seguinte ordem:

> A conduta do art. 143 do Código militar é nitidamente preparatória do crime de espionagem do CP, especificamente da conduta do *caput* do art. 359-K, combinada ou não com seu § 2º, pois, neste, não se previu a conduta de obtenção do documento ou informação sigilosa, mas somente a utilização posterior dos objetos materiais. Além disso, o tipo do art. 143 limita a finalidade da obtenção dos dados informativos à espionagem de natureza militar, ou seja, aquela praticada no âmbito das forças militares e para fins de atividades destas, o que leva à conclusão de que pode ser cometido por militar, e sempre com violação de sigilo, pois inerente às suas funções[23].

1.3.9. Crime de revelação de notícia, informação ou documento

> Art. 144. revelar notícia, informação ou documento, cujo sigilo seja de interesse da segurança externa do Brasil:
>
> Pena – reclusão, de três a oito anos.
>
> Fim da espionagem militar
>
> § 1º Se o fato é cometido com o fim de espionagem militar:
>
> Pena – reclusão, de seis a doze anos.
>
> Resultado mais grave
>
> § 2º Se o fato compromete a preparação ou a eficiência bélica do País:
>
> Pena – reclusão, de dez a vinte anos.
>
> Modalidade culposa
>
> § 3º Se a revelação é culposa:
>
> ***Pena – detenção, de seis meses a dois anos, no caso do artigo; ou até quatro anos, nos casos dos §§ 1º e 2º.***

Também neste tipo, não enxergamos dispositivo conflitante da revogada Lei de Segurança Nacional, embora, igualmente ao crime anterior, houvesse proximidade, especialmente do § 1º do art. 144 do CPM, com o inciso IV do parágrafo único do art. 13 da Lei 7.170/1983, assim como há com o art. 359-K do Código Penal, acrescido pela Lei n. 14.197/2021. Comparemos:

LSN	CPM	CP (Lei n. 14.197/2021)
Art. 13 - Comunicar, entregar ou permitir a comunicação ou a entrega, a governo ou grupo estrangeiro, ou a organização ou grupo de existência ilegal, de dados, documentos ou cópias de documentos, planos, códigos, cifras ou assuntos que, no interesse do Estado brasileiro, são classificados como sigilosos.	**Revelação de notícia, informação ou documento** Art. 144. Revelar notícia, informação ou documento, cujo sigilo seja de interesse da segurança externa do Brasil:	**Espionagem** Art. 359-K. Entregar a governo estrangeiro, a seus agentes, ou a organização criminosa estrangeira, em desacordo com determinação legal ou regulamentar, documento ou informação classificados como secretos ou ultrassecretos nos termos da lei, cuja revelação possa colocar em perigo a preservação da ordem constitucional ou a soberania nacional:

[23] CUNHA, Rogério Sanches; SILVARES, Ricardo. *Crimes contra o estado democrático de direito*. Salvador: Juspodivm, p. 205.

LSN	CPM	CP (Lei n. 14.197/2021)
Pena: reclusão, de 3 a 15 anos. Parágrafo único - Incorre na mesma pena quem: I - com o objetivo de realizar os atos previstos neste artigo, mantém serviço de espionagem ou dele participa; II - com o mesmo objetivo, realiza atividade aerofotográfica ou de sensoreamento remoto, em qualquer parte do território nacional; III - oculta ou presta auxílio a espião, sabendo-o tal, para subtraí-lo à ação da autoridade pública; IV - obtém ou revela, para fim de espionagem, desenhos, projetos, fotografias, notícias ou informações a respeito de técnicas, de tecnologias, de componentes, de equipamentos, de instalações ou de sistemas de processamento automatizado de dados, em uso ou em desenvolvimento no País, que, reputados essenciais para a sua defesa, segurança ou economia, devem permanecer em segredo.	Pena - reclusão, de três a oito anos. **Fim da espionagem militar** § 1º Se o fato é cometido com o fim de espionagem militar: Pena - reclusão, de seis a doze anos. **Resultado mais grave** § 2º Se o fato compromete a preparação ou a eficiência bélica do país: Pena - reclusão, de dez a vinte anos. **Modalidade culposa** § 3º Se a revelação é culposa: Pena - detenção, de seis meses a dois anos, no caso do artigo; ou até quatro anos, nos casos dos §§ 1° e 2.	Pena - reclusão, de 3 (três) a 12 (doze) anos. § 1º Incorre na mesma pena quem presta auxílio a espião, conhecendo essa circunstância, para subtraí-lo à ação da autoridade pública. § 2º Se o documento, dado ou informação é transmitido ou revelado com violação do dever de sigilo: Pena - reclusão, de 6 (seis) a 15 (quinze) anos. § 3º Facilitar a prática de qualquer dos crimes previstos neste artigo mediante atribuição, fornecimento ou empréstimo de senha, ou de qualquer outra forma de acesso de pessoas não autorizadas a sistemas de informações: Pena - detenção, de 1 (um) a 4 (quatro) anos. § 4º Não constitui crime a comunicação, a entrega ou a publicação de informações ou de documentos com o fim de expor a prática de crime ou a violação de direitos humanos.

Malgrado a proximidade, não havia, como não há perfeita coincidência a permitir a conclusão pela inaplicabilidade do art. 144 em relação à revogada Lei de Segurança Nacional e, nem agora, em relação aos crimes contra o Estado Democrático de Direito, Sobrevivendo o tipo penal militar incriminador. Nessa senda:

> No entanto, fora desses casos, é possível pensar na divulgação dessas informações para fins de espionagem, que é a forma mais grave do crime, prevista no § 1º. Nessa hipótese, não há propriamente coincidência com as condutas previstas no art. 13, *caput*, e parágrafo único, IV, da Lei de Segurança Nacional, pois a conduta do parágrafo do art. 144 é mais ampla, podendo incluir situações que não eram previstas nesses outros dispositivos. Ou seja, o tipo do art. 144, incluindo seu § 1º, não foi revogado pela Lei de Segurança Nacional[24].

Não nos parece ser diversa a análise diante do art. 359-K do Código Penal, portanto, ainda remanesce aplicável o art. 144 do CPM. Distinguindo os dois dispositivos, Rogéri Sanches e Ricardo Silvares deflagram:

[24] CUNHA, Rogério Sanches; SILVARES, Ricardo. *Crimes contra o estado democrático de direito*. Salvador: Juspodivm, p. 199.

A revelação de notícia, informação ou documento sigilosos, com o fim de espionagem militar ou não, pode coincidir com a conduta de entregar a governo estrangeiro ou a seus agentes, documento ou informação classificados como secretos ou ultrassecretos. Ambos são atos de espionagem. Contudo, a conduta do CPM parece ser bem mais ampla do que a prevista no art. 359-K, limitada esta a certos destinatários da informação. A conduta do Código Militar, por sua vez, não tem a mesma limitação, já que a informação pode ser revelada, por exemplo, a um grupo privado, não criminoso, como um veículo de imprensa [...]. Não haveria crime por parte deste último, depois, na divulgação da informação ao público, mas o ato anterior do agente de revelar ao veículo de mídia terá sido, sim, uma infração penal"[25].

1.3.10. Crime de turbação de objeto ou documento

Art. 145. Suprimir, subtrair, deturpar, alterar, desviar, ainda que temporariamente, objeto ou documento concernente à segurança externa do Brasil:

Pena – reclusão, de três a oito anos.

Resultado mais grave

§ 1º Se o fato compromete a segurança ou a eficiência bélica do país:

Pena – reclusão, de dez a vinte anos.

Modalidade culposa

§ 2º Contribuir culposamente para o fato:

Pena – detenção, de seis meses a dois anos.

O presente delito não coincidia, destaque-se, com tipo penal da antiga Lei de Segurança Nacional. Nesse sentido:

Salta aos olhos as diferenças, inclusive quanto aos seus núcleos, entre os tipos da Lei de Segurança Nacional acima transcritos e as condutas dos arts. 136 (hostilidade contra país estrangeiro), 137, 138, 139, 145, 146, e 148 do CPM. Apenas por isso já é possível afirmar que eles permanecem em pleno vigor até os dias atuais[26].

Também não enxergamos conflito com os novos tipos penais inseridos no Código Penal Comum, que tratam dos crimes contra o Estado Democrático de Direito, de maneira que o tipo, anuindo na fala de Rogério Sanches e Ricardo Silvares, vige até o presente momento.

1.3.11. Crime de penetração com o fim de espionagem

Art. 146. Penetrar, sem licença, ou introduzir-se clandestinamente ou sob falso pretexto, em lugar sujeito à administração militar, ou centro industrial a serviço de construção ou fabricação sob fiscalização militar, para colher informação destinada a país estrangeiro ou agente seu:

---

[25] CUNHA, Rogério Sanches; SILVARES, Ricardo. *Crimes contra o estado democrático de direito*. Salvador: Juspodivm, p. 206-7.

[26] CUNHA, Rogério Sanches; SILVARES, Ricardo. *Crimes contra o estado democrático de direito*. Salvador: Juspodivm, p. 194.

Pena – reclusão, de três a oito anos.

Parágrafo único. Entrar, em local referido no artigo, sem licença de autoridade competente, munido de máquina fotográfica ou qualquer outro meio hábil para a prática de espionagem:

Pena – reclusão, até três anos.

O presente delito não coincidia, destaque-se, com tipo penal da antiga Lei de Segurança Nacional. Nesse sentido:

> Salta aos olhos as diferenças, inclusive quanto aos seus núcleos, entre os tipos da Lei de Segurança Nacional acima transcritos e as condutas dos arts. 136 (hostilidade contra país estrangeiro), 137, 138, 139, 145, 146, e 148 do CPM. Apenas por isso já é possível afirmar que eles permanecem em pleno vigor até os dias atuais[27].

Também não enxergamos conflito com os novos tipos penais inseridos no Código Penal Comum, que tratam dos crimes contra o Estado Democrático de Direito, de maneira que o tipo, anuindo na fala de Rogério Sanches e Ricardo Silvares, vige até o presente momento.

1.3.12. Crime de desenho ou levantamento de plano ou planta de local militar ou de engenho de guerra

Art. 147. Fazer desenho ou levantar plano ou planta de fortificação, quartel, fábrica, arsenal, hangar ou aeródromo, ou de navio, aeronave ou engenho de guerra motomecanizado, utilizados ou em construção sob administração ou fiscalização militar, ou fotografá-los ou filmá-los:

Pena – reclusão, até quatro anos, se o fato não constitui crime mais grave.

Não enxergamos, destaque-se de partida, colidência deste delito com tipos penais da revogada Lei de Segurança Nacional e nem com os tipos penais contra o Estado Democrático de Direito, inseridos no Código Penal comum pela Lei n. 14.197/2021.

1.3.13. Crime de sobrevoo em local interdito

Art. 148. Sobrevoar local declarado interdito:

Pena – reclusão, até três anos.

O presente delito não coincidia, destaque-se, com tipo penal da antiga Lei de Segurança Nacional. Nesse sentido:

> Salta aos olhos as diferenças, inclusive quanto aos seus núcleos, entre os tipos da Lei de Segurança Nacional acima transcritos e as condutas dos arts. 136 (hostilidade contra

[27] CUNHA, Rogério Sanches; SILVARES, Ricardo. *Crimes contra o estado democrático de direito*. Salvador: Juspodivm, p. 194.

país estrangeiro), 137, 138, 139, 145, 146, e 148 do CPM. Apenas por isso já é possível afirmar que eles permanecem em pleno vigor até os dias atuais[28].

Também não enxergamos conflito com os novos tipos penais inseridos no Código Penal Comum, que tratam dos crimes contra o Estado Democrático de Direito, de maneira que o tipo, anuindo na fala de Rogério Sanches e Ricardo Silvares, vige até o presente momento.

1.4. OUTROS POSSÍVEIS CHOQUES DE CRIMES MILITARES COM OS NOVOS TIPOS PENAIS DO TÍTULO XII DO CP

1.4.1. Crime de divulgação de segredo:

> Art. 228. *divulgar, sem justa causa, conteúdo de documento particular sigiloso ou de correspondência confidencial, de que é detentor ou destinatário, desde que da divulgação possa resultar dano a outrem:*
>
> ***Pena – detenção, até seis meses.***

Sobre o possível choque deste delito com o § 2º do art. 359-K do Código Penal ("Se o documento, dado ou informação é transmitido ou revelado com violação do dever de sigilo"), trazido pela Lei n. 14.197/2021, anuímos à visão de Rogério Sanches e de Ricardo Silvares:

> Vê-se que não há conflito entre os dispositivos citados. O tipo inserido no contexto do CPM tutela segredos de caráter particular, não guardando relação alguma com a conduta descrita no § 2º do art. 359-K do CP, que, como já comentamos, insere-se na conjuntura da espionagem, tendo como objeto material documento ou informação classificados como secretos ou ultrassecretos, cuja revelação possa colocar em perigo a preservação da ordem constitucional ou a soberania popular[29].

1.4.2. Crime de violação de segredo profissional

> Art. 230. *Revelar, sem justa causa, segredo de que tem ciência, em razão de função ou profissão, exercida em local sob administração militar, desde que da revelação possa resultar dano a outrem:*
>
> ***Pena – detenção, de três meses a um ano.***

Sobre o possível choque deste delito com o § 2º do art. 359-K do Código Penal ("Se o documento, dado ou informação é transmitido ou revelado com violação

[28] CUNHA, Rogério Sanches; SILVARES, Ricardo. *Crimes contra o estado democrático de direito*. Salvador: Juspodivm, p. 194.

[29] CUNHA, Rogério Sanches; SILVARES, Ricardo. *Crimes contra o estado democrático de direito*. Salvador: Juspodivm, p. 207-8.

do dever de sigilo"), trazido pela Lei n. 14.197/2021, anuímos à visão de Rogério Sanches e de Ricardo Silvares:

> Vê-se que não há conflito entre os dispositivos citados. O tipo inserido no contexto do CPM tutela segredos de caráter particular, não guardando relação alguma com a conduta descrita no § 2º do art. 359-K do CP, que, como já comentamos, insere-se na conjuntura da espionagem, tendo como objeto material documento ou informação classificados como secretos ou ultrassecretos, cuja revelação possa colocar em perigo a preservação da ordem constitucional ou a soberania popular[30].

1.4.3. Crime de incêndio

> *Art. 268. Causar incêndio em lugar sujeito à administração militar, expondo a perigo a vida, a integridade física ou o patrimônio de outrem:*
>
> *Pena – reclusão, de três a oito anos.*
>
> *§ 1º A pena é agravada:*
>
> *Agravação de pena*
>
> *I – se o crime é cometido com intuito de obter vantagem pecuniária para si ou para outrem;*
>
> *II – se o incêndio é:*
>
> *a) em casa habitada ou destinada a habitação;*
>
> *b) em edifício público ou qualquer construção destinada a uso público ou a obra de assistência social ou de cultura;*
>
> *c) em navio, aeronave, comboio ou veículo de transporte coletivo;*
>
> *d) em estação ferroviária, rodoviária, aeródromo ou construção portuária;*
>
> *e) em estaleiro, fábrica ou oficina;*
>
> *f) em depósito de explosivo, combustível ou inflamável;*
>
> *g) em poço petrolífero ou galeria de mineração;*
>
> *h) em lavoura, pastagem, mata ou floresta.*
>
> *§ 2º Se culposo o incêndio:*
>
> *Incêndio culposo*
>
> ***Pena – detenção, de seis meses a dois anos.***

Sobre o possível choque deste delito com o art. 359-R do Código Penal ("Destruir ou inutilizar meios de comunicação ao público, estabelecimentos, instalações ou serviços destinados à defesa nacional, com o fim de abolir o Estado Democrático de Direito"), trazido pela Lei n. 14.197/2021, anuímos à visão de Rogério Sanches e de Ricardo Silvares:

> "É inegável que o crime de sabotagem do Título XII do CP poderá ser praticado por algumas das formas descritas nos artigos do CPM acima transcritos. Porém, nesse caso, o conflito aparente de normas – que existe – deve ser resolvido por meio da especialidade, ligado à tutela dos bens jurídicos: sempre que o militar cometer ato de sabotagem que possam, em tese, encontrar subsunção nos dois Códigos, será aplicado o art. 359-R do

30 CUNHA, Rogério Sanches; SILVARES, Ricardo. *Crimes contra o estado democrático de direito*. Salvador: Juspodivm, p. 207-8.

> CP, se o objetivo for atentar contra os serviços essenciais e desse modo abalar o Estado Democrático de Direito. Ausente tal finalidade da conduta, será aplicado o disposto no Código militar que corresponda ao fato cometido"[31].

Obviamente que, em sendo praticado nas condições das alíneas do inciso II do art. 9º do CPM, o delito do art. 359-R do CP poderá ser adjetivado como militar (extravagante).

1.4.4. Crime de explosão

> *Art. 269. Causar ou tentar causar explosão, em lugar sujeito à administração militar, expondo a perigo a vida, a integridade ou o patrimônio de outrem:*
>
> *Pena – reclusão, até quatro anos.*
>
> *Forma qualificada*
>
> *§ 1º Se a substância utilizada é dinamite ou outra de efeitos análogos:*
>
> *Pena – reclusão, de três a oito anos.*
>
> *Agravação de pena*
>
> *§ 2º A pena é agravada se ocorre qualquer das hipóteses previstas no § 1º, n. I. do artigo anterior, ou é visada ou atingida qualquer das coisas enumeradas no n. II do mesmo parágrafo.*
>
> *§ 3º Se a explosão é causada pelo desencadeamento de energia nuclear:*
>
> *Pena – reclusão, de cinco a vinte anos.*
>
> *Modalidade culposa*
>
> ***§ 4º No caso de culpa, se a explosão é causada por dinamite ou substância de efeitos análogos, a pena é detenção, de seis meses a dois anos; se é causada pelo desencadeamento de energia nuclear, detenção de três a dez anos; nos demais casos, detenção de três meses a um ano.***

Sobre o possível choque deste delito com o art. 359-R do Código Penal ("Destruir ou inutilizar meios de comunicação ao público, estabelecimentos, instalações ou serviços destinados à defesa nacional, com o fim de abolir o Estado Democrático de Direito"), trazido pela Lei n. 14.197/2021, anuímos à visão de Rogério Sanches e de Ricardo Silvares:

> É inegável que o crime de sabotagem do Título XII do CP poderá ser praticado por algumas das formas descritas nos artigos do CPM acima transcritos. Porém, nesse caso, o conflito aparente de normas – que existe – deve ser resolvido por meio da especialidade, ligado à tutela dos bens jurídicos: sempre que o militar cometer ato de sabotagem que possam, em tese, encontrar subsunção nos dois Códigos, será aplicado o art. 359-R do CP, se o objetivo for atentar contra os serviços essenciais e desse modo abalar o Estado Democrático de Direito. Ausente tal finalidade da conduta, será aplicado o disposto no Código militar que corresponda ao fato cometido[32].

---

[31] CUNHA, Rogério Sanches; SILVARES, Ricardo. *Crimes contra o estado democrático de direito*. Salvador: Juspodivm, p. 210.

[32] CUNHA, Rogério Sanches; SILVARES, Ricardo. *Crimes contra o estado democrático de direito*. Salvador: Juspodivm, p. 210.

Obviamente que, em sendo praticado nas condições do art. 9º do CPM, o delito do art. 359-R do CP poderá ser adjetivado como militar (extravagante).

1.4.5. Crime de atentado contra serviço de utilidade militar

Art. 287. Atentar contra a segurança ou o funcionamento de serviço de água, luz, força ou acesso, ou qualquer outro de utilidade, em edifício ou outro lugar sujeito à administração militar:

Pena – reclusão, até cinco anos.

Parágrafo único. Aumentar-se-á a pena de um terço até metade, se o dano ocorrer em virtude de subtração de material essencial ao funcionamento do serviço.

Sobre o possível choque deste delito com o art. 359-R do Código Penal ("Destruir ou inutilizar meios de comunicação ao público, estabelecimentos, instalações ou serviços destinados à defesa nacional, com o fim de abolir o Estado Democrático de Direito"), trazido pela Lei n. 14.197/2021, anuímos à visão de Rogério Sanches e de Ricardo Silvares:

> É inegável que o crime de sabotagem do Título XII do CP poderá ser praticado por algumas das formas descritas nos artigos do CPM acima transcritos. Porém, nesse caso, o conflito aparente de normas – que existe – deve ser resolvido por meio da especialidade, ligado à tutela dos bens jurídicos: sempre que o militar cometer ato de sabotagem que possam, em tese, encontrar subsunção nos dois Códigos, será aplicado o art. 359-R do CP, se o objetivo for atentar contra os serviços essenciais e desse modo abalar o Estado Democrático de Direito. Ausente tal finalidade da conduta, será aplicado o disposto no Código militar que corresponda ao fato cometido"[33].

1.4.6. Crime de interrupção ou perturbação de serviço ou meio de comunicação

Art. 288. Interromper, perturbar ou dificultar serviço telegráfico, telefônico, telemétrico, de televisão, telepercepção, sinalização, ou outro meio de comunicação militar; ou impedir ou dificultar a sua instalação em lugar sujeito à administração militar, ou desde que para esta seja de interesse qualquer daqueles serviços ou meios:

Pena – detenção, de um a três anos.

Sobre o possível choque deste delito com o art. 359-R do Código Penal ("Destruir ou inutilizar meios de comunicação ao público, estabelecimentos, instalações ou serviços destinados à defesa nacional, com o fim de abolir o Estado Democrático de Direito"), trazido pela Lei n. 14.197/2021, anuímos, ainda, à visão de Rogério Sanches e de Ricardo Silvares:

> É inegável que o crime de sabotagem do Título XII do CP poderá ser praticado por algumas das formas descritas nos artigos do CPM acima transcritos. Porém, nesse caso, o conflito aparente de normas – que existe – deve ser resolvido por meio da especialidade,

[33] CUNHA, Rogério Sanches; SILVARES, Ricardo. *Crimes contra o estado democrático de direito*. Salvador: Juspodivm, p. 210.

> ligado à tutela dos bens jurídicos: sempre que o militar cometer ato de sabotagem que possam, em tese, encontrar subsunção nos dois Códigos, será aplicado o art. 359-R do CP, se o objetivo for atentar contra os serviços essenciais e desse modo abalar o Estado Democrático de Direito. Ausente tal finalidade da conduta, será aplicado o disposto no Código militar que corresponda ao fato cometido"[34].

Obviamente que, em sendo praticado nas condições do inciso II do art. 9º do CPM, o delito do art. 359-R do CP poderá ser adjetivado, repita-se, como militar (extravagante).

1.5. CRIMES CONTRA O ESTADO DEMOCRÁTICO DE DIREITO EM ESPÉCIE

1.5.1. Crimes contra a soberania nacional

1.5.1.1. Atentado à soberania (art. 359-I do CP)

> *Art. 359-I. Negociar com governo ou grupo estrangeiro, ou seus agentes, com o fim de provocar atos típicos de guerra contra o País ou invadi-lo:*
>
> *Pena - reclusão, de 3 (três) a 8 (oito) anos.*
>
> *§ 1º Aumenta-se a pena de metade até o dobro, se declarada guerra em decorrência das condutas previstas no caput deste artigo.*
>
> *§ 2º Se o agente participa de operação bélica com o fim de submeter o território nacional, ou parte dele, ao domínio ou à soberania de outro país:*
>
> *Pena - reclusão, de 4 (quatro) a 12 (doze) anos.*

– **Objetividade jurídica:** tutela-se o Estado Democrático de Direito, especificamente pelo viés da soberania nacional.

O Estado Brasileiro, constitucionalmente, consagra-se como um Estado Democrático de Direito (art. 1º, CF), concepção que já possuía, por óbvio, tutela jurídica, mas que, agora, de maneira bem definida, ganhou tutela penal, constituindo-se em bem jurídico-penal.

Em verdade, são duas adjetivações que se complementam: Estado de Direito e Estado Democrático.

Na visão de Alexandre de Moraes, o Estado de Direito:

> "[...] caracteriza-se por apresentar as seguintes premissas: (1) primazia da lei, (2) sistema hierárquico de normas que preserva a segurança jurídica e que se concretiza na diferente natureza das distintas normas e em seu correspondente âmbito de validade; (3) observância obrigatória da legalidade pela administração pública; (4) separação de poderes como garantia da liberdade ou controle de possíveis abusos; (5) reconhecimento da personalidade jurídica do Estado, que mantém relações jurídicas com os cidadãos;

[34] CUNHA, Rogério Sanches; SILVARES, Ricardo. *Crimes contra o estado democrático de direito*. Salvador: Juspocivm, p. 210.

> (6) reconhecimento e garantia dos direitos fundamentais incorporados à ordem constitucional; (7) em alguns casos, a existência de controle de constitucionalidade das leis como garantia ante o despotismo do Legislativo.
>
> Assim, existirá o Estado de Direito onde houver a supremacia da legalidade, ou para o direito inglês a *The Rule of Law,* para o direito francês o État Legal, para o direito alemão o Rechtsstaat, ou ainda, a *always under law* do direito norte-americano"[35].

Frise-se, o Estado Democrático é pautado pela lei, mas não qualquer lei, uma lei que tenha a legitimidade popular, ainda que por via indireta, onde se encaixa o Estado Democrático.

Sim, porque não estará em alinho com a expressão um Estado regido por uma lei imposta por um processo nada participativo, sem que se faça presente a titularidade do povo, um lei vigente como fruto de um processo ditatorial. Não por acaso, replicando os postulados de Sieyés[36], o parágrafo único do art. 1º da Constituição Federal dispõe que "Todo poder emana do povo, que o exerce por meio de representantes eleitos ou diretamente, nos termos desta Constituição".

Voltando a Alexandre de Moraes:

> Por outro lado, e de maneira complementar, a defesa de um Estado Democrático pretende, precipuamente, afastar a tendência humana ao autoritarismo e à concentração de poder. Como ensina Giuseppe de Vergottini, o estado autoritário, em breve síntese, caracteriza-se pela concentração no exercício do poder, prescindindo do consenso dos governados e repudiando o sistema de organização liberal, principalmente a separação das funções do poder e as garantias individuais
>
> [...].
>
> O Estado Democrático de Direito, caracterizador do Estado Constitucional, significa que o Estado se rege por normas democráticas, com eleições livres, periódicas e pelo povo, bem como o respeito das autoridades públicas aos direitos e garantias fundamentais é proclamado, por exemplo, no caput do art. 1º da Constituição da República Federativa do Brasil, que adotou, igualmente, em seu parágrafo único, o denominado princípio democrático ao afirmar que "todo o poder emana do povo, que o exerce por meio de representantes eleitos ou diretamente, nos termos desta Constituição", para mais adiante, em seu art. 14, proclamar que "a soberania popular será exercida pelo sufrágio universal e pelo voto direto e secreto, com valor igual para todos, e, nos termos da lei, mediante: I - plebiscito; II - referendo; III - iniciativa popular"[37].

Enfim, o que se quer é um Estado com submissão de todos à lei, mas uma lei parida por um processo que garanta a participação de todos os cidadãos, de forma direta ou indireta.

Soberania, por seu turno, está assegurada como fundamento republicano (art. 3º, I, CF), no tipo em estudo, consiste no ambiente onde se encaixa o aviltamento de quem pratica a conduta típica. A ideia de soberania foi formalmente conceituada

---

35 MORAES, Alexandre de. *Direito Constitucional*. São Paulo: Atlas (Grupo GEN), 2021, p. 36.

36 Refere-se ao padre (abade) francês Emmanuel Joseph Sieyès (1748-1836), com sua obra *Qu'est-ce que le tiers état?* (no Brasil "A Constituição Burguesa", que consagrou a teoria da titularidade popular do poder.

37 MORAES, Alexandre de. *Direito Constitucional*. São Paulo: Atlas (Grupo GEN), 2021, p. 36.

pela primeira vez por Jean Bodin, em seu "*Les Six Livres de la République*", datado aproximadamente de 1576. É uma das bases do Estado Moderno e, apesar de um desvirtuamento conceitual, continua a ser concebida de duas maneiras: "como sinônimo de *independência*, e assim tem sido invocada pelos dirigentes dos Estados que desejam afirmar, sobretudo ao seu próprio povo, não serem mais submissos a qualquer potência estrangeira; ou como expressão de *poder jurídico mais alto*, significando que, dentro dos limites da jurisdição do Estado, este é que tem o poder de decisão em última instância, sobre a eficácia de qualquer norma jurídica"[38]. Significa, em outros termos, "poder político supremo e independente, como observa Marcello Caetano: supremo porque não está limitado por nenhum outro na ordem interna; independente, porque na ordem internacional, não tem de acatar regras que não sejam voluntariamente aceitas e está em pé de igualdade com os poderes supremos dos outros povos"[39].

Logicamente, quando um agente negocia como governo ou grupo estrangeiro (ou seus agentes), com a intenção de provocar a invasão do território ("invadi-lo") estará lesando a soberania pois gerará obstrução ao exercício do poder do Estado Brasileiro em seu território. Da mesma maneira, ocorrerá lesão à soberania na forma qualificada do § 2º, em que o autor participa de operação bélica com o fim de submeter o território nacional, ou parte dele, ao domínio ou à soberania de outro país.

– **Sujeitos do delito:** o sujeito ativo é qualquer pessoa, civil ou militar (crime comum), nacional ou estrangeiro. Trata-se, ainda, de crime monossubjetivo ou de concurso eventual.

Deve-se anotar que, em se concluindo por crime militar extravagante, o julgamento de civis pela Justiça Militar da União ainda pode conhecer nova compreensão, pois pende no Supremo Tribunal Federal a Arguição de Descumprimento de Preceito Fundamental n. 289, ajuizada em 2013, pela Procuradoria-Geral da República, "em que pede que seja dada ao artigo 9º, incisos I e III, do Código Penal Militar (CPM, Decreto-Lei nº 1.001/1969), interpretação conforme a Constituição Federal (CF) de 1988, a fim de que seja reconhecida a incompetência da Justiça Militar para julgar civis em tempo de paz e que esses crimes sejam submetidos a julgamento pela Justiça comum, federal ou estadual"[40].

O sujeito passivo, é titular do bem jurídico aviltado, ou seja, o Estado. De maneira mediata, também o será aquele atingido pela conduta nuclear, por exemplo, como resultado da operação bélica.

– **Elementos objetivos:** o tipo é inaugurado com o verbo "negociar", que significa fazer negócio, ajustar, acertar, concertar.

38 Cf. DALLARI, Dalmo de Abreu. DALLARI, Dalmo de Abreu. *Elementos de teoria geral do Estado*. São Paulo: Saraiva, 2001, p. 84.

39 JÚNIOR, Flávio Martins Alves N. *Curso de direito constitucional*. São Paulo: Saraiva, 2020, p.424.

40 Cf Informativo do STF de 22 de agosto de 2013. Disponível em http://www.stf.jus.br/portal/cms/verNoticiaDetalhe.asp?idConteudo=246326. Acesso em 20.mai.2020.

Negocia-se com *governo* estrangeiro, ou seja, com representante oficial de outro Estado nacional. O ajuste também pode se dar com um grupo estrangeiro, ou seja, organismo que deve estar fora do governo, ou então a subsunção seria na primeira hipótese. Este grupo, ademais, pode ser de qualquer espécie, seja econômico, paramilitar, criminosos, regularmente constituídos ou não etc.

A expressão "ou seus agentes" pode parecer desnecessária, pois ninguém negocia propriamente com governo ou grupo estrangeiro, mas com as pessoas que os representam. Contudo, ao grafar a expressão em sequência a governo ou grupo, a conduta será típica ainda que não se identifique o interlocutor com quem o agente trata: identificada a pessoa (ou as pessoas), incorrerá o agente na negociação com agentes de um governo ou de grupo estrangeiro; não identificada, haverá a negociação com grupo ou governo estrangeiro.

Não concordamos com a visão de Rogério Sanches e de Ricardo Silvares ao entenderem que a palavra *grupo* comporta a mesma complexidade do elemento típico do art. 288-A do CP, mas, ao final, encontram parâmetro no crime de organização criminosa, portanto, composto por quatro ou mais pessoas. Para os autores:

> A locução vai exigir redobrado esforço do operador. O mesmo esforço do intérprete foi exigido por outros tipos penais, como aquele do art. 288-A do CP, ao grupo ou esquadrão. Para nós, *grupo estrangeiro* abrange número plural de pessoas (no mínimo 4, a exemplo da organização criminosa), associada de forma estável e permanente, cuja finalidade explícita ou implícita, é servir de intermediário ou executor de atos típicos de guerra[41].

Não há neste tipo em estudo, menção a organização criminosa, como, por exemplo, ocorre no art. 359-K, ao mencionar *organização criminosa estrangeira*.

Aqui, menciona-se *grupo*, de sorte que se algum parâmetro deve ser encontrado, deve ser em relação ao delito do art. 288-A do CP, que se utiliza da mesma expressão. Nesse artigo, na ausência de definição legal, atrela-se a concepção ao tipo anterior, do art. 288 do CP, que criminaliza a associação criminosa, como propõe Victor Rios Gonçalves:

> [...] localização geográfica desse novo ilícito penal e a modificação decorrente da Lei n. 12.850/2013 (que passou a denominar "associação criminosa" o antigo delito de quadrilha e a exigir apenas três componentes no grupo) servem também de fundamento para que se conclua que o número mínimo para a formação de uma milícia é de três pessoas.42

No tipo em estudo, entretanto, uma outra situação deve ser avaliada. A conduta reprovada não é a do grupo, mas daquele que negocia com o grupo para praticar atos típicos de guerra contra o Brasil, grupo, este que, retome-se, pode não ser criminoso, perdendo-se o parâmetro da organização criminosa, e sendo desnecessária

---

41 CUNHA, Rogério Sanches; SILVARES, Ricardo. *Crimes contra o estado democrático de direito*. Salvador: Juspodivm, p. 210.

42 GONÇALVES, Victor Eduardo R. *Curso de direito penal*. São Paulo: Editora Saraiva, vol. 2, 2021, p. 304.

a comparação com o art. 288-A do CP (e, indiretamente, com o art. 288 do mesmo Código).

Sim, pois, como já dispusemos, a expressão "ou seus agentes" – que vem após governo ou grupo, portanto, a se referir aos dois – permite a despersonificação do grupo, não sendo necessário indicar o número de pessoas que o compõem.

O que se negocia é uma provocação do grupo ou governo a praticar atos típicos de guerra contra o Brasil ou sua invasão.

Provocação de atos típicos de guerra não carece ser por meio de violência física contra o Brasil, mas, claro, pode ser por essa forma. Quando o legislador quis restringir a qualidade do ato para encerrar violência, o fez expressamente, como na descrição do crime de abolição violenta do Estado Democrático de Direito (art. 359-L). Por exemplo, pode se configurar em um ato de guerra, óbvio, a agressão física estrangeira, que inclusive fomentaria a possibilidade de declaração de guerra pelo Presidente da República, nos termos do art. 84, XIX, CF, mas também uma sabotagem cibernética contra o Brasil, que já foi considerada ato de guerra, por exemplo, pelo Departamento de Defesa norte-americano43. Enfim, há aqui um elemento normativo, que possui amplitude não restrita ao tradicional ato bélico, com emprego de força física.

Visão discordante possuem Rogério Sanches e Ricardo Silvares:

> Assim, o objeto pode ser simplesmente o de convencer o outro país a praticar a usar a força armada contra o Brasil ou seus agentes, ainda que fora do território brasileiro. Ato típico de guerra não pode ser qualquer ato contrário aos interesses nacionais, por mais relevantes e cruciais que sejam estes. Na verdade, para que se configure o crime em estudo, os atos de guerra devem ser apenas aqueles cometidos com força armada, que lesionem ou exponham a perigo de lesão a integridade do território brasileiro ou nossa soberania, ou agentes brasileiros. E ato dessa magnitude só pode ser aquilo que a Constituição Federal denomina *agressão armada estrangeira*, que pode justificar, como resposta, uma declaração de guerra de nossa parte (arts. 84, XIX, e 137, II, CF)[44].

Como dissemos, o conceito de ato típico de guerra é aberto, um elemento normativo a ser cuidadosamente preenchido pelo intérprete, mas não nos parece ter que ser limitado a uma agressão física apenas, tampouco armada. De se notar, ao menos na literalidade, que o inciso XIX do art. 84 da CF, embora, sim, refira-se a uma agressão tal grandeza que mereça nossa reação com a declaração de guerra, não se refere a *agressão armada estrangeira*, como colocam os autores, mas apenas a agressão estrangeira, portanto, podendo abarcar uma grave agressão estrangeira, ainda que sem emprego de armas e nem de força física, como um *cyberattack* que afete os sistemas de nossas Forças Armadas.

---

43 Cf. http://www.observatoriodaimprensa.com.br/armazem-literario/um-ato-de-guerra-segundo-o-pentagono/. Acesso em 06.01.2021.

44 CUNHA, Rogério Sanches; SILVARES, Ricardo. *Crimes contra o estado democrático de direito*. Salvador: Juspodivm, p. 87.

Também o ajuste pode se dar para fomentar (provocar) que o grupo ou governo estrangeiro invada o Brasil, valendo-se aqui do conceito de território, seja, terrestre, aéreo ou marítimo.

Como bem anota Fragoso, "não existe um conceito jurídico-penal de território: tal conceito é dado pelo direito público e pelo direito internacional. Não se trata de conceito geográfico, mas de conceito jurídico: *território é todo espaço onde se exerce a soberania do Estado*[45]. Compreende, em primeiro lugar, o espaço territorial delimitado pelas fronteiras do país, sem solução de continuidade, inclusive rios, lagos e mares interiores, bem como as ilhas e outras porções de terra separadas do solo principal"[46].

A essa compreensão também se somam o mar territorial, o espaço aéreo, os navios e aeronaves comerciais em espaço aéreo nacional e os navios e aeronaves do Estado, onde quer que se encontrem[47].

Não há grandes problemas na definição do espaço terrestre, porquanto as fronteiras, sejam elas naturais[48], artificiais ou esboçadas – estas praticamente inexistentes hoje em dia em razão do desenvolvimento tecnológico, principalmente da aerofotogrametria, que confere grande precisão à definição dos limites dos Estados nacionais –, estão bem demarcadas, sendo fácil o reconhecimento do território nacional.

Por outro lado, não há tanta mansidão quando se avalia o subsolo, o mar territorial e o espaço aéreo.

Concernente ao "subsolo", é possível afirmar que o território de um país alcançará o ponto que sua tecnologia possa atingir. Com efeito, nota-se uma ausência de conflitos nessa acepção do território, pois não é possível um Estado, pela exploração do seu subsolo, ameaçar a soberania de seu antípoda[49].

A definição do "mar territorial" sempre foi motivo de preocupação do Direito Internacional, remontando, o primeiro critério, aos estudos de Hugo Grotius, estabelecendo que o mar territorial seria delimitado pelo alcance dos canhões do país (*terrae potestas finitur ubi finitur armorum vis*)[50]. Obviamente, com o desenvolvimento bélico das nações, o critério limitado pelo alcance dos canhões ficou obsoleto, mormente em função do desenvolvimento das armas de Artilharia com alcance transcontinental, idealizando-se outros critérios que buscaram estipular uma distância, passando por três milhas marinhas (5.556 metros) da costa, a contar da

---

45 Aqui nos parece arriscado postular que todo local onde há exercício de soberania se constitui em território do país. Melhor seria postular que uma característica do território é a possibilidade de, sobre ele, exercer-se a soberania, mas é perfeitamente possível o exercício de soberania fora do território, porquanto a soberania alcança os indivíduos e não o espaço físico. Voltaremos à discussão dessa compreensão mais abaixo.

46 FRAGOSO, Heleno Cláudio. *Lições de direito penal*: parte geral. São Paulo: Forense, 2004, p. 133 (itálico no original).

47 Idem, ibidem, p. 134.

48 No que concerne às fronteiras naturais materializadas por rios e lagos, necessário que se façam algumas observações. Em caso de rios pertencentes a dois Estados, o limite do território será a equidistância das margens ou pela linha de maior profundidade (linha de Talweg). Já para os lagos, o limite se dá pela linha que liga ao centro os pontos extremos do território.

49 Cf. DALLARI, Dalmo de Abreu. Op. cit., p. 91.

50 Cf. FRAGOSO, Heleno Cláudio. Op. cit., p. 134.

linha média da maré baixa, ou linha reta traçada entre os pontos de abertura de baías e golfos (Circular do Ministro da Guerra, de 31-7-1850, e Regulamento para as Capitanias dos Portos, baixado pelo Decreto n. 5.798, de 11-6-1940)[51].

O Decreto-Lei n. 1.098/70 estendeu o mar territorial até duzentas milhas da costa, critério que também foi adotado por vários países sul-americanos[52].

Finalmente, com a Lei n. 8.617, de 4 de janeiro de 1993, esse limite foi redefinido, compreendendo-se como "mar territorial" *uma faixa de doze milhas marítimas de largura, medidas a partir da linha de baixa-mar do litoral continental e insular, tal como indicada nas cartas náuticas de grande escala, reconhecidas oficialmente no Brasil.* A referida lei ainda define "zona contígua" (compreende uma faixa que se estende das doze às vinte e quatro milhas marítimas, contadas a partir das linhas de base que servem para medir a largura do mar territorial), "zona econômica exclusiva" (compreende uma faixa que se estende das doze às duzentas milhas marítimas, contadas a partir das linhas de base que servem para medir a largura do mar territorial) e "plataforma continental" (compreende o leito e o subsolo das áreas submarinas que se estendem além do seu mar territorial, em toda a extensão do prolongamento natural de seu território terrestre, até o bordo exterior da margem continental, ou até uma distância de duzentas milhas marítimas das linhas de base, a partir das quais se mede a largura do mar territorial, nos casos em que o bordo exterior da margem continental não atinja essa distância).

A respeito do "espaço aéreo", existem, no magistério de Mirabete, três teorias: "a teoria da absoluta *liberdade* do ar, segundo a qual não existe domínio por nenhum Estado, podendo o espaço aéreo ser utilizado por todos os países, sem restrições; a teoria da *soberania até os prédios mais elevados ou o alcance das baterias antiaéreas*, que delimitaria a soberania até os sinais concretos do domínio do Estado no espaço; e a teoria da *soberania sobre a coluna atmosférica* pelo país subjacente, delimitada por linhas imaginárias que se situam perpendicularmente aos limites do território físico, incluindo o mar territorial"[53]. O Brasil, de acordo com o art. 11 do CBA (Código Brasileiro de Aeronáutica – Lei n. 7.565, de 19-12-1986), adotou a *teoria da soberania sobre a coluna atmosférica*, já que o limite do território coincide com a faixa de ar sobre o espaço terrestre e sobre o mar territorial[54]. É vedada pelo Tratado do Espaço Exterior, de 1966, a possibilidade de um Estado "se apossar, no todo ou em parte, do espaço ultraterrestre, inclusive da Lua ou de qualquer outro satélite ou planeta"[55].

Além de se poder firmar que o espaço sideral é internacional, dentro do espaço aéreo se estabeleceu uma *zona de passagem inocente* para aeronaves, não militares,

---

51 Idem, ibidem.

52 Cf. DALLARI, Dalmo de Abreu. Op. cit., p. 92.

53 MIRABETE, Julio Fabbrini. *Manual de direito penal*. São Paulo: Atlas, 2005, v. 1, p. 75.

54 "O Brasil exerce completa e exclusiva soberania sobre o espaço aéreo acima de seu território e mar territorial" (idem, ibidem).

55 Cf. DALLARI, Dalmo de Abreu. Op. cit., p. 93.

estrangeiras, podendo o Estado cujo território é sobrevoado, ao ter a notícia do sobrevoo, resguardar seus interesses definindo regras de tráfego.

A pena cominada ao delito (reclusão de 3 a 8 anos), pode ser majorada da metade até o dobro, se declarada guerra em decorrência das condutas previstas no *caput* do artigo. A majorante considera o resultado mais grave da declaração de guerra, neste caso, a formal declaração de guerra, nos termos do inciso XIX do art. 84 da CF, não satisfazendo o *tempo de guerra* disposto no art. 15 do Código Penal Militar.

Melhor explicando, o tempo de guerra do Código Penal Militar, capaz de chamar a aplicação, por exemplo, dos crimes militares em tempo de guerra, é mais abrangente do que a declaração de guerra, pois inicia-se com a declaração, é certo, mas também com o ou o reconhecimento do estado de guerra, ou com o decreto de mobilização se nele estiver compreendido aquele reconhecimento. Enfim, em matéria de tipo penal que traz gravame ao autor do fato, não se pode fugir do conceito restrito de declaração formal de guerra para majorar, em terceira fase de aplicação, a pena do delito em comento.

O § 2º do artigo traz uma forma qualificada, atribuindo pena de reclusão de 4 a 12 anos se "o agente participa de operação bélica com o fim de submeter o território nacional, ou parte dele, ao domínio ou à soberania de outro país".

Aqui sim há uma restrição da conduta do agente, não a atos típicos de guerra, mas a uma operação bélica, entenda-se, pela beligerância, pela força, que permitirá o domínio do território brasileiro ou a perda de sua soberania em favor de outro Estado nacional. "portanto, a forma de cometimento só pode ser uma: a busca de tomada, *manu militari*, do território nacional"[56].

A distinção aqui feita, registre-se, ratifica a concepção de que a conduta do *caput* não carece ser por meio específico da força, com emprego de armas.

Importante lembrar que, pelo art. 359-T do CP, não constitui crime a manifestação crítica aos poderes constitucionais nem a atividade jornalística ou a reivindicação de direitos e garantias constitucionais por meio de passeatas, de reuniões, de greves, de aglomerações ou de qualquer outra forma de manifestação política com propósitos sociais, malgrado de difícil aplicação no crime em estudo.

Finalmente, como já dispusemos, no conflito do delito em estudo com o inciso I do art. 142, não há no tipo penal militar elemento especializante que justificasse sua, primeiro em face da Lei de Segurança Nacional. A única distinção entre os tipos penais estava na elementar "domínio" da Lei de Segurança Nacional, não existente no Código Penal Militar, o que não nos parece distinguir os tipos, pois domínio pressupõe eliminar a independência plena do estado dominado, o que, seguramente, importa em afetação da soberania. Conclui-se, nesse caminho, que deveria prevalecer o mais recente, ou seja, da Lei de Segurança Nacional, que, em nossa compreensão revogara tacitamente o dispositivo do CPM. Não podendo se

[56] CUNHA, Rogério Sanches; SILVARES, Ricardo. *Crimes contra o estado democrático de direito*. Salvador: Juspodivm, p. 89.

considerar a hipótese de repristinação, não há como ressuscitar o tipo penal do inciso I do art. 142 do Código Castrense, de maneira que prevalece, hoje, o art. 359, § 2º, do CP – admitindo-se a possibilidade, sempre se ressalte, de crime militar extravagante –, ainda que possua elementos específicos que, substancialmente, o distinguem do tipo penal militar incriminador, definindo-se a forma pela qual se busca submeter o território nacional à soberania (ou domínio) de outro país. Qualquer outra forma que não seja pela participação em operação bélica, se adotada nossa posição, seria fato atípico.

– **Elemento subjetivo:** só admite o dolo, a intenção, a vontade livre e consciente de agredir a soberania nacional pelas condutas descritas no tipo. Há, notadamente, elemento subjetivo especial do tipo, marcado pelo fim de provocar atos típicos de guerra contra o País, ou, alternativamente, invadi-lo (caput), ou ainda, no § 2º, o fim de submeter o território nacional, ou parte dele, ao domínio ou à soberania de outro país.

– **Consumação:** o delito se consuma com a prática das condutas descritas, ainda que os fins enumerados na descrição típica não sejam alcançados, tratando-se de crime formal. Mais ainda constataremos a classificação como delito formal, se entendermos que o agente quer, ao fim e ao cabo, desestruturar o Estado Democrático de Direito, o que não precisa ocorrer para a consumação.

– **Tentativa:** como crime plurissubsistente, possível a tentativa tanto na modalidade simples como na modalidade qualificada.

– **Crime impropriamente militar (extravagante):** perfeitamente possível a adjetivação deste delito como militar (crime militar extravagante), bastando a subsunção da conduta a uma das hipóteses do art. 9º do CPM.

Exemplificativamente, o militar federal que negocie com um governo estrangeiro a provocação de invasão do território nacional, negará seu compromisso constitucional de defesa da Pátria, grafado no art. 142 da Lei Maior, portanto, estará ferindo gravemente a ordem administrativa militar, podendo ter sua conduta subsumida na alínea "e" do inciso II do art. 9º do Código Castrense.

A expressão *ordem administrativa militar*, ressalte-se, é idêntica à que existia na alínea "e" do inciso II do art. 6º do anterior Código Penal Militar, o Decreto-Lei nº 6.227, de 24 de Janeiro de 1944, e, partindo deste ponto, lembra Enio Luiz Rossetto:

> O legislador não foi feliz ao utilizar a expressão *ordem administrativa militar*. Silvio Martins Teixeira, ao comentar o Código Penal Militar de 1944, lembrava que no Código Penal Militar de 1891 havia o Título denominado *Dos crimes contra a ordem econômica e administrativa militar*, que o Código de 1944 mudou para *Dos crimes contra a administração militar*. Há controvérsia na doutrina. Jorge Alberto Romeiro entende que são crimes contra a *ordem administrativa militar* os crimes dos Títulos VII (*Dos crimes contra a administração militar*) e VIII (*Dos crimes contra a administração da Justiça Militar*) e conclui que a expressão não pode ser aceita porque os bens jurídicos tutelados nos dois Títulos acima referidos são diversos, não se confundem: no primeiro, é o funcionamento da

> Administração Militar; no segundo, é o funcionamento da Justiça Militar. Nesse passo, com a devida vênia, tem razão Célio Lobão quando define que o crime contra a *ordem administrativa militar* é aquele que "atinge a organização, a existência e a finalidade das Forças Armadas, bem como seu prestígio moral". A expressão *ordem administrativa militar* tem sentido mais amplo[57].

Com efeito, Jorge Alberto Romeiro[58] prefere o caminho da enumeração dos crimes contra a ordem administrativa militar e não o da definição da expressão, opção diversa de Célio Lobão[59] que busca conceituar na forma apontada por Rossetto ou, mais recentemente, como "conjunto de leis, regulamentos, atos legais de autoridade militar competente, indispensável ao funcionamento das instituições militares, ao cumprimento da sua destinação constitucional ou legal".

Cláudio Amin Miguel e Ione de Souza Cruz unem os dois critérios, ou seja, buscam definir a expressão, mas indicam também quais crimes a preencheriam:

> A ordem administrativa militar diz respeito às infrações que atingem a organização, existência e finalidade das Forças Armadas, bem como o prestígio moral da administração militar. Esses delitos encontram-se elencados nos artigos 298 a 339 do Código Penal Militar[60].

Adriano Alves-Marreiros, Guilherme Rocha e Ricardo Freitas incursionaram com mais detalhes na expressão, na seguinte senda:

> O conceito de ordem administrativa militar é um pouco mais amplo e vai versar sobre tudo que puder causar transtorno à administração militar, ou, no dizer de Célio Lobão:
>
> "(...) segundo decidiu o Supremo Tribunal Federal, são infrações que atingem a organização, a existência e finalidade das Forças Armadas, bem como o prestígio moral da administração militar (HC n. 39.412, *RTJ* 24/39)".
>
> Bem elucidativo e difícil de refutar, ao menos racionalmente. Dentre outras hipóteses, podemos destacar a fé pública da administração militar que estará em xeque sempre que houver um crime de *falsum* relativo a documentos cuja expedição caiba à administração militar, ainda que em atribuições diversas de sua atividade-fim (...)[61].

Assiste razão a Marreiros, Rocha e Freitas, assim como a Rossetto, ao buscarem ampliar a compreensão da expressão, de maneira que não se deve limitar sua aplicação apenas em determinados tipos de crimes, com foco na capitulação trazida pelo CPM, mormente após a Lei n. 13.491/17, que permite a configuração de crimes militares sequer previstos no Código Castrense. Os que buscavam a limitação pela

57 ROSSETTO, Ênio Luiz. *Código Penal Militar comentado.* São Paulo: RT, 2015, p. 125-6.

58 ROMEIRO, Jorge Alberto. *Curso de direito penal militar: Parte Geral.* São Paulo: Saraiva, 1994, p. 82.

59 LOBÃO, Célio. *Comentários ao Código Penal Militar.* Rio de Janeiro: Forense, 2011, p. 120.

60 CRUZ, Ione Souza e MIGUEL, Cláudio Amin. *Elementos de direito penal militar*: parte geral. Rio de Janeiro: Lumen Juris, 2008, p. 47.

61 ALVES-MARREIROS, Adriano; ROCHA RAMOS, Guilherme da; FREITAS, Ricardo de Brito Albuquerque Pontes. *Direito penal militar* – Teoria crítica & prática. São Paulo: Método, 2015, p. 125.

enumeração de um rol, em outros termos, perderam a premissa de raciocínio, qual seja, a de que todo crime militar deveria estar capitulado no CPM.

Resuma-se, portanto, que os crimes contra o estado democrático de direito, quando afrontarem a ordem administrativa militar, serão passíveis de enquadramento na alínea "e" do inciso II, quando os sujeitos ativos forem militares da ativa, do art. 9º do CPM. Ordem administrativa militar, por sua vez, é compreendida como a própria harmonia da instituição, abrangendo sua administração, o decoro de seus integrantes etc. Delitos contra a ordem administrativa militar, repise-se, são "as infrações que atingem a organização, existência e finalidade da instituição, bem como o prestígio moral da administração"[62].

Não é outra a pioneira visão de Rogério Sanches e Ricardo Silvares, que, ressalte-se, assimilaram a expressão *crimes militares extravagantes*, que cunhamos em 2017, em artigo próprio[63]:

> Assim, quando, na situação do art. 9º do CPM, um militar cometer qualquer conduta dentre as previstas no CP, salvo os crimes dolosos contra a vida, estará cometendo crime militar *extravagante*, assim chamado por estar tipificado em diploma legal diverso do Código castrense. Logo, os crimes do novo Título XII, em tais circunstâncias, serão considerados crimes militares, de competência da Justiça Militar[64].

• **Tipicidade indireta:** para se ter a adjetivação como crime militar, necessário combinar o tipo penal comum com as alíneas do inciso II do art. 9º do CPM, quando o autor for militar da ativa, em nossa visão, especificamente na alínea "e".

No caso de militar inativo ou de civil, a subsunção mediata será no inciso III do mesmo art. 9º, lembrando-se da exigência do *caput* do inciso de que a conduta seja contra as instituições militares, além do enquadramento em uma das alíneas, o que reduz extremamente a possibilidade de crime militar.

– **Ação penal:** *a ação penal é de iniciativa pública incondicionada.*

1.5.1.2. Atentado à integridade nacional (art. 359-J do CP)

> *Art. 359-J. Praticar violência ou grave ameaça com a finalidade de desmembrar parte do território nacional para constituir país independente:*
>
> *Pena - reclusão, de 2 (dois) a 6 (seis) anos, além da pena correspondente à violência.*

– **Objetividade jurídica:** tutela-se o Estado Democrático de Direito, especificamente pelo viés do elemento territorial do Estado.

---

62 STF, Pleno, *Habeas Corpus* n. 39.412/RJ, Rel. Min. Gonçalves de Oliveira, j. 12.09.1962.

63 NEVES, Cícero Robson Coimbra. Inquietações na investigação criminal militar após a entrada em vigor da Lei n. 13.491, de 13 de outubro de 2017. Revista Direito Militar, Florianópolis, n. 126, p. 23-28, set./dez. 2017.

64 CUNHA, Rogério Sanches; SILVARES, Ricardo. *Crimes contra o estado democrático de direito*. Salvador: Juspodivm, p. 202-3.

Sobre o Estado Democrático de Direito, remetemos à leitura dos comentários à objetividade jurídica do delito de atendado à soberania, do art. 359-I do CP, bastando aqui resumir que trata-se de bem jurídico com expressa previsão constitucional (art. 1º da CF) e que encerra a ideia de que o Estado deve submeter todos à lei, mas uma lei parida por um processo que garanta a participação de todos os cidadãos, de forma direta ou indireta, curando dos direitos e garantias individuais.

A rubrica do delito, ademais, indica que o viés específico é a preservação do território brasileiro, guardando-se sua integridade. Essa integridade possui, também, grandeza constitucional, na instituição da federação como forma de Estado, também consignada no art. 1º da Lei Maior.

Desde a primeira Constituição Republicana, de 1891, o Brasil se consagrou como federação, com forte inspiração da federação norte-americana, ainda que diferenças existam, inegavelmente.

O mencionado dispositivo constitucional da Constituição de 1988 comanda que o Brasil é uma república federativa, deflagrando, em sequência, que é formada pela união indissolúvel dos Estados e Municípios e do Distrito Federal.

Frise-se: união indissolúvel!

Isto significa que não há uma possibilidade de secessão, o que, aliás, é signo próprio dos Estados federados, comportando poucas exceções, como a que nos aponta Dallari ter ocorrido na Constituição Russa de 1993 que permite, se houver concordância da Federação Russa, a separação[65].

Como proteção dessa forma de Estado indissolúvel, deve-se consignar, primeiro, que a forma federativa é cláusula pétrea (art. 60, § 4º, I, CF), assim como o levante separatista interno pode até ensejar a intervenção federal (art. 34, I, CF).

Pois bem, tem-se no plano de estudo a tutela penal, agora sob a forma trazida pela Lei n. 14.197/2021, de maneira que quem praticar violência ou grave ameaça com a finalidade de desmembrar parte do território nacional para constituir país independente, incorrerá no crime do art. 359-J do CP.

– **Sujeitos do delito:** o sujeito ativo é qualquer pessoa, civil ou militar (crime comum), nacional ou estrangeiro. Trata-se, ainda, de crime monossubjetivo ou de concurso eventual.

Deve-se anotar que, em se concluindo por crime militar extravagante, o julgamento de civis pela Justiça Militar da União ainda pode conhecer nova compreensão, pois pende no Supremo Tribunal Federal a Arguição de Descumprimento de Preceito Fundamental n. 289, ajuizada em 2013, pela Procuradoria-Geral da República, "em que pede que seja dada ao artigo 9º, incisos I e III, do Código Penal Militar (CPM, Decreto-Lei nº 1.001/1969), interpretação conforme a Constituição Federal (CF) de 1988, a fim de que seja reconhecida a incompetência da Justiça Militar para julgar

65 Cf. DALLARI, Dalmo de Abreu. Op. cit., p. 254.

civis em tempo de paz e que esses crimes sejam submetidos a julgamento pela Justiça comum, federal ou estadual"[66].

O sujeito passivo é titular do bem jurídico aviltado, ou seja, o Estado. De maneira mediata, também o será aquele atingido pela violência ou grave ameaça.

– Elementos objetivos: a conjunção nuclear primeira é *praticar violência ou grave ameaça.*

Violência, como se apresenta aqui e em outros tipos penais, trata-se da *vis corporalis*, ou seja, a violência física, podendo ser caracterizada por ação, por exemplo, o caso do agente que atua contra nacionais com armas, com o intento de expulsá-los para permitir a separação do território, ou por omissão, por exemplo, privar nacionais de recursos mínimos de subsistência em determinada região, com o mesmo propósito. Não se exige, é bom que se anote, que a violência seja resistível por alguém – aliás, nem sequer se exige que se tente resistir, bastando que seja empregada com a finalidade descrita no tipo.

A *ameaça*, como exige o próprio tipo, deve ser *grave*, ou seja, uma promessa de mal futuro apta a causar temor nas pessoas, que podem ser aquelas que resistem à separação do território. Trata-se de violência moral (*vis compulsiva*). Pode consistir em ameaça oral, escrita, gestual etc., mas claro, nas circunstâncias mais propícias à prática do delito, é muito mais provável com o emprego da ameaça armada, com iminente prática de violência física. Não se exige, por outro lado, que o mal versado na ameaça seja injusto, como em alguns tipos penais – vide, por exemplo, o delito de ameaça, capitulado no art. 147 do CP e no art. 223 do CPM –, mesmo porque, quem pratica o ato pode entender que sua conduta é justa por várias razões. Também não se exige que a ameaça configure coação irresistível – aliás, nem sequer se exige que alguém tente resistir –, já que se trata de elemento estranho ao tipo penal em estudo, bastando que, como dito, seja idônea a causar medo.

A conduta do agente tem um intento, o de desmembrar parte do território nacional para constituir país independente.

Assim, o autor deseja seccionar o País, destacar, desmembrar parte do território brasileiro, mas não a qualquer propósito, e sim para que se constitua um outro Estado nacional.

Entendemos que a abrangência da expressão *constituir país independente* não se restringe a um novo Estado a ser formado, mas pode também comportar a anexação a um Estado já existente, e assim entendemos com arrimo em duas possibilidades alternativas de assimilação do tipo penal.

Primeiro, na literalidade, porque a expressão não traz o temor "novo" país, podendo ser, obviamente, um já existente. Ademais, a palavra *constituir* pode ter por significado *compor, integrar*, não necessariamente algo (um país) novo ou não existente. Preferimos esta via de interpretação.

---

[66] Cf Informativo do STF de 22 de agosto de 2013. Disponível em http://www.stf.jus.br/portal/cms/verNoticiaDetalhe.asp?idConteudo=246326. Acesso em 20.mai.2020.

Segundo, se se entender que a expressão se refere a um novo país, possível, à exceção, a interpretação extensiva, pois é claro que o efeito do desmembramento para que o naco de território integre um novo país tem a mesma afetação à integridade do que no caso de composição junto a um país já existente, ficando límpido que o legislador, neste caso, grafou menos do que realmente desejava.

No preceito secundário grafa-se a pena de reclusão de 2 a 6 anos, além da pena correspondente à violência, vingando o cúmulo material em eventual unificação de pena dos delitos.

Há conflito da descrição típica em análise com o inciso II do art. 142 do CPM. Aliás, já havia o conflito com o art. 11 da revogada Lei n. 7.170/1983.

Sustentávamos, na vigência da Lei de Segurança Nacional, que a análise seria em favor da norma mais recente nos casos em que a conduta não seja por meio de movimento armado ou tumultos planejados, pois, em sendo por essa forma, havia de prevalecer a norma mais específica, ou seja, o Código Penal Militar (*lex specialis derogat generali*). Hoje, como o novel tipo possui por elementar a violência e a grave ameaça, o que, naturalmente, abarca o movimento armado ou tumulto, reiteramos que deve prevalecer o tipo penal incriminador do Código Penal comum, do art. 359-J.

Também são pela não mais aplicação do inciso II do art. 142, Rogério Sanches e Ricardo Silvares:

> O inciso II do art. 142 do Estatuto penal militar, por sua vez, possuía identidade de bem jurídico tutelado e de conduta com o art. 11 da Lei de Segurança Nacional. Em ambos, era a soberania que acabava atingida e a conduta buscava desmembrar o território nacional. Logo, pensamos que, por força do art. 2º da Lei 7.210, sempre que a conduta se apresentasse, seria aplicável o art. 11 deste último veículo normativo, não restando espaço para a aplicação do art. 142 daquele Código, que fora, portanto, tacitamente revogado [...][67].

Naturalmente, quiseram os autores se referir à Lei n. 7.170/1983 e não à Lei n. 7210, como consignado, mas fica evidente a posição pela não aplicação do dispositivo em comento, abrindo válvula para a aplicação do art. 359-J do CP.

Em relação ao inciso III do art. 142 do CPM não há conflito com o art. 359-J do CP, sobrevivendo os dois dispositivos, como também propõem Rogério Sanches e Ricardo Silvares:

a) se o militar praticar violência ou grave ameaça com a finalidade de desmembrar parte do território nacional para constituir país independente, cometerá delito do art. 359-J do CP: se agir nas circunstâncias do art. 9º do CPM, haverá crime militar, do contrário, delito comum;

[67] CUNHA, Rogério Sanches; SILVARES, Ricardo. *Crimes contra o estado democrático de direito*. Salvador: Juspodivm, p. 196.

b) se o militar tentar internacionalizar, por qualquer meio, região ou parte do território nacional, cometerá o crime do art. 142, III, do CPM: o crime é militar próprio, pois a conduta só é prevista no Código militar"[68].

Importante lembrar que, pelo art. 359-T do CP, não constitui crime a manifestação crítica aos poderes constitucionais nem a atividade jornalística ou a reivindicação de direitos e garantias constitucionais por meio de passeatas, de reuniões, de greves, de aglomerações ou de qualquer outra forma de manifestação política com propósitos sociais, malgrado de difícil aplicação no crime em estudo.

– **Elemento subjetivo:** só admite o dolo, a intenção, a vontade livre e consciente de agredir a integridade nacional. Há, notadamente, elemento subjetivo especial do tipo, marcado pela finalidade de desmembrar parte do território nacional para constituir país independente.

– **Consumação:** o delito se consuma com a prática da violência ou da grave ameaça, ainda que não se atinja o fim desejado de desmembrar parte do território nacional para constituir país independente, tratando-se de crime formal. Mais ainda constataremos a classificação como delito formal, se entendermos que o agente quer, ao fim e ao cabo, desestruturar o Estado Democrático de Direito, o que não precisa ocorrer para a consumação

– **Tentativa:** como crime plurissubsistente, possível a tentativa tanto na modalidade simples como na modalidade qualificada.

– **Crime impropriamente militar (extravagante):** perfeitamente possível a adjetivação deste delito como militar (crime militar extravagante), bastando a subsunção da conduta a uma das hipóteses do art. 9º do CPM.

Exemplificativamente, o militar federal que pratique violência, por armas, para alcançar o desmembramento do território brasileiro, fins de que se constitua em um país independente, negará seu compromisso constitucional de defesa da Pátria, grafado no art. 142 da Lei Maior, portanto, estará ferindo gravemente a ordem administrativa militar – conforme já a torneamos nos comentários ao art. 359-I do CPM–, podendo ter sua conduta subsumida na alínea "e" do inciso II do art. 9º do Código Castrense.

Não é outra a pioneira visão de Rogério Sanches e Ricardo Silvares, que, ressalte-se, assimilaram a expressão *crimes militares extravagantes,* que cunhamos em 2017, em artigo próprio[69]:

> Assim, quando, na situação do art. 9º do CPM, um militar cometer qualquer conduta dentre as previstas no CP, salvo os crimes dolosos contra a vida, estará cometendo cri-

[68] CUNHA, Rogério Sanches; SILVARES, Ricardo. *Crimes contra o estado democrático de direito.* Salvador: Juspodivm, p. 202.

[69] NEVES, Cícero Robson Coimbra. Inquietações na investigação criminal militar após a entrada em vigor da Lei n. 13.491, de 13 de outubro de 2017. Revista Direito Militar, Florianópolis, n. 126, p. 23-28, set./dez. 2017.

me militar *extravagante*, assim chamado por estar tipificado em diploma legal diverso do Código castrense. Logo, os crimes do novo Título XII, em tais circunstâncias, serão considerados crimes militares, de competência da Justiça Militar[70].

- **Tipicidade indireta:** para se ter a adjetivação como crime militar, necessário combinar o tipo penal comum com as alíneas do inciso II do art. 9º do CPM, quando o autor for militar da ativa, em nossa visão, especificamente na alínea "e".

No caso de militar inativo ou de civil, a subsunção mediata será no inciso III do mesmo art. 9º, lembrando-se da exigência do *caput* do inciso de que a conduta seja contra as instituições militares, além do enquadramento em uma das alíneas, o que reduz extremamente a possibilidade de crime militar.

- **Ação penal:** a ação penal é de iniciativa pública incondicionada.

1.5.1.3. Espionagem (art. 359-K do CP)

> *Art. 359-K. Entregar a governo estrangeiro, a seus agentes, ou a organização criminosa estrangeira, em desacordo com determinação legal ou regulamentar, documento ou informação classificados como secretos ou ultrassecretos nos termos da lei, cuja revelação possa colocar em perigo a preservação da ordem constitucional ou a soberania nacional:*
>
> *Pena - reclusão, de 3 (três) a 12 (doze) anos.*
>
> *§ 1º Incorre na mesma pena quem presta auxílio a espião, conhecendo essa circunstância, para subtraí-lo à ação da autoridade pública.*
>
> *§ 2º Se o documento, dado ou informação é transmitido ou revelado com violação do dever de sigilo:*
>
> *Pena - reclusão, de 6 (seis) a 15 (quinze) anos.*
>
> *§ 3º Facilitar a prática de qualquer dos crimes previstos neste artigo mediante atribuição, fornecimento ou empréstimo de senha, ou de qualquer outra forma de acesso de pessoas não autorizadas a sistemas de informações:*
>
> *Pena - detenção, de 1 (um) a 4 (quatro) anos.*
>
> *§ 4º Não constitui crime a comunicação, a entrega ou a publicação de informações ou de documentos com o fim de expor a prática de crime ou a violação de direitos humanos.*

- **Objetividade jurídica:** tutela-se o Estado Democrático de Direito, especificamente pelo viés da manutenção de segredos fundamentais ao País, cujo conhecimento indiscriminado colocam em risco a soberania nacional.

Sobre o Estado Democrático de Direito, remetemos à leitura dos comentários à objetividade jurídica do delito de atendado à soberania, do art. 359-I do CP, bastando aqui resumir que trata-se de bem jurídico com expressa previsão constitucional (art. 1º da CF) e que encerra a ideia de que o Estado deve submeter todos à lei, mas uma lei parida por um processo que garanta a participação de todos os cidadãos, de forma direta ou indireta, curando dos direitos e garantias individuais.

[70] CUNHA, Rogério Sanches; SILVARES, Ricardo. *Crimes contra o estado democrático de direito*. Salvador: Juspodivm, p. 202-3.

A rubrica do delito indica, em adição, que se busca resguardar conhecimento próprio de Estado, que não pode ser de ampla divulgação, sob pena de colocar em risco elementos que asseguram a soberania, como aquele conhecimento ligado à defesa nacional.

– **Sujeitos do delito:** o sujeito ativo é qualquer pessoa, civil ou militar (crime comum), nacional ou estrangeiro. Excepciona-se a modalidade qualificada do § 2º, que exige violação de dever funcional, portanto, de alguém que tenha o dever de resguardar a informação, consistindo em delito próprio. Também no § 3º, exige-se que o autor tenha regular acesso em sistema de informação, também se caracterizando como crime próprio.

Trata-se, ainda, de crime monossubjetivo ou de concurso eventual.

Deve-se anotar que, em se concluindo por crime militar extravagante, o julgamento de civis pela Justiça Militar da União ainda pode conhecer nova compreensão, pois pende no Supremo Tribunal Federal a Arguição de Descumprimento de Preceito Fundamental n. 289, ajuizada em 2013, pela Procuradoria-Geral da República, "em que pede que seja dada ao artigo 9º, incisos I e III, do Código Penal Militar (CPM, Decreto-Lei nº 1.001/1969), interpretação conforme a Constituição Federal (CF) de 1988, a fim de que seja reconhecida a incompetência da Justiça Militar para julgar civis em tempo de paz e que esses crimes sejam submetidos a julgamento pela Justiça comum, federal ou estadual"[71].

O sujeito passivo é titular do bem jurídico aviltado, ou seja, o Estado.

– **Elementos objetivos:** iniciando pelo termo espião, tem-se que ele se origina do "italiano spione formado do alto alemão antigo ou do francês antigo *espier* (francês, *épier*) *spehon*, (alemão, *spähen)* observar, designa a pessoa que é posta para observar ou espionar o que se passa em determinado lugar, para informação à pessoa interessada nesta observação ou nesta espionagem"[72].

Nessa linha, espionagem, rubrica do tipo em estudo, é vocábulo derivado de espiar ou espionar e significa o ato ou ofício do espião, significando a "*espreita* ou *observação clandestina* levada a efeito por uma pessoa ou por um grupo de pessoas, com a intenção de colher dados ou informações a respeito das instituições políticas e econômicas de um país, a fim de serem levadas ao conhecimento do governo ou da nação que a estabeleceu em país estrangeiro.

Na *espionagem,* assim, a *clandestinidade* da procura de informações ou da obtenção delas é que a caracteriza como delito, previsto nas leis penais, desde que essa procura ou essa obtenção se faça com a intenção de prejudicar ou causar dano ao país, em virtude da divulgação ou da comunicação a ser feita ao outro Estado ou governo"[73].

71 Cf Informativo do STF de 22 de agosto de 2013. Disponível em http://www.stf.jus.br/portal/cms/verNoticiaDetalhe.asp?idConteudo=246326. Acesso em 20.mai.2020.

72 SILVA, De Plácido e. *Vocabulário Jurídico.* Rio de Janeiro: Forense (Grupo GEN), 2016, p. 557.

73 SILVA, De Plácido e. *Vocabulário Jurídico.* Rio de Janeiro: Forense (Grupo GEN), 2016, p. 557.

Naturalmente, é prática muito antiga, especialmente no seio da estratégia militar, embora não se limite apenas a ela, podendo ser política, industrial, cibernética etc. Tem-se sua notícia, por exemplo, desde a antiguidade, com uma polícia secreta dos assírios, chamada "Olhos do Rei", homens que se disfarçavam para fazer amizade com a população, nela se misturando e colhendo informações. Há notícia, ainda, sobre a atividade entre os persas, com a mesma prática dos assírios e dos romanos, com quatro categorias de informantes: *procursatores* (batedores que iam adiante das tropas), *exploratores* (batedores de longo alcance, que penetravam além das linhas inimigas), *speculatores* (espiões localizados em território hostil) e os *indices* (informantes e confidentes cooptados entre os inimigos)[74].

O seu desenvolvimento na área militar, obviamente, merece destaque, não apenas pela "romantização" durante a Guerra Fria, mas por menção de se constituir em estratégia, segundo a qual nenhum líder pode prescindir, como adverte Sun Tzu:

> É essencial a um governante conhecer as cinco classes de espionagem, e este conhecimento depende dos agentes duplos; assim, estes devem ser bem tratados. Assim, só um governante brilhante ou um general sábio que possa utilizar os mais inteligentes para a espionagem, pode estar seguro da vitória. A espionagem é essencial para as operações militares, e os exércitos dependem dela para levar a cabo suas ações.
>
> Não será vantajoso para o exército atuar sem conhecer a situação do inimigo, e conhecer a situação do inimigo não é possível sem a espionagem[75].

Surge, aqui, um paradoxo em que se reconhece a espionagem como inerente à atuação estatal de um país, mas, ao mesmo passo, reprime-se a espionagem feita por um país estrangeiro. A propósito dessa concepção paradoxal, há quem sustente a distinção entre licitude e ilicitude da espionagem com base no momento em que ela é procedida, como o fazem Accioly, Nascimento e Casella, na concepção do Direito Internacional Público:

> Dentre os meios ou métodos sobre os quais poderiam talvez surgir dúvidas, mas que devem ser considerados como lícitos, citam-se os seguintes:
>
> Um deles é a espionagem. Em tempo de paz, constitui crime, da alçada dos tribunais ordinários do país contra o qual se exerce. Em tempo de guerra, é ato que pode ter graves consequências, mas reconhecidamente lícito. Isto não significa que o espião, quando capturado pelo inimigo, não se arrisque a sofrer o mais rigoroso tratamento, a execução sumária.
>
> Os regulamentos da Haia, no artigo 29, definem o espião como sendo "o indivíduo que, clandestinamente ou sob falsos pretextos, colhe ou procura colher informações, na zona de operações de um beligerante, com a intenção de as comunicar à parte adversa".
>
> O espião só é punível se preso em flagrante. Além disso, não poderá ser punido sem julgamento prévio. Não se lhe concede o tratamento de prisioneiro de guerra, e a pena que lhe reservam as leis do exército que o captura é, geralmente, a de morte.

---

74 Cf. PACHECO, Thiago da Silva. *Jogo das Sombras: uma história da espionagem e das ações secretas*. Disponível em https://historiamilitaremdebate.com.br/jogo-das-sombras-uma-historia-da-espionagem-e-das-acoes-secretas/?fbclid=IwAR2x-39zilr-xmBDh_VY7BIJXbY1kV6ZFaUXP6EfeNBRdE0CQ2XpKJj6lG8. Acesso em 07.01.2022.

75 *A arte da guerra*. CulturaBrasil (.Org), 2010, p. 54.

> A espionagem contra o próprio país é crime de traição, ao qual se não aplicam as disposições das leis e costumes da guerra, relativas à espionagem propriamente dita. A punição da traição dos próprios nacionais é regulada exclusivamente pela legislação penal interna[76].

Na distinção dos autores, a espionagem em tempo de paz é evidentemente ilícita, o que nos conduz à possibilidade de criminalização, o que ocorria no Brasil mesmo antes da Lei n. 14.197/2021, por exemplo, no Código Penal Militar, especificamente para a espionagem militar, em tipos penais como o art. 143, em tempo de paz, e do art. 366, em tempo de guerra.

Na já revogada Lei de Segurança Nacional, o art. 13 mencionava a espionagem, não adjetivada como militar, o que se renova com o art. 359-K, em estudo, cujos elementos objetivos, enfim, passamos a analisar.

O verbo nuclear é *entregar*, ou seja, dar, fornecer, tornar acessível, não carecendo que que haja, por exemplo, contrapartida financeira, embora possa haver. Note-se que o verbo nuclear diferencia este delito, por exemplo, do já mencionado delito do art. 143 do Código Penal Militar, em que a conduta nuclear é a de ***conseguir***, ou seja, conseguir, alcançar, em verdadeira fase preparatória do crime do art. 359-K do CP, como aduzem muito bem Rogério Sanches e Ricardo Silvares, em lição que aqui resgatamos:

> A conduta do art. 143 do Código militar é nitidamente preparatória do crime de espionagem do CP, especificamente da conduta do *caput* do art. 359-K, combinada ou não com seu § 2º, pois, neste, não se previu a conduta de obtenção do documento ou informação sigilosa, mas somente a utilização posterior dos objetos materiais. Além disso, o tipo do art. 143 limita a finalidade da obtenção dos dados informativos à espionagem de natureza militar, ou seja, aquela praticada no âmbito das forças militares e para fins de atividades destas, o que leva à conclusão de que pode ser cometido por militar, e sempre com violação de sigilo, pois inerente às suas funções[77].

A entrega é feita, em uma das possibilidades, a governo estrangeiro ou a seus agentes, ou seja, representantes oficiais de outros países. Assim como no delito do art. 359-I, parece-nos que há uma despersonificação, não se exigindo a identificação daquele ou daqueles que recebem ou receberiam a entrega, mesmo porque, no mundo da espionagem o não conhecimento da identidade dos atores é prática fundamental.

Pode-se, ainda, entregar a organização criminosa estrangeira. Aqui, sim, possível, diferentemente do artigo anterior, buscar amparo interpretativo na Lei n. 12.850, de 2 de agosto de 2013, especificamente no seu art. 2º, § 1º, *verbis:*

> § 1º Considera-se organização criminosa a associação de 4 (quatro) ou mais pessoas estruturalmente ordenada e caracterizada pela divisão de tarefas, ainda

[76] ACCIOLY, Hildebrando; CASELLA, Paulo Borba Casella; NASCIMENTO G. E. do. *Manual de direito internacional público*. São Paulo: Saraiva, 2021, p. 309.

[77] CUNHA, Rogério Sanches; SILVARES, Ricardo. *Crimes contra o estado democrático de direito*. Salvador: Juspodivm, p. 205.

que informalmente, com objetivo de obter, direta ou indiretamente, vantagem de qualquer natureza, mediante a prática de infrações penais cujas penas máximas sejam superiores a 4 (quatro) anos, ou que sejam de caráter transnacional.

Há uma exata coincidência da expressão (*organização criminosa*), em que a lei fixa o número mínimo de integrantes, além de outros elementos definidores, tendo-se apenas, aqui, no tipo em estudo, a adjetivação estrangeira, ou seja, não brasileira, embora também enxergamos possível, mais uma vez pela interpretação extensiva, enquadrar no espectro da norma uma organização criminosa nacional com atuação internacional, a quem interesse a obtenção do segredo para afrontar a soberania nacional. Melhor seria se o legislador consignasse organização criminosa de atuação internacional.

Em sequência, tem-se o elemento normativo *em desacordo com determinação legal ou regulamentar*, o que afasta, obviamente, condutas de entrega respaldadas pela própria vontade do Brasil, como o compartilhamento de projetos comuns, em acordos bilaterais.

O que se entrega, objeto material do delito, é um documento ou uma informação classificados como secretos ou ultrassecretos, *nos termos da lei*. A lei em questão é a Lei n. 12.527, de 18 de novembro de 2011, que regula o acesso à informação, possibilitando a classificação dos documentos públicos de acordo com a imprescindibilidade à segurança da sociedade ou do Estado, excepcionando a regra encerrada pelo princípio da publicidade (art. 37, *caput*, CF), com amparo, note-se, na própria Constituição, no inciso XXXIII do art. 5º: constitucional em XXXIII: "todos têm direito a receber dos órgãos públicos informações de seu interesse particular, ou de interesse coletivo ou geral, que serão prestadas no prazo da lei, sob pena de responsabilidade, ressalvadas aquelas cujo sigilo seja imprescindível à segurança da sociedade e do Estado" (g.n.).

A propósito da Lei mencionada, são consideradas imprescindíveis à segurança da sociedade ou do Estado as informações cuja divulgação ou acesso irrestrito possam pôr em risco a defesa e a soberania nacionais ou a integridade do território nacional, prejudicar ou pôr em risco a condução de negociações ou as relações internacionais do País, ou as que tenham sido fornecidas em caráter sigiloso por outros Estados e organismos internacionais, pôr em risco a vida, a segurança ou a saúde da população, oferecer elevado risco à estabilidade financeira, econômica ou monetária do País, prejudicar ou causar risco a planos ou operações estratégicos das Forças Armadas, prejudicar ou causar risco a projetos de pesquisa e desenvolvimento científico ou tecnológico, assim como a sistemas, bens, instalações ou áreas de interesse estratégico nacional, pôr em risco a segurança de instituições ou de altas autoridades nacionais ou estrangeiras e seus familiares ou comprometer atividades de inteligência, bem como de investigação ou fiscalização em andamento, relacionadas com a prevenção ou repressão de infrações (art. 23 da Lei n. 12.527/2011).

Essas informações podem ser classificadas em ultrassecretas, secretas e reservadas (art. 24 da Lei n. 12.527/2011), cabendo a decisão do grau de classificação, observado o seu teor e em razão de sua imprescindibilidade à segurança da sociedade ou do Estado, às seguintes autoridades (art. 27 da Lei n. 12.527/2011):

> I - no grau de ultrassecreto, das seguintes autoridades:
>
> a) Presidente da República;
>
> b) Vice-Presidente da República;
>
> c) Ministros de Estado e autoridades com as mesmas prerrogativas;
>
> d) Comandantes da Marinha, do Exército e da Aeronáutica; e
>
> e) Chefes de Missões Diplomáticas e Consulares permanentes no exterior;
>
> II - no grau de secreto, das autoridades referidas no inciso I, dos titulares de autarquias, fundações ou empresas públicas e sociedades de economia mista; e
>
> III - no grau de reservado, das autoridades referidas nos incisos I e II e das que exerçam funções de direção, comando ou chefia, nível DAS 101.5, ou superior, do Grupo-Direção e Assessoramento Superiores, ou de hierarquia equivalente, de acordo com regulamentação específica de cada órgão ou entidade, observado o disposto nesta Lei.

Desenha-se, assim, o universo do objeto material do delito, apenas na expressa previsão típica, exigindo-se a classificação como secreta ou ultrassecreta.

Claro que ao classificar as informações, está-se também classificando os documentos que as veiculam, embora o tipo não esteja limitado ao documento em si, mas também ao conteúdo (*informação*), podendo ser veiculada, entregue, por forma verbal oral.

No caso de documento, para sua definição, no estudo dos delitos de falsidade, existem duas teorias: a *teoria estrita* (ou *formalista*) e a *teoria ampla*.

A *teoria estrita*, "adotada, em 1947, pela Conferência Internacional para a Unificação do Direito Penal, em Bruxelas, definindo especificamente a falsidade documental, afirma ser esta a 'alteração da verdade levada a efeito com a intenção de prejudicar, em um escrito destinado ou apto a servir de prova de um direito ou de um fato com efeitos jurídicos'"[78]. Conclui-se, portanto, que por essa teoria, embora não precise o documento tratar-se de papel, deve, por outro bordo, tratar-se de escrito.

Em sentido diverso, encontra-se a *teoria ampla*, segundo a qual, o documento não carece ser escrito, podendo ser, pela exigência da modernidade, fitas taquigráficas, películas fotográficas, fitas ou discos videofonográficos e outros suportes propiciados para condensar o raciocínio humano[79].

Avaliadas as duas teorias, entendemos ser plausível, a adoção da *teoria ampla*, como o fez o Código Penal Militar nos delitos de falsidade, no § 2º do art. 311 (*Equipara-se a documento, para os efeitos penais, o disco fonográfico ou a fita ou fio de aparelho eletromagnético a que se incorpore declaração destinada à prova de fato juridicamente relevante*), que deve ainda ser somada ao disposto no art. 371 do Código de Processo Penal Militar, segundo o qual documentos são quaisquer escritos,

---

[78] GRECO, Rogério. *Curso de direito penal*. Niteroi: Impetus, 2006, v. 4, p. 298.

[79] Cf. PRADO, Luis Regis. *Curso de direito penal brasileiro*. São Paulo: Saraiva, 2001, v. 4, p. 147.

instrumentos ou papéis. Dessa forma, *documento*, neste tipo penal, significa qualquer superfície apta a condensar, por escrito ou qualquer outra forma (imagem, sinais, códigos etc.), o pensamento humano.

Exige-se, ademais, que o documento (ou da informação) revelado *possa colocar em perigo a preservação da ordem constitucional ou a soberania nacional*, o que se constata com a própria classificação em secreto e ultrassecreto, nos termos da já mencionada Lei de acesso à informação. São conceitos interligados, de maneira que uma informação que coloque em risco, por exemplo, a integridade nacional, contemplada no art. 23 da Lei, inexoravelmente importará em risco à soberania e também à ordem constitucional, já que a soberania é fundamento da República no desenho trazido pela Constituição Federal (art. 3º, I).

A pena para o tipo simples é de reclusão de 3 a 12 anos.

O § 1º traz um caso assimilado, incorrendo na mesma pena quem presta auxílio a espião, conhecendo essa circunstância, para subtraí-lo à ação da autoridade pública. Há assim, espécie de favorecimento pessoal ao espião - conhecendo essa condição, obviamente, -, que, naturalmente, subsume a conduta, pela especialidade, em vez, por exemplo, do art. 350 do Código Penal Militar ou o art. 348 do Código Penal. O autor ajuda espião a se eximir, a se esconder, da ação da autoridade competente, seja ela judicial ou administrativa (policial), ou seja, em fases variadas da persecução penal. O auxílio pode ser para fuga, esconderijo etc. Também entendemos aqui, a exemplo do que entendemos no art. 350 do CPM, que, em havendo absolvição do suposto espião, inexistirá o favorecimento pessoal. Mesma linha seguem Rogério Sanches e Ricardo Silvares:

> Embora o § 1º não mencione a expressão "autor de crime" ou "autor de espionagem", mas simplesmente "espião", este somente pode ser assim considerado caso tenha cometido crime de espionagem.
>
> Uma pergunta que se faz em relação ao favorecimento pessoal e que pode ser repetida para o crime em comento é a seguinte: e se o espião for absolvido por falta de provas, quem o auxiliou a subtrair-se da ação da autoridade responde pelo crime do § 1º?
>
> Apesar da divisão da doutrina em relação ao crime do art. 348, pensamos que, tendo sido o espião exonerado de todas as acusações (i.e. absolvição própria nos processos em que acusado de espionagem), não se mostra sustentável daquele que o tenha auxiliado, pois sequer poderemos juridicamente dizer que era espião. Não vemos possibilidade de exceção nem mesmo para a absolvição por falta de provas, pois, evidentemente, em respeito ao princípio constitucional da presunção de inocência, mesmo nesse caso não se poderá dizer que o sujeito do fato antecedente era espião. Mas há uma exceção: o caso do espião tido por inimputável, que tenha recebido medida de segurança, pois nesse caso terá havido absolvição imprópria[80].

O § 2º traz outra figura típica, segundo a qual se o documento, dado ou informação é transmitido ou revelado com violação do dever de sigilo, a pena será de

80 CUNHA, Rogério Sanches; SILVARES, Ricardo. *Crimes contra o estado democrático de direito*. Salvador: Juspodivm, p. 202-3.

reclusão de 6 a 15 anos. Não carece ser, necessariamente o dever de sigilo imposto ao agente público, embora essa situação seja a mais comum. Deve haver, assim, um comprometimento impositivo para o autor, que o obrigue a não divulgar a informação ou o documento, um *dever*, como destaca o tipo, cuja violação merece maior reprovação, com pena qualificada.

No § 3º tem-se figura típica distinta e autônoma, em que se comina pena de detenção de 1 a 4 anos no caso da facilitação da prática de qualquer dos crimes previstos no artigo (tipo simples, caso assimilado e forma qualificada) mediante atribuição, fornecimento ou empréstimo de senha, ou de qualquer outra forma de acesso de pessoas não autorizadas a sistemas de informações. Exige-se, como já ressaltado, que o agente tenha acesso à fonte da informação, um sistema de informações, e que, negando também seu mister, facilita o acesso de outrem que praticará, por exemplo, a espionagem trazida pelo *caput*.

Por fim, nos elementos descritos, o § 4º traz uma excludente especial, segundo a qual não haverá crime n*a comunicação, a entrega ou a publicação de informações ou de documentos com o fim de expor a prática de crime ou a violação de direitos humanos.*

Muita lógica há na excludente, porquanto seria extremamente contraditório que um crime contra o Estado Democrático de Direito incriminasse conduta que justamente buscasse denunciar o ataque ao Estado de Direito, pela prática de crime ou de violação de direitos humanos.

No que concerne a possíveis conflitos, resgate-se o que já se postulou acima.

No que se refere ao art. 143 do CPM, primeiro, não enxergamos dispositivo conflitante da revogada Lei de Segurança Nacional, embora houvesse proximidade com o inciso IV do parágrafo único do art. 13 dessa Lei, assim como há com o art. 359-K do Código Penal, acrescido pela Lei n. 14.197/2021. Mais uma vez, expomos o quadro comparativo:

LSN	CPM	CP (Lei n. 14.197/2021)
Art. 13 - Comunicar, entregar ou permitir a comunicação ou a entrega, a governo ou grupo estrangeiro, ou a organização ou grupo de existência ilegal, de dados, documentos ou cópias de documentos, planos, códigos, cifras ou assuntos que, no interesse do Estado brasileiro, são classificados como sigilosos. Pena: reclusão, de 3 a 15 anos. Parágrafo único - Incorre na mesma pena quem:	**Consecução de notícia, informação ou documento para fim de espionagem** Art. 143. Conseguir, para o fim de espionagem militar, notícia, informação ou documento, cujo sigilo seja de interesse da segurança externa do Brasil: **Pena - reclusão, de quatro a doze anos.** § 1º A pena é de reclusão de dez a vinte anos:	**Espionagem** Art. 359-K. Entregar a governo estrangeiro, a seus agentes, ou a organização criminosa estrangeira, em desacordo com determinação legal ou regulamentar, documento ou informação classificados como secretos ou ultrassecretos nos termos da lei, cuja revelação possa colocar em perigo a preservação da ordem constitucional ou a soberania nacional: Pena - reclusão, de 3 (três) a 12 (doze) anos.

LSN	CPM	CP (Lei n. 14.197/2021)
I - com o objetivo de realizar os atos previstos neste artigo, mantém serviço de espionagem ou dele participa; II - com o mesmo objetivo, realiza atividade aerofotográfica ou de sensoreamento remoto, em qualquer parte do território nacional; III - oculta ou presta auxílio a espião, sabendo-o tal, para subtraí-lo à ação da autoridade pública; IV - obtém ou revela, para fim de espionagem, desenhos, projetos, fotografias, notícias ou informações a respeito de técnicas, de tecnologias, de componentes, de equipamentos, de instalações ou de sistemas de processamento automatizado de dados, em uso ou em desenvolvimento no País, que, reputados essenciais para a sua defesa, segurança ou economia, devem permanecer em segredo.	I - se o fato compromete a preparação ou eficiência bélica do Brasil, ou o agente transmite ou fornece, por qualquer meio, mesmo sem remuneração, a notícia, informação ou documento, a autoridade ou pessoa estrangeira; II - se o agente, em detrimento da segurança externa do Brasil, promove ou mantém no território nacional atividade ou serviço destinado à espionagem; III - se o agente se utiliza, ou contribui para que outrem se utilize, de meio de comunicação, para dar indicação que ponha ou possa pôr em perigo a segurança externa do Brasil. **Modalidade culposa** § 2º Contribuir culposamente para a execução do crime: Pena - detenção, de seis meses a dois anos, no caso do artigo; ou até quatro anos, no caso do § 1º, nº I.	§ 1º Incorre na mesma pena quem presta auxílio a espião, conhecendo essa circunstância, para subtraí-lo à ação da autoridade pública. § 2º Se o documento, dado ou informação é transmitido ou revelado com violação do dever de sigilo: Pena - reclusão, de 6 (seis) a 15 (quinze) anos. § 3º Facilitar a prática de qualquer dos crimes previstos neste artigo mediante atribuição, fornecimento ou empréstimo de senha, ou de qualquer outra forma de acesso de pessoas não autorizadas a sistemas de informações: Pena - detenção, de 1 (um) a 4 (quatro) anos. § 4º Não constitui crime a comunicação, a entrega ou a publicação de informações ou de documentos com o fim de expor a prática de crime ou a violação de direitos humanos.

Malgrado a proximidade, não havia, como não há perfeita coincidência a permitir a conclusão pela inaplicabilidade do art. 143 do CPM em relação à revogada Lei de Segurança Nacional e, nem agora, em relação aos crimes contra o Estado Democrático de Direito, Sobrevivendo o tipo penal militar incriminador.

Ressalte-se que o novo tipo penal do Código Penal (art. 359-K), ora estudado, nem mesmo possui verbo nuclear aproximado, o que indica a continuidade de aplicação do art. 143 do CPM concomitantemente ao tipo penal em comento.

Em relação ao art. 144 do CPM, também não enxergamos dispositivo conflitante da revogada Lei de Segurança Nacional, embora, igualmente ao crime anterior, houvesse proximidade, especialmente do § 1º do art. 144 do CPM, com o inciso IV do parágrafo único do art. 13 da Lei 7.170/1983, assim como há com o art. 359-K do Código Penal, acrescido pela Lei n. 14.197/2021. Novamente, insistimos no quadro comparativo:

LSN	CPM	CP (Lei n. 14.197/2021)
Art. 13 - Comunicar, entregar ou permitir a comunicação ou a entrega, a governo ou grupo estrangeiro, ou a organização ou grupo de existência ilegal, de dados, documentos ou cópias de documentos, planos, códigos, cifras ou assuntos que, no interesse do Estado brasileiro, são classificados como sigilosos. Pena: reclusão, de 3 a 15 anos. Parágrafo único - Incorre na mesma pena quem: I - com o objetivo de realizar os atos previstos neste artigo, mantém serviço de espionagem ou dele participa; II - com o mesmo objetivo, realiza atividade aerofotográfica ou de sensoreamento remoto, em qualquer parte do território nacional; III - oculta ou presta auxílio a espião, sabendo-o tal, para subtraí-lo à ação da autoridade pública; IV - obtém ou revela, para fim de espionagem, desenhos, projetos, fotografias, notícias ou informações a respeito de técnicas, de tecnologias, de componentes, de equipamentos, de instalações ou de sistemas de processamento automatizado de dados, em uso ou em desenvolvimento no País, que, reputados essenciais para a sua defesa, segurança ou economia, devem permanecer em segredo.	**Revelação de notícia, informação ou documento** Art. 144. Revelar notícia, informação ou documento, cujo sigilo seja de interesse da segurança externa do Brasil: Pena - reclusão, de três a oito anos. **Fim da espionagem militar** § 1º Se o fato é cometido com o fim de espionagem militar: Pena - reclusão, de seis a doze anos. **Resultado mais grave** § 2º Se o fato compromete a preparação ou a eficiência bélica do país: Pena - reclusão, de dez a vinte anos. **Modalidade culposa** § 3º Se a revelação é culposa: Pena - detenção, de seis meses a dois anos, no caso do artigo; ou até quatro anos, nos casos dos §§ 1° e 2.	**Espionagem** Art. 359-K. Entregar a governo estrangeiro, a seus agentes, ou a organização criminosa estrangeira, em desacordo com determinação legal ou regulamentar, documento ou informação classificados como secretos ou ultrassecretos nos termos da lei, cuja revelação possa colocar em perigo a preservação da ordem constitucional ou a soberania nacional: Pena - reclusão, de 3 (três) a 12 (doze) anos. § 1º Incorre na mesma pena quem presta auxílio a espião, conhecendo essa circunstância, para subtraí-lo à ação da autoridade pública. § 2º Se o documento, dado ou informação é transmitido ou revelado com violação do dever de sigilo: Pena - reclusão, de 6 (seis) a 15 (quinze) anos. § 3º Facilitar a prática de qualquer dos crimes previstos neste artigo mediante atribuição, fornecimento ou empréstimo de senha, ou de qualquer outra forma de acesso de pessoas não autorizadas a sistemas de informações: Pena - detenção, de 1 (um) a 4 (quatro) anos. § 4º Não constitui crime a comunicação, a entrega ou a publicação de informações ou de documentos com o fim de expor a prática de crime ou a violação de direitos humanos.

Embora também se reconheça uma proximidade, não havia, como não há perfeita coincidência a permitir a conclusão pela inaplicabilidade do art. 144 em relação à revogada Lei de Segurança Nacional e, nem agora, em relação aos crimes contra o Estado Democrático de Direito, sobrevivendo o tipo penal militar incriminador. Não nos parece ser diversa a análise diante do art. 359-K do Código Penal, portanto, ainda remanesce aplicável o art. 144 do CPM e, agora, também o crime contra o Estado Democrático de Direito que comentamos.

Por fim, sobre o possível choque dos arts. 228 e 230 com o § 2º do art. 359-K do Código Penal, retomamos a visão de Rogério Sanches e de Ricardo Silvares, da qual somos partidários:

> Vê-se que não há conflito entre os dispositivos citados. O tipo inserido no contexto do CPM tutela segredos de caráter particular, não guardando relação alguma com a conduta descrita no § 2º do art. 359-K do CP, que, como já comentamos, insere-se na conjuntura da espionagem, tendo como objeto material documento ou informação classificados como secretos ou ultrassecretos, cuja revelação possa colocar em perigo a preservação da ordem constitucional ou a soberania popular[81].

– **Elemento subjetivo:** só admite o dolo, a intenção, a vontade livre e consciente de incorrer nas condutas descritas de espionagem e suas formas autônomas acessórias.

– **Consumação:** o delito se consuma com a prática das condutas nucleares descritas, como a entrega, o auxílio à subtração da ação da autoridade ou fornecimento de acesso à informação por outrem. Sob este aspecto, seria possível sustentar a natureza de crime material.

Entretanto, se entendermos que o agente quer, ao fim e ao cabo, desestruturar o Estado Democrático de Direito, o que não precisa ocorrer para a consumação, a classificação, ao nosso sentir, deve ser como crime formal, vez que esse abalo não precisa efetivamente ocorrer.

– **Tentativa:** como crime plurissubsistente, possível a tentativa.

– **Crime impropriamente militar (extravagante):** perfeitamente possível a adjetivação deste delito como militar (crime militar extravagante), bastando a subsunção da conduta a uma das hipóteses do art. 9º do CPM.

Exemplificativamente, o militar federal que entregue informação ultrassecreta a agente de governo estrangeiro, em responderá por este delito, que absorverá o delito do art. 143 do CPM. À evidência, o militar terá negado seu compromisso constitucional de defesa da Pátria, grafado no art. 142 da Lei Maior, portanto, estará ferindo gravemente a ordem administrativa militar – conforme já a torneamos nos comentários ao art. 359-I do CPM –, podendo ter sua conduta subsumida na alínea "e" do inciso II do art. 9º do Código Castrense.

Não é outra a pioneira visão de Rogério Sanches e Ricardo Silvares, que, ressalte-se, assimilaram a expressão *crimes militares extravagantes,* que cunhamos em 2017, em artigo próprio[82]:

> Assim, quando, na situação do art. 9º do CPM, um militar cometer qualquer conduta dentre as previstas no CP, salvo os crimes dolosos contra a vida, estará cometendo cri-

[81] CUNHA, Rogério Sanches; SILVARES, Ricardo. *Crimes contra o estado democrático de direito*. Salvador: Juspodivm, p. 207-8.

[82] NEVES, Cícero Robson Coimbra. Inquietações na investigação criminal militar após a entrada em vigor da Lei n. 13.491, de 13 de outubro de 2017. Revista Direito Militar, Florianópolis, n. 126, p. 23-28, set./dez. 2017.

me militar *extravagante*, assim chamado por estar tipificado em diploma legal diverso do Código castrense. Logo, os crimes do novo Título XII, em tais circunstâncias, serão considerados crimes militares, de competência da Justiça Militar[83].

– **Tipicidade indireta:** para se ter a adjetivação como crime militar, necessário combinar o tipo penal comum com as alíneas do inciso II do art. 9º do CPM, quando o autor for militar da ativa, em nossa visão, especificamente na alínea "e".

No caso de militar inativo ou de civil, a subsunção mediata será no inciso III do mesmo art. 9º, lembrando-se da exigência do *caput* do inciso de que a conduta seja contra as instituições militares, além do enquadramento em uma das alíneas, o que reduz extremamente a possibilidade de crime militar.

– **Ação penal:** a ação penal é de iniciativa pública incondicionada.

1.5.2. Crimes contra as instituições democráticas

1.5.2.1. Abolição violenta do Estado Democrático de Direito (art. 359-L do CP)

> *Art. 359-L. Tentar, com emprego de violência ou grave ameaça, abolir o Estado Democrático de Direito, impedindo ou restringindo o exercício dos poderes constitucionais:*
>
> *Pena - reclusão, de 4 (quatro) a 8 (oito) anos, além da pena correspondente à violência.*

– **Objetividade jurídica:** tutela-se o Estado Democrático de Direito, especificamente pela garantia de exercício dos poderes constitucionais.

Sobre o Estado Democrático de Direito, remetemos à leitura dos comentários à objetividade jurídica do delito de atendado à soberania, do art. 359-I do CP, bastando aqui resumir que trata-se de bem jurídico com expressa previsão constitucional (art. 1º da CF) e que encerra a ideia de que o Estado deve submeter todos à lei, mas uma lei parida por um processo que garanta a participação de todos os cidadãos, de forma direta ou indireta, curando dos direitos e garantias individuais.

A designação do capítulo, ademais, indica que o viés específico é garantir a sobrevivência da *instituições democráticas,* para que funcionem regularmente.

O termo *instituição* deriva "do latim *institutio*, de *instituere* (fixar, estabelecer, dispor, formar, construir, ensinar), é o vocábulo usado na terminologia jurídica em vários sentidos, todos eles, no entanto, mais ou menos equivalentes"[84]. Em suma, pode se apresentar como ato de "estabelecer, de fixar ou formar alguma coisa, para que exercitem ou se cumpram as finalidades pretendidas ou as disposições impostas"[85].

---

83 CUNHA, Rogério Sanches; SILVARES, Ricardo. *Crimes contra o estado democrático de direito*. Salvador: Juspodivm, p. 202-3.

84 SILVA, De Plácido e. *Vocabulário Jurídico*. Rio de Janeiro: Forense (Grupo GEN), 2016, p. 759.

85 SILVA, De Plácido e. *Vocabulário Jurídico*. Rio de Janeiro: Forense (Grupo GEN), 2016, p. 759.

Dessa forma, pode-se dizer que as instituições democráticas são aquelas estabelecidas para exercitar e garantir a democracia, no que pretende o capítulo, pelo viés do *poderes constitucionais*, ou seja, o Poder Judiciário, o Poder Legislativo e o Poder Executivo.

– **Sujeitos do delito:** o sujeito ativo é qualquer pessoa, civil ou militar (crime comum), nacional ou estrangeiro. Trata-se, ainda, de crime monossubjetivo ou de concurso eventual.

Deve-se anotar que, em se concluindo por crime militar extravagante, o julgamento de civis pela Justiça Militar da União ainda pode conhecer nova compreensão, pois pende no Supremo Tribunal Federal a Arguição de Descumprimento de Preceito Fundamental n. 289, ajuizada em 2013, pela Procuradoria-Geral da República, "em que pede que seja dada ao artigo 9º, incisos I e III, do Código Penal Militar (CPM, Decreto-Lei nº 1.001/1969), interpretação conforme a Constituição Federal (CF) de 1988, a fim de que seja reconhecida a incompetência da Justiça Militar para julgar civis em tempo de paz e que esses crimes sejam submetidos a julgamento pela Justiça comum, federal ou estadual"[86].

O sujeito passivo é titular do bem jurídico aviltado, ou seja, o Estado. De maneira mediata, também o será aquele atingido pela violência ou grave ameaça.

– **Elementos objetivos:** a conjunção nuclear é *tentar abolir*, ou seja, buscar findar, eliminar, por termo.

Busca-se findar, em continuidade, o Estado Democrático de Direito, que já torneamos nos comentários à objetividade jurídica do art. 359-I, mas não em relação a todos os seus aspectos, e sim em relação ao exercício regular e necessário dos *poderes constitucionais*.

Notadamente, a Constituição Federal evidencia toda a estrutura de poder do Estado Brasileiro, segundo a lógica de repartição desse poder em funções – ou como ela mesma indica, *poderes* –, independentes e harmônicas entre si, caracterizando, também nos termos do texto constitucional, um sistema de fiscalização e controle de um poder (ou função) sobre o outro. É o que se extrai do art. 2º da Constituição Federal: "São Poderes da União, independentes e harmônicos entre si, o Legislativo, o Executivo e o Judiciário".

Sobre o tema, ensina Alexandre de Moraes:

> A divisão segundo o critério funcional é a célebre "separação de Poderes", que consiste em distinguir três funções estatais, quais sejam, legislação, administração e jurisdição, que devem ser atribuídas a três órgãos autônomos entre si, que as exercerão com exclusividade, foi esboçada pela primeira vez por Aristóteles, na obra "Política", detalhada, posteriormente, por John Locke, no Segundo tratado do governo civil, que também reconheceu três funções distintas, entre elas a executiva, consistente em aplicar a força pública no interno, para assegurar a ordem e o direito, e a federativa, consistente em

[86] Cf Informativo do STF de 22 de agosto de 2013. Disponível em http://www.stf.jus.br/portal/cms/verNoticiaDetalhe.asp?idConteudo=246326. Acesso em 20.mai.2020.

> manter relações com outros Estados, especialmente por meio de alianças. E, finalmente, consagrada na obra de Montesquieu O espírito das leis, a quem devemos a divisão e distribuição clássicas, tornando-se princípio fundamental da organização política liberal e transformando-se em dogma pelo art. 16 da Declaração Francesa dos Direitos do Homem e do Cidadão, de 1789, e é prevista no art. 2º da nossa Constituição Federal[87].

Dessa separação inicial, a Lei Maior atribui diversas funções aos "Poderes", o que se constitui em uma universalidade que podemos caracterizar como compreendidos pela expressão típica *poderes constitucionais*. Assim, em nosso compreender, para preencher esse elemento do tipo deve-se considerar a capacidade de ação dos Poderes Executivo, Legislativo e Judiciário nos termos permitidos pela Constituição Federal.

Obstaria o exercício dos poderes constitucionais, por exemplo, o agente que, com violência ou grave ameaça, impede que o Supremo Tribunal Federal efetive seus julgamentos, como guardião da Constituição Federal, mister inequívoco trazido pelo art. 102 da própria Constituição.

Note-se que o agente buscará impedir (obstar completamente), mas também poderá, para ter sua conduta subsumida, buscar restringir, ou seja, minorar, reduzir a possibilidade de exercício.

O crime possui forma específica para a conduta, notadamente pelo emprego de *violência ou grave ameaça*.

Violência, como se apresenta aqui e em outros tipos penais, trata-se da *vis corporalis*, ou seja, a violência física, podendo ser caracterizada por ação, por exemplo, o caso do agente que agrida fisicamente os Ministros da Corte Maior, ou por omissão, por exemplo, privando os julgadores de recursos mínimos de subsistência. Não se exige, é bom que se anote, que a violência seja resistível por alguém – aliás, nem sequer se exige que se tente resistir, bastando que seja empregada com a finalidade descrita no tipo.

A *ameaça*, como exige o próprio tipo, deve ser *grave*, ou seja, uma promessa de mal futuro apta a causar temor nas pessoas, notadamente os atores que exercem as funções dos Poderes. Trata-se de violência moral (*vis compulsiva*). Pode consistir em ameaça oral, escrita, gestual etc. Não se exige, por outro lado, que o mal versado na ameaça seja injusto, como em alguns tipos penais – vide, por exemplo, o delito de ameaça, capitulado no art. 147 do CP e no art. 223 do CPM –, mesmo porque, quem pratica o ato pode entender que sua conduta é justa por várias razões, por exemplo, ideológica. Também não se exige que a ameaça configure coação irresistível – aliás, nem sequer se exige que alguém tente resistir –, já que se trata de elemento estranho ao tipo penal em estudo, bastando que, como dito, seja idônea a causar medo.

No preceito secundário grafa-se a pena de reclusão de 4 a 8 anos, além da pena correspondente à violência, vingando o cúmulo material em eventual unificação de pena dos delitos.

---

87 MORAES, Alexandre de. *Direito Constitucional*. São Paulo: Atlas (Grupo GEN), 2021, p. 491.

– **Elemento subjetivo:** só admite o dolo, a intenção, a vontade livre e consciente de obstar ou restringir o exercício dos poderes constitucionais. Identifica-se elemento subjetivo especial do tipo, na finalidade de abolir o Estado Democrático de Direito.

– **Consumação:** consuma-se o delito com a prática de atos de violência ou de grave ameaça, ainda que não se atinja o fim desejado de obstar ou restringir o exercício dos poderes constitucionais, tratando-se de crime formal. Mais ainda constataremos a classificação como delito formal, se entendermos que o agente quer, ao fim e ao cabo, desestruturar o Estado Democrático de Direito, o que não precisa ocorrer para a consumação.

– **Tentativa:** como crime de atentado *(tentar),* não se admite a tentativa, que se constitui já em consumação do delito.

– **Crime impropriamente militar (extravagante):** perfeitamente possível a adjetivação deste delito como militar (crime militar extravagante), bastando a subsunção da conduta a uma das hipóteses do art. 9º do CPM.

Exemplificativamente, o militar federal que direcione carros de combate para a sede do Superior Tribunal Militar, na tentativa de impedir o livre exercício da função jurisdicional, negará seu compromisso constitucional de garantia dos poderes constitucionais, grafado no art. 142 da Lei Maior, portanto, estará ferindo gravemente a ordem administrativa militar – conforme já a torneamos nos comentários ao art. 359-I do CPM –, podendo ter sua conduta subsumida na alínea "e" do inciso II do art. 9º do Código Castrense.

Não é outra a pioneira visão de Rogério Sanches e Ricardo Silvares, que, ressalte-se, assimilaram a expressão *crimes militares extravagantes*, que cunhamos em 2017, em artigo próprio[88]:

> Assim, quando, na situação do art. 9º do CPM, um militar cometer qualquer conduta dentre as previstas no CP, salvo os crimes dolosos contra a vida, estará cometendo crime militar *extravagante*, assim chamado por estar tipificado em diploma legal diverso do Código castrense. Logo, os crimes do novo Título XII, em tais circunstâncias, serão considerados crimes militares, de competência da Justiça Militar[89].

– **Tipicidade indireta:** para se ter a adjetivação como crime militar, necessário combinar o tipo penal comum com as alíneas do inciso II do art. 9º do CPM, quando o autor for militar da ativa, em nossa visão, especificamente na alínea "e".

No caso de militar inativo ou de civil, a subsunção mediata será no inciso III do mesmo art. 9º, lembrando-se da exigência do *caput* do inciso de que a conduta seja contra as instituições militares, além do enquadramento em uma das alíneas, o que reduz extremamente a possibilidade de crime militar.

---

88 NEVES, Cícero Robson Coimbra. Inquietações na investigação criminal militar após a entrada em vigor da Lei n. 13.491, de 13 de outubro de 2017. Revista Direito Militar, Florianópolis, n. 126, p. 23-28, set./dez. 2017.

89 CUNHA, Rogério Sanches; SILVARES, Ricardo. *Crimes contra o estado democrático de direito*. Salvador: Juspodivm, p. 202-3.

– **Ação penal:** a ação penal é de iniciativa pública incondicionada.

1.5.2.2. Golpe de Estado (art. 359-M do CP):

> *Art. 359-M. Tentar depor, por meio de violência ou grave ameaça, o governo legitimamente constituído:*
>
> *Pena - reclusão, de 4 (quatro) a 12 (doze) anos, além da pena correspondente à violência.*

– **Objetividade jurídica:** tutela-se o Estado Democrático de Direito, especificamente pelo viés da respeito ao poder, ao governo regularmente constituído, que, nesse estado democrático pressupõe que sua legítima constituição seja pela escolha popular, respeitando-se, pois, essa vontade.

Sobre o Estado Democrático de Direito, remetemos à leitura dos comentários à objetividade jurídica do delito de atendado à soberania, do art. 359-I do CP, bastando aqui resumir que trata-se de bem jurídico com expressa previsão constitucional (art. 1º da CF) e que encerra a ideia de que o Estado deve submeter todos à lei, mas uma lei parida por um processo que garanta a participação de todos os cidadãos, de forma direta ou indireta, curando dos direitos e garantias individuais.

A designação do capítulo indica que o viés específico é garantir a sobrevivência da *instituições democráticas*, para que funcionem regularmente.

O termo *instituição* deriva "do latim *institutio*, de *instituere* (fixar, estabelecer, dispor, formar, construir, ensinar), é o vocábulo usado na terminologia jurídica em vários sentidos, todos eles, no entanto, mais ou menos equivalentes"[90]. Em suma, pode se apresentar como ato de "estabelecer, de fixar ou formar alguma coisa, para que exercitem ou se cumpram as finalidades pretendidas ou as disposições impostas"[91].

Dessa forma, pode-se dizer que as instituições democráticas são aquelas estabelecidas para exercitar e garantir a democracia, pelo viés do livre e regular exercício das atribuições do Presidente da República, já que a rubrica do delito, *golpe de estado,* especifica a compreensão do delito na necessidade constitucional de preservação do governo escolhido pela vontade popular soberana, um governo do Estado nacional e não regional ou local.

É muito lógico concluir que a tutela recaia sobre o governo do País e não sobre o de um determinado ente federativo, porquanto, em se tratando de uma ação localizada, que não atinja o governo federal, a própria União deverá agir para a retomada da regularidade, por exemplo, pela intervenção federal para garantir o livre exercício de qualquer dos Poderes nas unidades da Federação (art. 34, IV, CF), não havendo risco ao governo do Estado nacional – *golpe de estado,* frise-se – que ainda terá as "rédeas" da condução do País. Também nessa linha:

---

90 SILVA, De Plácido e. *Vocabulário Jurídico*. Rio de Janeiro: Forense (Grupo GEN), 2016, p. 759.

91 SILVA, De Plácido e. *Vocabulário Jurídico*. Rio de Janeiro: Forense (Grupo GEN), 2016, p. 759.

> O tipo não menciona o governo em si, ou seja, se Presidente da República, Governador ou Prefeito, mas o "governo". Assim, desviando-nos da orientação traçada nos comentários ao artigo anterior, pensamos que o dispositivo em questão se aplica apenas à deposição do governo na esfera da União, pois o dispositivo está sob o *nomem juris* "Golpe de Estado", expressão usada para deposição do chefe de governo do País, do "Estado" enquanto pessoa jurídica de direito internacional. O tipo não pode estar a tratar também de Governador ou Prefeito, pois, ainda que se tente deposição violenta de um destes, não se terá "golpe de estado".[92]

A atual conformação do estado Brasileiro impõe a forma republicana de governo, assim como o sistema presidencialista.

República foi a terceira designação do Estado Brasileiro, adotada desde a Constituição Federal de 1967, antes passando pela denominação Império do Brazil e Estados Unidos do Brasil, esta última já em status republicano, a partir da proclamação de 1889.

Na forma de governo republicana (*res publica*) – que se opõe à forma monárquica –, o governante é um representante do povo e sua permanência no poder possui algumas características como a *temporariedade* (Chefe de Governo recebe um mandato, com prazo determinado), *eletividade* (Chefe de Governo eleito e não hereditário) e *Responsabilidade* (Chefe de Governo deve prestar contas ao povo e pode ser responsabilizado)[93].

Trata-se de um princípio republicano que se constitui em cláusula pétrea implícita, mas que o povo brasileiro já teve a oportunidade de, pelo voto, alterar, conforme possibilitava – e não mais possibilita – o art. 2º dos Atos das Disposições Constitucionais Transitórias: "No dia 7 de setembro de 1993 o eleitorado definirá, através de plebiscito, a forma (república ou monarquia constitucional) e o sistema de governo (parlamentarismo ou presidencialismo) que devem vigorar no País". Nessa senda:

> Se nas Constituições anteriores as cláusulas pétreas eram sempre as mesmas (Federação e República), o rol foi bastante ampliado na Constituição de 1988: são cláusulas pétreas a Federação, o voto (direto, secreto, universal e periódico), a separação dos Poderes e os direitos e garantias individuais. Embora a República não seja uma cláusula pétrea expressa, é tida pela doutrina e pela jurisprudência como cláusula pétrea implícita[94].

O povo brasileiro, exercendo seu direito soberano na condução dos desígnios do País, optou pena manutenção da forma de governo republicana e do sistema de governo presidencialista.

A propósito do sistema presidencialista, é de se notar que o tipo penal em estudo, não se limita a ele, de maneira que, em havendo alteração para o sistema parlamentarista, ainda assim poderá haver subsunção de condutas. Anote-se que não

---

92 CUNHA, Rogério Sanches; SILVARES, Ricardo. *Crimes contra o estado democrático de direito*. Salvador: Juspodivm, p. 137.

93 Cf. DALLARI, Dalmo de Abreu. Op. cit., p. 226-7.

94 JÚNIOR, Flávio Martins Alves N. *Curso de direito constitucional*. São Paulo: Saraiva, 2020, p. 293.

se trata de cláusula pétrea, sequer implícita, sendo possível "uma Emenda Constitucional alterando nosso sistema de governo para parlamentarista (como na Inglaterra) ou semipresidencialista (como em Portugal)"[95].

Enfim, é essa a envergadura de tutela do tipo: o exercício regular de um governo legitimamente escolhido pelo povo nas regras constitucionais, personificado, por ora, na figura do Presidente da República, que são fundamentais ao Estado Democrático de Direito.

– **Sujeitos do delito:** o sujeito ativo é qualquer pessoa, civil ou militar (crime comum), nacional ou estrangeiro. Trata-se, ainda, de crime monossubjetivo ou de concurso eventual, embora a magnitude da ação, na prática, exija a pluralidade de pessoas.

Deve-se anotar que, em se concluindo por crime militar extravagante, o julgamento de civis pela Justiça Militar da União ainda pode conhecer nova compreensão, pois pende no Supremo Tribunal Federal a Arguição de Descumprimento de Preceito Fundamental n. 289, ajuizada em 2013, pela Procuradoria-Geral da República, "em que pede que seja dada ao artigo 9º, incisos I e III, do Código Penal Militar (CPM, Decreto-Lei nº 1.001/1969), interpretação conforme a Constituição Federal (CF) de 1988, a fim de que seja reconhecida a incompetência da Justiça Militar para julgar civis em tempo de paz e que esses crimes sejam submetidos a julgamento pela Justiça comum, federal ou estadual"[96].

O sujeito passivo, é titular do bem jurídico aviltado, ou seja, o Estado. De maneira mediata, também o será o Presidente da República, ou outra pessoa contra quem a violência ou a grave ameaça é dirigida.

– **Elementos objetivos:** inaugure-se pela constatação de que o *nomem juris* não prestigia concepção corrente da ciência política do golpe de estado, que o destaca da revolução.

Na distinção entre revolução e golpe de Estado, calcada, por exemplo, em Norberto Bobbio[97], pode-se extrair que as definições correntes de revolução insistem essencialmente em duas características: a subtaneidade (à qual alguns acrescentam também a brevidade, ambas características que se relacionam à temporalidade do evento) e o uso da violência (que diz respeito à modalidade da ação). Deveríamos precisar que a violência revolucionária é uma violência qualificada dentro do sistema político e jurídico no qual se manifesta como ilegítima (nem todas as formas de violência são ilegítimas, como o é, por exemplo, a legítima defesa), ou seja, não justificável com base nas regras da ordem. Uma característica essencial da violência revolucionária, sobre a qual a maioria das definições não se demora, é a sua proveniência de baixo; a violência revolucionária é uma violência popular. Essa característica

95 JÚNIOR, Flávio Martins Alves N. *Curso de direito constitucional*. São Paulo: Saraiva, 2020, p. 235.

96 Cf Informativo do STF de 22 de agosto de 2013. Disponível em http://www.stf.jus.br/portal/cms/verNoticiaDetalhe.asp?idConteudo=246326. Acesso em 20.mai.2020.

97 BOBBIO, Norberto. *Teoria geral da política*. São Paulo: Campus, 2000.

é essencial porque uma violência, mesmo súbita e ilegítima, mas proveniente do alto, ou seja, das próprias classes dirigentes, é a característica própria do golpe de Estado.

Em suma, o golpe de estado possuiria a característica fundamental de se constituir em uma violência que vem do alto, dos estamentos já dominantes de uma sociedade, enquanto a revolução teria sua origem nos estamentos dominados, mas ambos agridem o status de governo existente no momento de sua deflagração.

Ao que se verifica, o tipo penal em estudo não se compromete com essa distinção, nada importando se a agressão ao governo constituído seja levado a efeito por castas já participantes do próprio governo (militares, por exemplo) ou se é resultado de um levante popular.

Claro que o apelo de uma revolução é muito mais sedutor, pois foram elas que, por exemplo, levaram à evolução da tutela dos direitos individuais no curso da História, como a Revolução Francesa (a 1779) e a Revolução Americana que culminou com a independência em 1776.

A conjunção nuclear é *tentar depor*, ou seja, buscar retirar, afastar, extirpar o governo legitimamente no poder. Busca-se por termo ao exercício do mandato sem o amparo dos instrumentos constitucionalmente previstos para esse propósito, como o voto direto ou o *impeachment*.

O crime possui forma específica para a conduta, notadamente por *meio de violência ou grave ameaça*.

Violência, como se apresenta aqui e em outros tipos penais, trata-se da *vis corporalis*, ou seja, a violência física, podendo ser caracterizada por ação, por exemplo, o caso do agente – muito provavelmente agentes – agridam fisicamente o Presidente da República com o intento de retirá-lo do mandato, ou por omissão, por exemplo, privando-o de recursos mínimos de subsistência. Não se exige, é bom que se anote, que a violência seja resistível pelo governante – aliás, nem sequer se exige que se tente resistir, bastando que seja empregada com a finalidade descrita no tipo.

A *ameaça*, como exige o próprio tipo, deve ser *grave*, ou seja, uma promessa de mal futuro apta a causar temor na pessoa do Presidente da República. Trata-se de violência moral (*vis compulsiva*). Pode consistir em ameaça oral, escrita, gestual etc. Não se exige, por outro lado, que o mal versado na ameaça seja injusto, como em alguns tipos penais – vide, por exemplo, o delito de ameaça, capitulado no art. 147 do CP e no art. 223 do CPM. Também não se exige que a ameaça configure coação irresistível – aliás, nem sequer se exige que o Presidente resista –, já que se trata de elemento estranho ao tipo penal em estudo, bastando que, como dito, seja idônea a causar medo.

Anote-se que o governante precisa estar *legitimamente constituído*, ou seja, empossado no cargo sob as regras trazidas no desenho republicano dado pela Constituição Federal, no atual estágio, portanto, um Presidente da República eleito nas regras do art. 77 da CF, com temporariedade de mandato em 4 anos (art. 82 da CF), com possibilidade de reeleição por um único período subsequente (art. 14, § 5º, CF), ou aquele escolhido indiretamente, nos termos do § 1º do art. 81 da Constituição Federal: "Ocorrendo a vacância nos últimos dois anos do período presidencial, a eleição para ambos os cargos será feita trinta dias depois da última vaga, pelo Congresso Nacional, na forma da lei". Caso o governante esteja irregularmente no poder, por exemplo, por ter engendrado um golpe de estado precedente, a retirada forçada deste não será subsumida pelo tipo em estudo, embora possa configurar outro delito, como o de homicídio, no caso de morte do ilegítimo mandatário.

No preceito secundário grafa-se a pena de reclusão de 4 a 12 anos, além da pena correspondente à violência, vingando o cúmulo material em eventual unificação de pena dos delitos.

– **Elemento subjetivo:** só admite o dolo, a intenção, a vontade livre e consciente de depor o mandatário da Nação, por emprego de violência ou grave ameaça.

– **Consumação:** o delito se consuma com a prática da violência ou da grave ameaça, ainda que não se atinja o fim desejado de depor o governante legitimamente constituído. Mais ainda constataremos a classificação como delito formal, se entendermos que o agente quer, ao fim e ao cabo, desestruturar o Estado Democrático de Direito, o que não precisa ocorrer para a consumação.

– **Tentativa:** como crime de atentado (*tentar*), não se admite a tentativa, que se constitui já em consumação do delito.

– **Crime impropriamente militar (extravagante):** perfeitamente possível a adjetivação deste delito como militar (crime militar extravagante), bastando a subsunção da conduta a uma das hipóteses do art. 9º do CPM.

Exemplificativamente, os militares federais que direcionem carros de combate para o Palácio do Planalto, na tentativa de depor o Presidente da República, negarão seu compromisso constitucional de garantia dos poderes constitucionais, grafado no art. 142 da Lei Maior, portanto, estará ferindo gravemente a ordem administrativa militar – conforme já a torneamos nos comentários ao art. 359-I do CPM –, podendo ter sua conduta subsumida na alínea "e" do inciso II do art. 9º do Código Castrense.

Anote-se, ainda, como ratificação dessa concepção, que, pelo mesmo art. 142 da Constituição Federal, as Forças Armadas estão sob a autoridade suprema do Presidente da República, instrumento inequívoco do poderio militar pelo poder civil legitimamente constituído.

A propósito desse cenário constitucional, curiosamente, questiona-se se as Forças Armadas teriam o papel de, eventualmente, depor o Presidente em nome, exatamente, da guarda dos poderes constitucionais, buscando-se um certo amparo constitucional para essa ação.

Pensamos que não. Não há atuação legítima no plano constitucional para esse direcionamento. Os instrumentos de abreviatura do mandato presidencial estão grafados expressamente na Constituição, como o caso do já mencionado impeachment, fruto da prática de crime de responsabilidade pelo Presidente da República, nos termos dos arts. 85 e 86 da Constituição Federal.

Na estrutura constitucional, assim, a deposição do Presidente da República pelas Forças Armadas é golpe de estado, restando saber se, *a posteriori*, a nova concepção de Estado, que provavelmente terá outra Constituição em caso da manutenção do poder pelos agentes do golpe, perseguirá a infração penal, o que estima-se não ocorrer por óbvias razões.

Nada aproveita construções de momento, que busquem dar esse poder às Forças Armadas, pois essa lógica não é constitucional, pois rompe sua *ratio* de contenção do poderio militar e de tutela dos poderes constituídos. A propósito, nem mesmo o golpe de origem popular, a revolução na distinção acima de Norberto Bobbio, tem espaço no plano constitucional, pois, repita-se, quebra a mesma lógica de preservação dos poderes nela enumerados.

Sobre a possibilidade de crime militar extravagante contra o Estado Democrático de Direito, repetimos a pioneira visão de Rogério Sanches e Ricardo Silvares, que, ressalte-se, assimilaram a expressão *crimes militares extravagantes*, que cunhamos em 2017, em artigo próprio[98]:

> Assim, quando, na situação do art. 9º do CPM, um militar cometer qualquer conduta dentre as previstas no CP, salvo os crimes dolosos contra a vida, estará cometendo crime militar *extravagante*, assim chamado por estar tipificado em diploma legal diverso do Código castrense. Logo, os crimes do novo Título XII, em tais circunstâncias, serão considerados crimes militares, de competência da Justiça Militar[99].

– **Tipicidade indireta:** para se ter a adjetivação como crime militar, necessário combinar o tipo penal comum com as alíneas do inciso II do art. 9º do CPM, quando o autor for militar da ativa, em nossa visão, especificamente na alínea "e".

No caso de militar inativo ou de civil, a subsunção mediata será no inciso III do mesmo art. 9º, lembrando-se da exigência do ***caput*** do inciso de que a conduta seja contra as instituições militares, além do enquadramento em uma das alíneas, o que reduz extremamente a possibilidade de crime militar.

– **Ação penal:** a ação penal é de iniciativa pública incondicionada.

1.5.3. Crimes contra o funcionamento das instituições democráticas no processo eleitoral

1.5.3.1. Interrupção do processo eleitoral (art. 359-N do CP)

> *Art. 359-N. Impedir ou perturbar a eleição ou a aferição de seu resultado, mediante violação indevida de mecanismos de segurança do sistema eletrônico de votação estabelecido pela Justiça Eleitoral:*
>
> *Pena - reclusão, de 3 (três) a 6 (seis) anos, e multa.*

---

98 NEVES, Cícero Robson Coimbra. Inquietações na investigação criminal militar após a entrada em vigor da Lei n. 13.491, de 13 de outubro de 2017. Revista Direito Militar, Florianópolis, n. 126, p. 23-28, set./dez. 2017.

99 CUNHA, Rogério Sanches; SILVARES, Ricardo. *Crimes contra o estado democrático de direito*. Salvador: Juspodivm, p. 202-3.

– **Objetividade jurídica:** tutela-se o Estado Democrático de Direito, especificamente pelo viés do exercício regular do direito ao voto, consagrado nos arts. 14 e seguintes da Constituição Federal, que, enfim, em sendo obstado, atinge a própria ideia de Estado submisso à lei e com o exercício do poder popular.

Sobre o Estado Democrático de Direito, remetemos à leitura dos comentários à objetividade jurídica do delito de atendado à soberania, do art. 359-I do CP, bastando aqui resumir que trata-se de bem jurídico com expressa previsão constitucional (art. 1º da CF) e que encerra a ideia de que o Estado deve submeter todos à lei, mas uma lei parida por um processo que garanta a participação de todos os cidadãos, de forma direta ou indireta, curando dos direitos e garantias individuais.

A rubrica do delito, *interrupção do processo eleitoral*, conduz à necessária avaliação da higidez da escolha dos representantes políticos, pelo processo eleitoral definido na Lei Maior, o que é signo inseparável do Estado Democrático de Direito.

Participar de um processo eleitoral, ativa ou passivamente, é um direito inequívoco da cidadania, que, por sua vez, constitui-se em fundamento da República Federativa do Brasil (art. 1º, II, CF), de maneira que agredir esse direito, pela obstrução do processo eleitoral afeta o próprio Estado Democrático de Direito.

Nessa linha, consigna Alexandre de Moraes sobre os direitos políticos:

> É o conjunto de regras que disciplina as formas de atuação da soberania popular, conforme preleciona o caput do art. 14 da Constituição Federal. São direitos públicos subjetivos que investem o indivíduo no *status activae civitatis*, permitindo-lhe o exercício concreto da liberdade de participação nos negócios políticos do Estado, de maneira a conferir os atributos da cidadania. Tradicional a definição de Pimenta Bueno:
>
> "...prerrogativas, atributos, faculdades, ou poder de intervenção dos cidadãos ativos no governo de seu país, intervenção direta ou indireta, mais ou menos ampla, segundo a intensidade do gozo desses direitos. São o *Jus Civitatis*, os direitos cívicos, que se referem ao Poder Público, que autorizam o cidadão ativo a participar na formação ou exercício da autoridade nacional, a exercer o direito de vontade ou eleitor, o direito de deputado ou senador, a ocupar cargos políticos e a manifestar suas opiniões sobre o governo do Estado".
>
> Tais normas constituem um desdobramento do princípio democrático inscrito no art. 1º, parágrafo único, que afirma todo o poder emanar do povo, que o exerce por meio de representantes eleitos ou diretamente[100].

Mas cuide-se para que não se tenha a análise simples de que se está a tutelar o direito ao sufrágio ou ás eleições, pois isso levaria á prática de crime eleitoral. O espectro de tutela é mais profundo, perpassando sim pelo direito ao voto e a regularidade da eleição, mas tendo como parada terminal da proteção o funcionamento das instituições democráticas, como ilumina o capítulo.

O termo *instituição* deriva "do latim *institutio*, de *instituere* (fixar, estabelecer, dispor, formar, construir, ensinar), é o vocábulo usado na terminologia jurídica em

[100] MORAES, Alexandre de. *Direito Constitucional*. São Paulo: Atlas (Grupo GEN), 2021, p. 299.

vários sentidos, todos eles, no entanto, mais ou menos equivalentes"[101]. Em suma, pode se apresentar como ato de "estabelecer, de fixar ou formar alguma coisa, para que exercitem ou se cumpram as finalidades pretendidas ou as disposições impostas"[102].

Dessa forma, pode-se dizer que as instituições democráticas no processo eleitoral são aquelas estabelecidas para exercitar e garantir a democracia, no que pretende o capítulo, pelo viés do sufrágio, do processo eleitoral, para que cumpra seu papel no Estado Democrático de Direito, qual seja, permitir o exercício da soberania popular pelo voto, garantindo a liberdade de escolha, a possibilidade de se colocar à disposição para ser escolhido, o sigilo da votação, entre outros.

Não necessariamente se refere a um ente físico, material (como a Justiça Eleitoral e seus órgãos), mas também pode compreender concepções imateriais já instituídas, sacramentadas, no processo democrático, como o postulado da alternância no cargo, existente nas entranhas da República Federativa do Brasil.

– **Sujeitos do delito:** o sujeito ativo é qualquer pessoa, civil ou militar (crime comum), nacional ou estrangeiro. Trata-se, ainda, de crime monossubjetivo ou de concurso eventual.

Deve-se anotar que, em se concluindo por crime militar extravagante, o julgamento de civis pela Justiça Militar da União ainda pode conhecer nova compreensão, pois pende no Supremo Tribunal Federal a Arguição de Descumprimento de Preceito Fundamental n. 289, ajuizada em 2013, pela Procuradoria-Geral da República, "em que pede que seja dada ao artigo 9º, incisos I e III, do Código Penal Militar (CPM, Decreto-Lei nº 1.001/1969), interpretação conforme a Constituição Federal (CF) de 1988, a fim de que seja reconhecida a incompetência da Justiça Militar para julgar civis em tempo de paz e que esses crimes sejam submetidos a julgamento pela Justiça comum, federal ou estadual"[103].

O sujeito passivo é titular do bem jurídico aviltado, ou seja, o Estado. Não se pode negar, haver uma afetação do direito fundamental ao sufrágio, daquele eventualmente atingido pela ação, que figurará como sujeito passivo mediato.

– **Elementos objetivos:** o primeiro verbo nuclear é *impedir*, ou seja, não permitir, obstar, parar. Em sequência e alternativamente o tipo traz o verbo *perturbar*, significando atrapalhar, tumultuar, incomodar.

Impede-se ou perturba-se, primeiro, a eleição, ou seja, o processo ideal e real de escolha dos representantes políticos do povo, abrangendo a eleição em qualquer nível e para qualquer cargo eletivo do Poder Público, desde que turbe o próprio Estado Democrático de Direito.

Embora o tipo não restrinja expressamente, não se está diante de eleições em entidades privadas ou para cargos ou funções que não tenham a magnitude de

[101] SILVA, De Plácido e. *Vocabulário Jurídico*. Rio de Janeiro: Forense (Grupo GEN), 2016, p. 759.

[102] SILVA, De Plácido e. *Vocabulário Jurídico*. Rio de Janeiro: Forense (Grupo GEN), 2016, p. 759.

[103] Cf Informativo do STF de 22 de agosto de 2013. Disponível em http://www.stf.jus.br/portal/cms/verNoticiaDetalhe.asp?idConteudo=246326. Acesso em 20.mai.2020.

atingir o Estado Democrático de Direito, como a eleição para o conselho tutelar. Abrange, assim, as eleições periódicas para os cargos do Poder Executivo e do Poder Legislativo, que ocorrem coincidentemente nos níveis federal, estadual e municipal, não sendo possível, na atual conformação prático-jurídica, separá-las. Note-se, em reforço a essa interpretação, que o tipo menciona *eleição* precedido do artigo "a", individualizando o cenário para a eleição geral para os cargos da República, e não em qualquer eleição.

A turbação ou obstrução também pode atingir o resultado e não apenas a sua precedente dinâmica do voto. Após o pleito, cada urna eletrônica tem a emissão do boletim de urna, consistente no documento "emitido em cada seção após a conclusão da votação, com as seguintes informações: total de votos por partido, total de votos por candidato, total de votos em branco, total de comparecimento em voto e total de nulos, identificação da seção e zona eleitoral, hora do encerramento da eleição, código interno da urna eletrônica e sequência de caracteres para validação do boletim. O boletim de urna é emitido em um número de cópias não inferior a 5 (cinco), a partir de sua imagem existente no disquete fixo. Uma cópia do boletim é gravada no disquete removível, criptografada, para ser utilizada durante a fase de apuração"[104].

O Boletim de urna, assim, é o documento que faz prova do resultado apurado e deve "ser assinado pelo presidente da mesa e, se presentes, por fiscais dos partidos políticos e membro do Ministério Público Eleitoral. Uma via do BU é afixada em local visível na seção, dando publicidade ao resultado. Três vias devem ser encaminhadas, juntamente com a ata da seção, ao cartório eleitoral. Outra via é entregue aos fiscais dos partidos políticos que estiverem presentes"[105].

Como se percebe, há todo um procedimento definido para a apuração do resultado da eleição e é justamente nesse procedimento que a conduta típica incide, buscando impedir ou perturbar a aferição dos votos no pleito.

O crime não admite qualquer forma da prática da conduta, mas apenas pela violação *indevida de mecanismos de segurança do sistema eletrônico de votação estabelecido pela Justiça Eleitoral*. O sistema eletrônico de votação, assim como a totalização dos votos dele decorrente, são regulados pela Lei n. 9.504, de 30 de setembro de 1997, especialmente a partir de seu art. 59. Nesses dispositivos são idealizados mecanismos de segurança, inclusive para a manutenção do sigilo do voto.

Há mecanismos idealizados pela Justiça Eleitoral para garantir a segurança, notadamente a assinatura digital e o resumo digital.

A "assinatura digital é uma técnica criptográfica usada para garantir que um conteúdo, no caso um arquivo digital, possa ser verificado principalmente no que se refere à sua integridade, isto é, busca garantir que o programa de computador não foi modificado de forma intencional ou não perdeu suas características originais por

---

104 *Glossário Eleitoral*. Disponível em https://www.tse.jus.br/eleitor/glossario. Acesso 08.01.2021.

105 GOMES, José Jairo. *Crimes eleitorais e processo penal eleitoral*. São Paulo: Atlas, 2021, p. 102.

falha na gravação ou leitura. Isso significa que se a assinatura digital for válida, o arquivo não foi modificado"[106]. Também "é utilizada para assegurar a autenticidade do programa, ou seja, confirmar que o programa tem origem oficial e foi gerado pelo Tribunal Superior Eleitoral. Nesse caso, somente quem assinou digitalmente pode ter gerado aquela assinatura digital"[107].

O resumo digital, "também chamado de resumo criptográfico ou *hash*, é uma técnica criptográfica que se assemelha a um dígito verificador. Dado um arquivo digital, pode-se calcular o resumo digital desse arquivo com um algoritmo público (método matemático conhecido por todos). No caso dos sistemas de urna, são calculados os *hashs* de todos os arquivos e esses resumos são publicados no portal do TSE"[108].

Em qualquer ingresso do sistema, pela burla ou violação desses mecanismos de segurança, ou outros que possam ser idealizados pela Justiça Eleitoral, o tipo penal abarcará a conduta, desde que com a finalidade de impedir ou turbar a eleição ou o resultado.

Claro, a violação deve ser *indevida*, ou seja, desautorizada, sem amparo, não havendo subsunção típica se de outro modo for, como no caso dos agentes que violam ou tentam violar as barreiras de segurança para acessar o sistema, em testes de segurança promovidos pela própria Justiça Eleitoral.

No preceito secundário grafa-se a pena de reclusão de 3 a 6 anos, além da pena de multa.

Tem-se, aqui, um ponto polêmico, especificamente na aplicação da pena de multa, admitida a hipótese de crime militar extravagante.

Diante da inexistência da pena de multa no art. 55 e seguintes do Código Penal Militar, poderá o Juiz Federal da Justiça Militar ou o Conselho de Justiça condenar o réu à pena de multa em um crime militar extravagante contra o Estado Democrático de Direito?

Para responder a essa indagação, deve-se lembrar que, à luz do princípio da legalidade, o tipo penal – para além da discussão de elementos objetivos, subjetivos e normativos – é composto por preceito primário e secundário. No primeiro, há a descrição típica da conduta incriminada; no segundo, o parâmetro para o apenamento.

Ambos compõem o tipo de um delito, que deve ser observado sob o risco, no caso do preceito secundário, de o juiz não obedecer o primado da legalidade, aplicando ao caso concreto pena inexistente na previsão típica ou deixando de aplicar pena que necessariamente deve ser imposta naquela situação típica, exacerbando em

[106] Cf. sítio eletrônico do Tribunal Superior Eleitoral. Disponível em https://www.tse.jus.br/eleicoes/urna-eletronica/seguranca. Acesso 08.01.2021.

[107] Cf. sítio eletrônico do Tribunal Superior Eleitoral. Disponível em https://www.tse.jus.br/eleicoes/urna-eletronica/seguranca. Acesso 08.01.2021.

[108] Cf. sítio eletrônico do Tribunal Superior Eleitoral. Disponível em https://www.tse.jus.br/eleicoes/urna-eletronica/seguranca. Acesso 08.01.2021.

sua atuação vez que inovará o conteúdo normativo, possibilidade que, em regra, é dada apenas ao legislador.

Também a discussão chama o resgate do princípio da culpabilidade como elemento de determinação ou medida de pena, vez que, parafraseando Bintencourt[109], não se pode admitir aplicação de pena além ou aquém da previsão legal, no preceito secundário.

Em outros termos, se o tipo penal trazido para o Direito Castrense (crime militar extravagante) previr pena de multa, como de imposição obrigatória, deverá o Juiz ou o Conselho de Justiça impor essa sanção penal, valendo-se dos critérios existentes na Parte Geral do CP (arts. 49 e seguintes), em exceção à regra de aplicação da Parte Geral do CPM, mesmo porque ele é omisso sobre o tema.

Importante lembrar que, pelo art. 359-T do CP, não constitui crime a manifestação crítica aos poderes constitucionais nem a atividade jornalística ou a reivindicação de direitos e garantias constitucionais por meio de passeatas, de reuniões, de greves, de aglomerações ou de qualquer outra forma de manifestação política com propósitos sociais.

Finalmente, deve-se avaliar eventuais conflitos.

Em relação aos tipos penais incriminadores previstos no Código Penal Militar, não enxergamos conflitos, mas enxergamos em relação a alguns crimes eleitorais.

O inciso I do art. 72 da lei n. 9.504/1997 dispõe ser crime punível com reclusão de 5 a 10 anos o ato de obter acesso a sistema de tratamento automático de dados usado pelo serviço eleitoral, a fim de alterar a apuração ou a contagem de votos. Parece-nos que a solução será alcançada com base no elemento subjetivo, ou seja, se o fim for o de alteração apenas da apuração e da contagem de votos em favor ou contra um determinado candidato, deve vingar o crime eleitoral, mas se, por outro lado, a intenção for perturbar ou impedir o resultado com vista a atingir as instituições democráticas e o próprio Estado Democrático de Direito – ainda especialmente pela violação de mecanismo de segurança –, o art. 359-N do CP deve subsumir a conduta.

A violação do mecanismo de segurança com acesso ao sistema pode, evidentemente, levar a uma violação de urna eleitoral, o que chama a aproximação do art. 317 do Código Eleitoral, a Lei n. 4.737, de 15 de julho de 1965 ("Violar ou tentar violar o sigilo da urna ou dos invólucros").

Em primeira análise, o tipo penal eleitoral não trata da urna eletrônica, mas da urna tradicional, o que afastaria, desde já o possível conflito, já que o crime em comento refere-se a *sistema eletrônico de votação estabelecido pela Justiça Eleitoral*. Percebe-se nitidamente essa interpretação pelo elemento *invólucros*, presente apenas na urna física, tradicional. Adicione-se que o elemento subjetivo, também aqui, pode solucionar o choque, pois o crime do art. 317 do Código Eleitoral não possui finalidade específica.

[109] BITENCOURT, Cezar Roberto. **Manual de direito penal: parte geral**. São Paulo: Saraiva, 2002, v. 1, p. 275.

O art. 297 do Código Eleitoral traz crime em que se subsume a simples conduta de "Impedir ou embaraçar o exercício do sufrágio".

Notadamente, quem impede ou perturba a eleição (art. 359-N do CP) também estará impedindo ou embaraçando o exercício do sufrágio (art. 297 do Código Eleitoral), todavia, não há neste delito um fim especial trazido pela norma, ao contrário do que entendemos ocorrer no caso do crime do crime contra o Estado Democrático de Direito.

Há outros delitos eleitorais que mencionam a turbação ou obstrução da eleição, por variadas formas, com os arts. 302 ("Promover, no dia da eleição, com o fim de impedir, embaraçar ou fraudar o exercício do voto a concentração de eleitores, sob qualquer forma, inclusive o fornecimento gratuito de alimento e transporte coletivo") e 296 ("Promover desordem que prejudique os trabalhos eleitorais"), mas, no primeiro caso, a conduta passa ao largo da violação de mecanismo de segurança com acesso a sistema, e, no segundo, prescinde o tipo de uma forma de execução específica e elemento subjetivo especial.

- **Elemento subjetivo:** só admite o dolo, a intenção, a vontade livre e consciente de impedir ou perturbar a eleição ou seu resultado. Aqui, até mesmo para diferenciar dos crimes eleitorais enumerados acima, enxergamos a necessidade de se postular, ainda que não seja claro o tipo, a existência de elemento subjetivo especial, consistente na intenção de colocar em xeque as instituições democráticas do Estado Democrático de Direito.

- **Consumação:** o delito se consuma no momento em que se impede ou se perturba a eleição ou seu resultado, desde que pelo meio da violação de sistema, podenso-se, sob este exclusivo enfoque, ser classificado como delito material na modalidade *impedir* e formal na modalidade *perturbar*[110].

Entretanto, se entendermos que o agente quer, ao fim e ao cabo, desestruturar o Estado Democrático de Direito, o que não precisa ocorrer para a consumação, pode-se classificar as duas formas como crimes formais.

- **Tentativa:** como crime plurissubsistente, possível a tentativa.

- **Crime impropriamente militar (extravagante):** seria perfeitamente possível idealizar a adjetivação deste delito como militar (crime militar extravagante), bastando a subsunção da conduta a uma das hipóteses do art. 9º do CPM.

Exemplificativamente, o militar federal, trabalhando na eleição, que impeça a eleição com o fim de atingir as instituições democráticas, afetando o Estado Democrático de Direito, negará seu compromisso constitucional de defesa da lei e da ordem, grafado no art. 142 da Lei Maior, portanto, estará ferindo gravemente a ordem administrativa militar - conforme já a torneamos nos comentários ao art.

[110] CUNHA, Rogério Sanches; SILVARES, Ricardo. *Crimes contra o estado democrático de direito.* Salvador: Juspodivm, p. 143.

359-I do CPM –, podendo ter sua conduta subsumida na alínea "e" do inciso II do art. 9º do Código Castrense.

Anote-se, para encorpar o exemplo, que o inciso XIV do art. 23 do Código Eleitoral permite ao Tribunal Superior Eleitoral "requisitar a força federal necessária ao cumprimento da lei, de suas próprias decisões ou das decisões dos Tribunais Regionais que o solicitarem, e para garantir a votação e a apuração".

Com base no art. 15 da Lei Complementar n. 97, de 9 de junho de 1999, dialogando com o art. 142 da Constituição Federal, permite o emprego das Forças Armadas na defesa da Pátria e na garantia dos poderes constitucionais, da lei e da ordem, e na participação em operações de paz, sob responsabilidade do Presidente da República, que determinará ao Ministro de Estado da Defesa a ativação de órgãos operacionais.

Assim, por autorização do Presidente da República, atendendo a requisição do Tribunal Superior Eleitoral, podem ser as Forças Armadas empregadas na Garantia da Votação e Apuração, na eleição, qual ocorreu em 2020, com a edição do Decreto n. 10.522, de 19 de outubro de 2020, que autorizou o emprego das Forças Armadas para a garantia da votação e da apuração das eleições daquele ano, ficando as localidades e o período de emprego adstritos às requisição do Tribunal Superior Eleitoral.

Claro, então, que um dos papéis constitucionais atribuídos às Forças Armadas pode ser exatamente o de guardião da tranquilidade do pleito, de maneira que a sua turbação, justamente por um militar da ativa, justamente que deveria dela curar, afeta a ordem administrativa militar.

A possibilidade de crime militar extravagante contra o Estado Democrático de Direito, assinale-se, é também visão corrente na pioneira construção de Rogério Sanches e Ricardo Silvares, que, ressalte-se, assimilaram a expressão *crimes militares extravagantes*, que cunhamos em 2017, em artigo próprio[111]:

> Assim, quando na situação do art. 9º do CPM, um militar cometer qualquer conduta dentre as previstas no CP, salvo os crimes dolosos contra a vida, estará cometendo crime militar *extravagante*, assim chamado por estar tipificado em diploma legal diverso do Código castrense. Logo, os crimes do novo Título XII, em tais circunstâncias, serão considerados crimes militares, de competência da Justiça Militar[112].

Todavia, surge neste crime uma questão a ser discutida.

Caso o delito seja enxergado como um crime eleitoral, haverá discussão sobre qual justiça especializada será competente.

A propósito da competência dos crimes contra o Estado Democrático de Direito, André Estefam dispõe:

[111] NEVES, Cícero Robson Coimbra. Inquietações na investigação criminal militar após a entrada em vigor da Lei n. 13.491, de 13 de outubro de 2017. Revista Direito Militar, Florianópolis, n. 126, p. 23-28, set./dez. 2017.

[112] CUNHA, Rogério Sanches; SILVARES, Ricardo. *Crimes contra o estado democrático de direito*. Salvador: Juspodivm, p. 202-3.

> Seriam os crimes contra a segurança nacional crimes políticos e, como tais, de competência da Justiça Comum Federal?
>
> A Constituição Federal, ao definir os delitos de competência federal, inseriu no rol o processo e julgamento dos "crimes políticos", mas não os definiu. Não há, igualmente, em sede de leis ordinárias, um conceito. Em face desta lacuna, o Supremo Tribunal Federal entendeu por bem considerar que os crimes contra a segurança nacional, definidos na revogada Lei n. 7.170/83, eram políticos, conquanto presentes os requisitos definidos nos arts. 1º e 2º deste Diploma, a saber:
>
> a) motivação e objetivos políticos do agente; e
>
> b) lesão real ou potencial à integridade territorial, à soberania nacional, ao regime representativo e democrático, à Federação ou ao Estado de Direito.
>
> A Lei n. 14.197/2021, ao revogar a Lei de Segurança Nacional e transpor para o Código Penal os crimes contra o Estado Democrático de Direito, buscou, além de corrigir diversas falhas detectadas na legislação pretérita, conformar a disciplina legal da matéria à Constituição Federal.
>
> Os novos tipos penais, portanto, são verdadeiros sucessores – aperfeiçoados e em sintonia com o Texto Maior – daqueles anteriormente descritos na Lei de 1983.
>
> Como tal, é natural que sigam o mesmo critério definidor de competência antes observado, afinal ubi eadem ratio, ibi idem jus.
>
> É necessário, todavia, uma análise mais detida no bem jurídico protegido em cada um dos oito novos tipos penais, para que realmente haja certeza de estarmos à frente de um crime político. Até porque, além do requisito subjetivo exigido pela Suprema Corte (motivação e objetivos políticos do agente), há o requisito objetivo: lesão real ou potencial à integridade territorial, à soberania nacional, ao regime representativo e democrático, à Federação ou ao Estado de Direito.
>
> Pois bem, dos crimes incluídos no Título XII, todos produzem imediatamente lesão real ou potencial à integridade territorial, à soberania nacional, ao regime representativo e democrático, à Federação ou ao Estado de Direito, exceção feita aos crimes de interrupção do processo eleitoral (art. 359-N) e violência política (art. 359-P), que são tipicamente eleitorais.
>
> Daí se conclui que os crimes de atentado à soberania (art. 359-I), atentado à integridade nacional (art. 359-J), espionagem (art. 359-K), abolição violenta do Estado Democrático de Direito (art. 359-L), golpe de Estado (art. 359-M) e sabotagem (art. 359-R), quando cometidos por motivação ou objetivos políticos, serão crimes políticos e, deste modo, de competência da Justiça Comum Federal.
>
> Os delitos de interrupção do processo eleitoral e violência política, por fim, são crimes eleitorais próprios, de tal forma que o processo e julgamento destas infrações há de se dar perante a Justiça Eleitoral[113].

Percebe-se muito bem a visão do autor no sentido de que os crimes do arts. 359-N e 359-P são de natureza eleitoral e, portanto, de competência da Justiça Eleitoral e temos um problema em definir a competência, pois ambas, Justiça Militar e Justiça Eleitoral são especializadas e, pior, constituem-se em exceção à competência da Justiça Federal, em mesmo nível, nos termos do inciso IV do art. 109 da Constituição Federal.

---

[113] ESTEFAM, André. Direito Penal - Vol. 3. São Paulo: Saraiva, 2021, p. 1.006.

Pois bem, nesse confronto – crime militar e crime eleitoral – parece-nos mais adequado sustentar a competência da Justiça Eleitoral, porquanto parece que o bem jurídico atrelado ao processo eleitoral, neste caso, no bojo de um Direito Penal também especial, frise-se, parece ser prevalecente. Ademais, complexo aceitar o julgamento de crimes eleitorais por um colegiado, considerando que, como regra, a competência seria do Conselho de Justiça (Especial ou Permanente), em que oficiais das Forças Armadas deveriam transcender seu conhecimento dobre as questões de caserna para ingressar em questões próprias do processo eleitoral.

De toda maneira, a questão é controversa, existindo, inclusive, robusta construção em sentido diverso, pela pena de Rodrigo Foureaux, que conclui que, "na hipótese em que houver crime eleitoral praticado por militar em uma das hipóteses do art. 9º, II, do Código Penal Militar, o crime passará a ter natureza de crime militar eleitoral, o que atrai a competência para a Justiça Militar"[114].

– Tipicidade indireta: para se ter a adjetivação como crime militar, necessário combinar o tipo penal comum com as alíneas do inciso II do art. 9º do CPM, quando o autor for militar da ativa, em nossa visão, especificamente na alínea "e".

No caso de militar inativo ou de civil, a subsunção mediata será no inciso III do mesmo art. 9º, lembrando-se da exigência do *caput* do inciso de que a conduta seja contra as instituições militares, além do enquadramento em uma das alíneas, o que reduz extremamente a possibilidade de crime militar.

– Ação penal: a ação penal é de iniciativa pública incondicionada.

1.5.3.2. Violência política (art. 359-P do CP)

> *Art. 359-P. Restringir, impedir ou dificultar, com emprego de violência física, sexual ou psicológica, o exercício de direitos políticos a qualquer pessoa em razão de seu sexo, raça, cor, etnia, religião ou procedência nacional:*
>
> *Pena - reclusão, de 3 (três) a 6 (seis) anos, e multa, além da pena correspondente à violência.*

– Objetividade jurídica: tutela-se o Estado Democrático de Direito, especificamente pelo viés do exercício regular dos direitos políticos, consagrado nos arts. 14 e seguintes da Constituição Federal, que, enfim, em sendo obstados, haverá a afetação da própria ideia de Estado submisso à lei e com o exercício do poder popular.

Sobre o Estado Democrático de Direito, remetemos à leitura dos comentários à objetividade jurídica do delito de atendado à soberania, do art. 359-I do CP, bastando aqui resumir que trata-se de bem jurídico com expressa previsão constitucional (art. 1º da CF) e que encerra a ideia de que o Estado deve submeter todos

[114] FOUREAX, Rodrigo. *Competência para julgar os crimes militares eleitorais*. Disponível em https://www.observatoriodajusticamilitar.info/single-post/2018/03/19/compet%C3%AAncia-para-julgar-os-crimes-militares-eleitorais. Acesso em 01.04.2022.

à lei, mas uma lei parida por um processo que garanta a participação de todos os cidadãos, de forma direta ou indireta, curando dos direitos e garantias individuais.

A rubrica do delito, *violência política*, conduz à necessária avaliação da higidez do exercício dos direitos políticos, pelo processo eleitoral definido na Lei Maior, o que é signo inseparável do Estado Democrático de Direito.

Participar de um processo eleitoral, ativa ou passivamente, é um direito inequívoco da cidadania, que, por sua vez, constitui-se em fundamento da República Federativa do Brasil (art. 1º, II, CF), de maneira que agredir esse direito, com emprego de violência física, sexual ou psicológica, afeta o próprio Estado Democrático de Direito.

Nessa linha, consigna Alexandre de Moraes sobre os direitos políticos:

> É o conjunto de regras que disciplina as formas de atuação da soberania popular, conforme preleciona o caput do art. 14 da Constituição Federal. São direitos públicos subjetivos que investem o indivíduo no *status activae civitatis*, permitindo-lhe o exercício concreto da liberdade de participação nos negócios políticos do Estado, de maneira a conferir os atributos da cidadania. Tradicional a definição de Pimenta Bueno:
>
> "...prerrogativas, atributos, faculdades, ou poder de intervenção dos cidadãos ativos no governo de seu país, intervenção direta ou indireta, mais ou menos ampla, segundo a intensidade do gozo desses direitos. São o *Jus Civitatis*, os direitos cívicos, que se referem ao Poder Público, que autorizam o cidadão ativo a participar na formação ou exercício da autoridade nacional, a exercer o direito de vontade ou eleitor, o direito de deputado ou senador, a ocupar cargos políticos e a manifestar suas opiniões sobre o governo do Estado".
>
> Tais normas constituem um desdobramento do princípio democrático inscrito no art. 1º, parágrafo único, que afirma todo o poder emanar do povo, que o exerce por meio de representantes eleitos ou diretamente[115].

Mas cuide-se para que não se tenha a análise simples de que se está a tutelar o direito ao sufrágio, pois isso levaria à prática de crime eleitoral, notadamente o previsto no art. 326-B do Código Eleitoral, trazido pela Lei n. 14.192, de 4 de agosto de 2021. O espectro de tutela é mais profundo, perpassando sim pelo direito ao voto e a regularidade da eleição, mas tendo como parada terminal da proteção o funcionamento das instituições democráticas, como ilumina o capítulo.

O termo *instituição* deriva "do latim *institutio*, de *instituere* (fixar, estabelecer, dispor, formar, construir, ensinar), é o vocábulo usado na terminologia jurídica em vários sentidos, todos eles, no entanto, mais ou menos equivalentes"[116]. Em suma, pode se apresentar como ato de "estabelecer, de fixar ou formar alguma coisa, para que exercitem ou se cumpram as finalidades pretendidas ou as disposições impostas"[117].

Dessa forma, pode-se dizer que as instituições democráticas no processo eleitoral são aquelas estabelecidas para exercitar e garantir a democracia, no que pretende

115 MORAES, Alexandre de. *Direito Constitucional*. São Paulo: Atlas (Grupo GEN), 2021, p. 299.

116 SILVA, De Plácido e. *Vocabulário Jurídico*. Rio de Janeiro: Forense (Grupo GEN), 2016, p. 759.

117 SILVA, De Plácido e. *Vocabulário Jurídico*. Rio de Janeiro: Forense (Grupo GEN), 2016, p. 759.

o capítulo, pelo viés do sufrágio, do processo eleitoral, para que cumpra seu papel no Estado Democrático de Direito, qual seja, permitir o exercício da soberania popular pelo voto, garantindo a liberdade de escolha, a possibilidade de se colocar à disposição para ser escolhido, o sigilo da votação, entre outros.

Não necessariamente se refere a um ente físico, material (como a Justiça Eleitoral e seus órgãos), mas também pode compreender concepções imateriais já instituídas, sacramentadas, no processo democrático, como o postulado da alternância no cargo, existente nas entranhas da República Federativa do Brasil.

Deve-se mencionar que, também de forma reflexa e especifica neste delito, acaba-se por proteger o cidadão de preconceitos de sexo, raça, cor, etnia, religião ou procedência nacional, notadamente um objetivo fundamental da República Federativa do Brasil, forte no inciso IV do art. 3º da Constituição Federal.

– **Sujeitos do delito:** o sujeito ativo é qualquer pessoa, civil ou militar (crime comum), nacional ou estrangeiro. Trata-se, ainda, de crime monossubjetivo ou de concurso eventual.

Deve-se anotar que, em se concluindo por crime militar extravagante, o julgamento de civis pela Justiça Militar da União ainda pode conhecer nova compreensão, pois pende no Supremo Tribunal Federal a Arguição de Descumprimento de Preceito Fundamental n. 289, ajuizada em 2013, pela Procuradoria-Geral da República, "em que pede que seja dada ao artigo 9º, incisos I e III, do Código Penal Militar (CPM, Decreto-Lei nº 1.001/1969), interpretação conforme a Constituição Federal (CF) de 1988, a fim de que seja reconhecida a incompetência da Justiça Militar para julgar civis em tempo de paz e que esses crimes sejam submetidos a julgamento pela Justiça comum, federal ou estadual"[118].

O sujeito passivo é titular do bem jurídico aviltado, ou seja, o Estado. Não se pode negar, haver uma afetação do direito fundamental ao sufrágio e do direito a não ser vítima de preconceito ou discriminação daquele eventualmente atingido pela ação, que figurará como sujeito passivo mediato.

– **Elementos objetivos:** o primeiro verbo nuclear é *restringir*, ou seja, diminuir, conter, mirrar. Segue o tipo grafando a conduta de *impedir*, entenda-se obstruir, obstar, parar, encerrar. Finalmente, como núcleo está o verbo *dificultar*, que significa colocar dificuldades empecilhos, obstáculos.

Os verbos nucleares atingem o exercício dos direitos políticos, ou seja, os "direitos destinados a assegurar a soberania popular, dando ensejo à possibilidade de se interferir nas decisões políticas do Estado, direta ou indiretamente"[119], entenda-se, no que deseja o tipo penal, o direito de votar e de ser votado.

[118] Cf Informativo do STF de 22 de agosto de 2013. Disponível em http://www.stf.jus.br/portal/cms/verNoticiaDetalhe.asp?idConteudo=246326. Acesso em 20.mai.2020.

[119] JÚNIOR, Flávio Martins Alves N. *Curso de direito constitucional*. São Paulo: Saraiva, 2020, p.1024.

A forma de prática do delito é definida pelo tipo, a saber, o emprego de violência física, sexual ou psicológica. Note-se que, diferentemente de tipos precedentes, a palavra violência aqui é empregada em sentido genérico, adjetivada, em sequência, como física, sexual e psicológica.

Violência física terá a mesma construção de crimes precedentes, tratando-se da *vis corporalis*, ou seja, a violência no corpo da pessoa, podendo ser caracterizada por ação, por exemplo, por agressões com instrumentos contundentes, ou por omissão, por exemplo, a privação de recursos mínimos de subsistência (água, comida etc.). Não se exige, aqui também, que a violência seja resistível – aliás, nem sequer se exige que se tente resistir, bastando que seja empregada com a finalidade descrita no tipo de impedir o exercício dos direitos políticos.

Violência sexual, que também pode ser física, já se refere á prática de atos que agridam a liberdade ou a dignidade sexual da pessoa aviltada, sua livre escolha, sua autonomia em se relacionar sexualmente com outem.

A violência psicológica não se confunde com a ameaça, já que esta é espécie daquela. Claro que a ameaça é uma violência psicológica, mas esta pode ainda compreender qualquer conduta que cause dano emocional ao indivíduo, que afete sua honra, sua auto estima e, frise-se, não precisa ser grave pela descrição típica, embora, óbvio, deva ser relevante a provocar o dano.

Traz, ainda, o tipo penal a *razão* da violência política, ou seja, o que é evidenciado no ato como uma de suas motivações, além, claro, da concernente à vontade de atingir o exercício das instituições democráticas no processo constitucional.

Sexo, parece-nos aqui no tipo, atrela-se ao sexo biológico, ou seja, "Conjunto de informações cromossômicas, órgãos genitais, capacidades reprodutivas e características fisiológicas secundárias que distinguem *machos* e *fêmeas*"[120]. Malgrado nossa visão, deve-se atentar para a posição do Supremo Tribunal Federal em relação aos crimes tratados na Lei n. 7.716, de 5 de janeiro de 1989, que define os crimes resultantes de preconceito de raça ou de cor, em relação à homotransfobia, que poderá influenciar na interpretação deste crime.

O Plenário do Supremo Tribunal Federal entendeu que houve omissão inconstitucional do Congresso Nacional por não editar lei que criminalize atos de homofobia e de transfobia no julgamento da Ação Direta de Inconstitucionalidade por Omissão n. 26, de relatoria do ministro Celso de Mello, e do Mandado de Injunção n. 4.733, relatado pelo ministro Edson Fachin, julgamento que ocorreu no dia 13 de junho de 2019. Por maioria, o STF reconheceu a mora do Congresso e entendeu como crime os atos atentatórios a direitos fundamentais dos integrantes da comunidade LGBT.

---

120 Cartilha *Diversidade sexual e cidadania LGBT*, produzida pela Secretaria de Justiça e Cidadania do Governo do Estado de São Paulo, por meio da Coordenação de Políticas para a Diversidade Sexual. São Paulo. Governo do Estado. Secretaria da Justiça e da Defesa da Cidadania. Coordenação de Políticas para a Diversidade Sexual. Diversidade sexual e cidadania LGBT. 3ª ed. São Paulo: SJDC/SP, 2018. Disponível em https://justica.sp.gov.br/wp-content/uploads/2017/07/Cartilha-3a-Edi%C3%A7%C3%A3o-Final.pdf. Acesso em 09.01.2022.

Os demais elementos fomentadores da violência, deve-se indicar, coincidem com aqueles enumerados no art. 1º da Lei n. 7.716, de 5 de janeiro de 1989, que define os crimes resultantes de preconceito de raça ou de cor.

Raça "é o conjunto de indivíduos cujos caracteres somáticos, tais como cor da pele, conformação do crânio e do rosto, tipo do cabelo e outros traços são semelhantes e se transferem por hereditariedade, conquanto variem de pessoa para pessoa. O STF negou, porém, a existência de diferenças de raça, em sentido estrito, considerado o atual estágio da ciência, já que não existem raças humanas efetivamente diferencia- das, embora afirmando, ainda assim, a possibilidade de racismo, em sentido amplo, contra judeus (STF, HC 82.424, Maurício Corrêa, Pl., 17/09/2003). A partir daí, a expressão raça passou a ser considerada sinônimo de etnia (TRF4, AC 200172020046715, 7a T., u., 12/09/2006)"[121].

Cor, "no contexto em que é utilizada, dá-se em relação à cor da pele, como na discriminação contra negros, brancos ou amarelos (asiáticos)"[122].

A propósito de etinia, tem-se que grupo étnico "é definido, além de fatores biológicos, por dados culturais, psicológicos e mesmo políticos, ou, ainda, o grupo cultural e linguisticamente homogêneo, como, por exemplo, a comunidade indígena (TRF4, AC 200371010018948, Paulo Afonso, 8a T., u., 05/04/2006)"[123].

Religião "é a fé ou crença em Deus ou em outra forma de poder sobrenatural e superior do qual depende a existência humana, expressada mediante um conjunto de práticas, rituais e preceitos seguidos pelo grupo religioso. A discriminação baseada em ateísmo não é abrangida pelo tipo penal"[124].

Finalmente, *procedência nacional* é "expressão que define, primeiramente, o preconceito ou discriminação contra nacionais de outro Estado-Membro ou região do mesmo Pais, reconhecíveis pelo modo de falar e aparência física, ou ainda pelo conhecimento direto por parte do autor do crime a respeito dessa circunstância, como poderá ser o caso de preconceito contra nordestinos, nortistas, cariocas, paulistas, gaúchos, baianos etc., ou mesmo contra moradores de certas regiões dentro de um mesmo Estado. Embora, muitas vezes, o preconceito e a discriminação dirijam-se contra grupos minoritários no seio de um país, o delito também poderá ocorrer em relação a membros das maiorias ou mesmo das populações mais afluentes10. De ver que a própria CF veda à União, aos Estados e aos Municípios a criação de distinções entre brasileiros (CF, art. 19, III)"[125]. Entende-se que deve abarcar também a procedência estrangeira, porquanto, em alguns casos, alguém não nascido no Brasil

---

[121] GONÇALVES, Victor Eduardo Rios; BALTAZAR, José Paulo. *Esquematizado - Legislação penal especial*. São Paulo: Saraiva, 2020, p. 474.

[122] GONÇALVES, Victor Eduardo Rios; BALTAZAR, José Paulo. *Esquematizado - Legislação penal especial*. São Paulo: Saraiva, 2020, p. 474.

[123] GONÇALVES, Victor Eduardo Rios; BALTAZAR, José Paulo. *Esquematizado - Legislação penal especial*. São Paulo: Saraiva, 2020, p. 474.

[124] GONÇALVES, Victor Eduardo Rios; BALTAZAR, José Paulo. *Esquematizado - Legislação penal especial*. São Paulo: Saraiva, 2020, p. 474.

[125] GONÇALVES, Victor Eduardo Rios; BALTAZAR, José Paulo. *Esquematizado - Legislação penal especial*. São Paulo: Saraiva, 2020, p. 474.

poderá exercer direitos políticos, como no caso de um estrangeiro que obtenha a cidadania brasileira ou mesmo na clássica cláusula constitucional para os cidadãos portugueses, já que pelo § 1º do art. 12 da Constituição Federal, aos "portugueses com residência permanente no País, se houver reciprocidade em favor de brasileiros, serão atribuídos os direitos inerentes ao brasileiro, salvo os casos previstos nesta Constituição". Nessa linha, embora a comentar a Lei n. 7.716/1989:

> Em minha posição, a expressão procedência nacional abrange também o pre-conceito ou discriminação em razão de nacionalidade, como no caso do precon-ceito contra brasileiros, paraguaios, argentinos etc. (STJ, HC 63.350, Fischer, 5a T., 21/06/1995)[126].

No preceito secundário grafa-se a pena de reclusão de 3 a 6 anos, e multa, além da pena correspondente à violência.

Tem-se, aqui também, o ponto polêmico sobre a aplicação da pena de multa, admitida a hipótese de crime militar extravagante.

Diante da inexistência da pena de multa no art. 55 e seguintes do Código Penal Militar, poderá o Juiz Federal da Justiça Militar ou o Conselho de Justiça condenar o réu à pena de multa em um crime militar extravagante contra o Estado Democrático de Direito?

Para responder a essa indagação, deve-se lembrar que, à luz do princípio da legalidade, o tipo penal - para além da discussão de elementos objetivos, subjetivos e normativos - é composto por preceito primário e secundário. No primeiro, há a descrição típica da conduta incriminada; no segundo, o parâmetro para o apenamento.

Ambos compõem o tipo de um delito, que deve ser observado sob o risco, no caso do preceito secundário, de o juiz não obedecer o primado da legalidade, aplicando ao caso concreto pena inexistente na previsão típica ou deixando de aplicar pena que necessariamente deve ser imposta naquela situação típica, exacerbando em sua atuação vez que inovará o conteúdo normativo, possibilidade que, em regra, é dada apenas ao legislador.

Também a discussão chama o resgate do princípio da culpabilidade como elemento de determinação ou medida de pena, vez que, parafraseando Bintencourt[127], não se pode admitir aplicação de pena além ou aquém da previsão legal, no preceito secundário.

Em outros termos, se o tipo penal trazido para o Direito Castrense (crime militar extravagante) previr pena de multa, como de imposição obrigatória, deverá o Juiz ou o Conselho de Justiça impor essa sanção penal, valendo-se dos critérios existentes na Parte Geral do CP (arts. 49 e seguintes), em exceção à regra de aplicação da Parte Geral do CPM, mesmo porque ele é omisso sobre o tema.

---

126 GONÇALVES, Victor Eduardo Rios; BALTAZAR, José Paulo. *Esquematizado - Legislação penal especial*. São Paulo: Saraiva, 2020, p. 475.

127 BITENCOURT, Cezar Roberto. **Manual de direito penal: parte geral**. São Paulo: Saraiva, 2002, v. 1, p. 275.

No caso da pena correspondente à violência, surge a possibilidade de cúmulo material em eventual unificação de pena dos delitos.

Inevitável reconhecer conflito aparente do delito em estudo com o art. 326-B do Código Eleitoral, incluído pela Lei n. 14.192, de 4 de agosto de 2021, que, em sua ementa, traz o escopo de estabelecer normas para prevenir, reprimir e combater a *violência política contra a mulher*. Frise-se, *violência política*, mesmo *nomem juris* do crime em estudo. Comparemos os tipos lado a lado:

CP (LEI N. 14.197/2021)	CE (LEI N. 14.192/2021)
Violência política Art. 359-P. Restringir, impedir ou dificultar, com emprego de violência física, sexual ou psicológica, o exercício de direitos políticos a qualquer pessoa em razão de seu sexo, raça, cor, etnia, religião ou procedência nacional: Pena - reclusão, de 3 (três) a 6 (seis) anos, e multa, além da pena correspondente à violência.	Art. 326-B. Assediar, constranger, humilhar, perseguir ou ameaçar, por qualquer meio, candidata a cargo eletivo ou detentora de mandato eletivo, utilizando-se de menosprezo ou discriminação à condição de mulher ou à sua cor, raça ou etnia, com a finalidade de impedir ou de dificultar a sua campanha eleitoral ou o desempenho de seu mandato eletivo. Pena - reclusão, de 1 (um) a 4 (quatro) anos, e multa. Parágrafo único. Aumenta-se a pena em 1/3 (um terço), se o crime é cometido contra mulher: I - gestante; II - maior de 60 (sessenta) anos; III - com deficiência.

A primeira distinção se refere à objetividade jurídica, pois no crime eleitoral são tutelados os direitos políticos exclusivamente da mulher, especialmente a sua liberdade em se candidatar e exercer, uma vez eleita, seu mandato, além de adicionalmente, proteger-se a sua honra objetiva e subjetiva. No crime de violência política, o ato discriminatório vai além da condição de sexo, alcançando outras espécies de preconceito ou discriminação (cor, raça etc.). Adicione-se o fim, neste crime, de atingir, em última análise, o funcionamento das instituições democráticas.

Há também distinção nos verbos nucleares. No crime eleitoral a conduta é *assediar* (molestar, cercar, sitiar), *constranger* (obrigar, forçar, compelir, coagir), *humilhar* (rebaixar, afetar moralmente), *perseguir* (acompanhar com insistência, seguir à caça), *ameaçar* (prometer um mal futuro). Já no caso do crime do art. 359-P do CP as condutas nucleares são restringir, impedir ou dificultar, verbos já explicados acima, o exercício de direitos políticos.

No que se refere à forma do crime eleitoral, é ela livre (*por qualquer meio*), desde que se utilize de *menosprezo* (conteúdo do ato é eivado de uma falta de consideração, com desprezo à condição de mulher) ou *discriminação* (compreensão de menor capacidade da pessoa em razão de sua condição) à condição de mulher ou à sua cor (da mulher), raça (da mulher) ou etnia (da mulher), enquanto no crime em estudo exige-se o emprego de violência física, sexual ou psicológica.

Finalmente, o elemento subjetivo comparado dos dois delitos é fundamental. No crime eleitoral, há o dolo, a vontade livre e consciente de praticar as condutas com a com a *finalidade de impedir ou de dificultar a sua campanha eleitoral ou o desempenho de seu mandato eletivo* (elemento subjetivo especial do tipo). O ato de impedir ou dificultar – além do de restringir – o exercício de direitos políticos – que abrange, óbvio, a sua campanha eleitoral e o desempenho do mandato eletivo – constitui-se na própria conduta típica. O elemento subjetivo do crime do art. 359-P é o dolo de restringir, impedir ou dificultar o exercício dos direitos políticos, mas com a intenção final de comprometer o funcionamento das instituições democráticas e o próprio Estado Democrático de Direito. Em um raciocínio de distinção, no crime eleitoral o agente não quer abalar o processo eleitoral, as instituições democráticas, mas apenas impedir que determinada mulher desenvolva livremente sua campanha ou seu mandato; no crime do art. 359-P o agente é mais pretencioso, desejando abalar o *status* vigente do processo democrático.

Parece, então que os dois tipos sobrevivem e ainda podem ser complementares, como por exemplo, se um autor discriminar uma candidata por sua condição de mulher, menosprezando-a na campanha, apenas com o fim de evitar, por exemplo, seu sucesso, terá sua conduta subsumida no art. 326-B do Código Eleitoral, não se precisando demonstrar o abalo ás instituições democráticas, embora isso ocorra inexoravelmente. Por outro lado, se esse menosprezo importar em conduta prática que impeça a candidatura, mas com um fim mais profundo de conspurcar o processo eleitoral, afetando o próprio Estado Democrático de Direito, a hipótese será do art. 359-P do CP.

Caso assim não entendamos – pela sobrevivência dos dois tipos penais – poderá um vácuo de tutela penal já instituída pelo legislador. Também em exemplo, se a compreensão for pela revogação tácita do art. 326-B do Código Eleitoral pela lei n. 14.197/2021, não haverá conduta típica – ao menos específica no cenário eleitoral e com elementos discriminatórios, como quis o legislador na Lei n. 14.192/2021 – no ato de alguém assediar uma mulher, com o simples fim de que ela e não as instituições democráticas, atinja seu fim no exercício do seu direito político passivo, na campanha eleitoral, simplesmente com o propósito de, por elemento de sexo biológico. Claro, poder-se-ía dizer que o assédio é uma forma de violência física abarcada pelo art. 359-P do CP, e que o fato de não se impedir efetivamente o exercício do direito, importaria em forma tentada do delito. Mas e se não se comprovar a intenção de afetar o próprio Estado Democrático de Direito, que matiza a análise do Título XII do CP?

Importante consignar, para encerrar esta análise, a posição, sempre respeitável, mas com a qual não concordamos neste ponto, de Rogério Sanches e Ricardo Silvares que compreendem, sim, pela revogação do art. 326-B do Código Eleitoral:

> Lendo e relendo o tipo penal em comento, percebe-se que a Lei 14.197/21 foi além. Acabou por revogar, tacitamente, o crime do art. 326 -B do CE. I novo art. 359-P do CP

criminaliza a violência política em face de qualquer pessoa (e não apenas da mulher) em razão de seu sexo, raça, cor, etnia, religião ou procedência nacional[128].

– **Elemento subjetivo:** só admite o dolo, a intenção, a vontade livre e consciente de restringir, impedir ou dificultar o exercício de direitos políticos a qualquer pessoa, mas desde que com elementos motivadores de sexo, raça, cor, etnia, religião ou procedência nacional.

Como no delito anterior, até mesmo para diferenciar do crime eleitoral enumerado acima, enxergamos a necessidade de se postular, ainda que não seja claro o tipo, a existência de elemento subjetivo especial, consistente na intenção de colocar em xeque as instituições democráticas do Estado Democrático de Direito.

– **Consumação:** o delito se consuma no momento em que se restringe, impede ou dificulta o exercício de direitos políticos, tratando-se de delito formal, se se entender que o agente quer, ao fim e ao cabo, desestruturar o Estado Democrático de Direito, o que não precisa ocorrer para a consumação.

– **Tentativa:** como crime plurissubsistente, possível a tentativa.

– **Crime impropriamente militar (extravagante):** perfeitamente possível idealizar uma situação em que seria possível a adjetivação deste delito como militar (crime militar extravagante), bastando a subsunção da conduta a uma das hipóteses do art. 9º do CPM.

Exemplificativamente, o militar federal, trabalhando na eleição, que utilize de violência contra uma mulher, com elementos indicativos de que essa condição foi relevante para a conduta, impedindo-a de votar (exercer seu direito político), com o fim de atingir as instituições democráticas, afetando o Estado Democrático de Direito, negará seu compromisso constitucional de defesa da lei e da ordem, grafado no art. 142 da Lei Maior, portanto, estará ferindo gravemente a ordem administrativa militar – conforme já a torneamos nos comentários ao art. 359-I do CPM –, podendo ter sua conduta subsumida na alínea "e" do inciso II do art. 9º do Código Castrense.

Repita-se a construção feita no delito anterior, também aqui para encorpar o exemplo, que o inciso XIV do art. 23 do Código Eleitoral permite ao Tribunal Superior Eleitoral "requisitar a força federal necessária ao cumprimento da lei, de suas próprias decisões ou das decisões dos Tribunais Regionais que o solicitarem, e para garantir a votação e a apuração".

Com base no art. 15 da Lei Complementar n. 97, de 9 de junho de 1999, dialogando com o art. 142 da Constituição Federal, permite o emprego das Forças Armadas na defesa da Pátria e na garantia dos poderes constitucionais, da lei e da ordem, e na participação em operações de paz, sob responsabilidade do Presidente

128 CUNHA, Rogério Sanches; SILVARES, Ricardo. *Crimes contra o estado democrático de direito*. Salvador: Juspodivm, p. 151.

da República, que determinará ao Ministro de Estado da Defesa a ativação de órgãos operacionais.

Assim, por autorização do Presidente da República, atendendo a requisição do Tribunal Superior Eleitoral, podem ser as Forças Armadas empregadas na Garantia da Votação e Apuração, na eleição, qual ocorreu em 2020, com a edição do Decreto n. 10.522, de 19 de outubro de 2020, que autorizou o emprego das Forças Armadas para a garantia da votação e da apuração das eleições daquele ano, ficando as localidades e o período de emprego adstritos às requisição do Tribunal Superior Eleitoral.

Claro, então, que um dos papéis constitucionais atribuídos às Forças Armadas pode ser exatamente o de guardião da tranquilidade do pleito, de maneira que a sua turbação, justamente por um militar da ativa, justamente que deveria dela curar, afeta a ordem administrativa militar.

A possibilidade de crime militar extravagante contra o Estado Democrático de Direito, assinale-se, é também visão corrente na pioneira construção de Rogério Sanches e Ricardo Silvares, que, ressalte-se, assimilaram a expressão *crimes militares extravagantes*, que cunhamos em 2017, em artigo próprio[129]:

> Assim, quando, na situação do art. 9º do CPM, um militar cometer qualquer conduta dentre as previstas no CP, salvo os crimes dolosos contra a vida, estará cometendo crime militar *extravagante*, assim chamado por estar tipificado em diploma legal diverso do Código castrense. Logo, os crimes do novo Título XII, em tais circunstâncias, serão considerados crimes militares, de competência da Justiça Militar[130].

Entretanto, aqui também se instalará a questão conflitante em relação à competência da Justiça Eleitoral, caso este crime seja enxergado como eleitoral.

Como já vimos, sobre estes crimes André Estefam dispõe:

> Os delitos de interrupção do processo eleitoral e violência política, por fim, são crimes eleitorais próprios, de tal forma que o processo e julgamento destas infrações há de se dar perante a Justiça Eleitoral[131].

Percebe-se muito bem a visão do autor no sentido de que os crimes do arts. 359-N e 359-P são de natureza eleitoral e, portanto, de competência da Justiça Eleitoral e temos um problema em definir a competência, pois ambas, Justiça Militar e Justiça Eleitoral são especializadas e, pior, constituem-se em exceção à competência da Justiça Federal, em mesmo nível, nos termos do inciso IV do art. 109 da Constituição Federal.

Pois bem, nesse confronto – crime militar e crime eleitoral – parece-nos mais adequado sustentar a competência da Justiça Eleitoral, porquanto parece que o

129 NEVES, Cícero Robson Coimbra. Inquietações na investigação criminal militar após a entrada em vigor da Lei n. 13.491, de 13 de outubro de 2017. Revista Direito Militar, Florianópolis, n. 126, p. 23-28, set./dez. 2017.

130 CUNHA, Rogério Sanches; SILVARES, Ricardo. *Crimes contra o estado democrático de direito*. Salvador: Juspodivm, p. 202-3.

131 ESTEFAM, André. Direito Penal - Vol. 3. São Paulo: Saraiva, 2021, p. 1.006.

bem jurídico atrelado ao processo eleitoral, neste caso, no bojo de um Direito Penal também especial, frise-se, parece ser prevalecente. Ademais, complexo aceitar o julgamento de crimes eleitorais por um colegiado, considerando que, como regra, a competência seria do Conselho de Justiça (Especial ou Permanente), em que oficiais das Forças Armadas deveriam transcender seu conhecimento dobre as questões de caserna para ingressar em questões próprias do processo eleitoral.

De toda maneira, a questão é controversa, existindo, inclusive, robusta construção em sentido diverso, pela pena de Rodrigo Foureaux, que conclui que, "na hipótese em que houver crime eleitoral praticado por militar em uma das hipóteses do art. 9º, II, do Código Penal Militar, o crime passará a ter natureza de crime militar eleitoral, o que atrai a competência para a Justiça Militar"[132].

– **Tipicidade indireta:** para se ter a adjetivação como crime militar, necessário combinar o tipo penal comum com as alíneas do inciso II do art. 9º do CPM, quando o autor for militar da ativa, em nossa visão, especificamente na alínea "e".

No caso de militar inativo ou de civil, a subsunção mediata será no inciso III do mesmo art. 9º, lembrando-se da exigência do *caput* do inciso de que a conduta seja contra as instituições militares, além do enquadramento em uma das alíneas, o que reduz extremamente a possibilidade de crime militar.

– **Ação penal:** a ação penal é de iniciativa pública incondicionada.

1.5.4. Crime contra o funcionamento dos serviços essenciais

1.5.4.1. Sabotagem (art. 359-R do CP)

> *Art. 359-R. Destruir ou inutilizar meios de comunicação ao público, estabelecimentos, instalações ou serviços destinados à defesa nacional, com o fim de abolir o Estado Democrático de Direito:*
>
> *Pena - reclusão, de 2 (dois) a 8 (oito) anos.*

– **Objetividade jurídica:** tutela-se o Estado Democrático de Direito, especificamente pelo viés da defesa nacional.

Sobre o Estado Democrático de Direito, remetemos à leitura dos comentários à objetividade jurídica do delito de atendado à soberania, do art. 359-I do CP, bastando aqui resumir que trata-se de bem jurídico com expressa previsão constitucional (art. 1º da CF) e que encerra a ideia de que o Estado deve submeter todos à lei, mas uma lei parida por um processo que garanta a participação de todos os cidadãos, de forma direta ou indireta, curando dos direitos e garantias individuais.

A rubrica do delito, *sabotagem*, indica que se deve ter em consideração a proteção de meios essenciais ao funcionamento do Estado, os quais, uma vez afetados implicam em ineficiência de atuação do Estado Democrático de Direito.

---

[132] FOUREAX, Rodrigo. *Competência para julgar os crimes militares eleitorais*. Disponível em https://www.observatoriodajusticamilitar.info/single-post/2018/03/19/compet%C3%AAncia-para-julgar-os-crimes-militares-eleitorais. Acesso em 01.04.2022.

A palavra *sabotagem* vem do francês *sabot*, que significa tamanco e "surgiu a partir da revolução industrial e aparentemente se originou do ato de trabalhadores grevistas e descontentes que intencionalmente jogavam seus tamancos nas máquinas para causar danos e paralisações. É possível que o termo esteja associado também ao ato desleixado de caminhar ruidosamente, arrastando os tamancos"[133]. Assim, desde a sua origem, tem a conotação de destruir ou inutilizar, de maneira voluntária, um processo de produção, em que o resultado não é alcançado.

Enfim, por "sabotagem, devemos entender a conduta que tem por finalidade destruir, inutilizar, deteriorar, prejudicar, impedir ou comprometer o funcionamento de determinados bens, meios ou serviços. Embora parte da nossa doutrina pareça entender que a sabotagem somente ocorre quando é feita de forma sorrateira, oculta e insidiosa, nada impede que seja praticada à vista de todos, inclusive mediante o emprego de violência ou grave ameaça à pessoa"[134].

Aqui no tipo, igualmente, tutela-se um meio, uma instalação, um serviço, que se propõe a determinado resultado, mas com a finalidade de produzir resultados na defesa do País, a *defesa nacional*, especialmente no caso de *estabelecimentos, instalações ou serviços destinados à defesa nacional.*

Não se olvide que compete à União assegurar a defesa nacional, nos termos do inciso III do art. 21 da Constituição Federal, de maneira que se impõe um dever de garantia, o que permite considerar a defesa do País como um valor, em si, com dignidade constitucional, tanto que a lei maior dedicou uma subseção específica na Seção V do Capítulo II, que trata do Poder Executivo, para idealizar o Conselho de Defesa Nacional, a partir do seu art. 91.

O Conselho de Defesa Nacional, dispõe o mencionado artigo, "é órgão de consulta do Presidente da República nos assuntos relacionados com a soberania nacional e a defesa do Estado democrático, e dele participam como membros natos" o Vice-Presidente da República, o Presidente da Câmara dos Deputados, o Presidente do Senado Federal, Ministro da Justiça, o Ministro de Estado da Defesa, o Ministro das Relações Exteriores, o Ministro do Planejamento e os Comandantes da Marinha, do Exército e da Aeronáutica. Possui por atribuição (art. 91, § 1º, da CF), opinar nas hipóteses de declaração de guerra e de celebração da paz, nos termos da Constituição, opinar sobre a decretação do estado de defesa, do estado de sítio e da intervenção federal, propor os critérios e condições de utilização de áreas indispensáveis à segurança do território nacional e opinar sobre seu efetivo uso, especialmente na faixa de fronteira e nas relacionadas com a preservação e a exploração dos recursos naturais de qualquer tipo, estudar, propor e acompanhar o desenvolvimento de iniciativas necessárias a garantir a independência nacional e a defesa do Estado democrático. Sua organização e funcionamento, ademais, está na Lei n. 8.183, de 11 de abril de 1991.

---

[133] Dicionário Etimológico. Disponível em https://www.dicionarioetimologico.com.br/sabotagem/. Acesso em 09.0.2022.

[134] GRECO, Rogério. *Terrorismo: comentários à Lei nº 13. 260/2016*. Rio de Janeiro: Impetus. 2019. P. 277.

Enfim, inegável que a defesa nacional, pelo tratamento constitucional dado, com criação de órgão específico de tutela, é de extrema relevância para o Estado Democrático de Direito.

– **Sujeitos do delito:** o sujeito ativo é qualquer pessoa, civil ou militar (crime comum), nacional ou estrangeiro. Trata-se, ainda, de crime monossubjetivo ou de concurso eventual.

Deve-se anotar que, em se concluindo por crime militar extravagante, o julgamento de civis pela Justiça Militar da União ainda pode conhecer nova compreensão, pois pende no Supremo Tribunal Federal a Arguição de Descumprimento de Preceito Fundamental n. 289, ajuizada em 2013, pela Procuradoria-Geral da República, "em que pede que seja dada ao artigo 9º, incisos I e III, do Código Penal Militar (CPM, Decreto-Lei nº 1.001/1969), interpretação conforme a Constituição Federal (CF) de 1988, a fim de que seja reconhecida a incompetência da Justiça Militar para julgar civis em tempo de paz e que esses crimes sejam submetidos a julgamento pela Justiça comum, federal ou estadual"[135].

O sujeito passivo, titular do bem jurídico aviltado, ou seja, o Estado.

– **Elementos objetivos:** o primeiro verbo nuclear é *destruir*, no tipo significando exterminar, fazer desaparecer, demolir, ou seja, empregar violência física sobre a coisa chegando ao seu perecimento. Em sequência, tem-se *inutilizar*, que é fazer com que o objeto da conduta não se preste mais ao seu fim, fazer perder a utilidade para a qual foi concebida, total ou parcialmente. Claro que em última análise, destruir é também inutilizar, pois um objeto destruído não se presta ao seu fim, mas, talvez, o tipo, aqui especificamente, tenha desejado separar da destruição, que pressupõe quase sempre a ação física, outras formas de tornar a coisa inservível sem necessariamente o emprego de força física, como um ataque de *hackers*.

A inutilização ou destruição recai sobre *meios de comunicação ao público, estabelecimentos, instalações ou serviços destinados à defesa nacional.*

Meios de comunicação são veículos de transmissão de informação, no caso do tipo, destinados ao público em geral, mas não necessariamente de propriedade do Poder Público. Basta que haja a finalidade de trasladar informações, notícias etc., como o caso dos correios, telégrafos, internet, televisão, radiodifusão etc.

Estabelecimentos, instalações ou serviços devem ser *destinados à defesa nacional*, ou seja, à defesa territorial do País, muito provavelmente ligado à atuação das Forças Armadas, instituição cuja missão precípua é a defesa da Pátria, como descrito no *caput* do art. 142 da Constituição Federal.

Estabelecimento é órgão físico onde se desenvolve a atividade de defesa nacional, a exemplo de quartel. *Instalação*, embora também física, dá a conotação de não ser autônoma na sua existência e gestão, como, por exemplo, uma estação de pesquisa

[135] Cf Informativo do STF de 22 de agosto de 2013. Disponível em http://www.stf.jus.br/portal/cms/verNoticiaDetalhe.asp?idConteudo=246326. Acesso em 20.mai.2020.

que estará atrelada a um órgão. Direcionado o ataque a qualquer deles, poderá a conduta ser subsumida neste tipo penal.

Serviços, por seu turno, transcende a compreensão física, abrangendo concepções ideais, imateriais, geralmente compreendido por um sistema informatizado ou similar, a exemplo de sistemas de proteção de defesa ou de vigilância do território nacional. Aqui faz todo sentido o emprego do verbo nuclear *inutilizar*, que não se limita à concepção física, como, por exemplo, repita-se, um ataque hacker que comprometa um sistema de vigilância.

Todas as condutas acima são direcionada a um fim, o fim de abolir o Estado Democrático de Direito e é justamente aqui que os conflitos aparentes se resolvem.

Resgatemos alguns deles acima já indicados, com quadros comparativos.

Primeiro o crime de incêndio do Código Penal Militar (art. 268):

CP (LEI N. 14.197/2021)	CPM
Sabotagem Art. 359-R. Destruir ou inutilizar meios de comunicação ao público, estabelecimentos, instalações ou serviços destinados à defesa nacional, com o fim de abolir o Estado Democrático de Direito: Pena - reclusão, de 2 (dois) a 8 (oito) anos.	**Incêndio** Art. 268. Causar incêndio em lugar sujeito à administração militar, expondo a perigo a vida, a integridade física ou o patrimônio de outrem: Pena – reclusão, de três a oito anos. § 1º A pena é agravada: Agravação de pena I – se o crime é cometido com intuito de obter vantagem pecuniária para si ou para outrem; II – se o incêndio é: a) em casa habitada ou destinada a habitação; b) em edifício público ou qualquer construção destinada a uso público ou a obra de assistência social ou de cultura; c) em navio, aeronave, comboio ou veículo de transporte coletivo; d) em estação ferroviária, rodoviária, aeródromo ou construção portuária; e) em estaleiro, fábrica ou oficina; f) em depósito de explosivo, combustível ou inflamável; g) em poço petrolífero ou galeria de mineração; h) em lavoura, pastagem, mata ou floresta. § 2º Se culposo o incêndio: Incêndio culposo Pena – detenção, de seis meses a dois anos

Agora o crime militar de explosão:

CP (LEI N. 14.197/2021)	CPM
Sabotagem Art. 359-R. Destruir ou inutilizar meios de comunicação ao público, estabelecimentos, instalações ou serviços destinados à defesa nacional, com o fim de abolir o Estado Democrático de Direito: Pena - reclusão, de 2 (dois) a 8 (oito) anos.	**Explosão** Art. 269. Causar ou tentar causar explosão, em lugar sujeito à administração militar, expondo a perigo a vida, a integridade ou o patrimônio de outrem: Pena – reclusão, até quatro anos. Forma qualificada § 1º Se a substância utilizada é dinamite ou outra de efeitos análogos: Pena – reclusão, de três a oito anos. Agravação de pena § 2º A pena é agravada se ocorre qualquer das hipóteses previstas no § 1º, n. I, do artigo anterior, ou é visada ou atingida qualquer das coisas enumeradas no n. II do mesmo parágrafo. § 3º Se a explosão é causada pelo desencadeamento de energia nuclear: Pena – reclusão, de cinco a vinte anos. Modalidade culposa § 4º No caso de culpa, se a explosão é causada por dinamite ou substância de efeitos análogos, a pena é detenção, de seis meses a dois anos; se é causada pelo desencadeamento de energia nuclear, detenção de três a dez anos; nos demais casos, detenção de três meses a um ano.

A vez do crime de atentado contra serviço de utilidade militar:

CP (LEI N. 14.197/2021)	CPM
Sabotagem Art. 359-R. Destruir ou inutilizar meios de comunicação ao público, estabelecimentos, instalações ou serviços destinados à defesa nacional, com o fim de abolir o Estado Democrático de Direito: Pena - reclusão, de 2 (dois) a 8 (oito) anos.	**Atentado contra serviço de utilidade militar** Art. 287. Atentar contra a segurança ou o funcionamento de serviço de água, luz, força ou acesso, ou qualquer outro de utilidade, em edifício ou outro lugar sujeito à administração militar: Pena – reclusão, até cinco anos. Parágrafo único. Aumentar-se-á a pena de um terço até metade, se o dano ocorrer em virtude de subtração de material essencial ao funcionamento do serviço.

Comparemos, agora, o delito em estudo com o crime militar de interrupção ou perturbação de serviço ou meio de comunicação:

CP (LEI N. 14.197/2021)	CPM
Sabotagem Art. 359-R. Destruir ou inutilizar meios de comunicação ao público, estabelecimentos, instalações ou serviços destinados à defesa nacional, com o fim de abolir o Estado Democrático de Direito: Pena - reclusão, de 2 (dois) a 8 (oito) anos.	**Interrupção ou perturbação de serviço ou meio de comunicação** Art. 288. Interromper, perturbar ou dificultar serviço telegráfico, telefônico, telemétrico, de televisão, telepercepção, sinalização, ou outro meio de comunicação militar; ou impedir ou dificultar a sua instalação em lugar sujeito à administração militar, ou desde que para esta seja de interesse qualquer daqueles serviços ou meios: Pena – detenção, de um a três anos.

Sobre o possível choque dos crimes militares acima indicados com o crime de sabotagem (art. 359-R do CP), como já disposto, anuímos à visão de Rogério Sanches e de Ricardo Silvares:

> "É inegável que o crime de sabotagem do Título XII do CP poderá ser praticado por algumas das formas descritas nos artigos do CPM acima transcritos. Porém, nesse caso, o conflito aparente de normas – que existe – deve ser resolvido por meio da especialidade, ligado à tutela dos bens jurídicos: sempre que o militar cometer ato de sabotagem que possam, em tese, encontrar subsunção nos dois Códigos, será aplicado o art. 359-R do CP, se o objetivo for atentar contra os serviços essenciais e desse modo abalar o Estado Democrático de Direito. Ausente tal finalidade da conduta, será aplicado o disposto no Código militar que corresponda ao fato cometido" [136].

Finalmente, há que se comparar o crime em comento com o crime de terrorismo, especificamente no disposto no inciso IV do § 1º do art. 2º da Lei n. 13.260, de 16 de março de 2016:

CP (LEI N. 14.197/2021)	CPM
Sabotagem Art. 359-R. Destruir ou inutilizar meios de comunicação ao público, estabelecimentos, instalações ou serviços destinados à defesa nacional, com o fim de abolir o Estado Democrático de Direito: Pena - reclusão, de 2 (dois) a 8 (oito) anos.	Art. 2º O terrorismo consiste na prática por um ou mais indivíduos dos atos previstos neste artigo, por razões de xenofobia, discriminação ou preconceito de raça, cor, etnia e religião, quando cometidos com a finalidade de provocar terror social ou generalizado, expondo a perigo pessoa, patrimônio, a paz pública ou a incolumidade pública. § 1º São atos de terrorismo: I - usar ou ameaçar usar, transportar, guardar, portar ou trazer consigo explosivos, gases tóxicos, venenos, conteúdos biológicos, químicos, nucleares ou outros meios capazes de causar danos ou promover destruição em massa;

[136] CUNHA, Rogério Sanches; SILVARES, Ricardo. *Crimes contra o estado democrático de direito*. Salvador: Juspodivm, p. 210.

CP (LEI N. 14.197/2021)	CPM
	II – (VETADO); III - (VETADO); IV - sabotar o funcionamento ou apoderar-se, com violência, grave ameaça a pessoa ou servindo-se de mecanismos cibernéticos, do controle total ou parcial, ainda que de modo temporário, de meio de comunicação ou de transporte, de portos, aeroportos, estações ferroviárias ou rodoviárias, hospitais, casas de saúde, escolas, estádios esportivos, instalações públicas ou locais onde funcionem serviços públicos essenciais, instalações de geração ou transmissão de energia, instalações militares, instalações de exploração, refino e processamento de petróleo e gás e instituições bancárias e sua rede de atendimento; V - atentar contra a vida ou a integridade física de pessoa: Pena - reclusão, de doze a trinta anos, além das sanções correspondentes à ameaça ou à violência. § 2º O disposto neste artigo não se aplica à conduta individual ou coletiva de pessoas em manifestações políticas, movimentos sociais, sindicais, religiosos, de classe ou de categoria profissional, direcionados por propósitos sociais ou reivindicatórios, visando a contestar, criticar, protestar ou apoiar, com o objetivo de defender direitos, garantias e liberdades constitucionais, sem prejuízo da tipificação penal contida em lei.

A primeira distinção está na objetividade jurídica dos delitos em confronto. No do art. 359-R, como vimos, tutela-se o Estado Democrático de Direito, pelo viés da defesa nacional, vulnerável que ficará com os ataques a meios de comunicação, instalações, serviços etc. importantes para a defesa do país. No crime de terrorismo, por sua, vez, não se enfoca a defesa nacional, mas a paz pública[137].

No crime do art. 359-R do CP, ademais, o sujeito passivo é o Estado, enquanto se tem como sujeito passivo no crime de terrorismo a coletividade (crime vago).

Por fim, embora a conduta descrita no inciso IV do § 1º do art. 2º da Lei de Terrorismo possa coincidir com aquela descrita no crime do art. 359-R do CP, especialmente porque aquele dispositivo utiliza-se do verbo nuclear *sabotar*, que se refere ao nomen juris deste, *sabotagem*, o elemento subjetivo os distanciam.

No crime de terrorismo, o agente tem dupla finalidade, agindo por xenofobia (aversão a estrangeiros), discriminação (qualquer tipo de distinção, preferência etc. negativos e projetada para o exterior do indivíduo) ou preconceito (uma discriminação interior) de raça (caracteres físicos ou biológicos), cor (tonalidade epidérmi-

[137] LIMA, Renato B. de. *Legislação criminal especial comentada*. Salvador: Juspodivm, 2020, p. 927.

ca), etnia (agrupamento humano com traços em comum, como cultura e língua) e religião (crença, ritualística, regras sociais, emotividade etc.), mas principalmente a finalidade de provocar o terror (medo, desespero) social (em um determinado grupo) ou generalizado (número indistinto de pessoas). No crime de sabotagem, por sua vez, os elementos de preconceito estão ausentes e a finalidade última é abolir, destruir, o Estado Democrático de Direito.

Em linha muito próxima estão Rogério Sanches e Ricardo Silvares:

> Tudo dependerá do elemento subjetivo, que resolverá, pela especialidade, o conflito. [...].
>
> As finalidades, assim como os bens jurídico tutelados pelos dois tipos são, assim, totalmente diversas, tendo o legislador separado as duas condutas em corpos legislativos distintos, considerando muito mais grave a ação de promover o terror, como se verifica pela sanção cominada[138].

Sobrevivem, portanto, os dois crimes

Derradeiramente, consigne-se sobre o crime em estudo que o preceito secundário grafa-se a pena de reclusão de 2 a 8 anos.

• **Elemento subjetivo:** só admite o dolo, a intenção, a vontade livre e consciente de sabotar, pela destruição ou inutilização, meios de comunicação ao público, estabelecimentos, instalações ou serviços destinados à defesa nacional. Há, notadamente, elemento subjetivo especial do tipo, marcado pela finalidade de abolir o Estado Democrático de Direito.

– **Consumação:** o delito se consuma com a prática da sabotagem, efetivando-se a destruição ou inutilização. Sob este enfoque o crime seria material, mas, tendo em conta que o fim último é abolir o Estado Democrático de Direito, o entendemos como delito formal, pois este resultado não é exigido para a consumação.

– **Tentativa:** como crime plurissubsistente, possível a tentativa.

– Crime impropriamente militar (extravagante): perfeitamente possível a adjetivação deste delito como militar (crime militar extravagante), bastando a subsunção da conduta a uma das hipóteses do art. 9º do CPM.

Exemplificativamente, o militar federal responsável pelo gerenciamento de um sistema de vigilância territorial, pode sabotá-lo, destruindo ou inutilizando-o propositadamente, para abolir o Estado Democrático de Direito e implantar no País regime próximo ao de um outro País de governo ditatorial que admire ideologicamente. Neste caso, ferirá de morte seu compromisso constitucional de defesa da Pátria, grafado no art. 142 da Lei Maior, portanto, estará ferindo gravemente a ordem administrativa militar – conforme já a torneamos nos comentários ao art.

138 CUNHA, Rogério Sanches; SILVARES, Ricardo. *Crimes contra o estado democrático de direito*. Salvador: Juspodivm, p. 212.

359-I do CPM –, podendo ter sua conduta subsumida na alínea "e" do inciso II do art. 9º do Código Castrense.

Não é outra a pioneira visão de Rogério Sanches e Ricardo Silvares, que, ressalte-se, assimilaram a expressão *crimes militares extravagantes*, que cunhamos em 2017, em artigo próprio[139]:

> Assim, quando, na situação do art. 9º do CPM, um militar cometer qualquer conduta dentre as previstas no CP, salvo os crimes dolosos contra a vida, estará cometendo crime militar *extravagante*, assim chamado por estar tipificado em diploma legal diverso do Código castrense. Logo, os crimes do novo Título XII, em tais circunstâncias, serão considerados crimes militares, de competência da Justiça Militar[140].

– **Tipicidade indireta:** para se ter a adjetivação como crime militar, necessário combinar o tipo penal comum com as alíneas do inciso II do art. 9º do CPM, quando o autor for militar da ativa, em nossa visão, especificamente na alínea "e".

No caso de militar inativo ou de civil, a subsunção mediata será no inciso III do mesmo art. 9º, lembrando-se da exigência do *caput* do inciso de que a conduta seja contra as instituições militares, além do enquadramento em uma das alíneas, o que reduz extremamente a possibilidade de crime militar.

– **Ação penal:** a ação penal é de iniciativa pública incondicionada.

REFERÊNCIAS

ACCIOLY, Hildebrando; CASELLA, Paulo Borba Casella; NASCIMENTO G. E. do. *Manual de direito internacional público*. São Paulo: Saraiva, 2021.

ALVES-MARREIROS, Adriano; ROCHA RAMOS, Guilherme da; FREITAS, Ricardo de Brito Albuquerque Pontes. *Direito penal militar* – Teoria crítica & prática. São Paulo: Método, 2015.

ASSIS, Jorge, César de. *Comentários ao Código Penal Militar*. Curitiba: Juruá, 2017.

BITENCOURT, Cezar Roberto. *Manual de direito penal: parte geral*. São Paulo: Saraiva, 2002, v. 1.

BOBBIO, Norberto. *Teoria geral da política*. São Paulo: Campus, 2000.

CRUZ, Ione Souza e MIGUEL, Cláudio Amin. *Elementos de direito penal militar*: parte geral. Rio de Janeiro: Lumen Juris, 2008.

CUNHA, Rogério Sanches; SILVARES, Ricardo. *Crimes contra o estado democrático de direito*. Salvador: Juspodivm.

DALLARI, Dalmo de Abreu. DALLARI, Dalmo de Abreu. *Elementos de teoria geral do Estado*. São Paulo: Saraiva, 2001.

[139] NEVES, Cícero Robson Coimbra. Inquietações na investigação criminal militar após a entrada em vigor da Lei n. 13.491, de 13 de outubro de 2017. Revista Direito Militar, Florianópolis, n. 126, p. 23-28, set./dez. 2017.

[140] CUNHA, Rogério Sanches; SILVARES, Ricardo. *Crimes contra o estado democrático de direito*. Salvador: Juspodivm, p. 202-3.

FRAGOSO, Heleno Cláudio. *Lições de direito penal*: parte geral. São Paulo: Forense, 2004.

GOMES, José Jairo. *Crimes eleitorais e processo penal eleitoral.* São Paulo: Atlas, 2021.

GONÇALVES, Victor Eduardo R. *Curso de direito penal.* São Paulo: Editora Saraiva, vol. 2, 2021.

GONÇALVES, Victor Eduardo Rios; BALTAZAR, José Paulo. *Esquematizado - Legislação penal especial.* São Paulo: Saraiva, 2020.

GRECO, Rogério. *Curso de direito penal.* Niteroi: Impetus, 2006, v. 4.

GRECO, Rogério. *Terrorismo: comentários à Lei nº 13. 260/2016.* Rio de Janeiro: Impetus. 2019.

JÚNIOR, Flávio Martins Alves N. *Curso de direito constitucional.* São Paulo: Saraiva, 2020.

LOBÃO, Célio. *Comentários ao Código Penal Militar.* Rio de Janeiro: Forense, 2011.

LOBÃO, Célio. *Direito penal militar.* Brasília: Brasília Jurídica, 2004.

MIRABETE, Julio Fabbrini. *Manual de direito penal.* São Paulo: Atlas, 2005, v. 1.

MORAES, Alexandre de. *Direito Constitucional.* São Paulo: Atlas (Grupo GEN), 2021.

NEVES, Cícero Robson Coimbra. *Inquietações na investigação criminal militar após a entrada em vigor da Lei n. 13.491*, de 13 de outubro de 2017. *Revista Direito Militar*, Florianópolis, n. 126, p. 23-28, set./dez. 2017.

NEVES, Cícero Robson Coimbra; STREIFINGER, Marcello. *Manual de direito penal militar.* Salvador: Juspodivm, 2021.

PACHECO, Thiago da Silva. *Jogo das Sombras: uma história da espionagem e das ações secretas.* Disponível em https://historiamilitaremdebate.com.br/jogo-das-sombras-uma-historia-da-espionagem-e-das-acoes-secretas/?fbclid=IwAR2x-39ziIr-xmBDh_VY7BIJXbY1kV6ZFaUXP6EfeNBRdE0CQ2XpKJj6lG8. Acesso em 07.01.2022.

PEREIRA, Carlos Frederico de Oliveira Pereira. A Lei nº 13.491, de 13 de outubro de 2017, e os crimes hediondos. Disponível em: < http://www.mpm.mp.br/portal/wp-content/uploads/2017/11/lei-13491-crimes-hediondos.pdf. Acesso em: 04 jul. 2018.

PRADO, Luis Regis. *Curso de direito penal brasileiro.* São Paulo: Saraiva, 2001, v. 4.

ROMEIRO, Jorge Alberto. *Curso de direito penal militar: Parte Geral.* São Paulo: Saraiva, 1994.

ROSSETTO, Ênio Luiz. *Código Penal Militar comentado.* São Paulo: RT, 2015.

SARAIVA, Alexandre José de Barros Leal. *Segurança Externa e Administração Militar* – Crimes e Penas. Curitiba: Juruá, 2020.

SILVA, De Plácido e. *Vocabulário Jurídico.* Rio de Janeiro: Forense (Grupo GEN), 2016.

2

CRIME MILITAR EXTRAVAGANTE DE ABUSO DE AUTORIDADE (LEI N. 13.869/2019)

Cícero Robson Coimbra Neves
e Fábio Nakaharada

2.1. CRIMES MILITARES EXTRAVAGANTES

Com a edição da Lei n. 13.491, de 13 de outubro de 2017[1], o cenário do estudo do Direito Militar foi afetado de maneira muito peculiar.

Há dois eixos disciplinados pela nova Lei ao alterar o art. 9º do Decreto-lei n. 1.001, de 21 de outubro de 1969, o Código Penal Militar, a saber, a redefinição de crime militar, conceito agora mais abrangente, e a pormenorização da competência da Justiça Militar da União – ou do órgão da Justiça Militar da União, conforme a interpretação – nos crimes militares dolosos contra a vida de civis.

Interessa-nos, neste tema o primeiro eixo. Nele está a alteração do inciso II do art. 9º do CPM, que passou a considerar crimes militares não só os previstos neste mesmo Código Castrense, mas também os da legislação penal, nas hipóteses trazidas pelas alíneas do inciso.

O rol dos crimes militares, em outros termos, foi expandido, o que se nota facilmente com a comparação do texto anterior e posterior à Lei n. 13.491/17:

---

1 Registre-se que pendem no Supremo Tribunal Federal a Ação Direta de Inconstitucionalidade n. 5.804, ajuizada pelo Associação dos Delegados de Polícia do Brasil, e a Ação Direta de Inconstitucionalidade n. 5.901, ajuizada pelo Partido Socialismo e Liberdade (P-SOL) a discutir a constitucionalidade dos dispositivos trazidos pela Lei n. 13.491/17.

QUADRO COMPARATIVO DA REDAÇÃO DO INCISO II DO ART. 9º DO CPM (antes e depois da Lei n. 13.491/17)	
REDAÇÃO ANTERIOR	**REDAÇÃO ATUAL**
II – os crimes previstos neste Código, **embora também o sejam com igual definição na lei penal comum**, quando praticados:	II – os crimes previstos **neste Código e os previstos na legislação penal**, quando praticados:

Na redação anterior, para que o crime fosse considerado militar pelo inciso II, a premissa era a de que o fato deveria estar tipificado no CPM e na legislação penal comum de maneira idêntica. Preenchida essa premissa, o próximo passo na constatação do crime militar era verificar se uma das hipóteses do inciso II estava presente, a saber, a prática do fato por militar em situação de atividade contra militar na mesma situação (alínea "a" do inciso II), por militar em situação de atividade contra civil, militar reformado ou da reserva, em lugar sob administração militar (alínea "b" do inciso II), por militar em serviço ou atuando em razão da função contra civil, militar reformado ou da reserva (alínea "c" do inciso II), por militar em período de manobra ou exercício contra civil, militar reformado ou da reserva (alínea "d" do inciso II) ou por militar em situação de atividade contra a ordem administrativa militar ou contra o patrimônio sob administração militar (alínea "e" do inciso II). O exemplo claro é o do homicídio simples, tipificado identicamente no art. 121 do CP e no art. 205 do CPM, que praticado por um militar da ativa contra um militar da reserva, em lugar sujeito à administração militar era considerado crime militar.

Com a nova disposição, os crimes militares tipificados de maneira idêntica no CPM e na legislação penal comum seguem a mesma lógica de antes, mas houve o acréscimo dos tipos penais constantes da legislação penal comum que não possuem idêntica previsão no CPM, os quais, hoje, se enquadrados em uma das alíneas do inciso II do art. 9º do Código Castrense, as mesmas acima enumeradas, serão, em regra, crimes militares. Trata-se de novos crimes militares, denominados pela doutrina de **crimes militares extravagantes**[2], **crimes militares por equiparação à legislação penal comum**[3] ou **crimes militares por extensão** (ASSIS, 2018, p. 39). Esses novos crimes militares devem ser considerados, também, crimes impropriamente militares, para os fins que assimilam essa categoria, a exemplo do disposto na parte final do inciso LXI do art. 5º da CF e do inciso II do art. 64 do CP, isso com a adoção da teoria clássica, malgrado posição doutrinária em sentido diverso (ASSIS, 2018, p. 38).

2 NEVES, Cícero Robson Coimbra. Inquietações na investigação criminal militar após a entrada em vigor da Lei n. 13.491, de 13 de outubro de 2017. **Revista Direito Militar**, Florianópolis, n. 126, p. 23-28, set./dez. 2017.

3 PEREIRA, Carlos Frederico de Oliveira Pereira. **A Lei nº 13.491, de 13 de outubro de 2017, e os crimes hediondos.** Disponível em: <http://www.mpm.mp.br/portal/wp-content/uploads/2017/11/lei-13491-crimes-hediondos.pdf. Acesso em: 04 jul. 2018.

Justamente nesse universo estão os crimes de abuso de autoridade passíveis de serem perpetrados por militares dos Estados ou das Forças Armadas. Exemplificativamente, na atuação de polícia judiciária militar, o responsável pela lavratura de um auto de prisão em flagrante delito que deixar injustificadamente de comunicar prisão à autoridade judiciária no prazo legal incorrerá, ao menos em tese, no tipo penal descrito no art. 12 da Lei n. 13.869/19, com pena de detenção de 6 meses a 2 anos, e multa.

Ocorre que, para haver a configuração do crime militar extravagante, como visto, não basta a subsunção da conduta ao tipo penal incriminador da lei especial, mas também é necessário que se encontre uma das hipóteses do art. 9º do Código Penal Militar, no caso dos crimes de abuso de autoridade, especificamente do inciso II (tipicidade indireta).

2.1.1. Torneando o sujeito passivo e a concepção da tipicidade indireta nos delitos de abuso de autoridade

Para avaliar a tipicidade indireta no crime de abuso de autoridade é fundamental que se estabeleça a premissa de qual é o sujeito passivo nos crimes de abuso de autoridade.

Sim, porque, como suscitado acima, as hipóteses (alíneas) do inciso II do art. 9º do CPM sempre terão na sujeição ativa o militar em situação de atividade, mas no polo passivo, as alíneas elegem pessoa natural (militar da ativa na alínea "a" e, o civil, o militar reformado ou da reserva nas alíneas "b", "c" e "d") ou ainda, pessoa jurídica (a União ou os Estados e Distrito Federal, pelas instituições militares, na alínea "e"), descartando-se sempre a figura do assemelhado, inexistente atualmente no Direito Castrense.

Assim, repise-se, para caracterizar o crime de abuso de autoridade como crime militar, fundamental que se verifique contra quem esse delito é praticado, para fins de subsunção em uma das alíneas do inciso II do art. 9º do CPM.

Duas posições nessa investigação podem ser cunhadas: a primeira atrelada à doutrina tradicional sobre o crime de abuso de autoridade, que enxerga a pessoa natural como sujeito passivo imediato; a segunda a compreender que, em verdade, a regularidade da instituição militar ganha primazia no objeto jurídico, colocando a administração militar (Estado) como sujeito passivo imediato em todos os casos.

Vejamos as duas possibilidades, a iniciar pela tradicional abordagem doutrinária sobre o crime de abuso de autoridade.

Na compreensão sobre a antiga lei, era possível encontrar como sujeito passivo do delito de abuso de autoridade o Estado e a pessoa que efetivamente fo afetada pela abusiva conduta. Para Guilherme Nucci, por exemplo, o "sujeito passivo é o Estado e também qualquer pessoa atingida pelo abuso (inclusive pessoa jurídica como no atentado à liberdade de associação" (NUCCI, 2014, p. 5) tendo-se a impressão de que o autor colocava o Estado em primeiro plano (sujeito passivo imediato) e a pessoa (natural ou jurídica) em segundo (sujeito passivo imediato) visão com a qual concordamos.

Entretanto, a maior parte da doutrina invertia essa relação, compreendendo a pessoa aviltada como sujeito passivo imediato e o Estado como mediato. Nesse sentido, Moraes e Smanio sustentavam:

"Os crimes de abuso de autoridade têm dupla subjetividade passiva, sendo o Estado o *sujeito passivo mediato*, na condição de titular da administração pública, enquanto o titular do direito ou garantia constitucional violada é o *sujeito passivo imediato*" (MORAES, 2005, p. 34-5).

Na mesma linha, Renee do Ó Souza (SOUZA, 2018, p. 245): "**Sujeito passivo**: Os crimes de abuso de autoridade têm dupla subjetividade passiva, de modo que o sujeito passivo principal ou imediato é a pessoa, física ou jurídica, atingida pela ação delituosa, enquanto que o sujeito passivo secundário ou mediato é o Estado, titular do serviço público e interessado no regular funcionamento da administração pública".

Com a nova Lei n. 13.869/2019, a compreensão sobre a sujeição passiva continua com a mesma predominância, embora os tipos penais tenham se multiplicado.

À guisa de exemplo, no caso do crime do art. 12 da Lei, que considera abuso de autoridade o ato de "Deixar injustificadamente de comunicar prisão em flagrante à autoridade judiciária no prazo legal", sustenta a atual doutrina que "o sujeito passivo direto ou imediato é o preso (seja a prisão em flagrante, temporária, preventiva, ou mesmo decorrente de falta de pagamento de pensão alimentícia), além do internado (a quem foi aplicada medida de segurança de internação, e também o adolescente infrator, que cumpre medida socioeducativa em estabelecimento próprio), que sofre com o comportamento abusivo praticado pelo sujeito ativo. Sujeito passivo indireto ou mediato é o Estado" (GRECO; CUNHA, 2019, p. 15-6).

Na mesma linha, Renato Brasileiro assevera (LIMA, **Nova lei...**, 2020, p.47):

> Ousamos discordar de parte da doutrina, que costuma apontar o Estado como sujeito passivo principal ou imediato, e, na condição de sujeito passivo secundário (ou mediato), a pessoa física ou jurídica atingida pela conduta delituosa. Na verdade não conseguimos visualizar nenhuma razão lógica ou jurídica para se colocar o particular em segundo plano, ainda que se queira argumentar que estamos diante de crimes de responsabilidade em sentido amplo semelhantes, pois, àqueles previstos entre os arts. 312 e 326 do Código Penal. Ora, tomando-se como exemplo o delito previsto no art. 10 da Lei n. 13.869/2019 ("Decretar a condução coercitiva de testemunha ou investigado manifestamente descabida ou sem prévia intimação de comparecimento ao juízo"), parece não haver qualquer dúvida quanto ao fato de se tratar de um delito que lesa tanto bem jurídico pertencente à Administração pública – dignidade da função pública e o prestígio de que o poder público deve desfrutar perante os administrados –, quanto bem jurídico pertencente ao particular – *in casu*, a liberdade de locomoção da testemunha ou do investigado. Nesses casos, se alguém deve ser denominado como sujeito passivo secundário, este alguém deverá ser o Estado, que é sempre ofendido diante do desvio de finalidade perpetrado pelo agente público, mas como tal jamais se poderia considerar o particular diretamente lesado.

Mesmo adotando-se essa visão, em algumas situações específicas, essa matriz deve ser mudada em certa proporção.

Por exemplo, no caso do art. art. 25 da Lei, considera-se abuso de autoridade o ato de "Proceder à obtenção de prova, em procedimento de investigação ou fiscalização, por meio manifestamente ilícito", devendo-se notar que a norma não esclarece se deve ser a prova obtida no sentido de auxiliar ou prejudicar o investigado, ao contrário do parágrafo único do mesmo artigo que diz incorrer na mesma pena quem "faz uso de prova, em desfavor do investigado ou fiscalizado, com prévio conhecimento de sua ilicitude".

Assim, estará incurso no tipo penal a autoridade que proceda à obtenção, por meio ilícito, de prova ilícita em procedimento de investigação ou de fiscalização, ainda que essa prova seja favorável ao investigado ou fiscalizado. Neste caso, mesmo adotando a dominante visão sobre a sujeição passiva, parece-nos óbvio que a "ordem" do sujeito passivo deva ser inversa, ou seja, a regularidade administrativa, a dignidade do exercício da atividade administrativa, ganha o primeiro plano, de maneira que o sujeito passivo imediato ou direto deva ser o Estado e, eventualmente, havendo prejuízo a um investigado ou fiscalizado, será esta pessoa sujeito passivo mediato, ainda que posição doutrinária mantenha a matriz inaugural[4].

Outros casos há em que a sujeição passiva imediata pode alcançar duas pessoas em condições diversas.

No art. 32 da Lei, configura-se abuso de autoridade "Negar ao interessado, seu defensor ou advogado acesso aos autos de investigação preliminar, ao termo circunstanciado, ao inquérito ou a qualquer outro procedimento investigatório de infração penal, civil ou administrativa, assim como impedir a obtenção de cópias, ressalvado o acesso a peças relativas a diligências em curso, ou que indiquem a realização de diligências futuras, cujo sigilo seja imprescindível", sendo evidente que a sujeição passiva recai sobre a "pessoa, física ou jurídica, constrangida pela indevida recusa", que será, obviamente, o investigado, aviltado em seu interesse de acompanhar uma investigação que contra si se desenvolve, mas também o advogado, se houver, que tem um direito do exercício profissional, previsto no inciso XIV do art. 7° da Lei n. 8.906, de 4 de julho de 1994 ("Estatuto da Ordem dos Advogados do Brasil"), ceifado.

Em conclusão, portanto, haverá situações em que o crime de abuso de autoridade será praticado contra pessoa natural, ocasião em que, adotando-se a dominante visão doutrinária sobre a sujeição passiva, poderá haver enquadramento nas alíneas "a" a "d" do inciso II do art. 9º do CPM, a depender da condição pessoal do sujeito passivo titular primeiro do bem jurídico protegido pela norma.

Mas haverá situações, ainda prestigiando a visão dominante sobre a sujeição passiva, como no caso do art. 25 da Lei n. 13.869/2019, supramencionado, em que não será possível identificar pessoa natural (um crime vago), mas pessoa jurídica de direito público interno, a União ou os Estados e o Distrito Federal, pela administração militar, quando a subsunção deverá ocorrer na alínea "e" do inciso II do

4 Para GRECO e CUNHA, mesmo neste delito, o sujeito passivo direto é a pessoa e indireto o Estado. Ob. Cit., p. 236.

art. 9º do CPM, obviamente com foco na ordem administrativa militar (e não no patrimônio sob administração militar) configurando-se delito militar.

Ainda, uma outra questão nesta corrente pode surgir.

Mas se a conduta do agente da administração militar, por exemplo, na obtenção de prova por meio ilícito em procedimento de fiscalização, lese uma pessoa jurídica de direito privado, como no caso de um procedimento de fiscalização ambiental, que possa resultar sanção a uma empresa, configurando o art. 25 da Lei n. 13.869/2019? Em não havendo nas hipóteses do inciso II do art. 9º pessoas jurídicas de direito privado no polo passivo, poderia este crime ser militar?

A resposta é em sentido afirmativo.

A subsunção deve também ser na alínea "e" do inciso II do art. 9º do CPM, pois a conduta, embora não lese direito de pessoa natural, como exigiria as alíneas "a" a "d", certamente fere a ordem administrativa militar, vez que a regularidade da administração foi afetada em vários aspectos, por exemplo, a existência, a finalidade e o prestígio moral da instituição militar.

Mas não é esta a única possibilidade de compreensão do tema, como indicado acima. É possível compreender que o Estado é o sujeito passivo imediato do delito de abuso de autoridade figurando a pessoa natural (ou jurídica de direito privado) como sujeito passivo mediato[5].

Em uma segunda corrente, aproveitando o ensejo da ordem administrativa militar, haverá quem defenda – **o que nos parece mais adequado**, inclusive – que o crime de abuso de autoridade não tem por escopo tutelar bens jurídicos de titularidade de pessoas naturais (integridade corporal etc.), pois, se assim fosse, desnecessário um crime específico, uma vez que a agressão a esses bens jurídicos já possuem tipos penais incriminadores, como o crime de lesão corporal.

Para essa linha, ainda que haja a agressão à inviolabilidade da imagem de uma pessoa, o que a lei de abuso de autoridade visa guardar é o hígido e lhano exercício do poder – ou, como destacado acima no trecho de Renato Brasileiro, a dignidade da função pública e o prestígio de que o poder público deve desfrutar perante os administrados –, sendo a inobservância desse dever uma afronta à regularidade do exercício do mister institucional.

Neste caso, a subsunção do crime de abuso de autoridade nas alíneas do inciso II do art. 9º do CPM, sempre seria na alínea "e", focando-se a ordem administrativa militar. Apenas de maneira mediata haveria afronta a bens jurídicos de pessoas naturais.

Por fim, deve-se destacar que a Lei de Abuso de Autoridade exige, além do elemento subjetivo existente em cada um de seus tipos penais (ex.: fim de alterar local ou momento de crime, no art. 24), o acréscimo do dolo especialmente previsto no § 1º de seu primeiro artigo, condicionando a consumação de seus crimes à atuação

5 Na mesma linha, Samer. Comentários à nova lei de abuso de autoridade (Lei n. 13.869/2019). Brasília: C P Iurs, 2019, p. 22.

do agente público, "com a finalidade específica de prejudicar outrem ou beneficiar a si mesmo ou a terceiro, ou, ainda, por mero capricho ou satisfação pessoal".

De notar que a Lei de Abuso de Autoridade inaugura sua regulamentação com essa exigência, instituindo verdadeiro princípio que rege seu microssistema jurídico, espraiando-o por todos os demais artigos e tipificações criminais nela previstos.

Ora, ao estatuir que os crimes de abuso de autoridade alcançam a consumação quando o agente público atua imbuído por alguma das citadas finalidades específicas, todas elas de cunho pessoal, aliás, de natureza personalíssima, a exemplo da "satisfação pessoal" ou do abuso de autoridade "por mero capricho", a lei visa impedir que o agente público descumpra o princípio constitucional da impessoalidade.

O princípio da impessoalidade, outrora denominado princípio da finalidade, instrumenta as regras de atuação do agente público para trilha-lo a atender o interesse público.

Este é o espírito da lei de abuso de autoridade: impedir e punir o agente público que substitui a condução impessoal do seu cargo por uma condução pessoal, passando a utilizar as prerrogativas que o Estado lhe conferiu para atingir o bem comum, com o fito exatamente inverso, qual seja, o de alcançar a satisfação pessoal, ou a obtenção de benefício próprio ou de terceiro, ou o prejuízo alheio, ou ainda, o mero capricho.

Dessa forma, nota-se que o bem jurídico tutelado de forma primária e imediata pela Lei de Abuso de Autoridade está ligado à prestação do serviço público, marcada pela dignidade do exercício do cargo, nos exatos termos insculpidos pelos princípios constitucionais que regem a administração pública, em especial, o princípio da impessoalidade, que freia os impulsos humanos tendentes a confundir o público com o pessoal.

Seguindo o vetor principiológico estabelecido na Lei de Abuso de Autoridade, os bens jurídicos das pessoas naturais e jurídicas atingidos pelos crimes nela previstos, possuem uma proteção secundária – o que não importa em menor proteção –, até porque há outros tipos penais incriminadores previstos no Código Penal, que os tutelam como bem jurídico central.

Tal entendimento propicia, a título exemplificativo, que o agente público que encarcera pessoas de ambos os sexos na mesma cela ou compartimento, responda não apenas pelo crime de abuso de autoridade (por que o fez para prejudicar um dos presos, ou para beneficiar-se ou a terceiro, ou por satisfação pessoal ou mero capricho, despindo-se da impessoalidade que o cargo lhe impõe) mas, também, por eventual crime de lesão corporal, de estupro ou até mesmo de homicídio que derive dessa prisão ilegal, por omissão imprópria, uma vez que podia e devia agir para evitar tais resultados e não agiu.

De evidenciar que, a violação de um dos princípios constitucionais que regem a administração pública, acarreta, de forma vinculada, ao descumprimento dos demais princípios, senão vejamos: ao atuar por mero capricho, o agente público viola a impessoalidade ao desviar-se da finalidade pública, bem como, viola a moralidade (uma vez que o uso do cargo para fins pessoais extrapola a noção jurídica do que seja certo e errado, sendo, antes, uma noção individual e social a separação entre o público e o privado) e os resultados desses atos abusivos acabam inevitavelmente por ferir os princípios da legalidade e da eficiência administrativa.

Das abordagens acima, evidente a necessidade de delinear a ordem administrativa disciplinar posto que, numa ou noutra visão, ela estará em avaliação, seja em afronta ocasional (primeira corrente), seja em afronta constante (segunda corrente).

2.1.2. Ordem administrativa militar

Aceita a premissa de que o sujeito passivo imediato é o Estado, com a subsunção na alínea "e" do inciso II do art. 9º do CPM, deve-se delimitar a "ordem administrativa militar".

A expressão, diga-se de saída, é idêntica à que existia na alínea "e" do inciso II do art. 6º do anterior Código Penal Militar, o Decreto-Lei nº 6.227, de 24 de Janeiro de 1944, e, partindo deste ponto, lembra Enio Luiz Rossetto (ROSSETTO, 2015, p. 125-6):

> O legislador não foi feliz ao utilizar a expressão *ordem administrativa militar*. Silvio Martins Teixeira, ao comentar o Código Penal Militar de 1944, lembrava que no Código Penal Militar de 1891 havia o Título denominado *Dos crimes contra a ordem econômica e administrativa militar*, que o Código de 1944 mudou para *Dos crimes contra a administração militar*. Há controvérsia na doutrina. Jorge Alberto Romeiro entende que são crimes contra a *ordem administrativa militar* os crimes dos Títulos VII (*Dos crimes contra a administração militar*) e VIII (*Dos crimes contra a administração da Justiça Militar*) e conclui que a expressão não pode ser aceita porque os bens jurídicos tutelados nos dois Títulos acima referidos são diversos, não se confundem: no primeiro, é o funcionamento da Administração Militar; no segundo, é o funcionamento da Justiça Militar. Nesse passo, com a devida vênia, tem razão Célio Lobão quando define que o crime contra a *ordem administrativa militar* é aquele que "atinge a organização, a existência e a finalidade das Forças Armadas, bem como seu prestígio moral". A expressão *ordem administrativa militar* tem sentido mais amplo.

Com efeito, Jorge Alberto Romeiro (1994, p. 82) prefere o caminho da enumeração dos crimes contra a ordem administrativa militar e não o da definição da expressão, opção diversa de Célio Lobão (2011, p. 120) que busca conceituar na forma apontada por Rossetto ou, mais recentemente, como "conjunto de leis, regulamentos, atos legais de autoridade militar competente, indispensável ao funcionamento das instituições militares, ao cumprimento da sua destinação constitucional ou legal".

Cláudio Amin Miguel e Ione de Souza Cruz (2008, p. 47) unem os dois critérios, ou seja, buscam definir a expressão, mas indicam também quais crimes a preencheriam:

> A ordem administrativa militar diz respeito às infrações que atingem a organização, existência e finalidade das Forças Armadas, bem como o prestígio moral da administração militar. Esses delitos encontram-se elencados nos artigos 298 a 339 do Código Penal Militar.

Adriano Alves-Marreiros, Guilherme Rocha e Ricardo Freitas (2015, p. 125) incursionaram com mais detalhes na expressão, na seguinte senda:

> O conceito de ordem administrativa militar é um pouco mais amplo e vai versar sobre tudo que puder causar transtorno à administração militar, ou, no dizer de Célio Lobão:
>
> "(...) segundo decidiu o Supremo Tribunal Federal, são infrações que atingem a organização, a existência e finalidade das Forças Armadas, bem como o prestígio moral da administração militar (HC n. 39.412, *RTJ* 24/39)".
>
> Bem elucidativo e difícil de refutar, ao menos racionalmente. Dentre outras hipóteses, podemos destacar a fé pública da administração militar que estará em xeque sempre que houver um crime de *falsum* relativo a documentos cuja expedição caiba à administração militar, ainda que em atribuições diversas de sua atividade-fim (...).

Assiste razão a Marreiros, Rocha e Freitas, assim como a Rossetto, ao buscarem ampliar a compreensão da expressão, de maneira que não se deve limitar sua aplicação apenas em determinados tipos de crimes, com foco na capitulação trazida pelo CPM, mormente após a Lei n. 13.491/17, que permite a configuração de crimes militares sequer previstos no Código Castrense. Os que buscavam a limitação pela enumeração de um rol, em outros termos, perderam a premissa de raciocínio, qual seja, a de que todo crime militar deveria estar capitulado no CPM.

Resuma-se, portanto, que os crimes de abuso de autoridade, quando afrontarem a ordem administrativa militar, serão passíveis de enquadramento na alínea "e" do inciso II, quando os sujeitos ativos forem militares da ativa, do art. 9º do CPM. Ordem administrativa militar, por sua vez, é compreendida como a própria harmonia da instituição, abrangendo sua administração, o decoro de seus integrantes etc. (COIMBRA NEVES; STREIFINGER, 2014, p. 325). Delitos contra a ordem administrativa militar, repise-se, são "as infrações que atingem a organização, existência e finalidade da instituição, bem como o prestígio moral da administração"[6].

2.2. A NOVA LEI DE ABUSO DE AUTORIDADE

Passaremos, agora, feito o introito para a categorização do crime de abuso de autoridade como crime militar, a deter a análise à lei de abuso de autoridade, sempre com um enfoque voltado para a atuação dos militares federais, dos Estados e do Distrito Federal.

Promulgada no dia 5 de setembro de 2019, em edição extra do Diário Oficial da União, com *vacatio legis* de 120 dias de sua publicação oficial, a nova Lei de Abuso de Autoridade – Lei n. 13.869/19, passou a viger em 3 de janeiro de 2020[7].

---

6 STF, Pleno, *Habeas Corpus* n. 39.412/RJ, Rel. Min. Gonçalves de Oliveira, j. 12.09.1962.

7 § 1º do art. 8º da Lei Complementar n. 95/98: "A contagem do prazo para entrada em vigor das leis que estabeleçam período de vacância far-se-á com a inclusão da data da publicação e do último dia do prazo, entrando em vigor no dia subsequente à sua consumação integral".

Houve, de início, 19 artigos vetados pelo Presidente da República, tendo a Lei n. 13.869/2019 revogado expressamente a Lei n. 4.898/65, bem como o § 2º do art. 150 e o art. 350, ambos do Código Penal.

Em 27 de setembro de 2019, vinte e dois dias após a publicação da lei, o Poder Legislativo promulga dez dispositivos inicialmente vetados pelo Presidente da República: os arts. 3º, 9º, o inciso III do art. 13, o parágrafo único do art. 15 e os arts. 16, 20, 30, 32, 38 e 43.

Quanto ao § 2º do art. 150 do Código Penal, operou-se a revogação da causa de aumento de pena no crime de violação de domicílio, em razão de o autor ser funcionário público e, quanto ao art. 350 do Código Penal, houve a revogação do crime de "Exercício arbitrário ou abuso de poder" que, caso não houvesse a revogação expressa, a nova Lei de Abuso de Autoridade promoveria sua revogação tácita, uma vez que vários crimes novos trouxeram tipificação muito próxima às hipóteses constantes no *caput* e incisos do art. 350, o que resultaria na lei mais nova, da mesma hierarquia, tratando da mesma matéria, de forma diferente (modernização da redação e penas mais graves, operando-se a *novatio legis in pejus* ou *novatio legis* incriminadora).

Ainda, a lei trouxe modificações pontuais na lei que regula a prisão temporária, na lei que disciplina a interceptação das comunicações telefônicas e no Estatuto da Criança e do Adolescente, atualizações que fogem ao escopo dos nossos comentários.

2.3. COMPARATIVO ENTRE A LEI N. 4.898/65 E A LEI N. 13.869/19

2.3.1. O bem jurídico tutelado

A Lei n. 13.869/19 manteve, em relação ao bem jurídico tutelado, idêntica sistemática à vigente na Lei n. 4.898 de 1965, protegendo dois bens jurídicos de extrema relevância: (i) a administração pública e (ii) a pessoa que sofre o abuso de autoridade, que tem violados os seus caros e sagrados direitos individuais e fundamentais previstos na CF/88.

No que tange à administração pública, o legislador visou proteger seu regular funcionamento, para que seus agentes públicos trabalhem para, e nunca percam de vista, o bem comum, razão de ser do Estado, seu elemento teleológico, finalístico e que deve ser perseguido respeitando os princípios da legalidade, da impessoalidade, da moralidade, da publicidade e da eficiência.

A administração pública, por meio de seus três poderes – ou funções de poder –, elabora as leis, governa conforme essas leis e julga, exercendo poder tal sobre o indivíduo e sobre a coletividade, que outrora foi chamada de "O Leviatã", pelo filósofo Thomas Hobbes, de modo que, essa poderosa entidade, que regula a vida de todos, que impõe deveres e obrigações, que exerce o poder de polícia nas áreas da saúde, da segurança e do mercado, que impõe tributos, deve se submeter a limitações para evitar abusos e injustiças.

A atuação da administração pública se dá por meio de seus agentes públicos, que assumem o cargo por vias diversas, a exemplo do concurso público, do comissionamento e da via eletiva e, falíveis como todo ser humano, jamais podem se esquecer de que, o exercício do poder que lhes foi designado, deve ser executado dentro dos limites legais, republicanos e democráticos, e suas atribuições devem ser realizadas com preparo e eficiência, para que os fins sejam alcançados dentro desses parâmetros. Não há atalho para se alcançar o bem comum. É nesse sentido que a lei de abuso de autoridade protege a administração pública e, no âmbito militar, a ordem administrativa militar, como acima exposto, que sofre com eventuais atuações abusivas de seus militares.

Todos os tipos penais da nova lei de abuso de autoridade protegem ainda, as liberdades e direitos individuais da pessoa que é alvo da intervenção estatal. Assim, a descrição dos tipos penais, em seus elementos objetivo, subjetivo e normativo, conduz à proteção da liberdade de locomoção, da liberdade do exercício profissional, da honra, da imagem e da vida privada, do domicílio, bem como dos direitos de segurança, que protegem quem venha a figurar como suspeito, como acusado ou a quem venha a ser preso pelo Estado. Bem verdade que, em casos pontuais, a pessoa pode não ser aviltada em seu direito, como no caso da obtenção de prova por meio ilícito para beneficiar um investigado, mas isso se configura exceção na regra geral dos tipos penais incriminadores.

Em suma, enquanto que o sujeito ativo nos crimes de abuso de autoridade são os agentes públicos, os sujeitos passivos são a administração pública e a pessoa que teve seus direitos constitucionais violados, doutrinariamente, sujeito passivo direto como regra.

2.3.2. O direito de representação

A Lei n. 4.898 de 1965 previa, inclusive em sua ementa, o direito de representação nos casos de abuso de autoridade.

Promulgada durante o período do regime militar, a lei esmerou-se em garantir instrumentos para que os casos de abuso chegassem ao conhecimento das autoridades competentes, quais sejam: (i) o superior hierárquico do agente público abusador e também (ii) o Ministério Público, titular da ação penal, uma vez que, os crimes de abuso de autoridade da antiga lei eram de ação penal de iniciativa pública incondicionada, apesar da revogada lei regular o direito à representação, compreendida como simples delação do delito.

A palavra "representação", frise-se, pode assumir múltiplas acepções na ciência jurídica, tais quais: (i) a manifestação de vontade do ofendido nos crimes de ação penal de iniciativa pública condicionada à representação (artigo 24 do CPP); (ii) no Código Civil, o instituto da representação (artigo 115) se refere à transmissão de poderes de uma pessoa a outra, para que o representante produza efeitos jurídicos em nome do representado; (iii) na Lei Complementar Estadual n. 893 de 2001, que promulgou o Regulamento Disciplinar da Polícia Militar do Estado de São Paulo, o instituto da Representação apresenta significado similar ao da antiga lei de abuso de autoridade, constituindo-se como ferramenta para que o subordinado denuncie transgressão disciplinar cometida por superior hierárquico (artigo 30) e também como recurso impróprio no procedimento disciplinar, quando a prática de ato ofensivo, irregular, ilegal ou injusto do superior contra subordinado, ocorra especificamente na aplicação de sanção disciplinar (§ 2º do artigo 30).

A nova lei de abuso de autoridade não trouxe previsão da representação em seu texto, uma vez que, com o advento da Constituição Federal de 1988, foram restabelecidos e aperfeiçoados os mecanismos de controle dos atos da administração pública pelo cidadão, como por exemplo o direito de petição constante do seu artigo 5º, inciso XXXIV: "são a todos assegurados, independentemente do pagamento de taxas: a) o direito de petição aos Poderes Públicos em defesa de direitos ou **contra ilegalidade ou abuso de poder**", facilitando o acesso das pessoas aos órgãos públicos que lhes afetem a vida e também aos respectivos órgãos de corregedoria e controladoria.

Ademais, embora não comporte a possibilidade de delação ("representação") do crime de abuso de autoridade, essa possibilidade está presente em outro dispositivo no Direito Castrense, a saber, o art. 33 do Código de Processo Penal Militar, segundo o qual "Qualquer pessoa, no exercício do direito de representação, poderá provocar a iniciativa do Ministério Público, dando-lhe informações sobre fato que constitua crime militar e sua autoria, e indicando-lhe os elementos de convicção".

A regra, como se percebe textualmente, não se limita ao crime de abuso de autoridade, mas espraia-se para toda e qualquer hipótese de crime militar.

2.3.3. A ação penal

A antiga lei de abuso de autoridade previa em seu artigo 12: "a ação penal será iniciada, independentemente de inquérito policial ou justificação por denúncia do Ministério Público, instruída com a representação da vítima do abuso". Como visto alhures, a representação a que se referia a Lei n. 4.898/1965 não significava a manifestação de vontade do ofendido, como condição de procedibilidade para que o Ministério Público oferecesse a ação penal.

A antiga lei reforçava a dispensabilidade do inquérito policial, conferindo força probatória à representação do ofendido quando robusta nos elementos de autoria e materialidade.

A nova lei não citava a ação penal dos crimes de abuso de autoridade. Um dos vetos presidenciais referia-se justamente a essa menção, em que o projeto de lei expressava que a ação penal, nos crimes de abuso de autoridade, teria seu processamento mediante ação penal pública incondicionada e que, caso o Ministério Público não a oferecesse no prazo legal, o ofendido poderia valer-se da garantia constitucional da ação privada subsidiária da pública.

A justificativa do veto baseava-se na regra geral do Direito Penal brasileiro de que, silente a lei, sobre a espécie de ação penal aplicável ao crime que tipifica, a ação penal é pública, nos termos do artigo 100 do Código Penal: "A ação penal é pública, salvo quando a lei expressamente a declara privativa do ofendido". No caso do Direito Castrense a mesma compreensão é extraída dos arts. 121 e 122 do Código Penal Militar e 31 do Código de Processo Penal Militar.

Analisando os delitos da nova lei de abuso de autoridade, nenhum deles menciona a necessidade de queixa (manifestação de vontade da vítima nos crimes de ação penal de iniciativa privada) ou de representação (manifestação de vontade da vítima nos crimes de ação penal de iniciativa pública condicionada).

Diante desse silêncio, os crimes de abuso de autoridade permaneceriam tais quais no regime anterior, como de ação pública incondicionada.

Repise-se que um dos vetos presidenciais derrubados pelo Poder Legislativo, promulgou o artigo 3º:

> Os crimes previstos nesta Lei são de ação penal pública incondicionada.
>
> § 1º Será admitida ação privada se a ação penal pública não for intentada no prazo legal, cabendo ao Ministério Público aditar a queixa, repudiá-la e oferecer denúncia substitutiva, intervir em todos os termos do processo, fornecer elementos de prova, interpor recurso e, a todo tempo, no caso de negligência do querelante, retomar a ação como parte principal.
>
> § 2º A ação privada subsidiária será exercida no prazo de 6 (seis) meses, contado da data em que se esgotar o prazo para oferecimento da denúncia.

Nada de novo acrescentado em relação à possibilidade da ação penal de iniciativa privada subsidiária da pública, uma vez que essa previsão já constava no art. 29 do Código de Processo Penal comum e no inciso LIX do art. 5º da Constituição Federal, portanto, alcançando o Direito Castrense.

Rogério Sanches Cunha[8] assevera que a propositura da ação penal privada subsidiária da pública é cabível pelo ofendido, diante da inércia do órgão ministerial em oferecer a denúncia nos prazos do artigo 46 do CPP – para o Direito Militar, art. 79 do Código de Processo Penal Militar. Entretanto, o não cumprimento do prazo, ressalta com o aval doutrinário maciço, não significa necessariamente que tenha ocorrido a inércia, uma vez que **o Ministério Público pode estar agindo no caso em outras frentes**, como por exemplo na instauração de investigação para buscar a verdade real, com pedido de diligências e produção probatória, na propositura de transação penal, uma vez que os Membros do Ministério Público são agentes políticos e atuam conforme a política criminal institucional, gozando ainda, da garantia de independência funcional. O mesmo professor Sanches (2019) aponta ainda, o teor da Súmula 208 do STF cujo teor estabelece que "O ajuizamento da ação penal privada pode ocorrer após o decurso do prazo legal, sem que seja oferecida denúncia, ou promovido o arquivamento, ou requisitadas diligências externas ao Minis-

8 Exposição verbal de Rogério Sanches Cunha, Promotor de Justiça do Ministério Público de São Paulo, no Workshop "Nova Lei de Abuso de Autoridade – Lei 13.869/19", realizado em 07 de outubro de 2019 na sede do MP/SP, Auditório Queiróz Filho.

tério Público. Diligências internas à instituição são irrelevantes" – fixando-se dessa forma, o balizamento sobre inércia e atuação ministerial nessa questão: pedido de arquivamento é atuação e diligências externas não são consideradas para contagem do prazo de oferecimento da denúncia. **Já as diligências internas**, realizadas pelos órgãos de apoio operacional do MP configuram a inércia, habilitando a propositura da ação privada subsidiária da pública, sem prejuízo da gestão do *Parquet* durante seu prosseguimento.

2.3.4. O rito processual

A antiga lei de abuso de autoridade trazia um rito processual próprio, marcado pela celeridade (prazos reduzidos), pela informalidade (comprovação da materialidade por duas testemunhas, nomeação desburocratizada de perito), pela oralidade (debates orais entre Ministério Público e Defesa, seguido da imediata expedição da sentença), o que refletia a intenção legislativa da resolução da lide em audiência una de instrução e julgamento.

A nova lei de abuso de autoridade preferiu, em seu artigo 39, remeter a processualística aplicável a seus crimes, às previsões constantes em duas leis: o Código de Processo Penal e a Lei n. 9.099/95. O Código de Processo Penal comum estabelece no § 2º do artigo 394 que "Aplica-se a todos os processos o procedimento comum, salvo disposições em contrário deste Código ou de lei especial", de modo que, o próprio diploma adjetivo penal citado, prevê no Livro II, Título II, Capítulo II, um **procedimento especial para crimes cometidos por funcionários públicos** ("Do Processo e do Julgamento dos Crimes de Responsabilidade Dos Funcionários Públicos") cujo rito é aplicável aos crimes funcionais típicos afiançáveis, compreendidos não apenas aos crimes previstos nos artigos 312 e seguintes do Código Penal, mas também, previstos **em outros dispositivos** em que a qualidade de funcionário público funciona como elementar ou circunstância especial do tipo (DE JESUS, 2003, p. 513).

Assim, pelo fato de os crimes de abuso de autoridade configurarem crimes próprios de funcionário público, uma vez que essa condição é elementar de seus tipos penais, aplica-se o referido procedimento especial para seus processamentos, até por que todos os delitos previstos na nova lei de abuso de autoridade admitem fiança.

Vale lembrar que a única diferença entre o procedimento dos crimes de responsabilidade dos funcionários públicos em relação aos procedimentos regrados pelo rito comum é que, sendo crime funcional, **existe uma fase vestibular inexistente nos demais procedimentos**, em que o funcionário público acusado tem a oportunidade de **oferecer resposta por escrito** no prazo de quinze dias da denúncia, a denominada **"resposta preliminar"** (art. 514, parágrafo único do CPP), que pode ser instruída com documentos e justificações (art. 515, parágrafo único do CPP), possibilitando ao juiz rejeitar a denúncia se convencido, pela resposta do acusado ou do seu defensor, da inexistência do crime ou da improcedência da ação (artigo 516 do CPP).

Porém, convencido da autoria e da materialidade do crime funcional, e tendo o juiz recebido a denúncia, o CPP determina sejam aplicadas as disposições comuns referentes à citação do acusado e também as disposições comuns referentes à instrução criminal e aos demais termos do processo.

Deste modo, vencida a específica fase de resposta preliminar, atinente ao processamento especial dos crimes funcionais e, havendo prosseguimento da lide penal, aplica-se o rito comum do processo penal que prevê os **procedimentos (i) ordinário, (ii) sumário e (iii) sumaríssimo**.

Procedimento ordinário (inciso I do § 1º do art. 394 do CPP): aplica-se aos crimes cuja sanção máxima cominada for **igual ou superior a 4 (quatro) anos** de pena privativa de liberdade – há dez crimes na nova lei de abuso cuja pena máxima cominada é igual a 4 anos de detenção: os artigos 9º, 10, 15, 19, 21, 22, 23, 24, 25, 28, 30 e 36.

Não há na nova lei de abuso de autoridade, crime com pena privativa de liberdade superior a 4 anos, nem a modalidade de privação de liberdade reclusão.

Nesses dez delitos aplica-se **o procedimento comum ordinário** após a fase específica de justificação prévia, relativa ao procedimento especial dos funcionários públicos, compreendendo em síntese, as seguintes fases: o **recebimento da denúncia** pelo juiz, a citação, a **resposta à acusação** (com prazo de dez dias, em que o acusado pode alegar tudo em favor à sua defesa, juntando ainda documentos e justificações, possibilitando ao juiz, reconhecer as teses de excludente de ilicitude, de excludente de culpabilidade, salvo a inimputabilidade, de atipicidade do fato e de extinção de punibilidade), **audiência de instrução e julgamento** em que são ouvidas nesta ordem – o ofendido, as testemunhas de acusação, as testemunhas de defesa (oito testemunhas para ambos, sem computar as informantes e referidas), os peritos (caso haja algum esclarecimento instruído previamente), seguindo-se à **acareação**, ao **reconhecimento de pessoas e coisas** e ao **interrogatório** do acusado. Após abre-se a **fase de diligências** e, caso não sejam requeridas pela acusação ou defesa ou, sejam indeferidas pelo juiz, segue-se às **alegações finais orais** pela acusação, após pela defesa (para ambos, 20 minutos prorrogáveis por mais 10 minutos) e por fim a **sentença** pelo juiz.

Havendo requerimento de diligências, de ofício ou a pedido das partes, a audiência é encerrada e, depois de cumpridas as requisições, serão ofertados 5 (cinco) dias sucessivamente, para acusação apresentar as alegações finais por memoriais e após, para a defesa, tendo o juiz, o prazo de 10 (dez) dias para sentenciar.

Procedimento sumário (inciso II do § 1º do art. 394 do CPP): "quando tiver por objeto crime cuja sanção máxima cominada seja **inferior a 4 (quatro) anos** de pena privativa de liberdade": **não há na nova lei de abuso de autoridade**, crime processável pelo rito sumário. Isso por que, ou os delitos nela previstos tem pena máxima cominada igual a 4 (quatro) anos de detenção, critério do procedimento ordinário ou por que, nos crimes com penas privativas de liberdade máxima inferior a 4 anos, **seus máximos cominados não excedem a 2 anos**, subsumindo-os ao conceito de infração penal de menor potencial ofensivo e, por consequência, conduzindo-os ao procedimento sumaríssimo.

Procedimento sumaríssimo (inciso III do § 1º do art. 394 do CPP): aplicável para as infrações penais de menor potencial ofensivo, na forma da lei. **Há onze crimes na nova lei de abuso de autoridade** em que o máximo da pena privativa de liberdade não supera dois anos de detenção e, à vista do artigo 39 da lei de abuso de autoridade - que admite a aplicação do Código de Processo Penal e da Lei 9.099/95 - as disposições desta última norma regerá tais delitos, **exceto se configurarem crime militar**, em face do disposto em seu art. 90-A: "As disposições desta Lei não se aplicam no âmbito da Justiça Militar".

Assim, as **medidas despenalizadoras** previstas na Lei 9.099/95, serão aplicadas aos onze delitos de menor potencial ofensivo de abuso de autoridade, possibilitando:

1. **lavratura de Termo Circunstanciado** ao invés da prisão em flagrante, liberando o autor dos fatos, desde que se comprometa a comparecer oportunamente no Juizado Especial Criminal (art. 69 e parágrafo único da Lei 9.099/95);

2. **composição civil dos danos**: tendo em vista que os crimes da nova lei de abuso de autoridade são crimes de ação penal pública incondicionada, a aceitação da composição civil dos danos pelo agente público não terá o efeito de impedir o prosseguimento da ação penal. Isso por que, nos crimes de ação penal pública condicionada à representação, e nos crimes de ação privada, a aceitação do acordo indenizatório pelas partes, acarreta na renúncia pelo ofendido, do direito de representação e de queixa, respectivamente, operando-se uma causa extintiva de punibilidade.

Porém, aceitando a composição civil dos danos nos crimes de abuso de autoridade, malgrado a ação penal ser pública incondicionada, o agente público terá, caso seja condenado, a atenuação da pena (art. 16 e 65, inciso III, alínea "b", última parte, do CP) e evitará futura ação civil "ex delicto".

3. **transação penal:** acordo entre o autor do crime de menor potencial ofensivo e o Ministério Público, em que, o autor aceita imediatamente a aplicação de uma pena não privativa de liberdade e em contrapartida o Ministério Público não ingressa com a ação penal, aplicando-se pena de multa ou pena restritiva de direitos, **extinguindo-se a lide penal**.

4. **suspensão condicional do processo**: se a composição civil dos danos e a transação penal não forem acordadas, frustrando assim as medidas despenalizadoras da audiência preliminar, o Ministério Público ingressará com a ação penal e, "ao oferecer a denúncia, poderá propor a suspensão do processo, por dois a quatro anos, desde que o acusado não esteja sendo processado ou não tenha sido condenado por outro crime, presentes os demais requisitos que autorizariam a suspensão condicional da pena". Sendo aceita pelo agente público, **o juiz recebe a denúncia, mas suspende o processo** que, transcorrido o período probatório sem intercorrências, redundará na extinção da punibilidade.

Neste ponto é importante lembrar que a concessão da lavratura do termo circunstanciado, da composição civil dos danos e da transação penal tem como critério o conceito de infração penal de menor potencial ofensivo: "Art. 61. Consideram-se infrações penais de menor potencial ofensivo, para os efeitos desta Lei, as contravenções penais e os crimes a que a lei comine pena máxima não superior a 2 (dois) anos, cumulada ou não com multa", sendo aplicáveis apenas aos crimes da nova lei de abuso de autoridade, constantes dos artigos 12, 16, 18, 20, 27, 29, 31, 32, 33, 37 e 38, vez que, **suas penas máximas privativas de liberdade não superam dois anos**.

Já o benefício da suspensão condicional do processo, **possui requisito diferente**, previsto no artigo 89 da Lei 9.099/95:

> Nos crimes em que a **pena mínima** cominada for **igual ou inferior a um ano, abrangidas ou não por esta Lei,** o Ministério Público, ao oferecer a denúncia, poderá propor a suspensão do processo, por dois a quatro anos, desde que o acusado não esteja sendo processado ou não tenha sido condenado por outro crime, presentes os demais requisitos que autorizariam a suspensão condicional da pena" (grifo nosso).

Desta feita, **todos os vinte e quatro novos crimes de abuso de autoridade** admitem a suspensão condicional do processo, em razão de que suas penas mínimas cominadas são iguais ou inferiores a um ano, inexistindo na nova lei de abuso de autoridade, crime com pena mínima cominada superior a um ano.

A dicotomia aqui sustentada encontra respaldo, por exemplo, nas lições de Greco e Cunha (2019, p. 297 a 302) para quem os crimes da nova lei seguem um padrão segundo o qual os crimes são punidos com detenção de 6 meses a 2 anos ou, quando mais graves, com detenção de 1 a 4 anos. Para o primeiro grupo, o procedimento extrajudicial será o Termo Circunstanciado e o rito processual seguirá o dos Juizados Especiais Criminais, com suas medidas despenalizadoras. Já o segundo grupo, no silêncio da lei sobre um procedimento específico, conhecerá desenvolvimento previsto nos arts. 513 e seguintes do Código de Processo Penal.

Conhecida a realidade do procedimento para os crimes de abuso de autoridade, resta lembrar – ou resgatar, uma vez que suscitamos acima – que, na configuração do crime militar, o que nos propusemos a discorrer, a dinâmica será diversa.

Primeiro, não se fará a distinção dos crimes de menor potencial ofensivo, uma vez que a Lei n. 9.099/95 não se aplica na Justiça Militar, por previsão expressa do art. 90-A da própria lei.

Verdade que, na práxis, tem havido a aplicação da lei n. 9.099/95, mas isso somente se aperfeiçoa se o tema não chegar aos Tribunais Castrenses. No Superior Tribunal Militar, por exemplo, a visão está sedimentada na Súmula 9 ("A Lei nº 9.099, de 26.09.95, que dispõe sobre os Juízos Especiais Cíveis e Criminais e dá outras providências, não se aplica à Justiça Militar da União") e em seus julgados, como por exemplo:

HABEAS CORPUS. CRIME DE DESOBEDIÊNCIA. OPERAÇÃO GARANTIA DA LEI E DA ORDEM. CIVIL. PLEITO. APLICAÇÃO SUSPENSÃO CONDICIONAL DO PROCESSO. LEI Nº 9.099/95. ISONOMIA. DENEGAÇÃO DA ORDEM. DECISÃO POR UNANIMIDADE. Mesmo em se considerando que o sursis, constante do art. 89 da Lei dos Juizados Especiais, é um direito subjetivo do Acusado, e também sendo consabido se tratar de ato bilateral, de natureza consensual, decorrendo a vedação ao Estado-Juiz de participar dessa transação, sob pena de ofensa ao sistema acusatório, o magistrado não é um mero aplicador da Lei, pois deve, acima de tudo, indicar e consagrar a sua correta interpretação. Não há de falar em atuação discrepante do magistrado, quando este desautorizar a suspensão condicional do processo ofertado pelo MPM, mormente quando a sua atuação não antecipar qualquer juízo de mérito sobre a essência dialogal da proposta aceita em relação ao sursis, mas interpretar e aplicar a expressa proibição que prevê a não incidência da Lei nº 9.099/95 no âmbito da Justiça Militar. Igualmente, não há ofensa à isonomia quando o crime praticado pelo civil atentar contra as Forças Armadas, atuantes em Operações de GLO, porquanto estas atuam como ultima ratio para assegurar a manutenção da ordem institucional do Estado, de forma a garantir a própria sobrevivência deste, nos moldes estabelecidos pela Constituição da República. Ordem denegada por unanimidade (STM, HC n. 7001116-65.2019.7.00.0000, rel. Min. Carlos Augusto de Sousa, j. 04/10/2019).

A mesma linha se adota nos Tribunais de Justiça Militar. No Tribunal de Justiça Militar de Minas Gerais, também em exemplo, o Incidente de Resolução de Demandas Repetitivas n. 0001436-80.2017.9.13.0000 (rel. para Acórdão Juiz Sócrates Edgard dos Anjos, j. 15/05/2019), no mérito, por maioria, os juízes fixaram a tese jurídica pela inaplicabilidade dos institutos despenalizadores da Lei n. 9.099/95 aos feitos em curso naquela Justiça, o que impõe efeito vinculante.

Enfim, não haverá a lógica dos juizados especiais criminais em caso de crime militar de abuso de autoridade, que será apurado por inquérito policial militar (ou lavrado o auto de prisão em flagrante) e será processado na Justiça pelo "processo ordinário". Todos os crimes militares extravagantes de abuso de autoridade, independentemente da pena, o serão.

Falemos um pouco, então, sobre o processo ordinário.

O Livro II do Código de Processo Penal Militar inaugura os processos em espécie, iniciando pelo art. 384, com o processo ordinário (Título I). Considerando ser o processo penal uma universalidade sistemática composta não só por normas processuais, mas também por normas constitucionais, melhor seria falar em "procedimento", e não em "processo" ordinário.

O art. 396 do CPPM estabelece que o processo ordinário se inicia com o recebimento da denúncia. Destaque-se que o marco interruptivo da prescrição da pretensão punitiva constante no inciso I do § 5º do art. 125 do Código Penal Militar se dará nesse ato (recebimento da denúncia), pois com ele haverá o início do processo penal militar.

Com efeito, desenvolvido o trabalho da polícia judiciária militar, com a elaboração do IPM, do APFD, do Termo de Deserção ou de Insubmissão (Instrução Provisória de Deserção ou de Insubmissão), ou por outro meio hábil a indicar a autoria e a materialidade de um crime militar, o Ministério Público, ao receber os autos do juiz de direito (ou juiz-federal da Justiça Militar) ou mesmo diretamente da polícia judiciária militar em casos de trâmite direto, decidirá, no prazo fixado no art. 79 do CPPM (5 dias para indiciado preso e 15 dias para indiciado solto), pelo oferecimento da denúncia contra o indiciado.

Com o oferecimento dessa denúncia, todavia, o processo não terá sido ainda inaugurado, carecendo para isso que o juiz de direito (ou juiz federal da Justiça Militar) receba a denúncia oferecida, aperfeiçoando-se com a citação do acusado.

Na legislação processual penal militar, há uma lacuna no que concerne aos crimes militares praticados contra civis – não os dolosos contra a vida, que são julgados pelo Tribunal do Júri, mas os demais crimes militares contra civis, o que pode enquadrar o crime de abuso de autoridade –, pois tais delitos, no âmbito das Justiças Militares Estaduais, são julgados pelo juiz de direito, de forma singular.

Para esses casos, as Justiças Militares dos Estados, com poucas exceções, têm aplicado as regras do Código de Processo Penal comum, com todas as suas peculiaridades, o que nos devolveria ao rito ordinário do Código de Processo Penal comum.

Diferente a situação na Justiça Militar da União.

Com o advento da Lei n. 13.774, de 19 de dezembro de 2018, inaugurou-se competência monocrática também na Justiça Militar da União, em tempo de paz, notadamente do Juiz Federal da Justiça Militar para julgar civis nos casos previstos nos incisos I e III do art. 9º do Código Penal Militar, e militares, quando estes forem acusados juntamente com aqueles no mesmo processo, tudo conforme o inciso I-B do art. 30 da Lei n. 8.457/92.

Como estamos a tratar do crime militar de abuso de autoridade, esta hipótese não ocorrerá, pois estaremos a enquadrar a conduta nas alíneas do inciso II do art. 9º do CPM, portanto, sempre com sujeição ativa de militar em situação de atividade.

Frise-se, então, que na Justiça Militar dos Estados e do Distrito Federal, o processo e julgamento serão conduzidos monocraticamente, com a aplicação possível do rito do Código de Processo Penal comum (não da Lei n. 9.099/95), ressalvada hipótese em que não se identifique civil no polo passivo, como, por exemplo, quando o abuso for praticado contra outro militar (da ativa ou inativo) ou contra pessoa jurídica. Na Justiça Militar da União o órgão competente será o Conselho de Justiça, Permanente ou Especial, da Força Militar a que pertence o agente.

Ingressando no estudo dos Conselhos de Justiça, para os casos da Justiça Militar da União ou da Justiça Militar Estadual (ou do Distrito Federal) em que não haja civil no polo passivo, o art. 399 do CPPM determina que o juiz, após receber a denúncia:

a) providencie, conforme o caso, o sorteio do Conselho Especial ou a convocação do Conselho Permanente de Justiça; note que o Conselho Permanente não é sorteado, mas convocado, pois o sorteio já ocorreu em momento anterior; o Conselho Especial de Justiça será sorteado para o caso concreto, ocorrendo quando o réu for oficial, havendo tantos Conselhos Especiais quantos forem os processos com autoria de oficial, enquanto o mesmo Conselho Permanente processará e julgará todos os processos no trimestre de seu funcionamento; por norma estadual essa lógica pode conter peculiaridades, por exemplo, em São Paulo, onde o sorteio de Conselhos Permanente (trimestral) e Especial (ocasional) é feito de forma eletrônica; obviamente, nos casos de competência monocrática, o juiz não adotará esta medida;

b) designe dia, lugar e hora para a instalação do Conselho de Justiça; no caso de competência monocrática, será designada o dia da sessão primeira;

c) determine a citação do acusado, de acordo com o art. 277 do CPPM, para assistir a todos os termos do processo até decisão final, nos dias, lugar e horas que forem designados, sob pena de revelia, bem como a intimação do representante do Ministério Público; no caso do Ministério Público Militar, no âmbito da Justiça Militar da União, essa intimação tem sido feita pelas ferramentas do processo eletrônico, sem encaminhamento de autos físicos, mas apenas distribuindo-se o feito de maneira que a abertura do arquivo eletrônico supre a intimação, ainda que alguns membros prefiram dar ciência por escrito anexando-se no feito virtual;

d) determine a intimação das testemunhas arroladas na denúncia, para comparecerem no lugar, dia e hora designados, sob as penas de lei; e, se couber, a notificação do ofendido, para os fins dos arts. 311 e 312 do CPPM, que tratam das perguntas ao ofendido.

No caso de convocação do Conselho, passa-se, então, ao compromisso legal, nos exatos termos do art. 400 do CPPM, repleto de solenidade: "Tendo à sua direita o auditor, à sua esquerda o oficial de posto mais elevado ou mais antigo e, nos outros lugares, alternadamente, os demais juízes, conforme os seus postos ou antiguidade, ficando o escrivão em mesa próxima ao auditor[9] e o procurador em mesa que lhe é reservada – o presidente, na primeira reunião do Conselho de Justiça, prestará em voz alta, de pé, descoberto, o seguinte compromisso: 'Prometo apreciar com imparcial atenção os fatos que me forem submetidos e julgá-los de acordo com a lei e a prova dos autos'. Esse compromisso será também prestado pelos demais juízes, sob a fórmula: 'Assim o prometo'. Desse ato, o escrivão lavrará certidão nos autos". Esse compromisso é realizado, geralmente, na primeira sessão em que o Conselho se reúne e, no caso de substituição, o novo integrante presta o compromisso na primeira sessão em que participa. Em alguns casos, marcando o início do trimestre, algumas Auditorias marcam sessão específica em que todos os Conselhos Permanentes prestam o compromisso.

Prestado o compromisso pelo Conselho de Justiça, o juiz federal da Justiça Militar poderia desde então, se presentes as partes e cumprida a citação prevista no art. 277, designar lugar, dia e hora para a qualificação e interrogatório do acusado, que era efetuado pelo menos sete dias após a designação. Todavia, essa dinâmica foi alterada em função do deslocamento do interrogatório para o final da instrução criminal.

---

[9] Após a Lei n. 13.774, de 19 de dezembro de 2018, Juiz Federal da Justiça Militar, que também preside os Conselhos de Justiça.

O acusado preso, nos ditames do art. 403 do CPPM, assistirá a todos os termos do processo, inclusive ao sorteio do Conselho de Justiça, quando Especial. Obviamente, quando se tratar de Conselho Permanente, o sorteio será feito previamente, não vinculado a determinado processo e, por essa razão, não impõe o CPPM a obrigatoriedade de que o acusado preso assista ao sorteio, mas deverá estar presente nos demais termos.

No caso de acusado solto, por contraposição, sua presença deverá se dar apenas quando imprescindível para o ato, sob pena de revelia nos termos do art. 412 do CPPM. Exige-se, no entanto, a presença de defensor.

Pelo art. 407 do CPPM, após o interrogatório e dentro de **quarenta e oito horas**, o acusado poderá **opor as exceções** de suspeição do juiz, procurador ou escrivão, de incompetência do juízo, de litispendência ou de coisa julgada, as quais serão processadas de acordo com o Título XII, Capítulo I, Seções I a IV do Livro I, no que for aplicável. Quaisquer **outras exceções** ou **alegações** serão recebidas como matéria de defesa para apreciação no julgamento.

O membro do Ministério Público, também no prazo acima mencionado, poderia opor as mesmas exceções em relação ao juiz ou ao escrivão.

Entretanto, com o deslocamento do interrogatório para o final da instrução criminal, mostra-se incongruente aguardar esse ato para somente opor a exceção no prazo de 48 horas. Assim, a nova dinâmica passará por adaptação, sugerindo-se dinâmica próxima ao Código de Processo Penal comum.

O art. 410 do CPPM consigna que, na instrução criminal em que couber o comparecimento do ofendido, proceder-se-á na forma prescrita nos arts. 311, 312 e 313 do mesmo Código.

O art. 415 do CPPM dispõe que a inquirição das testemunhas obedecerá às normas prescritas nos arts. 347 a 364 do CPPM, além dos artigos que o seguem no mesmo Código.

Serão ouvidas, em primeiro lugar, as testemunhas arroladas na denúncia em número de seis, nos termos da alínea *h* do art. 77 do CPPM, e as referidas por estas, além das que forem substituídas ou incluídas posteriormente pelo Ministério Público. Após estas, serão ouvidas as testemunhas indicadas pela defesa.

As testemunhas de defesa poderão ser indicadas em qualquer fase da instrução criminal, desde que não seja excedido o prazo de cinco dias, após a inquirição da última testemunha de acusação. Na prática, após a inquirição das testemunhas da acusação, colhe-se, na própria sessão, manifestação do *Parquet* no sentido de estar satisfeito com a prova testemunhal, abrindo-se o prazo para a defesa indicar suas testemunhas.

Cada acusado, pela letra do § 2º do art. 417 do CPPM, poderá indicar até três testemunhas, podendo ainda requerer sejam ouvidas testemunhas referidas ou informantes. Obviamente, essa previsão fere o contraditório e a ampla defesa, já que a denúncia pode enumerar até seis testemunhas (alínea *h* do art. 77 do CPPM). Há aqui uma afronta clara, à paridade de armas prevista no *caput* do n. 2 do art. 8º da Convenção Americana de Direitos Humanos ("Durante o processo, toda pessoa tem direito, em plena igualdade"), bem como os postulados trazidos pelos princípios da igualdade, do devido processo legal, do contraditório e da ampla defesa, previstos na Constituição Federal (*caput* e incisos LIV e LV do art. 5º). Por essa razão, compreende-se a defesa pode arrolar também até seis testemunhas por fato (STF, 1ª Turma, *Habeas Corpus* n. 80.855/RJ, rel. Min. Ellen Gracie, j. 09/10/2001).

Após esta fase, em nossa compreensão, é que se procederá à qualificação e ao interrogatório do acusado.

Findo o interrogatório – antes era após a inquirição da última testemunha de defesa, os autos irão conclusos ao juiz, que deles determinará vista em cartório às partes, por cinco dias, para requererem, se não o tiverem feito, o que for de direito, nos termos do CPPM. Ao juiz, que poderá ordenar de ofício as medidas que julgar convenientes ao processo, caberá fixar os prazos necessários à respectiva execução, se, a esse respeito, não existir disposição especial.

Findo o prazo aludido acima (cinco dias) e se não tiver havido requerimento ou despacho para os fins nele previstos, o juiz determinará ao escrivão abertura de vista dos autos para alegações escritas, sucessivamente, por oito dias, ao representante do Ministério Público e ao advogado do acusado. Se houver assistente, constituído até o encerramento da instrução criminal, ser-lhe-á dada vista dos autos, se o requerer, por cinco dias, imediatamente após as alegações apresentadas pelo representante do Ministério Público. Assinale-se que essa abertura de vista, onde se adota o processo eletrônico, tem sido no meio virtual.

Findo o prazo concedido para as alegações escritas, o escrivão fará os autos conclusos ao juiz, que poderá ordenar diligência para sanar qualquer nulidade ou suprir falta prejudicial ao esclarecimento da verdade. Se achar o processo devidamente preparado, designará dia e hora para o julgamento, cientes os demais juízes do Conselho de Justiça e as partes, e requisição do acusado preso à autoridade que o detenha, a fim de ser apresentado com as formalidades previstas no Código.

No dia e hora designados para o julgamento, reunido o Conselho de Justiça e presentes **todos os seus juízes** e o membro do MP, o presidente declarará aberta a sessão e mandará apresentar o acusado. Nos crimes de competência dos Conselhos, todos os juízes devem estar presentes, ao contrário de outros atos, em sessões diversas, em que pode estar presente apenas a maioria.

Iniciada a sessão de julgamento, o presidente do Conselho de Justiça (juiz de direito do Juízo Militar ou juiz federal da Justiça Militar) ordenará que o escrivão proceda à leitura das seguintes peças do processo:

a) a denúncia e seu aditamento, se houver;
b) o exame de corpo de delito e a conclusão de outros exames ou perícias fundamentais à configuração ou classificação do crime;
c) o interrogatório do acusado;
d) qualquer outra peça dos autos, cuja leitura for proposta por algum dos juízes, ou requerida por qualquer das partes, sendo, neste caso, ordenada pelo presidente do Conselho de Justiça, se deferir o pedido.

Havendo anuência das partes, entretanto, é possível a dispensa de leitura, sem que se possa alegar eventual nulidade futuramente, em homenagem ao disposto no art. 501 do Código de Processo Penal Militar.

O art. 433 do CPPM dispõe que, terminada a leitura, o presidente do Conselho de Justiça dará a palavra, para sustentação das alegações escritas ou de outras alegações, em primeiro lugar ao procurador (promotor de justiça), em seguida ao assistente ou seu procurador, se houver, e, finalmente, ao defensor ou defensores, pela ordem de autuação dos acusados que representam, salvo acordo manifestado entre eles. O tempo, assim para a acusação como para a defesa, será de **três horas para cada uma**, no máximo. O membro do MP e o defensor poderão, respectivamente, **replicar e treplicar** por tempo não excedente a **uma hora**, para cada um.

O art. 434 estabelece que, concluídos os debates e decidida qualquer questão de ordem levantada pelas partes, o Conselho de Justiça passará a deliberar em sessão secreta, podendo qualquer dos juízes militares pedir ao juiz esclarecimentos sobre questões de direito que se relacionem com o fato sujeito a julgamento. Embora previsto no dispositivo apontado, entendemos que a sessão não pode ser secreta, e sim ter restrita a publicidade, em alinho ao inciso IX do art. 93 da CF, ao menos com a presença das partes.

O presidente do Conselho de Justiça convidará os juízes a se pronunciarem sobre as questões preliminares e o mérito da causa, votando em primeiro lugar ele próprio, o presidente, já que hoje coincide com a figura do juiz de Direito do Juízo Militar ou com o juiz federal da Justiça Militar; depois, os juízes militares, por ordem inversa de hierarquia, passarão a proferir seus votos. Obviamente, não haverá essa deliberação nos casos de competência monocrática.

O parágrafo único do art. 435 do CPPM dispõe que quando, pela diversidade de votos, não se puder constituir maioria para a aplicação da pena, entender-se-á que o juiz que tiver votado por pena maior, ou mais grave, terá virtualmente votado por pena imediatamente menor ou menos grave. Trata-se do voto médio ou aplicação virtual da pena.

A sessão de julgamento será permanente. Poderá, porém, ser interrompida na fase pública por tempo razoável, para descanso ou alimentação dos juízes, auxiliares da Justiça e partes. Na fase secreta – hoje, fase de deliberação, que não mais é secreta, entendendo-se aqui dizer respeito à fase da votação – não se interromperá por motivo estranho ao processo, salvo moléstia de algum dos juízes, caso em que será transferida para dia designado na ocasião.

Nos termos do parágrafo único do art. 436 do CPPM, prorrogar-se-á a jurisdição do Conselho Permanente de Justiça se o novo dia designado para a sessão secreta – entenda-se, votação – estiver incluído no trimestre seguinte àquele em que findar a sua jurisdição, fazendo-se constar o fato de ata. No âmbito da Justiça Militar da União, essa previsão alinha-se ao previsto no art. 24 da Lei de Organização da Justiça Militar – Lei n. 8.457/92.

Esse, então, é o procedimento para os crimes militares extravagantes de competência dos Conselhos de Justiça.

2.4. PRISÃO PREVENTIVA

Para decretação da prisão preventiva no processo penal comum, exige-se o concurso de seus pressupostos, de seus requisitos e de seus fundamentos.

São **pressupostos** da prisão preventiva: indício de autoria e prova da existência do crime (artigo 312 do CPP, parte final).

São **requisitos** da prisão preventiva, as hipóteses do artigo 313 do CPP já com a redação que lhe deu o "Projeto Anticrime" (Lei n. 13.964/2019):

> Nos termos do art. 312 deste Código, será admitida a decretação da prisão preventiva:
>
> I - nos crimes dolosos punidos com pena privativa de liberdade máxima superior a 4 (quatro) anos;
>
> II - se tiver sido condenado por outro crime doloso, em sentença transitada em julgado, ressalvado o disposto no inciso I do caput do art. 64 do Decreto-Lei nº 2.848, de 7 de dezembro de 1940 - Código Penal;
>
> III - se o crime envolver violência doméstica e familiar contra a mulher, criança, adolescente, idoso, enfermo ou pessoa com deficiência, para garantir a execução das medidas protetivas de urgência;
>
> IV - revogado.
>
> § 1º. Também será admitida a prisão preventiva quando houver dúvida sobre a identidade civil da pessoa ou quando esta não fornecer elementos suficientes para esclarecê-la, devendo o preso ser colocado imediatamente em liberdade após a identificação, salvo se outra hipótese recomendar a manutenção da medida
>
> § 2º. Não será admitida a decretação da prisão preventiva com a finalidade de antecipação de cumprimento de pena ou como decorrência imediata de investigação criminal ou da apresentação ou recebimento de denúncia.

Avaliando os dispositivos do CPP, à luz do inciso I do art. 313, é incabível a decretação de prisão preventiva para os crimes de abuso de autoridade, pois, apesar de os tipos penais nela previstos serem todos dolosos, **não há**, na nova lei de abuso de autoridade, previsão de crime punido com pena privativa de liberdade máxima superior a 4 (quatro) anos.

A hipótese do inciso II do art. 313, diversamente, admite decretação de prisão preventiva em desfavor dos agentes públicos (militares) que cometam abuso de autoridade, desde que, quando do cometimento do crime de abuso de autoridade, já tenham condenação anterior, transitada em julgado, por outro crime doloso. A previsão do inciso II, não leva em conta o máximo de pena privativa de liberdade cominada, mas sim, a reincidência em crime doloso.

O inciso III possui aplicação remota, uma vez que exige a violência doméstica e familiar contra as pessoas enumeradas, em situação de vulnerabilidade. Tem-se que, se o agente público pratica violência doméstica e familiar, não se encontrará no desempenho de seu cargo ou função, mas sim, no âmbito familiar, podendo praticar outros crimes (lesão corporal, feminicídio, constrangimento ilegal, tortura, por exemplo), mas não os crimes de abuso de autoridade.

A hipótese do § 1º mostra-se igualmente remota, uma vez que, sendo agente público (militar), sua identidade consta nos sistemas de gestão de pessoal do órgão público a que pertença.

A vedação do § 2º, inovação do "Projeto Anticrime" (Lei n. 13.964/2019), é desnecessária, posto que vigem, sem contestação, a compreensão de que a prisão provisória não se confunde com a pena e de que deve-se respeitar o princípio da excepcionalidade dessa modalidade de prisão.

Além de se preencher os pressupostos e requisitos, deve-se observar se está presente, algum **fundamento da prisão preventiva**: garantia da ordem pública, da ordem econômica, por conveniência da instrução criminal, ou para assegurar a aplicação da lei penal (artigo 312 do CPP).

No direito **processual penal comum**, reunidos os pressupostos, cumprido algum dos requisitos e presente algum dos fundamentos, pode o juiz decretar – não mais de ofício, por inovação do "Projeto Anticrime" (Lei n. 13.964/2019) –, por provocação da autoridade policial ou do membro do Ministério Público, a prisão preventiva.

Mas estamos a discorrer sobre o crime militar extravagante de abuso de autoridade, o que impõe a análise sob o enfoque do Código de Processo Penal Militar, pouco afetado, inclusive, pelo "Projeto Anticrime" (Lei n. 13.964/2019).

No direito **processual penal castrense**, os critérios de decretação da prisão preventiva são diferentes. Único ponto de contato é a satisfação dos pressupostos relativos à prova do fato delituoso e indícios suficientes de autoria (artigo 254 do CPPM) e alguns dos fundamentos.

O Código de Processo Penal Militar não exige requisitos semelhantes aos previstos na lei adjetiva penal comum, deixando de estabelecer critérios como o fato do crime ter que ser doloso e com pena máxima cominada superior a quatro anos ou, a exigência de reincidência em outro crime doloso, ou ainda, a questão da violência doméstica e familiar contra pessoas em situação de vulnerabilidade e a necessidade de se implantar as medidas protetivas de urgência. Após a análise sobre a existência dos pressupostos de prova de materialidade e indícios de autoria, **o próximo passo** é verificar se está presente algum fundamento: garantia da ordem pública, conveniência da instrução criminal, periculosidade do indiciado ou acusado, segurança da aplicação da lei penal militar e a exigência da manutenção das normas ou princípios de hierarquia e disciplina militares, quando ficarem ameaçados ou atingidos com a liberdade do indiciado ou acusado (artigo 255 do CPM).

De sorte que, configurando crime militar extravagante de abuso de autoridade, será possível a decretação de prisão preventiva, ainda que o militar não seja reincidente em outro crime doloso e independente da pena do crime.

A decretação se dá pelo juiz federal da Justiça Militar (ou juiz de Direito do Juízo Militar) ou pelo Conselho de Justiça, de ofício (não atingido pela nova realidade do "Pacote Anticrime"), ou por requerimento do MP ou pela representação do encarregado do IPM.

No caso do crime militar de abuso de autoridade praticado por militar estadual, já no curso da ação penal, a decretação da prisão preventiva poderá ocorrer pelo Conselho de Justiça, quando constatado não haver civil no polo passivo (*v.g.* pessoa jurídica ou outro militar da ativa), ou pelo Juiz de Direito, quando o sujeito passivo imediato for um civil, seguindo a regra de competência do § 5º do art. 125 da CF. Na Justiça Militar da União, a regra será, em fase processual, a decretação pelo Conselho de Justiça, diante da impossibilidade de um não militar federal cometer crime extravagante de abuso de autoridade – retome-se que, para o crime se tornar militar, exige-se enquadramento em uma das alíneas do inciso II do art. 9º do CPM, sempre havendo militar no polo ativo –, nos termos do que dispõe o inciso I do art. 28 da Lei n. 8.457, de 4 de setembro de 1992, que organiza a Justiça Militar da União.

Nos casos de **competência originária do Tribunal Militar**, a exemplo dos crimes militares cometidos pelo Comandante Geral ou pelo Chefe da Casa Militar, no Estado de São Paulo, em que a instrução do processo se inicia na segunda instância, a competência para **decretação de prisão preventiva será do Relator** (artigo 254, parágrafo único do CPPM).

2.5. LIBERDADE PROVISÓRIA COM OU SEM FIANÇA

A nova lei de abuso de autoridade não traz cláusula impeditiva de concessão de liberdade provisória, seja com ou sem fiança.

Assim, é amplo o cabimento de liberdade provisória, possibilitando que o agente público responda em liberdade pelo crime de abuso de autoridade.

Comecemos a análise pelo processo penal comum.

Quanto à liberdade provisória com fiança, devido ao fato de os novos crimes de abuso de autoridade não possuírem pena máxima cominada superior a quatro anos, a fiança poderá ser arbitrada pelo Delegado de Polícia, conforme CPP:

> Art. 322. A autoridade policial somente poderá conceder fiança nos casos de infração cuja pena privativa de liberdade máxima não seja superior a 4 (quatro) anos.
>
> Parágrafo único. Nos demais casos, a fiança será requerida ao juiz, que decidirá em 48 (quarenta e oito) horas.

Conforme o regime de fiança estabelecido no Código de Processo Penal, após a lei n. 12.403, de 2011, não importa se a pena privativa de liberdade seja de detenção ou reclusão, não importa se o crime contenha em seu tipo penal o uso de violência ou grave ameaça, não importa o máximo de pena privativa de liberdade cominada ao crime: caberá fiança a qualquer crime que não possua cláusula de inafiançabilidade, devendo-se verificar apenas quem é competente para concedê-la.

Tem-se, assim, que o delegado de polícia, em crimes cuja pena máxima não exceda a quatro anos ou a autoridade judiciária, nos crimes cuja pena máxima extrapolem esse limite e, desde que não haja motivos para decretação de prisão preventiva.

Há, evidentemente, situações específicas que devem ser observadas, como no caso do § 2º do art. 24-A da Lei n. 11.340, de 7 de agosto de 2006, "Lei Maria da Penha", em que se limita a concessão de liberdade provisória apenas à autoridade judiciária, mas não está no escopo de comentários desta obra, que foca o crime militar extravagante de abuso de autoridade.

Alerte-se, ademais, para as hipóteses constitucionais de inafiançabilidade: crimes de racismo; crimes de tortura, tráfico ilícito de entorpecentes e drogas afins, terrorismo e nos definidos como crimes hediondos e nos crimes cometidos por grupos armados, civis ou militares, contra a ordem constitucional e o Estado Democrático.

Quanto às hipóteses de liberdade provisória sem fiança, perfeitamente aplicáveis aos crimes de abuso de autoridade.

Primeiro, quando o acusado não tenha condições econômico financeiras de prestar fiança, o art. 350 do CPP autoriza que o juiz conceda liberdade provisória sem fiança, mediante aplicação de medidas cautelares não corpóreas, aliadas ao cumprimento de determinadas obrigações.

Também será cabível nos casos de flagrante delito, se o juiz verificar, pelo auto de prisão em flagrante, que o agente praticou o fato sob o manto de alguma excludente de ilicitude, poderá, fundamentadamente, conceder ao acusado liberdade provisória, mediante termo de comparecimento a todos os atos processuais, sob pena de revogação (artigo 310, § 1º, do CPP). Neste caso, a liberdade provisória ocorre sem a necessidade do afiançamento financeiro, mas somente com o termo de comparecimento aos atos processuais, em virtude da boa-fé existente em relação ao acusado que atuou acobertado por alguma excludente de ilicitude.

Acrescente-se que, em 24 horas da prisão em flagrante, o juiz deverá promover audiência de custódia com a presença do acusado, seu advogado constituído ou membro da Defensoria Pública e o membro do Ministério Público, e, nessa audiência, o juiz deverá, fundamentadamente: (i) relaxar a prisão, se ilegal ou, (ii) converter a prisão em flagrante em prisão preventiva quando presentes os fundamentos de sua decretação e outras medidas cautelares não corpóreas se revelarem insuficientes ou, (iii) conceder liberdade provisória com ou sem fiança. Tais hipóteses, previstas respectivamente nos incisos I, II e III do art. 310 do CPP, transformaram a prisão em flagrante delito em uma medida precautelar, uma vez que, em 24 horas, por obra do magistrado, a prisão em flagrante deixará de existir, seja por que foi relaxada diante de uma ilegalidade, seja por que foi convertida em prisão preventiva, seja por que cedeu lugar à liberdade provisória com ou sem fiança.

Nessa análise, o juiz deve observar o disposto no art. 321 do CPP: "Ausentes os requisitos que autorizam a decretação da prisão preventiva, o juiz deverá conceder liberdade provisória, impondo, se for o caso, as medidas cautelares previstas no art. 319 deste Código e observados os critérios constantes do art. 282 deste Código". Detrai-se da redação legal que, a concessão de liberdade provisória, na ausência de fundamentos da prisão preventiva, não se vincula à prestação de fiança, mas sim, à aplicação de outra medida cautelar, diversa da prisão, obedecendo-se os princípios da necessidade e adequação para imposição da medida.

Por fim, no caso de o crime de abuso de autoridade ter ocorrido há período razoável, não se subsumindo às hipóteses de flagrante próprio, impróprio ou presumido, a única possibilidade de medida cautelar corpórea é a prisão preventiva, uma vez que a lei que regula a prisão temporária traz um rol fechado, "numerus clausus", dos crimes que admitem sua decretação, e o crime de abuso de autoridade não está nesta lista, inadmitindo prisão temporária.

E no que tange à prisão preventiva, tal qual na prisão em flagrante, também há dispositivo que veda sua decretação quando presente no caso concreto, alguma excludente de ilicitude, nos termos do artigo 314 do CPP.

Vamos, agora, ao Código de Processo Penal Militar.

No Direito Processual Penal Militar não há a possibilidade de liberdade provisória com fiança. O instituto da fiança não existe para os crimes militares. Sustentamos essa realidade ainda que o crime seja militar extravagante.

A difícil adaptação do instituto da fiança no Direito Castrense fica evidente se tomarmos um exemplo, principalmente em fase de polícia judiciária militar, diante da realidade hierarquizada da instituição. Imaginemos que o oficial de dia de um quartel, 1º tenente, adentre, clandestina ou astuciosamente, ou à revelia da vontade do ocupante, imóvel de um tenente-coronel, em Vila Militar, configurando o delito de violação de domicílio e de abuso de autoridade, art. 22 da Lei n. 13.869/2019, este com pena de detenção de 1 a 4 anos e multa. Tomemos, ainda que por hipótese, seja aplicada a lógica do art. 322 do CPP, permitindo-se que a autoridade policial conceda fiança neste caso e que esta autoridade policial seja um capitão. Certamente, a concessão de fiança pelo capitão ao 1º tenente, em um crime em que o sujeito passivo seja um tenente-coronel trará abalo ao regular funcionamento da instituição militar, pois, possivelmente, o oficial superior irá se insurgir contra a decisão e tentará interferir no curso do registro de polícia judiciária. Mais, ainda, o próprio capitão terá todo o pudor, sem critérios técnico, talvez, em tomar essa decisão. Poder-se-ia justificar a aplicação de fiança pela autoridade judiciária, mas isso significaria aplicação do instituto pela metade, ferindo sua inteireza, o que não se mostra adequado.

Assim, bem complicada a aceitação da fiança em Direito Castrense, restando avaliar a liberdade provisória sem fiança.

Primeiramente, o CPPM estabelece uma causa de não decretação de prisão preventiva, prevista em seu art. 257, quando "pela profissão, condições de vida ou interesse do indiciado ou acusado, presumir que este não fuja, nem exerça influência em testemunha ou perito, nem impeça ou perturbe, de qualquer modo, a ação da justiça". Neste ponto, o legislador aliou a ausência de fundamentos para decretação da prisão preventiva com as condições de ocupação lícita e residência fixa, moldando a **desnecessidade** da medida corpórea.

No artigo seguinte, está prevista a hipótese de **vedação** de decretação da prisão preventiva quando **presentes excludentes de culpabilidade ou excludentes de ilicitude**.

Dessa feita, está vedado ao juiz decretar a prisão preventiva quando estiver provado nos autos que o agente atuou sob erro de fato (artigo 36 do CPM), sob obediência hierárquica (artigo 38, "b" do CPM), sob coação irresistível ou que lhe suprimiu a faculdade de agir segundo a própria vontade (artigo 38, "a" do CPM, não podendo ser alegada quando o crime viole o dever militar, admitindo nesses casos, apenas a excludente por coação física ou material; e também quando o agente agiu em legítima defesa, em estrito cumprimento do dever legal, no exercício regular de um direito, em estado de necessidade excludente de ilicitude (arts. 42, 43 e 44 do CPM) ou estado de necessidade exculpante (artigo 39 do CPM) e por fim, quando o comandante de navio, aeronave ou praça de guerra, na iminência de perigo ou grave calamidade, compele os subalternos, por meios violentos, a executar serviços e manobras urgentes, para salvar a unidade ou vidas, ou evitar o desânimo, o terror, a desordem, a rendição, a revolta ou o saque (art. 42, p.u., do CPM).

Outra hipótese de liberdade provisória sem fiança no direito militar é a Menagem, também denominada de "prisão fora da cela", uma medida preventiva assecuratória prevista apenas no Código de Processo penal Militar.

Como muito bem nos ensina Loureiro Neto (2010, p. 84), a menagem é uma espécie de prisão provisória fora do cárcere, sendo possível remontar sua origem a Grécia e Roma, em que era uma espécie de *homenagem* conferida a certas pessoas, desde que observados determinados requisitos, as quais se beneficiavam, não sendo presas.

Alguns autores enxergam na menagem não apenas uma forma de prisão provisória, mas também uma forma de liberdade provisória. Nesse sentido, Ronaldo Roth (2004, p. 146) postula:

> Diante das peculiaridades que defluem daquela medida, entendo, todavia, que a menagem é um instituto de direito processual de dupla natureza jurídica: a uma, é prisão provisória, sem os rigores do cárcere, que se assemelha a prisão especial e que prefiro denominar menagem-prisão; a duas, é modalidade de liberdade provisória que guarda estreita relação com a fiança do direito comum e que por isso prefiro denominar menagem-liberdade.

Para o autor, a menagem em residência ou em município (art. 268 do CPPM) será caso de menagem-liberdade, enquanto se a menagem for no quartel, por exemplo, haverá a menagem-prisão.

A menagem mostra-se perfeitamente cabível aos crimes militares extravagantes de abuso de autoridade, uma vez que sua concessão pelo juiz (após parecer do MP) ocorre nos crimes cujo máximo da pena privativa de liberdade não exceda a quatro anos e, desde que os antecedentes do acusado sejam favoráveis (é vedada sua concessão ao reincidente) e a natureza do crime militar permita (crimes que afrontem a hierarquia, a disciplina, o serviço e o dever militares, por exemplo, não a admitem).O encarregado do inquérito policial militar poderá requerer sua decretação ao juiz, tal qual o faz quando há necessidade de prisão preventiva, vale dizer, de forma fundamentada.

A menagem, como acima suscitado, pode ser executada na residência, na sede do juízo que apura o delito militar ou, em quartel, navio, acampamento, ou em estabelecimento ou sede de órgão militar, atendido o seu posto ou graduação (as menagens cumpridas em local sob administração militar exigem pedido de informação ao comandante, sobre a conveniência da concessão).

Será a menagem cassada, quando o acusado se retirar do local destinado ao seu cumprimento ou quando deixar de comparecer aos atos judiciais injustificadamente ou deixar de atender as intimações, gerando prejuízo à marcha processual.

Como toda medida cautelar, segue o princípio *rebus sic stantibus*, podendo o juiz determinar a cessação da menagem, a qualquer momento, com a liberação das obrigações dela decorrentes, desde que não a julgue mais necessária ao interesse da Justiça.

Quando a concessão recair em menagem domiciliar ou na sede do juízo militar processante, situação em que o cumprimento se dará nos limites da cidade que comporta a sede do juízo, o tempo passado em menagem não terá efeito de detração da pena, em eventual condenação posterior. Já a menagem cumprida em local sob administração militar terá o poder de detração da pena aplicada caso venha a ser condenado.

Outra causa de liberdade provisória sem fiança no processo penal militar, diz respeito à fase pré-processual, com o instituto da apresentação espontânea, que foi revogada no Código de Processo Penal comum, por ocasião da reforma empreendida pela lei n. 12.403 de 2011, mas permaneceu intocada no CPPM:

> Art. 262. Comparecendo espontaneamente o indiciado ou acusado, tomar-se-ão por termo as declarações que fizer. Se o comparecimento não se der perante a autoridade judiciária, a esta serão apresentados o termo e o indiciado ou acusado, para que delibere acerca da prisão preventiva ou de outra medida que entender cabível.

Assim, ao militar que cometa o crime militar de abuso de autoridade e compareça espontaneamente à autoridade policial militar ou autoridade judiciária, não se lavrará a prisão em flagrante, tomando a termo suas declarações, porém, ainda restará a análise do juiz sobre a necessidade de decretação da prisão preventiva.

De fato, ao apresentar-se espontaneamente, além de demonstrar boa-fé, o militar impede que a forma do ato administrativo "auto de prisão em flagrante delito" seja cumprida, em face da inexistência da figura do condutor, inexistindo por consequência a voz de prisão em flagrante, o que inviabiliza sua lavratura.

Por fim, o CPPM reserva capítulo próprio para tratar da liberdade provisória (Capítulo VI do Título XIII – Das Medidas Preventivas e Assecuratórias).

O primeiro caso trata das hipóteses em que o réu se livra solto, a saber, quando o indiciado ou acusado comete crime militar a que não seja cominada pena privativa de liberdade, a exemplo do crime capitulado no art. 270 do CPM, "ordem arbitrária de invasão", cuja pena cominada é de suspensão do exercício do posto, de um a três anos, ou reforma. Notadamente, esta hipótese se faz inaplicável aos crimes militares extravagantes de abuso de autoridade, uma vez que todos esses crimes possuem pena privativa de liberdade.

O segundo caso de liberdade provisória abarca os crimes militares culposos, exceto se forem crimes culposos contra a segurança externa do país em tempo de paz (Livro I, Título I).

Não cabe aos crimes militares extravagantes de abuso de autoridade, uma vez que o art. 1º, § 1º da nova lei de abuso de autoridade exige, além do elemento subjetivo contido nas figuras típicas em espécie, a presença do dolo específico de (i) prejudicar outrem ou (ii) beneficiar a si mesmo ou a terceiro, ou, ainda, (iii) por mero capricho ou satisfação pessoal, o que por si, afasta qualquer compatibilidade dos crimes de abuso de autoridade com a modalidade culposa.

O terceiro caso de liberdade provisória se dá nos casos de infração penal militar punida com pena de detenção não superior a dois anos[10], hipótese que se aplica a onze crimes de abuso de autoridade, aqueles previstos nos arts. 12, 16, 18, 20, 27, 29, 31, 32, 33, 37 e 38 da Lei n. 13.869/19, vez que, suas penas máximas privativas de liberdade não superam dois anos de detenção.

O fundamento dessa espécie de liberdade provisória reside no fato de que, mesmo que fosse condenado de forma irrecorrível, ao máximo de pena previsto nesses crimes, o militar não ficaria preso, já que seria beneficiado com a suspensão condicional da execução da pena (artigo 84 do CPM), sendo irracional mantê-lo preso cautelarmente na fase processual se, após defender-se, recorrer e ser condenado definitivamente, não se sujeitaria à prisão.

Referido Capítulo VI do CPPM, denominado "Da Liberdade Provisória", bem como todo o restante do texto do CPPM, não fazem menção à fiança.

Assim, as hipóteses de liberdade provisória são concedidas sem arbitramento de fiança, estando vinculadas apenas à ausência de algum fundamento de decretação da prisão preventiva de modo que, o militar acusado do crime militar extravagante de abuso de autoridade, poderá ter sua liberdade provisória suspensa, com a superveniência das situações potencialmente danosas que exijam a custódia preventiva, seja de ofício pelo juiz ou a requerimento do Ministério Público.

Tanto quanto no regime do processo penal comum, a competência de concessão da liberdade provisória sem fiança no processo penal militar é da autoridade judiciária militar de modo que, ao lavrar o auto de prisão em flagrante delito, o oficial presidente do ato promove o encarceramento do militar e remete os autos à autoridade judiciária, momento em que será feita a análise do caso, deliberando se responderá em liberdade, se o flagrante será convertido em prisão preventiva ou se, diante de uma ilegalidade, a prisão será relaxada.

---

10 Apesar da pena máxima não ultrapassar dois anos de detenção, são insuscetíveis de liberdade provisória sem fiança, os crimes militares previstos nos artigos 157, 160, 161, 162, 163, 164, 166, 173, 176, 177, 178, 187, 192, 235, 299 e 302, do Código Penal Militar.

2.6. MEDIDAS CAUTELARES DIVERSAS DA PRISÃO

A Lei n. 12.403 de 2011 promoveu verdadeira reforma no CPP, ao estabelecer as medidas cautelares diversas da prisão (art. 319 do CPP).

Antigamente, na gestão de um processo crime, o juiz ficava adstrito a **dois extremos**: ou o réu respondia preso, ou respondia em liberdade provisória. Atualmente, o juiz tem uma gama de **medidas intermediárias entre a prisão e a liberdade provisória**, para que o acusado possa responder em liberdade, homenageando assim, a regra constitucional de que a prisão é medida excepcional, mas também estabelecendo mecanismos de controle para garantir a prestação jurisdicional de modo efetivo, nos termos do CPP:

> Art. 319. São medidas cautelares diversas da prisão:
>
> I – comparecimento periódico em juízo, no prazo e nas condições fixadas pelo juiz, para informar e justificar atividades;
>
> II – proibição de acesso ou frequência a determinados lugares quando, por circunstâncias relacionadas ao fato, deva o indiciado ou acusado permanecer distante desses locais para evitar o risco de novas infrações;
>
> III – proibição de manter contato com pessoa determinada quando, por circunstâncias relacionadas ao fato, deva o indiciado ou acusado dela permanecer distante;
>
> IV – proibição de ausentar-se da Comarca quando a permanência seja conveniente ou necessária para a investigação ou instrução;
>
> V – recolhimento domiciliar no período noturno e nos dias de folga quando o investigado ou acusado tenha residência e trabalho fixos;
>
> VI – suspensão do exercício de função pública ou de atividade de natureza econômica ou financeira quando houver justo receio de sua utilização para a prática de infrações penais;
>
> VII – internação provisória do acusado nas hipóteses de crimes praticados com violência ou grave ameaça, quando os peritos concluírem ser inimputável ou semi-imputável (art. 26 do Código Penal) e houver risco de reiteração;
>
> VIII – fiança, nas infrações que a admitem, para assegurar o comparecimento a atos do processo, evitar a obstrução do seu andamento ou em caso de resistência injustificada à ordem judicial;
>
> IX – monitoração eletrônica.
>
> § 1º Revogado.
>
> § 2º Revogado.
>
> § 3º Revogado.
>
> § 4º A fiança será aplicada de acordo com as disposições do Capítulo VI deste Título, podendo ser cumulada com outras medidas cautelares.

Dentre as medidas cautelares diversas da prisão, a constante do inciso VI – "suspensão do exercício de função pública ou de atividade de natureza econômica ou financeira quando houver justo receio de sua utilização para a prática de infrações penais" – mostra-se, na modalidade "suspensão do exercício da função pública", a medida que melhor se encaixa para garantir a investigação e processamento dos crimes de abuso de autoridade, evitando-se a prisão do agente público acusado.

Vale lembrar que, quando tais medidas não corpóreas mostrarem-se ineficazes, deverão ser substituídas pela prisão preventiva (Art. 312, § 1º, do CPP: "A prisão preventiva também poderá ser decretada em caso de descumprimento de qualquer das obrigações impostas por força de outras medidas cautelares") e que essa decisão, com o acréscimo do "Pacote Anticrime" (Lei n. 13.964/2019) do § 2º ao artigo, deve "ser motivada e fundamentada em receio de perigo e existência concreta de fatos novos ou contemporâneos que justifiquem a aplicação da medida adotada", o que nos parece desnecessário grafar na lei diante do disposto no inciso IX do art. 93 da Constituição Federal.

Por fim, a aplicação das medidas cautelares diversas da prisão, obedecem aos princípios gerais das medidas cautelares, que refletem os pilares da necessidade e adequação da medida: (i) **provisoriedade** (durante a investigação e instrução processual), (ii) **revogabilidade** (atendendo à clausula *rebus sic stantibus*, devendo a medida ser revogada quando se alterarem o estado das coisas e não for mais necessária sua manutenção), (iii) **substitutividade** (podendo o juiz de ofício ou a requerimento das partes trocar uma medida por outra que se revele mais adequada, razoável ou proporcional) e (iv) **excepcionalidade** (prestigiando assim, o preceito constitucional da presunção da inocência).

A aplicação dessas medidas no Direito Castrense é controversa.

Para Jorge Cesar de Assis[11], por exemplo, deve prevalecer a especialidade do Direito Militar, citando, ainda, Sidney Elói Dalabrida como partidário do mesmo raciocínio.

Não somos partidários dessa visão. Com exceção dos incisos VII – em função de haver a aplicação provisória de medida de segurança no CPPM – e VIII – pela inexistência de crimes militares afiançáveis –, todas elas podem ser trasladadas para o processo penal militar, justamente por força da alínea *a* do art. 3º do CPPM, não ferindo a índole do processo penal militar, por exemplo, prover a monitoração eletrônica.

Entretanto, no plano jurisprudencial, parece predominar a visão pela não aplicação.

No Superior Tribunal Militar, por exemplo, os julgados caminham no sentido da não aceitação:

> EMENTA: DESERÇÃO. RECURSO DEFENSIVO. CERCEAMENTO DE DEFESA. NÃO DEMONSTRAÇÃO DAS TESES SUSCITADAS. ALEGAÇÕES PESSOAIS. NÃO COMPROVAÇÃO. SÚMULA Nº 3 DO STM. ART. 319 DO CPP COMUM. NÃO INCIDÊNCIA. ESPECIALIDADE DA JUSTIÇA MILITAR. MANUTENÇÃO DA DECISÃO. UNANIMIDADE. 1. Não caracteriza cerceamento de defesa o indeferimento de produção de provas quando o julgador o faz fundamentadamente ao considerar o pedido não pertinente, protelatório ou desnecessário ao deslinde do processo. 2. Alegações de cunho pessoal desacompanhadas de provas não são aptas a ensejar a absolvição nos casos de deserções. Súmula nº 3

[11] ASSIS. Jorge Cesar. Das outras medidas cautelares pessoais e sua aplicação na justiça militar. Disponível em https://jorgecesarassis.jusbrasil.com.br/artigos/121940520/das-outras-medidas-cautelares-pessoais-e-sua-aplicacao-na-justica--militar. Acesso em 17/10/2019.

do STM. 3. Conforme a jurisprudência desta Corte Castrense, as medidas cautelares diversas da prisão dispostas no art. 319 do CPP comum não podem incidir na seara da JMU, em face da especialidade dos bens jurídicos por ela tutelados. 4. Desprovido o recurso. Mantida a sentença. 5. Decisão por unanimidade (STM, Apelação n. 7000342-69.2018.7.00.0000, rel. Min. Alvaro Luiz Pinto, j. 14/11/2018).

DESERÇÃO. AUDIÊNCIA DE CUSTÓDIA. CONVOLAÇÃO DA PRISÃO RELATIVA À DESERÇÃO EM CUSTÓDIA PREVENTIVA. FUNDAMENTAÇÃO IDÔNEA. PLEITO DE MENAGEM OU DE CONCESSÃO DE MEDIDAS DIVERSAS DA PRISÃO. ORDEM DENEGADA. UNANIMIDADE. 1. Na medida em que o constituinte originário atribuiu às Forças Armadas as consideráveis tarefas ligadas a manutenção e estabelecimento da Ordem e da Soberania, e, logo em seguida, fez menção ao serviço militar obrigatório, salutar se faz a presença do corpo humano para o cumprimento destes desideratos. 2. É certo que a prisão cautelar, como exceção à regra da liberdade, somente pode ser decretada mediante demonstração cabal de sua real necessidade. 3. No entanto, é entendimento assente nesta Corte acerca da admissão da constrição cautelar quando a situação guardar relação com quaisquer dos elementos elencados no art. 255 do CPPM. 4. No esteio da remansosa jurisprudência desta Casa, a menagem é uma medida substitutiva ao cárcere e depende de manifestação prévia do Ministério Público e do Comando Militar a fim de avaliarem a conveniência de sua concessão, mormente quando cumprida em lugar sujeito à Administração Militar. 5. As medidas cautelares diversas da prisão, constantes do art. 319 do CPP, não tem incidência aos Feitos ligados a esta Justiça Especializada, conforme cristalina jurisprudência desta Corte. 6. Ordem conhecida e denegada. Decisão Unânime. (STM, HC n. 0000055-65.2017.7.00.0000, rel. Min. Carlos Augusto de Sousa, j. 04/04/2017).

Idêntica a visão no Supremo Tribunal Federal:

Habeas corpus. 2. Penal e Processual Penal Militar 3. Furto de fuzis pertencentes ao Exército (art. 240, §§ 4º e 5º, do Código Penal Militar.). 4. Prisão preventiva. Necessidade de garantia da ordem pública. Manutenção dos princípios da hierarquia e disciplina militares. Fundamentação idônea que recomenda a medida constritiva. 5. Instituto da menagem. Incabível. Ausência do requisito objetivo exigido: pena cominada ao delito superior a 4 anos. 6. Aplicabilidade das medidas cautelares previstas na Lei n. 12.403/2011 na Justiça Militar. Não incidência. Princípio da especialidade. 7. Ausência de constrangimento ilegal. Ordem denegada (STF, Segunda Turma, HC n. 135.047/AM, rel. Min. Gilmar Mendes. j. 27/09/2016).

Dessa forma, seguindo-se a visão dominante na jurisprudência, os crimes militares extravagantes de abuso de autoridade não poderão ter a aplicação das medidas cautelares diversas da prisão.

Outra inovação da Lei n. 12.403 de 2011 foi a introdução da prisão domiciliar processual, uma vez que, até então, somente existia a previsão de prisão domiciliar na Lei de Execuções Penais, destinada ao indivíduo já condenado, ou seja, após ter exercido a ampla defesa e contraditório no processo e ter sido sentenciado, encontrando-se no cumprimento da pena.

A nova prisão domiciliar é cautelar, podendo substituir a prisão preventiva, nos termos do artigo 318 do CPP:

Art. 318. Poderá o juiz substituir a prisão preventiva pela domiciliar quando o agente for:

I – maior de 80 (oitenta) anos;

II – extremamente debilitado por motivo de doença grave;

III – imprescindível aos cuidados especiais de pessoa menor de 6 (seis) anos de idade ou com deficiência;

IV – gestante;

V – mulher com filho de até 12 (doze) anos de idade incompletos;

VI – homem, caso seja o único responsável pelos cuidados do filho de até 12 (doze) anos de idade incompletos.

Parágrafo único. Para a substituição, o juiz exigirá prova idônea dos requisitos estabelecidos neste artigo.

Assim, o agente público que responde pelos novos crimes de abuso de autoridade, estando preso preventivamente, pode ter a substituição da prisão preventiva pela prisão domiciliar, sem prejuízo da aplicação de outras medidas cautelares.

Cabe lembrar que, malgrado a Lei n. 12.403/2011 não ter introduzido mudanças no CPPM, instituto semelhante à prisão domiciliar já existia no regime processual castrense: a menagem. Possuem a mesma natureza cautelar, apesar dos requisitos serem diferentes, como visto alhures.

2.7. POSSIBILIDADE DE APLICAÇÃO DA NOVA LEI DE ABUSO DE AUTORIDADE AOS CRIMES OCORRIDOS FORA DO TERRITÓRIO NACIONAL

A matéria "lei penal no espaço" deve ser relembrada a todo instante, uma vez que o mundo globalizado diminuiu a fronteira entre os países e nações.

A atividade criminosa acompanhou a terceira fase do capitalismo – o capitalismo financeiro – e passou a se estruturar em organizações criminosas, estabelecendo parcerias internacionais e aprimorando a lavagem de dinheiro, exigindo das autoridades públicas, atuação para além dos limites do estado brasileiro.

Adicione-se a essa realidade a possibilidade de contingentes de militares brasileiros atuarem em território estrangeiro, como ocorre no caso de adesão do Brasil às missões de paz da Organização das Nações Unidas.

Nesse contexto, deve-se discutir a possibilidade de extraterritorialidade da lei penal brasileira, que, obviamente, implicará em conclusões para a lei de abuso de autoridade.

Iniciemos pelo Código Penal comum.

Enquanto o princípio da **territorialidade** reza que é aplicada a lei penal brasileira, aos crimes ocorridos no território brasileiro (solo, subsolo, espaço aéreo correspondente e mar territorial), o princípio da extraterritorialidade permite que a lei penal brasileira seja aplicada mesmo quando praticada fora do território nacional. É o que prevê o art. 7º do CP, em seu inciso I, que trata das hipóteses de extraterritorialidade incondicionada:

Art. 7º – Ficam sujeitos à lei brasileira, embora cometidos no estrangeiro:

I – os crimes:

> **a) contra a vida ou a liberdade do Presidente da República;**
>
> b) contra o patrimônio ou a fé pública da União, do Distrito Federal, de Estado, de Território, de Município, de empresa pública, sociedade de economia mista, autarquia ou fundação instituída pelo Poder Público;
>
> **c) contra a administração pública, por quem está a seu serviço;**
>
> d) de genocídio, quando o agente for brasileiro ou domiciliado no Brasil (grifamos).

Com arrimo nesse dispositivo, identificam-se duas hipóteses de aplicação da nova lei de abuso de autoridade, quando cometidos fora do Brasil:

1) Artigo 7º, inciso I, alínea "a" do CP: "contra a vida ou a liberdade do Presidente da República": é possível, por exemplo, que o Presidente do Brasil esteja em visita oficial a outro país sofra constrangimento e ameaça de prisão por policial estrangeiro para que, em depoimento, relate o teor de conversas de Estado que manteve com o Presidente do país estrangeiro, podendo, ao menos em tese, configurar delito do art. 15 da nova lei de abuso de autoridade.
2) Artigo 7º, inciso I, alínea "c" do CP: "contra a administração pública, por quem está a seu serviço". Nesta hipótese a gama de exemplos é mais larga. Como visto, o bem jurídico tutelado pela nova lei de abuso de autoridade é também a administração pública, em seu regular funcionamento e correição de conduta por seus agentes assim como os direitos, garantias e liberdades individuais dos prejudicados pelos atos abusivos. Exemplificativamente, pode ocorrer de policiais federais brasileiros diligenciarem em outro país e efetuarem uma prisão, não comunicando ao juiz competente, configurando, também em tese, o delito do art. 12 da lei de abuso de autoridade. Podem, ainda em exemplo, após efetuarem o cerceamento da liberdade, constrangerem o preso a exibir o rosto para imprensa, havendo possível subsunção no art. 13, inciso I, da nova lei de abuso de autoridade.

Em ambas as hipóteses de aplicação da teoria da extraterritorialidade para a nova lei de abuso de autoridade, fala-se em extraterritorialidade incondicionada, o que equivale a dizer que, ainda que no estrangeiro, onde o crime foi cometido, o fato seja considerado atípico pela legislação local, ainda que tenha alcançado a extinção de punibilidade, ainda que o agente tenha sido absolvido ou condenado no estrangeiro, ainda que tenha sido beneficiado com qualquer espécie de perdão, anistia, graça ou indulto.

De modo incondicionado, sem a necessidade de satisfazer qualquer condição, e independentemente do tratamento dispensado pelo país em que o delito aconteceu, a lei brasileira será aplicada.

Mas, em se tratando de crime militar extravagante, como ficaria a conformação da extraterritorialidade?

O CPM estabelece moldura diferente em relação à lei penal militar no espaço. Isso por que seu art. 7º, sob a rubrica "Territorialidade, Extraterritorialidade" estabelece que:

> Aplica-se a lei penal militar, sem prejuízo de convenções, tratados e regras de direito internacional, ao crime cometido, no todo ou em parte no território nacional, ou fora dele, ainda que, neste caso, o agente esteja sendo processado ou tenha sido julgado pela justiça estrangeira.

Em se tratando de crimes militares, o texto revela vigorar o princípio da territorialidade (aplica-se o CPM aos crimes militares ocorridos no território nacional) e também a extraterritorialidade incondicionada (aplica-se o CPM aos crimes militares ocorridos fora do território nacional, ainda que, neste caso, o agente esteja sendo processado ou tenha sido julgado pela justiça estrangeira). Ambos são princípios-regra.

Comparando o tema "lei penal no espaço" nas duas legislações penais – comum e militar – percebe-se que o CP esmiúça as hipóteses relativas ao princípio da territorialidade e da extraterritorialidade incondicionada e condicionada, avantajando-se na quantidade de regras e condicionamentos que o CPM, por sua vez, resolve praticamente em um único artigo (o supra transcrito art. 7º).

Os conceitos de "território nacional por extensão" e a "ampliação a aeronaves ou navios estrangeiros", respectivamente previstos nos §§ 1º e 2º do art. 7º do CPM, eram desnecessários para a aplicação da lei penal militar no espaço, uma vez que, tendo adotado a extraterritorialidade incondicionada como regra, não há plausibilidade em conceituar esses elementos. Todavia, essa conceituação acaba por ser importante em outra seara, qual seja, a delimitação de elementos típicos de crimes que careçam da aferição de território nacional ou estrangeiro, como no caso dos arts. 138 e 139 do CPM.

Dessa maneira, militares estaduais e militares federais, atuando no exterior, a exemplo das já mencionadas missões de paz empreendidas pela ONU, da frequência de cursos nas Polícias ou nas Armadas estrangeiras, em cumprimento de diligências no exterior, caso venham a cometer os novos crimes de abuso de autoridade, responderão pela lei brasileira, quando a situação encontrar subsunção em uma das alíneas do inciso II do art. 9º do CPM. Uma vez caracterizado crime militar extravagante, seguirá a regência do CPM que, por sua vez, impõe a extraterritorialidade incondicionada também como regra.

2.8. COMPETÊNCIA PARA PROCESSAR E JULGAR

2.8.1. Agentes Públicos estaduais e municipais

Sabe-se muito bem que a competência das justiças estaduais é residual. Em outros termos, a Constituição Federal de 1988 não enumerou a competência das justiças estaduais, de maneira que, o que não estiver enumerado especificamente no Texto Maior será de competência da justiça comum estadual.

Nesse cenário, crime de abuso de autoridade praticado por agente público estadual ou municipal, não sendo militares, e não estando conexos com crime eleitoral, serão das varas criminais estaduais ou juizados criminais especiais, caso o crime de abuso de autoridade não possua pena máxima cominada superior a dois anos, cumulada ou não, com multa.

No que concerne aos casos enumerados pela Constituição Federal, as regras de competência estarão adstritas a quem praticou o delito, em alguns casos com a incidência de regra de foro especial por prerrogativa de função, que não nos ateremos por se distanciar do propósito desta obra, exceto nos casos que digam respeito às Justiças Militares.

Mas alguns casos específicos devem ser notados, como veremos em seguida.

2.8.2. Agentes Públicos Federais (não militares)

Agente público federal não possui foro especial por prerrogativa de função. Porém, no caso de não militar, caberá à Justiça Federal processar e julgar o crime de abuso de autoridade, por expressa previsão do art. 109 da CF/88:

> Art. 109. Aos juízes federais compete processar e julgar:
>
> (...)
>
> IV – os crimes políticos e as infrações penais praticadas em detrimento de bens, serviços ou interesse da União ou de suas entidades autárquicas ou empresas públicas, excluídas as contravenções e ressalvada a competência da Justiça Militar e da Justiça Eleitoral.

Crimes de abuso de autoridade praticados por agente público federal afetam os serviços da União e também os interesses da União, estabelecendo-se assim, em princípio, a competência da Justiça Federal.

Sendo o agente público um militar federal e, tratando-se de crimes militares, a competência será da Justiça Militar da União, como se verá adiante.

No tocante ao Código Eleitoral, tem-se em seu artigo 35, inciso II:

> Compete aos juízes:
>
> (...)
>
> II – processar e julgar os crimes eleitorais e os comuns que lhe forem conexos, ressalvada a competência originária do Tribunal Superior e dos Tribunais Regionais.

A antiga lei de abuso de autoridade trazia tipo penal que incriminava o agente público que atentava contra os "direitos e garantias legais assegurados ao exercício do voto" (art. 3º, alínea "g"), o que por si, já delineava a conexão com os crimes eleitorais, retirando da competência da justiça federal para a justiça eleitoral.

A nova lei de abuso de autoridade não traz tipificação correlata, devendo-se investigar, caso a caso, se a conduta abusiva do agente público federal está conexa com algum crime eleitoral. Exemplificativamente, o delegado federal que prenda eleitor um dia antes da eleição, em cumprimento de mandado de prisão preventiva, terá sua conduta subsumida ao tipo penal do art. 298 do Código Eleitoral ("Prender ou deter eleitor, membro de mesa receptora, fiscal, delegado de partido ou candidato, com violação do disposto no Art. 236[12]"), e se, ato contínuo, deixar de informar ao juiz competente sobre a prisão, terá sua conduta subsumida no art. 12 da nova lei de abuso de autoridade.

Os exemplos demonstram a conexão entre crime eleitoral e o crime de abuso de autoridade, deslocando a competência, da justiça federal para a justiça eleitoral, como, aliás, reafirmou ou Pleno do Supremo Tribunal Federal:

> COMPETÊNCIA – JUSTIÇA ELEITORAL – CRIMES CONEXOS. Compete à Justiça Eleitoral julgar os crimes eleitorais e os comuns que lhe forem conexos – inteligência dos artigos 109, inciso IV, e 121 da Constituição Federal, 35, inciso II, do Código Eleitoral e 78, inciso IV, do Código de Processo Penal (STF, Inq. n. 4.435 AgR-quarto/DF, rel. Min. Marco Aurélio, j. 14/03/2019).

Caso interessante é a possibilidade de atuação de agentes públicos federais juntamente com agentes públicos estaduais e municipais, em operações conjuntas, as chamadas "forças-tarefa", que, nesse contexto, pratiquem, em concurso de agentes, o crime de abuso de autoridade.

Nesse caso, aplicam-se as regras referentes aos institutos da conexão e da continência processuais, a fim de se evitar decisões díspares sobre o mesmo caso.

Prima facie, deve-se recordar que a Constituição Federal enumerou um rol específico e fechado a respeito da competência da justiça federal, expostas nos onze incisos de seu art. 109, como por exemplo, as causas que envolvam o Brasil e outros países ou organismos internacionais, as disputas sobre direitos indígenas, crimes cometidos a bordo de navios e aeronaves (ressalvada a competência da justiça militar), entre outras.

Ao regular o Poder Judiciário estadual, a Constituição Federal não estabeleceu um rol de competências atinentes aos juízes estaduais, estabelecendo assim, a competência residual – às justiças estaduais competem, toda e qualquer matéria não especificada como competência da justiça federal.

Portanto, pode-se afirmar que a Justiça Federal goza de especialidade em relação às justiças estaduais, permitindo a aplicação da regra contida no inciso IV do artigo 78 do CPP, estabelecendo-se que:

> Art. 78. Na determinação da competência por conexão ou continência, serão observadas as seguintes regras:
>
> (...)
>
> IV – no concurso entre a jurisdição comum e a especial, prevalecerá esta.

[12] Código Eleitoral, Art. 236. Nenhuma autoridade poderá, desde 5 (cinco) dias antes e até 48 (quarenta e oito) horas depois do encerramento da eleição, prender ou deter qualquer eleitor, salvo em flagrante delito ou em virtude de sentença criminal condenatória por crime inafiançável, ou, ainda, por desrespeito a salvo-conduto.

Assim, diante de concurso de agentes nos crimes de abuso de autoridade e que envolva agentes públicos federais e estaduais e/ou municipais, a justiça federal atrairá a competência, desde que o caso concreto se enquadre em alguma de suas competências, aliás, como comanda o verbete da Súmula 122 do STJ: "Compete à Justiça Federal o processo e julgamento unificado dos crimes conexos de competência federal e estadual, não se aplicando a regra do art. 78, II, a, do Código de Processo Penal"[13].

Retome-se que, pelo fato de um funcionário público federal estar envolvido – quando no exercício da função ou em razão dela, claro –, há indícios fortes de que sua conduta criminosa cause o "detrimento de bens, serviços ou interesse da União ou de suas entidades autárquicas ou empresas públicas", nos termos do artigo 109, inciso IV da CF/88, fixando-se a competência *ratione materiae* e não *ratione personae*. Nesse sentido, interessante a seguinte decisão monocrática, embora sob égide da antiga lei de abuso de autoridade:

> "[...]. Com efeito, a jurisprudência desta Suprema Corte firmou-se no sentido de que a determinação de competência da Justiça Federal depende da prova de efetiva lesão a bens, serviços ou direitos da União, de suas autarquias ou empresas públicas. [...]. Ressalte-se que, no presente caso, o recorrido praticou a ação delituosa prevalecendo-se da sua função. Mesmo fora do exercício de suas atividades, evocou indevidamente o cargo público que ocupava. [...]. Aliás, outro não foi entendimento da Procuradoria-Geral da República, cujo parecer reproduzo, na parte que interessa: "(...) Embora pareça razoável, à primeira vista, atribuir-se a competência para processar e julgar a causa à Justiça Estadual, a hipótese versada nos autos apresenta particularidade que torna imperativa a fixação da competência da Justiça Federal. Com efeito, infere-se do pronunciamento ministerial que o ora recorrido, inobstante não estivesse em ação ou exercício policial, valeu-se de sua condição funcional para cometer um delito, lesando interesse específico que possui a União em resguardar a autoridade e a dignidade do cargo e, também, ver mantida conduta irrepreensível por parte daquele que detém e invoca, mesmo em contexto alheio ao exercício de suas funções, a condição de Delegado de Polícia Federal. De fato, verifica-se que o recorrido desferiu agressões contra uma médica plantonista na presença de várias pessoas e, com o intento de justificar sua conduta, voltada para a obtenção de prontuários de atendimentos médicos realizados no Hospital São Lucas, em Vitória/ES, faltou com a verdade dizendo que se encontrava no exercício de sua função de Delegado de Polícia Federal plantonista. Ao que se tem, invocou tal qualidade, investindo-se do cargo e da autoridade que lhe é conferida para cometer o crime de abuso de autoridade, em clara desmoralização e quebra das regras que devem orientar a conduta de uma autoridade federal. Assinale-se: a despeito de não estar no exercício de suas funções, investiu-se da autoridade do cargo de Delegado de Polícia Federal ao invocar a sua condição, identificando-se como tal para alcançar o seu desiderato. Não há como ignorar essa circunstância para determinar-se a competência para o processamento e o julgamento da infração penal descrita nos autos. Como bem ressaltado pelo Parquet federal em

[13] Precedentes: CC 258-SP (3ª S, 17.08.1989 — DJ 18.09.1989), CC 2.196-PR (3ª S, 03.10.1991 — DJ 21.10.1991), CC 2.691-SP (3ª S, 03.12.1992 — DJ 17.12.1992). CONFLITO DE COMPETÊNCIA N. 258-SP (1989/0007904-2): "Disto resulta que, na prática de crimes conexos envolvendo bens, serviços ou interesse daquelas entidades, e outros da esfera da competência do Juízo Estadual, como o estelionato, em razão de uso de documento falso, de natureza federal, de identificação para compra em casa comercial, a competência é do Juízo Federal, por causa de sua condição especial perante a Justiça Comum dos Estados, no julgamento de tais crimes."

suas razões recursais, 'se o acusado, embora fora do exercício de suas funções, invoca tal qualidade, investindo-se da autoridade de seu cargo, está configurado o delito de abuso de autoridade. E, em consequência, quem abusa ou exorbita da autoridade que lhe é atribuída pela administração pública federal, viola diretamente os interesses da União, que tem o dever de zelar e fiscalizar seus agentes e pode, por isso mesmo, ser responsabilizada civilmente, dentro do princípio da responsabilidade objetiva. Em verdade, é amplamente aceito que atos ultra vires de agentes públicos recaem sob a responsabilidade do ente público que o investiu e esta é precisamente a hipótese vertente, em que delegado de polícia se investiu dessa condição para tratar de resolver manu militari assunto de seu aparente interesse particular' (fl. 171). Assim, figurando a União como responsável pelos atos do agente que exorbitou de suas atribuições, evidencia-se a prática de crime em detrimento de seus interesses. Sob essa perspectiva, impõe-se o reconhecimento do interesse da União no processo e julgamento de infração penal que lesou e desqualificou o legítimo exercício de cargo público, na medida em que não é dado a um policial federal, de graduação superior, agir de modo abusivo e arbitrário, extrapolando os limites da autoridade que lhe é atribuída pela administração pública federal" [...]. Ante o exposto, firme na jurisprudência da Corte, conheço do recurso extraordinário e lhe dou provimento para fixar, no caso, a competência da Justiça Federal (art. 21, § 2º do RISTF). (STF, RE n. 630.045/ES, rel. Min. Dias Toffoli, j. 08/06/2011).

Aliás, essa competência também é firmada quando o sujeito passivo imediato for agente público federal (STJ, CC n. 89.397/AC, rel. Min. Napoleão Nunes Maia Filho, j. 28/03/2008).

Obviamente, a *contrario sensu*, haverá hipóteses em que, malgrado ocorra a participação de agente público federal em crimes de abuso de autoridade, a competência poderá ser da justiça estadual, especificamente quando não houver na atuação, "o detrimento de bens, serviços ou interesse da União ou de suas entidades autárquicas ou empresas públicas", bem como não incorrer em quaisquer outras causas da competência da justiça federal (art. 109 da CF/88).

2.8.3. Militares dos Estados e do Distrito Federal

Com o advento da Lei n. 13.491/2017, como exaustivamente visto anteriormente, inaugura-se a possibilidade de um crime de abuso de autoridade ser caracterizado como crime militar (crime militar extravagante), desde que encontre subsunção, além dos elementos típicos do tipo penal incriminador, em uma das alíneas do inciso II do art. 9º do CPM, na nossa compreensão, preferencialmente a alínea "e", pela ordem administrativa militar, sem se descartar as demais alíneas, como podem alguns sustentar.

A título de exemplo, haverá o crime de abuso de autoridade previsto no art. 15 da nova lei ("Constranger a depor, sob ameaça de prisão, pessoa que, em razão de função, ministério, ofício ou profissão, deva guardar segredo ou resguardar sigilo") no caso de um oficial da Polícia Militar, exercendo funções de polícia judiciária militar, na instrução de inquérito policial militar, que, sob ameaça de prisão, constranja:

a) um outro militar estadual, formado em psicologia e que atue como psicólogo no Programa de Acompanhamento e Apoio ao Policial Militar que se envolve em ocorrência com morte decorrente de intervenção policial, a depor e trazer detalhes relatados pelo policial militar que praticou o homicídio, durante a sessão de avaliação psicológica (art. 15 da Lei n. 13.869/19 c.c. artigo 9º, II, "a" do CPM);

b) um padre, no interior do quartel, a depor sobre detalhes de confissão de um policial militar que cometeu o crime que está sendo investigado (art. 15 da Lei n. 13.869/19 c.c. artigo 9º, II, "b" do CPM);

c) durante o serviço, em um local de crime na via pública, o advogado do policial militar envolvido no crime militar, a depor sobre o teor da conversa reservada que tiveram ou sobre as orientações com a estratégia de defesa a ele transmitidas (art. 15 da Lei n. 13.869/19 c.c. artigo 9º, II, "c" do CPM);

d) durante período de exercício e manobra no desenvolvimento do curso de operações especiais, no interior de área de mata, após ocorrência de um crime militar, um médico que atendeu um dos alunos, a depor sobre seus diálogos, enquanto o atendia com sintomas de hipotermia (art. 15 da Lei n. 13.869/19 c.c. artigo 9º, II, "d" do CPM);

e) um perito nomeado pela administração militar para fazer exames em corpo de delito em material de informática, a depor sobre conteúdo encontrado no disco rígido, informações de caráter privado e não ligado à prova do caso (art.15 da Lei n. 13.869/19 c.c. artigo 9º, II, "e" do CPM).

Assim, a partir de 2017, há possibilidade do crime militar extravagante de abuso de autoridade, desde que atenda à dupla tipificação – do crime em si e da subsunção em alguma hipótese do art. 9º do CPM.

Cai por terra, com essa nova realidade, a Súmula 172 do STJ: "Compete à Justiça Comum processar e julgar militar por crime de abuso de autoridade, ainda que praticado em serviço".

Feito esse breve resgate, resta discorrer sobre a competência, firmando-se que nos casos apontados a competência será das Justiças Militares estaduais ou do Distrito Federal.

Ocorre que, dentro da jurisdição militar estadual, a competência criminal pode variar entre **dois órgãos distintos**, a depender da qualidade da vítima do crime militar:

a) competência singular do juiz de direito do juízo militar estadual, quando a vítima do crime militar for civil;

b) competência do Conselho de Justiça (Permanente ou Especial) nos demais crimes militares (o Conselho de Justiça é formado pelo juiz de direito do juízo militar mais quatro oficiais da Polícia Militar ou do Corpo de Bombeiros Militar, sob presidência do juiz).

É o que se depreende do § 5º do art. 125 da CF/88:

> Compete aos juízes de direito do juízo militar processar e julgar, singularmente, os crimes militares cometidos contra civis e as ações judiciais contra atos disciplinares militares, cabendo ao Conselho de Justiça, sob a presidência de juiz de direito, processar e julgar os demais crimes militares.

Todo crime militar praticado por militar estadual e que tenha como vítima um civil – exceto o de competência do Tribunal do Júri –, terá sua competência fixada no juiz de direito do juízo militar.

Nos demais crimes militares, vale dizer, que não sejam cometidos contra civis, a competência será do Conselho de Justiça. Numa leitura rápida do dispositivo constitucional, pode haver a errônea interpretação de que o juiz de direito atua sozinho quando a vítima do crime militar fosse um civil e, o Conselho de Justiça atuaria quando a vítima fosse um militar.

Porém, o Conselho de Justiça atua não apenas quando a vítima seja militar, mas em todos os casos em que a vítima não seja civil, o que abrange não apenas a vítima militar, mas também, os crimes que tenham como sujeito passivo a administração militar (crime de peculato, por exemplo) ou mesmo pessoa jurídica, como pode ocorrer em alguns crimes de abuso de autoridade.

Resta saber se os crimes militares extravagantes de abuso de autoridade serão julgados pelo juiz de direito do juízo militar ou pelo Conselho de Justiça, havendo a possibilidade de duas correntes.

Na primeira trincheira, haverá uma posição mais simples, que terá por foco o ofendido em cada caso. Assim, quando o fato for enquadrado na alínea "a" do inciso II do art. 9º do CPM, por ter sido o crime praticado contra um outro militar da ativa, a competência será do Conselho de Justiça, mas em casos em que o ofendido seja um civil, será fixada a competência do juiz de direito do Juízo Militar. Esta visão é mais consentânea com a doutrina que trata especificamente do crime de abuso de autoridade que, em regra, reconhece a pessoa natural como sujeito passivo imediato desse delito.

Na outra trincheira, como posição diversa, estará os que defendem que a tipicidade indireta nos crimes militares extravagantes de abuso de autoridade sempre se dará na alínea "e" do inciso II do art. 9º do CPM, pela ordem administrativa militar, tornando a administração militar (Estado) sujeito passivo imediato em todas as situações.

Para esta corrente, a competência para processar e julgar o crime militar extravagante de abuso de autoridade será sempre do Conselho de Justiça.

Entenda-se, essa visão tomará corpo a partir da premissa de que o primeiro e principal bem jurídico tutelado pela Lei de Abuso de Autoridade é a regularidade da administração militar, e, secundariamente, os bens atrelados à pessoa natural, pela violação de seus direitos e garantias individuais.

Este entendimento, ressalte-se, é o que dá a possibilidade de concurso de crimes, por exemplo, entre abuso de autoridade e outros que possam subsumir também a conduta, como o de lesão corporal, estupro etc., uma vez que os bens jurídicos tutelados são diferentes.

Exemplificativamente, o carcereiro comete o crime de abuso de autoridade previsto no art. 21 da nova lei quando mantém "presos de ambos os sexos na mesma cela ou espaço de confinamento" mas, ao encarcerar na mesma cela um homem e uma mulher, e contribuir para que o detento estupre a detenta, ocorrerá o concurso de crimes e o carcereiro responderá pelo crime de abuso de autoridade e também pelo crime de estupro. Apesar de o crime de estupro ser mais grave e ter pena mais elevada, não absorve o crime de abuso de autoridade uma vez que o crime de estupro tutela a dignidade sexual (ou liberdade sexual, como está no CP) e o crime de abuso tutela a administração pública.

Em conclusão, firmamos nossa posição pela segunda corrente, ou seja, em verdade, o sujeito passivo imediato nos crimes de abuso de autoridade será sempre o Estado, pela administração militar, aviltada que é em sua regularidade (ordem administrativa militar). Assim, entendemos que esses crimes na Justiça Militar Estadual e do Distrito Federal devem ser de competência do Conselho de Justiça, até mesmo para manter a mesma lógica impulsionada para os crimes contra a administração militar, como no caso de concussão em que, embora haja pessoa natural ofendida, o sujeito passivo imediato é a administração militar (Estado), fixando-se a competência do colegiado. Nesse sentido:

> Apelação Criminal – Direito Processual Penal Militar – Preliminar de nulidade parcial do processo. Incompetência do Conselho Permanente de Justiça. Competência do Juiz singular para julgar os crimes militares cometidos contra civis, outorgada pela Emenda Constitucional nº 45/04. Denúncia que imputa ao acusado a prática de concussão. Vítima do delito é a Administração Militar. Não configuração da hipótese excepcional. Preliminar afastada – Cerceamento de defesa, pelo indeferimento do pedido de acareação. Alegada violação ao contraditório e à ampla defesa. Nulidade não reconhecida. Modalidade de prova destinada ao juiz da causa que deve decidir acerca de sua necessidade. Policial Militar – Concussão – Reforma da Sentença para reconhecimento da inexistência do fato ou, alternativamente, insuficiência de provas. Prova oral escorada nas circunstâncias que autoriza o decreto condenatório. Palavra da vítima que se reveste de especial relevo em delitos clandestinos – Dosimetria. Fixação da pena em seu mínimo legal. Circunstâncias judiciais que autorizam a exacerbação. Não vislumbrada violação à razoabilidade e à proporcionalidade. Recurso não provido (TJM/SP, 2ª Câmara, Apelação Criminal n. 6.791/2013, rel. Juiz Cel PM Clovis Santinon, j. 10/04/2014).

Por fim, no âmbito da Justiça Militar Estadual deve-se observar o foro especial por prerrogativa de função, geralmente trazido pela Constituição Estadual. Como exemplo, o art. 81 da Constituição do Estado de São Paulo dispõe que "Compete ao Tribunal de Justiça Militar processar e julgar, originariamente, o Chefe da Casa Militar, o Comandante-Geral da Polícia Militar, nos crimes militares definidos em lei, os mandados de segurança e os 'habeas-corpus', nos processos cujos recursos forem de sua competência ou quando o coator ou coagido estiverem diretamente sujeitos a sua jurisdição e às revisões criminais de seus julgados e das Auditorias Militares".

Dessa maneira, em caso de cometimento de crime militar extravagante de abuso de autoridade pelo Comandante-Geral ou pelo Chefe da Casa Militar, a competência será do Tribunal de Justiça Militar e não das auditorias de primeira instância.

2.8.4. Militares das Forças Armadas

A Justiça Militar da União é justiça especializada, preterindo os demais ramos do Poder Judiciário.

Sua competência é de natureza constitucional e ampla, no que tange à jurisdição sobre crimes militares na órbita federal, geralmente que aviltem as Forças Armadas, conforme preceitua o art. 124 da CF: "à Justiça Militar compete processar e julgar os crimes militares definidos em lei".

Diferente da competência das Justiças Militares Estaduais que se fez muito mais restrita, vez que se fixa para processar e julgar crimes militares praticados por militares estaduais, exigindo um binômio – crime militar praticado pelo militar estadual, de modo que a Justiça Militar Estadual não pode julgar civis e militares federais, ainda que cometam crimes que atentem contra as Polícias e Corpos de Bombeiros Militares.

Na Justiça Militar da União, basta que o crime seja militar e que avilte bens jurídicos federais, geralmente – mas não só, como nos crimes militares contra a segurança externa do País –, atrelado às Forças Armadas, isso independentemente da qualidade do autor.

Mas embora praticável por qualquer pessoa, o crime militar extravagante de abuso de autoridade na órbita federal apenas poderá ser praticado por militar da ativa das Forças Armadas, em função da necessária tipicidade indireta nas alíneas do inciso II do art. 9º do CPM, que apenas consagram no polo ativo o militar em situação de atividade.

Não há na Justiça Militar da União o mesmo problema em relação aos órgãos de julgamento monocrático ou colegiado.

Em razão da lei n. 13.774/2018, também se inaugurou na Justiça Militar da União o juízo monocrático do Juiz Federal da Justiça Militar, mas ele somente se instala quando o crime for praticado por civil, nos termos da atual redação do art. 30, I-B, da Lei n. 8.457/92:

> Art. 30. Compete ao juiz federal da Justiça Militar, monocraticamente:
>
> I – decidir sobre recebimento de denúncia, pedido de arquivamento, de devolução de inquérito e representação;
>
> I-A – presidir os Conselhos de Justiça;
>
> I-B – processar e julgar civis nos casos previstos nos incisos I e III do art. 9º do Decreto-Lei nº 1.001, de 21 de outubro de 1969 (Código Penal Militar), e militares, quando estes forem acusados juntamente com aqueles no mesmo processo.

Ocorre que, como visto, para o crime militar extravagante de abuso de autoridade exige-se a subsunção a uma das alíneas do inciso II do art. 9º do CPM, não havendo, neste caso, possibilidade de prática do referido crime por civil.

Assim, na Justiça Militar da União, em primeira instância, todos os crimes militares extravagantes de abuso de autoridade serão de competência dos Conselhos de Justiça, não se abrindo espaço para divergência, como ocorre na Justiça Militar Estadual e do Distrito Federal.

Quando praticado por oficial-general, por outro lado, haverá competência originária do Superior Tribunal Militar, nos termos da alínea "a" do inciso I do art. 6º da mesma Lei n. 8.457/92.

2.8.5. Concurso de pessoas

Há crimes que somente alcançam a consumação, com a essencial e necessária participação de duas ou mais pessoas. Trata-se dos crimes plurissubjetivos ou crimes de concurso necessário, em que o tipo penal guarda em seu núcleo, a exigência de autoria coletiva, a exemplo do crime de rixa (artigo 137 do CP – mínimo três pessoas em condutas contrapostas entre si); crime militar de motim (artigo 149 do CPM – mínimo dois militares da ativa em condutas convergentes); crime de constituição de organização criminosa (artigo 2º, c.c § 1º do artigo 1º da Lei n. 12.850 de 2013 – mínimo quatro pessoas).

Não há na nova lei de abuso de autoridade, crime de natureza plurissubjetiva. Todas as suas tipificações são de crimes monossubjetivos, em que o tipo penal se conforma com apenas uma pessoa executando seu núcleo, entretanto, todos os tipos penais admitem eventualmente o concurso de agentes em duas situações:

a) concurso de dois ou mais agentes públicos e,
b) concurso de agente público com particular.

Apesar de os crimes de abuso de autoridade serem crimes próprios de agente público, admite-se o concurso de agentes em face da regra contida no artigo 29 do CP – "Quem, de qualquer modo, concorre para o crime incide nas penas a este cominadas, na medida de sua culpabilidade" – aliada à regra do artigo 30 do mesmo diploma legal – "Não se comunicam as circunstâncias e as condições de caráter pessoal, salvo quando elementares do crime".

Disposição semelhante há no Código Penal Militar, especificamente no art. 53 – "Quem, de qualquer modo, concorre para o crime incide nas penas a este cominadas" – com o complemento de seu § 1º – "A punibilidade de qualquer dos concorrentes é independente da dos outros, determinando-se segundo a sua própria culpabilidade. Não se comunicam, outrossim, as condições ou circunstâncias de caráter pessoal, salvo quando elementares do crime".

No concurso de pessoas, assim, a regra é a de que, circunstâncias e condições de caráter pessoal não se transmitam entre os agentes. Assim, no parricídio (ou patricídio), o filho assassino responde com a agravante genérica por ter sido o crime cometido contra ascendente (art. 61, inciso II, alínea "e", primeira parte, do CP, ou art. 70, inciso II, alínea "f" do CPM), mas aquele que o auxiliou, responde por homicídio, sem a incidência da agravante. É que a condição de filho e pai é de caráter pessoal, não havendo a contaminação dessa condição subjetiva ao coautor, já que o tipo penal de homicídio não exige essa condição como elemento típico.

Porém, há a exceção de que, ainda que a condição seja de natureza pessoal, pode ser transmitida aos demais coautores e partícipes, quando forem elementares do crime.

Elementar é todo e qualquer componente de um crime que, ao ser retirado da figura típica, descaracteriza o próprio delito, transformando-o em uma conduta atípica (caso de atipicidade absoluta – como por exemplo, a retirada do elemento normativo "meio fraudulento" para se obter relações sexuais no crime de violação sexual mediante fraude, artigo 215 do CP, torna a conduta atípica, vez que haveria o sexo consentido de forma livre) ou provoque uma atipicidade relativa no crime, desclassificando para outro delito, a exemplo da retirada da elementar "violência ou grave ameaça" no crime de roubo, ocasião em que será desclassificado para o crime de furto.

Nos crimes de abuso de autoridade, ao ser retirada a figura do agente público, o crime se desnatura, podendo configurar outros delitos, sendo, portanto, uma elementar típica. Assim, mesmo sendo de caráter pessoal, a condição de agente público se comunica, eventualmente, a particulares – ou agentes públicos que, na ocasião, não estejam em função – que venham a atuar no crime, seja como coautores, seja como partícipes, respondendo todos por abuso de autoridade. O que não se admite é que o particular cometa sozinho o crime de abuso de autoridade. É necessário a atuação de um agente público para transmitir-lhe a condição pessoal, permitindo a responsabilização do particular.

Tome-se como exemplo o art. 13 da lei de abuso de autoridade:

> Constranger o preso ou o detento, mediante violência, grave ameaça ou redução de sua capacidade de resistência, a:
>
> I – exibir-se ou ter seu corpo ou parte dele exibido à curiosidade pública;
>
> II – submeter-se a situação vexatória ou a constrangimento não autorizado em lei;
>
> III – produzir prova contra si mesmo ou contra terceiro:
>
> Pena – detenção, de 1 (um) a 4 (quatro) anos, e multa, sem prejuízo da pena cominada à violência.

Caso um particular, isoladamente, cometa a conduta acima descrita, responderá pelos crimes de sequestro ou cárcere privado – art. 148 do CP – em possível concurso material com o delito de constrangimento ilegal, previsto no art. 146 do CP, e não por abuso de autoridade.

Entretanto, ao executar o tipo penal do art. 13 da lei de abuso de autoridade, junto com um agente público, e desde que conheça essa condição, o particular responderá como coautor ou partícipe do crime de abuso de autoridade.

Em geral, com a retirada da elementar "agente público" dos crimes previstos na lei de abuso de autoridade, ocorrerá o fenômeno da atipicidade relativa para, por exemplo, o crime de constrangimento ilegal.

Assim, presentes os requisitos do concurso de agentes – pluralidade de agentes, pluralidade de condutas, nexo de causalidade entre as condutas, liame subjetivo entre os agentes e a identidade de infração penal para todos –, os crimes de abuso de autoridade admitirão coautoria ou participação, seja de outros funcionários públicos, seja de particulares que conheçam a condição do agente público.

Questão interessante é o concurso de agentes envolvendo agente público civil e militar. Imagine-se que um policial rodoviário federal, em conluio com policial militar que atua no Comando de Policiamento Rodoviário, durante a execução uma operação conjunta no entroncamento de uma rodovia federal com uma rodovia estadual, abordem um veículo ocupado por uma pessoa que estava atrasada para o trabalho e que passou a reclamar, sendo agredida pelos policiais rodoviário federal e militar. Acalmados os ânimos e, com receio de que sejam denunciados, os policiais rasgam as peças de seus uniformes e amassam a lataria da viatura, para alegarem que somente agrediram o abordado para se defenderem, incorrendo assim, no crime de abuso de autoridade previsto no art. 23 da nova lei ("Inovar artificiosamente, no curso de diligência, de investigação ou de processo, o estado de lugar, de coisa ou de pessoa, com o fim de eximir-se de responsabilidade ou de responsabilizar criminalmente alguém ou agravar-lhe a responsabilidade").

Por se tratar de crime comum de abuso de autoridade pelo policial rodoviário federal e de crime militar pelo militar estadual, serão instaurados os respectivos inquéritos policiais comum e militar e, o processo e julgamento do primeiro será pela justiça federal, enquanto que do segundo, pela justiça militar estadual.

A cisão dos processos e remessas às justiças respectivas ocorre por que o inciso IV do artigo 109 da CF/88 estabelece a competência dos juízes federais para processarem e julgarem "... as infrações penais praticadas em detrimento de bens, serviços ou interesse da União ou de suas entidades autárquicas ou empresas públicas, excluídas as contravenções e ressalvada a competência da Justiça Militar e da Justiça Eleitoral", o que impede a lógica da unicidade processual, não podendo o militar estadual ser julgado na justiça federal, nem o policial rodoviário federal ser julgado na justiça militar estadual, que só possui competência para processar e julgar crimes militares praticados por militares estaduais.

Ademais, tem-se que o art. 79 do CPP prescreve que "A conexão e a continência importarão unidade de processo e julgamento, salvo: I – no concurso entre a jurisdição comum e a militar", devendo haver a separação dos feitos e julgamentos independentes. Essa regra se repete no art. 102, alínea "a" do CPPM.

Embora não prevista especificamente na norma processual penal (comum ou militar), parece-nos adequado sustentar a mesma solução quando o concurso de pessoas se der entre militares dos Estados (ou do Distrito Federal) e militares das Forças

Armadas, ou mesmo entre militares de Unidades Federativas diferentes, cabendo a cada Justiça Militar processar e julgar o caso que, materialmente, seja de sua competência.

Exemplificativamente, caso o crime tenha sido praticado no seio de intervenção federal em Unidade Federativa, em uma operação que envolva militar federal e estadual, competirá à Justiça Militar da União julgar aquele e à Justiça Militar Estadual julgar este – a Justiça Militar Estadual do Estado do sujeito ativo, frise-se, atendendo à lógica da Súmula 78 do STJ ("Compete à Justiça Militar processar e julgar policial de corporação estadual, ainda que o delito tenha sido praticado em outra unidade federativa").

A mesma lógica da Súmula impõe que em caso de concurso de militares de Unidades Federativas diversas – o que pode ocorrer, por exemplo, em atuação da Força Nacional de Segurança Pública – cada Justiça Militar julgará o crime em relação ao sujeito ativo de seu Estado.

A competência *ratione materiae* destaque-se, é absoluta, não admitindo prorrogação (seguindo inteligência do art. 43 do Código de Processo Civil), de maneira que a Justiça Militar da União não é competente para processar e julgar crime militar extravagante de abuso de autoridade praticado na órbita estadual – por exemplo, por militar do Estado, aviltando a ordem administrativa da instituição militar estadual –, assim como a Justiça Militar Estadual (e do Distrito Federal) não é competente para processar e julgar militar federal ou estadual de outra Unidade da Federação que não o seu próprio Estado.

Novamente, nestes casos, a solução será a duplicidade ou até a multiplicidade de processos, e não a unicidade.

2.8.6. Crimes de abuso do Código Penal Militar e os crimes de abuso de autoridade da Lei n. 13.869/19

O Código Penal Militar, promulgado em 1969, possui, no Livro I "Dos Crimes Militares em tempo de Paz", Título II "Dos crimes contra a autoridade ou disciplina militar", o Capítulo VI denominado "Da Usurpação e do Excesso ou Abuso de Autoridade".

Entretanto, apenas a nomenclatura "abuso de autoridade" coincide com a nova lei, uma vez que citados crimes militares não guardam qualquer relação com os crimes de abuso de autoridade constantes da Lei n. 13.869/19.

São crimes militares relacionados às especificidades da vida castrense: "Assunção de comando sem ordem ou autorização" (art. 167 do CPM), "Conservação ilegal de comando" (art. 168 do CPM), "Operação militar sem ordem superior" (art. 169 do CPM), "Ordem arbitrária de invasão" (art. 170 do CPM), "Uso indevido por militar de uniforme, distintivo ou insígnia" (art. 171 do CPM), "Uso indevido de uniforme, distintivo ou insígnia militar por qualquer pessoa" (art. 172 do CPM), "Abuso de requisição militar" (art. 173 do CPM), "Rigor excessivo" (art.

174 do CPM), "Violência contra inferior" (art. 175 do CPM) e "Ofensa aviltante a inferior" (art. 176 do CPM).

Conclui-se, portanto, que o militar está sujeito não apenas aos novos crimes de abuso de autoridade, aplicáveis a todo agente público, mas também, e cumulativamente se sujeita aos crimes do capítulo de abuso de autoridade previstos no CPM.

Na Lei 13.869/19 não há tipificações que criminalizem condutas excessivas ou abusivas de superior hierárquico contra inferior. No CPM, tais tipificações existem, como por exemplo:

> **Rigor excessivo**
>
> Art. 174. Exceder a faculdade de punir o subordinado, fazendo-o com rigor não permitido, ou ofendendo-o por palavra, ato ou escrito:
>
> Pena – suspensão do exercício do posto, por dois a seis meses, se o fato não constitui crime mais grave.
>
> **Violência contra inferior**
>
> Art. 175. Praticar violência contra inferior:
>
> Pena – detenção, de três meses a um ano.
>
> **Resultado mais grave**
>
> Parágrafo único. Se da violência resulta lesão corporal ou morte é também aplicada a pena do crime contra a pessoa, atendendo-se, quando for o caso, ao disposto no art. 159.
>
> **Ofensa aviltante a inferior**
>
> Art. 176. Ofender inferior, mediante ato de violência que, por natureza ou pelo meio empregado, se considere aviltante:
>
> Pena – detenção, de seis meses a dois anos.
>
> Parágrafo único. Aplica-se o disposto no parágrafo único do artigo anterior.

2.8.7. Abuso de autoridade e abuso de poder

É comum a dúvida em relação ao conteúdo das expressões "Abuso de Autoridade" e "Abuso de Poder", suscitando questões relativas ao significado de cada uma delas, bem como se tais expressões poderiam ser usadas como sinônimas e por fim, se uma expressão seria mera variante ou complemento da outra.

"Abuso de Autoridade" é a expressão comumente utilizada no Direito Penal, para designar o microssistema normativo, outrora regulado pela Lei n. 4.898 de 1965 e atualmente regulado pela Lei n. 13.869 de 2019, objeto do presente estudo. O uso do termo "Abuso de Autoridade" está relacionado, na ciência jurídica brasileira, ao conjunto de crimes que podem vir a ser cometidos pelos agentes públicos no exercício de suas funções, obedecendo aos princípios próprios da ciência penalista.

"Abuso de Poder", a seu turno, é uma expressão comumente utilizada no Direito Administrativo. São os administrativistas que a utilizam e a explicam amiúde, principalmente quando tratam de temas relacionados aos elementos essenciais do ato administrativo, mormente quanto aos requisitos "competência" e "finalidade pública" do ato administrativo, bem como no estudo dos poderes administrativos, especialmente ao tratar do exercício do poder de polícia, como faculdade do Estado em condicionar e restringir o uso e gozo dos direitos individuais em prol do Bem Comum.

Hely Lopes Meirelles (2015, p. 112 a 116) em sua obra "Direito Administrativo Brasileiro" dedica uma seção ao tema, explicando que o abuso do poder ocorre quando "a autoridade, embora competente para praticar o ato, ultrapassa os limites de suas atribuições ou se desvia das finalidades administrativas" (2015, p. 113).

Referido autor usa as expressões como sinônimas. Para ele "o gênero *abuso de poder* ou *abuso de autoridade* reparte-se em duas espécies bem caracterizadas: *o excesso de poder* e o *desvio de finalidade*" (2015, p. 114).

Ao tratar do assunto, Álvaro Lazzarini (1999, p. 34) discorre seu texto, empregando o termo "abuso de poder" e cita outros autores do Direito Administrativo como Caio Tácito e sua monografia intitulada "O Abuso de Poder Administrativo no Brasil (Conceito e Remédios)" (TÁCITO, 1959), mas, nas conclusões finais do assunto, também utiliza as expressões como sinônimo (LAZZARINI, 1999, p. 36):

> Gilberto Passos de Freitas e Vladimir Passos de Freitas, a propósito da Lei 4.898, de 9 de dezembro de 1965, que regula a responsabilidade civil, penal e administrativa nos casos de abuso de autoridade (abuso de poder), atestaram que "Trata-se de assunto extremamente interessante e pouco comentado pelos estudiosos.

Quando juristas administrativistas da tradição de Hely Lopes Meirelles e Álvaro Lazzarini utilizam as expressões como equivalentes, há de se reconhecer que tanto "abuso de autoridade" como "abuso de poder" podem ser usadas, genericamente, como sinônimos.

Ocorre que, pelo fato de as Leis n. 4.898 de 1965 e 13.869 de 2019 terem cunhado a expressão "Abuso de Autoridade" em seus textos, os penalistas a ela se referem quando tratam dos crimes nelas previstos.

Já o Direito Administrativo que não é codificado, valendo-se de leis esparsas de origem federal e também originadas nos Estados e Municípios, possui maior liberdade no uso dessas expressões, até porque, quando a elas se referem, tratam principalmente das questões relacionadas à execução dos atos administrativos e do poder de polícia pelos agentes públicos, raramente referindo-se aos crimes de abuso de autoridade.

Lembrando que no direito penal vige o princípio da legalidade, o que impõe a taxatividade como um elemento reitor, o que exige maior rigor, inclusive terminológico, enquanto que, no direito administrativo, as transgressões disciplinares e as faltas funcionais por ele estudados, não se submetem a essa limitação estrita, assimilando maior amplitude na descrição típica.

Em suma, quando se tratar do estudo dos crimes que envolvam os excessos comissivos e omissivos praticados por agentes públicos a expressão utilizada é "abuso de autoridade". Já no campo do Direito Administrativo, nota-se o uso esmagador do termo "abuso de poder" para definir o gênero, dos quais figuram como espécie, o "excesso de poder", o "desvio de finalidade" e a "omissão da administração".

Excesso de poder é espécie de abuso de poder em que, malgrado a autoridade tenha competência para a prática do ato administrativo, exorbita, excede o uso de suas atribuições, invalidando o ato, tornando-o nulo, em face da ilegalidade que se configura, ao macular o elemento "competência" do ato administrativo. Segundo Meirelles (2015, p. 113), o excesso de poder "tanto se caracteriza pelo descumprimento frontal da lei, quando age claramente além da sua competência, como também, quando ela contorna dissimuladamente as limitações da lei, para arrogar-se poderes que não lhe são atribuídos legalmente."

Desvio de finalidade é espécie de abuso de poder, onde o ataque se dirige ao requisito "finalidade pública" do ato administrativo, igualmente fulminando-lhe de nulidade, em vista deste vício insanável que lhe retira a legalidade. Ocorre quando o agente público, apesar de atuar dentro de sua esfera de competência, o faz "por motivos ou com fins diversos dos objetivados pela lei ou exigidos pelo interesse público", conforme Meirelles (2015, p. 115), que prossegue: "o desvio de finalidade ou de poder é, assim, a violação ideológica da lei, ou, por outras palavras, a violação moral da lei, colimando o administrador público, fins não queridos pelo legislador, ou utilizando motivos e meios imorais para a prática de um ato administrativo aparentemente legal".

Omissão da Administração é espécie de abuso de poder em que a administração pública deixa de expressar sua vontade, configurando um "não-decidir", segundo Meirelles, que esclarece: "se no Direito Privado o silêncio é normalmente interpretado como concordância da parte silente em relação à pretensão da outra parte, no Direito Público tem outro significado, e só vale como aceitação ou rejeição do pedido se a lei prever esse efeito textualmente" (2015, p. 116). O fato é que, mesmo que a lei imponha consequência de aceitação ou rejeição do pedido diante da inércia da Administração, o direito subjetivo do administrado em obter respostas permanece intacto, até por que é seu direito conhecer os motivos que levaram a Administração a aceitar ou rejeitar a demanda por ele proposta.

2.8.8. Relação entre os tipos penais da Lei n. 4.898/1965 e a Lei n. 13.869/2019: casos de *abolitio criminis* e de aplicação do princípio da continuidade normativa

Como se sabe, o art. 44 da Lei n. 13.869/19 revogou expressamente a Lei n. 4.898/65.

Entretanto, nem todos os tipos penais previstos na lei revogada, tiveram igual ou semelhante tipificação na nova lei de abuso de autoridade, sofrendo portanto, o fenômeno da *abolitio criminis,* que constituiu uma causa extintiva de punibilidade (art. 107, inciso III, do CP e art. 123, inciso III, do CPM), o que permite a retroação da nova lei de abuso de autoridade, alcançando fatos pretéritos, inclusive decorrentes de sentença condenatória transitada em julgado, fazendo desaparecer os efeitos penais de eventual condenação dos delitos revogados, permanecendo entretanto, os efeitos extrapenais, como a obrigação de indenizar, por exemplo (art. 2º do CPM e art. 2º do CP).

Cotejando as duas leis, tem-se os seguintes crimes previstos na Lei n. 4.898/65 que sofreram *abolitio criminis*:

> Art. 3º. Constitui abuso de autoridade qualquer atentado:
>
> (...)
>
> c) ao sigilo da correspondência;
>
> d) à liberdade de consciência e de crença;
>
> e) ao livre exercício do culto religioso;
>
> f) à liberdade de associação;
>
> g) aos direitos e garantias legais assegurados ao exercício do voto;
>
> h) ao direito de reunião;
>
> i) à incolumidade física do indivíduo;
>
> j) aos direitos e garantias legais assegurados ao exercício profissional.

A nova lei de abuso de autoridade não trouxe tipificação penal que proteja da ação do agente público bens jurídicos evidentes nas situações acima enumeradas, exceção feita ao tipo penal do artigo 3º, alínea "j", em que, especificamente sobre o exercício profissional da advocacia, traz a nova Lei tipo penal expresso no art. 32, segundo o qual é crime de abuso de autoridade "Negar ao interessado, seu defensor ou advogado acesso aos autos de investigação preliminar, ao termo circunstanciado, ao inquérito ou a qualquer outro procedimento investigatório de infração penal, civil ou administrativa, assim como impedir a obtenção de cópias, ressalvado o acesso a peças relativas a diligências em curso, ou que indiquem a realização de diligências futuras, cujo sigilo seja imprescindível", ecoando o teor da Súmula Vinculante 14 do STF e do inciso XIV do art. 7º, e ao seu § 2º, da Lei n. 8.906, de 4 de julho de 1994, o Estatuto da Advocacia.

A propósito desse Estatuto, a Lei n. 13.869/2019 acrescentou-lhe o art. 7º-B, com o seguinte teor:

> Art. 7º-B Constitui crime violar direito ou prerrogativa de advogado previstos nos incisos II, III, IV e V do caput do art. 7º desta Lei:
>
> Pena – detenção, de 3 (três) meses a 1 (um) ano, e multa.

Assim, somente no caso dos direitos e garantias assegurados ao exercício profissional da advocacia e especificadamente aqueles enumerados no art. 7º, incisos II (direito à "inviolabilidade de seu escritório ou local de trabalho, bem como de seus instrumentos de trabalho, de sua correspondência escrita, eletrônica, telefônica e telemática, desde que relativas ao exercício da advocacia"), III (direito a "comunicar-se com seus clientes, pessoal e reservadamente, mesmo sem procuração, quando estes se acharem presos, detidos ou recolhidos em estabelecimentos civis ou militares, ainda que considerados incomunicáveis"), IV (direito a "ter a presença de representante da

OAB, quando preso em flagrante, por motivo ligado ao exercício da advocacia, para lavratura do auto respectivo, sob pena de nulidade e, nos demais casos, a comunicação expressa à seccional da OAB"), V (direito a "não ser recolhido preso, antes de sentença transitada em julgado, senão em sala de Estado Maior, com instalações e comodidades condignas, e, na sua falta, em prisão domiciliar") – por força do novo art. 7º-B do Estatuto da Advocacia – e XIV (direito a "examinar, em qualquer instituição responsável por conduzir investigação, mesmo sem procuração, autos de flagrante e de investigações de qualquer natureza, findos ou em andamento, ainda que conclusos à autoridade, podendo copiar peças e tomar apontamentos, em meio físico ou digita") – por força do art. 32 da Lei n. 13.869/2019 –, operou-se o princípio da continuidade normativa, em relação ao crime previsto no artigo 3º, alínea "j" da revogada Lei de Abuso de Autoridade.

Ainda, foram alcançados pela *abolitio criminis:*

> Art. 4º Constitui também abuso de autoridade:
>
> (...)
>
> b) submeter pessoa sob sua guarda ou custódia a vexame ou a constrangimento não autorizado em lei;
>
> (...)
>
> f) cobrar o carcereiro ou agente de autoridade policial carceragem, custas, emolumentos ou qualquer outra despesa, desde que a cobrança não tenha apoio em lei, quer quanto à espécie quer quanto ao seu valor;
>
> g) recusar o carcereiro ou agente de autoridade policial recibo de importância recebida a título de carceragem, custas, emolumentos ou de qualquer outra despesa.

Questão prática: imagine-se que um agente público, antes da entrada em vigor da Lei n. 13.869/19, tenha sido condenado pelo crime previsto no artigo 3º, alínea "e" da Lei n. 4.898/65: "Constitui abuso de autoridade qualquer atentado: (...) ao livre exercício do culto religioso" e tenha sido condenado à sanção penal prevista no artigo 6º, § 3º, alínea "c", da revogada lei:

> A **sanção penal** será aplicada de acordo com as regras dos artigos 42 a 56 do Código Penal e consistirá em:
>
> (...)
>
> c) **perda do cargo** e a inabilitação para o exercício de qualquer outra função pública por prazo até três anos (grifamos).

Pelo fato de a nova lei de abuso de autoridade não trazer tipificação correlata à proteção de abuso contra o livre exercício do culto religioso, os efeitos penais desaparecerão, devendo o agente público ser reconduzido ao cargo.

Note que, se a perda do cargo fosse decretada como sanção administrativo-disciplinar, nos termos do artigo 6º, § 1º, alínea "e" ou "f" da Lei n. 4.898/65, seria mantido o rompimento do vínculo estatutário do autor do fato com o Estado, uma vez que a *abolitio criminis* não atinge efeitos extrapenais:

> Art. 6º O abuso de autoridade sujeitará o seu autor à sanção administrativa civil e penal.
>
> § 1º A **sanção administrativa** será aplicada de acordo com a gravidade do abuso cometido e consistirá em:
>
> (...)
>
> **e) demissão;**
>
> **f) demissão, a bem do serviço público.**

O mesmo raciocínio se aplica às perdas de cargos decorrentes de processo administrativo originado pela prática do crime revogado de abuso de autoridade, prestigiando-se a independência das esferas e sob a compreensão de que a culpabilidade, princípio constitucional e não apenas penal, possibilitava a aplicação da sanção administrativa na época de sua aplicação. Aliás, se na atual moldura normativa penal o agente público praticar um ato que não configure crime de abuso de autoridade, ainda assim será possível, pela via administrativa, o seu sancionamento como transgressão disciplinar, que poderá chegar, de acordo com o código de sua instituição, até a sanção que importe em perda do cargo, como a demissão ou expulsão para os militares do Estado de São Paulo.

Adicione-se que os crimes da revogada Lei de Abuso de Autoridade eram crimes autônomos, vale dizer, não eram absorvidos por outros crimes.

Para exemplificar, será usado o mesmo tipo penal revogado, contido no artigo 3º, alínea "e" da Lei n. 4.898/65: "Constitui abuso de autoridade qualquer atentado: (...) ao livre exercício do culto religioso". Neste delito, o bem jurídico tutelado era, na nossa compreensão, o regular funcionamento da administração pública, o que permitia que o agente ainda respondesse, em concurso formal, pelo crime previsto no art. 208 do CP, cujo bem jurídico tutelado é a liberdade de crença e livre exercício do culto religioso:

> Ultraje a culto e impedimento ou perturbação de ato a ele relativo
>
> Art. 208 – Escarnecer de alguém publicamente, por motivo de crença ou função religiosa; impedir ou perturbar cerimônia ou prática de culto religioso; vilipendiar publicamente ato ou objeto de culto religioso:

Assim, apesar de o crime de abuso de autoridade ter sido revogado quanto à alínea que protegia o exercício de culto religioso, os efeitos penais em relação ao crime previsto no artigo 208 do CP permanecem.

Por outro lado, os demais tipos penais previstos na Lei n. 4.898/65 permanecem com seus efeitos vigentes uma vez que, apesar da revogação expressa de todo seu texto, a nova Lei de Abuso de Autoridade encampou tipos penais que mantiveram suas essências, alterando apenas a redação.

Em outros termos, houve alterações formais apenas, que mantiveram a substância dos delitos, conforme se segue:

a) Lei n. 4.898/65, tipo penal contido em seu art. 3º, alínea "a": "Constitui abuso de autoridade qualquer atentado: a) à liberdade de locomoção", mantém seus efeitos, em face do princípio da continuidade normativo-típica, realizado pela Lei n. 13.869/19, por meio de seu art. 9º: "Decretar medida de privação da liberdade em manifesta desconformidade com as hipóteses legais";

b) Lei n. 4.898/65, tipo penal contido em seu art. 3º, alínea "b": "Constitui abuso de autoridade qualquer atentado: b) à inviolabilidade do domicílio", mantém seus efeitos, em face do princípio da continuidade normativo-típica, realizado pela Lei n. 13.869/19, por meio de seu art. 22: "Invadir ou adentrar, clandestina ou astuciosamente, ou à revelia da vontade do ocupante, imóvel alheio ou suas dependências, ou nele permanecer nas mesmas condições, sem determinação judicial ou fora das condições estabelecidas em lei";

c) Lei n. 4.898/65, tipo penal contido em seu art. 4º, alínea "a": "Constitui também abuso de autoridade: a) ordenar ou executar medida privativa da liberdade individual, sem as formalidades legais ou com abuso de poder", mantém seus efeitos, em face do princípio da continuidade normativo-típica, realizado pela Lei n. 13.869/19, por meio de seu art. 9º: "Decretar medida de privação da liberdade em manifesta desconformidade com as hipóteses legais";

d) Lei n. 4.898/65, tipo penal contido em seu art. 4º, alínea "c": "Constitui também abuso de autoridade: c) deixar de comunicar, imediatamente, ao juiz competente a prisão ou detenção de qualquer pessoa", mantém seus efeitos, em face do princípio da continuidade normativo-típica, realizado pela Lei n. 13.869/19, por meio de seu art. 12: "Deixar injustificadamente de comunicar prisão em flagrante à autoridade judiciária no prazo legal" e pelo seu parágrafo único, inciso I: "Incorre na mesma pena quem: deixa de comunicar, imediatamente, a execução de prisão temporária ou preventiva à autoridade judiciária que a decretou";

e) Lei n. 4.898/65, tipo penal contido em seu art. 4º, alínea "d": "Constitui também abuso de autoridade: d) deixar o Juiz de ordenar o relaxamento de prisão ou detenção ilegal que lhe seja comunicada", mantém seus efeitos, em face do princípio da continuidade normativo-típica, realizado pela Lei n. 13.869/19, por meio de seu art. 9º, parágrafo único, I: "Incorre na mesma pena a autoridade judiciária que dentro de prazo razoável, deixar de: I- relaxar a prisão manifestamente ilegal";

f) Lei n. 4.898/65, tipo penal contido em seu art. 4º, alínea "e": "Constitui também abuso de autoridade: e) levar à prisão e nela deter quem quer que se proponha a prestar fiança, permitida em lei", mantém seus efeitos, em face do princípio da continuidade normativo-típica, realizado pela Lei n. 13.869/19, por meio de seu art. 9º, parágrafo único, II: "Incorre na mesma pena a autoridade judiciária que, dentro de prazo razoável, deixar de: (...) substituir a prisão preventiva por medida cautelar diversa ou de conceder liberdade provisória, quando manifestamente cabível";

g) Lei n. 4.898/65, tipo penal contido em seu art. 4º, alínea "h": "Constitui também abuso de autoridade: h) o ato lesivo da honra ou do patrimônio de pessoa natural ou jurídica, quando praticado com abuso ou desvio de poder ou sem competência legal", mantém parcialmente seus efeitos, em face do princípio da continuidade normativo-típica, realizado pela Lei n. 13.869/19, por meio de seu art. 28: "Divulgar gravação ou trecho de gravação sem relação com a prova que se pretenda produzir, expondo a intimidade ou a vida privada ou ferindo a honra ou a imagem do investigado ou acusado". A continuidade é parcial, uma vez que o novo tipo penal especifica que o ato lesivo à honra seja divulgando gravação ou trecho de gravação dissociado à prova do crime;

h) Lei n. 4.898/65, tipo penal contido em seu art. 4º, alínea "i": "Constitui também abuso de autoridade: i) prolongar a execução de prisão temporária, de pena ou de medida de segurança, deixando de expedir em tempo oportuno ou de cumprir imediatamente ordem de liberdade, mantém seus efeitos, em face do princípio da continuidade normativo-típica, realizado pela Lei n. 13.869/19, por meio de seu art. 12, parágrafo único, inciso IV: "Incorre na mesma pena quem: IV – prolonga a execução de pena privativa de liberdade, de prisão temporária, de prisão preventiva, de medida de segurança ou de internação, deixando, sem motivo justo e excepcionalíssimo, de executar o alvará de soltura imediatamente após recebido ou de promover a soltura do preso quando esgotado o prazo judicial ou legal".

2.8.9. Comentários aos artigos da nova Lei de Abuso de Autoridade

2.8.9.1. Disposições gerais e sujeito ativo do delito

O art. 1º da Lei n. 13.869/2019 inaugura o tema estabelecendo que os crimes de abuso de autoridade são crimes próprios, exigindo do sujeito ativo, a qualidade de agente público.

Eis o teor do artigo:

> Art. 1º Esta Lei define os crimes de abuso de autoridade, cometidos por agente público, servidor ou não, que, no exercício de suas funções ou a pretexto de exercê-las, abuse do poder que lhe tenha sido atribuído.

A CF/88 conferiu a nomenclatura "servidores públicos" àqueles que possuem vínculo perene (de "trabalho") com a Administração pública.

O CP, por sua vez, em seu art. 327, com o escopo de prover interpretação autêntica para os crimes contra a administração pública, utiliza a terminologia "funcionário público" e assim os define: "Considera-se funcionário público, para os efeitos penais, quem, embora transitoriamente ou sem remuneração, exerce cargo, emprego ou função pública". Amplia este conceito em seu § 1º, ao estatuir que "Equipara-se a funcionário público quem exerce cargo, emprego ou função em entidade paraestatal, e quem trabalha para empresa prestadora de serviço contratada ou conveniada para a execução de atividade típica da Administração pública".

Em uma das possibilidades de classificação, ademais, costuma-se classificar os agentes públicos em **agentes políticos** (alto escalão do Poder Público, gozam de autonomia e independência funcional - Chefes do Poder Executivo, seus Ministros e Secretários, Membros do Poder Legislativo, do Poder Judiciário e Ministério Público), **agentes administrativos** que se subdividem em **servidores públicos** (regime estatutário) e **empregados públicos** (regime celetista), **agentes honoríficos** (cidadãos designados ou requisitados para exercerem por tempo determinado, um *múnus publico*, como os mesários eleitorais), **agentes delegados** (quando o Estado delega a particulares a execução de serviço público por sua conta, risco e responsabilidade, mediante remuneração e sob fiscalização estatal, a exemplo das concessionárias de serviços públicos) e **agentes credenciados** (pessoa que recebe, de forma remunerada, a incumbência de representar o poder público em determinada atividade ou, praticar atos em seu nome, como por exemplo professores substitutos).

No contexto evolutivo da legislação acima demonstrado e pela classificação exposta, tem-se que a primeira parte do art. 1º da Lei de Abuso de Autoridade (" *Esta Lei define os crimes de abuso de autoridade, cometidos por agente público, servidor ou não...*"), impõe ampla compreensão, segundo a qual não apenas servidores públicos respondem pelos crimes de abuso de autoridade, mas todas as espécies de agentes públicos, a exemplo de agentes políticos, servidores públicos (claro) e militares.

Respondem, ademais, pelos crimes de abuso de autoridade, aqueles agentes públicos temporários e sem remuneração, tal qual o clássico exemplo do mesário eleitoral. Se, no dia da votação, o mesário eleitoral vier a praticar um crime de abuso de autoridade, mesmo se despindo dessa condição de agente público no dia seguinte, continuará sendo processado, uma vez que o CP - assim como o Código Penal Militar, quando aplicável - adotou a teoria da atividade, ao tratar do tempo do crime: "Art. 4º - Considera-se praticado o crime no momento da ação ou omissão, ainda que outro seja o momento do resultado."

Em razão desse mesmo fundamento, agentes públicos (servidores públicos e militares) que tenham sido demitidos ou que tenham sido exonerados ("ex officio" ou a pedido), continuam respondendo pelos crimes de abuso de autoridade que cometeram enquanto agentes públicos, uma vez que, no momento da ação ou da omissão, ostentavam essa condição e gozavam dos poderes e prerrogativas inerentes ao cargo ou função que ocupavam.

Em adição, também responderão pelos delitos os particulares que, em concurso de agentes com algum agente público, seja na modalidade coautoria ou na modalidade participação e, desde que tenham conhecimento que atuam em conluio com o agente público, ou seja, que conheçam a condição de agente público do autor do crime.

Capez (2011, p. 384) traz que, diante do conceito de funcionário público trazido pelo CP, podem ainda responder pelos crimes contra a Administração pública, integrantes do terceiro setor (serviços sociais autônomos e organizações não governamentais, antigamente denominados de órgãos paraestatais) e até mesmo aqueles que prestam serviço para empresas privadas, desde que contratadas ou conveniadas para execução de atividade típica da Administração pública, citando antiga lição de Nélson Hungria (1959, v. 9, p. 401) de que:

> não é propriamente a qualidade de funcionário que caracteriza o crime funcional, mas o fato de que é praticado por quem se acha no exercício de função pública, seja esta temporária ou permanente, remunerada ou gratuita, exercida por profissionalmente ou não, efetiva ou interinamente, ou *per accidens* (exemplo: o jurado, a cujo respeito, achou de ser expresso o art. 438 do CPP; o depositário nomeado pelo juiz etc.).

Tal concepção é também possível no contexto de estudo, uma vez que, o parágrafo único do art. 2º da Lei de Abuso de Autoridade estabelece que:

> Parágrafo único. Reputa-se agente público, para os efeitos desta Lei, todo aquele que exerce, ainda que transitoriamente ou sem remuneração, por eleição, nomeação, designação, **contratação** ou qualquer outra forma de investidura ou vínculo, mandato, cargo, emprego ou função em órgão ou entidade abrangidos pelo caput deste artigo (grifo nosso).

É de se concluir, assim, que a Lei de Abuso de Autoridade, ao utilizar a forma de vinculo jurídico denominado "contratação", como uma das formas de se conceituar agente público, abrange o disposto no Código Penal de que, prestadores de serviço de empresas privadas, desde que, contratadas ou conveniadas para realizar atividade típica de Estado, possam também responder pelos crimes de abuso de autoridade.

Nunca é demais lembrar, no contexto de estudo, as diferenças entre cargo público, emprego público e função pública. Cargo público coincide com unidades indivisíveis de atribuições e competências, criadas por lei, retribuídas por pessoas jurídicas de direito público e regidas pelo regime estatutário. Emprego público traduz-se por unidade de atribuições tal qual ocorre nos cargos públicos, porém, o vínculo entre o agente e a administração é regido pela CLT, mediante vínculo contratual, mormente nos órgãos da administração indireta – autarquias, fundações, sociedades de economia mista e empresas públicas. Por fim, função pública é atividade jurídica e executória correspondente ao cargo ou emprego públicos que, entretanto, pode ser exercida sem um ou outro.

Por fim, importante destacar as formas de investidura. Temos a investidura administrativa (para exercício de cargo ou função, mediante o preenchimento dos requisitos legais e ocorre mediante nomeação, admissão, designação e contratação), a investidura política (mediante eleição), investidura originária (vinculação originária, primeira nomeação para o provimento do cargo), investidura derivada (é a relacionada à primeira vinculação do agente com o Estado, podendo ocorrer por promoção, por transferência, por remoção, por reintegração), investidura vitalícia (em que o servidor somente pode ser desligado do cargo per sentença judicial transitada em julgado), investidura efetiva (em que, mediante concurso público, após adquirir a estabilidade ao fim do período de estágio probatório, o servidor pode ser desligado do cargo não apenas por sentença judicial transitada em julgado, mas também por processo administrativo ou por avaliação de desempenho) e a investidura em comissão (em que a pessoa não acessa o cargo por concurso público, mas por comissionamento temporário, para o exercício de cargos de confiança, notadamente os de direção, assessoramento e chefia).

Em todas as hipóteses ora esposadas, em soma às espécies de agente público acima expostas, é possível a sujeição ativa aos crimes de abuso de autoridade.

A segunda parte do art. 1º ("... *que, no exercício de suas funções ou a pretexto de exercê-las ...*"), significa que, incorre nos crimes de abuso de autoridade, não apenas o agente público no exercício das funções, em seu horário de serviço, mas também fora do horário de serviço, seja nas folgas, ou durante o período de afastamentos regulares, como férias e licenças (maternidade, paternidade, luto, licenças para tratamento de saúde, dentre outras), desde que invoquem o cargo ou função, ocasião em que se instrumentarão com os poderes e prerrogativas que o cargo ou função lhes conferem.

Cabe lembrar que, aos militares, a própria legislação impõe atuação nos períodos de folga, como por exemplo, o disposto no artigo 8º inciso XXXV da Lei Complementar n. 893 do Estado de São Paulo que institui como dever policial militar: "atuar onde estiver, **mesmo não estando em serviço**, para preservar a ordem pública ou prestar socorro, desde que não exista, naquele momento, força de serviço suficiente" (grifo nosso).

O § 1º do art. 1º da Lei de Abuso de Autoridade dispõe:

> § 1º As condutas descritas nesta Lei constituem crime de abuso de autoridade quando praticadas pelo agente com a finalidade específica de prejudicar outrem ou beneficiar a si mesmo ou a terceiro, ou, ainda, por mero capricho ou satisfação pessoal.

Identifica-se aqui um elemento subjetivo especial do tipo (dolo específico) para a configuração do crime de abuso de autoridade, traduzido pela exigência de que o agente público enteja estar imbuído, na prática dos crimes de abuso de autoridade, da finalidade específica de (i) benefício próprio ou, (ii) benefício de terceiros ou, (iii) mero capricho ou (iv) satisfação pessoal.

Não basta ao agente público preencher com sua conduta comissiva ou omissiva, os elementos objetivos e normativos do tipo penal. Além disso, deve ter cometido a conduta impregnado por uma das quatro finalidades específicas supra mencinadas.

Sobre o dispositivo, Rogério Sanches e Rogério Greco dispõem (2019, p. 13):

> Talvez com o fim de espancar algumas das pertinentes críticas, logo no seu artigo inaugural, a Lei 13.869/19 anuncia que a existência do crime depende de o agente comportar-se abusivamente com a finalidade específica de prejudicar outrem ou bene-

> ficiar a si mesmo ou a terceiro, ou, ainda, por mero capricho ou satisfação pessoal. Eis o elemento subjetivo presente nos vários tipos incriminadores, restringindo o alcance da norma de tal forma que, a nosso ver, o dolo eventual fica descartado.

Com efeito, o elemento subjetivo torna-se distintivo importante para obstar a expansão indesejada da subsunção típica, devendo estar evidente para que se reconheça a prática delitiva.

A título de exemplo, a consumação do crime previsto no art. 38 da Lei de Abuso de Autoridade, consistente em "Antecipar o responsável pelas investigações, por meio de comunicação, inclusive rede social, atribuição de culpa, antes de concluídas as apurações e formalizada a acusação:", dependerá não apenas a antecipação da culpa do investigado pelo investigador, mas que este o faça, por exemplo, para **beneficiar-se** (exposição na mídia, por exemplo) ou, para **beneficiar terceiro** (pessoa que participou do crime que está sendo investigado, mas não foi arrolada na investigação, por exemplo) ou, por **mero capricho** (investigador percebe que investiu na linha errada de investigação e que a pessoa é inocente, mas mantém a tese adotada, por exemplo) ou, por **satisfação pessoal** (o investigador diverge da ideologia política do investigado).

Há casos em que o tipo penal em espécie, já traz em seu bojo um elemento subjetivo específico. Nesses casos, perceber-se-á que o elemento subjetivo trazido pelo tipo penal coincidirá com um dos elementos subjetivos constantes do § 1º do art. 1º da Lei de Abuso de Autoridade.

É o caso do tipo penal previsto no artigo 29: "Prestar informação falsa sobre procedimento judicial, policial, fiscal ou administrativo com o fim de prejudicar interesse de investigado" em que, a intenção de prejudicar interesse do investigado coincide com a finalidade do § 1º do art. 1º de prejudicar outrem.

Obviamente, pela disposição em estudo, significa também assimilar que os crimes de abuso de autoridade não admitem a modalidade culposa – em homenagem ao princípio da excepcionalidade do crime culposo, previsto no parágrafo único do art. 33 do CPM e parágrafo único do art. 18 do CP – e também não admitem o dolo eventual, como, aliás plasmaram acima Greco e Sanches.

É incompatível alcançar algum desses elementos subjetivos específicos com a tipologia do crime culposo, uma vez que, apesar do delito culposo exigir uma conduta voluntária, o resultado lesivo é indesejado e, apesar de ser perfeitamente previsível, não foi prevista sua ocorrência pelo agente, violando assim, seu dever de cuidado objetivo, por meio de uma conduta imprudente, imperita ou negligente.

Incompatível também com o dolo eventual, cuja estrutura pressupõe que o agente não deseja o resultado mas, diante da previsão de sua ocorrência, ao invés de cessar a conduta e garantir que o resultado não se materialize, prossegue na conduta, assumindo o risco de produzí-lo. Não há como não desejar um benefício próprio ou de terceiro, mas assumir o risco de produzir tais benefícios, por exemplo.

O § 2º do art. 1º da Lei de Abuso de Autoridade dispõe que a "divergência na interpretação de lei ou na avaliação de fatos e provas não configura abuso de autoridade".

Não fosse o presente dispositivo em comento, a nova Lei de Abuso de Autoridade correria sério risco de ser declarada inconstitucional. Isso por que, diversos crimes de abuso de autoridade estão voltados para a atividade investigativa e jurisdicional de modo que, são da essência dessas atividades jurídicas, a interpretação das leis e a avaliação dos fatos causadores das lides e das provas que foram coletadas.

Haveria a possibilidade do "crime de hermenêutica", ou seja, a possibilidade de se criminalizar a interpretação jurídica que o ator dá ao fato que lhe é colocado à apreciação, por meio, por exemplo, de um processo, fenômeno já rechaçado por Ruy Barbosa ao patrocinar a defesa do juiz gaúcho Alcides de Mendonça Lima[14].

Justamente para evitar erros de interpretação é que foi consagrado o duplo grau de jurisdição, com o fito de que, diante do inconformismo natural do ser humano, seja possível recorrer das decisões que não sejam favoráveis aos jurisdicionados, levando à alçada de outro órgão julgador para que haja nova avaliação, sendo de todo absurda a criminalização do possível erro hermenêutico.

Por essa razão, o artigo 93, inciso IX da CF/88 estabelece que "todos os julgamentos dos órgãos do Poder Judiciário serão públicos, e fundamentadas todas as decisões, sob pena de nulidade (...)", de modo que, nesse exercício de fundamentação, o julgador deverá expor o raciocínio percorrido no cotejamento dos fatos, das provas e das alegações das partes, bem como sua posição na interpretação da lei, que o conduziram à decisão materializada na sentença.

Criminalizar divergências de interpretação e de avaliação seria uma afronta ao citado artigo constitucional.

Ainda, reza o artigo 127, § 1º da CF que, "São princípios institucionais do Ministério Público a unidade, a indivisibilidade e a independência funcional" – de modo que, o § 2º do art. 1º da Lei de Abuso de Autoridade, vem dar coesão e coerência ao ordenamento jurídico, impedindo acusações contra membros do Ministério Público por questões de hermenêutica, preservando assim sua independência funcional.

Assim, a **vedação do delito de hermenêutica,** além da segurança jurídica aos operadores do direito, trouxe ainda, uma cláusula que **protege a própria existência da lei** contra ações de declaração de inconstitucionalidade.

Reforçando o delineamento do sujeito ativo do delito, o art. 2º da Lei dispõe:

> Art. 2º É sujeito ativo do crime de abuso de autoridade qualquer agente público, servidor ou não, da administração direta, indireta ou fundacional de qualquer dos

[14] Cf. CABEDA, Luiz Fernando. O sinistro retorno do crime de hermenêutica: *Uma janela aberta para o castigo*. Disponível em https://cabeda.jusbrasil.com.br/artigos/320526238/o-sinistro-retorno-do-crime-de-hermeneutica. Acesso em 29 dez. 2019.

Poderes da União, dos Estados, do Distrito Federal, dos Municípios e de Território, compreendendo, mas não se limitando a:

I – servidores públicos e militares ou pessoas a eles equiparadas;

II – membros do Poder Legislativo;

III – membros do Poder Executivo;

IV – membros do Poder Judiciário;

V – membros do Ministério Público;

VI – membros dos tribunais ou conselhos de contas.

Parágrafo único. Reputa-se agente público, para os efeitos desta Lei, todo aquele que exerce, ainda que transitoriamente ou sem remuneração, por eleição, nomeação, designação, contratação ou qualquer outra forma de investidura ou vínculo, mandato, cargo, emprego ou função em órgão ou entidade abrangidos pelo **caput** deste artigo

Como visto, a Lei de Abuso de Autoridade usou a mesma técnica do CP e da Lei de Improbidade Administrativa, instituindo texto abrangente, a fim de abarcar o maior número de casos possíveis de configuração de agente públicos.

De notar que o rol exemplificativo do art. 2º elencou de forma explícita, nos incisos IV a VI, os agentes políticos do Poder Judiciário, do Ministério Público e dos Tribunais de Contas, a fim de não dar margem para interpretações de que seus dispositivos aplicar-se-íam apenas para agentes administrativos ou então, apenas no âmbito do Poder Executivo.

Apesar de a nova Lei de abuso de autoridade enumerar, no inciso II de seu art. 2º, que os membros do Poder Legislativo também podem responder pelos crimes de abuso de autoridade, em uma primeira leitura dos tipos penais nela estabelecidos, identifica-se de imediato e com facilidade, a possibilidade de sujeição ativa de servidores policiais e dos membros e serventuários do Poder Judiciário e do Ministério Público, uma vez que, no desenvolvimento de suas funções primordiais (típicas), acabam por limitar e condicionar os direitos relacionados à liberdade de locomoção, ao uso, gozo e disposição da propriedade, à intimidade e vida privada, por exemplo.

O Poder Legislativo a seu turno, no desenvolvimento das comissões, notadamente as comissões parlamentares de inquérito também podem afetar tais direitos individuais, e é nessa oportunidade que poderá haver maior incidência da Lei de abuso de autoridade contra seus membros.

2.8.9.2. Efeitos da condenação

Restando uma condenação penal irrecorrível, o condenado passará a sofrer as consequências do injusto típico praticado, naquilo que se denomina efeitos da condenação criminal. Os efeitos da condenação podem ser principais ou secundários, os quais podem ser de natureza penal e extrapenal.

O efeito principal consiste na obrigação de se submeter à pena imposta, que, como se sabe, pode ser privativa de liberdade, restritiva de direitos e, no caso do Direito Castrense em tempo de guerra, até a pena capital. Em certos casos, necessário lembrar, o efeito principal da condenação é outra espécie de sanção penal, a medida de segurança, cuja submissão também constituirá efeito principal da condenação para o agente semi-imputável.

Os efeitos secundários, por seu turno, são consequências mediatas da condenação, ou seja, não são enfocados em primeiro plano, mas também congregam o rol de consequências do delito.

Podem ainda os efeitos secundários sofrer uma subdivisão, de acordo com o ramo do Direito em que surtem consequências. Assim, podem ser de natureza penal, quando tiverem reflexo no Direito Penal, ou de natureza extrapenal, quando, ao contrário, significarem reflexo em outro ramo do Direito.

Como efeitos secundários de natureza penal, enumeram-se: a indução à reincidência; o impedimento, em regra, para a concessão do *sursis* e sua revogação; revogação, obrigatória ou facultativa, conforme o caso, do livramento condicional; dilação do prazo da prescrição da pretensão executória etc.

Por outro giro, os efeitos secundários podem transcender o Direito Penal, caracterizando-se por consequências extrapenais que podem ser genéricas, ou seja, em regra aplicáveis a todas as condenações, ou específicas, possíveis apenas em condenações por alguns delitos. Acerca desses efeitos, tem-se como exemplos os arts. 91 (genéricos) e 92 (específicos) do CP, sendo importante ressaltar que alguns deles não carecem ser declarados na sentença condenatória (automáticos), enquanto outros devem (não automáticos).

No Código Penal Militar, a lógica é um pouco distinta, pois ainda há a previsão de penas acessórias, muitas das quais, hoje, embora não literalmente, são efeitos da condenação. De forma, expressa, por outro lado, o art. 109 possui similar previsão no art. 91 do CP.

Dessa maneira, também podemos asseverar que, advindo uma condenação penal militar irrecorrível, o condenado passará a sofrer as consequências do injusto típico praticado, naquilo que se denomina efeitos da condenação criminal, efeitos que podem ser principais – obrigação de cumprir, de submeter-se à execução da pena – ou secundários, os quais podem ser de natureza penal e extrapenal, de acordo com o ramo do Direito em que surtem consequências.

Mas, adstritos ao nosso tema de estudo, quais os efeitos da condenação trazidos pela Lei de Abuso de Autoridade?

O art. 4º da Lei de Abuso de Autoridade dispõe:

> Art. 4º São efeitos da condenação:
>
> I – tornar certa a obrigação de indenizar o dano causado pelo crime, devendo o juiz, a requerimento do ofendido, fixar na sentença o valor mínimo para reparação dos danos causados pela infração, considerando os prejuízos por ele sofridos;
>
> II – a inabilitação para o exercício de cargo, mandato ou função pública, pelo período de 1 (um) a 5 (cinco) anos;
>
> III – a perda do cargo, do mandato ou da função pública.

> Parágrafo único. Os efeitos previstos nos incisos II e III do caput deste artigo são condicionados à ocorrência de reincidência em crime de abuso de autoridade e não são automáticos, devendo ser declarados motivadamente na sentença.

Buscando classificá-los, em primeiro aporte, fazemos eco a Rogério Sanches e Rogério Greco, na seguinte ordem (2019, p. 32):

> Como se percebe, nos incisos do mencionado art. 4º o legislador fundiu parte dos arts. 91 e 92 do CP, com o art. 387, IV, do CPP. Mesclou efeitos extrapenais genéricos com específicos, ambos convivendo com a antecipação da reparação de danos líquidos apurados no processo-crime. Acabou, ainda, mesclando efeitos automáticos com não automáticos. Aliás, para estes, criou nova condicionante, qual seja, a reincidência em crime de abuso de autoridade.

Assim, a Lei de Abuso de Autoridade impõe, diante de uma condenação passada em julgado, óbvio, o efeito principal de submissão à pena prevista no preceito secundário dos tipos penais, o que trará, a reboque, os efeitos secundários penais enumerados no Código Penal Militar e no Código Penal comum. Mas, em adição, impõe alguns efeitos secundários extrapenais, em uma mescla de genéricos e específicos fugindo dos paradigmas anteriores, estes sim previstos no art. 4º da Lei, que devem ser melhor esmiuçados.

O efeito de "tornar certa a obrigação de indenizar o dano causado pelo crime, devendo o juiz, a requerimento do ofendido, fixar na sentença o valor mínimo para reparação dos danos causados pela infração, considerando os prejuízos por ele sofridos" pode ser aplicado já na primeira condenação do agente pelo crime de abuso de autoridade.

Trata-se de um efeito automático no que concerne à obrigação de reparar o dano, posto que a sentença penal condenatória, transitada em julgado, constitui-se em título executivo judicial, nos termos do inciso VI do art. 515 do Código de Processo Civil – assim como replica o art. 8º da Lei n. 13.869/2019 –, merecendo, pois, o cumprimento da sentença como fase, embora careça de prévia liquidação.

Todavia, é possível, nos termos do Código de Processo Penal que o Juiz criminal fixe um mínimo reparatório já na sentença criminal, que não impedirá que no juízo competente se discuta valor maior.

Nesse sentido, a Lei n. 11.719, de 2008 acresceu no CPP, a possibilidade de o próprio juiz criminal instituir o efeito cível de reparação do dano em favor da vítima:

> Art. 387. O juiz, ao proferir sentença condenatória:
>
> (...)
>
> IV – fixará valor mínimo para reparação dos danos causados pela infração, considerando os prejuízos sofridos pelo ofendido.

Mas há uma destacada diferença entre os dispositivos apresentados. Na redação do inciso I do art. 4º da Lei de Abuso de Autoridade, a fixação de valor mínimo para reparação dos danos, deve ser feita a requerimento do ofendido, vale dizer, o juiz não pode avançar no estabelecimento da indenização mínima de ofício, diferentemente da redação do CPP que não exige a ação do ofendido.

Fixe-se, então, que o dever de reparação do dano é inerente à condenação (automático), mas a fixação do valor mínimo para reparação dos danos causados pela infração, considerando os prejuízos por sofridos pelo ofendido deve ser antecipada por sua manifestação nesse sentido (não automático).

Ocorre que, mesmo em se tratando do inciso IV do art. 397 do CPP, apesar de o texto legal não exigir o requerimento do ofendido ou outra condição, o pedido de reparação do dano, na visão jurisprudencial dominante, deve ser formulado na inicial, isso com o fito de permitir que o acusado possa se defender e não seja surpreendido na fase que antecederá a sentença.

A jurisprudência vem fixando entendimento de que há a necessidade do pedido de indenização pela acusação, ou por parte do ofendido, inclusive por danos morais:

> Nos casos de violência contra a mulher praticados no âmbito doméstico e familiar, é possível a fixação de valor mínimo indenizatório a título de dano moral, desde que haja pedido expresso da acusação ou da parte ofendida, ainda que não especificada a quantia, e independentemente de instrução probatória (STJ, Terceira Seção, REsp 1643051/MS, Rel. Min. Rogerio Schietti Cruz, julgado em 28/02/2018).

Trasladando a questão para o Direito Castrense, embora não haja dispositivo correlato ao art. 397 do CPP no CPPM, primeiro, sua aplicação por analogia é possível diante da alínea "a" do art. 3º da Lei Processual Penal Militar e, segundo, com a aplicação da nova Lei de Abuso de Autoridade como delineadora do crime militar extravagante, reforça-se essa possibilidade.

Resta saber se é necessário que o ofendido se manifeste nesses sentido, diante do aparente conflito.

Ao enfrentar a questão, Rogério Sanches e Rogério Greco (2019, p. 34-5) dispõem:

> No Código de Processo Penal, ao contrário do que ocorre na Lei de Abuso de Autoridade, não há necessidade de qualquer requerimento da vítima para que o juiz fixe esse valor mínimo de reparação dos danos. Assim, como conciliar as duas previsões legais sobre o mesmo tema? Nesse caso, deverá ser aplicado o princípio do *lex specialis derogat generalis*, ou seja, somente se houver requerimento por parte da vítima é que o julgador deverá fixar esse valor mínimo para a reparação, em se tratando de condenação por quaisquer das hipóteses previstas na Lei de Abuso de Autoridade. Se a vítima não tiver feito expressamente esse requerimento, caberá tão somente o direito a liquidar, no juízo cível, seu título executivo judicial, vale dizer, a sentença penal condenatória transitada em julgado.

A proposta dos autores pode muito bem ser seguida na seara do Direito Castrense.

Artigo fundamental para a nossa construção é o art. 3º do CPPM:

> Art. 3º Os casos omissos neste Código serão supridos:

a) pela legislação de processo penal comum, quando aplicável ao caso concreto e sem prejuízo da índole do processo penal militar;

b) pela jurisprudência;

c) pelos usos e costumes militares;

d) pelos princípios gerais de Direito;

e) pela analogia.

Enumerar expressamente a aplicação da legislação processual penal comum como fonte integradora é, nada mais nada menos, que ratificar a analogia como forma de integração. Ora, como há a omissão da legislação processual penal militar, ao buscar socorro na legislação processual penal comum (ou em qualquer outra legislação), estaremos utilizando a analogia. Contudo, parece que nesse caso o legislador teve a intenção de reduzir sua aplicação, vedando-a nos casos em que a índole do processo penal militar seja contrariada.

A expressão "índole do processo penal militar", no entanto, não comporta conceito normativo, sendo de difícil apreensão.

Tentemos torneá-la, a partir das lições de Jorge César de Assis:

> Deve ser considerado que a chamada índole do processo penal militar está diretamente ligada àqueles valores, prerrogativas, deveres e obrigações, que sendo inerente aos membros das Forças Armadas, devem ser observados no decorrer do processo, enquanto o acusado mantiver o posto ou graduação correspondente.
>
> Fazem parte da índole do processo penal militar as prerrogativas dos militares, constituídas pelas honras, dignidades e distinções devidas aos graus militares e cargos (Estatuto dos Militares, art. 73), e que se retratam já na definição do juízo natural do acusado militar (Conselho Especial ou Permanente); na obrigação do acusado militar prestar os sinais de respeito aos membros do Conselho de Justiça; a conservação, pelo militar da reserva ou reformado, das prerrogativas do posto ou graduação, quando pratica ou contra ele é praticado crime militar (CPM, art. 13); a presidência do Conselho pelo oficial general ou oficial superior (LOJMU, art. 16, letras *a* e *b*); a prestação do compromisso legal pelos juízes militares (CPPM, art. 400) etc[15].

Com efeito, a palavra "índole" significa uma característica, uma propensão natural, aquilo que é essencial, uma tendência ou inclinação, de sorte que a índole do processo penal militar pode ser traduzida como o que constitui a sua essência e sua tendência.

Em essência, o processo penal militar é composto por um conjunto de atos coordenados, sendo sua inclinação a solução da lide penal militar. Todavia, a essência deve ser adjetivada, pois os atores do processo penal militar possuem qualidades peculiares, já que, muitas vezes, réu e juízes militares integrantes do Conselho de Justiça são militares em acomodação hierárquica, uns em relação aos outros, de modo que essa condição não pode ser esquecida. Ora, se a inclinação do processo penal militar – segunda faceta de sua índole – é a solução de conflitos decorren-

---

15 ASSIS, Jorge César de. *Análise das recentes alterações do Código de Processo Penal comum e a possibilidade de aplicação na Justiça Militar.* Disponível em: <www.jusmilitaris.com.br>. Acesso em: 21 jul. 2011.

tes da prática de um crime militar, não pode o processo servir ao surgimento de outra lide de mesma natureza, permitindo, pois, que um subordinado hierárquico desrespeite seu superior. Assim, muito acertada a visão de Jorge César ao compor a índole do processo penal militar com prerrogativas dos militares, constituídas pelas honras, dignidades e distinções devidas aos graus militares e cargos, obrigações do acusado, dentre as quais a de prestar os sinais de respeito aos membros do Conselho de Justiça, a conservação, pelo militar da reserva ou reformado, das prerrogativas do posto ou graduação, quando pratica ou contra ele é praticado crime militar etc.

Voltando à discussão inaugural, aplicar o art. 397 do CPP ou o inciso I do art. 4º da Lei de Abuso de Autoridade não parece ferir a índole do processo penal militar, vez que não haverá vilipêndio dos elementos muito bem enumerados por Jorge César de Assis.

Assim, entendemos que, uma vez praticado o delito militar extravagante de abuso de autoridade, será possível, desde que haja manifestação do ofendido nesse sentido, que o juiz (ou o Conselho de Justiça) fixe o mínimo indenizatório, sem prejuízo de detida discussão no juízo cível. Entretanto, acompanhando a jurisprudência nos casos do art. 397 do CPP, para que o juiz o faça e que seja fomentado o contraditório e a ampla defesa, impõe-se que esse pedido de fixação já esteja na peça inaugural, no caso do direito processual e penal militar, a denúncia, como regra, ou a queixa-crime nos casos de ação penal de iniciativa privada subsidiária da pública.

Em relação aos efeitos da condenação contidos nos incisos II e III do art. 4º, somente podem ser aplicados – alternativa ou cumulativamente – na reincidência de crime de abuso de autoridade e não se aplica automaticamente, ou seja, a imposição deve se dar por decisão motivada do juiz (ou Conselho de Justiça).

Caso o agente público condenado por abuso de autoridade tenha condenação anterior pelo crime de prevaricação, por exemplo, esses efeitos não poderão ser aplicados, com fundamento na Lei de Abuso de Autoridade.

Há de ser reincidência, repise-se, em crime de abuso de autoridade, vale dizer, tipificado na Lei n. 13.869/19, não necessitando ser a reincidência no mesmo tipo penal, uma vez que a lei não utilizou a expressão que indique reincidência específica.

Cargo público, já esmiuçamos acima, coincide com unidades indivisíveis de atribuições e competências, criadas por lei, retribuídas por pessoas jurídicas de direito público e regidas pelo regime estatutário. Mandato traduz-se por aquele que – pela sua própria natureza, possui um tempo certo de duração, podendo ou não ser renovado, a exemplo do que ocorre com os mandatos eletivos, conquistados através do voto popular, tal como ocorre com os vereadores, prefeitos, deputados (estaduais e federais), senadores e presidentes da república – (CUNHA; GRECO, 2019, p. 37). Por fim, função pública, na compreensão do sistema constitucional atual, a utilização da expressão deve compreender dois tipos de situação:

> 1. a função exercida por servidores contratados temporariamente com base no artigo 37, IX, para a qual não se exige, necessariamente, concurso público, porque, às vezes, às vezes a própria urgência da contratação é incompatível com a demora do proce-

> dimento; a Lei nº 8.112/90 definia, no art. 233, § 3º, as hipóteses em que o concurso era dispensado; esse dispositivo foi revogado pela Lei nº 8.745, de 9-12-93, que agora disciplina a matéria com as alterações posteriores;
>
> 2. as funções de natureza permanente, correspondente a chefia, direção, assessoramento ou outro tipo de atividade para qual o legislador não crie o cargo respectivo; em geral, são funções de confiança, de livre provimento e exoneração; a elas se refere o art. 37, V, ao determinar, com redação da Emenda Constitucional nº 19, que "as funções de confiança serão exercidas exclusivamente por servidores ocupantes de cargo efetivo, e os cargos em comissão, a serem preenchidos por servidores de carreira nos casos, condições e percentuais mínimos previstos em lei, destinam-se apenas às atribuições de direção, chefia e assessoramento (DI PIETRO, 2019, p. 691-2).

Ao fim, portanto, tem-se que o conceito de função é residual, abarcando o conjunto de atribuições que não correspondam a um cargo ou emprego (DI PIETRO, 2019, p. 690).

Devemos trazer as concepções acima para o universo dos militares.

De chofre, na atual estrutura das instituições militares, não vislumbramos a existência de mandato na Administração Militar, o que reduziria a possibilidade de inabilitação do mandato ou sua perda aos casos em que o militar da ativa pratica o delito de abuso de autoridade, mas é diplomado, posteriormente, em cargo eletivo, com mandato definido. Neste caso, algumas questões surgiriam, como o foro especial por prerrogativa de função e a discussão sobre a necessidade de o abuso ter sido praticado no mandato para gerar os efeitos da condenação em estudo. Fato é que não existe militar da ativa – potencial sujeito ativo do crime militar extravagante de abuso de autoridade – detendo mandato.

No que se refere à função, na administração militar e com o foco do cometimento do crime militar extravagante de abuso de autoridade, em regra, estará ela adstrita a um cargo militar (posto ou graduação). Exemplificativamente, um militar do Estado no posto de tenente-coronel – que é seu cargo, como veremos – pode desempenhar a função de Comandante de Unidade, cujas atribuições são várias e podem ser condicionadas em uma norma positivada, percebendo em alguns casos um acréscimo pecuniário, denominado "representação de comando". Por essa acepção, seria possível a aplicação do efeito da condenação de um oficial, por exemplo, à inabilitação para o exercício da função de Comandante de Unidade por tempo fixado em sentença, desde que no intervalo de 1 a 5 anos. Note-se, o militar manteria o cargo (tenente-coronel), mas não poderia ser designado para a função de Comandante de Unidade.

Claro, outras leituras podem ser feitas, mas esta nos parece adequada à conformação da Administração Militar.

Resta, nesta escalada, delinear o que seria o cargo na administração militar.

Trazendo a concepção de cargo para os militares da ativa – únicos sujeitos ativos possíveis nos crimes militares extravagantes de abuso de autoridade, ressalvada a hipótese de concurso de pessoas –, temos que compreender que o grau hierárquico se equipara ao cargo, ou seja, o posto, grau hierárquico do oficial, coincide com seu cargo (*v.g.* capitão da Polícia Militar do Estado de São Paulo), enquanto a graduação, grau hierárquico de praça, também coincide com seu cargo (*v.g.* suboficial da Aeronáutica).

Dessa maneira, parece-nos haver uma bifurcação nos efeitos da condenação do inciso II e III do art. 4º da Lei de Abuso de Autoridade.

Falemos, primeiro, da inabilitação.

Há que se notar que a Lei não condiciona a inabilitação ao mesmo cargo em que o crime foi praticado. Assim, embora o abuso tenha sido praticado por um agente público no cargo de capitão da Polícia Militar, entendemos que, perdendo ou não este cargo, a inabilitação poderá ser genérica, abrangendo todo e qualquer cargo público, não apenas o cargo que detinha.

Pode causar espécie idealizar uma situação de inabilitação sem a prévia perda do cargo, mas isso é perfeitamente possível, como vislumbraram Rogério Sanches e Rogério Greco (2019, p. 38):

> Num primeiro momento chegamos a pensar não ser possível a aplicação desse efeito específico da condenação ao agente que mantém seu cargo, mandato ou função pública.
>
> Contudo, melhor refletindo, parece possível sim, como no caso do agente que se exonerou, foi demitido ou renunciou, antes da condenação pelo crime de abuso. Pode o juiz, na condenação pelo crime da Lei 13.869/19, aplicar somente este efeito, fundamentando sua decisão.

Poderíamos imaginar, na esteira de raciocínio dos autores, que um capitão da Polícia Militar figure em uma ação penal como autor de abuso de autoridade e, verificando que suas chances de absolvição são remotas, peça exoneração da instituição militar. Note-se que o fato de ter sido exonerado a pedido impossibilita o efeito da condenação de perda do cargo, mas não a inabilitação que poderá se dar não apenas em relação ao cargo em que praticou o ato, mas de uma forma mais abrangente, já que a Lei de Abuso de Autoridade, repita-se, não limita este efeito ao cargo em que ocorreu o ato criminoso.

Mais complicada é a análise da perda do cargo público, pois há implicações constitucionais peculiares para os militares.

Retome-se que a perda do cargo público, para os militares, significa a perda do posto ou da graduação, como acima destacado. Acrescente-se, ademais, que a discussão que aqui se travará é existente também na análise de outras leis penais (*v.g.* § 6º do art. 2º da Lei n. 12.850/13 – crime organizado) e não penais (*v.g.* art. 12 da Lei n. 8.429/92 – improbibade administrativa, que possibilita a perda da função pública) que tornam possível a perda de cargo do agente público.

No que concerne a praças das Forças Armadas, nada obsta a efetivação desse efeito da condenação no plano constitucional, pois não há restrições a essa possibilidade no texto da Carta Maior.

Entretanto, no caso de praças das Forças Auxiliares, a aplicação conhece visão limitadora pelo disposto no art. 125, § 4º, da CF. Por esse dispositivo, constitucional, somente seria possível a perda de graduação de praça das Forças Auxiliares – entenda-se do cargo – por decisão de Tribunal competente, notadamente os Tribunais de Justiça Militar dos Estados de São Paulo, Rio Grande do Sul e Minas Gerais, ou, nas demais Unidades Federativas, onde não há Corte Castrense de segundo grau, dos Tribunais de Justiça.

Diante dessa realidade normativa, há entendimento no sentido de que o dispositivo constitucional possui uma eficácia ampla, de sorte que toda perda de graduação de praça das Polícias Militares e Corpos de Bombeiros Militares em razão de condenação criminal, como efeito da condenação, deveria passar pelo crivo da segunda instância. Nessa linha, havendo condenação por abuso de autoridade – ou, ainda, por tortura, organização criminosa etc.–, a condenação transitada em julgado deveria ser, por representação do Ministério Público, levada à apreciação do tribunal competente. Essa parece ser a visão dominante, a exemplo do que ocorre no Tribunal de Justiça Militar do Estado de São Paulo, conforme se extrai do Acórdão proferido nos autos da Perda de Graduação de Praça n. 560/01, julgado em 8 de fevereiro 2006, sob relatoria do Juiz Cel. PM Avivaldi Nogueira Júnior. Em trecho do Acórdão (fls. 3 e 4), decidiu-se:

> A defesa pugnou pela improcedência da Representação alegando que a perda do cargo ou da função não foi aplicada como efeito da condenação, conforme prevê o artigo 92, I, do Código Penal brasileiro. E, na sequência, observou que, na hipótese de procedência da Representação, os efeitos previdenciários decorrentes da inatividade do Representado deveriam ser preservados.
>
> Atente-se que, na espécie, nem haveria de se falar na previsão contida no Código Penal. Aplicável seria o artigo 102 do Código Penal Militar. Previa este artigo a exclusão imediata da praça que fosse condenada a pena superior a dois anos. Todavia, conforme já sedimentado, este artigo foi derrogado com a promulgação da Constituição Federal de 1988. O texto constitucional estabeleceu, então, a competência deste Tribunal para decidir sobre a perda da graduação das praças, afastando tanto a exclusão automática quanto o tempo mínimo da condenação criminal. Desse modo, para que o Ministério Público ofereça a Representação a ser analisada por este E. Tribunal, basta a existência de uma condenação criminal transitada em julgado, seja ela qual pena for.

Por outro enfoque, também existe construção segundo a qual, como o art. 125 da Constituição da República diz respeito ao estabelecimento de competência das Justiças Militares dos Estados, a previsão constante na última parte do § 4º desse artigo deve ficar contida à competência criminal da Justiça Militar dos Estados, ou seja, apenas aplicável aos crimes militares, o que abrangeria também, após a Lei n. 13.491/17, o crime de abuso de autoridade (de tortura, de organização criminosa etc.).

Por essa compreensão, havendo condenação de praça da Polícia Militar, por abuso de autoridade na Justiça Comum – hoje, após a Lei n. 13.491/17, hipótese remota, já que os crimes comuns pode ser considerados militares nas hipóteses do inciso II do art. 9º do CPM –, a condenação transitada em julgado bastaria para que a administração militar executasse a sentença, excluindo o militar das fileiras, seja por um ato chamado de exoneração, seja por uma demissão, conforme ditado por legislação estatutária, como ocorre neste último caso, exemplificativamente, com o previsto na alínea "b" do inciso II do art. 23 da Lei Complementar n. 893, de 9 de março de 2001, o Regulamento Disciplinar da Polícia Militar do Estado de São Paulo.

Ainda por essa segunda visão, em havendo condenação pela Justiça Militar Estadual por crime militar, incluindo os crimes militares extravagantes como o abuso de autoridade, necessária a decisão do órgão de segundo grau competente para a efetivação da perda de graduação de praça, aí sim, nos termos constitucionais (art. 125, § 4º, CF).

Como referência dessa visão, tome-se, no Superior Tribunal de Justiça, o *Habeas Corpus* n. 47.846/MG, julgado em 11 de dezembro de 2009, sob a relatoria do Ministro Og Fernandes:

> CRIME. TORTURA. PERDA. CARGO. O paciente, na condição de policial militar, teria sido omisso ao não impedir que os outros milicianos praticassem, nas dependências do batalhão policial, tortura contra duas pessoas, sendo que uma delas veio a falecer em razão das agressões sofridas. Foi condenado como incurso nas penas do art. 1º, § 2º, da Lei n. 9.455/1997. Sustenta a defesa que o paciente não teve conhecimento do fato delituoso, não estando sequer presente quando das agressões, ficando clara a equivalência ou paridade entre a situação dos acusados absolvidos e a dele. Mas o Min. Og Fernandes, Relator, entende que a pretensão não merece guarida uma vez que a imputação recaída sobre o paciente – de ter-se omitido em face do cometimento de prática de tortura – encontra amparo no decidido pelas instâncias ordinárias, que se lastreiam no conjunto probatório. Também porque, na condição de policial militar, o paciente tinha o dever legal de evitar a prática de crime ocorrido nas dependências do estabelecimento em que trabalhava. Há de se acrescer ainda o relato das testemunhas, segundo as quais os pedidos de socorro eram ouvidos de suas casas. Assim, fica afastada a alegação de que, por estar junto ao portão de entrada do prédio, não haveria meios de ter ciência das violências perpetradas. Finalmente, o pedido demanda revolvimento do conjunto fático probatório, providência incompatível com a via eleita. Quanto à pretensão de afastar as penas acessórias da perda do cargo e impedimento de exercer outra função pública pelo período de dois anos, destacou o Min. Relator que a jurisprudência consolidada neste Superior Tribunal é que, nos crimes de tortura, a perda do cargo é efeito automático e obrigatório da condenação. Assim, não haveria sequer a necessidade de fundamentar a medida. Dessa forma, a Turma, ao prosseguir o julgamento, por maioria, denegou a ordem, vencidos os Ministros Celso Limongi e Nilson Naves, que a concediam. Precedentes citados do STF: HC 92.181-MG, DJe 1º/8/2008; do STJ: HC 40.861-MG, DJ 2/5/2005; HC 97.195-SP, DJe 19/10/2009; HC 95.335-DF, DJe 4/8/2008; HC 106.995-MS, DJe 23/3/2009; REsp 799.468-AP, DJ 9/4/2007, e HC 92.247-DF, DJ 7/2/2008.

Essa também a visão construída no Supremo Tribunal Federal, como se extrai da decisão monocrática, datada de 29 de abril de 2011, em que o Ministro Dias Tóffoli, nos autos do Recurso Extraordinário n. 568.423/SP, consignou:

> Com efeito, a jurisprudência desta Suprema Corte firmou-se no sentido de que "à Justiça Militar Estadual compete decidir sobre a perda da graduação de praças somente quando se tratar de crime em que a ela caiba processar e julgar, ou seja, crimes militares" (RE 602.280/SC-AgR, Primeira Turma, Relator o Ministro Ricardo Lewandowski, DJe de 10/3/11).

Perfilhando nesse entendimento, destaco precedentes:

"CONSTITUCIONAL. MILITAR. PRAÇA DA POLÍCIA MILITAR. EXPULSÃO. C.F., art. 125, § 4º, I. A prática de ato incompatível com a função policial militar pode implicar a perda da graduação como sanção administrativa, assegurando-se à praça o direito de defesa e o contraditório. Neste caso, entretanto, não há invocar julgamento pela Justiça Militar estadual. A esta compete decidir sobre a perda da graduação das praças, como pena acessória do crime que a ela, Justiça Militar estadual, coube decidir, não subsistindo, em consequência, relativamente aos graduados, o art. 102 do Cód. Penal Militar, que a impunha como pena acessória da condenação criminal a prisão superior a dois anos. II. R.E. não conhecido" (RE n. 199.800/SP, Tribunal Pleno, Relator o Ministro Carlos Velloso, DJ de 4/5/01);

"Praça da Polícia Militar. Licenciamento por conveniência do serviço. Competência. Falta de prequestionamento das questões relativas aos incisos LIII, LV e LVII do art. 5º da Constituição. Por outro lado, o Plenário desta Corte, ao julgar o RE 199.800, apreciando caso análogo ao presente, decidiu, quanto à alegação de ofensa ao artigo 125, § 4º, da Constituição, que a prática de ato incompatível com a função militar pode implicar a perda da graduação como sanção administrativa, não se havendo de invocar julgamento pela Justiça Militar Estadual, porquanto a esta compete decidir sobre a perda da graduação das praças somente como pena acessória dos crimes que a ela couber decidir. Dessa orientação não divergiu o acórdão recorrido. Recurso extraordinário não conhecido" (RE n. 283.393/ES, Primeira Turma, Relator o Ministro Moreira Alves, DJ 18/5/01).

O acórdão recorrido divergiu desse entendimento ao decretar a perda da graduação de praça do recorrente, condenado pelo Juízo comum à pena de três anos de reclusão pela prática do delito previsto no art. 121, caput, c/c os arts. 14, inciso II, e 73, todos do Código Penal (fls. 19/20). Portanto, merece ser reformado.

Aliás, outro não foi o entendimento do Ministério Público Federal ao consignar que "competiria ao Presidente do Tribunal do Júri cominar ao recorrente a pena de perda da graduação, porquanto a referida reprimenda acessória deveria ter sido imposta pelo Tribunal competente para processá-lo e julgá-lo" (fls. 145).

Ante o exposto, forte na jurisprudência da Corte, conheço do recurso extraordinário e lhe dou provimento (art. 21, § 2º, do RISTF), sem, contudo, obstar que eventual procedimento administrativo disciplinar seja instaurado para apurar a questão.

Muito embora os precedentes citados pelo Supremo Tribunal Federal se refiram mais à possibilidade de aplicação de sanção disciplinar de forma autônoma da apreciação do Tribunal de Justiça Militar, evidenciam eles, assim como a própria decisão transcrita, que a previsão final do § 4º do art. 125 da Constituição Federal possui interpretação restrita aos crimes de competência da própria Justiça Militar, ou seja, nos casos de crimes militares.

A visão exposta também é presente em decisões colegiadas, como o caso do RHC n. 104.571/AC, julgado pela Primeira Turma do Supremo Tribunal Federal, em 18 de outubro de 2010, sob relatoria do Ministro Luiz Fux.

Conclua-se, portanto, que para praças das Forças Armadas não há óbices para a efetivação do efeito da condenação do inciso III do art. 4º da Lei n. 13.869/2019 em primeira instância da Justiça Militar da União, desde que conste motivadamente da sentença, como exige o parágrafo único do mesmo inciso. Para praças das Forças Auxiliares, em sendo a condenação pelo crime de abuso de autoridade na Justiça Militar – o que passa a ser a regra, após a Lei n. 13.491/17 –, a perda do cargo, coincidente com a perda da graduação, deverá se dar pelo órgão de segunda instância da Justiça Militar, em observância ao § 4º do art. 125 da Constituição Federal.

O caso dos oficiais também passa por uma compreensão constitucional, especificamente pelos incisos VI e VII do § 3º do art. 142 da Constituição Federal, aplicáveis aos oficiais das Forças Armadas, mas que aproveita também aos oficiais das Forças Auxiliares, por previsão do § 1º do art. 42 também da Constituição.

Dispõem os incisos:

> VI – oficial só perderá o posto e a patente se for julgado indigno do oficialato ou com ele incompatível, por decisão de tribunal militar de caráter permanente, em tempo de paz, ou de tribunal especial, em tempo de guerra;
>
> VII – o oficial condenado na justiça comum ou militar a pena privativa de liberdade superior a dois anos, por sentença transitada em julgado, será submetido ao julgamento previsto no inciso anterior;

Claramente, a previsão constitucional trabalha com duas situações. No inciso VI tem-se um direito do oficial de somente perder o posto e a patente, entenda-se, o cargo, por decisão de tribunal militar de caráter permanente em tempo de paz, ou seja, decisão do Superior Tribunal Militar no âmbito federal e dos Tribunais de Justiça Militar (ou Tribunal de Justiça, nas Unidades Federativas onde eles são inexistentes), na órbita dos Estados e do Distrito Federal.

No outro inciso, o VII, tem-se a imposição para o julgamento do inciso VI nos casos da condenação por qualquer crime à pena privativa de liberdade acima de 2 anos.

Para o estudo em curso – aplicação da perda de cargo como efeito da condenação pelo crime de abuso de autoridade –, os dois incisos são aplicáveis, posto que a previsão do inciso III do art. 4º da Lei n. 13.869/19 não exige quantidade de condenação para a perda do cargo, permitindo enquadramento no inciso VI do § 3º do art. 142 da CF, mas, tendo por foco o preceito secundário dos delitos de abuso de autoridade, alguns podem ensejar condenação a pena superior a 2 anos (v.g. art. 22 da Lei de Abuso de Autoridade, com pena de detenção de 1 a 4 anos), impulsionando o inciso VII no mesmo parágrafo e artigo da Constituição.

Em ambos os casos, portanto, sempre haverá a necessidade da decisão do órgão de segunda instância, o que confere, na visão de alguns doutrinadores, vitaliciedade aos oficiais. Nesse sentido, consigna Antônio Pereira Duarte (1995, p. 59 e 60), ao comentar dispositivo constitucional anterior, mas de igual teor ao atualmente existente:

> Contudo, em razão da natureza vitalícia do cargo que ostenta, o oficial somente poderá ter suprimido o posto e a patente mercê de sentença judiciária. Isto equivale dizer que jamais o oficial será demitido do serviço público pura e simplesmente, visto que a vitaliciedade ínsita ao cargo que ocupa, o torna invulnerável ao ato demissional. Somente por via da declaração judicial de indignidade ou incompatibilidade para o oficialato, é que decorrerá a demissão *ex officio* do militar assim considerado indigno ou incompatível com a sua alta posição hierárquica.

Particularmente no caso do Superior Tribunal Militar, o rito processual está disciplinado nos arts. 112 a 114 de seu Regimento Interno, onde se trata da Representação para a Declaração de Indignidade ou Incompatibilidade para com o Oficialato.

Com o trânsito em julgado da sentença da Justiça Militar que haja condenado o Oficial das Forças Armadas à pena privativa de liberdade superior a dois anos, o Procurador-Geral da Justiça Militar formulará Representação para que o Tribunal julgue se o representado é indigno ou incompatível para com o oficialato. Embora a norma regimental trate apenas da condenação superior a dois anos, não se pode negar que em casos outros de condenação criminal que fomente a perda do cargo, independentemente da pena aplicada, haverá também a necessidade dessa mesma representação perante o Superior Tribunal Militar, por imposição do inciso VI do § 3º do art. 142 da CF, acima transcrito, caso da aplicação do inciso III do art. 4º da Lei de Abuso de Autoridade.

Entretanto, a exemplo do que ocorre com praças das Forças Auxiliares, não se pode descartar entendimento diverso – do qual discordamos –, no sentido de que a prerrogativa de perda de posto e patente do oficial das Polícias Militares e Corpos de Bombeiros Militares por decisão de Tribunal Militar deve apenas ser reconhecida quando a condenação geradora for da Justiça Militar, também com arrimo no § 4º do art. 125 da CF, que igualmente fala em competência do Tribunal para declarar a perda do posto dos oficiais.

Nesse sentido, o Emb. Decl. nos Emb. Decl. no Ag. Reg. No Ag. De Instrumento n. 769.637/MG, julgado pela Segunda Turma do Supremo Tribunal Militar, em 26 de junho de 2013, sob relatoria do Ministro Celso de Mello:

> CRIME DE TORTURA – CONDENAÇÃO PENAL IMPOSTA A OFICIAL DA POLÍCIA MILITAR – PERDA DO POSTO E DA PATENTE COMO CONSEQUÊNCIA NATURAL DESSA CONDENAÇÃO (LEI Nº 9.455/97, ART. 1º, § 5º) – INAPLICABILIDADE DA REGRA INSCRITA NO ART. 125, § 4º, DA CONSTITUIÇÃO, PELO FATO DE O CRIME DE TORTURA NÃO SE QUALIFICAR COMO DELITO MILITAR – PRECEDENTES – SEGUNDOS EMBARGOS DE DECLARAÇÃO – INOCORRÊNCIA DE CONTRADIÇÃO, OBSCURIDADE OU OMISSÃO – PRETENSÃO RECURSAL QUE VISA, NA REALIDADE, A UM NOVO JULGAMENTO DA CAUSA – CARÁTER INFRINGENTE – INADMISSIBILIDADE – PRONTO CUMPRIMENTO DO JULGADO DESTA SUPREMA CORTE, INDEPENDENTEMENTE DA PUBLICAÇÃO DO RESPECTIVO ACÓRDÃO, PARA EFEITO DE IMEDIATA EXECUÇÃO DAS DECISÕES EMANADAS DOTRIBUNAL LOCAL – POSSIBILIDADE – EMBARGOS DE DECLARAÇÃO NÃO CONHECIDOS. TORTURA – COMPETÊNCIA DA JUSTIÇA COMUM – PERDA DO CARGO COMO EFEITO AUTOMÁTICO E NECESSÁRIO DA CONDENAÇÃO PENAL. – O crime de tortura, tipificado na Lei nº 9.455/97, não se qualifica como delito de natureza castrense, achando-se incluído, por isso mesmo, na esfera de competência penal da Justiça comum (federal ou local, conforme o caso), ainda que praticado por membro das Forças Armadas ou por integrante da Polícia Militar. Doutrina. Precedentes. – A perda do cargo, função ou emprego público – que configura efeito extrapenal secundário – constitui consequência necessária que resulta, automaticamente, de pleno direito, da condenação penal imposta ao agente público pela prática do crime de tortura, ainda que se cuide de integrante da Polícia Militar, não se lhe aplicando, a despeito de tratar-se de Oficial da Corporação, a cláusula inscrita no art. 125, § 4º, da Constituição da República. Doutrina. Precedentes. EMBARGOS DE DECLARAÇÃO – UTILIZAÇÃO PROCRASTINATÓRIA – EXECUÇÃO IMEDIATA – POSSIBILIDADE. – A reiteração de embargos de declaração, sem que se registre qualquer dos pressupostos legais de embargabilidade (CPP, art. 620), reveste-se de caráter abusivo e evidencia o intuito protelatório que anima a conduta processual da parte recorrente. – O propósito revelado pelo embargante, de impedir a consumação do trânsito em julgado de decisão que lhe foi desfavorável – valendo-se, para esse efeito, da utilização sucessiva e procrastinatória

> de embargos declaratórios incabíveis –, constitui fim que desqualifica o comportamento processual da parte recorrente e que autoriza, em consequência, o imediato cumprimento da decisão emanada desta Suprema Corte, independentemente da publicação do acórdão consubstanciador do respectivo julgamento. Precedentes.

Ao se aceitar o crime de abuso de autoridade como crime militar extravagante, com a condenação pela Justiça Militar Estadual, na linha do precedente apontado, a perda do cargo (perda do posto e da patente) exigirá decisão do Tribunal de Justiça Militar, esvaziando-se a discussão, mas a posição é digna de nota.

No que se refere aos oficiais das Forças Armadas, inexistindo norma paritária ao art. 125, § 4º, da CF, parece evidente que a perda do cargo (perda de posto e patente) deve ser por decisão do Superior Tribunal Militar, aplicando-se os incisos mencionados do § 3º do art. 142 da CF.

2.8.9.3. Penas restritivas de direitos

As penas restritivas de direito foram introduzidas no direito penal comum brasileiro no ano de 1998, por meio da Lei n. 9.714 que modificou apenas o Código Penal comum.

Agora, o art. 5º da Lei n. 13.869/2019 limitou as possibilidades de penas restritivas de direitos, na seguinte conformidade:

> Art. 5º As penas restritivas de direitos substitutivas das privativas de liberdade previstas nesta Lei são:
>
> I – prestação de serviços à comunidade ou a entidades públicas;
>
> II – suspensão do exercício do cargo, da função ou do mandato, pelo prazo de 1 (um) a 6 (seis) meses, com a perda dos vencimentos e das vantagens;
>
> III – VETADO.
>
> Parágrafo único. As penas restritivas de direitos podem ser aplicadas autônoma ou cumulativamente.

Dessa forma, os agentes públicos civis que cometam crime de abuso de autoridade e porventura venham a ser condenados a pena privativa de liberdade, poderão ter a substituição da pena corpórea pela prestação de serviços à comunidade ou pela suspensão do exercício do cargo.

Em não trazendo a Lei de Abuso de Autoridade critérios ou requisitos para a substituição, acolhem-se aqueles do Código Penal comum, em seu art. 44:

> Art. 44 – As penas restritivas de direitos são autônomas e substituem as privativas de liberdade, quando:
>
> I – aplicada pena privativa de liberdade não superior a quatro anos e o crime não for cometido com violência ou grave ameaça à pessoa ou, qualquer que seja a pena aplicada, se o crime for culposo;
>
> II – o réu não for reincidente em crime doloso;

III – a culpabilidade, os antecedentes, a conduta social e a personalidade do condenado, bem como os motivos e as circunstâncias indicarem que essa substituição seja suficiente.

Mas seria possível essa substituição na Justiça Militar?

Inaugure-se com a premissa de que a alteração do Código Penal ocorrida no ano de 1998 não atingiu o Código Penal Militar. Assim, embora o CPM possua penas restritivas de direitos, a exemplo da suspensão do exercício do posto, graduação, cargo ou função (art. 64 do CPM), não incorporou as penas restritivas de direito do CP e nem a lógica da substituição das penas privativas de liberdade em penas restritivas de direito.

A primeira visão que se extrai, com a qual concordamos, nesse cenário é a de que não seria possível a aplicação do art. 5º da Lei n. 13.869/2019 nos casos de condenação por crimes militares militares extravagantes de abuso de autoridade, ou seja, sendo militar, o agente incorrerá no crime militar de abuso de autoridade, e uma vez adquirida a natureza de crime militar, o regramento seguirá as regras do Código Penal Militar, em cujo texto não há previsão de substituição de penas como o faz o art. 44 do CP.

Essa visão, frise-se, conta com o prestígio jurisprudencial:

HABEAS CORPUS. RECURSO EXTRAORDINÁRIO. EFEITO SUSPENSIVO. DESCABIMENTO. IRREGULARIDADE NO INQUÉRITO. INSTAURAÇÃO DA AÇÃO PENAL. PRECLUSÃO. CRIME MILITAR. PENA ALTERNATIVA. APLICAÇÃO DO ART. 44 DO CÓDIGO PENAL COMUM. IMPOSSIBILIDADE. DISCIPLINA DIVERSA DO CÓDIGO PENAL MILITAR. ORDEM DENEGADA. 1. O Supremo Tribunal Federal não tem competência para conferir efeito suspensivo ao recurso extraordinário pendente de análise de admissibilidade na Corte de origem, especialmente quando foi concedido ao paciente o direito de recorrer em liberdade. 2. A ausência de advogado no curso da investigação administrativa não contamina a ação penal posteriormente instaurada, em que a ampla defesa foi garantida ao acusado. 3. Não se aplica aos crimes militares a substituição da pena privativa de liberdade por restritiva de direitos, prevista no art. 44 do Código Penal, pois o art. 59 do Código Penal Militar disciplinou de modo diverso as hipóteses de substituição cabíveis sob sua égide. Precedentes. 4. Ordem denegada (STF, Segunda Turma, HC n. 94.083/DF, rel. Min. Joaquim Barbosa, j. 09/02/2010).

EMENTA: APELAÇÃO. DEFESA. ENTORPECENTE. AMPLIAÇÃO DO EFEITO DEVOLUTIVO DA APELAÇÃO. CRIME MILITAR IMPRÓPRIO, DE MERA CONDUTA E DE PERIGO ABSTRATO. PRINCÍPIOS DA INSIGNIFICÂNCIA E DA PROPORCIONALIDADE. LEI Nº 11.343/06. INAPLICABILIDADE. ESPECIALIDADE DA LEGISLAÇÃO PENAL MILITAR. PEQUENA QUANTIDADE DE DROGA. SUBSTITUIÇÃO DA PENA PRIVATIVA DE LIBERDADE POR RESTRITIVA DE DIREITO. O Apelo devolve ao Tribunal o exame integral da matéria discutida na demanda, sob a luz dos Princípios do Contraditório e da Ampla Defesa, entretanto, o efeito devolutivo não se confunde com efeito ilimitado, encontrando limites nas razões expostas pela parte apelante. O delito de entorpecente, descrito no art. 290 do CPM, é crime militar impróprio, de mera conduta e de perigo abstrato, razão pela qual basta para a configuração a presunção do perigo para a reprimenda, não havendo a necessidade de se materializar o dano contra a incolumidade pública. Ocorre a efetiva lesão ao bem jurídico tutelado pela norma do art. 290 do CPM o uso de substância entorpecente por militares em serviço, mesmo que em pequenas quantidades, uma vez que a conduta prejudica e compromete a segurança pessoal, a dos companheiros de caserna e a das instalações militares, as quais são voltadas, entre outros fins, para a garantia da ordem social e da soberania do Estado democrático. A presença de militares em atividade sob o efeito de drogas não se coaduna com a eficiência, os valores e os princípios basilares das Forças Armadas, razão pela qual prevalece nesta Justiça Militar o princípio da especialidade, o que torna a aplicação da Lei nº 11.343/06 impossibilitada, inexistindo violação aos Princípios da Insignificância e da Proporcionalidade. Em crimes militares não se aplica a substituição da pena privativa de liberdade por restritiva de direito. Recurso Defensivo não provido. Decisão unânime. (STM, Apelação n. 7000214-15.2019.7.00.0000, rel. Min. Odilson Sampaio Benzi, j. 18/06/2019)

EMENTA – CRIME MILITAR – ABANDONO DE POSTO (art. 195 do CPM) E VIOLAÇÃO DE DOMICÍLIO (ART. 226 do CPM). Sentença condenatória. Pleito de Absolvição. Impossibilidade. Tese de inexigibilidade de conduta diversa com relação ao delito do art. 195 do CPM. Ausência de hipótese de flagrância. Fato ocorreu em data pretérita e não no momento em que o acusado recebeu o telefonema. Além disso, restou demonstrado que ao sair da guarnição, o acusado teria dito que recebeu autorização da Supervisão de Graduado para ir resolver um problema familiar, o que efetivamente não aconteceu, pois a comunicação ao seu superior se deu tão só após os fatos, conforme se extrai da oitiva do Major Delvo Nicodemus, Comandante imediato do acusado de onde se conclui que não havia qualquer autorização para saída. Absolvição ao argumento de inocorrência do crime de invasão de domicílio. Impossibilidade. Não há como acolher tal tese diante das firmes e seguras declarações das testemunhas Carla e Etiene. Ambas foram contundentes ao afirmar tanto em sede policial quanto em juízo que o acusado ingressou na residência de Carla e estaria procurando LUCAS (sobrinho de Carla e irmão de Etienne). Acresça-se que as referidas testemunhas, embora parentes de Lucas, não o defenderam. Muito pelo contrário, admitiram que o mesmo é usuário de drogas e que "apronta". Não há qualquer razão para descredenciar suas declarações. Aplicação da pena restritiva de direitos. Descabimento. Pedido alternativo de substituição da pena por restritiva de direito que não encontra respaldo legal, posto que tal instituto não se aplica à Justiça Castrense. Desprovimento ao recurso (TJ-RJ, Quarta Câmara Criminal, Apelação n. 0037960-65.2012.8.19.0001, rel. Des. João Ziraldo Maia, j. 11/02/2014).

HABEAS CORPUS – CONDENAÇÃO PELA PRÁTICA DE CRIME DE DESERÇÃO – EXECUÇÃO PENAL – ALTERAÇÃO DO REGIME FIXADO NA SENTENÇA CONDENATÓRIA – INOCORRÊNCIA – ERRO MATERIAL NO LANÇAMENTO DO LIVRO DE CONTROLE – SUBSTITUIÇÃO DA PENA RESTRITIVA DE LIBERDADE POR PENA ALTERNATIVA – IMPOSSIBILIDADE – CRIME MILITAR PRÓPRIO – WRIT DENEGADO (TJM/MG, HC n. 00071084520129130000, rel. Juiz Fernando Armando Ribeiro, j. 16/01/2013).

Assim, deve prevalecer a visão de impossibilidade de substituição de pena privativa de liberdade por restritiva de direitos nas condenações de abuso de autoridade na Justiça Militar, seguindo a linha jurisprudencial vigente.

Entretanto, não se pode desconhecer que essa visão dos tribunais enumerados não reflete a totalidade dos casos havidos na Justiça Castrense. Em casos muito pontuais, quando a substituição por pena alternativa ocorrer em primeira instância sem que haja a impugnação por recurso, ao menos neste ponto, já houve a substituição de pena privativa de liberdade por restritiva de direitos.

Um exemplo prático está no caso em que jovens, integrantes da 3ª Companhia de Engenharia de Combate, em Dom Pedrito/RS, cometeram o crime de desrespeito a símbolo nacional, tipificado no art. 161 do Código Penal Militar, e foram condenados a um ano de prisão. A pena foi substituída por prestação de serviços à comunidade. Havendo recurso apenas da Defesa (Apelação n. 60-86.2011.7.03.0203/RJ), o Superior Tribunal Militar manteve a decisão de primeiro grau, com a pena restritiva de direito, mesmo porque, obviamente, ela não foi atacada no recurso.

2.8.9.4. Sanções de natureza civil e administrativa

O art. 6º da Lei n. 13.869/2019 dispõe que "As penas previstas nesta Lei serão aplicadas independentemente das sanções de natureza civil ou administrativa cabíveis".

Consagra-se com o presente dispositivo a marca da independência, em regra, das esferas de responsabilização do agente público, que pode ser alcançado civil, penal e administrativamente (disciplinar) por sua conduta reprovável, além de, em alguns casos, sofrer consequências da Lei n. 8.429/92 (Lei de Improbidade Administrativa).

Dessa maneira, a regra é a de que a sanção criminal trazida pela Lei de Abuso de Autoridade prescinde de qualquer conclusão na seara administrativo-diciplinar (ou civil), assim como a via oposta também é garantida, ou seja, a autoridade disciplinar, diante do indício de pratica de conduta que configure crime de abuso de autoridade poderá – em algumas situações evidentes, deverá, sob pena de responsabilização – desencadear medida disciplinar para apurar e sancionar, se for o caso, a transgressão disciplinar correlata. Aliás, a apuração disciplinar poderá ser inaugurada diante da comunicação do juízo à autoridade disciplinar, já que o parágrafo único do art. 6º impõe à autoridade judiciária que "As notícias de crimes previstos nesta Lei que descreverem falta funcional serão informadas à autoridade competente com vistas à apuração".

O signo da independência das esferas, deve-se ressaltar, não é inovação da Lei de Abuso de Autoridade. Outrora relegada às discussões doutrinárias, ela, a independência de esferas de responsabilização, vem sendo inserida nos textos legais, trazendo maior segurança jurídica para sua aplicação.

Tomemos alguns exemplos, mais voltados aos militares.

A Lei Complementar Estadual n. 893/01, que instituiu o Regulamento Disciplinar da Polícia Militar de São Paulo, prevê em seu artigo 11 que "A ofensa aos valores e aos deveres vulnera a disciplina policial-militar, constituindo infração administrativa, penal ou civil, isolada ou cumulativamente". Mais adiante, consagra:

> Artigo 44 – A sanção disciplinar não exime o punido da responsabilidade civil e criminal emanadas do mesmo fato.
>
> Parágrafo único – A instauração de inquérito ou ação criminal não impede a imposição, na esfera administrativa, de sanção pela prática de transgressão disciplinar sobre o mesmo fato.

A Lei n. 6.880/1980 – Estatuto dos Militares –, estabelece aos militares federais:

> Art. 43. A inobservância dos deveres especificados nas leis e regulamentos, ou a falta de exação no cumprimento dos mesmos, acarreta para o militar responsabilidade funcional, pecuniária, disciplinar ou penal, consoante a legislação específica. Parágrafo único. A apuração da responsabilidade funcional, pecuniária, disciplinar ou penal poderá concluir pela incompatibilidade do militar com o cargo ou pela incapacidade para o exercício das funções militares a ele inerentes.

Malgrado os regulamentos disciplinares das Forças Armadas indiquem uma certa subsidiariedade da transgressão disciplinar em relação ao crime – a exemplo dos §§ 1º e 4º do art. 14 do Regulamento Disciplinar do Exército (Decreto n. 4.346/2002) –, a jurisprudência consagra essa independência, como o fez o Superior Tribunal Militar, por exemplo, na Apelação n. 7000943-75. 2018.7.00.0000, rel. Min. Odilson Sampaio Benzi, j. 15/05/2019.

A Lei de Improbidade Administrativa, já mencionada, integra as diversas esferas de responsabilidade em seu artigo 12:

Independentemente das sanções penais, civis e administrativas previstas na legislação específica, está o responsável pelo ato de improbidade sujeito às seguintes cominações, que podem ser aplicadas isolada ou cumulativamente, de acordo com a gravidade do fato (...). Pois bem, o art. 6º da Lei de Abuso de Autoridade seguiu a mesma tendência, grafando no texto normativo a independência das esferas.

Claro que essa independência é relativizada em algumas situações.

Em uma delas, está o caso da sentença condenatória criminal irrecorrível, considerada como título executivo judicial, como já dispusemos acima, por força do inciso VI do art. 515 do Código de Processo Civil. Deve-se acrescentar que, com a condenação criminal irrecorrível, não serão mais discutíveis a existência do fato e a sua autoria, de maneira que caberá apenas, no processo civil, a fase de cumprimento da sentença, precedida de sua liquidação.

Mas essa realidade, obviamente, também afetará a seara administrativo-disciplinar, ou seja, também no âmbito da administração pública (militar) a sentença criminal condenatória, passada em julgado, implicará na impossibilidade de discussão acerca de autoria e materialidade da transgressão disciplinar, ficando ao jugo da autoridade disciplinar pontos específicos, como a dosimetria da sanção a ser aplicada.

A propósito desse ponto de contado entre as esferas, tem-se expressamente o art. 7º da Lei de Abuso de Autoridade:

> Art. 7º As responsabilidades civil e administrativa são independentes da criminal, não se podendo mais questionar sobre a existência ou a autoria do fato quando essas questões tenham sido decididas no juízo criminal.

O dispositivo, a *contrario sensu*, chama à reflexão dos casos de absolvição e, neste campo, fundamental a análise trazida pela doutrina. Di Pietro (2019, p. 781) ao comentar o art. 386 do Código de Processo Penal, já com as alterações trazidas pela Lei n. 11.690/2008, facilita a compreensão ao aduzir:

Não repercutem na esfera administrativa:

1. a hipótese do inciso III, porque o mesmo fato que não constitui crime pode corresponder a uma infração disciplinar; o ilícito administrativo é menos do que o ilícito penal e não apresenta o traço da tipicidade que caracteriza o crime;

2. as hipóteses dos incisos II, IV e VI, em que a absolvição se dá por falta de provas; a razão é semelhante à anterior: as provas que não são suficientes para demonstrar a prática de um crime podem ser suficientes para comprovar um ilícito administrativo".

A relativa independência das esferas penal e disciplinar também encontra respaldo no Supremo Tribunal Federal, como se verifica na Súmula 18 do Pretório excelso, aprovada em Sessão Plenária de 13 de dezembro de 1963, *in verbis*: "Pela falta residual, não compreendida na absolvição pelo juízo criminal é admissível a punição administrativa do servidor público".

Compondo o que foi exposto, tem-se que, quando o juízo criminal absolver o agente público por inexistência do fato ou negativa de autoria, as sanções administrativas não serão aplicadas. Entretanto, quando a absolvição criminal ocorrer por outros argumentos, poderão ser aplicadas essas sanções, ainda que tenha havido absolvição criminal e desde que, nos respectivos processos civil e administrativo, sejam garantidos os princípios da ampla defesa e contraditório e devido processo legal.

Apenas para transplantar o que se consignou para o Direito Castrense, avaliando o art. 439 do CPPM, temos como causas de absolvição que repercutem na esfera administrativa, impedindo a sanção disciplinar, as alíneas "a", primeira parte ("estar provada a inexistência do fato") e "c", mas desde que haja prova de o acusado não ter concorrido para a infração penal, e não apenas não haver prova de ele ter concorrido.

Também entendemos repercutir na seara disciplinar a alínea "d" do art. 439 ("existir circunstância que exclua a ilicitude do fato ou a culpabilidade ou imputabilidade do agente"), por compreendermos que a ilicitude e a culpabilidade são elementos genéricos não apenas do crime, em seu conceito analítico, mas também da transgressão disciplinar.

Dessa maneira, uma absolvição por legítima defesa no âmbito criminal, há de tornar lícita não apenas a conduta na análise do crime, mas também na análise do ilícito disciplinar, o que, aliás, já vem consignado em alguns refulamentos disciplinares sob o rótulo de causas de justificação, e no art. 8º da Lei de Abuso de Autoridade: Art. 8º Faz coisa julgada em âmbito cível, assim como no administrativo-disciplinar, a sentença penal que reconhecer ter sido o ato praticado em estado de necessidade, em legítima defesa, em estrito cumprimento de dever legal ou no exercício regular de direito.

Assim, quando o juiz criminal reconhecer alguma excludente de ilicitude, tal decisão reflete e vincula definitivamente na esfera cível e administrativa-disciplinar.

A Lei de Abuso de Autoridade, como se percebe, não incluiu as causas excludentes de culpabilidade (erro de fato, coação irresistível, embriaguez completa e involuntária etc.), no rol de absolvições que produzem coisa julgada no âmbito civil e disciplinar.

Ratificamos, no entanto, nossa visão no sentido de que a absolvição que reconheça exculpante vincule a decisão disciplinar. Apesar dessa falta de previsão as causas excludentes de culpabilidade devem, ainda que por analogia, ter igual força vinculatória de produzir coisa julgada nas esferas civil e administrativa, tal qual foi destinada às causas excludentes de ilicitude.

Não há lógica, por exemplo, entender que alguém absolvido no âmbito criminal por erro de fato essencial (art. 36 do CPM) ou por estado de necessidade exculpante, em que é inexigível conduta diversa (art. 39 do CPM) seja punido disciplinarmente.

Em abordagem mais abrangente da culpabilidade, surge o questionamento acerca da possibilidade de se afastar ou não a sanção disciplinar do agente que age sem culpa (lato). Magistral a contribuição de Fábio Medina Osório (2000, p. 314-5) ao discorrer sobre a culpabilidade em sua "Teoria da Responsabilidade do Agente", que assim sacramenta:

> Não se discute a existência de um princípio constitucional da culpabilidade no direito penal, princípio que decorreria do conjunto destas garantias. Não se tolera responsabilidade penal objetiva, sem dolo ou culpa, sem os fundamentos e pressupostos da responsabilidade subjetiva. Não há dúvidas a esse respeito.
>
> Ficaria o princípio da culpabilidade adstrito, na produção de seus efeitos e reflexos, ao campo penal? Parece-me evidente que não. E isso por que tal princípio não tem natureza essencialmente penal, mas sim constitucional. É um princípio constitucional genérico que limita o poder punitivo do Estado. Trata-se, nesse passo, de garantia individual contra o arbítrio, garantia que se corporifica em direitos fundamentais da pessoa humana.
>
> Culpabilidade é uma exigência inarredável, para as pessoas físicas, decorrente da fórmula substancial do devido processo legal e da necessária proporcionalidade das infrações e das sanções, sendo imprescindível uma análise da subjetividade do autor do fato ilícito, quando se trate de pessoa humana.

A sustentação de que o princípio da culpabilidade tem espectro muito maior que aquele delimitado pelo Direito Penal é na verdade a exaltação de que não se admite, no estágio atual de desenvolvimento do raciocínio jurídico, que alguém seja responsabilizado por uma conduta sem que haja culpa (sentido lato), mesmo na seara disciplinar.

> Assim, afastada a culpabilidade na sentença absolutória pelo crime de abuso de autoridade, haverá, inevitavelmente, repercussão da esfera disciplinar.

Por fim, resgate-se o teor da Súmula 18 do STF ("Pela falta residual, não compreendida na absolvição pelo juízo criminal é admissível a punição administrativa do servidor público"). Dessa forma, ainda que haja o reconhecimento das excludentes no crime de abuso de autoridade o que vinculará a esfera civil e administrativa, eventuais transgressões residuais podem ser apuradas.

Exemplificativamente, tome-se um policial militar que, atuando em um caso de roubo a residência, ingressa na casa do vizinho da vítima, contra sua vontade, acessando os fundos do imóvel objeto do crime, estabelecendo com esse procedimento, um cerco que acaba viabilizando a prisão dos roubadores. Não haverá crime do artigo 22 da Lei de Abuso de Autoridade, em face do estrito cumprimento do dever legal – e nem transgressão disciplinar, pelo disposto no art. 8º da Lei de Abuso de Autoridade e regulamentos disciplinares que possuam específica disciplina nesse sentido –, entretanto, caso o policial militar esteja por exemplo, sem seu colete de proteção balística, responderá processo administrativo para apurar essa transgressão disciplinar, referente à falta de equipamento de proteção individual, não abarcada pela excludente.

2.8.9.5. *Crimes em espécie*

Ingressaremos, agora, nos tipos penais incriminadores da Lei de Abuso de Autoridade.

Não percamos, entretanto, o escopo maior de nosso estudo, que é o de trazer comentários aos crimes militares extravagantes de abuso de autoridade, razão pela qual algumas abordagens, certamente feitas pela doutrina penal comum, aqui não serão prestigiadas.

2.8.9.5.1. Art. 9º

> **Art. 9º** Decretar medida de privação da liberdade em manifesta desconformidade com as hipóteses legais:
>
> Pena – detenção, de 1 (um) a 4 (quatro) anos, e multa.
>
> Parágrafo único. Incorre na mesma pena a autoridade judiciária que, dentro de prazo razoável, deixar de:
>
> I – relaxar a prisão manifestamente ilegal;
>
> II – substituir a prisão preventiva por medida cautelar diversa ou de conceder liberdade provisória, quando manifestamente cabível;
>
> III – deferir liminar ou ordem de habeas corpus, quando manifestamente cabível.

– Objetividade Jurídica:

O tipo penal tutela a administração da Justiça nos casos em que membros do Poder Judiciário decretam a medida privativa de liberdade ilegal, a administração pública nos casos de decretação ilegal por parte de autoridades policiais e a administração militar quando autoridades militares decretam ilegalmente medida de privação de liberdade em sede de polícia judiciária militar ou quando autoridades militares federais efetuam ilegalmente, prisões (em sentido lato) em razão do cometimento de transgressão disciplinar. Nos dois últimos casos, claro, para quem aceita a perpetração do delito por autoridade que não seja judiciária, polêmica que veremos a seguir.

Obviamente, tutela-se, em adição, os direitos e garantias fundamentais do indivíduo, aqui manifestados pela dignidade da pessoa humana e liberdade de locomoção, fundamento da república e direito fundamental, respectivamente previstos no inciso III do art. 1º e nos incisos XV, LXI, LXV, LXVI e LXVIII do art. 5º, todos da Constituição Federal.

– Sujeito Ativo:

Deve-se notar que, expressamente, o *caput* do artigo não limita a sujeição ativa, ao contrário do que o faz a figura do parágrafo único, que apenas se reporta a autoridade judiciária.

Por essa realidade, tendo como foco de análise apenas a figura do *caput*, duas correntes podem ser versadas.

Na primeira, restritiva, embora não expressamente condicionada essa situação, o parágrafo único dá o mote de interpretação para o caput e, portanto, apenas as autoridades judiciárias praticariam o delito.

Ademais, o verbo nuclear "decretar" transmitiria a noção de restrição de atuação na prática delitiva, condicionando a perpetração do delito apenas à autoridade judiciária.

Sobre essa linha restritiva, Renato Brasileiro de Lima (**Nova lei...**, LIMA, 2020, p.81-2), com a aguçada perspicácia que lhe é peculiar, coloca uma lupa:

> [...]. Há quem entenda que o único agente público capaz de praticar o crime do art. 9º, *caput*, da nova Lei de Abuso de Autoridade seria o magistrado – juiz de 1ª instância, Desembargador ou Ministro –, porquanto somente ele poderia *decretar* medida de privação de liberdade.

São adeptos dessa visão Samer Agi (2019, p. 41) e Gabriela Marques e Ivan Marques (2019, p. 56), além de visão peculiarmente explanada quando se tratou da condução coercitiva do ausente (COIMBRA NEVES, 2020, p. 447 e seguintes).

É preciso que se recorde que a legislação em comento foi idealizada com o enfoque da persecução penal comum, sendo de se estimar que o legislador não pensou amplamente em hipóteses de privação de liberdade, como as especialmente vistas no Direito Castrense, a exemplo das possibilidades de privação de liberdade em decorrência da aplicação do direito disciplinar, hoje ainda mais restritas após a edição da Lei n. 13.967/2019, que alterou o art. 18 do Decreto-lei n. 667/1969.

Assim, o foco de atenção foram as possibilidades de prisão do Código de Processo Penal comum, onde autoridade que não seja judiciária não "decreta" prisão de ninguém. Nem mesmo na prisão em flagrante há uma decretação de prisão, mas a ratificação de uma voz de prisão dada por um agente público, por estrito cumprimento do dever legal, ou por qualquer do povo, em exercício regular de um direito.

Na justificação do Projeto que deu origem à Lei de Abuso de Autoridade (PLS n. 85/2017), por exemplo, embora se tenha a impressão de uma genérica tentativa de coibir a prisão ilegal, pois se consigna que se propõe "a tipificação da prisão ilegal, do prolongamento ou manutenção indevida da prisão ou da execução da pena e da violação dos direitos do preso", não há singular menção à prisão disciplinar.

Fato que esse trecho da justificação pode levar à construção, por interpretação teleológica, um pouco mais ampla, a alcançar a prisão em flagrante, mas, repita-se, o verbo nuclear foi muito aquém da pretensão, de maneira que somos pela visão menos abrangente, em homenagem à interpretação restritiva.

Entretanto, parece estarmos em minoria, já que os posicionamentos doutrinários dominantes são em sentido oposto.

Iniciemos com Renee do Ó Souza:

> **SUJEITO ATIVO:** Trata-se de crime próprio porque exige-se que o autor deste crime seja agente público que detém competência administrativa ou jurisdicional para determinar a privação de liberdade de alguém, como autoridades policiais, seus agentes (membros da Polícia Federal, Civil e Militar, conforme dispõe o texto constitucional) e juízes (SOUZA, 2020, p. 66) (g. n.).

Após apontar o problema – como acima citado e que repetimos para dar coerência ao texto –, também tem essa posição Renato Brasileiro (**LIMA, Nova lei...**, 2020, p. 81-2):

> [...]. Há quem entenda que o único agente público capaz de praticar o crime do art. 9º, *caput*, da nova Lei de Abuso de Autoridade seria o magistrado – juiz de 1ª instância, Desembargador ou Ministro –, porquanto somente ele poderia *decretar* medida de privação de liberdade. Não nos parece ser este o melhor entendimento. A uma porque, comparando-se a redação do *caput* com a do parágrafo único, ambos do art. 9º, é possível notar que, neste último caso, o legislador faz referência expressa à *autoridade judiciária*, expressão esta que não consta daquele. Não bastasse isso, é fora de dúvida que todo e qualquer agente público, pelo menos em tese, pode decretar medida de privação de liberdade em manifesta desconformidade com as hipóteses legais. Basta imaginar que um Promotor de Justiça, teratologicamente, decrete a prisão temporária de alguém, ou que um Delegado de Polícia determine a prisão em flagrante de uma pessoa que não esteja em situação de flagrante delito [...]. Ora, em tais hipóteses, parece não haver qualquer dúvida quanto a possibilidade de tipificação do crime do art. 9º, caput, desde que presente o especial fim de agir do art. 1º, § 1º, da Lei n. 13.869/2019. É nesse sentido, aliás, o **Enunciado n. 5** do Colégio Nacional de Procuradores-Gerais dos Ministérios Públicos dos Estados e da União (CNPG) e do Grupo Nacional de Coordenadores de Centro de Apoio Criminal (GNCCRIM): 'O sujeito ativo do art. 9º., *caput*, da Lei de Abuso de Autoridade, diferentemente do parágrafo único, não alcança somente autoridade judiciária. O verbo nuclear 'decretar' tem o sentido de determinar, decidir e ordenar medida de privação da liberdade em manifesta desconformidade com as hipóteses legais.

O excelente exemplo de Renato Brasileiro, na teratológica decretação de prisão por promotor de justiça, faz com que, de fato, pensemos que a lei não poderia deixar de fora essas situações, mas, ao nosso entender, por falha, deixou. Seu escopo é tolher o abuso de autoridade e, neste ponto, a prisão ilegal, mas, repita-se, o verbo nuclear foi insuficiente para abarcar a situação do promotor ou de outro agente público que não possa "decretar" prisão.

Exemplificativamente, um agente público de uma empresa de água e esgoto de um município brasileiro que simplesmente "decrete" a prisão de um usuário, responderá por abuso de autoridade nos termos do art. 9º, em seu *caput*?

Certamente que não, embora também seja o exemplo teratológico, monstruoso.

Nem o promotor de justiça e nem o servidor municipal da empresa de águas e esgoto possuem "competência" para "decretar" a prisão de ninguém, portanto, na nossa compreensão, não terão sua conduta subsumida no artigo em estudo, mas em outro, a exemplo do art. 148 do Código Penal, que encerra o crime de sequestro e cárcere privado.

Alerte-se que a justificação do PLS n. 85/2017 consigna que ocorre "abuso de autoridade quando o agente público exerce o poder que lhe foi conferido com excesso de poder (o agente atua além de sua competência legal) ou com desvio de finalidade (atua com o objetivo distinto daquele para o qual foi conferido)", mas a letra da lei aprovada restringe as possibilidades a quem pode "decretar" e não "prender".

A falha na lei – que caminharia melhor se consignasse como crime o ato de *Prender alguém em manifesta desconformidade com as hipóteses legais* – não justifica o abandono da interpretação restritiva neste caso, ao menos no nosso sentir, regra geral dominante de interpretação no Direito Penal.

Note-se que a redação da antiga Lei de Abuso de Autoridade, a Lei n. 4.898/1965, era mais abrangente ao considerar, em seu art. 3º, alínea "a", que se constituía em abuso de autoridade qualquer atentado à liberdade de locomoção, mais um indicativo de que a atual Lei não quis uma fórmula genérica. Mesmo se diga da alínea "a" do art. 4º que dispunha ser abuso de autoridade ordenar ou executar medida privativa da liberdade individual, sem as formalidades legais ou com abuso de poder.

Todavia, se seguíssemos nossa visão, não poderíamos ter aqui um crime militar extravagante de abuso de autoridade, o que nos força, em alinho ao escopo desta obra, em hipótese apenas, admitir a visão extensiva sugerida pelos autores acima, ainda mais sabendo ser essa a visão – não vinculante, frise-se – a visão do Enunciado n. 5 do CNPG e do GNCCRIM, como acima alertado por Renato Brasileiro.

Admitida essa interpretação extensiva, o tipo penal descrito no *caput* admite autoria por membros do Poder Judiciário, por delegados de polícia e por autoridades militares nas prisões em atuação de polícia judiciária e por <u>autoridades militares federais</u>, quando a prisão se der pelo cometimento de transgressão militar.

Em se aceitando, por exemplo, a sobrevivência, após a Lei n. 13.967/2019, de medidas restritivas de liberdade cautelares – a exemplo do Recolhimento Disciplinar previsto no art. 26 da Lei Complementar n. 893/2001 (Regulamento Disciplinar da PMESP) –, a autoridade disciplinar militar, numa interpretação extensiva, poderá figurar como sujeito ativo do delito quando as decretar em desconformidade com as hipóteses legais.

Em nossa opinião, essas medidas cautelares não mais podem existir no âmbito do Direito Administrativo Disciplinar Militar das Polícias e Corpos de Bombeiros Militares, em função do que dispõe o inciso VII do art. 18 do Decreto-lei

n. 667/1969, com a redação que lhe deu a já mencionada Lei n. 13.967/2019. Ora, se não podem mais existir, como sanção principal, medida privativa de liberdade, inadmissível medida cautelar com esse efeito.

Para o caso de crime militar extravagante de abuso de autoridade, repise-se, apenas o militar da ativa, sob pena de não se enquadrar nas hipóteses do inciso II do art. 9º do CPM e não se configurar em crime militar. Também na visão extensiva, poderiam figurar como sujeito ativo do crime do *caput* as autoridades de polícia judiciária militar, nos casos de prisão em flagrante ou mesmo na polêmica aplicação do art. 18 do Código de Processo Penal Militar.

As condutas omissivas do parágrafo único somente podem ser cometidas por autoridade judiciária, e sobre essa visão não há polêmica, pois há a expressa previsão nesse sentido.

– Sujeito Passivo:

Imediato, na nossa compreensão, que destoa da doutrina majoritária, é o Estado, por sua administração pública (comum ou militar, da Justiça ou do Poder Executivo), conforme quem decrete ilegalmente a prisão.

O sujeito passivo mediato é o indivíduo que sofre a prisão ilegalmente decretada, que terá direitos garantidos constitucionalmente ceifados, a exemplo do art. 5º, incisos XV ("é livre a locomoção no território nacional em tempo de paz, podendo qualquer pessoa, nos termos da lei, nele entrar, permanecer ou dele sair com seus bens"), LXI ("ninguém será preso senão em flagrante delito ou por ordem escrita e fundamentada de autoridade judiciária competente, salvo nos casos de transgressão militar ou crime propriamente militar, definidos em lei"), LXV ("a prisão ilegal será imediatamente relaxada pela autoridade judiciária"), LXVI ("ninguém será levado à prisão ou nela mantido, quando a lei admitir a liberdade provisória, com ou sem fiança") e LXVIII ("conceder-se-á habeas corpus sempre que alguém sofrer ou se achar ameaçado de sofrer violência ou coação em sua liberdade de locomoção, por ilegalidade ou abuso de poder"), o que importará em afetação de sua dignidade humana (art. 1º, III, CF).

Não se olvide, entretanto, que a visão doutrinária dominante é a de que o sujeito passivo imediato é a pessoa natural titular dos bens jurídicos aviltados e o Estado o sujeito passivo mediato, como o fazem Rogério Sanches e Rogério Greco (2019, p. 87).

– Elementos Objetivos:

Decretar, núcleo do tipo, comporta, na visão extensiva dominante, o significado coloquial da palavra, ou seja, fazer tomar corpo, "dar ordens; mandar, ordenar"[16], determinar etc.

No Brasil, por imposição da Constituição Federal, a regra é o estado de liberdade do cidadão, em suas várias manifestações, inclusive ambulatorial. Assim, quando

[16] Fonte: http://michaelis.uol.com.br/busca?r=0&f=0&t=0&palavra=decretar. Acessado em 31/10/19.

o tipo penal se refere em medida de privação de liberdade, também em uma visão extensiva, alcança toda e qualquer privação ambulatorial, ainda que parcial, o que para alguns se constitui em restrição de liberdade.

Nos termos constitucionais, a liberdade de locomoção somente pode ser tolhida em casos de flagrante delito ou por ordem judicial fundamentada, a não ser que o caso de prisão se refira a crimes propriamente militares ou às prisões pelo cometimento de transgressão militar, em que o cerceamento de liberdade pode se dar mesmo fora das hipóteses de flagrante delito e sem ordem judicial (CF, art. 5º, LXI).

A primeira hipótese constitucional possível para se determinar uma prisão, assim, é no caso do estado de flagrância por crime que dê ensejo ao encarceramento. Necessariamente haverá a figura de um condutor, vale dizer, qualquer do povo, que pode, ou as autoridades militares que, devem prender em flagrante quando se deparam com tal circunstância.

Note-se que se refere ao flagrante, é possível identificar, com Renato Brasileiro (**Manual de processo penal**, 2014, p. 860) as suas fases na seguinte ordem: Na sistemática do CPP, o flagrante se divide em quatro momentos distintos: captura, condução coercitiva, lavratura do auto de prisão em flagrante e recolhimento à prisão. No primeiro momento, o agente encontrado em situação de flagrância (CPP, art. 302) é capturado, de forma a evitar que continue a praticar o ato delituoso. A captura tem por função precípua resguardar a ordem pública, fazendo cessar a lesão que estava sendo cometida ao bem jurídico pelo impedimento da conduta ilícita. Após a captura, o agente será conduzido coercitivamente à presença da autoridade policial para que sejam adotadas as providências legais. De seu turno, a lavratura é a elaboração do auto de prisão em flagrante, no qual são documentados os elementos sensíveis existentes no momento da infração. Este ato tem como objetivo precípuo auxiliar na manutenção dos elementos de prova da infração que se acabou de cometer. Por fim, a detenção é a manutenção do agente no cárcere, que não será necessária nas hipóteses em que for cabível a concessão de fiança pela autoridade policial, ou seja, infrações penais cuja pena privativa de liberdade máxima não seja superior a 4 (quatro) anos (CPP, art. 322, com redação dada pela Lei n. 12.403/11). Ao preso, depois, deve ser entregue nota de culpa, em até 24 (vinte e quatro) horas após a captura.

Nessa dinâmica, o preso deverá ser conduzido perante a autoridade de policia judiciária – nos crimes comuns, delegados de polícia ou delegados federais e nos crimes militares, oficiais das polícias e corpos de bombeiros militares ou oficiais das forças armadas – e, são essas autoridades que decretarão, na visão extensiva do *caput*, a prisão em flagrante delito, ratificando a voz de prisão do condutor e, por consequência, são essas autoridades que respondem pelo crime em comento.

As hipóteses legais de flagrante abrangem o flagrante próprio, impróprio e presumido (art. 302 do CPP e art. 244 do CPPM), lembrando que nas infrações permanentes, considera-se o agente em flagrante delito enquanto não cessar a permanência.

Como ato administrativo, o auto de prisão em flagrante delito tem uma forma prevista em lei que deve ser obedecida: oitiva do condutor, depois do ofendido e das testemunhas e por último, o interrogatório do acusado. A destinação do tipo penal de abuso de autoridade, todavia, não abrangeria mera irregularidade na lavratura, afastando a prática do delito em casos em que a prisão era cabível, mas, por exemplo, houve uma inversão de oitivas. Ademais, neste caso, estaria ausente o elemento subjetivo especial do tipo, essencial para a prática delitiva.

A abrangência do tipo, enfim, refere-se à quarta etapa do flagrante a detenção ou o encarceramento. Configura o delito, por exemplo no Direito Penal comum, a deliberação pelo encarceramento (detenção) do flagranteado nos casos de crime de menor potencial ofensivo, fora da moldura legal, claro, adotando-se a visão extensiva à qual nos opomos.

Especificamente quanto aos crimes militares, a CF/88 (art. 144, § 4º), ao estabelecer as atribuições das Polícias Civis, estabeleceu que a elas "incumbem, ressalvada a competência da União, as funções de polícia judiciária e a apuração de infrações penais, exceto as militares".

No âmbito federal, embora não haja clara regra da bipartição da polícia judiciária em comum e militar, tem-se entendido que a competência da Justiça Federal (art. 109 da CF) condiciona o exercício de polícia judiciária pela Polícia Federal, ficando a polícia judiciária militar a cargo dos integrantes das Forças Armadas.

O regramento das funções de polícia judiciária militar e de apuração dos crimes militares é feito pelo CPPM que estabelece:

> Art. 7º A polícia judiciária militar é exercida nos termos do art. 8º, pelas seguintes autoridades, conforme as respectivas jurisdições:
>
> a) pelos ministros da Marinha, do Exército e da Aeronáutica, em todo o território nacional e fora dele, em relação às forças e órgãos que constituem seus Ministérios, bem como a militares que, neste caráter, desempenhem missão oficial, permanente ou transitória, em país estrangeiro;
>
> b) pelo chefe do Estado-Maior das Forças Armadas, em relação a entidades que, por disposição legal, estejam sob sua jurisdição;
>
> c) pelos chefes de Estado-Maior e pelo secretário-geral da Marinha, nos órgãos, forças e unidades que lhes são subordinados;
>
> d) pelos comandantes de Exército e pelo comandante-chefe da Esquadra, nos órgãos, forças e unidades compreendidos no âmbito da respectiva ação de comando;
>
> e) pelos comandantes de Região Militar, Distrito Naval ou Zona Aérea, nos órgãos e unidades dos respectivos territórios;
>
> f) pelo secretário do Ministério do Exército e pelo chefe de Gabinete do Ministério da Aeronáutica, nos órgãos e serviços que lhes são subordinados;
>
> g) pelos diretores e chefes de órgãos, repartições, estabelecimentos ou serviços previstos nas leis de organização básica da Marinha, do Exército e da Aeronáutica;
>
> h) pelos comandantes de forças, unidades ou navios."

Claro, o artigo merece uma equiparação com as autoridades militares em âmbito estadual, mas já se pode verificar claramente que não é qualquer militar que pode exercer a polícia judiciária militar. Simplificando o entendimento do artigo 7º do CPPM, a autoridade mínima, originária, de polícia judiciária militar é o "comandante de forças, unidades ou navios", função geralmente destinadas aos oficiais ocupantes do posto de coronel ou de tenente-coronel, e a autoridade máxima, originária, de polícia judiciária militar seria a figura do Ministro de cada Força Armada, hoje coincidentes com os Comandantes da Marinha, do Exército e da Aeronáutica. No plano estadual, teríamos como autoridade originária máxima o Comandante-Geral.

As autoridades militares que figuram entre Comandantes das Forças e os comandantes de força, unidade ou navio, também detém o poder originário de polícia judiciária militar, que pode ser delegado a oficiais da ativa, para fins especificados e por tempo limitado, respeitado o grau hierárquico de quem está sendo investigado (figurando um capitão como acusado, o encarregado do IPM ou da lavratura do auto de prisão deverá ser um major ou um capitão com maior antiguidade, no mínimo).

No caso de lavratura de auto de prisão em flagrante delito militar, reza o art. 245 do CPPM:

> Apresentado o preso ao comandante ou **ao oficial de dia, de serviço ou de quarto, ou autoridade correspondente**, ou à autoridade judiciária, será, por qualquer deles, ouvido o condutor e as testemunhas que o acompanharem, bem como inquirido o indiciado sobre a imputação que lhe é feita, e especialmente sobre o lugar e hora em que o fato aconteceu, lavrando-se de tudo auto, que será por todos assinado (grifo nosso).

Por se tratar a prisão em flagrante de medida urgente, o CPPM conferiu ao oficial de dia (geralmente um tenente), ao oficial de serviço, ou autoridade correspondente, a autoridade originária de polícia judiciária militar, dispensando a necessidade de delegação desse poder pelo comandante aos oficiais nessas condições.

Enfim, na visão extensiva do *caput*, poderá incorrer no delito em estudo a autoridade militar responsável pela lavratura do auto de prisão em flagrante delito, seja uma autoridade originária de polícia judiciária militar, seja o oficial de dia, de serviço etc., desde que, claro, "decrete" a prisão (detenção ou encarceramento) – entenda-se, decida pela prisão de um conduzido à sua presença – contrariando pressupostos legais e com o escopo específico iluminado pela Lei de Abuso de Autoridade de prejudicar outrem ou beneficiar a si mesmo ou a terceiro, ou, ainda, por mero capricho ou satisfação pessoal.

Feito o delineamento necessário sobre a prisão em flagrante, resta compor um exemplo. Estará em abuso de autoridade, ao menos em tese pela visão extensiva, o oficial de dia que lavre auto de prisão em flagrante delito contra um outro militar da ativa, sem que este tenha praticado crime militar, ou sem que esteja nas hipóteses de flagrância do art. 244 do CPPM; também haverá conduta abusiva nos casos em que haja vedação legal para o encarceramento (detenção, nas fases apontadas acima por Renato Brasileiro), como na situação trazida pelo parágrafo único do art. 281 do Código Penal Militar que, no delito de fuga após acidente de transito, dispõe que "Se o agente se abstém de fugir e, na medida que as circunstâncias o permitam, presta ou providencia para que seja prestado socorro à vítima, fica isento de prisão em flagrante". Em todos os casos, óbvio, desde que presente o elemento subjetivo especial do tipo.

A segunda hipótese de decretação de prisão é a decorrente de ordem escrita e fundamentada de autoridade judiciária competente, seja em prisões criminais ou prisão civil do responsável pelo inadimplemento voluntário e inescusável de obrigação alimentícia.

Neste caso, somente a autoridade judiciária pode figurar como autor do crime, ao desrespeitar as regras concernentes, por exemplo, à prisão preventiva, à prisão temporária, à prisão por pronúncia e no caso da prisão civil, as regras estabelecidas pelo Código Civil.

Não há possibilidade de cometimento de crime militar extravagante de abuso de autoridade nesta hipótese – lembremo-nos de que, em nossa visão atrelada à interpretação restritiva, em nenhuma hipótese do art. 9º poderá haver crime militar extravagantes, porquanto o "decretar" refere-se à autoridade judiciária. Embora seja possível vislumbrar a possibilidade de um militar em situação de atividade estar em um Conselho de Justiça, como autoridade judiciária, essa situação o afastará da agressão à ordem administrativa militar, mas sim estará a afrontar a administração da Justiça, o que, em nossa opinião, o distancia das hipóteses de cometimento de crime militar extravagante de abuso de autoridade. Eventual imputação de delito de abuso de autoridade a oficial da ativa que integre Conselho de Justiça deverá ser compreendida como delito comum de abuso de autoridade, respeitando-se o foro especial por prerrogativa de função. O mesmo ocorrerá no caos dos Ministros do Superior Tribunal Militar que são militares da ativa.

A terceira hipótese constitucional de decretação de prisão (em sentido lato) são as prisões militares que podem acontecer mesmo sem a situação de flagrância e sem ordem judicial, nos casos de crimes propriamente militares e nas transgressões militares.

Apesar de prescindirem desses requisitos, possuem regras legais, cuja desconformidade ensejará, na visão extensiva dos autores já apontados, o cometimento do crime previsto no artigo 9º da Lei de Abuso de autoridade.

Vejamos algumas possibilidades.

O art. 18 do CPPM dispõe:

> **Independentemente de flagrante delito**, o indiciado poderá ficar detido durante as investigações policiais, até trinta dias, **comunicando-se a detenção à autoridade judiciária** competente. Esse prazo poderá ser prorrogado, por mais vinte dias, pelo comandante da Região, Distrito Naval ou Zona Aérea, mediante solicitação fundamentada do encarregado do inquérito e por via hierárquica (grifo nosso).

Ao estatuir que a prisão do indiciado em IPM pode acontecer por ato do oficial encarregado "independentemente de flagrante delito", apenas "comunicando-se a detenção à autoridade judiciária competente", a prisão do artigo 18 do CPPM constitui-se em modalidade de prisão provisória fora das hipóteses constitucionais da primeira parte do inciso LXI do art. 5º da CF, devendo ser subsumida, para ser constitucional, na segunda parte do mesmo dispositivo. Em outras palavras, ela somente é possível em crimes propriamente militares. Nos crimes impropriamente militares, exige-se estado flagrancial ou ordem judicial para se proceder a uma prisão.

Na ausência de definição legal para os crimes propriamente militares, há várias teorias que o definem, mas tem-se como regra geral a adoção da teoria clássica. Por ela, crimes propriamente militares seriam os que só podem ser cometidos por militares – em sentido lato, condensando os da ativa e os inativos, e não no sentido do art. 22 do CPM –, pois consistem em violação de deveres que lhes são próprios. Trata-se, pois, do crime funcional praticável somente pelo militar, a exemplo da deserção (art. 187), da cobardia (art. 363), dormir em serviço (art. 203) etc.

Nessa concepção, estaria, em tese, em prática de crime de abuso de autoridade o encarregado de inquérito policial militar que "decrete" a detenção de um indiciado por crime militar de homicídio (art. 205 do CPM), posto se tratar de crime militar impróprio, desde que com a finalidade de prejudicar outrem ou beneficiar a si mesmo ou a terceiro, ou, ainda, por mero capricho ou satisfação pessoal.

Outra possibilidade a ser subsumida pela parte final do inciso LXI do art. 5º da CF é a prisão por transgressão militar ou transgressão disciplinar (faltas funcionais, de natureza administrativa, previstas nos Regulamentos Disciplinares das instituições militares).

Com a edição da Lei n. 13.967/2019, o art. 18 do Decreto-lei n. 667/69 passou a dispor:

> Art. 18. As polícias militares e os corpos de bombeiros militares serão regidos por Código de Ética e Disciplina, aprovado por lei estadual ou federal para o Distrito Federal, específica, que tem por finalidade definir, especificar e classificar as transgressões disciplinares e estabelecer normas relativas a sanções disciplinares, conceitos, recursos, recompensas, bem como regulamentar o processo administrativo disciplinar e o funcionamento do Conselho de Ética e Disciplina Militares, observados, dentre outros, os seguintes princípios:
>
> I – dignidade da pessoa humana;
>
> II – legalidade;
>
> III – presunção de inocência;
>
> IV – devido processo legal;
>
> V – contraditório e ampla defesa;
>
> VI – razoabilidade e proporcionalidade;
>
> **VII – vedação de medida privativa e restritiva de liberdade** (grifo nosso).

Desse modo, os militares estaduais não poderão sofrer sanções disciplinares privativas ou restritivas de liberdade pela prática de transgressão militar, nem mesmo, em nossa visão, a prisão administrativa cautelar, como o já mencionado Recolhimento Disciplinar, embora haja entendimento em sentido contrário[17].

Assim, prisão por transgressão disciplinar remanesce apenas para os integrantes da Marinha, do Exército e da Aeronáutica, independentemente de flagrante delito ou de ordem judicial.

Alerte-se que já existe construção de que a Lei n. 13.967/2019 está eivada de inconstitucionalidade, como, por exemplo, na Representação por Inconstitucionalidade oriunda da Procuradoria-Geral de Justiça do Estado do Piauí (Expediente PR-PI-00004016/2020), ficando a cargo do Procurador-Geral da República, ajuizar Ação Direta de Inconstitucionalidade, caso concorde com a tese. Mas, por hora, a lei tem surtido seus efeitos normalmente.

Mas, voltemos ao tema da prisão disciplinar.

A prisão disciplinar (em sentido amplo) pode comportar duas possibilidades.

A primeira está na punição disciplinar por transgressão disciplinar decorrente de um processo administrativo, em que o militar é formalmente acusado, citado e o processo é instruído nos ditames da ampla defesa e contraditório, sendo garantidos, ainda, em alguns regulamentos disciplinares, a impugnação por recurso. Ao final, sendo considerado culpado, o militar pode sofrer as sanções aplicáveis. Tomando o exemplo do Regulamento Disciplinar do Exército (Decreto n. 4.346/2002, o seu art. 24 traz as punições disciplinares de advertência, impedimento disciplinar, repreensão, detenção disciplinar, prisão disciplinar e licenciamento e a exclusão a bem da disciplina. Notadamente, a detenção e a prisão disciplinares são privativas de liberdade e, quando aplicadas fora dos parâmetros legais (*v.g.* aplicar detenção disciplinar para transgressões leves) e com a intenção de prejudicar outrem ou beneficiar a si mesmo ou a terceiro, ou, ainda, por mero capricho ou satisfação pessoal, importarão, naquela mencionada visão ampla do *caput*, no cometimento do delito em estudo.

Neste ponto, é preciso enfrentar o aparente conflito entre o crime do art. 9º da Lei de Abuso de Autoridade e o crime do art. 174 do Código Penal Militar, o de rigor excessivo, que assim dispõe:

> Art. 174. Exceder a faculdade de punir o subordinado, fazendo-o com rigor não permitido, ou ofendendo-o por palavra, ato ou escrito:
>
> Pena – suspensão do exercício do posto, por dois a seis meses, se o fato não constitui crime mais grave.

Inaugure-se que este delito está capitulado entre aqueles que afetam a disciplina e a autoridade (Título II) que pode muito bem coincidir com uma tutela da regu-

[17] ROCHA, Abelardo Julio. Da extinção das sanções disciplinares militares privativas de liberdade: uma abordagem juridicamente crítica acerca da Lei nº 13.967/19. Disponível em: https://jusmilitaris.com.br/sistema/arquivos/doutrinas/EXTINCAO_DAS_SANCOES_DISCIPLINARES_-ABELARDO.pdf. Acesso em: 06 jan. 2020.

laridade da administração militar, pelo escorreito exercício da autoridade da Lei n. 13.869/2019, dando ensejo à discussão sobre o conflito.

Todavia, como sustentamos desde o início, entendemos que as condutas não são exatamente coincidentes.

No crime de abuso de autoridade tem-se o fato incriminado quando a decretação da medida privativa ou restritiva de liberdade estiver em manifesta desconformidade com as hipóteses legais, ou seja, há uma moldura para a aplicação em si da sanção que turba a locomoção, enquanto no crime de rigor excessivo a punição aplicada com excesso, embora isso também esteja fora da moldura legal, se considerado amplamente.

O excesso pode verificar-se de três formas: a primeira delas é impondo ao subordinado uma sanção não prevista no Regulamento Disciplinar, por exemplo, número de dias de punição disciplinar acima do máximo legal, ou, ainda, mandar, como pena disciplinar, o subordinado confeccionar os trabalhos da faculdade que o Oficial cursa; o excesso pode ainda consistir na imposição de condições subumanas no período de execução da sanção disciplinar, como limitação de locomoção, falta de água ou alimentação, seja porque não há banheiro no local ou não há água corrente etc.; seria ainda excesso ofender o subordinado por palavras (impropérios), atos (gestos ofensivos) ou escrito, isso tanto no documento formal de punição (geralmente chamado de planilha de enquadramento disciplinar, nota de corretivo ou nota de punição), ao motivar sua decisão, ofendendo, assim, por escrito o subordinado, como também face a face, por exemplo, no momento em que o oficial divulga a punição à tropa e, ao ler o enquadramento, começa a comentá-lo, inflamando-se em seu discurso e ofendendo seu subordinado por palavra ou ato.

Note-se, assim, que o rigor excessivo pode ocorrer em qualquer punição disciplinar e não apenas naquelas que privam ou restringem a liberdade.

Nesse sentido, é possível inclusive o concurso de crimes, por exemplo, na aplicação de detenção disciplinar aplicada em transgressão leve, o que contraria a possibilidade legal e configuraria, se presente o elemento subjetivo, abuso de autoridade, adicionando-se que na nota de punição, publicada em boletim interno, com palavras ofensivas ao punido, configurando o crime do art. 174 do CPM.

Não se descure, entretanto, a possibilidade de que, em alguns casos, haja tamanha dificuldade em distinguir as condutas e que, em consequência, o conflito aparente se instale, devendo-se resolver por um dos princípios de solução, em nossa opinião, o da especialidade com preferência. Embora sob égide da antiga Lei de Abuso de Autoridade, tal discussão se instalou no seguinte caso:

> PENAL E PROCESSUAL PENAL. HABEAS CORPUS PREVENTIVO. REPRESENTAÇÃO CRIMINAL FORMULADA POR AUTORIDADE MILITAR A MEMBRO DO MINISTÉRIO PÚBLICO FEDERAL. CRIME, EM TESE, DE ABUSO DE AUTORIDADE PRATICADO POR AUTORIDADE MILITAR EM TERRITÓRIO MILITAR. FATOS ANTERIORMENTE APURADOS EM INQUÉRITO POLICIAL MILITAR. COMPETÊNCIA DA JUSTIÇA MILITAR EM RAZÃO DA MATÉRIA (RATIONE MATERIAE). REJEIÇÃO DA REPRESENTAÇÃO CRIMINAL E DA OITIVA DO PACIENTE PELA AUTORIDADE POLICIAL FEDERAL. PROCEDÊNCIA DO WRIT.

> 1 – CUIDANDO A HIPÓTESE DE UMA DETERMINADA CONDUTA, ENFOCADA SOB O ÂNGULO PENAL COMUM E NO ÂNGULO PENAL MILITAR, NO CASO, UMA ÚNICA E MESMA CONDUTA APRESENTANDO-SE COMO ENSEJADORA DE PERFEIÇÃO DE UM TIPO PENAL PREVISTO NA LEGISLAÇÃO PENAL COMUM – ARTIGO 322 DO CPB – MAIS PRECISAMENTE O ARTIGO 4º, ALÍNEA A, DA LEI 4.898/65 – ABUSO DE AUTORIDADE – OU A PERFEIÇÃO DE UM TIPO PENAL PREVISTO NA LEGISLAÇÃO PENAL MILITAR – CÓDIGO PENAL MILITAR – ART. 174 – CRIME DE ABUSO DE AUTORIDADE MILITAR OU MAIS PRECISAMENTE CRIME DE RIGOR EXCESSIVO, PRATICADO POR AUTORIDADE MILITAR PRATICADO CONTRA SEU SUBORDINADO.
>
> 2 – NO SENTIDO DE EVITAR-SE O BIS IN IDEM, O APARENTE CONFLITO DE NORMAS SE RESOLVE PELO PRINCÍPIO QUE ESTABELECE QUE A LEI ESPECIAL DERROGA A GERAL, AFASTANDO-SE EM DEFINITIVO A POSSIBILIDADE DE QUE A CONDUTA ATRIBUÍDA AO PACIENTE AUTORIZE RESPONDA AO MESMO, EM RAZÃO DO MESMO FATO, POR CRIME MILITAR DE ABUSO DE AUTORIDADE E POR CRIME COMUM DE ABUSO DE AUTORIDADE, OU, QUE EM NÃO PROSPERANDO A AÇÃO PENAL MILITAR ABRA-SE A POSSIBILIDADE DO PACIENTE PELA CONDUTA ENSEJADORA DO INQUÉRITO POLICIAL MILITAR A QUE JÁ RESPONDEU, TENHA A MESMA CONHECIDA AGORA PELO JUÍZO PENAL COMUM.
>
> 3 – REJEIÇÃO DA REPRESENTAÇÃO CRIMINAL EM RAZÃO DA QUAL SE DETERMINOU A OITIVA PELA AUTORIDADE POLICIAL FEDERAL DO PACIENTE.
>
> 4 – ORDEM DE HABEAS CORPUS CONCEDIDA (TRF-5, HC n. 0029904-55.2001.4.05.0000/PE, rel. Des. Fed. Petrucio Ferreira, j. 28/08/2001).

A segunda possibilidade de "prisão disciplinar" está na prisão cautelar administrativa, conhecida como prisão por pronta intervenção, no âmbito do Direito Administrativo Disciplinar das Forças Armadas, e que é utilizada para restabelecer a disciplina ou, quando necessária, para investigação de crimes. Trata-se de medida cautelar de urgência, que acontece sem imposição de sanção, vale dizer, sem um processo administrativo movido pela ampla defesa e contraditório.

Não entraremos na discussão de sua constitucionalidade ou não, o que deve ficar a cargo dos manuais de Direito Disciplinar Militar, mas o fato é que ela tem ocorrido no seio das Forças Armadas.

Mais uma vez, tome-se o exemplo do Regulamento Disciplinar do Exército Brasileiro, que dispõe:

> Art. 31. O recolhimento de qualquer transgressor à prisão, **sem nota de punição** publicada em boletim da OM, só poderá ocorrer por ordem das autoridades referidas nos incisos I e II do art. 10 deste Regulamento.
>
> Parágrafo único. O disposto neste artigo não se aplica na hipótese do § 2º do art.12 deste Regulamento, ou quando houver:
>
> **I – presunção ou indício de crime;**
>
> **II – embriaguez; e**
>
> **III – uso de drogas ilícitas** (grifo nosso).

Complementa-se o disposto, em nosso sentir, o § 3º do art. 35, que comanda que "O militar poderá ser preso disciplinarmente, por prazo que não ultrapasse setenta e duas horas, se necessário para a preservação do decoro da classe ou houver necessidade de pronta intervenção".

O citado recolhimento à prisão, **sem nota de punição** publicada, evidencia sua natureza cautelar e, pode ser "decretada" pelas autoridades disciplinares – oficiais ocupantes da função de comandante de subunidade até o Comandante do Exército.

O fato é que, a "decretação" dessa prisão cautelar administrativa pode configurar abuso de autoridade – na visão extensiva, frise-se sempre –, quando em desconformidade com as hipóteses legais.

Vencidas as possibilidades de "prisões", no *caput* do art. 9º, ademais, exige-se, ainda, a "manifesta desconformidade com as hipóteses legais" na decretação de medida privativa de liberdade, o que significa descumprir os requisitos legais estabelecidos para as prisões em flagrante, preventiva, temporária, do devedor de alimentos e prisões disciplinares, com a plena consciência da falta dos elementos autorizadores da decretação da prisão ("manifesta desconformidade").

Estas, em suma, são as conformações para a conduta descrita no *caput* do art. 9º da Lei de Abuso de Autoridade.

Quanto à previsão do parágrafo único do art. 9º da Lei em estudo, constituem-se em condutas omissivas, de quem deixa, dentro de prazo razoável de:

> I – relaxar a prisão manifestamente ilegal;
>
> II – substituir a prisão preventiva por medida cautelar diversa ou de conceder liberdade provisória, quando manifestamente cabível;
>
> III – deferir liminar ou ordem de habeas corpus, quando manifestamente cabível.

Na figura do parágrafo único, como já referimos, a sujeição ativa está expressamente limitada à autoridade judiciária, ou seja, condutas omissivas do parágrafo único somente podem ser cometidas por autoridade judiciária, por magistrado, ou seja, juiz de 1ª instância, Desembargador ou Ministro.

Não enxergamos neste caso assimilado, nem mesmo a possibilidade de oficiais da ativa que compõem os Conselhos de Justiça Especial ou Permanente, figurarem como autores do delito, não apenas por, ao compor um órgão jurisdicional, em eventual abuso, afrontarem o escorreito exercício jurisdicional, vilipendiando a administração da justiça e não a ordem administrativa militar, como se exigiria para a configuração de crime militar extravagante, mas, principalmente, pelo fato de as três possibilidades do parágrafo único – deixar de relaxar a prisão manifestamente ilegal, de substituir a prisão preventiva por medida cautelar diversa ou de conceder liberdade provisória, quando manifestamente cabível, ou de deferir liminar ou ordem de habeas corpus, quando manifestamente cabível – referirem-se a momento processual de decisão singular, do juiz de Direito da Juízo Militar ou do juiz federal da Justiça Militar, as duas primeiras ocorridas antes do recebimento da denúncia e a última com apreciação pelo juiz singular por imposição legal, como no caso do inciso I-C do art. 30 da Lei n. 8.457/1992, que organiza a Justiça Militar da União.

Frise-se que no caso dos militares da ativa integrantes dos órgãos de segundo grau da Justiça Militar (Juiz Coronel PM/BM, Desembargador Militar e Ministro do STM), não haverá problema na subsunção da conduta nesta figura delitiva, pois se tratam de magistrados que compõem o Poder Judiciário, mas, também aqui, por não importar afronta à ordem administrativa militar, não haverá crime militar extravagante de abuso de autoridade, e sim crime comum de abuso de autoridade.

Note-se, ademais, um elemento normativo no parágrafo único, aplicável a todos os incisos, que se refere a um "prazo razoável", não delineado pela Lei de Abuso de Autoridade.

Prazo razoável é o tempo necessário para o juiz se inteirar do caso, desprezando-se o tempo de traslado dos autos entre os órgãos envolvidos, e deve ser contado a partir do momento em que aportar ao magistrado, o que deve ser avaliado no caso concreto.

Alguns parâmetros, no entanto, embora não ligados ao crime militar extravagante, merecem nota para a aferição do prazo razoável.

No caso do inciso I, a CF/88 estabelece que o juiz relaxará imediatamente a prisão ilegal, sem estipular um prazo objetivo.

Em relação à prisão em flagrante, no entanto, o § 1º do artigo 306 do CPP estabelece que "Em até 24 (vinte e quatro) horas após a realização da prisão, será encaminhado ao juiz competente o auto de prisão em flagrante e, caso o autuado não informe o nome de seu advogado, cópia integral para a Defensoria Pública" e, após a autoridade policial cumprir a remessa em até 24 horas, o magistrado analisará o caso. Havendo ilegalidade, deverá relaxar imediatamente a prisão. Em adição, há o prazo para a realização da audiência de custódia, previsto no *caput* do art. 310 do CPP – 24 horas –, que na Justiça Militar pode ser um pouco maior, por força do art. 5º, § 3º, da Resolução n. 228, de 26 de outubro de 2016, do Superior Tribunal Militar, podendo ser 72 horas, caso o preso esteja numa localidade distante da cidade sede da Auditoria. Essas previsões são elementos importantes para, no caso concreto, definir se houve ou não prazo razoável para relaxar a prisão ilegal.

No caso do inciso II, para aferir o prazo razoável, tem-se o parágrafo único do art. 322 do CPP determina que "Nos demais casos, a fiança será requerida ao juiz, que decidirá em 48 (quarenta e oito) horas". Assim, o prazo razoável para arbitramento de fiança pelo juiz é de 48 (quarenta e oito) horas, regra inexistente no Código de Processo Penal Militar, que não vislumbra a possibilidade de crime afiançável, podendo-se levar em conta no cômputo, também, o prazo para a realização da audiência de custódia.

Finalmente, no caso da concessão de *habeas corpus* a análise se torna mais complexa, pois haverá a possibilidade em primeira e em segunda instância. Por exemplo, o art. 660 do CPP dispõe que "Efetuadas as diligências, e interrogado o paciente, o juiz decidirá, fundamentadamente, dentro de 24 (vinte e quatro) horas". Já em segundo grau, dispõe o art. 664 do mesmo CPP que "Recebidas as informações, ou dispensadas, o *habeas corpus* será julgado na primeira sessão, podendo, entretanto, adiar-se o julgamento para a sessão seguinte".

No caso do CPPM, embora a Lei n. 8.457/1992 preveja a competência monocrática do juiz federal da Justiça Militar para julgar *habeas corpus* (inciso I-C do art. 30), na origem o Código apenas vislumbrou a possibilidade de o remédio heroico ser impetrado perante o Superior Tribunal Militar (art. 469 do CPPM). Neste caso, o art. 473 do CPPM comanda que, recebido de volta o processo, o relator o apresentará em mesa, sem demora, para o julgamento, que obedecerá ao disposto no Regimento Interno do Tribunal. O § 3º do art. 88 do Regimento Interno do STM (RISTM) dispõe que, instruído o processo e ouvido o Procurador-Geral da Justiça Militar, que se manifestará em quarenta e oito horas, o Relator o colocará em mesa para julgamento na primeira sessão do Tribunal que se seguir, facultada a publicação no Diário da Justiça da União. Assim, o julgamento será na primeira sessão após o recebimento dos autos instruídos.

Em resumo, portanto, o prazo razoável se trata de elemento normativo em que os dispositivos acima devem ser levados em consideração no caso concreto, não se podendo definir um prazo padrão, que se preste a todos os casos, em nossa opinião.

Ingressemos, agora, nos incisos do parágrafo único do art. 9º, o que faremos brevemente, pela impossibilidade de ocorrência de crime militar extravagante neste caso.

Primeiramente, na compreensão do primeiro inciso, vale lembrar a diferença entre relaxamento de prisão e concessão de liberdade provisória. Enquanto o relaxamento é cabível nas prisões ilegais, a concessão de liberdade provisória é cabível para prisões legais que, entretanto, a lei autoriza que o acusado responda em liberdade, com ou sem a prestação de fiança.

Feita esta distinção, tem-se que o tipo penal do inciso I do parágrafo único do art. 9º em primeira análise, somente pode ser cometido por autoridade judiciária, uma vez que a CF/88 estabelece em seu art. 5º, inciso LXV que "a prisão ilegal será imediatamente relaxada pela autoridade judiciária", seguida pelo inciso I do artigo 310 do CPP: "Ao receber o auto de prisão em flagrante, o juiz deverá fundamentadamente: I – relaxar a prisão ilegal (...)" e do artigo 224 do CPPM: "Se, ao tomar conhecimento da comunicação, a autoridade judiciária verificar que a prisão não é legal, deverá relaxá-la imediatamente".

Em outro elemento normativo, agora específico do inciso I, há a prisão "manifestamente ilegal".

Prisão ilegal é aquela que carece de um de seus elementos essenciais, por exemplo, quando levada a efeito por autoridade administrativa, não observando requisitos de validade do ato administrativo (competência, finalidade, forma, motivo e objeto). Ademais, a ilegalidade deve ser manifesta, ou seja, ser clara, ostensiva, notável, não preenchendo este elemento prisões ilegais que não possam de imediato ser assim compreendidas pela autoridade judiciária, a exemplo daquelas lavradas ou decretadas modificando fatos, restringindo depoimentos de testemunhas, omitindo provas etc., impossibilitando o conhecimento da ilegalidade.

Mas, apenas por amor ao debate, coloquemos uma questão em foco. Será que o relaxamento de prisão ilegal se constitui mesmo em medida com reserva de jurisdição?

Legalmente, pelo CPPM, não!

Com efeito, o art. 224 do CPPM dispõe que "Se, ao tomar conhecimento da comunicação, a autoridade judiciária verificar que a prisão não é legal, deverá relaxá-la imediatamente". Não se pode descartar, entretanto, a previsão do § 2º do art. 247 do mesmo Código:

> § 2º – Se, ao contrário da hipótese prevista no art. 246, a **autoridade militar ou judiciária** verificar a manifesta inexistência de infração penal militar ou a não participação da pessoa conduzida, relaxará a prisão. Em se tratando de infração penal comum, remeterá o preso à autoridade civil competente (grifo nosso).

Embora visão dominante em sentido contrário, entendemos não haver reserva de jurisdição, nos termos constitucionais, para o relaxamento de prisão em flagrante, como já defendemos alhures[18], já que a Constituição Federal impõe ao juiz que relaxe a prisão, mas não veda que outras autoridades, desde que autorizados por lei, o façam, exatamente o caso da autoridade militar na dinâmica da prisão em flagrante, conforme o dispositivo do CPPM acima destacado.

Sob esta premissa, também a autoridade de polícia judiciária militar poderia cometer o delito de abuso de autoridade nesta forma omissiva. Contudo, por não conceber a realidade do Direito Castrense, como já sustentamos, o texto do parágrafo único do art. 9º da Lei de Abuso de Autoridade delimitou como sujeito ativo apenas a autoridade judiciária, o que torna atípica, sob o enfoque deste artigo, a inação de autoridade de polícia judiciária militar, afastando a possibilidade de crime militar extravagante.

O tipo penal do inciso II do parágrafo único do art. 9º também só pode ser cometido por autoridade judiciária, pela previsão expressa do dispositivo e em virtude do art. 310 do CPP que, repita-se, comanda que, após "receber o auto de prisão em flagrante, no prazo máximo de até 24 (vinte e quatro) horas após a realização da prisão, o juiz deverá promover audiência de custódia com a presença do acusado, seu advogado constituído ou membro da Defensoria Pública e o membro do Ministério Público, e, nessa audiência, o juiz deverá, fundamentadamente", "converter a prisão em flagrante em preventiva, quando presentes os requisitos constantes do art. 312 deste Código, e se revelarem inadequadas ou insuficientes as medidas cautelares diversas da prisão" (inciso II) ou "–"conceder liberdade provisória, com ou sem fiança" (inciso III). O inciso II do art. 310 é complementado pelo art. 319 do CPP, que traz as medidas cautelares diversas da prisão.

Assim, por exemplo, em sendo cabível a liberdade provisória ("manifestamente cabível"), em não concedendo, a autoridade judiciária, desde que presente o elemento subjetivo especial do tipo, incorrerá no delito em estudo.

"Manifestamente cabível" – outro elemento normativo, significa a subsunção dos fatos que envolvem a prisão, com os requisitos dos institutos, primeiro, da liberdade provisória sem fiança (presença de excludente de ilicitude ou ausência dos

[18] NEVES, Cícero Robson Coimbra. Relaxamento da prisão em flagrante por autoridade de polícia judiciária militar. In: CARVALHO, Alexandre Reis de (Org.). **Capacitar**:: Curso de Ingresso e Vitaliciamento para promotores de Justiça Militar. Brasília: ESMPU, 2017. p. 11-35. Número de chamada: E MPF civ.

fundamentos de decretação da prisão preventiva e nos casos de crimes militares, quando acusado se livra solto (crime que não tenha cominação de pena privativa de liberdade ou infração punida com pena de detenção não superior a dois anos e ainda, os delitos culposos); segundo, da liberdade provisória com fiança, cabível apenas em crimes comuns e desde que não seja crime de racismo, de tortura, tráfico ilícito de entorpecentes e drogas afins, terrorismo e nos definidos como crimes hediondos e nos crimes cometidos por grupos armados, civis ou militares, contra a ordem constitucional e o Estado Democrático – os demais crimes admitem fiança, seja a pena cominada de detenção ou de reclusão, tendo ou não violência ou grave ameaça, e desde que não haja qualquer fundamento de decretação da prisão preventiva.

Embora entendamos que a lógica dos arts. 310 e 319 do CPP deva ser aplicada ao processo penal militar, assim como há a possibilidade de a autoridade judiciária militar não conceder liberdade provisória quando cabível, não há, aqui também, possibilidade de crime militar extravagante de abuso de autoridade, já que o militar da ativa no desempenho de função da administração militar não pode ser sujeito ativo. Eventual prática pelo juiz de Direito do Juízo Militar ou pelo juiz federal da Justiça Militar trará hipótese de crime comum de abuso de autoridade.

Por fim, o tipo penal do inciso III do parágrafo único do art. 9º igualmente, só poderá ser cometido por autoridades judiciárias, afastando-se hipótese de crime militar extravagante de abuso de autoridade. A hipótese pode ocorrer em 1ª instância, quando a prisão ilegal que ensejar o *habeas corpus* tiver sido levada a efeito por autoridades policiais civis ou militares (exceto aquelas com foro especial por prerrogativa de função) e o juiz deixar de conceder a ordem, mas, também, em 2ª instância, quando a ilegalidade da prisão tiver sido cometida, por exemplo, por juiz (ou Conselho de Justiça) ou, no caso da Justiça Militar por autoridade militar que detenha foro especial por prerrogativa de função, caso dos oficiais-generais na Justiça Militar da União, por expressa previsão da alínea "c" do inciso I do art. 6º da Lei n. 8.457/1992.

Igualmente ao inciso II, aqui há o elemento normativo "manifestamente cabível" o *habeas corpus*, podendo-se buscar o preenchimento desse elemento nos arts. 648 do CPP e 467 do CPPM, que coincidem com a ilegalidade ou abuso da prisão, hipóteses em que será cabível o *habeas corpus*. No art. 467 do CPPM, por exemplo, dispõe-se:

> Art. 467. Haverá ilegalidade ou abuso de poder:
>
> a) quando o cerceamento da liberdade for ordenado por quem não tinha competência para tal;
>
> b) quando ordenado ou efetuado sem as formalidades legais;
>
> c) quando não houver justa causa para a coação ou constrangimento;
>
> d) quando a liberdade de ir e vir for cerceada fora dos casos previstos em lei;
>
> e) quando cessado o motivo que autorizava o cerceamento;
>
> f) quando alguém estiver preso por mais tempo do que determina a lei;
>
> g) quando alguém estiver processado por fato que não constitua crime em tese;

h) quando estiver extinta a punibilidade;

i) quando o processo estiver evidentemente nulo.

Repita-se que eventual prática pelo juiz de Direito do Juízo Militar ou pelo juiz federal da Justiça Militar, ou, ainda, por magistrado de segundo grau da Justiça Militar implicará em hipótese de crime comum de abuso de autoridade.

Quanto às prisões derivadas da atuação, principalmente da polícia ostensiva, por meio de abordagens policiais – em se adotando uma visão mais ampla da sujeição ativa, como acima esclarecemos –, deve-se observar rigorosamente os requisitos que regem a busca pessoal, notadamente quanto à existência de fundada suspeita, requisito essencial para adoção dessa medida, sob pena de impingir ilegalidade à ação policial e, por consequência, à prisão em flagrante e às provas colhidas, conforme se observa na decisão do STJ, proferida em 02/03/2021:

> AGRAVO REGIMENTAL NO HABEAS CORPUS. PROCESSUAL PENAL. TESE DE NULIDADE. BUSCA VEICULAR. VIOLAÇÃO AO ART. 240, § 2.º, DO CÓDIGO DE PROCESSO PENAL. AUSÊNCIA DE FUNDADAS SUSPEITAS. AGRAVO DESPROVIDO. 1. Nos termos da orientação desta Corte Superior e do art. 240, § 2.º, do Código de Processo Penal, a busca veicular, que é equiparada à busca pessoal, não necessita de prévia autorização judicial quando houver fundadas suspeitas de possível delito, o que não se verificou no caso concreto. 2. Na espécie, a busca no veículo não foi justificada pela autoridade policial e o Tribunal de origem limitou-se a afirmar que "os denunciados trafegavam durante o fim da madrugada (por volta das 05h20rn), o que podia indicar que premeditadamente aproveitavam-se daquele horário". Assim, constata-se a ilicitude das provas colhidas, conforme o art. 157 do Código de Processo Penal. Precedentes. 3. Agravo regimental desprovido. (STJ - AgRg no HC: 530167 SP 2019/0257990-3, Relator: Ministra LAURITA VAZ, Data de Julgamento: 02/03/2021, T6 - SEXTA TURMA, Data de Publicação: DJe 11/03/2021).

– Elemento Subjetivo:

O elemento subjetivo deste crime é o dolo direto, consubstanciado em conhecer o não cumprimento dos requisitos legais e ainda assim, decretar a prisão ou, no caso do parágrafo único, mesmo conhecendo a ilegalidade da prisão, o cabimento de medida cautelar diversa da prisão preventiva ou de liberdade provisória, deixar, conscientemente, de relaxar a prisão, prover substituição por medida cautelar diversa da prisão, conceder a liberdade provisória, deferir liminar ou ordem em habeas corpus, em prazo razoável.

Deve-se aliar, a esse elemento subjetivo do tipo penal, uma das cinco finalidades específicas (elemento subjetivo especial do tipo ou do injusto) de (i) prejudicar outrem ou (ii) beneficiar a si mesmo ou (iii) a terceiro, ou, ainda, (iv) por mero capricho ou (v) satisfação pessoal, constantes do § 1º do artigo primeiro da Lei de Abuso de Autoridade, para satisfazer a tipicidade da conduta.

Não se admite, como já consignamos, o dolo eventual ou a culpa neste delito. Importante, nessa linha, o destaque de Renee do Ó Souza (2020, p. 79), evitando o delito de hermenêutica:

> Desse modo, eventual má apreciação do caso e a qualidade negativa da decisão da autoridade pública não podem ser equiparadas à vontade de praticar o crime de abuso

de autoridade. Nesses casos, embora a decisão possa ser reformada ou desfeita pelas instâncias superiores do Poder Judiciário, não é possível imputar, de forma automática ou vinculante, a caracterização do abuso de poder previsto no tipo penal em estudo.

– Consumação e tentativa:

O tipo penal do caput do art. 9º constitui-se em delito formal, ou seja, basta a decretação da medida privativa de liberdade, com efeito, ou seja, que saia da órbita do agente para a consumação do delito, ainda que ela não se efetive. Uma decretação por autoridade judiciária que não saia de seu gabinete, por exemplo, óbvio não terá o condão de possibilitar risco ao bem jurídico tutelado, não passando de mera cogitação do agente.

Também se trata, na nossa compreensão, de delito unissubsistente, encerrada pelo verbo nuclear "decretar", em que não se admite tentativa, embora haja posição doutrinária em sentido oposto de Renato Brasileiro (**Nova lei...**, 2020, p. 97) e de Renee do Ó Souza (2020, p. 79), que admitem a forma tentada quando a prática da decretação se der por via escrita.

No caso das figuras omissivas do parágrafo único, a consumação é alcançada com a mera inação da autoridade judiciária. Nessas figuras omissivas próprias, claro, não se admite a tentativa.

– Tipicidade indireta:

Os crimes militares do art. 9º da Lei de Abuso de Autoridade devem, atendendo à dupla tipificação, com enfoque no sujeito passivo imediato que defendemos, encontrar complemento no art. 9º, inciso II, alínea "e" do CPM: "por militar em situação de atividade, ou assemelhado, contra o patrimônio sob a administração militar, ou a ordem administrativa militar".

Malgrado nossa visão, certamente surgirá quem defenda possível a subsunção em outra alínea do inciso II do art. 9º do CPM, como, por exemplo, na alínea "a", quando o fato for praticado contra militar também em situação de atividade.

– Relação com a revogada lei de Abuso de Autoridade (Lei n. 4.898/65):

Em virtude do princípio da continuidade normativa-típica, adotada a visão mais ampla do verbo nuclear, o tipo penal constante do art. 9º, *caput*, da nova Lei de Abuso de Autoridade, mantém intactos os efeitos produzidos pelos seguintes crimes da Lei n. 4.898/65: artigo 3º, alínea "a" e artigo 4º, alínea "a":

> Art. 3º. Constitui abuso de autoridade qualquer atentado:
>
> a) à liberdade de locomoção;
>
> (...)
>
> Art. 4º Constitui também abuso de autoridade:
>
> a) ordenar ou executar medida privativa da liberdade individual, sem as formalidades legais ou com abuso de poder.

O inciso I do art. 9º da nova Lei de Abuso de Autoridade mantém intactos os efeitos produzidos pelo crime constante da Lei n. 4.898/65, em seu artigo 4º, alínea "d":

> Art. 4º Constitui também abuso de autoridade:
>
> (...)
>
> d) deixar o Juiz de ordenar o relaxamento de prisão ou detenção ilegal que lhe seja comunicada.

O inciso II do artigo 9º da nova Lei de Abuso de Autoridade mantém intactos os efeitos produzidos pelo crime constante da Lei n. 4.898/65, em seu artigo 4º, alínea "e":

> Art. 4º Constitui também abuso de autoridade:
>
> (...)
>
> e) levar à prisão e nela deter quem quer que se proponha a prestar fiança, permitida em lei;

2.8.9.5.2. Art. 10

> **Art. 10.** Decretar a condução coercitiva de testemunha ou investigado manifestamente descabida ou sem prévia intimação de comparecimento ao juízo:
>
> Pena – detenção, de 1 (um) a 4 (quatro) anos, e multa.

– Objetividade Jurídica:

O tipo penal tutela a Administração da Justiça nos casos em que membros do Poder Judiciário decretam a condução coercitiva, a Administração Pública nos casos de decretação ilegal por parte de delegados de Polícia e a Administração Militar quando autoridades militares decretam a medida. Nos dois últimos casos, claro, para quem compreende que que a sujeição ativa pode recair em autoridade administrativa. Em suma, tutela-se da dignidade da função pública.

Tutela-se, em adição, os direitos e garantias fundamentais do indivíduo, aqui manifestados pela dignidade da pessoa humana e liberdade de locomoção, fundamento da república e direito fundamental, respectivamente previstos no inciso III do art. 1º e nos incisos XV, LXI e LXVIII do art. 5º, todos da Constituição Federal.

– Sujeito Ativo:

Assim como no tipo incriminador anterior, duas posições podem ser compreendidas, uma ampliativa e outra restritiva.

Pela primeira, podem ser sujeito ativo do delito juízes, autoridades policiais e membros do Ministério Público, na presidência de investigações.

Sobre a decretação de condução coercitiva por autoridades policiais, Tourinho Filho (2002, p. 102) leciona que:

> Se o indiciado não atender à notificação, nada impede seja ele conduzido à presença da Autoridade Policial. O mesmo se diga se se tratar de testemunha. O inquérito é peça eminentemente inquisitiva e, *inquisitio sine coercitione nulla est* (...).

Smanio (2007, p.06) corrobora a tese e ensina:

> O indiciado deve ser interrogado pela autoridade policial, que poderá, se necessário, conduzi-lo coercitivamente a sua presença. Não está entretanto, obrigado a responder as perguntas feitas (art. 5º LXII, CF).

O Ministério Público, a seu turno, titular da ação penal pública, também pode empreender investigações, apesar de a Constituição Federal não prever expressamente tal atribuição. Aplica-se, neste caso, a teoria dos poderes implícitos que resumidamente, prega que, se a Carta Magna atribui determinada atividade-fim a um órgão, também concede todos os meios necessários para a realização dessa competência e, no caso, a propositura da ação penal exige uma investigação para coleta dos elementos de autoria e materialidade do crime.

Em adição, tem-se o exemplo da Lei Complementar n. 75/1993 que estabelece:

> Art. 8º Para o exercício de suas atribuições, o Ministério Público da União poderá, nos procedimentos de sua competência:
>
> I – notificar testemunhas e requisitar sua condução coercitiva, no caso de ausência injustificada;
>
> (...)
>
> V – realizar inspeções e diligências investigatórias;
>
> (...)
>
> VII – expedir notificações e intimações necessárias aos procedimentos e inquéritos que instaurar."

Sobre o assunto, não é novidade o que se decidiu no Recurso Extraordinário n. 593.727/MG, rel. Min. Cezar Peluzo, rel. para o Acórdão Min. Gilmar Mendes, j. 01/08/2018, dotado de repercussão geral, onde foi reconhecida e garantida a constitucionalidade da atribuição do Ministério Público para promover, *motu proprio* e por prazo razoável, investigações de natureza criminal. O julgado produziu a seguinte ementa:

> Repercussão geral. Recurso extraordinário representativo da controvérsia. Constitucional. Separação dos poderes. Penal e processual penal. Poderes de investigação do Ministério Público. 2. Questão de ordem arguida pelo réu, ora recorrente. Adiamento do julgamento para colheita de parecer do Procurador-Geral da República. Substituição do parecer por sustentação oral, com a concordância do Ministério Público. Indeferimento. Maioria. 3. Questão de ordem levantada pelo Procurador-Geral da República. Possibilidade de o Ministério Público de estado-membro promover sustentação oral no Supremo. O Procurador-Geral da República não dispõe de poder de ingerência na esfera orgânica do Parquet estadual, pois lhe incumbe, unicamente, por expressa definição constitucional (art. 128, § 1º), a Chefia do Ministério Público da União. O Ministério Público de estado-membro não está vinculado, nem subordinado, no plano processual, administrativo e/ou institucional, à Chefia do Ministério Público da União, o que lhe confere ampla

> possibilidade de postular, autonomamente, perante o Supremo Tribunal Federal, em recursos e processos nos quais o próprio Ministério Público estadual seja um dos sujeitos da relação processual. Questão de ordem resolvida no sentido de assegurar ao Ministério Público estadual a prerrogativa de sustentar suas razões da tribuna. Maioria. 4. Questão constitucional com repercussão geral. Poderes de investigação do Ministério Público. Os artigos 5º, incisos LIV e LV, 129, incisos III e VIII, e 144, inciso IV, § 4º, da Constituição Federal, não tornam a investigação criminal exclusividade da polícia, nem afastam os poderes de investigação do Ministério Público. Fixada, em repercussão geral, tese assim sumulada: "O Ministério Público dispõe de competência para promover, por autoridade própria, e por prazo razoável, investigações de natureza penal, desde que respeitados os direitos e garantias que assistem a qualquer indiciado ou a qualquer pessoa sob investigação do Estado, observadas, sempre, por seus agentes, as hipóteses de reserva constitucional de jurisdição e, também, as prerrogativas profissionais de que se acham investidos, em nosso País, os Advogados (Lei 8.906/94, artigo 7º, notadamente os incisos I, II, III, XI, XIII, XIV e XIX), sem prejuízo da possibilidade – sempre presente no Estado democrático de Direito – do permanente controle jurisdicional dos atos, necessariamente documentados (Súmula Vinculante 14), praticados pelos membros dessa instituição". Maioria. 5. Caso concreto. Crime de responsabilidade de prefeito. Deixar de cumprir ordem judicial (art. 1º, inciso XIV, do Decreto-Lei nº 201/67). Procedimento instaurado pelo Ministério Público a partir de documentos oriundos de autos de processo judicial e de precatório, para colher informações do próprio suspeito, eventualmente hábeis a justificar e legitimar o fato imputado. Ausência de vício. Negado provimento ao recurso extraordinário. Maioria (g.n.).

Não se pode, por fim, olvidar a possibilidade de investigação no seio do Poder Legislativo, especificamente nas Comissões Parlamentares de Inquérito.

Assim, em uma visão mais ampla do dispositivo, não apenas em decisões de magistrados, mas também das autoridades públicas nos casos de investigação enumerados, poderá o autor da determinação pela condução coercitiva figurar como sujeito ativo.

Nessa compreensão, inclusive para feitos administrativo-disciplinares, está, por exemplo, Renee do Ó Souza (2020, p. 82):

> **SUJEITO ATIVO:** Trata-se de crime próprio porque exige-se que o autor deste crime seja agente público que detém competência administrativa ou jurisdicional para determinar a condução coercitiva de testemunha e investigado, como autoridades policiais, seus agentes, juízes de direito parlamentares que presidem CPI, agentes públicos que presidem procedimentos administrativos disciplinares, membros do Ministério Público etc.

Em outra linha, como suscitado, há uma visão mais restritiva, segundo a qual apenas os magistrados podem cometer o delito.

Essa visão advém, primeiro, da compreensão do termo "decretar" que pressupõe na persecução criminal a atuação jurisdicional.

Segundo, a expressão "comparecimento em juízo", embora seja relativizada pela palavra "investigado" no texto do próprio artigo, dá a conotação de que se está diante de possibilidade afeta apenas ao magistrado.

Mas, o argumento mais forte, está na compreensão de que a condução coercitiva é possibilidade componente da atuação típica do Poder Judiciário, com reserva de jurisdição, e não dos demais Poderes ou Funções do Poder. Muito esclarecedora, nesse sentido, a visão de Renato Brasileiro (**Nova lei...**, 2020, p. 112-3):

> A nosso juízo, a não ser que se queira retroceder à concepção autoritária do acusado como objeto de prova, cujo corpo pode ser coercitivamente submetido à condução pela polícia judiciária para fins de interrogatório policial, tido como verdadeiro meio de prova, somente o juiz natural da causa pode determinar a condução coercitiva do investigado, do acusado ou de qualquer pessoa. Ora, estamos diante de medida que importa em supressão absoluta da liberdade de locomoção, ainda que temporária, sujeita, pois, à cláusula de reserva de jurisdição. Em síntese, a função de polícia judiciária e de apuração das infrações penais atribuída às Polícias Civis e à Polícia Federal, assim como a atribuição investigatória exercida subsidiariamente pelo Ministério Público, não lhes confere poderes para decretar medidas cautelares de coação pessoal, as quais pressupõem prévia autorização judicial, consoante disposto no art. 5º, inciso LXI, da Constituição Federal, interpretado extensivamente, e no art. 282, § 2º, do CPP.
>
> Faz-se necessária, portanto, uma decisão escrita, prévia e motivada da autoridade judiciária competente, demonstrando a proporcionalidade da medida no caso concreto (CPP, art. 282, II) e a presença dos seguintes pressupostos: a) somatório da prova da materialidade do crime com indícios de autoria (*fumus comissi delicti*); b) estrita necessidade da presença física do acusado (ou investigado) em ato processual (ou administrativo) que, sem ele, não possa ser realizado; c) prévia falta injustificada de atendimento à notificação para comparecer ao sobredito ato processual penal (ou administrativo).

Compreendemos como correta a visão mais restritiva para a sujeição ativa, portanto, podem figurar como sujeito ativo deste delito – na nossa compreensão, que tem se mostrado minoritária – apenas os magistrados, que possuem competência para decretar condução coercitiva.

– Sujeito Passivo:

O sujeito passivo imediato, na nossa compreensão, é o Estado, por sua administração pública (comum ou militar, da Justiça ou do Poder Executivo), conforme quem decrete a condução coercitiva e, claro, sob o enfoque mais amplo do tipo penal incriminador.

O sujeito passivo mediato é o indivíduo que sofre a prisão ilegalmente decretada, que terá direitos garantidos constitucionalmente ceifados, a exemplo do art. 5º, incisos XV ("é livre a locomoção no território nacional em tempo de paz, podendo qualquer pessoa, nos termos da lei, nele entrar, permanecer ou dele sair com seus bens"), LXI ("ninguém será preso senão em flagrante delito ou por ordem escrita e fundamentada de autoridade judiciária competente, salvo nos casos de transgressão militar ou crime propriamente militar, definidos em lei"), e LXVIII ("conceder-se-á habeas corpus sempre que alguém sofrer ou se achar ameaçado de sofrer violência ou coação em sua liberdade de locomoção, por ilegalidade ou abuso de poder"), o que importará em afetação de sua dignidade humana (art. 1º, III, CF).

– Elementos Objetivos:

O núcleo do tipo penal é decretar, ordenar, determinar a condução coercitiva, o que, para nós, repita-se, está afeto às possibilidades apenas da autoridade judiciária, mas que comporta visão destoante, segundo a qual também autoridades de outras Funções do Poder – autoridade policial, membros do Ministério Público, membros do Poder Legislativo na condução de Comissões Parlamentares de Inquérito e até autoridades no exercício do poder disciplinar – poderiam ter sua conduta subsumida ao tipo em estudo.

O que se decreta é a condução coercitiva, compreendida como o cerceamento de liberdade compulsório com o fito de levar o indivíduo a determinado lugar, à presença de uma autoridade, para que certo ato seja praticado.

A condução, pela estrita previsão do tipo penal em estudo, recai apenas sobre testemunha ou investigado, que podem, de fato, ser conduzidos coercitivamente nos termos, por exemplo, do § 2º do art. 347 do CPPM e dos arts. 218 e 260 do CPP. Mas não se pode esquecer que também é possível a condução coercitiva de outros atores, como o ofendido (parágrafo único do art. 311 do CPPM e § 1º do art. 201 do CPP) e o perito (art. 51 do CPPM e art. 278 do CPP).

Testemunha é qualquer pessoa que, de alguma forma teve contato sensorial com o fato criminoso, e tem a obrigação de depor sob o compromisso de dizer a verdade, podendo incorrer no crime de falso testemunho quando nega ou cala a verdade.

Investigado configura uma expressão ampla, não utilizada na redação original do CPP, que se referia apenas ao "indiciado". A figura do "investigado" foi introduzida no CPP com a Lei n. 11.719, de 2008 que, dentre outras matérias, estabeleceu que "o registro dos depoimentos do investigado, indiciado, ofendido e testemunhas será feito pelos meios ou recursos de gravação magnética (...)" e depois, com a Lei n. 12.403, de 2011 que instituiu as medidas cautelares diversas da prisão, ao criar a medida de "recolhimento domiciliar no período noturno e nos dias de folga quando o investigado ou acusado tenha residência e trabalho fixos".

A nomenclatura "suspeito" é usada na redação original de 1941 do CPP, para designar aquele contra quem recai uma causa de suspeição para atuar no processo, como por exemplo, o juiz ou perito que guardam amizade íntima ou inimizade capital com alguma das partes (artigo 254, I). Somente em 2016, com a Lei n. 13.344[19] é que o termo "suspeito" foi utilizado no CPP para designar a pessoa contra quem existem mínimos indícios da participação em infração penal, ou seja, que é suspeita de cometê-la.

Estevão Luís Lemos Jorge (2015, p. 76), ao estudar essas nomenclaturas ensina que:

---

19 CPP: "Art. 13-A. Nos crimes previstos nos arts. 148, 149 e 149-A, no § 3º do art. 158 e no art. 159 do Decreto-Lei nº 2.848, de 7 de dezembro de 1940 (Código Penal), e no art. 239 da Lei nº 8.069, de 13 de julho de 1990 (Estatuto da Criança e do Adolescente), o membro do Ministério Público ou o delegado de polícia poderá requisitar, de quaisquer órgãos do poder público ou de empresas da iniciativa privada, dados e informações cadastrais da vítima ou de suspeitos." e "Art. 13-B. Se necessário à prevenção e à repressão dos crimes relacionados ao tráfico de pessoas, o membro do Ministério Público ou o delegado de polícia poderão requisitar, mediante autorização judicial, às empresas prestadoras de serviço de telecomunicações e/ou telemática que disponibilizem imediatamente os meios técnicos adequados – como sinais, informações e outros – que permitam a localização da vítima ou dos suspeitos do delito em curso."

> Embora nossa legislação processual trate de forma indiscriminada as figuras de suspeito, investigado e indiciado, sabe-se que há divergência essencial entre elas: indiciado é apenas o suspeito ou investigado contra o qual, no inquérito policial, foram produzidas provas suficientes da materialidade delitiva e indícios de sua autoria.

Paulo Sergio Ricardo de Souza (2006, p. 45) contribui analisando a expressão "suspeito":

> Suspeito é aquele sobre quem recai a possibilidade de ser autor da infração penal, porém, inexistem indícios suficientes a possibilitar um juízo mais seguro, de probabilidade, ou na forma do léxico, "de quem há suspeitas", ou ainda, "que causa suspeita, duvidoso".

Assim, suspeito e investigado, são expressões que podem ser usadas como sinônimos, para definir uma situação de pré-indiciamento, em que, já existem elementos indicadores da participação do indivíduo no delito, mas não são robustos o suficiente para o indiciamento.

Ao serem coletados indícios mais substanciais sobre a autoria e materialidade do delito, a pessoa será indiciada pela autoridade policial, momento em que o foco da investigação sobre ela recairá.

Já as expressões "acusado" e "réu" podem ser tidas como sinônimas, a indicar o indivíduo que, após ter sido considerado suspeito, passou a ser investigado e após, foi indiciado, tendo sido denunciado pelo Ministério Público e, finalmente, sendo a denúncia recebida pelo juiz, inaugurando o processo criminal, passando a ser denominado "acusado" ou réu".

Assim, as expressões "suspeito" ou "investigado", "indiciado", "denunciado" e "acusado" ou "réu", serão utilizadas conforme a fase em que se encontra a apuração do caso.

Resta saber se o tipo abrange a condução coercitiva manifestamente descabida de todas as pessoas ou apenas dos atores nele enumerados.

De início, pode-se ter a lógica comanda que não se pode compreender por atípico a condução coercitiva descabida contra acusado ou réu. Nessa linha, ter-se-ía que o legislador utilizou a palavra "investigado" para abranger a proteção desde o início da atuação do Estado sobre o crime ocorrido, da fase pré-processual até quando o processo estiver efetivamente funcionando, com o recebimento da denúncia.

Por outro enfoque, primando pela regra da interpretação restritiva, entendemos que o crime de abuso de autoridade ocorrerá apenas no contexto de condução coercitiva de testemunha ou de investigado. Falhou a redação do tipo, mas essa falha não possibilita a interpretação extensiva ou a analogia *in malam partem*.

Na mesma esteira, ao grafar a palavra "investigado", assiste razão a Rogério Sanches e Rogério Greco (2019, p. 97) ao compreenderem que o tipo penal não abarca a condução coercitiva de acusado, já em ação penal, também sob o escudo da vedação da analogia *in malam partem*.

Por outro veio, não havendo restrição expressa no tipo penal, permite-se compreender que espectro do delito alcança não apenas a persecução criminal, mas também feitos de outra natureza (LIMA, 2020, p. 118).

Deve-se dar bastante atenção à condução coercitiva do investigado.

Havia a predominância do entendimento de que aquele contra quem se imputa um delito, abrangendo, obviamente, o investigado, tinha o dever de comparecer ao interrogatório. Como alertava Maria Elizabeth Queijo (2012, p. 281-2), no Brasil, a tendência não era diversa, decorrendo do disposto no art. 260 do CPP, chegando-se a cogitar consequências negativas àquele que não comparecesse, como por exemplo, o cometimento de falta grave, se estiver em execução criminal. Com muito acerto, no entanto, aponta a mesma autora que, em razão da assimilação do princípio *nemo tenetur se detegere* e do direito ao silêncio, a doutrina já vinha questionando esse dever de comparecer, mesmo em se considerando que, *de lege lata*, o momento de comparecimento se prestasse não só ao interrogatório, mas também à qualificação do autor do fato.

A jurisprudência acompanhou essa verve.

Avaliando a questão, o Plenário do Supremo Tribunal Federal, no bojo das Arguições de Descumprimento de Preceito Fundamental n. 395/DF e 444/DF, discutiu a legitimidade de decisões judiciais que determinam a condução coercitiva de investigados ou réus para serem interrogados em procedimentos criminais, conforme dispõe o art. 260 do Código de Processo Penal.

O Relator, Min. Gilmar Mendes, julgou procedentes os pedidos formulados nas arguições para declarar a não recepção da expressão "para o interrogatório", constante do dispositivo, assim como a incompatibilidade com a Constituição Federal (CF) da condução coercitiva de investigados ou de réus para interrogatório, sob pena de responsabilidade disciplinar, civil e penal do agente ou da autoridade, e de ilicitude das provas obtidas, sem prejuízo da responsabilidade civil do Estado.

Não foi analisada, por não haver questionamento, a condução coercitiva de outros atores como testemunhas e nem dos investigados ou réus para atos diversos do interrogatório, como o reconhecimento pessoal. Ecoa essa compreensão o Enunciado 6 do CNPG e do GNCCRIM, com o seguinte teor: "Os investigados e réus não podem ser conduzidos coercitivamente à presença da autoridade policial ou judicial para serem interrogados. Outras hipóteses de condução coercitiva, mesmo de investigados ou réus para atos diversos do interrogatório, são possíveis, observando-se as formalidades legais".

Como argumento, entendeu-se que a condução coercitiva no curso da ação penal tornou-se obsoleta, porque consagrado na Constituição Cidadão o direito do réu de deixar de responder às perguntas, sem que isso lhe importe em prejuízo, decorrência do direito ao silêncio. A condução coercitiva para o interrogatório, nesse contexto, deu lugar à simples marcha do processo, com a revelia do acusado.

Em adição, consagrou-se que, no contexto apresentado, a presunção de não culpabilidade (CF, art. 5º, LVII), veda que sejam pessoas não condenadas como culpadas e que a espetacularização da condução coercitiva fere a dignidade da pessoa humana (CF, art. 1º, III), pois apenas serve para demonstrar a submissão do autor do fato apurado à força, sem nenhuma finalidade instrutória clara, já que o arguido não é obrigado a declarar, ou mesmo a se fazer presente ao interrogatório.

Também se definiu, como acima já mencionado nas palavras de Renato Brasileiro, que a condução coercitiva representa uma supressão absoluta, ainda que temporária, da liberdade de locomoção, ferindo os dispositivos constitucionais que consagram a excepcionalidade dessa restrição de liberdade.

Embora não haja dispositivo correlato ao art. 260 do CPP no CPPM, a decisão do Supremo, óbvio, se opõe à mesma possibilidade no processo penal castrense, como decorrência do princípio em estudo. Aliás, com muito maior razão se aplica a lógica do Acórdão, diante da previsão do § 2º do art. 296 ("Ninguém está obrigado a produzir prova que o incrimine, ou ao seu cônjuge, descendente, ascendente ou irmão") e do art. 412 ("Será considerado revel o acusado que, estando solto e tendo sido regularmente citado, não atender ao chamado judicial para o início da instrução criminal, ou que, sem justa causa, se previamente cientificado, deixar de comparecer a ato do processo em que sua presença seja indispensável"), ambos do CPPM, ficando clara a sanção processual da revelia, como uma consequência assumida pelo acusado.

Com esse novo desenho, decretação de condução coercitiva de investigado para seu interrogatório preenche o elemento normativo "manifestamente descabida", que deve mesmo ser compreendido como presente nos casos em que a ausência do conduzido é juridicamente aceitável, não apenas do investigado para o seu interrogatório, com lesão ao princípio *nemo tenetur se detegere*, mas em qualquer outra situação, a exemplo das testemunhas dispensadas de comparecimento, previstas no art. 350 do CPPM.

Também estará configurado o delito com a decretação de condução de investigado ou de testemunha "sem prévia intimação de comparecimento ao juízo". Não é apenas razoável que a condução coercitiva seja precedida de frustrado chamamento de comparecimento espontâneo, mas é exigência legal, como se verifica no § 2º do art. 347 do CPPM ("notificada regularmente").

Surge, aqui, um novo problema de interpretação, que se resume na possibilidade ou não de se compreender "intimação", expressamente mencionada no art. 10 da Lei n. 13.869/2019, como sinônimo de notificação.

Embora possa parecer contraditório, neste ponto, não há como fugir de uma interpretação extensiva, mas o fazemos com arrimo na legislação em vigor.

Em teoria, *intimação* trata-se de meio pelo qual se dá ciência de um ato já praticado no processo penal militar, enquanto *notificação* consiste na comunicação da prática futura de um ato ou, então, em levar ao conhecimento do interessado que, se praticar determinado ato, ou não praticá-lo, sofrerá determinada consequência. Em suma, intimação refere-se a ato já praticado; notificação refere-se a ato a ser praticado.

Há, no entanto, posição que não enxerga essa diferenciação, considerando as expressões como sinônimas. Nessa linha, Guilherme Nucci (2009., p. 653), ao tratar da intimação:

> É o ato processual pelo qual se dá ciência à parte da prática de algum outro ato processual já realizado ou a realizar-se, importando na obrigação de fazer ou não fazer alguma coisa. Não vemos diferença alguma entre os termos *intimação* e *notificação*, por vezes usado na lei processual penal. Aliás, se fôssemos adotar uma posição que os distinguisse, terminaríamos contrapondo normas do próprio Código de Processo Penal, que não respeitou um padrão único. [...].

Também o Código de Processo Penal Militar não seguiu um rígido padrão na distinção das duas espécies. Exemplificativamente, nos arts. 66 e 421 do CPPM, a "notificação" é empregada conforme a definição acima, ou seja, para ato futuro, mas, no § 3º do art. 133 e na alínea "d" do art. 399, a palavra "intimação" também está utilizada como forma de comunicação de ato futuro, ou seja, no sentido de "notificação", segundo a distinção apresentada. Já nos arts. 445 e 446, a palavra "intimação" surge conforme o significado correto, ou seja, comunicação de ato pretérito. Melhor, então, como o faz Nucci, ter os termos por sinônimos.

Mas essa equiparação não soluciona o problema, devendo-se verificar se, no caso específico do art. 10 da Lei n. 13.869/2019, os termos se equiparam e, nesse propósito, fundamental a comparação entre CPP e CPPM quando tratam da condução coercitiva da testemunha.

No Código de Processo Penal comum, o art. 218 dispõe:

> Art. 218. Se, regularmente intimada, a testemunha deixar de comparecer sem motivo justificado, o juiz poderá requisitar à autoridade policial a sua apresentação ou determinar seja conduzida por oficial de justiça, que poderá solicitar o auxílio da força pública (g.n.).

Seu correlato, no Código de Processo Penal Militar é o art. 347:

> **Notificação de testemunhas**
>
> Art. 347. As testemunhas serão notificadas em decorrência de despacho do auditor ou deliberação do Conselho de Justiça, em que será declarado o fim da notificação e o lugar, dia e hora em que devem comparecer.
>
> **Comparecimento obrigatório**
>
> § 1º O comparecimento é obrigatório, nos termos da notificação, não podendo dêle eximir-se a testemunha, salvo motivo de força maior, devidamente justificado.
>
> **Falta de comparecimento**
>
> § 2º A testemunha que, notificada regularmente, deixar de comparecer sem justo motivo, será conduzida por oficial de justiça e multada pela autoridade notificante na quantia de um vigésimo a um décimo do salário mínimo vigente no lugar. Havendo recusa ou resistência à condução, o juiz poderá impor-lhe prisão até quinze dias, sem prejuízo do processo penal por crime de desobediência (g.n.).

Claramente, percebe-se que há uma equivalência na legislação processual brasileira entre a intimação e a notificação, para fins de cientificar a testemunha da necessidade de seu comparecimento futuro a um ato definido pelo juízo, de maneira que, com arrimo nessa equiparação legal – e não por analogia, que seria *in malam partem* –, entendemos possível a interpretação extensiva da expressão "intimação de comparecimento" para alcançar a "notificação de comparecimento".

Sobre a possibilidade de aplicação da pena de multa na Justiça Militar, remetemos o leitor aos comentários ao art. 9º desta Lei.

– Elemento Subjetivo:

O elemento subjetivo é o dolo direto, consistente na decretação de condução coercitiva, ciente de que a medida não se subsume aos casos legais ou que está sendo decretada sem prévia intimação.

Deve-se aliar, a esse elemento subjetivo do tipo penal, uma das cinco finalidades específicas (elemento subjetivo especial do tipo ou do injusto) de (i) prejudicar outrem ou (ii) beneficiar a si mesmo ou (iii) a terceiro, ou, ainda, (iv) por mero capricho ou (v) satisfação pessoal, constantes do § 1º do artigo primeiro da Lei de Abuso de Autoridade, para satisfazer a tipicidade da conduta.

Não preenche o dolo simples e eventual má apreciação na decretação da medida coercitiva ou a má qualidade da decisão, que será suficiente para sua desconstituição, mas não para preenchimento do elemento subjetivo (SOUZA, 2020, p. 89-90).

– Consumação e tentativa:

Trata-se de crime de formal em que se prevê um resultado naturalístico, a efetiva supressão de liberdade, mas ela não é exigida para a consumação do delito, que é alcançada com a simples decretação da medida coercitiva.

Na nossa compreensão, a exemplo do crime do art. 9º, trata-se de delito unissubsistente, encerrada pelo verbo nuclear "decretar", em que não se admite tentativa, embora haja posição doutrinária em sentido oposto de Renato Brasileiro (**Nova lei...**, 2020, p. 120) e de Renee do Ó Souza (2020, p. 90), que admitem a forma tentada quando a prática da decretação se der por via escrita.

Difícil idealizar uma possibilidade de haver decretação por escrito, sair ela do âmbito íntimo da autoridade e não haver a consumação. Dessa forma, se a autoridade decretar e não encaminhar a peça escrita, estará em ato sem relevância penal, no âmbito de seu íntimo controle – de seu gabinete, por exemplo. De outro giro, a ordem escrita que chegue ao conhecimento de terceiro, já nos parece satisfazer o verbo "decretar", consumando-se o delito mesmo sem que se efetive a condução coercitiva.

– Tipicidade indireta:

O crime militar do art. 10 da Lei de Abuso de Autoridade deve, atendendo à dupla tipificação, com enfoque no sujeito passivo imediato que defendemos, encontrar complemento no art. 9º, inciso II, alínea "e" do CPM: "por militar em situação de atividade, ou assemelhado, contra o patrimônio sob a administração militar, ou a ordem administrativa militar".

Malgrado nossa visão, certamente surgirá quem defenda possível a subsunção em outra alínea do inciso II do art. 9º do CPM, como, por exemplo, na alínea "a", quando o fato for praticado contra militar também em situação de atividade.

– Relação com a revogada lei de Abuso de Autoridade (Lei n. 4.898/65):

Em virtude do princípio da continuidade normativa-típica, o tipo penal constante do art. 10 da nova Lei de Abuso de Autoridade, mantém intactos os efeitos produzidos pelo disposto na alínea "a" do art. 3º da Lei n. 4.898/65, segundo a qual constituía-se abuso de autoridade qualquer atentado à liberdade de locomoção, o que efetivamente ocorre na condução coercitiva.

2.8.9.5.3. Art. 12

> **Art. 12.** Deixar injustificadamente de comunicar prisão em flagrante à autoridade judiciária no prazo legal:
> Pena – detenção, de 6 (seis) meses a 2 (dois) anos, e multa.
> Parágrafo único. Incorre na mesma pena quem:
> I – deixa de comunicar, imediatamente, a execução de prisão temporária ou preventiva à autoridade judiciária que a decretou;
> II – deixa de comunicar, imediatamente, a prisão de qualquer pessoa e o local onde se encontra à sua família ou à pessoa por ela indicada;
> III – deixa de entregar ao preso, no prazo de 24 (vinte e quatro) horas, a nota de culpa, assinada pela autoridade, com o motivo da prisão e os nomes do condutor e das testemunhas;
> IV – prolonga a execução de pena privativa de liberdade, de prisão temporária, de prisão preventiva, de medida de segurança ou de internação, deixando, sem motivo justo e excepcionalíssimo, de executar o alvará de soltura imediatamente após recebido ou de promover a soltura do preso quando esgotado o prazo judicial ou legal.

– Objetividade Jurídica:

O tipo penal tutela a Administração Pública nos casos da falta de comunicação por parte de delegados de polícia e a Administração Militar quando autoridades militares deixam de atender a esse requisito constitucional. Eventualmente, admitida a prática por autoridade judiciária no inciso I do parágrafo único do art. 12, pode-se encontrar a tutela da administração da Justiça. Em suma, tutela-se da dignidade da função pública.

Obviamente, tutela-se, em adição, os direitos e garantias fundamentais do indivíduo, aqui manifestados pela dignidade da pessoa humana e liberdade de locomoção, fundamento da república e direito fundamental, respectivamente previstos no inciso

III do art. 1º e nos incisos XV ("é livre a locomoção no território nacional em tempo de paz, podendo qualquer pessoa, nos termos da lei, nele entrar, permanecer ou dele sair com seus bens"), LXI ("ninguém será preso senão em flagrante delito ou por ordem escrita e fundamentada de autoridade judiciária competente, salvo nos casos de transgressão militar ou crime propriamente militar, definidos em lei"), LXII ("a prisão de qualquer pessoa e o local onde se encontre serão comunicados imediatamente ao juiz competente e à família do preso ou à pessoa por ele indicada"), LXV ("a prisão ilegal será imediatamente relaxada pela autoridade judiciária"), LXVI ("ninguém será levado à prisão ou nela mantido, quando a lei admitir a liberdade provisória, com ou sem fiança") e LXVIII ("conceder-se-á habeas corpus sempre que alguém sofrer ou se achar ameaçado de sofrer violência ou coação em sua liberdade de locomoção, por ilegalidade ou abuso de poder"), o que importará em afetação de sua dignidade humana (art. 1º, III, CF).

– Sujeito Ativo:

Na figura do *caput*, poderá incorrer a autoridade de polícia judiciária comum ou militar que lavrou o auto de prisão em flagrante, a quem incumbe providenciar a comunicação ao juiz, conforme art. 306 do CPP e o art. 222 do CPPM.

O mesmo se diga dos casos assimilados dos incisos II e III do parágrafo único do art. 12, já que a comunicação à família e a expedição da nota de culpa são incumbência da autoridade responsável pela lavratura do auto, nos termos do mesmo art., 306 do CPP, acrescido, agora, de seu § 2º, e 247 do CPPM. Embora o CPPM não mencione a comunicação à família ou pessoa indicada pelo preso, essa obrigação decorre da leitura do dispositivo constitucional já indicado (inciso LXII do art. 5º da CF).

No caso do inciso II do parágrafo único do art. 12, ademais, é possível que a conduta ocorra sem que se esteja no contexto da prisão em flagrante, mas em outro tipo de prisão, como a prisão preventiva, temporária, disciplinar, uma vez que comunicação de qualquer prisão ao familiar ou pessoa indicada, decorre do preceito constitucional do inciso LXII do art. 5º. Assim, não apenas o responsável pela lavratura de auto de prisão em flagrante pode incorrer neste delito, mas também a autoridade policial que cumpre mandado de prisão, a autoridade militar que prende disciplinarmente etc.

Na hipótese do inciso I do parágrafo único do art. 12, incorrerá a autoridade policial que cumpre mandado de prisão temporária ou preventiva. Vale lembrar que o disposto no art. 222 do CPPM não se aplica apenas à prisão em flagrante. Igualmente, há dispositivos no CPP que impõem a comunicação de prisão que não seja em flagrante à autoridade judiciária, como o caso do § 3º do art. 289-A do CPP. Ademais, ainda que não existissem estes dispositivos legais, a comunicação de qualquer prisão à autoridade judiciária – não apenas a prisão em flagrante – decorre do preceito constitucional do inciso LXII do art. 5º.

A propósito do § 3º do art. 289-A do CPP, tem-se, ainda, a possibilidade de a autoridade judiciária que recebe a comunicação da prisão e não a comunica ao juiz que a decretou, incorrer no delito do caso assimilado do inciso I do parágrafo único do art. 12 (LIMA, 2020, p. 132). Mais, ainda, o § 2º desse mesmo artigo dispõe que "Qualquer agente policial poderá efetuar a prisão decretada, ainda que sem registro no Conselho Nacional de Justiça, adotando as precauções necessárias para averiguar a autenticidade do mandado e comunicando ao juiz que a decretou, devendo este providenciar, em seguida, o registro do mandado na forma do caput deste artigo" (g.n.), de maneira que, neste inciso, a sujeição ativa se amplia para qualquer agente policial.

Por fim, no caso do inciso IV, o sujeito ativo será o agente público a quem se destina o alvará de soltura ou que tenha o preso sob custódia e que deve liberá-lo quando esgotado o prazo judicial ou legal, não se esgotando, portanto, em autoridade policial, mas alcançando outros agentes, como os diretores de presídios, de hospital de custódia e tratamento etc. (LIMA, 2020, p. 143).

– Sujeito Passivo:

O sujeito passivo imediato, na nossa compreensão que destoa da doutrina majoritária, é o Estado, por sua administração pública (comum ou militar), conforme quem deixe de praticar o ato.

O sujeito passivo mediato é o indivíduo que não tem seus direitos respeitados ou tenha prolongada a prisão indevidamente.

– Elementos Objetivos:

Trata-se de crime omissivo próprio nas figuras do caput e dos incisos do parágrafo único.

Na figura do *caput* e dos incisos I, II e III do parágrafo único do art. 12, o verbo nuclear é "deixar", compreendido como uma abstenção, um não fazer, deixar de providenciar.

No *caput*, deixa-se de comunicar prisão em flagrante à autoridade judiciária no prazo legal (norma penal em branco homogênea, em sentido amplo).

As hipóteses legais de flagrante abrangem o flagrante próprio, impróprio e presumido (art. 302 do CPP e art. 244 do CPPM), lembrando que nas infrações permanentes, considera-se o agente em flagrante delito enquanto não cessar a permanência.

Encontrada essa situação de flagrância, haverá uma autoridade competente para fazer o registro da prisão pela lavratura do auto de prisão em flagrante delito (art. 304 do CPP e art. 245 do CPPM). Mas a lavratura do auto consiste apenas em uma das fases da prisão em flagrante delito, o que se torna claro se acompanharmos a ótica de Renato Brasileiro de Lima (2014, p. 860):

> Na sistemática do CPP, o flagrante se divide em quatro momentos distintos: captura, condução coercitiva, lavratura do auto de prisão em flagrante e recolhimento à prisão. No primeiro momento, o agente encontrado em situação de flagrância (CPP, art. 302) é capturado, de forma a evitar que continue a praticar o ato delituoso. A captura tem por função precípua resguardar a ordem pública, fazendo cessar a lesão que estava sendo cometida ao bem jurídico pelo impedimento da conduta ilícita. Após a captura, o agente será conduzido coercitivamente à presença da autoridade policial para que sejam adotadas as providências legais. De seu turno, a lavratura é a elaboração do auto

> de prisão em flagrante, no qual são documentados os elementos sensíveis existentes no momento da infração. Este ato tem como objetivo precípuo auxiliar na manutenção dos elementos de prova da infração que se acabou de cometer. Por fim, a detenção é a manutenção do agente no cárcere, que não será necessária nas hipóteses em que for cabível a concessão de fiança pela autoridade policial, ou seja, infrações penais cuja pena privativa de liberdade máxima não seja superior a 4 (quatro) anos (CPP, art. 322, com redação dada pela Lei n. 12.403/11). Ao preso, depois, deve ser entregue nota de culpa, em até 24 (vinte e quatro) horas após a captura.

Na nossa compreensão, a expedição da nota de culpa marca o momento em que se conclui a prisão, sendo este o termo inicial para a contagem da comunicação à autoridade judiciária e à família. Em visão divergente, há quem sustente que a comunicação deve se dar "tão logo haja o cerceamento à liberdade de locomoção" (LIMA, 2020, p. 123), o que não nos parece adequado, pois, até a efetiva expedição da nota de culpa poderá haver mudança de convicção da autoridade policial, que poderá optar por não prosseguir na lavratura, relaxando a prisão, como permite, por exemplo, o § 2º do art. 247 do CPPM. Embora discutível, entendemos que não há reserva de jurisdição para o relaxamento de prisão em flagrante, antes da efetiva comunicação ao juiz competente (COIMBRA NEVES, 2020, p. 413).

Por outro lado, a comunicação da prisão em flagrante no Código de Processo Penal comum e no Código de Processo Penal Militar não possui prazo definido. O que há é o comando de comunicação imediata ao juiz competente, conforme os arts. 306 do CPP e 222 do CPPM, em cotejo ao disposto no inciso LXII do art. 5º da Constituição Federal.

Assim, não há um prazo legal, a rigor.

Busca-se solucionar essa impropriedade, tomando-se o prazo para a remessa do auto de prisão em flagrante, de 24 horas, previsto no § 1º do art. 306 do CPP (LIMA, 2020, p.126-7). Entretanto, essa lógica não aproveita ao CPPM, pois não há a mesma regra.

Como ficaria, então, o "prazo legal" de comunicação fins de adequação típica em casos envolvendo a prisão em flagrante no crime militar?

Entendemos que a solução será dada no caso concreto, atendendo-se o escopo de proteção da norma incriminadora que é o de não frustrar o controle jurisdicional da constrição de liberdade. Assim, por exemplo, em casos de prisões em locais remotos – pensemos na prisão em flagrante de um militar, por crime militar, em um Pelotão Especial de Fronteira do Exército –, será necessário verificar se a demora na comunicação frustrou o controle judicial da prisão.

Frise-se que, nesses casos, até mesmo a audiência de custódia pode se dar em prazo mais dilatado do que as regulares 24 horas, já que a Resolução n. 228, de 26 de outubro de 2016, do Superior Tribunal Militar, permite a apresentação do preso ao juiz ocorra no prazo de 72 horas, caso o preso esteja numa localidade distante da cidade sede da Auditoria[20]. Não há razão, nessa linha, para se ter o estrito prazo de 24 horas para a comunicação ao juízo, como sugere a corrente acima exposta.

Aliás, em nosso sentir, mesmo nos casos de prisões em flagrante à luz do CPP, dever-se-ía ter por matriz que não há prazo legal para a comunicação, mas apenas o dever de imediatamente comunicar, mesmo porque esse é o mote constitucional, não se podendo exigir, dada a omissão legal, um prazo exato.

Um outro ponto, ainda relativo ao *caput* diz respeito às prisões decorrentes da lavratura de termo de insubmissão e de termo de deserção, tema específico do Direito Castrense.

Em primeiro lugar, tenha-se que, em visão majoritária, os crimes de insubmissão e de deserção são crimes permanentes (STM, HC n. 2001.01.033662-1/DF, rel. Min. José Coelho Ferreira, j. 23/10/2001; STM, HC n. 0000083-33.2017.7.00.0000, rel. Min. Luis Carlos Gomes Mattos, j. 02/05/2017), de maneira que a consumação se protrai no temo, e, com ela, a situação de flagrância. Assim, a prisão do desertor e a captura do insubmisso devem ser procedidas nos termos do que dispõem os arts. 243, 452 e 463, § 1º, todos do CPPM.

Como medidas privativas de liberdade, constituem-se em prisões decorrentes da prática de crime, notadamente, uma prisão em flagrante com a diferença de que não se lavrará o auto de prisão, mas um termo de captura ou de apresentação, pois o procedimento que consiste em instrução provisória (instrução provisória de deserção e instrução provisória de insubmissão) é feito antes da efetiva detenção do autor do fato.

Como prisão provisória, pelo art. 222 do CPPM, deve ser imediatamente comunicada ao juiz competente e, como prisão em flagrante de crime permanente com a única distinção de lavratura de registro diverso do auto de prisão em flagrante, na nossa compreensão, a omissão de comunicação da prisão à autoridade judiciária é subsumida pelo *caput* do art. 12 da Lei n. 13.869/2019.

Essa mesma compreensão, de outra sorte, não alcança outras prisões, como a prisão civil, disciplinar ou do art. 18 do CPPM, que, embora devam ser comunicadas pelo genérico comando constitucional, não possibilitam, na omissão de comunicação, o preenchimento do tipo penal em estudo.

No caso de omissão de comunicação de apreensão de criança ou adolescente, o autor poderá ter sua conduta subsumida no art. 231 do Estatuto da Criança e do Adolescente, de tipifica a conduta de "Deixar a autoridade policial responsável pela apreensão de criança ou adolescente de fazer imediata comunicação à autoridade judiciária competente e à família do apreendido ou à pessoa por ele indicada".

O elemento normativo "injustificadamente" impõe que a omissão não esteja amparada por motivo plausível, aceito no universo jurídico, a exemplo de situações de caso fortuito ou força maior. Em outros termos, havendo justificativa sobre a não cientifi-

[20] Deve-se atentar que a Lei n. 13.964/2019 alterou apenas o Código de Processo Penal comum, implantando no texto legal a audiência de custódia, mas não o fez no Código de Processo Penal Militar.

cação, fica excluído o delito, como por exemplo falha nos sistemas informatizados ou acúmulo excessivo de casos no plantão policial, que possam gerar atraso na ciência.

Na figura do inciso I do parágrafo único do art. 12, a omissão de comunicação se dá em relação à execução de prisão temporária ou preventiva à autoridade judiciária que a decretou, que deve ser também imediata, conforme o amparo legal e constitucional já enumerados acima.

Há também uma modalidade omissiva, marcada pelo verbo "deixar", sinônimo de abstenção, um não fazer, deixar de providenciar.

Diversamente do *caput*, neste inciso o legislador preferiu seguir a fórmula constitucional e dos Códigos de Processo, grafando a palavra "imediatamente" e não a expressão "prazo legal", como elemento de aferição temporal. Neste caso, também será a análise concreta do fato que permitirá o preenchimento ou não deste elemento normativo, tendo-se sempre por alvo o objetivo de não frustrar o controle jurisdicional da prisão.

A prisão preventiva está disposta no art. 254 e seguintes do Código de Processo Penal Militar e nos arts. 311 e seguintes do Código de Processo Penal comum, fugindo ao escopo desta obra comentar amiúde esta prisão provisória. A prisão temporária está disciplinada na Lei n. 7.960, de 21 de dezembro de 1989, sendo apenas relevante consignar sobre ela que o inciso III do art. 1º não contempla crimes militares, o que não impede a ocorrência de crime militar extravagante, por exemplo, quando um superior executa a prisão temporária de um militar de seu quartel e deixa de comunica-la à autoridade judiciária que a decretou, aviltando a ordem administrativa militar e também direito individual do militar preso.

Também no inciso I estão afastadas como situação-tipo outras espécies de prisão que não sejam a temporária e a preventiva.

Na figura do inciso II do parágrafo único do art. 12, a omissão de comunicação se dá em relação à cientificação à família do preso ou à pessoa por ele indicada.

Novamente, consagra-se modalidade omissiva, marcada pelo verbo "deixar", sinônimo de abstenção, um não fazer, deixar de providenciar. O inciso seguiu a fórmula constitucional e dos Códigos de Processo, grafando a palavra "imediatamente" e não a expressão "prazo legal", como elemento de aferição temporal, o que exige a análise concreta do fato que permitirá o preenchimento ou não deste elemento normativo, tendo-se sempre por alvo o objetivo de não frustrar o controle jurisdicional da prisão.

Diversamente do inciso anterior, não há elemento neste inciso para limitar a espécie de prisão em que a conduta pode ser praticada, alcançando a prisão em flagrante, temporária, preventiva, prisão civil, disciplinar etc. (LIMA, 2020, p. 137).

Note-se, a título de comparação, que a não comunicação à autoridade judiciária de prisão em flagrante, preenche o *caput* do art. 12, enquanto a não comunicação à família preenche o inciso II do parágrafo único desse mesmo artigo. Igualmente, a não comunicação à autoridade judiciária da execução de prisão temporária ou preventiva, será subsumida pelo inciso I do parágrafo único do art. 12, enquanto a não comunicação à família pelo inciso II do parágrafo único desse mesmo artigo.

Na figura do inciso III do parágrafo único do art. 12, a omissão se dá no dever de entregar ao preso a nota de culpa, com suas formalidades, no prazo de 24 horas.

É do texto constitucional que o preso tem direito à identificação dos responsáveis por sua prisão ou por seu interrogatório policial (art. 5º, LXIV, CF) e a forma como esse direito é garantido no auto de prisão em flagrante é pela entrega da nota de culpa ao preso, de maneira que este inciso se restringe ao contexto da prisão em flagrante. Ela deve ser entregue ao preso no prazo de 24 horas a contar do momento da prisão, conforme o § 2º do art. 306 do CPP e 247 do CPPM.

Bem verdade que em algumas instituições militares a expressão "nota de culpa" pode aparecer em Regulamentos Disciplinares ou os atuais Códigos de Ética, mas não é este o objetivo de tutela da norma, posto que o legislador, ao parir o dispositivo em análise, não representou essa possibilidade.

Mais uma vez, consagra-se modalidade omissiva, marcada pelo verbo "deixar", sinônimo de abstenção, um não fazer, deixar de providenciar. O inciso seguiu fórmula própria, mas em cotejo com as disposições dos Códigos de Processo e da Constituição Federal. É preciso que a nota de culpa seja assinada pela autoridade responsável pela lavratura, contenha o motivo da prisão e os nomes do condutor e das testemunhas, além de ser entregue em 24 horas, o que é materializado por recibo, na própria nota de culpa, passado ao preso ou assinado por testemunhas instrumentárias, caso ele se recuse a assinar.

Finalmente, o inciso IV do parágrafo único do art. 12, também traz uma conduta omissiva própria, consistindo no ato de prolongar a execução de pena privativa de liberdade, de prisão temporária, de prisão preventiva, de medida de segurança ou de internação, mas por forma definida, ou seja deixando (eis a conduta omissiva), sem motivo justo e excepcionalíssimo, de executar o alvará de soltura imediatamente após recebido ou de promover a soltura do preso quando esgotado o prazo judicial ou legal.

A questão é definir com precisão o alcance do significado de "motivo justo" e do "motivo excepcionalíssimo", nessa exata forma, grafado no superlativo. Caso o agente público prolongue a medida corpórea por um motivo excepcional, incorrerá no delito. Caso prolongue a medida corporal por um motivo excepcionalíssimo, não cometerá o delito.

Imagine-se, por exemplo, que, ao receber o alvará de soltura de um preso, o diretor tem informações fidedignas de que uma facção rival irá eliminá-lo tão logo seja solto, estando os rivais a postos e homiziados nas imediações do presídio. Neste caso, se o diretor impedir sua soltura, prolongando a medida privativa de liberdade, até que cheguem reforços da polícia, ou transporte aeromóvel por exemplo, constituir-se-ia um motivo justo e excepcionalíssimo? Entendemos que sim, mas o exemplo, lógico gerará controvérsia. Mesmo para quem não concorde que haveria motivo justo e excepcionalíssimo, a qualidade de justo se espraiaria no conceito analítico de crime, podendo resultar em justificação de conduta pelo estado de necessidade, ou, ainda, o objetivo de proteger a vida do futuro egresso afastaria o elemento subjetivo especial do tipo.

Enfim, a redação do tipo penal merece todas as críticas que vem sofrendo. Renato Brasileiro de Lima (**Nova lei...**, 2020, p. 145), por exemplo, dispara que, mais um vez, "o legislador da Lei n. 13.869/2019 se vale de expressões vagas e indeterminadas, dificultando sobremaneira o trabalho do intérprete". Mesmo assim, arrisca tornear a expressão:

> Sem embargo da dificuldade para se delimitar o significado desse elemento normativo, queremos crer que o inciso IV do parágrafo único do art. 12 só admite a não execução imediata do alvará de soltura ou a negativa de soltura do preso quando esgotado o prazo judicial ou legal em situações extremas (v.g., amotinamento de presos, com sublevação e rebelião) e teratológicas. É sabido que em diversas penitenciárias, por razões de segurança, há horários definidos previamente para cumprimento diário dos alvará de soltura. Além disso, antes de serem colocados em liberdade, é de rigor a realização de exame médico nos presos para atestar as condições de saúde, evitando-se, assim, possíveis alegações de maus-tratos e tortura no período em que estiveram privados de sua liberdade. Esse motivo justo e excepcionalíssimo também estará presente quando o agente público estiver em dúvida acerca da existência de eventual mandado de prisão preventiva (ou temporária) em aberto decretado em face do mesmo indivíduo, porém em autos diversos. Ou quando o agente público responsável pela custódia visualizar a possibilidade de a ordem judicial em questão ter como destinatário pessoa diversa daquela que efetivamente deveria ser colocada em liberdade (v.g., homônimo). [...].

Note-se que, para além da dificuldade em aceitação unânime dos exemplos do autor – que ocorrerá em qualquer exemplo –, as descrições podem muito bem conhecer ausência do elemento subjetivo especial do tipo.

Como todo conceito jurídico indeterminado, a expressão "motivo justo e excepcionalíssimo" deverá ser analisada em cada caso concreto, diante das circunstancias factuais específicas, utilizando-se o sempre recomendado princípio da razoabilidade.

As duas formas de prática do delito, resgate-se, são deixar de executar alvará de soltura imediatamente após recebido ou deixar de promover a soltura do preso quando esgotado o prazo judicial ou legal. No primeiro caso, há a ordem judicial para a colocação em liberdade do preso, não importando o motivo (concessão de liberdade provisória etc.), mas havendo a necessidade que uma das prisões ou sanções penais ou afetas à responsabilização de criança e adolescente seja a referência, ou seja, prisão decorrente de pena privativa de liberdade, prisão temporária, prisão preventiva, medida de segurança ou de internação.

A internação referida no tipo não pode se referir à medida de segurança, já abrangida pela própria expressão antecedente, mas à internação como medida socioeducativa do Estatuto da Criança e do Adolescente (art. 121 e seguintes), mas aí surgira o conflito aparente com o art. 235 do mesmo Estatuto ("Descumprir, injustificadamente, prazo fixado nesta Lei em benefício de adolescente privado de liberdade"), prevalecendo, ao nosso sentir, no caso de autoridade, o tipo penal da Lei n. 13.869/2019, em homenagem à especialidade.

Estranhamente, não se prestigiou a prisão em flagrante, ainda que possa existir alvará de soltura diante de seu relaxamento, concluindo-se, por interpretação restritiva, ser fato atípico.

Consigna-se, também, a palavra "imediatamente", querendo significar que é criminosa a demora no cumprimento da ordem judicial.

Compreendemos que poderá ocorrer o crime diante de ordem judicial que conceda menagem, pois será possível a prorrogação criminosa de prisão preventiva, por exemplo, que seria substituída pela menagem, especialmente se a menagem for concedida fora da caserna.

A segunda forma de prática do delito deste inciso é não colocar em liberdade o preso, findo o prazo legal da prisão ou o prazo judicialmente fixado, como no caso da prisão temporária.

Embora o tipo use a expressão "preso", pela primeira parte da alínea a subsunção também se dará no caso de "interno" submetido a medida de segurança detentiva ou adolescente submetido à medida socioeducativa. Lembremo-nos de que "preso", a rigor, comporta compreensão ampla, abarcando que está em cumprimento de prisão provisória, pena de detenção ou de reclusão, ou, ainda, a prisão simples ou a prisão do art. 59 do Código Penal Militar.

Sobre a possibilidade de aplicação da pena de multa na Justiça Militar, remetemos o leitor aos comentários ao art. 9º desta Lei.

– Elemento Subjetivo:

Dolo direto de, diante de uma omissão, descumprir o preceito constitucional de comunicação da prisão ou de prolongar a medida privativa de liberdade.

Deve-se aliar, a esse elemento subjetivo do tipo penal, alguma das cinco finalidades específicas de (i) prejudicar outrem ou (ii) beneficiar a si mesmo ou (iii) a terceiro, ou, ainda, (iv) por mero capricho ou (v) satisfação pessoal, constantes do § 1º do artigo primeiro da Lei de Abuso de Autoridade, para satisfazer a tipicidade da conduta.

– Consumação e tentativa:

Os tipos penais, do *caput* e dos incisos I a III do parágrafo único configuram crimes de mera conduta, pois a lei sequer estabeleceu resultado naturalístico em seus tipos penais. Nesse contexto, consumam-se com a simples omissão e, como omissivos próprios, não admitem tentativa.

Já no caso do inciso IV, exige-se o prolongamento indevido da prisão, o que pode classificar o delito como material, mas, como omissivo próprio, impossível a tentativa, na esteira do que propõe Renato Brasileiro de Lima (**Nova lei...**, 2020, p. 146).

– Tipicidade indireta:

Os crimes militares do artigo 12 da lei de abuso de autoridade devem, atendendo à dupla tipificação, encontrar complemento no artigo 9º, inciso II, alínea "e" do

CPM: "por militar em situação de atividade, ou assemelhado, contra o patrimônio sob a administração militar, ou a ordem administrativa militar".

Malgrado nossa visão, certamente surgirá quem defenda possível a subsunção em outra alínea do inciso II do art. 9º do CPM, como, por exemplo, na alínea "a", quando o fato for praticado por militar da ativa contra militar também em situação de atividade.

- Relação com a revogada lei de Abuso de Autoridade (Lei n. 4.898/65): em virtude do princípio da continuidade normativa-típica, o tipo penal constante do artigo 12, parágrafo único, inciso I da nova Lei de Abuso de Autoridade, mantém intactos os efeitos produzidos pelo crime previsto na Lei n. 4.898/65, artigo 4º, alínea "c":

> Art. 4º Constitui também abuso de autoridade:
>
> (...)
>
> c) deixar de comunicar, imediatamente, ao juiz competente a prisão ou detenção de qualquer pessoa.

O tipo penal constante da nova Lei de Abuso de Autoridade, em seu artigo 12, parágrafo único, inciso IV, mantém, pelo princípio da continuidade normativa--típica, intactos os efeitos do crime previsto na Lei n. 4.898/65, artigo 4º, alínea "i":

> Art. 4º Constitui também abuso de autoridade:
>
> (...)
>
> i) prolongar a execução de prisão temporária, de pena ou de medida de segurança, deixando de expedir em tempo oportuno ou de cumprir imediatamente ordem de liberdade.

2.8.9.5.4. Art. 13

> **Art. 13.** Constranger o preso ou o detento, mediante violência, grave ameaça ou redução de sua capacidade de resistência, a:
>
> I - exibir-se ou ter seu corpo ou parte dele exibido à curiosidade pública;
>
> II - submeter-se a situação vexatória ou a constrangimento não autorizado em lei;
>
> III - produzir prova contra si mesmo ou contra terceiro:
>
> Pena - detenção, de 1 (um) a 4 (quatro) anos, e multa, sem prejuízo da pena cominada à violência.

- Objetividade Jurídica:

O tipo penal tutela a Administração da Justiça quando a execução de seus elementos é perpetrada por membros do Poder Judiciário e, a Administração Pública nos casos praticados por policiais e agentes do sistema penitenciário. Em suma, tutela-se da dignidade da função pública.

Tutela-se, em adição, direitos e garantias fundamentais do indivíduo, aqui manifestados pela dignidade da pessoa humana, imagem, honra e o devido processo legal, permeado pela ampla defesa e o contraditório e o direito à não autoincriminação (inciso III do art. 1º e incisos X, XLIX, LIV, LV e LXIII do art. 5º, todos da Constituição Federal).

– Sujeito Ativo:

Como este crime usou a expressão "preso ou detento", a maior probabilidade de cometimento são policiais militares, policiais civis e federais e agentes do sistema prisional.

Entretanto, nada impede que um juiz ou promotor de justiça, durante audiência ou diligência procedam ao constrangimento contra a pessoa privada de liberdade.

Quando houver hipótese de exposição pela mídia, entendemos ser possível que o profissional de comunicação responda pelo delito em concurso com o agente público, diante da adoção da teoria da equivalência dos antecedentes e da comunicação de elementares típicas (arts. 29 e 30 do Código Penal e art. 53, *caput*, e seu § 1º, segunda parte, do Código Penal Militar).

– Sujeito Passivo:

O sujeito passivo imediato é a Administração da Justiça ou a Administração Pública, a depender do agente público que promoveu o constrangimento.

Sujeito passivo mediato é o preso ou detento, que sofre, com a conduta, violação de sua dignidade e de direitos e garantias assentados nos incisos X("são invioláveis a intimidade, a vida privada, a honra e a imagem das pessoas, assegurado o direito a indenização pelo dano material ou moral decorrente de sua violação"), XLIX ("é assegurado aos presos o respeito à integridade física e moral"), LIV ("ninguém será privado da liberdade ou de seus bens sem o devido processo legal"), LV ("aos litigantes, em processo judicial ou administrativo, e aos acusados em geral são assegurados o contraditório e ampla defesa, com os meios e recursos a ela inerentes") e LXIII ("o preso será informado de seus direitos, entre os quais o de permanecer calado, sendo-lhe assegurada a assistência da família e de advogado") do art. 5º da Constituição Federal.

– Elementos Objetivos:

O núcleo do tipo penal é constranger, que significa obrigar, compelir alguém a, no caso do tipo, fazer aquilo que não deseja realizar.

A conduta recai sobre preso ou detento.

Preso é a pessoa que está formalmente privada de sua liberdade, seja pela elaboração de um auto de prisão em flagrante delito ou pelo cumprimento de uma ordem judicial de prisão (incluindo a prisão civil do devedor de alimentos). Como dissemos acima, parece fugir ao escopo da norma o preso disciplinar.

Detento é a pessoa que está sob a custódia da autoridade, geralmente autoridade policial, mas ainda não foi formalizada qualquer espécie de prisão. Exemplo: policial militar aborda uma pessoa portando arma de fogo com a numeração raspada, dirige-se até a sua residência para buscar documentos pessoais e depois conduz ao distrito policial, onde a pessoa permanece na sala de triagem aguardando a lavratura do flagrante.

O constrangimento se materializa pela exibição própria ou de seu corpo (ou parte dele) à curiosidade pública (inciso I do art. 13), pela submissão a vexatória ou a constrangimento não autorizado em lei (inciso II do art. 13), ou, finalmente; pela produção de prova contra si mesmo ou contra terceiro (inciso III do art. 13).

No primeiro caso, a exibição à curiosidade pública importa na exposição do preso (de seu corpo ou parte dele) à população, como forma de saciar a bisbilhotice do grupo. Em outras palavras, exibe-se o preso como se fosse um troféu nas mãos do sistema de persecução.

Há que se notar que o tipo não indica o meio de exposição e nem o momento, o que se torna livre na execução da conduta típica.

No que concerne ao meio, pode se dar fisicamente, em espaço exposto ao público em geral (praças, ruas etc.), neste caso sendo necessário que alguém assista a exibição - não haverá o delito neste inciso, a princípio, na exibição do preso em praça pública, no meio da madrugada, sem que haja a presença de assistência, caracterizando uma espetacularização -, mas também por meio de meios de comunicação de massa, redes sociais etc., que possam importar em presumida espetacularização. A hipótese-tipo, mais provável de acontecer, está na imediata exposição do preso, após a captura, para a mídia, comumente com o intuito de busca de maior audiência ou de autopromoção do agente público.

Sobre o momento da exposição, diante da não definição da modalidade ou de um espaço temporal, o delito pode ser praticado em casos de prisão em flagrante, preventiva, temporária etc., imediatamente após sua execução ou já em momento posterior, como entrega à autoridade policial, encaminhamento ao presídio, condução em juízo para ato processual etc. Alcança, também, a prisão definitiva, em que o preso estará em cumprimento de pena.

Não compreendemos, por outro lado, abarcar, no âmbito militar, as prisões disciplinares, hipótese apenas existente, hoje, no âmbito das Forças Armadas, diante da Lei n. 13.967/2019, que alterou o art. 18 do Decreto-lei n. 667/1969. Embora o tipo penal utilize-se das palavras "preso" e "detento" não foi este o escopo da norma, mesmo porque essa hipótese não figura na prática diária das instituições militares. Por outro lado, em havendo exposição de preso disciplinar na linha do que conduz o tipo em estudo, o autor poderá responder por outro crime, como os do arts. 174 e 222 do Código Penal Militar.

No caso de adolescente ou criança apreendidos, prevalecerá, na nossa compreensão, o disposto no art. 232 do Estatuto da Criança e do Adolescente, em homenagem ao princípio da especialidade e pelo fato de não se tratar de preso ou detento.

Muito embora a exposição pública seja um caso de situação vexatória, entendeu por bem o legislador alargar as possibilidades de constrangimento para outras situações, criminalizando no inciso II o ato de submeter preso ou detento a situação vexatória ou a constrangimento não autorizado em lei.

Aqui, a ação incriminada ganha possibilidades várias. Situação vexatória é aquela que causa humilhação, desonra, aflição, vergonha (LIMA, 2020, p 154), impotência diante da autoridade coatora etc. Assim, no caso acima citado de uma exposição do preso em praça pública, no meio da madrugada, sem que ninguém presencie o ato, embora não configurado o inciso I, perfeitamente possível a subsunção da conduta no inciso II. Em outros exemplos, configura situação vexatória o ato de obrigar o preso ou detento a fantasiar-se, vestir-se com roupa de outro sexo, cantar ópera, dançar, enfim, toda e qualquer ação que tenha o condão de provocar na pessoa o sentimento negativo de humilhação, impotência etc.

Dando ainda maior generalidade, o inciso II também torna criminosa a submissão do preso ou detento a constrangimento não autorizado pela lei, ainda que isso não signifique para o preso uma humilhação, desonra etc. Claro, a prisão e seu procedimento, por si só, importam em constrangimento, mas um constrangimento suportado pela lei. Por outro lado, o que extrapolar essa lógica, significará o constrangimento desautorizado pela lei, como no caso da utilização de algumas fora da hipótese do art. 234 do Código de Processo Penal Militar ou mesmo dos parâmetros da Súmula Vinculante 11 do Supremo Tribunal Federal, isso diante do veto do art. 17 da Lei n. 13.869/2019, que trazia tipo incriminador específico.

Também aqui no inciso II entendemos prevalecer, no caso de criança e adolescente, o art. 232 do Estatuto da Criança e do Adolescente.

O inciso III do art. 13, finalmente, traz a hipótese de cometimento do delito no constrangimento de preso ou detento a produzir prova contra si mesmo ou contra terceiro.

O termo "prova" neste inciso foi empregado de maneira coloquial, abarcando também os elementos informativos.

Renato Brasileiro de Lima (**Manual de processo penal**, 2020, p. 657-8) aponta 3 acepções para a palavra "prova": i) prova como atividade probatória: "conjunto de atividades de verificação e demonstração, mediante as quais se procura chegar à verdade dos fatos relevantes para o julgamento. Nesse sentido, identifica-se o conceito de prova com a produção dos meios e atos praticados no processo visando ao convencimento do juiz sobre a veracidade (ou não) de uma alegação sobre um fato que interesse à solução da causa. [...]"; nesta acepção, diz-se que a parte pode fazer "prova" de sua alegação; ii) prova como resultado: "caracteriza-se pela formação de convicção do órgão julgador no curso do processo quanto a existência (ou não) de determinada situação fática"; nesta concepção, diz-se que o juiz possui "prova" de determinado fato; iii) prova como meio: "são os instrumentos idôneos à formação da convicção do órgão julgador acerca da existência (ou não) de determinada situação fática".

Na terceira acepção, seria possível indicar como abarcado pelo termo "prova" toda e qualquer espécie de instrumento apto a trazer a convicção do magistrado, não importando se produzido no processo ou em fase preliminar. Não obstante, o atual Código de Processo Penal, no art. 155, chancela corrente anterior segundo a qual em fase preliminar não há, em regra, a produção de provas, mas de elementos informativos. Essa concepção, obviamente, não pode ser estrita, pois desconsidera que em fase preliminar, na investigação, podem tomar corpo provas irrepetíveis, cautelares e antecipadas.

O tipo em estudo, repita-se, não trouxe o rigor classificatório acima, embora se aproxime da terceira acepção, sem a distinção entre provas e elementos informativos. Ao grafar que "prova" a que um preso ou detento é obrigado a produzir, o tipo penal abarca todo e qualquer instrumento apto a gerar a convicção do juiz, mesmo que elementos informativos, por exemplo, colhidos em fase investigatória de um preso preventivamente.

O tema envolve a compreensão do princípio *nemo tenetur se detegere*, que assegura ao acusado um direito de não se autoincriminar, corolário de um respeito à dignidade humana daquele contra quem se imputa um crime, marcando um comando constitucional e processual no sentido de que as provas para sustentar a imputação devem ser produzidas sem a cooperação da pessoa que está no foco da persecução criminal, que não pode ser considerada objeto de prova (QUEIJO, 2012, p. 25).

No conteúdo garantístico do devido processo penal brasileiro, fruto do estudo do Direito norte-americano, em especial do famoso caso Miranda v. Arizona, o constituinte originário consagrou, no inciso LXIII do art. 5º da Constituição Federal, o direito expansivo ao silêncio, que não se constitui apenas em calar, mas também de não promover a autoincriminação por qualquer prova.

O caso Miranda v. Arizona encontrou pertinência com o disposto na Quinta Emenda da Constituição Americana, de 1791, segundo a qual "nenhuma pessoa será tida como responsável por um crime capital ou infame, a menos que sob acusação ou processo perante o grande júri, exceto em casos originados quando crimes militares ou em serviço em tempo de guerra ou perigo público; nenhuma pessoa será sujeita a mais de um julgamento pelo mesmo fato; *ninguém será compelido em nenhum caso criminal a fazer prova contra si mesmo (princípio da não incriminação própria)*, nem ser privado da vida, liberdade ou propriedade sem o devido processo legal; ninguém será privado de sua propriedade para uso público sem a devida indenização".

O caso em foco refere-se a uma decisão da Suprema Corte Americana, lavrada em junho de 1966, referente a uma causa patrocinada por Ernesto Arturo Miranda contra o Estado do Arizona. Miranda, anos antes (1963), fora preso na cidade de Phoenix por roubo com emprego de arma de fogo, possuindo, ademais, vários antecedentes criminais. Ainda sob custódia da polícia, o preso confessou que teria raptado e estuprado uma jovem de 18 anos, dias antes do roubo pelo qual fora preso, sem saber que estava amparado pelo direito de não se autoincriminar, sendo este o argumento pelo qual a defesa buscou a revisão da decisão, chegando o caso à Suprema Corte Americana, que, por 5 votos a 4, anulou a condenação, sob o argumento de que todos os acusados têm o direito de permanecer em silêncio e que os responsáveis pela promoção da ação penal não poderiam usar depoimentos feitos em sede de investigação policial, salvo se o acusado fosse advertido de seu direito de silenciar. Embora tenha sido anulado o julgamento, Miranda foi processado novamente, com base em outras provas, e condenado mais uma vez, cumprindo a pena e deixando o cárcere condicionadamente em 1972[21].

Mas, além da questão Miranda v. Arizona (*Miranda Rules*, *Miranda Rights*), em nosso ordenamento jurídico, também podemos citar a Convenção Americana sobre Direitos Humanos.

A alínea *g* do n. 2 do art. 8º da Convenção, que trata das garantias judiciais, dispõe:

> Artigo 8º Garantias judiciais:
>
> [...]
>
> 2. Toda pessoa acusada de delito tem direito a que se presuma sua inocência enquanto não se comprove legalmente sua culpa. Durante o processo, toda pessoa tem direito, em plena igualdade, às seguintes garantias mínimas:
>
> [...].
>
> *g* – direito de não ser obrigado a depor contra si mesma, nem a declarar-se culpada.

Assim, poder-se-ia dizer que há, de forma expressa no ordenamento jurídico brasileiro, por força do disposto na Convenção, por aplicação do § 2º do art. 5º da Constituição Federal, o princípio *nemo tenetur se detegere*.

No Direito Castrense, a previsão é ainda mais forte.

Diferentemente da legislação processual penal comum, o Código de Processo Penal Militar, expressamente, prestigiou o princípio no art. 296, § 2º:

> Art. 296. O ônus da prova compete a quem alegar o fato, mas o juiz poderá, no curso da instrução criminal ou antes de proferir sentença, determinar, de ofício, diligências para dirimir dúvida sobre ponto relevante. Realizada a diligência, sobre ela serão ouvidas as partes, para dizerem nos autos, dentro em quarenta e oito horas, contadas da intimação, por despacho do juiz.´
>
> §1º [...].
>
> § 2º Ninguém está obrigado a produzir prova que o incrimine, ou ao seu cônjuge, descendente, ascendente ou irmão.

Claramente, a lei processual penal militar consagrou de modo expresso o princípio, mas, há que se notar, foi além, sedimentando também o direito a não incriminar ascendente, descendente, cônjuge ou irmão, justamente na linha do que dispõe o inciso III, que também considera criminosa a conduta de constranger o preso para produzir prova contra terceiro.

Acrescente-se que, com a decisão do STF no agravo regimental do recurso ordinário 170843/SP, publicada em 01/09/2021, foi assentado oficialmente, o dever das autoridades policiais em declarar ao preso, no momento da prisão, o direito ao silêncio:

---

21 Cf. texto constante no endereço eletrônico http://www.pbs.org/wnet/supremecourt/rights/landmark_miranda.html. Acesso em: 17 jul. 2011.

> Agravo regimental no recurso ordinário em habeas corpus. 2. Agravo da Procuradoria--Geral da República. 3. Condenação baseada exclusivamente em supostas declarações firmadas perante policiais militares no local da prisão. Impossibilidade. Direito ao silêncio violado. 4. Aviso de Miranda. Direitos e garantias fundamentais. A Constituição Federal impõe ao Estado a obrigação de informar ao preso seu direito ao silêncio não apenas no interrogatório formal, mas logo no momento da abordagem, quando recebe voz de prisão por policial, em situação de flagrante delito. Precedentes. 5. Agravo a que se nega provimento. (STF - RHC: 170843 SP, Relator: GILMAR MENDES, Data de Julgamento: 04/05/2021, Segunda Turma, Data de Publicação: 01/09/2021)

Tal decisão repercutiu, por exemplo, na Polícia Militar do Estado de São Paulo, na revisão dos Procedimentos Operacionais Padrão nº 2.09.01 e 2.09.02, que tratam da atuação em "Ocorrência de violência doméstica e/ou descumprimento de medidas protetivas, e/ou de crime sexual" fazendo-se a inclusão da seguinte conduta, na sequência de ações que o policial militar deve adotar:

> Nas hipóteses de prisão em flagrante, o policial responsável pela voz de prisão deverá informar ao infrator da lei os direitos constitucionais a ele garantidos, <u>principalmente o de permanecer calado e somente falar em juízo</u>, bem como o de ser assistido por advogado (g.n)

Outra hipótese que pode remeter à ilegalidade as provas colhidas em ações policiais, é o acesso ao aparelho de telefone celular da pessoa abordada, seja o policial fazendo-se passar pelo proprietário do aparelho (violando assim, o sigilo das comunicações telefônicas, por interceptar a comunicação alheia sem ordem judicial), seja acessando conversas pretéritas, fotos, mensagens, imagens, sítios eletrônicos que a pessoa visitou (violando o direito à intimidade e vida privada)[22].

> PENAL. PROCESSUAL PENAL. RECURSO ORDINÁRIO EM HABEAS CORPUS. TRÁFICO DE DROGAS. NULIDADE DA PROVA. AUSÊNCIA DE AUTORIZAÇÃO JUDICIAL PARA A PERÍCIA NO CELULAR. CONSTRANGIMENTO ILEGAL EVIDENCIADO. 1. Ilícita é a devassa de dados, bem como das conversas de whatsapp, obtidas diretamente pela polícia em celular apreendido no flagrante, sem prévia autorização judicial. 2. Recurso ordinário em habeas corpus provido, para declarar a nulidade das provas obtidas no celular do paciente sem autorização judicial, cujo produto deve ser desentranhado dos autos. (STJ - RHC: 51531 RO 2014/0232367-7, Relator: Ministro NEFI CORDEIRO, Data de Julgamento: 19/04/2016, T6 - SEXTA TURMA, Data de Publicação: DJe 09/05/2016)

A decisão abaixo traz que, a autoridade policial deveria ter apreendido o aparelho de telefonia celular e buscado autorização judicial para acesso aos dados protegidos pela privacidade:

> PROCESSO PENAL, RECURSO EM HABEAS CORPUS. TRÁFICO DE DROGAS. NULIDADE DAS PROVAS PRODUZIDAS NA FASE INQUISITORIAL. PRISÃO EM FLAGRANTE. CRIME PERMANENTE. DESNECESSIDADE DE MANDADO DE BUSCA E APREENSÃO. PROVAS EX-

22 CF, art. 5º X - são invioláveis a intimidade, a vida privada, a honra e a imagem das pessoas, assegurado o direito a indenização pelo dano material ou moral decorrente de sua violação.

TRAÍDAS DO APARELHO DE TELEFONIA MÓVEL. AUSÊNCIA DE AUTORIZAÇÃO JUDICIAL. VIOLAÇÃO DO SIGILO TELEFÔNICO. INÉPCIA DA DENÚNCIA E CARÊNCIA DE JUSTA CAUSA PARA PERSECUÇÃO PENAL NÃO EVIDENCIADAS. NECESSIDADE DE REVOLVIMENTO FÁTICO--COMPROBATÓRIO. ATIPICIDADE MATERIAL DA CONDUTA. PRINCÍPIO DA INSIGNIFICÂNCIA NÃO APLICÁVEL. LEI PENAL EM BRANCO HETERÓLOGA. SUBSTÂNCIA PSICOTRÓPICA ELENCADA NA PORTARIA 344/98 DA ANVISA. RECURSO PARCIALMENTE PROVIDO. (...) 2. Embora seja despicienda ordem judicial para a apreensão dos celulares, pois os réus encontravam-se em situação de flagrância, as mensagens armazenadas no aparelho estão protegidas pelo sigilo telefônico, que deve abranger igualmente a transmissão, recepção ou emissão de símbolos, caracteres, sinais, escritos, imagens, sons ou informações de qualquer natureza, por meio de telefonia fixa ou móvel ou, ainda, através de sistemas de informática e telemática. Em verdade, deveria a autoridade policial, após a apreensão do telefone, ter requerido judicialmente a quebra do sigilo dos dados nele armazenados, de modo a proteger tanto o direito individual à intimidade quanto o direito difuso à segurança pública. Precedente. 3. O art. 5º da Constituição Federal garante a inviolabilidade do sigilo telefônico, da correspondência, das comunicações telegráficas e telemáticas e de dados bancários e fiscais, devendo a mitigação de tal preceito, para fins de investigação ou instrução criminal, ser precedida de autorização judicial, em decisão motivada e emanada por juízo competente (Teoria do Juízo Aparente), sob pena de nulidade. Além disso, somente é admitida a quebra do sigilo quando houve indício razoável da autoria ou participação em infração penal; se a prova não puder ser obtida por outro meio disponível, em atendimento ao princípio da proibição de excesso; e se o fato investigado constituir infração penal punida com pena de reclusão. (...) 9. Recurso parcialmente provido, tão somente para reconhecer a ilegalidade das provas obtidas no celular do recorrente e determinar o seu desentranhamento dos autos. (STJ - RHC: 67379 RN 2016/0018607-3, Relator: Ministro RIBEIRO DANTAS, Data de Julgamento: 20/10/2016, T5 - QUINTA TURMA, Data de Publicação: DJe 09/11/2016)

A busca no interior de veículos, por sua vez, independe de ordem judicial, em decorrência de se tratar de uma extensão da busca pessoal, assim como ocorre com as vistorias nas vestes, mochilas, valises que a pessoa esteja portando. Ressalte-se que, se o veículo for utilizado como residência, tal qual a boleia de um caminhão nas paradas para descanso, o *trailer*, o *motorhome*, ocasião em que tais veículos configuram se enquadram no conceito de casa (qualquer compartimento habitado):

RECURSO ORDINÁRIO EM HABEAS CORPUS. CRIME CONTRA A ORDEM ECONÔMICA. FORMAÇÃO DE CARTEL. DISTRIBUIÇÃO E REVENDA DE GÁS DE COZINHA. BUSCA PESSOAL. APREENSÃO DE DOCUMENTOS EM AUTOMÓVEL. INEXISTÊNCIA DE ILEGALIDADE. 1. Apreensões de documentos realizadas em automóvel, por constituir típica busca pessoal, prescinde de autorização judicial, quando presente fundada suspeita de que nele estão ocultados elementos de prova ou qualquer elemento de convicção à elucidação dos fatos investigados, a teor do § 2º do art. 240 do Código de Processo Penal. 2. No dia em que realizadas as diligências de busca domiciliar na residência do recorrente eram obtidas informações, via interceptação telefônica (não contestadas), de que provas relevantes à elucidação dos fatos eram ocultadas no interior de seu veículo e que poderiam, conforme ele próprio afirmou, culminar na sua prisão. Diante dessa fundada suspeita, procedeu-se a busca pessoal no veículo do recorrente, estacionado, no exato momento da apreensão dos documentos, em logradouro público. Conforme atestado pelas instâncias ordinárias, o recorrente estava presente na ocasião da vistoria do veículo. 3. Recurso ordinário a que se nega provimento. (STF - RHC: 117767 DF - DISTRITO FEDERAL 0198030-09.2011.3.00.0000, Relator: Min. TEORI ZAVASCKI, Data de Julgamento: 11/10/2016, Segunda Turma, Data de Publicação: DJe-169 02-08-2017).

Retomando o estudo do tipo penal, o clássico exemplo é a obtenção de confissão mediante a violência, mas, claro, também haverá o delito no emprego de violência (grave ameaça etc.) para que o preso ou detento indique quem são os coautores, onde está o instrumento do crime, forneça a senha de seu correio eletrônico, forneça a senha de cofre onde há o produto do crime etc.

Em todos os incisos, o constrangimento deve se dar mediante violência, grave ameaça ou redução de sua capacidade de resistência.

"Violência", no sentido que lhe dá o tipo penal, trata-se da *vis corporalis* ou *vis physica*, ou seja, a violência física, podendo ser caracterizada por ação, por exemplo, o militar que desfere tapas no preso para que ele indique o local onde guardou a *res furtiva*, ou por omissão, por exemplo, privando o preso de água, com o mesmo intuito. Não se exige que a violência seja resistível – aliás, nem sequer se exige que ele tente resistir, elemento estranho ao tipo penal.

A "ameaça", como exige o próprio tipo, deve ser "grave", ou seja, uma promessa de mal futuro apta a causar temor no preso ou detento, ou, ainda, em pessoa que lhe é cara, uma violência moral (*vis compulsiva).* Pode consistir em ameaça oral, escrita, gestual etc. Não se exige, por outro lado, que o mal versado na ameaça seja injusto. Também não se exige que a ameaça configure coação irresistível – aliás, nem sequer se exige que se tente resistir –, já que se trata, também, de elemento estranho ao tipo penal em estudo. Basta, assim que a grave ameaça seja idônea a causar medo no preso ou detento, ainda que resistível e/ou justa.

Por último, a lei se refere a redução da "capacidade de resistência" do preso ou detento (violência imprópria), aqui, sim, exigindo a vulnerabilidade da vítima em não poder resistir ao comportamento imposto, pelo emprego de meio químico, biológico etc., dissimulado, ou então ter-se-ia a violência. Como exemplos, citem-se os alucinógenos, os soníferos etc. Por óbvio, se o emprego do meio *anular* a resistência do sujeito passivo, a conduta estará subsumida pelo tipo, já que anular é reduzir a zero.

Eventual conflito aparente com os crimes da Lei n. 9.455/1997, especialmente a alínea "a" do inciso I do art. 1º, será resolvido concretamente com base na especialidade. Por exemplo, o constrangimento imposto no crime de tortura deve levar a sofrimento físico ou mental, o que não se exige no crime de abuso de autoridade em estudo, ou ainda o elemento anímico. Nessa linha, Renee do Ó Souza (2020, p. 111) propõe:

> Como afirmado, este tipo é bastante parecido com os previstos na Lei de Tortura (Lei 9.455/1997, art. 1º, I, "a" e seu § 1º e art. 25 da própria Lei 13.869/2019. A distinção para o tipo da lei de tortura parece residir na intensidade com que o constrangimento é praticado, visto que a tortura pressupõe sofrimento atroz e desnecessário, fruto de um comportamento animado pela crueldade veemente do agente. Embora os delitos possuam condutas semelhantes – ambos podem ser praticados mediante violência ou grave ameaça –, no crime de abuso de autoridade o constrangimento é menos intenso, a ponto de o legislador admitir que seja praticado mediante violência imprópria, modo inadmitido no crime de tortura justamente porque nele o martírio da vítima é mais agudo. A elevada reprovabilidade da perversa conduta da tortura

é a justificativa para sua maior punição, já que apenado com reclusão de dois a oito anos, pena superior à cominada ao crime de abuso de autoridade, qual seja, detenção de um a quatro anos e multa.

A especialidade também solucionará o aparente conflito com o art. 25 da própria Lei de Abuso de Autoridade, na medida em que no tipo penal do art. 25 não se descreve a forma de obtenção da prova, bastando ser por meio ilícito, ainda que não seja por violência, grave ameaça etc., assim como não restringe a prova produzida, que no inciso III tem que ser contra o agente ou terceiro. Por fim, o inciso III não se prende a momento ou espécie de persecução, mas sim à qualidade da pessoa constrangida (preso ou detento). No art. 25, por outro lado, se vincula a conduta a procedimento de investigação ou fiscalização.

Sobre a aplicação da pena de multa, remetemos o leitor aos comentários ao art. 9º desta Lei. A propósito da pena, ainda, há hipótese de concurso de crime com o crime afeito à violência, grafando-se o cúmulo material como regra de unificação.

– Elemento Subjetivo:

O elemento subjetivo é apenas o dolo direto de empregar a violência, grave ameaça ou de diminuir a capacidade de resistência, visando algum dos resultados lesivos previstos nos incisos.

Deve-se aliar, a esse elemento subjetivo do tipo penal, alguma das cinco finalidades específicas de (i) prejudicar outrem ou (ii) beneficiar a si mesmo ou (iii) a terceiro, ou, ainda, (iv) por mero capricho ou (v) satisfação pessoal, constantes do § 1º do artigo primeiro da Lei de Abuso de Autoridade, para satisfazer a tipicidade da conduta.

– Consumação e tentativa:

Trata-se de crime material, em que o tipo penal prevê resultados lesivos (exibição do corpo, situação vexatória ou produção de provas contra si), necessários à consumação, a exemplo do que ocorre com o crime de constrangimento ilegal dos arts. 146 do Código Penal e 222 do Código Penal Militar.

A tentativa é possível no caso em que se opera o constrangimento, mas a vítima não atende ao anseio do autor, por exemplo, no emprego de violência de um militar para que outro produza prova em seu desfavor, não se chegando a esse desfecho pela resistência da vítima ou por ação de terceiros.

– Tipicidade indireta:

O crime militar do artigo 12 da Lei de Abuso de Autoridade deve, atendendo à dupla tipificação, encontrar complemento no artigo 9º, inciso II, alínea "e" do CPM: "por militar em situação de atividade, ou assemelhado, contra o patrimônio sob a administração militar, ou a ordem administrativa militar".

Malgrado nossa visão, certamente surgirá quem defenda possível a subsunção em outra alínea do inciso II do art. 9º do CPM, como, por exemplo, na alínea "a", quando o fato for praticado por militar em situação de atividade contra militar na mesma situação.

– Relação com a revogada lei de Abuso de Autoridade (Lei n. 4.898/65): o tipo penal contido no artigo 13 da nova Lei de Abuso de Autoridade constitui-se em *novatio legis* incriminadora.

2.8.9.5.5. Art. 15

> **Art. 15.** Constranger a depor, sob ameaça de prisão, pessoa que, em razão de função, ministério, ofício ou profissão, deva guardar segredo ou resguardar sigilo:
>
> Pena – detenção, de 1 (um) a 4 (quatro) anos, e multa.
>
> Parágrafo único. Incorre na mesma pena quem prossegue com o interrogatório:
>
> I – de pessoa que tenha decidido exercer o direito ao silêncio; ou
>
> II – de pessoa que tenha optado por ser assistida por advogado ou defensor público, sem a presença de seu patrono.

– Objetividade Jurídica:

Tutela-se a administração da justiça quando o núcleo do tipo penal é realizado por magistrados ou por membros do Ministério Público e a administração pública ou administração militar, quando realizado por autoridades policiais civis ou militares, respectivamente. Em suma, tutela-se da dignidade da função pública.

Tutela-se, em adição, o direito ao sigilo inerente a algumas profissões, podendo-se dizer que há a proteção da liberdade no exercício profissional nos parâmetros éticos fixados em lei.

– Sujeito Ativo:

Podem figurar como sujeito ativo, todos os que agentes públicos que conduzem feitos que lançam mão de depoimentos de pessoas para a reconstrução do fato no procedimento ou processo, ou seja, magistrados, membros do Ministério Público, autoridades policiais civis e militares, bem como, todo e qualquer agente público que presida procedimentos investigatórios como por exemplo a sindicância, ou processos disciplinares.

– Sujeito Passivo:

O sujeito passivo imediato é o Estado, por sua administração da justiça, administração pública ou administração militar, conforme o sujeito ativo do delito.

Sujeito passivo mediato é a pessoa que desempenha função, profissão, ofício ou ministério cujo código deontológico imponha sigilo profissional.

– Elementos Objetivos:

"Constranger", mais uma vez o verbo nuclear, significa obrigar terceiro a fazer aquilo que ele não deseja realizar, e no caso do tipo penal ora estudado, o constrangimento para que o detentor do sigilo profissional deponha é restrito à "vis compulsiva", consubstanciada na ameaça de prisão (forma vinculada), o que por si, já configura uma grave ameaça, em face da liberdade de locomoção figurar entre os bens mais caros do ser humano.

Pode acontecer de o agente público constranger o detentor do sigilo profissional a depor, mediante grave ameaça que não seja a ameaça de prisão ou, constranger mediante violência, quando, em ambos os casos, poderá haver a configuração do crime de "coação no curso do processo" ou "coação", respectivamente previstos no art. 344 do Código Penal ou 342 do Código Penal Militar, valendo ressaltar que, no caso do tipo penal comum, a Lei n. 14.245/2021 acrescentou a majorante do parágrafo único, segundo a qual a pena aumenta-se de 1/3 até a metade se o processo envolver crime contra a dignidade sexual.

Além dos tipos penais indicados preverem as modalidades violência e grave ameaça, possuem também o elemento subjetivo especial de "favorecer interesse próprio ou alheio", que coincide com duas das finalidades específicas constantes no art. 1º, parágrafo único, da Lei de Abuso de Autoridade.

Do polo do detentor do sigilo profissional, não incorrerá ele no crime de "violação do segredo profissional", previsto nos arts. 154 do Código Penal e 228 do Código Penal Militar.

A pessoa que é constrangida está resguardada pelo sigilo decorrente de função, ministério, ofício ou profissão.

"Função" e "ofício" são expressões equivalentes. Segundo Nucci (2015, p. 448):

> (...) onde se lê ofício, deve-se ler função pública (abrangendo o emprego público). Não fosse assim, conferindo-se ao termo ofício o seu sentido vulgar, trata-se de uma ocupação manual, pressupondo habilidade. Evidentemente, para quem exerce um ofício (ex.: pintor ou dona de casa), não há nem poder, nem dever, ao menos expressos em lei.

De fato, pelo léxico[23], ofício é tido como sinônimo de profissão e de cargo público, tendo como significado não atrelado a sinônimos: "Qualquer atividade manual ou mecânica que envolve uma habilidade especial: O ofício de marceneiro, de pintor", de notar que tais profissões que pressupõe habilidade manual não possuem dever de sigilo profissional.

Exemplo de função pública: escrivão de polícia que deve guardar sigilo dos inquéritos em que é auxiliar; servidor público responsável por licitações, etc.

"Profissão" é a atividade que demanda formação e habilitação para seu exercício, com regulamentação legal. Nessa regulamentação pode constar o dever do sigilo profissional, como por exemplo o psicólogo, psiquiatra etc.

"Ministério" está ligado às atividades religiosas ou atividades sociais, independentemente do credo, a exemplo dos padres que fazem a confissão de seus fiéis.

Em relação à natureza do feito em que possa ocorrer o depoimento, o tipo penal não fez qualquer especificação, de modo que incorrerá em crime, o agente público que constranja o detentor do sigilo a depor em procedimentos inquisitórios, como sindicâncias, inquéritos policiais e em processos administrativos e judiciais regidos pela ampla defesa e contraditório.

[23] http://michaelis.uol.com.br/busca?r=0&f=0&t=0&palavra=of%C3%ADcio

Insta lembrar que o Código de Processo Penal comum estabelece, em seu artigo 207, a exemplo do Código de Processo Penal Militar, em seu art. 355, a regra da proibição de depoimento das pessoas que, em razão de função, ministério, ofício ou profissão, devam guardar segredo, que a doutrina chama de confidentes necessários.

Essa proibição, no entanto, admite exceção: "(...) salvo se, desobrigadas pela parte interessada, quiserem dar o seu testemunho". Impõe-se, assim, um binômio formado por (i) a parte interessada (o paciente, o fiel) desobrigam, autorizam o profissional a depor e (ii) após estar desobrigado, o profissional decide se testemunha ou não. Querendo depor, o faz sob o compromisso da verdade, podendo incorrer no crime de falso testemunho. Ainda que desobrigado pela parte, pode decidir por não depor, a fim de resguardar seu prestígio e confiabilidade. Situação específica está no advogado, quando, mesmo desobrigado pela parte interessada e desejando, não poderá revelar o segredo. Para além de um direito no exercício profissional, previsto no art. 7º do Estatuto da OAB ("XIX – recusar-se a depor como testemunha em processo no qual funcionou ou deva funcionar, ou sobre fato relacionado com pessoa de quem seja ou foi advogado, mesmo quando autorizado ou solicitado pelo constituinte, bem como sobre fato que constitua sigilo profissional;"), há a vedação expressa no art. 26 do Código de Ética da categoria:

> Art. 26. O advogado deve guardar sigilo, mesmo em depoimento judicial, sobre o que saiba em razão de seu ofício, cabendo-lhe recusar-se a depor como testemunha em processo no qual funcionou ou deva funcionar, ou sobre fato relacionado com pessoa de quem seja ou tenha sido advogado, mesmo que autorizado ou solicitado pelo constituinte

Apenas para propiciar a comparação, o art. 73 do Código de Ética Médica prevê a possibilidade de o médico revelar o segredo, quando desobrigado pelo paciente:

> Art. 73. Revelar fato de que tenha conhecimento em virtude do exercício de sua profissão, salvo por motivo justo, dever legal ou consentimento, por escrito, do paciente.

O parágrafo único traz casos assimilados em dois incisos para quem prossegue com o interrogatório de pessoa que tenha decidido exercer o direito ao silêncio ou de pessoa que tenha optado por ser assistida por advogado ou defensor público, sem a presença de seu patrono.

Ambos os incisos referem-se especificamente ao interrogatório, vale dizer, ao ato processual em que o acusado pode se manifestar dando sua versão, ou ainda ato do procedimento investigatório em que o indiciado pode se manifestar. Em outros termos, pode ser praticado o delito na investigação pré-processual e também no processo, não importando a designação dada ao ato.

Na qualidade de acusado ou indiciado, pode se valer do direito ao silencio e de não produzir provas contra si, em homenagem ao princípio *nemo tenetur se detegere*, já exposto nos comentários ao art. 10 desta lei, para onde remetemos o leitor.

No inciso I, o agente público comete o crime, com conduta comissiva, prosseguindo ao interrogatório, mesmo com a declaração do acusado em utilizar seu direito ao silêncio. Note-se que o verbo nuclear é "prosseguir", ou seja, continuar, dar sequência, presumindo-se que liturgia da primeira parte do interrogatório, consistente na qualificação (art. 185 do CPP e art. 306, primeira parte, do CPPM) já tenha sido procedida e, na segunda parte (art. 187, § 2º, do CPP e art. 306, segunda parte e alíneas, do CPPM), o indiciado ou acusado tenha manifestado à autoridade seu desejo de permanecer calado e, mesmo assim, a autoridade continua a interrogar.

Surge aqui uma interessante questão. O parágrafo único do art. 305 do CPPM, por exemplo, dispõe que "Consignar-se-ão as perguntas que o acusado deixar de responder e as razões que invocar para não fazê-lo", devendo-se averiguar se o ato de formular perguntas ao interrogando após a manifestação pelo silêncio importa em prosseguimento do interrogatório, fins de configurar crime disposto no inciso I do parágrafo único do art. 15 da Lei n. 13.869/2019.

Entendemos que a resposta é em sentido negativo, pois não se está insistindo na resposta do interrogando, mas apenas em formulação de perguntas, ao final das quais o acusado ou indiciado permanecerá em silêncio, que podem inclusive ser interessante à defesa, pois evidenciará uma linha da investigação ou da imputação no processo à qual a defesa poderá se organizar para a produção de prova. Interrogar, não se pode esquecer, tem uma conotação mais impositiva, no sentido de demandar, exigir, não se confundindo com a mera consignação de perguntas, desde que não haja insistência da formulação de respostas. Nesse sentido, muito claro o pensamento de Renee do Ó Souza (2020, p. 123):

> Existem algumas situações, contudo, que não podem ser confundidas como prosseguimento de interrogatório, visto que o próprio art. 196 do CPP prevê a possibilidade de o juiz proceder a novo interrogatório do acusado de ofício. Além disso, o direito ao silêncio não impede que sejam registradas em ata as perguntas pretendidas pelo Ministério Público, assistente da acusação e juiz de direito. O registro dessas perguntas pode ser considerado como medida de prestígio a ampla defesa visto que permite ao interrogado saber quais os pontos de dúvida que ele voluntariamente deixa de esclarecer ao permanecer calado.
>
> Também não pode caracterizar o crime em estudo a realização de acareação entre acusados ou entre acusado e testemunha, mesmo no caso em que aquele tenha manifestado antes o direito ao silêncio, caso em que deverão ser registradas no termo do ato as perguntas dirigidas ao acusado.

Para cometer o crime previsto no inciso II, pressupõe-se que o acusado tenha defensor e, não estando este presente, o agente público continua o interrogatório.

Obviamente, no processo, isso não ocorrerá – ou, ao menos, não deve ocorrer – já que a lei impõe a presença do defensor no ato de interrogatório, nos termos do § 1º do art. 306 do CPPM e do art. 185 do CPP, tudo sob o amparo do devido processo legal (art. 5º, LIV, CF) e da ampla defesa e contraditório (art. 5º, LV, CF). A probabilidade maior é a ocorrência no inquérito policial (comum ou militar), onde se discutirá a necessidade ou não de presença do defensor.

Embora não obrigatória – à exceção do disposto nos arts. 16-A do CPPM e 14-A do CPP, em que a indicação será, na ausência de constituição pelo indiciado, obrigatória – a presença de defensor em feitos de investigação, encontra respaldo constitucional na ampla defesa (art. 5º, LV, CF) e no direito de petição (art. 5º, XXXIV, "a", CF). Pode-se, sacramentar, portanto, que aquele contra quem se desenvolve uma inquisa, possui o direito de, desde essa fase embrionária da persecução, embora não marcada pelo contraditório, produzir provas de seu interesse, podendo, inclusive, peticionar ao encarregado do inquérito e, claro, poderá fazê-lo por meio de advogado constituído ou defensor que o assista.

Esse direito, ademais, pode ser enxergado por outro enfoque, o do advogado ou defensor, vez que encontra eco no Estatuto da Ordem dos Advogados do Brasil (Lei n. 8.906, de 4 de julho de 1994), sob a roupagem de direito no exercício profissional, a exemplo do que dispõe o inciso XIV ("examinar, em qualquer instituição responsável por conduzir investigação, mesmo sem procuração, autos de flagrante e de investigações de qualquer natureza, findos ou em andamento, ainda que conclusos à autoridade, podendo copiar peças e tomar apontamentos, em meio físico ou digital") e, principalmente, XXI ("assistir a seus clientes investigados durante a apuração de infrações, sob pena de nulidade absoluta do respectivo interrogatório ou depoimento e, subsequentemente, de todos os elementos investigatórios e probatórios dele decorrentes ou derivados, direta ou indiretamente, podendo, inclusive, no curso da respectiva apuração") do art. 7º.

Conclui-se, portanto, que o acompanhamento de defensor no processo é imposição constitucional e legal, enquanto na inquisa será uma faculdade do indiciado – exceção, repita-se, do art. 16-A do CPPM e 14-A do CPP –, o que se confirma, inclusive, com a expressão "optado por ser assistida", constante do próprio texto do inciso II do parágrafo único do art. 15 da Lei n. 13.869/2019. Mas, em havendo essa opção, o defensor terá o direito de acompanhar o inquérito, o que inclui o interrogatório.

Pois bem, ao prosseguir no interrogatório – com todas as implicações do inciso anterior – sem a presença do patrono, desde que constituído ou indicado (art. 16-A do CPPM e art. 14-A do CPP), poderá haver a configuração do delito em estudo.

No mesmo sentido do inciso I, há o verbo nuclear "prosseguir", pressupondo já ter sido superada a fase que qualificação. Dessa forma, configuraria o delito o prosseguimento do interrogatório – entenda-se, após a qualificação –, em sequência à manifestação do indiciado ou acusado em ter a presença de seu defensor no ato procedimental.

Frise-se que nos incisos do parágrafo único não há a necessidade, diferentemente do *caput* do art. 15, de emprego da ameaça de prisão, bastando o mero ato de dar sequência ao interrogatório.

O ideal, em verdade, seria que o parágrafo único do art. 15 encerrasse artigo diverso, uma vez que o *caput* é específico para proteger as testemunhas proibidas, enquanto que as hipóteses de seu parágrafo único são específicas para proteger o acusado ou indiciado em interrogatório.

– Elemento Subjetivo:

O agente público, no *caput*, é movido pelo dolo direto de empregar o constrangimento contra a pessoa que sabe ter proteção legal de não revelar sigilo referente a cliente, a paciente ou a fiel. O agente tem a consciência de que, mesmo desobrigado pela parte, o profissional pode se negar a depor e, justamente por isso constrange com a ameaça de prisão.

Nos crimes do paragrafo único, inciso I, exige-se o dolo direto, em que o agente público tem plena consciência de que o acusado pode se valer do direito ao silencio, mas insiste na incisiva busca por respostas.

No caso do inciso II, o dolo é direto e formado pelo conhecimento do agente público de que o acusado tem um defensor constituído ou que lhe assista, mas mesmo sem sua presença, prossegue no interrogatório.

Deve-se aliar, a esse elemento subjetivo do tipo penal, alguma das cinco finalidades específicas de (i) prejudicar outrem ou (ii) beneficiar a si mesmo ou (iii) a terceiro, ou, ainda, (iv) por mero capricho ou (v) satisfação pessoal, constantes do § 1º do artigo primeiro da Lei de Abuso de Autoridade, para satisfazer a tipicidade da conduta.

– Consumação e tentativa:

A figura do "caput" é crime material, em que o tipo penal prevê resultado lesivo (depoimento da testemunha proibida), necessário à consumação, a exemplo do que ocorre com o crime de constrangimento ilegal dos arts. 146 do Código Penal e 222 do Código Penal Militar.

A tentativa é possível no caso em que se opera o constrangimento mas a vítima não atende ao anseio do autor, por exemplo, no emprego da ameaça de prisão sem que a vítima deponha.

Os crimes previstos no parágrafo único são materiais (LIMA, 2020, p. 165 e 173; SOUZA, 2020, p. 124), que se consumam com o prosseguimento do interrogatório. Admitem tentativa, por exemplo, no caso em que, após preencher a qualificação no auto de qualificação e interrogatório e ter sido informado do direito ao silencio, o interrogado solicita que se aguarde chegar seu advogado, o que é negado pela autoridade interrogante, sendo interrompido pelo superior hierárquico.

– Tipicidade indireta:

Os crimes militares do art. 15 da lei de abuso de autoridade devem, atendendo à dupla tipificação, encontrar complemento no artigo 9º, inciso II, alínea "e" do CPM: "por militar em situação de atividade, ou assemelhado, contra o patrimônio sob a administração militar, ou a ordem administrativa militar".

Entretanto, certamente surgirá quem defenda possível a subsunção em outra alínea do inciso II do art. 9º do CPM, como, por exemplo, na alínea "a", quando o fato for praticado por militar em situação de atividade contra militar na mesma situação.

– Relação com a revogada lei de Abuso de Autoridade (Lei n. 4.898/65):

O tipo penal contido no art. 15 da nova Lei de Abuso de Autoridade constitui-se em *novatio legis* incriminadora.

2.8.9.5.6. Art. 15-A

> **Art. 15-A.** Submeter a vítima de infração penal ou a testemunha de crimes violentos a procedimentos desnecessários, repetitivos ou invasivos, que a leve a reviver, sem estrita necessidade:
>
> I - a situação de violência; ou
>
> II - outras situações potencialmente geradoras de sofrimento ou estigmatização:
>
> Pena - detenção, de 3 (três) meses a 1 (um) ano, e multa.
>
> § 1º Se o agente público permitir que terceiro intimide a vítima de crimes violentos, gerando indevida revitimização, aplica-se a pena aumentada de 2/3 (dois terços).
>
> § 2º Se o agente público intimidar a vítima de crimes violentos, gerando indevida revitimização, aplica-se a pena em dobro.

– **Objetividade Jurídica:**

A exemplo do art. 15 desta Lei, tutela-se aqui a administração da justiça quando o núcleo do tipo penal é realizado por magistrados ou por membros do Ministério Público e a administração pública ou administração militar, quando realizado por autoridades policiais civis ou militares, respectivamente, todos envolvidos na persecução criminal, conforme direciona o tipo penal.

Ao procederem de maneira desproporcional em relação às testemunhas e às vítimas, os agentes estão a ferir a dignidade da função pública, que, enfim, resume a tutela penal em primeira ordem.

Protege-se, em adição, o direito à manutenção da higidez física e psicológica de vítimas de infração penal e de testemunhas de crimes violentos, aviltadas que são pelos procedimentos repetitivos, invasivos etc.

O Código de Processo Penal, por meio da Lei n. 14.245 de 22 de novembro de 2021, já havia instituído a proteção à integridade física e psicológica da vítima durante a audiência de instrução e julgamento, não apenas, mas em especial, às vítimas de crimes contra a dignidade sexual, cabendo responsabilização às partes e aos sujeitos processuais que utilizem elementos estranhos ao objeto de apuração (como o passado da vítima), bem como usem linguagem, informação ou material ofensivo não só às vítimas mas também, nesses casos, às testemunhas:

> Art. 400-A. Na audiência de instrução e julgamento, e, em especial, nas que apurem crimes contra a dignidade sexual, todas as partes e demais sujeitos processuais presentes no ato deverão zelar pela integridade física e psicológica da vítima, sob pena de responsabilização civil, penal e administrativa, cabendo ao juiz garantir o cumprimento do disposto neste artigo, vedadas:
>
> I - a manifestação sobre circunstâncias ou elementos alheios aos fatos objeto de apuração nos autos;
>
> II - a utilização de linguagem, de informações ou de material que ofendam a dignidade da vítima ou de testemunhas.

Tal sistemática processual foi replicada, guardadas as devidas peculiaridades, pela mesma Lei n. 14.245/2021 aos processos de competência do Júri, durante a instrução em plenário (art. 474-A do CPP) e nas audiências de competência dos Juizados Especiais Criminais (Art. 81 § 1º-A da Lei 9.099/95).

Dessa forma, uma das funções do tipo penal introduzido pelo art. 15-A na Lei de Abuso de Autoridade, foi a de dar concretude à instrumentação da responsabilidade penal em face dos agentes públicos que atentarem, em audiências judiciais, contra a dignidade da vítima de infração penal ou contra testemunha de crime violento. Aliás, a materialização da responsabilização penal também encontra eco na majorante, trazida pela mesma Lei n. 14.245/2021, acrescida ao crime de coação no curso do processo, em que, pelo parágrafo único do art. 344 do CP, majora-se a pena de 1/3 (um terço) até a metade se o processo envolver crime contra a dignidade sexual.

Outra função do tipo penal foi de criminalizar condutas de violência institucional que ocorram não apenas em audiências judiciais, mas também em procedimentos e processos administrativos, com se verá no desenvolvimento do presente estudo.

– **Sujeito Ativo:**

Podem figurar como sujeito ativo, todos os agentes públicos que conduzem feitos que lançam mão de depoimentos de pessoas para a reconstrução do fato no procedimento ou processo, ou seja, magistrados, membros do Ministério Público, autoridades policiais civis e militares.

Também vemos como possível a sujeição ativa por agente público que presida procedimentos investigatórios como por exemplo a sindicância, ou processos disciplinares, desde que, no curso da apuração, pratiquem a conduta tipificada em relação às pessoas mencionadas no tipo, ou seja, vítimas de infração penal e de testemunhas de crimes violentos. É possível, por exemplo, que o encarregado de um procedimento disciplinar proceda a uma reprodução simulada dos fatos, já existente no inquérito policial que investiga o crime, submetendo uma vítima de crime a procedimento repetitivo que faça rememorar a situação delitiva, causando-lhe sofrimento.

– **Sujeito Passivo:**

O sujeito passivo imediato é o Estado, por sua administração da justiça, administração pública ou administração militar, conforme o sujeito ativo do delito.

Sujeito passivo mediato (ofendido) é a pessoa vítima de infração penal ou testemunha de crimes violentos. Destaque-se que, no primeiro caso, é enumerado como ofendido a "vítima de infração penal", sem se exigir que essa infração penal tenha sido perpetrada com violência, o que não ocorre na segunda enumeração, em que se protege a "testemunha de crimes violentos", ou seja, exige-se que o crime testemunhado tenha sido executado com violência.

Já as figuras típicas dispostas nos parágrafos 1º e 2º do tipo penal, e que trazem causas majorantes de pena, especificam a sujeição passiva (mediata) à "vítima de crimes violentos", fugindo da generalidade usada no *caput* do art. 15-A ("vítima de infração penal"). Nessas figuras majoradas, não há menção à sujeição passiva de testemunhas de crime violento, até porque criminalizam a "revitimização" (ou vitimização secundária)de modo que, se o funcionário público dirigir a intimidação à testemunha, não incorrerá nas formas majoradas, mas poderá incorrer em outro delito, como o de ameaça, de constrangimento ilegal ou de coação no curso do processo, a depender do modo como foi realizada a intimidação e dos motivos que a determinaram.

– **Elementos Objetivos:**

Frise-se, de partida, que este crime não estava na original redação da Lei de Abuso de Autoridade, sendo incluído na referida Lei pela Lei n. 14.321, de 31 de março de 2022, sendo intitulado de violência institucional.

"Submeter", verbo nuclear, significa impor o domínio, impor a alguém um comportamento, a priori, indesejado, mais precisamente no caso do tipo em estudo, desnecessário.

Submete-se ao comportamento desnecessário "vítima de infração penal ou a testemunha de crimes violentos".

Como bem adverte Nucci, conceituar "vítima é complexo, porque pode indicar alguém que sofre algo muito mal – físico ou mental –, mas, ainda, quem é o sujeito passivo do crime, independentemente de avaliar o grau do eventual sofrimento. A vítima pode até mesmo ser colocada como sinônimo de mártir, quem se submete a torturas e atos extremamente maléficos ou quem se sacrificou por uma causa qualquer"[24]. Assim, "vítima de infração penal" deve ser compreendida em sentido amplo, como ofendido pela conduta criminosa ou contravencional, ou seja, não necessariamente coincidindo o sujeito passivo imediato da infração. Exemplificativamente, estará nessa condição o sujeito passivo de um crime contra a dignidade sexual, que, óbvio também será vítima. Mas, em um caso de concussão, também será vítima aquele contra quem se direcionou a conduta do agente público, embora o sujeito passivo do crime, contra a administração pública (comum ou militar), seja o Estado.

Ressalte-se, ademais, referir-se o tipo penal estabelecido no *caput*, à vítima de infração penal, abrangendo tanto o crime (comum, militar etc.) como a contravenção penal. A propósito da vinculação da pessoa como vítima, entendemos que basta a instauração de feito persecutório de qualquer espécie, desde que se destine à apuração de um crime ou contravenção, não carecendo, obviamente, que haja condenação por um crime ou uma contravenção. Ao nosso sentir, ademais, a absolvição do autor do fato não afasta a conduta abusiva criminosa.

Ainda no que concerne à vítima mencionada, não há necessidade de que o crime que a tenha vitimado seja violento, porquanto este elemento apenas está afeto apenas às testemunhas no tipo em estudo.

No que se refere à testemunha, aqui sim, deve ela ter testemunhado um crime violento, ou seja, crime com emprego de violência física (*vis corporalis*) contra a pessoa, a exemplo dos crimes contra a dignidade sexual, contra a vida etc.

[24] NUCCI, Guilherme de S. *Criminologia*. Rio de janeiro: Forense, 2021, p. 262.

Testemunha, no processo penal, "é a pessoa que, perante o juiz, declara o que sabe acerca dos fatos sobre os quais se litiga no processo penal, ou as que são chamadas a depor, perante o juiz, sobre as suas percepções sensoriais a respeito dos fatos imputados ao acusado"[25]. Claro que o tipo em estudo o conceito deve ser ampliado para alcançar também a pessoa que funciona como testemunha em feitos persecutórios não processuais, como o inquérito policial militar e o procedimento investigatório criminal do Ministério público.

Deve-se compreender, ademais, que alcança não apenas as testemunhas numerárias, mas as referidas, e aquelas a quem não se defere compromisso (informantes ou declarantes). Por outro lado, não vemos possibilidade de abarcar as testemunhas instrumentárias, pois estas não presenciam o fato objeto da inquisa ou do processo, mas apenas um ato processual que clama sua observação. Igualmente, não vemos possibilidade de se enquadrar a testemunha indireta, já que esta não presenciou, mas apenas ouviu dizer sobre o fato em apuração, um crime violento como exige o tipo.

Essas pessoas – vítima e testemunha – são submetidas a procedimentos desnecessários, repetitivos ou invasivos.

"Procedimento" impõe a compreensão de um caminho, uma forma para a obtenção de um resultado específico, obviamente, que interesse à persecução de um crime ou de uma contravenção. São procedimentos, por exemplo, a já mencionada reprodução simulada dos fatos, o reconhecimento pessoal, a acareação etc. São mais ligados a meios de obtenção de prova, mas não somente a eles. Por exemplo, entendemos que a perícia, meio de prova, pode se configurar em um procedimento desnecessário.

Esse procedimento deve ser desnecessário, repetitivo ou invasivo.

"Desnecessário" é aquele despiciendo, que não terá utilidade para o fim a que se presta a investigação ou o processo. "Repetitivo" é aquele adotado mais de uma ou várias vezes na persecução. "Invasivo" é aquele que agride a intimidade da pessoa, que não respeita sua privacidade.

Mas não basta que o procedimento seja desnecessário, repetitivo ou invasivo, mas que ele consiga fazer com que a vítima ou testemunha reviva, sem estrita necessidade, a situação de violência ou outras situações potencialmente geradoras de sofrimento ou estigmatização.

Assim, mostra-se possível um procedimento repetitivo (invasivo) se for estritamente necessário, o que não se aplica, obviamente, ao procedimento desnecessário, pois não pode ser, ao mesmo tempo, estritamente necessário.

"Leve a reviver" significa rememorar, resgatar a situação traumática pela qual passou, valendo dizer que se deve ter a provocação desse resgate pelo procedimento invasivo, desnecessário etc.

Revive-se a situação de violência, ou seja, o fato pelo qual passou a vítima ou testemunha, ou, então, qualquer outra situação que nelas gere sofrimento (angústia, medo, dor física etc.) ou estigmatização, ou seja, o ato de marcar de distinguir, naturalmente, de maneira negativa.

---

[25] AVENA, Norberto. *Processo Penal*. Rio de Janeiro: Método, 2021, p. 605.

Questão interessante a ser analisada é saber se configuraria crime do art. 15-A da Lei de Abuso de Autoridade a intimidação de pessoa que testemunhou crime com violência presumida, a exemplo do estupro de vulnerável (art. 217-A do CP), ou crimes sexuais do Código Penal Militar (*v.g.* arts. 232 e 233), com a presunção de violência do art. 234 do mesmo Código, ou ainda no caso do crime de roubo em que não se emprega violência ou grave ameaça, mas a subtração ocorre depois de haver, por qualquer meio, reduzido à impossibilidade de resistência da vítima.

Cremos que a conduta do agente, não apenas sobre testemunhas de crimes com violência real faz consumar o delito, mas também contra testemunhas de crimes com violência presumida, uma vez que a lei penal equipara tais formas de violência para todos os fins. O mesmo se diga, óbvio, quando a conduta recair sobre vítima de crimes violentos, fins de aplicação das majorantes, que comentaremos adiante.

O preceito secundário grafa a pena de detenção de 3 meses a 1 ano, além da multa. A pena de multa na Justiça Militar, em caso de crime militar, deve ser aplicada, como vimos sustentando em comentários a outros tipos penais.

O § 1º traz uma majorante no caso de o agente público permitir que terceiro intimide a vítima de crimes violentos, gerando indevida revitimização, quando a pena será aumentada de 2/3 (dois terços). Caso a revitimização ocorra em função da intimidação da vítima de crimes violentos pelo próprio agente público, a pena será aplicada em dobro, conforme o § 2º do artigo. Note-se que as majorantes se aplicam apenas à vítima de crimes violentos e não às testemunhas de crimes violentos.

Revitimização implica no sofrimento continuado da vítima de um ato violento, mesmo após o ato em si ter cessado, aqui, no escopo do tipo, ocorrido pela atuação institucional, pela conduta do agente público. É justamente o que quer evitar, por exemplo, o regramento do depoimento sem dano (depoimento especial), em caso de crianças e adolescentes, tratado pela Lei n. 13.431/2017, que, aliás, estabelece um procedimento específico para esses casos em seu art. 12.

As formas majoradas, como suscitamos acima, também se aplicam contra vítima de crimes com violência presumida

– **Elemento Subjetivo:**

O agente público, no *caput*, é movido pelo dolo direto de impor um procedimento desnecessário, invasivo ou repetitivos, ciente de que não são else imprescindíveis à persecução desencadeada.

Deve-se aliar, a esse elemento subjetivo do tipo penal, alguma das cinco finalidades específicas de (i) prejudicar outrem ou (ii) beneficiar a si mesmo ou (iii) a terceiro, ou, ainda, (iv) por mero capricho ou (v) satisfação pessoal, constantes do § 1º do artigo primeiro da Lei de Abuso de Autoridade, para satisfazer a tipicidade da conduta.

– **Consumação e tentativa:**

Consuma-se o delito no momento em que o sujeito passivo mediato revive a situação violenta ou que cause o sofrimento ou estigmatização ou, ainda, a revitimização, mostrando-se um crime material, sob este prisma. "Que a leve a reviver", parece-nos, exige que se chegue a este ponto para a consumação, não bastando o desencadeamento do procedimento.

A tentativa é possível no caso em que se desencadeia o procedimento, por exemplo, mas a vítima não chega a reviver a situação, pois é obstado o procedimento, mormente em casos gritantes, em que, certamente, a situação seria rememorada. Exemplificativamente, imaginemos uma reprodução simulada, não estritamente necessária, em que o encarregado de um inquérito tente colocar a vítima de um crime sexual na situação vulnerável em que se encontrou no momento do ato, para fotografar e lavrar o auto respectivo.

– Tipicidade indireta:

O crime militar do art. 15-A da lei de abuso de autoridade deve, atendendo à dupla tipificação, encontrar complemento no artigo 9º, inciso II, alínea "e" do CPM: "por militar em situação de atividade, ou assemelhado, contra o patrimônio sob a administração militar, ou a ordem administrativa militar".

Entretanto, certamente surgirá quem defenda possível a subsunção em outra alínea do inciso II do art. 9º do CPM, como, por exemplo, na alínea "a", quando o fato for praticado por militar em situação de atividade contra militar na mesma situação.

Perfeitamente possível, portanto, em nosso compreender, o crime militar extravagante do art. 15-A da Lei n. 13.869/2019.

– Relação com a revogada lei de Abuso de Autoridade (Lei n. 4.898/65):

O tipo penal contido no art. 15-A da nova Lei de Abuso de Autoridade constitui-se em *novatio legis* incriminadora.

2.8.9.5.7. Art. 16

> **Art. 16.** Deixar de identificar-se ou identificar-se falsamente ao preso por ocasião de sua captura ou quando deva fazê-lo durante sua detenção ou prisão:
>
> Pena – detenção, de 6 (seis) meses a 2 (dois) anos, e multa.
>
> Parágrafo único. Incorre na mesma pena quem, como responsável por interrogatório em sede de procedimento investigatório de infração penal, deixa de identificar-se ao preso ou atribui a si mesmo falsa identidade, cargo ou função.

– Objetividade Jurídica:

A tutela penal se dirige à administração pública, visando resguardar os princípios da publicidade e da eficiência. Não há motivo razoável para que o agente público deixe de se identificar ou identifique-se falsamente durante a prisão de pessoas, senão a má-fé de escamotear algum ato irregular já praticado ou que se pretenda praticar. Em suma, tutela-se da dignidade da função pública.

Tutela-se, em adição, o direito individual de o preso conhecer a identidade daquele que lhe efetua a prisão ou que conduz o seu interrogatório, conforme o disposto no inciso LXIV do art. 5º da Constituição Federal ("o preso tem direito à identificação dos responsáveis por sua prisão ou por seu interrogatório policial").

– Sujeito Ativo:

No *caput*, identifica-se como sujeito ativo com maior probabilidade de incidência, agentes públicos policiais, uma vez que a rotina de suas atribuições envolve a prisão de pessoas.

Poder-se-ía cogitar a possibilidade de que, "qualquer do povo", respondesse por este delito, quando exercesse seu direito de prender quem esteja em flagrante delito, mas há a limitação do art. 2º da Lei de Abuso de Autoridade, que afasta essa possibilidade. Não nos parece que o parágrafo único desse art. 2º, ademais, ao dispor que reputa-se "agente público, para os efeitos desta Lei, todo aquele que exerce, ainda que transitoriamente ou sem remuneração, por eleição, nomeação, designação, contratação ou qualquer outra forma de investidura ou vínculo, mandato, cargo, emprego ou função em órgão ou entidade abrangidos pelo **caput** deste artigo", alcance o particular que "prende" alguém, pois não estará a exercer um múnus público, mas uma faculdade que lhe assiste a cidadania.

Em outra hipótese, caso um particular se identifique falsamente, por exemplo, passando-se por servidor público no ato da prisão, não responderá por este delito, embora possa ser a ele imputada outra infração penal, como a do art. 45 da Lei das Contravenções Penais (LIMA, 2020, p. 180).

No parágrafo único, a sujeição ativa recai sobre autoridades policiais que exercem a atividade de polícia judiciária comum ou militar e membros do Ministério Público, uma vez que o tipo penal se refere a "procedimento investigatório", o que exclui a incidência sobre magistrados na gestão de processos judiciais, e também autoridades disciplinares em processos disciplinares, já que o tipo penal é específico para "procedimentos investigatórios de infração penal".

– Sujeito Passivo:

O sujeito passivo imediato, na compreensão que vimos dando à Lei, é o Estado, por sua administração militar, enquanto o mediato será a pessoa presa ou interrogada que terá violado seu direito individual marcado no inciso LXIV do artigo 5º da CF ("o preso tem direito à identificação dos responsáveis por sua prisão ou por seu interrogatório policial").

– Elementos Objetivos:

A primeira conduta nuclear, na figura do *caput*, é "deixar" de identificar-se, constituindo-se na forma omissiva própria da infração penal em estudo. Significa, portanto, um "não fazer", um não proferir, por qualquer maneira hábil de compreensão, seus dados de identificação, presumindo-se, claro, que essa identificação tenha um objetivo no contexto do Direito brasileiro que o de propiciar ao preso saber se aquele ato de constrição de sua liberdade está sendo procedido por agente público com competência (atribuição) e, mais, se não há uma questão específica, não respaldada pelo Direito, que leve aquele agente a efetuar a prisão, por exemplo a vingança.

Nessa linha, a exigência de identificação, claro, não se estende a dados pormenorizados, bastando, em nosso compreender, o nome e a função pública que o agente desempenha e que o coloca em condições de exercer aquela ação de prisão.

Igualmente, estará na prática deste delito aquele que "identifica-se" falsamente ao preso, agora em um comportamento comissivo. Nesta forma, o agente público atribui a si dados de identidade de outra pessoa, existente na realidade, ou mesmo de pessoa inexistente ou imaginária, podendo fazê-lo por qualquer forma (*v.g.* declarando os dados de maneira verbal oral ou substituindo identificação no uniforme) e sem a utilização de documento falso, quando o crime será o do art. 304 do CP ou 315 do CPM, que absorverão o de abuso de autoridade (LIMA, 2020, p. 181).

Por outro enfoque, pelo princípio da especialidade, o crime previsto no artigo 16 da Lei de Abuso de Autoridade pretere o crime previsto no art. 307 do CP ou 318 do CPM ("Falsa identidade"), não abrindo hipótese para o concurso de crimes.

A rigor, o termo "preso" se refere a pessoa que já teve contra si a formalização de uma prisão. Ocorre que neste tipo penal, o termo "preso" está ligado a outros elementos normativos, quais sejam, "captura", "detenção" e "prisão"; viabilizando, portanto, maior amplitude para configuração do delito.

Assim, haverá a consumação quando o agente público não se identifica ou se identifica falsamente (i) durante a captura, na rua ou em casa durante o dia, de pessoa que tenha ordem judicial de prisão preventiva, temporária ou civil por inadimplência de alimentos, ou, ainda, na captura de um militar desertor, (ii) ao deter uma pessoa em flagrante delito, conduzindo-a ao distrito policial e também durante a espera da lavratura e (iii) durante a formalização do auto de prisão em flagrante delito ou do termo de captura de desertor.

Bem próxima está a figura do parágrafo único, dispondo que incorrerá na mesma pena quem, como responsável por interrogatório em sede de procedimento investigatório de infração penal, deixa de identificar-se ao preso ou atribui a si mesmo falsa identidade, cargo ou função.

Apenas há a mudança do momento em que a conduta é praticada. Na figura do *caput* se criminaliza a conduta omissiva ou comissiva no momento da captura (encontro e restrição de liberdade), detenção (prosseguimento da restrição de liberdade, após a captura) ou prisão (continuidade da restrição para a lavratura do registro de prisão). Na figura do parágrafo único, também de maneira omissiva ou comissiva, o momento já é o de oitiva daquele sobre o qual pesa a imputação da prática delitiva.

Destaquem-se três pontos no caso assimilado do parágrafo único: quem comete o delito; a não fixação sobre a figura do preso; a delimitação de que a conduta deve ser praticada em procedimento investigatório de infração penal.

O delito será praticado por aquele responsável pelo interrogatório, ou seja, a autoridade que preside o ato, e não os demais agentes, como o escrivão.

Não há restrição neste ponto à figura do preso, o que permite compreender que o interrogatório pode se dar também nos casos em que o investigado/indiciado estiver solto, por exemplo, no curso de um inquérito policial militar.

Finalmente, como já referido, afasta-se qualquer outro procedimento que não seja aquele que investigue infração penal. A expressão "procedimento investigatório" é específica para as investigações inquisitórias, onde não vige o contraditório. Incluem-se, portanto e em exemplo, os inquéritos policiais militares e os procedimentos investigatórios criminais do Ministério Público. Excluem-se, também em exemplo, os processos ou procedimentos que apurem infrações disciplinares.

Tenha-se que, diante das duas condutas descritas, o crime se configura em delito de ação múltipla ou de conteúdo variado, de maneira que aquele que deixa de se identificar em um primeiro momento e, na sequência, identifica-se falsamente, estará em prática de um único crime.

Sobre a possibilidade de aplicação da pena de multa na Justiça Militar, remetemos o leitor aos comentários ao art. 9º desta Lei.

– Elemento Subjetivo:

Quando o tipo penal utiliza o verbo reflexivo "Identificar-se", a partícula "se" atua como pronome apassivador, não deixando espaço para outra hipótese, senão a do dolo direto, em que o agente público emana a falsa identidade ou a inércia de não se identificar.

Deve-se aliar, a esse elemento subjetivo do tipo penal, alguma das cinco finalidades específicas de (i) prejudicar outrem ou (ii) beneficiar a si mesmo ou (iii) a terceiro, ou, ainda, (iv) por mero capricho ou (v) satisfação pessoal, constantes do § 1º do artigo primeiro da Lei de Abuso de Autoridade, para satisfazer a tipicidade da conduta.

– Consumação e tentativa:

O tipo penal previsto no *caput* e no parágrafo único descreve a conduta comissiva e omissiva e não inscreve qualquer resultado lesivo decorrente da falsa identificação ou da omissão em se identificar, sendo classificado, portanto, como um crime de mera conduta, em que a consumação se dará com a omissão ou com a emissão da identificação falsa e não admitindo a tentativa.

Visão diversa possui Renato Brasileiro de Lima que enxerga possibilidade de tentativa, na forma comissiva, se a falsa identificação se der por escrito (**Nova lei...**, 2020, p. 183).

– Tipicidade indireta:

Os crimes militares do artigo 16 da Lei de Abuso de Autoridade devem, atendendo à dupla tipificação, encontrar complemento no artigo 9º, inciso II, alínea "e" do CPM: "por militar em situação de atividade, ou assemelhado, contra o patrimônio sob a administração militar, ou a ordem administrativa militar".

– Relação com a revogada lei de Abuso de Autoridade (Lei n. 4.898/65):

O tipo penal contido no artigo 16 da nova Lei de Abuso de Autoridade constitui-se em *novatio legis* incriminadora.

2.8.9.5.8. Art. 18

> **Art. 18.** Submeter o preso a interrogatório policial durante o período de repouso noturno, salvo se capturado em flagrante delito ou se ele, devidamente assistido, consentir em prestar declarações:
>
> Pena – detenção, de 6 (seis) meses a 2 (dois) anos, e multa.

– Objetividade Jurídica:

A tutela penal se dirige à administração pública, visando resguardar a regularidade da atividade investigativa. Em suma, tutela-se da dignidade da função pública.

Tutela-se, em adição, o direito individual de o interrogado não produzir prova que o incrimine (*nemo tenetur se detegere*), pois no horário de repouso noturno, a liberdade de ação, sua autodeterminação em falar ou em permanecer calado, pode estar afetada pelo cansaço.

– Sujeito Ativo:

Autoridades de polícia judiciária civis e militares e membros do Ministério Público no desempenho de investigação é que podem figurar como sujeito ativo deste delito.

Excluem-se as autoridades judiciárias e as disciplinares em processos administrativos e demissórios, uma vez que o tipo penal especificou o "interrogatório policial".

– Sujeito Passivo:

Seguindo nossa visão acerca do bem jurídico aviltado, o sujeito passivo imediato é o Estado, afetado na higidez do exercício da função pública na administração pública ou militar, conforme o sujeito ativo.

Sujeito passivo mediato será a pessoa aviltada em seu direito individual.

– Elementos Objetivos:

"Submeter", verbo nuclear, significa impor o domínio, impor a alguém um comportamento, a priori, indesejado. No caso do tipo, a submissão se dá no "interrogatório policial", ou seja, no ato procedimental em que o indiciado pode se manifestar dando sua versão à autoridade policial, excluindo-se, pois, o interrogatório judicial.

O tipo penal não abrange o interrogatório do indiciado solto, obviamente porque sobre ele a autoridade policial, em princípio, não teria poder impositivo para submeter ao interrogatório. Entretanto, esqueceu-se o legislador da realidade do Direito Militar, onde há a possibilidade de um encarregado de inquérito policial militar submeter um indiciado solto ao interrogatório, quando haverá sujeição, por exemplo, por temor reverencial ou por obediência hierárquica.

Imagine-se, por exemplo, um soldado indiciado por furto que não esteja preso, mas que durma no quartel. Neste caso, é possível que o encarregado do inquérito, querendo obter a confissão, proceda ao interrogatório na madrugada, situação que, embora inadequada, não será subsumida ao tipo em estudo. Melhor seria a descrição típica dissesse apenas submeter "pessoa" a interrogatório policial.

Assim, apenas estará configurado o crime no interrogatório do "preso", ou seja, pessoa contra a qual está formalizada a prisão e não qualquer prisão, pois exclui-se a prisão em flagrante, pois, obviamente, esta exige, em seu procedimento, que o preso seja qualificado e, quiser, dê sua versão sobre os fatos, o que pode ocorrer a qualquer hora do dia ou da noite.

Também se exclui do tipo, o interrogatório de preso "devidamente assistido", que concorde em prestar declarações no repouso noturno. Há de haver a comunhão: assistência devida e anuência em prestar declarações.

"Devidamente assistido" deve ser compreendido como a existência de defesa técnica por defensor, seja constituído pelo acusado, seja fornecido pela Administração (ex.: assistido pela Defensoria Pública).

"Consentir em prestar declarações" impõe que a participação do indiciado seja livre de elementos que possam ferir sua autodeterminação, além, claro, da própria circunstância do horário do interrogatório.

"Período de repouso noturno" gerará não apenas a criminalização da conduta do inquiridor mas também a nulidade do ato.

Das exceções que permitem a inquirição no período do repouso noturno:

a) "Flagrante delito": abrange as modalidades de flagrante próprio, impróprio.

b) "Devidamente assistido": exige defesa técnica, por advogado, seja contratado pelo acusado, seja fornecido "ad hoc" pela autoridade, mas deve o acusado ainda, "consentir" em prestar declarações, devendo ser o consentimento livre e sem vícios.

Muito mais complicado é delinear o elemento típico "repouso noturno".

Iniciemos pela previsão expressa do art. 19 do Código de Processo Penal Militar:

> As testemunhas e o indiciado, exceto caso de urgência inadiável, que constará da respectiva assentada, devem ser ouvidos durante o dia, em período que medeie entre as sete e as dezoito horas (grifo nosso).

Pela redação da lei adjetiva castrense, o horário geral de inquirição, seja de testemunhas ou do indiciado é durante o dia, estabelecendo objetivamente, na sequência, o horário entre 07:00h e 18:00h. Ainda complementa o § 2º do mesmo artigo:

> A testemunha não será inquirida por mais de quatro horas consecutivas, sendo-lhe facultado o descanso de meia hora, sempre que tiver de prestar declarações além daquele termo. O depoimento que não ficar concluído às dezoito horas será encerrado, para prosseguir no dia seguinte, em hora determinada pelo encarregado do inquérito (g.n.).

Em uma primeira interpretação, poder-se-ía dizer que fora desse horário estará o repouso noturno, ou seja, logo após as 18 horas e pouco antes das 7 horas. Claramente, o fundamento da regra do CPPM é o mesmo que inspirou o crime previsto no artigo 18 da Lei de Abuso de Autoridade: evitar que a fadiga e o cansaço influenciem negativamente no ânimo do preso. Imagine-se uma inquirição demorada, adentrando ao período noturno, com muitas perguntas. A lei quer evitar que o preso se apresse em terminar logo o procedimento e diga fatos e versões apenas para cessar o interrogatório. Ou que, vencido pela fadiga, diga o que o inquiridor quer ouvir, configurando procedimentos que passam longe da descoberta da verdade que se busca ou que agridem direito do interrogando.

Mas não se pode deixar de perceber que o artigo do CPPM se refere ao dia ("durante o dia"), cuja contraface é noite e não repouso noturno. Essa construção enfraquece a visão com base no CPPM.

Surge, então, uma outra possibilidade arrimada na própria Lei de Abuso de Autoridade. O inciso III, do § 1º do art. 22, ao estabelecer o crime de violação de imóvel por agente público, define critério próprio e também objetivo:

> Incorre na mesma pena (...) quem:
>
> (...)
>
> III – cumpre mandado de busca e apreensão domiciliar após as 21h (vinte e uma horas) ou antes das 5h (cinco horas) (g.n.).

Por essa interpretação, o repouso noturno teria início às 21 horas e findaria às 5 horas. Esta a visão, por exemplo, de Renato Brasileiro de Lima (**Nova lei...**, 2020, p. 189), em busca de uma interpretação sistemática, lembrando, inclusive, se esta a visão encerrada pelo Enunciado 11 do CNPG e do GNCCRIM: "Para efeitos do artigo 18 da Lei de Abuso de Autoridade, compreende-se por repouso noturno o período de 21h00 a 5h00, nos termos do artigo 22, § 1º, III, da mesma Lei".

Uma terceira forma de tornear esse elemento normativo é buscar amparo onde o Direito Penal já navegou por esse porto do "repouso noturno" e, nesse mister, lança-se mão, por exemplo, da majorante do crime de furto no Código Penal comum (art. 155, § 1º). Sobre essa majorante, tem-se:

> Repouso noturno é o período em que, à noite, pessoas se recolhem para descansar. Enquanto na violação de domicílio o CP se refere à qualificadora do fato cometido "à noite", no furto a circunstância de o fato ser praticado durante o período de repouso noturno. Não há critério fixo para a conceituação dessa qualificadora. Depende do caso concreto, a ser decidido pelo juiz. Assim, a qualificadora varia no espaço. Ninguém dirá que foi praticado durante o período de repouso noturno furto realizado às 21 horas no centro de São Paulo. Entretanto, ocorrerá essa qualificadora numa fazenda do interior, uma vez que é comum nesses lugares o recolhimento das pessoas, para o repouso, ainda bem cedo (JESUS, 2004, p. 314)

Esta nos parece mais adequada.

Repouso noturno e noite, de fato, não se confundem, o que afasta, de chofre, a interpretação com base no art. 19 do CPPM.

Também não se pode acolher o art. 22, § 2º, III da Lei de Abuso de Autoridade como dispositivo a regular também o art. 18, por duas razões.

Primeira, a violação da casa também se refere à contraposição da expressão dia, sob o parâmetro do inciso XI do art. 5º da Constituição Federal. Dessa forma, ao definir que o ingresso na casa se dará por ordem judicial durante o dia, a contraface é a noite e não o repouso noturno. Ao definir um horário no inciso III do § 2º do art. 22, o legislador quis definir o oposto de dia, portanto, noite – com efeito limitado ao dispositivo penal do art. 22, e não para todos os fins – e não repouso noturno. Verdade que, sob o enfoque da violação ilícita da casa, piorou a técnica de interpretação, pois, agora, temos dois critérios para a concepção de noite: um no plano constitucional, alinhado, por exemplo, ao critério astro-físico; outro no plano do crime de abuso de autoridade, adotando-se puro critério cronológico. Apenas para exemplificar, uma busca domiciliar realizada às 20:30, certamente, importará na produção de uma prova ilícita, sob o enfoque constitucional, mas o autor não responderá pelo delito do art. 22, § 1º, III da Lei de Abuso de Autoridade, por não haver preenchimento de elemento típico; já, se a busca domiciliar for às 23 horas, além da ilicitude da prova, a autoridade responderá por abuso de autoridade.

Segunda, justamente por estar na própria Lei de Abuso de Autoridade é que não se pode ter por idênticas as situações de repouso noturno e o período das 21 horas até as 5 horas, ou o Legislador, num ou noutro caso, mudaria o texto legal para coincidirem, ou seja, ou colocaria que seria crime a busca realizada em repouso noturno, ou fixaria o mesmo horário de 21horas às 5 horas para o interrogatório abusivo. Não o fazendo, demonstra não serem coincidentes.

Assim, repita-se, ficamos com a visão de que o caso concreto definirá se o interrogatório foi ou não durante o repouso noturno, quando esse elemento normativo será preenchido de acordo com circunstâncias de tempo, lugar etc. Por exemplo, se se estiver a tratar de um caso no Direito Militar, no interior do quartel, perfeitamente possível entender como parâmetro inaugural para interpretação o período compreendido entre o toque de silêncio e o de alvorada, o que remeterá ao caso de cada Unidade. Também em exemplo, o Regulamento Interno dos Serviços Gerais do Exército Brasileiro (R-1), dispõe no art. 176 que, em situação normal, o toque de alvorada, executado de acordo com o horário da unidade e por ordem do Of Dia, indica o despertar e o começo da atividade diária. Na mesma linha, o art. 177 do mesmo Regulamento, impõe que toque de silêncio, executado de acordo com o horário da unidade e por ordem do Of Dia, indica o fim da atividade diária.

Por fim, esclareça-se que se o interrogatório for iniciado durante o dia e se prolongar por muito tempo, a ponto de alcançar o início do repouso noturno, não será possível ingressar nesse período interrogando, como dispõe o Enunciado n. 12 do CNPG e GNCCRIM: "Ressalvadas as hipóteses de prisão em flagrante e concordância do interrogado devidamente assistido, o interrogatório extrajudicial do preso iniciado antes, não pode adentrar o período de repouso noturno, devendo ser o ato encerrado e, se necessário, complementado no dia seguinte".

Sobre a possibilidade de aplicação da pena de multa na Justiça Militar, remetemos o leitor aos comentários ao art. 9º desta Lei.

– Elemento Subjetivo:

O elemento subjetivo é o dolo direto de proceder ao interrogatório policial no período do repouso noturno. Deve-se, ainda, aliar a esse elemento subjetivo do tipo penal, alguma das cinco finalidades específicas de (i) prejudicar outrem ou (ii) beneficiar a si mesmo ou (iii) a terceiro, ou, ainda, (iv) por mero capricho ou (v) satisfação pessoal, constantes do § 1º do artigo primeiro da Lei de Abuso de Autoridade, para satisfazer a tipicidade da conduta.

– Consumação e tentativa:

Ao proceder ao interrogatório policial no repouso noturno, o crime está consumado, desde que, obviamente, esteja associado a alguma das finalidades específicas previstas no artigo 1º, § 1º da Lei de abuso de autoridade.

Admite-se a tentativa, como discorrem Renato Brasileiro de Lima (**Nova lei...**, 2020, p. 191) e Renee do Ó de Souza (2020, p. 134), como no caso em que a autoridade policial manda buscar o preso para o interrogatório e este não se concretiza, por exemplo, por uma queda de energia elétrica.

– Tipicidade indireta:

O crime militar do art. 18 da Lei de Abuso de Autoridade deve, atendendo à dupla tipificação, encontrar complemento no artigo 9º, inciso II, alínea "e" do CPM: "por militar em situação de atividade, ou assemelhado, contra o patrimônio sob a administração militar, ou a ordem administrativa militar".

– Relação com a revogada lei de Abuso de Autoridade (Lei n. 4.898/65):

O tipo penal contido no artigo 18 da nova Lei de Abuso de Autoridade constitui-se em *novatio legis* incriminadora.

2.8.9.5.9. Art. 19

> **Art. 19.** Impedir ou retardar, injustificadamente, o envio de pleito de preso à autoridade judiciária competente para a apreciação da legalidade de sua prisão ou das circunstâncias de sua custódia:
>
> Pena – detenção, de 1 (um) a 4 (quatro) anos, e multa.
>
> Parágrafo único. Incorre na mesma pena o magistrado que, ciente do impedimento ou da demora, deixa de tomar as providências tendentes a saná-lo ou, não sendo competente para decidir sobre a prisão, deixa de enviar o pedido à autoridade judiciária que o seja.

– Objetividade Jurídica:

O tipo penal, na figura do *caput*, tutela a administração pública e a administração militar, afetadas na dignidade do exercício funcional, quando da prática delitiva. No parágrafo único tutela-se a administração da justiça, que, igualmente, pode sofrer lesão.

Obviamente, tutela-se, em adição, direito fundamental do indivíduo, em especial o direito de petição (alínea "a" do inciso XXXIV do art. 5º da CF) e o direito a ter sua pretensão apreciada pelo Poder Judiciário, marcado pelo princípio da inafastabilidade da tutela jurisdicional (inciso XXXV do art. 5º da CF).

– Sujeito Ativo:

Na figura do *caput*, o crime tem maior probabilidade de ter como autor, autoridades de polícia judiciária civis ou militares, bem como agentes do sistema prisional, uma vez que, a comunicação com a autoridade judiciária, na fase de prisão em flagrante ou por ordem judicial ocorre com as Polícias Civis, Federais e Polícias Militares e, na fase de execução de prisões cautelares e prisões-pena, a custódia ocorre no âmbito da administração penitenciária estadual ou federal.

A tipificação constante do parágrafo único trata de crime próprio de Juízes, mas admite concurso de agentes com serventuários da justiça que, em conluio com o magistrado, deixam de enviar a documentação ao juízo competente.

– Sujeito Passivo:

O sujeito passivo imediato é a administração pública (comum ou militar) ou administração da justiça.

De maneira mediata, o sujeito passivo será a pessoa presa, que sofrerá violação aos direitos individuais, especialmente, como mencionado acima, o direito de petição e o de ter pronunciamento do Poder Judiciário. Claro, de maneira reflexa, também poderá haver lesão a outros direitos previstos no art. 5º da CF, por exemplo: "LXII – a prisão de qualquer pessoa e o local onde se encontre serão comunicados imediatamente ao juiz competente e à família do preso ou à pessoa por ele indicada"; "LXV – a prisão ilegal será imediatamente relaxada pela autoridade judiciária"; "LXVI – ninguém será levado à prisão ou nela mantido, quando a lei admitir a liberdade provisória, com ou sem fiança"; "LXVIII – conceder-se-á *habeas corpus* sempre que alguém sofrer ou se achar ameaçado de sofrer violência ou coação em sua liberdade de locomoção, por ilegalidade ou abuso de poder".

– Elementos Objetivos:

As condutas nucleares são "impedir" ou "retardar".

"Impedir" significa barrar, obstar, estorvar, obstaculizar. "Retardar" significa atrasar, tornar lento, fora de seu tempo.

O impedimento ou retardamento do envio de pleito de preso ao juiz prejudica a análise de concessão do relaxamento da prisão ou da liberdade provisória com ou sem fiança, ou a substituição da prisão por outras medidas cautelares, conforme o caso. Prejudica ainda o acesso da Defensoria Pública aos autos, quando o preso não possui advogado.

Ao lado dos verbos nucleares, o tipo foi construído com o elemento normativo "injustificadamente", significando sem justa causa, sem motivo relevante que tenha impedido o encaminhamento do pleito sem demora.

O objeto material do delito é o pleito de preso à autoridade judiciária competente.

"Pleito" se constitui em um pedido, uma demanda, que, no caso do tipo, há de ser escrito, sob a forma de petição ou requerimento, pois, do contrário, extremamente difícil se tornará a construção probatória (SOUZA, 2020, p. 136).

"Autoridade judiciária competente" será o juiz de direito ou juiz federal da Justiça Comum ou Militar, competente para apreciar o pleito, não importando a natureza da prisão, ou seja, pode ser em razão de crime (comum ou militar), prisão civil e até mesmo disciplinar, restrita atualmente aos militares das Forças Armadas. Pode ainda ser provisória ou definitiva.

Não haverá o delito, por exemplo, na obstrução de pleito encaminhado ao Ministério Público, ao Defensor Público, ao Governador, ao Presidente da República etc.

Não importa se o pedido do preso procede ou não tem fundamento, se o pedido é absurdo ou contém inverdades. O fluxo do pleito deve ser respeitado para que o juiz possa fazer as análises constitucionais, esmiuçadas na lei adjetiva penal.

O pleito é específico no tipo penal, versando sobre "legalidade de sua prisão" ou "circunstâncias de sua custódia".

"Legalidade de sua prisão" está atrelado aos motivos de fato e de direito que respaldam a segregação, por exemplo, na prisão em flagrante, como ato administrativo, lavrado por autoridades administrativas (delegados de polícia e oficiais militares), o controle jurisdicional recairá sobre os requisitos de validade (competência, finalidade pública, forma prevista ou não defesa em lei, motivo e objeto lícito e possível), sob pena de, na falta de apenas um desses elementos, tornar-se uma prisão ilegal. Em adição, a questão fática também será objeto de apreciação, a exemplo da não necessidade de segregação ou até mesmo não recomendação, em tempo de calamidade como pandemias etc.

"Circunstâncias de sua custódia" também deve ser compreendida. Custódia significa a responsabilidade que recai sobre o Estado, a partir do momento em que uma pessoa sofre intervenção por meio de seus agentes públicos, desde uma abordagem policial, até no cumprimento de uma pena decorrente de sentença transitada em julgado. Assim, a pessoa estará sob custódia: ao ser parada na rua; ao ser conduzida em viatura policial para diligências, para o distrito policial; durante a triagem para lavratura do flagrante; durante a lavratura do auto de prisão em flagrante; durante a escolta para a audiência de custódia; durante a escolta para centros de detenção provisória; durante o cumprimento de prisões cautelares; durante a condução para audiências de instrução; durante o cumprimento de prisão-pena no sistema prisional; nas conduções para atendimento médico e hospitalar ou para comparecimento em velório por falecimento do cônjuge, companheira, ascendente, descendente ou irmão. Em todas essas hipóteses há a custódia, a responsabilidade do Estado, pois ilegalidades podem ocorrer em qualquer fase da custódia, podendo ser levada ao conhecimento do juiz competente, seja na fase do processo ou na fase de execução da pena.

Devem ser separados os elementos normativos "legalidade da prisão" e "circunstâncias de sua custódia", uma vez que pode ocorrer uma prisão legal (competência, finalidade, forma, motivo e objeto), porém na custódia o preso passa por situações vexatórias, más condições de salubridade, exposições desnecessárias. E pode haver prisão ilegal (agente incompetente, finalidade privada, inobservância da forma legal, ausência de motivo ou objeto ilícito), mas a custódia transcorre na mais perfeita ordem, respeitando-se as condições de salubridade e direitos do preso.

Por fim, na figura do parágrafo único, há a conduta do magistrado que, ciente do impedimento ou da demora, deixa de tomar as providências tendentes a saná-lo ou, não sendo competente para decidir sobre a prisão, deixa de enviar o pedido à autoridade judiciária que o seja.

São duas possibilidades de omissão própria.

Na primeira, o impedimento ou retardamento do pleito, feito pelo agente público (policial ou do sistema penitenciário) chega ao conhecimento do magistrado que se omite – crime omissivo próprio – e não implementa medida para sanar a situação em favor do preso, por exemplo, determinando a imediata remessa do pleito à sua apreciação para decisão.

Frise-se que, neste caso, a autoridade judiciária não conhece o pleito, mas sabe da obstrução. Conhecendo o pleito e não decidindo, poderá cometer delito diverso, como o do já estudado inciso I do art. 9º da Lei de Abuso de Autoridade – que, frise-se, pode ser cometido tanto diante de um pleito do preso, como também em atuação de ofício, por exemplo, na audiência de custódia. "Saná-lo", assim, está ligado ao impedimento (ou retardamento) de encaminhamento do pleito, e não à decisão sobre o pleito.

Na segunda, estranhamente, parece exigir-se que o juiz conheça o conteúdo do pleito, pois, do contrário, não saberá se é ou não competente. Conhecendo o pleito, dando-se por incompetente e não encaminhando à autoridade judiciária competente, incorrerá no delito.

Não enxergamos, nesta figura, a possibilidade de oficiais da ativa que compõem os Conselhos de Justiça Especial ou Permanente, figurarem como autores do delito militar, primeiro porque, ao compor um órgão jurisdicional, em eventual abuso, afrontarão o escorreito exercício jurisdicional, vilipendiando a administração da justiça e não a ordem administrativa militar, como se exigiria para a configuração de crime militar extravagante. Segundo, porque as possibilidades do parágrafo único dependem de impulso oficial da autoridade judiciária que conhece tecnicamente o direito e que tem o poder de requisitar providências ou de colocar em pauta as deliberações do colegiado, ou seja, o juiz de direito do Juízo Militar ou o juiz federal da Justiça Militar.

Sobre a possibilidade de aplicação da pena de multa na Justiça Militar, remetemos o leitor aos comentários ao art. 9º desta Lei.

– Elemento Subjetivo:

O elemento subjetivo deste delito é o dolo direto de impedir ou retardar o encaminhamento do pleito, injustificadamente ao juiz, ou, em sendo a autoridade judiciária, desobstruir o encaminhamento do pleito ou remetê-lo ao juízo competente.

Deve-se aliar, a esses elementos subjetivos do tipo penal, alguma das cinco finalidades específicas de (i) prejudicar outrem ou (ii) beneficiar a si mesmo ou (iii) a terceiro, ou, ainda, (iv) por mero capricho ou (v) satisfação pessoal, constantes do § 1º do artigo primeiro da Lei de Abuso de Autoridade, para satisfazer a tipicidade da conduta.

– Consumação e tentativa:

O crime consuma-se com ações de impedir ou de retardar o encaminhamento, ou com as inações relativas ao não encaminhamento (ao juiz competente) ou a não desobstrução do encaminhamento pelo juiz.

Nas modalidades comissivas, é possível a tentativa. Imagine-se, por exemplo, que um sargento escrivão esteja preparando a remessa do pleito do preso ao juiz e o tenente retira a documentação da remessa, iniciando-se uma discussão. O capitão percebe a movimentação e, após, inteira-se do ocorrido e devolve o documento à remessa, determinando ao sargento que leve imediatamente os documentos à Justiça Militar. A ação do capitão é circunstância alheia à vontade do tenente o qual, por sua vontade, não incluiria na remessa da documentação, o pleito do preso.

– Tipicidade indireta:

Os crimes militares do artigo 19 da Lei de Abuso de Autoridade devem, atendendo à dupla tipificação, encontrar complemento no artigo 9º, inciso II, alínea "e" do CPM: "por militar em situação de atividade, ou assemelhado, contra o patrimônio sob a administração militar, ou a ordem administrativa militar".

– Relação com a revogada lei de Abuso de Autoridade (Lei n. 4.898/65):

O tipo penal contido no artigo 19 da nova Lei de Abuso de Autoridade constitui-se em *novatio legis* incriminadora.

2.8.9.5.10. Art. 20

> **Art. 20.** Impedir, sem justa causa, a entrevista pessoal e reservada do preso com seu advogado:
>
> Pena – detenção, de 6 (seis) meses a 2 (dois) anos, e multa.
>
> Parágrafo único. Incorre na mesma pena quem impede o preso, o réu solto ou o investigado de entrevistar-se pessoal e reservadamente com seu advogado ou defensor, por prazo razoável, antes de audiência judicial, e de sentar-se ao seu lado e com ele comunicar-se durante a audiência, salvo no curso de interrogatório ou no caso de audiência realizada por videoconferência.

– Objetividade Jurídica:

O crime previsto neste artigo protege a administração pública e a administração da justiça, em suas missões de, respectivamente, investigar e realizar a justiça, dentro dos princípios republicanos de um Estado Democrático de Direito, que atua na vida, liberdade e bens das pessoas respeitando o devido processo legal e a ampla defesa e o contraditório. Em suma, tutela-se a dignidade do exercício da função pública.

Tutela ainda o direito do advogado, previsto na Lei n. 8.906 de 1994 – Estatuto da Ordem dos Advogados do Brasil:

> Art. 7º São direitos do advogado: (...) III – comunicar-se com seus clientes, pessoal e reservadamente, mesmo sem procuração, quando estes se acharem presos, detidos ou recolhidos em estabelecimentos civis ou militares, ainda que considerados incomunicáveis.

Com efeito, a Constituição Federal estabelece em seu artigo 133 que o advogado é indispensável à administração da justiça, sendo inviolável por seus atos e manifestações no exercício da profissão, nos limites da lei, sendo objeto da tutela jurídica, o protagonismo desses profissionais na administração da justiça.

Por fim, tutela-se, ainda, o direito individual da pessoa presa e do interrogando em ter a entrevista com seu defensor, o que, em última análise, garantem o devido processo legal, a ampla defesa e o contraditório, a assistência de advogado, o direito ao silêncio etc.

– Sujeito Ativo:

O *caput* do artigo não restringiu ou especificou em quais situações o preso poderá ser entrevistado pessoal e reservadamente por seu advogado. Essa assistência do advogado é um dos meios inerentes ao exercício da ampla defesa e do contraditório e, pelo fato de o tipo penal em comento ter sido amplo, permite que seja cometido não apenas por autoridades de polícia judiciária civil ou militar, por membros do Ministério Público, por parlamentares no desenvolvimento de CPI, por autoridades disciplinares durante a instrução de processo administrativo ou processo demissório (desde que preso o militar, seja em função de crime ou da própria transgressão disciplinar), mas também por policiais militares e guardas municipais que, durante o patrulhamento de rua, acabam de efetuar uma prisão em flagrante ou em cumprimento de ordem judicial.

No caso do parágrafo único, embora se refira a "audiência judicial", onde o controle estaria a cargo do magistrado, também enxergamos possibilidade de outro agente público impedir preso, réu etc. de entrevistar-se com seu advogado, podendo ser cometido por qualquer agente público, portanto.

– Sujeito Passivo:

O sujeito passivo imediato, na compreensão que vimos empregando, é o Estado, por sua administração pública, administração militar ou a administração da justiça, a depender do autor do delito.

Sujeito passivo mediato é o advogado, aviltado em seu direito profissional, e a pessoa do preso (ou também do réu, no caso do parágrafo único), tolhida do direito da entrevista pessoal e reservada com o advogado, refletindo na obstrução de outros direitos e garantias.

– Elementos Objetivos:

Na figura do *caput*, o verbo nuclear é "impedir" que significa obstar, bloquear, não permitir.

O agente o faz "sem justa causa", ou seja, sem amparo fático e legal que tornem a obstrução razoável e aceitável. Naturalmente, "justa causa" constitui-se em conceito jurídico indeterminado, a ser preenchido pelo julgador diante de cada caso concreto. Havendo justa causa para impedir a entrevista com o advogado, não haverá o crime, como por exemplo, o juiz que possui informações decorrentes de procedimento previamente apurado, de que, além de estratégias de defesa nos processos, o advogado nas entrevistas pessoais recebe instruções do preso, a serem transmitidas aos demais comparsas que estão em liberdade.

O que se impede é a entrevista "pessoal" e "reservada" com advogado.

O direito de o preso ter entrevista reservada e pessoal com seu advogado é amplo, não apenas em processos judiciais e inquéritos policiais, mas também em processos administrativos e demissórios. Por exemplo, o militar preso pela prática de delito, que responda a Conselho de Disciplina pelo mesmo fato, terá, antes da audiência em que ocorrerão as oitivas de testemunhas de acusação e de defesa, direito entrevistar-se com o advogado.

Nem se diga da existência desse direito quando se tratar de uma persecução penal (comum ou militar). À guisa de exemplo, a Lei n. 11.900/2009 introduziu expressamente o direito à entrevista prévia ao interrogatório, especificamente no § 5º do art. 185 do Código de Processo Penal:

> Em qualquer modalidade de interrogatório, o juiz garantirá ao réu o direito de entrevista prévia e reservada com o seu defensor; se realizado por videoconferência, fica também garantido o acesso a canais telefônicos reservados para comunicação entre o defensor que esteja no presídio e o advogado presente na sala de audiência do Fórum, e entre este e o preso.

Frise-se que o dispositivo se refere a qualquer modalidade de interrogatório, seja na fase de inquérito policial, seja na instrução processual, e ainda, se o ato se realizar por videoconferência, fica garantida a entrevista reservada por telefone.

"Entrevista pessoal" é aquela feita diretamente entre acusado e advogado, sem familiares servindo como intermediários, por exemplo, ainda que haja anteparo de separação, como vidro ou grades. O que se busca é o encontro de raciocínio, de ideias e não o contato físico.

"Entrevista reservada", por seu turno, importa dizer que agentes policiais, agentes penitenciários ou de escolta, ou serventuários da justiça, não podem acompanhar a entrevista e presenciar o diálogo entre acusado e defensor. Não se admite, em regra, nem mesmo a gravação da conversa, salvo se houver fundada suspeita de que as entrevistas estiverem servindo para a prática de infrações penais (CUNHA; GRECO, 2019, p. 173).

Ainda na figura do *caput* tem-se que a entrevista que se impede é a do preso e não de indiciado, ou seja, pessoa contra a qual já está formalizada uma prisão. Não está abarcado pelo tipo, portanto, a entrevista obstada entre o indiciado e seu advogado, por mais absurdo que possa parecer, em homenagem à regra de interpretação restritiva e de vedação à analogia *in malam partem*.

Por outro lado, a palavra advogado merece interpretação mais elástica para alcançar o advogado constituído, o defensor público e, até mesmo, o advogado público nos casos, por exemplo, abrangidos pelo art. 16-A do Código de Processo

Penal Militar e 14-A do Código de Processo Penal comum. Inexplicável o texto da Lei de Abuso de Autoridade quando, por exemplo, no inciso II do parágrafo único do art. 15 utiliza-se da expressão "assistida por advogado ou defensor público" e, aqui, no art. 20, apenas se refira ao advogado. A respaldar essa excepcional interpretação extensiva, está a figura do parágrafo único do próprio art. 20, que menciona defensor ou advogado.

Enquanto que o *caput* do artigo 20 é bastante amplo, seu parágrafo único é específico para incriminar a conduta, primeiro, de quem impede a entrevista com advogado ou defensor – aqui a Lei foi mais coerente –, seja de preso ou réu solto ou o investigado, por prazo razoável antes de audiência judicial, excluindo com essa especificação, as audiências para processo administrativo e demissório, bem como sessões de CPI ou a entrevista no local do crime, logo após a prisão em flagrante.

Aliás, essa última hipótese, merece maiores considerações, em virtude da quantidade de prisões em flagrante levadas a efeito pelos órgãos policiais que desenvolvem o patrulhamento ostensivo[26], aliado ao fato de que, a popularização da telefonia móvel e de aplicativos de conversas, facilitaram a comunicação da prisão à família do preso e, por conseguinte, o rápido acionamento do advogado, sendo comum seu comparecimento no local dos fatos, antes mesmo da condução do flagranteado, das partes e dos objetos apreendidos ao distrito policial.

A presente análise destina-se aos policiais militares, aos guardas municipais, aos policiais rodoviários federais e aos policiais civis que, durante deslocamentos, durante o patrulhamento de rotina, durante a realização de bloqueios e incursões em comunidades, deparam-se com o crime acontecendo e efetuam a prisão: (i) a entrevista do preso com o advogado, deve ser permitida no local dos fatos ou apenas após a apresentação da ocorrência no distrito policial? (ii) sendo concedida no local dos fatos, qual a duração da entrevista? (iii) caso o advogado solicite alguma diligência, os policiais devem atender o pleito?

Em resposta ao primeiro questionamento e, reforçando nosso pensamento, não há a necessidade de se conduzir o preso até uma edificação policial para somente ali, conceder a entrevista com seu advogado. Comparecendo no local dos fatos, o advogado tem a prerrogativa profissional de se comunicar com o preso, devendo, o policial, avaliar em cada caso, o momento dessa entrevista, pessoal e reservada, de modo a não prejudicar a segurança da operação. Imaginemos que a prisão tenha ocorrido em uma avenida de grande circulação de veículos e de pessoas, durante o dia, os documentos pessoais do preso foram consultados na base de dados policial, eventuais objetos já relacionados e encontram-se na posse dos policiais e ainda, eventuais vítimas e testemunhas já estão devidamente separadas do infrator: não há justa causa para recusar esse contato entre o preso e seu advogado. Pelo fato de a entrevista ser pessoal e reservada, o que demanda a não proximidade de policiais

[26] A título de exemplo, no ano de 2020, a Polícia Militar do Estado de São Paulo realizou 88.426 prisões em flagrante delito e, no ano de 2001, até o mês de julho, 51.271 prisões em flagrante delito. Fonte: https://www.policiamilitar.sp.gov.br/. Acessado em 14 de outubro de 2021.

e, pelo fato de ocorrer em via pública, a equipe policial deve adotar procedimentos operacionais para evitar a fuga do preso, como o posicionamento estratégico dos policiais em relação ao preso e ao advogado, sem prejuízo do uso de algemas, uma vez que enquadra-se nas hipóteses trazidas pela súmula vinculante 11, no que tange ao *fundado receio de fuga ou de perigo à integridade física própria ou alheia, por parte do preso ou de terceiros*, justificando-se por escrito no relatório de serviço, no boletim de ocorrência e informando tal medida, na apresentação dos fatos no distrito policial.

A experiência policial revela que toda cautela é necessária nos casos de prisão em flagrante, em que, o infrator surpreendido e capturado deve ser posto em situação de segurança para que não fomente a possibilidade de fugir durante a entrevista ou, por exemplo, sequer cogite em tomar o advogado como refém, daí a razoabilidade e a proporcionalidade no uso de algemas, para que se garanta, de forma segura a todos os envolvidos, o exercício da prerrogativa profissional do advogado, o exercício do direito do preso e o dever do policial em prosseguir na persecução penal.

Diferente situação ocorre quando o infrator é surpreendido no interior de uma comunidade e o advogado comparece nesse local. Por questões de segurança de todos os envolvidos, a entrevista pessoal e reservada será concedida após todos os objetos e partes serem retirados da comunidade e, estando em uma avenida de grande circulação, os policiais devem parar a viatura e viabilizar o contato entre preso e advogado.

Uma terceira hipótese, diz respeito à prisão de integrantes de facção, de milícia ou de organização criminosa, bem como na hipótese de grandes quantidades de drogas, armas e valores apreendidos, em que há justa causa para a não viabilização da entrevista pessoal e reservada no local dos fatos, em virtude da possibilidade de resgate dos criminosos e dos objetos apreendidos, concedendo-se a entrevista, tão logo aportem no distrito policial, edificação em que é possível prover maior segurança para o procedimento. A justa causa em retardar o momento da entrevista se legitima em analogia às hipóteses do interrogatório por videoconferência, previstas no § 2º do art. 185 do CPP, notadamente para *prevenir risco à segurança pública, quando exista fundada suspeita de que o preso integre organização criminosa ou de que, por outra razão, possa fugir durante o deslocamento*.

Outra questão que diz respeito ao momento da concessão da entrevista, versa sobre o comparecimento do advogado durante o desenrolar das diligências, ou seja, durante a realização da busca pessoal, ou durante a vistoria veicular ou residencial. Por questões de segurança, o advogado não poderá ter a entrevista enquanto esses procedimentos não forem finalizados, até porque, não se sabe ainda, se há situação flagrancial, vale dizer, não está cristalizada a condição de "preso" do seu cliente. Assim, o advogado acompanha os atos e, caso seja constatado o flagrante delito, viabiliza-se a entrevista. Caso compareça durante a busca pessoal, por exemplo, aguarda, acompanhando a vistoria no corpo e nas vestes do abordado, bem como a checagem de documentos e a entrevista do policial junto à pessoa. Caso seja uma vistoria veicular, aguarda a vistoria nos compartimentos do automóvel, checagem de documentos, e assim por diante. Não há lei que regule a ação da polícia ostensiva, norteada pelo direito administrativo, em face da impossibilidade de se prever todas as situações que possam surgir nas ruas, porém, em analogia ao previsto na Lei n. 12.850 de 2013[27] - Lei que define organização criminosa - em seus art. 6º § 2º e 23, que regulam respectivamente, o amplo acesso aos autos e o relativo sigilo das investigações em relação ao defensor do acusado, tais prerrogativas não atingem as diligências em andamento.

Quanto ao segundo questionamento, sobre a duração da entrevista pessoal e reservada que ocorre no momento da prisão em flagrante, deve variar conforme a complexidade do caso, leia-se: quantidade de detidos, quantidade de objetos apreendidos, quantidade de imputações penais que recaem sobre o(s) detido(s), as diligências que foram realizadas até o desfecho da ocorrência (se foram feitas vistorias domiciliares, veiculares, em comércios, por exemplo), devendo o policial valer-se dos princípios da razoabilidade e da proporcionalidade para a viabilização da entrevista.

Em relação ao terceiro questionamento, caso o advogado solicite ao policial de rua, que se empreenda alguma diligência, deve-se usar, em analogia, o art. 14 do CPP, em que *O ofendido, ou seu representante legal, e o indiciado poderão requerer qualquer diligência, que será realizada, ou não, a juízo da autoridade,* sendo imperioso que o policial que se deparou com o flagrante delito, avalie a pertinência do pedido, se é protelatório ou se auxiliará a desvendar a verdade real, e também, as condições de segurança para todos os envolvidos na ocorrência.

Em síntese, a atividade policial, mormente a que se refere ao patrulhamento nas ruas, é multiforme e sujeita a acontecimentos emergenciais, demandando do policial, um alto grau de discricionariedade, para avaliar a oportunidade, a conveniência e a segurança, em relação ao como e ao quando viabilizará a entrevista pessoal e reservada entre preso e advogado, entretanto, via de regra, deve efetivar esse direito, antes da condução ao distrito policial.

Quanto aos demais elementos do tipo penal, já esclarecemos acima a quem se refere a palavra "preso". "Réu solto", trata-se do acusado, pessoa contra a qual já existe uma ação penal instaurada, com a denúncia recebida pelo juiz, estando a pessoa respondendo em liberdade. "Investigado" é a pessoa contra a qual recai elementos de autoria, ainda que não tenha sido indiciada. Robustecendo os elementos de autoria e materialidade, haverá o indiciamento, ato formal pelo qual, a autoridade policial civil ou militar qualifica devidamente a pessoa e foca a investigação sobre ela. O "investigado" ainda não é um indiciado, mas todo indiciado é um investigado ou

---

[27] Art. 6º § 2º: *O acesso aos autos será restrito ao juiz, ao Ministério Público e ao delegado de polícia, como forma de garantir o êxito das investigações, assegurando-se ao defensor, no interesse do representado, amplo acesso aos elementos de prova que digam respeito ao exercício do direito de defesa, devidamente precedido de autorização judicial, ressalvados os referentes às diligências em andamento.*

Art. 23. O sigilo da investigação poderá ser decretado pela autoridade judicial competente, para garantia da celeridade e da eficácia das diligências investigatórias, assegurando-se ao defensor, no interesse do representado, amplo acesso aos elementos de prova que digam respeito ao exercício do direito de defesa, devidamente precedido de autorização judicial, ressalvados os referentes às diligências em andamento.

suspeito, aplicando-se ao indiciado a proteção do delito em criminalizar o impedimento de entrevista com seu advogado.

"Audiência judicial" é a sessão em que as partes processuais se reúnem, sob a tutela do juiz, a fim de desenvolver a relação processual permeada pelos princípios da ampla defesa e do contraditório, visando a resolução da lide. No processo penal comum, pretende-se que, de maneira ordinária, ela seja una, para instruir e julgar o processo, mas isso não ocorre de maneira absoluta, podendo-se apontar como exceção, o processo penal militar.

"Prazo Razoável" é um elemento normativo em que a Lei não definiu o tempo de entrevista necessário para que o acusado e o defensor possam compartilhar as informações e as impressões que possuem sobre o caso. A expressão está ligada ao princípio da razoabilidade, de modo que o prazo dependerá de cada caso concreto, em virtude de algumas variáveis, como por exemplo, a complexidade do caso, a quantidade de testemunhas, a quantidade de laudos periciais elaborados, a quantidade de réus, o volume dos autos, a quantidade de crimes que constam na denúncia, enfim, são aspectos que podem demandar maior ou menor tempo para alinhar a estratégia de defesa entre advogado e réu.

Ainda, cometerá o delito, pelo parágrafo único, quem impedir que o acusado possa sentar-se ao lado do advogado ou defensor e com ele comunicar-se durante a audiência, salvo no curso de interrogatório ou no caso de audiência realizada por videoconferência. Notadamente, a dinâmica do interrogatório não propicia que o defensor fique ao lado do interrogando, vez que se trata de ato processual personalíssimo, razão pela qual não haverá conduta típica no afastamento físico entre eles. Também é perfeitamente compreensível a questão da videoconferência, em que, por exemplo, defensor e réu estarão distantes fisicamente, mas com o direito de comunicação por telefone.

Sobre a possibilidade de aplicação da pena de multa na Justiça Militar, remetemos o leitor aos comentários ao art. 9º desta Lei.

– Elemento Subjetivo:

Admite-se apenas o dolo direto em negar o acesso do preso ou acusado junto a seu defensor ou advogado, ou que se sentem próximos na audiência (ou ainda sem possibilitar a comunicação entre eles), visando evitar que tracem juntos a estratégia de defesa.

Deve-se aliar, a esse elemento subjetivo do tipo penal, alguma das cinco finalidades específicas de (i) prejudicar outrem ou (ii) beneficiar a si mesmo ou (iii) a terceiro, ou, ainda, (iv) por mero capricho ou (v) satisfação pessoal, constantes do § 1º do artigo primeiro da Lei de Abuso de Autoridade, para satisfazer a tipicidade da conduta.

– Consumação e tentativa:

O crime se consuma com a obstrução da entrevista, da proximidade na audiência ou da comunicação entre preso, réu ou investigado.

Admite-se a tentativa. Imagine que o agente público inicie os atos executórios, ao explicar que não será concedida a entrevista com o defensor, justificando que a pauta de sessões de um processo administrativo disciplinar está lotada e que não pode dispor de tempo. Nesse momento, superior hierárquico se aproxima e determina a concessão da entrevista, configurando circunstancia alheia à vontade do servidor.

- Tipicidade indireta:

Os crimes militares do artigo 20 da lei de abuso de autoridade devem, atendendo à dupla tipificação, encontrar complemento no artigo 9º, inciso II, alínea "e" do CPM: "por militar em situação de atividade, ou assemelhado, contra o patrimônio sob a administração militar, ou a ordem administrativa militar".

- Relação com a revogada lei de Abuso de Autoridade (Lei n. 4.898/65):

O tipo penal contido no artigo 20 da nova Lei de Abuso de Autoridade constitui-se em *novatio legis* incriminadora.

2.8.9.5.11 Art. 21

Art. 21. Manter presos de ambos os sexos na mesma cela ou espaço de confinamento:

Pena - detenção, de 1 (um) a 4 (quatro) anos, e multa.

Parágrafo único. Incorre na mesma pena quem mantém, na mesma cela, criança ou adolescente na companhia de maior de idade ou em ambiente inadequado, observado o disposto na Lei nº 8.069, de 13 de julho de 1990 (Estatuto da Criança e do Adolescente).

- Objetividade Jurídica:

Tutela-se a administração pública (comum ou militar), que é responsável por executar a custódia de quem se encontra preso, dentro das regras constitucionais previstas em seu artigo 5º, especialmente o contido no inciso XLVIII, de que "a pena será cumprida em estabelecimentos distintos, de acordo com a natureza do delito, a idade e o sexo do apenado".

A intenção do legislador é evitar que abusos físicos e sexuais ocorram com o confinamento de homens e mulheres no mesmo espaço, garantindo-se a dignidade sexual das mulheres, o que encerra também a tutela do direito individual da pessoa.

Também, óbvio, tutela-se direitos de crianças e adolescentes, sob o enfoque da proteção integral trazida pelo art. 227 da Constituição Federal, segundo o qual é "dever da família, da sociedade e do Estado assegurar à criança, ao adolescente e ao jovem, com absoluta prioridade, o direito à vida, à saúde, à alimentação, à educação, ao lazer, à profissionalização, à cultura, à dignidade, ao respeito, à liberdade e à convivência familiar e comunitária, além de colocá-los a salvo de toda forma de negligência, discriminação, exploração, violência, crueldade e opressão". Naturalmente, o encarceramento de crianças e adolescentes juntamente com autores de crimes, maiores de idade, vulnera essa tutela exigida constitucionalmente.

– Sujeito Ativo:

Não há condição específica para o sujeito ativo do delito na figura do *caput*, mas, claro, há maior probabilidade de ter como autor, autoridades de polícia judiciária – Polícia Civil e Polícia Federal – e agentes do sistema prisional.

Admite, também, a perpetração por policiais militares, policiais rodoviários federais e guardas municipais, uma vez que, nos atos de prisão em flagrante, conduzem presos em viatura (espaços de confinamento), assim como autoridades militares que não respeitem a separação de gênero em prisões disciplinares, hoje afeta às Forças Armadas.

No parágrafo único, igualmente, não há delimitação para a sujeição ativa, podendo ser praticado por qualquer agente público, especialmente, poderão praticar o delito aqueles responsáveis pela custódia de presos que permitam o acesso de criança ou de adolescente.

– Sujeito Passivo:

O sujeito passivo imediato, na compreensão que vimos imprimindo, é o Estado por sua administração pública que sofre com a violação dos seus princípios de funcionamento, com a conduta de seus servidores.

No polo da sujeição passiva mediata, em adição, figuram as pessoas de ambos os sexos colocados na mesma cela, ou seja, o sujeito passivo pode ser homem ou mulher. Dá-se maior ênfase, claro, à mulher, uma vez que, por conta de aspectos sociais e culturais, possui ela maior vulnerabilidade em relação ao homem, o que se confirma pela vasta produção legislativa de proteção, a exemplo da "Lei Maria da Penha", da introdução do crime de feminicídio, havendo reconhecimento pelo Poder Legislativo, pelo Poder Judiciário e pela administração pública (Poder Executivo), da necessidade de ações protetivas e afirmativas para instrumentar efetivamente a proteção à mulher.

Quanto ao parágrafo único, a sujeição passiva mediata recai sobre a criança ou adolescente – aplicando-se o conceito legal do Estatuto da Criança e do Adolescente (Lei n. 8.069/1990), segundo o qual é considerada criança a pessoa até doze anos de idade incompletos, e adolescente aquela entre doze e dezoito anos de idade (art. 2º) – mantida em cela juntamente com adulto ou quando mantida em ambiente inadequado, segundo o parâmetro do Estatuto da Criança e do Adolescente.

– Elementos Objetivos:

O tipo penal criminaliza a conduta do agente público que mantém, guarda, retém, homem e mulher na mesma cela ou espaço de confinamento.

"Manter", verbo nuclear, na acepção que lhe dá o tipo, significa submeter à convivência, em um mesmo ambiente, pessoas de ambos os sexos. Não há elemento típico que indique o tempo em que se mantém, devendo se avaliar o caso concreto.

Trata-se de um crime plurissubjetivo no polo passivo, exigindo no mínimo um homem e uma mulher.

O tipo penal prevê não apenas a mantença em "cela", ambiente próprio para o cerceamento de liberdade, provisório ou definitivo, do autor de um delito, mas também em "espaço de confinamento", como por exemplo, os locais de triagem e o espaço denominado de "guarda preso" em viaturas policiais, de modo que o crime pode acontecer também, durante escoltas de presos e presas para atendimento médico, para velório de parentes, para depoimentos ou para transferências de unidades prisionais. Não importa a natureza ou duração da prisão, podendo ser de natureza penal, civil ou disciplinar, assim como provisória ou definitiva.

Merece atenção especial o elemento normativo "ambos os sexos" que, no tipo penal, significa, objetivamente, a prisão na mesma cela, de um homem juntamente com uma mulher. Como o texto do tipo penal é todo no plural ("presos de ambos os sexos"), admite-se, ainda, várias mulheres e vários homens presos na mesma cela, ou uma mulher e diversos homens ou ainda, diversas mulheres e um homem, na mesma cela.

Ocorre que existem outras questões a serem analisadas, a respeito dos direitos da comunidade LGBT – sigla utilizada para se referir aos cidadãos e cidadãs lésbicas, gays, bissexuais, travestis, transexuais e transgêneros[28], uma vez que, ao cometerem crimes, ficarão sujeitos à prisão.

De início, cabe registrar que o STF sedimentou entendimento a respeito da Lei 6.015/73, que dispõe sobre os registros públicos, reconhecendo o direito às pessoas transgêneras, a adequação não apenas do prenome, mas também do sexo no registro civil, ao julgar a Ação Direta de Inconstitucionalidade n. 4.275, rel. Min. Marco Aurélio, rel. p. Acórdão Min. Edson Fachin, j. 01/03/2018, em que se decidiu:

> O Tribunal, por maioria, vencidos, em parte, os Ministros Marco Aurélio e, em menor extensão, os Ministros Alexandre de Moraes, Ricardo Lewandowski e Gilmar Mendes, julgou procedente a ação para dar interpretação conforme a Constituição e o Pacto de São José da Costa Rica ao art. 58 da Lei 6.015/73, de modo a reconhecer aos transgêneros que assim o desejarem, independentemente da cirurgia de transgenitalização, ou da realização de tratamentos hormonais ou patologizantes, o direito à substituição de prenome e sexo diretamente no registro civil. Impedido o Ministro Dias Toffoli. Redator para o acórdão o Ministro Edson Fachin. Presidiu o julgamento a Ministra Cármen Lúcia. Plenário, 1º.3.2018.

Tal decisão evidencia o reconhecimento do Estado em relação à identidade de gênero, vale dizer, a percepção que a pessoa tem sobre sua sexualidade, independentemente do sexo biológico, uma vez que essa questão impacta profundamente na concretização do princípio da dignidade humana.

Há ainda a Resolução n. 175, de 14 de maio de 2019, do Conselho Nacional de Justiça[29] que, referenciando acórdãos do STF, oriundos dos julgamentos da Arguição de Descumprimento de Preceito Fundamental n. 132/RJ e da Ação Direta de Inconstitucionalidade n. 4.277/DF, decretaram a inconstitucionalidade de distinção

---

28 A sigla LGBT é utilizada, por exemplo, no Manual Orientador sobre Diversidade, do Ministério dos Direitos Humanos, disponível em https://www.gov.br/mdh/pt-br/assuntos/noticias/todas-as-noticias/2018/dezembro/ministerio-lanca-manual-orientador-de-diversidade/copy_of_ManualLGBTDIGITAL.pdf. Acesso em 14.abr.2020. Já o Ministério Público Federal utiliza a sigla LGBTI, em sua Cartilha disponível em http://www.mpf.mp.br/atuacao-tematica/pfdc/midiateca/nossas-publicacoes/o-ministerio-publico-e-a-igualdade-de-direitos-para-lgbti-2017. Acesso em 14.abr.2020.

29 https://atos.cnj.jus.br/atos/detalhar/1754

de tratamento legal às uniões estáveis constituídas por pessoas de mesmo sexo, bem como a decisão do STJ no Recurso Especial n. 1.183.378/RS que decidiu inexistir óbices legais à celebração de casamento entre pessoas de mesmo sexo, ao passo que instituiu de forma vinculativa à administração pública que:

> Art. 1º É vedada às autoridades competentes a recusa de habilitação, celebração de casamento civil ou de conversão de união estável em casamento entre pessoas de mesmo sexo.

A questão, diante do cenário, é discutir se constituiria crime manter na mesma cela um homem com uma travesti ou com uma mulher transexual. Biologicamente, são homens, mas se reconhecem e se identificam como mulher. Indaga-se, ainda, se constituiria crime, manter na mesma cela, um homem e um homem trans, que, biologicamente, é uma mulher, mas se reconhece e se identifica como homem.

Para melhor entendimento sobre o assunto, toma-se como ponto de partida conceitos extraídos da cartilha "Diversidade sexual e cidadania LGBT", produzida pela Secretaria de Justiça e Cidadania do Governo do Estado de São Paulo, por meio da Coordenação de Políticas para a Diversidade Sexual[30], resumidos no seguinte quadro:

SEXO BIOLÓGICO	ORIENTAÇÃO SEXUAL	IDENTIDADE DE GÊNERO
"Conjunto de informações cromossômicas, órgãos genitais, capacidades reprodutivas e características fisiológicas secundárias que distinguem *machos* e *fêmeas*".	"É a atração afetiva e/ou sexual que uma pessoa manifesta em relação à outra, para quem se direciona, involuntariamente, o seu desejo".	"É a percepção íntima que uma pessoa tem de si como sendo do gênero masculino, feminino ou de alguma combinação dos dois, **independente do sexo biológico.** A identidade traduz o entendimento que a pessoa tem sobre ela mesma, como ela se descreve e deseja ser reconhecida".

De notar que o conceito de gênero[31]:

> [...] foi criado para distinguir a dimensão biológica da dimensão social. Embora a biologia divida a espécie humana entre machos e fêmeas, a maneira de ser homem e de ser mulher é expressa pela cultura. Assim, homens e mulheres são produtos da realidade social e não decorrência direta da anatomia de seus corpos. Sexo é biológico, gênero é construção social!

Enquanto que o conceito de *sexo biológico* abrange (i) machos e (ii) fêmeas, o conceito de *orientação sexual* abrange três tipos majoritários, (i) heterossexual, como a pessoa que se sente atraída afetiva e/ou sexualmente por pessoas do sexo/gênero oposto, (ii) homossexual, gays e lésbicas, pessoas que se sentem atraídas afetiva e/ou sexualmente por pessoas do mesmo sexo/gênero, (iii) bissexual, pessoa que se sente atraída afetiva e/ou sexualmente por pessoas de ambos os sexos/gêneros.

---

[30] São Paulo. Governo do Estado. Secretaria da Justiça e da Defesa da Cidadania. Coordenação de Políticas para a Diversidade Sexual. Diversidade sexual e cidadania LGBT. 3ª ed. São Paulo: SJDC/SP, 2018.

[31] Diversidade sexual e cidadania LGBT. 3ª ed. São Paulo: SJDC/SP, 2018, p. 15.

O conceito de identidade de gênero por sua vez, abrange (i) cisgênero, pessoa cuja identidade de gênero está alinhada ao seu sexo biológico, (ii) transgênero, pessoa que transita entre os gêneros e (iii) mulheres transexuais e homens trans: pessoa que possui uma identidade de gênero diferente do seu sexo biológico. São "pessoas que recusam totalmente o sexo biológico e identificam-se psicologicamente com o sexo oposto, apresentando aparente conflito[32]".

Especificamente sobre a identidade de gênero, há que se diferenciar o conceito de "mulher transexual", como aquela que nasceu com sexo biológico masculino, mas possui uma identidade de gênero feminina e se reconhece como mulher, da definição de "travesti", como a pessoa que nasce com sexo masculino e tem identidade de gênero feminina e não possui desconforto com o sexo biológico de nascimento, nem com a ambiguidade de traços corporais femininos e masculinos, assumindo papel de gênero diferente daquele imposto pela sociedade.

As pessoas transexuais são psicologicamente de um sexo e anatomicamente de outro, rejeitando o próprio órgão sexual biológico.

Já o "homem trans" é aquele que nasceu com sexo biológico feminino, mas possui uma identidade de gênero masculina e se reconhece como homem.

Mulheres e homens transexuais podem realizar modificações corporais por meio de terapias hormonais e intervenções médico-cirúrgicas, com o intuito de adaptar seus atributos físicos, inclusive genitais (cirurgia de redesignação sexual), à sua identidade de gênero. Entretanto, nem todas as pessoas transexuais manifestam esse desejo.

Muitas travestis modificam seus corpos por meio de terapias hormonais, aplicações de silicone e/ou cirurgias plásticas, mas, em geral, não desejam realizar a cirurgia de redesignação sexual (conhecida como "mudança de sexo"), uma vez que, socialmente se apresentam no gênero feminino sem rejeitar o sexo biológico.

A Resolução Conjunta n. 1 de 15 de abril de 2014, do Conselho Nacional de Política Criminal e Penitenciária – CNPCP – e do Conselho Nacional de Combate à Discriminação – CNCD/LGBT[33] – estabeleceu parâmetros de acolhimento de LGBT em privação de liberdade, nos seguintes termos:

TRAVESTIS E GAYS	**TRANSEXUAIS MASCULINAS E FEMININAS**	**TRAVESTIS E TRANSEXUAIS**
Art. 3º Às travestis e aos gays privados de liberdade em unidades prisionais masculinas, considerando a sua segurança e especial vulnerabilidade, **deverão ser oferecidos espaços de vivência específicos, sendo transferidos mediante expressa manifestação de sua vontade**.	Art. 4º As pessoas transexuais masculinas e femininas devem ser encaminhadas para as unidades prisionais femininas. Parágrafo único. Às mulheres transexuais deverá ser garantido tratamento isonômico ao das demais mulheres em privação de Liberdade.	Art. 5º À pessoa travesti ou transexual em privação de liberdade serão facultados o uso de roupas femininas ou masculinas, conforme o gênero, e a manutenção de cabelos compridos, se o tiver, garantindo seus caracteres secundários de acordo com sua identidade de gênero.

32 Diversidade sexual e cidadania LGBT. 3ª ed. São Paulo: SJDC/SP, 2018, p. 17.

33 Disponível em: http://www.mpsp.mp.br/portal/page/portal/cao_civel/acoes_afirmativas/inc_social_lgbtt/Legislacao_LGBTT/resolucao-conjunta-01-2014-cncd-lgbt-e-cnpcp.pdf

A normatização supra foi judicializada em 25 de junho de 2018, por meio da Arguição de Descumprimento de Preceito Fundamental n. 527 em que a Associação Brasileira de Gays, Lésbicas e Transgêneros (ABGLT) ataca decisões judiciais que não aplicam seu teor. Em liminar de 29/06/2018, o Ministro Luís Roberto Barroso determinou a obediência ao disposto em relação às transexuais, no sentido de serem transferidas a presídios femininos[34]:

> Diante do exposto, tendo em vista a situação de assimetria informacional quanto às travestis e a existência de periculum in mora inverso, defiro parcialmente a cautelar para determinar apenas que transexuais femininas sejam transferidas para presídios femininos. Peço a inclusão do feito em pauta para referendo desta cautelar pelo plenário. Determino, ainda, a intimação: (i) da requerente para regularizar a sua procuração, nos termos apontados pela AGU, e para justificar o pedido de aditamento à inicial, bem como (ii) da Presidência da República, do Conselho Nacional de Política Criminal e Penitenciária (DEPEN), do Conselho de Combate à Discriminação, do Conselho Nacional de Justiça (CNJ) e do Conselho Nacional do Ministério Público (CNMP), para que se manifestem sobre o feito, bem como sobre a situação específica das travestis e, ainda, sobre a existência e estágio de tramitação de eventuais projetos de norma sobre o tema, em especial o projeto de resolução que pretende alterar a Resolução Conjunta nº 1/2014.

Em sessão virtual do Plenário, de 3 a 14 de setembro de 2021, o voto do Relator convertia a medida cautelar em julgamento de mérito e julgava procedente o pedido, para outorgar às transexuais e travestis com identidade de gênero feminina o direito de opção por cumprir pena: (i) em estabelecimento prisional feminino; ou (ii) em estabelecimento prisional masculino, porém em área reservada, que garanta a sua segurança. Foi acompanhado pelos Ministros Cármen Lúcia, Dias Toffoli, Rosa Weber e Edson Fachin. Por outro lado, o Ministro Ricardo Lewandowski não conhecia da ação direta, em vista da alteração substancial do panorama normativo descrito na inicial, no que foi acompanhado pelos Ministros Luiz Fux, Alexandre de Moraes, Nunes Marques e Gilmar Mendes, sendo, enfim, suspenso o julgamento.

Pode-se concluir, assim, que se constrói entendimento de que comete o crime de abuso de autoridade quem mantém na cela, homem e pessoas transexuais, sejam masculinas ou femininas, contrariando a sua opção.

Pode-se concluir, assim, que comete o crime de abuso de autoridade quem mantém na cela, homem e pessoas transexuais, sejam masculinas ou femininas.

Nessa linha está Renato Brasileiro de Lima (**Nova lei...**, 2020, p. 210-1), que ainda acrescenta a discussão sobre gênero social:

> Enfim, é a classificação do gênero constante do registro civil que deve, *pelo menos em regra*, determinar se a pessoa presa deve ficar em cela destinada a homens ou a mulheres. Logo, na hipótese de preso (a) transexual, este (a) deverá ser recolhido (a) na cela referente ao seu gênero, a não ser que opte em permanecer na cela correspondente ao seu sexo anatômico. Dissemos "em regra" porque, em decisão singular do Min. Luís Roberto Barroso no HC 152.491 (DJe 16/02/2018), foi deferida a ordem de ofício para

[34] http://portal.stf.jus.br/processos/detalhe.asp?incidente=5496473

> determinar ao Juízo da Comarca de Tupã/SP, que presos transexuais fossem colocados em estabelecimento prisional compatível com as respectivas orientações sexuais, de modo que sequer se exigiu a observância do gênero constante do registro civil, mas apenas do *gênero social*, conforme apresentação do indivíduo junto à sociedade. Assim, na hipótese de prisão de travesti, há de ser respeitada sua identidade social, com o consequente recolhimento a uma cela feminina.

Em relação aos travestis, portanto, a seguir a visão de gênero social trazida pelo autor, também deverão conhecer a separação, sob pena de cometimento do delito.

Finalize-se com a indicação de que essa compreensão segue o caminho já adotado pelo Supremo Tribunal Federal na tutela dos direitos desses cidadãos quando decidiu pela subsunção da homofobia e da transfobia a tipo penal constante na Lei n. 7.716, de 5 de janeiro de 1989, que define os crimes resultantes de raça ou de cor, no julgamento da Ação Direta de Inconstitucionalidade por Omissão n. 26, de relatoria do ministro Celso de Mello, e do Mandado de Injunção n. 4733, relatado pelo ministro Edson Fachin. Embora o tema seja diverso, a discussão de fundo se assemelha muito, pois transcendeu a expressa literalidade da norma penal em homenagem à tutela de direitos individuas dessas pessoas.

Prosseguindo na análise dos elementos objetivos, no parágrafo único, o legislador bipartiu o tipo penal: (i) criminalizou quem mantém na mesma cela menor de idade com adulto, sem mencionar "espaço de confinamento" e (ii) criminalizou o ato de manter menor de idade em "ambiente inadequado".

Ganha reforço a interpretação, aqui, pelo Estatuto da Criança e do Adolescente, devendo-se ter por foco inicial o art. 178:

> Art. 178. O adolescente a quem se atribua autoria de ato infracional não poderá ser conduzido ou transportado em compartimento fechado de veículo policial, em condições atentatórias à sua dignidade, ou que impliquem risco à sua integridade física ou mental, sob pena de responsabilidade.

Violar o art. 178 do Estatuto da Criança e do Adolescente gera responsabilização, conforme última parte do dispositivo citado. Porém, essa responsabilização ficava condicionada ao resultado lesivo que eventualmente viesse a ocorrer, quando do transporte de menor de idade em compartimento fechado de veículo policial em situação vexatória ou periclitante.

Com a nova Lei de Abuso de Autoridade, independentemente do resultado que vier a acontecer, o agente público responderá pelo delito do parágrafo único do art. 21.

Em adição, dispõe o art. 123 do Estatuto:

> Art. 123. A internação deverá ser cumprida em entidade exclusiva para adolescentes, em local distinto daquele destinado ao abrigo, obedecida rigorosa separação por critérios de idade, compleição física e gravidade da infração.
>
> Parágrafo único. Durante o período de internação, inclusive provisória, serão obrigatórias atividades pedagógicas.

Assim, desde a apreensão até a internação poderá haver conduta subsumida pelo dispositivo em estudo.

Mas há que se dar atenção, na comparação entre *caput* e parágrafo único, que, enquanto a Lei menciona em um ponto "presos de ambos os sexos", noutro não fala, por exemplo, em "adolescente apreendido", levando a uma primeira conclusão de que não importaria a condição da criança ou do adolescente mantido em mesma cela. Neste ponto, a interpretação deve ser restrita pelo alinhamento que o *caput* desenha, ou seja, está-se a considerar a situação de autores de infrações penais, no caso dos maiores de 18 anos, ou de ato infracional, no caso de criança e adolescente.

Delineados os elementos típicos, importante tratar de algumas situações específicas.

Existem situações que são muito comuns na atividade policial, mormente na atividade de polícia ostensiva e de preservação da ordem pública, que demandam urgência, como por exemplo, uma operação em uma comunidade em que policiais militares prendem em flagrante homem e mulher traficando drogas e, no trajeto até a viatura policial, para condução dos presos ao distrito policial, pessoas da comunidade passam a hostilizar a ação policial e passam a proferir xingamentos, provocações e agressões, jogando pedras nos policiais e depredando a viatura.

Em situações normais uma viatura seria chamada para apoio e conduziria separadamente a mulher e o homem. Mas, no caso descrito, os policiais colocariam homem e mulher no local de confinamento, dada a urgência da situação. Obviamente, ao se afastar do local, a equipe policial deve estacionar a viatura em local seguro e providenciar apoio de outra viatura para a condução separadamente as pessoas de ambos os sexos.

Nestes casos, óbvio, estará afastada a prática delitiva por algumas razões, a depender da análise do aplicador da lei penal (comum ou militar). Poderá haver, notadamente, ausência de dolo a afastar a tipicidade no Direito Penal comum ou a culpabilidade no Direito Penal Militar. Viável, também, a excludente de ilicitude do estado de necessidade, diante do sacrifício do direito alheio (dos presos) para a tutela de direito próprio, isso aplicando-se a teoria unitária do Código Penal ou diferenciadora do Código Penal Militar. Por fim, também aceitável a exclusão de culpabilidade por inexigibilidade de conduta diversa, ainda que supralegal.

Outra questão que merece reflexão é se o delito estaria configurado se as pessoas presas de ambos os sexos fossem cônjuges, companheiros, namorados, ou ainda, se fossem por exemplo, mãe e filho presos, ou pai e filha presos ou, irmão e irmã presos etc. e fossem conduzidos juntos em compartimento de viatura policial.

O objetivo da tipificação deste delito é o de tutelar a integridade física e psíquica, a dignidade sexual das pessoas mais vulneráveis, e isso em módulo, sem a avaliação de condições específicas, de maneira que, em regra, o crime estará configurado com o preenchimento de seus elementos descritos no tipo penal. Claro, no caso concreto, esta análise poderá ser afastada em situações específicas, em que se demonstre que as pessoas presas de ambos os sexos já possuíam relação afetiva e/ou amorosa, como cônjuges e namorados, pais e filhos, irmãos, avós e netos etc., e até que desejavam permanecer, ainda que temporariamente, juntas.

Podem ocorrer ainda, casos de erro de tipo ou de fato. Tome-se como exemplo, uma prisão em flagrante levada a efeito por policiais militares em que, os dois roubadores são na verdade, um homem e uma mulher transexual cuja expressão de gênero consiste em utilizar roupas e corte de cabelo masculinos, além do modo de andar, de falar e demais trejeitos típicos de pessoa do sexo masculino. Durante a abordagem, o policial não notou o sexo biológico feminino, uma vez que havia feito a mastectomia masculinizadora - retirada dos seios - por se reconhecer e se identificar como homem. Sem portar documentos, ao ser indagada por sua qualificação, fornece o nome social (nome masculino). No intelecto do policial, este imagina tratar-se de dois homens, sendo que, na realidade, o sexo biológico de um deles é o sexo feminino, colocando-os no compartimento de preso da viatura para condução ao distrito policial. Aplica-se nesse caso, o artigo 20 do CP ou o art. 36 do CPM.

No caso esposado, há uma diferença entre a percepção da realidade que foi processada na mente do policial (imaginava tratar-se de um homem) e o que estava acontecendo de fato, na realidade (manutenção de pessoas de ambos os sexos no mesmo espaço de confinamento).

Por tratar-se de um erro escusável, plenamente justificável, incidente em elemento constitutivo do tipo penal ou sobre a situação de fato, exclui-se o dolo, descaracterizando o tipo penal ou a culpabilidade, a depender de se estar aplicando o Código Penal comum ou o Código Penal Militar. Sequer há que se falar em resquício culposo, primeiro, por que nenhum procedimento policial deixou de ser realizado na abordagem, inexistindo imperícia e em segundo plano, o tipo penal não admite a modalidade culposa.

Sobre a possibilidade de aplicação da pena de multa na Justiça Militar, remetemos o leitor aos comentários ao art. 9º desta Lei.

– Elemento Subjetivo:

O elemento subjetivo é o dolo direto, livre e consciente do agente público em, conhecendo a condição de homem, mulher, criança e adolescente das pessoas presas ou apreendidas, confiná-las no mesmo espaço de restrição de liberdade.

Deve-se aliar, a esse elemento subjetivo do tipo penal, alguma das cinco finalidades específicas de (i) prejudicar outrem ou (ii) beneficiar a si mesmo ou (iii) a terceiro, ou, ainda, (iv) por mero capricho ou (v) satisfação pessoal, constantes do § 1º do artigo primeiro da Lei de Abuso de Autoridade, para satisfazer a tipicidade da conduta.

– Consumação e tentativa:

Os crimes militares extravagantes do artigo 21 da Lei de Abuso de Autoridade consumam-se com a mantença das pessoas diversas na cela ou local de confinamento. De notar que o verbo "manter" coloca o delito em comento na classe dos delitos permanentes, cuja consumação se prolonga no tempo, conforme a vontade do agente. O estado flagrancial também se protrai junto com a permanência, possibilitando a autuação em flagrante delito.

A tentativa é hipoteticamente possível, como no caso de a autoridade policial determinar o recolhimento de pessoas de sexo diferente em mesma cela e esta determinação não se concretizar efetivamente por intervenção de membro do Ministério Público presente no local.

– Tipicidade indireta:

Os crimes militares do artigo 21 da lei de abuso de autoridade devem, atendendo à dupla tipificação, encontrar complemento no artigo 9º, inciso II, alínea "e" do CPM: "por militar em situação de atividade, ou assemelhado, contra o patrimônio sob a administração militar, ou a ordem administrativa militar".

– Relação com a revogada lei de Abuso de Autoridade (Lei n. 4.898/65):

O tipo penal contido no artigo 21 da nova Lei de Abuso de Autoridade constitui-se em *novatio legis* incriminadora.

2.8.9.5.12 Art. 22

> **Art. 22.** Invadir ou adentrar, clandestina ou astuciosamente, ou à revelia da vontade do ocupante, imóvel alheio ou suas dependências, ou nele permanecer nas mesmas condições, sem determinação judicial ou fora das condições estabelecidas em lei:
> Pena – detenção, de 1 (um) a 4 (quatro) anos, e multa.
>
> § 1º Incorre na mesma pena, na forma prevista no *caput* deste artigo, quem:
>
> I – coage alguém, mediante violência ou grave ameaça, a franquear-lhe o acesso a imóvel ou suas dependências;
>
> II – VETADO;
>
> III – cumpre mandado de busca e apreensão domiciliar após as 21h (vinte e uma horas) ou antes das 5h (cinco horas).
>
> § 2º Não haverá crime se o ingresso for para prestar socorro, ou quando houver fundados indícios que indiquem a necessidade do ingresso em razão de situação de flagrante delito ou de desastre.

– Objetividade Jurídica:

O tipo penal tutela o regular funcionamento da administração pública (comum e militar) que detém o monopólio do uso legal da força, exercida por meio de seus agentes públicos.

Tutela, ainda, o direito à intimidade e vida privada do cidadão e à inviolabilidade do domicílio, consagrados nos incisos X e XI do art. 5º da Constituição Federal.

– Sujeito Ativo:

O crime próprio de agente público, tem maior probabilidade de ser cometido por agentes policiais, civis, militares, estaduais, federais e guardas municipais, uma vez que são a classe de servidores públicos que integram a segurança pública e cumprem mandados de busca e apreensão domiciliar, bem como atuam em prisões em flagrante delito. Porém, admite-se remotamente que outras classes de servidores públicos cometam esse delito, a exemplo de agentes de saúde no combate aos focos do mosquito *aedes aegypti*, vetor de doenças como dengue, que ingressam no imóvel alheio clandestinamente, após recusa do morador em franquear a entrada para verificar criadouros em recipientes acumuladores de água.

– Sujeito Passivo:

Seguindo nossa linha de raciocínio, o sujeito passivo imediato é a administração pública, cuja dignidade da função pública é violada por seus servidores.

Sujeito passivo mediato é o moradorou ocupante do imóvel (ou local congênere), detentor do direito sagrado e constitucional insculpido no artigo 5º, inciso XI: "a casa é asilo inviolável do indivíduo, ninguém nela podendo penetrar sem consentimento do morador, salvo em caso de flagrante delito ou desastre, ou para prestar socorro, ou, durante o dia, por determinação judicial". A reboque, também há violação da intimidade e vida privada das pessoas, tuteladas pelo inciso X do mesmo art. 5º da CF: "X – são invioláveis a intimidade, a vida privada, a honra e a imagem das pessoas, assegurado o direito a indenização pelo dano material ou moral decorrente de sua violação".

– Elementos Objetivos:

O núcleo do tipo penal é invadir, adentrar ou permanecer em imóvel alheio ou suas dependências, de modo clandestino ou valendo-se da astúcia, ou à revelia da vontade do ocupante, sem determinação judicial ou fora das condições estabelecidas em lei.

As condições estabelecidas em lei se dividem em causas autorizativas de ingresso em domicílio alheio (i) sem limite de horário – consentimento do morador, flagrante delito, desastre ou para prestar socorro, estas últimas verdadeiras excludentes de ilicitude – e (ii) com limite de horário – mediante determinação judicial, que somente pode ser executada durante o dia.

O próprio tipo penal do artigo 22 tratou de reforçar essas hipóteses no § 2º: "Não haverá crime se o ingresso for para prestar socorro, ou quando houver fundados indícios que indiquem a necessidade do ingresso em razão de situação de flagrante delito ou de desastre".

Invadir significa[35] "entrar à força em; penetrar hostilmente em determinado lugar; apoderar-se, conquistar, tomar"; enquanto que adentrar, no sentido do tipo em estudo, significa entrar, transpor o limite e alcançando ambiente interno. "Permanecer" significa ficar, continuar, no caso, indevidamente, pressupondo dois momentos: o primeiro é o ingresso lícito e o segundo, a não anuência do morador (ou outro titular do direito tutelado) na permanência do violador naquele ambiente. O consentimento do ocupante para que o agente público ingresse no imóvel é retratável, de modo que, ainda que autorize num primeiro momento o franqueamento da entrada no imóvel, ao retirar a autorização, o agente público deve se retirar imediatamente, sob pena de subsunção na modalidade "permanecer".

O modo de ingressar clandestinamente pressupõe que o agente público penetrou no local "sem que o sujeito passivo perceba", por exemplo, pulando uma janela, e, astuciosamente, pressupõe a "utilização de um engodo, um ardil, uma farsa" (COIM-

[35] https://michaelis.uol.com.br/moderno-portugues/busca/portugues-brasileiro/invadir/

BRA; STREIFINGER, 2012, p. 1.073), por exemplo, policial solicita ao ocupante a autorização para ingressar no imóvel e, ao ser indagado se possui mandado judicial, o policial mostra qualquer papel que esteja consigo e responde afirmativamente, no que o ocupante franqueia a entrada sem conferir o teor do documento.

Outra forma criminosa é o ingresso "à revelia da vontade do ocupante", pressupondo a presença do morador, mas sem que ele tenha sido concitado a franquear o ingresso. Imagine-se que policiais abordam pessoa sentada na calçada, em frente ao seu imóvel, que se encontra com a porta entreaberta. Enquanto dois policiais fazem a abordagem pessoal e revista na pessoa, um terceiro policial ingressa no imóvel sem a consulta do abordado, que se encontrava inteiramente disponível para ser indagado se consentia ou não com a entrada do policial.

O objeto material do crime é o "imóvel alheio ou suas dependências".

Enquanto a Constituição Federal e o crime de violação de domicílio, contido no artigo 150 do CP e no art. 226 do CPM utilizam a expressão "casa", bem como a expressão "morador", a Lei de Abuso de Autoridade foi em sentido diverso e utilizou a expressão "imóvel", associada à expressão "ocupante".

Conforme art. 5º da Constituição Federal:

> XI – a <u>casa</u> é asilo inviolável do indivíduo, ninguém nela podendo penetrar sem consentimento do <u>morador</u>, salvo em caso de flagrante delito ou desastre, ou para prestar socorro, ou, durante o dia, por determinação judicial (g. n.).

O Código Penal segue igual sistema ao tipificar o crime de violação de domicílio, trazendo interpretação autêntica contextual para o termo casa:

> Art. 150 – Entrar ou permanecer, clandestina ou astuciosamente, ou contra a vontade expressa ou tácita de quem de direito, em <u>casa</u> alheia ou em suas dependências:
>
> Pena – detenção, de um a três meses, ou multa.
>
> [...]
>
> § 4º – A expressão "<u>casa</u>" compreende:
>
> I – qualquer compartimento habitado;
>
> II – aposento ocupado de habitação coletiva;
>
> III – compartimento não aberto ao público, onde alguém exerce profissão ou atividade.
>
> § 5º – Não se compreendem na expressão "<u>casa</u>":
>
> I – hospedaria, estalagem ou qualquer outra habitação coletiva, enquanto aberta, salvo a restrição do n.º II do parágrafo anterior;
>
> II – taverna, casa de jogo e outras do mesmo gênero (g. n.).

Na mesma senda, o art. 226 do CPM:

> Art. 226. Entrar ou permanecer, clandestina ou astuciosamente, ou contra a vontade expressa ou tácita de quem de direito, em <u>casa</u> alheia ou em suas dependências:
>
> Pena – detenção, até três meses.
>
> [...].

> § 4º O termo "casa" compreende:
>
> I – qualquer compartimento habitado;
>
> II – aposento ocupado de habitação coletiva;
>
> III – compartimento não aberto ao público, onde alguém exerce profissão ou atividade.
>
> § 5º Não se compreende no têrmo "casa":
>
> I – hotel, hospedaria, ou qualquer outra habitação coletiva, enquanto aberta, salvo a restrição do nº II do parágrafo anterior;
>
> II – taverna, boate, casa de jôgo e outras do mesmo gênero.

A Lei de Abuso de Autoridade, como se verifica no tipo, vale-se de designações diversas, ou seja, "imóvel" e "ocupante", em vez de "casa" e "morador".

Haveria coincidência nos termos, para fins de subsunção ao tipo penal de Abuso de Autoridade?

Claro, a resposta comporta duas linhas.

Pela primeira, houve uma tutela diversa pela Lei de Abuso de Autoridade em comparação com o texto constitucional e os crimes, comum e militar, de violação de domicílio.

A definição jurídica de imóvel se encontra no Código Civil:

> Art. 79. São bens imóveis o solo e tudo quanto se lhe incorporar natural ou artificialmente.
>
> Art. 80. Consideram-se imóveis para os efeitos legais:
>
> I – os direitos reais sobre imóveis e as ações que os asseguram;
>
> II – o direito à sucessão aberta.
>
> Art. 81. Não perdem o caráter de imóveis:
>
> I – as edificações que, separadas do solo, mas conservando a sua unidade, forem removidas para outro local;
>
> II – os materiais provisoriamente separados de um prédio, para nele se reempregarem.

Com o advento da Lei n. 13.465, de 2017, foi introduzido no Código Civil, o artigo 1.510-A:

> O proprietário de uma construção-base poderá ceder a superfície superior ou inferior de sua construção a fim de que o titular da laje mantenha unidade distinta daquela originalmente construída sobre o solo.
>
> § 1º O direito real de laje contempla o espaço aéreo ou o subsolo de terrenos públicos ou privados, tomados em projeção vertical, como unidade imobiliária autônoma, não contemplando as demais áreas edificadas ou não pertencentes ao proprietário da construção-base. (...)

O fato é que o conceito jurídico de "imóvel" está intimamente ligado ao direito de propriedade, à questão patrimonial, enquanto que o conceito jurídico de "casa" está vinculado à proteção da liberdade individual, da intimidade e da vida privada, como refúgio e segurança do ser humano.

Enquanto o conceito de "casa" abrange qualquer compartimento habitado, o conceito de "imóvel" pressupõe uma série de formalidades legais, como a escritura a validar o contrato de compra e venda e a matrícula do imóvel que registra as alterações de propriedade.

Porém, tendo em vista que a "casa" já se encontrava tutelada no Código Penal, ao instituir a expressão "imóvel" no tipo penal previsto em seu artigo 22, a Lei de Abuso de Autoridade, por essa primeira visão, capilarizou a proteção aos espaços físicos utilizados pelo ser humano.

Utilizando um caso real[36] como exemplo, em que o STF condenou em 2019 o ex-Ministro Geddel Vieira Lima pelo crime de lavagem de dinheiro, após ter sido encontrado em um apartamento a quantia de R$ 51.000.000,00 (cinquenta e um milhões de reais) em cédulas de real e dólar: o apartamento não era habitado, tampouco configurava "compartimento não aberto ao público, onde alguém exerce profissão ou atividade", não se enquadrando, em tese, no conceito jurídico-penal de "casa", entretanto, cumpre todos os requisitos do conceito jurídico de "imóvel".

Assim, com as tipificações do Código Penal e da Lei de Abuso de Autoridade, espaços físicos em geral, sejam "casas", sejam "imóveis", encontram-se protegidos pela lei penal, usufruindo ambos, das cláusulas de inviolabilidade que, ao serem descumpridas, levam não apenas ao cometimento de crime pelo agente público, mas também à ilicitude das provas obtidas.

Parecem seguir esta linha, Rogério Sanches Cunha e Rogério Greco (2020, p. 202-3):

> Assim, qualquer edificação, desde o solo *in natura*, a exemplo dos terrenos, e todas as construções por ele sobrepostas serão consideradas imóveis para efeito do reconhecimento do abuso de autoridade.
>
> Contudo, somente entrarão nesse conceito aquelas edificações naturalmente não abertas ao público em geral, como ocorre com os terrenos, sejam eles murados ou não, as casas, os apartamentos, os escritórios, consultórios, enfim, todos os locais onde o ingresso é feito mediante a anuência expressa ou tácita de quem de direito.
>
> Outros lugares, entretanto, embora considerados imóveis, não se amoldam ao modelo em estudo, tal como ocorre com os locais onde não há qualquer restrição de acesso nas áreas destinadas ao público em geral, como restaurantes, bares, hotéis etc., permanecendo sob a proteção do artigo em exame os ambientes reservados, leia-se, aqueles destinados à administração desses estabelecimentos.

Também é a visão esposada pelo Conselho Nacional dos Procuradores Gerais e pelo Grupo Nacional de Coordenadores de Centro de Apoio Criminal, no Enunciado 14: "A elementar "imóvel" do artigo 22 da Lei de Abuso de Autoridade deve ser conceituada nos termos do artigo 79 do Código Civil".

Mas essa visão não é unissona. Vozes doutrinárias de respeito sustentam em sentido diverso, ou seja, para fins penais, seja dos Códigos Penais, seja da Lei de

---

[36] https://g1.globo.com/jornal-nacional/noticia/2019/10/22/stf-condena-geddel-vieira-lima-no-caso-dos-r-51-milhoes--encontrados-em-apartamento.ghtml.

Abuso de Autoridade, "casa" e "imóvel" se equivalem, condicionando, também, a equivalência das elementares "morador" e "ocupante".

Nessa linha, Renee do Ó Souza (2020, p. 149):

> Há algumas pequenas diferenças redacionais que, contudo, não podem significar grandes alterações acerca do alcance da tutela penal, tendo em vista a origem constitucional da norma protegida. Assim sendo, embora a Lei 13.869/2019 se valha da locução imóvel alheio, deve-se emprestar-lhe o mesmo sentido da expressão casa, em razão da característica nuclear, habitacional e familiar comuns a ambas as palavras. [...]. Poder-se-ía sustentar que a Lei 13.869/2019, ao empregar a expressão imóvel alheio, deixou de fora compartimentos ou moradias móveis como trailers, barcos ou barracas, mas esse tipo de interpretação deve ser refutado porque implica numa proteção deficiente daquela garantia constitucional, objeto de máxima e efetiva tutela dos poderes estatais, como se sabe. [...].

Também essa é a visão de Renato Brasileiro de Lima (**Nova lei...**, 2020, p. 220):

> A nosso juízo, andou mal o legislador ao usar o termo imóvel na redação dos tipos penais incriminadores do art. 22, *caput*, e § 1º, I, ambos da Lei n. 13.869/19. Isso porque transparece à primeira vista que estaria se referindo ao conceito de *bem imóvel* que nos é dado pelo Código Civil. Na verdade, a expressão foi usada em seu sentido vulgar, como *qualquer lugar privado habitado por alguém*, ou seja, como sinônimo de *casa*. Prova disso, aliás, é que o próprio art. 22, § 2º, da Lei n. 13.869/19, praticamente reproduzindo os dizeres do art. 5º, inciso XI, da Constituição Federal, que, todavia, faz uso do termo *casa*, prevê que "não haverá crime se o ingresso for para prestar socorro, ou quando houver fundados indícios que indiquem a necessidade do ingresso em razão de situação de flagrante delito ou de desastre". Impõe-se, pois, a exata compreensão do conceito de casa..

Adotamos a segunda corrente.

Embora o legislador, ao parir a Lei n. 13.869/2019, conhecesse o conceito constitucional e penal do termo casa, não o utilizou, e trouxe um grande problema de interpretação.

Há que se notar que, se utilizarmos o conceito mais amplo atrelado a imóvel, que, claro, pode abranger o conceito de casa ou domicílio, mas com ele não coincide – sendo absolutamente necessária a interpretação de Renee do Ó Souza, a evitar a proteção deficiente, portanto –, fugiremos totalmente da matriz constitucional de tutela, não apenas buscando tutelar a intimidade e a vida privada, mas também ingressando na tutela da propriedade, apenas pelo fato de ser imóvel alheio, o que tornaria o tipo penal em estudo, muito impreciso, beirando uma lesão ao princípio da legalidade.

Em adição, o inciso III do § 1º, ao prever um caso assimilado, utiliza-se da expressão "mandado de busca e apreensão domiciliar", restringindo a interpretação ao imóvel que se afigure a domicílio, ou seja "casa". Poderia muito bem o legislador, caso quisesse de fato proteger qualquer imóvel, utilizar-se de outra expressão que caminhasse nesse sentido, por exemplo, grafando que incorrerá na mesma pena quem cumpre mandado de busca em "imóvel alheio" após as 21h (vinte e uma horas) ou antes das 5h (cinco horas), e não se referir a domicílio.

Assim, em se considerando a palavra "imóvel" como sinônimo de "casa", deve-se lançar mão da interpretação autêntica dos Códigos Penais ou de Processo Penal, a exemplo dos §§ 4º e 5º do art. 226 do Código Penal Militar, acima já transcritos.

O imóvel ("casa") deve ser alheio, ou seja, não pertencente àquele que o viola.

Qual o fazem os tipos penais de violação de domicílio (art. 150 do CP e art. 226 do CPM), há a utilização da expressão "ou suas dependências", ou seja, jardim, garagem, pomar, quintal etc.

Pode-se, assim, compreender que o objeto material a ser considerado neste delito consiste "não só o edifício principal ou o simples aposento ocupado, mas também as dependências (pátios, jardins, quintais, granjas, estrebarias), bem como todos os lugares particulares onde tenha o indivíduo o direito de se abrigar, morar e trabalhar sem ser molestado. E, também, os estabelecimentos rodantes ou casas flutuantes, que constituem espaço fechado e de habitação, usufruem de idêntica garantia, são invioláveis. Admite-se, inclusive, que estabelecimentos comerciais, fechados ao público, são acobertados pela norma constitucional" (PITOMBO, 2005, p. 66-7).

Tem-se, ainda, por elementos normativos "sem determinação judicial" e "fora das condições estabelecidas em lei".

"Sem determinação judicial" parte da premissa de que há a reserva de jurisdição para a medida que exija o ingresso no imóvel (ou casa, para quem preferir compreensão diversa), a exemplo da busca e apreensão. Portanto, o ingresso não prescinde de decisão judicial, salvo nos casos enumerados como excludentes do § 2º do próprio art. 22.

"Fora das condições estabelecidas em lei", por seu turno, parte da compreensão de que houve a determinação judicial – ou então a subsunção seria na expressão anterior –, mas o ingresso desrespeitou elemento definido em lei, entenda-se, fere-se o regramento definido nos Códigos de Processo Penal (comum e militar) para a situação-tipo. Por exemplo, o art. 179 do Código de Processo Penal Militar estabelece o procedimento de busca domiciliar, com consequente ingresso no imóvel, estando presente ou não o morador ("ocupante", no termo utilizado pela Lei de Abuso de Autoridade). Assim, mesmo com mandado judicial, o agente que ingresse em imóvel, com morador presente, sem previamente ler o mandado, sem se identificar, sem concitar que franqueie o ingresso etc., estará fugindo das condições legais e incorrerá, ao menos objetivamente, no tipo em estudo.

Como casos assimilados, o § 1º do art. 22 traz duas possibilidades: coagir alguém, mediante violência ou grave ameaça, a franquear-lhe o acesso a imóvel ou suas dependências ou cumpre mandado de busca e apreensão domiciliar após as 21h (vinte e uma horas) ou antes das 5h (cinco horas). No primeiro caso, age-se sobre a livre determinação do morador (ou ocupante), ou seja, elimina-se seu poder de escolha racional, mediante emprego de uma ameaça grave ou de violência.

"Violência", no sentido que lhe dá o tipo penal, trata-se da *vis corporalis* ou *vis physica*, ou seja, a violência física, podendo ser caracterizada por ação, por exemplo, o militar que desfere tapas no morador (ocupante) para que franqueie o acesso ao imóvel, ou por omissão, por exemplo, privando o morador (ocupante), sob seu poder, de água, com o mesmo intuito. Não se exige que a violência seja resistível – aliás, nem sequer se exige que ele tente resistir, elemento estranho ao tipo penal. Frise-se que essa violência não necessariamente precisa ser contra o morador (ocupante), como nos exemplos dados, o que se extrai da expressão "alguém" utilizada na descrição típica.

A "ameaça", como exige o próprio tipo, deve ser "grave", ou seja, uma promessa de mal futuro apta a causar temor no morador (ocupante), ou, ainda, em outra pessoa que lhe é cara, uma violência moral (*vis compulsiva*). Pode consistir em ameaça oral, escrita, gestual etc. Não se exige, por outro lado, que o mal versado na ameaça seja injusto. Também não se exige que a ameaça configure coação irresistível – aliás, nem sequer se exige que se tente resistir –, já que se trata, também, de elemento estranho ao tipo penal em estudo. Basta, assim que a grave ameaça seja idônea a causar medo no morador, ocupante ou outra pessoa ("alguém", dispõe a letra da lei) que possa franquear acesso ao ambiente considerado "casa" (imóvel), ainda que resistível e/ou justa.

Distingue-se a conduta deste inciso do "invadir" grafado no *caput*. Lá, no tipo penal do *caput* há a compreensão de ingresso à força, uma penetração hostil que pode até importar em forma de violência, mas que não importa em obstrução do querer do morador, que nem tem tempo para raciocinar. Aqui, embora também haja a violência, é ela cirurgicamente direcionada ao morador (ocupante) para que, sem o desejar, franqueie o ingresso no imóvel.

Também aqui o objeto material será imóvel, na acepção de "casa", ou suas dependências.

O inciso II do § 1º do art. 22 foi vetado.

O §1º, inciso III do artigo 22 tipifica a conduta do agente público que "cumpre mandado de busca e apreensão domiciliar após as 21h (vinte e uma horas) ou antes das 5h (cinco horas)".

Mais um imbróglio de interpretação nos foi presenteado, em função da não exata coincidência com o dispositivo constitucional de tutela do domicílio.

Antes de mais nada, parta-se da premissa de que aqui não pode haver disparidade entre imóvel e casa, posto que o legislador se utilizou da expressão busca e apreensão domiciliar, permitindo buscar toda a compreensão dada, por exemplo, a essas medidas preventivas e assecuratórias do Código de Processo Penal Militar, compreensão esta totalmente vinculada ao dispositivo constitucional.

Em outros termos, ainda que alguns discordem da visão de que "imóvel alheio" se equipara a "casa" nas figuras do *caput* e do inciso anterior, aqui, não há como se negar que se está a tratar de busca domiciliar, em casa na acepção constitucional. A Constituição Federal estabelece que o ingresso em domicílio alheio, via cumprimento de ordem judicial, deva acontecer durante o dia. Diante da falta de critério legal para se definir o que se entende por "dia", a doutrina estabeleceu dois critérios: (i) o cronológico, em que a expressão "dia" é o período das 06:00h às 18:00h, enquanto que o (ii) critério físico-astronômico estabelece que a expressão "durante o dia" compreende o período da alvorada ao crepúsculo, ou seja, de quando o dia clarear até escurecer, independente do horário.

Por cautela, há que se aplicar simultaneamente os dois critérios: "o ingresso com ordem judicial em domicílio deve dar-se no período compreendido entre as 6 horas da manhã e às 18 horas, *desde que* ainda esteja presente a claridade pela luz natural do sol (COIMBRA; STREIFINGER, 2014, p. 1077). Ou seja, adota-se um terceiro critério, um critério misto.

Surge então a questão se haveria agora um conceito legal de noite e, por oposição, de dia, a influenciar a interpretação constitucional e processual penal (comum ou militar).

A primeira interpretação é no sentido afirmativo, ou seja, o inciso III do § 1º do art. 22 da Lei de Abuso de Autoridade teria redefinido o conceito de noite e dia, devendo o intérprete seguir seus parâmetros para, por exemplo, condicionar a busca domiciliar. Não apenas isso, também haveria influência na definição da expressão "repouso noturno", encontrada, por exemplo, no art. 18 da própria Lei n. 13.869/2019.

Não acolhemos essa interpretação.

Ao definir um horário no inciso III do § 2º do art. 22, o legislador quis, de fato, definir o oposto de dia, portanto, noite, mas apenas para a caracterização do delito e não para redefinição de repouso noturno ou dia para tutela domiciliar constitucional e processual penal.

Em outros termos, há um elemento descritivo no tipo penal, fora do qual não há que se falar em crime de abuso de autoridade, por este dispositivo, sem que isto interfira na compreensão constitucional e processual penal, par afins de tutela mais ampla do direito individual.

Retomemos o exemplo trazido quando do comentário ao art. 18 da Lei de Abuso de Autoridade. Uma busca domiciliar realizada às 20:30, certamente, importará na produção de uma prova ilícita, sob o enfoque constitucional, já que a ordem judicial não foi cumprida durante o dia, mas o autor não responderá pelo delito do art. 22, § 1º, III da Lei de Abuso de Autoridade, por não haver preenchimento de elemento típico; já, se a busca domiciliar for às 23 horas, além da ilicitude da prova, a autoridade responderá por abuso de autoridade.

Infelizmente, foi nessa indução ao *quid pro quo* que nos colocou o legislador com o disposto neste inciso.

Consignados os principais elementos típicos do delito de abuso de autoridade do art. 22, resta saber se ele revogou ou não os crimes de violação de domicílio dos Códigos Penais.

Em relação do Código Penal comum, tem-se que não houve revogação do art. 150, uma vez que este artigo 22 da nova Lei de Abuso de Autoridade é específico para agentes públicos (crime próprio), ao passo que o artigo 150 do CP é crime comum, passível de ser cometido por qualquer pessoa que viole domicílio alheio (um vizinho que invada o domicílio do outro, por exemplo).

O que a Lei de Abuso de Autoridade fez, em seu art. 44, foi revogar expressamente o § 2º do artigo 150 do CP, que instituía uma causa de aumento de pena, na ordem de 1/3, se o crime fosse cometido por funcionário público.

Por outro veio, a tranquilidade que se tem no art. 150 do CP não repousa no art. 226 do CPM.

Comecemos pelo que dispõe Renee do Ó Souza (2020, p. 161):

> Conflito de normas com o art. 226 do Código Penal Militar: Tendo em vista a redação atual do art. 9º, II, do Código Penal, dada pela Lei 13.491/2017, os crimes praticados por militares previstos nesta Lei 13.869/2019 serão considerados crimes militares por extensão. Assim sendo, o crime do art. 226 do Código Penal Militar, que prevê violação de domicílio, deve ser considerado revogado pela nova figura do art. 22 da Lei 13.869/2019, ante a aplicação do critério cronológico.

Embora tenha o mérito de ser um dos primeiros a pensar sobre o assunto, como todas as vênias, discordamos do autor.

Assim como não houve revogação do art. 150 do CP, não houve do art. 226 do CPM, senão pela figura trazida pelo seu § 2º, que possuía uma causa especial de aumento de pena:

> § 2º Aumenta-se a pena de um terço, se o fato é cometido por militar em serviço ou por funcionário público civil, fora dos casos legais, ou com inobservância das formalidades prescritas em lei, ou com abuso de poder.

A figura do *caput*, entretanto, sobreviveu, para alcançar fatos que não sejam praticados por militar em serviço, atuando em seu mister constitucional.

Trabalhemos os exemplos para tornar mais clara nossa corrente.

Todas as vezes que o militar estiver em serviço, estará ele atuando como agente público, portanto, perfeitamente passível de ser alcançado pela Lei de Abuso de Autoridade. Nestes casos, a conduta de violação de domicílio será subsumida pelo art. 22, em todas as suas possibilidades, da Lei de Abuso de Autoridade, concluindo-se por tácita revogação – infelizmente ela ainda remanesce no descuido do legislador – do § 2º do art. 226 do CPM.

Por outro lado, perfeitamente possível haver a violação de domicílio, como crime militar, sem que se esteja no exercício da função (em serviço), como no caso do militar da ativa que, de folga, viole domicílio de outro militar da ativa, fato que será subsumido pelo art. 226 cc a alínea "a" do inciso II do art. 9º, ambos do Código Penal Militar. Bem verdade que a visão do Supremo Tribunal Federal e do Superior Tribunal de Justiça – este com maior oscilação – tem conduzido à interpretação de que a alínea "a" do inciso II do art. 9º não basta para a configuração do crime militar, mas esta não é a visão dos tribunais militares, de maneira que, ao menos em tese e até que haja decisão vinculante, o art. 226, com exceção de seu § 2º, sobreviveu à Lei de Abuso de Autoridade.

O § 2º do art. 22 traz as excludentes de ilicitude específicas para o delito, notadamente quando o ingresso no imóvel se der para prestar socorro, ou quando houver fundados indícios que indiquem a necessidade do ingresso em razão de situação de flagrante delito ou de desastre. Muito próximo da redação constitucional, tem-se a exclusão de crime nessas situações, inovando-se na expressão "fundados indícios" que, se não prevista expressamente poderia, na ocorrência, levar à discussão do erro, nas descriminantes putativas fáticas. Uma vez grafada na letra da lei, no entanto, permite-se a feição como excludente de ilicitude específica para este crime.

Sobre a possibilidade de aplicação da pena de multa na Justiça Militar, remetemos o leitor aos comentários ao art. 9º desta Lei.

Por fim, cumpre destacar o entendimento jurisprudencial acerca do ingresso da polícia em residências para efetuar prisões em flagrante delito, que é um dos permissivos constitucionais que excetuam a regra de que a casa é asilo inviolável.

O Pleno do STF, em julgamento presidido pelo Ministro Ricardo Lewandowski, em 05.11.2015, fixou a tese de repercussão geral 280, no âmbito do Recurso Extraordiário 603.616/RONDÔNIA, nos seguintes termos:

> A entrada forçada em domicílio sem mandado judicial só é lícita, mesmo em período noturno, quando amparada em fundadas razões, devidamente justificadas a posteriori, que indiquem que dentro da casa ocorre situação de flagrante delito, sob pena de responsabilidade disciplinar, civil e penal do agente ou da autoridade, e de nulidade dos atos praticados.

O controle judicial sobre as ações policiais pode ocorrer aprioristicamente, vale dizer, antes de se executar a operação policial, ocasião em que as autoridades policiais buscam, no Poder Judiciário, a expedição de mandado judicial de busca domiciliar. Pressupõe-se uma prévia investigação em que foram coletados elementos de que, no interior da residência há atividade criminosa, de modo que a polícia demonstra as fundadas razões, baseadas em justa causa, para a autorização judicial de ingresso, que deve ser cumprida durante o dia.

Nos casos de ingresso domiciliar decorrentes de flagrante delito, o controle judicial sobre a ação policial ocorre "a posteriori" e não servem para justificar a entrada forçada, a intuição policial, (tirocínio policial), nem denúncias anônimas e informações trazidas por informantes, dissociadas de rápidas diligências que possam trazer mais robustez de que no interior da casa está ocorrendo um caso de flagrante delito. Os policiais devem, portanto, a partir desses elementos informativos, lograr campanas, entrevistas com vizinhos e demais cautelas, registrando por meio de filmagens esses elementos coletados, a fim de justificar as fundadas razões de que era caso de flagrante delito.

O ingresso em domicílio, desprovido dessa breve investigação, cujo fito é constatar com maior robustez a atividade criminosa, cristalizando as fundadas razões de ingresso, mesmo nos casos de crimes permanentes, como os delitos de receptação na modalidade ocultar, do tráfico de drogas na modalidade armazenar e da posse ilegal de arma de fogo, não serão legitimados com a localização do objeto ilícito, trazendo ilegalidade à prisão e, por conseguinte, ilegalidade em relação ás provas colhidas e o que mais delas derivar. Para o STJ, o fato de uma pessoa correr para dentro de uma casa, após avistar a viatura policial em patrulhamento de rotina, sendo o local conhecido como ponto de traficância, e sendo ainda, localizadas drogas ilícitas após a ação policial, não configuram fundadas razões de que no imóvel ocorria situação flagrancial:

> RECURSO ESPECIAL. TRÁFICO DE DROGAS. FLAGRANTE. DOMICÍLIO COMO EXPRESSÃO DO DIREITO À INTIMIDADE. ASILO INVIOLÁVEL. EXCEÇÕES CONSTITUCIONAIS. INTERPRETAÇÃO RESTRITIVA. INVASÃO DE DOMICÍLIO PELA POLÍCIA. NECESSIDADE DE JUSTA CAUSA. NULIDADE DAS PROVAS OBTIDAS. TEORIA DOS FRUTOS DA ÁRVORE ENVENENADA. ABSOLVIÇÃO DO AGENTE. RECURSO NÃO PROVIDO. (...) O ingresso regular de domicílio alheio depende, para sua validade e regularidade, da existência de fundadas razões (justa causa) que sinalizem para a possibilidade de mitigação do direito fundamental em questão. É dizer, somente quando o contexto fático anterior à invasão permitir a conclusão acerca da ocorrência de crime no interior da residência é que se mostra possível sacrificar o direito à inviolabilidade do domicílio.
>
> (...) 6. A complexa e sofrida realidade social brasileira sujeita as forças policiais a situações de risco e à necessidade de tomada urgente de decisões no desempenho de suas relevantes funções, o que há de ser considerado quando, no conforto de seus gabinetes, realizamos os juízes o controle posterior das ações policiais. Mas, não se há de desconsiderar, por outra ótica, que ocasionalmente a ação policial submete pessoas a situações abusivas e arbitrárias, especialmente as que habitam comunidades socialmente vulneráveis e de baixa renda. 7. Se, por um lado, a dinâmica e a sofisticação do crime organizado exigem uma postura mais enérgica por parte do Estado, por outro, a coletividade, sobretudo a integrada por segmentos das camadas sociais mais precárias economicamente, também precisa sentir-se segura e ver preservados seus mínimos direitos e garantias constitucionais, em especial o de não ter a residência invadida, a qualquer hora do dia, por policiais, sem as cautelas devidas e sob a única justificativa, não amparada em elementos concretos de convicção, de que o local supostamente seria um ponto de tráfico de drogas, ou que o suspeito do tráfico ali se homiziou. 8. A ausência de justificativas e de elementos seguros a legitimar a ação dos agentes públicos, diante da discricionariedade policial na identificação de situações suspeitas relativas à ocorrência de tráfico de drogas, pode fragilizar e tornar írrito o direito à intimidade e à inviolabilidade domiciliar.
>
> (...) Na hipótese sob exame, o acusado estava em local supostamente conhecido como ponto de venda de drogas, quando, ao avistar a guarnição de policiais, refugiou-se dentro de sua casa, sendo certo que, após revista em seu domicílio, foram encontradas substâncias entorpecentes (18 pedras de crack). Havia, consoante se demonstrou, suspeitas vagas sobre eventual tráfico de drogas perpetrado pelo réu, em razão, única e exclusivamente, do local em que ele estava no momento em que policiais militares realizavam patrulhamento de rotina e em virtude de seu comportamento de correr para sua residência, conduta que pode explicar-se por diversos motivos, não necessariamente o de que o suspeito cometia, no momento, ação caracterizadora de mercancia ilícita de drogas. 12. A mera intuição acerca de eventual traficância praticada pelo recorrido, embora pudesse autorizar abordagem policial, em via pública, para averiguação, não configura, por si só, justa causa a autorizar o ingresso em seu domicílio, sem o consentimento do morador – que deve ser mínima e seguramente comprovado – e sem determinação judicial. 13. Ante a ausência de normatização que oriente e regule o ingresso em domicílio alheio, nas hipóteses excepcionais previstas no Texto Maior, há de se aceitar com muita reserva a usual afirmação – como ocorreu na espécie – de que o morador anuiu livremente ao ingresso dos policiais para a busca domiciliar, máxime

quando a diligência não é acompanhada de qualquer preocupação em documentar e tornar imune a dúvidas a voluntariedade do consentimento. 14. Em que pese eventual boa-fé dos policiais militares, não havia elementos objetivos, seguros e racionais, que justificassem a invasão de domicílio. Assim, como decorrência da Doutrina dos Frutos da Árvore Envenenada (ou venenosa, visto que decorre da fruits of the poisonous tree doctrine, de origem norte-americana), consagrada no art. 5º, LVI, da nossa Constituição da República, é nula a prova derivada de conduta ilícita - no caso, a apreensão, após invasão desautorizada do domicílio do recorrido, de 18 pedras de crack -, pois evidente o nexo causal entre uma e outra conduta, ou seja, entre a invasão de domicílio (permeada de ilicitude) e a apreensão de drogas. 15. Recurso especial não provido, para manter a absolvição do recorrido. (STJ - REsp: 1574681 RS 2015/0307602-3, Relator: Ministro ROGERIO SCHIETTI CRUZ, Data de Julgamento: 20/04/2017, T6 - SEXTA TURMA, Data de Publicação: DJe 30/05/2017) (g.n)

No HC n. 609.982/RS, o STJ explicita a necessidade de investigações prévias antes da polícia ingressar no domicílio, tornando inválidas as provas no caso concreto, mesmo com a constatação de que um dos ocupantes do imóvel, dispensou um revólver pela janela, ao avistar a polícia:

HABEAS CORPUS. POSSE ILEGAL DE ARMA DE FOGO. ILICITUDE DAS PROVAS. INVASÃO DE DOMICÍLIO. AUSÊNCIA DE INVESTIGAÇÕES PRÉVIAS E DE FUNDADAS RAZÕES. ILEGALIDADE. OCORRÊNCIA. HABEAS CORPUS CONCEDIDO. 1. Esta Corte Superior entende serem exigíveis fundamentos razoáveis da existência de crime permanente para justificarem o ingresso desautorizado na residência do agente. 2. Denúncias de origem não identificada, que por si não servem de qualquer modo como prova, e o seqüente ingresso imediato no domicílio, sem quaisquer diligências investigatórias adicionais prévias, não cumprem ao requisito de fundamentos razoáveis da existência de crime permanente dentro do domicílio. 3. In casu, os policiais entraram na casa, onde estavam quatro pessoas e uma delas (o acusado), ao ver a guarnição, foi para o quarto e jogou o revolver pela janela, ou seja, o paciente teria dispensado a arma de fogo pela janela após avistar os policiais dentro de sua residência. 4. Habeas corpus concedido para reconhecer a ilicitude da apreensão da arma de fogo, pela violação de domicílio, e, consequentemente, absolver o paciente DIEGO DIRCEU ROSA DOS SANTOS. (STJ – HC: 609982 RS 2020/0224783-0, Relator: Ministro NEFI CORDEIRO, Data de Julgamento: 15/12/2020, T6 – SEXTA TURMA, Data de Publicação: DJe 18/12/2020)

O Agravo interno no HC n. 566.818/RJ, com decisão publicada em 16/06/2020, traz o seguinte posicionamento do STJ, em relação ao uso de cão farejador para detecção de drogas ilícitas:

PENAL E PROCESSUAL PENAL. AGRAVO REGIMENTAL EM HABEAS CORPUS. TRÁFICO DE DROGAS. ASSOCIAÇÃO PARA O TRÁFICO. 131,6 G DE MACONHA, DISTRIBUÍDOS EM 27 TABLETES, COM A INSCRIÇÃO "A BRABA $10 CDD 15 CV", 3,9 G DE COCAÍNA, ACONDICIONADOS EM UM SACOLÉ, UM CADERNO COM ANOTAÇÕES SOBRE A MERCANCIA DE ENTORPECENTES E UMA BALANÇA DE PRECISÃO. ALEGAÇÃO DO MINISTÉRIO PÚBLICO DE SER DESNECESSÁRIO, NO CASO, O MANDADO JUDICIAL PARA ENTRADA NA RESIDÊNCIA, POR ESTAR CARACTERIZADO O FLAGRANTE DELITO DEVIDO À CARACTERIZAÇÃO DO CRIME PERMANENTE. DECISÃO QUE NÃO MERECE SER ALTERADA. 1. Os policiais estariam passando pela rua quando uma cadela conduzida pela guarnição policial constatou a presença de drogas e sinalizou em frente à residência do ora agravado. Então, não se tratou de algo que já estivesse sendo investigado pela polícia, no qual tenha ocorrido o flagrante delito, mas, sim, de apreensão de drogas feita de forma inesperada e sem o devido mandado judicial. 2. Agravo regimental improvido. (STJ – AgInt no HC: 566818 RJ 2020/0067785-0, Relator: Ministro SEBASTIÃO REIS JÚNIOR, Data de Julgamento: 16/06/2020, T6 – SEXTA TURMA, Data de Publicação: DJe 25/06/2020)

Em decisão proferida em 09/06/20, o STJ não considerou válida a entrada em residência, após a polícia empreender perseguição a veículo em fuga, cujo condutor desembarcou e buscou guarida na residência:

> PENAL E PROCESSUAL PENAL. AGRAVO REGIMENTAL EM HABEAS CORPUS. TRÁFICO DE DROGAS. 1.889,8 G, 1 SACO DE COCAÍNA, NA FORMA DE CRACK, PESANDO 1.650,3 G, 632 PAPELOTES DE COCAÍNA, NA FORMA DE CRACK, PESANDO 216,7 G, 91 COMPRIMIDOS DE ECSTASY, PESANDO 17,3 G, E 1 PAPELOTE DE 5,2 G DE MACONHA. PROVAS ILÍCITAS. AUSÊNCIA DE MANDADO PARA ENTRADA NA RESIDÊNCIA. AUSÊNCIA DE PRÉVIA INVESTIGAÇÃO OU MONITORAMENTO. INCONFORMISMO DO MINISTÉRIO PÚBLICO FEDERAL. 1. Não houve uma investigação prévia para que os policiais entrassem na residência do paciente, mas, sim, um patrulhamento de rotina no qual os policiais seguiram o veículo, por não ter esse parado, e adentraram no condomínio, sem nenhuma ordem judicial. Não havia nenhum monitoramento prévio por parte dos policiais. 2. Agravo regimental improvido. (STJ - AgRg no HC: 561360 SP 2020/0033987-2, Relator: Ministro SEBASTIÃO REIS JÚNIOR, Data de Julgamento: 09/06/2020, T6 - SEXTA TURMA, Data de Publicação: DJe 18/06/2020)

A justificativa da decisão supramencionada é a de que os policiais não fizeram uma investigação prévia, de que não houve monitoramento antecedente. Ocorre que tais atividades são afetas às polícias judiciárias (polícia federal e polícia civil), e não à polícia ostensiva, cuja atividade central é o patrulhamento preventivo nas ruas das cidades. Ora, se durante esse patrulhamento ostensivo de rotina, um veículo recusa a ordem de parada e se evade da abordagem policial, desembarcando o condutor e ingressando na residência, onde são localizadas drogas ilícitas, os fatos narrados não possuem objetividade e fundadas razões para o ingresso no domicílio?

Cremos que sim, até porque, constitucionalmente, cabe às polícias militares, a preservação da ordem pública por meio da polícia ostensiva, que possui como uma das atividades, o patrulhamento ostensivo-preventivo. A constatação de situações flagranciais pode decorrer não apenas de monitoramento prévio e de investigações, mas também, quando o policial militar se depara com o crime acontecendo, devendo agir de ofício para o restabelecimento da ordem rompida (repressão imediata).

A decisão acima mencionada baseia-se nas previsões do Código de Processo Penal, que regula a ação policial a partir da ocorrência do delito, não levando em conta as questões de segurança pública, que envolvem a prevenção criminal e o policiamento ostensivo, atividade regida pelo direito administrativo.

Em 06/04/2021, a Quinta Turma do STJ unificou o entendimento com a Sexta Turma, de que o ingresso em domicílio mediante consentimento do morador, deve ser provado pela polícia, por meio de registro por escrito e por gravação audiovisual, devendo o Estado, no prazo de um ano, aparelhar seus agentes com câmeras e treinamento:

> PROCESSO PENAL. HABEAS CORPUS SUBSTITUTIVO DE RECURSO PRÓPRIO. INADEQUAÇÃO. TRÁFICO DE DROGAS. BUSCA DOMICILIAR SEM MANDADO JUDICIAL. CONSEN-

TIMENTO DO MORADOR. VERSÃO NEGADA PELA DEFESA. IN DUBIO PRO REO. PROVA ILÍCITA. NOVO ENTENDIMENTO SOBRE O TEMA HC 598.051/SP. VALIDADE DA AUTORIZAÇÃO DO MORADOR DEPENDE DE PROVA ESCRITA E GRAVAÇÃO AMBIENTAL. WRIT NÃO CONHECIDO. MANIFESTA ILEGALIDADE VERIFICADA. ORDEM CONCEDIDA DE OFÍCIO. 1. Esta Corte – HC 535.063/SP, Terceira Seção, Rel. Ministro Sebastião Reis Junior, julgado em 10/6/2020 – e o Supremo Tribunal Federal – AgRg no HC 180.365, Primeira Turma, Rel. Min. Rosa Weber, julgado em 27/3/2020; AgR no HC 147.210, Segunda Turma, Rel. Min. Edson Fachin, julgado em 30/10/2018 –, pacificaram orientação no sentido de que não cabe habeas corpus substitutivo do recurso legalmente previsto para a hipótese, impondo-se o não conhecimento da impetração, salvo quando constatada a existência de flagrante ilegalidade no ato judicial impugnado. 2. A Constituição Federal, no art. 5º, inciso XI, estabelece que "a casa é asilo inviolável do indivíduo, ninguém nela podendo penetrar sem consentimento do morador, salvo em caso de flagrante delito ou desastre, ou para prestar socorro, ou, durante o dia, por determinação judicial". 3. Em recente julgamento no HC 598.051/SP, a Sexta Turma, em voto de relatoria do Ministro Rogério Schietti – amparado em julgados estrangeiros –, decidiu que o consentimento do morador para a entrada dos policiais no imóvel será válido apenas se documentado por escrito e, ainda, for registrado em gravação audiovisual. 4. O eminente Relator entendeu ser imprescindível ao Judiciário, na falta de norma específica sobre o tema, proteger, contra o possível arbítrio de agentes estatais, o cidadão, sobretudo aquele morador das periferias dos grandes centros urbanos, onde rotineiramente há notícias de violação a direitos fundamentais. 5. Na hipótese em apreço, consta que o paciente e a corré, em razão de uma denúncia anônima de tráfico de drogas, foram abordados em via pública e submetidos a revista pessoal, não tendo sido nada encontrado com eles. Na sequência, foram conduzidos à residência do paciente, que teria franqueado a entrada dos policiais no imóvel. Todavia, a defesa afirma que não houve consentimento do morador e, na verdade, ele e sua namorada foram levados à força, algemados e sob coação, para dentro da casa, onde foram recolhidos os entorpecentes (110g de cocaína e 43g de maconha). 6. Como destacado no acórdão paradigma, "Essa relevante dúvida não pode, dadas as circunstâncias concretas – avaliadas por qualquer pessoa isenta e com base na experiência quotidiana do que ocorre nos centros urbanos - ser dirimida a favor do Estado, mas a favor do titular do direito atingido (in dubio libertas). Em verdade, caberia aos agentes que atuam em nome do Estado demonstrar, de modo inequívoco, que o consentimento do morador foi livremente prestado, ou que, na espécie, havia em curso na residência uma clara situação de comércio espúrio de droga, a autorizar, pois, o ingresso domiciliar mesmo sem consentimento do morador." 7. Na falta de comprovação de que o consentimento do morador foi voluntário e livre de qualquer coação e intimidação, impõe-se o reconhecimento da ilegalidade na busca domiciliar e consequentemente de toda a prova dela decorrente (fruits of the poisonous tree). 8. Vale anotar que a Sexta Turma estabeleceu o prazo de um ano para o aparelhamento das polícias, o treinamento dos agentes e demais providências necessárias para evitar futuras situações de ilicitude que possam, entre outros efeitos, resultar em responsabilização administrativa, civil e penal dos policiais, além da anulação das provas colhidas nas investigações. 9. Fixou, ainda, as seguintes diretrizes para o ingresso regular e válido no domicílio alheio, que transcrevo a seguir: "1. Na hipótese de suspeita de crime em flagrante, exige-se, em termos de standard probatório para ingresso no domicílio do suspeito sem mandado judicial, a existência de fundadas razões (justa causa), aferidas de modo objetivo e devidamente justificadas, de maneira a indicar que dentro da casa ocorre situação de flagrante delito. 2. O tráfico ilícito de entorpecentes, em que pese ser classificado como crime de natureza permanente, nem sempre autoriza a entrada sem mandado no domicílio onde supostamente se encontra a droga. Apenas será permitido o ingresso em situações de urgência, quando se concluir que do atraso decorrente da obtenção de mandado judicial se possa objetiva e concretamente inferir que a prova do crime (ou a própria droga) será destruída ou ocultada. 3. O consentimento do morador, para validar o ingresso de agentes estatais em sua casa e a busca e apreensão de objetos relacionados ao crime, precisa ser voluntário e livre de qualquer tipo de constrangimento ou coação. 4. A prova da legalidade e da voluntariedade do consentimento para o ingresso na residência do suspeito incumbe, em caso de dúvida, ao Estado, e deve ser feita com declaração assinada pela pessoa que autorizou o ingresso domiciliar, indicando-se, sempre que possível, testemunhas do ato. Em todo caso, a operação deve ser registrada em áudio-vídeo e preservada tal prova enquanto durar o processo. 5. A violação a essas regras e condições legais e constitucionais para o ingresso no domicílio alheio resulta na ilicitude das provas obtidas em decorrência da medida, bem como das demais provas que dela decorrerem em relação de causalidade, sem prejuízo de eventual responsabilização penal do (s) agente (s) público (s) que tenha (m) realizado a diligência." 10. Habeas corpus não conhecido. Ordem, concedida, de ofício, para declarar a invalidade das provas obtidas mediante violação domiciliar, e todas as dela decorrentes, na AP n. 132/2.20.0001682-3. Expeçam-se, também, alvará de soltura em benefício do paciente e, nos termos do art. 580 do CPP, da corré. (STJ – HC: 616584 RS 2020/0257456-0, Relator: Ministro RIBEIRO DANTAS, Data de Julgamento: 30/03/2021, T5 - QUINTA TURMA, Data de Publicação: DJe 06/04/2021)

Em 06/10/2021, ao julgar o HC n. 561.988 – PR, o STJ anulou as provas colhidas pelo ingresso da polícia, em domicílio onde funcionava uma estufa para plantação de maconha, por que o acesso ao local se deu pela casa de uma vizinha, sem a comprovação de seu consentimento, sendo ilegal esse acesso, o que contaminou a localização das plantas que contém a substância entorpecente *Cannabis Sativa*, em razão da teoria dos frutos da árvore envenenada. A decisão, citou ainda, que era possível buscar no Poder Judiciário, a autorização para ingresso e busca domiciliar, uma vez que não havia urgência para a execução da prisão.

Tal decisão demonstra uma tendência no STJ, para tornar o ingresso de policiais em domicílio, mesmo havendo situação de flagrante delito, como uma reserva de jurisdição, apesar do texto constitucional.

– Elemento Subjetivo:

O elemento subjetivo deste delito é o dolo direto de invadir, adentrar ou permanecer em domicílio alheio, ciente que o faz desamparado das situações autorizativas.

Deve-se aliar, a esse elemento subjetivo do tipo penal, alguma das cinco finalidades específicas de (i) prejudicar outrem ou (ii) beneficiar a si mesmo ou (iii) a terceiro, ou, ainda, (iv) por mero capricho ou (v) satisfação pessoal, constantes do § 1º do artigo primeiro da Lei de Abuso de Autoridade, para satisfazer a tipicidade da conduta.

– Consumação e tentativa:

O crime se consuma com a realização dos verbos nucleares, no *caput*, ou seja, com a invasão, o ingresso ("adentrar") ou com a permanência desautorizada, clandestina ou exitosa com base em um engodo.

Destaca-se que na modalidade permanecer, o crime é permanente e é impossível a tentativa, mesmo porque trata-se de comportamento omissivo. Nas outras é instantâneo, admitindo-se a tentativa, como no caso em que o agente público força a entrada no imóvel, mas é impedido por terceiros, o que configura a circunstancia alheia à vontade do servidor.

Na figura do inciso I do § 1º tem-se a consumação no momento em que há a coação, independentemente de haver a franquia de ingresso ou mesmo de ingresso (crime formal). Discorda desse posicionamento Renato Brasileiro de Lima, para quem a consumação se dá, também, no momento do ingresso (**Nova lei...**, 2020, p. 232). Possível, em tese, a tentativa, por exemplo, no emprego da violência.

No caso do inciso III, a consumação se dá com o ingresso no horário estipulado pela Lei, admitindo-se a tentativa.

Imagine-se que o agente público força a entrada no imóvel, mas os ocupantes resistem bloqueando a porta, o que configura a circunstancia alheia à vontade do servidor. Na modalidade "permanecer" também admite a tentativa, quando um superior chega ao local e determina a saída do agente público ou, quando o ocupante do imóvel resiste e o retira do local.

– Tipicidade indireta:

Os crimes militares do artigo 22 da Lei de Abuso de Autoridade devem, atendendo à dupla tipificação, encontrar complemento no artigo 9º, inciso II, alínea "e" do CPM: "por militar em situação de atividade, ou assemelhado, contra o patrimônio sob a administração militar, ou a ordem administrativa militar".

– Relação com a revogada lei de Abuso de Autoridade (Lei n. 4.898/65):

Em virtude do princípio da continuidade normativa-típica, o tipo penal constante do artigo 22 *caput* da nova Lei de Abuso de Autoridade, mantém intactos os efeitos produzidos pelo crimes da Lei n. 4.898/65, constante do artigo 3º, alínea "b":

> "Art. 3º. Constitui abuso de autoridade qualquer atentado:
>
> (...)
>
> b) à inviolabilidade do domicílio."

2.8.9.5.13. Art. 23

> **Art. 23.** Inovar artificiosamente, no curso de diligência, de investigação ou de processo, o estado de lugar, de coisa ou de pessoa, com o fim de eximir-se de responsabilidade ou de responsabilizar criminalmente alguém ou agravar-lhe a responsabilidade:
>
> Pena – detenção, de 1 (um) a 4 (quatro) anos, e multa.
>
> Parágrafo único. Incorre na mesma pena quem pratica a conduta com o intuito de:
>
> I – eximir-se de responsabilidade civil ou administrativa por excesso praticado no curso de diligência;
>
> II – omitir dados ou informações ou divulgar dados ou informações incompletas para desviar o curso da investigação, da diligência ou do processo.

- Ob Mas o tipo possui largura ainda maior **jetividade Jurídica:**

Protege-se a lisura das investigações e da instrução processual, levadas a efeito pela administração pública e pela justiça (comum ou militar), respectivamente. A razão de ser do inquérito e do processo é a busca da reprodução, por elementos informativos e provas, do que ocorreu na relação jurídica de direito material, a pretensa verdade real, que não pode ser aviltada pelos próprios servidores responsáveis em desvendá-la.

- Sujeito Ativo:

Pode figurar como sujeito ativo deste delito os agentes públicos responsáveis pela persecução de ilícitos, o que leva à maior preponderância dos agentes policiais e membros do Ministério Público que desenvolvem *diligências e investigações,* bem como magistrados caso as inovações ocorram no curso do processo.

Impõe-se lembrar que o direito à não se incriminar (*nemo tenetur se detegere*), encontrado expressamente no art. 296, § 2º do CPPM, impõe-se como um escudo diante dos órgãos de persecução para evitar a exigência de um comportamento forçado de produção de prova (auto) incriminadora, mas não pode, como nenhum direito fundamental, ser utilizado como autorização para a prática delitiva, de outra infração penal. Em suma, o agente público tem o direito de não produzir prova que o incrimine, mas não o direito de cometer infração penal para encobrir delito (ou ilícito) anterior.

- Sujeito Passivo:

O sujeito passivo imediato, na nossa compreensão, é o Estado, afetado por sua Administração Pública ou Administração da Justiça, a depender em qual fase ocorreu o delito.

O sujeito passivo mediato, quando há a intenção de prejudicar terceiro por sua incriminação ou pelo agravamento de sua situação no foco da persecução criminal, é o investigado ou o réu que, no curso do inquérito ou na fase processual, suporta a injustiça de ter provas adulteradas em seu desfavor.

- Elementos Objetivos:

Tem-se, aqui, a fraude processual específica, perpetrada por agente público.

O verbo "inovar", núcleo do tipo, significa qualquer alteração, modificação, introdução ou retirada de elementos, o que se faz em local de crime, em objetos do crime ou em pessoa relacionada ao crime (objetos do delito).

"Artificiosamente", pressupõe o ardil, o engodo, a enganação, clandestinidade etc., como é feita a inovação, claro, devendo ser apta a levar quem se utiliza da prova ou do elemento de informação ao erro, sob pena de a inidoneidade conduzir ao crime impossível.

O ambiente em que a conduta se desenvolve é no curso de diligência, de investigação ou de processo, na forma do *caput*, não importando se de natureza penal ou não. Quando o dispositivo grafa a expressão "responsabilizar criminalmente", refere-se à intenção do agente e não ao meio em que a conduta é perpetrada. É possível, por exemplo, a inovação em procedimento (ou processo) administrativo que seja apta a incriminar alguém, ainda que o feito apure infração administrativa.

"Diligência", no contexto deste tipo penal, refere-se aos procedimentos de campo, encetados por agentes públicos com essa atribuição, a exemplo dos policiais, dos oficiais de justiça etc., que visam coletar informações, localizar endereços, pessoas e elementos informativos.

A expressão "diligência", em adição, possui grande abrangência, não importando se requerida pelas partes ou ordenada por autoridade policial, o que permite, em nossa compreensão, enquadrar também os atos de repressão a cargo da polícia ostensiva e de segurança pública. Imagine-se que um policial, pensando que o abordado estivesse armado, efetua disparos e depois descobre que o volume na sua cintura era uma carteira; em vez de apresentar a ocorrência do modo como realmente se desenvolveu, onde incidiria o erro de fato (art. 36 do CPM), na forma de descriminantes putativas, o policial prefere colocar uma arma de fogo raspada na mão da vítima, com o intuito de não ser responsabilizado; neste caso, haveria subsunção da conduta ao tipo estudado. Em outro exemplo, tome-se o policial militar que mistura bicarbonato de sódio à cocaína apreendida, a fim de encorpar a quantidade de droga e elevar o crime cometido de porte de drogas para tráfico de drogas, agravando a responsabilidade da pessoa flagrada com a substancia entorpecente; novamente, haveria subsunção.

"Investigação" é o conjunto de ações que visam elucidar um ilícito, com o fito de obter provas de autoria e de materialidade, inclusive, como acima suscitado, podendo ser de cunho administrativo, a exemplo das investigações no contexto de produtos controlados. Nessa linha, de forma clara deflagram Rogério Sanches Cunha e Rogério Greco (2020, p 223):

> A *investigação*, por sua vez, diz respeito à fase pré-processual. Embora quando pensamos em investigação seja natural que façamos uma ligação direta com a prática de alguma infração penal, o art. 23 *sun examen* não a distingue, podendo, inclusive, ocorrer uma investigação por parte de outro órgão, que não a polícia judiciária, com o fim de propor ação de outra natureza, que não seja a penal. A título de exemplo, podemos citar as investigações levadas a efeito pelo Ministério Público, no âmbito de um inquérito civil público, ou de qualquer outro órgão, de cunho correcional. Da mesma forma que no inquérito policial, poderá se cogitar em abuso de autoridade caso ocorra, *v.g.*, uma inovação artificiosa, conforme apontado pelo *caput* do mencionado art. 23.

"Processo" é a relação jurídica estabelecida entre autor, réu e juiz imparcial, permeada pelo exercício da ampla defesa e contraditório, buscando a solução da lide. No âmbito penal, na nossa compreensão, marca seu início o recebimento da peça inaugural, a exemplo do que dispõe o art. 35 do Código de Processo Penal Militar, embora haja a compreensão que já com a propositura da exordial haveria o início do processo (CUNHA; GRECO, 2020, p. 224). Claro, a conduta, a exemplo do que ocorre com "diligência" e "investigação" pode se dar também em processos de cunho não criminal e não judicial, a exemplo dos processos administrativos.

"Estado de lugar" trata-se do local de crime, que deve ser preservado até que a perícia seja realizada. No tipo penal em comento, o local de crime pode ser inovado artificiosamente de diversas formas, como por exemplo, a limpeza de manchas de sangue, mudança de local de mobiliário para esconder marcas de tiro, danificação de fechaduras, colocação de marcas de pegada utilizando sapato do suspeito.

Importante lembrar que há uma obrigação do agente público, hoje já positivada em nosso ordenamento, de inaugurar a cadeia de custódia justamente pela preservação do ambiente onde ocorreu o fato. Referimo-nos ao art. 158-A do Código de Processo Penal, inovação da Lei n. 13.964/2019, que assim dispõe:

> Art. 158-A. Considera-se cadeia de custódia o conjunto de todos os procedimentos utilizados para manter e documentar a história cronológica do vestígio coletado em locais ou em vítimas de crimes, para rastrear sua posse e manuseio a partir de seu reconhecimento até o descarte.
>
> § 1º O início da cadeia de custódia dá-se com a preservação do local de crime ou com procedimentos policiais ou periciais nos quais seja detectada a existência de vestígio.
>
> § 2º O agente público que reconhecer um elemento como de potencial interesse para a produção da prova pericial fica responsável por sua preservação. (...)

Não temos dúvidas, é preciso que se consigne, de que o dispositivo do Código de Processo Penal comum é aplicável ao Direito Castrense, diante do que dispõe a alínea "a" do art. 3º do Código de Processo Penal Militar. Nesse contexto, claramente, o dispositivo encerra a obrigação de, em se reconhecendo um local de crime (comum ou militar), haver a preservação do ambiente com isolamento e restrição de acesso. Negando esse dever, na prática do delito de abuso de autoridade em estudo, o agente não só não preserva, mas inova o local com elementos originariamente não existentes – ou existentes e suprimidos – com o fim específico ditado no tipo penal incriminador.

O mesmo ocorre em relação ao "estado de coisa", elemento normativo em que se deverá aferir se a conduta alterou os objetos apreendidos que podem ser submetidos à perícia (objetos, em sentido estrito, ou instrumentos do crime), o que pode ocorrer no local do crime ou na custódia desse objeto, como, por exemplo, colocação de digitais em copos, armas e outros objetos, a troca de cano de armamento etc. Mas a expressão vai além. Ao não se referir expressamente aos instrumentos e objetos do delito, permite a subsunção quando se altera outras fontes, a exemplo da manipulação de imagens gravadas de circuito de videomonitoramento, manipulação de dados em computadores etc.

As inovações em "estado de pessoa", por fim, são modificações feitas em pessoas, especialmente nas vítimas e nos autores, como por exemplo, o uso de maquiagem para esconder marcas de contusão, a autolesão de um servidor público que alega ter sido agredido, a retirada de projétil de arma de fogo do corpo de pessoa baleada etc.

Os incisos I e II do parágrafo único trazem hipóteses equiparadas (casos assimilados). No inciso I o agente público pratica as condutas para mascarar excessos praticados no curso da diligência, mas esses excessos não configuram crime e sim ilícitos que podem ser alcançados pela responsabilização civil ou administrativa. Exemplificativamente, é possível que o agente, policial militar, em uma diligência tenha desviado o itinerário para solucionar uma questão pessoal, conduta ilícita que, não necessariamente, configura crime; neste contexto, para não sofrer repressão disciplinar, vai até uma oficina mecânica para adulterar o odômetro da viatura pertencente à administração militar.

No inciso II, equipara-se à conduta do *caput* o ato de negar informações e desviar o curso da diligência, da investigação ou do processo, pela omissão de dados ou pela prestação de informações incompletas, ou seja, o agente público, neste caso, trabalha a informação prestada, com o fim de desviar a persecução do ilícito de seu caminho adequado, como no caso de omitir como resultado de diligência que encontrou uma testemunha crucial.

Deve-se frisar que este delito não revogou o art. 347 do CP, que pode ser praticado por qualquer pessoa. Assim, quando uma fraude processual é praticada por agente público, no bojo dos ambientes citados e com os fins enumerados no art. 23, caput e seu parágrafo único, haverá o abuso de autoridade; praticado por particular, com o fim de induzir a erro o juiz ou o perito, haverá subsunção no art. 347 do CP.

Resumidamente, teríamos:

	FRAUDE PROCESSUAL **Art. 347 do CP**	**ABUSO DE AUTORIDADE** **Art. 23 da Lei 13.869/19**
Núcleo do tipo	Inovar artificiosamente o estado de lugar, de coisa ou de pessoa	Inovar artificiosamente o estado de lugar, de coisa ou de pessoa
Sujeito Ativo	Qualquer pessoa	Agente Público
Dolo específico	Induzir a erro o juiz ou o perito	Eximir-se de responsabilidade Responsabilizar criminalmente alguém ou agravar-lhe a responsabilidade. Desviar o foco da investigação

No caso de a fraude processual incorporar delito mais grave, como o caso da ocultação de cadáver (art. 211 do CP), há o entendimento pela subsidiariedade do delito de abuso de autoridade (LIMA. **Nova lei...**, 2020, p. 237).

Sobre a possibilidade de aplicação da pena de multa na Justiça Militar, remetemos o leitor aos comentários ao art. 9º desta Lei.

– Elemento Subjetivo:

O tipo penal em estudo é todo permeado por modalidades dolosas (elementos subjetivos especiais do tipo).

No *caput*, a inovação artificiosa se direciona para "eximir-se de responsabilidade" ou para "responsabilizar criminalmente alguém ou agravar-lhe a responsabilidade". No inciso I, há o dolo voltado à isenção de responsabilidade, mas agora, especificamente dirigida para se desonerar das responsabilidades civil (reparação por danos materiais e morais) e administrativa (sanções disciplinares), por conta de excessos praticados na diligência. No inciso II, finalmente, o dolo é o de desviar o curso da investigação, da diligência ou do processo, por meio do da omissão de informações, seja não divulgando aquilo que sabe ou divulgando de forma incompleta aquilo que descobriu, o que inevitavelmente levará à responsabilização de outra pessoa que não o criminoso investigado, ou conduzirá ao arquivamento do caso por insuficiência de provas.

Além desses elementos subjetivos específicos, deve-se aliar ainda, alguma das cinco finalidades específicas de (i) prejudicar outrem ou (ii) beneficiar a si mesmo ou (iii) a terceiro, ou, ainda, (iv) por mero capricho ou (v) satisfação pessoal, constantes do § 1º do artigo primeiro da Lei de Abuso de Autoridade, para satisfazer a tipicidade da conduta.

A inovação artificiosa culposa é fato atípico, configurando falta funcional.

– Consumação e tentativa:

Trata-se de crime formal. A lei estabelece uma conduta e prevê um resultado lesivo, o qual não precisa acontecer para que ocorra a consumação. Assim, basta inovar artificiosamente o estado de pessoa, coisa ou lugar, que o crime está consumado, ainda que o agente público não consiga se eximir da responsabilidade, ainda que não consiga desviar o foco da investigação, ainda que não consiga escamotear os excessos que praticou nas diligências ou agravar a situação persecutória criminal de terceiro.

Como crime plurissubsistente, admite-se a tentativa.

– Tipicidade indireta:

Os crimes do artigo 23 da Lei de Abuso de Autoridade, para se caracterizarem como militares, devem, atendendo à tipicidade indireta, encontrar complemento no art. 9º, inciso II, alínea "e" do CPM: "por militar em situação de atividade, ou assemelhado, contra o patrimônio sob a administração militar, ou a ordem administrativa militar".

– Relação com a revogada lei de Abuso de Autoridade (Lei n. 4.898/65):

O tipo penal contido no artigo 23 da nova Lei de Abuso de Autoridade constitui-se em *novatio legis* incriminadora.

2.8.9.5.14. Art. 24

> **Art. 24.** Constranger, sob violência ou grave ameaça, funcionário ou empregado de instituição hospitalar pública ou privada a admitir para tratamento pessoa cujo óbito já tenha ocorrido, com o fim de alterar local ou momento de crime, prejudicando sua apuração:
>
> Pena – detenção, de 1 (um) a 4 (quatro) anos, e multa, além da pena correspondente à violência.

– Objetividade Jurídica:

Protege-se, como no delito anterior, a administração pública e, ao fim, a administração da justiça, seu regular funcionamento pela exigível dignidade no exercício da função pública.

– Sujeito Ativo:

Qualquer agente público pode ser o sujeito ativo deste delito, havendo maior probabilidade no caso de agentes policiais, uma vez que, na atividade de polícia ostensiva ou de polícia judiciária, pode ocorrer o evento morte, ocasião em que o local deverá ser preservado.

Impõe-se lembrar, também aqui, que o direito a não se incriminar (*nemo tenetur se detegere*), encontrado expressamente no art. 296, § 2º do CPPM, impõe-se como um escudo diante dos órgãos de persecução para evitar a exigência de um comportamento forçado de produção de prova (auto) incriminadora, mas não pode, como nenhum direito fundamental, ser utilizado como autorização para a prática delitiva, de outra infração penal. Em suma, o agente público tem o direito de não produzir prova que o incrimine, mas não o direito de cometer infração penal para encobrir delito (ou ilícito) anterior.

– Sujeito Passivo:

O sujeito passivo imediato é o Estado por sua administração pública ou da justiça, uma vez que o agente público que atua em seu nome tem o dever de probidade e lealdade, devendo atuar para que a verdade dos fatos prevaleça.

Sujeito passivo mediato é o funcionário ou empregado de hospital, seja da rede pública ou particular. A lei não especificou que o funcionário do hospital deva ser médico ou enfermeiro, admitindo que o constrangimento se dirija ao administrador do hospital, por exemplo, para que interfira na triagem do atendimento e faça constar que a vítima ainda possui sinais vitais, encaminhando-a ao atendimento por profissional de saúde.

Trata-se de crime próprio no polo passivo, pois o constrangimento deve se dirigir a funcionário de hospital.

– Elementos Objetivos:

O núcleo do tipo penal é "constranger", o que significa forçar, obrigar, subjugar, obrigar alguém a fazer aquilo que ele não deseja realizar.

O constrangimento, ademais, deve ocorrer pelo uso da violência ou mediante a grave ameaça. "Violência", no sentido que lhe dá o tipo penal, trata-se da *vis corporalis* ou *vis physica*, ou seja, a violência física, podendo ser caracterizada por ação, por exemplo, desferindo golpes no funcionário para que receba o corpo, já sem vida, para "tratamento hospitalar", ou por omissão, por exemplo, privando o funcionário de água, com o mesmo intuito. Não se exige que a violência seja resistível – aliás, nem sequer se exige que ele tente resistir, elemento estranho ao tipo penal.

A "ameaça", como exige o próprio tipo, deve ser "grave", ou seja, uma promessa de mal futuro apta a causar temor no funcionário, ou, ainda, em pessoa que lhe é cara, uma violência moral (*vis compulsiva*). Pode consistir em ameaça oral, escrita, gestual etc. Não se exige, por outro lado, que o mal versado na ameaça seja injusto. Também não se exige que a ameaça configure coação irresistível – aliás, nem sequer se exige que se tente resistir –, já que se trata, também, de elemento estranho ao tipo penal em estudo. Basta, assim que a grave ameaça seja idônea a causar medo no preso ou detento, ainda que resistível e/ou justa.

"Funcionário", na acepção do tipo, pressupõe que seja funcionário público de instituição hospitalar, em regime jurídico próprio, enquanto "empregado" se refere a pessoa que submetida ao regime trabalhista da Consolidação das Leis do Trabalho.

O funcionário ou empregado deve ser de "instituição hospitalar", expressão genérica que alcança não apenas os hospitais, mas também clínicas com possibilidade de prover tratamentos. Essa instituição, ademais, pode ser "pública" ou "privada", ou seja, pertencente à administração direta, indireta ou mesmo particular.

A admissão para "tratamento", pressupõe, no caso do tipo, que a "pessoa" levada ao hospital já tenha seu óbito constatado e, fictamente, careça de qualquer medida curativa, obviamente, impossível na situação.

Eis aqui um problema pragmático que não se sabe como a jurisprudência irá contornar.

O tipo penal grafa "pessoa cujo óbito já tenha ocorrido", constituindo-se em elemento normativo em que o aplicador da norma deverá constatar que o sujeito ativo do delito em estudo tem capacidade técnica para constatar óbito no local da morte, efetivamente o constatou, mas, mesmo assim, em vez de preservar o local inaugurando a cadeia de custódia com a preservação do estado de coisas e pessoas, ardilosamente providencia a retirada do corpo para pretenso socorro em instituição hospitalar.

A dificuldade está exatamente na detecção do dolo com o elemento cognitivo antecedente, pois, em regra, a artimanha que o crime deseja evitar se dá logo após o evento morte. Em outros termos, querendo prover o engodo para prejudicar a apuração de um crime de homicídio, o agente público – mormente o que primeiro está na cena do crime, como policiais civis e militares, guardas civis, militares das Forças Armadas etc. –, como regra, não promove a remoção do corpo com sinais já avançados de morte (rigidez cadavérica, por exemplo), sempre sendo possível a alegação de que a constatação do óbito efetivo se constituía em matéria alheia às suas atribuições.

Só no caso concreto é que se poderá verificar se há os elementos cognitivo e volitivo do dolo, sem o que restará a responsabilização apenas pelo emprego da violência ou grave ameaça.

Em comparação ao delito anterior, do art. 23 da Lei de abuso de autoridade, tem-se elementos mais específicos que lhe dão prevalência em eventual conflito aparente, a saber, o emprego de violência ou grave ameaça e o constrangimento por esses meios de funcionário ou empregado de instituição hospitalar.

Acerca da pena, além da correspondente ao crime de abuso de autoridade, incidirá a pena afeta à violência, como se extrai do preceito secundário. Sobre a possibilidade de aplicação da pena de multa na Justiça Militar, remetemos o leitor aos comentários ao art. 9º desta Lei.

– Elemento Subjetivo:

É o dolo, com o especial fim de alterar local ou o momento de crime e, com isso, prejudicar a apuração do delito (elemento subjetivo especial do tipo). Claro, como já ressaltado acima, para a detecção do dolo no caso concreto, será necessário demonstrar que o agente já conhecia no local a ocorrência do óbito e, mesmo assim, com o fim de atrapalhar a apuração, promoveu a retirada do corpo do local de crime.

Deve-se aliar, a esse elemento subjetivo do tipo penal, alguma das cinco finalidades específicas de (i) prejudicar outrem ou (ii) beneficiar a si mesmo ou (iii) a terceiro, ou, ainda, (iv) por mero capricho ou (v) satisfação pessoal, constantes do § 1º do artigo primeiro da Lei de Abuso de Autoridade, para satisfazer a tipicidade da conduta.

– Consumação e tentativa:

Trata-se de crime formal, pois, apesar de o tipo penal prever os resultados lesivos referentes à alteração do local ou do momento do crime, bem como do prejuízo que tais procedimentos acarretam na investigação, o crime alcança a consumação com o constrangimento dirigido ao funcionário do hospital, independentemente de que tais danos venham a acontecer. Também não se exige admissão para o "tratamento", embora sustente o oposto Renato Brasileiro de Lima (**Nova Lei...**, 2020, p. 243).

Admissível a tentativa em função de ser crime plurissubsistente.

– Tipicidade indireta:

O crime militar do artigo 24 da Lei de Abuso de Autoridade deve, atendendo à tipicidade indireta, encontrar complemento no artigo 9º, inciso II, alínea "e" do CPM: "por militar em situação de atividade, ou assemelhado, contra o patrimônio sob a administração militar, ou a ordem administrativa militar".

– Relação com a revogada lei de Abuso de Autoridade (Lei n. 4.898/65):

O tipo penal contido no artigo 24 da nova Lei de Abuso de Autoridade constitui-se em *novatio legis* incriminadora.

2.8.9.5.15. Art. 25

> **Art. 25.** Proceder à obtenção de prova, em procedimento de investigação ou fiscalização, por meio manifestamente ilícito:
>
> Pena – detenção, de 1 (um) a 4 (quatro) anos, e multa.
>
> Parágrafo único. Incorre na mesma pena quem faz uso de prova, em desfavor do investigado ou fiscalizado, com prévio conhecimento de sua ilicitude.

– Objetividade Jurídica:

Tutela-se o regular funcionamento da administração pública (comum e militar), com a preservação da dignidade do exercício do cargo.

– Sujeito Ativo:

O sujeito ativo do delito é o agente público cuja função seja identificação e obtenção de elementos de informação ou probatórios, não apenas em investigações (policiais militares, civis, federais, rodoviários federais, membros do Ministério Público), mas também em fiscalizações (agentes de vigilância sanitária, de fiscalização de produtos controlados etc.).

– Sujeito Passivo:

O sujeito passivo imediato é o Estado, por sua administração pública (comum ou militar), que sofrerá com a prova obtida por meio ilícito, uma vez que será anulada e contaminará as demais provas que delas sejam derivadas.

Além de ferir o princípio da legalidade e da moralidade, atinge ainda o princípio da eficiência, uma vez que o tempo e os esforços empreendidos pelo agente público na investigação ou fiscalização serão inócuos, em face da ilicitude das provas colhidas.

O sujeito passivo mediato é a pessoa natural ou jurídica que sofre com a prova obtida ilicitamente, em evidente desrespeito ao postulado no art. 5º, inciso LVI: "são inadmissíveis, no processo, as provas obtidas por meios ilícitos".

– Elementos Objetivos:

O núcleo do tipo penal do *caput* é "Proceder à obtenção" que significa colocar em marcha, obter, conseguir, alcançar.

O que se consegue é a "prova", termo aqui empregado em seu sentido coloquial e não estritamente técnico. Renato Brasileiro de Lima (**Manual de Processo Penal**, 2020, p. 657-8) aponta 3 acepções para a palavra "prova": i) prova como atividade probatória: "conjunto de atividades de verificação e demonstração, mediante as quais se procura chegar à verdade dos fatos relevantes para o julgamento. Nesse sentido, identifica-se o conceito de prova com a produção dos meios e atos praticados no processo visando ao convencimento do juiz sobre a veracidade (ou não) de uma alegação sobre um fato que interesse à solução da causa. [...]"; nesta acepção, diz-se que a parte pode fazer "prova" de sua alegação; ii) prova como resultado: "caracteriza-se pela formação de convicção do órgão julgador no curso do processo quanto a existência (ou não) de determinada situação fática"; nesta concepção, diz-se que o juiz possui "prova" de determinado fato; iii) prova como meio: "são os instrumentos idôneos à formação da convicção do órgão julgador acerca da existência (ou não) de determinada situação fática".

Na terceira acepção, seria possível indicar como abarcado pelo termo "prova" toda e qualquer espécie de instrumento apto a trazer a convicção do magistrado, não importando se produzido no processo ou em fase preliminar. Não obstante, o atual Código de Processo Penal, no art. 155, chancela corrente anterior segundo a qual em fase preliminar não há, em regra, a produção de provas, mas de elementos informativos. Essa concepção, obviamente, não pode ser estrita, pois desconsidera que em fase preliminar, na investigação, podem tomar corpo provas irrepetíveis, cautelares e antecipadas.

Feitas as necessárias considerações, repita-se, o tipo penal em estudo não trouxe o rigor classificatório acima, embora se aproxime da terceira acepção, sem a distinção entre provas e elementos informativos. Ao grafar que a prova está a ser produzida no curso de investigação ou fiscalização, o tipo penal abarca todo e qualquer instrumento apto a gerar a convicção do juiz, mesmo que elementos informativos.

A produção da prova, antes de ser um meio de demonstração da veracidade dos fatos, é um direito que assiste à acusação, que por óbvio também, em seu mister, tem a possibilidade de produção das evidências necessárias, e principalmente à defesa, que terá a adequada calibragem de armas pelos corolários do devido processo legal, a ampla defesa e o contraditório, ainda que diferido. A conspurcação desse direito (da acusação e da defesa) por aquele que deveria zelar pela higidez da atividade, implica em lesão grave que mereceu reprovação criminal pela lei em estudo.

Ainda no delineamento do termo "prova", destaca-se a distinção entre fonte de prova, meio de prova e meio de obtenção da prova. Fonte de prova é a pessoa ou coisa que irradia a mensagem que será conhecida pelo juiz que a toma como elemento de convicção; antecedem o processo, claro, e podem ser pessoais (*v.g.* testemunha) ou reais (*v.g.* documento). Meios de provas significam os instrumentos pelos quais as fontes são trazidas ao processo, em atividade endoprocessual, sob o crivo do contraditório e da ampla defesa, a exemplo da inquirição de testemunha no processo. Finalmente, meios de obtenção de provas coincidem com certos procedimentos legais com o objetivo de conseguir provas materiais, que podem ser realizados por outras pessoas que não sejam o juiz, a exemplo da busca domiciliar (LIMA, Manual de processo penal, 2020, p. 661-2).

Na figura em estudo (do *caput*), com a delimitação de "procedimento de investigação ou fiscalização", há a compreensão dos meios de obtenção de prova, mas em acepção ampla, sem a necessidade de que haja tipicidade estrita do meio (interceptação telefônica, por exemplo), mas podendo ser toda e qualquer atividade praticada pelo agente público, sob fórmula genérica, como o caso das disposições do art. 8º do Código de Processo Penal Militar, na alínea "a", que define como incumbência da polícia judiciária militar o ato de apurar os crimes militares.

A propósito, "procedimento de investigação" refere-se aos meios sumários de investigação, a exemplo de inquéritos policiais e inquéritos policiais militares em que se investigam crimes comuns e crimes militares respectivamente, bem como sindicâncias e investigações preliminares que buscam autoria e materialidade de infrações administrativas.

"Procedimento de fiscalização", por seu turno, coincide com ações realizadas por autoridades administrativas, com a finalidade de verificar se as normas referentes ao funcionamento das atividades e serviços que estão sob regulamentação do Estado estão sendo efetivamente cumpridas. Vale-se do poder de polícia, que é o poder instrumental por excelência da administração pública, que condiciona e restringe o uso e gozo dos direitos individuais, visando o bem comum, atuando nas áreas da segurança, da higiene, da ordem, dos costumes, bem como na disciplina da produção e do mercado, do exercício de atividades econômicas dependentes de concessão ou autorização do Poder Público, da tranquilidade pública ou em relação ao respeito à propriedade e aos direitos individuais ou coletivos. No âmbito das instituições militares, pode ser citada a fiscalização de produtos controlados.

Nesses procedimentos ou ações, a prova (em sentido mais amplo, como acima delineado), para configuração do delito, deve ser obtida por meio de obtenção manifestamente – evidentemente, gritantemente, inequivocamente – ilícito, proscrição que encontra eco na Constituição Federal, especificamente no art. 5º, inciso LVI: "são inadmissíveis, no processo, as provas obtidas por meios ilícitos".

A criminalização da conduta no tipo em estudo reforça a inadmissibilidade da prova obtida por meio ilícito, valendo dizer que, além da impossibilidade de utilização da prova obtida, haverá responsabilização criminal para o agente que a produziu.

Neste ponto, deve-se distinguir a prova "ilícita" da prova "ilegítima", gêneros de provas ilegais.

As provas ilegais podem ser divididas em provas ilícitas (mais corretamente, provas obtidas por meio ilícito) e provas ilegítimas (mais corretamente, provas obtidas por meio ilegítimo). As primeiras são aquelas produzidas com afronta a regras de direito material, aviltando uma garantia ou um direito consagrado, por exemplo, na Lei Maior. As ilegítimas, por seu turno, compreendem as provas produzidas com afronta a uma regra legal adjetiva, de ordem formal, e não material (NEVES, 2020, p. 804-5).

Tanto a Constituição Federal como o art. 25 da Lei de Abuso de Autoridade se referem à prova produzida por meio ilícito, ou seja, a prova ilícita (obtida ilicitamente) é inadmissível no processo, mas não a prova ilegítima, esta, mera irregularidade. É dizer, no caso do crime em foco, que, adotando a distinção entre provas ilícitas e provas ilegítimas e atendo-se ao fato de que aquelas possuem maior gravidade, potencial lesivo e reprovabilidade que estas, o legislador especificou a "prova ilícita" como objeto de reprimenda – não grafou "prova ilegítima" tampouco "prova ilegal" – de maneira que se incrimina apenas a prova obtida por meio ilícito.

Na figura assimilada do parágrafo único, responde pelo crime quem faz uso de prova, em desfavor do investigado ou fiscalizado, com prévio conhecimento de sua ilicitude. O *caput* pune quem produz a prova por meio manifestamente ilícito, enquanto que no parágrafo único, a autoridade pública, apesar de não ter produzido a prova ilícita, lança mão dela e a utiliza, como se lícita fosse, visando produzir efeitos processuais e prejudicar o investigado ou fiscalizado. Como exemplo, tome-se o trazido por Renee do Ó Souza (2020, p. 173) em que a comissão julgadora de um processo disciplinar utiliza, na formação de sua convicção, prova que sabe, previamente, ter sido produzida por meio ilícito, o que pode perfeitamente ser transportado, no meio militar, para a conduta dos integrantes de um Conselho de Disciplina ou de Justificação.

Note-se que o conhecimento da ilicitude da prova deve ser prévio à sua utilização, além, claro, do juízo de certeza de sua ilicitude, sob pena de não ocorrência do crime pela ausência do dolo.

Em comparação a outros tipos penais, a especialidade solucionará o aparente conflito com o art. 13, III, da própria Lei de Abuso de Autoridade, na medida em que no tipo penal do art. 25 não se descreve a forma de obtenção da prova, bastando ser por meio ilícito, ainda que não seja por violência, grave ameaça etc., assim como não restringe a prova produzida, que no inciso III tem que ser contra o agente ou terceiro. Por fim, o inciso III não se prende a momento ou espécie de persecução, mas sim à qualidade da pessoa constrangida (preso ou detento). No art. 25, por outro lado, se vincula a conduta a procedimento de investigação ou fiscalização.

Eventual conflito aparente com os crimes da Lei n. 9.455/1997, especialmente a alínea "a" do inciso I do art. 1º, será resolvido concretamente, também, com base na especialidade. Por exemplo, o constrangimento imposto no crime de tortura deve levar a sofrimento físico ou mental, o que não se exige no crime de abuso de autoridade em estudo, ou ainda o elemento anímico, conforme sustenta Renee do Ó Souza (2020, p. 174). Igualmente, tem se compreendido que o conflito com crimes decorrentes da aplicação de meios de obtenção de prova desautorizados judicialmente deve ser solucionado em favor da norma específica, a exemplo dos arts. 10 e 10-A da Lei n. 9.296/1996 (LIMA, **Nova lei...**, 2020, p. 256).

Sobre a possibilidade de aplicação da pena de multa na Justiça Militar, remetemos o leitor aos comentários ao art. 9º desta Lei.

– Elemento Subjetivo:

A expressão "por meio manifestamente ilícito" exige que, para configuração do crime, o agente público tenha plena consciência de que o meio de obtenção de prova é ilícito e ainda assim, prossiga na conduta, não deixando espaço para a forma culposa. O mesmo se diga em relação à figura do parágrafo único, diante da expressão "com prévio conhecimento de sua ilicitude".

Deve-se aliar, a esse elemento subjetivo do tipo penal, alguma das cinco finalidades específicas de (i) prejudicar outrem ou (ii) beneficiar a si mesmo ou (iii) a terceiro, ou, ainda, (iv) por mero capricho ou (v) satisfação pessoal, constantes do § 1º do artigo primeiro da Lei de Abuso de Autoridade, para satisfazer a tipicidade da conduta.

– Consumação e tentativa:

Trata-se de crime material, em que a consumação se dá com a efetiva obtenção da prova ilícita ou de sua utilização, sendo admissível a tentativa por se tratar de crime plurissubsistente.

– Tipicidade indireta:

Os crimes militares do artigo 25 da Lei de Abuso de Autoridade devem, atendendo à tipicidade indireta, encontrar complemento no artigo 9º, inciso II, alínea "e" do CPM: "por militar em situação de atividade, ou assemelhado, contra o patrimônio sob a administração militar, ou a ordem administrativa militar".

– Relação com a revogada lei de Abuso de Autoridade (Lei n. 4.898/65):

O tipo penal contido no artigo 25 da nova Lei de Abuso de Autoridade constitui-se em *novatio legis* incriminadora.

2.8.9.5.16. Art. 27

> **Art. 27.** Requisitar instauração ou instaurar procedimento investigatório de infração penal ou administrativa, em desfavor de alguém, à falta de qualquer indício da prática de crime, de ilícito funcional ou de infração administrativa:
>
> Pena – detenção, de 6 (seis) meses a 2 (dois) anos, e multa.
>
> Parágrafo único. Não há crime quando se tratar de sindicância ou investigação preliminar sumária, devidamente justificada.

– Objetividade Jurídica:

O tipo penal protege a administração pública (comum ou militar), que deve se ocupar da investigação de fatos ilícitos para viabilizar a persecução criminal ou administrativa, a depender da natureza do ilícito cometido.

Iniciar uma investigação sem que haja "qualquer indício" da prática do ato ilegal, significa interferir na vida privada da pessoa sem justa causa, configurando, ainda, um limite tênue para se iniciar uma perseguição, transformando o indivíduo em um alvo, e não em um investigado.

Neste tipo penal, está implícita a finalidade específica de prejudicar outrem ou beneficiar a si mesmo ou a terceiro, ou, ainda, por mero capricho ou satisfação pessoal, prevista no parágrafo único do art. 1º da Lei de Abuso de Autoridade.

– Sujeito Ativo:

No verbo "requisitar", respondem os agentes públicos que têm, por lei, a prerrogativa de serem atendidos quando provocam a instauração de investigação. São servidores que não pedem a instauração, mas sim, que determinam sua deflagração.

No Código de Processo Penal, por exemplo, tem-se o art. 5º:

> Art. 5º. Nos crimes de ação pública o inquérito policial será iniciado:
>
> (...)
>
> II – mediante **requisição** da autoridade judiciária ou do Ministério Público, ou a **requerimento** do ofendido ou de quem tiver qualidade para representá-lo." (grifo nosso)

Assim, ao que dispõe o mencionado artigo, poderiam requisitar a instauração – no caso do tipo em estudo, indevida – o magistrado e o membro do Ministério Público. Curiosamente, o art. 5º do CPP não foi alterado pela Lei n. 13.964/2019 ("Pacote Anticrime") que buscou fortalecer o sistema acusatório no processo penal comum, por exemplo, com a criação do juiz das garantias, a possibilidade de arquivamento de inquérito policial no âmbito do Ministério Público e a vedação da decretação de prisão preventiva de ofício pelo juiz. Seria esperado que, no que concerne à deflagração da investigação policial, fosse seguida a mesma linha, alterando-se o art. 5º para afastar a possibilidade de requisição pelo juiz, mas isso não ocorreu.

Nessa linha de raciocínio, mais adstrito ao sistema acusatório está o Código de Processo Penal Militar, em seu art. 10:

> Art. 10. O inquérito é iniciado mediante portaria:
>
> a) de ofício, pela autoridade militar em cujo âmbito de jurisdição ou comando haja ocorrido a infração penal, atendida a hierarquia do infrator;
>
> b) por determinação ou delegação da autoridade militar superior, que, em caso de urgência, poderá ser feita por via telegráfica ou radiotelefônica e confirmada, posteriormente, por ofício;
>
> c) em virtude de requisição do **Ministério Público**;
>
> d) por decisão do Superior Tribunal Militar, nos termos do art. 25;
>
> e) a requerimento da parte ofendida ou de quem legalmente a represente, ou em virtude de representação devidamente autorizada de quem tenha conhecimento de infração penal, cuja repressão caiba à Justiça Militar;
>
> f) quando, de sindicância feita em âmbito de jurisdição militar, resulte indício da existência de infração penal militar.

Como se vê, à luz do CPPM, apenas o membro do *Parquet* pode requisitar a instauração de inquérito policial militar, podendo ele, portanto, incorrer no delito em estudo, sob a forma "requisitar". Importante destacar que a alínea "d" do art. 10 menciona a decisão do Superior Tribunal Militar, mas a condiciona ao art. 25 do próprio Código, onde se tem, no § 1º, uma repetição da rotina da alínea "c" do art. 10, ou seja, a decisão do Superior Tribunal Militar não é pela instauração de inquérito ou seu "desarquivamento", mas apenas pela remessa ao Ministério Público que poderá requisitar a instauração de inquérito policial militar.

Todavia, essa impossibilidade legal não afasta a prática delitiva no caso de um juiz requisitar, sem mínimos indícios, a instauração de inquérito policial militar. Melhor explicando, embora não esteja prevista no CPPM a possibilidade de o juiz requisitar instauração de IPM, na prática isto pode ocorrer, até mesmo porque há entendimento pela aplicação, por analogia, do art. 5º do CPP[37]. Assim, na eventual requisição de instauração por juiz, sem que estejam presentes os indícios mínimos da prática de infração penal, haverá o delito em estudo pelo magistrado.

No verbo "instaurar", apenas o agente público com competência de deflagrar, esponte própria, a investigação responderá pelo delito. Aproveitando o exemplo do Código de Processo Penal Militar, teríamos o caso da autoridade militar em cujo âmbito de "jurisdição" ou comando haja ocorrido a infração penal, atendida a hierar-

37 BOTELHO, Roberto. **Justiça Militar – competência do juiz de Direito para requisição de instauração do inquérito policial militar – IPM**. Disponível em http://jusmilitaris.com.br/sistema/arquivos/doutrinas/justmilitarcompet.pdf Acesso em: 04. Jul.2020. http://michaelis.uol.com.br/busca?r=0&f=0&t=0&palavra=requisicao. Acessado em 27/11/19.

quia do infrator, nos termos da alínea "a" do art. 10, o que deve ser complementado pelo art. 7º do mesmo Diploma, chegando-se às seguintes autoridades:

> a) pelos ministros da Marinha, do Exército e da Aeronáutica, em todo o território nacional e fora dele, em relação às forças e órgãos que constituem seus Ministérios, bem como a militares que, neste caráter, desempenhem missão oficial, permanente ou transitória, em país estrangeiro;
>
> b) pelo chefe do Estado-Maior das Forças Armadas, em relação a entidades que, por disposição legal, estejam sob sua jurisdição;
>
> c) pelos chefes de Estado-Maior e pelo secretário-geral da Marinha, nos órgãos, forças e unidades que lhes são subordinados;
>
> d) pelos comandantes de Exército e pelo comandante-chefe da Esquadra, nos órgãos, forças e unidades compreendidos no âmbito da respectiva ação de comando;
>
> e) pelos comandantes de Região Militar, Distrito Naval ou Zona Aérea, nos órgãos e unidades dos respectivos territórios;
>
> f) pelo secretário do Ministério do Exército e pelo chefe de Gabinete do Ministério da Aeronáutica, nos órgãos e serviços que lhes são subordinados;
>
> g) pelos diretores e chefes de órgãos, repartições, estabelecimentos ou serviços previstos nas leis de organização básica da Marinha, do Exército e da Aeronáutica;
>
> h) pelos comandantes de forças, unidades ou navios;

Naturalmente, esse rol de autoridades deve conhecer adaptações de acordo com o atual cenário normativo e de acordo com a instituição militar. Por exemplo, os Ministros das Forças Armadas devem dar lugar aos Comandantes das Forças Armadas, de acordo com a Lei Complementar n. 97/1999. Também deve se adaptar a previsão do art. 7º às Polícias Militares e Corpos de Bombeiros Militares – não se pode esquecer que o CPPM é aplicável à Justiça Militar Estadual, conforme art. 6º –, de maneira que a autoridade máxima não será o "ministro", mas o Comandante Geral da Força Auxiliar.

Não se pode também esquecer que há autoridades que atuam por delegação de autoridade superior, conforme art. 10, "b", do CPPM, às quais possuem autonomia para instaurar o inquérito policial militar e, dentro desta autonomia, a instauração sem qualquer indício de prática delitiva, coloca a autoridade delegada como possível autora deste delito. O mesmo não ocorre quando a instauração se der por determinação, como permite a mesma alínea "b" do art. 10 do CPPM, em que a deliberação pela instauração se deu pela autoridade que determinou, sendo ela a autora de eventual crime de abuso de autoridade.

Cingimo-nos acima ao âmbito penal – particularmente, penal militar, que mais nos interessa –, mas deve ser alertado que o tipo penal incriminador vai além, podendo alcançar o cenário da requisição ou da instauração de procedimento investigatório de infração administrativa, o que alarga muito as possibilidades de autoria, nos casos do exercício do poder de polícia, qual ocorre, para ficar na seara militar, na atuação de fiscalização ambiental e de produtos controlados, e do poder disciplinar, como no bojo de apuração de faltas funcionais.

– Sujeito Passivo:

O sujeito passivo imediato é o Estado, por sua administração pública. De maneira mediata, ademais, tem-se como sujeito passivo a pessoa que tem contra si, uma investigação instaurada, sem que haja mínimos indícios de infração penal, de infração administrativa, ou de falta funcional.

– Elementos Objetivos:

O primeiro verbo nuclear é "requisitar", de onde se deriva o substantivo "requisição" significa[38] "ação de exigir determinada providência, feita por quem está autorizado para tal", diferente do verbo "requerer", de onde deriva o substantivo "requerimento" que significa um peticionamento, um pedido, sem a exigência legal de ser atendido. Ao utilizar o verbo "requisitar", a lei inseriu na criminalização da conduta, apenas as autoridades públicas que detém o poder cogente de determinação de instauração de investigação, como acima torneado na discussão do sujeito ativo.

Também está como núcleo típico o verbo "instaurar", que significa inaugurar, colocar em marcha inicial, deflagrar, possibilidade afeta àquelas autoridades que possuem autorização legal para tanto.

A investigação é uma atividade administrativa e como tal, deve apresentar seus elementos essenciais (competência, finalidade pública, forma prevista e não defesa em lei, motivo e objeto lícito e possível), sob pena de nulidade. Instaurar a investigação nas condições previstas no tipo penal é realizar um ato administrativo sem objeto, com ausência de motivo e muito provavelmente com a finalidade privada, interferindo justamente nos requisitos que geram vícios insanáveis, fulminando nulidade absoluta.

Mas o tipo menciona "procedimento investigatório" e não investigação, querendo alcançar a forma pela qual se desenvolve a investigação, ou seja, os atos inquisitórios para apurar indícios de autoria e materialidade de determinada infração.

O procedimento investigatório deve ser requisitado ou instaurado para averiguação de faltas funcionais, de ilícitos penais ou administrativos e, ainda, sem que haja qualquer indício de que o investigado tenha praticado o ato ilegal. Havendo indícios de autoria, não há subsunção do fato à norma. Pelo contrário, havendo indício de autoria e não sendo instaurada investigação, pode-se incorrer em outro delito, como a prevaricação ou a condescendência criminosa, salvo se não houver justa causa, que poderá a inação ser subsumida pelo crime do art. 30 da Lei de Abuso de Autoridade.

Há uma antinomia no tipo no que concerne à apuração de infrações penais. Na primeira parte da descrição típica, fala-se em procedimento investigatório de "infração penal", enquanto no segundo momento se menciona a inexistência de indícios de "crime", espécie do gênero infração penal, ao lado das contravenções penais. Essa antinomia poderia levar à equivocada impressão de que somente haveria o crime,

38 http://michaelis.uol.com.br/busca?r=0&f=C&t=0&palavra=requisicao. Acessado em 27/11/19.

no âmbito penal, na irregular instauração ou requisição de instauração de investigação de crime e não de contravenção, mas essa incorreta leitura deve ser afastada pois há expressa previsão de um procedimento investigatório de infração penal que, naturalmente engloba crime e contravenção.

Também se refere o tipo a "infração administrativa", ou seja, atos ilícitos que ferem normas de direito público que não configuram infração penal, a exemplo de infrações de trânsito, ligadas à fiscalização de produtos controlados, atos de improbidade administrativa etc.

"Ilícito funcional", também descrito no tipo, é a transgressão disciplinar cometida por agentes públicos com vínculo com a administração pública, que lhes traga submissão ao poder disciplinar (militares e servidores públicos). Consiste na violação aos valores e deveres deontológicos previstos nos Estatutos dos Servidores Públicos e Códigos de Ética, no caso dos militares.

Instaura-se, ademais, à falta de qualquer indício da prática dessas infrações, ou seja, para ser crime é necessário que a ação investigatória seja requisitada ou inaugurada sem indícios, aqui compreendido como sinônimo de prova semiplena – e não de prova indireta –, ou seja, um "elemento de prova mais tênue, com menor valor persuasivo" (LIMA, **Nova Lei...**, 2020, p. 262), a exemplo da inexistência de qualquer indicação de que houve um crime ou delineamento de sua autoria.

Deve, ainda, a investigação ser requisitada ou instaurada em desfavor de alguém (por exemplo, grafando o nome na portaria em nítida pretensão investigatória contra a pessoa), ou seja, fogem à subsunção do tipo em estudo os procedimentos investigatórios, ainda que sem indícios, para apurar fatos que não sejam crime, sem definição de seu possível autor, ou mesmo investigações que tenham o escopo, embora impróprio para a espécie, de produzir provas a favor de uma pessoa.

O parágrafo único do art. 27 traz uma excludente de antijuridicidade no caso de a investigação se resumir naqueles procedimentos precários, preliminares, sumários que visão apenas trazer maiores elementos para a autoridade decidir se inaugura ou não uma robusta investigação. Ficou fora da incidência do tipo penal, assim, a instauração de sindicância ou de investigação preliminar, uma vez que tais procedimentos servem justamente para buscar uma providência célere e informal, acerca de suspeitas que chegam ao conhecimento da administração pública, por meios não tão robustos, a exemplo de denúncias anônimas, de fatos trazidos por informantes, por exemplo.

Sobre a possibilidade de aplicação da pena de multa na Justiça Militar, remetemos o leitor aos comentários ao art. 9º desta Lei.

– Elemento Subjetivo:

O elemento subjetivo é o dolo, marcado pelo ato de requisitar ou instaurar uma investigação, com a plena consciência de que não há qualquer indício de que o investigado tenha cometido a ilegalidade.

Deve-se aliar, a esse elemento subjetivo do tipo penal, alguma das cinco finalidades específicas de (i) prejudicar outrem ou (ii) beneficiar a si mesmo ou (iii) a terceiro, ou, ainda, (iv) por mero capricho ou (v) satisfação pessoal, constantes do § 1º do artigo primeiro da Lei de Abuso de Autoridade, para satisfazer a tipicidade da conduta.

– Consumação e tentativa:

Trata-se de crime formal, na modalidade requisitar, pois não se exige a efetiva instauração do procedimento investigatório para a consumação.

Sob a forma de instaurar, a consumação se dá com a efetiva inauguração do procedimento investigatório (crime material).

A tentativa estima-se possível, por se tratar de crime plurissubsistente, como no exemplo de Renee do Ó Souza (2020, p. 192), em que a autoridade lavra a portaria de instauração do procedimento investigatório, mas, antes de sua publicação é anulada por autoridade superior.

– Tipicidade indireta:

O crime militar do art. 17 da Lei de Abuso de Autoridade deve, atendendo à tipicidade indireta, deve encontrar complemento no art. 9º, inciso II, alínea "e" do CPM: "por militar em situação de atividade, ou assemelhado, contra o patrimônio sob a administração militar, ou a ordem administrativa militar".

– Relação com a revogada lei de Abuso de Autoridade (Lei n. 4.898/65):

O tipo penal contido no artigo 27 da nova Lei de Abuso de Autoridade constitui-se em *novatio legis* incriminadora.

2.8.9.5.17. Art. 28

> **Art. 28.** Divulgar gravação ou trecho de gravação sem relação com a prova que se pretenda produzir, expondo a intimidade ou a vida privada ou ferindo a honra ou a imagem do investigado ou acusado:
>
> Pena – detenção, de 1 (um) a 4 (quatro) anos, e multa.

– Objetividade Jurídica:

Tutela-se a administração pública (comum ou militar) ou a administração da justiça (comum ou militar), a depender do agente público que divulgue o material tutelado.

O produto dos meios de obtenção de prova que captam voz e imagem deve ser circunscrito ao tema em investigação, sem que se possa utilizar trechos sem pertinência temática para qualquer fim. Não por acaso, o art. 9º da Lei n. 9.296/1996, por exemplo, dispõe que a "gravação que não interessar à prova será inutilizada por decisão judicial, durante o inquérito, a instrução processual ou após esta, em virtude de requerimento do Ministério Público ou da parte interessada".

Trata-se de regra que prestigia o preceito constitucional da inviolabilidade da intimidade, da vida privada, da honra e da imagem (art. 5º, X, CF), assim como das comunicações telefônicas (art. 5º, XII, CF).

- Sujeito Ativo:

Qualquer agente público que tenha acesso legítimo ao conteúdo do produto de meios de obtenção de prova que resultem em gravação, especialmente, portanto, autoridades públicas que atuam em inquéritos policiais e inquéritos policiais militares, membros do Ministério Público que empreendem investigação e autoridades judiciárias que têm a gestão dos processos criminais, que por sua vez funcionam como repositório das provas produzidas.

- Sujeito Passivo:

O sujeito passivo imediato é o Estado, pelo aviltamento, diante da atuação indigna do agente público, da administração pública (comum ou militar) ou da administração da Justiça (comum ou militar).

O sujeito passivo mediato é a pessoa que sofrem com a exposição da intimidade, da vida privada, da honra ou da imagem.

- Elementos Objetivos:

"Divulgar" significa propalar, tornar público, espalhar, não necessariamente com a exibição do trecho gravado, mas também com a reprodução, pelo agente, do conteúdo da gravação de que teve acesso.

O que se divulga é a gravação ou trecho de gravação, ou seja, o conteúdo obtido, total ou parcialmente, armazenado com o fim de perpetuação. A divulgação da conversa ou da imagem não gravada, note-se, não preenche o tipo penal em estudo, mas pode configurar outro delito, como um crime contra a honra. Exemplificativamente, divulgar o conteúdo de uma gravação obtida pelo meio de obtenção da interceptação telefônica que exponha a íntima orientação sexual da pessoa, sem qualquer relação com a prova pretendida, configura o delito em estudo, mas divulgar a mesma situação onde o conteúdo foi apreendido pelo agente público sem gravação, apenas por escutar a comunicação, não configurará o crime em análise, mas poderá a conduta ser subsumida pelo tipo penal do art. 215 do CPM (difamação).

O texto do tipo penal em comento, pressupõe que a gravação ou o trecho de gravação tenha sido colhido em procedimento legal, devidamente autorizado judicialmente, uma vez que sua redação se refere a "prova que se pretenda produzir", ou seja, prova válida, que pode ser utilizada no processo.

Para compreender a questão, impõe-se analisar em quais situações a captação de comunicação - e, consequentemente, a gravação - podem ser consideradas lícitas, o que não se consegue fazer sem compreender as espécies de comunicação - para estes fins - e de captação, com seus meios de obtenção.

A primeira possibilidade a ser estudada está na comunicação telefônica, que, frise-se, abrange "não apenas a conversa por telefone, mas também a transmissão, emissão ou recepção de símbolos, caracteres, sinais, escritos, imagens, sons ou informações de qualquer natureza, por meio de telefonia, estática, ou móvel (celular). Por conseguinte, é possível a interceptação de qualquer comunicação via telefone, conjugada ou não com a informática, o que compreende aquelas realizadas direta (fax, modens) e indiretamente (internet, e-mail, correios eletrônicos" (LIMA. **Manual de processo penal**, 2020, p. 812). O conhecimento da comunicação telefônica (interceptação em sentido amplo), a captação pode se dar por interceptação (em sentido estrito), escuta ou gravação clandestina.

A interceptação telefônica (em sentido estrito) consiste na captação da comunicação feita por um terceiro sem o conhecimento dos interlocutores. Sua execução deve ser precedida de autorização judicial, conforme dispõe o art. 1º da Lei n. 9.296/1996 ecoando o inciso XII do art. 5º da Constituição Federal. Assim, em uma investigação de crime militar, desejando conhecer o conteúdo da comunicação telefônica do indiciado, a autoridade militar deverá representar ao juízo competente pela interceptação, que, óbvio, somente será cabível, a *contrario sensu* do disposto no art. 2º da mesma Lei n. 9.296/1996, quando houver indícios razoáveis da autoria ou participação em infração penal, a prova não puder ser feita por outros meios disponíveis e o fato investigado constituir infração penal punida com reclusão.

Na escuta telefônica a captação se dá também por um terceiro, alheio à comunicação, porém com o conhecimento e anuência de um dos interlocutores. Há dissidência doutrinária sobre a necessidade de autorização judicial na escuta telefônica[39], predominando o entendimento de que ela está abrangida pela mesma reserva de jurisdição da interceptação telefônica, sob regramento dos arts. 1º e 2º da Lei n. 9.296/1996 (LIMA. **Manual de processo penal**, 2020, p. 814).

Não concordamos com essa visão, pois há situações em que a autorização de um dos interlocutores parece bastar para que se dê a roupagem lícita à escuta, como no caso de crime de extorsão mediante sequestro em que o pai da pessoa sequestrada aciona o aparato policial, que decide gravar os telefonemas. Óbvio que, nestes casos, seria possível a alegação de excludente de ilicitude a chancelar a obtenção da prova, mas, ao nosso sentir, a intimidade (vida privada etc.) do criminoso não está abrangida quando seu proceder afronta a lei desta maneira, de sorte que sequer se poderia falar, até mesmo sob a invocação da proporcionalidade, em tipicidade, próximo do que se decidiu, ainda que de maneira isolada e peculiar, o Min. Ribeiro Dantas no Agravo em Recurso Especial (AREsp) n. 1.301.191 – SP, em 30/11/2018, destacando-se:

> Quanto à escuta telefônica, cumpre registrar que não se constata qualquer ilegalidade, pois os agentes policiais ouviram os diálogos com o consentimento de um dos interlocutores, no caso, a corré, que colaborou com as investigações. Com efeito, "na linha da jurisprudência desta Corte e do col. Supremo Tribunal Federal, 'é lícita a prova produzida a partir de gravação de conversa telefônica feita por um dos interlocutores,

[39] ALMEIDA, André Vinicius de. **Interceptação das comunicações telefônicas no direito penal militar**. Disponível em: <http://www.tjmsp.jus.br/exposicoes/art012.pdf>. Acesso em: 28 fev. 2010.

quando não existir causa legal de sigilo ou de reserva da conversação' (RE n. 630.944 AgR, Segunda Turma, Rel. Min. Ayres Britto, DJe de 19/12/2011)." (HC 309.516/SP, Rel. Ministro FELIX FISCHER, QUINTA TURMA, julgado em 10/12/2015, DJe 16/12/2015).

Insta mencionar que a decisão conheceu a ratificação da Quinta Turma do STJ, em julgamento de 19/03/2019, em sede de Agravo Regimental no AREsp acima mencionado.

Seja como for, repita-se há a visão dominante pela necessidade de autorização judicial para a escuta telefônica, o que aqui seguiremos para fim do estudo proposto. Nesta linha, exemplificativamente, desejando conhecer a comunicação do indiciado com o ofendido, por exemplo, em um crime de concussão (apenado com reclusão), ainda que a vítima conheça a captação a ser feita, recomendável a representação da autoridade militar no sentido de obter a autorização para a escuta telefônica. Deve-se lembrar que, caso não haja a autorização judicial, eventual discussão sobre a proporcionalidade será instalada *a posteriori*, o que poderá inutilizar o trabalho investigativo da polícia judiciária, além de possibilitar a responsabilização, inclusive criminal, do responsável pela captação do conteúdo.

Por fim, há a gravação clandestina, em que um dos interlocutores grava a própria comunicação, normalmente sem o conhecimento do outro. Neste caso de autogravação, pacificamente, entende-se desnecessária a autorização judicial. Exemplificativamente, se o próprio ofendido grava a conversa com o militar autor da concussão, a prova é perfeitamente lícita.

Além da comunicação telefônica, tem-se por objeto de estudo a comunicação ambiental, ou seja, aquela realizada no meio ambiente, sem a utilização dos recursos artificiais por fios elétricos, cabos óticos etc.

Igualmente, no conhecimento da comunicação ambiental (captação ambiental), as possibilidades de interceptação, escuta e gravação clandestina se mostram presentes, as duas primeiras como gêneros do termo "captação ambiental" trazido pelo art. 8º-A da Lei n. 9.296/1996, pois se tratam de captação de comunicação alheia, portanto, seguindo a linha já esmiuçada para a interceptação telefônica (em sentido amplo), com uma primeira peculiaridade de somente se poder conceder autorização judicial quando a prova não puder ser feita por outros meios disponíveis e igualmente eficazes e quando houver elementos probatórios razoáveis de autoria e participação em infrações criminais cujas penas máximas sejam superiores a 4 anos ou em infrações penais conexas.

Mas, neste caso, há outra peculiaridade a ser considerada, a saber, o fato de a comunicação ambiental poder ser desenvolvida em ambiente público ou privado, o que muda a tonalidade de análise, que se dará não propriamente em relação à vida privada e a intimidade, mas em relação a um direito de reserva (LIMA, **Manual de processo penal**, 2020, p. 853).

Sob esta divisão, tem-se que a captação executada em locais públicos (ruas, praças etc.) ou privados mas abertos ao público (bares, cinemas etc.), ainda que sob a forma de interceptação ou de escuta ambientais, não carece de autorização judicial, pois os seus protagonistas não buscaram a reserva, o ambiente fechado, sem acesso público. Imagine-se, por exemplo, a captação de imagens de policiais militares que, não conhecendo a captação, em um bloqueio feito na madrugada, em via pública, pratiquem ilícitos penais militares, como lesões corporais, tortura etc. Neste caso, a captação por terceiro sem o conhecimento dos atores (espécie de interceptação) e sem autorização judicial, mostra-se prova lícita, perfeitamente possível de ser utilizada como elemento a respaldar a acusação.

Claro, esta é a regra geral, que pode ser contrariada naquelas situações em que os interlocutores, embora em espaço aberto ao público, busquem a reserva, a intimidade, por exemplo, por uma conversa próxima, sob a pretensão de que ninguém a escute. Em resumo, adequada a visão de Renato Brasileiro de Lima (Manual de processo penal, 2020, p. 854) sobre o tema:

> **b) captação de conversa alheia (ou de imagens) em locais abertos ao público, porém em caráter sigiloso, expressamente admitido pelos interlocutores:** constitui invasão de privacidade, pois o interceptador não pode imiscuir-se em segredo de terceiros sem permissão legal. Por não afrontarem o art. 5º, X, da Constituição Federal, interceptações ambientais *lato sensu* devem ser considerada válidas, salvo quando realizadas em ambiente no qual haja expectativa de privacidade ou quando praticadas com violação de confiança decorrente de relações interpessoais ou profissionais.

Exemplificativamente, será ilícita a captação de conversa pelo aparato de polícia judiciária militar, uma interceptação (sem conhecimento dos interlocutores) da conversa entre o indiciado e seu advogado, ainda que executada fora do parlatório propício, em ambiente aberto ao público, por violar imposição do sigilo dessa comunicação, não importando o ambiente, quebrando uma expectativa de confiança.

No que concerne ao ambiente privado, obviamente, a questão ainda encontra outro amparo constitucional, a saber a inviolabilidade do domicílio, na acepção penal e processual penal do termo "casa" (art. 226, § 4º, do CPM e art. 173 do CPPM). Assim, além, claro, de uma violação da intimidade e da vida privada, a captação de comunicação ambiental no ambiente privado, sem a autorização judicial ou, mesmo com ela, sendo executada por um ingresso a noite, dará a característica de ilícito ao resultado obtido.

Pois bem, voltando ao tipo penal em estudo, repita-se que não trata ele da produção ilícita, do alcance da prova por meio de obtenção ilícito, mas da divulgação da gravação produzida licitamente. A execução de meio de obtenção de prova por vias ilícitas, por exemplo, sem a autorização judicial, como acima exposto, não configurará crime do art. 28 da Lei de Abuso de Autoridade, mas outro delito, a exemplo dos tipificados nos arts. 10 e 10-A da lei n. 9.296/1996.

Nas atividades de investigação em que há a captação de comunicação (telefônica ou ambiental), ocorre uma coleta farta de material, mas nem todo o conteúdo interessa para a prova no processo. Entre as comunicações que versam sobre a atividade criminosa, há também diálogos que versam sobre assuntos corriqueiros do dia a dia, podendo até mesmo haver conversas com conteúdo imoral, mas que não configurem infração penal. A divulgação deste tipo de conteúdo, além de desnecessária, expõe de forma nociva a intimidade e vida privada do investigado. Por esse motivo, repita-se, o art. 9º da Lei 9.296/1996 prevê a inutilização do conteúdo captado não interessar à prova do feito em andamento.

Justamente este conteúdo sem pertinência temática ("sem relação com a prova que se pretenda produzir") é que se configura no objeto do delito em estudo. Vale lembrar que, claro, em se tratando de gravação que não tenha relação com a prova que se pretenda produzir, mas que evidencie a prática de outro delito, encontrada, portanto, de maneira fortuita na execução do meio de obtenção de prova (serendipidade), a divulgação para instruir outro feito que apure esta nova infração será possível, pois a autorização judicial da execução do meio de obtenção de prova tornou lícito seu produto (a gravação), especialmente quando houver conexão ou continência, mas mesmo fora destes casos, como *notitia criminis* (LIMA, **Manual de processo penal**, 2020, p. 836), o que afastará a prática delitiva no crime em estudo.

É preciso para a configuração do delito que haja a exposição, pela divulgação, da intimidade ou a vida privada, ou a lesão ("ferindo") a honra ou a imagem do investigado ou acusado.

José Afonso da Silva (2019, p. 209), citando René Ariel Dotti, ensina-nos que:

> [...] a intimidade se caracteriza como "a esfera secreta da vida do indivíduo na qual este tem o poder legal de evitar os demais", o que é semelhante ao conceito de Adriano de Cupis, que define intimidade (*riservatezza*) como o modo de ser a pessoa que consiste na exclusão do conhecimento de outrem de quanto se refira à pessoa mesma.

Assim, a "intimidade" é espécie do gênero "privacidade", e se refere ao íntimo da pessoa, ao que lhe seja interno, ao seu modo de ser, abrangendo seus sentimentos, sua sexualidade e sua compreensão sobre si, que abrange a autoestima, a autoimagem, a autoconfiança.

A vida privada, também espécie do gênero "privacidade", é mais abrangente que a intimidade, como se fosse uma camada mais externa da privacidade do indivíduo, dizendo respeito às informações que a pessoa decide se torna pública ou não, retirando da esfera privada e introduzindo tais informações na esfera pública.

"Honra" é o "princípio moral e ético que norteia alguém a procurar merecer e manter a consideração dos demais na sociedade"[40]. Trata-se, portanto, do princípio que norteia a pessoa a ter condutas virtuosas que terão como consequência prestígio junto à coletividade. Nota-se que do conceito de honra, pode-se dividir a honra subjetiva (o que a pessoa pensa sobre si) e a honra objetiva (a reputação da pessoa, o que a sociedade pensa sobre ela).

"Imagem", por fim, é o conjunto de características que exteriorizam a pessoa e a distingue das demais, abrangendo aspectos físicos (semblante, sorriso, modo de

[40] http://michaelis.uol.com.br/busca?r=0&f=0&t=0&palavra=honra. Acessado em 29/11/19.

andar, trejeitos) e aspectos de personalidade (humor, estado de espírito, ideologias, modo de encarar o mundo).

"Investigado" é a nomenclatura utilizada, na fase pré-processual (inquérito policial, por exemplo), para designar a pessoa suspeita do cometimento de um crime, esteja ele indiciado ou não.

"Acusado" designa o pretenso autor um crime na fase processual, compreendendo-se portanto, que o Ministério Público analisou as provas obtidas pela polícia e procedeu à denúncia do indivíduo perante o Poder Judiciário o qual, ao receber a denúncia, estabelece a relação jurídico-processual entre autor, réu e Estado (representado pelo juiz imparcial, equidistante e isento), onde se garante a ampla defesa e contraditório, visando a uma sentença que solucionará a lide.

Sobre a possibilidade de aplicação da pena de multa na Justiça Militar, remetemos o leitor aos comentários ao art. 9º desta Lei.

– Elemento Subjetivo:

É o dolo específico de proceder à divulgação, ciente de que o conteúdo é divorciado da prova que se pretende produzir.

Deve-se aliar, a esse elemento subjetivo do tipo penal, alguma das cinco finalidades específicas de (i) prejudicar outrem ou (ii) beneficiar a si mesmo ou (iii) a terceiro, ou, ainda, (iv) por mero capricho ou (v) satisfação pessoal, constantes do § 1º do artigo primeiro da Lei de Abuso de Autoridade, para satisfazer a tipicidade da conduta.

– Consumação e tentativa:

Trata-se de crime material, consumando-se com a exposição da intimidade ou vida privada do investigado ou acusado, ou, ainda, diante da lesão à sua honra ou imagem.

Como delito plurissubsistente, possível a tentativa, se a divulgação não se der pela forma verbal oral (SOUZA, 2020, p. 195).

– Tipicidade indireta:

O crime militar do artigo 28 da Lei de Abuso de Autoridade deve, atendendo à tipicidade indireta, encontrar complemento no artigo 9º, inciso II, alínea "e" do CPM: "por militar em situação de atividade, ou assemelhado, contra o patrimônio sob a administração militar, ou a ordem administrativa militar".

– Relação com a revogada lei de Abuso de Autoridade (Lei n. 4.898/65):

Diante do tipo penal constante da Lei n. 4.898/65, em seu art. 4º, alínea "h" ("Constitui também abuso de autoridade: h) o ato lesivo da honra ou do patrimônio de pessoa natural ou jurídica, quando praticado com abuso ou desvio de poder ou sem competência legal"), **mantém-se parcialmente seus efeitos, em face do princípio da continuidade normativo-típica**, realizado pela Lei nº 13.869/19, por meio de seu artigo 28, uma vez que o novo tipo penal especifica que o ato lesivo à honra seja divulgando gravação ou trecho de gravação dissociado à prova do crime. Assim, apenas os casos anteriores ao novo regramento jurídico sobre o abuso de autoridade, que tenham exposto a intimidade, vida privada e honra, por meio de divulgação de trecho de gravação é que subsistem.

2.8.9.5.18. Art. 29

> **Art. 29.** Prestar informação falsa sobre procedimento judicial, policial, fiscal ou administrativo com o fim de prejudicar interesse de investigado:
>
> Pena – detenção, de 6 (seis) meses a 2 (dois) anos, e multa.
>
> Parágrafo único. VETADO.

– Objetividade Jurídica:

Tutela-se a fé pública da administração pública (comum ou militar), pois a conduta do agente abala a sua credibilidade. A desinformação ou a ausência de informações tendo como principal fomentadora a administração importa no surgimento de uma constante suspeita de que a comunicação oficial está sempre a esconder alguma coisa do cidadão, o que abala o regular funcionamento.

Tutela-se, ainda, direitos da pessoa prejudicada, que pode ter interesses, de várias ordens, afetados de maneira contrária à sua vontade.

– Sujeito Ativo:

O sujeito ativo do delito é o agente público responsável pelo procedimento judicial, policial, fiscal ou administrativo, que licitamente detém a informação e tem a incumbência legal de prestá-la. Exemplificativamente, o encarregado de inquérito policial militar pode figurar como sujeito ativo.

– Sujeito Passivo:

Na compreensão que vimos dando à Lei, o sujeito passivo imediato é o Estado, afetado na regularidade da administração pública (comum ou militar) ou da Justiça (comum ou militar), conforme seja o procedimento policial, fiscal, administrativo ou judicial.

A pessoa cujo interesse será – ao menos na intenção do agente – prejudicado é o sujeito passivo mediato, ou seja, o investigado no procedimento.

– Elementos Objetivos:

A conduta nuclear é "prestar" que significa entregar, fornecer a informação de ofício, a requerimento ou requisitada, presumindo que a ação esponte própria seja possível (lícita) ou que o requerimento ou requisição possa ou deva ser fornecida pelo agente público. Eventual informação prestada sem essa licitude, por exemplo, com a violação de sigilo, poderá configurar outro delito, a exemplo do delito de violação de sigilo funcional, do art. 326 do CPM.

"Informação" significa o conteúdo conhecido pelo agente público relacionado ao procedimento, não apenas em relação ao fato apurado, mas sobre o procedimento em si, ainda que seja um conteúdo parcial. Deve ser, entretanto, uma informação equivocada, mentirosa, sem coincidência com a realidade, constituindo-se o tipo em estudo em uma específica falsidade ideológica. Exemplificativamente, incorreria no delito a autoridade de polícia judiciária militar que nega a instauração de inquérito policial militar que efetivamente instaurou, desde que, claro, também preenchido o elemento subjetivo.

"Procedimento judicial" deve ser compreendido como emprego de termo que se refere a uma dinâmica específica, um proceder específico, no caso ocorrido no curso do processo, seja ele de procedimento ordinário, do juizado especial etc., ou, como se tem no Código de Processo Penal Militar, de "processo" ordinário ou especial. Em uma reprodução simulada do fato, por exemplo, levada a efeito já no curso da ação penal haverá um procedimento, uma dinâmica adotada, em que uma informação falsa, por exemplo, pode ser prestada pelo agente público que investigou o fato. Diverge da compreensão de "procedimento judicial", Renato Brasileiro de Lima (Nova lei..., 2020, p. 275), para quem a expressão deve ser compreendida como processo judicial, o que, como resultado, não difere muito da nossa compreensão.

"Procedimento policial" é a atuação policial, que pode acontecer em uma diligência, em uma abordagem, ou durante a instrução de inquérito policial comum ou militar. Assim, a prestação de informação falsa para um juiz como o fito de que se decrete a prisão preventiva, por provocação do oficial encarregado de inquérito policial militar, poderá configurar o delito.

"Procedimento fiscal" está ligado ao direito tributário, vale dizer, às ações levadas a efeito pelas autoridades tributárias, seja para a fiscalização do cumprimento de obrigações tributárias, seja para realizar diligências visando a coleta de prova para instrução de processos de interesse da administração tributária.

"Procedimento administrativo" consiste na ação do agente público que se destina a apurar informações acerca do cumprimento ou do descumprimento das normas administrativas, seja no âmbito externo, em relação aos particulares que possuem algum vínculo jurídico com a administração pública (fiscalização de obras e construções por fiscais da prefeitura, de produtos controlados por integrantes do Exército Brasileiro etc.), em manifestação do poder de polícia, seja internamente, em relação à vida funcional dos servidores públicos, para investigar o cometimento de faltas funcionais, acidentes de serviço, entre outros casos, geralmente atinentes ao exercício dos poderes hierárquico e disciplinar.

"Interesse de investigado" pode ser o mais variado possível, desde buscar sua inocência em relação a alguma acusação que pese contra si, até a simples aprovação de um alvará para construção de obra, objeto de procedimento administrativo.

Sobre a possibilidade de aplicação da pena de multa na Justiça Militar, remetemos o leitor aos comentários ao art. 9º desta Lei.

– Elemento Subjetivo:

É o dolo especialmente direcionado, por meio da prestação de informação falsa, a prejudicar interesse do investigado (elemento subjetivo especial do tipo), estando já preenchida no tipo penal, a finalidade específica de prejudicar outrem, constante do parágrafo único do artigo primeiro da Lei de Abuso de Autoridade e ratificada no tipo em estudo.

Podem existir outras finalidades específicas envolvidas, como a satisfação do mero capricho do agente público, mas, neste caso, há o entendimento de que a configuração seria de outro delito. Sustenta-se que o "legislador, na tipificação do crime do art. 29 da Lei de Abuso de Autoridade, optou por restringir o alcance do tipo, pressupondo por parte do agente a finalidade única de prejudicar interesse de investigado. Agindo com a finalidade de beneficiar, pode responder por outro delito, como prevaricação (art. 319 do CP), a depender das circunstâncias do caso concreto" (Enunciado n. 19 do CNPG/GNCCRIM).

– Consumação e tentativa:

Trata-se de crime formal em que, apesar da lei prever o resultado lesivo de prejuízo ao interesse do investigado, não há necessidade que, da prestação de informações falsas, haja qualquer dano.

Admite-se a tentativa quando a informação for prestada pela via verbal escrita, neste caso havendo delito plurissubsistente.

– Tipicidade indireta:

O crime militar do artigo 29 da Lei de Abuso de Autoridade deve, atendendo à tipicidade indireta, encontrar complemento no artigo 9º, inciso II, alínea "e" do CPM: "por militar em situação de atividade, ou assemelhado, contra o patrimônio sob a administração militar, ou a ordem administrativa militar".

– Relação com a revogada lei de Abuso de Autoridade (Lei n. 4.898/65):

O tipo penal contido no artigo 29 da nova Lei de Abuso de Autoridade constitui-se em *novatio legis* incriminadora.

2.8.9.5.19. Art. 30

> **Art. 30.** Dar início ou proceder à persecução penal, civil ou administrativa sem justa causa fundamentada ou contra quem sabe inocente:
> Pena – detenção, de 1 (um) a 4 (quatro) anos, e multa.

– Objetividade Jurídica:

O tipo penal protege a lisura da administração pública (comum ou militar) e da justiça (comum ou militar), no sentido de que, tendo o monopólio da persecução criminal, civil ou administrativa, o Estado deve envidar seus esforços, seu tempo, seus meios e sua energia, para responsabilizar pessoas que efetivamente violaram a lei, sem desperdiçar recursos contra inocentes.

Tutela-se, ademais, direitos dos cidadãos, alguns consagrados constitucionalmente, como a honra e a imagem, que podem sofrer lesão desautorizada pelo desencadeamento de uma persecução como descrita no tipo penal em estudo.

– Sujeito Ativo:

Podem figurar como sujeito ativo as autoridades públicas que detenham a competência legal de iniciar ou dar sequência à persecução criminal, civil ou administrativa.

– Sujeito Passivo:

O sujeito passivo imediato é o Estado, ferindo-se a administração pública (comum ou militar) ou a administração da Justiça (comum ou militar), a depender em qual fase se encontra a persecução criminal.

Sujeito passivo mediato é a pessoa que contra si tem a persecução deflagrada e desenvolvida, sem justa causa fundamentada.

– Elementos Objetivos:

A lei criminaliza não apenas quem dá início à persecução, mas também quem prossegue com a persecução, cientes de que não há justa causa para tanto ou então, que se trata de um inocente.

O tipo penal criminaliza, assim, o fenômeno denominado como *lawfare*, ou seja, a utilização da lei e dos mecanismos de aplicação da lei para atingir determinado objetivo, desvirtuando o conceito republicando-democrático de perseguição do bem comum, da busca da verdade real e da consecução de justiça. Da condição de acusado, a pessoa passa a ser tratada como um alvo, e por mais que lute para provar sua inocência, ainda que lhe sejam ofertadas a ampla defesa e o contraditório, isso ocorre apenas para cumprir uma formalidade legal, desconsiderando-se a substância da defesa.

Os verbos são "dar início" e "proceder" à persecução. Parece adequada a visão de Rogério Sanches Cunha e Rogério Greco (2020, p. 284), quando distinguem os verbos nucleares cronologicamente, indicando que a inauguração da persecução estaria atrelada efetivamente ao dar início, enquanto o proceder diz respeito àquele que dá início com a convicção de que há justa causa, mas, em determinado momento, esta é afastada e, mesmo assim, há o prosseguimento da persecução.

Exemplificativamente, a autoridade de polícia judiciária militar que inaugura um procedimento investigativo, no contexto de persecução penal, sem justa causa, estará a praticar o delito, mas, após certo tempo da inquisa, diante de elementos informativos que afastem a punibilidade do fato, o prosseguimento da investigação também poderá ser subsumido pelo crime em estudo.

"Persecução penal" é a atividade que abrange a investigação de um crime (comum ou militar), seu processamento junto ao Poder Judiciário e o cumprimento da pena.

Segundo as lições do saudoso Professor da Academia de Polícia Militar do Barro Branco Álvaro Lazarini (1999, p. 97), a persecução criminal é inaugurada com a atuação de polícia, especificamente, no ciclo de polícia com a repressão imediata ao delito.

O ciclo de polícia é composto por três fases: (i) situação de normalidade, onde impera a boa ordem pública em seus aspectos de salubridade, segurança e tranquilidade públicas; (ii) momento do rompimento da ordem pública e (iii) fase de investigação.

Na fase de normalidade, a ação policial correlata é a prevenção por meio da polícia administrativa, denominada pela Constituição Federal de polícia ostensiva, mediante ação ostensiva nas ruas, ação de presença, com efeitos dissuasórios. Falhando a prevenção e ocorrendo o delito, passa-se à segunda fase do ciclo de polícia que é a quebra da ordem pública, cuja ação policial correlata é a repressão imediata, a fim de que se faça retornar ao estado de normalidade por meio de atos de contenção, sendo tal atribuição comum da polícia ostensiva e da polícia judiciária. Contida a eclosão e a duração do crime que foi reprimido de forma imediata, inicia-se a terceira fase do ciclo de polícia que é a repressão mediata, materializada pela investigação, área exclusiva da polícia judiciária, onde se prosseguirá à coleta de provas iniciada na fase anterior. Anote-se que a atividade policial possui demanda de controle externo pelo Ministério Público (art. 129, VII, CF).

A persecução criminal, repita-se, tem início na segunda fase do ciclo de polícia, vale dizer, na quebra da ordem pública em razão do ilícito penal, urgindo atos de repressão imediata das polícias ostensiva e judiciária, tendo ainda como fase comum, a terceira fase do ciclo de polícia que é a investigação, de caráter inquisitório e valor informativo.

Com o término da fase de investigação se encerra o ciclo de polícia, mas a persecução criminal prossegue com a denúncia do Ministério Público - ou a queixa-crime na ação penal de iniciativa privada -, que, recebida, deflagra a instrução processual penal, fase regida pela ampla defesa e contraditório, prosseguindo-se a persecução penal, em caso de condenação, com a fase da aplicação da pena, "ponto culminante de todo o trabalho iniciado no ciclo de polícia" (LAZZARINI, 1999, p. 96), efetivando-se a repressão com a aplicação da sanção, de caráter punitivo e intimidatório, concomitante com as ações de ressocialização, reeducação e reinserção do preso à sociedade.

É do mesmo Professor (1999, p.97), o seguinte quadro demonstrativo do ciclo de polícia e de persecução criminal, que ilustra o que se postulou de maneira muito didática:

Pode ser feito um paralelo da persecução penal em relação aos elementos normativos "persecução civil" e "persecução administrativa", abrangendo as fases de normalidade, rompimento da ordem pela agressão à prescrição legal do ilícito civil ou administrativo (atrelado ao poder de polícia ou disciplinar), a fase de investigação e coleta de elementos probatórios que levam à instauração do processo, finalizando com a aplicação da sanção indenizatória ou administrativa, respectivamente.

A persecução de ilícito disciplinar, por exemplo, será inaugurada com a instauração do procedimento de investigação da falta funcional, a exemplo do Formulários de Apuração de Transgressão Disciplinar (FATD), o que, sem justa causa, importará em subsunção da conduta ao tipo penal estudado. Também pode ser citado como exemplo, procedimento apuratório de infração administrativa ligada ao regramento de produtos controlados.

A persecução civil, por sua vez, pode ter por exemplo a apuração de improbidade administrativa, em um inquérito civil, não se podendo esquecer que a improbidade administrativa é ilícito de natureza civil e política (DI PIETRO, 2019, p. 1.028).

A deflagração da persecução, para ocorrer o crime, deve se dar "sem justa causa fundamentada", um elemento normativo que causa discussões. Para Renee do Ó Souza (2020, p. 201-2):

> O **elemento normativo do tipo** é "sem justa causa fundamentada", ponto central de discórdia da tipificação desta conduta em razão da variação e vagueza de sentido que o direito brasileiro tem sobre o que vem a ser *justa causa*. Embora haja certa variação, a justa causa para o oferecimento da denúncia e seu recebimento, apta a justificar a intervenção estatal sobre a vida do acusado é entendida como suporte mínimo de indícios de autoria, além de prova da existência do crime, suficientes para uma "probabilidade de condenação" (STF, Inq. 3994, Rel. Min. Dias Toffoli) ou ainda elementos bastantes a fundar a suspeita de prática de ato ilícito por alguém, fruto de um juízo calcado em conjecturas embasadas em aparências e visos de verdade. Como mencionado, nesta etapa da persecução o grau de suspeita deixa de ser inicial e passa a ressentir-se de um quadro intermediário de provas, baseado em um juízo de simples probabilidades de modo a compor a suspeita suficiente para dar prosseguimento à persecução.

Enfim, tem-se como justa causa para deflagrar a persecução a necessidade de indicação de um lastro probatório mínimo indispensável para um processo, contido em peças de informação (como o inquérito policial militar, no caso de processo penal militar), evidenciando provas da materialidade e a indicação de autoria. Entretanto, por sua fórmula genérica, o escudo da falta de justa causa abriga outras várias situações, de acordo com a concepção de quem a analisa. No Superior Tribunal de Justiça, como enumera Guilherme Madeira Dezem (2016, p. 221-2), há o reconhecimento da falta de justa causa em casos de atipicidade da conduta, presença de causa extintiva da punibilidade e ausência de indícios de autoria ou prova de materialidade. No Supremo Tribunal Federal há similar entendimento.

Ainda a propósito desse elemento normativo, compreendeu o Conselho Nacional de Procuradores-Gerais dos Ministérios Públicos dos Estados e da União (CNPG) e o Grupo Nacional de Coordenadores de Centro de Apoio Criminal (GNCCRIM), no Enunciado 20 para a Lei de Abuso de Autoridade:

O crime do art. 30 da Lei de Abuso de Autoridade deve ser declarado, incidentalmente, inconstitucional. Não apenas em razão da elementar "justa causa" ser expressão vaga e indeterminada, como também porque gera retrocesso na tutela dos bens jurídicos envolvidos, já protegidos pelo art. 339 do CP, punido, inclusive, com pena em dobro.

Ao lado da ausência de justa causa, alternativamente, o tipo penal incrimina a conduta de que inicia ou segue na persecução contra alguém que sabe inocente, ou seja, em desfavor daquele que o agente público sabe que que não contribuiu para a infração. Note-se, a norma não abrange com essa expressão os casos de exclusão de ilicitude ou de culpabilidade, porquanto estes, mesmo presentes, podem merecer apuração para confirmação, mas aqueles casos em que o agente não poderia ser autor do fato, como os casos em que se demonstra, de chofre, que o agente estava em outro país ou unidade federativa em relação àquela em que o crime ocorreu, sem possibilidade, ademais, de autoria mediata. Exige-se o juízo de certeza da inocência, não bastando a dúvida.

Não é fácil distinguir o crime em estudo daquele capitulado no art. 27 da Lei de Abuso de Autoridade, principalmente diante da vagueza da descrição do tipo penal do art. 30, de questionável constitucionalidade em se tratando do princípio da legalidade. Malgrado essa dificuldade, faremos o esforço.

No art. 27, incrimina-se a instauração ou a requisição de instauração de procedimento investigatório, sem qualquer indício da prática de infração penal ou administrativa. No art. 30, incrimina-se quem dá início ou procede a persecução – de infração penal, civil ou administrativa –, estágio que engloba não só o procedimento investigatório, mas também a fase processual e de execução. Em outros termos, no art. 27 não se cuida de toda a persecução, mas apenas da inauguração, e ainda não abarca a persecução civil; no art. 30, alcança-se momento após a instauração; no art. 27, a conduta nuclear é instaurar ou requisitar a instauração, que também pode ser englobada por "dar início" do art. 30, mas não, na acepção jurídica que damos ao proceder, neste tipo penal, ainda que o léxico possa considerar sinônimas as expressões.

Mas, talvez, a principal diferença esteja no grau e na qualidade de certeza sobre a possibilidade de desencadear a persecução criminal. No art. 27 não existe qualquer indício da prática da infração, enquanto no art. 30 não há justa causa para a inauguração ou a continuidade da persecução criminal.

Como dissemos no art. 27, a instauração ocorre à falta de qualquer indício da prática das infrações, ou seja, para ser crime é necessário que a ação investigatória seja requisitada ou inaugurada sem indícios, aqui compreendido como sinônimo de prova semiplena – e não de prova indireta –, ou seja, um "elemento de prova mais tênue, com menor valor persuasivo" (LIMA, **Nova Lei...**, 2020, p. 262), por exemplo, sem nenhuma indicação de autoria. No art. 30, por sua vez, a deflagração da persecução ou seu desenvolver se dá sem justa causa, o que pode englobar sim, de acordo com a concepção mais abrangente, a avaliação de autoria, mas também possibilita a construção por outros "cômodos", como a extinção da punibilidade.

Recorramos, novamente ao exemplo. Instaurar um inquérito policial militar, com pretensão desfavorável a um militar (por exemplo, grafando o nome na portaria), sem a mínima demonstração de que ocorreu um crime militar ou sem a ínfima indicação de autoria, configura delito do art. 27 da Lei de Abuso de Autoridade; agora, deflagrar o mesmo procedimento, com indícios de autoria e materialidade, mas diante de um crime anistiado ou prescrito, importa em inauguração de persecução criminal sem justa causa.

Sobre a possibilidade de aplicação da pena de multa na Justiça Militar, remetemos o leitor aos comentários ao art. 9º desta Lei.

– Elemento Subjetivo:

É o dolo de iniciar ou proceder às persecuções penal, civil ou administrativa, com o pleno conhecimento e consciência de que não há justa causa ou que a pessoa é inocente.

Deve-se aliar, a esse elemento subjetivo do tipo penal, alguma das cinco finalidades específicas de (i) prejudicar outrem ou (ii) beneficiar a si mesmo ou (iii) a terceiro, ou, ainda, (iv) por mero capricho ou (v) satisfação pessoal, constantes do § 1º do artigo primeiro da Lei de Abuso de Autoridade, para satisfazer a tipicidade da conduta.

– Consumação e tentativa:

Entendemos que se trata de crime material, que se consuma com o início ou a continuidade da persecução indevida do ilícito, admitindo-se a tentativa por ser plurissubsistente, visão também de Renato Brasileiro de Lima (**Nova lei...**, 2020, p. 283).

Em sentido diverso, Renne do Ó Sousa (2020, p. 205) entende que se trata de crime de mera conduta e Rogério Sanches Cunha e Rogério Greco (2020, p. 285) entendem que se trata de crime monossubsistente, sem possibilidade de tentativa.

– Tipicidade indireta:

O crime militar do art. 30 da lei de abuso de autoridade deve, atendendo à dupla tipificação, encontrar complemento no artigo 9º, inciso II, alínea "e" do CPM: "por militar em situação de atividade, ou assemelhado, contra o patrimônio sob a administração militar, ou a ordem administrativa militar".

– Relação com a revogada lei de Abuso de Autoridade (Lei n. 4.898/65):

O tipo penal contido no art. 30 da nova Lei de Abuso de Autoridade constitui-se em *novatio legis* incriminadora.

2.8.9.5.20. Art. 31

> **Art. 31.** Estender injustificadamente a investigação, procrastinando-a em prejuízo do investigado ou fiscalizado:
>
> Pena – detenção, de 6 (seis) meses a 2 (dois) anos, e multa.
>
> Parágrafo único. Incorre na mesma pena quem, inexistindo prazo para execução ou conclusão de procedimento, o estende de forma imotivada, procrastinando-o em prejuízo do investigado ou do fiscalizado.

– Objetividade Jurídica:

Tutela-se a administração pública (comum ou militar), responsável pelas investigações, sofre com o prolongamento desnecessário desses procedimentos, que custam tempo dos seus agentes, meios materiais, além de violar o princípio constitucional da eficiência. A demanda de investigações é alta, gerando prejuízo a manutenção dos casos que poderiam ter desfecho mais célere.

Ainda, tal conduta pode contribuir para que o caso alcance a prescrição, gerando por consequência, a impunidade e o descrédito das instituições.

A tutela alinha-se, ademais, ao direito do cidadão insculpido no art. 5º inciso LXXVIII – "a todos, no âmbito judicial e administrativo, são assegurados a razoável duração do processo e os meios que garantam a celeridade de sua tramitação" – entendendo-se que a expressão "processo" diz respeito a toda a persecução, dando maior efetividade ao preceito constitucional.

– Sujeito Ativo:

O sujeito ativo será o agente público responsável por investigações (delegados de polícia, oficiais das instituições militares, promotores de justiça) e fiscalizações (agentes fiscais, municipais, estaduais e federais, militares envolvidos em fiscalizações específicas, como a de produtos controlados etc.).

– Sujeito Passivo:

O sujeito passivo imediato é o Estado, com a afetação da regularidade da sua administração pública (comum ou militar).

Como sujeito passivo mediato está a pessoa investigada ou fiscalizada que, enquanto não seja solucionado o procedimento, não alcançará a plenitude da paz de espírito, em face da insegurança jurídica de ter a máquina estatal em sua vigilância, aviltando sua busca pela felicidade. Embora em outro contexto, não se pode olvidar que o Supremo Tribunal Federal já compreendeu existir um direito à busca da felicidade como reflexo do fundamento da dignidade da pessoa humana (RE n. 477.554 Agr, rel. Min. Celso de Mello, j. 16/08/2011), o que, inevitavelmente, perpassa pela tranquilidade de não estar no foco de uma persecução que se protrai injustificadamente.

A mantença desarrazoada de uma investigação, ademais, pode trazer percalços nos atos de cidadania da pessoa, com afetação da vida profissional e pessoal, como, por exemplo, a constatação de informação de registro policial militar a comprometer a promoção de um militar.

– Elementos Objetivos:

O núcleo do tipo é "estender", que significa prolongar, esticar, alongar, ou seja, o tipo penal se revela pelo prolongamento desnecessário, injustificado de investigação ou fiscalização. Este alongamento pode ser por ação ou por omissão.

"Investigação" é o conjunto de atos desenvolvidos pela administração tendo por foco a pessoa contra a qual recai a suspeita da prática de uma infração, fins de obter a confirmação de ocorrência do ilícito e de sua autoria, podendo-se citar como exemplo o inquérito policial militar.

Não há na primeira parte da descrição típica a palavra "fiscalização", mas, in fine, há a elementar "fiscalizado", ou seja, a pessoa que sofre a ação levada a efeito por autoridade administrativa, que verifica se as normas referentes ao funcionamento das atividades e serviços que estão sob regulamentação do Estado estão sendo efetivamente cumpridas, sob a força do exercício do poder de polícia.

Fiscalização e investigação não se confundem, surgindo o questionamento se o crime pode ser perpetrado em sede apenas de investigação ou também de fiscalização.

Busquemos, antes, delinear a distinção entre fiscalização e investigação. A fiscalização se refere a um exercício constante de controle da atividade da pessoa que deve se submeter às exigências do Estado no desempenho de sua atuação. Por exemplo, em matéria de produtos controlados, aquele que obtém registro como caçador, atirador desportivo ou colecionador, conhecido genericamente pela sigla "CAC", deve se submeter aos atos de controle do Sistema de Fiscalização de Produtos Controlados, do Exército Brasileiro, isso mesmo que não pratique uma infração às regras de concessão ou utilização.

A investigação, por sua vez, parte da pretensa prática de conduta irregular, que dará ensejo a uma análise mais detida à questão, instaurando-se procedimento específico, como acima dito, para confirmar a existência do ilícito e de sua autoria. No mesmo exemplo de produtos controlados, pode haver a instauração de uma investigação sumária destinada à verificação de fatos envolvendo a possível desconformidade de produto controlado pelo Exército com seu certificado de conformidade, no intento de coletar elementos que permitam levar a decisão pela instauração ou não de um processo administrativa de cunho sancionatório, ou mesmo um outro procedimento, como um inquérito policial militar para a apuração de eventual crime militar.

Pois bem, retome-se a questão se a conduta criminosa pode ser praticada também diante da procrastinação de fiscalização.

Mantendo a regra de interpretação restritiva, entendemos que não. O tipo penal está bem delineado a possibilitar o cometimento do delito apenas em uma investigação, ou seja, quando se estiver apurando a concreta possibilidade de conduta ilícita de alguém. A elementar "fiscalizado" trazida ao final do tipo, assim, refere-se ao fiscalizado que já possui investigação contra si, o que que leva à sua desnecessidade, pois este fiscalizado já está na condição de investigado, também elementar do tipo.

Ainda sobre a discussão de investigação e fiscalização, seguramente, pode-se dizer que a conduta típica não se refere a processo, penal ou de outra natureza, o que é limitado pela palavra "investigação".

A extensão da investigação, ademais, deve ser injustificada, ou seja, sem razão plausível, razoável, proporcional para seu prolongamento, importando em procrastinação. Procrastinar significa adiar, deixar de fazer uma tarefa necessária, que poderia ser executada, porém o procrastinador prefere realizar outras atividades sem justificativa. Há, evidentemente, certa redundância no tipo em estudo ao grafar " Estender injustificadamente" e "procrastinando-a", o que não altera a análise do crime.

Há casos em que a investigação necessita de exames, perícias, laudos, cuja produção leva tempo. Testemunhas que faltam, documentos que demoram a ser enviados pelo órgão requisitado, enfim, tais contratempos afastam a figura típica, uma vez que o procedimento se estende por razões alheias à vontade do agente público, descaracterizando o fenômeno da procrastinação.

Pode haver, ainda, casos de a procrastinação acontecer, não para prejudicar a pessoa, mas sim para beneficiá-la, aguardando-se operar, por exemplo, a prescrição, ou aguardando-se entrar em vigor uma postura municipal mais benéfica ao fiscalizado, o que configuraria nesses casos, crime de prevaricação ou condescendência criminosa, no caso do investigado seja servidor subordinado do investigador.

O parágrafo único traz figura equiparada em que a única diferença é a de que a tutela recai sobre procedimentos que não tenham prazo fixo definido, mas que já poderiam estar findos, não fosse a procrastinação.

Assim, a figura do *caput*, embora nele não expressa a ideia, refere-se a investigações com prazos definidos, a exemplo do inquérito policial militar, com prazo de 40 dias com indiciado solto e de 20, com indiciado preso, admitindo-se prorrogação de 20 dias no primeiro caso (art. 20 do CPPM). Outro exemplo está no Procedimento Investigatório Criminal (PIC), com prazo de 90 dias para sua conclusão, permitidas, por igual período, prorrogações sucessivas, por decisão fundamentada do membro do Ministério Público Militar responsável pela sua condução, nos termos do art. 13 da Resolução n. 101, de 26 de setembro de 2018, de lavra do Conselho Superior do Ministério Público Militar. Mas o mero decurso de prazo não caracteriza o delito, sendo necessário demonstrar as ações ou inações que levam à constatação de uma procrastinação voluntária, preenchido, ademais, o elemento subjetivo que será explanado abaixo.

Sobre a possibilidade de aplicação da pena de multa na Justiça Militar, remetemos o leitor aos comentários ao art. 9º desta Lei.

– Elemento Subjetivo:

É o dolo específico de alongar a duração da investigação mediante a procrastinação, ou seja, não há obstáculos ou impeditivos ordinários que retardem o andamento do procedimento, mas o agente negligencia sua marcha.

Deve-se aliar, a esse elemento subjetivo do tipo penal, alguma das cinco finalidades específicas de (i) prejudicar outrem ou (ii) beneficiar a si mesmo ou (iii) a terceiro, ou, ainda, (iv) por mero capricho ou (v) satisfação pessoal, constantes do § 1º do artigo primeiro da Lei de Abuso de Autoridade, para satisfazer a tipicidade da conduta.

– Consumação e tentativa:

Trata-se de crime material, consumando-se com o prolongamento da investigação em prejuízo do investigado ou fiscalizado.

A tentativa mostra-se possível, como no caso de o agente público proceder a fim de estender a investigação determinando diligência desnecessária e, antes de ser ela encetada, seu superior hierárquico avoca o procedimento e corrige a "rota" de investigação.

– Tipicidade indireta:

O crime militar do art. 31 da Lei de Abuso de Autoridade deve, atendendo à tipicidade indireta, encontrar complemento no art. 9º, inciso II, alínea "e" do CPM: "por militar em situação de atividade, ou assemelhado, contra o patrimônio sob a administração militar, ou a ordem administrativa militar".

– Relação com a revogada lei de Abuso de Autoridade (Lei n. 4.898/65):

O tipo penal contido no artigo 31 da nova Lei de Abuso de Autoridade constitui-se em *novatio legis* incriminadora.

2.8.9.5.21. Art. 32

> **Art. 32.** Negar ao interessado, seu defensor ou advogado acesso aos autos de investigação preliminar, ao termo circunstanciado, ao inquérito ou a qualquer outro procedimento investigatório de infração penal, civil ou administrativa, assim como impedir a obtenção de cópias, ressalvado o acesso a peças relativas a diligências em curso, ou que indiquem a realização de diligências futuras, cujo sigilo seja imprescindível:
> Pena – detenção, de 6 (seis) meses a 2 (dois) anos, e multa.

– Objetividade Jurídica:

O tipo penal tutela a administração pública (comum ou militar), uma vez que sua prestação de serviços é violada com a negativa de acesso às investigações pelo interessado ou por quem o represente.

Evidentemente, também há a tutela dos direitos do advogado, mormente o previsto no art. 7º, inciso XIV do Estatuto da Ordem dos Advogados do Brasil (Lei n. 8.906/1994) – "examinar, em qualquer instituição responsável por conduzir investigação, mesmo sem procuração, autos de flagrante e de investigações de qualquer natureza, findos ou em andamento, ainda que conclusos à autoridade, podendo copiar peças e tomar apontamentos, em meio físico ou digital".

– Sujeito Ativo:

O sujeito ativo do crime é o agente público responsável pelos procedimentos investigatórios de natureza civil, penal ou administrativa, bem como seus auxiliares ou escrivães que, em sua ausência, detém o acesso e controle aos autos. Exemplificativamente, pode-se citar o encarregado de inquérito policial militar.

– Sujeito Passivo:

Sujeito passivo imediato é o Estado, pela afetação da regularidade de sua administração pública, que sofre com a violação da norma, praticada pelo seu agente.

O sujeito passivo mediato é o interessado ou seu defensor ou advogado. Curioso notar que neste delito a norma menciona apenas "defensor" e não "defensor público", como no art. 15, o que abarca a possibilidade de que a defesa esteja sendo procedida por alguém sem capacidade postulatória como veremos adiante.

– Elementos Objetivos:

O núcleo do tipo primeiro é "negar", que importa em não atender, não prover, que pode ocorrer por ação, na expressa negativa, ou por omissão, quando o autor do fato simplesmente se coloca em inação.

O que se nega é o acesso a autos (caderno apuratório, físico ou em sistema eletrônico) de investigação preliminar, ao termo circunstanciado, ao inquérito ou a qualquer outro procedimento investigatório, procedimentos que veremos adiante.

A negativa se dá diante de interessado, seu defensor ou advogado.

"Interessado", óbvio, será o investigado no âmbito civil, penal ou administrativo, que tem a pretensão de amealhar elementos que possam ser eficientes em sua defesa. Mas o fato de o legislador não ter usado a palavra "investigado", como o fez em outros tipos penais da Lei (v.g. art. 10), alarga a possibilidade de subsunção da conduta para a negativa de acesso a qualquer pessoa que tenha interesse na questão, ainda que não seja indiciado e nem investigado. É o caso, por exemplo, do ofendido em uma infração penal que tem legítimo interesse no deslinde da investigação para, por exemplo, ajuizar ação indenizatória, caso não queira aguardar a eventual sentença condenatória.

"Defensor", repita-se, foi utilizado sem a limitação do termo "público". Claro, haverá o delito nos casos de obstrução de direito ao acesso pelo defensor público, mesmo porque possui ele prerrogativas da advocacia, já que pelo § 1º do art. 3º do Estatuto da OAB, exercem "atividade de advocacia, sujeitando-se ao regime desta lei, além do regime próprio a que se subordinem, os integrantes da Advocacia-Geral da União, da Procuradoria da Fazenda Nacional, da Defensoria Pública e das Procuradorias e Consultorias Jurídicas dos Estados, do Distrito Federal, dos Municípios e das respectivas entidades de administração indireta e fundacional".

Mas o termo "defensor" vai além, abarcando também, no caso deste delito, a pessoa designada pela administração para defender determinada pessoa em uma investigação, o que pode ocorrer em situações que não sejam privativas de advogado. Reza o Estatuto da OAB:

> Art. 1º São atividades privativas de advocacia:
>
> I – a postulação a órgão do Poder Judiciário e aos juizados especiais;
>
> II – as atividades de consultoria, assessoria e direção jurídicas."

À evidência, não consta no rol de atividades privativas de advocacia, a defesa em procedimentos e processos administrativos, o que conhece chancela da Súmula Vinculante n. 5 do STF: "A falta de defesa técnica por advogado no processo administrativo disciplinar não ofende a Constituição".

Mas, anote-se, o tipo penal em estudo não tem por criminosa a negativa de acesso no processo, mas apenas em autos de investigação preliminar, termo circunstanciado, inquérito ou qualquer outro procedimento investigatório, levando ao questionamento se existiria situação de defensor designado fora do processo.

Embora polêmica, a alteração do CPPM acrescentando o art. 16-A, pela Lei n. 13.964/2019, trouxe uma inusitada possibilidade de a administração ter que indicar defensor para o investigado em sede de inquérito policial militar. Nestes casos, já há quem sustente que, à luz do que já ocorre no processo administrativo, mercê da acima citada Súmula Vinculante e da compreensão de quais são as atividades privativas de advogado, seria possível a designação de um militar, por exemplo, bacharel em Direito e sem capacidade postulatória para figurar como "defensor" no inquérito policial militar. Aceita esta situação, a negativa de acesso aos autos de inquérito policial militar a esse "defensor", poderia encontrar subsunção no tipo em estudo.

"Advogado", na acepção do tipo em estudo, é o bacharel em Direito, regularmente inscrito na Ordem dos Advogados do Brasil, obtendo dessa forma, a capacidade postulatória para a representação em juízo e demais atos privativos de advogado.

"Investigação preliminar" é o meio sumaríssimo de investigação, informal e célere cujo escopo é averiguar informes, denúncias anônimas, boatos, e outras fontes fracas de informação de irregularidades, a fim de estabelecer a necessidade ou não, da instauração de meios formais de investigação, como a sindicância no âmbito administrativo ou do inquérito policial no âmbito criminal.

"Termo circunstanciado" é o instrumento utilizado para registrar ocorrências enquadradas no conceito de infração penal de menor potencial ofensivo, ou seja, todas as contravenções penais e os crimes a que a lei comine pena máxima não superior a 2 anos, cumulada ou não com multa.

"Inquérito" é nomenclatura genérica para designar uma investigação formal que, em regra, antecede processo ou outro feito a solucionar um conflito ou questão. A descrição típica do artigo 32 da Lei de Abuso de Autoridade utilizou a expressão "inquérito policial", mas sim, a palavra "inquérito", o que abrange o inquérito policial e o inquérito civil, este, previsto na Lei n. 7.347/1985, a cargo do Ministério Público, para coletar elementos de autoria e materialidade de que um direito coletivo, um direito social ou um direito individual indisponível foi violado ou está prestes a sofrer um dano, constituindo instrumento preparatório para eventual ação civil pública.

Mas o tipo possui largura ainda maior ao utilizar a expressão "qualquer outro procedimento investigatório de infração penal, civil ou administrativa", o que permite a interpretação analógica a alcançar qualquer procedimento preparatório, a exemplo de sindicâncias, averiguações etc., independentemente da nomenclatura que o órgão público responsável utilize. Malgrado nossa visão, deve-se registrar a visão do Superior Tribunal Militar, encerrada na seguinte ementa:

> AEMENTA: HABEAS CORPUS. REQUISIÇÃO DE IPM. APURAÇÃO DE CRIME DE ABUSO DE AUTORIDADE PRATICADO, EM TESE, POR ENCARREGADO DE SINDICÂNCIA INVESTIGATIVA (CRIMINAL OU ADMINISTRATIVA). EVIDENTE CONSTRANGIMENTO ILEGAL PERPETRADO POR MEMBRO DO MINISTÉRIO PÚBLICO MILITAR. ARQUIVAMENTO. CONFIRMAÇÃO DE LIMINAR E CONCESSÃO DA ORDEM. DECISÃO POR UNANIMIDADE. I - Não pratica crime de abuso de autoridade, previsto no art. 32 da Lei nº 13.869, de 5 de setembro de 2019, o encarregado de Sindicância meramente investigativa (criminal ou administrativa) que, vinculado à Portaria instauradora e subsidiado por parecer do Jurídico da Unidade Militar, não franqueou carga dos autos à determinada testemunha, a qual também era advogado. II - Para aplicação da Lei de Abuso de Autoridade, é preciso conhecer, de plano, qual é o objeto da Sindicância, pois o teor da Portaria baixada pela autoridade competente delimita se o procedimento é meramente dirigido para apurações preliminares ou se assume o caráter de uma sindicância eminentemente processual. III - Seja pela equivocada avaliação sobre a natureza jurídica dos procedimentos investigativos, seja pela inobservância do contido no § 2º do art. 1º da Lei nº 13.869, de 2019, configura-se evidente constrangimento ilegal o ato de membro do Ministério Público Militar que, tendo as informações sobre a ocorrência dos fatos, requisita a instauração de Inquérito Policial Militar contra encarregado de Sindicância investigatória (criminal ou administrativa). IV - Liminar confirmada e Ordem de Habeas Corpus concedida para arquivamento do IPM. Decisão unânime (STM, HC n. 7000911-02.2020.7.00.0000, rel. Min. José Coêlho Ferreira, j. 25/02/2021)

Com todas as vênias, discordamos dessa decisão, não enxergando óbices para que o crime ocorre diante de conduta no bojo de uma sindicância. O que pode obstar a subsunção da conduta ao crime em estudo é o elemento subjetivo, mas não a natureza do procedimento.

Mas o acesso aos autos desses procedimentos não é absoluto, podendo ser restrito nas "diligências em curso, ou que indiquem a realização de diligências futuras, cujo sigilo seja imprescindível". A exceção alinha-se ao disposto no Estatuto da OAB, especificamente no § 11 do art. 7º ("no caso previsto no inciso XIV, a autoridade competente poderá delimitar o acesso do advogado aos elementos de prova relacionados a diligências em andamento e ainda não documentados nos autos, quando houver risco de comprometimento da eficiência, da eficácia ou da finalidade das diligências") e no verbete da Súmula Vinculante 14 do STF, que dispõe que é "direito do defensor, no interesse do representado, ter acesso amplo aos elementos de prova que, já documentados em procedimento investigatório realizado por órgão com competência de polícia judiciária, digam respeito ao exercício do direito de defesa".

Outra restrição está nos casos de investigação de organizações criminosas. A Lei n. 12.850 de 2013, prevê em seu artigo 23 que:

> O sigilo da investigação poderá ser decretado pela autoridade judicial competente, para garantia da celeridade e da eficácia das diligências investigatórias, assegurando-se ao defensor, no interesse do representado, amplo acesso aos elementos de prova que digam respeito ao exercício do direito de defesa, devidamente precedido de autorização judicial, ressalvados os referentes às diligências em andamento.

Portanto, embora polêmica a previsão o acesso aos autos de investigação no caso de organizações criminosas, mesmo em não sendo situação de diligência em andamento, é franqueado ao advogado (ou defensor), mas condicionada à autorização judicial, diferente dos demais casos em que o agente público deve franquear o acesso, independentemente de autorização judicial.

Sobre as peças que indiquem diligências futuras são aquelas que contém os pedidos e as correlatas fundamentações da autoridade policial ou do Ministério Público, buscando junto ao juiz, providências para angariar provas, tais como os pedidos de expedição de mandado de busca e apreensão domiciliar, de interceptação telefônica, de quebra de sigilo bancário, por exemplo e que, sendo concedido o acesso ao interessado, ao defensor ou ao advogado, podem antever os passos da investigação e prevenirem-se quanto à produção de provas em seu desfavor.

O segundo verbo nuclear é "impedir" que significa obstar, não permitir, no caso do tipo, a obtenção de cópias dos mesmos autos de investigação. Também se admite a concretização por meio omissivo próprio, quedando-se sem ação diante do requerimento, ou comissivo, por exemplo, o interessado ou defensor estão com acesso aos autos e, ao solicitarem cópia, o servidor responsável retira de suas mãos os autos, guardando em armário ou gaveta no interior da repartição pública.

As cópias podem, na atualidade, ser obtidas de forma muito célere e desburocratizada, sem retirar os autos da presença do servidor público. Se antigamente as cópias somente podiam ser obtidas por meio de máquinas fotocopiadoras, o que exigia que os autos ficassem sob carga do interessado, nos tempos contemporâneos, é possível o uso de máquinas portáteis de escaneamento, uso de máquinas de fotografia digital, presentes em aparelhos de telefonia celular.

Sobre a possibilidade de aplicação da pena de multa na Justiça Militar, remetemos o leitor aos comentários ao art. 9º desta Lei.

– Elemento Subjetivo:

É o dolo direto de negar acesso ou impedir extração de cópias dos autos da investigação.

Deve-se aliar, a esse elemento subjetivo do tipo penal, alguma das cinco finalidades específicas de (i) prejudicar outrem ou (ii) beneficiar a si mesmo ou (iii) a terceiro, ou, ainda, (iv) por mero capricho ou (v) satisfação pessoal, constantes do § 1º do artigo primeiro da Lei de Abuso de Autoridade, para satisfazer a tipicidade da conduta.

– Consumação e tentativa:

Trata-se de crime de mera conduta, que se consuma com o embaraço do acesso ou da obtenção de cópias, admitindo-se a tentativa, por exemplo, quando se der por escrito.

– Tipicidade indireta:

O crime militar do art. 32 da Lei de Abuso de Autoridade deve, atendendo à dupla tipificação, encontrar complemento no artigo 9º, inciso II, alínea "e" do CPM: "por militar em situação de atividade, ou assemelhado, contra o patrimônio sob a administração militar, ou a ordem administrativa militar".

– Relação com a revogada lei de Abuso de Autoridade (Lei n. 4.898/65):

O tipo penal contido no art. 32 da nova Lei de Abuso de Autoridade constitui-se em relação ao interessado, em *novatio legis* incriminadora. Já em relação aos direitos do advogado, havia previsão na alínea "j" do art. 3º da Lei n. 4.898/1965 cc § 12 do art. 7º do Estatuto da OAB, operando-se o princípio da continuidade normativa.

2.8.9.5.22. Art. 33

> **Art. 33.** Exigir informação ou cumprimento de obrigação, inclusive o dever de fazer ou de não fazer, sem expresso amparo legal:
>
> Pena – detenção, de 6 (seis) meses a 2 (dois) anos, e multa.
>
> Parágrafo único. Incorre na mesma pena quem se utiliza de cargo ou função pública ou invoca a condição de agente público para se eximir de obrigação legal ou para obter vantagem ou privilégio indevido.

– Objetividade Jurídica:

O bem jurídico protegido é a administração pública (comum ou militar) que sofre, com o agente público que a representa, violando os princípios constitucionais da legalidade, impessoalidade e da moralidade administrativas (art. 37, *caput*, CF). Tutela-se, ainda, a autonomia de vontade da pessoa contra a qual é feita a exigência, também escudada pela Constituição Federal (art. 5º, II, CF).

– Sujeito Ativo:

Qualquer agente público, inclusive militares, por exemplo, no desempenho de atividade fiscalizatória (ambiental, produtos controlados etc.).

– Sujeito Passivo:

O sujeito passivo imediato é o Estado, por sua administração pública (comum ou militar). Por sujeito passivo mediato, na linha que advogamos desde o início, temos a pessoa que sofre a exigência indevida.

– Elementos Objetivos:

Na figura do *caput* o verbo nuclear é "exigir", que significa "impor, decidir unilateralmente determinando ou ordenando" (NEVES; STREIFINGER, 2012, p. 1356), apresentando-se como uma espécie de constrangimento ilegal (arts. 222 do CPM e 146 do CP), com tonalidades próprias, como a perpetração por agente público. A forma é livre, inclusive podendo ser por violência ou grave ameaça, mas não necessariamente dessa maneira, o que aproxima ainda mais do delito de constrangimento ilegal, conflito que tentaremos dirimir adiante.

O que se exige é uma informação ou cumprimento de obrigação, sem amparo legal.

"Informação" traduz-se pelo conhecimento que a pessoa detém, obtido pela experiência existencial ou acessado de maneira informal, e que, no caso do tipo, não possui obrigação legal de repassar ao agente público, sofrendo assim a exigência prevista no crime. Como exemplo, em um preenchimento de cadastro/formulário perante a administração militar, há elementos de informação necessários à análise de um eventual pedido do cidadão, por exemplo, na solicitação de registro de caçador, atirador desportivo ou colecionador ("CAC"). Exigindo-se informação não delineada pela norma correlata (orientação sexual, orientação política, orientação filosófica etc.), haveria, ao menos em tese se preenchido o elemento subjetivo, a prática deste delito.

No que se refere à expressão "cumprimento de obrigação", a compreendemos bem ampla, apenas enumerando o tipo o exemplo ("inclusive") das obrigações de fazer ou de não fazer, permitindo-se uma interpretação analógica. Assim, qualquer exigência de comportamento positivo ou negativo desamparado pela lei, poderá ensejar a prática delitiva. Aproveitando o mesmo exemplo de produtos controlados, em tese, haverá o delito se o agente público exigir do cidadão que pretende o registro de CAC, a satisfação de um comportamento não exigido pela norma, por exemplo, a conversão a determinada religião, o ato de professar sua fé no momento da retirada do registro etc.

A exigência, repita-se, ocorre "sem amparo legal" e aqui cabem algumas observações sobre o princípio da legalidade. O mote constitucional inaugural está, como acima indicado, nos art. 37, *caput*, e inciso II do art. 5º, ambos da Lei Maior.

Pela primeira previsão, atrelada à tutela imediata da administração pública (comum ou militar) está o princípio da legalidade do *caput* do art. 37, segundo o qual a "administração pública direta e indireta de qualquer dos Poderes da União, dos Estados, do Distrito Federal e dos Municípios obedecerá aos princípios de **legalidade**, impessoalidade, moralidade, publicidade e eficiência [...]". Trata-se aqui de uma legalidade estrita, segundo a qual o integrante da administração pública, no desempenho de sua função, apenas pode fazer – o que inclui o ato de exigir – aquilo que a lei permite.

Por outro veio, o inciso II do art. 5º ao dispor que "ninguém será obrigado a fazer ou deixar de fazer alguma coisa senão em virtude de lei", traz a clara mensagem de que o cidadão (não mais o integrante da administração pública em função) apenas estará obrigado a se comportar de acordo com a exigência legal. Trata-se da manutenção da autonomia da vontade, em uma legalidade mais ampla, que também impõe um escudo à atuação da administração pública.

Dessa maneira, na comunhão das ideias – legalidade estrita para a administração e legalidade ampla para o cidadão –, a exigência de informação ou de comportamento positivo ou negativo fere linha do Estado Democrático de Direito, entendendo-se, por essa razão, inaugurar a repressão penal pelo abuso de autoridade.

Muito importante a observação de Renee do Ó Souza (2020, p. 218) sobre a questão do espectro da legalidade em dias atuais:

> Mas o âmago do tipo, apto a conferir sua aplicação (des) equilibrada, perpassa pela compreensão do **elemento normativo do tipo** *"sem expresso amparo legal"* que não deve ser considerado um *mero fundamento legal direto*, fonte da exigência emitida pelo agente público, afinal, há muito que a lei não pode ser compreendida apenas em seu sentido formal, mas principalmente como parte de um ordenamento jurídico em sentido material, emissor de comandos normativos estruturados em regras ou princípios jurídicos, fruto do movimento de ajuntamento e complementação normativa, caracterizado pelo emprego de normas infralegais e outras fontes normativas como suporte capaz de emprestar-lhe elasticidade conceitual exigível na disruptiva sociedade atual.

Com efeito, a administração pública é movida por normas muitas vezes esparsas e não apenas enquadradas como normas primárias previstas no art. 59 da Constituição Federal, mas também por instrumentos normativos não primários, como decretos do Poder Executivo, Resoluções do mesmo Poder etc. Estará na afeição da legalidade estrita, por exemplo, uma exigência amparada por Resolução do Conselho Nacional de Trânsito ou pelo Regulamento de Fiscalização de Produtos Controlados, aprovado por Decreto do presidente da República, instrumentos que, embora não estejam enumerados no processo legislativo constitucional (art. 59, CF), podem impor condutas, até mesmo porque, na origem, encontram permissão legal, como, no caso, no inciso I do art. 12 do Código Brasileiro de Trânsito (Lei n. 9.503/1997) e no Estatuto do Desarmamento (Lei n. 10.826/2003), que em várias compreensões remete a disciplina para norma regulamentar.

Não se pode confundir o crime em estudo com o crime de constrangimento ilegal, previsto nos arts. 222 do CPM e 146 do CP. Este pode ser cometido por qualquer pessoa e acontece mediante violência ou grave ameaça. Já o delito do art. 33 da Lei de Abuso de Autoridade pode apenas ser perpetrado agente público, dispensando-se o uso de violência ou de grave ameaça. Um militar da ativa que, por violência ou grave ameaça, constranja outro militar da ativa a fazer o que a lei não o obriga, estará em prática do crime do art. 222 do CPM; enquanto que, se o militar da ativa, no exercício funcional, exigir comportamento não respaldado pela lei, ainda que por violência ou grave ameaça, já que a forma é livre no delito em estudo, estará em prática de abuso de autoridade, caso preenchido o elemento subjetivo.

No parágrafo único do art. 33 da Lei de abuso de Autoridade, por seu passo, houve a tipificação penal da denominada "carteirada" em que o autor "utiliza de cargo ou função pública ou invoca a condição de agente público para se eximir de obrigação legal ou para obter vantagem ou privilégio indevido".

São dois, os objetos materiais deste tipo penal, a serem alcançados com a utilização indevida do cargo público ou da condição de agente público: (i) buscar se eximir de obrigação legal, como por exemplo, o policial militar que, parado em um bloqueio de trânsito e com veículo irregular lança mão de sua condição para ser liberado e (ii) buscar vantagem ou privilégio indevido e, comportando uma infinidade de exemplos, como no caso do policial militar que invoca sua condição para não pagar ingresso em espetáculos ou em casas noturnas.

Note-se que a conduta pode ser praticada no exercício do cargo, quando, em regra, utiliza-se do cargo, mas também fora dele, invocando a condição de agente público.

Neste ponto, além da legalidade evidentemente inobservada, há a mácula da lisura que o exercício de uma função pública deve se revestir, atingindo a conduta criminosa os princípios constitucionais da moralidade e impessoalidade, também delineados no art. 37, *caput*, da Constituição Federal.

"Cargo público", como já definimos, trata-se de unidades indivisíveis de atribuições e competências, criadas por lei, retribuídas por pessoas jurídicas de direito público e regidas pelo regime estatutário. "Função pública", por seu turno, consiste em atividade jurídica e executória correspondente ao cargo ou emprego públicos que, entretanto, pode ser exercida sem um ou outro.

"Vantagem ou privilégio indevido" engloba qualquer benefício não previsto em lei. A Lei de Abuso de Autoridade visa, com este tipo penal, o combate ao odioso fenômeno do patrimonialismo, cultura arraigada de longa data, em que o agente público não distingue os limites entre o público e o privado, entre o exercício funcional e sua vida pessoal, buscando aproveitar sua condição para benefícios indevidos. Neste ponto, é conveniente lembrar a distinção com os crimes de concussão (art. 305 do CPM) e de corrupção passiva (art. 308 do CPM) que, embora praticados por agente público, pressupõem uma negociação espúria (LIMA, Nova lei..., 2020, p. 306), na mesma esteira do enunciado 22 do Conselho Nacional de Procuradores-Gerais dos Ministérios Públicos dos estados e da União (CNPG) e do Grupo Nacional de Coordenadores de Centro de Apoio Criminal (GNCCRIM) para a Lei de Abuso de Autoridade:

> Quem se utiliza de cargo ou função pública ou invoca a condição de agente público para se eximir de obrigação legal ou para obter vantagem ou privilégio indevido pratica abuso de autoridade (art. 33, parágrafo único) se o comportamento não estiver atrelado à finalidade de contraprestação do agente ou autoridade. Caso contrário, outro será o crime, como corrupção passiva (art. 317 do CP).

Sobre a possibilidade de aplicação da pena de multa na Justiça Militar, remetemos o leitor aos comentários ao art. 9º desta Lei.

– Elemento Subjetivo:

No *caput* do art. 33, o elemento subjetivo é o dolo direto de promover a exigência, consciente de que sua função pública exerce constrangimento natural ao cidadão. No parágrafo único, o dolo ganha a coloração com o fim de eximir-se de obrigação legal ou de obter vantagem ou privilégio indevidos (elemento subjetivo especial do tipo).

Deve-se aliar, a esse elemento subjetivo do tipo penal, alguma das cinco finalidades específicas de (i) prejudicar outrem ou (ii) beneficiar a si mesmo ou (iii) a terceiro, ou, ainda, (iv) por mero capricho ou (v) satisfação pessoal, constantes do § 1º do artigo primeiro da Lei de Abuso de Autoridade, para satisfazer a tipicidade da conduta.

– Consumação e tentativa:

Ambas as tipificações são crimes formais. Apesar de a lei prever um resultado lesivo (acesso a informação, realização de obrigação pelo prejudicado, alcance de privilégio ou vantagem indevidos), não é necessária concretização desses intentos para que o delito alcance a consumação, que ocorre com a exigência ou com a utilização do cargo público.

A tentativa será possível, por exemplo, no caso de as condutas serem praticada por escrito.

– Tipicidade indireta:

Os crimes militares do art. 33 da Lei de Abuso de Autoridade devem, atendendo à dupla tipificação, encontrar complemento no artigo 9º, inciso II, alínea "e" do CPM: "por militar em situação de atividade, ou assemelhado, contra o patrimônio sob a administração militar, ou a ordem administrativa militar".

– Relação com a revogada lei de Abuso de Autoridade (Lei n. 4.898/65):

O tipo penal contido no artigo 33 da nova Lei de Abuso de Autoridade constitui-se em *novatio legis* incriminadora.

2.8.9.5.23. Art. 36

> **Art. 36.** Decretar, em processo judicial, a indisponibilidade de ativos financeiros em quantia que extrapole exacerbadamente o valor estimado para a satisfação da dívida da parte e, ante a demonstração, pela parte, da excessividade da medida, deixar de corrigi-la:
>
> Pena – detenção, de 1 (um) a 4 (quatro) anos, e multa.

– Objetividade Jurídica:

A objetividade jurídica neste delito é a administração da justiça, uma vez que o tipo penal especificou o momento do delito como sendo "em processo judicial".

Tutela-se, em adição, o patrimônio do indivíduo afetado pela decretação da medida judicial.

– Sujeito Ativo:

A decretação de indisponibilidade de ativos financeiros é de competência de autoridade judiciária. Este ato judicial pode acontecer de ofício ou por provocação da Ministério Público ou da autoridade de polícia judiciária comum ou militar, mas a decretação é do magistrado, o que não impede a participação de outros agentes públicos (LIMA, **Nova lei**..., p. 310).

Nas decisões colegiadas da Justiça Militar, a cargo do escabinato, por exemplo, ainda que o juiz militar componha o órgão jurisdicional, não se estará atuando no contexto da administração militar – e sim da administração da justiça –, de maneira que se afasta a atuação do inciso II do art. 9º, particularmente, na alínea "e", não se podendo falar em crime militar.

Adicione-se que a situação típica escolhida pelo legislador neste caso ocorre primordialmente no contexto da penhora de dinheiro em depósito ou em aplicação financeira, que passa ao largo da competência da Justiça Militar, como regra, ao menos no que concerne à competência criminal. Claro que a aplicação por analogia do inciso IV do art. 387 do CPP, segundo o qual o juiz, ao proferir sentença condenatória, fixará valor mínimo para reparação dos danos causados pela infração, considerando os prejuízos sofridos pelo ofendido, pode gerar discussão, mas, ainda assim, trata-se de situação específica da qual o juiz militar não tomará parte, pois a execução da sentença não está na competência do escabinato, por força, por exemplo, do inciso XI do art. 30 da Lei n. 8.457/1992.

– Sujeito Passivo:

O sujeito passivo imediato é o Estado, aviltado na administração da justiça, que tem seu regular funcionamento deturpado, por um ato que fere os princípios da proporcionalidade e razoabilidade no que tange ao direito de propriedade previsto no inciso XXII do artigo 5º da CF/88.

Como sujeito passivo mediato tem-se a pessoa (natural ou jurídica) titular dos bens constritos indevidamente.

– Elementos Objetivos:

"Decretar" significa impor, ordenar. No caso estudado, é a ordem judicial de bloquear ativos financeiros, em valor superior ao necessário para satisfação da dívida da parte e não corrigir o valor decretado a maior, diante de demonstração, pela parte, da excessividade da medida.

Trata-se de um crime plurissubsistente em que o ato executório é composto por duas etapas interdependentes: primeiramente o juiz decreta a indisponibilidade de ativos financeiros em valor exacerbado para a satisfação da dívida e – frise-se que o tipo penal se utiliza da partícula "e" e não "ou" –, após esta conduta, a parte prejudicada deve provoca-lo para corrigir o excesso cometido, no que o magistrado permanece inerte – somente neste momento estará consumado o crime. Há, no primeiro momento, uma ação e, no segundo, uma omissão, como orienta o enunciado 23 do Conselho Nacional de Procuradores-Gerais dos Ministérios Públicos dos estados e da União (CNPG) e do Grupo Nacional de Coordenadores de Centro de Apoio Criminal (GNCCRIM) para a Lei de Abuso de Autoridade: "O delito do art. 36 da Lei de Abuso de Autoridade (abusiva indisponibilidade de ativos financeiros) pressupõe, objetivamente, uma ação (decretar) seguida de uma omissão (deixar de corrigir)".

Ainda, na primeira fase da descrição típica, somente iniciará a configuração do delito, quando a indisponibilidade dos ativos financeiros extrapolar "exacerbadamente o valor estimado para a satisfação da dívida da parte". O uso do advérbio "exacerbadamente" torna atípica a conduta do juiz que impõe pequenas variações para mais, no cálculo dos ativos financeiros a serem bloqueados.

"Indisponibilidade de ativos financeiros" diz respeito aos instrumentos jurídicos de que dispõe o Poder Judiciário para bloquear bens, visando o ressarcimento das obrigações financeiras do acusado.

Segundo Silvio Wanderley N. Lima (2019), ativos financeiros[41] são "recursos que, em geral, são mantidos e circulam por instituições financeiras", os quais detém preferência na constrição judicial, precedendo as demais, em razão da liquidez, da facilidade de movimentação e por conseguinte, trazem maior facilidade do pagamento ao credor exequente, nos termos do Código de Processo Civil (CPC):

> Art. 835. A penhora observará, preferencialmente, a seguinte ordem:
>
> I – dinheiro, em espécie ou em depósito ou aplicação em instituição financeira;
>
> (...)
>
> § 1º É prioritária a penhora em dinheiro, podendo o juiz, nas demais hipóteses, alterar a ordem prevista no caput de acordo com as circunstâncias do caso concreto.

Assim, somente incorrerá em crime, o magistrado que extrapole exacerbadamente o valor estimado para a satisfação da dívida da parte, no que tange aos ativos financeiros. Caso a indisponibilidade seja constituída por um conjunto de bens, abrangendo não apenas os ativos financeiros, mas também bens imóveis, veículos, aeronaves e embarcações, por exemplo, tais bens não podem ter seus valores computados para aferir se o valor da indisponibilidade extrapolou de forma exacerbada, o cumprimento da dívida.

Para fins de subsunção do fato à norma, considerar-se-á apenas, e isoladamente, o valor estipulado pelo juiz, em relação aos ativos financeiros.

Quanto à indisponibilidade, por exemplo, urge mencionar o disposto no caput do art. 854 também do CPC:

> Art. 854. Para possibilitar a penhora de dinheiro em depósito ou em aplicação financeira, o juiz, a requerimento do exequente, sem dar ciência prévia do ato ao executado, determinará às instituições financeiras, por meio de sistema eletrônico gerido pela autoridade supervisora do sistema financeiro nacional, que torne indisponíveis ativos financeiros existentes em nome do executado, limitando-se a indisponibilidade ao valor indicado na execução (g.n.).

41 Disponível em: https://jus.com.br/artigos/77373/apontamentos-sobre-a-indisponibilidade-de-ativos-financeiros-e-a-nova-lei-de-abuso-de-autoridade. Acessado em 04/12/19.

Assim, como regra, há situação ideal para a perpetração do delito, na "penhora *on-line*", no contexto do sistema conhecido como BACENJUD. Nessa linha, deflagra Renato Brasileiro de Lima (**Nova lei...**, 2020, p. 312):

> Portanto, quando o tipo penal do art. 36 da Lei n. 13.869/19 faz menção à decretação de *indisponibilidade de ativos financeiros* em processo judicial, refere-se, grosso modo, mas não exclusivamente, à denominada *penhora on-line*, espécie de constrição de dinheiro ou aplicações financeiras por meio de sistema eletrônico comandada pelo juiz de seu computador em sistema disponibilizado pelo Banco Central.

Na continuação da análise do art. 854 do CPC tem-se que no prazo de 24 horas a contar da resposta, de ofício, o juiz determinará o cancelamento de eventual indisponibilidade excessiva, o que deverá ser cumprido pela instituição financeira em igual prazo (§ 1º). Dessa forma, o juiz poderá, esponte própria, já sanar a constrição excessiva, evitando incorrer na primeira parte da conduta nuclear.

Intimado o advogado do executado (§ 2º do art. 854 do CPC), será possível comprovar ao juízo, em 5 dias, que ainda remanesce indisponibilidade excessiva (inciso II do § 3º do art. 854 do CPC), e, neste ponto, inaugura-se a segunda parte da conduta nuclear, diante da negativa infundada em corrigir a constrição. Espera-se que o magistrado cancele a indisponibilidade excedente, e, não o fazendo, poderá incorrer no delito.

"Satisfação da dívida da parte" vincula-se a qualquer espécie de processo judicial, não apenas processos criminais. O tipo penal utilizou a expressão "Decretar, em processo judicial", abrangendo a indisponibilidade de ativos financeiros de modo exacerbadamente superior ao seu saldo da dívida, seja essa dívida de natureza civil, tributária, derivada do cometimento de um ato de improbidade administrativa, e também em processos criminais em que "(...) tem por fim garantir tanto a reparação de dano *ex delicto* quanto a efetividade da multa pecuniária e o pagamento das custas processuais que possam vir a ser impostas ao denunciado (STJ, T6, REsp 1319345/PR, Rel. Ministro Sebastião Reis Júnior, DJe 03/09/2015)"[42].

Sobre a possibilidade de aplicação da pena de multa na Justiça Militar, remetemos o leitor aos comentários ao art. 9º desta Lei.

– Elemento Subjetivo:

O elemento subjetivo neste crime é o dolo do juiz que, consciente da quantia correta da indenização de dívida, impõe a indisponibilidade de ativos financeiros em valor muito superior ao cálculo justo, previamente por ele conhecido, e, mesmo diante de demonstrado excesso pela parte, não procede ao cancelamento da constrição. Não basta extrapolar o valor justo, há que se extrapolar exacerbadamente, denotando com isso, um sentido de desproporcionalidade desejada, intencional, o que exclui a modalidade de dolo eventual ou de delito culposo.

---

[42] Decisão citada por Silvio Wanderley N. Lima. Disponível em: https://jus.com.br/artigos/77373/apontamentos-sobre-a-indisponibilidade-de-ativos-financeiros-e-a-nova-lei-de-abuso-de-autoridade. Acessado em 04/12/19

Deve-se aliar, a esses elementos subjetivos do tipo penal, alguma das cinco finalidades específicas de (i) prejudicar outrem ou (ii) beneficiar a si mesmo ou (iii) a terceiro, ou, ainda, (iv) por mero capricho ou (v) satisfação pessoal, constantes do § 1º do artigo primeiro da Lei de Abuso de Autoridade, para satisfazer a tipicidade da conduta.

– Consumação e tentativa:

O crime se consuma no momento em que o magistrado, aparelhado por todas as informações trazidas ao seu conhecimento, inclusive pela parte afetada pela constrição, deixa de cancelar a indisponibilidade excessiva.

Como a consumação se refere a conduta omissiva imprópria, a tentativa não é admissível.

– Tipicidade indireta:

O crime do artigo 36 da Lei de Abuso de Autoridade, pelas razões expostas acima, não nos parece encontrar a tipificação adicional no art. 9º do CPM, não se tratando, pois, de crime militar extravagante.

– Relação com a revogada lei de Abuso de Autoridade (Lei n. 4.898/65):

O tipo penal contido no artigo 36 da nova Lei de Abuso de Autoridade constitui-se em *novatio legis* incriminadora, em comparação com a Lei anterior (Lei n. 4.898/1965).

2.8.9.5.24. Art. 37

> **Art. 37.** Demorar demasiada e injustificadamente no exame de processo de que tenha requerido vista em órgão colegiado, com o intuito de procrastinar seu andamento ou retardar o julgamento:
>
> Pena – detenção, de 6 (seis) meses a 2 (dois) anos, e multa.

– Objetividade Jurídica:

A objetividade jurídica deste delito é, precipuamente, a administração da justiça, que sofre com a violação do princípio constitucional insculpido no inciso LXXVIII do artigo 5º – "a todos, no âmbito judicial e administrativo, são assegurados a razoável duração do processo e os meios que garantam a celeridade de sua tramitação".

– Sujeito Ativo:

Trata-se de crime de mão própria, não bastando ser magistrado, mas exigindo-se que ele funcione em órgão colegiado, que, em regra, são encontrados em segunda instância ou instâncias superiores.

As justiças militares – da União e dos Estados – possuem órgão colegiado na 1ª instância, a saber, os Conselhos de Justiça (Especial e Permanente), formados por um juiz de direito e quatro oficiais das instituições militares. Na Justiça Militar da União também há os Conselhos de Justiça em primeira instância.

Há na administração militar, ainda, órgãos colegiados que instruem processos administrativos, a exemplo dos Conselhos de Disciplina e Conselhos de Justificação, na administração militar, formados ambos, por três oficiais militares que analisam a conduta praticada por praça com mais de 10 (dez) anos de serviço ou por oficiais, respectivamente, averiguando se possuem condições morais de permanecerem nas fileiras da Instituição Militar, após a prática de transgressão disciplinar de natureza grave.

Ocorre que para os Conselhos de Justiça e para os órgãos colegiados na administração militar não há previsão do pedido de vista, afastando a hipótese de pratica deste delito como crime militar extravagante.

Adicione-se, ainda, no caso da administração militar, que o tipo penal se refere à morosidade na análise do processo, para procrastinar o andamento ou para retardar o julgamento e as decisões dos Conselhos de Disciplina e de Justificação são meramente opinativas, não vinculando a decisão da autoridade competente.

Dessa forma, a sujeição ativa ficaria adstrita aos magistrados, por exemplo, do Superior Tribunal Militar, já que possível o pedido de vista como indica o art. 78 do Regimento Interno daquele Tribunal Superior ("Art. 78. Durante os julgamentos, ainda que na fase de discussão, poderá qualquer dos Ministros manifestar interesse em pedir vista dos autos").

– Sujeito Passivo:

O sujeito passivo imediato é o Estado, pela administração da justiça.

De forma mediata figuram as partes processuais, independentemente de estarem no polo ativo ou passivo da ação, seja o autor ou réu, não importando quem saia vitoriosa ou derrotada no julgamento, uma vez que a decisão célere beneficia a todos. A parte vitoriosa, em face da rapidez na pacificação do conflito; a parte derrotada porque pode manejar os recursos ou ações autônomas caso esteja inconformada.

– Elementos Objetivos:

Como se disse, parta-se da premissa do não cabimento deste delito como crime militar extravagante, pois fora do contexto dos militares na administração militar.

O núcleo do tipo penal utiliza o verbo "demorar", no sentido de procrastinar, retardar, acrescido o verbo dos advérbios demasiadamente e injustificadamente. A lei não traz um parâmetro objetivo para classificar a demora demasiada, ensejando a utilização dos princípios da razoabilidade e da proporcionalidade, diante das peculiaridades do caso concreto.

A demora supra qualificada ocorre na análise do julgamento, quando um dos membros de órgão colegiado solicita vista para examinar o processo. A finalidade dessa demora é procrastinar a marcha processual ou retardar o julgamento.

O "requerimento de vista em órgão colegiado" ocorre nos processos correntes, quando o magistrado integrante do órgão colegiado não estiver apto para declarar seu voto, resultando na suspensão do curso de julgamento, a pretexto da realização de melhor estudo visando decidir adequadamente o caso.

Sobre a possibilidade de aplicação da pena de multa na Justiça Militar, remetemos o leitor aos comentários ao art. 9º desta Lei.

– Elemento Subjetivo:

Exige-se o dolo especialmente direcionado a procrastinar o avanço do processo ou retardar o julgamento.

Deve-se aliar, a esse elemento subjetivo do tipo penal, alguma das cinco finalidades específicas de (i) prejudicar outrem ou (ii) beneficiar a si mesmo ou (iii) a terceiro, ou, ainda, (iv) por mero capricho ou (v) satisfação pessoal, constantes do § 1º do artigo primeiro da Lei de Abuso de Autoridade, para satisfazer a tipicidade da conduta.

– Consumação e tentativa:

Consuma-se o delito com o transcurso de demasiada demora, após o pedido de vista, para a retomada do curso processual, entendendo-se inviável a tentativa.

– Tipicidade indireta:

O crime do artigo 37 da Lei de Abuso de Autoridade, pelas razões expostas acima, não nos parece encontrar a tipificação adicional no art. 9º do CPM, não se tratando, pois, de crime militar extravagante.

– Relação com a revogada lei de Abuso de Autoridade (Lei n. 4.898/65):

O tipo penal contido no artigo 37 da nova Lei de Abuso de Autoridade constitui-se em *novatio legis* incriminadora.

2.8.9.5.25. Art. 38

Art. 38. Antecipar o responsável pelas investigações, por meio de comunicação, inclusive rede social, atribuição de culpa, antes de concluídas as apurações e formalizada a acusação:
Pena – detenção, de 6 (seis) meses a 2 (dois) anos, e multa.

– Objetividade Jurídica:

O tipo penal protege a administração pública (comum e militar), uma vez que seu foco principal quando de uma investigação, é a coleta de provas e não a divulgação ou a propaganda dos resultados obtidos.

Tutela também o patrimônio moral e a honra da pessoa investigada.

– Sujeito Ativo:

Podem figurar como sujeito ativo os agentes públicos responsáveis pelas investigações, ou seja, autoridades de polícia judiciária comum, militar, membros do Ministério Público e outros agentes públicos responsáveis por investigação de ilícitos administrativos, como por exemplo, o encarregado de uma sindicância.

– Sujeito Passivo:

O sujeito passivo imediato é o Estado, afetado por sua administração pública (comum ou militar). Mediato é a pessoa que tem divulgada atribuição de culpa pela prática de ato ilícito.

– Elementos Objetivos:

O verbo nuclear é "antecipar" que significa comunicar com antecedência, constituindo conduta comissiva do responsável pela investigação que, antes de encerra-la e, sem aguardar a formalização da acusação, por exemplo, pelo Ministério Público na ação criminal, propaga atribuição de culpa a outrem, descurando que, pelo fato de as investigações não estarem conclusas, o panorama pode ser alterado com o surgimento de novas provas ou pelo conhecimento de fatos novos, até então desconhecidos.

Há, portanto, um pré-julgamento, uma precipitação relacionada à imputação, ainda incerta contra determinada pessoa sobre a qual recaiam indícios do cometimento de um ato ilícito.

Na descrição típica está a elementar "investigações", o que possibilita abranger investigações de natureza civil, penal, administrativa etc., assim o "responsável" – aquele que conduz, impulsiona etc. – pode estar à frente de procedimentos variados, a exemplo do delegado de polícia, no inquérito policial, de um oficial encarregado de IPM, ou no caso de feitos apuratórios preliminares ao processo administrativo.

"Investigações", ademais, exclui da tipificação, a comunicação de atribuição de culpa na fase processual, seja em processos judiciais ou administrativos. Assim, caso haja a atribuição de culpa antecipada, por meio de comunicação, durante um processo não findo, o juiz ou a autoridade administrativa responsável pelo processo não responderá pelo tipo penal em estudo.

A perpetração do crime, como já mencionado, ocorre quando a comunicação da atribuição de culpa acontecer antes de finalizadas as apurações e – frise-se a partícula aditiva – antes de se formalizar a acusação. O encerramento das investigações pode se dar diante da existência, por exemplo, de elementos indicativos de autoria e materialidade ou em função de não haver mais medidas investigativas a serem encetadas. A formalização da acusação também possui compreensão ampla, podendo ocorrer não apenas na esfera penal, com o oferecimento da denúncia (ou da queixa-crime) – embora fosse a ideal composição, com a grafia de "investigações criminais" em vez de "investigações" –, mas em outras paragens, como em um processo administrativo em que a peça pórtico impõe a conduta ilícita a determinada pessoa.

Pode-se, neste ponto, criticar o tipo penal por sua redundância, uma vez que não se pode, faticamente, formalizar a acusação, sem antes finalizar a investigação. Quando uma comunicação antecipada de atribuição de culpa for efetivada, antes de concluídas as apurações, por óbvio a acusação sequer foi formalizada, pela falta de suporte fático idôneo a apontar os elementos de autoria e materialidade do ato ilícito praticado.

Ressalva muito importante faz Renee do Ó Souza (2020, p. 239-240) neste ponto de análise:

> O recorte temporal feito pela norma, todavia, é inadequado porque existem situações em que o juízo acerca da alta probabilidade de culpa do investigado ocorre muito antes da condução das apurações e formalização da acusação, como ocorre nas prisões em flagrante delito, por exemplo.
>
> Além disso, a norma deve ser compatibilizada com outras que asseguram o direito de determinadas autoridades expressarem livremente suas opiniões, bem como aquelas que impõem aos órgãos estatais deveres de transparência e publicidade e que são reconfigurados como direito à informação, titularizados pelos cidadãos em geral, constitucionalmente previstos no art. 5º incisos XXXIII, que dispõe *"todos têm direito a receber dos órgãos públicos informações de seu interesse particular, ou de interesse coletivo ou geral, que serão prestadas no prazo da lei, sob pena de responsabilidade, ressalvadas aquelas cujo sigilo seja imprescindível à segurança da sociedade e do Estado"* e inciso LX, que reza: *"a lei só poderá restringir a publicidade dos atos processuais quando a defesa da intimidade ou o interesse social o exigirem"*.

Com efeito, quando o responsável pelas investigações atende ao direito à informação, não há que se falar em conduta criminosa, ainda que estejam em curso as investigações. Igualmente, diante de uma prisão em flagrante, mesmo que diligências complementares sejam necessárias, a formulação de uma linha de raciocínio que impute um delito ao flagranteado não pode ser tomada como criminosa, ainda que haja utilização de meios de comunicação, mesmo porque essa conduta pode fazer parte da própria estratégia de investigação, como a divulgação para que outras vítimas da mesma pessoa se tomem de prestar seu depoimento, muito comum na investigação de crimes que aviltem a dignidade sexual, por exemplo.

A propósito, "meio de Comunicação[43]" traduz-se pelo conjunto de instrumentos e ferramentas que facilitam e potencializam a comunicação entre as pessoas, propiciando a difusão de informações. Os meios de comunicação podem ser individuais (carta, telefone, plataforma de mensagens eletrônicas, correios eletrônicos) ou de comunicação social, em massa (televisão, rádio, rede mundial de computadores).

"Rede social" compreende a estrutura social aberta, horizontal, não hierarquizada, em que não apenas pessoas, mas também organizações se relacionam, compartilhando informações, valores, anseios, propagandas. O tipo penal igualou as redes sociais (*facebook, instagram, twitter, telegram*), fruto da expansão tecnológica de conexão via rede mundial de computadores, aos meios de comunicação tradicionais (televisão, rádio, jornal escrito e impresso).

Sobre a possibilidade de aplicação da pena de multa na Justiça Militar, remetemos o leitor aos comentários ao art. 9º desta Lei.

– Elemento Subjetivo:

O elemento subjetivo é o dolo direto de antecipar a formação de culpa, consciente de que ainda há elementos probatórios a serem colhidos, não havendo formalização da acusação.

[43] https://mundoeducacao.bol.uol.com.br/geografia/meios-comunicacao.htm. Acessado em 06/12/2019.

Deve-se aliar, a esse elemento subjetivo do tipo penal, alguma das cinco finalidades específicas de (i) prejudicar outrem ou (ii) beneficiar a si mesmo ou (iii) a terceiro, ou, ainda, (iv) por mero capricho ou (v) satisfação pessoal, constantes do § 1º do artigo primeiro da Lei de Abuso de Autoridade, para satisfazer a tipicidade da conduta.

Em outras palavras, estará afastado o dolo, por exemplo, quando a antecipação ocorrer no contexto de prestação de informação requerida, com amparo constitucional, como estratégia de investigação para amealhar outras provas etc.

– Consumação e tentativa:

Trata-se de crime de mera conduta, pois a lei não estipula qualquer prejuízo danoso ou lesivo, decorrente da antecipação da atribuição da culpa. Basta antecipar (publicar) em meio de comunicação que o crime está consumado.

Estima-se possível a tentativa quando a antecipação se der pela forma escrita.

– Tipicidade indireta:

O crime militar do artigo 38 da lei de abuso de autoridade deve, atendendo à dupla tipificação, encontrar complemento no artigo 9º, inciso II, alínea "e" do CPM: "por militar em situação de atividade, ou assemelhado, contra o patrimônio sob a administração militar, ou a ordem administrativa militar".

– Relação com a revogada lei de Abuso de Autoridade (Lei n. 4.898/65):

O tipo penal contido no artigo 38 da nova Lei de Abuso de Autoridade constitui-se em *novatio legis* incriminadora.

REFERÊNCIAS

AGI, Samer. **Comentários à nova lei de abuso de autoridade (Lei n. 13.869/2019)**. Brasília: C P Iurs, 2019.

ALMEIDA, André Vinicius Espírito Santo de. **O erro de tipo no direito penal econômico**. Porto Alegre: SAFE, 2005.

ALVES-MARREIROS, Adriano. **Lei 13.491/2017, uma breve análise sobre a mudança da natureza comum para militar de certos casos de crimes dolosos contra a vida: um resumo didático da confusão que se reinicia...** Disponível em file:///C:/Users/rcoim/AppData/Local/Microsoft/Windows/INetCache/IE/OYF326G7/740512c5-adriano-marreiro.pdf. Acesso em: 04 jul. 2018.

ALVES-MARREIROS, Adriano; ROCHA RAMOS, Guilherme da; FREITAS, Ricardo de Brito Albuquerque Pontes. **Direito penal militar** – Teoria crítica & prática. São Paulo: Método, 2015.

ASSIS, Jorge Cesar de. Crime militar & processo: **comentários à Lei 13.491/2017**. Curitiba: Juruá, 2018.

ASSIS, Jorge Cesar de. **Das outras medidas cautelares pessoais e sua aplicação na justiça militar.** Disponível em https://jorgecesarassis.jusbrasil.com.br/artigos/121940520/das-outras-medidas-cautelares-pessoais-e-sua-aplicacao-na-justica-militar. Acesso em 17 out.2019.

BITENCOURT, Cezar Roberto. **Manual de direito penal**: parte geral. São Paulo Saraiva, 2002, v. 1.

BRASIL. Congresso. Câmara dos Deputados. **Resolução n. 17, de 1989: Aprova o Regimento Interno da Câmara dos Deputados**. Brasília, 1989.

CABEDA, Luiz Fernando. O sinistro retorno do crime de hermenêutica: Uma janela aberta para o castigo. Disponível em https://cabeda.jusbrasil.com.br/artigos/320526238/o-sinistro-retorno-do-crime-de-hermeneutica. Acesso em 29 dez. 2019.

CABETTE, Eduardo Luiz Santos. **Lei dos Crimes Hediondos e sua aplicação na Justiça Militar face à Lei 13.491/17.** Disponível em https://eduardocabette.jusbrasil.com.br/artigos/522089705/lei-dos-crimes-hediondos-e-sua-aplicacao-na-justica-militar-face-a-lei-13491-17?ref=topic_feed. Acesso em 04 jul. 2018.

CAPEZ, Fernando. **Direito penal simplificado: parte especial.** 15. ed. São Paulo: Saraiva, 2011.

CUNHA, Rogério Sanches. **Nova Lei de Abuso de Autoridade – Lei 13.869/19.** In: *WORKSHOP* DO MINISTÉRIO PÚBLICO DO ESTADO DE SÃO PAULO, 1., 2019. Tópico temático. São Paulo: Procuradoria Geral de Justiça, 2019.

CUNHA, Rogério Sanches; GRECO, Rogério. **Abuso de autoridade**. Salvador: Juspodivm, 2019.

CUNHA, Rogério Sanches; GRECO, Rogério. **Abuso de autoridade**. Salvador: Juspodivm, 2020.

DEZEM, Guilherme Madeira. **Curso de processo penal**. São Paulo: Revista dos Tribunais, 2016.

DI PIETRO, Maria Sylvia Zanella. **Direito administrativo**. São Paulo: Atlas, 2006.

DI PIETRO, Maria Sylvia Zanella. **Direito administrativo**. São Paulo: Atlas, 2019.

DUARTE, Antônio Pereira. **Direito administrativo militar**. Rio de Janeiro: Forense, 1995.

ESTEFAM, André; GONÇALVES, Victor Eduardo Rios. **Direito penal esquematizado**. São Paulo: Saraiva, 2003.

FARIAS, Honazi de Paula. Diferenças existentes entre o crime de concussão e corrupção praticado por militar do Estado em razão da função. ***Jus Navigandi***, Teresina, ano 10, n. 902, 22 dez. 2005. Disponível em: <http://jus2.uol.com.br/doutrina/texto.asp?id=7668>. Acesso em: 04 jul. 2018.

FEUERBACH, Anselm v. **Tratado de derecho penal**. Tradução de Eugenio Raúl Zaffaroni e Irma Hagemeier. Buenos Aires: Hamurabi, 2007.

FOUREAUX, Rodrigo. **A Lei 13.491/17 e a ampliação da competência da Justiça Militar**. Disponível em https://jus.com.br/artigos/61251/a-lei-13-491-17-e-a-ampliacao-da-competencia-da-justica-militar. Acesso em: 04 jul. 2018.

FOUREAUX, Rodrigo. **Competência para julgar os crimes militares eleitorais.** Disponível em https://www.observatoriodajusticamilitar.info/single-post/2018/03/19/Compet%C3%AAncia-para-julgar-os-crimes-militares-eleitorais. Acesso em: 05 jul. 2018.

FRAGOSO, Heleno Cláudio. **Lições de direito penal**: parte geral. São Paulo: Forense, 2004.

HUNGRIA, Nelson. **Comentários ao Código Penal.** 4ª ed. Rio de Janeiro: Forense, 1959, v. 9.

JESUS, Damásio Evangelista. **Código de processo penal anotado.** 20ª ed., atual. São Paulo: Saraiva, 2003.

JESUS, Damásio Evangelista. **Direito penal**: parte especial. São Paulo: Saraiva, 2004, v. 2.

JORGE, Estevão Luís Lemos. **O contraditório no inquérito policial à luz dos princípios constitucionais.** Campinas, SP: Millennium Editora, 2015.

LAZZARINI, Álvaro. **Estudos de Direito Administrativo.** 2ª ed. São Paulo: Revista dos Tribunais, 1999.

LENZA, Pedro. **Direito Constitucional Esquematizado**. 15ª ed., rev., atual. e ampl. São Paulo, Saraiva, 2011.

LIMA, Renato Brasileiro de. **Manual de processo penal**. Salvador: Juspodivm, 2014.

LIMA, Renato Brasileiro de. **Manual de processo penal**. Salvador: Juspodivm, 2019.

LIMA, Renato Brasileiro de. **Manual de processo penal**. Salvador: Juspodivm, 2020.

LIMA, Renato Brasileiro de. **Nova lei de abuso de autoridade**. Salvador: Juspodivm, 2020.

LIMA. Silvio Wanderley N. **Apontamentos sobre a indisponibilidade de ativos financeiros e a nova lei de abuso de autoridade**. Disponível em: https://jus.com.br/artigos/77373/apontamentos-sobre-a-indisponibilidade-de-ativos-financeiros-e-a-nova-lei-de-abuso-de-autoridade. Acessado em 04/12/19.

LOUREIRO NETO, José da Silva. **Processo penal militar**. São Paulo: Atlas, 2010.

LUISI, Luiz. **Os princípios constitucionais penais**. Porto Alegre: SAFE, 2003.

MARÇAL, V.; MASSON C. **Crime Organizado**. 4ª ed., rev., atual. e ampl. Rio de Janeiro: Forense; São Paulo: Método, 2018.

MARQUES, Gabriela; MARQUES, Ivan. **A nova lei de abuso de autoridade**. São Paulo: RT, 2019.

MAXIMILIANO, Carlos. **Hermenêutica e Aplicação do Direito**. Rio de Janeiro: Forense, 2011.

MEIRELLES, Hely Lopes. **Direito Administrativo Brasileiro.** 42ª ed. Atual. São Paulo: Malheiros, 2015.

MIRABETE, Julio Fabbrini. **Manual de direito penal**. São Paulo: Atlas, 2008, v. I.

MIRABETE, Julio Fabbrini; FABBRINI, Renato N. **Manual de direito penal**. São Paulo: Atlas, 2009, v. I.

MORAES, Alexandre de e SMANIO, Gianpaolo Poggio. **Legislação penal especial**. São Paulo: Atlas, 2005.

NEVES, Cícero Robson Coimbra. **Artigo 9º do CPM: uma nova proposta de interpretação**. Disponível em: http://jusmilitaris.com.br/sistema/arquivos/doutrinas/art9cpm.pdf. Acesso em: 04 jul. 2018.

NEVES, Cícero Robson Coimbra. **Erro de direito**: uma abordagem sistemática. Revista Direito Militar, Florianópolis, v. 7, n. 39, p. 23-26, jan./fev. 2003.

NEVES, Cícero Robson Coimbra. Inquietações na investigação criminal militar após a entrada em vigor da Lei n. 13.491, de 13 de outubro de 2017. **Revista Direito Militar**, Florianópolis, n. 126, p. 23-28, set./dez. 2017.

NEVES, Cícero Robson Coimbra. **Manual de direito processual penal militar em tempo de paz.** São Paulo: Saraiva, 2014.

NEVES, Cícero Robson Coimbra. **Manual de direito processual penal militar**. Salvador: Juspodivm, 2020.

NEVES, Cícero Robson Coimbra. Relaxamento da prisão em flagrante por autoridade de polícia judiciária militar. In: CARVALHO, Alexandre Reis de (Org.). **Capacitar**: Curso de Ingresso e Vitaliciamento para promotores de Justiça Militar. Brasília: ESMPU, 2017. p. 11-35. Número de chamada: E MPF civ.

NEVES, Cícero Robson Coimbra; STREIFINGER, Marcello. **Manual de Direito Penal Militar**. São Paulo: Saraiva, 2014.

NEVES, Cícero Robson Coimbra; STREIFINGER, Marcello. **Manual de Direito Penal Militar**. São Paulo: Saraiva, 2012.

NUCCI, Guilherme de Souza. **Leis penais e processuais penais comentadas**. São Paulo: Revista dos Tribunais, 2006.

NUCCI, Guilherme de Souza. **Manual de Direito Penal**. Rio de Janeiro: Forense, 2015.

NUCCI, Guilherme de Souza. **Manual de direito penal**. São Paulo: Revista dos Tribunais, 2006.

NUCCI, Guilherme de Souza. **Organização Criminosa**. 4. Ed. Rio de Janeiro: Forense, 2019.

OSÓRIO, Fábio Medina. **Direito Administrativo sancionador**. São Paulo: Revista dos Tribunais, 2000.

PAZZAGLINI FILHO, Marino. **Lei de improbidade administrativa comentada**. 7.ed. São Paulo: Atlas, 2018.

PEREIRA, Aguinaldo Costa. **Comissões parlamentares de inquérito**. Rio de Janeiro: Asa, 1948.

PEREIRA, Carlos Frederico de Oliveira Pereira. **A Lei n. 13.491, de 13 de outubro de 2017, e os crimes hediondos**. Disponível em: < http://www.mpm.mp.br/portal/wp-content/uploads/2017/11/lei-13491-crimes-hediondos.pdf. Acesso em: 04 jul. 2018.

ROCHA, Abelardo Julio. **Da extinção das sanções disciplinares militares privativas de liberdade: uma abordagem juridicamente crítica acerca da Lei nº 13.967/19**. Disponível em: https://jusmilitaris.com.br/sistema/arquivos/doutrinas/EXTINCAO_DAS_SANCOES_DISCIPLINARES_-ABELARDO.pdf. Acesso em: 06 jan. 2020.

ROCHA, Fernando A. N. Galvão da. **Novos crimes militares de drogas**. Disponível em: https://www.observatoriodajusticamilitar.info/single-post/2018/01/12/Novos-crimes-militares-de-drogas. Acesso em: 04 jul. 2018.

ROCHA, Fernando A. N. Galvão da. **Novos desafios na competência criminal**. Disponível em http://www.aprapr.org.br/2017/10/16/justica-militar/. Acesso em: 04 jul. 2018.

ROCHA, Fernando A. N. Galvão da. **Tribunal do Júri na Justiça Militar Estadual**. Disponível em http://jusmilitaris.com.br/sistema/arquivos/doutrinas/juri.pdf. Acesso em: 05 jul. 2018.

ROTH, Ronaldo João. **Temas de direito militar**. São Paulo: Suprema Cultura, 2004.

ROMEIRO, Jorge Alberto. **Curso de Direito Penal Militar: parte geral**. São Paulo: Saraiva, 1994.

SALGADO, Plínio. **Comissões parlamentares de inquérito: doutrina, jurisprudência e legislação.** Belo Horizonte: Del Rey, 2001.

SALIM, Alexandre; AZEVEDO, Marcelo André. **Direito penal**. Salvador: Juspodivm, 2016.

SANTOS, Juarez Cirino dos. **A moderna teoria do fato punível**. Rio de Janeiro: Revan, 2002.

SÃO PAULO (Estado). **Ordem de Serviço nº PM3-002/02/18 – CIRCULAR**. São Paulo, 2018. Disponível em: http://www.intranet.policiamilitar.sp.gov.br/. Acessado em 10.12.2019.

SÃO PAULO (Estado). Polícia Militar do Estado de São Paulo. **Instruções do Processo Administrativo da Polícia Militar**. I-16-PM. 3. ed. Publicada no Boletim Geral PM n. 149, de 09 de agosto de 2013, e suas alterações posteriores. São Paulo, 2013. Disponível em: <http://www.intranet.polmil.sp.gov.br/organizacao/unidades/1empm/1empm_v3/Publicacoes/Manuais/Manuais%201%C2%AAEM/I-16-PM%20-%203%C2%AA%20Edi%C3%A7%C3%A3o%20(At%C3%A9%20Bol%20G%20PM%20217_18).pdf>. Acesso em: 10. dez. 2018.

SÃO PAULO (Estado). Polícia Militar do Estado de São Paulo. **Ordem de Serviço n. PM3-002/02/18 – CIRCULAR**. São Paulo, 2018. Disponível em: http://www.intranet.policiamilitar.sp.gov.br/. Acessado em 10.12.2019.

SÃO PAULO (Estado). Secretaria da Justiça e Cidadania. Coordenação de Políticas para a Diversidade Sexual. **Diversidade sexual e cidadania LGBT**. 3ª ed. São Paulo: SJDC/SP, 2018.

SILVA, José Afonso da. **Curso de direito constitucional positivo**. São Paulo: Malheiros, 2019.

SMANIO, Gianpaolo Poggio. **Direito processual penal** – Série fundamentos jurídicos. 4. Ed. – São Paulo: Atlas, 2007.

SOUZA, Renee do Ó. **Comentários à nova lei de abuso de autoridade**. Salvador: Juspodivm, 2020.

SOUZA. Paulo Sergio Ricardo de. **Temas de direito processual penal constitucional aplicado**. Niterói RJ: Impetus, 2006.

STREIFINGER, Marcello. O Tribunal do Júri na Justiça Militar do Estado. **Direito militar: doutrina e aplicações**. Rio de Janeiro, Elsevier, 2011.

TÁCITO, Caio. **O Abuso de Poder Administrativo no Brasil (Conceito e Remédios)**. Rio de Janeiro: Departamento Administrativo do Serviço Público e Instituto Brasileiro de Ciências Administrativas, 1959.

TOLEDO, Francisco de Assis. **Princípios básicos de direito penal**. São Paulo: Saraiva, 2000.

TORNAGHI, Hélio. **Instituições de processo penal**. Rio de Janeiro: Forense, 1959, v. III.

TOURINHO FILHO. Fernando da Costa. **Processo penal, volume 1.** 24ª ed. rev. e atual. São Paulo: Saraiva, 2002.

3

CRIME MILITAR EXTRAVAGANTE E TERRORISMO

Alexandre José de Barros Leal Saraiva

3.1. INTRODUÇÃO

Em 1937, a Constituição da República dos Estados Unidos do Brasil referiu-se, pela primeira vez em nosso ordenamento, ao *terrorismo*, prevendo a excepcional aplicação da pena de morte àqueles que praticassem qualquer ato destinados a suscitar terror (art. 122, item 13, alínea "h").

O interessante é que a Polaca não ofereceu nenhuma definição de *terrorrismo*-lacuna que perdura à atualidade, malgrado a fugaz tentativa contida na Lei 10.744, de 09/10/2003, que dispôs sobre a responsabilidade civil da União perante as vítimas de atentados. Com efeito, o art. 1º, § 4º, diz:

> Entende-se por ato terrorista qualquer ato de uma ou mais pessoas, sendo ou não agentes de um poder soberano, com fins políticos ou terroristas, seja a perda ou dano dele resultante acidental ou intencional.

Antes disso, somente a Lei de Segurança Nacional, recentemente revogada pela Lei 14.197/2021, ensaiou alguma referência ao fenômeno; contudo, sem conceituá-lo, satisfazendo-se em remeter a hipótese ao lugar comum de sua expressão fenomenológica: *atos de terrorismo* (art. 20. LSN).

Porém, nos últimos 15 anos, em face das obrigações internacionais assumidas pelo Brasil e aproveitando-se o argumento da necessária regulamentação do art, 5º, XLIII, da Constituição Federal[1], diversos diplomas legais arriscaram passagens referentes ao *terrorismo*; passagens mesmo! Sem muito critério sistêmico, deixando de definir a substância e – o que mais impressiona! – esquecendo-se de que em boa parte da história da humanidade, o terror foi instrumentalizado por motivações políticas, na busca libidinal do poder, sua conquista e perpetuação, mesmo quando argumentações étnicas, raciais ou religiosas fossem estampadas como *leitmotiv* da irresignação violenta, como que a justificar a terrível infusão do medo à sociedade civil.

Assim, temos, por exemplo, menções ao *terrorismo* na Lei dos Crimes Hediondos (Lei n 8.072, de 25/07/1990), na Lei da Lavagem de Ativos (Lei nº 9.613, de 03/03/1998), na já mencionada Lei 10.774, no Decreto nº 5484, de 30/06/2005; na Lei de Combate ao Crime Organizado (Lei nº 12.850, de 02/08/2013) e, finalmente, a *matéria* passa a ter tratamento próprio e específico com a publicação da Lei nº 13.260, de 16/03/2016, conhecida como Lei Antiterror[2].

Infelizmente, com sói de costume, o legislador brasileiro continuou esquecendo que, ao lado do direito penal comum, coexiste o direito penal militar[3] que tutela caríssimos princípios constitucionais, dentre os quais, aliados a todos os outros, os princípios da hierarquia e disciplina militares, arrimos constitucionais das Forças Armadas, às quais a Constituição da República reconhece o caráter de instituições permanentes e regulares.

Ora, se grande parte dos desafios na prevenção, combate, repressão e punição de atos terroristas envolve questões atinentes à própria sobrevivência do Pacto Republicano e Federativo brasileiro, não é demais se imaginar que, cedo ou tarde, as Forças Armadas brasileiras sejam, de alguma forma, chamadas a operar, ou, o que é bastante razoável crer, ser vítima dos atos de covardia e terror. Quer um exemplo de como isto já aconteceu?

---

1 "O referido diploma legal veio não somente regulamentar o inciso apontado na Lei Maior, considerado como um mandato explicito de criminalização, obrigando, assim, o legislador infraconstitucional, mas, e, principalmente, suprir uma lacuna no nosso ordenamento jurídico penal, uma vez que o Brasil, mediante a adesão a vários tratados internacionais, havia se comprometido a criar uma legislação específica para o combate ao terrorismo". GRECO, Rogério. Terrorismo, Comentários à Lei nº 13. 260/2016. Rio de Janeiro: Impetus. 2019. P. 249.

2 "Outro fator que impulsionou o advento da Lei n. 13.260/16 foi a crescente adesão de vários países a um movimento que se pode chamar de *compliance* internacional, isto é, uma busca pela possibilidade de livre troca de informações – preponderantemente financeiras – entre governos de nacionalidades distintas. O resultado seria a obtenção de um ambiente de transações comerciais transparentes e, por isso, mais seguro". FERREIRA, Alex Wilson Duarte. CARUNCHO, Gustavo Britta Scandelari. CAVAGNARI, Rodrigo Jacob. *Lei Antiterror Anotada*. Organizado por Paulo César BUSATO. Indaiatuba: Editora Foco. 2018. p. 12.

3 "A desatualização da legislação penal militar, na verdade, do ponto de vista da criminalidade astuta, é um verdadeiro convite à corrupção no meio militar. Do ponto de vista da criminalidade violenta, chega ao absurdo de a legislação penal comum melhor proteger o militar do que a própria legislação penal militar, que sequer prevê crime hediondo (...) Esse despropósito foi corrigido. Por força da nova redação do inciso II do artigo 9º ingressam no conceito de crime militar, entre outros tipos, os crimes hediondos, o que poderia ter sido feito há muito tempo com uma simples alteração na redação da Lei 8.072/90". PEREIRA, Carlos Frederico de Oliveira. *A Lei nº 13.491, de 13 de outubro de 2017, e os crimes hediondos*". Revista do Ministério Público Militar. Nº 29. Brasília. 2018. p. 177.

> Na madrugada de 26 de junho de 1968, após seis meses de iniciação no serviço militar (o soldado Mário Kozel Filho), morreu em um atentado à bomba. Diogenes José Carvalho de Oliveira, Pedro Lobo de Oliveira e José Ronaldo Tavares de Lira e Silva, integrando um grupo de onze militantes da Vanguarda Popular Revolucionária (VPR), lançaram um carro-bomba, sem motorista, contra o Quartel General do II Exército, no bairro do Ibirapuera, em São Paulo. A guarda disparou contra o veículo, que bateu na parede externa do Quartel General. Mário foi em direção ao carro-bomba. A carga com vinte quilos de dinamite explodiu em seguida, atingindo uma área de raio de 300 metros. O corpo der Mário Kozel Filho foi despedaçado. Outros seis militares saíram feridos gravemente[4].

Aliás, em nosso tumultuado passado, há outros eventos de violência e insurreição, ainda que valorados, à época, na perspectiva de criminalidade política ou comum, e não sob a ótica de ataques terroristas. Tomo como exemplo, uma narrativa de Frank D. McCann, referindo-se às ações de Luís Carlos Prestes e seus comparsas:

> Em 29 de outubro, liderou o sequestro do comandante de seu ex-batalhão e entregou um telegrama falso ao oficial de dia, supostamente mandado pelo general regional, ordenando que Prestes assumisse o comando. O comandante sentiu-se depois tão humilhado que se suicidou com um tiro na cabeça. Enquanto isso, seu colega turma, o tenente Siqueira Campos, sublevou uma unidade e cavalaria em São Borja, os tenentes João Lins de Barros e Renato da Cunha Melo fizeram o mesmo com uma unidade de artilharia montada em Alegrete, e o capitão Fernando Távora dominou o batalhão de engenharia em Cachoeira do Sul[5].

Com efeito, em 1935, embora existisse, não se falava de terrorismo. Hoje, se acontecesse algo semelhante, seria necessário analisar a conduta também nos termos do art. 2º, §1º, inc. IV, da Lei Antiterror.

Pior aconteceu em Recife, em 25/07/1966, quando uma bomba explodiu no aeroporto de Guararapes. Segundo narra a História, a explosão destinava-se a atingir o Marechal Arthur da Costa e Silva, mas, por um desafio do destino, acabou matando o Vice-Almirante Nelson Gomes Fernandes e o Secretário do Estado de Pernambuco Edson Régis de Carvalho, ferindo outras 14 pessoas. De acordo com o historiador Jacob Gorender, os responsáveis pelo atentado foram o dirigente da Ação Popular Raimundo Gonçalves Figueiredo e o Padre Alípio de Freitas[6]. Quanto ao Padre, há um interessante revisionismo histórico na 5ª edição do livro *Combate nas Trevas*:

> Nota à quinta edição: Assumi com Duarte Pereira o compromisso de não revelar a responsabilidade de Alípio de Freitas no atentado do Aeroporto de Guararapes e o mantive durante dez anos. Considerei, porém, que agora o compromisso não mais se justifica perante o meu dever de historiador e disso dei conhecimento a Duarte Pereira, ao qual devo um dos mais valiosos depoimentos para a elaboração deste livro. Por meios

4 Texto retirado do site wikipedia, em 29/04/2020. Verbete: mario koezel filho.

5 McCANN,Frank D. *Soldados da Pátria. História do Exército Brasileiro 1889-1937*. São Paulo: Companhia das Letras. 2007. p. 477.

6 GORENDER, Jacob. *Combate nas trevas*. 5ª edição. São Paulo: Ática. 1988. p. 129.

próprios, Elio Gaspari e o *Jornal do Commercio*, do Recife, chagaram ao nome de Alípio de Freitas e tornaram pública a sua atuação naquele episódio. Além dele, só o nome de Raimundo Gonçalves Figueiredo deve ser associado ao atentado...

Há outros tantos exemplos e episódios parecidos, como o atentado do Rio Centro[7], a Operação Beco sem Saída[8] (que envolve o nome do hoje Presidente da República, à época Capitão de Artilharia e aluno da Escola de Aperfeiçoamento de Oficiais), a tomada da Prefeitura de Apucarana por tropas comandadas pelo então Capitão Luiz Fernando Walter de Almeida, o plano de explosão do gasômetro do Rio de Janeiro (Caso Para-Sar) que foi denunciado pelo Capitão Sérgio Ribeiro Miranda de Carvalho, um dos pioneiros da tropa de elite de busca, resgate e salvamento da FAB, e mais alguns. O Professor Jorge Zaverucha registrou que o Capitão Carvalho:

> pagaria caro por ter se recusado a comandar um plano que previa a explosão do gasômetro e o ataque contra políticos e concentrações populares[9].

Esse plano de explosão do gasômetro foi veemente negado pelo Brigadeiro João Paulo Moreira Burnier, em depoimento prestado, no ano de 1993, à Fundação Getúlio Vargas, como parte do Projeto "1964 e o Regime Militar"[10].

Portanto, o objetivo deste trabalho é, a partir do deserto, inaugurar uma discussão sobre a aproximação do crime de *terrorismo* com o direito penal militar, hipótese que ganhou nova dimensão após a recente extensão do universo dos delitos militares pela Lei nº 13.491/2017[11].

> Essa nova categoria de crimes militares, instituída pela Lei 13.491/17, constitui-se, como já dissemos, nos crimes militares por extensão, a qual, sem alterar a tradicional

---

7 O atentado do Rio Centro aconteceu em 30 de abril de 1981, durante um espetáculo em comemoração ao Dia do Trabalho. Discute-se, até hoje, o que realmente ocorreu. Fato é que uma bomba explodiu no interior do carro do Capitão Wilson Dias Machado. No veículo também estava o Sargento Guilherme Pereira do Rosário. Rosário, não resistiu aos ferimentos, morreu instantaneamente. Já o oficial, conseguiu sobreviver, embora gravemente ferido.

8 "O plano atribuído a Bolsonaro e ao capitão Fábio Passos da Silva provocou reações imediatas do ministro do Exército. Convocados a se explicar, os dois capitães "negaram peremptoriamente, da maneira mais veemente, por escrito, do próprio punho, qualquer veracidade daquela informação", segundo declaração do próprio general Leônidas. Posteriormente, contudo, o fato de existirem testemunhas e provas documentais (na ocasião da reportagem realizada na Vila Militar, Bolsonaro havia desenhado um croqui, no qual, de forma didática, explicara à repórter o funcionamento de uma carga de dinamite) levou o ministro a considerar que se precipitara ao inocentar os dois capitães. Leônidas Pires Gonçalves enviou então ao Superior Tribunal Militar (STM) os resultados de uma sindicância feita pelo Exército, no Rio de Janeiro, que concluía que os dois envolvidos deveriam ser excluídos das forças armadas". Centro de Pesquisa e Documentação de História Contemporânea do Brasil (CDOC) da Fundação Getúlio Vargas (FGV).

9 ZAVERUCHA, Jorge. *Frágil Democracia. Collor, Itamar, FHC e os Militares (1990-1998)*. Rio de Janeiro: Civilização Brasileira. 2000. p. 158.

10 Disponível em http://www.fgv.br/cpdoc/historal/arq/Entrevista633.pdf

11 "O fato é que a Lei 13.491/2017 finda por aproveitar o avanço da legislação penal comum e, de forma perspicaz, traz todo esse arcabouço legislativo moderno para a seara militar. A lei, em uma tacada só, atualiza todo o repositório legal do direito penal militar e isso só foi possível porque mexeu na espinha dorsal do Código Penal Militar que é seu art. 9º". LEITE, Karolyne Christina Queiroz. *Crimes militares por extensão à luz da Constituição Federal de 1988*. Revista do Ministério Público Militar. Nº 29. Brasilia. 2018. p. 223.

> divisão dos crimes militares existentes antes do advento da referida Lei – consistente nos crimes militares próprios (previstos com igual definição no Código Penal Comum e no Código Penal Militar) –, passa a conviver doutrinariamente para o melhor estudo do crime militar. A manutenção, a nosso ver, dessa tríplice classificação do crime militar diante do advento da nova lei permitirá atingir com mais precisão a segurança jurídica desejada, pois, no exame dos rígidos critérios do art. 9º, inciso II, do CPM, se alcançará a distinção do crime militar em relação ao crime comum[12]

Assim, a pretensão, agora, é analisar os tipos penais veiculados pela Lei 13.260, sob a perspectiva de tê-los como crimes militares extravagantes[13].

Para isso é preciso uma primeira perspectiva da engenharia normativa sob a qual foi edificada a Lei Antiterror, que teve sua tramitação nitidamente pautada pela preocupação com a não criminalização dos movimentos sociais, muitos dos quais, porém, não hesitam em operar por meios violentos contra pessoas e patrimônio (público ou privado)[14].

> A nova lei fez questão de diferenciar atos terroristas de manifestações sociais, até mesmo para atender ao anseio de congressistas e entidades populares que temiam a aplicação desse diploma aos movimentos insurgentes no País que busquem o direito ao livre exercício do protesto como forma democrática de oposição ao status quo.[15]

Em consequência dessa pauta específica, boa parte das discussões travadas no Legislativo giraram em torno da extensão ou da limitação do conceito de *terrorismo* no que se refere, especificamente, à motivação política do agente. Assim, a definição do crime acabou sendo a primeira refém do *a priori*, pois o § 2º, do art. 2º, da Lei 13.260 diz que não se consideram atos de terrorismo a conduta individual ou coletiva:

> [...] em manifestações políticas, movimentos sociais, sindicais, religiosos, de classe ou de categoria profissional, direcionados por propósitos sociais ou reivindicatórios, visando a contestar, criticar, protestar ou apoiar, com o objetivo de defender direitos, garantias e liberdades constitucionais, sem prejuízo da tipificação penal contida em lei.

Portanto, combinando essa prescrição com o *caput* do art. 2º, o que há, de resíduo, é que, para o ordenamento brasileiro, o *terrorismo* consiste na prática de algumas condutas discriminadas na Lei, sempre por *razões de xenofobia, discrimina-*

---

12 ROTH, João Ronaldo. *Lei 13.491/17: os crimes militares por extensão e o princípio da especialidade*. Revista de Doutrina e Jurisprudência do Superior Tribunal Militar. V. 27. Nº 1.

13 A expressão, 'crimes militares extravagantes', foi cunhada por Cícero Robson Coimbra Neves, em artigo intitulado *Inquietações na investigação criminal militar após a entrada em vigor da Lei nº 13.491, de 13 de outubro de 2017*.

14 "No início do ano de 2000 o MST concretizou uma de suas ações mais espetaculares desde que foi criado. Cerca de cinco mil militantes ocuparam prédios públicos em 14 capitais. Outros 25 mil realizaram invasões pelo interior e passeatas. Em três localidades foram atacadas sedes regionais do INCRA. Em outras onze, o MST invadiu o Ministério da Fazenda e a palavra de ordem era: 'Agora vamos pegar o Malan'. 'A vontade de nosso povo é pegar a foice e descer o cacete', disse Gilmar Mauro, um dos dirigentes do movimento "Veja, 10 de maio de 2000)". AZEVEDO Gilvaci Rodrigues. *Terrorismo e movimentos sociais na América Latina: Sendero Luminoso e Movimento dos Trabalhadores sem Terra (MST)*. Revista *Universitas* Humanas. UNICEUB. V. 6. Nº 2. 2015. p. 71.

15 ANDREUCCI, Ricardo Antônio. *Legislação Penal Especial*. 13ª edição. São Paulo: Saraiva. 2018, p. 701.

ção ou preconceito de raça, cor, etnia e religião, quando cometidos com a finalidade de provocar terror social ou generalizado, expondo a perigo pessoa, patrimônio, a paz pública ou a incolumidade pública.

O Senador Pedro Taques, em artigo publicado no livro *Terrorismo e outras situações de emergência*[16], opina que:

> As manifestações não se confundem de nenhuma forma com atos de vandalismo. Atos de vandalismo são violações aos direitos de terceiros – vida, incolumidade física, saúde, propriedade. Caso cometidos durante as manifestações, são excessos criminosos que devem ser reprimidos nos termos da legislação penal vigente. Entretanto, não se pode confundir vandalismo com o crime de terrorismo.

Temos, assim, um primeiro marco legal de profundo valor, a exclusão do terrorismo de Estado. Particularmente, lamento![17]

Outro aspecto preliminar importante que deve influenciar o estudo das consequências de qualificação do *terrorismo* como crime militar extravagante (*ex vi* Lei 13.491/2017), é o disposto no art. 11 da Lei 13.260, que define a atribuição da Polícia Federal[18] para investigar os atos de terrorismo e a competência da Justiça Federal para processá-los e julgá-los.

> E, na medida em que o art. 11, da Lei 13.260/16 versa sobre a *competência material constitucional* – ao dispor que os crimes tipificados na Lei Antiterror afetam interesses da União e são necessariamente de competência da Justiça Comum Federal –, imperioso que se verifique a compatibilidade da previsão infraconstitucional com a CR/88, pois não é cabível que a regra infraconstitucional amplie ou restrinja a competência da justiça federal, determinado o que seja ou não um interesse da União. Em outros termos, deve-se identificar se a previsão do art. 11, da Lei Antiterror, na parte que diz com o juiz natural, é ou não constitucional do ponto de vista material.[19]

Creio que somente os Tribunais Superiores poderão solucionar as questões conflituosas de competência jurisdicional[20] que certamente surgirão, pois é induvi-

---

16 Taques, Pedro. *Terrorismo e outras situações de emergência*. Organizador VASCONCELOS, Carlos Eduardo de Oliveira Brasília: ESMPU. 2019, p. 75.

17 "No Brasil, de maneira incompleta, a Lei nº 13.260, de 16 de março de 2016, apontou que somente se configuraria o terrorismo se o agente atuasse por razões de xenofobia, discriminação ou preconceito de raça, cor, etnia ou religião, deixando de fora um dos seus motivos mais marcantes, que é o terrorismo de cunho político. Infelizmente, foi editada durante o governo da Presidente Dilma Rousseff que, sabidamente, no passado, pertenceu a grupos terroristas de esquerda, que atuavam com motivações políticas". GRECO, Rogério. Op. cit. p. 16.

18 "Todavia, a menção à 'Polícia Federal' e ao 'inquérito policial' é totalmente descabida, o que faz suspeitar que atendeu a interesses corporativistas (...) As inserções parecem conferir uma 'exclusividade' que não existe mas pode suscitar controvérsias judiciais, ensejando alegações de nulidade em relação a provas ou investigações produzidas, por exemplo, pelas Forças Armadas, ou pelas polícias estaduais, ou por meios que não o inquérito policial". VASCONCELOS, Carlos Eduardo de Oliveira. *Terrorismo e outras situações de emergência*. Organizador VASCONCELOS, Carlos Eduardo de Oliveira Brasília: ESMPU. 2019, p. 109.

19 MILANEZ, Bruno Augusto Vigo. *Lei Antiterror Anotada*. Org. Paulo César BUSATO, Indaiutuba: Editora Foco. 2018. p. 135.

20 "É interessante notar que o art. 11 da Lei 13.260/16 estabelece clara e induvidosamente uma atribuição exclusiva de apuração do terrorismo à Polícia Federal (...) A interpretação evidente é a de que nenhum outro organismo estatal (federal ou estadual) detêm poderes investigativos em relação aos crimes de terrorismo, excluindo-se, portanto, quaisquer outras polícias, forças armadas e até mesmo o Ministério Público (...) A despeito disso tudo, é

doso que, se os tais *atos de terrorismo* forem praticados nos termos do inciso II, do art. 9º, do CPM, haverão de ser tidos como crimes militares extravagantes, dado o explícito e insofismável comando legal, o que atrairá, nos termos do art. 124 da Constituição Federal, a competência da Justiça Militar da União.

Passo agora à análise dos tipos incriminadores contidos na Lei Antiterror, explorando-os nessa especial perspectiva de crimes militares extravagantes, lembrando que, de acordo com seu art. 17, aos delitos de terror aplicam-se as disposições da Lei nº 8.072, de 25/07/1990, isto é, são considerados crimes hediondos por equiparação.

3.2. CRIMES EM ESPÉCIE (LEI Nº 13.260/2016)

3.2.1. Art. 2º

Art. 2º. O terrorismo consiste na prática por um ou mais indivíduos dos atos previstos neste artigo, por razões de xenofobia, discriminação ou preconceito de raça, cor, etnia e religião, quando cometidos com a finalidade de provocar terror social ou generalizado, expondo a perigo pessoa, patrimônio, a paz pública ou a incolumidade pública.

§1º. São atos de terrorismo:

I - Usar ou ameaçar usar, transportar, guardar, portar ou trazer consigo explosivos, gases tóxicos, venenos, conteúdos biológicos, químicos, nucleares ou outros meios capazes de causar dano ou promover destruição em massa;

II - vetado;

III- vetado;

IV - sabotar o funcionamento ou apoderar-se, com violência, grave ameaça a pessoa ou servindo-se de mecanismos cibernéticos, do controle total ou parcial, ainda que de modo temporário, de meio de comunicação ou de transporte, de portos, aeroportos, estações ferroviárias ou rodoviárias, hospitais, casas de saúde, escolas, estádios esportivos, instalações públicas ou locais onde funcionem serviços públicos essenciais, instalações de geração ou transmissão de energia, instalações militares, instalações de exploração, refino e processamento de petróleo e gás e instituições bancárias e sua rede de abastecimento;

V - atentar contra a vida ou a integridade física de pessoa.

Pena - reclusão, de doze a trinta anos, além das sanções correspondentes à ameaça ou à violência.

§ 2º. O disposto neste artigo não se aplica à conduta individual ou coletiva de pessoas em manifestações políticas, movimentos sociais, sindicais, religiosos, de classe ou de categoria profissional, direcionados por propósitos sociais ou reivindicatórios, visando a contestar, criticar, protestar ou apoiar, com o objetivo de defender direitos, garantias e liberdades constitucionais, sem prejuízo da tipificação penal contida em lei.

bastante plausível a tese da inconstitucionalidade do artigo 11 da Lei Antiterrorismo (...) Porém, isso certamente não poderá se firmar por mera injunção dogmática. Aos tribunais e mais especificamente ao STF, cabe firmar esse entendimento, dando interpretação conforme a Constituição ao artigo11 da Leu 13.260/16 ou mesmo declarando sua inconstitucionalidade". CABETTE, Eduardo Luiz Santos. *Atribuição e competência federais para a apuração de crimes de terrorismo: a questão da inconstitucionalidade.* Disponível no site jusbrasil.

– Noções iniciais:

Bom, o artigo 2º, *caput*, encaminha uma tentativa de conceituar o *terrorismo*, remetendo à enumeração casuística e exemplificativa do § 1º as modalidades de conduta que, praticadas por uma ou mais pessoas, tenham por finalidade gerar pânico, expandir a sensação de medo, expondo indivíduos e patrimônio à perigo, limitando, porém, as razões de agir às motivações de viés preconceituoso e discriminatório, excluindo delas, portanto, os desejos políticos e insurrecionais tão comuns nos crimes da espécie.

A bem da verdade, não parece ser tarefa fácil conceituar o terrorismo[21], em face do que alguns bons doutrinadores o consideram não como um modelo de comportamento propriamente dito, mas como uma categoria de possibilidades de ação[22], tal qual "uma estratégia, uma tática que, através da violência ou ameaça, praticadas contra a população civil, ou mesmo contra os agentes do governo, infunde o terror como método para a obtenção de determinada finalidade, que pode ser política, religiosa, ideológica, racial, étnica etc. São, portanto, atos que têm o condão de disseminar o terror, principalmente porque, como regra, não se sabe quando serão praticados, deixando uma atmosfera de pânico entre a sociedade por ele ameaçada"[23].

Por outro lado, não se pode ignorar que o terrorismo também pode ser praticado por agentes do Estado[24].

> Veja-se por exemplo a guerrilha Kurda na Turquia, no Iraque e no Irã, a qual recebia apoio do respectivo Estado beligerante contra o país em que se encontrava localizada. Massoud Barzani pode ser também um caso emblemático, perseguido por Sadam Hussein, tratado como criminosos, liderou os curdos contra Baghda...[25].

E essa potencialidade imanente caminha ao encontro da possibilidade de que militares da Forças Armadas sejam sujeitos ativos de crimes de terror e, quando o forem e estiverem em alguma das situações previstas no inciso II do art. 9º do CPM, outra abordagem não será devida, a não ser que a hipótese se trata de crime militar extravagante.

---

21 Segundo definição adotada pelo FBI, o terrorismo é o uso ilegal de força e violência contra pessoas ou propriedades para intimidar ou coagir um governo, população civil, ou qualquer segmento deles, no apoio a objetivos políticos ou sociais.

22 "O termo terrorismo tem tanto de carga emocional e ideológica quanto de vazio conceitual. Aliás, nenhuma definição obteve aprovação inconteste nos foros internacionais e mesmo no ambiente acadêmico. Em linhas gerais, aceita-se que consiste na agressão a pessoas ou grupos não combatentes, perpetrada de forma clandestina ou sub-reptícia, com o objetivo de influenciar o público e os governantes para uma causa política mediante a difusão do medo e pânico. Portanto, seus traços marcantes são a motivação política e a difusão do medo ou terror. Não é uma ideologia nem uma categoria delituosa, e sim um método de atuação premeditado, permeado por motivação política, portador de violência ou ameaça contra vítimas inocentes". VASCONCELOS, Carlos Eduardo de Oliveira. *Terrorismo e outras situações de emergência no Brasil: desafios para o Ministério Público Federal*. In *Terrorismo e outras situações de emergência*. Organizador VASCONCELOS, Carlos Eduardo de Oliveira Brasília: ESMPU. 2019, p. 31.

23 GRECO, Rogério. Op. cit. p. 10.

24 "As práticas estatais que costumam definir-se como terroristas são todas aquelas que permitam governar um país mediante a extensão do medo entre a população civil: perseguição dos dissidentes políticos (ou religiosos), agressões mais ou menos indiscriminadas, detenções, sequestros, encarceramentos e execuções extralegais, assassinatos seletivos etc". HORGAN, John. *Psicología del terrorismo – como y por qué alguien se convierte em terrorista*. Barcelona: Gedisa. 2006. p. 26.

25 ANDRADA, José Bonifácio Borges de. *Terrorismo e outras situações de emergência*. Organizador VASCONCELOS, Carlos Eduardo de Oliveira Brasília: ESMPU. 2019, p. 15.

Assim também se dará quando o sujeito ativo for civil e o ato terrorista for praticado contra militares das Forças Armadas ou contra as Instituições Militares, nos termos do inciso III, do mesmo art. 9º, do CPM.

De qualquer sorte, o ponto principal é que a motivação do militar ou do civil, acompanhe a modulação legal.

– Objetividade jurídica:

Tratando-se de crime militar extravagante, a objetividade jurídica subjacente é a preservação das Instituições Militares[26] e de seus alicerces de valor.

Assim, por exemplo, o militar terrorista atenta sempre contra a existência das Forças Armadas e, também, contra os princípios da hierarquia e da disciplina, além dos bens jurídicos secundários igualmente atingidos pelo ato de terror: vida, integridade física, patrimônio etc.

Já quanto o crime é praticado por civil contra as Forças Armadas, o bem jurídico em primazia é a Institucionalidade Constitucional da Marinha, do Exército e da Aeronáutica, permanecendo como objetividade jurídica secundária, ou residual, a ofensa lançada contra as pessoas e o patrimônio.

– Sujeitos:

Como dito acima, na hipótese de coincidência dos tipos penais contidos na Lei 13.260/2016 com as hipóteses circunstanciais dos incisos II e III do art. 9º, do Código Penal Militar, estará configurado crime militar de natureza extravagante, por força das alterações realizadas pela Lei 13.491/2017.

Assim, tanto o militar quanto o civil podem figurar como sujeito ativo de terrorismo, sendo necessário, no entanto, que ajam de acordo com um dos modelos previstos no CPM, quais sejam:

(a) agente militar (art. 9º, inc. II): contra militar em atividade; em lugar sujeito à administração militar; estando de serviço ou atuando em razão da função, em comissão de natureza militar, ou em formatura; durante o período de manobras ou exercícios; contra o patrimônio sob administração militar ou contra a própria ordem administrativa militar;

(b) agente civil (art.9º, inc. III): em lugar sujeito à administração militar contra militar em situação de atividade, ou contra servidor civil das Forças Armadas ou da Justiça Militar no exercício de suas funções; contra a ordem administrativa e o patrimônio militar; contra militar em formatura,

[26] "As Forças Armadas integram o Estado Brasileiro e são organizadas em função dos severos deveres que lhes são atribuídos pela Constituição Federal e pelas leis dela decorrentes. Portanto, é natural que sejam institucionalizadas e que possuam protocolos de atuação para que possam exercer suas seríssimas obrigações e tarefas, sempre dentro dos marcos legais referentes a um Estado Constitucional de Direito. Marinha, Exército e Aeronáutica são Instituições Nacionais, permanentes e regulares, constitucionalmente vocacionadas à defesa da Pátria, à garantia dos Poderes e à manutenção da lei e da ordem. Cabe-lhes, portanto, a proteção de todos nós, brasileiros, e de todo o aparato estatal, principalmente em face de agressões externas". SARAIVA, Alexandre José de Barros Leal. *Segurança Externa e Administração Militar. Crimes e Penas*. Curitiba: Juruá. 2020. p. 24.

ou durante o período de prontidão, vigilância, observação, exploração, exercício, acampamento, acantonamento ou manobras; e, ainda que fora de local sob a administração militar, contra militar em função ou no desempenho de serviço de vigilância, garantia e preservação da ordem pública, administrativa ou judiciária, quando legalmente requisitado para aquele fim, ou em obediência à determinação legal superior.

Já no polo passivo, são as Instituições Militares que se encaixam na condição de sujeição passiva primária do terrorismo, nessas hipóteses de crimes militares extravagantes, sem embargo de que pessoas e outras instituições que sofram efeitos colaterais (diretos ou indiretos) dos ataques, também possam figurar como ofendidas, até mesmo porque a Lei Antiterror prevê explicitamente – no preceito sanção do art. 2º – a punição cumulativa da violência e a reparação dos danos causados (art. 12, § 2º).

– Conduta:

Bom, as modalidades de condutas (*atos de terrorismo*) enumeradas nos incisos são indissociáveis das elementares constantes do *caput* do art. 2º, isto é, todos os comportamentos devem ser praticados com '*a finalidade de provocar terror social ou generalizado, expondo a perigo pessoa, patrimônio, a paz ou a incolumidade pública*"[27].

Todavia, além de o legislador ter escolhido modelos típicos complexos, com várias elementares que coabitam e múltiplas possibilidades de comportamentos, também não poupou a previsão exemplificativa, que 'abre' o modelo penal incriminador[28], pois permite a interpretação extensiva dos meios de execução do crime.

Apenas no primeiro inciso, há mais de uma dezena de variantes comportamentais, mas, em um esforço analítico, pode-se dizer que constitui ato terrorista: usar ou ameaçar usar, transportar, ter consigo, guardar ou portar explosivos, gases tóxicos, venenos, conteúdos biológicos, químicos, nucleares, ou outros meios capazes de causar danos ou promover destruição em massa.

O que mais me chama atenção neste inciso I é a aparente antecipação do aperfeiçoamento típico, pois a ameaça de utilização da substância ou do instrumento destrutivo, já caracteriza o crime em sua integralidade, isto porque o *terrorismo* é padastro e madastra do medo! E, em muitas ocasiões, simplesmente a paura é o objetivo.

---

27 "Temos aqui, portanto, um delito de ações múltiplas, com seus elementos estruturais, a saber, condutas, delitos-meios e sujeitos ativos; seus elementos teleológicos, isto é, as motivações e a finalidade ou o especial fim de agir, sem o qual o tipo não se perfaz; e ainda o resultado, que na verdade se contenta com a exposição a perigo de pessoa, patrimônio, a paz pública ou a incolumidade pública". VASCONCELOS, Carlos Eduardo de Oliveira. *O Terrorista como legislador: Primeiras Reflexões sobre a Lei Antiterrorismo do Brasil.* In *Terrorismo e outras situações de emergência.* Organizador VASCONCELOS, Carlos Eduardo de Oliveira Brasília: ESMPU. 2019, p. 99.

28 "A falta de clareza na redação dos tipos penais, o largo emprego de norma abertas ou em branco, a fluidez dos bens jurídicos protegidos decorre, em última instância, do paradoxo do risco, pois, ao mesmo tempo em que desejamos sua supressão, dependemos dele para a manutenção da estrutura econômica e social". BOTTINI, Pierpalozo Cruz. *Crimes de perigo abstrato.* São Paulo: RT. 2031. p. 71.

> (...) o ponto fundamental do terrorismo, com o próprio nome nos induz a crer, é a prática de atos que tragam à população a sensação de pânico, medo, insegurança, incerteza dos atos futuros, enfim, resumidamente, a expansão do medo é sua peça central.

Também vale a pena destacar que o Código Penal Militar dispõe sobre crimes de perigo comum (arts. 268 a 281), incluindo neles o uso de gases tóxicos, venenos, radiação etc., o que não colide com a incriminação dos atos de terror, diante da finalidade específica da ação.

Apenas à título de curiosidade: escrevo sobre essa sensação de medo e de incerteza de certa forma vivenciando-a, pois estamos todos em isolamento social, entrincheirados em nossas casas, na tentativa de assim nos protegermos de um vírus letal (COVID - 19).

Voltando ao texto da Lei e, considerando que os inciso II e III foram vetados pelo Presidente da República, há o 'abundante' inciso IV. Nele, pune-se a sabotagem[29] ou o assalto - isto é, o apoderamento para controlar, usar e dispor! - de meios de comunicações, transporte, hospitais, escolas, instalações esportivas, sedes de serviços públicos essenciais, instalações de geração ou distribuição de energia ou de petróleo, áreas militares e a rede bancária.

O detalhe é que a sabotagem ou o assalto devem ocorrer por meios violentos, através de grave ameaça pessoal ou com a utilização de tecnologia de informática (hackeamento, por exemplo).

Particularmente, sinto falta da previsão do uso de meios sub-reptícios, clandestinos ou maviosos, principalmente na hipótese do assalto, afinal algumas instalações e serviços podem ser invadidos por movimentos ou estratégias sinuosas, sem efetiva violência ou ameaças - o disfarce, por exemplo, ou até mesmo o ingresso clandestino!

Recordo o exemplo, citado logo no começo deste trabalho, do artifício utilizado por Luiz Carlos Prestes para, depois de sequestrar o comandante, assumir o comando do 1º Batalhão Ferroviário em Santo Ângelo (RS), valendo-se de uma ordem falsa.

Há outra questão que merece atenção. O CPM prevê - no Capítulo que trata dos Crimes contra a Autoridade ou Disciplina Militar - como umas das modalidades de *motim* (art. 149), a conduta de *reunirem-se militares para ocupar quartel, fortaleza, arsenal, fábrica ou estabelecimento militar, o dependência de qualquer deles, hangar, aeródromo ou aeronave, navio ou viatura militar, ou utilizando-se de qualquer daqueles locais ou meios de transporte, para ação militar, ou prática de violência, em desobediência a ordem superior ou em detrimento da ordem ou da disciplina militares*, prevendo uma pena de reclusão, de oito a vinte anos, com aumento de pena para os cabeças (líderes, na forma do art.53, §§ 4º e 5º).

---

29 "Por sabotagem, devemos entender a conduta que tem por finalidade destruir, inutilizar, deteriorar, prejudicar, impedir ou comprometer o funcionamento de determinados bens, meios ou serviços. Embora parte da nossa doutrina pareça entender que a sabotagem somente ocorre quando é feita de forma sorrateira, oculta e insidiosa, nada impede que seja praticada à vista de todos, inclusive mediante o emprego de violência ou grave ameaça à pessoa". GRECO, Rogério. Op.cit. p. 277

> Motim e revolta estão curiosamente previstos no mesmo artigo, distinguindo-se basicamente pela elementar objetiva do uso de armas. Ambos, portanto, são manifestações da insurreição de militares contra autoridade hierarquicamente superior, caracterizando-se por demonstrações inequívocas de desobediência e ocupação indevida de instalações e equipamentos militares.
>
> As sublevações não são comportamentos atribuídos exclusivamente a militares, apenas o crime militar de motim exige esta pré-condição do agente (pois é um crime militar próprio). Todavia, na história brasileira, por exemplo, não raro ocorreram insurreições populares, algumas até muito curiosas, como a conhecida revolta da vacina ocorrida no Rio de Janeiro, então Capital Federal, em 1904, que, iniciada por civis, acabou 'contaminando' as tropas da Escola Militar da Praia Vermelha[30].

Apesar de as condutas serem bastante assemelhadas, a objetividade jurídica e as motivações da ação, são suficientes para distinguir o motim do crime militar extravagante previsto no art. 2º, § 2º, da Lei Antiterror.

O mesmo fenômeno ocorre com relação aos crimes de *atentado contra serviço de utilidade militar* (art. 287, CPM), de *interrupção ou perturbação de serviço ou meio de comunicação* (art. 288, do CPM) e de alguns outros mais tratados no capítulo que versa sobre os crimes contra os meios de transporte e de comunicação.

Por outro lado, também é bom que se saiba que as Forças Armadas brasileiras possuem, já há algum tempo, tropas especializadas em Guerra Química, Biológica e Nuclear (GQBN) e em Guerra Cibernética, bem como, já fazia parte da doutrina de preparo e emprego a defesa de pontos sensíveis. Isto mostra que, mesmo antes da publicação da Lei Antiterror, as FFAA já se adestravam para este tipo de combate.

Por fim o inciso V, § 1º, do art. 2º, estabelece que também é considerado ato de terrorismo o atentado contra a vida ou a integridade física da pessoa, quando praticados nos termos do *caput* do artigo.

Há aqui mais um ponto de aproximação com tipos penais já residentes na Lei Penal Militar. O homicídio por motivação étnica, racial ou religiosa, consubstancia circunstância elementar do crime de *genocídio*, previsto no art. 208 do CPM, que conta, inclusive, com uma série de casos assemelhados (incisos I a V do Parágrafo único), muitos do quais compatíveis com atos terroristas. Note-se, ainda, que a pena mínima prevista no *caput* do art. 208 do CPM é superior à sanção do art. 2º, § 1º, inc. V, da Lei Antiterror.

Mais uma vez, as motivações do agente e a finalidade de causar temor social generalizado, servirão para distinguir os delitos!

Aliás, o elemento subjetivo específico – que será analisado no próximo tópico – também é importante marco diferenciador da *sabotagem terrorista* daquela prevista no art. 359-R, do Código Penal brasileiro (*sabotagem*), modificado pela Lei 14.197/2021. Com efeito, enquanto no terrorismo o ato de sabotagem deve se revestir das elementares previstas no art. 2º, *caput*, da Lei 13.260/2016; no tipo genérico de sabotagem, a intenção do agente há de ser, necessariamente, *abolir o*

---

30 SARAIVA, Alexandre José de Barros Leal. Crimes Militares. Fortaleza: Relevo. 2010. p. 52.

estado democrático de Direito. Diante do que não há, salvo melhor compreensão, superposição de normas, tampouco revogação do inc. IV, do § 1º, do art. 2º, pelo novo tipo penal de *sabotagem.*

Fato é que todas as modalidades comportamentais do art. 2º, da Lei 13.260, podem ser praticadas por militares contra companheiros de farda, civis ou contra as próprias Forças. De igual sorte, podem ser eles os alvos de terroristas que desejam atacar as Instituições Militares e, com isto, espalhar pânico e temor na sociedade como um todo.

– Elemento subjetivo:

Este talvez seja o ponto mais sensível da Lei 13.260/2016, pois, como já registrado alhures, a violência (física ou psicológica) do terror se distingue dos outros crimes sádicos, violentos, vis ou cruéis, pela motivação, pelo desejo, pela finalidade do agente.

Leonardo Boff diz que o terrorismo é a violência "espetacular praticada com o propósito de ocupar as mentes de medo e pavor"[31].

Ocorre que a publicização do sofrimento e da dor – precursores do medo[32] – decorrem de desejos mais arraigados, de vontade íntima de vindita, e, em muitas das vezes, de uma autopercepção escatológica, na qual o terror é a espada vingativa de um deus ferido e o terrorista um mártir que, em breve, será divinamente recompensado. Mas tudo sempre protagonizado com o espalhafato necessário para caotizar e, por outro lado, igualmente útil para conquistar e catequizar novos adeptos.

> Terroristas querem mais do que simplesmente provocar ou infundir terror ou pânico generalizado. Terrorismo é, em essência, violência simbólica para a promulgação de mensagens políticas que devem alcançar dois grupos alvos: primeiro, os 'inimigos' dos terroristas, que geralmente representam o sistema dominante (político, econômico ou religioso) e aos quais se pretende desafiar com a conduta chocante; e, segundo, os simpatizantes dos métodos terroristas (...) Portanto, a violência faz parte de uma estratégia complexa de comunicação em que a mídia desempenha uma função de destaque[33].

O detalhe é que a Lei 13.260/2016 excluiu uma das mais comuns motivações do terrorismo: a política. E o fez, por temor (terror) dos legisladores de que movimentos sociais acostumados a invadir e destruir patrimônio público e privado pudessem vir a ter suas condutas de vilipêndio consideradas como ato de terror.

---

31 BOFF, Leonardo. *Fundamentalismo, terrorismo, religião e paz – desafios para o século XXI.* Petrópolis: Vozes. 2009. p. 71.

32 Como consequência inafastável dos cada vez mais fortes sentimentos de insegurança e medo na sociedade contemporânea, tem-se o aumento da preocupação com as novas formas de criminalidade que se apresentam nesta realidade, notadamente as relacionadas ao crime organizado e ao terrorismo, sendo os atentados terroristas ocorridos em Nova Iorque em setembro de 2001 considerados como o estopim dessa nova *doxa* do medo, uma vez que expuseram ao mundo a sua própria fragilidade". *Medo e direito penal. Reflexos da expansão punitiva na realidade brasileira.* Porto Alegre: Livraria do Advogado. 2011. p. 29.

33 PETERKE, Sven. *A tipificação de crimes terroristas no Brasil: comentários à luz do Direito Internacional e do Direito Comparado.* In *Terrorismo e outras situações de emergência.* Organizador VASCONCELOS, Carlos Eduardo de Oliveira Brasília: ESMPU. 2019, p. 59.

E, não satisfeito com a exclusão da motivação política no *caput*, foi além para, no § 2º do art. 2º dispor explicitamente que manifestações de movimentos sociais, sindicais, religiosos ou de classe profissional, direcionados por propósito social ou reivindicatório, com o objetivo de defender direitos, garantias e liberdades constitucionais, não constituem terrorismo, mas, em um paradoxo difícil de compreender dada a pretensa legitimidade da ação e da pseudopureza dos motivos – podem constituir tipificação contida em lei, isto é: outro crime!

> O parágrafo 2º, é possível afirmar, realiza um papel oposto ao que usualmente é conferido à lei penal, através do princípio da legalidade. Enquanto o § 1º cumpre a tradicional missão do princípio da legalidade de *prever condutas proibidas*, o § 2º traz condutas que podem ser *praticadas* e que não podem, nem devem ser confundidas com os elencados *atos terroristas.* A parte final do parágrafo 2º, porém, traz a expressão *'sem prejuízo da tipificação penal contida em lei'*, que, revela, por evidente que seja, que mesmo as condutas autorizadas encontram limites legais. Tal expressão contraria a regra hermenêutica de que o legislador não lança mão de palavras e expressões vãs. Nesse caso, mesmo que a parte final do parágrafo 2º não previsse, expressamente, que as condutas autorizadas não estão salvaguardadas da tipificação penal, os tipos penais previstos na parte especial do Código Penal, ou mesmo em legislação extravagante, seriam aplicáveis[34].

Bem, assim é que, de acordo com a Lei Antiterror, os atos terroristas devem ser praticados com a finalidade de provocar terror social ou generalizado (*dolo finalístico*), com o *a priori* de que isto se dê por razões de xenofobia, discriminação, preconceito de raça, cor, etnia ou religião (*dolo de gênese* ou *motivacional*). Além disso tudo, o dolo deve abranger a consciência e a vontade de que a conduta praticada exponha a perigo, pessoa, patrimônio, a paz ou a incolumidade pública (*dolo instrumental*). Parece até um álbum, mas é isso mesmo! Haja dolo...:

– Consumação e tentativa:

No inciso I, no primeiro modal de comportamento, a consumação se dá com o uso efetivo do meio capaz de produzir destruição em massa ou com a ameaça de seu uso. O interessante, penso eu, é que a ameaça de uso não se trata de um mero tipo de perigo[35], pois encontra sua razão de ser no pavor coletivo que dissemina, em face do que sua consumação está naturalmente vinculada à publicização[36] do ataque prometido, até mesmo porque o *caput* do art. 2º exige que a conduta exponha a perigo pessoa, patrimônio, paz ou incolumidade pública.

---

34 BACH, Marion. *Lei Antiterror Anotada*. Org. Paulo César Busato. Induiatuba: Editora Foco. 2018. p. 77.

35 "Os tipos de perigo diferem dos de dano pois retratam uma conduta típica que, para se consumar, prescinde da produção do resultado lesivo ao bem jurídico, implicando simplesmente uma possível ameaça de produção de tal efeito. Ocorre, assim, um claro adiantamento da proteção do bem a fases anteriores à efetiva lesão". MACHADO, Marta Rodriquez de Assis. *Sociedade do riso e direito penal*. São Paulo: IBCCRIM. 2005. p. 129.

36 "Para que o ato de terror alcance sua finalidade, deverá ser bem divulgado, difundido no meio onde se quer impor o medo. De nada vale o grupo terrorista causar a morte de pessoas inocentes, ou mesmo de soldados das forças que lhes são contrárias, se esse fato não terá o condão de divulgar e expandir sua causa. Assim, a publicidade do ato de terror é um elemento fundamental, inclusive para sua caracterização". GRECO, Rogério. Op. cit. p. 75.

Ainda no inciso I, há a possibilidade de o crime se consumar quando o agente transporta, guarda, porta ou traz consigo gases tóxicos, venenos, conteúdos biológicos, químicos, nucleares, enfim, substâncias capazes de promover destruição massiva, com as motivações próprias do delito.

No inciso IV estão previstas duas importantes modalidades de comportamento: a sabotagem e o assalto. Na primeira, a consumação depende da prática de pelo menos um ato de destruição, inutilização ou dano de instalação ou equipamento, ou, ainda, da interrupção de serviço, fornecimento, tráfego de bens ou de dados. Já no assalto, a consumação ocorre quando o agente, mediante violência ou grave ameaça, invade a área física ou virtual do estabelecimento, instalação – inclusive militar – ou ambiente virtual, tomando o controle, total ou parcial, da atividade ou serviço.

Por fim, há o inciso V, cujo instante consumativo coincide com a prática do ato que atente contra a vida ou a integridade física da pessoa. Note que não se exige, para a consumação desta hipótese, a morte ou as lesões corporais, pois o que a lei está a prever, agora, é a conduta que se consubstancia em um perigo para esses dois fundamentais bens jurídicos. Caso ocorram óbitos ou ferimentos, as penas respectivas devem ser aplicadas cumulativamente, isto é, haverá concurso de crimes.

Em todas as possíveis modulações comportamentais, é admissível a tentativa, tendo em vista a possibilidade de fracionamento do *iter criminis*.

– Sanção penal:

A sanção prevista é de reclusão, de 12 a 30 anos, sem prejuízo do cúmulo material com as penas relativas às ameaças, lesões e mortes produzidas.

Essa parte final do preceito-sanção me causa a sensação de colidência com a disposição contida no art. 7º, que determina a majoração da pena de um terço quando a conduta resultar em lesão corporal e da metade, quando sobrevier morte.

Afinal, aplica-se o cúmulo material de penas (preceito-sanção) ou a causa genérica de aumento de pena? Penso que o somatório de penas, uma vez que é o mandamento específico do tipo.

3.2.2. Art. 3º

> **Art. 3º.** Promover, constituir, integrar ou prestar auxílio, pessoalmente ou por interposta pessoa, a organização terrorista:
>
> Pena – reclusão, de cinco a oito anos, e multa.

– Noções iniciais:

A primeira questão que se apresenta no estudo deste art. 3º diz respeito ao que seja *organização terrorista*, pois a Lei Antiterror não a conceituou! Por empréstimo e, dispondo da possibilidade de integração normativa, é possível buscar-se ajuda na Lei 12.850, de 02/08/2013 (Lei de Combate ao Crime Organizado), que diz:

> Considera-se organização criminosa a associação de 4 (quatro) ou mais pessoas estruturalmente ordenada e caracterizada pela divisão de tarefas, ainda que informalmente, com objetivo de obter, direta ou indiretamente, vantagem de qualquer natureza, mediante a prática de infrações penais cujas penas máximas sejam superiores a 4 (quatro) anos, ou que sejam de caráter transnacional (art. 1º, § 1º).

Realmente não há, pelo menos categoricamente, nenhum impedimento a que se considere organização terrorista como uma espécie de organização criminosa. Até mesmo porque, o inciso II, do § 2º, do art. 1º da Lei 12.850, explicitamente determina sua aplicação às organizações terroristas, entendidas como aquelas voltadas para a prática de atos de terrorismo legalmente definidos (com a redação alterada pela Lei Antiterror).

Ocorre que persistem dúvidas residuais, como, por exemplo, se as organizações terroristas também têm seu reconhecimento vinculado à exigência de que o grupo seja formado, pelo menos, com quatro integrantes. Para Carlos Eduardo de Oliveira Vasconcelos[37], não! Já, para Rogério Greco[38] e Ricardo Antonio Andreucci[39], sim!

De minha parte, considero que sim e vou avante, isto é, não apenas quanto ao número mínimo de integrantes, quatro, mas além disso, um grupo para ser considerado organização terrorista haverá, de: (a) ser estruturalmente ordenado; (b) possuir divisão de tarefas; (c) ter como objetivo praticar atos de terrorismo previstos na Lei 13.260/16.

– Objetividade jurídica:

Tratando-se de crime militar extravagante, a objetividade jurídica subjacente é a preservação das Instituições Militares[40] e de seus alicerces de valor.

Assim, por exemplo, o militar que integra ou presta auxílio a uma organização terrorista, além de violar gravemente seus deveres de lealdade com a Instituição e ferir os princípios da hierarquia e da disciplina, pode atingir também outros bens jurídicos penalmente tutelados, tais como: vida, integridade física, patrimônio etc.

---

37 Op. cit. p. 106.

38 Op. cit. p. 295.

39 Op. cit. p. 702.

40 "As Forças Armadas integram o Estado Brasileiro e são organizadas em função dos severos deveres que lhes são atribuídos pela Constituição Federal e pelas leis dela decorrentes. Portanto, é natural que sejam institucionalizadas e que possuam protocolos de atuação para que possam exercer suas seríssimas obrigações e tarefas, sempre dentro dos marcos legais referentes a um Estado Constitucional de Direito. Marinha, Exército e Aeronáutica são Instituições Nacionais, permanentes e regulares, constitucionalmente vocacionadas à defesa da Pátria, à garantia dos Poderes e à manutenção da lei e da ordem. Cabe-lhes, portanto, a proteção de todos nós, brasileiros, e de todo o aparato estatal, principalmente em face de agressões externas". SARAIVA, Alexandre José de Barros Leal. *Segurança Externa e Administração Militar. Crimes e Penas*. Curitiba: Juruá. 2020. p. 24.

Já quanto o crime é praticado por civil contra as Forças Armadas, o bem jurídico em primazia é a Institucionalidade Constitucional da Marinha, do Exército e da Aeronáutica, permanecendo como objetividade jurídica secundária, ou residual, a ofensa lançada contra as pessoas e o patrimônio.

– Sujeitos:

Como dito acima, na hipótese de coincidência dos tipos penais contidos na Lei 13.260/2016 com as hipóteses circunstanciais dos incisos II e III do art. 9º, do Código Penal Militar, estará configurado crime militar de natureza extravagante, por força das alterações realizadas pela Lei 13.491/2017.

Assim, tanto o militar quanto o civil podem figurar como sujeito ativo de terrorismo, sendo necessário, no entanto, que ajam de acordo com um dos modelos previstos no CPM, quais sejam:

(a) agente militar (art. 9º, inc. II): contra militar em atividade; em lugar sujeito à administração militar; estando de serviço ou atuando em razão da função, em comissão de natureza militar, ou em formatura; durante o período de manobras ou exercícios; contra o patrimônio sob administração militar ou contra a própria ordem administrativa militar;

(b) agente civil (art.9º, inc. III): em lugar sujeito à administração militar contra militar em situação de atividade, ou contra servidor civil das Forças Armadas ou da Justiça Militar no exercício de suas funções; contra a ordem administrativa e o patrimônio militar; contra militar em formatura, ou durante o período de prontidão, vigilância, observação, exploração, exercício, acampamento, acantonamento ou manobras; e, ainda que fora de local sob a administração militar, contra militar em função ou no desempenho de serviço de vigilância, garantia e preservação da ordem pública, administrativa ou judiciária, quando legalmente requisitado para aquele fim, ou em obediência à determinação legal superior.

O interessante é que, pelo menos em três modais típicos, o crime é de autoria coletiva necessária (*promover, constituir, integrar*), característica que pode coincidir com uma coautoria entre militares e civis, o que certamente causará discussões sobre a questão competencial, principalmente nas hipóteses em que o objetivo terrorista alcance, simultaneamente, alvos civis e militares.

Já no polo passivo, tratando-se de crime militar extravagante, sujeito passivo são as Instituições Militares, sem embargo de que pessoas e outras instituições igualmente sejam aceitas nessa condição, caso sofram efeitos colaterais (diretos ou indiretos) dos ataques.

– Conduta:

A lei prevê quatro condutas básicas, sendo que uma delas admite variantes (auxílio mediato ou imediato).

A primeira forma de praticar o delito é promovendo a organização criminosa. Sabe-se que o verbo escolhido dá margem a duas orientações diferentes e, portanto, ambas devem ser acolhidas. Com efeito, *promover*[41] tanto pode ser compreendido como o comportamento de dar impulso, liderar; como também significa anunciar, tornar conhecido. Assim, por exemplo, tanto o militar que publica manifestos sobre a organização buscando a adesão de novos membros, como aquele que organiza as reuniões dos integrantes e define as estratégias de atuação, cometem o delito.

A segunda conduta típica é constituir. E aí, penso que mais uma vez a opção legislativa não foi a melhor, pois em seguida a *constituir*, há o terceiro modal: *integrar*. Portanto, para dar significação não redundante, se tem que optar por uma percepção limitada de que, *constituir*, possui ares inaugurais, ou seja, formação, criação da organização. Desta forma, a conduta está restrita aos fundadores do grupo, pois os demais a integram, apenas!

Por último, consta a previsão de prestar auxílio, pessoalmente ou por interposta pessoa. Na primeira hipótese, é o próprio agente que pratica o ato de ajuda. Na segunda, se vale de terceiro (autoria mediata).

Se discute se essa terceira pessoa deve agir instrumentalmente ou não, isto é, se deve, necessariamente, agir de boa-fé, sem saber que presta auxílio à organização terrorista.

Quando comecei a estudar a norma, tive a primeira impressão de que o autor mediato deveria agir na ignorância quanto ao caráter criminoso do auxílio, mas logo abandonei esta primeira percepção, imaginando o exemplo do líder de célula que convence ou determina que outro integrante do grupo leve dinheiro, armas ou munições para determinada pessoa. Ora, os dois cometem o crime, um diretamente, outro (o mandante), por interposta pessoa.

Não custa lembrar que o Código Penal Militar, por exemplo, possui uma modulação do concurso de agentes na qual os que dirigem, provocam, instigam ou excitam a ação, são considerados *cabeças*, assim como os oficiais, quando o crime é praticado em concurso com subordinados.

Por fim, confesso que sinto uma deficiência no tratamento do auxílio que foi dado pela norma, pois apesar de o art. 3º prever a punição severa (reclusão, de 5 a 8 anos e multa) para quem presta auxílio à organização criminosa, ignora quem auxilia terroristas sem vínculos com nenhum grupo específico (lobos solitários), hipótese que haverá de ser tratada com a aplicação das regras atinentes ao concurso de agentes (autoria, coautoria e participação). Apenas mais um detalhe: a doutrina distingue o lobo (ou rato) solitário do terrorista individual.

> Traçando, corretamente, a distinção entre lobo ou rato solitário e o terrorista individual, Débora de Souza Almeida aponta as seguintes diferenças, a saber: *lobo solitário*:

[41] Segundo Aurélio, o verbo *promover* possui duas origens distintas. A primeira, do latim *promovere* significa dar impulso. Já a derivação da etimologia inglesa, *to promove*, tem o significado de fazer promoção de. HOLANDA, Aurélio Buarque de. Dicionário Aurélio. Versão digital.

atua sempre sozinho, não pertence a grupo terrorista, age sem a influência direta de um líder, utiliza táticas e métodos próprios, sem qualquer distinção externa; *terrorista individual*: pode agir em pequenos grupos, faz parte de um grupo terrorista, está submetido à vontade de um líder, e é dirigido por alguém para a prática do seu atentado[42].

– Elemento subjetivo:

O elemento subjetivo consubstancia-se na vontade consciente de promover, constituir, integrar ou auxiliar organização terrorista, sem olvido de que, os elementos volitivos exigidos no *caput* do art. 2º, devem integrar o dolo do agente.

– Consumação e tentativa:

As condutas descritas no art. 3º geram debates doutrinários sobre a possibilidade de fracionamento do *iter criminis* e, portanto, da tentativa[43].

Penso que nas hipóteses de *promover*, *constituir* e *prestar auxílio* ao grupo terrorista, o comportamento é plurissubsistente e que a consumação ocorre quando o agente consegue completar o caminho da emancipação modelar; mas quando este caminho é interrompido por circunstâncias alheias à sua vontade – desde que iniciada a fase executória –, há tentativa punível.

Apenas na modalidade *integrar*, creio tratar-se de crime unissubsistente, pois percebo a situação como espécie de crime de empreitada.

– Sanção penal:

A sanção prevista é de reclusão, de 5 a 8 anos e multa.

Não se pode esquecer que, de acordo com o art. 7º, se, da conduta, resultar lesão grave, a pena aumenta-se de um terço; se, por outro lado, acarretar morte, o aumento é da metade. Essa majoração só não ocorre quando as lesões ou a morte já constituírem elementares do tipo.

3.2.3. Art. 5º

> Art. 5º. Realizar atos preparatórios de terrorismo com o propósito inequívoco de consumar tal delito:
>
> Pena – a correspondente ao delito consumado, diminuída de um quarto até a metade.
>
> § 1º. Incorre nas mesmas penas o agente que, com o propósito de praticar atos de terrorismo:
>
> I – recrutar, organizar, transportar ou municiar indivíduos que viajem para país distinto daquele de sua residência ou nacionalidade; ou

---

42 GRECO, Rogério. Op. cit. p. 245.

43 Eduardo Luiz Santos e Marcius Tadeu Maciel, por exemplo, entendem que em nenhuma hipótese admite-se a *conatus*. Já, Rogério Greco, defendo o oposto, que todas as modalidades permitem a tentativa.

II- fornecer ou receber treinamento em país distinto daquele de sua residência ou nacionalidade.

§ 2º. Nas hipóteses do § 1º, quando a conduta não envolver treinamento ou viajem para país distinto daquele de sua residência ou nacionalidade, a pena será correspondente ao delito consumado, diminuída de metade a dois terços.

– Noções iniciais:

Não tenho dúvidas em afirmar que este é o dispositivo mais estranho desta lei, pois subverte toda a construção legislativa e dogmática que, bem ou mal, estamos acostumados a estudar, criticar e aplicar.

Aliás, a Lei 13.260 é citada por João Paulo Orsini Martinelli e Leonardo Schmitt de Bem como exemplo "mais recente de violação à taxatividade"[44] da lei penal, uma das principais garantias do princípio da reserva legal.[45]

A extrema antecipação do legislador, em tipificar a prática de atos preparatórios nesta magnitude, acaba por confundir fases distintas do *iter criminis* o que, por sua vez, conduz os comentadores a tratar do fenômeno revisitando os fundamentos da punibilidade da tentativa!

Apesar disso, a improvisação teórica acaba sendo uma válvula de escape para se tentar compreender o alcance de norma. Assim é que Rogério Greco, por exemplo, partindo das lições de Busato, busca uma justificativa para a norma valendo-se de Teoria da Impressão.

> Toda da conduta que produz na comunidade a impressão de uma agressão ao direito, prejudicando sua validade na consciência comunitária, é perigosa, e como tal, merecedora de castigo (...) a vontade hostil do autor se manifesta sobre a comunidade menoscabando a confiança da coletividade na vigência do ordenamento jurídico. Com isso, deixa claro que a punibilidade da tentativa se justifica, para ele, com base na estabilização da confiança na validade normativa[46].

Por outro lado, o art. 5º é repleto de dificuldades à sua própria aplicação, como, por exemplo, estabelecer-se no caso concreto o que é "*propósito inequívoco*"[47].

---

[44] *Lições fundamentais de direito penal. Parte geral.* São Paulo: Saraiva. 2016. p. 187.

[45] "Consectário da função garantista da reserva legal na direção de que os tipos penais devem ser formulados e construídos de forma precisa, com clareza, com os contornos da incriminação da conduta estabelecidos com concisão, perfeitamente demarcados, de forma a impedir a criação de preceitos incriminadores vagos, indefinidos e genéricos, como os chamados tipos abertos que, não obstante, mas em conotação excepcional, são algumas vezes encontrados". PEDROSO, Fernando de almeida. São Paulo: JHMizuno. 5ª edição. 2017. P. 38.

[46] BUSATO, Paulo César. Direito Penal. Parte geral. São Paulo: Atlas. 2017, p. 650.

[47] "A despeito da ressalva do artigo ('com o propósito inequívoco de'), inequívoco é que, a partir do levantamento da suspeita, o ônus da prova se inverterá, e o suspeito se verá na posição de ter que provar que não tem a intenção de praticar atos terroristas. Portanto, a norma ofende os princípios da legalidade e do estado de inocência. Na prática, a prova do 'propósito inequívoco' acaba se fazendo pelos próprios atos preparatórios, em efeito circular". VASCONCELOS, Carlos Eduardo de Oliveira. Op. cit. p. 107.

> ... a exigência de inequivocidade remete a uma pretensão de verdade inalcançável como tal pelo Direito em geral e pelo Direito penal em particular. Simplesmente não se pode afirmar a intenção de alguém de modo inequívoco porque o acesso à mente alheia é impossível e a característica básica da atribuição de intenções, seja por dolo ou por especiais fins de agir, é sua equivocidade. Aqui chega-se a um impasse: ou se preserva o texto da lei tal como está e jamais se incrimina quem quer que seja, pela impossibilidade de alcançar a suposta inequivocidade, ou se distende a interpretação sobre o que é inequívoco para incluir o que é simplesmente *plausível*, ou até mais *provável*, incorrendo em indesejável interpretação extensiva[48].

Também não há nenhuma indicação confiável do que sejam *atos preparatórios do terrorismo*[49], pois nem mesmo há, em lugar nenhum, clarividência suficiente para identificar todas as possibilidades comportamentais de causar terror.

> Sim, pois o aparente *núcleo do tipo* é realizar, que não é capaz de traduzir absolutamente nada desvinculado de seu objeto. Ao ser um verbo transitivo direto, é preciso avaliar que quem realiza deve realizar algo. Este *algo* seriam atos preparatórios. No entanto, *atos preparatórios* é uma expressão que em nada pode esclarecer o conteúdo do núcleo do tipo, por ser ela própria uma multiplicidade de coisas[50].

Outra dúvida que há diz respeito à configuração da tentativa dos outros crimes previstos na Lei Antiterror. Ora, se pela opção teórica do ordenamento penal brasileiro, a tentativa punível exige o início da fase executória, este art. 5º torna isto impossível, pois já adiantou a possibilidade de punição para a fase anterior (atos preparatórios). Então, é impraticável, por exemplo, diante desta antecipação legal, punir-se a tentativa de sabotagem ou assalto (art. 2º, § 1º, IV), como de qualquer outro delito previsto no art. 2º, *v. g.*, tendo em vista a precoce consumação de qualquer ato preparatório com este objetivo, à título de delito autônomo. Aliás, no cúmulo do absurdo, pode-se ser tentado a crer que o resultado dos delitos de terrorismo são o exaurimento do art. 5º. Lembrei-me do argumento de *Minority Report*[51].

– Objetividade jurídica:

Como regra comum, o crime de terrorismo afeta a paz pública, a vida, a integridade física e psicológica das pessoas e o patrimônio.

Na perspectiva deste trabalho, cujo foco principal é comentar os delitos de terror na condição de crimes militares extravagantes, a objetividade jurídica principal passa a ser a preservação das Instituições Militares e o respeito aos seus princípios e valores, sem embargo de que outros bens jurídicos sejam igualmente atingidos.

---

48 BUSATO, Paulo César. Op. cit. p. 93.

49 "A redação do tipo penal é falha e, portanto, como salientou Busato, ofensiva ao princípio da legalidade, pois que não existe clareza suficiente para sua aplicação. O preceito primário narra a conduta de realizar atos preparatórios de terrorismo com o propósito inequívoco de consumar tal delito. Mas, o que seria propósito inequívoco de consumar o delito? Somente se estará diante de um propósito inequívoco de consumar o crime quando o agente der início aos atos de execução, e não quando estivermos diante de atos preparatórios". GRECO, Rogério. Op. cit. p. 306.

50 BUSATO, Paulo César. *Lei Antiterror Anotada*. Indaiutaba: Editora Foco. 2018. p. 90.

51 Filme de 2002, dirigido por Steven Spielberg.

- Sujeitos:

Como dito acima, na hipótese de coincidência dos tipos penais contidos na Lei 13.260/2016 com as hipóteses circunstanciais dos incisos II e III do art. 9º, do Código Penal Militar, estará configurado crime militar de natureza extravagante, por força das alterações realizadas pela Lei 13.491/2017.

Assim, tanto o militar quanto o civil podem figurar como sujeito ativo de terrorismo, sendo necessário, no entanto, que ajam de acordo com um dos modelos previstos no CPM, quais sejam:

(a) agente militar (art. 9º, inc. II): contra militar em atividade; em lugar sujeito à administração militar; estando de serviço ou atuando em razão da função, em comissão de natureza militar, ou em formatura; durante o período de manobras ou exercícios; contra o patrimônio sob administração militar ou contra a própria ordem administrativa militar;

(b) agente civil (art.9º, inc. III): em lugar sujeito à administração militar contra militar em situação de atividade, ou contra servidor civil das Forças Armadas ou da Justiça Militar no exercício de suas funções; contra a ordem administrativa e o patrimônio militar; contra militar em formatura, ou durante o período de prontidão, vigilância, observação, exploração, exercício, acampamento, acantonamento ou manobras; e, ainda que fora de local sob a administração militar, contra militar em função ou no desempenho de serviço de vigilância, garantia e preservação da ordem pública, administrativa ou judiciária, quando legalmente requisitado para aquele fim, ou em obediência à determinação legal superior.

Já no polo passivo, tratando-se de crime militar extravagante, sujeito passivo são as Instituições Militares, sem embargo de que pessoas e outras instituições igualmente sejam aceitas nessa condição, caso sofram efeitos colaterais (diretos ou indiretos) dos ataques.

- Conduta:

Aqui devo começar com a distinção entre os comportamentos previstos no *caput* do art. 5º e as condutas assemelhadas indicadas nos incisos I e II do § 1º.

Bom, segundo Greco, "da referência descritiva da pretensão conceitua lde relevância não se identifica qualquer conduta em concreto"[52] no *caput* do art. 5º.

Realmente, o modelo não descreve nenhuma conduta em particular, ao revés, universaliza a paleta comportamental, pois uma infinidade inimaginável de condutas podem caracterizar movimento preparatório de um ato terrorista, desde ler um manual de guerrilha (como o *La guerra de guerillas*, de Ernesto Che Guevara) até mesmo preparar um artefato explosivo.

---

52 Op. cit. p. 305.

> O aparente núcleo do tipo é realizar, que não é capaz de traduzir absolutamente nada desvinculado de seu objeto. Ao ser um verbo transitivo direto, é preciso avaliar que quem realiza deve realizar algo. Este algo seriam os atos preparatórios. No entanto, atos preparatórios é uma expressão que em nada pode esclarecer o conteúdo do núcleo do tipo, por ser ela própria uma expressão que pode traduzir uma multiplicidade de coisas[53].

Penso que a única saída para este imbróglio é cotejar o ato preparatório praticado com as formas de comportamento previstas nas demais normas incriminadoras da lei, isto é, verificar se a conduta guarda alguma relação (objetiva e subjetiva) com as incriminações contidas no artigo 2º, § 1º, da Lei Antiterror e fazem parte da experiência real de concretização do modelo.

Exemplificando: no ano de 2017 houve uma série de sobrevoos de drones sobre a área de um importante quartel de cavalaria do Exército em Campo Grande-MS[54]. À mingua de outras informações, as investigações iniciais trataram os episódios como possível prática dos crimes de *Desenho ou levantamento de plano ou planta de local militar ou de engenho de guerra* ou *Sobrevoo de local interdito*, ambos previstos no Código Penal Militar (arts. 174 e 148, respectivamente). Ora, se houvesse a indicação de que os sobrevoos se destinavam a preparar um ataque terrorista ao paiol da unidade militar, poder-se-ia considerar a incriminação deste ato preparatório, nos termos do art. 5º c/c art. 2º, § 1º, IV, da Lei 13.260.

Bom, passo aos comportamentos assemelhados ou equiparados, previstos no § 1º.

O inciso I trata do agente que recruta, organiza, transporta ou municia indivíduos que viajem para país que não seja o de sua residência ou moradia. Sinceramente, não elogio a redação do dispositivo, até porque a lei se refere a "indivíduos" que "viajem" – sempre no plural –, o que quer dizer, em uma interpretação literal, que se o recrutamento, o transporte, a organização e/ou o municiamento for destinado apenas a um único terrorista, não incide a incriminação. Isto é razoável?!

Por outro lado, o inciso modela a conduta de quem fomenta a movimentação territorial terrorista, com a condição de transnacionalidade, ou seja, os indivíduos devem viajar para países distintos dos de suas nacionalidades ou domicílios.

A mesma condicionante peregrina é aplicada pelo inciso II, que incrimina a conduta de fornecer ou receber treinamento fora de seu país de domicílio ou naturalidade.

Já o § 2º prevê pena mais reduzida – isto mesmo, porque a previsão de pena foi dada por minoração do preceito sanção-principal – nos casos em que haja deslocamento para fora do país de domicílio ou residência.

O argumento utilizado para distinguir as condutas prende-se à internacionalização do terrorismo.

53 BUSATO, Paulo César. *Lei antiterror anotada*. Indaiatuba: Foco. 2018. p. 89.

54 SARAIVA, Alexandre José de Barros Leal. Op. cit. p. 79.

> A razão da diferença é a seguinte: há muito mais desvalor da ação (maior periculosidade na ação) quando o treinamento ou a viagem é para país distinto da residência ou nacionalidade das pessoas envolvidas nesses atos. Dá-se, nesse caso, a internacionalização do terrorismo, que representa maior periculosidade na conduta e sofisticação na organização[55].

Eu não tenho toda essa convicção, quer porque o fomento e o treinamento doméstico me parecem mais audaciosos e mais ofensivos ao senso comum de pertença, de Nação (ligação afetiva à pátria)[56], quer em face do *a priori* estabelecido de que movimentar ou preparar terroristas em outro país é sinal de sofisticação. Araguaia, que o diga!

> Treinando no gelo para lutar na selva. Michéas e os 14 companheiros começaram os treinamentos no dia seguinte à chegada em Pequim. Dois chineses serviam de intérpretes. De manhã tinham aulas teóricas de política; à noite, instruções militares. O inverno castigou os brasileiros; eles rastejavam na lama congelada até três horas seguidas (...) Em todo os momentos eram acompanhados por funcionários do governo, responsáveis pela segurança e pelo monitoramento dos passos dos estrangeiros (...) O curso deveria durar seis meses, mas passou de um ano[57].

– Elemento subjetivo:

É bem esquisito isto, pois o apressado delito pretende punir atos preparatórios de terrorismo, mas inculca no dolo o *propósito inequívoco* de consumá-los, o que sugere uma interrupção não desejada da jornada criminosa, ou seja, tentativa.

Todavia, não é tentativa, mas delito autônomo. E, nesse sentido, dizer que o dolo é a vontade livre e consciente de praticar atos preparatórios para o terrorismo, é pouco. Ir adiante e dizer que o dolo é a consumação do crime, é demais. Assim, talvez seja oportuno dizer que o dolo se forma com a consciência e vontade de praticar os atos necessários para efetivar um (futuro) ataque terrorista.

No § 1º, as coisas estão mais fáceis, pois o dolo refere-se a condutas descritas e orientadas ao recrutamento, transporte, organização, municiamento e treinamento de terroristas.

Em todas as situações, contudo, não se alheiam as exigências subjetivas contidas no art. 2º.

– Consumação e tentativa:

---

55 GOMES, Luiz Flávio. *Terrorismo. Comentários, artigo por artigo, à Lei 13.260/2016*. Salvador: Juspodivm. 2017. p. 242.

56 "Na verdade, e em última análise, é o que sintetiza todos os demais já que é a sublimação do próprio sentimento de nacionalidade. Ou seja, compartilhando determinada comunidade dos mesmos costumes, tradições, língua comum, isto faz com que todos os seus componentes queiram viver juntos não apenas porque assim desejem ou disso necessitem para sua própria sobrevivência; é que assim determinam seus sentimentos de molde a criar uma verdadeira alma coletiva". FILOMENO, José Geraldo Brito. *Teoria geral do Estado e da Constituição*. Rio de Janeiro: Forense. 2016. p. 62.

57 MORAIS, Taís. SILVA, Eumano. *Operação Araguaia. Os arquivos secretos da guerrilha*. São Paulo: Geração editorial. 2011. p. 42.

Realizar atos preparatórios de terrorismo é a conduta descrita no tipo, daí a necessidade de complementar a norma para poder se concluir sobre o momento consumativo, vez que é preciso saber, antes, o que é ato preparatório de terrorismo.

Penso, e já deixei isso registrado, que todas as normas penais incriminadoras da Lei 13.260 veiculam crimes de terrorismo, mas cedo à evidência de que apenas o § 1º, do art. 2º, dispõe sobre o que se considera *ato de terrorismo, strictu senso*. Assim, a consumação do delito previsto no *caput* do art. 5º está umbilicalmente ligada e dependente da relação entre o ato preparatório do agente e sua pertinência instrumental com uma das condutas descritas no referido § 1º.[58]

Portanto, o crime estará consumado no instante em que o sujeito pratique qualquer ato intencional de preparação para integralizar as condutas previstas nos incisos do § 1º, do art. 2º.

Estranho é pensar na possibilidade da tentativa[59] – a rigor, tentativa da tentativa! –, mas, ao menos, teoricamente, é possível.

> Somente o caso concreto dirá se se admitirá ou não a tentativa com relação ao comportamento previsto no *caput* do art. 5º da Lei Antiterror.[60]

Já quanto aos incisos I e II do § 1º, não há muita dificuldade para se atestar o instante consumativo, pois tratam de hipóteses com traços sequenciais e marcos temporais fáceis de serem identificados. Assim tão logo o agente recrute, organize a viajem, transporte, municie (inc. I) ou pratique qualquer ato de treinamento (ativo ou passivo), consuma-se o crime. Nestas hipóteses, a interrupção não desejada é igualmente fácil de ser reconhecida e, portanto, a tentativa também o será!

– Sanção penal:

O preceito sanção remete às penas de outro delito), mais precisamente, do crime pretendido (delito de referência, sendo que: (*i*) nas molduras do *caput* e do § 1º, a norma prevê a minoração de um quarto até a metade; (*ii*) no caso do § 2º, a minoração é da metade até dois terços.

Não se pode esquecer que, de acordo com o art. 7º, se, da conduta, resultar lesão grave, a pena aumenta-se de um terço; se, por outro lado, acarretar morte, o aumento é da metade. Essa majoração só não ocorre quando as lesões ou a morte já constituírem elementares do tipo.

---

58 "Os atos de terrorismo mencionados pelo §1º, do art. 5º da Lei Antiterror são aqueles previstos pelo art. 2º, § 1º, incisos I, IV e V da mesma Lei, razão pela qual estamos diante da chamada norma penal em branco homogênea homovitelina (em sentido amplo ou homóloga), tendo em vista que o seu complemento é oriundo da mesma fonte legislativa que editou a norma que necessita desse complemento". GRECO, Rogério. Op. cit. p. 310.

59 Busato entende de forma diversa: "Neste caso, a par de qualquer consideração acerca de questões probatórias, cuja óbvia impossibilidade dispensa maiores comentários, resta claro que não existe possibilidade alguma da prática de tentativa de crime do art. 5º, pelo simples fato de que a *cogitatio* não é alcançável intersubjetivamente, ou seja, não possui expressão de sentido, pertencendo completamente ao plano das individualidades. Assim, parece impossível cogitar da modalidade tentada do crime". Op. cit. p. 99.

60 GRECO, Rogério. Op. cit. p. 312.

3.2.4. Art. 6º

> **Art. 6º.** Receber, prover, oferecer, obter, guardar, manter em depósito, solicitar, investir, de qualquer modo, direta ou indiretamente, recursos, ativos, bens, direitos, valores ou serviços de qualquer natureza, para o planejamento, a preparação ou a execução dos crimes previstos nesta Lei:
>
> Pena – reclusão, de quinze a trinta anos.
>
> Parágrafo único. Incorre na mesma pena quem oferecer ou receber, obtiver, guardar, mantiver em depósito, solicitar, investir ou de qualquer modo contribuir para a obtenção de ativo, bem ou recurso financeiro, com a finalidade de financiar, total ou parcialmente, pessoa, grupo de pessoas, associação, entidade, organização criminosa que tenha como atividade principal ou secundária, mesmo em caráter eventual, a prática dos crimes previstos nesta Lei.

– Noções iniciais:

Este tipo penal contém, somente no caput, nada mais nada menos do que oito verbos, isto é, são múltiplos os modais de comportamento, sem embrago de, no Parágrafo único, veicular mais outros oito verbos e valer-se da cláusula de remissão genérica e exemplificativa: "*ou de qualquer outro modo...*".

Paulo César Busato é um dos que mais combate a "moderna" técnica legislativa penal, considerando-a habitual violadora do princípio da legalidade. Diz ele:

> Não apenas os enunciados por vezes dificultam a exata compreensão do que é punido concretamente, como também as próprias técnicas de composição dos tipos penais, as chamadas *técnicas de tipificação*, que vêm sendo empregadas no Moderno Direito penal, cada vez mais dificultam a certeza em relação ao conteúdo incriminado. Isso porque o legislador moderno tem abusado no emprego das cláusulas gerais, dos conceitos jurídicos indeterminados, dos tipos penais abertos, da comissão por omissão, dos elementos normativos dos tipos e da técnica das leis penais em branco, evidenciando uma dissociação do Direito penal às exigências da *lex certa*[61].

Bom, a pretensão de tipificar a preparação financeira ou o financiamento do terrorismo poderia ter acompanhado o exemplo contido na Lei de Combate ao Crime Organizado (Lei 12.850/2013), que, em seu art. 2°, preceitua, com economia e simplicidade:

> Promover, constituir, *financiar* ou integrar, pessoalmente ou por interposta pessoa, organização criminosa (destaque meu).

A verdade é que a intenção do legislador é boa, atende inclusive a compromissos internacionais assumidos pelo Brasil[62], como, por exemplo, a Convenção Internacional

---

[61] BUSATO, Paulo César. Op. cit. p. 47.

[62] "Este artigo é que verdadeiramente preenche a decantada obrigação internacional do Brasil nesta matéria, que é a de punir todas as formas de financiamento do terrorismo. Está em vigor no País a Convenção Internacional

para a Supressão do Financiamento do Terrorismo[63], ocorre que a técnica poderia ter privilegiado a clareza e promovido a certeza na interpretação do tipo penal.

Vale a pena conferir como complementação ao presente estudo a Resolução nº 24, do antigo COAF, hoje Unidade de Inteligência Financeira, sobre normas gerais de prevenção à lavagem de dinheiro e ao financiamento do terrorismo.

- Objetividade jurídica:

Como regra comum, o crime de preparação ou financiamento do terrorismo afeta a paz pública, a vida, a integridade física e psicológica das pessoas e o patrimônio.

Na perspectiva deste trabalho, cujo foco principal é comentar os delitos de terror na condição de crimes militares extravagantes, a objetividade jurídica principal passa a ser a preservação das Instituições Militares e o respeito aos seus princípios e valores, sem embargo de que outros bens jurídicos sejam igualmente atingidos.

- Sujeitos:

Como dito acima, na hipótese de coincidência dos tipos penais contidos na Lei 13.260/2016 com as hipóteses circunstanciais dos incisos II e III do art. 9º, do Código Penal Militar, estará configurado crime militar de natureza extravagante, por força das alterações realizadas pela Lei 13.491/2017.

Assim, tanto o militar quanto o civil podem figurar como sujeito ativo de terrorismo, sendo necessário, no entanto, que ajam de acordo com um dos modelos previstos no CPM, quais sejam:

(a) agente militar (art. 9º, inc. II): contra militar em atividade; em lugar sujeito à administração militar; estando de serviço ou atuando em razão da função, em comissão de natureza militar, ou em formatura; durante o período de manobras ou exercícios; contra o patrimônio sob administração militar ou contra a própria ordem administrativa militar;

(b) agente civil (art.9º, inc. III): em lugar sujeito à administração militar contra militar em situação de atividade, ou contra servidor civil das Forças Armadas ou da Justiça Militar no exercício de suas funções; contra a ordem administrativa e o patrimônio militar; contra militar em formatura, ou durante o período de prontidão, vigilância, observação, exploração, exercício, acampamento, acantonamento ou manobras; e, ainda que fora de local sob a administração militar, contra militar em função ou no desempenho de serviço de vigilância, garantia e preservação da ordem pública, administrativa ou judiciária, quando legalmente requisitado para aquele fim, ou em obediência à determinação legal superior.

---

para a Supressão do Financiamento do Terrorismo, concluída em Nova York em 1999 e promulgada pelo Decreto nº 5.640/2005. Como já asseverado, não há uma obrigação internacional formal de criminalizar o terrorismo como tal, e sim a obrigação de resultado de punir os atos dele resultantes, o que já se achava contemplado no ordenamento jurídico brasileiro independentemente desta Lei". VASCONCELOS, Carlos Eduardo de Oliveira. Op. cit. p. 108.

[63] Promulgada pelo Decreto nº 5.640/2005.

Já no polo passivo, tratando-se de crime militar extravagante, sujeito passivo são as Instituições Militares, sem embargo de que pessoas e outras instituições igualmente sejam aceitas nessa condição, caso sofram efeitos colaterais (diretos ou indiretos) dos ataques.

– Conduta:

Como registrei nas Noções Iniciais, apenas no *caput* são oito possibilidades de comportamentos, sempre animados pela finalidade de *planejar, preparar* ou *executar* os crimes previstos na Lei Antiterror.

Aqui, já surge uma interessante questão: o crime previsto no artigo anterior (art. 5º) trata da prática de atos preparatórios aos atos terroristas, mas neste artigo 6º, também não há previsão semelhante?

Tentando dar alguma racionalidade à intepretação da Lei, Eduardo Luiz Santos Cabette e Marcius Tadeu Maciel Nahur, dizem:

> A única via que se enxerga é entender que as condutas do artigo 6º devem ser dirigidas a uma atividade, pessoa ou grupo, já implantado, em ação em atuação, que será, então, a partir da conduta do agente, financiado, mantido ou custeado. Já no artigo 5º, a lei trata de situações em que não há uma prática em andamento que vem a ser objeto de manutenção por qualquer pessoa.

Não sei não! Até porque o inciso I, do § 1º do art. 5º, dispõe sobre conduta que envolve mais de uma pessoa ("*indivíduos*"). Penso que a diferença relevante é que no artigo 6º a conduta envolve necessariamente a perspectiva financeira, seja para o autofinanciamento (*caput*) seja para o financiamento de terceira pessoa (terrorista individual) ou de grupo de terroristas (Parágrafo único).

Aliás, essa incriminação do financiamento de outra pessoa, ou de outras pessoas, associações, entidades e organizações, mesmo quando não tenham no terrorismo a atividade principal ou habitual, também é indicativo de que a intenção do legislador é punir especificamente a ação de dar suporte ou auxílio econômico ao crime de terror[64].

Assim, as iniciativas de obtenção, gestão ou repasse de bens, ativos, direitos, dinheiro ou qualquer outro equivalente perfaz a conduta criminosa, desde que direcionadas ao planejamento, preparação ou execução de atos terroristas, próprios ou de terceiros[65], individuais ou coletivos, organizados ou não.

---

64 "O delito do artigo 6º da Lei 13.260 delimita um ato preparatório muito específico. Isto é, ao contrário do art. 5º que incorre na ausente – para não dizer teratológica – técnica legislativa de criar um tipo penal de atos preparatórios sem qualquer respeito ao princípio da lesividade, da reserva legal e da taxatividade, o artigo 6º diz quais são as condutas incriminadas e deixa claro que o objeto material do dispositivo deve ser sempre materialmente aferível – pecuniariamente, traduzido em montante, cifrado ou possível de aferição econômica". ANDRADE, Andressa Paula. SILVA, Leonardo Henriques. *Lei Antiterror Anotada*. Induitaba: Editora Foco. 2018. p. 104.

65 "Temos aqui uma espécie de *heterofinanciamento* do terrorismo, feita por terceiro que sem assumir a condição de autor de terrorismo presta auxílio material a terrorista". GRECO, Rogério. Op. cit. p. 318.

– Elemento subjetivo:

O crime, em todas as suas possibilidades modais, é doloso. O agente deve agir, sempre, com consciência e vontade de financiar, direta ou indiretamente, total ou parcialmente, a execução de atos terroristas.

É necessário lembrar que, por força do art. 2º da Lei, os atos de terrorismo possuem motivação específica: razões de xenofobia, discriminação ou preconceito de raça, cor, etnia, e religião, devendo ser praticados com a finalidade de provocar terror social ou generalizado.

– Consumação e tentativa:

Não há melindres para se identificar, teoricamente, a consumação do delito, em ambas as modulações (*caput* e Parágrafo único), com a cautela de se separar as hipóteses de mera conduta das demais que possuem natureza material, assim, por exemplo, na modalidade de *solicitar*, a consumação ocorre no instante mesmo do pedido.

Também pode gerar algum tipo de dificuldade prática a modulação genérica utilizada no Parágrafo único de "*qualquer modo contribuir para a obtenção de ativo, bem ou recurso financeiro*", pois a afirmação do momento consumativo é totalmente dependente desse *modo qualquer de agir*, que pode se revestir de comportamento fugaz, misantropo ou, ao contrário, de movimento complexo, carente de reposta ou reciprocidade.

> São inúmeras as formas de *financiamento* dos grupos de terroristas, indo desde a prática de crimes como extorsões mediante sequestro, como ocorre com as FARC, roubo a bancos e a carros-fortes, extorsões comerciantes e empresas, fraudes em cartões de créditos, lavagem de dinheiro, contrabando de produtos, exploração de poços de petróleo, tráfico de drogas, tráfico de pessoas, doações de pessoas ricas, que adotam a causa terrorista, Estados que os alimentam, sob falsos fundamentos ou desviando dinheiro público etc. (...) Esse financiamento, portanto, pode ser oriundo tanto de meios lícitos, como ilícitos. Muitos grupos terroristas se utilizam, ainda, de ONGs para a obtenção de recursos, bem como de pessoas jurídicas com alguma atividade considerada lícita, destinando seu lucro à causa terrorista[66].

– Sanção penal:

A sanção é de reclusão, com mínimo de 15 e máximo de 30 anos. O detalhe é que a cominação mínima é maior do que a prevista para a punição dos atos de terrorismo propriamente ditos, o que equivale dizer: a preparação, a ajuda, o suporte e a gestão financeira do terrorista ou do grupo terrorista receberam do legislador tratamento mais grave do que o terrorismo em si mesmo.

---

[66] GRECO, Rogério. Op. cit. p. 193.

REFERÊNCIAS

ANDRADA, José Bonifácio Borges de. *Terrorismo e outras situações de emergência*. Org. VASCONCELOS, Carlos Eduardo de Oliveira Brasília: ESMPU. 2019.

ANDRADE, Andressa Paula. **SILVA**, Leonardo Henriques. *Lei Antiterror Anotada*. Org. Paulo César Busato. Indaiatuba: Editora Foco. 2018.

ANDREUCCI, Ricardo Antônio. *Legislação Penal Especial*. 13ª edição. São Paulo: Saraiva. 2018.

AZEVEDO, Gilvaci Rodrigues. Terrorismo e movimentos sociais na América Latina: Sendero Luminoso e Movimento dos Trabalhadores sem Terra (MST). *Revista Universitas Humanas*. UNICEUB. V. 6. Nº 2. 2015.

BACH, Marion. *Lei Antiterror Anotada*. Org. Paulo César Busato. Induiatuba: Editora Foco. 2018.

BOFF, Leonardo. *Fundamentalismo, terrorismo, religião e paz – desafios para o século XXI*. Petrópolis: Vozes. 2009.

BOTTINI, Pierpalozo Cruz. *Crimes de perigo abstrato*. São Paulo: RT. 2031.

BUSATO, Paulo César. *Direito Penal*. Parte geral. São Paulo: Atlas. 2017.

BUSATO, Paulo César. *Lei antiterror anotada*. Org. Paulo César Busato. Indaiatuba: Editora Foco. 2018.

CABETTE, Eduardo Luiz Santos. *Atribuição e competência federais para a apuração de crimes de terrorismo: a questão da inconstitucionalidade*. Disponível no site jusbrasil.

CDOC-FGV – Centro de Pesquisa e Documentação de História Contemporânea do Brasil (CDOC) da Fundação Getúlio Vargas (FGV).

FERREIRA, Alex Wilson Duarte. **CARUNCHO**, Gustavo Britta Scandelari. **CAVAGNARI**, Rodrigo Jacob. *Lei Antiterror Anotada*. Org. Paulo César Busato. Indaiatuba: Editora Foco. 2018.

FILOMENO, José Geraldo Brito. *Teoria geral do Estado e da Constituição*. Rio de Janeiro: Forense. 2016.

GOMES, Luiz Flávio. *Terrorismo. Comentários, artigo por artigo, à Lei 13.260/2016*. Salvador: Juspodivm. 2017.

GORENDER, Jacob. *Combate nas trevas*. 5ª edição. São Paulo: Ática. 1988.

GRECO, Rogério. *Terrorismo, Comentários à Lei nº 13. 260/2016*. Rio de Janeiro: Impetus. 2019.

HOLANDA, Aurélio Buarque de. *Dicionário Aurélio*. Versão digital.

HORGAN, John. *Psicología del terrorismo – como y por qué alguien se convierte em terrorista*. Barcelona: Gedisa. 2006.

LEITE, Karolyne Christina Queiroz. *Crimes militares por extensão à luz da Constituição Federal de 1988*. Revista do Ministério Público Militar. Nº 29. Brasilia. 2018. p. 223.

MARTINELLI, João Paulo Orsini. **BEM**, Leonardo Schmitt de. *Lições fundamentais de direito penal. Parte geral*. São Paulo: Saraiva. 2016.

MACHADO, Marta Rodriquez de Assis. *Sociedade do riso e direito penal*. São Paulo: IBCCRIM. 2005.

McCANN, Frank D. *Soldados da Pátria. História do Exército Brasileiro 1889-1937*. São Paulo: Companhia das Letras. 2007.

MILANEZ, Bruno Augusto Vigo. *Lei Antiterror Anotada*. Org. Paulo César BUSATO, Indaiutuba: Editora Foco. 2018.

MORAIS, Taís. **SILVA**, Eumano. *Operação Araguaia. Os arquivos secretos da guerrilha*. São Paulo: Geração editorial. 2011.

NEVES, Cícero Robson Coimbra. *Inquietações na investigação criminal militar após a entrada em vigor da Lei nº 13.491, de 13 de outubro de 2017.*

PEDROSO, Fernando de Almeida. São Paulo: JHMizuno. 5ª edição. 2017.

PEREIRA, Carlos Frederico de Oliveira. *A Lei nº 13.491, de 13 de outubro de 2017, e os crimes hediondos"*. Revista do Ministério Público Militar. Nº 29. Brasília. 2018.

PETERKE, Sven. *A tipificação de crimes terroristas no Brasil: comentários à luz do Direito Internacional e do Direito Comparado.* In *Terrorismo e outras situações de emergência.* Organizador VASCONCELOS, Carlos Eduardo de Oliveira Brasília: ESMPU. 2019.

ROTH, João Ronaldo. *Lei 13.491/17: os crimes militares por extensão e o princípio da especialidade.* Revista de Doutrina e Jurisprudência do Superior Tribunal Militar. V. 27. Nº 1.

SARAIVA, Alexandre José de Barros Leal. *Crimes Militares*. Fortaleza: Relevo. 2010.

SARAIVA, Alexandre José de Barros Leal. *Segurança Externa e Administração Militar. Crimes e Penas*. Curitiba: Juruá. 2020.

TAQUES, Pedro. *Terrorismo e outras situações de emergência*. Organizador VASCONCELOS, Carlos Eduardo de **Oliveira Brasília: ESMPU. 2019.**

VASCONCELOS, Carlos Eduardo de Oliveira. *Terrorismo e outras situações de emergência no Brasil: desafios para o Ministério Público Federal.* In *Terrorismo e outras situações de emergência*. Organizador

WERMUTH, Maiquel Ângelo Dezordi. *Medo e direito penal. Reflexos da expansão punitiva na realidade brasileira*. Porto Alegre: Livraria do Advogado. 2011.

ZAVERUCHA, Jorge. *Frágil Democracia. Collor, Itamar, FHC e os Militares (1990-1998)*. Rio de Janeiro: Civilização Brasileira. 2000.

4

CRIME MILITAR EXTRAVAGANTE DE ORGANIZAÇÃO CRIMINOSA (LEI 12.850/2013)

Fernando Hugo Miranda Teles

4.1. INTRODUÇÃO

As organizações criminosas já existem há bastante tempo e a doutrina converge ao apontar alguns antecedentes históricos, entre eles as chamadas "máfias". Os traços comuns nas agremiações criminosas no estilo "máfia" – a espécie de organização criminosa violenta mais comum – são os rituais de iniciação, o uso da violência e a chamada *omertà*, palavra do dialeto napolitano que significa o código de silêncio entre os membros dessas agremiações[1]. Esse código de silêncio é garantido pelo uso da violência contra os membros que traem a organização, a fim de que sirvam como exemplo para os demais. Cibele Benevides argumenta com propriedade que a *omertà* é característica das agremiações mafiosas, mas está presente em geral em todas as organizações criminosas[2].

Tanto esse código de silêncio quanto a corrupção de agentes públicos e o uso de meios de dissimulação de receitas, como a lavagem de dinheiro e bens, tornam necessárias novas formas de investigação. Assim, a criminalidade organizada e complexa demandou uma nova normatização, com novos conceitos, meios de produção de prova e crimes adequados a investigar e coibir esse tipo de atividade.

A Lei 9034/95, que antecedeu a Lei 12.850/2013 e foi por ela revogada, foi uma primeira reação estatal à criminalidade complexa que já existia no país e que

1 FONSECA, C. B. G. Colaboração premiada, p. 47.

2 FONSECA, C. B. G. Colaboração premiada, p. 51.

solapava, principalmente, a moralidade administrativa pela corrupção já mais que disseminada.

A Lei 9034/95, todavia, não conceituava organização criminosa, o que levou a doutrina e até a jurisprudência a empregarem a definição emprestada da Convenção de Palermo, em vigor no Brasil desde o Decreto 5015/2004:

> Grupo criminoso organizado – grupo estruturado de três ou mais pessoas, existente há algum tempo e atuando concertadamente com o propósito de cometer uma ou mais infrações graves ou enunciadas na presente Convenção, com a intenção de obter, direta ou indiretamente, um benefício econômico ou outro benefício material

Aliás, a Convenção de Palermo estabeleceu uma obrigação aos países signatários de criminalizar condutas relativas à participação em grupo criminoso organizado, à lavagem do produto do crime e à corrupção. Esse assunto será tratado em tópico mais adiante.

A jurisprudência também oscilou no tocante ao uso da definição emprestada pela Convenção de Palermo. Rogério Sanches Cunha, Ronaldo Batista Pinto e Renee do Ó Souza[3] mencionam que o STJ, em decisão da 5ª Turma, negou provimento ao HC 77.771/SP, sob o argumento de que o Decreto 5015/2004 trazia a definição de organização criminosa. Os autores citam ainda que o saudoso Luiz Flávio Gomes criticou a decisão ao aduzir resumidamente que: a definição trazida pela Convenção de Palermo era muito ampla, genérica e violava a taxatividade, corolário do Princípio da Legalidade; que a definição é válida para as relações de direito internacional, não para o direito interno; que definições dadas pelas convenções ou tratados internacionais jamais valem para reger as relações com o Direito Penal interno, em razão da exigência do Princípio da Democracia (ou *lex populi*), sendo atípica a conduta. Em seguida, os autores citam que o STF, no HC 96.007/SP acolheu a crítica e entendeu atípica a conduta do art. 1º, VII da Lei 9613/98 pelo fato de inexistir, no ordenamento jurídico pátrio, uma definição legal de organização criminosa, já que o conceito foi introduzido por simples decreto.

Nesse contexto surgiu a Lei 12.694/2012 (art. 2º), com a conceituação de organização criminosa:

> Para os efeitos desta Lei, considera-se organização criminosa a associação de 3 (três) ou mais pessoas, estruturalmente ordenada e caracterizada pela divisão de tarefas, ainda que informalmente, com objetivo de obter, direta ou indiretamente, vantagem de qualquer natureza, mediante a prática de crimes cuja pena máxima seja igual ao superior a 4 (quatro) anos ou que sejam de caráter transnacional.

Finalmente por intermédio da Lei 12.850/2013, o legislador incorporou ao ordenamento jurídico brasileiro a definição de organização criminosa existente até hoje. Posteriormente, será abordado esse conceito com mais detalhe.

---

[3] CUNHA, R. S; PINTO, R. B; SOUZA, R. O. Crime Organizado: comentários à Lei 12.850/2013, 5ª edição, p. 11-13.

Muito se fala sobre o alto índice de aprovação das Forças Armadas perante a sociedade, o que é muito justo, pois são instituições dignas da maior confiança e que, desde a Constituição Federal, ocuparam adequadamente seu lugar no regime democrático de direito, cumprindo suas destinações constitucionais com êxito e alheias institucionalmente à política e aos assuntos de governo, como deve ser. Com a maior confiança, voos maiores e projetos de grande porte foram destinados às Forças Armadas. Junto com esses projetos de grande importância, surgem os recursos financeiros de grande monta. Esses projetos abrangem construção de enormes trechos de estradas, principalmente na Região Norte, submarino nuclear, armamentos e equipamentos modernos, desenvolvimento de alta tecnologia na área de monitoramento de fronteiras e guerra eletrônica, apenas para citar alguns exemplos. No campo das ações cívico-sociais, as Forças Armadas têm realizado tarefas de fornecimento de água no sertão nordestino, apoio às populações ribeirinhas e construção de hospitais de campanha em situações de calamidade ou emergência. O grande volume de recursos também aumenta a probabilidade de ocorrerem ilícitos penais militares, seja no procedimento licitatório, seja na execução dos contratos e pagamento dos fornecedores, por exemplo.

A natureza dos desvios comportamentais delituosos por integrantes das Forças Armadas e, em algumas vezes, em coautoria com civis, se mostrava tradicionalmente distinta da criminalidade típica das grandes cidades e até dos delitos econômicos vistos no restante da sociedade, pois era conduzida de forma mais "branda" e em menor proporção. Porém, nos últimos dez anos, foram descortinados diversos fatos que revelaram desvios de grandes valores e associação estruturada de militares e civis com esse propósito. Esses fatos foram descobertos por conta de investigações mais criteriosas, capacitação dos promotores e procuradores de justiça militar (que laboram perante a 1ª instância da Justiça Militar da União), atuação sinérgica com a polícia judiciária militar e o desenvolvimento de um centro de apoio à investigação de alto nível no âmbito do Ministério Público Militar.

Por outro lado, fatos delituosos relacionados a tráfico de armas e munições, corrupção na distribuição de água no Nordeste por civis contratados pelo Exército e fiscalização de produtos controlados revelam igualmente agentes em atuação estruturada e grande prejuízo à Administração Militar.

No contexto estadual, infelizmente também existem focos de criminalidade complexa e bem estruturada, inclusive no seio das chamadas milícias. As polícias militares têm grande importância na pacificação social e na preservação dos bens de estatura mais elevada na sociedade, razão pela qual precisam também estar livres da influência e da ação deletéria dessas agremiações delituosas.

Todas essas situações têm enorme potencialidade lesiva e se traduzem em contextos que podem ter enquadramento na Lei das Organizações Criminosas.

A fim de iniciar o estudo da Lei 12.850/2013 e sua possibilidade de emprego como crime militar extravagante, faz-se necessário expor um brevíssimo estudo sobre os mandados de criminalização constantes dos tratados e convenções internacionais. No caso da Lei das Organizações Criminosas, como já mencionado, o Brasil atendeu a uma imposição prevista na Convenção de Palermo.

4.2. MANDADOS DE CRIMINALIZAÇÃO E A CONVENÇÃO DE PALERMO

O Direito Penal nos países onde reside o Estado Democrático de Direito, como o último guardião dos bens mais elevados da sociedade humana, vive em eterna tensão entre não ser arbitrário e, ao mesmo tempo, ser efetivo. A busca do equilíbrio depende do país que o aplica, as necessidades sociais, o ordenamento jurídico e de alguns outros fatores que não serão objeto de estudo aqui, pois não compõem o foco da presente obra.

No caso do Brasil, principalmente após o advento das ações penais relativas ao chamado "Mensalão" e à Operação Lava Jato, o Direito Penal, que há algum tempo vivia pendendo mais para o lado da proteção dos direitos dos investigados e acusados, até algumas vezes de forma desproporcional, passou a vislumbrar o outro lado da balança.

Antes, porém, de se abordar a questão dos mandados de criminalização, há que se traçar algumas linhas pertinentes à origem dessa dualidade entre proteger o indivíduo e, ao mesmo tempo, a sociedade de maneira efetiva. Dessa abordagem, já feita anteriormente em artigo deste autor[4], será empregado relevante trecho a fim de preparar o leitor para o estudo dos mandados de criminalização.

O direito alemão forjou o que hoje se conhece por Neoconstitucionalismo. Na então Alemanha Ocidental, em 1949, houve o ressurgimento de um Estado com a entrada em vigor da Lei Fundamental. Ela, por sua vez, nasceu comprometida em "servir à paz mundial" e com a "consciência de responsabilidade perante Deus e os seres humanos", trazendo em si o respeito à dignidade humana como seu valor mais essencial[5]. É a reação ao totalitarismo desvairado do regime anterior, que levou a Alemanha à guerra e promoveu a morte de milhões de pessoas e a destruição do Estado Alemão. Ingo Sarlet esclarece que a afirmação da dignidade como inviolável foi uma reação a um modelo de positivismo jurídico até então existente[6]:

> *Igualmente emblemática e vinculada ao contexto histórico, além de sem precedentes no constitucionalismo pretérito (à exceção de algumas manifestações isoladas, mas situadas em outras partes da Constituição e com outra expressão literal), a afirmação consignada já no primeiro artigo da Lei Fundamental, da intangibilidade da dignidade da pessoa humana, acompanhada do comprometimento do povo alemão com os direitos inalienáveis e invioláveis da pessoa humana. Tal afirmação, de resto, foi também manejada como resposta a um determinado modelo de positivismo jurídico, buscando resgatar a importância de uma ordem*

4 TELES, F. H. M. Tratados internacionais e competência da Justiça Militar da União: um estudo de caso. Jus Navegandi. Disponível em https://jus.com.br/artigos/77961/tratados-internacionais-e-competencia-da-justica-militar-da-uniao-um-estudo-de-caso. Publicado em 11/2019. Acessado em 22/04/2020.

5 Artigo 1º (Dignidade da Pessoa Humana)
A dignidade da pessoa humana é intocável. Observá-la e protegê-la é dever de todos os poderes estatais.
O povo alemão reconhece, por isso, os direitos invioláveis e inalienáveis da pessoa humana como fundamento de qualquer comunidade humana, da paz e da justiça no mundo.
Os direitos fundamentais a seguir vinculam, como direito imediatamente aplicável, os poderes legislativo, executivo e judiciário.

6 SARLET, I. W.; MARINONI, L. G.; MITIDIERO, D. *Curso de direito constitucional*, 2017, p. 62.

de valores não necessariamente adstrita ao direito formalmente positivado, sem prejuízo de uma referência assumida ao jusnaturalismo, ainda que a decisão ao positivismo jurídico e o seu peso para a tentativa de justificação de atos praticados no âmbito do sistema jurídico e judiciário sob a égide da ditadura nazista – especialmente a escusa da "mera aplicação da lei" – sejam bastante controversos, aspecto que aqui não será objeto de exame.

A Lei Fundamental erigiu o homem como a razão de ser do Estado, vedando qualquer funcionalização do ser humano em prol do Estado. A fim de que não se constituísse em norma puramente programática, seu texto definiu os direitos fundamentais como vinculantes para os Poderes do Estado.

A criação do Tribunal Constitucional Federal Alemão (*Bundesverfassungsgericht* – BVerfG) em 1951 consolidou ao longo do tempo a legitimidade da Constituição Alemã. O BVerfG é dotado de competência concentrada e vinculativa para afirmar a supremacia da Lei Fundamental e é guardião da dignidade humana e dos direitos fundamentais. As mais de cinquenta leis de alteração da Lei Fundamental (equivalentes às emendas constitucionais no direito brasileiro) lograram êxito (com poucos casos de questionamento dessas "emendas" perante o BVerfG) em modernizar o texto maior, sem que sua essência fosse alterada. Tal comprometimento com a força normativa da Constituição só é possível pela grande legitimidade do texto com o povo alemão e pelo seu sólido sistema de controle de constitucionalidade. Esse sistema é um dos motivos do sucesso do constitucionalismo daquele país, que inaugurou o chamado Neoconstitucionalismo e trouxe de volta a ética nas relações jurídicas, sem a excessiva abertura ou incerteza do jusnaturalismo, bem como privilegiou a força normativa da Constituição e promoveu a valorização do homem como fim em si mesmo. Nesse processo, na migração do "dever ser" da Lei Maior para o "ser" da realidade social, busca-se, segundo Luís Roberto Barroso, a máxima efetividade do programa normativo abstratamente estabelecido[7].

Os princípios são enunciados de baixa densidade normativa que normalmente apresentam alto grau de abstração e definem decisões políticas fundamentais e fins públicos a serem perseguidos pelo Estado. São verdadeiros mandados de otimização. Nesse diapasão, Barroso menciona que são a porta de entrada pela qual os valores passam do plano ético para o plano jurídico[8]. São exemplos de princípios constitucionais – explícitos ou implícitos – a República, o Estado Democrático de Direito, a Federação, a Legalidade, a Dignidade da Pessoa Humana, a Inafastabilidade da Prestação Jurisdicional e a Vedação à Proteção Deficiente, entre outros. A forma de concretização desses princípios é uma das faces da força normativa da Constituição.

Essa expressão "força normativa da Constituição" foi cunhada pelo Professor Konrad Hesse (1919-2005), grande constitucionalista alemão e ex-juiz do BVerfG. Hesse concebeu a força normativa como a capacidade de uma constituição de motivar

---

7 BARROSO, L. R. *Curso de direito constitucional contemporâneo*: os conceitos fundamentais e a construção do novo modelo, 2009, p. 216.

8 BARROSO, L. R. *Curso de direito constitucional contemporâneo*: os conceitos fundamentais e a construção do novo modelo, 2009, p. 203 e s.

e ordenar a vida do Estado e da sociedade, caracterizando-se como um poder de conformação que não se reduz às forças políticas e sociais. Essa pretensão de eficácia e efetividade é assegurada mediante os chamados pressupostos realizáveis[9], dentre os quais os mais importantes são os que dizem respeito ao conteúdo da constituição, no sentido de tentar corresponder à natureza singular do presente, à interpretação constitucional, que deve pretender dar realização ótima aos preceitos da constituição e, como pressuposto fundamental, uma práxis constitucional voltada à vontade da Lei Maior[10]. A partir da realização desses pressupostos a constituição ganha força ativa, apta a influenciar e determinar a realidade concreta da sociedade e satisfazer seus anseios[11], tornando-a cada vez mais legítima perante o povo.

O apertadíssimo filtro de admissibilidade das questões a serem apreciadas pelo BVerfG, as decisões cuidadosamente elaboradas de modo a privilegiar a dignidade humana e os direitos fundamentais (individuais e coletivos, como a segurança púbica) e também o imenso respeito aos programas definidos pelo Constituinte (o que levou o BVerfG, ao longo do tempo, a inclusive suprir omissões do Legislativo) são aspectos que privilegiam a chamada força normativa da constituição. O Tribunal busca, por intermédio da interpretação constitucional, promover a aproximação entre o ser e o dever-ser e, assim, ao mesmo tempo, realizar os ideais propostos pelo constituinte originário e conceder cada vez mais legitimidade à Lei Fundamental. Com isso, atende-se à própria principiologia constante da Lei Fundamental de forma teórica e prática, de modo que a sociedade sente os efeitos de políticas públicas consistentes e, então, passa a crer em suas instituições e na própria Constituição, concedendo-lhe cada vez mais força normativa.

Conforme mencionado acima, os princípios são mandados de otimização e orientam o Poder Público nos fins e programas a serem perseguidos. Um desses princípios é chamado de Vedação à Proteção Deficiente. Sua origem vem também do direito alemão e do Princípio da Proporcionalidade. No âmbito penal, André de Carvalho Ramos sintetiza bem seu funcionamento[12]:

> No campo penal, a proporcionalidade age com dois vieses: na proibição do excesso, há o combate às leis que restringem, de modo excessivo, os direitos dos acusados; na proibição da insuficiência, atua para coibir leis e decisões judiciais que, de modo desproporcional, não protejam o direito à justiça das vítimas e o direito à segurança de todos os beneficiados pela prevenção geral da tutela penal.

Esse emprego do Princípio da Proporcionalidade significa para o Estado promover a tutela penal de modo a não agir em excesso e, ao mesmo tempo, proteger a sociedade com normas penais adequadas e necessárias. Douglas Fischer bem explica esse método[13]:

---

9 HESSE, Konrad. *A Força normativa da constituição*, p. 19-23.

10 SARLET, I. W.; MARINONI, L. G.; MITIDIERO, D. *Curso de direito constitucional*, 2017, p. 196.

11 HESSE, Konrad. *A Força normativa da constituição*, p. 14-15.

12 RAMOS, A. C. *Curso de direitos humanos*, 2019, p. 133.

13 PELELLA, E.; FISCHER, D.; CALABRICH, B. *Garantismo Penal Integral*, 2015, p. 48-49.

> Denominado de garantismo positivo (que, para nós, é indubitável ser aplicado também nas searas penal e processual penal), esse dever de proteção (no qual se inclui a segurança dos cidadãos) implica a obrigação de o Estado, nos casos em que for necessário, adequado e proporcional em sentido estrito, restringir direitos fundamentais individuais dos cidadãos.
>
> (...)
>
> Ratificamos nossa compreensão no sentido de que, embora construídos por premissas diversas, o princípio da proporcionalidade (em seus dois parâmetros: o que não ultrapassar as balizas do excesso – Übermassverbot – e da deficiência – Untermassverbot – é proporcional) e a teoria do garantismo penal expressam a mesma preocupação: o equilíbrio na proteção de todos (individuais ou coletivos) os direitos e deveres fundamentais expressos na Carta Maior.

A junção do garantismo negativo (deveres de abstenção e vedação ao excesso) com o garantismo positivo (dever de promoção e proteção e vedação à proteção deficiente) denomina-se, na doutrina de Douglas Fischer, Bruno Calabrich e Eduardo Pelella, de Garantismo Penal Integral.

O próprio BVerfG aplicou o Princípio da Vedação à Proteção Deficiente no *leading case* BVerfG 88, 203[14] e depois o Supremo Tribunal Federal brasileiro aplicou o princípio em diversos julgados, como a ADI 1800 e o HC 124.306/RJ.

O leitor, até aqui, pode se perguntar em que ponto o Princípio da Vedação à Proteção Deficiente se conecta com os mandados de criminalização. A vedação à insuficiência (outro nome dado ao princípio retromencionado) determina ao Poder Público que providencie legislação adequada e promova, portanto, a tutela penal de determinadas condutas. É um dever de prestação positiva do Estado em proteger a sociedade da prática de certas condutas reputadas como indispensáveis ao controle social adequado. Esse dever pode vir em geral de forma expressa no próprio texto constitucional ou disposto em algum tratado ou convenção internacional, bem como existe, para parte da doutrina, a possibilidade de mandados implícitos de criminalização.

Flávio Eduardo Turessi alerta que é com base no reconhecimento da necessidade de se instituir inequívocos "deveres de proteção" aos direitos fundamentais pelo próprio Estado que são identificadas, no texto constitucional, enunciados normativos que são verdadeiras ordens ao legislador ordinário, que não tem a faculdade de legislar, mas a obrigação de tratar a matéria[15].

Quanto aos mandados expressos de criminalização, o mesmo autor informa que o constituinte consigna alguns termos que deixam clara a determinação ao legislador ordinário, tais como "nos termos da lei", "na forma da lei" ou "às penas da lei", entre outros[16]. Todavia, Flávio Eduardo Turessi, citando Luiz Carlos dos Santos

[14] SCHWABE, J. *Cinquenta anos de jurisprudência do tribunal constitucional federal alemão.* Organizado por Leonardo Martins, 2005, p. 273-294.

[15] TURESSI. F. E. Bens jurídicos coletivos. Proteção penal, fundamentos e limites constitucionais à luz dos mandados de criminalização. Editora Juruá, p. 162.

[16] TURESSI. F. E. Bens jurídicos coletivos. Proteção penal, fundamentos e limites constitucionais à luz dos mandados de criminalização. Editora Juruá, p. 163.

Gonçalves, ainda deixa claro que não é sempre que o constituinte assim procede que se configura um mandado de criminalização. É necessário perceber a inequívoca opção pelo instrumental penal[17]. É uma tese restritiva coerente com o caráter fragmentário do Direito Penal.

Neste contexto, o legislador deve, em vista dos mandados de criminalização, atuar de acordo com o Princípio da Proporcionalidade, a fim de que a previsão legal esteja compreendida entre seus limites: a vedação ao excesso (*Übermassverbot*) e a vedação à proteção deficiente (*Untermassverbot*). Esse é o ponto de contato. A partir deste ponto, serão estudados alguns mandados de criminalização.

A Constituição Federal de 1988 apresenta diversos mandados de criminalização. Alguns se apresentam logo no art. 5º, outros espraiados por outros momentos da Carta. No art. 5º, pode-se perceber mandados de criminalização em alguns incisos:

> XLI – a lei punirá qualquer discriminação atentatória dos direitos e liberdades fundamentais;

Neste inciso, além dos dispositivos já existentes no Código Penal à época da promulgação da CF de 1988 e que tutelam as liberdades (de ir e vir, sexual etc.), outras normas incriminadoras vieram para o ordenamento em obediência a este inciso, como por exemplo o art. 88 da Lei 13.146/2015 (Estatuto da Pessoa com Deficiência), entre outros.

> XLII – a prática do racismo constitui crime inafiançável e imprescritível, sujeito à pena de reclusão, nos termos da lei;

A Lei 7.716/89, que versa sobre os crimes relativos a preconceitos de raça, cor, etnia, religião ou procedência nacional, complementou este dispositivo.

> XLIII – a lei considerará crimes inafiançáveis e insuscetíveis de graça ou anistia a prática da tortura, o tráfico ilícito de entorpecentes e drogas afins, o terrorismo e os definidos como crimes hediondos, por eles respondendo os mandantes, os executores e os que, podendo evitá-los, se omitirem;

A Lei 8072/90 tratou sobre o tema, estabelecendo regime mais recrudescido para cumprimento de pena, bem como para concessão de benefícios de política criminal. Houve críticas acerca da motivação política que envolveu a elaboração dessa norma, porém o pior para o Direito Penal Militar foi o fato de a Lei 8072/90 empregar, com péssima técnica legislativa, os dispositivos somente do Código Penal, o que, até a Lei 13.491/2017, permitiu que não existissem crimes militares hediondos. Hoje, se o denunciado na Justiça Militar da União fica incurso no crime de Tortura (equiparado a hediondo), no art. 121, § 2º, VII do CP ou por importar ou exportar

17 TURESSI. F. E. Bens jurídicos coletivos. Proteção penal, fundamentos e limites constitucionais à luz dos mandados de criminalização. Editora Juruá, p. 164.

entorpecentes (art. 33, *caput* c/c art. 40, I, da Lei 11.343/2006), por exemplo, pode sofrer as consequências da hediondez do delito. Já o Terrorismo, depois de décadas de anomia, foi tipificado pela Lei 13.260/2016.

> XLIV – constitui crime inafiançável e imprescritível a ação de grupos armados, civis ou militares, contra a ordem constitucional e o Estado Democrático;

Para parte da doutrina, este mandado de criminalização já estaria satisfeito pela Lei 7.170/83, a chamada Lei dos Crimes contra a Segurança Nacional.

Existem outros comandos de criminalização ao longo do texto constitucional, mas cabe citar mais um exemplo (meio ambiente), a saber:

> Art. 225. Todos têm direito ao meio ambiente ecologicamente equilibrado, bem de uso comum do povo e essencial à sadia qualidade de vida, impondo-se ao Poder Público e à coletividade o dever de defendê-lo e preservá-lo para as presentes e futuras gerações.
>
> (...)
>
> § 3º As condutas e atividades consideradas lesivas ao meio ambiente sujeitarão os infratores, pessoas físicas ou jurídicas, a sanções penais e administrativas, independentemente da obrigação de reparar os danos causados.

No que tange aos chamados mandados implícitos de criminalização, a doutrina diverge e parte dos autores nega a possibilidade de que enunciados normativos implícitos possam cominar determinações ao legislador para criminalizar condutas. Esses autores sustentam que, em vista da subsidiariedade da tutela jurídico-penal, não seria possível existir um mandado de criminalização implícito.

Uma outra parte, composta de eminentes juristas (entre eles Nilo Batista), reconhece que a Lei Maior estabeleceu como direitos fundamentais a vida, saúde, patrimônio e outros bens relevantes e, nesses casos, o legislador, atento ao caráter dúplice já mencionado, situando-se entre as balizas do excesso e da insuficiência, pode e deve tutelar esses valores pela lei penal, visto que, por restarem dispostos como direitos dotados de maior essencialidade, superam o caráter fragmentário e a dita subsidiariedade, pressuposto para o alcance do Direito Penal.

Carlos Gustavo Coelho de Andrade, outro eminente autor que se soma à parcela da doutrina que admite a possibilidade de mandados de criminalização implícitos, revelando que os direitos fundamentais, instituídos por normas principiológicas que trazem comandos de otimização, abrem uma ampla esfera de apreciação ao legislador em sua atividade regulamentadora e conformadora, porém com os limites impostos pela proporcionalidade em sua dupla perspectiva[18].

Dessa forma, ainda sustenta o autor, a par de uma criminalização vedada ao legislador por imperativo constitucional e de outra possível ou permitida ao livre arbítrio do legislador democraticamente eleito, haveria um espaço em que, por for-

---

18 ANDRADE. C. G. C. Mandados implícitos de criminalização. A tutela penal dos direitos humanos na Constituição e na Convenção Americana. Editora Lumen Juris, p. 52.

ça da Constituição e do Direito Internacional, a criminalização seria obrigatória, sendo dever do Estado ainda a promoção de adequada investigação e persecução, de modo que esse quadro se veria presente quando ocorrem graves violações de direitos humanos[19].

Nesse sentido, as graves violações de direitos humanos causadas pela macrocriminalidade - inclusive organizações criminosas (inclusive aquelas sustentadas pela violência, ação de grupos armados etc) - que atinge uma dimensão difusa de vítimas, seja pela corrupção que corrói os recursos para saúde, educação e assistência social, seja pela opressão criminosa em áreas de baixo alcance social, induz à atuação do legislador.

Segundo ainda Carlos Gustavo Coelho de Andrade, o *locus* apropriado para a pesquisa dos mandados implícitos de criminalização são casos extremos de carência de tutela penal, não devendo se avançar sobre a zona cinzenta, não controlável juridicamente, de transição entre a obrigação e a conveniência constitucional de tutelar penalmente[20].

Quando se trata de mandados de criminalização da natureza constitucional implícita, trabalha-se com as situações em que a atuação legislativa é mandatória e inclusive sindicável judicialmente. Assim, quando o bem jurídico violado dispuser de inquestionável preponderância na ordem constitucional (vida, dignidade humana, liberdade etc) e a grave agressão sofrida não puder ser resolvida no plano extrapenal (homicídio doloso, sequestro, terrorismo, estupro etc), a Constituição Federal e também o Direito Internacional dos Direitos Humanos, segundo o autor, vinculam o legislador a tutelar penalmente a matéria[21] e dentro dos parâmetros de vedação ao excesso e da insuficiência.

Há, por fim, mandados de criminalização dispostos em tratados ou convenções internacionais que foram ratificados pelo Brasil e fazem parte do ordenamento jurídico pátrio. Via de regra possuem *status* de norma supralegal e alguns são compatíveis e coerentes com outros mandados de criminalização de matriz constitucional já citados acima.

Todos esses dispositivos satisfazem, por parte do legislador, o dever positivo (obrigação de fazer) imposto pelo Princípio da Vedação à Proteção Deficiente, porém ainda resta aos intérpretes (Polícia Judiciária, Ministério Público e Poder Judiciário) empregarem as leis supracitadas (e outras que satisfaçam os demais mandados de criminalização) de modo a não mitigarem seus efeitos ou as tornarem "letra-morta".

A Convenção de Palermo estabeleceu obrigações aos países signatários no tocante à criminalização de condutas relativas à participação em grupo criminoso organizado, à lavagem do produto do crime e à corrupção. Foi integrada ao ordenamento

19 ANDRADE. C. G. C. Mandados implícitos de criminalização. A tutela penal dos direitos humanos na Constituição e na Convenção Americana. Editora Lumen Juris, p. 54.

20 ANDRADE. C. G. C. Mandados implícitos de criminalização. A tutela penal dos direitos humanos na Constituição e na Convenção Americana. Editora Lumen Juris, p. 63-64.

21 ANDRADE. C. G. C. Mandados implícitos de criminalização. A tutela penal dos direitos humanos na Constituição e na Convenção Americana. Editora Lumen Juris, p. 65.

jurídico brasileiro por intermédio do Decreto 5015/2004 ("Promulga a Convenção das Nações Unidas contra o Crime Organizado Transnacional"). Esses mandados de criminalização estão dispostos nos seguintes artigos:

Artigo 5

Criminalização da participação em um grupo criminoso organizado

1. Cada Estado Parte adotará as medidas legislativas ou outras que sejam necessárias para caracterizar como infração penal, quando praticado intencionalmente:

a) Um dos atos seguintes, ou ambos, enquanto infrações penais distintas das que impliquem a tentativa ou a consumação da atividade criminosa:

i) O entendimento com uma ou mais pessoas para a prática de uma infração grave, com uma intenção direta ou indiretamente relacionada com a obtenção de um benefício econômico ou outro benefício material e, quando assim prescrever o direito interno, envolvendo um ato praticado por um dos participantes para concretizar o que foi acordado ou envolvendo a participação de um grupo criminoso organizado;

ii) A conduta de qualquer pessoa que, conhecendo a finalidade e a atividade criminosa geral de um grupo criminoso organizado, ou a sua intenção de cometer as infrações em questão, participe ativamente em:

a. Atividades ilícitas do grupo criminoso organizado;

b. Outras atividades do grupo criminoso organizado, sabendo que a sua participação contribuirá para a finalidade criminosa acima referida;

b) O ato de organizar, dirigir, ajudar, incitar, facilitar ou aconselhar a prática de uma infração grave que envolva a participação de um grupo criminoso organizado.

2. O conhecimento, a intenção, a finalidade, a motivação ou o acordo a que se refere o parágrafo 1 do presente Artigo poderão inferir-se de circunstâncias factuais objetivas.

3. Os Estados Partes cujo direito interno condicione a incriminação pelas infrações referidas no inciso i) da alínea a) do parágrafo 1 do presente Artigo ao envolvimento de um grupo criminoso organizado diligenciarão no sentido de que o seu direito interno abranja todas as infrações graves que envolvam a participação de grupos criminosos organizados. Estes Estados Partes, assim como os Estados Partes cujo direito interno condicione a incriminação pelas infrações definidas no inciso i) da alínea a) do parágrafo 1 do presente Artigo à prática de um ato concertado, informarão deste fato o Secretário Geral da Organização das Nações Unidas, no momento da assinatura ou do depósito do seu instrumento de ratificação, aceitação, aprovação ou adesão à presente Convenção.

Artigo 6

Criminalização da lavagem do produto do crime

1. Cada Estado Parte adotará, em conformidade com os princípios fundamentais do seu direito interno, as medidas legislativas ou outras que sejam necessárias para caracterizar como infração penal, quando praticada intencionalmente:

a) i) A conversão ou transferência de bens, quando quem o faz tem conhecimento de que esses bens são produto do crime, com o propósito de ocultar ou dissimular a origem ilícita dos bens ou ajudar qualquer pessoa envolvida na prática da infração principal a furtar-se às consequências jurídicas dos seus atos;

ii) A ocultação ou dissimulação da verdadeira natureza, origem, localização, disposição, movimentação ou propriedade de bens ou direitos a eles relativos, sabendo o seu autor que os ditos bens são produto do crime;

b) e, sob reserva dos conceitos fundamentais do seu ordenamento jurídico:

i) A aquisição, posse ou utilização de bens, sabendo aquele que os adquire, possui ou utiliza, no momento da recepção, que são produto do crime;

ii) A participação na prática de uma das infrações enunciadas no presente Artigo, assim como qualquer forma de associação, acordo, tentativa ou cumplicidade, pela prestação de assistência, ajuda ou aconselhamento no sentido da sua prática.

2. Para efeitos da aplicação do parágrafo 1 do presente Artigo:

a) Cada Estado Parte procurará aplicar o parágrafo 1 do presente Artigo à mais ampla gama possível de infrações principais;

b) Cada Estado Parte considerará como infrações principais todas as infrações graves, na acepção do Artigo 2 da presente Convenção, e as infrações enunciadas nos seus Artigos 5, 8 e 23. Os Estados Partes cuja legislação estabeleça uma lista de infrações principais específicas incluirá entre estas, pelo menos, uma gama completa de infrações relacionadas com grupos criminosos organizados;

c) Para efeitos da alínea b), as infrações principais incluirão as infrações cometidas tanto dentro como fora da jurisdição do Estado Parte interessado. No entanto, as infrações cometidas fora da jurisdição de um Estado Parte só constituirão infração principal quando o ato correspondente constitua infração penal à luz do direito interno do Estado em que tenha sido praticado e constitua infração penal à luz do direito interno do Estado Parte que aplique o presente Artigo se o crime aí tivesse sido cometido;

d) Cada Estado Parte fornecerá ao Secretário Geral das Nações Unidas uma cópia ou descrição das suas leis destinadas a dar aplicação ao presente Artigo e de qualquer alteração posterior;

e) Se assim o exigirem os princípios fundamentais do direito interno de um Estado Parte, poderá estabelecer-se que as infrações enunciadas no parágrafo 1 do presente Artigo não sejam aplicáveis às pessoas que tenham cometido a infração principal;

f) O conhecimento, a intenção ou a motivação, enquanto elementos constitutivos de uma infração enunciada no parágrafo 1 do presente Artigo, poderão inferir-se de circunstâncias fatuais objetivas.

(...)

Artigo 8

Criminalização da corrupção

1. Cada Estado Parte adotará as medidas legislativas e outras que sejam necessárias para caracterizar como infrações penais os seguintes atos, quando intencionalmente cometidos:

a) Prometer, oferecer ou conceder a um agente público, direta ou indiretamente, um benefício indevido, em seu proveito próprio ou de outra pessoa ou entidade, a fim de praticar ou se abster de praticar um ato no desempenho das suas funções oficiais;

b) Por um agente público, pedir ou aceitar, direta ou indiretamente, um benefício indevido, para si ou para outra pessoa ou entidade, a fim de praticar ou se abster de praticar um ato no desempenho das suas funções oficiais.

2. Cada Estado Parte considerará a possibilidade de adotar as medidas legislativas ou outras que sejam necessárias para conferir o caráter de infração penal aos atos enunciados no parágrafo 1 do presente Artigo que envolvam um agente público estrangeiro ou um funcionário internacional. Do mesmo modo, cada Estado Parte considerará a possibilidade de conferir o caráter de infração penal a outras formas de corrupção.

3. Cada Estado Parte adotará igualmente as medidas necessárias para conferir o caráter de infração penal à cumplicidade na prática de uma infração enunciada no presente Artigo.

4. Para efeitos do parágrafo 1 do presente Artigo e do Artigo 9, a expressão "agente público" designa, além do funcionário público, qualquer pessoa que preste um serviço público, tal como a expressão é definida no direito interno e aplicada no direito penal do Estado Parte onde a pessoa em questão exerce as suas funções.

As obrigações do Estado Brasileiro, no que tange à tipificação das condutas previstas na Convenção de Palermo, foram cumpridas a contento. Algumas já constavam do ordenamento jurídico-penal e outras foram incluídas, como aquelas previstas na própria Lei 12.850/2013. Cabe ainda ressaltar que se futuramente o Legislativo entender pela revogação, por exemplo, de um dos tipos penais da Lei 12.850/2013, poderá o país ficar em mora com a Convenção de Palermo novamente. Destarte, doravante, o legislador deverá no máximo substituir os atuais tipos penais por outros que igualmente cumpram os objetivos da Convenção, a fim de manter o Brasil adimplente com suas obrigações.

Antes de iniciar a abordagem de cada artigo da Lei das Organizações Criminosas, faz-se necessário abordar a disciplina dos crimes militares extravagantes e o entendimento do autor sobre sua forma de aplicação na Justiça Militar, bem como, logo em seguida, a questão da competência.

4.3. A LEI 13.491/2017 E OS CRIMES MILITARES EXTRAVAGANTES: UM ENTENDIMENTO

A Lei 13.491/2017, a despeito de argumentos em favor de sua inconstitucionalidade e ações ajuizadas visando esse fim, promoveu significativa mudança no panorama das justiças militares, especialmente na União. O aumento de competência da Justiça Militar veio sem o auxílio de qualquer redação mais esclarecedora, o que levou a doutrina e até agora a insipiente jurisprudência a se debruçarem sobre diversas questões.

Após o advento da Lei 13.491/2017, Cícero Coimbra, em análise detalhada sobre as mudanças no âmbito do art. 9º do CPM, estabeleceu cinco hipóteses de crimes militares atualmente[22]:

> De partida, há os crimes militares cujos tipos penais somente existem no CPM (abrangidos pelo inciso I do art. 9º do CPM). Esses delitos não foram afetados pela nova Lei, já que não houve alteração de dispositivos da Parte Especial e nem do inciso I do art. 9º do CPM. São exemplos os crimes de deserção (art. 187 do CPM) e de abandono de posto (art. 195 do CPM).
>
> Muito próximos da primeira categoria estão os crimes que possuem tipificação no CPM e na legislação penal comum, mas que no primeiro apresentam um elemento típico distintivo, substancial, propositadamente idealizado pelo legislador, trazendo alguma peculiaridade à descrição típica quase que iluminando uma objetividade jurídica peculiar à vida de caserna (também abrangidos pelo inciso I do art. 9º do CPM). Aqui, igualmente, não houve afetação da nova realidade normativa, pelas mesmas razões apontadas na primeira categoria. Como exemplo, cite-se o crime de falsidade ideológica (art. 312 do CPM), que comparado ao crime de mesma rubrica no CP (art. 299 do CP), possui um substancial elemento típico conscientemente trazido pelo legislador ("desde que o fato atente contra a administração ou o serviço militar"), deixando claro que o objeto jurídico que se pretende garantir é específico, diverso do Direito Penal comum.

22 NEVES, C. R. C. Tipicidade dos crimes militares em tempo de paz: proposta de subsunção de condutas após a Lei 13.491/17. Revista do Ministério Público Militar nº 29, p. 41-66.

Também enquadra-se nessa categoria o já mencionado crime do art. 290 do CPM (Tráfico, posse ou uso de entorpecente ou substância de efeito similar), discordando da solução trazida por Fernando Galvão, que será detalhado nas propostas adiante consignadas.

A terceira hipótese ocorre naqueles tipificados de maneira idêntica no CPM e na legislação penal comum – isso focando-se a descrição típica do preceito primário –, abrangidos pela primeira hipótese do inciso II do art. 9º do CPM e que apenas se tornam crimes militares quando praticados em uma das condições das alíneas desse inciso. Exemplos dessa categoria são os crimes de homicídio simples (arts. 205 do CPM e 121 do CP) e de furto (arts. 240 do CPM e 155 do CP).

Uma quarta categoria encerra aqueles cuja tipificação seria idêntica no CPM e na legislação penal comum, mas, acidentalmente, por razões variadas, tornaram-se diferentes. Aqui, a eleição de um elemento típico distintivo não ocorreu voluntariamente, mas por alguma outra razão fora do controle do legislador penal militar. Dois exemplos interessantes esclarecerão essa categoria, a saber, o crime de estupro e a corrupção passiva. No caso do crime de estupro, na ratio do legislador penal militar, ele seria um crime enquadrado na categoria anterior, com idêntica tipificação no CPM e na legislação penal comum. Com efeito, os arts. 232 do CPM e 213 do CP possuíam igual descrição típica, mas, em função da alteração trazida pela Lei n. 12.015, de 7 de agosto de 2009, o tipo penal comum foi alterado, distanciando-se substancialmente do tipo penal militar, mas apenas por um esquecimento – quase uma negligência – do legislador, sem a vontade especializante do legislador penal militar. Entende-se, como já defendido anteriormente9, que neste caso os delitos devem continuar a ser abrangidos pelo inciso II do art. 9º, por uma fidelidade à mensagem do legislador penal militar, em uma interpretação teleológica.

No caso do crime de corrupção passiva, tem-se que a redação do art. 308 do CPM é substancialmente distinta da descrição do art. 317 do CP, porque neste há um verbo nuclear a mais, o "solicitar". Essa diferença, no entanto, também foi acidental, vez que o parâmetro de comparação pretendido pelo legislador penal militar de 1969 não foi a redação da Parte Geral do CP de 1940, mas o art. 357 do CP de 1969 – antes da edição da Lei n. 6.016, de 31 de dezembro de 1973, de sorte que redação do CP de 1940 não pode ser parâmetro de comparação para o cotejo proposto. Na redação original do CP de 1969 também não havia o verbo nuclear "solicitar", instalando-se aqui a razão de comparação entre o CPM e a legislação penal comum. Todavia, como sabido, esse Diploma foi revogado antes de entrar em vigor, merecendo a alcunha de "Natimorto Código Penal de 1969", levando a uma acidental dissonância entre os tipos penais cotejados. Aqui também se entende que a abrangência deve ser pelo inciso II do art. 9º do CPM, prestigiando-se a essência do que pretendia o legislador penal militar. A última categoria vislumbrada está naqueles crimes cuja tipificação está apenas na legislação penal comum, sem par e sem proximidade com os tipos penais incriminadores previstos no CPM. Aqui reside a essencial alteração da Lei n. 13.491/17, encerrando os crimes militares extravagantes, abrangidos pela nova redação do inciso II do art. 9º do CPM.

(...)

No caso das primeira e segunda categorias, abarcadas pelo inciso I do art. 9º do CPM, entende-se que não houve alteração na tarefa de subsumir condutas aos tipos penais militares previstos nesse mesmo Código, não havendo que se falar em "revogação" de tipos penais militares pela nova realidade.

No caso do crime de deserção, por exemplo, o art. 187 do Código Castrense restou íntegro após a Lei n. 13.491/17; basta que o intérprete busque subsumir a conduta aos elementos típicos descritos na norma. Acredita-se que neste caso não haverá resistência em futuras construções. No caso de crimes tipificados no CPM de maneira diversa da legislação penal comum, mas isso por vontade do legislador penal militar ao iluminar o objeto de tutela penal militar, com base em elementos principiológicos de política criminal, deve-se manter o ideal típico vislumbrado na época da edição da norma penal militar (interpretação teleológica), salvo, como já mencionado, se houver nítida constatação de que esses elementos principiológicos são hoje negados e repudiados pelo ordenamento como um todo. Aqui, por exemplo, está o crime do art. 290 do CPM (Tráfico, posse ou uso de entorpecente ou substância de efeito similar), em que se percebe nitidamente que o legislador penal militar enumerou um elemento típico distintivo, um elemento espacial no tipo, encerrado pela expressão "em lugar sujeito à administração militar".

(...)

Na terceira categoria de tipos penais militares – tipificação idêntica no CPM e na legislação penal comum, avaliando-se o preceito primário – nada foi alterado na anterior tarefa de subsunção típica. Deve-se preencher com a conduta os elementos típicos do tipo penal militar incriminador previstos na Parte Especial do CPM, complementando-se a tipicidade (tipicidade indireta) com uma das hipóteses do inciso II do art. 9º do CPM. A Lei n. 13.491/17 não alterou esses tipos penais militares incriminadores e nem esse aspecto do inciso II do art. 9º.

Na quarta categoria – crimes em que a tipificação seria idêntica no CPM e na legislação penal comum, mas acidentalmente tornaram-se diferentes – também não houve alteração dos tipos penais em espécie e da realidade do inciso II do art. 9º pela Lei n. 13.491/17, mas há que se avaliar uma situação específica, quando o fato não for abarcado pelo tipo penal previsto no CPM, mas o for pela norma penal comum. Avalie-se o exemplo da corrupção passiva. Antes da Lei n. 13.491/17, uma solicitação de vantagem indevida na função ou em razão dela, possibilitava, por uma das interpretações, o declínio de competência da Justiça Militar, considerando-se a conduta como crime comum, já que o solicitar não é conduta nuclear do art. 308 do CPM. Entretanto, na atual lógica trazida pela Lei em comento, se praticado em uma das hipóteses do art. 9º, inciso II, haverá a configuração de crime militar (um crime militar extravagante), buscando-se a tipicidade direta no art. 317 do CP.

(...)

Em arremate, a quinta categoria de tipo penal militar incriminador – crimes previstos na legislação penal comum, sem par no CPM, quando o fato for praticado em uma das condições do inciso II do art. 9º do CPM – conhecerá a ação de subsunção relativamente fácil. Basta subsumir a conduta no tipo penal incriminador da legislação penal comum (v.g. abuso de autoridade, previsto na Lei n. 4.898, de 9 de dezembro de 1965) e em uma das hipóteses do inciso I do art. 9º do Código Castrense. Aqui também, como acima já indicado, estão as possibilidades de condutas nucleares não previstas nos tipos penais previstos no CPM, formas qualificadas previstas apenas na legislação penal comum (v.g. feminicídio do inciso VI do § 2º do art. 121 do CP etc.

Portanto, tem-se que os crimes militares podem ser resumidos dessa forma, após a Lei 13.491/2017:

a) Crimes do inciso I em que o tipo penal é definido de modo diverso na lei penal comum, por um elemento especializante ("em lugar sujeito à administração militar", entre outros). Ex.: art. 290 x arts. 28 e 33 da Lei 11.343/2006, no que tange aos verbos constantes em comum nos dois tipos penais (o comum e o militar). Solução: aplica-se o CPM, em apreço ao Princípio da Especialidade;

b) Crimes do inciso I em que o tipo penal é previsto unicamente no CPM. Solução: aplica-se o CPM;

c) Crimes em que a redação é idêntica na lei penal comum e na lei penal militar. Solução: aplica-se o CPM;

d) Crimes em que há um núcleo do tipo distinto do mesmo crime previsto no CP e no CPM. Ex.: art. 317 do CP ("Solicitar"), art. 33 da Lei 11.343/2006, quando o agente tem o dolo de "importar" ou "exportar", entre outros exemplos. Solução: aplica-se o tipo penal do CP como crime militar por extensão, com tipicidade indireta nos incisos II ou III (e suas alíneas), conforme o caso;

e) Crimes definidos unicamente no CP ou lei penal extravagante, sem par no CPM. Solução: aplica-se o referido tipo penal como crime militar por extensão, com tipicidade indireta nos incisos II ou III (e alíneas), conforme o caso. Ex.: Licitações, Tortura, Feminicídio e Homicídio Funcional (respectivamente, incisos VI e VII do § 2º do art. 121 do CP) etc.

A última hipótese em tese contempla os tipos penais contidos pela Lei 12.850/2013, porém existe um pressuposto a ser cumprido por todo e qualquer crime militar: a violação às instituições militares, independentemente de quais sejam e do que representa esse conceito. Pode ser o prejuízo à Administração Militar, ao patrimônio militar, à operacionalidade das Forças Armadas, à credibilidade das instituições militares ou qualquer outra forma de vulneração às instituições militares.

Com todas as vênias ao entendimento de que os civis não podem praticar crimes militares por extensão, tal posição já não se sustenta pela mera leitura do inciso III (*"III – os crimes praticados por militar da reserva, ou reformado, ou por civil, contra as instituições militares, considerando-se como tais não só os compreendidos no inciso I, como os do inciso II, nos seguintes casos"*). Ora, desde que haja a violação das instituições militares, o militar inativo e o civil podem praticar os crimes compreendidos nos incisos I e II e, neste último caso, estão abarcados os crimes militares extravagantes, também fruto da redação do dispositivo legal (*"II – os crimes previstos neste Código e os previstos na legislação penal, quando praticados"*).

Opta-se aqui pelo posicionamento correto de Cícero Robson Coimbra Neves, que admite essa possibilidade.

Neste momento, cabe analisar a possibilidade de aplicação ou não de institutos de direito material atinentes ao tipo penal do Código Penal empregado como crime militar extravagante.

Após a publicação da Lei 13.491/2017, a doutrina se debruçou sobre a possibilidade de aplicação dos institutos de direito material, oriundos do Direito Penal comum, aos crimes militares extravagantes.

A fim de inaugurar o tema, de forma inicial, há que se verificar a incidência genérica de dispositivos da lei penal comum no Direito Penal Militar. A doutrina de Cícero Coimbra, com a precisão habitual[23], assim dispõe sobre o tema:

---

23 NEVES, C. R. C. A Lei 13.491/17 e os reflexos na aplicação da parte geral do Código Penal Militar e nas penas. Disponível em https://www.observatoriodajusticamilitar.info/single-post/2018/09/26/A-Lei-nº-1349117-e-os-reflexos-na-aplicação-da-parte-geral-do-Código-Penal-Militar-e-nas-penas. Acessado em 15/04/2020.

Na abordagem sobre a aplicação da Parte Geral, deve-se estabelecer uma premissa, cunhada à luz do que dispõe o art. 12 do CP, segundo o qual as "regras gerais deste Código aplicam-se aos fatos incriminados por lei especial, se esta não dispuser de modo diverso".

É dizer, por outras letras, que qualquer lei brasileira que possua tipos penais incriminadores deverá ter por aplicação a Parte Geral do CP, salvo se esta própria lei dispuser de maneira diversa.

Como exemplo dessa possibilidade, tome-se o conceito de reincidência para os crimes ambientais. O art. 63 do CP define o reincidente como aquele que "comete novo crime, depois de transitar em julgado a sentença que, no País ou no estrangeiro, o tenha condenado por crime anterior", tendo-se ainda em conta o período depurador e excluindo-se os crimes políticos e propriamente militares (art. 64 do CP), idealizando um conceito genérico de reincidência. Este conceito se espraia para toda a legislação penal especial, salvo se houver disposição em sentido diverso, justamente o que ocorre com os crimes ambientais, pelo art. 15, I, da Lei n. 9.605, de 12 de fevereiro de 1998, que considera como circunstância agravante apenas a reincidência em crimes de natureza ambiental. Esta regra, note-se, excepciona aquela, justamente como comanda o art. 12 do CP.

Pois a mesma situação ocorre em relação ao CPM, no sentido de que ao prever regras específicas da Parte Geral – inclusive, um conceito próprio de reincidência, em que, além do período depurador, excluem-se apenas os crimes anistiados – são elas aplicadas aos crimes militares, justamente em observância à regra geral do art. 12 do CP.

Dessa maneira, os dispositivos da Parte Geral do CPM devem ser aplicados, em regra, aos fatos apreciados como crimes militares, incluindo-se aí a doutrina do erro, a teoria diferenciadora do estado de necessidade, a prescrição – mais benéfica no CPM se considerado que ocorre em dois anos para os crimes em que o máximo da pena é inferior a um ano (art. 125, VII, CPM), enquanto no CP, nesses mesmos casos, a prescrição ocorrerá em três anos (art. 109, VI, CP) – etc.

Essa realidade, frise-se, não foi abalada pela Lei n. 13.491/17, porquanto não alterou outros dispositivos da Parte Geral do CPM, além do art. 9º, e nem comandou que nos crimes militares extravagantes deveria ser aplicada a Parte Geral do CP, de maneira que uma interpretação nesse sentido importaria em ir além daquilo que o legislador desejou. Ele, o legislador, apenas ampliou o rol dos crimes militares e, frise-se, o fez pela alteração do CPM, de maneira que os crimes militares extravagantes ganham a natureza de militares por força do Código Castrense, que exige a aplicação de sua Parte Geral.

Mas essa regra, óbvio, admite exceções, mormente com base na análise de princípios reitores do Direito Penal, como o da culpabilidade e da legalidade. Entretanto, essa análise, deve-se lembrar, não ocorre apenas após o advento da Lei n. 13.491/17, mas a antecede.

Tomem-se os exemplos do crime continuado e do erro de direito."

As exceções apontadas pelo autor se resolvem com arrimo no Princípio da Razoabilidade, sob o prisma da Proporcionalidade, um de seus elementos constituintes. As soluções originais do CPM se mostram excessivamente gravosas em alguns casos concretos, razão pela qual o aplicador da lei se vale dos institutos equivalentes no CP, ou seja, os arts. 21 (para o erro de proibição) e 71 (para o crime continuado) do CP. O Princípio da Razoabilidade é enunciado normativo implícito de matriz constitucional.

O art. 12 privilegia a especialidade, inclusive do CPM, que tem aspecto protetivo diferenciado e, por vezes, com institutos próprios. Se a aplicação de algum desses institutos se mostrar, no caso concreto, desarrazoada (*rectius*, desproporcional) ou violar algum outro preceito constitucional, poderá ser afastada a norma especial e trazida à baila a norma geral, pois tanto o dispositivo que arrima o instituto (arts. 35 e 80 do CPM), quando seu elemento de ligação - o art. 12 do CP - são frutos de enunciados normativos com hierarquia de lei ordinária e, como tal, possuem fundamento de validade na Constituição Federal.

Estabelecida essa premissa, deve-se verificar como construir, em linhas gerais, uma proposta de aplicação dos chamados crimes militares extravagantes no Direito Penal Militar.

A primeira questão diz respeito ao emprego ou não das penas constantes dos preceitos secundários dos crimes militares extravagantes e não presentes no rol do art. 55 do CPM. Em primeira análise, até em apreço à especialidade, a tendência é que se fale que não cabe, por exemplo, a pena de multa, pois não está prevista como sanção para o diploma penal castrense. Porém, o preceito secundário é parte integrante do tipo penal e dele não pode ser cindido, até em apreço ao Princípio da Independência dos Poderes (art. 2º da CF) e da Individualização da pena (art. 5º, XLVI da CF). O leitor mais crítico poderia então concluir que, em vista das linhas traçadas nos parágrafos anteriores, o art. 12 do CP vedaria a aplicação da pena de multa como parte integrante do preceito secundário (porque não constante do rol do art. 55 do CPM), porém a filtragem constitucional, neste caso, afasta esse dispositivo, porque os preceitos primário e secundário não podem ser divididos sem prejuízo irreparável aos dois princípios constitucionais supracitados.

A violação ao Princípio da Independência dos Poderes surgiria pela cisão dos preceitos, porque fatalmente o aplicador do direito criaria uma terceira lei, ao arrepio desse preceito constitucional. O legislador criou o tipo penal com os dois preceitos: o incriminador e o sancionatório. Não haveria de ser o juiz - membro de Poder contramajoritário - aquele a desfazer de forma não autorizada a deliberação do legitimado popular, ao arrepio do Princípio Democrático, na acepção já usada por Luiz Flavio Gomes.

Já a violação ao Princípio da Individualização da Pena ocorreria se os preceitos fossem separados, pois o intérprete não aplicaria a pena em sua justa medida, mas sim a fixaria para além do previsto originalmente no tipo (violando a chamada Vedação ao Excesso) ou para menos (vulnerando a dita Vedação à Proteção Deficiente da Sociedade). No caso da supressão da multa do preceito secundário, a sanção aplicada estaria aquém daquela prevista pelo Poder Legislativo, ao arrepio da vedação da proteção deficiente.

Em face desses aspectos, verifica-se que o tipo penal usado como crime militar por extensão não pode ter seu preceito secundário separado e usado somente na parcela das penas que existem no CPM, ou seja, se a previsão no CP é de reclusão e multa, não poderá o aplicador afastar a multa porque não consta do rol de penas do art. 55 do CPM. É preceito secundário do tipo, inafastável do seu preceito primário.

A segunda questão diz respeito à aplicação de institutos pertinentes ao Código Penal em crimes militares extravagantes, ou seja, prescrição, medidas de segurança, conversão de pena privativa de liberdade em restritiva de direitos e ação penal privada e pública condicionada à representação, entre outros.

Em alguns casos, a norma penal comum é mais gravosa e em outras é mais branda que o CPM. Veja-se por exemplo a prescrição. Para delitos que comportam pena de até um ano, a prescrição se opera em 3 (três) anos (art. 109, VI do CP). Já no CPM, para o mesmo patamar de pena, a prescrição se opera em 2 (dois) anos (art. 125, VII do CPM). Já a disciplina do crime continuado, conforme já explicado antes, possui no art. 71 do CP norma mais benéfica que o art. 80 do CPM, que com frequência, no caso concreto, se torna desproporcional (violação a preceito constitucional implícito) e permite afastar a regra do art. 12 do CP para então o juiz se valer do art. 71 do CP.

Conforme detalhado anteriormente, a norma – de ligação – do art. 12 do CP só pode ser afastada na hipótese se, no caso concreto, houver a violação de um preceito constitucional. A regra nos crimes militares extravagantes, portanto, será sempre a aplicação dos institutos do Direito Penal Militar, inclusive em relação à ação penal militar, que será, em geral, pública incondicionada, exceção feita para o caso do art. 122 do CPM (relativa aos crimes dos arts. 136 a 141 do CPM), que não diz respeito ao estudado aqui.

Coimbra alertou corretamente[24] que o CPM inclusive possui regra própria da reincidência, que só excepciona o óbvio: crimes anistiados. Já no CP, os crimes militares próprios não induzem à reincidência. Não haveria sentido de tal disposição existir no CPM, já que uma das essências do Direito Penal Militar é justamente o crime específico do cotidiano castrense.

No que tange à substituição de pena privativa de liberdade por restritivas de direito, nos casos de crimes militares extravagantes nos quais isso fosse possível, vê-se que também não é possível, eis que, mais uma vez, não há que se afastar a incidência do art. 12 do CP, que remete à lei especial (CPM) as disposições de parte geral aplicáveis. Há uma situação, todavia, que deve ser mencionada: caso a pena restritiva venha a compor o preceito secundário de algum tipo penal, ela terá aplicabilidade necessária, pois, como foi visto, não há que se separar os preceitos primário e secundário de um tipo penal. Mesmo que tenha aplicabilidade contestável como crime militar extravagante em face do art. 279 do CPM, o art. 306 do Código de Trânsito Brasileiro é um exemplo de preceito secundário com pena restritiva de direitos ("suspensão ou proibição de se obter a permissão ou a habilitação para dirigir veículo automotor", também constante do art. 47, III, do CP). Então, caso se admita o art. 306 do CTB como crime militar extravagante, essa pena restritiva de direitos deverá ser aplicada porque é parte integrante do preceito secundário do tipo.

Em resumo, a proposta que aqui se coloca para os chamados crimes militares extravagantes é essa:

---

24 NEVES, C. R. C. A Lei 13.491/17 e os reflexos na aplicação da parte geral do Código Penal Militar e nas penas. Disponível em https://www.observatoriodajusticamilitar.info/single-post/2018/09/26/A-Lei-nº-1349117-e-os-reflexos-na-aplicação-da-parte-geral-do-Código-Penal-Militar-e-nas-penas. Acessado em 15/04/2020.

- o art. 12 do CP faz prevalecer as disposições da Parte Geral do CPM, com exceção das hipóteses em que houver violação, no caso concreto, de um preceito constitucional explícito (individualização da pena ou separação dos Poderes, por exemplo) ou implícito (razoabilidade sob o prisma da proporcionalidade);
- os crime militares extravagantes são empregados sem dissociação dos respectivos preceitos primário e secundário de cada tipo;
- como corolário da primeira conclusão, não são aplicados no Direito Penal Militar institutos da Parte Geral do CP, inclusive a substituição da pena privativa de liberdade por restritiva de direitos (que podem ser aplicadas somente se integrarem o preceito secundário de algum tipo penal usado como crime militar extravagante), salvo se, no caso concreto, houver inconstitucionalidade no instituto similar no CPM, como já foi exaustivamente visto;
- por fim, embora não menos importante, tanto que é o argumento tradicionalmente utilizado por parte da doutrina e pela jurisprudência do STM (e até do STF em alguns momentos), deve prevalecer o Princípio da Especialidade como solução de um suposto conflito aparente de normas (embora esse argumento sozinho não resolva o problema da aplicação da regra do crime continuado do CP, entre outras "exceções" já mencionadas, razão pela qual os demais argumentos são os principais e este é apenas um complemento, um *obiter dictum*).

Antes de se abordar a competência para processar e julgar os crimes militares previstos na Lei 12.850/2013, há que se tecer breves comentários sobre a inaplicabilidade dos aspectos processuais da chamada "Lei Anticrime" (Lei 13.964/2019) na Justiça Militar.

Quando a doutrina versa sobre as formas de integração das leis, aponta a diferença entre a lacuna e o silêncio eloquente. A pretensão de completude da legislação não se verifica na realidade e, a despeito dos debates filosóficos sobre o ordenamento contemplar ou não toda a regulação necessária para a vida em sociedade, de fato há espaços onde o legislador não se fez presente, voluntariamente ou não.

Existem diversas formas de integração do ordenamento jurídico. As lacunas, por exemplo, permitem o manejo de instrumentos tradicionais de integração, tal qual preceitua o art. 4º da Lei de Introdução às Normas do Direito Brasileiro ("*quando a lei for omissa, o juiz decidirá o caso de acordo com a analogia, os costumes e os princípios gerais de direito*"), porém para isso se faz necessário que haja real omissão involuntária do legislador.

Versando sobre as lacunas constitucionais, porém em conteúdo aplicável às infraconstitucionais, Emerson Garcia menciona que a ordem constitucional (e, por conseguinte, a ordem jurídica) deve ser incompleta e imperfeita para permitir sua constante adaptação às realidades sociais ao longo do tempo. O mesmo autor menciona que é necessária cautela para identificar as lacunas constitucionais, a fim de que não haja confusão com a mera ausência de regramento. Nesse sentido, faz correta distinção entre a lacuna e o silêncio eloquente (*beredtes Schweigen*), aduzindo que este instituto difere daquele na medida em que revela uma voluntária opção sistêmica. Assim, uma dada regulação encontra-se implicitamente excluída a partir da adesão a outras opções políticas[25].

O Ministro Luís Roberto Barroso, em uma de suas obras mais importantes, também menciona a diferença entre lacuna e silêncio eloquente, citando um voto do ex-Ministro Moreira Alves no RE 130.555/SP[26]:

> sucede, porém, que só se aplica a analogia quando, na lei, haja lacuna, e não o que os alemães chamam de 'si êncio eloquente' (beredtes Schweigen), que é o silêncio que traduz que a hipótese contemplada é a única a que se aplica o preceito legal, não se admitindo, portanto, aí o emprego da analogia.

Claudio Pereira de Souza Neto e Daniel Sarmento, ao abordarem métodos de interpretação e integração da Constituição, alertam da mesma forma que a lacuna não pode ser confundida com o silêncio eloquente, pois as normas constitucionais, ao regularem um tema, não consagram determinadas incidências ou consequências não por um esquecimento involuntário do constituinte, mas em razão de uma escolha intencional. Neste caso há silêncio eloquente, em que a não inclusão significa a exclusão[27].

A doutrina supracitada permite inferir que a analogia, como método de integração, cabe somente quando houver lacuna. No caso do silêncio eloquente, o legislador quis voluntariamente excluir da lei outras hipóteses aplicáveis. A situação contemplada na norma torna-se, então exauriente.

Agora surge a principal questão quando se analisa as possíveis repercussões da Lei Anticrime no Processo Penal Militar. Questiona-se a possibilidade de incorporação dos demais institutos inovados pela Lei 13.964/2019, como por exemplo o juiz de garantias, o acordo de não persecução penal e alterações realizadas em diversas normas, inclusive a Lei 12.850/2013. Para verificar essa possibilidade ou não, deve-se verificar se é caso de lacuna ou de silencio eloquente. Caso se trate de lacuna, o art. 3º, a do CPPM permite, nos casos omissos, o uso da legislação processual penal comum, desde que não afete a índole do processo penal militar. Se fosse esse o caso, seria possível aplicar tais institutos. Todavia, será visto que não se trata de lacuna.

O legislador previu de forma detalhada e até mesmo exauriente, em alguns casos, os institutos como o juiz de garantias e o acordo de não persecução penal. Ao fim de diversos dispositivos em que se chegou a definir, por exemplo, as etapas da cadeia de custódia, surgiu o supracitado art. 16-A do CPPM (criado pelo art. 18 da Lei 13.964/2019), sem qualquer outro artigo ou inciso que se permita inferir que os casos previstos na Lei Anticrime são aplicáveis à justiça comum e à especializada.

---

25 GARCIA, E. *Conflito entre normas constitucionais: esboço de uma teoria geral*, 2015, p. 257-258.

26 BARROSO, L. R. *Interpretação e aplicação da Constituição*, 2006, p. 143.

27 NETO, C. P. S.; SARMENTO, D. *Direito constitucional – teoria, história e métodos de trabalho*, 2019, p. 534.

Com absoluto respeito a eventuais posições em sentido contrário, tal quadro permite concluir que se trata de silêncio eloquente do legislador, que optou politicamente por criar somente o art. 16-A do CPPM e silenciar quanto aos demais, indicando ao intérprete que, com isso, os excluiu da incidência no Processo Penal Militar. Dessa forma, restam excluídos do Processo Penal Militar e, portanto, das Justiças Militares, o acordo de não persecução e o juiz de garantias, além das demais previsões de natureza processual.

4.4. COMPETÊNCIA: JUSTIÇA ESTADUAL/FEDERAL OU JUSTIÇA MILITAR?

Uma questão que virá à tona mais cedo ou mais tarde será a competência para processar e julgar agentes que, em atividade de organização criminosa, vulnerem as instituições militares.

Pode-se imaginar, até em parte com base em casos práticos, três exemplos:

a) grupo formado por três militares (pregoeiro, ordenador de despesas e chefe do setor de licitações e contratos) e dois empresários (de duas sociedades empresárias diferentes), em ajuste prévio, de forma estruturada e com divisão de tarefas, visam fraudar uma série indeterminada de licitações de alto valor, tornando-as indevidamente hipóteses de inexigibilidade em prol alternadamente das duas empresas, a fim de auferirem vantagens pecuniárias e as dividirem entre todos.

b) dois militares e dois civis planejam furtar, sem prazo determinado, em diversas oportunidades, pequena quantidade de munição[28] de calibre restrito (7,62 x 51 mm) de cada vez, para armazenamento e venda posterior, em ajuste prévio, de forma estruturada e com divisão de tarefas (um militar conhece a rotina da Unidade Militar, outro rompe obstáculo e subtrai, um civil negocia a venda e outro civil armazena o quantitativo para a venda em quantidades menores).

c) dois policiais militares e dois bombeiros militares, mediante ajuste prévio, de forma estruturada e com divisão de tarefas, planejam concretamente cobrar propina para liberação de diversos locais públicos sujeitos a fiscalização do Corpo de Bombeiros Militar e outros que doravante surgirem.

Nesses exemplos e em quaisquer fatos que tenham subsunção na Lei 12.850/2013, quem terá competência para processar e julgá-los? Será a Justiça Federal ou a Justiça Militar? E no caso das instituições militares estaduais? Será a Justiça Estadual ou a Justiça Militar Estadual?

Em primeiro momento, será abordado o caso das instituições militares federais.

28 Menciona-se aqui "munição" no singular, pois é o coletivo de cartuchos. Daí a impropriedade de se falar "dez munições", pois o certo é dizer "dez cartuchos" ou "quantidade de munição: dez cartuchos".

Normalmente, os crimes em detrimento de bens, serviços e interesses da União são da competência da Justiça Federal, porém o art. 109, IV da Constituição Federal faz ressalva à competência da Justiça Militar:

> Art. 109. Aos juízes federais compete processar e julgar:
>
> (...)
>
> IV – os crimes políticos e as infrações penais praticadas em detrimento de bens, serviços ou interesse da União ou de suas entidades autárquicas ou empresas públicas, excluídas as contravenções e ressalvada a competência da Justiça Militar e da Justiça Eleitoral;

Então, para que se atenda ao disposto no art. 109, IV da CF, basta que haja competência da Justiça Militar, que tem suas hipóteses de incidência previstas no art. 9º do CPM. Assim, basta que haja a tipicidade indireta pela subsunção a um dos incisos e alíneas (se for o caso) do art. 9º do CPM. Essa é a regra geral. Será visto posteriormente, quando forem analisados os crimes, em quais hipóteses do art. 9º podem incidir esses delitos (item 3.6.1).

Por enquanto, porém, há ainda que se analisar *cum grano salis* a competência quando se trata do art. 1º, § 2º da Lei:

> § 2º Esta Lei se aplica também:
>
> I – às infrações penais previstas em tratado ou convenção internacional quando, iniciada a execução no País, o resultado tenha ou devesse ter ocorrido no estrangeiro, ou reciprocamente;
>
> II – às organizações terroristas, entendidas como aquelas voltadas para a prática dos atos de terrorismo legalmente definidos. (Redação dada pela lei nº 13.260, de 2016)

Segundo Renato Brasileiro, a Lei 12.850/2013 não tem aplicação restrita às organizações criminosas, pois o § 2º deixa claro que todos os meios de obtenção de prova e técnicas especiais de investigação são aplicáveis às hipóteses de seus incisos, mesmo que os respectivos crimes não sejam praticados por intermédio de organização criminosa[29].

O inciso I foi feito "sob medida" para o art. 109, V, da Constituição Federal:

> V – os crimes previstos em tratado ou convenção internacional, quando, iniciada a execução no País, o resultado tenha ou devesse ter ocorrido no estrangeiro, ou reciprocamente.

Portanto, na hipótese do inciso I do § 2º, mesmo que a organização criminosa objetive vulnerar as instituições militares, a competência será da Justiça Federal.

Cabe ainda uma observação a respeito desse inciso. Aqui não se cuida da competência para processar e julgar os crimes planejados pela organização criminosa, mas sim a competência para o delito do art. 2º da Lei 12.850/2013, <u>exclusivamente na hipótese do art. 1º, § 2º, I</u>. Os crimes planejados podem atrair ou não a com-

29 LIMA, R. B. Legislação criminal especial comentada. Editora Juspodivm, p. 772.

petência da JMU. Por exemplo, imagine-se que quatro militares (podem ser três, já que o § 2º não exige que exista organização criminosa), em ajuste prévio, de forma estruturada e com divisão de tarefas, planejem realizar tráfico internacional de entorpecentes. Em duas dessas ocasiões, um dos crimes seria praticado mediante viatura militar das Forças Armadas que atravessaria a fronteira com um país vizinho e outro crime praticado mediante avião militar da Aeronáutica que realizaria missão em país vizinho e retornaria ao Brasil. Se esses crimes chegarem a ser cometidos, um deles (aquele praticado com viatura militar) seria da competência da Justiça Federal (art. 109, V da CF) e o outro seria da competência da Justiça Militar (art. 109, IX da CF, pois foi praticado a bordo de aeronave militar – art. 7º, *caput* e § 1º do CPM). Portanto, mesmo se todos os crimes planejados forem da competência da Justiça Militar, isso não implica necessariamente que o crime do art. 2º da Lei 12.850/2013 seja da competência castrense. Dependerá se possui subsunção à hipótese do inciso I do § 2º do art. 1º da mesma lei ou não. Caso haja, será crime comum.

Em relação ao inciso II do § 2º do art. 1º, aqui se opta por remeter o leitor aos comentários referentes aos crimes militares extravagantes da Lei 13.260/2016.

Em relação às instituições militares estaduais, em vista da limitação imposta pelo art. 125, § 4º da CF, somente policiais militares e bombeiros militares podem ser acusados perante a Justiça Militar Estadual. Dessa forma, mesmo que a organização criminosa vulnere as instituições militares estaduais, se for composta por civis ou por militares e civis, a justiça competente será a comum estadual. De outra forma, se for composta exclusivamente por militares estaduais e vulnerar as instituições militares estaduais, a competência será da Justiça Militar Estadual, admitindo-se residualmente a mesma limitação ao art. 1, § 2º, I da Lei 12.850/2013, quando a competência será da Justiça Federal, em apreço ao art. 109, V da CF, conforme já visto anteriormente.

4.5. A LEI 12.850/2013 E O PROCEDIMENTO A SER ADOTADO: CPP OU CPPM?

O art. 22 da Lei 12.850/2013 assim dispõe:

> Art. 22. Os crimes previstos nesta Lei e as infrações penais conexas serão apurados mediante procedimento ordinário previsto no Decreto-Lei nº 3.689, de 3 de outubro de 1941 (Código de Processo Penal), observado o disposto no parágrafo único deste artigo.
>
> Parágrafo único. A instrução criminal deverá ser encerrada em prazo razoável, o qual não poderá exceder a 120 (cento e vinte) dias quando o réu estiver preso, prorrogáveis em até igual período, por decisão fundamentada, devidamente motivada pela complexidade da causa ou por fato procrastinatório atribuível ao réu.

Em virtude da remissão feita ao CPP, deve-se buscar nesse diploma processual a norma de ligação para se definir qual procedimento adotar. O art. 1º do CPP assim define:

> Art. 1º O processo penal reger-se-á, em todo o território brasileiro, por este Código, ressalvados:

> (...)
>
> III - os processos da competência da Justiça Militar;
>
> (...)"

Então o próprio CPP excepciona sua própria aplicação nos processos da competência da Justiça Militar, eis que para esses existe diploma processual próprio, o CPPM.

Portanto, não resta dúvida que o procedimento deve ser aquele previsto pelo CPPM, ou seja, o ordinário. O próprio CPPM permite ao intérprete lançar mão de dispositivos processuais penais do CPP somente quando houver lacuna e o dispositivo legal não causar prejuízo à índole do processo penal militar (art. 3º, "a", do CPPM). É o caso dos meios de investigação e de obtenção de prova da própria Lei 12.850/2013 (colaboração premiada, infiltração, ação controlada etc.).

Então, em resumo, para o crime militar extravagante da Lei 12.850/2013, serão utilizados os tipos penais com preceitos primário e secundário inalterados e serão processados segundo a ação penal pública incondicionada (regra para a ação penal militar), com as normas gerais do CPM (salvo eventuais inconstitucionalidades no caso concreto, como já mostrado no item anterior) e o procedimento adotado pelo CPPM (procedimento ordinário).

4.6. CRIMES PREVISTOS NA LEI 12.850/2013

Antes de iniciar nos tipos penais e a aplicabilidade de cada um no Direito Penal Militar, faz-se necessário estudar o conceito legal de organização criminosa, em parte antecipado na introdução.

A Lei 12.850/2013 conceituou no art. 1º, § 1º a organização criminosa:

> *"Considera-se organização criminosa a associação de 4 (quatro) ou mais pessoas estruturalmente ordenada e caracterizada pela divisão de tarefas, ainda que informalmente, com objetivo de obter, direta ou indiretamente, vantagem de qualquer natureza, mediante a prática de infrações penais cujas penas máximas sejam superiores a 4 (quatro) anos, ou que sejam de caráter transnacional."*

São, portanto, quatro os elementos constituintes do conceito de organização criminosa na Lei 12.850/2013[30]:

a. Associação de 4 (quatro) ou mais pessoas;
b. Estruturalmente ordenada e caracterizada pela divisão de tarefas, ainda que informalmente;
c. Objetivo de obter, direta ou indiretamente, vantagem de qualquer natureza;
d. Prática de infrações penais cujas máximas sejam superiores a 4 (quatro) anos, ou que sejam de caráter transnacional.

[30] HABIB, Gabriel. Leis penais especiais – Volume único. 11ª edição, p. 870.

No caso de crime transnacional, não importa o *quantum* de pena. O autor Renato Brasileiro revela que o legislador, ao empregar a expressão "infrações penais", também abrange contravenções penais. Por delito transnacional se compreende aquele que transcende o território brasileiro, ou seja, que envolve águas ou solo ou espaço aéreo que vão além do território nacional (que abrange o solo, as águas internas, o limite de doze milhas de mar e o espaço aéreo). Mesmo que não envolva outro país, o delito será transnacional se ultrapassar os limites supracitados[31].

Cezar Roberto Bitencourt e Paulo César Busato[32] consignam que agora não há que se confundir mais os conceitos de organização criminosa, associação criminosa e concurso de agentes (os autores utilizam a expressão "concurso de pessoas"). Segundo esses doutrinadores, a associação criminosa (art. 288 do CP) não requer a organização estruturalmente ordenada e tampouco se caracteriza pela divisão de tarefas. É correto o posicionamento. Gabriel Habib ainda acrescenta com precisão que no delito de associação criminosa exige-se um mínimo de 3 (três) pessoas e especial de fim de agir de praticar crimes (no plural, eis que a reunião de pessoas para a prática de um crime é o mero concurso de agentes)[33]. Mais adiante, no estudo aqui desenvolvido, serão abordadas as peculiaridades do art. 288 do CP, eis que a atual redação foi instituída pela Lei 12.850/2013.

Apenas para ratificar a possibilidade de aplicação da Lei 12.850/2013 e seus meios de obtenção de prova na Justiça Militar quando as infrações penais a que alude o art. 1º, § 1º são crimes militares, Renato Brasileiro de Lima assim assinala[34]:

> Como o legislador não fez qualquer ressalva no art. 1º, § 1º da Lei 12.850/2013, parece-nos que o mais correto é concluir que as infrações penais a que se refere o dispositivo sob comento podem ser de qualquer natureza, leia-se, crimes comuns – da competência da Justiça Comum Estadual ou Federal –, crimes militares ou eleitorais, desde que tenham penas máximas superiores a 4 nos, ou de caráter transnacional, do que se conclui que os meios extraordinários de obtenção de prova regulamentados pela Lei 12.850/2013 também podem ser aplicados no âmbito da Justiça Militar (da União e dos Estados) da Justiça Eleitoral.

Faz-se necessário abordar cada um dos elementos constitutivos do conceito de organização criminosa.

a. Associação de 4 (quatro) ou mais pessoas:

A doutrina menciona que não é necessário que todos sejam penalmente imputáveis. Um ou mais membros da organização criminosa podem ser inimputáveis, até mesmo crianças ou adolescentes (situação na qual incidirá, inclusive, causa de aumento de um sexto a dois terços – art. 2º, § 4º, I). Também não é necessário que todos estejam identificados. Em grandes organizações criminosas, torna-se difícil

31 LIMA, R. B. Legislação criminal especial comentada. Editora Juspodivm, p. 775.

32 BUSATO, P. C.; BITENCOURT, C. R. Comentários à lei de organização criminosa – Lei 12.850/2013, p. 28-29.

33 HABIB, G. Op. cit. p. 870-871.

34 LIMA, R. B. Legislação criminal especial comentada. Editora Juspodivm, p. 775.

identificar de plano todos os integrantes, até mesmo porque o esquema criminoso pode se subdividir em diversos núcleos de atuação (por exemplo: empresários, agentes públicos, políticos etc.). Por fim, não precisam sequer estar no mesmo local ou se conhecerem pessoalmente. Basta o ânimo de se associarem de forma estável, se submetendo à estrutura e divisão de tarefas proposta, sabendo que o objetivo é a prática de crimes com o fim de auferimento de vantagens (afinal, a organização é criminosa, não filantrópica, portanto os "associados", via de regra, utilizam essa vantagem como meio de barganha ou são atraídos por esse benefício ilícito).

A jurisprudência corrobora esse entendimento, conforme se depreende do seguinte precedente no STJ, que por todos é representativo: HC 406.213/AL, Rel. Min. Ribeiro Dantas, 5ª Turma, unânime, DJe 17/10/2017.

Cezar Bitencourt e Paulo Busato fazem resistência a esse entendimento[35], sob o argumento de que se trataria de responsabilidade penal objetiva, eis que não haveria consciência em alguns casos, como em crianças e adolescentes. Os mestres excepcionam essa compreensão apenas para aqueles que, malgrado imputáveis, estejam sob o manto de alguma causa de isenção de pena. Embora se refiram ao crime de Associação Criminosa, o supracitado entendimento dos autores pode ser extrapolado para o conceito de organização criminosa.

Não há como aderir a essa compreensão, com todo respeito aos mestres. Basta o ânimo de se associar, se reunir, sabendo que a finalidade é o auferimento de vantagem mediante a prática de crimes. Ademais, a inimputabilidade surge como elemento da culpabilidade, distante do exame do dolo, presente na tipicidade como elemento subjetivo do tipo penal. Hoje é até difícil sustentar que, por exemplo, um adolescente desconheça a natureza delituosa de um roubo, extorsão mediante sequestro, tráfico de entorpecentes etc. Por fim, como sustentar que os inimputáveis não integram o rol de associados da organização ou da associação criminosa, se no país se adotou, para o concurso de agentes, a Teoria da Acessoriedade Limitada, que permite ao partícipe colaborar dolosamente na conduta dolosa de alguém que não precisa ter culpabilidade (pode ser menor de dezoito anos, doente mental etc.)? Ora, quando se trata de concurso de agentes o partícipe é culpável mesmo que o autor não seja, então não há como se entender de forma diversa quando esse vínculo subjetivo é estável e visa a prática de diversos delitos.

Por fim, caso haja um agente infiltrado, não poderá ser computado para o número mínimo de indivíduos, eis que ele não tem o ânimo real de se associar para praticar os crimes. Sua função é fiscalizar e investigar (coletar informações).

b. Estruturalmente ordenada e caracterizada pela divisão de tarefas, ainda que informalmente:

Primeiro há que se mencionar que a estabilidade ou permanência já eram requisitos para a configuração da Associação Criminosa, como será visto bem mais adiante, logo para a organização criminosa por certo haveria um "algo a mais". É da natureza

35 BUSATO, P. C.; BITENCOURT, C. R. Comentários à lei de organização criminosa – Lei 12.850/2013, p. 234-235.

da organização criminosa que nela exista, além da estabilidade ou permanência, uma ordenação estrutural e divisão de tarefas, mesmo que informalmente. É o que a boa doutrina preceitua (Gabriel Habib[36]; Rogério Sanches Cunha, Renee do Ó Souza e Ronaldo Batista Pinto[37]; Cezar Bitencourt e Paulo Busato[38]; e Renato Brasileiro de Lima[39]).

Dizia Luiz Flavio Gomes[40] sobre essa característica da organização criminosa:

> (...) não uma mera reunião de pessoas para o cometimento de ilícitos (isso não passa de concurso de pessoas), sim, uma conspiração organizada, planejada, coordenada. Não se pode banalizar o conceito de crime organizado que, com frequência, conta com planejamento "empresarial", embora isso não seja rigorosamente necessário. Não há como confundir esse planejamento com o mero programa delinquencial (que está presente em praticamente todos os crimes dolosos). A presença de itens do planejamento empresarial (controle do custo das atividades necessárias, recrutamento controlado de pessoal, modalidade do pagamento, controle do fluxo de caixa, de pessoal e de "mercadorias" ou "serviços", planejamento de itinerários, divisão de tarefas, divisão de territórios, contatos com autoridades etc.) constitui forte indício do crime organizado.

O mesmo autor menciona que não é necessário que haja hierarquia, malgrado a maior parte das organizações criminosas tenham um ou mais líderes.

Cezar Bitencourt e Paulo Busato afirmam que o aparato empresarial, já existente em algumas corporações, não tem o objetivo de obter, direta ou indiretamente, vantagem de qualquer natureza, mediante a prática de infrações penais cujas penas máximas sejam superiores a quatro anos, de modo que o conceito de organização "estruturalmente ordenada e caracterizada pela divisão de tarefas" implica em uma associação ordenada visando, desde o início, a prática de delitos[41].

Mais uma vez aqui não se pode concordar com os nobres autores. O país assistiu investigações descortinarem o maior escândalo de corrupção já visto na história brasileira, montado em parte valendo-se de estruturas (lícitas) de construtoras e da empresa estatal de Petróleo. O problema não é a estrutura ser lícita, mas o uso que se faz dela, eis que a conceito não exige estrutura ilícita do aparato empresarial, caso haja. Exige associação estruturalmente ordenada com divisão de tarefas, que não requer um suporte empresarial ou corporativo. O próprio tráfico de entorpecentes não atua nessa configuração "corporativa".

c. Objetivo de obter, direta ou indiretamente, vantagem de qualquer natureza:

A grande questão que paira nessa característica, um dos requisitos da organização criminosa, é se a "vantagem de qualquer natureza" deve necessariamente ser econômica ou se pode abranger outras espécies.

---

36 HABIB, Gabriel. Leis penais especiais – Volume único. 11ª edição, p. 870-871.

37 CUNHA, R. S; PINTO, R. B; SOUZA, R. O. Crime Organizado: comentários à Lei 12.850/2013, 5ª edição, p. 19.

38 BUSATO, P. C.; BITENCOURT, C. R. Comentários à lei de organização criminosa – Lei 12.850/2013, p. 26.

39 LIMA, R. B. Legislação criminal especial comentada. Editora Juspodivm, p. 771.

40 GOMES, L. F. https://professorlfg.jusbrasil.com.br/artigos/121932382/comentarios-aos-artigos-1-e-2-da-lei-12850--13-criminalidade-organizada. Acessado em 27/04/2020.

41 BUSATO, P. C.; BITENCOURT, C. R. Comentários à lei de organização criminosa – Lei 12.850/2013, p. 28.

Cezar Bitencourt e Paulo Busato, tecendo um paralelo com a expressão "qualquer vantagem", constante do tipo penal da extorsão mediante sequestro (art. 159 do CP), entendem que pode ser de qualquer espécie e não só econômica[42], até porque, segundo os autores, quando o legislador desejou explicitar a vantagem econômica, assim o fez, como na extorsão ("indevida vantagem econômica" - art. 158 do CP e art. 243 do CPM) e no crime militar de extorsão mediante sequestro (art. 244 do CPM).

Esse de fato parece ser o entendimento mais correto, eis que a lei faz a distinção quando deseja enfatizar a natureza patrimonial da vantagem. No conceito de organização criminosa, a vantagem poderá ser, além de qualquer uma de natureza econômica, por exemplo a edição de um ato normativo por uma autoridade (uma portaria, resolução etc.) em troca de outro benefício para esse agente público, a nomeação para um cargo (malgrado, nesse caso, haja secundariamente uma vantagem pecuniária concernente ao exercício do cargo, ela decorre de uma obrigação de natureza alimentar), um parecer ou voto favorável (neste último caso, em um órgão colegiado) e quaisquer outras hipóteses similares.

d. Prática de infrações penais cujas máximas sejam superiores a 4 (quatro) anos, ou que sejam de caráter transnacional:

O dispositivo é autoexplicativo. Conforme já mencionado anteriormente, Gabriel Habib[43] assinala que no caso de infração transnacional não importa o *quantum* de pena. O autor revela também que o legislador, ao empregar a expressão "infrações penais", também abrange contravenções penais.

4.6.1. O primeiro crime a ser comentado está no art. 2º da Lei 12.850/2013

> **Art. 2º** Promover, constituir, financiar ou integrar, pessoalmente ou por interposta pessoa, organização criminosa:
>
> Pena - reclusão, de 3 (três) a 8 (oito) anos, e multa, sem prejuízo das penas correspondentes às demais infrações penais praticadas.
>
> § 1º Nas mesmas penas incorre quem impede ou, de qualquer forma, embaraça a investigação de infração penal que envolva organização criminosa.
>
> § 2º As penas aumentam-se até a metade se na atuação da organização criminosa houver emprego de arma de fogo.
>
> § 3º A pena é agravada para quem exerce o comando, individual ou coletivo, da organização criminosa, ainda que não pratique pessoalmente atos de execução.
>
> § 4º A pena é aumentada de 1/6 (um sexto) a 2/3 (dois terços):
>
> I - se há participação de criança ou adolescente;
>
> II - se há concurso de funcionário público, valendo-se a organização criminosa dessa condição para a prática de infração penal;

[42] BUSATO, P. C.; BITENCOURT, C. R. Comentários à lei de organização criminosa - Lei 12.850/2013, p. 34

[43] HABIB, Gabriel. Leis penais especiais - Volume único. 11ª edição, p. 870.

> III – se o produto ou proveito da infração penal destinar-se, no todo ou em parte, ao exterior;
>
> IV – se a organização criminosa mantém conexão com outras organizações criminosas independentes;
>
> V – se as circunstâncias do fato evidenciarem a transnacionalidade da organização.
>
> § 5º Se houver indícios suficientes de que o funcionário público integra organização criminosa, poderá o juiz determinar seu afastamento cautelar do cargo, emprego ou função, sem prejuízo da remuneração, quando a medida se fizer necessária à investigação ou instrução processual.
>
> § 6º A condenação com trânsito em julgado acarretará ao funcionário público a perda do cargo, função, emprego ou mandato eletivo e a interdição para o exercício de função ou cargo público pelo prazo de 8 (oito) anos subsequentes ao cumprimento da pena.
>
> § 7º Se houver indícios de participação de policial nos crimes de que trata esta Lei, a Corregedoria de Polícia instaurará inquérito policial e comunicará ao Ministério Público, que designará membro para acompanhar o feito até a sua conclusão.
>
> § 8º As lideranças de organizações criminosas armadas ou que tenham armas à disposição deverão iniciar o cumprimento da pena em estabelecimentos penais de segurança máxima.
>
> § 9º O condenado expressamente em sentença por integrar organização criminosa ou por crime praticado por meio de organização criminosa não poderá progredir de regime de cumprimento de pena ou obter livramento condicional ou outros benefícios prisionais se houver elementos probatórios que indiquem a manutenção do vínculo associativo.

Chamado por alguns de "Crime de Organização Criminosa", o art. 2º compreende o cerne penal-sancionatório da Lei 12.850/2013 e constitui *novatio legis* incriminadora, portanto, sua aplicação fica restrita aos fatos praticados após sua vigência (19 de setembro de 2013), em apreço ao que dispõe o art. 5º, XL da CF. Renato Brasileiro adverte[44], contudo, que se a prática delituosa se iniciou antes da vigência da lei, mas cessou após, prevalece a Súmula 711 do STF (*"A lei penal mais grave aplica-se ao crime continuado ou ao crime permanente, se a sua vigência é anterior à cessação da continuidade ou da permanência"*), eis que o crime do art. 2º da Lei 12.850/2013 é permanente.

O mesmo autor esclarece[45] que não se pode confundir o conceito de crime organizado por natureza com crime organizado por extensão. O primeiro se refere ao crime do art. 2º da Lei 12.850/2013 e o segundo concerne às infrações penais praticadas pela organização criminosa, de tal forma que, neste caso, se o vínculo associativo visava praticar peculatos, a denúncia será pelo art. 2º, *caput*, da Lei 12.850/2013 em concurso material com os delitos de peculato. Evidente que, neste caso, se pressupõe que a organização criminosa chegou a praticar os delitos de

[44] LIMA, R. B. Legislação criminal especial comentada. Editora Juspodivm, p. 773.

[45] LIMA, R. B. Legislação criminal especial comentada. Editora Juspodivm, p. 773.

peculato, pois é sempre possível que a inteligência policial e a investigação célere e tempestiva ainda flagrem a agremiação ilícita em fase de planejamento e ainda não em execução do primeiro crime planejado. Provados todos os elementos caracterizadores da organização criminosa, neste último caso, a denúncia irá narrar apenas o delito do art. 2º, *caput*, da Lei 12.850/2013.

Antes de iniciar o estudo de cada característica deste tipo penal, há que se fazer a advertência de que a organização criminosa não poderá se circunscrever à hipótese do art. 1º, § 2º, I da Lei 12.850/2013, pois já foi visto que, nesse caso, haverá subsunção ao art. 109, V da CF, sem qualquer ressalva à Justiça Militar, portanto a competência será da Justiça Federal. Em seguida, serão analisadas as formas pelas quais a organização criminosa poderá violar as instituições militares.

– Objetividade jurídica e sujeito passivo:

As duas características deste crime são indissociáveis, como será visto em seguida, razão pela qual serão abordadas em conjunto.

O crime de "Organização Criminosa" vulnera a paz pública[46], ou seja, o sentimento de coletivo de segurança e de confiança na ordem e proteção jurídica[47].

No que tange a esse conceito, Cezar Roberto Bitencourt e Paulo Busato sintetizam[48]:

> *Em síntese, paz pública como bem juridicamente tutelado não significa a defesa da "segurança social" propriamente, mas sim a opinião ou sentimento da população em relação a essa segurança, ou seja, aquela sensação de bem-estar, de proteção e segurança geral, que não deixa de ser, em outros termos, uma espécie de reforço ou fator a mais da própria segurança ou confiança, qual seja, o de sentir-se seguro e protegido.*

Prosseguindo-se no estudo do tipo, como aqui se cuida do crime militar extravagante de organização criminosa, há necessidade de que as instituições militares sejam afetadas, neste caso pela vulneração do patrimônio sob administração militar ou da ordem administrativa militar, como se verificará.

É crime cujo sujeito passivo é indeterminado (coletividade, sociedade etc.), algo que se mostra coerente com as duas possibilidades acima consideradas, pois não há como definir quem serão exatamente as vítimas. Quando o vínculo associativo se forma de acordo com pelo menos quatro elementos já delineados, consuma-se o crime, sem que qualquer crime tenha ocorrido. Dessa forma, há um número indeterminado de vítimas ou de prejudicados pelas futuras condutas delituosas planejadas, que nem precisam se consumar. Das hipóteses do art. 9º do CPM, somente o patrimônio sob administração militar e a ordem administrativa admitem essa indefinição prévia de vítimas ou prejudicados.

O patrimônio sob administração militar compreende todos os bens pertencentes às Forças Armadas, aqueles de propriedade de pessoas naturais ou jurídicas que se

[46] LIMA, R. B. Legislação criminal especial comentada. Editora Juspodivm, p. 773.

[47] LIMA, R. B. Legislação criminal especial comentada. Editora Juspodivm, p. 773.

[48] BUSATO, P. C.; BITENCOURT, C. R. Comentários à lei de organização criminosa – Lei 12.850/2013, p. 49.

encontrem sob responsabilidade da Administração Militar e os recursos repassados às Forças Armadas por força de convênios ou para que exerçam suas atribuições principais (art. 142, *caput* da CF) ou subsidiárias (arts. 16, 16-A, 17, 17-A e 18 da LC 97/99).

Não há conceito legal de ordem administrativa militar, mas seu substrato passa pela correta gestão das Forças Armadas, a moralidade, o correto funcionamento dos seus mecanismos administrativos, o decoro de seus integrantes, a credibilidade da Administração Militar, a capacidade operativa etc. Cícero Coimbra[49], em precisa síntese, afirma que:

> por ordem administrativa militar deve-se entender a própria harmonia da instituição, abrangendo sua administração, o decoro de seus integrantes etc. Assim, delitos contra a ordem administrativa militar são "as infrações que atingem a organização, existência e finalidade da instituição, bem como o prestígio moral da administração.

Nesse sentido, uma organização criminosa com a finalidade de praticar delitos em detrimento das instituições militares certamente afetará a moralidade e credibilidade das Forças Armadas (se, por exemplo, visar obter vantagem indevida em procedimentos licitatórios), sua capacidade operativa (se objetivar o extermínio de seus integrantes em operações de GLO – garantia da lei e da ordem – ou a subtração/desvio de armamento, munição ou suprimentos) ou o correto funcionamento de seus mecanismos internos (se, por exemplo, objetivar inserção de dados falsos para a obtenção indevida de certificados de registro de arma de fogo), entre outros aspectos.

Destarte, além da paz pública, o crime militar extravagante de organização criminosa afetará sempre as instituições militares por vulnerar o patrimônio sob administração militar ou a ordem administrativa militar, seja composta por civis ou por militares, independente também se os crimes visados serão praticados por militares contra outros militares ou por aqueles contra civis ou vice-versa.

De modo quase idêntico com a tese aqui esposada, Cícero Coimbra, precursor desse pensamento ainda em 2018, assim desenvolveu o tema[50]:

> De chofre, percebe-se que, pela concepção do objeto de tutela na norma, tem-se a coletividade como sujeito passivo do delito, caracterizando-se, conforme já mencionado, em um crime vago.
>
> Compondo essa conclusão com a necessidade de adequação típica de subordinação mediata (tipicidade indireta) às hipóteses das alíneas dos incisos II e III do art. 9º do CPM, com o fito de caracterizar o delito como militar, há que se afastar as hipóteses que contemplem pessoa natural no polo passivo, ou seja, tratando-se aqui de um crime vago, não será possível subsumir a conduta em alíneas dos incisos II e III que prestigiem crimes praticados contra militar da ativa, contra civil, militar da reserva e militar reformado – ressalte-se a inexistência, na ordem jurídica atual, da figura do assemelhado (Cf. NEVES; STREIFINGER, 2014, p. 123-5) –, restando, enfim, apenas as alíneas "e" do inciso

[49] NEVES, C. R. C. Manual de direito penal militar. Editora Saraiva, 4ª edição, p. 325.

[50] NEVES, C. R. C. Organização criminosa militar: ilações após a Lei 13.491/2017. Disponível em http://fsw.anmpm.org.br/aux1/2018/340/organizacao-criminosa-militar-ilacoes-apos-a-lei-n-13491_17__anmpm13082.pdf. Acessado em 06/05/2020.

> II e "a" do inciso III do art. 9º, que encerram crimes cometidos contra o patrimônio sob administração militar ou contra a ordem administrativa militar.
>
> Afasta-se, ademais, a possibilidade de subsunção da conduta, para caracterizar o crime de organização criminosa, no atentado ao patrimônio sob a administração militar, pois, ainda que se pratiquem crimes patrimoniais no seio da organização criminosa, sobressai a tutela da paz pública e não do patrimônio que, claro, servirá para a conclusão pela tipicidade de outros delitos (crime organizado por extensão) – como também pode ocorrer em casos de crimes praticados, pela organização criminosa, contra a pessoa, contra a administração pública etc. – posto que, retome-se, o preceito secundário do art. 2º da Lei n. 12.850/13, ao dispor que a pena do crime é aplicada "sem prejuízo das penas correspondentes às demais infrações penais praticadas" possibilita o concurso de crimes.
>
> Dessa maneira, pode-se concluir que o crime de organização criminosa será crime militar nas hipóteses das alíneas "e" do inciso II (no caso de autores militares da ativa) e "a" do inciso III (no caso de autores militares inativos ou civis) do art. 9º do CPM, especificamente quando praticado contra a ordem administrativa militar.

Nota-se, portanto, que há evidente alinhamento e sintonia entre o que se afirma aqui e o que Cícero Coimbra magistralmente escreveu, com a ressalva de que o referido autor afastou a possibilidade de organização criminosa que afete o patrimônio sob a administração militar, dando prevalência à paz pública. Nesse ponto ousa-se aqui discordar parcialmente, pois uma organização criminosa que, a título de exemplo, tenha por objetivo o roubo simultâneo de armamentos de diversos quartéis, a fim de negociá-los com lucro junto a agremiações delituosas afiliadas ao tráfico ilícito de entorpecentes, atingirá o patrimônio sob administração militar e, se o quantitativo for pequeno (por exemplo, somente o fuzil de uma sentinela em cada quartel), não chegará a comprometer a eficiência da tropa (irá preponderar a violação ao patrimônio sob administração militar em relação à ordem administrativa militar).

Dessa forma, opta-se nesta obra por deixar margem de adequação típica indireta com a ordem administrativa militar e o patrimônio sob administrativo militar (art. 9º, II, "e" e III, "a" do CPM).

Pode-se imaginar alguns exemplos:

Quatro civis (empresários) se associam de forma estável, com divisão de tarefas e ordenadamente estruturada, para praticarem fraudes a diversas licitações de alto valor promovidas pelo Exército Brasileiro e, com isso, auferirem vantagens indevidas em cada certame.

Dois militares (ordenador de despesas e o pregoeiro) e dois civis (empresários) se associam de forma estável, com divisão de tarefas (um dos civis é responsável por conseguir "laranjas" para comporem quadro societário de empresas fraudulentas e o outro civil é responsável pela contabilidade e orçamentos falsos), para praticarem fraudes em pregões e depois dividirem proporcionalmente os ganhos ilícitos.

Dois militares e três civis, todos já ligados a organização criminosa que pratica atividades ilícitas pertinentes ao tráfico de entorpecentes (e que, portanto, já perfizeram os pressupostos para que houvesse uma organização criminosa), resolvem praticar, por intermédio desse integrante da Unidade Militar, desvios de munição em diversos momentos, dando-se como consumido o excesso.

– Sujeito ativo:

No âmbito da Justiça Militar da União, os integrantes da organização criminosa ou aqueles que a promovem ou financiam podem ser civis ou militares (ativos ou inativos), desde que a organização a qual se refere a conduta tenha por objetivo a prática de crimes militares que violem a ordem administrativa militar e/ou o patrimônio sob administração militar.

Situação diversa ocorre quando a organização criminosa visa atingir as instituições militares estaduais, eis que na Justiça Militar Estadual os civis não podem ser processados, por conta da regra insculpida no art. 125, § 4º da CF. Nesse caso, a organização criminosa somente poderá contar com militares estaduais (policiais militares ou bombeiros militares), conforme já foi visto.

– Sujeito passivo:

Já foi visto que o sujeito passivo é indeterminado, pois são afetados o patrimônio sob administração e/ou a ordem administrativa militar. Há uma coletividade difusa de potenciais sujeitos passivos.

Se a organização criminosa visa atingir o patrimônio sob administração militar ou desviar elevados valores, há prejuízo orçamentário e ao bom funcionamento das Forças Singulares ou Auxiliares, que afeta um número indefinido de pessoas, militares e civis.

– Elementos objetivos:

É tipo misto alternativo[51]. Possui quatro verbos: promover (gerar, dar origem, fomentar, trabalhar a favor, efetuar, dar início, estruturar, viabilizar), constituir (formar, organizar, compor, criar), financiar (custear, sustentar, manter, arcar com os custos, bancar, prover o capital necessário) e integrar (tomar parte direta ou indiretamente, juntar-se, completar, agregar-se, associar-se). A prática de duas ou mais condutas previstas nos núcleos deste tipo penal não implica em concurso de crimes. O agente responde apenas por um delito[52].

A expressão "pessoalmente ou por interposta pessoa" revela a possibilidade de o integrante da organização criminosa se valer de um "laranja", de um "testa de ferro", para realizar as atividades delituosas.

É lei penal em branco homogênea, eis que o conceito de organização criminosa está disposto no art. 1º, § 1º da mesma lei.

É crime comissivo e permanente (Gabriel Habib menciona que é permanente nas condutas de financiar e integrar[53], mas instantâneo nas demais) e, assim, se admite a prisão em flagrante enquanto o vínculo não é desfeito[54]. Como crime permanente que é, sobre ele incide a Súmula 711 do STF.

51 LIMA, R. B. Legislação criminal especial comentada. Editora Juspodivm, p. 774.

52 HABIB, Gabriel. Leis penais especiais – Volume único. 11ª edição, p. 872.

53 HABIB, Gabriel. Leis penais especiais – Volume único. 11ª edição, p. 873.

54 CUNHA, R. S; PINTO, R. B; SOUZA, R. O. Crime Organizado: comentários à Lei 12.850/2013, 5ª edição, p. 19.

– Elementos subjetivos:

O crime é punido unicamente a título de dolo direto e é imprescindível ânimo associativo e especial fim de agir, por todos os agentes[55], no sentido de auferir, direta ou indiretamente, vantagem de qualquer natureza, mediante a prática de infrações penais cujas penas máximas sejam superiores a quatro anos ou tenham natureza transnacional (homogeneidade subjetiva[56]).

– Consumação e tentativa:

O crime do art. 2º, *caput*, da Lei 12.850/2013 é crime formal ou de consumação antecipada (ou, neste caso, de resultado cortado, segundo Renato Brasileiro[57]), que independe da efetiva execução dos delitos planejados. É delito autônomo. Caso os crimes visados sejam executados, haverá concurso material (art. 69 do CP e art. 79 do CPM). A previsão do concurso material, malgrado já tratada doutrinariamente, também está no preceito secundário do crime em questão.

Essa é mais uma diferença, segundo Renato Brasileiro, para o concurso de agentes, que só se realiza com a concretização do delito (consumado ou tentado), ou seja, com os atos executórios (art. 54 do CPM).

Para que haja a consumação do crime do art. 2º, *caput*, basta que haja a associação de quatro ou mais pessoas, de forma estruturada e com divisão de tarefas, com objetivo de auferirem vantagem ilícita, mediante a prática de crimes transnacionais ou punidos com pena máxima superior a quatro anos. Segundo Renato Brasileiro e Rogério Sanches Cunha/Ronaldo Batista Pinto/Renee do Ó Souza, não cabe tentativa, eis que os atos praticados com a finalidade de formar a associação (anteriores à prática de qualquer núcleo do tipo) são meramente preparatórios. Aqui se adere a esse posicionamento.

– Tipicidade indireta:

Se tratando de crime de organização criminosa que atente contra as instituições militares federais, a tipicidade indireta, mediata ou por dupla via será feita pelo art. 9º, II, "e" (para os agentes militares) e III, "a" (para os agentes civis) do CPM.

Se o crime de organização criminosa afetar as instituições militares estaduais, a tipicidade indireta será pelo art. 9º, II, "e" do CPM, eis que somente militares da ativa podem ser acusados de crime militar na Justiça Militar Estadual.

4.6.1.1. Parágrafos pertinentes ao art. 2º da Lei 12.850/2013

Agora serão analisados os parágrafos pertinentes ao art. 2º da Lei 12.850/2013, com suas especificidades.

> § 1º Nas mesmas penas incorre quem impede ou, de qualquer forma, embaraça a investigação de infração penal que envolva organização criminosa.

[55] BUSATO, P. C.; BITENCOURT, C. R. Comentários à lei de organização criminosa – Lei 12.850/2013, p. 58.

[56] BUSATO, P. C.; BITENCOURT, C. R. Comentários à lei de organização criminosa – Lei 12.850/2013, p. 58.

[57] LIMA, R. B. Legislação especial comentada criminal. Editora Juspodivm, p. 776.

Chamado por Renato Brasileiro de "obstrução ou embaraço de investigação de infração penal referente à organização criminosa"[58], se trata de crime praticado por quem não integra a organização criminosa. São duas condutas: impedir e embaraçar.

O bem tutelado é a administração da Justiça.

É crime monossubjetivo e, no máximo, de concurso eventual.

Renato Brasileiro também menciona que, na descrição típica, o legislador fez menção à "investigação", de tal forma que, em apreço à legalidade estrita, não se pode estender essa compreensão para abranger o processo penal ou processo penal militar[59]. Assim, se o agente embaraçar o curso do processo, não praticará este crime, porém ficará sujeito à prisão preventiva ou qualquer outra medida cautelar prevista no art. 319 do CPP, a depender do embaraço que causar.

Em compreensão distinta, admitindo uma interpretação teleológica, Rogério Sanches, Ronaldo Batista e Renee de Ó Souza[60], em robusta obra, afirmam que se trata de interpretação extensiva (que não ultrapassa a vontade do legislador) e não analogia *in malam partem*.

De fato, embora Renato Brasileiro não tenha feito essa construção, como corolário de seu entendimento, caso haja emprego de violência ou grave ameaça no curso do processo a fim de obstaculizar seu curso ou favorecer interesse próprio ou alheio, o agente poderá tornar-se incurso no art. 344 do CP ou art. 342 do CPM. Se a coação ocorrer durante a investigação, em apreço à especialidade, prevalece o crime do art. 2º, § 1º da Lei 12.850/2013. Isso causa perplexidade, já que a coação no curso do processo, quando se trata de crime organizado, não pode ter uma sanção menor que a turbação da investigação, seja porque o beneficiado é o mesmo (a organização criminosa), seja porque a coação envolve violência ou grave ameaça e o mero embaraço não. Com efeito, as penas do art. 344 do CP ou do art. 342 do CM são muito menores que aquela do art. 2º, § 1º da Lei 12.850/2013. Não faz sentido utilizar-se durante o inquérito o art. 2º, § 1º da Lei 12.850/2013 se houver perturbação à investigação sem violência ou grave ameaça, e usar-se o art. 344 do CP ou o art. 342 do CPM (ambos com pena de 1 a 4 anos) se houver perturbação ao curso do processo com violência ou grave ameaça. Isso corrobora o pensamento de que se deve utilizar o art. 2º, § 1º da Lei 12.850/2013 em todos os casos que envolva embaraço e organização criminosa, seja durante o inquérito, seja durante o processo, tenha violência ou grave ameaça ou não. É pensamento que, inclusive, privilegia a vedação à proteção deficiente da sociedade.

O STJ corroborou a tese de que o crime do § 1º vale para também para o processo: HC 487.962/SC, Rel. Min. Joel Ilan Paciornik, julgado em 28/05/2019, DJe 07/06/2019.

O crime do § 1º admite a tentativa, pois a consumação ocorre com o efetivo embaraço ou impedimento à investigação.

---

58 LIMA, R. B. Legislação especial comentada criminal. Editora Juspodivm, p. 776-777.

59 LIMA, R. B. Legislação especial comentada criminal. Editora Juspodivm, p. 777.

60 CUNHA, R. S; PINTO, R. B; SOUZA, R. O. Crime Organizado: comentários à Lei 12.850/2013, 5ª edição, p. 21-22.

> § 2º As penas aumentam-se até a metade se na atuação da organização criminosa houver emprego de arma de fogo.

Eventuais causas de aumento e diminuição também são indissociáveis do tipo penal e, portanto, aplicáveis ao crime militar extravagante, em apreço ao art. 12 do CP e também porque não estão previstas no CPM.

Segundo Renato Brasileiro, o § 2º se aplica tanto ao *caput* quanto ao § 1º e se destina às organizações criminosas que empreguem armas de fogo[61].

Por certo não se poderá considerar o crime de porte ilegal de arma em concurso com os crimes supracitados, em vista do *ne bis in idem*, pois essa situação já é considerada aqui como causa especial de aumento.

O legislador também não fez distinção entre armas de uso permitido, restrito e proibido[62], de tal forma que o juiz deverá considerar aumento maior para armas com maior potencial vulnerante, como fuzis, metralhadoras e lança-granadas, em apreço à individualização da pena (art. 5º, XLVI da CF) e ao Princípio da Vedação à Proteção Deficiente.

> § 3º A pena é agravada para quem exerce o comando, individual ou coletivo, da organização criminosa, ainda que não pratique pessoalmente atos de execução.

Ainda que não pratique diretamente atos executórios, incide essa agravante sobre quem exerce o comando da organização criminosa.

Apenas para que o leitor possa dirimir a possível dúvida e, ao mesmo, lembrar do que foi transmitido na parte 3.3, os parâmetros a serem utilizados para as agravantes são aqueles dispostos nos arts. 73 a 75 do CPM, especialmente o art. 73, que limita entre 1/5 e 1/3 a agravação dada pelo juiz. Apenas para frisar bem ao leitor, aplica-se o CPM nas disposições relativas à Parte Geral, mesmo se tratando de crime militar extravagante, em face do que dispõe o art. 12 do CP, que delega à legislação especial a aplicação das normas gerais, e este mandamento só pode ser afastado quando há violação de algum preceito constitucional ao caso concreto (em geral presente no crime continuado, por exemplo), quando então será utilizada a norma prevista na Parte Geral do CP.

Portanto, o § 3º do art. 2º da Lei 12.850/2013 será combinado com o art. 73 do CPM na individualização da pena pelo juiz, no caso do crime militar extravagante de organização criminosa, para o agente que exerce o comando.

> § 4º A pena é aumentada de 1/6 (um sexto) a 2/3 (dois terços):
>
> I – se há participação de criança ou adolescente;
>
> II – se há concurso de funcionário público, valendo-se a organização criminosa dessa condição para a prática de infração penal;

---

[61] LIMA, R. B. Legislação especial comentada criminal. Editora Juspodivm, p. 778.

[62] HABIB, Gabriel. Leis penais especiais – Volume único. 11ª edição, p. 874.

III - se o produto ou proveito da infração penal destinar-se, no todo ou em parte, ao exterior;

IV - se a organização criminosa mantém conexão com outras organizações criminosas independentes;

V - se as circunstâncias do fato evidenciarem a transnacionalidade da organização.

Para os fins do disposto no caput do art. 2º do Estatuto da Criança e do Adolescente (ECA), Lei 8069/90, a criança é a pessoa com idade abaixo de 12 (doze) anos e adolescente aquela entre 12 (doze) e 18 (dezoito) anos.

Para a configuração do inciso II, basta que um "funcionário público" (na acepção do art. 327, *caput* e § 1º do CP) seja coautor ou partícipe do crime de organização criminosa.

Em relação ao inciso III, há primeiro que se diferenciar produto de proveito do crime. O produto do crime é o resultado imediato da atividade delituosa, ou seja, bens e valores que chegam nas mãos dos do criminoso. O proveito é o resultado mediato do crime pela transformação, substituição ou utilização econômica do produto[63].

A respeito disso, caberão a apreensão (para produto do crime) e o sequestro (para proveito do crime), medidas assecuratórias previstas no CPPM (respectivamente, art. 181, "a" c/c art. 185 e art. 199 c/c art. 202, tudo do CPPM). Tendo em vista a anomia no CPM especificamente para produto ou proveito do crime situados no exterior, pode-se usar o próprio art. 12 do CP para empregar a regra da lei penal comum, ou seja, do art. 91, §§ 1º e 2º, com a redação que foi dada pela Lei 12.694/2012.

Em relação ao inciso IV, tem-se um incremento da potencialidade lesiva de uma organização criminosa que se liga a outras[64]. Em geral esse aparato recebe a denominação de "organizações criminosas em paralelo". Cabe lembrar que o crime de organização criminosa é delito de perigo abstrato, portanto faz sentido esse aumento de pena para a situação do inciso IV.

Finalmente, para os fins do inciso V, a transnacionalidade também incrementa o potencial lesivo da organização criminosa e dificulta a recuperação de ativos e a própria investigação dos fatos, razão pela qual se justifica, de igual modo, o incremento de pena. Renato Brasileiro[65] afirma que o inciso V é inaplicável em apreço à vedação ao *bis in idem*, eis que a transnacionalidade é elementar do conceito de organização criminosa. Com todo respeito ao colega de MPM e primoroso professor, há que se fazer uma distinção. O crime de organização criminosa é distinto e autônomo em relação aos delitos visados pela referida agremiação ilícita. Imagine-se uma organização criminosa que opere a partir de um país vizinho. Hoje, com a facilidade de comunicação, a organização criminosa pode determinar a execução de crimes somente no território nacional. Da mesma forma, pode coordenar a remessa ilegal

[63] LIMA, R. B. Legislação especial comentada criminal. Editora Juspodivm, p. 778.

[64] LIMA, R. B. Legislação especial comentada criminal. Editora Juspodivm, p. 778.

[65] LIMA, R. B. Legislação especial comentada criminal. Editora Juspodivm, p. 779.

de bens e valores para o Brasil, indicando a transnacionalidade do delito executado. A organização criminosa é transnacional quando opera fora dos limites territoriais brasileiros e seus delitos podem ou não ter natureza transnacional. O inciso V pune a natureza transnacional da organização criminosa (sua operação, constituição etc.) e não de seus delitos, motivo pelo qual não há *bis in idem*.

A prova da autonomia dos delitos praticados pela organização criminosa em relação ao crime do art. 2º da Lei 12.850/2013 é que a doutrina aponta o concurso material entre ambos. O concurso material implica em desígnios volitivos diferentes e delitos autônomos, cada um com suas características, elementares, agravantes e atenuantes e ainda causas de aumento e diminuição, todas independentes. A vedação ao *bis in idem* deve ser respeitada sempre, mas ocorre em cada delito.

Uma última questão sobre o assunto. Cezar Bitencourt e Paulo Busato mencionam uma suposta "ânsia punitiva" do Estado nesse caso[66]. Aqui mais uma vez se discorda dos mestres. Sem embargo do que já foi argumentado logo antes, não há "ânsia punitiva" em um país em que se apuram menos de 10% dos delitos e onde existem mais de 40.000 (quarenta mil) homicídios por ano. Há, sim, leniência judicante e legiferante em muitos momentos em relação a esse panorama, de tal forma que quando se pretende alterá-lo por mecanismos de recrudescimento penal e desestímulo à prática delituosa, sempre há a alegação do "punitivismo". Cada país deve equilibrar a vedação ao excesso e a vedação à proteção deficiente de sua particular forma, de acordo com as necessidades em cada momento histórico. Em parte, exatamente pelo "cacoete" de se manter o olhar protetivo exclusivamente em cima do investigado, denunciado e acusado a qualquer custo e de forma unilateral e desproporcional, esquecendo-se da sociedade, chegou-se ao panorama atual. Assim, se dependesse de alguns, continuaríamos a render homenagens à impunidade, na terra onde somos eternos vassalos da defesa, soberana majestade onipotente dos reinos judiciais.

> § 5º Se houver indícios suficientes de que o funcionário público integra organização criminosa, poderá o juiz determinar seu afastamento cautelar do cargo, emprego ou função, sem prejuízo da remuneração, quando a medida se fizer necessária à investigação ou instrução processual.

Como a medida tem evidente natureza cautelar, somente caberá quando, no caso do crime militar extravagante de organização criminosa, existirem indícios de que o servidor civil federal ou o militar da ativa estiverem se utilizando do cargo para a prática delituosa, bem como se demonstre que há elementos suficientes que apontem para sua participação ou coautoria no delito de organização criminosa (em atenção ao binômio *fumus comissi delicti* e *periculum libertatis*). O afastamento pode se dar até de maneira restritiva, colocando o servidor ou militar em tarefa totalmente alheia à anterior, sem acesso a pessoas, documentos ou meios que lhe possibilitem prosseguir na empreitada delituosa e, ao mesmo tempo,

[66] BUSATO, P. C.; BITENCOURT, C. R. Comentários à lei de organização criminosa – Lei 12.850/2013, p. 66.

aproveitá-lo em outra tarefa condizente com seu grau hierárquico ou progressão/categoria funcional.

> § 6º A condenação com trânsito em julgado acarretará ao funcionário público a perda do cargo, função, emprego ou mandato eletivo e a interdição para o exercício de função ou cargo público pelo prazo de 8 (oito) anos subsequentes ao cumprimento da pena.

Em primeiro momento, vale aqui mencionar as funções do art. 12 do CP e do art. 17 do CPM no que tange a este dispositivo.

Ao passo em que o primeiro permite a utilização da parte geral do CPM sempre que houver previsão do instituto na lei penal militar de forma diversa (salvo nas situações onde, no caso concreto, houver violação a preceito constitucional, como já foi exaustivamente visto ao longo do texto), o segundo permite a utilização de dispositivo previsto em lei penal militar especial, se esta dispuser de forma diversa que o CPM. A questão é definir se a Lei 12.850/2013 (e todas as leis penais especiais) são leis penais militares especiais somente pelo fato de haver a possibilidade de nelas existirem crimes militares extravagantes, ou não. De fato, a Lei 12.850/2013 e, de uma forma geral, todas as leis penais especiais são leis penais comuns por essência. Apenas em hipóteses excepcionais, de forma acidental, admitem a tipificação como crimes militares extravagantes. Não foram elaboradas para possuírem crimes militares extravagantes como regra. Assim, pode-se considerar que, ao ser configurada situação de organização criminosa que afete as instituições militares, especificamente na ordem administrativa militar e/ou o patrimônio sob administração militar, as disposições de natureza penal militar da parte geral do CPM são aplicáveis aos crimes militares extravagantes da Lei 12.850/2013, pois não será considerada lei penal militar especial.

Assim sendo, o § 6º é inaplicável ao Direito Penal Militar, que deverá se valer do que está disposto nos arts. 102 a 104 do CPM, *in verbis*:

> Art. 102. A condenação da praça a pena privativa de liberdade, por tempo superior a dois anos, importa sua exclusão das forças armadas.
>
> Art. 103. Incorre na perda da função pública o assemelhado ou o civil:
>
> I – condenado a pena privativa de liberdade por crime cometido com abuso de poder ou violação de dever inerente à função pública;
>
> II – condenado, por outro crime, a pena privativa de liberdade por mais de dois anos.
>
> Parágrafo único. O disposto no artigo aplica-se ao militar da reserva, ou reformado, se estiver no exercício de função pública de qualquer natureza.
>
> Art. 104. Incorre na inabilitação para o exercício de função pública, pelo prazo de dois até vinte anos, o condenado a reclusão por mais de quatro anos, em virtude de crime praticado com abuso de poder ou violação do dever militar ou inerente à função pública.
>
> Parágrafo único. O prazo da inabilitação para o exercício de função pública começa ao termo da execução da pena privativa de liberdade ou da medida de segurança imposta em substituição, ou da data em que se extingue a referida pena.

A figura do assemelhado não mais existe no Direito Penal Militar, malgrado a Marinha do Brasil insista em dispor internamente, principalmente em auditórios e refeitórios, que determinadas mesas ou assentos são destinadas a certos graus hierárquicos (p. ex. oficiais superiores) e "civis assemelhados". O assemelhado era um servidor público federal que, em algumas situações, se subordinava aos regulamentos disciplinares militares. Não é necessário nem ler até o final a frase anterior para se ver que tal figura não mais subsiste no ordenamento jurídico pátrio.

Prosseguindo nos arts. 102 a 104 do CPM, faz-se mister ressaltar que o art. 103, I possui a mesma redação do art. 2º, § 6º, da Lei 12.850/2013 em sua primeira parte. Na segunda parte, que versa sobre inabilitação para o exercício da função pública, o art. 104 do CPM cumpre tal objetivo, condicionando apenas a condenação a pena superior a quatro anos. Apesar de ser mais benéfico, não é por esse motivo que prevalecerá sobre o art. 2º, § 6º, 2ª parte, da Lei 12.850/2013, mas sim, conforme já foi visto, porque o art. 12 do CP e o art. 17 do CPM, quando analisados conjuntamente, levam à aplicação das disposições gerais do CPM quando há um crime militar extravagante, seja pertencente ao CP ou a qualquer lei penal especial.

A doutrina ainda menciona a hipótese de se tratar de acusado em mandato eletivo de Senador ou Deputado Federal. Embora a CF apresente a regra disposta no art. 55, § 2º, o STF, durante julgamento do caso "Mensalão" (STF, Pleno, AP 470/MG-228, Rel. Min. Joaquim Barbosa, julgado em 17/2/2012), definiu que a perda do cargo eletivo de Deputados Federais e Senadores decorre do art. 15, III da CF e que a hipótese do art. 55, § 2º da CF fica reservada para as situações em que não for decretada na sentença a perda do mandato, por não estarem previstos os requisitos legais (art. 92 do CP)[67].

Em razão da incidência dos dispositivos da parte geral do CPM nos crimes da Lei de Organização Criminosa, o leitor pode se perguntar como ficaria a situação do parlamentar federal que viesse a praticar um crime militar extravagante de organização criminosa. O entendimento esposado pelo STF é inteiramente aplicável. O art. 98 do CPM assim estabelece:

> Art. 98. São penas acessórias:
>
> (...)
>
> V – a perda da função pública, ainda que eletiva;
>
> (...)

Portanto, o próprio art. 98, V do CPM abre a possibilidade de pena acessória de perda função pública eletiva. O art. 98, V do CPM se conecta com o art. 103 do próprio diploma penal castrense, já visto mais acima. Desse modo, consoante aquele pensamento do STF, se o parlamentar for condenado e a situação não perfizer os requisitos do art. 103 do CPM e, portanto, não houver a decretação da perda do mandato pela sentença, esse efeito não será automático, devendo o parlamentar sofrer o procedimento do art. 55, § 2º da CF para que perca o mandato.

67 LIMA, R. B. Legislação especial comentada criminal. Editora Juspodivm, p. 782.

O Pleno do STF, na AP 565/RO, Rel. Min. Carmen Lúcia, julgada em 07/08/2013, definiu que o parlamentar poderá perder o mandato em situações em que a condenação criminal transitada em julgado levasse à perda do mandato (pela incidência da improbidade administrativa na conduta prevista no tipo penal) ou em condenações superiores a quatro anos, pela incidência da regra do art. 92 do CP, ficando as demais hipóteses destinadas à reserva do Parlamento (art. 55, § 2º da CF)[68]. Transplantando esses termos para a legislação penal militar, bastaria substituir o art. 92, I, "b" do CP pela combinação do art. 98, V com o art. 103, II, ambos do CPM. O patamar condenatório seria de dois e não de quatro anos, como é no CP.

Em todo caso, cabe lembrar que o art. 107 do CPM determina, a contrário senso, que nas hipóteses dos arts. 102 e 103, II, do CPM, a pena acessória deve constar da sentença. Caso não conste e não haja recurso pelo MP, o Tribunal não poderá decretá-la, em vista da vedação à *reformatio in pejus*.

Renato Brasileiro, por fim, sinaliza que os efeitos da perda de cargo, função ou mandato eletivo são permanentes, de modo que somente a reabilitação, após o cumprimento do período de inabilitação (que sucede à pena), pode permitir ao sujeito investir-se em outro cargo, função ou mandato eletivo, mediante provimento originário (concurso público) ou eleição[69]. O autor menciona que o retorno ao serviço público não poderá ser no mesmo cargo ou função anteriormente ocupados, em vista do art. 93, parágrafo único, parte final do CP. Aqui cabe um pequeno adendo. Não há dispositivo semelhante no CPM e, de acordo com o art. 12 do CP, pode-se buscar a regra da parte geral da lei penal comum, ou seja, o próprio art. 93, parágrafo único, parte final do CP, eis que a lei penal militar não regula a matéria. Dessa forma, o retorno ao serviço público jamais poderá ocorrer no mesmo cargo outrora ocupado pelo sujeito condenado.

> § 7º Se houver indícios de participação de policial nos crimes de que trata esta Lei, a Corregedoria de Polícia instaurará inquérito policial e comunicará ao Ministério Público, que designará membro para acompanhar o feito até a sua conclusão.

O dispositivo deve ser interpretado conforme a CF para não se admitir a exclusividade da investigação pela polícia judiciária, inclusive a militar, tendo em vista o poder de investigação do Ministério Público, já consagrado pela doutrine e pelo STF. A comunicação à Corregedoria nada mais é que um corolário do controle externo da atividade policial (art. 129, VII, da CF) exercido pelo próprio Ministério Público.

> § 8º As lideranças de organizações criminosas armadas ou que tenham armas à disposição deverão iniciar o cumprimento da pena em estabelecimentos penais de segurança máxima.

Naturalmente, as organizações criminosas que sejam armadas ou tenham armas à disposição possuem maior potencialidade lesiva e principalmente maiores

68 LIMA, R. B. Legislação especial comentada criminal. Editora Juspodivm, p. 782.

69 LIMA, R. B. Legislação especial comentada criminal. Editora Juspodivm, p. 782.

condições de prosseguir em atividades delituosas, bem como indica mais perigo de manutenção dos vínculos. O dispositivo em questão visa evitar a manutenção dos vínculos pela segregação mais rigorosa dos condenados.

> § 9º O condenado expressamente em sentença por integrar organização criminosa ou por crime praticado por meio de organização criminosa não poderá progredir de regime de cumprimento de pena ou obter livramento condicional ou outros benefícios prisionais se houver elementos probatórios que indiquem a manutenção do vínculo associativo.

Há uma distinção entre este dispositivo e a vedação absoluta de progressão de regime, reputada como inconstitucional pelo STF e sedimentada na Súmula Vinculante nº 26:

> Para efeito de progressão de regime no cumprimento de pena por crime hediondo, ou equiparado, o juízo da execução observará a inconstitucionalidade do art. 2º da Lei 8.072, de 25 de julho de 1990, sem prejuízo de avaliar se o condenado preenche, ou não, os requisitos objetivos e subjetivos do benefício, podendo determinar, para tal fim, de modo fundamentado a realização de exame criminológico.

Aqui se cuida de vedação à progressão de progressão de regime e obtenção de livramento condicional no caso concreto, quando se provar que ainda subsiste o vínculo associativo do apenado com a organização criminosa, o que denota desajuste carcerário, comportamento socialmente refratário e periculosidade persistente. Espera-se do apenado no mínimo o esforço para sua reintegração social, algo absolutamente inexistente nas circunstâncias descritas no § 9º do art. 2º da Lei 12.850/2013.

4.6.2. Crimes ocorridos na investigação e na obtenção de prova

4.6.2.1. Art. 18

> **Art. 18.** Revelar a identidade, fotografar ou filmar o colaborador, sem sua prévia autorização por escrito:
> Pena – reclusão, de 1 (um) a 3 (três) anos, e multa.

– Objetividade jurídica:

A seção V do Capítulo II introduz três crimes com o mesmo bem juridicamente tutelado: a Administração da Justiça em sentido amplo, ou seja, abrange não só a prestação jurisdicional na fase processual, mas também envolve o momento pré-processual.

Os crimes contra a Administração da Justiça Militar previstos no CPM (arts. 340 a 354) são delitos que exigem uma cautelosa construção para assegurarem a competência da Justiça Castrense para processá-los e julgá-los. É o caso do Falso Testemunho ou Falsa Perícia. O sujeito passivo é a Justiça Militar e, se o sujeito ativo for o civil, não há como compreender como as instituições militares podem ser violadas nesse caso. Sabe-se que o STF é remansoso em decidir que o civil apenas pratica crime militar se tiver a intenção de atingir as instituições militares (por todos, tem-se os seguintes julgados: HC 170.305 AgR/PR, Dje 03/09/2019, 1ª Turma; HC 141.949/DF, Dje 23/04/2018, 2ª Turma; HC 136.539/AM, Dje 09/06/2017, 2ª Turma e HC 128.414/PE, Dje 01/08/2017, 2ª Turma).

Nesse sentido, não se consegue aqui imaginar situação tipicamente adequada aos termos do art. 18 da Lei 12.850/2013 e que viole as instituições militares, exceto se for praticado por militar da ativa. Assim, forçoso entender que, se for praticada por militar da ativa, este delito será da competência da Justiça Militar da União, se o crime que se deseja apurar no contexto de uma organização criminosa tiver relação com as instituições militares federais, e da competência da Justiça Militar Estadual, se o crime tiver relação com as instituições militares estaduais.

Cabe ainda ressaltar o posicionamento de Renato Brasileiro, para quem a competência para processo e julgamento das infrações contra a administração da Justiça está diretamente relacionada ao ramo competente para julgamento das infrações penais objeto a investigação ou processo (prova)[70].

– Sujeito ativo:

Qualquer pessoa, civil ou militar.

– Sujeito passivo:

A Justiça Militar da União ou a Justiça Militar Estadual, a depender do fato (o Estado).

– Elementos objetivos:

Revelar (dar conhecimento a terceiro), fotografar ou filmar o colaborador sem autorização prévia (anterior) e por escrito. Renato Brasileiro corretamente atenta para o fato de que não se incriminou aqui a revelação da identidade do agente infiltrado, algo com muito maior gravidade. Resta a tipificação pelo art. 18 da Lei 12.850/2013. Se o colaborador der previamente autorização por escrito, a conduta é atípica.

– Elemento subjetivo:

Somente por dolo direto ou eventual ocorre.

– Consumação e tentativa:

Cabe tentativa apenas para as hipóteses em que o agente tenta filmar ou fotografar o colaborador, mas não logra êxito.

– Tipicidade indireta:

Art. 9º, II, "e" do CPM (pois somente militares da ativa podem praticar crimes militares contra a administração da Justiça).

[70] LIMA, R. B. Legislação especial comentada criminal. Editora Juspodivm, p. 863.

4.6.2.2. Art. 19

> **Art. 19.** Imputar falsamente, sob pretexto de colaboração com a Justiça, a prática de infração penal a pessoa que sabe ser inocente, ou revelar informações sobre a estrutura de organização criminosa que sabe inverídicas:
>
> Pena – reclusão, de 1 (um) a 4 (quatro) anos, e multa.

– Objetividade jurídica:

O bem tutelado é a administração da Justiça, no caso a Justiça Militar. Conforme já mencionado nos comentários ao art. 18, a competência será da Justiça Militar correspondente à investigação ou processo em curso.

– Sujeito ativo: é crime de mão própria, de modo que somente o colaborador – e militar da ativa, como já foi visto na análise do art. 18 – poderá praticar as condutas. Poderá, contudo, ser induzido, instigado (participação moral) ou auxiliado (participação material), de tal forma que, como a colaboração premiada é acompanhada desde o início por advogado ou defensor público, torna-se possível que esse profissional responda como partícipe[71].

– Sujeito passivo: é sempre o Estado, na figura da Justiça Militar da União ou da Justiça Militar Estadual, a depender do fato. Secundariamente, a pessoa a quem é falsamente imputada a prática de infração.

– Elementos objetivos:

Os núcleos são imputar (atribuir a alguém, apontar) e revelar (divulgar, denunciar). É tipo misto alternativo (se o agente realizar as duas condutas, responde por um só crime). O elemento normativo "falsamente" implica em que o fato não tenha existido ou, se verdadeiro, que o seu autor não seja o sujeito apontado pelo agente. Na segunda parte, o autor prejudica o trabalho de investigação ou a instrução criminal (a colaboração pode ser feita durante o processo, inclusive), indicando com inverdades estrutura da organização criminosa, incluindo nomes e tarefas. Isso, por óbvio, atrapalha a persecução penal.

– Elementos subjetivos:

O crime é praticado somente a título de dolo direto, em vista das expressões "que sabe ser inocente" e "que sabe inverídicas". É obrigatório o conhecimento prévio, pelo colaborador, da inocência da pessoa visada ou da falsidade das informações sobre a organização criminosa.

– Consumação e tentativa:

O tipo penal se assemelha à denunciação caluniosa (art. 339 do CP), que por sua vez se consuma apenas com a instauração do procedimento de investigação, inquérito policial etc., de forma distinta com este crime, que se consuma com a mera

---

[71] LIMA, R. B. Legislação especial comentada criminal. Editora Juspodivm, p. 864.

imputação falsa. Apesar de aqui se ter grande dificuldade em aceitar a possibilidade de tentativa (pois a falsa imputação ocorre no âmbito de uma colaboração e ela já é materializada, mesmo que sucintamente, nos anexos, bem como a revelação falsa sobre a estrutura de uma organização criminosa é feita em um ato), Rogério Sanches Cunha, Renee do Ó Souza e Ronaldo Batista Pinto entendem que cabe tentativa e se trata de crime plurissubistente[72].

– Tipicidade indireta:

Art. 9º, II, "e" do CPM (pois somente militares da ativa podem praticar crimes militares contra a administração da Justiça).

4.6.2.3. Art. 20

> **Art. 20.** Descumprir determinação de sigilo das investigações que envolvam a ação controlada e a infiltração de agentes:
> Pena – reclusão, de 1 (um) a 4 (quatro) anos, e multa.

– Objetividade jurídica:

O bem tutelado é a administração da Justiça, no caso a Justiça Militar. Conforme já mencionado nos comentários ao art. 18, a competência será da Justiça Militar correspondente à investigação ou processo em curso. É norma penal com especialidade sobre o crime de violação de sigilo funcional (art. 325 do CP e art. 326 do CPM), que lhe será subsidiário, quando, por exemplo, o descumprimento de sigilo ocorrer em relação à colaboração premiada, não prevista no tipo penal do art. 20.

– Sujeito ativo:

Como já foi exaustivamente analisado, para que haja a competência da Justiça Militar, somente o militar da ativa poderá praticar a conduta e, além disso, deverá ocupar cargo ou função em relação aos quais o sigilo lhe seja inerente. É crime militar extravagante próprio.

– Sujeito passivo:

É o Estado (Justiça Militar da União ou Justiça Militar Estadual, conforme o caso).

– Elementos objetivos:

"Descumprir" significa deixar de seguir uma determinação, que é a proteção aos dados e fatos envolvendo a ação controlada e a infiltração de agentes. Segundo Renato Brasileiro[73], tanto faz se as informações "vazadas" foram repassadas a um servidor público que não tinha acesso àquele grau de sigilo ou a terceiros estranhos

---

72 CUNHA, R. S; PINTO, R. B; SOUZA, R. O. Crime Organizado: comentários à Lei 12.850/2013, 5ª edição, p. 311.

73 LIMA, R. B. Legislação especial comentada criminal. Editora Juspodivm, p. 866.

à Administração Pública, incluindo jornalistas, advogados e demais cidadãos. Segundo o mesmo autor, esse sigilo pode ser decretado pelo juiz ou ocorrer *ex lege*, quando há um dispositivo legal expresso nesse sentido (arts. 8º, §§ 1º a 3º e 12, *caput*, da Lei 12.850/2013). Como o tipo penal do art. 20 apenas menciona a ação controlada e a infiltração de agentes, quando a violação do sigilo ocorre no âmbito de uma colaboração premiada, incidirá, por subsidiariedade, o art. 325 do CP ou art. 326 do CPM, conforme seja crime comum ou militar.

– Elementos subjetivos:

A conduta ocorre apenas por dolo (direto ou eventual). Não há especial fim de agir e nem mesmo se exige finalidade de obter vantagem, que se existir, poderá tornar o agente incurso em delito autônomo, como concussão ou corrupção passiva, por exemplo.

– Consumação e tentativa:

Rogério Sanches Cunha, Ronaldo Batista Pinto e Renee do Ó Souza aduzem que o descumprimento pode ocorrer de forma comissiva ou omissiva[74]. Cabe tentativa apenas na primeira possibilidade. Aqui pode-se imaginar exemplos de conduta comissiva (quando o agente consciente e voluntariamente descortina o sigilo para terceiros não autorizados) ou omissiva (quando o agente vê que há uma falha de sigilo e se queda inerte, deixando de informar ou resguardar aquela informação sigilosa) e, de fato, somente na primeira possibilidade caberia tentativa.

– Tipicidade indireta:

Art. 9º, II, "e" do CPM (pois somente militares da ativa podem praticar crimes militares contra a administração da Justiça).

4.6.2.4. Art. 21

> **Art. 21.** Recusar ou omitir dados cadastrais, registros, documentos e informações requisitadas pelo juiz, Ministério Público ou delegado de polícia, no curso de investigação ou do processo:
>
> Pena – reclusão, de 6 (seis) meses a 2 (dois) anos, e multa.
>
> Parágrafo único. Na mesma pena incorre quem, de forma indevida, se apossa, propala, divulga ou faz uso dos dados cadastrais de que trata esta Lei.

– Objetividade jurídica:

O bem tutelado é a administração da Justiça, no caso a Justiça Militar. Conforme já mencionado nos comentários ao art. 18, a competência será da Justiça Militar correspondente à investigação ou processo em curso.

[74] CUNHA, R. S; PINTO, R. B; SOUZA, R. O. Crime Organizado: comentários à Lei 12.850/2013, 5ª edição, p. 313.

– Sujeito ativo:

Como já foi explicado, somente militares da ativa podem praticar esse crime e, no caso, devem ser destinatários da requisição, que deve ser legal.

– Sujeito passivo:

É o Estado (Justiça Militar da União ou Justiça Militar Estadual, conforme o caso).

– Elementos objetivos:

O tipo apresenta as condutas de "recusar" (não aceitar, negar) e "omitir" (deixar de mencionar, não fazer constar) dados cadastrais, registros, documentos e informações que tenham sido legalmente requisitadas pelo juiz, Ministério Público ou delegado de polícia. Se a requisição for ilegal, não há tipicidade material para a conduta. No parágrafo único, estão previstas as condutas de quem se "apossa" (toma posse), "propala" (espalhar), "divulga" (tornar público, difundir) ou "faz uso" (utilizar) dos dados cadastrais relativos a investigados de forma indevida (ou seja, em desacordo com os fins previstos na Lei das Organizações Criminosas).

– Elementos subjetivos:

Condutas praticadas somente a título de dolo (direto ou eventual).

– Consumação e tentativa:

Trata-se de crime omissivo próprio e, portanto, não cabe tentativa.

– Tipicidade indireta:

Art. 9º, II, "e" do CPM (pois somente militares da ativa podem praticar crimes militares contra a administração da Justiça).

4.6.3. Crime de Associação Criminosa

> **Art. 24.** O art. 288 do Decreto-Lei nº 2.848, de 7 de dezembro de 1940 (Código Penal), passa a vigorar com a seguinte redação:
>
> "Associação Criminosa
>
> Art. 288. Associarem-se 3 (três) ou mais pessoas, para o fim específico de cometer crimes:
>
> Pena – reclusão, de 1 (um) a 3 (três) anos.
>
> Parágrafo único. A pena aumenta-se até a metade se a associação é armada ou se houver a participação de criança ou adolescente."

A redação antiga do art. 288 do CP era "associarem-se mais de três pessoas, em quadrilha ou bando, para o fim de cometer crimes". Não houve *abolitio criminis*, pois houve apenas redução no número de agentes e o *nomen juris*, agora "associação criminosa". Os fatos que antes consistiam em quadrilha ou bando agora continuam a ser crimes de associação criminosa, pois se antes eram suficientes quatro, hoje são apenas três. Se os agentes cumpriam o requisito formal, agora mais ainda. Por conta do princípio da continuidade normativo-típica, todos os crimes que faziam referência ao antigo delito de quadrilha ou bando continuam vigentes.

– Objetividade jurídica:

É também crime contra a paz pública, ou seja, o sentimento de coletivo de segurança e de confiança na ordem e proteção jurídica. A mesma construção feita para o crime de organização criminosa (art. 2º da Lei 12.850/2013) vale para este tipo penal. Para que este tipo penal seja crime militar extravagante, deverá atingir as instituições militares, especificamente no tocante ao patrimônio sob administração militar ou a ordem administrativa militar.

– Sujeito ativo:

No âmbito da Justiça Militar da União, os integrantes da associação criminosa podem ser civis ou militares (ativos ou inativos), desde que tenham por objetivo a prática de crimes militares que violem a ordem administrativa militar e/ou o patrimônio sob administração militar.

Situação diversa ocorre quando a associação criminosa visa atingir as instituições militares estaduais, eis que na Justiça Militar Estadual os civis não podem ser processados, por conta da regra insculpida no art. 125, § 4º da CF. Nesse caso, a associação criminosa somente poderá contar com militares estaduais (policiais militares ou bombeiros militares), conforme já foi visto.

Conforme já analisado para o crime de organização criminosa, para a associação é irrelevante que um ou mais sejam inimputáveis (desde que haja um integrante imputável), que nem todos tenham sido identificados ou mesmo que algum deles não seja punível em virtude de alguma causa pessoal de isenção de pena[75]. Se houver participação de criança ou adolescente, a pena é inclusive aumentada até a metade, exigindo-se, por óbvio, neste caso, que se conheça a condição etária desse integrante, sob pena de haver responsabilidade penal objetiva[76]. Também não importa a pena cominada aos crimes objetivados pela associação. Excluem-se obviamente as contravenções penais.

– Sujeito passivo:

É a coletividade, razão pela qual a violação às instituições militares só pode ocorrer mediante o prejuízo ao patrimônio sob administração militar ou à ordem administrativa militar, pois somente essas permite apresentar um número indeterminado de prejudicados pela conduta.

– Elementos objetivos:

O crime do art. 288 do CP exige associação estável e permanente de três ou mais pessoas com o fim específico de praticar um número indeterminado de crimes,

---

[75] LIMA, R. B. Legislação especial comentada criminal. Editora Juspodivm, p. 877.

[76] CUNHA, R. S; PINTO, R. B; SOUZA, R. C. Crime Organizado: comentários à Lei 12.850/2013, 5ª edição, p. 333.

pois se forem previamente determinados, trata-se de concurso de agentes. Dessa série indeterminada de crimes podem decorrer delitos da mesma natureza (ou homogênea) ou de natureza distinta (ou heterogênea).

A associação não precisa estar formalizada e pode ser fática ou rudimentar. Também não é necessário que haja hierarquia ou divisão de tarefas[77].

Portanto, os requisitos são: concurso necessário de pelo menos três pessoas; finalidade específica dos agentes voltada ao cometimento de crimes dolosos, pouco importando o *quantum* de pena a eles cominado; exigência de estabilidade e permanência.

– Elementos subjetivos:

Crime que se pratica somente a título de dolo direto.

– Consumação e tentativa:

Trata-se de crime formal (ou de consumação antecipada), permanente e de perigo abstrato. A consumação ocorre com a mera associação estável e permanente de três ou mais integrantes, mesmo que informal, com a intenção de praticar crimes, mesmo que não sejam executados (e daí surge outra diferença para o concurso de agentes, pois este exige atos executórios dos delitos). Não cabe tentativa. É crime unissubsistente.

– Tipicidade indireta:

Se tratando de crime de associação criminosa que atente contra as instituições militares federais, a tipicidade indireta, mediata ou por dupla via será feita pelo art. 9º, II, "e" (para os agentes militares) e III, "a" (para os agentes civis) do CPM.

Se o crime de associação criminosa afetar as instituições militares estaduais, a tipicidade indireta será pelo art. 9º, II, "e" do CPM, eis que somente militares da ativa podem ser acusados de crime militar na Justiça Militar Estadual.

4.7. TÉCNICAS DE INVESTIGAÇÃO DA LEI 12.850/2013 APLICÁVEIS À JUSTIÇA MILITAR

Os chamados meios de obtenção de prova estão dispostos no art. 3º da Lei 12.850/2013:

> Art. 3º Em qualquer fase da persecução penal, serão permitidos, sem prejuízo de outros já previstos em lei, os seguintes meios de obtenção da prova:
>
> I – colaboração premiada;
>
> II – captação ambiental de sinais eletromagnéticos, ópticos ou acústicos;
>
> III – ação controlada;
>
> IV – acesso a registros de ligações telefônicas e telemáticas, a dados cadastrais constantes de bancos de dados públicos ou privados e a informações eleitorais ou comerciais;

77 CUNHA, R. S; PINTO, R. B; SOUZA, R. O. Crime Organizado: comentários à Lei 12.850/2013, 5ª edição, p. 332.

V – interceptação de comunicações telefônicas e telemáticas, nos termos da legislação específica;

VI – afastamento dos sigilos financeiro, bancário e fiscal, nos termos da legislação específica;

VII – infiltração, por policiais, em atividade de investigação, na forma do art. 11;

VIII – cooperação entre instituições e órgãos federais, distritais, estaduais e municipais na busca de provas e informações de interesse da investigação ou da instrução criminal.

§ 1º Havendo necessidade justificada de manter sigilo sobre a capacidade investigatória, poderá ser dispensada licitação para contratação de serviços técnicos especializados, aquisição ou locação de equipamentos destinados à polícia judiciária para o rastreamento e obtenção de provas previstas nos incisos II e V.

§ 2º No caso do § 1º, fica dispensada a publicação de que trata o parágrafo único do art. 61 da Lei nº 8.666, de 21 de junho de 1993, devendo ser comunicado o órgão de controle interno da realização da contratação.

Como foi mencionado na introdução, com o avanço da criminalidade complexa e organizada, os meios tradicionais de investigação se tornaram insuficientes. As novas técnicas de investigação e meios de obtenção de prova são essenciais para que se faça frente à complexidade delitiva que hoje existe.

Cibele Benevides, de forma pertinente e sempre precisa, explica o panorama da criminalidade complexa[78]:

> Os clássicos modelos investigatórios e de obtenção de provas, como oitiva de testemunhas, apreensão de documentos, coleta de digitais e realização de perícias são insuficientes para combater as organizações criminosas. Estas despontam hoje com o uso de avançados meios tecnológicos para o planejamento secreto dos crimes e para o branqueamento das divisas ilegalmente obtidas, tudo protegido pelo manto do silêncio dos seus componentes.
>
> Se ninguém fala, não haverá testemunhas. Se ninguém fala, interceptações telefônicas ou gravações ambientais, sozinhas, não alcançarão resultados. É preciso que o Estado sofistique os métodos de investigação, utilizando instrumentos de combate ao crime organizado que deram certo em países democráticos.
>
> (...)
>
> Essa é a tendência no ambiente internacional: sofisticar – sempre respeitando os direitos e garantias fundamentais – as medidas de investigação quando se trata de organizações criminosas.

A autora prossegue, agora explicitando as principais técnicas de investigação[79]:

> Dentre as medidas especiais de investigação, utilizadas especificamente para desvendar e combater as organizações criminosas, estão a captação ambiental de sinais eletromagnéticos, ópticos ou acústicos, a ação controlada, o acesso a registros telefônicos e telemáticos, a interceptação de comunicações telefônicas e telemáticas, o afastamento dos sigilos financeiro, bancário e fiscal, a infiltração policial, a cooperação entre instituições e a colaboração premiada.

---

78 FONSECA, C. B. G. Colaboração premiada, p. 77-78.

79 FONSECA, C. B. G. Colaboração premiada, p. 78-79.

> Esta última é considerada, dentre todas essas técnicas especiais, uma das mais eficazes formas de combate à macrocriminalidade, em razão de, se por um lado é capaz de obter a confissão do réu colaborador, por outro atua preventivamente, evitando a atuação futura da organização, já que as novas provas tendem a desbaratá-la.
>
> Como já mencionado, a técnica da colaboração premiada é utilizada em vários países democráticos, dentre os quais os Estados Unidos da América e a Itália, cujas experiências merecem ser estudadas diante do êxito obtido no combate ao crime organizado.

O primeiro meio de obtenção de prova, que também é técnica de investigação, é a colaboração premiada, que será o principal objeto de estudo entre as modalidades citadas no art. 3º da Lei 12.850/2013. Os demais meios de obtenção de prova serão mencionados mais sucintamente. A ideia é que o leitor tenha uma visão geral e, se for militar e assessor jurídico ou até oficial em função de encarregado de Inquérito Policial Militar (IPM), poderá ter uma orientação de como proceder em tratativas para a elaboração de um acordo de colaboração premiada.

Atualmente, a despeito das medidas, por parte do Ministério Público Militar, em parceria ou junto às Forças Armadas[80], para normatizar ou uniformizar procedimentos, a polícia judiciária militar ainda é leiga e não profissionalizada. Assim, tanto os procedimentos, quanto sua forma de execução, com alguma frequência são feitos de forma atécnica e não uniforme, algo que exige um trabalho a mais por parte do controle externo da atividade de polícia judiciária militar, realizado pelo Ministério Público Militar.

Nesse contexto, a atuação proativa e eficaz do Ministério Público Militar no controle externo é essencial. Especificamente no caso das técnicas investigação supracitadas, dadas as particularidades da polícia judiciária militar, convém sempre que haja participação do MPM desde o planejamento inicial das ações.

Hoje, em investigações mais complexas, com muita frequência existe a atuação interagências, ou seja, interinstitucional, de modo que o Encarregado do IPM não ficará desamparado no aparato pericial e na sinergia para cumprimento de medidas cautelares e execução de técnicas de investigação.

Nesse diapasão, será visto aqui de modo um pouco mais detalhado o procedimento da colaboração premiada.

4.7.1. Colaboração premiada

É uma técnica especial de investigação que estimula a contribuição feita por um coautor ou partícipe[81] de crime em relação aos demais, mediante o benefício, em regra, de imunidade ou garantia de redução de pena[82] e/ou ainda de regime de cumprimento.

---

[80] BRASIL, MINISTÉRIO PÚBLICO MILITAR. Manual de Polícia Judiciária Militar. Disponível em www.mpm.mp.br/portal/wp-content/uploads/2019/06/manual-pjm.pdf. Acesso em 18/05/2020.

[81] Lembrando que a participação é a colaboração dolosa em fato do autor, que por sua vez deve ser pelo menos uma conduta típica e ilícita (Teoria de Acessoriedade Limitada). Essa colaboração pode ser moral (induzimento ou instigação) ou material (auxílio com meios ou instrumentos).

[82] FONSECA, C. B. G. Colaboração premiada, p. 86.

A natureza jurídica é, pelo que dispõe o art. 3º da Lei 12.850/2013, de meio de obtenção de prova e não meio de prova. Também muito se diz que é um negócio jurídico processual, de modo que se entende pertinente a menção feita por Callegari e Linhares, que apontam ser essa uma definição mais alinhada ao direito civil[83], porém corroborada pela doutrina e pela jurisprudência do Supremo Tribunal Federal (STF)[84]. A doutrina aponta essa natureza dúplice da colaboração premiada como meio de obtenção de prova e negócio jurídico processual, algo que não está imune a críticas, como será em visto no próximo parágrafo, mas vale apontar que também é meio ou instrumento de defesa, pois o juiz exerce a importante função de fiscal de garantias – inclusive voluntariedade do colaborador – e se amplia o leque de possibilidades para o investigado ou acusado negociar condições que ordinariamente não seriam possíveis. Em relação a este último aspecto, Marcos Paulo Dutra Santos, professor, processualista penal e competente defensor público no Rio de Janeiro assim afirma[85]:

> A opção pela colaboração premiada, sem meias palavras, é um dos caminhos que o acusado pode eleger, logo, enquanto tal, é manifestação da ampla defesa (...). Eliminar do ordenamento essa alternativa reduziria o cardápio de "linhas de defesa" à disposição do acusado e do seu defensor, importando involução no exercício da ampla defesa, em descompasso com um dos critérios de hermenêutica constitucional – vedação ao retrocesso.
>
> Assim deve ser encarada a colaboração premiada – uma benesse a mais à disposição dos acusados –, mesmo porque os corréus não serão condenados com lastro na delação, que, por si só, enquanto qualquer confissão, só possui eficácia *obiter dictum* (argumento de reforço), e sim nas provas que vierem a ser carreadas a partir dela (...).

O art. 3º-A da Lei 12.850/2013 estabelece como meio de obtenção de prova e negócio jurídico processual o acordo de colaboração premiada, porém aqui se faz coro a Renato Brasileiro, que aponta a impropriedade do dispositivo. O autor, com precisão, informa que a colaboração premiada é meio de obtenção de prova, porém o acordo de colaboração premiada é negócio jurídico processual[86]. Novamente faz-se questão de ressaltar que o STF entende tratar-se a colaboração premiada de negócio jurídico processual também, conforme já mencionado.

4.7.1.1. *A colaboração premiada é a instrumentalização da traição e do comportamento antiético?*

Este pequeno item não faria parte do presente texto, eis que o absurdo da questão proposta é tão grande que não mereceria sequer dez segundos de raciocínio

[83] CALLEGARI, A. L.; LINHARES, R. M. Colaboração premiada: lições práticas e teóricas de acordo com a jurisprudência do Supremo Tribunal Federal, p. 21.

[84] Vide, por todos, HC 127.483/PR, DJe 04/02/2016, e Inq 4405 AgR, DJe 05-04-2018.

[85] SANTOS, M. P. D. Colaboração (delação) premiada, Ed. Juspodivm, p. 86.

[86] LIMA, R. B. Legislação especial comentada criminal. Editora Juspodivm, p. 792.

acerca do tema, porém, ao abordar-se um instituto tão relevante para o combate à criminalidade complexa e organizada, existe certa liturgia doutrinária e, no caso, os mais importantes autores opinam sobre essa questão.

Esse tema surgiu a partir de críticas – a maior parte delas mais política que acadêmica – e está circunscrito a suposto comportamento antiético e imoral do colaborador em relação aos demais envolvidos nos fatos delituosos sob apuração.

Veja-se aqui a veemente crítica feita por Cezar Bitencourt e Paulo Busato[87]:

> Como se tivesse descoberto uma poção mágica, o legislador contemporâneo acena com a possibilidade de premiar o traidor – atenuando a sua responsabilidade criminal – desde que delate seu comparsa, facilitando o êxito da investigação das autoridades constituídas. Com essa figura o legislador brasileiro possibilita premiar o "traidor", oferecendo-lhe vantagem legal, manipulando os parâmetros punitivos, alheio aos fundamentos do direito-dever de punir que o Estado assumiu com a coletividade.
>
> Não se pode admitir, sem qualquer questionamento, a premiação de um delinquente que, para obter determinada vantagem, delate seu parceiro, com o qual deve ter tido, pelo menos, uma relação de confiança para empreenderem alguma atividade, no mínimo, arriscada, que é a prática de algum tipo de delinquência. Não se está aqui a aplaudir qualquer senso de "camaradagem" para delinquir. Não se trata disso. Estamos, na verdade, tentando falar da moralidade e justiça da postura assumida pelo Estado nesse tipo de premiação. Qual é, afinal, o fundamento ético legitimador do oferecimento de tal premiação? Convém destacar que, para efeito da delação premiada, não se questiona a motivação do delator, sendo irrelevante que tenha sido por arrependimento, vingança, ódio, infidelidade ou apenas por uma avaliação calculista, antiética e infiel do traidor-delator.
>
> Vênia concessa, será legítimo ao Estado lançar mão de um estímulo à deslealdade e traição entre parceiros, para atingir resultados que sua incompetência não lhe permite através de meios mais ortodoxos? Note-se que, ainda que seja possível afirmar ser mais positivo moralmente estar ao lado da apuração do delito do que de seu acobertamento, é, no mínimo, arriscado apostar e que tais informações, que são oriundas de uma traição, não possam ser elas mesmas traiçoeiras em seu conteúdo.

Ainda bem que os insignes autores ressaltaram que não estão a aplaudir senso de camaradagem para delinquir, pois, de fato, sem essa ressalva, o trecho destacado mais pareceria uma ode à ética criminosa e ao código de (des)honra entre membros de uma organização criminosa. Uma crítica tão veemente merece um comentário igualmente incisivo.

Ora, se o próprio Direito Penal premia a confissão do crime e o agente que procura minorar as consequências do ato delituoso e/ou reparar o dano, algo do que não se cogita motivo e que é feito para atenuar a pena, bem como nunca foi objeto de repúdio doutrinário, do mesmo se diga à colaboração premiada, em que o investigado ou acusado fornece detalhadas informações sobre a estrutura daquela agremiação ilícita, auxilia a recuperar ativos desviados e, também, a fazer cessar as atividades tão prejudiciais à sociedade, inclusive com o processo e prisão dos demais envolvidos. Aquele que colabora (aqui não se utiliza a expressão "delação", pois é

[87] BUSATO, P. C.; BITENCOURT, C. R. Comentários à lei de organização criminosa – Lei 12.850/2013, p. 117.

repudiada qualquer forma de associação da colaboração premiada com algo ilícito ou imoral), o faz certamente por diversos motivos, da mesma forma que a confissão. Como os próprios autores reconheceram, o benefício social obtido pela colaboração premiada e muito maior que aquele resultante dos "meios ortodoxos". Aliás, no mínimo pitoresca a expressão empregada, pois não há heterodoxia na colaboração premiada, já que sua juridicidade satisfaz os dois lados do Princípio da Proporcionalidade: vedação ao excesso e proibição da proteção deficiente da sociedade.

Conforme observação feita por Marcos Paulo Dutra Santos, a colaboração premiada não irá, por si só, servir de arrimo para denúncia ou condenação, dependendo da chamada prova de corroboração. Dessa forma, cai por terra o argumento de Bitencourt e Busato de que as informações prestadas pelo colaborador podem ser traiçoeiras em seu conteúdo. Caso minta, perderá o direito ao objeto premial avençado.

Ao contrário do que menciona Natália Oliveira de Carvalho[88], a colaboração premiada jamais será incentivo a antivalores ínsitos à ordem social, eis que a promoção da justiça penal, a cessação de atividades delituosas extremamente deletérias à sociedade e o exercício da ampla defesa jamais serão comportamento socialmente indesejáveis. Não há termo de comparação. Não há qualquer argumento que possa justificar a prevalência de uma "parceria delituosa" em detrimento de algo – agora sim – moral, que é o retorno à retidão ou, pelo menos, a abertura de oportunidade para o real arrependimento.

Renato Brasileiro de Lima, por fim, com o habitual brilhantismo, assim opina:

> De mais a mais, falar-se em ética de criminosos é algo extremamente contraditório, sobretudo se considerarmos que tais grupos, à margem da sociedade, não só têm valores próprios, como também desenvolvem suas próprias leis.

Os membros de organizações criminosas não estão preocupados com a ética, a moral, o Direito, a religião (que, aliás, sempre estimula o reconhecimento das falhas e se o "arrependimento" e a "confissão" não são feitas "de coração", tal fato concerne ao julgamento de Deus, não dos homens) e qualquer outra forma de limite ou controle social. O objetivo é somente auferir vantagem ilícita, haja o que houver, como se não houvesse amanhã. Comparar um meio lícito e constitucional de obtenção de prova com esse tipo de conduta delituosa e de desajuste social é fechar os olhos para aqueles ensinamentos mais elementares de retidão adquiridos no seio familiar.

4.7.1.2. Procedimento e forma de execução do acordo de colaboração

Sem mais dilações, será abordado de forma objetiva e acessível o procedimento a ser utilizado para a condução do acordo de colaboração premiada, que jamais deverá ser usada para prospectar justa causa em desfavor daquele sujeito, pois o ideal é que sobre ele já pesem diversos indícios ou provas e que a condenação seja

[88] CARVALHO, N. O. A delação premiada no Brasil, Ed. Lumen Juris, p. 101.

bem provável. Nada obsta que um sujeito que nem mesmo é investigado, por temor que o Estado nele chegue pelo delegado de polícia ou pelo membro do Ministério Público, vá até essas autoridades e deseje celebrar acordo de colaboração premiada, fornecendo informações consistentes sobre algo até então completamente desconhecido. Todavia, não é o usual.

Em primeiro lugar, há que se mencionar que todo o procedimento é levado a efeito com o acompanhamento de advogado ou defensor público (antes mesmo da Lei 13.964/2019 – Lei Anticrime – inserir o art. 3º-C, já era feito dessa forma). Nenhuma reunião, proposta ou tratativa pode ser feita sem que o possível colaborador esteja acompanhado de sua defesa técnica, nem mesmo um mero primeiro contato. É garantia para o colaborador e para o Estado, materializado nas tratativas pelo delegado de polícia (vide ADI 5508/DF) e/ou pelo Ministério Público.

Inicialmente, o pretenso colaborador, acompanhado de advogado ou defensor público, se dirige até a delegacia de polícia, procuradoria ou promotoria, a fim de declarar que deseja colaborar com as investigações. Exige-se a voluntariedade, o que permite ao indiciado ou acusado preso preventiva ou temporariamente firmar acordo de colaboração, porém <u>nunca</u> se deve utilizar o ergástulo provisório como meio de coação, requerendo-se a custódia ao Juízo para depois condicionar manifestação pela liberdade provisória à celebração do acordo. Ao contrário do que alguns alegam, na chamada Operação Lava-Jato, até agosto de 2018, em torno de 16% dos colaboradores estavam presos quando celebraram os respectivos acordos e apenas cerca de 4% ganharam a liberdade após a homologação da colaboração, o que demonstra que nem a prisão foi utilizada como coerção e nem a liberdade foi usada como "moeda de troca".

Usualmente, o pretenso colaborador – que pode já estar na qualidade de indiciado/investigado/acusado ou não – declina de forma bem sucinta quais informações deseja passar e o delegado, promotor de justiça ou procurador da república (no caso da Justiça Militar, o promotor de justiça militar ou encarregado do IPM), verificam o interesse ou não das informações. Com alguma frequência, as informações ofertadas já são de pleno conhecimento do Ministério Público ou da polícia judiciária, de tal forma que nada acrescentam no panorama indiciário (se em fase pré-processual) ou probatório (se já durante a ação penal). Nesse ponto já há confidencialidade das informações passadas, mesmo que sucintamente, pelo pretenso colaborador (art. 3º-B). Quando a proposta é feita para a polícia judiciária (delegado de polícia ou encarregado do IPM), convém que o Ministério Público tenha participação, não porque haja qualquer espécie de subordinação, mas em razão de ser o MP (ou MPM) titular da ação penal e, portanto, quem sabe de quais indícios precisa para amealhar justa causa para o oferecimento de denúncia. Ademais, a sinergia interinstitucional é sempre aconselhável, pois em geral leva à economia de tempo e maior eficiência da investigação. Assim, na chamada Força-Tarefa da Operação Lava Jato, diversos órgãos e instituições trabalham em conjunto e em completa sinergia: Receita Federal, COAF, Polícia Federal, Polícia Civil, Polícia Rodoviária Federal, Controladoria-Geral da União, Ministérios Públicos etc. Cabe ressaltar que não há direito subjetivo à colaboração premiada (STF, 2ª Turma, MS 35693 AgR/DF, Rel. Min. Edson Fachin, j. em 28/05/2019).

O objetivo primário da colaboração para o Estado é a identificação de outros membros da organização criminosa (ou organizações criminosas em "paralelo", como no Caso Lava Jato) que permitam novas acusações sustentadas ("efeito multiplicador"). Os objetivos secundários são a cessação da conduta, a desestabilização da organização criminosa e a reparação do dano. Dessa forma, se não for possível uma linha clara de investigação a partir das informações passadas pelo colaborador nas reuniões de tratativas, o acordo não deve ser realizado. Em caso de rejeição da colaboração premiada ainda na fase de tratativas (antes da homogação), nenhuma informação prestada poderá ser utilizada pelo Estado (apesar de constar no art. 3º-B, § 6º, essa já era a compreensão da doutrina e dos tribunais superiores sobre o tema).

Antes de qualquer tratativa, se for conduzida exclusivamente por membro do Ministério Público, sugere-se a instauração de um procedimento extrajudicial (PA ou até PIC, no caso do MPM). Se for feita pelo encarregado do IPM sem a participação do MPM, poderá ser instaurado por portaria um procedimento administrativo – sigiloso – a fim de ser posteriormente anexado ao inquérito após a homologação do acordo. De toda forma, após a instauração do procedimento pertinente, caso a colaboração não seja de plano rejeitada pela insuficiência das informações ou desinteresse do Estado (o que exige atualmente uma breve fundamentação – art. 3º-B, § 1º), elabora-se um termo de confidencialidade que deve ser assinado por todos: colaborador, advogado ou defensor público e todos os agentes públicos que conduzirão as tratativas (delegados, membros do MP, encarregado do IPM etc.). Esse termo é a garantia de que a proposta não será tornada pública antes do momento e resguarda as informações a serem prestadas, bem como impede o indeferimento das tratativas sem justa causa. Todo o procedimento, desde as tratativas feitas em reuniões com o colaborador, patrono e celebrantes (agentes públicos), deve ser minunciosamente documentado por atas, sem embargo de ser utilizado meio audiovisual, a fim de dirimir dúvidas sobre eventuais pontos obscuros das avenças, antes da assinatura final do acordo.

Caberá ao colaborador e seu patrono instruírem a proposta, separando-se os fatos em anexos distintos (um para cada fato), com as informações a serem prestadas, os meios de prova de que dispõe e os meios de corroboração desses indícios ou provas, bem como localização de eventuais ativos desviados, produtos e proveito do crime. Em caso de crime que envolva privação de liberdade de vítima, torna-se muito importante a localização dessa pessoa com a integridade física preservada.

Cabe aqui um pequeno adendo: as investigações não ficam paralisadas pelas tratativas com o colaborador. Na verdade, é importante intensificar-se o procedimento investigativo, com o fito de, desde então, verificar a procedência das alegações dispostas nos anexos e se não houve fato dolosamente omitido.

Na fase seguinte, o colaborador prestará um depoimento detalhado acerca de cada anexo, sempre acompanhado do advogado ou defensor público e registrado em meio audiovisual, também a ser juntado ao acordo de colaboração a ser homologado. Nesse depoimento, o colaborador detalhará cada fato constante de cada anexo, respondendo questionamentos e apontando meios de prova e indicando o caminho para corroborar cada alegação sua, inclusive juntando documentos.

Esse depoimento é feito renunciando-se ao direito a permanecer em silêncio (uma renúncia temporária, por óbvio), eis que o seu exercício é incompatível com a vontade de colaborar e de esclarecer os fatos a que se propôs. Apesar disso, o colaborador pode se retratar dessa renúncia e, então, abrir mão dos benefícios premiais sem que o MP possa utilizar em seu desfavor as provas ou indícios produzidos com arrimo na autoincriminação. Rogério Sanches Cunha, Ronaldo Batista Pinto e Renee do Ó Souza preconizam que essa retratação pode ser feita apenas até a homologação do acordo[89] (o § 10 do art. 4º utiliza o termo "proposta" e não "acordo"), momento após o qual não há que se falar em retratação, mas sim em descumprimento de cláusula do acordo. Neste caso, haverá rescisão por culpa do colaborador e, portanto, perda dos benefícios e utilização integral das informações e provas consignadas no acordo de colaboração, se não tiver sido prolatada a sentença, ou então cumprimento da pena, caso já tenha sido prolatada. Esse foi o teor do HC 127.483/PR, da relatoria do Min. Dias Toffoli.

O Ministério Público e/ou a polícia judiciária podem verificar pelo menos parte dos fatos e, havendo coerência e credibilidade nesses depoimentos, podem ser negociados os benefícios. Cibele Benevides alerta que convém haver pelo menos duas pessoas em cada lado da negociação, a fim de que haja ponderação e equilíbrio na negociação[90].

O colaborador deverá contar tudo que sabe e não pode omitir ou mentir sobre os fatos, sob pena de, futuramente, perder os benefícios decorrentes da avença feita e homologada. Cabe, todavia, ressaltar que sua obrigação é de meio, ou seja, ele deve dizer o que sabe sem nada omitir e apresentar as provas de corroboração ou o meio de se obter, porém a fruição dos benefícios avençados não está vinculada à condenação dos investigados ou acusados porventura "delatados". É corolário do preceito *pacta sunt servanda*, da boa-fé e da segurança jurídica. Se o colaborador cumpriu o que foi avençado, independente do resultado do processo para corréus, o objeto premial lhe deve ser concedido. Torna-se então direito subjetivo do colaborador usufruir o benefício.

Há que se fazer distinção, ainda, entre a mentira e a omissão dolosa. Neste último caso, poderá haver repactuação do acordo, logicamente piorando a situação do colaborador, desde que ele reajuste seu depoimento para desvelar por completo aqueles pontos que havia omitido. No caso de o colaborador mentir, quebra-se a boa-fé e, assim, haverá rescisão por sua culpa. Há, ainda, a possibilidade de se verificar na instrução criminal divergência entre pontos de vista (situações que dependam de uma análise subjetiva), situação que exige a análise cuidadosa, pois não pode haver punição ao colaborador, desde que ele tenha cumprido suas obrigações.

89 CUNHA, R. S; PINTO, R. B; SOUZA, R. O. Crime Organizado: comentários à Lei 12.850/2013, 5ª edição, p. 201.

90 FONSECA, C. B. G. Colaboração premiada, p. 114.

Como foi mencionado acima, a sinergia entre instituições e órgãos é essencial, razão pela qual sugere-se que, no caso de o colaborador informar fatos delituosos que ensejam competências diversas (Justiças Estadual e Federal, Justiça Militar da União etc.), os membros dos Ministérios Públicos com atribuição para cada fato ou conjunto de fatos devem participar das tratativas ou, pelo menos, antes da homologação, aqueles que oficiam perante a Justiça Especializada devem ter a oportunidade de também entabular tratativas visando homologar o acordo junto a esses órgãos jurisdicionais especializados.

O art. 6º preconiza como deve ser a forma do acordo de colaboração premiada:

> Art. 6º O termo de acordo da colaboração premiada deverá ser feito por escrito e conter:
>
> I – o relato da colaboração e seus possíveis resultados;
>
> II – as condições da proposta do Ministério Público ou do delegado de polícia;
>
> III – a declaração de aceitação do colaborador e de seu defensor;
>
> IV – as assinaturas do representante do Ministério Público ou do delegado de polícia, do colaborador e de seu defensor;
>
> V – a especificação das medidas de proteção ao colaborador e à sua família, quando necessário.

A pactuação dos benefícios deve ser equilibrada, pois se de um lado o colaborador deseja obter o máximo de benefício, de outro a polícia judiciária e o MP desejam o máximo de informações, algumas das quais o colaborador talvez nem saiba de verdade. O processo de negociação não pode ser conflituoso, razão pela qual é fundamental que haja serenidade, objetividade, clareza por parte de todos e, principalmente, que todos saibam os limites do acordo.

Alguns parâmetros influenciam na intensidade do objeto premial ofertado e se situam no art. 4º, § 1º da Lei 12.850/2013:

- Personalidade do colaborador (o que é determinante para a constitucionalidade da colaboração premiada, pois não haverá violação à isonomia ou à individualização da pena, eis que o colaborador se distingue dos demais);
- Natureza, circunstâncias, gravidade e repercussão social do fato criminoso ("expectativa" de pena x benefício "atraente");
- Eficácia da colaboração ("aptidão eficacial" – se as informações prestadas possibilitam o chamado "efeito multiplicador", com a investigação de fatos até então desconhecidos ou ainda não totalmente apurados, bem como a recuperação de ativos desviados e todos os valores ilícitos ainda de posse do colaborador).

Uma metodologia utilizada na Operação Lava Jato é a proporcionalidade inversa entre tempo de privação de liberdade (regimes fechado e semiaberto) e multa. Se o colaborador deseja despender menos patrimônio lícito a título de multa, terá que ficar mais tempo encarcerado ou, se desejar pagar uma multa elevada, poderá ficar menos tempo, por exemplo, em regime fechado. Evidentemente, o cálculo de multa tem por base a expectativa de condenação desse colaborador.

O colaborador sempre irá comparar seu acordo com algum anterior, mas a resposta será sempre o *timing*, pois o anterior sempre terá mais benefícios (pois menos se sabia).

Uma outra estratégia é postergar ao máximo o momento da concessão de benefícios definitivos, pois o colaborador precisa prestar depoimentos e apresentar as provas de corroboração durante algum tempo, de modo que o impulso para prosseguir colaborando será sempre a benesse premial a ser ainda usufruída.

Existem colaboradores que, por motivos políticos ou de conveniência social, não desejam confessar a autoria ou participação de qualquer crime e pedem que as investigações sejam arquivadas, afirmando que em troca pagarão multas elevadas. O STF já homologou acordos de colaboração premiada sem processo, mas é algo até mesmo – paradoxalmente, pois advém da Suprema Corte – inconstitucional, pois não atende ao primado do *nulla poena sine judicio*, ou seja, a pena não pode ser aplicada sem o devido processo legal. O mesmo tipo de pretenso colaborador diz que possui informações valiosas de esquemas dos quais não participou, razão pela qual não pretende confessar e deseja que todas as investigações sejam arquivadas em relação a ele. Em relação a esses dois tipos de supostos colaboradores, não se deve oferecer o início de qualquer tratativa, seja porque não haverá processo, seja porque não haverá efeito multiplicador (se a investigação é arquivada, não há sanção penal capaz de tornar cogente o adimplemento do acordo).

Da mesma forma que na fase inicial da prospecção das informações, na etapa de pactuação dos benefícios e forma de execução o juiz não participa das tratativas, em apreço ao sistema acusatório. Toda e qualquer tratativa deve ocorrer entre delegado de polícia e colaborador e seu defensor, com a manifestação do Ministério Público, ou entre membros do Ministério Público e o colaborador e seu defensor (art. 4º, § 6º).

Considerando o art. 4º da Lei 12.850/2013, poderá ser homologada a redução de até dois terços da pena privativa de liberdade ou substituição por restritiva de direitos, podendo ainda, a depender da relevância da colaboração prestada, conceder o perdão judicial ao colaborador, ainda que não tenha constado do acordo homologado (art. 4º, § 2º). É possível ainda, de forma excepcional, avençar-se que o Ministério Público não oferecerá denúncia se a proposta disser respeito a fatos até então desconhecidos (ou seja, sem procedimento prévio instaurado para apurá-lo – art. 4º, § 4º-A) e o colaborador não for o líder da organização criminosa e for o primeiro a prestar efetiva colaboração (art. 4º, § 4º). Aqui cabe uma ressalva, pois o legislador, na elaboração da lei, que por sua vez foi publicada em agosto de 2013, ao mencionar organização criminosa, não imaginou as chamadas "organizações criminosas em paralelo", descortinadas a partir das primeiras colaborações na chamada Operação Lava-Jato, em 2014. Dessa forma, entende-se que líderes de organizações criminosas "menores" podem obter o benefício de não serem denunciados, se oferecerem relevantes informações que permitam, por exemplo, a completa desintegração da atividade delituosa, porém, caso exista, o líder maior de todas as organizações criminosas em paralelo, jamais poderá obter tal prêmio. Caso haja rescisão do acordo por culpa do colaborador (após a homologação, por óbvio), ele poderá ser denunciado e as provas amealhadas serão válidas. Também poderá ser estabelecido que o prazo para denúncia seja suspenso (juntamente com a prescrição) por até seis meses, a fim de que sejam adimplidas as condições do acordo (art. 4º, § 3º).

Na prática, pactua-se a redução da pena, regime de cumprimento com progressão em prazo inferior ao legal (agora considerando os novos parâmetros introduzidos pela Lei 13.964/2019, para fins de execução penal), valor de multa, conversão da prisão em determinado período por monitoramento eletrônico e substituição da privação de liberdade por restrição de direitos, entre outras possibilidades, sem embargo das obrigações de devolução de produtos e proveitos do crime, bem como medidas de cooperação para prevenção de ilícitos (orientações e sugestões para dotar as grandes corporações e órgãos públicos de medidas de *compliance*, evitando novos eventos danosos).

Como os crimes praticados pelas organizações criminosas podem ser crimes militares, se forem da modalidade extravagante (também chamados "por extensão", na nomenclatura de Jorge Cesar de Assis), provavelmente sobre eles incidirá a pena de multa, além da privação de liberdade, de tal forma que essas sanções podem ser pactuadas. Caso o crime militar executado pela organização criminosa esteja previsto no CPM, a multa inexistirá e, portanto, não poderá ser pactuada, deixando margem para negociação da redução de pena e ajuste de regime de cumprimento, sem prejuízo de o colaborador devolver proveitos e produtos do crime. O mesmo se diga para o próprio crime militar extravagante do art. 2º da Lei 12.850/2013, o delito de organização criminosa, que para isso deve afetar a ordem administrativa militar e/ou o patrimônio sob administração militar.

Nos termos do art. 4º, § 5º da Lei 12.850/2013, se a colaboração suceder à sentença, poderá reduzir a pena até a metade ou será admitida a progressão de regime, ainda que ausentes os requisitos objetivos.

Na dicção do art. 4º, § 7º, concluído o acordo, será ele remetido ao juiz de forma sigilosa, juntamente com cópia da investigação (se já não estiver de posse daquela autoridade judiciária), que deverá ouvir de modo também sigiloso o colaborador acompanhado de seu defensor. Nada obsta que o Ministério Público acompanhe o ato, mas não é recomendável, pois nele o juiz verificará a presença dos pressupostos:

> I – regularidade e legalidade;
>
> II – adequação dos benefícios aos parágrafos 4º e 5º do art. 4º, ao critério de regime inicial de cumprimento de pena e a progressão de regime (proporcionalidade);
>
> III – cumprimento dos requisitos dos incisos I a V do art. 4º;
>
> IV – voluntariedade, especialmente nos casos em que o colaborador esteve ou esteja sob efeitos de medidas cautelares.

Caso haja necessidade de readequação de alguma cláusula, o juiz restituirá o acordo para que as partes façam os ajustes (§ 8º) e não poderá fazê-los de ofício, sob pena de violação ao sistema acusatório.

A partir da homologação, o colaborador tem o dever de cessar a atividade delituosa objeto da colaboração, sob pena de rescisão (§ 18), bem como deverá cumprir todas as suas obrigações, inclusive fornecer as provas de corroboração, se estiverem ao seu encargo exclusivo (há possibilidade de o colaborador indicar o caminho para que o delegado de polícia ou o membro do MP encontre as provas de corroboração).

O § 16 apenas materializou aquilo que a doutrina e a jurisprudência já praticavam: apenas com base nas declarações do colaborador, nenhuma denúncia contra qualquer investigado será recebida, nenhuma medida cautelar pessoal ou real será concedida e não haverá sentença condenatória em desfavor de qualquer acusado. É a chamada "regra de corroboração".

Por fim, o sigilo do conteúdo do acordo de colaboração premiada e dos depoimentos do colaborador permanece pelo menos até o recebimento da denúncia ou da queixa-crime e o juiz não poderá dele dispor (art. 7º, § 3º).

Antes de concluir o estudo da colaboração premiada e sua incidência na Justiça Militar, cabem duas observações.

A primeira diz respeito a um aspecto procedimental nos processos em que a colaboração premiada tenha sido utilizada como meio de produção de prova. Como assentado pela 2ª Turma do STF no HC 157.627 AgR/PR, rel. orig. Min. Edson Fachin, red. p/ o ac. Min. Ricardo Lewandowski, julgado em 27/08/2019 (informativo 949), o réu "delatado" tem o direito de apresentar suas alegações somente após o réu "delator" e os réus colaboradores não podem se manifestar por último e no mesmo prazo que os réus "delatados". Essa decisão, embora contrariasse outra em sentido contrário da 1ª Turma (AP 968/SP, unânime, Rel. Min. Luiz Fux, julgado em 22/05/2018), prevaleceu e foi adotada pelo legislador, de modo que deve-se atender ao que dispõe o art. 4º, § 10-A da Lei 12.850/2013, seja na fase do art. 428 do CPPM, seja em qualquer momento em que se abra vista às partes. Com isso, a 2ª Turma do STF e o legislador cria uma espécie "privilegiada" de réu: o acusado "delatado" (malgrado nem tenha, por exemplo, legitimidade para contestar o acordo de colaboração do "delator", eis que se trata de negócio jurídico processual personalíssimo). Ora, justamente aquele acusado que não colabora, que não buscou minorar as consequências dos seus atos é aquele mais beneficiado. Parece um prêmio e estímulo ao silêncio criminoso (*omertà*) e à "ética" delituosa. O acusado é entendido como "auxiliar da acusação", o que é absurdo, pois nunca deixou de ser acusado e nunca deixou de ostentar tal posição, tanto que fala nos autos após o MP. Sabe-se também que nenhum réu será condenado apenas pela palavra do colaborador (art. 4º, § 16), de tal forma que os demais réus que não colaboraram já terão que se defender, em suas alegações, das eventuais corroborações fornecidas antes pelo colaborador e comprovadas na instrução criminal. Caso a corroboração não tenha sido exitosa, não serão as alegações finais do colaborador que farão diferença na futura absolvição dos demais réus.

A segunda e última observação é que todos os dispositivos implementados pela chamada "Lei Anticrime" (Lei 13.964/2019) já eram consagradas pela doutrina e decididas pelos tribunais superiores (HC 127.483/PR e outros já mencionados nesta obra), de modo que o entendimento deste autor pela não aplicabilidade das disposições processuais da Lei Anticrime na Justiça Militar em face do silêncio eloquente do legislador não conflitam com a possibilidade de aplicação deste instituto na justiça castrense, com todas as medidas legais atualmente dispostas.

4.7.2. Ação controlada

Trata-se de técnica de investigação consistente de retardar a intervenção policial para que se continue monitorando as atividades delituosas até o momento mais adequado para efetivá-la obtendo o máximo de eficácia. Consubstancia o chamado "flagrante diferido ou postergado".

De modo distinto da infiltração de agentes, que exige controle rígido e prévio pelo juiz, na ação controlada a autoridade judiciária é apenas comunicada da atividade mediante comunicação sigilosa e poderá estabelecer alguns limites. A rapidez da medida é incompatível com a autorização judicial prévia, razão pela qual basta a informação e o conhecimento sobre eventuais limites estabelecidos pelo magistrado.

Evidentemente, se a prisão diferida se frustrar por motivos diversos, os policiais não responderão por prevaricação, eis que, na acepção dada por Rogério Sanches Cunha, Ronaldo Batista e Renee do Ó Souza, o insucesso de uma diligência "faz parte do jogo"[91].

4.7.3. Infiltração de agentes

Trata-se de uma técnica especial de investigação sujeita à prévia reserva de jurisdição:

> Art. 10. A infiltração de agentes de polícia em tarefas de investigação, representada pelo delegado de polícia ou requerida pelo Ministério Público, após manifestação técnica do delegado de polícia quando solicitada no curso de inquérito policial, será precedida de circunstanciada, motivada e sigilosa autorização judicial, que estabelecerá seus limites.
>
> § 1º Na hipótese de representação do delegado de polícia, o juiz competente, antes de decidir, ouvirá o Ministério Público.
>
> § 2º Será admitida a infiltração se houver indícios de infração penal de que trata o art. 1º e se a prova não puder ser produzida por outros meios disponíveis.
>
> § 3º A infiltração será autorizada pelo prazo de até 6 (seis) meses, sem prejuízo de eventuais renovações, desde que comprovada sua necessidade.
>
> § 4º Findo o prazo previsto no § 3º, o relatório circunstanciado será apresentado ao juiz competente, que imediatamente cientificará o Ministério Público.
>
> § 5º No curso do inquérito policial, o delegado de polícia poderá determinar aos seus agentes, e o Ministério Público poderá requisitar, a qualquer tempo, relatório da atividade de infiltração.

Dessa forma, dados obtidos "informalmente" por agentes infiltrados sem autorização judicial serão nulos e imprestáveis para fins probatórios. Situação distinta é da atuação em inteligência, de levantamento de informações, porém se esse agente de

[91] CUNHA, R. S; PINTO, R. B; SOUZA, R. O. Crime Organizado: comentários à Lei 12.850/2013, 5ª edição, p. 251.

inteligência se infiltra em grupo criminoso, passa a incidir em ilicitude e os indícios colhidos serão desentranhados dos autos da investigação, conforme já decidido pelo STF no HC 147.837/RJ, Min. Gilmar Mendes, julgado em 26/02/2019, em que um policial militar agiu em atividade de inteligência e, a partir de certo ponto, ganhou a confiança de um grupo e se infiltrou para buscar informações sobre movimentos sociais e protestos ocorridos em 2014.

Também há que se distinguir o agente infiltrado do agente provocador, que é aquele que adota uma postura instigadora para que se pratique o crime. A Súmula 145 do STF veda essa prática. Em correta alegoria, Rogério Sanches Cunha, Ronaldo Batista Pinto e Renee do Ó Souza afirmam que o agente provocador é aquele que, pilotando a locomotiva, dá início à viagem, e o agente infiltrado é aquele que adentra na composição já em movimento, mesmo que eventualmente tenha que ocupar a posição de condutor[92]. Ele não catalisa condutas criminosas, ao contrário do provocador.

A Lei 13.964/2019 acrescentou dispositivos que versam sobre o agente policial infiltrado (arts. 10-A a 10-D), mas é "mais do mesmo", ou seja, apenas detalhou o procedimento para os agentes policiais. Dessa forma, mesmo com o entendimento aqui esposado pela inaplicabilidade dos dispositivos de natureza processual da Lei Anticrime na Justiça Militar (em face do silêncio eloquente do legislador), não há obstáculo à aplicação da infiltração de agentes no âmbito de um Inquérito Policial Militar ou Procedimento de Investigação Criminal (PIC), instaurados pela prática de crime militar extravagante da Lei de Organizações Criminosas. Os demais dispositivos (os arts. 11, 12, 13 e 14) já regulavam o suficiente a atividade para permitir a aplicação na Justiça Castrense.

Por fim, há que se atender aos requisitos dispostos no art. 10 e ter em vista o prazo inicial de seis meses, disposto no § 3º, que também é prorrogável, quando for comprovada a necessidade da medida.

REFERÊNCIAS

ANDRADE. C. G. C. **Mandados implícitos de criminalização.** A tutela penal dos direitos humanos na Constituição e na Convenção Americana. Rio de Janeiro: Editora Lumen Juris, 2019.

BARROSO, L. R. **Curso de direito constitucional contemporâneo: os conceitos fundamentais e a construção do novo modelo**. São Paulo: Saraiva, 2009.

BARROSO, L. R. **Interpretação e aplicação da Constituição**. São Paulo: Saraiva, 2006.

BRASIL, MINISTÉRIO PÚBLICO MILITAR. **Manual de Polícia Judiciária Militar**. Disponível em www.mpm.mp.br/portal/wp-content/uploads/2019/06/manual-pjm.pdf. Acesso em 18/05/2020.

BUSATO, P. C.; BITENCOURT, C. R. **Comentários à lei de organização criminosa – Lei 12.850/2013**. São Paulo: Saraiva, 2014.

[92] CUNHA, R. S; PINTO, R. B; SOUZA, R. O. Crime Organizado: comentários à Lei 12.850/2013, 5ª edição, p. 263.

CALLEGARI, A. L.; LINHARES, R. M. **Colaboração premiada: lições práticas e teóricas de acordo com a jurisprudência do Supremo Tribunal Federal**, Livraria do Advogado, 2019.

CARVALHO, N. O. **A delação premiada no Brasil**. Rio de Janeiro. Ed. Lumen Juris, 2009.

CUNHA, R. S; PINTO, R. B; SOUZA, R. O. **Crime Organizado: comentários à Lei 12.850/2013**, 5ª edição. Salvador: Juspodivm, 2020.

FONSECA, C. B. G. **Colaboração premiada**. Belo Horizonte: Del Rey, 2017.

GARCIA, E. **Conflito entre normas constitucionais: esboço de uma teoria geral**. São Paulo: Saraiva, 2015.

GOMES, L. F. https://professorlfg.jusbrasil.com.br/artigos/121932382/comentarios-aos-artigos-1-e-2-da-lei-12850-13-criminalidade-organizada (item 30). Acessado em 27/04/2020.

HABIB, Gabriel. **Leis penais especiais – Volume único**, 11ª edição. Salvador: Editora Juspodivm, 2019.

HESSE, Konrad. **A Força normativa da constituição.** Porto Alegre: Sergio Antonio Fabris Editor, 1991.

LIMA, R. B. **Legislação criminal especial comentada**. Salvador: Editora Juspodivm, 2020.

NETO, C. P. S.; SARMENTO D. **Direito constitucional – teoria, história e métodos de trabalho**, Fórum, 2019.

NEVES, C. R. C. **A Lei 13.491/17 e os reflexos na aplicação da parte geral do Código Penal Militar e nas penas**. Disponível em https://www.observatoriodajusticamilitar.info/single-post/2018/09/26/A-Lei-nº-1349117-e-os-reflexos-na-aplicação-da-parte-geral-do-Código-Penal-Militar-e-nas-penas. Acessado em 15/04/2020.

NEVES, C. R. C. **Manual de direito penal militar**. São Paulo: Editora Saraiva, 4ª edição, 2014.

NEVES, C. R. C. **Organização criminosa militar: ilações após a Lei 13.491/2017**. Disponível em http://fsw.anmpm.org.br/aux1/2018/340/organizacao-criminosa-militar-ilacoes-apos-a-lei-n-13491_17__anmpm13082.pdf. Acessado em 06/05/2020.

NEVES, C. R. C. **Tipicidade dos crimes militares em tempo de paz: proposta de subsunção de condutas após a Lei 13.491/17**. Revista do Ministério Público Militar nº 29.

PELELLA, E.; FISCHER, D.; CALABRICH, B. **Garantismo Penal Integral**, 3ª Edição. São Paulo: Atlas, 2015.

RAMOS, A. C. **Curso de direitos humanos**. São Paulo: Saraiva, 2019.

SANTOS, M. P. D. **Colaboração (delação) premiada.** Salvador: Editora Juspodivm, 3ª Edição, 2019.

SARLET, I. W.; MARINONI, L. G.; MITIDIERO, D. **Curso de direito constitucional**. São Paulo: Saraiva, 2017.

SCHWABE, J. **Cinquenta anos de jurisprudência do tribunal constitucional federal alemão**. Organizado por Leonardo Martins, Konrad-Adenauer-Stiftung E.V., 2005.

TELES, F. H. M. **Tratados internacionais e competência da Justiça Militar da União: um estudo de caso**. Jus Navegandi. Disponível em https://jus.com.br/artigos/77961/tratados-internacionais-e-competencia-da-justica-militar-da-uniao-um-estudo-de-caso. Publicado em 11/2019. Acessado em 22/04/2020.

TURESSI. F. E. **Bens jurídicos coletivos. Proteção penal, fundamentos e limites constitucionais à luz dos mandados de criminalização**. Curitiba: Editora Juruá, 2015.

5

CRIME MILITAR EXTRAVAGANTE E A LEI DE DROGAS (LEI N. 11.343/2006)

Jorge Augusto Caetano de Farias

Considerando o conceito que intitula a presente obra, qual seja, o de crimes militares extravagantes, faz-se mister principiar o corrente estudo a partir de breve análise do advento da Lei 13.491/2017, até mesmo para se compreender as opções metodológicas adotadas para a abordagem do alcance da nova Lei de Drogas sobre o Direito Penal Militar.

5.1. LEI 13.491, DE 13 DE OUTUBRO DE 2017

O Código Penal Militar (Decreto-Lei 1.001, de 21 de outubro de 1969), diploma reitor do Direito Penal Militar brasileiro, passou longo tempo sem sofrer nenhuma reforma ou alteração substancial em seu texto, revelando-se cada vez mais defasado para a manutenção da hierarquia e da disciplina diante do dinamismo da sociedade brasileira, donde surgem os cidadãos que integram as forças militares de nosso país.

Ocorre que, mesmo com diversas proposições legislativas em tramitação no Congresso Nacional, por razões circunstanciais que fogem ao escopo do presente estudo, coube à Lei 13.491/2017, breve diploma com apenas um artigo (abstraídos os dispositivos alusivos à vigência da norma), promover algumas das profundas alterações de que o CPM tanto se ressentia, além de contribuir para impulsionar outras reformas na legislação correlata, a exemplo da Lei 13.774/2018 (que alterou a Lei de Organização da Justiça Militar da União).

Em sua redação final, a Lei 13.491/2017 restou consignada nos seguintes termos:

> Art. 1º O art. 9º do Decreto-Lei nº 1.001, de 21 de outubro de 1969 – Código Penal Militar, passa a vigorar com as seguintes alterações:
>
> "**Art. 9º** ....
>
> ....

II – **os crimes previstos neste Código e os previstos na legislação penal, quando praticados**:

....

§ 1º Os crimes de que trata este artigo, quando dolosos contra a vida e cometidos por militares contra civil, serão da competência do Tribunal do Júri.

§ 2º Os crimes de que trata este artigo, quando dolosos contra a vida e cometidos por militares das Forças Armadas contra civil, serão da competência da Justiça Militar da União, se praticados no contexto:

I – do cumprimento de atribuições que lhes forem estabelecidas pelo Presidente da República ou pelo Ministro de Estado da Defesa;

II – de ação que envolva a segurança de instituição militar ou de missão militar, mesmo que não beligerante; ou

III – de atividade de natureza militar, de operação de paz, de garantia da lei e da ordem ou de atribuição subsidiária, realizadas em conformidade com o disposto no art. 142 da Constituição Federal e na forma dos seguintes diplomas legais:

a) Lei nº 7.565, de 19 de dezembro de 1986 – Código Brasileiro de Aeronáutica;

b) Lei Complementar nº 97, de 9 de junho de 1999;

c) Decreto-Lei nº 1.002, de 21 de outubro de 1969 – Código de Processo Penal Militar; e

d) Lei nº 4.737, de 15 de julho de 1965 – Código Eleitoral. "

Consoante se pode observar, a par de trazer disposições acerca da competência para os crimes dolosos contra a vida (§§ 1º e 2º), a Lei 13.491/2017 operou sutil alteração no inciso II do art. 9º do CPM, mas que trouxe gigantesca repercussão para o direito militar, tanto de natureza material quanto processual, configurando o que a doutrina costuma denominar norma heterotópica.

5.1.1. Natureza material

Para se compreender a dimensão da alteração havida pela Lei 13.491/2017, deve-se comparar as redações do art. 9º, inciso II, do CPM, anterior e posterior ao advento do novel diploma:

REDAÇÃO ORIGINAL DO CPM	REDAÇÃO PÓS-LEI 13.491/2017
II – os crimes previstos neste Código, embora também o sejam com igual definição na lei penal comum, quando praticados:	II – os crimes previstos neste Código e os previstos na legislação penal, quando praticados:

Ou seja, enquanto a redação anterior do aludido inciso se referia aos crimes militares com igual definição no CPM e na lei penal comum (e por isso doutrinariamente denominados crimes impropriamente militares), a Lei 13.491/2017 ampliou o universo de condutas típicas relevantes para o Direito Penal Militar a todos os crimes previstos na legislação penal brasileira.

Portanto, basta que restem configuradas algumas das hipóteses previstas nas alíneas do inciso II do art. 9º para que se possa falar em crime militar, não só diante dos tipos previstos no CPM mas também em face daqueles espraiados em todo o restante do ordenamento penal pátrio.

E, considerando que o inciso III do mesmo art. 9° do CPM, embora não modificado diretamente pela Lei 13.491/2017, faz remissão ao inciso II, verifica-se que o alcance subjetivo da ampliação de objeto dos crimes militares havida pela referida alteração legislativa estende-se não somente aos militares da ativa, mas também aos da reserva, reformados e mesmo aos civis.

Ademais, referida estratégia do legislador, além de promover a necessária atualização do CPM em face do amplo espectro normativo penal já existente no Brasil, possibilitou a incorporação automática de todas aquelas figuras típicas que viessem a integrar, posteriormente, o ordenamento criminal brasileiro.

Em suma, parafraseando certo personagem do cinema infantil, as matérias objetos do direito penal militar brasileiro foram ampliadas "ao infinito e além".

Trata-se de elogiável iniciativa de modernização da legislação penal militar de nosso país, que não acompanhava o dinamismo da sociedade brasileira, prejudicando consideravelmente a tutela dos valores constitucionais da hierarquia e da disciplina a que são devotadas as instituições militares nacionais.

Ocorre que a ampla reforma havida pela Lei 13.491/2017 no ordenamento jurídico militar não se limitou ao plano material, do direito penal, pois estendeu importantes consequências também à esfera processual.

5.1.2. Natureza processual

No plano processual, a primeira repercussão unanimemente reconhecida pela doutrina e pela jurisprudência foi a ampliação da competência da justiça militar, uma vez que constitucionalmente vinculada à definição legal de crime militar (arts. 124 e 125, § 4°, da CF/88):

> Art. 124. À Justiça Militar compete processar e julgar os **crimes militares definidos em lei**.
>
> Parágrafo único. A lei disporá sobre a organização, o funcionamento e a competência da Justiça Militar.
>
> Art. 125. Os Estados organizarão sua Justiça, observados os princípios estabelecidos nesta Constituição.
>
> § 4° Compete à Justiça Militar estadual processar e julgar os militares dos Estados, nos **crimes militares definidos em lei** e as ações judiciais contra atos disciplinares militares, ressalvada a competência do júri quando a vítima for civil, cabendo ao tribunal competente decidir sobre a perda do posto e da patente dos oficiais e da graduação das praças.

Outro importante aspecto processual da reforma havida pela Lei 13.491/2017, menos explorado pela doutrina, refere-se à ampliação, agora mais evidente, das possibilidades de aplicação do Código de Processo Penal comum e das disposições substantivas presentes na legislação extravagante.

Por mais que o Código de Processo Penal Militar já preveja, em seu art. 3°, a possibilidade de aplicação subsidiária da legislação processual comum, o que até então poderia ser considerada apenas uma porta entreaberta, passou a ser escancarada, ante a multiplicidade de institutos processuais comuns aplicáveis, sobretudo no que se pode extrair da legislação extravagante.

Evidentemente, até mesmo em observância ao próprio art. 3° do CPPM, que autoriza o emprego da analogia e a aplicação subsidiária do direito processual comum, não se pode descurar da especialidade e da índole do processo penal militar, devendo-se reservar essa alternativa aos casos não expressamente regulados pelo Código de Processo Penal Militar.

Por fim, cabe ressaltar que referida ampliação da competência e das possibilidades de emprego do direito penal e processual comuns, operada pela Lei 13.491/2017, foi devidamente analisada pela jurisprudência sob os aspectos temporal e material, restando consolidado que a jurisdição militar alcança até mesmo os fatos ocorridos antes do advento da lei de reforma, resguardando-se a situação mais favorável ao investigado ou réu eventualmente ameaçada naquelas hipóteses em que configurada *novatio legis in pejus*.

A esse respeito, elucidativo o seguinte julgado do Superior Tribunal de Justiça:

> CONFLITO NEGATIVO DE COMPETÊNCIA. PENAL E PROCESSUAL PENAL. CRIME CONTRA A LEI DE LICITAÇÕES PRATICADO POR MILITAR EM SITUAÇÃO DE ATIVIDADE CONTRA PATRIMÔNIO SOB A ADMINISTRAÇÃO MILITAR. SUPERVENIÊNCIA DA LEI N° 13.491/2017. AMPLIAÇÃO DA COMPETÊNCIA DA JUSTIÇA CASTRENSE. APLICAÇÃO DA LEI NO TEMPO. PRINCÍPIO DO *TEMPUS REGIT ACTUM*. SENTENÇA DE MÉRITO NÃO PROFERIDA. NÃO APLICAÇÃO DO PRINCÍPIO DA *PERPETUATIO JURISDICTIONIS*. CONFLITO CONHECIDO PARA DECLARAR COMPETENTE O JUÍZO SUSCITANTE.
>
> 1. Hipótese em que a controvérsia apresentada cinge-se à definição do Juízo competente para processar e julgar crime praticado, em tese, por militar em situação de atividade contra patrimônio sob a administração militar antes do advento da Lei n° 13.491/2017.
>
> 2. A Lei n. 13.491/2017 promoveu alteração na própria definição de crime militar, o que permite identificar a natureza material do regramento, mas também ampliou, por via reflexa, de modo substancial, a competência da Justiça Militar, o que constitui matéria de natureza processual. É importante registrar que, como a lei pode ter caráter híbrido em temas relativos ao aspecto penal, a aplicação para fatos praticados antes de sua vigência somente será cabível em benefício do réu, conforme o disposto no art. 2°, § 1°, do Código Penal Militar e no art. 5°, inciso XL, da Constituição da República. Por sua vez, no que concerne às questões de índole puramente processual – hipótese dos autos –, o novo regramento terá aplicação imediata, em observância ao princípio do *tempus regit actum*.
>
> 3. Tratando-se de competência absoluta em razão da matéria e considerando que ainda não foi proferida sentença de mérito, não se aplica a regra da perpetuação da jurisdição, prevista no art. 43 do Código de Processo Civil, aplicada subsidiariamente ao processo penal, de modo que os autos devem ser remetidos para a Justiça Militar.
>
> 4. Conflito conhecido para declarar competente o Juízo Auditor da 4ª Auditoria da 1ª Circunscrição Judiciária Militar do Estado do Rio de Janeiro, ora Suscitante.
>
> (CC 160.902/RJ, Rel. Min. Laurita Vaz, DJe 18.12.2018)

Diante das implicações penais e processuais da Lei 13.491/2017, que ampliou sobremaneira o rol de crimes militares a partir da incorporação das figuras delitivas previstas na legislação comum, além de incrementar a necessidade da aplicação subsidiária de institutos de direito adjetivo, faz-se necessário retomar a análise sobre se a nova Lei de Drogas (Lei 11.343/2006) encontra espaço para integrar o Direito Penal Militar e, caso positivo, em qual extensão, sem descurar das eventuais repercussões ante a especial natureza de alguns dos tipos ali previstos e das disposições penais incidentes, além de analisar a competência da Justiça Militar para o processo e julgamento das condutas previstas em tal diploma.

5.2. A LEI N. 11.343, DE 23 DE AGOSTO DE 2006

A Lei de Drogas inaugurou uma nova política pública de enfrentamento ao uso indevido, à produção não autorizada e ao tráfico ilícito de drogas, assim consideradas "as substâncias ou os produtos capazes de causar dependência, assim especificados em lei ou relacionados em listas atualizadas periodicamente pelo Poder Executivo da União" (art. 1°, parágrafo único).

Para tanto, ao criar o Sistema Nacional de Políticas Públicas sobre Drogas (SISNAD), estabelece seus princípios (art. 4°) e seus objetivos (art. 5°), passando o SISNAD por recente revisão legislativa por meio da Lei 13.840, de 05 de junho de 2019.

Nesse contexto, nota-se que o uso indevido de drogas passou a ser combatido sob diversas perspectivas (prevenção, tratamento, acolhimento, reinserção social e econômica de usuários ou dependentes de drogas), ampliando sobremaneira (arts. 6° a 26) a abordagem preventiva e curativa em comparação com a Lei 6.368, de 21 de outubro de 1976.

Desse modo, no que importa para o presente estudo, a Lei 11.343/2006 operou notória despenalização (redução no rigor) das reprimendas aplicáveis às condutas ligadas ao consumo pessoal, deixando de punir com penas privativas de liberdade, passando a prever (art. 28): I – advertência sobre os efeitos das drogas; II – prestação de serviços à comunidade; III – medida educativa de comparecimento a programa ou curso educativo.

Por outro lado, recrudesceu consideravelmente as penas das condutas ligadas à produção não autorizada e ao tráfico ilícito de entorpecentes, aumentando o rol de crimes e passando a punir mais severamente o grande traficante, enquanto conferiu tratamento menos gravoso àqueles que participam de forma menos significativa para a produção e para o tráfico, seja instituindo causas de diminuição de pena, seja criando tipos penais específicos com penas mais brandas.

Considerando que o Código Penal Militar, editado em 1969, possui tipos específicos em matéria de entorpecentes (artigos 290 e 291), que vieram a lume em momento histórico semelhante ao da Lei 6.368/76, nota-se maior proximidade entre tais diplomas (rol mais reduzido de condutas típicas, todas punidas com pena privativa de liberdade) do que entre o CPM e a Lei 11.343/2006, mais distantes no tempo e sob a égide de diferentes ordens constitucionais, a impactar desde a principiologia até questões como a competência para o processo e julgamento desses crimes.

5.3. CRIMES MILITARES EM MATÉRIA DE DROGAS

Considerando que, como visto, o Código Penal Militar já disciplinava, em alguma medida, as condutas ligadas ao uso e ao tráfico de entorpecentes, as discussões acerca da aplicação da Lei 11.343/2006 à Justiça Militar da União não se inauguraram com o advento da Lei 13.491/2017, mas com a chegada da própria Lei de Drogas.

Amplos foram os debates travados tanto na doutrina quanto na jurisprudência, tendo a questão, aparentemente, sido pacificada ainda antes da Lei 13.491/2017, com o pronunciamento do Pleno do Supremo Tribunal Federal nos autos do HC 103.684 (Rel. Min. Ayres Britto, DJe 13.04.2011), assim ementado:

> HABEAS CORPUS. CRIME MILITAR. CONSCRITO OU RECRUTA DO EXÉRCITO BRASILEIRO. POSSE DE ÍNFIMA QUANTIDADE DE SUBSTÂNCIA ENTORPECENTE EM RECINTO SOB ADMINISTRAÇÃO CASTRENSE. INAPLICABILIDADE DO POSTULADO DA INSIGNIFICÂNCIA PENAL. **INCIDÊNCIA DA LEI CIVIL Nº 11.343/2006. IMPOSSIBILIDADE. RESOLUÇÃO DO CASO PELO CRITÉRIO DA ESPECIALIDADE DA LEGISLAÇÃO PENAL CASTRENSE.** ORDEM DENEGADA.
>
> 1. A questão da posse de entorpecente por militar em recinto castrense não é de quantidade, nem mesmo do tipo de droga que se conseguiu apreender. **O problema é de qualidade da relação jurídica entre o particularizado portador da substância entorpecente e a instituição castrense de que ele fazia parte, no instante em que flagrado com a posse da droga em pleno recinto sob administração militar**.
>
> 2. A tipologia de relação jurídica em ambiente castrense é incompatível com a figura da insignificância penal, pois, independentemente da quantidade ou mesmo da espécie de entorpecente sob a posse do agente, o certo é que não cabe distinguir entre adequação apenas formal e adequação real da conduta ao tipo penal incriminador. É de se pré-excluir, portanto, a conduta do paciente das coordenadas mentais que subjazem à própria tese da insignificância penal. Pré-exclusão que se impõe pela **elementar consideração de que o uso de drogas e o dever militar são como água e óleo: não se misturam.** Por discreto que seja o concreto efeito psicofísico da droga nessa ou naquela relação tipicamente militar, a disposição pessoal em si para manter o vício implica inafastável pecha de reprovabilidade cívico-funcional. Senão por afetar temerariamente a saúde do próprio usuário, mas pelo seu **efeito danoso no moral da corporação e no próprio conceito social das Forças Armadas, que são instituições voltadas, entre outros explícitos fins, para a garantia da ordem democrática. Ordem democrática que é o princípio dos princípios da nossa Constituição Federal**, na medida em que normada como a própria razão de ser da nossa República Federativa, nela embutido o esquema da Tripartição dos Poderes e o modelo das Forças Armadas que se estruturam no âmbito da União. Saltando à evidência que as Forças Armadas brasileiras jamais poderão garantir a nossa ordem constitucional democrática (sempre por iniciativa de qualquer dos Poderes da República), se elas próprias não velarem pela sua peculiar ordem hierárquico-disciplinar interna.
>
> 3. A hierarquia e a disciplina militares não operam como simples ou meros predicados institucionais das Forças Armadas brasileiras, mas, isto sim, como elementos conceituais e vigas basilares de todas elas. Dados da própria compostura jurídica de cada uma e de todas em seu conjunto, de modo a legitimar o juízo técnico de que,

se a hierarquia implica superposição de autoridades (as mais graduadas a comandar, e as menos graduadas a obedecer), **a disciplina importa a permanente disposição de espírito para a prevalência das leis e regulamentos que presidem por modo singular a estruturação e o funcionamento das instituições castrenses. Tudo a encadeadamente desaguar na concepção e prática de uma vida corporativa de pinacular compromisso com a ordem e suas naturais projeções factuais: a regularidade, a normalidade, a estabilidade, a fixidez, a colocação das coisas em seus devidos lugares, enfim.**

4. Esse maior apego a fórmulas disciplinares de conduta **não significa perda do senso crítico quanto aos reclamos elementarmente humanos de se incorporarem ao dia-a-dia das Forças Armadas incessantes ganhos de modernidade tecnológica e arejamento mental-democrático.** Sabido que vida castrense não é lavagem cerebral ou mecanicismo comportamental, até porque – diz a Constituição – "às Forças Armadas compete, na forma da lei, atribuir serviço alternativo aos que, em tempo de paz, após alistados, alegarem imperativo de consciência, entendendo-se como tal o decorrente de crença religiosa e de convicção filosófica ou política para se eximirem de atividades de caráter essencialmente militar" (§ 1º do art. 143).

5. O modelo constitucional das Forças Armadas brasileiras abona a idéia-força de que entrar e permanecer nos misteres da caserna pressupõe uma clara consciência profissional e cívica: a consciência de que **a disciplina mais rígida e os precisos escalões hierárquicos hão de ser observados como carta de princípios e atestado de vocação para melhor servir ao País pela via das suas Forças Armadas. Donde a compatibilidade do maior rigor penal castrense com o modo peculiar pelo qual a Constituição Federal dispõe sobre as Forças Armadas brasileiras.** Modo especialmente constitutivo de um regime jurídico timbrado pelos encarecidos princípios da hierarquia e da disciplina, sem os quais não se pode falar das instituições militares como a própria fisionomia ou a face mais visível da idéia de ordem. O modelo acabado do que se poderia chamar de "relações de intrínseca subordinação".

6. No caso, **o art. 290 do Código Penal Militar é o regramento específico do tema para os militares. Pelo que o princípio da especialidade normativo-penal impede a incidência do art. 28 da Lei de Drogas (artigo que, de logo, comina ao delito de uso de entorpecentes penas restritivas de direitos). Princípio segundo o qual somente a inexistência de um regramento específico em sentido contrário ao normatizado na Lei 11.343/2006 é que possibilitaria a aplicação da legislação comum. Donde a impossibilidade de se mesclar esse regime penal comum e o regime penal especificamente castrense, mediante a seleção das partes mais benéficas de cada um deles, pena de incidência em postura hermenêutica tipificadora de hibridismo ou promiscuidade regratória incompatível com o princípio da especialidade das leis.**

7. Ordem denegada.

Por seu turno, no âmbito da Justiça Militar da União, o Superior Tribunal Militar editou, ainda em 2014, o enunciado n. 14 da Súmula de sua jurisprudência (ou seja, igualmente anterior à Lei 13.491/2017), nos seguintes termos: "*Tendo em vista a especialidade da legislação militar, a Lei nº 11.343, de 23 de agosto de 2006, que instituiu o Sistema Nacional de Políticas Públicas sobre Drogas, não se aplica à Justiça Militar da União*".

Ocorre que, diante de toda a principiologia que subsidiou a sedimentação de tal entendimento (especialidade da lei penal militar, cujo maior rigor se harmoniza com os imperativos constitucionais de hierarquia e de disciplina, conforme os trechos destacados do lapidar voto do Ministro Ayres Britto), o advento da Lei 13.491/2017 torna imperiosa a revisão do que se tinha por consolidado acerca da aplicação da Lei 11.343/2006 ao Direito Penal Militar, em processo de atualização a demandar algumas adaptações, consoante se passa a propor.

5.3.1. A disciplina do tráfico, posse ou uso de entorpecente ou substância de efeito similar no Código Penal Militar

Diferentemente da Lei 11.343/2006, o Código Penal Militar utiliza o conceito de entorpecente, e não de drogas, complementado pela expressão "ou substância de efeito similar", nos termos do *nomen juris* do art. 290, e pela locução "ou que determine dependência física ou psíquica", prevista no *caput* do referido tipo penal, assim redigido:

> **Tráfico, posse ou uso de entorpecente ou substância de efeito similar**
>
> Art. 290. Receber, preparar, produzir, vender, fornecer, ainda que gratuitamente, ter em depósito, transportar, trazer consigo, ainda que para uso próprio, guardar, ministrar ou entregar de qualquer forma a consumo substância entorpecente, ou que determine dependência física ou psíquica, em lugar sujeito à administração militar, sem autorização ou em desacôrdo com determinação legal ou regulamentar:
>
> Pena – reclusão, até cinco anos.
>
> **Casos assimilados**
>
> § 1º Na mesma pena incorre, ainda que o fato incriminado ocorra em lugar não sujeito à administração militar:
>
> I – o militar que fornece, de qualquer forma, substância entorpecente ou que determine dependência física ou psíquica a outro militar;
>
> II – o militar que, em serviço ou em missão de natureza militar, no país ou no estrangeiro, pratica qualquer dos fatos especificados no artigo;
>
> III – quem fornece, ministra ou entrega, de qualquer forma, substância entorpecente ou que determine dependência física ou psíquica a militar em serviço, ou em manobras ou exercício.
>
> **Forma qualificada**
>
> § 2º Se o agente é farmacêutico, médico, dentista ou veterinário:
>
> Pena – reclusão, de dois a oito anos.

Da análise do art. 290 do CPM, extrai-se, de relevo para o presente estudo, que todas as condutas ali previstas devem ser praticadas "em lugar sujeito à administração militar", enquanto o § 1º prevê outras hipóteses típicas mesmo "que o fato incriminado ocorra em lugar não sujeito à administração militar".

Desse modo, tais elementos passaram a ser destacados pela doutrina e pela jurisprudência como distintivos da disciplina repressiva da matéria "entorpecentes" pelo Código Penal Militar, compondo-se a tipicidade do art. 290 com o art. 9º, inciso I ("*os crimes de que trata êste Código, quando definidos de modo diverso na lei penal comum, ou nela não previstos, qualquer que seja o agente*"), do CPM.

Acerca dos verbos nucleares, verifica-se a previsão de 11 (onze) condutas, quais sejam: receber, preparar, produzir, vender, fornecer (ainda que gratuitamente), ter em depósito, transportar, trazer consigo (ainda que para uso próprio), guardar, ministrar ou entregar (de qualquer forma a consumo) substância entorpecente.

E, além do art. 290, o CPM traz em seu art. 291 outras condutas em matéria de entorpecentes, sob a rubrica de "receita ilegal", conforme se analisará oportunamente.

5.3.2. A disciplina do uso indevido, da produção não autorizada e do tráfico ilícito de drogas pela Lei 11.343/2006

Tratando-se de legislação mais recente e consentânea com o atual estágio de desenvolvimento da sociedade brasileira, a Lei 11.343/2006, conquanto tenha ampliado o rol de condutas típicas a partir da inclusão de novos verbos nucleares, trouxe um abrandamento das sanções para os casos alusivos ao consumo próprio, enquanto recrudesceu a repressão ao tráfico, consoante os seguintes tipos penais:

> Art. 28. Quem adquirir, guardar, tiver em depósito, transportar ou trouxer consigo, para consumo pessoal, drogas sem autorização ou em desacordo com determinação legal ou regulamentar será submetido às seguintes penas:
>
> I – advertência sobre os efeitos das drogas;
>
> II – prestação de serviços à comunidade;
>
> III – medida educativa de comparecimento a programa ou curso educativo.
>
> Art. 33. Importar, exportar, remeter, preparar, produzir, fabricar, adquirir, vender, expor à venda, oferecer, ter em depósito, transportar, trazer consigo, guardar, prescrever, ministrar, entregar a consumo ou fornecer drogas, ainda que gratuitamente, sem autorização ou em desacordo com determinação legal ou regulamentar:
>
> Pena – reclusão de 5 (cinco) a 15 (quinze) anos e pagamento de 500 (quinhentos) a 1.500 (mil e quinhentos) dias-multa.

Da análise dos verbos nucleares dos arts. 28 e 33, *caput*, da Lei 11.343/2006, observam-se dezenove hipóteses diferentes, quais sejam: adquirir, importar, exportar, remeter, preparar, produzir, fabricar, adquirir, vender, expor à venda, oferecer, ter em depósito, transportar, trazer consigo, guardar, prescrever, ministrar, entregar a consumo ou fornecer drogas.

Além das referidas condutas, diversas outras se extraem dos demais parágrafos do art. 33, além dos subsequentes artigos 34 a 37, conforme se analisará oportunamente.

5.3.3. Conflito aparente de normas entre o art. 290 do CPM e a Lei 11.343/2006?

De fato, cotejando-se o art. 290 com a Lei 11.343/2006, verifica-se a diversidade de redações dos tipos penais destinados a tutelar semelhante objetividade jurídica, a revelar que se trata de crimes impropriamente militares e a sugerir a ocorrência de possível conflito aparente de normas, que se passa a analisar, sem descurar do objetivo do presente estudo, no sentido da aplicabilidade da Lei de Drogas ao Direito Militar.

Desse modo, tratando-se de eventual conflito aparente de normas, deve-se socorrer da hermenêutica jurídica e seus critérios para a solução a ser buscada, colhendo-se da doutrina especializada em matéria castrense respeitáveis opiniões divergentes.

Considerando que a Lei 11.343/2006 é posterior ao CPM (Decreto-Lei 1.001/69), há quem defenda a aplicação do critério temporal, extraído da Lei de Introdução às Normas do Direito Brasileiro, a exemplo de GALVÃO (2018), conforme se extrai de sua lição[1]:

> "Nos casos em que a descrição típica do novo crime militar apresentar alguma inovação em relação ao crime previsto no Código Penal Militar, deve-se reconhecer que a previsão legal para o crime militar mais novo (estabelecido com a edição da Lei 13.491/2017) revoga a previsão mais antiga constante do Código Penal Militar. A premissa a ser observada é a de que a previsão mais nova expressa o ponto de vista mais atualizado do legislador sobre o desvalor da conduta criminosa e, por isso, deve substituir o ponto de vista anterior. Nesse sentido, o artigo 2º, parágrafo 1º, da Lei de Introdução às Normas do Direito Brasileiro – Decreto-Lei 4.657/42 dispõe que a lei posterior revoga a anterior quando expressamente o declare, quando seja com ela incompatível ou quando regule inteiramente a matéria de que tratava a lei anterior.
>
> A tipificação dos crimes de drogas, com certeza, se apresentará como um dos mais importantes desafios para os operadores do Direito Militar após a edição da Lei 13.491/2017. No Código Penal Militar, os crimes de uso e tráfico de drogas encontram previsão conjunta no art. 290 do Código Penal Militar. Na legislação penal comum, os crimes de drogas estão previstos nos artigos 28 e 33 da Lei 11.343/2006, que institui o Sistema Nacional de Políticas Públicas sobre Drogas – Sisnad.
>
> (...)
>
> No conflito aparente que se estabelece entre as normas incriminadoras militares dos arts. 290 do Código Penal Militar, arts. 28 e 33 da Lei 11.343/2006, devem prevalecer as disposições mais recentes da Lei 11.343/2006. A rigor, não se trata de um concurso aparente de tipos incriminadores, mas de saber que a previsão típica posterior revoga a previsão típica anterior.
>
> Importa ainda notar que a Lei 11.343/2006 instituiu o Sistema Nacional de Políticas Públicas sobre Drogas – Sisnad, que estabelece a posição mais atualizada sobre o tema das drogas, é manifestamente incompatível com o art. 290 do CPM e que regula toda a matéria sobre drogas. Não é juridicamente possível sustentar a validade do art. 290 do CPM diante da nova realidade jurídica que incorporou, como militares, os crimes previstos na Lei 11.343/2017 (*sic*). Por isso, com base no artigo 2º, parágrafo 1º, da Lei de Introdução às Normas do Direito Brasileiro – Decreto-Lei 4.657/42, deve-se concluir que a previsão para os crimes da Lei 11.343/2006 revogaram o tipo incriminador do art. 290 do Código Penal Militar."

No mesmo sentido, considerando que a Nova Lei de Drogas, ao regular a matéria de que trata o art. 290 do CPM, teria revogado tacitamente referido dispositivo da legislação castrense, extrai-se o magistério de PEREIRA (2018, p. 181)[2]:

---

1 GALVÃO, Fernando. *Novos crimes militares de drogas*. Disponível em <https://www.observatoriodajusticamilitar.info/single-post/2018/01/12/Novos-crimes-militares-de-drogas> Consulta em 02.11.2020.

2 PEREIRA, Carlos Frederico de Oliveira. *A Lei nº 13.491, de 13 de outubro de 2017, e os crimes hediondos*. *In*: Revista do Ministério Público Militar. Ano 43, n. 29 (out. 2018). Brasília: Procuradoria-Geral de Justiça Militar, 2018.

> "No caso de crimes de entorpecentes, considerando a causa de aumento de pena do artigo 40, III, da Lei 11.343/06, ou seja, quando a infração tiver sido cometida nas dependências de ...unidades militares..., sendo essa hipótese elementar do próprio artigo 290 do CPM – em lugar sujeito à administração militar – é inequívoco que, pelo menos, houve revogação tácita do tráfico do sistema penal militar."

Por outro lado, doutrinadores igualmente respeitáveis sustentam a prevalência do princípio da especialidade para a solução de possível conflito entre o CPM e a Lei 11.343/2006, privilegiando-se o CPM para as condutas previstas em ambos os diplomas e extraindo da Lei de Drogas aquilo que não restou previsto pelo diploma repressivo castrense, a exemplo do que se pode depreender da lição de ROTH (2018)[3], consoante o seguinte excerto:

> "Em relação ao crime militar de entorpecente que vincula sua prática ao lugar sob administração militar (art. 290, CPM), algumas condutas nele [não] tipificadas, como "importar" e "exportar", mas previstos no art. 33 da Lei 11.343/06 (Lei de Drogas), se praticados numa das hipóteses do inciso II do art. 9º do CPM, serão crimes militares, bem como todas as outras condutas típicas previstas naquela Lei de Drogas quando estas sejam praticadas (art. 9º, inciso II, alínea "c", do CPM). Nestes casos, o agente será submetido à pena de 5 a 15 anos de reclusão, bem superior àquela prevista para outras modalidades de tráfico de entorpecentes previstas no CPM (1 a 5 anos de reclusão)".

No mesmo sentido da aplicação do princípio da especialidade, preservando-se o CPM nas condutas previstas também na Lei de Drogas, mas dela buscando as descrições típicas não contidas no diploma penal militar, destaca-se a sempre brilhante lição de COIMBRA NEVES (2018, p. 62)[4]:

> "Essa situação e solução também podem ocorrer em alguns crimes da segunda categoria acima apontada – crimes que estão tipificados no CPM, propositadamente, de maneira diferente da legislação penal comum –, quando poderá haver conduta nuclear não abarcada pelo tipo penal militar previsto no CPM. É o caso também do art. 290 do Código Penal Castrense, em que não se prevê a conduta nuclear de importar droga, expressamente trazida pelo tipo penal do delito de tráfico do art. 33 da Lei n. 11.343/06. A solução será a mesma do caso antecedente, ou seja, considerar essa conduta como configuradora de um crime militar extravagante – a quinta categoria a seguir avaliada – quando praticado em uma das condições do inciso II art. 9º do CPM Igualmente, seria pior para a condição do acusado (ou indiciado) entender que o art. 290 estaria revogado pelo art. 33, quando pena de reclusão de 5 a 15 anos seria aplicável a todos os casos, além de a solução apresentada aqui não significar pior condição do que aquela existente antes da Lei n. 13.491/17, com foco no preceito secundário – antes responderia por crime comum de tráfico e hoje por crime militar extravagante de tráfico, em ambos os casos tendo por parâmetro típico o mesmo art. 33 da Lei n. 11.343/17 (*sic*), com a mesma pena de reclusão de 5 a 15 anos".

---

3 ROTH, João Ronaldo. *Os delitos militares por extensão e a nova competência da justiça militar (Lei 13.491/17)*. Disponível em <https://www.observatoriodajusticamilitar.info/single-post/2018/01/20/Os-delitos-militares-por-extensão-e-a-nova-competência-da-justiça-militar-Lei-1349117> Consulta em 19.10.2020.

4 NEVES, Cícero Robson Coimbra. *Tipicidade dos crimes militares em tempo de paz: proposta de subsunção de condutas após a Lei 13.491/17. In*: Revista do Ministério Público Militar. Ano 43, n. 29 (out. 2018). Brasília: Procuradoria-Geral de Justiça Militar, 2018.

E, especificamente em matéria de entorpecentes, nas condutas ligadas ao porte para consumo pessoal, a jurisprudência do Superior Tribunal Militar tem reafirmado a prevalência da especialidade do CPM em detrimento do art. 28 da Lei 11.343/2006, consoante se observa dos seguintes julgados:

> APELAÇÃO DEFESA. ENTORPECENTE. MACONHA. PRINCÍPIO DA INSIGNIFICÂNCIA. NÃO INCIDÊNCIA. LEI Nº 11.343/2006. INAPLICABILIDADE. SÚMULA 14 DO STM. RECURSO DEFENSIVO. DESPROVIMENTO. UNANIMIDADE. A posse de entorpecentes dentro do quartel é conduta grave e deve ser avaliada sob a ótica da lei penal castrense, pois coloca em risco não só a saúde da coletividade na caserna, objeto da tutela da legislação penal militar, mas também a segurança das instituições castrenses, uma vez que os militares lidam, em suas atividades, com armas de alto poder destrutivo, o que evidencia, portanto, perigo consistente na exposição de todo o efetivo da Organização Militar. É inaplicável o princípio da insignificância à posse de quantidade reduzida de substância entorpecente em local sujeito à administração militar. Entendimento consolidado neste STM e no STF. **A Lei nº 13.491/2017 não modificou o caráter especial do CPM, ela apenas ampliou o rol das condutas consideradas crimes militares.** Por essa razão, afasta-se a alegação defensiva da incidência da Lei nº 11.343/2006. Autoria e materialidade comprovadas. Inexistência de causas excludentes da culpabilidade ou da ilicitude. Conduta perpetrada classificada como fato típico, antijurídico e culpável. Desprovido o apelo defensivo. Condenação mantida. Decisão unânime. (Apelação 7000328-17.2020.7.00.0000, Rel. Min. William de Oliveira Barros, DJe 29/09/2020)

> RECURSO EM SENTIDO ESTRITO (RSE). RECEBIMENTO COMO AGRAVO EM EXECUÇÃO. LEI DE EXECUÇÕES PENAIS (LEP). ADMISSÍVEL. OMISSÃO DO CÓDIGO DE PROCESSO PENAL MILITAR (CPPM). INTEGRAÇÃO. MÉRITO. REQUERIMENTO. SUBSTITUIÇÃO DA PENA POR MEDIDAS RESTRITIVAS DE DIREITO. DESCABIMENTO. PREVALÊNCIA DAS NORMAS GERAIS DO CÓDIGO PENAL MILITAR (CPM). PRINCÍPIO DA ESPECIALIDADE. SUFICIÊNCIA DO DIPLOMA MILITAR. RESTRIÇÃO À INCIDÊNCIA DO CÓDIGO PENAL (CP) COMUM. PROIBIÇÃO DE HIBRIDISMO LEGAL. INALTERAÇÃO PELA LEI 13.491/2017. RECURSO CONHECIDO COMO AGRAVO EM EXECUÇÃO. NEGADO PROVIMENTO NO MÉRITO. DECISÃO UNÂNIME. (...) V – **Quanto aos efeitos que a citada mudança legal produziu no Direito Penal Militar, notável que por meio dessa se almejou tão só adequar os demais crimes praticados por militares à configuração do "crime militar"**, o que criou, em termo cunhado pela doutrina, a nova categoria dos "crimes militares por extensão", destacada no magistério de Ronaldo João Roth, Cícero Coimbra e Jorge César de Assis, dentre outros conceituados autores de obras jurídicas. **Diferentemente da posição recorrida, constata-se que essa lei não objetivou a derrogação das determinações próprias do CPM em favor daqueles de outros Diplomas.** (Recurso em Sentido Estrito 7000222-55.2020.7.00.0000, Rel. Min. Péricles Aurélio Lima de Queiroz, DJe 12/06/2020)

> APELAÇÃO. DEFENSORIA PÚBLICA DA UNIÃO (DPU). ART. 290, CAPUT, DO CÓDIGO PENAL MILITAR (CPM). PRELIMINAR. NULIDADE DO FEITO. LAUDO PERICIAL ASSINADO POR APENAS UM PERITO. REJEIÇÃO. UNANIMIDADE. MÉRITO. ART. 28 DA LEI 11.343/2006. NÃO ACOLHIMENTO. ESPECIALIDADE DA LEGISLAÇÃO PENAL MILITAR. AUSÊNCIA DE DOLO. MERO ESQUECIMENTO. NÃO APLICABILIDADE. PRINCÍPIO DA INSIGNIFICÂNCIA. PEQUENA QUANTIDADE DE DROGA. NÃO INCIDÊNCIA NA JUSTIÇA MILITAR DA UNIÃO. CONDIÇÕES DO SURSIS. PROVIMENTO PARCIAL. DECISÃO UNÂNIME. (...) II – A incidência do art. 28 da Lei 11.343/2006, bem como dos institutos despenalizadores da legislação comum, é afastada pelo Princípio da Especialidade, que impõe a aplicação da norma penal castrense e não da Lei de Drogas. A edição da Lei 13.491/2017 não teve o condão de alterar o entendimento já consolidado por esta Corte. (Apelação 7001463-98.2019.7.00.0000, Rel. Min. Péricles Aurélio Lima de Queiroz, DJe 02/06/2020)

Ainda demonstrativo da não adoção, pelo Superior Tribunal Militar, do critério temporal para a solução de eventual conflito entre o art. 290 do CPM e o art. 28 da Lei 11.343/2006, revela-se o seguinte julgado:

> APELAÇÃO. DEFESA. INCONSTITUCIONALIDADE DO ART. 290 DO CÓDIGO PENAL MILITAR (CPM). TRATADOS INTERNACIONAIS. INEFICÁCIA DA SANÇÃO PENAL. PRINCÍPIO DA INSIGNIFICÂNCIA. QUEBRA DE CADEIA DE CUSTÓDIA. NOVATIO LEGIS IN MELLIUS. ART. 28, CAPUT, DA LEI 11.343/2006. APLICABILIDADE MEDIANTE ALTERAÇÕES PELA 13.491/2017. TESES NÃO ACATADAS. RECURSO NÃO PROVIDO. CONDENAÇÃO MANTIDA. DECISÃO MAJORITÁRIA. (...) IV – O crime previsto no artigo 28, caput, da Lei 11.343/2006, não é norma mais especial perante o art. 290 do CPM, para sancionar as condutas de porte e de consumo de droga quando essas houverem sido praticadas em área sujeita à Administração Militar. **A alteração feita pela Lei 13.491/2017 ao art. 9º, inciso II, do Códex Castrense, não ocasionou situação de *novatio legis in mellius* no caso, pois a especificidade da redação do CPM se mantém.** V – Apelação não provida. Decisão majoritária. (Apelação 7001338-33.2019.7.00.0000, Rel. Min. Péricles Aurélio Lima de Queiroz, DJe 04/08/2020)

Com o devido respeito às opiniões em sentido diverso, a corrente que privilegia a especialidade do CPM para as condutas nele expressamente previstas (ou, na expressão do Min. Péricles Queiroz, "a especificidade da redação do CPM"), buscando junto ao CP comum e à legislação extravagante as hipóteses típicas não constantes do diploma repressivo castrense, parece-nos a mais acertada.

A uma, por se revelar mais consentânea com uma interpretação sistemática da principiologia inerente ao Direito Penal Militar (conforme o especial regime jurídico constitucionalmente assegurado às instituições militares, bem lembrado no histórico voto do Ministro Ayres Britto).

A duas, por harmonizar a doutrina e a jurisprudência anteriores ao advento da Lei 13.491/2017 (o próprio STF – HC 103.674 – já apontava com a possibilidade de aplicar a Lei 11.343/2006 naquilo que não contasse com disposição específica do CPM) ao intento da novel realidade buscada pelo legislador ordinário, no sentido da ampliação do rol de crimes militares e, consequentemente, da competência da Justiça Militar.

A três, porque, como visto, revela-se compatível com a jurisprudência do STM já posterior ao advento da Lei 13.491/2017 em matéria de entorpecentes, que privilegia a especialidade em detrimento do critério temporal para a solução de eventual conflito entre o CPM e a Lei de Drogas.

A quatro porque, como visto, tal solução não implicaria *novatio legis in pejus* (vedada pela jurisprudência do STJ acima destacada ao resolver sobre a competência da Justiça Militar com a Lei 13.491/2017), pois, consoante lembrou COIMBRA NEVES, as condutas previstas na Lei 11.343/2006 já eram tipificadas como criminosas antes da Lei que alterou o CPM, apenas deixando de serem crimes comuns para serem consideradas crimes militares.

Desse modo, prevalecendo a adoção do princípio da especialidade do CPM, ante a conjugação da parcela da doutrina mais consentânea com a jurisprudência da Superior Corte castrense, integram-se ao Direito Penal Militar apenas as condutas da Lei de Drogas não previstas no CPM, passando-se a orientar o restante do presente estudo por esse critério.

5.3.4. Análise das condutas constantes da Lei 11.343/2006 e não previstas no CPM

Considerando o critério acima destacado para identificação das condutas da Lei de Drogas aplicáveis ao Direito Penal Militar, a doutrina especializada salienta que[5]:

> "No que diz respeito o novo crime militar de tráfico de drogas, previsto no art. 33 da Lei 11.343/2006 combinado com o inciso II do art. 9º do CPM, a incriminação ficou sensivelmente mais gravosa. O novo tipo apresenta 18 verbos descritivos de condutas proibidas, acrescentando 7 novas condutas em relação à previsão anterior constante do art. 290 do Código Penal Militar. A pena cominada é de reclusão, de 5 (cinco) a 15 (quinze) anos e multa de 500 (quinhentos) a 1.500 (mil e quinhentos) dias-multa. O tipo previsto no art. 33 da Lei 11.343/2006 é mais completo do que expresso pelo art. 290 do CPM, na medida em que contém todas as condutas descritas no art. 290 e ainda acrescenta outras 7 para formar o complexo de condutas relevantes no que diz respeito ao tema das drogas".

Ocorre que, para se aplicar, em sua inteireza, o critério acima proposto a partir da doutrina mais consentânea com a jurisprudência, ainda que considerada a integralidade das disposições do CPM em matéria de entorpecentes (arts. 290 e 291), restam ainda, na Lei de Drogas, muito mais do que as 07 (sete) condutas do art. 33, *caput*, que sobejam em relação ao diploma repressivo castrense, uma vez que se verificam outras tanto nos §§ do próprio art. 33 quanto dos artigos seguintes (34 ao 39), conforme se analisará oportunamente.

Ademais, por imperativo de honestidade, não se pretende, no presente estudo, revisitar a ampla doutrina já existente sobre a Lei de Drogas, nem mesmo a abordagem tradicional em matéria de Direito Penal, buscando-se, a partir das noções e definições fornecidas por tais obras, extrair o quanto importa para a específica realidade do Direito Penal Militar.

Ou seja, se o nosso leitor desejar um aprofundamento doutrinário acerca das nuances de cada tipo aqui analisado, sinta-se à vontade para buscar as obras indicadas nas referências ou mesmo outras de sua predileção.

5.3.4.1. Artigo 28

Conquanto o art. 28 da Lei de Drogas ("*Quem adquirir, guardar, tiver em depósito, transportar ou trouxer consigo, para consumo pessoal, drogas sem autorização ou em desacordo com determinação legal ou regulamentar será submetido às seguintes penas*") tenha tido sua aplicabilidade rechaçada pelo Superior Tribunal Militar, mesmo após o advento da Lei 13.491/2017, a leitura dos precedentes revela que tal

5 GALVÃO, Fernando. Op. cit.

posicionamento somente se deu expressamente em relação às condutas já previstas no CPM, tais como as de portar, guardar, ter em depósito, trazer consigo.

Como visto nos precedentes acima, tal solução invoca apenas a especialidade do CPM, sem trazer qualquer outra razão para o afastamento irrestrito da aplicação do art. 28 da Lei de Drogas, de modo que entendemos pertinente, até mesmo por coerência com o critério indicado como prevalecente a partir da análise já efetuada, prosseguir na identificação de eventuais condutas previstas no art. 28 da Lei 11.343/2006 e não constantes do diploma repressivo castrense.

Considerando que ambos diplomas registram, em matéria de consumo pessoal, os verbos nucleares de *guardar, ter em depósito, transportar ou trazer consigo*, restariam daquele dispositivo da Lei de Drogas apenas as condutas de *adquirir* e *cultivar*.

Mesmo que, adotando-se tal critério, remanesceriam tais condutas do art. 28 para integração ao Direito Penal Militar, ainda se verifica da doutrina certa resistência à incorporação do art. 28 ao sistema repressivo castrense, na medida em que as penas previstas pela Lei de Drogas ("*I – advertência sobre os efeitos das drogas; II – prestação de serviços à comunidade; III – medida educativa de comparecimento a programa ou curso educativo*") para o referido tipo não são privativas de liberdade nem se encontram no rol das penas (principais ou acessórias) previstas na parte geral do CPM.

Ocorre que a própria Constituição Federal, em seu art. 5°, inciso XLVI, preceitua que, além das penas que elenca (em rol exemplificativo), a lei poderia fixar outras, dispositivo do qual se valeu o legislador para a definição de penas não privativas de liberdade na Nova Lei de Drogas (pós-CF/88).

Desse modo, seja nos tipos do artigo 28, seja nos dos demais artigos da Lei de Drogas integráveis ao Direito Penal Militar, como o art. 9°, inciso II, do CPM fala em crimes previstos na legislação penal comum, e a lei penal brasileira, ao definir os crimes, fixa a respectiva pena, em atenção ao princípio da legalidade em matéria criminal assegurado constitucionalmente (art. 5°, inciso XXXIX), a solução que se tem adotado (e que oportunamente sustentaremos também para os tipos de tráfico) é a adoção tanto do preceito primário quanto do secundário daqueles crimes incorporado ao sistema repressivo castrense por força da Lei 13.491/2017.

5.3.4.1.1. *Adquirir* (caput)

Prevista de forma inovadora em relação à Lei 6.368/76, a conduta de adquirir consiste na negociação tendente a obter a propriedade, ou seja, basta a "existência de um acordo de vontades sobre a droga e o preço"[6], sendo desnecessária a "tradição da droga ao seu adquirente"[7] ou mesmo "o pagamento do valor acordado"[8].

---

6 LIMA, Renato Brasileiro de. *Legislação criminal especial comentada*. 6. Ed. rev., atual., e ampl. – Salvador: Juspodivm, 2018. p. 985.

7 Idem.

8 Idem.

Ou seja, evidencia-se a natureza de crime de perigo abstrato nas condutas previstas no art. 28, na medida em transcendem a potencialidade lesiva apenas ao usuário, mas alcançando a coletividade, tratando-se de crime contra a saúde pública.

Conjugando-se tal noção com a necessidade de se proceder à adequação típica mediata em face dos incisos II e III do art. 9° do CPM, entendemos que a hipótese mais frequente seria a do atentado à ordem administrativa militar, prevista na alínea "e" do inciso II e na alínea "a" do inciso III, de modo que o sujeito ativo pode ser tanto o militar quanto o civil.

A esse respeito, no sentido da aplicabilidade da Lei de Drogas ao Direito Penal Militar a partir da perspectiva da ofensa à ordem administrativa militar, destaca-se a seguinte lição doutrinária[9]:

> "Os autores Cícero Robson Coimbra Neves e Marcelo Streifinger, com precisão e completude, conceituam ordem administrativa militar como 'a própria harmonia da instituição, abrangendo sua administração, o decoro de seus integrantes etc', asseverando ainda que os 'delitos contra a ordem administrativa militar são as infrações que afetam a organização, existência e finalidade da instituição, bem como o prestígio moral da administração'. Mediante este conceito, fica patente que o militar, na situação descrita como exemplo, está em atividade de natureza militar e viola a ordem administrativa militar, pois vulnera a credibilidade da Força Armada a qual pertence, seu bom nome e a idoneidade das instituições militares e de seu funcionamento, razão pela qual incorre no art. 9º, II, e, do CPM. Resta saber qual será o tipo penal em relação ao qual estará incurso."

Nesse contexto, imagina-se atentatória da ordem administrativa militar toda a conduta tendente à circulação ou ao consumo de substâncias entorpecentes ou similares no interior de organizações militares ou áreas sob administração militar, como no caso do militar da ativa que encomenda droga para receber e consumir no quartel. Nesse caso, se ele consegue concluir o pedido, ter-se-á por consumada a conduta, ainda que a substância seja eventualmente interceptada ao chegar à unidade.

No plano subjetivo, admite-se apenas a prática da conduta a título doloso, uma vez ausente previsão de figura culposa, sempre tendo por finalidade o consumo pessoal.

Considerando a perspectiva da negociação sobre quantidade e preço da droga, cabível a tentativa[10], embora parte da doutrina[11] considere impunível ante aparente impossibilidade de aplicação da consequência jurídica (a redução de pena prevista no artigo 14 do CP comum, correspondente ao art. 29 do CPM). Ainda há quem sustente que a tentativa levaria ao reconhecimento do princípio da insignificância[12], o que entendemos inaplicável ao Direito Penal Militar, ante as razões invocadas no multicitado acórdão do Pleno do STF no HC 103.684.

---

9 TELES, Fernando Hugo Miranda. *Tratados internacionais e competência da Justiça Militar da União: um estudo de caso.* Disponível em <https://jus.com.br/artigos/77961/tratados-internacionais-e-competencia-da-justica-militar-da-uniao-um-estudo-de-caso> Consulta em 07/11/2020.

10 ANDREUCCI, Ricardo Antonio. *Legislação penal especial.* 12. ed. atual. e ampl. São Paulo: Saraiva, 2017. p. 234.

11 BIANCHINI, Alice [et al.]. *Lei de drogas comentada: artigo por artigo – Lei 11.343, de 23 de agosto de 2006.* Luiz Flávio Gomes, coordenação. 5. ed. rev., atual. e ampl. São Paulo: Editora Revista dos Tribunais, 2013. p. 134.

12 RANGEL, Paulo. *Lei de drogas: comentários penais e processuais.* 2. Ed. ver., ampl., e atual. São Paulo: Atlas, 2014. p. 45.

5.3.4.1.2. *Plantar, cultivar ou fazer a colheita (§ 1º)*

Igualmente inovadora em relação à Lei 6.368/76, a conduta prevista no art. 28, § 1º, da Nova Lei de Drogas ("*Às mesmas medidas submete-se quem, para seu consumo pessoal, semeia, cultiva ou colhe plantas destinadas à preparação de pequena quantidade de substância ou produto capaz de causar dependência física ou psíquica*") deve ser considerada sob o prisma da finalidade de consumo pessoal, pois, caso contrário, estar-se-ia diante de hipótese de traficância, já prevista na anterior Lei de Drogas (art. 12, § 1º, inciso II) e reiterada pela Lei 11.343/2006 no seu art. 33, § 3º. As condutas típicas de *semear* ("espalhar sementes no solo para que possam germinar"[13]), *cultivar* ("propiciar condições para o desenvolvimento da planta"[14]) ou *fazer a colheita* ("recolher o que é produzido pela planta"[15]), na opinião da festejada doutrina de Renato Brasileiro[16]:

> "(...) deixa entrever que o cultivo deve ser destinado à preparação de pequena quantidade de substância ou produto capaz de causar dependência física ou psíquica. Importante perceber que o dispositivo faz referência não à pequena quantidade de plantas, mas sim à pequena quantidade de drogas produzidas por tais plantas. Daí a necessidade de se aferir a quantidade de droga capaz de ser produzida por cada espécie de planta. Por consequência, se média ou grande a quantidade de droga, ou seja, se superior ao quanto necessário para o consumo do próprio usuário, o agente deverá responder pelo crime do art. 33, § 1º, inciso II (tráfico por equiparação)".

Partindo do pressuposto adotado ao se analisar a conduta de adquirir, as hipóteses típicas do § 1º do art. 28 mostram-se relevantes para o Direito Penal Militar ao atentarem contra a ordem administrativa militar, o que se cogita nos casos em que o semear, cultivar ou colher ocorrer em área sob administração militar.

Na vertente da sujeição ativa, constata-se que pode ser praticado tanto por militar quanto por civil, incidindo no art. 9º, inciso II, alínea "e" ou inciso III, alínea "a", do CPM.

Quanto ao elemento subjetivo, trata-se de tipo previsto apenas na forma dolosa, associada ao intento de consumo pessoal. E, tanto nas condutas do *caput* quanto do § 1º, o próprio art. 28 da Lei de Drogas, em seu § 2º, estabelece que "*Para determinar se a droga destinava-se a consumo pessoal, o juiz atenderá à natureza e à quantidade da substância apreendida, ao local e às condições em que se desenvolveu a ação, às circunstâncias sociais e pessoais, bem como à conduta e aos antecedentes do agente*".

Conquanto previsto em dispositivo diverso, mas de relevo para as condutas do art. 28, a prescrição, tanto da pretensão punitiva, quanto da pretensão acusatória, seria no prazo de dois anos, conforme art. 30 da Lei de Drogas. De todo modo, esse o mesmo prazo prescricional mínimo previsto nos arts. 125 e 126 do CPM. E

13 LIMA, Renato Brasileiro de. Op. cit. p. 992.

14 Idem.

15 Idem.

16 Idem.

todas as demais disposições referentes à prescrição extraem-se do CPM, a exemplo das causas de interrupção[17].

5.3.4.2. Artigo 33

Embora não traga o *nomen juris* de tráfico de drogas, como bem lembrado pela doutrina[18], trata-se de concretização do mandado de criminalização expresso na Constituição Federal em seu art. 5º, inciso XLIII, que, inclusive, determina ser crime inafiançável e insuscetível de graça ou anistia.

Em comparação com a Lei 6.368/76, traz pena mínima sensivelmente mais alta, passando de três para cinco anos de reclusão, a manifestar política criminal de recrudescimento da repressão ao tráfico de drogas, em atenção às convenções internacionais sobre o tema e em resposta aos crescentes índices de prática dessa conduta, não apenas para o "mercado interno" mas também para o exterior, servindo o nosso país como importante rota entre os países produtores e os maiores consumidores.

E, lamentavelmente, de tal realidade não escapa o objeto de tutela do Direito Penal Militar, a corroborar a necessidade de estudo do tema, com o advento da Lei 13.491/2017 e a incorporação de determinadas condutas não previstas no Código Penal Militar, consoante o critério adotado no presente trabalho.

Tratando-se do que a doutrina denomina tipo misto alternativo (ou crime de ação múltipla ou de conteúdo variado)[19], o *caput* do art. 33 da Lei de Drogas prevê dezoito condutas, todas a título doloso, passando-se a analisar apenas aquelas sete que sobejam ao Código Penal Militar, o mesmo ocorrendo em relação aos parágrafos e artigos seguintes, a serem oportunamente abordados, sempre com foco na sua aplicabilidade à tutela criminal castrense, sobretudo a partir da perspectiva do atentado à ordem administrativa militar.

5.3.4.2.1. Importar

Já presente na Lei 6.368/76, tal conduta se encontrava carente de tutela pelo Direito Penal Militar, assim permanecendo com o advento da Lei 11.343/2006, situação superada apenas com a chegada da Lei 13.491/2017.

Ocorre que, assim como a conduta de exportar, são situações que não deveriam escapar à preocupação do legislador castrense por tanto tempo, uma vez que tanto militares quanto civis podem se valer de meios militares para servir aos interesses das grandes organizações criminosas internacionais dedicadas ao tráfico de drogas, sobretudo pela capilaridade e pela confiabilidade de que gozam as instituições castrenses perante a sociedade e as autoridades de segurança pública, nacionais e estrangeiras, além de contarem com prerrogativas e imunidades

---

17 LIMA, Renato Brasileiro. Op. cit. p. 1007.

18 LIMA, Renato Brasileiro. Op. cit. p. 1015.

19 GONÇALVES, Victor Eduardo Rios *et al. Legislação penal especial.* São Paulo: Saraiva, 2015. p. 85.

quando no estrangeiro a serviço do país de origem, asseguradas em instrumentos diplomáticos e congêneres.

Passando-se especificamente à análise do núcleo *importar*, para sua consumação, exige-se a introdução irregular da droga no território brasileiro, não importando se por via aérea, marítima ou terrestre[20], sendo desnecessária sua efetiva chegada ao destinatário em solo nacional, uma vez que pode ser praticado até mesmo pelo correio[21].

No Direito Penal Militar surgem importantes particularidades acerca dessas hipóteses de consumação, na medida em que, por exemplo, o art. 7º, § 1º, do Código Penal Militar, preceitua que "*Para os efeitos da lei penal militar consideram-se como extensão do território nacional as aeronaves e os navios brasileiros, onde quer que se encontrem, sob comando militar ou militarmente utilizados ou ocupados por ordem legal de autoridade competente, ainda que de propriedade privada*".

Desse modo, poder-se-ia cogitar da consumação de tal delito mesmo antes da chegada em solo brasileiro, com o mero ingresso da droga a bordo de aeronave ou navio militar brasileiro quando ainda estacionado em país estrangeiro[22].

5.3.4.2.2. *Exportar*

Embora de rara ocorrência no âmbito das instituições militares federais, tal conduta tornou-se relevante para o Direito Penal Militar, com o advento da Lei 13.491/2017, ao incorporar tal previsão da Lei 11.343/2006.

De forma semelhante ao já analisado, a conduta de exportar exige a superação dos limites do território nacional. No caso, como define a doutrina, "significa levar para fora do Brasil"[23], ou mesmo "enviar para outro país"[24].

Novamente, faz-se necessário revisitar as discussões acerca da definição de território nacional e sua extensão, colhendo-se da doutrina a seguinte reflexão[25]:

> "Fazemos nossa a indagação de Jorge Alberto Romeiro: 'Se a lei penal militar é aplicada fora do território nacional, em virtude de haver adotado, como regra geral, o princípio da extraterritorialidade... qual a finalidade dos malsinados parágrafos dispondo sobre território nacional por extensão?'
>
> De fato, descuidou-se o legislador penal castrense ao grafar os §§ 1º e 2º do art. 7º, totalmente despiciendos."

---

20 LIMA, Renato Brasileiro. Op. cit. p. 1015.

21 GONÇALVES, Victor Eduardo Rios *et al.* Op. cit. p. 87.

22 A esse respeito, a doutrina assevera que "*o legislador infraconstitucional estabeleceu um critério de extensão do território nacional que foge aos aspectos físicos em regra considerados pelos países que integra a ONU, Organização das Nações Unidas, para a definição de seus limites territoriais*". ROSA, Paulo Tadeu Rodrigues. *Código Penal Militar Comentado – Parte geral e parte especial.* 3 ed. Belo Horizonte: Ed. Líder, 2014. p. 29.

23 LIMA, Renato Brasileiro. Op. cit. p. 1015.

24 GONÇALVES, Victor Eduardo Rios *et al.* Op. cit. p. 85.

25 ROMEIRO, Jorge Alberto. *Curso de Direito Penal Militar: parte geral.* São Paulo: Saraiva, 1994. p. 60 *apud* NEVES, Cícero Robson Coimbra *et al. Manual de direito penal militar.* São Paulo: Saraiva, 2014. p. 137.

Com o devido respeito às festejadas doutrinas ora destacadas (ambas anteriores à Lei 13.491/2017), ousamos discordar, no sentido de que os casos ora analisados (importar ou exportar drogas) revelam que referidos dispositivos (§§ 1º e 2º do art. 7º do CPM) não são despiciendos, uma vez que ajudam a definir o momento consumativo dos delitos em tela.

Outra respeitada doutrina, aqui multicitada, trouxe ponto em relação ao qual também pedimos vênia para divergir, acerca da consumação do tráfico na modalidade *exportar*. Para tal lição, "*na prática, se o agente exporta substância entorpecente, é provável que já tenha incorrido em outra modalidade típica do art. 33 (v.g. transportar, guardar, trazer consigo, etc.), o que significa dizer que o crime estaria consumado*"[26]. Ocorre que, tratando-se de "tipo misto alternativo", como aquela obra define, "mesmo que o agente pratique, em um mesmo contexto fático, mais de uma ação típica, responderá por crime único, haja vista o princípio da alternatividade"[27].

Portanto, ousamos discordar para asseverar que incide, à espécie, o princípio da consunção do crime meio pelo crime fim, uma vez que, se o dolo do agente se dirige à exportação (fazer com que a droga saia do território nacional, para alcançar destino fora do país), as condutas eventualmente típicas praticadas no mesmo contexto fático e previstas no art. 33 da Lei 11.343/2006 (e mais, até mesmo no art. 290 do CPM) restam absorvidas pelo *exportar* previsto no *caput* do dispositivo que incrimina o tráfico na Lei de Drogas.

Logo, além de compatíveis com o Direito Penal Militar, como visto, as condutas de importar e de exportar, previstas no art. 33, *caput*, da Lei de Drogas, vieram integrar o universo de crimes militares para reforçar a tutela aos valores castrenses, sem violar a especialidade do Código Penal Militar e de seus dispositivos destinados à matéria de entorpecentes.

Tanto que essa foi a tipificação operada pelo Ministério Público Militar, em denúncia recebida pela Justiça Militar da União, por fato ocorrido após o advento da Lei 13.491/2017[28].

5.3.4.2.3. *Remeter*

Semelhante à conduta de exportar, o núcleo remeter difere-se quanto ao destino da droga, que deve ser nos limites do território nacional[29].

---

26 LIMA, Renato Brasileiro. op. cit. p. 1015.

27 Idem. p. 984/985.

28 A esse respeito, cita-se novamente a lição de Cícero Coimbra: "*Sequencialmente, há a subespécie em que um verbo nuclear trazido pela lei penal comum não existe no tipo penal correlato do CPM, exemplo do verbo nuclear "exportar" previsto no art. 33 Lei n. 11.343/2006, não previsto no art. 290 do CPM. Nesta situação, perfeitamente possível a subsunção como crime militar, combinando o dispositivo da lei penal comum com alguma das hipóteses do inciso II do art. 9º, qual ocorreu da Ação Penal Militar n. 700011-77.2020.11.0011, rumoroso caso do graduado da Aeronáutica preso com cocaína, em Espanha, estando em serviço e transportando a droga em avião da Força*". NEVES, Cícero Robson Coimbra. *Cinco propostas de subsunção típica para os crimes militares (após a lei n. 13.491/2017)*. Disponível em <https://blog.grancursosonline.com.br/cinco-propostas-de-subsuncao-tipica-para-os-crimes-militares-apos-a-lei-n-13-491-2017/> Consulta em 01/11/2020.

29 Idem. p. 1015.

Consumando-se com o mero encaminhamento da droga, por qualquer via, inclusive postal, independe do efetivo recebimento pelo destinatário.

Cogita-se de tal modalidade àquele que embarca droga em meios militares (veículo, aeronave, navio) em serviço para deslocá-la de um ponto a outro do país, sem o rompimento das bordas fronteiriças brasileiras, de modo que poderia ser praticada tanto por militar quanto por civil.

5.3.4.2.4. *Fabricar*

Embora teoricamente possível, considera-se de pouca probabilidade sua ocorrência diante da alta vigilância mantida sobre as instalações militares.

E isso porque a doutrina define o núcleo fabricar como sendo a "produção em grande escala, por meio de equipamentos e maquinário próprio"[30]. Ou seja, "é a produção por meio industrial"[31].

Repita-se, conquanto pouco provável, poderia ser praticada tanto por militar quanto por civil, em área sob administração militar, a exemplo (acadêmico) de algum laboratório militar de fabricação de medicamentos.

5.3.4.2.5. *Adquirir*

Ao tempo em que se remete à análise já empreendida por ocasião do estudo do mesmo núcleo típico no art. 28 da Lei de Drogas, resta salientar que, no caso do art. 33, a aquisição que ora se trata não mais seria destinada ao consumo pessoal, mas em contexto de mercancia caracterizadora de traficância, consideradas a quantidade e a natureza da substância.

A esse respeito, arremata a doutrina[32]:

> "Adquirir é comprar, obter a propriedade, a título oneroso ou gratuito. Só configura o crime de tráfico se a pessoa adquire com a intenção de, posteriormente, entregar a consumo de outrem. Quem compra droga para uso próprio incide na conduta prevista no art. 28 – porte de droga para consumo próprio, que possui pena muito mais branda."

Mais uma vez, entendemos que tal conduta adquire relevância para o Direito Penal Militar se atentatória da ordem administrativa militar, o que cogitamos ser o caso de aquisição negociada em área sob administração militar, sobretudo quando destinado o entorpecente à comercialização em organizações militares ou entre seus integrantes em serviço.

---

30 Idem. p. 1016.

31 GONÇALVES, Victor Eduardo Rios *et al*. Op. cit. p. 85.

32 Idem.

5.3.4.2.6. Expor à venda

Outra hipótese considerada pouco provável, embora não impossível, o *expor à venda* consistiria em "exibir a mercadoria aos interessados na aquisição"[33] ou mesmo "apresentar, colocar à mostra para fins de alienação"[34].

Cogita-se de tal conduta tanto em área sob administração militar quanto em veículo, navio ou aeronave militares, ou mesmo em exercícios ou manobras de adestramento da tropa, todas hipóteses severamente atentatórias à ordem administrativa militar.

5.3.4.2.7. Oferecer

Conquanto a doutrina consinta em que se trata de ofertar a outrem, dando--lhe ciência da disponibilidade da droga pelo agente, parcela doutrinária entende que "significa ofertar como presente, sem a intenção de venda, geralmente de forma gratuita"[35], enquanto outra assevera que "significa abordar eventuais compradores e fazê-los saber que possui a droga para venda"[36].

De todo modo, tanto numa perspectiva quanto na outra, entende-se possível a consumação de tal conduta em contexto de crime militar, não se confundindo com as hipóteses previstas no art. 290, § 1º, do CPM.

5.3.4.2.8. Art. 33, § 1º

Consideradas condutas equiparadas ao tráfico, restam assim definidas pela Lei de Drogas:

> § 1º Nas mesmas penas incorre quem:
>
> I – importa, exporta, remete, produz, fabrica, adquire, vende, expõe à venda, oferece, fornece, tem em depósito, transporta, traz consigo ou guarda, ainda que gratuitamente, sem autorização ou em desacordo com determinação legal ou regulamentar, matéria--prima, insumo ou produto químico destinado à preparação de drogas;
>
> II – semeia, cultiva ou faz a colheita, sem autorização ou em desacordo com determinação legal ou regulamentar, de plantas que se constituam em matéria-prima para a preparação de drogas;
>
> III – utiliza local ou bem de qualquer natureza de que tem a propriedade, posse, administração, guarda ou vigilância, ou consente que outrem dele se utilize, ainda que gratuitamente, sem autorização ou em desacordo com determinação legal ou regulamentar, para o tráfico ilícito de drogas.
>
> IV – vende ou entrega drogas ou matéria-prima, insumo ou produto químico destinado à preparação de drogas, sem autorização ou em desacordo com a determinação legal ou regulamentar, a agente policial disfarçado, quando presentes elementos probatórios razoáveis de conduta criminal preexistente.

33 Idem.

34 LIMA, Renato Brasileiro. op. cit. p. 1016.

35 Idem.

36 GONÇALVES, Victor Eduardo Rios *et al.* Op. cit. p. 85.

Considerando que nenhuma de tais hipóteses se encontra prevista no CPM, entende-se que, presentes circunstâncias que tornem a conduta atentatória à ordem administrativa militar, tem-se por relevantes para o Direito Penal Militar, fazendo jus à mesma pena prevista para as condutas elencadas no *caput* do art. 33.

Quanto ao inciso I, traz previsão semelhante ao caput, mas destinada especificamente a insumos, matérias-primas ou produtos químicos, desde que se evidenciem destinar à preparação de drogas, pois muitos deles teriam a sua posse, por si só, lícita no ordenamento brasileiro (a exemplo do éter e da acetona)[37], tornando-se ilícita se as circunstâncias demonstrarem sua destinação ao preparo de drogas.

Em tempo, a mesma ressalva feita à modalidade adquirir, prevista tanto no art. 28 quanto no art. 33, deve-se fazer em relação à hipótese prevista no inciso II supra, no sentido de que, neste caso, a semeadura, plantação ou colheita deve ser em montante compatível com a traficância e não com o mero consumo pessoal.

Já o inciso III configura hipótese igualmente passível de consumação em contexto de crime militar, não se limitando a local ou bem sob administração militar, podendo-se cogitar inclusive de propriedade particular, desde em ato atentatório à ordem administrativa militar.

Ademais, a hipótese do inciso IV foi incluída pela Lei 13.964/2019 (Pacote Anticrime), a revelar a pertinência da fórmula redacional adotada pela Lei 13.491/2017 para a manutenção da atualização automática da Lei Penal Militar a partir das reformas operadas na legislação comum.

5.3.4.2.9. Artigo 33, §§ 2º e 3º

Consideramos inaplicável ao Direito Penal Militar a hipótese prevista no art. 33, § 2º, da Lei de Drogas ("*Induzir, instigar ou auxiliar alguém ao uso indevido de droga*"), pois já estaria contemplada pelo art. 291, parágrafo único, inciso III, do CPM ("*quem induz ou instiga militar em serviço ou em manobras ou exercício a usar substância entorpecente ou que determine dependência física ou psíquica*").

Do mesmo modo, entendemos que o previsto no § 3º do art. 33 da Lei 11.343/2006 ("*Oferecer droga, eventualmente e sem objetivo de lucro, a pessoa de seu relacionamento, para juntos a consumirem*") também pode ser considerado contido no art. 291, parágrafo único, inciso IV, do CPM:

> "quem contribui, de qualquer forma, para incentivar ou difundir o uso de substância entorpecente ou que determine dependência física ou psíquica, em quartéis, navios, arsenais, estabelecimentos industriais, alojamentos, escolas, colégios ou outros quaisquer estabelecimentos ou lugares sujeitos à administração militar, bem como entre militares que estejam em serviço, ou o desempenhem em missão para a qual tenham recebido ordem superior ou tenham sido legalmente requisitados".

37 Idem. p. 101.

Ressalte-se que, diferentemente do que ocorre com algumas figuras do *caput* do art. 33, em vez de condutas descritas de forma idêntica no CPM, tais hipóteses dos §§ 2º e 3º do art. 33 da Lei de Drogas se conformariam aos referidos tipos do Código Penal Militar, embora com descrição diversa, mas sem deixar de seguir o critério adotado no presente estudo, qual seja, o da prevalência do CPM em caso de previsão de condutas equivalentes àquelas constantes da Lei 11.343/2006.

5.3.4.3. Artigo 34

Por meio de definição semelhante à operada no art. 33, § 1º, inciso I, a Lei de Drogas buscou incriminar, por meio do art. 34 ("*Fabricar, adquirir, utilizar, transportar, oferecer, vender, distribuir, entregar a qualquer título, possuir, guardar ou fornecer, ainda que gratuitamente, maquinário, aparelho, instrumento ou qualquer objeto destinado à fabricação, preparação, produção ou transformação de drogas, sem autorização ou em desacordo com determinação legal ou regulamentar*"), as mesmas condutas, mas referentes a objeto diverso, qual seja:

> "(...) maquinário (conjunto de peças de determinada máquina), aparelho (dispositivo inserido em uma máquina), instrumento (objeto mecânico para alcançar fim semelhante a uma máquina) ou qualquer outro objeto (qualquer peça que possa ser usada com a mesma finalidade) destinado à fabricação (produção em grande escala), preparação (obtenção de algo por meio da composição de elementos), produção (manufaturar ou fazer surgir em menor escala) ou transformação (alteração da composição original) de drogas"[38].

Ademais, importante que tais objetos não sejam destinados à separação para venda[39] nem para o consumo de drogas[40], sob pena de atipicidade da conduta, ao menos perante o art. 34 da Lei 11.343/2006.

Não necessariamente tais objetos serão ilícitos em si, mas devem ter a ilícita destinação de fabricar, preparar, produzir ou transformar drogas, suficientemente demonstrada.

Outro importante destaque trazido pela doutrina se refere à subsidiariedade do tipo do art. 34 em face do art. 33, uma vez que alçada à categoria de crime autônomo conduta caracterizadora, em regra, de ato preparatório[41]. Portanto, se praticada no mesmo contexto fático do tráfico, prevalece o art. 33 em detrimento do art. 34.

Novamente, considera-se de baixa probabilidade a ocorrência dessa figura típica em contexto de crime militar, mas sua possibilidade teórica justifica a breve análise aqui havida.

---

38 LIMA, Renato Brasileiro. op. cit. p. 1046.

39 GONÇALVES, Victor Eduardo Rios *et al.* op. cit. p. 112.

40 LIMA, Renato Brasileiro. op. cit. p. 1046.

41 Idem. p. 1044.

5.3.4.4. Artigo 35

Doutrinariamente denominada "associação para fins de tráfico", trata-se de tipo que guarda importantes diferenças com outras figuras semelhantes, tais como as da associação criminosa (art. 288 do CP) e da organização criminosa (art. 2º da Lei 12.850/2013). A propósito, confira-se, inicialmente, a redação conferida pela Lei 11.343/2006:

> "Art. 35. Associarem-se duas ou mais pessoas para o fim de praticar, reiteradamente ou não, qualquer dos crimes previstos nos arts. 33, *caput* e § 1º, e 34 desta Lei:
>
> Pena – reclusão, de 3 (três) a 10 (dez) anos, e pagamento de 700 (setecentos) a 1.200 (mil e duzentos) dias-multa.
>
> Parágrafo único. Nas mesmas penas do *caput* deste artigo incorre quem se associa para a prática reiterada do crime definido no art. 36 desta Lei".

Primeiramente, nota-se que se exige a reunião de apenas duas pessoas, enquanto no art. 288 do CP fala-se em ao menos três agentes, e a Lei de Organizações Criminosas demanda a união de quatro pessoas[42].

Ademais, diferencia-se do mero concurso de agentes (art. 29 do CP comum e art. 53 do CPM), na medida em que doutrina e jurisprudência exigem, desde a Lei 6.368/76, "a presença de estabilidade e permanência do vínculo associativo"[43].

Outrossim, deve-se salientar que basta a intenção da prática, por uma única vez, de conduta prevista no art. 33, *caput* ou § 1º, ou no art. 34. Já para a configuração do tipo de que trata o art. 35, parágrafo único (associação para fins de financiamento do tráfico), exige-se a intenção da prática reiterada do crime definido no art. 36.

Tratando-se de crime formal[44], desnecessária a efetiva ocorrência dos delitos conexos, bastando a evidência da intenção de praticá-los em associação.

No que importa ao presente estudo, necessário salientar que a associação pode se dar entre militares, entre militar e civil, ou mesmo entre civis, desde que atentatória à ordem administrativa militar, nos termos já analisados para cada conduta objeto do art. 35.

A esse respeito, considerando a especialidade do CPM conforme critério adotado para esta análise, mister destacar que, para a configuração da associação de que trata o art. 35 da Lei de Drogas como crime militar, os delitos previstos no art. 33, *caput* e § 1º, e art. 34, daquele diploma, devem ser os já assinalados como aplicáveis ao Direito Penal Militar, não se estendendo àquelas figuras típicas também previstas no CPM, sob pena de violação ao princípio da legalidade estrita em matéria penal, de estatura constitucional e igualmente imperante na seara castrense.

---

42 LIMA, Renato Brasileiro. op. cit. p. 1048.

43 Idem.

44 GONÇALVES, Victor Eduardo Rios *et al.* op. cit. p. 115.

5.3.4.5. Artigo 36

Cuidando de inovação em relação à Lei 6.368/76, a Lei 11.343/2006 passou a tipificar como crime autônomo em relação ao tráfico o financiamento ou custeio da prática de qualquer dos crimes previstos nos arts. 33, caput e § 1º, e 34, em mais um exemplo de "exceção pluralista à teoria monística do concurso de agentes"[45], de modo a atender à Convenção de Viena.

Segundo a doutrina, exige-se que "o agente atue como financiador contumaz (habitual), ou seja, que se dedique a tal atividade de forma reiterada (...) àquele que financia o tráfico de forma isolada (ocasional), está reservada a causa de aumento do art. 40, VII, combinado com o art. 33, *caput*, da Lei."[46]

Ainda conforme lição doutrinária[47]:

> "a) financiar: significa sustentar os gastos, custear, bancar, prover o capital necessário para o desenvolvimento do tráfico de drogas;
>
> b) custear: (...) Como o verbo custear tem significado próximo à expressão financiar, parte da doutrina sustenta que custear não abrange apenas o fornecimento de dinheiro para que o traficante possa desenvolver suas atividades ilícitas, mas também o fornecimento de outros bens móveis, como armas, munição e veículos."

Por fim, conquanto seja o mais comum, não se exige que tal financiamento tenha a finalidade de lucro, além de se cuidar de crime formal e instantâneo[48].

Em tempo, reiteramos as considerações acerca da possibilidade de autoria por militar ou por civil, bem como a necessidade de observância ao critério de se considerar apenas as condutas do art. 33, *caput* e § 1º, e do art. 34 não previstas no CPM, sob pena de violar a especialidade e a legalidade estrita em matéria penal.

5.3.4.6. Artigo 37

Tratando-se de mais uma exceção pluralista à teoria monista, operada pela Lei 11.343/2006, o tipo restou assim redigido:

> Art. 37. Colaborar, como informante, com grupo, organização ou associação destinados à prática de qualquer dos crimes previstos nos arts. 33, caput e § 1º, e 34 desta Lei:
>
> Pena – reclusão, de 2 (dois) a 6 (seis) anos, e pagamento de 300 (trezentos) a 700 (setecentos) dias-multa.

Como visto, a colaboração punida nesse caso é aquela na condição de informante, a exemplo do fogueteiro do tráfico ou de qualquer funcionário público, que fornece "informações que, de alguma forma, contribuam para a prática dos crimes

---

45 LIMA, Renato Brasileiro. op. cit. p. 1053.

46 GONÇALVES, Victor Eduardo Rios *et al.* op. cit. p. 117.

47 LIMA, Renato Brasileiro. op. cit. p. 1053/1054.

48 Idem. p. 1055.

previstos nos arts. 33, *caput* e § 1º, e 34 da Lei de Drogas. (...) as informações prestadas pelo informante devem ter relevância causal para contribuir, de qualquer modo, para os crimes previstos..."[49], conforme cogita a doutrina[50]:

> "O informante não integra efetivamente o grupo e não toma parte no tráfico, mas passa informações a seus integrantes, como, por exemplo, um policial que, ao saber que uma grande diligência será feita em certa favela, visando à apreensão de droga, telefona para o chefe do grupo, passando a informação com antecedência para que possam fugir ou esconder a droga antes da chegada dos outros policiais ao local".

Importante que a colaboração seja eventual e que o informante não integre o grupo, sob pena de configuração da associação para o tráfico de que trata o art. 35 da Lei de Drogas[51], já analisado.

Destaque-se que o beneficiário das informações deve ser grupo (concurso eventual de pessoas), organização (Lei 12.850/2013) ou associação (art. 35 da Lei), pois, em se tratando de mero traficante individual, responde em concurso de agentes pelo tráfico do art. 33 (embora a doutrina entenda que com a pena do art. 37, por imperativo de isonomia)[52].

No que importa ao Direito Penal Militar, possível a sua prática por militar ou por civil, ressaltando-se que, se houver vantagem indevida para o agente público informante, pode responder, ainda (em concurso de crimes), pela corrupção passiva do CPM (art. 308, nas modalidades *receber* ou *aceitar promessa*) ou do CP comum (art. 317, na modalidade *solicitar*), ou mesmo pela concussão do art. 305 do CPM (*exigir*).

Por fim, com o frequente emprego das Forças Armadas em ações de segurança pública, dentre as quais importantes operações de enfrentamento ao tráfico de drogas, aumenta-se a probabilidade da ocorrência de crime militar federal em tal contexto, a exemplo do ora analisado.

Em tempo, reiteram-se as considerações acerca de quais crimes da Lei de Drogas se conectam para a configuração do delito em tela.

5.3.4.7. Artigo 38

O crime previsto no art. 38 da Lei de Drogas ("*Prescrever ou ministrar, culposamente, drogas, sem que delas necessite o paciente, ou fazê-lo em doses excessivas ou em desacordo com determinação legal ou regulamentar*") se diferencia daquele constante do art. 291 do CPM, na medida em que o diploma repressivo castrense tipifica apenas a conduta em sua forma dolosa, enquanto a Lei 11.343/2006 o faz (em tipo específico) na forma culposa, a indicar se tratar de mais um caso de crime incorporado ao Direito Penal Militar com o advento da Lei 13.491/2017.

---

49 Idem. p. 57.

50 GONÇALVES, Victor Eduardo Rios *et al.* op. cit. p. 119.

51 Idem.

52 LIMA, Renato Brasileiro. op. cit. p. 1058.

Curiosamente, a pena (privativa de liberdade) prevista pelo CPM e pela Lei de Drogas é a mesma (detenção de 06 meses a dois anos).

Doutrinariamente, conceitua-se prescrever como receitar, enquanto ministrar seria "inocular, introduzir a substância entorpecente no organismo de alguém"[53]. Ademais, a mesma doutrina ressalta que, diferentemente dos crimes culposos em geral, o "art. 38 da Lei Antidrogas não possui o tipo aberto, visto que a lei menciona exatamente quais condutas culposas tipificam-no"[54], quais sejam, sem que delas necessite o paciente, ou fazê-lo em doses excessivas ou em desacordo com determinação legal ou regulamentar.

Outra particularidade do art. 38 é a determinação de comunicação da condenação pelo juiz ao Conselho Federal da classe respectiva do profissional de saúde.

No que importa ao Direito Penal Militar, conquanto se trate de crime próprio, tanto o médico ou o dentista (prescrever ou ministrar) quanto o farmacêutico ou profissional de enfermagem (ministrar)[55] pode ser militar ou civil, desde que a serviço da administração militar, seja em nosocômio militar, seja em formação sanitária de organização militar, seja em exercícios ou manobras.

Como o sujeito passivo é o paciente, que pode também ser militar ou civil, entendemos que a tipicidade mediata com os incisos II ou III do CPM poderia se estender a outras hipóteses que não apenas o atentado à ordem administrativa militar (alínea "e" do inciso II ou alínea "a" do inciso III), a qual, de todo modo, restaria vulnerada ainda que indiretamente.

5.3.4.8. Artigo 39

Diferentemente do que faz o CPM, em seu art. 280 (embriaguez ao volante), ou o Código de Trânsito Brasileiro (CTB, art. 306), que se referem a veículo automotor, a Lei de Drogas, em seu art. 39, tipifica a conduta de "*conduzir embarcação ou aeronave após o consumo de drogas, expondo a dano potencial a incolumidade de outrem*".

A doutrina lembra que os conceitos de embarcação e de aeronave se encontram legalmente definidos, respectivamente, na Lei 9537/97 (art. 2º, inciso V) e na Lei 7.565/86 (art. 106, *caput*)[56].

Para a demonstração do elemento normativo "após o consumo de drogas" invoca a doutrina[57] o entendimento emergente do art. 306, § 2º, do CTB, no sentido de que "*poderá ser obtida mediante teste de alcoolemia ou toxicológico, exame clínico, perícia, vídeo, prova testemunhal ou outros meios de prova em direito admitidos, observado o direito à contraprova*"[58].

---

53 GONÇALVES, Victor Eduardo Rios *et al.* op. cit. p. 120.

54 Idem.

55 LIMA, Renato Brasileiro. op. cit. p. 1061.

56 Idem. p. 1064.

57 Idem.

58 E tal entendimento se coaduna com a jurisprudência do STM no sentido da ampla admissibilidade de provas para a demonstração da embriaguez ao volante de que trata o art. 280 do CPM.

Ao exigir que a conduta se produza "expondo a dano potencial a incolumidade de outrem", a Lei de Drogas revela tratar-se de crime de perigo concreto, ou seja, necessária a condução "de forma anormal" ou "irregular" da aeronave ou embarcação[59].

Quanto à sujeição ativa, entende-se que militares ou civis de qualquer das Forças militares poderiam incidir na conduta em análise como crime militar, desde que atentatória à administração castrense, consoante já exaustivamente analisado.

5.3.5. Competência da Justiça Militar

Com o advento da Lei 13.491/2017, ampliou-se o conceito de crime militar, como visto. E, desse modo, considerando que os arts. 124 e 125 da Constituição Federal fixam a competência da Justiça Militar para processar e julgar os crimes militares definidos em lei, os tipos penais incorporados ao Direito Penal Militar em tal contexto atraem a competência da Justiça castrense.

Portanto, em princípio, não haveria maiores questionamentos acerca das condutas tipificadas na Lei 11.343/2006 adicionadas ao Direito Penal Militar conforme o estudo aqui desenvolvido.

Ocorre que, conforme salienta a doutrina, a repressão ao tráfico de drogas é matéria constante de tratados internacionais dos quais o Brasil tomou parte[60]:

> "Sabe-se que o tráfico de entorpecentes é uma atividade criminosa que tem alto custo de repressão por parte dos Estados e que preocupa os Governos pelas consequências no âmbito do bem-estar, da segurança e da saúde da sociedade. Alimenta um grande número de outros delitos e gera um prejuízo indelével. O tráfico de entorpecentes é dito internacional quando envolve o trânsito entre dois ou mais países. Nesse azimute, o dever de repressão passa por todos os países onde essa atividade existe e, com o fim de comprometer esses Estados a punirem os autores e partícipes desses delitos, foi celebrada em 1961 a chamada Convenção de Nova Iorque, promulgada em nosso ordenamento pelo Decreto nº 54.216, de 27 de agosto de 1964, e posteriormente, com a finalidade de estabelecer a cooperação internacional entre os Estados foi celebrada em 1988 a Convenção de Viena, promulgada pelo Decreto nº 154, de 26 de junho de 1991."

Nesse contexto, tratando-se de crime previsto em tratado ou convenção internacional, poderia incidir o art. 109, inciso V, da CF/88:

> Art. 109. Aos juízes federais compete processar e julgar:
>
> (...)
>
> V – os crimes previstos em tratado ou convenção internacional, quando, iniciada a execução no País, o resultado tenha ou devesse ter ocorrido no estrangeiro, ou reciprocamente;

---

59 GONÇALVES, Victor Eduardo Rios *et al.* op. cit. p. 122.

60 TELES, Fernando Hugo Miranda. op. cit

Ou seja, sobretudo naquelas condutas com alguma etapa executiva no estrangeiro (*importar* ou *exportar*, por exemplo), ter-se-ia por configurada a competência da Justiça Federal, por força do aludido comando constitucional.

Ocorre que, considerando que a configuração de crime militar previsto na Lei 11.343/2006 exige a tipicidade mediata no art. 9º do CPM, a qual geralmente ocorre contra a ordem administrativa militar, cogita-se da prática das aludidas condutas com projeção sobre território estrangeiro mediante o uso de meios militares, especialmente navios ou aeronaves.

E, para esses casos, o mesmo art. 109 dispõe de outra regra específica, qual seja:

> Art. 109. Aos juízes federais compete processar e julgar:
>
> (...)
>
> IX – os crimes cometidos a bordo de navios ou aeronaves, ressalvada a competência da Justiça Militar;

Portanto, tratando-se de crime militar cometido a bordo de navios ou aeronaves, ainda que previstos em tratado ou convenção internacional e com execução iniciada ou completada no estrangeiro, ter-se-ia por configurada a competência da Justiça Militar, solução que privilegia a interpretação sistemática e harmônica entre os referidos dispositivos constitucionais[61].

Tal conclusão encontra amparo em outra doutrina igualmente respeitada[62]:

> Qual o juízo brasileiro competente para processar este caso?
>
> Episódio anterior, dos anos 1990, também envolvendo avião da FAB, foi julgado pela Justiça Federal no Rio de Janeiro, à luz do art. 109, V e IX, da CF.
>
> De fato, em abril de 1999, um Hércules C-130 foi retido na Base Aérea do Recife com 32 kg de cocaína a bordo. A aeronave, que partira da capital fluminense e tinha como destino Clermont Ferrand, na França, com escala nas Ilhas Canárias, foi apreendida graças à Operação Mar Aberto, da Polícia Federal.
>
> O oficial responsável pelo tráfico foi condenado a 16 anos de reclusão pela Justiça Federal, em sentença confirmada pelo TRF-2. Posteriormente, em 2015, o STM determinou a perda de seu posto e patente, ao atender representação para declaração de indignidade para o oficialato, apresentada pelo MPM.
>
> No entanto, isto foi antes da Lei 13.491/2017, que alterou o art. 9º do Código Penal Militar (Decreto-lei 1001/1969) e que, com isto, ampliou a competência da Justiça Militar para julgar crimes previstos na legislação comum. Leia mais aqui.
>
> Por força desse dispositivo, vigente desde 2017, a competência para processar e julgar crime de narcotráfico internacional cometido por militar das Forças Armadas agora é inequivocamente da Justiça Militar da União.
>
> Tal lei deve ser compatibilizada com o art. 109, inciso IX, da Constituição, que atribui aos juízes federais a competência para julgar os crimes cometidos a bordo de navios ou aeronaves, mas ressalva a competência da Justiça Militar.

---

[61] Idem.

[62] ARAS, Vladimir. *O juízo competente em crime cometido por militar brasileiro no exterior*. Disponível em <https://vladimiraras.blog/2019/06/26/o-juizo-competente-em-crime-cometido-por-militar-brasileiro-no-exterior/> Consulta em 09/11/2020.

Ante o exposto, os crimes militares previstos na Lei 11.343/2006 são da competência da Justiça Militar, mesmo naqueles em que ato executório tenha sido praticado no exterior e com a utilização de navio ou aeronave, ante a interpretação sistemática dos limites competenciais estabelecidos pela CF/88, não prevalecendo, portanto, o que dispõe o art. 70 da Lei de Drogas em contexto de crime militar.

5.3.6. Hediondez

No que importa ao presente estudo, para avaliar a possível natureza hedionda, ou equiparada, dos crimes militares de drogas, faz-se mister cindir a análise entre crimes comuns hediondos (ou equiparados) e crimes militares hediondos (ou equiparados), sem prescindir das considerações jurisprudenciais inerentes.

Primeiramente, do direito penal comum exsurge a constatação de que o tráfico de drogas não se insere no rol de crimes hediondos, assim considerados apenas aqueles constantes do art. 1º da Lei 8072/90[63].

Entretanto, por se encontrar no art. 2º da mesma lei, o tráfico foi denominado crime equiparado a hediondo, uma vez que, em atendimento ao comando constitucional do art. 5º, inciso XLIII ("*a lei considerará crimes inafiançáveis e insuscetíveis de graça ou anistia a prática da tortura, o tráfico ilícito de entorpecentes e drogas afins, o terrorismo e os definidos como crimes hediondos, por eles respondendo os mandantes, os executores e os que, podendo evitá-los, se omitirem*"), devem sofrer o mesmo tratamento dos hediondos e também serem "mais severamente punidos"[64].

Em suma, ao tráfico foram cominados os mesmos consectários dos crimes hediondos, quais sejam, a impossibilidade de concessão de anistia, graça, indulto e fiança; a fixação do regime inicial fechado para o cumprimento de pena; a necessidade de observar períodos mais longos para a progressão de regime prisional e para o livramento condicional[65].

Ainda sobre o alcance da Lei 8.072/90 sobre o tráfico de drogas, como tal diploma, em seu art. 2º, se refere aos crimes equiparados a hediondos por seu *nomen iuris*, e não pela remissão à respectiva tipificação legal, inaugurou-se desafio doutrinário e jurisprudencial acerca de quais condutas da Lei 11.343/2006 se enquadrariam como crimes equiparados a hediondos.

A esse respeito, cita-se, por todas, a doutrina de Renato Brasileiro, que sintetiza a questão nos seguintes termos[66]:

> "Todo esse raciocínio acaba sendo corroborado a partir da leitura do art. 44, caput, da Lei de drogas, que, à semelhança das restrições previstas na Lei 8.072/90 para os crimes hediondos e equiparados, estabelece uma série de vedações para os crimes

63 GONÇALVES, Victor Eduardo Rios *et al.* op. cit. p. 42.

64 LIMA, Renato Brasileiro. op. cit. p. 225.

65 CUNHA, Rogério Sanches et aliii. *Lei de Drogas Comentada*. 5. ed. São Paulo: Revista dos Tribunais, 2013. p. 214.

66 LIMA, Renato Brasileiro. op. cit. p. 227.

previstos nos arts. 33, caput, e § 1º, e 34 a 37 da Lei 11.343/06 (v.g., insuscetibilidade de graça, indulto, anistia, etc.).

(...)

Interpretando-se *a contrario sensu* o art. 44 da Lei 11.343/06, não podem ser rotulados como tráfico de drogas e, portanto, equiparados a hediondos, os crimes previstos nos arts. 28 (porte ou cultivo de drogas para consumo próprio), 33, § 2º (auxílio ao uso), 33, § 3º (uso compartilhado), 33, § 4º (tráfico privilegiado), 38 (prescrição ou ministração culposa) e 39 (condução de embarcação ou aeronave após o consumo de drogas). Por mais que a Lei n. 11.343/06 não defina expressamente quais seriam os crimes de tráfico de drogas, não se pode perder de vista que a palavra tráfico está vinculada à ideia de comércio, mercancia, trato mercantil, negócio fraudulento, etc."

No que toca aos crimes militares, antes do advento da Lei 13.491/2017, predominava o entendimento doutrinário e jurisprudencial (STF e STM) no sentido de que os crimes militares não poderiam ser considerados hediondos, na medida em que o art. 1º da Lei 8.072/90 utilizou o sistema legal[67], de indicação numérica e taxativa dos tipos por ela alcançados, de modo que as figuras previstas no CPM não teriam restado contempladas[68].

Entretanto, com o advento da Lei 13.491/2017, reinauguraram-se as discussões acerca do alcance da Lei de Crimes Hediondos ao Direito Penal Militar. A esse respeito, a partir de combativa provocação do Ministério Público Militar, o Superior Tribunal Militar se manifestou, recentemente, no sentido da possibilidade de se reconhecer, em contexto de crime militar, a natureza de crime hediondo ou equiparado a hediondo, de que são exemplificativos os seguintes julgados:

RECURSO EM SENTIDO ESTRITO. MINISTÉRIO PÚBLICO MILITAR. TRÁFICO DE ENTORPECENTES. EXECUÇÃO DA PENA. INDULTO NATALINO. IMPOSSIBILIDADE. REFORMA DA DECISÃO A QUO. PROVIMENTO. MAIORIA. A condenação por crime militar de tráfico de entorpecentes, previsto no artigo 290 do Código Penal Militar, não se coaduna com a figura do tráfico privilegiado, estipulado no artigo 33 § 4°, da Lei n° 11.343/2006. **É incabível a concessão de indulto natalino aos sentenciados pelo cometimento do delito de tráfico de entorpecentes, por equiparar-se a crime hediondo, em face da vedação expressa no art. 2º, inciso I, da Lei nº 8.072/1999 (Lei dos Crimes Hediondos)** e no art. 2º, inciso IV, do Decreto nº 8.490/2016. Recurso provido. Decisão majoritária. (Recurso em Sentido Estrito 7000628-47.2018.7.00.0000, Rel. Min. William de Oliveira Barros, DJe 21.02.2020)

RECURSO EM SENTIDO ESTRITO (RSE). TENTATIVA DE HOMICÍDIO QUALIFICADO. PRISÃO PREVENTIVA. REQUISITOS CONFIGURADOS. FUMUS COMISSI DELICTI. PERICULUM LIBERTATIS. I – A característica constitucional da excepcionalidade da medida cautelar possui duas faces, uma geral e outra restrita, a primeira está condicionada a observância dos requisitos legais e a segunda na possibilidade de substituição por outra medida menos agressiva. II – Ao se verificar os princípios informadores da restrição cautelar nos substratos da necessidade, adequação e proporcionalidade em sentido estrito, a prisão preventiva se impõe aos Flagranteados, uma vez que os fatos evidenciam diversas e sérias violações normativas. **O porte de arma restrito, alçado à natureza de crime hediondo por meio da Lei 13.497/2017, o tráfico de drogas e a associação para fins ilícitos deixam claro**

[67] Idem. p. 197.

[68] Idem. p. 198.

> **que a tentativa de homicídio qualificado direcionada aos militares foi apenas a ponta o de uma série de atos ilegais perpetrados.** III – A aparência do delito (fumus comissi delicti) se configurou, uma vez que provados a existência do crime e os indícios suficientes de autoria. IV – A prisão em flagrante na modalidade própria constitui robusta prova indiciária da autoria. Ademais, os depoimentos dos militares em sede inquisitorial são uníssonos e claros a respeito da dinâmica dos fatos. V – A materialidade se comprova, a priori, com os armamentos de uso restrito apreendidos e os respectivos laudos periciais, os quais atestam a capacidade de dano e o bom estado de conservação. VI – O periculum libertatis se comprova diante da probabilidade do cometimento de novas infrações, a gravidade em concreto do crime, a reincidência dos agentes e o modo de execução do delito. **É inquestionável a seriedade do ato de disparar contra militares, mediante fuzil ou outro armamento de uso restrito, com a finalidade de manter atividades ilegais e o controle violento da região sob o domínio do tráfico.** VII – Restabelecimento da prisão preventiva outrora decretada. Decisão por maioria. (Recurso em Sentido Estrito 7000250-57.2019.7.00.0000, Rel. Min. Péricles Aurélio Lima de Queiroz, DJe 22.05.2019)

Em suma, da análise jurisprudencial acima destacada, conclui-se que, seja o tráfico tipificado no CPM, seja aquele previsto nas figuras típicas aplicáveis da Lei 11.343/2006, é considerado crime equiparado a hediondo, mesmo em contexto de crime militar.

Note-se que, considerando que ao fazer menção ao *nomen iuris* e não ao tipo numérico, o art. 2º da Lei 8072/90 já autorizaria essa conclusão antes mesmo do advento da Lei 13.491/2017, mas não restam dúvidas de que a ampliação do rol de crimes militares, inclusive para alcançar outras figuras de traficância, conforme analisado no presente estudo, chamou novamente a atenção para o tema, trazendo essa importante conclusão jurisprudencial no sentido do reconhecimento da natureza de equiparação a hediondo dos crimes militares de drogas, cujos consectários hão de se verificar na praxe da Justiça Militar, sobretudo mediante o rigor de tratamento que tais condutas ensejam, por imperativo constitucional.

5.3.7. Normas penais da Lei de Drogas aplicáveis ao Direito Penal Militar

Da leitura da Lei 11.343/2006, extraem-se diversos dispositivos de natureza penal além dos tipos que definem crimes e cominam penas.

A esse respeito, destacamos, inicialmente, aqueles afetos à dosimetria da pena, seja para a fixação da pena base, seja quanto às causas de aumento ou de diminuição de pena.

Do mesmo modo que ocorre no CPM, em cuja parte especial se encontram causas de aumento e de diminuição de pena diversas daquelas da parte geral, entendemos plenamente aplicáveis ao Direito Penal Militar semelhantes disposições acaso existentes em legislação especial incorporada por força da Lei 13.491/2017, a exemplo do que se verifica na Lei de Drogas.

5.3.7.1. Causa de diminuição de pena do art. 33, § 4º

A exemplo do já realizado ao se analisar os tipos penais, adota-se a ordem de aparição no rol de artigos da Lei de Drogas, principiando-se pela causa de diminuição de pena prevista no art. 33, § 4º:

> § 4º Nos delitos definidos no *caput* e no § 1º deste artigo, as penas poderão ser reduzidas de um sexto a dois terços, desde que o agente seja primário, de bons antecedentes, não se dedique às atividades criminosas nem integre organização criminosa.

Analisando-se tal dispositivo, que definiria o que a doutrina e a jurisprudência consagraram como tráfico privilegiado, observa-se que para a aplicação da referida causa de diminuição de pena, a Lei 11.343/2006 elenca quatro requisitos: agente primário, de bons antecedentes, não dedicado às atividades criminosas nem integrante de organização criminosa.

A *primariedade* seria o conceito oposto da reincidência[69], definida no art. 63 do CP (art. 71 do CPM) como a prática de novo crime após o trânsito em julgado de condenação anterior, em até cinco anos. Ocorre que, diferentemente do Código Penal comum, o CPM exclui apenas os crimes anistiados, para fins de reincidência.

Já os *bons antecedentes* seriam a inexistência de condenações anteriores ao novo crime, ou ao menos que aquelas tenham transitado em julgado há mais de cinco anos da prática delitiva em análise e, que, por isso, não seriam mais idôneas à caracterização de reincidência, mas apenas de maus antecedentes[70].

Por seu turno, a *não dedicação às atividades criminosas* demanda, além do desempenho de ocupação laboral lícita pelo acusado, que aquela prática delitiva tenha sido "um evento isolado em sua vida"[71], para o que eventuais registros de inquéritos e ações penais em curso poderiam ser considerados como indicativo concreto da referida dedicação[72]. Ademais, sustenta a doutrina:

> "Da mesma forma, se o indivíduo for flagrado com grande quantidade e variedade de drogas, tem-se aí forte indicativo de que se trata de agente dedicado a atividades criminosas, até mesmo porque não é normal que um traficante pequeno e eventual dê início às atividades de traficância com tamanha quantidade e diversidade de drogas"[73].

Por seu turno, a *integração de organização criminosa* remete à definição de tal instituto, constante do art. 1º, § 1º, da Lei 12.850/13, ressaltando a doutrina que referida organização não necessariamente deva se dedicar especificamente ao tráfico de drogas, podendo-se ocupar de outras atividades delitivas[74].

Mais especificamente acerca do caso em que com mais frequência se invoca a aplicação de tal dispositivo, entende a doutrina:

> "Assim, é perfeitamente possível a aplicação da minorante do art. 33, § 4º, da Lei de Drogas, à mula ocasional. Todavia, se restar comprovado que a "mula" transportava grande quantidade de droga, mediante remuneração, com despesas custeadas previamente, ha-

[69] LIMA, Renato Brasileiro. op. cit. p. 1036.
[70] Idem. p. 1037.
[71] Idem.
[72] LIMA, Renato Brasileiro. op. cit. p. 1038.
[73] Idem. p. 1037.
[74] Idem. p. 1039.

> vendo toda uma estrutura logística voltada à remessa de vultosas quantidades de droga para o exterior a partir do Brasil, (...) revela-se inviável a aplicação do benefício do art. 33, § 4º, da Lei de Drogas, por se tratar de efetivo integrante de organização criminosa."[75]

Por oportuno e pertinente ao estudo ora empreendido, deve-se salientar que considerar a quantidade e a natureza do entorpecente como indicativo da dedicação ao tráfico ou integração de organização criminosa, além de admitida pela jurisprudência, não configura *bis in idem* se também for sopesado na dosimetria da pena base, conforme preceitua o art. 42 da Lei de Drogas, a ser oportunamente analisado[76]. A esse respeito:

> "Em tais casos, não há *bis in idem*, porque o aumento na 1ª fase é decorrente da quantidade e da natureza, enquanto a não incidência do redutor decorre do fato de o acusado não ser traficante eventual."[77]

Por fim, cumpre salientar que, acaso configurados os requisitos para aplicação do art. 33, § 4º, além da redução de pena de um sexto a dois terços (a ser modulada conforme as circunstâncias do caso concreto), tem-se por afastada a natureza de crime equiparado a hediondo e seus consectários legais, já analisados.

5.3.7.2. Causas de aumento de pena do art. 40

Por seu turno, em sentido oposto ao adrede analisado art. 33, § 4º, o art. 40 da Lei de Drogas traz uma série de causas de aumento de pena, também no patamar de um sexto a dois terços, para os crimes dos arts. 33 a 37 (ou seja, não incide sobre os crimes de que tratam os arts. 28, 38 e 39).

Como salienta a doutrina, a jurisprudência não aceita a majoração acima do mínimo com base no critério quantitativo do número de majorantes, exigindo-se fundamentação concreta para a exasperação[78].

Eis o rol das causas especiais de aumento de pena da Lei de Drogas:

> Art. 40. As penas previstas nos arts. 33 a 37 desta Lei são aumentadas de um sexto a dois terços, se:
>
> I – a natureza, a procedência da substância ou do produto apreendido e as circunstâncias do fato evidenciarem a transnacionalidade do delito;
>
> II – o agente praticar o crime prevalecendo-se de função pública ou no desempenho de missão de educação, poder familiar, guarda ou vigilância;
>
> III – a infração tiver sido cometida nas dependências ou imediações de estabelecimentos prisionais, de ensino ou hospitalares, de sedes de entidades estudantis, sociais, culturais, recreativas, esportivas, ou beneficentes, de locais de trabalho coletivo, de recintos onde se realizem espetáculos ou diversões de qualquer natureza, de serviços

---

75 Idem.

76 GONÇALVES, Victor Eduardo Rios *et al.* op. cit. p. 98.

77 Idem.

78 LIMA, Renato Brasileiro. op. cit. p. 1069.

de tratamento de dependentes de drogas ou de reinserção social, de unidades militares ou policiais ou em transportes públicos;

IV – o crime tiver sido praticado com violência, grave ameaça, emprego de arma de fogo, ou qualquer processo de intimidação difusa ou coletiva;

V – caracterizado o tráfico entre Estados da Federação ou entre estes e o Distrito Federal;

VI – sua prática envolver ou visar a atingir criança ou adolescente ou a quem tenha, por qualquer motivo, diminuída ou suprimida a capacidade de entendimento e determinação;

VII – o agente financiar ou custear a prática do crime.

5.3.7.2.1. Transnacionalidade do delito

Prevista no inciso I do art. 40 ("*a natureza, a procedência da substância ou do produto apreendido e as circunstâncias do fato evidenciarem a transnacionalidade do delito*"), trata-se de hipótese que ganha relevância para o Direito Penal Militar ante a constante execução de missões das instituições militares que transpõem as fronteiras brasileiras, potencializando a incidência da referida majorante, a exemplo de recente caso de repercussão já mencionado anteriormente.

Conforme a doutrina, para se configurar a transnacionalidade basta que a conduta se projete:

> "além do território nacional (...) ainda que não envolva diretamente qualquer outro país soberano (...) ou seja, uma ação além das nossas fronteiras, basta que o delito tenha sua execução iniciada ou terminada fora dos limites do território nacional.
>
> (...) concluiu o STJ que, uma vez demonstrada que a intenção do agente era a de remeter drogas a outro país, e tendo sido caracterizados todos os atos de execução do delito, caracterizada está a internacionalidade da conduta, ainda que a substância entorpecente não tenha chegado ao destinatário situado em país estrangeiro.
>
> (...) não é necessária a efetiva transposição da fronteira nacional"[79].

Como a própria lei estabelece que referida causa de aumento se aplica ao art. 33, estende-se a todas as condutas ali previstas, de modo que vai além das hipóteses "de importar e exportar, aplicando-se também às demais condutas, tais como transportar, trazer consigo, etc."[80]

Parcela da doutrina entende, ainda, que, para se configurar a causa de aumento da transnacionalidade, necessário que a droga apreendida seja ilícita também no país de origem ou de destino[81], o que costuma ocorrer com as drogas mais consumidas (o que as torna mais atraentes ao "comércio" internacional), ante os compromissos internacionais largamente aderidos em matéria de combate às drogas.

---

[79] LIMA, Renato Brasileiro. op. cit. p. 1070. No mesmo sentido: RANGEL, Paulo. op. cit. p. 133.

[80] Idem.

[81] Idem. p. 1071.

Importante salientar que ao estabelecer referida causa de aumento de pena, a Lei de Drogas exige a avaliação da natureza, da procedência da substância ou do produto apreendido e as circunstâncias do fato, elementos a serem considerados conjuntamente para a incidência da majorante, de modo que:

> "Não há *bis in idem* na aplicação da causa de aumento de pena pela transnacionalidade (art. 40, I, da Lei n; 11;343/06) com as condutas de importar e exportar previstas no caput do art. 33 da Lei de Drogas, porquanto o simples fato de o agente trazer consigo a droga já conduz à configuração do crime de tráfico."[82]

No que importa ao presente estudo, embora o art. 70 da Lei 11.343/2006 atribua competência para a Justiça Federal em caso de transnacionalidade, remetemos o leitor ao capítulo (3.5) em que analisamos a competência da Justiça Militar para o crime militar (extravagante) de drogas.

5.3.7.2.2. Abuso de função pública, educação, poder familiar, guarda ou vigilância

Outra causa de aumento que ganha destaque para o Direito Penal Militar se encontra no inciso II do art. 40 da Lei de Drogas, qual seja, quando "o agente praticar o crime prevalecendo-se de função pública ou no desempenho de missão de educação, poder familiar, guarda ou vigilância".

Consoante destaca a doutrina, a Lei 11.343/2006 evoluiu em mais um ponto em relação à Lei 6.368/76, uma vez que a norma anterior previa essa causa de aumento apenas para o agente cuja "função pública fosse relacionada à repressão da criminalidade, mas como na nova Lei não existe tal exigência, o aumento incide qualquer que seja a espécie de função pública exercida"[83], "nos termos do art. 327 do Código Penal"[84].

Importante destacar o "prevalecendo-se" que a lei exige do agente em relação à sua função pública, na medida em que lhe deve conferir condições para a prática do delito em razão da sua atividade oficial, aproveitando-se dela, estabelecendo-se, desse modo, o nexo entre a função e o tráfico por ele praticado[85].

Também se mostra relevante para o Direito Penal Militar a vertente do desempenho de missão de educação, guarda ou vigilância, na medida em que presente em diversas atividades inerentes às instituições militares (também desempenhadas fora de área sob administração militar), seja na formação de militares (escolas, academias, centros de aperfeiçoamento), seja na segurança de pessoas, instalações e materiais sob administração militar (custódia de presos mesmo fora das instalações carcerárias, vigilância sobre materiais apreendidos – eventualmente entorpecentes, guarda

82 Idem.

83 GONÇALVES, Victor Eduardo Rios *et al.* op. cit. p. 123. No mesmo sentido: LIMA, op. cit. p. 1072.

84 LIMA, Renato Brasileiro. op. cit. p. 1072.

85 Idem.

de medicamentos e insumos hospitalares, etc.), contextos em que a conduta assume especial gravidade, de modo a merecer apenação mais elevada.

5.3.7.2.3. Dependências ou imediações de locais com maior concentração de pessoas

Considerando que diversos dos locais listados no inciso III do art. 40 também podem ser áreas sob administração militar, igualmente interessante para o Direito Penal Militar que as condutas de tráfico praticadas em tal contexto sejam mais severamente reprimidas:

> "III – a infração tiver sido cometida nas dependências ou imediações de estabelecimentos prisionais, de ensino ou hospitalares, de sedes de entidades estudantis, sociais, culturais, recreativas, esportivas, ou beneficentes, de locais de trabalho coletivo, de recintos onde se realizem espetáculos ou diversões de qualquer natureza, de serviços de tratamento de dependentes de drogas ou de reinserção social, de unidades militares ou policiais ou em transportes públicos;"

Apesar de bastante extenso, referido rol de locais é taxativo[86], incidindo a majorante quando praticadas as condutas de tráfico dentro (nas dependências) ou fora deles (nas imediações), circunstância essa que também se mostraria atentatória à ordem administrativa militar, a corroborar a necessidade de sua tutela pelo Direito Penal Militar, por meio da incorporação de referida causa de aumento de pena ante a Lei 13.491/2017.

5.3.7.2.4. Violência, grave ameaça ou intimidação coletiva

No que importa ao Direito Penal Militar, cogita-se que a hipótese de que trata o inciso IV do art. 40 ("*o crime tiver sido praticado com violência, grave ameaça, emprego de arma de fogo, ou qualquer processo de intimidação difusa ou coletiva*") se configuraria quando militares se valessem dos meios militares de imposição de força (armamentos, blindados, etc.) para a prática de grave ameaça ou intimidação coletiva.

E isso porque, em caso do emprego de armamento ou material bélico para a prática de violência, imagina-se aplicável a majorante em tela apenas se perpetrada a conduta por militar sozinho ou em concurso com civis, pois a reunião de militares em tal contexto poderia caracterizar delito autônomo, previsto no art. 150 do Código Penal Militar, nos seguintes termos:

> "Organização de grupo para a prática de violência
>
> Art. 150. Reunirem-se dois ou mais militares ou assemelhados, com armamento ou material bélico, de propriedade militar, praticando violência à pessoa ou à coisa pública ou particular em lugar sujeito ou não à administração militar:
>
> Pena – reclusão, de quatro a oito anos".

---

86 LIMA, Renato Brasileiro. op. cit. p. 1074.

5.3.7.2.5. *Tráfico interestadual*

Conquanto se possa considerar de pouca probabilidade ante o rol de condutas da Lei 11.343/2006 aplicáveis ao Direito Penal Militar, adrede analisadas, não se descarta a possibilidade de que fatos subsumíveis aos arts. 33, *caput* e § 1º, e 34 a 37[87] da Lei de Drogas, praticados em contexto de crime militar, possam sofrer apenação mais severa com fundamento no referido inciso V do art. 40 ("caracterizado o tráfico entre Estados da Federação ou entre estes e o Distrito Federal"), a exemplo (acadêmico) do emprego de meios militares para a remessa de drogas de um estado para outro.

Consoante lembra a doutrina[88], desnecessária a efetiva transposição dos limites interestaduais para a configuração da hipótese em análise, nos termos da Súmula 587 do STJ:

> "Para a incidência da majorante prevista no artigo 40, V, da Lei 11.343/06, é desnecessária a efetiva transposição de fronteiras entre estados da federação, sendo suficiente a demonstração inequívoca da intenção de realizar o tráfico interestadual."

5.3.7.2.6. *Envolvimento de criança, adolescente ou vulnerável*

Por seu turno, o inciso VI do art. 40 prevê o aumento de pena por tráfico quando "*sua prática envolver ou visar a atingir criança ou adolescente ou a quem tenha, por qualquer motivo, diminuída ou suprimida a capacidade de entendimento e determinação*".

Em contexto de crime militar, imagina-se menos improvável a ocorrência dessa hipótese em locais como colégios ou hospitais militares, áreas sob administração militar em que se verifica maior circulação do público de que trata o referido inciso.

E isso não apenas na vertente do envolvimento (cooptação para a prática do tráfico) mas também quando "visar a atingir" menor ou vulnerável (deficientes mentais, drogadictos, alcoólatras ou em qualquer outro "*estado de perturbação, momentâneo ou duradouro, capaz de diminuir ou suprimir o discernimento necessário para evitar o uso de drogas, bem como o envolvimento com traficantes*"[89]) como destinatário da traficância, ambas condutas de maior periculosidade e potencial de dano a merecer uma reprimenda majorada por parte da legislação.

5.3.7.2.7. *Financiamento ou custeio do crime*

Diante da conduta autônoma prevista no art. 36 da Lei de Drogas, também passível de caracterizar crime militar, filiamo-nos à doutrina[90] que considera que:

---

87 LIMA, Renato Brasileiro. op. cit. p. 1077.

88 Idem.

89 LIMA, Renato Brasileiro. op. cit. p. 1080.

90 Idem. p. 1081.

"a aplicação da causa de aumento de pena do inciso VII do art. 40 acaba se revelando inviável, a não ser que se admita, contrariamente ao nosso entendimento, que o crime do art. 36 seria de natureza habitual, pois, nesse caso, sua incidência poderia se dar nas hipóteses de financiamento habitual ou ocasional".

5.3.7.3. Circunstâncias judiciais do art. 42

Atentando ao escopo da Lei 11.343/2006 e à sua compatibilização com o Direito Penal Militar ante a incorporação decorrente da Lei 13.491/2017, importante analisar o art. 42 da Lei de Drogas, assim redigido:

> Art. 42. O juiz, na fixação das penas, considerará, com preponderância sobre o previsto no art. 59 do Código Penal, a natureza e a quantidade da substância ou do produto, a personalidade e a conduta social do agente.

Considerando que a personalidade e a conduta social do agente já se encontram expressamente previstas no art. 59 do CP (a primeira também no art. 69 do CPM, enquanto a segunda se depreende dos demais aspectos sopesados por aquele dispositivo do diploma repressivo castrense), além de consideradas circunstâncias inconstitucionais por parte da doutrina[91], centramos nossa análise na "natureza e quantidade da substância ou do produto".

Diante do incremento da repressão legal às condutas de tráfico operada pela Lei 11.343/2006, até mesmo em atenção aos compromissos internacionais dos quais o Brasil tomou parte, conforme já analisado, andou bem o legislador ao determinar, na consideração das circunstâncias sopesadas para o cálculo da pena base, a preponderância da natureza e da quantidade da substância ou do produto, uma vez que reveladoras da maior gravidade da conduta e do potencial de dano em matéria de crime contra a saúde pública[92]:

> "De fato não se pode equiparar a conduta daquele indivíduo que é flagrado trazendo consigo um quilograma de maconha com a daquele que é preso com um quilograma de cocaína, já que esta droga tem um caráter viciante e destrutivo bem mais elevado que aquela."

No mesmo sentido da pertinência da previsão dessa circunstância específica e da sua preponderância sobre as demais circunstâncias judiciais, cita-se a doutrina de Sérgio Ricardo de Souza[93], para quem o legislador:

> "(...) preferiu ser mais específico e deixou claro que a natureza, ou seja, se é droga natural ou sintética, se causa dependência física ou dependência psíquica, bem como a quantidade da substância devem ter especial destaque na fixação das penas cabíveis.

---

91 RANGEL, Paulo et al. op. cit. p. 139/140.

92 LIMA, Renato Brasileiro. op. cit. p. 1084.

93 SOUZA, Sérgio Ricardo. *Comentários à Lei Antidrogas (11.343/06): pós-reformas do CPP*. Rio de Janeiro: Lumens Juris, 2010. p. 122.

Realmente, essas circunstâncias são por demais importantes, pois permitem deduzir se o agente é um grande, médio ou pequeno traficante, assim como as suas relações internas ou transnacionais e o seu grau de periculosidade, devendo ter especial relevo, sendo que a reafirmação ajuda a evitar controvérsias."

Ou seja, reunindo-se elementos indicativos de se tratar de grande quantidade de droga de elevado poder toxicológico, deve-se majorar a pena-base do acusado, conforme o caso concreto, o que revela a aplicação do princípio da individualização da pena em harmonia com o igualmente constitucional princípio da vedação à proteção deficiente da sociedade[94], consectário do princípio da proporcionalidade, a demandar que a resposta estatal se mostre à altura da gravidade da conduta praticada.

Em tempo, reitera-se que, conforme já analisado, a consideração da natureza e da quantidade da droga para a majoração da pena-base, com fulcro no art. 42 da Lei 11.343/2006, não enseja *bis in idem* para fundamentar o afastamento da aplicação do tráfico privilegiado de que trata o art. 33, § 4º, do mesmo diploma, o que nos parece harmonizar com a principiologia supra mencionada, com assento constitucional, e a revelar que a maior reprovabilidade da conduta sustenta a sua manutenção no *status* de crime equiparado a hediondo (inocorrente na figura privilegiada).

5.3.7.4. Da pena de multa

Do mesmo modo como sustentamos acerca das penas não privativas de liberdade, previstas no art. 28 da Lei 11.343/2006, entendemos extensíveis ao Direito Penal Militar as penas de multa cominadas aos tipos de tráfico pela Lei de Drogas.

Primeiramente, porque advém de permissivo constitucional (art. 5º, inciso XLVI, da CF/88), a incidir sobre todo o sistema penal brasileiro, a exemplo do que se verifica para os crimes comuns e eleitorais.

Desse modo, incorporando-se ao Direito Penal Militar os crimes previstos na legislação comum, devem-se adotar seus preceitos primário e secundário, sob pena de hibridismo legal não permitido pela jurisprudência, a exemplo do que restou assentado no histórico HC 103.684, já tantas vezes mencionado no presente estudo.

Ademais, respectivas penas pecuniárias contribuem sobremaneira para a preservação dos preceitos de hierarquia e disciplina, conferindo maior poder dissuasório da reiteração de condutas que tais, nas vertentes tanto da prevenção geral quanto especial, principiologia plenamente aplicável ao Direito Penal Militar.

A respeito das penas de multa, o art. 43 da Lei de Drogas assim dispõe:

> Art. 43. Na fixação da multa a que se referem os arts. 33 a 39 desta Lei, o juiz, atendendo ao que dispõe o art. 42 desta Lei, determinará o número de dias-multa, atribuindo a cada um, segundo as condições econômicas dos acusados, valor não inferior a um trinta avos nem superior a 5 (cinco) vezes o maior salário-mínimo.

[94] Sobre o tema: TELES, Fernando Hugo Miranda. op. cit.

Parágrafo único. As multas, que em caso de concurso de crimes serão impostas sempre cumulativamente, podem ser aumentadas até o décuplo se, em virtude da situação econômica do acusado, considerá-las o juiz ineficazes, ainda que aplicadas no máximo.

Ou seja, também se valendo da preponderância dos aspectos destacados no art. 42 (especialmente a natureza e quantidade da substância ou produto) da Lei de Drogas, o juiz deve primeiro fixar o número de dias-multa dentre os limites mínimo e máximo previstos no respectivo preceito secundário (por exemplo, entre quinhentos e mil e quinhentos, no caso do art. 33, *caput*).

Após fixado o número de dias-multa, deve-se determinar o valor unitário de cada dia-multa, respeitada a capacidade contributiva do acusado, nos limites mínimo e máximo previstos no art. 43, acima transcrito.

Quanto à destinação da multa fixada na Lei de Drogas, referido diploma prevê a sua disponibilização ao Fundo Nacional Antidrogas (FUNAD) apenas no caso do art. 28[95], o que, contudo, entendemos não inviabilizar que se estenda tal destino às multas aplicadas para os demais crimes previstos na Lei 11.343/2006, ou mesmo para outras finalidades, como o Fundo Penitenciário Nacional, conforme previsto no art. 49 do Código Penal comum.

Desse modo, sustentamos que a aplicação da pena de multa revela-se viável ante a incorporação, ao Direito Penal Militar, dos crimes (em seus preceitos primário e secundário) previstos na legislação comum, ante o advento da Lei 13.491/2017, o que em nada violaria a índole do sistema repressivo castrense, pois consistiria em mais um elemento preventivo a reforçar a tutela dos valores de hierarquia e disciplina, consagrados constitucionalmente como pilares das instituições militares (arts. 42 e 142 da CF/88).

5.4. CONCLUSÃO

Ante os propósitos inicialmente delineados para o presente estudo, esperamos haver alcançado o escopo pretendido, no sentido de analisar como o microssistema de crimes militares extravagantes de drogas, previstos na Lei 11.343/2006, impactou a tutela da temática de entorpecentes pelo Direito Penal Militar, não mais limitada ao Código Penal Militar como advento da Lei 13.491/2017.

Para tanto, buscou-se estudar a matéria tanto do ponto de vista penal quanto do prisma processual (ainda que limitado às questões de competência e da possibilidade de aplicação subsidiária de institutos da legislação comum, para não fugir ao objeto do presente trabalho).

Além disso, analisou-se a Lei 11.343/2006 a partir do novo momento histórico em que concebida, marcado por uma diminuição do rigor com o usuário, mas com aumento da repressão ao traficante, em atenção aos compromissos internacionais dos quais o Brasil tomou parte.

95 LIMA, Renato Brasileiro. op. cit. p. 1092.

Conjugando-se a temática das drogas com o Direito Penal Militar, mostrou-se indispensável destacar o HC 103.674, julgado em sede plenária pelo Supremo Tribunal Federal, e que, apesar de ter completado a primeira década, ainda mantém sua atualidade e compatibilidade com o novo quadro inaugurado com a Lei 13.491/2017.

E isso porque tal aresto ressaltou a especial qualidade da relação jurídica entre o militar e sua instituição, gravada pela hierarquia e pela disciplina, de modo que as drogas e o dever militar não se misturam ("são como água e óleo"), justificando-se o maior rigor penal castrense frente à Constituição, concluindo, já naquele tempo, pela prevalência do art. 290 do Código Penal Militar, limitando-se eventual aplicação da Lei 11.343/2006 aos casos sem disposição específica do diploma repressivo castrense.

Como visto, o tempo revelou que a disciplina da repressão às drogas é muito mais restrita pelo Código Penal Militar, reclamando sua complementação pela Lei de Drogas, na forma dos incisos II e III do art. 9º (do CPM) em sua nova redação pela Lei 13.491/2017, em atenção ao princípio da especialidade e à Constituição, que estabeleceu regime específico para as instituições militares.

Nesse contexto, verificou-se que, ao se incorporar certas disposições da Lei de Drogas ao Direito Penal Militar, devem-se aplicar tanto os verbos nucleares do preceito primário não previstos no CPM quanto as disposições do preceito secundário (seja as penas privativas e não privativas de liberdade, seja as penas de multa).

Ao se buscar identificar as condutas da Lei de Drogas não tipificadas no Código Penal Militar, destacou-se, do art. 28 da Lei 11.343/2006, os verbos nucleares de adquirir (*caput*) e cultivar (§ 1º).

Por seu turno, do art. 33 (tráfico), extraem-se sete condutas do *caput*, destacando-se as de importar e exportar, sempre lembradas pela doutrina castrense e que contam com exemplo concreto na história recente. Já quanto aos parágrafos do mesmo art. 33, verificou-se que, conquanto aplicável o § 1º, restam inaplicáveis os §§ 2º e 3º, pois já contemplados por tipos equivalentes no CPM.

Além disso, muitas das condutas previstas nos arts. 34 a 37 tipificam, de forma autônoma, atos preparatórios, estabelecendo diversas exceções pluralistas à teoria monista do concurso de agentes, punindo até mesmo com maior rigor do que o próprio tráfico do art. 33, a exemplo do financiamento de que trata o art. 36.

Por sua vez, o art. 38 (receita ilegal culposa) e o art. 39 (embriaguez na condução de aeronave ou embarcação) complementam o Código Penal Militar nas suas disposições sobre o tema e, portanto, igualmente aplicáveis ao Direito Penal Militar.

No que se refere à competência da Justiça Militar para os crimes de drogas, verifica-se que é a regra, conjugando-se os arts. 124 e 125 da Constituição com a nova redação do art. 9º do CPM pela Lei 13.491/2017, de modo a não mais prevalecer o art. 70 da Lei 11.343/2006 em contexto de crime militar extravagante de drogas, ainda que transnacional.

Do estudo ora havido, constatou-se que os crimes militares de tráfico de drogas são equiparados a hediondos, tanto os previstos no Código Penal Militar quanto aqueles tipificados na Lei 11.343/2006, ante o entendimento jurisprudencial do Superior Tribunal Militar acerca da redação do art. 2º da Lei 8.072/90.

Por fim, quanto às disposições penais da Lei de Drogas aplicáveis ao Direito Penal Militar, verificou-se que a natureza e a quantidade de droga traficada pelo agente servem para aumentar a pena-base (por força do art. 42), a circunstanciar a transnacionalidade do delito (art. 40, inciso I) e a afastar o tráfico privilegiado (art. 33, § 4º, uma vez que indicativas da dedicação a atividades criminosas ou mesmo a integração a organizações criminosas), sem que se possa cogitar de *bis in idem*.

Ante o exposto, conclui-se que a incorporação da Lei 11.343/2006 ao Direito Penal Militar consiste em importante atualização no trato da questão das drogas, inaugurando a Lei 13.491/2017 verdadeiro microssistema de crimes militares de drogas, ante a complexidade que assumiu o tema com a multiplicidade de diplomas aplicáveis e de entendimentos doutrinários e jurisprudenciais a serem compatibilizados, para o que o presente estudo buscou contribuir.

Desse modo, além de atender aos compromissos internacionais assumidos pelo Brasil, a constituição de referido microssistema homenageia os imperativos constitucionais do direito fundamental à saúde, à segurança pública e à criminalização do tráfico de drogas, sem prejuízo de harmonizar o princípio da individualização das penas ao corolário da proporcionalidade consistente na vedação à proteção deficiente da sociedade, em tudo completando-se pelos valores maiores da hierarquia e da disciplina constitucionalmente conferidos às instituições militares.

REFERÊNCIAS

ANDREUCCI, Ricardo Antonio. *Legislação penal especial.* 12. ed. atual. e ampl. São Paulo: Saraiva, 2017.

ARAS, Vladimir. *O juízo competente em crime cometido por militar brasileiro no exterior.* Disponível em <https://vladimiraras.blog/2019/06/26/o-juizo-competente-em-crime-cometido-por-militar-brasileiro-no-exterior/> Consulta em 09/11/2020.

BIANCHINI, Alice *et aliii. Lei de drogas comentada: artigo por artigo – Lei 11.343, de 23 de agosto de 2006.* Luiz Flávio Gomes, coordenação. 5. ed. rev., atual. e ampl. São Paulo: Editora Revista dos Tribunais, 2013.

GALVÃO, Fernando. *Novos crimes militares de drogas.* Disponível em <https://www.observatoriodajusticamilitar.info/single-post/2018/01/12/Novos-crimes-militares-de-drogas> Consulta em 02.11.2020.

GONÇALVES, Victor Eduardo Rios *et al. Legislação penal especial.* São Paulo: Saraiva, 2015.

LIMA, Renato Brasileiro de. *Legislação criminal especial comentada.* 6. Ed. rev., atual., e ampl. – Salvador: Juspodivm, 2018.

NEVES, Cícero Robson Coimbra. *Tipicidade dos crimes militares em tempo de paz: proposta de subsunção de condutas após a Lei 13.491/17. In*: Revista do Ministério Público Militar. Ano 43, n. 29 (out. 2018). Brasília: Procuradoria-Geral de Justiça Militar, 2018.

______________________________. *Cinco propostas de subsunção típica para os crimes militares (após a lei n. 13.491/2017).* Disponível em <https://blog.grancursosonline.com.br/cinco-

-propostas-de-subsuncao-tipica-para-os-crimes-militares-apos-a-lei-n-13-491-2017/> Consulta em 01/11/2020.

PEREIRA, Carlos Frederico de Oliveira. *A Lei nº 13.491, de 13 de outubro de 2017, e os crimes hediondos. In*: Revista do Ministério Público Militar. Ano 43, n. 29 (out. 2018). Brasília: Procuradoria-Geral de Justiça Militar, 2018.

RANGEL, Paulo. *Lei de drogas: comentários penais e processuais*. 2. Ed. ver., ampl., e atual. São Paulo: Atlas, 2014.

ROMEIRO, Jorge Alberto. *Curso de Direito Penal Militar: parte geral*. São Paulo: Saraiva, 1994. *apud* NEVES, Cícero Robson Coimbra *et al. Manual de direito penal militar*. São Paulo: Saraiva, 2014.

ROSA, Paulo Tadeu Rodrigues. *Código Penal Militar Comentado – Parte geral e parte especial*. 3. ed. Belo Horizonte: Ed. Líder, 2014.

ROTH, João Ronaldo. *Os delitos militares por extensão e a nova competência da justiça militar (Lei 13.491/17)*. Disponível em <https://www.observatoriodajusticamilitar.info/single-post/2018/01/20/Os-delitos-militares-por-extensão-e-a-nova-competência-da-justiça-militar-Lei-1349117> Consulta em 19.10.2020.

SOUZA, Sérgio Ricardo. *Comentários à Lei Antidrogas (11.343/06): pós-reformas do CPP*. Rio de Janeiro: Lumens Juris, 2010.

TELES, Fernando Hugo Miranda. *Tratados internacionais e competência da Justiça Militar da União: um estudo de caso*. Disponível em <https://jus.com.br/artigos/77961/tratados-internacionais-e-competencia-da-justica-militar-da-uniao-um-estudo-de-caso> Consulta em 07/11/2020.

6

CRIME MILITAR EXTRAVAGANTE DO ESTATUTO DO DESARMAMENTO (LEI N. 10.826/2003)

Rodrigo Garcia Vilardi

6.1. O ESTATUTO DO DESARMAMENTO NA TUTELA DA INCOLUMIDADE E SEGURANÇA PÚBLICA E DA PAZ SOCIAL

As questões relativas à fabricação, comercialização e uso de arma de fogo e munições no Brasil, assim como ocorre com os temas relativos ao Direito Penal e Processual Penal Militar, entrelaçam-se, nas últimas décadas, aos mais calorosos embates políticos e ideológicos. Por tal motivo, não poucas vezes, posicionamentos fundados em crenças e ideologias sobrepõem-se aos princípios e aos fundamentos técnicos e jurídicos e prejudica, de modo significativo, o aperfeiçoamento das normas ou a aplicação mais adequada destas aos seus verdadeiros fins e ao interesse público.

Por tal motivo, antes de se debruçar sobre os elementos e questões relativas a cada um dos tipos penais e as circunstâncias nas quais restará caracterizada a natureza militar destes, é recomendável uma breve introdução sobre os antedecentes, históricos e normativos, do atual texto legal do Estatuto do Desarmamento e quais os objetivos que se visavam alcançar, especialmente no que diz respeito aos bens jurídicos pretensa ou concretamente tutelados pelos crimes nele previstos. Esta é a finalidade deste primeiro item.

Neste sentido, em recente decisão que deferiu, liminarmente, a suspensão da eficácia de dispositivos constantes de decretos presidenciais publicados em 12 de fevereiro de 2021 destinados a implementar alterações nas normas regulamentadoras do Estatuto do Desarmamento (Lei 10.826/2003) a ministra Rosa Weber (BRASIL,

2021, pág. 31), do Supremo Tribunal Federal, apresentou um breve histórico relativo à normatização e ao controle das armas de fogo no Brasil nesta primeira metade do século XX:

> O controle sobre a circulação de armas de fogo no Brasil tem início, em 9 de julho de 1932, com a eclosão da revolução armada em São Paulo (Revolução Constitucionalista de 1932), perante o Governo Provisório de Getúlio Vargas (Revolução de 1930). Encerrado o levante paulista, Getúlio Vargas edita o Decreto n.º 24.602, de 6 de julho de 1934, que institui o Regulamento para Fiscalização de Produtos Controlados. Esse ato normativo atribui às Forças Armadas, com exclusividade, a função de autorizar e fiscalizar a fabricação, o comércio e a aquisição de armas de fogo no Brasil. A Constituição outorgada de 1937 irá consolidar o papel central do Presidente da República no controle das armas, conferindo à União competência privativa para "autorizar a produção e fiscalizar o comércio de material de guerra de qualquer natureza" (art. 5º, IV). A seguir, com o Decreto-lei nº 3.688/41, tornam-se contravenções penais a fabricação, o comércio e a posse de armas de fogo ou munição, sem prévia autorização do órgão competente (art. 18), assim como também o porte de armas de fogo nas mesmas condições (art. 19).

Não obstante, ainda que as armas de fogo, direta ou indiretamente, sempre tenham sido objeto de controle pelo Exército, até a década de 90 do século XX a regulamentação a respeito do tema era mais focada nos procedimentos de aquisição do que efetivamente em um sistema de controle nacional ou regional. Carolina Lootty Dias (2005, p.37-63) assim destaca o arcabouço normativo relativo a esse período:

> No Brasil armas de fogo sempre foram direta ou indiretamente controladas pelo Exército. O primeiro documento a ditar as regras sobre fabricação e circulação de armas e munições na República foi o Decreto Presidencial nº. 24.602, de 06 de Julho de 1934, que foi mais tarde regulamentado pelos Decretos nºs. 1.246, de 11 de Dezembro de 1936, nº. 47.587, de 04 de Janeiro de 1960 e nº. 94, de 30 de Outubro de 1961. [...] Somente em 1980 é promulgada a primeira norma brasileira que trata especificamente da aquisição e registro de armas por civis. Era uma simples portaria – não uma lei ou decreto, mas que não deixava dúvidas sobre que procedimentos deveriam ser cumpridos para a compra de uma arma. Esta norma, porém não estabelecia um cadastro centralizado de registro ou um sistema de comunicação de dados entre as polícias locais (que efetuam o registro) e as autoridades federais. Criava apenas um registro pulverizado e compartimentado".

Porém, a partir da segunda metade do século XX o processo de urbanização, posterior e mais desorganizado no Brasil do que nos Estados Unidos e na Europa, trouxe consigo uma explosão da criminalidade de massa e dos homicídios, o que, compreensivelmente, pressionou a sociedade e o Estado na busca de soluções ou ações que buscassem reverter ou amenizar este cenário.

Uma "fotografia" da situação à época pode ser obtida na contraposição entre o quadro evolutivo do processo de urbanização no Brasil e os dados relativos ao crescimento dos homicídios no Estado de São Paulo, uma das unidades da federação que mais foi impactada por esse fenômeno que se consolidou na segunda metade do século XX.

Neste sentido, o primeiro quadro a seguir apresentado demonstra o incremento significativo do processo de urbanização no Brasil a partir da década de 60 e sua exponencialização nas duas décadas seguintes. Na sequência, e com a consolidação da curva de urbanização nas décadas de 80 e 90, constata-se a explosão de mortes por agressões dentre àquelas provocadas por causas externas no Estado de São Paulo.

GRÁFICO 1 – GRAU DE URBANIZAÇÃO – BRASIL (1940-2000)

Fonte: SEADE

GRÁFICO 2 – TAXAS DE MORTALIDADE, SEGUNDO PRINCIPAIS CAUSAS EXTERNAS ESTADO DE SÃO PAULO – 1980-2006

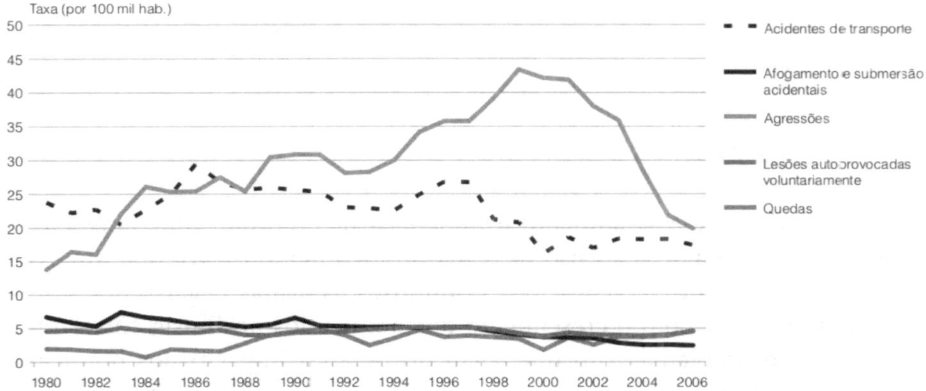

Fonte: SEADE

Esta comparação permite uma visão panorâmica sobre o cenário vivenciado pela sociedade brasileira nos grandes centros urbanos no final do século XX e a melhor compreensão a respeito da pressão que passou a ser exercida no sentido da busca por ações e políticas públicas aptas a enfrentar o problema.

Ainda que o número de homicídios seja apenas um dos indicadores de violência em determinada localidade, diversos estudos passaram a tentar demonstrar a correlação entre este tipo de crime e a quantidade de armas de fogo em circulação no território nacional, a tabela abaixo exemplifica um dos muitos pontos apresentados por tais estudos:

TABELA 1 –TAXAS DE MORTALIDADE POR HOMICÍDIOS, POR TIPO ESTADO DE SÃO PAULO – 1980-1998

Por 100 mil habitantes

Anos	Arma de Fogo	Demais Homicídios
1980	2,65	10,16
1981	3,43	11,71
1982	3,26	11,48
1983	4,89	17,03
1984	6,60	18,32
1985	7,03	17,72
1986	7,26	17,30
1987	7,95	18,69
1988	7,98	16,34
1989	8,85	19,59
1990	9,19	19,88
1991	9,50	19,30
1992	8,65	17,43
1993	10,87	15,96
1994	12,24	17,56
1995	15,32	18,91
1996	15,66	20,39
1997	15,42	20,68
1998	17,86	21,84
1999	22,48	21,70

Fonte: SEADE

Sem dúvidas que esse aumento exponencial nos últimos vinte anos das taxas de homicídios relacionadas ao uso de arma de fogo demonstrava que um eventual descontrole e facilidade de acesso dos criminosos às armas ilegais poderia contribuir, de algum modo, com o crescimento dos homicídios no Brasil, entretanto, não era este o único problema visto que, além do possível impacto nos homicídios, o grande número de armas de fogo ilegais em circulação também aumentava o poder ofensivo e as condicionantes da denominada "criminalidade de massa", em especial, no que se refere aos crimes de roubos.

E para se ter uma ideia da facilidade de acesso de armas de fogo ilegais pelos criminosos naquela época tome-se, mais uma vez como exemplo, os dados relativos ao estado de São Paulo. Neste estado, no ano de 1996, 78.691 infratores foram presos ou apreendidos pelas polícias paulistas as quais também apreenderam, naquele ano, 28.574 armas de fogo. Isso significa, portanto, uma relação no sentido de que a cada 2,8 infratores presos, uma arma de fogo era apreendida, o que demonstrava o amplo acesso dos criminosos aos armamentos ilegais e, consequentemente, a grande capacidade ofensiva destes contra a população e policiais responsáveis pelo enfrentamento da criminalidade.

Além dos problemas vivenciados internamente pela sociedade brasileira no âmbito da segurança pública, no plano internacional a Organização do Estados Americanos (OEA) inicia, em 1995, o debate em torno das medidas necessárias à regulamentação das armas de fogo[1] e institui a Comissão sobre a Prevenção ao Crime e Justiça Criminal com vistas a discussão desta e de outras medidas destinadas ao combate a criminalidade (BRASIL, 2021, pág. 32).

Diante deste quadro, portanto, a pressão por se "fazer alguma coisa" resultou, dentre diversas ações e políticas públicas, na preocupação com o controle das armas de fogos em circulação no País inserindo o tema na agenda das políticas nacionais de segurança pública.

Esse foi o contexto que resultou, no ano de 1997, na aprovação, pelo Congresso Nacional, da Lei Federal nº 9.437/97, que deu início à inversão da lógica da circulação de armas legais no Brasil.

Referida norma, além de instituir o Sistema Nacional de Armas de Fogo (SINARM), aumentou o rigor das consequências penais das condutas relacionadas ao porte e uso irregular de armas de fogos que, em geral, deixaram de caracterizar simples contravenção penal para serem definidas, a partir de então, como crime.

Obviamente que os primeiros impactos de uma alteração normativa de tal natureza seriam, como foi, o crescimento dos números de apreensões de arma de fogo e de prisões pelas infrações previstas na nova lei penal. A tabela a seguir exemplifica o incremento significativo, a partir de 1997, no número de apreensões de armas de fogo no Estado de São Paulo:

1 "Em 14 de novembro de 1997, é aprovada a Convenção Interamericana contra a Fabricação e o Tráfico Ilícitos de Armas de Fogo, Munições, Explosivos e Outros Materiais Correlatos (incorporada ao ordenamento positivo brasileiro pelo Decreto nº 3.229/99), por meio da qual os Estados Partes firmam o compromisso de conferir absoluta prioridade ao dever de "impedir, combater e erradicar a fabricação e o tráfico ilícitos de armas de fogo, munições, explosivos e outros materiais correlatos, dado o seu vínculo com o tráfico de drogas, com o terrorismo, com o crime organizado transnacional, com as atividades mercenárias e outras condutas criminosas". (BRASIL, 2021, pág 32).

TABELA 2 – ARMAS APREENDIDAS NO ESTADO DE SÃO PAULO (1996-2003)

Armas Apreendidas no Estado de São Paulo					
ANO	**1° Trimestre**	**2° Trimestre**	**3° Trimestre**	**4° Trimestre**	**Total Ano**
1996	6.495	7.483	7.937	7.451	29.366
1997	7.394	7.207	7.748	8.820	31.169
1998	8.675	8.972	8.921	8.679	35.247
1999	9.662	11.670	10.070	10.160	41.562
2000	10.540	10.551	9.581	9.554	40.226
2001	10.015	10.504	9.839	9.607	39.965
2002	9.534	9.749	9.391	9.319	37.993
2003	9.571	10.213	10.007	9.760	39.551

Fonte: Elaborado pelo autor.[2]

Na tabela acima, é possível perceber que no ano de 2003 (seis anos após a entrada em vigor da Lei nº 9437/97 e antes da promulgação do Estatuto do Desarmamento), o número de apreensões de armas de fogo no Estado de São Paulo aumentara em cerca de 35% quando comparados aos números absolutos relativos ao ano de 1996 (antes da Lei nº 9437/97). No mesmo sentido caminhou o aumento, ou melhor, o "surgimento" de milhares de criminosos presos pela prática dos novos crimes, que passaram a ser tipificados na então nova legislação.

Este fenômeno, consistente no aumento do registro de crimes e de prisões com o advento de uma nova legislação penal é, obviamente e como destacado, esperado e lógico haja vista que um dos objetivos da definição de um determinado fato como crime é que pessoas que pratiquem referida conduta, após a alteração legal, passem a ser alcançadas pelo sistema de justiça criminal o que gera, como consequência lógica, um aumento inicial de prisões.

Contudo, ainda que lógico e esperado, o aumento de prisões e de presos a partir da entrada em vigor de uma nova legislação penal é interpretado, em regra, por dois tipos de abordagens absolutamente distintas, a depender das bases criminológicas (ou ideológicas) que as fundamentam. Compreender tais bases e seus pressupostos políticos e ideológicos é fundamental para entender muitas das discussões e debates atualmente em curso no que diz respeito aos rumos que devem ser trilhados pela política criminal.

Se essa compreensão é recomendável para contextualizar toda e qualquer discussão a respeito dos crimes, das penas ou do sistema de justiça criminal no Brasil, especificamente em relação ao tema do Estatuto do Desarmamento ela é, ao nosso ver, condição "sine qua non" e demanda um pequeno "parênteses explicativo" nesta breve evolução cronológica da legislação pátria relativa às armas de fogo que vem sendo apresentada neste item introdutório. Esta pequena "pausa", destinada a indicar tais pressupostos, facilitará, ao final, a compreensão e definições expostas acerca dos

2 Tabela elaborada pelo autor. Fonte: Secretaria de Segurança Pública do Estado de São Paulo. Disponível em: <http://www.ssp.sp.gov.br/novaestatistica/Trimestrais.aspx> Acesso em 10 de junho de 2020.

bens jurídico-penais a serem tutelados pelos crimes previstos no Estatuto, objetivo principal destas linhas iniciais.

Congelando-se, portanto, esta breve evolução cronológica da legislação no ano de 2003, têm-se, no Brasil, o seguinte cenário: transcorridos seis anos do advento de novos tipos penais introduzidos pelo diploma legal de 1997 (Lei Federal nº 9.437/97) consolidava-se, tomando-se sempre por base os dados relativos ao estado de São Paulo, a curva ascendente em relação ao número de apreensões de armas de fogo e de prisões de criminosos pelas polícias com base na até então "nova" lei penal.

Neste cenário, de aumento de crimes e de criminosos, como afirmado, dois tipos de abordagens seriam esperadas a depender das respectivas bases criminológicas (ou ideológicas) que as sustentam como, a seguir, se discorre.

Em uma primeira abordagem, baseada nos estudos criminológicos que, como nós, compreendem o Direito Penal como um dos instrumentos de proteção e de prevenção criminal, esse inicial, lógico e previsível aumento em relação ao número de prisões deveria, com o transcurso dos anos, ser revertido o que, sem dúvidas, caminharia ao encontro de uma das principais "finalidades da pena", qual seja, a de prevenir crimes. Sob esta perspectiva, caso a diminuição gradual dos crimes não ocorra com o transcorrer do tempo, excetuadas as hipóteses de outros fatores estarem atuando no fenômeno, faz-se necessário, no mínimo, uma reanálise sobre as opções legais adotadas vez que os resultados almejados não estariam sendo alcançados.

Em resumo, sob esta primeira perspectiva e diante do cenário exposto, duas opções se apresentariam em 2003: (i) a curva ascendente de aumento de crimes e de criminosos decorrente da criação dos tipos penais previstos na Lei Federal nº 9.437/97 ainda não teria alcançado, em 2003, o ápice esperado, devendo-se, portanto, aguardar-se a evolução do fenômeno por mais alguns anos a fim de que a "reversão" do sentido da curva fosse iniciada; ou (ii) chegara o momento de reanalisar os mecanismos legais introduzidos em 1997 por não terem estes cumprido a função preventiva almejada, qual seja, a de diminuir o cometimento das condutas nocivas à segurança da sociedade, em especial, a circulação, a posse e o porte de armas de fogos ilegais nas mãos de criminosos.

Não obstante, além da perspectiva de abordagem baseada neste primeiro "modelo" criminológico que resultaria, em regra, em uma das duas "opções" acima, outras perspectivas, baseadas em um outro "modelo", fundamentado não em uma perspectiva utilitária ou preventiva do Direito Penal, mas sim nas bases de pensamentos criminológicos autodenominados "críticos"[3], resultariam em conclusões ou propostas muito distintas as quais, também em regra, propugnariam pela total revogação e extinção dos tipos penais "criados" pela legislação de 1997. Ao menos

---

3 O termo crítico adotado por tais perspectivas não se relaciona com um conceito tradicional do termo no sentido de se buscar uma análise ampla, neutra, descritiva tanto quanto possível a respeito de um determinado objeto de estudo mas, ao contrário, relaciona-se com a ideia de críticas a respeito de determinado objeto de estudo "comprometidas" com pressupostos e premissas inaugurados ou consolidados pela Teoria Crítica produzida no movimento normalmente intitulado como "Escola de Frankfurt" delineado a partir da década de 30 do século XX que, por sua vez, guarda estrita relação com os postulados de Karl Marx.

essas eram as conclusões inicialmente esperadas por parte daqueles que se alinham a este segundo "modelo" criminológico.

Isto porque, consoante as perspectivas deste segundo "modelo" de abordagens, autointituladas como formadoras de uma "criminologia crítica", as análises a respeito de qualquer fenômeno criminal devem partir não do crime ou dos "danos" sociais causados pela conduta criminosa mas, ao contrário, a partir de uma macro-estrutura social, caminhar em direção ao indivíduo criminoso ou ao processo de "etiquetamento" social (labelling) (ALBRECHT, 2010, p. 40). Neste sentido, tais abordagens tendem a argumentar, em síntese, que o Direito Penal ao invés de proteger e "prevenir" as violações ao bem jurídico visado e selecionado, ao criar novos tipos penais sem atuar sobre as suas "causas" (desigualdades do sistema capitalista) e fazer incidir o "fracassado" sistema de justiça criminal, acaba por proporcionar exatamente o efeito contrário, qual seja, o de "aumentar" o número de crimes e fomentar suas "condicionantes" vez que as pessoas que, a partir de então, passam a ser submetidas às agruras do processo penal e do sistema de justiça criminal dificilmente conseguem, por inúmeros fatores, sair desta marginalidade e consequente estigmatização e demais efeitos "colaterais" da pena, incrementando, assim e cada vez mais, o "universo" do crime.

Na visão destas correntes, a inexorável estigmatização acompanhada da ausência de preocupação com a alteração das condicionantes criminais sistêmicas, ajudaria a demonstrar que a real "função" do ordenamento jurídico penal não seria a de "prevenir" crimes ou de "proteger" bens jurídicos relevantes mas sim o de "criminalizar" seletivamente, determinados "grupos" e "classes sociais" tipificando suas condutas como "criminosas" e, assim, municiar as "classes dominantes" com o melhor e mais forte mecanismo de "dominação" e "controle" de tais grupos, qual seja, o sistema de justiça criminal.

Sob esta segunda perspectiva imaginava-se, portanto, que a constatação do aumento do número de prisões e de apreensões de arma de fogo verificado a partir da criminalização ocorrida em 1997, apesar de lógico e esperado, conduziria à narrativa de que se tratava de mais uma demonstração no sentido da incapacidade e do fracasso do Direito Penal para prevenção criminal e de reforço da ideia do sistema penal como instrumento de "dominação" e de "controle" dos grupos e das pessoas "selecionadas" pelo "sistema".

Como consequência, uma vez constatado que a criação de novos tipos penais por meio da Lei Federal nº 9.437/97 resultara, seis anos após sua entrada em vigor, no aumento dos crimes e de criminosos, a postura "esperada" e "lógica" destes segmentos, alinhados aos posicionamentos criminológicos autointitulados como "críticos", seria de uma "grita" geral propugnando pela ineficácia ou pelo reconhecimento da "finalidade opressora" da nova lei que teria por objetivo "oculto" o "encarceramento" e a "criminalização" de determinados "grupos" e "classes" sociais, tudo acompanhado de estridentes e coordenados movimentos e mobilizações que visassem a "descriminalização" da posse ou porte ilegal de arma de fogo e de suas condutas correlatas por meio da criação de uma "atmosfera" geral que sintetizasse uma ideia estrutural de "legalize já". Esta, aliás, foi e continua sendo a postura adotada por tais segmentos em relação à diversas outras leis penais a exemplos das críticas e buscas pela revogação ou descaracterização da denominada "Lei dos Crimes Hediondos" (Lei Federal nº 8072/90), assim como no tocante ao irrestrito e ativo apoio à toda a rede de militância em prol da "descriminalização" do comércio ilegal de drogas.

Todavia, "curiosamente", a postura dos diversos atores abrangidos pelo espectro do pensamento criminológico autodenominado "crítico" em relação à criminalização do uso, posse e venda de armas de fogo, foi exatamente em sentido contrário. Transcorridos seis anos da criminalização do porte de armas de fogo e da constatação de que a criminalização e uma regulação moderada (Lei Federal nº 9.437/97) resultaram não na prevenção ou redução mas sim no aumento do número de apreensões de armas ilegais e de prisão de criminosos, a "luta" de tais segmentos foi pelo agravamento (?!) das consequências penais das condutas relacionadas ao porte, posse, uso e comercialização das armas de fogo e pela proibição, e não apenas controle, da comercialização das armas de fogo no país, proibição esta que, obviamente, seria amparada e sustentada pelos novos crimes e maior rigor das penas a serem previstas por essa "nova" lei.

Deste modo, o "proibicionismo" e o "Direito Penal", histórica e consistentemente criticados pelos adeptos do pensamento criminológico autodenominado "crítico", foram "adotados" por estes mesmos segmentos como verdadeiras "soluções" para a "prevenção" de violações e para a "proteção" dos bens jurídicos "selecionados" pelos crimes previstos ou que seriam "agravados" na nova lei que passava a ser proposta e defendida (Estatuto do Desarmamento) o que revelava, para surpresa de muitos, uma contradição com as pautas de descriminalização e "deslegitimação" do Direito Penal tradicionalmente defendidas por todos estes atores.

Mas seria mesmo contraditória essa recente "defesa" do Direito Penal pelos adeptos do pensamento autodenominado "crítico" como meio de "controle" e garantia de implementação das regras a serem estabelecidas pelo então proposto Estatuto do Desarmamento?

Na verdade, um olhar mais atento acerca das bases ideológicas e do histórico de atuação política e social dos segmentos filiados ao pensamento autodenominado "crítico", expressa e ostensivamente vinculados a concepções marxistas do Estado e da Sociedade[4]revelaria, nitidamente, que não há contradição nesta "repentina" mudança de orientação e novel e "apaixonada" defesa da eficácia da legislação penal. E os motivos são simples.

Em primeiro lugar, a defesa do "proibicionismo" e da "criminalização" de condutas relacionadas às armas de fogo coaduna-se, perfeitamente, com a histórica pauta

4 "Rusche, Foucault, Melossi e Pavarini são escolas: estão dentro disso tudo que falei, dando direção, atualizando a obra de Marx na questão criminal. Aliás, é em Marx que tudo começa. Só os tolos podem achar que a obra marxista está superada; ela só será superada quando derrotarmos o capitalismo. E, modestamente, gostaria de contribuir para isso ao desconstruir as relações entre a pena e o capital." Trecho extraído da introdução da obra denominada "Introdução crítica à criminologia brasileira" (BATISTA, 2011, p.14)

de desarmamento da população civil, em regra defendida pelos posicionamentos ideológicos situados à esquerda do espectro político.

Além disso, ainda que no Brasil o fenômeno da consolidação dos poderes políticos por segmentos e partidos posicionados à "esquerda" do espectro político estivesse apenas se iniciando em 2003, especialmente com a vitória do candidato do Partido dos Trabalhadores (PT) nas eleições presidenciais então realizadas, em outros países nos quais este fenômeno já havia se apresentado restava muito nítido que essa "luta" da "esquerda" contra o Direito Penal como meio de "controle" social formal não era "contra" o Direito Penal em si mas apenas contra um Direito Penal específico, construído por espectros políticos ou sociedades não alinhadas aos valores e pensamentos marxistas ou, na denominação diversionista muito utilizada a partir da chamada "Escola de Frankfurt", não alinhadas aos valores e pensamentos autodenominados "críticos".

Uma interessante abordagem sobre estas aparentes "contradições" e "esquizofrenia" na relação da esquerda com o Direito Penal foi realizada por Jesús-Maria Silva Sánchez (2002, p. 188-193) em relação às propostas legislativas apresentadas pela "esquerda" espanhola no tocante ao Código Penal (Espanhol) de 1995:

> Tudo isso incidiu sobre os valores tradicionais, já representados com excesso no Código Penal, ao passo que os **diversos matizes da esquerda tentaram criminalizar ofensas aos valores coletivos que estiveram em ascensão durante a década de 80: os direitos dos trabalhadores e das mulheres, a proteção do meio ambiente, os interesses das minorias, a discriminação, o racismo e os delitos do colarinho-branco.** Mas seu âmbito de discussão é o mesmo (...) **Não é fácil aventurar explicações profundas sobre a evolução da esquerda parlamentar em matéria de política criminal**. Contudo, e deixando de lado argumentos populistas de puro caráter eleitoreiro, **poder-se-ia perfeitamente aludir a certa esquizofrenia (ou, mais suavemente, ambivalência) em sua relação com o Direito Penal**, que se origina antes mesmo do movimento do uso alternativo do Direito, mas com ele se teoriza. **Efetivamente, em tal corrente de política jurídica**, que teve seu momento culminante no início dos anos 70, **sustentavam-se simultaneamente dois discursos que**, regidos certamente por um *leitmotiv* de estrita "luta de classes", **revelavam um duplo critério no momento de valorar a intervenção do Direito Penal. Por um lado, se negava legitimidade *tout court* ao Direito Penal, partindo da corresponsabilidade social na gênese do delito e da radical inutilidade do mesmo para alcançar suas supostas finalidades em uma sociedade fragmentada**. Sem embargo, **por outro lado, se propugnava simultaneamente o recurso ao Direito Penal como mecanismo de transformação da sociedade e de intervenção contra os que obstaculizavam o progresso da mesma até formas mais avançadas e igualitárias de convivência democrática**. Esse modelo abandonava uma utilização seletiva – e, ademais, antigarantista – dos instrumentos punitivos em termos opostos aos seguidos pelo Direito Penal convencional. Se em relação a esse último se criticava o aspecto de que incidia unicamente sobre os *powerless* e deixava de lado os poderosos, **se trata então de modificar sua orientação de modo que** não **incidisse** sobre os marginalizados (para os quais o procedente seria o recurso às políticas sociais) e sim, ao contrário, **sobre os *powerful*. Nesse último âmbito justificar-se-ia a partir de qualquer dos pontos de vista a intervenção – mais ampla possível – do Direito Penal.**"

Mais claro, impossível.

A análise apresentada por Jesús-Maria Silva Sánchez demonstra, de modo cristalino, que a "oposição" da maioria dos adeptos da criminologia autodenominada "crítica" ao Direito Penal trata-se, na verdade, de simples falácia ou de "falsa oposição".

Não se trata, aqui, de discutir o mérito de uma criminologia fundada no pensamento marxista, ou autodenominado "crítico", que busca mudanças de "orientação" do Direito Penal. A questão que aqui se ressalta é o recurso, deliberado ou não, à defesa simultânea de posicionamentos antagônicos que acaba por prejudicar a clareza acerca do conteúdo e finalidade dos discursos e, por consequência, impede um verdadeiro debate democrático. Não é possível, ao mesmo tempo, alegar que o Direito Penal é absolutamente ineficaz para proteger os bens jurídicos de uma determinada sociedade e requerer a sua extinção mas socorrer-se deste mesmíssimo Direito Penal como "meio" apto a regular, proteger e "fazer acontecer" as mudanças sociais que se almejam.

Não bastassem os prejuízos que a hipocrisia desta postura acarreta à discussão do tema, vale destacar ainda uma outra questão, qual seja, a gravidade residente na instrumentalização do Direito Penal como ferramenta de "construção" de novos "valores", autointitulados, "progressistas" na sociedade valendo-se, assim, do mais grave meio de intervenção estatal (Direito Penal) para funções eminentemente "simbólicas" e em absoluta violação aos mais básicos fundamentos e princípios garantistas sob os quais estes mesmos segmentos arvoram-se para tentar afastar a tutela penal de diversos outros direitos fundamentais, a exemplo do que ocorre com os delitos relacionados à proteção do direito, humano e fundamental, ao patrimônio.

Seria muito mais honesto se os adeptos de tais correntes criminológicas assumissem, de modo claro, o fato de que não seriam "contra" a utilização do direito penal como instrumento de proteção e de prevenção de condutas violadoras dos bens jurídicos selecionados por uma determinada sociedade, mas apenas e exclusivamente contrários à seleção de "determinados" bens jurídicos definidos por "determinada" estrutura social.

A deliberada omissão ou opacidade em relação aos reais fundamentos dos discursos e narrativas, como dito, prejudica e inviabiliza um debate verdadeiramente democrático e, infelizmente, tem se verificado na postura de grande parte dos atores e segmentos que participam das principais discussões e debates relacionados ao tema da circulação e uso de armas de fogo no Brasil, tal qual há tempos já se verifica no que diz respeito às discussões públicas sobre "direito penal militar" no Brasil [5].

---

[5] Neste sentido, cite-se a atenção e dispêndio de esforços de inúmeros e, por vezes nebulosos, atores e movimentos políticos e ideológicos brasileiros em relação à temática do Direito Penal e Processual Penal Militar. Lembre-se, por exemplo, que em 1996 o art. 9º do Código Penal Militar foi alterado em um contexto de pautas políticas e ideológicas, especialmente no tocante à militância pela extinção das justiças militares e que recentemente, a Lei Federal n. 13.491/17, que buscou harmonizar o texto do art. 9º do CPM às competências constitucionais da Justiça Militar (artigos 124 e 125) e introduzir um mecanismo de equalização automática entre as esferas comum e militar do Direito Penal foi, imediatamente, alvo de uma ADIN impetrada, não por acaso, por um partido político da esquerda radical brasileira. Em todos os casos a fundamentação das alterações, pleitos e impugnações é apresentada sob o mote de defesa dos direitos humanos quando, na verdade, decorrem de projetos políticos partidários e ideológicos de desmilitarização das polícias com objetivos bem diversos do simples "aperfeiçoamento" do sistema policial ou de segurança pública brasileiro.

E se todos os problemas supracitados já prejudicam, em muito, o debate e as evoluções no que diz respeito ao sistema de controle e circulação das armas de fogo no Brasil, infelizmente, há uma outra questão talvez ainda mais grave, qual seja, a probabilidade de que parte daqueles que defendem as proibições e criminalizações relacionadas à fabricação e circulação de armas de fogos no Brasil estejam assim atuando não para proteção de bens e valores indiscutíveis como a "vida", "integridade física" e "segurança" das pessoas mas, na verdade, com vistas a um "projeto" político e ideológico que propugna, ou ao menos acolhe, medidas capazes de desestabilizar e desestruturar alguns dos mais básicos pilares do Estado Democrático de Direito, como, a seguir, buscar-se-á explicar.

Neste sentido, ainda no ano de 2003, durante as discussões a respeito das alterações legais propostas e apresentação da estrutura que viria a constituir o Estatuto do Desarmamento, muitas vozes se levantaram para "denunciar" que o "desarmamento da população civil", objeto final do referido diploma legal, tratava-se, na verdade, de um instrumento de "preparação" que visava "facilitar" a posterior adoção de medidas estatais "totalitárias" por meio da fragilização de eventual poder de "reação" ou de "resistência" da sociedade contra estas "eventuais" e "futuras" medidas.

Não se ignora que todas estas "denúncias" foram, e continuam sendo, tratadas como meras "elocubrações conspiratórias" e "devaneios" absolutamente apartados da realidade. Para a grande maioria das pessoas, assim como para nós, reconhecer a existência de grupos políticos radicais minoritários que defendam expressamente "soluções" políticas "revolucionárias" é algo muito distinto de validar teorias "conspiratórias" que buscam vincular um movimento aparentemente tão amplo e heterogêneo[6] como o de defesa do "desarmamento pela vida" com projetos ideológicos extremistas e contrários ao Estado Democrático de Direito.

Todavia, se em 2003 esta possibilidade soava como algo próximo do "absurdo", atualmente, têm-se presenciado o delineamento, ou o "resgate", de uma teoria ou movimento acadêmico, jurídico e político que vincula expressa e diretamente o "desarmamento da população civil" com medidas "preventivas", "não ortodoxas" de "proteção" da democracia por meio de instrumentos "democráticos" "extraordinários". Esta teoria ou movimento tem sido intitulada como "Democracia Militante".

Referida teoria ou movimento, resgatado de construções teóricas desenvolvidas no período pré-segunda guerra mundial, surpreendentemente tem reverberado nos mais "consagrados" âmbitos jurídicos de produção científica, doutrinária e jurisprudencial pátrios havendo até posicionamentos no sentido de que já teria sido, inclusive, adotada pelo Supremo Tribunal Federal em algumas decisões.

Talvez um dos mais claros exemplos dos níveis de alcance deste movimento na estrutura jurídica do País seja a impressionante e detalhada defesa deste conceito, e de suas intrínsecas "medidas" destinadas a "salvaguardas" a "democracia", por

[6] Ao menos aparentemente, em especial por conta das campanhas midiáticas e redes de apoio ao Estatuto que desde então permeiam os mais diversos meios de comunicação e espaços de debates públicos.

membros do Ministério Público Federal nos autos da Ação Civil Pública[7] que visa a impugnação de apurações e condenações criminais decorrentes da popularmente conhecida "Operação Lava Jato".

Neste processo, mais precisamente no item VII da petição que o inaugura, os representantes do *parquet* federal defendem, sob o conceito de "Democracia Militante" e dentre outras proposições bem peculiares, a adoção de medidas legislativas e judiciárias que criem ou permitam a: (i) proibição de partidos políticos "extremistas"; (ii) prevenção (?!) contra abusos (?!) das prerrogativas parlamentares por políticos "extremistas"; (iii) criminalização de atos de violência (física, simbólica ou de qualquer natureza) contra certos grupos sociais por motivo de raça ou religião; (iv) limitação ao exercício da liberdade de expressão por determinadas pessoas ou grupos "extremistas"; (v) restrição de participação política por parte de grupos específicos; (vi) criação de uma polícia política para prevenção (?!) e repressão dos crimes contra a democracia e; (vii) pasmem (?!), proteção contra fabricação, transporte, posse, porte e uso de armas de fogo ou outras armas ofensivas... todas estas medidas visariam, logicamente, a defesa da democracia...

Por mais estarrecedor que seja o fato de presenciarmos, em pleno século XXI, representantes do Ministério Pública Federal defenderem e pleitearam a implementação de medidas de tal natureza, nitidamente violadoras de alguns dos mais básicos direitos, princípios e garantias do Estado Democrático de Direito e que ficariam à completa disposição dos governantes "de plantão" por meio de conceitos absolutamente vagos e fluídos, funcionando, portanto, como verdadeiro "cheque em branco" para perseguições políticas e implementação de um estado ditatorial, constata-se, em tal conceito e nesta ação pública, algo ainda mais grave e impressionante.

Isso porque, não bastasse a "imprecisão" semântica e conceitual do termo "extremista" que poderia funcionar para qualquer tipo de "perseguição" política e ideológica pelos governantes "de plantão", os representantes do Ministério Público Federal foram inacreditavelmente claros e transparentes ao defender, nestes mesmos autos que, apesar dos termos "extremistas", "antidemocráticos" ou "similiares", que "fundamentariam" e "justificariam" o uso das medidas ditatoriais pleiteadas, serem de difícil conceituação (?!), não poderiam, de modo algum, ser utilizados "contra" aqueles que defendem ideias "mais à esquerda" visto que, em tais casos, tais ideias ("mais à esquerda") não caracterizariam posturas, atos ou ideias "extremistas" mas única e tão somente a defesa de "um outro tipo de democracia, mesmo que radicalmente diferente".

Sim, transcorridos quase vinte anos de desdém de todas as "elocubrações" que "denunciavam" a possibilidade de uma relação direta entre o "desarmamento da população civil" e projetos políticos totalitários, a sociedade brasileira é "presenteada" com uma Ação Civil Pública, impetrada por representantes do Ministério Público Federal que, em síntese, além de defender a aplicação de medidas cerceadoras de direitos fundamentais e violadoras de diversos pilares do Estado Democrático de

[7] Ação Civil Pública nº 0801513-73.2021.4.05.8401.

Direito, vinculam-nas, direta e expressamente, à proibição de fabricação, transporte, posse, porte e uso de armas de fogo ou outras armas ofensivas com o objetivo de desarmar a população civil.

Não se esquecendo também que todas estas "medidas excepcionais", destinadas a "salvar" a democracia, poderiam ser utilizadas contra qualquer grupo ou pessoa a quem o governo "de plantão" entendesse por bem classificar como "extremista", proibindo-se, todavia e como bem "alertado" pelos procuradores federais, que àqueles que se encontram "mais à esquerda" do espectro político sejam "classificados" como "extremistas", haja vista que estes últimos, não seriam "extremistas" mas apenas defensores de um "outro tipo" de "democracia", ainda que "radicalmente diferente".

Inacreditável, porém, real.

Desta forma, diante de contornos tão nítidos apresentados em uma petição oficial, impossível classificar, ora em diante, como meros "devaneios terraplanistas" os "alertas" ou "raciocínios" que relacionam o Estatuto do Desarmamento a projetos políticos e ideológicos totalitários que colocariam em risco o próprio Estado Democrático de Direito.

Se as propostas legislativas apresentadas pela "esquerda" espanhola no tocante ao Código Penal (Espanhol) de 1995 foram destacadas, por Jesús-Maria Silva Sánchez (2002, p. 188-193), como exemplo de "esquizofrenia" e "contradição" dos posicionamentos de tais segmentos cremos que a petição inicial apresentada pelos representantes do Ministério Público Federal nos autos da Ação Civil Pública nº 0801513-73.2021.4.05.8401, demonstra que nos caudalosos rios dos discursos proibitivos, criminalizadores e de defesa do Estatuto do Desarmamento podem, sim, correr "submersos", projetos políticos e ideológicos totalitários os quais, ainda que não sejam ou se apresentem como principal motriz de tais discursos devem, no mínimo, ser objeto de análise e consideração em qualquer discussão sobre o tema da fabricação, uso e circulação de armas de fogo no Brasil.

Assim, falta de clareza ou argumentações contraditórias, possibilidade de adoção cada vez maior de um Direito Penal com função prioritariamente simbólica e riscos reais ao Estado Democrático de Direito exemplificam o porque defendemos que todas as reflexões, discussões ou posicionamentos externados a respeito do Estatuto do Desarmamento em nosso país devem estar contextualizados em relação às possíveis influências políticas ou ideológicas incidentes sob o tema, caso contrário, os debates podem resultar infrutíferos ou, ainda pior, conduzir a caminhos opostos aos inicialmente almejados e prejudiciais a toda a sociedade.

Esclarecida, portanto, a necessidade deste breve "parênteses explicativo" acerca do contexto político e ideológico do tema, importa voltar à análise da evolução cronológica da legislação relativa ao controle de armas de fogo no Brasil e respectivo cenário consolidado no ano de 2003.

Voltando-se, então, ao ano de 2003, seis anos após a implementação do SINARM, da criminalização de diversas condutas por meio da Lei nº 9.437/97 e do aumento das apreensões de armas de fogo e de prisões de criminosos a elas relacionados, a discussão sobre a fabricação, comércio e circulação de armas de fogo no Brasil, pelos motivos acima expostos, alcançou um outro ponto de pressão que propugnava pelo recrudescimento do ordenamento legal e dos respectivos mecanismos de controle por parte do Estado.

No plano internacional, os movimentos pela repressão o tráfico internacional de armas também davam novos contornos a esse cenário:

> Em seguida, a Assembleia Geral da Organização das Nações Unidas (ONU) promulga a Convenção das Nações Unidas contra o Crime Organizado Transnacional, adotada em Nova York em 15 de novembro de 2000, estabelecendo, entre outras medidas, parâmetros para a criminalização das organizações criminosas e delitos correlatos.
>
> Tal documento foi complementado pelo Protocolo contra a Fabricação e o Tráfico Ilícito de Armas de Fogo, suas Peças, Componentes e Munições, de 31 de maio de 2001, por meio do qual o Sistemas Global de Proteção aos Direitos Humanos preconiza a união de esforços de todos os Estados Partes em torno da "Necessidade urgente de prevenir, combater e erradicar a fabricação e o tráfico ilícitos de armas de fogo, suas peças e componentes e munições, devido aos efeitos prejudiciais dessas atividades sobre a segurança de cada Estado e região, e do mundo como um todo, ameaçando o bem-estar dos povos, seu desenvolvimento social e econômico e seu direito de viver em paz".
>
> [...]
>
> No plano internacional, as Nações Unidas, cientes do fato de que a fabricação, o comércio e a circulação de armas de fogo pequenas e leves contribuem intensamente para o aumento da violência e para a expansão do crime organizado, adotaram o Programa de Ação para Prevenir, Combater e Erradicar o Comércio Ilícito de Armas Pequenas e Leves em Todos os Seus Aspectos (2001).
>
> Por este instrumento, os Estados Partes, como o Brasil, comprometeram-se a aperfeiçoar a legislação, aprimorar os regulamentos e implementar ações estatais efetivas para o controle sobre a fabricação, o comércio e a aquisição de armas pequenas e leves em seus territórios, como forma de combater o tráfico ilícito de armamentos e o desvio desses produtos para o arsenal das organizações criminosas". (BRASIL, 2021, pág. 33, 39 e 40).

Referida pressão, realizada especialmente pelos segmentos ligados ao espectro político da esquerda brasileira que ao invés de lutar "contra" o aumento do número de prisões e o "encarceramento em massa", passou, como visto, a militar ativamente pelo recrudescimento da legislação administrativa e penal, acabou por culminar com a aprovação do Estatuto do Desarmamento (Lei nº 10.826/03) que criou novas figuras penais[8] e agravou tipificações já existentes a exemplo do aumento da pena máxima prevista para os crimes de posse e de porte ilegal de arma de fogo e de disparo de arma de fogo[9].

Ademais, não se limitando à questão penal, a nova legislação buscou consolidar a inversão da lógica do comércio de armas de fogo no Brasil tornando a proibição

[8] Arts. 12 a 21 da Lei nº 10.826/03. Os números referem-se apenas às armas apreendidas e não às armas entregues voluntariamente nos termos do Estatuto do Desarmamento.

[9] Não há dúvidas que os institutos da Lei nº 9.009/95 e a definição de infração de menor potencial ofensivo no âmbito federal prevista na Lei nº 10.259 de 2001 que orientou a jurisprudência no sentido de ampliar este conceito também na esfera estadual (o que depois foi confirmado pela Lei nº 11.313/2006) influenciou a definição das penas máximas e mínimas previstas na Lei nº 10.826/03.

como regra e a permissão, exceção. Assim, além de fornecer instrumentos legais para a atuação policial em face do descumprimento da lei (por meio dos crimes e das penas) incidiu diretamente em uma das condicionantes criminais relacionadas ao problema das armas de fogo ilegais no país, qual seja, a quantidade de armas de fogos legalmente comercializadas as quais, quando desviadas da sua origem lícita, alimentavam, significativamente, a cadeia ilegal das armas de fogo utilizadas pelos criminosos.

Sem desconsiderar os alertas já destacados no sentido do risco de que esta política "desarmamentista", que ganhou força a partir de 2003, possa estar relacionada a uma gradual implantação de projetos políticos antidemocráticos, importa agora analisar as consequências diretas e imediatas da entrada em vigor do Estatuto para que, posteriormente, seja reintroduzida à esta complexa equação os fatores políticos e ideológicos com os respectivos riscos ao Estado Democrático de Direito.

Dando-se sequência, portanto, na análise das consequências diretas, concretas e iniciais da implementação do Estatuto do Desarmamento, cabe destacar que o foco adotado pelo Estatuto, muito mais amplo do que apenas o âmbito criminal, acabou por implementar o conceito de "prevenção organizacional" (VILARDI, 2014, p. 125-132) ao tema, conceito este que, efetivamente, tem norteado e proporcionado inúmeros resultados positivos na área da segurança pública.

Tal conceito, ao contrário das propostas de ações "meramente normativas" (a exemplo da simples criação de novos tipos penais ou aumento de penas como resposta milagrosa às ameaças e riscos que afligem a sociedade) prioriza a análise detalhada do fenômeno criminal e dos melhores e mais eficazes meios, não apenas penais como também administrativos e de gestão, para que se possa alcançar os melhores resultados em termos de prevenção criminal. A "prevenção organizacional", mais eficaz e menos onerosa em termos de flexibilização de garantias direitos individuais, foi conceituada por Winfried Hassemer (2008, p.307) como o melhor instrumento para enfrentar, até onde seja possível:

> as ameaças de nosso tempo não com lesões aos direitos fundamentais, mas com medidas efetivas de proteção e segurança, desenvolvendo instrumentos legais ou favorecendo a aplicação dos já existentes, os quais não apenas simulem seu caráter preventivo mas realmente tenham efeito preventivo (...) Todo jurista da área penal precisaria ter claramente em mente, pelo menos, que alternativas para o Direito penal precisam ser desenvolvidas de maneira cuidadosa, a longo prazo e levando em consideração as realidades do controle social; que a prevenção organizacional não pode, portanto, substituir a repressão penal nem imediatamente nem totalmente. Duas coisas, porém, são claras: a prevenção organizacional pode aliviar consideravelmente a necessidade da repressão penal e, dessa forma, produzir ricos frutos.

Logo, ao restringir a comercialização legal de armas de fogo no Brasil ao mesmo tempo em que agravou o tratamento penal de diversas condutas, o Estatuto do Desarmamento conciliou as duas principais frentes para diminuição do número de armas ilegais em circulação (condicionantes criminais e repressão qualificada). Não por acaso, já nos anos seguintes à sua vigência, observou-se no Estado de São Paulo, nossa base de exemplo, a reversão da tendência e o início da queda no número de apreensões e prisões relacionadas à armas de fogo ilegais, ao contrário do que ocorrera no período imediatamente anterior ao Estatuto, qual seja, entre 1997 e 2003.

A tabela abaixo, que apresenta os dados de apreensão de armas de fogo no Estado de São Paulo a partir de 2003, demonstra esse impacto, que se inicia no ano de 2004 e alcança, em 2012, uma redução de cerca de 52,6% do número de armas de fogo apreendidas pela Polícia neste Estado:

TABELA 3 – ARMAS APREENDIDAS NO ESTADO DE SÃO PAULO (2003-2012)

Armas Apreendidas no Estado de São Paulo					
ANO	**1° Trimestre**	**2° Trimestre**	**3° Trimestre**	**4° Trimestre**	**Total Ano**
2003	9.571	10.213	10.007	9.760	39.551
2004	9.356	8.719	8.189	8.724	34.988
2005	7.989	8.249	8.069	7.397	31.704
2006	6.649	6.783	6.376	6.116	25.924
2007	5.987	6.213	5.736	5.507	23.443
2008	5.326	5.051	4.863	5.037	20.277
2009	5.568	5.734	5.316	5.262	21.880
2010	4.861	4.758	4.522	4.614	18.755
2011	4.590	5.197	4.828	4.435	19.050
2012	4.783	4.635	4.642	4.682	18.742

Fonte: Elaborado pelo autor.[10]

Esta redução do número de armas de fogo apreendidas é mais impressionante ainda quando comparada ao aumento do número de infratores presos em flagrante ou por mandado judicial no mesmo período.

Essa comparação, além de acentuar a dimensão do impacto do Estatuto, é importante para afastar a hipótese, por vezes aventada, no sentido de que o fenômeno pudesse estar relacionado a uma eventual diminuição da atuação policial. Pelo contrário, nos anos subsequentes ao de 2003 as polícias paulistas prenderam cada vez mais criminosos (aumento de 61% entre 2003 e 2017) ao mesmo tempo em que apreendiam uma quantidade cada vez menor de armas de fogo ilegais (redução de 60% entre 2003 e 2017).

Em 2003 apreendia-se uma arma de fogo ilegal a cada "3,63 criminosos presos" já em 2017 apreendeu-se uma arma de fogo ilegal a cada "14,87 criminosos presos".

10 Tabela elaborada pelo autor. Fonte: Secretaria de Segurança Pública do Estado de São Paulo. Disponível em: <http://www.ssp.sp.gov.br/novaestatistica/Trimestrais.aspx> Acesso em 12 de junho de 2020.

GRÁFICO 3 – PRISÕES E APREENSÕES DE INFRATORES E ARMAS NO ESTADO DE SÃO PAULO – 2001-2017

ANO	Nº DE INFRATORES APREENDIDOS EM FLAGRANTE	Nº DE INFRATORES APREENDIDOS POR MANDADO	Nº DE PESSOAS PRESAS EM FLAGRANTE	Nº DE PESSOAS PRESAS POR MANDADO	TOTAL DE PESSOAS PRESAS	Nº DE ARMAS DE FOGO APREENDIDAS
2001	9322	1529	94960	31118	136929	39965
2002	7795	1439	82610	35811	127655	37993
2003	8426	1946	91078	41977	143427	39551
2004	10027	1697	86980	37760	136464	34988
2005	11192	1848	85905	40720	139665	31704
2006	10847	1478	85882	42263	140470	25924
2007	11461	1843	93238	49953	156495	23443
2008	9279	1742	91974	46093	149088	20277
2009	10534	2203	102601	51622	166960	21880
2010	10861	1954	97847	45571	156233	18755
2011	12519	2420	104577	48508	168024	19050
2012	15017	2812	115019	46712	179560	18741
2013	17668	3488	134744	47923	203823	18845
2014	19853	4352	128974	48944	202123	18036
2015	20355	5148	133045	58785	217333	17635
2016	21139	5738	138710	66117	231704	16873
2017	18778	5118	133670	74297	231863	15597

Fonte: Elaborado pelo autor.[11]

GRÁFICO 4 – PRISÕES E APREENSÕES DE INFRATORES E ARMAS NO ESTADO DE SÃO PAULO – 2001-2017

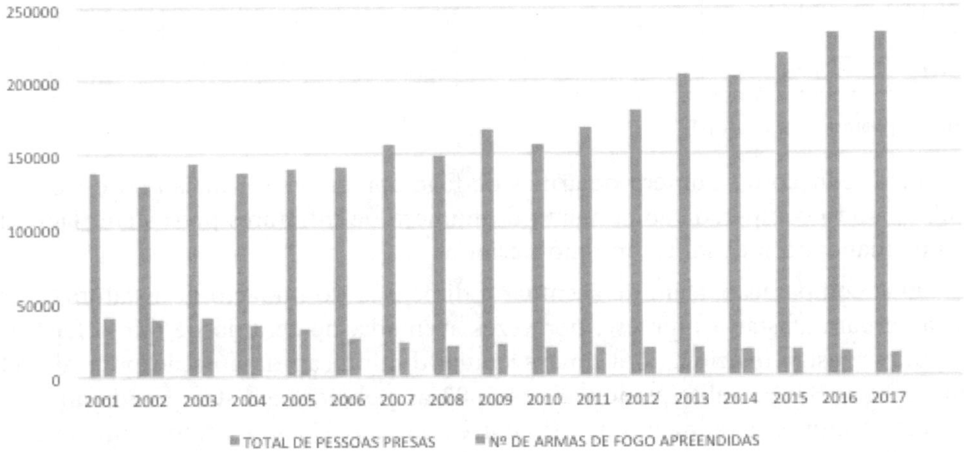

Fonte: Elaborado pelo autor.[12]

Contextualizando-se tais dados no cenário da segurança pública paulista é possível a conclusão no sentido de que no ano de 2003, praticamente um em cada três criminosos estava armado, ao passo que transcorridos quinze anos de vigência do Estatuto do Desarmamento, em 2017, "apenas" um em cada 14 criminosos tinham acesso a uma arma de fogo ilegal. Em 2019, esta proporção alcançou a relação de uma arma de fogo para cada 18 criminosos presos (12.850 armas de fogo apreendidas e 230.765 infratores presos ou apreendidos), demonstrando nitidamente o impacto

[11] Tabela elaborada pelo autor. Fonte: Secretaria de Segurança Pública do Estado de São Paulo. Disponível em: <http://www.ssp.sp.gov.br/novaestatistica/Trimestrais.aspx> Acesso em 12 de junho de 2020.

[12] Tabela elaborada pelo autor. Fonte: Secretaria de Segurança Pública do Estado de São Paulo. Disponível em: <http://www.ssp.sp.gov.br/novaestatistica/Trimestrais.aspx> Acesso em 12 de junho de 2020.

significativo que a regulamentação introduzida pelo Estatuto teve sobre o número de arma de fogo ilegais em circulação e, portanto, em poder dos criminosos.

Contudo, além da redução do número de armas de fogo ilegais em poder dos criminosos, é importante perquirir "se" e "como" essa redução teria impactado a segurança pública e, por consequência, os direitos fundamentais de toda a sociedade ou, em termos mais simples, perguntar se: menos armas significa menos crimes?

Pois bem, muito se discute sobre os reflexos do Estatuto do Desarmamento em relação aos homicídios no Brasil. O tema é polêmico e, como diversos outros pontos, repleto de abordagens enviesadas pelos diversos interesses já expostos.

Um trabalho muito interessante e ponderado a respeito do amplo leque de causas que podem ter contribuído com a redução dos homicídios, especialmente no Estado de São Paulo, foi realizado por Alvarenga (2020). Referido autor, após apresentar uma ampla revisão bibliográfica sobre pesquisas publicadas no Brasil e constatar, no que concordamos, que ainda não há dados e metodologias capazes de precisar os percentuais de relevância de cada uma das causas (demografia, armas de fogo, encarceramento, políticas públicas etc) que parecem ter contribuído para o fenômeno (redução de homicídios), concluiu que a redução do número de armas de fogo ilegais em circulação, decorrente não apenas da vigência do Estatuto do Desarmamento mas principalmente da atuação policial em São Paulo no sentido de prisão e apreensão de armas e criminosos, contribuiu com uma parcela da redução de homicídios visto que o percentual de homicídios e de suicídios com arma de fogo acompanhou, de um modo ou de outro e considerado o universo total dos dados, as reduções de armas de fogo ilegais em circulação.

Contudo, o próprio autor ressaltou que, mesmo se considerado o cenário mais otimista, não foram identificadas evidências que apontem conclusivamente no sentido de que a redução de armas de fogo ilegais, decorrentes da atuação policial fundada nos crimes e nas restrições do Estatuto do Desarmamento tenha sido a principal causa de redução de homicídios. Em vista disso, Alvarenga concluiu, no que concordamos, que o Estatuto do Desarmamento propiciou ferramentas para que as polícias prendessem mais criminosos e apreendessem mais armas de fogo o que, em conjunto com a redução da comercialização destas, acabou por diminuir o número de armas ilegais e, consequentemente, contribuído com a redução de homicídios, contribuição esta cujo percentual não é possível precisar.

Não obstante, respeitadas tais limitações, não há dúvidas de que esta parcial e limitada contribuição na redução de homicídios pode ser apontada como um dos impactos positivos concretos da aplicação do Estatuto do Desarmamento para a segurança pública. Assim, se é fato que armas não matam (quem mata são as pessoas), os dados parecem demonstrar que, no Brasil, pessoas com acesso mais fácil às armas matam mais do que pessoas com menor acesso às armas.

Referida conclusão não visa superlativizar, nem menosprezar, o impacto do Estatuto na redução dos homicídios mas sim apenas dimensioná-lo a fim de que seja devidamente considerado na difícil, porém imprescindível, equação final de equilíbrio entre o direito natural e fundamental à legítima defesa de um lado, e o direito à segurança pública (também fundamental) de outro.

E nesta equação, quanto mais elementos forem considerados, mais próximo do equilíbrio, estaremos.

Por tal motivo, além da questão dos homicídios, importante a tentativa de se ampliar o espectro de análise a fim de tentar identificar se a entrada em vigor do atual Estatuto do Desarmamento guarda alguma relação com as evoluções ou alterações na dinâmica criminal de algum outro delito como, por exemplo, os roubos.

Neste sentido, um primeiro passo seria analisar se o menor número de armas de fogo em poder dos criminosos, confirmado pelos dados relativos ao Estado de São Paulo, teria, de algum modo, dificultado a prática dos crimes de roubos (perpetrados mediante o uso de violência ou grave ameaça). Se essa essa relação fosse verdadeira, tal qual observado em relação aos homicídios, o transcorrer dos anos de vigência do Estatuo e de redução de armas ilegais em poder dos criminosos teria sido acompanhado de uma diminuição gradual, porém constante, do número de roubos registrados no Estado.

Neste sentido, ainda que seja possível verificar uma pequena redução no número total de roubos registrados no Estado de São Paulo quando comparados os dados de 2003 (328.252 roubos) aos dados de 2019 (301.914 roubos), não parece ser possível relacioná-la com as reduções do número de armas de fogo em circulação haja vista que neste mesmo lapso temporal (2003 a 2021), os totais de roubos variaram nos dois sentidos (aumento e diminuição), diferentemente dos quantitativos de arma de fogo apreendidas que apresentaram queda consistente e sequencial, ano após ano, no mesmo período.

Assim, parece não haver indícios no sentido de que o menor número de armas ilegais em poder dos criminosos tenha resultado em menor quantidade de roubos. Frise-se, inclusive, que a ameaça para a prática do roubo pode ser realizada, pelos criminosos, por diversas outras formas, como por exemplo, por meio de simulacros (houve aumento no número de apreensões de objetos desta natureza) ou simples simulações. Deste modo, em resumo, pode-se concluir que menos armas não significou, por ora, menos roubos.

Essa conclusão não afasta, contudo, que outros tipos de "ganhos" em relação à dinâmica criminal dos roubos possam ter decorrido do menor número de armas ilegais em poder dos criminosos. Veja-se, por exemplo, os dados relativos aos crimes de latrocínio.

Infelizmente, dentre as centenas de milhares de roubos praticados, há casos nos quais os covardes criminosos, além da subtração do bem mediante a violência ou grave ameaça, acabam por ceifar a vida de suas vítimas o que, em regra, caracteriza o crime de latrocínio. Deste modo, um raciocínio lógico indicaria que quanto maior o poder ofensivo dos criminosos, maior a probabilidade da prática do crime de latrocínio nos crimes de roubos, por outro lado, reduzindo-se o poder ofensivo dos infratores, o efeito em relação aos latrocínios seria o inverso. Sob esta lógica, interessa investigar se, no período de vigência do Estatuto do Desarmamento, no qual se constatou um número significativamente menor de armas de fogo ilegais em poder dos criminosos, houve, ou não, redução da proporção de latrocínios face ao número total dos crimes de roubos.

E essa investigação, ao contrário das conclusões relativas aos crimes de roubos como um todo, parece indicar, mais uma vezes considerados os dados relativos ao Estado de São Paulo, uma redução da proporção entre latrocínios/roubos que acompanha tendência de redução do número de armas ilegais em circulação no Estado de São Paulo.

Essa é a conclusão quando se comparam a relação latrocínios/roubos no ano de 2003 com os dados relativos ao ano de 2019. Em 2003 foram registrados 328.252 roubos no Estado (roubo - outros e roubos de veículos) sendo praticados 540 latrocínios o que resulta em uma proporção de um latrocínio para cada 608 roubos registrados. Em 2019, diante dos 301.914 roubos registrados (roubo - outros e de veículos) foram praticados 192 latrocínios o que significa uma proporção de um latrocínio para cada 1572 roubos registrados. Ou seja, ainda que alta, a letalidade dos roubos (proporção latrocínios/roubos) apresentou reduções graduais e subsequentes, ano a ano, chegando a cerca de 60% quando comparado o ano de entrada em vigor do Estatuto (2003) ao último ano da série pré-pandemia (2019). Mais uma vez, além da lógica do raciocínio, a queda gradual, sequencial e constante da relação latrocínios/roubos no mesmo sentido da dinâmica observada em relação ao número de armas ilegais em circulação reforça a hipótese de correlação e causalidade.

Deste modo, parece correta a afirmação no sentido de quanto menos armas ilegais, menos roubos com resultado morte, ou seja, menos latrocínios.

Mais uma vez, são ganhos que, assim como as parciais contribuições nas reduções de homicídios, não podem ser deprezados na equação final destinada a equilibrar o direito à vida, à autodefesa e à segurança pública.

Por fim, uma última análise em relação à questão das possíveis relações entre armas de fogos e crimes merece atenção antes das considerações finais deste item introdutório que tem por objetivo principal definir os bens jurídicos tutelados pelo Estatuto do Desarmamento. Trata-se de tecer algumas considerações a respeito de argumentos frequentemente apresentados durante os debates relativos ao Estatuto do Desarmamento no Brasil, quais sejam, as alegações no sentido da impossibilidade ou desonestidade na tentativa de se estabelecer qualquer tipo de relação entre o número de armas de fogo em circulação e o número de crimes no Brasil tendo em vista que em todo o mundo há países nos quais há mais armas e menos crimes bem como outros em que há menos armas e mais crimes.

Pois bem, este é um argumento que merece sim ser considerado, afinal, efetivamente não são poucos os estudos que apresentam países nos quais o número de armas de fogo legais em circulação é extraordinariamente maior do que os estimados para o Brasil e, nem por isso, a segurança pública seria negativamente impactada por esse fator. Ao contrário, muitos deles apresentam número muito maior de armas de fogo em poder da população em geral ao mesmo tempo em que se verificam indicadores criminais muito melhores (ou menores) do que o atual cenário brasileiro.

Sem dúvidas de que referidos estudos e pesquisas são relevantes e tem o grande mérito de demonstrar que o número de armas de fogo legais em circulação não se relaciona, necessariamente, com aumento ou diminuição de crimes, diferentemente do que é difundido, cotidiana e falsamente, no atual contexto de "guerra" política e ideológica existente no Brasil a respeito do tema.

Não obstante, ao mesmo tempo que desconsiderar estes argumentos é indevido, também não pode-se deixar de considerar que cada um dos países citados e elencados em tais estudos, possuem diversas outras variáveis que se relacionam, direta ou indiretamente, com todas as questões criminais, especialmente no que diz respeito ao sistema de segurança pública e de justiça criminal que, no Brasil, possui idiossincrasias não mais encontradas em qualquer outro lugar do mundo.

Assim, o fato do grande número de armas de fogos legais em poder dos cidadãos nos Estados Unidos, por exemplo, não provocar um caos na segurança pública, não significa que, no Brasil, um eventual retorno aos patamares observados no final do século XX no tocante ao número de armas de fogo legais em circulação, seria incapaz de afetar negativamente a segurança pública.

Neste sentido, basta lembrar que em Nova Iorque, por exemplo, cerca de 90% dos autores de homicídios, 50% dos autores de roubos e 25% dos autores de furtos são identificados, presos e condenados. Por seu turno, em São Paulo, que assim como o resto do Brasil mantém um sistema policial oitocentista e já abandonado por todos os países do mundo[13], inclusive França e Portugal, vez que desenhado com "meias polícias" e para funcionar há três séculos atrás[14], cerca de 98% dos crimes de furtos e 95% dos crimes de roubos não são, sequer, investigados.

Ainda que por vezes se "comemore" a identificação de cerca de 50% dos autores de homicídios neste Estado, vale lembrar que este percentual corresponde apenas à metade do verificado na maioria dos países (que esclarecem cerca de 80 a 90% dos casos) visto ser, o homicídio, um dos crimes com maior probabilidade de investigação em virtude da relação, muito comum, entre autores e vítimas.

Mesmo nos casos nos quais se realiza a prisão em flagrante do criminoso (mais de 70% das prisões realizadas no Brasil são em flagrante delito, ou seja, quase nunca decorrente de investigação) o sistema de justiça criminal brasileiro apresenta-se inepto e ineficaz. Mais uma vez tomando-se Nova Iorque como exemplo, constata-se que naquela cidade norteamericana todos os presos em flagrante são apresentados em 24 horas ao Ministério Público e ao Judiciário para que, em casos de infrações de menor potencial ofensivo sejam aplicadas as respectivas sanções com o consequente encerramento do processo ou, nos casos mais graves, os presos possam ser denunciados. Por outro lado, em São Paulo (e no Brasil), as primeiras 24 horas posteriores

---

13 À exceção de Guiné Bissau.

14 chamado de modelo napoleônico pois originado do Código do 18 Brumário de 17777 e existente hoje apenas em dois países do mundo, Brasil e Guiné Bissau.

à prisão são destinadas apenas ao "refazimento" ou à "dupla formalização" da prisão pelas "meias polícias". Não bastasse tal desperdício de recursos públicos e violação aos direitos fundamentais de todos os envolvidos (vítima, profissionais de segurança pública e até mesmo dos criminosos), quando da apresentação do preso ao juiz e ao promotor nas outras 24 horas subsequentes, para fins de realização das denominadas "audiências de custódia", toda essa estrutura serve apenas para verificar se a prisão (já realizada e formalizada em duplicidade pelas duas polícias) é legal e se há algum motivo para que ele seja colocado em liberdade sendo expressamente proibido (?!) que neste momento seja abordada alguma questão relativa ao mérito da acusação ou ainda qualquer ato processual significativo como a denúncia e citação, por exemplo.

Em resumo, infelizmente e por diversos motivos, continuamos diante de uma impunidade e um sistema de justiça criminal que não consegue cumprir as suas mais básicas missões, o que dificulta ou impede, simples comparações no tocante à relação armas de fogo legais/crimes no Brasil com o constatado em outros países. O que tais estudos demonstram, como ressaltado, é que a afirmação "mais armas = mais crimes", por si, não é verdadeira sendo que referida relação pode estabelecer uma conclusão em sentido contrário, ou seja, de que em alguns países ou regiões "mais armas resultaram em menos crimes".

Todavia, os mesmos estudos, e pelos mesmos motivos expostos, não são capazes de afastar as conclusões aqui apresentadas e lastreadas em dados locais e reais no sentido de que no Brasil, a partir dos dados relativos ao Estado de São Paulo, o Estatuto do Desarmamento parece ter contribuído significativamente com, no mínimo, três aspectos na segurança pública:

(i) redução de cerca de 70% do número de armas de fogo ilegais em circulação em poder dos criminosos;
(ii) redução dos homicídios dolosos (consideradas as regiões nas quais as polícias efetivamente atuaram e prenderam criminosos e, mesmo assim, em percentuais ainda não estabelecidos, porém longe de ser indicado como principal fator redutor);
(iii) redução do poder ofensivo dos criminosos e consequente redução da letalidade (relação latrocínios/roubos) dos roubos praticados (mais uma vez atrelado à eficiência da atuação policial e não simplesmente pela entrada em vigor do Estatuto),

Ainda que sejam contribuições muito mais modestas do que as geralmente aventadas pelos segmentos alinhados ao pensamento criminológico autodenominado "crítico" (marxistas), tais contribuições não podem ser menosprezadas, principalmente por trataram-se, efetivamente, de preservação de vidas.

Por outro lado, também não podem ser menosprezadas na discussão sobre qualquer ponto do Estatuto do Desarmamento, todas as implicações e influências políticas e ideológicas que tanto foram ressaltadas neste item introdutório, em especial, o risco de que, sob o argumento e falso pretexto de se proteger e defender a vida, a integridade física e a segurança das pessoas, esteja sendo facilitado, na verdade, o avanço de projetos antidemocráticos claramente exemplificados e sintetizados nos conceitos e medidas propostas nos autos da Ação Civil Pública nº 0801513-73.2021.4.05.8401.

Todos os pontos acima, em conjunto com o direito fundamental à legítima defesa, devem integrar a difícil equação necessária ao equilíbrio dos diversos direitos envolvidos, cuja solução ideal ou minimamente razoável só será alcançada com discussões que priorizem os dados e racionalidade em face das concepções ideológicas e políticas a respeito do tema.

O erro ou sobreposição de qualquer dos lados, custará, ao final vidas. Ainda que o "ponto médio ideal" de calibragem entre todos os direitos envolvidos não seja o foco do presente trabalho, todos os argumentos, dados e informações até aqui apresentados podem ao menos estabelecer, ao nosso ver, pontos mínimos de inflexão nos "extremos" da discussão.

Diante dos elementos concretos de vinculação clara e direta da "política desarmamentista" com projetos políticos e ideológicos marxistas e antidemocráticos imaginamos ser inadmissível toda e qualquer proposta ou procedimento que tenha por objetivo impedir um cidadão, que atenda condições e critérios legais razoáveis, de adquirir uma arma de fogo que possibilite o exercício do seu direito fundamental à autodefesa.

No outro extremo dos limites da discussão, nos parece indiscutível a necessidade de que toda e qualquer aquisição, comercialização e uso de arma de fogo deva ser submetido ao rígido controle estatal, especialmente em relação ao rastreamento, individual, preciso e em tempo real que permita um gerenciamento cada vez mais preciso e capaz de identificar fragilidades do sistema e da estrutura legal que indevidamente contribua com o incremento do poder ofensino dos criminosos.

Ainda que os "extremos" iniciais para a discussão acima indicados aparentem ser extremamente genéricos e pouco exequíveis sob o ponto de visa objetivo e prático, diante de todo o exposto entendemos que o atual Estatuto do Desarmamento (que poderia de plano já alterar o nome para Estatuto do Gerenciamento de Armas de Fogo ou algo do gênero) apresenta uma estrutura básica muito boa que já rendeu frutos muito relevantes (diminuição de homicídios, latrocínios e armas em poder dos criminososo) e, portanto, pode servir de base para melhorias pontuais (como critérios razoáveis e não proibitivos para aquisição de armas pelo cidadão comum, especialmente em relação aos que vivem em ambientes rurais) e aperfeiçoamentos ou implementação de medidas ainda não concretizadas (como o rastreamento e gerenciamento das armas e munições legalmente comercializadas e constante análise e controle sobre as apreendidas em poder dos criminosos e respectivas origens).

Estas, são, portanto, as considerações introdutórias a respeito do Estatuto do Desarmamento com a finalidade de contextualizar o tema histórico, político e ideologicamente, buscando aproveitar os avanços obtidos e corrigir os erros cometidos, além de traçar um panorama geral a respeito da norma que vai muito além dos poucos dispositivos criminais nele previstos e que consistem no objeto de estudo da presente obra.

Assim, uma vez cumprida essa missão inicial, resta-nos concluir este item introdutório cujo objetivo principal é, com base em todo o acima exposto, identificar quais seriam os bens jurídicos penais cuja tutela deve ou foi visada pelo Estatuto do Desarmamento e se, efetivamente, ele vem cumprindo, concretamente essa função.

Neste sentido, a doutrina e jurisprudência pátria tem indicado que em linhas gerais, os crimes previstos no Estatuto do Desarmamento tem por objetivo, em regra, tutelar a incolumidade, a segurança e a paz pública. De todo o exposto até aqui, em especial no que se refere aos impactos positivos do Estatuto no campo da segurança pública, ressalvada as necessidades de melhorias já ressaltadas, o Estatuto parece estar, de um modo ou de outro, cumprindo esse papel.

E essa conclusão é importante visot que, ainda que pouco comum em textos jurídicos brasileiros, a realização de um escorço inicial a respeito dos resultados concretos de determinada opção do legislador no tocante à criminalização de determinadas condutas, a exemplo do apresentado nestas linhas introdutórias ao tema, parece-nos imprescindível e indissociável de qualquer abordagem ou discussão, doutrinária, jurisprudencial ou de qualquer outra natureza, a respeito de uma legislação penal.

Com bem pontuado por Helena Regina Lobo da Costa (2008, p.1-3), ainda que o fato do tipo penal dever estar relacionado a um bem jurídico não seja condição única e suficiente para sua legitimidade e que as modificações sofridas pelo direito penal a partir do final do século passado tem questionado a necessidade dessa relação, é certo que a "proteção de bens jurídicos se cristalizou na tradição da dogmática jurídico-penal como um critério fundamental para análise da referência material de uma incriminação".

Entretanto, como prossegue a autora, cada vez mais a noção de bem jurídico tem sido utilizada "como legitimadora da incriminação e não mais como sua limitadora" o que acaba por até mesmo inverter o conceito original de bem jurídico, normalmente associado a pensamentos de racionalização e desenvolvido a partir das ideias apresentadas por Feuerbach em 1804 e por Birnbaum em 1834 a respeito, respectivamente, do conceito material de delito e de bem.

A fim de que não se retroceda, portanto, ao cenário de arbitrariedade anterior às revoluções modernas e florescimento da busca pela racionalização do direito penal, é importante sempre destacar "qual é" ou "deveria ser" o bem jurídico visado por determinada norma penal e como ele vem sendo "tutelado" por esta haja vista que a teoria do bem jurídico penal sustenta que a definição deste presta-se à uma função imanente-sistêmica (como instrumento de interpretação e de auxílio a construções dogmáticas) e outra transcendente-sistêmica (destinada à análise crítica em relação à avaliação da decisão tomada pelo legislador ao criminalizar referida conduta).

Deste modo, uma vez que a jurisprudência tem definido que os bens jurídicos tutelado pelos crimes previstos no Estatuto são a incolumidade[15]e segurança pública ou a paz social[16] a análise de tais conceitos no plano concreto, realizado na presente introdução por meio do impacto observado em relação ao queda no número de armas de fogo ilegais em circulação e no acesso destas pelos criminosos com as consequentes contribuições para a redução dos homicídios, do poder ofensivo dos infratores e da letalidade dos roubos após a entrada em vigência da lei é imprescindível para nortear a subsequente interpretação dos tipos penais assim como para avaliar se a opção do legislador justifica-se de acordo com os parâmetros constitucionais pátrios.

Nesta linha, se mesmo com a entrada em vigor do Estatuto (acompanhada obviamente de sua implementação efetiva) o cenário a ser enfrentado não houvesse apresentado alterações, haveria, sem dúvidas, necessidade de se perquirir sobre a necessidade e/ ou eficácia do direito penal como instrumento de intervenção do Estado. O impacto positivo em relação à redução de armas ilegais em poder dos criminosos (como já indicado não apenas em decorrência dos crimes mas sim da regulamentação administrativa da questão) parece demonstrar que apesar da possibilidade sempre presente de aperfeiçoamento, o caminho parece estar correto, haja vista que o menor número de armas de fogo em poder dos criminosos acaba por proporcionar, como demonstrado, maior proteção de cada uma das pesssoas que integram nossa sociedade.

E essa vinculação final dos bens jurídicos penais tutelados com a proteção real dos direitos fundamentais das pessoas concretamente consideradas é imprescindível pois, mais uma vez socorrendo-se ao raciocínio de Helena Regina Lobo da Costa (2008, p.5):

> O cerne do nosso sistema valorativo é a pessoa humana. O Direito e o Estado existem para servir à pessoa, decorrendo daí ser ela o ponto de partida para a construção do conceito de bem jurídico. Assim, apenas os elementos tidos como essenciais para o desenvolvimento da pessoa numa determinada realidade social podem ser alçados à categoria de bens jurídicos.

Ainda que não se tenha por objeto a discussão a respeito da teoria do bem jurídico em si, é sempre importante destacar que a incolumidade, segurança pública

15 Julgados: HC 432691/MG, Rel. Ministro JORGE MUSSI, QUINTA TURMA, julgado em 21/06/2018, DJe 28/06/2018; HC 433241/RS, Rel. Ministra MARIA THEREZA DE ASSIS MOURA, SEXTA TURMA, julgado em 12/06/2018, DJe 22/06/2018; HC 430272/MG, Rel. Ministro RIBEIRO DANTAS, QUINTA TURMA, julgado em 24/05/2018, DJe 30/05/2018; AgRg no REsp 1708014/RS, Rel. Ministro FELIX FISCHER, QUINTA TURMA, julgado em 15/05/2018, DJe 21/05/2018; AgRg no REsp 1688268/RS, Rel. Ministro REYNALDO SOARES DA FONSECA, QUINTA TURMA, julgado em 19/04/2018, DJe 30/04/2018; HC 434093/SP, Rel. Ministro JOEL ILAN PACIORNIK, QUINTA TURMA, julgado em 10/04/2018, DJe 24/04/2018. (VIDE INFORMATIVO DE JURISPRUDÊNCIA N. 493)

16 Julgados: AgRg no AREsp 1212969/AL, Rel. Ministro JOEL ILAN PACIORNIK, QUINTA TURMA, julgado em 06/03/2018, DJe 16/03/2018; RHC 88783/RN, Rel. Ministro RIBEIRO DANTAS, QUINTA TURMA, julgado em 20/02/2018, DJe 26/02/2018; AgInt no HC 397946/MS, Rel. Ministro NEFI CORDEIRO, SEXTA TURMA, julgado em 07/11/2017, DJe 14/11/2017; AgRg nos EAREsp 1027337/MT, Rel. Ministra MARIA THEREZA DE ASSIS MOURA, T ERCEIRA SEÇÃO, julgado em 24/05/2017, DJe 30/05/2017; AgRg no REsp 1621389/RS, Rel. Ministro ROGERIO SCHIETTI CRUZ, SEXTA TURMA, julgado em 27/06/2017, DJe 01/08/2017; AgRg no AREsp 828250/PR, Rel. Ministro JORGE MUSSI, QUINTA TURMA, julgado em 20/09/2017, DJe 28/06/2017.

e paz social apesar de consistirem em bens jurídicos difusos só se legitimam, dentro de um Estado Democrático de Direito, se definidos em função de cada ser humano individualmente considerado:

> (...) numa sociedade com forte tendência a privilegiar, ainda que apenas em termos de discurso, o coletivo e o difuso, defender a pessoa diante do perigo de abusos perpetráveis por meio do direito penal é de fundamental importância como barreira ao autoritarismo. A busca pela concreção do Estado social e dos direitos fundamentais sociais e coletivos não pode anular as árduas conquistas, ainda não inteiramente concretizadas, do Estado liberal. (...) Além disso, devem ser rechaçadas definições amplas e vagas do bem jurídico, sobretudo quando se tratar de funções. O bem jurídico tem de ser definido a partir da necessidade essencial para o desenvolvimento da pessoa, devendo apresentar um substrato concreto. As funções (...) tem de sofrer um processo de materialização para que possam ser consideradas bens jurídicos. (...) A compreensão da pessoa como ser social não significa sua submissão à coletividade. A autonomia pessoal só existe e se desenvolve no contexto de interação social (...) Isso não significa, evidentemente, que a liberdade individual seja sacrificada pelo coletivo (...) A opção por uma ou outra vertente (...) decorre essencialmente da concepção de Estado adotada. Num Estado Democrático de Direito, que tem na dignidade humana um de seus fundamentos, não pode prevalecer uma orientação que relega a segundo plano os valores da pessoa humana (...) A doutrina monista-pessoal, além de ser compatível com o modelo estatal adotado constitucionalmente, é mais adequada aos tempos atuais, uma vez que consegue abranger a particularidade da pessoa, sem negar seu aspecto social, pois é característico do ser humano o viver em sociedade. Assim, não é correto afirmar que essa corrente é individualista ou egoísta, visto que ela admite a existência de bens jurídicos-penais coletivos, exigindo, todavia, que decorram de necessidades pessoais." (COSTA, 2008, p. 17-21)

Assim, a partir das definições atualmente adotadas pela jurisprudência no sentido de que a incolumidade pública, juntamente com a segurança e paz pública, são os bens jurídicos tutelados pelos crimes previstos no Estatuto por tratarem-se "do complexo de condições necessárias para a segurança e integridade pessoal dos indivíduos"[17] parece restar claro que este diploma legislativo, em seu aspecto penal, não pode se prestar a defender ou proteger "valores", "ideias" ou "conceitos" meramente políticos ou ideológicos mas, apenas e tão somente, a garantir, por meio da incolumidade, segurança e paz pública, os direitos fundamentais de cada cidadão, individualmente considerado, na sociedade brasileira.

Nenhuma discussão ou debate a respeito do Estatuto do Desarmamento pode se afastar desse objetivo concreto, assim como a análise, a interpretação e a aplicação dos dispositivos penais deste diploma deverão ter sempre por norte os benefícios finais ao cidadão.

6.2. A PROTEÇÃO DA REGULARIDADE DAS INSTITUIÇÕES MILITARES EM RELAÇÃO AOS CRIMES PREVISTOS NO ESTATUTO DO DESARMAMENTO

Se a presente obra tivesse por objeto apenas a análise dos tipos penais de natureza **comum** presentes no Estatuto do Desarmamento, as questões e conclusões

17 STJ. Informativo nº 0570 Período: 1º a 14 de outubro de 2015. RHC 60.611-DF, Rel. Min. Rogério Schietti Cruz, julgado em 15/9/2015, DJe 5/10/2015.

apresentadas no item 6.1 seriam suficientes para delinear os bens jurídicos penais por eles tutelados (**incolumidade, segurança pública e paz social**) e sua inafastável vinculação aos direitos fundamentais de cada indivíduo da sociedade.

Não obstante, tratando-se de trabalho que almeja o estudo das circunstâncias e contextos nos quais os crimes previstos no Estatuto **extrapolam a lesão aos bens jurídicos penais comuns** e afetam, além daqueles, os **bens jurídicos penais relacionados às instituições militares**, faz-se necessário ampliar a análise a fim de que seja abrangida também esta segunda etapa do estudo importante para que se compreenda o motivo pelo qual, em tais casos, os crimes são definidos como de natureza militar assim como o que se pretende proteger com essa distinta classificação que transporta a questão para um outro ramo específico do ordenamento jurídico penal.

Neste sentido, vale lembrar que os **crimes previstos no Estatuto do Desarmamento** (arts. 12 a 18) possuem, em regra, **natureza comum** e tem por objetivo proteger, como já discorrido, a incolumidade, a segurança e a paz pública. Contudo, **se as condutas** típicas neles previstas **forem praticadas** de um determinado modo, por determinados autores ou em algumas circunstâncias específicas, o ordenamento jurídico brasileiro (**arts. 9º e 10 do Código Penal Militar**) passa a defini-las como **crimes militares** sujeitando-as, então, a sanções e regramentos peculiares (Direito Penal Militar) tendo em vista que, além da proteção aos bens jurídicos penais comuns (incolumidade, segurança e paz pública), far-se-á necessária a **proteção adicional do bem jurídico penal militar**, qual seja, a **regularidade das instituições militares**, tão importante quanto os demais e igualmente vinculado à **proteção dos direitos humanos fundamentais, individuais e coletivos**.

A relevância da **regularidade das instituições militares** é de tal ordem que a necessidade de sua manutenção legitima e fundamenta a existência de um ramo específico, especial, do ordenamento jurídico penal brasileiro, qual seja, o Direito Penal Militar, criado e desenvolvido exclusivamente para protegê-la.

Vale lembrar que a sociedade brasileira, por meio do constituinte originário, confiou às instituições militares não apenas as missões constitucionais relacionadas à Defesa da Pátria e à garantia dos poderes constitucionais (Forças Armadas) como também definiu que as polícias estaduais, responsáveis pela polícia ostensiva (ou polícia de ordem pública), e os bombeiros estaduais devem ser estruturados no formato de instituições militares (art. 42 da Constituição Federal). Assim, a **regularidade das instituições militares** brasileiras relaciona-se não apenas com a **defesa do país e de seus poderes constituídos** (Forças Armadas) como também **promove e garante a segurança e a ordem pública de toda a sociedade** (polícias e bombeiros militares).

Compreendido, portanto, o motivo pelo qual a regularidade das instituições militares deve ser tutelada, importa delinear o seu conteúdo a fim de identificar como e quando sua dignidade penal deve ser reconhecida e, assim, demandar a atuação do Direito Penal Militar. O estudo e o conhecimento das "regras" legais que definem a natureza de um crime como militar são primordiais e funcionam como um grande "atalho" nesta tarefa.

Isto porque, tratando-se o Direito Penal Militar de um dos ramos do Direito Penal Pátrio, também nele estarão presentes os princípios fundamentais da ciência penal, historicamente desenvolvida e construída por meio do processo dialético entre o direito de punir do Estado e o direito de todos os cidadãos de serem protegidos dos arbítrios estatais que podem ser cometidos em nome desse mesmo *jus puniendi*.

Desta forma, "se não há crime sem lei anterior que o defina", também não pode haver "crime militar" sem lei anterior que assim o caracterize. Esta garantia constitucional e direito fundamental, conjugado com a noção de que os crimes só poderão ser classificados como militares quando afetarem, significativamente, a **regularidade das instituições militares** (afinal, existem para "protegê-la"), conduzem à conclusão de que uma vez compreendidas as regras "legais" que "definem" os crimes como "militares" entendidos também estarão o significado e conceito do bem jurídico que tais crimes visam proteger.

Ainda que no passado remoto a cisão entre o Direito Penal Comum e Militar, tanto no Brasil como no mundo todo, não fosse tão clara (COIMBRA & STREIFINGER, 2014, p. 35-46), o fato é que a partir do período republicano, com a edição do Código Penal da Armada (1891), o Direito Penal Militar brasileiro passou a contar com diplomas normativos próprios cuja evolução resultou no atualmente vigente **Código Penal Militar** (Decreto-Lei nº 1.001/69) (COIMBRA & STREIFINGER, 2014, p. 42-43) que estabelece, dentre outras questões, o regramento geral do Direito Penal Castrense e elenca, de modo muito objetivo e didático, em **quais circunstâncias determinado crime** deverá ser definido **como militar** ou, em outras palavras, **quando será afetada**, direta ou indiretamente e de modo significativo, a **regularidade das instituições militares,** objeto de proteção e fundamento da existência desse ramo do direito.

Neste sentido, para sorte daqueles não familiarizados com o ordenamento jurídico penal castrense, o atual Código Penal Militar (em vigor desde 1970) condensou as regras legais que "definem" um crime como "militar" em, basicamente, dois artigos. Um destinado ao tempo de guerra (art. 10) e felizmente até hoje não aplicado, e outro, artigo 9º, aplicado aos tempos de paz. Deste modo, **a compreensão destes dois artigos (9º e 10)** do diploma castrense, permite entender as **formas pelas quais a regularidade das instituições militares é afetada** e, por consequência, conceber seu conteúdo.

Focando-se, portanto, nestes dois dispositivos, é interessante inicialmente observar que as **regras para identificação da natureza militar** dos crimes previstos no ordenamento jurídico pátrio, são neles apresentadas por meio de **três hipóteses** básicas, a depender da natureza da norma na qual tais delitos encontram-se previstos, ou melhor, tipificados, quais sejam:

(i) apenas na legislação penal militar (p. ex. deserção, desrespeito a superior, etc);

(ii) em ambas legislações penais, comum e militar, com igual definição (p. ex. homicídio, lesão corporal, injúria, etc); ou

(iii) apenas na legislação penal comum (Estatuto do Desarmamento, Abuso de Autoridade, Código Penal Comum, etc).

No caso dos crimes militares previstos **apenas na legislação penal militar** (i) os próprios elementos típicos neles presentes deixam claro que **afetam ou violam direta e exclusivamente bens jurídicos específicos e peculiares às instituições militares**. Não há dificuldade, portanto, em compreender o motivo pelo qual tais **crimes são militares** e porque se encontram previstos apenas na legislação penal militar sem qualquer correspondência (tipos) no Código ou na legislação penal especial comum.

Logicamente que em relação a tais hipóteses nem seria necessário que os arts. 9º e 10 mencionassem-nos como crimes militares. A própria descrição da conduta criminosa neles constantes (desrespeito a superior, deserção, recusa de obediência, oposição a ordem de sentinela, etc) e o fato de estarem previstos apenas na legislação penal militar já indicam claramente a violação exclusiva a bens jurídicos penais militares e que se tratam, portanto, de crimes militares.

Não obstante essa prescindibilidade, talvez por didática ou excesso de zelo, o legislador optou por incluí-los, de forma expressa, como uma das regras de identificação de "crimes militares" previstas nos artigos 9º e 10 do Código Penal Militar :

> Código Penal Militar
> Art. 9º Consideram-se crimes militares, em tempo de paz:
> I – os crimes de que trata este Código, quando definidos de modo diverso na lei penal comum, ou nela não previstos, qualquer que seja o agente, salvo disposição especial;
> Art. 10. Consideram-se crimes militares, em tempo de guerra:
> I – os especialmente previstos neste Código para o tempo de guerra;

Esta opção do legislador, ainda que prescindível, centraliza as regras de classificação dos crimes como militares e ajuda na compreensão sistêmica do ordenamento jurídico penal castrense, especialmente para aqueles não familiarizados com este específico ramo do direito.

Já em relação às outras duas hipóteses, quais sejam, os **crimes previstos, de forma idêntica, nos dois ordenamentos** (ii) ou **apenas na legislação penal comum** (iii)[18] a previsão e regras previstas nos arts. 9º e 10 são imprescindíveis e de obrigatória observância visto que, por força do princípio da legalidade, somente a partir do enquadramento (subsunção) dos fatos às circunstâncias neles descritas é que poderá ser reconhecida a natureza militar de determinado delito. Em outros termos, os crimes previstos nas duas legislações penais (comum e militar) assim como os previstos apenas na legislação penal comum serão, em regra, crimes comuns, ou seja, não militares. Contudo, se forem **praticados, nas circunstâncias especificadas**

[18] esta última hipótese, como se verá foi introduzida em nossa legislação por meio da Lei Federal 13.491/17 como forma de atualização e equalização entre a legislação penal militar e a legislação penal comum em virtude das alterações legislativas sofridas por esta última desde a entrada em vigor do Código Penal Militar.

nos arts. 9º e 10 do Código Penal Militar, terão natureza militar (**crimes militares**) sendo, portanto, submetidos ao regramento e sanções do Direito Penal Militar:

> Código Penal Militar
>
> Art. 9º Consideram-se crimes militares, em tempo de paz:
>
> [...]
>
> II – os crimes previstos neste Código e os previstos na legislação penal, quando praticados:
>
> a) por militar em situação de atividade ou assemelhado, contra militar na mesma situação ou assemelhado;
>
> b) por militar em situação de atividade ou assemelhado, em lugar sujeito à administração militar, contra militar da reserva, ou reformado, ou assemelhado, ou civil;
>
> c) por militar em serviço ou atuando em razão da função, em comissão de natureza militar, ou em formatura, ainda que fora do lugar sujeito à administração militar contra militar da reserva, ou reformado, ou civil;
>
> d) por militar durante o período de manobras ou exercício, contra militar da reserva, ou reformado, ou assemelhado, ou civil;
>
> e) por militar em situação de atividade, ou assemelhado, contra o patrimônio sob a administração militar, ou a ordem administrativa militar;
>
> f) revogada.
>
> III – os crimes praticados por militar da reserva, ou reformado, ou por civil, contra as instituições militares, considerando-se como tais não só os compreendidos no inciso I, como os do inciso II, nos seguintes casos:
>
> a) contra o patrimônio sob a administração militar, ou contra a ordem administrativa militar;
>
> b) em lugar sujeito à administração militar contra militar em situação de atividade ou assemelhado, ou contra funcionário de Ministério militar ou da Justiça Militar, no exercício de função inerente ao seu cargo;
>
> c) contra militar em formatura, ou durante o período de prontidão, vigilância, observação, exploração, exercício, acampamento, acantonamento ou manobras;
>
> d) ainda que fora do lugar sujeito à administração militar, contra militar em função de natureza militar, ou no desempenho de serviço de vigilância, garantia e preservação da ordem pública, administrativa ou judiciária, quando legalmente requisitado para aquêle fim, ou em obediência a determinação legal superior.
>
> Art. 10. Consideram-se crimes militares, em tempo de guerra:
>
> III – os crimes previstos neste Código, embora também o sejam com igual definição na lei penal comum ou especial, quando praticados, qualquer que seja o agente:
>
> a) em território nacional, ou estrangeiro, militarmente ocupado;
>
> b) em qualquer lugar, se comprometem ou podem comprometer a preparação, a eficiência ou as operações militares ou, de qualquer outra forma, atentam contra a segurança externa do País ou podem expô-la a perigo;
>
> IV – os crimes definidos na lei penal comum ou especial, embora não previstos neste Código, quando praticados em zona de efetivas operações militares ou em território estrangeiro, militarmente ocupado.

Como é possível extrair da leitura do próprio texto legal, os artigos 9º e 10 do Código Penal Militar traduzem, como uma espécie de "Pedra de Roseta"[19], as circunstâncias nas quais os crimes comuns, previstos na legislação penal comum (exclusivamente ou não), passam a ser caracterizados como militares por **afetarem** direta (inciso I do art. 9º e do art. 10 do CPM) ou indiretamente (incisos II e III do art. 9º e incisos II, III e IV do art. 10 do CPM) a **regularidade das instituições militares**, objeto final de proteção de toda e qualquer infração penal militar. Compreendendo-se, portanto, tais "regras legais", compreende-se o significado e conteúdo do bem jurídico penal militar.

A fim de destacar essa finalidade e fundamento do Direito Penal Militar, Guilherme de Souza Nucci (2013, p. 17) explica que todo e qualquer crime militar, nos termos supradefinidos e independentemente de estar previsto na parte especial do CPM ou na legislação penal comum, terá por objetivo tutelar de modo imediato ou mediato, os valores (bens) jurídicos penais militares:

> (...) O Código Penal Militar tutela, igualmente, variados bens jurídicos, porém, sempre mantendo escalas: num primeiro plano, por se tratar de ramo específico do direito penal, tem por bem jurídico constante, presentes em todas as figuras típicas, de modo principal ou secundário, o binômio hierarquia e disciplina, bases organizacionais das Forças Armadas (art. 142, caput, CF); num segundo plano, não menos relevante, os demais, como vida, integridade física, honra, patrimônio etc. A constatação dos valores de hierarquia e disciplina, como regentes da carreira militar, confere legitimidade à existência do direito penal militar e da Justiça Militar (arts. 122 a 124, CF).

No mesmo sentido, porém, de forma mais ampla, Cícero Robson Coimbra Neves e Marcello Streifinger (2014, p. 50) destacam que, ao final, todos os bens jurídicos penais militares (hierarquia, disciplina, autoridade, etc) terão, por escopo último, a manutenção da **regularidade das instituições militares**:

> (...) qualquer que seja o bem jurídico evidentemente protegido pela norma, sempre haverá, de forma direta ou indireta, a tutela da regularidade das instituições militares, o que permite asseverar que, ao menos ela, sempre estará no escopo de proteção dos tipos penais militares, levando-nos a concluir que em alguns casos teremos um bem jurídico composto como objeto da proteção do diploma penal castrense. É dizer, e.g., o tipo penal do art. 205, sob a rubrica "homicídio", tem como objetividade jurídica, em primeiro plano, a vida humana, porém não se afasta de uma tutela mediata da manutenção da regularidade das instituições militares.

[19] A Pedra de Roseta é um fragmento de uma estela de granodiorito erigida no Egito Ptolemaico, cujo texto foi crucial para a compreensão moderna dos hieróglifos egípcios permitindo a a decifração da escrita hieroglífica e tornado possível avanços fundamentais na arqueologia, nos estudos da tradução e na compreensão contemporânea da literatura e da cultura do Antigo Egito. Em reconhecimento à sua significância, mais recentemente seu nome passou a ser utilizado em outros contextos e associado a outros objetos, indicando um elemento essencial à compreensão de uma escrita desconhecida; uma informação necessária à evolução de um campo do saber; as noções de tradução e de aprendizagem de idiomas; e uma chave necessária à decodificação de uma mensagem criptografada. https://pt.wikipedia.org/wiki/PedradeRoseta.

Este também é o posicionamento do Superior Tribunal Militar e Superior Tribunal de Justiça que indica a manutenção da **regularidade das instituições militares** como objetivo final do Direito Penal Militar:

> SUPERIOR TRIBUNAL MILITAR
>
> Vale dizer que, independentemente do bem jurídico tutelado pela norma penal incriminadora, **ainda que oriunda da legislação comum, sempre haverá, de forma direta ou indireta, a tutela da regularidade das instituições militares**, o que permite asseverar que, ao menos ela estará **sempre no escopo de proteção dos tipos penais militares**, inclusive os delitos militares por extensão. STM HABEAS CORPUS Nº 7000231-17.2020.7.00.0000. RELATOR: MINISTRO CARLOS VUYK DE AQUINO. 04/05/2020 a 07/05/2020.
>
> SUPERIOR TRIBUNAL DE JUSTIÇA
>
> Mérito da impetração. Justiça Militar. Competência ditada pelos arts. 124 e 125, § 4º, da CF. Vigência da Lei nº 13.491/2017, que alterou o do art. 9º do II CPM, teve início no dia 16/10/2017 Norma processual, portanto, de incidência imediata. Imputação que se relaciona a tipos penais outros não previstos no CPM, não sendo o fato de ter sido o crime praticado por militar, **o que atraia competência da Justiça Militar**. Particularidade de que **ocorra em detrimento de instituições militares. Exigência legal.** Crimes imputados ao Paciente que não foram praticados em razão da função de policial militar, nem contra militar ou assemelhado ou contra o patrimônio sob administração militar, ou a ordem administrativa militar, portanto, não abrangidos pelo conceito de crime militar, em tempo de paz, a despeito da alteração trazida pela Lei nº13.491/07. STJ. HABEAS CORPUS Nº 656361 - RJ (2021/0096869-0) Brasília, 30 de junho de 2021. Decisão Monocrática. Ministro REYNALDO SOARES DA FONSECA Relator

Compreendido assim o conceito e as hipóteses nas quais a **regularidade das instituições militares** é afetada e protegida pelo Direito Penal Militar importante reforçar, mais uma vez, que esse bem jurídico, por si, não poderia justificar ou legitimar uma tutela penal visto que, como sabemos, o Direito e o Estado não se autolegitimam como fins em si mesmo mas como meios destinados à melhoria das condições de vida das **pessoas**, devendo ser estas, portanto, o ponto de partida para a construção de todo e qualquer conceito de bem jurídico, especialmente aqueles tutelados pelo Direito Penal (COSTA, 2008, p. 5).

Assim, a necessidade de tutela penal da **regularidade das instituições militares** somente se justifica em virtude de ser ela condição necessária e indispensável para que tais instituições desempenhem adequadamente suas respectivas missões constitucionais o que, em última instância, **promove e garante os direitos fundamentais de cada cidadão.** Em outras palavras, o **arcabouço penal e processual penal militar não existe para proteger as "instituições militares" ou a "deontologia militar" como fins em si mesmas**, mas sim para **garantir e preservar,** por meio da regularidade destas, os **direitos fundamentais de cada pessoa**, individualmente considerada, na sociedade, especialmente no que diz respeito aos direitos fundamentais relacionados à segurança, à vida, à integridade física, e à dignidade da pessoa humana de todos nós.

Ainda que possa soar repetitivo e desnecessário o constante destaque à relação direta e necessária entre o bem jurídico penal militar (regularidade das instituições militares) e a promoção e garantia dos direitos fundamentais dos cidadãos, o fato é que essa relação tem sido alvo, no debate público brasileiro, de nocivas tentativas de desconstrução operacionalizadas pelos mais diversos atores.

Neste sentido, não é segredo que diversos segmentos posicionados "à esquerda" do espectro político brasileiro estabelecem como objetivos político-partidários e ideológicos a desmilitarização das polícias estaduais brasileiras e extinção da justiça militar. Por consequência, qualquer tema que seja objeto do debate público nacional e possua algum tipo de relação com tais objetivos acaba sendo instrumentalizado por tais atores a fim de que, de algum modo, possa contribuir no alcance dos fins almejados incluindo-se, nesse rol e como já ressaltado, questões relacionadas ao Direito Penal Militar[20].

Os trechos abaixo transcritos, extraídos de documentos político-partidários e de matérias jornalísticas, apenas exemplificam a politização do debate e a consequente interdição de soluções ou caminhos que não estejam "subordinados" a tais "premissas":

> 5º CONGRESSO NACIONAL DO PARTIDO DOS TRABALHADORES
>
> Caderno de Teses
>
> Um Partido para os tempos de Guerra
>
> 42. Na articulação permanente do conjunto das forças políticas, sociais e culturais que construíram a nossa vitória no segundo turno das eleições de 2014, o PT defenderá a seguinte plataforma democrática e popular:
>
> (...)
>
> e) Reformas estruturais, com destaque para a Lei da Mídia Democrática, a reforma política, as reformas agrária e urbana, a universalização das políticas de saúde e educação, a defesa dos direitos humanos e a desmilitarização das Polícias Militares (PARTIDO DOS TRABALHADORES, 2015)

> ESQUERDA MARXISTA
>
> Quando os soldados, um batalhão ou um regimento, quebra a hierarquia e volta suas armas contra os oficiais ou contra o Estado burguês, o que se tem é o embrião de um exército revolucionário. Quando soldados, ou policiais, decidem em assembleia manifestar-se contra o governo, armados e organizados sob direção de um sindicato, eles não são um batalhão ou um regimento, mas outra coisa: uma milícia armada. E esta continua a ser a única orientação revolucionária em nossos tempos: armamento geral do povo e organizações operárias armadas de autodefesa.

---

20 Neste sentido, cite-se a atenção e dispêndio de esforços de inúmeros e, por vezes nebulosos, atores e movimentos políticos e ideológicos brasileiros em relação à temática do Direito Penal e Processual Penal Militar. Lembre-se, por exemplo, que em 1996 o art. 9º do Código Penal Militar foi alterado em um contexto de pautas políticas e ideológicas, especialmente no tocante à militância pela extinção das justiças militares e que recentemente, a Lei Federal n. 13.491/17, que buscou harmonizar o texto do art. 9º do CPM às competências constitucionais da Justiça Militar (artigos 124 e 125) e introduzir um mecanismo de equalização automática entre as esferas comum e militar do Direito Penal foi, imediatamente, alvo de uma ADIN impetrada, não por acaso, por um partido político da esquerda radical brasileira. Em todos os casos a fundamentação das alterações, pleitos e impugnações é apresentada sob o mote de defesa dos direitos humanos quando, na verdade, decorrem de projetos políticos partidários e ideológicos de desmilitarização das polícias com objetivos bem diversos do simples "aperfeiçoamento" do sistema policial ou de segurança pública brasileiro.

"Não acabou, tem que acabar, eu quero o Fim da Polícia Militar" (ESQUERDA MARXISTA, 2018)[21]

LUCIANA GENRO PROTOCOLA PEC PARA EXTINÇÃO DA JUSTIÇA MILITAR DO RS

A deputada estadual Luciana Genro (PSOL) protocolou nesta quinta-feira (30) a Proposta de Emenda à Constituição (PEC) que extingue a Justiça Militar do Rio Grande do Sul, incluindo o Tribunal Militar e os Conselhos de Justiça Militar. O argumento da deputada é que esse ramo da Justiça custa R$ 44 milhões ao ano, recursos que poderiam ser melhor aplicados em outras áreas.

[...]

A PEC, que consta com assinatura de outros 19 deputados da Assembleia Legislativa, é, na verdade, a reapresentação de um projeto similar apresentado em legislaturas anteriores pelos ex-deputados Pedro Ruas (PSOL) e Raul Pont (PT). Além de Luciana, assinam a proposta os deputados Luiz Fernando Mainardi (PT), Zé Nunes (PT), Valdeci Oliveira (PT), Jefferson Fernandes (PT), Edegar Pretto (PT), Fernando Marroni (PT), Pepe Vargas (PT), Sofia Cavedon (PT), Sérgio Peres (PRB), Fran Somensi (PRB), Sebastião Melo (MDB), Fábio Branco (MDB), Gabriel Souza (MDB), Edson Brum (MDB), Luiz Marenco (PDT), Juliana Brizola (PDT), Neri O Carteiro (SD) e Eric Lins (DEM). (SUL21, 2019).

É PRECISO "DESMILITARIZAR" AS FORÇAS POLICIAIS BRASILEIRAS

A defesa de uma polícia cidadã, contrária a uma polícia de guerra, sintetizou o debate realizado domingo entre a presidenta nacional do PT, deputada Gleisi Hoffman (PR), e Pedro Paulo Chaves (Pedro Che), um dos membros da Movimento Nacional dos Policiais Antifascistas. No debate, Gleisi afirmou que a sociedade tem que ter respeito pelos policiais, que são trabalhadores, mas que é preciso superar a militarização da segurança pública. Para Pedro Paulo, quando se fala em "fim da polícia militar" não significa acabar com os empregos, ou de uma polícia desarmada, mas de uma polícia fora do regramento militar. Para os dois, o país precisa de uma polícia que seja respeitada e não temida.

Para Gleisi, o Estado é responsável pela atual situação de conflitos no país ao orientar as forças policiais "para a guerra" contra "inimigos internos". No que concorda o coordenador do movimento de policiais antifascistas. "O militarismo tem conteúdos próprios úteis, como defesa da soberania, das fronteiras, contra inimigo externo", destaca. O que, no entanto, "não serve para o relacionamento interno no âmbito democrático", segundo ele. A incorporação das regras militares "faz com que os policiais atuem sob a figura da eliminação, não do diálogo", adverte. "Ou seja, contra o inimigo interno, que hoje são as manifestações, os estudantes, os trabalhadores, as minorias", conclui. (PARTIDO DOS TRABALHADORES, 2020)

Obviamente que o caminho democrático mais natural para a busca da desmilitarização das polícias ou da extinção das justiças militares seria a proposição, via

[21] Porque lutar pelo fim da Polícia Militar?. Esquerda Marxista. 16/05/2018. A Esquerda Marxista é uma associação voluntária de militantes que luta pela derrubada do capitalismo e a edificação de uma sociedade socialista em todo o mundo, para a construção do futuro comunista da humanidade. Somos a seção brasileira da Corrente Marxista Internacional (CMI), que está presente em dezenas de países no combate pela construção de uma Internacional revolucionária marxista com influência de massas. [...]Os militantes da Esquerda Marxista intervêm cotidianamente nas escolas, universidades, fábricas, serviços públicos, bairros e comunidades, nas ruas e nas lutas práticas e teóricas, ombro a ombro com o movimento real da juventude e da classe trabalhadora brasileira e internacional. Nós combatemos pelas reivindicações dos trabalhadores e da juventude sempre explicando que os problemas que sofremos hoje – desemprego, baixos salários, discriminações e opressões diversas, saúde, educação, transporte, segurança – são resultados da sociedade capitalista, da exploração da força de trabalho para garantir os lucros dos capitalistas. E afirmamos que esses males só podem ser erradicados da face da Terra com o fim da exploração capitalista e com a construção de uma sociedade sem explorados nem exploradores, uma sociedade socialista. Disponível em: https://www.marxismo.org.br/por-que-lutar-pelo-fim-da-policia-militar/

congresso nacional ou assembleias legislativas, de alterações legais ou constitucionais no nosso ordenamento. Propostas neste sentido tem sido, efetivamente, apresentadas, contudo, enquanto não logram "emplacar" tais intentos por meio dos processos legislativos constitucionais regulares, os segmentos alinhados a tais posicionamentos político-partidários seguem criando narrativas e discursos, nos mais diversos âmbitos (acadêmico, científico, midiático, etc), a fim de que o "caminho" legislativo seja, gradualmente, pavimentado.

Neste sentido, as narrativas e discursos frequentemente apresentados fundamentam a "necessidade" das mudanças (desmilitarização, extinção da justiça militar, etc) na ideia central de que as estruturas militares das instituições e seus respectivos ordenamentos jurídicos militares seriam contrários aos princípios, garantias e valores inerentes ao Estado Democrático de Direito. Estes discursos buscam, na verdade, inverter o real sentido desta relação, qual seja, o de que as instituições militares, estaduais e federais são, no plano concreto, responsáveis por promover e garantir os princípios, valores e direitos fundamentais que sustentam e caracterizam o Estado Democrático de Direito brasileiro.

Mais uma vez, o problema não reside nos objetivos, por si, almejados, mas sim nos meios utilizados para o seu alcance.

Minar os instrumentos legais destinados à manutenção da regularidade das instituições militares (Direito Penal Militar) visando fragilizá-las para, ao final, destruí-las, antes de permitir sua "substituição" pelos mais "belos" e "perfeitos" modelos "teorizados" por tais movimentos e espectros políticos, resultará, como os recentes exemplos de greves das polícias e bombeiros militares já demonstraram, em caos, violência e mortes. E tudo sem nenhuma garantia de que as "organizações" que as "substituiriam" seriam capazes de cumprir as missões constitucionais desempenhadas, hoje, pelas instituições militares.

Assim, aqueles que sobrepõem crenças e opções políticas e ideológicas à realidade e às nefastas consequências, já sobejamente demonstradas, das tentativas de mudanças "revolucionárias" na segurança pública parecem ignorar o "preço pago" pela sociedade quando submetida a "aventuras" de tal natureza, qual seja, a situação de caos, violência e sofrimento. Se não ignoram, talvez entendam que tal "preço" seja inferior ou insignificante diante do "bem moral maior" de suas "ideias" o que, ao fim, seria ainda pior.

Qualquer das hipóteses parece demonstrar que o debate sobre o Direito Penal Militar não pode estar subordinado a pressupostos fundamentados em "ideologias" ou objetivos político-partidários nem tampouco negar, peremptoriamente, a estrutura de defesa e segurança pública que a sociedade brasileira, histórica e democraticamente, desenvolveu ao longo de sua história e tem garantido até os dias atuais, o exercício e o desenvolvimento dos direitos fundamentais de toda a sociedade. Evoluir não significa destruir.

Ademais, não bastassem os riscos e prejuízos advindos de uma subordinação desta natureza, necessário destacar ainda a presença, também aqui, da já conhecida contradição ou, como destacado por Jesús-Maria Silva Sanchez, "esquizofrenia" da esquerda autodenominada "progressista" em relação à legitimação e deslegitimação, simultâneas, do Direito Penal.

Apesar da posição programática, política e partidária da esquerda brasileira apresentar-se, quase sempre, como contrária à existência e atual configuração das instituições militares e do sistema jurídico militar a elas correlato, a depender do momento, circunstância ou estratégia política, os mesmos partidos ou segmentos podem, rapidamente, esquecer as críticas, ataques e tentativas de deslegitimação constitucional da Disciplina, da Hierarquia e demais valores e regramentos das instituições militares e, como num "passe de mágica", passar a defendê-los, não apenas "aceitando-os" mas até "exigindo" rigorosas punições disciplinares para garantia e observância dosmais "relevantes" princípios de Hierarquia e Disciplina que, então e nesses "específicos" casos, seriam necessários para a defesa (?!) da democracia.

Os trechos de matérias jornalísticas a seguir transcritos, quando contrapostos aos trechos de discursos e documentos anteriormente apresentados a respeito dos objetivos político-partidários bem exemplificam essa "esquizofrenia":

> Após o fim do motim de policiais militares que durou 13 dias, o governador do Ceará, Camilo Santana (PT), e o procurador-geral de Justiça do Estado, Manuel Pinheiro, cobraram nesta segunda-feira, punições aos agentes de segurança que participaram dos atos. No fim do dia, no entanto, a Justiça determinou a soltura, sem fiança, de 43 policiais que haviam sido detidos por deserção.
>
> [...]
>
> Em vídeo divulgado em suas redes sociais, o governador cearense voltou a negar que dará anistia. "Todos os processos abertos contra pessoas que infringiram a lei serão conduzidos sem possibilidade de anistia para quem praticou crimes e ameaçou a segurança da nossa população. Ninguém está acima da lei", afirmou Santana. (CORREIO DO POVO, 2020)

> Exigimos que as chamadas autoridades competentes manifestem posição urgente e clara sobre o ocorrido, especialmente no tocante às relações entre disciplina da tropa e Estado de direito.
>
> [...]
>
> Não podemos aceitar! A resposta dos setores democráticos e progressistas da sociedade, das centrais sindicais, entidades, sindicatos, de toda a sociedade civil organizada e do conjunto da população tem que ser firme: mais unidade na luta em defesa da democracia, contra o golpe, contra os retrocessos e em defesa dos direitos dos trabalhadores e da população.
>
> [...]
>
> Exigimos do comando da PM e do Governo do Estado de São Paulo a rigorosa apuração dos fatos e a punição dos policiais envolvidos. (REDE BRASIL ATUAL, 2017)

Em vista de todo esse contexto, de "ataques" e "defesas", legitimação e deslegitimação, fundamentados não em argumentos lógicos, jurídicos ou de interesse público mas em variáveis e pressupostos predominantemente políticos e ideológicos, é sempre importante, e não excessivo, reforçar e destacar a que serve o ordenamento jurídico penal militar e sua respectiva estrutura judicial: garantir a regularidade das instituições militares e, por consequência, os direitos fundamentais de todos os cidadãos.

Ainda que muitos neguem esta relação, os crimes militares, de qualquer espécie (própria[22], impropriamente[23] militares ou equiparados[24]) legitimam-se e existem para cumprir, em última instância, esta finalidade. Esta, e somente esta, pode fundamentar a identificação da natureza militar de um crime e a incidência de todo o ordenamento jurídico penal militar.

Com essa conclusão, alcançam-se os principais objetivos deste item 6.2 consistentes na identificação e compreensão:

(i) do conteúdo e extensão do bem jurídico penal militar a ser tutelado pelos crimes militares, qual seja, a "regularidade das instituições militares"; e

(ii) das "regras legais", ou melhor dizendo, das circunstâncias nas quais esse bem será afetado e demandará a incidência do Direito Penal Militar (arts. 9º e 10 do CPM).

Contudo, antes da sequência ao próximo item, destinado à análise específica do conceito da ordem administrativa militar tão relevante para caracterização dos tipos penais previstos no Estatuto do Desarmamento como militares, interessante uma última consideração em relação às possíveis implicações decorrentes da "escolha", aparentemente simples e sem muita relevância, da **terminologia ou nomenclatura** a ser utilizada na definição dos crimes que, **previstos apenas na legislação penal comum**, se caracterizam como **militares quando praticados em alguma das circunstâncias elencadas nos artigos 9º e 10** do Código Penal Militar.

A importância dessa questão, assim como diversas outras já destacadas, também decorre do contexto político e ideológico no qual os temas relacionados ao Direito Penal e à Justiça Militar encontram-se envoltos, contexto este que recomenda a consideração de elementos adicionais, além dos aspectos técnicos e jurídicos, usualmente suficientes para guiar os operadores do direito e da segurança pública na interpretação e aplicação das normas legais.

Neste sentido, se as duas primeiras nomenclaturas de crimes militares, quais sejam de crimes própria e impropriamente militares, sempre estiveram presentes no código vigente, esta "nova" categoria, que vem sendo denominada por meio das expressões **crimes militares "extravagantes", "equiparados" ou "por extensão"** (ROTH, 2017) e refere-se aos crimes militares identificados a partir dos tipos penais previstos apenas na legislação comum, tal qual os existentes no Estatuto do Desarmamento (arts. 12 a 18), apenas recentemente passou a integrar o conjunto de denominações dos crimes militares tendo em vista que referida "categoria" foi

22 Previstos apenas no Código Penal Militar ou aqueles pelos quais somente os militares podem ser processados.

23 Previstos simultaneamente nos Códigos Penais Comum e Militar ou aqueles previstos no CPM pelos quais os civis podem ser processados.

24 Previstos apenas em leis penais especiais.

"incluída" no inciso II do art. 9º do Código Penal Militar a partir da equalização trazida pela Lei Federal nº 13.491/17.

Referida "inclusão", extremamente significativa em termos de coesão sistêmica e de melhorias relativas ao alcance dos objetivos do ordenamento jurídico penal militar, decorreu de uma alteração gramatical muito singela, porém eficiente, da redação do texto legal do inciso II do Código Penal Militar, como a comparação entre o texto revogado e o atual demonstra:

> Código Penal Militar
>
> Art. 9º Consideram-se crimes militares, em tempo de paz:
>
> Texto revogado
>
> II – os crimes previstos neste Código, **embora também o sejam com igual definição na lei penal comum**, quando praticados:
>
> Texto atual
>
> II – os crimes previstos neste Código **e os previstos na legislação penal**, quando praticados:

Todavia, equalizar e atualizar a norma penal militar de acordo com os avanços da legislação penal comum e melhorar o ordenamento jurídico penal militar e as instituições militares, como já esperado, não agradou aos segmentos que militam, incessantemente, pela "fragilização" e "extinção" da Justiça e do Direito Penal Militar.

Previsível, portanto, que tão logo referida evolução legislativa entrasse em vigor, inúmeras vozes contrárias se levantassem buscando, como sempre, instrumentalizar o debate subordinando-o às premissas político-partidárias e ideológicas de desmilitarização das polícias estaduais e extinção das justiças militares. O ingresso, perante o Supremo Tribunal Federal (STF), da Ação Direta de Inconstitucionalidade (ADI) nº 5901 pelo Partido Socialismo e Liberdade (PSOL) com o objetivo de que a Lei Federal nº 13.491/17 fosse declarada inconstitucional é um exemplo claro dessa estratégia.

Na mesma linha, diversos doutrinadores passaram a produzir textos e artigos jurídicos com o objetivo de "convencer" a comunidade jurídica a respeito da "inconstitucionalidade" e da "indevida ampliação" do Direito Penal Militar que teria sido promovida pela Lei nº 13.491/17. Os trechos a seguir transcritos, extraídos de artigo publicado por Aury Lopes Jr (2017), bem exemplificam a ideia central da estratégia:

> **Foi com bastante perplexidade que a comunidade jurídica recebeu a Lei 13.491/2017**, recentemente sancionada e que **amplia a competência da Justiça Militar Federal e, como veremos, também da Justiça Militar estadual.**
>
> Indo de encontro a toda uma **tendência de esvaziamento da jurisdição militar (inclusive, em muitos estados, é recorrente a polêmica sobre a extinção da Justiça Militar estadual)** para que ela se ocupe apenas daqueles crimes em que existe uma real afetação do interesse militar. Há décadas a jurisprudência consagrou que não basta ser crime militar, praticado por militar e em alguma das situações do artigo 9º do CPM, é preciso que exista a "efetiva violação de dever militar ou afetação direta de bens jurídicos das forças armadas"ou uma "situação de interesse militar". Sem dúvida tal critério deverá ser revisto, diante da ampliação da competência a seguir explicado.

> [...]
>
> **Existiu, portanto, um gravíssimo retrocesso.** Não só pela **falta de estrutura e condições de investigar e julgar tantos crimes, mas também porque alcança crimes não afetos diretamente às atividades militares.** Também cria o **risco de efetivo corporativismo, especialmente em relação a crimes como abuso de autoridade e tortura, onde em geral existe uma percepção e valoração por parte dos militares que é completamente distinta da população civil acerca da gravidade e tipificação dessas condutas.** Há o risco concreto de um entulhamento das Justiças militares para julgar crimes que não deveriam a ela ser afetos, inclusive com o agravante de que isso vai se operar de forma imediata.
>
> [...]
>
> De qualquer forma, em linhas gerais, entendemos que essa ampliação da competência representa um retrocesso, além de desnecessária e completamente **inadequada para o nível de evolução democrática que se atingiu** (ou se imaginou ter atingido...). (g.n.) (LOPES JÚNIOR, 2017)

Fica claro, na fundamentação apresentada pelo autor, a vinculação do debate com pressupostos ideológicos e puramente subjetivos (gravíssimo retrocesso, falta de estrutura e condições de investigar e julgar tantos crimes, inadequada para o nível de evolução democrática que se atingiu) tudo com a nítida tentativa de desqualificar, não apenas a Justiça Militar e seus magistrados, como também toda a classe dos militares, ofendendo-os[25] e qualificando-os como "corporativistas" e possuídores de uma "percepção e valoração" distinta da população civil acerca da gravidade e da tipificação de alguns crimes, a exemplo do abuso de autoridade e da tortura.

Por mais que tais argumentos e acusações já tenham sido demonstradas como infundadas[26], elas permanecem sendo reproduzidas e utilizadas com a finalidade de politização do tema e produção de incessantes ataques ao ordenamento e à Justiça Penal Militar. Este é o cenário que justifica a cautela na adoção da nomenclatura utilizada para se referir aos crimes militares decorrentes dos tipos penais previstos apenas na legislação penal comum. Se a ideia central dos ataques proferidos contra a atualização legislativa consiste na acusação de que referida lei produziu uma "indevida ampliação" do rol de crimes militares, ampliação esta que seria "incompatível com o Estado Democrático de Direito", uma nomenclatura que utilize a expressões como "extravagantes" ou "por extensão" podem, inconscientemente, reforçar a ideia que os ataques supracitados visam construir.

---

25 A liberdade de imprensa não é absoluta e que a Constituição Federal "não protege as informações levianamente não verificadas ou astuciosas e propositadamente errôneas". [...]Segundo o ministro, configura abuso do poder de informação quando os meios de comunicação "atuam sem as devidas cautelas para a verificação da veracidade das informações veiculadas, principalmente nos dias de hoje em que nos deparamos com o fenômeno das fake news, ou quando não oferecem àqueles que possam ser atingidos em sua honra ou imagem pelas notícias divulgadas oportunidade para apresentar outra versão dos fatos". STF. RE 1.075.412.

26 É interessante perceber como tais segmentos trabalham durante anos para a diminuição e extinção das Justiças Militares e até conseguiram implementar mudanças legais que ao contrário dos argumentos que as fundamentaram contribuem até mesmo para menor responsabilização dos crimes militares a exemplo do que ocorre com os crimes militares dolosos contra a vida praticados contra civis no âmbito estadual que são remetidos para o Tribunal do Júri da Justiça Comum onde os julgamentos "arrastam-se" por anos e acabam, como demonstrado em pesquisas realizadas pelos próprios setores autodenominados "progressistas", por contribuir com um número significativamente maior de absolvição dos militares acusados.

Por tal motivo, recomenda-se aos operadores e doutrinadores do Direito Penal Militar a opção por uma denominação que não apenas facilite a compreensão da natureza militar das infrações e o motivo pelo qual tais crimes passaram a ser definidos pelo legislador como tal, mas também impeça, ou ao menos dificulte, a indevida instrumentalização da expressão e do debate por todos aqueles que buscam subordinar os rumos Direito Penal Militar a questões outras que não a melhoria do serviço prestado pelas instituições militares.

A recomendação supracitada não ignora que no aspecto formal, ou puramente quantitativo, a modificação do inciso II do art. 9º do CPM produzida pela Lei Federal nº 13.491/17 realmente ampliou o raio de alcance do Direito Penal Militar haja vista que centenas de crimes previstos apenas no Código Penal ou na legislação penal comum, que antes não poderiam ser definidos como crimes militares em virtude da limitação legal (antiga redação do inciso II do art. 9º do CPM), após a alteração de 2017, passaram a ser definidos como militares se praticados de modo a afetar a regularidade das instituições militares (art. 9º do CPM):

Os próprios crimes previstos no Estatuto do Desarmamento não poderiam, antes da alteração de 2017, serem definidos como militares ainda que praticados por militares de serviço, contra a ordem administrativa militar ou de acordo com qualquer das demais circunstâncias previstas no art. 9º do CPM, diferentemente do que hoje ocorre. São, assim, exemplos claros de como o número de crimes militares, efetivamente, aumentou.

Todavia, a questão crucial a ser analisada está muito além de uma simples "conta" sobre "quantos" crimes "mais" "passaram" a ter reconhecida sua natureza militar pela lei pois trata, em verdade, de perquirir se estes "novos" crimes militares teriam, ou não, natureza "efetivamente" distinta daquelas imaginadas originalmente pelo Código em vigor.

Neste sentido, apesar da constatação de que, a partir de 2017, em termos quantitativos houve uma ampliação do número de crimes militares no ordenamento jurídico brasileiro, uma análise mais atenta a respeito da alteração legal demonstra, nitidamente, que a Lei Federal n 13.491/17 não trouxe nenhuma "contraposição" ou "ampliação" do conceito de crime militar já previsto no ordenamento jurídico brasileiro mas apenas atualizou e equalizou as tipificações penais dos ordenamentos comum e militar mantendo-se, intactas, todas as circunstâncias caracterizadoras de um crime, originalmente comum, em militar (arts. 9º e 10 do CPM). Em outras palavras, não "criou" nenhuma "nova" espécie de crime militar, mas apenas corrigiu uma defasagem histórica que havia deixado a "parte especial" ou os tipos penais militares "descolados" das demandas e complexidades sociais desenvolvidas nas últimas décadas.

Isso porque, sendo a **regularidade das instituições militares** o objeto de proteção do Direito Penal Militar, seria natural que no transcurso dos mais de 45 anos de vigência do atual diploma, as mesmas mudanças sociais que demandaram a expansão, até indevida, da legislação penal comum por meio de uma verdadeira "avalanche" de leis especiais e seus correlatos "novos" crimes de modo que fosse possível fazer frente à novos fenômenos presentes em uma sociedade cada vez mais complexa, globalizada e "de risco", também impactassem e produzissem alterações no Direito Penal Militar capacitando-o a enfrentar os novos desafios e demandas sociais. Entretanto, na esfera penal militar, diferentemente do que ocorreu no âmbito do ordenamento jurídico penal comum, tais atualizações, boas ou ruins, não ocorreram.

Deste modo, o "congelamento" da legislação penal militar resultou na gradual e significativa "diminuição" e "desatualização" da sua esfera de autuação e, consequentemente, na redução da capacidade de tutela dos bens jurídicos penais militares que passavam a ser afetados sempre que crimes previstos apenas na atualizada legislação penal comum eram praticados nas circunstâncias elencadas no art. 9º do Código Penal Militar, sem que houvesse, de forma correlata, a responsabilização e atuação do Direito Penal Militar.

Vivenciava-se, portanto, um significativo déficit de proteção da regularidade das instituições militares que prejudicava, por consequência, o serviço por elas prestado à sociedade. Qual a justificativa, por exemplo, para que o crime de lesão corporal praticado por um militar em alguma das circunstâncias previstas no art. 9º do Código Penal Militar fosse definido como um crime militar ao passo que um crime previsto Estatuto do Idoso, praticado por esse mesmo militar, nas mesmas circunstâncias, não tivesse reconhecida sua natureza militar? Tanto o crime de lesão corporal quanto um crime previsto no Estatuto do Idoso visam proteger, em princípio, bens jurídicos penais que em nada se relacionam com as instituições militares, todavia, se praticados em alguma das circunstâncias previstas no art. 9º do Código Penal Militar, afetarão, sem dúvidas, a regularidade das instituições militares justificando e demandando, portanto, a tutela e incidência do Direito Penal Militar.

A não incidência do Direito Penal Militar em tais casos gerou, portanto, uma inexplicável e prejudicial incongruência no ordenamento jurídico penal que passou a ter uma seara militar "esburacada" que não atuava de acordo com a natureza da infração mas sim de acordo com a "data" de criação do tipo penal em questão, gerando, assim, déficit na tutela penal militar.

Este foi, portanto, o fundamento da equalização e atualização produzida pela Lei Federal nº 13.491/17. A introdução de um dispositivo equalizador na legislação penal militar, consoante o previsto na atual redação do inciso II do art. 9º do Código Penal Militar, nada mais fez do que corrigir essa defasagem do ordenamento jurídico penal militar resultante de uma simbiose entre o "esquecimento" do legislador e a incessante militância de diversos segmentos que evitavam qualquer atualização da legislação penal militar com vistas ao "achatamento" cada vez maior da atuação da Justiça Militar de modo a gradualmente pavimentar os caminhos para a "desmilitarização" das instituições, em especial, no tocante às polícias estaduais.

Em conclusão, a alteração do inciso II do art. 9º do CPM, ainda que tardia, não decorreu de "inovação" conceitual, contrária ou ampliativa em relação ao "espírito" do diploma castrense vigente, mas sim de simples equalização e atualização dos tipos penais militares frente aos avanços implementados nos últimos 50 anos no ordenamento jurídico penal brasileiro em relação ao ordenamento jurídico penal comum.

Sob esta perspectiva, não apenas o conteúdo como também a forma adotada pelo legislador merece elogios haja vista que por meio de uma simples, porém eficaz, alteração redacional do inciso II do art. 9º do Código Penal Militar as tipificações dos dois ordenamentos jurídicos penais, comum e militar, foram equalizadas, tanto em relação às mudanças promovidas nas últimas décadas como também no que diz respeito ao futuro visto que, a partir de então, pouco importa a norma na qual os novos e eventuais crimes estão ou serão previstos mas sim se as circunstâncias em que forem praticados afetarão, ou não, sempre nos termos legais (art. 9º e 10), a regularidade das instituições militares. Isso é o que definirá, como sempre definiu, quando determinado crime, em princípio comum, passa a ser definido como militar.

Em resumo, além de "consertar" o passado a alteração legal "evitou" a repetição dos problemas para o futuro.

Não obstante, ainda que se tenha o entendimento contrário, ou seja, no sentido de que a alteração introduzida pela Lei Federal nº 13.491/17 tenha, efetivamente, ampliado o conceito dos crimes militares originalmente definidos pelo Código Penal Militar, isso não significa que ela seja indevida ou inconstitucional. Isto porque, ainda que assim o fosse, ou seja, que a alteração legislativa realizada no ano de 2017 não refletisse o "espírito" da original do Código, estar-se-ia diante da simples evolução do direito face aos novos desafios decorrentes das mudanças vivenciadas pela sociedade brasileira no transcorrer dos mais de quarenta anos de vigência da norma, da mesma forma que não se condenam, pelo contrário, festejam-se, as alterações introduzidas na legislação penal comum durante este mesmo período que almejaram atualizar o ordenamento, a exemplo das ocorridas em 1984, por meio das quais o legislador ordinário modificou toda a parte geral do Código Penal Comum, alterando-se, inclusive, a teoria do crime de um conceito clássico para o conceito finalista do delito.

Ora, se essa foi a receptividade doutrinária e jurisprudencial a respeito das inovações introduzidas no Código Penal Comum em 1984, que atualizaram dispositivos e conceitos construídos 44 anos antes e foram comemoradas por muitos como a adoção de um "Novo Código Penal", não há motivos para desqualificar uma singela atualização do sistema penal militar, realizada após 47 anos de vigência do diploma castrense, alegando-se que seria contrária ao "espírito" do seu legislador original.

A leitura e análise mais atenta dos textos e posicionamentos absolutamente contrários não apenas à equalização promovida em 2017 mas ao ordenamento jurídico penal militar como um todo revelará, facilmente, que os fundamentos e pressupostos para tanta ferocidade e contundência crítica, longe de técnicos ou jurídicos são, eminentemente, políticos e ideológicos e ignoram as peculiaridades, garantias e funcionalidade tanto do ordendamento quanto da justiça militar brasileira, como amplamente reconhecido pela Jurisprudência pátria e deliberadamente omitido nos discursos e narrativas apresentadas:

> SUPREMO TRIBUNAL FEDERAL
>
> EMENTA: "HABEAS CORPUS" – CRIME MILITAR EM SENTIDO IMPRÓPRIO – FALSIFICAÇÃO/USO DE CADERNETA DE INSCRIÇÃO E REGISTRO (CIR), EMITIDA PELA MARINHA

DO BRASIL - LICENÇA DE NATUREZA CIVIL - CARÁTER ANÔMALO DA JURISDIÇÃO PENAL MILITAR SOBRE CIVIS EM TEMPO DE PAZ - OFENSA A O POSTULADO DO JUIZ NATURAL - INCOMPETÊNCIA DA JUSTIÇA MILITAR - PEDIDO CONHECIDO EM PARTE, E, NESSA PARTE, DEFERIDO. A QUESTÃO DA COMPETÊNCIA PENAL DA JUSTIÇA MILITAR DA UNIÃO EA NECESSÁRIA OBSERVÂNCIA, PELOS ÓRGÃOS JUDICIÁRIOS CASTRENSES, DO PRINCÍPIO CONSTITUCIONAL DO JUIZ NATURAL. - A competência penal da Justiça Militar da União não se limita, apenas, aos integrantes das Forças Armadas, nem se define, por isso mesmo, "ratione personae É aferível, objetivamente, a partir da subsunçao do comportamento do agente - de qualquer agente, mesmo o civil, ainda que em tempo de paz ~ ao preceito primário incriminador consubstanciado nos tipos penais definidos em lei (o Código Penal Militar). - O foro especial da Justiça Militar da União não existe para os crimes dos militares, mas, sim, para os delitos militares, "tout court". E o crime militar, comissível por agente militar ou, até mesmo, por civil, só existe quando o autor procede e atua nas circunstâncias taxativamente referidas pelo art. 9o do Código Penal Militar, que prevê a possibilidade jurídica de configuração de delito castrense eventualmente praticado por civil, mesmo em tempo de paz. (...) .STF (HC 110237 i fiA - Relator: Min. CELSO DE MELLO. Julgamento: 19.2.2013. Órgão Julgador: Segunda Turma. Publicação 4.3.2013)

EMENTA: 'HABEAS CORPUS" - IMPUTAÇÃO, AO PACIENTE, QUE Ê CIVIL, DE CRIME MILITAR EM SENTIDO IMPRÓPRIO - SUPOSTA PRÁTICA DOS DELITOS DE FALSIDADE IDEOLÓGICA (CPM, ART 312) E DE USO DE DOCUMENTO FALSO (CPM, ART 315) - TÍTULO DE INSCRIÇÃO DE EMBARCAÇÃO MIÚDA (PIEM) EMITIDO PELA MARINHA DO BRASIL ~ LICENÇA DE NATUREZA CIVIL - CARÁTER ANÔMALO DA JURISDIÇÃO PENAL MILITAR SOBRE CIVIS EM TEMPO DE PAZ - REGULAÇÃO DESSE TEMA NO PLANO DO DIREITO COMPARADO ~ OFENSA AO POSTULADO DO JUIZ NATURAL - INCOMPETÊNCIA DA JUSTIÇA MILITAR - PEDIDO DEFERIDO. A QUESTÃO DA COMPETÊNCIA PENAL DA JUSTIÇA MILITAR DA UNIÃO E A NECESSÁRIA OBSERVÂNCIA, PELOS ÓRGÃOS JUDICIÁRIOS CASTRENSES, DO PRINCÍPIO CONSTITUCIONAL DO JUIZ NATURAL - A competência penal da Justiça Militar da União não se limita, apenas, aos integrantes das Forças Armadas, nem se define, por isso mesmo, uratione personae É aferível, objetivamente, a partir da subsunção do comportamento do agente — de qualquer agente, mesmo o civil, ainda que em tempo de paz — ao preceito primário incriminador consubstanciado nos tipos penais definidos em lei (o Código Penal Militar). - O foro especial da Justiça Militar da União não existe para os crimes dos militares, mas, sim, para os delitos militares, "tout coitrt". E o crime militar, comissívelpor agente militar ou, até mesmo, por civil, só existe quando o autor procede e atua nas circunstâncias taxativamente referidas pelo art. 9° do Código Penal Militar, que prevê a possibilidade jurídica de configuração de delito castrense eventualmente praticado por civil, mesmo em tempo de paz. STF (HC 105256/ PR Relator: Min. CELSO DE MELLO. Julgamento: 12.6.2012. Órgão Julgador: Segunda Turma .Publicação 8.2.2013)

A jurisprudência do Supremo Tribunal Federal (STF) é firme no sentido da constitucionalidade da Lei n 8.457/1992, tendo em vista que "ao organizar a Justiça Militar da União criando os Conselhos de Justiça (art. 1° c/c art. 16) e confiando-lhes a missão de prestar jurisdição criminal, não viola a Constituição da República ou a Convenção Americana de Direitos Humanos (Pacto de São José da Costa Rica), porquanto assegura a seus respectivos membros garantias funcionais idôneas à imparcialidade do ofício judicante, ainda que distintas daquelas atribuídas à magistratura civil" (HC 115.530, Rel. Min. Luiz Fux). Veja-se trecho do voto condutor do acórdão deste julgamento: "[...] Inicialmente, rejeito a arguição de inconstitucionalidade da Lei n° 8.457/92, que, ao organizar a Justiça Militar da União, criou os Conselhos de Justiça (art. 1° c/c art. 16) confiando-lhes a missão de prestar jurisdição criminal militar, sem, no entanto, assegurar a seus respetivos membros garantias funcionais idênticas às da magistratura civil. Entendo que a independência dos juízes militares é assegurada, na hipótese, por mecanismos diversos e peculiares, porém igualmente idôneos a promover a isenção necessária ao escorreito ofício judicante. Cito, ilustrativamente, o próprio critério de sorteio como mecanismo para a definição dos militares que ocuparão o cargo julgador (ex vi do art. 18 da Lei nº 8.457/92), a vitaliciedade que lhes é assegurada pelo mesmo dispositivo legal, bem como o imperativo de que, no exercício de suas atribuições, o juiz não deverá obediência senão, nos têrmos legais, à autoridade judiciária que lhe é superior (art. 36, §2º, da Lei nº 8.457/92). Reforça o ponto o bem lançado argumento do MPF quanto à simetria constitucional do modelo erigido pelo legislador ordinário. Transcrevo o raciocínio na íntegra: 'De outra senda, o paralelo entre a formação do aludido Conselho (art. 16, b, Lei n.º 8.457/1992) e o dispositivo constitucional que define a composição do Superior Tribunal Militar revela que, ao organizar a Justiça Militar da União, o legislador ordinário atendeu ao princípio da simetria constitucional , pois, assim como na composição do Conselho, o Superior Tribunal castrense é formado, à razão de dois terços, por oficiais das Forças Armadas. Senão, vejamos: Art. 123. O Superior Tribunal Militar compor-se-á de quinze Ministros vitalícios, nomeados pelo Presidente da República, depois de aprovada a indicação pelo Senado Federal, sendo três dentre oficiais-generais da Marinha, quatro dentre oficiais-generais do Exército, três dentre oficiais-generais da Aeronáutica, todos da ativa e do posto mais elevado da carreira, e cinco dentre civis. (grifos no original).' Por essas razões, não vislumbro qualquer inconstitucionalidade da Lei nº 8.457/92 e, portanto, indefiro o primeiro pedido veiculado na impetração." STF (AG.REG. NO RECURSO EXTRAORDINÁRIO COM AGRAVO 801.391. PRIMEIRA TURMA. PROCED.: DISTRITO FEDERAL RELATOR: MIN. ROBERTO BARROSO. PRIMEIRA TURMA 27 DE ABRIL DE 2018).

SUPERIOR TRIBUNAL MILITAR

Embora não seja obrigatório rebater todas as teses da Defesa, mostra-se interessante a breve análise de algumas delas. A Defensoria Pública da União destaca a Corte Interamericana de Direitos Humanos (CIDH) que, interpretando o art. 8o da CADH (Convenção Americana de Direitos Humanos), ao dispor sobre as garantias judiciais em sede do caso Fernandez Ortega contra o Estado do México, estabeleceu de forma clara que "A Justiça militar deve ser utilizada apenas para julgar militares ativos pelo suposto cometimento de crimes de função em sentido estrito

Contudo, a Defensoria Pública da União olvida que a assertiva inserida na CADH (Convenção Americana de Direitos Humanos) pode ser válida para paises nos quais as justiças militares integram os respectivos poderes executivos, na forma de cortes marciais. O Tratado de Direitos Humanos, formalizado pela Convenção Americana de Direitos Humanos (CADH), tem, na ótica do Ministro do STF Dr. Gilmar Mendes, status supraconstitucional. Todavia, deve ser interpretado à luz da sistemática da Lei Maior, a qual estruturou a Justiça Militar da União, com todo o aparato necessário, para observar, na íntegra, os princípios e os valores estabelecidos em seu texto, dentre estes os do contraditório e da ampla defesa. Movidos por comparações descabidas e tomando como referência países que têm estruturas diametralmente dessemelhantes, por vezes sem o garantismo verificado no Brasil, muitos juristas embasam a incompetência da JMU para processar e julgar civis. Os Juízes-Auditores da JMU, os membros do Ministério Público Militar da União e a Defensoria Pública da União, esta postulando em prol de réus necessitados, atuam sob nítido respaldo constitucional, e tomam posse somente depois de acirrados concursos públicos. Não se pode comparar a Justiça Militar da União com as de outros países, nos quais há cortes marciais, compostas apenas por militares na função de juízes do colegiado e, às vezes, pertencentes ao Poder Executivo. No Brasil, a JMU integra o Poder Judiciário, sendo possibilitada à Defesa a interposição de recursos em todas as instâncias, até mesmo o Extraordinário dirigido ao STF, sem diferenciar autores - militar ou civil - nesse devido processo legal constitucional.

Ademais, a composição do STM está em sintonia com os demais Tribunais - art. 123 da C F /1988. As justiças militares de outros países latinos, utilizadas como paradigma pela Defesa e alvo da Corte Interamericana de Direitos Humanos (CIDH), em nada correspondem à estruturada no Brasil. STM (APELAÇÃO N° 47-24.2014.7.12.0012/AM APELAÇÃO N° 47-24 2014.7.12.0012 - AM - Relator Ministro MARCO ANTÔNIO DE FARIAS. Revisor Ministro JOSÉ BARROSO FILHO. 17 DE AGOSTO DE 2016).

Quanto à alegada violação da Convenção Americana de Direitos Humanos (Pacto de São José da Costa Rica), haja vista julgamento de civis em tempo de paz pela JMU, este é o entendimento desta Corte:

"EMENTA: Recurso em Sentido Estrito. Rejeição de Denúncia. Preliminar de incompetência arguida pela Defesa. Rejeição. Reforma do Decisum. Mérito.

Antecipação do julgamento por juiz monocrático. Requisitos presentes nos arts. 30 e 77, ambos do CPPM. Princípio da insignificância e da intervenção mínima. Inaplicabilidade.

Preliminar de incompetência da Justiça Militar da União, arguida pela Defesa, em contrarrazões, para processar e julgar civis, na forma do art. 5º, art. 109, inciso IV, e art. 142, tudo da CF/88, c/c o art. 8º, item 1, do Pacto de São José da Costa Rica.

Competência da Justiça Militar Federal delimitada no art. 124 da CF/88. Tipificação. Art. 9º, inciso III, alínea a, c/c o art. 251, ambos do CPM. Princípio da legalidade. A especialidade desta Justiça Castrense tal como a composição híbrida dos membros julgadores desta Corte e dos Conselhos Permanentes possuem amparo na norma constitucional e na Lei nº 8.457/92. Rejeição. Unânime. [...] Provimento ao recurso ministerial. Decisão unânime.". (STM – RSE Nº 115-49.2015.7.11.0211/DF. Relator Ministro Dr. JOSÉ

BARROSO FILHO. DJE 21/03/2016). (Nossos destaques.).

"[...] 1. A Lei nº 8.457/92, ao organizar a Justiça Militar da União criando os Conselhos de Justiça (art. 1º c/c art. 16) e confiando-lhes a missão de prestar jurisdição criminal, não viola a Constituição da República ou a Convenção Americana de Direitos Humanos (Pacto de São José da Costa Rica), porquanto assegura a seus respetivos membros garantias funcionais idôneas à imparcialidade do ofício judicante, ainda que distintas daquelas atribuídas à magistratura civil. [...]". (HC nº 115.530/PR, Min.

LUIZ FUX, julg. 14/08/2013)

Com efeito, não se vislumbra nenhuma irregularidade no processamento do feito nesta Justiça Militar, tendo em vista a competência estar firmada no art. 124, parágrafo único, da Constituição da República, e no art. 9º inciso II, alíneas "c" e "e", parte final, do CPM. STM (APELAÇÃO Nº 0000113-09.2011.7.12.0012 RELATOR: MINISTRO FRANCISCO JOSELI PARENTE CAMELO 16/04/2019)

O recorrente arguiu nulidade ante a incompetência desta Justiça Castrense para julgar civis em tempo de paz, por contrariar o Pacto de São José da Costa Rica sobre Direitos Humanos. Requereu que, caso firmada a competência do foro militar, o julgamento fosse realizado por juiz singular, monocraticamente.

A Magna Carta, em seu art. 124, embora não explicite a matéria competencial a ser julgada pela Justiça Federal Castrense, prescreve ser este o foro competente para processar e julgar os crimes militares definidos em lei, valendo-se do critério ratione legis. Nesses termos, o Poder Constituinte Originário deixou ao alvedrio da legislação infraconstitucional a delimitação do objeto sobre o qual a Justiça Militar exercerá sua jurisdição.

Tal como colocado, e em estrita observância à Lei Maior, crime militar é o previsto como tal pelo Código Penal Castrense. Este, por sua vez, não se limitou a descrever como delitos de competência da Justiça Penal Especial somente aqueles considerados "estritamente militares".

O Diploma Substantivo abarcou, igualmente, os crimes impropriamente militares. Consoante o magistério de Jorge Alberto Romeiro [1], trata-se de ilícitos "comuns em sua natureza, cuja prática é possível a qualquer cidadão (civil ou militar), mas que, quando praticado por militar em certas condições, a lei considera militares", além de todos os "praticados por civis que a lei define como militares", à exceção do de insubmissão.

Por tal razão, incidem, no caso sub examine, as disposições do art. 9º, inciso III, alínea a, do CPM, litteres:

> Art. 9º Consideram-se crimes militares, em tempo de paz:
>
> III – os crimes praticados por militar da reserva, ou reformado, ou por civil, contra as instituições militares, considerando-se como tais não só os compreendidos no inciso I, como os do inciso II, nos seguintes casos:
>
> a) contra o patrimônio sob a administração militar, ou contra a ordem administrativa militar;

Ressalte-se que a Justiça Castrense não tem por escopo julgar militares ou definir crimes não previstos pelo direito penal comum. Sua finalidade é proteger as Forças Armadas e, por consequência, a soberania estatal e o Estado Democrático, tão acutilado pela crescente criminalidade, independentemente da qualidade do agente, se civil ou militar. Daí o critério adotado pela Constituição Federal de 1988 ter sido o ratione legis, e não o ratione personae. Isso porque nenhum dos outros critérios definidores de competência seria hábil a contemplar, isoladamente, todas as hipóteses em que a agressão ao bem jurídico tutelado afeta, direta ou indiretamente, o Exército, Marinha e Aeronáutica.

Nesse sentir, o inciso IV do art. 109 da Lex Fundamentalis, ao estatuir a competência dos Juízes Federais para processar e julgar as infrações penais praticadas em detrimento de bens, serviços ou interesse da União, ressalvou a competência da Justiça Militar da União quando a ação delituosa afetar, nos termos da jurisprudência do STF, "de modo real ou potencial, a integridade, a dignidade, o funcionamento e a respeitabilidade das instituições militares que constituem, em essência, os bens jurídicos penalmente tutelados" (Habeas Corpus nº 106.171, Relator Ministro Celso de Mello, DJe de 14/4/2011).

De outra banda, saliente-se algumas características da Justiça Militar do Brasil, citadas em parecer pelo Dr. Marcelo Weitzel Rabello de Souza, nos autos da Apelação nº 27-09.2009.7.02.0102, que efetivamente a confere legitimidade de um juízo natural, ex vi do art. 5º, incisos XXXVII, LIII e LIV, da Carta Maior, in litteris:

> (...) a Justiça Militar do Brasil, é a única dentre os países da "civil law", no bloco ocidental, que além de integrar o Poder Judiciário (com todas as garantias e exigências que lhe são inerentes), é composta por Magistrados civis, bacharéis em Direito, concursados e regidos pelos princípios que cercam a Magistratura. Diga-se mais, ao contrário do que se vê no Chile, e se observava na Argentina, Paraguai, entre outros, tem como órgão acusador, não um militar de carreira, um Oficial, mas um civil, Membro do Ministério Público da União. Consequentemente, a Justiça Militar não é uma Corte Marcial, um tribunal de exceção, nem uma justiça dos militares ou para os militares. O então Ministro do STM, Flávio Flores da Cunha Bierrenbach, ao comentar os resultados do Seminário Internacional – realizado pelo Alto Comissariado de Direitos Humanos das Nações Unidas, no Palácio do Itamaraty, em Brasília/DF, para debater a aplicação do Direito Penal Militar, asseverou:
>
> Hoje, é opinião assente que a Justiça Militar da União, no Brasil, funciona a partir de regras internacionalmente reconhecidas, assegura a igualdade de todos perante a lei, respeita os princípios do Estado Democrático de Direito e observa os direitos humanos.
>
> Ademais, encontra-se expressamente previsto nos diversos diplomas legais pátrios, os meios jurídicos disponíveis para que a Suprema Corte possa conhecer, em grau de recurso, dos feitos julgados no âmbito da Justiça Militar da União, o que, de fato, tem ocorrido com razoável frequência.
>
> No campo histórico constitucional, cabe ressaltar, que desde a Carta Política de 1934, todas as demais Constituições Federais têm firmado a submissão dos civis à jurisdição

da Justiça Militar da União, quando praticarem crime de natureza militar, expressamente previstos em lei. Igualmente, fê-lo o Constituinte de 1988. STM (APELAÇÃO Nº 0000113-09.2011.7.12.0012 RELATOR: MINISTRO FRANCISCO JOSELI PARENTE CAMELO 16/04/2019)

Se mesmo diante dos posicionamentos reiterados dos Tribunais Superiores e de toda a clareza lógica e jurídica dos benefícios concretos advindos da alteração legal, permanecem as tentativas de desqualificação de toda e qualquer alteração ou evolução que diga respeito à Justiça e ao Direito Penal Militar, parece estar justificada a recomendação da cautela na opção de escolha da nomenclatura dos crimes militares que foram objeto da atualização promovida pela Lei Federal nº 13.491/17 e encontram-se previstos apenas na legislação penal comum, de modo que não se contribua, ainda que inconscientemente, para reforçar a falsa ideia de que as alterações promoveram uma "ampliação indevida" e "inconstitucional" dos crimes militares, o que parece ocorrer com as expressões atualmente mais utilizadas como crimes militares "extravagantes" ou crimes militares "por extensão".

Por tal motivo, na presente obra, optar-se-á por uma denominação que, ao mesmo tempo: (i) remeta os não familiarizados com a ciência jurídico penal militar ao motivo pelo qual tais crimes são objeto da tutela penal militar (por afetarem a regularidade das instituições militares); e (ii) afaste, de plano, a falsa ideia de que tais crimes decorreriam de uma "ampliação indevida" do Direito Penal Militar por possuírem natureza ou objetivos diversos dos já previstos e classificados anteriormente apenas como crimes própria ou impropriamente militares.

Neste sentido, utilizar-se-á a expressão crimes militares por afetação em substituição às atualmente utilizadas expressões crimes militares extravagantes ou por extensão. Assim, a prática dos crimes previstos no Estatuto do Desarmamento (arts. 12 a 18) em alguma das circunstâncias especificadas nos incisos II ou III do art. 9º do CPM (em tempos de paz) caracterizará um crime militar por afetação, ou seja, por afetar a regularidade das instituições militares.

Deste modo, baseando-se em todos os argumentos expostos, finaliza-se a exposição do presente item com as seguintes conclusões:

(i) o bem jurídico penal objeto de proteção, direta ou indireta, de todo o ordenamento jurídico penal militar, consiste na manutenção da regularidade das instituições militares as quais, por sua vez, são responsáveis pela promoção e garantia de direitos fundamentais de toda a sociedade;

(ii) a regularidade das instituições militares será afetada quando alguma das condutas tipificadas como crime pelo Estatuto do Desarmamento (arts. 12 a 18) forem praticadas nas hipóteses previstas nos incisos II e III do art. 9º ou II, III e IV do art. 10 do Código Penal Militar;

(iii) em tais casos, além dos bens jurídicos incolumidade, segurança pública e paz social, objetos da tutela penal comum pelo Estatuto do Desarmamento, também haverá a necessidade de se proteger a regularidade das instituições militares do que decorrerá a natureza militar do crime.

(iv) considerando o cenário enviesado pelas ingerências político-partidárias e ideológicas presentes em toda e qualquer discussão sobre o Direito Penal Militar que tem fomentado acusações infundadas no sentido serem, os crimes militares não previstos no Código Penal Militar, uma "ampliação indevida" do ordenamento jurídico penal militar sugere-se o uso de uma terminologia para tais crimes que consiga, ao mesmo tempo, transmitir o fundamento de sua existência e afastar as falsas alegações apresentadas no debate, motivo pelo qual, optar-se-á pela adoção do termo crimes militares por afetação da regularidade das instituições militares ou, simplesmente, crimes militares por afetação, ao invés das denominações atualmente mais utilizadas a exemplo dos crimes militares por extensão, extravagantes ou por equiparação.

Ao final, apresentados os argumentos e conclusões relativas à compreensão e identificação do bem jurídico penal militar tutelado pelos crimes militares e a sugestão de terminologia mais adequada aos fins do ordenamento e ao contexto político e ideológico que envolve o tema, resta abordar, nestas linhas introdutórias que antecedem à análise dos tipos penais em específico presentes no Estatuto, a conceituação da **ordem administrativa militar** cuja violação caracteriza uma das hipóteses de afetação à regularidade das instituições militares e, por força dos sistemas regulatórios e administrativos estabelecidos pela Lei nº 10.826/03, possui extrema relevância na identificação dos crimes militares decorrentes dos tipos penais apresentados por este diploma legal.

6.3. A ORDEM ADMINISTRATIVA MILITAR E OS TIPOS PENAIS PREVISTOS NO ESTATUTO DO DESARMAMENTO

Tendo os crimes militares a função de proteger o bem jurídico constitucional[27] consistente na **regularidade das instituições militares destinadas à promoção e garantia de direitos fundamentais de toda a sociedade** cumpre à lei[28] defini-los. Para tal mister a lei, ou seja, o Código Penal Militar, como abordado no item anterior (6.2.), utiliza-se tanto da tipificação de condutas específicas na sua parte especial, quanto da tipificação indireta, elencando as circunstâncias nas quais a prática de

[27] Art. 42 Os membros das Polícias Militares e Corpos de Bombeiros Militares, instituições organizadas com base na hierarquia e disciplina, são militares dos Estados, do Distrito Federal e dos Territórios.

Art. 142. As Forças Armadas, constituídas pela Marinha, pelo Exército e pela Aeronáutica, são instituições nacionais permanentes e regulares, organizadas com base na hierarquia e na disciplina, sob a autoridade suprema do Presidente da República, e destinam-se à defesa da Pátria, à garantia dos poderes constitucionais e, por iniciativa de qualquer destes, da lei e da ordem.

[28] Art. 124. À Justiça Militar compete processar e julgar os crimes militares definidos em lei

Art. 125. Os Estados organizarão sua Justiça, observados os princípios estabelecidos nesta Constituição

§ 4º Compete à Justiça Militar estadual processar e julgar os militares dos Estados, nos crimes militares definidos em lei e as ações judiciais contra atos disciplinares militares, ressalvada a competência do júri quando a vítima for civil, cabendo ao tribunal competente decidir sobre a perda do posto e da patente dos oficiais e da graduação das praças.

crimes previstos nos dois ordenamentos jurídicos penais ou apenas no comum[29], acabam por caracterizar a violação ao bem jurídico penal militar, tornando-se, portanto, crimes militares.

As tipificações das condutas que afetam diretamente a regularidade das instituições militares estão previstas hoje, de forma exclusiva, na parte especial do próprio Código Penal Militar[30] e prescindem da análise de qualquer outra circunstância específica quando praticada por militares da ativa (inciso I do art. 9º do Código Penal Militar).

Tratando-se ainda de militares da ativa, quando estes praticarem crimes previstos de modo semelhante nas legislações penais comum e militar ou previstos apenas na legislação penal comum (como é o caso do Estatuto do Desarmamento) o Código Penal Militar estabelece, como visto, que somente serão considerados crimes militares (em tempo de paz) se praticados em alguma das hipóteses previstas nos incisos II do seu art. 9º por identificar, em tais casos, uma substancial **afetação à regularidade das instituições militares.**

Já no que diz respeito aos crimes militares praticados por civis, por militares da reserva ou reformados, seja em relação aos tipificados somente ou de forma diversa no Código Penal Militar, seja nos demais casos de crimes constantes nos dois ordenamentos ou apenas na legislação penal comum (e.g. Estatuto do Desarmamento) somente haverá a caracterização da natureza militar do crime se praticados "contra as instituições militares" e, além disso, subsumir-se a alguma das circunstâncias elencadas no inciso III do art. 9º do CPM.

Assim, como abordado no item antecedente (6.2.), a simples leitura das circunstâncias elencadas nos incisos II e III do art. 9º do Código Penal Militar permite uma visão panorâmica sobre todas as hipóteses nas quais um **crime,** originalmente **comum**[31], acaba por **afetar** a **regularidade das instituições militares** e passa a ser, por meio da lei (em tempos de paz - art. 9º do Código Penal Militar) , caracterizado como um **crime militar**.

---

29 Como se destaca em diversas passagens do presente capítulo no período compreendido entre a entrada e vigor do atual Código Penal Militar e o ano de 2017 a omissão do legislador na criação dos diversos tipos penais na legislação penal extravagante concretizada nos últimos 50 anos com o objetivo de atender, bem ou mal, as novas demandas da sociedade brasileira, acabou por impedir que condutas criminosas que afetassem a regularidade das instituições militares fossem adequadamente reconhecidas como crimes militares em virtude do Código Penal Militar prever apenas a possibilidade de que os crimes previstos em ambos os ordenamentos (comum e militar) poderiam ser considerados como militares em tempos de paz. Obviamente que esta previsão se adequava à realidade de 1969 anterior, portanto, à "avalanche" de tipificações penais previstas na edição cada vez maior de leis especiais e específicas sobre cada tema distinto (Estatuto da Criança e Adolescente, Código de Trânsito Brasileiro, Código Ambiental, Estatuto do Idoso, etc). Finalmente, em 2017, a distorção foi corrigida por meio da simples alteração do inciso II do art. 9º do Código Penal Militar que definiu que qualquer crime previsto em qualquer lei deve ser considerado militar quando praticado em alguma das circunstancias previstas no art. 9º, ou seja, quando afetar significativamente a regularidade das instituições militares responsáveis pela promoção e garantia de direitos individuais de toda a sociedade.

30 Ou seja, só previsto no Código Penal Militar. Nada impede que sejam editadas leis especiais específicas para matéria penal militar, contudo, essa não tem sido a opção do legislador.

31 Previsto em ambos os ordenamentos (comum e militar) ou apenas na legislação comum.

Em linhas gerais, tais circunstâncias, que alteram a natureza comum de tais crimes atraindo-os para a esfera penal militar caracterizam-se, em síntese, quando tais crimes são praticados:

(i) entre **militares da ativa,** independentemente do lugar ou situação na qual se encontram (alínea "a" do inciso II do art. 9º do CPM – *ratione personae* ou *ratione materiae*);

(ii) em **lugar sujeito à administração militar**, contra militar da reserva, ou reformado, ou assemelhado, ou civil (quando o autor for militar da ativa) ou contra militar da ativa ou funcionário da justiça militar (quando o autor for militar da reserva, reformado ou civil – alíneas "b" dos incisos II e III do art. 9º do CPM do CPM – *ratione loci*);

(iii) **durante o serviço militar ou em razão deste** contra militar da reserva, ou reformado, ou assemelhado, ou civil (quando o autor for militar da ativa) ou contra militar da ativa de serviço ou em razão deste (quando o autor for militar da reserva, reformado ou civil – alínea "c" do inciso II e "d" do inciso III do art. 9º do CPM – *ratione materiae*);

(iv) nos **períodos de manobras ou exercícios militares** contra militar da reserva, ou reformado, ou assemelhado, ou civil (quando o autor for militar da ativa) ou contra militar da ativa que se encontra nos períodos de manobras ou exercícios militares (quando o autor for militar da reserva, reformado ou civil – alínea "d" do inciso II e "c" do inciso III do art. 9º do CPM *ratione temporis*); ou

(v) **contra o patrimônio** ou **contra a ordem administrativa militar** (alínea "e" do inciso II e "a" do inciso III do art. 9º do CPM – *ratione materiae*).

Para o objeto de discussão deste item 6.3. o detalhe mais relevante a ser destacado em relação à todas as hipóteses acima sintetizadas, que caracterizam um crime comum como militar, consiste no fato de que em **quase todos os casos, além da situação** (de serviço, em razão da função), **do local** (lugar sujeito) **ou do período** (em período de manobra, etc) no qual o crime é praticado **exige-se** que este **seja praticado contra alguém (pessoa)** em específico. Como se percebe, em tais circunstâncias, se o autor for militar da ativa a infração penal para ser considerada militar deve ser praticada contra um militar da ativa, da reserva ou reformado ou ainda contra um civil (nas alíneas "a", "b", "c" e "d" do inciso II do art. 9º). Por outro lado, tratando-se o autor de militar da reserva, reformado ou civil, em tais hipóteses, para que o crime seja caracterizado como militar ele deve ser praticado contra um militar da ativa ou contra um funcionário da Justiça Militar (alíneas "b", "c" e "d" do inciso III do art. 9º).

As únicas exceções, ou seja, as únicas hipóteses que prescidem deste elemento (ser praticado "contra" alguém) para caracterização de um determinado crime previsto na legislação penal comum como militar estão previstas nas alíneas "e" do inciso II e "a" do inciso III do art. 9º do CPM. Em ambas, uma aplicável aos casos em que o autor é militar da ativa e outra aos demais casos, **não se exige** que o crime seja

praticado contra alguém (pessoa) em específico para que seja caracterizado como militar, mas apenas que tenha sido praticado **contra o patrimônio** ou **contra a ordem administrativa militar**.

Este "pequeno" detalhe é muito relevante quando se busca identificar em quais circunstâncias os crimes previstos no Estatuto do Desarmamento, em princípio comuns, afetarão a regularidade das instituições militares adquirindo, por consequência, natureza militar.

Isto porque, quando se observam os **crimes previstos no Estatuto do Desarmamento** verifica-se que a grande **maioria** deles, além de serem reconhecidos pela doutrina e jurisprudência como crimes de mera conduta e de perigo abstrato possuem, como **sujeito passivo, "a coletividade em geral"** e como objetividade jurídica **"a incolumidade e segurança pública e a paz social"**.

Desta forma, a **maioria dos crimes previstos no Estatuto do Desarmamento, não poderiam ser** classificados como **militares** por meio da **subsunção** às hipóteses previstas nas alíneas "a", "b", "c" e "d" do inciso II e alíneas "b", "c" e "d" do inciso III do art. 9º do Código Penal Militar visto que todas elas exigem, para a sua caracterização, que o crime seja praticado **contra alguém** (militar da ativa, da reserva, reformado ou civil).

Ainda neste sentido, mesmo em relação às duas únicas hipóteses que não apresentam este requisito (alíneas "e" do inciso II e "a" do inciso III do art. 9º do CPM), a possibilidade de subsunção das condutas típicas previstas no Estatuto é restrita visto que, por serem praticadas **contra a "coletividade em geral"**, **não poderiam ser classificados como militares** por violação ao elemento previsto na primeira parte destas hipóteses, que se refere aos crimes praticados **contra o patrimônio sob administração militar.**

Neste sentido, inicialmente destaque-se que os crimes previstos no Estatuto do Desarmamento não têm como objeto a proteção do patrimônio, assim, não se vislumbram hipóteses nas quais tais condutas seriam praticadas contra o patrimônio sob administração militar. Em recente decisão, o STJ utilizou-se da noção de crime contra o patrimônio sob administração militar como um dos fundamentos para solucionar, definindo e excluindo da competência da Justiça Militar eventuais crimes praticados por um armeiro do exército que teria subtraído armamentos daquela Instituição que foram localizados, no interior de sua residência em conjunto com um revólver que não possuía vinculação com as Instituições Militares:

> SUPERIOR TRIBUNAL DE JUSTIÇA
>
> CONFLITO NEGATIVO DE COMPETÊNCIA. JUSTIÇA MILITAR DA UNIÃO X JUSTIÇA COMUM ESTADUAL. MILITAR DO EXÉRCITO NO EXERCÍCIO DA FUNÇÃO DE ARMEIRO. CONFISSÃO QUANTO AO FURTO DE FUZIL E MUNIÇÃO DE USO EXCLUSIVO DO EXÉRCITO BRASILEIRO. DESCOBERTA FORTUITA DE DROGAS E ARMA CALIBRE 8 NA BUSCA E APREENSÃO FEITA EM RESIDÊNCIA PARTICULAR. AUSÊNCIA DE CONEXÃO OU LITISPENDÊNCIA. CONDUTA POSTERIOR AO ADVENTO DA LEI 13.491/2017. AMPLIAÇÃO DA COMPETÊNCIA DA JUSTIÇA CASTRENSE RESTRITA ÀS HIPÓTESES DESCRITAS NO ART. 9º DO CÓDIGO PENAL

MILITAR – CPM. COMPETÊNCIA DA JUSTIÇA ESTADUAL QUANTO AOS CRIMES RELATIVOS ÀS DROGAS E ARMA CALIBRE 38.

1. O presente conflito de competência deve ser conhecido, por se tratar de incidente instaurado entre juízos vinculados a Tribunais distintos, nos termos do art. 105, inciso I, alínea d da Constituição Federal – CF.

2. Discute-se no presente incidente se compete à Justiça Militar ou à Justiça Comum a análise e julgamento da prática dos delitos relacionados com drogas e um revólver calibre 38 apreendidos, em razão de possível conexão com delitos cuja apuração tramita perante a Justiça Castrense. Em brevíssima síntese, o denunciado era suspeito de subtrair armas de uso exclusivo do exército, valendo-se de sua função de armeiro. Foi preso no quartel, ocasião em que confessou a prática delituosa, e conduzido à residência de sua prima, esposa de outro denunciado, onde foram encontradas novas armas do exército e também um revolver calibre 38 e entorpecentes (353 g de crack e 12 g de cocaína). **É incontroversa nos autos a competência da Justiça Militar para apuração do delito de peculato furto, falsificação documental em detrimento da administração militar bem como, do delito tipificado no artigo 16 da Lei n. 10.826/2003 (Estatuto do Desarmamento), no que diz respeito aos fuzis pertencentes ao Exército Brasileiro.** O núcleo da controvérsia diz respeito às drogas e revolver calibre 38 apreendidos em residência particular quando do cumprimento de mandado de busca e apreensão.

3. Segundo a jurisprudência desta Corte Superior, a verificação dos crimes no mesmo contexto fático não implica necessariamente conexão probatória ou teleológica entre eles, em outras palavras, a descoberta dos delitos na mesma circunstância, por si só, não é fundamento válido para justificar que a Justiça Militar julgue crimes de competência da Justiça Comum. Precedentes

4. **A ampliação da competência da Justiça Castrense, para abarcar crimes contra civis previstos na Legislação Penal Comum (Código Penal e Leis Esparças) abrange apenas os crimes praticados por militar em serviço ou no exercício da função, conforme art. 9º, II, da Lei 13.491/2017**, situação que não se identifica quanto à arma calibre 38 e drogas apreendidas. Precedentes. 5. Conflito conhecido para declarar a competência do Juízo de Direito da 1ª Vara Criminal de Olinda – PE, o suscitado, para julgar ação penal relativa às drogas e a arma calibre 38 apreendidas em busca e apreensão realizada em residência particular. STJ. Ministro JOEL ILAN PACIORNIK (1183) S3 – TERCEIRA SEÇÃO CC 169135 / PE. CONFLITO DE COMPETENCIA. 2019/0322072-1. JULGAMENTO 24/06/2020.

Respeitados posicionamentos em contrário, entendemos que o fato dos armamentos desviados no caso em tela constituírem o patrimônio sob administração militar, referida circunstância define a natureza do crime militar decorrente da subtração, desvio ou apropriação dos bens(furto, peculato, apropriação, etc.), momento em que se caracteriza a lesão ao patrimônio sob administração militar. Contrario sensu, em relação aos crimes decorrentes da posse irregular ou ilegal dos armamentos em sua residência, forçoso reconhecer a atipicidade desta conduta por mero exaurimento do crime contra o patrimônio ou Administração Militar (furto, peculato, apropriação, etc.) ou a caracterização de um crime distinto, previsto sim no Estatuto do Desarmamento, mas com lesão não mais relacionada ao patrimônio sob administração militar, que se esgotou no crime antecessor, mas sim aos bens jurídicos tutelados pela conduta em si especificada (incolumidade pública, ordem administrativa militar, etc.). O próprio STJ, ainda que em momento anterior à atual legislação, muito bem pontuou essa distinção de crimes e bens jurídicos lesionados:

SUPERIOR TRIBUNAL DE JUSTIÇA

CONFLITO NEGATIVO DE COMPETÊNCIA. PROCESSO PENAL. CRIME MILITAR, EM TESE, CONEXO A CRIME COMUM. IMPOSSIBLIDADE DE REUNIÃO DOS FEITOS PARA JULGAMENTO CONJUNTO PERANTE A JUSTIÇA CASTRENSE. 1. Nos termos do art. 102, alínea a, do Código de Processo Penal Militar, e do art. 79, inciso I, do Codex Processual Criminal, não há que se falar em unidade de julgamento de crime comum e militar, mesmo presente a conexão probatória. 2. In casu, os acusados foram presos em flagrante pelo delito de porte ilegal de arma de fogo de uso restrito, previsto no art. 16 do Estatuto do Desarmamento, cuja competência é da Justiça Comum. 3. A possível existência de conexão de aludido delito com crime anterior militar de desvio de munição pertencente ao Exército não tem o condão de estabelecer a unidade de processo e julgamento. 4. Conflito conhecido para declarar-se competente o Juízo de Direito da 1ª Vara Criminal de Jundiaí-SP, o suscitado. STJ. Ministro JORGE MUSSI (1138). S3 – TERCEIRA SEÇÃO. 10/06/2009 CC 100628 / SP CONFLITO DE COMPETENCIA 2008/0243735-9

Como se discorrerá a seguir, a posse irregular ou ilegal, por um militar, de armamentos sob administração militar pode e deve se caracterizar como crime militar, independente do local ou situação na qual se encontra, mas não em decorrência da lesão ao patrimônio mas sim em virtude da lesão à **ordem administrativa militar**.

Antes porém, conclui-se a questão relativa ao patrimônio militar no sentido de que os crimes previstos no Estatuto do Desarmamento não produzem lesão ao patrimônio sob administração militar e, por consequência, inviável a identificação da natureza militar de condutas nele tipificadas, por violção ao patrimônio sob a administração militar.

Sob esta perspectiva, enfim, **as únicas hipóteses legais** aptas a **classificar** a maioria dos **crimes previstos no Estatuto do Desarmamento como militares** seriam as previstas na segunda parte das alíneas "e" do inciso II e "a" do inciso III do art. 9º do CPM, quais sejam, os casos nos quais as condutas típicas forem praticadas **contra a ordem administrativa militar**, circunstância que, por si, **caracteriza o crime comum como militar sem exigir**, diferentemente, do constante nas demais alíneas supracitadas, que a infração seja praticada **"contra" alguém** ou **contra um patrimônio** em específico.

Em resumo, por serem os crimes previstos no Estatuto do Desarmamento reconhecidos pela doutrina e jurisprudência, em regra[32], como crimes de mera conduta e de perigo abstrato e terem **"a coletividade em geral"** como **sujeito passivo** e **"a incolumidade e segurança pública e a paz social"** como objetividade jurídica não são praticados "contra" uma pessoa ou "contra" um patrimônio em específico, motivo pelo qual, só poderiam ser caracterizados como crimes militares quando praticados **contra a ordem administrativa militar** (segunda parte das alíneas "e" do inciso II e "a" do inciso III do art. 9º do CPM).

Não obstante as conclusões supra, talvez em virtude da recenticidade da equalização e atualização legislativa trazida pela Lei Federal nº 13.491/17, a doutrina e jurisprudência pátria parece não ter se atentado devidamente a esta questão haja vista

32 Em regra previstas nos arts. 12, 14 e 16 do Estatuto do Desarmamento.

que a natureza militar dos crimes previstos no Estatuto do Desarmamento, como se verá no decorrer do capítulo, tem sido reconhecida em diversas circunstâncias (estarem os agentes de serviço, ter o crime sido praticado no interior de unidade militares, etc) sem que, necessariamente, tenha sido realizado um enfrentamento mais detalhado sobre a impossibilidade, consoante as razões expostas, de subsunção dos tipos às hipóteses previstas nos incisos II e III do art. 9º do CPM que exigem a presença de uma vítima em específico para a caracterização do crime como militar (alíneas "a", "b", "c" e "d" do inciso II e alíneas "b", "c" e "d" do inciso III do art. 9º).

Assim, diante da incipiência das discussões doutrinárias e jurisprudenciais a respeito do tema e a fim de estabelecer uma base teórica para os posicionamentos que serão externados no decorrer do capítulo durante a abordagem individual e específica dos tipos penais previstos no Estatuto do Desarmamento apresentaremos, a seguir, **duas possibilidades de interpretação** dos dispositivos legais em tela e sobre as quais sustentaremos as considerações, a depender da qualidade do autor do crime:

1ª condutas típicas previstas no Estatuto do Desarmamento praticadas por civis em geral: a tipicidade indireta ou mediata, inafastável para caracterização dos crimes como militares (necessidade de subsunção dos fatos ao tipo penal em específico conjuntamente às circunstâncias elencadas em alguma das hipóteses previstas nos arts. 9º ou 10 do CPM) [33], adicionaria elementares aos tipos e, por consequência, alteraria a natureza de tais crimes, originalmente de perigo abstrato ou de mera conduta, para crimes de perigo concreto. Em outras palavras, os crimes previstos no Estatuto do Desarmamento que forem, originalmente, de perigo abstrato passariam a exigir, para o reconhecimento da sua natureza militar que, além das circunstâncias de local, situação do autor ou período no qual o crime foi cometido, consoante as previsões dos incisos II e III do art. 9º, fosse demonstrado terem sido praticados "contra" determinada pessoa (militar da ativa, militar da reserva, reformado ou civil) seja por meio do resultado danoso ou do "perigo concreto" produzido.

2ª crimes praticados por militares ou civis cujas atividades sejam reguladas e fiscalizadas pelo Exército: a análise da tipicidade indireta ou mediata é realizada, preliminarmente, por meio da circunstância prevista na segunda parte das alíneas "e" do inciso II e "a" do inciso III do art. 9º do CPM, qual seja, da **ordem administrativa militar** haja vista que, como se explicará, os militares e os civis que realizem atividades reguladas ou fiscalizadas pelo Exército, ao incorrerem nas condutas típicas previstas no Estatuto do Desarmamento, em regra, estarão violando a ordem administrativa militar o que, por si, caracterizaria a natureza militar dos crimes, sem que houvesse necessidade de discussão sobre eventual alteração das demais características dos crimes (perigo abstrato para perigo concreto) pela adição de elementares do tipo por meio da tipicidade indireta. Em tais casos, de crimes praticados por militares

[33] Mesmo nas hipóteses em que o crime é previsto apenas no Código Penal Militar, o inciso I do art. 9º é o responsável por definir que ele é considerado crime militar sendo que o inciso III estabelece que mesmo em tais hipóteses, quando praticados por civis, militares da reserva ou reformados para que seja considerado militar deve ser praticado contra as instituições militares e subsumir-se aos elementos previstos em uma das alíneas do inciso II do mesmo art. 9º.

ou civis nestas circunstâncias, apenas excepcionalmente e em casos específicos, seria aplicável a primeira possibilidade de interpretação.

Os fundamentos e peculiaridades relativas às duas possibilidades de interpretação supra serão explorados, logicamente, durante a análise dos tipos penais em específico, não obstante, algumas observações gerais merecem ser tratadas nestas linhas introdutórias de modo a facilitar a compreensão e discussões posteriores sobre cada conduta típica presente no Estatuto.

Em relação à primeira possibilidade de interpretação, relativa aos crimes praticados pelos civis em geral, o problema reside, basicamente, em compreender-se, ou concordar, com a possibilidade de integração, dos elementos presentes nos arts. 9º e 10 do CPM, como elementares típicas adicionais às originalmente previstas nos tipos penais existentes no Estatuto do Desarmamento. Esta integração, ao nosso ver, não apenas é possível como mais adequada em relação aos casos nos quais as condutas típicas previstas no Estatuto do Desarmamento forem praticadas por civis de forma a afetar a regularidade das instituições militares.

Veja-se, por exemplo, a hipótese de ingresso clandestino de um civil, desarmado, em uma unidade militar, ou ainda um caso no qual o mesmo civil ingressa regularmente em uma área militar portando, porém, "um cigarro de maconha". Ambos os casos são definidos pela lei e pela jurisprudência como crimes militares tendo em vista o reconhecimento de que, em ambas hipóteses, restará afetada a regularidade das instituições militares[34]. Ora, se em tais hipóteses há violação significativa a ponto de caracterizar as condutas como crimes militares, nos parece que, com muito mais propriedade, a prática das condutas típicas previstas no Estatuto do Desarmamento, em determinadas circunstâncias legais específicas, sem dúvidas alcança a ofensividade necessária para a caracterização do delito como militar.

Não obstante, considerando que a maior parte das hipóteses legais que caracterizam um crime como militar exigem que este seja praticado "contra alguém" em específico[35] entende-se que no caso dos civis a caracterização das condutas típicas penais dos crimes previstos no Estatuto do Desarmamento como militares a partir da subsunção à tais alíneas dependerá da demonstração do perigo concreto às vítimas nelas especificadas.

Assim, para que a conduta de um civil que porta ilegalmente uma arma de fogo de uso permitido (art. 14 do Estatuto do Desarmamento) em um lugar sujeito à administração militar seja caracterizada como crime militar por subsunção à alínea "b" do inciso III do art. 9º do Código Penal Militar será necessária a existência de um risco concreto à um militar da ativa ou funcionário da Justiça Militar, neste último caso no exercício de função inerente a seu cargo. Esta proposição, a ser melhor explorada na análise de cada tipo penal militar em específico, fundamenta-se no pressuposto de que as condutas típicas, em tais hipóteses, não podem ser definidas

[34] STM. RECURSO EM SENTIDO ESTRITO Nº 7000535-16.2020.7.00.0000. RELATOR: MINISTRO PÉRICLES AURÉLIO LIMA DE QUEIROZ. Brasília-DF, 15 de outubro de 2020.

[35] alíneas "a", "b", "c" e "d" do inciso II e alíneas "b", "c" e "d" do inciso III do art. 9º do Código Penal Militar.

como crimes de perigo abstrato mas sim tipos penais militares de perigo concreto. Referida proposta, é sem dúvidas, incipiente e inédita motivo pelo qual suscitará inúmeras críticas e considerável dificuldade inicial de aceitação, não obstante é, ao nosso ver, a mais adequada à atual sistemática penal militar finalmente equalizada à legislação penal comum por meio da Lei Federal nº 13.491/17. Novos desafios, por vezes, exigem novos conhecimentos e novas práticas.

Esta primeira possibilidade ou regra de interpretação, como ressaltado, não ortodoxa, aplicar-se-á, exclusivamente, em relação aos crimes eventualmente praticados pelos civis em geral haja vista que em relação aos militares e aos civis cuja atividade encontra-se sob atribuição da regulamentação e fiscalização do Exército Brasileiro, como indicado, a própria descrição típica da maioria dos crimes previstos no Estatuto do Desarmamento, que exige, para a tipicidade, que a conduta seja praticada "em desacordo com determinação legal ou regulamentar" já afronta diretamente, como se demonstrará, a "ordem administrativa militar" motivo pelo qual, independerá de qualquer verificação a respeito das demais circunstâncias (lugar, serviço, período, etc) ou de eventuais vítimas concretamente afetadas pela conduta.

Este é um ponto que merece uma análise muito mais detalhada visto que, ao menos nestes anos iniciais de vigência da Lei Federal nº 13.491/17, a **relação direta** entre a expressão "**em desacordo com determinação legal ou regulamentar**", elementar presente na maioria dos tipos penais do Estatuto do Desarmamento, com a "**ordem administrativa militar**" parece não estar sendo devidamente compreendida e equacionada pela jurisprudência pátria.

A fim de delinearmos corretamente esta relação, importa discorrer sobre o significado, ou seja, sobre o que consiste a **ordem administrativa militar**, cuja violação atrai a natureza militar para uma infração penal comum, e como as **determinações legais ou regulamentares** que os **militares** e os **civis que exercem alguma atividade regulada ou fiscalizada pelo Exército** devem observar em relação à aquisição, posse ou porte de arma de fogo no Brasil estão, ou não, a ela vinculadas.

Neste sentido, a respeito do conceito de **ordem administrativa militar** para efeitos da caracterização da natureza do crime como militar Cícero Robson Coimbra Neves e Marcelo Streifinger (2014, p. 317) explicam que:

> Por ordem administrativa militar deve-se entender a própria harmonia da instituição, abrangendo sua administração, o decoro de seus integrantes etc. Assim, delitos contra a ordem administrativa militar são as "infrações que atingem a organização, existência e finalidade da instituição, bem como o prestígio moral da administração".

No mesmo sentido, Guilherme de Souza Nucci argumenta que a tutela da ordem administrativa militar, pelo ordenamento jurídico penal militar, destina-se a proteger os "interesses moral e organizacional da administração militar" (NUCCI, 2014, p. 45).

Assim, no momento em que uma determinada norma define que um tema, ou uma atividade, deva ser disciplinada, regulamentada, controlada ou fiscalizada por uma instituição militar, seja pela natureza desta atividade ou do seu objeto, seja pela qualidade dos envolvidos, parece-nos claro que a opção legislativa se fundamentou na direta relação entre o tema ou atividade indicada e a organização e a finalidade daquela instituição militar. Esta relação parece mais clara ainda quando, sobre o mesmo tema e atividade, instituições não militares poderiam ser designadas para tais atribuições, mas não o foram.

Logo, quando o Estatuto do Desarmamento define que a depender da qualidade das pessoas (militares), das atividades por elas desenvolvidas (caçadores, colecionadores, atiradores, comércialização, fabricação, importação, etc.) ou do objeto em questão (munições, armas de fogo de uso proibido, etc.) a regulamentação, o controle e a fiscalização ficará a cargo de determinadas instituições militares, não nos parece haver dúvidas de que tais questões estão diretamente realcionadas à ordem administrativa militar.

Analisando-se, inicial e especificamente referida sujeição em relação à qualidade das pessoas, destaque-se que a **legislação** em vigor prevê que a aquisição, o cadastro, o registro e a utilização das armas de fogo, acessórios e munições por parte dos **integrantes das instituições militares**, (inclusive no que diz respeito aos militares inativos), por tratarem de temas afetos à **ordem administrativa militar** devem ser, e assim o são, **disciplinados pelas suas respectivas instituições:**

> DECRETO FEDERAL Nº 9847/2019
>
> Art. 4º O Sigma, instituído no âmbito do Comando do Exército do Ministério da Defesa, manterá cadastro nacional das armas de fogo importadas, produzidas e comercializadas no País que não estejam previstas no art. 3º.
>
> § 1º O Comando do Exército manterá o registro de proprietários de armas de fogo de competência do Sigma.
>
> § 2º Serão cadastradas no Sigma as armas de fogo:
>
> I – institucionais, constantes de registros próprios:
>
> a) das Forças Armadas;
>
> b) das polícias militares e dos corpos de bombeiros militares dos Estados e do Distrito Federal;
>
> [...]
>
> II – dos integrantes:
>
> a) das Forças Armadas;
>
> b) das polícias militares e dos corpos de bombeiros militares dos Estados e do Distrito Federal;
>
> [...]
>
> § 3º O disposto no § 2º aplica-se às armas de fogo de uso permitido.
>
> § 4º Serão, ainda, cadastradas no Sigma as informações relativas às importações e às exportações de armas de fogo, munições e demais produtos controlados.
>
> § 5º Os processos de autorização para aquisição, registro e cadastro de armas de fogo no Sigma tramitarão de maneira descentralizada, na forma estabelecida em ato do Comandante do Exército.
>
> Art. 24. O porte de arma de fogo é deferido aos militares das Forças Armadas, aos policiais federais, estaduais e distritais, civis e militares, aos corpos de bombeiros militares e aos policiais da Câmara dos Deputados e do Senado Federal em razão do desempenho de suas funções institucionais.

> § 1º O porte de arma de fogo é garantido às praças das Forças Armadas com estabilidade de que trata a alínea "a" do inciso IV do caput do art. 50 da Lei nº 6.880, de 9 de dezembro de 1980 – Estatuto dos Militares.
>
> § 2º A autorização do porte de arma de fogo para as praças sem estabilidade assegurada será regulamentada em ato do Comandante da Força correspondente.
>
> § 3º Ato do Comandante da Força correspondente disporá sobre as hipóteses excepcionais de suspensão, cassação e demais procedimentos relativos ao porte de arma de fogo de que trata este artigo.
>
> § 4º Atos dos comandantes-gerais das corporações disporão sobre o porte de arma de fogo dos policiais militares e dos bombeiros militares.

Não decorre do acaso a opção do legislador pátrio em diferenciar, inclusive no que diz respeito ao cadastro no Sistema de Gerenciamento Militar de Armas (SIGMA), o tratamento destinado às armas de propriedade particular dos integrantes das instituições militares tal qual as pertencentes às próprias instituições militares. Ainda que se destaque o fato de que no SIGMA também devam ser cadastradas as armas pertencentes à Agência Brasileira de Inteligência e ao Gabinete de Segurança Institucional da Presidência da República, assim como de seus integrantes, a própria denominação do sistema já define o seu caráter e relevância militar. Se assim não o fosse, não haveria motivo para que apenas as armas de propriedade dos militares dos Estados (policiais e bombeiros militares) nele (SIGMA) fossem cadastradas recebendo, assim, tratamento diferenciado em relação às armas dos integrantes das polícias civis e demais instituições estaduais integrantes do sistema de segurança pública.

Afora a diferenciação acima, que já ilumina o tratamento distinto no que diz respeito às armas de fogo, munições e acessórios **de propriedade particular** dos militares estaduais e federais, o art. 24 do mesmo Decreto, também acima transcrito, define, indubitavelmente, que a questão do porte de arma de fogo pelos militares estaduais e federais trata-se de tema de **competência da Administração Militar** e, portanto, **regulamentada por seus respectivos Comandantes**.

No Estado de São Paulo, por exemplo, todos os atos concernentes à aquisição, uso ou transferência relativos à armas de fogo e munições de propriedade dos policiais militares[36] são regulamentados por uma portaria expedida pelo Comando Geral da Instituição da qual decorre a análise do elemento normativo dos tipos penais previstos no Estatuto do Desarmamento consistente na expressão "em desacordo com determinação legal ou regulamentar". Não por outro motivo, a jurisprudência, mesmo anterior à Lei Federal nº 13.491/17 que equalizou as legislações penais comum e militar, partiu sempre da análise dos atos administrativos militares emanados pelos comandos de cada instituição para verificar se a conduta a ser tipificada estaria "em desacordo com determinação legal ou regulamentar":

> TJSP
>
> Trata-se de agravo em recurso especial interposto por F.S.C., em face de decisão proferida pelo Tribunal de Justiça do Estado de São Paulo, que negou seguimento a

[36] Os bombeiros militares neste estado são integrantes da Polícia Militar e, portanto, também policiais militares.

recurso especial aviado com fundamento no art. 105, inciso III, alíneas a e c, da Constituição Federal[...]nos termos da seguinte ementa:

[...]

Porte ilegal de arma de fogo -Materialidade e autoria comprovadas – **Tipicidade da conduta atestada pelo Comando Geral da Polícia Militar do Estado de São Paulo** - Condenação Mantida.

[...]

A matéria ora submetida à análise desta Corte no presente agravo consubstancia-se em mera reiteração de pedido, tendo em vista que já foi apreciada nos autos do HC n.º 115.053/SP, da minha relatoria, que restou denegado pela Quinta Turma desta Corte, nos termos da seguinte ementa, litteris:

"HABEAS CORPUS. CRIME DE PORTE ILEGAL DE ARMA DE FOGO DE USO RESTRITO. DENÚNCIA. ART. 33 DO DECRETO 5.123/2004. POLICIAL MILITAR. AUTORIZAÇÃO LEGAL APENAS NO DESEMPENHO DAS FUNÇÕES INSTITUCIONAIS. APENSAÇÃO DE INQUÉRITO E CANCELAMENTO DE INDICIAMENTO. PLEITOS NÃO ANALISADOS NO ACÓRDÃO IMPUGNADO. SUPRESSÃO DE INSTÂNCIA. WRIT PARCIALMENTE CONHECIDO. ORDEM DENEGADA. 1. Tratando-se o paciente de policial militar, a regulamentação das condutas de porte de arma de uso restrito encontram-se disciplinadas pelo Decreto n.º 5.123/04, que autoriza, no art. 33, de forma expressa, seu uso apenas em razão do desempenho de suas funções institucionais. 2. Policial militar, fora de suas funções, que se envolveu em briga de bar, ameaçou pessoas com a arma de seu pai, também policial militar, responde pelo crime previsto no art 16, da Lei 10.826/03. **No caso, o Paciente transgrediu também a norma disciplinadora da corporação,** vez que 'portou a arma fora de serviço e de modo ostensivo em local de aglomeração de pessoas (via pública com bares comumente lotados)' (fl. 06 da sentença) 3. Os demais pedidos formulados não merecem conhecimento, pois o Tribunal de Justiça não os analisou. Assim, é manifesta a incompetência desta Corte Superior de Justiça para apreciar originariamente a matéria, sob pena de supressão de instância (art.105, II, a, da Constituição Federal).

4. Habeas corpus parcialmente conhecido. Ordem denegada." AGRAVO EM RECURSO ESPECIAL Nº 164.760 – SP (2012/0081926-7) Brasília (DF), 18 de agosto de 2014. MINISTRA LAURITA VAZ Relatora

Deste modo, quando um **militar da ativa, da reserva ou reformado**, incorre em algumas das condutas definidas como crime no Estatuto do Desarmamento cuja tipificação dependa da análise da **observância ou não da "determinação legal ou regulamentar"** é certo que a conclusão a esse respeito se fundamenta **normatização expedida pelo Comando da sua instituição militar** vez que o tema, por força da lei e do sistema por ela construído, é de competência da administração militar. Não há dúvidas, portanto, que o **descumprimento desta mesma regulamentação,** elementar do tipo, atenta **contra a administração militar**, motivo pelo qual, deva-se reconhecer a natureza de **crime militar por afetação** (alínea "e" do inciso II ou alínea "a" do inciso III do Código Penal Militar).

Há quem invoque, para discordar de tal entendimento, o conteúdo da Súmula Vinculante nº 36 do Supremo Tribunal Federal que assim dispõe:

STF

Súmula Vinculante nº 36: "Compete à Justiça Federal comum processar e julgar civil denunciado pelos crimes de falsificação e de uso de documento falso quando se tratar de falsificação da Caderneta de Inscrição e Registro (CIR) ou de Carteira de Habilitação de Amador (CHA), **ainda que expedidas pela Marinha do Brasil.**"

A discordância pode ser ainda reforçada pela alegação de que este mesmo posicionamento do Supremo, vinculante reforce-se, já teria sido, inclusive, objeto de análise pelo Superior Tribunal Militar oportunidade em que o simples advento da Lei Federal nº 13.491, não teria sido compreendido como fator de *distinguishing* ou *overruling* alteração da referida Súmula:

> STM
>
> EMENTA: RECURSO EM SENTIDO ESTRITO (RSE). USO DE CARTEIRA DE HABILITAÇÃO DE AMADOR (CHA) FALSA. DOCUMENTO DE RESPONSABILIDADE DA MARINHA DO BRASIL. DESTINA-SE A HABILITAR O CONDUTOR DE EMBARCAÇÕES. REJEIÇÃO DA DENÚNCIA. INCOMPETÊNCIA DA JUSTIÇA MILITAR DA UNIÃO. SÚMULA VINCULANTE 36. **ALTERAÇÃO DO ENTENDIMENTO PELA ENTRADA EM VIGOR DA LEI 13.491/17 E DA LEI 13.774/2018. RECEBIMENTO DA PEÇA INICIAL. CRIME MILITAR. IMPOSSIBILIDADE. MANUTENÇÃO DO POSICIONAMENTO DO SUPREMO TRIBUNAL FEDERAL. AUSÊNCIA DE *DISTINGUISHING* OU *OVERRULING*.** RECURSO DESPROVIDO. PROPOSTA DE REVISÃO DO ENUNCIADO. 1. O Supremo Tribunal Federal, com a edição da Súmula Vinculante 36, pacificou o entendimento no sentido de que são crimes comuns a falsificação e o uso de Carteira de Habilitação de Amador (CHA) e Caderneta de Inscrição e Registro (CIR) falsos por civis. Em que pese à atribuição para a emissão dos documentos serem da Marinha do Brasil, a Corte julgou que o policiamento naval não é atribuição típica das Forças Armadas, mas de segurança pública, prevista no art. 144, § 1º, III, da Constituição Federal, de forma que não caracterizado o delito castrense. 2. A argumentação do Recorrente, de que as alterações recentes na competência da Justiça Militar da União (JMU) pelas Leis 13.491/17 e 13.774/18 seriam suficientes para rever o posicionamento adotado pelo Magistrado de 1º grau, não merece ser acolhida. A primeira norma porque o art. 315 do Código Penal Militar (CPM) tem redação similar ao art. 304 do Código Penal comum, pelo que não há que se falar em crime militar por equiparação. A segunda diante da fundamentação do decisum vinculante do STF: a Corte não designou a competência para a Justiça Federal diante do julgamento colegiado de civis na Justiça Militar da União por oficiais da ativa, mas por entender que a atribuição da Marinha do Brasil ao emitir tais documentos se enquadra como atividade de segurança pública e não viola a regularidade das Forças Armadas. 3. Inexistência de *distinguishing*, ou seja, de distinção entre o caso concreto e o paradigma adotado pelo STF, porquanto se trate de situações similares – apresentação de CHA falsa por civil a militares da Marinha. Também não há que se falar em *overruling* (superação do precedente vinculante), diante da ausência de indicativo de mudança de entendimento pela Corte Suprema. 4. Necessidade de proposta de revisão do enunciado da Súmula Vinculante 36, diante das alterações legislativas inseridas pela Lei 14.491, de 13.10.2017 e pela Lei 13.774, de 19.12.2018. 5. Recurso conhecido e desprovido. Decisão unânime. RECURSO EM SENTIDO ESTRITO Nº 7000053-05.2019.7.00.0000 25/04/2019 RELATOR: MINISTRO PÉRICLES AURÉLIO LIMA DE QUEIROZ

Todavia, o conteúdo da **Súmula Vinculante nº 36 refere-se** expressamente à determinados e específicos **crimes praticados por civis** e, portanto, **não é apto a afastar** o entendimento de que **as condutas praticadas por militares**, quando tipificadas por alguns dos crimes previstos no Estatuto do Desarmamento, afetariam a ordem administrativa militar em virtude de que tais condutas, nestas hipóteses, seriam típicas exatamente pela não observância das normas administrativas militares expedidas pelos comandantes das instituições a que pertencem os autores do crime.

Em primeiro lugar porque referida **Súmula Vinculante**, conforme posiciona-se o próprio STM, **afastaria apenas** a **natureza militar** daquelas condutas praticadas por civis quando específicas aos **crimes de falsificação ou uso de documento falso e não a outros crimes** a eles correlatos a exemplo de corrupção ou falsidade ideológica:

> STM
>
> EMENTA: RECURSO EM SENTIDO ESTRITO. MINISTÉRIO PÚBLICO MILITAR. CADERNETA DE INSCRIÇÃO E REGISTRO (CIR) EXPEDIDA PELA MARINHA DO BRASIL MEDIANTE A APRESENTAÇÃO DE CERTIFICADOS CUJOS TEORES SERIAM IDEOLOGICAMENTE FALSOS. ENUNCIADO VINCULANTE Nº 36 DA SÚMULA DE JURISPRUDÊNCIA DO SUPREMO TRIBUNAL FEDERAL. NÃO INCIDÊNCIA. COMPETÊNCIA PARA O PROCESSAMENTO E O JULGAMENTO DO FEITO. JUSTIÇA MILITAR DA UNIÃO. RECURSO PROVIDO. UNANIMIDADE. Segundo o Enunciado Vinculante nº 36 da Súmula de Jurisprudência do STF, compete à Justiça Federal comum processar e julgar civil denunciado pelos crimes de falsificação e de uso de documento falso quando se tratar de falsificação da Caderneta de Inscrição e Registro (CIR) ou de Carteira de Habilitação de Amador (CHA), ainda que expedidas pela Marinha do Brasil. Sendo a Caderneta de Inscrição e Registro (CIR) expedida pela Marinha do Brasil, tratando-se, pois, de documento verdadeiro, obtido, todavia, com base em Certificados cujos teores são ideologicamente falsos, não incide o teor da citada Súmula Vinculante, cabendo à Justiça Militar da União o processamento e o julgamento do delito de uso de documento falso, na forma da alínea "a" do inciso III do artigo 9º do Código Penal Militar. Recurso em Sentido Estrito provido. Unanimidade. STM. RECURSO EM SENTIDO ESTRITO Nº 7000129-29.2019.7.00.0000. RELATOR: MINISTRO CARLOS VUYK DE AQUINO 02/05/2019
>
> Equivoca-se o apelante ao invocar precedentes do STF, em especial da Súmula Vinculante nº 36. No entendimento daquela Corte, o fato delituoso relacionado à inspeção aquaviária **será atraído pela competência da Justiça Comum Federal apenas, e tão somente, quando o acusado for civil, nada tecendo em relação ao agente militar e, mesmo assim, quando se tratar de crime relacionado à falsificação e uso de Certificado de Inscrição e Registro (CIR) ou de Carteira de Habilitação de Amador (CHA).** Vale dizer que o **processo ora apreciado** não traz qualquer menção à falsificação de documento, mas **pagamento de propina para a prática irregular de ato funcional por militar** para regular as embarcações "R/M São Jorge" e "Balsa Dona Lúcia" [...] **Considerada a condição de militar do apelante**, o qual foi condenado na instância a quo pelo crime de corrupção passiva, capitulado no art. 308 do CPM, **não há razão para afastar a competência desta Justiça Especializada**. STM. APELAÇÃO Nº 0000113-09.2011.7.1 2.0012 RELATOR: MINISTRO FRANCISCO JOSELI PARENTE CAMELO 16/04/2019

Além disso, por **referir-se à autores civis**, a Súmula apresenta situação absolutamente **distinta dos casos nos quais os crimes são praticados por militares**, ainda que inativos. Este já era o entendimento do STM antes do advento da Lei Federal nº 13.491/17 inclusive em relação à atividades relacionadas ao Estatuto do Desarmamento:

> STM
>
> EMENTA: HABEAS CORPUS. FALSIDADE IDEOLÓGICA. TRANCAMENTO DE AÇÃO PENAL MILITAR. RÉU CIVIL. INCOMPETÊNCIA DA JUSTIÇA MILITAR DA UNIÃO. FALSO ENDEREÇO. **ARMAZENAMENTO DE ARMAS. CONTROLE DO EXÉRCITO BRASILEIRO. OFICIAL DA RESERVA. CRIME ATENTATÓRIO CONTRA A ORDEM ADMINISTRATIVA MILITAR. COMPETÊNCIA DA JMU**. ATO ADMINISTRATIVO ERRÔNEO. AUSÊNCIA DE OFENSA À ADMINISTRAÇÃO MILITAR. IMPOSSÍVEL ANÁLISE. EXIGÊNCIA DE DELIBAÇÃO PROBATÓRIA. INADEQUADA A VIA ESCOLHIDA. ORDEM DENEGADA. Atrai a competência da Justiça Militar da União o agir do militar da reserva que, em tese, presta informação falsa sobre o endereço destinado ao armazenamento de material bélico controlado pelo Exército

Brasileiro. Inteligência do artigo 124 da Carta da República, c/c o artigo 9º, inciso III, alínea "a", do CPM. Apesar da alegação de o fato não constituir crime por se tratar de mero erro administrativo, a justificar também o trancamento do feito, exige-se a analise aprofundada de delibação de provas, impossível pelo caminho da presente ação constitucional, na medida em que o Impetrante nada trouxe aos autos que afaste, de plano, indícios de autoria ou suspeita fundada de crime. Logo, melhor prestigiar a instrução processual, momento adequado em que as partes, à saciedade, poderão evidenciar suas teses. Ordem denegada. Decisão unânime.

[...]

O acórdão trouxe, ainda, como razão de decidir, ementa de precedente desta Corte, no HC nº 178- 34.2015.7.00.0000, de relatoria do eminente Ministro Gen Ex Luis Carlos Gomes Mattos, julgado em 15/09/2015 e cujo fragmento mostra-se oportuno transcrever:

"[...] os atos praticados pelo Paciente tinham como objeto a obtenção de um certificado de atirador/colecionador de produtos de uso controlado, cuja fiscalização é de responsabilidade do Comando do Exército, sendo certo, pois, que em jogo se encontravam a eficiência e a eficácia dessas atividades vinculadas à destinação constitucional dessa Força, o que, de per si, atrai a competência da Justiça Militar, nos termos do artigo 124 da Constituição Federal e do artigo 9º, inciso III, alínea "a", do Código Penal Militar." (destacamos) EMBARGOS DE DECLARAÇÃO Nº 7000088-33.2017.7.00.0000/BR Ministro Ten Brig Ar FRANCISCO JOSELI PARENTE CAMELO. Brasília, 15 de fevereiro de 2018.

Como se tais diferenças já não fossem suficientes, importante destacar ainda que **na própria decisão citada a respeito da Súmula Vinculante nº 36** na qual entende-se não presentes, naquele caso em específico, os fatores de *distinguishing* ou *overruling* que permitissem a não aplicação da Súmula, **o próprio STM** determinou que os fatos fossem remetidos ao STF a fim de que fosse **apreciada a possibilidade de alteração da Súmula Vinculante diante das alterações introduzidas pelas Leis Federais nº 13.491/17 e 13.774/18** que alteraram o panorama normativo editado na época do entendimento sumulado pelo Supremo:

STM

Não obstante, julgo **pertinente a proposta de revisão do enunciado, diante do novo contexto legislativo e da atual distribuição de competência da Justiça Militar da União acerca do julgamento de civis.**

Isso porque, muito embora as novas normas não impliquem, necessariamente, na superação do precedente em relação à matéria, evidenciam que o tratamento dado aos civis perante a Justiça Militar da União, no contexto atual, ocorre de forma similar à Justiça comum federal.

Cabe dizer, não só se ampliou a competência da Justiça Castrense, quando atribuiu a esta o julgamento de crimes previstos na legislação penal comum, agora denominados de crimes militares por equiparação ou extravagantes (no contexto da Lei 13.491/17), como restou determinada a competência do Juiz Federal da Justiça Militar para a condução e proferimento de decisões nos processos que envolvam civis (Lei 13.774/18).

Portanto, **o novo contexto legislativo se mostra favorável a uma ampliação das atribuições dos órgãos judiciários militares, sobretudo da União**, ao qual o STF não pode se furtar de retificar ou, ao menos, ratificar o pronunciamento anteriormente consolidado.

Entendo não ser cabível a esta Corte julgar de forma contrária à Súmula Vinculante 36, diante da sua clara redação. Todavia, nos termos do art. 3º, XI, da Lei 11.417/06, **deixar de apresentar uma proposta de revisão ao enunciado significaria ignorar o contexto político e legislativo atual acerca da matéria**.

A situação, como descreveu a culta Subprocuradora-Geral de Justiça Militar em seu Parecer, se amolda ao apresentado no julgamento da PSV 13/DF, de 24.9.2015, inserida no Informativo 800 da Corte Constitucional. Ao analisar a proposta de cancelamento da Súmula Vinculante 11, o STF definiu que para se admitir a revisão ou cancelamento do enunciado é necessário demonstrar que houve:

"a) evidente superação da jurisprudência do STF no tratamento da matéria; b) alteração legislativa quanto ao tema; ou c) modificação substantiva de contexto político, econômico ou social."

Nessa direção, abre-se a possibilidade de aplicação do enunciado 322 do Fórum Permanente de Processualistas Civis, pelo qual:

"322. (art. 927, § 4º). A modificação de precedente vinculante poderá fundar-se, entre outros motivos, na revogação ou modificação da lei em que ele se baseou, ou em alteração econômica, política, cultural ou social referente à matéria decidida."

De fato, embora a legislação penal e processual castrense tenha sido alterada, não é permitido afirmar, com clareza, que a partir de então a falsificação de Carteira de Habilitação de Amador por civil deve ser considerada crime militar, sobretudo diante da fundamentação dos Acórdãos que abalizaram a edição da Súmula pela Suprema Corte. Nesse mote, não julgo possível que este Superior Tribunal Militar se manifeste em sentido contrário, sob pena de violação ao precedente vinculante. Contudo, nada impede que seja proposta a revisão do posicionamento do STF.

Na forma do art. 3º, XI, da Lei 11.417/06, Voto pelo encaminhamento de proposta de revisão do enunciado da Súmula Vinculante 36 do Supremo Tribunal Federal à Corte Constitucional, por meio de Representação subscrita pela Presidência deste Superior Tribunal Militar. RECURSO EM SENTIDO ESTRITO Nº 7000053-05.2019.7.00.0000 25/04/2019 RELATOR: MINISTRO PÉRICLES AURÉLIO LIMA DE QUEIROZ

Deste modo, não se pode apresentar o conteúdo da Súmula Vinculante nº 36 do STF como fator impeditivo ou posicionamento contrário ao reconhecimento da **afetação** da **ordem administrativa militar** nas hipóteses de **descumprimento, por militares, das normas regulamentares expedidas pelos comandos de suas respectivas instituições quando tipificadas em crimes previstos no Estatuto do Desarmamento**, visto que:

(i) a Súmula Vinculante nº 36 do STF não se aplica a condutas praticadas por militares e se refere apenas aos crimes de falsificação ou uso de documento falso e não a outros crimes;

(ii) o STM tem entendido que os militares, inclusive inativos, violam a ordem administrativa militar ao praticar condutas que afrontam o controle realizado pelo Comando do Exército relativamente a atividades disciplinadas pelo Estatuto do Desarmamento; e

(iii) a entrada em vigor da Lei Federal nº 13.491/17 já motivou expediente de manifestação do STF em relação à eventual necessidade de alteração ou revogação da referida súmula inclusive no que diz respeito aos civis.

Assim, considerando que em relação à aquisição, armazenamento e uso de arma de fogo no Brasil os militares, federais ou estaduais, ativos ou inativos, estão sujeitos às normas e prescrições regulamentares expedidas pelos Comandos de suas instituições, a prática de uma conduta típica prevista no Estatuto do Desarmamento que assim se caracteriza por estar em desacordo com as "lei e as prescrições regulamentares" será uma conduta praticada "contra a ordem administrativa militar" motivo pelo qual, estará caracterizada a natureza militar do crime por força do disposto na segunda parte das alíneas "e" do inciso II e "a" do inciso III do art. 9º do CPM.

Não obstante, como afirmado, a recenticidade da equalização legislativa ainda demanda o desenvolvimento mais aprofundado do tema principalmente pela jurisprudência pátria.

No âmbito dos Tribunais militares estaduais, ainda que com fundamentos aparentemente distintos, a natureza militar do crime pela subsunção da conduta típica praticada por militares prevista no Estatuto do Desarmamento ao disposto na segunda parte da alínea "e" do inciso II do art. 9º do CPM tem sido, em alguns casos, reconhecida:

> TJMSP
>
> POLICIAL MILITAR – APELAÇÃO – CONDENAÇÃO EM PRIMEIRA INSTÂNCIA DE DOIS POLICIAIS MILITARES PELA PRÁTICA DO CRIME DE PORTE ILEGAL DE ARMA DE FOGO – LEI Nº 10.826/03 – CRIME MILITAR POR EXTENSÃO (ART. 9º, II, "e", CPM) – APELOS REQUERENDO A ABSOLVIÇÃO – CONJUNTO PROBATÓRIO QUE PERMITIU A DEVIDA COMPROVAÇÃO DA PRÁTICA DOS ILÍCITOS PENAIS MILITARES POR PARTE DOS DOIS DENUNCIADOS – CRIME QUE COMPORTA A COAUTORIA DELITIVA A QUAL RESTOU DEVIDAMENTE CARACTERIZADA – ELEVAÇÃO DA PENA-BASE – INCIDÊNCIA DAS CIRCUNSTÂNCIAS JUDICIAIS DE INTENSIDADE DO DOLO E MAIOR EXTENSÃO DO DANO – NÃO INCIDÊNCIA DA CIRCUNSTÂNCIA AGRAVANTE DE ESTAR O MILITAR EM SERVIÇO QUANDO DO COMETIMENTO DO CRIME – PRINCÍPIO DO "NON BIS IN IDEM" – NÃO RECONHECIMENTO DA ATENUANTE DO COMPORTAMENTO MERITÓRIO – RECURSOS DE APELAÇÃO QUE COMPORTAM PARCIAL PROVIMENTO. Incorrem no crime descrito no artigo 16, parágrafo único, inciso IV, da Lei nº 10.826/03 policiais militares que se esquivam de abordagem da Corregedoria PM por estarem na posse de arma com numeração raspada, causando colisão da viatura na tentativa de fuga e culminando com a evasão de um dos policiais a pé, livrando-se do revólver ao jogá-lo em um bueiro. Quando o conjunto probatório é robusto o suficiente para ensejar a condenação, não há que se falar em absolvição por insuficiência de provas. É inaplicável a circunstância agravante de estar o militar em serviço quando tal condição já integrar os fundamentos da elevação da pena-base, ou por se tratar de circunstância que qualifica o crime como militar.
>
> [..]
>
> Além disso, a classificação jurídica dos fatos em apreço como **crime militar decorre de sua conformidade ao disposto no artigo 9º, inciso II, alínea "e", do CPM ("por militar em situação de atividade, ou assemelhado, contra o patrimônio sob a administração militar, ou a ordem administrativa militar").** Tal entendimento, por sua vez, leva à conclusão inequívoca de que a condição de estarem os agentes de serviço se constituiu na própria "vis attractiva" da natureza militar da infração, porquanto estivessem os policiais militares de folga não haveria que se falar em crime contra a ordem administrativa militar no tocante à imputação de afronta ao artigo 16, parágrafo único, inciso IV, da Lei nº 10.826/03 (redação anterior à Lei nº 13.964/19). TJMSP (Apelação

nº 0000850-79.2019.9.26.0010. Primeira Câmara. v.u. Relator Cel PM FERNANDO PEREIRA. Julgamento 9 de março de 2020.

Como se percebe, apesar do reconhecimento da subsunção dos fatos à alínea "e" do inciso II do art. 9º do CPM a decisão explica que a natureza militar do crime decorreu do fato dos policiais militares estarem "de serviço" e que caso os mesmos estivessem "de folga" o crime não seria militar. O interessante no raciocínio exposto pela decisão é que se a natureza militar do crime se fizesse presente pela situação dos policias militares "estarem de serviço" bastaria a menção ao disposto na alínea "c" do inciso II para a tipificação do crime, o que não ocorreu. Na verdade, o que se percebe é que houve uma "combinação" de dispositivos legais (alíneas "c" e "e" do inciso II) para a definição da natureza militar do crime. Referida combinação decorreu, provavelmente, da constatação pelos julgadores de que os fatos não poderiam subsumir-se ao disposto na alínea "c" do inciso II (estarem os militares de serviço) exatamente porque o crime de porte ilegal de arma de fogo de uso proibido, tal qual a maioria das condutas típicas previstas no Estatuto do Desarmamento, não é praticado "contra" alguém em específico mas sim, como visto, contra a "coletividade em geral". Deste modo, até esta parte, o raciocínio presente no Acórdão coaduna-se com o exposto no presente trabalho, contudo, a partir deste ponto e diante da clareza de violação à ordem administrativa militar, ao invés da constatação pura e simples de que os militares violaram as normas expedidas pelo Comando da Instituição e, portanto, a praticaram um crime contra a ordem administrativa militar, os magistrados parecem ter utilizado o fato de estarem "de serviço" cuja delimitação e requisitos a serem observados encontram-se na alínea "c", para definir como uma das hipóteses do crime ter sido praticado contra a "ordem administrativa militar".

Consoante o raciocínio adotado pelo acórdão, parece-nos que a opção seria utilizar as situações descritas nas alíneas "a", "b", "c" e "d" do inciso II do art. 9º do CPM para delimitar de modo mais "objetivo" quando os crimes previstos no Estatuto do Desarmamento violariam a "ordem administrativa militar". Cremos que se os militares (federais, estaduais, ativos ou inativos) não estivessem sujeitos às normas expedidas pelas instituições militares em relação às armas de fogo (inclusive no que diz respeito às suas armas particulares), referido raciocínio poderia ser uma opção, não ortodoxa é verdade, para interpretar o conceito de "ordem administrativa militar" em relação aos crimes previstos no Estatuto do Desarmamento. Não obstante, considerando a opção do legislador em designar, expressamente, que a disciplina, controle e fiscalização relativa às armas de fogo dos militares em geral é de atribuição das instituições militares, claro está que quando um militar pratica uma conduta típica presente no Estatuto do Desarmamento "em desacordo com as prescrições legais ou regulamentares" está, necessariamente, praticando o crime contra a "ordem administrativa militar" por descumprir normas e ordens expedidas pelo Comando da sua instituição o que, por si, já caracteriza o crime como militar independentemente do lugar, período ou situação na qual se encontra. Desnecessário, e incorreto, portanto, a construção lógica ou interpretativa adotada no referido acórdão da Justiça Militar estadual para a caracterização do crime militar em questão. Em resumo, a conclusão, de que se trata de crime militar está correta, sendo inadequada, ao nosso ver, a fundamentação para tanto.

E se a dúvida está presente no âmbito dos próprios Tribunais militares, na esfera do STJ a situação nos parece ainda mais equivocada visto que ainda tem sido constatado, por alguns ministros, a confusão entre os termos "de serviço" e "da ativa" assim como tem se ignorado, por vezes, que a lei define um crime como militar não apenas por meio da alínea "c" do inciso II do art. 9º do CPM mas sim de diversas outras formas (entre militares, em lugar sujeito, contra o patrimônio, contra a ordem administrativa militar etc):

> STJ
>
> CONFLITO NEGATIVO DE COMPETÊNCIA. JUSTIÇA MILITAR DA UNIÃO X JUSTIÇA COMUM ESTADUAL. **MILITAR DO EXÉRCITO NO EXERCÍCIO DA FUNÇÃO DE ARMEIRO**. CONFISSÃO QUANTO AO FURTO DE FUZIL E MUNIÇÃO DE USO EXCLUSIVO DO EXÉRCITO BRASILEIRO. **DESCOBERTA FORTUITA DE DROGAS E ARMA CALIBRE 8 NA BUSCA E APREENSÃO FEITA EM RESIDÊNCIA PARTICULAR**. AUSÊNCIA DE CONEXÃO OU LITISPENDÊNCIA. CONDUTA POSTERIOR AO ADVENTO DA LEI 13.491/2017. AMPLIAÇÃO DA COMPETÊNCIA DA JUSTIÇA CASTRENSE RESTRITA ÀS HIPÓTESES DESCRITAS NO ART. 9º DO CÓDIGO PENAL MILITAR – CPM. COMPETÊNCIA DA JUSTIÇA ESTADUAL QUANTO AOS:
>
> CRIMES RELATIVOS ÀS DROGAS E ARMA CALIBRE 38.
>
> 1. O presente conflito de competência deve ser conhecido, por se tratar de incidente instaurado entre juízos vinculados a Tribunais distintos, nos termos do art. 105, inciso I, alínea d da Constituição Federal – CF.
>
> 2. Discute-se no presente incidente se compete à Justiça Militar ou à Justiça Comum a análise e julgamento da prática dos delitos relacionados com drogas e um revólver calibre 38 apreendidos, em razão de possível conexão com delitos cuja apuração tramita perante a Justiça Castrense. Em brevíssima síntese, o denunciado era suspeito de subtrair armas de uso exclusivo do exército, valendo-se de sua função de armeiro. Foi preso no quartel, ocasião em que confessou a prática delituosa, e conduzido à residência de sua prima, esposa de outro denunciado, onde foram encontradas novas armas do exército e também um revolver calibre 38 e entorpecentes (353 g de crack e 12 g de cocaína). **É incontroversa nos autos a competência da Justiça Militar para apuração do delito de peculato furto, falsificação documental em detrimento da administração militar bem como, do delito tipificado no artigo 16 da Lei n. 10.826/2003 (Estatuto do Desarmamento), no que diz respeito aos fuzis pertencentes ao Exército Brasileiro.** O núcleo da controvérsia diz respeito às drogas e revolver calibre 38 apreendidos em residência particular quando do cumprimento de mandado de busca e apreensão.
>
> 3. Segundo a jurisprudência desta Corte Superior, a verificação dos crimes no mesmo contexto fático não implica necessariamente conexão probatória ou teleológica entre eles, em outras palavras, a descoberta dos delitos na mesma circunstância, por si só, não é fundamento válido para justificar que a Justiça Militar julgue crimes de competência da Justiça Comum. Precedentes
>
> 4. **A ampliação da competência da Justiça Castrense, para abarcar crimes contra civis previstos na Legislação Penal Comum (Código Penal e Leis Esparças) abrange apenas os crimes praticados por militar em serviço ou no exercício da função, conforme art. 9º, II, da Lei 13.491/2017**, situação que não se identifica quanto à arma calibre 38 e drogas apreendidas. Precedentes. 5. Conflito conhecido para declarar a competência do Juízo de Direito da 1ª Vara Criminal de Olinda – PE, o suscitado, para julgar ação penal relativa às drogas e a arma calibre 38 apreendidas em busca e apreensão realizada em residência particular. STJ. Ministro JOEL ILAN PACIORNIK (1183) S3 – TERCEIRA SEÇÃO CC 169135 / PE. CONFLITO DE COMPETENCIA. 2019/0322072-1. JULGAMENTO 24/06/2020.

Como se depreende da ementa do próprio Acórdão, assim como no texto integral da decisão, a discussão focou na ideia de que a competência da justiça militar no caso em tela estaria fundada na conexão entre os crimes militares e os delitos relacionados à localização na residência do militar da droga e do armamento não pertencente à instituição militar.

Mais do que isso é possível perceber claro equívoco da decisão em relação às hipóteses legais previstas no art. 9º do Código Penal Militar que caracterizam uma conduta como crime militar quando se afirma que "a ampliação da competência da Justiça Castrense, para abarcar crimes contra civis previstos na Legislação Penal Comum (Código Penal e Leis Esparças) abrange apenas os crimes praticados por militar em serviço ou no exercício da função, conforme art. 9º, II, da Lei 13.491/2017".

Referida afirmação ignora, de modo absoluto e incompreensível, o conteúdo previsto nas demais hipóteses legais que estabelecem a natureza do crime militar em diversas outras circunstâncias nas quais o delito é praticado contra militares da ativa, em lugar sujeito à administração militar, contra o patrimônio sob a administração militar ou ainda, como seria o caso, contra a ordem administrativa militar.

Infelizmente, não é a primeira vez que decisões emanadas pelo STJ sugerem desconsideração, ou desconhecimento, do expresso conteúdo do ordenamento jurídico penal militar contrariando, inclusive, interpretações já consolidadas e pacificadas nos próprios tribunais superiores. Não se trata de inconformismo com o conteúdo da decisão proferida pelo STJ que se encontra dentro de sua competência jurisdicional. No caso em tela os ministros poderiam perfeitamente decidir pela inexistência, no caso em questão, de violação à ordem administrativa militar que, nos termos previstos pela alínea "e" do inciso II do art. 9º do Código Penal Militar, caracterizaria a natureza militar do crime, tal qual definiu o STF quando da edição da Súmula Vinculante nº 36 em relação aos civis. O que causa estranheza e soa incompreensível é a afirmação no sentido de que só haveria possibilidade de caracterização de crime militar nas hipóteses previstas pela alínea "c" no inciso II do art. 9º do Código Penal Militar (estando em serviço ou atuando em razão da função).

Sem embargos, assim como já verificado em momentos anteriores, o transcurso do tempo propiciará análises mais detalhadas sobre os casos em tela para que seja possível efetivamente identificar o rumo jurisprudencial adotado por aquele Tribunal Superior em relação ao conteúdo da ordem administrativa militar em face da atualização e equalização da legislação penal militar introduzida pela Lei Federal nº 13.491/17, inclusive em relação ao que aqui se defende a respeito dos crimes previstos no Estatuto do Desarmamento quando praticados por militares e cuja tipificação dependa da análise de normas expedidas pelos comandantes de suas respectivas instituições militares.

Assim, mais uma vez reiteramos a primeira conclusão no sentido de que, especificamente em relação aos **militares (ativos e inativos)**, o posicionamento mais adequado consiste no reconhecimento de que, caracterizando-se o **crime previsto no Estatuto do Desarmamento** exatamente pela conduta por eles praticadas estar **em "desacordo com a determinação legal ou regulamentar"** expedida pelos comandos de suas respectivas instituições, **caracteriza-se** também, independentemente do lugar, ou situação na qual se encontrem, **a natureza militar do delito** por ser esse **praticado**, necessariamente, contra a **ordem administrativa militar**, conforme será detalhado na análise de cada tipo penal individualmente considerado no próximo tópico.

Assim, uma vez transposta a primeira questão relativa à caracterização de tema afeto à ordem administrativa militar a regulamentação da aquisição, armazenamento, transferência e uso das armas de fogo, acessórios e munições pelos militares ativos e inativos, faz-se necessário analisar os casos nos quais entendemos também haver **violação à ordem administrativa militar,** não em decorrência da sujeição à normatização militar decorrente da qualidade pessoal do autor do delito, mas sim **em virtude da natureza da atividade por ele desenvolvida**, independentemente de tratar-se ele de civil ou militar.

Esta questão encontra-se presente em diversas atividades e consequentemente em diversos tipos penais definidos pelo Estatuto do Desarmamento. Neste sentido, as atividades indicadas pelo art. 9º do Estatuto do Desarmamento (**colecionadores, atiradores e caçadores e de representantes estrangeiros em competição internacional oficial de tiro realizada no território nacional**) assim como a **fabricação, produção, comercialização, importação e exportação de armas de fogo, acessórios, munições e explosivos** são **atividades** que **estão**, consoante definição do próprio Estatuto do Desarmamento e normatização correlata, sob a **tutela do Comando do Exército**.

Atualmente, os principais atos normativos que regulamentam o Estatuto do Desarmamento são os seguintes: Decreto Federal nº 9.845/19 dispõe sobre a aquisição, o cadastro, o registro e a posse de armas de fogo e de munição em geral, o Decreto Federal nº 9.846/19 dispõe sobre o registro, o cadastro e a aquisição de armas e de munições por caçadores, colecionadores e atiradores, o Decreto Federal nº 9.847/19, dispõe sobre a aquisição, o cadastro, o registro, o porte e a comercialização de armas de fogo e de munição e sobre o Sistema Nacional de Armas e o Sistema de Gerenciamento Militar de Armas, o Decreto Federal nº 10.030/19, aprova o Regulamento de Produtos Controlados pelo Comando do Exército (PCE), cujo rol é estabelecido atualmente pela PORTARIA Nº 118 – COLOG, DE 4 DE OUTUBRO DE 2019 (EB: 64447.041399/2019 – 31).

Em fevereiro de 2021 os Decretos supracitados de 2019 sofreram novas alterações por meio dos Decretos Federais nº 10.627, 10.628, 10.629 e 10.630. Parte destas alterações tiveram a eficácia suspensa por meio de liminar concedida nos autos de cinco Ações Diretas de Inconstitucionalidade (ADIs 6675, 6676, 6677, 6680 e 6695) pela Ministra Rosa Weber. Os impactos das alterações propostas e da decisão proferida em sede liminar são abordados no transcorrer do capítulos e relativamente a cada tópico. As ações continuam em trâmite ainda sem julgamento final.

Para melhor compreender, sob uma perspectiva geral, a atribuição do Comando do Exército sobre as atividades indicadas pelo art. 9º do Estatuto do Desarmamento (colecionadores, atiradores e caçadores e de representantes estrangeiros em competição internacional oficial de tiro realizada no território nacional) assim como sobre a fabricação, produção, comercialização, importação e exportação de armas de fogo, acessórios, munições e explosivos é importante saber distinguir os objetivos e finalidades do **Sistema Nacional de Armas (SINARM)** e do **Sistema de Gerenciamento Militar de Armas (SIGMA)**.

O **Sistema Nacional de Armas (SINARM)**, definido no art. 3º do Decreto Federal nº 9.847/19, foi instituído no âmbito da Polícia Federal do Ministério da Justiça e Segurança Pública sendo responsável pela manutenção do cadastro nacional das armas de fogo importadas, produzidas e comercializadas no País e do registro de uma parcela das armas de fogo no território nacional. Em linhas gerais, o SINARM é responsável pelo cadastro dos responsáveis por algumas das atividades relacionadas ao comércio e controle das armas de fogo (§ 2º do art. 3º); das armas de fogo importadas, comercializadas, apreendidas e de propriedade das instituições públicas civis, de seus integrantes e daquelas adquiridas pelos cidadãos em geral (§§ 3º ao 12 do art. 3º).

Por sua vez, o **Sistema de Gerenciamento Militar de Armas (SIGMA)**, definido no art. 4º do Decreto Federal nº 9.847/19, foi instituído no âmbito do Comando do Exército do Ministério da Defesa, sendo responsável pela manutenção do cadastro nacional das armas de fogo importadas, produzidas e comercializadas no País que não estejam cadastradas e registradas no SINARM, cabendo ao Comando do Exército a manutenção do registro de proprietários de armas de fogo de competência do SIGMA. Em linhas gerais, o SIGMA é responsável pelo cadastro e registro das armas de fogo de propriedade das Instituições Militares, de seus integrantes e de alguns órgãos civis específicos de interesse nacional, a exemplo da Agência Brasileira de Inteligência e do Gabinete de Segurança Institucional da Presidência da República (§§ 1º ao 5º do art. 4º).

Ainda que complementares, o **cadastro** e o **registro** de uma arma de fogo apresentam finalidades distintas. O **cadastro** de arma de fogo consiste na inclusão da arma de fogo de produção nacional ou importada em banco de dados, com a descrição de suas características e o **registro** consiste na matrícula da arma de fogo que esteja vinculada à identificação do respectivo proprietário em banco de dados. Assim, todas as armas de fogo serão "cadastradas" no SINARM ou no SIGMA a depender da sua origem e natureza, com a finalidade de identificação e especificação de suas características, por sua vez, o **"registro" tem por finalidade vincular uma arma de fogo a um determinado proprietário** (pessoa física, jurídica ou uma instituição).

Também são objetos de "cadastro" no SINARM, como indicado, as pessoas e instituições autorizadas a produzir, importar, exportar e comercializar armas de fogo, acessórios e munições no território nacional (§ 2º do art. 3º do Decreto Federal nº 9.847/2019).

Talvez esta previsão induza a ideia de que o comércio em geral de armas de fogo, acessórios e munições tratar-se-ia de atividade não diretamente relacionada às Instituições Militares e suas atribuições legais o que, sem dúvidas, geraria reflexos em relação à natureza dos delitos de comércio ilegal e de tráfico internacional de arma de fogo (arts. 17 e 18 do Estatuto do Desarmamento).

Não obstante, o cadastro não se confunde com a **competência para autorizar, disciplinar, fiscalizar e inclusive sancionar as atividades relacionadas à produção, importação, exportação e comércio em geral de arma de fogo, acessórios e munições** no território nacional.

O próprio Estatuto do Desarmamento e o Decreto Federal nº 9.847/19 que tem por objetivo, como indicado, regulamentar o Estatuto do Desarmamento não apenas no que diz respeito ao cadastro, registro e porte nos Sistemas, Nacional (SINARM) e de Gerenciamento Militar (SIGMA) de Armas, como também no que se refere **à aquisição e comercialização de armas de fogo e de munição no Brasil**, assim dispõe:

> **Lei Federal nº 10.826/03**
>
> Art. 24. Excetuadas as atribuições a que se refere o art. 2º desta Lei, **compete ao Comando do Exército autorizar e fiscalizar a produção, exportação, importação, desembaraço alfandegário e o comércio de armas de fogo e demais produtos controlados, inclusive o registro e o porte de trânsito de arma de fogo de colecionadores, atiradores e caçadores.**
>
> Art. 27. Caberá ao Comando do Exército autorizar, excepcionalmente, a aquisição de armas de fogo de uso restrito.
>
> Parágrafo único. O disposto neste artigo não se aplica às aquisições dos Comandos Militares.
>
> **Decreto Federal nº 9.847/19**
>
> Art. 1º **Este Decreto regulamenta a Lei nº 10.826, de 22 de dezembro de 2003, com o objetivo de estabelecer regras e procedimentos para** a aquisição, o cadastro, o registro, o porte e **a comercialização de armas de fogo e de munição** e de dispor sobre a estruturação do Sistema Nacional de Armas – Sinarm e do Sistema de Gerenciamento Militar de Armas – Sigma.
>
> [...]
>
> Art. 5º O Sinarm e o Sigma conterão, no mínimo, as seguintes informações, para fins de cadastro e de registro das armas de fogo, conforme o caso:
>
> [...]
>
> § 2º As empresas **autorizadas pelo Comando do Exército** a comercializar armas de fogo, munições e acessórios encaminharão as informações a que se referem os incisos I e II do caput à Polícia Federal ou ao Comando do Exército, para fins de cadastro e registro da arma de fogo, da munição ou do acessório no Sinarm ou no Sigma, conforme o caso, no prazo de quarenta e oito horas, contado da data de efetivação da venda.
>
> [...]
>
> Art. 9º **Fica permitida a venda de armas de fogo de porte e portáteis, munições e acessórios por estabelecimento comercial credenciado pelo Comando do Exército.**
>
> Art. 10. Os estabelecimentos que comercializarem armas de fogo, munições e acessórios ficam obrigados a comunicar, mensalmente, à Polícia Federal ou ao Comando do Exército, conforme o caso, as vendas que efetuarem e a quantidade de mercadorias disponíveis em estoque.

§ 1º As mercadorias disponíveis em estoque são de responsabilidade do estabelecimento comercial e serão registradas, de forma precária, como de sua propriedade, enquanto não forem vendidas.

§ 2º Os estabelecimentos a que se refere o caput manterão à disposição da Polícia Federal e do Comando do Exército a relação dos estoques e das vendas efetuadas mensalmente nos últimos cinco anos.

§ 3º Os procedimentos e a forma pela qual será efetivada a comunicação a que se refere o caput serão disciplinados em ato do Comandante do Exército ou do Diretor-Geral da Polícia Federal, conforme o caso.

Art. 11. **A comercialização de armas de fogo, de acessórios, de munições e de insumos para recarga só poderá ser efetuada em estabelecimento comercial credenciado pelo Comando do Exército.**

Art. 12. Para fins de aquisição de arma de fogo de uso permitido e de emissão do Certificado de Registro de Arma de Fogo, o interessado deverá:

[...]

§ 10. **O certificado de registro concedido às pessoas jurídicas que comercializem ou produzam armas de fogo, munições e acessórios e aos clubes e às escolas de tiro, expedido pelo Comando do Exército, terá validade de dez anos.**

[...]

Art. 34. **O Comando do Exército autorizará previamente a aquisição e a importação de armas de fogo de uso restrito, munições de uso restrito e demais produtos controlados de uso restrito, para os seguintes órgãos, instituições e corporações:**

I – a Polícia Federal;

II – a Polícia Rodoviária Federal;

III – o Gabinete de Segurança Institucional da Presidência da República;

IV – a Agência Brasileira de Inteligência;

V – os órgãos do sistema penitenciário federal, estadual e distrital; (Redação dada pelo Decreto nº 10.630, de 2021)

VI – a Força Nacional de Segurança Pública, por meio da Secretaria Nacional de Segurança Pública;

VII – os órgãos policiais da Câmara dos Deputados e do Senado Federal a que se referem, respectivamente, o inciso IV do caput do art. 51 e o inciso XIII do caput do art. 52 da Constituição;

VIII – as polícias civis dos Estados e do Distrito Federal;

IX – as polícias militares dos Estados e do Distrito Federal;

X – os corpos de bombeiros militares dos Estados e do Distrito Federal; e

XI – as guardas municipais.

XII – os tribunais e o Ministério Público; e (Incluído pelo Decreto nº 10.630, de 2021) Vigência

XIII – a Secretaria da Receita Federal do Brasil do Ministério da Economia. (Incluído pelo Decreto nº 10.630, de 2021) Vigência

§ 1º **Ato do Comandante do Exército** disporá sobre os procedimentos relativos à comunicação prévia a que se refere o caput e sobre as informações que dela devam constar.

§ 1º-A Para a concessão da autorização a que se refere o caput, os órgãos, as instituições e as corporações **comunicarão previamente ao Comando do Exército** o quantitativo de armas e munições de uso restrito que pretendem adquirir.

§ 2º Serão, ainda, autorizadas a adquirir e importar armas de fogo, munições, acessórios e demais produtos controlados:

I – os integrantes das instituições a que se referem os incisos I a XIII do *caput*;

II – pessoas naturais autorizadas a adquirir arma de fogo, munições ou acessórios, de uso permitido ou restrito, conforme o caso, nos termos do disposto no art. 12, nos limites da autorização obtida;

III – **pessoas jurídicas credenciadas no Comando do Exército para comercializar armas de fogo, munições e produtos controlados**; e

IV – os integrantes das Forças Armadas.

§ 3º **Ato do Comandante do Exército disporá sobre as condições para a importação de armas de fogo, munições, acessórios e demais produtos controlados** a que se refere o § 2º, no prazo de trinta dias, contado da data de publicação do Decreto nº 10.030, de 30 de setembro de 2019.

§ 4º O disposto nesse artigo não se aplica aos comandos militares.

§ 5º **A autorização de que trata o caput poderá ser concedida pelo Comando do Exército** após avaliação e aprovação de planejamento estratégico, com duração de, no máximo, quatro anos, para aquisição de armas, munições e produtos controlados de uso restrito pelos órgãos, pelas instituições e pelas corporações de que trata o caput.

§ 5º-A A autorização de que trata o caput poderá, excepcionalmente, ser concedida antes da aprovação do planejamento estratégico de que trata o § 5º, em consideração aos argumentos apresentados pela instituição demandante

§ 5º-B Na ausência de manifestação do **Comando do Exército** no prazo de sessenta dias úteis, contado da data do recebimento do processo, a autorização de que trata o caput será considerada tacitamente concedida.

§ 5º-C Na hipótese de serem verificadas irregularidades ou a falta de documentos nos planejamentos estratégicos, o prazo de que trata o § 5º-B ficará suspenso até a correção do processo.

§ 6º A aquisição de armas de fogo e munições de uso permitido pelos órgãos, pelas instituições e pelas corporações a que se refere o caput **será comunicada ao Comando do Exército**.

Art. 35. **Compete ao Comando do Exército:**

I – autorizar e fiscalizar a produção, a exportação, a importação, o desembaraço alfandegário e o comércio de armas, munições e demais produtos controlados no território nacional;

II – manter banco de dados atualizado com as informações acerca das armas de fogo, acessórios e munições importados; e

III – editar normas:

a) para dispor sobre a forma de acondicionamento das munições em embalagens com sistema de rastreamento;

b) para dispor sobre a definição dos dispositivos de segurança e de identificação de que trata o § 3º do art. 23 da Lei nº 10.826, de 2003;

c) para que, na comercialização de munições para os órgãos referidos no art. 6º da Lei nº 10.826, de 2003, estas contenham gravação na base dos estojos que permita identificar o fabricante, o lote de venda e o adquirente; e

d) para o controle da produção, da importação, do comércio, da utilização de simulacros de armas de fogo, nos termos do disposto no parágrafo único do art. 26 da Lei nº 10.826, de 2003.

Parágrafo único. Para fins do disposto no inciso III do caput, o Comando do Exército ouvirá previamente o Ministério da Justiça e Segurança Pública.

[...]

Art. 37. A importação de armas de fogo, munições e demais produtos controlados pelas pessoas a que se refere o § 2º do art. 34 ficará sujeita ao regime de licenciamento não automático prévio ao embarque da mercadoria no exterior.

§ 1º **O Comando do Exército expedirá o Certificado Internacional de Importação** após a comunicação a que se refere o § 1º do art. 34.

§ 2º O Certificado Internacional de Importação a que se refere o § 1º terá validade até o término do processo de importação.

[...]

Art. 41. **Fica autorizada a entrada temporária no País**, por prazo determinado, de armas de fogo, munições e acessórios para fins de demonstração, exposição, conserto, mostruário ou testes, **por meio de comunicação do interessado, de seus representantes legais ou das representações diplomáticas do país de origem ao Comando do Exército**.

§ 1º A importação sob o regime de admissão temporária será autorizada por meio do Certificado Internacional de Importação.

[...]

Art. 42. Fica vedada a importação de armas de fogo completas e suas partes essenciais, armações, culatras, ferrolhos e canos, e de munições e seus insumos para recarga, do tipo pólvora ou outra carga propulsora e espoletas, por meio do serviço postal e similares.

Art. 43. **O Comando do Exército autorizará a exportação de armas, munições e demais produtos controlados, nos termos estabelecidos em legislação específica para exportação de produtos de defesa e no disposto no art. 24 da Lei nº 10.826, de 2003**.

Art. 44. O desembaraço aduaneiro de armas de fogo, munições e demais produtos controlados será feito pela Secretaria Especial da Receita Federal do Brasil do Ministério da Economia, **após autorização do Comando do Exército**.

[...]

§ 2º O desembaraço aduaneiro de armas de fogo e de munição ficará **condicionado ao cumprimento das normas específicas sobre marcação estabelecidas pelo Comando do Exército.**

[...]

Art. 46. As solicitações dos órgãos de segurança pública sobre informações relativas ao cadastro de armas de fogo, munições e demais produtos controlados junto ao Sinarm e ao Sigma serão encaminhadas diretamente à Polícia Federal ou ao **Comando do Exército**, conforme o caso.

Diante de todo o **arcabouço normativo** estabelecido pelo Decreto Federal nº 9.847/19 (e modificações posteriores), e anteriores que já regulamentavam o Estatuto do Desarmamento, parece não haver dúvidas no sentido de que **o comércio, a importação e a exportação de armas de fogo acessórios e munições no território nacional é tema de interesse militar** e de competência do Comando do Exército do que resulta o reconhecimento no sentido de que **violações às determinações legais e regulamentares,** por ele expedidas, independentemente de quem seja o autor, **violam a ordem administrativa militar** motivo pelo qual, constituindo-se elementar dos tipos penais previstos no Estatuto do Desarmamento o "descumprimento das determinações legais e regulamentares", deve-se concluir que estes, **com o advento da Lei Federal nº 13.491/17,** independentemente de quem seja o autor, passaram constituir-se como **crimes militares por afetação da regularidade das instituições militares.**

Isso porque, se a legislação define que o Comando do Exército, ou seja, uma Instituição Militar, deve ser reponsável por autorizar, controlar, normatizar e fiscalizar tais atividades, não há dúvidas de que seja **tema afeto às missões constitucionais** daquela **Instituição Militar** e, por consequência, **de interesse militar.** Se assim não fosse estar-se-ia diante de um desvio de finalidade de uma instituição pública. Por mais que existam dois sistemas (SINARM e SIGMA) para o cadastro e o registro das armas de fogo, ambos funcionam, como facilitadores e sistematizadores do fluxo de todos os dados e informações relativas às armas de fogo e seus proprietários.

Em relação aos proprietários de armas de fogo define a legislação que a aquisição, o cadastro, o registro e o porte ora são de atribuição do Comando do Exército (SIGMA) e ora de atribuição da Polícia Federal (SINARM).

Lei Federal nº 10.826/03

Art. 6º É proibido o porte de arma de fogo em todo o território nacional, salvo para os casos previstos em legislação própria e para:

[...]

§ 4º Os integrantes das Forças Armadas, das polícias federais e estaduais e do Distrito Federal, bem como os militares dos Estados e do Distrito Federal, ao exercerem o direito descrito no art. 4º, ficam dispensados do cumprimento do disposto nos incisos I, II e III do mesmo artigo, **na forma do regulamento desta Lei.**

Art. 9º Compete ao Ministério da Justiça a autorização do porte de arma para os responsáveis pela segurança de cidadãos estrangeiros em visita ou sediados no Brasil e, ao **Comando do Exército, nos termos do regulamento desta Lei, o registro e a concessão de porte de trânsito de arma de fogo para colecionadores, atiradores e caçadores e de representantes estrangeiros em competição internacional oficial de tiro realizada no território nacional.**

Art. 10. A autorização para o porte de arma de fogo de uso permitido, em todo o território nacional, é de competência da Polícia Federal e somente será concedida após autorização do Sinarm.

[...]

Decreto Federal nº 9.847/19

Art. 24. O porte de arma de fogo é deferido aos militares das Forças Armadas, aos policiais federais, estaduais e distritais, civis e militares, aos corpos de bombeiros militares e aos policiais da Câmara dos Deputados e do Senado Federal em razão do desempenho de suas funções institucionais.

§ 1º O porte de arma de fogo é garantido às praças das Forças Armadas com estabilidade de que trata a alínea "a" do inciso IV do caput do art. 50 da Lei nº 6.880, de 9 de dezembro de 1980 – Estatuto dos Militares.

§ 2º A autorização do porte de arma de fogo para as praças sem estabilidade assegurada será regulamentada em ato do Comandante da Força correspondente.

> **§ 3º Ato do Comandante da Força correspondente disporá sobre as hipóteses excecpcionais de suspensão, cassação e demais procedimentos relativos ao porte de arma de fogo de que trata este artigo.**
>
> **§ 4º Atos dos comandantes-gerais das corporações disporão sobre o porte de arma de fogo dos policiais militares e dos bombeiros militares.**

Por tal motivo, em relação aos crimes previstos nos arts. 12, 14 e 16 do Estatuto do Desarmamento, a depender do sujeito ativo (militar, colecionadores, atiradores, caçadores, civis, etc.) haverá, ou não, violação direta e necessária da ordem administrativa militar a depender da sujeição de cada um às normas e determinações expedidas pelas instituições civis (civis em geral – SINARM – Polícia Federal) ou militares (militares, colecionadores, atiradores, caçadores – SIGMA).

No que diz respeito ao parágrafo único do art. 13 do Estatuto do Desarmamento, como se verá, em virtude de o crime referir-se à ausência de comunicação à Polícia Federal das armas de fogo extraviadas, subtraídas, etc., não há que se falar em violação à ordem administrativa militar nem, por consequência, ocorrência de crime militar por afetação da regularidade das instituições militares em tais casos.

Mutatis mutandis, sendo a **atribuição e competência do Comando do Exército regulamentar e normatizar o comércio, a exportação e a importação das armas de fogo, dos acessórios e das munições, a violação à estas regras**, elementar de muitos dos tipos penais previstos Estatuto do Desarmamento, remeterão, logicamente, à **afetação da regularidade das instituições militares e consequente caracterização da natureza militar** dos crimes em questão.

Na verdade, a jurisprudência anterior ao advento da Lei Federal nº 13.491/2017 já havia consolidado o entendimento no sentido de que por afetar interesse da união a competência para julgamento no crime relativo ao tráfico internacional de armas de fogo, acessórios e munições, em virtude até da relação com o conteúdo de tratados internacionais sobre o tema, era de competência da Justiça Federal assim como já havia reconhecido que a questão do comércio de armas de fogo, acessórios e munições, seria de natureza e interesse militar, motivo pelo qual, a competência para regulação foi atribuída ao Comando do Exército. Veja-se, neste sentido, decisões do STJ específicas sobre o tema e anterior à Lei Federal nº 13.491/2017:

> STJ
>
> CONFLITO NEGATIVO DE COMPETÊNCIA. PENAL. IMPORTAÇÃO E TRANSPORTE DE MEDICAMENTOS DESTINADOS A FINS TERAPÊUTICOS OU MEDICINAIS (CYTOTEC, PRAMIL E DIGRAM) E MUNIÇÕES. ART. 273, § 1-B, INCISO I, DO CP E ART. 18 DA LEI 10.826/2003. COMPROVAÇÃO DO CARÁTER INTERNACIONAL DO DELITO. COMPETÊNCIA DA JUSTIÇA FEDERAL. 1. Caracterizada a internacionalidade da conduta tipificada no art. 273, § 1º-B, inciso I, do Código Penal, porquanto os medicamentos de origem estrangeira e proibidos no território nacional foram adquiridos no Paraguai, a competência para processar e julgar o feito será da Justiça Federal. 2. **Da mesma forma, quanto ao tráfico internacional de munição, a competência também será da Justiça Federal,** em razão do que dispõe o art. 109, inciso V, da Constituição Federal, tendo em vista que este crime está inserido em tratado internacional de que o Brasil é signatário. 3. Conflito conhecido para declarar competente o Juízo Federal da 1ª Vara e Juizado Especial Criminal de Foz

do Iguaçu – SJ/PR, o suscitado. (CC 122.740/PR, Rel. Ministro MARCO AURÉLIO BELLIZZE, TERCEIRA SEÇÃO, julgado em 08/08/2012, DJe 30/08/2012)

PROCESSUAL CIVIL E ADMINISTRATIVO. MANDADO DE SEGURANÇA. **PORTARIAS DO COMANDANTE DO EXÉRCITO. COMÉRCIO DE ARMAS DE USO RESTRITO PARA USO PRÓPRIO DE AUDITORES DA RECEITA FEDERAL, AUDITORES-FISCAIS E TÉCNICOS DA RECEITA FEDERAL**. CABIMENTO DE MANDADO DE SEGURANÇA CONTRA LEI DE EFEITOS CONCRETOS. INEXISTÊNCIA DE DIREITO LÍQUIDO E CERTO. CONVENIÊNCIA E OPORTUNIDADE. LEGALIDADE. LEGITIMIDADE. LIVRE CONCORRÊNCIA E SEGURANÇA PÚBLICA. PONDERAÇÃO DE VALORES. 1. O Direito Brasileiro, fundado constitucionalmente na livre iniciativa, assegura a todos o livre exercício de qualquer atividade econômica, subordinando-a à autorização dos órgãos públicos, nos casos previstos em lei (art. 170, parágrafo único, da Constituição Federal) 2. O comércio de armas, pelo seu objeto, exige, em prol da segurança social, dever primário do Estado, minuciosa regulação. **3. Nesse afã, consoante o art 24 (Lei n.º 10.826/2003), incumbe ao Comando do Exército autorizar a importação de arma de fogo, e, excepcionalmente, segundo o disposto no art. 27, do mesmo diploma legal, autorizar a aquisição de armas de uso restrito**. 4. O Decreto n.º 5.123/2004, no seu art. 11, define como armas de uso restrito aquelas de uso exclusivo das Forças Armadas, aquelas utilizadas por instituições de segurança pública, bem como, as de pessoas, físicas ou jurídicas, devidamente autorizadas pelo Comando do Exército, de acordo com legislação específica, sendo certo que o art. 16, do Decreto n.º 3.665/2000, contempla quais são as armas consideradas de uso restrito. 5. Nesse seguimento, o art. 51, § 2º, do Decreto n.º 5.123/2004, dispõe que a importação de armas de uso restrito, pelo seu maior potencial ofensivo, que se sujeita à anuência do Comando do Exército e do porte de Certificado Internacional de Importação, somente será autorizada para os órgãos de segurança pública e para colecionadores, atiradores e caçadores, nas condições estabelecidas em normas específicas vedando-a indiscriminadamente a qualquer brasileiro, como pretende fazer crer a empresa impetrante do presente mandamus impetrado em face de Portaria do Comandante do Exército, que autorizou a compra de número determinado de armas de uso restrito nelas especificadas, para uso próprio, na indústria nacional, aos Auditores da Receita Federal, Auditores-Fiscais e Técnicos da Receita Federal, diretamente envolvidos no combate e repressão aos crimes de contrabando e descaminho. 6. **A importação de produtos controlados pode ter sua autorização negada pelo Comando do Exército, quando fabricado no Brasil por indústria considerada de valor estratégico pelo Exército (arts. 183 e 190, do Decreto n.º 3.665/2000)** 8. Consectariamente, as referidas Portarias, não obstante apresentem efeitos concretos ao ângulo da livre iniciativa erigida como causa petendi do mandamus, interdita a análise do Judiciário, não só porque legitimado pela lei o controle da importação de armas de uso restrito (Decreto n.º 5.123/2004, que regulamenta a Lei n.º 10.826/2003), que esses atos secundários encerram, como também, em homenagem à cláusula pétrea da harmonia e independência entre os Poderes, o que impede a esta Corte proceder à análise da conveniência e oportunidade do ato praticado. 9. Deveras, ao Poder Judiciário caberia imiscuir-se acerca da conveniência e oportunidade do ato administrativo acaso o mesmo transbordasse os limites da lei, o que inocorreu in casu, haja vista que **o Comandante do Exército expediu as Portarias atacadas em estrita observância às normas constitucionais e legais vigentes, a saber: art. 174, da Constituição Federal e os arts. 24 e 27, da Lei n.º 10.826/2003 (Estatuto do Desarmamento), 11 e 51, § 2º, do Decreto n.º 5.123/2004, 16, 183 e 190 do Decreto n.º 3.665/2000**. 10. A ponderação dos interesses em jogo, técnica de solução dos conflitos quando em tensão valores constitucionais, in casu, revela irrespondível a indagação lançada sobre a utilidade do mandamus, no qual uma empresa particular sem legitimidade substancial, pretende municiar agentes públicos com armas, para uso próprio, tidas superiores e vedadas pela autoridade legalmente competente. 11. Deveras, a questão concorrencial, em princípio, deve ser analisada pelo CADE para instruir demandas que suscitam as vicissitudes do direito econômico no afã de aferir se o direito é líquido e certo, por isso que na sua ausência, porquanto arquivado o processo em referido órgão, subjaz a presunção de legitimidade do ato da Administração Pública. 12. In casu, a empresa impetrante não demonstrou a ilegalidade da Portaria n.º 239, de 12.05.2006 do Comandante do Exército que autorizou a compra de número determinado de armas de uso restrito nelas especificadas, para uso próprio, na indústria nacional, aos Auditores da Receita Federal, Auditores-Fiscais e Técnicos da Receita Federal, diretamente envolvidos no combate e repressão aos crimes de contrabando e descaminho. 13. Deveras, sobressai das informações da autoridade coatora, que se pretende impor ao Judiciário, a pretexto de violação da livre iniciativa, a revisão da conveniência e oportunidade da regulamentação do comércio de armas por agentes públicos, controle que escapa a qualquer interesse juridicamente protegido da impetrante. 14. A ponderação entre os interesses em jogo, in casu, a Segurança Pública e a Livre Concorrência, impõe a prevalência do primeiro, conferindo legitimidade e razoabilidade aos atos inquinados de ilegais. 15. Destaque-se que: a) o § 2º, do art. 51 do Decreto 5.123/04, proíbe a importação de armas de fogo de uso restrito para venda a particulares; b) tratando-se de órgãos de segurança pública, há a possibilidade de importação de armas de uso restrito, desde que atendidos outros critérios estabelecidos na Portaria 620/2006 do Ministério da Defesa; c) as Portarias n.ºs 809 e 812, estão de acordo com a Constituição Federal (art. 21, VI), que confere à União a fiscalização do comércio de material bélico, e o Decreto 5.123/04; **d) a expedição das portarias operou-se não em nome do interesse do Exército, mas sim em obediência à Lei (art. 51 § 2º do Decreto 5.123/04)**; e) inexiste o monopólio alegado, porquanto há mais de um fabricante de armas de fogo de uso restrito no Brasil, bem como mais de um representante de fábricas estrangeiras;f) as regras comuns de mercado são inaplicáveis às armas de fogo de uso restrito, por serem consideradas produtos fora do comércio pelo Decreto 5.123/04 (art. 19) e Decreto 3.665/2000 (art. 113); **g) a ponderação dos interesses sub judice revela que a concessão da ordem implicará em sério risco de derrame de armas de fogo de uso restrito em território nacional, num momento histórico que aponta em sentido diametralmente oposto, abalando a credibilidade das instituições encarregadas da fiscalização (Exército, polícias, etc)** e h) o ato administrativo atacado encerra questão de ordem pública, na medida em que se discute diretamente o Sistema Nacional de Segurança Pública e a Soberania Nacional. **16. Ressalte-se, por fim, que "cabe frisar que o controle realizado para aquisição, comercialização e importação de armas de uso restrito deve-se ao seu poder de destruição e a sua finalidade específica, de maneira que as inúmeras restrições à sua comercialização e importação visam garantir a segurança social e militar do país. Por isso somente as Forças Armadas, após autorização pelo Ministro da Defesa, os órgãos de segurança pública, colecionadores, atiradores e caçadores poderão importá-las, conforme arts. 51, § 2°, e 53, do Decreto n° 5.123/2004. Assim, considerando que a norma não permitiu ao particular importar armas de uso restrito, não se mostra ilegal as Portarias 809 e 812 ao consentirem, excepcionalmente, que policiais adquiram, para uso pessoal, tais armas na indústria nacional, caso tivesse disposto de modo diverso, autorizando a importação, aí sim estaria cometendo ilegalidade.** A Constituição Federal (art. 21, V1) reservou à União a competência para autorizar o comércio de material bélico. Por sua vez, o art. 170, parágrafo único, embora reafirme a norma constitucional garantidora da livre iniciativa, coloca exceções – "salvo nos casos previstos em lei". Conclui-se conjugando os dois dispositivos constitucionais que a empresa comerciante de armas poderá exercer em livre concorrência a sua atividade econômica, porém está condicionada a autorização do órgão público competente, no caso submete-se às restrições da lei n° 10.826/2003 e seus decretos regulamentadores. A referida "autorização", prevista na Constituição

> Federal, evidentemente não concerne aos aspectos econômicos da atividade, mas a consonância do empreendimento com o bem jurídico que a lei se propõe a resguardar, na espécie a segurança social e militar do País. Dessa forma, considerando que ordenamento vigente não autoriza a venda de armas a qualquer cidadão de forma indiscriminada, deduz-se que a vedação de importação de armas de uso restrito por particular não ofende aos princípios da isonomia e livre concorrência, pois tais princípios são sopesados diante do interesse público envolvido e as normas vigorantes".17. Mandado de segurança denegado, sob os vários ângulos enfrentados. (MS 12.121/DF, Rel. Ministro LUIZ FUX, PRIMEIRA SEÇÃO, julgado em 22/11/2006, DJ 11/06/2007, p. 256)

Do que se extrai do referido Acórdão, não há dúvidas de que o STJ expressamente reconhece que a questão do **comércio nacional e internacional de armas de fogo trata-se de tema de interesse militar reconhecida**. Logo, se até então não se reconhecia a natureza militar dos crimes em tela, isso ocorria em virtude da ausência de previsão legal, ou seja, em decorrência exatamente da já destacada esquizofrenia do sistema legal que, por simples desatualização da legislação penal militar, acabava por impossibilitar que diversas hipóteses de violações à regularidade das instituições militares, decorrentes da prática dos inúmeros delitos criados para atender as mudanças da sociedade a partir da década de 70 do século passado, fossem adequadamente definidas como crimes militares, não por uma questão técnica ou de natureza dos delitos mas sim pelas simples ausência de atualização e equalização entre os ordenamentos jurídicos penais, comum e militar.

Com o advento da **atualização e equalização dos ordenamentos, introduzidas por meio da Lei Federal nº 13.491/17**, não há motivo para que "malabarismos" exegéticos sejam desenvolvidos tal qual o realizado na já desatualizada Súmula 172 do STJ, **bastando a adequada caracterização de tais delitos como militares** em decorrência do atual quadro normativo fixado pelo Estatuto do Desarmamento e sua correlata normatização.

Lembre-se, ademais, que os tipos penais previstos no Estatuto do Desarmamento são conceituados como "norma penal em branco heterogêna" ou seja, entendendo a sociedade, por meio de seus representantes, que a atividade de autorização, controle e normatização do comércio, exportação e importação de armas de fogo e acessórios e munições, em determinado momento, devam deixar de ser de interesse militar, bastará a alteração das atribuições para uma instituição civil para que, automaticamente, os tipos penais previstos no Estatuto, que se fundamentam na ausência de "autorização" ou em "desacordo com determinação legal ou regulamentar", deixem de ter a natureza militar. Todavia, se hoje, o ordenamento jurídico define expressamente que a disciplina, controle e fundamentação de tais atividades devam ser de atribuição do Exército exatamente em decorrência do interesse militar inerente à questão, como indubitavelmente reconhece o STJ, não há como negar ou afastar que violações a tais regramento, afetam a ordem administrativa militar e, por consequência, indicam a natureza militar de tais crimes.

O mesmo ocorre, como também será discutido no próximo tópico a respeito de cada delito, em relação à produção, comercialização e emprego dos explosivos e armas de fogo de uso proibido e em relação à produção, comercialização e recarga de munições, atividades estas que são regulamentadas, controladas e fiscalizadas pelo Comando do Exército Brasileiro.

As atividades relacionadas às **munições**, além dos atos normativos já citados, são disciplinadas por meio do **Sistema de Controle de Venda e Estoque de Munições (SICOVEM)** (Portaria Normativa nº 581/MD de 24 de abril de 2006).

Já no que diz respeito às **armas de fogo de uso proibido** destaque-se que são estas definidas e classificadas como **Produto Controlado pelo Exército (PCE)** e possuem sua comercialização e uso proibidos no território nacional à exceção de algumas hipóteses, a exemplo de colecionadores, cuja atividade também é regulamentada pelo Comando do Exército.

Por fim, em relação aos **explosivos**, a normatização vigente define-os e classifica-os como **Produtos Controlados pelo Exército (PCE)** por meio do Decreto Federal nº 10.030/19 constando-os no rol de PCE de acordo com as disposições previstas pela PORTARIA Nº 118 - COLOG, DE 4 DE OUTUBRO DE 2019 (EB: 64447.041399/2019 - 31).

Assim, a lógica em relação a todas estas atividades é simples: se tais atividades não são de interesse militar estar-se-á diante de um desvio de finalidade das instituições e da estrutura do Estado devendo a lei e os sistemas de controle serem objeto de alteração, caso contrário, tratando-se de atividades de interesse militar, como parece entender a sociedade pela atribuição da competência ao Comando do Exército para disciplinar o tema, o **descumprimento das determinações legais e regulamentares afeta**, sem dúvida, a **ordem administrativa militar**.

Ainda que a Súmula Vinculante nº 36, como explicado restrita à questão dos fatos praticados por civis, já tenha sido analisada pelo STM, destacou-se que apesar do entendimento de que, no caso concreto, não poderiam ser reconhecidos os fatores de *distinguishing* ou *overruling*, o próprio Tribunal Militar determinou que os fatos fossem remetidos ao STF para apreciação acerca da possibilidade de alteração do entendimento vinculado diante das alterações introduzidas pelas Leis Federais nº 13.491/17 e 13.774/18 que alteraram o panorama normativo até então vigente:

> STM
>
> Não obstante, julgo **pertinente a proposta de revisão do enunciado, diante do novo contexto legislativo e da atual distribuição de competência da Justiça Militar da União acerca do julgamento de civis**.
>
> Isso porque, muito embora as **novas normas** não impliquem, necessariamente, na superação do precedente em relação à matéria, **evidenciam que o tratamento dado aos civis perante a Justiça Militar da União, no contexto atual, ocorre de forma similar à Justiça comum federal**.
>
> Cabe dizer, não só se ampliou a competência da Justiça Castrense, quando atribuiu a esta o julgamento de crimes previstos na legislação penal comum, agora denominados de crimes militares por equiparação ou extravagantes (no contexto da Lei 13.491/17), como restou determinada a competência do Juiz Federal da Justiça Militar para a condução e proferimento de decisões nos processos que envolvam civis (Lei 13.774/18).
>
> Portanto, **o novo contexto legislativo se mostra favorável a uma ampliação das atribuições dos órgãos judiciários militares, sobretudo da União,** ao qual o STF

não pode se furtar de retificar ou, ao menos, ratificar o pronunciamento anteriormente consolidado.

Entendo não ser cabível a esta Corte julgar de forma contrária à Súmula Vinculante 36, diante da sua clara redação. Todavia, nos termos do art. 3º, XI, da Lei 11.417/06, **deixar de apresentar uma proposta de revisão ao enunciado significaria ignorar o contexto político e legislativo atual acerca da matéria.**

[...]

Na forma do art. 3º, XI, da Lei 11.417/06, Voto pelo encaminhamento de proposta de revisão do enunciado da Súmula Vinculante 36 do Supremo Tribunal Federal à Corte Constitucional, por meio de Representação subscrita pela Presidência deste Superior Tribunal Militar. RECURSO EM SENTIDO ESTRITO Nº 7000053-05.2019.7.00.0000 25/04/2019 RELATOR: MINISTRO PÉRICLES AURÉLIO LIMA DE QUEIROZ

Ainda que possa soar indevido, em um primeiro momento, reconhecer a natureza militar de tais tipos penais que, originalmente comuns, em um "passe de mágica" (advento da Lei Federal nº 13.491/2017) torna-se-iam de natureza militar sem que para tanto houvesse qualquer alteração nas elementares do tipo, há que se lembrar do contexto político e ideológico já destacado e a indevida desatualização do ordenamento jurídico penal militar face à legislação penal comum. Como se buscou demonstrar durante diversos momentos nestas linhas introdutórias, uma análise mais acurada demonstra que, na verdade, o "estranho" e o "indevido" era entender, até o advento da Lei Federal 13.491/17, que aquele que burla ou descumpre regras expedidas pelo Comando do Exército Brasileiro a respeito de objetos de atividades de alto risco ou lesividade cujo controle e fiscalização, exatamente por tal motivo, foram colocados pelo ordenamento jurídico sob a tutela de uma Instituição Militar, não afrontaria a regularidade das instituições militares e não cometeria um crime militar, ao passo que um simples desacato praticado por um civil contra um militar das Forças Armadas, durante uma ação de Garantia de Lei e Ordem, por exemplo, ou a conduta de um civil flagrado, como citado, com "um cigarro de maconha" após adentrar, de bicicleta, em uma área militar eram considerados como crimes militares por afetar a regularidade das instituições militares[37].

A esquizofrenia sistêmica decorrente do descompasso entre as legislações penais comum e militar no período compreendido entre o advento do Código Penal Militar em 1969 e a tão necessária equalização e atualização ocorrida em 2017 é a responsável, em verdade, por eventuais posicionamentos relutantes em reconhecer que, estabelecendo o ordenamento jurídico a necessidade de que referidas atividades sejam reguladas e desempenhadas por uma Instituição Militar, tal qual o Exército Brasileiro, uma afronta à tais normas de regulação e controle se caracteriza como uma violação à regularidade das Instituições Militares prejudicando, por consequência, a promoção e garantia dos direitos fundamentais por elas desenvolvidas à toda sociedade.

---

[37] STM. RECURSO EM SENTIDO ESTRITO Nº 7000535-16.2020.7.00.0000. RELATOR: MINISTRO PÉRICLES AURÉLIO LIMA DE QUEIROZ. Brasília-DF, 15 de outubro de 2020.

Assim, face a todo o exposto e como se verá amiúde a respeito de cada tipo penal no item subsequente, sendo as **atividades** supracitadas reguladas, **controladas e normatizadas pelo Comando do Exército,** as **condutas típicas previstas no Estatuto do Desarmamento** a ela relativas **independentemente do sujeito ativo** que as pratica, **violarão**, necessariamente, a **ordem administrativa militar** e, por consequência, devem ser reconhecidas como **crimes militares** (alínea "e" do inciso II ou alínea "a" do inciso III do art. 9º do Código Penal Militar).

Concluindo-se portanto este último item introdutório pode-se definir os seguintes pontos:

(i) a maioria dos tipos penais previstos no Estatuto do Desarmamento possuem como sujeito passivo a "coletividade em geral" não sendo, portanto, praticados "contra" alguém, requisito presente na maioria das alíneas dos incisos II ("a", "b", "c" e "d") e III ("b", "c" e "d") do art. 9º do Código Penal Militar que elencam as circunstâncias nas quais um crime, originalmente comum, passa a ter natureza militar;

(ii) para que uma conduta típica prevista no Estatuto do Desarmamento seja reconhecida como um crime militar por subsunção à alguma das circunstâncias legais que exige que o crime seja praticado contra alguém (alíneas "a", "b", "c" e "d" dos incisos II e "b", "c" e "d" do inciso III do art. 9º do Código Penal Militar) é necessário a interpretação no sentido de que a tipicidade indireta altera a característica de tais crimes que passam a ser de perigo concreto e se caracterizam como militar desde que nas hipóteses em questão seja demonstrado que a conduta típica (posse, porte ilegal de arma de fogo por exemplo) tenha colocado em risco concreto alguma das pessoas indicadas pela lei (militar da ativa, da reserva, reformado ou civil, a depender do autor);

(iii) a interpretação neste sentido será necessária apenas em relação às condutas típicas praticadas por civis em geral tendo em vista que no caso dos militares (federais, estaduais, ativos e inativos) assim como no dos civis cuja atividade seja disciplinada e controlada pelo Exército, o descumprimento das normas regulamentares já caracterizará a violação à ordem administrativa militar, caracterizando o crime como militar (alínea "e" do inciso II ou alínea "a" do inciso III do art. 9º do Código Penal Militar);

(iv) a prática das condutas típicas previstas nos arts. 12, 14 e 16 do Estatuto do Desarmaento por militares (federais, estaduais, ativos ou inativos) se caracteriza como crime militar por violação à ordem administrativa militar tendo em vista que as "prescrições legais e regulamentares" a que estão sujeitos são de atribuição e expedidas pelos Comandos de suas respectivas instituições;

(v) as atividades indicadas pelo art. 9º do Estatuto do Desarmamento (colecionadores, atiradores e caçadores e de representantes estrangeiros em competição internacional oficial de tiro realizada no território nacional) assim como a fabricação, produção, comercialização, importação e exportação de armas de fogo, acessórios, munições e explosivos são atividades que estão, consoante definição do próprio Estatuto do Desarmamento e normatização correlata, sob a tutela do Comando do Exército, logo, qualquer violação a tais normatizações que se caracterizem como crime previsto no Estatuto do Desarmamento (arts. 12, 14, 16, 17 e 18) devem ser reconhecidas como crime militar;

(vi) A jurisprudência pátria, seja no âmbito das justiças militares estaduais seja no âmbito dos tribunais superiores ainda não está consolidada e tem proferido decisões tanto no sentido contrário às conclusões supracitadas quanto no sentido de se reconhecer a natureza militar dos crimes mas, por vezes, sob fundamentos diversos e até um pouco contraditórios.

Enfim, uma vez apresentadas todas as considerações introdutórias a respeito dos crimes militares por afetação da regularidade das instituições militares decorrentes dos tipos penais previstos no Estatuto do Desarmamento, importa passar à abordagem específica de cada um dos tipos penais (arts. 12 a 18) deste diploma legal.

6.4. OS TIPOS PENAIS MILITARES POR AFETAÇÃO DA REGULARIDADE DAS INSTITUIÇÕES MILITARES NO ESTATUTO DO DESARMAMENTO

6.4.1. Posse irregular de arma de fogo, acessório ou munição de uso permitido

ESTATUTO DO DESARMAMENTO (LEI FEDERAL Nº 10.826/03)

Art. 12. Possuir ou manter sob sua guarda arma de fogo, acessório ou munição, de uso permitido, em desacordo com determinação legal ou regulamentar, no interior de sua residência ou dependência desta, ou, ainda no seu local de trabalho, desde que seja o titular ou o responsável legal do estabelecimento ou empresa:

Pena – detenção, de 1 (um) a 3 (três) anos, e multa.

CÓDIGO PENAL MILITAR (DECRETO-LEI Nº 1001/69)
CIRCUNSTÂNCIAS DE AFETAÇÃO DA REGULARIDADE DAS INSTITUIÇÕES MILITARES

Art. 9º Consideram-se crimes militares, em tempo de paz:

[...]

II – os crimes previstos neste Código e os previstos na legislação penal, quando praticados:

a) por militar em situação de atividade ou assemelhado, contra militar na mesma situação ou assemelhado;

b) por militar em situação de atividade ou assemelhado, em lugar sujeito à administração militar, contra militar da reserva, ou reformado, ou assemelhado, ou civil;

c) por militar em serviço ou atuando em razão da função, em comissão de natureza militar, ou em formatura, ainda que fora do lugar sujeito à administração militar contra militar da reserva, ou reformado, ou civil;

d) por militar durante o período de manobras ou exercício, contra militar da reserva, ou reformado, ou assemelhado, ou civil;

e) por militar em situação de atividade, ou assemelhado, contra o patrimônio sob a administração militar, ou a ordem administrativa militar;

f) revogada.

III – os crimes praticados por militar da reserva, ou reformado, ou por civil, contra as instituições militares, considerando-se como tais não só os compreendidos no inciso I, como os do inciso II, nos seguintes casos:

a) contra o patrimônio sob a administração militar, ou contra a ordem administrativa militar;

b) em lugar sujeito à administração militar contra militar em situação de atividade ou assemelhado, ou contra funcionário de Ministério militar ou da Justiça Militar, no exercício de função inerente ao seu cargo;

c) contra militar em formatura, ou durante o período de prontidão, vigilância, observação, exploração, exercício, acampamento, acantonamento ou manobras;

d) ainda que fora do lugar sujeito à administração militar, contra militar em função de natureza militar, ou no desempenho de serviço de vigilância, garantia e preservação da ordem pública, administrativa ou judiciária, quando legalmente requisitado para aquêle fim, ou em obediência a determinação legal superior.

– Objetividade jurídica

Imediata: a regularidade das instituições militares como meio de promoção e garantia de direitos fundamentais das pessoas, individual e coletivamente consideradas, na sociedade.

Mediata: incolumidade, segurança pública e paz social.

– Sujeito passivo

Primário ou imediato: a Instituição Militar.

Secundário ou mediato: a coletividade em geral (nas hipóteses das alíneas "e" do inciso II e "a" do inciso III do art. 9º do Código Penal Militar) e os militares da ativa ou funcionários da Justiça Militar (nas hipóteses das alíneas "a", "b", "c" e "d" do inciso II e alíneas "b", "c" e "d" do inciso III do art. 9º do Código Penal Militar).

No item 6.2 do presente capítulo discorreu-se sobre a **função instrumental** do bem jurídico penal tutelado pelo ordenamento jurídico penal militar, qual seja, a **regularidade das instituições militares** em face da promoção e garantia de **direitos fundamentais das pessoas individual e coletivamente consideradas na sociedade**. Assim, o crime de posse irregular de arma de fogo, acessório ou munição de uso permitido praticado em qualquer das circunstâncias elencadas nos incisos II ou III do art. 9º do diploma penal castrense, configura-se como **crime militar por afetação**, e terá como sujeitos passivos tanto as instituições militares, de modo primário ou imediato, quanto a coletividade, de modo secundário ou mediato.

Vale ressaltar que a definição quanto à natureza dos sujeitos passivos, primária ou secundária, não tem finalidade meramente didática. Importará, por exemplo, para identificação, no âmbito da Justiça Militar estadual, do órgão judicial com competência jurisdicional sobre referido delito. Assim, definindo-se a Instituição Militar como sujeito passivo primário nos **crimes militares por afetação da regularidade das instituições militares** decorrentes da posse irregular de arma de fogo, acessório ou munição de uso permitido, a competência para julgamento será dos Conselhos de Justiça (Permanente se o acusado for Praça ou Especial se o acusado for Oficial).

Nesse sentido tem sido o posicionamento da jurisprudência militar estadual, a exemplo do que já se entendia no tocante aos crimes militares praticados contra a Administração Militar:

> TJMSP
>
> Julgado o feito, aos 22/05/19, o **Conselho Permanente de Justiça** CONDENOU o ex-Sd PM A.G.D.S.V., **por infração ao art.16, parágrafo único, inciso IV, da Lei nº 10.826/03,** à pena de 03 (três) anos de reclusão para cumprimento no regime aberto, e 60 (sessenta) dias-multa, considerando a posse ilegal de 02 (duas) armas em seu desfavor. Restando o dia-multa fixado em 1/30 do salário mínimo vigente. TJMSP. Apelação Criminal nº 0004315-40.2018.9.26.0040 (7783/19). Relator Silvio Hiroshi Oyama, Segunda Câmara. 14 de novembro de 2019.
>
> 1.Não há que se falar em inépcia da denúncia desde que esta contém, quantum satis, os necessários esclarecimentos de forma a possibilitar ao acusado conhecimento pleno do fato delituoso que lhe é imputado, permitindo-lhe defender-se amplamente e fornecendo ao julgador elemento para um juízo de valor. 2. **O sujeito passivo do crime de concussão é a Administração Militar**, a qual é a titular do bem jurídico protegido e que restou violado pela conduta ilícita. **O particular** civil, **vítima da exigência**, é **sujeito passivo secundário.** Logo, em vista do quanto disposto na parte final do § 5º do art. 125 da Constituição Federal, compete ao Conselho de Justiça, sob a presidência do juiz de direito, processar e julgar o crime de concussão, não havendo que se falar em preterição da competência do juiz singular. 3. Também o crime de associação criminosa deverá, inequivocamente, ser processado e julgado nesta Especializada, haja vista estarem presentes as circunstâncias do art. 9º, II, do CPM, com a redação dada pela Lei nº 13.491/2017. A aplicação imediata da Lei nº 13.491/2017 (que notadamente ampliou a competência criminal da Justiça Militar – matéria processual), inclusive a processos pendentes, decorre do quanto disposto no art. 5º do CPPM. 4. Ordem denegada." TJMSP. HABEAS CORPUS Nº 002820/2019 (Feito nº 070123/2014 3ª AUDITORIA RELATOR: ORLANDO EDUARDO GERALDI. 1ª Câmara. Julgamento: 23/10/2019

Ainda nos casos da prática do crime por um civil "contra" militares da ativa, de acordo com as hipóteses previstas nas alíneas "b", "c" e "d" do inciso III do art. 9º do Código Penal Militar e consoante a interpretação específica que se abordará a seguir, o sujeito passivo imediato continuará sendo a Instituição Militar em virtude de que não basta simplesmente a qualidade da vítima mas sim que esta (o militar da ativa) esteja em um lugar específico (sob administração militar) ou em determinadas situações (de serviço, em período de manobra, etc.) do que decorre não ser um crime praticado contra a pessoa do militar mas sim contra a função ou situação específica na qual se encontra e que afeta, por consequência, a regularidade das instituições militares a ponto de caracterizar a natureza militar do crime.

– Sujeito ativo

Qualquer pessoa pode figurar como sujeito ativo do tipo penal comum previsto no art. 12 do Estatuto do Desarmamento.

Em que pese a jurisprudência reconhecer que se trata de um crime de mão própria ou unissubjetivo que não admitiria, portanto, a co-autoria, há casos nos quais ela pode ser verificada, como bem apresentado no exemplo e argumentos que fundamentam a decisão abaixo transcrita:

> TJMSP
>
> POLICIAL MILITAR – APELAÇÃO – CONDENAÇÃO EM PRIMEIRA INSTÂNCIA DE DOIS POLICIAIS MILITARES PELA PRÁTICA DO CRIME DE PORTE ILEGAL DE ARMA DE FOGO – LEI Nº 10.826/03 – CRIME MILITAR POR EXTENSÃO (ART. 9º, II, "e", CPM) – APELOS REQUERENDO A ABSOLVIÇÃO – CONJUNTO PROBATÓRIO QUE PERMITIU A DEVIDA COMPROVAÇÃO DA PRÁTICA DOS ILÍCITOS PENAIS MILITARES POR PARTE DOS DOIS DENUNCIADOS – CRIME QUE COMPORTA A COAUTORIA DELITIVA A QUAL RESTOU DEVIDAMENTE CARACTERIZADA – ELEVAÇÃO DA PENA-BASE – INCIDÊNCIA DAS CIRCUNSTÂNCIAS JUDICIAIS DE INTENSIDADE DO DOLO E MAIOR EXTENSÃO DO DANO – NÃO INCIDÊNCIA DA CIRCUNSTÂNCIA AGRAVANTE DE ESTAR O MILITAR EM SERVIÇO QUANDO DO COMETIMENTO DO CRIME – PRINCÍPIO DO "NON BIS IN IDEM" – NÃO RECONHECIMENTO DA ATENUANTE DO COMPORTAMENTO MERITÓRIO – RECURSOS DE APELAÇÃO QUE COMPORTAM PARCIAL PROVIMENTO. Incorrem no crime descrito no artigo 16, parágrafo único, inciso IV, da Lei nº 10.826/03 policiais militares que se esquivam de abordagem da Corregedoria PM por estarem na posse de arma com numeração raspada, causando colisão da viatura na tentativa de fuga e culminando com a evasão de um dos policiais a pé, livrando-se do revólver ao jogá-lo em um bueiro. Quando o conjunto probatório é robusto o suficiente para ensejar a condenação, não há que se falar em absolvição por insuficiência de provas. É inaplicável a circunstância agravante de estar o militar em serviço quando tal condição já integrar os fundamentos da elevação da pena-base, ou por se tratar de circunstância que qualifica o crime como militar. [...] No que diz respeito especificamente ao apelo de R.S.A. sua defesa sustenta, com esteio na doutrina, que o tipo penal insculpido no artigo 16, parágrafo único, inciso IV, da Lei nº 10.826/03 (redação anterior à Lei nº 13.964/19) é um crime unissubjetivo, o que representaria óbice instransponível para o reconhecimento da coautoria delitiva na hipótese em comento. Em que pesem os argumentos esposados pelos ilustres doutrinadores mencionados no apelo, **se mostra perfeitamente possível o cometimento, por uma guarnição policial em patrulhamento, do crime de porte de arma de fogo adulterada, sobretudo quando integrada tão somente por dois policiais militares**. A fim de ilustrar a conclusão estampada no parágrafo anterior, trago à tona os julgados a seguir, proferidos pelo C. **Superior Tribunal de Justiça** a respeito da temática em questão: PENAL. HABEAS CORPUS SUBSTITUTIVO DE RECURSO ESPECIAL. NÃO CABIMENTO. **ART. 14, CAPUT, DO ESTATUTO DO DESARMAMENTO. CRIME DE MÃO PRÓPRIA. CONCURSO DE PESSOAS. POSSE COMPARTILHADA. PLURALIDADE DE AGENTES. ATUAÇÃO CONJUNTA NA CONDUTA TÍPICA. UNIDADE DE DESÍGNIOS.** *HABEAS CORPUS* NÃO CONHECIDO. (...) IV – Assim, comprovada a existência de pluralidade de agentes que atuaram conjuntamente na realização de uma única e mesma conduta típica – compra, posse compartilhada e transporte do artefato –, **com identidade de propósitos e divisão dos atos de execução, os quais dispunham, ambos, de ampla liberdade em eventual emprego da arma de fogo** – que se encontrava no interior de veículo ocupado por eles –, preenchidos estão os requisitos para o **reconhecimento do concurso de pessoas na modalidade coautoria**, não havendo que se falar em constrangimento ilegal no v. acórdão impugnado. Habeas

corpus não conhecido. (STJ – HC 477765/SP – Relator FELIX FISCHER – j. 07/02/19) PENAL. *HABEAS CORPUS* SUBSTITUTIVO DE RECURSO PRÓPRIO. INADEQUAÇÃO. PORTE DE ARMA DE FOGO DE USO RESTRITO. ABSOLVIÇÃO. IMPROPRIEDADE NA VIA ELEITA. ÓBICE AO REVOLVIMENTO FÁTICO-PROBATÓRIO. **COAUTORIA. POSSIBILIDADE. PORTE COMPARTILHADO**. *WRIT* NÃO CONHECIDO. (...) 4. As circunstâncias em que a prisão dos acusados foi efetuada evidenciam que **o porte da arma de fogo apreendida era compartilhado**, razão pela qual resta clara a presença de unidade de desígnios para a prática delituosa, não havendo se falar em absolvição do paciente. Decerto, **ainda que se trate de crime unissubjetivo, admite-se a coautoria quanto ao delito do art. 16 da Lei n. 10.826/2003**. 5. *Writ* não conhecido. (STJ – HC 352523 / SC – Relator RIBEIRO DANTAS – j. 20.02.18) Assim, uma vez aferida a viabilidade do concurso de agentes no tipo penal retratado na denúncia, merece reprodução outro trecho da Sentença que bem refutou os argumentos que procuraram afastar a unidade de desígnios entre os acusados, atribuindo ao Soldado PM A. atitude de ingenuidade e total alienação em face do porte da arma de fogo que veio a ser dispensada pelo corréu Soldado PM B.: Como bem exposto na decisão de primeiro grau, restou evidenciado o **liame subjetivo entre os agentes, permitindo dessa forma concluir seguramente que o Soldado PM A. concorreu, igualmente, para a prática do crime descrito no artigo 16, parágrafo único, inciso IV, da Lei nº 10.826/03**, sendo de rigor a condenação de ambos os réus. Apelação nº 0000850-79.2019.9.26.0010, Primeira Câmara. 9 de março de 2020 FERNANDO PEREIRA Relator

Destacada essa observação inicial a respeito da co-autoria, importante apresentar algumas considerações a respeito do sujeito ativo do **tipo penal militar por afetação da regularidade das instituições militares** decorrente dos crimes de **posse ilegal de arma de fogo, acessórios ou munições previstos no Estatuto do Desarmamento**. Para tanto, faz-se necessário verificar, uma a uma, as hipóteses elencadas nos incisos II e III do art. 9º do Código Penal Militar e suas respectivas alíneas, com especial atenção também no tocante à análise e identificação do sujeito passivo de cada delito, vez que as hipóteses elencadas nos dispositivos citados, na maior parte dos casos, cotejam os dois pólos do crime (sujeitos ativo e passivo) a fim de identificar a natureza militar do crime.

De plano, é importante lembrar que nem sempre as pessoas concretamente lesadas pela conduta criminosa coincidem com o principal, ou primário, sujeito passivo do delito. É o que ocorre, por exemplo, no crime de concussão no qual o sujeito passivo refere-se à Administração Militar e não à vítima, pessoa, da exigência indevida.

Esta distinção é de suma importância para a análise das circunstâncias presentes no art. 9º do Diploma Penal Castrense haja vista que referido dispositivo, como já abordado nos itens introdutórios (6.2 e 6.3) se utiliza tanto da circunstância na qual o crime foi praticado (em serviço, em lugar sujeito à administração militar, etc.) quanto da especificação do sujeito passivo (contra militar, contra civis, contra o patrimônio militar, contra a ordem administrativa militar) para definir se os crimes, também ou exclusivamente previstos na legislação penal comum, afetam a regularidade das instituições militares a ponto de caracterizá-los, ou não, como crimes militares.

Retornando-se ao **exemplo do crime de concussão**, que tem como sujeito passivo a Administração Militar, não subsume-se ele à maioria das hipóteses elencadas pelo art. 9º do CPM que descrevem condutas praticadas "contra" pessoas individualmente consideradas (civil, militar da ativa, da reserva, reformado, etc.), restando **apenas** a possibilidade de subsunção dos fatos às hipóteses descritas nas **alíneas "e" do inciso II** (militares da ativa como autores) **ou "a" do inciso III** (militares da reserva, reformados ou civis como autores) **do art. 9º do CPM**, únicas a estabelecer como **crimes militares por afetação** aqueles definidos na legislação penal comum quando praticados **contra a ordem administrativa militar**.

Sobre a questão, Cícero Robson Coimbra Neves e Marcello Streifinger (2014, P.317) destacam ser comum o equívoco no momento da análise do enquadramento dos crimes militares praticados contra a Administração ou ordem administrativa militar em alguma das hipóteses previstas no art. 9º do Código Penal Militar:

> Muitos enquadram os crimes contra a Administração Militar em uma das alíneas anteriores, quando, na verdade, o enquadramento deveria ser neste dispositivo (alínea "e" do inciso II do art. 9º do CPM). Exemplificativamente, quando um Policial Militar de serviço exige vantagem indevida de um civil, há uma forte tendência em subsumir o fato na alínea "c" do inciso II, o que se torna impossível, pois o civil não é sujeito passivo do crime de concussão (art. 305 do CPM), e sim a Administração Militar. Essa visão, note--se, também influencia, nas Justiças Militares Estaduais, a competência de julgamento nos termos da inovação do juízo monocrático, trazida pela Emenda Constitucional nº 45/2004, podendo-se afirmar que os crimes contra a Administração Militar, por não serem crimes militares contra civil, são de competência de julgamento dos Conselhos de Justiça, e não do Juiz de Direito, de forma monocrática."

Sem dúvidas, portanto, que há casos nos quais, a existência de vítimas pessoais lesionadas no plano concreto pela ação criminosa, não afasta o fato de que no plano jurídico a infração lesiona, de modo direto e primordial, a Administração Militar o que prevalece e define o sujeito passivo do delito. Como resultado, referida infração é definida como crime militar por meio da subsunção às hipóteses previstas pelas alíneas "e" do inciso II ou "a" do inciso III do art. 9º do CPM, únicas que reconhecem a natureza castrense de crimes previstos na legislação penal comum quando praticados contra a ordem administrativa militar.

O mesmo raciocínio deve aplicar-se em relação aos crimes nos quais inexiste, ou não se exige, risco ou lesão concreta à pessoas, individualmente consideradas, em vista da conduta típica relacionar-se à coletividade como um todo.

Este é o caso do tipo penal definido pelo Estatuto do Desarmamento como "posse irregular de arma de fogo, acessório ou munição de uso permitido" delito que, consoante entendimento consolidado nos Tribunais Superiores e analisado no item 6.1. do presente capítulo, visa tutelar não a incolumidade física individual de alguém em específico mas sim a segurança (incolumidade) pública e a paz social de toda a coletividade:

> STJ
>
> Informativo
>
> O crime de posse irregular de arma de fogo, acessório ou munição de uso permitido (art. 12 da Lei n. 10.826/2003) é de perigo abstrato, prescindindo de demonstração de

efetiva situação de perigo, porquanto o objeto jurídico tutelado não é a incolumidade física e sim a segurança pública e a paz social. STJ.

Julgados: AgRg no AREsp 1212969/AL, Rel. Ministro JOEL ILAN PACIORNIK, QUINTA TURMA, julgado em 06/03/2018, DJe 16/03/2018; RHC 88783/RN, Rel. Ministro RIBEIRO DANTAS, QUINTA TURMA, julgado em 20/02/2018, DJe 26/02/2018; AgInt no HC 397946/MS, Rel. Ministro NEFI CORDEIRO, SEXTA TURMA, julgado em 07/11/2017, DJe 14/11/2017; AgRg nos EAREsp 1027337/MT, Rel. Ministra MARIA THEREZA DE ASSIS MOURA, TERCEIRA SEÇÃO, julgado em 24/05/2017, DJe 30/05/2017; AgRg no REsp 1621389/RS, Rel. Ministro ROGERIO SCHIETTI CRUZ, SEXTA TURMA, julgado em 27/06/2017, DJe 01/08/2017; AgRg no AREsp 828250/PR, Rel. Ministro JORGE MUSSI, QUINTA TURMA, julgado em 20/09/2017, DJe 28/06/2017.

Em uma análise perfunctória, a definição desta infração como tipo penal de "perigo abstrato" vez que praticado contra a segurança pública e paz social da coletividade em geral, não parece afastar a possibilidade de subsunção à qualquer uma das hipóteses previstas nos incisos II e III do art. 9º do Código Penal Militar[38] visto que algumas estabelecem a natureza militar da infração quando estas forem praticadas em "lugar" sujeito à administração militar ou ainda em razão da qualidade ou de uma determinada circunstância do autor como, por exemplo, nas hipóteses de estar o militar da ativa de serviço ou atuando em razão da função.

Contudo, em tais hipóteses, como já afirmado detalhado no item 6.3., os dispositivos legais não se limitam à tais condições de lugar, circunstância ou qualidade do sujeito ativo visto especificar também, em tais incisos, contra quais sujeitos passivos, especificamente considerados, as condutas devem ser praticadas, ou seja, "contra" um militar da reserva ou reformado, "contra" um civil ou, "contra" um militar da ativa ou funcionário da justiça militar,[39] o que difere substancialmente da descrição típica apresentada pelo art. 12 do Estatuto do Desarmamento que se refere à coletividade como um todo.

Deste modo, uma **primeira interpretação** possível seria que, eventual subsunção do **tipo penal militar por afetação** decorrente do art. 12 do Estatuto do Desarmamento, **somente** ocorreria quando restasse caracterizada **violação direta à ordem administrativa militar** pois o tipo penal não é praticado contra "alguém" (militares, civis) em específico ou "algo" (patrimônio sob administração militar).

Sob esta primeira perspectiva, cremos que só haveria possibilidade de reconhecimento do tipo penal de **posse irregular de arma de fogo, acessório ou munição de uso permitido** como um **crime militar** quando **praticado por militares** (ativos ou inativos) ou **por civis em algumas hipóteses excepcionais** (em atividades sujeitas ao controle do Comando do Exército – atiradores e caçadores e de representantes estran-

38 Ou, em casos de Guerra declarada, no art. 10 do mesmo diploma legal.

39 Da mesma forma no inciso III há a previsão das hipóteses nas quais os crimes comuns terão natureza militar quando praticados por civis, militares da reserva ou reformados em lugar sujeito a administração militar mas "contra" militares da ativa ou em qualquer lugar "contra" militares em serviço, por exemplo.

geiros em competição internacional oficial de tiro realizada no território nacional)[40] haja vista que somente em tais hipóteses haveria regulamentação do tema pelas Instituições Militares e, por consequência, violação à ordem administrativa militar.

Sem embargo, já se discorreu no item 6.3. do presente capítulos sobre a questão do elemento normativo "em desacordo com determinação legal ou regulamentar" presentes em diversos crimes previstos no Estatuto do Desarmamento, inclusive no art. 12 ora em comento, defendendo-se, portanto, o raciocínio de que estando os militares sob a égide regulamentar das Instituições Militares e ao Sistema de Gerenciamento Militar de Armas no tocante à aquisição, o cadastro, o registro e a posse das armas de fogo, acessórios ou munições, de uso permitido ou não, assim como no que diz respeito aos civis nas atividades sob controle do Comando do Exército (colecionadores, atiradores e caçadores e de representantes estrangeiros em competição internacional oficial de tiro realizada no território nacional), qualquer conduta tipificada como crime no Estatuto, por estar em desacordo com a determinação legal ou regulamentar emanada pela sua própria instituição militar ou pelo Comando do Exército seria caracterizada, no entendimento ora defendido, como violação à ordem administrativa militar.

Assim, em relação ao crimes previstos no Estatuto do Desarmamento caracterizados pelo descumprimento da determinação legal ou regulamentar, a exemplo da posse irregular de arma de fogo, acessórios ou munições de uso permitido (art. 12), quando praticados por militares da ativa, da reserva ou reformados, ou ainda por civis em atividades realizadas sob o controle do Comando do Exército (colecionadores, atiradores e caçadores e de representantes estrangeiros em competição internacional oficial de tiro realizada no território nacional), independentemente do lugar ou situação na qual o militar se encontra, teriam a natureza militar por força do disposto na segunda parte das alíneas "e" do inciso II e "a" do inciso III do mesmo art. 9º do CPM, as quais definem, como crime militar, as infrações penais comuns quando praticadas contra a ordem administrativa militar.

É certo que em relação aos militares da reserva ou reformados e civis há ainda a especificação prevista no caput do inciso III que exige, para a caracterização do crime como militar, além do enquadramento à uma das hipóteses ali previstas, que a conduta seja praticada contra as Instituições Militares. Entende-se, todavia, que tal condição resta caracterizada no caso de condutas dolosas contra a ordem administrativa militar, como nas infrações dolosas previstas no Estatuto do Desarmamento.

Sob esta perspectiva, portanto, no caso de crimes previstos no Estatuto do Desarmamento tipificados pela violação às determinações legais ou regulamentares (nos quais se inclui o de posse irregular de arma de fogo) praticados por militares ou civis em atividades sob controle do Comando do Exército, não seria apenas

---

40 Art. 9º do Estatuto do Desarmamento

Art. 9º Compete ao Ministério da Justiça a autorização do porte de arma para os responsáveis pela segurança de cidadãos estrangeiros em visita ou sediados no Brasil e, ao Comando do Exército, nos termos do regulamento desta Lei, o registro e a concessão de porte de trânsito de arma de fogo para colecionadores, atiradores e caçadores e de representantes estrangeiros em competição internacional oficial de tiro realizada no território nacional.

despicienda a questão da possibilidade de interpretação das alíneas "a", "b", "c" ou "d" do inciso II ou "b", "c" ou "d" do inciso III do art. 9º do CPM como elementos "transformadores" das infrações penais previstas no Estatuto do Desarmamento em crimes de perigo concreto, como também mais adequada e específica a subsunção das condutas praticadas ao disposto na segunda parte das alíneas "e" do inciso II ou "a" do inciso III do mesmo art. 9º do CPM, vez que em tais casos (praticados por militares ou civis nas atividades sob controle do Comando do Exército), a lesão à regularidade das instituições militares já estaria presente pela simples (e grave) afronta à a ordem administrativa militar (em desacordo com as prescrições regulamentares da Instituição Militar), independentemente do lugar, circunstância ou pessoa eventualmente colocada em perigo "concreto" pela conduta praticada.

Em outras palavras e de acordo com as conclusões ora defendidas, sendo a aquisição, registro, posse ou porte de arma de fogo, acessórios ou munições de uso permitido ou restrito pelos militares da ativa, da reserva ou reformados, regulados pelos Comandos das suas Instituições Militares, e a o registro e a concessão de porte de trânsito de arma de fogo para colecionadores, atiradores e caçadores e de representantes estrangeiros em competição internacional oficial de tiro realizada no território nacional de competência do Comando do Exército, a violação a estas prescrições regulamentares, elemento do tipo penal previsto no art. 12 do Estatuto do Desarmamento (assim como nos arts. 14 e 16 do mesmo diploma legal), quando praticadas por militares ou civis nas circunstâncias supraindicadas se caracterizam como crimes militares por afetação independentemente do lugar ou circunstância em que forem praticados.

Não obstante, ainda que se entenda, neste trabalho, ser a perspectiva acima a mais adequada no que diz respeito à identificação dos crimes militares por afetação da regularidade das instituições penais militares relacionados ao Estatuto do Desarmamento, importante destacar, mais uma vez, que por vezes este não tem sido o posicionamento adotado pela jurisprudência penal militar.

É verdade que, como afirmado, ainda não há uma doutrina ou teoria claramente definida que sustente a jurisprudência inicial sobre o tema. Sem embargo, a percepção é que tem utilizado, ainda que não de forma expressa, de uma espécie de "combinação" entre o disposto nas alíneas "e" do inciso II e "a" do inciso III do mesmo art. 9º do CPM (por se entender que referidos crimes quando praticados por militares, em algumas circunstâncias, violam a ordem administrativa militar) e o previsto nas hipóteses elencadas pelas demas alíneas (ou seja, quando praticados em lugar sujeito à administração militar, ou por militar de serviço, atuando em razão da função, etc.)[41].

O problema da adoção desta "solução", data máxima vênia, consiste no fato de que a circunstância "de serviço", não apenas não consta da alínea "e" do inciso II do art. 9º como está prevista, de forma expressa, na alínea "c" do mesmo dispositivo exigindo a lei que em tais casos, ou seja, crimes previstos na legislação penal comum

[41] TJMSP. Apelação nº 0000850-79.2019.9.26.0010 Primeira Camara 9 de março de 2020 Relator FERNANDO PEREIRA.

praticados por militares de serviço, somente serão caracterizados como militares se executados "contra" contra militar da reserva, reformado ou civil o que, como explanado, não guarda exata correspondência aos crimes de posse ou porte ilegal de arma de fogo que se consubstanciam como infrações penais de perigo abstrato, praticadas não contra uma determinada pesso mas sim contra a incolumidade pública.

Não se nega que a interpretação do elemento ordem administrativa militar traduza-se no exercício do poder jurisdicional e respectiva competência da Justiça Militar. Contudo, esta opção, por não corresponder à expressa previsão legal e, até certo ponto, contrariar à lei, pode caracterizar-se um perigoso déficit de taxatividade da norma penal militar, corolário do princípio da legalidade, coluna basilar e indissociável do Estado Democrático de Direito.

Especificamente em relação a este ponto indagar-se-ia: bastará que os militares estejam de serviço ou em lugar sujeito à administração militar para que haja ofensa à ordem administrativa militar e a infração penal militar reste configurada? O mesmo raciocínio deve ser aplicado nos casos de os militares atuarem em razão da função? Estando os militares da ativa de folga e em lugar não sujeito à administração militar não se reconhecerá, em nenhuma hipótese, o crime como militar? Se assim não for em quais hipóteses haverá lesão à ordem administrativa militar?

O art. 9º do Código Penal Militar tem exatamente a função de elencar, taxativa e expressamente, as hipóteses nas quais resta configurado o crime militar. Se o que está caracterizando a natureza militar do crime reside no fato do militar estar de serviço, o fundamento para reconhecer a lesão à regularidade das instituições militares deve ser indicada pela alínea "c" do inciso II e não a "e". Se esta for a opção adotada, mais adequado o entendimento no sentido de que os crimes de posse e porte ilegal previstos no Estatuto, ao serem praticados nas hipóteses previstas pelos incisos II e III do art. 9º serão considerados militares desde que presente o "perigo concreto" às vítimas elencadas em cada dispositivo, como será exposto em relação à terceira hipótese de interpretação a ser apresentada.

Mas ainda que esta opção interpretativa pudesse "solucionar", em parte, a questão dos atos praticados em serviço, em razão da função ou em lugar sujeito à administração militar, ela ignoraria o fato, reconhecido pelo próprio Estatuto do Desarmamento, de que a regulamentação da aquisição, cadastro, registro e utilização das armas de fogo, acessórios e munições por militares ou por algumas atividades realizadas por civis diz respeito à Administração Militar.

Não apenas a competência para regulamentar o tema recai sobre os Comandos das respectivas instituições ou do Exército como também as armas de fogo, mesmo particulares, dos militares são objeto de cadastro no Sistema de Gerenciamento Militar de Armas (SIGMA), criado especificamente para distinguir o que interessa à segurança pública em geral (SINARM) e o que interessa, além disso, também à esfera militar. Se o crime de posse ou porte irregular ou ilegal de arma de fogo praticado por militares ou por civis em determinadas atividades só se caracterizará quando praticado em violação à uma determinação regulamentar militar, e em prejuízo, portanto, do Controle de suas instituições, do Comando do Exército e afetam o Sistema de Gerenciamento Militar de Armas, clara nos parece a violação à ordem administrativa militar, prescindindo-se, para tanto, que o militar esteja de serviço, atuando em razão da função ou em lugar sujeito à administração militar ou que seja exigida alguma outra condição do civil que esteja exercendo as atividades controladas pelo Comando do Exército.

Este, aliás como destacado, tem sido o raciocínio consolidado na jurisprudência penal militar em relação aos crimes previstos em ambos ordenamentos penais, comum e militar:

> STM
>
> [...] os atos praticados pelo Paciente tinham como objeto a obtenção de um certificado de atirador/colecionador de produtos de uso controlado, cuja fiscalização é de responsabilidade do Comando do Exército, sendo certo, pois, que em jogo se encontravam a eficiência e a eficácia dessas atividades vinculadas à destinação constitucional dessa Força, o que, de per si, atrai a competência da Justiça Militar, nos termos do artigo 124 da Constituição Federal e do artigo 9º, inciso III, alínea "a", do Código Penal Militar. (destacamos) EMBARGOS DE DECLARAÇÃO Nº 7000088-33.2017.7.00.0000/BR Ministro Ten Brig Ar FRANCISCO JOSELI PARENTE CAMELO. Brasília, 15 de fevereiro de 2018.

Assim, em relação aos militares e civis nas atividades especificadas sobre controle do Comando do Exército e aos crimes de posse ou porte ilegal de arma de fogo previstos no Estatuto do Desarmamento não há, portanto, necessidade de se "reinventar a roda". A violação às normas administrativas militares viola, natural e logicamente, a ordem administrativa militar independentemente do local ou situação na qual o militar ou os civis nas atividades específicas se encontram e, se esta violação é elemento decisivo na tipificação do crime, sem dúvidas de que terão eles, em tais hipóteses (praticados por militares ou civis em determinadas atividades), natureza militar.

Conclusão diversa, todavia, verifica-se quando tais crimes previstos no Estatuto do Desarmamento, são praticados por civis em situação diversa das atividades especificadas no art. 9º do Estatuto do Desarmamento (colecionadores, atiradores, caçadores ou representantes estrangeiros em competição internacional de tiro realizada em território nacional).

Neste sentido, considerando que os procedimentos de aquisição, cadastro e registro de armas de fogo de uso permitido, por civis em geral, são de competência, em regra da Polícia Federal e relacionados ao SINARM, eventual violação a tais procedimentos, diferentemente do que ocorre com os militares, não geram reflexos na ordem administrativa militar e, portanto, não podem subsumir-se à hipótese elencada na alínea "a" do inciso III do mesmo art. 9º do CPM.

Também restaria afastada, consoante a **primeira possibilidade de interpretação** apresentada, a subsunção dos fatos às demais alíneas do inciso III do art 9º do CPM por exigirem estas que o crime seja praticado contra "alguém", ao passo que os crimes de posse e porte ilegal de arma de fogo previstos no Estatuto do Desarmamento possuem natureza de infração penal de perigo abstrato e alcançam a coletividade como um todo e não pessoas em específico.

Em conclusão, sob esta **primeira possibilidade de interpretação, inexistiria,** portanto, ainda consoante esta, hipóteses de caracterização dos crimes de **posse irregular de arma de fogo, acessório ou munição de uso permitido**, e outros de natureza semelhante previsto no Estatuto do Desarmamento, **como infrações penais militares por afetação à regularidade das instituições militares quando praticados por civis em geral**, ou seja, em situação diversa das elencadas pelo art. 9º do Estatuto (colecionadores, atiradores, caçadores ou representantes estrangeiros em competição internacional de tiro realizada em território nacional) em virtude dos civis em geral não se sujeitarem à regulamentação por Instituições Militares e em razão do crime não ser praticado contra nenhuma pessoa ou patrimônio em específico, mas sim contra a coletividade em geral.

Por outro lado, em relação aos **militares e aos civis nas hipóteses elencadas pelo art. 9º do Estatuto** (colecionadores, atiradores, caçadores ou representantes estrangeiros em competição internacional de tiro realizada em território nacional), em virtude da **sujeição** destes à **regulamentação e disciplina** das questões relativas à posse e porte de arma de fogo às suas **Instituições Militares** ou ao **Comando do Exército, a posse "em desacordo com determinações legais ou regulamentares" violaria, automaticamente a ordem administrativa militar** (art. 9º, inciso II, alínea "e" 2ª parte - militares da ativa - ou art. 9º, inciso III, alínea "a" 2ª parte - militares inativos ou civis - do Código Penal Militar sendo, portanto, **crime militar.**)

Não obstante o entendimento acima e considerando a recenticidade da equalização legal entre os ordenamentos jurídicos penais comum e militar, vale destacar **outras duas interpretações** possíveis durante o desenvolvimento da doutrina e jurisprudência relativa ao tema que hoje, como explicado, ainda se encontra em fase embrionária.

Neste sentido, uma **segunda interpretação** possível, seria compreender que a conduta típica praticada nos termos do art. 12 do Estatuto do Desarmamento, por alcançar a "coletividade" como um todo, atingiria, automaticamente todas as "pessoas" especificamente elencadas nos dispositivos legais do art. 9º, ou seja, poderia ser considerada "automaticamente" como praticada contra "contra" militares da ativa, da reserva, reformados e ou "contra" civis, bastando-se, assim, analisar o "lugar" ou "situação" do autor da conduta típica para caracterizá-la, ou não, como infração penal militar. Ocorre que uma vez aceito esse raciocínio ou interpretação, ou seja, aceita a ideia no sentido de que ao atingir a "coletividade como um todo" a conduta típica automaticamente atingiria as pessoas especificadas nos incisos do art. 9º do CPM, **estar-se-ia admitindo** que o **crime previsto no art. 12 do Estatuto do Desarmamento** (assim como os previstos nos arts. 14 e 16 do Estatuto) teria **sempre natureza militar** haja vista que quando praticado por um militar da ativa, independentemente da situação ou lugar, sempre seria praticado "contra" outro militar da ativa (alínea "a" do inciso II do art. 9º do CPM), ao passo que quando praticado por um civil ou por um militar da reserva ou reformado, independentemente do local, também sempre seria praticado "contra" um militar de serviço (alínea "d" do inciso III do art. 9º do CPM).

Não nos parece que referida interpretação seja a mais adequada haja vista que anularia qualquer fator de distinção necessário à delimitação dos crimes que, efetivamente, afetam a regularidade das instituições militares.

Não obstante, há ainda uma **terceira possibilidade de interpretação,** que pode **aproveitar** os fundamentos da **primeira perspectiva** (subsunção apenas na alínea "e" do inciso II do art. 9º quando o autor for militar ou, na alínea "a" do inciso III do art. 9º do CPM quando o autor for militar da reserva, reformado ou, se civil, exerça alguma das atividades sujeitas ao controle do Comando do Exército[42]) e **aperfeiçoar** a ideia relacionada à **segunda perspectiva**, estabelecendo critérios objetivos para delimitar a subsunção dos fatos às demais hipóteses dos incisos II (alíneas "a", "b", "c" e "d") e III (alíneas "b", "c" e "d") do art. 9º do CPM, construindo-se um caminho intermediário.

Esta **terceira possibilidade de interpretação** consistiria em compreender que, apesar do tipo penal comum previsto no art. 12 do Estatuto caracterizar-se como de "perigo abstrato", quando praticado nas circunstâncias previstas em alguma das hipóteses previstas nas alíneas "a", "b", "c" ou "d" do inciso II ou "b", "c" ou "d" do inciso III do art. 9º do CPM art. 9º passaria a ser considerado como de "perigo concreto", ou seja, dependeria, para caracterizar-se como militar, da existência e comprovação de um "perigo concreto" às "pessoas" elencadas pelos dispositivos. Assim, ocorrendo a posse ilegal de arma de fogo, por exemplo, em um "lugar sujeito à administração militar" só seria considerado crime militar quando comprovado que esta colocou em risco os militares da ativa ou, em outros casos, da demonstração deste "perigo" à "militares de serviço" quando praticados por civis em geral[43] ainda que fora de um "lugar sujeito à administração militar".

Sem dúvidas que, apesar de peculiar, esta terceira interpretação poderia identificar, de modo preciso (taxatividade), as hipóteses legais (legalidade em sentido amplo) nas quais as regularidades das instituições militares efetivamente seriam afetadas pela prática de alguns dos crimes previstos no Estatuto do Desarmamento. Isso porque, como explicado, se o simples ingresso clandestino de um civil, desarmado, no interior de uma unidade militar caracteriza-se, sem dúvidas e expressamente, como crime militar (art. 302 do CPM[44]), impossível não reconhecer a mesma natureza na conduta, ainda mais grave, de um civil que esteja em posse irregular ou ilegal de uma arma de fogo no interior de uma unidade militar.

42 Atiradores e caçadores e de representantes estrangeiros em competição internacional oficial de tiro realizada no território nacional.

43 Ou seja, não relacionados às atividades sujeitas ao controle do Comando do Exército (art. 9º do Estatuto).

44 Ingresso clandestino

Art. 302. Penetrar em fortaleza, quartel, estabelecimento militar, navio, aeronave, hangar ou em outro lugar sujeito à administração militar, por onde seja defeso ou não haja passagem regular, ou iludindo a vigilância da sentinela ou de vigia:

Pena – detenção, de seis meses a dois anos, se o fato não constitui crime mais grave.

A principal função do art. 9º do Código Penal Militar[45] consiste exatamente na especificação dos casos nos quais uma conduta criminosa, inicialmente alheia à regularidade das instituições militares vez que prevista conjunta ou exclusivamente na legislação penal comum, afeta a regularidade das instituições militares e, por tal motivo, passa a ser definida como crime militar.

O objetivo da alteração legal introduzida no texto do inciso II (e reflexamente do inciso III) do art. 9º do CPM por meio da Lei Federal nº 13.491/17, como já explicado, foi o de atualizar e equalizar as legislações penais comum e militar de modo a devolver a lógica e harmonia ao sistema penal brasileiro eliminando-se, assim, a esquizofrenia decorrente da criação de crimes na legislação penal especial comum que nos últimos 50 anos buscaram responder às novas demandas da sociedade brasileira (Código de Trânsito Brasileiro, Organização Criminosa, Lavagem de Dinheiro, Tortura, Racismo etc.) sem que fossem estabelecidos mecanismos legais que permitissem a identificação da natureza militar de tais crimes quando praticados de modo a afetar a regularidade das instituições militares. Até o advento da Lei Federal nº 13.491/17, ainda que tais crimes, como os previstos no Estatuto do Desarmamento, fossem praticados nas circunstâncias previstas no art. 9º do CPM indicando, portanto, a afetação da regularidade das instituições militares, não poderiam ser considerados como militares em decorrência da inexorável garantia do princípio da legalidade, basilar do Estado Democrático de Direito, o que obrigava a adoção de soluções esdrúxulas pela jurisprudência a exemplo da contida da não mais aplicável súmula 172 do STJ.

Esta terceira possibilidade de interpretação consistiria, portanto, na defesa de que as hipóteses elencadas nas alíneas "a", "b", "c" ou "d" do inciso II ou "b", "c" ou "d" do inciso III do art. 9º do CPM, ao invés de absolutamente incompatíveis (primeira possibilidade) ou de absorção automática (segunda possibilidade) em relação aos tipos penais de perigo abstrato previstos no Estatuto do Desarmamento, a exemplo da posse ilegal de arma de fogo, poderiam, a partir da tradicional opção legislativa da tipicidade indireta dos crimes militares do nosso ordenamento jurídico penal, ser analisadas como elementares adicionais do tipo penal previsto na parte especial dos Códigos ou nas legislações penais especiais, alterando-se, portanto, a natureza das infrações de modo a transformá-las em crimes de perigo concreto, o que melhor responderia ao desafio de equalização das legislações penais pátrias, comum e militar.

Deste modo, de acordo com essa **terceira possibilidade de interpretação** no sentido de que as circunstâncias especificadas pelo art. 9º do Código Penal Militar[46] possuem o condão de alterar a característica do crime de "perigo abstrato" para uma infração penal de "perigo concreto" seria possível identificar a natureza militar na conduta de um civil que possui ou mantém sob sua guarda, no interior de sua residência ou dependência desta, ou, ainda no seu local de trabalho[47], arma de fogo,

45 Complementada pelo art. 10 do CPM nos casos de Guerra declarada.

46 Complementado pelo art. 10 do CPM nos casos de Guerra declarada.

47 Desde que seja o titular ou o responsável legal do estabelecimento ou empresa.

acessório ou munição, de uso permitido, em desacordo com determinação legal ou regulamentar, desde que presentes as demais circunstâncias elencadas nas hipóteses previstas no inciso III do art. 9º do Código Penal Militar.

Logo, considerando-se que há casos, ainda que excepcionais, no sentido de que condutas previstas no Estatuto do Desarmamento praticadas por civis possam afetar a regularidade das instituições militares, defende-se aqui, que as alíneas previstas no inciso III do art. 9º, em relação à condutas praticadas por civis, devem ser compreendidas como elementos do tipo penal militar que alteram as características dos crimes de porte ou posse ilegal de arma de fogo, acessórios ou munições de uso permitido, para infrações penais de perigo concreto para fins de identificação da violação, ou não, da regularidade das instituições militares.

Enfim, de todo o exposto nestas linhas introdutórias a respeito do sujeito ativo conclui-se, em síntese e de acordo com o posicionamento aqui defendido, que os crimes de perigo abstrato previstos no Estatuto do Desarmamento, a exemplo do tipo elencado no seu art. 12 (posse irregular de arma de fogo, acessório ou munição de uso permitido) serão identificados como militares com base nos fundamentos da **primeira interpretação** apresentada **complementados** pelos argumentos relativos à **terceira possibilidade de interpretação.** Deste modo, o cotejamento do sujeito ativo com as demais circunstâncias legais previstas nos incisos II e III do art. 9º do Código Penal resultará na conclusão de que a **posse irregular de arma de fogo, acessório ou munição de uso permitido (art. 12 do Estatuto) será caracterizada como crime militar quando**:

1. **praticada por militares** (da ativa, da reserva ou reformados) ou **por civis em alguma das atividades especificadas no art. 9º do Estatuto do Desarmamento** (nas hipóteses em que o registro e concessão de porte de trânsito de arma de fogo seja de atribuição do Exército a exemplo dos colecionadores, atiradores, caçadores e representantes estrangeiros em competição internacional de tiro realizada em território nacional – art. 9º do Estatuto), independentemente do lugar ou circunstância na qual se encontrem, visto que ao deixarem de observar as "determinações legais ou regulamentares" emanadas pelo Comando de suas respectivas Instituições Militares ou pelo Comando do Exército, estarão violando, necessariamente, a ordem administrativa militar (alíneas "e" do inciso II e "a" do inciso III do mesmo art. 9º do CPM c.c. art. 12 da Lei Federal nº 10.826/03); ou
2. **praticada por civis** (em atividades diversas das elencadas no art. 9º do Estatuto) desde que denotem perigo concreto em relação às pessoas e condições elencadas em alguma das alíneas "b", "c" ou "d" do inciso III do art. 9º do CPM.

Considerando densidade do tema e a possibilidade de que a síntese do raciocínio exposta nos dois itens acima não seja suficiente para esclarecer ao leitor nosso raciocínio e conclusões, apresentamos, a seguir, os mesmos fundamentos e conclusões a partir, porém, de cada um dos sujeitos ativos possíveis a fim de facilitar a compreensão do posicionamento ora proposto para reconhecer quando, o **tipo penal de posse irregular de arma de fogo ou munições, previsto no art. 12 do Estatuto do Desarmamento, será caracterizado como militar por afetação à regularidade das instituições militares (incisos II e III do art. 9º do CPM).**

Militares da ativa:

Como já explicado, as prescrições regulamentares para aquisição, registro e consequente posse das armas de fogo, acessórios ou munições de uso permitido aplicáveis aos militares, estaduais e federais, da ativa, são estabelecidas pelos Comandantes de suas respectivas Instituições nos expressos termos do Estatuto do Desarmamento e sua respectiva regulamentação, hoje realizada principalmente por meio do Decreto Federal nº 9.847/19.

Desta forma, o descumprimento, ou não observância, de tais normas administrativas militares por militares da ativa quando praticada na forma tipificada pelo art. 12 do Estatuto do Desarmamento, resulta na caracterização do **crime militar por afetação da regularidade das instuições militares** haja vista tratar-se de conduta definida como crime na legislação penal comum e praticada por militar da ativa contra a ordem administrativa militar (alínea "e" do inciso II do art. 9º do Código Penal Militar c.c. art. 12 do Estatuto do Desarmamento).

Neste sentido, irrelevante as circunstâncias ou situação na qual o militar da ativa pratica tais condutas. Esteja ele de serviço, de folga, em período de manobras ou de exercícios, restará caracterizado o crime militar. Também irrelevante se a residência ou local de trabalho encontre-se, ou não, em lugar sujeito à administração militar, assim como se a arma de fogo, o acessório ou a munição são de propriedade particular ou bens sob a administação militar. Em qualquer caso, a posse irregular, pelos militares da ativa, de tais objetos na residência ou local de trabalho em descumprimento das prescrições regulamentares expedidas pelo Comando de suas Instituições **afetará** o bem jurídico penal militar **regularidade das instituições militares** caracterizando, assim, o **crime militar por afetação** da ordem administrativa militar.

Militares da reserva ou reformado:

As mesmas observações relativas aos militares da ativa se aplicam aos militares da reserva ou reformados podendo estes figurarem como sujeito ativo do **crime militar por afetação** da ordem administrativa militar, consoante o disposto na alínea "a" do inciso III do art. 9º do Código Penal Militar. Assim, diante do descumprimento da normatização administrativa militar pelo militar da reserva ou reformado, presentes os demais elementos que caracterizam o delito tipificado no art. 12 do Estatuto do Desarmamento, restará caracterizado o **crime militar por afetação da regularidade das Instituições Militares** (alínea "a" do inciso III do art. 9º do Código Penal Militar c.c. art. 12 do Estatuto do Desarmamento).

Vale lembrar ainda que em relação aos crimes militares praticados por militares da reserva ou reformados, Cícero Robson Coimbra Neves e Marcello Streifinger

(2014, p. 335) alertam ser necessária a presença, além das circunstâncias estabelecidas por alguma das alíneas presentes no inciso III do art. 9º do Código Penal Militar, de uma espécie de "elemento subjetivo especial do tipo" presente no caput do inciso III do dispositivo que exige que os crimes sejam praticados "contra as instituições militares", sob pena dos fatos não se caracterizarem como **crime militar**, seja na categoria de impróprios (previstos nas legislações penais comum e militar), seja **por afetação** (previsto apenas na legislação penal comum).

Todavia, considerando que em relação à posse irregular de arma de fogo, acessório ou munição de uso permitido por militares da reserva ou reformados, o **crime militar por afetação** é praticado sempre **contra a ordem administrativa militar** e por meio de um tipo que somente admite a **modalidade dolosa**, entende-se **preenchido este "elemento subjetivo especial do tipo"** exigido para a caracterização do crime como militar.

Civis:

Por fim, em se tratando de civis, a situação pode ser semelhante ou diversa da aplicável aos militares da ativa, da reserva ou reformados, a depender da realização ou não, por este, de atividade sob controle do Comando do Exército.

Nos casos em que as condutas típicas sejam praticadas por **civis em alguma das atividades especificadas no art. 9º do Estatuto do Desarmamento** (colecionadores, atiradores, caçadores ou representantes estrangeiros em competição internacional de tiro realizada em território nacional), haverá caracterização do **crime militar por afetação independentemente do lugar ou situação** na qual o civil se encontre em virtude da **violação à ordem administrativa militar**. Assim, diante do descumprimento da normatização administrativa militar pelo civil colecionador, atirador caçador ou representante estrangeiro em competição internacional no território nacional, presentes os demais elementos que caracterizam o delito tipificado no art. 12 do Estatuto do Desarmamento, restará caracterizado o **crime militar por afetação da regularidade das Instituições Militares** (alínea "a" do inciso III do art. 9º do Código Penal Militar c.c. art. 12 do Estatuto do Desarmamento).

Caso contrário, em qualquer outra situação diversa das elencadas no art. 9º do Estatuto do Desarmamento na qual o civil se encontre, não haverá violação da ordem administrativa militar por si. Isso porque, como inicialmente explicado, em seu capítulo II o Estatuto do Desarmamento (arts. 3º ao 5º) estabelece que as determinações legais ou regulamentares relativas à aquisição, registro e demais procedimentos correlatos são de competência, em regra, da Polícia Federal por meio do SINARM hoje regulamentado, dentre outros atos, pelo Decreto Federal nº 9.847/19.

Logo, o descumprimento de determinações legais ou regulamentares editados e sob responsabilidade de instituições civis não afeta, por si, a ordem administrativa militar nem, por consequência, a manutenção da regularidade das instituições militares o que afasta, por consequência, a possibilidade de caracterização da natureza militar deste crime por meio da previsão contida na alínea "a" do inciso III do Código Penal Militar, quando praticado por civis.

Em relação às outras alíneas previstas no inciso III do art. 9º, valendo-se das notas introdutórias já consignadas, seria possível a interpretação no sentido de que apesar do crime previsto no art. 12 do Estatuto do Desarmamento ser reconhecido como um crime de "perigo abstrato", quando praticado em algumas das circunstâncias do art. 9º do Código Penal Militar, a complementação do tipo transforma-o em crime de "perigo concreto" exigindo-se, assim, real situação de risco às pessoas ou bens neste dispositivo elencados.

Sob esta perspectiva, já tendo demonstrado-se a inviabilidade de enquadramento dos fatos praticados por civis na alínea "a" do inciso III do art. 9º, restaria a possibilidade de reconhecimento de **crime militar por afetação da regularidade das instituições militares**, tendo o **civil em geral como sujeito ativo**, caso este possua ou mantenha, sob sua guarda, no interior de sua residência ou dependência desta, ou, ainda no seu local de trabalho[48], arma de fogo, acessório ou munição, de uso permitido, em **desacordo com determinação legal ou regulamentar, em alguma das seguintes circunstâncias concretamente consideradas e comprovadas**:

> CÓDIGO PENAL MILITAR
>
> Art. 9º [...]
>
> III – [...]
>
> b) **em lugar sujeito à administração militar contra militar em situação de atividade** ou assemelhado, ou **contra funcionário de Ministério militar ou da Justiça Militar, no exercício de função inerente ao seu cargo**;
>
> c) **contra militar** em formatura, ou durante o período de prontidão, vigilância, observação, exploração, exercício, acampamento, acantonamento ou manobras;
>
> d) **ainda que fora do lugar sujeito à administração militar**, **contra militar em função** de natureza militar, ou no desempenho de serviço de vigilância, garantia e preservação da ordem pública, administrativa ou judiciária, quando legalmente requisitado para aquêle fim, ou em obediência a determinação legal superior.

Ainda que o crime de posse irregular de arma de fogo, acessório ou munição limite-se ao ambiente da residência ou local de trabalho do sujeito ativo (fora tais hipóteses restará caracterizado o crime de porte e não de posse) e partindo da perspectiva de interpretação de que as alíneas acima indicadas transformam o crime originalmente de "perigo abstrato" em "perigo concreto", um exemplo de configuração do crime militar de posse irregular de arma de fogo por afetação poderia ser indicado no caso em que um civil, responsável legal de um estabelecimento comercial em funcionamento no interior de uma unidade militar das Forças Armadas, nele mantivesse, sob guarda ou em sua posse, uma arma de fogo de uso permitido em desacordo com as prescrições legais ou regulamentares, desde que demonstrado que militares da ativa efetivamente frequente este estabelecimento para, por exemplo, realizar refeições naquela unidade.

---

48 Desde que seja o titular ou o responsável legal do estabelecimento ou empresa.

Em tal caso, uma vez demonstrado que o crime de posse irregular de arma de fogo de uso permitido foi praticado, por civil, em lugar sujeito à administração militar e "contra" (perigo concreto) "militares da ativa" restaria configurado o **crime militar por afetação da regularidade das Instituições Militares** (alínea "b" do inciso III do art. 9º do Código Penal Militar c.c. art. 12 do Estatuto do Desarmamento).

Ainda em se tratando de civis, importante destacar que apesar de partilharmos do posicionamento exposto por Milton Morassi do Prado (2007) em relação à possibilidade de tipificação dos crimes militares praticados por civis no âmbito estadual diante da inexistência de aplicação concreta do referido posicionamento na jurisprudência pátria, muito mais por fundamentos políticos e ideológicos do que jurídicos, deve-se lembrar que se o mesmo fato ocorresse em uma unidade militar estadual, não seria reconhecida nenhuma possibilidade de caracterização do crime como militar permanecendo os fatos tipificados como crime comum (art. 12 do Estatuto do Desarmamento).

<table>
<tr><th colspan="3">QUADRO RESUMO
SUJEITO ATIVO</th></tr>
<tr><th colspan="3">POSSE IRREGULAR DE ARMA DE FOGO DE USO PERMITIDO</th></tr>
<tr><td colspan="3">Art. 12. Possuir ou manter sob sua guarda arma de fogo, acessório ou munição, de uso permitido, em desacordo com determinação legal ou regulamentar, no interior de sua residência ou dependência desta, ou, ainda no seu local de trabalho, desde que seja o titular ou o responsável legal do estabelecimento ou empresa</td></tr>
<tr><th>AUTOR</th><th>O CRIME SERÁ MILITAR POR AFETAÇÃO QUANDO*</th><th>TIPIFICAÇÃO MILITAR (INDIRETA)</th></tr>
<tr><td>Militares da ativa</td><td>Sempre, tendo em vista que a aquisição, utilização e transferência de armas de fogo, acessórios e munições dos militares da ativa são definidas por normas expedidas pelas instituições militares</td><td>alínea "e", inciso II do Art. 9º do CPM
(contra a ordem administrativa militar)</td></tr>
<tr><td>Militares da reserva ou reformados</td><td>Sempre, tendo em vista que o crime é doloso (contra as instituições militares) e a aquisição, utilização e transferência de armas de fogo, acessórios e munições dos militares da reserva ou reformados são definidas por normas expedidas pelas instituições militares</td><td>alínea "a" e caput do inciso III do Art. 9º do CPM
(contra a ordem administrativa militar)</td></tr>
<tr><td>Civis
Colecionadores, Atiradores e Caçadores e Representantes estrangeiros em competição internacional oficial de tiro realizada no território nacional</td><td>o elemento "descumprimento de determinação legal ou regulamentar" for determinado pela inobservância, dolosa, de norma expedida pelo Comando do Exército**</td><td>alínea "a" e caput do inciso III do Art. 9º do CPM
(contra a ordem administrativa militar)</td></tr>
</table>

Civis em geral	a conduta típica, dolosa, for praticada em alguma das circunstâncias elencadas no inciso III do art. 9º do CPM gerando dano ou risco concreto contra as pessoas indicadas nos mesmos dispositivos.	alíneas "b", "c" ou "d" e caput do inciso III do Art. 9º do CPM (contra a ordem administrativa militar)

* Quadro Sinóptico elaborado com base nos posicionamentos defendidos pelo autor com base nos argumentos apresentados durante o capítulo da obra "Crimes Militares Extravagantes" Editora Juspodivm. A jurisprudência pátria ainda não consolidou posicionamento sobre os requisitos exigidos para a caracterização dos crimes previstos no Estatuto do Desarmamento como militares

** Ver Súmula Vinculante nº 36 do STF e Recurso em Sentido Estrito nº 7000053-05.2019.7.00.0000 do STM. Relator: Min Péricles Aurélio Lima de Queiroz. Julgamento: 25 de abril de 2019.

– Elementos objetivos:

Condutas nucleares:

Em relação às condutas nucleares configura-se como tipo alternativo misto por apresentar duas possibilidades, quais sejam, a de possuir ou manter sob sua guarda o objeto do tipo (arma de fogo, acessório ou munição).

Possuir significa ter o objeto em seu poder, sem a necessidade de ser o proprietário deste.

Manter sob sua guarda significa ter o objeto sob vigilância, cuidados.

Objetos materiais do tipo:

Os objetos materiais do tipo são especificados como **arma de fogo, acessório ou munição, de uso permitido**. Trata-se o presente tipo penal de **norma penal em branco heterogênea**[49] tendo em vista que, nos termos do art. 23 do Estatuto, a classificação legal, técnica e geral bem como a definição das armas de fogo e demais produtos controlados, de usos proibidos, restritos, permitidos ou obsoletos e de valor histórico são **disciplinadas por meio de Decreto Federal**.

Como já destacado na introdução deste capítulo, até o ano de 2019, os Decretos Federais de nº 5.123/04 e 3.665/00 eram os atos que regulamentavam os conceitos de armas de fogo, acessórios e munições de uso permitido e restrito. Em 2019, com a edição do Decreto Federal nº 9.685/2019 as definições a respeito das armas de fogo de uso permitido, restrito e proibido foram significativamente modificadas impactando-se, também de modo contundente, a abrangência dos tipos penais previstos nos arts. 12 (posse irregular) e 14 (porte ilegal) do Estatuto do Desarmamento que se referem às armas de fogo, acessórios e munições de uso permitido e dos tipos

49 "São duas as espécies de leis penais em branco: em sentido lato ou homogêneas e em sentido estrito ou heterogêneas. Entende-se por lei penal em branco homogênea aquela cujo complement se encontra descrito numa fonte de mesma hierarquia da norma incriminadora, ou seja, quando o complement também está previsto numa lei ordinária (ou outra espécie normativa equivalente)[...] Em sentido estrito ou heterogênea é aquela cujo complement está descrito em fonte formal distinta daquela do tipo penal incriminador." André Estefam *apud* Cícero Robson Coimbra Neves e Marcello Streifinger. Manual de direito penal militar. 4. ed. São Paulo: Saraiva, 2014, p.1306.

penais previstos no art. 16 (posse e porte ilegal) do mesmo diploma que se referem às armas de fogo, acessórios e munições de uso restrito e proibido.

Diante da ampliação do rol de armas de fogo, acessórios e munições de uso permitido (que antes da referida alteração eram definidas como de uso restrito), operou-se a conhecida *novatio in mellius*, contudo, referida questão será analisada mais detidamente no item final deste tópico.

Retornando-se às alterações regulamentares a respeito das definições das armas de fogo e objetos de uso permitido, restrito e proibido, em vista do impacto que as alterações decorrentes da edição do Decreto Federal nº 9.685/2019 provocaram no sistema originalmente desenhado pelo Estatuto do Desarmamento em 2003, tão logo referido ato administrativo entrou em vigor, seu conteúdo foi alvo de Ação Direta de Inconstitucionalidade (ADI 6058/DF) ajuizada pelo Partido Comunista do Brasil (PC do B), comprovando-se a já explanada relação intrínseca do tema com o atual contexto político e ideológico nacional. Referida Ação foi declarada sem objeto em 13 de maio daquele mesmo ano de 2019 em virtude da revogação do Decreto Federal nº 9.685/2019 pelo Decreto Federal nº 9.785/2019, posteriormente atualizado por meio do Decreto Federal nº 9.797/19.

Em 25 de junho de 2019 foram editados os Decretos Federais nº 9.845/19, 9.846/19 e 9.847/19 que revogaram, dentre outras normas, os Decretos Federais supracitados e passaram a regulamentar o tema.

Novamente, reiterando a relação umbilical do tema com a política nacional, a regulamentação do Estatuto foi alvo de diversas ações ajuizadas por partidos políticos perante o STF:

> STF
>
> Ao todo são cinco ações que questionam decreto que regulamentou o Estatuto do Desarmamento (Lei 10.826/2003). A Ação Direta de Inconstitucionalidade (ADI) 6134, relatada pela ministra Rosa Weber, foi ajuizada pelo Partido Socialismo e Liberdade (PSOL). As ADIs 6119 e 6139, de relatoria do ministro Edson Fachin, foram apresentadas pelo Partido Socialista Brasileiro (PSB). Por fim, as Arguições de Descumprimento de Preceito Fundamental (ADPF) 581 e 586, também relatadas pela ministra Rosa Weber, foram ajuizadas pelo partido Rede Sustentabilidade.
>
> ADIs
>
> A ADI 6119 foi ajuizada pelo PSB para questionar dispositivos do Estatuto do Desarmamento e do Decreto 9.685/2019. A legenda pede que se estabeleça a interpretação segundo a qual a posse de armas de fogo só pode ser autorizada às pessoas que demonstrem, por razões profissionais ou pessoais, possuir efetiva necessidade. Na ADI 6139, o partido questiona o Decreto 9.785/2019, que, ao revogar o decreto anterior, passou a dispor sobre a aquisição, o cadastro, o registro, a posse, o porte e a comercialização de armas de fogo e de munição. Também nesse processo, há pedido de intepretação conforme a Constituição a dispositivo do Estatuto do Desarmamento. Entre outros pontos, o PSB afirma que o decreto, ao estender o porte para diversas categorias profissionais, viola os princípios do direito à vida e da proporcionalidade.
>
> Autor da ADI 6134, também contra o Decreto 9.785/2019, o PSOL alega que o presidente da República, ao editar o decreto, usurpou a competência do Congresso Nacional, único Poder, no seu entendimento, que pode ampliar as categorias de pessoas

> que podem portar e possuir armas e dispor sobre comércio e importação de armas e munições e sobre a forma, os pré-requisitos e o modo de propriedade, registro e uso de armas e munições.
>
> ADPFs
>
> A Rede ajuizou inicialmente a ADPF 581 para questionar o Decreto 9.785/2019. Com a edição do Decreto 9.797/2019, que alterou pontos da norma anterior, a legenda ajuizou nova ação (a ADPF 586), na qual afirma que o governo pretende burlar as limitações de acesso às armas contidas no Estatuto do Desarmamento sem a anuência do Congresso Nacional.

Todas se encontram atualmente em trâmite perante o Supremo Tribunal Federal, inexistindo, por ora, qualquer decisão que suspenda a vigência ou eficácia dos atos administrativos questionados. Sobre a alegação de inconstitucionalidade material dos Decretos o Ministério Público do Estado do Rio Grande do Sul (2019), apesar de se posicionar pela constitucionalidade, sintetiza as alegações daqueles que defendem a inconstitucionalidade:

> MPRS
>
> Salientamos, inicialmente, que esta Informação Técnico-Jurídica pretende dar suporte ao membro ministerial, na adoção da solução mais adequada aos processos vindouros, em andamento e em fase de execução, quanto aos crimes de posse e porte irregulares de arma de fogo, acessórios e munições (artigos 16, 14 e 12 da Lei nº 10.826/03), além da causa de aumento de pena do artigo 19 do mesmo diploma legal, em decorrência da alteração do conceito de arma de fogo de uso proibido/restrito e permitido, partindo-se da premissa de que, neste ponto específico, o Decreto não transbordou sua função regulamentar, estatuída no próprio artigo 23 da Lei nº 10.826/03, o que afasta, neste aspecto e no entendimento a priori adotado por este Centro de Apoio, eventuais alegações de ilegalidade e/ou inconstitucionalidade da norma infralegal.
>
> Por outro lado, em que pese não seja este o entendimento adotado, ao menos neste primeiro momento, pelo CAOCRIM, não há como deixarmos de abordar a tese da inconstitucionalidade da norma, que vem ganhando força no meio jurídico.
>
> Tanto é verdade que já tramitam no STF a ADPF nº 581, bem como a ADI nº 6134. Nesta, dentre as várias alterações promovidas pelo Decreto nº 9.787/19, há a alegação expressa da inconstitucionalidade no que atine ao aumento da potência das armas de uso permitido, medida que, segundo consignado na inicial, "vem na contramão do combate à violência e segurança pública. Fere flagrantemente o direito à vida e da dignidade da pessoa, colocando em risco iminente a vida dos brasileiros e de quem vive, trabalha ou passeia no país."
>
> Nesse contexto, caso seja este o entendimento do agente ministerial, pode ser sustentada a tese no sentido de que o Decreto, quando aumenta a potência das armas de uso permitido, fazendo com que eventuais condutas criminosas que antes eram enquadradas no artigo 16 do Estatuto do Desarmamento, considerado crime hediondo, em face de seu alto grau de lesividade à segurança pública, passem a amoldar-se aos artigos 14 ou 12 do mesmo diploma legal, age de forma a retroceder no combate à criminalidade e à proteção à incolumidade pública.
>
> Portanto, nos mesmos moldes do entendimento firmado na Informação-Técnico Jurídica nº 03/2018 (acerca da revogação da majorante do uso de arma branca), inobstante esta tenha sido, até este momento, rechaçada pelo TJ/RS, é possível cogitar de

inconstitucionalidade material do presente decreto presidencial, por violação a uma das faces do princípio da proporcionalidade, qual seja, da proibição da proteção insuficiente.

Não bastasse todas as discussões e judicializações até então ocorridas e demonstrando que o tema permanece no centro do debate público, político e ideológico nacional, em fevereiro de 2021, foram publicados novos Decretos Federais (nº 10.627, 10.628, 10.629 e 10.630/2021) que, sem o objetivo de revogar os diplomas existentes, promoveram mais alterações aos Decretos Federais de 2019. De imediato foram ajuizadas cinco Ações Diretas de Inconstitucionalidade por partidos políticos representantes da denominada esquerda brasileira (Partido Socialista Brasileiro - PSB ADI 6.675/DF, Rede Sustentabilidade ADI 6.676/DF, Partido dos Trabalhadores – PT ADI 6.677/DF, Partido Socialismo e Liberdade – PSOL (ADI 6.680/DF) e Partido da Social Democracia Brasileira – PSDB ADI 6.695/DF).

Foram admitidos na condição de amici curiae: (i) o Partido Trabalhista Brasileiro – PTB, (ii) a Associação Nacional Movimento Pró Armas, (iii) o Instituto Sou da Paz, (iv) a Associação Direitos Humanos em Rede – Conectas Direitos Humanos, (v) o Instituto Alana, (vi) a Confederação Brasileira de Tiro Defensivo e Caça, (vii) a Associação Brasileira de Atiradores Civis – ABATE, (viii) da Confederação Brasileira de Tiro Prático – CBTP, (ix) a Associação de Oficiais da Reserva do Exército Brasileiro – AOREB, (x) o Instituto Igarapé, (xi) a Federação de Tiro Prático do Estado do Rio de Janeiro – FTPRJ, (xii) a Confederação Brasileira de Tiro Esportivo – CBTE e (xiii) o Grupo de Atuação Estratégica das Defensorias Públicas Estaduais e Distrital nos Tribunais Superiores – GAETS.

Em decisão proferida em 12 de abril de 2021 em sede liminar a Ministra Rosa Weber suspendeu a eficácia de diversos dispositivos introduzidos por tais Decretos:

> AÇÃO DIRETA DE INCONSTITUCIONALIDADE. DECRETOS PRESIDENCIAIS QUE DISPÕEM SOBRE AQUISIÇÃO, CADASTRO, REGISTRO, POSSE E PORTE DE ARMAS DE FOGO, ACESSÓRIOS E MUNIÇÕES. ATOS NORMATIVOS EDITADOS COM O PROPÓSITO DE PROMOVER A CHAMADA "FLEXIBILIZAÇÃO DAS ARMAS" NO BRASIL. INOVAÇÕES REGULAMENTARES INCOMPATÍVEIS COM O SISTEMA DE CONTROLE E FISCALIZAÇÃO DE ARMAS INSTITUÍDO PELO ESTATUTO DO DESARMAMENTO. DEVER ESTATAL DE PROMOVER A SEGURANÇA PÚBLICA COMO COROLÁRIO DO DIREITO À VIDA. NORMAS QUE EXORBITAM DOS LIMITES DO PODER REGULAMENTAR OUTORGADO PELA CONSTITUIÇÃO AO PRESIDENTE DA REPÚBLICA, VULNERANDO, AINDA, POLÍTICAS PÚBLICAS DE PROTEÇÃO A DIREITOS FUNDAMENTAIS. MEDIDA LIMINAR DEFERIDA EM PARTE, AD REFERENDUM DO PLENÁRIO.
>
> 1. O modelo contemporâneo de segurança pública – positivado no texto constitucional e no âmbito do Sistema Global (ONU) e Regional (OEA) de Proteção dos Direitos Humanos – preconiza o controle rigoroso do acesso da população às armas de fogo, acessórios e munições, devido aos efeitos prejudiciais desses produtos sobre a segurança das pessoas, o bem-estar da comunidade, o desenvolvimento social e econômico do Estado e o direito à convivência em harmonia e paz.
>
> 2. Inúmeros estudos, nacionais e internacionais, públicos e privados, apoiados por expressiva maioria da comunidade científica mundial, revelam uma inequívoca correlação entre a facilitação do acesso da população às armas de fogo e o desvio desses produtos para as organizações criminosas, milícias e criminosos em geral, por meio de

furtos, roubos ou comércio clandestino, aumentando ainda mais os índices gerais de delitos patrimoniais, de crimes violentos e de homicídios.

3. A segurança pública é corolário do direito à vida. É a tutela prestada pelo Estado em favor da vida digna, livre do medo, livre dos atos de barbárie que revoltam a consciência da humanidade. O Estatuto do Desarmamento é o diploma legislativo que consubstancia os valores constitucionais concernentes à proteção da vida humana (CF, art. 5º, caput) e à promoção da segurança pública (CF, art. 144, caput) contra o terror e a mortalidade provocada pelo uso indevido das armas de fogo.

4. Os regulamentos estão subordinados às leis que lhes dão fundamento, devendo observância ao espaço restrito de delegação normativa. O respeito a este limite de conformação regulamentar adquire relevância constitucional, na medida em que configura corolário do postulado da separação dos Poderes.

5. Os Decretos presidenciais impugnados, ao inovarem na ordem jurídica, fragilizaram o programa normativo estabelecido na Lei 10.826/2003, que inaugurou uma política de controle responsável de armas de fogo e munições no território nacional.

6. Medida liminar deferida, ad referendum do Plenário, para suspender a eficácia dos Decretos presidenciais impugnados, na parte em que introduzem as seguintes inovações no ordenamento positivo:

a) afastamento do controle exercido pelo Comando do Exército sobre "projéteis de munição para armas de porte ou portáteis, até o calibre máximo de 12,7 mm", das "máquinas e prensas (...) para recarga de munições", das "miras optrônicas, holográficas ou reflexivas" e das "miras telescópicas";

b) autorização para a prática de tiro recreativo em entidades e clubes de tiro, independentemente de prévio registro dos praticantes;

c) possibilidade de aquisição de até 06 armas de fogo de uso permitido por civis e 08 armas por agentes estatais com simples declaração de necessidade, revestida de presunção de veracidade;

d) comprovação pelos CACs da capacidade técnica para o manuseio de armas de fogo por laudo de instrutor de tiro desportivo;

e) comprovação pelos CACs da aptidão psicológica para aquisição de arma de fogo, mediante laudo fornecido por psicólogo com registro profissional ativo em Conselho Regional de Psicologia, dispensado o credenciamento na Polícia Federal;

f) dispensa de prévia autorização do Comando do Exército para que os CACs possam adquirir armas de fogo;

g) aumento do limite máximo de munições que podem ser adquiridas, anualmente, pelos CACs;

h) possibilidade do Comando do Exército autorizar a aquisição pelos CACs de munições em número superior aos limites pré-estabelecidos;

i) aquisição de munições por entidades e escolas de tiro em quantidade ilimitada;

j) prática de tiro desportivo por adolescentes a partir dos 14 (quatorze) anos de idade completos;

k) validade do porte de armas para todo território nacional;

l) porte de trânsito dos CACs para armas de fogo municiadas; e

m) porte simultâneo de até duas armas de fogo por cidadãos.

Não obstante, afora os dispositivos expressamente indicados, os Decretos Federais nº 9.845/19, 9.846/19 e 9.847/19, e suas atualizações permanecem sendo os diplomas legais que atualmente regulamentam o Estatuto do Desarmamento no que diz respeito à aquisição, o cadastro, o registro, o porte e a comercialização de armas de fogo e de munição assim como sobre o Sistema Nacional de Armas (SINARM) e o Sistema de Gerenciamento Militar de Armas (SIGMA).

Também relevante para a análise dos crimes do Estatuto do Desarmamento o conteúdo do Decreto Federal nº 10.030/19 que aprovou o vigente Regulamento de Produtos Controlados pelo Comando do Exército (PCE) e apresenta diversas definições importantes para os dispositivos penais do Estatuto, a exemplo do conceito de acessórios de armas de fogo. Referido Decreto também permanece, salvo alguns dispositivos que tiveram a eficácia suspensa, em vigor.

Assim, do que efetivamente importa ao aspecto penal do Estatuto do Desarmamento, em linhas gerais, o **arcabouço regulamentar** hoje em vigor **define as armas de fogo, os acessórios e as munições de uso permitido,** objetos elencados pelo tipo penal previsto pelo art. 12 do Estatuto do Desarmamento, da **seguinte forma**:

> **DECRETO FEDERAL Nº 10.030/19 (Aprova o Regulamento de Produtos Controlados)**
>
> ANEXO I
>
> Art. 2º Para fins do disposto neste Regulamento, Produto Controlado pelo Comando do Exército - PCE é aquele que:
>
> [...]
>
> § 3º Não são considerados PCE:
>
> [...]
>
> IV - os carregadores destacáveis tipo cofre ou tipo tubular, metálicos ou plásticos, com qualquer capacidade de munição, cuja ausência não impeça o disparo da arma de fogo;
>
> [...]
>
> Art. 3º As definições dos termos empregados neste Regulamento são aquelas constantes deste artigo e do Anexo III
>
> Parágrafo único. Para fins do disposto neste Regulamento, considera-se:
>
> I – **arma de fogo de uso permitido** – as armas de fogo semiautomáticas ou de repetição que sejam:
>
> a) **de porte**, cujo **calibre nominal**, com a utilização de munição comum, não atinja, na saída do cano de prova, energia cinética superior **a mil e duzentas libras-pé ou mil seiscentos e vinte joules**;
>
> b) **portáteis de alma lisa**; ou
>
> c) **portáteis de alma raiada**, cujo **calibre nominal**, com a utilização de munição comum, não atinja, na saída do cano de prova, energia cinética superior **a mil e duzentas libras-pé ou mil seiscentos e vinte joules**;
>
> ANEXO **III**
>
> **GLOSSÁRIO**
>
> **Acessório de arma de fogo**: artefatos listados nominalmente na legislação como Produto Controlado pelo Exército – PCE que, acoplados a uma arma, possibilitam a alteração da configuração normal do armamento, tal como um supressor de som.
>
> **Carregador:** depósito ou receptáculo para armazenamento de cartuchos de munição para disparo em armas de fogo, integrante ou destacável do armamento.

De plano vale destacar que, com as alterações introduzidas pelo Decreto Federal nº 10.627/21, "os **carregadores** destacáveis tipo cofre ou tipo tubular, metálicos ou plásticos, com qualquer capacidade de munição, cuja ausência não impeça o disparo da arma de fogo" **deixaram de ser considerados como acessórios de arma de fogo**. É certo que parte da doutrina e da jurisprudência já entendia que a simples posse de carregadores, sem munições, já deveria ser conduta considerada atípica em decorrência do princípio da insignificância. Contudo, referido entendimento não era pacificado sendo certo que a partir das alterações introduzidas pelo Decreto de 2021, não há mais discussão a respeito da **atipicidade da posse ou do porte de carregadores desmuniciados** vez que os tipos penais previstos nos artigos 12, 14 e 16 definem como objetos do crime as armas de fogo, os acessórios e munições. Os reflexos relativos à abolitio criminis são explorados mais a frente em tópico específico.

Já no que diz respeito às armas e munições, em vista dos Decretos Federais mencionarem não definirem o conceito de armas e munições de uso permitido, restrito ou proibido de acordo com seu calibre, consistente no diâmetro da parte interior de um tubo, mas sim com base na energia cinética alcançada "na saída do cano de prova" algumas decisões judiciais, inclusive no âmbito do STF sinalizaram inicialmente pela necessidade exame pericial para definição do nível de restrição ou permissão do objeto dos delitos previstos pelo Estatuto do Desarmamento:

> STF
>
> EMENTA: DIREITO PENAL E PROCESSO PENAL. AGRAVO INTERNO EM RECURSO EXTRAORDINÁRIO COM AGRAVO. CONTROVÉRSIA DECIDIDA COM BASE NA LEGISLAÇÃO INFRACONSTITUCIONAL PERTINENETE E NO CONJUNTO FÁTICO-PROBATÓRIO DOS AUTOS. NOVATIO LEGIS IN MELLIUS. SÚMULA 279/STF. 1. Para chegar a conclusão diversa do acórdão recorrido acerca da autoria e materialidade pela prática do crime previsto no art. 16, da Lei 10.826/2003, seria necessária a análise da legislação infraconstitucional pertinente e uma nova apreciação dos fatos e do material probatório constante dos autos, o que não é possível nesta fase processual. Nessas condições, a hipótese atrai a incidência da Súmula 279/STF. 2. Quanto à alegação do reconhecimento de novatio legis in mellius, tal como como consta no parecer ministerial, "para se concluir que a conduta do ora agravante estaria abrangida pelo Decreto em tela, seria necessária dilação probatória, perícia quanto à energia cinética do armamento apreendido". Incide, no caso, a Súmula 279/STF. 3. Ao contrário do que alega a parte agravante, não se evidencia nenhuma ilegalidade flagrante ou abuso de poder que pudesse justificar a concessão de habeas corpus de ofício. 4. Agravo interno a que se nega provimento.
>
> [...]
>
> Do acima transcrito, verifica-se que a norma em questão **não especifica as armas e munições de acordo com seu calibre, que é o diâmetro da parte interior de um tubo, mas sim com base na energia cinética alcançada "na saída do cano de prova"**.
>
> Então, para se concluir que a conduta do ora agravante estaria abrangida pelo Decreto em tela, seria necessária dilação probatória, perícia quanto à energia cinética do armamento apreendido.
>
> A petição das f. 1.200/1.206 até veio acompanhada de documentos, mas nenhum consiste em perícia específica ao armamento apreendido em poder do ora agravante, não se prestando a tanto informações colhidas na Internet. STF. Julgamento: 23/08/2019. Relator(a): Min. ROBERTO BARROSO. Órgão julgador: Primeira Turma AG.REG. NO RECURSO EXTRAORDINÁRIO COM AGRAVO. ARE 1206440 AgR / MG – MINAS GERAIS

Contudo, logo a seguir, foi editada a Portaria nº 1222/19 pelo Comando do Exército Brasileiro que relacionou e elencou, de modo específico, cada calibre de arma de fogo com a respectiva energia cinética na saída do cano da arma:

EXÉRCITO BRASILEIRO

PORTARIA Nº 1.222 DE 12 DE AGOSTO DE 2019.

EB: 64536.022716/2019-11

Dispõe sobre parâmetros de aferição e listagem de calibres nominais de armas de fogo e das munições de uso permitido e restrito e dá outras providências.

Art. 1º Estabelecer os parâmetros de aferição e a listagem dos calibres nominais com suas respectivas energias para a classificação das armas de fogo e das munições quanto ao uso permitido ou restrito, haja vista o que dispõe o § 2º do art. 2º do Decreto nº 9.847, de 25 de junho de 2019.

Art. 2º Para os efeitos desta portaria aplicam-se as seguintes definições:

I – calibre nominal: é a designação que define ou caracteriza um tipo de munição ou de arma de fogo produzida pelo fabricante. Normalmente está relacionado às dimensões da munição, expressa em milímetros ou em frações de polegada;

II – cano de prova ou provete: é um cano de dimensões especiais usados para teste com munições; e

III – energia cinética: é a energia associada ao estado de movimento de um objeto.

Art. 3º Os calibres nominais definidos como de uso permitido são os constantes do Anexo A.

Art. 4º Os calibres nominais definidos como de uso restrito são os constantes do Anexo B.

Art. 5º Os calibres nominais não listados nos Anexos A e B desta Portaria e os calibres não padronizados serão submetidos à apreciação do Comando Logístico para efeito de sua classificação quanto ao uso (permitido ou restrito) com a subsequente atualização dos referidos anexos pelo Comando do Exército.

CALIBRE NOMINAL	ENERGIA (JOULES)	CLASSIFICAÇÃO
9x19mm PARABELLUM	629,81	PERMITIDO
9x18 Makarov	285,95	PERMITIDO
9x23 Winchester	795,6	PERMITIDO
10mm Automatic	927,55	PERMITIDO
221 RemingtonFireball	955,74	PERMITIDO
25 Automatic	87,78	PERMITIDO
25 North American Arms	151,7	PERMITIDO
30 Luger (7.65mm)	396,41	PERMITIDO
32 Automatic	195,65	PERMITIDO
32 H&R Magnum	320,94	PERMITIDO

CALIBRE NOMINAL	ENERGIA (JOULES)	CLASSIFICAÇÃO
32 North American Arms	268,81	PERMITIDO
32 Short Colt	117,99	PERMITIDO
32 Smith &Wesson	129,79	PERMITIDO
32 Smith &WessonLong	177,17	PERMITIDO
327 Federal Magnum	815,61	PERMITIDO
356 TSW	680,34	PERMITIDO
357 Magnum	1322,76	PERMITIDO
357 Sig	685,72	PERMITIDO
38 Automatic	419,17	PERMITIDO
38 Smith &Wesson	202,51	PERMITIDO
38 Special	437,88	PERMITIDO
38 SuperAutomatic +P	569,23	PERMITIDO
380 Automatic	280,26	PERMITIDO
40 Smith &Wesson	666,25	PERMITIDO
400 Cor-Bom	854,35	PERMITIDO
44 S&W Special	632,48	PERMITIDO
45 Automatic	590,48	PERMITIDO
45 Auto Rim	471,2	PERMITIDO
45 Colt	755,15	PERMITIDO
45 Glock AutomaticPistol	661,6	PERMITIDO
45 Winchester Magnum	1318,42	PERMITIDO
6 x 45mm	1505,01	PERMITIDO
17 Hornet	791,07	PERMITIDO
17 Remington	1204	PERMITIDO
17 RemingtonFireball	1115,4	PERMITIDO
218 Bee	1028,16	PERMITIDO
22 Hornet	973,61	PERMITIDO
221 RemingtonFireball	1332,02	PERMITIDO
25-20 Winchester	540,51	PERMITIDO
30 Carbine	1278,46	PERMITIDO

CALIBRE NOMINAL	ENERGIA (JOULES)	CLASSIFICAÇÃO
32-20 Winchester	433,4	PERMITIDO
38-40 Winchester	716,53	PERMITIDO
38-55 Winchester	1297,16	PERMITIDO
44-40 Winchester	831,14	PERMITIDO
17 Mach 2	206,73	PERMITIDO
17 Hornady Magnum Rimfire	332,46	PERMITIDO
17 Winchester Super Magnum	541,8	PERMITIDO
22 Short	101,82	PERMITIDO
22 Long	128,86	PERMITIDO
22 Long Rifle	247,93	PERMITIDO
22 Winchester Rimfire	228,91	PERMITIDO
22 Winchester Magnum (Rimfire)	440,64	PERMITIDO

A fim de melhor exemplificar as principais alterações decorrentes das diversas alterações regulamentares relativas às classificações de armas de fogo de uso permitido, restrito e proibido que se iniciaram em maio de 2019 e hoje estão consolidadas nos Decretos supracitados e especificadas na Portaria nº 1222/19 expedida pelo Comando do Exército Brasileiro, o Centro de Apoio Operacional Criminal e de Segurança Pública do Ministério Público do Rio Grande do Sul publicou uma nota de Informação Técnico-Jurídica (MINISTÉRIO PÚBLICO DO ESTADO DO RIO GRANDE DO SUL, 2019) por meio da qual é apresentado um quadro sinótico com as classificações anteriores e posteriores à atual regulamentação do tema:

ARMAS DE FOGO DE USO RESTRITO ARMAS CURTAS	
ANTES: REVÓLVERES Calibres: .357 Magnun, .44 SPL, .44 Magnun. PISTOLAS Calibres: .38 Super Auto, .45 Colt, .45 ACP, .45 Auto, .40 SPL, 9 mm Luger, 9 mm Parabelum	**HOJE:** ARMAS CURTAS REVÓLVERES E PISTOLAS Calibres: .50 Magnum Action Express (.50 curto), .454 Casull, .445 SuperMag
ARMAS LONGAS DE USO RESTRITO	

<table>
<tr><td>ANTES:
RAIADAS
Calibres: .22 – 250, .223 Remington (p. ex.: Fuzil AR– 15), .243 Winchester, .270 Winchester, 7 Mauser, .30 – 60 12, .308 Winchester, 7,62 x 39, .357 Magnun, .375 Winchester, .44 Magnun.
LISAS
Þ armas de fogo de calibre superior ao 12 não importando o comprimento do cano (p.ex.:são superiores ao 12 em potência os calibres 10, 08, 04, etc.)
Þ armas de fogo de calibre 12 ou maior com comprimento de cano menor que 24 polegadas ou 610 milímetros (a referência a "calibre maior" quer dizer aqueles que são numericamente maior, como p.ex.: calibre 16, 20, 24, 32, 36, etc.)</td><td>HOJE:
ARMAS LONGAS RAIADAS OU NÃO-RAIADAS
Calibres: 7,62x51mm OTAN (munição do fuzil FAL), 7,62x39mm (munição do fuzil AK-47 e variantes), .223 Remington (5.56mm, munição do fuzil AR-15 e variantes), .308 Winchester, .30-06 Springfiled (7.62x63mm), .50 Browning Machine Gun (12.7x99mm OTAN, munição da metralhadora Browning .50), 8mm Mauser (7.92x57mm, munição dos fuzis IMBEL Itajubá 954 'Mosquetão' e 968 'Mosquefal'), Gáugio 10, 8, 6, 4 e 2 (qualquer espingarda maior que Gáugio 12, sendo que o calibre aumenta de maneira inversamente proporcional ao número, portanto, por exemplo, gáugio 10 é maior que gáugio 12)</td></tr>
<tr><td colspan="2">DEMAIS TIPOS DE ARMAS DE USO RESTRITO</td></tr>
<tr><td>ANTES:
Todas as armas de fogo automáticas, de qualquer calibre (os fuzis AK – 47, M16 e FAL); Armas de pressão: armas de gás comprimido ou por ação de mola com calibre superior a seis milímetros, que disparem projéteis de qualquer natureza; Submetralhadoras e minimetralhadoras; Armas de fogo dissimuladas: como aquelas com aparência de objetos inofensivos, mas que escondem uma arma, tais como bengalas – pistola, canetas – revólver e semelhantes.</td><td>HOJE:
Todas as armas de fogo automáticas, de qualquer calibre; Armas não portáteis: Armas que, devido às suas dimensões ou ao seu peso, não podem ser transportadas por um único homem. Por exemplo: metralhadoras pesadas, morteiros, obuseiros e canhões anti-aéreos; Armas de fogo dissimuladas: como aquelas com aparência de objetos inofensivos, mas que escondem uma arma, tais como bengalas– pistola, canetas–revólver e semelhantes.</td></tr>
<tr><td colspan="2">ARMAS DE FOGO DE USO PERMITIDO ARMAS CURTAS (de repetição ou semi – automáticas)</td></tr>
<tr><td>ANTES:
REVÓLVERES Calibre: .22, .32S&W, .38SPL
PISTOLAS
Calibres: .25 Auto, 6,35, .32 Auto, .380 Auto, 7,65</td><td>HOJE:
REVÓLVERES E PISTOLAS
Calibres: .22 Long Rifle, .32 Colt, .38 Special, .380 Automatic Colt Pistol, 9mm Parabelum/EXPP (9x19mm), .40 Smith & Wesson, .45 Automatic Colt Pistol, .45 EXPO + P Gold Hex, .44 Magnum, .44 SPL, .357 Magnum</td></tr>
<tr><td colspan="2">ARMAS LONGAS DE USO PERMITIDO
(de repetição ou semi-automáticas)</td></tr>
</table>

ANTES:	HOJE:
RAIADAS Calibres:.22LR, .32 – 20, .38 – 40, .44 – 40 LISAS Þ armas de fogo de calibre 12 ou inferior (leia-se numericamente maior, como p. ex.: o calibre 32) com comprimento do cano igual ou superior a 24 polegadas ou 610 milímetros.	Calibres: .22 LR, .32–20, .38–40, .44–40, Gáugio 12

Em suma:

ARMAS QUE JÁ ERAM PERMITIDAS
.380 ETOG (.38), .22 LR, .25 ETOG, .32 Auto e .32 S&W
ARMAS QUE SEGUEM RESTRITAS
.50 Magnum Action Express e .454 Casull;
CALIBRES QUE ERAM RESTRITOS E PASSAM A SER PERMITIDOS
9mm EXPP, 9mm Parabelum, .40 S&W, .44 SPL, .44 Magnum, .45 EXPO + P Gold Hex, .45 Auto, .357 Magnum.

Em síntese e de acordo com as normas e quadros apresentados, verifica-se que atualmente o rol de armas de fogo, acessórios e munições de uso permitido ampliou-se significativamente e estão especificados na Portaria nº 1222/19 expedida pelo Comando do Exército Brasileiro de acordo com as especificações apresentadas nos Decretos Federais de números 9.845/19, 9.846/19, 9.847/19 e 10.030/19, e subsequentes alterações que normatizam o tema de acordo com a previsão legal contida no art. 23 da Lei Federal nº 10.826/03 (Estatuto do Desarmamento).

Após a definição legal e normativa a respeito das armas de fogo, acessórios e munições de uso permitido, importa destacar outras questões relativas a tais objetos e penalmente relevantes para a tipificação da posse irregular destes nos termos previstos pelo art. 12 do Estatuto do Desarmamento.

Neste sentido, a primeira questão refere-se à **necessidade de existência de potencial lesivo dos objetos (arma de fogo, acessórios ou munições)** indicados pelo citado dispositivo para efeitos de tipificação penal. Em que pese o fato da jurisprudência pátria atualmente entender ser **desnecessária**, para a caracterização dos crimes de posse ou porte, a **realização de exame pericial** para constatação do potencial lesivo da arma de fogo, do acessório ou da munição, nos casos em que referido exame for realizado e concluir pela **absoluta inoperabilidade ou ausência de potencial lesivo do objeto, a atipicidade da conduta tem sido reconhecida** pelos Tribunais Superiores:

> STJ
>
> O crime de porte ilegal de arma de fogo, acessório ou munição de uso permitido (art. 14 da Lei n. 10.826/2003) é de perigo abstrato e de mera conduta, bastando para

sua caracterização a prática de um dos núcleos do tipo penal, sendo desnecessária a realização de perícia.

Julgados: AgRg no RHC 86862/SP, Rel. Ministro FELIX FISCHER, QUINTA TURMA, julgado em 20/02/2018, DJe 28/02/2018; HC 396863/ SP, Rel. Ministro RIBEIRO DANTAS, QUINTA TURMA, julgado em 13/06/2017, DJe 22/06/2017; AgRg no AgInt no AREsp 923594/ES, Rel. Ministro SEBASTIÃO REIS JÚNIOR, SEXTA TURMA, julgado em 18/05/2017, DJe 08/06/2017; RHC 63686/DF, Rel. Ministro REYNALDO SOARES DA FONSECA, QUINTA TURMA, julgado em 16/02/2017, DJe 22/02/2017; AgRg no REsp 1610159/RS, Rel. Ministro ROGERIO SCHIETTI CRUZ, SEXTA TURMA, julgado em 07/02/2017, DJe 16/02/2017; AgRg no AREsp 1011966/ES, Rel. Ministra MARIA THEREZA DE ASSIS MOURA, SEXTA TURMA, julgado em 02/02/2017, DJe 09/02/2017.

AGRAVO REGIMENTAL NO HABEAS CORPUS. NOVOS ARGUMENTOS HÁBEIS A DESCONSTITUIR A DECISÃO IMPUGNADA. INEXISTÊNCIA. POSSE ILEGAL DE ARMA DE FOGO. ART. 12 DA LEI 10.826/03. ABSOLVIÇÃO. ALEGAÇÃO DE ATIPICIDADE DA CONDUTA. ARTEFATO PARCIALMENTE DEFEITUOSO. CRIME IMPOSSÍVEL NÃO CARACTERIZADO. AGRAVO DESPROVIDO.

I – É assente nesta Corte Superior de Justiça que o agravo regimental deve trazer novos argumentos capazes de alterar o entendimento anteriormente firmado, sob pena de ser mantida a r. decisão vergastada pelos próprios fundamentos.

II – O habeas corpus não se presta para apreciação de alegações que buscam a absolvição do paciente, em virtude da necessidade de revolvimento do conjunto fático-probatório, o que é inviável na via eleita.

III – Hipótese na qual a decisão impugnada se coaduna com a jurisprudência deste Superior Tribunal de Justiça, no sentido de que o crime previsto no art. 12 da Lei n. 10.826/03 é de perigo abstrato, sendo desnecessário perquirir sobre a lesividade concreta da conduta, porquanto o objeto jurídico tutelado não é a incolumidade física e sim a segurança pública e a paz social, colocadas em risco com a posse de arma de fogo, acessório ou munição.

IV – **In casu, a perícia realizada no artefato apreendido constatou a presença de problemas de funcionamento que ocasionam a imprestabilidade apenas parcial da arma, mas que não impediriam a realização de disparos, o que afasta a tese de crime impossível.** Agravo regimental desprovido. 15/03/2018 AgRg no HC 414581 / MS AGRAVO REGIMENTAL NO HABEAS CORPUS 2017/0221364-9 Ministro FELIX FISCHER (1109) T5 – QUINTA TURMA

Demonstrada por laudo pericial a inaptidão da arma de fogo para o disparo, é atípica a conduta de portar ou de possuir arma de fogo, diante da ausência de afetação do bem jurídico incolumidade pública, tratando-se de crime impossível pela ineficácia absoluta do meio.

Julgados: REsp 1726686/MS, Rel. Ministro JORGE MUSSI, QUINTA TURMA, julgado em 22/05/2018, DJe 28/05/2018; HC 445564/SP, Rel. Ministra MARIA THEREZA DE ASSIS MOURA, SEXTA TURMA, julgado em 15/05/2018, DJe 24/05/2018; HC 411450/RJ, Rel. Ministro RIBEIRO DANTAS, QUINTA TURMA, julgado em 13/03/2018, DJe 20/03/2018; AgRg no REsp 1709398/BA, Rel. Ministro REYNALDO SOARES DA FONSECA, QUINTA TURMA, julgado em 06/03/2018, DJe 14/03/2018; AgRg no AgInt no AREsp 923594/ES, Rel. Ministro SEBASTIÃO REIS JÚNIOR, SEXTA TURMA, julgado em 18/05/2017, DJe 08/06/2017; AgRg no AREsp 397473/DF, Rel. Ministro MARCO AURÉLIO BELLIZZE, QUINTA TURMA, julgado em 19/08/2014, DJe 25/08/2014. (VIDE INFORMATIVO DE JURISPRUDÊNCIA N. 570)

Especificamente em relação aos acessórios e munições, têm-se entendido não ser necessário que estejam acompanhados da arma de fogo para a caracterização do crime. A **simples posse de apenas um dos objetos elencados no tipo (arma de fogo, acessório ou munição) já se mostra suficiente para tipificar o delito** em questão:

STJ

AGRAVO REGIMENTAL EM HABEAS CORPUS. TRÁFICO DE DROGAS E **POSSE DE ACESSÓRIO DE ARMA DE FOGO**. ALEGADA ATIPICIDADE MATERIAL DA CONDUTA PELA APLICAÇÃO DO PRINCÍPIO DA INSIGNIFICÂNCIA. RÉU CONTUMAZ NA PRÁTICA DELITIVA. NÃO RECONHECIMENTO. REGIME PRISIONAL. EXPRESSIVA QUANTIDADE DE DROGA. MODO FECHADO. RECURSO NÃO PROVIDO.

1. Na hipótese, a contumácia delitiva do paciente constitui óbice ao reconhecimento da atipicidade material de sua conduta (**posse de acessório de arma de fogo**), pela aplicação do princípio da insignificância, por não restarem demonstradas as exigidas mínima ofensividade e ausência de periculosidade social da ação.

2. Estabelecida a pena em patamar superior a 4 anos e sendo desfavoráveis as circunstâncias judiciais, de fato, o regime fechado é o adequado para o cumprimento da pena reclusiva (art. 33, §§ 2º e 3º, "a", do CP). Ademais, a grande quantidade de droga apreendida (33 kg de maconha), também, autoriza a imposição do modo mais severo de cumprimento de pena, como posto no acórdão impugnado.

3. Agravo regimental não provido.[...] Trata-se de agravo regimental interposto por W.T.D.S e W.T.L., de decisão na qual não conheci do habeas corpus, pela falta de manifesta ilegalidade no acórdão impugnado que manteve a condenação dos ora agravantes pelos delitos de tráfico de drogas e posse de acessório de arma de fogo. A defesa reitera que, "no caso dos autos, estão presentes os elementos que ressaltam a ausência da ofensividade, posto que **não havia qualquer arma na residência** do ora Agravante W.T.L., **local onde foram encontrados os carregadores, que pudesse vir atualizar o potencial ofensivo representado por estes**". [...] Quantidade de droga apreendida: 33 kg de maconha. **Princípio da Insignificância: não aplicado ao crime de posse de acessório de arma de fogo devido à reiteração delitiva.** Ministro RIBEIRO DANTAS (1181) AgRg no HC 466946 / MS AGRAVO REGIMENTAL NO HABEAS CORPUS 2018/0223571-9 13/12/2018

CONFLITO NEGATIVO DE COMPETÊNCIA. TRÁFICO INTERNACIONAL DE ARMA DE FOGO, ACESSÓRIOS OU MUNIÇÃO. CRIME DE AÇÃO MÚLTIPLA. REMESSA DE ACESSÓRIO DE ARMA DE FOGO PARA O EXTERIOR POR VIA POSTAL. MODALIDADE EXPORTAR. CONSUMAÇÃO DO DELITO. MOMENTO DO ENVIO. COMPETÊNCIA DO JUÍZO DO LOCAL EM QUE OCORREU A REMESSA. COMPETENTE O JUÍZO SUSCITANTE.

1. A controvérsia cinge-se em definir qual o juízo competente para a apreciação e julgamento do feito, tendo em vista que foi apreendido pela Receita Federal do Brasil, em São Paulo, um objeto postal **contendo um pente (carregador) de metralhadora antiga, sem autorização do Exército Brasileiro**, postado em Recife/PE e destinado a pessoa com endereço na Bélgica. 2. O crime de tráfico internacional de arma de fogo, acessórios ou munição é de ação múltipla, consumando-se pela prática de qualquer uma das condutas previstas no art. 18, caput, da Lei n. 10.826/03. 3. No caso dos autos, o delito ocorreu na modalidade de exportar **acessório de arma de fogo, tendo havido a consumação no momento em que foi realizado o envio do referido acessório**, ou seja, quando foi entregue a encomenda perante os Correios da cidade de Recife/PE, sendo indiferente, para fins de consumação, a interceptação da encomenda, em São Paulo, durante seu percurso, pois a conduta não se protrai no tempo, considerando-se mero exaurimento do crime o recebimento do acessório de arma de fogo no local de destino (Bélgica). 4. Conflito de competência conhecido para declarar competente o Juízo Federal da 36ª Vara da Seção Judiciária do Estado de Pernambuco, o suscitante. STJ. CONFLITO DE COMPETÊNCIA Nº 147.709 – PE (2016/0190337-0). MINISTRO JOEL ILAN PACIORNIK. 11 de outubro de 2017.

HABEAS CORPUS. IMPETRAÇÃO EM SUBSTITUIÇÃO AO RECURSO CABÍVEL. UTILIZAÇÃO INDEVIDA DO REMÉDIO CONSTITUCIONAL. VIOLAÇÃO AO SISTEMA RECURSAL. NÃO CONHECIMENTO. 1. A via eleita revela-se inadequada para a insurgência contra o ato apontado como coator, pois o ordenamento jurídico prevê recurso específico para tal fim, circunstância que impede o seu formal conhecimento. Precedentes. 2. O alegado constrangimento ilegal será analisado para a verificação da eventual possibilidade de atuação ex officio, nos termos do artigo 654, § 2º, do Código de Processo Penal. PORTE ILEGAL DE **MUNIÇÃO DE USO PERMITIDO. TIPICIDADE MATERIAL DA CONDUTA. CRIME DE PERIGO ABSTRATO. LESÃO À SEGURANÇA PÚBLICA E À PAZ COLETIVA**. COAÇÃO ILEGAL INEXISTENTE. 1. Os crimes de perigo abstrato são os que prescindem de comprovação da existência de situação que tenha colocado em risco o bem jurídico tutelado, ou seja, não se exige a prova de perigo real, pois este é presumido pela norma, sendo suficiente a periculosidade da conduta, que é inerente à ação. 2. As condutas punidas por meio dos delitos de perigo abstrato são as que perturbam não apenas a ordem pública, mas lesionam o direito à segurança, daí porque se justifica a presunção de ofensa ao bem jurídico. 3. **O simples fato de possuir ilegalmente munição de uso permitido caracteriza a conduta descrita no artigo 14 da Lei 10.826/2003, por se tratar de crime de perigo abstrato, cujo objeto imediato é a segurança coletiva**. 4. É certo que a jurisprudência desta Corte Superior de Justiça, tendo em vista o julgamento, pelo colendo Supremo Tribunal Federal, do RHC n. 143.449/MS, em que foi relator o Exmº Sr. Ministro Ricardo Lewandowski (Segunda Turma, DJe de 9/10/2017), evoluiu no sentido de admitir a aplicabilidade do princípio da insignificância nos casos de apreensão de pequena quantidade de munição, desacompanhada de arma de fogo ou cuja arma de fogo também apreendida na posse do agente tenha sido considerada, pericialmente, inapta para deflagrar disparos. 5. Segundo a jurisprudência do Supremo Tribunal Federal, o princípio da insignificância tem como vetores a mínima ofensividade da conduta, a ausência de periculosidade social da ação, o reduzido grau de reprovabilidade do comportamento e a inexpressividade da lesão jurídica provocada. 6. Na espécie, **durante revista aos ocupantes de um automóvel**, indicados por transeuntes como sendo autores de crimes de roubo, foi apreendida com o paciente, que é multirreincidente, **uma munição de uso permitido, cuja eficácia restou atestada pericialmente,** ocasião em que também foi encontrada em seu poder uma garrucha, esta apontada pela perícia como inapta para efetuar disparos, ao passo que, com o motorista do veículo, foi arrecadada uma arma de pressão, cópia fiel de uma pistola. 7. Tal contexto fático demonstra a potencialidade lesiva da conduta do paciente, bem como a sua efetiva periculosidade, circunstâncias aptas a embasar a incidência do Direito Penal no caso concreto, como forma de coibir a reiteração delitiva preservando-se, assim, a ordem pública e social. Precedentes do STF e do STJ.8. Habeas corpus não conhecido. 02/08/2018 HC 451716 / RS HABEAS CORPUS 2018/0124690-9 Ministro JORGE MUSSI (1138) T5 – QUINTA TURMA

AGRAVO REGIMENTAL NO RECURSO ESPECIAL. ART. 14 DA LEI N. 10.826/2003. **PORTE ILEGAL DE MUNIÇÃO. CRIME DE PERIGO ABSTRATO. ATIPICIDADE DA CONDUTA NÃO EVIDENCIADA**. DOSIMETRIA DA PENA. CONDENAÇÃO ANTERIOR E DEFINITIVA. MAUS ANTECEDENTES CARACTERIZADOS. I – A jurisprudência deste eg. Tribunal é firme no sentido de que, para a configuração do crime tipificado no art. 14 da Lei n. 10.826/2003 – no caso, porte ilegal de munição ou acessório de uso proibido ou restrito –, **é irrelevante o fato de a munição apreendida estar desacompanhada de arma, por se tratar de delito de perigo abstrato ou de mera conduta**. II – O entendimento desta Corte Superior é no sentido de que as condenações criminais transitadas em julgado há mais de 5 anos, embora não possam configurar reincidência, podem caracterizar maus antecedentes. Agravo regimental desprovido. T5 – QUINTA TURMA AgRg no REsp 1582369 / SP AGRAVO REGIMENTAL NO RECURSO ESPECIAL 2016/0043219-8 Ministro FELIX FISCHER (1109)

AGRAVO REGIMENTAL NO RECURSO ESPECIAL. ESTATUTO DO DESARMAMENTO. TRÁFICO INTERNACIONAL DE ARMA DE FOGO. USO PROIBIDO OU RESTRITO. ARTS. 18 E 19, DA LEI Nº 10.826/03. INTERNALIZAÇÃO DE MIRA TELESCÓPICA. SEM AUTORIZAÇÃO. ARMA DE FOGO. AUSÊNCIA. PERIGO ABSTRATO. PROTEÇÃO À INCOLUMIDADE PÚBLICA. AGRAVO REGIMENTAL NÃO PROVIDO. 1. Esta Corte adotou o entendimento de que os delitos previstos entre os arts. 12 a 18, da Lei nº 10.826/03 são crimes de perigo abstrato, sendo irrelevante a apreensão de acessório desacompanhada de arma de fogo, pois no Estatuto do Desarmamento a pretensão é proteger a vida, a integridade física, a saúde, o patrimônio, a segurança pública, entre outros bem jurídicos fundamentais. 2. Agravo regimental não provido. 18/06/2014 T5 – QUINTA TURMA. Ministro MOURA RIBEIRO (1156) AgRg no REsp 1382230 / PR AGRAVO REGIMENTAL NO RECURSO ESPECIAL 2013/0156061-4.

Lembrando, mais uma vez, que as decisões supracitadas são anteriores à descaracterização dos carregadores como acessórios de arma de fogo efetivada por meio do Decreto Federal nº 10.627/21. Foram elas mantidas em virtude da discussão sobre a questão do princípio de insignificância pois auxiliam na compreensão sobre a posse de outros acessórios apenas. Em relação aos carregadores operou-se, portanto, a *abolitio criminis* a ser analisada em tópico específico mais a frente.

A suficiência da posse ou guarda de apenas um dos objetos elencados no tipo para a configuração do crime não significa, entretanto, que não seria possível, diante das circunstâncias apresentadas pelo caso em concreto e no entender de posicionamentos jurisprudenciais, o reconhecimento da **insignificância penal da conduta que conduza à atipicidade material dos fatos**. Neste sentido:

STF

HC 133984, Relator(a): Min. CÁRMEN LÚCIA, Segunda Turma, julgado em 17/05/2016, PROCESSO ELETRÔNICO DJe-112 DIVULG 01-06-2016 PUBLIC 02-06-2016; STF – HC 132876, Relator(a): Min. RICARDO LEWANDOWSKI, 2ª Turma, julgado em 16/05/2017, PROCESSO ELETRÔNICO DJe-116 DIVULG 01-06-2017 PUBLIC 02-06-2017; STF – RHC 143449, Relator(a): Min. RICARDO LEWANDOWSKI, 2ª Turma, julgado em 26/09/2017, PROCESSO ELETRÔNICO DJe-231 DIVULG 06-10-2017 PUBLIC 09-10-2017.

STJ

No entanto, como mencionado na decisão, quanto ao art. 16 da Lei n. 10.826/2003, **não houve a apreensão de nenhum armamento, mas apenas a de um carregador de pistola, de 9mm.** Sabe-se que a Sexta Turma do Superior Tribunal de Justiça, alinhando-se ao Supremo Tribunal Federal, tem entendido pela possibilidade da aplicação do princípio da insignificância aos crimes previstos na Lei n. 10.826/2003, a despeito de serem delitos de mera conduta, afastando, assim, a tipicidade material da conduta, quando evidenciada flagrante desproporcionalidade da resposta penal (AgRg no HC n. 545.374/SP, Ministro Nefi Cordeiro, Sexta Turma, DJe 9/3/2020). Nesse sentido: PENAL E PROCESSUAL PENAL. AGRAVO REGIMENTAL EM HABEAS CORPUS. **CRIME DE POSSE ILEGAL DE MUNIÇÃO DE USO RESTRITO. CRIME DE PERIGO ABSTRATO. PRINCÍPIO DA INSIGNIFICÂNCIA. 11 CARTUCHOS. AUSÊNCIA DE ARMAS APTAS PARA DISPARAR. POSSIBILIDADE.** PRECEDENTES DA SEXTA TURMA. 1. A Sexta Turma do Superior Tribunal de Justiça, alinhando-se ao Supremo Tribunal Federal, tem entendido pela incidência do princípio da insignificância aos crimes previstos na Lei n. 10.826/2003, afastando a tipicidade material da conduta, quando evidenciada flagrante desproporcionalidade da resposta penal. 2. **Ainda que formalmente típica, a apreensão de 11 cartuchos não é**

capaz de lesionar ou mesmo ameaçar o bem jurídico tutelado, mormente porque ausente armamento capaz de deflagrar o projétil encontrado em poder do agente. 3. Agravo regimental improvido. (AgRg no HC n. 496.066/SC, de minha relatoria, Sexta Turma, DJe 26/4/2019) Nesse precedente supracitado, da mesma forma que o presente caso, não houve a apreensão de armamento. AgInt no HABEAS CORPUS Nº 570.898 – RJ (2020/0080620-0) MINISTRO SEBASTIÃO REIS JÚNIOR. 23 de junho de 2020

A apreensão de **ínfima quantidade de munição desacompanhada de arma de fogo, excepcionalmente, a depender da análise do caso concreto, pode levar ao reconhecimento de atipicidade da conduta, diante da ausência de exposição de risco ao bem jurídico tutelado pela norma**.

Julgados: REsp 1735871/AM, Rel. Ministro NEFI CORDEIRO, SEXTA TURMA, julgado em 12/06/2018, DJe 22/06/2018; HC 442036/SP, Rel. Ministra MARIA THEREZA DE ASSIS MOURA, SEXTA TURMA, julgado em 12/06/2018, DJe 19/06/2018; AgRg no HC 440820/RS, Rel. Ministro REYNALDO SOARES DA FONSECA, QUINTA TURMA, julgado em 07/06/2018, DJe 15/06/2018; AgRg no REsp 1733440/SP, Rel. Ministro JOEL ILAN PACIORNIK, QUINTA TURMA, julgado em 17/05/2018, DJe 01/06/2018; HC 430276/MG, Rel. Ministro RIBEIRO DANTAS, QUINTA TURMA, julgado em 24/05/2018, DJe 30/05/2018; REsp 1654386/RS, Rel. Ministro JORGE MUSSI, QUINTA TURMA, julgado em 22/05/2018, DJe 28/05/2018.

TJSP

Também não se pode perder de vista, no caso destes autos, que **o paciente é policial militar em pleno exercício da função** e não se compreenderia que, estando ainda em atividade, viesse a ser processado criminalmente pela **posse de singela arma de fogo "Rossi" calibre "22", desmuniciada, cuja arma o laudo de fl. 37, diferentemente da denúncia, definiu como "uma garrucha de 02 canos de 03 polegadas..." e que, tal como foi registrado no BO de fl. 20, "estava em mau estado de conservação"**. "HABEAS CORPUS" n.º 990.08.088566-9. Segunda Câmara Criminal do Tribunal de Justiça do Estado de São Paulo. 19/01/2009. Relator: Antonio Luis Pires Neto.

Ressalte-se, porém, que a **matéria não é pacífica** havendo também diversos julgados em sentido contrário, ou seja, no sentido de **não se reconhecer o princípio da insignificância**, e consequente atipicidade da conduta, mesmo nos casos de baixo potencial lesivo do objeto localizado em poder do autor:

STJ

A simples conduta de possuir ou de portar arma, acessório ou munição é suficiente para a configuração dos delitos previstos nos arts. 12, 14 e 16 da Lei n. 10.826/2003, sendo inaplicável o princípio da insignificância.

Julgados: HC 414618/PR, Rel. Ministro JOEL ILAN PACIORNIK, QUINTA TURMA, julgado em 20/02/2018, DJe 02/03/2018; HC 430274/ MG, Rel. Ministro RIBEIRO DANTAS, QUINTA TURMA, julgado em 06/03/2018, DJe 12/03/2018; AgRg no HC 413017/MS, Rel. Ministro REYNALDO SOARES DA FONSECA, QUINTA TURMA, julgado em 06/02/2018, DJe 14/02/2018; AgRg no REsp 1604114/RJ, Rel. Ministro ROGERIO SCHIETTI CRUZ, SEXTA TURMA, julgado em 28/11/2017, DJe 04/12/2017; REsp 1699710/MS, Rel. Ministro MARIA THEREZA DE ASSIS MOURA, SEXTA TURMA, julgado em 07/11/2017, DJe 13/11/2017; AgRg no REsp 1386771/PR, Rel. Ministro NEFI CORDEIRO, SEXTA TURMA, julgado em 05/09/2017, DJe 13/09/2017.

Vale lembrar ainda que as decisões supracitadas a respeito da insignificância penal de condutas relacionadas ao crime de posse irregular de arma de fogo tiveram como foco apenas a lesão ao bem jurídico incolumidade pública, todavia, nos casos de **crimes militares, além do bem jurídico originalmente tutelado** pela norma penal comum, há **necessidade da análise adicional** das questões concernentes à **tutela da regularidade das instituições militares**.

Em relação a tais questões, a **jurisprudência penal militar** tem, em regra, **afastado o reconhecimento do princípio da insignificância na esfera castrense** em delitos relacionados a material bélico tradicionalmente previstos no Código Penal Militar, a exemplo dos casos de peculato culposo, ainda que as condutas praticadas pelos militares se limitem apenas ao extravio ou perda de carregadores (acessórios) e munições. Tais entendimentos podem sinalizar a direção a ser tomada pela jurisprudência em relação ao reconhecimento, ou não, da insignificância das condutas relacionadas aos **crimes militares por afetação da regularidade das instituições militares** decorrentes dos tipos previstos no Estatuto do Desarmamento:

> TJMSP
>
> POLICIAL MILITAR. **EXTRAVIO CULPOSO DE MUNIÇÃO**. APELAÇÃO DO MINISTERIO PÚBLICO. PEDIDO DE CONDENAÇÃO NOS TERMOS DO ARTIGO 265 C.C O ARTIGO 266 DO CÓDIGO PENAL MILITAR. SUMIÇO DE MUNIÇÃO. DEVER DE CUIDADO OBJETIVO. NEGLIGÊNCIA. PRINCÍPIO DA ESPECIALIDADE ATENDIDO. CONDENAÇÃO. CONCESSÃO DE SURSIS POR 2 ANOS, COM AFASTAMENTO DA ALÍNEA "C" DO ARTIGO 626, DO CÓDIGO DE PROCESSO PENAL MILITAR. Policial militar que alega que ao retornar das férias, notou ter sido extraviado **os dois carregadores de munições. 40.** Crime de extravio culposo de armamento, incidindo nas penas dos arts. 265 e 266, do Código Penal Militar. Ausência do dever de cuidado de policial militar com material bélico que configura negligência. Imputação culposa. Material pertencente ao Estado não localizado. Condenação. Pena mínima, com sursis. Sentença modificada. [...] Verifica-se nos autos que o Apelante, ao sair de férias, num momento de negligência, quebrou o dever objetivo de cuidado, resultando no extravio de munição que lhe havia sido entregue pela Administração Pública Militar. Vislumbra-se que ele não tinha qualquer interesse no resultado danoso – e portanto não há que se cogitar em dolo –, porém, concorreu de maneira culposa para o extravio do carregador e munições. A atitude negligente do Apelante é patente e indiscutível. O princípio da especialidade conduz à conclusão de que praticou o delito do artigo 265, c.c. o artigo 266, do Código Penal Militar, o extravio de armamento, e não o peculato culposo, do artigo 303, § 4º, do Código Penal Militar, como pretende a Defesa. O legislador, ao instituir o delito previsto no artigo 265, do supradito diploma legal, bem como sua forma culposa (art. 266, do mesmo Código), trouxe as elementares do tipo: "munição" e "armamento". **Visou o legislador proteger não somente aqueles bens patrimoniais especificados nos dispositivos penais, mas, sobretudo, garantir um tratamento singular em relação à posse e ao uso de armas e munições em carga dos agentes estatais. Atualmente, o controle do armamento em circulação no Estado se constitui em uma das principais ocupações do sistema de segurança pública e da sociedade nos tempos modernos.** Há um intenso grau de desvalor no ato de extraviar, no qual não é observado o dever de cuidado com a arma sob sua guarda. **A conduta do recorrido foi criadora de um risco não permitido e ofensivo à ordem militar, a qual exige o devido acautelamento do material bélico, o que larga e habitualmente divulgado a todos os policiais militares, até para resguardo de suas próprias vidas.** APELAÇÃO nº 0002827-50.2018.9.26.0040 (controle nº 7.626/18), 11 de abril de 2019. Segunda Câmara. AVIVALDI NOGUEIRA JUNIOR

POLICIAL MILITAR – **EXTRAVIO DE MUNIÇÃO – MODALIDADE CULPOSA** – OFERECIMENTO DE DENÚNCIA – REJEIÇÃO – APLICAÇÃO DO PRINCÍPIO DA INSIGNIFICÂNCIA – CONDUTA CONSIDERADA COMO TRANSGRESSÃO DISCIPLINAR – ARQUIVAMENTO – RECURSO EM SENTIDO ESTRITO INTERPOSTO PELO MINISTÉRIO PÚBLICO – **EXISTÊNCIA DE TIPIFICAÇÃO ESPECÍFICA PARA O CASO CONCRETO – INAPLICABILIDADE DO PRINCÍPIO DA INSIGNIFICÂNCIA NA SEARA MILITAR** – IMPOSSIBILIDADE DO BENEFÍCIO PREVISTO NO ART. 260 DO CÓDIGO PENAL MILITAR – AUTORIA E MATERIALIDADE DEMONSTRADAS – RECURSO PROVIDO Policial militar foi acusado de concorrer culposamente para o extravio de material bélico (carregador de pistola municiado) pertencente à Corporação e que estava sob sua guarda, caracterizando o crime previsto no art. 265 e art. 266, ambos do Código Penal Militar. O Ministério Público ofereceu a denúncia, porém, o MM. Juiz de Direito a rejeitou, sob o fundamento de que a conduta do miliciano configurou apenas transgressão disciplinar (art. 260, CPM), devido ao prejuízo de pequena monta, aplicando por analogia o princípio da insignificância, arquivando o IPM. As argumentações da D. Promotoria são procedentes e sustentam a existência de fortes elementos que revelam a autoria e a materialidade do tipo penal descrito na exordial, justificando a instauração da ação penal, nos termos do art. 77, do CPPM. Aplica-se ao caso concreto o princípio da especialidade, segundo entendimento jurisprudencial, enquanto que o princípio da insignificância não se aplica à seara militar. **Ademais, nesta Especializada afasta-se a possibilidade de considerar como transgressão disciplinar o extravio de armamento, haja vista a gravidade das consequências decorrentes, tanto para os valores militares como para a incolumidade pública.** O recebimento da denúncia não implica, automaticamente, juízo de condenação. Recurso em Sentido Estrito nº 0000942-94.2019.9.26.0030 (Controle nº 1.508/19), PAULO ADIB CASSEB 06 de agosto de 2019.vu

Penal Militar. Extravio culposo de armamento (art. 265 c.c. 266, ambos do Código Penal Militar). Sentença absolutória nos termos do artigo 439, alínea "b", do Código de Processo Penal Militar. Apelação interposta pelo Ministério Público. Materialidade e autoria comprovadas. Culpa devidamente caracterizada. **Conduta que não pode ser considerada irrelevante, tampouco autoriza a aplicação do princípio da insignificância. 1. Ainda que o extravio de um carregador e de catorze munições tenham teoricamente potencial lesivo menor do que o extravio de uma arma, a conduta do agente igualmente traz periculosidade social, além de ser reprovável o seu comportamento. 2. A jurisprudência dessa E. Corte afasta o princípio da insignificância aos crimes militares em razão da especificidade do bem jurídico tutelado pelo tipo penal incriminador, o qual, em última análise, transcende a função militar para abarcar a própria moralidade administrativa.** 3. Nítido nexo causal entre a conduta, claramente marcada pela falta de precaução e pelo não cumprimento do dever de cuidado objetivo, e o resultado danoso alcançado, plenamente previsível e evitável não só pelo apelado, que é policial militar, como pela média da sociedade por intermédio da diligência e perspicácia comum. 4. Recurso ministerial provido. APELAÇÃO Nº 0000557-83.2018.9.26.0030 (7.617/2018) RELATOR: JUIZ ORLANDO EDUARDO GERALDI. 21 de março de 2019

Por fim, em relação aos objetos materiais do crime de posse irregular de munição interessante destacar ainda que não raras vezes são proferidas decisões que classificam os **coletes de proteção balística** como "acessórios" reconhecendo-se, assim, que a posse ou guarda destes, em desacordo com as prescrições ou normas regulamentares, tipificaria os crimes de posse (art. 12) ou porte (art. 14) de acessório de uso permitido ou porte (art. 16) de acessório de uso restrito a depender do nível de proteção do colete em questão. Exemplificando tais raciocínios apresenta-se a decisão abaixo proferida no âmbito do Tribunal de Justiça de São Paulo:

TJSP

"Deram parcial provimento ao recurso do Réu para absolve-lo da acusação quanto à posse de arma de fogo de uso restrito, **mantidas a condenação e a pena pelo porte de equipamento de proteção balística de uso restrito (colete)**; 2. Deram provimento ao recurso do Ministério Público para, excluindo-se a aplicação da causa especial de diminuição de pena prevista no artigo 33, § 4º, da Lei nº 11.343/06, fixar a pena do crime de tráfico de drogas em 05 (cinco) anos de reclusão e 500 (quinhentos) dias-multa, calculados no seu mínimo legal, mantidos, no mais, os demais tópicos da condenação. V.U [...] Sendo assim, não há outra decisão senão a absolvição do Réu neste aspecto; contudo, a pena deve permanecer intacta. É que, em se tratando de crime de conduta múltipla, ainda permanece o fato de **posse de "colete balístico de uso restrito, sem autorização legal ou regulamentar"** (fls.02D, final do primeiro parágrafo), o qual: 1. Foi encontrado em poder do Réu; 2. não havia autorização legal para sua posse ou utilização, já que se trata de instrumento de uso restrito nos termos do artigo 16 (e não artigo 15 como equivocadamente consta da denúncia), inciso XX, do Dec. n° 3.665/00. Ante o exposto: 1. dá-se parcial provimento ao recurso do Réu para absolve-lo da acusação quanto à posse de arma de fogo de uso restrito, **mantidas a condenação e a pena pelo porte de equipamento de proteção balística de uso restrito (colete);** Apelação nº 0076781- 64.2010.8.26.0050, 8ª Câmara de Direito Criminal do Tribunal de Justiça de São Paulo 14 de junho de 2012 Zorzi Rocha RELATOR

Decisões no sentido da acima apresentada não correspondem às definições previstas nas normas regulamentares relativas ao tema. O Decreto Federal nº 10.030/19 define, de modo claro em seu anexo II, que os veículos, as blindagens e os **equipamentos de proteção balística** tratam-se de **tipos de Produtos Controlados pelo Exército (PCE) distintos da arma de fogo e de seus respectivos acessórios**. Ainda que todos sejam classificados como PCE, a diferenciação normativa demonstra a impropriedade na equiparação dos objetos para os fins penais do Estatuto do Desarmamento:

DECRETO FEDERAL Nº 10.030/19 (Aprova o Regulamento de Produtos Controlados)

ANEXO I

Art. 2º Para fins do disposto neste Regulamento, Produto Controlado pelo Comando do Exército – PCE é aquele que:

[...]

§ 1º Os PCE são classificados quanto:

a) ao tipo;

b) ao grupo; e

c) ao grau de restrição.

§ 2º s classificações dos PCE quanto ao tipo e ao grupo constam do Anexo II.

Art. 3º As definições dos termos empregados neste Regulamento são aquelas constantes do Anexo III.

ANEXO II

CLASSIFICAÇÃO DOS PRODUTOS CONTROLADOS PELO COMANDO DO EXÉRCITO

TIPO	GRUPO

ARMA DE FOGO	**Arma de fogo**
	Acessório
	Componente/peça
	Equipamento
ARMA DE PRESSÃO	Arma de pressão
	Acessório
EXPLOSIVO	Explosivos de ruptura
	Baixos explosivos (propelentes)
	Iniciador explosivo
	Acessório
	Equipamento de bombeamento
MENOS-LETAL	Arma
	Munição
	Equipamento
MUNIÇÃO	**Munição**
	Insumo
	Equipamento
PIROTÉCNICOS	Fogos de artifício
	Artifícios pirotécnicos
	Iniciador pirotécnico
PRODUTO QUÍMICO	Agente GQ
	Precursor AGQ
	PQIM
PROTEÇÃO BALÍSTICA	**Blindagem balística**
	Veículo
	Equipamento
OUTROS PRODUTOS	Outros

ANEXO III

[...]

Proteções balísticas: produto com a finalidade de deter o impacto ou modificar a trajetória de um projétil contra ele disparado.

[...]

Tipo de produtos controlados: é a classificação primária dos produtos controlados pelo Exército que os distingue em função de características e efeitos.

Em recente decisão, o **STJ** muito bem pontuou o tema estabelecendo de modo claro a natureza distinta dos objetos previstos nos tipos penais dos arts. 12, 14 e 16 do Estatuto do Desarmamento e a **atipicidade da conduta em relação aos coletes de proteção balística**:

STJ

HABEAS CORPUS Nº 539.984 – SP (2019/0310823-3) RELATOR: MINISTRO LEOPOLDO DE ARRUDA RAPOSO (DESEMBARGADOR CONVOCADO DO TJ/PE) IMPETRANTE: VERA LUCIA RIBEIRO ADVOGADO: VERA LÚCIA RIBEIRO – SP065597 IMPETRADO: TRIBUNAL DE JUSTIÇA DO ESTADO DE SÃO PAULO PACIENTE: JHONES ARAUJO FAUSTINO (PRESO) INTERES.: MINISTÉRIO PÚBLICO DO ESTADO DE SÃO PAULO DECISÃO Trata-se de habeas corpus, substitutivo de recurso especial, com pedido liminar, impetrado por JHONES ARAUJO FAUSTINO, contra v. acórdão proferido pelo eg. Tribunal de Justiça do Estado de São Paulo na Apelação n. 1501681-83.2017.8.26.0567. Depreende-se dos autos que o paciente foi sentenciado pela prática dos delitos previstos no art. 33, caput, da Lei n. 11.343/2006, e no art. 16, caput, da Lei n. 10.826/2003, c.c. o art. 69 do Código Penal, à pena total de 10 (dez) anos, 9 (nove) meses e 15 (quinze) dias de reclusão, a ser cumprida em regime inicial fechado (fls. 226-229). Irresignada, a Defesa interpôs apelação perante o eg. Tribunal de origem, que deu parcial provimento ao recurso, "apenas para reduzir a pena do crime de tráfico de drogas a seis (6) anos, nove (9) meses e vinte (20) dias de reclusão e seiscentos e oitenta (680) dias/multa, mantida no mais a sentença" (fl. 297), conforme v. acórdão de fls. 297-303, sem ementa. Daí o presente habeas corpus, no qual a impetrante afirma, em síntese, que "o porte de um colete balístico não configura fato típico do artigo 16 'caput' da Lei 10.826/2003, por não ser esse arma, munição ou acessório, destinando-se, ao revés, à proteção do tórax contra disparos efetuados por armas de fogo" (fl. 5). Alega que, "em que pese o brilhantismo do Venerando Acórdão, em razão dos fatos acima descritos e devidamente comprovados com a documentação encartada, em face da atipicidade da conduta do paciente com referencia ao artigo 16 "caput" da lei 10.826/2003, impõe a sua absolvição, e isso de oficio, em face desta conduta não se ajustar aos tipos penais previstos no Estatuto do Desarmamento, mantendo se apenas e tão somente, a condenação pelo crime de trafico" (fl. 6). Requer, ao final, a concessão da ordem, inclusive liminarmente, "para absolve-lo do crime de posse do colete balístico sem numeração e marca (...), descrito no artigo 16 'caput' da Lei 10.826, em face de sua atipicidade" (fl. 11) O pedido liminar foi indeferido às fls. 347-349. As informações foram acostadas às fls. 355-358 e 361-370. O Ministério Público Federal manifestou-se, às fls. 372-375, pela concessão da ordem, de ofício, conforme r. parecer assim ementado: "HABEAS CORPUS SUBSTITUTIVO DE RECURSO ESPECIAL. DESCABIMENTO. TRÁFICO DE DROGAS E POSSE ILEGAL DE ACESSÓRIO DE USO RESTRITO. ART. 16, CAPUT, DA LEI 10.826/2003. **COLETE BALÍSTICO. NÃO CONFIGURAÇÃO DE FATO TÍPICO. ABSOLVIÇÃO QUE SE IMPÕE. CONSTRANGIMENTO ILEGAL.** NÃO CONHECIMENTO DO WRIT E CONCESSÃO DA ORDEM, DE OFÍCIO." É o relatório. Decido. A Terceira Seção desta Corte, segundo entendimento firmado pela Primeira Turma do col. Pretório Excelso, firmou orientação no sentido de não admitir habeas corpus em substituição ao recurso adequado, situação que implica o não conhecimento da impetração, ressalvados casos excepcionais em que, configurada flagrante ilegalidade, seja possível a concessão da ordem de ofício. Tal posicionamento tem por objetivo preservar a utilidade e eficácia do habeas corpus como instrumento constitucional de relevante valor para proteção da liberdade da pessoa, quando ameaçada por ato ilegal ou abuso de poder, de forma a garantir a necessária celeridade no seu julgamento. Assim, incabível o presente mandamus, porquanto substitutivo de recurso especial. Em homenagem ao princípio da ampla defesa, contudo, necessário o exame da insurgência, a fim de se verificar eventual constrangimento ilegal passível de ser sanado pela concessão da ordem, de ofício. Busca-se, na presente impetração, em síntese, o reconhecimento da atipicidade da conduta perpetrada pelo paciente, de porte de colete balístico e, por consequência, sua absolvição da prática do delito previsto no art. 16, caput, da Lei n. 10.826/2003. Para delimitar a quaestio, confira-se como se consignou no v. acórdão ora reprochado, verbis (fl. 302): "E respondendo indagação da defesa, saliento que o colete da Polícia Civil, encontrado no interior do quarto do Agravante, é acessório de uso restrito, de modo que a sua posse tipifica o delito capitulado no artigo 16, "caput", da Lei nº 10.826/03." O art. 16, caput, da Lei n. 10.826/2003, pelo qual foi condenado o paciente, está assim redigido, verbis (grifei): "Art. 16. Possuir, deter, portar, adquirir, fornecer, receber, ter em depósito, transportar, ceder, ainda que gratuitamente, emprestar, remeter, empregar, manter sob sua guarda ou ocultar arma de fogo, acessório ou munição de uso restrito, sem autorização e em desacordo com determinação legal ou regulamentar: (Redação dada pela Lei nº 13.964, de 2019) Pena – reclusão, de 3 (três) a 6 (seis) anos, e multa." Depreende-se do dispositivo que, ao tipificar o porte ilegal de arma de fogo, equiparou à arma de fogo, o acessório e a munição. E, como se trata de norma penal em branco, depende de complementação por norma infralegal específica a fim de lhe dar condições para aplicação. Com isso, para esse e outros fins, o Poder Executivo Federal publicou o **Decreto n. 3.665/2000, cuja vigência, atualmente, é dada pelo texto do Decreto n. 10.030/2019,** o qual apresenta, em seu Anexo III, a seguinte definição para acessório: "Acessório de arma de fogo: artefato que, acoplado a uma arma, possibilita a melhoria do desempenho do atirador, a modificação de um efeito secundário do tiro ou a modificação do aspecto visual da arma." Além disso, constata-se, no Anexo II do referido Decreto n. 10.030/2019, **que o produto controlado pelo Comando do Exército do tipo Proteção Balística (aqui incluídos os coletes), são divididos em três grupos: blindagem balística, veículo e equipamento, não fazendo menção ao grupo acessório. Verifica-se, dessa forma, que os coletes balísticos, destinados à proteção contra armas de fogo, não se enquadram no conceito de acessórios, mas sim no de equipamentos, não se adequando, dessarte, aos tipos penais previstos no Estatuto do Desarmamento**. Nesse sentido, também, é o parecer do il. membro do Parquet federal, verbis (fls. 374-375): "Com efeito, o ora paciente foi condenado pelo delito de tráfico de drogas e, ainda, por posse ilegal de acessório de uso restrito, por ter sido encontrado em sua residência um colete da Polícia Civil, sem número de série. **Ocorre que os coletes balísticos, tanto os de uso permitido quanto os de uso restrito, são destinados à proteção contra as armas de fogo, não se enquadrando, assim, no conceito de acessórios de arma. Dessa forma, a conduta pela qual foi condenado o ora paciente não se amolda ao tipo penal previsto no Estatuto do Desarmamento, por não ser o referido colete arma, munição ou acessório para arma." Conclui-se, portanto, pela atipicidade da conduta imputada ao sentenciado de porte de colete balístico.** Desse modo, patente o constrangimento ilegal sofrido pelo ora paciente, no ponto. Ante o exposto, não conheço do habeas corpus. Contudo, concedo a ordem, de ofício, para absolver o paciente, com fulcro no art. 386, III, do Código de Processo Penal, do delito a ele imputado previsto no art. 16, caput, da Lei n. 10.826/2003, por atipicidade de sua conduta – Ação Penal n. 1501681-83.2017.8.26.0567. P. I. Brasília, 13 de fevereiro de 2020. MINISTRO LEOPOLDO DE ARRUDA RAPOSO (DESEMBARGADOR CONVOCADO DO TJ/PE) Relator

Não há dúvidas, portanto, de que os coletes de proteção balística, apesar de caracterizarem um dos tipos de Produto Controlado pelo Exército (PCE), são definidos como equipamentos pertencentes a grupo e tipo de PCE nitidamente diverso dos relacionados às armas de fogo, acessórios e munições, não sendo, portanto, a eles equiparados.

Assim, a **posse ou porte de coletes balíticos não tipificam**, de nenhum modo, os **crimes previstos nos arts. 12, 14 ou 16 do Estatuto do Desarmamento**.

Residência ou local de trabalho:

A **diferenciação** do presente tipo penal (**posse irregular**) de arma de fogo, acessório ou munição de uso permitido para o tipo penal previsto no art. 14 do Estatuto (**porte ilegal de uso permitido**) reside basicamente na **definição do local** no qual o sujeito ativo possui, ou mantém sob sua guarda, a arma de fogo, o acessório ou a munição de uso permitido. Para que reste configurado o presente tipo penal de **posse irregular** de arma de fogo, acessórios ou munição de uso permitido é necessário que o **objeto se encontre no interior da residência** do sujeito ativo, na **dependência desta**, ou, ainda, no seu **local de trabalho**, sendo que neste último caso há necessidade de que o sujeito ativo seja o titular ou o responsável legal do estabelecimento ou empresa. Caso as condutas nucleares sejam praticadas em local diverso dos supracitados, estar-se-á diante do tipo penal de porte ilegal de arma de fogo de uso permitido (art. 14 do Estatuto) e não de posse irregular de arma de fogo de uso permitido (art. 12 do Estatuto):

> STJ
>
> Não se pode confundir posse de arma de fogo com o porte de arma de fogo. Com o advento do Estatuto do Desarmamento, tais condutas restaram bem delineadas A posse consiste em manter no interior de residência (ou dependência desta) ou no local de trabalho a arma de fogo. O porte, por sua vez, pressupõe que a arma de fogo esteja fora da residência ou local de trabalho (Precedentes)" (Resp nº 982089-RS, Rel. Min. Felix A. Fischer, 5 Turma, j. 30/05/08, VU.
>
> PENAL E PROCESSUAL PENAL. AGRAVO REGIMENTAL EM RECURSO ESPECIAL. ART. 14 DA LEI 10.826/2003. PORTE ILEGAL DE ARMAS DE FOGO DE USO PERMITIDO. ARMA DE FOGO ENCONTRADA DENTRO DO VEÍCULO DO RÉU – TAXISTA. PLEITO DE EXTENSÃO DO CONCEITO DE LOCAL DE TRABALHO. DESCLASSIFICAÇÃO PARA O DELITO DE POSSE IRREGULAR DE ARMA DE FOGO DE USO PERMITIDO. ART. 12 DA LEI 10.826/2003. IMPOSSIBILIDADE. CONFIGURAÇÃO DO DELITO DO ART. 14 DA LEI 10.826/2003. DECISÃO MONOCRÁTICA QUE DEU PROVIMENTO AO RECURSO ESPECIAL. ART. 557, § 1º-A, DO CPC. ALEGADA VIOLAÇÃO AO PRINCÍPIO DA COLEGIALIDADE. INEXISTÊNCIA. REVALORAÇÃO DO CONTEXTO FÁTICO-PROBATÓRIO INCONTROVERSO NOS AUTOS. POSSIBILIDADE. REEXAME DE PROVAS. NÃO OCORRÊNCIA. AGRAVO REGIMENTAL IMPROVIDO.
>
> V. A conduta fática incontroversa do agente taxista que transporta, no veículo de sua propriedade (táxi), arma de fogo de uso permitido, sem autorização e em desacordo com determinação legal ou regulamentar, é suficiente para caracterizar o delito de porte ilegal de arma de fogo de uso permitido, previsto no art. 14 da Lei 10.826/2003, afastando-se o reconhecimento do crime de posse irregular de arma de fogo de uso permitido (art. 12 da Lei 10.826/2003), uma vez que o táxi, ainda que seja instrumento de trabalho, não pode ser equiparável a seu local de trabalho. Precedentes do STJ. VI. Agravo Regimental improvido (STJ, AgRg no REsp 1341025/MG, Relator Ministra ASSUSETE MAGALHÃES, SEXTA TURMA, julgado em 06/08/2013, DJe 13/05/2014). (negritamos)

Em relação ao conceito de residência cumpre salientar que o tipo não exige que a posse ou a guarda seja concretizada na residência principal do sujeito ativo, reconhecendo-se a caracterização da posse e não do porte, em **qualquer das residências efetivamente utilizadas pelo sujeito ativo**. Trata-se de importante ponto tendo em vista que se tratando de militares, é frequente a utilização de moradias temporárias ou secundárias, especialmente nos casos em que o local de trabalho, ou seja, a unidade militar em que servem, situam-se em municípios distantes de sua residência principal.

E não apenas a residência, como também o local de trabalho, desde que presentes as condições específicas, será fator de distinção entre os crimes de posse irregular e porte ilegal de arma de fogo de uso permitido. Deste modo, consoante o disposto no art. 12 do Estatuto do Desarmamento, possuir ou manter sob guarda, irregularmente, arma de fogo, acessório ou munição, no local de trabalho, desde que seja o titular ou o responsável legal do estabelecimento ou empresa, trata-se de conduta também tipificada como posse irregular e não como porte ilegal de arma de fogo.

Por óbvio que sendo o local de trabalho dos militares suas respectivas unidades, ressalvada a figura – não inconteste – do Comandante, não poderiam ser, os demais militares que ali servem, considerados como seus titulares ou responsáveis legais. Não obstante, também imperativo reconhecer que a relação do militar com seu local de trabalho é peculiar e distinta da que a sociedade em geral mantém com os respectivos locais nos quais exercem suas profissões.

A própria legislação pátria reconhece esta distinção ao estabelecer, por meio do art. 76 do Código Civil, a unidade em que o militar serve como seu domicílio necessário:

> Código Civil
>
> Art. 76. Têm domicílio necessário o incapaz, o servidor público, o militar, o marítimo e o preso.
>
> Parágrafo único. O domicílio do incapaz é o do seu representante ou assistente; o do servidor público, o lugar em que exercer permanentemente suas funções; o do militar, onde servir, e, sendo da Marinha ou da Aeronáutica, a sede do comando a que se encontrar imediatamente subordinado; o do marítimo, onde o navio estiver matriculado; e o do preso, o lugar em que cumprir a sentença.

Ainda que os conceitos de residência e domicílio não se confundam, a previsão legal supracitada merece, ao menos, ser levada em consideração na análise do conceito local de trabalho, presente no tipo penal do art. 12, quando relacionada aos militares.

Mesmo considerando que o militar não seja o "titular" ou "responsável legal" de sua unidade, e que os conceitos de residência e de domicílio não se confundem, o fato do legislador ter equiparado, para efeitos de distinção entre os crimes de posse irregular e porte ilegal de arma de fogo, acessórios e munições de uso permitido, a residência ao local de trabalho daquele que seja o titular ou responsável legal da empresa, indica que a prática da conduta ilícita em tais ambientes, apesar de criminosa e violadora da segurança pública e paz social é, significativamente, menos lesiva do que a decorrento do porte ilegal de arma de fogo, acessório ou munição de uso permitido.

Essa valoração distinta do potencial lesivo das condutas, também merece ser considerada na análise da tipificação mais adequada (posse irregular ou porte ilegal) em relação à conduta dos militares que possuem ou mantém sob sua guarda armas de fogo, acessórios ou munições no interior das unidades em que servem.

A respeito do tema, na jurisprudência anterior ao advento da Lei Federal nº 13.491/17 que atualizou e equalizou as legislações penais comum e militar e passou a tipificar os **crimes militares por afetação**, é possível encontrar posicionamentos tanto no sentido de reconhecimento da unidade militar como local que caracterize o tipo penal previsto no art. 12 do Estatuto (posse irregular), quanto em sentido diverso, ou seja, de reconhecimento de que caracterizariam a conduta de porte ilegal do armamento, acessório ou munição (arts. 14 do Estatuto).

No sentido do não reconhecimento da unidade militar como residência ou local de trabalho que caracterizaria a conduta como crime de posse irregular, consoante o disposto no art. 12 do Estatuto do Desarmamento, definindo-a, ao contrário, como tipicamente adequada ao previsto no art. 14 do mesmo diploma (porte ilegal):

TJSP

PORTE ILEGAL DE ARMA DE FOGO. Desclassificação do delito para o previsto no artigo 12, da Lei n" 10.826/03, e trancamento da ação penal por atipicidade da conduta. Inadmissibilidade. **Hipótese em que o paciente portava arma de fogo, de uso permitido, nas dependências de batalhão da Polícia Militar, seu local de trabalho. Conduta que se amolda ao artigo 14, da referida lei.** Delito de posse de arma de fogo atingida pela vacatio legis, ademais, que exige que o agente possua ou mantenha guardada a arma no interior da residência ou, ainda, em seu local de trabalho, desde que seja o titular ou o responsável legal do estabelecimento ou empresa. Inocorrência no caso tratado nos presentes autos, que não se enquadra em nenhuma das hipóteses excepcionais dos artigos 30, 31 e 32, do Estatuto do Desarmamento. Constrangimento ilegal inexistente. Ordem denegada. TJSP. Habeas Corpus nº 990.10.062470-9. 5m Câmara de Direito Criminal do Tribunal de Justiça de São Paulo. 17 de junho de 2010. Relator TRISTÃO RIBEIRO

TJRS

APELAÇÃO-CRIME. **PORTE ILEGAL DE MUNIÇÃO DE USO PERMITIDO. ART. 14, DA LEI Nº 10.826/03.** PERÍCIA. DESNECESSIDADE. MATERIALIDADE DELITIVA DEMONSTRADA. CONDENAÇÃO. PRESCRIÇÃO RETROATIVA. I – Dispensável a perícia para comprovação da materialidade delitiva. O delito de porte ilegal de arma de fogo, acessório ou munição, por ser de mera conduta e perigo abstrato, consuma-se com a mera realização das condutas previstas no tipo penal. O artigo não estabelece qualquer elemento ou condição para as ações nele descritas sejam consideradas crimes. Assim, desnecessária a perícia nos cartuchos para demonstração da sua potencialidade lesiva. II – Relatos dos policiais militares, colhidos sob o crivo do contraditório e da ampla defesa, conferem certeza da **apreensão da munição em poder do réu, dentro do armário por ele mantido no Quartel da Brigada Militar**. Confissão parcial do réu. Aplicação da Súmula nº 545, do STJ. III – Em face da pena definitivamente aplicada (dois anos), impõe-se o reconhecimento da prescrição. O fato ocorreu em 2007, e a denúncia foi recebida apenas no ano de 2013. APELO MINISTERIAL PROVIDO. EXTINÇÃO DA PUNIBILIDADE PELA PRESCRIÇÃO. (Apelação Crime, Nº 70078863446, Quarta Câmara Criminal, Tribunal de Justiça do RS, Relator: Rogerio Gesta Leal, Julgado em: 11-10-2018)

Em sentido oposto, ou seja, reconhecendo a unidade militar como local apto a tipificar a conduta como crime de posse irregular (art. 12) e não de porte ilegal (art. 14):

> TJSP
>
> O paciente, policial militar, foi **denunciado como incurso no art. 14 da Lei 10.826/2003**, porque, em 23/06/2008, teria sido surpreendido **no interior do alojamento da Companhia da Polícia Militar da cidade onde estava lotado, trazendo consigo, sem autorização legal, um revólver "Rossf, calibre "22", desmuniciado, além de duas cápsulas de arma de fogo de mesmo calibre**.
>
> As informações prestadas pelo Juízo impetrado confirmaram que a apreensão ocorreu nas circunstâncias mencionadas acima, ou seja, no interior daquele alojamento da Polícia Militar. [...] **Na espécie destes autos, em que o paciente está sendo processado por infração do art. 14 da Lei 10.826/2003 (porte ilegal de arma de fogo de uso permitido), constata-se que houve erro**, perceptível "primo ictu oculí", na classificação da conduta descrita na denúncia, **posto tratar-se de posse de arma, uma vez que, inequivocamente, aquela apreensão de revólver e munição ocorreu nas dependências do local de trabalho do paciente, na sede da Companhia da Polícia Militar da aprazível Itapeva, pelo que, naturalmente, essa conduta se enquadra no tipo do art. 12 da mesma lei**. "HABEAS CORPUS" n.° 990.08.088566-9. Segunda Câmara Criminal do Tribunal de Justiça do Estado de São Paulo. 19/01/2009. Relator Antonio Luis Pires Neto.

Entendemos, utilizando-se de uma interpretação teleológica e em virtude das características do local de trabalho dos militares, qual seja, **o interior da unidade em que servem**, que esta deva ser equiparada, para os efeitos penais ora em comento, **à residência ou local de trabalho** equivalente de modo que, em tais casos, seja caracterizado o tipo de **posse irregular de arma de fogo, acessório ou munição de uso permitido**, nos termos pervistos pelo art. 12 do Estatuto do Desarmamento.

Além dos argumentos já apresentados e fundamentando o posicionamento aqui adotado, acresça-se as peculiaridades da relação do militar com seu local de trabalho haja vista que, na sua unidade, o militar usufrui, em regra, de alojamentos, armários individuais e até estrutura para pernoitar quando assim o desejar, a exemplo de camas e instalações sanitárias e de higiene. Também não são raros os casos em que militares efetivamente passam a residir, ainda que temporariamente, nas unidades militares em que servem recebendo, inclusive, um alcunha específica e amplamente conhecida no âmbito de caserna exatamente pela frequência de tal prática ("laranjeiras").

Ademais, diferentemente dos demais locais de trabalho, em uma unidade militar é plenamente compreensível, e até esperado, que existam armas de fogo, acessórios e munições, obviamente de forma lícita e regularizada. Deste modo, não parece razoável considerar menos grave a lesão ao bem jurídico relacionado à incolumidade, segurança ou paz pública presente na conduta praticada por um civil, proprietário, que possui uma arma de fogo em desacordo com prescrições legais, em um estabelecimento empresarial qualquer (ambiente no qual sequer é esperada a presença de armas de fogos, acessórios ou munições) do que a conduta de um militar que possui ou mantem sob sua guarda, ainda que de forma irregular mas em sua unidade militar, uma arma de fogo, acessório ou munição de uso permitido.

Sem dúvidas que sendo o fato praticado em ambiente de caserna, haverá lesão à regularidade das instituições militares o que, obviamente, ensejará as consequências no âmbito penal militar. No entanto, a tipificação prevista pelo art. 12 do Estatuto do Desarmamento (posse irregular) parece mais adequada e proporcional frente a um eventual enquadramento dos fatos ao crime previsto no art. 14 do mesmo diploma legal (porte ilegal), tanto em relação à reprovabilidade da conduta quanto ao grau de ofensa aos bens jurídicos tutelados, direta e indiretamente, pela norma penal militar castrense.

Lembre-se, por fim, que conclusão e consequências absolutamente diversas devem ocorrer nos casos em que a posse ou a guarda ilegal pelo militar, na unidade em que serve, referir-se à arma de fogo, acessório ou munição de uso proibido, restrito ou a tais casos equiparados. Em tais hipóteses, a própria norma penal afasta a diferenciação decorrente do local tipificando sempre, e mais adequadamente, como porte ilegal o que acarreta a correlata reprovação mais gravosa (art. 16 do Estatuto).

Em desacordo com a determinação legal ou regulamentar:

Concluindo-se a análise dos elementos do tipo há que se observar o elemento normativo consistente na expressão "em desacordo com determinação legal ou regulamentar".

Como já mencionado no tópico relativo aos sujeitos passivos do presente tipo, em se tratando de civis, exceção feita às atividades elencadas no art. 9º do Estatuto do Desarmamento (atiradores, colecionadores, caçadores e representantes estrangeiros em competição internacional no território nacional), o descumprimento das determinações legais e regulamentares relacionadas à posse e guarda de arma de fogo, acessórios ou munições de uso permitido, não afeta, por si, a ordem administrativa militar nem, por consequência, **a manutenção das regularidade das instituições militares** tendo em vista que a regulamentação referente aos objetos de uso permitido relacionados ao tipo em comento, são atribuídas, em regra, a instituições (Polícia Federal) e sistemas civis (SINARM).

Isso não afasta, entretanto, a possibilidade de que os civis em geral (ou seja, não elencados no art. 9º do Estatuto) incorram na prática de crime militar, isto porque, adotando-se a perspectiva de que as alíneas do inciso III do art. 9º do Código Penal Militar combinadas com o tipo penal previsto no art. 12 do Estatuto do Desarmamento, teriam o condão de alterar as características do delito em tela transformando-o em crime de perigo concreto, poder-se-ia identificar a prática de **crime militar por afetação da regularidade das instituições militares** por civis nos casos em que a conduta fosse praticada em alguma das hipóteses previstas nas alíneas "b", "c" ou "d" do inciso III do art. 9º do CPM nos termos já apresentados no tópico relativo à análise do sujeito ativo do delito. Em resumo, os civis em geral podem, consoante este entendimento, incorrer na prática do crime militar de posse irregular de arma de fogo, acessório ou munição mas não em vista da "determinação legal ou regulamentar" que descumpriram, no caso deles emanadas por instituições civis (Polícia Federal em regra) e relacionadas ao sistema civil (SINARM), mas sim se incorrerem em alguma das hipóteses e circunstâncias previstas no inciso III do art. 9º do CPM (em lugar sujeito à administração militar por exemplo).

Mutatis mutandis, no mesmo tópico relativo à análise do sujeito passivo do presente tipo penal, explicou-se que as prescrições regulamentares para aquisição, registro e consequente posse das armas de fogo, acessórios ou munições de uso permitido destinadas aos militares estaduais e federais, da ativa, da reserva ou reformados são expedidas, e de competência legal, dos comandantes das respectivas instituições. Em sentido semelhante a regulamentação relativa aos Colecionadores, Caçadores e Atiradores, Representantes em competições (art. 9º do Estatuto) compete ao Comando do Exército Brasileiro.

Por tal motivo, entende-se que a posse ou guarda dos referidos objetos, pelos **militares ou civis nas condições elencadas pelo art. 9º do Estatuto do Desarmamento**, na sua residência, no seu local de trabalho do qual seja o titular ou responsável legal ou ainda na unidade militar em que serve, em desacordo com a determinação legal ou regulamentar, caracterizaria, por todos os motivos acima expostos, o **crime militar de posse irregular de arma de fogo, acessório ou munição por afetação da regularidade das instituições militares** em virtude da subsunção dos fatos à hipótese elencada na alínea "e" do inciso II (militares da ativa) ou alínea "a" do inciso III (militares da reserva ou reformados) do art. 9º do Código Penal Militar decorrente do reconhecimento, independente do lugar ser sujeito ou não a administração militar, da conduta ser praticada contra a ordem administrativa militar.

Diante desta subsunção torna-se despicienda a análise das demais hipóteses previstas nos incisos II e III do art. 9º por manter-se o tipo, combinado com as alíneas "e" do inciso II (militares da ativa) ou alínea "a" do inciso III (militares da reserva ou reformados), as características de infração penal de perigo abstrato.

Afora os pontos acima explanados que focam nas diferentes consequências do descumprimento das "prescrições legais e regulamentares" no tipo em questão a depender do sujeito ativo do crime (característica inclusive do direito penal militar como um todo), conclui-se a abordagem do elemento normativo discorrendo-se sobre uma outra questão, qual seja, a possibilidade de que **simples irregularidades ou inobservância de questões administrativas** possam tipificar, ou não, o crime de posse irregular de arma de fogo, acessório ou munição.

Neste sentido, tratando-se o crime previsto no art. 12 do Estatuto do Desarmamento de **norma penal em branco heterogênea**, ao menos sob uma perspectiva formal, **qualquer irregularidade administrativa** relativa ao procedimento de aquisição, cadastro, registro ou posse da arma de fogo, do acessório ou da munição, inclusive em relação à prazos, poderia acarretar na tipificação do delito que prevê, de modo amplo, a expressão "**em desacordo com as prescrições legais e regulamentares**" como elemento normativo do tipo.

O tema tem sido tratado na jurisprudência pátria de modo muito ponderado de modo que cumpre ao magistrado, diante do caso concreto, verificar se a irregularidade administrativa constatada seria apta a caracterizar a tipicidade material da conduta.

Em decisão de 2013 o **STJ reconheceu atipicidade da conduta**, com fundamento no princípio da intervenção mínima, em relação à apreensão de munições em poder do agente que, apesar de restar demonstrado o "desacordo com as determinações legais e regulamentares" não se configurou, no entender do Tribunal, como capaz de tipificar o crime previsto no art. 14 do Estatuto:

> STJ
>
> ESTATUTO DO DESARMAMENTO. TRANSPORTE DE MUNIÇÃO PARA SER USADA EM ESPINGARDA CALIBRE 12, DEVIDAMENTE LEGALIZADA E REGISTRADA NO SISTEMA DE ARMAS. PRINCÍPIO DA INTERVENÇÃO MÍNIMA. 1. Esta Corte consolidou o entendimento de que para a caracterização do delito previsto no artigo 14 da Lei nº 10.826/03 é irrelevante se a munição possui ou não potencialidade lesiva, por se tratar de delito de perigo abstrato, pouco importando se estava acompanhada de arma de fogo para a sua efetiva utilização. 2. O Direito Penal somente deve se preocupar com os bens jurídicos mais importantes e necessários à vida em sociedade, interferindo o menos possível na vida do cidadão. É a última entre todas as medidas protetoras a ser considerada, devendo ser as perturbações mais leves objeto de outros ramos do Direito. 3. Na hipótese dos autos, verifico que a arma para a qual se destinava a munição era devidamente registrada em nome do recorrido no Sistema de Armas não sendo razoável punir o transporte da munição destinada ao seu uso. 4. Recurso especial a que se nega provimento.
>
> Contudo, no presente caso, tenho que devam ser levadas em consideração algumas premissas, quais sejam, que se trata de munição de uso permitido, calibre 12, para uso em arma legalizada do mesmo calibre, registrada no Sistema de Armas, em nome do réu, consoante fl. 30 dos autos em apenso (2005.71.06.002548-9), arma essa que não se encontrava com o réu quando da apreensão da munição; a quantidade de munição apreendida (25 cartuchos) é relativamente pequena; não se trata de contrabando de munições, mas de aquisição para uso próprio e, por fim, o que se depreende da prova dos autos é que a conduta do agente, ao adquirir munição a preços mais baixos no estrangeiro, visava unicamente a elisão tributária, e não a afronta à legislação sobre porte e uso de armas em território nacional. Como se pode observar, sem necessidade do exame aprofundado do material fático-probatório, vedado nesta instância a teor da Súmula nº 7 do STJ, verifico que a munição destinava-se à arma legalizada e do mesmo calibre, devidamente registrada no Sistema de Armas em nome do recorrido (apenso – fls. 31/32) – espingarda calibre 12 – de uso permitido e muito comum para caça de animais. STJ. T6 – SEXTA TURMA. Ministro OG FERNANDES (1139)
>
> REsp 1228545 / RS RECURSO ESPECIAL.2011/0013879-5 JULGAMENTO: 18/04/2013

Mais recentemente, no Informativo nº 570 do STJ foi apresentada decisão proferida em sede de Recurso Ordinário em Habeas Corpus que também exemplifica a necessidade de análise deste elemento normativo do tipo de acordo com as circunstâncias do caso concreto:

> STJ
>
> Informativo nº 0570
>
> Período: 1º a 14 de outubro de 2015.
>
> DIREITO PENAL. TIPICIDADE DA CONDUTA DE POSSE ILEGAL DE ARMA DE FOGO DE USO PERMITIDO COM REGISTRO VENCIDO.
>
> **A conduta do agente de possuir, no interior de sua residência, armas de fogo e munições de uso permitido com os respectivos registros vencidos pode configurar**

o crime **previsto no art. 12 do Lei 10.826/2003** (Estatuto **do** Desarmamento). De fato, o cidadão, para ser autorizado a adquirir arma de fogo de uso permitido, deverá preencher os requisitos previstos nos incisos I, II e III do art. 4° da Lei 10.826/2003, quais sejam: a) comprovação de idoneidade, com apresentação de certidões negativas de antecedentes criminais e de não estar respondendo a inquérito policial ou a processo criminal; b) apresentação de documentos comprobatórios de ocupação lícita e de residência certa; e c) capacidade técnica e aptidão psicológica para o manuseio do artefato. Ademais, mesmo que previamente autorizado a adquirir, somente poderá manter a posse de arma de fogo de uso permitido mediante certificado de registro federal, documento temporário, que deve ser renovado por meio da comprovação periódica dos mesmos requisitos mencionados. Nesse contexto, estabelece o art. 12 do Estatuto do Desarmamento ser proibido possuir ou manter sob sua guarda arma de fogo, acessório ou munição, de uso permitido, em desacordo com determinação legal ou regulamentar, no interior de sua residência ou dependência desta, ou, ainda, no seu local de trabalho, desde que seja o titular ou o responsável legal do estabelecimento ou empresa. Contudo, a temática referente à tipicidade na hipótese de registro expirado é controvertida nesta Corte. No julgamento do HC 294.078-SP, DJe 4/9/2014, a Quinta Turma decidiu que possuir arma de fogo com registro vencido não é crime, mas apenas infração administrativa. No entanto, a compreensão deve ser dada de modo diverso. Isso porque, ao editar a Lei 10.826/2003, o legislador se interessou, expressamente, pela incolumidade pública – complexo de condições necessárias para a segurança e integridade pessoal dos indivíduos – e valorou tal interesse em uma norma (na hipótese, não possuir, de forma irregular, arma de fogo, acessório ou munição de uso permitido), tutelada pelo tipo penal previsto no art. 12 do Estatuto do Desarmamento. Não há controvérsia, assim, sobre a tipicidade formal da conduta em análise. Porém não se pode concluir, no incipiente momento do oferecimento da denúncia, que possuir arma de fogo com certificado federal vencido não é materialmente típico, a ponto de afastar o alcance do art. 12 do Estatuto do Desarmamento. A conduta delineada, além de formalmente típica, é antinormativa. Nesse passo, há doutrina afirmando que o juízo de tipicidade não é um mero juízo de tipicidade legal, mas que exige um outro passo, que é a comprovação da tipicidade conglobante, consistente na averiguação da proibição através da indagação do alcance proibitivo da norma, não considerada isoladamente, e sim conglobada na ordem normativa. Posto isso, quando o proprietário de arma de fogo deixa de demonstrar que ainda detém, entre outros requisitos, aptidão psicológica e idoneidade moral para continuar a possuir o armamento, representa, em tese, um risco para a incolumidade pública, de modo que a lei penal não pode ser indiferente a essa situação. Assim, sem investigar as peculiaridades de cada caso, é temerário afirmar, de forma automática e categórica, que não é crime possuir arma de fogo com registro expirado, máxime ante a finalidade do Estatuto do Desarmamento e porque não existe previsão de penalidade administrativa para tal conduta, não podendo a questão ser resolvida na seara administrativa. A Administração, ao contrário dos particulares, nada pode fazer senão o que a lei determina. Assim, a subsistir o entendimento de que tal conduta é materialmente atípica, os agentes públicos nem sequer poderiam adentrar na residência do particular para reaver as armas de fogo com registro vencido ou compeli-lo, por exemplo, a pagar multa. Sob diversa angulação, não é possível a aplicação, à hipótese, do princípio da adequação social, vetor geral de hermenêutica, segundo o qual, dada a natureza subsidiária e fragmentária do direito penal, não se pode reputar como criminosa uma ação ou omissão aceita e tolerada pela sociedade, ainda que formalmente subsumida a um tipo legal incriminador. Sem embargo de opiniões contrárias, possuir diversas armas de fogo e munições, de uso permitido, com certificados vencidos não é uma conduta socialmente tolerável e adequada no plano ético. Já sob a ótica do princípio da lesividade, tem-se, aqui, que o perigo à incolumidade pública é idêntico àquele ocasionado pelo agente que possui arma de fogo ou somente munições sem certificado. Em função dos próprios objetivos da Lei do Desarmamento, o postulado da insignificância deve ser aferido caso a caso, de forma excepcional, para verificar a presença dos vetores já assinalados pelo STF, tais como a mínima ofensividade da conduta, nenhuma periculosidade social da ação, reduzidíssimo grau de reprovabilidade do comportamento e a inexpressividade da lesão jurídica provocada. O STJ, antes do referido precedente da Quinta Turma, já havia decidido, por meio de sua Corte Especial, que "Considera-se incurso no art. 12 da Lei n. 10.826/2003 aquele que possui arma de fogo de uso permitido com registro expirado, ou seja, em desacordo com determinação legal e regulamentar" (APn 686-AP, DJe 5/3/2014). Por todo o exposto, o precedente da Corte Especial deve orientar o entendimento do Superior Tribunal sobre a matéria, sem prejuízo de que o aplicador do direito, caso a caso, utilize vetores gerais de hermenêutica para restringir o teor literal do tipo penal que, em situações peculiares, pode alcançar condutas socialmente admissíveis ou penalmente insignificantes. RHC 60.611-DF, **Rel. Min. Rogério Schietti Cruz, julgado em 15/9/2015, DJe 5/10/2015.**

STJ

Informativo nº 0570

Período: 28 de outubro a 11 de novembro de 2015

DIREITO PENAL. GUARDA DE ARMA DE FOGO DE USO PERMITIDO COM REGISTRO VENCIDO.

Manter sob guarda, no interior de sua residência, arma de fogo de uso permitido com registro vencido não configura o crime do art. 12 da Lei 10.826/2003 (Estatuto do Desarmamento) O art. 12 do Estatuto do Desarmamento afirma que é objetivamente típico possuir ou manter sob guarda arma de fogo de uso permitido, em desacordo com determinação legal ou regulamentar, no interior de residência. Entretanto, relativamente ao elemento subjetivo, não há dolo do agente que procede ao registro e, depois de expirado prazo, é apanhado com a arma nessa circunstância. Trata-se de uma irregularidade administrativa; do contrário, todos aqueles que porventura tiverem deixado expirar prazo semelhante terão necessariamente de responder pelo crime, o que é absolutamente desproporcional. Avulta aqui o caráter subsidiário e de ultima ratio do direito penal. Na hipótese, além de se afastar da teleologia do objeto jurídico protegido, a saber, a administração e, reflexamente, a segurança e a paz pública (crime de perigo abstrato), banaliza-se a criminalização de uma conduta em que o agente já fez o mais importante, que é apor seu nome em um registro de armamento, possibilitando o controle de sua circulação. Precedente citado: HC 294.078-SP, Quinta Turma, DJe 4/9/2014. APn 686-AP, Rel. Min. João Otávio de Noronha, julgado em 21/10/2015, DJe 29/10/2015.

Especificamente a respeito da questão dos prazos de validade dos registros de arma de fogo vale lembrar que a partir da edição do Decreto Federal nº 9.685 de 15 de janeiro de 2019 (revogado), foram eles ampliados para o período de dez anos, alteração mantida pelo atual texto do Decreto Federal nº 9.785/19. Esta ampliação motivou algumas teses no sentido de que ter-se-ia operado nova *abolitio criminis* em relação ao crime de posse ilegal de arma de fogo, alegações estas que, acertadamente, não foram acolhidas pela jurisprudência pátria[50]. Ainda que em regra e como já afirmado, as questões relativas à aquisição, registro e porte de arma de fogo pelos militares sejam reguladas pelos Comandos de suas próprias instituições, as discussões e posicionamentos jurisprudenciais relativos ao reflexo do descumprimento de dispo-

50 *O decreto do presidente Bolsonaro sobre posse de armas de fogo: algumas questões pontuais Joaquim Leitão Júnior Artigo escrito em coautoria com Eduardo Luiz Santos Cabette e Francisco Sannini Neto https://genjuridico.jusbrasil.com.br/artigos/668000436/o-decreto-do-presidente-bolsonaro-sobre-posse-de-armas-de-fogo-algumas-questoes-pontuais.*

sitivos regulamentares no âmbito do sistema de controle civil, além de ser considerada nas hipóteses de crimes militares por afetação à regularidade das instituições militares praticados por civis, pode servir de baliza para a evolução da doutrina e jurisprudência penal militar relacionada ao Estatuto quando de autoria de militares.

Isto porque, ainda que no **âmbito castrense** a fiel observância às normas legais e regulamentares seja essencial à **manutenção da hierarquia e disciplina** do que decorre que o tratamento às **infrações administrativas** neste ambiente possua **rigor maior** e por vezes até incompreensível para aqueles não familiarizados com a sistemática das instituições militares, isso **não significa que os princípios jurídicos penais basilares, a exemplo da intervenção mínima, subsidiariedade e *ultima ratio*, não se apliquem ao Direito Penal Militar**, pelo contrário, haja vista ser esse nada mais que uma especialidade dentro do universo jurídico penal brasileiro.

– Elemento subjetivo

Somente tipificado medidante **conduta dolosa**, seja ela decorrente de dolo direto ou eventual, nos termos dispostos pelo art. 33 do Código Penal Militar.

Vale lembrar que em se tratando de crime militar por afetação da regularidade das instituições militares o dolo da conduta deve compreender não apenas as elementares do tipo penal previsto no art. 12 do Estatuto do Desarmamento como também todas **as circunstâncias e elementos caracterizadores da natureza militar** do crime previstos nas alíneas dos incisos II e III do art. 9º do Código Penal Militar, com especial atenção ao caput do inciso III (contra as instituições militares) relativo aos casos em que os autores forem militares da reserva, reformados ou civis.

– Consumação

Trata-se de crime **permanente, de mera conduta e de perigo abstrato (exceção às hipóteses praticadas por civis em geral contra militares da ativa ou funcionários da Justiça Militar nos termos das alíneas do inciso III do art. 9º do CPM que passam a ser de perigo concreto),** cuja consumação se dá pela simples posse ou guarda da arma de fogo, do acessório ou da munição de uso permitido na residência ou local de trabalho, desde que observadas, neste último caso, os requisitos legais e se protrai no tempo enquanto o sujeito ativo mantém a posse ou a guarda em tais locais.

> STJ
>
> RECURSO ORDINÁRIO EM HABEAS CORPUS. POSSE ILEGAL DE MUNIÇÃO (ARTIGO 12 DA LEI 10.826/2003). ALEGADA AUSÊNCIA DE TIPICIDADE MATERIAL DA CONDUT A. IMPOSSIBILIDADE DE RECONHECIMENTO. CRIME DE PERIGO ABSTRATO. LESÃO À SEGURANÇA PÚBLICA E À PAZ COLETIVA. [...]POSSE ILEGAL DE MUNIÇÃO DE USO PERMITIDO. POTENCIALIDADE LESIVA. CRIME DE MERA CONDUT A. COAÇÃO ILEGAL NÃO EVIDENCIADA. 1. O simples fato de possuir munição de uso permitido configura a conduta típica prevista no artigo 12 da Lei 10.826/2003, por se tratar de delito de mera conduta e de perigo abstrato, cujo objeto imediato é a segurança coletiva. 2. Havendo provas nos autos relativas à materialidade do crime de posse ilegal de munição de uso permitido, eventual apreensão de munições ou armas isoladas, ou incompatíveis com projéteis, não descaracteriza o crime em questão, pois para a sua configuração basta

a simples posse ou guarda da munição sem autorização da autoridade competente. APONTADA ILICITUDE DA APREENSÃO DAS MUNIÇÕES NA RESIDÊNCIA DO ACUSADO. POLICIAIS QUE TERIAM INGRESSADO NO LOCAL SEM ORDEM JUDICIAL. FLAGRANTE DE CRIME PERMANENTE. DESNECESSIDADE DE EXPEDIÇÃO DE MANDADO DE BUSCA E APREENSÃO. EIVA NÃO CARACTERIZADA. DESPROVIMENTO DO RECLAMO. 1. É dispensável o mandado de busca e apreensão quando se trata de flagrante de crime permanente, podendo-se realizar as medidas sem que se fale em ilicitude das provas obtidas (Doutrina e jurisprudência). 2. Recurso improvido (RHC 43756 / AL, Relatora Ministro JORGE MUSSI, QUINTA TURMA, Julgamento 08/04/2014, DJe 23/04/2014).

Como já destacado, a jurisprudência dos Tribunais superiores tem se consolidado no sentido de que não há necessidade de demonstração de lesão ou perigo concreto à incolumidade, segurança ou paz pública, que é presumida.

STJ

O simples fato de possuir ou portar munição caracteriza os delitos previstos nos arts. 12, 14 e 16 da Lei n. 10.826/2003, por se tratar de crime de perigo abstrato e de mera conduta, sendo prescindível a demonstração de lesão ou de perigo concreto ao bem jurídico tutelado, que é a incolumidade pública.

Julgados: HC 432691/MG, Rel. Ministro JORGE MUSSI, QUINTA TURMA, julgado em 21/06/2018, DJe 28/06/2018; HC 433241/RS, Rel. Ministra MARIA THEREZA DE ASSIS MOURA, SEXTA TURMA, julgado em 12/06/2018, DJe 22/06/2018; HC 430272/MG, Rel. Ministro RIBEIRO DANTAS, QUINTA TURMA, julgado em 24/05/2018, DJe 30/05/2018; AgRg no REsp 1708014/RS, Rel. Ministro FELIX FISCHER, QUINTA TURMA, julgado em 15/05/2018, DJe 21/05/2018; AgRg no REsp 1688268/RS, Rel. Ministro REYNALDO SOARES DA FONSECA, QUINTA TURMA, julgado em 19/04/2018, DJe 30/04/2018; HC 434093/SP, Rel. Ministro JOEL ILAN PACIORNIK, QUINTA TURMA, julgado em 10/04/2018, DJe 24/04/2018. (VIDE INFORMATIVO DE JURISPRUDÊNCIA N. 493)

PENAL E PROCESSUAL. HABEAS CORPUS SUBSTITUTIVO DE RECURSO PRÓPRIO. POSSE DE ACESSÓRIO DE USO RESTRITO. CRIME PERMANENTE. CARACTERIZAÇÃO DE ESTADO DE FLAGRÂNCIA. PERÍCIA. DESNECESSIDADE. CRIME DE MERA CONDUTA. FLAGRANTE OCORRIDO APÓS O PERÍODO DE VACATIO LEGIS INDIRETA. TIPICIDADE DA CONDUTA. REEXAME DE CONTEÚDO FÁTICO-PROBATÓRIO. VIA ELEITA INADEQUADA. CONSTRANGIMENTO ILEGAL NÃO CONFIGURADO. 03/03/2015 HC 214493 / S HABEAS CORPUS 2011/0176970-2 Ministro GURGEL DE FARIA (1160) T5 – QUINTA TURMA

– Tentativa:

Em relação ao tipo penal militar praticado por **militares** (da ativa, da reserva ou reformados) ou **civis exercendo algumas das atividades sob controle do Comando do Exército** (art. 9º do Estatuto do Desarmamento), **não se admite**.

Contudo, em relação aos **civis em geral**, ou seja, quando não relacionados às atividades que estão sob controle do Comando do Exército (colecionadores, atiradores, caçadores, representantes estrangeiros em competição internacional de tiro no território nacional – art. 9º do Estatuto), a **tentativa é admissível**.

– Concurso

Em relação à possibilidade de concurso, formal ou material, do crime de posse irregular de arma de fogo com outros a ele relacionados ou ainda no que diz respeito aos casos nos quais o autor possui ou mantém sob sua guarda mais de um dos objetos descritos no tipo, a jurisprudência pátria, tem se posicionado no sentido a seguir apresentado.

Inicialmente, no que diz respeito à posse ou guarda de mais de uma arma de fogo, acessório ou munição de uso restrito, em desacordo com as determinações legais ou regulamentares, têm-se reconhecida a existência de crime único, desde que tanto o local quanto a classificação dos objetos (uso permitido, restrito, proibido) sejam idênticas:

> STJ
>
> HABEAS CORPUS IMPETRADO EM SUBSTITUIÇÃO A RECURSO PRÓPRIO. NÃO CABIMENTO. IMPROPRIEDADE DA VIA ELEITA. PORTE DE ARMA DE FOGO DE USO RESTRITO E ARTEFATO EXPLOSIVO. CONCURSO MATERIAL. INOCORRÊNCIA. CRIME ÚNICO RECONHECIDO. PENAS REDIMENSIONADAS. REGIME FECHADO CABÍVEL. PACIENTE REINCIDENTE E PENA-BASE ACIMA DO MÍNIMO LEGAL. NÃO APLICAÇÃO DA SÚMULA N. 269/STJ. CONSTRANGIMENTO ILEGAL EVIDENCIADO. HABEAS CORPUS NÃO CONHECIDO. ORDEM CONCEDIDA DE OFÍCIO. – O Superior Tribunal de Justiça, seguindo o entendimento firmado pela Primeira Turma do Supremo Tribunal Federal, não tem admitido a impetração de habeas corpus em substituição ao recurso próprio, prestigiando o sistema recursal ao tempo que preserva a importância e a utilidade do habeas corpus, visto permitir a concessão da ordem, de ofício, nos casos de flagrante ilegalidade. – **A jurisprudência desta Corte consolidou-se no sentido da existência de um delito único quando apreendidas mais de uma arma, munição, acessório ou explosivo em posse do mesmo agente, dentro do mesmo contexto fático, não havendo que se falar em concurso material ou formal entre as condutas, pois se vislumbra uma só lesão de um mesmo bem tutelado** (Precedentes). (HC 228.231/SP, Rel. Ministro GILSON DIPP, QUINTA TURMA, julgado em 12/06/2012, DJe 20/06/2012). – **No caso, o paciente foi condenado pela prática dos delitos descritos nos arts. 16, caput, e 16, § único, III, ambos da Lei n. 10.826/2003, por portar uma uma pistola 9mm e uma granada, havendo as instâncias de origem entendido que o caso tratou de dois delitos e, em decorrência, foi aplicada a regra do concurso material de delito, circunstância que evidencia o constrangimento ilegal, pois esta Corte, como visto, tem adotado a tese do crime único quando se está diante de diversos crimes, no contexto de um mesmo tipo penal**. Precedentes. – Esta Corte firmou o entendimento no sentido de que é necessária, para a fixação de regime mais gravoso, a apresentação de motivação concreta, fundada na reincidência ou nas circunstâncias judiciais previstas no art. 59 do Código Penal. Inteligência da Súmula n. 440/STJ. – Por outro lado, segundo o enunciado n. 269 da Súmula desta Corte, é admissível a fixação do regime prisional semiaberto ao réu reincidente condenado a pena igual ou inferior a quatro anos, quando favoráveis as circunstâncias judiciais. – Hipótese em que, apesar de a pena final do paciente ter sido estabelecida em patamar inferior a quatro anos de reclusão e a reincidência não ser empecilho, por si só, à fixação do regime intermediário, o fato de o acusado possuir circunstância judicial desfavorável, que justificou a exasperação da pena-base acima do mínimo legal, permite estabelecer o regime inicial fechado. – Habeas corpus não conhecido. Ordem concedida de ofício, para, afastando o concurso material de delitos, redimensionar as penas do paciente para 3 anos e 6 meses de reclusão, em regime inicial fechado, e 11 dias-multa. T5 – QUINTA TURMA HC 362157 / R HABEAS CORPU 2016/0179688-3 Ministro REYNALDO SOARES DA FONSECA (1170) T5 – QUINTA TURMA
>
> TJSP

Isso porque a apreensão de armas, munições e acessório bélico, em um mesmo contexto fático, como se deu no particular, configura crime único. Vale dizer, única guarda de arma, acessório e munições importa na singular violação ao bem jurídico tutelado, qual seja, a segurança pública.

William Terra de Oliveira (1998) assim discorre sobre a questão:

A posse de mais de uma arma de fogo ilegal configura mais de um crime? Depende do caso. Se a posse é exercida simultaneamente sobre todas as armas de fogo (em conjunto) numa unidade fática, teremos um crime único. A unicidade de contexto remete o agente a um único delito, pois a segurança pública foi lesionada de maneira pontual. Mas, para que exista um crime único, devemos exigir um único contexto fático. De tal sorte, o agente que possui armas em distintos locais (uma em casa, outra no trabalho), sem a devida autorização, pratica mais de um crime. O número de armas no crime único somente poderá influir na dosimetria da pena, por ocasião da aplicação do art. 59 do Código Penal.

Situação diversa verifica-se quando as armas de fogo, os acessórios ou munições forem mantidos em locais que tipificam crimes distintos (arts. 12 e 14 do Estatuto por exemplo) ou ainda nas hipóteses em que os objetos possuem classificação distinta perante o Estatuto de modo a tipificar crimes também distintos:

STJ

AGRAVO REGIMENTAL NO RECURSO ESPECIAL. POSSE IRREGULAR DE ARMA DE FOGO DE USO PERMITIDO. PORTE ILEGAL DE ARMA DE FOGO DE USO PERMITIDO. PRINCÍPIO DA COLEGIALIDADE. NÃO VIOLAÇÃO. SÚMULA N. 568 DO STJ. PRINCÍPIO DA CONSUNÇÃO. INAPLICABILIDADE. JULGAMENTO EXTRA PETITA. NÃO OCORRÊNCIA. AGRAVO REGIMENTAL NÃO PROVIDO. 1. Não se caracteriza a alegada ofensa ao princípio da colegialidade diante da existência de previsão legal e regimental para que o relator julgue, monocraticamente, o recurso especial quando constatadas as situações descritas No art. 932, VIII, do Código de Processo Civil, c/c o art. 34, XVIII, "c", parte final, do Regimento Interno do STJ, circunstância ocorrida nos autos. Com efeito, o relator poderá dar provimento ao recurso especial quando houver entendimento dominante acerca do tema. 2. Os delitos dos arts. 12 e 14 da Lei n. 10.826/2003 distinguem-se pelos núcleos dos tipos e pelo local onde é encontrada a arma de fogo, o acessório ou a munição. Na hipótese, não há como reconhecer a consunção entre ambos os crimes, haja vista que, conforme consignado no acórdão impugnado, o réu foi flagrado com munições de uso permitido dentro do automóvel que dirigia e, no cumprimento de mandado de busca e apreensão na residência do agente, foram encontradas mais munições e armas de uso permitido. 3. Não ocorr julgamento extra petita se o magistrado decide questão que é reflexo da pretensão deduzida na petição inicial, extraída mediante interpretação lógico-sistemática de todo o conteúdo da exordial. 4. Agravo regimental não provido. AgRg no REsp 1848629 / SC. AGRAVO REGIMENTAL NO RECURSO ESPECIAL 2019/0340852-3 Ministro ROGERIO SCHIETTI CRUZ (1158) T6 – SEXTA TURMA DJe DATA:01/07/2020

AGRAVO REGIMENTAL EM RECURSO ESPECIAL. LEGISLAÇÃO EXTRAVAGANTE. ÓBICE DA SÚMULA 7/STJ. INAPLICABILIDADE. JULGADO QUE NÃO REVOLVEU MATÉRIA FÁTICO-PROBATÓRIA. ESTATUTO DO DESARMAMENTO. VIOLAÇÃO DOS ARTS. 70 DO CP; 14 E 16, PARÁGRAFO ÚNICO, IV, AMBOS DA LEI N. 10.826/2003. PORTE ILEGAL DE ARMAS DE FOGO, DE MUNIÇÃO DE USO PERMITIDO E DE ACESSÓRIO DE USO RESTRITO. PRINCÍPIO DA CONSUNÇÃO. MANUTENÇÃO DO AFASTAMENTO QUE SE IMPÕE. BENS

JURÍDICOS DISTINTOS. CONCURSO FORMAL. APLICABILIDADE. 1. A questão veiculada no recurso especial não envolve a análise de conteúdo desta natureza, mas, sim, a possibilidade de aplicação, no caso concreto, da regra do concurso formal entre os delitos dos arts. 14 e 16 parágrafo único, IV, ambos da Lei n. 10.826/2003, em harmonia com a jurisprudência desta Corte Superior. Dessa forma, não se configura a hipótese de aplicação do óbice constante da Súmula 7/STJ, haja vista a análise eminentemente jurídica do caso. 2. Há precedentes desta Corte no sentido de que a apreensão de mais de uma arma, de munição, de acessório ou de explosivo, com o mesmo agente, não caracteriza concurso de crimes, mas delito único, pois há apenas uma lesão ao bem jurídico tutelado. 3. Na presente hipótese, não pode ser aplicado tal raciocínio, pois, no caso, a conduta praticada pelo agravante se amolda a tipos penais diversos, atingindo distintos bens jurídicos, o que inviabiliza o reconhecimento de crime único e o afastamento do concurso. 4. Tem-se reconhecido a existência de crime único quando são apreendidos, no mesmo contexto fático, mais de uma arma ou munição, tendo em vista a ocorrência de uma única lesão ao bem jurídico protegido. Sucede que referido entendimento não pode ser aplicado no caso dos autos, porquanto a conduta praticada pelo réu se amolda a tipos penais diversos, sendo que um deles, o do artigo 16, além da paz e segurança públicas também protege a seriedade dos cadastros do Sistema Nacional de Armas, razão pela qual é inviável o reconhecimento de crime único e o afastamento do concurso material (HC n. 211.834/SP, Ministro Jorge Mussi, Quinta Turma, DJe 18/9/2013). 5. As condutas de possuir arma de fogo e munições de uso permitido e de uso restrito, apreendidas em um mesmo contexto fático, configuram concurso formal de delitos. [...] O art. 16, do Estatuto do Desarmamento, além da paz e segurança públicas, também protege a seriedade dos cadastros do Sistema Nacional de Armas, sendo inviável o reconhecimento de crime único, pois há lesão a bens jurídicos diversos. Também não é adequada a aplicação da regra do concurso material ou do concurso formal impróprio, não havendo a demonstração da existência de desígnios autônomos. (HC n. 467.756/RJ, Ministro Reynaldo Soares da Fonseca, Quinta Turma, DJe 6/5/2019). 6. Agravo regimental improvido. AgRg no REsp 1825695 / M AGRAVO REGIMENTAL NO RECURSO ESPECIA 2019/0198669-0 Ministro SEBASTIÃO REIS JÚNIOR (1148) T6 – SEXTA TURMA

Já no que diz respeito às hipóteses em que houver a prática de crimes tipificados por meio de condutas diversas da posse ou porte da arma de fogo, do acessório ou da munição, estejam previstos, ou não, no Estatuto, a jurisprudência tem aplicado o princípio da consunção, em detrimento do concurso material, apenas nos casos em que a posse ou o porte ilegal da arma de fogo, acessório ou munição, estiver ligado diretamente ao crime fim e nele se esgotar, a exemplo das decisões abaixo que exemplificam hipóteses de reconhecimento e de afastamento do princípio da consunção a depender do contexto no qual as condutas foram praticadas:

STJ

Não se aplica o princípio da consunção quando os delitos de posse ilegal de arma de fogo e disparo de arma em via pública são praticados em momentos diversos e em contextos distintos.

Julgados: AgRg no AREsp 754716/PR, Rel. Ministro ANTONIO SALDANHA PALHEIRO, SEXTA TURMA, julgado em 12/12/2017, DJe 19/12/2017; AgRg no AREsp 635891/SC, Rel. Ministro JORGE MUSSI, QUINTA TURMA, julgado em 17/05/2016, DJe 25/05/2016; CC 134342/GO, Rel. Ministro NEWTON TRISOTTO (DESEMBARGADOR CONVOCADO DO TJ/SC), TERCEIRA SEÇÃO, julgado em 22/04/2015, DJe 05/05/2015; AgRg no REsp 1331199/PR, Rel. Ministro ERICSON MARANHO (DESEMBARGADOR CONVOCADO DO TJ/SP),

SEXTA TUR- MA, julgado em 23/10/2014, DJe 10/11/2014; AgRg no REsp 1347003/SC, Rel. Ministro MOURA RIBEIRO, QUINTA TURMA, julgado em 17/12/2013, DJe 03/02/2014; HC 128533/MG, Rel. Ministro OG FERNANDES, SEXTA TURMA, julgado em 15/02/2011, DJe 13/06/2011.

Segundo a exordial acusatória, o paciente, desde o dia 09 de junho de 2015, associou--se com terceiros, para o fim de praticar tráfico ilícito de entorpecentes, assim como foi preso em flagrante delito na posse de rádios comunicadores e três carregadores de pistola, sem autorização e em desacordo com determinação legal ou regulamentar. O r. édito condenatório, bem como o v. acórdão objurgado, fundamentaram as condenações, ao entendimento de que o paciente, mediante ações autônomas, praticou os ilícitos, ao passo em que, consignaram que a majorante prevista no art. 40, inciso IV da Lei 11.343/06, é exclusiva para o emprego de arma de fogo, não se estendendo, referida capitulação, à posse de acessórios e munições. Todavia, da análise perfunctória dos elementos, é possível aplicar a causa especial capitulada no inciso IV do artigo 40 da Lei n. 11.343/2006, em substituição à condenação pelo crime do artigo 16, caput, da Lei n. 10.826/2003, visto que os objetos apreendidos, no contexto descrito na denúncia, demonstram que foram utilizados para viabilizar a prática do narcotráfico, existindo, portanto, flagrante ilegalidade a justificar a concessão da ordem de ofício. **Segundo o entendimento do Superior Tribunal de Justiça, a absorção do crime de porte ou posse ilegal de arma pelo delito de tráfico de drogas, em detrimento do concurso material, deve ocorrer quando o uso da arma está ligado diretamente ao comércio ilícito de entorpecentes, ou seja, para assegurar o sucesso da mercancia ilícita. Nesse caso, trata-se de crime meio para se atingir o crime fim que é o tráfico de drogas, exige-se o nexo finalístico entre as condutas de portar ou possuir arma de fogo e aquelas relativas ao tráfico** (HC n. 181.400/RJ, Quinta Turma, Ministro Marco Aurélio Bellizze, DJe 29/6/2012). No mesmo sentido: HC n. 176.332/RJ, Ministra Laurita Vaz, Quinta Turma, DJe 18/9/2013; HC 261.601/RJ, Minsitro Rogerio Schietti, Sexta Turma, DJe 19/12/2013; e HC n. 198.162/RJ, Ministro Ribeiro Dantas, Quinta Turma, DJe 28/8/2017. STJ. HABEAS CORPUS Nº 395.762 – RJ (2017/0082168-4) MINISTRO FELIX FISCHER 14 de novembro de 2017

Também não tem sido reconhecido pela jurisprudência o princípio da consunção nos casos em que, apesar do contexto lógico entre o crime previsto no Estatuto do Desarmamento e outro previsto em legislação diversa, a natureza jurídica e o bem jurídico tutelado pelas infrações praticadas sejam distintos:

STJ

PENAL E PROCESSUAL PENAL. AGRAVO REGIMENTAL EM HABEAS CORPUS. **TRÁFICO INTERNACIONAL DE ARMA DE FOGO E RECEPTAÇÃO**. DESCLASSIFICAÇÃO PARA O TIPO DO ART. 16 DO ESTATUTO DO DESARMAMENTO. IMPOSSIBILIDADE. PRINCÍPIO DA ESPECIALIDADE. CARÁTER INTERNACIONAL DA AÇÃO. TRANSPOSIÇÃO DE FRONTEIRA. INTRODUÇÃO DE ARTEFATO BÉLICO NO TERRITÓRIO NACIONAL. **CONCURSO MATERIAL. RECONHECIMENTO. BENS JURÍDICOS TUTELADOS DIVERSOS. DELITO CONTRA A PAZ PÚBLICA E DELITO PATRIMONIAL**. AGRAVO REGIMENTAL DESPROVIDO. I – O tipo de tráfico internacional de arma de fogo de uso restrito, dos arts. 18 c.c. 19 da Lei n.º 10.826/2003, configura-se com o mero favorecimento da entrada ou saída, a qualquer título, do artefato bélico do território nacional, sem autorização da autoridade competente. Isto é, aplica-se ao simples porte de arma para além das fronteiras nacionais. Precedentes. II – Assim, para a configuração do tipo dos arts. 18 c.c. 19 da Lei n.º 10.826/2003, não é necessário que tenha ocorrido ato de importação propriamente dito, mas sim o favorecimento da introdução do artefato bélico no território nacional. III – **A jurisprudência deste Superior Tribunal de Justiça é firme no sentido de que o delito de receptação e os do Estatuto do Desarmamento seriam, de regra, crimes**

autônomos, com naturezas jurídicas e bens tutelados distintos, devendo o agente responder pela sua prática em concurso material. Agravo regimental desprovido. 07/08/2018 Ministro REYNALDO SOARES DA FONSECA (1170) AgRg no HC 368990 / P AGRAVO REGIMENTAL NO HABEAS CORPU 2016/0225468-0

– Pena de multa:

Ponto relevante em relação ao preceito secundário do tipo penal previsto no art. 12 do Estatuto do Desarmamento diz respeito à previsão da pena de multa, pena esta não prevista no ordenamento jurídico penal militar, em especial na Parte Geral do Código Penal Militar que inclusive determina a prevalência das regras previstas no diploma penal castrense em face de dispositivos diversos previstos na legislação especial, regra essa que não foi alterada pela Lei Federal nº 13.491/17.

Com esse fundamento, aliada à vedação de conjugação de leis pelo Poder Judiciário, a jurisprudência penal militar tem se posicionado, nestes primeiros anos de vigência dos crimes militares por afetação da regularidade das instituições militares, no sentido da impossibilidade de aplicação da pena de multa prevista no Estatuto do Desarmamento no âmbito do Direito Penal Militar:

> TJMSP
>
> Por derradeiro, cabível apenas o afastamento da sanção de multa, que não tem sua aplicação prevista no âmbito da Justiça Militar, devendo subsistir somente a pena de reclusão imposta ao apelante. Nesse sentido, o entendimento externado por Ronaldo João Roth no artigo intitulado "Os delitos militares por extensão e a nova competência da Justiça Militar (Lei 13.491/17)", veiculado na Revista "Direito Militar", editada pela Associação dos Magistrados das Justiças Militares Estaduais, em seu número 126, referente aos meses de setembro a dezembro de 2017, página 34 Destarte, desde a edição da Lei 13.491/17, as infrações penais da legislação penal comum praticadas pelo agente militar numa das hipóteses do inciso II do art. 9º do CPM se converteram em crimes militares por extensão. Logo, **sofrerão a incidência do regramento da Parte Geral do CPM naquilo que forem compatíveis (ex: penas de reclusão e detenção), visto que inadmissível a combinação de leis. Assim, por exemplo, não há que se falar na aplicação de pena de multa, em pena restritiva de direitos (art. 44, CP), pena de advertência (art. 28, Lei 13.343/06), pena de perda do cargo, função ou emprego e interdição para seu exercício (art. 1º, § 5º, Lei 9455/97) e pena administrativa ou civil (art. 6º, Lei 4.898/65), tendo em vista que a Parte Geral do CPM não as contempla. Esse nosso raciocínio tem como base a vedação disposta no art. 12 do CP que reza que as regras da Parte Geral não se aplicam a fatos incriminados por lei especial se esta dispuser de modo diverso. Assim, se o CPM – lei especial – não prevê aquelas penas acima mencionadas, deverão elas ser ignoradas na aplicação da lei penal militar nos crimes militares por extensão, sob pena de incidir no hibridismo legislativo vedado pelo nosso ordenamento jurídico**. Dever-se-á aplicar, então, como penas, somente aquelas previstas no art. 55 do CPM, bem como as demais as disposições da Parte Geral do CPM, já que a nova lei importou à legislação castrense apenas os crimes da legislação penal comum, de modo que na incidência de um tipo penal da lei comum com pena não compatível com o CPM poderá o juiz reconhecer, excepcionalmente, ser o caso de isenção de pena, diante do princípio da estrita legalidade que marca o Direito Penal. Apelação nº 0002369-97.2017.9.26.0030. Primeira Câmara. 20 de agosto de 2019. FERNANDO PEREIRA. Relator

POLICIAL MILITAR – RECURSO DE APELAÇÃO – CONDENAÇÃO EM PRIMEIRA INSTÂNCIA – PRÁTICA DO CRIME DE GUARDA DE ENTORPECENTE SEM AUTORIZAÇÃO E EM DESACORDO COM DETERMINAÇÃO LEGAL OU REGULAMENTAR – ART. 33, § 4º, DA LEI Nº 11.343/06 – INDEFERIMENTO DE PROVA PERICIAL DEVIDAMENTE JUSTIFICADO – OBSERVÂNCIA AOS PRINCÍPIOS DA AMPLA DEFESA E CONTRADITÓRIO – PROVA TESTEMUNHAL QUE NÃO SE MOSTRA CONTRADITÓRIA E CORROBORA A ACUSAÇÃO – PEDIDO DE REDUÇÃO DA PENA COM BASE NA EXISTÊNCIA DE DÚVIDA QUANTO À DEPENDÊNCIA QUÍMICA DO APELANTE – REJEIÇÃO – PEDIDO SUBSIDIÁRIO DE DESCLASSIFICAÇÃO PARA O ART. 290, § 1º, II, DO CPM – IMPOSSIBILIDADE – CONJUNTO PROBATÓRIO QUE PERMITIU A COMPROVAÇÃO DA PRÁTICA DO ILÍCITO PENAL MILITAR DIANTE DO PREVISTO NA LEI Nº 13.491/17 – PERFEITA ADEQUAÇÃO AO DISPOSTO NO ART. 33, § 4º, DA LEI DE DROGAS – **INAPLICABILIDADE DA PENA DE MULTA NO ÂMBITO DA JUSTIÇA MILITAR – RECURSO DE APELAÇÃO QUE NÃO COMPORTA PROVIMENTO – AFASTAMENTO DE OFÍCIO DA IMPOSIÇÃO DA PENA DE MULTA**. A posse de considerável quantidade de entorpecentes acondicionados de modo a presumir que seriam comercializados caracteriza plenamente a prática do crime previsto no artigo 33, § 4º, da Lei de Drogas, independentemente de o acusado ser ou não dependente químico. A localização de entorpecentes em lugar não sujeito à Administração Militar impede a subsunção da conduta ao tipo penal insculpido na norma do art. 290 do CPM.

Apelação nº 0006877-52.2018.9.26.0030 (7.722/19). Primeira Câmara. 11 de junho de 2019. FERNANDO PEREIRA. Relator

STM

EMENTA: APELAÇÃO. ESTELIONATO PREVIDENCIÁRIO. PRELIMINAR DE INCOMPETÊNCIA DA JUSTIÇA MILITAR PARA JULGAR CIVIL. REJEIÇÃO. PRELIMINAR DE NULIDADE DE INTERROGATÓRIO NO INQUÉRITO POLICIAL MILITAR POR FALTA DE ADVERTÊNCIA À GARANTIA CONSTITUCIONAL DO DE DIREITO AO SILÊNCIO. ACOLHIMENTO. AUTORIA E MATERIALIDADE. COMPROVAÇÃO. INEXISTÊNCIA DE CRIME IMPOSSÍVEL. PREJUÍZO À INSTITUIÇÃO MILITAR. AUSÊNCIA DE COMPROVAÇÃO DO ESTADO DE NECESSIDADE EXCULPANTE. PRINCÍPIO DA ESPECIALIDADE. APLICAÇÃO DE PENA RESTRITIVA DE DIREITOS. IMPOSSIBILIDADE. Compete à Justiça Militar julgar civis em crimes que atingem patrimônio sob a Administração Militar, conforme preceito estabelecido no art. 9º, III, "a", do CPM. Rejeitada a preliminar de incompetência da Justiça Militar para processar e julgar civil. Decisão por unanimidade. No intento de preservar o direito fundamental estabelecido na Constituição Federal, necessário se faz desentranhar dos autos o Termo de Interrogatório nº 1, realizado durante a fase de Inquérito Policial Militar, em razão de a Apelante não ter sido advertida das garantias constitucionais que fazia jus. Acolhida a preliminar defensiva de nulidade do interrogatório e desentranhamento dos autos. Decisão por unanimidade. Inexistência de crime impossível, tendo em vista a Lei nº 3.765/60, mencionada pela defesa, amparar apenas os pensionistas de militares falecidos durante a sua vigência, benefício que não se estende aos pensionistas de servidores civis, conforme registram os autos. Não foram trazidos aos autos documentos suficientes que comprovassem o estado de necessidade. **O Código Penal Militar não prevê a substituição da pena privativa de liberdade por restritiva de direitos**. Mesmo sem a exigência e notificação de óbito ao órgão pagador, a intensidade do dolo resta configurada ante o silêncio acintoso de manter a Administração Militar em erro e obter vantagem ilícita por meio de saques em conta corrente da falecida pensionista por mais de dezessete anos. Negado provimento ao recurso. Decisão por unanimidade. STM. APELAÇÃO Nº 7000029-11.2018.7.00.0000. v.u.13/02/2019. WILLIAM DE OLIVEIRA BARROS

EMENTA: RECURSO EM SENTIDO ESTRITO (RSE). RECEBIMENTO COMO AGRAVO EM EXECUÇÃO. LEI DE EXECUÇÕES PENAIS (LEP). ADMISSÍVEL. OMISSÃO DO CÓDIGO DE PROCESSO PENAL MILITAR (CPPM). INTEGRAÇÃO. MÉRITO. REQUERIMENTO. **SUBSTITUIÇÃO DA PENA POR MEDIDAS RESTRITIVAS DE DIREITO. DESCABIMENTO. PREVA-**

LÊNCIA DAS NORMAS GERAIS DO CÓDIGO PENAL MILITAR (CPM). PRINCÍPIO DA ESPECIALIDADE. SUFICIÊNCIA DO DIPLOMA MILITAR. RESTRIÇÃO À INCIDÊNCIA DO CÓDIGO PENAL (CP) COMUM. PROIBIÇÃO DE HIBRIDISMO LEGAL. INALTERAÇÃO PELA LEI 13.491/2017. RECURSO CONHECIDO COMO AGRAVO EM EXECUÇÃO. NEGADO PROVIMENTO NO MÉRITO. DECISÃO UNÂNIME. I – Formulado pedido de substituição da sanção de reclusão por penas restritivas de direito previstas no art. 44 do Código Penal. Entretanto, uma vez indeferido o requerimento, a matéria não encontra recorribilidade pelo art. 516 do Código de Processo Penal Militar, o qual regula as hipóteses de cabimento do Recurso em Sentido Estrito (RSE). Assim, restou recebido em 1ª instância como Agravo em Execução, por força do suprimento que o art. 3º do CPPM autoriza. II – Admissibilidade confirmada neste Tribunal. Por cuidar a Decisão de matéria referente à seara penal comum, forçoso reconhecer a insuficiência da lei processual castrense para regular as possibilidades recursais. Dessa forma, possível a fungibilidade do RSE para Agravo em Execução, forte no art. 3º, alínea "a", do CPPM, c/c o art. 197 da LEP. Evolução da jurisprudência castrense. III – Ao mérito, alegou-se que a alteração trazida pela Lei 13.491/2017 possibilitou a aplicação de institutos da parte geral do CP, ao passo que seria novatio legis in mellius. Assim, buscou-se o deferimento da substituição da condenação original por penaalternativa de multa, prevista no art. 44, § 2º, do CP. IV – Não obstante os argumentos apresentados, percebido que a Executada restou condenada por crime propriamente militar (desacato a superior – art. 298 do Código Penal Militar. Logo, necessário que se respeite a especialidade da lei penal militar, tanto na tipificação da conduta, quanto na forma de cumprimento da consequente sanção, fatos que tornam inaceitável o emprego de outros regramentos para dar solução à questão. V – Quanto aos efeitos que a citada mudança legal produziu no Direito Penal Militar, notável que por meio dessa se almejou tão só adequar os demais crimes praticados por militares à configuração do "crime militar", o que criou, em termo cunhado pela doutrina, a nova categoria dos "crimes militares por extensão", destacada no magistério de Ronaldo João Roth, Cícero Coimbra e Jorge César de Assis, dentre outros conceituados autores de obras jurídicas. Diferentemente da posição recorrida, constata-se que essa lei não objetivou a derrogação das determinações próprias do CPM em favor daqueles de outros Diplomas. VI – Frisa-se que o Códex Substantivo Militar não é omisso acerca das penas aplicáveis aos crimes militares, nem com relação às formas de cumprimento, conforme se retira do Título V. Igualmente descabe falar em lacuna do referido Código por não possuir previsão análoga às medidas restritivas, uma vez que a ausência dessas configura silêncio intencional do Legislador em não conceder tal benefício ao condenado por crime militar. VII – Ainda, cabe destacar que, embora o art. 12 do CP preveja a incidência da sua parte geral nas demais leis, o próprio se autolimita ao dispor que sua aplicação à lei especial se dará somente se esta não dispuser de modo diverso. Logo, constatado que o CPM trata da matéria de modo suficiente, não subsiste razão para o emprego de dispositivos da legislação extravagante sob a alegação de lacuna a ser integrada. VIII – Por fim, ainda que as previsões do Diploma comum sejam mais benéficas à Condenada, o ordenamento pátrio veda o hibridismo legal, que se configura pela escolha de dispositivos de normas diferentes para, então, formar uma terceira norma. Nesse sentido, o CPM detém proibição expressa em seu art. 3º, § 2º. IX – Posições inteiramente endossadas pela atual doutrina, bem como em total sintonia com a jurisprudência consolidada neste Superior Tribunal Militar (STM). X – Recurso admitido e conhecido como Agravo em Execução e, no mérito, negado provimento. Decisão Unânime. STM. RECURSO EM SENTIDO ESTRITO Nº 7000222-55.2020.7.00.0000. RELATOR: MINISTRO PÉRICLES AURÉLIO LIMA DE QUEIROZ. 01/06/2020 a 04/06/2020

No entanto, já existe doutrina e posicionamentos judiciais no sentido de que diante da equalização e harmonização entre os ordenamentos jurídicos penais comum e militar introduzidas pela Lei Federal nº 13.491/17, a melhor interpretação seria o reconhecimento da introdução das penas específicas originalmente não previstas no Código Penal Militar, no entanto, adequadas aos novos tipos penais previstos nas legislações especiais mais recentes que representam, em verdade, a adequação do ordenamento jurídico penal brasileiro aos novos contextos sociais o que, em última análise, foi o objetivo mais importante da Lei Federal nº 13.491/17.

TJMSP

Quanto à aplicação conjunta da pena de multa, insta fazer breve parênteses para justificar sua incidência nesta Especializada.

Com efeito, de sabença que a entrada em vigor da Lei 13.491/2017 trouxe um aumento exponencial dos tipos penais sujeitos a julgamento pela Justiça Castrense. Buscou-se atualizar a legislação de regência com uma simples penada, acrescendo-se ao inciso II do art. 9º do CPM o complemento: "... e os previstos na legislação penal". Ocorre que essa simplicidade redacional, contrariamente ao almejado pelo Legislador, tem provocado uma verdadeira avalanche de dúvidas sobre seu real alcance. Uma delas – que nos interesse no presente processo – diz respeito à aplicação da pena de multa os casos dessa nova classe dedelitos, os quais, à mingua de melhor definição, denominou-se crimes militares por extensão. Com efeito, é de sabença o maior rigor que o Legislador tratou a apenação dos crimes militares, sendo que eventuais exceções à essa regra – v.g. crime de tóxico – são fruto do "esquecimento" na atualização da legislação castrense. Assim, não me parece consentâneo com essa diretriz descartar parte do preceito secundário do delito aplicável à espécie, sob o argumento de que o CPM não prevê a pena pecuniária. Trata-se, no meu sentir, de situação nova provocada pela entrada em vigor da Lei 13.491/17, que aumentou o leque de crimes a serem julgados por esta Especializada, motivo pelo qual, no meu sentir, esse aumento também deve incidir sobre a resposta penal a ser aplicada àqueles que incidirem nos novos tipos penais. Vale dizer, as penas previstas no CPM foram idealizadas pelo Legislador para a satisfação do binômio repressão/prevenção em relação aos delitos nele previstos. Ao se ampliar os tipos penais, agora considerados crimes militares por força da novel legislação, resta evidente, com a devida vênia dos que pensam em contrário, que o capítulo das penas, constante no estatuto repressivo castrense, se apresenta insuficiente para o devido e correto doseamento da reprimenda, de lege lata, constituindo lacuna a ser resolvida pela analogia, com a inclusão da pena de multa no âmbito desta Especializada. Por pertinente, não me parece acertada a decisão de simplesmente ignorar a lei posta, deixando de se aplicar pena legalmente estabelecida. Tal proceder, além de tornar a conduta delituosa menos gravosa do que a almejada pelo Legislador – nos casos em que a multa é cominada cumulativamente, como no presente – reveste-se de flagrante violação ao princípio da inderrogabilidade da pena, pois, uma vez constata a infração penal, não é dado ao alvedrio do magistrado deixar de aplicar a pena. Por derradeiro, não obstante discutível a incidência das Lei das Contravenções Penais nesta Justiça Castrense, em virtude da Lei 13.491/17 referir-se apenas a "crime", com certeza haverá os que entendam que o Legislador não foi feliz na redação do aludido acréscimo e, onde pretendia referir-se ao gênero "infração penal" acabou por escolher o vocábulo "crime", equívoco não raro de ocorrer. Assim, ao julgar um processo por tal conduta e concluir pela responsabilização do seu agente, o juiz não terá como atribui-lhe a devida sanção, visto que nesses casos a pena de multa é a única reprimenda legalmente prevista. Portanto, entendo ser perfeitamente possível, aliás, obrigatório, ao julgador desta Especializada aplicar a pena pecuniária quando esta for cominada cumulativamente ao delito sob análise. Em abono à tese sob exame, temos o magistério de Jorge César de Assis3 que leciona: Não se sustenta o argumento de que o CPM não prevê a pena de multa porque, quando de sua edição o Código Penal Militar previa, apenas e tão-somente os crimes militares próprios e impróprios. Da mesma forma, se verificarmos que em alguns Regulamentos Disciplinares das forças militares estaduais, existem penas de natureza pecuniária, v.g., Minas Gerais, São Paulo e Ceará25, a simples ideia da pena de multa no direito penal militar não deveria causar tanto espanto. A ausência de previsão de pena de multa na legislação penal castrense, apenas reforça a ideia de que o advento dessa nova classe de crimes militares forçosamente, trará consigo para a Justiça Militar, todos os seus institutos específicos. Se isso vai ser bom ou não, repetimos, o tempo dirá e, se houver culpa, será tão-somente do legislador que a toda evidência desnaturou sensivelmente o conceito de crime militar, com inevitáveis reflexos no direito processual correspondente. Esclarecida a questão, in casu, verifico que o julgador a quo esposa o mesmo pensar. Não obstante, em razão de haver se utilizado da mesma fundamentação para justificar a dosimetria no mínimo – tanto da pena corporal como da pecuniária – entendo ser o caso de decotá-la (pena de multa) a esse patamar, estabelecendo-a em 10 dias-multa, para ambos os apelantes, mantendo inalterado a fixação do valor do dia multa, vez que coerente com os fundamentos alinhavados pelo juízo de piso. Apelação Criminal nº 000**4315-40.2018.9.26.0040 (7783/19)**, Segunda Câmara Silvio Hiroshi Oyama 14 de novembro de 2019.

Em vista da compreensão sistemática aqui defendida, no sentido de que a Lei Federal nº 13.491/17 teve o grande mérito de conseguir equalizar e harmonizar de modo definitivo e em perspectiva futura os ordenamentos jurídicos penais comum e militar entendemos que o segundo posicionamento, no sentido da **possibilidade de aplicação da pena de multa aos crimes militares por afetação da regularidade das instituições militares** é o único adequado no atual contexto do ordenamento jurídico penal militar.

– *Abolitio crimininis* e *Novatio in mellius*:

Antes do advento da Lei Federal nº 13.491/17 os crimes previstos pelo Estatuto do Desarmamento já foram alvo de discussões relativas à incidência de alterações de normas administrativas na tipicidade e no reconhecimento de hipótese de *abolitio criminis*, especialmente em virtude das diversas prorrogações relativas aos prazos para regularização ou entrega das armas de fogo que até então estivessem em desacordo com as previsões e requisitos introduzidos pelo Estatuto em 2003. Após diversos posicionamentos, teses e decisões, a situação se consolidou no âmbito da jurisprudência:

STJ

A *abolitio criminis* temporária prevista na Lei n. 10.826/2003 aplica-se ao crime de posse de arma de fogo de uso permitido com numeração, marca ou qualquer outro sinal de identificação raspado, suprimido ou adulterado, praticado somente até 23/10/2005. (Súmula n. 513/STJ) (Tese julgada sob o rito do art. 543-C do CPC/1973 – TEMA 596)

Julgados: HC 405337/SP, Rel. Ministro REYNALDO SOARES DA FONSECA, QUINTA TURMA, julgado em 03/10/2017, DJe 11/10/2017; AgRg no AREsp 881265/SP, Rel. Ministro JOEL ILAN PACIORNIK, QUINTA TURMA, julgado em 14/09/2017, DJe 22/09/2017; AgRg nos EDcl no AREsp 995154/SC, Rel. Ministro FELIX FISCHER, QUINTA TURMA, julgado em 22/08/2017, DJe 28/08/2017; HC 310369/SP, Rel. Ministro RIBEIRO DANTAS, QUINTA TURMA, julgado em 06/10/2016, DJe 26/10/2016; AgRg no AREsp 405534/MG, Rel. Ministro JORGE MUSSI, QUINTA TURMA, julgado em 19/05/2016, DJe 27/05/2016; REsp 1311408/RN (recurso repetitivo), Rel. Ministro SEBASTIÃO REIS JÚNIOR, TERCEIRA SEÇÃO, julgado em 13/03/2013, DJe 20/05/2013. (VIDE INFORMATIVO DE JURISPRUDÊNCIA N. 519) (VIDE RECURSO REPETI- TIVO – TEMA 596) (VIDE SÚMULAS ANOTADAS)

São atípicas as condutas descritas nos arts. 12 e 16 da Lei n. 10.826/2003, praticadas entre 23/12/2003 e 23/10/2005, mas, a partir desta data, até 31/12/2009, somente é atípica a conduta do art. 12, desde que a arma de fogo seja apta a ser registrada (numeração íntegra).

Julgados: HC 405337/SP, Rel. Ministro REYNALDO SOARES DA FONSECA, QUINTA TURMA, julgado em 03/10/2017, DJe 11/10/2017; AgRg no Ag 1157679/GO, Rel. Ministro SEBASTIÃO REIS JÚNIOR, SEXTA TURMA, julgado em 01/12/2016, DJe 14/12/2016; HC 310369/ SP, Rel. Ministro RIBEIRO DANTAS, QUINTA TURMA, julgado em 06/10/2016, DJe 26/10/2016; REsp 1575417/SP, Rel. Ministro ROGERIO SCHIETTI CRUZ, SEXTA TURMA, julgado em 01/03/2016, DJe 09/03/2016; HC 214997/DF, Rel. Ministro NEFI CORDEIRO, SEXTA TURMA, julgado em 30/06/2015, DJe 07/08/2015; HC 298490/MS, Rel. Ministro JORGE MUSSI, QUINTA TURMA, julgado em 02/09/2014, DJe 10/09/2014. (VIDE INFORMATIVO DE JURISPRUDÊNCIA N. 475)

Contudo, no ano de 2019, como já explicado, diversas alterações no arcabouço administrativo que regulamenta o Estatuto do Desarmamento modificaram classificações (uso permitido, uso restrito e uso proibido) das armas de fogo, dos acessórios e das munições o que impactou na mudança de tipificação penal de inúmeras condutas anteriores já haviam sido julgadas ou que ainda se encontravam com a persecução penal em trâmite.

A questão relativa a alterações de norma penal em branco tem sido debatida na doutrina que indica alguns requisitos para o reconhecimento da retroatividade de alterações mais benéficas, como é o atual caso das modificações introduzidas no Estatuto.

Ao explicar a possibilidade ou não de retroatividade, Cleber Masson (2014, p. 127) explica que:

> Em que pese a acirrada discussão, a questão é simples. Para sua compreensão, basta encará-la em sintonia com o art. 3º do Código Penal. Com efeito, o complemento da lei penal em branco pode assumir duas faces distintas: normalidade e anormalidade.
>
> Quando o complemento revestir-se de situação de normalidade, a sua modificação favorável ao réu revela a alteração do tratamento penal dispensado ao caso. Em outras palavras, a situação que se buscava incriminar passa a ser irrelevante. Nesse caso, a retroatividade é obrigatória. Vejamos um exemplo: suponhamos que alguém seja preso em flagrante, por ter sido encontrada em seu poder relevante quantidade de determinada droga. O crime de tráfico, tipificado pelo art. 33, caput, da Lei nº 11.343/2006, constitui-se em lei penal em branco, pois a sua descrição fala somente em 'droga' e a classificação de determinada substância nessa categoria depende de enquadramento em relação constante de Portaria editada pelo Poder Executivo Federal. (...) Por seu turno, quando o complemento se inserir em um contexto de anormalidade, de excepcionalidade, a sua modificação, ainda que benéfica ao réu, não pode retroagir. Fundamenta-se essa posição na ultratividade das leis penais excepcionais, alicerçada no art. 3º do Código Penal.

Sobre o mesmo tema Rogério Sanches Cunha (2014, p. 134) também se manifesta:

> [...] por fim, Alberto Silva Franco (seguido pelo STF) leciona que a alteração de um complemento de uma norma penal em branco homogênea sempre teria efeitos retroativos, vez que a norma complementar, como lei ordinária que é, também foi submetida a rigoroso e demorado processo legislativo. A situação, contudo, se inverte quando se tratar de norma penal em branco heterogênea. Neste caso, a situação se modifica para comportar suas soluções. Quando a legislação complementar não se reveste de excepcionalidade, como é caso das portarias sanitárias estabelecedoras das moléstias cuja notificação é compulsória, pela sua característica, se revogada ou modificada, poderá conduzir também à descriminalização. Já na legislação complementar de caráter excepcional, como no caso das portarias de ordem econômica (tabelamento de preços), pela sua característica, se revogada ou modificada, não conduz à descriminalização.

O STF já havia enfrentado questão semelhante em relação às alterações nas portarias que regulamentavam a Lei de Drogas, as quais também definem elementos integrantes dos tipos penais previstos naquele diploma:

> STF
>
> Habeas corpus "– Em princípio, o artigo 3. do Código Penal se aplica a norma penal em branco, na hipótese de o ato normativo que a integra ser revogado ou substituido por outro mais benefico ao infrator, não se dando, portanto, a retroatividade. – Essa aplicação só não se faz quando a norma, que complementa o preceito penal em branco, importa real modificação da figura abstrata nele prevista ou se assenta em motivo permanente, insusceptivel de modificar-se por circunstancias temporarias ou excepcionais, como sucede quando do elenco de doencas contagiosas se retira uma por se haver demonstrado que não tem ela tal caracteristica. "Habeas corpus" indeferido. (HC 73168, Relator(a): Min. MOREIRA ALVES, Primeira Turma, julgado em 21/11/1995, DJ 15-03-1996 PP-07204 EMENT VOL-01820-02 PP-00316)"
>
> "PENAL. TRAFICO ILICITO DE SUBSTANCIA ENTORPECENTE. LEI 6368/76, ARTIGO 36. NORMA PENAL EM BRANCO. PORTARIA DO DIMED, DO MINISTÉRIO DA SAÚDE, CONTENEDORA DA LISTA DE SUBSTANCIAS PROSCRITAS. LANCA-PERFUME: CLORETO DE ETILA. I. O paciente foi preso no dia 01.03.84, por ter vendido lanca-perfume, configurando o fato o delito de trafico de substancia entorpecente, ja que o cloreto de etila estava incluido na lista do DIMED, pela Portaria de 27.01.1983. Sua exclusão, entretanto, da lista, com a Portaria de 04.04.84, configurando-se a hipótese do "*abolitio criminis*". A Portaria 02/85, de 13.03.85, novamente inclui o cloreto de etila na lista. Impossibilidade, todavia, da retroatividade desta. II. Adoção de posição mais favoravel ao réu. III. H.C. deferido, em parte, para o fim de anular a condenação por trafico de substancia entorpecente, examinando-se, entretanto, no Juízo de 1. grau, a viabilidade de renovação do procedimento pela eventual pratica de contrabando. (HC 68904, Relator(a): Min. CARLOS VELLOSO, Segunda Turma, julgado em 17/12/1991, DJ 03-04-1992 PP-04290 EMENT VOL-01656-02 PP-00202 RTJ VOL-00139-01 PP-00216)"

Ainda que a jurisprudência esteja em fase inicial e sendo construída, já é possível identificar a tendência de reconhecimento do fenômeno da *novatio legis in mellius* do qual decorrerá a aplicação da retroatividade da alteração normativa mais benéfica para os fatos já julgados ou objeto de processos em curso, assim como a jurisprudência havia se posicionado em relação aos crimes de drogas:

> STJ

PENAL. PROCESSO PENAL. POSSE ILEGAL DE MUNIÇÃO DE USO RESTRITO. RECEPTAÇÃO. DEPÓSITO DE SUBSTÂNCIAS TÓXICAS, PERIGOSAS E NOCIVAS À SAÚDE HUMANA E AO MEIO AMBIENTE (COMBUSTÍVEIS). VIOLAÇÃO DO ART. 619 DO CPP. INOCORRÊNCIA. JULGAMENTO CONTRÁRIO AOS INTERESSES DO RECORRENTE. DOSIMETRIA. EXASPERAÇÃO DA PENA-BASE DO CRIME DE RECEPTAÇÃO. FUNDAMENTAÇÃO IDÔNEA. NOVATIO LEGIS IN MELLIUS. PROCESSO SOB A JURISDIÇÃO DO STJ NO MOMENTO DA EDIÇÃO DA NOVA LEI. POSSE DE MUNIÇÕES DE USO RESTRITO. DECRETOS N. 9.785/2019 E 9.847/2019. POSSIBILIDADE DE DESCLASSIFICAÇÃO DO TIPO PENAL. READEQUAÇÃO DA PENA. I – Demonstrado, por ocasião do julgamento dos embargos de declaração, de forma satisfatória e suficiente, que o acórdão embargado não padecia de qualquer vício e que o embargante em verdade pretendia, com o recurso, obter a reforma do julgamento, desnecessária e prolixa seria qualquer manifestação adicional a respeito do tema, visto que esgotada a matéria debatida. II – A dosimetria da pena, quando imposta com base em elementos concretos e observados os limites da discricionariedade vinculada atribuída ao magistrado sentenciante, impede a revisão da reprimenda por esta Corte Superior, exceto se for constatada evidente desproporcionalidade entre o delito e a pena imposta, hipótese em que caberá a reapreciação para a correção de eventual desacerto quanto ao cálculo das frações de aumento e de diminuição e a reavaliação das circunstâncias judiciais listadas no art. 59 do Código Penal. III – In casu, o aumento da pena-base mostra-se, de fato, fundamentado, pois a receptação de arma de fogo com numeração íntegra, que fora roubada de policial militar, evidencia um elevado grau de reprovabilidade que extrapola a própria conduta tipificada. Assim, o acórdão da origem consignou expressamente os motivos que acarretaram a exasperação da pena-base, pois tal circunstância ultrapassa o previsto no tipo penal, não havendo tampouco desproporcionalidade no acréscimo. IV – A análise do pedido de desclassificação da conduta em virtude de novatio legis in mellius é de competência deste Superior Tribunal de Justiça, porquanto a modificação legislativa ocorreu quando já iniciada a jurisdição desta Corte. V – Verifica-se dos autos que o agravante foi condenado pela posse irregular de munição de uso restrito, em virtude de terem sido encontradas consigo munições calibre .40 S&W. VI – As munições passaram a serem classificadas como de uso permitido, por força dos Decretos 9.785/2019 e 9.847/2019, sendo imperiosa assim a desclassificação da conduta para o tipo penal previsto no art. 12 da Lei n. 10.826/2003, com o consequente redimensionamento da dosimetria. Agravo regimental desprovido. Desclassificação da conduta, de ofício, para porte de munição de uso permitido, com o consequente redimensionamento da dosimetria. Dito isso, verifica-se que o agravante pretende, em síntese, a desclassificação do crime do art. 16, caput, para o crime do art. 12, ambos da Lei n. 10.826/2003, em virtude da superveniência dos Decretos n. 9.785/2019 e 9.847/2019, regulamentados pela Portaria n. 1.222/2019 do Exército Brasileiro, que passaram a considerar que "todos os calibres que não atinjam, na saída do cano de prova, 1.620 (mil seiscentos e vinte) joules de energia cinética são de modalidade permitida". Nesse eito, verifica-se que o ora agravante foi condenado pela posse irregular de munição de uso restrito, em virtude de terem sido encontradas consigo três munições calibre .40S&W (fl. 463). Ocorre que referidas munições passaram a ser de uso permitido, por força dos Decretos acima mencionados, sendo imperiosa assim a desclassificação da conduta para o tipo penal previsto no art. 12 da Lei n. 10.826/2003, com o consequente redimensionamento da dosimetria. Para tanto, deverão ser adotados os critérios utilizados na sentença condenatória. Na primeira fase, à mingua de circunstâncias judiciais desfavoráveis, fixo a AgRg nos EDcl no RECURSO ESPECIAL Nº 1.809.208 – SP (2019/0116480-3) MINISTROFELIXFISCHER V25 de maio de 2020. Ministro FELIX FISCHER. Relator

PENAL E PROCESSO PENAL. EMBARGOS DE DECLARAÇÃO NO AGRAVO REGIMENTAL NO AGRAVO EM RECURSO ESPECIAL. 1. AUSÊNCIA DE OMISSÃO. NÃO CABIMENTO. 2. NOVATIO LEGIS IN MELLIUS. PEDIDO DE APLICAÇÃO. POSSIBILIDADE. PROCESSO SOB A JURISDIÇÃO DO STJ NO MOMENTO DA EDIÇÃO DA LEI. 3. POSSE DE MUNIÇÕES DE

> USO RESTRITO. PEDIDO DE DESCLASSIFICAÇÃO. DECRETOS N. 9.785/2019 E 9.847/2019. APLICAÇÃO RETROATIVA. ART. 2º, P. ÚNICO, DO CP E ART. 5º, XL, DA CF. 4. MUNIÇÕES 9MM. CALIBRE DE USO PERMITIDO. NECESSIDADE DE DESCLASSIFICAÇÃO. 5. READEQUAÇÃO DA PENA. IMPLEMENTO DO PRAZO PRESCRICIONAL. 6. EMBARGOS REJEITADOS. DESCLASSIFICAÇÃO DE OFÍCIO. 1. Os embargos de declaração possuem fundamentação vinculada, dessa forma, para seu cabimento, é necessária a demonstração de que a decisão embargada se mostrou ambígua, obscura, contraditória ou omissa, conforme disciplina o art. 619 do Código de Processo Penal, o que não se verifica na presente hipótese. 2. Cuidando-se de lei nova, editada quando o processo já se encontrava sob a jurisdição do Superior Tribunal de Justiça, cabe, de fato, a esta Corte analisar eventual aplicação da novatio legis in mellius. Precedentes. 3. Busca-se a desclassificação do crime do art. 16, caput, para o crime do art. 12, ambos da Lei n. 10.826/2003, em virtude da superveniência dos Decretos n. 9.785/2019 e 9.847/2019, regulamentados pela Portaria n. 1.222/2019 do Exército Brasileiro. [...] Como é de conhecimento, o art. 2º, p. único, do CP, em observância ao disposto no art. 5º, XL, da CF, dispõe que "a lei posterior, que de qualquer modo favorecer o agente, aplica-se aos fatos anteriores, ainda que decididos por sentença condenatória transitada em julgado". 4. Verificando-se que o paciente foi condenado pela posse irregular de munição de uso restrito, em virtude de terem sido encontradas oito munições calibre 9mm, mister se faz a desclassificação da conduta, uma vez que referidas munições passaram a ser de uso permitido. 5. Com a readequação da reprimenda, inevitável o reconhecimento da prescrição da pretensão punitiva estatal, nos mesmos moldes em que já reconhecido pela Corte local, com relação ao porte de arma de fogo de uso permitido. 6. Embargos rejeitados. Desclassificação da conduta, de ofício, para porte de munição de uso permitido, com o consequente reconhecimento da prescrição da pretensão punitiva estatal. STJ. 05 de dezembro de 2019 (Data do Julgamento) Relator Quinta Turma. Ministro REYNALDO SOARES DA FONSECA.

Deste modo, a identificação e definição do que significa arma de fogo, acessórios e munições de uso permitido e restrito atualmente apresentada pelos Decretos Federais de 2019 devem ser aplicadas não apenas para os fatos praticados após o advento da alteração como também para os fatos anteriores, independentemente da ocorrência ou não do trânsito em julgado de eventual processo penal condenatório.

Por fim, a mais recente discussão diz respeito às alterações promovidas pelos Decretos Federais nº 10.627, 10.628, 10.629 e 10.630, publicados em 12 de fevereiro de 2021 os quais, como explicado, tiveram alguns dispositivos com eficácia suspensa por decisão liminar concedida nos autos da ADIs 6.675/DF, 6.676/DF, 6.677/DF, 6.680/DF e 6.695/DF pela Ministra Rosa Weber, do STF, e cujo mérito ainda se encontra pendente de julgamento.

Em relação à alterações que não foram alvo da suspensão da eficácia concedida liminarmente pelo STF, a exemplo da exclusão dos carregadores "destacáveis tipo cofre ou tipo tubular, metálicos ou plásticos, com qualquer capacidade de munição, cuja ausência não impeça o disparo da arma de fogo" que, com as alterações introduzidas pelo Decreto Federal nº 10.627/21, **deixaram de ser considerados como acessórios de arma de fogo**, não há mais discussão a respeito da **atipicidade da posse ou do porte de carregadores desmuniciados** vez que os tipos penais previstos nos artigos 12, 14 e 16 definem como objetos do crime as armas de fogo, os acessórios e munições. Deste modo, operou-se, sem dúvidas, hipótese de abolitio criminis que deve ser reconhecida pela jurisprudência.

Em relação às demais alterações, cuja vigência econtra-se suspensa em decorrência da liminar concedida pelo STF, por ora, não há que se falar em *abolitio criminis* ou *novatio legis in mellius*:

> AGRAVO EM EXECUÇÃO – DECISÃO QUE INDEFERIU PEDIDO DE RECONHECIMENTO DE NOVATIO LEGIS IN MELLIUS. RECURSO DA DEFESA. PRETENSÃO DE RECONHECIMENTO DE ABOLITIO CRIMINIS RELATIVAMENTE AO CRIME DO ARTIGO 16 DA LEI Nº 10.826/03 – ALEGAÇÃO DE QUE DECRETO PRESIDENCIAL DEIXOU DE CONSIDERAR MIRA ÓTICA COMO ACESSÓRIO DE USO RESTRITO – DECRETO PRESIDENCIAL Nº 10.627/21 QUE, DE FATO, DEIXOU DE CONSIDERAR O ACESSÓRIO COMO DE USO RESTRITO – LIMINAR DEFERIDA NA ADI 6675, PORÉM, QUE SUSPENDEU OS EFEITOS DO DISPOSITIVO NORMATIVO DISCUTIDO – INEXISTÊNCIA, POR ORA, DE ABOLITIO CRIMINIS OU NOVATIO LEGIS IN MELLIUS. DECISÃO MANTIDA. RECURSO NÃO PROVIDO.
>
> [...]
>
> Segundo se infere desses autos, relativamente à infração ao artigo 16, caput, da Lei nº 10.826/03 (conduta que se analisa neste recurso de agravo) o ora agravante foi denunciado (mov. 38.1 dos autos nº 0000304-16.2016.8.16.0196) por possuir acessório de arma de fogo de uso restrito, consistente em " dispositivo ótico de pontaria, marca BSA, capacidade de aumento 4x a 16x (quatro a dezesseis vezes), conforme auto de exibição e apreensão de fls. 82-83, auto de exame provisório de eficiência e prestabilidade de arma de fogo às fls. 42-44 e laudo de eficiência e prestabilidade às fls. 99-100" e posteriormente foi condenado à pena de 04 anos e 01 mês de reclusão por esse fato.
>
> [...]
>
> O réu pretende, agora, a adequação da sua pena, para o fim de excluir a condenação por infração ao artigo 16, caput, da Lei 10.826/03, por entender que houve abolitio criminis
>
> O Decreto Presidencial nº 10.627/21 realmente deixou de considerar a mira ótica como acessório de uso restrito (PCE – Produtos Controlados pelo Exército), nos seguintes termos:
>
> "Art. 1º O Anexo I ao Decreto nº 10.030, de 30 de setembro de 2019, passa a vigorar com as seguintes alterações:
>
> 'Art. 2º...
>
> § 3º Não são considerados PCE:
>
> I - os projéteis de munição para armas de porte ou portáteis, até ao calibre nominal máximo com medida de 12,7 mm, exceto os químicos, perfurantes, traçantes e incendiários;
>
> II - as máquinas e prensas, ambas não pneumáticas ou de produção industrial, para recarga de munições, seus acessórios e suas matrizes (dies), para calibres permitidos e restritos, para armas de porte ou portáteis;
>
> III - as armas de fogo obsoletas, de antecarga e de retrocarga, cujos projetos sejam anteriores a 1900 e que utilizem pólvora negra;
>
> IV - os carregadores destacáveis tipo cofre ou tipo tubular, metálicos ou plásticos, com qualquer capacidade de munição, cuja ausência não impeça o disparo da arma de fogo;
>
> V - os quebra-chamas;
>
> VI -as miras optrônicas, holográficas ou reflexivas; e
>
> VII - as miras telescópicas, independentemente de aumento. (...)." (sem sublinhado no original)
>
> No entanto, em 12/04/2021, foi deferida liminar, pelo e. Supremo Tribunal Federal, na ADI nº 6675, para o fim de, entre outras determinações, suspender os efeitos dessa nova norma com relação a miras optrônicas, holográficas, reflexivas e telescópicas, nos seguintes termos: "AÇÃO DIRETA DE INCONSTITUCIONALIDADE. DECRETOS PRESIDENCIAIS QUE DISPÕEM SOBRE AQUISIÇÃO, CADASTRO, REGISTRO, POSSE E PORTE DE ARMAS DE FOGO, ACESSÓRIOS E MUNIÇÕES. ATOS NORMATIVOS EDITADOS COM O PROPÓSITO

DE PROMOVER A CHAMADA "FLEXIBILIZAÇÃO DAS ARMAS" NO BRASIL. INOVAÇÕES REGULAMENTARES INCOMPATÍVEIS COM O SISTEMA DE CONTROLE E FISCALIZAÇÃO DE ARMAS INSTITUÍDO PELO ESTATUTO DO DESARMAMENTO. DEVER ESTATAL DE PROMOVER A SEGURANÇA PÚBLICA COMO COROLÁRIO DO DIREITO À VIDA. NORMAS QUE EXORBITAM DOS LIMITES DO PODER REGULAMENTAR OUTORGADO PELA CONSTITUIÇÃO AO PRESIDENTE DA REPÚBLICA, VULNERANDO, AINDA, POLÍTICAS PÚBLICAS DE PROTEÇÃO A DIREITOS FUNDAMENTAIS. MEDIDA LIMINAR DEFERIDA EM PARTE, AD REFERENDUM DO PLENÁRIO. (...) 12. Dispositivo Pelas razões expostas, defiro em parte os pedidos de medida cautelar, ad referendum do Plenário desta Corte, para suspender os efeitos dos seguintes preceitos normativos impugnados: (a) dos incisos I, II, VI e VII do § 3º do art. 2º do Regulamento de Produtos Controlados (Decreto nº 10.030/2019), incluídos pelo Decreto nº 10.627/2021 (...)." (STF, Liminar na ADI 6675, Rel. Min. Rosa Weber, DJe 14/04/2021 - sem sublinhado no original)

Assim, pelo menos enquanto a questão não for decidida pelo mérito ou o c. Plenário do e. Supremo Tribunal Federal não revogar (eventualmente) essa liminar, o dispositivo alterado pelo Decreto Presidencial não produz efeitos jurídicos. No caso concreto, portanto, não se pode dizer, por ora, que houve *abolitio criminis ou novatio legis in mellius* em relação à conduta praticada pelo apenado. Então, ao menos por ora, nada há a alterar na pena do agravante. Do exposto, voto por negar provimento ao recurso. TJPR. 4ª Câmara Criminal, Relator Des. RUI PORTUGAL BACELLAR FILHO. Julgamento 24 de setembro de 2021.

6.4.2. Omissão de cautela

ESTATUTO DO DESARMAMENTO (LEI FEDERAL Nº 10.826/03)

Art. 13. Deixar de observar as cautelas necessárias para impedir que menor de 18 (dezoito) anos ou pessoa portadora de deficiência mental se apodere de arma de fogo que esteja sob sua posse ou que seja de sua propriedade:

Pena – detenção, de 1 (um) a 2 (dois) anos, e multa.

Parágrafo único. [...].

CÓDIGO PENAL MILITAR (DECRETO-LEI Nº 1001/69)

CIRCUNSTÂNCIAS DE AFETAÇÃO DA REGULARIDADE DAS INSTITUIÇÕES MILITARES

Art. 9º Consideram-se crimes militares, em tempo de paz:

[...]

II – os crimes previstos neste Código e os previstos na legislação penal, quando praticados:

a) por militar em situação de atividade ou assemelhado, contra militar na mesma situação ou assemelhado;

b) por militar em situação de atividade ou assemelhado, em lugar sujeito à administração militar, contra militar da reserva, ou reformado, ou assemelhado, ou civil;

c) por militar em serviço ou atuando em razão da função, em comissão de natureza militar, ou em formatura, ainda que fora do lugar sujeito à administração militar contra militar da reserva, ou reformado, ou civil;

d) por militar durante o período de manobras ou exercício, contra militar da reserva, ou reformado, ou assemelhado, ou civil;

e) por militar em situação de atividade, ou assemelhado, contra o patrimônio sob a administração militar, ou a ordem administrativa militar;

f) revogada.

III – os crimes praticados por militar da reserva, ou reformado, ou por civil, contra as instituições militares, considerando-se como tais não só os compreendidos no inciso I, como os do inciso II, nos seguintes casos:

a) contra o patrimônio sob a administração militar, ou contra a ordem administrativa militar;

b) em lugar sujeito à administração militar contra militar em situação de atividade ou assemelhado, ou contra funcionário de Ministério militar ou da Justiça Militar, no exercício de função inerente ao seu cargo;

c) contra militar em formatura, ou durante o período de prontidão, vigilância, observação, exploração, exercício, acampamento, acantonamento ou manobras;

d) ainda que fora do lugar sujeito à administração militar, contra militar em função de natureza militar, ou no desempenho de serviço de vigilância, garantia e preservação da ordem pública, administrativa ou judiciária, quando legalmente requisitado para aquêle fim, ou em obediência a determinação legal superior.

– Objetividade jurídica

Imediata: a incolumidade física dos menores de 18 (dezoito) anos e das pessoas portadoras de deficiência mental.

Mediata: a regularidade das instituições militares como meio de promoção e garantia de direitos fundamentais das pessoas, individual e coletivamente consideradas, na sociedade.

Há posicionamentos doutrinários e jurisprudenciais que divergem a respeito da objetividade jurídica ou do bem jurídico protegido pelo tipo penal previsto no *caput* do art. 13 do Estatuto do Desarmamento por entenderem que referido crime permanece tendo como finalidade principal a proteção da incolumidade pública que seria colocada em risco maior pelo apoderamento da arma de fogo pelas pessoas nele indicadas (crianças, adolescentes e portadores de deficiência mental) tendo em vista a falta de discernimento destas em relação à utilização de tais objetos.

Sob tais perspectivas, referido delito seria definido como crime de perigo abstrato, consumando-se, para alguns, com a simples omissão das cautelas necessárias ou, para a maioria, com o apoderamento da arma de fogo pelas pessoas indicadas pelo tipo.

Não nos parece ser este o entendimento mais adequado à norma. Se assim o fosse, apoderando-se o menor ou o portador da deficiência mental da arma de fogo quando sozinho e em local isolado em uma residência na área rural sem qualquer possibilidade de risco a terceiros poder-se-ia afastar a tipicidade material da conduta ou ainda reconhecer-se a prática de crime impossível pela absoluta impossibilidade de risco à incolumidade pública.

Não obstante, no exemplo acima, parece restar claro que o principal destinatário da proteção da norma é o próprio menor de 18 anos ou o portador de deficiência mental, não havendo que se falar em atipicidade da conduta. Deste modo, defende-se aqui que a objetividade jurídica do presente tipo consiste na incolumidade física do próprio menor ou portador de deficiência mental.

Parece corroborar este entendimento o fato da jurisprudência majoritária posicionar-se no sentido do concurso material entre os crimes de posse ou porte ilegal de arma de fogo (de uso permitido ou restrito) e de omissão de cautela:

> EMENTA – APELAÇÃO CRIMINAL – POSSE IRREGULAR DE ARMA DE FOGO – OMISSÃO DE CAUTELA – UM FILHO ALVEJADO PELO OUTRO – PEDIDO DE APLICAÇÃO DE PERDÃO JUDICIAL – AUSÊNCIA DE PREVISÃO LEGAL – IMPOSSIBILIDADE – DOSIMETRIA DA PENA – RECONHECIMENTO EX OFFICIO DA ATENUANTE GENÉRICA DA SENILIDADE – RÉU COM IDADE SUPERIOR A 70 ANOS QUANDO DA SENTENÇA – RECURSO IMPROVIDO E PENA REDIMENSIONADA DE OFÍCIO. [...]Trata-se de apelação criminal interposta por C.G.B. contra a sentença proferida pelo d. Juízo da 1ª Vara Criminal da Comarca de Dourados, que o condenou à pena de 2 anos e 4 meses de detenção, bem como ao pagamento de 30 dias-multa, pela prática dos crimes previstos nos art. 12 e 13 da Lei 10.826/2003, em concurso material (art. 69 do CP – f. 210/214). TJMS. Apelação Criminal – Nº 0004382-93.2018.8.12.0002 – Dourados Relatora – Exma. Sra. Desa Elizabete Anache. JULGAMENTO. 24 de agosto de 2020.

Isso porque, tratando-se o crime de posse ou porte ilegal de arma de fogo de delito cuja objetividade jurídica consiste na proteção da incolumidade pública, o reconhecimento de que o crime de omissão de cautela visaria a proteção deste mesmo bem jurídico conduziria à necessidade de se afastar o concurso material dos crimes, o que não se verifica.

Assim, conclui-se que o delito de **omissão de cautela** descrito no *caput* do art. 13 do Estatuto do Desarmamento **visa proteger** não a **incolumidade como um todo mas sim a incolumidade pública das pessoas em condição de vulnerabilidade nele elencadas** e individualmente consideradas. A esta proteção será **adicionada a tutela da regularidade das instituições militares** nas hipóteses em que as circunstâncias nas quais a conduta for praticada afetar a regularidade das instituições militares, caracterizando-se, portanto, como crime militar.

Referido posicionamento será refletido em diversas outras questões a exemplo da definição do sujeito passivo e, consequentemente, pelas características dos critérios de tipificação do crime militar previstos no art. 9º do Diploma Castrense, também norteará a identificação dos sujeitos ativos do crime, visto que diversas circunstâncias previstas no art. 9º necessitam da análise de ambos os pólos (sujeito ativo e passivo) para que seja verificada a afetação ou não da regularidade das instituições militares e consequente caracterização do crime militar.

– Sujeito passivo:

Principal ou imediato: menores de 18 (dezoito) anos e pessoas portadoras de deficiência mental.

Secundário ou mediato: Instituição Militar.

Diferentemente do que se observa na maior parte dos crimes previstos no Estatuto do Desarmamento, o tipo penal de **omissão de cautela** previsto no *caput* do art. 13 deste diploma não visa proteger a incolumidade pública ou a coletividade como um todo[51] mas sim algumas **pessoas em específico em virtude da condição de maior vulnerabilidade decorrente da idade** (menor de 18 anos) ou **condição biológica** (deficiência mental). Assim, partindo-se do pressuposto de que se trata de crime de perigo concreto[52], figuram como sujeito passivo do crime o menor de 18 anos ou o deficiente mental que efetivamente se apoderam da arma de fogo que seja de propriedade ou esteja sob a posse do autor do delito.

Não obstante a figura do sujeito passivo principal ou primário ser caracterizada na incolumidade do menor ou da pessoa com deficiência, vale lembrar que para que seja identificada a natureza militar do delito por afetação da regularidade das instituições militares é necessário que as condutas típicas previstas no *caput* do art. 13 do Estatuto do Desarmamento sejam praticadas em alguma das hipóteses previstas nos incisos II ou III do art. 9º tendo em vista que tais circunstâncias legais, como já destacado, irão indicar em quais casos a conduta típica afetará, além da incolumidade do menor ou do portador da deficiência mental, o bem jurídico tutelado pelo Direito Penal Militar, qual seja, a regularidade das instituições militares necessária à garantia e promoção dos direitos fundamentais de toda a sociedade.

Portanto, neste delito, aqui defendido como de perigo concreto, a regularidade das instituições militares deixa de figurar como sujeito passivo principal o que impactaria diretamente a competência, no âmbito da Justiça Militar Estadual, para processamento e julgamento do feito que recairá sobre o juiz singular (se a vítima for civil) ou sobre os Conselhos de Justiça, especial ou permanente (se a vítima for militar da ativa, da reserva ou reformado).

Sob esta perspectiva, considerando tratar-se de um crime de perigo concreto e contra pessoas em específico, não há que se falar em possibilidade de caracterização do crime militar de omissão de cautela por afetação da regularidade das instituições militares por ofensa ao patrimônio sob administração militar ou à ordem administrativa militar (alínea "e" do inciso II e alínea "a" do inciso III dao art. 9º do CPM), mas sim apenas por terem sido praticados por militares da ativa contra militares na mesma situação (alínea "a" do inciso II do art. 9º do CPM *ratione personae* ou *ratione materiae*) ou por qualquer pessoa em lugar sujeito à administração militar (alíneas "b" dos incisos II e III do art. 9º do CPM do CPM – *ratione loci*), durante o serviço militar, contra ou em razão deste (alínea "c" do inciso II e "d" do inciso III do art. 9º do CPM – *ratione materiae*); ou, ainda, nos períodos de manobras ou exercícios militares (alínea "d" do inciso II e "c" do inciso III do art. 9º do CPM *ratione temporis*), sempre contra pessoas individualmente consideradas (contra militares da ativa, da reserva, reformados ou civis).

[51] Consoante posicionamento apresentado no tópico anterior relativo à definição da objetividade jurídica do tipo penal militar em tela.

[52] Há doutrinadores que entendem tratar-se de crime de perigo abstrato e outros ainda que afirmam tratar-se de crimes omissivo doloso de perigo abstrato como se verá a seguir.

Também importante ressaltar que a condição de portador de deficiência mental não se compatibiliza com a situação de um militar da ativa ou de um funcionário da Justiça Militar os quais, encontrando-se nesta condição, não deverão encontrar-se na ativa (em situação de atividade) ou no exercício de suas funções. Em relação às crianças e adolescentes, ainda que se cogite a possibilidade de menores de 18 anos ingressarem nas forças militares possibilitando-se, em tese, a prática do crime contra um destes sujeitos, é importante ressaltar que com a alteração introduzida pelo Decreto Federal nº 9.846/19 os menores de 18 anos podem realizar a prática de tiro desportivo bastando, para tanto, apenas a anuência dos pais[53] sendo que os militares menores de 18 anos tornam-se, nos termos do parágrafo único do inciso III do art. 5º do Código Civil, emancipados para os atos da vida civil.

Por tal motivo, **militares da ativa não podem figurar como sujeito passivo** deste delito o que **limita aos militares da reserva, reformados ou civis as pessoas passíveis de figurarem no pólo passivo** da presente infração penal militar.

– Sujeito ativo:

Uma vez adotado o posicionamento de reconhecer-se o tipo penal de omissão de cautela como crime de perigo concreto, o **militar da ativa** pode incorrer na prática do tipo penal militar por afetação da regularidade das instituições militares em questão caracterizando-se como sujeito ativo do delito ao praticar as condutas típicas em alguma das **hipóteses previstas no inciso II do art. 9º do Código Penal Militar**, quais sejam, em **lugar sujeito à administração militar, em serviço, atuando em razão da função ou em período de manobra ou exercício** contra **militar da reserva, reformado ou civil (desde que estes sejam portadores de deficiência ou, no caso dos civis, menores de 18 anos)**. Não sendo possível frise-se, mais uma vez, a caracterização das hipóteses previstas nas alíneas "a" (contra militar da ativa) e "e" (contra a ordem administrativa militar) do inciso II do art. 9º do Código Penal Militar.

Por outro lado, o militar da reserva, o reformado ou o civil até poderiam praticar as condutas típicas previstas no caput do art. 13 do Estatuto do Desarmamento em um lugar sujeito à administração militar, por exemplo. Contudo, como também já destacado, as alíneas "b", "c" e "d" do inciso III do art. 9º exigem, para subsunção às hipóteses e circunstâncias nela previstas que o tipo penal seja praticado contra militar da ativa ou funcionário da Justiça Militar os quais não poderão sofrer de deficiência mental e concomitantemente encontrarem-se no exercício de suas funções ou na ativa.

---

53 Art. 7º A prática de tiro desportivo, nas modalidades aceitas pelas entidades nacionais de administração do tiro, por pessoas com idade entre quatorze e dezoito anos:

I – será previamente autorizada conjuntamente por seus responsáveis legais, ou por apenas um deles, na falta do outro;

II – se restringirá tão somente aos locais autorizados pelo Comando do Exército; e

III – poderá ser feita com a utilização de arma de fogo da agremiação ou do responsável legal, quando o menor estiver por este acompanhado.

Parágrafo único. A prática de tiro desportivo por maiores de dezoito anos e menores de vinte e cinco anos de idade poderá ser feita com a utilização de arma de fogo de propriedade de agremiação ou de arma de fogo registrada e cedida por outro desportista.

Ainda que se cogite a possibilidade de menores de 18 anos ingressarem nas forças militares situação na qual poderia ocorrer, ao menos em tese, a prática do crime de omissão de cautela em desfavor destes sujeitos, é importante ressaltar mais uma vez que com a alteração introduzida pelo Decreto Federal nº 9.846/19 os menores de 18 anos podem realizar a prática de tiro desportivo bastando, para tanto, apenas a anuência dos pais[54] anuência esta prescindível para os militares menores de 18 anos por tornarem-se, nos termos do parágrafo único do inciso III do art. 5º do Código Civil, emancipados para os atos da vida civil.

Sendo assim, não há que se falar na prática do crime de omissão de cautela praticado "contra" militares da ativa ou funcionários da Justiça Militar, logo, entendemos **não ser possível que militares da reserva, reformados ou civis incorram no crime militar de omissão de cautela por afetação da regularidade das instituições militares**. Ainda que as condutas por eles praticadas nos termos do *caput* do art. 13 do Estatuto do Desarmamento tenha ocorrido em lugar sujeito à administração militar ou em período de manobra ou exercícios militares o crime continuará sendo comum pela impossibilidade de caracterização das demais elementares (contra militar da ativa, de serviço ou funcionário da Justiça Militar).

De igual modo e mantendo-se a coerência sistêmica, não se entende possível que a prática da conduta de omissão de cautela da guarda da arma de fogo por civis, militares da reserva ou reformados em lugar sujeito a administração militar possa configurar violação à ordem administrativa militar (alínea "a" do inciso III do art. 9º do Código Penal Militar) tendo em vista que, como afirmado, a lei estabeleceu expressamente em quais casos a conduta praticada em lugar sujeito à administração militar deve ser considerada como crime militar (contra militar da ativa ou funcionário da Justiça Militar) especificando-se "contra" quem a conduta deve ser praticada para adquirir tal natureza (militar por afetação da regularidade das instituições militares).

Ademais, tratando-se de **crime culposo**, segundo entendimento doutrinário e jurisprudencial majoritário, **não há que se falar em crime praticado "contra" as instituições militares**, consoante o expressamente exigido no *caput* do inciso III do art. 9º do CPM.

Logo, excluindo-se a possibilidade da prática do crime militar de omissão de cautela por afetação da regularidade das instituições militares, por parte de civis, militares da reserva ou refomados, resta a conclusão no sentido de que referido crime só pode ser praticado, ou seja, ter como **sujeito ativo, o militar da ativa**, quando este incorrer na conduta típica prevista no caput do art. 13 do Estatuto em alguma das circunstâncias previstas no inciso II do art. 9º do Código Penal Militar, quais

[54] Art. 7º A prática de tiro desportivo, nas modalidades aceitas pelas entidades nacionais de administração do tiro, por pessoas com idade entre quatorze e dezoito anos:

I – será previamente autorizada conjuntamente por seus responsáveis legais, ou por apenas um deles, na falta do outro;

II – se restringirá tão somente aos locais autorizados pelo Comando do Exército; e

III – poderá ser feita com a utilização de arma de fogo da agremiação ou do responsável legal, quando o menor estiver por este acompanhado.

Parágrafo único. A prática de tiro desportivo por maiores de dezoito anos e menores de vinte e cinco anos de idade poderá ser feita com a utilização de arma de fogo de propriedade de agremiação ou de arma de fogo registrada e cedida por outro desportista.

sejam, em lugar sujeito à administração militar (alínea "b"), em serviço, atuando em razão da função (alínea "c") ou em período de manobra ou exercício (alínea "d") contra militar da reserva, reformado ou civil e desde que estes sejam portadores de doença mental ou, no caso dos civis, menores de 18 anos.

QUADRO RESUMO SUJEITO ATIVO		
OMISSÃO DE CAUTELA		
Art. 12. Deixar de observar as cautelas necessárias para impedir que menor de 18 (dezoito) anos ou pessoa portadora de deficiência mental se apodere de arma de fogo que esteja sob sua posse ou que seja de sua propriedade:		
AUTOR	**O CRIME SERÁ MILITAR POR AFETAÇÃO QUANDO***	**TIPIFICAÇÃO MILITAR (INDIRETA)**
Militares da ativa	praticado em alguma das circunstâncias previstas no inciso II do art. 9º do Código Penal Militar, contra militar da reserva, reformado ou civil e desde que estes sejam portadores de doença mental ou, no caso dos civis, também se menores de 18 anos	alíneas "b", "c" ou "d"do inciso II do Art. 9º do CPM
Militares da reserva, reformados ou civis	Não há possibilidade de subsunção às hipóteses elencadas pelo inciso III do art. 9º do CPM	Não há

* Quadro Sinóptico elaborado com base nos posicionamentos defendidos pelo autor com base nos argumentos apresentados durante o capítulo da obra "Crimes Militares Extravagantes" Editora Juspodivm. A jurisprudência pátria ainda não consolidou posicionamento sobre os requisitos exigidos para a caracterização dos crimes previstos no Estatuto do Desarmamento como militares.

– Elementos descritivos-objetivos:

Cautelas necessárias:

Não obstante a maior parte dos autores e jurisprudência convergir no sentido do reconhecimento do referido tipo como culposo, questão difícil é identificar, ao menos aprioristicamente, os requisitos ou atos que caracterizariam a "cautela" ou o "cuidado" necessário a ser observado pelo proprietário ou possuidor de arma de fogo para impedir o "apoderamento" desta por parte das pessoas protegidas pelo tipo penal em questão (menores de dezoito anos e portadores de deficiência mental).

Ainda que o inciso VIII do art. 3º do Decreto Federal nº 9.845/19 especifique que para fins de aquisição de arma de fogo de uso permitido e de emissão do Certificado de Registro de Arma de Fogo, o interessado deverá "apresentar declaração de que possui lugar seguro para armazenamento das armas de fogo das quais seja proprietário de modo a adotar as medidas necessárias para impedir que menor de dezoito anos de idade ou pessoa com deficiência mental se apodere de arma de fogo que esteja sob sua posse ou que seja de sua propriedade nos termos do disposto no art. 13" do

Estatuto[55], na prática, apenas o caso concreto será capaz de demonstrar qual ou quais seriam as diligências necessárias à proteção vulneráveis indicados pela norma:

> STJ
>
> AÇÃO PENAL. DELITO DE POSSE DE ARMA DE FOGO SEM REGISTRO. LEIS 9437 (97 E 10.826/03. EXTINÇÃO DA PUNIBILIDADE. PRINCÍPIO DA RETROATIVIDADE DA LEI MAIS BENIGNA.
>
> 1. Cuidam os autos de denúncia apresentada pelo Ministério Público Federal em face de Expedito Ferreira de Souza apontando-o como incurso nas penas do artigo 10 "caput" § 1º inciso I da Lei 9.437/97 em concurso de crimes.
>
> 2. Em observância ao princípio da retroatividade da lei mais benigna, há que se aplicar ao caso "sub examine" a Lei 10.826/03 que revogou expressamente a Lei 9.437/97 vigente à época do cometimento do ilícito penal. "In casu", a referida Lei 10.826/03 embora considere ilícita a conduta de alguém manter arma de fogo sem autorização legal, no interior de sua residência, concedeu o prazo de 180 (cento e oitenta) dias para regularização desta situação configurando-se, por meio deste proceder legislativo, os efeitos da *"abolitio criminis"*
>
> 3. Inexistência de omissão de cautela na guarda da arma de fogo a justificar a denúncia, visto que o relatório policial registra que a arma estava guardada no móvel do quarto de casal desmuniciada e a munição guardada separadamente.
>
> 4. Extinção da punibilidade pela aplicação da lei mais benigna (artigo 2º, parágrafo único do Código Penal). AÇÃO PENAL Nº 394 – RN (2004/0174295-0) MINISTRO ARI PARGENDLER RELATOR PARA ACÓRDÃO MINISTROJOSÉDELGADO. 15 de março de 2006 (Data do Julgamento).
>
> TJRS
>
> Ementa: APELAÇÃO CRIME. MANTER SOB GUARDA ARMAS DE FOGO E MUNIÇÃO. OMISSÃO DE CAUTELA. ARTS. 12 E 13 DA LEI Nº 10.826/03. REFORMA DO ÉDITO CONDENATÓRIO. ABSOLVIÇÃO DECRETADA. 1. Delito de guarda de arma de fogo. Art. 12 da Lei nº 10.826/03. Acusado que mantinha sob guarda, em sua residência, armas de fogo e munição, sem autorização e em desacordo com determinação legal e regulamentar. Acolhimento da tese de atipicidade da conduta prevista no art. 12 da Lei nº 10.826/03, amparada na vacatio legis estabelecida pela novel legislação. Arts. 30 e 32 do Estatuto do Desarmamento. *Abolitio criminis* temporária. Aplicabilidade restrita aos delitos de posse e guarda de arma de fogo, praticados dentro do prazo instituído nos dispositivos legais citados, com as alterações posteriores. Crime perpetrado em 28.05.2004 alcançado pela norma. Absolvição com fundamento no art. 386, III do CPP, que se impõe. 2. Delito de omissão de cautela. Art. 13 da Lei nº 10.826/03. Embora incontroverso o fato de o filho do réu, menor de 18 anos, ter se apoderado do revólver que estava sob sua guarda, e, com ele, ter desferido um tiro contra seu próprio abdômen, os elementos de convicção colacionados aos autos, entretanto, não permitem concluir, com precisão, que o denunciado não tenha adotado as cautelas necessárias, a fim impedir que o adolescente tivesse acesso às armas. Relatos das testemunhas e fotografias juntadas ao feito demonstrando que o armamento era guardado no forro da residência, em local abrigado e com altura razoável. Insuficiência probatória. Aplicação do art. 386, VI do CPP. Reforma da sentença.

---

[55] O Decreto Federal nº 9.685 de 15 de janeiro de 2019 chegou a dispor que o interessado em obter o interessado em adquirir e obter o registro de arma de fogo, na hipótese de residência habitada também por criança, adolescente ou pessoa com deficiência mental, deveria "apresentar declaração de que a sua residência possui cofre ou local seguro com tranca para armazenamento" do armamento no entanto referido texto foi alterado pela atual redação do inciso VIII do art. 3º até porque o texto anterior mais polemizava do que solucionava a questão de quais deveriam ser as cautelas necessárias exigidas para afastamento da tipicidade do art. 13 do Estatuto.

APELAÇÃO PROVIDA.(Apelação Crime, Nº 70015397847, Oitava Câmara Criminal, Tribunal de Justiça do RS, Relator: Fabianne Breton Baisch, Julgado em: 12-09-2007)

TJGO

Ementa: APELAÇÃO CRIME. OMISSÃO DE CAUTELA. ESTATUTO DO DESARMAMENTO. CONDENAÇÃO MANTIDA. AUTORIA E MATERIALIDADES COMPROVADAS. PERDÃO JUDICIAL. IMPOSSIBILIDADE. INSTITUTO QUE SOMENTE DEVE SER APLICADO COM PRUDÊNCIA EM CASOS EXCEPCIONALÍSSIMOS. DERAM PARCIAL PROVIMENTO AO APELO DEFENSIVO, TÃO SOMENTE PARA REDUZIR A PENA DE MULTA PARA 15 DIAS MULTA.(Apelação-Crime, Nº 70036134583, Primeira Câmara Criminal, Tribunal de Justiça do RS, Relator: Marcel Esquivel Hoppe, Julgado em: 11-08-2010)

[...] Do conjunto probatório, não há dúvidas de que o réu foi omisso no seu dever de cautela ao guardar sua espingarda, sendo negligente ao deixá-la em cima de um armário em seu quarto, ao alcance de qualquer um, especialmente o seu filho menor. Não há falar em ausência de outro local mais seguro para se guardar uma arma, pois é inadmissível a tese de que, em uma casa de família, o lugar mais apropriado para se guardar um objeto de grande periculosidade seja em cima de um armário, podendo ser alcançado facilmente com a ajuda de uma cadeira qualquer. Ademais, a manifestação do Procurador de Justiça pela concessão do perdão judicial não encontra qualquer respaldo nos autos. Tenho me manifestado no sentido de que o perdão judicial deve ser aplicado com prudência, restando reservado somente para casos excepcionalíssimos, quando a imposição da pena pareça ao Juiz de manifesta inutilidade. Inexiste nos autos, a meu ver, prova de que as conseqüências da infração tenham atingido o agente de forma tão grave de modo a justificar a concessão do perdão judicial. Em que pese o seu filho ter que amputar um dedo da mão, a não aplicação do instituto servirá para educar o réu sobre as circunstâncias graves que podem ocorrer com sua falta de cuidados. Daí porque é impositiva a condenação do acusado pela omissão de cautela no trato com armas de fogo, delito previsto no art. 13 da Lei 10.826/03.

[...] Extrai-se dos excertos acima que a apelada mantinha sob sua guarda, sem autorização, arma de fogo, ensejando, assim, a condenação no crime previsto no artigo 12, do Estatuto do Desarmamento. Vale ressaltar, ainda, que a colocação de uma arma de fogo meramente sobre um guarda-roupa, em uma casa com menores de idade (adolescente de 16 anos), é, sim, a toda evidência, conduta que incorre na inobservância do dever objetivo de cuidado própria dos crimes culposos, o que mais do que justifica a condenação operada. Evidente que tal local é absolutamente inadequado para se guardar uma arma de fogo, por ser de fácil acesso, tanto que o menor não teve a menor dificuldade em encontrá-la. Estivesse o artefato em local seguro e inacessível, claro que diversa poderia ser a conclusão a respeito; da maneira como se deram os fatos, porém, obviamente não. No contexto dos autos, conclui-se que além de possuir arma de fogo de forma irregular, sem qualquer registro, a apelada não tomou as devidas cautelas para ocultá-la em local a que uma criança não pudesse ter acesso, fator determinante para ela se ferir, acidentalmente. Assim, ficou evidente, pois, o nexo de causalidade entre o disparo da arma de fogo e o ferimento sofrido pelo menor, Caio Eugênio, em decorrência de ato involuntário (negligência) da apelada. TJGO APELAÇÃO CRIMINAL Nº 346857-40.2015.8.09.0176 (201593468571). Desa. AVELIRDES ALMEIDA P. DE LEMOS. 28 de março de 2019.

TJSP

Da mesma forma, restou demonstrado pelo conjunto probatório que o réu foi omisso em relação a adoção de efetivas cautelas a impedir que seus filhos, menores de 18 anos, tivessem acesso à arma de fogo. Diante da facilidade de acesso à gaveta onde era a arma guardada, algo admitido sem rodeios pelo acusado, Emerson pegou o artefato, engatilhou e, na tentativa de desengatilhar houve o disparo e a produção de lesões corporais de natureza leve (cf. laudo de fls. 52/53). A omissão de cautela evidencia-se, ainda mais, quando se constata que o artefato era guardado municiado.

Como bem asseverou a magistrada de origem (fl. 291): "Restou demonstrado no decorrer da instrução processual que o réu mantinha a arma municiada dentro de uma cômoda com gavetas dentro do seu quarto. É certo que tanto o réu como as testemunhas afirmaram que a gaveta estava fechada com chaves. No entanto, caberia ao réu ser mais diligente, devido a periculosidade do objeto, tanto que ele próprio admite que a gaveta era fácil de abrir e que inclusive os filhos costumavam abri-la para pegar dinheiro que também era guardado no local. Nesta esteira, mesmo que a citada arma estivesse em situação regular, caberia ao réu as diligências necessárias para evitar o acidente ocorrido, que poderia, inclusive, ter sido fatal".

Portanto, tendo o réu ciência de que a gaveta possuía fechadura simples, era fácil de destrancar e que as crianças tinham acesso, deveria o apelante ter cuidado redobrado em zelar pela segurança de seus filhos.

Deve o acusado dar-se por feliz por responder aos delitos que lhe são imputados, de baixa gravidade, alocados dentre as infrações de perigo, e se é homem de fé, agradecer eternamente, porque sua incúria poderia ter causado uma tragédia pessoal e familiar.

Nesse sentido, leciona Guilherme de Souza Nucci no tocante às cautelas necessárias:

"constituem o formato do dever de cuidado objetivo, que é o dever de atenção, conforme as regras de experiência comum a todos que vivem em sociedade. Por isso, há inúmeras maneiras de se avaliar essa situação, constituindo, pois, elementos normativos do tipo, de valoração cultural" (Leis Penais e Processuais Comentadas, vol. 2, 3ª edição, Ed. Forense, pág. 17). TJSP. Apelação Criminal nº 0002094-45.2017.8.26.0544 2ª Câmara de Direito Criminal Relator LUIZ FERNANDO VAGGIONE. 24 de setembro de 2020

OMISSÃO DE CAUTELA. A figura da *abolitio criminis* não atinge o crime em tela. Configurada a omissão pela negligência do réu, que não tomou as cautelas necessárias a impedir que o menor se apoderasse do revólver. Inaplicabilidade do princípio da consunção. Pena bem dosada, regime adequado. NEGADO PROVIMENTO AO APELO.

[...]

Em segundo, reafirmo que o crime restou amplamente configurado. O tipo penal prevê "deixar de observar as cautelas necessárias para impedir que menor de 18 (dezoito) anos ou pessoa portadora de deficiência mental se apodere de arma de fogo que esteja sob sua posse ou que seja de sua propriedade". Apesar dos cuidados tomados pelo réu para guardar sua arma de fogo, tais não foram suficientes para impedir que seu filho menor tivesse acesso a ela. Ou seja, não foram tomadas todas as cautelas que, no caso, seriam necessárias para impedir que o menor se apoderasse do revólver.

Ora, o réu guardava a arma no armário da cozinha, local de fácil acesso a seu filho, que já tinha 12 (doze) anos. O simples fato de estar em local alto é impeditivo de acesso apenas para crianças pequenas, que ainda não se equilibram em escadas ou cadeiras, mas se tratando de um adolescente com 12 anos, as cautelas deveriam ser dobradas.

Ademais, como afirmou o próprio réu, apesar de não contar a seu filho que possuía a arma, ele deve ter notado a existência do revólver no momento em que o acusado a pegou. De qualquer forma, a negligência do apelante restou configurada, sendo certo que seu filho soube da existência da arma e se apoderou da mesma, culminando com o acidente relatado nos autos. TJSP. Apelação Criminal: 0019470-57.2006.8.26.0050. 3ª Câmara de Direito Criminal. Relator RUY ALBERTO LEME CAVALHEIRO. 3 de dezembro de 2013.

Apoderar-se:

Como já apresentado quando da análise da objetividade jurídica do crime, há posicionamentos na doutrina divergentes a respeito do crime de omissão de cautela tratar-se de crime de perigo concreto ou de perigo abstrato.

Partindo-se do pressuposto de que o bem jurídico aqui protegido consiste na incolumidade dos menores de 18 anos ou dos portadores de deficiência mental parece-nos mais apropriado o posicionamento no sentido de tratar-se de crime de perigo concreto que se verifica no momento em que o menor ou o portador da deficiência efetivamente se apodera da arma de fogo.

Curiosamente, não raras vezes doutrinadores e magistrados posicionam-se no sentido de tratar-se de um crime de perigo abstrato mas que se consumaria apenas quando do apoderamento da arma de fogo pelas pessoas descritas no tipo:

> TJSP
>
> [...] No mais, ao contrário do que aduz a douta defesa, quanto à atipicidade da conduta por ausência de lesividade, os delitos de posse ilegal de arma ou munição e de omissão de cautela são crimes de perigo abstrato[56], de sorte que se dispensa a demonstração de efetiva situação de risco ao bem jurídico tutelado, não obstante prova abundante nesse sentido.
>
> Basta, na verdade, a simples posse do objeto para a configuração do delito previsto no artigo 12, sem o necessário registro da arma de fogo, bem como com o simples apoderamento da arma pelo menor para incidência do crime previsto no artigo 13, ambos da Lei de Armas. TJSP. Apelação Criminal nº 0002094-45.2017.8.26.0544 2ª Câmara de Direito Criminal Relator LUIZ FERNANDO VAGGIONE. 24 de setembro de 2020.

Cremos que esta ideia, de crime de perigo abstrato que só se consumaria com o apoderamento da arma de fogo, seria compatível apenas com o entendimento de não ser o menor ou o portador da deficiência , nem tampouco sua incolumidade física individualmente considerada, o sujeito passivo do delito, ou seja, o objeto de proteção da norma que visaria, então, assim proteger a incolumidade pública como um todo. Sob esta perspectiva vislumbra-se possível o entendimento de que o fato do apoderamento da arma de fogo se caracterizaria como "perigo abstrato" à incolumidade pública.

De outro modo, não seria compatível defender tratar-se de crime de perigo abstrato e exigir-se o apoderamento da arma de fogo para a tipificação do delito em tela se adotado o posicionamento no sentido de que a objetividade jurídica do crime consiste na incolumidade física do menor ou portador de deficiência que se apodera da arma de fogo.

Em resumo, em relação aos posicionamentos contrários ao que aqui se defende pode-se elencar os seguintes:

(i) o tipo se completa com a simples inobservância de cautela com a arma de fogo sem que seja necessário o apoderamento da arma de fogo pelo

[56] Nesse sentido: 1) Nucci, Guilherme de Souza. Leis Penais e Processuais Comentadas, vol. 2, 8ª edição, Ed. Forense 2) Gonçalves, Victor Eduardo Rios. Legislação penal especial esquematizado/Victor Eduardo Rios Gonçalves e José Paulo Baltazar Junior. 5. ed. São Paulo: Saraiva Educação, 2019. (Coleção esquematizado/coordenador Pedro Lenza).

vulnerável por entender tratar-se de crime de perigo abstrato contra a incolumidade dos menores de 18 anos ou dos portadores de deficiência mental;

(ii) o apoderamento faz-se necessário para a configuração do crime em tela para que seja verificado o "perigo abstrato" em face da incolumidade pública em geral e não contra a incolumidade dos menores de 18 anos ou dos portadores de deficiência mental.

Ao contrário dos posicionamentos acima indicados, neste trabalho defende-se que o **apoderamento da arma de fogo por uma das pessoas elencadas no tipo faz-se necessário** para sua caracterização tendo em vista tratar-se **de crime de perigo concreto que tem como objetividade jurídica a proteção da incolumidade física dos menores de 18 anos ou dos portadores de deficiência mental**, ou seja, exatamente daqueles que se apoderam da arma de fogo.

Arma de fogo:

Em relação ao elemento objetivo do tipo consistente na arma de fogo remete-se o leitor aos pontos já explanados anteriormente, sendo importante lembrar que a jurisprudência tem firmado o entendimento acerca da **prescindibilidade da realização de exame pericial para constatação do potencial lesivo da arma de fogo** e, em alguns casos que outras provas demonstrem a ocorrência do crime, **dispensa-se até mesmo a apreensão da arma de fogo** para a caracterização do crime:

> STJ
>
> Em primeiro lugar, a jurisprudência deste eg. Tribunal é firme no sentido de que, para a configuração do crime de porte ilegal de arma de fogo, é irrelevante o fato de a arma estar ou não municiada, por se tratar de delito de mera conduta. De igual modo, não reclama a necessidade de realização de perícia, por se tratar, outrossim, de crime de perigo abstrato. Esse entendimento, por decorrência lógica, aplica-se ao crime de omissão de cautela.
>
> É que "a jurisprudência desta Corte Superior é pacífica, no sentido de que em relação às formas do crime descrito no art. 16 da Lei n. 10.826/2003, sua caracterização não depende de perícia acerca do potencial lesivo da arma apreendida, tratando-se de delito de mera conduta, de perigo abstrato, o qual se consuma com a mera posse (ou porte) sem a devida autorização" (AgRg no AREsp 376.403/PI, Sexta Turma, Rel. Min. Rogério Schietti Cruz, Dje de 20/02/2015).
>
> [...]
>
> Ademais, ainda que superado o entendimento acima enunciado, ainda assim não haveria como manter a conclusão do r. decisum atacado, pois conforme evidenciado no trecho transcrito do voto condutor, a arma de fogo sequer foi apreendida, o que atrai a aplicação do disposto no art. 167 do CPP: "Não sendo possível o exame de corpo de delito, por haverem desaparecido os vestígios, a prova testemunhal poderá suprir-lhe a falta".
>
> Ministro FELIX FISCHER. REsp 1521269. Brasília (DF), 24 de novembro de 2015. Decisão Monocrática

Não obstante, vale relembrar também que apesar da prescindibilidade, no âmbito da jurisprudência pátria, da realização de exame pericial no armamento objeto do crime, nos casos de **demonstração da absoluta ineficácia** deste para a realização de disparos deve restar reconhecida a **atipicidade da conduta** ainda que tenha concretizado-se a apropriação deste pelo sujeito passivo do crime.

Ressalte-se ainda que o crime reside **na omissão de cautela relativa à guarda de arma de fogo não compreendendo-se** no tipo penal em tela eventual **omissão relativa à guarda apenas dos acessórios ou munições.**

Sob sua posse ou propriedade:

No que diz respeito à posse ou propriedade da arma de fogo presentes nas elementares do tipo penal de omissão de cautela previsto no caput do art. 13 do Estatuto do Desarmamento é importante destacar que **não importa a legalidade ou ilegalidade da origem ou da posse da arma de fogo objeto do crime** em tela haja vista que, como afirmado, o sujeito passivo e o bem jurídico protegido por este delito não se confunde com a incolumidade pública protegida pela maior parte dos demais delitos previstos pelo Estatuto do Desarmamento. Nesse sentido:

> TJAC
>
> APELAÇÃO CRIMINAL. POSSE IRREGULAR DE ARMA DE FOGO DE USO PERMITIDO. OMISSÃO DE CAUTELA. PLEITO ABSOLUTÓRIO. AUTORIA E MATERIALIDADE COMPROVADA. IMPOSSIBILIDADE.
>
> 1. O verbo do tipo penal descrito no artigo 12 do Estatuto do Desarmamento é "possuir" ou "manter sob sua guarda", não exigindo, para a subsunção do fato a norma, que o sujeito ativo tenha a propriedade da arma, contentando-se com a simples posse.
>
> 2. O apelante, muito embora não seja o proprietário da arma, mas tão somente seu possuidor, não o exime da responsabilidade de observar as cautelas necessárias para impedir que menor de 18 anos dela se apoderasse.
>
> Neste sentido é a doutrina de Guilherme de Souza Nucci:
>
> (...) o sujeito ativo é o possuidor ou proprietário da arma de fogo, tanto faz se legal ou ilegalmente. (...). (Leis Penais e Processuais Penais Comentadas. 5ª ed. São paulo, Revista dos Tribunais, p. 86). TJAC. Apelação n.o 0000011-10.2014.8.01.0010. Câmara Criminal. Des. Pedro Ranzi. 13 de agosto de 2015.

– Elemento subjetivo:

Considerando que a conduta nuclear consiste em "deixar de observar" a "cautela", o cuidado necessário para impedir o apoderamento da arma de fogo pelo menor ou pelo portador de deficiência a doutrina e jurisprudência, salvo raríssimas exceções (SILVA JÚNIOR, 2005), têm se posicionado pelo reconhecimento do tipo como crime de modalidade culposa:

> TJGO
>
> APELAÇÃO CRIMINAL. POSSE ILEGAL DE ARMA DE FOGO DE USO PERMITIDO. OMISSÃO DE CAUTELA. LESÃO CORPORAL. AUSÊNCIA DE PREVISIBILIDADE OBJETIVA. NEXO CAUSAL ENTRE A CONDUTA DO RÉU E O RESULTADO DELITUOSO COMPROVADO. CONDENAÇÃO MANTIDA. 1. Incomportável a absolvição, quando demonstrado que as provas carreadas aos autos são certas e seguras a ensejar a condenação do apelante nos

crimes previstos no Estatuto do Desarmamento, na conduta de portar arma de fogo e munições, sem autorização e em desacordo com determinação legal ou regulamentar, ainda que a arma estivesse desmontada, bem como por omissão de cautela e lesão corporal. 2. Sendo a previsibilidade o último fundamento da culpa e estando o fato imputado ao agente nos limites do previsível, impõe-se a manutenção da condenação. APELO CONHECIDO E DESPROVIDO." [...]A materialidade delituosa está comprovada pelo boletim de ocorrência (fl. 3), auto de exibição e apreensão (fl. 4), laudo de exame de vistoria em arma de fogo e munições (fls. 31/36), laudo de exame de corpo de delito – Lesões Corporais (fls. 28/29) e relatório médico (fl. 37). No tocante à autoria, a defesa sustenta a atipicidade da conduta do apelante, uma vez que "um dos elementos da culpa, a previsibilidade objetiva não foi alcançada", razão pela qual "não era possível ao réu prever que a vítima, uma criança de 08 (oito) anos de idade conseguiria escalar um guarda roupas e alcançar na parte mais alta as peças da mencionada arma" – fl. 126. A tese defensiva limita-se a descaracterizar a tipicidade da conduta pela ausência de um dos elementos do crime culposo, in casu, a previsibilidade objetiva, tendo em vista a impossibilidade de antevisão do resultado pelo apelante. No entanto, ao compulsar detidamente os depoimentos colhidos em juízo e os laudos periciais acostados aos autos, verifico não assistir razão a defesa, por restarem sobejamente demonstradas a autoria e a materialidade do delito e, bem assim, a sua culpabilidade. Tratando-se de imputação na modalidade culposa, a configuração do delito não prescinde da demonstração dos seus elementos ensejadores, assim descritos pelo Professor Damásio de Jesus1, in verbis: "1°) conduta humana voluntária, de fazer ou não fazer; 2°) inobservância do cuidado objetivo manifestada através da imprudência, negligência ou imperícia; 3°) previsibilidade objetiva (RT, 599:343 e 606:337); 4°) ausência de previsão; 5°) resultado involuntário; 6°) nexo de causalidade (RT, 601:338); e 7°) tipicidade.". Conforme sustentado pela defesa, a ausência da previsibilidade objetiva seria suficiente para tornar a conduta atípica. A análise do conteúdo probatório, entretanto, demonstra a presença de todos os elementos do crime perpetrado pelo acusado, restando configurada a modalidade culposa, senão, vejamos. A contundência e a convergência dos depoimentos prestados pela vítima, testemunhas e pelo próprio acusado demonstram que não foi adotada a cautela necessária e exigível para a situação. A vítima, o menor Marcos Vítor, disse em juízo (CD de fl. 84), "que foi procurar um carregador de celular em cima de um guarda-roupas e encontrou a arma de fogo em duas partes e mexendo nesta ela disparou acertando-o em sua barriga". Ou seja, a colocação de uma arma de fogo meramente sobre um guarda-roupa, em uma casa com menores de idade (criança de oito anos), é, sim, a toda evidência, conduta que incorre na inobservância do dever objetivo de cuidado própria dos crimes culposos, o que mais do que justifica a condenação operada. Estivesse o artefato em local seguro e inacessível, claro que diversa poderia ser a conclusão a respeito; da maneira como se deram os fatos, porém, obviamente não. No contexto dos autos, para a determinação da presença da previsibilidade objetiva, dever-se-ia questionar se o acusado teria condições de antever o disparo da pistola. A resposta, inegavelmente, é afirmativa, considerando o fato de que o Laudo Pericial (fls. 31/36) ter constatado que a arma "nas condições em que se encontrava, era eficiente para produção de disparos". É importante frisar, ainda, que os autos também revelam que o apelante não previu o resultado, até mesmo porque, se o previsse, teria agido com dolo e este não se evidenciou no caso concreto, na medida era que Cândido Rosálio não pretendeu consumar o delito, nem tampouco "expor interesses jurídicos de terceiros a perigo de dano" 2. Portanto, ainda que o apelante não tivesse previsto o resultado, era possível antevê-lo. Afinal, além de possuir arma de fogo de forma irregular, sem qualquer registro, o processado não tomou as devidas cautelas para ocultá-la em local a que uma criança não pudesse ter acesso, fator determinante para ela se ferir, acidentalmente. (TJGO, APELAÇÃO CRIMINAL 91386- 03.2016.8.09.0042, Rel. DES. NICOMEDES DOMINGOS BORGES, 1ª CÂMARA CRIMINAL, julgado em 17/04/2018, DJe 2514 de 29/05/2018)

Caso a entrega da arma de fogo aos menores de dezoito anos ou portadores de deficiência mental seja realizada de forma dolosa restará caracterizado um dos crimes previstos nos arts. 12, 14 ou 16 do Estatuto a depender das circunstâncias de local e da arma de fogo em questão:

> TJMG
>
> EMENTA: APELAÇÃO CRIMINAL – CRIME DE OMISSÃO DE CAUTELA – ABSOLVIÇÃO – NECESSIDADE – RECURSO PROVIDO. A condenação pelo crime de omissão de cautela, tipificado no art. 13 da Lei 10.826/03, exige que haja o efetivo apossamento da arma de fogo pelo menor, bem como que o apoderamento ocorra contra a vontade do agente.
>
> [...]
>
> Assim, para que o delito se consume, mostra-se imprescindível que haja o efetivo apossamento da arma de fogo pelo menor, bem como que o apoderamento ocorra contra a vontade do agente. Caso não haja apossamento, a conduta é atípica e, caso o agente entregue ou forneça a arma de fogo ao menor, resta configurado não o delito de omissão de cautela, mas sim o crime previsto no art. 16, parágrafo único, inciso V, da Lei 10.826/03.
>
> No caso sub judice, a sentença não reconheceu a conduta, noticiada nos autos, de o réu ter entregue a arma de fogo para que o menor V.M.F., filho de sua namorada, a manuseasse. Malgrado entenda que tal fato restou comprovado, impossível se mostra seu reconhecimento nesta instância, sob pena de indevida reformatio in pejus.
>
> Com efeito, a citada decisão sustentou que a condenação decorre do fato de que "o acusado deixou a arma num criado-mudo, em local de fácil acesso à criança (...), que tinha ciência da existência do armamento na sua residência" (f. 113), tendo informado, ainda, que a configuração do delito "prescinde de resultado lesivo efetivo ou até mesmo do consumado apoderamento da arma pelo incapaz" (f. 114).
>
> Todavia, como sustentado acima, compartilho do entendimento que, por se tratar de crime culposo, o resultado naturalístico, qual seja, o apoderamento da arma pelo incapaz, é necessário, razão pela qual, diante do não reconhecimento de tal fato pelo magistrado e diante da impossibilidade de reconhecimento nesta instância, em face da inexistência de recurso ministerial, outra solução não resta a não ser a absolvição do réu. Acerca do tema:
>
> "EMENTA: APELAÇÃO CRIMINAL – PORTE DE ARMA – DESCLASSIFICAÇÃO PARA POSSE – IMPOSSIBILIDADE – OMISSÃO DE CAUTELA – CONDUTA DOLOSA – FATO QUE SE AMOLDA AO ART 16, PARÁGRAFO ÚNICO, INCISO V, DO ESTATUTO DO DESARMAMENTO – IMPOSSIBILIDADE DE 'EMENDATIO LIBELLI' POR CONFIGURAR 'REFOMATIO IN PEJUS' – ABSOLVIÇÃO QUE SE IMPÕE – RECURSO CONHECIDO E PARCIALMENTE PROVIDO". (TJMG, Ap. Crim. 1.0134.05.048016-6/001, Rel. Des. Márcia Milanez, j: 25/05/10). TJMG. Apelação Criminal 1.0216.11.000647-7/001. 5ª CÂMARA CRIMINAL. 10/06/2014. Des.(a) Júlio César Lorens

– Consumação:

Como já destacado quando da análise do elementos objetivos descritivos do tipo, ressaltando-se a existência de posicionamentos diversos já indicados[57], adota-se no presente trabalho o entendimento de que o **apoderamento da arma de fogo por**

[57] *SILVA JÚNIOR, Azor Lopes da. Provocando a discussão: a teoria dos crimes omissivos aplicada ao art. 13 do Estatuto do Desarmamento. Revista Jus Navigandi, ISSN 1518-4862, Teresina, ano 10, n. 836, 17 out. 2005. Disponível em: https://jus.com.br/artigos/7346. Acesso em: 02 set. 2020.*

uma das pessoas elencadas no tipo faz-se necessário para sua consumação tendo em vista tratar-se, sob a perspectiva ora adotada, de crime de perigo concreto que tem como objetividade jurídica a proteção da incolumidade física dos menores de 18 anos ou dos portadores de deficiência mental:

> TJMG
>
> EMENTA: APELAÇÃO CRIMINAL – CRIME DE OMISSÃO DE CAUTELA – ABSOLVIÇÃO – NECESSIDADE – RECURSO PROVIDO. A condenação pelo crime de omissão de cautela, tipificado no art. 13 da Lei 10.826/03, exige que haja o efetivo apossamento da arma de fogo pelo menor, bem como que o apoderamento ocorra contra a vontade do agente. TJMG. APELAÇÃO CRIMINAL Nº 1.0216.11.000647-7/001 5ª CÂMARA CRIMINAL. DES. JÚLIO CÉSAR LORENS (RELATOR). Julgamento:10/06/2014
>
> EMENTA: APELAÇÃO CRIMINAL – CRIME DE OMISSÃO DE CAUTELA – ABSOLVIÇÃO – NECESSIDADE – RECURSO PROVIDO. A condenação pelo crime de omissão de cautela, tipificado no art. 13 da Lei 10.826/03, exige que haja o efetivo apossamento da arma de fogo pelo menor, bem como que o apoderamento ocorra contra a vontade do agente. TJMG. Apelação Criminal 1.0216.11.000647-7/001. 5ª CÂMARA CRIMINAL. 10/06/2014. Des. (a) Júlio César Lorens

No mesmo sentido o posicionamento exposto por Fernando Capez (2011, p. 396-397):

> "A lei trata de uma infração culposa. No crime culposo, o sujeito desenvolve uma conduta voluntária, mas produz um resultado não querido. Esse crime, portanto, é composto de duas partes: 1ª) uma conduta humana voluntária, omissiva ou comissiva (sem a qual não existe nenhum fato típico); 2ª) um resultado involuntário decorrente dessa conduta, provocado por imprudência, negligência ou imperícia (CP, art. 18, II). A primeira parte ocorre quando o agente, voluntariamente, deixa de tomar as cautelas básicas para impedir o acesso do menor ou deficiente à arma. Ninguém o obrigou a se omitir. Deixou de fazê-lo porque quis. (...) Esta é a primeira parte do crime culposo. Entretanto, a infração somente se aperfeiçoará com o surgimento da sua segunda parte. Depende da consequência não querida decorrente dessa omissão, que é o apoderamento da arma pelo menor de 18 anos ou pelo portador de deficiência mental, contra a vontade do omitente. Na infração em tela, o sujeito, embora tivesse voluntariamente omitido as cautelas necessárias (ninguém o obrigou a ser omisso), em momento algum desejou que essa omissão ensejasse o apossamento da arma de fogo por outrem. É nisso que consiste a omissão culposa aqui incriminada: (1) não tomar as cautelas voluntariamente + (2) apossamento da arma de fogo pelo menor ou deficiente contra a vontade do omitente = crime culposo de omissão de cautela. Dessa forma, o apoderamento é imprescindível, pois sem ele não existe o crime culposo, por falta de um de seus elementos integrantes, que é o resultado involuntário. Não exigir o apossamento significa mutilar a conduta, retirando-lhe, justamente, o elemento culposo que a integra."

– Tentativa:

Considerando tratar-se de delito de modalidade culposa não se admite a tentativa.

– Concurso:

Como já exposto quando da análise da objetividade jurídica do presente delito a jurisprudência pátria tem posicionado-se no sentido da aplicação do concurso entre os crimes de posse ou porte ilegal de arma de fogo (de uso permitido ou restrito) e de omissão de cautela:

TJMS

EMENTA – APELAÇÃO CRIMINAL – POSSE IRREGULAR DE ARMA DE FOGO – OMISSÃO DE CAUTELA – UM FILHO ALVEJADO PELO OUTRO – PEDIDO DE APLICAÇÃO DE PERDÃO JUDICIAL – AUSÊNCIA DE PREVISÃO LEGAL – IMPOSSIBILIDADE – DOSIMETRIA DA PENA – RECONHECIMENTO EX OFFICIO DA ATENUANTE GENÉRICA DA SENILIDADE – RÉU COM IDADE SUPERIOR A 70 ANOS QUANDO DA SENTENÇA – RECURSO IMPROVIDO E PENA REDIMENSIONADA DE OFÍCIO. [...]Trata-se de apelação criminal interposta por C.G.B. contra a sentença proferida pelo d. Juízo da 1ª Vara Criminal da Comarca de Dourados, que o condenou à pena de 2 anos e 4 meses de detenção, bem como ao pagamento de 30 dias-multa, pela prática dos crimes previstos nos art. 12 e 13 da Lei 10.826/2003, em concurso material (art. 69 do CP – f. 210/214). TJMS. Apelação Criminal – Nº 0004382-93.2018.8.12.0002 – Dourados Relatora – Exma. Sra. Desa Elizabete Anache. JULGAMENTO. 24 de agosto de 2020.

TJRS

APELAÇÃO. OMISSÃO DE SOCORRO. POSSE ILEGAL DE ARMA. OMISSÃO DE CAUTELA. A comprovação de que o réu omitiu socorro a vítima restou amplamente demonstrado pela prova oral coligida nos autos, havendo relação de causalidade entre a sua ação/omissão e o óbito do menor (resultado), a teor do que dispõe o artigo 13, § 2º, do CP. Inaplicabilidade do instituto da consunção em relação os delitos previstos nos artigos 12 e 13 da Lei 10.826/03. APELO DESPROVIDO

Igualmente, não prospera a irresignação recursal para o reconhecimento do instituto da consunção entre o delito de posse irregular de arma de fogo e omissão de cautela, por se tratarem de figuras delitivas distintas, mormente porque a configuração do delito de posse irregular de arma de fogo, é crime de mera conduta, enquanto que o crime de omissão de cautela exige para a sua configuração a demonstração da culpa do agente, na modalidade da negligência, conforme entendimento já expresso por este colegiado:

APELAÇÃO CRIME. DELITOS DE POSSE ILEGAL DE ARMA DE FOGO E OMISSÃO DE CAUTELA COM ARMA DE FOGO. LAUDO PERICIAL. PARA A CONFIGURAÇÃO DO ILÍCITO DO ARTIGO 12, DA LEI 10.826/03, SEQUER É NECESSÁRIA A FORMALIZAÇÃO DE ALUDIDO LAUDO, VEZ QUE, POR SE TRATAR DE DELITO DE MERA CONDUTA, IRRELEVANTE SE A ARMA POSSUI, OU NÃO, POTENCIALIDADE LESIVA. MATERIALIDADE E AUTORIA COMPROVADAS. AUSÊNCIA DE DOLO. OMISSÃO DE CAUTELA COM ARMA DE FOGO CUJO ELEMENTO SUBJETIVO É A CULPA, NA MODALIDADE DA NEGLIGÊNCIA. CONDENAÇÕES MANTIDAS. ERRO DE PROIBIÇÃO. OCORRÊNCIA VERIFICADA QUANTO À POSSE DE ARMA DE FOGO, QUE POSSUÍA REGISTRO EM NOME DO RÉU, PORÉM COM PRAZO VENCIDO. ERRO EVITÁVEL. REDUÇÃO DA PENA. SÚMULA 231, DO STJ. ATENUANTE DA CONFISSÃO. INAPLICABILIDADE. CONFISSÃO APENAS PARCIAL QUANTO À OMISSÃO, E SIMPLES ADMISSÃO DA AUTORIA, IMPOSSÍVEL DE SER NEGADA, QUANTO À POSSE. PERDÃO JUDICIAL. IMPOSSIBILIDADE DE CONCESSÃO. AUSÊNCIA DE PREVISÃO LEGAL AOS DELITOS DA LEI DE ARMAS, BEM COMO AUSÊNCIA DE PROVA QUE AS CONSEQUÊNCIAS DA INFRAÇÃO CAUSARAM AO RÉU SOFRIMENTO TAMANHO, A PONTO DA PENA IMPOSTA SE TORNAR DESNECESSÁRIA. APELO DEFENSIVO PROVIDO EM PARTE. (Apelação Crime Nº 70061121885, Quarta Câmara Criminal, Tribunal de Justiça do RS, Relator: Newton Brasil de Leão, Julgado em 16/10/2014) Nº 70063529234 (N° CNJ: 0038301-84.2015.8.21.7000) Apelação Crime Quarta Câmara Criminal 26 de março de 2015 DES. ROGÉRIO GESTA LEAL, Relator.

TJSP

> OMISSÃO DE CAUTELA. A figura da *abolitio criminis* não atinge o crime em tela. Configurada a omissão pela negligência do réu, que não tomou as cautelas necessárias a impedir que o menor se apoderasse do revólver. Inaplicabilidade do princípio da consunção. Pena bem dosada, regime adequado. NEGADO PROVIMENTO AO APELO.
>
> [...]
>
> E nem se diga que há a absorção pela conduta prevista no artigo 12 da Lei 10.826/2003. Esta conduta foi reconhecida como atípica em primeira instância, ou seja, não constituiu um crime. Portanto, é impossível que conduta atípica absorva conduta ilícita.
>
> E, ainda que assim não se considerasse, a regra da consunção ou absorção é aplicada quando uma única intenção criminosa é atingida por meio da prática de mais de um tipo penal, o que não é o caso dos autos. Os crimes do artigo 12 e 13 do Estatuto do Desarmamento são autônomos e independentes.
>
> Ademais, a regra da consunção consiste na absorção do crime meio pelo crime fim e não o contrário. Ou seja, com base na alegação da defesa, a posse irregular de arma de fogo seria o crime-meio, supostamente passível de ser absorvido pelo crime-fim, que é a prática de omissão de cautela. No presente caso, a operação contrária não é verdadeira, constitui mera falácia dizer que o suposto crime fim seria absorvido pelo crime meio. E é justamente o que a defesa alega, sem qualquer respaldo doutrinário ou legal, partindo de premissas verdadeiras chega ao sofisma por inverter a ordem dessas premissas. TJSP. Apelação Criminal: 0019470-57.2006.8.26.0050. 3ª Câmara de Direito Criminal. Relator RUY ALBERTO LEME CAVALHEIRO. 3 de dezembro de 2013.

Além dos argumentos expostos nos acórdãos supracitados vale lembrar que os crimes de posse ou porte ilegal de arma de fogo tem por objetivo proteger a incolumidade pública, ao passo que o delito de omissão de cautela, consoante o posicionamento aqui defendido, tem por objetividade jurídica a proteção da incolumidade dos menores de 18 anos e dos portadores de deficiência mental, expressamente elencados no tipo.

Conclusão diversa ocorre no caso da análise da relação entre o crime de omissão de cautela prevista no art. 13 do Estatuto do Desarmamento e o crime de homicídio culposo, hipótese na qual a jurisprudência tem entendido pela absorção daquele em favor deste último em virtude das características e objetividade jurídica dos citados delitos:

> TJRS
>
> APELAÇÃO-CRIME. POSSE IRREGULAR DE ARMA DE FOGO, OMISSÃO DE CAUTELA E HOMICÍDIO CULPOSO. PRINCÍPIO DA CONSUNÇÃO. APLICABILIDADE NA ESPÉCIE. Os delitos de omissão de cautela e homicídio culposo possuem, em suas estruturas, uma coincidência de elementares típicas, na medida em que são caracterizados pela ausência do dever objetivo de cuidado. Assim, o fato de o acusado deixar de impedir que menor de 18 anos tenha acesso à arma de fogo que estava em sua propriedade está na linha de desdobramento do post factum homicídio culposo. Ainda que o réu possuísse o armamento anteriormente aos fatos, a inicial aponta como data do fato a mesma dos outros dois delitos. Fatos ocorridos no mesmo contexto fático. Recebimento parcial da denúncia mantido. Apelo improvido. Unânime.(Apelação Crime, Nº 70070554209, Quarta Câmara Criminal, Tribunal de Justiça do RS, Relator: Aristides Pedroso de Albuquerque Neto, Julgado em: 06-10-2016).

– Pena de multa e Perdão Judicial:

Em relação à aplicação de pena de multa no âmbito do Direito Penal Militar reforçamos o posicionamento já exposto quando das explicações relativas ao tipo penal previsto no art. 12 do Estatuto do Desarmamento. Como explicado, a pena de multa não tem previsão expressa no ordenamento jurídico penal militar, em especial na Parte Geral do Código Penal Militar que inclusive determina a prevalência das regras previstas no diploma penal castrense em face de dispositivos diversos previstos na legislação especial, regra essa que não foi alterada pela Lei Federal nº 13.491/17.

Com esse fundamento, aliada à vedação de conjugação de leis pelo Poder Judiciário, a jurisprudência penal militar tem se posicionado, nestes primeiros anos de vigência dos crimes militares por afetação da regularidade das instituições militares, no sentido da impossibilidade de aplicação da pena de multa prevista no Estatuto do Desarmamento no âmbito do Direito Penal Militar[58].

No entanto, já existe doutrina e posicionamentos judiciais no sentido de que diante da equalização e harmonização entre os ordenamentos jurídicos penais comum e militar introduzidas pela Lei Federal nº 13.491/17, a melhor interpretação seria o reconhecimento da introdução das penas específicas originalmente não previstas no Código Penal Militar, porém, mais adequadas aos tipos penais previstos nas legislações especiais mais recentes e que representam, em verdade, a adequação do ordenamento jurídico penal brasileiro aos novos contextos sociais, objetivo, enfim, da Lei Federal nº 13.491/17.[59]

Mais uma vez, portanto, reforçamos que em vista da compreensão sistemática aqui defendida, no sentido de que a Lei Federal nº 13.491/17 teve o grande mérito de conseguir equalizar e harmonizar de modo definitivo e em perspectiva futura os ordenamentos jurídicos penais comum e militar, entendemos que o segundo posicionamento, no sentido da **possibilidade de aplicação da pena de multa aos crimes militares por afetação da regularidade das instituições militares,** é o único adequado no atual contexto do ordenamento jurídico penal militar.

Especificamente em relação à possibilidade de **Perdão Judicial** a jurisprudência tem por vezes afastada a aplicação por ausência de previsão legal, diferentemente do que ocorre em relação ao crime de homicídio culposo.

> TJMS
>
> EMENTA – APELAÇÃO CRIMINAL – POSSE IRREGULAR DE ARMA DE FOGO – OMISSÃO DE CAUTELA – UM FILHO ALVEJADO PELO OUTRO – PEDIDO DE APLICAÇÃO DE PERDÃO JUDICIAL – AUSÊNCIA DE PREVISÃO LEGAL – IMPOSSIBILIDADE – DOSIMETRIA DA PENA – RECONHECIMENTO EX OFFICIO DA ATENUANTE GENÉRICA DA SENILIDADE – RÉU COM

58 TJMSP. Apelação nº 0002369-97.2017.9.26.0030. Primeira Câmara. 20 de agosto de 2019. Relator: FERNANDO PEREIRA. TJMSP. Apelação nº 0006877-52.2018.9.26.0030 (7.722/19). Primeira Câmara. 11 de junho de 2019. FERNANDO PEREIRA. Relator. STM. APELAÇÃO Nº 7000029-11.2018.7.00.0000. v.u.13/02/2019. WILLIAM DE OLIVEIRA BARROS. STM. RECURSO EM SENTIDO ESTRITO Nº 7000222-55.2020.7.00.0000. RELATOR: MINISTRO PÉRICLES AURÉLIO LIMA DE QUEIROZ. 01/06/2020 a 04/06/2020.

59 TJMSP. Apelação Criminal nº 0004315-40.2018.9.26.0040 (7783/19), Segunda Câmara, Juiz Silvio Hiroshi Oyama 14 de novembro de 2019.

IDADE SUPERIOR A 70 ANOS QUANDO DA SENTENÇA – RECURSO IMPROVIDO E PENA REDIMENSIONADA DE OFÍCIO.

A teor do disposto no art. 107, IX, do Código Penal, o perdão judicial exige, como condição sine qua non, a expressa previsão legal de cabimento.

O Estatuto do Desarmamento não traz previsão de perdão judicial como causa de extinção de punibilidade aos crimes de posse irregular de arma de fogo e munições (art. 12 da Lei 10.826/2003) e omissão de cautela (art. 13 do Estatuto do Desarmamento), não havendo, por isso, possibilidade de concessão dessa clemência.

TJMS. Apelação Criminal – Nº 0004382-93.2018.8.12.0002 – Dourados Relatora – Exma. Sra. Desa Elizabete Anache. JULGAMENTO. 24 de agosto de 2020.

TJRS

Ementa: APELAÇÃO CRIME. OMISSÃO DE CAUTELA. ESTATUTO DO DESARMAMENTO. CONDENAÇÃO MANTIDA. AUTORIA E MATERIALIDADES COMPROVADAS. PERDÃO JUDICIAL. IMPOSSIBILIDADE. INSTITUTO QUE SOMENTE DEVE SER APLICADO COM PRUDÊNCIA EM CASOS EXCEPCIONALÍSSIMOS. DERAM PARCIAL PROVIMENTO AO APELO DEFENSIVO, TÃO SOMENTE PARA REDUZIR A PENA DE MULTA PARA 15 DIAS MULTA

[...] Ademais, a manifestação do Procurador de Justiça pela concessão do perdão judicial não encontra qualquer respaldo nos autos. Tenho me manifestado no sentido de que o perdão judicial deve ser aplicado com prudência, restando reservado somente para casos excepcionalíssimos, quando a imposição da pena pareça ao Juiz de manifesta inutilidade. Inexiste nos autos, a meu ver, prova de que as conseqüências da infração tenham atingido o agente de forma tão grave de modo a justificar a concessão do perdão judicial. Em que pese o seu filho ter que amputar um dedo da mão, a não aplicação do instituto servirá para educar o réu sobre as circunstâncias graves que podem ocorrer com sua falta de cuidados. Daí porque é impositiva a condenação do acusado pela omissão de cautela no trato com armas de fogo, delito previsto no art. 13 da Lei 10.826/03. TJRS (Apelação-Crime, Nº 70036134583, Primeira Câmara Criminal, Tribunal de Justiça do RS, Relator: Marcel Esquivel Hoppe, Julgado em: 11-08-2010)

– *Abolitio criminis*:

Ainda que a discussão sobre a *abolitio criminis* temporária relativa a alguns crimes previstos pelo Estatuto do Desarmamento tenha ganhado maior relevância à época da entrada em vigor da citada legislação, a jurisprudência consolidada em relação àquele período merece ser destacada tendo em vista que o tema relativo às armas de fogo ainda se encontra no centro do debate político nacional o que gera grande possibilidade de mudanças especialmente no âmbito do poder regulamentar, como as recentes alterações que modificaram os conceitos de armas de fogo de uso permitido, restrito e proibido.

Assim, destaque-se que mesmo diante do **reconhecimento de abolitio criminis temporária** em relação à determinados crimes previstos no Estatuto relacionados à posse ou porte de armas de fogo, este entendimento **não alcançava ou impactava na vigência e caracterização do crime de omissão de cautela, previsto no art. 13 do Estatuto:**

TJRS

Ementa: APELAÇÃO CRIME. MANTER SOB GUARDA ARMAS DE FOGO E MUNIÇÃO. OMISSÃO DE CAUTELA. ARTS. 12 E 13 DA LEI Nº 10.826/03. REFORMA DO ÉDITO CONDENATÓRIO. ABSOLVIÇÃO DECRETADA. 1. Delito de guarda de arma de fogo. Art. 12 da Lei nº 10.826/03. Acusado que mantinha sob guarda, em sua residência, armas de fogo e munição, sem autorização e em desacordo com determinação legal e regulamentar. Acolhimento da tese de atipicidade da conduta prevista no art. 12 da Lei nº 10.826/03, amparada na vacatio legis estabelecida pela novel legislação. Arts. 30 e 32 do Estatuto do Desarmamento. *Abolitio criminis* temporária. Aplicabilidade restrita aos delitos de posse e guarda de arma de fogo, praticados dentro do prazo instituído nos dispositivos legais citados, com as alterações posteriores. Crime perpetrado em 28.05.2004 alcançado pela norma. Absolvição com fundamento no art. 386, III do CPP, que se impõe. 2. Delito de omissão de cautela. Art. 13 da Lei nº 10.826/03. Embora incontroverso o fato de o filho do réu, menor de 18 anos, ter se apoderado do revólver que estava sob sua guarda, e, com ele, ter desferido um tiro contra seu próprio abdômen, os elementos de convicção colacionados aos autos, entretanto, não permitem concluir, com precisão, que o denunciado não tenha adotado as cautelas necessárias, a fim impedir que o adolescente tivesse acesso às armas. Relatos das testemunhas e fotografias juntadas ao feito demonstrando que o armamento era guardado no forro da residência, em local abrigado e com altura razoável. Insuficiência probatória. Aplicação do art. 386, VI do CPP. Reforma da sentença. APELAÇÃO PROVIDA. TJRS (Apelação Crime, Nº 70015397847, Oitava Câmara Criminal, Tribunal de Justiça do RS, Relator: Fabianne Breton Baisch, Julgado em: 12-09-2007)

TJSP

OMISSÃO DE CAUTELA. A figura da *abolitio criminis* não atinge o crime em tela. Configurada a omissão pela negligência do réu, que não tomou as cautelas necessárias a impedir que o menor se apoderasse do revólver. Inaplicabilidade do princípio da consunção. Pena bem dosada, regime adequado. NEGADO PROVIMENTO AO APELO.

[...] O crime restou configurado. Por primeiro, saliento que não há atipicidade da conduta, visto que o crime do artigo 13 da Lei nº 10.826/2003, consistente em omissão de cautela, não está abrangida pela disposição do artigo 31 e 32 da Lei nº 10.826/2003. TJSP. Apelação nº 0019470-57.2006.8.26.0050. 3ª Câmara de Direito Criminal. Relator RUY ALBERTO LEME CAVALHEIRO. 3 de dezembro de 2013.

6.4.3. Omissão de cautela – deixar de comunicar perda, furto, roubo ou outras formas de extravio de arma de fogo, acessório ou munição

ESTATUTO DO DESARMAMENTO (LEI FEDERAL Nº 10.826/03)

Art. 13. [...]:

Pena – detenção, de 1 (um) a 2 (dois) anos, e multa.

Parágrafo único. Nas mesmas penas incorrem o proprietário ou diretor responsável de empresa de segurança e transporte de valores que deixarem de registrar ocorrência policial e de comunicar à Polícia Federal perda, furto, roubo ou outras formas de extravio de arma de fogo, acessório ou munição que estejam sob sua guarda, nas primeiras 24 (vinte quatro) horas depois de ocorrido o fato.

CÓDIGO PENAL MILITAR (DECRETO-LEI Nº 1001/69)

CIRCUNSTÂNCIAS DE AFETAÇÃO DA REGULARIDADE DAS INSTITUIÇÕES MILITARES

> **Art. 9º** Consideram-se crimes militares, em tempo de paz:
>
> [...]
>
> II – os crimes previstos neste Código e os previstos na legislação penal, quando praticados:
>
> a) por militar em situação de atividade ou assemelhado, contra militar na mesma situação ou assemelhado;
>
> b) por militar em situação de atividade ou assemelhado, em lugar sujeito à administração militar, contra militar da reserva, ou reformado, ou assemelhado, ou civil;
>
> c) por militar em serviço ou atuando em razão da função, em comissão de natureza militar, ou em formatura, ainda que fora do lugar sujeito à administração militar contra militar da reserva, ou reformado, ou civil;
>
> d) por militar durante o período de manobras ou exercício, contra militar da reserva, ou reformado, ou assemelhado, ou civil;
>
> e) por militar em situação de atividade, ou assemelhado, contra o patrimônio sob a administração militar, ou a ordem administrativa militar;
>
> f) revogada.
>
> III – os crimes praticados por militar da reserva, ou reformado, ou por civil, contra as instituições militares, considerando-se como tais não só os compreendidos no inciso I, como os do inciso II, nos seguintes casos:
>
> a) contra o patrimônio sob a administração militar, ou contra a ordem administrativa militar;
>
> b) em lugar sujeito à administração militar contra militar em situação de atividade ou assemelhado, ou contra funcionário de Ministério militar ou da Justiça Militar, no exercício de função inerente ao seu cargo;
>
> c) contra militar em formatura, ou durante o período de prontidão, vigilância, observação, exploração, exercício, acampamento, acantonamento ou manobras;
>
> d) ainda que fora do lugar sujeito à administração militar, contra militar em função de natureza militar, ou no desempenho de serviço de vigilância, garantia e preservação da ordem pública, administrativa ou judiciária, quando legalmente requisitado para aquêle fim, ou em obediência a determinação legal superior.

O crime previsto no parágrafo único do art. 13 do Estatuto do Desarmamento não pode ser praticado por qualquer pessoa, mas apenas pelo proprietário ou diretor responsável de empresa de segurança e transporte de valores que deixarem de registrar ocorrência policial e de comunicar à Polícia Federal perda, furto, roubo ou outras formas de extravio de arma de fogo, acessório ou munição que estejam sob sua guarda, nas primeiras 24 (vinte quatro) horas depois de ocorrido o fato. Trata-se, portanto de crime próprio, ou seja, crime que exige uma qualidade do sujeito ativo.

Tal característica já afastaria, em regra, a possibilidade da prática do referido crime por militares da ativa tendo em vista que aos militares é vedada a realização de atividades estranhas à instituição militar a que pertencem enquanto estiverem no serviço ativo, salvo raras exceções legais, expressamente enumeradas nos respectivos estatutos, a exemplo de atividades ligadas ao ensino, difusão cultural ou funções públicas comissionadas.

A vedação à atividades extra-corporação, especialmente em relação àquelas ligadas à segurança privada é tão relevante que normalmente são configuradas como falta disciplinar de natureza grave em relação a todos os militares sendo que, em relação aos Oficiais, o exercício de atividade empresarial caracteriza-se, inclusive, como crime militar específico previsto no art. 204 do Código Penal Militar.

CÓDIGO PENAL MILITAR

Exercício de comércio por oficial

Art. 204. Comerciar o oficial da ativa, ou tomar parte na administração ou gerência de sociedade comercial, ou dela ser sócio ou participar, exceto como acionista ou cotista em sociedade anônima, ou por cotas de responsabilidade limitada:

Pena – suspensão do exercício do pôsto, de seis meses a dois anos, ou reforma.

Nesse sentido:

TJMSP

Policial Militar – Absolvição pela prática do crime de exercício de comércio por Oficial – art. 204 do CPM. Apelo ministerial – Acolhimento – Atuou diversas vezes em nome da empresa, contratando serviços essenciais como os de contabilidade e advocacia, representando a empresa, assinando sozinho documentos importantes, proferindo palestras, assim como realizando parcerias com outras empresas – Ações que exigem conhecimento específico da área de atuação – Caracterizada a condição de administrador – Quebra de exclusividade da função militar – Delito consumado – Conjunto probatório coeso a embasar a conduta delitiva do militar – Ação procedente – Apelo que comporta provimento. TJMSP. Julgamento: 10 de junho de 2019. 2ª Câmara. Apelação Criminal nº 0002408-94.2017.9.26.0030 (7684/19). Redator Silvio Hiroshi Oyama

Incorre no crime de exercício de comércio o oficial da Polícia Militar que toma parte na administração e gerência de empresa de segurança, alicia subordinados para nela trabalharem e manipula as escalas de serviço a fim de atender a interesses privados. Verifica-se a prescrição da pretensão punitiva do crime de exercício de comércio por oficial somente se decorridos mais de quatro anos entre o recebimento da denúncia e a publicação do acórdão que, reformando a sentença, condena o réu. É válida a audiência de oitiva de testemunhas para a qual o réu e seu defensor, previamente intimados, deixam de comparecer e de solicitar ao juízo, com antecedência, o adiamento justificado do ato. TJMSP. Apelação Criminal nº 5.927/08. V.u. 28 de janeiro de 2010. Relator Cel Orlando Geraldi.

Já em relação aos militares da reserva, reformados ou civis (ou ainda por aqueles militares da ativa que mesmo diante das vedações legais realizassem, na prática, tais atividades) a característica de crime próprio não é capaz de afastar, por si, a possibilidade do cometimento do crime. Entretanto, em tais casos, as demais elementares do tipo penal previsto no parágrafo único do art. 13 do Estatuto do Desarmamento afastam a possibilidade de caracterização de alguma das hipóteses previstas no art. 9º do Código Penal Militar visto que a conduta típica refere-se à **omissão do registro em boletim de ocorrência e comunicação à Polícia Federal** do extravio das armas, ou seja, refere-se a condutas que **violam exclusivamente normas expedidas por instituições civis** e que afetam prioritariamente o **SINARM** e não as atividades de controle, fiscalização ou sob a atribuição do Exército, logo, **inexiste violação à ordem administrativa militar**.

Trata-se, portanto, de **crime comum** sem possibilidade de caracterização de crime militar por afetação à regularidade das instituições militares.

6.4.4. Porte ilegal de arma de fogo, acessório ou munição de uso permitido

ESTATUTO DO DESARMAMENTO (LEI FEDERAL Nº 10.826/03)

Art. 14. Portar, deter, adquirir, fornecer, receber, ter em depósito, transportar, ceder, ainda que gratuitamente, emprestar, remeter, empregar, manter sob guarda ou ocultar arma de fogo, acessório ou munição, de uso permitido, sem autorização e em desacordo com determinação legal ou regulamentar:

Pena – reclusão, de 2 (dois) a 4 (quatro) anos, e multa.

Parágrafo único. O crime previsto neste artigo é inafiançável, salvo quando a arma de fogo estiver registrada em nome do agente.

CÓDIGO PENAL MILITAR (DECRETO-LEI Nº 1001/69)
CIRCUNSTÂNCIAS DE AFETAÇÃO DA REGULARIDADE
DAS INSTITUIÇÕES MILITARES

Art. 9º Consideram-se crimes militares, em tempo de paz:

[...]

II – os crimes previstos neste Código e os previstos na legislação penal, quando praticados:

a) por militar em situação de atividade ou assemelhado, contra militar na mesma situação ou assemelhado;

b) por militar em situação de atividade ou assemelhado, em lugar sujeito à administração militar, contra militar da reserva, ou reformado, ou assemelhado, ou civil;

c) por militar em serviço ou atuando em razão da função, em comissão de natureza militar, ou em formatura, ainda que fora do lugar sujeito à administração militar contra militar da reserva, ou reformado, ou civil;

d) por militar durante o período de manobras ou exercício, contra militar da reserva, ou reformado, ou assemelhado, ou civil;

e) por militar em situação de atividade, ou assemelhado, contra o patrimônio sob a administração militar, ou a ordem administrativa militar;

f) revogada.

III – os crimes praticados por militar da reserva, ou reformado, ou por civil, contra as instituições militares, considerando-se como tais não só os compreendidos no inciso I, como os do inciso II, nos seguintes casos:

a) contra o patrimônio sob a administração militar, ou contra a ordem administrativa militar;

b) em lugar sujeito à administração militar contra militar em situação de atividade ou assemelhado, ou contra funcionário de Ministério militar ou da Justiça Militar, no exercício de função inerente ao seu cargo;

c) contra militar em formatura, ou durante o período de prontidão, vigilância, observação, exploração, exercício, acampamento, acantonamento ou manobras;

d) ainda que fora do lugar sujeito à administração militar, contra militar em função de natureza militar, ou no desempenho de serviço de vigilância, garantia e preservação da ordem pública, administrativa ou judiciária, quando legalmente requisitado para aquêle fim, ou em obediência a determinação legal superior.

– Objetividade jurídica:

Imediata: a regularidade das instituições militares como meio de promoção e garantia de direitos fundamentais das pessoas, individual e coletivamente consideradas, na sociedade.

Mediata: incolumidade, segurança pública e paz social.

– Sujeito passivo:

Primário ou imediato: a Instituição Militar.

Secundário ou mediato: a coletividade em geral (nas hipóteses das alíneas "e" do inciso II e "a" do inciso III do art. 9º do Código Penal Militar) e os militares da ativa (nas hipóteses das alíneas "a", "b", "c" e "d" do inciso II e alíneas "b", "c" e "d" do inciso III do art. 9º do Código Penal Militar).

– Sujeito ativo:

Nas explanações apresentadas sobre o tipo penal previsto no art. 12 do Estatuto do Desarmamento (Posse irregular de arma de fogo, acessórios e munições) foi esclarecido que a diferença entre aquele tipo penal e o presente, qual seja, porte ilegal de arma de fogo, acessório ou munição residia, basicamente, no lugar no qual o autor praticava as condutas típicas ou, em outras palavras, o lugar em que se encontrava: se estivesse com a arma de fogo, acessório ou munição de uso permitido na sua residência (e dependência desta) ou em seu estabelecimento ou empresa (desde que sendo o titular ou responsável legal destes) restaria caracterizado o crime previsto no art. 12 (posse irregular), caso contrário, em qualquer outro lugar e circunstância, restaria caracterizado o crime de porte ilegal, previsto no art. 14 do Estatuto do Desarmamento.

Deste modo, **as mesmas considerações apresentadas quando dos comentários aos requisitos para caracterização do sujeito ativo do tipo penal militar de posse irregular de arma de fogo, acessório ou munição (art. 12)** também são aplicáveis quando da análise do **tipo penal militar de porte ilegal** de arma de fogo, acessório ou munição por afetação da regularidade das instituições militares (art. 14 do Estatuto do Desarmamento c.c. alguma das hipóteses do art. 9º do Código Penal Militar).

Como afirmado e exemplificado por meio da jurisprudência já apresentada, o crime de porte ilegal de arma de fogo acessório ou munição de uso permitido, ainda que definido inicialmente como crime de "mão própria" ou unissubjetivo, quando praticado em circunstâncias excepcionais nas quais a arma de fogo, o acessório ou a munição **estejam ao alcance, com ciência e para usufruto direto de dois ou mais autores, permite o reconhecimento**, consoante a jurisprudência atual, da **coautoria**. Obviamente que se tais circunstâncias não se fizerem presentes ou se não forem comprovadas durante a instrução, afasta-se essa possibilidade:

> TJRJ
>
> APELAÇÃO. ESTATUTO DA CRIANÇA E DO ADOLESCENTE. ATOS INFRACIONAIS ANÁLOGOS AOS CRIMES DE PORTE DE ARMA COMPARTILHADO E RECEPTAÇÃO. – DO PORTE COMPARTILHADO. Apesar da matéria não está pacificada em nossos Tribunais, pois se discute a possibilidade de ser admitido, ou não, o porte de arma de fogo por duas pessoas, acompanho o entendimento esposado nas lições de Luiz Flavio Gomes, qual seja, o de exigir, no porte compartilhado que mantenham os agentes com a arma de fogo uma relação de plena disponibilidade, COM DOLO DIRECIONADO À VONTADE DE ESTAREM ARMADOS. No caso concreto, tal não foi demonstrado, merecendo destaque a afirmação de desconhecimento pelo apelante de estar o imputável portando arma de fogo, o que impõe sua absolvição. [...] PROVIMENTO DO RECURSO (TJ-RJ – APL: 00345355820148190066 RJ 0034535-58.2014.8.19.0066, Relator: DES. DENISE VACCARI MACHADO PAES, Data de Julgamento: 27/08/15, QUINTA CAMARA CRIMINAL, Data de Publicação: 02/09/15 11:37)

Não obstante, vale lembrar que essa relação de plena disponibilidade do objeto aos agentes pode ser menos incomum quando se observa que os militares, em especial os militares estaduais (policiais e bombeiros militares), trabalham frequentemente em equipes que utilizam a mesma viatura e compartiham equipamentos.

Apresentada esta consideração inicial, tal qual fora realizado na exposição relativa ao crime de posse irregular (art. 12), seria necessário tecer considerações a respeito dos requisitos legais presentes nos incisos II e III do art. 9º do Código Penal Militar para que pudéssemos chegar à conclusão das hipóteses nas quais o crime previsto no art. 14 do Estatuto do Desarmamento teria a natureza militar por afetar a regularidade das instituições militares. Todavia, esse caminho, já traçado quando dos comentários ao sujeito ativo no tipo penal militar de posse irregular por afetação, conduziria às mesmas conclusões ali expostas.

Assim, remetemos o leitor a ditos comentários para compreender o caminho e os fundamentos pelos quais, também no tipo penal militar de porte ilegal de arma de fogo, acessórios ou munições de uso permitido (art. 14 do Estatuto), optou-se pelas hipóteses de configuração da natureza militar do delito em tela, quando alguma das condutas típicas for:

1. **praticada por militares** (da ativa, da reserva ou reformados) ou por civis nas hipóteses elencadas no art. 9º do CPM (nas hipóteses em que o registro e concessão de porte de trânsito de arma de fogo seja de atribuição do Exército a exemplo dos colecionadores, atiradores, caçadores e representantes estrangeiros em competição internacional de tiro realizada em território nacional – art. 9º do Estatuto) em razão da **violação à ordem administrativa militar representada pelas determinações legais ou**

regulamentares emanadas pelo Comando de suas respectivas Instituições Militares ou pelo Comando do Exército (alíneas "e" do inciso II e "a" do inciso III do mesmo art. 9º do CPM c.c. art. 14 da Lei Federal nº 10.826/03); e

2. **praticada por civis em geral** (em atividades diversas das elencadas no art. 9º do Estatuto) desde que denotem perigo concreto em relação às pessoas e condições elencadas em alguma das alíneas "b", "c" ou "d" do inciso III do art. 9º do CPM.

A título de exemplo, ainda que não explorada a tese do perigo concreto nem tampouco especificada a subsunção ao inciso III do art. 9º do Código Penal Militar transcreva-se a ementa abaixo que versa sobre denúncia ofertada contra civil pela prática do crime militar de porte ilegal de arma de fogo de uso restrito por afetação à regularidade das Instituições Militares:

> STM
>
> EMENTA. HABEAS CORPUS. HOMICÍDIO SIMPLES TENTADO (ART. 205, C/C O ART 30, II, DO CPM). PORTE ILEGAL DE ARMA DE FOGO DE USO PERMITIDO (ART. 14 DA LEI 10.826/2003). TRANCAMENTO DA AÇÃO PENAL MILITAR. IMPOSSIBILIDADE. NECESSIDADE DE DILAÇÃO PROBATÓRIA. APLICAÇÃO DA NÃO PERSECUÇÃO PREVISTA NO ART. 28-A DO CPP. NÃO CABIMENTO NO ÂMBITO DA JUSTIÇA CASTRENSE. JULGAMENTO POR TRIBUNAL DO JÚRI NO JUÍZO PROCESSANTE. FALTA DE PREVISÃO LEGAL. DENEGAÇÃO DA ORDEM. DECISÃO UNÂNIME. Trata-se de Habeas Corpus impetrado em favor de Réu civil acusado de ter praticado, em tese, em área sob administração militar, os crimes de homicídio simples tentado (art. 205, c/c o art. 30, II, ambos do CPM), contra militar em serviço, e de porte ilegal de arma de fogo de uso permitido (art. 14 da Lei nº 10.826/2003). Incabível o trancamento da respectiva Ação Penal Militar pela via estreita do Habeas Corpus, eis que, in casu, trata-se de questão complexa cujo o devido esclarecimento exige aprofundamento na produção e análise das provas, devendo a instrução processual ter o seu curso normal. A via estreita do Habeas Corpus não comporta dilação probatória. Precedentes desta Corte e do Supremo Tribunal Federal. A iniciativa de proposta de não persecução penal prevista no art. 28-A do CPP se insere na alçada do Ministério Público e tem rito próprio a ser seguido, não havendo qualquer previsão legal de sua aplicação no âmbito da Justiça Castrense. In casu, o crime doloso contra a vida (tentativa de homicídio), perpetrado por um civil contra militar em função de policiamento de área sob administração militar, subsome-se ao art. 9º, inciso III, alínea "b", do CPM, c/c o art. 124 da CF/1988, e ao art. 30, I-B, da Lei nº 8.457/1992, alterado pela Lei nº13.774/2018, cabendo, pois, ao Juiz Federal da Justiça Militar o julgamento monocrático do feito, sem que isso represente qualquer violação ao postulado do Tribunal do Júri. Ordem denegada. Decisão por unanimidade. HABEAS CORPUS Nº 7000602-78.2020.7.00.0000. Brasília, 15 de outubro de 2020. Ministro Gen Ex LÚCIO MÁRIO DE BARROS GÓES Relator

A fim de tornar mais clara a compreensão das hipóteses supracitadas segue breve indicação a respeito de cada sob a perspectiva de cada sujeito ativo do delito.

Militares da ativa, da reserva e reformados:

Com base nos mesmos fundamentos já especificados acima, sendo **atribuição das Instituições Militares e seus respectivos Comandos as prescrições regulamen-**

tares relativas à aquisição, cadastro, registro, porte e comercialização de armas de fogo e de munição dos militares (ativos e inativos) que integram seus quadros, consoante o disposto no Estatuto do Desarmamento e sua regulamentação (Decreto Federal nº 9.487/2019), a **prática das condutas descritas no tipo penal do art. 14 do Estatuto por militares** (da ativa, da reserva ou reformados) por desrespeitarem as prescrições legais e regulamentares militares **violam**, no entender aqui exposto, a **ordem administrativa militar** e, por tal motivo, caracterizam-se como **crime militar** de porte ilegal de arma de fogo, acessório e munição de uso permitido por afetação da regularidade das instituições militares (art. 14 do Estatuto c.c. alíneas "e" do inciso II ou "a" do inciso III do art. 9º do CPM) independentemente do lugar ou situação na qual o militar, auto da conduta típica, se encontre.

Civis:

No que diz respeito aos civis, da mesma forma que o compreendido em relação ao crime de posse irregular de arma de fogo de uso permitido (art. 12 do Estatuto), caso as **condutas típicas por eles praticadas estejam relacionadas a algumas das atividades especificadas no art. 9º do Estatuto do Desarmamento** (colecionadores, atiradores, caçadores ou representantes estrangeiros em competição internacional de tiro realizada em território nacional), haverá caracterização do **crime militar por afetação** independentemente do lugar ou situação na qual o civil se encontre em virtude da **violação à ordem administrativa militar** por descumprimento da normatização administrativa expedida pelo Comando do Exército. Logo, presentes os demais elementos que caracterizam o delito tipificado no art. 14 do Estatuto do Desarmamento, restará caracterizado o **crime militar por afetação da regularidade das Instituições Militares** (alínea "a" do inciso III do art. 9º do Código Penal Militar c.c. art. 14 do Estatuto do Desarmamento).

Caso contrário, em qualquer outra **situação diversa das elencadas no art. 9º do Estatuto do Desarmamento**, como também especificado anteriormente, as condutas típicas previstas no art. 14 do Estatuto **não violarão a ordem administrativa militar por si**. Isso porque o Estatuto do Desarmamento, como explicado, estabelece (arts. 3º ao 5º) que as determinações legais ou regulamentares relativas à aquisição, registro e demais procedimentos correlatos são de competência, em regra, da Polícia Federal por meio do SINARM hoje regulamentado, dentre outros atos, pelo Decreto Federal nº 9.847/19.

Logo, o descumprimento de determinações legais ou regulamentares editadas e sob responsabilidade de instituições civis não afeta, por si, a ordem administrativa militar nem, por consequência, a manutenção da regularidade das instituições militares afastando-se, assim, a imediata caracterização da natureza militar deste crime por meio da previsão contida na alínea "a" do inciso III do Código Penal Militar.

Em relação às outras alíneas previstas no inciso III do art. 9º, valendo-se das notas já apresentadas sobre o civil como sujeito ativo[60] no tipo de posse irregular

60 Vide argumentos e conclusões apresentadas nos item 5.3 e 5.4.

de arma de fogo, acessório ou munição, entende-se aplicável a interpretação no sentido de que apesar do crime previsto no art. 14 do Estatuto do Desarmamento ser reconhecido, em princípio, como um crime de "perigo abstrato", **quando praticado em algumas das circunstâncias das alíneas "b", "c" ou "d" do art. 9º do Código Penal Militar**, a complementação do tipo transforma-o em **crime de "perigo concreto"** exigindo-se, assim, real situação de **risco às pessoas ou bens neste dispositivo elencados.**

Sob esta perspectiva, já tendo sido demonstrada a inviabilidade de enquadramento dos fatos praticados por civis na alínea "a" do inciso III do art. 9º[61], restaria a possibilidade de reconhecimento de **crime militar por afetação da regularidade das instituições militares**, nos casos em que os **civis, portem** (por meio de algum dos verbos indicados no art. 14 do Estatuto) **arma de fogo, acessório ou munição, de uso permitido**, em **desacordo com determinação legal ou regulamentar**, em alguma das **circunstâncias especificadas nas alíneas "b", "c" ou "d" do inciso III do art. 9º do Código Penal Militar**, ou seja, colocando-se em **perigo concreto**, devidamente comprovado, **as pessoas indicadas como sujeito passivo** a depender de cada alínea (militares da ativa ou funcionários da Justiça Militar):

> CÓDIGO PENAL MILITAR
>
> Art. 9º [...]
>
> III – [...]
>
> b) **em lugar sujeito à administração militar contra militar em situação de atividade** ou assemelhado, ou **contra funcionário de Ministério militar ou da Justiça Militar, no exercício de função inerente ao seu cargo**;
>
> c) **contra militar** em formatura, ou durante o período de prontidão, vigilância, observação, exploração, exercício, acampamento, acantonamento ou manobras;
>
> d) **ainda que fora do lugar sujeito à administração militar, contra militar em função** de natureza militar, ou no desempenho de serviço de vigilância, garantia e preservação da ordem pública, administrativa ou judiciária, quando legalmente requisitado para aquêle fim, ou em obediência a determinação legal superior.

A título de exemplo cite-se a hipótese na qual um civil (em situação diversa das elencadas no art. 9º do Estatuto do Desarmamento) ingressa no interior de uma unidade militar portando uma arma de fogo de uso permitido em desacordo com as prescrições regulamentares e, portanto, colocando em risco os militares em situação de atividade (da ativa) que naquele local se encontram. Ou ainda, porta ilegalmente tais objetos durante uma formatura militar realizada em ambiente público como por exemplo as formaturas de militares no "Ginásio" do Ibirapuera na cidade de São Paulo, por exemplo. Em tal caso, uma vez demonstrados os demais elementos do tipo penal previsto no art. 14 do Estatuto do Desarmamento, pode-se entender configurado a prática da conduta "contra" (perigo concreto) "militares da ativa" o que caracterizaria o **crime militar por afetação da regularidade das Instituições**

61 Exceto nas hipóteses em que as atividades realizadas pelos civis submetem-se à regulamentação do Comando do Exército nos temos do art. 9º do Estatuto do Desarmamento.

Militares (alínea "b" ou "c" do inciso III do art. 9º do Código Penal Militar c.c. art. 14 do Estatuto do Desarmamento).

Ainda em se tratando de civis, importante novamente destacar que apesar de partilharmos do posicionamento exposto por Milton Morassi do Prado (2007) em relação à possibilidade de tipificação dos crimes militares praticados por civis no âmbito estadual diante da inexistência de aplicação concreta do referido posicionamento na jurisprudência pátria, muito mais por fundamentos políticos e ideológicos do que jurídicos, deve-se lembrar que se o mesmo fato ocorresse **contra militares e instituições militares ou da justiça militar estaduais**, não seria reconhecida nenhuma possibilidade de caracterização do crime como militar permanecendo os fatos tipificados como violação apenas ao art. 14 do Estatuto do Desarmamento, ou seja, **crime comum**.

QUADRO RESUMO SUJEITO ATIVO		
PORTE ILEGAL DE ARMA DE FOGO, ACESSÓRIO OU MUNIÇÃO DE USO PERMITIDO		
Art. 14. Portar, deter, adquirir, fornecer, receber, ter em depósito, transportar, ceder, ainda que gratuitamente, emprestar, remeter, empregar, manter sob guarda ou ocultar arma de fogo, acessório ou munição, de uso permitido, sem autorização e em desacordo com determinação legal ou regulamentar:		
AUTOR	**O CRIME SERÁ MILITAR POR AFETAÇÃO QUANDO***	**TIPIFICAÇÃO MILITAR (INDIRETA)**
Militares da ativa	Sempre, tendo em vista que a aquisição, utilização e transferência de armas de fogo, acessórios e munições dos militares da ativa são definidas por normas expedidas pelas instituições militares	alínea "e", inciso II do Art. 9º do CPM (contra a ordem administrativa militar)
Militares da reserva ou reformados	Sempre, tendo em vista que o crime é doloso (contra as instituições militares) e a aquisição, utilização e transferência de armas de fogo, acessórios e munições dos militares da reserva ou reformados são definidas por normas expedidas pelas instituições militares	alínea "a" e caput do inciso III do Art. 9º do CPM (contra a ordem administrativa militar)
Civis Colecionadores, Atiradores e Caçadores e Representantes estrangeiros em competição internacional oficial de tiro realizada no território nacional	o elemento "descumprimento de determinação legal ou regulamentar" for determinado pela inobservância, dolosa, de norma expedida pelo Comando do Exército**	alínea "a" e caput do inciso III do Art. 9º do CPM (contra a ordem administrativa militar)

Civis em geral	a conduta típica, dolosa, for praticada em alguma das circunstâncias elencadas no inciso III do art. 9º do CPM gerando dano ou risco concreto contra as pessoas indicadas nos mesmos dispositivos.	alíneas "b", "c" ou "d" e caput do inciso III do Art. 9º do CPM (contra a ordem administrativa militar)

* Quadro Sinóptico elaborado com base nos posicionamentos defendidos pelo autor com base nos argumentos apresentados durante o capítulo da obra "Crimes Militares Extravagantes" Editora Juspodivm. A jurisprudência pátria ainda não consolidou posicionamento sobre os requisitos exigidos para a caracterização dos crimes previstos no Estatuto do Desarmamento como militares

** Ver Súmula Vinculante nº 36 do STF e Recurso em Sentido Estrito nº 7000053-05.2019.7.00.0000 do STM. Relator: Min Péricles Aurélio Lima de Queiroz. Julgamento: 25 de abril de 2019.

– Elementos objetivos:

Também em relação aos elementos objetivos-descritivos do tipo penal previsto no art. 14 do Estatuto do Desarmamento, é possível valer-se, de modo geral, dos mesmos apontamentos apresentados no item 6.4.1. quando realizamos a análise do tipo penal de posse irregular de arma de fogo, acessório ou munição de uso permitido, podendo acrescer-se do que segue.

Condutas nucleares:

A diferença entre os dois crimes, como já consolidado na jurisprudência brasileira, consiste exatamente no lugar no qual a arma é mantida ou se exerce a "posse":

> Não se pode confundir posse de arma de fogo com o porte de arma de fogo. Com o advento do Estatuto do Desarmamento, tais condutas restaram bem delineadas A posse consiste em manter no interior de residência (ou dependência desta) ou no local de trabalho a arma de fogo. O porte, por sua vez, pressupõe que a arma de fogo esteja fora da residência ou local de trabalho (Precedentes)" (Resp nº 982089-RS, Rel. Min. Felix A. Fischer, 5 Turma, j. 30/05/08, VU.

Assim, todos os verbos nucleares do tipo penal previsto no art. 14 do Estatuto do Desarmamento, quais sejam, portar, deter, adquirir, fornecer, receber, ter em depósito, transportar, ceder, ainda que gratuitamente, emprestar, remeter, empregar, manter sob guarda ou ocultar devem, **para a caracterização do crime de porte ilegal** ser concretizados **fora da residência** (ou dependência desta) **do autor** ou do seu **estabelecimento ou empresa** (no caso de ser o titular ou responsável legal).

Especificamente em relação aos militares e sua residência ou local de trabalho apto a caracterizar a posse irregular de arma de fogo, acessório ou munição de uso permitido remete-se o leitor à discussão apresentada acima, sobre a jurisprudência que ora reconhece a unidade militar deste como residência ou local de trabalho, caracterizando a conduta típica por ele praticada nesse local como posse irregular (art. 12), ora afasta essa condição, caracterizando sua conduta como porte ilegal de arma de fogo (art. 14). Nosso entendimento, no entanto, caminha no sentido de se **considerar a conduta dos militares praticada no interior da unidade militar a que servem como posse irregular de arma de fogo** (art. 12 do Estatuto do Desarmamento c.c. alínea "c" do inciso II do art. 9º do Código Penal Militar), desde que, obviamente, trate-se de **arma de fogo, acessório ou munição de uso permitido** e **sem qualquer alteração ou supressão de sua numeração ou sinal identificador**, visto que nestas outras hipóteses (supressão, adulteração) a conduta afasta-se dos tipos previstos nos arts. 12 e 14 e passa a caracterizar o delito descrito no art. 16 do Estatuto (porte ilegal de arma de fogo de uso restrito ou proibido) como se verá no item específico.

No mais, em relação aos verbos nucleares em si, interessante destacar uma discussão, ainda em debate aberto na doutrina e jurisprudência pátria, relacionada aos efeitos que alguns verbos nucleares refletem no reconhecimento, ou não, do **concurso de crimes** ou do princípio da consunção ou especialidade quanto aos crimes de receptação e porte ilegal de arma de fogo.

No sentido da absorção, pelo **princípio da especialidade**, do crime de receptação pelo crime de porte ilegal de arma de fogo, acessório ou munição:

TJRS

APELAÇÃO CRIMINAL. PORTE ILEGAL DE ARMA. PRETENDIDA ABSOLVIÇÃO POR INSUFICIÊNCIA PROBATÓRIA. AUTORIA E MATERIALIDADE COMPROVADAS. CONFISSÃO DO AGENTE EM HARMONIA COM OS DEMAIS ELEMENTOS DE PROVAS. CONDENAÇÃO MANTIDA. PORTE ILEGAL DE ARMA DE FOGO E RECEPTAÇÃO DO MESMO ARTEFATO. APLICAÇÃO DO PRINCÍPIO DA ESPECIALIDADE. INCIDÊNCIA DAS NORMAS PRECONIZADAS NO ESTATUTO DO DESARMAMENTO. CONFIGURAÇÃO APENAS DO CRIME PREVISTO NO ARTIGO 14 DA LEI N. 10.826/06, QUE TAMBÉM PREVÊ A CONDUTA DE ADQUIRIR ARMA DE FOGO, ACESSÓRIO, OU MUNIÇÃO, ILEGALMENTE. ABSOLVIÇÃO, DE OFÍCIO, QUANTO AO CRIME CONTRA O PATRIMÔNIO. "Em razão do princípio da especialidade, adquirir – de qualquer forma – arma de fogo, no caso em tela, acessório de arma de fogo, sem observância das formalidades legais, pode constituir crime do Estatuto do Desarmamento. Por este motivo, não pode ser objeto de receptação, sob pena de responder por dois crimes, com apenas uma conduta. Absolvição mantida. (TJ/RS Ap. Crim. n. 70047432513, Terceira Câmara Criminal, Rel. Des. Ivan Leomar Bruxel, j. em 26/07/2012)".

TJSP

Apelação criminal – Posse ilegal de arma de fogo e receptação – Sentença condenatória – Pretendida a absolvição – Admissibilidade parcial – Materialidade e autoria do crime da Lei nº 10.826/03 suficientemente demonstradas – Condenação bem editada, com base em sólido e convincente acervo probatório – Penas e regime prisional escorreitamente fixados. Crime de receptação excluído – Aplicação do princípio da especialidade, punindo-se o agente unicamente pelo crime previsto no Estatuto do Desarmamento – Recurso parcialmente provido.

(TJ-SP – APL: 30001940320138260257 SP 300019403.2013.8.26.0257, Relator: Moreira da Silva, Data de Julgamento: 02/06/2016, 13ª Câmara de Direito Criminal, Data de Publicação: 08/06/2016)

Em sentido contrário:

STJ

PENAL. AGRAVO REGIMENTAL EM RECURSO ESPECIAL. PORTE ILEGAL DE ARMA. RECEPTAÇÃO. CRIMES AUTÔNOMOS. CONCURSO MATERIAL.

> 1. Pacífico o entendimento desta Corte de que os crimes de porte ilegal de arma de fogo e receptação são autônomos, aplicando-se as regras do concurso material se comprovado que o agente tinha consciência de que a arma que portava ilegalmente era produto de crime. 2. Agravo regimental a que se nega provimento. STJ (AgRg no REsp 740.038/RJ, Rel. Ministro PAULO GALLOTTI, SEXTA TURMA, julgado em 21/02/2008, DJe 10/03/2008)

Entendemos, respeitados os posicionamentos diversos, que a análise de cada caso concreto a partir da perspectiva da objetividade jurídica e das elementares dos delitos em questão seja o melhor caminho para solucionar o problema. Sendo o crime de receptação um crime contra o patrimônio e o delito militar de porte ilegal de arma de fogo, acessório ou munição de uso permitido por afetação à regularidade das instituições militares um crime que visa proteger essa regularidade e, de maneira mediata, a incolumidade pública, verifica-se que se a arma de fogo que o autor porta por meio de alguma das condutas previstas no art. 14 (portar, deter, adquirir, fornecer, receber, ter em depósito, transportar, ceder, ainda que gratuitamente, emprestar, remeter, empregar, manter sob guarda ou ocultar) trata-se de produto de crime, automaticamente, restará caracterizado o crime previsto no art. 14 do Estatuto (ou no art. 12 se ele recebeu e manteve essa arma dentro de sua casa por exemplo), não havendo hipótese de praticar apenas o crime de receptação tendo em vista que uma arma de fogo, acessório ou munição que seja produto de crime nunca poderá ser "regularizada". Logo, de acordo com o princípio da especialidade, não há que se falar em concurso de crimes mas sim de **prática apenas dos crimes previstos no Estatuto do Desarmamento**.

Objetos materiais do tipo:

No que diz respeito aos objetos materiais do tipo também aplicáveis as considerações expostas no item 6.4.1 relativas ao tipo penal previsto no art. 12 do Estatuto, haja vista que ambos dispositivos (arts. 12 e 14 do Estatuto do Desarmamento) referem-se à arma de fogo, acessório ou munição de uso permitido.

Assim como o tipo penal de posse irregular, o tipo de porte ilegal arma de fogo, acessório ou munição de uso permitido trata-se, igualmente, de **norma penal em branco heterogênea**[62] tendo em vista que, nos termos do art. 23 do Estatuto, a classificação legal, técnica e geral bem como a definição das armas de fogo e demais produtos controlados, de usos proibidos, restritos, permitidos ou obsoletos e de valor histórico devem ser, e assim o são, por meio de Decreto Federal.

Como já destacado na introdução deste capítulo, até o ano de 2019, os Decretos Federais de nº 5.123/04 e 3.665/00 eram os atos que regulamentavam os conceitos

62 "São duas as espécies de leis penais em branco: em sentido lato ou homogêneas e em sentido estrito ou heterogêneas. Entende-se por lei penal em branco homogênea aquela cujo complement se encontra descrito numa fonte de mesma hierarquia da norma incriminadora, ou seja, quando o complement também está previsto numa lei ordinária (ou outra espécie normativa equivalente)[...] Em sentido estrito ou heterogênea é aquela cujo complement está descrito em fonte formal distinta daquela do tipo penal incriminador." André Estefam *apud* Cícero Robson Coimbra Neves e Marcello Streifinger. Manual de direito penal militar. 4. ed. São Paulo: Saraiva, 2014, p. 1306.

de armas de fogo, acessórios e munições de uso permitido e restrito. No entanto, em 2019, diversos Decretos Federais foram editados alterando significativamente os conceitos de armas de fogo de uso permitido e restrito. Apesar dos diversos questionamentos judiciais perante o STF já apresentados acima, o tema encontra-se, no momento, consolidado por meio dos atuais Decretos Federais nº 9.845/19, 9.846/19 e 9.847/19, os quais, com as atualizações posteriores, regulamentam o Estatuto do Desarmamento no que diz respeito à aquisição, o cadastro, o registro, o porte e a comercialização de armas de fogo e de munição assim como sobre o Sistema Nacional de Armas (SINARM) e o Sistema de Gerenciamento Militar de Armas (SIGMA).

Não bastasse todas as discussões e judicializações até então ocorridas e demonstrando que o tema permanece no centro do debate público, político e ideológico nacional, em fevereiro de 2021, foram publicados novos Decretos Federais (nº 10.627, 10.628, 10.629 e 10.630/2021) que, sem o objetivo de revogar os diplomas existentes, promoveram mais alterações aos Decretos Federais de 2019. De imediato foram ajuizadas cinco Ações Diretas de Inconstitucionalidade por partidos políticos representantes da denominada esquerda brasileira (Partido Socialista Brasileiro - PSB ADI 6.675/DF, Rede Sustentabilidade ADI 6.676/DF, Partido dos Trabalhadores – PT ADI 6.677/DF, Partido Socialismo e Liberdade – PSOL (ADI 6.680/DF) e Partido da Social Democracia Brasileira – PSDB ADI 6.695/DF).

Em decisão proferida em 12 de abril de 2021 em sede liminar a Ministra Rosa Weber suspendeu a eficácia de diversos dispositivos introduzidos por tais Decretos.

Não obstante, afora os dispositivos expressamente indicados, os Decretos Federais nº 9.845/19, 9.846/19 e 9.847/19, e suas atualizações permanecem sendo os diplomas legais que atualmente regulamentam o Estatuto do Desarmamento no que diz respeito à aquisição, o cadastro, o registro, o porte e a comercialização de armas de fogo e de munição assim como sobre o Sistema Nacional de Armas (SINARM) e o Sistema de Gerenciamento Militar de Armas (SIGMA).

Também relevante para a análise dos crimes do Estatuto do Desarmamento o conteúdo do Decreto Federal nº 10.030/19 que aprovou o vigente Regulamento de Produtos Controlados pelo Comando do Exército (PCE) e apresenta diversas definições importantes para os dispositivos penais do Estatuto, a exemplo do conceito de acessórios de armas de fogo. Referido Decreto também permanece, salvo alguns dispositivos que tiveram a eficácia suspensa, em vigor.

Assim, do que efetivamente importa ao aspecto penal do Estatuto do Desarmamento, em linhas gerais, o **arcabouço regulamentar** hoje em vigor **define as armas de fogo, os acessórios e as munições de uso permitido**, objetos elencados pelo tipo penal previsto pelo art. 12 do Estatuto do Desarmamento, da **seguinte forma:**

> **DECRETO FEDERAL Nº 10.030/19 (Aprova o Regulamento de Produtos Controlados)**
>
> ANEXO I
>
> Art. 2º Para fins do disposto neste Regulamento, Produto Controlado pelo Comando do Exército - PCE é aquele que:

[...]

§ 3º Não são considerados PCE:

[...]

IV - os carregadores destacáveis tipo cofre ou tipo tubular, metálicos ou plásticos, com qualquer capacidade de munição, cuja ausência não impeça o disparo da arma de fogo;

[...]

Art. 3º As definições dos termos empregados neste Regulamento são aquelas constantes deste artigo e do Anexo III

Parágrafo único. Para fins do disposto neste Regulamento, considera-se:

I – **arma de fogo de uso permitido** – as armas de fogo semiautomáticas ou de repetição que sejam:

a) **de porte**, cujo **calibre nominal**, com a utilização de munição comum, não atinja, na saída do cano de prova, energia cinética superior a **mil e duzentas libras-pé ou mil seiscentos e vinte joules**;

b) **portáteis de alma lisa**; ou

c) **portáteis de alma raiada**, cujo **calibre nominal**, com a utilização de munição comum, não atinja, na saída do cano de prova, energia cinética superior a **mil e duzentas libras-pé ou mil seiscentos e vinte joules**;

ANEXO III

GLOSSÁRIO

Acessório de arma de fogo: artefatos listados nominalmente na legislação como Produto Controlado pelo Exército - PCE que, acoplados a uma arma, possibilitam a alteração da configuração normal do armamento, tal como um supressor de som.

Carregador: depósito ou receptáculo para armazenamento de cartuchos de munição para disparo em armas de fogo, integrante ou destacável do armamento.

De plano vale destacar que, com as alterações introduzidas pelo Decreto Federal nº 10.627/21, "os **carregadores** destacáveis tipo cofre ou tipo tubular, metálicos ou plásticos, com qualquer capacidade de munição, cuja ausência não impeça o disparo da arma de fogo" **deixaram de ser considerados como acessórios de arma de fogo**. É certo que parte da doutrina e da jurisprudência já entendia que a simples posse de carregadores, sem munições, já deveria ser conduta considerada atípica em decorrência do princípio da insignificância. Contudo, referido entendimento não era pacificado sendo certo que a partir das alterações introduzidas pelo Decreto de 2021, não há mais discussão a respeito da **atipicidade da posse ou do porte de carregadores desmuniciados** vez que os tipos penais previstos nos artigos 12, 14 e 16 definem como objetos do crime as armas de fogo, os acessórios e munições. Os reflexos relativos à abolitio criminis são explorados mais a frente em tópico específico.

A fim de melhor especificar os conceitos regulamentares, em especial no que diz respeito à correspondência entre "energia cinética" e "calibre", foi editada ainda a Portaria nº 1222/19 pelo Comando do Exército Brasileiro que relacionou e elencou, de modo específico, cada calibre de arma de fogo com a respectiva energia cinética na saída do cano da arma cuja tabela que indica os calibres de uso permitido já foi apresentada no item 6.4.1.

Na sequência, sem que seja necessária a repetição dos fundamentos, quadros esquemáticos e decisões sobre as quais discorremos acima quando da análise dos mesmos objetos no item 6.4.1, vale lembrar que a jurisprudência tem reconhecido **não ser necessária a comprovação de potencial lesivo do armamento, acessório ou munição por meio de exame pericial** específico admitindo-se até mesmo a condenação pelos crimes previstos no Estatuto do Desarmamento nas hipóteses em que o objeto (arma de fogo, acessório ou munição) **não foi apreendido** mas sua existência e relação com o autor tenha sido demonstrada por outros meios de prova:

> STJ
>
> Em primeiro lugar, a jurisprudência deste eg. Tribunal é firme no sentido de que, para a configuração do crime de porte ilegal de arma de fogo, é irrelevante o fato de a arma estar ou não municiada, por se tratar de delito de mera conduta. De igual modo, não reclama a necessidade de realização de perícia, por se tratar, outrossim, de crime de perigo abstrato. Esse entendimento, por decorrência lógica, aplica-se ao crime de omissão de cautela.
>
> É que "a jurisprudência desta Corte Superior é pacífica, no sentido de que em relação às formas do crime descrito no art. 16 da Lei n. 10.826/2003, sua caracterização não depende de perícia acerca do potencial lesivo da arma apreendida, tratando-se de delito de mera conduta, de perigo abstrato, o qual se consuma com a mera posse (ou porte) sem a devida autorização" (AgRg no AREsp 376.403/PI, Sexta Turma, Rel. Min. Rogério Schietti Cruz, Dje de 20/02/2015).
>
> [...]
>
> Ademais, ainda que superado o entendimento acima enunciado, ainda assim não haveria como manter a conclusão do r. decisum atacado, pois conforme evidenciado no trecho transcrito do voto condutor, a arma de fogo sequer foi apreendida, o que atrai a aplicação do disposto no art. 167 do CPP: "Não sendo possível o exame de corpo de delito, por haverem desaparecido os vestígios, a prova testemunhal poderá suprir-lhe a falta".
>
> Ministro FELIX FISCHER. REsp 1521269. Brasília (DF), 24 de novembro de 2015. Decisão Monocrática
>
> "PENAL E PROCESSO PENAL. HABEAS CORPUS. PORTE ILEGAL DE ARMA DE FOGO (ART. 14 DA LEI 10.826/2003). TRANCAMENTO DA AÇÃO PENAL. AUSÊNCIA DE APREENSÃO E PERÍCIA. LESIVIDADE OFENSIVA. IMPOSSIBILIDADE DE CONSTATAÇÃO. AUSÊNCIA DE MATERIALIDADE DELITIVA. ATIPICIDADE DA CONDUTA. NECESSIDADE DE COTEJO APROFUNDADO DE PROVAS. INVIABILIDADE. (...)2. A apreensão da arma de fogo de uso permitido é dispensável para fins de configuração do crime previsto no artigo 14 da Lei nº 10.826/2003, sempre que a efetiva utilização da arma ilegalmente portada restar demonstrada por outros meios de prova. Precedentes do STF. 3. No caso em epígrafe, há depoimentos testemunhais coligidos aos autos que fazem referência não somente ao porte de arma de fogo por todos os pacientes, como também mencionam disparos de arma de fogo efetuados por todos eles, de modo que não é possível reconhecer a atipicidade defendida pelo impetrante sem proceder ao exame aprofundado do contexto fático-probatório, o que não se mostra compatível com a via estreita do habeas corpus. 4. Ordem denegada" (HC 170.543/CE, Quinta Turma, Rel. Min. Gurgel de Faria, DJe de 04/112014).

Não obstante, também vale lembrar que, na hipótese de realização de exame pericial cujo laudo demonstre a **absoluta ineficácia da arma de fogo, munição ou acessório**, a jurisprudência consolidada reconhece a **atipicidade da conduta** pela absoluta impropriedade do objeto e caracterização da hipótese legal de crime impossível (art. 32 do Código Penal Militar).

Em relação à quantidade de munição ou a conduta consistente no porte de arma de fogo desmuniciada ou ainda no porte apenas de acessórios de arma de fogo a jurisprudência pátria entende, em regra, como conduta típica por tratar-se de crime de perigo abstrato praticado contra a incolumidade pública e contra o sistema de controle de armas de fogo, acessório ou munições, no entanto, não raras vezes, reconhece o **princípio da insignificância e consequente atipicidade da conduta nos casos de pequena quantidade de munições ou de acessórios.**

Lembrando, mais uma vez, que a descaracterização dos carregadores como acessórios de arma de fogo foi efetivada por meio do Decreto Federal nº 10.627/21. Em relação aos carregadores operou-se, portanto, a *abolitio criminis* a ser analisada em tópico específico mais a frente.

Uma distinção importante também já discutida quando da análise do tipo penal de posse irregular de arma de fogo, acessório ou munição diz respeito à distinção conceitual entre acessórios e os **"coletes de proteção balística"** que são definidos como equipamentos pela normatização em vigor. Logo, a posse ou o porte destes "equipamentos", por não se confundirem com "acessórios" de arma de fogo, **não são condutas abrangidas pelos tipos penais previstos no Estatuto do Desarmamento**, tal qual foi reconhecido pelas decisões jurisprudenciais mais recentes. Por óbvio que a posse de tais equipamentos pode caracterizar outros crimes (peculato, receptação, contrabando, descaminho, etc.) mas não as condutas previstas pelo Estatuto do Desarmamento.

Por fim, em relação aos objetos que tipificam o delito previsto nos arts. 12 e 14 do Estatuto do Desarmamento, como adiantado, é importante lembrar que se referem àqueles de **uso permitido que não estejam com numeração, marca ou qualquer outro sinal de identificação raspado, suprimido ou alterado**, pois, caso contrário, estar-se-á diante da conduta prevista no art. 16 do Estatuto do Desarmamento que equivale à posse ou porte ilegal de arma de fogo, acessório ou munição de uso restrito:

> STJ Informativo nº 0657 Publicação: 25 de outubro de 2019.
>
> A conduta de possuir, portar, adquirir, transportar ou fornecer arma de fogo, seja de uso permitido, restrito ou proibido, com numeração, marca ou qualquer outro sinal de identificação raspado, suprimido ou adulterado, implica a condenação pelo crime estabelecido no artigo 16, parágrafo único, IV, do Estatuto do Desarmamento.
>
> O art. 16 da Lei n. 10.826/2003 (Estatuto do desarmamento) prevê gravosas condutas de contato com "arma de fogo, acessório ou munição de uso proibido ou restrito", vindo seu parágrafo único a acrescer figuras equiparadas – em gravidade e resposta criminal. Dessa forma, ainda que algumas das condutas equiparadas possam ser praticadas com armas de uso permitido, o legislador as considerou graves ao ponto de torná-las com reprovação criminal equivalente às condutas do caput. No art. 1º, parágrafo único, da Lei n. 8.072/1990, com redação dada pela Lei n. 13.497/2017, o legislador limitou-se a prever que o delito descrito no art. 16 da Lei n. 10.826/2003 é considerado hediondo. Assim, como a equiparação é tratamento igual para todos os fins, considerando equi-

valente o dano social e equivalente também a necessária resposta penal, salvo ressalva expressa, ao ser qualificado como hediondo o art. 16 da Lei n. 10.826/2003, as condutas equiparadas devem receber igual tratamento HC 526.916-SP, Rel. Min. Nefi Cordeiro, Sexta Turma, por unanimidade, julgado em 01/10/2019, DJe 08/10/2019

RECURSO ESPECIAL. PENAL. PORTE ILEGAL DE ARMA DE FOGO COM A

NUMERAÇÃO RASPADA. CRIME DO ART. 16, PARÁGRAFO ÚNICO, INCISO IV, DA LEI N.º 10.826/03. ARMA DE USO PERMITIDO, RESTRITO OU PROIBIDO. IRRELEVÂNCIA. DESCLASSIFICAÇÃO PARA O CRIME DO ART. 14 DO ESTATUTO DO DESARMAMENTO. IMPOSSIBILIDADE. RECURSO PROVIDO. 1. Apesar de o caput do art. 16 da Lei n.º 10.826/03 referir-se a armas de fogo, munições ou acessórios de uso proibido ou restrito, o parágrafo único, ao incriminar a conduta de portar arma de fogo modificada, refere-se a qualquer arma, sendo irrelevante o fato de ela ser de uso permitido, proibido ou restrito.

2. Recurso provido. T5 – QUINTA TURMA Ministra LAURITA VAZ (1120) REsp 918867 / RS RECURSO ESPECIAL 2007/0017887-0

Em desacordo com a determinação legal ou regulamentar:

Concluindo-se a análise dos elementos do tipo ressalte-se, mais uma vez, o elemento normativo consistente na expressão "em desacordo com determinação legal ou regulamentar".

Como já mencionado no tópico relativo aos sujeitos passivos do presente tipo, em se tratando de civis em geral, ressalvada a hipótese das atividades especificadas no art. 9º do Estatuto do Desarmamento (colecionadores, atiradores, caçadores e representantes estrangeiros em competição internacional no território nacional), o descumprimento das determinações legais e regulamentares relacionadas à posse e guarda de arma de fogo, acessórios ou munições de uso permitido, não afeta, por si, a ordem administrativa militar nem, por consequência, **a manutenção das regularidade das instituições militares** tendo em vista que a regulamentação referente aos objetos de uso permitido relacionados ao tipo em comento, são atribuídas, em regra, às instituições (Polícia Federal) e sistemas civis (SINARM).

Isso não impede, vale lembrar e adotando-se a perspectiva de que as alíneas do inciso III do art. 9º do Código Penal Militar combinadas com o tipo penal previsto no art. 14 do Estatuto do Desarmamento, teriam o condão de alterar as características do delito em tela transformando-o em crime de perigo concreto, a caracterização da prática de **crime militar por afetação da regularidade das instituições militares** por civis nos casos em que a conduta fosse praticada em alguma das hipóteses previstas nas alíneas "b", "c" ou "d" do inciso III do art. 9º do CPM nos termos já apresentados no tópico relativo à análise do sujeito ativo do delito.

Não obstante, retornando-se à questão do conteúdo da determinação legal ou regulamentar, *mutatis mutandis*, no mesmo tópico relativo à análise do sujeito ativo do presente tipo penal, explicou-se que as prescrições regulamentares para aquisição, registro e consequente posse das armas de fogo, acessórios ou munições de uso permitido destinadas aos **militares estaduais e federais, da ativa, da reserva ou reformados** são expedidas, e de **competência legal, dos comandantes das respectivas instituições**, assim como a aquisição, registro e porte por parte dos **colecionadores,**

atiradores, caçadores e representantes estrangeiros em competições internacionais em território nacional são de **atribuição do Comando do Exército**.

Por tal motivo, entende-se que a prática das condutas especificadas no tipo penal do art. 14 do Estatuto relativas aos objetos descritos no tipo, pelos militares ou pelos civis em alguma das atividades reguladas pelo Comando do Exército (art. 9º do Estatuto do Desarmamento), caracterizaria, pelos motivos já expostos, o **crime militar de porte ilegal de arma de fogo, acessório ou munição de uso permitido por afetação da regularidade das instituições militares** em virtude da subsunção dos fatos à hipótese elencada na alínea "e" do inciso II (militares da ativa) ou alínea "a" do inciso III (militares da reserva ou reformados ou civis) do art. 9º do Código Penal Militar decorrente do reconhecimento, independente do lugar ser sujeito ou não a administração militar, da conduta ser praticada contra a ordem administrativa militar.

Afora os pontos acima explanados que focam nas diferentes consequências do descumprimento das "prescrições legais e regulamentares" no tipo em questão a depender do sujeito ativo do crime (característica inclusive do direito penal militar como um todo), já se concluiu sobre os elementos normativos e descritivos discorrendo-se sobre a possibilidade de que simples irregularidades ou inobservância de questões administrativas pudessem tipificar, ou não, o crime de posse irregular de arma de fogo, acessório ou munição.

Em decisões às quais remetemos o leitor foi apresentado que a jurisprudência pátria tem **reconhecido o princípio da insignificância quando as irregularidades administrativas se referem a vencimento de prazos ou descumprimento de procedimentos formais** os quais, se observados, garantiriam o direito daquela pessoa a portar ou possuir os objetos em questão (por exemplo número de munições dentro da quantidade legal e de acordo com o calibre de arma que o autor possuía).

Ainda que no **âmbito castrense** a fiel observância às normas legais e regulamentares seja essencial à manutenção da hierarquia e disciplina do que decorre que o tratamento às **infrações administrativas neste ambiente possua rigor maior** e por vezes até incompreensível para aqueles não familiarizados com a sistemática das instituições militares, isso **não significa que os princípios jurídicos penais basilares, a exemplo da intervenção mínima, subsidiariedade e *ultima ratio*, não se apliquem ao Direito Penal Militar**, pelo contrário, haja vista ser esse nada mais que uma especialidade dentro do universo jurídico penal brasileiro.

Logo, diante da similaridade dos tipos penais de posse (art. 12) e porte (art. 14 do Estatuto) ilegal de arma de fogo, acessórios ou munições de uso permitido no tocante ao elemento "determinação legal ou regulamentar" também no tipo de porte ilegal de arma de fogo, ainda que não obrigatório, é **possível o reconhecimento** no sentido de que meras irregularidades ou inovservância de prazos na esfera administrativa não são capazes de tipificar o crime em tela em decorrência da **insignificância penal da conduta**.

– Elemento subjetivo:

Assim como ocorre em relação ao tipo penal previsto no art. 12 do Estatuto, o crime de porte ilegal de arma de fogo, acessório ou munição de uso permitido somente se caracteriza mediante a prática de **conduta dolosa** (dolo direto ou eventual), nos termos dispostos pelo art. 33 do Código Penal Militar.

Vale lembrar que em se tratando de crime militar por afetação da regularidade das instituições militares o dolo da conduta deve compreender não apenas as elementares do tipo penal previsto no art. 14 do Estatuto do Desarmamento como também todas as **circunstâncias e elementos caracterizadores da natureza militar do crime** previstos nas alíneas dos incisos II e III do art. 9º do Código Penal Militar, com especial atenção ao caput do inciso III (contra as instituições militares) relativo aos casos em que os autores forem militares da reserva, reformados ou civis.

– Consumação:

Em relação ao tipo penal militar praticado por **militares** (da ativa, da reserva ou reformados) ou **civis exercendo algumas das atividades sob controle do Comando do Exército** (art. 9º do Estatuto do Desarmamento), trata-se de **crime permanente, de mera conduta e de perigo abstrato** cuja consumação se dá pela simples prática das condutas típicas previstas no art. 14 do Estatuto (portar, deter, adquirir, fornecer, receber, ter em depósito, transportar, ceder, ainda que gratuitamente, emprestar, remeter, empregar, manter sob guarda ou ocultar arma de fogo, do acessório ou da munição de uso permitido) fora da residência ou local de trabalho do autor (nteste último caso sendo o titular ou representante legal da empresa) e se protrai no tempo enquanto o sujeito ativo mantém a prática das condutas típicas.

Contudo, em relação aos **civis em geral**, ou seja, quando não relacionados às atividades que estão sob controle do Comando do Exército (colecionadores, atiradores, caçadores, representantes estrangeiros em competição internacional de tiro no território nacional – art. 9º do Estatuto), considerando tratar-se o tipo penal **militar por afetação da regularidade das Instituições Militares** (art. 14 do Estatuto do Desarmamento c.c. alíneas "b" ou "c" do inciso III do art. 9º do Código Penal Militar) a natureza se altera, de acordo com os argumentos já trabalhados quando da análise do sujeito ativo para um **crime permanente, material e de perigo concreto** cuja consumação se dá pela prática das condutas típicas previstas no art. 14 do Estatuto quando coloque em **perigo concreto** as pessoas elencadas nas situações especificadas nas alíneas "b" ou "c" do inciso III do art. 9º do Código Penal Militar.

– Tentativa:

Em relação ao tipo penal militar praticado por **militares** (da ativa, da reserva ou reformados) ou **civis exercendo algumas das atividades sob controle do Comando do Exército** (art. 9º do Estatuto do Desarmamento), **não se admite**.

Contudo, em relação aos **civis em geral**, ou seja, quando não relacionados às atividades que estão sob controle do Comando do Exército (colecionadores, atiradores, caçadores, representantes estrangeiros em competição internacional de tiro no território nacional – art. 9º do Estatuto), a **tentativa é admissível**.

– **Concurso:**

Em relação à possibilidade de concurso, formal ou material, do crime de porte ilegal de arma de fogo com outros a ele relacionados ou ainda no que diz respeito aos casos nos quais o autor possui ou mantém sob sua guarda mais de um dos objetos descritos no tipo, a jurisprudência pátria apresentada quando da análise do tipo penal de posse irregular (art. 12 do Estatuto), tem se posicionado no sentido a seguir apresentado.

Inicialmente, no que diz respeito à posse ou guarda de mais de uma arma de fogo, acessório ou munição, em desacordo com as determinações legais ou regulamentares, têm-se reconhecida a existência de **crime único**, desde que tanto **o local quanto a classificação dos objetos** (uso permitido, restrito, proibido) **sejam idênticas**.

Situação diversa verifica-se quando as armas de fogo, os acessórios ou munições forem mantidos em locais que tipificam **crimes distintos** (art. 12 e 14 do Estatuto por exemplo) ou ainda nas hipóteses em que os objetos possuem classificação distinta perante o Estatuto de modo a tipificar crimes também distintos.

Já no que diz respeito às hipóteses em que houver a prática de crimes tipificados por meio de condutas diversas da posse ou porte da arma de fogo, do acessório ou da munição, estejam previstos, ou não, no Estatuto, a jurisprudência tem aplicado o **princípio da consunção**, em detrimento do concurso material, apenas nos casos em que a posse ou o porte ilegal da arma de fogo, acessório ou munição, estiver **ligado diretamente ao crime fim e nele se esgotar**, a exemplo das decisões já apresentadas em relação à prática das condutas de posse ou porte ilegal de arma de fogo, acessório ou munição no contexto de disparos de arma de fogo, associação criminosa, tráfico de drogas etc.

Também não tem sido reconhecido pela jurisprudência o princípio da consunção nos casos em que, apesar do contexto lógico entre o crime previsto no Estatuto do Desarmamento e outro previsto em legislação diversa, a natureza jurídica e o bem jurídico tutelado pelas infrações praticadas sejam distintos:

> STJ
>
> PENAL E PROCESSUAL PENAL. AGRAVO REGIMENTAL EM HABEAS CORPUS. **TRÁFICO INTERNACIONAL DE ARMA DE FOGO E RECEPTAÇÃO**. DESCLASSIFICAÇÃO PARA O TIPO DO ART. 16 DO ESTATUTO DO DESARMAMENTO. IMPOSSIBILIDADE. PRINCÍPIO DA ESPECIALIDADE. CARÁTER INTERNACIONAL DA AÇÃO. TRANSPOSIÇÃO DE FRONTEIRA. INTRODUÇÃO DE ARTEFATO BÉLICO NO TERRITÓRIO NACIONAL. **CONCURSO MATERIAL. RECONHECIMENTO. BENS JURÍDICOS TUTELADOS DIVERSOS. DELITO CONTRA A PAZ PÚBLICA E DELITO PATRIMONIAL**. AGRAVO REGIMENTAL DESPROVIDO. I – O tipo de tráfico internacional de arma de fogo de uso restrito, dos arts. 18 c.c. 19 da Lei n.º 10.826/2003, configura-se com o mero favorecimento da entrada ou saída, a qualquer título, do artefato bélico do território nacional, sem autorização da autoridade competente. Isto é, aplica-se ao simples porte de arma para além das fronteiras nacionais. Precedentes. II – Assim, para a configuração do tipo dos arts. 18 c.c. 19 da Lei n.º 10.826/2003, não é necessário que tenha ocorrido ato de importação propriamente dito, mas sim o favorecimento da introdução do artefato bélico no território nacional. III – **A jurisprudência deste Superior Tribunal de Justiça é firme no sentido de que o delito de receptação e os do Estatuto do Desarmamento seriam, de regra, crimes**

autônomos, com naturezas jurídicas e bens tutelados distintos, devendo o agente responder pela sua prática em concurso material. Agravo regimental desprovido. 07/08/2018 Ministro REYNALDO SOARES DA FONSECA (1170) AgRg no HC 368990 / P AGRAVO REGIMENTAL NO HABEAS CORPU 2016/0225468-0 (g.n.)

Por fim, em relação à possibilidade, ou não de concurso entre os **crimes de posse ou porte ilegal de arma de fogo e receptação** já nos posicionamos no sentido de que, respeitados os posicionamentos diversos, a análise de cada caso concreto a partir da perspectiva da objetividade jurídica e das elementares dos delitos em questão conduz à aplicação do princípio da especialidade visto que se a arma de fogo que o autor porta por meio de alguma das condutas previstas no art. 14 (portar, deter, adquirir, fornecer, receber, ter em depósito, transportar, ceder, ainda que gratuitamente, emprestar, remeter, empregar, manter sob guarda ou ocultar) trata-se de produto de crime, automaticamente, restará caracterizado o crime previsto no art. 14 do Estatuto (ou no art. 12 se ele recebeu e manteve essa arma dentro de sua casa por exemplo), não havendo hipótese de praticar apenas o crime de receptação tendo em vista que uma arma de fogo, acessório ou munição que seja produto de crime nunca poderá ser "regularizada". Logo, de acordo com o **princípio da especialidade**, não há que se falar em concurso de crimes mas sim de **prática apenas dos crimes previstos no Estatuto do Desarmamento**.

– Pena de multa:

Em relação à aplicação de pena de multa no âmbito do Direito Penal Militar reforçamos o posicionamento já exposto quando das explicações relativas ao tipo penal previsto no art. 12 do Estatuto do Desarmamento. Como explicado, a pena de multa não tem previsão expressa no ordenamento jurídico penal militar, em especial na Parte Geral do Código Penal Militar que inclusive determina a prevalência das regras previstas no diploma penal castrense em face de dispositivos diversos previstos na legislação especial, regra essa que não foi alterada pela Lei Federal nº 13.491/17.

Com esse fundamento, aliada à vedação de conjugação de leis pelo Poder Judiciário, a jurisprudência penal militar tem se posicionado, nestes primeiros anos de vigência dos crimes militares por afetação da regularidade das instituições militares, no sentido da impossibilidade de aplicação da pena de multa prevista no Estatuto do Desarmamento no âmbito do Direito Penal Militar[63].

No entanto, já existe doutrina e posicionamentos judiciais no sentido de que diante da equalização e harmonização entre os ordenamentos jurídicos penais comum e militar introduzidas pela Lei Federal nº 13.491/17, a melhor interpretação seria o reconhecimento da introdução das penas específicas originalmente não previstas no Código Penal Militar, porém, mais adequadas aos tipos penais previstos nas le-

63 TJMSP. Apelação nº 0002369-97.2017.9.26.0030. Primeira Câmara. 20 de agosto de 2019. Relator: FERNANDO PEREIRA. TJMSP. Apelação nº 0006877-52.2018.9.26.0030 (7.722/19). Primeira Câmara. 11 de junho de 2019. FERNANDO PEREIRA. Relator. STM. APELAÇÃO Nº 7000029-11.2018.7.00.0000. v.u.13/02/2019. WILLIAM DE OLIVEIRA BARROS. STM. RECURSO EM SENTIDO ESTRITO Nº 7000222-55.2020.7.00.0000. RELATOR: MINISTRO PÉRICLES AURÉLIO LIMA DE QUEIROZ. 01/06/2020 a 04/06/2020.

gislações especiais mais recentes e que representam, em verdade, a adequação do ordenamento jurídico penal brasileiro aos novos contextos sociais, objetivo, enfim, da Lei Federal nº 13.491/17.[64]

Mais uma vez, portanto, reforçamos que em vista da compreensão sistemática aqui defendida, no sentido de que a Lei Federal nº 13.491/17 teve o grande mérito de conseguir equalizar e harmonizar de modo definitivo e em perspectiva futura os ordenamentos jurídicos penais comum e militar, entendemos que o segundo posicionamento, no sentido da **possibilidade de aplicação da pena de multa aos crimes militares por afetação da regularidade das instituições militares,** é o único adequado no atual contexto do ordenamento jurídico penal militar.

– *Abolitio crimininis* e *Novatio in mellius*:

Antes do advento da Lei Federal nº 13.491/17 os crimes previstos pelo Estatuto do Desarmamento já foram alvo de discussões relativas à incidência de alterações de normas administrativas na tipicidade e no reconhecimento de hipótese de *abolitio criminis*, especialmente em virtude das diversas prorrogações relativas aos prazos para regularização ou entrega das armas de fogo que até então estivessem em desacordo com as previsões e requisitos introduzidos pelo Estatuto em 2003. Após diversos posicionamentos, teses e decisões, a situação se consolidou no âmbito da jurisprudência no sentido de que até 23 de outubro de 2005 as condutas previstas nos arts. 12 e 16 relacionadas à posse ilegal de arma de fogo (residência ou local de trabalho) era figura atípica, sendo que a partir de tal data até 31 de dezembro de 2009 só seria atípica a conduta de possuir irregularmente (residência ou local de trabalho) a arma de fogo, acessório ou munição de uso permitido com condições de ser regularizada.

Não obstante, em relação ao tipo penal de porte (fora da residência ou local de trabalho do qual seja titular) ilegal de arma de fogo (arts. 14 ou 16 do Estatuto) a jurisprudência dos tribunais superiores consolidou-se no sentido de que não se aplicava a hipótese de *abolitio criminis* à época em discussão apenas para os crimes de posse (residência ou local de trabalho) ilegal de arma de fogo:

> STJ
>
> "[...] É pacífica a jurisprudência desta Corte no sentido de que as prorrogações do prazo para a entrega de armas de fogo, promovidas pelas Leis n.os 11.706/2008 e 11.922/2009, não abrangem o porte ou a posse de arma ou de munição de uso restrito. [...] 2. No presente caso, a conduta imputada ao Réu – posse ilegal de arma de fogo com numeração raspada, praticada em 15/04/2009 – não foi alcançada pela *abolitio criminis* temporária. 3. Decisão que se mantém por seus próprios fundamentos. [...]" (AgRg no REsp 1361334 MG, Rel. Ministra LAURITA VAZ, QUINTA TURMA, julgado em 18/06/2013, DJe 01/07/2013
>
> STF

[64] TJMSP. Apelação Criminal nº 0004315-40.2018.9.26.0040 (7783/19), Segunda Câmara, Juiz Silvio Hiroshi Oyama 14 de novembro de 2019.

EMENTA: HABEAS CORPUS. PORTE ILEGAL DE ARMA DE FOGO. *ABOLITIO CRIMINIS*. NÃO-OCORRÊNCIA. O PRAZO DE CENTO E OITENTA DIAS PREVISTO NOS ARTIGOS 30 E 32 DA LEI N. 10.826/2003 É PARA QUE OS POSSUIDORES E PROPRIETÁRIOS ARMAS DE FOGO AS REGULARIZEM OU AS ENTREGUEM ÀS AUTORIDADES. SOMENTE AS CONDUTAS TÍPICAS 'POSSUIR OU SER PROPRIETÁRIO' FORAM ABOLIDAS TEMPORARIAMENTE. A VINGAR A TESE DE *ABOLITIO CRIMINIS* TEMPORÁRIA QUANTO AO PORTE ILEGAL, CHEGAR-SE-Á AO ABSURDO DE ADMITIR QUE QUALQUER PESSOA PODE TRANSITAR LIVREMENTE EM PÚBLICO PORTANDO ARMA DE FOGO. ORDEM DENEGADA. HC 88594 / SP – SÃO PAULO HABEAS CORPUS Relator(a): Min. EROS GRAU Julgamento: 09/05/2006 Órgão Julgador: Segunda Turma.

Apesar do tema da *abolitio criminis* relativa ao período compreendido entre os anos de 2003 e 2009 ter restado pacificado e consolidado, no ano de 2019, como já explicado, diversas alterações no arcabouço administrativo que regulamenta o Estatuto do Desarmamento modificaram classificações (uso permitido, uso restrito e uso proibido) das armas de fogo, dos acessórios e das munições o que impactou na mudança de tipificação penal de inúmeras condutas anteriores cujos fatos foram alvo ou tiveram iniciada persecução penal.

A questão relativa a alterações de norma penal em branco tem sido debatida na doutrina que indica alguns requisitos para o reconhecimento da retroatividade de alterações mais benéficas, como é o atual caso das modificações introduzidas no Estatuto, sendo que o STF já havia enfrentado questão semelhante em relação às alterações nas portarias que regulamentavam a Lei de Drogas, as quais também definem elementos integrantes dos tipos penais previstos naquele diploma.

Ainda que a jurisprudência relativa ao impacto penal das alterações introduzidas pelos Decretos Federais de 2019 em relação ao Estatuto do Desarmamento esteja ainda em fase inicial de desenvolvimento, já é possível identificar a tendência de reconhecimento do fenômeno da *novatio legis in mellius* do qual decorrerá a aplicação da retroatividade da alteração normativa mais benéfica para os fatos já julgados ou objeto de processos em curso, assim como a jurisprudência havia se posicionado em relação aos crimes de drogas:

STJ

PENAL. PROCESSO PENAL. POSSE ILEGAL DE MUNIÇÃO DE USO RESTRITO. RECEPTAÇÃO. DEPÓSITO DE SUBSTÂNCIAS TÓXICAS, PERIGOSAS E NOCIVAS À SAÚDE HUMANA E AO MEIO AMBIENTE (COMBUSTÍVEIS). VIOLAÇÃO DO ART. 619 DO CPP. INOCORRÊNCIA. JULGAMENTO CONTRÁRIO AOS INTERESSES DO RECORRENTE. DOSIMETRIA. EXASPERAÇÃO DA PENA-BASE DO CRIME DE RECEPTAÇÃO. FUNDAMENTAÇÃO IDÔNEA. NOVATIO LEGIS IN MELLIUS. PROCESSO SOB A JURISDIÇÃO DO STJ NO MOMENTO DA EDIÇÃO DA NOVA LEI. POSSE DE MUNIÇÕES DE USO RESTRITO. DECRETOS N. 9.785/2019 E 9.847/2019. POSSIBILIDADE DE DESCLASSIFICAÇÃO DO TIPO PENAL. READEQUAÇÃO DA PENA. I – Demonstrado, por ocasião do julgamento dos embargos de declaração, de forma satisfatória e suficiente, que o acórdão embargado não padecia de qualquer vício e que o embargante em verdade pretendia, com o recurso, obter a reforma do julgamento, desnecessária e prolixa seria qualquer manifestação adicional a respeito do tema, visto que esgotada a matéria debatida. II – A dosimetria da pena, quando imposta com base em elementos concretos e observados os limites da discricionariedade vinculada atribuída ao magistrado sentenciante, impede a revisão da reprimenda por esta Corte Superior, exceto se for constatada evidente desproporcionalidade entre o delito e a pena imposta, hipótese em que caberá a reapreciação para a correção de eventual desacerto quanto ao cálculo das frações de aumento e de diminuição e a reavaliação das circunstâncias judiciais listadas no art. 59 do Código Penal. III – In casu, o aumento da pena-base mostra-se, de fato, fundamentado, pois a receptação de arma de fogo com numeração íntegra, que fora roubada de policial militar, evidencia um elevado grau de reprovabilidade que extrapola a própria conduta tipificada. Assim, o acórdão da origem consignou expressamente os motivos que acarretaram a exasperação da pena-base, pois tal circunstância ultrapassa o previsto no tipo penal, não havendo tampouco desproporcionalidade no acréscimo. IV – A análise do pedido de desclassificação da conduta em virtude de novatio legis in mellius é de competência deste Superior Tribunal de Justiça, porquanto a modificação legislativa ocorreu quando já iniciada a jurisdição desta Corte. V – Verifica-se dos autos que o agravante foi condenado pela posse irregular de munição de uso restrito, em virtude de terem sido encontradas consigo munições calibre .40 S&W. VI – As munições passaram a serem classificadas como de uso permitido, por força dos Decretos 9.785/2019 e 9.847/2019, sendo imperiosa assim a desclassificação da conduta para o tipo penal previsto no art. 12 da Lei n. 10.826/2003, com o consequente redimensionamento da dosimetria. Agravo regimental desprovido. Desclassificação da conduta, de ofício, para porte de munição de uso permitido, com o consequente redimensionamento da dosimetria. Dito isso, verifica-se que o agravante pretende, em síntese, a desclassificação do crime do art. 16, caput, para o crime do art. 12, ambos da Lei n. 10.826/2003, em virtude da superveniência dos Decretos n. 9.785/2019 e 9.847/2019, regulamentados pela Portaria n. 1.222/2019 do Exército Brasileiro, que passaram a considerar que "todos os calibres que não atinjam, na saída do cano de prova, 1.620 (mil seiscentos e vinte) joules de energia cinética são de modalidade permitida". Nesse eito, verifica-se que o ora agravante foi condenado pela posse irregular de munição de uso restrito, em virtude de terem sido encontradas consigo três munições calibre .40S&W (fl. 463). Ocorre que referidas munições passaram a ser de uso permitido, por força dos Decretos acima mencionados, sendo imperiosa assim a desclassificação da conduta para o tipo penal previsto no art. 12 da Lei n. 10.826/2003, com o consequente redimensionamento da dosimetria. Para tanto, deverão ser adotados os critérios utilizados na sentença condenatória. Na primeira fase, à mingua de circunstâncias judiciais desfavoráveis, fixo a AgRg nos EDcl no RECURSO ESPECIAL Nº 1.809.208 – SP (2019/0116480-3) MINISTROFELIXFISCHER V26 de maio de 2020. Ministro FELIX FISCHER. Relator

PENAL E PROCESSO PENAL. EMBARGOS DE DECLARAÇÃO NO AGRAVO REGIMENTAL NO AGRAVO EM RECURSO ESPECIAL. 1. AUSÊNCIA DE OMISSÃO. NÃO CABIMENTO. 2. NOVATIO LEGIS IN MELLIUS. PEDIDO DE APLICAÇÃO. POSSIBILIDADE. PROCESSO SOB A JURISDIÇÃO DO STJ NO MOMENTO DA EDIÇÃO DA LEI. 3. POSSE DE MUNIÇÕES DE USO RESTRITO. PEDIDO DE DESCLASSIFICAÇÃO. DECRETOS N. 9.785/2019 E 9.847/2019. APLICAÇÃO RETROATIVA. ART. 2º, P. ÚNICO, DO CP E ART. 5º, XL, DA CF. 4. MUNIÇÕES 9MM. CALIBRE DE USO PERMITIDO. NECESSIDADE DE DESCLASSIFICAÇÃO. 5. READEQUAÇÃO DA PENA. IMPLEMENTO DO PRAZO PRESCRICIONAL. 6. EMBARGOS REJEITADOS. DESCLASSIFICAÇÃO DE OFÍCIO. 1. Os embargos de declaração possuem fundamentação vinculada, dessa forma, para seu cabimento, é necessária a demonstração de que a decisão embargada se mostrou ambígua, obscura, contraditória ou omissa, conforme disciplina o art. 619 do Código de Processo Penal, o que não se verifica na presente hipótese. 2. Cuidando-se de lei nova, editada quando o processo já se encontrava sob a jurisdição do Superior Tribunal de Justiça, cabe, de fato, a esta Corte analisar eventual aplicação da novatio legis in mellius. Precedentes. 3. Busca-se a desclassificação do crime do art. 16, caput, para o crime do art. 12, ambos da Lei n. 10.826/2003, em virtude da superveniência dos Decretos n. 9.785/2019 e 9.847/2019, regulamentados pela Portaria n. 1.222/2019 do Exército Brasileiro. [...] Como é de

> conhecimento, o art. 2º, p. único, do CP, em observância ao disposto no art. 5º, XL, da CF, dispõe que "a lei posterior, que de qualquer modo favorecer o agente, aplica-se aos fatos anteriores, ainda que decididos por sentença condenatória transitada em julgado". 4. Verificando-se que o paciente foi condenado pela posse irregular de munição de uso restrito, em virtude de terem sido encontradas oito munições calibre 9mm, mister se faz a desclassificação da conduta, uma vez que referidas munições passaram a ser de uso permitido. 5. Com a readequação da reprimenda, inevitável o reconhecimento da prescrição da pretensão punitiva estatal, nos mesmos moldes em que já reconhecido pela Corte local, com relação ao porte de arma de fogo de uso permitido. 6. Embargos rejeitados. Desclassificação da conduta, de ofício, para porte de munição de uso permitido, com o consequente reconhecimento da prescrição da pretensão punitiva estatal. STJ. 05 de dezembro de 2019 (Data do Julgamento) Relator Quinta Turma. Ministro REYNALDO SOARES DA FONSECA

Deste modo, a identificação e definição do que significa arma de fogo, acessórios e munições de uso permitido e restrito atualmente apresentada pelos Decretos Federais de 2019 devem ser aplicadas não apenas para os fatos praticados após o advento da alteração como também para os fatos anteriores, independentemente da ocorrência ou não do trânsito em julgado de eventual processo penal condenatório.

Por fim, a mais recente discussão diz respeito às alterações promovidas pelos Decretos Federais nº 10.627, 10.628, 10.629 e 10.630, publicados em 12 de fevereiro de 2021 os quais, como explicado, tiveram alguns dispositivos com eficácia suspensa por decisão liminar concedida nos autos da ADIs 6.675/DF, 6.676/DF, 6.677/DF, 6.680/DF e 6.695/DF pela Ministra Rosa Weber, do STF, e cujo mérito ainda se encontra pendente de julgamento.

Em relação à alterações que não foram alvo da suspensão da eficácia concedida liminarmente pelo STF, a exemplo da exclusão dos carregadores "destacáveis tipo cofre ou tipo tubular, metálicos ou plásticos, com qualquer capacidade de munição, cuja ausência não impeça o disparo da arma de fogo" que, com as alterações introduzidas pelo Decreto Federal nº 10.627/21, **deixaram de ser considerados como acessórios de arma de fogo**, não há mais discussão a respeito da **atipicidade da posse ou do porte de carregadores desmuniciados** vez que os tipos penais previstos nos artigos 12, 14 e 16 definem como objetos do crime as armas de fogo, os acessórios e munições. Deste modo, operou-se, sem dúvidas, hipótese de abolitio criminis que deve ser reconhecida pela jurisprudência.

Em relação às demais alterações, cuja vigência econtra-se suspensa em decorrência da liminar concedida pelo STF, por ora, não há que se falar em abolitio criminis ou *novatio legis in mellius.*[65]

– Inconstitucionalidade do parágrafo único do art. 14 do Estatuto do Desarmamento:

> ESTATUTO DO DESARMAMENTO (LEI FEDERAL Nº 10.826/03)
>
> Art. 14. [...]

65 *TJPR. 4ª Câmara Criminal, Relator Des. RUI PORTUGAL BACELLAR FILHO. Julgamento 24 de setembro de 2021.*

> Parágrafo único. O crime previsto neste artigo é inafiançável, salvo quando a arma de fogo estiver registrada em nome do agente.

Referido dispositivo foi declarado inconstitucional pelo Plenário do Supremo Tribunal Federal (STF) no julgamento da Ação Direta de Inconstitucionalidade (ADI) 3112, proposta pelo Partido Trabalhista Brasileiro (PTB)[66]. Na decisão foram anulados dois dispositivos do Estatuto que proibiam a concessão de liberdade provisória, mediante o pagamento de fiança, tanto no caso de porte ilegal de arma (parágrafo único do artigo 14) e disparo de arma de fogo (parágrafo único do artigo 15). A decisão fundamentou-se na tese de que o porte ilegal e o disparo de arma de fogo "constituem crimes de mera conduta que, embora reduzam o nível de segurança coletiva, não se equiparam aos crimes que acarretam lesão ou ameaça de lesão à vida ou à propriedade"[67]:

> STF
>
> "AÇÃO DIRETA DE INCONSTITUCIONALIDADE. LEI 10.826/2003. ESTATUTO DO DESARMAMENTO. INCONSTITUCIONALIDADE FORMAL AFASTADA. INVASÃO DA COMPETÊNCIA RESIDUAL DOS ESTADOS. INOCORRÊNCIA. DIREITO DE PROPRIEDADE. INTROMISSÃO DO ESTADO NA ESFERA PRIVADA DESCARACTERIZADA. PREDOMINÂNCIA DO INTERESSE PÚBLICO RECONHECIDA. OBRIGAÇÃO DE RENOVAÇÃO PERIÓDICA DO REGISTRO DAS ARMAS DE FOGO. DIREITO DE PROPRIEDADE, ATO JURÍDICO PERFEITO E DIREITO ADQUIRIDO ALEGADAMENTE VIOLADOS. ASSERTIVA IMPROCEDENTE. LESÃO AOS PRINCÍPIOS CONSTITUCIONAIS DA PRESUNÇÃO DE INOCÊNCIA E DO DEVIDO PROCESSO LEGAL. AFRONTA TAMBÉM AO PRINCÍPIO DA RAZOABILIDADE. ARGUMENTOS NÃO ACOLHIDOS. FIXAÇÃO DE IDADE MÍNIMA PARA A AQUISIÇÃO DE ARMA DE FOGO. POSSIBILIDADE. REALIZAÇÃO DE REFERENDO. INCOMPETÊNCIA DO CONGRESSO NACIONAL. PREJUDICIALIDADE. AÇÃO JULGADA PARCIALMENTE PROCEDENTE QUANTO À PROIBIÇÃO DO ESTABELECIMENTO DE FIANÇA E LIBERDADE PROVISÓRIA. I – Dispositivos impugnados que constituem mera reprodução de normas constantes da Lei 9.437/1997, de iniciativa do Executivo, revogada pela Lei 10.826/2003, ou são consentâneos com o que nela se dispunha, ou, ainda, consubstanciam preceitos que guardam afinidade lógica, em uma relação de pertinência, com a Lei 9.437/1997 ou com o PL 1.073/1999, ambos encaminhados ao Congresso Nacional pela Presidência da República, razão pela qual não se caracteriza a alegada inconstitucionalidade formal. II – Invasão de competência residual dos Estados para legislar sobre segurança pública inocorrente, pois cabe à União legislar sobre matérias de predominante interesse geral. III – O direito do proprietário à percepção de justa e adequada indenização, reconhecida no diploma legal impugnado, afasta a alegada violação ao art. 5º, XXII, da Constituição Federal, bem como ao ato jurídico perfeito e ao direito adquirido. **IV – A proibição de estabelecimento de fiança para os delitos de "porte ilegal de arma de fogo de uso permitido" e de "disparo de arma de fogo", mostra-se desarrazoada, porquanto são crimes de mera conduta, que não se equiparam aos crimes que acarretam lesão ou ameaça de lesão à vida ou à propriedade.** V – Insusceptibilidade de liberdade provisória quanto aos delitos elencados nos arts. 16, 17 e 18. Inconstitucionalidade reconhecida, visto que o texto magno não autoriza a prisão ex lege, em face dos princípios da presunção de inocência e da obrigatoriedade de fundamentação dos mandados de

---

[66] *Mas, ao todo, foram analisadas 10 ADIs ajuizadas contra o Estatuto do Desarmamento por partidos políticos, associações de delegados e uma confederação de vigilantes.*

[67] *Ministério Público do Estado de São Paulo. http://www.mpsp.mp.br/portal/page/portal/noticias/publicacao_noticias/2007/maio/448FF05F4AF32FEBE040A8C02C013604.*

prisão pela autoridade judiciária competente. VI – Identificação das armas e munições, de modo a permitir o rastreamento dos respectivos fabricantes e adquirentes, medida que não se mostra irrazoável. VII – A idade mínima para aquisição de arma de fogo pode ser estabelecida por meio de lei ordinária, como se tem admitido em outras hipóteses. VIII – Prejudicado o exame da inconstitucionalidade formal e material do art. 35, tendo em conta a realização de referendo. IX – Ação julgada procedente, em parte, para declarar a inconstitucionalidade dos parágrafos unicos dos artigos 14 e 15 e do artigo 21 da Lei 10.826, de 22 de dezembro de 2003. (ADI 3112, Relator (a): Min. RICARDO LEWANDOWSKI, Tribunal Pleno, julgado em 02/05/2007, DJe-131 DIVULG 25-10-2007 PUBLIC 26-10-2007 DJ 26-10-2007 PP-00028 EMENT VOL-02295-03 PP-00386 RTJ VOL-00206-02 PP-00538)

6.4.5. Disparo de arma de fogo

ESTATUTO DO DESARMAMENTO (LEI FEDERAL Nº 10.826/03)

Art. 15. Disparar arma de fogo ou acionar munição em lugar habitado ou em suas adjacências, em via pública ou em direção a ela, desde que essa conduta não tenha como finalidade a prática de outro crime:

Pena – reclusão, de 2 (dois) a 4 (quatro) anos, e multa.

Parágrafo único. O crime previsto neste artigo é inafiançável.

CÓDIGO PENAL MILITAR (DECRETO-LEI Nº 1001/69)

CIRCUNSTÂNCIAS DE AFETAÇÃO DA REGULARIDADE DAS INSTITUIÇÕES MILITARES

Art. 9º Consideram-se crimes militares, em tempo de paz:

[...]

II – os crimes previstos neste Código e os previstos na legislação penal, quando praticados:

a) por militar em situação de atividade ou assemelhado, contra militar na mesma situação ou assemelhado;

b) por militar em situação de atividade ou assemelhado, em lugar sujeito à administração militar, contra militar da reserva, ou reformado, ou assemelhado, ou civil;

c) por militar em serviço ou atuando em razão da função, em comissão de natureza militar, ou em formatura, ainda que fora do lugar sujeito à administração militar contra militar da reserva, ou reformado, ou civil;

d) por militar durante o período de manobras ou exercício, contra militar da reserva, ou reformado, ou assemelhado, ou civil;

e) por militar em situação de atividade, ou assemelhado, contra o patrimônio sob a administração militar, ou a ordem administrativa militar;

f) revogada.

III – os crimes praticados por militar da reserva, ou reformado, ou por civil, contra as instituições militares, considerando-se como tais não só os compreendidos no inciso I, como os do inciso II, nos seguintes casos:

> a) contra o patrimônio sob a administração militar, ou contra a ordem administrativa militar;
>
> b) em lugar sujeito à administração militar contra militar em situação de atividade ou assemelhado, ou contra funcionário de Ministério militar ou da Justiça Militar, no exercício de função inerente ao seu cargo;
>
> c) contra militar em formatura, ou durante o período de prontidão, vigilância, observação, exploração, exercício, acampamento, acantonamento ou manobras;
>
> d) ainda que fora do lugar sujeito à administração militar, contra militar em função de natureza militar, ou no desempenho de serviço de vigilância, garantia e preservação da ordem pública, administrativa ou judiciária, quando legalmente requisitado para aquêle fim, ou em obediência a determinação legal superior.

Assim como o tipo penal de omissão de cautela previsto no art. 13 do Estatuto do Desarmamento, o delito especificado no art. 15 denominado disparo de arma de fogo distingue-se dos crimes de posse, porte, comércio ou tráfico ilegal de arma de fogo (arts. 12, 14, 16, 17 e 18 do Estatuto) tanto por não se tratar de norma penal em branco quanto por não se referir à regularidade da arma de fogo, mas sim à utilização desta. Em ambos os tipos (omissão de cautela e disparo de arma de fogo), **não importa se a posse ou o porte da arma de fogo são lícitos ou ilícitos** sendo **relevante apenas a conduta do autor.**

Por tal motivo, a questão acerca da atribuição relativa à aquisição, registro, porte e demais medidas de controle ser exercida por uma **instituição civil ou militar**, que se mostra de extrema relevância para a caracterização ou não da natureza militar da maioria dos delitos previstos pelo Estatuto do Desarmamento (arts. 12, 14, 16, 17 e 18)[68], torna-se **irrelevante para análise de eventual natureza militar do tipo penal** descrito no art. 15 do Estatuto.

Para este tipo, a natureza militar do crime deve ser analisada, portanto, caso a caso e de acordo com a qualidade dos sujeitos ativo e passivo e a circunstâncias e lugar no qual eles se encontram.

- Objetividade jurídica:

Imediata: a regularidade das instituições militares como meio de promoção e garantia de direitos fundamentais das pessoas, individual e coletivamente consideradas, na sociedade.

Mediata: incolumidade, segurança pública e paz social.

- Sujeito passivo:

Primário ou imediato: a Instituição Militar.

---

68 haja vista que sendo a regulamentação exercida por uma Instituição Militar, a violação à tais prescrições regulamentares remete à violação à ordem administrativa militar e caracterização da natureza militar do delito por afetação à regularidade das instituições militares.

Secundário ou mediato: a coletividade em geral (nas hipóteses das alíneas "e" do inciso II) e os militares da ativa, da reserva, reformados ou civis (nas demais hipóteses previstas nos incisos II e III do art. 9º do Código Penal Militar).

– Sujeito ativo:

O sujeito ativo do crime militar de disparo de arma de fogo por afetação da regularidade das instituições militares pode ser qualquer pessoa, sendo que em se tratando de militares da ativa a natureza militar deve ser verificada a partir das hipóteses elencadas nas alíneas do inciso II do art. 9º do Código Penal Militar, caso contrário, em se tratando de militares da reserva, reformados ou civis a natureza militar dependerá da subsunção às condições e circunstâncias definidas no inciso III do art. 9º do diploma penal castrense, consoante as discussões a seguir apresentadas.

Militares da ativa:

Considerando que as elementares do tipo penal de disparo de arma de fogo não se referem à violação às disposições legais ou regulamentares mas sim à ação de efetuar um disparo de arma de fogo em determinados locais, **nem sempre**, diferentemente do que ocorre com os tipos penais de posse e porte ilegal de arma de fogo, a conduta típica praticada pelos militares da ativa **caracterizará um crime militar** por afetação à regularidade das instituições militares.

Se um militar da ativa, de folga, em sua residência particular, utiliza, por exemplo, sua arma de fogo para efetuar disparos para o "alto" para comemorar uma vitória de uma equipe em um jogo de futebol, a conduta por ele praticada não afetará, **sob o ponto de vista penal militar**, a regularidade das instituições militares. Logicamente que diante de uma conduta dessa natureza a sociedade perceberá que "este" militar praticou uma conduta incompatível com a função militar podendo essa incompatibilidade ser resolvida por meio da esfera disciplinar (a prática de um crime comum caracteriza uma transgressão disciplinar) em um processo disciplinar que possa culminar até mesmo com a exclusão deste militar da Instituição a que pertence.

Perceba-se que neste caso, a conduta do militar não alcançará, automaticamente, a ideia geral de que os militares assim atuam quando em serviço ou agindo em razão da função, nem tampouco que esse seja um procedimento institucional.

Situação diversa ocorre em um caso no qual um militar, de serviço, atuando em razão da função ou no interior de uma unidade militar, por exemplo, efetua um disparo de arma de fogo absolutamente desnecessário ou até por um motivo fútil colocando em risco a incolumidade pública. Em tais casos, a visão transmitida não tende a focar-se no indivíduo autor do crime, como algo pessoal, mas sim **refletirá na ideia, ou temor, de que esse procedimento seja possível, legal ou até aceitável em termos institucionais**. Uma vez que essa concepção esteja presente, a **perda ou déficit de credibilidade daquela instituição militar** em específico afetará o cumprimento de sua missão constitucional e a consequente prestação do serviço ao cidadão do que resultará, **prejuízo à toda a sociedade**, prejuízo este que normalmente, por se tratar de instituições promotoras e garantidoras da segurança pública e nacional, resultará em violações de direitos fundamentais.

A distinção das consequências das duas condutas acima exemplificadas explica as diferentes naturezas possíveis do tipo penal de disparo de arma de fogo (comum ou militar) sendo que, como já discorrido, em decorrência do princípio da legalidade, somente a lei pode definir quando o crime adquire a natureza de militar. No caso dos militares da ativa, portanto, o disparo de arma de fogo será definido como crime militar nas hipóteses previstas no inciso II do art. 9º do Código Penal Militar.

Como já explicado, questão relevante reside no fato de que os crimes de perigo abstrato praticados contra a incolumidade pública não são praticados "contra" alguém em específico, logo, sob esta perspectiva, não seria possível a caracterização da natureza militar do delito por subsunção às alíneas "a", "b", "c" e "d" do inciso II do art. 9º que exigem, para o reconhecimento da natureza militar, que o crime seja praticado "contra" alguém.

Também foi mencionado que a jurisprudência atual tem definido, por vezes, que os crimes militares por afetação da regularidade das instituições militares previstos no Estatuto do Desarmamento subsumem-se ao disposto na alínea "e" mas, ao fundamentar o motivo pelo qual nele se enquadra acabam por "combinar" as hipóteses previstas nas alíneas "a", "b", "c" ou "d" com a alínea "e" para justificar a natureza militar do delito, o que, ao nosso ver, além de desnecessário pode ser vislumbrado como violação ao princípio da legalidade.

Em relação à maioria dos crimes previstos no Estatuto do Desarmamento (arts. 12, 14, 16, 17 e 18) essa questão, quando se trata de condutas praticadas por militares da ativa, acaba por ser afastada em virtude da compreensão, por nós adotada, no sentido de que sendo as normas regulamentares expedidas pelos comandos das instituições militares, as condutas dos militares da ativa já violariam a ordem administrativa militar e, por consequência, teriam natureza de crime militar independentemente das demais circunstâncias.

Contudo, considerando que esta violação "necessária" da ordem administrativa militar não se verifica nas elementares do tipo penal de disparo de arma de fogo, adota-se aqui a tese já apresentada no sentido de que o delito comum de disparo de arma de fogo consubstancia-se em um crime de "perigo abstrato", no entanto, o crime militar de disparo de arma de fogo por afetação da regularidade das instituições militares trata-se de um crime de "perigo concreto" por exigir, a lei, que a caracterização da natureza militar do delito seja definida apenas quando esta conduta é praticada "contra" alguém e em determinada circusntâncias (alíneas do inciso II do art. 9º do Código Penal Militar), exceção feita à previsão contida na segunda parte da alínea "e" (ordem administrativa militar) na qual se exigirá apenas a fundamentação da violação sem necessidade da existência de um risco concreto.

Logo, o disparo de arma de fogo ou acionamento de munição em lugar habitado ou em suas adjacências, em via pública ou em direção a ela realizado por um militar da ativa será considerado crime militar quando efetiva e concretamente for praticado:

a) por militar da ativa, em lugar habitado ou em suas adjacências, em via pública ou em direção a ela e coloque em risco outro militar da ativa, independentemente do lugar ou situação na qual ambos se encontrem (art. 15 do Estatuto c.c. alínea "a" do inciso II do art. 9º do CPM);

b) por militar da ativa em lugar habitado ou em suas adjacências, em via pública ou em direção a ela, mas em lugar sujeito à administração militar, e coloque em risco um militar da reserva, reformado ou civil (art. 15 do Estatuto c.c. alínea "b" do inciso II do art. 9º do CPM);

c) por militar da ativa em serviço ou atuando em razão da função, em comissão de natureza militar, ou em formatura, ainda que fora do lugar sujeito à administração militar, em lugar habitado ou em suas adjacências, em via pública ou em direção a ela e coloque em risco um militar da reserva, ou reformado, ou civil (art. 15 do Estatuto c.c. alínea "c" do inciso II do art. 9º do CPM);

d) por militar da ativa durante o período de manobras ou exercício, em lugar habitado ou em suas adjacências, em via pública ou em direção a ela e coloque em risco um militar da reserva, reformado ou civil (art. 15 do Estatuto c.c. alínea "d" do inciso II do art. 9º do CPM);

e) por militar da ativa em lugar habitado ou em suas adjacências, em via pública ou em direção a ela e coloque em risco o patrimônio sob a administração militar ou se caracterize como violação à ordem administrativa militar (art. 15 do Estatuto c.c. alínea "e" do inciso II do art. 9º do CPM).

A fim de que não se alegue incongruência entre o presente posicionamento e a interpretação defendida para a maioria dos tipos penais previstos no Estatuto do Desarmamento no tocante a questão da violação à ordem administrativa militar, perceba-se que nos delitos de posse ou porte ilegal de arma de fogo acessório ou munição a elementar "em desacordo com determinação legal ou regulamentar" já acarreta, em relação aos miltiares da ativa, violação à ordem administrativa militar independentemente de qualquer outra circunstância visto que as determinações violadas pelo militar da ativa foram, obrigatoriamente, expedidas pelo comando da sua instituição.

No caso do disparo de arma de fogo, diversamente, há necessidade de que se demonstre, de acordo com a interpretação aqui defendida, o risco concreto à algumas das circunstâncias ou pessoas elencadas nas alíneas do inciso II do art. 9º exceção apenas no que diz respeito à hipótese de violação à ordem administrativa militar que, apesar de não exigir um risco concreto, deverá ser fundamentada de acordo com o caso individualmente considerado visto que a violação às normas regulamentares militares não compõe as elementares do tipo.

Por exemplo, se um militar da ativa, de serviço, efetua um disparo de arma de fogo em via pública, sem que seja comprovado qualquer risco a um outro militar da ativa, da reserva, reformado ou civil (o que afasta as hipóteses elencadas nas alíneas "a", "b", "c" ou "d" do inciso II), é possível que concretamente seja identificado um perigo concreto a um "patrimônio sob administração militar" (viatura, veículo apreendido, etc.) ou, o que é muito provável neste caso, a violação à ordem administrativa militar consistente na necessidade de observância, por todos os militares, dos procedimentos técnicos de utilização de arma de fogo em serviço ou dos denominados "procedimentos operacionais padrão".

Neste caso, portanto, o disparo de arma de fogo realizado pelo militar seria caracterizado como crime militar por afetação da regularidade das instituições militares em virtude de ter sido praticado contra a ordem administrativa militar (procedimentos operacionais ou de segurança internos e normatizados pela sua instituição).

Militares da reserva, reformados e civis:

No que diz respeito à caracterização do tipo penal de disparo de arma de fogo previsto no art. 15 do Estatuto do Desarmamento como militar quando praticados por **militares da reserva, reformados ou civis** as questões são bem similares àquelas atinentes aos militares da ativa. Isto porque, como explicado, referido delito não exige, para sua caracterização, o descumprimento de determinações legais ou regulamentares, determinações estas responsáveis por diferenciar o tratamento dispensado aos civis em geral, cuja regulamentação é disciplinada por instituições (Polícia Federal) e sistemas civis (SINARM) em contraposição aos militares e algumas atividades desenvolvidas pelos civis (art. 9º do Estatuto) que devem se submeter à regulação dos comandos das instituições militares.

Afastada esta distinção, que impacta significativamente apenas os tipos penais que integram o descumprimento de disposições legais e regulamentares em suas elementares mas não os delitos de omissão de cautela (art. 13 caput) e de disparo de arma de fogo ou acionamento de munição, as circunstâncias que tipificam passam a ser bem semelhantes, ou seja, assim como no tocante aos militares da ativa, o disparo de arma de fogo ou acionamento de munição nas circunstâncias indicadas no art. 15 do Estatuto do Desarmamento terá natureza militar quando, em cada caso concretamente considerado, for demonstrado um risco concreto contra as pessoas ou bens indicados nas alíneas do inciso III do art. 9º do Código Penal Militar, exceção feita à previsão contida na segunda parte da alínea "a" (ordem administrativa militar) na qual se exigirá apenas a fundamentação da violação sem necessidade da existência de um risco concreto.

Logo, ressalvando-se sempre que o posicionamento aqui defendido consiste em uma proposta de interpretação que responda satisfatoriamente à ainda incipiente e indefinida tese a respeito de como deva ser sistematizada a tipicidade penal militar indireta em relação aos tipos previstos no Estatuto do Desarmamento, o disparo de arma de fogo ou acionamento de munição realizado por um militar da reserva, reformado ou civil será considerado crime militar quando efetiva e concretamente for praticado, contra as instituições militares (inciso III, caput do art. 9º do Código Penal Militar):

a) por militar da reserva, reformado ou por civil em lugar habitado ou em suas adjacências, em via pública ou em direção a ela e coloque em risco o patrimônio sob a administração militar ou se caracterize como violação à ordem administrativa militar (art. 15 do Estatuto c.c. alínea "a" do inciso III do art. 9º do CPM);

b) por militar da reserva, reformado ou por civil em lugar habitado ou em suas adjacências, em via pública ou em direção a ela, desde que em lugar sujeito à administração militar e coloque em risco um militar da ativa, ou funcionário da Justiça Militar, no exercício de função inerente ao seu cargo (art. 15 do Estatuto c.c. alínea "b" do inciso III do art. 9º do CPM);

c) por militar da reserva, reformado ou por civil em lugar habitado ou em suas adjacências, em via pública ou em direção a ela e coloque em risco um militar em formatura, ou durante o período de prontidão, vigilância, observação, exploração, exercício, acampamento, acantonamento ou manobras (art. 15 do Estatuto c.c. alínea "c" do inciso III do art. 9º do CPM);

d) por militar da reserva, reformado ou por civil em lugar habitado ou em suas adjacências, em via pública ou em direção a ela, ainda que fora do lugar sujeito à administração militar, que coloque em risco um militar em função de natureza militar, ou no desempenho de serviço de vigilância, garantia e preservação da ordem pública, administrativa ou judiciária, quando legalmente requisitado para aquêle fim, ou em obediência a determinação legal superior (art. 15 do Estatuto c.c. alínea "d" do inciso III do art. 9º do CPM).

É certo que em relação aos militares da reserva ou reformados e civis é importante destacar a especificação prevista no caput do inciso III que exige, para a caracterização do crime como militar, além do enquadramento à uma das hipóteses acima indicadas, que a conduta seja praticada contra as Instituições Militares. Entende-se, todavia, que tal condição resta **caracterizada no caso de condutas dolosas**, a exemplo do disparo de arma de fogo ou acionamento de munição doloso (direto ou eventual), nos termos previstos no art. 15 do Estatuto do Desarmamento complementado pelas demais circunstâncias agregadas por meio das alíneas do inciso III do Estatuto do Desarmamento.

Especificamente em relação aos civis, necessário sempre destacar que apesar de partilharmos do posicionamento exposto por Milton Morassi do Prado (2007) em relação à possibilidade de tipificação dos crimes militares praticados por civis no âmbito estadual diante da inexistência de aplicação concreta do referido posicionamento na jurisprudência pátria, muito mais por fundamentos políticos e ideológicos do que jurídicos, deve-se lembrar que se qualquer das hipóteses acima indicadas ocorresse em uma unidade militar ou em relação a qualquer militar ou funcionário da justiça militar estadual, não seria reconhecida nenhuma possibilidade de caracterização do crime como militar permanecendo os fatos tipificados como violação apenas ao art. 15 do Estatuto do Desarmamento, ou seja, como crime comum.

QUADRO RESUMO SUJEITO ATIVO		
DISPARO DE ARMA DE FOGO		
Art. 15. Disparar arma de fogo ou acionar munição em lugar habitado ou em suas adjacências, em via pública ou em direção a ela, desde que essa conduta não tenha como finalidade a prática de outro crime		
AUTOR	**O CRIME SERÁ MILITAR POR AFETAÇÃO QUANDO***	**TIPIFICAÇÃO MILITAR (INDIRETA)**
Militares da ativa	a conduta típica, dolosa, for praticada em alguma das circunstâncias elencadas no inciso II do art. 9º do CPM gerando dano ou risco concreto contra as pessoas ou patrimônio sob administração militar nas circunstâncias indicadas nos dispositivos ou violar a ordem administrativa militar, neste último caso independentemente de perigo concreto ou dano a alguém ou a algum patrimônio.	Alíneas "a", "b", "c", "d" ou "e" do inciso II do Art. 9º do CPM
Militares da reserva, reformados ou civis	a conduta típica, dolosa, for praticada em alguma das circunstâncias elencadas no inciso III do art. 9º do CPM gerando dano ou risco concreto contra as pessoas ou patrimônio sob administração militar nas circunstâncias indicadas nos dispositivos ou violar a ordem administrativa militar, neste último caso independentemente de perigo concreto ou dano a alguém ou a algum patrimônio.	Alíneas "a", "b", "c" ou "d" do inciso III do Art. 9º do CPM

*Quadro Sinóptico elaborado com base nos posicionamentos defendidos pelo autor com base nos argumentos apresentados durante o capítulo da obra "Crimes Militares Extravagantes" Editora Juspodivm. A jurisprudência pátria ainda não consolidou posicionamento sobre os requisitos exigidos para a caracterização dos crimes previstos no Estatuto do Desarmamento como militares.

– Elementos objetivos:

Condutas nucleares:

As condutas nucleares do tipo penal de disparo de arma de fogo consistem em "disparar arma de fogo" ou "acionar munição".

Disparar no sentido léxico significa propalar, impelir, arremessar, arrojar, atirar, impulsionar, lançar. A primeira conduta típica prevista no art. 15 do Estatuto do Desarmamento consiste em "disparar arma de fogo". Deste modo, aquele que, por qualquer meio (físico, químico, eletrônico, etc.) e de forma **dolosa** como se verá, **aciona** uma **arma de fogo** dando causa ao **arremesso de seu projétil por combustão** (o tipo refere-se a arma de fogo) subsume-se ao verbo "disparar".

Em relação à segunda conduta típica prevista no art. 15 do Estatuto do Desarmamento consistente em "acionar munição" há alguns posicionamentos doutrinários (MOTTA, 2004) que identificam a ocorrência desta conduta no caso de acionamento de explosivos alegando que, se assim não fosse, não haveria diferença entre a primeira e a segunda condutas previstas no tipo em questão:

> Munição para esse tipo penal, não deve ser confundida com cartucho, que é o objeto formado pela junção de estojo, pólvora, espoleta e projétil, tendo por função à propulsão de projéteis, por meio da expansão de gases resultantes deflagração da pólvora. Se chegássemos ao cúmulo de afirmar que seria a mesma coisa, estaríamos, na realidade, repetido a primeira elementar do tipo, que é disparar arma de fogo.
>
> Dessa forma, devemos interpretar esse dispositivo como sendo um artefato explosivo acionado por meio manual ou elétrico, que gera uma grande quantidade de energia, sendo capaz de causar danos à integridade física de uma pessoa, v.g. uma granada de mão ou um petardo de TNT.

Não obstante, como se verá no tópico a seguir, **munição** é um objeto cujo conceito é previsto no Decreto Federal nº 10.030/2019 (Regulamento de Produtos Controlados pelo Exército – PCE) de modo **expressamente distinto do conceito de explosivos**:

DECRETO FEDERAL Nº 10.030/19 (Aprova o Regulamento de Produtos Controlados)
ANEXO I

ANEXO II

CLASSIFICAÇÃO DOS PRODUTOS CONTROLADOS PELO COMANDO DO EXÉRCITO

TIPO	GRUPO
ARMA DE FOGO	Arma de fogo
	Acessório
	Componente/peça
	Equipamento
ARMA DE PRESSÃO	Arma de pressão
	Acessório
EXPLOSIVO	Explosivos de ruptura
	Baixos explosivos (propelentes)
	Iniciador explosivo
	Acessório
	Equipamento de bombeamento
MENOS-LETAL	Arma
	Munição
	Equipamento
MUNIÇÃO	Munição
	Insumo
	Equipamento

PIROTÉCNICOS	Fogos de artifício
	Artifícios pirotécnicos
	Iniciador pirotécnico
PRODUTO QUÍMICO	Agente GQ
	Precursor AGQ
	PQIM
PROTEÇÃO BALÍSTICA	Blindagem balística
	Veículo
	Equipamento
OUTROS PRODUTOS	Outros

ANEXO III

> **Explosivo:** tipo de matéria que, quando iniciada, sofre decomposição muito rápida, com grande liberação de calor e desenvolvimento súbito de pressão.
>
> **Explosivos de ruptura ou altos explosivos:** são destinados à produção de um trabalho de destruição pela ação da força viva dos gases e da onda de choque produzidos em sua transformação.
>
> **Explosivos primários ou iniciadores:** são os que se destinam a provocar a transformação (iniciação) de outros explosivos menos sensíveis. Decompõem-se, unicamente, pela detonação e o impulso inicial exigido é a chama (calor) ou choque.

Logo, **não é possível "interpretar" a conduta de "acionar munição" como equivalente a "acionar explosivos"**. Ademais, o **acionamento de explosivos configura conduta tipificada no art. 16** e equiparada ao porte ilegal de arma de fogo de uso restrito, caracterizando-se, atualmente, como crime hediondo.

> Art. 16 [...]
>
> Pena – reclusão, de 3 (três) a 6 (seis) anos, e multa.
>
> § 1º Nas mesmas penas incorre quem:
>
> [...]
>
> III – possuir, deter, fabricar ou **empregar artefato explosivo** ou incendiário, sem autorização ou em desacordo com determinação legal ou regulamentar;

Munição já era definida nos Decretos Federais nº 9.845/19, nº 9.846/19 e nº 9.847/19 como "cartucho completo ou seus componentes, incluídos o estojo, a espoleta, a carga propulsora, o projétil e a bucha utilizados em armas de fogo", assim, "acionar munição" refere-se à conduta de realizar o disparo de algum modo diverso da utilização de arma de fogo. Pode parecer previsão inútil, porém, ainda que seja incomum e até um risco ao próprio autor da conduta dessa natureza, não é objetivamente conduta impossível vez que os acionamentos das munições são realizados, em regra, por meio de "espoletas" facilmente "disparadas" com simples "pancadas" de qualquer objeto consistente (pregos, pedaços de ferro, etc.).

Ainda que referida conduta impeça qualquer direcionamento do projétil e torne muito provável a explosão da estrutura da munição face a ausência da estrutura da arma de fogo (câmara, cano, raiamento) acarretando alto risco e provável dano a todos que estejam próximos ao acionamento da munição, o legislador provavelmente buscou abranger **condutas** por meio das quais uma **munição** fosse **acionada por qualquer outro meio que visasse descaracterizar o instrumento como "arma de fogo"** e pudesse ser considerada como atípica mesmo ocasionando risco ainda maior à incolumidade pública do que o disparo de arma de fogo propriamente dito.

Objetos materiais do tipo:

Como já indicado, a conceituação de arma de fogo e munição, objetos elencados pelo tipo penal previsto pelo art. 15 do Estatuto do Desarmamento, atualmente é definida por meio do Decreto Federal nº 10.030/19:

> **DECRETO FEDERAL Nº 10.030/19** (Aprova o Regulamento de Produtos Controlados)
>
> **ANEXO III**
>
> **Arma de fogo:** arma que arremessa projéteis empregando a força expansiva dos gases, gerados pela combustão de um propelente confinado em uma câmara, normalmente solidária a um cano, que tem a função de dar continuidade à combustão do propelente, além de direção e estabilidade ao projétil.

Em lugar habitado ou em suas adjacências, em via pública ou em direção a ela:

Para que o disparo de arma de fogo seja tipificado no art. 15 do Estatuto do Desarmamento é necessário que ele seja realizado em em lugar habitado ou em suas adjacências, em via pública ou em direção a ela.

Lugar habitado é aquele que possui pessoas residindo ao seu redor sendo que suas adjacências se referem aos arredores, áreas próximas ao local habitado.

Via pública consiste, segundo Nucci, nos caminhos pelos quais trafegam as pessoas e veículos em geral (ruas, estradas, alamedas, etc.), livremente, sem se constituir a esfera privada (NUCCI, 2008, p. 45).

Para a caracterização do crime comum, não militar, basta que o disparo de arma de fogo seja realizado nestes locais, sem que seja necessário que efetivamente exista alguém nas proximidades do local do disparo ou que tenha gerado risco concreto a alguém. Este entendimento encontra-se pacificado na jurisprudência:

> STJ
>
> JURISPRUDÊNCIA EM TESE
>
> O crime de disparo de arma de fogo (art. 15 da Lei n. 10.826/2003)é crime de perigo abstrato, que presume a ocorrência de dano à segurança pública e prescinde, para sua caracterização, de comprovação da lesividade ao bem jurídico tutelado.
>
> Acórdãos
>
> AgRg no AREsp 684978/SP,Rel. Ministro ROGERIO SCHIETTI CRUZ, Julgado em 05/12/2017,DJE 12/12/2017AgRg no AREsp 651666/PE,Rel. Ministra MARIA THEREZA DE ASSIS MOURA, Julgado em 07/04/2015,DJE 13/04/2015REsp 1494303/SP,Rel. Ministro SE-

BASTIÃO REIS JÚNIOR, Julgado em 25/11/2014,DJE 16/12/2014HC 234637/SP,Rel. Ministro OG FERNANDES, Julgado em 09/04/2013, DJE 22/04/2013

Ainda no que diz respeito à esfera penal comum, o disparo de arma de fogo que gere perigo a uma pessoa determinada é definido por parte da doutrina como caracterizador do crime previsto no art. 132 do Código Penal Comum:

CÓDIGO PENAL

Perigo para a vida ou saúde de outrem

Art. 132 - Expor a vida ou a saúde de outrem a perigo direto e iminente:

Pena - detenção, de três meses a um ano, se o fato não constitui crime mais grave.

Parágrafo único. A pena é aumentada de um sexto a um terço se a exposição da vida ou da saúde de outrem a perigo decorre do transporte de pessoas para a prestação de serviços em estabelecimentos de qualquer natureza, em desacordo com as normas legais.

Referido posicionamento resulta, na esfera comum, em consequência menos gravosa para um crime de perigo concreto do que outro de perigo abstrato. Em outras palavras, se o disparo de arma de fogo realizado em um lugar habitado não gerar efetivo perigo concreto a nenhuma pessoa resultaria em uma punição muito mais grave (art. 15 do Estatuto do Desarmamento punido com reclusão inclusive) do que um disparo realizado, nas mesmas circunstâncias, mas que efetivamente colocasse em risco a vida de alguém (art. 132 do Código Penal punido com detenção). Ainda que contrário ao princípio da proporcionalidade basilar do Direito Penal é possível encontrar decisões judiciais neste sentido:

TJRS

LEI 10.826/03. ESTATUTO DO DESARMAMENTO. ART. 15. DISPARO COM ARMA DE FOGO. CÓDIGO PENAL. ART. 132. O crime do art. 15 tem como pressuposto o disparo a esmo, sem objetivo definido. A parte final do dispositivo, entretanto, faz expressa ressalva, `desde que esta conduta não tenha como finalidade a prática de outro crime. Descrevendo a denúncia a exposição de perigo, o tipo penal adequado é aquele do artigo 132 do Código Penal. Sendo, este, crime de menor potencial ofensivo, competente é o JECRIM. (TJ-RS - ACR: 70038477980 RS, Relator: Ivan Leomar Bruxel, Data de Julgamento: 25/11/2010, Terceira Câmara Criminal, Data de Publicação: Diário da Justiça do dia 06/12/2010)

Não obstante, a jurisprudência majoritária tem afastado este entendimento e feito **prevalecer a tipificação do art. 15** do Estatuto do Desarmamento em decorrência dos princípios da **proporcionalidade e especialidade**:

STJ

HABEAS CORPUS. ARTS. 157, § 2º, INCISO I, DO CÓDIGO PENAL E 15, DALEI N.º 10.826/03. DOSIMETRIA DA PENA. MAUS ANTECEDENTES EREINCIDÊNCIA. CONDENAÇÕES COM TRÂNSITO EM JULGADO. EXASPERAÇÃO NA PRIMEIRA E SEGUNDA FASE. POSSIBILIDADE. AUSÊNCIA DE BIS IN IDEM. CONCURSO ENTRE REINCIDÊNCIA E CONFISSÃO ESPONTÂNEA. PREPONDERÂNCIADA AGRAVANTE. PEDIDO DE DESCLASSIFICAÇÃO DA CONDUTA PREVISTA NO ART. 15 DO ESTATUTO DO DESARMAMENTO, PARA O DELITO

DO ART. 132 DO CÓDIGO PENAL. IMPOSSIBILIDADE. ESPECIALIDADE DA LEI N.º 10.826/03 QUE DEVE PREPONDERAR. HABEAS CORPUS DENEGADO.

3. Não pode ocorrer a desclassificação da conduta cuja rubrica é disparo de arma de fogo para aquela tipificada como perigo para a vida ou saúde de outrem, quando o ato amolda-se ao paradigm previsto no art. 15 do Estatuto do Desarmamento, que, em razão do princípio da especialidade, deve prevalecer sobre o crime previsto no 132 do Código Penal. (STJ – HC: 132362 RJ 2010/0150595-0, Relator: Ministra LAURITA VAZ, Data de Julgamento: 15/05/2012, T5 – QUINTA TURMA, Data de Publicação: DJe 23/05/2012)

TJSP

Disparo de Arma de fogo – Não há se falar na desclassificação do delito previsto no art. 15 do Estatuto do Desarmamento para aquele previsto no art. 132 do Código Penal, quando o disparo de arma de fogo foi realizado em via pública próximo a local habitado em face do princípio da especialidade. Recurso defensivo improvido.. (TJ-SP – ACR: 943776380000000 SP, Relator: Aristoteles de Alencar Sampaio, Data de Julgamento: 13/10/2008, 12ª Câmara de Direito Criminal B, Data de Publicação: 12/12/2008)

TJDF

APELAÇÃO CRIMINAL. DISPARO DE ARMA DE FOGO EM VIA PÚBLICA. PEDIDO DE DESCLASSIFICAÇÃO PARA O CRIME DE PERIGO PARA A VIDA OU SAÚDE DE OUTREM. IMPOSSIBILIDADE. CONFIGURAÇÃO DE CRIME MAIS GRAVE. RECURSO CONHECIDO E NÃO PROVIDO. 1. O crime de perigo para a vida ou saúde de outrem, previsto no artigo 132 do código penal, é subsid ário, devendo ser atribuído apenas quando a conduta praticada não configurar crime mais grave. 2. Na espécie, o apelante efetuou disparos de arma de fogo em via pública, adjacente a lugares habitados, o que configura conduta mais grave do que apenas colocar em perigo a vida ou saúde de outrem. Em razão disso, deve responder pelo crime previsto no artigo 15, caput, da lei 10.826/2003 (estatuto do desarmamento). (TJ-DF – APR: 126877820078070006 DF 0012687-78.2007.807.0006, Relator: ROBERVAL CASEMIRO BELINATI, Data de Julgamento: 27/08/2009, 2ª Turma Criminal, Data de Publicação: 20/10/2009, DJ-e Pág. 171)

No entanto, a discussão acima realizada na esfera penal comum, relativa ao disparo de arma de fogo que coloque em risco a vida de uma pessoa em específico, no sentido de tipificação do crime previsto no art. 15 do Estatuto do Desarmamento ou no art. 132 do Código Penal, torna-se inócua no que diz respeito ao âmbito penal militar consoante o posicionamento, já fundamentado nos itens anteriores deste capítulo, no sentido de que o tipo penal militar de disparo de arma de fogo por afetação à regularidade das instituições militares (art. 15 do Estatuto do Desarmamento c.c. as alíneas dos incisos II e III do art. 9º do Código Penal Militar) passa a exigir, para a sua caracterização, efetivo risco concreto à alguma das pessoas elencadas nos dispositivos que complementam a tipicidade penal militar por meio indireto.

Sob esta perspectiva, o próprio tipo penal militar terá o risco à vida de uma pessoa em específico como elementar e, portanto, prevalecerá sobre o tipo penal previsto no art. 132 do Código Penal em razão do princípio da especialidade.

Nos casos em que o disparo de arma de fogo se caracterizar como crime militar por violação à ordem administrativa militar (art. 15 do Estatuto c.c. alínea "e", segunda parte do inciso II ou alíena "a", segunda parte, do inciso III do art. 9º do Código Penal Militar), o princípio da especialidade do delito militar deve prevalecer sobre eventual discussão sobre a incidência, ou não, do art. 132 do Código Penal Militar.

Desde que essa conduta não tenha como finalidade a prática de outro crime:

A previsão, no próprio tipo penal de disparo de arma de fogo no sentido de que ele só restará caracterizado se a conduta não tiver como finalidade a prática de outro crime" trata-se de expressa previsão legal do princípio da consunção.

O **princípio da consunção**, construído para solucionar problemas relacionados a conflitos aparente de normas nos casos em que um crime é meio para a prática de outro delito. Consoante a regra definida pela consunção o **crime-meio é absorvido pelo crime-fim**, fazendo com que o agente responda apenas por esta última infração penal. O princípio da consunção difere substancialmente do princípio da subsidiariedade por não decorrer de graus diferentes de violação a bens jurídicos da mesma natureza nem tampouco depender da análise da maior ou menor gravidade para definição do crime que deverá prevalecer.

Para o princípio da consunção o ponto central reside na finalidade do crime meio, praticado única e exclusivamente com o objetivo de se alcançar o crime-fim e normalmente nessa "passagem" esgotando o seu potencial lesivo, a exemplo da clássica previsão constante da súmula 17 do STJ:

> STJ
>
> Súmula 17
>
> "Quando o falso se exaure no estelionato, sem mais potencialidade lesiva, é por este absorvido."
>
> "conforme o enunciado da Súmula 17 do Superior Tribunal de Justiça, Quando o falso se exaure no estelionato, sem mais potencialidade lesiva, é por este absorvido. Se o Tribunal de origem, soberano na análise das provas dos autos, concluiu que, no caso, o crime de uso de documento falso foi praticado com a finalidade de possibilitar um único crime de estelionato, bem como que não há indícios de que o agente tenha utilizado ou pretendia utilizar o documento falso em outras oportunidades, o exame da pretensão em sentido contrário encontra óbice na Súmula 7/STJ (AgInt no AREsp 738.842/DF, Rel. Ministro NEFI CORDEIRO, SEXTA TURMA, julgado em 13 /12/2016, DJe 19/12/2016)".

Assim, a previsão no próprio tipo penal do disparo de arma de fogo no sentido de que ele só restará caracterizado se a conduta não tiver como finalidade a prática de outro crime" trata-se de **expressa previsão legal do princípio da consunção** que, apesar de questão polêmica por resultar muitas das vezes na aplicação de pena menos grave do que a prevista para o crime de disparo, tem sido aplicado na jurisprudência nos seguintes termos:

> STF
>
> "De fato, está configurada a consunção quando a conduta imputada ao paciente (porte ilegal de arma de fogo) constitui elemento necessário ao crime fim (disparo de arma de fogo), quando praticados no mesmo contexto fático. Destarte, tendo sido afastado o crime de disparo de arma de fogo, por faltar ilicitude à conduta, uma vez que praticada em legítima defesa de terceiro, não subsiste o crime de porte ilegal de arma de fogo no mesmo contexto fático, sob pena de condenação por uma conduta típica, mas não ilícita" STF. HABEAS CORPUS. HC 111488 MG – MINAS GERAIS. Relator: MIN. LUIZ FUX. Julgamento 17/04/2015

TJRS

APELAÇÃO CRIME. RECURSO MINISTERIAL. SENTENÇA CONDENATÓRIA. FURTO QUALIFICADO PELO CONCURSO DE PESSOAS E ABIGEATO (FURTO DE GADO), EM CONCURSO MATERIAL COM O CRIME DE RESISTÊNCIA. **ABSOLVIÇÃO EM RELAÇÃO AO CRIME DE DISPARO DE ARMA DE FOGO PELA ADOÇÃO DO PRINCÍPIO DA CONSUNÇÃO ENTRE OS CRIMES DE RESISTÊNCIA E DISPARO DE ARMA DE FOGO. ABSOLVIÇÃO MANTIDA. MESMO CONTEXTO FÁTICO E TEMPORAL VERIFICADO.** FURTO QUALIFICADO. DOSIMETRIA PENAL. PRESENÇA DE DUAS QUALIFICADORAS. CONCURSO DE AGENTES (§ 4º, INCISO IV) E ABIGEATO (§ 6º). CONCURSO DE PESSOAS QUE DEVE OPERAR COMO QUALIFICADORA DO CRIME E O ABIGEATO, POR SE TRATAR DE QUALIFICADORA RESIDUAL, DEVE INCIDIR COMO CIRCUNSTÂNCIA JUDICIAL DESFAVORÁVEL. REPOUSO NOTURNO. DESLOCAMENTO PARA A TERCEIRA FASE DE FIXAÇÃO. VIABILIDADE. EXEGESE DO ART. 68 DO CP. RECURSO CONHECIDO E PARCIALMENTE PROVIDO. (APELAÇÃO CRIMINAL Nº 0003224-63.2018.8.16.0140 DA COMARCA DE QUEDAS DO IGUAÇU – VARA CRIMINAL datado do dia 14 de fevereiro de 2020 e publicado no dia 18 do mesmo mês e ano);

TJPR

APELAÇÃO CRIMINAL. CRIMES DE PORTE ILEGAL DE ARMA DE FOGO (ART. 14 DA LEI 10.826/03), DISPARO DE ARMA DE FOGO (ART. 15 DA LEI Nº 10.826/03) E RESISTÊNCIA (ART. 333 DO CÓDIGO PENAL). PROVAS INCONTESTES ACERCA DAS PRÁTICAS DELITIVAS. **APLICAÇÃO DO PRINCÍPIO DA CONSUNÇÃO. CRIME DE PORTE DE ARMA DE FOGO QUE DEVE SER CONSIDERADO COMO MEIO PARA CONSECUÇÃO DOS DISPAROS, BEM COMO, QUE O CRIME DE DISPARO TAMBÉM DEVE SER CONSIDERADO CRIME MEIO PARA A EXECUÇÃO DO DELITO DE RESISTÊNCIA. CRIME MAIS GRAVE. MANUTENÇÃO APENAS DO DELITO DE DISPARO DE ARMA DE FOGO.** PLEITO PELO RECONHECIMENTO DA ATENUANTE DA CONFISSÃO ESPONTÂNEA. INCOERÊNCIA. ATENUANTE JÁ RECONHECIDA PELA JUÍZA A QUO NA SEGUNDA FASE DA DOSIMETRIA. SENTENÇA REFORMADA RECURSO PARCIALMENTE PROVIDO. I. Verifica-se a possibilidade de aplicação do princípio da consunção, porquanto, o crime de porte de arma de fogo, deve ser considerado como meio para consecução dos disparos, ou seja, crime fim. II. Quanto ao crime de resistência, razão também assiste a defesa em seu pleito, uma vez que, o referido crime absorve o crime de disparo de arma de fogo, que foi meio de se efetivar a resistência, impunível no caso em tela. III. No que pertine ao pleito pelo reconhecimento da atenuante da confissão espontânea, melhor sorte não lhe assiste, tendo em vista que, a Magistrada quando na análise da dosimetria da pena, reconheceu a referida atenuante aos apelantes, minorando 03 (três) meses de reclusão, sendo inócua.a.reforma.nesse. sentido,por.escorreita.(TJPR – 2ª C.Criminal – AC – 757438-1 – São José dos Pinhais – Rel.: Desembargador Lidio José Rotoli de Macedo – Unânime – J. 16.02.2012)

APELAÇÃO CRIME. CRIMES DE DISPARO DE ARMA DE FOGO (ART. 15, CAPUT, DA LEI Nº 10.826/03) E MAUS-TRATOS A ANIMAL DOMÉSTICO (ART. 32 DA LEI Nº 9.605/98). PLEITO MINISTERIAL DE REFORMA DA SENTENÇA QUE ABSOLVEU O RÉU DA CONDUTA DE DISPARO DE ARMA DE FOGO. PEDIDO DE CONDENAÇÃO POR PORTE ILEGAL DE ARMA DE FOGO (ART. 14 DA LEI Nº 10.826/03). IMPOSSIBILIDADE. PORTE ILEGAL DE ARMA DE FOGO ABSORVIDO PELO DISPARO DE ARMA DE FOGO. PRINCÍPIO DA CONSUNÇÃO. CRIMES COMETIDOS NO MESMO CONTEXTO FÁTICO E COM RESULTADO ÚNICO. APLICAÇÃO DA RESSALVA CONSTANTE NO ART. 15 DO ESTATUTO DO DESARMAMENTO. DELITO PRATICADO COM FINALIDADE ESPECÍFICA. INTENÇÃO DO AGENTE DE FERIR A VÍTIMA. ESCORREITA A CONDENAÇÃO TÃO-SOMENTE PELO CRIME AMBIENTAL DO ART. 32 DA LEI Nº 9.605/98. SENTENÇA MANTIDA. RECURSO DESPROVIDO. 1.Para além do clássico entendimento de crime-meio e crime-fim, trata-se igualmente de consunção quando se levam em conta, na consideração de crime único, condutas anteriores e/ou posteriores do agente, cometidas com a mesma finalidade prática atinente a um delito que compõe a cadeia dessas ações, o de maior gravidade. Nesse pensar, a conduta continua sendo única e a vítima é atingida uma vez somente. 2."Disparar arma de fogo ou acionar munição em lugar habitado ou em suas adjacências, em via pública ou em direção a ela, desde que essa conduta não tenha como finalidade a prática de outro crime".(Art. 15 da Lei nº 10.826/03)[destacou-se]. 3."(...)se o agente possuir, como fim específico a prática de qualquer delito de dano, desaparece a figura do art. 15, remanescendo somente a outra, relativa a essa finalidade" (NUCCI, Guilherme de Souza. Leis penais e processuais penais comentadas. 4. ed. revista, atualizada e ampliada São Paulo: Revista dos Tribunais, 2009. p. 91).

(TJPR – 2ª C.Criminal – AC – 484916-1 – São Miguel do Iguaçu – Rel.: Desembargador José Maurício Pinto de Almeida – Unânime – J. 17.09.2009)

– Elemento subjetivo:

Assim como ocorre em relação à maioria dos tipos penais previstos no Estatuto do Desarmamento, o crime de disparo de arma de fogo somente se caracteriza mediante a prática de **conduta dolosa** (dolo direto ou eventual), nos termos dispostos pelo art. 33 do Código Penal Militar.

Vale lembrar que em se tratando de crime militar por afetação da regularidade das instituições militares o dolo da conduta deve compreender não apenas as elementares do tipo penal previsto no art. 15 do Estatuto como também todas as circunstâncias e elementos caracterizadores da natureza militar do crime previstos nas alíneas dos incisos II e III do art. 9º do Código Penal Militar, ou seja, se o caso concreto indicar, por exemplo, que referido disparo de arma de fogo possui natureza militar em virtude de ter sido praticado em lugar sujeito à administração militar e ter efetivamente colocado em risco um militar da ativa, todas estas circunstâncias devem estar sob a esfera de conhecimento e de vontade ou assunção do risco da ocorrência do resultado pelo autor do crime.

– Consumação:

O crime comum de disparo de arma de fogo, como já destacado, prescinde da ocorrência de risco concreto à alguma pessoa em específico:

STJ

Jurisprudência em Tese

O crime de disparo de arma de fogo (art. 15 da Lei n. 10.826/2003)é crime de perigo abstrato, que presume a ocorrência de dano à segurança pública e prescinde, para sua caracterização, de comprovação da lesividade ao bem jurídico tutelado.

Acórdãos

AgRg no AREsp 684978/SP,Rel. Ministro ROGERIO SCHIETTI CRUZ, Julgado em 05/12/2017,DJE 12/12/2017AgRg no AREsp 651666/PE,Rel. Ministra MARIA THEREZA DE ASSIS MOURA, Julgado em 07/04/2015,DJE 13/04/2015REsp 1494303/SP,Rel. Ministro SEBASTIÃO REIS JÚNIOR, Julgado em 25/11/2014,DJE 16/12/2014HC 234637/SP,Rel. Ministro OG FERNANDES, Julgado em 09/04/2013, DJE 22/04/2013

Não obstante, o tipo penal **militar de disparo de arma de fogo por afetação da regularidade das Instituições Militares** (art. 15 do Estatuto do Desarmamento c.c. alguma das alíneas dos incisos II ou III do art. 9º do Código Penal Militar) pelos motivos já expostos, caracteriza-se como crime de mera conduta ou de perigo concreto, a depender da alínea dos incisos II e III a que a conduta típica penal militar subsumir-se (de mera conduta e perigo abstrato se militar por violação à ordem administravia miltiar e de perigo concreto em relação às demais hipóteses). A consumação, portanto, ocorre pela prática de uma das duas condutas típicas previstas no art. 15 do Estatuto (disparar ou acionar munição) que viole a ordem administrativa militar (perigo abstrato) ou coloque em **perigo concreto** as pessoas elencadas ou patrimônio sob administração militar de acordo com as situações especificadas nos incisos II e III do art. 9º do Código Penal Militar.

– Tentativa:

Considerando tratar-se de **crime plurissubisistente**, ainda que na maioria das vezes seja praticado com o simples acionamento físico e direto do gatilho da arma de fogo, **admite a tentativa** nas hipóteses em que o autor iniciar a execução (dá início ao mecanismo ou processo de disparo da arma de fogo ou do acionamento da munição) e esta não se consumar por circunstâncias alheias à vontade do agente.

Não obstante, é importante ressaltar que no caso do disparo não se concretizar por **absoluta ineficácia** da arma de fogo ou do mecanismo ou processo de acionamento da munição ou do disparo, a conduta será atípica pela caracterizaçãoo de **crime impossível** nos termos do art. 32 do Código Penal Militar.

– Concurso:

Em relação à possibilidade de concurso, formal ou material, do crime de disparo de arma de fogo com outros a ele relacionados a primeira questão, já analisada acima, diz respeito à expressa previsão, no próprio tipo penal, do princípio da consunção que estabelece a caracterização do crime de disparo de arma de fogo "desde que essa conduta não tenha como finalidade a prática de outro crime". Como explicado, apesar de polêmica em virtude dos questionamentos relativos às violações ao princípio da proporcionalidade, trata-se de previsão legal expressa que tem sido aplicada na jurisprudência.

Afora a questão da expressa previsão legal do princípio da consunção no tipo penal de disparo de arma de fogo, os tribunais têm se posicionado no sentido de que na análise da possibilidade, ou não, de concurso de crimes, assim como fora abordado em relação aos crimes de posse e porte ilegal de arma de fogo, acessório ou munição, depende da análise do contexto fático, ou seja, para reconhecimento do concurso há necessidade de que os fatos sejam praticados em contextos fáticos distintos:

STJ

PENAL. DISPARO DE ARMA DE FOGO. ART. 10, DA LEI Nº 9.437/97. PORTE ILEGAL DE ARMA DE FOGO. REGISTRO. OBRIGATORIEDADE. PRINCÍPIO DA CONSUNÇÃO. UM SÓ CONTEXTO FÁTICO. IMPOSSIBILIDADE DE CONFIGURAÇÃO DE DELITOS AUTÔNOMOS. ENTREGA DE ARMAS PARA A POLÍCIA. CONDUTA PERMITIDA.

I – Esta Corte vem entendendo que a absorção do delito de porte de arma pelo de disparo não é automática, dependendo, assim, do contexto fático do caso concreto.

Por conseguinte, em se tratando de contextos fáticos distintos, há a possibilidade de configuração de delitos autônomos.

II – In casu, não há imputação de eventual fato delituoso pré-existente ao contexto fático narrado na prefacial acusatória (contexto do disparo de arma de fogo). Vale dizer, a denúncia não descreve fato anterior que esteja inserido em outro contexto fático, de modo a possibilitar a configuração de delitos autônomos. Assim sendo, considerando a narração contida na denúncia, que descreve um único contexto fático, deve o delito tipificado no art. 14 da Lei nº 10.826/03 (porte ilegal de arma de fogo) ser absorvido pelo disparo de arma de fogo (art. 15 do mesmo diploma legal).

III – De outro lado, a conduta de quem se dirige até delegacia de polícia para entregar arma de fogo de uso permitido não pode ser equiparada ao delito de porte ilegal de arma de fogo e ser, por conseguinte, tida como típica e ilícita, uma vez que este comportamento é autorizado pelo Estado (artigos 30, 31 e 32, da Lei nº 10.826/2003). Falta, portanto, a esta ação, antinormatividade.

Ordem concedida. (HC 94673/MS, Rel. Ministro FELIX FISCHER, QUINTA TURMA, julgado em 27/03/2008, DJe 18/08/2008)

RECURSO ESPECIAL. PENAL. PORTE ILEGAL E DISPARO DE ARMA DE FOGO. CIRCUNSTÂNCIA ATENUANTE. PENA ABAIXO DO MÍNIMO LEGAL. IMPOSSIBILIDADE. VERBETE SUMULAR N.o 231 DO STJ. PRINCÍPIO DA CONSUNÇÃO. NÃO-INCIDÊNCIA NO CASO EM TELA. CRIMES AUTÔNOMOS.

1. A diminuição da pena aquém do mínimo legal em face de circunstância atenuante destoa do entendimento cristalizado na Súmula n.o 231 desta Egrégia Corte Superior de Justiça. 2. Para aplicação do princípio da consunção pressupõe-se a existência de ilícitos penais que funcionam como fase de preparação ou de execução, ou como condutas, anteriores ou posteriores de outro delito mais grave. 3. In casu, a conduta de portar ilegalmente arma não pode ser absorvida pelo crime de disparo de arma de fogo, porquanto os crimes foram consumados em contextos fáticos distintos, restando evidenciada a existência de crimes autônomos, sem nexo de dependência entre as condutas ou subordinação, não incidindo, portanto, o princípio da consunção. 4. Recurso especial conhecido e provido. (REsp 672199/RS, Rel. Ministra LAURITA VAZ, QUINTA TURMA, julgado em 23/11/2004, DJ 13/12/2004, p. 450)

AGRAVO REGIMENTAL NO RECUSO ESPECIAL. CRIMES PREVISTOS NO ESTATUTO DO DESARMAMENTO. DISPARO E POSSE DE ARMA DE FOGO COM NUMERAÇÃO SUPRIMIDA. ARTS. 15 E 16, IV, DA LEI Nº 10.826/03. PRINCÍPIO DA CONSUNÇÃO. ABSORÇÃO. NÃO OCORRÊNCIA. CONSUMAÇÃO DOS DELITOS. CONTEXTOS DIVERSOS. CONJUNTO FÁTICO-PROBATÓRIO. REEXAME. IMPOSSIBILIDADE. INCIDÊNCIA DA SÚMULA 7, STJ. AGRAVO REGIMENTAL NÃO PROVIDO.

1. Esta Corte Superior entende que a absorção do delito de porte de arma pelo de disparo não é automática, pois depende do contexto fático do caso concreto em que se deram as condutas. Não ficou caracterizada a hipótese de aplicação do princípio da consunção, na espécie, porque os momentos consumativos dos delitos ocorreram em situações diversas, em contextos destacados. 2. As conclusões das instâncias ordinárias foram pautadas na análise acurada do conjunto fático- probatório, sendo que a revisão de tais entendimentos, in casu, implicaria o reexame de prova, providência inviável na presente via recursal, ante o óbice da Súmula 7, do STJ. 3. Agravo regimental não provido (STJ, AgRg no RECURSO ESPECIAL Nº 1.347.003 – SC, relator Ministro MOURA RIBEIRO, Quinta Turma, julgado em 17/12/2013, DJe de 03/02/2014).

"AGRAVO REGIMENTAL EM HABEAS CORPUS. ROUBO E DISPARO EM VIA PÚBLICA. PRINCÍPIO DA CONSUNÇÃO. INAPLICABILIDADE. CONDUTAS AUTÔNOMAS. PRETENSÃO

DE REVER AS PREMISSAS FÁTICAS ADOTADAS NO ACÓRDÃO IMPUGNADO. NECESSIDADE DE DILAÇÃO PROBATÓRIA.

1. O crime de disparo de arma de fogo foi autônomo em relação ao de roubo, não tendo servido de apoio à preparação ou à execução deste, mas, pelo contrário, foi praticado bem depois de consumado o roubo, razão pela qual não se revela cabível a aplicação do princípio da consunção. 2. Assentadas as premissas fáticas pela instância ordinária, tem-se que a pretensão em sentido contrário, a motivar a presente impetração, demanda dilação probatória, incabível na via estreita do habeas corpus. 3. Agravo regimental improvido." (AgRg no HC 215.396/MG, Rel. Min. SEBASTIÃO REIS JÚNIOR, Sexta Turma, julgado em 06/11/2012, DJe 22/11/2012)

AGRAVO REGIMENTAL NO RECUSO ESPECIAL. CRIMES PREVISTOS NO ESTATUTO DO DESARMAMENTO. DISPARO E POSSE DE ARMA DE FOGO COM NUMERAÇÃO SUPRIMIDA. ARTS. 15 E 16, IV, DA LEI Nº 10.826/03. PRINCÍPIO DA CONSUNÇÃO. ABSORÇÃO. NÃOOCORRÊNCIA. CONSUMAÇÃO DOS DELITOS. CONTEXTOS DIVERSOS. CONJUNTO FÁTICO PROBATÓRIO. REEXAME. IMPOSSIBILIDADE. INCIDÊNCIA DA SÚMULA 7, STJ. AGRAVO REGIMENTAL NÃO PROVIDO.

1. Esta Corte Superior entende que a absorção do delito de porte de arma pelo de disparo não é automática, pois depende do contexto fático do caso concreto em que se deram as condutas. Não ficou caracterizada a hipótese de aplicação do princípio da consunção, na espécie, porque os momentos consumativos dos delitos ocorreram em situações diversas, em contextos destacados. 2. As conclusões das instâncias ordinárias foram pautadas na análise acurada do conjunto fático-probatório, sendo que a revisão de tais entendimentos, in casu, implicaria o reexame de prova, providência inviável na presente via recursal, ante o óbice da Súmula 7, do STJ. 3. Agravo regimental não provido. STJ. AgRg no RECURSO ESPECIAL Nº 1.347.003 – SC, Quinta Turma Relator Ministro MOURA RIBEIRO (julgado em 17 de dezembro de 2013, DJ 03/02/2014)

TJSP

APELAÇÃO CRIMINAL – TRÁFICO DE ENTORPECENTES – Autoria e materialidade do delito comprovadas – Negativa do réu isolada – Depoimentos dos policiais firmes e sem desmentidos – Ausência de motivos para dúvidas acerca da veracidade de suas palavras – Conjunto probatório suficiente para manter a condenação. APELAÇÃO CRIMINAL – DISPARO DE ARMA DE FOGO E POSSE ILEGAL DE ARMA DE FOGO DE USO PERMITIDO COM NUMERAÇÃO SUPRIMIDA – Reconhecimento de crime único – Princípio da consunção – Prevalência do crime mais grave, mesmo que seja apenado de forma mais branda – Precedente do STJ – Condenação mantida apenas quanto ao artigo 15 da Lei nº 10.826/03. APELAÇÃO CRIMINAL – PENAS E REGIME PRISIONAL – Penas dos delitos de tráfico de entorpecentes e disparo de arma de fogo corretamente aplicadas – Regime prisional inicial fechado adequado à espécie – Recurso parcialmente provido. TJSP. Apelação Criminal nº 0004130-28.2015.8.26.0642. 26 de outubro de 2017. Relator NELSON FONSECA JÚNIOR

TJRS

APELAÇÃO-CRIME. PORTE DE ARMA DE FOGO DE USO RESTRITO (NUMERAÇÃO RASPADA) E DISPARO DE ARMA DE FOGO. INEXISTÊNCIA DE CONCURSO MATERIAL. ABSORÇÃO DO CRIME DE DISPARO PELO DE PORTE, NO CASO. O acusado aduziu estar embriagado e não saber se praticou o fato mas a prova oral demonstra a sua ocorrência, sendo impositiva a condenação. O disparo de arma de fogo, no caso, resta absorvido pelo porte ilegal de arma de fogo de uso restrito, que possui maior apenamento, sendo, portanto, mais grave, não havendo que se falar em concurso material de delitos. Apelo parcialmente provido (TJ-RS – ACR: 70038733580 RS, Relator: Marco Antônio Ribeiro de

Oliveira, julgado em 24/11/2010, Primeira Câmara Criminal, Data de Publicação: Diário da Justiça do dia 13/12/2010).

APELAÇÃO-CRIME. DISPARO DE ARMA DE FOGO E PORTE ILEGAL DE ARMA DE FOGO DE USO RESTRITO. CONDENAÇÃO PELO SEGUNDO E ABSORÇÃO DO PRIMEIRO. APELO MINISTERIAL. AFASTAMENTO DO PRINCÍPIO DA CONSUNÇÃO. INVIABILIDADE, Embora não tenha primado pela melhor técnica, tenho que se mostrou possível a aplicação do referido princípio, uma vez que o porte da arma foi indispensável à prática do disparo, restando este absorvido por ser menos grave, não havendo que se falar, ainda, que o réu portou o artefato bélico em outras situações, pois estas não restaram suficientemente demonstradas (TJ-RS – ACR: 70041729799 RS, Relator: Marco Antônio Ribeiro de Oliveira, julgado em 06/07/2011, Primeira Câmara Criminal, Data de Publicação: Diário da Justiça do dia 13/07/2011).

TJPR

APELAÇÃO CRIMINAL – CRIME DE DISPARO DE ARMA DE FOGO E PORTE ILEGAL DE ARMA DE USO RESTRITO (ART. 15 E 16 DA LEI Nº 10.826/03). CRIME DE DANO (ART. 163, PARÁGRAFO ÚNICO, INCISO III) – RÉU CONFESSO – INAPLICABILIDADE DO PRINCÍPIO DO IN DUBIO PRO REO – CRIME DE DISPARO DE ARMA DE FOGO ABSORVIDO PELO DE PORTE ILEGAL DE ARMA DE USORESTRITO – PRINCÍPIO DA CONSUNÇÃO APLICADO – ABSOLVIÇÃO DO CRIME DE DANO – AUSÊNCIA DE DOLO – PRECEDENTES JURISPRUDENCIAIS – SENTENÇA REFORMADA DE OFÍCIO – RECURSO NÃO PROVIDO.

I. (...) Devidamente comprovadas a autoria e a materialidade, impõe-se a confirmação do decreto condenatório, com o afastamento da tese de insuficiência probatória e do princípio "in dubio pro reo".

II. "Ocorrendo disparo de arma de fogo e porte ilegal de arma de fogo, o disparo absorve o porte, desde que a arma de fogo seja de uso permitido. Se a arma for de uso proibido ocorre o inverso, ou seja, o crime do artigo 16, posse ou porte ilegal de arma de fogo de uso restrito absorve o disparo de arma, artigo 15. Isto se deve ao fato de que o artigo 16 contempla entre as condutas nele inseridas o verbo empregar, que significa utilizar. Observe-se que a pena deste dispositivo é mais grave do que a prevista para o artigo 15." (Artigo extraído dos sites:www.apamagis.com.br/doutrina/dout20040615.ph III. "(...) O crime de dano se configura pelo dolo do agente de destruir, inutilizar ou deteriorar coisa alheia, não restando tipificado quando o agente provocou o dano sem intenção de causá-lo (...)" (RJEDFT 11/161) IV. Desta maneira, resta a pena definitiva fixada em 03 (três) anos e 08 (oito) meses de reclusão e ao pagamento de 13 (treze) dias-multa, sendo mantido o regime inicial fechado, vez que o réu é reincidente em crime doloso (TJ-PR – ACR: 5265156 PR 0526515-6, Relator: Lídio José Rotoli de Macedo, julgado em 27/11/2008, 2ª Câmara Criminal, Data de Publicação: DJ: 7768).

– Pena de multa:

Em relação à aplicação de pena de multa no âmbito do Direito Penal Militar reforçamos o posicionamento já exposto quando das explicações relativas ao tipo penal previsto no art. 12 do Estatuto do Desarmamento. Como explicado, a pena de multa não tem previsão expressa no ordenamento jurídico penal militar, em especial na Parte Geral do Código Penal Militar que inclusive determina a prevalência das regras previstas no diploma penal castrense em face de dispositivos diversos previstos na legislação especial, regra essa que não foi alterada pela Lei Federal nº 13.491/17.

Com esse fundamento, aliada à vedação de conjugação de leis pelo Poder Judiciário, a jurisprudência penal militar tem se posicionado, nestes primeiros anos de vigência dos crimes militares por afetação da regularidade das instituições militares, no sentido da impossibilidade de aplicação da pena de multa prevista no Estatuto do Desarmamento no âmbito do Direito Penal Militar[69].

No entanto, já existe doutrina e posicionamentos judiciais no sentido de que diante da equalização e harmonização entre os ordenamentos jurídicos penais comum e militar introduzidas pela Lei Federal nº 13.491/17, a melhor interpretação seria o reconhecimento da introdução das penas específicas originalmente não previstas no Código Penal Militar, porém, mais adequadas aos tipos penais previstos nas legislações especiais mais recentes e que representam, em verdade, a adequação do ordenamento jurídico penal brasileiro aos novos contextos sociais, objetivo, enfim, da Lei Federal nº 13.491/17.[70]

Mais uma vez, portanto, reforçamos que em vista da compreensão sistemática aqui defendida, no sentido de que a Lei Federal nº 13.491/17 teve o grande mérito de conseguir equalizar e harmonizar de modo definitivo e em perspectiva futura os ordenamentos jurídicos penais comum e militar, entendemos que o segundo posicionamento, no sentido da **possibilidade de aplicação da pena de multa aos crimes militares por afetação da regularidade das instituições militares**, é o único adequado no atual contexto do ordenamento jurídico penal militar.

– *Abolitio crimininis* e *Novatio in mellius*:

Como já destacado antes do advento da Lei Federal nº 13.491/17 os crimes previstos pelo Estatuto do Desarmamento já foram alvo de discussões relativas à incidência de alterações de normas administrativas na tipicidade e no reconhecimento de hipótese de *abolitio criminis*, especialmente em virtude das diversas prorrogações relativas aos prazos para regularização ou entrega das armas de fogo que até então estivessem em desacordo com as previsões e requisitos introduzidos pelo Estatuto em 2003. Após diversos posicionamentos, teses e decisões, a situação se consolidou no âmbito da jurisprudência no sentido de que até 23 de outubro de 2005 as condutas previstas nos arts. 12 e 16 relacionadas à posse ilegal de arma de fogo (residência ou local de trabalho) era figura atípica, sendo que a partir de tal data até 31 de dezembro de 2009 só seria atípica a conduta de possuir irregularmente (residência ou local de trabalho) a arma de fogo, acessório ou munição de uso permitido com condições de ser regularizada.

Não obstante, em relação ao tipo penal de porte (fora da residência ou local de trabalho do qual seja titular) ilegal de arma de fogo (art. 14 ou 16 do Estatuto) e de disparo de arma de fogo a jurisprudência dos tribunais superiores consolidou-

69 TJMSP. Apelação nº 0002369-97.2017.9.26.0030. Primeira Câmara. 20 de agosto de 2019. Relator: FERNANDO PEREIRA. TJMSP. Apelação nº 0006877-52.2018.9.26.0030 (7.722/19). Primeira Câmara. 11 de junho de 2019. FERNANDO PEREIRA. Relator. STM. APELAÇÃO Nº 7000029-11.2018.7.00.0000. v.u.13/02/2019. WILLIAM DE OLIVEIRA BARROS. STM. RECURSO EM SENTIDO ESTRITO Nº 7000222-55.2020.7.00.0000. RELATOR: MINISTRO PÉRICLES AURÉLIO LIMA DE QUEIROZ. 01/06/2020 a 04/06/2020.

70 TJMSP. Apelação Criminal nº 0004315-40.2018.9.26.0040 (7783/19), Segunda Câmara, Juiz Silvio Hiroshi Oyama 14 de novembro de 2019.

-se no sentido de que não se aplicava a hipótese de *abolitio criminis* à época em discussão apenas para os crimes de posse (residência ou local de trabalho) ilegal de arma de fogo:

> STJ
>
> RECURSO ORDINÁRIO EM HABEAS CORPUS. PENAL. ESTATUTO DO DESARMAMENTO. PORTE ILEGAL E DISPARO DE ARMA DE FOGO (ARTIGOS 14 E 15 DA LEI 10.826/03). *ABOLITIO CRIMINIS* TEMPORÁRIA INOCORRÊNCIA. EXTINÇÃO DA PUNIBILIDADE. IMPOSSIBILIDADE. APLICAÇÃO DO PRINCÍPIO DA CONSUNÇÃO. NECESSIDADE DE DILAÇÃO PROBATÓRIA. VIA INADEQUADA. PRECEDENTES.
>
> 1. Consoante o entendimento desta Corte, diante da literalidade dos artigos relativos ao prazo legal para regularização do registro da arma (artigos 30, 31 e 32 da Lei 10.826/03), a descriminalização temporária ocorre exclusivamente em relação às condutas delituosas relativas à posse de arma de fogo.
>
> 2. Não se pode confundir a posse de arma de fogo com o porte de arma de fogo. Segundo o Estatuto do Desarmamento, a posse consiste em manter no interior de residência (ou dependência desta) ou no local de trabalho a arma de fogo, enquanto que o porte, por sua vez, pressupõe que a arma de fogo esteja fora da residência ou do local de trabalho.
>
> 3. Na espécie, o recorrente restou denunciado pelo porte ilegal de arma e disparo de arma de fogo (arts. 14 e 15, da Lei n.º 10.826/03). Nesse contexto, a hipótese de *abolitio criminis* temporária não alcança as condutas praticadas, tornando-se, pois, inviável o acolhimento da pretensão ora deduzida.
>
> 4. O reconhecimento da consunção do crime de porte ilegal pelo de disparo de arma de fogo requer um exame aprofundado do conjunto fático-probatório dos autos, o que, como se sabe, é inviável na via estreita do habeas corpus. 5. Recurso desprovido." (RHC nº 19.393/MS, Relatora Ministra Laurita Vaz, in DJ 19/6/2006).

Apesar do tema da *abolitio criminis* relativa ao período compreendido entre os anos de 2003 e 2009 ter restado pacificado e consolidado, no ano de 2019, como já explicado, diversas alterações no arcabouço administrativo que regulamenta o Estatuto do Desarmamento modificaram classificações (uso permitido, uso restrito e uso proibido) das armas de fogo, dos acessórios e das munições o que impactou na mudança de tipificação penal de inúmeras condutas anteriores cujos fatos foram alvo ou tiveram iniciada persecução penal.

Não obstante, nenhuma das alterações introduzidas gera reflexos em relação ao tipo penal de disparo de arma de fogo previsto no art. 15 do Estatuto do Desarmamento.

– Inconstitucionalidade do parágrafo único do art. 15 do Estatuto do Desarmamento:

> ESTATUTO DO DESARMAMENTO (LEI FEDERAL Nº 10.826/03)
>
> Art. 15. [...]
>
> Parágrafo único. O crime previsto neste artigo é inafiançável.

Referido dispositivo foi declarado inconstitucional pelo Plenário do Supremo Tribunal Federal (STF) no julgamento da Ação Direta de Inconstitucionalidade (ADI) 3112, proposta pelo Partido Trabalhista Brasileiro (PTB)[71]. Na decisão foram anulados dois dispositivos do Estatuto que proibiam a concessão de liberdade provisória, mediante o pagamento de fiança, tanto no caso de porte ilegal de arma (parágrafo único do artigo 14) e disparo de arma de fogo (parágrafo único do artigo 15). A decisão fundamentou-se na tese de que o porte ilegal e o disparo de arma de fogo "constituem crimes de mera conduta que, embora reduzam o nível de segurança coletiva, não se equiparam aos crimes que acarretam lesão ou ameaça de lesão à vida ou à propriedade"[72]:

> STF
>
> AÇÃO DIRETA DE INCONSTITUCIONALIDADE. LEI 10.826/2003. ESTATUTO DO DESARMAMENTO. INCONSTITUCIONALIDADE FORMAL AFASTADA. INVASÃO DA COMPETÊNCIA RESIDUAL DOS ESTADOS. INOCORRÊNCIA. DIREITO DE PROPRIEDADE. INTROMISSÃO DO ESTADO NA ESFERA PRIVADA DESCARACTERIZADA. PREDOMINÂNCIA DO INTERESSE PÚBLICO RECONHECIDA. OBRIGAÇÃO DE RENOVAÇÃO PERIÓDICA DO REGISTRO DAS ARMAS DE FOGO. DIREITO DE PROPRIEDADE, ATO JURÍDICO PERFEITO E DIREITO ADQUIRIDO ALEGADAMENTE VIOLADOS. ASSERTIVA IMPROCEDENTE. LESÃO AOS PRINCÍPIOS CONSTITUCIONAIS DA PRESUNÇÃO DE INOCÊNCIA E DO DEVIDO PROCESSO LEGAL. AFRONTA TAMBÉM AO PRINCÍPIO DA RAZOABILIDADE. ARGUMENTOS NÃO ACOLHIDOS. FIXAÇÃO DE IDADE MÍNIMA PARA A AQUISIÇÃO DE ARMA DE FOGO. POSSIBILIDADE. REALIZAÇÃO DE REFERENDO. INCOMPETÊNCIA DO CONGRESSO NACIONAL. PREJUDICIALIDADE. AÇÃO JULGADA PARCIALMENTE PROCEDENTE QUANTO À PROIBIÇÃO DO ESTABELECIMENTO DE FIANÇA E LIBERDADE PROVISÓRIA. I – Dispositivos impugnados que constituem mera reprodução de normas constantes da Lei 9.437/1997, de iniciativa do Executivo, revogada pela Lei 10.826/2003, ou são consentâneos com o que nela se dispunha, ou, ainda, consubstanciam preceitos que guardam afinidade lógica, em uma relação de pertinência, com a Lei 9.437/1997 ou com o PL 1.073/1999, ambos encaminhados ao Congresso Nacional pela Presidência da República, razão pela qual não se caracteriza a alegada inconstitucionalidade formal. II – Invasão de competência residual dos Estados para legislar sobre segurança pública inocorrente, pois cabe à União legislar sobre matérias de predominante interesse geral. III – O direito do proprietário à percepção de justa e adequada indenização, reconhecida no diploma legal impugnado, afasta a alegada violação ao art. 5º, XXII, da Constituição Federal, bem como ao ato jurídico perfeito e ao direito adquirido. **IV – A proibição de estabelecimento de fiança para os delitos de "porte ilegal de arma de fogo de uso permitido" e de "disparo de arma de fogo", mostra-se desarrazoada, porquanto são crimes de mera conduta, que não se equiparam aos crimes que acarretam lesão ou ameaça de lesão à vida ou à propriedade.** V – Insusceptibilidade de liberdade provisória quanto aos delitos elencados nos arts. 16, 17 e 18. Inconstitucionalidade reconhecida, visto que o texto magno não autoriza a prisão ex lege, em face dos princípios da presunção de inocência e da obrigatoriedade de fundamentação dos mandados de prisão pela autoridade judiciária competente. VI – Identificação das armas e munições, de modo a permitir o rastreamento dos respectivos fabricantes e adquirentes, medida que não se mostra irrazoável. VII – A idade mínima para aquisição de arma de fogo pode ser estabelecida por

---

71 *Mas, ao todo, foram analisadas 10 ADIs ajuizadas contra o Estatuto do Desarmamento por partidos políticos, associações de delegados e uma confederação de vigilantes.*

72 *Ministério Público do Estado de São Paulo. http://www.mpsp.mp.br/portal/page/portal/noticias/publicacao_noticias/2007/maio/448FF05F4AF32FEBE040A8C02C013504*

meio de lei ordinária, como se tem admitido em outras hipóteses. VIII – Prejudicado o exame da inconstitucionalidade formal e material do art. 35, tendo em conta a realização de referendo. IX – Ação julgada procedente, em parte, para declarar a inconstitucionalidade dos parágrafos unicos dos artigos 14 e 15 e do artigo 21 da Lei 10.826, de 22 de dezembro de 2003. (ADI 3112, Relator (a): Min. RICARDO LEWANDOWSKI, Tribunal Pleno, julgado em 02/05/2007, DJe-131 DIVULG 25-10-2007 PUBLIC 26-10-2007 DJ 26-10-2007 PP-00028 EMENT VOL-02295-03 PP-00386 RTJ VOL-00206-02 PP-00538)

6.4.6. Porte ilegal de arma de fogo, acessório ou munição de uso restrito ou proibido

ESTATUTO DO DESARMAMENTO (LEI FEDERAL Nº 10.826/03)

Art. 16. Possuir, deter, portar, adquirir, fornecer, receber, ter em depósito, transportar, ceder, ainda que gratuitamente, emprestar, remeter, empregar, manter sob sua guarda ou ocultar arma de fogo, acessório ou munição de uso restrito, sem autorização e em desacordo com determinação legal ou regulamentar:

Pena – reclusão, de 3 (três) a 6 (seis) anos, e multa.

§ 1º Nas mesmas penas incorre quem:

I – suprimir ou alterar marca, numeração ou qualquer sinal de identificação de arma de fogo ou artefato;

II – modificar as características de arma de fogo, de forma a torná-la equivalente a arma de fogo de uso proibido ou restrito ou para fins de dificultar ou de qualquer modo induzir a erro autoridade policial, perito ou juiz;

III – possuir, detiver, fabricar ou empregar artefato explosivo ou incendiário, sem autorização ou em desacordo com determinação legal ou regulamentar;

IV – portar, possuir, adquirir, transportar ou fornecer arma de fogo com numeração, marca ou qualquer outro sinal de identificação raspado, suprimido ou adulterado;

V – vender, entregar ou fornecer, ainda que gratuitamente, arma de fogo, acessório, munição ou explosivo a criança ou adolescente; e

VI – produzir, recarregar ou reciclar, sem autorização legal, ou adulterar, de qualquer forma, munição ou explosivo.

§ 2º Se as condutas descritas no caput e no § 1º deste artigo envolverem arma de fogo de uso proibido, a pena é de reclusão, de 4 (quatro) a 12 (doze) anos.

LEI FEDERAL nº 8.072/90 (com alterações da Lei nº 13.964/19)

Art. 1º (...)

(...)

Parágrafo único. Consideram-se também hediondos, tentados ou consumados:

(...)

II – o crime de posse ou porte ilegal de arma de fogo de uso proibido, previsto no art. 16 da Lei nº 10.826, de 22 de dezembro de 2003;

CÓDIGO PENAL MILITAR (DECRETO-LEI Nº 1001/69)

CIRCUNSTÂNCIAS DE AFETAÇÃO DA REGULARIDADE DAS INSTITUIÇÕES MILITARES

Art. 9º Consideram-se crimes militares, em tempo de paz:

[...]

II – os crimes previstos neste Código e os previstos na legislação penal, quando praticados:

a) por militar em situação de atividade ou assemelhado, contra militar na mesma situação ou assemelhado;

b) por militar em situação de atividade ou assemelhado, em lugar sujeito à administração militar, contra militar da reserva, ou reformado, ou assemelhado, ou civil;

c) por militar em serviço ou atuando em razão da função, em comissão de natureza militar, ou em formatura, ainda que fora do lugar sujeito à administração militar contra militar da reserva, ou reformado, ou civil;

d) por militar durante o período de manobras ou exercício, contra militar da reserva, ou reformado, ou assemelhado, ou civil;

e) por militar em situação de atividade, ou assemelhado, contra o patrimônio sob a administração militar, ou a ordem administrativa militar;

f) revogada.

III – os crimes praticados por militar da reserva, ou reformado, ou por civil, contra as instituições militares, considerando-se como tais não só os compreendidos no inciso I, como os do inciso II, nos seguintes casos:

a) contra o patrimônio sob a administração militar, ou contra a ordem administrativa militar;

b) em lugar sujeito à administração militar contra militar em situação de atividade ou assemelhado, ou contra funcionário de Ministério militar ou da Justiça Militar, no exercício de função inerente ao seu cargo;

c) contra militar em formatura, ou durante o período de prontidão, vigilância, observação, exploração, exercício, acampamento, acantonamento ou manobras;

d) ainda que fora do lugar sujeito à administração militar, contra militar em função de natureza militar, ou no desempenho de serviço de vigilância, garantia e preservação da ordem pública, administrativa ou judiciária, quando legalmente requisitado para aquêle fim, ou em obediência a determinação legal superior.

– **Objetividade jurídica:**

Imediata: a regularidade das instituições militares como meio de promoção e garantia de direitos fundamentais das pessoas, individual e coletivamente consideradas, na sociedade.

Mediata: incolumidade, segurança pública e paz social.

– **Sujeito passivo:**

Em relação aos tipos previstos no art. 16 e §§ (exceção ao tipo penal previsto no inciso V do § 1º):

Primário ou imediato: a Instituição Militar.

Secundário ou mediato: a coletividade em geral (nas hipóteses das alíneas "e" do inciso II e "a" do inciso III do art. 9º do Código Penal Militar) e os militares da ativa, da reserva, reformados ou civis (nas demais hipóteses previstas nos incisos II e III do art. 9º do Código Penal Militar).

Em relação ao tipo penal militar por afetação da regularidade das instituições militares previsto no inciso V do § 1º:

Primário ou imediato: a criança ou o adolescente.

Secundário ou mediato: a Instituição Militar.

Assim como ocorre no tipo penal de omissão de cautela previsto no caput do art. 13 do Estatuto do Desarmamento, diferentemente do que se observa na maior parte dos crimes previstos no Estatuto do Desarmamento, o tipo previsto no inciso V do § 1º do art. 16 do Estatuto não visa proteger a incolumidade pública ou a coletividade como um todo[73] mas sim algumas pessoas em específico em virtude da condição de maior vulnerabilidade, quais sejam, as crianças (de zero a doze anos de idade incompletos) e os adolescentes (de doze a dezoito anos de idade incompletos). Assim, partindo-se do pressuposto de que se trata de **crime doloso de perigo concreto**[74], figuram como **sujeito passivo deste crime o a criança ou adolescente que recebe a arma de fogo, o acessório, a munição ou o explosivo** do autor do delito.

Não obstante a figura do sujeito passivo principal ou primário ser identificada na incolumidade da criança ou adolescente, vale lembrar que para que seja identificada a natureza militar do delito por afetação da regularidade das instituições militares é **necessário que a conduta típica prevista no inciso V do § 1º do art. 16 do Estatuto Estatuto do Desarmamento seja praticada em alguma das hipóteses previstas nos incisos II ou III do art. 9º do CPM** tendo em vista que tais circunstâncias legais, como já destacado, são as responsáveis por indicar em quais casos referida conduta típica afetará, além da incolumidade da criança ou do adolescente, de forma mediata ou secundária, o bem jurídico tutelado pelo Direito Penal Militar, qual seja, a regularidade das instituições militares necessária à garantia e promoção dos direitos fundamentais de toda a sociedade.

Portanto, neste delito, aqui defendido como de perigo concreto, a regularidade das instituições militares deixa de figurar como sujeito passivo principal o que impacta diretamente a competência, no âmbito da Justiça Militar Estadual, para processamento e julgamento do feito que recairá sobre o juiz singular (se a vítima for civil) ou sobre os Conselhos de Justiça, especial ou permanente (se a vítima for militar da ativa, da reserva ou reformado).

---

73 Consoante posicionamento apresentado no tópico anterior relativo à definição da objetividade jurídica do tipo penal militar em tela.

74 Há doutrinadores que entendem tratar-se de crime de perigo abstrato.

Sob esta perspectiva, considerando tratar-se de um crime de perigo concreto e contra pessoas em específico, não há que se falar em possibilidade de caracterização de crime militar de entrega de arma, acessório, munição ou explosivo a criança ou adolescente por afetação da regularidade das instituições militares por ofensa ao patrimônio sob administração militar (alínea "e" do inciso II e alínea "a" do inciso III dao art. 9º do CPM). Também considerando que o sujeito passivo imediato do referido delito trata-se de **criança ou adolescente, automaticamente são afastados do polo passivo os militares da reserva, reformados e funcionários da Justiça Militar.**

Em relação à possibilidade de um militar da ativa figurar como sujeito passivo do delito, em termos exclusivamente biológicos haveria a possibilidade nos casos de incorporação às Instituições Militares de um adolescente, como ocorre em casos excepcionais. Contudo, é importante ressaltar que com a alteração introduzida pelo Decreto Federal nº 9.846/19 os menores de 18 anos podem realizar a prática de tiro desportivo bastando, para tanto, apenas a anuência dos pais[75] sendo que os militares menores de 18 anos tornam-se, nos termos do parágrafo único do inciso III do art. 5º do Código Civil, emancipados para os atos da vida civil.

Por tal motivo, **militares da ativa também não podem figurar como sujeito passivo deste delito** o que **limita aos civis as pessoas passíveis de figurarem no pólo passivo da presente infração penal militar**, afastando-se, assim e como se verá na análise do sujeito ativo, a possibilidade de configuração das hipóteses elencadas pelas alíneas "b", "c" e "d" do inciso III do art. 9º do Código Penal Militar.

- Sujeito ativo:

Diferentemente do que ocorre com relação às armas de fogo acessórios ou munições de uso permitido, o crime previsto no **art. 16 do Estatuto do Desarmamento engloba tanto a conduta de posse quanto do porte ilegal de armas de fogo, acessórios ou munições de uso restrito ou proibido ou dos objetos elencados nas condutas equiparadas** pelo § 1º do mesmo dispositivo. **Não importa**, portanto, em tais casos, **o local** no qual as condutas típicas são praticadas visto que **tanto a posse quanto o porte tipificam o mesmo crime.**

Ao invés de separar as condutas de posse e de porte em crimes distintos, como ocorre em relação às armas de fogo, acessórios ou munições de uso permitido, no caso dos **objetos de uso restrito, proibido e figuras equiparadas** o legislador, em

---

[75] Art. 7º A prática de tiro desportivo, nas modalidades aceitas pelas entidades nacionais de administração do tiro, por pessoas com idade entre quatorze e dezoito anos:

I – será previamente autorizada conjuntamente por seus responsáveis legais, ou por apenas um deles, na falta do outro;

II – se restringirá tão somente aos locais autorizados pelo Comando do Exército; e

III – poderá ser feita com a utilização de arma de fogo da agremiação ou do responsável legal, quando o menor estiver por este acompanhado.

Parágrafo único. A prática de tiro desportivo por maiores de dezoito anos e menores de vinte e cinco anos de idade poderá ser feita com a utilização de arma de fogo de propriedade de agremiação ou de arma de fogo registrada e cedida por outro desportista.

decorrência da maior gravidade da conduta decorrente do potencial lesivo dos objetos, optou por agrupar as condutas em **um só delito**.

Não obstante, afora esta opção aglutinadora, os verbos nucleares e demais elementares do tipo principal previsto no caput do art. 16 assemelham-se aos elementos já abordados dos tipos penais de posse irregular (art. 12) e porte ilegal (art. 14) de arma de fogo, acessório ou munição de uso permitido (itens 6.4.1 e 6.4.4.), em especial no que diz respeito à caracterização dos crimes em virtude das condutas serem praticadas "em desacordo com as determinações legais e regulamentares".

Além do tipo principal (art. 16, *caput*) também são aproveitados os mesmos fundamentos para análise do sujeito ativo e hipóteses de caracterização da natureza militar do crime para as figuras típicas previstas nos incisos I, II (primeira parte – uso restrito) e IV (modificar características de arma de fogo de uso permitido tornando-a de uso restrito ou ainda suprimir, alterar ou possuir arma de fogo com sinais identificadores alterados) do § 1º do art. 16 do Estatuto do Desarmamento.

Por outro lado, em relação às demais condutas típicas previstas nos §§ do art. 16 do Estatuto, a análise do sujeito ativo e das hipóteses de identificação da natureza militar dos crimes elencados fundamenta-se sobre outros aspectos em razão das características e elementares presentes em cada tipo previsto.

Assim, a fim de facilitar a compreensão dos argumentos e conclusões expostas, apresentaremos uma análise relativa aos sujeitos ativos em contraposição às hipóteses previstas nas alíneas dos incisos II e III do art. 9º do Código Penal Militar a partir dos tipos previstos no art. 16 e seus parágrafos e não a partir das diferentes possibilidades de sujeito ativo (militar da ativa, da reserva, reformados ou civis) como realizado na análise dos tipos até então abordados (arts. 12, 13, 14 e 15 do Estatuto) tendo em vista que o art. 16 apresenta tipo penal no *caput* absolutamente distinto dos tipos especificados nos seus parágrafos, ao contrário do observado nos demais dispositivos até aqui analisados que apresentam tipos únicos ou com poucas variações.

Posse ou porte ilegal de arma de fogo, acessório ou munição de uso restrito ou com sinais identificadores suprimidos ou alterados (*caput* e inciso IV do § 1º do art. 16), supressão ou alteração dos sinais identificadores de arma de fogo ou modificação de características para uso restrito (incisos I e II – primeira parte uso restrito do § 1º do art. 16):

Em relação às figuras típicas previstas no *caput* (possuir ou portar arma de fogo acessório ou munição de uso restrito) e nos incisos I, II (primeira parte – uso restrito) e IV (modificar características de arma de fogo de uso permitido tornando-a de uso restrito ou ainda suprimir, alterar ou possuir arma de fogo com sinais identificadores alterados) do § 1º do art. 16 do Estatuto, as considerações e fundamentos apresentados nos itens 5.4.1 (posse irregular de arma de fogo de uso permitido) e 5.4.4 (porte ilegal de arma de fogo de uso permitido) do presente capítulo permanecem válidos para análise e reconhecimento do sujeito ativo e identificação da natureza militar apta a torná-los crimes militares por afetação da regularidade das instituições militares (art.

16, caput ou incisos I, II primeira parte uso restrito, ou IV do § 1º do Estatuto do Desarmamento c.c. os incisos II ou III art. 9º do Código Penal Militar).

Assim, considerando que para os tipos penais de posse ou porte ilegal de arma de fogo, acessórios ou munições de uso restrito; de modificação de característica de arma para uso restrito; ou de supressão, alteração de sinais identificadores ou posse e porte de arma de fogo nestas condições[76], a **sujeição do sujeito ativo à regulamentação civil ou militar**, como já explicado quando da abordagem de outros delitos[77], é fator decisivo para a **caracterização, ou não**, da automática **violação à ordem administrativa militar, a natureza militar** dos tipos em questão **restará caracterizada** quando alguma das condutas típicas neles presentes forerm praticadas por:

1. **militares** (da ativa, da reserva ou reformados) ou **por civis cuja atividade esteja sob controle e fiscalização do Exército** (nas hipóteses em que o registro e concessão de porte de trânsito de arma de fogo seja de atribuição do Exército a exemplo dos colecionadores, atiradores, caçadores e representantes estrangeiros em competição internacional de tiro realizada em território nacional - art. 9º do Estatuto) em razão da **violação à ordem administrativa militar** representada pelas determinações legais ou regulamentares **emanadas pelo Comando de suas respectivas Instituições Militares ou pelo Comando do Exército** (alíneas "e" do inciso II e "a" do inciso III do mesmo art. 9º do CPM c.c. art. 16, caput ou incisos I, II primeira parte uso restrito, ou IV do § 1º da Lei Federal nº 10.826/03); e
2. **civis em geral** (não elencados no art. 9º do Estatuto do Desarmamento) desde que denotem **perigo concreto** nos termos elencados em alguma das hipóteses elencadas nas alíneas "b", "c" ou "d" do inciso III do art. 9º do CPM c.c. art. 16, *caput* ou incisos I, II primeira parte uso restrito, ou IV do § 1º da Lei Federal nº 10.826/03.

Ainda em relação ao sujeito ativo dos tipos penais acima indicados, como afirmado e exemplificado por meio da jurisprudência já apresentada, o crime de porte ilegal de arma de fogo acessório ou munição, ainda que definido inicialmente como crime de "mão própria" ou unissubjetivo, quando praticado em circunstâncias excepcionais nas quais **a arma de fogo, o acessório ou a munição estejam ao alcance, com ciência e para usufruto direto de dois ou mais autores**, permite o reconhecimento, consoante a jurisprudência atual[78], da **coautoria.** Obviamente que se tais circunstâncias não se fizerem presentes ou se não forem comprovadas durante a instrução, afasta-se essa possibilidade. Também sempre importante lembrar que essa relação de plena disponibilidade do objeto aos agentes pode ser menos incomum quando se observa que os militares, em especial os militares estaduais (policiais e

[76] Art. 16, *caput* ou incisos I, II primeira parte uso restrito, ou IV do § 1º do Estatuto do Desarmamento.

[77] Para melhor compreensão das afirmações e conclusões aqui expostas ver os fundamentos apresentados nos itens relativos à Posse irregular de arma de fogo, acessório ou munição de uso permitido e ao Porte ilegal de arma de fogo, acessório ou munição de uso permitido do presente capítulo.

[78] TJ-RJ – APL: 00345355820148190066 RJ 0034535-58.2014.8.19.0066, Relator: DES. DENISE VACCARI MACHADO FAES, Data de Julgamento: 27/08/15, QUINTA CAMARA CRIMINAL, Data de Publicação: 02/09/15 11:37.

bombeiros militares), trabalham frequentemente em equipes que utilizam a mesma viatura e compartilham equipamentos.

QUADRO RESUMO SUJEITO ATIVO		
POSSE OU PORTE ILEGAL DE ARMA DE FOGO, ACESSÓRIO OU MUNIÇÃO DE USO RESTRITO OU MODIFICAÇÃO DE CARACTERÍSTICAS		
Art. 16. Possuir, deter, portar, adquirir, fornecer, receber, ter em depósito, transportar, ceder, ainda que gratuitamente, emprestar, remeter, empregar, manter sob sua guarda ou ocultar arma de fogo, acessório ou munição de uso restrito, sem autorização e em desacordo com determinação legal ou regulamentar: *§ 1º Nas mesmas penas incorre quem:* *I – suprimir ou alterar marca, numeração ou qualquer sinal de identificação de arma de fogo ou artefato;* *II – modificar as características de arma de fogo, de forma a torná-la equivalente a arma de fogo de [...] uso restrito [...];* *[...]* *IV – portar, possuir, adquirir, transportar ou fornecer arma de fogo com numeração, marca ou qualquer outro sinal de identificação raspado, suprimido ou adulterado;*		
AUTOR	**O CRIME SERÁ MILITAR POR AFETAÇÃO QUANDO***	**TIPIFICAÇÃO MILITAR (INDIRETA)**
Militares da ativa	Sempre, tendo em vista que a aquisição, utilização e transferência de armas de fogo, acessórios e munições dos militares da ativa são definidas por normas expedidas pelas instituições militares	alínea "e", inciso II do Art. 9º do CPM (contra a ordem administrativa militar)
Militares da reserva ou reformados	Sempre, tendo em vista que o crime é doloso (contra as instituições militares) e a aquisição, utilização e transferência de armas de fogo, acessórios e munições dos militares da reserva ou reformados são definidas por normas expedidas pelas instituições militares	alínea "a" e caput do inciso III do Art. 9º do CPM (contra a ordem administrativa militar)
Civis Colecionadores, Atiradores e Caçadores e Representantes estrangeiros em competição internacional oficial de tiro realizada no território nacional	o elemento "descumprimento de determinação legal ou regulamentar" for determinado pela inobservância, dolosa, de norma expedida pelo Comando do Exército**	alínea "a" e caput do inciso III do Art. 9º do CPM (contra a ordem administrativa militar)

Civis em geral	a conduta típica, dolosa, for praticada em alguma das circunstâncias elencadas no inciso III do art. 9º do CPM gerando dano ou risco concreto contra as pessoas indicadas nos mesmos dispositivos.	alíneas "b", "c" ou "d" e caput do inciso III do Art. 9º do CPM (contra a ordem administrativa militar)

*Quadro Sinóptico elaborado com base nos posicionamentos defendidos pelo autor com base nos argumentos apresentados durante o capítulo da obra "Crimes Militares Extravagantes" Editora Juspodivm. A jurisprudência pátria ainda não consolidou posicionamento sobre os requisitos exigidos para a caracterização dos crimes previstos no Estatuto do Desarmamento como militares.

**Ver Súmula Vinculante nº 36 do STF e Recurso em Sentido Estrito nº 7000053-05.2019.7.00.0000 do STM. Relator: Min Péricles Aurélio Lima de Queiroz. Julgamento: 25 de abril de 2019.

Entrega dolosa de arma de fogo, acessório, munição ou explosivo a criança ou adolescente (inciso V do § 1º do art. 16):

Como indicado na análise do sujeito passivo compreende-se o tipo penal de entrega dolosa de arma de fogo, acessório, munição ou explosivo a criança ou adolescente previsto no inciso V do § 1º do art. 16 do Estatuto do Desarmamento como **crime de perigo concreto** e que apresenta no **polo passivo principal uma criança ou adolescente** o que, pelos argumentos já indicados, afasta a possibilidade de que referido tipo seja praticado contra militares da ativa, da reserva, reformados ou ainda funcionários da Justiça Militar.

Conclui-se, portanto, que o tipo em questão **só pode ser praticado contra civis (crianças ou adolescentes)**, o que impede a caracterização das hipóteses previstas pela alínea "a" do inciso II e alíneas "b", "c" e "d" do inciso III do art. 9º do Código Penal Militar.

Logo, a entrega dolosa de arma de fogo, acessório, munição ou explosivo a criança ou adolescente tipificada no inciso V do § 1º do art. 16 do Estatuto do Desarmamento terá a natureza de crime militar por afetação da regularidade das instituições militares quando as condutas típicas nele presentes forerm praticadas por:

1. **militares da ativa**: em lugar sujeito à administração militar (alínea "b" do inciso II do art. 9º do CPM); em serviço ou atuando em razão da função, em comissão de natureza militar, ou em formatura, ainda que fora do lugar sujeito à administração militar (alínea "c" do inciso II do art. 9º do CPM); durante o período de manobras ou exercício (alínea "d" do inciso II do art. 9º do CPM); contra a ordem administrativa militar (alínea "e" do inciso II do art. 9º do CPM);
2. **militares da reserva, reformados ou civis** contra as instituições militares e a ordem administrativa militar (alínea "a" e caput do inciso III do art. 9º do CPM).

QUADRO RESUMO SUJEITO ATIVO		
ENTREGA DOLOSA DE ARMA DE FOGO, MUNIÇÃO OU EXPLOSIVO A CRIANÇA OU ADOLESCENTE		
Art. 16. [...] [...] § 1º Nas mesmas penas incorre quem: [...] V - vender, entregar ou fornecer, ainda que gratuitamente, arma de fogo, acessório, munição ou explosivo a criança ou adolescente;		
AUTOR	**O CRIME SERÁ MILITAR POR AFETAÇÃO QUANDO***	**TIPIFICAÇÃO MILITAR (INDIRETA)**
Militares da ativa	a conduta típica, dolosa, for praticada em alguma das circunstâncias elencadas no inciso II do art. 9º do CPM gerando dano ou risco concreto contra as pessoas ou patrimônio sob administração militar nas circunstâncias indicadas nos dispositivos ou violar a ordem administrativa militar, neste último caso independentemente de perigo concreto ou dano a alguém ou a algum patrimônio.	Alíneas "a", "b", "c", "d" ou "e" do inciso II do Art. 9º do CPM
Militares da reserva, reformados ou civis	a conduta típica, dolosa, for praticada contra a ordem administrativa militar.	Alínea "a", segunda parte, inciso III do Art. 9º do CPM

*Quadro Sinóptico elaborado com base nos posicionamentos defendidos pelo autor com base nos argumentos apresentados durante o capítulo da obra "Crimes Militares Extravagantes" Editora Juspodivm. A jurisprudência pátria ainda não consolidou posicionamento sobre os requisitos exigidos para a caracterização dos crimes previstos no Estatuto do Desarmamento como militares

Modificação de características de arma de fogo para fins de dificultar ou de qualquer modo induzir a erro autoridade policial, perito ou juiz (inciso II, segunda parte, § 1º do art. 16):

Para o tipo penal em questão, também não importa se o autor está sujeito, no tocante à regulamentação e controle das armas de fogo, acessórios e munições, ao sistema civil (SINARM) ou militar (SIGMA, DFPC, SICOVEM, etc.). Aliás, sequer há necessidade que o autor possua ou porte a arma de fogo que terá suas características modificadas com a finalidade específica.

O fato que caracterizará a **conduta típica como militar** será o **reflexo gerado na administração militar ou da Justiça Militar.**

Logo, a modificação das características de arma de fogo para fins de dificultar ou de qualquer modo induzir a erro autoridade policial, perito ou juiz tipificada no inciso II do § 1º do art. 16 do Estatuto do Desarmamento terá a natureza de crime militar por afetação da regularidade das instituições militares quando as condutas típicas nele presentes forem praticadas por:

1. **militares da ativa contra a ordem administrativa militar** (alínea "e" do inciso II do art. 9º do CPM);
2. **militares da reserva, reformados ou civis, contra as instituições militares: contra a ordem administrativa militar** (alínea "a" do inciso III do art. 9º do CPM); em lugar sujeito à administração militar contra militar da ativa, perito ou juiz da Justiça Militar no exercício de função inerente ao seu cargo (alínea "b" do inciso III do art. 9º do CPM); ou ainda que fora do lugar sujeito à administração militar, contra militar da ativa no desempenho de serviço de garantia e preservação da ordem pública, administrativa ou judiciária, quando legalmente requisitado para aquêle fim, ou em obediência a determinação legal superior (alínea "d" do inciso III do art. 9º do CPM).

QUADRO RESUMO SUJEITO ATIVO		
MODIFICAÇÃO DE CARACTERÍSTICAS DE ARMA DE FOGO PARA INDUZIR AUTORIDADE A ERRO		
Art. 16. [...] *[...]* *§ 1º Nas mesmas penas incorre quem:* *[...]* *II - modificar as características de arma de fogo [...] para fins de dificultar ou de qualquer modo induzir a erro autoridade policial, perito ou juiz;*		
AUTOR	**O CRIME SERÁ MILITAR POR AFETAÇÃO QUANDO***	**TIPIFICAÇÃO MILITAR (INDIRETA)**
Militares da ativa	a conduta típica, dolosa, for praticada contra a ordem administrativa militar.	Alínea "e", segunda parte, inciso II do Art. 9º do CPM
Militares da reserva, reformados ou civis	a conduta típica, dolosa, for praticada em alguma das circunstâncias elencadas no inciso III do art. 9º do CPM	inciso III do Art. 9º do CPM

*Quadro Sinóptico elaborado com base nos posicionamentos defendidos pelo autor com base nos argumentos apresentados durante o capítulo da obra "Crimes Militares Extravagantes" Editora Juspodivm. A jurisprudência pátria ainda não consolidou posicionamento sobre os requisitos exigidos para a caracterização dos crimes previstos no Estatuto do Desarmamento como militares

Possuir, deter, fabricar ou empregar artefato explosivo ou incendiário (inciso III do § 1º do art. 16), produzir, recarregar ou reciclar munição ou explosivo (inciso VI do § 1º do art. 16), ou praticar qualquer das condutas previstas no art. 16 por meio de arma de fogo de uso proibido (inciso II primeira parte uso proibido do § 1º e § 2º do art. 16):

Como visto, para as figuras típicas previstas no *caput* (possuir ou portar arma de fogo acessório ou munição de uso restrito) e nos incisos I, II (primeira parte – uso restrito) e IV (modificar características de arma de fogo de uso permitido tornando-a de uso restrito ou ainda suprimir, alterar ou possuir arma de fogo com sinais identificadores alterados) do § 1º do art. 16 do Estatuto a sujeição dos militares e de algumas atividades desenvolvidas por civis à regulamentação dos comandos das instituições militares ou do Exército resulta, na tese aqui defendida, na necessária violação à ordem administrativa militar e consequente caracterização dos crimes como militares.

Por outro lado, no que diz respeito aos tipos previstos nos incisos II (última parte) e IV do § 1º do art. 16 do Estatuto a questão relativa à atribuição legal para regulamentação dos objetos não se faz relevante para a caracterização do crime como militar devendo a análise ser realizada caso a caso e sempre no cotejamento entre o sujeito ativo, passivo e circunstâncias envolvidas nos termos dispostos pelas alíneas dos incisos II e III do art. 9º do Código Penal Militar.

Situação diversa ocorre nos tipos penais relativas às condutas de possuir, deter, fabricar ou empregar artefato explosivo ou incendiário (inciso III do § 1º do art. 16), produzir, recarregar ou reciclar munição ou explosivo (inciso VI do § 1º do art. 16), ou praticar qualquer das condutas previstas no art. 16 por meio de arma de fogo de uso proibido (inciso II primeira parte uso proibido do § 1º e § 2º do art. 16).

Em tais casos, **independentemente de quem seja o sujeito ativo** (militar da ativa, da reserva, reformado ou civis) **os objetos** (artefato explosivo, incendiário, arma de fogo de uso proibido) **ou atividades** (recarregamento de munição e fabricação ou produção destas e de explosivos) **abrangidas pelos tipos penais** em questão **são regulamentadas, controladas e normatizadas pelo Comando do Exército**.

Deste modo, conforme já exposto quando se tratou especificamente do conceito e significado da **ordem administrativa militar** e sua respectiva tutela penal militar, sendo **os objetos e atividades de responsabilidade legal do Comando do Exército** não há dúvidas de que se inserem dentre os **interesses e bens jurídicos afetos às Instituições Militares** sendo que a **violação das disposições regulamentares afronta a "ordem administrativa militar"** a qual, consoante entendimento de Cícero Robson Coimbra Neves e Marcelo Streifinger (2014, p. 317) já apresentados anteriormente consiste na situação de harmonia e regularidade no exercício das funções das instituições militares e abrangem não apenas sua administração como também o decoro de seus integrantes. Por tal motivo, no entender dos autores os "delitos contra a ordem administrativa militar são as 'infrações que atingem a **organização, existência e finalidade da instituição**, bem como o prestígio moral da administração'".

Não se ignora neste posicionamento, como também já explicado, o conteúdo da **Súmula Vinculante nº 36 do Supremo Tribunal Federal** que assim define que "Compete à Justiça Federal comum processar e julgar civil denunciado pelos crimes de falsificação e de uso de documento falso quando se tratar de falsificação da Caderneta de Inscrição e Registro (CIR) ou de Carteira de Habilitação de Amador (CHA), ainda que expedidas pela Marinha do Brasil."

No entanto, deve ser ressaltado que apesar do Superior Tribunal Militar já ter decidido que o simples advento da Lei Federal nº 13.491, fator de *distinguishing* ou *overruling* alteração da referida Súmula[79] na própria decisão determinou-se que **os fatos fossem remetidos ao STF para que fosse apreciada a possibilidade de alteração da Súmula Vinculante nº 36 diante das alterações introduzidas pelas Leis Federais nº 13.491/17 e 13.774/18 que alteraram o panorama normativo** editado na época da consolidação do entendimento sumulado pelo STF sendo os motivos a seguir transcritos:

> STF
>
> (...) embora as novas normas não impliquem, necessariamente, na superação do precedente em relação à matéria, evidenciam que o tratamento dado aos civis perante a Justiça Militar da União, no contexto atual, ocorre de forma similar à Justiça comum federal.
>
> Cabe dizer, não só se ampliou a competência da Justiça Castrense, quando atribuiu a esta o julgamento de crimes previstos na legislação penal comum, agora denominados de crimes militares por equiparação ou extravagantes (no contexto da Lei 13.491/17), como restou determinada a competência do Juiz Federal da Justiça Militar para a condução e proferimento de decisões nos processos que envolvam civis (Lei 13.774/18).
>
> Portanto, o novo contexto legislativo se mostra favorável a uma ampliação das atribuições dos órgãos judiciários militares, sobretudo da União, ao qual o STF não pode se furtar de retificar ou, ao menos, ratificar o pronunciamento anteriormente consolidado.
>
> [...]
>
> **Na forma do art. 3º, XI, da Lei 11.417/06, Voto pelo encaminhamento de proposta de revisão do enunciado da Súmula Vinculante 36 do Supremo Tribunal Federal à Corte Constitucional, por meio de Representação subscrita pela Presidência deste Superior Tribunal Militar.** RECURSO EM SENTIDO ESTRITO Nº 7000053-05.2019.7.00.0000 25/04/2019 RELATOR: MINISTRO PÉRICLES AURÉLIO LIMA DE QUEIROZ

Deste modo, como anteriormente exposto, não se pode apresentar o conteúdo da Súmula Vinculante nº 36 do STF como fator impeditivo ou posicionamento contrário ao reconhecimento da **afetação** da ordem administrativa militar nas hipóteses de descumprimento das normas regulamentares expedidas pelos Comandos das Instituições Militares (aos seus integrantes) ou do Exército (às atividades especificadas pela lei) quando tipificadas em crimes previstos no Estatuto do Desarmamento.

Na verdade, o reconhecimento da **natureza militar** dos crimes previstos na Lei Federal nº 10.826/03 ao menos quando praticados por militares nas circunstâncias em debate vai ao encontro, inclusive, do entendimento já pacificado dos Tribunais Militares em situações da mesma natureza[80].

Ainda que neste estágio inicial da jurisprudência decorrente das alterações introduzidas pelas Leis Federais nº 13.491/17 e 13.774/18 os Tribunais Superiores não tenham reconhecido a presente tese[81] (da natureza militar dos crimes militares quando praticados por autores que pela qualidade estejam sujeitos à regulação dos comandos militares ou quando relativos a objetos e atividades sob regulamentação

[79] Superior Tribunal Militar. RECURSO EM SENTIDO ESTRITO Nº 7000053-05.2019.7.00.0000 25/04/2019 RELATOR: MINISTRO PÉRICLES AURÉLIO LIMA DE QUEIROZ.

[80] STM. EMBARGOS DE DECLARAÇÃO Nº 7000088-33.2017.7.00.0000/BR Ministro Ten Brig Ar FRANCISCO JOSELI PARENTE CAMELO. Brasília, 15 de fevereiro de 2018.

[81] STJ. Ministro JOEL ILAN PACIORNIK (1183) S3 – TERCEIRA SEÇÃO CC 169135 / PE. CONFLITO DE COMPETENCIA. 2019/0322072-1. JULGAMENTO 24/06/2020.

do Comando do Exército) entende-se que os atuais posicionamentos decorrem muito mais das questões político-ideológicas já exploradas e que atingem de modo extremamente prejudicial o debate sobre o ordenamento jurídico penal militar do que efetivamente representem a melhor exegese a respeito do tema.

Logo, reafirma-se, pelo acima exposto, o posicionamento por nós adotado no sentido de que **sendo de regulação do Comando do Exército os objetos e atividades** elencadas nos tipos penais previstos no art. 16 relacionados às condutas de possuir, deter, fabricar ou empregar artefato explosivo ou incendiário (inciso III do § 1º do art. 16), produzir, recarregar ou reciclar munição ou explosivo (inciso VI do § 1º do art. 16), ou praticar qualquer das condutas previstas no art. 16 por meio de arma de fogo de uso proibido (inciso II primeira parte uso proibido do § 1º e § 2º do art. 16), devem ser estes, **com o advento das Leis Federais nºs 13.491/17 e 13.774/18,** reconhecidos como **tipos penais militares**, independente de quem seja o sujeito ativo ou a circunstância em que fora cometido tendo em vista que a posse, o porte, o emprego, a fabricação destes acarreta, sem dúvidas nenhuma, **violação à ordem administrativa militar**.

<table>
<tr><th colspan="3">QUADRO RESUMO SUJEITO ATIVO</th></tr>
<tr><th colspan="3">EMPREGO OU UTILIZAÇÃO DE MUNIÇÃO, EXPLOSIVOS, ARTEFATO INCENDIÁRIO, DE USO PROIBIDO OU DE ATIVIDADE ILEGAL SOB FISCALIZAÇÃO DO EXÉRCITO</th></tr>
<tr><td colspan="3">Art. 16. Possuir, deter, portar, adquirir, fornecer, receber, ter em depósito, transportar, ceder, ainda que gratuitamente, emprestar, remeter, empregar, manter sob sua guarda ou ocultar arma de fogo, acessório ou munição de uso restrito, sem autorização e em desacordo com determinação legal ou regulamentar:
§ 1º Nas mesmas penas incorre quem:
II – modificar as características de arma de fogo, de forma a torná-la equivalente a arma de fogo de uso proibido [...];
III – possuir, detiver, fabricar ou empregar artefato explosivo ou incendiário, sem autorização ou em desacordo com determinação legal ou regulamentar;
[...]
V – produzir, recarregar ou reciclar, sem autorização legal, ou adulterar, de qualquer forma, munição ou explosivo.
§ 2º Se as condutas descritas no caput e no § 1º deste artigo envolverem arma de fogo de uso proibido, a pena é de reclusão, de 4 (quatro) a 12 (doze) anos.</td></tr>
<tr><th>AUTOR</th><th>O CRIME SERÁ MILITAR POR AFETAÇÃO QUANDO*</th><th>TIPIFICAÇÃO MILITAR (INDIRETA)</th></tr>
<tr><td>Militar da ativa, da reserva, reformados ou civis</td><td>Sempre, tendo em vista que atividades e objetos indicados nos tipos são disciplinadas, controladas e fiscalizadas pelo Exército **</td><td>alíneas "e", segunda parte, do inciso II e "a", segunda parte, do inciso III do Art. 9º do CPM (contra a ordem administrativa militar)</td></tr>
</table>

*Quadro Sinóptico elaborado com base nos posicionamentos defendidos pelo autor com base nos argumentos apresentados durante o capítulo da obra "Crimes Militares Extravagantes" Editora Juspodivm. A jurisprudência pátria ainda não consolidou posicionamento sobre os requisitos exigidos para a caracterização dos crimes previstos no Estatuto do Desarmamento como militares

** Ver Súmula Vinculante nº 36 do STF e Recurso em Sentido Estrito nº 7000053-05.2019.7.00.0000 do STM. Relator: Min Péricles Aurélio Lima de Queiroz. Julgamento: 25 de abril de 2019.

– Elementos objetivos:

Também em relação aos elementos objetivos-descritivos será realizada uma abordagem a partir de cada um dos tipos penais presentes no art. 16 do Estatuto do Desarmamento em virtude do dispositivo, como explicado, conter diversos tipos distintos no *caput* e seus parágrafos.

Posse ou porte ilegal de arma de fogo de uso restrito:

> Art. 16. Possuir, deter, portar, adquirir, fornecer, receber, ter em depósito, transportar, ceder, ainda que gratuitamente, emprestar, remeter, empregar, manter sob sua guarda ou ocultar arma de fogo, acessório ou munição de uso restrito, sem autorização e em desacordo com determinação legal ou regulamentar:

Em relação às condutas nucleares faz-se remissão às explanações já apresentadas nos itens 6.4.1 e 6.4.4, acerca da posse e porte ilegal de arma de fogo, acessório ou munição de uso permitido, em virtude da similitude de conceitos, definições e reflexos para caracterização do tipo. Ressalte-se, apenas e como já destacado, que diferentemente dos tipos destinados a coibir a posse e o porte de armas de fogo, acessórios e munições de uso permitido, no caso dos objetos de uso restrito, todas as condutas integram um só tipo penal (art. 16, *caput*) e resultam na mesma pena.

Destaque-se também que assim como ocorre em relação aos crimes de posse e porte ilegal de arma de fogo de uso permitido, a discussão a respeito do reconhecimento, ou não, do concurso de crimes ou do princípio da consunção ou especialidade quanto aos **crimes de receptação e posse ou porte ilegal de arma de fogo, acessório ou munição de uso restrito** se faz presente, havendo decisões tanto no sentido do reconhecimento da especialidade[82] quanto do concurso[83].

Da mesma forma reitera-se o entendimento de que a análise de cada caso concreto a partir da perspectiva da objetividade jurídica e das elementares dos delitos em questão seja o melhor caminho para solucionar o problema. Logo, de acordo com o **princípio da especialidade**, não há que se falar em concurso de crimes, mas sim de prática **apenas dos crimes previstos no Estatuto do Desarmamento**.

No que diz respeito ao **conceito de arma de fogo, acessório ou munição de uso restrito**, um dos elementos que caracteriza o tipo **como norma penal em branco heterogênea**[84], vale lembrar que nos termos do art. 23 do Estatuto, a classificação legal, técnica e geral bem como a definição das armas de fogo e demais produtos

82 TJ-SP – APL: 30001940320138260257 SP 300019403.2013.8.26.0257, Relator: Moreira da Silva, Data de Julgamento: 02/06/2016, 13ª Câmara de Direito Criminal, Data de Publicação: 08/06/2016.

83 STJ. AgRg no REsp 740.038/RJ, Rel. Ministro PAULO GALLOTTI, SEXTA TURMA, julgado em 21/02/2008, DJe 10/03/2008.

84 "São duas as espécies de leis penais em branco: em sentido lato ou homogêneas e em sentido estrito ou heterogêneas. Entende-se por lei penal em branco homogênea aquela cujo complement se encontra descrito numa fonte de mesma hierarquia da norma incriminadora, ou seja, quando o complement também está previsto numa lei ordinária (ou outra espécie normativa equivalente)[...] Em sentido estrito ou heterogênea é aquela cujo complement está descrito em fonte formal distinta daquela do tipo penal incriminador." André Estefam apud Coimbra, p. 1306.

controlados, de usos proibidos, restritos, permitidos ou obsoletos e de valor histórico devem ser, e assim o são, definidos por meio de Decreto Federal.

Como já destacado, até o ano de 2019, os Decretos Federais de nº 5.123/04 e 3.665/00 eram os atos que regulamentavam os conceitos de armas de fogo, acessórios e munições de uso permitido e restrito. No entanto, em 2019, diversos Decretos Federais foram editados alterando significativamente os conceitos de armas de fogo de uso permitido e restrito. Apesar dos diversos questionamentos judiciais perante o STF já apresentados, o tema encontra-se, no momento, consolidado por meio dos atuais Decretos Federais nº 9.845/19, 9.846/19 e 9.847/19, os quais, com as atualizações posteriores, regulamentam o Estatuto do Desarmamento no que diz respeito à aquisição, o cadastro, o registro, o porte e a comercialização de armas de fogo e de munição assim como sobre o Sistema Nacional de Armas (SINARM) e o Sistema de Gerenciamento Militar de Armas (SIGMA).

Não bastasse todas as discussões e judicializações até então ocorridas e demonstrando que o tema permanece no centro do debate público, político e ideológico nacional, em fevereiro de 2021, foram publicados novos Decretos Federais (nº 10.627, 10.628, 10.629 e 10.630/2021) que, sem o objetivo de revogar os diplomas existentes, promoveram mais alterações aos Decretos Federais de 2019. De imediato foram ajuizadas cinco Ações Diretas de Inconstitucionalidade por partidos políticos representantes da denominada esquerda brasileira (Partido Socialista Brasileiro - PSB ADI 6.675/DF, Rede Sustentabilidade ADI 6.676/DF, Partido dos Trabalhadores – PT ADI 6.677/DF, Partido Socialismo e Liberdade – PSOL (ADI 6.680/DF) e Partido da Social Democracia Brasileira – PSDB ADI 6.695/DF).

Em decisão proferida em 12 de abril de 2021 em sede liminar a Ministra Rosa Weber suspendeu a eficácia de diversos dispositivos introduzidos por tais Decretos:

Não obstante, afora os dispositivos expressamente indicados, os Decretos Federais nº 9.845/19, 9.846/19 e 9.847/19, e suas atualizações permanecem sendo os diplomas legais que atualmente regulamentam o Estatuto do Desarmamento no que diz respeito à aquisição, o cadastro, o registro, o porte e a comercialização de armas de fogo e de munição assim como sobre o Sistema Nacional de Armas (SINARM) e o Sistema de Gerenciamento Militar de Armas (SIGMA).

Também relevante para a análise dos crimes do Estatuto do Desarmamento o conteúdo do Decreto Federal nº 10.030/19 que aprovou o vigente Regulamento de Produtos Controlados pelo Comando do Exército (PCE) e apresenta diversas definições importantes para os dispositivos penais do Estatuto, a exemplo do conceito de acessórios de armas de fogo. Referido Decreto também permanece, salvo alguns dispositivos que tiveram a eficácia suspensa, em vigor.

Em linhas gerais, o arcabouço regulamentar hoje em vigor define as armas de fogo de uso, os acessórios e as munições de uso permitido, objetos elencados pelo tipo penal previsto pelo art. 16 do Estatuto do Desarmamento, da seguinte forma:

DECRETO FEDERAL Nº 10.030/19 (Aprova o Regulamento de Produtos Controlados)

ANEXO I

Art. 2º Para fins do disposto neste Regulamento, Produto Controlado pelo Comando do Exército - PCE é aquele que:

[...]

§ 3º Não são considerados PCE:

[...]

IV - os carregadores destacáveis tipo cofre ou tipo tubular, metálicos ou plásticos, com qualquer capacidade de munição, cuja ausência não impeça o disparo da arma de fogo;

[...]

Art. 3º As definições dos termos empregados neste Regulamento são aquelas constantes deste artigo e do Anexo III

Parágrafo único. Para fins do disposto neste Regulamento, considera-se:

II – **arma de fogo de uso restrito** - as armas de fogo automáticas, sem automáticas ou de repetição que sejam:

a) **não portáteis**;

b) **de porte**, cujo **calibre nominal**, com a utilização de munição comum, atinja, na saída do cano de prova, energia cinética **superior a mil e duzentas libras-pé ou mil seiscentos e vinte joules;** ou

c) **portáteis de alma raiada**, cujo **calibre nominal**, com a utilização de munição comum, atinja, na saída do cano de prova, energia cinética **superior a mil e duzentas libras-pé ou mil seiscentos e vinte joules**;

[...]

IV - **munição de uso restrito** - as munições que:

a) atinjam, na saída do cano de prova de armas de fogo de porte ou de armas de fogo portáteis de alma raiada, energia cinética superior a mil e duzentas libras-pé ou mil seiscentos e vinte joules;

b) sejam traçantes, perfurantes ou fumígenas;

c) sejam granadas de obuseiro, de canhão, de morteiro, de mão ou de bocal; ou

d) sejam rojões, foguetes, mísseis ou bombas de qualquer natureza;

ANEXO III

GLOSSÁRIO

Acessório de arma de fogo: artefatos listados nominalmente na legislação como Produto Controlado pelo Exército – PCE que, acoplados a uma arma, possibilitam a alteração da configuração normal do armamento, tal como um supressor de som.

Carregador: depósito ou receptáculo para armazenamento de cartuchos de munição para disparo em armas de fogo, integrante ou destacável do armamento.

De plano vale destacar que, com as alterações introduzidas pelo Decreto Federal nº 10.627/21, "os **carregadores** destacáveis tipo cofre ou tipo tubular, metálicos ou plásticos, com qualquer capacidade de munição, cuja ausência não impeça o disparo da arma de fogo" **deixaram de ser considerados como acessórios de arma de fogo**. É certo que parte da doutrina e da jurisprudência já entendia que a simples posse de carregadores, sem munições, já deveria ser conduta considerada atípica em decorrência do princípio da insignificância. Contudo, referido entendimento não era pacificado sendo certo que a partir das alterações introduzidas pelo Decreto de 2021, não há mais discussão a respeito da **atipicidade da posse ou do porte de carregadores desmuniciados** vez que os tipos penais previstos nos artigos 12, 14 e

16 definem como objetos do crime as armas de fogo, os acessórios e munições. Os reflexos relativos à abolitio criminis são explorados mais a frente em tópico específico.

Já no que diz respeito às armas e munições, a fim de melhor especificar os conceitos regulamentares, em especial no que diz respeito à correspondência entre "energia cinética" e "calibre", foi editada ainda a Portaria nº 1222/19 pelo Comando do Exército Brasileiro que relacionou e elencou, de modo específico, cada calibre de arma de fogo com a respectiva energia cinética na saída do cano da arma. Tendo a tabela que indica os calibres de uso permitido sido apresentada, transcreve-se aqui as correspondências e especificações dos calibres de uso restrito:

CALIBRE NOMINAL	ENERGIA (JOULES)	CLASSIFICAÇÃO (2)
41 Remington Magnum	1657,91	Restrito
44 Remington Magnum	1849,35	Restrito
454 Casull	3130,41	Restrito
460 S&W Magnum	3883,88	Restrito
457 Linebaugh	2359,85	Restrito
480 Ruger	1986,47	Restrito
50 Action Express	1917,38	Restrito
500 S&W Magnum	3900,98	Restrito
500 Special	1991,78	Restrito
6mm Remington	3140,32	Restrito
6.5 Creedmoor	3356,24	Restrito
6.5 Grendel	2464,41	Restrito
6.5 x 55 Swedish	3152,18	Restrito
6.8mm Remington SPC	2636,84	Restrito
7mm Mauser (7x57)	3327,22	Restrito
7mm Remington Magnum	4365,04	Restrito
7mm Remington Short Action Ultra Magnum	4324,95	Restrito
7mm Remington Ultra Magnum	4961,65	Restrito
7mm Shooting Times Westerner	5086,92	Restrito
7mm Weatherby Magnum	4248,57	Restrito
7mm Winchester Short Magnum	4623,38	Restrito
7mm-08 Remington	3715,49	Restrito
7 x 64 Brenneke	3667,25	Restrito

CALIBRE NOMINAL	ENERGIA (JOULES)	CLASSIFICAÇÃO (2)
7-30 Waters	2633,16	Restrito
7.62 x 39	2044,60	Restrito
8mm Mauser (8x57)	2801,88	Restrito
8mm Remington Magnum	5247,44	Restrito
9.3 x 62	4794,67	Restrito
204 Ruger	1715,78	Restrito
22-250 Remington	2340,59	Restrito
220 Swift	2340,59	Restrito
222 Remington	1717,63	Restrito
222 Remington Magnum	1711,17	Restrito
223 Remington	1959,07	Restrito
223 Winchester Super Short Magnum	2496,62	Restrito
225 Winchester	2074,61	Restrito
243 Winchester	2893,31	Restrito
243 Winchester Super Short Magnum	3020,36	Restrito
25 Winchester Super Short Magnum	3241,22	Restrito
25-06 Remington	3384,37	Restrito
25-35 Winchester	1720,04	Restrito
250 Savage	2372,58	Restrito
257 Roberts	2598,42	Restrito
257 Weatherby Magnum	4017,36	Restrito
26 Nosler	4488,65	Restrito
260 Remington	3129,17	Restrito
264 Winchester Magnum	3830,64	Restrito
27 Nosler	4623,38	Restrito
270 Weatherby Magnum	4681,35	Restrito
270 Winchester	4063,52	Restrito
270 Winchester Short Magnum	4480,03	Restrito
28 Nosler	4938,30	Restrito
280 AckleyImproved	4478,49	Restrito

CALIBRE NOMINAL	ENERGIA (JOULES)	CLASSIFICAÇÃO (2)
280 Remington	4020,74	Restrito
284 Winchester	3674,33	Restrito
30 Nosler	5500,87	Restrito
30 Remington AR	2897,37	Restrito
30 Thompson Center	4022,98	Restrito
30-06 Springfield	4514,68	Restrito
30-30 Winchester	2727,99	Restrito
30-40 Krag	3173,01	Restrito
300 AAC Blackout	1924,61	Restrito
300 Holland&Holland Magnum	4462,77	Restrito
300 Remington Short Action Ultra Magnum	4715,03	Restrito
300 Remington Ultra Magnum	5635,08	Restrito
300 RugerCompact Magnum	4857,44	Restrito
300 Savage	3389,69	Restrito
300 Weatherby Magnum	5291,04	Restrito
300 Winchester Magnum	5278,22	Restrito
300 Winchester Short Magnum	4916,85	Restrito
303 British	3590,52	Restrito
307 Winchester	3303,65	Restrito
308 Marlin Express	3369,30	Restrito
308 Winchester	4119,43	Restrito
32 Winchester Special	2884,60	Restrito
325 Winchester Short Magnum	5303,51	Restrito
33 Nosler	6112,21	Restrito
338 Federal	4372,19	Restrito
338 Lapua Magnum	6548,66	Restrito
338 Marlin Express	3914,52	Restrito
338 Remington Ultra Magnum	6112,21	Restrito
338 RugerCompact Magnum	5203,47	Restrito
338 Winchester Magnum	5899,62	Restrito

CALIBRE NOMINAL	ENERGIA (JOULES)	CLASSIFICAÇÃO (2)
340 Weatherby Magnum	6548,66	Restrito
348 Winchester	3777,58	Restrito
35 Nosler	6095,27	Restrito
35 Remington	2913,69	Restrito
35 Whelen	4556,56	Restrito
350 Remington Magnum	4702,32	Restrito
356 Winchester	3381,39	Restrito
358 Winchester	3691,95	Restrito
36 Nosler	6438,13	Restrito
370 Sako Magnum	5597,76	Restrito
375 Holland&Holland Magnum	6601,18	Restrito
375 Remington Ultra Magnum	6828,96	Restrito
375 Ruger	6554,94	Restrito
375 Winchester	2860,96	Restrito
376 Steyr	5409,68	Restrito
405 Winchester	4370,54	Restrito
416 Remington Magnum	6935,07	Restrito
416 Rigby	6762,77	Restrito
416 Ruger	6992,98	Restrito
416 Weatherby Magnum	8487,06	Restrito
44 Remington Magnum	2281,89	Restrito
444 Marlin	4594,48	Restrito
45-70 Government	4031,29	Restrito
450 Bushmaster	3809,55	Restrito
450 Marlin	4757,23	Restrito
457 Wild West Guns	4978,82	Restrito
458 Lott	7928,21	Restrito
458 Winchester Magnum	7551,52	Restrito
470 Nitro Express	6956,89	Restrito
475 Turnbull	5433,07	Restrito

CALIBRE NOMINAL	ENERGIA (JOULES)	CLASSIFICAÇÃO (2)
500 Nitro Express 3"	7747,49	Restrito
5.56x45 mm	1748,63	Restrito
7.62x51 mm	3632,01	Restrito
12.7x99 mm	17112,50	Restrito

Na sequência, sem que seja necessária a repetição dos fundamentos, quadros esquemáticos e decisões sobre as quais discorremos quanto da análise acima dos mesmos objetos, vale lembrar que a **jurisprudência** tem reconhecido **não ser necessária a comprovação de potencial lesivo do armamento, acessório ou munição por meio de exame pericial específico**[85] admitindo-se até mesmo a condenação pelos crimes previstos no Estatuto do Desarmamento nas hipóteses em que o objeto (arma de fogo, acessório ou munição) não foi apreendido mas sua existência e relação com o autor tenha sido demonstrada por outros meios de prova[86]:

> STF
>
> Ementa: RECURSO ORDINÁRIO EM HABEAS CORPUS. POSSE DE ACESSÓRIO DE ARMA DE FOGO DE USO RESTRITO. ART. 16 DA LEI 10.826/2003. BUSCA E APREENSÃO. ILICITUDE DA PROVA. INOCORRÊNCIA. CRIME PERMANENTE. FLAGRANTE DELITO. CRIME DE MERA CONDUTA E DE PERIGO ABSTRATO. IRRELEVÂNCIA DA POTENCIALIDADE LESIVA DO ARTEFATO. DESCRIMINALIZAÇÃO TEMPORÁRIA PREVISTA NOS ARTIGOS 30 E 32 DO ESTATUTO DO DESARMAMENTO. PRORROGAÇÃO DO PRAZO CONFERIDO PELAS LEIS 11.706/2008 E 11.922/2009. ALEGAÇÃO DE ATIPICIDADE. NÃO OCORRÊNCIA. 1. Busca e apreensão autorizada judicialmente em propriedade rural, compreendida por seus vários imóveis. Inocorrência de ilicitude da prova por ofensa ao princípio da inviolabilidade do domicílio. 2. Ademais, havendo fundada suspeita, a busca domiciliar nos crimes permanentes se justifica em decorrência do flagrante delito. Inexistência de ingresso abusivo e constatação posterior de crime permanente. 3. A posse de arma de fogo de uso restrito, de seus acessórios ou de munições constitui crime de mera conduta e de perigo abstrato cujo objeto jurídico tutelado compreende a segurança coletiva e a incolumidade pública. 4. Presente laudo especificando o modelo do silenciador de uso restrito, desnecessária a realização de perícia a comprovar a potencialidade lesiva do acessório para configuração do delito. 5. A jurisprudência desta Corte é no sentido de que a descriminalização temporária prevista nos arts. 30 e 32 do Estatuto do Desarmamento, com a redação conferida pela Lei 11.706/2008, restringe-se ao delito de posse irregular de arma de fogo de uso permitido (art. 12) e não se aplica à conduta do art. 16 da Lei 10.826/2003. 6. Recurso ordinário a que se nega provimento. STF. RHC 128281. Órgão julgador: Segunda Turma. Relator(a): Min. TEORI ZAVASCKI. Julgamento: 04/08/2015. Publicação: 26/08/2015
>
> Ementa
>
> PROCESSO PENAL. HABEAS CORPUS. PORTE ILEGAL DE ARMA. NULIDADE DO EXAME PERICIAL POR AUSÊNCIA DE QUALIFICAÇÃO DOS PERITOS NOMEADOS. INEXISTÊNCIA. POLICIAIS QUE POSSUEM HABILITAÇÃO TÉCNICA PARA O EXAME. ORDEM DENEGADA. 1.

85 STJ. Ministro FELIX FISCHER. REsp 1521269. Brasília (DF), 24 de novembro de 2015. Decisão Monocrática. STJ. AgRg no AREsp 376.403/PI, Sexta Turma, Rel. Min. Rogério Schietti Cruz, Dje de 20/02/2015.

86 (HC 170.543/CE, Quinta Turma, Rel. Min. Gurgel de Faria, DJe de 04/112014).

A questão debatida no presente writ diz respeito à eventual nulidade do exame pericial de arma de fogo, que teria sido realizado por pessoas sem a qualificação necessária, em desacordo com os ditames legais do Código de Processo Penal. 2. Os pacientes foram condenados pela prática do delito previsto no art. 16, parágrafo único, IV, da Lei 10.826/03. 3. A pistola apreendida estava municiada e o laudo pericial concluiu que a arma se mostrou eficaz para produzir disparos. 4. A perícia foi realizada por dois policiais, nomeados pelo Delegado de Polícia, que assumiram o compromisso, sob as penas da lei, de bem e fielmente desempenharem o encargo. 5. Ainda que o laudo pericial não tenha informado se os peritos nomeados para o exame tinham ou não diploma de curso superior, é inegável que, enquanto policiais, possuíam a necessária habilitação técnica para aferir a eficácia de uma arma de fogo. 6. Habeas corpus denegado. STF. HC 98306. Órgão julgador: Segunda Turma. Relator(a): Min. ELLEN GRACIE. Julgamento: 29/09/2009. Publicação: 20/11/2009

Não obstante, também vale lembrar que, na hipótese de realização de exame pericial cujo laudo demonstre a **absoluta ineficácia** da arma de fogo, munição ou acessório, a jurisprudência consolidada reconhece a **atipicidade da conduta** pela absoluta impropriedade do objeto e caracterização da hipótese legal de **crime impossível** (art. 32 do Código Penal Militar).

Em relação à quantidade de munição ou a conduta consistente no porte de arma de fogo desmuniciada ou ainda no porte apenas de acessórios de arma de fogo a **jurisprudência** pátria entende, em regra, como conduta típica por tratar-se de crime de perigo abstrato praticado contra a incolumidade pública e contra o sistema de controle de armas de fogo, acessório ou munições, no entanto, **não raras vezes, reconhece o princípio da insignificância e consequente atipicidade da conduta nos casos de pequena quantidade de munições ou de acessórios.**

Lembrando, mais uma vez, que a descaracterização dos carregadores como acessórios de arma de fogo foi efetivada por meio do Decreto Federal nº 10.627/21. Em relação aos carregadores operou-se, portanto, a *abolitio criminis* a ser analisada em tópico específico mais a frente.

Uma distinção importante também já discutida quando da análise dos tipos penais de posse e porte ilegal de arma de fogo, acessório ou munição de uso permitido e também aqui aplicável diz respeito à distinção conceitual entre acessórios e os **"coletes de proteção balística"** que são definidos como equipamentos pela normatização em vigor. Logo, a posse ou o porte destes "equipamentos", por não se confundirem com "acessórios" de arma de fogo, **não são condutas abrangidas pelos tipos penais previstos no Estatuto do Desarmamento**, tal qual foi reconhecido pelas decisões jurisprudenciais mais recentes. Por óbvio que a posse de tais equipamentos pode caracterizar outros crimes (peculato, receptação, contrabando, descaminho, etc.) mas não as condutas previstas pelo Estatuto do Desarmamento.

Por fim, em relação ao elemento normativo "sem autorização e em desacordo com determinação legal ou regulamentar" como já mencionado no tópico relativo aos sujeitos ativos do presente tipo, em se tratando de **civis em geral**, ressalvada a hipótese das atividades especificadas no art. 9º do Estatuto do Desarmamento (colecionadores, atiradores, caçadores e representantes estrangeiros em competição internacional no território nacional), o descumprimento das determinações legais e regulamentares relacionadas à posse e guarda de arma de fogo, acessórios ou munições de uso restrito, não afeta, por si, a ordem administrativa militar nem, por consequência, a manutenção das regularidade das instituições militares tendo em vista que **a regulamentação** referente aos objetos de uso permitido relacionados ao tipo em comento, são atribuídas, em regra, **às instituições (Polícia Federal) e sistemas civis (SINARM).**

Isso não impede, vale lembrar e adotando-se a perspectiva de que as alíneas do inciso III do art. 9º do Código Penal Militar combinadas com o tipo penal previsto no caput do art. 16 do Estatuto do Desarmamento, teriam o condão de alterar as características do delito em tela transformando-o em **crime de perigo concreto,** a caracterização da prática de **crime militar por afetação da regularidade das instituições militares** por civis nos casos em que a conduta fosse **praticada em alguma das hipóteses** previstas nas alíneas "b", "c" ou "d" do inciso III do art. 9º do CPM nos termos já apresentados em tópicos anteriores.

Não obstante, retornando-se à questão do conteúdo da determinação legal ou regulamentar, *mutatis mutandis*, no mesmo tópico relativo à análise do sujeito ativo do presente tipo penal, explicou-se que as **prescrições regulamentares** para aquisição, registro e consequente posse das armas de fogo, acessórios ou munições de uso permitido destinadas aos **militares** estaduais e federais, da ativa, da reserva ou reformados são expedidas, e de competência legal, dos comandantes das **respectivas instituições**, assim como a aquisição, registro e porte por parte dos **colecionadores, atiradores, caçadores e representantes estrangeiros** em competições internacionais em território nacional são de **atribuição do Comando do Exército.**

Por tal motivo, entende-se que a prática das condutas especificadas no tipo penal do caput do art. 16 do Estatuto relativas aos objetos descritos no tipo, pelos militares ou pelos civis em alguma das atividades reguladas pelo Comando do Exército (art. 9º do Estatuto do Desarmamento), caracterizaria, pelos motivos já expostos, o **crime militar de porte ilegal de arma de fogo, acessório ou munição de uso permitido por afetação da regularidade das instituições militares** em virtude da subsunção dos fatos à hipótese elencada na alínea "e" do inciso II (militares da ativa) ou alínea "a" do inciso III (militares da reserva ou reformados ou civis) do art. 9º do Código Penal Militar decorrente do reconhecimento, independente do lugar ser sujeito ou não a administração militar, da conduta ser praticada contra a ordem administrativa militar.

Afora os pontos acima explanados que focam nas diferentes consequências do descumprimento das "prescrições legais e regulamentares" no tipo em questão a depender do sujeito ativo do crime (característica inclusive do direito penal militar como um todo), concluiu-se também, quando da abordagem dos elementos normativos e descritivos discorrendo-se sobre a possibilidade de que **simples irregularidades ou inobservância de questões administrativas** pudessem ser **reconhecidas como insignificantes e acarretar a atipicidade da conduta** ou, caso contrário, tipificar o crime de posse irregular de arma de fogo, acessório ou munição, observações que também se aplicam ao tipo penal de posse ou porte ilegal de arma de fogo, acessório ou munição de uso restrito.

Também apresentado quando da análise dos tipos de posse e porte ilegal de arma de fogo de uso permitido, que a **jurisprudência** pátria tem **reconhecido o princípio da insignificância quando as irregularidades administrativas** referem-se a vencimento de prazos ou descumprimento de procedimentos formais os quais, se observados, garantiriam o direito daquele pessoa a portar ou possuir os objetos em questão (por exemplo número de munições dentro da quantidade legal e de acordo com o calibre de arma que o autor possuía).

Ainda que no **âmbito castrense** a fiel observância às normas legais e regulamentares seja essencial à **manutenção da hierarquia e disciplina** do que decorre que o tratamento às **infrações administrativas neste ambiente possua rigor maior** e por vezes até incompreensível para aqueles não familiarizados com a sistemática das instituições militares, isso **não significa** que os princípios jurídicos penais basilares, a exemplo da **intervenção mínima, subsidiariedade e *ultima ratio*, não se apliquem ao Direito Penal Militar**, pelo contrário, haja vista ser esse nada mais que uma especialidade dentro do universo jurídico penal brasileiro.

> STF
>
> EMENTA: HABEAS CORPUS. PENAL. ART. 16 DO ESTATUTO DO DESARMAMENTO (LEI 10.826/03). PORTE ILEGAL DE MUNIÇÃO DE USO RESTRITO. AUSÊNCIA DE OFENSIVIDADE DA CONDUTA AO BEM JURÍDICO TUTELADO. ATIPICIDADE DOS FATOS. ORDEM CONCEDIDA. I – Paciente que guardava no interior de sua residência 7 (sete) cartuchos munição de uso restrito, como recordação do período em que foi sargento do Exército. II – Conduta formalmente típica, nos termos do art. 16 da Lei 10.826/03. III – Inexistência de potencialidade lesiva da munição apreendida, desacompanhada de arma de fogo. Atipicidade material dos fatos. IV – Ordem concedida. STF. HC 96532. Órgão julgador: Primeira Turma. Relator(a): Min. RICARDO LEWANDOWSKI. Julgamento: 06/10/2009. Publicação: 27/11/2009
>
> Ementa: HABEAS CORPUS. PENAL. ART. 16 DO ESTATUTO DO DESARMAMENTO (LEI 10.826/2003). PORTE ILEGAL DE MUNIÇÃO DE USO RESTRITO. AUSÊNCIA DE OFENSIVIDADE DA CONDUTA AO BEM JURÍDICO TUTELADO. ATIPICIDADE DOS FATOS. ORDEM CONCEDIDA. I – Paciente que guardava no interior de sua residência uma munição de uso restrito, calibre 9mm. II – Conduta formalmente típica, nos termos do art. 16 da Lei 10 826/2003. III – Inexistência de potencialidade lesiva da munição apreendida, desacompanhada de arma de fogo. Atipicidade material dos fatos. IV – Ordem concedida para determinar o trancamento da ação penal. STF. HC 132876. Órgão julgador: Segunda Turma. Relator(a): Min. RICARDO LEWANDOWSKI. Julgamento: 16/05/2017. Publicação: 02/06/2017

Assim, pelos mesmos argumentos já expostos em relação aos tipos previstos nos artigos 12 e 14 do Estatuto do Desarmamento também em relação ao tipo penal de porte ilegal de arma de fogo, acessório ou munição de uso restrito, ainda que não obrigatório, é **possível o reconhecimento** no sentido de que meras irregularidades ou inobservância de prazos na esfera administrativa não são capazes de tipificar o crime em tela em decorrência da **insignificância penal da conduta.**

Supressão ou alteração de marca, numeração ou sinal de identificação de arma de fogo ou posse ou porte de arma de fogo nestas condições (incisos I e IV do § 1º do art. 16):

§ 1º Nas mesmas penas incorre quem:

I – suprimir ou alterar marca, numeração ou qualquer sinal de identificação de arma de fogo ou artefato;

(...)

IV – portar, possuir, adquirir, transportar ou fornecer arma de fogo com numeração, marca ou qualquer outro sinal de identificação raspado, suprimido ou adulterado;

Os tipos penais previstos nos incisos I e IV do § 1º do art. 16 referem-se tanto à ação de supressão ou alteração das marcas, sinais ou numeração das armas de fogo quanto à posse, porte, aquisição, transporte ou fornecimento de armas de fogo que estejam nestas condições. Referidas condutas típicas restam caracterizadas **independetemente das armas de fogo serem de uso restrito ou permitido.** Como os tribunais têm reconhecido o delito de que trata o inciso IV do parágrafo único do art. 16 do Estatuto do Desarmamento é política criminal de valorização do poder-dever do Estado de controlar as armas de fogo que circulam em nosso País. Isso porque a supressão do número, marca, ou qualquer outro sinal identificador do artefato lesivo impede o seu cadastramento e controle:

STJ

Informativo nº 0657

Publicação: 25 de outubro de 2019.

A conduta de possuir, portar, adquirir, transportar ou fornecer arma de fogo, seja de uso permitido, restrito ou proibido, com numeração, marca ou qualquer outro sinal de identificação raspado, suprimido ou adulterado, implica a condenação pelo crime estabelecido no artigo 16, parágrafo único, IV, do Estatuto do Desarmamento.

O art. 16 da Lei n. 10.826/2003 (Estatuto do desarmamento) prevê gravosas condutas de contato com "arma de fogo, acessório ou munição de uso proibido ou restrito", vindo seu parágrafo único a acrescer figuras equiparadas – em gravidade e resposta criminal. Dessa forma, ainda que algumas das condutas equiparadas possam ser praticadas com armas de uso permitido, o legislador as considerou graves ao ponto de torná-las com reprovação criminal equivalente às condutas do caput. No art. 1º, parágrafo único, da Lei n. 8.072/1990, com redação dada pela Lei n. 13.497/2017, o legislador limitou-se a prever que o delito descrito no art. 16 da Lei n. 10.826/2003 é considerado hediondo. Assim, como a equiparação é tratamento igual para todos os fins, considerando equivalente o dano social e equivalente também a necessária resposta penal, salvo ressalva expressa, ao ser qualificado como hediondo o art. 16 da Lei n. 10.826/2003, as condutas equiparadas devem receber igual tratamento HC 526.916-SP, Rel. Min. Nefi Cordeiro, Sexta Turma, por unanimidade, julgado em 01/10/2019, DJe 08/10/2019

RECURSO ESPECIAL. PENAL. PORTE ILEGAL DE ARMA DE FOGO COM A

NUMERAÇÃO RASPADA. CRIME DO ART. 16, PARÁGRAFO ÚNICO, INCISO IV, DA LEI N.º 10.826/03. ARMA DE USO PERMITIDO, RESTRITO OU PROIBIDO. IRRELEVÂNCIA. DESCLASSIFICAÇÃO PARA O CRIME DO ART. 14 DO ESTATUTO DO DESARMAMENTO. IMPOSSIBILIDADE. RECURSO PROVIDO. 1. Apesar de o caput do art. 16 da Lei n.º 10.826/03 referir-se a armas de fogo, munições ou acessórios de uso proibido ou restrito, o parágrafo único, ao incriminar a conduta de portar arma de fogo modificada, refere-se a qualquer arma, sendo irrelevante o fato de ela ser de uso permitido, proibido ou restrito.

2. Recurso provido. T5 – QUINTA TURMA Ministra LAURITA VAZ (1120) REsp 918867 / RS RECURSO ESPECIAL 2007/0017887-0

STF

Ementa: AGRAVO REGIMENTAL NO HABEAS CORPUS. PENAL E PROCESSUAL PENAL. CRIMES DE TRÁFICO ILÍCITO DE ENTORPECENTES E DE PORTE DE ARMA DE FOGO COM NUMERAÇÃO, MARCA OU QUALQUER OUTRO SINAL DE IDENTIFICAÇÃO RASPADO, SUPRIMIDO OU ADULTERADO. ARTIGO 33 DA LEI 11.343/06 E ARTIGO 16, PARÁGRAFO ÚNICO, IV, DA LEI 10.826/03. DECISÃO DEVIDAMENTE FUNDAMENTADA. REVOLVIMENTO DO CONJUNTO FÁTICO-PROBATÓRIO. INADMISSIBILIDADE NA VIA ELEITA. IMPOSSIBILIDADE DE UTILIZAÇÃO DO HABEAS CORPUS COMO SUCEDÂNEO DE RECURSO OU REVISÃO CRIMINAL. AGRAVO REGIMENTAL DESPROVIDO. 1. A decretação da custódia preventiva para garantia da ordem pública que tem como fundamento a gravidade concreta da conduta, evidenciada pela necessidade de se evitar a reiteração delitiva, bem como pela quantidade e natureza dos entorpecentes apreendidos encontra amparo na jurisprudência desta Corte. Precedentes: HC 124.535, Segunda Turma, Rel. Min. Teori Zavascki, DJe de 19/12/2014; HC 157.708-AgR, Segunda Turma, Rel. Min. Gilmar Mendes, DJe de 16/4/2019; HC 164.199-AgR, Primeira Turma, Rel. Min. Roberto Barroso, DJe de 14/5/2019; RHC 156.647-AgR, Segunda Turma, Rel. Min. Celso de Mello, DJe de 9/5/2019. 2. O habeas corpus é ação inadequada para a valoração e exame minucioso do acervo fático-probatório engendrado nos autos. 3. In casu, o paciente foi preso preventivamente em razão da suposta prática dos crimes tipificados nos artigos 33 da Lei 11.343/06 e 16, parágrafo único, IV, da Lei 10.826/03. Foram apreendidos "143 gramas de cocaína, além de um revolver calibre 38, com numeração suprimida e municiado, mais munições e dinheiro". 4. A impugnação específica da decisão agravada, quando ausente, conduz ao desprovimento do agravo regimental. Precedentes: HC 137.749-AgR, Primeira Turma, Rel. Min. Roberto Barroso, DJe de 17/5/2017; e HC 133.602-AgR, Segunda Turma, Rel. Min. Cármen Lúcia, DJe de 8/8/2016. 5. O habeas corpus é impassível de ser manejado como sucedâneo de recurso em revisão criminal. 6. A reiteração dos argumentos trazidos pela parte agravante na petição inicial da impetração é insuscetível de modificar a decisão agravada. Precedentes: HC 136.071-AgR, Segunda Turma, Rel. Min. Ricardo Lewandowski, DJe de 9/5/2017; HC 122.904-AgR, Primeira Turma, Rel. Min. Edson Fachin, DJe de 17/5/2016; e RHC 124.487-AgR, Primeira Turma, Rel. Min. Roberto Barroso, DJe de 1º/7/2015. 7. Agravo regimental desprovido. STF. HC 180035 AgR / SP – SÃO PAULO. AG.REG. NO HABEAS CORPUS Relator(a): Min. LUIZ FUX. Julgamento: 20/04/2020. Publicação: 06/05/2020. Órgão julgador: Primeira Turma

EMENTA: HABEAS CORPUS. PENAL. ARTIGO 16, PARÁGRAFO ÚNICO, INCISO IV, DA LEI N. 10.826/03. ARMA DE FOGO. SUPRESSÃO DO NÚMERO DE IDENTIFICAÇÃO. ATIPICIDADE DA CONDUTA. INOCORRÊNCIA. A arma de fogo desmuniciada não infirma a conduta tipificada no artigo 16, inciso IV, da Lei n. 10.826/03. Isso porque, com ou sem munição, dela sempre deverá constar número de série, marca ou sinal de identificação, a fim de garantir o controle estatal. Ordem denegada. STF. HC 91853 / SP – SÃO PAULO. HABEAS CORPUS . Relator(a): Min. EROS GRAU. Julgamento: 06/10/2009. Publicação: 29/10/2009. Órgão julgador: Segunda Turma

EMENTA: RECURSO ORDINÁRIO EM HABEAS CORPUS. CONSTITUCIONAL. PROCESSUAL PENAL. ATIPICIDADE DA CONDUTA. PORTE ILEGAL DE ARMA DE FOGO COM NÚMERO DE SÉRIE SUPRIMIDO: INTELIGÊNCIA DO ART. 16, PARÁGRAFO ÚNICO, INC. IV, DA LEI N. 10.826/03. RECURSO PARCIALMENTE CONHECIDO E, NESSA PARTE, DESPROVIDO. 1. A arma de fogo, mesmo desmuniciada, não infirma a conduta penalmente punível na forma tipificada no dispositivo mencionado, porque, com ou sem munição, ela haverá de manter o seu número de série, marca ou sinal de identificação para que possa ser garantido o controle estatal. 2. A supressão ou a alteração da numeração ou de qualquer outro sinal identificador impede ou dificulta o controle da circulação de armas pela ausência dos registros de posse ou porte ou pela sua frustração. 3. Comprovação inegável do porte e posse de arma de fogo, com o seu número de série suprimido, pelo Recorrente. 4. Recurso parcialmente conhecido e, nessa parte, desprovido. STF. RHC 89889Órgão julgador: Tribunal Pleno. Relator(a): Min. CÁRMEN LÚCIA. Julgamento: 14/02/2008. Publicação: 05/12/2008.

EMENTA: HABEAS CORPUS. TIPICIDADE. PORTE ILEGAL DE ARMA DESMUNICIADA E COM NUMERAÇÃO RASPADA. INCIDÊNCIA DO INCISO IV DO PARÁGRAFO ÚNICO DO ART. 16 DO ESTATUTO DO DESARMAMENTO. ORDEM PARCIALMENTE CONHECIDA E, NESSA EXTENSÃO, DENEGADA. 1. A tese da atipicidade do porte ilegal de arma desmuniciada não foi arguida perante a autoridade apontada como coatora. Impossibilidade de conhecimento pelo Supremo Tribunal Federal, pena de indevida supressão de instância. 2. No julgamento do RHC 89.889, da relatoria da ministra Cármem Lúcia, o Plenário desta colenda Corte entendeu que o delito de que trata o inciso IV do parágrafo único do art. 16 do Estatuto do Desarmamento é Política Criminal de valorização do poder-dever do Estado de controlar as armas de fogo que circulam em nosso País. Isso porque a supressão do número, marca, ou qualquer outro sinal identificador do artefato lesivo impede o seu cadastramento e controle. 3. A função social do combate ao delito em foco alcança qualquer tipo de arma de fogo; e não apenas armamento de uso restrito ou proibido. Tanto é assim que o porte de arma de fogo com numeração raspada constitui crime autônomo. Figura penal que, no caso, tem como circunstância elementar o fato de a arma (seja ela de uso restrito ou não) estar com a numeração ou qualquer outro sinal identificador adulterado, raspado ou suprimido. 4. Ordem parcialmente conhecida e, nessa extensão, denegada. STF. HC 99582. Órgão julgador: Primeira Turma. Relator(a): Min. CARLOS BRITTO. Julgamento: 08/09/2009. Publicação: 06/11/2009.

Também importante destacar que os tipos penais se referem apenas a arma de fogo (ainda que o inciso I refira-se a artefato, não especifica o termo). Logo, eventual **alteração de sinais em acessórios ou munições não tipificam os crimes previstos nestes dispositivos.**

A caracterização da natureza militar dos tipos penais previstos nos incisos I e IV do § 1º do art. 16 do Estatuto, consoante o entendimento já apresentado a respeito do conceito de ordem administrativa militar em relação à sujeição dos autores à regulamentação civil ou militar, ocorrerá, de modo direto em se tratando de condutas praticadas por militares da ativa ou civis cujas atividades estejam sob controle do Comando do Exército (art. 9º do Estatuto) ou dependerá do enquadramento em alguma das alíneas do inciso III do art. 9º do CPM em relação aos demais civis.

Modificação das características de arma de fogo para uso restrito ou proibido ou para induzir a erro autoridade policial, judiciária ou perito (inciso II do § 1º do art. 16):

§ 1º Nas mesmas penas incorre quem:

II – modificar as características de arma de fogo, de forma a torná-la equivalente a arma de fogo de uso proibido ou restrito ou para fins de dificultar ou de qualquer modo induzir a erro autoridade policial, perito ou juiz;

O inciso II do § 1º do art. 16 apresenta três condutas típicas distintas:

1. modificar as características de arma de fogo de uso permitido para uso restrito;

2. modificar as características de arma de fogo de uso permitido ou restrito para uso proibido; e
3. modificar as características de arma de fogo com a finalidade de dificultar ou induzir a erro autoridade policial, perito ou juiz.

Referido dispositivo, assim como ocorre com os tipos previstos nos incisos I e IV referem-se apenas a arma de fogo motivo pelo qual **eventuais alterações realizadas em munições e acessórios são condutas atípicas.**

Acerca dos conceitos de arma de fogo de uso permitido e restrito, remetemos o leitor às explanações apresentadas em tópicos anteriores (5.4.1, 5.4.4 e 5.4.5), que transcrevem a conceituação atualmente estabelecida pelos Decretos Federais nº 9.845/19, 9.846/19 e 9.847/19 e Portaria n. 1.222/2019 do Exército Brasileiro.

No que diz respeito à conduta relativa à modificação das características de arma de fogo de modo a equipará-la às de **uso proibido** deve-se lembrar que o § 2º do art. 16 estabelece tipo específico e com pena maior a hipótese em que qualquer das condutas previstas no caput e incisos do § 1º envolvam arma de fogo de uso proibido.

Logo, aquele que modifica as características de arma de fogo tornando-a como arma de fogo de **uso proibido** incorrerá, na verdade, no **tipo penal previsto no § 2º do art. 16** (pena mais grave) e não naquele estabelecido no inciso II do § 1º do art. 16 (menor gravidade).

Tratar-se-á do tipo penal previsto no § 2º do art. 16 em outro tópico, entretanto, para delinear preliminarmente o conceito de armas de fogo de uso proibido transcreve-se a atual definição normativa:

> **DECRETO FEDERAL Nº 10.030/19** (Aprova o Regulamento de Produtos Controlados)
>
> **ANEXO I**
>
> Art. 3º As definições dos termos empregados neste Regulamento são aquelas constantes deste artigo e do Anexo III
>
> Parágrafo único. Para fins do disposto neste Regulamento, considera-se:
>
> III – arma de fogo de uso proibido:
>
> a) as armas de fogo classificadas de uso proibido em acordos e tratados internacionais dos quais a República Federativa do Brasil seja signatária; ou
>
> b) as armas de fogo dissimuladas, com aparência de objetos inofensivos;
>
> [...]
>
> V - munição de uso proibido – as munições:
>
> a) assim classificadas em acordos ou tratados internacionais dos quais a República Federativa do Brasil seja signatária; ou
>
> b) incendiárias ou químicas;

Enfim, quanto à terceira conduta típica presente **no inciso II do § 1º do art. 16** importa ressaltar que pode ser praticada por meio de **modificação nas características**, também, de **armas de fogo de uso permitido e restrito** visto que a modificação realizada em armas de fogo de uso proibido também acarretará a incidência do previsto no § 2º do art. 16.

Detalhe interessante a ser observado é que o tipo não vinculou a finalidade da modificação à uma questão processual mas sim à determinadas funções (autoridade policial, perito ou juiz), logo, ainda que mais provável que eventual conduta típica neste sentido seja praticada para modificar objetos de prova na esfera da **investigação criminal** ou **processo penal** o tipo penal também abrange modificações realizadas com o intuito de gerar reflexos apenas na **esfera administrativa** tendo em vista que especialmente as autoridades policiais e os peritos não atuam apenas no âmbito do processo judicial.

Especificamente em relação à **autoridade policial**, uma fiscalização realizada por um **militar integrante da Divisão de Fiscalização de Produtos Controlados** por exemplo exerce, nesta função, autoridade policial sendo que uma modificação realizada para dificultar ou induzir a erro referido militar é suficiente para a tipificação da conduta independentemente de qualquer investigação ou processo judicial em curso.

Importante ressaltar tal ponto tendo em vista que em face das atuais excrecências do sistema policial brasileiro, baseado em modelo desenhado para atender ao contexto burocrático do século XVIII, ainda se percebe arraigado no "imaginário popular" a "bacharelesca" ideia de que "autoridade policial" traduz-se na figura do "Delegado de Polícia" o que, na verdade, demonstra o absurdo atraso do sistema policial brasileiro visto ser a única função "policial" que só existe no Brasil.[87]

Apresentadas as considerações a respeito dos principais elementos dos tipos penais previstos nos incisos II do § 1º do art. 16 lembre-se apenas que, como destacado na análise do sujeito ativo, referidas condutas para serem consideradas como crimes militares devem subsumir-se às hipóteses previstas nas alíneas dos incisos II e III do art. 9º do Código Penal Militar de acordo com a qualidade do sujeito ativo (militares da ativa, da reserva, reformados e civis, relacionados ou não às atividades sob controle do Comando do Exército).

Posse, detenção, fabricação ou emprego de artefato explosivo ou incendiário (inciso III do § 1º do art. 16):

> § 1º Nas mesmas penas incorre quem:
>
> III – possuir, deter, fabricar ou empregar artefato explosivo ou incendiário, sem autorização ou em desacordo com determinação legal ou regulamentar;

[87] Ainda que represente um movimento absolutamente prejudicial pois calcado no objetivo expresso de incrustar ainda mais questões politico-ideológicas nas discussões do sistema de segurança pública brasileiro, o artigo "Delegado de polícia: um lobisomem no autoritário sistema penal brasileiro" de autoria de Orlando Zaccone muito bem exemplifica o isolamento da figura do Delegado de Polícia, inexistente em qualquer outro sistema policial no mundo. Disponível em: https://ponte.org/artigo-delegado-de-policia-um-lobisobem-no-autoritario-sistema-penal-brasileiro/

O tipo penal previsto no inciso III do § 1º do art. 16 engloba praticamente a posse, detenção (porte), fabricação e emprego de artefato explosivo ou incendiário "sem autorização ou em desacordo com determinação legal ou regulamentar".

Como já explicado quando da análise do tipo penal de disparo de arma de fogo ou acionamento de munição (art. 15 do Estatuto) **explosivo não se confunde com munição para efeitos do Estatuto do Desarmamento**. A normatização vigente estabelece clara distinção entre tais objetos e além de definir o conceito de explosivos classifica-os Produtos Controlados pelo Exército (PCE) por meio do Decreto Federal nº 10.030/19 constando-os no rol de PCE estabelecidos pela PORTARIA Nº 118 - COLOG, DE 4 DE OUTUBRO DE 2019 (EB: 64447.041399/2019 - 31):

DECRETO FEDERAL Nº 10.030/19 (Aprova o Regulamento de Produtos Controlados)

ANEXO I

Art. 2º Para fins do disposto neste Regulamento, Produto Controlado pelo Comando do Exército – PCE é aquele que:

(...)

§ 1º Os PCE são classificados quanto:

a) ao tipo;

b) ao grupo; e

c) ao grau de restrição.

§ 2º As classificações dos PCE quanto ao tipo e ao grupo constam do Anexo II.

Art. 3º As definições dos termos empregados neste Regulamento são aquelas constantes do Anexo III.

ANEXO II

CLASSIFICAÇÃO DOS PRODUTOS CONTROLADOS PELO COMANDO DO EXÉRCITO

TIPO	GRUPO
ARMA DE FOGO	**Arma de fogo**
	Acessório
	Componente/peça
	Equipamento
ARMA DE PRESSÃO	Arma de pressão
	Acessório
EXPLOSIVO	**Explosivos de ruptura**
	Baixos explosivos (propelentes)
	Iniciador explosivo
	Acessório
	Equipamento de bombeamento

MENOS-LETAL	Arma
	Munição
	Equipamento
MUNIÇÃO	**Munição**
	Insumo
	Equipamento
PIROTÉCNICOS	Fogos de artifício
	Artifícios pirotécnicos
	Iniciador pirotécnico
PRODUTO QUÍMICO	Agente GQ
	Precursor AGQ
	PQIM
PROTEÇÃO BALÍSTICA	**Blindagem balística**
	Veículo
	Equipamento
OUTROS PRODUTOS	Outros

ANEXO III

Acessório explosivo: engenho não muito sensível, de elevada energia de ativação, que tem por finalidade fornecer energia suficiente à continuidade de um trem explosivo e que necessita de um acessório iniciador para ser ativado.

[...]

Explosivo: tipo de matéria que, quando iniciada, sofre decomposição muito rápida, com grande liberação de calor e desenvolvimento súbito de pressão.

Explosivos de ruptura ou altos explosivos: são destinados à produção de um trabalho de destruição pela ação da força viva dos gases e da onda de choque produzidos em sua transformação.

Explosivos primários ou iniciadores: são os que se destinam a provocar a transformação (iniciação) de outros explosivos menos sensíveis. Decompõem-se, unicamente, pela detonação e o impulso inicial exigido é a chama (calor) ou choque.

[...]

PCE de uso permitido: produto controlado listado nominalmente na legislação como PCE cujo acesso e utilização podem ser autorizados para as pessoas em geral, observada a classificação elaborada pelo Comando do Exército, prevista nos decretos regulamentadores da Lei nº 10.826 de 22 de de zembro de 2003.

PCE de uso restrito: produto controlado listado nominalmente na legislação como PCE que, devido às suas particularidades técnicas ou táticas, deve ter seu acesso e sua utilização restringidos, observada a classificação elaborada pelo Comando do Exército, prevista nos decretos regulamentadores da Lei nº 10.826 de 22 de de zembro de 2003

[...]

Tipo de produtos controlados: é a classificação primária dos produtos controlados pelo Exército que os distingue em função de características e efeitos.

Como se vê, portanto, **explosivos é conceito distinto de arma de fogo, acessório e munição** e as condutas típicas a ele relacionadas tipificam o **crime previsto no inciso III** do atual § 1º (antigo parágrafo único) do art. 16 do Estatuto:

> STF
>
> Habeas Corpus. 2. Roubo majorado, quadrilha e porte de explosivos (arts. 157, § 2º, I, II e V e 288, parágrafo único, CP e art. 16, parágrafo único, III, Lei 10.826/03). 3. Pedido de liberdade provisória. 4. Prisão preventiva que perdura dois anos. Alegação de excesso de prazo. Não ocorrência. 5. Procedimento de alta complexidade permeado de diligências imprescindíveis, que não se confundem com mora processual. 6. Ausência de constrangimento ilegal. Ordem denegada.
>
> [...]
>
> Segundo os autos, o paciente e mais 3 corréus associaram-se, em quadrilha armada, para o fim de cometer crimes. Apurou-se que os denunciados, no dia 4.7.2012, teriam supostamente roubado a agência do Banco do Brasil da cidade de Cocal/PI.
>
> Os acusados integravam dois grupos: o primeiro grupo mantinha a Polícia em seu poder e o segundo grupo executava o roubo na agência bancária, valendo-se, para tanto, de armas de fogo de grosso calibre (dentre elas, fuzis e espingardas calibre 12) e de explosivos. Para terem acesso ao interior do banco e do cofre, os denunciados empregaram e detonaram artefatos explosivos que destruíram toda a agência, produzindo danos até mesmo nos imóveis vizinhos. Dessa forma, após explodirem a agência e seu cofre, subtraíram significativa quantia em dinheiro (mais de R$ 140.000,00 – cento e quarenta mil reais). HC 124559 / PI – PIAUÍ HABEAS CORPUS. Relator(a): Min. GILMAR MENDES. Julgamento: 09/12/2014. Publicação: 27/02/2015. Órgão julgador: Segunda Turma
>
> AGRAVO REGIMENTAL HABEAS CORPUS. ORGANIZAÇÃO CRIMINOSA (ART. 2º, § 2º, DA LEI Nº 12.850/2013), ROUBO CIRCUNSTANCIADO (ART. 157, § 2º, I E II, DO CÓDIGO PENAL), EXPLOSÃO (ART. 251, § 2º, DO CÓDIGO PENAL) E POSSE ILEGAL DE ARMA DE FOGO DE USO RESTRITO E DE ARTEFATO EXPLOSIVO (ART. 16, CAPUT, E PARÁGRAFO ÚNICO, III, DO CÓDIGO PENAL). PRISÃO PREVENTIVA. GARANTIA DA ORDEM PÚBLICA. MOTIVAÇÃO IDÔNEA. PRECEDENTES. 1. A decisão que determinou a segregação cautelar apresenta fundamentação jurídica idônea, já que lastreada nas circunstâncias do caso para resguardar a ordem pública, ante a gravidade concreta das condutas imputadas ao agravante, apontado como integrante de organização criminosa fortemente armada voltada para prática de roubos a agências bancárias. 2. Agravo regimental a que se nega provimento.
>
> [...]
>
> Consta dos autos, em síntese, que foi decretada a prisão preventiva do agravante em 18/8/2016. Sobreveio condenação à pena de 22 anos e 11 meses de reclusão, regime inicial fechado, pela prática dos crimes de organização criminosa (art. 2º, §2º, da Lei 12.850/13), roubo circunstanciado (art. 157, §2º, I e II, do Código Penal), explosão (art. 251, §2º, do CP), e posse de arma de fogo de uso restrito e artefato explosivo (art. 16, caput e parágrafo único, III, da Lei 10.826/03), tendo sido Negado o direito de recorrer em liberdade. STF. AG.REG. NO HABEAS CORPUS 163.202 MARANHÃO. Órgão julgador: Primeira Turma. Relator(a): Min. ALEXANDRE DE MORAES. Julgamento: 19/11/2018. Publicação: 26/11/2018

Ocorre que diferentemente das armas de fogo, acessórios ou munições que são objeto de controle pelos sistemas civis (SINARM) ou militares (SIGMA) a depender das características ou da qualidade do proprietário do objeto ou ainda das atividades a ele relacionadas, **os explosivos**, independentemente de tais circunstâncias caracterizam-se como **Produto Controlado pelo Exército – PCE**, ou seja, tem a **"autorização"** ou **"determinação legal ou regulamentar"** para sua fabricação, posse, porte ou emprego **emanadas pelo Comando de uma Instituição Militar**.

Por tal motivo, **independentemente da qualidade do sujeito ativo** responsável pela prática de algumas das condutas típicas previstas no inciso III do § 1º do Estatuto do Desarmamento por ser elementar do tipo a prática destas "sem autorização ou em desacordo com determinação legal ou regulamentar", resta clara a **violação à ordem administrativa militar**.

Logo, de acordo com os argumentos já apresentados no tópico 3 do presente capítulo e na análise do sujeito ativo em cada um dos tipos penais previstos no art. 16 em tela, **com o advento das Leis Federais nº 13.491/17 e 13.774/18**, o tipo penal previsto no inciso **III do § 1º do art. 16 do Estatuto do Desarmamento** por **violar**, invariavelmente, a **ordem administrativa militar**, deve ser considerado, no posicionamento aqui defendido, **sempre como militar**.

Pode soar indevido, em um primeiro momento, referido posicionamento até por parecer incongruente definir que um crime originalmente previsto e criado no âmbito do Direito Penal Comum, como que em um "passe de mágica" torne-se, exclusivamente, militar. No entanto, uma análise mais acurada demonstrará que, na verdade, o "estranho", o "indevido" era que até o advento da Lei Federal 13.491/17 aquele que burla ou descumpre regras expedidas pelo Comando do Exército Brasileiro a respeito de objetos de alta lesividade como os explosivos cujo controle e fiscalização, exatamente por tal motivo, foram colocados ordenamento jurídico sob a tutela de uma Instituição Militar, não afrontaria a regularidade das instituições militares e não seria um crime militar ao passo que um simples desacato praticado por um civil contra um militar das Forças Armadas durante uma ação de Garantia de Lei e Ordem, por exemplo, ou a conduta de um civil flagrado com "um cigarro de maconha" após adentrar, de bicicleta, em uma área militar, seriam considerados como crime militar[88].

A esquizofrenia sistêmica decorrente do descompasso entre as legislações penais comum e militar no período compreendido entre o advento do Código Penal Militar em 1969 e a tão necessária equalização e atualização ocorrida em 2017 é a responsável, em verdade, por eventuais posicionamentos relutantes em reconhecer que estabelecendo, o ordenamento jurídico, a necessidade de que referida atividade seja regulada e desempenhada por uma Instituição Militar, tal qual o Exército Brasileiro no caso dos explosivos, uma afronta à esta atividade de regulação e controle não afete à regularidade das Instituições Militares e, por consequência, o exercício dos direitos fundamentais por elas promovidos e garantidos.

---

[88] STM. RECURSO EM SENTIDO ESTRITO Nº 7000535-16.2020.7.00.0000. RELATOR: MINISTRO PÉRICLES AURÉLIO LIMA DE QUEIROZ. Brasília-DF, 15 de outubro de 2020.

Aliás, como também destacado nos argumentos apresentados no item 6.3 do presente capítulo, já é pacífico na jurisprudência pátria o reconhecimento da natureza militar dos delitos relacionados à falsificação ou outros tipos de fraudes praticados por civis contra os sistemas de controles de armamentos e de munições gerenciados pelo Exército quando estes caracterizavam tipos penais previstos, de igual modo, nas legislações penais comum e militar:

> STM
>
> EMENTA: HABEAS CORPUS. CRIME CONTRA A ADMINISTRAÇÃO MILITAR. TRANCAMENTO DE INQUÉRITO POLICIAL MILITAR (IPM). EXCEPCIONALIDADE. JUSTA CAUSA. PRESENÇA. CONTROLE DE ARMAMENTOS E DE MUNIÇÕES. ARCABOUÇO PROBATÓRIO INSUFICIENTE. APRECIAÇÃO EXAURIENTE DA PROVA. IMPOSSIBILIDADE. INDEPENDÊNCIA DAS ESFERAS ADMINISTRATIVA E PENAL. ORDEM DENEGADA. DECISÃO UNÂNIME. 1. A autoridade da Polícia Judiciária Militar, diante de suspeitas de cometimento de delito castrense, em regra, tem a obrigação de instaurar a investigação. Abstratamente, civil pode ser agente de crimes contra a Administração Militar. 2. O trancamento de IPM, mediante HC, compreende situação excepcional e deve ocorrer em casos extremos, tais como a atipicidade da conduta, a extinção da punibilidade ou a ausência de elementos indiciários demonstrativos de autoria e de prova da materialidade. 3. A experiência evidencia que a multiplicidade de provas, no contexto de processos relativos ao controle de armamentos e de munições, implica em feitos dotados de certa complexidade. 4. O HC, por seu caráter expedito e pela restrição de sua via, não comporta a apreciação exauriente da prova, sendo indevida a invasão do mérito do feito de origem. 5. Fruto da independência das esferas, a solução adotada em sede de processo administrativo não vincula a seara Penal. 6. Ordem denegada. Decisão unânime. HABEAS CORPUS Nº 7000241-61.2020.7.00.0000 RELATOR: Ministro Gen Ex MARCO ANTÔNIO DE FARIAS. Brasília, 14 de maio de 2020. Ministro Gen Ex MARCO ANTÔNIO DE FARIAS Relator

Deste modo, a tese ora defendida no sentido de que o **tipo penal** de posse, detenção (porte), fabricação e emprego de artefato explosivo ou incendiário previsto no **inciso III do § 1º do art. 16 do Estatuto do Desarmamento** por depender, para a caracterização, da **ausência de autorização ou desacordo com determinação legal ou regulamentar expedida pelo Exército Brasileiro** terá por consequência, **natureza militar independentemente do sujeito ativo por violar**, necessariamente a **ordem administrativa militar** (alínea "e" do inciso II ou alínea "a" do inciso III do art. 9º do Código Penal Militar).

Entrega de arma de fogo, acessório, munição ou explosivo a criança ou adolescente (inciso V do § 1º do art. 16):

> § 1º Nas mesmas penas incorre quem:
>
> V – vender, entregar ou fornecer, ainda que gratuitamente, arma de fogo, acessório, munição ou explosivo a criança ou adolescente; e

O tipo penal previsto no **inciso V do § 1º do art 16 do Estatuto difere** do já abordado delito de **omissão de cautela** na guarda do armamento previsto no **art. 13 do Estatuto** por consistir, aquele, em conduta culposa, ou seja, em virtude da culpa do proprietário ou possuidor da arma de fogo a criança ou adolescente (naquele tipo também a pessoa com deficiência mental) dela se apropria.

Já no presente tipo penal constante do art. 16 do Estatuto o proprietário ou possuidor da arma de fogo, acessório, munição ou explosivos (estes últimos objetos não integram o tipo previsto no art 13) **de modo intencional, doloso, entrega** referidos objetos à criança ou ao adolescente. Consoante a **doutrina e jurisprudência** pátria o tipo penal previsto no art. 16 também **derrogou o crime então previsto no art. 242 do Estatuto da Criança e do Adolescente** que persiste apenas em relação à entrega de **outras armas que não sejam de fogo**, desde que, obviamente, possam ser definidas como armas:

> TJSC
>
> APELAÇÃO CRIMINAL - AGENTE DENUNCIADO POR ENTREGAR ESPINGARDA DE PRESSÃO À ADOLESCENTE (LEI N. 10.826/2003, ART. 16, § ÚNICO, V) - ABSOLVIÇÃO SUMÁRIA DECRETADA NA ORIGEM (CPP, ART. 397) - IRRESIGNAÇÃO MINISTERIAL - ALMEJADA DESCLASSIFICAÇÃO (CPP, ART. 383, CAPUT) DA CONDUTA PARA O TIPO DESCRITO NO ART. 242 DO ESTATUTO DA CRIANÇA E DO ADOLESCENTE - INVIABILIDADE - ILÍCITO PENAL PARCIALMENTE REVOGADO - SUCESSIVAS ALTERAÇÕES LEGISLATIVAS - LEIS PENAIS ESPECIAIS POSTERIORES - REGULAMENTAÇÃO INTEGRAL DA MATÉRIA - INAPLICABILIDADE DO TIPO INCRIMINADOR DO ART. 242 DA LEI N. 8.069/90 - AUSÊNCIA, ADEMAIS, DE LESIVIDADE DA CONDUTA - RECURSO DESPROVIDO. I - Situações jurídicas que encontram gênese em posse ou porte de arma de pressão com calibre inferior a seis milímetros e que não deflagre projéteis caracterizam verdadeiros fatos atípicos e inaptos a provocar a movimentação do aparato estatal repressor, o que, aliás, já restou assentado nesta corte de justiça e em diversos precedentes dos tribunais pátrios (TJSC, HC n. 2009.046275-7, de Joinville,rel. Des. Newton Varella Júnior, j. em 25-8-2009; TJES, HC n. 100070023948, rel. Des. Sergio Bizzotto Pessoa de Mendonça, j. em 19-3-2008; e, TJMG, HC n. 1.0000.07.459446-6, rel. Des. Antonio Armando dos Anjos, j. em 4-9-2007). II - O Estatuto do Desarmamento, ao incriminar a conduta consistente em "vender, entregar ou fornecer, ainda que gratuitamente, arma de fogo, acessório, munição ou explosivo a criança ou adolescente" (art. 16, § único, V), buscou efetivar o mandato constitucional que ordena o tratamento mais rigoroso aos crimes praticados contra criança ou adolescente (CF/88, art. 227, §4º), sancionando a postura ilícita com mais rigor do que o fazia o art. 242 do Estatuto da Criança e do Adolescente, cujo preceito secundário, em sua redação originária, previa pena de detenção variável de seis meses a dois anos, e multa, ao posso que o novo instrumento legislativo, além de ter ampliado e ter bem delimitado o leque de condutas proscritas, estabeleceu como pena a reclusão de 3 (três) a 6 (seis) anos, e multa, ou seja, cominou tratamento mais severo. E ao redefinir a situação jurídico-penal daquele que entrega arma de fogo a menor inimputável, regulou inteiramente a matéria constante de lei pretérita, ensejando, conforme já prenunciado, a revogação do art. 242 do Estatuto da Criança e do Adolescente (LICC, art. 2º, §1º), Portanto, o mencionado elemento normativo incriminador (Lei n. 8.069/90, art. 242), em face das sucessivas alterações legislativas que passaram a regular a totalidade da matéria e conferiram novos lindes aos interesses tutelados (Lei n. 9.437/97, art. 10; e, Lei n. 10.826/2003), sofreu substancial mitigação de seu alcance, tendo sido, inclusive, "revogado pelo art. 16, parágrafo único, V, do Estatuto do Desarmamento" (Damásio Evangelista de Jesus. Direito Penal do Desarmamento. 6. ed., São Paulo: Saraiva, 2007, p. 113). III - Diferentemente do princípio da insignificância, que tem seu foco direcionado precipuamente ao bem jurídico, reputando-se insignificante a conduta que lesiona objeto de somenos relevância, o princípio da ofensividade incide na própria conduta, que, malgrado a existência de bem jurídico destacado, não lhe é

capaz de causar agressão expressiva. Cuida-se de princípio cujo objetivo assemelha-se ao encontrado no postulado da insignificância: limitar a coerção estatal àqueles delitos que efetivamente merecem tal repressão, priorizando o direito de liberdade e as formas administrativas de prevenção do ilícito. Assim, de acordo com esse princípio, não se pode considerar crime a prática de conduta que não ofereça qualquer lesão, ou ao menos perigo concreto ao bem jurídico tutelado. Desse modo, é patente que a entrega de "espingarda de chumbinho" a adolescente, dissociada de pretensão danosa, e sem a efetuação de qualquer disparo, caracteriza conduta desprovida de lesão, de ordem a ensejar a absolvição do réu por observância ao princípio da ofensividade. (TJSC, Apelação Criminal n. 2009.073510-0, de Garuva, rel. Salete Silva Sommariva, Segunda Câmara Criminal, j. 06-04-2010).

Vale lembrar ainda que **pouco importa** se a **posse ou propriedade** da arma de fogo, do acessório, da munição ou dos explosivos **são lícitos ou não** haja vista que o sujeito passivo imediato, como já destacado em discussão específica, trata-se da criança e do adolescente e não a incolumidade pública em abstrato.

Como também já indicado o tipo em questão **só pode ser praticado contra civis** (crianças ou adolescentes), o que impede a caracterização das hipóteses previstas pela alínea "a" do inciso II e alíneas "b", "c" e "d" do inciso III do art. 9º do Código Penal Militar.

Logo, **a entrega dolosa de arma de fogo, acessório, munição ou explosivo a criança ou adolescente** tipificada no inciso III do § 1º do art. 16 do Estatuto do Desarmamento terá a natureza de **crime militar** por afetação da regularidade das instituições militares **quando** as condutas típicas nele presentes forerm praticadas por:

1. **militares da ativa**: em **lugar sujeito à administração militar** (alínea "b" do inciso II do art. 9º do CPM); **em serviço ou atuando em razão da função, em comissão de natureza militar, ou em formatura**, ainda que fora do lugar sujeito à administração militar (alínea "c" do inciso II do art. 9º do CPM); durante o **período de manobras ou exercício** (alínea "d" do inciso II do art. 9º do CPM); **contra a ordem administrativa militar** (alínea "e" do inciso II do art. 9º do CPM);
2. **militares da reserva, reformados ou civis contra as instituições militares e a ordem administrativa militar** (alínea "a" e caput do inciso III do art. 9º do CPM).

Produção, reciclagem ou adulteração de munição ou explosivo e condutas típicas envolvendo armas de fogo de uso proibido (inciso VI do § 1º e § 2º do art. 16):

§ 1º Nas mesmas penas incorre quem:

VI – produzir, recarregar ou reciclar, sem autorização legal, ou adulterar, de qualquer forma, munição ou explosivo.

§ 2º Se as condutas descritas no caput e no § 1º deste artigo envolverem arma de fogo de uso proibido, a pena é de reclusão, de 4 (quatro) a 12 (doze) anos.

Assim como ocorre em relação à produção, comercialização e emprego dos explosivos, a **produção, comercialização e recarga de munições é regulamentada, controlada e fiscalizada pelo Comando do Exército Brasileiro** por meio do **Sistema de Controle de Venda e Estoque de Munições** (SICOVEM) (Portaria Normativa nº 581/MD de 24 de abril de 2006).

Da mesma forma **as armas de fogo de uso proibido** são definidas e classificadas como **Produto Controlado pelo Exército** e tem sua comercialização e uso proibido no território nacional à exceção de casos excepcionais, a exemplo de colecionadores, também regulamentado pelo Comando do Exército:

> **DECRETO FEDERAL Nº 10.030/19** (Aprova o Regulamento de Produtos Controlados)
>
> **ANEXO I**
>
> Art. 3º As definições dos termos empregados neste Regulamento são aquelas constantes deste artigo e do Anexo III
>
> Parágrafo único. Para fins do disposto neste Regulamento, considera-se:
>
> III – **arma de fogo de uso proibido**:
>
> a) as armas de fogo classificadas de uso proibido em acordos e tratados internacionais dos quais a República Federativa do Brasil seja signatária; ou
>
> b) as armas de fogo dissimuladas, com aparência de objetos inofensivos;
>
> [...]
>
> V - **munição de uso proibido** - as munições:
>
> a) assim classificadas em acordos ou tratados internacionais dos quais a República Federativa do Brasil seja signatária; ou
>
> b) incendiárias ou químicas;

Como **exemplo de arma de fogo de uso proibido** pode-se citar **"caneta-revólver"** que na ementa abaixo foi denominada como de uso "restrito" por conta da previsão à época de ambos conceitos (restrito e proibido) integrarem o caput do art. 16 e resultarem na mesma consequência penal. No entanto, no corpo do referido Acórdão é possível identificar a classificação como **arma de fogo de uso proibido e a necessidade de autorização pelo Exército** pelo autor dos fatos que assim a obteve na qualidade de colecionador sendo que no caso em tela foi reconhecido o **princípio da insignificância** em virtude do objeto **constar do cadastro e registro do Exército** apenas com especificação de **país de origem distinta** havendo, posteriormente, retificação do registro relativo ao objeto:

> STF
>
> EMENTA Habeas Corpus. Ação Penal (trancamento). Justa causa (ausência). Posse ilegal de arma de fogo de uso restrito ("caneta-revólver"). Atipicidade. 1. É possível a concessão de habeas corpus para a extinção de ação penal sempre que se constatar ou imputação de fato atípico, ou inexistência de qualquer elemento que demonstre a autoria do delito, ou extinção da punibilidade. 2. Na espécie, não há justa causa para a ação penal com base no art. 16 da Lei nº 10.826/03 (Estatuto do Desarmamento). A apreensão de "caneta-revólver" na residência do investigado, cujas características são de todo assemelhadas à arma registrada em seu nome perante o órgão competente,

com mera divergência quanto à origem de sua fabricação, não é suficiente para caracterizar o crime de posse ilegal de arma de fogo de uso restrito, máxime não tendo sido localizado outro equipamento similar de origem diversa. 3. Nas palavras de Reale Júnior, tipicidade é a "congruência entre a ação concreta e o paradigma legal ou a configuração típica do injusto". Não preenchidos esses requisitos, inexiste justa causa para a instauração da persecução penal pelo Parquet. 4. Habeas corpus concedido. STF HC 102422. Órgão julgador: Tribunal Pleno. Relator(a): Min. DIAS TOFFOLI. Julgamento: 10/06/2010. Publicação: 14/09/2011

Logo, sendo **a produção, comercialização e recarga de munições e as questões relativas às armas de fogo de uso proibido reguladas, controladas e normatizadas pelo Comando do Exército**, pelos mesmos fundamentos expostos em relação ao tipo penal de posse, porte, fabricação ou emprego de explosivos (inciso III do § 1º do art. 16 do Estatuto) as condutas típicas previstas no inciso VI do § 1º e § 2º do art. 16 terão, por consequência, **natureza militar independentemente do sujeito ativo** que as pratica tendo em vista que **violam**, necessariamente, **a ordem administrativa militar** (alínea "e" do inciso II ou alínea "a" do inciso III do art. 9º do Código Penal Militar).

– Elemento subjetivo:

Todas as condutas tipificas previstas no *caput* e parágrafos do **art. 16 do Estatuto do Desarmamento** (posse e porte ilegal de arma de fogo, acessório ou munição de uso restrito, figuras equiparadas e de uso proibido) somente se caracterizam mediante a prática de **conduta dolosa** (dolo direto ou eventual), nos termos dispostos pelo art. 33 do Código Penal Militar.

Vale lembrar que em se tratando de crime militar por afetação da regularidade das instituições militares o dolo da conduta deve compreender não apenas as elementares de cada um dos tipos penais previstos no art. 16 do Estatuto do Desarmamento e seus parágrafos como também todas as circunstâncias e elementos caracterizadores da natureza militar do crime previstos nas alíneas dos incisos II e III do art. 9º do Código Penal Militar.

– Consumação:

Em relação aos tipos penais previstos no art. 16 e seus parágrafos do Estatuto do Desarmamento que são caracterizados como militares por afetação da regularidade das instituições militares pela sujeição do autor da conduta à regulamentação militar, seja pela sua qualidade (militar – *caput* e incisos I e IV do § 1º do art. 16 do Estatuto do Desarmamento) seja pela atividade que exerce (art. 9º e caput e incisos I e IV do § 1º do art. 16 do Estatuto do Desarmamento), ou ainda pela sujeição do objeto ou atividade descrita no tipo como de atribuição de uma Instituição Militar (incisos III, VI e § 2º do art. 16), consubstanciam-se, em regra, como **crimes permanentes, de mera conduta e de perigo abstrato** cuja consumação se dá pela simples prática das condutas típicas que, por si, já **violam a ordem administrativa militar**.

Em sentido contrário, no que diz respeito aos **tipos penais cujas condutas não se encontram regulamentadas por uma instituição militar** seja em virtude da qualidade do autor (civis) seja em virtude da ausência desta característica na própria conduta típica (incisos II e V do § 1º do art. 16 do Estatuto do Desarmamento), pelos argumentos apresentados ao longo de todo o capítulo até aqui, somente serão como tipos penais **militares por afetação da regularidade das Instituições Militares** quando concretamente demonstrado alguma das hipóteses previstas em alguma das alíneas dos incisos II e III do art. 9º do Código Penal Militar, tratando-se, portante, em regra de crimes de **perigo concreto, permanentes, materiais** cuja consumação se dá pela prática das condutas típicas previstas no caput do art. 16 do Estatuto e seus respectivos parágrafos no momento em que o perigo ou a violação à norma militar se concretiza.

– Tentativa:

Em relação aos tipos penais previstos no art. 16 e seus parágrafos do Estatuto do Desarmamento que são caracterizados como militares por afetação da regularidade das instituições militares pela **sujeição do autor da conduta à regulamentação militar**, seja pela sua qualidade (militar – *caput* e incisos I e IV do § 1º do art. 16 do Estatuto do Desarmamento) seja pela atividade que exerce (art. 9º e *caput* e incisos I e IV do § 1º do art. 16 do Estatuto do Desarmamento), ou ainda pela **sujeição do objeto ou atividade descrita no tipo como de atribuição de uma Instituição Militar** (incisos III, VI e § 2º do art. 16), **não se admite**.

Contudo, em relação aos tipos penais cujas **condutas não se encontram regulamentadas por uma instituição militar** seja em virtude da qualidade do autor (civis) seja em virtude da ausência desta característica na própria conduta típica (incisos II e V do § 1º do art. 16 do Estatuto do Desarmamento), pelos argumentos apresentados ao longo de todo o capítulo até aqui, **a tentativa pode ser admitida** em cada caso concreto visto que somente serão definidos como tipos penais militares por afetação da regularidade das Instituições Militares quando concretamente demonstrado alguma das hipóteses previstas em alguma das alíneas dos incisos II e III do art. 9º do Código Penal Militar.

6.4.7. Concurso

Em relação à possibilidade de concurso, formal ou material, do crime de posse e porte ilegal de arma de fogo de uso restrito, proibido ou de suas figuras equiparadas com outros a ele relacionados ou ainda no que diz respeito aos casos nos quais o autor possui ou mantém sob sua guarda mais de um dos objetos descritos no tipo, a jurisprudência pátria apresentada quando da análise do tipo penal de posse irregular (art. 12 do Estatuto), no item 5.4.1, e de porte ilegal de arma de fogo de uso permitido (art. 14 do Estatuto), no item 5.4.4, tem se posicionado no sentido a seguir apresentado.

Inicialmente, no que diz respeito à posse ou guarda de **mais de uma arma de fogo, acessório ou munição**, em desacordo com as determinações legais ou regulamentares, têm-se reconhecida a existência de **crime único**, desde que tanto **o local** quanto a **classificação dos objetos** (uso permitido, restrito, proibido) sejam **idênticas.**

Situação diversa verifica-se quando as armas de fogo, os acessórios ou munições forem mantidos em **locais** que tipificam **crimes distintos** (arts. 12, 14 e 16 do Estatuto por exemplo) ou ainda nas hipóteses em que os **objetos possuem classificação distinta** perante o Estatuto de modo a tipificar crimes também distintos.

Já no que diz respeito às hipóteses em que houver a prática de crimes tipificados por meio de **condutas diversas da posse ou porte** da arma de fogo, do acessório ou da munição, estejam previstos, ou não, no Estatuto, a **jurisprudência** tem aplicado o **princípio da consunção**, em detrimento do concurso material, **apenas nos casos em que a posse ou o porte ilegal da arma de fogo, acessório ou munição, estiver ligado diretamente ao crime fim e nele se esgotar**, a exemplo das decisões já apresentadas em relação à prática das condutas de posse ou porte ilegal de arma de fogo, acessório ou munição no contexto de disparos de arma de fogo, associação criminosa, tráfico de drogas etc.

Também **não tem sido reconhecido** pela jurisprudência o **princípio da consunção** nos casos em que, apesar do contexto lógico entre o crime previsto no Estatuto do Desarmamento e outro previsto em legislação diversa, a natureza jurídica e o bem jurídico tutelado pelas infrações praticadas sejam distintos:

STJ

PENAL E PROCESSUAL PENAL. AGRAVO REGIMENTAL EM HABEAS CORPUS. **TRÁFICO INTERNACIONAL DE ARMA DE FOGO E RECEPTAÇÃO**. DESCLASSIFICAÇÃO PARA O TIPO DO ART. 16 DO ESTATUTO DO DESARMAMENTO. IMPOSSIBILIDADE. PRINCÍPIO DA ESPECIALIDADE. CARÁTER INTERNACIONAL DA AÇÃO. TRANSPOSIÇÃO DE FRONTEIRA. INTRODUÇÃO DE ARTEFATO BÉLICO NO TERRITÓRIO NACIONAL. **CONCURSO MATERIAL. RECONHECIMENTO. BENS JURÍDICOS TUTELADOS DIVERSOS. DELITO CONTRA A PAZ PÚBLICA E DELITO PATRIMONIAL**. AGRAVO REGIMENTAL DESPROVIDO. I – O tipo de tráfico internacional de arma de fogo de uso restrito, dos arts. 18 c.c. 19 da Lei n.º 10.826/2003, configura-se com o mero favorecimento da entrada ou saída, a qualquer título, do artefato bélico do território nacional, sem autorização da autoridade competente. Isto é, aplica-se ao simples porte de arma para além das fronteiras nacionais. Precedentes. II – Assim, para a configuração do tipo dos arts. 18 c.c. 19 da Lei n.º 10.826/2003, não é necessário que tenha ocorrido ato de importação propriamente dito, mas sim o favorecimento da introdução do artefato bélico no território nacional. III – **A jurisprudência deste Superior Tribunal de Justiça é firme no sentido de que o delito de receptação e os do Estatuto do Desarmamento seriam, de regra, crimes autônomos, com naturezas jurídicas e bens tutelados distintos, devendo o agente responder pela sua prática em concurso material**. Agravo regimental desprovido. 07/08/2018 Ministro REYNALDO SOARES DA FONSECA (1170) AgRg no HC 368990 / P AGRAVO REGIMENTAL NO HABEAS CORPU 2016/0225468-0

STF

EMENTA: AGRAVO REGIMENTAL NO HABEAS CORPUS. PENAL E PROCESSUAL PENAL. POSSE ILEGAL DE ARMA DE FOGO DE USO RESTRITO, RECEPTAÇÃO E ASSOCIAÇÃO CRIMINOSA. ARTIGO 16, PARÁGRAFO ÚNICO, IV, DA LEI 10.826/03 E ARTIGOS 180 E 288, PARÁGRAFO ÚNICO, DO CÓDIGO PENAL. HABEAS CORPUS SUBSTITUTIVO DE RECURSO ORDINÁRIO CONSTITUCIONAL. COMPETÊNCIA DO SUPREMO TRIBUNAL PARA JULGAR

HABEAS CORPUS: CF, ART. 102, I, 'D' E 'I'. ROL TAXATIVO. MATÉRIA DE DIREITO ESTRITO. INTERPRETAÇÃO EXTENSIVA: PARADOXO. ORGANICIDADE DO DIREITO. EXECUÇÃO PROVISÓRIA SUPERVENIENTE À CONDENAÇÃO EM SEGUNDA INSTÂNCIA E ANTES DO TRÂNSITO EM JULGADO DO PROCESSO. POSSIBILIDADE. AUSÊNCIA DE VIOLAÇÃO AO PRINCÍPIO CONSTITUCIONAL DA PRESUNÇÃO DE INOCÊNCIA. INEXISTÊNCIA DE TERATOLOGIA, ABUSO DE PODER OU FLAGRANTE ILEGALIDADE. APLICABILIDADE DO ENTENDIMENTO FIRMADO PELO SUPREMO TRIBUNAL FEDERAL EM SEDE DE REPERCUSSÃO GERAL. TEMA 925. IMPOSSIBILIDADE DE UTILIZAÇÃO DO HABEAS CORPUS COMO SUCEDÂNEO DE RECURSO OU REVISÃO CRIMINAL. AGRAVO REGIMENTAL DESPROVIDO. AG.REG. NO HABEAS CORPUS 144.835 SÃO PAULO. Brasília, 21 de agosto de 2017. Ministro LUIZ FUX - RELATOR

Ementa: RECURSO ORDINÁRIO CONSTITUCIONAL EM HABEAS CORPUS (CRFB, ART. 102, II, a). CRIME DE TRÁFICO DE ENTORPECENTES (LEI N. 11.343/06, ART. 33, CAPUT) EM CONCURSO MATERIAL COM O DELITO DE PORTE ILEGAL DE ARMA DE FOGO (LEI N. 10.826/03, ART. 16, IV). APLICAÇÃO DA MINORANTE DO ART. 33, §4º, DA LEI N. 11.343/06. INCIDÊNCIA DA CAUSA DE AUMENTO DE PENA PREVISTA NO ART. 40, IV, DA LEI N. 11.343/06. PLEITOS INCOMPATÍVEIS COM A VIA PROCESSUAL ESTREITA DO HABEAS CORPUS. NECESSIDADE DE REDISCUSSÃO DO CONJUNTO PROBATÓRIO JÁ VALORADO NAS INSTÂNCIAS ORDINÁRIAS. INADMISSIBILIDADE. RECURSO ORDINÁRIO DESPROVIDO. 1. O tráfico de drogas, para fins de incidência da minorante do art. 33, §4º, da Lei nº 11.343/06, reclama a ausência de habitualidade, cuja aferição in concreto consubstancia matéria de fato, insuscetível de rediscussão na via estreita do habeas corpus. Precedentes do STF: HC 82.625, Rel. Min. Gilmar Mendes; HC 82.782, 82.493, 82.517, 82.246, Rel. Min Ellen Gracie; HC 82.191, Rel. Min. Maurício Corrêa; HC 82.128, 82.377, 82.839, 82.394, Rel. Min. Carlos Velloso. 2. É juridicamente possível a cumulação material dos crimes de tráfico de entorpecentes (Lei nº 11.343/06) e de porte ilegal de armas (Lei nº 10.826, art. 16, IV), desde que as condutas típicas se revelem autônomas, o que permite o afastamento da regra especial prevista no art. 40, IV, da Lei de Drogas. 3. In casu, as instâncias ordinárias assentaram que o recorrente traficava drogas de forma habitual, fazendo do comércio de entorpecentes seu "meio de vida", bem como concluíram pela existência de provas de que a arma de fogo apreendida era empregada no comércio ilegal de entorpecentes, por isso a imputação autônoma. 4. A rejeição dessas conclusões reclama revolvimento de matéria fático-probatória, inviável na via estreita do habeas corpus impetrado no e. STJ. 5. Recurso ordinário a que se nega provimento. STF. RHC 116176Órgão julgador: Primeira Turma. Relator(a): Min. LUIZ FUX. Julgamento: 20/08/2013. Publicação: 04/09/2013

EMENTA Recurso ordinário em habeas corpus. Penal. Roubo qualificado e porte ilegal de arma de fogo. Artigo 157, § 2º, I, II e V, do Código Penal, e art. 16, parágrafo único, IV, da Lei nº 10.826/03. Concurso material. Descabimento. Apreensão da arma, em poder do agente, logo após o roubo praticado com seu emprego. Contexto fático único. Princípio da consunção. Absorção do porte ilegal de arma pelo crime patrimonial. Recurso provido. 1. A posse de arma de fogo, logo após a execução de roubo com o seu emprego, não constitui crime autônomo previsto no art. 16, parágrafo único, IV, da Lei nº 10.826/03, por se encontrar na linha de desdobramento do crime patrimonial. 2. Recurso provido para o fim de absolver o recorrente da imputação de porte ilegal de arma. STF. RHC 123399Órgão julgador: Primeira Turma. Relator(a): Min. DIAS TOFFOLI. Julgamento: 30/09/2014. Publicação: 17/11/2014

Por fim, em relação à possibilidade, ou não de **concurso entre os crimes de posse ou porte ilegal de arma de fogo e receptação** já nos posicionamos no sentido de que, respeitados os posicionamentos diversos, a análise de cada caso concreto a partir da perspectiva da objetividade jurídica e das elementares dos delitos em questão conduz à aplicação do **princípio da especialidade** visto que se a arma de fogo que o autor porta por meio de alguma das condutas previstas no *caput* do art. 16 trata-se de produto de crime, automaticamente, restará caracterizado os crimes previstos no art. 16 do Estatuto que se relacionam à situação de regularidade do objeto, não havendo hipótese da prática, apenas, do crime de receptação, tendo em vista que uma arma de fogo, acessório ou munição que seja produto de crime, nunca poderá ser "regularizada". Logo, de acordo com o princípio da especialidade, não há que se falar em concurso de crimes, mas sim de **prática apenas dos crimes previstos no Estatuto do Desarmamento**.

– Pena de multa:

Em relação à aplicação de pena de multa no âmbito do Direito Penal Militar reforçamos o posicionamento já exposto quando das explicações relativas ao tipo penal previsto no art. 12 do Estatuto do Desarmamento no item 6.4.1. Como explicado, a pena de multa não tem previsão expressa no ordenamento jurídico penal militar, em especial na Parte Geral do Código Penal Militar que inclusive determina a prevalência das regras previstas no diploma penal castrense em face de dispositivos diversos previstos na legislação especial, regra essa que não foi alterada pela Lei Federal nº 13.491/17.

Com esse fundamento, aliada à vedação de conjugação de leis pelo Poder Judiciário, a jurisprudência penal militar tem se posicionado, nestes primeiros anos de vigência dos crimes militares por afetação da regularidade das instituições militares, no sentido da impossibilidade de aplicação da pena de multa prevista no Estatuto do Desarmamento no âmbito do Direito Penal Militar[89].

No entanto, já existe doutrina e posicionamentos judiciais no sentido de que diante da equalização e harmonização entre os ordenamentos jurídicos penais comum e militar introduzidas pela Lei Federal nº 13.491/17, a melhor interpretação seria o reconhecimento da introdução das penas específicas originalmente não previstas no Código Penal Militar, porém, mais adequadas aos tipos penais previstos nas legislações especiais mais recentes e que representam, em verdade, a adequação do ordenamento jurídico penal brasileiro aos novos contextos sociais, objetivo, enfim, da Lei Federal nº 13.491/17.[90]

Mais uma vez, portanto, reforçamos que em vista da compreensão sistemática aqui defendida, no sentido de que a Lei Federal nº 13.491/17 teve o grande mérito de conseguir equalizar e harmonizar de modo definitivo e em perspectiva futura os ordenamentos jurídicos penais comum e militar, entendemos que o segundo posicionamento, no sentido da **possibilidade de aplicação da pena de multa aos**

[89] TJMSP. Apelação nº 0002369-97.2017.9.26.0030. Primeira Câmara. 20 de agosto de 2019. Relator: FERNANDO PEREIRA. TJMSP. Apelação nº 0006377-52.2018.9.26.0030 (7.722/19). Primeira Câmara. 11 de junho de 2019. FERNANDO PEREIRA. Relator. STM. APELAÇÃO Nº 7000029-11.2018.7.00.0000. v.u.13/02/2019. WILLIAM DE OLIVEIRA BARROS. STM. RECURSO EM SENTIDO ESTRITO Nº 7000222-55.2020.7.00.0000. RELATOR: MINISTRO PÉRICLES AURÉLIO LIMA DE QUEIROZ. 01/06/2020 a 04/06/2020.

[90] TJMSP. Apelação Criminal nº 0004315-40.2018.9.26.0040 (7783/19), Segunda Câmara, Juiz Silvio Hiroshi Oyama 14 de novembro de 2019.

crimes militares por afetação da regularidade das instituições militares, é o único adequado no atual contexto do ordenamento jurídico penal militar.

– *Abolitio crimininis* e *Novatio in mellius*:

Antes do advento da Lei Federal nº 13.491/17 os crimes previstos pelo Estatuto do Desarmamento já foram alvo de discussões relativas à incidência de alterações de normas administrativas na tipicidade e no reconhecimento de hipótese de *abolitio criminis*, especialmente em virtude das diversas prorrogações relativas aos prazos para regularização ou entrega das armas de fogo que até então estivessem em desacordo com as previsões e requisitos introduzidos pelo Estatuto em 2003. Após diversos posicionamentos, teses e decisões, a situação se consolidou no âmbito da jurisprudência no sentido de que até 23 de outubro de 2005 as condutas previstas nos arts. 12 e 16 relacionadas à posse ilegal de arma de fogo (residência ou local de trabalho) era figura atípica, sendo que a partir de tal data até 31 de dezembro de 2009 só seria atípica a conduta de possuir irregularmente (residência ou local de trabalho) a arma de fogo, acessório ou munição de uso permitido com condições de ser regularizada.

Não obstante, em relação ao tipo penal de posse ou porte ilegal de arma de fogo, acessório ou munição de uso restrito ou figuras equiparadas (art. 16 do Estatuto) a jurisprudência dos tribunais superiores consolidou-se no sentido de que não se aplicava a hipótese de *abolitio criminis* à época em discussão apenas para os crimes de posse (residência ou local de trabalho) ilegal de arma de fogo:

> STJ
>
> "[...] É pacífica a jurisprudência desta Corte no sentido de que as prorrogações do prazo para a entrega de armas de fogo, promovidas pelas Leis n.os 11.706/2008 e 11.922/2009, não abrangem o porte ou a posse de arma ou de munição de uso restrito. [...] 2. No presente caso, a conduta imputada ao Réu – posse ilegal de arma de fogo com numeração raspada, praticada em 15/04/2009 – não foi alcançada pela *abolitio criminis* temporária. 3. Decisão que se mantém por seus próprios fundamentos. [...]" (AgRg no REsp 1361334 MG, Rel. Ministra LAURITA VAZ, QUINTA TURMA, julgado em 18/06/2013, DJe 01/07/2013
>
> STF
>
> EMENTA: HABEAS CORPUS. PORTE ILEGAL DE ARMA DE FOGO. *ABOLITIO CRIMINIS*. NÃO-OCORRÊNCIA. O PRAZO DE CENTO E OITENTA DIAS PREVISTO NOS ARTIGOS 30 E 32 DA LEI N. 10.826/2003 É PARA QUE OS POSSUIDORES E PROPRIETÁRIOS ARMAS DE FOGO AS REGULARIZEM OU AS ENTREGUEM ÀS AUTORIDADES. SOMENTE AS CONDUTAS TÍPICAS 'POSSUIR OU SER PROPRIETÁRIO' FORAM ABOLIDAS TEMPORARIAMENTE. A VINGAR A TESE DE *ABOLITIO CRIMINIS* TEMPORÁRIA QUANTO AO PORTE ILEGAL, CHEGAR-SE-Á AO ABSURDO DE ADMITIR QUE QUALQUER PESSOA PODE TRANSITAR LIVREMENTE EM PÚBLICO PORTANDO ARMA DE FOGO. ORDEM DENEGADA. HC 88594 / SP – SÃO PAULO HABEAS CORPUS Relator(a): Min. EROS GRAU Julgamento: 09/05/2006 Órgão Julgador: Segunda Turma.

Apesar do tema da *abolitio criminis* relativa ao período compreendido entre os anos de 2003 e 2009 ter restado pacificado e consolidado, no ano de 2019, como já explicado, diversas alterações no arcabouço administrativo que regulamenta o

Estatuto do Desarmamento modificaram classificações (uso permitido, uso restrito e uso proibido) das armas de fogo, dos acessórios e das munições o que impactou na mudança de tipificação penal de inúmeras condutas anteriores cujos fatos foram alvo ou tiveram iniciada persecução penal.

A questão relativa a alterações de norma penal em branco tem sido debatida na doutrina que indica alguns requisitos para o reconhecimento da retroatividade de alterações mais benéficas, como é o atual caso das modificações introduzidas no Estatuto, sendo que o STF já havia enfrentado questão semelhante em relação às alterações nas portarias que regulamentavam a Lei de Drogas, as quais também definem elementos integrantes dos tipos penais previstos naquele diploma.

Ainda que a jurisprudência relativa ao impacto penal das alterações introduzidas pelos Decretos Federais de 2019 em relação ao Estatuto do Desarmamento esteja ainda em fase inicial de desenvolvimento, já é possível identificar a tendência de reconhecimento do fenômeno da *novatio legis in mellius* do qual decorrerá a aplicação da retroatividade da alteração normativa mais benéfica para os fatos já julgados ou objeto de processos em curso, assim como a jurisprudência havia se posicionado em relação aos crimes de drogas[91].

Deste modo, a identificação e definição do que significa arma de fogo acessórios e munições de uso permitido e restrito atualmente apresentada pelos Decretos Federais de 2019 devem ser aplicadas não apenas para os fatos praticados após o advento da alteração como também para os fatos anteriores, independentemente da ocorrência ou não do trânsito em julgado de eventual processo penal condenatório.

Por fim, a mais recente discussão diz respeito às alterações promovidas pelos Decretos Federais nº 10.627, 10.628, 10.629 e 10.630, publicados em 12 de fevereiro de 2021 os quais, como explicado, tiveram alguns dispositivos com eficácia suspensa por decisão liminar concedida nos autos da ADIs 6.675/DF, 6.676/DF, 6.677/DF, 6.680/DF e 6.695/DF pela Ministra Rosa Weber, do STF, e cujo mérito ainda se encontra pendente de julgamento.

Em relação à alterações que não foram alvo da suspensão da eficácia concedida liminarmente pelo STF, a exemplo da exclusão dos carregadores "destacáveis tipo cofre ou tipo tubular, metálicos ou plásticos, com qualquer capacidade de munição, cuja ausência não impeça o disparo da arma de fogo" que, com as alterações introduzidas pelo Decreto Federal nº 10.627/21, **deixaram de ser considerados como acessórios de arma de fogo**, não há mais discussão a respeito da **atipicidade da posse ou do porte de carregadores desmuniciados** vez que os tipos penais previstos nos artigos 12, 14 e 16 definem como objetos do crime as armas de fogo, os acessórios e munições. Deste modo, operou-se, sem dúvidas, hipótese de abolitio criminis que deve ser reconhecida pela jurisprudência.

---

91 STJ. AgRg nos EDcl no RECURSO ESPECIAL Nº 1.809.208 - SP (2019/0116480-3) MINISTROFELIXFISCHER V26 de maio de 2020. Ministro FELIX FISCHER. Relator / STJ. 05 de dezembro de 2019 (Data do Julgamento) Relator Quinta Turma. Ministro REYNALDO SOARES DA FONSECA.

Em relação às demais alterações, cuja vigência econtra-se suspensa em decorrência da liminar concedida pelo STF, por ora, não há que se falar em *abolitio criminis* ou *novatio legis in mellius*.[92]

– Inconstitucionalidade do art. 21 do Estatuto do Desarmamento e a hediondez dos tipos penais previstos no art. 16 do Estatuto:

> ESTATUTO DO DESARMAMENTO (LEI FEDERAL Nº 10.826/03)
>
> Art. 14. [...]
>
> Parágrafo único. O crime previsto neste artigo é inafiançável, salvo quando a arma de fogo estiver registrada em nome do agente.

O artigo 21 do Estatuto do Desarmamento foi foi declarado inconstitucional pelo Plenário do Supremo Tribunal Federal (STF) no julgamento da Ação Direta de Inconstitucionalidade (ADI) 3112, proposta pelo Partido Trabalhista Brasileiro (PTB)[93]. Na decisão foram anulados dois dispositivos do Estatuto que proibiam a concessão de liberdade provisória, mediante o pagamento de fiança, tanto no caso de porte ilegal de arma (parágrafo único do artigo 14) e disparo de arma de fogo (parágrafo único do artigo 15). A decisão fundamentou-se na tese de que o porte ilegal e o disparo de arma de fogo "constituem crimes de mera conduta que, embora reduzam o nível de segurança coletiva, não se equiparam aos crimes que acarretam lesão ou ameaça de lesão à vida ou à propriedade" (MINISTÉRIO PÚBLICO DO ESTADO DE SÃO PAULO, 2007):

> STF
>
> "AÇÃO DIRETA DE INCONSTITUCIONALIDADE. LEI 10.826/2003. ESTATUTO DO DESARMAMENTO. INCONSTITUCIONALIDADE FORMAL AFASTADA. INVASÃO DA COMPETÊNCIA RESIDUAL DOS ESTADOS. INOCORRÊNCIA. DIREITO DE PROPRIEDADE. INTROMISSÃO DO ESTADO NA ESFERA PRIVADA DESCARACTERIZADA. PREDOMINÂNCIA DO INTERESSE PÚBLICO RECONHECIDA. OBRIGAÇÃO DE RENOVAÇÃO PERIÓDICA DO REGISTRO DAS ARMAS DE FOGO. DIREITO DE PROPRIEDADE, ATO JURÍDICO PERFEITO E DIREITO ADQUIRIDO ALEGADAMENTE VIOLADOS. ASSERTIVA IMPROCEDENTE. LESÃO AOS PRINCÍPIOS CONSTITUCIONAIS DA PRESUNÇÃO DE INOCÊNCIA E DO DEVIDO PROCESSO LEGAL. AFRONTA TAMBÉM AO PRINCÍPIO DA RAZOABILIDADE. ARGUMENTOS NÃO ACOLHIDOS. FIXAÇÃO DE IDADE MÍNIMA PARA A AQUISIÇÃO DE ARMA DE FOGO. POSSIBILIDADE. REALIZAÇÃO DE REFERENDO. INCOMPETÊNCIA DO CONGRESSO NACIONAL. PREJUDICIALIDADE. AÇÃO JULGADA PARCIALMENTE PROCEDENTE QUANTO À PROIBIÇÃO DO ESTABELECIMENTO DE FIANÇA E LIBERDADE PROVISÓRIA. I – Dispositivos impugnados que constituem mera reprodução de normas constantes da Lei 9.437/1997, de iniciativa do Executivo, revogada pela Lei 10.826/2003, ou são consentâneos com o que nela se dispunha, ou, ainda, consubstanciam preceitos que guardam afinidade lógica, em uma relação de pertinência, com a Lei 9.437/1997 ou com o PL 1.073/1999, ambos encaminhados ao Congresso Nacional pela Presidência da República, razão pela qual não se caracteriza a alegada inconstitucionalidade formal. II – Invasão de competência residual

92 TJPR. 4ª Câmara Criminal, Relator Des. RUI PORTUGAL BACELLAR FILHO. Julgamento 24 de setembro de 2021.

93 Mas, ao todo, foram analisadas 10 ADIs ajuizadas contra o Estatuto do Desarmamento por partidos políticos, associações de delegados e uma confederação de vigilantes.

dos Estados para legislar sobre segurança pública inocorrente, pois cabe à União legislar sobre matérias de predominante interesse geral. III – O direito do proprietário à percepção de justa e adequada indenização, reconhecida no diploma legal impugnado, afasta a alegada violação ao art. 5º, XXII, da Constituição Federal, bem como ao ato jurídico perfeito e ao direito adquirido. IV – A proibição de estabelecimento de fiança para os delitos de "porte ilegal de arma de fogo de uso permitido" e de "disparo de arma de fogo", mostra-se desarrazoada, porquanto são crimes de mera conduta, que não se equiparam aos crimes que acarretam lesão ou ameaça de lesão à vida ou à propriedade. V – **Insusceptibilidade de liberdade provisória quanto aos delitos elencados nos arts. 16, 17 e 18. Inconstitucionalidade reconhecida, visto que o texto magno não autoriza a prisão ex lege, em face dos princípios da presunção de inocência e da obrigatoriedade de fundamentação dos mandados de prisão pela autoridade judiciária competente.** VI – Identificação das armas e munições, de modo a permitir o rastreamento dos respectivos fabricantes e adquirentes, medida que não se mostra irrazoável. VII – A idade mínima para aquisição de arma de fogo pode ser estabelecida por meio de lei ordinária, como se tem admitido em outras hipóteses. VIII – Prejudicado o exame da inconstitucionalidade formal e material do art. 35, tendo em conta a realização de referendo. IX – **Ação julgada procedente, em parte, para declarar a inconstitucionalidade dos parágrafos unicos dos artigos 14 e 15 e do artigo 21 da Lei 10.826, de 22 de dezembro de 2003.** (ADI 3112, Relator (a): Min. RICARDO LEWANDOWSKI, Tribunal Pleno, julgado em 02/05/2007, DJe-131 DIVULG 25-10-2007 PUBLIC 26-10-2007 DJ 26-10-2007 PP-00028 EMENT VOL-02295-03 PP-00386 RTJ VOL-00206-02 PP-00538)

Apesar da declaração de inconstitucionalidade dos parágrafos únicos dos artigos 14 e 15 e do art. 21 do Estatuto do Desarmamento proferida em 2007, 10 anos depois, em 2017, a Lei Federal nº 13.497/2017 alterou a Lei dos Crimes Hediondos (Lei nº 8.072/90) incluindo no rol de tais delitos o crime de posse ou porte ilegal de munições de uso restrito:

Lei Federal nº 8.072/90

Art. 1º [...]

Parágrafo único. Consideram-se também hediondos o crime de genocídio previsto nos arts. 1º, 2º e 3º da Lei nº 2.889, de 1º de outubro de 1956, e o de posse ou porte ilegal de arma de fogo de uso restrito, previsto no art. 16 da Lei n. 10.826, de 22 de dezembro de 2003, todos tentados ou consumados. (Redação dada pela Lei nº 13.497, de 2017)

Ainda que a lei tenha incluído como hediondo o crime de posse ou porte ilegal de arma de fogo de uso restrito, previsto no art. 16 da Lei n. 10.826, de 22 de dezembro de 2003, a **jurisprudência** posicionou-se no sentido de que ele abrangia **todas as condutas previstas no art. 16 e equiparadas ao tipo penal previsto no *caput***:

STJ

Informativo nº 0657

Publicação: 25 de outubro de 2019.

O art. 16 da Lei n. 10.826/2003 (Estatuto do desarmamento) prevê gravosas condutas de contato com "arma de fogo, acessório ou munição de uso proibido ou restrito", vindo seu parágrafo único a acrescer figuras equiparadas – em gravidade e resposta criminal. Dessa forma, ainda que algumas das condutas equiparadas possam ser praticadas com

> armas de uso permitido, o legislador as considerou graves ao ponto de torná-las com reprovação criminal equivalente às condutas do caput. No art. 1º, parágrafo único, da Lei n. 8.072/1990, com redação dada pela Lei n. 13.497/2017, o legislador limitou-se a prever que o delito descrito no art. 16 da Lei n. 10.826/2003 é considerado hediondo. Assim, como a equiparação é tratamento igual para todos os fins, considerando equivalente o dano social e equivalente também a necessária resposta penal, salvo ressalva expressa, ao ser qualificado como hediondo o art. 16 da Lei n. 10.826/2003, as condutas equiparadas devem receber igual tratamento HC 526.916-SP, Rel. Min. Nefi Cordeiro, Sexta Turma, por unanimidade, julgado em 01/10/2019, DJe 08/10/2019

No entanto, apesar do entendimento acima transcrito ter solucionado o problema das figuras típicas equiparadas ao caput e previstas no § 1º do art. 16, não resolvia diretamente o problema relativo ao tipo penal previsto no § 2º do art. 16 (condutas previstas no *caput* e § 1º do art. 16 envolvendo armas de fogo de uso proibido) que não se tratava de conduta equiparada, mas verdadeiramente crime autônomo. Deste modo, os crimes mais graves (envolvendo armas de fogo de uso proibido – § 2º do art. 16) não eram definidos como hediondos ao contrário dos tipos penais menos graves previstos no mesmo artigo (caput e § 1º do art. 16) que recebiam referido tratamento.

Essa distinção legal, introduzida por meio da Lei Federal nº 13.497/2017 sem dúvida violava gravemente o princípio da proporcionalidade, no entanto, em dezembro de 2019, a Lei Federal nº 13.964/19 promoveu nova alteração na Lei dos Crimes Hediondos readequando a definição dos crimes hediondos e invertendo a situação de modo a definir como crime hediondo:

> Lei Federal nº 8.072/90
>
> Art. 1º [...]
>
> Parágrafo único. Consideram-se também hediondos, tentados ou consumados:
>
> I – o crime de genocídio, previsto nos arts. 1º, 2º e 3º da Lei nº 2.889, de 1º de outubro de 1956;
>
> II – o crime de posse ou porte ilegal de arma de fogo de uso proibido, previsto no art. 16 da Lei nº 10.826, de 22 de dezembro de 2003;
>
> III – o crime de comércio ilegal de armas de fogo, previsto no art. 17 da Lei nº 10.826, de 22 de dezembro de 2003;
>
> IV – o crime de tráfico internacional de arma de fogo, acessório ou munição, previsto no art. 18 da Lei nº 10.826, de 22 de dezembro de 2003;

Não obstante, além do reequilíbrio promovido pela Lei Federal nº 13.964/19 em relação à gravidade da resposta penal às condutas do art. 16 do Estatuto de acordo com as distintas naturezas, não se pode olvidar que no período compreendido entre os anos de 2017 e 2019, condutas que eram definidas como delitos hediondos, assim deixaram de ser, logo, em relação a fatos praticados neste período deve-se reconhecer mais uma hipótese de *novatio legis in mellius*, como muito bem destacado em texto singelo mas muito didático e objetivo apresentado por Michelle Tonon (2020):

> Devemos nos recordar que, em 2017, a lei 13.497 atribuiu natureza hedionda aos crimes descritos no art. 16 da lei 10.826/03, que contemplava, àquela época, a posse ou porte ilegal de arma de fogo, acessório ou munição de uso proibido ou restrito.
>
> Em 23 de janeiro de 2020, a lei 13.964/19 entrou em vigor e alterou a redação do caput do art. 16, para excluir a referência à arma de fogo, acessório ou munição de uso proibido, passando a previsão legal correspondente a tais artefatos ao parágrafo 2º do mesmo art. 16, uma forma qualificada do crime, com penas abstratamente mais elevadas, nos patamares de 4 a 12 anos de reclusão. Porém, curiosamente, na redação do referido parágrafo 2º não temos menção aos acessórios ou munições, mas tão somente à arma de fogo de uso proibido.
>
> Por sua vez, a lei 8.072/90 foi também alterada pelo Pacote Anticrime para prever como hedionda a conduta consistente na posse ou porte ilegal de arma de fogo de uso proibido, previsto no art. 16 da lei 10.826/03.
>
> Claramente, o legislador não adotou a melhor técnica. No art. 1º, parágrafo único, inciso II, faz menção unicamente à arma de uso proibido, mas a referência ao Estatuto do Desarmamento está incompleta, pois o novo caput do art. 16, conforme ressaltamos, contempla apenas as armas de fogo de uso restrito. Seria necessário, pois, mencionar expressamente no texto da lei 8.072 o parágrafo 2º do art. 16, em homenagem à necessária precisão em tema de norma penal incriminadora.
>
> A partir do exposto, podemos extrair duas principais conclusões. Em primeiro lugar, as condutas descritas no art. 16, caput e parágrafo 1º, da lei 10.826/03, atinentes à arma de fogo, acessório e munição de uso restrito deixaram de ser hediondas. A inovação legislativa, por ser benéfica, deverá obrigatoriamente retroagir.
>
> A segunda conclusão relaciona-se à natureza hedionda do crime previsto no art. 16, parágrafo 2º, do Estatuto do Desarmamento. Considerando que o dispositivo faz referência unicamente à arma de fogo de uso proibido, olvidando acessório ou munição, a posse ou o porte destes últimos, embora de uso proibido, não poderá receber a pecha da hediondez, sob pena de violação à estrita legalidade e diante da impossibilidade de analogia in malam partem no Direito Penal.

Antes de finalizar as considerações a respeito dos tipos penais previstos no art. 16 do Estatuto do Desarmamento, diante da constatação das inúmeras e relevantes alterações realizadas tanto no âmbito administrativo quanto na própria esfera legislativa penal não apenas em relação ao art. 16 mas a respeito de todo o Estatuto do Desarmamento em si, entendemos importante destacar que graças à opção legislativa adotada em 2017 por meio da Lei Federal nº 13.491/2017 que atualizou e inseriu no ordenamento jurídico penal militar mecanismo de equalização automática entre as legislações penais comum e militar, todos estes "movimentos" legais, doutrinários e jurisprudências alcançam e impactam de modo automático e sem nenhuma "preocupação" legislativa adicional todo o ordenamento jurídico penal militar.

Exemplifica-se, assim, o grande mérito do legislador de 2017 que, por meio de uma aparentemente singela alteração de um único dispositivo (inciso II do art. 9º do Código Penal Militar), não apenas atualizou cerca de 50 anos de "defasagem" da legislação penal militar que resultava nas esquizofrenias simbolizadas na "acrobática" Súmula 172 do STJ, como também solucionou o problema sob uma perspectiva futura.

O curioso é que muitos daqueles que sempre criticaram a legislação penal militar por representar um sistema legal "arcaico", herdado e vinculado a um período "autoritário" do Estado brasileiro propugnando por avanços e modernização das instituições militares, hoje, diante da excelente e extremamente útil opção legislativa que transporta automaticamente todos os avanços legais obtidos no âmbito penal comum para a esfera penal e institucional militar e, por consequência, impacta positivamente toda a sociedade, buscam, por meio de diversas ações perante a Corte Constitucional, retornar à situação anterior e devolver à sociedade, Instituições Militares tuteladas por uma legislação penal militar defasada em mais de meio século.

Mais do que nunca se faz necessário questionar a real intenção daqueles que se arvoram em discursos intrinsicamente contraditórios a fim de que se descortinem os reais motivos das mais diversas "narrativas" que tanto atrapalham o desenvolvimento das instituições militares, do Direito Penal Militar e, por consequência, da segurança pública no Brasil.

6.4.8. Comércio ilegal e Tráfico internacional de arma de fogo

ESTATUTO DO DESARMAMENTO (LEI FEDERAL Nº 10.826/03)

Comércio ilegal de arma de fogo

Art. 17. Adquirir, alugar, receber, transportar, conduzir, ocultar, ter em depósito, desmontar, montar, remontar, adulterar, vender, expor à venda, ou de qualquer forma utilizar, em proveito próprio ou alheio, no exercício de atividade comercial ou industrial, arma de fogo, acessório ou munição, sem autorização ou em desacordo com determinação legal ou regulamentar:

Pena – reclusão, de 6 (seis) a 12 (doze) anos, e multa.

§ 1º Equipara-se à atividade comercial ou industrial, para efeito deste artigo, qualquer forma de prestação de serviços, fabricação ou comércio irregular ou clandestino, inclusive o exercido em residência.

§ 2º Incorre na mesma pena quem vende ou entrega arma de fogo, acessório ou munição, sem autorização ou em desacordo com a determinação legal ou regulamentar, a agente policial disfarçado, quando presentes elementos probatórios razoáveis de conduta criminal preexistente.

Tráfico internacional de arma de fogo

Art. 18. Importar, exportar, favorecer a entrada ou saída do território nacional, a qualquer título, de arma de fogo, acessório ou munição, sem autorização da autoridade competente:

Pena – reclusão, de 8 (oito) a 16 (dezesseis) anos, e multa.

Parágrafo único. Incorre na mesma pena quem vende ou entrega arma de fogo, acessório ou munição, em operação de importação, sem autorização da autoridade competente, a agente policial disfarçado, quando presentes elementos probatórios razoáveis de conduta criminal preexistente.

Art. 19. Nos crimes previstos nos arts. 17 e 18, a pena é aumentada da metade se a arma de fogo, acessório ou munição forem de uso proibido ou restrito.

Art. 20. Nos crimes previstos nos arts. 14, 15, 16, 17 e 18, a pena é aumentada da metade se:

I – forem praticados por integrante dos órgãos e empresas referidas nos arts. 6º, 7º e 8º desta Lei; ou

II – o agente for reincidente específico em crimes dessa natureza.

Art. 21. Os crimes previstos nos arts. 16, 17 e 18 são insuscetíveis de liberdade provisória.

LEI FEDERAL nº 8.072/90 (com alterações da Lei nº 13.964/19)

Art. 1º [...]

Parágrafo único. Consideram-se também hediondos, tentados ou consumados:

III – o crime de comércio ilegal de armas de fogo, previsto no art. 17 da Lei nº 10.826, de 22 de dezembro de 2003;

CÓDIGO PENAL MILITAR (DECRETO-LEI Nº 1001/69)
CIRCUNSTÂNCIAS DE AFETAÇÃO DA REGULARIDADE
DAS INSTITUIÇÕES MILITARES

Art. 9º Consideram-se crimes militares, em tempo de paz:

[...]

II – os crimes previstos neste Código e os previstos na legislação penal, quando praticados:

a) por militar em situação de atividade ou assemelhado, contra militar na mesma situação ou assemelhado;

b) por militar em situação de atividade ou assemelhado, em lugar sujeito à administração militar, contra militar da reserva, ou reformado, ou assemelhado, ou civil;

c) por militar em serviço ou atuando em razão da função, em comissão de natureza militar, ou em formatura, ainda que fora do lugar sujeito à administração militar contra militar da reserva, ou reformado, ou civil;

d) por militar durante o período de manobras ou exercício, contra militar da reserva, ou reformado, ou assemelhado, ou civil;

e) por militar em situação de atividade, ou assemelhado, contra o patrimônio sob a administração militar, ou a ordem administrativa militar;

f) revogada.

III – os crimes praticados por militar da reserva, ou reformado, ou por civil, contra as instituições militares, considerando-se como tais não só os compreendidos no inciso I, como os do inciso II, nos seguintes casos:

a) contra o patrimônio sob a administração militar, ou contra a ordem administrativa militar;

b) em lugar sujeito à administração militar contra militar em situação de atividade ou assemelhado, ou contra funcionário de Ministério militar ou da Justiça Militar, no exercício de função inerente ao seu cargo;

c) contra militar em formatura, ou durante o período de prontidão, vigilância, observação, exploração, exercício, acampamento, acantonamento ou manobras;

d) ainda que fora do lugar sujeito à administração militar, contra militar em função de natureza militar, ou no desempenho de serviço de vigilância, garantia e preservação da ordem pública, administrativa ou judiciária, quando legalmente requisitado para aquêle fim, ou em obediência a determinação legal superior.

– Objetividade jurídica:

Imediata: a regularidade das instituições militares como meio de promoção e garantia de direitos fundamentais das pessoas, individual e coletivamente consideradas, na sociedade.

Mediata: incolumidade, segurança pública e paz social.

– Sujeito passivo:

Primário ou imediato: a Instituição Militar.

Secundário ou mediato: a coletividade em geral.

– Sujeito ativo:

Assim como ocorre no tipo penal previsto no inciso VI do § 1º do art. 16 do Estatuto do Desarmamento relativo à produção, reciclagem ou adulteração de munição ou explosivo, independentemente da qualidade da pessoa (física ou jurídica, civil ou militar) **a atividade de autorização, normatização, controle e fiscalização sobre o comércio de arma de fogo, acessórios ou munições é de atribuição do Comando do Exército.**

Atualmente o Decreto Federal nº 9.847/19, regulamenta o Estatuto do Desarmamento no que diz respeito à aquisição, o cadastro, o registro, o porte e a comercialização de armas de fogo e de munição e sobre o Sistema Nacional de Armas e o Sistema de Gerenciamento Militar de Armas.

Para melhor compreender, sob uma perspectiva geral, a atribuição do Comando do Exército sobre o comércio de armas de fogo é importante saber distinguir os objetivos e finalidades do Sistema Nacional de Armas (SINARM) e do Sistema de Gerenciamento Militar de Armas (SIGMA).

O Sistema Nacional de Armas (SINARM), definido no art. 3º do Decreto Federal nº 9.847/19, foi instituído no âmbito da Polícia Federal do Ministério da Justiça e Segurança Pública sendo responsável pela manutenção do cadastro nacional das armas de fogo importadas, produzidas e comercializadas no País e do registro de uma parcela das armas de fogo no território nacional. Em linhas gerais, o SINARM é responsável pelo cadastro: dos responsáveis por algumas das atividades relacionadas ao comércio e controle das armas de fogo (§ 2º do art. 3º); e das armas de fogo importadas, comercializadas, apreendidas e de propriedade das instituições públicas civis, de seus integrantes e daquelas adquiridas pelos cidadãos em geral (§§ 3º ao 12 do art. 3º).

Por sua vez, o Sistema de Gerenciamento Militar de Armas (SIGMA), definido no art. 4º do Decreto Federal nº 9.847/19, foi instituído no âmbito do Comando do Exército do Ministério da Defesa, sendo responsável pela manutenção do cadastro nacional das armas de fogo importadas, produzidas e comercializadas no País que não estejam cadastradas e registradas no SINARM, cabendo ao Comando do Exército a manutenção do registro de proprietários de armas de fogo de competência do SIGMA. Em linhas gerais, o SIGMA é responsável pelo cadastro e registro das armas de fogo de propriedade das Instituições Militares, de seus integrantes e de alguns órgãos civis específicos de interesse nacional, a exemplo da Agência Brasileira de Inteligência e do Gabinete de Segurança Institucional da Presidência da República (§§ 1º ao 5º do art. 4º).

Ainda que complementares, o cadastro e o registro de uma arma de fogo apresentam finalidades distintas. Consoante a definição estabelecida no art. 2º do Decreto Federal nº 9.847/2019 o cadastro de arma de fogo consiste na inclusão da arma de fogo de produção nacional ou importada em banco de dados, com a descrição de suas características (inciso XI) e o registro consiste na matrícula da arma de fogo que esteja vinculada à identificação do respectivo proprietário em banco de dados (inciso XII). Assim, todas as armas de fogo serão "cadastradas" no SINARM ou no SIGMA a depender da sua origem e natureza, com a finalidade de identificação e especificação de suas características, por sua vez, o "registro" tem por finalidade vincular uma arma de fogo a um determinado proprietário.

Também são objetos de "cadastro" no SINARM, como indicado, as pessoas e instituições autorizadas a produzir, importar, exportar e comercializar armas de fogo, acessórios e munições no território nacional (§ 2º do art. 3º).

Talvez esta previsão induza a ideia de que o comércio em geral de armas de fogo, acessórios e munições tratar-se-ia de atividade não diretamente relacionada às Instituições Militares e suas atribuições legais o que, sem dúvidas, geraria reflexos em relação à natureza dos delitos de comércio e tráfico internacional ilegal de arma de fogo (arts. 17 e 18 do Estatuto do Desarmamento).

Não obstante, o cadastro não se confunde com a competência para autorizar, disciplinar, fiscalizar e inclusive sancionar as atividades relacionadas à produção, importação, exportação e comércio em geral de arma de fogo, acessórios e munições no território nacional.

O próprio Estatuto do Desarmamento e o Decreto Federal nº 9.847/19 que tem por objetivo, como indicado, regulamentar o Estatuto do Desarmamento não apenas no que diz respeito ao cadastro, registro, porte e Sistemas Nacional (SINARM) e de Gerenciamento Militar (SIGMA) de Armas, como também no que se refere à **aquisição e comercialização de armas de fogo e de munição no Brasil**, prevê essa **atribuição ao Comando do Exército**.

Diante de todo o **arcabouço normativo** estabelecido pelo Decreto Federal nº 9.847/19, e anteriores que já regulamentavam o Estatuto do Desarmamento, parece não haver dúvidas no sentido de que o comércio, a importação e a exportação de armas de fogo acessórios e munições no território nacional é **tema de interesse militar e de competência do Comando do Exército** do que resulta o **reconhecimento no sentido de que violações às determinações legais e regulamentares**, por ele expedidas, independentemente de quem seja o autor, **viola a ordem administrativa militar** motivo pelo qual, constituindo-se elementar dos tipos penais de comércio e tráfico internacional de armas de fogo acessórios e munições o "descumprimento das determinações legais e regulamentares", deve-se concluir que ambos os tipos, com o advento da Lei Federal nº 13.491/17, independentemente de quem seja o autor, passaram constituir-se como **crimes militares por afetação da regularidade das instituições militares** (arts. 17 e 18 c.c. alínea "e" do inciso II ou alínea "a" do inciso III do art. 9º do Código Penal Militar).

Isso porque, se a legislação define que o Comando do Exército, ou seja, uma Instituição Militar, deve ser reponsável por autorizar, controlar, normatizar e fiscalizar tais atividades, não há dúvidas de que seja tema afeto às **missões constitucionais daquela Instituição Militar e, por consequência, de interesse militar**. Se assim não fosse estar-se-ia diante de um desvio de finalidade de uma instituição pública. Por mais que existam dois sistemas (SINARM e SIGMA) para o cadastro e o registro das armas de fogo, ambos funcionam, como facilitadores e sistematizadores do fluxo de todos os dados e informações relativas às armas de fogo e seus proprietários.

Em relação aos proprietários de armas de fogo efetivamente têm-se que a aquisição, o cadastro, o registro e o porte ora são de atribuição do Comando do Exército (SIGMA) e ora de atribuição da Polícia Federal (SINARM).

Por tal motivo, em relação aos crimes previstos nos arts. 12, 14 e 16 do Estatuto do Desarmamento, a depender do sujeito ativo (militar, colecionadores, atiradores, caçadores, civis, etc.) haverá, ou não, violação direta e necessária da ordem administrativa militar a depender da sujeição de cada um às normas e determinações expedidas pelas instituições civis (civis em geral – SINARM – Polícia Federal) ou militares (militares, colecionadores, atiradores, caçadores – SIGMA).

No que diz respeito ao parágrafo único do art. 13 do Estatuto do Desarmamento verificou-se que em virtude do crime referir-se à ausência de comunicação à Polícia Federal das armas de fogo extraviadas, subtraídas, etc., não há violação à ordem administrativa militar e, estando os militares proibidos de desenvolver atividade empresarial, não há que se falar na possibilidade de ocorrência de crime militar por afetação da regularidade das instituições militares em tais casos.

No mesmo sentido, sendo a atribuição para **regulamentações e normatizações do comércio, exportação e importação das armas de fogo, acessórios e munições de competência do Comando do Exército**, a **violação** à estas regras, **elementar dos tipos penais previstos nos arts. 17 e 18** remetem, logicamente, à **afetação da regularidade das instituições militares e caracterização da natureza militar dos crimes em questão.**

Na verdade, a **jurisprudência** já havia consolidado o entendimento no sentido de que **por afetar interesse da união** a competência para julgamento no crime relativo ao **tráfico internacional de armas de fogo, acessórios e munições**, em virtude até da relação com o conteúdo de tratados internacionais sobre o tema, era de **competência da Justiça Federal** sendo que a **natureza e interesse militar** da questão do comércio de armas de fogo, acessórios e munições, que fundamenta a competência para regulação do tema pelo Comando do Exército, foi **reconhecida, em análise específica sobre o tema, pelo STJ**[94].

[94] STJ. MS 12.121/DF, Rel. Ministro LUIZ FUX, PRIMEIRA SEÇÃO, julgado em 22/11/2006, DJ 11/06/2007, p. 256; CC 122.740/PR, Rel. Ministro MARCO AURÉLIO BELLIZZE, TERCEIRA SEÇÃO, julgado em 08/08/2012, DJe 30/08/2012.

Do que se extrai do referido Acórdão, não há dúvidas de que a questão do **comércio nacional e internacional de armas de fogo refere-se a questão de interesse militar reconhecida pelo STJ**. Se **até então não se reconhecia a natureza militar dos crimes em tela**, isso ocorria em virtude da **ausência de previsão legal**, ou seja, em decorrência exatamente da já destacada esquizofrenia do sistema legal que, por **simples desatualização da legislação penal militar**, acabava por impossibilitar que diversas hipóteses de violações à regularidade das instituições militares decorrentes da prática dos inúmeros delitos criados para atender as mudanças da sociedade a partir da década de 70 do século passado, fossem adequadamente definidas como crimes militares, não por uma questão técnica ou de natureza dos delitos mas sim pelas simples ausência de atualização e equalização entre os ordenamentos jurídicos penais, comum e militar.

Com o advento da **atualização e equalização dos ordenamentos, introduzidas por meio da Lei Federal nº 13.491/17**, não há motivo para que "malabarismos" exegéticos sejam desenvolvidos tal qual o realizado na já desatualizada Súmula 172 do STJ, bastando a adequada caracterização de tais delitos como militares em decorrência do atual quadro normativo decorrente do Estatuto do Desarmamento.

Outrossim, tratando-se de tipos penais conceituados como norma penal em branco heterogêna e entendendo a sociedade, por meio de seus representantes, que a atividade de autorização, controle e normatização do comércio, exportação e importação de armas de fogo, acessórios e munições, em determinado momento, devam deixar de ser de interesse militar, bastará a alteração das atribuições para uma instituição civil para que, automaticamente, os tipos penais previstos nos arts. 17 e 18 do Estatuto deixem de ter a natureza militar. Enquanto tal mudança não ocorrer, inafastável o reconhecimento da **natureza militar de tais crimes**.

A lógica é simples, se tais atividades não são de interesse militar estamos diante de um desvio de finalidade das instituições e estrutura do Estado, se são, como parece entender a sociedade pela atribuição da competência ao Comando do Exército, o descumprimento das determinações legais e regulamentares afeta, sem dúvida, a ordem administrativa militar.

Vale sempre lembrar que a jurisprudência pátria, antes do advento da equalização entre os ordenamentos jurídico penais comum e militar, não se posicionava sempre nesse sentido, especialmente em se tratando de crimes praticados por civis, como se observa no entendimento consolidado por meio da **Súmula Vinculante nº 36 do Supremo Tribunal Federal**[95].

Todavia, também vale destacar que o conteúdo da Súmula Vinculante nº 36 **não afasta o entendimento de que afetam a ordem administrativa militar as condutas praticadas por militares** quando tipificadas por alguns dos crimes previstos no Es-

95 Súmula Vinculante nº 36: "Compete à Justiça Federal comum processar e julgar civil denunciado pelos crimes de falsificação e de uso de documento falso quando se tratar de falsificação da Caderneta de Inscrição e Registro (CIR) ou de Carteira de Habilitação de Amador (CHA), ainda que expedidas pela Marinha do Brasil."

tatuto do Desarmamento em virtude da não observância das normas administrativas expedidas pelos comandantes das respectivas instituições.

Em primeiro lugar porque referida **Súmula Vinculante**, conforme posiciona-se o STM, **afastaria apenas a natureza militar daquelas condutas praticadas por civis** e, ainda assim, quando **específicas aos crimes de falsificação ou uso de documento falso e não à outros crimes** a eles correlatos a exemplo de corrupção ou falsidade ideológica[96].

Ademais, na própria decisão em que o **STM** entende que não se verifica, por ora, presentes os fatores de *distinguishing* ou *overruling* para alteração da referida Súmula, determina que os fatos sejam **remetidos ao STF** para que sejam apreciadas a **possibilidade de alteração da Súmula Vinculante diante das alterações introduzidas pelas Leis Federais nº 13.491/17 e 13.774/18** que **alteraram o panorama normativo** editado na época da edição da referida Súmula.

Logo, concordamos com o posicionamento de que diante das alterações legais introduzidas pelas Leis Federais nº 13.491/17 e 13.774/18, referido posicionamento sumular deva ser alterado e, independente desta alteração, os tipos penais previstos nos arts. 17 e 18 do Estatuto do Desarmamento, por força de suas elementares e da competência do Comando do Exército, definda por lei, para regular o tema, são atualmente de natureza militar por afetação da regularidade das instituições militares qualquer que seja o agente (alínea "e" do inciso II ou alínea "a" do inciso III do Código Penal Militar).

QUADRO RESUMO SUJEITO ATIVO
COMÉRCIO ILEGAL E TRÁFICO INTERNACIONAL DE ARMA DE FOGO, ACESSÓRIO E MUNIÇÕES
Comércio ilegal de arma de fogo *Art. 17. Adquirir, alugar, receber, transportar, conduzir, ocultar, ter em depósito, desmontar, montar, remontar, adulterar, vender, expor à venda, ou de qualquer forma utilizar, em proveito próprio ou alheio, no exercício de atividade comercial ou industrial, arma de fogo, acessório ou munição, sem autorização ou em desacordo com determinação legal ou regulamentar:* *§ 1º Equipara-se à atividade comercial ou industrial, para efeito deste artigo, qualquer forma de prestação de serviços, fabricação ou comércio irregular ou clandestino, inclusive o exercido em residência.* *§ 2º Incorre na mesma pena quem vende ou entrega arma de fogo, acessório ou munição, sem autorização ou em desacordo com a determinação legal ou regulamentar, a agente policial disfarçado, quando presentes elementos probatórios razoáveis de conduta criminal preexistente.* *Tráfico internacional de arma de fogo* *Art. 18. Importar, exportar, favorecer a entrada ou saída do território nacional, a qualquer título, de arma de fogo, acessório ou munição, sem autorização da autoridade competente:* *Parágrafo único. Incorre na mesma pena quem vende ou entrega arma de fogo, acessório ou munição, em operação de importação, sem autorização da autoridade competente, a agente policial disfarçado, quando presentes elementos probatórios razoáveis de conduta criminal preexistente.*

96 STM. Recurso em Sentido Estrito provido. Unanimidade. RECURSO EM SENTIDO ESTRITO Nº 7000129-29.2019.7.00.0000. RELATOR: MINISTRO CARLOS VUYK DE AQUINO 02/05/2019; APELAÇÃO Nº 0000113-09.2011.7.1 2.0012 RELATOR: MINISTRO FRANCISCO JOSELI PARENTE CAMELO 16/04/2019.

AUTOR	O CRIME SERÁ MILITAR POR AFETAÇÃO QUANDO*	TIPIFICAÇÃO MILITAR (INDIRETA)
Militar da ativa, da reserva, reformados ou civis	Sempre, tendo em vista que atividades e objetos indicados nos tipos são disciplinadas, controladas e fiscalizadas pelo Exército**	alíneas "e", segunda parte, do inciso II e "a", segunda parte, do inciso III do Art. 9º do CPM (contra a ordem administrativa militar)

* Quadro Sinóptico elaborado com base nos posicionamentos defendidos pelo autor com base nos argumentos apresentados durante o capítulo da obra "Crimes Militares Extravagantes" Editora Juspodivm. A jurisprudência pátria ainda não consolidou posicionamento sobre os requisitos exigidos para a caracterização dos crimes previstos no Estatuto do Desarmamento como militares

* Ver Súmula Vinculante nº 36 do STF e Recurso em Sentido Estrito nº 7000053-05.2019.7.00.0000 do STM. Relator: Min Péricles Aurélio Lima de Queiroz. Julgamento: 25 de abril de 2019.

– Elementos objetivos:

Condutas típicas de comércio ilegal e tráfico internacional:

Estabelece o tipo penal relativo ao comércio ilegal de arma de fogo as condutas típicas consistentes em adquirir, alugar, receber, transportar, conduzir, ocultar, ter em depósito, desmontar, montar, remontar, adulterar, vender, expor à venda, ou de qualquer forma utilizar, em proveito próprio ou alheio, no exercício de atividade comercial ou industrial.

> STJ
>
> AGRAVO REGIMENTAL NO AGRAVO EM RECURSO ESPECIAL. COMÉRCIO ILEGAL DE MUNIÇÃO. TIPIFICAÇÃO. ART. 17 DA LEI N.º 10.826/2003. CRIME DE PERIGO ABSTRATO. DESNECESSIDADE DE EXAME PERICIAL QUANTO À POTENCIALIDADE LESIVA DAS MUNIÇÕES. SÚMULA 283/STF. NÃO INCIDÊNCIA.AGRAVO IMPROVIDO.1. É desnecessária, para fins de tipificação da conduta no art. 17 da Lei n.º 10.826/03, a realização de perícia nas munições apreendidas para a constatação de sua potencialidade lesiva, pois o comércio ilegal de munição é crime de perigo abstrato, cujo tipo se perfaz com a aquisição, aluguel, recebimento, transporte, condução, ocultação, ter em depósito, desmontar, montar, remontar, adulterar, vender, expor à venda, ou de qualquer forma na utilizar, em proveito próprio ou alheio, no exercício de atividade comercial ou industria , arma de fogo, acessório ou munição, sem autorização legal, visto que tais condutas já implicam violação ao bem jurídico tutelado pela norma – incolumidade pública.2. Não se aplica o óbice constante da Súmula 283/STF quando o fundamento de absolvição constante do acórdão recorrido foi devidamente impugnado pela parte recorrente 3. Agravo regimental a que se nega provimento.(AgRg no AREsp 8.761/MG, Rel. Ministro MARCO AURÉLIO BELLIZZE, QUINTA TURMA, julgado em 17/09/2013, DJe 25/09/2013)
>
> CONFLITO NEGATIVO DE COMPETÊNCIA. CRIME DE VENDA ILEGAL DE ARMA DE FOGO POR MEIO DA INTERNET. INEXISTÊNCIA DE ELEMENTOS DE INTERNACIONALIDADE. COMPETÊNCIA DA JUSTIÇA ESTADUAL. PRECEDENTES DO STJ. 1. O fato de o suposto crime de comércio ilegal de arma de fogo ter sido cometido por meio da rede mundial de computadores (internet), não atrai, necessariamente, a competência da Justiça Federal para o processamento do feito. 2. Para se firmar a competência da Justiça Federal, além da lesão a bens, serviços e interesses da União e de o País ser signatário de acordos e tratados internacionais, a teor dos incisos IV e V do art. 109 da CF, deve-se demonstrar que a prática do delito efetivamente ultrapassou as fronteiras do Estado Brasileiro. 3. A hipótese dos autos, ao menos por ora, parece ser apenas relativa à conduta tipificada

no art. 17 do Estatuto do Desarmamento (expor à venda arma de fogo) e não o crime de tráfico internacional de arma de fogo, uma vez que não há nos autos elementos que demonstrem que tenha havido efetiva venda de arma de fogo, mas, apenas, a oferta de venda por meio da internet, motivo pelo qual, consoante o entendimento acima exposto, deve ser apurada pela Justiça Estadual. 4. Conflito conhecido para declarar competente o Juízo de Direito da 1ª Vara Criminal de Santo André/SP, o suscitante.(CC 126.950/SP, Rel. Ministra ALDERITA RAMOS DE OLIVEIRA (DESEMBARGADORA CONVOCADA DO TJ/PE), TERCEIRA SEÇÃO, julgado em 24/04/2013, DJe 10/05/2013)

Para a caracterização do crime de comércio ilegal de arma de fogo é necessário que as condutas sejam praticadas de **modo habitual** (comercialização) caso contrário, não presente a habitualidade, restarão caracterizados os crimes previstos nos arts. 14 ou 16 do Estatuto do Desarmamento:

STJ

PENAL E PROCESSUAL PENAL. HABEAS CORPUS. ART. 333 DO CÓDIGO PENAL E ART. 17 DA LEI N. 10.826/2003. NULIDADE. NÃO OCORRÊNCIA.

DESCLASSIFICAÇÃO DO CRIME DE COMÉRCIO ILEGAL DE ARMA DE FOGO PARA O DE PORTE ILEGAL (ART. 16 DA LEI N. 10.826/2003). PENA-BASE. REDUÇÃO AO MÍNIMO LEGAL. ORDEM PARCIALMENTE CONCEDIDA. 1. Inviável reconhecer a nulidade suscitada pela defesa, pois não evidenciado o prejuízo, circunstância indispensável nos termos da orientação firmada nesta Corte. 2. A leitura da sentença e do acórdão que a confirmou evidencia não haver a indicação de prova que autorize a condenação do paciente como incurso no art. 17 da Lei n. 10.826/2003, porquanto não demonstrada a atividade comercial por ele desenvolvida. Contudo, evidenciada a sua participação no transporte do armamento apreendido, de rigor a desclassificação da conduta para o crime de porte ilegal de arma de fogo de uso restrito. 3. Na esteira da orientação jurisprudencial desta Corte, por se tratar de questão afeta a certa discricionariedade do magistrado, a dosimetria da pena é passível de revisão em "habeas corpus" apenas em hipóteses excepcionais, quando ficar evidenciada flagrante ilegalidade, constatada de plano, sem a necessidade de maior aprofundamento no acervo fático-probatório. 4. No caso, para o aumento da pena na primeira fase, foram utilizados elementos genéricos e inerentes aos tipos penais em foco, o que não autoriza a exasperação da reprimenda. Ademais, a afirmação de que o paciente é traficante deve ser comprovada mediante sentença condenatória transitada em julgado, sob pena de inobservância ao disposto na Súmula n. 444 desta Corte. 5. Ordem parcialmente concedida. (HC 303.578/RJ, Rel. Ministro ANTONIO SALDANHA PALHEIRO, SEXTA TURMA, julgado em 10/09/2019, DJe 16/09/2019)

Apesar da exigência da habitualidade, a **existência formal da atividade de comérciou ou indústria não é necessária** para a caracterização do tipo uma vez que o § 1º expressamente equipara à atividade comercial ou industrial prevista no caput "qualquer forma de prestação de serviços, fabricação ou comércio irregular ou clandestino, inclusive o exercido em residência."

Perceba-se ainda que apesar do *nomen juris* do tipo referir-se a "comércio ilegal", a conduta do **"armeiro"** que monta, remonta, adultera, no exercício de atividade comercial ou industrial, arma de fogo, acessório ou munição em desacordo com determinação legal ou regulamentar **também incorre no crime previsto no art. 17 do Estatuto**.

Em relação ao tipo penal de **tráfico internacional de arma de fogo** as condutas típicas consistem em importar, exportar, favorecer a entrada ou saída do território nacional, a qualquer título. A **jurisprudência** tem se posicionado no sentido de que **não há necessidade da efetiva realização da importação**, sendo suficiente o **caráter internacional da ação**.

STJ

AGRAVO REGIMENTAL NO HABEAS CORPUS. TRÁFICO INTERNACIONAL DE ARMA DE FOGO. DESCLASSIFICAÇÃO PARA PORTE ILEGAL. CRITÉRIO DA ESPECIALIDADE. REVOLVIMENTO FÁTICO PROBATÓRIO. DECISÃO MANTIDA. AGRAVO REGIMENTAL IMPROVIDO. 1. O conflito aparente de normas entre o crime previsto no art. 18 do Estatuto do Desarmamento em face do art. 14 da mesma Lei é solucionado pelo critério da especialidade. 2. Não é relevante o fato de ter sido apreendida pequena quantidade de material bélico pertencentes ao paciente, tendo em vista sua capacidade de ofensa aos bens jurídicos fundamentais tutelados pelo Estatuto do Desarmamento, tais como a vida, o patrimônio, a integridade física, entre outros. 3. Reconhecido pelas instâncias de origem que a paciente praticou o delito de tráfico internacional de arma de fogo e não de porte ilegal, a alteração de tal entendimento demandaria a análise fático-probatória, o que é vedado na via do habeas corpus. 4. Agravo regimental improvido. (AgRg no HC 536.264/SP, Rel. Ministro NEFI CORDEIRO, SEXTA TURMA, julgado em 17/12/2019, DJe 03/02/2020)

PENAL E PROCESSUAL PENAL. AGRAVO REGIMENTAL EM HABEAS CORPUS. TRÁFICO INTERNACIONAL DE ARMA DE FOGO E RECEPTAÇÃO. DESCLASSIFICAÇÃO PARA O TIPO DO ART. 16 DO ESTATUTO DO DESARMAMENTO. IMPOSSIBILIDADE. PRINCÍPIO DA ESPECIALIDADE. CARÁTER INTERNACIONAL DA AÇÃO. TRANSPOSIÇÃO DE FRONTEIRA. INTRODUÇÃO DE ARTEFATO BÉLICO NO TERRITÓRIO NACIONAL. CONCURSO MATERIAL. RECONHECIMENTO. BENS JURÍDICOS TUTELADOS DIVERSOS. DELITO CONTRA A PAZ PÚBLICA E DELITO PATRIMONIAL. AGRAVO REGIMENTAL DESPROVIDO. I – O tipo de tráfico internacional de arma de fogo de uso restrito, dos arts. 18 c.c. 19 da Lei n.º 10.826/2003, configura-se com o mero favorecimento da entrada ou saída, a qualquer título, do artefato bélico do território nacional, sem autorização da autoridade competente. Isto é, aplica-se ao simples porte de arma para além das fronteiras nacionais. Precedentes. II – Assim, para a configuração do tipo dos arts. 18 c.c. 19 da Lei n.º 10.826/2003, não é necessário que tenha ocorrido ato de importação propriamente dito, mas sim o favorecimento da introdução do artefato bélico no território nacional. III – A jurisprudência deste Superior Tribunal de Justiça é firme no sentido de que o delito de receptação e os do Estatuto do Desarmamento seriam, de regra, crimes autônomos, com naturezas jurídicas e bens tutelados distintos, devendo o agente responder pela sua prática em concurso material. Agravo regimental desprovido. (AgRg no HC 368.990/PR, Rel. Ministro REYNALDO SOARES DA FONSECA, QUINTA TURMA, julgado em 07/08/2018, DJe 15/08/2018)

Isso **não significa** que a **simples "origem estrangeira"** da arma de fogo, do acessório ou da munição **seja suficiente para a caracterização do delito**:

STJ

PENAL. CONFLITO DE COMPETÊNCIA. CRIME DE TRÁFICO INTERNACIONAL DE ARMA DE FOGO. ART. 18 DA LEI N. 10.826/2003. MUNIÇÕES PRETENSAMENTE ORIUNDAS DO PARAGUAI. TRANSNACIONALIDADE DO DELITO. DEPOIMENTO DE TESTEMUNHA. NÃO COMPROVAÇÃO. COMPETÊNCIA DA JUSTIÇA ESTADUAL. 01. Compete à Justiça Federal processar e julgar o delito previsto no art. 18 da Lei n. 10.826/2003 (CR, art. 109, incs. IV e V). Todavia, "para a configuração do tráfico internacional de arma de fogo não basta apenas a procedência estrangeira do armamento ou munição, sendo necessário que se comprove a internacionalização da ação" (CC 105.933/RS, Rel. Min. Jorge Mussi, Terceira Seção, DJe 20/05/2010).02. Não havendo prova segura de que a munição encontrada na residência do investigado foi importada, sem autorização da autoridade competente, caberá à Justiça estadual processar e julgar a ação penal que vier a ser deflagrada em razão desse fato.03. Conflito conhecido para declarar a competência do Juízo de Direito da Comarca de Ponta Grossa/PR, ora suscitado. (CC 133.823/PR, Rel. Ministro NEWTON TRISOTTO (DESEMBARGADOR CONVOCADO DO TJ/SC), TERCEIRA SEÇÃO, julgado em 08/10/2014, DJe 15/10/2014)

Também assente na jurisprudência a **especialidade do Tráfico Internacional de armas de fogo, acessórios ou munições** frente aos delitos de **contrabando** (art. 334-A do Código Penal) e **facilitação de contrabando ou descaminho** (art. 318 do Código Penal):

STJ

PENAL. AGRAVO REGIMENTAL NO RECURSO ESPECIAL. TRÁFICO INTERNACIONAL DE MUNIÇÕES. DESCLASSIFICAÇÃO DO DELITO PARA O CONTRABANDO. IMPOSSIBILIDADE. RESPEITO AO PRINCÍPIO DA ESPECIALIDADE. REVOLVIMENTO DE FATOS E PROVAS. INOCORRÊNCIA. AGRAVO DESPROVIDO. 1. Este Superior Tribunal de Justiça posiciona-se no sentido de que, independentemente da quantidade de armas de fogo, acessórios ou munição, não é possível a desclassificação do crime previsto no artigo 18 da Lei n. 10.826/2003 – tráfico de armas ou munições –, para outro tipo penal, em respeito ao princípio da especialidade. Para chegar-se à referida conclusão, não há necessidade de incursão no conteúdo fático-probatório dos autos, não havendo falar, assim, em afronta ao verbete sumular n. 7/STJ. 2. Agravo regimental desprovido. (AgRg no REsp 1498667/PR, Rel. Ministro RIBEIRO DANTAS, QUINTA TURMA, julgado em 02/05/2017, DJe 08/05/2017)

Por fim, vale lembrar que a Lei de Segurança Nacional (Lei Federal nº 7.170/83) previa um crime específico (Art. 12) em relação a importação, fabricação, armazenamento, entrega ou uso de armamentos ou materiais privativos das Forças Armadas, todavia referida lei foi revogada pela Lei Federal n. 14.197/21.

Arma de fogo, acessório ou munição:

Ainda que a partir do ano de 2019 diversos atos normativos tenham sido expedidos, revogados, questionados e reeditados a respeito da conceituação das armas de fogos e demais pontos relativos ao Estatuto do Desarmamento, como informado nos capítulos anteriores, não há qualquer declação de inconstitucionalidade em relação aos atos normativos editados, assim, atualmente, os Decretos Federais nº 9.845/19, 9.846/19 e 9.847/19, com as atualizações posteriores, regulamentam o Estatuto do Desarmamento no que diz respeito à aquisição, o cadastro, o registro, o porte e a comercialização de armas de fogo e de munição assim como sobre o Sistema Nacional de Armas (SINARM) e o Sistema de Gerenciamento Militar de Armas (SIGMA).

Não bastasse todas as discussões e judicializações até então ocorridas e demonstrando que o tema permanece no centro do debate público, político e ideológico nacional, em fevereiro de 2021, foram publicados novos Decretos Federais (nº

10.627, 10.628, 10.629 e 10.630/2021) que, sem o objetivo de revogar os diplomas existentes, promoveram mais alterações aos Decretos Federais de 2019. De imediato foram ajuizadas cinco Ações Diretas de Inconstitucionalidade por partidos políticos representantes da denominada esquerda brasileira (Partido Socialista Brasileiro – PSB ADI 6.675/DF, Rede Sustentabilidade ADI 6.676/DF, Partido dos Trabalhadores – PT ADI 6.677/DF, Partido Socialismo e Liberdade – PSOL (ADI 6.680/DF) e Partido da Social Democracia Brasileira – PSDB ADI 6.695/DF).

Em decisão proferida em 12 de abril de 2021 em sede liminar a Ministra Rosa Weber suspendeu a eficácia de diversos dispositivos introduzidos por tais Decretos.

Não obstante, afora os dispositivos expressamente indicados, os Decretos Federais nº 9.845/19, 9.846/19 e 9.847/19, e suas atualizações permanecem sendo os diplomas legais que atualmente regulamentam o Estatuto do Desarmamento no que diz respeito à aquisição, o cadastro, o registro, o porte e a comercialização de armas de fogo e de munição assim como sobre o Sistema Nacional de Armas (SINARM) e o Sistema de Gerenciamento Militar de Armas (SIGMA).

Também relevante para a análise dos crimes do Estatuto do Desarmamento o conteúdo do Decreto Federal nº 10.030/19 que aprovou o vigente Regulamento de Produtos Controlados pelo Comando do Exército (PCE) e apresenta diversas definições importantes para os dispositivos penais do Estatuto, a exemplo do conceito de acessórios de armas de fogo. Referido Decreto também permanece, salvo alguns dispositivos que tiveram a eficácia suspensa, em vigor.

Especificamente que diz respeito aos objetos materiais dos tipos previstos nos arts. 17 e 18 do Estatuto do Desarmamento, em linhas gerais, o arcabouço regulamentar hoje em vigor define as armas de fogo de uso, os acessórios e as munições de uso permitido, restrito ou proibido na seguinte conformidade:

> **DECRETO FEDERAL Nº 10.030/19** (Aprova o Regulamento de Produtos Controlados)
>
> **ANEXO I**
>
> Art. 2º Para fins do disposto neste Regulamento, Produto Controlado pelo Comando do Exército - PCE é aquele que:
>
> [...]
>
> § 3º Não são considerados PCE:
>
> [...]
>
> IV - os carregadores destacáveis tipo cofre ou tipo tubular, metálicos ou plásticos, com qualquer capacidade de munição, cuja ausência não impeça o disparo da arma de fogo;
>
> [...]
>
> Art. 3º As definições dos termos empregados neste Regulamento são aquelas constantes deste artigo e do Anexo III
>
> Parágrafo único. Para fins do disposto neste Regulamento, considera-se:
>
> I – **arma de fogo de uso permitido** – as armas de fogo semiautomáticas ou de repetição que sejam:
>
> a) **de porte**, cujo **calibre nominal**, com a utilização de munição comum, não atinja, na saída do cano de prova, energia cinética superior a **mil e duzentas libras-pé ou mil seiscentos e vinte joules**;

b) **portáteis de alma lisa**; ou

c) **portáteis de alma raiada**, cujo **calibre nominal**, com a utilização de munição comum, não atinja, na saída do cano de prova, energia cinética superior a **mil e duzentas libras-pé ou mil seiscentos e vinte joules;**

II – **arma de fogo de uso restrito** - as armas de fogo automáticas, semiautomáticas ou de repetição que sejam:

a) **não portáteis**;

b) **de porte**, cujo **calibre nominal**, com a utilização de munição comum, atinja, na saída do cano de prova, energia cinética **superior a mil e duzentas libras-pé ou mil seiscentos e vinte joules**; ou

c) **portáteis de alma raiada**, cujo **calibre nominal**, com a utilização de munição comum, atinja, na saída do cano de prova, energia cinética **superior a mil e duzentas libras-pé ou mil seiscentos e vinte joules**;

[...]

III – **arma de fogo de uso proibido**:

a) as armas de fogo classificadas de uso proibido em acordos e tratados internacionais dos quais a República Federativa do Brasil seja signatária; ou

b) as armas de fogo dissimuladas, com aparência de objetos inofensivos;

[...]

IV - **munição de uso restrito** - as munições que:

a) atinjam, na saída do cano de prova de armas de fogo de porte ou de armas de fogo portáteis de alma raiada, energia cinética superior a mil e duzentas libras-pé ou mil seiscentos e vinte joules;

b) sejam traçantes, perfurantes ou fumígenas;

c) sejam granadas de obuseiro, de canhão, de morteiro, de mão ou de bocal; ou

d) sejam rojões, foguetes, mísseis ou bombas de qualquer natureza;

V - **munição de uso proibido** – as munições:

a) assim classificadas em acordos ou tratados internacionais dos quais a República Federativa do Brasil seja signatária; ou

b) incendiárias ou químicas;

ANEXO III

GLOSSÁRIO

Acessório de arma de fogo: artefatos listados nominalmente na legislação como Produto Controlado pelo Exército – PCE que, acoplados a uma arma, possibilitam a alteração da configuração normal do armamento, tal como um supressor de som.

Acessório explosivo: engenho não muito sensível, de elevada energia de ativação, que tem por finalidade fornecer energia suficiente à continuidade de um trem explosivo e que necessita de um acessório iniciador para ser ativado.

Carregador: depósito ou receptáculo para armazenamento de cartuchos de munição para disparo em armas de fogo, integrante ou destacável do armamento.

Explosivo: tipo de matéria que, quando iniciada, sofre decomposição muito rápida, com grande liberação de calor e desenvolvimento súbito de pressão.

Explosivos de ruptura ou altos explosivos: são destinados à produção de um trabalho de destruição pela ação da força viva dos gases e da onda de choque produzidos em sua transformação.

Explosivos primários ou iniciadores: são os que se destinam a provocar a transformação (iniciação) de outros explosivos menos sensíveis. Decompõem-se, unicamente, pela detonação e o impulso inicial exigido é a chama (calor) ou choque.

PCE de uso permitido: produto controlado listado nominalmente na legislação como PCE cujo acesso e utilização podem ser autorizados para as pessoas em geral, observada a classificação elaborada pelo Comando do Exército, prevista nos decretos regulamentadores da Lei nº 10.826 de 22 de de zembro de 2003.

PCE de uso restrito: produto controlado listado nominalmente na legislação como PCE que, devido às suas particularidades técnicas ou táticas, deve ter seu acesso e sua utilização restringidos, observada a classificação elaborada pelo Comando do Exército, prevista nos decretos regulamentadores da Lei nº 10.826 de 22 de de zembro de 2003

Tipo de produtos controlados: é a classificação primária dos produtos controlados pelo Exército que os distingue em função de características e efeitos.

A fim de melhor especificar os conceitos regulamentares, em especial no que diz respeito à correspondência entre "energia cinética" e "calibre", foi editada ainda a Portaria nº 1222/19 pelo Comando do Exército Brasileiro que relacionou e elencou, de modo específico, cada calibre de arma de fogo com a respectiva energia cinética na saída do cano da arma cujas tabelas que indicam os calibres de uso permitido e restrito já foram apresentadas nos itens 6.4.1, 6.4.4 e 6.4.5.

Assim como em relação aos crimes de posse e porte ilegal de armas de fogo, acessórios e munições (arts. 12, 14 e 16 do Estatuto), a **jurisprudência** tem reconhecido a **tipicidade** da conduta independentemente da existência de **apenas munições, acessórios ou armas de fogo desmuniciadas** tendo em vista tratar-se de crime de perigo abstrato contra a incolumidade pública (no caso dos crimes militares, contra a ordem administrativa militar):

STJ

HABEAS CORPUS. COMÉRCIO ILEGAL DE MUNIÇÃO E ARMA DE FOGO (ART. 17 DA LEI 10.826/03). PACIENTE CONDENADO A 5 ANOS DE RECLUSÃO, EM REGIME SEMIABERTO. CRIME DE PERIGO ABSTRATO. SIMPLES COMERCIALIZAÇÃO DE MUNIÇÃO SEM AUTORIZAÇÃO LEGAL CARACTERIZA O CRIME DESCRITO NO ART.

17 DA LEI 10.826/03. PARECER DO MPF PELA DENEGAÇÃO DA ORDEM. ORDEM DENEGADA. 1. O comércio ilegal de munição é crime de perigo abstrato, cujo tipo exige a aquisição, aluguel, recebimento, transporte, condução, ocultação, ter em depósito, desmontar, montar, remontar, adulterar, vender, expor à venda, ou de qualquer forma inutilizar, em proveito ou alheio, no exercício de atividade comercial ou industrial, sem autorização legal, na forma do art. 17 da Lei 10.826/03, em razão da ameaça representada à coletividade. 2. Ordem denegada, em consonância com o parecer ministerial. (HC 147.866/MG, Rel. Ministro NAPOLEÃO NUNES MAIA FILHO, QUINTA TURMA, julgado em 21/09/2010, DJe 18/10/2010)

PENAL E PROCESSUAL PENAL. AGRAVO REGIMENTAL NO RECURSO ESPECIAL. TRÁFICO INTERNACIONAL DE MUNIÇÃO. ART. 18 DA LEI N. 10.826/03. CRIME DE PERIGO ABSTRATO. REEXAME DOS ELEMENTOS FÁTICO-PROBATÓRIOS. IMPOSSIBILIDADE. SUM 7/STJ I – O crime de tráfico internacional de munição, tipificado no art. 18 da Lei n. 10.826/03, é de perigo abstrato ou de mera conduta e visa proteger a segurança pública e paz social. Sendo assim, é irrelevante o fato de a munição apreendida estar desacompanhada da respectiva arma de fogo (precedentes). II – O recurso especial não é cabível quando a análise da pretensão recursal exigir o reexame do quadro fático-probatório, sendo vedada a modificação das premissas fáticas firmadas nas instâncias ordinárias no âmbito dos recursos extraordinários (Súmula 7/STJ e Súmula 279/STF). Agravo regimental desprovido. (AgRg no REsp 1389438/PR, Rel. Ministro FELIX FISCHER, QUINTA TURMA, julgado em 05/05/2015, DJe 13/05/2015)

AGRAVO REGIMENTAL NO RECURSO ESPECIAL. ESTATUTO DO DESARMAMENTO. TRÁFICO INTERNACIONAL DE ARMA DE FOGO. USO PROIBIDO OU RESTRITO. ARTS. 18 E 19, DA LEI Nº 10.826/03. INTERNALIZAÇÃO DE MIRA TELESCÓPICA. SEM AUTORIZAÇÃO. ARMA DE FOGO. AUSÊNCIA. PERIGO ABSTRATO. PROTEÇÃO À INCOLUMIDADE PÚBLICA. AGRAVO REGIMENTAL NÃO PROVIDO. 1. Esta Corte adotou o entendimento de que os delitos previstos entre os arts. 12 a 18, da Lei nº 10.826/03 são crimes de perigo abstrato, sendo irrelevante a apreensão de acessório desacompanhada de arma de fogo, pois no Estatuto do Desarmamento a pretensão é proteger a vida, a integridade física, a saúde, o patrimônio, a segurança pública, entre outros bem jurídicos fundamentais. 2. Agravo regimental não provido. 18/06/2014 T5 – QUINTA TURMA Ministro MOURA RIBEIRO (1156) AgRg no REsp 1382230 / PR AGRAVO REGIMENTAL NO RECURSO ESPECIAL 2013/0156061-4

O reconhecimento, pela jurisprudência, da tipicidade da conduta relacionada à pequena quantidade de munições, ao porte de arma de fogo desmuniciada ou ainda ao porte apenas de acessórios de arma de fogo por tratarem-se de delitos de perigo abstrato praticado contra a incolumidade pública e contra o sistema de controle de armas de fogo, acessório ou munições (no caso dos crimes militares contra a ordem administrativa militar) **não resulta na impossibilidade de reconhecimento do princípio da insignificância e consequente atipicidade da conduta** nos casos de **pequena quantidade de munições ou de acessórios** que tem sido analisado caso a caso pela jurisprudência pátria, respeitadas, obviamente, as características e peculiaridades do ordenamento jurídico penal militar.

Lembrando, mais uma vez, que a descaracterização dos carregadores como acessórios de arma de fogo efetivada por meio do Decreto Federal nº 10.627/21. Em relação aos carregadores operou-se, portanto, a *abolitio criminis* a ser analisada em tópico específico mais a frente.

Também importante ressaltar que assim como em relação aos demais crimes previstos no Estatuto do Desarmamento, para os crimes previstos nos arts. 17 e 18 **não se exige a comprovação do potencial lesivo dos objetos por meio de exame pericial**, não obstante, a demonstração da **absoluta ineficácia** dos objetos por eventual exame pericial realizado resulta no reconhecimento da **atipicidade da conduta** por força do previsto no art. 32 do Código Penal Militar:

STJ

AGRAVO REGIMENTAL EM AGRAVO EM RECURSO ESPECIAL. PROCESSUAL PENAL. INICIATIVA INSTRUTÓRIA DO JUIZ. COMPATIBILIDADE COM O SISTEMA ACUSATÓRIO. PRONUNCIAMENTO DO MINISTÉRIO PÚBLICO SOBRE PRELIMINARES SUSCITADAS PELA DEFESA EM ALEGAÇÕES FINAIS. POSSIBILIDADE. INTERCEPTAÇÕES TELEFÔNICAS. LICITUDE E NECESSIDADE. REEXAME DE PROVAS. TRANSCRIÇÃO INTEGRAL DOS DIÁLOGOS INTERCEPTADOS. DESNECESSIDADE. MÍDIA DISPONIBILIZADA ÀS PARTES. AUSÊNCIA DE DEMONSTRAÇÃO DE PREJUÍZO. COMERCIO ILEGAL DE ARMA DE FOGO E MUNIÇÃO. PERÍCIA. DESNECESSIDADE. *ABOLITIO CRIMINIS*. NÃO ABRANGÊNCIA. DESCLASSIFICAÇÃO.

REEXAME DE PROVAS. DOSIMETRIA. FUNDAMENTAÇÃO IDÔNEA. CAUSA DE AUMENTO DE PENA DO ARTIGO 19. INCIDÊNCIA.

[...] 6. Esta Corte tem jurisprudência uniforme no sentido de que o crime de comércio ilegal de arma de fogo e munição é delito de tipo misto alternativo e de perigo abstrato, sendo prescindível a realização de laudo pericial para atestar a potencialidade lesiva da arma de fogo, acessório ou munição porque a prática de quaisquer das condutas previstas na norma já importam em violação do bem juridicamente tutelado, que é a incolumidade pública. (AgRg no REsp 1692637/SC, Rel. Ministra MARIA THEREZA DE ASSIS MOURA, SEXTA TURMA, julgado em 08/05/2018, DJe 16/05/2018)

REGIMENTAL. AGRAVO EM RECURSO ESPECIAL. COMÉRCIO ILEGAL DE ARMA DE FOGO. FABRICAÇÃO, REFORMA, MANUTENÇÃO E VENDA. CONDENAÇÃO AMPARADA EM PROVA TESTEMUNHAL E POR LAUDO REALIZADO NO LOCAL DO FATO. POSSIBILIDADE. DESNECESSIDADE DE REALIZAÇÃO DE PERÍCIA NO ARMAMENTO. CRIME DE PERIGO ABSTRATO. RECURSO IMPROVIDO. 1. Não há ilegalidade na condenação amparada em provas produzidas na fase policial e em juízo, como a confissão do acusado, pelos testemunhos de policiais civis e do delegado, que participaram da operação, e laudo do local do flagrante. 2. Tratando-se o tipo penal do artigo 17 do Estatuto do Desarmamento de crime de perigo abstrato, é prescindível a realização de laudo pericial para atestar a potencialidade da arma apreendida. 3. Agravo regimental a que se nega provimento. (AgRg no AREsp 810.590/SC, Rel. Ministro JORGE MUSSI, QUINTA TURMA, julgado em 18/08/2016, DJe 24/08/2016)

Em relação à prática das condutas típicas previstas nos arts. 17 e 18 que tenham por objeto armas de fogo, acessórios ou munições de uso proibido ou restrito, a pena é aumentada da metade consoante o previsto no art. 19 do Estatuto:

STJ

AGRAVO REGIMENTAL EM AGRAVO EM RECURSO ESPECIAL. PROCESSUAL PENAL. INICIATIVA INSTRUTÓRIA DO JUIZ. COMPATIBILIDADE COM O SISTEMA ACUSATÓRIO. PRONUNCIAMENTO DO MINISTÉRIO PÚBLICO SOBRE PRELIMINARES SUSCITADAS PELA DEFESA EM ALEGAÇÕES FINAIS. POSSIBILIDADE. INTERCEPTAÇÕES TELEFÔNICAS. LICITUDE E NECESSIDADE. REEXAME DE PROVAS. TRANSCRIÇÃO INTEGRAL DOS DIÁLOGOS INTERCEPTADOS. DESNECESSIDADE. MÍDIA DISPONIBILIZADA ÀS PARTES. AUSÊNCIA DE DEMONSTRAÇÃO DE PREJUÍZO. COMERCIO ILEGAL DE ARMA DE FOGO E MUNIÇÃO. PERÍCIA. DESNECESSIDADE. *ABOLITIO CRIMINIS*. NÃO ABRANGÊNCIA. DESCLASSIFICAÇÃO. REEXAME DE PROVAS. DOSIMETRIA. FUNDAMENTAÇÃO IDÔNEA. CAUSA DE AUMENTO DE PENA DO ARTIGO 19. INCIDÊNCIA. 8. Decidido pelas instâncias ordinárias que "Do contexto-fático probatório apresentado, verifica-se que o apelante possuía arma de fogo de uso permitido, munições de uso permitido e restrito não deflagradas, outras percutidas, diversos apetrechos para o recarregamento dos projéteis, inclusive prensa específica para tal desiderato, tudo em virtude e com vistas ao comércio ilícito de artefatos bélicos" e que "No caso, como visto alhures, a apreensão de maquinário para recarga de cartuchos, a negociação de armas de fogo e de munições por intermédio do aparelho celular e os depoimentos dos agentes públicos e testemunhas demonstram que, em paralelo com o comércio de equipamentos hospitalares, o apelante realizava a negociação de artefatos bélicos", maiores considerações acerca efetiva demonstração do exercício de atividade comercial, habitualidade, reiteração e finalidade de lucro implicariam reexame de prova, inviável em sede de recurso especial. 9. Considerando que o réu praticou mais de uma das condutas típicas previstas no artigo 17 da Lei de Armas e detinha elevado número de munições, resta suficientemente motivada a fixação da pena-base um pouco acima do mínimo legal. 10. Estando incontroverso nos autos que o réu mantinha em depósito, no exercício da atividade comercial ilícita, munição de uso restrito, resta configurado o delito de comércio ilegal de munição tipificado no artigo 17 da Lei nº 10.826/03 com a agravante do artigo 19 da mesma lei até porque, se tais munições de uso restrito apreendidas não se destinavam ao comércio ilegal, como alega a defesa, a hipótese legal aplicável seria a de concurso material do delito do artigo 17 com o do artigo 16 do Estatuto do Desarmamento, mais prejudicial ao recorrente. 11. Agravo regimental improvido. (AgRg no REsp 1692637/SC, Rel. Ministra MARIA THEREZA DE ASSIS MOURA, SEXTA TURMA, julgado em 08/05/2018, DJe 16/05/2018)

AGRAVO REGIMENTAL NO RECURSO ESPECIAL. ESTATUTO DO DESARMAMENTO. TRÁFICO INTERNACIONAL DE ARMA DE FOGO. USO PROIBIDO OU RESTRITO. ARTS. 18 E 19, DA LEI Nº 10.826/03. INTERNALIZAÇÃO DE MIRA TELESCÓPICA. SEM AUTORIZAÇÃO. ARMA DE FOGO. AUSÊNCIA. PERIGO ABSTRATO. PROTEÇÃO À INCOLUMIDADE PÚBLICA. AGRAVO REGIMENTAL NÃO PROVIDO. 1. Esta Corte adotou o entendimento de que os delitos previstos entre os arts. 12 a 18, da Lei nº 10.826/03 são crimes de perigo abstrato, sendo irrelevante a apreensão de acessório desacompanhada de arma de fogo, pois no Estatuto do Desarmamento a pretensão é proteger a vida, a integridade física, a saúde, o patrimônio, a segurança pública, entre outros bem jurídicos fundamentais. 2. Agravo regimental não provido. 18/06/2014 T5 – QUINTA TURMA Ministro MOURA RIBEIRO (1156) AgRg no REsp 1382230 / PR AGRAVO REGIMENTAL NO RECURSO ESPECIAL 2013/0156061-4

Uma distinção importante também já discutida quando da análise do tipo penal de posse irregular de arma de fogo, acessório ou munição diz respeito à diferença conceitual entre acessórios e **"coletes de proteção balística"**, sendo estes últimos definidos como equipamentos pela normatização em vigor. Logo, a posse ou o porte destes "equipamentos", por não se confundirem com "acessórios" de arma de fogo, **não tipificam os crimes previstos nos arts. 12, 14, 16, 17 e 18 do Estatuto do Desarmamento,** tal qual tem sido reconhecido pelas decisões jurisprudenciais mais recentes[97]. Por óbvio que a posse de tais equipamentos, ainda que não tipificadas pelo Estatuto do Desarmamento, podem caracterizar outros crimes (peculato, receptação, contrabando, descaminho, etc.).

Sem autorização ou em desacordo com determinação legal ou regulamentar (comércio ilegal) sem autorização da autoridade competente (tráfico internacional):

A definição da **competência do Comando do Exército** em relação à autorização, controle, normatização e fiscalização do comércio, importação e exportação de armas de fogo, acessórios e munições no território nacional e consequente atual **caracterização dos delitos como de natureza militar por afetação da regularidade das instituições militares** em decorrência da necessária **violação da ordem administrativa militar** independentemente de quem seja o agente já foi fundamentada acima.

Resta, portanto, a indicação no sentido de que, por vezes, a **simples inobservância de dispositivos administrativos de menor relevância** ou que poderiam ser atendidos pelas condições concretas do autor dos fatos, por vezes, tem sido reco-

[97] Ação Penal n. 1501681-83.2017.8.26.0567. P. I. Brasília, 13 de fevereiro de 2020. MINISTRO LEOPOLDO DE ARRUDA RAPOSO (DESEMBARGADOR CONVOCADO DO TJ/PE) Relator.

nhecida também pela jurisprudência como apta a afastar a tipicidade da conduta por caracterização do **princípio da insignificância**:

> STJ
>
> ESTATUTO DO DESARMAMENTO. TRANSPORTE DE MUNIÇÃO PARA SER USADA EM ESPINGARDA CALIBRE 12, DEVIDAMENTE LEGALIZADA E REGISTRADA NO SISTEMA DE ARMAS. PRINCÍPIO DA INTERVENÇÃO MÍNIMA. 1. Esta Corte consolidou o entendimento de que para a caracterização do delito previsto no artigo 14 da Lei nº 10.826/03 é irrelevante se a munição possui ou não potencialidade lesiva, por se tratar de delito de perigo abstrato, pouco importando se estava acompanhada de arma de fogo para a sua efetiva utilização. 2. O Direito Penal somente deve se preocupar com os bens jurídicos mais importantes e necessários à vida em sociedade, interferindo o menos possível na vida do cidadão. É a última entre todas as medidas protetoras a ser considerada, devendo ser as perturbações mais leves objeto de outros ramos do Direito. 3. Na hipótese dos autos, verifico que a arma para a qual se destinava a munição era devidamente registrada em nome do recorrido no Sistema de Armas não sendo razoável punir o transporte da munição destinada ao seu uso. 4. Recurso especial a que se nega provimento. Contudo, no presente caso, tenho que devam ser levadas em consideração algumas premissas, quais sejam, que se trata de munição de uso permitido, calibre 12, para uso em arma legalizada do mesmo calibre, registrada no Sistema de Armas, em nome do réu, consoante fl. 30 dos autos em apenso (2005.71.06.002548-9), arma essa que não se encontrava com o réu quando da apreensão da munição; a quantidade de munição apreendida (25 cartuchos) é relativamente pequena; não se trata de contrabando de munições, mas de aquisição para uso próprio e, por fim, o que se depreende da prova dos autos é que a conduta do agente, ao adquirir munição a preços mais baixos no estrangeiro, visava unicamente a elisão tributária, e não a afronta à legislação sobre porte e uso de armas em território nacional. Como se pode observar, sem necessidade do exame aprofundado do material fático-probatório, vedado nesta instância a teor da Súmula nº 7 do STJ, verifico que a munição destinava-se à arma legalizada e do mesmo calibre, devidamente registrada no Sistema de Armas em nome do recorrido (apenso – fls. 31/32) – espingarda calibre 12 – de uso permitido e muito comum para caça de animais. T6 – SEXTA TURMA Ministro OG FERNANDES (1139) REsp 1228545 / RS RECURSO ESPECIAL 2011/0013879-5 18/04/2013

A agente policial disfarçado, quando presentes elementos probatórios razoáveis de conduta criminal preexistente:

> Art. 17 (...)
>
> § 2º Incorre na mesma pena quem vende ou entrega arma de fogo, acessório ou munição, sem autorização ou em desacordo com a determinação legal ou regulamentar, a agente policial disfarçado, quando presentes elementos probatórios razoáveis de conduta criminal preexistente.

> Art. 18 (...)
>
> Parágrafo único. Incorre na mesma pena quem vende ou entrega arma de fogo, acessório ou munição, em operação de importação, sem autorização da autoridade competente, a agente policial disfarçado, quando presentes elementos probatórios razoáveis de conduta criminal preexistente.

Questão extremamente intrigante refere-se às previsões legais relativas à venda ou entrega de arma de fogo, acessório ou munição, em qualquer situação ou em operação de importação à agente policial disfarçado, quando presentes elementos probatórios preexistentes, inseridas nos arts. 17 e 18 do Estatuto do Desarmamento pela Lei denominada de Pacote Anticrime.

Em vista da recenticidade da alteração legal[98], ainda não há jurisprudência formada a respeito dos dispositivos, sendo que a doutrina tem se alternado em definir os dispositivos legais ora como tipos penais autônomos, ora como dispositivos penais "explicativos":

> Destaque-se, todavia, que, na verdade, estamos diante de uma norma penal de natureza explicativa, onde o legislador acata um posicionamento jurisprudencial relacionado ao denominado "flagrante preparado", esclarecendo que nas circunstâncias descritas no dispositivo não há qualquer ilegalidade na ação do agente policial disfarçado e também não se pode cogitar a atipicidade dos fatos, uma vez que o suspeito responderá por outras condutas previstas no caput do artigo 17, do Estatuto ou 33, da Lei de Drogas (SANNINI, 2020).
>
> Defende-se estar diante de uma nova norma penal incriminadora autônoma, já que o legislador ordinário seguindo o mandato de criminalização da Constituição Federal (referente ao tráfico de drogas) criminaliza como infração penal a conduta daquele agente criminoso que vende ou entrega drogas, matéria-prima, insumo ou produto químico ao agente policial disfarçado. Na mesma esteira, legislador ordinário passa a criminalizar o agente criminoso que vende ou entrega arma de fogo, acessório ou munição ao agente policial disfarçado. Em ambas as situações, em termos práticos, o legislador passa a propiciar ao mesmo tempo, no campo da intervenção policial (ação policial), a prisão flagrancial do agente criminoso nestas situações sem eivar de nulidade a prisão em flagrante delito, com relaxamento da prisão (LEITÃO JÚNIOR, 2020).

Entendemos que efetivamente o mais adequado seria **a lei ter indicado que inexiste ilegalidade na conduta do agente disfarçado** de modo que se mantém a tipificação das condutas típicas "preexistentes" que possibilitariam, portanto, a responsabilização criminal do autor do crime já tipificado antes mesmo da atuação do agente policial disfarçado, tal qual defendido por Francisco Sannini.

Não obstante, o texto legal utiliza a expressão "incorre na mesma pena" o que nos parece, portanto, introduzir, efetivamente, crimes autônomos e equiparados ao comércio ilegal e tráfico internacional de armas de fogo, acessórios ou munições, a depender das circunstâncias subsumirem-se a um ou outro dispositivo legal (§ 2º do art. 17 ou parágrafo único do art. 18 do Estatuto do Desarmamento), assim como defendido por Joaquim Leitão Júnior. Ainda que Francisco Sannini apresente importante ressalva no sentido de que essa interpretação pode gerar questionamentos em relação à atipicidade de condutas semelhantes praticadas anteriormente à entrada em vigor dos citados dispositivos legais, entendemos que o texto legal não deixa dúvidas a respeito da intenção de se criar **tipos penais autônomos**.

Talvez, a melhor solução a respeito da atecnica presente nos dispositivos em questão seja o reconhecimento da **inconstitucionalidade por violação ao princípio**

[98] A Lei Federal nº 13.964/19 denominada de Pacote Anticrime foi publicada em 24 de dezembro de 2019 e entrou em vigor em 23 de janeiro de 2020.

da taxatividade decorrente da elementar "quando presentes elementos probatórios razoáveis de conduta criminal preexistente" em conjunto com os demais fundamentos consolidados e na Súmula 145 editada pelo Supremo Tribunal Federal a respeito da ilegalidade do flagrante preparado:"Não há crime, quando a preparação do flagrante pela polícia torna impossível a sua consumação" (artigos 17 do Código Penal Comum e 32 do Código Penal Militar). No mesmo reconhecimento da inconstitucionalidade do dispositivo poder-se-ia reafirmar a legalidade do "flagrante esperado", ou seja, quando o agente policial apenas aguarda o início da execução da conduta criminosa sem interferir na vontade ou ato típico praticado pelo agente:

> STJ
>
> TRÁFICO INTERESTADUAL DE DROGAS. FLAGRANTE PREPARADO. INEXISTÊNCIA. EIVA INEXISTENTE.1. No flagrante preparado, a polícia provoca o agente a praticar o delito e, ao mesmo tempo, impede a sua consumação, cuidando-se, assim, de crime impossível, ao passo que no flagrante forjado a conduta do agente é criada pela polícia, tratando-se de fato atípico. 2. No caso dos autos, embora uma policial tenha simulado ser a corré que entregaria para os pacientes a substância entorpecente transportada no ônibus e a transação não haver se consumado em razão da prisão em flagrante dos acusados, o certo é que, antes mesmo do referido fato, o crime de tráfico já havia se consumado em razão de os denunciados haverem trazido consigo e transportado a droga entre dois Estados da Federação, conduta que, a toda evidência não foi instigada ou induzida pelos agentes, o que afasta a mácula suscitada na impetração. Precedentes do STJ e do STF. (STJ, HC 340.615/SP, Rel. Ministro JORGE MUSSI, QUINTA TURMA, julgado em 24/04/2018, DJe 04/05/2018)

A jurisprudência a ser construída responderá a essas questões, não obstante, por ora, entendemos que se tratam efetivamente de **tipos penais autônomos** que não são capazes de gerar efeitos de "*abolitio criminis*" tendo em vista que as condutas praticadas antes da entrada em vigor dos citados dispositivos legais já eram definidas como crimes nos termos previstos pelos artigos 17 e 18 do Estatuto do Desarmamento.

Realizadas estas considerações iniciais a respeitos dos tipos penais em tela e em virtude dos demais elementos neles presentes já terem sido abordados nos itens anteriores pois também presentes nas demais figuras típicas constantes dos arts. 17 e 18 do Estatuto do Desarmamento, importa analisar o conceito de "**agente policial disfarçado**" e "elementos probatórios razoáveis de conduta criminal preexistente".

Como muito bem pontuado por Francisco Sannini (2020), o agente policial disfarçado pode ser equiparado ao agente encoberto, figura já presente na doutrina e jurisprudência pátria:

> Antes de examinar os novos tipos penais, convém lançar luz sobre a figura do agente policial disfarçado que, embora nova na legislação, sempre existiu nos órgãos de investigação policial.
>
> Cabe-nos, preliminarmente, recordar as diferenças entre os métodos de investigação existentes antes da criação da nova figura, ou seja, o agente infiltrado e o agente encoberto. A infiltração policial está prevista nas Leis das Organizações Criminosas, de Drogas, e de Lavagem de Capitais, dependendo de autorização judicial e executada nos estritos limites e prazo legais. O agente infiltrado atua interna corporis, ou seja, no seio

> da empresa criminosa, agindo, de forma dissimulada, como um de seus membros, tendo pré-excluída sua responsabilidade penal. A infiltração pode ser física, com a inserção do agente policial na estrutura da organização criminosa, ou virtual, o que se denomina de ciberinfiltração, como dispõem a Lei das Organizações Criminosas e o Estatuto da Criança e do Adolescente.
>
> O agente encoberto, diversamente, não se infiltra nas agências criminosas, mas se limita ao acompanhamento de suas atividades, pelo lado de fora. Constata-se, assim, que, enquanto a atuação do agente infiltrado é ativa, a do encoberto é passiva. Da mesma forma como o infiltrado, o encoberto atua de modo dissimulado para não revelar a sua identidade, o que se desenvolve pela campana ou atalaia, i.e., pelo disfarce, colhendo-se elementos de autoria e materialidade delitiva, com filmagens e relatórios do agente policial. A grande diferença é que o agente encoberto não depende de autorização judicial e não se submete a prazos para a conclusão do método de investigação.
>
> A nova figura, do agente policial disfarçado, mais se aproxima do agente encoberto, na medida em que se utiliza, tão somente, do disfarce da identidade funcional do policial, não se exigindo prévia autorização judicial, limitado, entretanto, às estritas hipóteses legais do tráfico de drogas, do comércio ilegal de armas de fogo e do tráfico internacional de armas de fogo.

Questão mais complexa refere-se ao significado de "elementos probatórios razoáveis de conduta criminal preexistente". Ainda que alguns doutrinadores apresentem críticas ao conceito técnico de "elementos probatórios" destacando que na grande parte das vezes tais elementos ainda não foram "formalizados" em procedimentos de investigação criminal sendo apenas constatados "em campo" pelo agente policial disfarçado, cremos que essa crítica decorre muito mais do "pensamento bacherelesco oitocentista" infelizmente ainda presente nos operadores do direito no Brasil que confundem atividade policial de investigação com "autos de inquérito policial" e continuam a defender um sistema falido e isolado no mundo que defende "exclusividades" de funções policiais confundindo-as com funções judiciais.

Elementos probatórios preexistem, sob uma perspectiva ontológica, a qualquer formalização. Assim, não se vislumbra nenhum problema na utilização da expressão "elementos probatórios" tendo em vista tratar-se de elementos presentes nas "fontes de prova" que a partir do início da persecução penal por qualquer meio (lembre-se que o inquérito policial inclusive trata-se de peça dispensável e meramente informativa no nosso ordenamento jurídico e que qualquer do povo pode produzir e ofertar "elementos de prova" a fim de subsidiar a análise e denúncia a ser ofertada pelo representante do Ministério Público ou queixa pelo próprio ofendido) passarão a ser formalizados, inicialmente na fase policial (em que não há exclusividade de atribuições apta a gerar qualquer nulidade) e posteriormente no âmbito processual e apenas em relação a este último é que passará a submeter-se aos procedimentos legais relacionados ao contraditório, ampla defesa e revestir-se-ão como "prova" em uma acepção jurídica.

Não obstante a inexistência de atecnia em relação à expressão "elementos de prova" um grande problema nos parece residir na questão no elemento "conduta criminal preexistente". E este parece ser um problema que não pode ser solucionado haja vista que fere o princípio da taxatividade e, consequentemente, da legalidade, direito fundamental basilar do Direito Penal existente em um Estado Democrático de Direito.

Por não especificar qual seria a "conduta criminal preexistente" seria possível enquadrar no conceito qualquer conduta, seja ou não relacionada aos tipos penais previstos nos arts. 17 e 18 do Estatuto ou ainda sem qualquer relação com referido diploma legal. Em vista deste déficit legal, **entendemos pela inconstitucionalidade dos dispositivos**, não obstante, se assim não for o entendimento, a melhor interpretação possível seria **compreender "conduta criminal preexistente" como uma das condutas previstas no *caput* do dispositivo (art. 17 ou 18 do Estatuto)**. Ainda que esta interpretação demonstre claramente a prescindibilidade da existência de um tipo autônomo, entendemos ser a única possível de acordo com os princípios inerentes ao Direito Penal pátrio, comum ou militar.

Outras causas de aumento de pena:

Por fim o art. 20 do Estatuto do Desarmamento prevê que para os crimes previstos nos arts. 17 (comércio ilegal) e 18 (tráfico internacional) a pena deve ser aumentada da metade se o agente for reincidente específico em crimes dessa natureza ou forem praticados por integrante dos órgãos e empresas referidas nos arts. 6º, 7º e 8º do Estatuto do Desarmamento, ou seja, por integrantes:

> I – das Forças Armadas;
>
> II – de órgãos referidos nos incisos I, II, III, IV e V do caput do art. 144 da Constituição Federal e os da Força Nacional de Segurança Pública (FNSP);
>
> III – os integrantes das guardas municipais das capitais dos Estados e dos Municípios com mais de 500.000 (quinhentos mil) habitantes, nas condições estabelecidas no regulamento desta Lei;
>
> IV – os integrantes das guardas municipais dos Municípios com mais de 50.000 (cinqüenta mil) e menos de 500.000 (quinhentos mil) habitantes, quando em serviço
>
> V – os agentes operacionais da Agência Brasileira de Inteligência e os agentes do Departamento de Segurança do Gabinete de Segurança Institucional da Presidência da República;
>
> VI – os integrantes dos órgãos policiais referidos no art. 51, IV, e no art. 52, XIII, da Constituição Federal;
>
> VII – os integrantes do quadro efetivo dos agentes e guardas prisionais, os integrantes das escoltas de presos e as guardas portuárias;
>
> VIII – as empresas de segurança privada e de transporte de valores constituídas, nos termos desta Lei;
>
> IX – para os integrantes das entidades de desporto legalmente constituídas, cujas atividades esportivas demandem o uso de armas de fogo, na forma do regulamento desta Lei, observando-se, no que couber, a legislação ambiental.
>
> X – integrantes das Carreiras de Auditoria da Receita Federal do Brasil e de Auditoria-Fiscal do Trabalho, cargos de Auditor-Fiscal e Analista Tributário.
>
> XI – os tribunais do Poder Judiciário descritos no art. 92 da Constituição Federal e os Ministérios Públicos da União e dos Estados, para uso exclusivo de servidores de seus quadros pessoais que efetivamente estejam no exercício de funções de segurança, na forma de regulamento a ser emitido pelo Conselho Nacional de Justiça – CNJ e pelo Conselho Nacional do Ministério Público – CNMP.

– Elemento subjetivo:

Assim como ocorre em relação à maioria dos tipos penais previstos no Estatuto do Desarmamento, os crimes de comércio ilegal e tráfico internacional de armas de fogo, acessórios e munições somente se caracterizam mediante a prática de **conduta dolosa** (dolo direto ou eventual), nos termos dispostos pelo art. 33 do Código Penal Militar.

Vale lembrar que em se tratando de crime militar por afetação da regularidade das instituições militares o dolo da conduta deve compreender não apenas as elementares do tipo penal previsto nos arts. 17 e 18 do Estatuto do Desarmamento como também todas as circunstâncias e elementos caracterizadores da natureza militar do crime previstos nas alíneas dos incisos II e III do art. 9º do Código Penal Militar, o que, no caso destes delitos acaba por confundir-se com a própria elementar (em desacordo com as determinações legais e regulamentares ou sem autorização legal).

– Consumação:

O crime de comércio ilegal de arma de fogo, acessório ou munições consuma-se com a prática de alguns dos verbos previstos no art. 17, a exemplo do relacionado a expor a venda, **mesmo que a venda não seja sequer proposta ou concretizada**:

> STJ
>
> CONFLITO NEGATIVO DE COMPETÊNCIA. CRIME DE VENDA ILEGAL DE ARMA DE FOGO POR MEIO DA INTERNET. INEXISTÊNCIA DE ELEMENTOS DE INTERNACIONALIDADE. COMPETÊNCIA DA JUSTIÇA ESTADUAL. PRECEDENTES DO STJ. 1. O fato de o suposto crime de comércio ilegal de arma de fogo ter sido cometido por meio da rede mundial de computadores (internet), não atrai, necessariamente, a competência da Justiça Federal para o processamento do feito. 2. Para se firmar a competência da Justiça Federal, além da lesão a bens, serviços e interesses da União e de o País ser signatário de acordos e tratados internacionais, a teor dos incisos IV e V do art. 109 da CF, deve-se demonstrar que a prática do delito efetivamente ultrapassou as fronteiras do Estado Brasileiro. 3. A hipótese dos autos, ao menos por ora, parece ser apenas relativa à conduta tipificada no art. 17 do Estatuto do Desarmamento (expor à venda arma de fogo) e não o crime de tráfico internacional de arma de fogo, uma vez que não há nos autos elementos que demonstrem que tenha havido efetiva venda de arma de fogo, mas, apenas, a oferta de venda por meio da internet, motivo pelo qual, consoante o entendimento acima exposto, deve ser apurada pela Justiça Estadual. 4. Conflito conhecido para declarar competente o Juízo de Direito da 1ª Vara Criminal de Santo André/SP, o suscitante.(CC 126.950/SP, Rel. Ministra ALDERITA RAMOS DE OLIVEIRA (DESEMBARGADORA CONVOCADA DO TJ/PE), TERCEIRA SEÇÃO, julgado em 24/04/2013, DJe 10/05/2013)

Em relação ao crime de **tráfico internacional de armas de** fogo, acessórios ou munições o momento da consumação ocorre **no momento em que o objeto é despachado para exportação** ou no caso de **importação,** em locais sujeitos à fiscalização da zona alfandegária, somente se dará **após a liberação da mercadoria** pelas autoridades competentes ou a **transposição da aludida zona fiscal**:

> STJ
>
> CONFLITO NEGATIVO DE COMPETÊNCIA. TRÁFICO INTERNACIONAL DE ARMA DE FOGO, ACESSÓRIOS OU MUNIÇÃO. CRIME DE AÇÃO MÚLTIPLA. REMESSA DE ACESSÓRIO

DE ARMA DE FOGO PARA O EXTERIOR POR VIA POSTAL. MODALIDADE EXPORTAR. CONSUMAÇÃO DO DELITO. MOMENTO DO ENVIO. COMPETÊNCIA DO JUÍZO DO LOCAL EM QUE OCORREU A REMESSA. COMPETENTE O JUÍZO SUSCITANTE. 1. A controvérsia cinge-se em definir qual o juízo competente para a apreciação e julgamento do feito, tendo em vista que foi apreendido pela Receita Federal do Brasil, em São Paulo, um objeto postal contendo um pente (carregador) de metralhadora antiga, sem autorização do Exército Brasileiro, postado em Recife/PE e destinado a pessoa com endereço na Bélgica. 2. O crime de tráfico internacional de arma de fogo, acessórios ou munição é de ação múltipla, consumando-se pela prática de qualquer uma das condutas previstas no art. 18, caput, da Lei n. 10.826/03. 3. No caso dos autos, o delito ocorreu na modalidade de exportar acessório de arma de fogo, tendo havido a consumação no momento em que foi realizado o envio do referido acessório, ou seja, quando foi entregue a encomenda perante os Correios da cidade de Recife/PE, sendo indiferente, para fins de consumação, a interceptação da encomenda, em São Paulo, durante seu percurso, pois a conduta não se protrai no tempo, considerando-se mero exaurimento do crime o recebimento do acessório de arma de fogo no local de destino (Bélgica). 4. Conflito de competência conhecido para declarar competente o Juízo Federal da 36ª Vara da Seção Judiciária do Estado de Pernambuco, o suscitante. (CC 147.709/PE, Rel. Ministro JOEL ILAN PACIORNIK, TERCEIRA SEÇÃO, julgado em 11/10/2017, DJe 20/10/2017)

PENAL. RECURSO ESPECIAL. TRÁFICO INTERNACIONAL DE MUNIÇÃO. ART. 18 DA LEI N. 10.826/03. CRIME DE PERIGO ABSTRATO. MOMENTO CONSUMATIVO. FISCALIZAÇÃO PELA ZONA ALFANDEGÁRIA. CARACTERIZAÇÃO DO CONATUS. FRAÇÃO DE REDUÇÃO PELA TENTATIVA. IMPOSSIBILIDADE. REEXAME DOS ELEMENTOS FÁTICO-PROBATÓRIOS. SUM 7/STJ. I – O crime de tráfico internacional de munição, tipificado no art. 18 da Lei n. 10.826/03, é de perigo abstrato ou de mera conduta e visa proteger a segurança pública e paz social. Sendo assim, é irrelevante o fato de a munição apreendida estar desacompanhada da respectiva arma de fogo (precedentes). II – Preleciona a doutrina majoritária, no que tange ao delito inserto no art. 18 da Lei 10.826/03, que a consumação do crime, em locais sujeitos à fiscalização da zona alfandegária, somente se dará após a liberação da mercadoria pelas autoridades competentes ou a transposição da aludida zona fiscal (precedente). III – A diminuição da pena pela tentativa deve considerar o iter criminis percorrido pelo agente para a consumação do delito. Para infirmar a conclusão a que chegou o eg. Tribunal de origem seria necessária nova incursão na seara probatória – notadamente no que diz respeito às etapas de execução do delito –, procedimento defeso em sede de apelo extremo. Recursos especiais desprovidos. (REsp 1392567/PR, Rel. Ministro FELIX FISCHER, QUINTA TURMA, julgado em 25/04/2017, DJe 28/04/2017)

– Tentativa:

Ambos os tipos **admitem a tentativa** a depender da possibilidade do fracionamento da conduta no caso concreto.

– Concurso:

Após a explanação relativa ao reconhecimento do princípio da especialidade do crime previsto no art. 18 do Estatuto do Desarmamento em face do contrabando e do descaminho relativo a arma de fogo, acessórios ou munições, cumpre destacar que no que diz respeito aos casos nos quais a conduta envolve mais de um dos objetos descritos no tipo, mas no **mesmo contexto fático**, a jurisprudência pátria tem se posicionado no sentido no sentido de **crime único**.

Já no que diz respeito às hipóteses em que houver a prática de crimes tipificados por meio de **condutas previstas em legislação diversa ao Estatuto**, a **juris-**

prudência tem aplicado o **princípio da consunção**, em detrimento do concurso material, **apenas nos casos em que o comércio ilegal ou o tráfico internacional, estiver ligado diretamente ao crime fim e nele se esgotar**, a exemplo das decisões já apresentadas em relação à prática das condutas de posse ou porte ilegal de arma de fogo, acessório ou munição no contexto de disparos de arma de fogo, associação criminosa, tráfico de drogas etc.

Também **não tem sido reconhecido pela jurisprudência o princípio da consunção** nos casos em que, apesar do contexto lógico entre o crime previsto no Estatuto do Desarmamento e outro previsto em legislação diversa, **a natureza jurídica e o bem jurídico tutelado pelas infrações praticadas sejam distintos**:

> STJ
>
> HABEAS CORPUS. CRIMES DESCRITOS NOS ARTS. 33 E 35, C/C O ART. 40, V, TODOS DA LEI N. 11.343/2006, C/C O ART. 17, PARÁGRAFO ÚNICO, DA LEI N. 10.826/2003 E ARTS. 288 E 307 DO CP. PRISÃO PREVENTIVA. EXCESSO DE PRAZO. INEXISTÊNCIA. PROCESSO COMPLEXO. PLURALIDADE DE RÉUS. NECESSIDADE DE EXPEDIÇÃO DE CARTAS PRECATÓRIAS PARA OUTROS ESTADOS DA FEDERAÇÃO (RORAIMA E PARANÁ). VÁRIOS INCIDENTES PROCESSUAIS E DILIGÊNCIAS. LIMITE DA RAZOABILIDADE NÃO ULTRAPASSADO. AUSÊNCIA DE DESÍDIA DO PODER JUDICIÁRIO. PLEITO SUBSIDIÁRIO. APLICAÇÃO DE MEDIDAS CAUTELARES DESCRITAS NO ART. 319 DO CPP. INVIABILIDADE. GRAVIDADE CONCRETA DA CONDUTA. CONSTRANGIMENTO ILEGAL NÃO CONFIGURADO. 1. Hipótese em que o paciente foi preso em flagrante delito e posteriormente denunciado, juntamente com outros três corréus, como incurso nos arts. 33 e 35, c/c o art. 40, V, todos da Lei n. 11.343/2006, c/c art. 17, parágrafo único, da Lei n. 10.826/2003 e arts. 288 e 307 do Código Penal, porque, consciente e voluntariamente, em comunhão de ações e desígnios, transportava, para fins de tráfico, aproximadamente 12,6 kg de Cannabis Sativa L. (maconha) e 8.860 frascos de cloreto de etila (lança-perfume), além de dezenas de armas de fogo, acessórios e munições, de forma ilegal e sem autorização, tendo, desde data que não se sabe ao certo até o dia da sua prisão, se associado, entre si e com outros elementos ainda não identificados, em quadrilha armada, para o fim de cometer crimes, entre eles o comércio ilegal de arma de fogo, acessórios e munições e a falsidade ideológica, com a prisão em flagrante convertida em preventiva para a garantia da ordem pública. 2. Os prazos indicados para a consecução da instrução criminal servem apenas como parâmetro geral, pois variam conforme as peculiaridades de cada processo, razão pela qual eles têm sido mitigados pela jurisprudência dos Tribunais pátrios, à luz do princípio da razoabilidade. Desse modo, somente se cogita da existência de constrangimento ilegal por excesso de prazo quando ele for motivado por descaso injustificado do Juízo processante, o que não se verifica na presente hipótese. 3. As peculiaridades do caso, em que há complexidade dos fatos criminosos imputados na peça acusatória (arts. 33 e 35, c/c o art. 40, V, todos da Lei n. 11.343/2006, c/c o art. 17, parágrafo único, da Lei n. 10.826/2003 e os arts. 288, parágrafo único, e 307 ambos do CP), pluralidade de réus, num total de quanto, e vários incidentes ocorridos (defesa prévia do acusado Ilan protocolada em outro município no dia 25 de maio, vindo a ser enviada ao Juízo da 2ª Vara Criminal de Nova Iguaçu por malote, tendo chegado apenas no dia 6 de junho, apresentação de incidente de restituição de coisa apreendida com pedido de liminar por terceiro interessado, expedição de cartas precatórias para outros estados da Federação (Roraima e Paraná) e inúmeros requerimentos apresentados pelos acusados, por diversas vezes, os quais foram todos devidamente apreciados pelo Juízo), autorizam maior elasticidade na solução da causa. Aplicação do princípio da razoabilidade. 4. A inadequação das medidas cautelares alternativas também foi justificada pela gravidade concreta da conduta, não merecendo nenhuma censura o acórdão impugnado, visto

que em perfeita sintonia com a jurisprudência deste Tribunal Superior. 5. Ordem denegada. (HC 311.954/RJ, Rel. Ministro SEBASTIÃO REIS JÚNIOR, SEXTA TURMA, julgado em 18/06/2015, DJe 03/08/2015)

– Pena de multa:

Assim como indicado também em relação aos demais crimes previstos no Estatuto do Desarmamento, a previsão da pena de multa nos preceitos secundários dos arts. 17 e 18 do Estatuto do Desarmamento esbarra, em um primeiro momento, na ausência de previsão legal deste tipo de sanção no ordenamento jurídico penal militar, em especial na Parte Geral do Código Penal Militar que inclusive determina a prevalência das regras previstas no diploma penal castrense em face de dispositivos diversos previstos na legislação especial, regra essa que não foi alterada pela Lei Federal nº 13.491/17.

Com esse fundamento, aliada à vedação de conjugação de leis pelo Poder Judiciário, a jurisprudência penal militar tem se posicionado, nestes primeiros anos de análise a respeito dos crimes militares por afetação da regularidade das instituições militares, no sentido da impossibilidade de aplicação da pena de multa prevista no Estatuto do Desarmamento no âmbito do Direito Penal Militar.

No entanto, já existe doutrina e posicionamentos judiciais no sentido de que diante da equalização e harmonização entre os ordenamentos jurídicos penais comum e militar introduzidas pela Lei Federal nº 13.491/17, a melhor interpretação seria o reconhecimento da introdução das penas específicas originalmente não previstas no Código Penal Militar, no entanto, adequadas aos novos tipos penais previstos nas legislações especiais mais recentes que representam, em verdade, a adequação do ordenamento jurídico penal brasileiro aos novos contextos sociais o que, em última análise, foi o objetivo mais importante da Lei Federal nº 13.491/17.

Em vista da compreensão sistemática aqui defendida, no sentido de que a Lei Federal nº 13.491/17 teve o grande mérito de conseguir equalizar e harmonizar de modo definitivo e em perspectiva futura os ordenamentos jurídicos penais comum e militar entendemos que o segundo posicionamento, no sentido da possibilidade de aplicação da pena de multa aos crimes militares por afetação da regularidade das instituições militares é o único adequado no atual contexto do ordenamento jurídico penal militar.

***– Abolitio crimininis* e *Novatio in mellius*:**

Antes do advento da Lei Federal nº 13.491/17 os crimes previstos pelo Estatuto do Desarmamento já foram alvo de discussões relativas à incidência de alterações de normas administrativas na tipicidade e no reconhecimento de hipótese de *abolitio criminis*, especialmente em virtude das diversas prorrogações relativas aos prazos para regularização ou entrega das armas de fogo que até então estivessem em desacordo com as previsões e requisitos introduzidos pelo Estatuto em 2003. Após diversos posicionamentos, teses e decisões, a situação se consolidou no âmbito da jurisprudência no sentido de que até 23 de outubro de 2005 as condutas previstas nos arts. 12 e 16 relacionadas à posse ilegal de arma de fogo (residência ou local de trabalho) era figura atípica, sendo que a partir de tal data até 31 de dezembro de 2009 só seria atípica a conduta de possuir irregularmente (residência ou local de trabalho) a arma de fogo, acessório ou munição de uso permitido com condições de ser regularizada.

Não obstante, em relação aos tipos penais de comércio ilegal ou tráfico internacional de arma de fogo, acessório ou munição (arts. 17 e 18 do Estatuto) a jurisprudência dos tribunais superiores consolidou-se no sentido de que não se aplicava a hipótese de *abolitio criminis* à época em discussão que se referia apenas aos crimes de posse (residência ou local de trabalho) ilegal de arma de fogo:

> STJ
>
> AGRAVO REGIMENTAL EM AGRAVO EM RECURSO ESPECIAL. PROCESSUAL PENAL. INICIATIVA INSTRUTÓRIA DO JUIZ. COMPATIBILIDADE COM O SISTEMA ACUSATÓRIO. PRONUNCIAMENTO DO MINISTÉRIO PÚBLICO SOBRE PRELIMINARES SUSCITADAS PELA DEFESA EM ALEGAÇÕES FINAIS. POSSIBILIDADE. INTERCEPTAÇÕES TELEFÔNICAS. LICITUDE E NECESSIDADE. REEXAME DE PROVAS. TRANSCRIÇÃO INTEGRAL DOS DIÁLOGOS INTERCEPTADOS. DESNECESSIDADE. MÍDIA DISPONIBILIZADA ÀS PARTES. AUSÊNCIA DE DEMONSTRAÇÃO DE PREJUÍZO. COMERCIO ILEGAL DE ARMA DE FOGO E MUNIÇÃO. PERÍCIA. DESNECESSIDADE. *ABOLITIO CRIMINIS*. NÃO ABRANGÊNCIA. DESCLASSIFICAÇÃO. REEXAME DE PROVAS. DOSIMETRIA. FUNDAMENTAÇÃO IDÔNEA. CAUSA DE AUMENTO DE PENA DO ARTIGO 19. INCIDÊNCIA. 7. O delito de comércio ilegal de armas, tipificado no art. 17, caput e parágrafo único, da Lei n. 10.826/2003, nunca foi abrangido pela *abolitio criminis* temporária. 11. Agravo regimental improvido. (AgRg no REsp 1692637/SC, Rel. Ministra MARIA THEREZA DE ASSIS MOURA, SEXTA TURMA, julgado em 08/05/2018, DJe 16/05/2018)
>
> HABEAS CORPUS. COMÉRCIO ILEGAL DE MUNIÇÕES E ACESSÓRIOS PARA ARMA DE FOGO. CRIME PREVISTO NO ART. 17 DA LEI Nº 10.826/2003. TRANCAMENTO DA AÇÃO PENAL. IMPOSSIBILIDADE. CONDUTA NÃO ACOBERTADA PELA *ABOLITIO CRIMINIS* TEMPORÁRIA. TIPICIDADE DA CONDUTA. ORDEM DENEGADA. 1. Tratando-se de crime de comércio ilegal de munições e acessórios para arma de fogo, não há falar em ocorrência da *abolitio criminis* temporária, prevista na Lei nº 11.706/2008, restrita ao delitos de posse irregular de arma de fogo e munição, no período referido nos artigos 30 e 32 da Lei nº 10.826/2003, inexistindo, assim, o alegado constrangimento ilegal. 2. Habeas corpus denegado. (HC 167.653/MS, Rel. Ministro HAROLDO RODRIGUES (DESEMBARGADOR CONVOCADO DO TJ/CE), SEXTA TURMA, julgado em 07/04/2011, DJe 16/05/2011)
>
> PROCESSO PENAL. HABEAS CORPUS. TRÁFICO INTERNACIONAL DE ARMA DE FOGO. PRÉVIO MANDAMUS DENEGADO. PRESENTE WRIT SUBSTITUTIVO DE RECURSO ORDINÁRIO. INVIABILIDADE. VIA INADEQUADA. TRANCAMENTO DA AÇÃO PENAL. ATIPICIDADE. CRIME DO ESTATUTO DO DESARMAMENTO. PLUS DE REPROVABILIDADE. *ABOLITIO CRIMINIS*. NÃO OCORRÊNCIA. AVERIGUAÇÃO DO REGISTRO DOS ARTEFATOS. EXAME APROFUNDADO DO CONTEXTO FÁTICO-PROBATÓRIO. NECESSIDADE. MATÉRIA INCABÍVEL NA VIA ELEITA. FLAGRANTE ILEGALIDADE. INEXISTÊNCIA. HABEAS CORPUS NÃO CONHECIDO. 1. É imperiosa a necessidade de racionalização do emprego do habeas corpus, em prestígio ao âmbito de cognição da garantia constitucional e em louvor à lógica do sistema recursal. In casu, foi impetrada indevidamente a ordem como substitutiva de recurso ordinário. 2. O trancamento da ação penal em sede de habeas corpus é medida excepcional, somente se justificando se demonstrada, inequivocamente, a ausência de autoria ou materialidade, a atipicidade da conduta, a absoluta falta de provas, a ocorrência de causa extintiva da punibilidade ou a violação dos requisitos legais exigidos para a exordial acusatória, o que não se verificou na espécie. 3. A conduta de tráfico internacional de arma, cujo flagrante ocorreu em 10.2.2009, denota um plus de reprovabilidade que afasta a mens legis relati-

> vamente à *abolitio criminis*. 4. O artigo 30 do Estatuto do Desarmamento, ao abranger a apresentação de nota fiscal e a comprovação lícita da posse como requisitos para a sua incidência, bem como o artigo 31, quanto à aquisição regular, mostra-se incondizente com o tipo penal previsto no artigo 18 da Lei n.º 10.826/03, pois a inexistência de autorização da autoridade competente para a entrada ou saída de artefato belicoso do território nacional conflita com os pressupostos exigidos. 5. A alegação de atipicidade da conduta, mediante análise de suposto registro de armas, não relevada de pronto, demanda inexoravelmente revolvimento de matéria fático-probatória, não condizente com a via angusta do writ. 6. Habeas corpus não conhecido. (HC 182.166/RS, Rel. Ministra MARIA THEREZA DE ASSIS MOURA, SEXTA TURMA, julgado em 08/04/2014, DJe 24/04/2014)

Apesar do tema da *abolitio criminis* relativa ao período compreendido entre os anos de 2003 e 2009 ter restado pacificado e consolidado, no ano de 2019, como já explicado, diversas alterações no arcabouço administrativo que regulamenta o Estatuto do Desarmamento modificaram classificações (uso permitido, uso restrito e uso proibido) das armas de fogo, dos acessórios e das munições o que impactou na mudança de tipificação penal de inúmeras condutas anteriores cujos fatos foram alvo ou tiveram iniciada persecução penal.

A questão relativa a alterações de norma penal em branco tem sido debatida na doutrina que indica alguns requisitos para o reconhecimento da retroatividade de alterações mais benéficas, como é o atual caso das modificações introduzidas no Estatuto, sendo que o STF já havia enfrentado questão semelhante em relação às alterações nas portarias que regulamentavam a Lei de Drogas, as quais também definem elementos integrantes dos tipos penais previstos naquele diploma.

Ainda que a jurisprudência relativa ao impacto penal das alterações introduzidas pelos Decretos Federais de 2019 em relação ao Estatuto do Desarmamento esteja ainda em fase inicial de desenvolvimento, já é possível identificar a tendência de reconhecimento do fenômeno da *novatio legis in mellius* do qual decorrerá a aplicação da retroatividade da alteração normativa mais benéfica para os fatos já julgados ou objeto de processos em curso, assim como a jurisprudência havia se posicionado em relação aos crimes de drogas[99].

Deste modo, a identificação e definição do que significa arma de fogo acessórios e munições de uso permitido, restrito e proibido atualmente apresentada pelos Decretos Federais de 2019 devem ser aplicadas não apenas para os fatos praticados após o advento da alteração como também para os fatos anteriores, independentemente da ocorrência ou não do trânsito em julgado de eventual processo penal condenatório o que significa, no caso dos crimes previstos nos arts. 17 e 18 do Estatuto do Desarmamento em reflexos no tocante às causas de aumento de pena prevista no art. 19 do mesmo diploma legal.

Por fim, a mais recente discussão diz respeito às alterações promovidas pelos Decretos Federais nº 10.627, 10.628, 10.629 e 10.630, publicados em 12 de fevereiro

[99] STJ. AgRg nos EDcl no RECURSO ESPECIAL Nº 1.809.208 – SP (2019/0116480-3) MINISTROFELIXFISCHER V26 de maio de 2020. Ministro FELIX FISCHER. Relator / STJ. 05 de dezembro de 2019 (Data do Julgamento) Relator Quinta Turma. Ministro REYNALDO SOARES DA FONSECA.

de 2021 os quais, como explicado, tiveram alguns dispositivos com eficácia suspensa por decisão liminar concedida nos autos da ADIs 6.675/DF, 6.676/DF, 6.677/DF, 6.680/DF e 6.695/DF pela Ministra Rosa Weber, do STF, e cujo mérito ainda se encontra pendente de julgamento.

Em relação à alterações que não foram alvo da suspensão da eficácia concedida liminarmente pelo STF, a exemplo da exclusão dos carregadores "destacáveis tipo cofre ou tipo tubular, metálicos ou plásticos, com qualquer capacidade de munição, cuja ausência não impeça o disparo da arma de fogo" que, com as alterações introduzidas pelo Decreto Federal nº 10.627/21, **deixaram de ser considerados como acessórios de arma de fogo**, não há mais discussão a respeito da **atipicidade da posse ou do porte de carregadores desmuniciados** vez que os tipos penais previstos nos artigos 12, 14 e 16 definem como objetos do crime as armas de fogo, os acessórios e munições. Deste modo, operou-se, sem dúvidas, hipótese de *abolitio criminis* que deve ser reconhecida pela jurisprudência.

Em relação às demais alterações, cuja vigência econtra-se suspensa em decorrência da liminar concedida pelo STF, por ora, não há que se falar em *abolitio criminis* ou *novatio legis in mellius*.[100]

– Inconstitucionalidade do art. 21 do Estatuto do Desarmamento e a hediondez dos tipos penais previstos no art. 16 do Estatuto:

> ESTATUTO DO DESARMAMENTO (LEI FEDERAL Nº 10.826/03)
>
> Art. 21. Os crimes previstos nos arts. 16, 17 e 18 são insuscetíveis de liberdade provisória.

O artigo 21 do Estatuto do Desarmamento foi declarado inconstitucional pelo Plenário do Supremo Tribunal Federal (STF) no julgamento da Ação Direta de Inconstitucionalidade (ADI) 3112[101], proposta pelo Partido Trabalhista Brasileiro (PTB)[102]. Na decisão foram anulados dois dispositivos do Estatuto que proibiam a concessão de liberdade provisória, mediante o pagamento de fiança, tanto no caso de porte ilegal de arma (parágrafo único do artigo 14) e disparo de arma de fogo (parágrafo único do artigo 15). A decisão fundamentou-se na tese de que o porte ilegal e o disparo de arma de fogo "constituem crimes de mera conduta que, embora reduzam o nível de segurança coletiva, não se equiparam aos crimes que acarretam lesão ou ameaça de lesão à vida ou à propriedade" (MINISTÉRIO PÚBLICO DO ESTADO DE SÃO PAULO, 2007)

Apesar da declaração de inconstitucionalidade dos parágrafos únicos dos artigos 14 e 15 e do art. 21 do Estatuto do Desarmamento proferida em 2007, 10 anos depois, em 2017, a Lei Federal nº 13.497/2017 alterou a Lei dos Crimes Hediondos

---

100 TJPR. 4ª Câmara Criminal, Relator Des. RUI PORTUGAL BACELLAR FILHO. Julgamento 24 de setembro de 2021.

101 ADI 3112, Relator (a): Min. RICARDO LEWANDOWSKI, Tribunal Pleno, julgado em 02/05/2007, DJe-131 DIVULG 25-10-2007 PUBLIC 26-10-2007 DJ 26-10-2007 PP-00028 EMENT VOL-02295-03 PP-00386 RTJ VOL-00206-02 PP-00538.

102 Mas, ao todo, foram analisadas 10 ADIs ajuizadas contra o Estatuto do Desarmamento por partidos políticos, associações de delegados e uma confederação de vigilantes.

(Lei nº 8.072/90) incluindo no rol de tais delitos o crime de posse ou porte ilegal de munições de uso restrito:

> Lei Federal nº 8.072/90
>
> Art. 1º [...]
>
> Parágrafo único. Consideram-se também hediondos o crime de genocídio previsto nos arts. 1º, 2º e 3º da Lei nº 2.889, de 1º de outubro de 1956, e o de posse ou porte ilegal de arma de fogo de uso restrito, previsto no art. 16 da Lei n. 10.826, de 22 de dezembro de 2003, todos tentados ou consumados. (Redação dada pela Lei nº 13.497, de 2017)

Em virtude de questionamentos relativos à violação ao princípio da proporcionalidade produzida pelas modificações introduzida por meio da Lei Federal nº 13.497/2017, em dezembro de 2019, a Lei Federal nº 13.964/19 promoveu nova alteração na Lei dos Crimes Hediondos readequando a definição dos crimes hediondos e incluindo os crimes de comércio ilegal e tráfico internacional de armas de fogo, acessórios e munições nesse rol.

> Lei Federal nº 8.072/90
>
> Art. 1º [...]
>
> Parágrafo único. Consideram-se também hediondos, tentados ou consumados:
>
> I – o crime de genocídio, previsto nos arts. 1º, 2º e 3º da Lei nº 2.889, de 1º de outubro de 1956;
>
> II – o crime de posse ou porte ilegal de arma de fogo de uso proibido, previsto no art. 16 da Lei nº 10.826, de 22 de dezembro de 2003;
>
> III – o crime de comércio ilegal de armas de fogo, previsto no art. 17 da Lei nº 10.826, de 22 de dezembro de 2003;
>
> IV – o crime de tráfico internacional de arma de fogo, acessório ou munição, previsto no art. 18 da Lei nº 10.826, de 22 de dezembro de 2003;

Assim, não obstante a declaração de inconstitucionalidade do previsto no art. 21 do Estatuto, atualmente, os crimes de comércio ilegal e tráfico internacional de arma de fogo, acessório ou munição previstos nos arts. 17 e 18 são definidos como hediondos e acompanham as restrições e consequências penais de tais figuras delitivas de acordo com as disposições previstas pela Lei Federal nº 8.072/90 e suas alterações legais posteriores.

REFERÊNCIAS

ALBRECHT, Peter Alexis. **Criminologia – Uma Fundamentação para o Direito Penal**. Trad. Juarez Cirino dos Santos. Rio de Janeiro/Curitiba. Lumen Juris/ ICPC, 2010.

BATISTA, Vera Malaguti. **Introdução crítica à criminologia brasileira**. 2 ed. Rio de Janeiro: Revan, 2011.

CAPEZ, Fernando. **Curso de Direito Penal – Legislação Especial**, 6ª Ed., Editora Saraiva, São Paulo, 2011.

CORREIO DO POVO. **Governador e Procurador do Estado do Ceará cobram punições de amotinados**. 03mar2020. Disponível em: https://www.correiodopovo.com.br/not%C3%ADcias/pol%C3%ADcia/governador-e-procurador-do-estado-do-ceará-cobram-punições-de-amotinados-1.402793. Acesso em 10 de outubro de 2020.

COSTA, Helena Regina Lobo da. **A dignidade humana:** teorias da prevenção geral positiva. São Paulo: Revista dos Tribunais, 2008.

COSTA, Henrique Hoffmann Adriano Sousa. **Conceito de crime militar não foi ampliado pela Lei 13.491/17**. 15JAN2019. Disponível em: https://www.conjur.com.br/2019-jan-15/academia-policia-conceito-crime-militar-nao-foi-ampliado-lei-1349117 Acesso em 10 de outubro de 2020.

CUNHA, Rogério Sanches. **Manual de Direito Penal**. 6ª ed. Editora Juspodivm, São Paulo, 2014.

DIAS, Carolina Lootty. "Legislação para controle de armas leves no Brasil: de Vargas a Lula". In: Rubem César Fernandes (coord). **Brasil: as armas e as vítimas. Rio de Janeiro:** 7 Letras, 2005.

ESQUERDA MARXISTA. **Porque lutar pelo fim da Polícia Militar**. 2018. Disponível em: https://www.marxismo.org.br/por-que-lutar-pelo-fim-da-policia-militar/. Acesso em 10 de outubro de 2020.

HASSEMER, Winfried. **Direito Penal:** Fundamentos, Estrutura, Política. Trad. Adriana Beckmam Meirelles ... [et al.], Porto Alegre: Sergio Antonio Fabris Ed., 2008.

LEITÃO JUNIOR, Joaquim. **O agente policial disfarçado na Lei 13.964/2019 (Pacote Anticrime).** Disponível: https://juspol.com.br/o-agente-policial-disfarcado-na-lei-no-13-964-2019-lei-do-pacote-anticrime/. Acesso em: 1nov. 2020.

LOPES JÚNIOR, Aury. **Lei 13.491/2017 fez muito mais do que retirar os militares do tribunal do júri.** 20out2017. Disponível em: https://www.conjur.com.br/2017-out-20/limite-penal-lei-134912017-fez-retirar-militares-tribunal-juri Acesso em 10 de outubro de 2020.

MASSON, Cleber. **Direito Penal parte geral**. 8ª ed. Editora Método, São Paulo, 2014.

MINISTÉRIO PÚBLICO DO ESTADO DE SÃO PAULO. **STF declara inconstitucionalidade de artigos do Estatuto do Desarmamento.** http://www.mpsp.mp.br/portal/page/portal/noticias/publicacao_noticias/2007/maio/448FF05F4AF32FEBE040A8C02C013604. Acesso em: 1nov. 2020.

MINISTÉRIO PÚBLICO DO ESTADO DO RIO GRANDE DO SUL. Centro de Apoio Operacional Criminal e de Segurança Pública. **INFORMAÇÃO TÉCNICO-JURÍDICA Nº 01/2019** Disponível em: http://www.mpsp.mp.br/portal/page/portal/Criminal/NoticiasCAOCriminal/MPRS%20inftecjur012019.pdf. Acesso em 10 de outubro de 2020.

MOTTA, Nelson Canedo. **A eficácia dos tipos penais da Lei nº 10.826/03**. Revista Jus Navigandi, ISSN 1518-4862, Teresina, ano 9, n. 262,26 mar. 2004. Disponível em: https://jus.com.br/artigos/5005. Acesso em: 8 nov. 2020.

NEVES, Cícero Robson Coimbra; STREIFINGER, Marcello. **Manual de direito penal militar**. 4. ed. São Paulo: Saraiva, 2014.

NUCCI, Guilherme de Souza. **Leis Penais e Processuais Penais Comentadas**. 3ª ed., Editora Revista dos Tribunais, São Paulo, 2008.

NUCCI, Guilherme de Souza. **Código Penal Militar Comentado.** 2ª Ed. Rio de Janeiro: Editora Forense, 2014.

OLIVEIRA, William Terra de. **Lei das Armas de Fogo.** São Paulo: Revista dos Tribunais, 1998.

PARTIDO DOS TRABALHADORES. Direção Nacional da Articulação de Esquerda. **Caderno de Teses para o 5º Congresso Nacional do Partido dos Trabalhadores.** Um Partido para os tempos de Guerra. Brasília, 2015.

PRADO, Milton Morassi. **O crime militar praticado pelo civil contra policiais militares e jus puniendi do Estado.** 01mar2007. Disponível em: www.jusmilitaris.com.br, acessado em 20 de fevereiro de 2020. Acesso em 10 de outubro de 2020.

REDE BRASIL ATUAL. **PMs invadem audiência pública na Unifesp sobre direitos humanos nas escolas.** 14ago2017. Disponível em: https://www.redebrasilatual.com.br/cidadania/2017/08/pms-invadem-audiencia-publica-sobre-direitos-humanos-nas-escolas/. Acesso em 10 de outubro de 2020.

ROTH, Ronaldo João. **Os delitos militares por extensão e a nova competência da Justiça Militar (Lei 13.491/17).** Disponível em: https://jusmilitaris.com.br/sistema/arquivos/doutrinas/artigoRothLeinova.pdf. Acesso em 10 de outubro de 2020.

SANNINI, Francisco. **A figura do agente policial disfarçado consolida técnica de investigação criminal.** Disponível em https://meusitejuridico.editorajuspodivm.com.br/2020/05/15/figura-agente-policial-disfarcado-consolida-tecnica-de-investigacao-criminal/. Acesso em: 1nov. 2020.

SEADE. **Revista São Paulo em Perspectiva:** Pesquisas sobre violência I. vol. 21 n. 1, jan--jun, 2007.

SEADE. **Revista São Paulo em Perspectiva:** A violência disseminada. vol. 13 n. 4, out-dez, 1999.

SILVA JÚNIOR, Azor Lopes da. **Provocando a discussão: a teoria dos crimes omissivos aplicada ao art. 13 do Estatuto do Desarmamento.** Revista Jus Navigandi, ISSN 1518-4862, Teresina, ano 10, n. 836, 17 out. 2005. Disponível em: https://jus.com.br/artigos/7346. Acesso em: 02 de setembro de 2020.

SILVA SÁNCHEZ, Jesús-Maria. **A expansão do direito penal:** aspectos da política criminal nas sociedades pós-industriais. Trad. Luiz Otávio de Oliveira Rocha. São Paulo: RT, 2002.

TONON, Michelle. **Breve análise sobre os reflexos do pacote anticrime no Estatuto do Desarmamento.** Disponível em: https://migalhas.uol.com.br/depeso/330658/breve-analise-sobre-os-reflexos-do-pacote-anticrime-no-estatuto-do-desarmamento. Acesso em: 1nov. 2020.

VILARDI, Rodrigo Garcia. **Direito penal e prevenção criminal:** as experiências de São Paulo e Nova Iorque. 2014. Tese (Doutorado em Direito Penal) – Faculdade de Direito, Universidade.

ZACCONE, Orlando. **Delegado de Polícia um lobisomem no autoritário sistema penal brasileiro.** Disponível em: https://ponte.org/artigo-delegado-de-policia-um-lobisobem-no-autoritario-sistema-penal-brasileiro/ Acesso em: 1nov. 2020.

7

CRIME MILITAR EXTRAVAGANTE DO ESTATUTO DO IDOSO (LEI N. 10.741/2003)

Wendell Petrachim Araujo

7.1. INTRODUÇÃO

7.1.1. Crimes Militares Extravagantes e o Estatuto do Idoso

Inicialmente, devemos partir da premissa de que a Constituição Federal salvaguardou essa classe especial de cidadãos, reservando-lhes, inclusive, capítulo próprio no texto constitucional, consoante se depreende da transcrição a seguir, *litteris*:

> CAPÍTULO VII
>
> Da Família, da Criança, do Adolescente, do Jovem e do **Idoso**
>
> [...].
>
> Art. 230. **A família, a sociedade e o Estado têm o dever de amparar as pessoas idosas**, assegurando sua participação na comunidade, defendendo sua dignidade e bem-estar e garantindo-lhes o direito à vida.
>
> § 1º Os programas de amparo aos idosos serão executados preferencialmente em seus lares.
>
> § 2º Aos maiores de sessenta e cinco anos é garantida a gratuidade dos transportes coletivos urbanos. (grifos nossos)

Nessa toada, alicerçado na Carta Magna brasileira, e no dever Estatal, editou-se a Lei nº 8.842, de 4 de janeiro de 1994, que dispôs sobre a política nacional do idoso, estabelecendo-se os seguintes princípios, *in verbis*:

> Art. 3° **A política nacional do idoso reger-se-á pelos seguintes princípios**:
>
> I – a família, a sociedade e o **estado têm o dever de assegurar ao idoso todos os direitos da cidadania**, garantindo sua participação na comunidade, **defendendo sua dignidade, bem-estar e o direito à vida**;
>
> II – o processo de envelhecimento diz respeito à sociedade em geral, devendo ser objeto de conhecimento e informação para todos;
>
> **III – o idoso não deve sofrer discriminação de qualquer natureza**;
>
> IV – o idoso deve ser o principal agente e o destinatário das transformações a serem efetivadas através desta política;
>
> V – as diferenças econômicas, sociais, regionais e, particularmente, as contradições entre o meio rural e o urbano do Brasil deverão ser observadas pelos poderes públicos e pela sociedade em geral, na aplicação desta lei. (grifos nossos)

Após isso, depois de longos debates, nas casas legislativas do País (PL 3561/97, PL-183/1999, PL-942/1999, PL-2420/2000, PL-2421/2000, PL-2426/2000, PL-2427/2000, e PL-2638/2000), sancionou-se a Lei nº 10.741, de 1º de outubro de 2003, amplamente conhecida como Estatuto do Idoso, na qual se estabeleceu, *litteris*:

> Art. 1° **É instituído o Estatuto do Idoso**, destinado a regular os direitos assegurados às pessoas **com idade igual ou superior a 60 (sessenta) anos**.
>
> Art. 2° **O idoso goza de todos os direitos fundamentais inerentes à pessoa humana**, sem prejuízo da proteção integral de que trata esta Lei, **assegurando-se-lhe**, por lei ou por outros meios, **todas as oportunidades e facilidades, para preservação de sua saúde física e mental e seu aperfeiçoamento moral, intelectual, espiritual e social, em condições de liberdade e dignidade**. (grifos nossos)

Dito isso, constata-se da leitura da Lei nº 10.741/03 que ela buscou estabelecer punições a todas as formas de discriminação porventura cometidas em detrimento dos idosos, bem como, protegê-los de todo e qualquer ato de negligência, exploração, violência, crueldade ou opressão aos seus direitos fundamentais, impondo, inclusive, a todo cidadão a obrigação de denunciar a ocorrência dessas práticas.

Sob essa perspectiva, não por outro motivo, o Estatuto do Idoso trouxe, de igual modo, um dever de agir por parte dos agentes públicos em geral, de forma que quando tenham conhecimento de fatos em tese criminosos, cujo processamento e julgamento se dê mediante ação penal pública incondicionada, devam promover a devida comunicação (*notitia criminis*) ao Órgão Ministerial competente, *in fine*:

> Art. 90. **Os agentes públicos em geral**, os juízes e tribunais, no exercício de suas funções, quando tiverem conhecimento de fatos que possam configurar crime de ação pública contra idoso ou ensejar a propositura de ação para sua defesa, **devem encaminhar as peças pertinentes ao Ministério Público, para as providências cabíveis**. (grifos nossos)

A par desses esclarecimentos introdutórios, tendo-se em conta a finalidade da presente obra, não podemos nos olvidar de que a Lei 6.880/80 (Estatuto dos Militares) sofreu relevante alteração no final do ano de 2019, por intermédio da Lei nº 13.954.

No âmbito dessa modificação legislativa, gize-se aquela que conferiu novos patamares etários com a finalidade de promover a respectiva transferência de ofício para a reserva remunerada dos militares (assemelhando-se a uma verdadeira aposentadoria compulsória aplicáveis aos servidores públicos), *in verbis*:

> Art. 98. A transferência de ofício para a reserva remunerada ocorrerá sempre que o militar se enquadrar em uma das seguintes hipóteses:
>
> I – **atingir as seguintes idades-limites**:
>
> a) na Marinha, no Exército e na Aeronáutica, para todos os oficiais-generais e para os oficiais dos Corpos, Quadros, Armas e Serviços não incluídos na alínea "b" deste inciso:
>
> 1. **70 (setenta) anos**, nos postos de Almirante de Esquadra, General de Exército e Tenente-Brigadeiro;
>
> 2. **69 (sessenta e nove) anos**, nos postos de Vice-Almirante, General de Divisão e Major-Brigadeiro;
>
> 3. **68 (sessenta e oito) anos**, nos postos de Contra-Almirante, General de Brigada e Brigadeiro;
>
> 4. **67 (sessenta e sete) anos**, nos postos de Capitão de Mar e Guerra e Coronel;
>
> 5. **64 (sessenta e quatro) anos**, nos postos de Capitão de Fragata e Tenente-Coronel;
>
> 6. **61 (sessenta e um) anos**, nos postos de Capitão de Corveta e Major;
>
> 7. **55 (cinquenta e cinco) anos**, nos postos de Capitão-Tenente, Capitão e oficiais subalternos;
>
> b) na Marinha, para os oficiais do Quadro de Cirurgiões-Dentistas (CD) e do Quadro de Apoio à Saúde (S), integrantes do Corpo de Saúde da Marinha, e do Quadro Técnico (T), do Quadro Auxiliar da Armada (AA) e do Quadro Auxiliar de Fuzileiros Navais (AFN), integrantes do Corpo Auxiliar da Marinha; no Exército, para os oficiais do Quadro Complementar de Oficiais (QCO), do Quadro Auxiliar de Oficiais (QAO), do Quadro de Oficiais Médicos (QOM), do Quadro de Oficiais Farmacêuticos (QOF) e do Quadro de Oficiais Dentistas (QOD); na Aeronáutica, para os oficiais do Quadro de Oficiais Médicos (QOMed), do Quadro de Oficiais Farmacêuticos (QOFarm), do Quadro de Oficiais Dentistas (QODent), dos Quadros de Oficiais Especialistas em Aviões (QOEAv), em Comunicações (QOECom), em Armamento (QOEArm), em Fotografia (QOEFot), em Meteorologia (QOEMet), em Controle de Tráfego Aéreo (QOECTA), e em Suprimento Técnico (QOESup), do Quadro de Oficiais Especialistas da Aeronáutica (QOEA) e do Quadro de Oficiais de Apoio (QOAp):
>
> 1. **67 (sessenta e sete) anos**, nos postos de Capitão de Mar e Guerra e Coronel;
>
> 2. **65 (sessenta e cinco) anos**, nos postos de Capitão de Fragata e Tenente-Coronel;
>
> 3. **64 (sessenta e quatro) anos**, nos postos de Capitão de Corveta e Major;
>
> 4. **63 (sessenta e três) anos**, nos postos de Capitão-Tenente, Capitão e oficiais subalternos;
>
> c) na Marinha, no Exército e na Aeronáutica, para praças:
>
> 1. **63 (sessenta e três) anos**, nas graduações de Suboficial e Subtenente;
>
> 2. **57 (cinquenta e sete)** anos, nas graduações de Primeiro-Sargento e Taifeiro-Mor;
>
> 3. **56 (cinquenta e seis)** anos, nas graduações de Segundo-Sargento e Taifeiro de Primeira Classe;
>
> 4. **55 (cinquenta e cinco)** anos, na graduação de Terceiro-Sargento;
>
> 5. **54 (cinquenta e quatro)** anos, nas graduações de Cabo e Taifeiro de Segunda Classe;
>
> 6. **50 (cinquenta) anos**, nas graduações de Marinheiro, Soldado e Soldado de Primeira Classe; [...]. (grifos nossos)

Ora, considerando que, de acordo com a Lei nº 10.741/03, todo aquele que alcançar a idade de 60 (sessenta anos) resta albergado pelo Estatuto do Idoso, revela-se indene de dúvidas que dentre os possíveis sujeitos passivos dos delitos ali previstos, encontram-se os militares, sejam eles das Forças Armadas ou pertencentes as Polícias Militares no âmbito dos Estados ou Corpos de Bombeiros Militares.

Neste ponto, acerca do conceito de idoso e panorama das balizas de sua aplicação (idoso como sujeito passivo do delito), já decidiu o Egrégio Superior Tribunal Militar (STM), *in verbis*:

> HABEAS CORPUS. PRELIMINAR. NÃO CONHECIMENTO E/OU PREJUDICIALIDADE. REJEIÇÃO. ALEGAÇÃO DE OCORRÊNCIA DE PRESCRIÇÃO DA AÇÃO PENAL. **CONCEITUAÇÃO DE IDOSO COM BASE NO ESTATUTO CORRESPONDENTE**. CÁLCULO DIFERENCIAL PELA METADE. PRETENSÃO DE POSSÍVEL ENQUADRAMENTO DO AGENTE (PACIENTE). IMPOSSIBILIDADE. INALTERABILIDADE DOS PARÂMETROS PRESCRICIONAIS PREVISTOS NO CPM. ORDEM DENEGADA. UNÂNIME. [...]. 2) **A conceituação do idoso apresentada no Estatuto do Idoso – Lei nº 10.741/2003 – caracterizada pela idade de 60 (sessenta) anos**, influência, em essência, como parâmetro estruturador de direitos e de obrigações. **O escopo das normas protetivas em contexto, no campo criminal, ressaltam a relevância da condição do idoso como vítima de crime**. No tocante à prescrição penal, permanece irretocável a compreensão extraída da literalidade do art. 129 do CPM, pela qual o cálculo prescricional é computado pela metade, tendo por referência a idade mínima de 70 anos do agente, na época dos fatos. Inaplicável qualquer espécie de analogia, com base no Estatuto do Idoso, tendente a alterar a idade estabelecida no CPM acerca da prescrição. Ordem de HC denegada, por falta de amparo legal. Decisão unânime. (Superior Tribunal Militar. Habeas Corpus nº 0000125-82.2017.7.00.0000. Relator(a): Ministro(a) MARCO ANTÔNIO DE FARIAS. Data de Julgamento: 29/06/2017, Data de Publicação: 09/08/2017) (grifos nossos)

Logo, faz-se mister cotejar a possibilidade de a Justiça Militar (da União ou dos Estados) processar e julgar esse tipo de delito, alcunhado por alguns doutrinadores como extravagantes, com previsão no Estatuto do Idoso.

Sobre a importância desse tema, devemos ter em mente que a administração militar (federal ou estadual) é responsável pelo atendimento de seus respectivos pensionista (dependentes de militares), como, por exemplo, o delineado pelo Estatuto dos Militares para os integrantes das Forças Armadas, *litteris*:

> Art. 71. **A pensão militar destina-se a amparar os beneficiários do militar falecido ou extraviado e será paga conforme o disposto em legislação específica**.
>
> § 1º Para fins de aplicação da legislação específica, será considerado como posto ou graduação do militar o correspondente ao soldo sobre o qual forem calculadas as suas contribuições.
>
> § 2º Todos os militares são contribuintes obrigatórios da pensão militar correspondente ao seu posto ou graduação, com as exceções previstas em legislação específica.
>
> **§ 2º-A. As pensões militares são custeadas com recursos provenientes da contribuição dos militares das Forças Armadas, de seus pensionistas e do Tesouro Nacional**.
>
> § 3º Todo militar é obrigado a fazer sua declaração de beneficiários que, salvo prova em contrário, prevalecerá para a habilitação dos mesmos à pensão militar.

> Art. 72. **A pensão militar defere-se nas prioridades e condições estabelecidas em legislação específica**. (grifos nossos)

Em sendo assim, no que se refere à atuação da Justiça Castrense para processar e julgar um crime previsto no Estatuto do Idoso, cumpre registrar que a Lei 13.491/17 alterou, sensivelmente, o artigo 9º do Código Penal Militar para ampliar o rol de crimes militares (em tempo de paz), tendo incluído no âmbito da competência da Justiça Especializada os crimes previstos na legislação penal alienígena ao diploma repressivo castrense (não apenas os crimes previstos no Código Penal comum, mas também aqueles previstos na legislação criminal especial), conforme se observa do quadro comparativo abaixo:

REDAÇÃO ANTIGA DO CPM	LEI Nº 13.491/2017
Art. 9º. Consideram-se crimes militares, em tempo de paz: I – [...]. II – os crimes previstos neste Código, embora também o sejam com igual definição na lei penal comum, quando praticados: [...]. III – os crimes praticados por militar da reserva, ou reformado, ou por civil, contra as instituições militares, considerando-se como tais não só os compreendidos no inciso I, como os do inciso II, nos seguintes casos: [...].	Art. 9º. Consideram-se crimes militares, em tempo de paz: I – [...]. II – os crimes previstos neste Código e **os previstos na legislação penal**, quando praticados: [...]. III – os crimes praticados por militar da reserva, ou reformado, ou por civil, contra as instituições militares, **considerando-se como tais não só os compreendidos no inciso I, como os do inciso II**, nos seguintes casos: [...]. (grifos nossos)

Veja-se que, desse modo, a competência da Justiça Militar não está mais restrita a processar e julgar os crimes previstos na parte especial do Código Penal Militar, achando-se dentre a esfera de matérias cognoscíveis pelo Juiz Federal da Justiça Militar ou Juiz de Direito do Juízo Militar (quando da análise do recebimento da denúncia) os crimes previstos exclusivamente na legislação penal comum, mas que se mostram de competência da Justiça Castrense pela conjugação do tipo penal comum com uma das condições dos incisos II (quando praticados por militares) ou III (quando praticados por civis, tendo em vista que esta hipótese de competência incorpora o conceito do inciso antecedente) do art. 9º do CPM.

Sob esse viés, várias são as possibilidades (construções lógico-jurídicas) que podem ensejar a aplicação do Estatuto do Idoso em sua vertente criminal na Justiça Militar, pois, havendo a subsunção dos fatos a qualquer dos delitos previstos na Lei nº 10.741/03, e devidamente enquadrados nas hipóteses elencadas no art. 9º (em tempo de paz), com a redação dada pela Lei n. 13.491, de 13 de outubro de 2017, ou no art. 10 (em tempo de guerra), descortina-se (percebe-se) o caminho avalizado pelo Princípio Constitucional do Juiz Natural.

A guisa de exemplo, para fomentar a reflexão do assunto, neste início, imagine-se que: em um caso hipotético, determinado militar da ativa, inconformado com o seu mister de atender em uma Seção de Inativos e Pensionistas, ao receber uma dependente de militar (estando ela com mais de sessenta anos), a humilha e a menospreza em razão da sua condição de idosa, como ficaria essa situação sob a perspectiva competencional? Estar-se-ia diante de um crime de competência da Justiça Comum (Estadual ou Federal) ou da Justiça Especializada (Militar)?

Em nosso entender, não há dúvidas de que se trata de um crime categorizado como de competência da Justiça Castrense, haja vista ter sido cometido por militar em situação de atividade contra civil, em lugar sujeito à administração militar (Seção de Inativos e Pensionistas), consoante preconizado pelo art. 9º, II, "b", do CPM.

7.1.2. Do bem jurídico tutelado

De imediato percebemos que o bem jurídico tutelado pelo Estatuto do Idoso é a dignidade (*ex vi* do art. 1º, da Constituição da República Federativa do Brasil) desse grupo direcionados de pessoas que merecem especial atenção do Estado.

Sobre o assunto, colacionamos a jurisprudência do Egrégio Tribunal Regional Federal da 5ª Região, que evidencia, *in fine*:

> PROCESSUAL PENAL. INCIDENTE EM EXECUÇÃO PENAL. [...]. **V – O Estatuto do Idoso, veiculado pela Lei 10.741/2003, é um diploma híbrido, essencialmente definidor de ações afirmativas voltadas às pessoas com mais de sessenta anos. Diz-se híbrido porque monta um arcabouço de medidas protetivas da pessoa idosa e pontualmente trata de matéria penal**. Assim, por exemplo, realizou intervenções no Código Penal, alterando o rol de circunstâncias agravantes, para inserir o crime praticado contra criança, "maior de 60 (sessenta) anos, enfermo ou mulher grávida" (art. 61, II, h); trazendo nova majorante para o homicídio culposo, estatuindo que "a pena é aumentada de 1/3 (um terço) se o crime é praticado contra pessoa menor de 14 (quatorze) ou maior de 60 (sessenta) anos" (art. 121, parágrafo 4º). Mas nada tratou sobre a suspensão condicional da execução da pena de prisão para pessoas idosas. [...]. (PROCESSO: 00157321520164058300, AGEXP – Agravo em Execução Penal – 2350, DESEMBARGADOR FEDERAL IVAN LIRA DE CARVALHO (CONVOCADO), Quarta Turma, JULGAMENTO: 19/12/2017, PUBLICAÇÃO: DJE – Data:16/02/2018 – Página:56) (grifos nossos)

Ocorre que, quando esse delito é cometido nas circunstâncias delineadas no art. 9º ou 10 do Código Penal Militar, arvora-se a necessidade de tutelar, também, a hierarquia e disciplina no seio da caserna, bem como a de manter hígida a regularidade das instituições militares.

Nesse diapasão, grife-se, podemos afirmar que quando há a ocorrência de um crime tipificado pela Lei nº 10.741/03 combinado com as nuances do Código Penal Militar restam salvaguardados os bens jurídicos correlacionado com a proteção da pessoa idosa e, também, da hierarquia e disciplina militares.

No que concerne a proteção de bens jurídicos nos chamados "crimes militares por extensão" (denominação[1] utilizada pelo Professor Ronaldo João Roth, Juiz de

[1] Nos termos do artigo *"Os delitos militares por extensão e a nova competência da justiça militar (Lei 13.491/17)"*, publicado na Revista Direito Militar nº 126, Florianópolis: AMAJME, 2017, págs. 29/36.

Direito da Justiça Militar do Estado de São Paulo), convém trazermos a lume o seguinte excerto do acordão do Egrégio STM, nos autos do recurso em sentido estrito nº 7000018-11.2020.7.00.0000, de relatoria da Ministra Maria Elizabeth Guimarães Teixeira Rocha, julgado em 10 de setembro de 2020, *litteris*:

> Todavia, ao revés do alegado pelo Órgão ministerial, resta inconteste que a novel redação do art. 9º, inciso II, do CPM, **atenta às peculiaridades dos bens jurídicos militares federais, redefiniu o conceito de crime de natureza militar e ampliou significativamente a competência desta Justiça castrense**, abarcando delitos que outrora não lhe competiam, a exemplo dos crimes ambientais (Lei nº 9.605/98), dos crimes previstos no Estatuto da Criança e do Adolescente (Lei nº 8.069/90), dos crimes da Lei de Tortura (Lei nº 9.455/97), dos crimes previstos na Lei Geral de Licitações (Lei n. 8.666/93), inexistindo para tanto regras competencionais distintas quanto ao status do agente. Sem embargo, esta especializada não tem por escopo julgar militares ou definir crimes não previstos pelo direito penal comum. **Sua finalidade é proteger as Forças Armadas e, por consequência, a soberania estatal e o Estado Democrático de Direito**. [...]. E mais, o inciso IV do art. 109 da Lex Fundamentalis, ao estatuir a competência dos Juízes Federais para processar e julgar as infrações penais praticadas em detrimento de bens, serviços ou interesse da União, ressalvou a competência da Justiça Militar da União quando a ação delituosa afetar, nos termos da jurisprudência do STF, *"de modo real ou potencial, a integridade, a dignidade, o funcionamento e a respeitabilidade das instituições militares que constituem, em essência, os bens jurídicos penalmente tutelados"* (Habeas Corpus nº 106.171, Relator Ministro Celso de Mello, DJe de 14/4/2011) (grifos nossos)

Logo, quando um crime previsto no estatuto do idoso é praticado nas hipóteses previstas no art. 9º, em tempo de paz, não há dúvidas de que além de ser tutelada a pessoa do idoso, protege-se a necessária regularidade das instituições militares.

Em situação que muito se aproxima a presente discussão, e que escora o raciocínio até agora construído, temos a seguinte decisão do Tribunal Regional Federal da 1ª Região, que firmou a competência da justiça federal para processar e julgar crime previsto no Estatuto do Idoso que versem sobre disputas indígenas nos termos previstos na Constituição Federal, *in fine*:

> PROCESSO PENAL. PENAL. ART. 168 do CP e 102 e 104 do Estatuto do Idoso. ÍNDIGENAS. DISPUTA SOBRE DIREITOS INDÍGENAS. ART. 109, XI, DA CF/1988. DECLINAÇÃO DE COMPETÊNCIA DE OFÍCIO PELO JUIZ. INADMISSIBILIDADE. RECURSO PROVIDO. I – Dos fatos narrados nos presentes autos, vê-se que não se trata apenas de crime de apropriação indébita praticado contra indígena idosa, vai muito além, pois os delitos cometidos por Elvis da Costa de Souza ofendem a coletividade do povo indígena Madija Kulina, na medida em que ele se utiliza das condições étnicas das vítimas para a prática de diversas condutas delituosas naquela aldeia. **II – A Justiça Federal somente será competente para processar e julgar os crimes eventualmente praticados por ou contra indígena, na hipótese em que restar evidenciada a existência de efetiva disputa sobre direitos indígenas, na forma em que estabelecido no art. 231, da Constituição Federal, não bastando, para tanto, o simples envolvimento de indígenas no fato reputado como delituoso**. (Cf. Precedente do STF – RHC 117097/RJ). III – Recurso em sentido estrito provido para firmar a competência da Justiça Federal. (RSE 0000025-49.2017.4.01.3202, DESEMBARGADOR FEDERAL CÂNDIDO RIBEIRO, TRF1 – QUARTA TURMA, e-DJF1 12/06/2018 PAG.) (grifos nossos)

Por fim, não podemos nos apartar dos chamados "Mandatos Constitucionais de Criminalização", consoante já decidido pelo Supremo Tribunal Federal, cuja construção argumentativa (lógico-jurídica) se estende ao Estatuto do Idoso e sua vertente como um crime a ser processado e julgado na Justiça Militar, *verbis*:

> HABEAS CORPUS. PORTE ILEGAL DE ARMA DE FOGO DESMUNICIADA. (A)TIPICIDADE DA CONDUTA. CONTROLE DE CONSTITUCIONALIDADE DAS LEIS PENAIS. MANDATOS CONSTITUCIONAIS DE CRIMINALIZAÇÃO E MODELO EXIGENTE DE CONTROLE DE CONSTITUCIONALIDADE DAS LEIS EM MATÉRIA PENAL. CRIMES DE PERIGO ABSTRATO EM FACE DO PRINCÍPIO DA PROPORCIONALIDADE. LEGITIMIDADE DA CRIMINALIZAÇÃO DO PORTE DE ARMA DESMUNICIADA. ORDEM DENEGADA. 1. CONTROLE DE CONSTITUCIONALIDADE DAS LEIS PENAIS. 1.1. **Mandatos Constitucionais de Criminalização**: A Constituição de 1988 contém um significativo elenco de normas que, em princípio, não outorgam direitos, mas que, antes, determinam a criminalização de condutas (CF, art. 5º, XLI, XLII, XLIII, XLIV; art. 7º, X; art. 227, § 4º). **Em todas essas normas é possível identificar um mandato de criminalização expresso, tendo em vista os bens e valores envolvidos**. Os direitos fundamentais não podem ser considerados apenas como proibições de intervenção (*Eingriffsverbote*), expressando também um postulado de proteção (*Schutzgebote*). **Pode-se dizer que os direitos fundamentais expressam não apenas uma proibição do excesso (**Übermassverbote**), como também podem ser traduzidos como proibições de proteção insuficiente ou imperativos de tutela (**Untermassverbote**)**. Os mandatos constitucionais de criminalização, portanto, impõem ao legislador, para o seu devido cumprimento, o dever de observância do princípio da proporcionalidade como proibição de excesso e como proibição de proteção insuficiente. 1.2. Modelo exigente de controle de constitucionalidade das leis em matéria penal, baseado em níveis de intensidade: Podem ser distinguidos 3 (três) níveis ou graus de intensidade do controle de constitucionalidade de leis penais, consoante as diretrizes elaboradas pela doutrina e jurisprudência constitucional alemã: a) controle de evidência (*Evidenzkontrolle*); b) controle de sustentabilidade ou justificabilidade (*Vertretbarkeitskontrolle*); c) controle material de intensidade (*intensivierten inhaltlichen Kontrolle*). O Tribunal deve sempre levar em conta que a Constituição confere ao legislador amplas margens de ação para eleger os bens jurídicos penais e avaliar as medidas adequadas e necessárias para a efetiva proteção desses bens. Porém, uma vez que se ateste que as medidas legislativas adotadas transbordam os limites impostos pela Constituição – o que poderá ser verificado com base no princípio da proporcionalidade como proibição de excesso (*Übermassverbot*) e como proibição de proteção deficiente (*Untermassverbot*) –, deverá o Tribunal exercer um rígido controle sobre a atividade legislativa, declarando a inconstitucionalidade de leis penais transgressoras de princípios constitucionais. 2. CRIMES DE PERIGO ABSTRATO. PORTE DE ARMA. PRINCÍPIO DA PROPORCIONALDIADE. A Lei 10.826/2003 (Estatuto do Desarmamento) tipifica o porte de arma como crime de perigo abstrato. De acordo com a lei, constituem crimes as meras condutas de possuir, deter, portar, adquirir, fornecer, receber, ter em depósito, transportar, ceder, emprestar, remeter, empregar, manter sob sua guarda ou ocultar arma de fogo. **Nessa espécie de delito, o legislador penal não toma como pressuposto da criminalização a lesão ou o perigo de lesão concreta a determinado bem jurídico. Baseado em dados empíricos, o legislador seleciona grupos ou classes de ações que geralmente levam consigo o indesejado perigo ao bem jurídico. A criação de crimes de perigo abstrato não representa, por si só, comportamento inconstitucional por parte do legislador penal. A tipificação de condutas que geram perigo em abstrato, muitas vezes, acaba sendo a melhor alternativa ou a medida mais eficaz para a proteção de bens jurídico-penais supraindividuais ou de caráter coletivo, como, por exemplo, o meio ambiente, a saúde etc. Portanto, pode o legislador, dentro de suas amplas margens de avaliação e de decisão, definir quais as medidas mais adequadas e necessárias para a efetiva**

proteção de determinado bem jurídico, o que lhe permite escolher espécies de tipificação próprias de um direito penal preventivo. Apenas a atividade legislativa que, nessa hipótese, transborde os limites da proporcionalidade, poderá ser tachada de inconstitucional. 3. LEGITIMIDADE DA CRIMINALIZAÇÃO DO PORTE DE ARMA. Há, no contexto empírico legitimador da veiculação da norma, aparente lesividade da conduta, porquanto se tutela a segurança pública (art. 6º e 144, CF) e indiretamente a vida, a liberdade, a integridade física e psíquica do indivíduo etc. Há inequívoco interesse público e social na proscrição da conduta. É que a arma de fogo, diferentemente de outros objetos e artefatos (faca, vidro etc.) tem, inerente à sua natureza, a característica da lesividade. A danosidade é intrínseca ao objeto. A questão, portanto, de possíveis injustiças pontuais, de absoluta ausência de significado lesivo deve ser aferida concretamente e não em linha diretiva de ilegitimidade normativa. 4. ORDEM DENEGADA. (HC 104410, Relator(a): GILMAR MENDES, Segunda Turma, julgado em 06/03/2012, ACÓRDÃO ELETRÔNICO DJe-062 DIVULG 26-03-2012 PUBLIC 27-03-2012) (grifos nossos)

7.1.3. Do rito processual

Art. 93. Aplicam-se subsidiariamente, no que couber, as disposições da Lei nº 7.347, de 24 de julho de 1985.

A primeira observação que trazemos acerca do capítulo que trata das disposições penais diz respeito à aplicação subsidiária da Lei nº 7.347, de 24 de julho de 1985, que disciplina a ação civil pública.

Veja-se que, o legislador ordinário atento as diversas atuações que podem ser desenvolvidas pelo Ministério Público (aqui incluído o *Parquet Milicien*), ínsitas no capítulo atinente à "*Proteção Judicial dos Interesses Difusos, Coletivos e Individuais Indisponíveis ou Homogêneos*" (arts. 78 a 92, da Lei nº 10.741/03), trouxe no Estatuto do Idoso, redação semelhante ao disposto no art. 10 da Lei nº 7.347/85, *in verbis*:

Lei nº 7.347/85

Art. 10. Constitui crime, punido com pena de reclusão de 1 (um) a 3 (três) anos, mais multa de 10 (dez) a 1.000 (mil) Obrigações Reajustáveis do Tesouro Nacional – ORTN, **a recusa, o retardamento ou a omissão de dados técnicos indispensáveis à propositura da ação civil, quando requisitados pelo Ministério Público**. (grifos nossos)

Estatuto do Idoso

Art. 100. Constitui crime punível com reclusão de 6 (seis) meses a 1 (um) ano e multa: [...]. **V – recusar, retardar ou omitir dados técnicos indispensáveis à propositura da ação civil objeto desta Lei, quando requisitados pelo Ministério Público**. (grifos nossos)

Sobre o assunto, inclusive, elucidativos são os ensinamentos do Professor Antonio Henrique Graciano Suxberger, membro do Ministério Público do Distrito Federal e Territórios, no artigo "*A proteção penal do Idoso na Lei 10.741/03*"[2], *litteris*:

[2] Fonte: Reviva – o PRODIDE em revista, agosto de 2004, nº 1, Disponível em: https://mpdft.mp.br/portal/pdf/unidades/promotorias/prodide/revista.pdf. Acessado em 06/11/20.

É de ver que a previsão contida no inciso V do art. 100 do Estatuto do Idoso ("recusar, retardar ou omitir dados técnicos indispensáveis à propositura da ação civil objeto desta Lei, quando requisitados pelo Ministério Público") restringe-se ao instrumental fornecido ao Ministério Público para instrução e propositura de ação civil pública que veicule pretensão afeta ao idoso tão-somente. **Isso quer dizer que subsiste na ordem jurídica, sem que tenha ocorrido revogação, a figura penal descrita no art. 10 da Lei 7.347/85 (Lei da Ação Civil Pública) para todas as demais hipóteses "constitui crime, punido com pena de reclusão de um a três anos, mais multa de dez a mil Obrigações Reajustáveis do Tesouro Nacional – ORTN, a recusa, o retardamento ou a omissão de dados técnicos indispensáveis à propositura da ação civil, quando requisitados pelo Ministério Público"**. A hipótese reclama interpretação orientada pelo princípio da especialidade: a figura típico-penal trazida pelo Estatuto do Idoso dirige-se àquelas condutas que atinjam ou vulnerem os valores ali insculpidos, de sorte que, como regra geral, a recusa, o retardo ou mesmo a omissão de fornecimento de dados requisitados pelo Ministério Público serão objeto de tutela penal provida pela Lei 7.347/85, e não pelo Estatuto do Idoso. Não há que se falar, na hipótese, de *novatio legis in mellius*, porquanto não se faz presente conflito aparente de normas no tempo: o conteúdo normativo e a objetividade jurídica dos tipos penais não se sobrepõem tampouco se confundem. Acrescente-se, e apenas para complementar, não é demais lembrar que a Lei Complementar 95, de 26 de fevereiro de 1998, que dispõe exatamente sobre a elaboração, a redação e a consolidação das leis, em seu art. 9º, preceitua que "a cláusula de revogação deverá enumerar, expressamente, as leis ou disposições legais revogadas".

Ora, no caso, por exemplo, de requisições promovidas pelo *Parquet* das Armas objetivando a propositura de uma ação civil pública de modo a defender os interesses e direitos protegidos pelo Estatuto do Idoso no âmbito da Administração Castrense, e sendo recusados, retardados ou omitidos os respectivos dados técnicos indispensáveis a sua propositura, pelo agente responsável (seja ele militar ou civil), incorrer-se-á no delito estabelecido no art. 100, V, da Lei 10.741/03 (que será comentado logo mais), abrindo-se discussão acerca do órgão jurisdicional responsável pelo seu processamento e julgamento, tendo-se em conta que nessa situação, se for preenchido os requisitos do art. 9º, II ou III, do CPM, será da Justiça Castrense.

Art. 94. Aos crimes previstos nesta Lei, cuja pena máxima privativa de liberdade não ultrapasse 4 (quatro) anos, aplica-se o procedimento previsto na Lei nº 9.099, de 26 de setembro de 1995, e, subsidiariamente, no que couber, as disposições do Código Penal e do Código de Processo Penal. (Vide ADI 3.096-5 – STF)

Prosseguindo-se, após passarmos pela primeira análise (concernente à aplicação da Lei nº 7.347/85), devemos ter especial atenção, agora, acerca da correta utilização do presente artigo 94, haja vista que ele estabelece a aplicação da Lei nº 9.099/95 (Lei dos Juizados Especiais Criminais) para os delitos ínsitos no Estatuto do idoso, desde que as penas privativas de liberdade não ultrapassem quatro anos.

Sobre isso, transcrevemos os ensinamentos do ilustre Professor Renato Brasileiro de Lima[3], *in fine*:

> Consoante dispõe o art. 94 da Lei nº 10.741, de 1º de outubro de 2003 (Estatuto do Idoso), *aos crimes previstos nesta Lei, cuja pena máxima privativa de Liberdade não ultrapasse 4 anos, aplica-se o procedimento previsto na Lei nº 9.099195.* **À primeira vista, pode-se pensar (equivocadamente) que a Lei nº 10.741/03 teria determinado a incidência dos institutos despenalizadores previstos na Lei nº 9.099/95 aos crimes previstos no Estatuto do Idoso cuja pena máxima não fosse superior a 4 (quatro) anos, o que seria absolutamente contraditório, porquanto uma lei criada para dar maior proteção ao idoso, estaria, na verdade, estabelecendo tratamento mais benigno aos autores dos crimes ali previstos**. Portanto, deve o dispositivo ser interpretado no sentido de que, aos crimes previstos no Estatuto do Idoso, somente se aplica o procedimento sumaríssimo previsto na Lei dos Juizados (Lei nº 9.099/95, arts. 77 a 83). (LIMA, 2019, p. 510) (grifos nossos)

Nesse contexto, inclusive, destaca-se que este dispositivo foi submetido à apreciação do Supremo Tribunal Federal, por intermédio da Ação Direta de Inconstitucionalidade (ADI) nº 3096-5, em 2010, na qual assentou-se em conferir "*interpretação conforme à Constituição do Brasil, com redução de texto, para suprimir a expressão 'do Código Penal e'* e, desse modo, delinear a sua aplicação, tão somente, ao que se refere ao rito procedimental, ou seja, utilizando-se o procedimento sumaríssimo previsto na Lei n. 9.099/95, em razão de ser ele mais benéfico ao idoso em razão da celeridade processual.

Gize-se que a Corte Suprema do País decidiu pela "*impossibilidade de aplicação de quaisquer medidas despenalizadoras e de interpretação benéfica ao autor*" aos crimes previstos no Estatuto do Idoso que se enquadrem nas condições alicerçadas pelo art. 94.

Ainda sobre o tema, com clareza solar e que espanca qualquer tipo de dúvida neste ponto, o Professor Renato Brasileiro[4], *in verbis*:

> Recentemente, o Supremo concluiu o julgamento de Ação Direta de Inconstitucionalidade ajuizada pelo Procurador-Geral da República (ADI 3.096) em face do art. 94 da Lei nº 10.741103. Para a Suprema Corte, referido dispositivo legal deve ser interpretado em favor do seu específico destinatário – o próprio idoso – e não de quem lhe viole os direitos. **Com isso, os infratores não poderão ter acesso a benefícios despenalizadores de direito material, como a transação penal, a composição civil dos danos ou conversão da pena. Somente se aplicam as normas estritamente procedimentais para que o processo termine mais rapidamente, em benefício do idoso**. Por conseguinte, aos crimes previstos no Estatuto do Idoso cuja pena máxima não seja superior a 2 (dois) anos, cumulada ou não com multa, serão aplicáveis os institutos despenalizadores previstos na Lei dos Juizados, nos exatos termos do art. 61 da Lei nº 9.099/95. Todavia, para os crimes previstos no Estatuto do Idoso cuja pena máxima seja superior a 2 (dois) anos e inferior a 4 (quatro) anos, serão aplicáveis apenas as normas

3 LIMA, Renato Brasileiro de. Legislação criminal especial comentada: volume único – 7º. ed. rev., ampl. e atual. – Salvador: Juspodivm, 2019.

4 LIMA, Renato Brasileiro de. Op. cit.

procedimentais constantes da Lei dos Juizados, e não seus institutos despenalizadores. (LIMA, 2019, p. 510-511) (grifos nossos)

Sendo assim, deve-se ter especial atenção acerca desse tema, pois, a depender do crime cometido (pena máxima prevista em abstrato), podemos ter uma solução distinta no tocante ao entendimento referente ao procedimento a ser utilizado para processamento e julgamento da ação penal, bem como acerca da aplicação de institutos despenalizadores.

Por exemplo, se o crime trouxer, em seu preceito secundário, a pena máxima dentro dos parâmetros de ser ela igual ou inferior a dois anos, devem ser aplicados, além do procedimento sumaríssimo, todos os institutos previstos na Lei dos Juizados Especiais Criminais, ao passo que se for estabelecida acima destes parâmetros e, não só, encontrar-se acima dos quatro anos, não há tergiversações acerca da aplicação do rito ordinário do Código de Processo Penal comum, *ex vi* da combinação do art. 94, da Estatuto do Idoso e art. 394, §1º, I, do Código de Processo Penal comum.

Por fim, se o crime estabelecer como pena máxima o intervalo entre dois e quatro anos, será aplicado o rito sumaríssimo da Lei 9.099/95 sem a possibilidade de serem utilizadas as medidas despenalizadoras.

Estabelecidas essas balizas, questiona-se: qual o rito processual a ser aplicado na Justiça Militar? Aplicar-se-á a Lei Adjetiva Castrense?

Ou seja, fixada a competência do Juízo Militar para processar e julgar um crime previsto no Estatuto do Idoso, qual o procedimento a ser adotado para a sua persecução criminal na Justiça Castrense? Será dada aplicabilidade, no Juízo Especializado, do rito previsto no Código de Processo Penal Militar ou das disposições processuais próprias da Lei nº 10.741/03 (tendo-se em conta a possibilidade de aplicação do procedimento previsto na Lei nº 9.099/95, e, subsidiariamente, do Código de Processo Penal comum, consoante já esposado).

Diante desse cenário, podemos nos perguntar: para aplicação do rito procedimental objetivando a apuração de um delito previsto no Estatuto do Idoso (que possui especial atenção com a sua celeridade apuratória), como aplicar o disposto no Código de Processo Penal Militar que fora pensado para processar e julgar os crimes estabelecidos na parte especial do CPM?

Nesse contexto, registre-se que quando o legislador ordinário estabeleceu o Codex Castrense, trazendo ali os respectivos crimes militares, o fez de modo a ser utilizado (para sua apuração) o CPPM e, noutro giro, quando esse mesmo legislador editou o Estatuto do Idoso (após intensos debates como já dito, assentou rito próprio para processamento e julgamento daqueles delitos cuja pena máxima privativa de liberdade não ultrapasse 4 (quatro) anos) o fez determinando a aplicação do rito sumaríssimo da Lei dos Juizados Criminais Especiais com aplicação subsidiária do CPP (e não do CPPM).

Sob o fundamento de ser necessário preservar a índole do processo penal militar, o Egrégio STM vem decidindo sobre a impossibilidade de serem aplicados diversos institutos do processo penal comum na Justiça Militar, inclusive no que diz respeito a audiência una de instrução e julgamento (art. 400, do CPP, em sua integralidade), *in fine*:

> EMENTA: APELAÇÃO. FURTO. RECURSO DEFENSIVO. ARGUIÇÃO DE PRELIMINARES: 1. PLEITO DE NÃO CONHECIMENTO DO RECURSO. ALEGAÇÃO DE AUSÊNCIA DE ASSINATURA ELETRÔNICA NA PEÇA RECURSAL. SUPOSTA INFRINGÊNCIA À SISTEMÁTICA PROCEDIMENTAL QUE INVIABILIZARIA A APRECIAÇÃO DO APELO. SITUAÇÃO NÃO CONFIGURADA. ADEQUADO MANUSEIO DE CREDENCIAIS DE ACESSO AO SISTEMA DE PROCESSO ELETRÔNICO. REJEIÇÃO DA PRELIMINAR. RECURSO CONHECIDO. 2. NULIDADE ARGUIDA COM BASE NA AUSÊNCIA DE INTIMAÇÃO DO ACUSADO PARA OS ATOS PROCESSUAIS. RÉU EM LIBERDADE. IMPUTAÇÃO DE ENCARGO À DPU. ART. 288 DO CPPM. COMPATIBILIDADE. DEFESA TÉCNICA APRIMORADA A PARTIR DOS CONTATOS COM O RÉU. DEFINIÇÃO DE ESTRATÉGIAS. DISPENSADA A PRESENÇA DO ACUSADO EM DIVERSOS ATOS PROCESSUAIS. EFETIVO ACOMPANHAMENTO DO PROCESSO PELO DEFENSOR PÚBLICO. RESGUARDADOS OS INTERESSES DA DEFESA. ARGUMENTOS NULIFICANTES INCONSISTENTES. REJEIÇÃO DA PRELIMINAR. 3. NULIDADE DECORRENTE DE INFRINGÊNCIA À AMPLA DEFESA. APRESENTAÇÃO DO ROL DE TESTEMUNHAS DEFENSIVAS. OPORTUNIDADE DISTINGUIDA. OBSERVÂNCIA DO ART. 417, § 2º, DO CPPM. SESSÃO UNA DE INSTRUÇÃO E DE JULGAMENTO. **INTEGRALIDADE DO ART. 400 DO CPP. INADEQUAÇÃO À JUSTIÇA CASTRENSE**. ALCANCE DO ARESTO ALUSIVO AO HC Nº 127.900/AM, JULGADO NO STF. PRELIMINAR ACOLHIDA. ANULAÇÃO DO PROCESSO. RETORNO À FASE INSTRUTÓRIA. DECISÃO UNÂNIME. [...]. 3. No tocante à disciplina da nulidade absoluta, o entendimento predominante é no sentido de independer de provocação da parte, sendo presumível o prejuízo, o que a torna, por conseguinte, imune ao instituto da preclusão. Precedente da Suprema Corte. **A compreensão emanada do HC nº 127.900/AM, proferida pelo STF, não autoriza a aplicação integral do art. 400 do CPP à Justiça Castrense, o qual prevê a designação de audiência una de instrução e de julgamento. O escopo do citado writ se restringe à realização do interrogatório ao final da instrução criminal, tendo em mira a implementação dos Princípios da Ampla Defesa e do Contraditório nos processos em trâmite nesta Justiça Especializada**. Desta forma, exsurge como conflitante a supressão da fase de apresentação das testemunhas defensivas, destoando da determinação que emana do art. 417, § 2º, do CPPM. Reconhecimento de nulidade. Retorno do Processo à fase instrutória. Decisão unânime. (Superior Tribunal Militar. Apelação nº 7000526-25.2018.7.00.0000. Relator(a): Ministro(a) MARCO ANTÔNIO DE FARIAS. Data de Julgamento: 06/06/2019, Data de Publicação: 19/06/2019) (grifos nossos)

De igual modo, ainda no que diz respeito à aplicação do art. 400, do CPP, os seguintes acordãos do Egrégio STM, *litteris*:

> HABEAS CORPUS. AUTORIDADE JUDICIÁRIA. ATO TUMULTUÁRIO. MANEJO DE "WRIT". CABIMENTO EM SITUAÇÕES EXCEPCIONAIS. **APLICAÇÃO INTEGRAL DO ART. 400 DO CPP AO PROCESSO CASTRENSE. DESIGNAÇÃO DE AUDIÊNCIA UNA DE INSTRUÇÃO E DE JULGAMENTO. IMPOSSIBILIDADE**. INTERPRETAÇÃO DO ACÓRDÃO EXARADO PELO STF NO HC Nº 127.900/AM. VIOLAÇÃO AO DEVIDO PROCESSO LEGAL ESTABELECIDO NA LEGISLAÇÃO INSTRUMENTAL PENAL MILITAR. FRAGILIZAÇÃO DA SISTEMÁTICA ACUSATÓRIA CONSAGRADA NA JMU. POTENCIAL INFRINGÊNCIA À AMPLA DEFESA. PRESERVAÇÃO DO RITO PREVISTO NOS ARTS. 427 A 431 DO CPPM. ORDEM CONCEDIDA. DECISÃO UNÂNIME. 1) Situações caracterizadoras de ato tumultuário, as quais desafiariam o manejo de Correição Parcial, podem, excepcionalmente, justificar a impetração de HC, notadamente com vistas a salvaguardar direitos do Paciente correlacionados aos princípios constitucionais do Devido Processo Legal, do Contraditório e da Ampla Defesa. **2) Na JMU, ainda**

que sob o desiderato de imprimir celeridade à tramitação dos feitos, é inviável a aplicação integral do art. 400 do CPP – com a consequente designação de audiência una de instrução e de julgamento – ao Processo Penal Militar, sob pena de subverter a ordem instrumental do processo e de sujeitar o acusado a violações dos princípios regentes do Processo Penal Constitucional. 3) A integração normativa de âmbito procedimental deve resguardar a índole do Processo Penal Castrense, consoante determina a alínea "a" do art. 3ª do CPPM. 4) A determinação, emanada em sede do HC nº 127.900/AM julgado pelo STF, cinge-se à realização do interrogatório ao final da instrução criminal, sendo descabido ampliar o seu objeto, sob pena de malferir os Princípios do Devido Processo Legal, do Contraditório e da Ampla Defesa, atingindo, ainda, o sistema acusatório consagrado na Legislação Processual Penal Castrense, cujo exercício, atribuído ao MPM, oportuniza a desclassificação delitiva, nos moldes do art. 437 do CPPM e da Súmula nº 5 do STM – "emendatio libelli". **5) Permanecem vigentes, no Processo Penal Militar, o rito previsto nos arts. 427, 428, 430 e 431, todos do CPPM**. 6) Ordem concedida. Decisão unânime. (Superior Tribunal Militar. Habeas Corpus nº 0000264-68.2016.7.00.0000. Relator(a): Ministro(a) MARCO ANTÔNIO DE FARIAS. Data de Julgamento: 22/02/2017, Data de Publicação: 03/03/2017) (grifos nossos)

EMENTA: CORREIÇÃO PARCIAL. DEFESA. INTERROGATÓRIO ACUSADO. POSTERGAÇÃO. REALIZAÇÃO APÓS PRODUÇÃO PROVA ORAL ACUSAÇÃO E DEFESA E RESULTADOS PERÍCIAS. **APLICAÇÃO INTEGRAL DAS DISPOSIÇÕES DO ARTIGO 400 DO CÓDIGO DE PROCESSO PENAL COMUM. IMPOSSIBILIDADE NA JUSTIÇA MILITAR.** INTERROGATÓRIO DO ACUSADO COMO ÚLTIMO ATO DA INSTRUÇÃO PROCESSUAL. CONHECIMENTO. INDEFERIMENTO. DECISÃO POR MAIORIA. 1. No julgamento do Habeas Corpus nº 127.900/AM, o Supremo Tribunal Federal, ao reafirmar a especialidade da Justiça Castrense, decidiu que o interrogatório do acusado deve ser realizado ao final da instrução criminal, mantendo inalterado o restante dos demais procedimentos da norma adjetiva castrense. **2. Os artigos 427 e 428 do CPPM oportunizam às Partes requererem a produção de diligências complementares e apresentarem as suas alegações finais, momentos processuais que garantem o exercício do contraditório e da ampla defesa, que não podem ser suprimidos pelo magistrado, sob pena de configurar ato ao total arrepio da lei.** 3. A sistemática adotada no âmbito da Justiça Militar da União, com o interrogatório do acusado após a inquirição da última testemunha de defesa, antes de eventuais perícias requeridas na fase do art. 427 do CPPM, está em conformidade com o precedente do Supremo Tribunal Federal e não causa prejuízo ao réu. Nesse contexto, a Defesa pode, sempre que julgar pertinente, solicitar a reinquirição do acusado, pleito que será oportunamente analisado pelo condutor da lide. 4. In casu, a decisão recorrida foi prolatada em obediência aos princípios constitucionais e em consonância com os ditames procedimentais previstos no Código de Processo Penal Militar, não havendo que se falar em qualquer prejuízo ao requerente. 5. Correição Parcial conhecida e indeferida, com a retomada regular do curso da ação penal. Decisão por maioria. (Superior Tribunal Militar. CP nº 7000802-85.2020.7.00.0000. Relator(a): Ministro(a) CELSO LUIZ NAZARETH. Data de Julgamento: 10/12/2020, Data de Publicação: 04/02/2021)(grifos nosso)

Todavia, deve-se deixar claro, que não se está a defender a aplicação de certos institutos do rito procedimental comum no processo penal militar, nas hipóteses em que não há decorrência da aplicação do art. 3º, "a", da lei instrumental castrense (nas hipóteses omissivas), quando se apura o crime militar previsto no CPM, pois essas balizas são trazidas, com clareza solar, pelo Egrégio STM e pela doutrina.

Ocorre que, com todo respeito aos entendimentos divergentes, entre o crime previsto no Estatuto do Idoso e aquele previsto na parte especial do CPM deve ser promovido verdadeiro *distinguishing* (consoante explicação extraída do inteiro teor do acordão proferido pelo Superior Tribunal de Justiça, Corte da Cidadania, nos autos do Agravo Interno no Embargos de Declaração no Agravo em Recurso Especial nº 1254567/SP), *in verbis*:

> Inicialmente, cabe frisar que **a aplicação de um precedente judicial** – na hipótese dos autos os recursos repetitivos REsp1.614.721/DF e 1.631.485/DF (Tema 971) **– apenas pode ocorrer após a aplicação da técnica da distinção** (distinguishing)**, a qual se refere a um método de comparação entre a hipótese em julgamento e o precedente que se deseja a ela aplicar**. A aplicação de tese firmada em sede de recuso repetitivo a uma outra hipótese não é automática, devendo ser fruto de uma leitura dos contornos fáticos e jurídicos das situações em comparação pela qual se verifica se a hipótese em julgamento é análoga ou não ao paradigma. **Dessa forma, para a aplicação de um precedente, é imperioso que exista similitude fática e jurídica entre a situação em análise com o precedente que visa aplicar**. A jurisprudência deste STJ aplica a técnica da distinção (*distinguishing*), a fim de reputar se determinada situação é análoga ou não a determinado precedente. Nesse sentido: RE nos EDcl no REsp 1.504.753/AL, 3ª Turma, DJe 29/09/2017); REsp 1.414.391/DF, 3ª Turma, DJe 17/05/2016; e, AgInt no RE no AgRg nos EREsp 1.039.364/ES, Corte Especial, DJe 06/02/2018. (grifos nossos)

Isso porque o Código Penal Militar não prevê regras especiais para tutelar a dignidade das pessoas idosas (em suas várias nuances) nas infrações penais cometidas nas hipóteses elencadas pela Lei n° 10.741/03, de forma que o critério da especialidade milita, salvo melhor juízo, em favor do Estatuto do idoso, que prevê um procedimento especial (art. 94) para a persecução dos fatos típicos lá previstos que não excedam o patamar máximo de 04 (quatro) anos de pena privativa de liberdade.

Sendo assim, com a devida vênia, a aparente antinomia entre os diplomas legais (CPPM x Estatuto do Idoso - Lei dos Juizados Especiais (crimes até 4 anos) c/c CPP (crimes superiores à 4 anos)) resta superada pelo critério da especialidade, devendo prevalecer o regramento próprio previsto no Estatuto do Idoso, pois não há dúvidas de que foi essa a intenção do legislador.

Convém destacar que, em tema afeto à aplicação do rito da lei de licitações na Justiça Militar da União (também considerado como crime militar extravagante), o Egrégio Superior Tribunal Militar já entendeu pela aplicação do rito estabelecido na respectiva legislação especial, *litteris*:

> EMENTA: APELAÇÃO. MINISTÉRIO PÚBLICO MILITAR. DISPENSA OU INEXIGIBILIDADE DE LICITAÇÃO FORA DAS HIPÓTESES PREVISTAS EM LEI. ARTIGO 89, CAPUT, E PARÁGRAFO ÚNICO, DA LEI Nº 8.666/93. PRELIMINAR DE NULIDADE DA SENTENÇA ARGUIDA PELA PROCURADORIA-GERAL DA JUSTIÇA MILITAR. APLICAÇÃO DO RITO PROCEDIMENTAL DO CÓDIGO DE PROCESSO PENAL COMUM AO RITO ESPECIAL DA LEI DE LICITAÇÕES. ABSOLVIÇÃO SUMÁRIA. REJEIÇÃO. UNANIMIDADE. MÉRITO. DISPENSA IRREGULAR DE LICITAÇÃO. NECESSIDADE DE DEMONSTRAÇÃO DO ELEMENTO SUBJETIVO DO TIPO. DOLO. NÃO COMPROVAÇÃO. MANUTENÇÃO DA SENTENÇA ABSOLUTÓRIA. RECURSO NÃO PROVIDO. UNANIMIDADE. **O delito de dispensa ou inexigibilidade de licitação fora das hipóteses previstas em lei, previsto no art. 89 da Lei de Licitações (Lei nº 8.666/93), embora categorizado como "crime militar por extensão" quando cometido na forma e nas circunstâncias delineadas pelo inciso II do artigo 9º do**

Código Penal Militar, em sua essência, é um crime comum, de sorte que, pelo menos em tese, e em caráter excepcional, poder-se- ia considerar eventual aplicação subsidiária dos ritos procedimentais próprios da legislação comum, sem que com isso se pudesse cogitar de eventual violação ao primado da especialidade. Conforme prevê o art. 108 da Lei de Licitações, "(...) No processamento e julgamento das infrações penais definidas nesta Lei, assim como nos recursos e nas execuções que lhes digam respeito, aplicar-se-ão, subsidiariamente, o Código de Processo Penal e a Lei de Execução Penal". **Portanto, aos crimes militares por extensão deverá ser observado o rito procedimental comum e, em se tratando de delitos encartados na Lei de Licitações, a despeito da especialidade do rito determinado pela Lei nº 8.666/93, poderá ser aplicado subsidiariamente o Código de Processo Penal comum e, em consequência, a absolvição sumária prevista no art. 397 do referido Diploma Adjetivo**. Preliminar de nulidade rejeitada. Decisão por unanimidade. [...]. (Superior Tribunal Militar. Apelação nº 7001490-81.2019.7.00.0000. Relator(a): Ministro(a) CARLOS VUYK DE AQUINO. Data de Julgamento: 15/10/2020, Data de Publicação: 26/10/2020)

EMENTA: HABEAS CORPUS. RITO PROCESSUAL ALTERAÇÃO. CITAÇÃO POR EDITAL. REVELIA. PREJUÍZO PARA O RÉU. **CRIME MILITAR POR EXTENSÃO. ADOÇÃO DO RITO DA LEI DE LICITAÇÕES. APLICAÇÃO SUBSIDIÁRIA DO CPP. ORDEM. CONCESSÃO**. DECISÃO POR MAIORIA. Iniciado o processo com a observância das normas da Lei de Licitações, o decisum de primeiro grau afastou tal rito e a aplicação subsidiária do CPP, para estabelecer o procedimento ordinário do CPPM, ensejando a citação editalícia e o prosseguimento do feito à revelia do acusado. Em observância ao art. 8º, item 2, alíneas "b" e "d", do Pacto de São José da Costa Rica, o direito do sujeito ativo à informação sobre a acusação integra o devido processo legal. In specie, comprovou-se o prejuízo para a Defesa com a citação ficta e a condução do processo à revelia do acusado, restringindo seu direito de defesa. **Em recente Decisão, a Corte assentou a aplicação do rito previsto na Lei 8.666/93 para o crime militar por extensão previsto naquela lei, em caráter excepcional, que, por sua vez, utiliza-se subsidiariamente das normas previstas no CPP comum, o que não configura a criação de uma terceira norma mista, mormente por se tratar de caso em que o réu está sendo julgado à revelia, em patente prejuízo à sua defesa**. Ordem concedida. Decisão majoritária. (Superior Tribunal Militar. HC º 7000597-56.2020.7.00.0000. Relator(a): Ministro(a) MARIA ELIZABETH GUIMARÃES TEIXEIRA ROCHA. Data de Julgamento: 19/11/2020, Data de Publicação: 04/02/2021)(grifos nosso)

Sendo assim, podemos perceber que existem correntes que vão atuar no sentido de aos crimes militares extravagantes deve ser aplicado o rito estabelecido na legislação penal especial ou do código de processo penal comum, corrente com a qual nos filiamos, ou que vão postular no sentido de que o fato de ser o crime considerado como crime militar faz incidir as regras estabelecidas para o procedimento ordinário ínsito no Código de Processo Penal Militar.

7.1.4. Da Distribuição Interna de Competência para processar e julgar o crime militar extravagante na Justiça Militar

Feitos os respectivos comentários acerca da competência da Justiça Militar (bem como da discussão referente ao rito processual a ser aplicado), cumpre-nos, ainda, a perquirição sobre qual seria o órgão judicante responsável pelo processo e julgamento do feito, isto é, se a exordial acusatória, em decorrência de crime previsto no Estatuto do Idoso, ofertada pelo *Parquet Milicien* exsurgiria a competência monocrática do magistrado togado ou a devida necessidade de atuação colegiada pelo Conselho de Justiça (Permanente ou Especial).

Ora, sobre a competência para processar e julgar ex-militares já fora firmada pelo Egrégio Superior Tribunal Militar, na Petição nº 7000425-51.2019.7.00.0000 (Incidente de Resolução de Demandas Repetitivas – IRDR), a tese no sentido de que: "*compete aos Conselhos Especial e Permanente de Justiça o julgamento de civis que praticaram crimes militares na condição de militares das Forças Armadas*", restando estabilizada, pelo menos por enquanto (haja vista que não se sabe como será o posicionamento do Supremo Tribunal Federal sobre o assunto), essa discussão na primeira instância da Justiça Militar da União.

Ocorre que, a situação envolvendo os crimes previstos no Código Penal comum ou na legislação criminal extravagante, apresenta distinções em relação ao caso paradigmático (IRDR), uma vez que não se trata de discussão sobre a condição de ex-militares (civis) por ocasião de seu processamento na Justiça Militar, ou seja, de casos em que ocorre o licenciamento daqueles que praticaram crimes militares na condição de militar da ativa e depois perdem esse status (tese repetitiva), mas, sobretudo, de réus que venham a responder por crime previsto na legislação penal comum (Estatuto do Idoso), situação que, ao nosso ver, não foi decidida no âmbito do Incidente de Resolução de Demandas Repetitivas julgado pelo STM.

Aqui, antes de enfrentar efetivamente a questão da competência, temos que tecer breves comentários sobre os chamados "crimes militares por extensão", que se caracterizam, segundo a doutrina do Professor Ronaldo João Roth[5], através da tipicidade direta (tipo penal previsto na legislação penal comum) associada à indireta (uma das hipóteses dos incisos II ou III do art. 9º do CPM).

Ainda segundo o Ilustre Professor Roth, entretanto, haja vista a necessidade de preencher a tipicidade complementar para sua configuração, se estenderia parcialmente ao preceito secundário do tipo penal, pois seriam admissíveis no âmbito da Justiça Criminal Especializada somente as penas previstas na Parte Geral do Código Penal Militar (não sendo possível, por exemplo, a aplicação da pena de multa).

No entanto, o silogismo doutrinário encontra um ponto de complexa solução: ao sustentar o não aproveitamento das penas incompatíveis com o CPM, para evitar o "hibridismo normativo" (HC 158077 AgR, Relator: Roberto Barroso, Primeira Turma, julgado em 01/03/2019), o crime "militar por extensão" malfere, com a devida vênia e respeito à brilhante construção, o princípio da individualização da pena (art. 5º, XLVI da Constituição da República Federativa do Brasil) e inova no ordenamento jurídico.

Isso porque a individualização da pena se opera em âmbito trifásico, cabendo ao Poder Legislativo a chamada "*individualização formal*" (quando da construção dos

[5] Nos termos do artigo "*Os delitos militares por extensão e a nova competência da justiça militar (Lei 13.491/17)*", publicado na Revista Direito Militar nº 125, Florianópolis: AMAJME, 2017, págs. 29/36.

tipos penais previsto no Código Penal comum e na legislação criminal extravagante), nos termos já enfrentados pelo Supremo Tribunal Federal, *in fine*:

> EMENTA: HABEAS CORPUS. TRÁFICO DE DROGAS. ART. 44 DA LEI 11.343/2006: IMPOSSIBILIDADE DE CONVERSÃO DA PENA PRIVATIVA DE LIBERDADE EM PENA RESTRITIVA DE DIREITOS. DECLARAÇÃO INCIDENTAL DE INCONSTITUCIONALIDADE. OFENSA À GARANTIA CONSTITUCIONAL DA INDIVIDUALIZAÇÃO DA PENA (INCISO XLVI DO ART. 5º DA CF/88). ORDEM PARCIALMENTE CONCEDIDA. **1. O processo de individualização da pena é um caminhar no rumo da personalização da resposta punitiva do Estado, desenvolvendo-se em três momentos individuados e complementares: o legislativo, o judicial e o executivo**. Logo, a lei comum não tem a força de subtrair do juiz sentenciante o poder-dever de impor ao delinqüente a sanção criminal que a ele, juiz, afigurar-se como expressão de um concreto balanceamento ou de uma empírica ponderação de circunstâncias objetivas com protagonizações subjetivas do fato-tipo. Implicando essa ponderação em concreto a opção jurídico-positiva pela prevalência do razoável sobre o racional; ditada pelo permanente esforço do julgador para conciliar segurança jurídica e justiça material. **2. No momento sentencial da dosimetria da pena, o juiz sentenciante se movimenta com ineliminável discricionariedade entre aplicar a pena de privação ou de restrição da liberdade do condenado e uma outra que já não tenha por objeto esse bem jurídico maior da liberdade física do sentenciado. Pelo que é vedado subtrair da instância julgadora a possibilidade de se movimentar com certa discricionariedade nos quadrantes da alternatividade sancionatória**. 3. As penas restritivas de direitos são, em essência, uma alternativa aos efeitos certamente traumáticos, estigmatizantes e onerosos do cárcere. Não é à toa que todas elas são comumente chamadas de penas alternativas, pois essa é mesmo a sua natureza: constituir-se num substitutivo ao encarceramento e suas seqüelas. **E o fato é que a pena privativa de liberdade corporal não é a única a cumprir a função retributivo-ressocializadora ou restritivo-preventiva da sanção penal. As demais penas também são vocacionadas para esse geminado papel da retribuição-prevenção-ressocialização, e ninguém melhor do que o juiz natural da causa para saber, no caso concreto, qual o tipo alternativo de reprimenda é suficiente para castigar e, ao mesmo tempo, recuperar socialmente o apenado, prevenindo comportamentos do gênero.** 4. No plano dos tratados e convenções internacionais, aprovados e promulgados pelo Estado brasileiro, é conferido tratamento diferenciado ao tráfico ilícito de entorpecentes que se caracterize pelo seu menor potencial ofensivo. Tratamento diferenciado, esse, para possibilitar alternativas ao encarceramento. É o caso da Convenção Contra o Tráfico Ilícito de Entorpecentes e de Substâncias Psicotrópicas, incorporada ao direito interno pelo Decreto 154, de 26 de junho de 1991. Norma supralegal de hierarquia intermediária, portanto, que autoriza cada Estado soberano a adotar norma comum interna que viabilize a aplicação da pena substitutiva (a restritiva de direitos) no aludido crime de tráfico ilícito de entorpecentes. 5. Ordem parcialmente concedida tão-somente para remover o óbice da parte final do art. 44 da Lei 11.343/2006, assim como da expressão análoga "vedada a conversão em penas restritivas de direitos", constante do § 4º do art. 33 do mesmo diploma legal. Declaração incidental de inconstitucionalidade, com efeito ex nunc, da proibição de substituição da pena privativa de liberdade pela pena restritiva de direitos; determinando-se ao Juízo da execução penal que faça a avaliação das condições objetivas e subjetivas da convolação em causa, na concreta situação do paciente. (HC 97256, Relator(a): AYRES BRITTO, Tribunal Pleno, julgado em 01/09/2010, DJe-247 DIVULG 15-12-2010 PUBLIC 16-12-2010 EMENT VOL-02452-01 PP-00113 RTJ VOL-00220-01 PP-00402 RT v. 100, n. 909, 2011, p. 279-333) (grifos nossos)

Assim, na tipificação penal, o legislador ordinário opera no sentido de ser cominada a sanção aplicável e os seus respectivos limites quantitativos numa perspectiva holística do ordenamento jurídico, isso tudo, sem perder de vista a possibilidade de serem franqueados os institutos despenalizadores (como os previstos na Lei nº 9.099/95) ou mesmo a fixação do regime inaugural de cumprimento da pena (art. 33 e seguintes do Código Penal) e a sua substituição, no caso de pena privativa de liberdade, por pena restritiva de direitos (art. 44 do Código Penal).

Logo, simplesmente decotar o diploma penal comum para, isoladamente, considerar o preceito primário de um dos seus tipos penais como "crime militar por extensão" parece não apenas criar "*lex tertia*", mas sobretudo não se coadunar com o princípio da individualização da pena (pensada para os crimes com previsão no Estatuto do Idoso).

Então, perquire-se: qual a melhor solução para a controvérsia?

A questão sobre a competência da Justiça Militar da União parece envolta de "atecnias" legislativas que multiplicam as interpretações divergentes e tornam hercúlea a missão do operador do direito nesse ramo especializado, o que foi recrudescido pela abordagem antagônica das recentes alterações legislativas promovidas pelas Leis 13.491/2017 e 13.774/2018, *in verbis*:

> **LEI 13.491/2017**
>
> Art. 9º. Consideram-se crimes militares, em tempo de paz:
>
> I – os crimes de que trata êste Código, quando definidos de modo diverso na lei penal comum, ou nela não previstos, qualquer que seja o agente, salvo disposição especial;
>
> II – os crimes previstos neste Código **e os previstos na legislação penal**, quando praticados: [...]. (grifos nossos)
>
> **LEI 13.774/2018**
>
> Art. 27. Compete aos conselhos:
>
> I – Especial de Justiça, processar e julgar oficiais, exceto oficiais-generais, **nos delitos previstos na legislação penal militar**,
>
> II – Permanente de Justiça, processar e julgar militares que não sejam oficiais, **nos delitos a que se refere o inciso I do caput deste artigo**.[...]. (grifos nossos)

Ora, partindo-se da premissa de que o legislador não utiliza palavras ou expressões sem utilidade, a terminologia utilizada mais recentemente (art. 27 da Lei nº 8.457/92) demonstra que, no âmbito da competência da Justiça Militar da União, há distinção entre delitos "*previstos na legislação penal militar*" e "*previstos na legislação penal comum*", o que fortalece o entendimento doutrinário de que o "conceito de crime militar" (art. 9º do CPM), em verdade, representa regra de natureza processual (competência) inserida em lei material, fenômeno conhecido como "norma heterotópica"[6], *in verbis*:

> [...] **Na verdade, o conceito de crime militar constante no art. 9º, incisos I, II e III, do Código Penal Militar, funciona como verdadeiro exemplo de norma heterotópica**. Como exposto no Título introdutório deste Manual, há determinadas regras que,

6 LIMA, Renato Brasileiro de. Manual de processo penal: volume único – 6. ed. rev., ampl. e atual. – Salvador: Juspodivm, 2018.

> não obstante previstas em diplomas processuais penais, possuem conteúdo material, devendo, pois, retroagir para beneficiar o acusado. Outras, no entanto, inseridas em leis materiais, são dotadas de conteúdo processual, a elas sendo aplicável o critério da aplicação imediata (*tempus regit actum*). É aí que surge o fenômeno denominado heterotopia, ou seja, situação em que, apesar de o conteúdo da norma conferir-lhe uma determinada natureza, encontra-se ela prevista em diploma de natureza distinta. **Logo, como se trata de lei processual que altera regras de competência, a Lei n. 13491/17 deve ter aplicação imediata aos processos em andamento, salvo se já houver sentença relativa ao mérito, hipótese em que o processo deve seguir na jurisdição em que ela foi prolatada, ressalvada a hipótese de supressão do Tribunal que deveria julgar o recurso**. Enfim, como se trata de norma processual que altera a competência em razão da matéria, não se pode admitir a perpetuação da competência. (LIMA, 2018, p. 367-368, grifos nosso)

Assim, para atribuir unidade ao ordenamento jurídico, ao que nos parece salvo melhor juízo, a melhor interpretação da norma do artigo 9º do CPM é a de que se trata de regra de competência (aspecto formal), e não de norma de extensão (aspecto material), de modo que cabe à Justiça Militar processar e julgar os crimes militares (previstos no CPM) ou "comuns" (previstos no CP ou legislação extravagante) quando praticados nas circunstâncias previstas nas alíneas daquele dispositivo legal.

Deveras, a gênese da controvérsia hermenêutica parece se arvorar na errônea interpretação restritiva dada ao artigo 124 da Constituição Federal ("*à Justiça Militar compete processar e julgar os crimes militares definidos em lei*") e na tradição do direito pátrio em buscar, diuturnamente, um conceito de crime militar (aspecto material), e não delimitar o âmbito de competência da Justiça Especializada (aspecto formal).

Todavia, o texto constitucional não exaure a competência da Justiça Militar da União, sendo desacertado atribuir-lhe interpretação no sentido de excluir o processo e julgamento de "crimes não militares", de modo que a busca por um novo conceito de "crime militar" (em que se atribui "roupagem" militar a um tipo penal comum) para explicar uma regra processual não parece ser a melhor solução.

Para visualizar melhor a questão, basta ser realizado um paralelo com a competência por conexão (art. 78 do CPP), em que se atribui ao Tribunal do Júri (art. 5º, XXXVIII, da CF) o julgamento de crimes não previstos na Carta Magna e não se fala em "crime doloso contra a vida por extensão", mas sim de ampliação legal de competência em que se deve assegurar os institutos aplicáveis aos tipos penais conexos (art. 60, parágrafo único, da Lei nº 9099/95).

Ora, o raciocínio, "*mutatis mutandis*", deve ser o mesmo para a competência da Justiça Militar da União, pois o mero fato de ser julgado no foro castrense (aspecto formal) não desnatura o crime para torná-lo militar (sob a perspectiva classificatória que levaria em consideração que a definição de que crime militar é aquele previsto na parte especial do CPM), sendo a associação inexorável entre "crime militar" e "Justiça Militar" ultrapassada no atual quadro normativo vigente.

Neste ponto, não é demais lembrar que o cometimento de ditos "crimes comuns" também abala, como já dito, os pilares da hierarquia e da disciplina (tuteladas pelo direito penal militar), bastando para isso uma simples passagem pelo Estatuto dos Militares, em especial do art. 28, para chegarmos a essa conclusão.

O que fez legislador com a edição da Lei 13.491/17 foi ampliar o rol de crimes que são processados e julgados na Justiça Castrense, sejam eles previstos na parte especial do CPM (crimes definidos pela legislação penal militar) ou na parte especial do CP comum e na legislação penal extravagante, em um evidente processo metodológico de abertura da moldura normativa (STF, Rcl 39466 AgR, Relator: ROBERTO BARROSO, Primeira Turma, julgado em 13/10/2020) de viés Kelseniano.

E não se diga, nesse contexto, que a tipicidade penal na Justiça Castrense exige peremptoriamente uma "norma de extensão".

Isso porque os tipos penais previstos na lei penal prescindem, como regra geral, de uma "norma de extensão" para sua adequação típica (até mesmo em homenagem ao princípio da taxatividade), salvo em situações como de "extensão pessoal" (concurso de pessoas), "extensão temporal" (tentativa) e "extensão causal" (crimes omissivos impróprios), hipóteses nas quais o juízo de "tipicidade indireta" importa em verdadeiro pressuposto para a própria subsunção do fato à norma, uma vez que as condutas não estão previstas na norma penal incriminadora.

Vale dizer, a norma incriminadora, por si só, é clara e compreensível (se não o fosse violariam o princípio da legalidade), completa ou incompleta (exigindo complementação normativa/valorativa), mas, como regra geral, não necessita de uma "norma de extensão" para a sua configuração típica (plano material), podendo o seu processo e julgamento ocorrer perante qualquer foro, inclusive na Justiça Militar da União (aspecto formal).

Diante dessas premissas, a melhor interpretação, segundo o nosso entendimento e com a devida vênia aos posicionamentos contrários, é a que distingue a natureza do crime, a competência e o procedimento, o que resulta, *in casu*, na imputação de um crime comum (com previsão no Estatuto do Idoso), de competência da Justiça Militar da União (praticado em algumas das hipóteses do art. 9º, do CPM) e que deve seguir o rito comum (Lei dos Juizados Especiais Criminais (até 04 anos) x CPP (superior a 04 anos), que é próprio aos tipos penais previstos no Código Penal ou legislação penal extravagantes.

Feitas essas considerações, independentemente da interpretação dada aos crimes previstos nas leis alienígenas ao Código Penal Militar, o fato é que existe lacuna normativa sobre o órgão competente para apreciá-los na Lei nº 8.457/92 (Lei de Organização da Justiça Militar da União), uma vez que compete aos Conselhos de Justiça processar e julgar "*militares nos delitos previstos na legislação penal militar*" (art. 27) após a sua alteração, veja-se:

REDAÇÃO ORIGINÁRIA	REDAÇÃO APÓS A LEI 13.774/2018
Art. 27. Compete aos conselhos:	Art. 27. Compete aos conselhos:
I – Especial de Justiça, processar e julgar oficiais, exceto oficiais-generais, nos delitos previstos na legislação penal militar,	I – Especial de Justiça, processar e julgar oficiais, exceto oficiais-generais, **nos delitos previstos na legislação penal militar,**
II – Permanente de Justiça, processar e julgar acusados que não sejam oficiais, nos delitos de que trata o inciso anterior, excetuado o disposto no art. 6°, inciso I, alínea b, desta lei. [...].	II – Permanente de Justiça, processar e julgar militares que não sejam oficiais, nos delitos a que se refere o inciso I do caput deste artigo. [...]. (grifos nosso)

De fato, seja qual for a vertente teórica adotada, a simples afirmação de que os crimes do Estatuto do Idoso são "delitos previstos na legislação penal militar" representa negar a própria especialidade do Direito Penal Militar, o que se mostra, evidentemente, com todo o respeito, não ser a melhor solução.

Assim, diante da omissão legal na definição do órgão jurisdicional competente para processar e julgar militares (já que com relação aos civis não paira qualquer tipo de dúvida, *ex vi* do art. 30, I-B, da Lei 8.457/92) por crimes previstos no Estatuto do Idoso ("anomia"), exsurge uma lacuna normativa a ser preenchida pelo julgador (Princípio da vedação do "*non liquet*") através dos critérios gerais trazidos nas normas introdutórias do direito brasileiro, notadamente a analogia, os costumes e os princípios gerais do direito (art. 4º da Lei de Introdução às Normas de Direito Brasileiro).

Ressaltando-se que, os critérios integrativos são capitaneados pela analogia, que consiste num método de interpretação jurídica em que se estende a aplicação de disposições legais reguladoras de casos idênticos ao da controvérsia, pelas semelhanças e finalidades comuns.

Sendo assim, percebe-se que a competência monocrática do Juiz Federal da Justiça Militar para processar e julgar civis (artigo 30, I-B, da Lei 8.457/92) assemelha-se finalisticamente à persecução criminal de militares por crimes previstos na legislação penal comum, uma vez que ambos os casos refogem às hipóteses de necessidade de atuação do escabinato (em que se concilia a experiência profissional dos juízes militares e a técnica-jurídica do magistrado togado).

Outrossim, com a Lei nº 13.774/18 observa-se a existência de uma competência subsidiária do juiz federal da Justiça Militar, que não apenas acumula funções monocráticas durante a instrução processual, mas também preside o Conselho de Justiça (art. 30 da Lei 8.457/92), de modo que as matérias não sujeitas expressamente ao colegiado devem ser submetidas ao juízo monocrático, uma vez que a sujeição ao "escabinato" se revela necessária quando se precisa, nos termos da jurisprudência do STM, de uma intensa conjugação do conhecimento jurídico com a experiência adquirida na caserna, o que não é o caso dos crimes previstos tão somente no CP Comum ou legislação penal extravagante.

Nesse sentido, cumpre-nos transcrever o voto do Excelentíssimo Dr. José Coêlho Ferreira, Ministro do STM, nos autos do Agravo Interno nº 7000270-14.2020.7.00.0000 (cujo debate fora renovado nos autos do Recurso Em Sentido Estrito nº 7000154-71.2021.7.00.0000), *in verbis*:

> "11. **A partir dessas disposições constitucionais e infraconstitucionais, não há qualquer sombra de dúvida de que a Justiça Militar da União teve a sua competência ampliada, pois com o advento da Lei nº 13.491, de 2017**, passou a ser competente para processar e julgar crimes previstos na legislação penal comum, quando praticado por militares nas hipóteses elencadas no inciso II do art. 9º do CPM. 12. Porém, o cerne da questão cinge-se justamente em identificar, a partir da distribuição de competência interna da JMU, qual o órgão judicante de 1ª Instância é competente para processar e julgar os denominados crimes militares por extensão, à luz da Lei nº 13.491, de 2017. 12.1

Nesse aspecto, se havia dúvida aparente sobre o assunto, essa pendência foi dirimida pelo legislador ordinário com a edição da novel Lei nº 13.774, de 2018, cuja legislação tem como suporte de validade o art. 124 da Constituição Federal. **12.2 Ora, uma simples leitura dos incisos I e II do art. 27 da mencionada Lei nº 13.774, de 2018, conforme foram transcritos anteriormente, é suficiente para se chegar à conclusão de que a intenção do legislador foi a de que o Escabinato, representado pelos Conselhos Especial e Permanente de Justiça, somente se ocupasse do processamento e julgamento dos crimes propriamente miliares e aqueles impropriamente militares previstos no Código Penal Militar, quando definidos de modo diverso na lei penal comum**. Isso porque, sob a ótica do resultado, a interpretação que se impera no caso é a declarativa, uma vez que o legislador expressamente delimitou a competência dos referidos Conselhos de Justiça, dispondo que são competentes para processar e julgar militares, nos delitos previstos na legislação penal militar (art. 27, incisos I e II, da Lei nº 13.774, de 2018). **Vale dizer, fica descartada qualquer inferência de que a expressão legislação penal militar seria considerada inútil ou tivesse sido empregada com qualquer outra acepção**. [...]. 13. Com essas considerações são oportunas as seguintes conclusões:

a) Tendo em vista a natureza jurídica do recurso de Agravo Interno, na forma do art. 123, inciso I, e seu § 3º, do Regimento Interno, a sua admissibilidade está sujeita tão somente ao preenchimento dos pressupostos objetivos e subjetivos inerentes à essa classe processual;

b) Em consequência, a invocação da tese firmada no IRDR, como pressuposto para o não conhecimento do presente Agravo Interno, tem o condão de suspender a eficácia ou tornar inócua a disposição regimental que garante à parte recorrente o direito de o Plenário desta Corte decidir o mérito da decisão monocrática agravada, caso essa não seja reconsiderada pela respectiva autoridade judicante; e

c) Considerando que o legislador delimitou a competência dos Conselhos Especial e Permanente de Justiça para processar e julgar tão somente os delitos previstos na legislação penal militar (inteligência do art. 27, incisos I e II, da Lei nº 13.774, de 2018), **compreende-se dentro da competência residual do juiz federal da Justiça Militar a tarefa de processar e julgar os crimes militares por extensão, na forma da Lei nº 13.491, de 2017, que alterou o inciso II do art. 9º do CPM.**" (grifos nosso)

Logo, deve ser colmatada a lacuna legislativa mediante a fixação da competência singular do magistrado togado para processar os crimes previstos no Estatuto do Idoso, independentemente de serem eles serem praticados por militares (isoladamente) ou por civis.

7.1.5. Da ação penal e do Direito de representação

> **Art. 95.** Os crimes definidos nesta Lei são de ação penal pública incondicionada, não se lhes aplicando os arts. 181 e 182 do Código Penal.

Destaque-se que os crimes definidos no Estatuto do Idoso são de ação penal pública incondicionada, não lhes sendo aplicáveis os artigos: 181 (isenção de pena nas hipóteses em que o delito contra o patrimônio fora praticado em prejuízo de cônjuge, na constância da sociedade conjugal, ascendente ou descendente) e 182 (necessidade de representação como condição de procedibilidade da ação), do Código Penal, que, além disso, também previu:

> Art. 183 – **Não se aplica o disposto nos dois artigos anteriores**:
>
> I – se o crime é de roubo ou de extorsão, ou, em geral, quando haja emprego de grave ameaça ou violência à pessoa;
>
> II – ao estranho que participa do crime.
>
> III – **se o crime é praticado contra pessoa com idade igual ou superior a 60 (sessenta) anos**. (Incluído pela Lei nº 10.741, de 2003)

Logo, seja na hipótese dos crimes previstos no Estatuto do Idoso, seja na ocorrência de crimes contra o patrimônio de pessoas com idade igual ou superior a 60 (sessenta) anos não se aplicam os institutos da isenção de pena ou da necessidade de representação da pessoa idosa ofendida.

Nesse diapasão, em síntese, aplica-se a mesma regra definida pelo legislador ordinário para o processo penal militar, *in verbis*:

> Art. 29. A ação penal é pública e somente pode ser promovida por denúncia do Ministério Público Militar.

Sendo assim, ocorrendo a prática de ato delitivo, amoldando-se aos preceitos estabelecidos pelo Estatuto do Idoso (arts. 96 a 109) e do *Codex* Castrense (art. 9º ou 10) cabe ao Ministério Público Militar, independente de representação da vítima ou de seu representante legal (ação penal pública condicionada), muito menos de queixa-crime (ação penal privada), proceder a adequada persecução criminal *in judicio*, no âmbito da respectiva Justiça Militar competente.

Acerca deste ponto, já decidiu o Tribunal de Justiça do Estado de Minas Gerais:

> EMENTA: APELAÇÃO CRIMINAL – APROPRIAÇÃO INDÉBITA – ART.168, CAPUT, DO CP – ESTATUTO DO IDOSO – APROPRIAÇÃO DOS PROVENTOS DA VÍTIMA – ART. 102, DA LEI Nº 10.741/03 – PRELIMINAR DE ILEGITIMIDADE ATIVA DO MINISTÉRIO PÚBLICO – IMPERTINÊNCIA – DE OFÍCIO – PRESCRIÇÃO RETROATIVA – ENTRE A DATA DO RECEBIMENTO DA DENÚNCIA E A PUBLICAÇÃO DA SENTENÇA CONDENATÓRIA – OCORRÊNCIA – EXTINÇÃO DA PUNIBILIDADE RECONHECIDA.
>
> – **Considerando que os crimes pelos quais fora a ré denunciada são processados mediante ação penal pública incondicionada, inviável se falar em ilegitimidade ativa do Ministério Público, o qual, pelos princípios da indisponibilidade e da obrigatoriedade, detém o dever e a obrigação de promover o processo**.
>
> – Não se vislumbrando eventual possibilidade de absolvição, a qual, por óbvio, se mostra como a solução mais benéfica à ré, e, decorrido o lapso prescricional entre os marcos interruptivos, declara-se extinta a sua punibilidade, pela prescrição da pretensão punitiva, na modalidade retroativa. (TJMG – Apelação Criminal 1.0267.08.011187-0/001, Relator(a): Des.(a) Jaubert Carneiro Jaques, 6ª CÂMARA CRIMINAL, julgamento em 28/08/2018, publicação da súmula em 06/09/2018) (grifos nosso)

Inclusive, comparando a técnica utilizada pelo legislador e a sua utilização (ou não) em outros diplomas penais, os apontamentos do Professor Renato Brasileiro[7]:

[7] LIMA, Renato Brasileiro de. Op. cit.

> **Quando a lei quis afastar a possibilidade de aplicação de tais imunidades a determinada espécie de crime, o fez de maneira expressa, a exemplo do que se dá na hipótese de crime praticado contra o patrimônio de idoso**. De fato, consoante disposto no art. 183, inciso III, do Código Penal, acrescentado pelo Estatuto do Idoso (Lei n° 10.741/03), não se aplicam as imunidades dos arts. 181 e 182 quando o crime é praticado contra pessoa com idade igual ou superior a 60 (sessenta) anos. Ora, se o Estatuto do Idoso trouxe vedação expressa quanto à incidência das imunidades a tais crimes, é evidente que a Lei Maria da Penha devia ter contemplado semelhante restrição. Se não o fez, não é dado ao operador estender semelhante restrição aos crimes patrimoniais praticados com violência doméstica e familiar contra a mulher, sob pena de verdadeira analogia in malam partem, colocando-se em rota de colisão com o princípio da legalidade. (LIMA, 2019, p. 1492-1493) (grifos nossos)

7.1.6. Medidas cautelares diversas da prisão

A Lei nº 12.403/11 promoveu reforma no Código de Processo Penal, estabelecendo as medidas cautelares diversas da prisão, *litteris*:

> Art. 319. São medidas cautelares diversas da prisão:
>
> I – comparecimento periódico em juízo, no prazo e nas condições fixadas pelo juiz, para informar e justificar atividades;
>
> II – proibição de acesso ou frequência a determinados lugares quando, por circunstâncias relacionadas ao fato, deva o indiciado ou acusado permanecer distante desses locais para evitar o risco de novas infrações;
>
> III – proibição de manter contato com pessoa determinada quando, por circunstâncias relacionadas ao fato, deva o indiciado ou acusado dela permanecer distante;
>
> IV – proibição de ausentar-se da Comarca quando a permanência seja conveniente ou necessária para a investigação ou instrução;
>
> V – recolhimento domiciliar no período noturno e nos dias de folga quando o investigado ou acusado tenha residência e trabalho fixos;
>
> VI – suspensão do exercício de função pública ou de atividade de natureza econômica ou financeira quando houver justo receio de sua utilização para a prática de infrações penais;
>
> VII – internação provisória do acusado nas hipóteses de crimes praticados com violência ou grave ameaça, quando os peritos concluírem ser inimputável ou semi-imputável (art. 26 do Código Penal) e houver risco de reiteração;
>
> VIII – fiança, nas infrações que a admitem, para assegurar o comparecimento a atos do processo, evitar a obstrução do seu andamento ou em caso de resistência injustificada à ordem judicial;
>
> IX – monitoração eletrônica.
>
> § 1º (Revogado).
>
> § 2º (Revogado).
>
> § 3º (Revogado).
>
> § 4º A fiança será aplicada de acordo com as disposições do Capítulo VI deste Título, podendo ser cumulada com outras medidas cautelares.

Acerca da aplicação desses institutos no âmbito da Justiça Castrense, transcrevemos a firme jurisprudência do Egrégio STM:

> EMENTA: HABEAS CORPUS. INQUÉRITO POLICIAL MILITAR. VIOLÊNCIA CONTRA INFERIOR. LESÃO LEVE. "TROTE". DESCONSTITUIÇÃO DE PRISÃO DOMICILIAR. AUSÊNCIA DOS REQUISITOS PARA DECRETAÇÃO DA PREVENTIVA. INAPLICABILIDADE DAS MEDIDAS CAUTELARES DIVERSAS DA PRISÃO. ESPECIALIDADE DA JUSTIÇA MILITAR CONCESSÃO DA ORDEM. UNANIMIDADE. Ex-militar que responde a IPM instaurado para apurar o cometimento dos crimes de violência contra inferior e lesão leve, em tese, praticado juntamente com outros militares, consistentes em golpes de remo de madeira nas nádegas dos novos soldados. "Trote" ocorrido em Unidade do Exército. Ausência dos requisitos para a decretação de prisão preventiva. **Inaplicabilidade das medidas cautelares diversas à prisão em razão da especialidade da Justiça Militar da União. Precedente STM**. Eventual mudança do panorama fático-jurídico possibilita a decretação de prisão (art. 259 do CPPM). Ordem concedida. Decisão unânime. (Superior Tribunal Militar. Habeas Corpus nº 7000394-94.2020.7.00.0000. Relator(a): Ministro(a) LÚCIO MÁRIO DE BARROS GÓES. Data de Julgamento: 03/09/2020, Data de Publicação: 14/09/2020) (grifos nossos)

> EMENTA: HABEAS CORPUS. DESERÇÃO (CPM, ART. 187). RESTRIÇÃO DA LIBERDADE IMPOSTA A DESERTOR COM BASE NOS ARTS. 452 C/C O ART. 255, ALÍNEA "E", AMBOS DO CPPM. MENAGEM. LEGALIDADE. PEDIDO DE SUBSTITUIÇÃO POR MEDIDAS CAUTELARES DIVERSAS DA PRISÃO, PREVISTAS NO ART. 319 DO CPP. IMPROCEDÊNCIA. CONCESSÃO DA ORDEM. UNANIMIDADE. Militar que, após ausência injustificada do quartel, apresenta-se voluntariamente para responder ao processo de deserção. **Reveste-se de legalidade a Decisão que indefere o pedido de aplicação de medidas cautelares diversas da prisão previstas no art. 319, do CPP, considerando não ser caso de omissão tratado no art. 3º, alínea "a", do CPPM, para fins de aplicação subsidiária da legislação processual penal comum**. Concessão da ordem para a soltura do Paciente em razão da proximidade do término do prazo de 60 (sessenta) dias fixado no art. 453 do CPPM. Ordem concedida. Decisão unânime. (Superior Tribunal Militar. Habeas Corpus nº 7000001-72.2020.7.00.0000. Relator(a): Ministro(a) LÚCIO MÁRIO DE BARROS GÓES. Data de Julgamento: 03/03/2020, Data de Publicação: 13/03/2020) (grifos nossos)

> EMENTA: HABEAS CORPUS. PRISÃO PREVENTIVA. HOMICÍDIO TENTADO. GARANTIA DA ORDEM PÚBLICA. PEDIDO DE REVOGAÇÃO DA CUSTÓDIA CAUTELAR. DESCABIMENTO. DECISÃO FUNDAMENTADA. MEDIDAS CAUTELARES DIVERSAS DA PRISÃO. NÃO INCIDÊNCIA. ESPECIALIDADE DA JUSTIÇA MILITAR. AUDIÊNCIA DE CUSTÓDIA. DESENTRANHAMENTO DAS GRAVAÇÕES. DESCABIMENTO. ALEGAÇÕES DE ORDEM MERITÓRIA. REVOLVIMENTO PROBATÓRIO. FUGA AO ESCOPO DO REMÉDIO HEROICO. ACESSO AOS ELEMENTOS DE PROVA. SÚMULA VINCULANTE Nº 14. ORDEM PARCIALMENTE CONCEDIDA. UNANIMIDADE. Considera-se devidamente fundamentada a prisão decretada com base em fatos concretos observados pelo magistrado, notadamente em razão da periculosidade do Acusado, em virtude da gravidade e do modus operandi da conduta delitiva. **Conforme a jurisprudência desta Corte Castrense, as medidas cautelares diversas da prisão dispostas no Código de Processo Penal comum não podem incidir na seara da JMU, em face da especialidade dos bens jurídicos por ela tutelados**. Por ocasião da Audiência de Custódia, denota-se plenamente admissível o questionamento sobre a vida do preso, sua inserção social, emprego e residência, pois, aspectos subjetivos, sopesados pelo magistrado na aferição dos riscos sociais e da necessidade ou não da prisão, são ponderações feitas sobre a pessoa e não detidamente acerca do fato criminoso. Alegações inerentes à matéria de mérito devem ser avaliadas pelo juiz natural da causa, mormente porque o habeas corpus não se presta ao necessário revolvimento aprofundado do conjunto probatório, a ser obtido na Ação Penal. Nada respalda ocultar

da defesa dados contidos em autos de procedimento investigativo ou em processo alusivo a ação penal. O direito ao "acesso amplo", descrito no verbete sumular vinculante nº 14 do STF, engloba a possibilidade de obtenção de cópias, por quaisquer meios, de todos os elementos de prova já documentados, inclusive mídias que contenham gravação de depoimentos em formato audiovisual. Writ conhecido e parcialmente concedido. Decisão à unanimidade. (Superior Tribunal Militar. Habeas Corpus nº 7001056-29.2018.7.00.0000. Relator(a): Ministro(a) CARLOS AUGUSTO DE SOUSA. Data de Julgamento: 13/03/2019, Data de Publicação: 21/03/2019)

Assim, não há dúvidas acerca da impossibilidade de sua aplicação aos delitos com previsão na parte especial do CPM, entretanto algumas reflexões podem ser feitas no que diz respeito a sua aplicação no âmbito dos crimes militares com previsão na legislação penal extravagante.

Ao discorrer sobre o art. 69 da Lei dos Juizados Especiais Criminais, e a sua correlação com crimes cometidos com violência contra idoso, dentre outros, Renato Brasileiro[8]:

> **Afinal, com a entrada em vigor da Lei nº 12.403/11, houve a inserção no CPP de medidas cautelares diversas da prisão**, dentre elas a proibição de acesso ou frequência a determinados lugares quando, por circunstâncias relacionadas ao fato, deva o indiciado ou acusado permanecer distante desses locais para evitar o risco de novas infrações (art. 319, II) e a proibição de manter contato com pessoa determinada quando, por circunstâncias relacionadas ao fato, deva o indiciado ou acusado dela permanecer distante (art. 319, III). **Destarte, presentes o *fumus comissi deliciti* e o *periculum libertatis*, afigura-se plenamente possível a imposição de tais medidas cautelares. Ademais, demonstrada a inadequação ou insuficiência das medidas cautelares diversas da prisão, o próprio CPP autoriza a decretação da prisão preventiva quando o crime envolver violência doméstica e familiar contra a mulher, criança, adolescente, idoso, enfermo ou pessoa com deficiência, para garantir a execução das medidas protetivas de urgência** (CPP, art. 313, III, com redação determinada pela Lei n° 12.403/11). (LIMA, 2019, p. 528-529) (grifos nossos)

Nesse contexto, quando se estar a falar em persecução criminal em decorrência de crimes previstos no Estatuto do Idoso (alienígena ao Código Penal Militar) deve o intérprete, respeitando-se, evidentemente os posicionamento contrários, ser orientado, em seu atuação, pelas disposições trazidas ao ordenamento jurídico pátrio pelo legislador ordinário, e, assim, se utilizar da possibilidade de aplicação das medidas cautelares diversas da prisão, a serem analisas caso a caso, também aos crimes militares com previsão na legislação penal extravagante, como se estar a analisar.

7.1.7. Estatuto do Idoso e o Código Penal

Neste ponto, não podemos perder de vista as alterações promovidas pela Lei nº 10.741/03, que alteraram diretamente o Código Penal comum, mas que podem,

---

8 LIMA, Renato Brasileiro de. Op. cit.

também, a depender das circunstâncias nas quais forem desenvolvidas, serem de análise da Justiça Castrense (quando forem de sua competência).

Nesse sentido, pontuamos a alterações promovidas pelo Estatuto do Idoso no Códex Criminal comum, *in verbis*:

> Art. 61. São circunstâncias que sempre agravam a pena, quando não constituem ou qualificam o crime: [...];
>
> II – ter o agente cometido o crime: [...];
>
> h) contra criança, maior de 60 (sessenta) anos, enfermo ou mulher grávida; [...].
>
> Art. 121. Matar alguém: [...].
>
> § 4º No homicídio culposo, a pena é aumentada de 1/3 (um terço), se o crime resulta de inobservância de regra técnica de profissão, arte ou ofício, ou se o agente deixa de prestar imediato socorro à vítima, não procura diminuir as conseqüências do seu ato, ou foge para evitar prisão em flagrante. Sendo doloso o homicídio, a pena é aumentada de 1/3 (um terço) se o crime é praticado contra pessoa menor de 14 (quatorze) ou maior de 60 (sessenta) anos. [...].
>
> Art. 133. Abandonar pessoa que está sob seu cuidado, guarda, vigilância ou autoridade, e, por qualquer motivo, incapaz de defender-se dos riscos resultantes do abandono.
>
> § 3º As penas cominadas neste artigo aumentam-se de um terço [...].
>
> III – se a vítima é maior de 60 (sessenta) anos. [...].
>
> Art. 140. Injuriar alguém, ofendendo-lhe a dignidade ou o decoro [...].
>
> § 3º Se a injúria consiste na utilização de elementos referentes a raça, cor, etnia, religião, origem ou a condição de pessoa idosa ou portadora de deficiência: [...].
>
> Art. 141. As penas cominadas neste Capítulo aumentam-se de um terço, se qualquer dos crimes é cometido [...];
>
> IV – contra pessoa maior de 60 (sessenta) anos ou portadora de deficiência, exceto no caso de injúria. [...].
>
> Art. 148. Privar alguém de sua liberdade, mediante seqüestro ou cárcere privado [...].
>
> § 1º A pena é de reclusão, de dois a cinco anos [...]:
>
> I – se a vítima é ascendente, descendente, cônjuge do agente ou maior de 60 (sessenta) anos. [...].
>
> Art. 159. Sequestrar pessoa com o fim de obter, para si ou para outrem, qualquer vantagem, como condição ou preço do resgate [...].
>
> § 1º Se o sequestro dura mais de 24 (vinte e quatro) horas, se o sequestrado é menor de 18 (dezoito) ou maior de 60 (sessenta) anos, ou se o crime é cometido por bando ou quadrilha. [...].
>
> Art. 183. Não se aplica o disposto nos dois artigos anteriores [...];
>
> III – se o crime é praticado contra pessoa com idade igual ou superior a 60 (sessenta) anos. [...].
>
> Art. 244. Deixar, sem justa causa, de prover a subsistência do cônjuge, ou de filho menor de 18 (dezoito) anos ou inapto para o trabalho, ou de ascendente inválido ou maior de 60 (sessenta) anos, não lhes proporcionando os recursos necessários ou faltando ao pagamento de pensão alimentícia judicialmente acordada, fixada ou majorada; deixar, sem justa causa, de socorrer descendente ou ascendente, gravemente enfermo: [...].

7.1.8. Estatuto do Idoso e a Lei de Contravenções Penais

O Estatuto do Idoso promoveu a seguinte alteração no Decreto-Lei nº 3.688, de 3 de outubro de 1941, que trata das contravenções penais:

> Art. 21. Praticar vias de fato contra alguém:
>
> Pena – prisão simples, de quinze dias a três meses, ou multa, de cem mil réis a um conto de réis, se o fato não constitui crime.
>
> Parágrafo único. Aumenta-se a pena de 1/3 (um terço) até a metade se a vítima é maior de 60 (sessenta) anos. (Incluído pela Lei nº 10.741, de 2003).

Ocorre que nessa área, não houve qualquer repercussão na competência da Justiça Especializada, considerando que compete tanto a Justiça Militar da União, quanto a Justiça Militar nos Estados processar e julgar os crimes militares, e não as contravenções penais.

7.1.9. Estatuto do Idoso e a Lei de Tortura

Noutro giro, devemos atentar, de igual modo, para a modificação ocorrida na Lei nº 9.455, de 7 de abril de 1997, que trata dos crimes de tortura:

> Art. 1º **Constitui crime de tortura**:
>
> I – constranger alguém com emprego de violência ou grave ameaça, causando-lhe sofrimento físico ou mental:
>
> a) com o fim de obter informação, declaração ou confissão da vítima ou de terceira pessoa;
>
> b) para provocar ação ou omissão de natureza criminosa;
>
> c) em razão de discriminação racial ou religiosa;
>
> II – submeter alguém, sob sua guarda, poder ou autoridade, com emprego de violência ou grave ameaça, a intenso sofrimento físico ou mental, como forma de aplicar castigo pessoal ou medida de caráter preventivo.
>
> Pena – reclusão, de dois a oito anos.
>
> § 1º Na mesma pena incorre quem submete pessoa presa ou sujeita a medida de segurança a sofrimento físico ou mental, por intermédio da prática de ato não previsto em lei ou não resultante de medida legal.
>
> § 2º Aquele que se omite em face dessas condutas, quando tinha o dever de evitá-las ou apurá-las, incorre na pena de detenção de um a quatro anos.
>
> § 3º Se resulta lesão corporal de natureza grave ou gravíssima, a pena é de reclusão de quatro a dez anos; se resulta morte, a reclusão é de oito a dezesseis anos.
>
> § 4º Aumenta-se a pena de um sexto até um terço:
>
> I – se o crime é cometido por agente público;
>
> **II – se o crime é cometido contra criança, gestante, portador de deficiência, adolescente ou maior de 60 (sessenta) anos; (Redação dada pela Lei nº 10.741, de 2003)** (grifos nossos)

Assim, a depender do contexto em que ocorra o delito de tortura, e sendo ele de competência do ramo especializado do Poder Judiciário (por ser classificado como delito a ser processado e julgado na Justiça Castrense), deve-se observar a causa de aumento de pena instituída pelo Estatuto do Idoso.

Aliás, sobre essa possibilidade (de o crime de tortura ter sua ação penal na Justiça Militar), citamos o excerto a seguir, da lavra do Professor Rodrigo Foureaux,

Juiz de Direito do Tribunal de Justiça do Estado de Goiás, em artigo[9] intitulado: "*A Lei 13.491/17 e a ampliação da competência da Justiça Militar*", *in fine*:

> As hipóteses previstas no inciso II do art. 9º do Código Penal Militar são, em síntese, os crimes cometidos entre militares; envolvendo militar em lugar sujeito à administração militar contra civil; militar em serviço ou atuando em razão da função, hipótese de maior incidência dos crimes militares; militar em comissão de natureza militar, ou em formatura, ainda que fora do lugar sujeito à administração militar contra civil; militar durante o período de manobras ou exercício contra civil; militar em situação de atividade, ou assemelhado, contra o patrimônio sob a administração militar, ou a ordem administrativa militar.
>
> **Como exemplo, podemos citar:** a) crime de disparo de arma de fogo praticado por militar em serviço; **b) crime de tortura praticado por policial militar em serviço ou em razão da função;** c) crime de abuso de autoridade praticado por militar em serviço; d) assédio sexual; e) crime de possuir imagens de crianças e adolescentes em situações pornográficas, quando os militares a obtiverem em razão do serviço e tenham essas imagens não com a finalidade de comunicarem a autoridade competente.

7.2. COMENTÁRIOS AOS CRIMES EM ESPÉCIE PREVISTOS NO ESTATUTO DO IDOSO

7.2.1. Artigo 96, *Caput*

> **Art. 96.** Discriminar pessoa idosa, impedindo ou dificultando seu acesso a operações bancárias, aos meios de transporte, ao direito de contratar ou por qualquer outro meio ou instrumento necessário ao exercício da cidadania, por motivo de idade:
>
> Pena – reclusão de 6 (seis) meses a 1 (um) ano e multa.

– Objetividade Jurídica

Não restam dúvidas de que o tipo penal em análise tem como objetividade jurídica geral tutelar a dignidade do idoso, e não só, pois salvaguarda-se, de igual modo, o princípio constitucional da isonomia de modo a não ser dispensado tratamento diferenciado a pessoas sem base legal para o discrímen.

Nessa toada, na hipótese de a conduta delitiva ser cometida nas hipóteses estabelecidas no art. 9º, em tempo de paz, ou no art. 10, tempo de guerra, protege-se, também, a regularidade das instituições militares.

Ademais, sob o manto da regularidade das instituições militares, o Egrégio STM já decidiu como ofensivo ao bem jurídico tutelado, sob esse viés, a conduta daquele militar que ingressa em local sujeito à Administração Militar portando drogas, cujo raciocínio lógico-jurídico se aplica aos crimes previstos no Estatuto do Idoso, *in fine*:

---

9 Fonte: Observatório da Justiça Militar Estadual, Disponível em: https://www.observatoriodajusticamilitar.info/single-post/2017/11/12/A-Lei-1349117-e-a-amplia%C3%A7%C3%A3o-da-compet%C3%AAncia-da-Justi%C3%A7a-Militar. Acessado em 06/11/20.

EMENTA: APELAÇÃO. DEFENSORIA PÚBLICA DA UNIÃO. PORTE DE SUBSTÂNCIA ENTORPECENTE EM ORGANIZAÇÃO MILITAR. ART. 290 DO CPM. AUTORIA E MATERIALIDADE DELITIVAS. COMPROVAÇÃO. ATIPICIDADE DA CONDUTA. PRINCÍPIOS DA INSIGNIFICÂNCIA E DA SUBSIDIARIEDADE DO DIREITO PENAL. INAPLICABILIDADE. LEI Nº 11.343/06. TESES DEFENSIVAS. REJEIÇÃO. RECURSO NÃO PROVIDO. DECISÃO POR UNANIMIDADE. 1. O militar que porta, ainda que para o seu próprio consumo, maconha em área sujeita à Administração Militar pratica o delito previsto no art. 290 do CPM. 2. **O ingresso de agente portando substância entorpecente em lugar sujeito à Administração Castrense**, independentemente da quantidade, constitui ofensa ao bem jurídico tutelado, a qual, no meio militar, **não se restringe apenas à saúde da coletividade**, mas, também, **à regularidade das Forças Armadas e à preservação dos Princípios da Hierarquia e da Disciplina Militares**. 3. O desvalor da conduta perpetrada, com graves reflexos no ambiente castrense, impede a aplicação dos Princípios da Irrelevância Penal, da Insignificância e, consequentemente, o reconhecimento da atipicidade material. 4. O porte de drogas, em área sob a Administração Militar, previsto no art. 290 do CPM, afasta a incidência da Lei nº 11.343/06, em face do princípio da especialidade e da exclusiva proteção aos bens jurídicos tutelados pela norma penal militar. 5. Não provimento do Recurso defensivo. Sentença condenatória mantida. Decisão por unanimidade. (Superior Tribunal Militar. Apelação nº 7001482-07.2019.7.00.0000. Relator(a): Ministro(a) MARCO ANTÔNIO DE FARIAS. Data de Julgamento: 21/05/2020, Data de Publicação: 05/06/2020)

– Sujeito Ativo

O delito em análise, no que concerne à perspectiva do direito penal comum, classifica-se como crime comum, pois pode ser praticado por qualquer pessoa.

Noutro giro, para que possa ser considerado como um crime de competência da Justiça Militar (Federal ou Estadual) deve ser cometido por qualquer dos agentes estabelecidos no art. 9º, incisos II e III (militar da ativa, militar da reserva, reformado, ou por civil), em tempo de paz, ou por qualquer pessoa em tempo de guerra, nos termos delineados no art. 10, tudo do CPM.

Nesse contexto, não se pode olvidar, ainda, que na Justiça Militar Estadual, em razão da regra contida em nossa Carta Magna de 1988, estabelecida no art. 125, § 4º, no caso de o sujeito ativo ser um civil, a competência para processamento e julgamento não será da Justiça Especializada (já que a ela lhe cabe processar e julgar os militares do Estados), *in verbis*:

> Art. 125 [...].
>
> § 4º Compete à Justiça Militar estadual processar e julgar os militares dos Estados, nos crimes militares definidos em lei e as ações judiciais contra atos disciplinares militares, ressalvada a competência do júri quando a vítima for civil, cabendo ao tribunal competente decidir sobre a perda do posto e da patente dos oficiais e da graduação das praças.

Noutro giro, com efeito, a Lei 13.774/2018 alterou substancialmente a conformação orgânica da Justiça Militar da União (nos termos da Lei de Organização da Justiça Militar da União), reorganizando a divisão de competências horizontais de 1ª instância entre os Conselhos de Justiça e o Juiz Federal da Justiça Militar, tendo atribuído competência monocrática ao magistrado togado para processar e julgar civis e militares, sendo que estes apenas quando estiverem em litisconsórcio passivo com aqueles (artigo 30, I-B, Lei nº 8.457/92).

- Sujeito Passivo

Evidentemente que o sujeito passivo imediato é o titular do bem jurídico violado pela conduta delitiva, sendo, no caso, a pessoa idosa.

Entretanto, não podemos nos esquecer que a regularidade das instituições militares figurará, nos crimes militares extravagantes, como sujeito passivo mediato, ou como pontuado pela doutrina penalista: "sujeito passivo constante".

Inclusive, tendo-se em conta essa perspectiva interpretativa, reforça-se que compete a Justiça Militar processar e julgar os crimes militares previstos na parte especial do Código Penal Militar e os crimes previstos na legislação penal comum, quando praticados nos termos no art. 9º ou 10, do CPM.

Estes, diga-se de passagem, atribuídos à competência da Justiça Castrense, pelo legislador ordinário, evidentemente, por afetarem bens jurídicos específicos das Instituições Militares (sujeito passivo acidental) e necessitarem ter a sua análise por um ramo especializado do Poder Judiciário.

Ocorre que não podemos perder de vista, também, que no âmbito da Justiça Militar Estadual, em decorrência do estabelecido na Constituição Federal no art. 125, § 5º, no caso de o sujeito passivo imediato ser um civil, a competência para processamento e julgamento será do Juiz de Direito do Juízo Militar, monocraticamente, *litteris*:

> Art. 125 [...].
>
> § 5º Compete aos juízes de direito do juízo militar processar e julgar, singularmente, os crimes militares cometidos contra civis e as ações judiciais contra atos disciplinares militares, cabendo ao Conselho de Justiça, sob a presidência de juiz de direito, processar e julgar os demais crimes militares.

- Elementos Objetivos

O tipo penal do art. 96, caput, do Estatuto do Idoso, possui como conduta comissiva o ato nuclear de "*discriminar*" pessoa idosa (por motivo de idade), impedindo-a ou dificultando-a de ter acesso à transações bancárias, bem como à meios de transporte ou ao direito de contratar, mas não só, pois, valendo de interpretação analógica o legislador ordinário inseriu o seguinte excerto: "*ou por qualquer outro meio ou instrumento necessário ao exercício da cidadania*".

Nesse contexto, acerca do conceito de discriminação, importante pontuarmos os ensinamentos do Professor José Paulo Baltazar Junior[10], ao comentar a Lei 7.716/89, que trata dos "*Crimes de Preconceito ou Discriminação*", cuja *ratio essendi*, pode ser aplicada ao presente estudo, *litteris*:

[10] BALTAZAR JUNIOR, José Paulo. Crimes Federais - 11. ed. - São Paulo: Saraiva, 2017.

> A discriminação, ao contrário do preconceito, que é estático, **consiste em uma atitude dinâmica de separação, apartação ou segregação, traduzindo a manifestação fática ou a concretização do preconceito (Szklarowski: 23-24)**. O art. 1°, parágrafo único, I, do Estatuto da Igualdade Racial (Lei 12.288/10), na senda do art. 1, 1, da Convenção Internacional Sobre a Eliminação de Todas as Formas de Discriminação Racial (D. 65.810/69) conceitua a discriminação racial ou étnico racial como: Toda distinção, exclusão, restrição ou preferência baseada em raça, cor, descendência ou origem nacional ou étnica que tenha por objeto anular ou restringir o reconhecimento, gozo ou exercício, em igualdade de condições, de direitos humanos e liberdades fundamentais nos campos político, econômico, social, cultural ou em qualquer outro campo da vida pública ou privada; **A discriminação negativa, que é vedada e visada pela lei penal em comento, deve ser distinguida da discriminação positiva, manifestada em ações afirmativas, ou seja: "programas e medidas especiais adotados pelo Estado e pela iniciativa privada para a correção das desigualdades raciais e para a promoção da igualdade de oportunidades" (Lei 12.288/10, art. 1°, V)**. Tais políticas são permitidas, mesmo que adotem critérios baseados em raça, cor ou etnia, como é o caso do tratamento diferenciado dado a indígenas ou descendentes de quilombolas, bem como na reserva de vagas em universidades para membros de determinados grupos étnicos (STF, ADPF 186, Lewandowski, Pl.,u.,26.4.12; ADI 3330, Britto, Pl.,3.5.12; Santos: 40-41). A própria Convenção Internacional Sobre a Eliminação de Todas as Formas de Discriminação Racial (D. 65.810/69) admite a discriminação positiva, nos seguintes termos (art. 1, 4): 4. **Medidas especiais tomadas com o objetivo precípuo de assegurar, de forma conveniente, o progresso de certos grupos sociais ou étnicos ou de indivíduos que necessitem de proteção para poderem gozar e exercitar os direitos humanos e as liberdades fundamentais em igualdade de condições, não serão consideradas medidas de discriminação racial**, desde que não conduzam à manutenção de direitos separados para diferentes grupos raciais e não prossigam após terem sido atingidos os seus objetivos. (BALTAZAR JUNIOR, 2017, p. 752-753) (grifos nossos)

Sendo assim, agindo o sujeito ativo do delito, militar da ativa, de forma a discriminar um pessoa idosa, também militar da ativa com 60 (sessenta) anos ou mais, em razão, justamente, da idade deste, impossibilitando-o do exercício livre de sua cidadania, como o de contratar (não lhe fornecendo, por exemplo, o Termo de Garantia de Pagamento de Aluguel de Imóvel Residencial, nos termos da Portaria nº 25, da Secretaria de Economia e Finanças do Exército Brasileiro, de 25 de fevereiro de 2019), faz incidir a norma penal em epígrafe e tornando a sua apuração de competência da Justiça Castrense.

– Elemento Subjetivo

Trata-se de crime que só reconhece a modalidade dolosa, ou seja, aquele em que o agente revelar a intenção livre e consciente de discriminar pessoa com idade igual ou superior a sessenta anos, impedindo-lhe ou dificultando-lhe o seu respectivo acesso à operações bancárias, aos meios de transporte, ao direito de contratar ou por qualquer outro meio ou instrumento necessário ao exercício da cidadania.

Destaca-se, todavia, que esse proceder delitivo do agente deve ter por móvel (razão motivacional decorrente) a idade da vítima (elemento subjetivo específico do tipo penal).

Gize-se, neste ponto, que não é admitida a modalidade culposa.

- Consumação e tentativa

Em razão de sua característica de crime material, ocorre a consumação delitiva na hipótese em que a prática discriminatória faz ensejar o impedimento ou obstáculo ao acesso concernente às: transações bancárias; meios de transporte; direito de contratar; ou qualquer outro meio ou instrumento necessário ao exercício da cidadania.

Por essa razão, se ocorre a discriminação por parte do agente, mas isso não ocasionar impedimento ou obstáculo por circunstância alheias a sua vontade, tem-se a sua forma tentada.

- Tipicidade indireta

Além de preencher os requisitos da tipicidade direta ínsita no Estatuto do Idoso, faz-se mister o preenchimento dos requisitos delineados no art. 9º (em tempo de paz), ou no art. 10 (em tempo de guerra), do Código Penal Militar.

Destacamos, aqui, o seguinte excerto do artigo[11] "*O Conceito de Crimes Militares e seus Reflexos Processuais: do 'Universo Particular' dos Crimes Militares Próprios e Impróprios ao 'Juízo Universal' da Auditoria de Justiça Militar*", de autoria do Professores Décio Alonso Gomes e Pedro Rabello Mariú, publicado na Revista da Escola da Magistratura do Estado do Rio de Janeiro - EMERJ, acerca da tipicidade nos crimes extravagantes, *litteris:*

> **Em relação à tipicidade** (conformidade do fato praticado pelo agente com a moldura abstratamente descrita na lei penal incriminadora), **o art. 9º, inciso II, passa a figurar, portanto, como espécie da chamada norma de adequação típica mediata ou indireta**, que demanda critérios para sua identificação: *ratione materiae* (qualidade militar do ato analisado), *ratione personae* (caráter militar do agente), *ratione loci* (qualidade do local onde a conduta é desenvolvida), ratione temporis (momento da realização da conduta) e *propter officium* (em razão da função). (grifos nossos)

7.2.2. Artigo 96, Formas Equiparadas

> **Art. 96.** (...).
>
> § 1º Na mesma pena incorre quem desdenhar, humilhar, menosprezar ou discriminar pessoa idosa, por qualquer motivo.
>
> § 2º A pena será aumentada de 1/3 (um terço) se a vítima se encontrar sob os cuidados ou responsabilidade do agente.
>
> § 3º Não constitui crime a negativa de crédito motivada por superendividamento do idoso. (Incluído pela Lei nº 14.181, de 2021)

- Objetividade Jurídica.

[11] Revista da Escola da Magistratura do Estado do Rio de Janeiro, V. - 20, N. - 2, Rio de Janeiro: EMERJ, 2018, págs. 202/243.

Tutela-se, nas figuras equiparadas, a dignidade do idoso, agregando-se, ainda, a proteção de sua honra e decoro.

Não se pode olvidar, também, que na hipótese de a conduta delitiva ser cometida nas condições estabelecidas pelo art. 9º, em tempo de paz, ou no art. 10, tempo de guerra, salvaguarda-se a regularidade das instituições militares, a semelhança do que ocorre nos crimes contra a honra tipificados no Código Penal Militar, sendo, aliás, irrelevante, nesse contexto, o assentimento do ofendido, consoante ensinamentos do Professor Ênio Rossetto[12], *in fine*:

> 3. Indisponibilidade do bem jurídico no direito penal militar
>
> A honra é um bem jurídico disponível, e em quase todos os diplomas legais, de regra, a ação é de iniciativa privada, deixando à absoluta discricionariedade do sujeito passivo a decisão de processar o ofensor, facultando-se, ademais, a renúncia (art. 104 do CP) e o perdão (arts. 105 e 106 do CP). **No Código Penal Militar a ação penal é pública incondicionada. O consentimento do ofendido é irrelevante**. (ROSSETTO, p. 698, grifos nosso)

Nesse contexto, elucidativo o acordão do Tribunal de Justiça do Estado de Pernambuco, *in fine*:

> PENAL E PROCESSUAL PENAL. QUEIXA-CRIME. APELAÇÃO CRIMINAL. PRELIMINAR. CERCEAMENTO DE DEFESA. INOCORRENTE. REJEIÇÃO. MÉRITO. BIS IN IDEM. ART. 96, ESTATUTO DO IDOSO E ART. 140, § 3º DO CPB. OCORRÊNCIA. DUPLA IMPUTAÇÃO AFASTADA. NECESSIDADE DE ANALISAR TODOS OS PONTOS TRAZIDOS PELAS PARTES. PREJUDICADO. APELO PROVIDO. À UNANIMIDADE. 1. Descabe falar que houve cerceamento de defesa por ter o juiz negado a realização de diligência requerida pela defesa pois não se mostrou razoável acolher o pedido, ante a ausência de demonstração de que seu deferimento poderia trazer elementos a amparar o pleito da defesa, ou a busca da verdade real, não há porque deferir tal diligência, sob pena, sim, de ofensa à celeridade processual (CF: art. 5º, LXXVIII). Preliminar de cerceamento de rejeitada.2. Bis in idem verificado. **Para a configuração do crime trazido no art. 96 da Lei n. 10.741/73, a condição de "desdenhar, humilhar, menosprezar ou discriminar pessoa idosa" deve se dar por qualquer motivo e não em razão específica da condição de idoso.** Já o delito do art. 140, § 3º, do CPB, requer, para a sua ocorrência, que "a ofensa à honra de pessoa com idade igual ou superior a 60 anos" seja praticada mediante a utilização de elementos referentes à sua condição de idoso, o que não ocorrera in casu.3. Em que pese a condição de idosa das vítimas, o menoscabo, a intenção dolosa de humilhar, por parte do réu, apesar de extremamente reprovável, não teve o motivo específico assentado na condição de idosa das mesmas. Tanto assim o é que, consta do BO que o réu proferiu as mesmas ofensas em desfavor das filhas de uma das vítimas.4. Em razão disso, verificado o mesmo contexto e partes, deve ser afastada a imputação do art. 140, CP.5. Verificada a ocorrência do bis in idem, resulta prejudicada a aferição de que não foram analisadas pelo juiz todas as teses aventadas, o que importa em verdadeiro "descaso" à classe dos advogados 6. Recurso provido. Ausente de discrepância. (Apelação Criminal 406343-20056751-68.2014.8.17.0001, Rel. Fausto de Castro Campos, 1ª Câmara Criminal, julgado em 27/09/2016, DJe 07/11/2016) (grifos nossos)

---

12 ROSSETTO, Enio Luiz. Código Penal Militar – Comentado. 2ª Ed. São Paulo. Editora Revista dos Tribunais. 2015.

– Sujeito Ativo

Esse delito sob a perspectiva do direito penal comum, classifica-se como sendo um crime comum, não se exigindo uma condição especial do agente, de forma que pode ser praticado por qualquer pessoa.

Evidente que, para ensejar a competência da Justiça Militar, a conduta praticada pelo sujeito ativo dever ser realizada por qualquer daqueles agentes elencados no art. 9º, incisos II e III (militar da ativa, militar da reserva, reformado, ou por civil), em tempo de paz.

– Sujeito Passivo

O sujeito passivo imediato é a pessoa idosa, e o sujeito passivo mediato é a regularidade das instituições militares, agregando-se no presente tópico os comentários realizados quando da análise do "*caput*" do art. 96.

– Elementos Objetivos:

O tipo penal do art. 96, parágrafo 1º, traz quatro condutas comissivas, tratando-se, desse modo, do que a doutrina penalista classifica como tipo misto alternativo: "*desdenhar*"; "*humilhar*", "*menosprezar*" *ou* "*discriminar*".

Trazemos o seguinte excerto retirado dos autos da apelação criminal nº 0010179-43.2013.8.07.0009, julgada pelo Tribunal de Justiça do Distrito Federal e dos Territórios, que esclarece o assunto, *litteris*:

> No caso em análise, não obstante a Defesa sustente que as palavras proferidas pelo apelante não foram motivadas pela idade da vítima, certo é que, do núcleo do §1º acima transcrito, **os verbos humilhar, desdenhar e menosprezar significam, basicamente, destratar, tratar o outro com desprezo, incutindo-lhe um sentimento de diminuição, desvalia, insignificância, ferindo-lhe a dignidade de pessoa idosa, não importando o motivo**. (grifos nossos)

Logo, se um militar da ativa, de serviço, em ambiente sujeito à administração militar, começa a dirigir palavras depreciativas a uma dependente (civil) de militar (possuindo ela mais de sessenta anos), que se encontra no interior do aquartelamento (pelas mais diversas razões), como por exemplo: "*sua velha desgraçada, não atrapalhe meu serviço*"; ou "*sua velha de merda, não sai do quartel*"; ou ainda "*essa gaga pensa que por ser dependente de militar pode ficar vindo aqui no quartel o tempo todo*", incorrerá no delito em comento.

– Elemento Subjetivo:

Aceita-se tão somente a sua forma dolosa.

Verifica-se que, diferentemente do que ocorre no *caput* do art. 96, não se exige nas figuras equiparadas um elemento anímico especial por parte do sujeito ativo.

Nesse contexto, esclarecedores são os acórdãos do Tribunal de Justiça do Distrito Federal e dos Territórios, *in fine*:

> PROCESSO PENAL. VIOLÊNCIA DOMÉSTICA. CONTRAVENÇÃO PENAL DE VIAS DE FATO. INSUFICIÊNCIA DE PROVAS. ART. 96, § 1º, DO ESTATUTO DO IDOSO. AUSÊNCIA DE PROVA DO ELEMENTO SUBJETIVO. ABSOLVIÇÃO. SENTENÇA MANTIDA. 1. Embora nos delitos envolvendo relação doméstica e familiar a palavra da vítima seja relevante, a condenação depende da harmonização das declarações da ofendida com outros elementos de convicção acostados aos autos. **2. Comete o crime tipificado no art. 96, § 1º, do Estatuto do Idoso, aquele que desdenhar ou menosprezar por qualquer motivo pessoa idosa, tendo como elemento subjetivo do tipo a vontade consciente de discriminar ou humilhar idoso**, o que não restou comprovado nos autos. 3. Inexistindo conjunto probatório coeso a comprovar, de forma inequívoca, a ocorrência dos fatos narrados, a manutenção da absolvição é medida que se impõe, em homenagem ao princípio in dubio pro reo. 4. Recurso ministerial conhecido e não provido. (Acórdão 1179363, 20170610090772APR, Relator: JESUINO RISSATO, Revisor: WALDIR LEÔNCIO LOPES JÚNIOR, 3ª TURMA CRIMINAL, data de julgamento: 13/6/2019, publicado no DJE: 21/6/2019. Pág.: 109/119) (grifos nossos)

> APELAÇÃO CRIMINAL. DIREITO PENAL. AMEAÇA (ARTIGO 147 do CÓDIGO PENAL). NULIDADE DA SENTENÇA. IDENTIDADE DE FATOS NÃO VERIFICADA. COMPROVAÇÃO DE QUE OS DELITOS FORAM PRATICADOS EM MOMENTOS DISTINTOS. ESTATUTO DO IDOSO. ART. 96, § 1º DA LEI Nº 10.741/03. HUMILHAR PESSOA IDOSA. DECLASSIFICAÇÃO PARA O CRIME DE INJÚRIA (ART. 140 DO CP). IMPOSSIBILIDADE. 1. Constatado que as ameaças proferidas pelo réu ocorreram no mesmo dia, contudo, em momentos distintos, não há como reconhecer a identidade de fatos, razão pela qual rejeita-se a alegação de nulidade da sentença que condenou o apelante por crimes distintos. 2. Não configura continuidade delitiva se a dinâmica descrita nos autos demonstra que um crime não pode ser considerado continuação do outro, tampouco tiveram unidade de desígnios. 3. Comprovadas autoria e materialidade do delito de ameaça pelos depoimentos harmônicos e coerentes prestados pelas vítimas na fase policial e em juízo, confirmando a confissão do apelante, correta a condenação. 4. **Para a configuração do crime previsto no artigo 96, § 1º, da Lei 10.741/03 (Estatuto do Idoso) basta a conduta de desdenhar ou menosprezar o idoso, não importando o motivo**. Daí porque impossível, no caso analisado, a desclassificação para o crime de injúria. 5. A Ocorrência Policial onde consta a idade da vítima e o número da Carteira de Identidade é suficiente para comprovação da condição de maior de 60 (sessenta) anos. 6. Recurso conhecido e não provido. (Acórdão 888048, 20130910104537APR, Relator: CESAR LOYOLA, Revisor: ROBERVAL CASEMIRO BELINATI, 2ª TURMA CRIMINAL, data de julgamento: 13/8/2015, publicado no DJE: 21/8/2015. Pág.: 113) (grifos nossos)

Prosseguindo-se na análise do dispositivo, em que pese os posicionamentos exarados pelos tribunais, não podemos deixar de pontuar o trazido, em seu voto, pelo Ilustre Desembargador do Tribunal de Justiça do Estado do Rio Grande do Sul Ingo Wolfgang Sarlet, no autos da apelação criminal nº 0352476-05.2018.8.21.7000, em que se esclarece a necessidade de ser demonstrado o elemento subjetivo específico implícito, *in verbis*:

> Como bem citado pela Magistrada, Nucci refere que o elemento subjetivo do tipo é o dolo. **Há o elemento subjetivo específico implícito, consistente na vontade de rebaixar o idoso, causando-lhe a nítida sensação de não prestar para nada** Guilherme de Souza Nucci ainda faz comentário sobre o tipo penal referindo: "A inexatidão da descrição típica é desalentadora. Pensamos ser, em nível ideal, inaplicável o disposto no artigo 96, § 1º, desta Lei." [...] Por outro lado, entendo ser possível a responsabilização penal de quem pratica o delito previsto neste artigo do Estatuto do Idoso, cuja pena não ultrapassa o patamar de 01 (um) ano de reclusão. (grifos nossos)

Noutro giro, destaca-se que não é admitida a modalidade culposa.

– Consumação e tentativa.

Em razão de se tratar de crime formal, o momento consumativo se dá com o pronunciamento direcionado ao idoso das palavras que se perfectibilizem com o trazido pelo tipo penal.

De plano, percebe-se que o delito não admite tentativa, pois não há como particionar a conduta do agente.

– Tipicidade indireta.

Além de preencher os requisitos da tipicidade direta ínsita no Estatuto do Idoso, faz-se mister o preenchimento dos requisitos delineados no art. 9º (em tempo de paz), ou no art. 10 (em tempo de guerra), do Código Penal Militar, para ser ele considerado como um crime militar extravagante.

– Causa de aumento de pena

Consoante se extrai da leitura do dispositivo legal, a pena será aumentada de um terço se o idoso estiver sob os cuidados ou responsabilidade do agente.

Ou seja, ocorrerá a majoração no crime militar extravagante, por exemplo, na situação em que o filho militar da ativa, que está com seu pai (com idade superior a sessenta anos), também militar da ativa, sob os seus cuidados e em razão da enfermidade que este fora acometido, aquele começa a desdenhar dessa sua situação proferindo frases do tipo: "*milico velhote que não serve para nada*" ou "*gaga verde-oliva dos infernos.*"

– Causa excludente de tipicidade

Devemos ter especial atenção à alteração promovida no Estatuto do Idoso pela Lei nº 14.181/2021, também conhecida como "Lei do Superendividamento".

Isso porque, com a finalidade de "*aperfeiçoar a disciplina do crédito ao consumidor e dispor sobre a prevenção e o tratamento do superendividamento*", acabou-se incluindo uma causa excludente de tipicidade no delito previsto no artigo 96 ("*Não constitui crime a negativa de crédito motivada por superendividamento do idoso*").

Nesse contexto, verifica-se que o móvel que pauta a conduta do agente na negativa de crédito, não leva em consideração um agir discriminatório, muito pelo contrário, objetiva, de modo transverso, proteger o próprio idoso, de forma que não realize novo crédito em condição de *superendividamento.*

Ademais, cabe-nos pontuar que a pela Lei nº 14.181/2021 também alterou o Código de Defesa do Consumidor (CDC), no qual foi inserido o seguinte dispositivo, *litteris*:

> Art. 54-C. **É vedado, expressa ou implicitamente, na oferta de crédito ao consumidor, publicitária ou não**: (Incluído pela Lei nº 14.181, de 2021)
>
> I - (VETADO); (Incluído pela Lei nº 14.181, de 2021)

II - indicar que a operação de crédito poderá ser concluída sem consulta a serviços de proteção ao crédito ou sem avaliação da situação financeira do consumidor; (Incluído pela Lei nº 14.181, de 2021)

III - ocultar ou dificultar a compreensão sobre os ônus e os riscos da contratação do crédito ou da venda a prazo; (Incluído pela Lei nº 14.181, de 2021)

IV - **assediar ou pressionar o consumidor para contratar o fornecimento de produto, serviço ou crédito, principalmente se se tratar de consumidor idoso,** analfabeto, doente ou em estado de vulnerabilidade agravada ou se a contratação envolver prêmio; (Incluído pela Lei nº 14.181, de 2021)

V - condicionar o atendimento de pretensões do consumidor ou o início de tratativas à renúncia ou à desistência de demandas judiciais, ao pagamento de honorários advocatícios ou a depósitos judiciais. (Incluído pela Lei nº 14.181, de 2021)

Parágrafo único. (VETADO). (Incluído pela Lei nº 14.181, de 2021) (grifos nosso)

7.2.3. Artigo 97

Art. 97. Deixar de prestar assistência ao idoso, quando possível fazê-lo sem risco pessoal, em situação de iminente perigo, ou recusar, retardar ou dificultar sua assistência à saúde, sem justa causa, ou não pedir, nesses casos, o socorro de autoridade pública:

Pena – detenção de 6 (seis) meses a 1 (um) ano e multa.

Parágrafo único. A pena é aumentada de metade, se da omissão resulta lesão corporal de natureza grave, e triplicada, se resulta a morte.

– Objetividade Jurídica

De imediato, devemos chamar a atenção do (a) leitor (a) para o fato de que o delito de omissão de socorro (*nomen iuris*) previsto no Código Penal Militar (art. 201) em nada se aproxima do delito previsto no Código Penal comum (art. 135), *litteris*:

CPM

Omissão de socorro

Art. 201. Deixar o comandante de socorrer, sem justa causa, navio de guerra ou mercante, nacional ou estrangeiro, ou aeronave, em perigo, ou náufragos que hajam pedido socorro:

Pena – suspensão do exercício do posto, de um a três anos ou reforma.

CP Comum

Omissão de socorro

Art. 135 – Deixar de prestar assistência, quando possível fazê-lo sem risco pessoal, à criança abandonada ou extraviada, ou à pessoa inválida ou ferida, ao desamparo ou em grave e iminente perigo; ou não pedir, nesses casos, o socorro da autoridade pública:

Pena – detenção, de um a seis meses, ou multa.

Parágrafo único – A pena é aumentada de metade, se da omissão resulta lesão corporal de natureza grave, e triplicada, se resulta a morte.

Inclusive, para clarificar o tema, veja-se o explicado pelo Professor Cícero Robson Coimbra ao discorrer sobre a causa de aumento de pena prevista no crime de homicídio culposo no CPM[13] (art. 206):

> Para a compreensão desta majorante, **deve-se lembrar que a omissão de socorro se incorpora ao tipo do homicídio culposo, não constituindo tipo penal autônomo, que aliás se encontra apenas no Código Penal comum, no art. 135, já que o crime de omissão de socorro no Código Penal Militar (art. 201) conhece descrição típica bem peculiar, afeta ao comandante de navio**. Assim, na provocação de um homicídio culposo, se o agente não prestar imediato socorro à vítima, desde que pudesse fazê-lo, óbvio, terá a pena majorada nos termos do § 1º do art. 206 do CPM, e não a responsabilização por dois delitos, a exemplo do crime previsto no art. 206 do CPM e no art. 135 do CP. Regra geral, é afastada esta majorante em função do risco pessoal ao agente na prestação de socorro, ainda, na nossa opinião, nos casos em que o juiz entenda que o agente tinha o dever de arrostar o perigo, porquanto essa condição, expressamente, deve apenas ser valorada quando da alegação de estado de necessidade justificante do crime (art. 43 do CPM), e não em outras circunstâncias, quando a interpretação favor rei deve afastar a incidência de dispositivos penais militares mais benéficos. (NEVES; STREIFINGER, 2012, p. 983-984)

Feitos esses esclarecimentos, verifica-se que o delito do Estatuto do Idoso, agora em análise, é muito próximo ao que fora estabelecido no art. 135 do Código Penal comum, razão pela qual nos valemos dos ensinamentos do Professor Rogério Sanches Cunha[14], *litteris*:

> **A lei obriga a todo indivíduo que vive em sociedade o dever de, em certos casos, quando possível fazê-lo sem risco pessoal, prestar assistência a pessoas que, pela sua condição (e situação)**, dela necessitam, ou, subsidiariamente, quando impedido de prestar a assistência pessoal, pedir o socorro da autoridade pública competente. [...]. **O objeto jurídico tutelado pelo crime de omissão de socorro, a exemplo dos antecedentes, é a segurança do indivíduo, protegendo-se a vida e a saúde humanas**. [...] A pena é aumentada de metade se da omissão resulta lesão corporal de natureza grave, e triplicada, se resulta a morte (parágrafo único). Aqui temos presente a figura do preterdolo (dolo no antecedente e culpa no consequente). (CUNHA, 2019, p. 157-158) (grifos nossos)

Portanto, tutela-se com o presente tipo penal (art. 97) a segurança do idoso, de modo que tenha a sua saúde e vida protegidas.

Não se pode olvidar, também, que na hipótese de a conduta delitiva ser cometida nas condições estabelecidas pelo art. 9º, em tempo de paz, ou no art. 10, tempo de guerra, salvaguarda-se a regularidade das instituições militares.

– Sujeito Ativo.

Trata-se de crime comum, podendo ser praticado por qualquer pessoa.

---

13 NEVES, Cícero Robson Coimbra; STREIFINGER, Marcello. Manual de direito penal militar - 2. ed. - São Paulo: Saraiva, 2012.

14 CUNHA, Rogério Sanches. Manual de direito penal parte especial (arts. 121 a 361) - 11. ed. rev., ampl. e atual. - Salvador: Juspodivm, 2019.

Mas, para que possa ser de competência da Justiça Castrense, a conduta praticada pelo sujeito ativo deve ser realizada por qualquer daqueles agentes descritos no art. 9º, incisos II e III (militar da ativa, militar da reserva, reformado, ou por civil), em tempo de paz, ou qualquer pessoa em tempo de guerra (art. 10, do CPM).

– Sujeito Passivo

O sujeito passivo imediato é a pessoa idosa, sendo essa, ademais, a diferenciação para que não ocorra a incidência do tipo penal do art. 135, do CP comum, e como sujeito passivo mediato encontramos a regularidade das instituições militares, remetendo-se o (a) prezado (a) leitor (a), também, aos apontamentos realizados nos artigos anteriores.

– Elementos Objetivos:

Em razão da clareza do escólio do Professor Rogério Sanches Cunha, utilizamo-nos mais uma vez, o seguinte excerto retirado de seu manual[15], cujas explicações são perfeitamente aplicáveis no crime em análise, com previsão no Estatuto do Idoso, *litteris*:

> **Duas são as formas de praticar o crime**:
>
> a) o agente, deixando de atender ao que determinado pela norma, não presta auxílio pessoal à vítima (**assistência imediata**);
>
> b) ou, quando sem condições de prestá-lo, não solicita socorro à autoridade pública (**assistência mediata**). O pedido de socorro, portanto, deve ser dirigido à autoridade competente (pessoa que representa o Poder Público), sem demora, isto é, logo que o agente encontre a vítima na situação de perigo descrito pelo tipo. Uma assistência tardia será apenas uma assistência aparente (simulada), equivalendo a uma omissão do pedido. (CUNHA, 2019, p. 157-158) (grifos nossos)

Assim, por exemplo se um militar da ativa, deixar de prestar assistência a outro militar da ativa que seja idoso (lembrando-se que agora vários militares podem permanecer para além de seus sessenta anos de idade), quando possível fazê-lo sem risco pessoal, em situação de iminente perigo, estaremos diante de um crime de omissão de socorro de idoso, de competência da justiça militar, em razão do que estabelece o art. 97 do Estatuto do Idoso e o art. 9º, II, "a" do CPM.

– Elemento Subjetivo

É o dolo.

– Consumação e tentativa:

Materializa-se a conduta delitiva no momento em que ocorre a ausência de assistência ao idoso, e trata-se de crime que não admite tentativa.

---

15 CUNHA, Rogério Sanches. Op. cit.

– Tipicidade indireta:

Além de preencher os requisitos da tipicidade direta estabelecida pelo Estatuto do Idoso, necessária, para caracterização de um crime de competência da Justiça Especializada, a ocorrência da tipicidade indireta, ou seja, do preenchimento dos requisitos delineados no art. 9º (em tempo de paz), ou no art. 10 (em tempo de guerra), do Código Penal Militar.

7.2.4. Artigo 98

> **Art. 98.** Abandonar o idoso em hospitais, casas de saúde, entidades de longa permanência, ou congêneres, ou não prover suas necessidades básicas, quando obrigado por lei ou mandado:
>
> Pena – detenção de 6 (seis) meses a 3 (três) anos e multa.

– Objetividade Jurídica.

Tutela-se a dignidade do idoso, integrando-se a essa proteção a salvaguarda da sua integridade e saúde (física e psíquica).

– Sujeito Ativo

Pode ser praticado por qualquer pessoa, devendo-se atentar (no que concerne aos crimes militares extravagantes) aos sujeitos elencados no art. 9º, incisos II e III (militar da ativa, militar da reserva, reformado, ou por civil), do CPM.

– Sujeito Passivo

O sujeito passivo imediato é a pessoa idosa (nos termos do art. 1º, da Lei 10.741/03), e como sujeito passivo mediato têm-se a regularidade das instituições militares, direcionando-se, de igual modo, o (a) prezado (a) leitor (a), também, aos comentários realizados sobre este tópico nos artigos anteriores.

– Elementos Objetivos:

O tipo penal do art. 98, estabelece duas formas em que o crime se aperfeiçoa: "*Abandonar o idoso em hospitais, casas de saúde, entidades de longa permanência, ou congêneres*" e "*não prover suas necessidades básicas, quando obrigado por lei ou mandado*".

Convém esclarecer que seja no âmbito federal (Forças Armadas), seja no estadual (Polícias Militares e Corpos de Bombeiros Militares), existem em alguns estados da Federação as denominadas "Casas de Apoio" para militares, com a finalidade de apoiá-los (bem como a seus familiares) quando se encontrem fora da sua guarnição de origem em decorrência, por exemplo, da necessidade de obter apoio médico especializado.

Nesse contexto, a propósito, o STM entendeu que são as "Casas de Apoio" áreas sujeitas à administração militar, *in fine*:

> EMENTA: RECURSO EM SENTIDO ESTRITO (RSE). ENTORPECENTE. ART. 290 do CÓDIGO PENAL MILITAR (CPM). CRIME PRATICADO EM CASA DE APOIO. LOCAL SUJEITO À ADMINISTRAÇÃO MILITAR. DESCONSTITUIÇÃO DA DECISÃO DE 1º GRAU. RECEBIMENTO DA DENÚNCIA. PROVIMENTO. DECISÃO UNÂNIME. I – A Casa de Apoio Militar de Subtenentes e Sargentos (CASSID) encontra-se localizada dentro do 6º Batalhão de Engenharia de Construção, na cidade de Boa Vista-RR, e, portanto, é área sujeita à Administração castrense. II – Nesse cenário, em tese, ocorreu a adequação do fato descrito na Denúncia e o tipo previsto no art. 290 do CPM, pois o militar denunciado trazia consigo substância entorpecente sem autorização e em desacordo com determinação legal ou regulamentar. **III – As Casas de Apoio são destinadas ao atendimento dos interesses da Administração Militar e sujeitam o seu ocupante/hóspede ao rígido regramento exigido dos militares no âmbito castrense. Ao passo que os Próprios Nacionais Residenciais (PNRs) são destinados à moradia dos militares e, por consequência, merecem a garantia da inviolabilidade domiciliar consubstanciada no art. 5º, inciso XI, da Constituição Federal. IV – Portanto, a equiparação realizada pelo Magistrado a quo das Casas de Apoio com os PNRs não se mostra adequada.** V – Recurso conhecido e provido. Decisão unânime. (Superior Tribunal Militar. Recurso em Sentido Estrito nº 7000816-06.2019.7.00.0000. Relator(a): Ministro(a) PÉRICLES AURÉLIO LIMA DE QUEIROZ. Data de Julgamento: 16/12/2019, Data de Publicação: 10/02/2020) (grifos nosso)

Além disso, não se pode olvidar que, de modo a fornecer assistência médica à chamada "família militar" (militares da ativa e inatividade e seus dependentes), há vários hospitais miliares espalhados pelo País.

Logo, na hipótese de um militar da ativa abandonar sua genitora idosa (nos termos do Estatuto do Idoso), em hospital militar ou, ainda, em uma Casa de Apoio, faz concorrer a hipótese elencada no art. 9º, II, "b", do CPM, *verbi gratia*, que associado à tipicidade direta do art. 98, em discussão, faz com que estejamos diante de um crime previsto na legislação extravagante de competência da Justiça Especializada, de modo a ser tutelada não só a dignidade do idoso, como também a regularidade das instituições militares.

Nessa toada, destacamos o acordão do Tribunal de Justiça do Estado do Rio Grande do Sul, cuja situação fática não é difícil de transportar para aquela aventada acima, *in fine*:

> Ementa: APELAÇÃO CRIMINAL. ABANDONO MATERIAL. DESCLASSIFICAÇÃO PARA O DELITO PREVISTO NO ART. 98 DO ESTATUTO DO IDOSO (ABANDONO DE IDOSO EM HOSPITAL). MÉRITO. DESCLASSIFICAÇÃO PARA OS LINDES DO ART. 98 DA LEI N.º 10.741/03 MATERIALIDADE E AUTORIA PLENAMENTE COMPROVADAS. **O acusado abandonou seu pai, idoso de 78 anos de idade à época do fato, durante internação hospitalar, mesmo após diversas solicitações feitas pela administração do nosocômio, tendo sido, inclusive, ajuizada pelo Ministério Público medida de proteção em favor da vítima. O denunciado, ainda, ameaçava os funcionários do hospital quando aqueles lhe contatavam solicitando que acompanhasse seu genitor. Conjunto probatório que confirma a prática delitiva**. DOSIMETRIA DA PENA. Pena-base fixada no mínimo legal, diante da análise das circunstâncias do art. 59 do CP. Ainda, aumentada a sanção em 02 meses porquanto presente a agravante do art. 61, II, e, do CP. REGIME DE CUMPRIMENTO DE PENA. Mantido o regime aberto, com base no artigo 33, § 2º, c, do Código Penal. PENA DE MULTA. Reduzida a pena pecuniária para o mínimo legal. Pleito de isenção indeferido, em respeito ao princípio da legalidade, uma vez que o crime do art. 98 da Lei n.º 10.741/03 prevê as penas de detenção e multa a serem aplicadas

cumulativamente. SUBSTITUIÇÃO. Viável a substituição da pena privativa de liberdade por uma pena restritiva de direitos (artigo 44 do Código Penal), consistente em prestação de serviços à comunidade. APELAÇÃO PARCIALMENTE PROVIDA.(Apelação Crime, Nº 70075015438, Sexta Câmara Criminal, Tribunal de Justiça do RS, Relator: Vanderlei Teresinha Tremeia Kubiak, Julgado em: 29-03-2018) (grifos nosso)

– Elemento Subjetivo:

Trata-se de delito que admite apenas a modalidade dolosa.

– Consumação e tentativa:

Consuma-se a partir do efetivo abandono do idoso em um dos locais estabelecidos pelo tipo penal ou quando o responsável (legal ou em decorrência do mandado) deixa de prover as necessidades da pessoa com idade igual ou superior a sessenta anos.

Não é admitida a tentativa.

– Tipicidade indireta:

Faz-se mister a adequação ao tipo penal do Estatuto do Idoso (direta), e as hipóteses (indireta) elencadas no art. 9º (em tempo de paz), ou no art. 10 (em tempo de guerra), do Código Penal Militar.

7.2.5. Artigo 99

> **Art. 99.** Expor a perigo a integridade e a saúde, física ou psíquica, do idoso, submetendo-o a condições desumanas ou degradantes ou privando-o de alimentos e cuidados indispensáveis, quando obrigado a fazê-lo, ou sujeitando-o a trabalho excessivo ou inadequado:
>
> Pena – detenção de 2 (dois) meses a 1 (um) ano e multa.
>
> § 1º Se do fato resulta lesão corporal de natureza grave:
>
> Pena – reclusão de 1 (um) a 4 (quatro) anos.
>
> § 2º Se resulta a morte:
>
> Pena – reclusão de 4 (quatro) a 12 (doze) anos.

– Objetividade Jurídica:

Tem por finalidade preservar a integridade do idoso (perspectiva da dignidade da pessoa humana), bem como a sua saúde, seja ela física ou psíquica.

Além disso, também, nas hipóteses estabelecidas no art. 9º, em tempo de paz, ou no art. 10, tempo de guerra, garante-se, a regularidade das instituições militares.

– Sujeito Ativo

Cuida-se de crime comum, não se exigindo uma qualidade especial do agente (como a de "garante", por exemplo).

Gize-se, entretanto, que no caso de competência da Justiça Militar a conduta dever ser realizada pelos agentes elencados no art. 9º, incisos II e III (militar da ativa, militar da reserva, reformado, ou por civil), em tempo de paz.

– Sujeito Passivo

Situa-se como sujeito passivo imediato a pessoa idosa, ao passo que o sujeito passivo mediato é a regularidade das instituições militares.

– Elementos Objetivos:

O tipo penal do art. 99, assemelha-se ao crime de maus tratos previstos no Código Penal Militar (art. 213) e no Códex Criminal comum (art. 136).

> **CPM**
>
> **Maus tratos**
>
> Art. 213. **Expor a perigo a vida ou saúde**, em lugar sujeito à administração militar ou no exercício de função militar, de pessoa sob sua autoridade, guarda ou vigilância, para o fim de educação, instrução, tratamento ou custódia, **quer privando-a de alimentação ou cuidados indispensáveis, quer sujeitando-a a trabalhos excessivos ou inadequados**, quer abusando de meios de correção ou disciplina:
>
> Pena – detenção, de dois meses a um ano.
>
> Formas qualificadas pelo resultado
>
> § 1º Se do fato resulta lesão grave:
>
> Pena – reclusão, até quatro anos.
>
> § 2º Se resulta morte:
>
> Pena – reclusão, de dois a dez anos. (grifos nossos)
>
> **CP Comum**
>
> **Maus-tratos**
>
> Art. 136 – **Expor a perigo a vida ou a saúde** de pessoa sob sua autoridade, guarda ou vigilância, para fim de educação, ensino, tratamento ou custódia, **quer privando-a de alimentação ou cuidados indispensáveis, quer sujeitando-a a trabalho excessivo ou inadequado**, quer abusando de meios de correção ou disciplina:
>
> Pena – detenção, de dois meses a um ano, ou multa.
>
> § 1º – Se do fato resulta lesão corporal de natureza grave:
>
> Pena – reclusão, de um a quatro anos.
>
> § 2º – Se resulta a morte:
>
> Pena – reclusão, de quatro a doze anos.
>
> § 3º – Aumenta-se a pena de um terço, se o crime é praticado contra pessoa menor de 14 (catorze) anos. (grifos nossos)

Em razão disso, valemo-nos dos ensinamentos do Professor Cícero Robson Coimbra acerca do delito de maus tratos no direito penal militar[16]:

---

16 NEVES, Cícero Robson Coimbra; STREIFINGER, Marcello. Manual de direito penal militar – 2. ed. – São Paulo: Saraiva, 2012.

Com descrição típica semelhante à constante do art. 136 do CP, o crime de maus-tratos (art. 213 do CPM) possui como conduta nuclear expor a perigo a vida ou saúde de outrem, ou seja, trazer risco, por ação ou omissão, à pessoa, o que deve ser demonstrado nos autos (crime de perigo concreto). O sujeito passivo do delito deve estar sob autoridade (comandado, subordinado), guarda ou vigilância (sob escolta ou em cárcere) do autor, isso com o fim de educação (escola de formação para novos militares), instrução (cursos e estágios de especialização e aperfeiçoamento de militares já formados), tratamento (daquele que enfrenta problemas médicos) ou custódia (preso ou internado). **O meio de perpetração do delito não é livre, contendo, entretanto, multiplicidade de possibilidades, já que a norma traz expressamente a necessidade de que os maus-tratos ocorram pela privação de alimentação (seja em qualidade ou em quantidade) ou cuidados indispensáveis, como higiene, salubridade, remédio (eventualmente usado pela vítima) etc. Outro meio de perpetrar o delito está na sujeição da vítima a trabalhos excessivos (em carga horária ou que supere as condições físicas dela) ou inadequados (ao ser humano ou às condições pessoais da vítima)**. Por fim, os maus-tratos poderão consistir no abuso de meios de correção ou disciplina, podendo-se citar como exemplo as ofensas físicas com *animus corrigendi* ou *disciplinandi*, demonstrando-se serem abusivas, ou seja, desnecessárias. (NEVES; STREIFINGER, 2012, p. 1019-1020) (grifos nosso)

No que diz respeito a crime de maus tratos contra idoso, veja-se como vêm decidindo os tribunais brasileiros:

TRIBUNAL DE JUSTIÇA DO DISTRITO FEDERAL E DOS TERRITÓRIOS

PENAL E PROCESSO PENAL. APELAÇÃO CRIMINAL. **ESTATUTO DO IDOSO. MAUS TRATOS. FORNECIMENTO DE CALMANTE SEM PRESCRIÇÃO MÉDICA.** [...]. 1. Configura o delito do artigo 99 da Lei 10.741/2003 o fornecimento de calmantes para a vítima sem o seu conhecimento e sem prescrição médica. [...]. 5. Apelação conhecida e parcialmente provida. (Acórdão 1273890, 00264808420168070001, Relator: SEBASTIÃO COELHO, 3ª Turma Criminal, data de julgamento: 13/8/2020, publicado no PJe: 31/8/2020. Pág.: Sem Página Cadastrada.) (grifos nosso)

TRIBUNAL DE JUSTIÇA DO ESTADO DO RIO GRANDE DO SUL

Ementa: APELAÇÃO CRIME. ARTIGO 99 DO ESTATUDO DO IDOSO. MAUS TRATOS. [...]. MÉRITO. MATERIALIDADE E AUTORIA PLENAMENTE COMPROVADAS. **A acusada deixava sua mãe, idosa de 92 anos de idade, sozinha e trancada em casa, a privava de alimentação necessária e a isolava do restante da família. Conjunto probatório que confirma a prática delitiva, em que pese a negativa da acusada**. DOSIMETRIA DA PENA. PENA-BASE. Pena-base mantida. PENAS PROVISÓRIA E DEFINITIVA. Adequado o aumento de pena em 15 dias pela agravante de o crime ter sido cometido contra ascendente. Afastada a agravante de o crime ter sido cometido contra idoso, por já integrar o tipo penal, sob pena de bis in idem. REGIME DE CUMPRIMENTO DE PENA. Mantido o regime aberto, com base no artigo 33, § 2º, c, do Código Penal. PENA DE MULTA. Manutenção da sentença. SUBSTITUIÇÃO. Viável a substituição da pena privativa de liberdade por uma pena restritiva de direitos (artigo 44 do Código Penal), consistente em limitação de final de semana. PRELIMINAR REJEITADA. APELAÇÃO PARCIALMENTE PROVIDA. (Apelação Criminal Nº 70082102880, Sexta Câmara Criminal, Tribunal de Justiça do RS, Relator: Vanderlei Teresinha Tremeia Kubiak, Julgado em 29/01/2020) (grifos nosso)

TRIBUNAL DE JUSTIÇA DO ESTADO DE MINAS GERAIS

EMENTA: APELAÇÕES CRIMINAIS. CRIMES CONTRA IDOSA. [...].

– **Havendo provas robustas e harmoniosas a demonstrar que o réu, de forma consciente, expôs a perigo a integridade e a saúde física e psíquica da ofendida idosa, deixando-a a condições degradantes e privando-a de alimentos, quando era obrigado a fazê-lo, sua condenação pelo crime do art. 99 da Lei 10.741/2003 é imperiosa**. [...].

– O agente que se apropria e desvia proventos e outros numerários pertencentes à vítima idosa, dando-lhes destinação diversa da finalidade, incorre no crime do art. 102 do Estatuto do Idoso.

– Nos crimes praticados contra idoso deve-se evitar a consideração negativa da agravante prevista na alínea "h" do art. 61 do CPB e, sendo o réu neto da vítima, a contida na letra "e" do mesmo artigo, para não se incorrer em bis in idem.

– A pena de multa deve ser fixada em obediência ao princípio da proporcionalidade com a privativa de liberdade e merece ser, de ofício, reduzida quanto se revelar exacerbada.

– Recurso defensivo desprovido. (TJMG – Apelação Criminal 1.0024.06.110861-9/001, Relator(a): Des.(a) Nelson Missias de Morais, 2ª CÂMARA CRIMINAL, julgamento em 26/09/2013, publicação da súmula em 07/10/2013) (grifos nosso)

Sendo assim, imagine-se (sob o enfoque do Estatuto do Idoso) a seguinte situação julgada pelo Egrégio STM:

> APELAÇÃO. MAUS-TRATOS. CONDENAÇÃO. AUTORIA E MATERIALIDADE DELITIVAS COMPROVADAS. Restou plenamente demonstrado que os recorridos **expuseram a perigo concreto a saúde das vítimas que estavam sob suas autoridades para fins de instrução, por meio de imposição de atividades físicas excessivas e inadequadas, bem como na utilização de práticas inaceitáveis e não previstas nos regulamentos castrenses. A exposição a perigo no crime de maus-tratos não se coaduna com as atividades intrínsecas do militar. Ao contrário, consubstancia-se na intervenção imoderada e maldosa por parte daqueles que deveriam primar pela incolumidade física do corpo discente**. Desnecessário conhecer a rotina da caserna para concluir que atitudes como submeter os instruendos à exposição de gás de pimenta, técnicas de afogamento e exercícios físicos degradantes em nada contribui para o aprimoramento da tropa, configurando sevícias. Recurso provido. Decisão unânime. (Superior Tribunal Militar. Apelação nº 0000069-19.2013.7.02.0102. Relator(a): Ministro(a) MARIA ELIZABETH GUIMARÃES TEIXEIRA ROCHA. Data de Julgamento: 30/06/2017, Data de Publicação: 14/08/2017)

Ora, não há dúvidas que a situação descrita no tipo penal do art. 99 pode ocorrer nas circunstâncias do art. 9º e 10 do CPM, devendo ser observadas as devidas nuances distintivas quando confrontado com o art. 213 do CPM.

– Elemento Subjetivo:

Admite-se apenas a sua forma dolosa, não havendo que se falar em crime de maus tratos culposo.

– Consumação e tentativa:

Sobre a consumação delitiva em análise, socorremo-nos, mais uma vez, do lecionado pelo Professor Cícero Robson Coimbra, quando de sua análise do crime de maus tratos no CPM[17], *in verbis*:

[17] NEVES, Cícero Robson Coimbra; STREIFINGER, Marcello. Op. cit.

> O delito se consuma quando a vítima passa a viver em perigo concreto, proporcionado pelos maus-tratos impostos pelo autor. (NEVES; STREIFINGER, 2012, p. 1022)

Não é admitida a tentativa.

- Tipicidade indireta:

Faz-se mister a adequação ao tipo penal do Estatuto do Idoso (direta), e as situações (indireta) elencadas no art. 9º (em tempo de paz), ou no art. 10 (em tempo de guerra), do Código Penal Militar.

7.2.6. Artigo 100

> **Art. 100.** Constitui crime punível com reclusão de 6 (seis) meses a 1 (um) ano e multa:
>
> I – obstar o acesso de alguém a qualquer cargo público por motivo de idade;
>
> II – negar a alguém, por motivo de idade, emprego ou trabalho;
>
> III – recusar, retardar ou dificultar atendimento ou deixar de prestar assistência à saúde, sem justa causa, a pessoa idosa;
>
> IV – deixar de cumprir, retardar ou frustrar, sem justo motivo, a execução de ordem judicial expedida na ação civil a que alude esta Lei;
>
> V – recusar, retardar ou omitir dados técnicos indispensáveis à propositura da ação civil objeto desta Lei, quando requisitados pelo Ministério Público.

- Objetividade Jurídica.

No artigo em análise, verifica-se que o legislador ordinário colocou em um mesmo dispositivo várias situações, que, inclusive, poderiam ser objeto de dispositivo penais isolados ou agregados a outros já descritos no mesmo diploma normativo.

Tutela-se, de forma geral, a dignidade do idoso, agregando-se, ainda, a proteção de seu acesso ao trabalho, à saúde, bem como, também à administração da justiça e da atuação institucional do Ministério Público.

- Sujeito Ativo

Sob a perspectiva do direito penal comum, as condutas delineadas no dispositivo em análise não exigem uma qualidade especial do agente, de modo que pode ser praticado por qualquer pessoa.

Contudo, para que se esteja diante de uma conduta típica de competência da Justiça Militar, dever ser ela praticada por qualquer daqueles agentes trazidos no art. 9º, incisos II e III (militar da ativa, militar da reserva, reformado, ou por civil), em tempo de paz.

- Sujeito Passivo

O sujeito passivo (imediato) é a pessoa idosa no caso dos incisos I, II e III, ao passo que no caso dos incisos IV e V é o Estado.

No que concerne ao sujeito passivo mediato (também chamado de "constante") é a regularidade das instituições militares, sempre lembrando ao leitor (a) os comentários realizados quando da análise do caput do art. 96.

– Elementos Objetivos:

Iniciando com o estudo dos incisos I e II do art. 100, verificamos duas condutas nucleares delineadas, respectivamente, em "*obstar o acesso*" de pessoa idosa a "*qualquer cargo público*", ou lhe "*negar*", de igual modo, "*emprego ou trabalho*", em razão da idade que apresentam.

No final do ano de 2019 a Lei do Serviço Militar (lei nº 4.375, de 17 de agosto de 1964), sofreu importante alteração promovida pela Lei nº 13.954, dentre elas, o estabelecimento da figura oficial superior temporário, *litteris*:

> Art. 27. **Os Comandantes das Forças Armadas poderão, em qualquer época do ano, autorizar a aceitação para o serviço militar temporário de voluntários**, reservistas ou não. (Redação dada pela Lei nº 13.954, de 2019)
>
> § 1º Os voluntários inscritos serão submetidos a processo seletivo simplificado para incorporação no serviço ativo como oficial subalterno ou praça temporário, observados os seguintes requisitos: (Incluído pela Lei nº 13.954, de 2019)
>
> I – a idade máxima para o ingresso será de 40 (quarenta) anos; e (Incluído pela Lei nº 13.954, de 2019)
>
> II – a idade-limite para permanência será de 45 (quarenta e cinco) anos. (Incluído pela Lei nº 13.954, de 2019)
>
> § 2º **Poderão voluntariar-se para o serviço temporário na qualidade de oficial superior temporário os cidadãos de reconhecida competência técnico-profissional ou notório saber científico**, os quais serão nomeados oficiais, nos termos da Lei nº 6.880, de 9 de dezembro de 1980 (Estatuto dos Militares), conforme estabelecido em ato do Poder Executivo federal para cada Força Armada, observado o seguinte: (Incluído pela Lei nº 13.954, de 2019)
>
> **I – a idade máxima para o ingresso dos voluntários para a prestação do serviço militar como oficial superior temporário será de 62 (sessenta e dois) anos** e a idade-limite de permanência será de 63 (sessenta e três) anos; e (Incluído pela Lei nº 13.954, de 2019)
>
> II – aos médicos, aos dentistas, aos farmacêuticos e aos veterinários que ingressarem no serviço militar como oficial superior temporário não serão aplicadas as disposições da Lei nº 5.292, de 8 de junho de 1967. (Incluído pela Lei nº 13.954, de 2019)
>
> § 3º O serviço temporário terá o prazo determinado de 12 (doze) meses, prorrogável a critério da Administração Militar, e não poderá ultrapassar 96 (noventa e seis) meses, contínuos ou não, como militar, em qualquer Força Armada. (Incluído pela Lei nº 13.954, de 2019)
>
> § 4º Os demais requisitos a serem atendidos pelos voluntários para ingresso no serviço militar temporário são aqueles previstos para o ingresso na carreira militar, observados os seguintes requisitos específicos: (Incluído pela Lei nº 13.954, de 2019)
>
> I – possuir diploma de conclusão do ensino fundamental devidamente registrado, emitido por instituição de ensino reconhecida pelo Ministério da Educação e de qualificação profissional de interesse da Força Armada, para incorporação como Marinheiro na Marinha ou como Cabo temporário no Exército e na Aeronáutica; (Incluído pela Lei nº 13.954, de 2019)

> II – possuir diploma de conclusão do ensino médio devidamente registrado, emitido por instituição de ensino reconhecida pelo Ministério da Educação, e de curso técnico de interesse da Força Armada, para incorporação como Cabo temporário da Marinha; (Incluído pela Lei nº 13.954, de 2019)
>
> III – possuir diploma de conclusão do ensino médio devidamente registrado, emitido por instituição de ensino reconhecida pelo Ministério da Educação, e de curso técnico de interesse da Força Armada, para incorporação como Sargento temporário; (Incluído pela Lei nº 13.954, de 2019)
>
> IV – possuir diploma de conclusão do ensino superior na área de interesse da Força Armada, para incorporação como oficial subalterno temporário; (Incluído pela Lei nº 13.954, de 2019)
>
> V – possuir diploma de conclusão do ensino superior e ter concluído curso de mestrado ou doutorado na área de sua especialidade e de interesse da Força Armada, para incorporação como oficial superior temporário, permitida aos médicos a substituição da exigência de mestrado ou doutorado por residência ou pós-graduação médica em sua área de atuação; e (Incluído pela Lei nº 13.954, de 2019)
>
> VI – não ter sido considerado isento do serviço militar por licenciamento ou exclusão a bem da disciplina ou por incapacidade física ou mental definitiva. (Incluído pela Lei nº 13.954, de 2019)
>
> § 5º Os processos seletivos simplificados deverão detalhar os requisitos estabelecidos para ingresso constantes desta Lei. (Incluído pela Lei nº 13.954, de 2019). (grifos nossos)

Noutro giro, não podemos nos esquecer da figura do Prestador de Tarefa por Tempo Certo, que encontra previsão na Portaria Normativa nº 002, do Ministério da Defesa, de 10 de janeiro de 2017 (que dispõe sobre a prestação de tarefa por tempo certo por militares inativos das Forças Armadas), *litteris*:

> Art. 1º A prestação de tarefa por tempo certo é uma medida de gestão de pessoal militar que tem por fim permitir a execução de atividades de natureza militar por militares inativos possuidores de larga experiência profissional e reconhecida competência técnico-administrativa.
>
> Art. 2º **A prestação de tarefa por tempo certo tem caráter voluntário e será realizada por meio da contratação de militares da reserva ou reformados**, visando à execução de determinada tarefa de caráter eventual e finito ou o exercício de determinado encargo por tempo pré-determinado.
>
> Art. 3º A prestação de tarefa por tempo certo é formalizada por meio de contrato estabelecido entre a Administração e o militar voluntário para a prestação de tarefa, onde: I – a "tarefa" a ser realizada é o objeto do contrato; e II – o "tempo certo" é o prazo do contrato. (grifos nossos)

Assim, revela-se extremamente possível de o crime previsto nos incisos I e II, do art. 100, do Estatuto do Idoso ser de competência da Justiça Castrense diante da possibilidade, por exemplo, de ser obstado (empecer[18]) o acesso de um oficial superior temporário ou de ser negado (recusado[19]) o emprego como Prestador de

[18] Termo sinônimo constante do Dicionário Priberam da Língua Portuguesa (DPLP), disponível em: https://dicionario.priberam.org/obstado. Acesso em 08/11/2020.

[19] Idem. Disponível em: https://dicionario.priberam.org/negado. Acesso em 07/11/2020.

Tarefa por Tempo Certo, tudo, evidentemente, em razão das suas idades (com sessenta anos ou mais).

Passando ao estudo do inciso III do art. 100, verificamos o estabelecimento de quatro condutas nucleares, consolidada no tipo misto alternativo de *"recusar"; "retardar" ou "dificultar"* que pessoa idosa possa receber o devido *"atendimento"*, bem como lhe *"deixar de prestar assistência à saúde"*, tudo *"sem justa causa"*.

Aqui, não encontramos dificuldade em que se esteja diante de um crime militar extravagante, sob essas premissas trazidas pelo Estatuto do Idosos, haja vista que diuturnamente, nos mais diversos rincões do Brasil se encontram espalhados hospitais com a finalidade precípua de atender a "família militar", consoante direito estampado no Estatuto dos Militares:

> Art. 50. São direitos dos militares: [...].
>
> IV – nas condições ou nas limitações impostas por legislação e regulamentação específicas, os seguintes: [...];
>
> e) **a assistência médico-hospitalar para si e seus dependentes, assim entendida como o conjunto de atividades relacionadas com a prevenção, conservação ou recuperação da saúde, abrangendo serviços profissionais médicos, farmacêuticos e odontológicos, bem como o fornecimento, a aplicação de meios e os cuidados e demais atos médicos e paramédicos necessários**; [...]. (grifos nossos)

Ora, na hipótese de ser recusado, por um militar em situação de atividade, o atendimento, sem justa causa, de um dependente de militar, em um hospital militar (local sob administração militar), teremos a perfeita subsunção ao art. 100, inciso III, do Estatuto do Idoso c/c art. 9º, II, "b", do CPM, a ser processado e julgado na Justiça Criminal Especializada.

Por fim, prosseguindo-se com o estudo dos incisos IV e V do art. 100, entendemos que se trata de verdadeira especialização do crime de desobediência previsto no Código Penal Comum (com certa diferença do Códex Castrense, pois este restringe à ordem legal emanada pela autoridade militar), *verbis*:

> **CPM**
>
> **Desobediência**
>
> Art. 301. Desobedecer a ordem legal de **autoridade militar**:
>
> Pena – detenção, até seis meses. (grifos nossos)
>
> **CP Comum**
>
> **Desobediência**
>
> Art. 330 – Desobedecer a ordem legal de **funcionário público**:
>
> Pena – detenção, de quinze dias a seis meses, e multa. (grifos nossos)

O que faz o Estatuto do Idoso e pormenorizar o descumprimento (que nada mais é do que uma desobediência) quando não se procede à execução de ordem judicial (inciso IV) expedida em ação civil regulada Lei nº 10.741/03 ou quando não se atende ao requisitado pelo Ministério Público (inciso V) também nesse contexto (ação civil pública no interesse do idoso).

Ora, quando um Comandante de Organização Militar, que possui uma função pelo cargo que ocupa na Administração Militar e atuando nesse mister, de forma livre e consciente, decide desobedecer: uma requisição do *Parquet* Militar em atuação relacionada à uma ação civil pública em interesse do idoso (deixando, assim de informar dados técnicos indispensáveis à sua propositura); ou uma decisão do Juízo Cível emitida em ação civil regulada pelo Estatuto do Idoso, nos parece, respeitando-se pensamentos ao contrário incorrer no tipo penal em discussão, na condição prevista no art. 9º, II, "b", do CPM, atraindo, assim, a competência da Justiça Militar.

– Elemento Subjetivo:

Aceita-se, tão somente, em todos os incisos, a modalidade dolosa.

– Consumação e tentativa:

Haja vista os verbos empregados nos incisos, consumam-se com a sua realização, não se exigindo qualquer demonstração de resultado naturalístico.

Com relação aos delitos que consubstanciam com a execução de atos unissubsistentes, não é admitida a tentativa.

– Tipicidade indireta:

Faz-se mister a adequação ao tipo penal do Estatuto do Idoso (direta), e as hipóteses (indireta) elencadas no art. 9º (em tempo de paz), ou no art. 10 (em tempo de guerra), do Código Penal Militar, para que possa ser caracterizado como um crime extravagante a ser processado e julgado na Justiça Militar.

7.2.7. Artigo 101

> **Art. 101.** Deixar de cumprir, retardar ou frustrar, sem justo motivo, a execução de ordem judicial expedida nas ações em que for parte ou interveniente o idoso:
>
> Pena – detenção de 6 (seis) meses a 1 (um) ano e multa.

Neste artigo, percebe-se a preocupação do legislador ordinário no sentido de serem respeitadas as decisões judiciais afetas aos direitos dos idosos, tutelando-se, assim, a administração da justiça.

O tipo penal do art. 101, assemelha-se ao crime de desobediência a decisão judicial previstos no Código Penal Militar (art. 349), *litteris*:

> **CPM**
>
> **Desobediência a decisão judicial**
>
> Art. 349. Deixar, sem justa causa, de cumprir decisão da Justiça Militar, ou retardar ou fraudar o seu cumprimento:
>
> Pena – detenção, de três meses a um ano.
>
> § 1º No caso de transgressão dos arts. 116, 117 e 118, a pena será cumprida sem prejuízo da execução da medida de segurança.
>
> § 2º Nos casos do art. 118 e seus §§ 1º e 2º, a pena pela desobediência é aplicada ao representante, ou representantes legais, do estabelecimento, sociedade ou associação.

Comentando o art. 349, do CPM, o Professor Ramagem Badaró[20], *in fine*:

> O crime de desobediência à decisão judicial consiste em o agente deixar, retardar ou fraudar, sem justa causa, o cumprimento de decisão da Justiça Militar. **Trata-se de um dos mais autênticos crimes contra administração da Justiça Militar**. E configura precisamente delito de desobediência, por se formalizar no desrespeito à ordem dada por autoridade judicial militar, relativamente à execução de medida decidida pelo Poder Judiciário Militar. Assim, quem tendo o dever legal de cumprir as decisões judiciais militares, não a cumpre ou a retarda ou frauda, comete o crime em questão. (BADARÓ, p. 273-274, grifos nosso)

Ocorre que, em decorrência da previsão estabelecida no art. 349, do CPM e a redação do art. 101 do Estatuto do Idoso, não se entende possível a concretização deste (mas sim daquele) quando se tratar de uma decisão emanada pela Justiça Castrense.

Noutro giro, aplica-se o mesmo entendimento esposado quando do comentário ao art. 100, IV, do Estatuto do Idoso, em que se torna possível a sua aplicação, como crime militar extravagante, se for cometido em detrimento à ordem emanada por outro órgão do Poder Judiciário (que não a Justiça Militar) e ocorra nas circunstâncias trazidas pelo art. 9º, do CPM.

7.2.8. Artigo 102

> **Art. 102.** Apropriar-se de ou desviar bens, proventos, pensão ou qualquer outro rendimento do idoso, dando-lhes aplicação diversa da de sua finalidade:
> Pena – reclusão de 1 (um) a 4 (quatro) anos e multa.

– Objetividade Jurídica:

Tutela-se a dignidade do idoso, bem como o seu patrimônio, de modo a protegê-lo contra qualquer tipo de violência financeira e econômica.

– Sujeito Ativo

Em razão de não se exigir uma qualidade especial do agente, classifica-se como crime comum.

Entretanto, faz-se mister que, para ensejar a competência da Justiça Militar, a conduta dos agentes amolde-se às hipóteses dispostas no art. 9º, incisos II e III (militar da ativa, militar da reserva, reformado, ou por civil), em tempo de paz.

– Sujeito Passivo

O sujeito passivo imediato é a pessoa com idade de sessenta anos ou mais (art. 1º, do Estatuto do Idoso).

[20] BADARÓ, Ramagem. Comentários ao Código Penal Militar de 1969 – Parte Especial. 2º. Editora Juriscrédi: São Paulo, 2015.

Em contrapartida, têm-se como sujeito passivo mediato a regularidade das instituições militares.

– Elementos Objetivos:

O tipo penal do art. 102, traz como condutas comissivas "*apropriar-se*" ou "*desviar*" os seguintes objetos materiais do delito: "*bens, proventos, pensão ou qualquer outro rendimento do idoso*", agindo no de forma a dar-lhes "*aplicação diversa da de sua finalidade.*"

A respeito do crime de apropriação indébita de proventos de idoso, veja-se a jurisprudência do Tribunal de Justiça do Distrito Federal e dos Territórios:

> APELAÇÃO CRIMINAL. ESTATUTO DO IDOSO. **APROPRIAÇÃO INDÉBITA. ARTIGO 102 DO ESTATUTO DO IDOSO**. CONDENAÇÃO. IRRESIGNAÇÃO DA DEFESA. ABSOLVIÇÃO. IMPOSSIBLIDADE. CONJUNTO PROBATÓRIO ROBUSTO E SUFICIENTE AO ÉDITO CONDENATÓRIO. INDENIZAÇÃO POR DANOS MATERIAIS. ARTIGO 387, IV, DO CPP. DOSIMETRIA DA PENA. CONSEQUÊNCIAS DO CRIME. VALORAÇÃO NEGATIVA. MANUTENÇÃO. INCREMENTO DA PENA NA PRIMEIRA FASE. CRITÉRIO JURISPRUDENCIAL DE 1/8 DA DIFERENÇA ENTRE A PENA MÍNIMA E MÁXIMA. CONTINUIDADE DELITIVA. FRAÇÃO DE AUMENTO. PENA PECUNIÁRIA. REGRA DA CONTINUIDADE DELITIVA. **1. Pratica o delito do art. 102 da Lei 10.741/03, aquele que se apropria ou desvia bens, proventos, pensão ou qualquer outro rendimento do idoso, dando-lhes aplicação diversa da de sua finalidade. 2. Devidamente demonstrado nos autos que o recorrente se apropriou, por diversas vezes, de recursos de seu ex-empregador (idoso com 81 anos de idade à época dos fatos), mediante saques em conta-corrente e compra com o cartão de débito, não há que se falar em absolvição quanto ao crime previsto no artigo 102 do Estatuto do Idoso.** 3. O pedido de absolvição, portanto, mostra-se inviável se a materialidade e autoria delitivas restaram fartamente comprovadas. [...]. 7. É pacífica a jurisprudência do Superior Tribunal de Justiça de que, em se tratando de aumento de pena referente à continuidade delitiva, aplica-se a fração de aumento de 1/6 pela prática de 2 infrações; 1/5, para 3 infrações; 1/4, para 4 infrações; 1/3, para 5 infrações; 1/2, para 6 infrações; e 2/3, para 7 ou mais infrações. (HC 265.385/SP, Rel. Ministra MARIA THEREZA DE ASSIS MOURA, DJe 24/04/2014). 8. A pena pecuniária deve guardar proporcionalidade com a reprimenda privativa de liberdade, não se aplicando a regra do artigo 72 do Código Penal, por ser a continuidade delitiva considerada um crime único. (Acórdão 1285287, 00006591020188070001, Relator: J.J. COSTA CARVALHO, 1ª Turma Criminal, data de julgamento: 17/9/2020, publicado no PJe: 2/10/2020. Pág.: Sem Página Cadastrada.) (grifos nosso)
>
> PENAL E PROCESSO PENAL. APELAÇÃO CRIMINAL. [...]. **DILAPIDAÇÃO DO PATRIMÔNIO DO IDOSO**. FAVORECIMENTO PESSOAL. DOSIMETRIA DA PENA. APLICAÇÃO DA FRAÇÃO DE 1/8 NA PRIMEIRA FASE. REGIME ABERTO. [...]. 2. **Ocorre o crime previsto no artigo 102 da Lei 10.741/2003 quando o agente aproveita-se da condição de idoso para dilapidar seu patrimônio em proveito próprio**. [...]. 5. Apelação conhecida e parcialmente provida. (Acórdão 1273890, 00264808420168070001, Relator: SEBASTIÃO COELHO, 3ª Turma Criminal, data de julgamento: 13/8/2020, publicado no PJe: 31/8/2020. Pág.: Sem Página Cadastrada.) (grifos nosso)
>
> APELAÇÃO CRIMINAL. ESTATUTO DO IDOSO. [...]. 1. **Pratica o delito do art. 102 da Lei n. 10.741/03, aquele que se apropria ou desvia bens, proventos, pensão ou qualquer outro rendimento do idoso, dando-lhes aplicação diversa da de sua finalidade**. [...]. 8. **No crime previsto no artigo 102 da Lei nº 10.741/2003, não integra ou qualifica o tipo penal o fato de o crime ter sido cometido no âmbito doméstico**, de modo que correta a aplicação da agravante genérica do artigo 61, inciso II, alínea "f",

do Código Penal. (Acórdão 1228347, 20170110376517APR, Relator: J.J. COSTA CARVALHO,, Revisor: CARLOS PIRES SOARES NETO, 1ª TURMA CRIMINAL, data de julgamento: 6/2/2020, publicado no DJE: 11/2/2020. Pág.: 120-121) (grifos nosso)

– Elemento Subjetivo:

Não se admitindo a forma culposa, tem-se, apenas a modalidade dolosa.

– Consumação e tentativa:

Entendemos que a consumação ocorre com o ato de se apropriar ou desviar o patrimônio do idoso.

Trata-se de crime material.

Admite-se a forma tentada.

– Tipicidade indireta:

Exige, para caracterização de crime de competência da Justiça Militar, a adequação ao tipo penal disposto no Estatuto do Idoso (tipicidade direta), e a ocorrência das hipóteses (tipicidade indireta) elencadas no art. 9º (em tempo de paz), ou no art. 10 (em tempo de guerra), do Código Penal Militar.

7.2.9. Artigo 103

> **Art. 103.** Negar o acolhimento ou a permanência do idoso, como abrigado, por recusa deste em outorgar procuração à entidade de atendimento:
>
> Pena – detenção de 6 (seis) meses a 1 (um) ano e multa.

Neste artigo, percebe-se que o legislador se direcionou à atuação de estabelecimentos especializados em abrigar pessoas idosas, exigindo-se, além disso, que a ocorrência da negativa de acolhimento se tenha dado em razão de o idoso não outorgar procuração à entidade.

Logo, pelas nuances do tipo penal, revela-se extremamente difícil sua caracterização como crime militar extravagante, e, por conseguinte, de competência para processamento e julgamento na Justiça Militar.

7.2.10. Artigo 104

> **Art. 104.** Reter o cartão magnético de conta bancária relativa a benefícios, proventos ou pensão do idoso, bem como qualquer outro documento com objetivo de assegurar recebimento ou ressarcimento de dívida:
>
> Pena – detenção de 6 (seis) meses a 2 (dois) anos e multa.

– Objetividade Jurídica:

O tipo penal tutela o direito dos idosos, nos termos legais, de dispor de sua remuneração (sejam eles provenientes de benefícios, proventos ou pensão) com autonomia e liberdade, resguardando-se, desse modo, de forma efetiva a sua liberdade e autonomia financeiras.

Sobre o bem jurídico tutelado no crime de retenção de cartão magnético de idoso, interessante pontuarmos a jurisprudência do Egrégio Tribunal Regional da 4ª Região, *litteris*:

> EMENTA: DIREITO PENAL. ART. 104 DA LEI 10.741/03 E 59 DA LEI 6.001/73. **RETENÇÃO DE DOCUMENTOS E CARTÕES MAGNÉTICOS DE IDOSAS INDÍGENAS** PARA GARANTIR O PAGAMENTO DE COMPRAS EM ESTABELECIMENTO COMERCIAL. MATERIALIDADE, AUTORIA E DOLO COMPROVADOS. SENTENÇA CONDENATÓRIA MANTIDA. 1. **A norma tipificada no art. 104 da Lei nº 10.741/03 tutela o direito dos idosos de dispor dos seus rendimentos enquanto beneficiários da Previdência Social.** 2. O conjunto probatório é harmônico ao comprovar que o réu reteve cartões magnéticos, os quais contavam com senhas anotadas no verso, para assegurar o pagamento de compras realizadas pelas indígenas idosas em seu estabelecimento comercial, prática vedada expressamente no contrato de correspondente assinado com a instituição bancária. (TRF4, ACR 5001870-43.2016.4.04.7127, OITAVA TURMA, Relator LEANDRO PAULSEN, juntado aos autos em 01/10/2018)

Assim, podemos perceber que quando o agente, com especial fim de agir (assegurar recebimento ou ressarcimento de dívida) retém o cartão magnético de conta bancária de pessoa idosa (com idade igual ou superior a 60 (sessenta) anos), cujo uso é utilizado para administrar os valores percebidos nas situações trazidas pelo tipo, incorre no crime em comento.

Encontramos como elemento normativo do tipo que a retenção do cartão magnético seja relativa a conta bancária em que se operacionalizam os recebimentos de benefícios, proventos ou pensão do idoso, que, no caso dos militares encontra guarida no Estatuto dos Militares, *in verbis*:

> Art. 53. **A remuneração dos militares será estabelecida em legislação específica, comum às Forças Armadas**. (Redação dada pela Medida Provisória nº 2.215-10, de 31.8.2001)
>
> I – na ativa; (Redação dada pela Lei nº 8.237, de 1991)
>
> a) soldo, gratificações e indenizações regulares; (Redação dada pela Lei nº 8.237, de 1991)
>
> II – **na inatividade**: (Redação dada pela Lei nº 8.237, de 1991)
>
> a) **proventos**, constituídos de soldo os quotas de soldo e gratificações incorporáveis; (Redação dada pela Lei nº 8.237, de 1991)
>
> b) adicionais. (Redação dada pela Lei nº 8.237, de 1991)
>
> [...].
>
> Art. 71. **A pensão militar** destina-se a amparar **os beneficiários do militar falecido** ou extraviado e será paga conforme o disposto em legislação específica.

> § 1º Para fins de aplicação da legislação específica, será considerado como posto ou graduação do militar o correspondente ao soldo sobre o qual forem calculadas as suas contribuições.
>
> § 2º Todos os militares são contribuintes obrigatórios da pensão militar correspondente ao seu posto ou graduação, com as exceções previstas em legislação específica.
>
> § 2º-A. **As pensões militares são custeadas com recursos provenientes da contribuição dos militares das Forças Armadas, de seus pensionistas e do Tesouro Nacional**. (Incluído pela Lei nº 13.954, de 2019)
>
> § 3º Todo militar é obrigado a fazer sua declaração de beneficiários que, salvo prova em contrário, prevalecerá para a habilitação dos mesmos à pensão militar. (grifos nossos)

Sendo assim, pode ocorrer a conduta típica prevista no tipo penal em análise na hipótese, por exemplo, em que um militar da ativa da aeronáutica, em lugar sujeito à administração militar, com a finalidade de garantir o ressarcimento de valores emprestados ao colega de farda da Força Aérea Brasileira, que se encontra em situação de inatividade (reserva remunerada), permanece na posse do seu cartão magnético no qual são depositados, regularmente, os valores relativos aos proventos pagos pela Administração Militar (art. 104 do Estatuto do Idoso c/c art. 9º, II, "b", do CPM).

No caso dos militares federais devemos atentar que, segundo o Estatuto dos Militares (Lei 6.880/80), eles se encontram em uma das seguintes condições, *litteris*:

> Art. 3° Os membros das Forças Armadas, em razão de sua destinação constitucional, formam uma categoria especial de servidores da Pátria e são denominados militares.
>
> § 1° **Os militares encontram-se em uma das seguintes situações**:
>
> a) **na ativa**:
>
> I – os de carreira;
>
> II – os temporários, incorporados às Forças Armadas para prestação de serviço militar, obrigatório ou voluntário, durante os prazos previstos na legislação que trata do serviço militar ou durante as prorrogações desses prazos; (Redação dada pela Lei nº 13.954, de 2019)
>
> III – os componentes da reserva das Forças Armadas quando convocados, reincluídos, designados ou mobilizados;
>
> IV – os alunos de órgão de formação de militares da ativa e da reserva; e
>
> V – em tempo de guerra, todo cidadão brasileiro mobilizado para o serviço ativo nas Forças Armadas.
>
> **b) na inatividade**:
>
> I – **os da reserva remunerada**, quando pertençam à reserva das Forças Armadas e percebam remuneração da União, porém sujeitos, ainda, à prestação de serviço na ativa, mediante convocação ou mobilização; e
>
> II – **os reformados**, quando, tendo passado por uma das situações anteriores estejam dispensados, definitivamente, da
>
> III – os da reserva remunerada e, excepcionalmente, os reformados, que estejam executando tarefa por tempo certo, segundo regulamentação para cada Força Armada. (Redação dada pela Lei nº 13.954, de 2019)
>
> § 2º Os militares de carreira são aqueles da ativa que, no desempenho voluntário e permanente do serviço militar, tenham vitaliciedade, assegurada ou presumida, ou

estabilidade adquirida nos termos da alínea "a" do inciso IV do caput do art. 50 desta Lei. (Redação dada pela Lei nº 13.954, de 2019)

§ 3º Os militares temporários não adquirem estabilidade e passam a compor a reserva não remunerada das Forças Armadas após serem desligados do serviço ativo. (Incluído pela Lei nº 13.954, de 2019) (grifos nossos)

Ao passo que, no que concerne aos policiais militares e bombeiros militares deve ser observado que cada Estado da Federação possui lei específica, como, à guisa de exemplo, a do Estado do Rio Grande do Sul (Lei Complementar nº 10.990, de 18 de agosto de 1997), *in verbis*:

Art. 3º – **Os integrantes da Brigada Militar do Estado**, em razão da destinação constitucional da Corporação e em decorrência das leis vigentes, constituem uma categoria especial de servidores públicos estaduais, sendo denominados servidores militares.

§ 1º – **Os servidores militares encontram-se em uma das seguintes situações**:

I – na ativa:

a) os servidores militares de carreira;

b) os servidores militares temporários;

c) os componentes da reserva remunerada, quando convocados;

d) os alunos de órgãos de formação de servidor militar da ativa.

II – na inatividade:

a) **na reserva remunerada**, quando pertencem à reserva da Corporação e percebem remuneração do Estado, porém sujeitos, ainda, à prestação de serviço na ativa, mediante convocação;

b) **reformados**, quando, tendo passado por uma das situações anteriores, estão dispensados, definitivamente, da prestação de serviço na ativa, mas continuam a perceber remuneração do Estado;

c) na reserva não remunerada, na forma da legislação específica. (grifos nossos)

– Sujeito Ativo

Estar-se-á diante de crime comum, em que não se exige uma condição especial do agente.

Para sua caracterização como crime previsto na legislação extravagante de competência da Justiça Militar, deve ser praticado por qualquer dos agentes ínsitos no art. 9º, incisos II e III (militar da ativa, militar da reserva, reformado, ou por civil), em tempo de paz.

– Sujeito Passivo

O sujeito passivo imediato é a pessoa idosa (que nos termos do art. 1º, do Estatuto do Idoso é aquela que possui a idade sessenta anos ou mais), e como sujeito passivo mediato temos: a regularidade das instituições militares.

– Elementos Objetivos:

O tipo penal do art. 104, traz a conduta comissiva de "*reter*" o cartão magnético utilizado pelo idoso para movimentar a sua "*conta bancária relativa a benefícios, proventos ou pensão*", podendo essa conduta de retenção abranger, também, "*qualquer outro documento*", desde que ela, em ambos os casos, se dê "*com objetivo de assegurar recebimento ou ressarcimento de dívida.*"

Nesse contexto, elucidativo, também, o acordão do Tribunal de Justiça do Estado do Rio Grande do Sul, *in fine*:

> Ementa: APELAÇÃO CRIME. FATO 01. EXPOR A PERIGO A INTEGRIDADE E A SAÚDE FÍSICA OU PSÍQUICA DO IDOSO, SUBMETENDO-O A CONDIÇÕES DESUMANAS OU DEGRADANTES, PRIVANDO-O DE ALIMENTOS E CUIDADOS INDISPENSÁVEIS, QUANDO OBRIGADO A FAZÊ-LO, OU SUJEITANDO-O A TRABALHO EXCESSIVO OU INADEQUADO COM RESULTADO MORTE -ARTIGO 99, "CAPUT", DA LEI N.º 10741/03. ABSOLVIÇÃO. Impõe-se a absolvição quando há dúvida quanto ao fato de ter sido a idosa atendida logo depois da queda e bem como a respeito da 'causa mortis' da acusada.[...]. **RETER O CARTÃO MAGNÉTICO DA CONTA BANCÁRIA RELATIVA A BENEFICIOS, PROVENTOS OUPENSÃO DOS IDOSOS, COM O OBJETIVO DE ASSEGURAR RECEBIMENTO OU RESSARCIMENTO DA DÍVIDA. – ARTIGO 104 DA LEI Nº 10.741/03. Mantida a condenação, eis que devidamente demonstrada a retenção dos cartões bancários pertinentes a benefícios, proventos ou pensão dos idosos**. PENA. DOSIMETRIA. Redimensionada a pena-base do delito previsto no artigo 99, "caput", da Lei 10.741/03. CONCURSO FORMAL E CONTINUIDADE DELITIVA. Mantido o concurso formal entre os fatos 02 a 11, eis que as condições inadequadas atingiram vários idosos. Bem como a continuidade delitiva em relação aos fatos 12 a 17 e o "quantum" de aumento fixado na sentença. RECURSO DEFENSIVO PARCIALMENTE PROVIDO E MINISTERIAL IMPROVIDO. (Apelação Crime, Nº 70077078343, Quinta Câmara Criminal, Tribunal de Justiça do RS, Relator: Genacéia da Silva Alberton, Julgado em: 10-10-2018)

– Elemento Subjetivo:

Consubstancia-se com o dolo genérico consubstanciado na vontade livre e consciente de praticar a conduta nuclear (reter) estabelecida no tipo penal, juntamente com o especial fim de agir de assegurar o ressarcimento de dívida.

– Consumação e tentativa:

Consuma-se a partir do momento é que se promove a retenção (crime formal) do cartão magnético, ou qualquer outro documento, do idoso como forma de compeli-lo ao adimplemento de dívidas.

Não é admitida a tentativa.

– Tipicidade indireta:

Faz-se mister a adequação ao tipo penal do Estatuto do Idoso (direta), e as hipóteses (indireta) elencadas no art. 9º (em tempo de paz), ou no art. 10 (em tempo de guerra), do Código Penal Militar.

7.2.11. Artigo 105

> **Art. 105.** Exibir ou veicular, por qualquer meio de comunicação, informações ou imagens depreciativas ou injuriosas à pessoa do idoso:
>
> Pena – detenção de 1 (um) a 3 (três) anos e multa.

– Objetividade Jurídica.

Salvaguarda-se a dignidade do idoso, sob a vertente protetiva de sua imagem e honra subjetiva.

Nesse diapasão, quando dos comentários acerca da objetividade jurídica dos crimes contra a honra previstos no CPM, valiosos são os ensinamentos do Professor Cícero Robson Coimbra[21]:

> Objetividade jurídica: Tutela-se, como orienta o próprio capítulo, a incolumidade moral, a honra subjetiva da pessoa, ou seja, o conceito que a pessoa possui de si própria, a sua autovaloração, que pode ser afetada por uma conduta externa, tutela essa arrimada no inciso X do art. 5º da Constituição Federal. (NEVES; STREIFINGER, 2012, p. 1044)

Ademais, protege-se, também, de forma mediata, a regularidade das instituições militares, haja vista o elevado grau de reprovabilidade (violação de valores éticos que marcam o dia a dia do aquartelamento) de condutas que porventura se amoldem ao tipo penal analisado.

– Sujeito Ativo

Não se exige do agente uma qualidade especial, como aquela exigida nos crimes próprios e de mão própria, nos termos lecionados pela doutrina.

Pontuando, sempre, que, na hipótese de o crime ser processado e julgado na Justiça Castrense, exige-se que a conduta seja realizada por qualquer dos agentes trazidos no art. 9º, incisos II e III (militar da ativa, militar da reserva, reformado, ou por civil), em tempo de paz.

– Sujeito Passivo

O sujeito passivo imediato é a pessoa idosa, e como sujeito passivo mediato a regularidade das instituições militares, agregando-se os comentários realizados nos artigos precedentes.

– Elementos Objetivos:

O tipo penal do art. 105, elenca duas condutas comissivas: "*exibir*" ou "*veicular*", no caso, "*informações ou imagens*" que transmitam por "*por qualquer meio de comunicação*" matérias "*depreciativas ou injuriosas*" direcionada aqueles que possuem sessenta anos ou mais de idade.

Convém esclarecer que o CPM prevê o crime de escrito ou objeto obsceno, que também possui o núcleo "exibir", *litteris*:

> Art. 239. Produzir, distribuir, vender, expor à venda, **exibir**, adquirir ou ter em depósito para o fim de venda, distribuição ou exibição, livros, jornais, revistas, escritos, pinturas, gravuras, estampas, imagens, desenhos ou **qualquer outro objeto de caráter obsceno**, **em lugar sujeito à administração militar**, ou **durante o período de exercício ou manobras**:

21 NEVES, Cícero Robson Coimbra; STREIFINGER, Marcello. Op. cit.

Pena – detenção, de seis meses a dois anos.

Parágrafo único. Na mesma pena incorre quem distribui, vende, oferece à venda ou exibe a militares em serviço objeto de caráter obsceno. (grifos nossos)

Ao analisar o art. 239, do CPM, assim se posicionou a jurisprudência do STM, *in fine*:

EMENTA: APELAÇÃO. ATO OBSCENO. ESCRITO OU OBJETO OBSCENO. AUTENTICIDADE DA GRAVAÇÃO. AUTORIA E MATERIALIDADE **COMPROVADAS. DIVULGAÇÃO DO VÍDEO DO ATO OBSCENO POR APLICATIVO DE MENSAGENS**. INDEPENDÊNCIA DAS ESFERAS ADMINISTRATIVA E PENAL. "NE BIS IN IDEM". PRINCÍPIO DA INSIGNIFICÂNCIA. NÃO APLICAÇÃO. AFRONTA A HIERARQUIA E DISCIPLINA. A conduta de cada um dos Apelantes foi devidamente individualizada na imputação descrita na Denúncia. A filmagem do ato obsceno foi submetida à perícia que constatou a originalidade da gravação e a ausência de indícios de edição de suas imagens. Presentes a prova da autoria e materialidade delitivas além da confissão em juízo. O crime militar e a transgressão disciplinar são condutas que infringem os preceitos de hierarquia e disciplina, porém o crime militar é uma conduta mais grave, devendo observar as sanções contidas no Código Penal Militar. O legislador fez previsões legais específicas tanto para o cumprimento da transgressão disciplinar como para o crime militar e assim deve ser observado para a consecução do objetivo basilar dos respectivos institutos legais. Inocorrência do "ne bis in idem". **Impossibilidade de aplicação do Princípio da Insignificância em razão da gravidade dos atos praticados. A filmagem do ato obsceno foi encaminhada para grupo de "whatsapp" tomando proporção de total descontrole de sua propagação nas mídias sociais**. Apelo não provido. Decisão por unanimidade. (Superior Tribunal Militar. Apelação nº 7000298-50.2018.7.00.0000. Relator(a): Ministro(a) ALVARO LUIZ PINTO. Data de Julgamento: 28/08/2018, Data de Publicação: 13/09/2018) (grifos nossos)

EMENTA. Escrito ou objeto obsceno (CPM, art. 239). Atipicidade. Preliminares de nulidade. Improcedência. 1) Alegação de cerceamento de defesa por negativa de acesso a material probante. Silêncio no prazo processual e não demonstração no comprometimento da busca da verdade real. 2) Ofensa ao princípio da correlação entre acusação e sentença. Assegurada efetiva oportunidade ao réu de defender-se da acusação. 3) Ofensa aos princípios constitucionais da legalidade e da anterioridade, por atipicidade da conduta imputada ao réu. A descrição do fato, ao menos em tese, adequa-se ao tipo penal constante da imputação, estando em observância ao postulado constitucional da tipicidade. **Mérito: consuma-se o delito do art. 239 do CPM com a prática de quaisquer das condutas inscritas no tipo, desde que presente a finalidade específica de divulgação, comércio etc..** Os depoimentos testemunhais não conduzem à certeza sobre a efetiva ocorrência da difusão do material pornográfico mantido em arquivo. Rejeitadas as preliminares e, no mérito, provido o apelo defensivo. Decisão unânime. (Superior Tribunal Militar. Apelação nº 2005.01.049908-3. Relator(a): Ministro(a) VALDESIO GUILHERME DE FIGUEIREDO. Data de Julgamento: 16/12/2005, Data de Publicação: 14/03/2006) (grifos nossos)

Podemos perfeitamente aplicar a *ratio essendi* dos acórdãos acima transcritos para o presente dispositivo legal do Estatuto do idoso, ou seja, para a hipótese de um militar da ativa veicular (ou seja, propagar[22]) por meios de comunicação (como é o caso hoje da utilização ampla de aplicativos como WhatsApp, Telegram, dentre

[22] Idem. Disponível em: https://dicionario.priberam.org/veicular. Acesso em 07/11/2020.

outros), fatos depreciativos de outro militar que ostente a condição de idoso, por exemplo.

– Elemento Subjetivo:

Aceita-se tão somente a sua forma dolosa (vontade livre e consciente de praticar a conduta nuclear do tipo penal).

– Consumação e tentativa:

Consuma-se a partir da exibição ou veiculação de "*informações ou imagens*" que transmitam por "*por qualquer meio de comunicação*" matérias "*depreciativas ou injuriosas*" de pessoas idosas.

Admite-se a tentativa, quando a conduta nuclear do tipo deixa de se aperfeiçoar por circunstâncias alheias à vontade do agente (problemas de conexão com a internet, por exemplo).

– Tipicidade indireta:

A adequação ao tipo penal previsto no Estatuto do Idoso faz incidir a tipicidade direta, ao passo que as hipóteses elencadas no art. 9º (em tempo de paz), ou no art. 10 (em tempo de guerra), do Código Penal Militar, estabelecem a tipicidade indireta (necessária para que o crime militar extravagante possa ser processado e julgado na Justiça Militar.

7.2.12. Artigo 106

> Art. 106. Induzir pessoa idosa sem discernimento de seus atos a outorgar procuração para fins de adminis-tração de bens ou deles dispor livremente:
> Pena – reclusão de 2 (dois) a 4 (quatro) anos.

– Objetividade Jurídica:

Protege-se o patrimônio da pessoa idosa.

– Sujeito Ativo

Não se exige uma sujeição ativa especial.

Lembrando que, no caso de ser o crime de competência da Justiça Militar, a conduta deve ser realizada por qualquer dos agentes elencados no art. 9º, incisos II e III (militar da ativa, militar da reserva, reformado, ou por civil), em tempo de paz.

– Sujeito Passivo

O sujeito passivo imediato é a pessoa idosa que esteja "sem discernimento de seus atos", e não apenas aquela que se encontra com sessenta anos ou mais de idade.

Não nos esquecendo, além disso, que como sujeito passivo mediato temos a regularidade das instituições militares.

– **Elementos Objetivos:**

Sobre o tema, utilizamos as seguintes balizas trazidas no acordão Tribunal de Justiça do Distrito Federal e dos Territórios, *litteris*:

> APELAÇÃO CRIMINAL. **CRIMES DE OUTORGA IRREGULAR DE PROCURAÇÃO POR PESSOA IDOSA SEM DISCERNIMENTO,** APROPRIAÇÃO IRREGULAR DE BENS E PROVENTOS DE IDOSO E EXPOSIÇÃO A PERIGO A SAÚDE E INTEGRIDADE FÍSICA DE IDOSO. **IMPOSSIBILIDADE DE APLICAÇÃO DO PRINCÍPIO DA CONSUNÇÃO DO DELITO PREVISTO NO ARTIGO 106 DO ESTATUTO DO IDOSO PELO DELITO DO ARTIGO 102 DO MESMO DIPLOMA LEGAL ANTE A COMPROVAÇÃO DE DESÍGNIOS AUTÔNOMOS.** DECOTE DA VALORAÇÃO NEGATIVA DAS CIRCUNTÂNCIAS E DAS CONSEQUÊNCIAS DO DELITO, ANTE FUNDAMENTAÇÃO INIDÔNEA. NECESSIDADE DE REDUÇÃO DA PENA PECUNIÁRIA. RECURSO CONHECIDO E PARCIALMENTE PROVIDO. **I – A conduta de induzir pessoa idosa, sem discernimento, a outorgar procuração para fins de administração de bens ou deles dispor livre-mente, é fato que se amolda ao tipo penal previsto no artigo 106 da Lei 10.741/03.** II – Apropriar-se de bens e proventos de idoso, dando-lhes aplicação diversa da de sua finalidade, é fato que se subsume ao delito previsto no artigo 102 da Lei 10.741/03.[...]. V – O fato de os crimes previstos nos artigos 102 e 106 da Lei 10.741/03 terem sido praticados contra pessoa idosa é circunstância inerente aos tipos penais e não deve ser considerado para majorar a pena-base, tampouco o de se tratar a vítima de mãe adotiva do Réu, por se constituir em circunstância agravante apreciada na segunda fase da dosimetria da pena. [...]. VIII – Recurso CONHECIDO e PARCIALMENTE PROVIDO, paradecotar a valora-ção negativa das circunstâncias e das conseqüências dos crimes previstos nos artigos 102 e 106 da Lei 10.741/03, reduzir a pena pecuniária imposta pelo delito do artigo 99 da Lei 10.741/03, e redimensionar as penas impostas ao Réu para 4 (quatro) anos, 11 (onze) meses e 2 (dois) dias de reclusão, em regime inicial ABERTO, 2 (dois) meses de detenção, em re-gime inicial ABERTO (artigo 33, § 2º, inciso "c", do Código Penal), mais 850 (oitocentos e cinqüenta) dias-multa, calcu-lados à razão de 1/30 (um trigésimo) do salário mínimo vigente à data do fato, corrigido monetariamente.(Acórdão 866057, 20110610026078APR, Relator: JESUINO RISSATO,, Relator Designado:JOSÉ GUILHERME, Revisor: JOSÉ GUI-LHERME, 3ª TURMA CRIMINAL, data de julgamento: 7/5/2015, publicado no DJE: 18/5/2015. Pág.: 124) (grifos nossos)

Logo, a conduta deve estar amoldada ao verbo "induzir" pessoa idosa que não esteja cons-ciente de seus atos (independente de existir um ato formal de interdição), com o especial fim de agir consubstanciado na outorga de "procuração para fins de administração de bens ou deles dispor livremente".

Salienta-se que o tipo penal em análise não exige que ocorra prejuízo em detrimento do idoso, consoante decidido, também, pelo Tribunal de Justiça do Distrito Federal e dos Territórios:

> APELAÇÃO CRIMINAL. ESTATUTO DO IDOSO. INDUZIMENTO À OUTORGA DE PROCURAÇÃO E APROPRIAÇÃO INDÉBITA. ARTIGOS 102 E 106 DO ESTATUTO DO IDOSO. CONDENAÇÃO. IRRESIGNAÇÃO DA DEFESA E DA ASSISTENTE DE ACUSÇÃO. QUESTÃO PREJUDICIAL. REJEIÇÃO. ABSOLVIÇÃO. CONJUNTO PROBATÓRIO SUFICIENTE AO ÉDITO CONDENATÓRIO. PRINCÍPIO DA CONSUNÇÃO. APLICAÇÃO. IMPOSSIBILIDADE. INDENIZAÇÃO POR DANOS MATERIAIS. ARTIGO 387, IV, DO CPP. DA CONDENAÇÃO NO CRIME DO ART. 347 DO CÓDIGO PENAL. DOSIMETRIA DA PENA. VALORAÇÃO NEGATIVA DAS CIRCUNSTÂNCIAS JUDICIAIS PERSONALIDADE E CONDUTA SOCIAL. IMPOSSIBILIDADE. AGRAVANTE PREVISTA NA ALÍNEA "F" DO ARTIGO 61 DO CP. [...]. 2. **A conduta de induzir pessoa**

idosa, sem discernimento, a outorgar procuração para fins de administração de bens ou deles dispor livremente, é fato que se amolda ao tipo penal previsto no artigo 106 da Lei 10.741/03, independentemente de ter havido prejuízo patrimonial à vítima. 3. Comprovadas a autoria e materialidade delitiva, acrescido do dolo para a prática delitiva, a condenação é medida que se impõe. 4. A consunção ocorre quando um fato descrito pela norma absorve outros fatos que são necessários para a fase de pre-paração ou execução de outro crime. Incabível a aplicação desse instituto quando a prática dos delitos ocorre em mo-mentos distintos e sem relação de dependência, como na espécie. [...]. (Acórdão 1228347, 20170110376517APR, Rela-tor: J.J. COSTA CARVALHO,, Revisor: CARLOS PIRES SOARES NETO, 1ª TURMA CRIMINAL, data de julgamento: 6/2/2020, publicado no DJE: 11/2/2020. Pág.: 120-121) (grifos nossos)

É sabido que os militares da reserva encontram na Organização Militar em que serviram o seu segundo lar, e muitas vezes, alicerçados no espírito de camaradagem que permearam to-da a sua vivência na caserna, acabam compartilhando detalhes de sua vida, inclusive patrimonial, para militares que se encontram em situação de atividade.

Às vezes, gize-se, formam-se verdadeiros elos que estreitam os militares de ontem (que se encontram na reserva remunerada ou reformados) e os de hoje (ativa).

Dito isso, por exemplo, na hipótese de um militar da ativa, aproveitando-se de uma ocasi-ão em que um militar da reserva, encontra-se internado em um hospital militar (ambiente sujeito à administração militar) e sem discernimento de seus atos, aproveita para criar nele a ideia, com objetivos escusos, de que ele "precisa de alguém" para "tocar a administração de seus bens", amoldará seu agir ao crime em discussão.

– Elemento Subjetivo:

Admite apenas a modalidade dolosa.

Destaca-se, entretanto, que o Tribunal de Justiça do Estado do Rio Grande do Sul entendeu no sentido de que há uma finalidade específica do agente:

> Ementa: APELAÇÕES CRIME. ESTELIONATO. EMENDATIO LIBELI. ARTIGOS 102 E 106 DO ESTATUTO DO IDOSO. 1. PRELIMINAR. NULIDADE. SUSPENSÃO CONDICIONAL DO PROCESSO. ALTERAÇÃO DAS CONDIÇÕES. O Ministério Público não se vincula à proposta de suspensão condicional do processo inicialmente oferecida, sendo que nada obsta que a substitua por outra mais adequada às peculiaridades do caso concreto, especialmente considerando que o fundamento declinado pelo réu para a não aceitação da alteração não se mostra razoável. 2. ESTELIONATO. *EMENDATIO LIBELI.* ARTS. 102 E 106 DO ESTATUTO DO IDOSO. Procedida à nova classificação jurídica do fato, em razão de *emendatio libeli,* **cumpre afastar da imputação o delito do art. 106 da Lei n. 10741/2003, porquanto tipifica a conduta de induzir pessoa idosa sem discernimento de seus atos a outorgar procuração para fins de administração de bens ou deles dispor livremente, finalidade específica, portanto, e diversa da hipótese de procuração outorgada para a contratação de empréstimo junto à instituição bancária.** [...]. APELO DA DEFESA PARCI-ALMENTE PROVIDO. APELO DO MINISTÉRIO PÚBLICO PROVIDO. (Apelação Crime Nº 70028937530, Oitava Câmara Criminal, Tribunal de Justiça do RS, Relator: Danúbio Edon Franco, Julgado em 22/04/2009) (grifos nossos)

APELAÇÃO CRIMINAL. APROPRIAÇÃO DE RENDIMENTOS DE PESSOA IDOSA E INDUZIMENTO A PESSOA IDOSA SEM DISCERNIMENTO A OUTORGAR PROCURAÇÃO PARA FINS DE ADMINISTRAÇÃO E LIVRE DISPOSIÇÃO DE BENS. CONDENAÇÃO. [...]. **6. O crime previsto no artigo 106 da Lei nº 10.741/2003 exige, para sua configuração, a presença de elemento subjetivo específico, consistente na intenção de obter a administração ou poderes para disposição de bens do idoso sem discernimento.** No caso dos autos, como não houve prova suficiente do dolo específico (sendo que as provas carreadas apontam para o sentido de que o objetivo do recorrente, ao induzir sua mãe a assinar a procuração, era demonstrar que sua genitora tinha total confiança em sua pessoa, imaginando que isso de al-guma forma o pudesse beneficiar nos presentes autos), a absolvição é medida que se impõe. 7. Indevidamente avaliadas negativamente as circunstâncias judiciais da culpabilidade e dos motivos do crime, é de rigor seu afastamento, com a consequente redução da pena-base. 8. Recurso conhecido, reconhecida a prescrição retroativa das apropriações ocorridas antes de 31/08/2007, rejeitadas as preliminares de ilegitimidade ativa do Ministério Público, de cerceamento de de-fesa e de vício na instrução e, no mérito, parcialmente provido para, mantida a condenação do recorrente nas penas do artigo 102 da Lei nº 10.671/2003, absolvê-lo quanto ao crime previsto no artigo 106 do mesmo diploma legal, com fulcro no artigo 386, inciso VII, do Código de Processo Penal, e reduzir a pena do crime remanescente para 02 (dois) anos, 01 (um) mês e 15 (quinze) dias de reclusão, no regime aberto, e 24 (vinte e quatro) dias-multa, no valor legal mínimo, substituída a pena privativa de liberdade por 02 (duas) restritivas de direitos, a serem estabelecidas pelo Juízo da Vara de Execuções das Penas e Medidas Alternativas. (Acórdão 627942, 20120110396966APR, Relator: ROBERVAL CASEMIRO BELINATI, Revisor: SILVÂNIO BARBOSA, 2ª Turma Criminal, data de julgamento: 18/10/2012, publicado no DJE: 22/10/2012. Pág.: 233) (grifos nossos)

– Consumação e tentativa:

No que diz respeito à consumação delitiva, filiamo-nos ao pensamento segundo o qual o crime se concretiza com o ato de induzimento (instigação) de pessoa idosa e que não esteja com seu discernimento para prática de atos de outorga de procuração.

Assim, não resta possível a sua modalidade tentada.

– Tipicidade indireta:

Faz-se mister a adequação ao tipo penal do Estatuto do Idoso (direta), e as hipóteses (indireta) elencadas no art. 9º (em tempo de paz), ou no art. 10 (em tempo de guerra), do Código Penal Militar.

7.2.13. Artigo 107

Art. 107. Coagir, de qualquer modo, o idoso a doar, contratar, testar ou outorgar procuração:
Pena – reclusão de 2 (dois) a 5 (cinco) anos.

– Objetividade Jurídica.

Tutela-se a liberdade do idoso de dispor, livremente, sobre os interesses pessoais, bem como o seu patrimônio, tendo, desse modo, escopo mais amplo do que o crime analisado no art. 106.

Destaca-se, neste ponto que o delito em exame não se confunde (em nada) com aquele cometido em tempo de guerra (mesmo que o Oficial General tenha mais de sessenta anos), em decorrência de o especial fim de agir (previstos para os crimes em comparação) serem totalmente distintos, *litteris*:

> **CPM**
>
> **Coação contra oficial general ou comandante**
>
> Art. 388. Exercer coação contra oficial general ou comandante da unidade, mesmo que não seja superior, com o fim de impedir-lhe o cumprimento do dever militar:
>
> Pena – reclusão, de cinco a quinze anos, se o fato não constitui crime mais grave. (grifos nossos)

Sobre a coação cometida contra idoso, o Tribunal de Justiça do Estado do Rio Grande do Sul já decidiu, *in fine*:

> Ementa: EMBARGOS INFRINGENTES. COAGIR IDOSO A DOAR, CONTRATAR, TESTAR OU OUTORGAR PROCURAÇÃO. RECURSO QUE POSTULADA A PREVALÊNCIA DO VOTO MINORITÁRIO QUE RECONHECEU A FORMA TENTADA DO DELITO, REDUZINDO A PENA CARCERÁRIA DO RÉU. Não é possível o acolhimento das razões defensivas. **No caso em tela, o crime é unissubsistente, sendo a efetiva outorga da procuração mero exaurimento. Assim, a perfectibilização ocorre com o simples emprego do ato coativo, punindo a lei a violência em face do idoso.** Desta forma, inviável o reconhecimento da forma tentada do delito, motivo pelo qual o voto majoritário vai mantido por seus próprios fundamentos. EMBARGOS INFRINGENTES IMPROVIDOS. UNÂNIME. (Embargos Infringentes e de Nulidade, Nº 70082180670, Terceiro Grupo de Câmaras Criminais, Tribunal de Justiça do RS, Relator: Patrícia Fraga Martins, Julgado em: 16-08-2019) (grifos nossos)

Observe-se que diferente do artigo anteriormente comentado, no que se refere à outorga de procuração, naquele há o induzimento, e neste há a coação.

Isso porque, naquele o idoso encontra-se em uma situação de maior vulnerabilidade, pois está sem discernimento.

Remetemos, para melhor facilitar a compreensão do (a) leitor (a), ao exemplo citado anteriormente no art. 106, onde, alteramos a forma de proceder do militar da ativa para o núcleo verbal "obrigar[23]", e, também, colocamos o militar da reserva em condições que lhe possibilite compreender, exatamente, o que está acontecendo ao seu redor, de forma que teremos, assim, a ocorrência do presente tipo penal.

– Sujeito Ativo

Trata-se de crime comum, de modo que não se exige uma qualidade especial do agente.

Constata-se, entretanto, a necessidade de ser observado, para ensejar a competência da Justiça Militar, que a conduta seja realizada por qualquer daqueles agentes

[23] Idem. Disponível em: https://dicionario.priberam.org/coagir. Acesso em 08/11/2020.

elencados no art. 9º, incisos II e III (militar da ativa, militar da reserva, reformado, ou por civil), em tempo de paz.

- Sujeito Passivo

O sujeito passivo imediato é a pessoa idosa, e como sujeito passivo mediato a regularidade das instituições militares.

- Elementos Objetivos:

O tipo penal do art. 107, traz como conduta comissiva o ato de *"coagir"*, exigindo-se, entretanto, que ela seja direcionada ao propósito de que o idoso promova um ato de: doação, assunção de um contrato, testamento ou outorga de procuração.

Assim, se um militar da ativa coage (constrange, força) outro militar da ativa (idoso), exigindo dele a doação de seus bens para uma entidade associativa, por exemplo, independente de essa conduta ter sido praticada em ambiente sujeito à administração militar, incorrer-se-á no delito em comento a ser processado e julgado na Justiça Castrense.

- Elemento Subjetivo:

Trata-se de delito que admite apenas a modalidade dolosa.

- Consumação e tentativa:

Entendemos que a consumação se perfaz com o ato de coação em detrimento da pessoa idosa, em razão de sua natureza de crime formal.

Entretanto, há quem defenda que se trata de crime material, exigindo-se, portanto (e nesse caso não seria mero exaurimento) que ocorra a doação, assunção de um contrato, testamento ou outorga de procuração por parte da pessoa idosa.

Nessa toada, no que concerne ao instituto da tentativa devemos observar o ponto de partida utilizado pelo intérprete, pois se for considerado como um delito de conduta unisubsistente não será ela admitida, ao passo que se utilizarmos a classificação de delito plurisubsisitente (material) será possível.

Sobre o tema, inclusive, o lecionado[24] pelo saudoso Professor Luís Flavio Gomes:

Crime unissubsistente é o conjunto de um só ato (ato único). Exemplo: injúria verbal. A realização da conduta esgota a concretização do delito. Impossível, por isso mesmo, a tentativa.

Crime plurissubsistente é o constituído de vários atos, que fazem parte de uma única conduta. Exemplo: roubo (violência ou constrangimento ilegal + subtração) etc.

- Tipicidade indireta:

Necessita a adequação ao tipo penal disposto no Estatuto do Idoso (tipicidade direta), e a ocorrência das hipóteses (tipicidade indireta) elencadas no art. 9º (em tempo de paz), ou no art. 10 (em tempo de guerra), do Código Penal Militar.

---

24 GOMES, Luiz Flávio. Direito penal: parte geral: volume 2. – São Paulo: Editora Revista dos Tribunais, 2007. p. 526.

7.2.14. Artigo 108

> **Art. 108.** Lavrar ato notarial que envolva pessoa idosa sem discernimento de seus atos, sem a devida representação legal:
>
> Pena – reclusão de 2 (dois) a 4 (quatro) anos.

Neste artigo, percebe-se o seu direcionamento para os atos exarados (competência exclusiva) de tabeliães, sendo de difícil caracterização como crime militar extravagante.

7.2.15. Artigo 109

> **Art. 109.** Impedir ou embaraçar ato do representante do Ministério Público ou de qualquer outro agente fiscalizador:
>
> Pena – reclusão de 6 (seis) meses a 1 (um) ano e multa.

Em que pese o presente artigo não se encontre no Título atinente aos crimes previstos no Estatuto do Idoso, já que topologicamente ele esteja no Título da "Disposições Finais e Transitórias", o legislador ordinário previu como conduta típica o fato de "*impedir*" ou "*embaraçar*" a atuação do Órgão Ministerial ou de "*qualquer outro agente fiscalizador*".

Buscou-se com o presente tipo penal, dar o mesmo tratamento dispensado pelo Estatuto da Criança e do Adolescente no art. 236, sem paralelo com o Código Penal Militar.

Aplica-se o mesmo entendimento esposado quando do comentário ao art. 100, V, do Estatuto do Idoso, em que se torna possível a sua aplicação, como crime militar extravagante, se for cometido em detrimento à requisição do Ministério Público Militar (ou qualquer outro agente fiscalizador) e ocorra nas circunstâncias trazidas pelo art. 9º, do CPM.

7.3. CONCLUSÃO

Valho-me, nesta oportunidade, como conclusão, do seguinte excerto[25], retirado do artigo intitulado "*Lei 13.491/2017, perspectivas e nuances da alteração legislativa ocorrida no Código Penal Militar*", publicado da Revista da ENAJUM (Escola Nacional de Formação e Aperfeiçoamento de Magistrados da Justiça Militar da União), *in verbis*:

[25] ARAUJO, Wendell Petrachim. Lei 13.491/2017, perspectivas e nuances da alteração legislativa ocorrida no Código Penal Militar. Revista da Enajum: Escola Nacional de Formação e Aperfeiçoamento de Magistrados da Justiça Militar da União. Ano 1, n. 1 (jun.2018). Brasília/DF.

> **Restou evidenciado que o legislador ordinário, ao alterar o Código Penal Militar, além de estabilizar as discussões jurídicas envolvendo os crimes dolosos contra a vida de civis, consoante parágrafos inseridos no art. 9º, procurou, também, salvaguardar a hierarquia e a disciplina**, pois, sabedor dos reflexos que poderiam advir da atuação das Forças Armadas em dias atuais, estabeleceu a competência da Justiça Especializada (conhecedora das peculiaridades da vida na caserna) para processar e julgar os crimes previstos na legislação penal comum e extravagante quando cometidos em circunstâncias especiais.[...]. Entretanto, não se pode perder de vista, evidentemente, que algumas nuances ainda precisam ter suas arestas aparadas. Para isso, deve-se analisar cada caso concreto, pois, neste momento, determinar uma teoria jurídica a ser aplicada, indistintamente, pode ocasionar o estabelecimento de paradigmas inaplicáveis em algumas situações. **Noutro giro, não podemos esquecer que o processo penal militar, conduzido pela Justiça mais antiga deste País, nunca se apartou do respeito aos direitos e garantias individuais dos cidadãos e, muito menos, pode ser alcunhada de corporativa, mantendo-se incólume em seu papel constitucional de entregar à sociedade brasileira uma prestação jurisdicional justa e eficaz, e com a celeridade que lhe é peculiar**. (ARAUJO, pág. 155, grifo nosso)

REFERÊNCIAS

ARAUJO, W. P. Lei 13.491/2017, perspectivas e nuances da alteração legislativa ocorrida no Código Penal Militar. Revista da Enajum: Escola Nacional de Formação e Aperfeiçoamento de Magistrados da Justiça Militar da União. Ano 1, n. 1 (jun.2018). Brasília/DF.

BADARÓ, R. Comentários ao Código Penal Militar de 1969 – Parte Especial. 2º. Editora Juriscrédi: São Paulo, 2015.

BALTAZAR JUNIOR, J. P. Crimes Federais – 11. ed. – São Paulo: Saraiva, 2017.

BRASIL. Constituição Federal de 1988. Brasília, DF. Disponível em: <http://www.planalto.gov.br/ccivil_03/constituicao/constituicao.htm>. Acesso em: 10 nov. 2020.

______. Presidência da República. Casa Civil. Subchefia para Assuntos Jurídicos. Decreto-Lei nº 2.848, de 7 de dezembro de 1940. Código Penal. Portal da Legislação, Brasília. Disponível em: <http://www.planalto.gov.br/ccivil_03/decreto-lei/Del2848compilado.htm>. Acesso em: 10 nov. 2020.

______. Presidência da República. Casa Civil. Subchefia para Assuntos Jurídicos. Lei nº 3.689, de 3 de outubro de 1941. Código de Processo Penal. Portal da Legislação, Brasília. Disponível em: <http://www.planalto.gov.br/ccivil_03/Decreto-Lei/Del3689Compilado.htm>. Acesso em: 10 nov. 2020.

______. Presidência da República. Casa Civil. Subchefia para Assuntos Jurídicos. Decreto-Lei nº 1.001, de 21 de outubro de 1969. Código Penal Militar. Portal da Legislação, Brasília. Disponível em: <http://www.planalto.gov.br/ccivil_03/decreto-lei/Del1001Compilado.htm>. Acesso em: 10 nov. 2020.

______. Presidência da República. Casa Civil. Subchefia para Assuntos Jurídicos. Decreto-Lei nº 1.002, de 21 de outubro de 1969. Código de Processo Penal Militar. Portal da Legislação, Brasília. Disponível em: <http://www.planalto.gov.br/ccivil_03/decreto-lei/Del1002.htm>. Acesso em: 10 nov. 2020.

______. Presidência da República. Casa Civil. Subchefia para Assuntos Jurídicos. Lei nº 4.375, de 17 de agosto de 1964. Lei do Serviço Militar. Portal da Legislação, Brasília. Disponível em: <http://www.planalto.gov.br/ccivil_03/leis/l4375.htm>. Acesso em: 10 nov. 2020.

______. Presidência da República. Casa Civil. Subchefia para Assuntos Jurídicos. Lei nº 6.880, de 9 de dezembro de 1980. Dispõe sobre o Estatuto dos Militares. Portal da Legislação, Brasília. Disponível em: <http://www.planalto.gov.br/ccivil_03/leis/l6880.htm>. Acesso em: 10 nov. 2020.

______. Presidência da República. Casa Civil. Subchefia para Assuntos Jurídicos. Lei nº 7.347, de 24 de julho de 1985. Disciplina a ação civil pública de responsabilidade por danos causados ao meio-ambiente, ao consumidor, a bens e direitos de valor artístico, estético, histórico, turístico e paisagístico e dá outras providências. Portal da Legislação, Brasília. Disponível em: <http://www.planalto.gov.br/ccivil_03/leis/l7347orig.htm>. Acesso em: 10 nov. 2020.

______. Presidência da República. Casa Civil. Subchefia para Assuntos Jurídicos. Lei nº 8.457, de 04 de setembro de 1992. Organiza a Justiça Militar da União e regula o funcionamento de seus Serviços Auxiliares. Portal da Legislação, Brasília. Disponível em: <http://www.planalto.gov.br/ccivil_03/leis/l8457.htm>. Acesso em: 13 nov. 2020.

______. Presidência da República. Casa Civil. Subchefia para Assuntos Jurídicos. Lei nº 9.099, de 26 de setembro de 1995. Dispõe sobre os Juizados Especiais Cíveis e Criminais e dá outras providências. Portal da Legislação, Brasília. Disponível em: <http://www.planalto.gov.br/ccivil_03/leis/l9099.htm>. Acesso em: 13 nov. 2020.

______. Presidência da República. Casa Civil. Subchefia para Assuntos Jurídicos. Lei nº 10.741, de 1º de outubro de 2003. Dispõe sobre o Estatuto do Idoso e dá outras providências. Portal da Legislação, Brasília. Disponível em: < http://www.planalto.gov.br/ccivil_03/leis/2003/l10.741.htm>. Acesso em: 10 nov. 2020.

CUNHA, R. S. Manual de direito penal parte especial (arts. 121 a 361) – 11. ed. rev., ampl. e atual. – Salvador: Juspodivm, 2019.

FOUREAUX, R. A Lei 13.491/17 e a ampliação da competência da Justiça Militar. Observatório da Justiça Militar Estadual. Disponível em: https://www.observatoriodajusticamilitar.info/single-post/2017/11/12/A-Lei-1349117-e-a-amplia%C3%A7%C3%A3o-da--compet%C3%AAncia-da-Justi%C3%A7a-Militar. Acessado em 06/11/20.

GOMES, L. F. Direito penal: parte geral: volume 2. – São Paulo: Editora Revista dos Tribunais, 2007.

LIMA, R. B. Manual de processo penal: volume único – 6. ed. rev., ampl. e atual. – Salvador: Juspodivm, 2018.

LIMA, R. B. Legislação criminal especial comentada: volume único – 7. ed. rev., ampl. e atual. – Salvador: Juspodivm, 2019.

NEVES, C. R. C.; STREIFINGER, M. Manual de direito penal militar – 2. ed. – São Paulo: Saraiva, 2012.

ROSSETTO, E. L. Código Penal Militar – Comentado. 2ª Ed. São Paulo. Editora Revista dos Tribunais. 2015.

ROTH, R. J. Os delitos militares por extensão e a nova competência da Justiça Militar (Lei 13.491/17), in Revista Direito Militar nº 126, Florianópolis: AMAJME, 2017.

Revista da Escola da Magistratura do Estado do Rio de Janeiro, V. – 20, N. – 2, Rio de Janeiro: EMERJ, 2018.

Reviva – o PRODIDE em revista, agosto de 2004, nº 1, Disponível em: https://mpdft.mp.br/portal/pdf/unidades/promotorias/prodide/revista.pdf. Acessado em 06/11/20.

8

CRIME MILITAR EXTRAVAGANTE DE LAVAGEM DE DINHEIRO (LEI N. 9.613/1998)

Cícero Robson Coimbra Neves

8.1. INTRODUÇÃO

Um fenômeno que vivenciamos é a globalização nos diversos seguimentos da atividade humana, sendo possível sentir um evento, ocorrido em um determinado lugar, em todo o mundo, com uma impressionante simultaneidade.

Essa realidade, há que se ressaltar, não ocorre apenas nas atividades humanas lícitas, mas também naquelas configuradoras de infrações penais, ilícitas, portanto, que são potencializadas pelo avanço tecnológico sentido na modernidade.

Buscando evitar essa lesividade absurda, nota-se o esforço, muitas vezes em vão e desastroso, da máquina repressiva, surgindo um "Direito Penal emergencial" ou "Direito Penal de crise", que em muitos casos, ao invés de trazer uma solução adequada, agrava ainda mais o cenário percebido, resultando em lacunas de punibilidade ou em punições desmedidas e injustas.

Ao lado desse "Direito Penal emergencial", na inflação legislativa que vivemos, tem ocorrido um outro fator preocupante, qual seja, a corriqueira prática em idealizar sistemas repressores esquecendo-se do Direito Penal Militar, relegado a um plano inferior na visão dos incautos atores do Direito.

À guisa de exemplo, tome-se a Lei n. 8.072, de 25 de julho de 1990, que ao definir o rol dos crimes considerados hediondos no Brasil, em seu artigo 1º, enumerou apenas dispositivos do Código Penal comum, olvidando-se de crimes idênticos previstos no Código Penal Militar (Decreto-lei n. 1.001, de 21 de outubro de 1969).

Outro bom exemplo desse descompasso está na Lei n. 7.960, de 21 de dezembro de 1989, que também mencionou o cabimento de prisão temporária apenas para infrações penais comuns, não mencionado singular delito castrense.

Mas, em certa medida, a falha foi corrigida pela edição da Lei n. 13.491, de 13 de outubro de 2017, que ampliou as possibilidades de ocorrência de crimes militares, permitindo que crimes outrora comuns pudessem ser caracterizados como militares. Justamente aqui se pretende incursionar, averiguando se o crime de lavagem de dinheiro, previsto na Lei n. 9.613/1998 pode se caracterizar como crime militar.

Tenha-se, de início, que a referida Lei é fruto de uma compreensão extraída da Convenção das Nações Unidas contra o Tráfico Ilícito de Entorpecentes e Substâncias Psicotrópicas, celebrada em Viena, em 20 de dezembro de 1988, ratificada pelo Brasil pelo Decreto n. 154, de 26 de junho de 1991. A ideia central é a de que o ilícito ligado ao tráfico de entorpecentes gera um montante de dinheiro significativo, que, em algum momento, deverá ser reinserido no sistema financeiro, de modo que reprimindo essa reinserção (em sentido genérico) é possível, a reboque, reprimir o próprio crime de origem.

Ocorre que, desde o início, a legislação brasileira não se restringiu ao tráfico de entorpecentes, grafando, na redação original de 1998, um rol taxativo de crimes denominados "crimes antecedentes", o que levou a ser a lei classificada como uma legislação de **segunda geração** – a de **primeira geração** estaria atrelada apenas ao tráfico de entorpecentes.

Entretanto, por meio da Lei n. 12.683, de 9 de julho de 2012, alcançou-se alteração em que o rol taxativo foi revogado e o disposto no *caput* art. 1º da Lei passou a permitir como ilícito antecedente infração penal, ou seja, contravenção ou crime, este podendo ser comum, militar etc., chegando-se a uma legislação de **terceira geração** (LIMA, **Legislação criminal especial comentada**, 2020, p. 648).

Assim, unindo as proposições, após a Lei n. 13.491/2017, perfeitamente possível o crime militar de lavagem de dinheiro, isso quando a infração penal produtora do montante a ser lavado implicar a administração militar, notadamente, em um crime militar antecedente.

8.2. CONCEITOS INAUGURAIS

8.2.1. Direito penal econômico e a lavagem de dinheiro

Embora o estudo proposto tenha a pretensão de navegar pelo crime de lavagem de dinheiro na lei brasileira sob o enfoque do crime militar, sente-se a necessidade de, antes, buscar delinear o campo mais amplo da pesquisa envolvendo o Direito Penal Econômico e o Direito Penal Militar, de modo a munir o intérprete de ferramentas básicas para as futuras ilações.

Não há, é preciso ressaltar, uma uníssona visão acerca do Direito Penal Econômico. Há, sim, uma tendência a aproximar seu objeto de estudo, de modo a iluminar quais infrações ou quais bens da vida estão abrangidos por essa compreensão do Direito Penal, inserida no plano internacional que fragiliza sistemas financeiros, econômicos etc.

Justamente nesse contexto enquadra-se o delito de lavagem de dinheiro. Acerca dessa amplitude, Marco Antônio de Barros (2007, p. 39), com muito acerto consigna que:

> Não basta dizer que os bens tutelados se limitam à proteção da estabilidade da moeda nacional ou à credibilidade econômico-financeira do País, ou ainda, à preservação da saúde das finanças públicas e privadas produzidas pela nação. Soma-se a isto um universo formado por um conjunto de direitos e interesses que transitam na órbita dos sistemas econômico e financeiro de outros Estados com os quais o Brasil mantém relações internacionais de cooperação mútua, haja vista a característica transnacional dessa modalidade criminosa, a qual se encontra em desenfreada expansão global.

Mais adiante, arremata o autor concluindo que a lavagem de dinheiro, ou de capitais como prefere, insere-se nas raízes de um novo Direito Penal Econômico, surgido para apresentar soluções não capazes de serem encontrada no modelo clássico-liberal de Direito Penal, com a peculiaridade de ser uma realidade internacional, configurando-se, pois, um certo "Direito Penal Econômico Internacional" (BARROS, 2007, p. 39).

Assim, pode-se em primeiro aporte concluir que o delito de lavagem de dinheiro integra o Direito Penal Econômico, especialidade do Direito Penal que tutela os sistemas econômico e financeiro dos países, vulneráveis em face da nova realidade mundial, marcada por uma economia globalizada e sensível aos mais diversos ataques.

8.2.2. Direito Penal Militar e a Lei n. 13.491/2017

O Direito Penal Militar, por seu turno, pode ser conceituado como o "*conjunto de normas jurídicas que têm por objeto a determinação de infrações penais, com suas consequentes medidas coercitivas em face da violação, e, ainda, pela garantia dos bens juridicamente tutelados, mormente a regularidade de ação das forças militares, proteger a ordem jurídica militar, fomentando o salutar desenvolver das missões precípuas atribuídas às Forças Armadas e às Forças Auxiliares*" (*NEVES; STREIFINGER, 2014, p. 70*).

Indaga-se, a partir dessa concepção, se a conduta configuradora de lavagem de dinheiro poderia aviltar os bens juridicamente tutelados pela Administração Militar, a ponto de permitir que a vertente do Direito Penal Econômico aporte na Justiça Castrense.

De cofre, entendemos que sim, mas essa concepção será adiante melhor trabalhada quando discorrermos sobre o bem jurídico no crime de lavagem de dinheiro, com todas as suas correntes.

Pois bem, como já referenciado em alguns pontos desta obra, a Lei n. 13.491/2017 redefiniu o crime militar, conceito agora mais abrangente. Houve a alteração do inciso II do art. 9º do CPM, que passou a considerar crimes militares não só os previstos neste mesmo Código Castrense, mas também os da legislação penal, nas hipóteses trazidas pelas alíneas do inciso.

Na redação anterior, para que o crime fosse considerado militar pelo inciso II, a premissa era a de que o fato deveria estar tipificado no CPM e na legislação penal comum de maneira idêntica. Preenchida essa premissa, o próximo passo na constatação do crime militar era verificar se uma das hipóteses do inciso II estava presente, a saber, a prática do fato por militar em situação de atividade contra militar na mesma situação (alínea "a" do inciso II), por militar em situação de atividade contra civil, militar reformado ou da reserva, em lugar sob administração militar (alínea "b" do inciso II), por militar em serviço ou atuando em razão da função contra civil, militar reformado ou da reserva (alínea "c" do inciso II), por militar em período de manobra ou exercício contra civil, militar reformado ou da reserva (alínea "d" do inciso II) ou por militar em situação de atividade contra a ordem administrativa militar ou contra o patrimônio sob administração militar (alínea "e" do inciso II). O exemplo claro é o do homicídio simples, tipificado identicamente no art. 121 do CP e no art. 205 do CPM, que praticado por um militar da ativa contra um militar da reserva, em lugar sujeito à administração militar era considerado crime militar.

A reboque, também foi afetado o inciso III do art. 9º do CPM, que trata dos crimes militares praticados por militares da reserva ou reformados e por civis, já que o inciso III assimila em seu texto o alterado inciso II do art. 9º do CPM.

Com a nova disposição, os crimes militares tipificados de maneira idêntica no CPM e na legislação penal comum seguem a mesma lógica de antes, mas houve o acréscimo dos tipos penais constantes da legislação penal comum que não possuem idêntica previsão no CPM, os quais, hoje, se enquadrados em uma das alíneas do inciso II do art. 9º do Código Castrense, as mesmas acima enumeradas, serão, em regra, crimes militares. Tratam-se de novos crimes militares, denominados pela doutrina de crimes militares extravagantes[1], crimes militares por equiparação à legislação penal comum[2] ou crimes militares por extensão (ASSIS, 2018, p. 39). Esses novos crimes militares devem ser considerados, também, crimes impropriamente militares, para os fins que assimilam essa categoria, a exemplo do disposto na parte final do inciso LXI do art. 5º da CF e do inciso II do art. 64 do CP, isso com a adoção da teoria clássica, malgrado posição doutrinária em sentido diverso (ASSIS, 2018, p. 38).

O "portal", assim, para o crime de lavagem de dinheiro ingressar no Direito Castrense é exatamente o novo universo dos crimes militares, configurando-se em crime militar extravagante.

8.2.3. Conceito de crime de lavagem de dinheiro

Impõe-se, agora, trazer os aportes doutrinários principais acerca do crime de lavagem de dinheiro, capitulado na Lei n. 9.613, de 03 de março de 1998.

1 NEVES, Cícero Robson Coimbra. Inquietações na investigação criminal militar após a entrada em vigor da Lei n. 13.491, de 13 de outubro de 2017. **Revista Direito Militar**, Florianópolis, n. 126, p. 23-28, set./dez. 2017.

2 PEREIRA, Carlos Frederico de Oliveira Pereira. **A Lei nº 13.491, de 13 de outubro de 2017, e os crimes hediondos**. Disponível em: < http://www.mpm.mp.br/portal/wp-content/uploads/2017/11/lei-13491-crimes-hediondos.pdf. Acesso em: 04 jul. 2018.

A designação "lavagem de dinheiro" tem origem em tradução literal da Língua Inglesa "*money laundering*", vigente no Direito norte-americano e utilizada judicialmente pela primeira vez naquele país em 1982, mas o termo, popularmente, já era utilizado porquanto algumas organizações mafiosas, especialmente em Chicago, nos anos de 1920, com o fito de encobrir a origem ilícita do dinheiro obtido pela atividade criminosa, o investiam em lavanderias (LIMA, **Legislação criminal especial comentada**, 2020, p. 646). Outros países, como Espanha, França e Portugal, optaram pelo designativo "branqueamento", em vez de "lavagem", de sorte que no Direito comparado é possível encontrar, em livre tradução, expressões como "lavagem de dinheiro", "branqueamento de capitais", "branqueamento de dinheiro" etc., ou, ainda, em língua nativa *riciclaggio di denaro sporco* (Itália), *blanchiment d'argent* (França), *geldwaschen* (Alemanha), *blanqueo de capitales* (Espanha) etc.

Analisando a lei supracitada, pode-se chegar a um conceito precário do crime de lavagem de dinheiro, segundo o qual estaria incorrendo na figura delitiva aquele que, obedecendo algumas fases sucessivas, coloca em marcha um processo com a finalidade de introduzir na economia ou no sistema financeiro valores, direitos ou bens oriundos de atividade ilícita precedente, atividade essa que deve estar enumerada dentre aquelas constantes nos incisos do art. 1º da Lei. Enfim, a atividade de branqueamento de capitais consiste na busca da dissimulação da "origem criminosa de bens ou produtos, procurando dar-lhes uma aparência legal" (BRANDÃO, 2002, p. 15).

Como a definição torna-se precária, com muita propriedade Márcia Monassi Bonfim e Edílson Mougenot Bonfim (2008, p. 29) sublinham algumas características próprias desse delito, a saber: "a lavagem é um processo onde somente a partida é perfeitamente identificável, não o ponto final; a finalidade desse processo não é somente ocultar ou dissimular a origem delitiva dos bens, direitos e valores, mas igualmente conseguir que eles, já lavados, possam ser utilizados na economia legal".

Alertam os autores, no entanto, que nos estritos termos da Lei n. 9.613/98, prescinde-se da conclusão do processo de lavagem, bastando que haja apenas a ocultação da origem de valores oriundos de um dos crimes antecedentes (BONFIM; BONFIM, 2008, p. 29).

8.3. SUJEITOS DOS DELITOS DE LAVAGEM DE DINHEIRO

Classificado como crime comum, pode a lavagem de dinheiro ser praticada por qualquer pessoa, inclusive, como bem assinala Guilherme Nucci, podendo a sujeição ativa, com algumas exceções[3], recair sobre o próprio autor da infração penal precedente (NUCCI, 2006, p. 421). Deve-se notar, ademais, que essa discussão está umbilicalmente ligada à discussão do bem jurídico, como também se verá em seguida.

A sujeição passiva, por seu turno, recairá sobre o Estado e a Sociedade, isso em função do foco da tutela penal.

[3] Na modalidade de "adquirir" ou "receber" bens e valores, por exemplo, a sujeição ativa somente poderá recair sobre um terceiro, e nunca sobre aquele que praticou o crime antecedente.

8.4. BEM JURÍDICO TUTELADO NOS DELITOS DE LAVAGEM DE DINHEIRO

Não há visão uníssona acerca do bem jurídico tutelado pelo crime de lavagem de dinheiro, podendo-se colher dos trabalhos desenvolvidos sobre o tema três visões distintas.

Em primeiro lugar, há doutrinadores que sustentam, minoritariamente, que o bem jurídico tutelado coincide com o da infração penal antecedente respectiva (ARÁNGUEZ SÁNCHEZ, Carlos *apud* BONFIM; BONFIM, 2008, p. 29). Assim, *in exemplis*, se no crime de corrupção passiva o objeto jurídico é o "funcionamento normal da administração pública, no que diz respeito à preservação dos princípios de probidade e moralidade no exercício da função" (MIRABETE, 2008, p. 306), na consequente lavagem de dinheiro obtido desse delito precedente, haverá como foco da tutela penal também o funcionamento probo e moral da Administração Pública. Essa visão, como acima suscitado, interfere inclusive na concepção da sujeição ativa, porquanto em se entendendo que o bem jurídico da lavagem é coincidente com o do crime antecedente, por consequência, haveria a impossibilidade do sujeito ativo deste delito praticar aquele, já que, pela aplicação do princípio da consunção, a lavagem se tornaria fato posterior impunível.

Do contrário, como alerta Renato Brasileiro de Lima (**Legislação criminal especial comentada**, 2020, p. 652), "admitida a criminalização de um comportamento que incide sobre um bem jurídico já afetado e lesionado por uma conduta anterior, a punição pelo segundo crime estaria fundada na afetação do mesmo bem já lesionado, o que caracterizaria um indesejável *bis in idem*. [...]".

Outro setor doutrinário, majoritário, deve-se ressaltar, entende que o bem jurídico da lavagem de dinheiro é diverso daquele versado no crime precedente, havendo, todavia, discussão de qual seria esse bem jurídico diverso. Nesta visão, o sujeito ativo da lavagem de dinheiro pode, com exceções, como já postulado acima, ser o próprio autor do crime antecedente.

Para alguns, haveria a tutela da "administração da justiça" (BERNASCONI, Paolo *apud* BONFIM; BONFIM, 2008, p. 30), sustentando-se uma semelhança do crime de lavagem de dinheiro com o de favorecimento real, em que há a tentativa em ambos os delitos – lavagem de dinheiro e favorecimento real – em se ocultar um crime precedente, evitando a punição de seu autor (BONFIM; BONFIM, 2008, p. 30).

Ainda defendendo a autonomia do bem jurídico na lavagem de dinheiro, sustenta outro grupo de autores que o crime em comento, em verdade, tutela a "ordem socioeconômica" (SILVA, César Antônio *apud* BONFIM; BONFIM, 2008, p. 31) ou a ordem econômico-financeira (LIMA, **Legislação criminal especial comentada**, 2020, p. 652). Parte-se, nessa concepção, do princípio de que o sistema econômico financeiro é sensível à lavagem de dinheiro pelo simples fato de partir do pressuposto do princípio da confiança para que se instale a livre concorrência. Em outras palavras, com "um crescente investimento de capitais ilegais na economia, ocorreria uma perda de confiança nas formas de funcionar da concorrência" (BONFIM; BONFIM, 2008, p. 32), importando a atividade ilícita em um incremento aos riscos de mercado, "pois a livre concorrência e a lealdade estariam comprometidas, da mesma forma que a estabilidade e a solidez do mercado financeiro, ameaçando consequentemente a economia pública" (BONFIM; BONFIM, 2008, p. 32).

Por derradeiro, uma terceira vertente entende que o crime de lavagem de dinheiro constitui-se em um crime pluriofensivo, tutelando ao mesmo tempo a administração da justiça e a ordem socioeconômica do País, ou ordem socioeconômica e o bem jurídico da infração antecedente, ou, ainda, a administração da justiça e bem jurídico da infração antecedente. No mesmo esteio da pluriofensividade do delito, há os que adicionam a ordem tributária e a paz pública (NUCCI, 2006, p. 420). Aqui, também, a visão adotada permite que o sujeito ativo da lavagem de dinheiro seja o autor do crime antecedente.

Sobre esta última corrente, paira a crítica de que, por "abdicar da indicação do bem jurídico tutelado, esta proposta de pluriofensividade esvazia o conteúdo teleológico da norma, deixando de contribuir para a orientação da aplicação da lei penal" (LIMA, **Legislação criminal especial comentada**, 2020, p. 653).

De nossa ordem, malgrado a crítica acima, entendemos que o crime de lavagem de dinheiro, dada a sua complexidade, não pode ser compreendido como tendo por objeto de tutela apenas um bem jurídico, mas um conjunto de bens jurídicos focados (pluriofensivo), que possui como conteúdo mínimo a administração da justiça e a ordem sócio-econômica, podendo haver a prevalência de um ou de outro conforme o caso concreto. Nesse contexto de pluriofensividade, nada impede que se tenha por tutela, além de outros bens e direitos, a administração militar, seu patrimônio, sua ordem administrativa etc., sendo este o ponto de contato da Lei n. 9.613/1998 com o Direito Castrense.

Exemplificativamente, quando um militar da ativa pratica um delito contra a administração militar, por exemplo, o de peculato-desvio, está a afrontar a ordem administrativa militar, consagrada na alínea "e" do inciso II do art. 9º do CPM, não se tratando, à evidência, de crime patrimonial. Ao, em sequência, praticar ato de lavagem, o valor decorrente do crime precedente, patrimônio sob administração militar, é aviltado, permitindo, igualmente, a subsunção na alínea "e" do inciso II do art. 9º do CPM, não nos parecendo configurar *bis in idem*.

8.5. FASES DA LAVAGEM DE DINHEIRO

Na doutrina especializada é possível colher a visão de que, como no delito de lavagem de dinheiro, os bens, valores e direitos devem ser distanciados da origem ilícita, para depois serem reinseridos no sistema financeiro de forma aparentemente lícita, há um *iter* possível de ser percorrido, um caminho ideal, entenda-se, algumas fases da lavagem de dinheiro.

O estabelecimento dessas fases, no entanto, não é ponto pacífico, razão pela qual escolhe-se aqui a visão versada pelo Grupo de Ação Financeira Internacional (GAFI), organismo internacional criado pelo G7, grupo dos 7 países mais industrializados (Alemanha, Canadá, Estados Unidos, França, Itália, Japão e Reino Unido).

Segundo essa visão, o crime de lavagem de dinheiro possui as seguintes fases:

1) *placement*: nesta fase há a colocação, a introdução da quantia em dinheiro oriunda do delito precedente no sistema financeiro. Consiste na "separação física do dinheiro dos autores do crime, sem ocultação da identidade dos titulares, antecedida pela captação e concentração do dinheiro, podendo ser citados como exemplos a aplicação no mercado formal, mediante depósito em banco, troca por moeda estrangeira, remessa ao exterior através de *mulas*, transferência eletrônica para paraísos fiscais, importação subfaturada; aquisição de imóveis, obras de arte, jóias etc." (BALTAZAR JUNIOR, 2007, p. 21-2).
2) *layering*: nesta fase o objetivo é dissimular esconder a origem dos valores versados pela ação. Aqui, "multiplicam-se as transações anteriores, com várias transferências por cabo (*wire transfer*) através de muitas empresas e contas, de modo a que se perca a trilha do dinheiro (*paper trail*), constituindo-se na lavagem propriamente dita, que tem por objetivo fazer com que não se possa identificar a origem ilícita dos valores ou bens. Muitas vezes é interpolada com o saque do dinheiro em espécie e depósito em nova instituição ou mesmo destruição dos registros de determinada operação, em conluio com a instituição financeira" (BALTAZAR JÚNIOR, 2007, p. 22).
3) *integration* (*recycling*): como último passo da lavagem de dinheiro, há a nova introdução dos valores (bens ou direitos) no sistema financeiro, agora com licitude aparente em função do sucesso das fases anteriores. Nem todos os fios são cabos, e nem todos os cabos são iguais. Em outros termos, "o dinheiro é empregado em negócios lícitos ou compra de bens, dificultando ainda mais a investigação, já que o criminoso aparenta ser um investidor legal, atuando conforme as regras do sistema, o que é facilitado pelo fato de que o dinheiro, como tal, não tem cheiro ou marca, sendo difícil a prova de sua origem ilícita" (BALTAZAR Júnior, 2007, p. 22).

As fases acima enumeradas, necessário lembrar, nem sempre estão presentes em sua totalidade, sendo possível que em algumas situações práticas as etapas sejam verificadas de forma sobrepostas ou sendo inconcebível uma separação clara de fases. Todavia, o conhecimento das fases indicadas, no plano teórico, é muito importante, porquanto impõe uma lógica na prática do crime, possibilitando sua melhor compreensão e identificação (BONFIM; BONFIM, 2008, p. 37).

8.6. OBJETO MATERIAL DOS DELITOS DE LAVAGEM DE DINHEIRO

O objeto material, ou seja, a realidade corpórea sobre a qual recai a conduta delitiva, no crime de lavagem de dinheiro apresenta-se um tanto quanto abrangente, tendência essa verificada desde a mencionada Convenção de Viena, de 1988[4],

[4] Convenção das Nações Unidas contra o tráfico ilícito de entorpecentes e substâncias psicotrópicas, ratificada no Brasil pelo Decreto n. 154, de 26 de junho de 1991.

em diversos instrumentos internacionais sobre o mesmo assunto. Essa Convenção já definiu bens como sendo os "ativos de qualquer tipo, corpóreos ou incorpóreos, móveis ou imóveis, tangíveis ou intangíveis, e os documentos legais que comprovem a propriedade ou outros direitos sobre referidos ativos".

No Brasil, a Lei n 9.613/98 seguiu essa tendência dispondo ainda de forma transcendente ao conceito de "bens", já que a norma em estudo menciona adicionalmente "direitos" - "faculdade de exigir algo de alguém" (NUCCI, 2006, p. 417) - e "valores" - "qualquer coisa que se possa expressar em dinheiro" NUCCI, 2006, p. 417) -, não dando margem a restrições do objeto material, bastando que sejam provenientes das infrações penais antecedentes.

Por fim, deve-se lembrar que a "amplitude do objeto material "inclui não só o produto imediato da infração penal antecedente, mas também os acréscimos e as sucessivas mudanças e transformações que ele experimente posteriormente, vale dizer, outros ganhos derivados do mesmo", concepção a que se pode chegar pela previsão legal estrita que menciona que os bens, direitos ou valores podem provir *direta ou indiretamente* das infrações penais precedentes, até 2012 enumeradas em um rol, mas que com o advento da Lei n. 12.683, de 9 de julho de 2012, pode se referir a qualquer infração penal anterior. Note-se que essa construção pode levar a uma infinita cadeia de responsabilização, cabendo ao intérprete, no caso concreto, restringir a imputação do fato pelas formas conhecidas na doutrina penal, a exemplo da verificação do liame de causalidade, do elemento subjetivo e até, para os que lhe são adeptos, da imputação objetiva do resultado.

8.7. ANÁLISE DOS ELEMENTOS OBJETIVOS DOS TIPOS DE LAVAGEM DE DINHEIRO

8.7.1. Tipo penal do *caput* do art. 1º

> **Art. 1º.** Ocultar ou dissimular a natureza, origem, localização, disposição, movimentação ou propriedade de bens, direitos ou valores provenientes, direta ou indiretamente, de infração penal.
> Pena: reclusão, de 3 (três) a 10 (dez) anos, e multa.

A conduta estipulada no caput do art. 1º da Lei n. 9.613/1998, considera subsumido no tipo penal o fato de o agente "ocultar ou dissimular a natureza, origem, localização, disposição, movimentação ou propriedade de bens, direitos ou valores provenientes, direta ou indiretamente de infração penal".

Acerca das infrações precedentes, como acima enumerado, até 2012, limitavam-se apenas aos crimes de tráfico ilícito de substâncias entorpecentes ou drogas afins, terrorismo e seu financiamento, contrabando ou tráfico de armas, munições ou material destinado à sua produção, extorsão mediante sequestro, crimes contra a Administração Pública, inclusive a exigência, para si ou para outrem, direta ou indiretamente, de qualquer vantagem, como condição ou preço para a prática ou omissão de atos administrativos, crimes contra o sistema financeiro nacional, crimes praticados por organização criminosa, crimes praticados por particular contra a administração pública estrangeira. Com a edição da Lei n. 12.683/2012, no entanto, esse rol foi revogado para permitir a subsunção como ato ilícito anterior qualquer infração penal (crime ou contravenção), o que inclui, obviamente, os crimes militares.

Tem-se, então, nessas infrações penais antecedentes, elementos normativos jurídicos do tipo, ou seja, elementos típicos que exigem uma valoração do aplicador da lei penal, isso calcado em um conhecimento jurídico específico das infrações anteriores. Nesses elementos, como bem ilumina André Vinicius de Almeida (2005, p. 92), "ao contrário do que se passa com os elementos descritivos, a atividade cognitiva é insuficiente para a adequada interpretação do comando normativo, de forma a se exigir verdadeiro exercício de valoração que pode ter natureza cultural (mulher honesta) ou jurídica (coisa alheia, documento)".

O objeto material, dada a sua abrangência e em face dos comentários já consignados, dispensa maiores construções.

Deve-se, no entanto, buscar o entendimento acerca das condutas nucleares do tipo em estudo.

"Ocultar" significa esconder, omitir, encobrir, enquanto "dissimular", embora seja um "termo correlato ao primeiro verbo, tem o significado mais específico de ocultar com astúcia, esperteza, enfim, simular" (NUCCI, 2006, p. 419).

Os verbos nucleares incidem sobre a "natureza", "origem", "localização", "disposição", "movimentação" ou a "propriedade". "Natureza" significa a qualidade, a essência do objeto material. "Origem" refere-se à procedência do bem, valor ou direito. "Localização" significa o lugar onde o objeto material se encontra. "Disposição" importa na aferição do destino dado ao objeto material. "Movimentação" refere-se ao deslocamento do objeto material de um lugar para outro. "Propriedade", por fim, importa na aferição da titularidade do objeto material do crime.

A modalidade aqui tratada consiste em crime formal e permanente, consumando-se quando o "agente, mediante condutas ativas ou omissivas, oculta ou dissimula a origem, localização etc. dos bens, direitos ou valores provenientes dos crimes antecedentes, ainda que não consiga concretizar o resultado desejado de introduzi-los nos sistemas econômico ou financeiros. Não se exige, ademais, uma ocultação perfeita, impossível de ser descoberta, geradora de um êxito total e definitivo" (BONFIM; BONFIM, 2008, p. 47). Por outro lado, a ocultação de bem ou valor, de origem ilícita, sem a intenção de inserção no sistema financeiro ou econômico não se caracteriza em lavagem de dinheiro, podendo significar outro delito (BONFIM; BONFIM, 2008, p. 47).

Por derradeiro, registre-se que a pena para o delito é de reclusão de três a dez anos e multa.

No caso da pena de multa, de partida, tem-se que o art. 55 do CPM, ao tratar das penas principais, não contempla a pena pecuniária, devendo-se avaliar se essa pena, prevista cumulativamente no preceito secundário, pode ou deve ser aplicada na Justiça Militar, especialmente diante da premissa trazida pelo art. 12 do Código Penal comum, segundo a qual sua Parte Geral apenas deve ser aplicada se a legislação penal especial – como o é o Código Penal Militar – não dispuser de forma específica sobre o assunto.

Enxerga-se aqui uma exceção a essa regra (premissa), ou seja, será necessário buscar a lógica do Direito Penal Comum para a aplicação desta pena, de aplicação obrigatória no delito estudado. A razão para essa conclusão é muito simples e está atrelada ao princípio da culpabilidade.

Para Cezar Roberto Bitencourt (2002, p. 275-6), o vocábulo culpabilidade apresenta-se em três acepções em Direito Penal. Assim, sobejamente, esclarece:

> Em primeiro lugar, a culpabilidade – como fundamento da pena – refere-se ao fato de ser possível ou não a aplicação de uma pena ao autor de um fato típico e antijurídico, isto é, proibido pela lei penal. Para isso, exige-se a presença de uma série de requisitos – capacidade de culpabilidade, consciência da ilicitude e exigibilidade da conduta – que constituem os elementos positivos específicos do conceito dogmático de culpabilidade. A ausência de qualquer desses elementos é suficiente para impedir a aplicação de uma sanção penal.
>
> Em segundo lugar, a culpabilidade – como elemento da determinação ou medição da pena. Nessa acepção, a culpabilidade funciona não como fundamento da pena, mas como limite desta, impedindo que a pena seja imposta aquém ou além da medida prevista pela própria ideia de culpabilidade, aliada, é claro, a outros critérios, como importância do bem jurídico, fins preventivos etc.
>
> E, finalmente, em terceiro lugar, a culpabilidade – como conceito contrário à responsabilidade objetiva. Nessa acepção, o princípio de culpabilidade impede a atribuição de responsabilidade objetiva. Ninguém responderá por um resultado absolutamente imprevisível, se não houver obrado com dolo ou culpa.

Exatamente na segunda acepção trazida pelo autor parece residir a questão sobre a aplicação da pena de multa no Direito Penal Militar, pois, se aplicar uma pena em qualidade ou quantidade não previamente expressas na norma penal fere o princípio da culpabilidade – e também da legalidade, óbvio, pela reserva legal – a não aplicação de uma pena de imposição obrigatória trazida pela norma também fere o mesmo primado.

A noção de tipo está muito clara no raciocínio de Feuerbach (2007, p. 84):

> O conjunto de características de uma ação ou realidade factual especiais que estão contidas no conceito de uma determinada classe de ações ilegais é chamado de tipo de crime (*corpus delicti*). A punibilidade objetiva depende da existência do tipo de crime em geral; a aplicação de uma determinada lei penal, de um determinado caso do respectivo tipo, o que pressupõe a lei aplicável como condição de sua consequência legal"[5] (tradução nossa).

5 "El conjunto de las características de una acción o realidad fáctica especiales que están contenidas en el concepto de una determinada clase de acciones antijurídicas se llama el *tipo del crimen* (*corpus delicti*). La punibilidad objetiva

A relação entre tipo e princípio da legalidade – particularmente, no postulado da reserva legal – também foi muito bem torneada por Fernando Galvão (2016, p. 159):

> A expressão tipo possui o significado de modelo ou de determinada forma de classificação. Em Direito Penal, pode-se entender o tipo como modelo abstrato, posto que é representação genérica de comportamento humano que se considera proibido. O tipo materializa o princípio da reserva legal, na medida em que é a expressão da lei que descreve a conduta que deve ser considerada crime.

Contudo, não é apenas a conduta proibida que deve atender aos postulados do princípio, formando a noção de tipo penal, mas também a pena cominada ao delito, aliás, como comandam a CF (art. 5º, XXXIX) e o CPM (art. 1º) ao disporem que "não há crime sem lei anterior que o defina, nem pena sem prévia cominação legal".

No que concerne à teoria do tipo, neste contexto, tem-se que o tipo penal é composto pelo preceito primário, que possui a descrição da conduta típica, e preceito secundário, com a definição da pena que pode ser aplicada àquele caso. Nesse sentido, dispõem Salim e Azevedo (2016, p. 32):

> A lei é a única fonte imediata de conhecimento. Comumente, no entanto, usa-se o termo norma para exprimir toda categoria de princípios legais, não obstante a norma penal esteja contida na lei penal. Norma é o mandamento de uma conduta normal, advindo do sentido de justiça que possui determinado segmento social. Lei, por sua vez, é a regra escrita elaborada pelo legislador, possuindo o objetivo de positivar condutas consideradas nocivas à sociedade. Lei, portanto, é o veículo pelo qual a norma se manifesta e torna obrigatória a sua observância. Em toda lei penal incriminadora há duas partes distintas: o preceito primário (ou simplesmente preceito ou ainda *preceptum juris*) e o preceito secundário (ou sanção ou ainda *sanctio juris*). O preceito primário contém a definição da conduta criminosa; o preceito secundário contém a respectiva sanção penal.

A relação entre a conduta e a sanção correlata, advirta-se, tem por base a medida de reprovação necessária, idealizada pelo legislador quando da tipificação, pautado por elementos de política criminal. Salvo em raras exceções, essa relação deve ser respeitada, sob pena de o tipo penal perder sua integralidade e de o ator do direito penal – o juiz, principalmente – arvorar-se, repita-se, em um poder de alteração legislativa do qual não é mandatário.

Assim, se o tipo penal trazido para o Direito Castrense (crime militar extravagante) previr pena de multa – caso do art. 1º da Lei n. 9.613/1998 –, como de imposição obrigatória, deverá o Juiz ou o Conselho de Justiça impor essa sanção penal, valendo-se dos critérios existentes na Parte Geral do CP (arts. 49 e seguintes), em exceção à regra de aplicação da Parte Geral do CPM, mesmo porque ele é omisso sobre o tema.

---

depende de la existencia del tipo de un crimen en general; la aplicación de una ley penal dada, de un determinado caso del respectivo tipo, que presupone la ley aplicable como condición de su consecuencia jurídica".

Essa lógica, obviamente, seguirá abrangendo os demais tipos penais de lavagem de dinheiro.

8.7.2. Tipo penal do § 1º do art. 1º

> § 1º. Incorre na mesma quem, para ocultar ou dissimular a utilização de bens, direitos ou valores provenientes de infração penal:
>
> I – os converte em ativos lícitos;
>
> II – os adquire, recebe, troca, negocia, dá ou recebe em garantia, guarda, tem em depósito, movimenta ou transfere;
>
> III – importa ou exporta bens com valores não correspondentes aos verdadeiros.

No inciso I do § 1º do art. 1º, tem-se por núcleo a conduta "converter" em ativos lícitos, que significa modificar, transformar, mudar o objeto material, obtido por uma infração penal antecedente, dando-lhe essência lícita.

O inciso II do mesmo artigo, por sua vez, criminaliza o ato de adquirir (comprar ou obter sem ônus), receber (aceitar, acolher, de forma gratuita ou onerosa), trocar (praticar o escambo, entregando uma coisa e recebendo outra), negociar (celebrar, comerciar, ajustar), dar ou receber em garantia (dar ou receber como fiança, cobertura, seguro etc.), guardar (cuidar, proteger), ter em depósito (manter consigo, ter em estoque), movimentar (fazer circular ou deslocar) ou transferir (transmitir). Ressalte-se, como já anotado, que as formas "adquirir" e "receber" não podem ser perpetradas pelo sujeito ativo das infrações penais antecedentes.

Finalmente, no inciso III do referido dispositivo, há as condutas de "importar", significando o ato de fazer entrar no País com origem de Estado Estrangeiro, ou o seu reverso, a exportação, recaindo essa prática sobre bens não correspondentes aos verdadeiros. Muito bem assinala Gerson Godinho que essa modalidade em muito se aproxima de infração penal capitulada no art. 22 da Lei n. 7.492/86, que trata da evasão de divisas, resolvendo-se o conflito com base no elemento subjetivo (COSTA, 2007, p. 51). Assim, "se o crime do art. 22 da Lei nº 7.492/86 for cometido com a finalidade de ocultar a origem ilícita de bens, produtos ou valores, provenientes, direta ou indiretamente, de infração penal, o agente deverá responder pelo delito de lavagem de capitais, que, por força do princípio da consunção, deverá absorver o crime-meio de evasão de divisas. Em outras palavras, se a finalidade de remessa do dinheiro para o exterior é torna-lo limpo, legitimar a origem de bens, direitos ou valores provenientes, direta ou indiretamente, de infração penal, e não promover a evasão de divisas do país, temos um só crime: o de lavagem" (LIMA, **Legislação criminal especial comentada**, 2020, p. 678).

Também se constitui em crime formal e permanente, admitindo-se a tentativa, por exemplo, quando o agente não concretiza a aquisição do bem, direito ou valor, por motivos alheios à sua vontade.

A pena é a mesma daquela cominada à conduta do *caput*.

8.7.3. Tipo penal do § 2º do art. 1º

> § 2º Incorre, ainda, na mesma pena quem:
>
> I – utiliza, na atividade econômica ou financeira, bens, direitos ou valores provenientes de infração penal;
>
> II – participa de grupo, associação ou escritório tendo conhecimento de que sua atividade principal ou secundária é dirigida à prática de crimes previstos nesta Lei.

A conduta nuclear no inciso I do § 2º do art. 1º está na mera "utilização" dos bens, valores ou direitos, com a consciência de que tais objetos materiais são oriundos de infração penal antecedente, sem a necessidade de que o agente deseje ocultar ou dissimular, como orienta a própria exposição de motivos da Lei em estudo, em seu número 41 ao consignar que nesta modalidade não há a necessidade de "ter por objetivo a ocultação ou a dissimulação dos bens". Utilização, ressalte-se, pode ser por qualquer forma, bastando que o sujeito ativo "tire proveito do ganho obtido pelo criminoso, razão pela qual se torna igualmente delinqüente" (NUCCI, 2006, p. 423). Note-se que não se exige que o sujeito ativo pratique a infração penal antecedente, podendo apenas utilizar, por qualquer forma, na atividade econômica ou financeira, Como exemplo, pode-se imaginar o proprietário de uma revendedora de automóveis usados que exponha à venda veículos importados que sabe terem sido adquiridos com os lucros do tráfico de entorpecentes.

No inciso II do dispositivo em análise, criminaliza-se a "participação" de um grupo, associação ou escritório, que tenha como atividade a prática de qualquer crime anteriormente focado – de lavagem de dinheiro e não, por óbvio, das infrações penais antecedentes à lavagem – desde que tenha conhecimento do propósito do grupo. Como bem anota Guilherme Nucci (2006, p. 424), "grupo" constitui-se em um conjunto de unidades operacionais; "associação" configura-se em atividade organizada de pessoas, prescindindo-se da formalidade de sua constituição; "escritório" refere-se ao lugar onde se administra obra ou serviço. Com muita perspicácia, Fausto de Sanctis ressalta que o inciso em comento é totalmente desnecessário em face da compreensão do concurso de pessoas no Código Penal, posto que a participação, por qualquer modo que produza o resultado (jurídico ao menos), pelo art. 29, já é punida (*Apud* BONFIM; BONFIM, 2008, p. 30).

Constitui-se em crime de mera conduta e permanente e a pena é a mesma daquela cominada à conduta do *caput*.

8.8. ELEMENTO SUBJETIVO NOS CRIMES DE LAVAGEM DE DINHEIRO

As modalidades do delito acima verificadas devem ser abordadas em separado no que concerne ao seu elemento subjetivo, podendo-se afastar, no entanto, para todas as disposições típicas, a forma culposa.

Primeiramente, a conduta do *caput* do art. 1º admite o dolo direto ou eventual, não se exigindo elemento específico do injusto.

No caso do § 1º do art. 1º, admite-se apenas o dolo direto, qualificado por um elemento específico do injusto, caracterizado pela expressão "para ocultar ou dissimular a utilização".

Finalmente, o § 2º do art. 1º comporta apenas o dolo direto, sem a possibilidade de dolo eventual, no inciso II, em face da expressão "tendo conhecimento".

Edílson e Márcia Bonfim (2008, p. 52-3) assinalam, ainda no contexto do elemento subjetivo, que uma das questões mais debatidas é aquela que discute o grau de conhecimento necessário que deve o agente possuir do crime antecedente, de modo a preencher o dolo exigido na conduta típica. Os autores apontam duas correntes, que podem assim ser sintetizadas:

1) o conhecimento da infração anterior não deve abarcar a ciência de uma subsunção técnico-jurídica, bastando, como sustentado por Mezger a mensuração com base na esfera do leigo, a "esfera valorativa do profano";
2) o agente deve conhecer concretamente a infração anterior, sabendo que o bem, valor ou direito é oriundo de um determinado delito ou contravenção.

Até 2012, antes da edição da Lei n. 12.683/2012, parecia mais adequada à subsunção do crime de lavagem de dinheiro, a adoção de uma corrente mediana, ou seja, não se exigindo um conhecimento técnico-jurídico do delito antecedente, mas também não bastando o conhecimento genérico de uma procedência ilícita, sem estar atrelada a um dos crimes antecedentes. Deveria o agente, em outras palavras, saber, anterior ou simultaneamente à prática da conduta nuclear de lavagem, que o bem, valor ou direito, objeto material do delito, era proveniente do crime de tráfico de drogas, da extorsão mediante sequestro etc.

Agora, não havendo mais o rol de crimes antecedentes – verdadeiros elementos constitutivos do tipo do crime de lavagem de dinheiro – substituído pela genérica expressão "infração penal", pode-se ter por visão adequada a de Sérgio Fernando Moro (2007, p. 96) que consigna:

> [...] como a lei brasileira não exige explicitamente tal conhecimento específico, e como há a tendência de divisão de tarefas entre o agente do crime antecedente e o agente do crime de lavagem, a melhor interpretação do art. 1º da Lei 9.613/1998 é aquela no mesmo sentido do citado dispositivo da legislação norte-americana, ou seja, o dolo, pelo menos o direto, deve abranger o conhecimento de que os bens e direitos ou valores envolvidos são provenientes de atividades criminosas, mas não necessariamente o conhecimento específico de qual atividade criminosa ou de seus elementos e circunstâncias.

A lição, embora anterior à Lei n. 12.683/2012, pode muito bem ser utilizada agora.

8.9. INFRAÇÕES PENAIS ANTECEDENTES

Como se verifica no texto da Lei n. 9.613/98, a lavagem de dinheiro assumiu fórmula genérica, após 2012, não mais grafando rol específico de delitos a serem considerados como antecedentes.

A alteração atendeu a crítica perspicaz que se fazia na técnica anterior de enumerar um rol de crimes, como fazia a pena de Gerson Godinho Costa (2007, p. 51):

Ao utilizar-se dessa técnica, o legislador instituiu como delitos antecedentes tipos penais de pequena lesividade ou que não propiciam diretamente *bens, direitos e valores*. É inconcebível que crimes como o de resistência, desobediência e desacato (respectivamente artigos 329, 330 e 331 do CP) possibilitem produtos decorrentes dessas práticas que possam ensejar *lavagem de dinheiro*. Mesmo que se trabalhe com o inverossímil exemplo do sujeito ativo que recebe valores para a prática de desacato contra determinada autoridade, é implausível que venha a *ocultar* ou *dissimular* a origem deles. E acaso insista nessa possibilidade, estaremos diante de outro modelo de incongruência legislativa. Ou seja, estaria o sistema penal admitindo *lavagem* de *bens, direitos* ou *valores* obtidos com delitos de menor significação ou repercussão social em detrimento de outros que ostentam qualidade exatamente diversa, como o de sonegação fiscal.

Assim, toda e qualquer infração penal, contravenção ou crime, comum ou militar, que resulte, por exemplo, em ocultação posterior de valores permitirá a subsunção típica no crime de lavagem de dinheiro. Pode-se afirmar, no contexto apresentado, que a infração penal precedente (ou antecedente) constitui-se em elemento típico do crime de lavagem de dinheiro, elemento esse de ordem normativa, sem o qual a tipicidade do delito de lavagem não estará completa.

8.10. PREJUDICIALIDADE NO CRIME DE LAVAGEM DE DINHEIRO

Um último ponto a ser discutido no crime de lavagem de dinheiro, diz respeito à prejudicialidade para sua persecução em função da situação processual da infração penal antecedente.

Para a análise desse tema, necessário firmar que a infração penal antecedente é, como acima indicado, elemento típico do delito de lavagem de dinheiro, de sorte que, em certa medida, a constatação daquela importa em pressuposto para a perpetração deste.

Pode-se instalar, portanto, uma questão prejudicial ao processo do crime de lavagem de dinheiro.

Em trabalho dedicado ao tema, Celso Vilardi (2008, p. 5) inicia com a constatação acima plasmada, postulando que "a materialidade do crime de lavagem de dinheiro só pode existir se identificada a origem do bem, direito ou valor, num dos crimes antecedentes", o que, vertendo para a atual realidade normativa, seria adequado falar em infração penal antecedente.

Em seguida, o autor busca delimitar o conceito de causa prejudicial, diferenciando-a de preliminares. Nesse sentido, enumera três características das questões prejudiciais, a saber, a anterioridade lógica, a necessidade e a autonomia, constituindo-se em uma questão de direito material, de essência, e não em simples questão processual, como a incompetência do juiz, a incapacidade da parte etc., questões que se configuram em preliminares (2008, p. 22-3). Calcado nessas características, reconhece na configuração do crime antecedente – agora infração penal antecedente – uma verdadeira questão prejudicial ao processo referente ao crime de lavagem de dinheiro (2008, p. 31).

Todavia, a questão prejudicial aqui suscitada influencia na obtenção ou não da condenação do crime de lavagem de dinheiro, não impedindo a instalação do processo pelo recebimento da denúncia.

Essa constatação, note-se, é fruto da simples leitura da Lei n. 9.613/98, que no inciso § 1º do art. 2º dispõe que a "denúncia será instruída com indícios suficientes da existência da infração penal antecedente, sendo puníveis os fatos previstos nesta Lei, ainda que desconhecido ou isento de pena o autor, ou extinta a punibilidade da infração penal antecedente".

Dessa forma, a instalação da ação penal relativa ao crime de lavagem de dinheiro será possível com indícios de materialidade da infração penal antecedente, mesmo que ainda não haja processo por esse crime, por exemplo, por ser desconhecida a autoria ou pelo fato de seu agente ser inimputável em face da menoridade. Basta, em outras palavras, que o autor da ação por crime de lavagem de dinheiro "demonstre, com base em fortes indícios, dois elementos imprescindíveis: que o acusado praticou um dos atos integrantes do tipo penal da lavagem de dinheiro e que o bem, dinheiro ou valor, objeto da lavagem, foi adquirido por meio da prática de um dos crimes antecedentes, direta ou indiretamente" (VILARDI, 2008, p. 21) – ou melhor, infração penal antecedente. Nesse sentido, aponta a jurisprudência do Supremo Tribunal Federal, que em julgado recente decidiu que provas "fundantes da imputação de outro crime figuram indícios do crime antecedente ao de lavagem de dinheiro e, como tais, bastam ao recebimento de denúncia do delito consequente"[6].

Por outro bordo, a questão prejudicial que não impediu a instauração do processo pelo crime de lavagem de dinheiro, impedirá o decreto condenatório, pela subordinação lógica e necessária com o crime antecedente. Não se pode "cogitar de condenação se paira dúvida sobre a existência do crime anterior. E aqui não estamos falando da autoria do crime antecedente, mas da materialidade dele e do produto arrecadado pelo criminoso, em função da prática criminosa" (VILARDI, 2008, p. 30), de sorte que havendo "dúvida sobre a existência do crime anterior, a solução será absolver o acusado" (VILARDI, 2008, p. 30). Agora, pairando dúvidas a respeito da origem do objeto da lavagem, haverá uma questão prejudicial que deve ser resolvida antes da sentença no processo que trata da questão prejudicada. A questão prejudicial, todavia, parece se afigurar naquelas classificadas como ho-

6 **HC 89.739/PB. Rel. Min. Cezar Peluso. J. 24/06/08.**

mogêneas, ou seja, aquelas que versam sobre matérias do mesmo ramo de Direito da questão principal e, neste caso, o próprio juiz da causa pode solucioná-las, não se enquadrando naquelas heterogêneas devolutivas dispostas, por exemplo, nos arts. 123 e 124 do Código de Processo Penal Militar.

Ainda assim, note-se, haverá uma questão prejudicial, como já se discutiu, por exemplo, no Supremo Tribunal Federal, na Medida Cautelar em *Habeas Corpus* n. 180567/MG, rel. Min. Gilmar Mendes, julgado em 30/03/2020.

8.11. CONFIGURAÇÃO DO CRIME MILITAR EXTRAVAGANTE DE LAVAGEM DE DINHEIRO

Delineados alguns pontos fundamentais, resta sedimentar – ou afastar – que delito de lavagem de dinheiro – não as infrações penais antecedentes – pode se configurar em crime militar extravagante, como permite a nova redação do inciso II do art. 9º do Código Penal Militar, dada pela Lei n. 13.491/2017.

Repita-se que os crimes previstos na legislação penal comum, pela nova redação desse inciso, podem ser crimes militares quando praticado militar em situação de atividade contra militar na mesma situação (alínea "a" do inciso II), por militar em situação de atividade contra civil, militar reformado ou da reserva, em lugar sob administração militar (alínea "b" do inciso II), por militar em serviço ou atuando em razão da função contra civil, militar reformado ou da reserva (alínea "c" do inciso II), por militar em período de manobra ou exercício contra civil, militar reformado ou da reserva (alínea "d" do inciso II) ou por militar em situação de atividade contra a ordem administrativa militar ou contra o patrimônio sob administração militar (alínea "e" do inciso II).

Interessa particularmente à discussão em curso a alínea "e", ou seja, o crime militar contra o patrimônio sob a administração militar ou contra a ordem administrativa militar.

Patrimônio sob administração militar consiste nos bens e valores curados pela instituição militar, ainda que pertencentes ao Erário (estadual ou federal). Em outros termos, não é necessário que haja pertencimento à instituição militar – que, ressalte-se nem se constitui em pessoa jurídica de direito público, mas integra uma, a saber o Estado ou a União –, mas apenas que seu controle, fruição etc., esteja sob a atuação dessa instituição.

Assim, por exemplo, em crimes que envolvam irregularidades em licitações e contratos, os valores envolvidos podem pertencer à União, mas são administrados pelo Exército Brasileiro, configurando, pois, o patrimônio sob administração militar.

Ordem administrativa militar pode ser conceituada com Adriano Alves-Marreiros, Guilherme Rocha e Ricardo Freitas (2015, p. 125):

> O conceito de ordem administrativa militar é um pouco mais amplo e vai versar sobre tudo que puder causar transtorno à administração militar, ou, no dizer de Célio Lobão:

> "(...) segundo decidiu o Supremo Tribunal Federal, são infrações que atingem a organização, a existência e finalidade das Forças Armadas, bem como o prestígio moral da administração militar (HC n. 39.412, *RTJ* 24/39".
>
> Bem elucidativo e difícil de refutar, ao menos racionalmente. Dentre outras hipóteses, podemos destacar a fé pública da administração militar que estará em xeque sempre que houver um crime de *falsum* relativo a documentos cuja expedição caiba à administração militar, ainda que em atribuições diversas de sua atividade-fim [...].

Pois bem, tomando-se a visão mais ampla do bem jurídico tutelado pelo crime de lavagem de dinheiro, segundo a qual o delito se constitui crime pluriofensivo, tutelando ao mesmo tempo a administração da justiça, a ordem socioeconômica do País ordem tributária, paz pública etc., é possível compreender que a lavagem de dinheiro tutela também o patrimônio da administração militar que continua a ser lesado quando branqueado e, até mesmo, a ordem administrativa militar, vez que a conduta perpetrada no contexto dessa administração fragilizará sua organização, existência etc.

Assim, entende-se perfeitamente possível combinar as figuras típicas da Lei n. 9.613/1998 com a alínea "e" do inciso II do art. 9º do CPM e, em consequência, alcançar a figura do crime militar extravagante de lavagem de dinheiro.

Todavia, vale o registro de posição doutrinária, em sentido oposto, de lavra de Renato Brasileiro de Lima (**Manual de processo penal**, 2020, p. 451) que, mesmo após a Lei n. 13.491/2017, dispõe:

> [...] De todo modo, é possível que esse crime simultâneo ao crime militar continue ostentando a natureza comum, mesmo após o advento da Lei n. 13.491/17. É o que ocorre, por exemplo, com os crimes de lavagem de capitais, porquanto a própria Lei n. 9.613/98 outorga a referida competência a outra Justiça. Logo, por se tratar de crime comum, continuam válidos os dizeres da súmula n. 90 do STJ. É dizer, a lavagem será julgada pela Justiça Comum, ao passo que o crime militar de peculato deverá ser julgado pela Justiça Militar. Afina, da mesma forma que a Justiça Militar não pode julgar crime comum, ainda que conexo ao crime militar, a Justiça Comum também não pode julgar o crime militar, mesmo que conexo ao ilícito comum.

Com todas as vênias, ousa-se discordar do autor, por algumas razões que se enumeram.

De partida, a natureza de um fato como crime militar deve ser extraída da disposição legal e, principalmente, na natureza do bem jurídico aviltado, e não da justiça competente para julgá-lo.

Como acima nos posicionamos, o bem jurídico que pode ser afetado pelo delito de lavagem de dinheiro pode alcançar, substancialmente, bem da vida tutelado pelo Direito Penal Militar, notadamente, o patrimônio sob a administração militar e a ordem administrativa militar, elementos constantes da alínea "e" do inciso II do art. 9º do Código Penal Militar, a caracterizar o fato como delito militar.

Em segundo lance, com efeito, a Lei estabelece competência de outra Justiça, por exemplo, a Justiça Federal, quando o crime for praticado contra o sistema financeiro e a ordem econômico-financeira, ou em detrimento de bens, serviços ou interesses da União, ou de suas entidades autárquicas ou empresas públicas ou quando a infração penal antecedente for de competência da Justiça Federal (alíneas "a" e "b" do inciso III do art. 2º da Lei n. 9.613/2012), mas essa regra, primeiro, foi estabelecida antes da Lei n. 13.491/2017, o que pode levar à conclusão por sua revogação tácita e, segundo – porém, mais importante –, a regra de competência não pode se opor à fixação de competência constitucional da Justiça Militar da União – também em exemplo, para manter o mesmo nível federativo – trazida pelo art. 124 da Constituição Federal. Em outras palavras, encontrando subsunção no inciso II do art. 9º do Código Penal Militar é crime militar e a Justiça competente será a Justiça Militar, não sobrevivendo a regra da lei ao teste de validade à luz da Constituição, em função do princípio de sua supremacia. Mesmo recorte pode ser feito para a Justiça Militar Estadual, com arrimo no § 4º do art. 125 da Constituição Federal.

Apenas para chancelar o que aqui se expõe, na Lei n. 11.343, de 23 de agosto de 2006 ("Lei de Drogas"), há a disposição de fixação de competência segundo o qual o processo e o julgamento dos crimes previstos nos arts. 33 a 37 da Lei, se caracterizado ilícito transnacional, serão da competência da Justiça Federal, regra estabelecida antes da Lei n. 13.491/2017. Entretanto, nos autos do Processo n. 7000011-77.2020.7.11.0011, em caso de tráfico internacional de entorpecente perpetrado por sargento da aeronáutica, houve o recebimento da denúncia pelo Juiz Federal da 2ª Auditoria da 11ª Circunscrição Judiciária Militar, tendo o fato por crime militar. Frise-se que a denúncia subsumiu a conduta do graduado no art. 33, caput, c/c art. 40, incisos I e II, da Lei 11.343/2006, na forma do art. 9º, inciso II, alínea "e", posto não haver no art. 290 do CPM o verbo nuclear "exportar", tratando-se, portanto, de conduta subsumida em crime militar extravagante.

Não há razão para aplicar compreensão diversa para o crime de lavagem de dinheiro, nem mesmo em se analisando a competência da Justiça Federal no plano constitucional, já que o inciso IV do art. 109 dispõe que compete aos juízes federais processar e julgas "os crimes políticos e as infrações penais praticadas em detrimento de bens, serviços ou interesse da União ou de suas entidades autárquicas ou empresas públicas, <u>excluídas</u> as contravenções e <u>ressalvada a competência da Justiça Militar</u> e da Justiça Eleitoral".

Acrescente-se, por derradeiro, que nada obsta a prática do delito de lavagem de dinheiro por civil ou por militar inativo (militar da reserva ou reformado), posto que o inciso III do art. 9º do CPM, que delimita o crime militar praticado por essas pessoas, assimila o inciso II do mesmo artigo, de maneira que a ampliação dos crimes militares, indiretamente, também alcançou os fatos praticados por esses atores. Deve-se apenas ter o cuidado para que a conduta seja subsumida em uma das alíneas do inciso III e, em simples leitura, verifica-se que a alínea "a" desse inciso considera ser crime militar aquele praticado contra o patrimônio sob administração militar ou contra a ordem administrativa militar, exatamente como a alínea "e" do inciso II do próprio art. 9º do CPM.

REFERÊNCIAS

ALMEIDA, André Vinicius Espírito Santo de. **O Erro de Tipo no Direito Penal Econômico**. Porto Alegre: SAFE, 2005, p. 92.

ALVES-MARREIROS, Adriano; ROCHA RAMOS, Guilherme da; FREITAS, Ricardo de Brito Albuquerque Pontes. **Direito penal militar** – Teoria crítica & prática. São Paulo: Método, 2015.

BALTAZAR JUNIOR, José Paulo. Aspectos gerais sobre o crime de lavagem de dinheiro. **Lavagem de dinheiro**: comentários à lei pelos juízes das varas especializadas em homenagem ao Ministro Gilson Dipp. Porto Alegre: Livraria do Advogado, 2007.

BARROS, Marco Antonio. **Lavagem de Capitais e Obrigações Civis Correlatas**. São Paulo: RT, 2007.

Bitencourt, Cezar Roberto. **Manual de direito penal**: parte geral. São Paulo: Saraiva, 2002, v. 1.

BONFIM, Márcia Monassi Mougenot; BONFIM, Edílson Mougenot. **Lavagem de Dinheiro**. São Paulo: Malheiros, 2008.

BRANDÃO, Nuno. **Branqueamento de capitais**: o sistema comunitário de prevenção. Coimbra: Coimbra Editora, 2002.

COSTA, Gerson Godinho. O tipo objetivo da lavagem de dinheiro. **Lavagem de dinheiro**: comentários à lei pelos juízes das varas especializadas em homenagem ao Ministro Gilson Dipp. Porto Alegre: Livraria do Advogado, 2007.

FEUERBACH, Anselm v. **Tratado de derecho penal**. Tradução de Eugenio Raúl Zaffaroni e Irma Hagemeier. Buenos Aires: Hamurabi, 2007.

LIMA, Renato Brasileiro de. **Manual de processual penal**. Salvador: Juspodivm, 2020.

LIMA, Renato Brasileiro de. **Legislação criminal especial comentada**. Salvador: Juspodivm, 2020.

MIRABETE, Julio Fabbrini. **Manual de Direito Penal**. São Paulo: Atlas, 2008, vol. III.

MORO, Sérgio Fernando. Sobre o elemento subjetivo no crime de lavagem. **Lavagem de dinheiro**: comentários à lei pelos juízes das varas especializadas em homenagem ao Ministro Gilson Dipp. Porto Alegre: Livraria do Advogado, 2007.

NEVES, Cícero Robson Coimbra e STREIFINGER, Marcello. **Manual de direito penal militar**. São Paulo: Saraiva, 2014.

NEVES, Cícero Robson Coimbra. Inquietações na investigação criminal militar após a entrada em vigor da Lei n. 13.491, de 13 de outubro de 2017. **Revista Direito Militar**, Florianópolis, n. 126, p. 23-28, set./dez. 2017.

NUCCI, Guilherme de Souza. **Leis Penais e Processuais Penais Comentadas**. São Paulo: RT, 2006.

PEREIRA, Carlos Frederico de Oliveira Pereira. **A Lei nº 13.491, de 13 de outubro de 2017, e os crimes hediondos**. Disponível em: < http://www.mpm.mp.br/portal/wp-content/uploads/2017/11/lei-13491-crimes-hediondos.pdf. Acesso em: 04 jul. 2018.

ROCHA, Fernando A. N. Galvão da. **Direito penal militar: teoria do crime**. Belo Horizonte: D'Plácido, 2016.

SALIM, Alexandre; AZEVEDO, Marcelo André. **Direito penal**. Salvador: Juspodivm, 2016.

VILARDI, Celso Sanchez. A prejudicialidade no processo penal relativo ao crime de lavagem de dinheiro. **Direito Penal Econômico**: crimes econômicos e processo penal. São Paulo: Saraiva, 2008.

9

CRIME MILITAR EXTRAVAGANTE DE TORTURA (LEI N. 9.455/1997)

Abelardo Júlio da Rocha

9.1. CRIMES MILITARES EXTRAVAGANTES

Todos os operadores do direito militar, sem exceção, foram tomados de extraordinária surpresa ante as inovações trazidas pela Lei nº 13.491, de 13 de outubro de 2017, sobretudo no que diz respeito à *novel* configuração do conceito de crime militar.

É possível afirmar, sem nenhuma margem de erro, que nem os mais otimistas entre aqueles que defendem a ampliação da competência da Justiça Militar, ousaram sonhar com tão grande amplitude do alcance jurisdicional da Justiça Castrense.

Estamos falando de crimes ditos comuns, porque não previstos na legislação penal militar, e que agora, sob determinadas circunstâncias, são considerados crimes militares e, portanto, devem ser processados e julgados pela Justiça Militar.

No que diz respeito à Justiça Militar da União, a mudança está sendo muito pouco sentida porque o assunto só merecerá debate nas ocasiões em que o efetivo das Forças Armadas for empenhado em Operações de paz de Garantia da Lei e da Ordem (GLO), conforme dissecaremos com maior profundidade mais adiante.

Em relação às Justiças Militares dos Estados, por outro lado, a discussão assume contornos bem mais pronunciados, vez que é da natureza das ações perpetradas pelas Polícias Militares e Corpos de Bombeiros Militares o convívio diário com situações que podem, em algum momento, tangenciar os elementos constitutivos de um ilícito penal previsto ou não no Código Penal Militar.

Surge neste exato momento o que chamamos aqui de *novos desafios da polícia judiciária militar.*[1]

É bem verdade que, como era de se esperar, trata-se de diploma legal que já nasceu imerso em densa nuvem de controvérsias, sendo que a principal delas gira em torno de sua constitucionalidade[2].

Ocorre que a matéria é em si mesma controvertida.

Para Cícero Robson Coimbra Neves, esta lei criou novos crimes militares, aos quais denominou "*crimes militares extravagantes*", por estarem tipificados fora do Código Penal Militar[3].

Já para eminente magistrado da Justiça Militar paulista Ronaldo João Roth, a Lei nº 13.491/17 criou os "*crimes militares por extensão*", ou seja, os crimes existentes na legislação comum que, episodicamente, constituem-se crimes militares quando preencherem um dos requisitos do inciso II do artigo 9º do CPM[4].

Passando ao largo desta discussão, é certo tratar-se de norma híbrida que a um só tempo regula preceitos de Direito Penal Militar e também a processualística penal castrense. Neste particular não divergem os doutrinadores.

Entrementes, é preciso observar que o efeito processual depende da concretização do aspecto material da norma, isto é, da caracterização do crime militar, conforme anotou com precisão cirúrgica o eminente magistrado da Justiça Militar mineira Fernando Galvão[5].

Finalmente, há quem defenda a ideia de que o mens legis seja a simples Concorrência dos incisos. Para quem assim compreende, a prisão temporária só seria cabível quando, além do inciso III, estivessem presentes um dos requisitos dos incisos I ou II. Esta última é a corrente majoritária. Simpática porque equilibrada e mais próxima da boa lógica jurídica. Em resumo, o grande objetivo da Prisão Temporária é assegurar o sucesso da coleta de provas no procedimento investigatório, isto é, o Inquérito Policial Militar e por este motivo não cabe na fase judicial.

Entrementes, o Supremo Tribunal Federal lançou pá de cal sobre o assunto nos autos de uma Ação Direta de Inconstitucionalidade, ajuizada em dezembro de 2004

1 Rocha, Abelardo Julio da. "**DOS NOVOS DESAFIOS DA POLÍCIA JUDICIÁRIA MILTAR EM FACE DAS MODIFICAÇÕES INTRODUZIDAS NO CPM PELA LEI Nº 13.491/17**", publicado na Revista "Direito Militar", AMAJME, nº 126, SET/DEZ 2017, pp. 13/18.

2 Pendem no Supremo Tribunal Federal a Ação Direta de Inconstitucionalidade n. 5.804, ajuizada pela Associação dos Delegados de Polícia do Brasil, e a Ação Direta de Inconstitucionalidade n. 5.901, ajuizada pelo Partido Socialismo e Liberdade (P-SOL) a discutir a constitucionalidade dos dispositivos trazidos pela Lei n. 13.491/17.

3 NEVES, Cícero Robson. Inquietações na investigação criminal militar após a entrada em vigor da Lei n. 13.491, de 13 de outubro de 2017, Revista Direito Militar nº 126, Florianópolis: AMAJME, setembro a dezembro de 2017, pp. 23- 28.

4 ROTH, Ronaldo. Os delitos militares por extensão e a nova competência da Justiça Militar (Lei 13.491/17), Revista Direito Militar nº 126, Florianópolis: AMAJME, setembro a dezembro de 2017, pp. 29-36.

5 GALVÃO, Fernando Galvão. Natureza material do dispositivo que amplia o conceito de crime militar e o deslocamento dos inquéritos e processos em curso na Justiça Comum para a Justiça Militar, disponível em https://www.observatoriodajusticamilitar.info/single-post/2017/11/23/Naturezamaterial-do-dispositivo-que-amplia-o-conceito--de-crime-militar-e-odeslocamento-dos-inqueritos-e-processos-em-curso-naJustica-Comum-para-a-Justica-Militar, acesso em 26.03.2020.

pelo o Partido Social Liberal, alegando ofensa aos direitos fundamentais constitucionais como o da igualdade, da liberdade e da presunção de inocência, constantes do artigo 5º, LIV, LVII, LXI, LXIII e LXVI, da Constituição Federal na atual redação da Lei nº 7.960/89.

Interessante notar que o cerne da impugnação e questionamento da redação do texto legal foi no sentido de que *"a redação imprecisa do artigo 1º vem provocando infindáveis controvérsias nos meios jurídicos, em razão do desatendimento da garantia do devido processo legal"*.

A impugnação lembrou também a *"má técnica da lei impugnada, que não estabeleceu sequer contra quem a ordem de prisão temporária poderia ser decretada, enquanto que o inciso II (do artigo 1º) evidencia uma referência vaga ao suposto infrator"*.

Em julho de 2008, o Partido Trabalhista Brasileiro também ajuizou uma ação direta de inconstitucionalidade (ADI 4.109) contestando a mesma lei, argumentando que *"a prisão temporária, conhecida como prisão para averiguações, foi rejeitada pelo governo dos militares, por haver sido considerada flagrantemente antidemocrática e que a redação imprecisa da lei provoca controvérsias no meio jurídico e, além de agredir a garantia do devido processo legal, ultrapassa a razoabilidade dos objetivos que busca"*.

Pois bem. O Plenário do Supremo Tribunal Federal, ao julgar ambas as ações fixou requisitos objetivos para a decretação da prisão temporária.

A decisão foi tomada, por maioria de votos, prevalecendo o voto do ministro Edson Fachin, que julgou parcialmente procedentes as ações para dar interpretação conforme a Constituição Federal ao artigo 1º da Lei nº 7.960/89, decidindo que a decretação da prisão temporária está autorizada, apenas e tão somente, quando forem cumpridos, *cumulativamente*, determinados requisitos, estabelecidos objetivamente no voto.

Outrossim, e para além dos requisitos previstos na lei especial, a decisão que decreta uma prisão temporária, tal como ocorre com a prisão preventiva, deve estar justificada a partir de fatos novos ou contemporâneos, nos termos dos artigos 312, § 2º, e 315, §1º, do CPP, e sempre que for adequada à gravidade concreta do crime, às circunstâncias do fato e às condições pessoais do indiciado (artigo 282, II, do CPP).

Nesse sentido, o Eminente Relator afirmou que *"essa interpretação está em consonância com o princípio constitucional da não culpabilidade, de onde se extrai que a liberdade é a regra, a imposição das medidas cautelares diversas da prisão a exceção e a prisão, em qualquer modalidade, a exceção da exceção"*.

Em relação à possibilidade da prisão temporária quando o indiciado não tiver residência fixa, conforme dispõe o artigo 1º, inciso II, da Lei 7.960/89, o ministro a considerou dispensável ou, quando interpretado isoladamente, inconstitucional, pois, segundo ele, *"não é constitucional a decretação da prisão temporária quando se verificar, por exemplo, apenas uma situação de vulnerabilidade econômico-social – pessoas em situação de rua, desabrigados –, por violação ao princípio constitucional da igualdade em sua dimensão material"*.

Importante, outrossim, a ressalva constante do voto que *"a utilização da prisão temporária como forma de prisão para averiguação ou em violação ao direito à não autoincriminação não é compatível com a Constituição Federal, pois caracteriza abuso de autoridade"*, apontando-se *"que, no julgamento das Arguições de Descumprimento de Preceito Fundamental 395 e 444, o STF entendeu que a condução coercitiva de investigados ou de réus para interrogatório é incompatível com a Constituição, devendo esse entendimento deve ser aplicado, também, à prisão temporária"*.

Todos os ministros afastaram a alegação que a expressão "será decretada", contida no *caput* do artigo 2º da lei, resultaria no possível entendimento que o juiz é obrigado a decretar a prisão quando houver pedido da autoridade policial ou do Ministério Público, pois, evidentemente, *"a prisão temporária não é medida compulsória, já que sua decretação deve ser obrigatoriamente acompanhada de fundamentos aptos a justificar a implementação da medida"*, conforme afirmou o ministro Edson Fachin.

O plenário da Suprema Corte também não verificou incompatibilidade com a Constituição Federal do prazo de 24 horas, previsto na norma, para análise do pedido pelo juiz, pois sua fixação se deve à urgência da medida para a "eficiência das investigações".

Pois bem.

Como se vê, hodiernamente estão superadas todos e quaisquer entendimentos que não se ajustarem ao que decidiu o Supremo Tribunal Federal acerca da Prisão Temporária, cabendo esclarecer que aos crimes militares se aplica integralmente o disposto na Lei nº 7.960/89, agora com interpretação segundo a Constituição Federal dada pela Suprema Corte.

9.2. A LEI QUE DEFINE OS CRIMES DE TORTURA (LEI Nº 9.455/97) E A SUPERVENIÊNCIA DA LEI 13.491/17

Está com a razão Jorge Cesar de Assis, ao nos lembrar de que a tortura tem repulsa constitucional em dois momentos: no inciso III do art. 5º, em favor do cidadão, quando declara que "ninguém será submetido a tortura nem a tratamento desumano ou degradante" e, no art. 5º, XLIII, direcionado agora ao agente criminoso, quando dispõe que – "a lei considerará crimes inafiançáveis e insuscetíveis de graça ou anistia a prática da tortura, o tráfico ilícito de entorpecentes e drogas afins, o terrorismo e os definidos como crimes hediondos, por eles respondendo os mandantes, os executores e os que, podendo evitá-los, se omitirem".[6]

Apesar disto, não se pode deixar de estranhar o fato de que, sendo a atual Constituição Federal promulgada em 1988, apenas em 1997 é que tenha sido editada a Lei que define os crimes de tortura.

A explicação é relativamente simples. A Lei nº 9.455/97 decorreu de pressões cuja gênese foi uma ocorrência policial na Cidade de Diadema, na Grande São Paulo,

6 **Assis, Jorge Cesar de.** "A Lei 13.491/17 e a alteração no conceito de crime militar: primeiras impressões – primeiras inquietações". Disponível em: https://www.observatoriodajusticamilitar.info/single-post/2018/01/18/A-Lei-1349117--e-a-altera%C3%A7%C3%A3o-no-conceito-de-crime-militar-primeiras-impress%C3%B5es-%E2%80%93-primeiras--inquieta%C3%A7%C3%B5es. Acesso em 24/03/20.

no interior de uma Comunidade carente denominada "Favela Naval", onde policiais militares, de serviço e com emprego de viaturas policiais, agrediram e cometeram arbitrariedades contra civis, causando grande comoção na sociedade brasileira e até internacionalmente, principalmente porque os fatos foram filmados e transmitidos pela televisão e se propagaram pelos meios de comunicação.

Foi então que, pressionado pela opinião pública e, sobretudo, pelo Ministério Público de São Paulo que se viu na impossibilidade jurídica de processar os autores pela prática de tortura, ante o princípio da reserva legal, o Congresso Nacional, às pressas, tipificou o crime de tortura por meio da Lei 9.455/97 de 7, de abril de 1997.

Entrementes, o legislador brasileiro definiu o crime de tortura como um delito comum, sem exigir para a sua configuração a condição de funcionário público, ao contrário da legislação espanhola e portuguesa e da Convenção da ONU de 1984.

Sendo a tortura ilícito penal alienígena ao Código Penal Militar, falecia à Justiça Militar competência para processar e julgar militares acusados desta prática. Agora não mais.

O cenário jurídico atual se modificou radicalmente com o advento da Lei nº 13.491/17 porque de acordo com circunstâncias e locais previstos taxativamente no artigo 9º, inciso II, do Código Penal Militar, o crime de tortura praticado por militar pode, sim, ser um delito castrense. Um crime militar extravagante, para utilizar a expressão sacramentada por Cícero Robson Coimbra Neves.

9.2.1. A tortura na Constituição Federal de 1988

A Carta Política Fundamental de 1988 proibiu a prática da tortura, mais especificamente na letra do inciso III do seu artigo 5º, *verbis*: *"III – ninguém será submetido a tortura nem a tratamento desumano ou degradante;"*.

Sendo considerado um direito fundamental, a proibição à tortura é cláusula pétrea de nossa Constituição da República, isto é, não passível de supressão por meio de reforma constitucional.

A mensagem claramente transmitida pelo texto constituinte é de que a prática da tortura é expressamente proibida em território brasileiro, sendo tal garantia estendida a qualquer pessoa, vez que *ninguém* será submetido à tais atos de violência.

Obviamente estão incluídos nesta proteção não só os brasileiros, mas também qualquer estrangeiro dentro dos limites do território brasileiro.

Oportuno mencionar que, além da tortura, a Constituição de 1988 também satanizou o tratamento desumano ou degradante, os quais atentam gravemente contra a dignidade da pessoa humana e, portanto, reprovável por qualquer nação que se diga democrática.

9.2.2. A proibição à tortura na história da humanidade

Hodiernamente, a maior parte dos países reprovam e combatem a prática da tortura. Mas nem sempre foi assim.

A tortura já foi abertamente utilizada como instrumento de poder em diversas sociedades e no passado determinadas espécies de tortura serviam como punição e até eram previstas na legislação interna, como era o caso, por exemplo, de Roma no século VIII a.c.

Esta tolerância do Império Romano à prática de tortura pode ser explicada pela própria história, que atesta que Roma provavelmente surgiu como uma fortificação militar por volta do século VIII a.C., para defender-se dos povos etruscos[7].

Já entre os séculos XIII e XVIII a tortura foi legalmente admitida por diversos reinos europeus, por ser considerada como um meio eficaz para o descobrimento da verdade. Foi o Iluminismo, especialmente com a publicação da obra de Beccaria em 1764[8], que trouxe a esperança de abolição da tortura em diversos reinos.

A reforma penal ordenada por Catarina II da Rússia, em 1766, aboliu a tortura.

Dez anos depois a imperatriz Maria Teresa da Áustria determinou a extinção da tortura nos limites do seu reino. Luís XVI suprimiu a prática de tortura em 1780.[9]

Apesar da abolição da tortura, sua prática não cessou, especialmente nos regimes ditatoriais.

Não raras vezes, há relatos da prática de tortura na repressão policial em diversos países, buscando-se, sobretudo, a confissão ou para imposição de castigo.

Alguns séculos antes do nascimento de Cristo, como já dissemos anteriormente, as torturas já eram utilizadas e sua proibição se iniciou no século XVIII, com a ampla divulgação de um movimento intelectual que defendia o uso da razão e pregava maior liberdade política e econômica, o iluminismo.

Mas foi a assinatura da Declaração Universal dos Direitos Humanos pelos Estados membros da Organização das Nações Unidas, em 1948, que, de fato, oficializou a proibição à tortura.

O cenário de fundo era o recente encerramento da Segunda Guerra Mundial em 1945 e a vontade das nações de prevenir que as atrocidades cometidas durante o último grande conflito mundial voltassem a ocorrer.

O mundo estava estarrecido com o massacre de judeus comprovadamente praticado pelos alemães e algo deveria ser feito para que jamais o mundo voltasse a assistir tal atrocidade, entre outras praticadas.

9.2.3. A proibição à tortura na história do Brasil

O Brasil, infelizmente, tem sua história também manchada pela tortura.

Os portugueses, durante o período da colonização, lançaram mão da tortura como mecanismo de dominação sobre índios e negros.

---

7 Fonte: https://www.mundovestibular.com.br/estudos/historia/roma-monarquia-republica-e-imperio. Acesso em 13/04/2020.

8 "Dos delitos e das penas" é uma obra que se insere no movimento filosófico e humanitário da segunda metade do século XVIII, ao qual pertencem os trabalhos dos Enciclopedistas, como Voltaire, Rousseau, Montesquieu e tantos outros.

9 Tomás y Valiente, 1994, pp. 152-153.

Essa prática não só servia para punir a desobediência aos senhores e, assim, garantir a subserviência, mas, também para obter provas por meio de confissões.

Há relatos da prática de tortura por motivações políticas em nosso país, principalmente no Estado Novo (1937-1945) e no Regime Militar (1964-1985).

Curiosamente, a prática da tortura já era proibida no Brasil desde a outorga da Constituição de 1824[10] e tal proibição nunca mais saiu do texto constitucional.

Aqui entre nós, o mais assustador na hedionda prática da tortura é que tem sido uma forma comum de "produção" de provas, em especial a confissão do suspeito.

É preciso sempre lembrar que sob tortura uma pessoa admite qualquer coisa e incrimina quem os torturadores quiserem que seja incriminado.

Para fazer cessar o sofrimento imposto pelo torturador um ser humano pode até criar fatos e circunstâncias que agradem seu algoz apenas para fazer cessar o sofrimento que lhe está sendo imposto.

9.2.4. Legislação comparada

O art. 174, 1, do Código Penal Espanhol, define a tortura como o ato de submeter alguém "*a condiciones o procedimientos que por su naturaleza, duración u otras circunstancias, le supongan sufrimientos físicos o mentales, la supresión o disminución de sus facultades de conocimiento, discernimiento o decisión, o que de cualquier otro modo atenten contra su integridad moral*".[11]

Da mesma forma, o art. 243º, 3, do Código Penal Português define a tortura como "*o acto que consista em infligir sofrimento físico ou psicológico agudo, cansaço físico ou psicológico grave ou no emprego de produtos químicos, drogas ou outros meios, naturais ou artificiais, com intenção de perturbar a capacidade de determinação ou a livre manifestação de vontade da vítima*".[12]

---

[10] **Constituição de 1824**: O governo era uma monarquia unitária e hereditária; A existência de 4 poderes: o Legislativo, o Executivo, o Judiciário e o Poder Moderador, este acima dos demais poderes, exercido pelo imperador; O Estado adotava o catolicismo apostólico romano como religião oficial.

[11] El artículo 174 del Código Penal español hace referencia a las penas de prisión para la autoridad o funcionario público que cometa **tortura** abusando de su cargo. **Art 174 CP:** 1. Comete tortura la autoridad o funcionario público que, abusando de su cargo, y con el fin de obtener una confesión o información de cualquier persona o de castigarla por cualquier hecho que haya cometido o se sospeche que ha cometido, o por cualquier razón basada en algún tipo de discriminación, la sometiere a condiciones o procedimientos que por su naturaleza duración u otras circunstancias, le supongan sufrimientos físicos o mentales, la supresión o disminución de sus facultades de conocimiento, discernimiento o decisión o que, de cualquier otro modo, atenten contra su integridad moral. El culpable de tortura será castigado con la pena de prisión de dos a seis años si el atentado fuera grave, y de prisión de uno a tres años si no lo es. Además de las penas señaladas se impondrá, en todo caso, la pena de inhabilitación absoluta de ocho a 12 años. 2. En las mismas penas incurrirán, respectivamente, la autoridad o funcionario de instituciones penitenciarias o de centros de protección o corrección de menores que cometiere respecto de detenidos, internos o presos, los actos a que se refiere el apartado anterior.

[12] **CÓDIGO PENAL DE 1982 VERSÃO CONSOLIDADA POSTERIOR A 1995**(versão actualizada)

Artigo 243.º

Tortura e outros tratamentos cruéis, degradantes ou desumanos

1 – Quem, tendo por função a prevenção, perseguição, investigação ou conhecimento de infracções criminais, contra-ordenacionais ou disciplinares, a execução de sanções da mesma natureza ou a protecção, guarda ou vigilância de pessoa detida ou presa, a torturar ou tratar de forma cruel, degradante ou desumana para

Oportuno lembrar que existem duas convenções internacionais das quais o Brasil é signatário sobre a tortura, a saber: (i) Convenção contra a tortura e outros tratamentos ou penas cruéis, desumanas e degradantes (Dec. nº 40/91); e (ii) Convenção Interamericana para prevenir a tortura (dec. nº 98.386/89).

É certo que em ambas as Convenções o crime de tortura é classificado como crime próprio – exige uma qualidade especial para o autor (sujeito ativo) do delito, qual seja a de funcionário público.

Causa espécie, no entanto, que no Brasil a Lei nº 9.455/97, que define os crimes de tortura, não exige que o agente autor do delito seja agente público, tratando-se de crime comum.

Esta assertiva está claramente comprovada na letra do inciso I, do § 4º, do artigo 1º da Lei nº 9.455/97, que estabelece aumento de pena no caso de ser o autor agente público.

9.3. O CRIME DE TORTURA PRATICADO POR MILITAR

O termo militar se refere aos membros, instituições, instalações, equipamentos, veículos e tudo aquilo que faz parte de uma organização autorizada a usar a força, geralmente incluindo o uso de armas de fogo, na defesa do seu país através da luta real ou de ameaças percebidas.

Como adjetivo, o termo "militar" também é usado para se referir a qualquer propriedade ou aspecto dessas organizações. As organizações militares funcionam muitas vezes como uma sociedade no seio das sociedades, tendo suas próprias comunidades militares, economia, educação, medicina e outros aspectos de funcionamento de uma sociedade civil.

O vocábulo "militar" deita raízes no Latim *militāris, e* 'da guerra, de soldado, da milícia, militar', de *miles,ĭtis* 'soldado, mílite'.[13]

A profissão de soldado, como parte de um grupo de militares, é mais velha que os próprios registros históricos.

Entrementes, por militares, na presente abordagem, se deve compreender os integrantes das Forças Armadas bem como os integrantes das Polícias Militares e

a) Obter dela ou de outra pessoa confissão, depoimento, declaração ou informação;

b) A castigar por acto cometido ou supostamente cometido por ela ou por outra pessoa; ou

c) A intimidar ou para intimidar outra pessoa;

é punido com pena de prisão de 1 a 5 anos, se pena mais grave lhe não couber por força de outra disposição legal.

2 – Na mesma pena incorre quem, por sua iniciativa ou por ordem de superior, usurpar a função referida no numero anterior para praticar qualquer dos actos aí descritos.

3 – Considera-se tortura, tratamento cruel, degradante ou desumano, o acto que consista em infligir sofrimento físico ou psicológico agudo, cansaço físico ou psicológico grave ou no emprego de produtos químicos, drogas ou outros meios, naturais ou artificiais, com intenção de perturbar a capacidade de determinação ou a livre manifestação de vontade da vítima.

4 – O disposto no número anterior não abrange os sofrimentos inerentes à execução das sanções previstas no n.º 1 ou por ela ocasionados, nem as medidas legais privativas ou restritivas da liberdade.

[13] Fonte: https://pt.wikipedia.org/wiki/Militar. Acesso em 16/04/2020.

Bombeiros Militares nos Estados, nos termos dos artigos 142 e 42, respectivamente, da Constituição Federal, compreendendo tanto o pessoal do serviço ativo quanto da reserva remunerada.

9.3.1. Os bens jurídicos tutelados nos crimes de tortura

Os crimes de tortura estão vocacionados à defesa da integridade física e psíquica da pessoa humana, como explica Fernando Capez, entre outros.[14]

Mas Guilherme Souza Nucci erige uma voz dissonante entre os doutrinadores ao somar à integridade física a liberdade da pessoa humana como bem jurídico objetivado pelo crime de tortura, conferindo-lhe a característica de "crime complexo".[15]

Há, entrementes, um esquecimento do bem jurídico mais importante entre os tutelados pelos crimes de tortura, que é a "dignidade humana" e, a nosso ver, o principal.

Constituindo-se como Estado Democrático de Direito, a República Federativa do Brasil tem como fundamentos a soberania, cidadania, os valores sociais do trabalho e da livre iniciativa, o pluralismo político e por último, mas não menos importante, a ***dignidade da pessoa humana***.

Consagrado no artigo 1º, inciso II da Carta Política Fundamental Pátria, o princípio da dignidade da pessoa humana ampara igualmente todos os brasileiros estrangeiros que se encontrem em solo brasileiro, ainda que apenas de passagem.

Daí porque o texto constitucional estabelece que ***ninguém*** *será submetido a tortura nem a tratamento desumano ou degradante* (Art. 5º, III, CF).

9.3.2. A ação penal

A ação penal no crime de tortura será sempre pública incondicionada e não poderia ser diferente vez tratar-se de crime que transcende o interesse exclusivo do ofendido e/ou de seu representante legal.

Trata-se de infração penal que atenta gravemente não só contra o tecido social, mas contra toda a humanidade porque é uma daquelas condutas ditas monstruosas. Daí a equiparação aos crimes hediondos.

Neste caminhar, pouco importa se o ofendido tenha ou não interesse na continuidade da persecução penal para responsabilização do algoz. Será sempre de interesse do Estado a apuração da conduta e final imposição da correlata sanção penal, em caso de condenação.

9.3.3. O rito processual

No Brasil a matriz para determinação do rito processual pelo qual determinado crime deve ser processado é o que estabelece o art. 394 do Código de Processo

[14] CAPEZ, Fernando. *Curso de Direito Penal – legislação penal especial*. Volume 4. 5ª. ed. São Paulo: Saraiva, 2010, pag. 725.

[15] NUCCI, Guilherme de Souza. *Leis Penais e Processuais Penais Comentadas*. São Paulo: RT, 2006, pag. 735.

Penal, com a redação que lhe foi dada pela Lei nº 11.719/2008, podendo se tratar de procedimentos comuns ou especiais.

Os procedimentos denominados comuns são de três espécies, nos termos do § 1º, do mesmo art. 394 da Lei Adjetiva Penal, a saber:

a) ordinário, para apurar os crimes que tenham pena máxima em abstrato igual ou superior a 4 anos, e para os quais não haja previsão de rito especial, como é o caso, por exemplo, do crime de tortura;

b) sumário, para os delitos que tenham pena máxima superior a 2 anos e inferior a 4, e para os quais não haja previsão de procedimento especial, como, por exemplo, os crimes de homicídio culposo, tentativa de furto ou de apropriação indébita, embriaguez ao volante, quadrilha simples e outros;

c) sumaríssimo, para a apuração das infrações de menor potencial ofensivo, que tramitam perante os Juizados Especiais Criminais, nos termos do art. 98, I, da Constituição Federal. São as chamadas infrações de menor potencial ofensivo, tratando das contravenções penais e dos crimes cuja pena máxima não exceda 2 anos.

Assim, sendo a pena prevista para o crime de tortura reclusão, de dois a oito anos, deverá ser processado de acordo com o rito Comum Ordinário e isso significa que oferecida a denúncia o juiz, se não a rejeitar liminarmente, recebê-la-á e ordenará a citação do acusado para responder à acusação, por escrito, no prazo de 10 (dez) dias, nos termos do artigo 396 do Código de Processo Penal.

Na resposta, o acusado poderá argüir preliminares e alegar tudo o que interesse à sua defesa, oferecer documentos e justificações, especificar as provas pretendidas e arrolar testemunhas, qualificando-as e requerendo sua intimação, quando necessário.

De acordo com o Art. 394-A, incluído pela Lei nº 13.285, de 2016, os processos que apurem a prática de crime hediondo terão prioridade de tramitação em todas as instâncias.

Entrementes, há uma questão de altíssima relevância a ser enfrentada já que, em se tratando de crime militar extravagante, a lei processual a ser seguida é o Código de Processo Penal Militar e alí a regra ritual é o **processo ordinário**, conforme se observa na letra do Art. 396 do CPPM que, aliás, integra um capítulo único no que diz respeito à instrução criminal.

Isto quer dizer, então, que à exceção dos processos especiais, como deserção e insubmissão, por exemplo, o rito procedimental será sempre o ordinário, inclusive para os casos de tortura que doravante serão processados e julgados pela Justiça Militar.

9.3.4. Prisão Temporária

A Prisão Temporária foi criada por meio da Lei 7.960/89 e seu surgimento está ligado, em grande parte, ao assustador aumento da criminalidade, em termos quantitativos, tornando-se assim um recurso imprescindível à eficiência das investigações policiais, evitando a ação de investigados, no sentido de eliminar vestígios da infração penal.

É, por assim dizer, uma espécie de prisão cautelar, decretada pelo juiz durante o inquérito policial e apenas durante o inquérito policial.

Podem representar pela decretação da prisão temporária a autoridade de polícia judiciária militar ou o representante do Ministério Público, mediante requerimento fundamentado.

Executada a prisão, a autoridade de polícia judiciária militar ou o executor do mandado informará ao preso seus direitos previstos no artigo 5º da Constituição Federal.

O Magistrado da Justiça Militar poderá, durante a prisão temporária, de ofício ou a pedido do Ministério Público ou do advogado, determinar a apresentação do preso, solicitar informações e esclarecimentos da autoridade de polícia judiciária militar ou submetê-lo a exame de corpo de delito.

A duração da prisão temporária prevista em lei é de 5 dias para os crimes comuns, ou de 30 dias, para os hediondos, podendo ser prorrogada por igual período, em ambos os casos, desde que comprovada necessidade. Após o término do prazo, a não liberação imediata implicará prática de crime de abuso de autoridade.

O juiz pode, antes de esgotado o prazo da prisão temporária, decretar a prisão preventiva, por meio de pedido formulado pelo Ministério Público ou pela autoridade policial, caso queira evitar que o preso seja posto em liberdade.

São requisitos que autorizam a decretação da prisão temporária do militar investigado: (i) for imprescindível para as investigações do inquérito policial militar; (ii) houver fundadas razões, de acordo com qualquer prova admitida na legislação penal, de autoria ou participação do indiciado nos seguintes crimes: homicídio doloso, sequestro ou cárcere privado; roubo; extorsão mediante sequestro; estupro; rapto violento; epidemia com resultado morte; envenenamento da água potável ou substância alimentícia ou medicinal qualificado pela morte; quadrilha ou bando; tráfico de drogas e crimes contra o sistema financeiro.

A má redação do artigo 1º pode levar a três interpretações em relação aos requisitos.

A primeira delas gira em torno da eventual necessidade da *Necessidade da concomitância dos incisos*. Segundo esta linha interpretativa, os três incisos devem ser preenchidos concomitantemente, tornando assim mais difícil a aplicação da prisão temporária.

Uma segunda inteligência deste dispositivo aponta para *alternatividade dos incisos*. Para os exegetas que se alinham a esta interpretação bastaria apenas a existência de um dos três incisos para justificar a prisão temporária, tornando assim a prisão temporária aplicável mais facilmente em qualquer caso.

Finalmente, há quem defenda a ideia de que o *mens legis* seja a simples *Concorrência dos* incisos. Para quem assim compreende, a prisão temporária só seria cabível quando, além do inciso III, estivessem presentes um dos requisitos dos incisos I ou II.

Esta última é a corrente majoritária. Simpática porque equilibrada e mais próxima da boa lógica jurídica.

Em resumo, o grande objetivo da Prisão Temporária é assegurar o sucesso da coleta de provas no procedimento investigatório, isto é, o Inquérito Policial Militar e por este motivo não cabe na fase judicial.

9.3.5. Prisão Preventiva

A Prisão Preventiva está prevista no Código de Processo Penal Militar no Art. 254, podendo ser decretada pelo Magistrado da Justiça Militar monocraticamente, ou pelo Conselho de Justiça, de ofício, a requerimento do Ministério Público ou mediante representação da autoridade encarregada do inquérito policial militar, em qualquer fase deste ou do processo, concorrendo os requisitos seguintes: a) prova do fato delituoso (*fumus boni iuris*); b) indícios suficientes de autoria (*fumus boni iuris*).

Estabelece o Art. 255 do Código de Processo Penal Militar que a prisão preventiva, além dos requisitos do artigo anterior, deverá fundar-se em um dos seguintes casos: a) garantia da ordem pública (*periculum libertatis*); b) conveniência da instrução criminal (*periculum libertatis*); c) periculosidade do indiciado ou acusado (*periculum libertatis*); d) segurança da aplicação da lei penal militar (*periculum libertatis*); e) exigência da manutenção das normas ou princípios de hierarquia.

Oportuno sublinhar que a legislação processual penal militar, também no que se refere à prisão preventiva, não guarda similitude com o direito processual penal moderno, sobretudo, nos seguintes aspectos: (i) Permite que seja decretada, de ofício, pelo Magistrado; (ii) possibilita a decretação nos crimes culposos e nos crimes cuja pena não é privativa de liberdade; (iii) não possibilita liberdade provisória para certos crimes punidos com detenção cuja pena é inferior a dois anos, mesmo ausentes os requisitos para prisão preventiva, conforme o disposto no Art. 270, parágrafo único, letra b, CPPM.

Não se pode perder de vista, todavia, que a decretação da Prisão Preventiva requer, antes de qualquer coisa, a concorrência dos seguintes requisitos autorizativos: (i) prova da existência do crime e (ii) indícios suficientes de autoria (*fumus comissi delicti*).

Deve o magistrado ou o Conselho de Justiça considerar também a eventual existência de perigo na liberdade do infrator (*periculum libertatis*).

Por fim, mas não menos importante, deve-se pontuar que a letra da alínea "e" do artigo 255 diz respeito à exigência da manutenção das normas ou princípios de hierarquia e disciplina militares, quando ficarem ameaçados ou atingidos com a liberdade do indiciado ou acusado.

Sobre o assunto, entender estar inteiramente com a razão Célio Lobão quando afirma que este risco só se faz presente se a conduta do militar acusado ostentar um comportamento acintoso, desafiador, desrespeitoso, em relação aos seus superiores e subordinados, desde que relacionado ao fato delituoso em apuração.[16]

---

[16] Lobão, Célio *in Direito processual penal militar.* São Paulo: Método, 2009, p. 313.

Em outras palavras, só caberia este fundamento na prisão do indiciado se a sua eventual colocação em liberdade representasse uma ameaça, ainda que potencial, aos princípios de hierarquia e disciplina.

Assim, este dispositivo não pode ser utilizado pela Justiça como pretexto para eventual antecipação da sanção penal porque ninguém pode ser considerado culpado a não ser em virtude de sentença penal condenatória contra a qual não caiba mais recurso previsto em lei.[17]

Como é possível agora do CPPM figurar entre os fundamentos da decretação da prisão sob lentes.

Também não pode o Juiz ou o Escabinato[18] de Justiça decretar a prisão preventiva sob este fundamento a fim de combater a impunidade no seio da tropa porque medida cautelar não se presta para combater impunidade ou fornecer exemplo do que não se deve fazer. Este é o papel de uma resposta penal célere e eficaz. Quando o processo penal é concluído dentro de uma *razoável duração* a impunidade já estará sendo combatida eficazmente.

9.3.6. Liberdade provisória com ou sem fiança

Dispõe o § 6º, do Art. 1º, da Lei nº 9.455/97 que o crime de tortura é inafiançável e insuscetível de graça ou anistia, reproduzindo o disposto no inciso XLIII do art. 5º, CF, todavia, não veda a concessão de liberdade provisória com ou sem fiança.

É preciso lembrar, no entanto, que a Lei nº 11.464/07, que deu nova redação ao art. 2º, inciso II e parágrafos da Lei nº. 8.072/90 (Lei de Crimes Hediondos), negando a concessão de fiança para os crimes hediondos e equiparados (tortura, tráfico de drogas e terrorismo) e concedendo a progressão de regime prisional, outrora vedada, nada dispôs a respeito da liberdade provisória sem fiança, somente vedando, por consequência, a liberdade provisória com fiança, pois apenas menciona a vedação à fiança.

É precisamente por esta razão que Tourinho Filho e outros grandes eminentes doutrinadores entendem que ser possível a concessão de liberdade provisória sem fiança aos crimes hediondos, se estiverem ausentes os requisitos que ensejam a prisão cautelar, o que parece mais correto.[19]

Tal compreensão se estriba também – e com razão – na **ausência** de proibição de liberdade provisória na redação do § 6º, do Art. 1º, a autorizar a concessão deste benefício.[20-21]

---

[17] Art. 5º, inciso LVII da CF/88 – ninguém será considerado culpado até o trânsito em julgado de sentença penal condenatória.

[18] **Escabinato** é colegiado julgador que atua na Justiça Militar. É formado por um juiz de direito, chamado de togado, e por Oficiais da ativa sorteados especialmente para este fim. Este conceito se aplica tanto à Justiça Militar da União, quando às Justiças Militares Estaduais. Sobre o assunto recomendamos consultar a obra "Justiça Militar Estadual: aspectos práticos" – Coordenação de Sylvia Helena Ono – Curitiba: Juruá, 2017. 298 p.

[19] TOURINHO FILHO, Fernando Costa. **Manual de processo penal.** 11ª ed. São Paulo: Saraiva, 2009.

[20] COIMBRA, Mário. **Tratamento do injusto penal da tortura.** São Paulo: Editora RT, 2002, pag. 197.

[21] SILVA FRANCO, Alberto. Tortura – breves anotações sobre a Lei 9.455/97. **Revista Brasileira de Ciência Criminal**, São Paulo, n. 19, jul/set de 1997. p. 67.

Deste modo, na nossa compreensão, é admissível a concessão de liberdade provisória sem fiança ao militar acusado da prática de tortura, desde que ausentes os requisitos da prisão preventiva, ante a inexistência de vedação expressa na lei, no que se refere à liberdade provisória sem fiança.

9.3.7. Medidas cautelares diversas da prisão

Medidas cautelares pessoais diversas da prisão são restrições à liberdade, mas que não levam ao encarceramento do indivíduo, constituindo-se, por este motivo, em alternativa à privação da liberdade.

São medidas aptas a substituírem o encarceramento cautelar, reservando esta medida aos casos estritamente necessários ou ante a insuficiência das medidas cautelares alternativas.

Com a entrada em vigor da Lei 12.403/11, deixa de existir o antigo sistema binário das cautelares penais, isto é, na sistemática anterior ou o se prendia ou o acusado aguardava em liberdade o deslinde do processo.

Necessário obtemperar que as medidas cautelares alternativas à prisão não podem ser impostas pelo magistrado sem necessidade e adequação, isto porque se trata de inequívoca restrição de liberdade individual, razão pela qual precisam ser fundamentadas.

De acordo com o Art. 282 do Código de Processo Penal, são dois os requisitos genéricos para concessão das chamadas medidas cautelares, a saber: (i) necessidade e (ii) adequabilidade.

Devem ser cumulativos, isto é, ambos precisam estar presentes no caso concreto para que haja a possibilidade de autorização de imposição das medidas cautelares previstas no Art. 319 do Código de Processo Penal.

A propósito, pedimos *venia* para trazer à colação o completo rol destas medidas cautelares, *in verbis*:

> Art. 319. São medidas cautelares diversas da prisão:
>
> I – comparecimento periódico em juízo, no prazo e nas condições fixadas pelo juiz, para informar e justificar atividades;
>
> II – proibição de acesso ou frequência a determinados lugares quando, por circunstâncias relacionadas ao fato, deva o indiciado ou acusado permanecer distante desses locais para evitar o risco de novas infrações;
>
> III – proibição de manter contato com pessoa determinada quando, por circunstâncias relacionadas ao fato, deva o indiciado ou acusado dela permanecer distante;
>
> IV – proibição de ausentar-se da Comarca quando a permanência seja conveniente ou necessária para a investigação ou instrução;
>
> V – recolhimento domiciliar no período noturno e nos dias de folga quando o investigado ou acusado tenha residência e trabalho fixos;
>
> VI – suspensão do exercício de função pública ou de atividade de natureza econômica ou financeira quando houver justo receio de sua utilização para a prática de infrações penais;

VII – internação provisória do acusado nas hipóteses de crimes praticados com violência ou grave ameaça, quando os peritos concluírem ser inimputável ou semi-imputável (art. 26 do Código Penal) e houver risco de reiteração;

VIII – fiança, nas infrações que a admitem, para assegurar o comparecimento a atos do processo, evitar a obstrução do seu andamento ou em caso de resistência injustificada à ordem judicial;

IX – monitoração eletrônica.

Ocorre, no entanto, que esta lei não alcançou o Código de Processo Penal Militar e, por este fato, não existe na lei adjetiva penal castrense as chamadas medidas cautelares diversas da prisão, a não ser a já existente "*menagem*" prevista no artigo 263 do CPPM.

Neste caso, alguns têm defendido o emprego subsidiário do que dispõe o Código de Processo Penal sobre esta matéria.

Não nos parece uma solução adequada e esta nossa oposição está baseada na especialidade do direito militar, quer substantivo ou adjetivo.

Vamos explicar. Segundo a Constituição Federal as Forças Armadas, constituídas pela Marinha, pelo Exército e pela Aeronáutica, são instituições nacionais permanentes e regulares, organizadas com base na hierarquia e na disciplina, sob a autoridade suprema do Presidente da República e os membros das Polícias Militares e Corpos de Bombeiros Militares, instituições organizadas com base na hierarquia e disciplina, são militares dos Estados, do Distrito Federal e dos Territórios.[22]

Estas duas colunas são, por assim dizer, o sustentáculo das Organizações Militares e Policiais Militares no Brasil e por este motivo inatacáveis.

É bem verdade que não se podem admitir atrocidades e flagrantes desrespeitos à dignidade humana e direitos fundamentais em nome da hierarquia e da disciplina, mas, de outro bordo, a vida nos quartéis se torna quase franciscana em função destes dois princípios.

Muitas prerrogativas que assistem aos civis não são capazes de proteger os militares justamente porque estes últimos vivem sob a égide de uma estrutura hierarquizada e disciplinada.

Aplicar o CPP em detrimento do CPPM, neste caso, tratar-se-ia do chamado "hibridismo" de leis, que diz respeito a mescla de normas de distintas naturezas.

A expressão surgiu na jurisprudência do Supremo Tribunal Federal e diante da **mescla de normas da legislação penal e processual penal comum**, tem a Suprema Corte **inibido** soluções decorrentes de tal prática, reconhecendo o **caráter especializado** da legislação castrense para, assim, não permitir esse abuso jurídico.

No âmbito do Direito Processual Penal Militar, o CPPM estabelece que "*os casos omissões neste Código serão supridos pela legislação do processo comum, quando aplicável ao caso concreto e sem prejuízo da índole do processo penal militar.*" (art. 3º, "a", do CPPM).

---

22 Respectivamente, artigos 142 e 42 da Constituição Federal.

Assim, o militar acusado da prática de tortura e processado na Justiça Militar não faz jus às medidas cautelares diversas da prisão trazidas pela Lei 12.403/11, porque estranhas ao Código de Processo Penal Militar.

9.3.8. Possibilidade de aplicação da lei de tortura aos crimes ocorridos fora do território nacional

A matéria "lei penal no espaço" deve ser relembrada a todo instante, uma vez que o mundo globalizado diminuiu a fronteira entre os países e nações.

Esta lei adota o princípio da **extraterritorialidade condicionada**, isto é, pode ser aplicada "*ainda quando o crime não tenha sido cometido em território nacional*".

São duas as condições alternativas: (i) que a vítima seja brasileira ou (ii) que o autor da tortura esteja em território brasileiro.

É o que estabelece com clareza o disposto no Artigo 2º da Lei nº Lei 9.455/97.

9.3.9. Competência para processar e julgar

A competência para processar e julgar o crime de tortura, se considerado crime militar, será da Justiça Militar da União ou Estadual, a depender da condição do autor da infração penal.

De acordo com o lapidar magistério de Alexandre Henriques da Costa, jovem Oficial Superior da Polícia Militar do Estado de São Paulo, "em face das alterações determinadas no artigo 9º do Código Penal Militar, toda a estruturação de raciocínio que era realizada anteriormente para avaliar se uma conduta ilícita se tratava de crime comum ou militar foi modificada".[23]

Estava pacificado antes da alteração normativa castrense, tanto na doutrina quanto na jurisprudência, que para uma conduta ser considerada como crime militar deveria estar esta objetivamente tipificada no Código Penal Castrense (**tipicidade direta**), além de o fato inserir-se numa das hipóteses descritas no artigo 9º ou 10 do mesmo *Codex* (**tipicidade indireta**), considerando-se se o fato foi cometido em tempo de paz ou de guerra respectivamente.

Com a supramencionada derrogação do dispositivo penal sob exame, tal estruturação de raciocínio fica incorreta na atualidade, pois, conforme será discorrida, qualquer conduta ilícita, esteja esta prescrita no Código Penal Militar ou noutra norma legal, poderá ser considerada como infração penal militar.

Sob um prisma geral, da mesma forma que trata o Direito Penal comum, pode-se afirmar que o crime militar poderá receber uma conceituação sob o foco material, sob o formal, ou sob uma estruturação analítica.

O **conceito material** de crime militar pode ser determinado como o fato atentatório às Instituições Militares. O **conceito formal** de crime militar, à semelhança

---

23 DA COSTA, Alexandre Henriques e ROCHA, Abelardo julio da. *In* REVISTA DIREITO MILITAR nº 126, SETEMBRO-DEZEMBRO 2017, pp. 13-18.

do crime comum, é um fato previsto na lei penal como crime. Quanto ao **conceito analítico**, aqui está a maior diferenciação entre a estrutura do crime comum e do crime militar, até porque as teorias adotadas foram diferenciadas quando da formulação dos Códigos.

Sob um enfoque superficial, pode-se dizer que no Código Penal foi adotada a Teoria Finalista da Ação, enquanto no Código Penal Militar foi absorvida a Teoria Causalista, determinando-se que o crime militar é um fato típico, antijurídico e culpável, sendo avaliado em matéria de culpabilidade o dolo e a culpa. Vários são os autores renomados que adotam este entendimento na Doutrina, a exemplo do ilustre jurista Cícero Robson Coimbra Neves.

Há que se esclarecer ainda que a estrutura geral do crime militar não é a mesma do crime comum, pois são vários os fatores de análise para a sua determinação. A avaliação do crime militar depende não somente da avaliação do fato típico (conduta, resultado, nexo causal e tipicidade) nos termos do critério *ratione legis*, até porque, conforme já mencionado, o próprio Código Penal Castrense tratará o fato de forma diferenciada em razão do momento em que o delito é praticado (*ratione temporis*).

O crime não será militar simplesmente pelo fato deter tipicidade taxativa a um tipo penal, mas também em razão de estar inserido em uma das circunstâncias hipotético-condicionantes dos artigos 9º ou 10 do Código Penal Militar. Isto determina uma **"tipicidade indireta" dos delitos militares**, ou seja, para que o crime seja considerado como militar, o fato, além de estar subsumido a uma norma incriminadora, deverá também estar inserido em uma das situações discriminadas no artigo 9º (Tempo de Paz) ou no artigo 10 (Tempo de Guerra).

Prescreve o artigo 9º do Código Penal Militar, *in verbis*:

> Consideram-se crimes militares, em **tempo de paz**:
>
> I – os crimes de que trata este Código, quando definidos de modo diverso na lei penal comum, ou nela não previstos, qualquer que seja o agente, salvo disposição especial;
>
> **II – os crimes previstos neste Código e os previstos na legislação penal, quando praticados:**
>
> a) por militar em situação de atividade ou assemelhado, contra militar na mesma situação ou assemelhado;
>
> b) por militar em situação de atividade ou assemelhado, em lugar sujeito à administração militar, contra militar da reserva, ou reformado, ou assemelhado, ou civil;
>
> c) por militar em serviço ou atuando em razão da função, em comissão de natureza militar, ou em formatura, ainda que fora do lugar sujeito à administração militar, contra militar da reserva, ou reformado, ou civil;
>
> d) por militar durante o período de manobras ou exercício, contra militar da reserva, ou reformado, ou assemelhado, ou civil;
>
> e) por militar em situação de atividade, ou assemelhado, contra o patrimônio sob a administração militar, ou a ordem administrativa militar;
>
> f) revogada.
>
> **III – os crimes praticados por militar da reserva, ou reforma, ou por civil, CONTRA AS INSTITUIÇÕES MILITARES, considerando-se como tais não só os compreendidos no inciso I, como os do inciso II, nos seguintes casos:**

> a) contra o patrimônio sob a administração militar, ou contra a ordem administrativa militar;
>
> b) em lugar sujeito à administração militar contra militar em situação de atividade ou assemelhado, ou contra funcionário de Ministério Militar ou da Justiça Militar, no exercício de função inerente ao seu cargo;
>
> c) contra militar em formatura, ou durante o período de prontidão, vigilância, observação, exploração, exercício, acampamento, acantonamento ou manobras;
>
> d) ainda que fora do lugar sujeito à administração militar, contra militar em função de natureza militar, ou no desempenho de serviço de vigilância, garantia e preservação da ordem pública, administrativa ou judiciária, quando legalmente requisitado para aquele fim, ou em obediência a determinação legal superior.

Prescreve o artigo 10 do Código Penal Militar:

> Consideram-se crimes militares, em **tempo de guerra**:
>
> I – os especialmente **previstos neste Código** para o tempo de guerra;
>
> II – os crimes militares **previstos para o tempo de paz**;
>
> III – os **crimes previstos neste Código**, embora também o sejam com igual definição na lei penal comum ou especial, quando praticados, qualquer que seja o agente:
>
> a) em território nacional, ou estrangeiro, militarmente ocupado;
>
> b) em qualquer lugar, se comprometem ou podem comprometer a preparação, a eficiência ou as operações militares ou, de qualquer outra forma, atentam contra a segurança externa do país ou podem expô-la a perigo;
>
> IV – os **crimes definidos neste Código**, quando praticados em zona de efetivas operações militares ou em território estrangeiro, militarmente ocupado.

Conforme pode ser visualizado, a conceituação analítica do crime militar não é simples, requerendo do operador do Direito Penal Militar uma avaliação do fato sob um prisma estrutural convergente da norma incriminadora com a Parte Geral do Código Penal Castrense.

Analisando-se o fato delituoso para verificar-se se este é um ilícito penal militar ou comum, o operador do Direito deverá sopesar em primeiro plano se este ocorreu em tempo de paz ou em tempo de guerra, aliás, esta será a indagação mais importante para desencadear-se uma futura **estruturação mental sequencial vinculante**.

Atendendo-se aos objetivos principais deste foco de estudo, serão avaliados os fatos cometidos em tempo de paz para a definição do crime como militar.

O inciso I do supramencionado dispositivo trata dos **delitos previstos somente no Código Penal Militar**, seja por estarem definidos de modo diverso na lei penal comum ou nesta não estarem previstos, **qualquer que seja o agente**, salvo disposição especial. Podem ser citados como exemplos os crimes de motim (artigo 149 do CPM), de recusa de obediência (artigo 163 do CPM), opor-se a ordem de sentinela (artigo 164 do CPM), de embriaguez em serviço (artigo 202 do CPM), que somente estão previstos no Código Penal Militar, e os crimes de porte de entorpecentes em local sob administração militar (artigo 290 do CPM), de corrupção passiva (artigo 308 do CPM), que estão previstos de forma diversa na legislação penal comum (artigos 28 e 33 da Lei 11.343/06 e artigo 317 do CP). Neste sentido, se o fato se subsume a um tipo penal previsto no Código Penal Castrense nestas circunstâncias, não há que serem verificados demais fatores, sendo considerado o fato como crime militar de plano.

Entretanto, o **inciso II do artigo 9º do Código Penal Militar** dispõe sobre **os crimes previstos neste Código e os previstos na legislação penal**, delimitando situações hipotéticas nas alíneas "a" a "e".

Analisando-se este dispositivo supra, pode-se extrair-se uma regra quanto às condutas amoldadas a este inciso II de que a regra é o delito ser comum, sendo exceção ser militar quando arraigado em alguma situação hipotético-condicionante de suas alíneas, sendo relevante ressaltar que o fato poderá subsumir-se primariamente a um tipo penal previsto no Código Penal Militar ou em outra lei penal.

Considerando-se a alteração do dispositivo legal em exame, o crime de tortura, prescrito estritamente em penal extravagante, será considerado como delito castrense a exemplo da prática *inter militetes*, pois se encontra sob os auspícios do determinado na alínea "a" do inciso II do artigo 9º do CPM.

Em resumo, para analisar-se em tempo de paz se um fato é crime militar, ou não, adotando-se o critério *ratione legis*, o raciocínio do operador do Direito tornou--se mais complexo, pois além de ter que verificar se a ação ou omissão do agente se subsume a um tipo penal prescrito no Código Penal Militar ou está previsto na Legislação Penal Comum, deverá analisar se o autor do fato é militar da ativa ou é civil/inativo (reserva ou reformado), devendo ainda observar que, em sendo militar da ativa a sua conduta será avaliada de acordo com o inciso I ou II do artigo 9º do CPM, e em sendo civil ou militar inativo (reserva ou reformado) de acordo com o inciso I ou III do mesmo dispositivo.

Relevante esclarecer-se que, nos termos das prescrições dos artigos 124 e 125 da Constituição Federal quanto à competência da Justiça Militar no âmbito da União e dos Estados, o civil somente poderá ser julgado por delito militar quando cometido na seara das Forças Armadas, sendo entendido de forme majoritária na Doutrina e na Jurisprudência que, em razão da incompetência da Justiça Militar Estadual, o civil não pode ser sujeito ativo de crime militar em face das Polícias Militares e Corpos de Bombeiros Militares.

9.3.10. Militares das Forças Armadas

A Justiça Militar da União é justiça especializada, preterindo os demais ramos do Poder Judiciário, sendo sua competência estabelecida no artigo 124 da Constituição da República e por meio de lei específica.

Todavia, a Lei 13.491/2017 ampliou extraordinariamente sua competência.

O resultado imediato é que diversas condutas praticadas por militares das Forças Armadas (FFAA), que eram da competência da Justiça Federal, foram transferidas à jurisdição militar. Além disso, certas infrações penais comuns, quando praticadas nas condições previstas nas alíneas do inciso II do art. 9º do CPM, passaram a ser também consideradas crimes militares, estando, portanto, submetidas Justiça Castrense.

Neste caminhar, também foi ampliada a competência da Justiça Militar da União (JMU) para julgar civis por crimes militares, com base no art. 9º, inciso III, do CPM.

Não se pode deixar de reconhecer o acerto do legislador, vez que o papel hoje desempenhado pelas Forças Armadas em muito difere daquele historicamente visto, especialmente no que se refere ao envolvimento em questões associadas à segurança pública e ao combate ao Crime Organizado.

A Lei tem dois artigos e seu dispositivo principal só teve em mira o art. 9º do CPM.

O art. 2º da Lei, que previa vigência temporária, foi vetado pela presidência da República.

O art. 3º determina a vigência imediata da Lei, isto é, sem vacância.

No que diz respeito às normas de competência, a Lei aplica-se aos inquéritos e às ações penais em curso. No que tange à nova definição de crimes militares, vale a regra da irretroatividade, especificamente no tocante à inovação do inciso II do art. 9º do CPM.

A estrutura do Art. 9º do CPM foi profundamente modificada com a introdução do § 2º do art. 9º do CPM.

Assim, em face desta modificação, se um crime de homicídio for praticado por um militar contra civil durante uma operação em tempo de paz, ou no curso de uma operação de garantia da lei e da ordem (GLO), a competência para o julgamento doravante será de competência da Justiça Militar da União, e não da Justiça Federal (júri).

Foi, portanto, ampliado o conceito de "crime militar" impróprio ou impropriamente militar ou acidentalmente militar para abranger também infrações penais previstas apenas na legislação penal comum.

De qualquer forma, como já era antes, o militar das Forças Armadas que durante o emprego em Operação de Garantia da Lei e da Ordem (GLO) ou qualquer outra função ou serviço, praticar o crime de tortura será processado e julgado pela Justiça Militar da União.

Estando de folga o autor e não havendo na conduta perpetrada relação com a atividade militar, a competência será da Justiça Federal.

9.3.11. Militares dos Estados e do Distrito Federal

Com o advento da Lei nº 13.491/2017, como já se disse alhures, crimes previstos na legislação penal comum, como é o caso da Tortura, poderá ser considerado crime militar (crime militar extravagante), desde que encontre subsunção, além dos elementos típicos do tipo penal incriminador, em uma das alíneas do inciso II do art. 9º do CPM, na nossa compreensão, mormente na alínea "e", pela ordem administrativa militar, sem se desconsiderar a possibilidade de enquadramento nas demais alíneas, quando possível, evidentemente.

Em relação aos militares dos Estados e do Distrito Federal a abordagem requer um pouco mais de profundidade, vez que a competência da Justiça Militar Estadual vem determinada pela própria Carta Política Fundamental em seu artigo 125, § 4º, com a redação dada pela Emenda Constitucional nº 45, de 2004, cujo texto nos parece útil reproduzir, *in verbis*:

> Art. 125 – *omissis*
>
> (...)
>
> § 4º Compete à Justiça Militar estadual processar e julgar os militares dos Estados, nos crimes militares definidos em lei e as ações judiciais contra atos disciplinares militares, ressalvada a competência do júri quando a vítima for civil, cabendo ao tribunal competente decidir sobre a perda do posto e da patente dos oficiais e da graduação das praças.

Com clareza solar, portanto, a Constituição Federal proíbe as Justiça Militar Estadual de processar e julgar civis, sendo sua competência circunscrita exclusivamente aos militares do Estado, vale dizer, policiais e bombeiros militares.

Entrementes, se o militar do Estado praticar o crime de tortura dentro das circunstâncias que fizer da conduta um crime militar, a competência para processar e julgar será da Justiça Militar Estadual.

Esta ampliação de competência trouxe a reboque os crimes hediondos e os equiparados, até então figuras alienígenas à Justiça Militar, como é o caso dos crimes de Tortura.

Antes do advento da Lei nº 13.491/2017, o crime de tortura praticado durante a execução da atividade policial militar era apurado em sede de inquérito pela Polícia Civil dos Estados e do Distrito Federal e o processamento ficava por conta de uma das Varas Criminais do distrito da culpa.

Hodiernamente, a apuração fica por conta da polícia judiciária militar e eventual ação penal deverá ser distribuída perante uma das Auditorias de Justiça Militar do Estado a que pertence o autor da infração penal.

9.3.12. Integrantes da Força Nacional de Segurança Pública (FNSP)

Nos termos do Artigo 2º-A do Decreto nº 5.289/04, a atuação da Força Nacional de Segurança Pública, compreende, entre outras atribuições, o auxílio às ações de inteligência relacionadas às atividades destinadas à preservação da ordem pública e da incolumidade das pessoas e do patrimônio.

Ocorre que nos termos do Art. 3º da Lei nº 11.473, de 10 de maio de 2007, consideram-se atividades e serviços imprescindíveis à preservação da ordem pública e da incolumidade das pessoas e do patrimônio "*o policiamento ostensivo*".

Em outras palavras, a execução do policiamento ostensivo de preservação da ordem pública está entre as atribuições da Força Nacional de Segurança Pública e obviamente deve ser realizado por policiais militares mobilizados naquele órgão.

Na hipótese de um integrante da Força Nacional de Segurança Pública praticar o crime militar de tortura a competência para processá-lo e julgá-lo será da justiça militar estadual.

Esta nossa posição não é solitária na doutrina, aliás, anote-se, estamos muito bem acompanhados porque Cícero Robson Coimbra Neves[24], desde 2014, já havia se posicionado neste mesmo sentido, ao aduzir que "*Todavia, em se considerando que a atividade de polícia judiciária militar é **prescindível** por produzir peça informativa ao Ministério Público, a instauração de inquérito policial militar pela Força Nacional de Segurança, embora não amparada pelo art. 7º, não importa em nulidade, podendo o Parquet ter o procedimento instaurado como base de convicção para a propositura da acão penal militar.*"[25] (grifamos)

Ocorre que a solução não é tão simples o quanto parece já que o efetivo da FNSP pode ser empenhado em qualquer Estado da Federação e neste caso cumpre obtemperar que a competência deve recair sobre a Justiça Militar do Estado da Federação a que pertencer o militar apontado como autor da infração penal.

De qualquer modo, sendo militares dos Estados os integrantes da Força Nacional de Segurança Pública (FNSP), a competência para processar e julgá-los pela eventual prática de tortura, quando configurar crime militar, será da Justiça Militar da Unidade da Federação de origem.

9.3.13. Concurso de pessoas

Há crimes que só podem ser praticados com a essencial e necessária participação de duas ou mais pessoas. São os chamados crimes plurissubjetivos ou crimes de concurso necessário, em que o tipo penal estabelece em seu núcleo tipológico, a exigência de autoria coletiva, a exemplo do crime de rixa (artigo 137 do CP – mínimo três pessoas em condutas contrapostas entre si); crime militar de motim (artigo 149 do CPM – mínimo dois militares da ativa em condutas convergentes); crime de constituição de organização criminosa (artigo 2º, c.c § 1º do artigo 1º da Lei n. 12.850 de 2013 – mínimo quatro pessoas).

Não são assim os crimes definidos na Lei nº 9.455/97. Um único agente, isto é, um único militar pode praticar com perfeição uma das modalidades de tortura previstas em lei.

Todavia, se um militar e um civil agirem com unidade de desígnios teremos desfechos diferentes na Justiça Militar da União e na Justiça Militar Estadual porque a primeira tem competência para processar e julgar civis, enquanto a segunda não.

De qualquer modo, é certo que o torturador pode praticar o crime isoladamente ou mediante concurso de pessoas.

---

24 Cícero Robson Coimbra Neves é Membro do Ministério Público Militar e autor de diversa obras jurídicas, além de professor e palestrante de direito militar.

25 Neves, Cícero Robson Coimbra. *Manual de direito processual penal militar: (em tempo de paz)* – São Paulo: Saraiva, 2014, pag. 2011.

9.3.14. Do concurso entre Crimes de Tortura e os crimes de abuso de autoridade da Lei nº 13.869/19

O crime de abuso de autoridade, agora previsto na *novel* Lei nº 13.869/19, engloba toda ofensa praticada pela autoridade, desde uma simples contravenção de vias de fato até o homicídio. Estão abrangidas tanto a violência física quanto a moral.

Se além do atentado resultarem lesões corporais ou a morte do indivíduo, deve o agente responder por ambos os crimes em concurso formal imperfeito, somando-se as penas, se houver, obviamente o dolo de praticar tortura por parte do agente.

Não nos parece razoável falar em absorção do crime de abuso de autoridade pela tortura, uma vez que as objetividades jurídicas são diversas.

No abuso, tutela-se não apenas o bem jurídico do cidadão ofendido, mas também o interesse do Estado na correta prestação do serviço público.

A melhor solução, portanto, é a responsabilização por ambos os delitos. Prevalece, porém, o entendimento segundo o qual o sujeito deve responder pelas infrações em concurso material. De qualquer modo, seja pelo concurso formal imperfeito (uma só conduta com dois ou mais resultados), seja pelo concurso material (duas condutas com dois resultados), a consequência jurídica é única, ou seja, somam-se as penas.

9.4. COMENTÁRIOS AO ARTIGO DA LEI N. 9.455/97 QUE DEFINE OS CRIMES DE TORTURA NO QUE DIZ RESPEITO À ATIVIDADE MILITAR

Ao contrário do que se espera de uma norma penal, a Lei n. 9.455/97 não estabelece um preceito primário conceitualmente delineado acerca da conduta denominada tortura, mas limita-se a declinar situações que constituem tortura.

Para esta lei, portanto, constitui crime de tortura constranger alguém com emprego de violência ou grave ameaça, causando-lhe sofrimento físico ou mental ou então submeter alguém, sob sua guarda, poder ou autoridade, com emprego de violência ou grave ameaça, a intenso sofrimento físico ou mental, como forma de aplicar castigo pessoal ou medida de caráter preventivo.

Para o primeiro caso a lei criou finalidades buscadas pelo torturador que vão definir a forma de apresentação da tortura.

Esse tipo não exige nenhuma condição especial do sujeito ativo ou do sujeito passivo.

Assim, qualquer pessoa pode ser autor ou vítima desse delito.

– Tipo objetivo:

> **Art. 1º** Constitui crime de tortura:
>
> I – constranger alguém com emprego de violência ou grave ameaça, causando-lhe sofrimento físico ou mental:

a) com o fim de obter informação, declaração ou confissão da vítima ou de terceira pessoa;

b) para provocar ação ou omissão de natureza criminosa;

c) em razão de discriminação racial ou religiosa;

O núcleo do tipo é verbo *constranger* tem o sentido de coagir, violentar, obrigar. (Coimbra, 2002, p. 176). Está presente o sentido de sujeição da vítima à força do agente.

Para que seja típica, a tortura tem que ser praticada com *violência* ou *grave ameaça*. A *violência* (*vis corporalis*) significa o emprego da força física sobre o corpo da vítima, com a qual se anula sua resistência. (Silva Franco, 1997, p. 63) A *grave ameaça* (*vis compulsiva*) é a chamada violência moral, com a qual se promete um mal futuro e grave à vítima ou a alguém conhecido dela. (Coimbra, 2002, p. 176)

Como crime material, a tortura exige, também, a produção do resultado "*sofrimento físico ou mental*". Anote-se, por oportuno, que o resultado é o sofrimento e não eventual lesão corporal.

A comprovação do sofrimento não é fácil de ser alcançada, vez que nem sempre deixa vestígios. O sofrimento físico, por seu turno, pode ser provado, mas nem sempre, porque também há sofrimentos físicos infligidos na vítima que não deixam qualquer sinal visível.

Já o sofrimento mental é imensurável, não pode ser constatado com a precisão que se exige de um tipo penal. Sua ocorrência depende muito da sensibilidade individual da pessoa constrangida. Uma pessoa pode sofrer profundamente com um simples aumento no tom de voz daquele que imagina ser o torturador.

Todas estas ponderações tornam o crime de tortura muitas vezes difícil de ser comprovado, o que pode levar à impossibilidade de responsabilização penal do autor do crime.

– Tipo subjetivo:

O crime de tortura só pode ser praticado com dolo, ou seja, a vontade livre e consciente de produzir, mediante violência ou grave ameaça, sofrimento físico ou mental.

Além do dolo, o tipo exige uma finalidade específica em cada uma das três alíneas do Art. 1º da Lei.

Confira-se:

Art. 1º Constitui crime de tortura:

I – constranger alguém com emprego de violência ou grave ameaça, causando-lhe sofrimento físico ou mental:

a) com o fim de obter informação, declaração ou confissão da vítima ou de terceira pessoa;

b) para provocar ação ou omissão de natureza criminosa;

c) em razão de discriminação racial ou religiosa;

a) Tortura "prova" ou tortura "indagatória" (Art. 1º, I, "a"):

É aquela cuja finalidade é *obter informação ou confissão:* No dizer de Días Pita, é a chamada *tortura indagatória*, cuja finalidade é a obtenção de uma informação ou a confissão, que é a admissão de que o torturado praticou determinado delito ou contravenção penal.[26]

Preferimos chamá-la de tortura prova, já que a finalidade do torturador parecer indicar a intenção de obter meios de incriminação da vítima, de seus comparsas ou qualquer outra pessoa ou ainda a indicação do instrumento do crime. Enfim, parece que a tortura neste caso busca uma espécie de esclarecimento da autoria delitiva supostamente investigada e sua materialidade.

Esse tipo de tortura é noticiado com maior frequência e não raramente aparece associado à conduta policial.

A presença cada vez mais frequente das Forças Armadas nas Operações de Garantia da Lei e da Ordem (GLO), ante à incapacidade de alguns Estado de enfrentar com sucesso o crime organizado, tem feito aumentar o volume de denúncias da prática de tortura contra suspeitos, sobretudo em relação ao tráfico de drogas.

Nestes casos um suspeito é torturado com o fim de que confesse a traficância e indique a localização das drogas.

b) Tortura "Crime" (Art. 1º, I, "b"):

Neste caso, o móvel da conduta do agente é no sentido de que *o torturado venha a cometer crime:* A tortura é o crime-meio com o qual se pretende que o torturado venha a cometer certo delito.

O texto legal menciona a expressão "ação ou omissão criminosa", referindo-se exclusivamente à infração penal e não contravenção penal.

Neste tipo de tortura o desiderato do torturador é que a vítima pratique ilícito penal mediante constrangimento com emprego de violência ou grave ameaça.

c) Tortura "Racismo" (Art. 1º, I, "c"):

É aquela praticada *por motivos discriminatórios:* Nesta espécie de tortura, o texto legal exige que a tortura seja motivada por discriminação racial ou religiosa. Importante sublinhar tratar-se de motivo e não finalidade, o que se conclui por meio do emprego da expressão "em razão".

Curiosamente o legislador só contemplou a discriminação em razão da raça ou religião da vítima, deixando de fora as demais formas de discriminição.

Portanto, se alguém for torturado porque é homossexual, a conduta será atípica.

– Consumação e Tentativa:

O crime de tortura se consuma no momento em que se dá o sofrimento físico ou mental, independentemente da ocorrência do objetivo do agente. É possível

[26] DÍAS PITA, Maria del Mar. El bien jurídico protegido en los nuevos delitos de tortura y atentado contra la integridad moral. **Estudios Penales y Criminológicos.** Santiago de Compostela, 1997, p.40.

a tentativa, já que se trata de crime plurissubsistente, isto é, o núcleo tipológico é composto por mais de um verbo.

9.4.1. Tortura "Castigo" (Art. 1º, inciso II)

> **Art. 1º** Constitui crime de tortura:
>
> II – submeter alguém, sob sua guarda, poder ou autoridade, com emprego de violência ou grave ameaça, a intenso sofrimento físico ou mental, como forma de aplicar castigo pessoal ou medida de caráter preventivo.
>
> Pena – reclusão, de dois a oito anos.

Constitui tortura submeter alguém, sob sua guarda, poder ou autoridade, com emprego de violência ou grave ameaça, a intenso sofrimento físico ou mental, como forma de aplicar castigo pessoal ou medida de caráter preventivo.

Esse tipo descreve um crime próprio, ou seja, exige condição especial do sujeito ativo, bem como do sujeito passivo. O sujeito passivo tem que estar sob guarda, poder ou autoridade.

"Guarda" significa estar sob proteção de outrem, por força de lei ou decisão judicial.

"Autoridade" é a pessoa que exerce cargo, emprego ou função pública com legitimidade para governar ou exercer comando.

"Poder", por fim, diz respeito à relação de sujeição entre autor e vítima.

Poder, sob outro prisma, se relaciona a situações específicas em que uma circunstância factual coloca o autor em condição de superioridade perante a vítima.

Em todos os casos acima, há uma circunstância comum, isto é, a existência de um vínculo de submissão que decorre de um poder circunstancial exercido pelo torturador sobre o torturado, conforme explica Renato Brasileiro com clareza lapidar.[27]

Neste tipo de tortura, o autor é aquele que tem a *guarda*, *poder*, ou *autoridade* sobre a vítima.

É claro que só podem ser vítimas dessa espécie de tortura as pessoas que estejam sobre a guarda, poder ou autoridade do torturador.

Julgamos importante trazer à colação breves linhas acerca destes conceitos porque a tortura eventualmente praticada por militar das Forças Armadas empregado em Operação de Garantia da Lei e da Ordem (GLO) ou policial militar de serviço no policiamento ostensivo de preservação da ordem pública diz respeito à uma condição de subjugação da vítima à autoridade, guarda ou poder do algoz.

– Tipo objetivo:

O verbo *submeter* tem o sentido de "subjugar, vencer, dominar, avassalar, domar, sujeitar, subordinar".

27 LIMA, Renato Brasileiro de. Legislação especial criminal comentada. Salvador: Juspodivm, 2019, p. 1113.

A ação consiste em constranger alguém com emprego de violência ou grave ameaça, causando-lhe sofrimento físico ou mental (inciso I, do Art. 1º).

Curiosamente, sofrimento físico ou mental aqui está acrescido do adjetivo ***intenso***, de modo que nesta modalidade de tortura é imprescindível que o sofrimento, físico ou psicológico, seja ***intenso***.

Não há explicação para a existência deste adjetivo somente na redação do inciso II, do Art. 1º da Lei.

– Tipo subjetivo:

Além do dolo, há o elemento subjetivo do tipo, que é o fim de castigar ou aplicar medida preventiva. Castigo é a punição imposta em razão de uma conduta faltosa. Medida preventiva ou profilática é aquela aplicada para que o sujeito não venha a praticar determinadas condutas. Se a tortura for *gratuita*, sem um fim concreto, destituída de objetivos em sí, não haverá o crime de tortura.

– Distinção do crime de maus-tratos:

O crime de maus-tratos, previsto no Art. 136 do Código Penal pode, em algumas situações, se confundido com a tortura porque se configura com a exposição a perigo da vida ou da saúde de pessoa sob autoridade, guarda ou vigilância, abusando de meios de correção ou disciplina.

Caracteriza-se, por exemplo, na conduta do pai, mãe ou do responsável que usa violência contra o filho a fim corrigí-lo ou punir uma conduta julgada inadequada e ofensiva aos padrões morais exigidos na família.

Deve-se observar também que nos crimes de maus-tratos, qualquer resultado além da mera exposição a perigo é considerado culposo. Logo, havendo a ocorrência de lesão corporal grave ou homicídio, haverá aumento de pena por este resultado preterdoloso.

No que se refere aos sujeitos ativo e passivo, aquele precisa ser detentor de autoridade, guarda ou vigilância em relação a este.

De outro bordo, o dolo presente na tortura é o de dano. A intenção não seria expor a perigo, mas sim causar o dano em si. O elemento subjetivo não é apenas maltratar, é causar dor ou sofrimento intenso com o objetivo de punir a vítima da tortura.

Entrementes, a diferença não é tão óbvia o quanto queremos fazer parecer e na doutrina há quem opte por diferenciar ambos os delitos pela intensidade da punição.

A jurisprudência tem se inclinado ao entendimento segundo o qual a tortura--castigo seria uma modalidade mais incisiva de maus-tratos.

Confira-se algumas decisões neste sentido:

> APELAÇÃO CRIMINAL. IMPUTAÇÃO DE TORTURA-CASTIGO. DESCLASSIFICAÇÃO PARA O CRIME DE MAUS TRATOS. DISTINÇÕES ENTRE MAUS TRATOS, TORTURA E LESÃO CORPORAL NO CONTEXTO DE VIOLÊNCIA DOMÉSTICA. CONFIGURAÇÃO, NO CASO, DE LESÃO CORPORAL NO ÂMBITO DA VIOLÊNCIA DOMÉSTICA. PRELIMINARES REJEITADAS. (...).

> Diretrizes para juízo de adequação típica na constelação fática que envolve violência nas complexas relações socioafetivas entre pais/mães e filhos: (i) o crime de maus tratos, no abuso dos meios de correção (art. 136, § 3º, do CP), é de incidência excepcionalíssima e de aplicação subsidiária, para situações de meras vias de fato no âmbito doméstico ou lesões de baixo conteúdo de injusto, evidenciado e pertinente o fim educativo; (ii) o crime de tortura (art. 1º, II, e § 4º, II, Lei nº 9.455/97), tipifica-se nos casos em que o domínio parental, orientado para castigar ou prevenir condutas filiais e externalizado por meio de violência ou grave ameaça, substancia-se em resultado de intenso sofrimento físico ou mental; (iii) quando materializadas lesões corporais na atuação dos pais sobre os filhos, mas não na extensão e/ou intensidade exigíveis para o gravoso patamar da tortura, a desclassificação primária ocorre para lesão corporal no contexto de violência doméstica (art. 129, § 9º, CP). Diferenças, quanto ao art. 1º da Lei nº 9.455/97, entre as figuras do inciso I (tortura--de-finalidade-hedionda) e do inciso II (tortura-castigo/prevenção). A segunda abarca fins eventualmente pedagógicos, em situações socioafetivas sutis e complexas, a aumentar, na ponderação, as exigências típicas, para densificar maior conteúdo de injusto. Não é a finalidade educativa (elemento subjetivo) que diferencia a tortura-castigo dos maus tratos, e sim a gravidade objetiva da conduta, a par do elemento normativo intenso sofrimento, que vai discernir se o mesmo fenômeno (determinada lesão, v.g.) vai plantar raízes numa ponta ou noutra do espectro tipológico, ou permanecer a meio termo, na órbita das lesões-violência doméstica. E a finalidade transcendente (para castigar/educar) não é incompatível com motivação banal ou desproporcional e tampouco anula o dolo de lesão. (...). (Apelação Crime Nº 70058020322, Terceira Câmara Criminal, Tribunal de Justiça do RS, Relator: Jayme Weingartner Neto, Julgado em 29/05/2014) (TJ-RS - ACR: 70058020322 RS, Relator: Jayme Weingartner Neto, Data de Julgamento: 29/05/2014, Terceira Câmara Criminal, Data de Publicação: Diário da Justiça do dia 03/07/2014).

E ainda outra:

> APELAÇÃO CRIME (GENITORA). TORTURA CONTRA CRIANÇA. ART. 1º, INC. II, C/C § 4º, INC. II, DO ART. 1º, AMBOS DA LEI 9.455/97 C/C 61, ALÍNEA E, DO CÓDIGO PENAL (1º FATO) E ART. 1º, INC. II, § 3º C/C § 4º, INC. II, DO ART. 1º, AMBOS DA LEI 9.455/97 C/C 61, INC. II, ALÍNEA E DO CÓDIGO PENAL (2º FATO), C/C ART. 71, DO CÓDIGO PENAL C/C ART. 2º, DA LEI Nº 8.072/90. PRETENSA DESCLASSIFICAÇÃO PARA O DELITO DE MAUS-TRATOS. IMPOSSIBILIDADE. CONDUTA PRATICADA PELA GENITORA INCOMPATÍVEL COM O MERO ABUSO DOS MEIOS DE CORREÇÃO. PEDIDO DE AFASTAMENTO DA CONTINUIDADE DELITIVA. IMPOSSIBILIDADE. PROTRAINDO-SE O SOFRIMENTO DA VÍTIMA NO TEMPO, POR MEIO DA CONTINUIDADE DAS AGRESSÕES, RESTA EVIDENCIADA A FORMA CONTINUADA. (...). APELAÇÃO CRIME (GENITOR). CRIME DE TORTURA POR OMISSÃO. DELITO COMETIDO PELO PAI QUE SE OMITE, CONSCIENTEMENTE, EM RELAÇÃO ÀS AGRESSÕES REITERADAS SOFRIDAS PELO FILHO. CONFIGURAÇÃO DA CONDUTA TÍPICA PREVISTA NO § 2º, INC. II, DO ART. 1º, DA LEI 9.555/97. (...). (TJ-PR 9135680 PR 913568-0 (Acórdão), Relator: Macedo Pacheco, Data de Julgamento: 22/11/2012, 1ª Câmara Criminal)

E por fim:

> APELAÇÃO CRIMINAL - TORTURA - PEDIDO DE ABSOLVIÇÃO - PROVAS SEGURAS - ANIMUS CORRIGENDI OU DISCIPLINANDI - DESCLASSIFICAÇÃO PARA O DELITO DE MAUS--TRATOS - RECURSO PARCIALMENTE PROVIDO. (TJ-MS - ACR: 9124 MS 2007.009124-6, Relator: Des. Gilberto da Silva Castro, Data de Julgamento: 15/05/2007, 1ª Turma Criminal, Data de Publicação: 05/06/2007)

Em suma, vê-se que a diferença entre os tipos penais jaz no dolo de cada delito: no crime de maus-tratos, é de expor ao perigo, na tortura-castigo, é de dano.

Por esta razão é que a conduta de militar de serviço ou agindo em razão da função dificilmente poderia, em alguma hipótese, ser enquadrada como maus tratos e não tortura.

– Consumação e tentativa:

A consumação do crime se dá no momento em que ocorre o sofrimento físico ou mental, sem necessidade de qualquer lesão. A tentativa é possível, desde que o agente tenha iniciado a execução do crime, mas não tenha causado, por razões alheias a sua vontade, o intenso sofrimento físico ou mental.

9.4.2. Tortura de Preso (§ 1º do Art. 1º)

> § 1º Na mesma pena incorre quem submete pessoa presa ou sujeita a medida de segurança a sofrimento físico ou mental, por intermédio da prática de ato não previsto em lei ou não resultante de medida legal.

Esta é a tortura praticada contra pessoas sob custódia provisória do Estado, cumprindo pena decorrente de sentença penal condenatória ou submetidas a medida de segurança.

Qualquer pessoa pode, em tese, praticar este crime, não exigindo a lei qualquer condição especial do agente.

Entretanto, o sujeito passivo só poderá ser aquele que se encontrar em prisão, qualquer que seja sua espécie.

Estranhamente a palavra "prisão" não se refere à situação de pessoa cumprindo medida sócio-educativa, que é o caso de adolescentes.

De se lamentar, mas não é possível estender o alcance deste termo aos adolescentes internados em Estabelecimentos de custódia porque não foi esta a vontade do legislador, por mais estranho que possa parecer. A lei usa a palavra "prisão", repita-se, e medida "sócio-educativa" não se confunde com este vocábulo.

Por outro lado, pratica este crime o militar de serviço ou agindo em razão da função que submete pessoa presa ou sujeita a medida de segurança a sofrimento físico ou mental, por intermédio da prática de ato não previsto em lei ou não resultante de medida legal, como, por exemplo, submeter presos despidos a pernoitarem ao relento sob baixíssimas temperaturas nas cadeias ou outros estabelecimentos prisionais.

Outro exemplo constantemente lembrado pela doutrina é o ato de submeter preso ao Regime Disciplinar Diferenciado[28] sem decisão da autoridade judiciária competente, vale dizer, o juízo das execuções penais.

Também é exemplo de tortura desta espécie submeter o preso à privação de alimentação, de água ou de sono; colocação do preso em celas insalubres, sem água

[28] O RDD, ou regime disciplinar diferenciado, está previsto no art. 52, da Lei Federal n. 10.792/03, que alterou a Lei Federal n. 7.210/84 – LEP (Lei de Execuções Penais).

e sem vaso sanitário; jogar comida no vaso sanitário, onde o preso deverá comer, se não quiser morrer de inanição, dar notícias falsas de extrema gravidade.

Vale lembrar que dificilmente militares são responsáveis pela custódia de pessoas presas, sendo este um trabalho geralmente executado pela Polícia Judiciária.

Há mais. O "preso" mencionado neste dispositivo da lei não se confunde com a pessoa detida momentaneamente por militares empregados em Operação de Garantia da Lei e da Ordem ou policiais militares que efetuam uma detenção para posterior apresentação à autoridade policial.

– Tipo objetivo:

A prática deste tipo de tortura, a exemplo do que já se afirmou anteriormente, exige o resultado denominado "sofrimento físico" ou "mental", sem o qual não haverá crime.

Daí porque Nucci, com toda razão, diz tratar-se de crime material.[29]

– Tipo subjetivo:

O agente que pratica este tipo de tortura precisa estar imbuído da vontade livre e consciente de causar sofrimento físico ou mental no preso, isto é, dolo.

Algo que precisa ser sublinhado nesta espécie de tortura é que o texto legal não menciona uma finalidade específica do agente torturador.

Fica a impressão que, neste caso, a agente tortura por crueldade mesmo, sem qualquer objetivo explícito exigido por lei, o que nos tipos anteriores tornariam a conduta atípica (incisos I e II).

9.4.3. Crime de Omissão frente à prática de Tortura (§ 2º, do Art. 1º)

> § 2º Aquele que se omite em face dessas condutas, quando tinha o dever de evitá-las ou apurá-las, incorre na pena de detenção de um a quatro anos.

Estabelece o texto legal que "Aquele que se omite em face dessas condutas, quando tinha o dever de evitá-las ou apurá-las, incorre na pena de detenção de um a quatro anos".

A doutrina tem chamado esta espécie de tortura de *imprópria* porque o agente, neste caso, não pratica efetivamente a tortura, mas de forma omissiva, permite que outro a realize.

A tortura imprópria é crime próprio, diferentemente das demais condutas, pois só poderá ser praticada por aquele que estiver na posição de garante, o que tinha o dever de evitar o crime.

---

[29] NUCCI, Guilherme de Souza. Comentários à lei dos crimes de tortura (Lei 9.455/97). In: **O valor da confissão como meio de prova.** 2ª ed.. São Paulo: Ed. RT, 1999, p. 260.

Entre os militares, pratica este crime o superior hierárquico ou aquele que ocupa função de Comando entre aqueles que praticam tortura nada fizer para interromper a empreitada delitiva ou promover a apuração de sua autoria.

A omissão em relação à apuração do crime alcança a autoridade militar que tomar conhecimento da prática pretérita de tortura e omitir-se em relação às providências apuratórias.

Entende-se por providência aceitável e capaz de eximir o militar de responsabilidade penal o fato de levar ao conhecimento de superior a notícia de tortura que chegar ao seu conhecimento ou que presenciar a prática da infração penal.

Entendemos que não pratica este crime especificamente o militar mais moderno ou inferior hierárquico que se omitir em relação à conduta praticada por superior hierárquico ou mais antigo.

Todavia, esta circunstância não isenta o subordinado da obrigação de reportar a infração penal presenciada (Tortura) assim que se sentir seguro para adotar tal providência.

– Elemento subjetivo:

A tortura imprópria só pode ser praticada se o agente realmente intenta omitir-se em relação a pratica de tortura presenciada, isto é, na modalidade dolosa, não sendo possível tortura imprópria culposa.

A modalidade culposa não pode ser admitida por uma razão muito simples: ou o agente tem a intenção de omitir-se em relação ao crime de tortura que presenciou ou não. Não pode omitir-se sem querer fazê-lo.

– Da pena cominada para o crime de Tortura Imprópria:

Ao contrário do que sempre ocorre entre os militares, o superior hierárquico que se omite em relação à prática de tortura está sujeito à pena de detenção, enquanto que para as demais formas de tortura a pena é, no mínimo, o dobro.

Também insta pontuar que a tortura imprópria não é equiparada ao crime hediondo, diferentemente das demais espécies de tortura.

É certo, porém, que apesar do tratamento penal generoso dado por lei ao militar que praticar a *tortura imprópria* (cumprimento da pena em regime inicial aberto), sob o ponto de vista deontológico estará o agente sujeito até à sanção administrativa de expulsão das fileiras da Força em que serve.

Com o advento da Lei nº 13.491/17, que criou os chamados crimes militares extravagantes, surgiu uma questão curiosa em relação à *omissão penalmente relevante*, com previsão no Art. 29, § 2º do Código Penal Militar, que dispõe o seguinte:

> Art. 29. O resultado de que depende a existência do crime sòmente é imputável a quem lhe deu causa. Considera-se causa a ação ou omissão sem a qual o resultado não teria ocorrido.

> § 1º A superveniência de causa relativamente independente exclui a imputação quando, por si só, produziu o resultado. Os fatos anteriores, imputam-se, entretanto, a quem os praticou.
>
> **§ 2º A omissão é relevante como causa quando o omitente devia e podia agir para evitar o resultado. O dever de agir incumbe a quem tenha por lei obrigação de cuidado, proteção ou vigilância; a quem, de outra forma, assumiu a responsabilidade de impedir o resultado; e a quem, com seu comportamento anterior, criou o risco de sua superveniência.**

De acordo com este preceito, o militar que tem o dever legal de impedir o resultado, ao se omitir concorre para a prática do crime, respondendo às penas a ele cominadas. Desse modo, a omissão, por exemplo, de um Sargento de serviço, que não impede a prática da tortura que sabe estar acontecendo, lhe acarretaria a sanção cabível ao crime de tortura, se prevalecesse a regra do art. 29, § 2º, CPM.

Todavia, como deve prevalecer a regra especial da lei, ao invés da pena correspondente à tortura, o omitente (mesmo tendo concorrido, com sua omissão, com a prática do crime) será apenado mais levemente.

Com isso, a lei equipara situações desiguais, porquanto o militar que se omite podendo evitar, concorre para a prática do crime, enquanto quem se omite de apurar, apenas praticaria uma espécie de prevaricação, sem o a exigência do elemento subjetivo. Em tal modalidade, a omissão é própria porque não concorre com o resultado.

9.4.4. Formas de Tortura qualificadas pelo resultado (Art. 1º, § 3º)

> § 3º Se resulta lesão corporal de natureza grave ou gravíssima, a pena é de reclusão de quatro a dez anos; se resulta morte, a reclusão é de oito a dezesseis anos.

Estabelece o § 3º, do Art. 1º desta lei que "*Se resulta lesão corporal de natureza grave ou gravíssima, a pena é de reclusão de quatro a dez anos; se resulta morte, a reclusão é de oito a dezesseis anos.*"

As formas de tortura qualificadas pelo resultado lesão corporal grave ou morte configuram crimes preterdolosos, isto é, o agente age movido com o dolo de torturar, mas a morte acaba ocorrendo sem que este resultado tenha sido buscado (culpa).

Sendo mais claro, é dizer que neste tipo de tortura é preciso ficar claro que o agente nunca buscou o resultado morte, o que se comprova principalmente no campo da medicina legal.

Impende obtemperar que o agente pode não pretender diretamente produzir o resultado morte, mas se assumir o risco de que tal resultado ocorra, estará agindo sob o móvel do chamado *dolo indireto.*

É o caso, por exemplo, de militares ou policiais militares de serviço que, ao interrogarem suspeito no sítio de operações, jogam-no com as mãos amarradas numa lagoa profunda provocando a morte da vítima por afogamento.

Ora, ainda que comprovadamente não intentassem matar a vítima, é óbvio e previsível ao homem de entendimento mediano que a morte poderia ocorrer.

Nos casos em que ocorrer a prática de tortura qualificada pelo resultado morte, podem possibilidades, a saber:

a) *tortura qualificada pelo resultado morte*: neste caso a superveniência do resultado morte não foi pretendido pelo agente. Decorre de uma conduta culposa.

b) *homicídio qualificado pela tortura:* neste caso, desde o início da empreitada delitiva o agente já tinha em mente causar a morte da vítima e o meio empregado para alcançar tal desiderato é a tortura. Trata-se de meio cruel de causar a morte da vítima, frequentemente visto nos homicídios praticados por vingança ou crimes passionais.

c) *concurso material de tortura e homicídio:* esta hipótese é estatisticamente pouco frequente e ocorre quando o agente deseja torturar a vítima e, após satisfazer seu intento inicial, decide matar o ofendido.

Anote-se, por oportuno, que, neste caso, para que não ocorra *bis in idem*, o homicídio não terá a qualificadora do meio (tortura); mas poderá ser qualificado por outras circunstâncias previstas em lei, como, por exemplo, motivo ou forma de execução.

9.4.5. Circunstâncias de aumento de pena do crime de Tortura

> § 4º Aumenta-se a pena de um sexto até um terço:
>
> I – se o crime é cometido por agente público;
>
> II – se o crime é cometido contra criança, gestante, portador de deficiência, adolescente ou maior de 60 (sessenta) anos;
>
> III – se o crime é cometido mediante sequestro.

O § 4º do Art. 1º desta Lei estabelece o aumento da pena de um sexto até um terço se o crime de tortura houver sido praticado (i) por agente público; (ii) contra criança, gestante, portador de deficiência, adolescente ou maior de 60 (sessenta) anos ou (iii) mediante sequestro.

Causas de aumento de pena, também chamadas de majorantes, são circunstâncias previstas no Código Penal ou numa Lei Penal em geral, que pode aumentar a pena e cuja incidência se dará na terceira fase do cálculo da pena, conforme o modelo trifásico adotado pela lei penal brasileira.

Sua aplicação se dá após já fixada a pena base, para incrementar a punição.

Passemos a breves apontamentos sobre cada uma delas.

9.4.5.1. Se o crime de Tortura é cometido por agente público (Art. 1º, § 4º, I)

Andou muito bem o legislador ao majorar a pena a ser aplicada se o autor do crime de tortura é agente público porque em Direito Administrativo **agente público** é toda pessoa que presta um serviço **público**, sendo funcionário **público** ou não, sendo remunerado ou não, sendo o serviço temporário ou não.

Portanto, **agente público** é todo indivíduo ligado ao Estado por algum tipo de vínculo, e sua atuação nessa qualidade representa a manifestação de vontade estatal.

É, portanto absolutamente inaceitável que um representante do Estado pratique tortura, que é uma extraordinária afronta à dignidade humana.

Necessário lembrar, entretanto, a advertência de Nucci no sentido de que esta causa de aumento de pena não ocorre na hipótese em que o agente omite a apuração da tortura, porquanto somente o funcionário público pode praticar aquele crime; ocorreria *bis in idem* se se admitisse esta causa de aumento de pena.[30]

9.4.5.2. Especial condição da vítima (Art. 1º, § 4º, II)

De acordo com o Art. 2º, da Lei nº 8.069/90, ***criança*** é a pessoa com idade até doze anos, incompletos. ***Gestante*** é o estado de gravidez em que se encontrar a mulher, aplicando-se a majorante, independentemente do tempo, mas desde que o torturador saiba da gravidez. ***Portador de deficiência*** é o indivíduo que, em razão da sua condição física ou mental seja portador de necessidades especiais. ***Adolescente*** é a pessoa com idade menor de dezoito anos e maior de doze. A pessoa ***Maior de 60 anos*** no Brasil é considerada idosa nos termos da Lei nº 10.741/03, o Estatuto do Idoso.

Interessante observar que todas as pessoas mencionadas neste inciso têm em comum o fato de serem extremamente vulneráveis em razão da especial condição que ostentam.

Em relação à criança e ao adolescente, é dever da família, da comunidade, da sociedade em geral e do poder público assegurar, com absoluta prioridade, a efetivação dos direitos referentes à vida, à saúde, à alimentação, à educação, ao esporte, ao lazer, à profissionalização, à cultura, à dignidade, ao respeito, à liberdade e à convivência familiar e comunitária, conforme estabelece o Art. 4º, da Lei nº 8.069/90 (ECA), sendo tal dispositivo uma fiel reprodução do Art. 227 da Constituição da República.

Em relação à vulnerabilidade da **mulher gestante**, despiciendos maiores esclarecimentos, a não ser o fato de que se da tortura houver consequências para o feto, como, por exemplo, aborto, que é lesão corporal gravíssima, incidirá o resultado qualificador previsto no § 3º, do Art. 1º da lei de Tortura.

Em relação ao **portador de deficiência**, seja física ou mental, não importa, a prática de tortura se afigura ainda mais aviltante, vez que a vítima está absolutamente indefesa e, alguns casos, sequer tem capacidade de entender o que se passa.

O mesmo deve ser dito em relação à pessoa com idade superior a 60 anos, o idoso. É inegável que o idoso possui extraordinária diminuição da agilidade física e

[30] NUCCI, Guilherme de Souza. Comentários à lei dos crimes de tortura (Lei 9.455/97). In: **O valor da confissão como meio de prova.** 2ª ed.. São Paulo: Ed. RT, 1999, pag. 261.

resistência orgânica. Assim o sofrimento imposto à vítima no ato da tortura, para o idoso pode significar um elevado risco de causar a morte.

9.4.5.3. Se o crime de tortura é praticado mediante sequestro da vítima (Art. 1º, § 4º, III)

O substantivo "*sequestro*" na lei significa o arrebatamento da vítima do local onde se encontrar para mantê-la em cárcere privado a fim de que não possa oferecer resistência e permaneça subjugada ao seu algoz. O local onde a vítima é mantida é chamado comumente de *cativeiro* e não é incomum ser na sua própria residência.

Esta circunstância de aumento de pena apenas incidirá na conduta se, e somente se, o sequestro se limite ao meio empregado para a prática da tortura.

Na hipótese do sequestro se revelar uma conduta autônoma e dissociada da tortura haverá, a nosso ver, concurso material entre os crimes de tortura e de sequestro, previsto no Art. 148, do Código Penal. Esta é também a posição adotada por Silva Franco e Coimbra.[31-32]

Afigura-se completamente justificada a majoração da sanção a ser imposta neste caso porque o sequestro da vítima revela o que há de mais perverso na prática da tortura porque a providência busca não só neutralizar qualquer possibilidade de reação, mas também assegurar que a prática não seja interrompida ou ameaçada por terceiros.

Na atividade policial executada pelas Polícias Militares há recorrentes notícias de práticas que, se comprovadas, podem configura a tortura praticada mediante sequestro. São casos em que a vítima é supostamente arrebatada do local onde se encontra e conduzida a local ermo ou desabitado para fins de "*interrogatório*" policial.

Agora as investigações estarão a cargo da Polícia Judiciária Militar vez que sendo a conduta praticada por militar de serviço ou em razão da função tratar-se-à de crime militar extravagante.

9.4.6. Efeitos da Condenação pelo crime de Tortura. (Art. 1º, § 5º)

Restando uma condenação penal com trânsito em julgado, o militar passará a sofrer as consequências do injusto típico praticado, naquilo que se denomina efeitos da condenação criminal. Tais efeitos podem ser principal ou secundários, os quais podem ser de natureza penal e extrapenal.

O militar condenado pelo crime de tortura perderá o posto ou graduação automaticamente. Posto é o grau hierárquico do Oficial e graduação é o grau hierárquico da Praça.

Necessário obtemperar que tal efeito da condenação independe de declaração expressa no dispositivo da sentença penal condenatória, ou seja, não esta nas mãos

31 COIMBRA, Mário. **Tratamento do injusto penal da tortura.** São Paulo: Editora RT, 2002, pag. 195.

32 SILVA FRANCO, Alberto. Tortura – breves anotações sobre a Lei 9.455/97. **Revista Brasileira de Ciência Criminal**, São Paulo, n. 19, jul/set de 1997. p. 67.

do juiz decidir pela aplicação ou não deste efeito da condenação, todavia cumpre-lhe a decretação da perda do cargo.

O militar condenado pelo crime de tortura não poderá ingressar ou retornar ao serviço público, por concurso, nomeação ou eleição, no prazo equivalente ao dobro do prazo da condenação.

Por fim, oportuno mencionar a desnecessidade de instauração de Processo Regular ou qualquer outro procedimento administrativo para desligamento do militar condenado definitivamente pelo crime de tortura, vez que o efeito da condenação previsto no § 5º, do Art. 1º desta Lei dispensa tal providência.

É dizer que neste caso o militar será sumariamente desligado da Força a que pertence em face da condenação definitiva.

9.4.7. O crime de tortura é inafiançável e insuscetível de graça ou anistia (Art. 1º, § 6º)

Neste dispositivo o legislador apenas e tão somente reproduziu o que dispõe a Constituição Federal em seu Art. 5º, inciso XLIII, que estabelece o seguinte: "*a lei considerará crimes inafiançáveis e insuscetíveis de graça ou anistia a prática da tortura, o tráfico ilícito de entorpecentes e drogas afins, o terrorismo e os definidos como crimes hediondos, por eles respondendo os mandantes, os executores e os que, podendo evitá-los, se omitirem*".

A Lei nº 8.072/90, por seu turno, também proíbe, além da fiança, graça e anistia, a concessão da liberdade provisória.

Ocorre que, como já dissemos alhures, tal vedação não consta desse § 6º, sendo certo que para o crime de tortura é admitida a liberdade provisória.

Necessário mencionar que o Código de Processo Penal Militar não prevê mesmo a figura da fiança, de modo que para os crimes militares este benefício processual nunca houve.

9.4.8. Regime de início do cumprimento da pena pela prática de tortura

Por força do que dispõe a Lei nº 8.072/90[33], em seu artigo 2º, no Brasil a prática de tortura configura um crime equiparado aos crimes hediondos, isto é, o condenado iniciará o cumprimento da pena necessariamente em regime fechado, pouco importando o "*quantum*" de pena fixado.[34] A progressão de regime em crimes hediondos se dá após o cumprimento de 2/5 (dois quintos), se primário o condenado, ou 3/5 (três quintos), se reincidente, conforme alteração promovida pela Lei nº 11.464/2007,

[33] Dispõe sobre os crimes hediondos, nos termos do art. 5º, inciso XLIII, da Constituição Federal.

[34] O STF, ao julgar o HC 111.840/ES, declarou, em controle difuso, a inconstitucionalidade do dispositivo, e entendeu que o condenado por crime hediondo pode iniciar o cumprimento da pena em regime diverso (aberto ou semiaberto). Significa dizer que o dispositivo permanece em pleno vigor, mas tem sido afastado pelos Tribunais Superiores. O STJ tem seguido o entendimento, como é possível constatar no HC 306.352/SP, publicado no dia 24 de fevereiro de 2015.

que deu nova redação ao art. 2º da Lei nº 8.072/90[35], alterada posteriormente pela Lei nº 13.769/2018 e revogada pela Lei nº 13.964/2019.

Todavia esta Lei estabelece uma exceção se o crime praticado foi aquele previsto no § 2º, do Art. 1º, isto é, *aquele que se omite em face dessas condutas, quando tinha o dever de evitá-las ou apurá-las.*

Deve ser lembrado que a pena cominada para este crime é a de detenção de um a quatro anos e não se trata de crime equiparado ao hediondo, como já dissemos antes.

9.5. OBSERVAÇÕES FINAIS

Não é da competência da Justiça Federal julgar crimes de tortura praticados por militares no exercício de suas funções. Foi desta forma que decidiu a Terceira Turma do Tribunal Regional Federal da 1ª Região (TRF1) ao confirmar a decisão de primeira instância que declinou de sua competência para processar e julgar a ação penal proposta pelo Ministério Público Federal (MPF) em desfavor de um militar do Estado de Minais Gerais por ele ter constrangido uma mulher com emprego de violência e ameaça, com o fito de obter informação, declaração ou confissão, sobre crime que ela teria praticado.

Naquela ação proposta, o juiz federal entendeu que conforme o art. 1º, I, "a", da Lei nº 9.455/97 e com fundamento na alteração legislativa promovida pela Lei nº 13.491/2017, cabe à Justiça Militar processar e julgar o feito.

Inconformado com este *decisum*, o Ministério Público Federal recorreu ao TRF1 sustentando que o feito deve permanecer na Justiça Federal, haja vista a inconstitucionalidade da Lei nº 13.491/2017, que ampliou a competência militar para abarcar crimes cometidos por militares durante o exercício da função.

Merecem destaque as considerações lançadas pelo relator do feito, o juiz federal convocado Marllon Sousa, ao observar que "*sendo prevalente a presunção de constitucionalidade da Lei nº 13.491/2017, que alterou o art. 9º do Código Penal Militar, considera-se como crime militar não apenas aqueles que atingem bens jurídicos afetos à vida militar, mas também todos os crimes previstos na legislação penal comum praticados pelos respectivos servidores*".

E continua o eminente magistrado aduzindo que "*a prática do crime de tortura, valendo-se da condição de policial militar, encaixa-se na redação do referido artigo, inciso II, do Código Penal Militar de forma que a competência para julgamento do feito é da Justiça Militar*".

É esta a realidade imposta pela *novel* Lei nº 13.491/2017 que ampliou indelevelmente a competência para processar e julgar crimes não previstos no Código

[35] É que originariamente a Lei nº 8.072/90 dispunha que a pena prevista para o crime de tortura deveria ser cumprida INTEGRALMENTE no regime fechado.

Penal Militar, mas que se subsumam a uma das circunstâncias previstas no inciso II, do artigo 9º da Lei Substantiva Castrense.

Entrementes, a gênese da Lei nº 13.491/2017 se liga umbilicalmente à ideia de proteção jurídica dos militares empenhados nas Operações de Garantia da Lei e da Ordem.

A propósito, segundo o manual MD33-M-10 – Operação de Garantia da Lei e da Ordem (Op GLO), aprovado pela Portaria Normativa nº 186, de 31 de janeiro de 2014, do Ministério da Defesa, GLO caracteriza-se como:

> Uma operação militar determinada pelo Presidente da República e conduzida pelas Forças Armadas de forma episódica, em área previamente estabelecida e por tempo limitado, que tem por objetivo a preservação da ordem pública e da incolumidade das pessoas e do patrimônio em situações de esgotamento dos instrumentos para isso previstos no art. 144 da Constituição ou em outras em que se presuma ser possível a perturbação da ordem.
>
> [...]
>
> As Operações de Garantia da Lei e da Ordem (Op GLO) caracterizam-se como operações de "não guerra", pois, embora empregando o Poder Militar, no âmbito interno, não envolvem o combate propriamente dito, mas podem, em circunstâncias especiais, envolver o uso de força de forma limitada.[36]

Pois bem. Conforme consta do artigo 142 da CF/88, são funções principais das Forças Armadas: (i) a defesa da Pátria e a garantia dos poderes constitucionais e (ii) secundariamente, a garantia da lei e da ordem, vez que esta garantia é atribuição principal dos órgãos encarregados da segurança pública estabelecidos no artigo 144 da Carta Política Fundamental.

Além dessas funções, decorrem da legislação infraconstitucional outras atribuições em que as Forças Armadas podem vir a atuar e, em alguns casos, a representar a última razão na manutenção da lei e da ordem pública, como tem acontecido com frequência, por exemplo, no Estado do Rio de Janeiro.

Nesse sentido, as Forças Armadas, como órgão da administração direta federal, quando empregada em suas variadas possibilidades na situação de normalidade institucional em ambiente interno, especialmente na garantia da lei e da ordem, deverá estabelecer os critérios e a pertinência de sua atuação.

É premissa, portanto, que as Forças Armadas atuem somente quando houver o esgotamento do emprego dos órgãos de segurança pública, sob pena de haver um desvirtuamento de seu emprego que por sinal pode acarretar algumas consequências negativas em sua atividade fim.

Um desses desvirtuamentos possíveis é o aumento indesejável de notícias de práticas criminosas durante o cumprimento das missões urbanas, especialmente tortura.

---

36 MINISTÉRIO DA DEFESA. Ministro da Defesa. **Portaria Normativa n. 186/MD, de 31 de janeiro de 2014.** Aprova o Manual de Garantia da Lei e da Ordem – MD33-M-10. Disponível em: http://www.defesa.gov.br/arquivos/2014/mes02/md33_m_10_glo_2ed_2014.pdf, p.14. Acesso em: 19 mai. 2020.

Por fim, desconsiderar as limitações e os pressupostos legais para o seu emprego pode ensejar a perda de sua credibilidade junto à opinião pública e à sociedade civil e, ainda, reflexos jurídicos desfavoráveis às Forças Armadas.

A proteção jurídica pretendida aos militares empregados nas GLO é justamente possibilidade de que crimes quaisquer praticados durante o comprimento das missões sejam processados pela Justiça Militar e não pela Justiça Federal.

O grande desafio tem sido compreender a maneira pela qual um ilícito penal não previsto no Código Penal Militar venha se tornar um crime militar.

Ronaldo João Roth, citando Fernando Galvão, enfrenta esta questão explicando que a alteração promovida pela Lei 13.491/17 inegavelmente tem **caráter material** (ampliando o rol de crimes militares) e **caráter processual** (ampliando a competência da Justiça Militar).[37]

É isso mesmo. Crimes antes ditos comuns, porque figuras alienígenas ao Código Penal, agora são delitos militares, sob determinadas circunstâncias legais.

Gosto da expressão "*cochilo do legislador*" utilizada por Ronaldo João Roth ao criticar duramente o proposital esquecimento do legislador em relação às Leis Penal e Processual Penal Militares por ocasião das diversas atualizações legislativas havidas no decorrer das últimas décadas, que agora é corrigido, parcialmente, pela Lei 13.491/17.[38]

Nessa linha, continua Roth, o desvio de conduta criminal do militar – seja ele federal (integrante das Forças Armadas) ou estadual (integrante da Polícia Militar ou do Corpo de Bombeiros Militar) – quando abusando de suas atribuições, quando praticando crimes no exercício de suas funções, quando praticando crimes no interior do quartel, responderá por **crime militar**, que aqui denominamos como **crimes militares por extensão**, de forma que os superiores hierárquicos terão maior controle e melhores meios para apuração de responsabilidade de seus subordinados, com o rigor e a celeridade próprias das atividades militares, contando ainda com a eficiência das Justiças Militares, sem perder a qualidade.

Entrementes, esses melhores meios para apuração de responsabilidade a que se refere Ronaldo João Roth transitam pelo necessário aprimoramento da polícia judiciária militar, atividade responsável pela elaboração dos atos de polícia judiciária militar.

É necessário compreender que a polícia judiciária militar é uma atividade excepcionalmente desenvolvida nas Organizações Militares e Policiais Militares quando da ocorrência de um fato definido em lei como ilícito penal militar.

---

37 GALVÃO, Fernando. Natureza material do dispositivo que amplia o conceito de crime militar e o deslocamento dos inquéritos e processos em curso na Justiça Comum para a Justiça Militar. Observatório da Justiça Militar Estadual: https://www.observatoriodajusticamilitar.info/single-post/2017/11/23/Natureza-material-do-dispositivo-que-amplia--o-conceito-de-crime-militar-e-o-deslocamento-dos-inqu%C3%A9ritos-e-processos-em-curso-na-Justi%C3%A7a-Comum-para-a-Justi%C3%A7a-Militar. Acesso em 15/05/20.

38 ROTH, Ronaldo João. Justiça Militar e as peculiaridades do Juiz Militar na atuação jurisdicional. São Paulo: Juarez de Oliveira, 2003, p. 70.

Esta realidade traz grande dificuldade ao exercício da polícia judiciária militar, vez que os militares em geral não estão vocacionados ao exercício desta atividade, até porque esta não é a rotina deles.

Tanto assim que os Oficiais não são formados para serem encarregados de um inquérito policial militar e os sargentos e suboficiais não são especialmente formados para funcionarem como escrivães.

Isto porque a figura da polícia judiciária militar está apenas implicitamente prevista na Constituição Federal na medida em que a Magna Carta veda às Polícias Civis e Polícia Federal a investigação de crimes militares definidos em lei, deixando de forma residual às instituições militares a apuração dos crimes militares, tudo de acordo, tudo com fundamento na Constituição Federal (art. 144, § 4º, *in fine*) e com base no CPPM (arts. 7º, 8º e 245).

Ora, se a polícia judiciária comum não pode, por força de lei, investigar um ilícito penal militar, então esta atribuição, por inferência, deve ficar a cargo da própria Organização Militar a cujo efetivo o infrator pertencer.

Constitui, portanto, abuso de autoridade a apuração do crime militar de tortura por parte de um Delegado de Polícia Civil ou até mesmo parte de um Delegado de Polícia Federal.

Ocorre, todavia, que a direção e presidência dos trabalhos da polícia judiciária comum ficam a cargo dos Delegados de Polícia de carreira, conforme estabelece claramente a Constituição Federal, mas em relação à polícia judiciária militar a Carta Política Fundamental nada diz sobre o assunto.

O Código de Processo Penal Militar, por seu turno, estabelece em seu artigo 7º quais são as autoridades que detêm a atribuição legal para o exercício da polícia judiciária militar e entre elas consta o Comandante de Unidade como a principal.

Entenda-se por Comandante de Unidade também os Chefes de Centros e Diretores. Tudo a partir do escalão denominado Batalhão ou Grupamento de Bombeiros.

Em outras palavras, então, nem todos os Oficiais, ainda que de serviço, são investidos da atribuição específica para o exercício da polícia judiciária militar, havendo, portanto, necessidade de delegação do Comandante da respectiva Unidade.

Lembrando, delegação é um instituto de direito administrativo por meio do qual o superior transfere ao subordinado uma atribuição legal.

Neste particular, para Ronaldo João Roth uma vez delegado o ato de Polícia Judiciária Militar, a autoridade judiciária delegante ficará responsável pela fiscalização dos atos realizados, bem como deverá decidir o mérito da questão, dando a última palavra no procedimento persecutório, procedimento este que é realizado pelo instituto da homologação (§ 1º do art. 22 do CPPM), por meio da solução.

É que, segundo Roth, nesta fase do procedimento administrativo persecutório (IPM), cabe à autoridade originária ou delegante verificar a legalidade dos atos praticados pelo Oficial delegado, ratificando, ou não, os atos. Assim, por exemplo, se um infrator é preso em flagrante delito (art. 12, alínea "c") – pelo Oficial de Serviço, implementando as medidas preliminares ao IPM – essa questão será examinada pela autoridade originária diretamente, ou inicialmente pela autoridade delegada, e, ao final, pela autoridade originária, as quais podem divergir sobre a legalidade da medida, e, se isso ocorrer, deverá prevalecer a decisão da autoridade originária. Se a autoridade originária não homologar ou não ratificar os atos realizados pela autoridade subordinada (delegada) e/ou a conclusão no IPM, irão as duas opiniões divergentes (do encarregado e do Comandante do Batalhão), lançadas nos autos ao exame do Juiz de Direito da Justiça Militar e em seguida ao Ministério Público, cabendo a este direcionar a sorte do IPM (denunciando, requerendo diligências ou requerendo o arquivamento).

Se a autoridade originária não homologar ou não ratificar a prisão em flagrante delito, realizada pelo Presidente do APFD, a prisão será naturalmente relaxada, pois é ínsito àquela autoridade homologar os atos que delegou, ou não, cabendo-lhe exclusivamente a decisão do que foi realizado no APFD. Delegam-se os atos, mas não o ato decisório.[39]

Assim é que no Estado de São Paulo em todos os casos de prisão em flagrante delito nos quais inexista homologação da autoridade de polícia judiciária originária, isto é o comandante de Unidade, distribuídos à Primeira Auditoria, a prisão em flagrante é relaxada na superveniente audiência de custódia pelo magistrado.

É dizer, então, que obedecidas as normas de hierarquia militar, o Comandante da Unidade Militar deve se incumbir das funções de **Delegado de Polícia Judiciária Militar**, podendo delegar os atos de PJM à Oficial da ativa a ele subordinado, cabendo-lhe, nesse caso, seja no IPM, seja no APFD –, sempre rever o ato e dar a palavra final como autoridade militar competente, homologando ou não os atos praticados.[40]

Importante lembrar que agora o Advogado tem assegurada sua atuação na fase policial, tem prerrogativas que devem ser observadas segundo a lei e a Súmula Vinculante nº 14 do STF. Logo, nos IPMs e nos APFDs, a qualidade dos trabalhos será aferida pelo próprio Advogado, o que implica maior cautela nas atividades investigativas ou de repressão imediata às infrações penais miliares.

Práticas como a necessidade do *indiciamento* e os critérios para ele ocorrer, a *fundamentação* nos pedidos de *mandado de busca domicilar*, nas *quebras de sigilos* (telefônico, bancário, fiscal) e na *representação das prisões, nas ações controladas, nas colaborações premiadas, nas infiltrações policiais* serão agora ferramentas jurídicas e legais que os Comandantes das Unidades Militares deverão dispensar maiores cuidados na busca de um trabalho que dignifique a Polícia Judiciária Militar no combate ao crime militar.

---

39 Conforme r. despacho nos autos do APFD nº 0001960-79.2020.9.26.0010 (Controle nº 92.283/2020), de 14.05.2020, do juízo da Primeira Auditoria da Justiça Militar de São Paulo, que relaxou a prisão em flagrante em razão da ausência de homologação da autoridade de polícia judiciária militar originária, que é o Comandante de Unidade.

40 ROTH, Ronaldo João. Garantias constitucionais e processuais no auto de prisão em flagrante delito: a delegação e a homologação, os vícios que invalidam a prisão e a decisão de não prender. Brasília: Revista do Ministério Público Militar, ed. nº 25, 2015, p. 237/300.

Pois bem. Doravante as Organizações Militares e Policiais Militares hão de se adaptar ao perfil necessário para atendimento ao extraordinário aumento da demanda em relação à atuação da polícia judiciária militar em face às alterações promovidas pela Lei nº 13.491/17.

Em se tratando de tortura, que é crime com altíssimo grau de reprovabilidade, maior ainda é a responsabilidade da polícia judiciária militar na lisura da lavratura do auto de prisão em flagrante delito e na instrução correta do inquérito policial militar a fim de que não haja irreparáveis prejuízos à persecução penal.

A fiscalização vem não só do Ministério Público, que é fiscal da lei (*custos legis),* mas de toda a sociedade, inclusive da imprensa, se bem que o CPC/2015 não se refere mais ao Ministério Público como fiscal da lei (*custus legis*), mas, sim, como fiscal da ordem jurídica (*custus iuris*).

Confira-se:

> Art. 176. O Ministério Público atuará na defesa da ordem jurídica, do regime democrático e dos interesses e direitos sociais e individuais indisponíveis. (Código de Processo Civil)

A sociedade precisará de muito tempo para se acostumar à ideia de que um militar acusado da prática de tortura seja processado e julgado pela Justiça Militar, mas esta é a nova realidade e enganam-se aqueles que imaginam que esta conduta, equiparada aos crimes hediondos, será tratada com menos rigor pela Justiça Castrense.

REFERÊNCIAS

ASSIS, Jorge Cesar de. "**A Lei 13.491/17 e a alteração no conceito de crime militar: primeiras impressões – primeiras inquietações**". Disponível em: https://www.observatoriodajusticamilitar.info/single-post/2018/01/18/A-Lei-1349117-e-a-altera%C3%A7%C3%A3o-no-conceito-de-crime-militar-primeiras-impress%C3%B5es-%E2%80%93-primeiras-inquieta%C3%A7%C3%B5es. Acesso em 24/03/20.

CAPEZ, Fernando. **Curso de Direito Penal – legislação penal especial**. Volume 4. 5ª. ed. São Paulo: Saraiva, 2010.

COIMBRA, Mário. **Tratamento do injusto penal da tortura.** São Paulo: Editora RT, 2002.

DA COSTA, Alexandre Henriques e ROCHA, Abelardo julio da. *In* REVISTA DIREITO MILITAR nº 126, SETEMBRO-DEZEMBRO 2017, pp. 13-18.

DÍAS PITA, Maria del Mar. El bien jurídico protegido en los nuevos delitos de tortura y atentado contra la integridad moral. **Estudios Penales y Criminológicos.** Santiago de Compostela, 1997.

GALVÃO, Fernando. **Natureza material do dispositivo que amplia o conceito de crime militar e o deslocamento dos inquéritos e processos em curso na Justiça Comum para a Justiça Militar**. Observatório da Justiça Militar Estadual: https://www.observatoriodajusticamilitar.info/single-post/2017/11/23/Natureza-material-do-dispositivo-que-amplia-o-conceito-de-crime-militar-e-o-deslocamento-dos-inqu%C3%A9ritos-e-processos-em-curso-na-Justi%C3%A7a-Comum-para-a-Justi%C3%A7a-Militar. Acesso em 15/05/20.

LIMA, Renato Brasileiro de. **Legislação especial criminal comentada**. Salvador: Juspodivm, 2019.

LOBÃO, Célio. **Direito processual penal militar**. São Paulo: Método, 2009.

NEVES, Cícero Robson Coimbra. **Manual de direito processual penal militar em tempo de paz.** São Paulo: Saraiva, 2014.

NEVES, Cícero Robson. **Inquietações na investigação criminal militar após a entrada em vigor da Lei n. 13.491, de 13 de outubro de 2017**. Revista Direito Militar nº 126, Florianópolis: AMAJME, setembro a dezembro de 2017, pp. 23- 28.

NUCCI, Guilherme de Souza. **Leis Penais e Processuais Penais Comentadas**. São Paulo: RT, 2006.

NUCCI, Guilherme de Souza. Comentários à lei dos crimes de tortura (Lei 9.455/97). In: **O valor da confissão como meio de prova.** 2ª ed.. São Paulo: Ed. RT, 1999.

ROCHA, Abelardo Julio da. "**DOS NOVOS DESAFIOS DA POLÍCIA JUDICIÁRIA MILITAR EM FACE DAS MODIFICAÇÕES INTRODUZIDAS NO CPM PELA LEI Nº 13.491/17**", publicado na Revista "Direito Militar", AMAJME, nº 126, SET/DEZ 2017, pp. 13/18.

ROCHA, Abelardo Julio da. *et al:* **Justiça militar estadual: aspectos práticos** – Coordenação de Sylvia Helena Ono./ Curitiba: Juruá, 2017, pp. 102-107.

ROTH, Ronaldo. **Os delitos militares por extensão e a nova competência da Justiça Militar (Lei 13.491/17)**. Revista Direito Militar nº 126, Florianópolis: AMAJME, setembro a dezembro de 2017, pp. 29-36.

SILVA FRANCO, Alberto. Tortura – breves anotações sobre a Lei 9.455/97. **Revista Brasileira de Ciência Criminal**, São Paulo, n. 19, jul/set de 1997.

TOURINHO FILHO, Fernando Costa. **Manual de processo penal.** 11ª ed. São Paulo: Saraiva, 2009.

TOMÁS Y VALIENTE, Francisco. **La tortura en España**. 2ª ed. Barcelona: Editora Arieal, 1994, pp. 152-153.

10

CRIME MILITAR EXTRAVAGANTE AMBIENTAL (LEI N. 9.605/1998)

Cícero Robson Coimbra Neves: Aportes introdutórios (10.1)
Anna Beatriz Luz Podcameni e Patrícia Silva Gadelha: Alguns crimes militares ambientais em espécie (10.2)

10.1. APORTES INTRODUTÓRIOS

10.1.1. LEI N. 13.491/2017: APRESENTAÇÃO DOS DOIS EIXOS

Conforme vimos escrevendo desde a edição da Lei n. 13.491/2017, há **dois eixos** muito claros trazidos pela Lei n. 13.491/2017 ao alterar o artigo 9º do CPM, a saber, a redefinição de crime militar, conceito agora mais abrangente, e a pormenorização da competência da Justiça Militar da União – ou do órgão da Justiça Militar da União, conforme a interpretação – nos crimes militares dolosos contra a vida de civis.

10.1.1.1. Primeiro eixo: redefinição do conceito de crime militar:

O **primeiro eixo** mencionado é encontrado na alteração da cabeça do inciso II do art. 9º do CPM, que passou a considerar crimes militares não só os previstos neste mesmo Código Castrense, mas também os da legislação penal, nas hipóteses trazidas pelas alíneas do referido inciso.

O rol dos crimes militares, em outros termos, foi expandido, o que se nota facilmente com a comparação do texto anterior e posterior à Lei n. 13.491/17:

QUADRO COMPARATIVO DA REDAÇÃO DO INCISO II DO ART. 9º DO CPM (antes e depois da Lei n. 13.491/17)	
REDAÇÃO ANTERIOR	**REDAÇÃO ATUAL**
II - os crimes previstos neste Código, **embora também o sejam com igual definição na lei penal comum**, quando praticados:	II – os crimes previstos **neste Código e os previstos na legislação penal**, quando praticados:

Na **redação anterior**, para que o crime fosse considerado militar pelo inciso II, a **premissa era a de que o fato deveria estar tipificado no CPM e na legislação penal comum de maneira idêntica**. Preenchida essa premissa, o próximo passo na constatação do crime militar era verificar se uma das hipóteses do inciso II estava presente, a saber, a prática do fato por militar em situação de atividade contra militar na mesma situação (alínea "a" do inciso II), por militar em situação de atividade contra civil, militar reformado ou da reserva, em lugar sob administração militar (alínea "b" do inciso II), por militar em serviço ou atuando em razão da função contra civil, militar reformado ou da reserva (alínea "c" do inciso II), por militar em período de manobra ou exercício contra civil, militar reformado ou da reserva (alínea "d" do inciso II) ou por militar em situação de atividade contra a ordem administrativa militar ou contra o patrimônio sob administração militar (alínea "e" do inciso II). O exemplo claro é o do homicídio simples, tipificado identicamente no art. 121 do CP e no art. 205 do CPM, que praticado por um militar da ativa contra um militar da reserva, em lugar sujeito à administração militar era considerado crime militar.

Com a **nova disposição**, os **crimes militares tipificados de maneira idêntica no CPM e na legislação penal comum seguem a mesma lógica de antes**, mas houve o **acréscimo dos tipos penais constantes da legislação penal comum que não possuem idêntica previsão no CPM**, os quais, hoje, se **enquadrados em uma das alíneas do inciso II do art. 9º do Código Castrense**, as mesmas acima enumeradas, **serão, em regra, crimes militares.**

No que concerne à designação desses novos crimes, a doutrina os "apelidou" de forma variada, por exemplo, como *crimes militares extravagantes*[1], *crimes militares por equiparação à legislação penal comum*[2] ou *crimes militares por extensão*[3].

Preferimos, como se infere da indicação bibliográfica acima, a expressão *crimes militares extravagantes*, nome que designa, inclusive, nosso Curso, sob a premissa já eleita há muito pela doutrina penal comum, no sentido de que as leis penais destacadas do Código Penal comum foram intituladas lei penais extravagantes, o que nos

1 NEVES, Cícero Robson Coimbra. Inquietações na investigação criminal militar após a entrada em vigor da Lei n. 13.491, de 13 de outubro de 2017. **Revista Direito Militar**, Florianópolis, n. 126, p. 23-28, set./dez. 2017.

2 PEREIRA, Carlos Frederico de Oliveira. **A Lei nº 13.491, de 13 de outubro de 2017, e os crimes hediondos**. Disponível em: < http://www.mpm.mp.br/portal/wp-content/uploads/2017/11/lei-13491-crimes-hediondos.pdf. Acesso em: 04 jul. 2018.

3 ASSIS, Jorge Cesar de. **Crime militar & processo: comentários à Lei 13.491/2017**. Curitiba: Juruá, 2018, p. 39.

levou, já nos primeiros meses de vida da Lei a rotular esses "novos" crimes militares como *extravagantes*, pois são crimes militares fora do Código Penal Militar.

Seja como for, o mais importante é absorver o conteúdo desses crimes, assim como compreender que na distinção da teoria clássica, tratam-se de *crimes impropriamente militares*, para os efeitos legais, a exemplo do disposto na parte final do inciso LXI do art. 5º da CF e do inciso II do art. 64 do CP.

A título de exemplo, o crime de importunação sexual, previsto no art. 215-A do CP, sem correlato no CPM, quando praticado por um militar da ativa contra outro militar da ativa, será, em tese, crime militar (um crime militar extravagante), nos termos do disposto na alínea "a" do inciso II do art. 9º do Código Castrense, isto claro, sem ingressar pela visão mais restritiva do Supremo Tribunal Federal e do Superior Tribunal de Justiça, sobre a suficiência da alínea "a" do inciso II do art. 9º do CPM para a caracterização do crime militar.

10.1.1.2. Segundo eixo: competência para processar e julgar o crime militar doloso contra a vida de civil

O **segundo vetor (eixo)** disposto pela nova lei, está na fixação da competência para processar e julgar o crime militar doloso contra a vida de civil, o que se processou por uma inclusão de parágrafos ao art. 9º do CPM. Recorra-se, novamente, ao quadro comparativo das redações anteriores e atual:

QUADRO COMPARATIVO DA REDAÇÃO DOS PARÁGRAFOS DO ART. 9º DO CPM (antes e depois da Lei n. 13.491/17)	
REDAÇÃO ANTERIOR	**REDAÇÃO ATUAL**

Parágrafo único. Os crimes de que trata este artigo quando **dolosos contra a vida e cometidos contra civil** serão da competência da **justiça comum**, **salvo** quando praticados no contexto de ação militar realizada na forma do **art. 303** da Lei no 7.565, de 19 de dezembro de 1986 - **Código Brasileiro de Aeronáutica**.	§ 1º Os crimes de que trata este artigo, quando **dolosos contra a vida** e cometidos por **militares contra civil**, serão da competência do **Tribunal do Júri**. § 2º Os crimes de que trata este artigo, quando **dolosos contra a vida** e cometidos por **militares das Forças Armadas contra civil**, serão da competência da **Justiça Militar da União**, se **praticados no contexto**: I – do cumprimento de **atribuições** que lhes forem estabelecidas pelo **Presidente da República ou pelo Ministro de Estado da Defesa**; II – de ação que envolva a **segurança de instituição militar** ou de **missão militar**, mesmo que não beligerante; ou III – de **atividade de natureza militar**, de **operação de paz**, de **garantia da lei e da ordem** ou de **atribuição subsidiária**, realizadas em conformidade com o disposto no art. 142 da Constituição Federal e na forma dos seguintes diplomas legais: a) Lei n. 7.565, de 19 de dezembro de 1986 - **Código Brasileiro de Aeronáutica**; b) Lei Complementar n. 97, de 9 de junho de 1999; c) Decreto-Lei n. 1.002, de 21 de outubro de 1969 - **Código de Processo Penal Militar**; e d) Lei n. 4.737, de 15 de julho de 1965 - **Código Eleitoral**.

Avaliando a nova redação, tem-se, em primeiro plano, a **ratificação de que o crime doloso contra a vida de civil, enquadrado em uma das hipóteses do art. 9º, é um crime militar** que, em **algumas situações, é processado e julgado pelo Tribunal do Júri**, ou, se assim não se concluir, os incisos do novo § 2º são inconstitucionais em cotejo com o disposto no art. 124 da CF, já que se estaria atribuindo a essa Justiça Especializada a competência para processar e julgar crimes não militares.

Melhor explicando, os §§ 1º e 2º, obviamente, tratam do mesmo crime doloso contra a vida de civil, sendo incongruente pensar que no § 1º se trata de crime comum e no § 2º se trata de crime militar. Pois bem, partindo-se da unicidade conceitual, se considerarmos o crime doloso contra a vida de civil como crime comum, como alguns insistem, o § 2º do art. 9º do CPM fere a Constituição Federal por atribuir o julgamento de um "crime comum" à Justiça Militar da União, em flagrante afronta à regra material de competência (absoluta) do art. 124 da Constituição Federal. Assim, não há outra conclusão possível senão entender que o crime de que trata o § 2º é um crime militar e, pela unicidade conceitual, também o é o crime tratado pelo § 1º, o que nos leva a outra questão, no que se refere à necessidade de Tribunal do Júri na Justiça Militar da União, o que voltaremos a debater um pouco mais adiante.

Adicione-se que a alteração trazida pelo primeiro eixo reflete na compreensão do segundo, posto que os **crimes militares dolosos contra a vida sofreram amplia-**

ção, já que, agora, pelo novo inciso II do art. 9º, crimes como o aborto provocado por terceiro e o infanticídio poderão ser militares (crimes militares extravagantes), fugindo da antiga simples duplicidade dos crimes de homicídio (art. 205 do CPM) e provocação direta ou auxílio ao suicídio (art. 207 do CPM), que, aliás, ressalte-se, no Código Penal comum ganhou descrição típica diversa no art. 122 daquele Diploma, passando a incluir não só a instigação ao suicídio, mas também à automutilação, com o advento da Lei n. 13.968, de 26 de dezembro de 2019 – o que pode ser idealizado, nesta modalidade, como crime militar extravagante, o que não vamos aprofundar por fugir ao escopo de nossa discussão.

Prosseguindo na análise dos novos parágrafos do art. 9º, tem-se que o **§ 1º** é **aplicável a todos os militares, sejam integrantes das Forças Armadas, sejam militares dos Estados (policiais militares e bombeiros militares)**, com a ressalva de que, no primeiro caso, a análise constitucional deve ser à luz do art. 124, enquanto, no segundo, será reitor dessa análise o § 4º do art. 125, ambos da CF. Esses dois dispositivos constitucionais definem a competência da Justiça Militar da União – processar e julgar os crimes militares definidos em lei – e das Justiças Militares Estaduais e do Distrito Federal – processar e julgar os militares do Estado nos crimes militares definidos em lei, ressalvada a competência do Tribunal do Júri, e as ações judiciais contra atos disciplinares.

Ressalva-se, ainda, que, no caso dos militares federais, apenas se aplicará o § 1º, se não houver as hipóteses do § 2º, quando a competência será da Justiça Militar da União. Para exemplificar, se um militar da ativa do Exército, de folga, matar dolosamente um civil no interior do quartel, o crime será militar (art. 9º, II, "b", CPM), mas julgado pelo Tribunal do Júri (art. 9º, § 1º, CPM); mas se um militar do Exército, em serviço de sentinela da Unidade, matar dolosamente um civil, o crime em tese praticado também será militar (art. 9º, II, "c", CPM), mas a competência será da Justiça Militar da União (art. 9º, § 2º, II, CPM), pelo Conselho Permanente de Justiça (Escabinato).

A nova redação, acrescente-se, **não excepciona mais em favor da justiça comum, mas em favor do Tribunal do Júri**, realidade que reforça a discussão sobre a possibilidade da instalação desse órgão na Justiça Militar, o que pode ser uma maneira bem interessante de "salvar" o emaranhado gerado pela Lei n. 13.491/17[4].

Voltamos, assim, à já suscitada implantação do Tribunal do Júri na Justiça Militar da União.

Estabelecemos acima duas premissas importantes para essa discussão: i) os crimes versados pelos §§ 1º e 2º do art. 9º do CPM são crimes militares; ii) o § 1º do do art. 9º do CPM também se aplica aos militares federais.

---

4 Ressalte-se que aqui é consignada uma evolução no raciocínio, posto que na primeira construção sobre o tema (*in* NEVES, Cícero Robson Coimbra. Inquietações na investigação criminal militar após a entrada em vigor da Lei n. 13.491, de 13 de outubro de 2017. **Revista Direito Militar**, Florianópolis, n. 126, p. 23-28, set./dez. 2017) não se enxergava essa possibilidade de "salvar" o texto.

Pois bem, se o crime é militar e deve ser julgado pelo Tribunal do Júri, forte nessas premissas, esse Júri há de ser na Justiça Militar da União, sob pena de também se ferir o art. 124 da Constituição Federal, pois, o Júri na Justiça Comum importaria em julgamento de crime militar fora da Justiça Militar da União, ferindo o preceito constitucional.

Fundamental destacar que essa discussão já chegou ao Superior Tribunal Militar, acenando-se, embora minoritariamente, no sentido da possibilidade de implantação do Tribunal do Júri na Justiça Militar da União, caso da Apelação n. 7001037-23.2018.7.00.0000 (voto do Ministro Artur Vidigal, acompanhado pelo Min. José Barroso) e dos Embargos Infringentes e de Nulidade n. 7000969-73.2018.7.00.0000 (Parecer do Subprocurador-Geral Carlos Frederico).

Diversamente do § 1º, o **novo § 2º do art. 9º é aplicável apenas aos militares das Forças Armadas e nas condições de seus incisos**, quando os autores do crime militar doloso contra a vida de civil serão processados e julgados pela Justiça Militar da União, não por um Júri Popular, mas, como já se disse, pelos órgãos de escabinato, em que a mista composição de juiz togado e juízes militares possibilitará a adequada compreensão do fato sob as peculiaridades do exercício das missões miliares, em sentido genérico.

Pela estrita previsão do § 2º do art. 9º, o crime militar doloso contra a vida de civil (tantos os previstos no CPM – *v.g.* homicídio – como aqueles previstos na legislação penal comum – *v.g.* aborto provocado por terceiro –, quando praticados em uma das situações do inciso II do art. 9º também do CPM) serão de competência da Justiça Militar da União, entenda-se, dos Conselhos de Justiça (permanente ou especial), quando praticados:

a) no cumprimento de atribuições que lhes forem estabelecidas pelo Presidente da República ou pelo Ministro de Estado da Defesa (inciso I do § 2º do art. 9º do CPM), a exemplo da atuação na intervenção federal em Unidade Federativa;

b) em ação que envolva a segurança de instituição militar ou de missão militar, mesmo que não beligerante (inciso II do § 2º do art. 9º do CPM), a exemplo da atuação como sentinela no serviço de dia de um quartel;

c) em atividade de natureza militar, de operação de paz, de garantia da lei e da ordem ou de atribuição subsidiária, realizadas em conformidade com o disposto no art. 142 da CF e na forma da Lei n. 7.565, de 19 de dezembro de 1986 - Código Brasileiro de Aeronáutica (alínea "a" do inciso III do § 2º do art. 9º do CPM) – a exemplo do tiro de destruição de aeronave hostil –, da Lei Complementar n. 97, de 9 de junho de 1999 (alínea "b" do inciso III do § 2º do art. 9º do CPM) – a exemplo de atuação no contexto de Garantia da Lei e da Ordem ou de Defesa Civil (subsidiária geral, nos termos do art. 16 da Lei Complementar n. 97/99) –, do Decreto-Lei n. 1.002, de 21 de outubro de 1969 - Código de Processo Penal Militar (alínea "c" do inciso III do § 2º do art. 9º do CPM) – a exemplo da atuação de escolta de presos em desempenho da Polícia

Judiciária Militar – e da Lei n. 4.737, de 15 de julho de 1965 - Código Eleitoral (alínea "d" do inciso III do § 2º do art. 9º do CPM) – como no caso da atuação de Garantia da Votação e Apuração (GVA).

Como última observação sobre a aplicação da Lei n. 13.491/2017, deve-se ter em conta que pendem no Supremo Tribunal Federal a **Ação Direta de Inconstitucionalidade n. 5.804**, ajuizada pelo Associação dos Delegados de Polícia do Brasil, e a **Ação Direta de Inconstitucionalidade n. 5.901**, ajuizada pelo Partido Socialismo e Liberdade (P-SOL) a discutir a constitucionalidade dos dispositivos dessa Lei.

10.1.1.3. Situando a "Lei dos Crimes Ambientais" nessa inovação

Como se viu, a partir da edição da Lei n. 13.491/2017, especialmente com enfoque no primeiro eixo, crimes outrora comuns, puderam ser adjetivados como crimes militares, o que alcança, por óbvio, algumas possibilidades incriminadoras da Lei n. 9.605, de 12 de fevereiro de 1998, com seus crimes ambientais.

Note-se, não se está a defender que todo crime ambiental pode ser crime militar, mas não se pode afastar a possibilidade de que alguns dos tipos penais previstos na mencionada Lei podem ser praticados nas condições enumeradas nas alíneas do inciso II do art. 9º do Código Penal Militar e, dessa maneira, serem considerados crimes militares.

É o que pode ocorrer, por exemplo, com o crime previsto no art. 32 da Lei n. 9.605/ 1998, *verbis*:

> Art. 32. Praticar ato de abuso, maus-tratos, ferir ou mutilar animais silvestres, domésticos ou domesticados, nativos ou exóticos:
>
> Pena - detenção, de três meses a um ano, e multa.

Imagine-se um caso em que o militar integrante de um Regimento de Cavalaria da Polícia Militar mutile o animal sob seus cuidados, podendo ter sua conduta subsumida no tipo penal acima transcrito e, ainda, combinada na alínea "e" do inciso II do art. 9º do Código Penal Militar, configurando-se um crime militar extravagante.

A tarefa, então, é analisar os tipos penais ambientais, verificando em cada um deles a viabilidade de sua ocorrência nas hipóteses do art. 9º do Código Castrense.

Mas, antes, necessário que alguns pontos relativos à "Parte Geral" da Lei dos Crimes Ambientais sejam discutidos e compreendidos

10.1.2. AFERIÇÃO DA APLICAÇÃO DE DISPOSITIVOS DE PARTE GERAL NOS CRIMES MILITARES AMBIENTAIS

Quais dispositivos de Parte Geral devem ser aplicados nos crimes militares ambientais? Do Código Penal comum, do Código Penal Militar ou da própria Lei n. 9.605/1998?

Na abordagem sobre a aplicação da Parte Geral, deve-se buscar uma "análise por eclusa", partindo-se de uma premissa estabelecida pelo art. 12 do CP, segundo o qual as "regras gerais deste Código aplicam-se aos fatos incriminados por lei especial, se esta não dispuser de modo diverso"

É dizer, por outras letras, que qualquer lei brasileira que possua tipos penais incriminadores deverá ter por aplicação a Parte Geral do CP, salvo se esta própria lei dispuser de maneira diversa.

Como exemplo dessa possibilidade, tome-se o conceito de reincidência para os crimes ambientais. O art. 63 do CP define o reincidente como aquele que "comete novo crime, depois de transitar em julgado a sentença que, no País ou no estrangeiro, o tenha condenado por crime anterior", tendo-se ainda em conta o período depurador e excluindo-se os crimes políticos e propriamente militares (art. 64 do CP), idealizando um conceito genérico de reincidência.

Mas esta é a primeira etapa, a primeiro estágio ou nível da eclusa, devendo-se seguir adiante.

No caso de uma lei que traga tipos penais incriminadores mas que também possua seus próprios dispositivos de "Parte Geral", estes são aplicados em lugar daqueles trazidos pelo Código Penal comum.

É justamente o que ocorre com o Código Penal Militar que possui seus crimes em espécie, mas possui toda uma Parte Geral definida do art. 1º até o art. 135, portanto, o conceito de reincidência em crime militar não é buscado do art. 63 do CP, mas do art. 71 do CPM, segundo o qual, verifica-se a reincidência "quando o agente comete novo crime, depois de transitar em julgado a sentença que, no país ou no estrangeiro, o tenha condenado por crime anterior", também tendo-se em conta o período depurador, mas há de se notar que apenas não de tomam para efeito de reincidência os crimes anistiados (art. 71, § 2º, CPM).

Esta regra de Parte Geral do CPM é aplicada para a persecução dos crimes militares, por força do disposto no já mencionado art. 12 do Código Penal comum e, também, do art. 17 do Código Penal Militar, que sacramenta que as "regras gerais deste Código aplicam-se aos fatos incriminados por lei penal militar especial, se esta não dispõe de modo diverso. [...]".

Chegamos ao segundo nível da eclusa.

Na sequência temos a Lei dos Crimes Ambientais que traz um sistema repressivo próprio, com uma *ratio* peculiar, uma lógica sistêmica que, sugere-se, deve ser mantida também quando se tratar de crime militar.

Ainda seguindo o exemplo da norma de Parte Geral definidora da reincidência, o art. 15, I, da Lei n. 9.605/1998 considera como circunstância agravante apenas a reincidência em crimes de natureza ambiental, inovando o conceito de reincidência dos Códigos Penais anteriormente mencionados.

Neste caso, qual o conceito de reincidência deve prevalecer em um crime militar ambiental?

Claro, ainda não há uma firme posição jurisprudencial a ser seguida, por conta até de ser a Lei n. 13.491/2017 recente no cenário normativo pátrio, mas ousa-se sugerir que o art. 17 do CPM, ao dispor "lei penal militar especial" possa direcionar, conduzir, a interpretação no sentido de prevalência da norma mais específica, deixando hígido o sistema repressivo idealizado neste caso.

Em outros termos, embora não seja a Lei n. 9.605/1998 propriamente uma "lei penal militar especial", funciona como se fosse, após a Lei n. 13.491/2017, como portadora de um crime militar veiculado por lei penal especial, fora do Código Penal Militar e, portanto, pode seguir a mesma lógica, de maneira que, no momento da aplicação da pena, na segunda fase, quando se valoram as circunstâncias agravantes, caso da reincidência, em se tratando de crime militar ambiental, deve prevalecer a regra do art. 15, I, da Lei n. 9.605/1998, chegando ao terceiro estágio da eclusa.

De outro giro, não havendo regra específica de Parte Geral na Lei dos Crimes Ambientais – ex.: doutrina do erro, excludentes de ilicitude, crime impossível etc. –, sustentamos que deva ser aplicada a regra vigente, quando se tratar de crime militar ambiental, no Código Penal Militar e não no Código Penal comum, ou seja, estaremos no segundo estágio da eclusa.

Trabalhemos um exemplo atrelado à prescrição, mais uma vez com o foco no crime do art. 32 da Lei dos Crimes Ambientais.

Imaginemos que já estamos trabalhando com a hipótese de prescrição da pretensão punitiva com a pena em concreto, fixada em 8 meses de detenção, levando, portanto, o cálculo prescricional à consideração de uma pena inferior a um ano.

Neste caso, aplicando-se a regra do Código Penal comum, pelo inciso VI do art. 109, a prescrição ocorreria em **três anos**, mas, aplicando-se a regra do inciso VII do art. 125 do Código Penal Militar, não alterado pela Lei n. 12.234, de 5 de maio de 2010, a prescrição ocorreria em **dois anos**.

Como se trata de crime militar, ainda que extravagante, não havendo regra própria na Lei n. 9.605/1998, aplicando-se o art. 12 do Código Penal comum, sua regra mais genérica dará lugar à regra mais específica do Código Penal Militar, o segundo nível da eclusa.

10.1.3. A PENA DE MULTA NOS CRIMES MILITARES AMBIENTAIS

Outro ponto que gera discussão está no caso de uma pena inexistente no CPM, mas que seja enumerada no preceito secundário de um crime militar ambiental, poder ser aplicada na Justiça Militar.

Mais uma vez lançando mão do crime do art. 32 da Lei n. 9.605/1998, temos no preceito secundário a previsão da pena de detenção de três meses a um ano e multa, ou seja, a pena pecuniária é obrigatória.

Diante da inexistência da pena de multa no art. 55 e seguintes do Código Penal Militar, poderá o Juiz Federal da Justiça Militar ou o Conselho de Justiça condenar o réu à pena de multa em um crime militar ambiental?

Para responder a essa indagação, deve-se lembrar que, à luz do princípio da legalidade, o tipo penal – para além da discussão de elementos objetivos, subjetivos e normativos – é composto por preceito primário e secundário. No primeiro, há a descrição típica da conduta incriminada; no segundo, o parâmetro para o apenamento.

Ambos compõem o tipo de um delito, que deve ser observado sob o risco, no caso do preceito secundário, de o juiz não obedecer o primado da legalidade, aplicando ao caso concreto pena inexistente na previsão típica ou deixando de aplicar pena que necessariamente deve ser imposta naquela situação típica, exacerbando em sua atuação vez que inovará o conteúdo normativo, possibilidade que, em regra, é dada apenas ao legislador.

Também a discussão chama o resgate do princípio da culpabilidade como elemento de determinação ou medida de pena, vez que, parafraseando Bintencourt[5], não se pode admitir aplicação de pena além ou aquém da previsão legal, no preceito secundário.

Em outros termos, se o tipo penal trazido para o Direito Castrense (crime militar extravagante) previr pena de multa, como de imposição obrigatória, deverá o Juiz ou o Conselho de Justiça impor essa sanção penal, valendo-se dos critérios existentes na Parte Geral do CP (arts. 49 e seguintes), em exceção à regra de aplicação da Parte Geral do CPM, mesmo porque ele é omisso sobre o tema.

10.1.4. CRIME MILITAR AMBIENTAL POR PESSOA JURÍDICA?

Vejamos, de partida, o art. 225, § 3º da Constituição Federal:

> § 3º As condutas e atividades consideradas lesivas ao meio ambiente sujeitarão os infratores, pessoas físicas ou jurídicas, a sanções penais e administrativas, independentemente da obrigação de reparar os danos causados.

Extrai-se que o constituinte adotou a teoria da realidade, criada por Otto Gierke, segundo a qual a pessoa jurídica é um ente real e autônomo diante dos indivíduos, pessoas naturais, que a compõem e, esta sua personalidade real conduz à possibilidade de responsabilização civil e penal[6].

Adicione-se o fato de o Brasil ser signatário da Convenção das Nações Unidas contra o Crime Organizado Transnacional, promulgada pelo Decreto n. 5.015, de 12 de março de 2004, onde se prevê a responsabilidade penal da pessoa jurídica e, claro, a nossa Lei dos Crimes Ambientais que em seu art. 3º dispõe:

> Art. 3º As pessoas jurídicas serão responsabilizadas administrativa, civil e penalmente conforme o disposto nesta Lei, nos casos em que a infração seja cometida por decisão

5 BITENCOURT, Cezar Roberto. **Manual de direito penal: parte geral**. São Paulo: Saraiva, 2002, v. 1, p. 275.

6 Cf. KUKOWSKI, Rafael Schwez. Coord. CUNHA, Rogério Sanches; PINTO, Ronaldo Batista; SOUZA, Renee do Ó. **Leis penais especiais comentadas artigo por artigo**. Salvador: Juspodivm, 2018, p. 1200.

de seu representante legal ou contratual, ou de seu órgão colegiado, no interesse ou benefício da sua entidade.

Parágrafo único. A responsabilidade das pessoas jurídicas não exclui a das pessoas físicas, autoras, coautoras ou partícipes do mesmo fato.

Percebe-se que há dois pressupostos para a responsabilização da pessoa jurídica:

a) decisão de seu representante legal ou contratual, ou de seu órgão colegiado: não basta ser qualquer empregado da pessoa jurídica;
b) no interesse ou benefício da sua entidade: não haverá responsabilização quando a pessoa jurídica não se beneficiar da conduta criminosa.

Assim, há predominância na aceitação da responsabilidade penal da pessoa jurídica – sempre em coautoria e nunca em participação com a pessoa física, na chamada **tese da dupla imputação**, embora já tenha o Supremo Tribunal Federal admitido a denúncia apenas contra a pessoa jurídica –, não se admitindo, por outro lado, de maneira majoritária, a responsabilidade penal de pessoa jurídica de direito público.

As penas que sujeitam a pessoa jurídica nos crimes ambientais estão categorizadas no art. 21 da Lei n. 9.605/1998, sendo elas a as penas de multa, restritivas de direitos e a prestação de serviços à comunidade, havendo pormenorização nos artigos subsequentes da Lei.

Mas, discussões à parte, deve-se lembrar que o nosso "portal" de transformação do crime militar é o art. 9º, particularmente, o inciso II e suas alíneas. Na análise dessas alíneas, facilmente, perceberemos que no polo ativo não se contempla outro sujeito ativo que não seja pessoa natural, o que afasta, ao nosso sentir, a possibilidade de prática de crime militar ambiental por pessoa jurídica.

10.1.5. CRIME MILITAR AMBIENTAL POR CIVIL E MILITAR REFORMADO OU DA RESERVA REMUNERADA

Com a alteração trazida pela Lei n. 13.491/2017, com efeito, o inciso II do art. 9º do CPM foi alterado para permitir a absorção de tipos penais comuns no Direito Castrense, limitando-se, neste inciso, a sujeição ativa ao militar da ativa.

Todavia, a reboque, não se pode deixar de verificar que o inciso III do mesmo art. 9º do Código Castrense, ao tornear o crime militar praticado por civil ou por militares em situação de inatividade (militares da reserva remunerada ou reformados), assimila os crimes tratados no inciso II ("[...]*considerando-se como tais não só os compreendidos no inciso I, como os do inciso II*[...]"), de maneira que a alteração feita no inciso II aproveita também ao inciso III.

Em outros termos, também o civil, o militar da reserva remunerada e o militar reformado podem cometer crimes militares extravagantes e, portanto, crimes militares ambientais.

Tome-se o cuidado, nessa formulação, nos casos junto às Justiças Militares Estaduais, pois, por restrição constitucional, trazida no § 4º do art. 125 da Lei Maior, os civis não podem ser jurisdicionados nas Justiças Castrenses, o que limitaria o crime militar ambiental na esfera estadual apenas aos militares inativos, fazendo com que no caso de civis a persecução tenha que se dar perante a Justiça Comum.

Em um exemplo, pode praticar crime militar ambiental o civil que picha muro do quartel do Exército deveria responder pelo crime do art. 65 da Lei dos Crimes Ambientais, combinando-se com a alínea "e" do inciso II do art. 9º do CPM. Entendemos restar superada a visão corrente de que essa espécie de conduta se configurava em crime comum, como se verifica, no Supremo Tribunal Federal, no HC n. 100.230, rel. Min. Ayres Britto, j. 17/08/2010.

Por outro lado, talvez em função da pena, mesmo em fato praticado após a edição da Lei n. 13.491/2017, houve capitulação de conduta de pichação no tipo penal militar do art. 264 do CPM (STM, Apelação n. 7000357-67.2020.7.00.0000, rel. Min. Artur Vidigal de Oliveira, j. 07 a 10/06/2021). Preferimos a subsunção, em homenagem à especialidade, na LCA.

10.1.6. BEM JURÍDICO NOS CRIMES AMBIENTAIS

Complexa é a teoria do bem jurídico nos crimes ambientais.

O ponto inaugural, seria, talvez, um conceito elementar de meio ambiente, trazido pelo art. 3º da Lei n. 6.938, de 31 de agosto de 1981, segundo o qual meio ambiente é o "conjunto de condições, leis, influências e interações de ordem física, química e biológica, que permite, abriga e rege a vida em todas as suas formas".

É nessa simples fórmula que se arrimam de maneira inicial Victor Gonçalves e José Paulo Baltazar, para, após, trazerem a disposição constitucional do art. 225, § 1º, VII, que demanda a proteção da fauna e da flora, com a vedação de práticas que coloquem em risco sua função ecológica, provoquem a extinção de espécies ou submetam os animais a crueldade, e mencionarem a restrição do direito à propriedade trazida no § 1º do art. 1.228 do Código Civil, justamente ligada à preservação da flora, a fauna, as belezas naturais, o equilíbrio ecológico e o patrimônio histórico e artístico, bem como evitada a poluição do ar e das águas[7].

Mais complexa é a abordagem de Regis Prado, que confronta acepções ampliativas e restritivas[8], mas que nos traz um componente muito interessante, cindindo a compreensão do bem jurídico, com base na eleição do ambiente como bem jurídico categorial, presente em todos os crimes ambientais, independentemente da eleição, em um crime ambiental específico, de um determinado objeto jurídico peculiar. Explicamos a compreensão pela pena de Rafael Schwez Kurkowsk:

> Em se tratando de crimes ambientais, afigura-se útil, conforme Luis Régis Prado sustenta, "a distinção entre o ambiente como **bem jurídico *categorial***, ou seja, como

[7] GONÇALVES, Victor Eduardo, R.; BALTAZAR, José Paulo. *Esquematizado - Legislação penal especial.* São Paulo: Saraiva, 2020, p. 643.

[8] PRADO, Luiz Regis. *Direito Penal do Ambiente.* Rio de Janeiro: Grupo GEN, 2019, p. 62.

> objeto jurídico genérico de proteção, e como bem jurídico *específico* (em sentido técnico) protegido em um determinado tipo legal de delito, isto é, como objeto jurídico próprio de cada figura delitiva". Em consequência, o meio ambiente consiste em objeto jurídico constante de todo e qualquer crime ambiental. Mesmo nos crimes tipificados na Seção V desta Lei ("Dos Crimes Contra a Administração Ambiental"), objetiva-se a tutela da higidez do meio ambiente o qual será posto em xeque na concessão de uma licença ambiental em desacordo com a legislação, por exemplo, no caso do crime tipificado no art. 67. Nesse caso, ao lado do meio ambiente, também ostenta a qualidade de bem jurídico (específico) a Administração Pública ambiental[9].

A dicotomia apresentada é fundamental para a teoria do bem jurídico nos crimes militares ambientais, porquanto nesta possível cisão repousará a possibilidade de subsunção em uma das alíneas do inciso II do art. 9º do CPM, notadamente, na alínea "e", vulnerando a ordem administrativa militar ou o patrimônio sob a administração militar.

Exemplificativamente, tomando-se o crime previsto no art. 32 da Lei n. 9.605/1998, na conduta de um militar do Estado, da ativa, que mutile um animal do canil da Polícia Militar, inclusive com subsunção na forma qualificada trazida pelo § 1º-A, acrescido pela Lei n. 14.064, de 29 de setembro de 2020, o crime será militar por permissão da alínea "e" do inciso II do art. 9º do Código Penal Militar.

Mas, note-se, apenas se chegou a essa construção em função da dualidade do bem jurídico qual nos ensinou Régis Prado, pois, evidente, como crime ambiental, o meio ambiente objeto de tutela da norma penal, notadamente pela agressão à fauna, mas, em adição, não se afasta a possibilidade de tutela de outros objetos, como no exemplo de Kurkowski da Administração Pública ambiental, aqui, no nosso exemplo, a Administração Militar, vulnerada pela ordem administrativa militar, iluminando-se como bem jurídico específico no tipo penal ambiental analisado.

Aliás, essa afetação, de alguma maneira, de bens jurídicos caros ao Direito Castrense, ressalte-se, é fundamental para o reconhecimento de todos os crimes militares, ainda que não sejam extravagantes, como se tem sustentado há muito, sob pena de não se reconhecer a autonomia e a própria sobrevivência do Direito Penal Militar em relação ao Direito Penal comum.

Já se afirmou, ao conceber uma teoria do bem jurídico-penal militar que, no Direito Castrense, "qualquer que seja o bem jurídico evidentemente protegido pela norma, sempre haverá, de forma direta ou indireta, a tutela da regularidade das instituições militares, o que permite asseverar que, ao menos ela, sempre estará no escopo de proteção dos tipos penais militares, levando-nos a concluir que em alguns casos teremos um bem jurídico composto como objeto da proteção do diploma penal castrense. É dizer, *e. g.*, o tipo penal do art. 205, sob a rubrica 'homicídio', tem como objetividade jurídica, em primeiro plano, a vida humana, porém não se afasta de uma tutela mediata da manutenção da regularidade das instituições militares"[10].

---

9 KURKOWSKI, Rafael Schwez. Coord. CUNHA, Rogério Sanches; PINTO, Ronaldo Batista; SOUZA, Renee do Ó. **Leis penais especiais comentadas artigo por artigo**. Salvador: Juspodivm, 2018, p. 1195.

10 NEVES, Cícero Robson Coimbra; STREIFINGER, Marcello. ***Manual de direito penal militar***. Salvador: Juspodivm, 2021, p. 68.

Assim, mesmo em crimes militares previstos no Código Penal Militar, como no exemplo do crime de homicídio, para além do bem jurídico identificado em primeira linha, a justificar a adjetivação como "militar" é necessário encontrar a pertinência com valores caros ao espectro de tutela do Direito Castrense, não sendo diferente a compreensão nos crimes ambientais.

Por fim, na temática do bem jurídico, urge abordar a compreensão sobre a assimilação ou não do princípio da insignificância.

Sobre o tema há duas posições. Primeiro, predominante, aquela que admite, como regra geral, a insignificância em crimes ambientais, justamente atrelada à postura que já conhecemos nos demais delitos, afastando a concepção material da tipicidade. De outo lado, em posição minoritária, os que não concordam com o princípio da insignificância nos crimes ambientais, com os seguintes argumentos:

> a) ainda que a conduta, isoladamente, possa parecer insignificante, não é possível mensurar, de antemão, os seus efeitos, considerados no conjunto com outras condutas, ao bem jurídico tutelado (TRF1, RSE 200734000443948, Hilton Queiroz, 4a T., m., 09/12/2008; TRF3, AC 200361240004658, Nekatschalow, 5a T., u., 23/11/2009);
>
> b) a LCA já contempla penas leves que possibilitam, em regra, a aplicação da transação penal ou da suspensão condicional do processo (TRF3, RCCR 200160030000662, Stefanini, 1a T., u., 07/08/2007);
>
> c) cuida-se de direito indisponível (TRF1, RSE 200734000443948, Hilton Quei-roz, 4a T., m., 09/12/2008; TRF3, AC 200161020052072, Johonsom, 1a T., u., 23/05/2006);
>
> d) em matéria ambiental, vige o princípio da prevenção ou precaução;
>
> e) o meio ambiente é essencial à vida e à saúde de todos (TRF3, AC 200461240001110, Vesna Kolmar, 1a T., u., 12/12/2006);
>
> f) cuida-se de bem jurídico insuscetível de avaliação econômica (TRF4, AC 2004.72.08.001805-1, Vaz, 8a T., DE 10/01/2007)[11].

Entendemos, com a devida vênia, não ser possível afastar, *a priori*, a aplicação do princípio da insignificância, devendo-se verificar, no caso concreto se há, de fato, relevante lesão ao bem jurídico focado pela norma penal (*nullum crimen sine iniuria*), razão pela qual somos inclinados a adotar a primeira visão.

10.1.7. DISPOSIÇÕES GERAIS DA LEI N. 9.605/1998

Traçamos alguns parâmetros inaugurais para o início do raciocínio sobre a Lei n. 9.605/1998.

A partir de agora, conheceremos algumas das proposições inaugurais dessa Lei, avaliando sua aplicação ao Direito Castrense.

10.1.7.1. Relação de causalidade

A análise deve se concentrar na previsão específica do art. 2º da Lei dos Crimes Ambientais (LCA), *verbis*:

---

[11] GONÇALVES, Victor Eduardo, R.; BALTAZAR, José Paulo. *Esquematizado – Legislação penal especial*. São Paulo: Saraiva, 2020, p. 644.

> Art. 2º Quem, de qualquer forma, concorre para a prática dos crimes previstos nesta Lei, incide nas penas a estes cominadas, na medida da sua culpabilidade, bem como o diretor, o administrador, o membro de conselho e de órgão técnico, o auditor, o gerente, o preposto ou mandatário de pessoa jurídica, que, sabendo da conduta criminosa de outrem, deixar de impedir a sua prática, quando podia agir para evitá-la.

Não nos parece haver grande novidade neste dispositivo, além do que já traz o art. 53 do Código Penal Militar, que trata do concurso de pessoas, exceto no que concerne à possibilidade de acrescer aqueles responsáveis pela pessoa jurídica, em mais uma regra de extensão para alcançar essas pessoas em possível omissão na parte final.

Em verdade, caso se deseje alcançar a pessoa natural que seja diretor, o administrador, o membro de conselho e de órgão técnico, o auditor, o gerente, o preposto ou mandatário de pessoa jurídica, o art. 53 do CPM pode fazer as vezes para a responsabilização da pessoa natural, sem que seja necessário primeiro passar pela responsabilização da pessoa jurídica, o que, em verdade, nem entendemos possível em crime militar, como já dispusemos anteriormente.

Ademais, a regra da omissão penalmente relevante também está presente no CPM, especificamente no § 2º do art. 29, que trata da relação de causalidade. Assim, considerando-se a relação de causalidade e a regra do concurso de pessoas trazidas pelo Código Penal Militar, não há necessidade de se lançar mão do art. 2º da Lei n. 9.605/1998.

Aliás, tendo-se em conta os arts. 13 e 29 do CP, correlatos aos aqui mencionados no CPM, também é a visão da doutrina penal comum a inaplicabilidade do art. 2] da Lei dos Crimes Ambientais. Nessa linha:

> A primeira parte da regra transcrita é ociosa, pois apenas repete o que já figura do art. 13 do CP. Já a segunda parte não tem o condão de estabelecer responsabilização penal objetiva (STF, HC 97.484, Ellen, 2ª T., u., 23/06/2009), nem de excluir a responsabilização da pessoa jurídica pela omissão imprópria, mas sim de possibilitar a imputação aos administradores, na linha do § 2º do art. 13 do CP (STJ, RMS 49.909, Reynaldo, 5a T., 16/05/2017)[12].

Na mesma linha:

> De início, tem-se, por assim dizer, que o primeiro texto exemplifica possíveis sujeitos ativos de crime – pessoas naturais –, em relação à regra geral ínsita no Código Penal (art. 29). E a parte final do art. 2.º reza "(...) que, sabendo da conduta criminosa de outrem, deixar de impedir a sua prática, quando podia agir para evitá-la".
>
> Trata-se de uma norma genérica que prevê modalidade especial de delito omissivo próprio, sem o correspondente tipo legal.
>
> Ademais, não se estabelece nenhum dever de agir. É o disposto, simplesmente, inaplicável[13].

[12] GONÇALVES, Victor Eduardo, R.; BALTAZAR, José Paulo. *Esquematizado - Legislação penal especial.* São Paulo: Saraiva, 2020, p. 644-5.

[13] PRADO, Luiz Regis. *Direito Penal do Ambiente.* Rio de Janeiro: Grupo GEN, 2019, p. 116.

10.1.7.2. Regras específicas para a aplicação da pena

10.1.7.2.1. Primeira fase: pena-base

A rigor, segue-se no crime militar ambiental o critério trifásico com a inauguração pela circunstâncias judiciais do art. 69 do CPM:

> Art. 69. Para fixação da pena privativa de liberdade, o juiz aprecia a gravidade do crime praticado e a personalidade do réu, devendo ter em conta a intensidade do dolo ou grau da culpa, a maior ou menor extensão do dano ou perigo de dano, os meios empregados, o modo de execução, os motivos determinantes, as circunstâncias de tempo e lugar, os antecedentes do réu e sua atitude de insensibilidade, indiferença ou arrependimento após o crime.

Ocorre que no art. 6º da LCA existem circunstâncias que também devem ser ponderadas em primeira fase, mas que não são apenas judiciais, ou seja, consideradas para a pena criminal, mas também na imposição das sanções administrativas dos arts. 70 a 76 da mencionada Lei, já que se referem à "autoridade competente"[14]. Assim dispõe o artigo:

> Art. 6º Para imposição e gradação da penalidade, a autoridade competente observará:
>
> I - a gravidade do fato, tendo em vista os motivos da infração e suas consequências para a saúde pública e para o meio ambiente;
>
> II - os antecedentes do infrator quanto ao cumprimento da legislação de interesse ambiental;
>
> III - a situação econômica do infrator, no caso de multa.

Não enxergamos que o art. 6º da LCA deva ser aplicado de maneira excludente ao art. 69 do CPM (ou art. 59 do CP, quando se estiver diante de um crime não militar), mas deve haver, repita-se, uma complementação dos dispositivos na fixação da pena base, com a prevalência das circunstâncias do art. 6º da LCA, até mesmo pela interpretação literal, em crime não militar, ou teleológica, em crime militar ambiental, do art. 79 da Lei n. 9.606/1998: "Aplicam-se subsidiariamente a esta Lei as disposições do Código Penal e do Código de Processo Penal".

Exemplificativamente, o art. 69 do Código Penal Militar determina a valoração como circunstância judicial da maior ou menor extensão do dano causado pelo delito, mas, em se tratando de crime militar ambiental, obviamente, essa circunstância estará conjugada com as consequências mais danosas ao meio ambiente, conforme o inciso I do art. 6º da LCA, obviamente, se esta circunstância não merecer valoração posterior como majorante ou mesmo não se prestar a qualificar o delito, sob pena de *bis in idem*.

No que concerne aos antecedentes ambientais, tem-se admitido que a existência de inquéritos policiais podem levar à constatação de antecedentes de cunho

---

[14] Cf. KURKOWSKI, Rafael Schwez. Coord. CUNHA, Rogério Sanches; PINTO, Ronaldo Batista; SOUZA, Renee do Ó. **Leis penais especiais comentadas artigo por artigo**. Salvador: Juspodivm, 2018, p. 1206.

ambientais, embora contrária a visão do STJ no HC n. 218.037/SC, rel. Min. Jorge Mussi, j. 18/03/2014.

> Na mesma Corte, tem-se por conceito de maus antecedentes "não apenas as condenações definitivas por fatos anteriores cujo trânsito em julgado ocorreu antes da prática do delito em apuração, mas também aquelas transitadas em julgado no curso da respectiva ação penal, além das condenações transitadas em julgado há mais de cinco anos, as quais também não induzem reincidência, mas servem como maus antecedentes" (HC n. 356.084/SP, rel. Min. Nefi Cordeiro, j. 10/11/2016).

Finalmente, o inciso III dispõe uma relação que busca atender ao critério de proporcionalidade, mas que se torna desnecessário, já que o art. 18 da LCA comanda a aplicação do CP no caso de aplicação da pena de multa o qual, por sua vez, no art. 60, comanda que o juiz deve considerar a situação econômica do réu.

10.1.7.2.2. Segunda fase: pena alterada

Temos, neste ponto, que enfrentar dois problemas no que concerne às circunstâncias agravantes e atenuantes.

O primeiro diz respeito ao Direito Penal comum e militar e o segundo apenas ao Direito Militar. Para tanto, dividiremos a explanação deste tópico nas circunstâncias atenuantes e agravantes.

10.1.7.2.2.1. Circunstâncias atenuantes

O primeiro problema a ser enfrentado está na constatação de que a LCA possui circunstâncias atenuantes próprias (art. 14), diversas daquelas do CP, no art. 65, e no CPM, no art. 72, e, diante disso, se aplicaríamos apenas as da LCA ou poderíamos mesclar, trazendo atenuantes também do CP ou do Código Pena Militar.

Vejamos os dispositivos, primeiro na Lei dos Crimes Ambientais:

> Art. 14. São circunstâncias que atenuam a pena:
>
> I - baixo grau de instrução ou escolaridade do agente;
>
> II - arrependimento do infrator, manifestado pela espontânea reparação do dano, ou limitação significativa da degradação ambiental causada;
>
> III - comunicação prévia pelo agente do perigo iminente de degradação ambiental;
>
> IV - colaboração com os agentes encarregados da vigilância e do controle ambiental.

Agora no CP:

> Art. 65 - São circunstâncias que sempre atenuam a pena:
>
> I - ser o agente menor de 21 (vinte e um), na data do fato, ou maior de 70 (setenta) anos, na data da sentença;
>
> II - o desconhecimento da lei;
>
> III - ter o agente:

> a) cometido o crime por motivo de relevante valor social ou moral;
>
> b) procurado, por sua espontânea vontade e com eficiência, logo após o crime, evitar-lhe ou minorar-lhe as consequências, ou ter, antes do julgamento, reparado o dano;
>
> c) cometido o crime sob coação a que podia resistir, ou em cumprimento de ordem de autoridade superior, ou sob a influência de violenta emoção, provocada por ato injusto da vítima;
>
> d) confessado espontaneamente, perante a autoridade, a autoria do crime;
>
> e) cometido o crime sob a influência de multidão em tumulto, se não o provocou.
>
> Art. 66 - A pena poderá ser ainda atenuada em razão de circunstância relevante, anterior ou posterior ao crime, embora não prevista expressamente em lei.

Finalmente, no CPM:

> Art. 72. São circunstâncias que sempre atenuam a pena:
>
> I - ser o agente menor de vinte e um ou maior de setenta anos;
>
> II - ser meritório seu comportamento anterior;
>
> III - ter o agente:
>
> a) cometido o crime por motivo de relevante valor social ou moral;
>
> b) procurado, por sua espontânea vontade e com eficiência, logo após o crime, evitar-lhe ou minorar-lhe as consequências, ou ter, antes do julgamento, reparado o dano;
>
> c) cometido o crime sob a influência de violenta emoção, provocada por ato injusto da vítima;
>
> d) confessado espontaneamente, perante a autoridade, a autoria do crime, ignorada ou imputada a outrem;
>
> e) sofrido tratamento com rigor não permitido em lei. Não atendimento de atenuantes
>
> Parágrafo único. Nos crimes em que a pena máxima cominada é de morte, ao juiz é facultado atender, ou não, às circunstâncias atenuantes enumeradas no artigo.

Para responder, seguimos a doutrina Kurkowski, segundo quem, por "autorização do art. 79, as atenuantes previstas no Código Penal, especialmente a do art. 66 do CP, também incidem sobre os crimes tipificados na LCA. Aplica-se, todavia, o princípio da especialidade a fim de impedir que a mesma circunstância atenue a pena mais de uma vez" [15].

Na mesma linha, não vemos óbice em admitir que além das atenuantes do art. 14 da LCA e do art. 72 do CPM, desde que não haja uma dupla atenuação. Por exemplo, perfeitamente possível atenuar a pena-base pelo baixo grau de escolaridade do agente (art. 14, I, da LCA) e pelo fato de o agente ser maior de 70 anos (art. 72, I, do CPM).

A propósito do art. 66 do CP, uma observação deve ser feita. Já se discutiu a possibilidade de aplicação subsidiária desse dispositivo do Direito Castrense, admitindo atenuante inominada, o que favorece, inclusive, a consideração de possibilidades de atenuação não expressamente previstas em lei (STM, APELAÇÃO N.º 0000043-

[15] KURKOWSKI, Rafael Schwez. Coord. CUNHA, Rogério Sanches; PINTO, Ronaldo Batista; SOUZA, Renee do Ó. **Leis penais especiais comentadas artigo por artigo**. Salvador: Juspodivm, 2018, p. 1210.

76.2016.7.10.0010, rel. Min. Péricles Aurélio Lima de Queiros, j. 02/10/2018), não havendo razão para, em matéria de atenuação, se negar a mescla da LCA com o CPM, em uma interpretação *favor rei*.

A segunda discussão sobre as atenuantes está no *quantum* de atenuação, pois, bem se sabe que o CP não traz parâmetro para a redução das circunstâncias atenuantes, enquanto o CPM, por outro lado, traz a genérica fórmula do art. 73, segundo a qual "Quando a lei determina a agravação ou atenuação da pena sem mencionar o *quantum* , deve o juiz fixá-lo entre um quinto e um terço, guardados os limites da pena cominada ao crime".

Em se tratando de crime militar ambiental, sugere-se seguir esta fórmula, mesmo com a aplicação de circunstância atenuante trazida pela LCA, em face da expressa previsão no Código Castrense, respeitando-se o limite da pena mínima estabelecida no preceito secundário, que não pode ser vencido com a incidência das atenuantes, pela disposição do próprio art. 58 do CPM e pelo enunciado da Súmula 231 do STJ ("A incidência da circunstância atenuante não pode conduzir à redução da pena abaixo do mínimo legal"), reconhecidamente aplicada na jurisprudência do Superior Tribunal Militar (APELAÇÃO N.º 7000771-65.2020.7.00.0000, rel. Min. Marco Antônio de Farias, j. 12/08/2021).

10.1.7.2.2.2. Circunstâncias agravantes

Ainda na formação da pena alterada, em segunda fase, os dois pontos acima devem ser enfrentados no caso das circunstâncias agravantes.

Vamos, antes, aos dispositivos, primeiro, da LCA:

> Art. 15. São circunstâncias que agravam a pena, quando não constituem ou qualificam o crime:
>
> I - reincidência nos crimes de natureza ambiental;
>
> II - ter o agente cometido a infração:
>
> a) para obter vantagem pecuniária;
>
> b) coagindo outrem para a execução material da infração;
>
> c) afetando ou expondo a perigo, de maneira grave, a saúde pública ou o meio ambiente;
>
> d) concorrendo para danos à propriedade alheia;
>
> e) atingindo áreas de unidades de conservação ou áreas sujeitas, por ato do Poder Público, a regime especial de uso;
>
> f) atingindo áreas urbanas ou quaisquer assentamentos humanos;
>
> g) em período de defeso à fauna;
>
> h) em domingos ou feriados;
>
> i) à noite;
>
> j) em épocas de seca ou inundações;
>
> l) no interior do espaço territorial especialmente protegido;
>
> m) com o emprego de métodos cruéis para abate ou captura de animais;

n) mediante fraude ou abuso de confiança;

o) mediante abuso do direito de licença, permissão ou autorização ambiental;

p) no interesse de pessoa jurídica mantida, total ou parcialmente, por verbas públicas ou beneficiada por incentivos fiscais;

q) atingindo espécies ameaçadas, listadas em relatórios oficiais das autoridades competentes;

r) facilitada por funcionário público no exercício de suas funções.

No CP:

Art. 61 - São circunstâncias que sempre agravam a pena, quando não constituem ou qualificam o crime:

I - a reincidência;

II - ter o agente cometido o crime:

a) por motivo fútil ou torpe;

b) para facilitar ou assegurar a execução, a ocultação, a impunidade ou vantagem de outro crime;

c) à traição, de emboscada, ou mediante dissimulação, ou outro recurso que dificultou ou tornou impossível a defesa do ofendido;

d) com emprego de veneno, fogo, explosivo, tortura ou outro meio insidioso ou cruel, ou de que podia resultar perigo comum;

e) contra ascendente, descendente, irmão ou cônjuge;

f) com abuso de autoridade ou prevalecendo-se de relações domésticas, de coabitação ou de hospitalidade, ou com violência contra a mulher na forma da lei específica;

g) com abuso de poder ou violação de dever inerente a cargo, ofício, ministério ou profissão;

h) contra criança, maior de 60 (sessenta) anos, enfermo ou mulher grávida;

i) quando o ofendido estava sob a imediata proteção da autoridade;

j) em ocasião de incêndio, naufrágio, inundação ou qualquer calamidade pública, ou de desgraça particular do ofendido;

l) em estado de embriaguez preordenada.

Finalmente, o CPM:

Art. 70. São circunstâncias que sempre agravam a pena, quando não integrantes ou qualificativas do crime:

I - a reincidência;

II - ter o agente cometido o crime:

a) por motivo fútil ou torpe;

b) para facilitar ou assegurar a execução, a ocultação, a impunidade ou vantagem de outro crime;

c) depois de embriagar-se, salvo se a embriaguez decorre de caso fortuito, engano ou força maior;

d) à traição, de emboscada, com surpresa, ou mediante outro recurso insidioso que dificultou ou tornou impossível a defesa da vítima;

e) com o emprego de veneno, asfixia, tortura, fogo, explosivo, ou qualquer outro meio dissimulado ou cruel, ou de que podia resultar perigo comum;

f) contra ascendente, descendente, irmão ou cônjuge;

g) com abuso de poder ou violação de dever inerente a cargo, ofício, ministério ou profissão;

h) contra criança, velho ou enfermo;

i) quando o ofendido estava sob a imediata proteção da autoridade;

j) em ocasião de incêndio, naufrágio, encalhe, alagamento, inundação, ou qualquer calamidade pública, ou de desgraça particular do ofendido;

l) estando de serviço;

m) com emprego de arma, material ou instrumento de serviço, para esse fim procurado;

n) em auditório da Justiça Militar ou local onde tenha sede a sua administração;

o) em país estrangeiro.

Parágrafo único. As circunstâncias das letras *c* , salvo no caso de embriaguez preordenada, *l*, *m* e *o*, só agravam o crime quando praticado por militar.

Enfrentando os dois problemas, iniciemos pelo *quantum* de agravação, pois entendemos adequado aplicar a mesma fórmula do art. 73 do Código Penal Militar, como fizemos nas circunstâncias atenuantes, em se tratando de crime militar ambiental, sem, obviamente, extrapolar o limite máximo da pena fixada no preceito secundário do crime.

Já no que concerne à possibilidade de mescla de circunstâncias agravantes da LCA com as do Código Penal Militar (ou comum, quando crime não militar), há dois posicionamentos, primeiro o de Luiz Flávio Gomes e de Silvio Maciel, em sentido contrário reconhecendo que o traslado sistêmico seria verdadeira analogia *in malam partem*[16]. De outro, entretanto, há a posição doutrinária favorável a essa mescla, com base no disposto no art. 79 da LCA, que traz a aplicação subsidiária do Código Penal comum:

> A aplicação subsidiária das agravantes previstas no Código Penal não é pacífica. Enquanto Luiz Flávio Gomes e Silvio Maciel são contrários, sob o argumento da proibição da analogia *in malam partem*, Dino Fiorillo e Nucci são favoráveis, com base na subsidiariedade prevista no art. 79. Afigura-se correto esse último posicionamento, já que a incidência das agravantes previstas no Código Penal aos crimes tipificados na LCA não resulta de analogia a qual pressupõe omissão não intencional do legislador, mas de subsidiariedade expressa que foi prevista no art. 79. Possível a aplicação subsidiária do Código Penal, então, deve ser observada a especialidade das agravantes previstas na LCA que têm identidade com as previstas no Código Penal[17].

Trasladando a visão, com a qual concordamos, para o CPM, ao analisar um crime militar ambiental seria possível considerar como circunstância agravante o

[16] GOMES, Luiz Flávio; MACIEL, Silvio Luiz. **Lei de crimes ambientais**: comentários à Lei n. 9.605/1998. Rio de Janeiro: Forense, 2015, p. 59.

[17] KURKOWSKI, Rafael Schwez. Coord. CUNHA, Rogério Sanches; PINTO, Ronaldo Batista; SOUZA, Renee do Ó. **Leis penais especiais comentadas artigo por artigo**. Salvador: Juspodivm, 2018, p. 1210.

fato de um militar estar embriagado (art. 72, II, "c", CPM) e de ter praticado o fato à noite (art. 15, II, "i", LCA).

Claro, como vimos defendendo, no confronto de dispositivos, como o conceito de reincidência, há de prevalecer, naquela análise por níveis de "eclusa", a norma mais específica, ou seja, o conceito do art. 15, I, da LCA.

10.1.7.2.3. Terceira fase: pena final

Na terceira fase de aplicação da pena, obviamente, teremos, tranquilamente, a aplicação das majorantes e minorantes específicas trazidas pela LCA.

Obviamente, será possível a aplicação de causas presentes no Código Penal Militar, a exemplo da causa genérica de diminuição de pena da tentativa, trazida no art. 30 do Código Castrense, mas, certamente, havendo uma minorante ou majorante específica da Lei n. 9.605/1998, deve-se dela lançar mão, prestigiando-se a especialidade e a higidez do sistema repressivo idealizado pelo legislador penal ambiental.

Exemplificativamente, no crime do art. 32 da LCA, deve ser aplicada a majorante do § 2°, segundo a qual a pena é aumentada de um sexto a um terço, se ocorre morte do animal, lembrando-se que, em terceira fase, na fixação da pena final, é possível transpor a pena máxima fixada no preceito secundário do tipo penal.

10.1.7.3. Penas em espécie

As penas para as pessoas naturais – que nos interessam nos crimes militares – nos crimes ambientais podem ser privativas de liberdade, restritivas de direito e a pena de multa.

As penas privativas de liberdade e a pena de multa não possuem disposições peculiares na LCA, portanto seguirão o regramento do Código Penal e, em nosso caso, do Código Penal Militar, em algumas peculiaridades.

Frise-se, ademais, que são elas as que estão fixadas nos preceitos secundários dos tipos penais ambientais em espécie, facilitando a compreensão no nosso estudo por se aproximar da realidade do que empregamos na prática diária do Direito Penal Militar.

Trabalhemos com um exemplo para tornar fácil a compreensão de aplicação das mencionadas peculiaridades.

No caso de uma condenação por crime militar ambiental por maus-tratos (art. 32 da LCA) de um militar à pena de detenção de 8 meses, continuaremos a seguir, como já fazemos, dispositivos do Código Penal comum em complemento à omissão da legislação castrense para, por exemplo, a fixação do regime inicial de cumprimento da pena, a adequação do regime etc. Entretanto, não vemos problema em, mesmo em se tratando de uma condenação por crime militar ambiental, aplicar, a pena de prisão, de que trata o art. 59 do CPM, quando não couber a suspensão condicional da execução da pena que, a propósito, em crime ambiental pode ocorrer em condenações até três anos de privação de liberdade (art. 16 da LCA).

A pena de multa, como já dissemos, será aplicada de acordo com os critérios do art. 49 e seguintes do Código Penal.

A previsão específica da LCA está nas penas restritivas de direito, especificamente nos arts. 7º a 13.

Em primeiro plano, tem-se a disposição de quando as penas restritivas de direito substituem as penas privativas de liberdade, no art. 7º:

> Art. 7º As penas restritivas de direitos são autônomas e substituem as privativas de liberdade quando:
>
> I - tratar-se de crime culposo ou for aplicada a pena privativa de liberdade inferior a quatro anos;
>
> II - a culpabilidade, os antecedentes, a conduta social e a personalidade do condenado, bem como os motivos e as circunstâncias do crime indicarem que a substituição seja suficiente para efeitos de reprovação e prevenção do crime.
>
> Parágrafo único. As penas restritivas de direitos a que se refere este artigo terão a mesma duração da pena privativa de liberdade substituída.

Importante, de chofre, fixar alguns pontos para a compreensão.

Ao dizer que as penas restritivas de direito do art. 7º são autônomas, a LCA está a fixar que elas se aplicam em lugar das penas privativas de liberdade, não podendo com elas serem cumuladas. Em outros termos, o juiz fixará a pena privativa de liberdade e a multa, que serão cumulativas e, em seguida, substituirá, se preenchidos os requisitos, pela pena restritiva de direito, que será executada de maneira autônoma, ainda que, como impõe o parágrafo único, pelo mesmo prazo de duração da pena restritiva de liberdade que substituiu.

Outro ponto importante é focar a análise nos requisitos, um de ordem objetiva e outro de ordem subjetiva.

No inciso I, como requisito objetivo, como se vê literalmente, a substituição é cabível quando se tratar de crime ambiental culposo, independentemente do *quantum* de pena aplicada, caso dos crimes dos arts.: 38, parágrafo único; 38-A, parágrafo único; 40, § 3º; 40-A, § 3º; 41, parágrafo único; 49, parágrafo único; 54, § 1º; 56, § 3º; 62, parágrafo único; 67, parágrafo único; 68, parágrafo único; e 69-A.

Alternativamente, ainda como um requisito objetivo do inciso I, também se admitirá a substituição no caso de aplicação de pena privativa de liberdade **inferior** a quatro anos, divergindo, neste ponto, do Código Penal comum, que permite a substituição nos casos em que a for aplicada pena privativa de liberdade **não superior** a quatro anos e o crime não for cometido com violência ou grave ameaça à pessoa (art. 44, I, do CP). Frise-se a diferença: no CP é possível a substituição de pena privativa de liberdade de quatro anos; na LCA, não.

Por fim, o requisito subjetivo está no inciso II, devendo o juiz avaliar se a culpabilidade, os antecedentes, a conduta social e a personalidade do condenado, bem como os motivos e as circunstâncias do crime indicam que a substituição é suficiente para efeitos de reprovação e prevenção do crime. São conceitos que já estamos acostumados no Direito Penal, inclusive castrense, pois são mensurados em institutos como o da suspensão condicional da execução da pena (art. 84, II, do CPM).

Deve-se notar, também, que a reincidência (em crime doloso), diferentemente do Código Penal comum (art. 44, II, do CP), não impede a substituição na LCA, embora haja entendimento de que sua presença não recomende a substituição[18].

Não é demasiado lembrar que existe entendimento no sentido de que presentes todos os requisitos, a substituição torna-se direito subjetivo do condenado, inclusive com respaldo jurisprudencial da Suprema Corte[19].

Mas a questão é a possibilidade de aplicação da substituição no Direito Castrense.

De partida, a primeira resposta seria em sentido negativo, visto que o Código Penal Militar não trabalha com a lógica da substituição por penas restritivas de direitos, senão pela pena de prisão do art. 59.

Entretanto, como vimos sustentando desde o princípio, o art. 17 do próprio Código Penal Militar possibilita, ao menos teleologicamente, que se dê porosidade aos dispositivos de Parte Geral do CPM, possibilitando a aplicação de regras do sistema mais específico, no caso, trazido pela LCA.

Nesse contexto, perfeitamente possível assimilar a aplicação do art. 7º da LCA nos crimes militares ambientais.

Ademais, não se desconhece que, mesmo em crimes militares tipificados no Código Penal Militar, a prática, ao menos em primeira instância, com a anuência do Ministério Público, tem trabalhado com a possibilidade da substituição de que trata o art. 44 do Código Penal[20], embora se saiba a visão corrente no Superior Tribunal Militar contrária à aplicação da substituição[21].

Pois bem, em se admitindo a substituição, tem-se por penas restritivas de direito:

> Art. 8º As penas restritivas de direito são:
> I - prestação de serviços à comunidade;
> II - interdição temporária de direitos;
> III - suspensão parcial ou total de atividades;
> IV - prestação pecuniária;
> V - recolhimento domiciliar.

A prestação de serviços à comunidade está pormenorizada no art. 9º da LCA e consiste na atribuição ao condenado de tarefas gratuitas junto a parques e jardins públicos e unidades de conservação, e, no caso de dano da coisa particular, pública

[18] KURKOWSKI, Rafael Schwez. Coord. CUNHA, Rogério Sanches; PINTO, Ronaldo Batista; SOUZA, **Renee do Ó. Leis penais especiais comentadas artigo por artigo**. Salvador: Juspodivm, 2018, p. 1207.

[19] VANZOLINI, Patrícia; JUNQUEIRA, Gustavo Octaviano Diniz. **Manual de direito penal**. São Paulo: Saraiva, 2013, p. 502.

[20] Exemplificativamente, veja-se a discussão, no STM, no HC n. 0000164-16.2016.7.00.0000, rel. Min. José Barroso Filho, j. 13/09/2016.

[21] Nesse sentido, vide, no STM, a Apelação n. 7000695-41.2020.7.00.0000, rel. Min. Odilson Sampaio Benzi, j. 18/03/2021.

ou tombada, na restauração desta, se possível. Obviamente, em se tratando de um dano a próprio da Administração Militar, essa prestação poderá ser direcionada a esse ambiente.

No art. 10 da LCA temos as penas de interdição temporária de direito, que consistem na proibição de o condenado contratar com o Poder Público, de receber incentivos fiscais ou quaisquer outros benefícios, bem como de participar de licitações, pelo prazo de cinco anos, no caso de crimes dolosos, e de três anos, no de crimes culposos.

A suspensão de atividades, disposta no art. 11 da LCA, será aplicada quando estas não estiverem obedecendo às prescrições legais. Sobre esta pena, dispõe-se:

> Frente à vagueza e à abertura do art. 11, é necessário recorrer-se a uma interpretação adequada para sua compreensão e para possibilitar sua aplicação prática. Segundo Dino, o artigo sob comento exige a reiteração da conduta do reu. Assim, a presente pena pode ser aplicada nos "casos em que o infrator desenvolva, em caráter habitual ou permanente, atividade da qual resulte um dos tipos penais descritos no Capítulo V, em face de descumprimento de previsões legais ou regulamentares referentes à proteção do meio ambiente". Ela também será adequada "em relação aos crimes permanentes – necessariamente permanentes ou eventualmente permanentes. Nesses casos, como, p. ex., o lançamento reiterado de resíduos líquidos poluentes em um rio (art. 54, § 2º, V), a suspensão da atividade da qual resulte a poluição implicará a cessação dos efeitos nocivos, evitando-se, pois, a perpetuação do dano ambiental".[22]

No caso da prestação pecuniária (art. 12 da LCA), consiste ela no pagamento em dinheiro à vítima ou à entidade pública ou privada com fim social, de importância, fixada pelo juiz, não inferior a um salário mínimo nem superior a trezentos e sessenta salários mínimos, dispondo o artigo que o valor pago será deduzido do montante de eventual reparação civil a que for condenado o infrator. Tem-se, então, que, detectando-se, por exemplo, uma determinada comunidade atingida por um ato de poluição praticado pelo agente do crime, a essa comunidade será encaminhada a prestação pecuniária. Todavia, não "sendo possível individualizar qualquer parte ofendida, o montante pode ser destinado a entidades públicas ou privadas com fim social. Note-se que a lei não especificou qual seria tal finalidade, razão pela qual não há necessidade de ser vinculada à proteção do meio ambiente, embora devesse o julgador destinar a verba, preferencialmente, a tais entidades"[23].

No art. 13 da LCA temos, como última pena restritiva enumerada nas disposições gerais, o recolhimento domiciliar que é baseado na autodisciplina e senso de responsabilidade do condenado, o qual deverá, sem vigilância, trabalhar, frequentar curso ou exercer atividade autorizada, permanecendo recolhido nos dias e horários de folga em residência ou em qualquer local destinado a sua moradia habitual, conforme estabelecido na sentença condenatória.

---

[22] KURKOWSKI, Rafael Schwez. Coord. CUNHA, Rogério Sanches; PINTO, Ronaldo Batista; SOUZA, Renee do Ó. **Leis penais especiais comentadas artigo por artigo**. Salvador: Juspodivm, 2018, p. 1209.

[23] NUCCI, Guilherme de Souza. **Leis Penais e Processuais Penais Comentadas**. Rio de Janeiro: Grupo GEN, 2020, v. 2, p. 559.

Anote-se, por fim, como inovação trazida pela Lei n. 14.064, de 29 de setembro de 2020, uma pena restritiva de direto, não substitutiva e prevista em dispositivo especial, entenda-se, no preceito do § 1º-A do art. 32 da LCA, que consiste na proibição de guarda de cães e gatos no delito de abuso, maus-tratos, mutilação etc. desses animais. O grande problema é que esta pena veio somente enumerada no mencionado parágrafo, sem que a lei trouxesse seus pormenores, por exemplo, sobre sua abrangência e sua duração, questões que buscaremos enfrentar, matizadas para os crimes militares, quando dos comentários do art. 32 da LCA.

10.1.7.4. Suspensão Condicional da execução da pena

Claro que é perfeitamente possível a suspensão condicional da execução da pena em crimes ambientais, devendo-se, no caso de crimes militares, ter por parâmetro o art. 84 e seguintes do Código Penal Militar.

Mas devem ser observadas as disposições específicas da LCA, especialmente no arts. 16 e 17:

> Art. 16. Nos crimes previstos nesta Lei, a suspensão condicional da pena pode ser aplicada nos casos de condenação a pena privativa de liberdade não superior a três anos.
>
> Art. 17. A verificação da reparação a que se refere o § 2º do art. 78 do Código Penal será feita mediante laudo de reparação do dano ambiental, e as condições a serem impostas pelo juiz deverão relacionar-se com a proteção ao meio ambiente.

Como se percebe, teremos trabalho neste ponto também, pois a lógica da LCA é ter por parâmetro subsidiário o Código Penal comum (art. 79 da LCA) e estamos a nos guiar pelo Código Castrense.

Apenas para citar alguns problemas, fixemos os olhos no período de provas da suspensão, pois, aplicando-se o art. 77 do CP, poderia ser ele no máximo de 4 anos, mas aplicando-se o art. 84, poderíamos chegar a 6 anos. Claro, advirta-se, novamente, não haver resposta inequívoca, mas, a prestigiar a análise por níveis de eclusa, ficaríamos com o segundo nível, ou seja, no sistema do Código Penal Militar, permitindo-se a fixação em até 6 anos de suspensão.

Em um outro ponto de conflito, no inciso I do art. 77 do CP, apenas se obsta a concessão do *sursis* no caso de o condenado ser reincidente em crime doloso, enquanto no inciso I do art. 84 do CPM, mesmo a reincidência por crime culposo com a aplicação de pena privativa de liberdade impede a concessão do benefício. Mais uma vez, como sugestão, entendemos plausível a aplicação do Código Castrense, diante do silêncio da LCA.

O mais importante, no entanto, é a aplicação específica dos dois dispositivos, ou seja, a condenação à pena privativa de liberdade pode chegar até e anos, e não até 2 anos, como dispõe o *caput* do art. 84 do CPM e o *caput* do art. 77 do CP, e a reparação do dano, para fins de condições especiais do § 2º do art. 78 do CP, sem exato correlato no CPM, mas que pode orientar a decisão da revogação obrigatória prevista no inciso II do art. 86, já que a frustração das condições do § 2º do art. 78 no CP leva também à revogação obrigatória.

De qualquer maneira, em se assimilando a possibilidade de substituição da pena privativa de liberdade por pena restritiva de direito, nos termos do art. 7º da LCA, os problemas detectados em relação ao *sursis* nos crimes militares ambientais serão diminutos, pois esta somente será cabível quando aquela não for implementada.

10.1.7.5. Fixação do quantum mínimo para a reparação do dano ambiental na sentença condenatória

O art. 20 da LCA dispõe:

> Art. 20. A sentença penal condenatória, sempre que possível, fixará o valor mínimo para reparação dos danos causados pela infração, considerando os prejuízos sofridos pelo ofendido ou pelo meio ambiente.
>
> Parágrafo único. Transitada em julgado a sentença condenatória, a execução poderá efetuar-se pelo valor fixado nos termos do *caput*, sem prejuízo da liquidação para apuração do dano efetivamente sofrido.

Parece-nos, evidente, assim, que, para além do que dispõe o art. 438 do CPPM, a sentença condenatória em crimes ambientais deve conter a fixação do valor mínimo a ser reparado a título de dano ambiental.

Aliás, essa disposição, em nossa compreensão, prestigiando a maior atenção à vítima no processo penal militar, deve ocorrer sempre que possível, em todos os crimes militares, por aplicação do inciso IV do art. 387 do Código de Processo Penal comum, com a permissão dada pela alínea "a" do art. 3º do próprio CPPM.

Não se pode esquecer do papel fundamental, nesse caminho, da investigação criminal, que deverá buscar a avaliação do dano ambiental, por perícia adequada a demonstrá-lo para o fim que aqui se discute e também para outros, a exemplo da necessária reparação em sede de *sursis*, ou mesmo de acordo de não persecução penal.

10.1.7.6. Aplicação de dispositivos da Lei n. 9.099/1995

Todos sabemos da polêmica aplicação da Lei do Juizado Especial Criminal aos crimes militares, mas, com o advento da Lei n. 13.491/1995, a questão tomou novo fôlego.

A visão dos "Tribunais Militares", em primeiro aporte, é contrária a essa aplicação, inclusive com matéria sumulada no STM (Súmula 9: "A Lei nº 9.099, de 26.09.95, que dispõe sobre os Juízos Especiais Cíveis e Criminais e dá outras providências, não se aplica à Justiça Militar da União") e arguição de Incidente de Resolução de Demandas Repetitivas no Tribunal de Justiça Militar de Minas Gerais (IRDR n. 0001436-80.2017.9.13.0000, Rel. para Acórdão Juiz Sócrates Edgard dos Anjos, j. 15/05/2019).

Mesmo com essa visão, com a Lei n. 13.491/2017, primeiro, não se pode negar a aplicação da Lei n. 9.099/1995 aos casos de direito intertemporal, seguindo visão dominante na jurisprudência do STJ, em que se deve remeter, de pronto, os feitos nos crimes militares extravagantes para a Justiça Militar, mas não se pode negar a aplicação da norma mais benéfica (STJ, 3ª Seção, CC n. 160.902-RJ, Min. Laurita Vaz, j. 12DEZ2018), o que, naturalmente, abarcaria situações como suspensão condicional do processo, transação penal etc.

Essa compreensão, obviamente, aproveitaria casos de crimes militares ambientais praticados antes da Lei n. 13.491/2017, cujos feitos fossem remetidos à Justiça Castrense.

Mas mesmo no caso de crimes militares extravagantes – o que inclui os ambientais – praticados posteriormente a 16 de outubro de 2017, data em que a Lei n. 13.491/2017 foi publicada, discute-se a aplicação da Lei n. 9.099/1995, sabendo-se que em algumas Auditorias, os Juízes Federais da Justiça Militar, com a anuência do *Parquet*, aplicam alguns de seus dispositivos.

No caso de aplicação, portanto, deve-se dar atenção aos dispositivos específicos da LCA para a Lei n. 9.999/1995, ou seja, os arts. 26 a 28 da Lei n. 9.605/1998.

A primeira regra a ser estabelecida é a de iniciativa pública incondicionada da ação penal nos crimes ambientais, nos termos do art. 25 da LCA: "Nas infrações penais previstas nesta Lei, a ação penal é pública incondicionada". Esta previsão, portanto, adapta-se ao disposto no art. 121 do CPM, trazendo o crime militar ambiental para a regra geral do Código Castrense.

O art. 27 da LCA trabalha com o conceito de crime ambiental de menor potencial ofensivo, ou seja, aqueles que a lei comina pena máxima não superior a dois anos, cumulada ou não com multa (art. 61 da Lei n. 9.099/1995).

Nesses crimes ambientais, a proposta de aplicação imediata de pena restritiva de direitos ou multa, prevista no art. 76 da Lei nº 9.099/19995, somente poderá ser formulada desde que tenha havido a prévia composição do dano ambiental, de que trata o art. 74, também da Lei n. 9.099/1995, salvo em caso de comprovada impossibilidade.

O art. 76 da Lei n. 9.099/1995, como sabemos, encerra a chamada "transação penal" que consiste em um verdadeiro acordo entre o Ministério Público, neste caso de ação penal pública incondicionada, e o autor do delito, em que é proposta a imediata imposição de pena restritiva de direito ou multa, evitando-se a instauração do processo penal.

Como ensina Renato Brasileiro de Lima, o "fundamento constitucional da transação penal está em dois dispositivos da Carta Magna: art. 98, inciso I, que a autoriza, nas hipóteses previstas em lei; e, ainda, no art. 129, inciso I, que diz que são funções institucionais do Ministério Público promover a ação penal *na forma da lei*. O exercício da ação penal pública deve, portanto, ser feito de acordo com os contornos da lei. E é exatamente a Lei nº 9.099/95 que traz o delineamento do cabimento da transação penal"[24].

Pois bem, pelo mencionado art. 76 da Lei n. 9.099/1995, tratando-se de crime de ação penal pública incondicionada, como no caso dos crimes ambientais, não sendo

[24] LIMA, Renato Brasileiro de. **Legislação criminal especial comentada**. Salvador: Juspodivm, 2020, p. 603.

caso de arquivamento, o Ministério Público poderá propor a aplicação imediata de pena restritiva de direitos ou multas, a ser especificada na proposta.

Aceita a proposta pelo autor da infração e seu defensor, será submetida à apreciação do Juiz (art. 76, § 3º, da Lei n. 9.099/1995) que, acolhendo a proposta do Ministério Público aceita pelo autor da infração, aplicará a pena restritiva de direitos ou multa, que não importará em reincidência, sendo registrada apenas para impedir novamente o mesmo benefício no prazo de cinco anos (art. 76, § 4º, da Lei n. 9.099/1995).

Frise-se que dessa sentença, nos termos do art. 76, § 5º, da Lei n. 9.099/1995, será cabível a apelação, o que para nosso tema é muito sensível, porquanto, provavelmente, a questão será levada ao Superior Tribunal Militar que, como já iluminamos, posiciona-se contrariamente à aplicação da Lei n. 9.099/1995 no âmbito da Justiça Militar da União, além, claro, de toda a polêmica que se pode inaugurar acerca da composição de órgão *ad quem* com base na disposição do art. 82 da Lei n. 9.099/1995, com a composição de turmas recursais.

A imposição da sanção fruto da transação penal não constará de certidão de antecedentes criminais, salvo para os fins de nova transação, e não terá efeitos civis, cabendo aos interessados propor ação cabível no juízo cível (art. 76, § 6º, da Lei n. 9.099/1995).

Rememorado o instituto da transação penal, tem-se que a inovação da Lei n. 9.605/1998 nesse contexto é a exigência prévia da reparação do dano ambiental, não existente originalmente na Lei n. 9.099/1995. Em outros termos, não haverá transação penal sem que haja antes a reparação do dano ambiental – aliás, não deve ela sequer ser formulada –, salvo em caso de comprovada impossibilidade.

Sobre o assunto, dispõem Victor Rios e José Paulo Baltazar:

> O requisito da reparação do dano encontra fundamento na própria CF, que impõe ao Poder Público o dever de restaurar os processos ecológicos essenciais e prover o manejo ecológico das espécies e ecossistemas (CF, art. 225, § 1º, I). Na mesma linha, o art. 2°, VIII, da Lei n. 6.938/81 instituiu o princípio da recuperação das áreas degradadas.
>
> Desse modo, pode ser negada a transação enquanto não for atendido aquele requisito (TRF2, HC 200002010221604, Benedito Gonçalves, 4ª T., u., 29/08/2000), entendido como ajuste para a reparação do dano, e não para a reparação em si, que se poderá prolongar no tempo, de acordo com a extensão dos danos.
>
> O art. 27 da LCA ressalva a impossibilidade de reparação, como nos casos em que não houver lesão a ser reparada ou em que a reparação em si for faticamente impossível[25].

Finalmente, traz a LCA dispositivo específico para a aplicação da suspensão condicional do processo, tratada pelo art. 89 da Lei n. 9.099/1995.

Para Renato Brasileiro, o que explica a natureza do *sursis* processual "é o *nolo contendere*, que consiste numa forma de defesa em que o acusado não contesta

---

[25] GONÇALVES, Victor Eduardo, R.; BALTAZAR, José Paulo. **Esquematizado - Legislação penal especial.** São Paulo: Saraiva, 2020, p. 655.

a imputação, mas não admite culpa nem proclama sua inocência. Por isso, não se confunde com o *guilty plea*, nem com o *plea bargaining*"[26]. No primeiro caso, porque no instituto anglo-saxônico do *guilty plea* o acusado admite que cometeu a infração penal e essa assunção de culpa lhe traz efeitos civis. Na segunda distinção, do norte-americano *plea bargaining*, não há coincidência com o *sursis* processual porque naquele instituto "o imputado manifesta perante o Ministério Público sua decisão de declarar-se culpado, aceitando as imputações acordadas, assim como a pena pactuada, ao mesmo temo em que renuncia a certas garantias processuais"[27], quando o, juiz, comprovando-se a voluntariedade da declaração, fixa da data da sentença (*sentencing*), aplicando pena geralmente reduzida, por abranger menos crimes em função do acordo, sem a necessidade de um processo ou veredito (*trial* ou *veredict*).

No instituto da Lei n. 9.099/1995, a opção de defesa, então, é não litigar (*nolo contendere*), por permissão expressa no art. 89, segundo o qual, nos "crimes em que a pena mínima cominada for igual ou inferior a um ano, abrangidas ou não por esta Lei, o Ministério Público, ao oferecer a denúncia, poderá propor a suspensão do processo, por dois a quatro anos, desde que o acusado não esteja sendo processado ou não tenha sido condenado por outro crime, presentes os demais requisitos que autorizariam a suspensão condicional da pena". Vale a pena destacar os requisitos:

a) Crimes com pena mínima cominada igual ou inferior a um ano, ainda que não sejam crimes de menor potencial ofensivo, o que, obviamente, alcança os crimes ambientais, militares inclusive; ressalva-se a hipótese de violência doméstica e familiar contra a mulher;
b) O autor do fato não estar sendo processado ou não ter sido condenado por outro crime;
c) Presença dos demais requisitos que autorizariam a suspensão condicional da execução da pena e, neste caso, seguindo nossa linha de raciocínio dos níveis de eclusa, teríamos por parâmetro o Código Penal Militar nos crimes militares ambientais.

A esses requisitos expressamente trazidos pela Lei n. 9.099/1995 deve-se acrescer mais um trazido pela Lei n. 13.964, de 24 de dezembro de 2019, conhecida como "Pacote Anticrime", que trouxe ao Código de Processo Penal comum a realidade do Acordo de Não Persecução Penal no art. 28-A, que em seu § 11 dispõe que o "descumprimento do acordo de não persecução penal pelo investigado também poderá ser utilizado pelo Ministério Público como justificativa para o eventual não oferecimento de suspensão condicional do processo". Assim, um outro requisito para a suspensão condicional do processo é não ter frustrado o Acordo de Não Persecução Penal antecedente.

---

[26] LIMA, Renato Brasileiro de. **Legislação criminal especial comentada**. Salvador: Juspodivm, 2020, p. 629.

[27] LIMA, Renato Brasileiro de. **Legislação criminal especial comentada**. Salvador: Juspodivm, 2020, p. 629.

Dispõe o § 1º do art. 89 da Lei n. 9.099/1995 que, aceita a proposta pelo acusado e seu defensor, na presença do Juiz, este, recebendo a denúncia, poderá suspender o processo, submetendo o acusado a período de prova, sob as seguintes condições:

> I - reparação do dano, salvo impossibilidade de fazê-lo;
>
> II - proibição de frequentar determinados lugares;
>
> III - proibição de ausentar-se da comarca onde reside, sem autorização do Juiz;
>
> IV - comparecimento pessoal e obrigatório a juízo, mensalmente, para informar e justificar suas atividades.

Outras condições poderão ser fixadas pelo Juiz, nos termos do § 2º do art. 89 da Lei em comento, desde que adequadas ao fato e à situação pessoal do acusado.

Será possível a revogação da suspensão condicional do processo, no curso do prazo, se o beneficiário vier a ser processado por outro crime ou não efetuar, sem motivo justificado, a reparação do dano (§ 3º do art. 89 da Lei n. 9.099/1995), ou se o acusado vier vier a ser processado por contravenção ou descumprir qualquer outra condição imposta (§ 4º do art. 89 da Lei n. 9.099/1995).

O prazo prescricional estará suspenso durante o *sursis* processual (§ 6º do art. 89 da Lei n. 9.099/1995), o que é um problema no Direito Castrense, pois não há previsão expressa dessa causa de suspensão da prescrição da pretensão punitiva no Código Penal Militar, podendo levar à construção de analogia *in malam partem*.

Expirado o prazo sem revogação, o Juiz declarará extinta a punibilidade (§ 5º do art. 89 da Lei n. 9.099/1995).

Finalmente, tem-se que se o acusado não aceitar a proposta prevista neste artigo, o processo prosseguirá em seus ulteriores termos (§ 7º do art. 89 da Lei n. 9.099/1995).

Estas são, portanto, as disposições a serem relembradas sobre a suspensão condicional do processo na Lei n. 9.099/1995 – com a inovação trazida pela Lei n. 13.964/2019.

Deve-se, agora, verificar a especificidade da LCA para o instituto.

O art. 28 da LCA dispõe:

> Art. 28. As disposições do art. 89 da Lei nº 9.099, de 26 de setembro de 1995, aplicam-se aos crimes de menor potencial ofensivo definidos nesta Lei, com as seguintes modificações:
>
> I - a declaração de extinção de punibilidade, de que trata o § 5° do artigo referido no *caput*, dependerá de laudo de constatação de reparação do dano ambiental, ressalvada a impossibilidade prevista no inciso I do § 1° do mesmo artigo;
>
> II - na hipótese de o laudo de constatação comprovar não ter sido completa a reparação, o prazo de suspensão do processo será prorrogado, até o período máximo previsto no artigo referido no *caput*, acrescido de mais um ano, com suspensão do prazo da prescrição;
>
> III - no período de prorrogação, não se aplicarão as condições dos incisos I, III e IV do § 1° do artigo mencionado no *caput*;

> IV - findo o prazo de prorrogação, proceder-se-á à lavratura de novo laudo de constatação de reparação do dano ambiental, podendo, conforme seu resultado, ser novamente prorrogado o período de suspensão, até o máximo previsto no inciso II deste artigo, observado o disposto no inciso III;
>
> V - esgotado o prazo máximo de prorrogação, a declaração de extinção de punibilidade dependerá de laudo de constatação que comprove ter o acusado tomado as providências necessárias à reparação integral do dano.

A formulação especial da LCA é muito simples, simplesmente condicionado a extinção da punibilidade à reparação do dano ambiental comprovada, mediante laudo de constatação da reparação do dano ambiental ou comprovação da impossibilidade de fazê-lo.

Ademais, admite-se, em caso de a reparação não ter sido alcançada no prazo fixado de suspensão, a prorrogação da suspensão até o prazo máximo com o acréscimo de mais um ano. Vejamos como a doutrina interpreta este dispositivo, a iniciar com Guilherme Nucci:

> 101. Medida inédita: o que se tem de novo, no contexto da suspensão condicional do processo, é a possibilidade de prorrogação do benefício por período considerável. Imaginemos que o laudo de constatação – podendo o autor arcar com a reparação do dano – demonstre não estar completa a restauração. O juiz deve prorrogar o prazo da suspensão condicional do processo até o período máximo (quatro anos), acrescido de mais um ano, ou seja, cinco anos, suspensa a prescrição. Teríamos o seguinte quadro: o magistrado fixou o prazo de dois anos para o sursis processual, com a obrigação de reparar o dano. Findo o período, realizado o laudo, constata-se que não surtiu efeito. Prorroga-se por outros cinco anos (sete, no total). Se o prazo estabelecido, inicialmente, foi de quatro anos, havendo prorrogação de cinco, formam-se nove anos.
>
> 102. Prorrogação sem condições: verifica-se que a prorrogação tem uma só finalidade, que é possibilitar a reparação do dano. Por isso, nenhuma outra condição permanece.
>
> 103. Nova dilação: não fosse uma realidade legal, dir-se-ia tratar-se de brincadeira. Terminada a prorrogação da prorrogação, se o laudo de constatação ainda demonstrar que o dano ambiental não foi integralmente reparado, pode o juiz estender o prazo para mais cinco anos. Portanto, se, inicialmente o prazo do sursis processual foi fixado em dois anos, chegamos a doze anos de espera. Caso tenha sido estabelecido no máximo, vamos a quatorze anos de suspensão condicional do processo[28].

Agora, com Kurkowski:

> A extinção da punibilidade apenas pode ocorrer se for comprovada a reparação do dano ambiental. Findo o prazo de suspensão, se o laudo constatar que a reparação não foi completa, o prazo de suspensão (2 a 4 anos) poderá ser prorrogado até o máximo (4 anos), acrescido de mais 1 ano, segundo o art. 28, II. Findo o prazo da prorrogação, se o dano ambiental ainda não houver sido reparado, o prazo da suspensão do processo, segundo o art. 28, IV, que já estava prorrogado, pode ser prorrogado, mais uma vez,

[28] NUCCI, Guilherme de Souza. **Leis Penais e Processuais Penais Comentadas**. Rio de Janeiro: Grupo GEN, 2020, v. 2, p. 578.

por mais 5 anos. Durante a suspensão original (art. 89, § 6º, da Lei n. 9.099/1995) e as prorrogação, não corre o prazo prescricional[29].

Pelo inciso III do art. 28 da LCA, nas prorrogações do *sursis* processual as condições dos incisos II, III e IV do § 1º do art. 89 da Lei n. 9.099/1995 não serão aplicadas, ou seja, não haverá a proibição de frequentar determinados lugares, a proibição de ausentar-se da comarca onde reside, sem autorização do Juiz e nem a obrigação de comparecimento pessoal e obrigatório a juízo, mensalmente, para informar e justificar suas atividades.

Mas, se ao final das prorrogações, mesmo havendo a possibilidade de reparação do dano ambiental, este não for alcançado?

Parece óbvio que a extinção da punibilidade está condicionada à reparação, ou seja, esgotado o prazo máximo possível com as prorrogações, a extinção da punibilidade estará condicionada à "conclusão do laudo pericial no sentido de o dano ambiental ter sido reparado ou de haver o autor do dano adotado providências para a reparação completa" [30]. Noutro sentido, ou seja, não havendo laudo indicando a reparação, sendo ela possível, e nem que o autor adotou as providências ao seu alcance, a ação penal deve tomar curso, o que, note-se, será extremamente complexo, em função do longo prazo que pode ter decorrido pela suspensão se suas prorrogações[31]. Por essa razão, em alguns casos vultosos, alguns autores aconselham o ajuizamento, pelo Ministério Público, de ação civil pública que fomente, também o acompanhamento do beneficiário do *sursis* processual[32], o que poderia, por exemplo, tornar hígida, se necessário, o contexto probatório a ser utilizado futuramente.

10.2. ALGUNS CRIMES MILITARES AMBIENTAIS EM ESPÉCIE:

Ingressamos agora no estudo dos tipos penais ambientais incriminadores.

Esses tipos penais foram categorizados pela LCA em cinco nichos, que podem ser bem visualizados no seguinte mapa-resumo:

Crimes ambientais em espécie:	Crimes contra a fauna (arts. 29 a 37 da LCA).
	Crimes contra a flora (arts. 38 a 53 da LCA).
	Crimes de poluição e outros crimes ambientais (arts. 54 a 61 da LCA).
	Crimes contra o ordenamento urbano e o patrimônio cultural (arts. 62 a 65 da LCA).
	Crimes contra a administração ambiental (arts. 66 a 69-A da LCA)

29 KURKOWSKI, Rafael Schwez. Coord. CUNHA, Rogério Sanches; PINTO, Ronaldo Batista; SOUZA, Renee do Ó. **Leis penais especiais comentadas artigo por artigo**. Salvador: Juspodivm, 2018, p. 1231.

30 KURKOWSKI, Rafael Schwez. Coord. CUNHA, Rogério Sanches; PINTO, Ronaldo Batista; SOUZA, Renee do Ó. **Leis penais especiais comentadas artigo por artigo**. Salvador: Juspodivm, 2018, p. 1231.

31 NUCCI, Guilherme de Souza. **Leis Penais e Processuais Penais Comentadas**. Rio de Janeiro: Grupo GEN, 2020, v. 2, p. 578.

32 KURKOWSKI, Rafael Schwez. Coord. CUNHA, Rogério Sanches; PINTO, Ronaldo Batista; SOUZA, Renee do Ó. **Leis penais especiais comentadas artigo por artigo**. Salvador: Juspodivm, 2018, p. 1231.

Obviamente, nem todos eles podem ser adjetivados como crimes militares, portanto, nossa técnica de estudo será analisar alguns dos tipos penais, verificando, ao final, sua possibilidade de ser trasladado para o Direito Castrense pela tipicidade indireta, entenda-se, subsumindo, preferencialmente com exemplos, no inciso II do art. 9º do Código Penal Militar.

10.2.1. Art. 29:

Art. 29. Matar, perseguir, caçar, apanhar, utilizar espécimes da fauna silvestre, nativos ou em rota migratória, sem a devida permissão, licença ou autorização da autoridade competente, ou em desacordo com a obtida:

Pena - detenção de seis meses a um ano, e multa.

§ 1º Incorre nas mesmas penas:

I - quem impede a procriação da fauna, sem licença, autorização ou em desacordo com a obtida;

II - quem modifica, danifica ou destrói ninho, abrigo ou criadouro natural;

III - quem vende, expõe à venda, exporta ou adquire, guarda, tem em cativeiro ou depósito, utiliza ou transporta ovos, larvas ou espécimes da fauna silvestre, nativa ou em rota migratória, bem como produtos e objetos dela oriundos, provenientes de criadouros não autorizados ou sem a devida permissão, licença ou autorização da autoridade competente.

§ 2º No caso de guarda doméstica de espécie silvestre não considerada ameaçada de extinção, pode o juiz, considerando as circunstâncias, deixar de aplicar a pena.

§ 3° São espécimes da fauna silvestre todos aqueles pertencentes às espécies nativas, migratórias e quaisquer outras, aquáticas ou terrestres, que tenham todo ou parte de seu ciclo de vida ocorrendo dentro dos limites do território brasileiro, ou águas jurisdicionais brasileiras.

§ 4º A pena é aumentada de metade, se o crime é praticado:

I - contra espécie rara ou considerada ameaçada de extinção, ainda que somente no local da infração;

II - em período proibido à caça;

III - durante a noite;

IV - com abuso de licença;

V - em unidade de conservação;

VI - com emprego de métodos ou instrumentos capazes de provocar destruição em massa.

§ 5º A pena é aumentada até o triplo, se o crime decorre do exercício de caça profissional.

§ 6º As disposições deste artigo não se aplicam aos atos de pesca.

– Objetividade jurídica:

Especificamente tutela-se o meio ambiente (equilíbrio ecológico) pela fauna silvestre, terrestre ou aquática. Não importa se o espécime seja proveniente do País ou de outro, mesmo que estejam de passagem em nosso território.

Ensina Kurkowski:

> A fauna constitui bem de uso comum do povo, ostentando, portanto, natureza difusa (art. 225, *caput*, da CF). A fauna "classifica-se como 'bem de natureza difusa' que não se confunde com bens públicos de nenhum ente da federação e ainda quando sujeita à propriedade privada (como é o caso dos animais exóticos e domésticos) é protegida pelas limitações expressas do ordenamento jurídico ambiental. Por consequência, a CF assim que entrou em vigor, não recepcionou o art. 1º, *caput*, da Lei n. 5.197/1967, na parte em que ele diz que os "animais são propriedade do Estado". É a titularidade dos animais que obsta que eles, para fins da proteção penal, sejam propriedade da União, dos Estados e dos Municípios[33].

– Sujeito ativo:

Não há especificação no tipo penal para o sujeito ativo (crime comum), podendo, portanto ser praticado por qualquer pessoa.

Anote-se, ainda, que a visão acima versada, da natureza difusa, afasta a compreensão de que o proprietário, por exemplo, de determinado espaço rural possa dispor dos animais silvestres em sua propriedade, não valendo o raciocínio de que o acessório (animais) segue o principal (a propriedade), podendo, portanto, figurar como sujeito ativo do delito autonomamente ou em concurso, quando, por exemplo, anui a prática de condutas nucleares em sua propriedade[34].

Naturalmente, não se exclui da sujeição ativa o militar, federal ou estadual, em situação de atividade ou inativo, em serviço ou de folga. Entretanto, a depender de sua condição na prática delitiva, haverá a adjetivação da conduta, ao nosso compreender, como crime militar, o que abordaremos adiante.

– Sujeito passivo:

Também forte na natureza difusa acima indicada, o sujeito passivo deste delito é a coletividade (crime vago).

Anote-se que os animais não são sujeitos de direito, de maneira que o animal morto será o objeto material do delito. A propósito:

> Tradicionalmente, com amparo em uma cultura baseada no antropocentrismo, os animais não são sujeitos de direito, mas apenas objeto. Não obstante, nota-se um esforço, sobretudo na ordem internacional, em instituir direitos em favor dos animais, a exemplo da Declaração Universal dos Direitos dos Animais, elaborada pela UNESCO. Seguindo essa linha, a Constituição da República do Equador, em seu artigo 10, tornou a natureza sujeito de direitos [...]. Sob uma perspectiva ecológica da dignidade humana, o STJ já reconheceu a dignidade dos animais não humanos, a qual merece ser tutelada pelo Direito (STJ, 2ª T, RESP n. 1.797.175/SP (2018/0031230-0), Rel. Og Fernandes, j. em 21/03/2019)[35].

---

33 KUKOWSKI, Rafael Schwez. Coord. CUNHA, Rogério Sanches; PINTO, Ronaldo Batista; SOUZA, Renee do Ó. **Leis penais especiais comentadas artigo por artigo**. Salvador: Juspodivm, 2021, p. 1265.

34 KUKOWSKI, Rafael Schwez. Coord. CUNHA, Rogério Sanches; PINTO, Ronaldo Batista; SOUZA, Renee do Ó. **Leis penais especiais comentadas artigo por artigo**. Salvador: Juspodivm, 2021, p. 1266.

35 Cf. KUKOWSKI, Rafael Schwez. Coord. CUNHA, Rogério Sanches; PINTO, Ronaldo Batista; SOUZA, Renee do Ó. **Leis penais especiais comentadas artigo por artigo**. Salvador: Juspodivm, 2021, p. 1266.

Ainda sobre essa verdadeira guinada acerca da compreensão sobre os direitos dos animais não humanos, após enumerar a tradicional visão do Direito brasileiro, Flávio Martins sugere:

> Defendemos, à luz da farta doutrina estrangeira que rege o tema, bem como à luz dos princípios constitucionais do direito brasileiro, uma mudança de paradigma acerca do assunto ora em análise. Defendemos que a tutela do bem-estar dos animais, hoje um corolário da tutela do meio ambiente sadio (em que o homem é o titular), seja tido como um direito fundamental dos próprios animais. Defendemos que os animais deixem de ser objetos de direito (coisas, semoventes, res) e passem a ser sujeitos de direito. [...][36].

Prossegue concluindo:

> Por isso, admitir que os animais são titulares de direitos fundamentais será um grande avanço na visão contemporânea do Direito, na qual o homem é um ser inserido no ambiente que o cerca, suas condutas não têm um fim em si mesmo, mas devem ser sopesadas à luz de direitos dos outros seres vivos e da própria natureza. Como diz Fernando Araújo: "o direito ao não sofrimento dos animais retiraria à arrogância antropocêntrica (à ideia de homem como único fim em si mesmo) a sua faceta tirânica e cruel, obrigando-a à reponderação dos interesses em causa, mesmo na sua mera instrumentalidade – despertando-a para o elementar requisito moral que nos veda que apreciemos um bem, o bem do antropocentrismo, sem levar em conta o mal em que se alicerça, o mal que consente ou o mal que produz"[37].

Não se pode, ainda que se tenha certa simpatia pelo raciocínio em construção, deixar de ecoar a advertência do próprio autor, para conter os exageros:

> Por fim, defendemos que os animais são titulares de direitos, mas não consideramos correta certa tendência jurisprudencial a "humanizar os animais". Há autores que defendem uma "família poliespécie", formada por homens e animais, aplicando-se os dispositivos do Código Civil, relacionados ao Direito de Família. Entendemos que o mais correto é, em vez de humanizar os animais, considerando-os seres humanos dotados de todos os direitos fundamentais, devemos considerá-los como seres vivos que, por conta de sua sensibilidade ou senciência, são titulares de alguns direitos fundamentais, como, principalmente, a vida digna[38].

Enfim, embora desponte a nova visão doutrinária pela titularidade de direitos dos animais, o fato é que, por enquanto, em nossa matriz tradicional, prevalece o entendimento diverso, no sentido de que os animais, como coisa, não podem titularizar direitos e, portanto, não figuram como sujeito passivo deste ou dos demais delitos contra a fauna.

Em se assimilando a possibilidade de ocorrência de crime militar ambiental, pode-se, naturalmente, colocar a Administração Militar, também, no polo passivo do delito.

36 JÚNIOR, Flávio Martins Alves N. **Curso de direito constitucional.** São Paulo: Saraiva, 2020, p. 665.

37 JÚNIOR, Flávio Martins Alves N. **Curso de direito constitucional.** São Paulo: Saraiva, 2020, p. 665, p. 670.

38 JÚNIOR, Flávio Martins Alves N. **Curso de direito constitucional.** São Paulo: Saraiva, 2020, p. 665, p. 670.

– Elementos objetivos:

Da leitura do dispositivo tem-se a extração de que se trata de um tipo alternativo misto, com várias condutas nucleares.

Matar significa tirar a vida do animal; *perseguir* traduz-se por seguir no encalço, ir atrás; *caçar* é perseguir com o intuito de captura ou para abater, diferentemente de *perseguir*, que não tem esse intuito; *apanhar* é prender ou capturar o animal silvestre; *utilizar* deve ser compreendido como fazer uso, de qualquer forma.

O objeto material do delito é o animal silvestre que possui interpretação autêntica contextual do § 3º do art. 29 da LCA, *verbis*:

> § 3° São espécimes da fauna silvestre todos aqueles pertencentes às espécies nativas, migratórias e quaisquer outras, aquáticas ou terrestres, que tenham todo ou parte de seu ciclo de vida ocorrendo dentro dos limites do território brasileiro, ou águas jurisdicionais brasileiras.

Pode-se compreender, assim, que se tratam de animais nativos (de determinada região), da selva (silvestres em sentido estrito), que mudam sua região de habitação periodicamente (rota migratória), não se esgotando ainda nessas possibilidades ("ou outras"), pertencentes à fauna terrestre ou aquática. Indiferente, ademais, que o ciclo de vida desses espécimes se dê totalmente no Brasil, portanto, pode se tratar de animal não pertencente à fauna brasileira, mas que, por exemplo, em algum momento de seu ciclo de vida esteja em território nacional (ou "águas jurisdicionais brasileiras").

Embora o tipo descreva espécimes no plural, há entendimento de que basta que a conduta seja praticada contra um espécime para a configuração do delito[39].

Atente-se para o fato de que não se enquadra neste artigo a fauna doméstica, que ganha tutela específica do art. 32 da LCA.

A figura do *caput*, *in fine*, traz um elemento normativo, dispondo que a conduta será criminosa quando praticada sem a devida permissão, licença ou autorização da autoridade competente, ou em desacordo com a obtida, ou seja, é possível, portanto, que haja a caça do animal silvestre de maneira autorizada, como ocorre, por exemplo, no caso de autorização de caça para o controle de espécimes. A propósito da caça, Kurkowski faz primoroso resumo, com suas hipóteses autorizadas ou não:

> No tocante à caça, esta pode ser predatória, hipótese em que será profissional (proibida pelo art. 2º da Lei n. 5197/1967 e pelo art. 19, § 3º da Lei n. 9.985/2000) ou sanguinária (praticada por puro prazer e igualmente proibida). A caça também pode ser classificada como *não predatória*, subdividindo-se em: a) caça de controle: destina-se à proteção da agricultura e da saúde pública, permitida pelo art. 3º, § 2º, da Lei n. 5.197/1967; b) caça esportiva ou amadorista: tipo de esporte amador, permitida nos termos do art. 1º, § 1º, da Lei n. 5.197/1967; c) caça de subsistência: caracteriza estado de necessidade e exclu a ilicitude da conduta (v. art. 37, I); d) caça científica: para fins de estudos científicos, regulamentada pelo art. 14 da Lei n. Lei n. 5.197/1967. Em razão

[39] GONÇALVES, Victor Eduardo, R.; BALTAZAR, José Paulo. **Esquematizado - Legislação penal especial.** São Paulo: Saraiva, 2020, p. 665.

da autorização concedida pela Instrução Normativa IBAMA n. 03/2013, de 31 de janeiro de 2013, para o controle populacional do javali, o que se dá mediante caça, esta será atípica. Também será atípico o abate do javali, nos termos da Instrução Normativa IBAMA n. 169, de 20 de fevereiro de 2008. Em relação à conduta "caçar" não se deve olvidar a aplicação das excludentes previstas no art. 37[40].

Com efeito, a própria LCA traz as excludentes do art. 37, grafando que não é crime o abate de animal, quando realizado:

a) em estado de necessidade, para saciar a fome do agente ou de sua família;
b) para proteger lavouras, pomares e rebanhos da ação predatória ou destruidora de animais, desde que legal e expressamente autorizado pela autoridade competente;
c) por ser nocivo o animal, desde que assim caracterizado pelo órgão competente.

Anote-se, entretanto, que será criminosa a conduta se, por exemplo, houver a autorização para o abate de controle, mas a prática se der de maneira diversa da autorização, como pode ocorrer, por exemplo, em que se transforma a caça autorizada para controle de espécime em verdadeiro negócio turístico, com inserção de animais em propriedades, organização de excursões etc.

O tipo penal do *caput*, por fim, não alcança a pesca, como dispõe o § 6º do próprio art. 29, cujas condutas estão descritas nos arts. 34 a 36 da LCA.

Em sequência, o art. 29, § 1º, da LCA traz os casos assimilados, com a cominação da mesma pena.

A primeira conduta assimilada (inciso I) é a de quem impede a procriação da fauna, sem licença, autorização ou em desacordo com a obtida, podendo-se dar como exemplo o ato de destruir ovos de tartarugas.

No inciso II do mencionado parágrafo, incorre no caso assimilado quem modifica, danifica ou destrói ninho, abrigo ou criadouro natural, como, por exemplo, destruir a "casa", o abrigo da ave *furnarius rufus*, conhecida como joão-de-barro.

Finalmente, equipara-se à conduta do *caput*, pelo inciso III do § 1º do art. 29 da LCA a conduta de quem vende, expõe à venda, exporta ou adquire, guarda, tem em cativeiro ou depósito, utiliza ou transporta ovos, larvas ou espécimes da fauna silvestre, nativa ou em rota migratória, bem como produtos e objetos dela oriundos, provenientes de criadouros não autorizados ou sem a devida permissão, licença ou autorização da autoridade competente, como ocorre nas feiras em que se vendem animais silvestres.

Tem-se a compreensão da prevalência deste caso assimilado em eventual conflito aparente com os arts. 180 e 180-A do CP, diante do princípio da especialidade[41].

40 KUKOWSKI, Rafael Schwez. Coord. CUNHA, Rogério Sanches; PINTO, Ronaldo Batista; SOUZA, Renee do Ó. **Leis penais especiais comentadas artigo por artigo**. Salvador: Juspodivm, 2021, p. 1268.

41 KUKOWSKI, Rafael Schwez. Coord. CUNHA, Rogério Sanches; PINTO, Ronaldo Batista; SOUZA, Renee do Ó. **Leis penais especiais comentadas artigo por artigo**. Salvador: Juspodivm, 2021, p. 1269.

Mesmo raciocínio, em se assimilando a possibilidade de crime militar ambiental do art. 29 da LCA, pode ser empregado em relação ao art. 254 do Código Penal Militar.

O § 2º do art. 29 traz hipótese de perdão judicial. Por ele, no caso de guarda doméstica de espécie silvestre não considerada ameaçada de extinção, pode o juiz, considerando as circunstâncias, deixar de aplicar a pena.

Em primeiro plano, se o animal for da fauna silvestre, mas com autorização para ser criado como de estimação, óbvio, não se aplica o dispositivo porquanto será atípico o fato. Há normativa sobre os critérios para o enquadramento nessa categoria, a exemplo da Resolução CONAMA n. 394, de 6 de novembro de 2007.

Há ademais, um outro elemento normativo a ser preenchido para a aplicação do perdão judicial, que a espécie não seja considerada ameaçada de extinção, o que também conhece regulamentação, exemplificativamente, na lista constante da Instrução Normativa do Ministério do Meio Ambiente n. 3, de 26 de maio de 2003.

Enfim, é possível a aplicação do perdão judicial com a observância desses critérios, como o caso dos proprietários de papagaios, com bem lembra Guilherme Nucci:

> [...] Em suma, é o perdão judicial previsto para os donos de papagaios e animais semelhantes. Muitos são os casos daqueles que possuem aves silvestres domesticadas, em casa, com apego sentimental, além do que o próprio animal já não consegue sobreviver na natureza por si mesmo (lembremos que aves como essas vivem décadas). Não há autorização legal para tanto, mas a situação está consolidada por anos a fio. Compreende-se, portanto, os dois lados: o proprietário do animal a ele está apegado; o animal não tem mais condições de retornar ao habitat selvagem. Houve epoca em que o parque zoológico de São Paulo recusou o recebimento de papagaios, por não haver espaço físico para inser -los, após o interesse de muitos proprietários de se desfazerem de suas aves, justamente para não terem problemas legais[42].

Diante do impasse, naturalmente, o perdão judicial mostrou-se uma excelente saída.

O § 4º do art. 29 traz causas especiais de aumento de pena que, como sustentamos ao comentar as disposições gerais, devem ser aplicadas em terceira fase da fixação da pena, inclusive se assimilarmos a ideia de crime militar ambiental, podendo ser ultrapassado o limite máximo de detenção de um ano, fixado no preceito secundário do tipo do art. 29.

Dispõe o parágrafo que a pena é aumentada de metade, se o crime é praticado contra espécie rara ou considerada ameaçada de extinção, ainda que somente no local da infração. Sobre espécies ameaçadas de extinção, por exemplo, temos, como já mencionado, a lista constante da Instrução Normativa do Ministério do Meio Ambiente n. 3, de 26 de maio de 2003. Quantos a espécies raras, há a necessidade de que haja essa catalogação por ato administrativo.

---

[42] NUCCI, Guilherme de Souza. **Leis penais e processuais penais comentadas**. Rio de Janeiro: Grupo Gen, 2020, v. 2, p. 584.

Também é causa especial de aumento de pena o ato praticado em período proibido à caça. Conforme vimos acima no resumo sobre a caça de Kurkowski, a caça permitida é exceção o que torna a advertência de Nucci bem plausível:

> 137. Proibição da caça: esta é vedada, no Brasil, na maior parte do ano e em quase todas as regiões. Portanto, esta é uma causa de aumento de aplicação praticamente obrigatória e generalizada, o que não se encaixa com o objetivo de uma circunstância legal de elevação de pena, que deve ser excepcional[43].

A prática do ato durante a noite é outra majorante do dispositivo, que prevalece, obviamente, em relação à circunstância agravante da alínea "i" do inciso II do art. 15 da LCA. Basta, para sua incidência, que o fato seja cometido em período naturalmente sem luz solar.

Quando o autor do fato possui licença do órgão regulador, mas extrapola seu conteúdo permissivo, ou seja, abusa da licença, também terá a pena majorada em terceira fase.

Outra majorante terá incidência quando a conduta for praticada em unidade de conservação.

Unidade de conservação, pelo art. 2º da Lei n. 9.985, de 18 de julho de 2000, é o "espaço territorial e seus recursos ambientais, incluindo as águas jurisdicionais, com características naturais relevantes, legalmente instituído pelo Poder Público, com objetivos de conservação e limites definidos, sob regime especial de administração, ao qual se aplicam garantias adequadas de proteção.

Pelo art. 7º e seguintes da mesma Lei, é gênero que comporta duas espécies: (a) Unidades de Proteção Integral, que também possui definição no § 1º do art. 40 da LCA (ex.: Estações Ecológicas, Parques Nacionais); (b) Unidade de Uso Sustentável, com definição no § 1º do art. 40-A da LCA, cujo *caput* foi vetado (ex.: Reserva Ecológica, Reservas Extrativistas). A distinção, nesta majorante, perde a relevância, pois se utiliza do gênero "unidade de conservação".

Esta majorante é aplicada em lugar, obviamente, da circunstância agravante da alínea "e" do inciso II do art. 15 da LCA.

Por fim, no § 4º, tem aumento da pena de metade quando o fato é praticado com emprego de métodos ou instrumentos capazes de provocar destruição em massa. Neste caso "eleva-se a pena se o agente utilizar métodos (processos ou técnicas) ou instrumentos (objetos que servem para a execução de algo) aptos a gerar destruição em massa (aniquilamento em grandes proporções). Se for aplicada esta causa de aumento, conforme a situação concretamente gerada, não se pode fazer incidir qualquer agravante que tenha por base a mesma causa, como, por exemplo, as previstas no art. 15, II, c, d, e e f"[44].

---

[43] NUCCI, Guilherme de Souza. **Leis penais e processuais penais comentadas**. Rio de Janeiro: Grupo Gen, 2020, v. 2, p. 585.

[44] NUCCI, Guilherme de Souza. **Leis penais e processuais penais comentadas**. Rio de Janeiro: Grupo Gen, 2020, v. 2, p. 585.

O § 5º traz outra causa especial de aumento de pena A pena é aumentada até o triplo, se o crime decorre do exercício de caça profissional, retomando que a caça profissional é proibida no Brasil pelo art. 2º da Lei n. 5.197/1967.

– Elemento subjetivo:

O elemento subjetivo deste delito é o dolo, a vontade livre e consciente de praticar as condutas nucleares, não havendo a previsão de elemento subjetivo especial do tipo.

Não há, igualmente, previsão de modalidade culposa.

– Consumação e tentativa:

O crime se consuma com a prática das condutas descritas no tipo, por exemplo, na conduta "matar" trata-se de crime material, consumando-se com a morte do animal. Já na conduta "caçar", trata-se de crime formal, consumando-se com o ato se perseguição do espécime, independentemente da captura ou do abate.

Como tipo alternativo misto, claro, a pratica de mais de um verbo nuclear ("caçar" e "matar", por exemplo), importa em única prática delitiva.

Todos os verbos nucleares são plurissubsistentes, portanto, admitem tentativa.

– Crime militar:

Compreendidos os elementos do crime do art. 29 da LCA, deve-se, agora, verificar sua possibilidade de ocorrência como crime militar.

Não temos dúvidas nesse sentido, ou seja, é perfeitamente possível a ocorrência de crime militar ambiental no tipo estudado, claro, se tivermos em conta a dualidade do bem jurídico que se sustentou desde o início para os crimes ambientais.

Raciocinemos com um exemplo. No caso de uma patrulha do Policiamento Ambiental, responsável, inclusive pela tutela do meio ambiente no espectro da preservação da ordem pública como mister constitucional (art. 144, § 5º, CF), em que seus integrantes, negando esse compromisso, resolvam caçar um animal silvestre durante seu turno de policiamento.

Parece plausível sustentar que, preenchido o verbo nuclear "caçar", a elementar "animal silvestre" e não havendo a autorização, a conduta estará subsumida no art. 29 da LCA, aviltando o meio ambiente, bem jurídico categorial, qual sustenta Régis Prado e vimos nas disposições gerais, além, claro, para especificar o tipo, a fauna, tendo-se em foco no objeto material.

Mas, em adição, e aqui se tem a teoria que se pretende construir, há que se reconhecer um aviltamento da ordem administrativa militar, levando à possibilidade de enquadrar o fato na alínea "e" do inciso II do art. 9º do CPM.

10.2.2. Art. 30:

> **Art. 30.** Exportar para o exterior peles e couros de anfíbios e répteis em bruto, sem a autorização da autoridade ambiental competente:
>
> Pena - reclusão, de um a três anos, e multa.

– **Objetividade jurídica:**

O bem jurídico tutelado é o meio ambiente, especificamente o elemento faunístico (répteis e anfíbios). Veja-se que para se caracterizar o crime militar não basta a conduta se enquadrar no artigo 30 acima transcrito, devendo haver a subsunção aos termos do artigo 9º, II, "e" ou III, "a", do Código Penal Militar.

– **Sujeito ativo:**

Pode ser qualquer pessoa física – militar da ativa, da reserva ou reformado e/ou civil, inclusive em concurso de pessoas.

Nesse sentido, importante mencionar o teor dos artigos 2.º e 79 da Lei 9.605/98:

> Art. 2º: Quem, de qualquer forma, concorre para a prática dos crimes previstos nesta Lei, incide nas penas a estes cominadas, na medida da sua culpabilidade, bem como o diretor, o administrador, o membro de conselho e de órgão técnico, o auditor, o gerente, o preposto ou mandatário de pessoa jurídica, que, sabendo da conduta criminosa de outrem, deixar de impedir a sua prática, quando podia agir para evitá-la.
>
> Art. 79: Aplicam-se subsidiariamente a esta Lei as disposições do Código Penal e do Código de Processo Penal.

– **Sujeito passivo:**

Os sujeitos passivos dos delitos sob análise são a coletividades, o meio ambiente e a Força lesada na ordem administrativa militar.

Por incrível que pareça, os animais ainda não são considerados sujeitos de direito, de maneira que o animal explorado para obtenção de sua pele ou couro, será tido como objeto material do delito e não sujeito passivo.

– **Elementos objetivos/normativos/materiais:**

Considerando que os elementos objetivos se encontram na descrição do tipo, neste caso, tem-se que a conduta consiste em <u>exportar</u> peles e couros de anfíbios e répteis em bruto, sem a autorização da autoridade ambiental.

Exportar significa mandar, remeter, enviar, transportar para fora do País.

Para melhor entendimento de todos os elementos objetivos deste tipo penal, faz-se necessário compreender alguns conceitos.

Nesse sentido, os anfíbios são vertebrados que podem viver tanto em ambiente terrestre quanto aquático. Cite-se, como exemplo, rãs e sapos.

Os répteis são vertebrados de pele seca coberta com escamas epidérmicas ou placas[45], adaptados ao ambiente terrestre, embora alguns vivam em meio aquático. Os jacarés, cobras e lagartos são alguns animais que podem ser citados como exemplo.

A conotação da expressão "em bruto" denota que a pele e o couro estão em seu estado natural, não tendo sido manufaturados ou industrializados.

45 Alexander, G. *Zoología general*, p. 211.

Quanto ao requisito do bem "em bruto", está-se diante de uma violação do princípio da proporcionalidade. Isso porque a pena cominada à exportação "em bruto" (reclusão, de um a três anos, e multa) é mais impiedosa do que a pena correspondente à exportação do produto manufaturado ou industrializado (detenção, de seis meses a um ano, e multa – artigo 29, §1°, III). Nas palavras de Luiz Regis Prado[46], há uma nítida desproporção entre a sanção penal e a magnitude da lesão ao bem jurídico.

Vale notar que, se o agente tiver autorização da autoridade ambiental competente, não há que se falar em crime, pois referido documento se trata do elemento normativo do tipo.

Por fim, é indispensável a realização de perícia para esclarecer se o material (pele ou couro) apreendido é proveniente de anfíbio ou réptil[47].

– **Elemento subjetivo:**

O elemento subjetivo é o dolo, isto é, consciência e vontade de exportar pele ou couro de anfíbio ou réptil.

– **Consumação e tentativa:**

Consuma-se o delito com a saída do País do couro ou pele. O crime sob análise admite tentativa.

A pena cominada é a de detenção, de um a três anos, aplicada alternativa ou cumulativamente com a pena de multa.

Considerando que o Código Penal Militar não versa sobre a pena de multa, esta será fixada de acordo com o sistema de dias-multa adotado pelo Código Penal (artigo 49). Entretanto, se revelada ineficaz, ainda que aplicada no valor máximo, poderá ser aumentada até três vezes, tendo em vista o valor da vantagem econômica auferida, conforme previsão do artigo 18, Lei 9.605/1998.

– **Crime militar:**

Também aqui visualizamos possível a prática de crime militar ambiental.

Como exemplo, é possível citar as organizações militares que criam cobras e outras espécies animais, muito comuns na região amazônica. O militar que ali serve poderia, com facilidade, capturar o animal, retirar sua pele e exportá-la.

10.2.3. Art. 31:

> **Art. 31.** Introduzir espécime animal no País, sem parecer técnico oficial favorável e licença expedida por autoridade competente:
> Pena - detenção, de três meses a um ano, e multa.

---

46 Regis Prado. Direito Penal Ambiente, p. 153.

47 Regis Prado. Direito Penal Ambiente, p. 153.

– **Objetividade jurídica:**

O bem jurídico tutelado é o meio ambiente, especificamente a fauna silvestre. Veja-se que, para que fique caracterizado um crime militar, não basta a conduta se adequar perfeitamente ao artigo acima, devendo haver a subsunção também aos termos do artigo 9º, II, "e" ou III, "a", do Código Penal Militar.

– **Sujeito ativo:**

Pode ser qualquer pessoa física – militar da ativa, da reserva ou reformado e/ou civil, inclusive em concurso de pessoas.

Nesse sentido, importante mencionar o teor dos artigos 2.º e 79 da Lei 9.605/98:

> Art. 2º: Quem, de qualquer forma, concorre para a prática dos crimes previstos nesta Lei, incide nas penas a estes cominadas, na medida da sua culpabilidade, bem como o diretor, o administrador, o membro de conselho e de órgão técnico, o auditor, o gerente, o preposto ou mandatário de pessoa jurídica, que, sabendo da conduta criminosa de outrem, deixar de impedir a sua prática, quando podia agir para evitá-la.
>
> Art. 79: Aplicam-se subsidiariamente a esta Lei as disposições do Código Penal e do Código de Processo Penal.

– **Sujeito passivo:**

O sujeito passivo deste delito é a coletividade, o meio ambiente e a Força de onde o animal foi retirado.

Como dito anteriormente, os animais não são sujeitos de direito, de maneira que, se porventura forem introduzidos no território nacional, serão considerados objeto material do delito e não sujeito passivo.

– **Elementos objetivos/normativos/materiais:**

Considerando que os elementos objetivos se encontram na descrição do tipo, neste caso, tem-se que a conduta consiste em <u>introduzir</u> no País espécime animal sem parecer técnico oficial favorável e licença expedida por autoridade competente.

O verbo nuclear "introduzir" deve ser entendido junto com o advérbio de lugar. Assim, a conduta incriminada é o ato de fazer entrar no País, ou seja, importar (trazendo consigo ou de qualquer outro modo) o bem ao território nacional.

Oportuno notar que o advérbio "no País" comporta o sentido amplo de território nacional, entendido como o espaço sujeito ao poder soberano do Brasil.

O Código Penal Militar delimita o território nacional da seguinte forma:

> Art. 7º. (...)
>
> § 1º Para os efeitos da lei penal militar consideram-se como extensão do território nacional as aeronaves e os navios brasileiros, onde quer que se encontrem, sob comando militar ou militarmente utilizados ou ocupados por ordem legal de autoridade competente, ainda que de propriedade privada.

A definição da legislação castrense poderá ser útil quando houver dúvida sobre a natureza do crime, se militar ou comum, sendo indicativo de potencial subsunção da conduta aos termos do artigo 9º, II, "e" ou III, "a", do Código Penal Militar.

De todo modo, a expressão "no País" deve ser entendida *latu sensu*, englobando um conceito amplo de território nacional.

A ilicitude da conduta é excluída caso o agente que efetue a entrada do animal esteja respaldado por parecer técnico oficial e licença expedida por autoridade competente. Sobre este elemento normativo, Luiz Regis Prado propõe uma interpretação bastante ponderada ao sugerir que:

> "A ausência de preparo qualificativo ou de recursos financeiros na esfera administrativa não deve ser justificativa para transferir sua tutela para a seara penal. O emprego 'excessivo da sanção criminal (infração penal) não garante uma maior proteção de bens; ao contrário, condena o sistema penal a uma função meramente simbólica e negativa"[48]

Por fim, é interessante notar que há no Código Penal comum um tipo que se assemelhada ao crime previsto no artigo 31 da LCA. Trata-se do crime de descaminho, previsto nos artigos 334 e 334-A daquela legislação, aplicável no caso de importação de mercadorias proibidas.

- **Elemento subjetivo:**

O elemento subjetivo é o dolo, isto é, consciência e vontade de introduzir espécime animal no País, sem parecer técnico oficial favorável e licença expedida por autoridade competente.

- **Consumação e tentativa:**

Consuma-se o delito com a entrada no País de espécime animal. O tipo penal admite tentativa.

- **Pena:**

A pena cominada é a de detenção, de três meses a um ano, aplicada cumulativamente com a pena de multa.

Considerando que o Código Penal Militar não versa sobre a pena de multa, esta será fixada de acordo com o sistema de dias-multa adotado pelo Código Penal (artigo 49). Entretanto, se revelada ineficaz, ainda que aplicada no valor máximo, poderá ser aumentada até três vezes, tendo em vista o valor da vantagem econômica auferida, conforme previsão do artigo 18, Lei 9.605/1998.

- **Crime militar:**

Vislumbramos a possibilidade da ocorrência de crime militar ambiental.

Há a presença indispensável das Forças Armadas nos locais onde o Brasil faz fronteira com países vizinhos. Imagine-se, a título de exemplo, que um militar do 4º Pelotão Especial de Fronteira (situado na divisa entre o Brasil e a Venezuela) encontre uma onça no território vizinho. Se este militar resolver introduzir o animal

48 Regis Prado. Direito Penal Ambiente, p. 154.

no território nacional sem resguardo de parecer oficial e autorização competente, configurado estaria o delito.

10.2.4. Art. 32:

> **Art. 32.** Praticar ato de abuso, maus-tratos, ferir ou mutilar animais silvestres, domésticos ou domesticados, nativos ou exóticos:
>
> Pena - detenção, de três meses a um ano, e multa.
>
> § 1º Incorre nas mesmas penas quem realiza experiência dolorosa ou cruel em animal vivo, ainda que para fins didáticos ou científicos, quando existirem recursos alternativos.
>
> § 1º-A Quando se tratar de cão ou gato, a pena para as condutas descritas no **caput** deste artigo será de reclusão, de 2 (dois) a 5 (cinco) anos, multa e proibição da guarda.
>
> § 2º A pena é aumentada de um sexto a um terço, se ocorre morte do animal.

– **Objetividade jurídica:**

Especificamente tutela-se o meio ambiente (equilíbrio ecológico) pela fauna, alcançando animais silvestres, domésticos ou domesticados, nativos ou exóticos.

– **Sujeito ativo:**

Neste tipo penal não há especificação para o sujeito ativo (crime comum), podendo, portanto, ser praticado por qualquer pessoa. Naturalmente, não se exclui da sujeição ativa o militar, federal ou estadual, em situação de atividade ou inativo, em serviço ou de folga. Entretanto, a depender de sua condição na prática delitiva, haverá a adjetivação da conduta, ao nosso compreender, como crime militar, o que abordaremos adiante.

– **Sujeito passivo:**

O sujeito passivo deste delito, em primeiro plano e acolhendo-se a visão antropocêntrica dominante, é a coletividade (crime vago). A União também figurará como sujeito passivo em caso de animais silvestres em extinção[49].

Claro, em se acolhendo a tese de crime militar extravagante, deve-se trabalhar com a hipótese de ter no polo passivo, ainda, a administração militar (União ou Estado), lesada na ordem administrativa militar.

As observações sobre os animais como sujeitos de direitos trazidas nos comentários ao art. 29 da LCA podem ser aproveitados também no estudo deste delito.

– **Elementos objetivos:**

Com múltiplas condutas nucleares, o delito do art. 32 é inaugurado com a conduta de *praticar abuso*, que tem o sentido de exigir demais do animal silvestre

[49] KUKOWSKI, Rafael Schwez. Coord. CUNHA, Rogério Sanches; PINTO, Ronaldo Batista; SOUZA, Renee do Ó. **Leis penais especiais comentadas artigo por artigo**. Salvador: Juspodivm, 2021, p. 1274.

(doméstico, ou domesticado, como, por exemplo, submeter o animal de sela a esforço acima de sua capacidade, levando-o à exaustão.

Em sequência, o tipo traz fórmula genérica, um elemento aberto, praticar *maus-tratos*, que pode comportar várias condutas, mas que, em suma reflete o causar sofrimento, constituindo-se em verdadeiro elemento normativo que deve ser preenchido pelo juiz no caso concreto (TRF4, AC 005.71.00.040396-0, Vaz, 8ª T., u., 28/03/2007)[50], mas que também podem encontrar parâmetro normativo, como no art. 136 do Código Penal[51], ou seja, a privação de alimentação ou cuidados indispensáveis, a sujeição a trabalho excessivo ou inadequado, ou o abuso de meios de correção ou disciplina, que no caso do animal seria de adestramento.

Ainda como conduta nuclear, tem-se o *ferir*, que significa machucar, injuriar fisicamente, cortar etc.

Mutilar, finalmente, traduz-se por separar partes do corpo.

Note-se que o tipo penal em estudo não possui a conduta de *matar*. Neste caso, em se tratando de animal silvestre e nativo (ou em rota migratória), haverá subsunção da conduta ao crime do art. 29 da LCA. Nos demais casos, será a conduta compreendida como enquadrada no crime em estudo, porquanto o *matar* pressupõe o *ferir*, verbo este expresso na descrição típica.

Também é importante frisar que o tipo penal em análise permite a conduta comissiva, claro – como no caso de cortar a orelha de um cavalo, no núcleo *mutilar* –, mas também a omissiva, como, por exemplo, deixar de fornecer água ao animal de tração.

O objeto material é o *animal silvestre*, cuja interpretação autêntica do art. 29, § 3º, da LCA, já exploramos do estudo do crime do art. 29, mas também o *animal doméstico* e o *animal domesticado*.

Animal doméstico é aquele que, naturalmente, vive com o homem, ou, aqueles que "'através de processos tradicionais e sistematizados de manejo e melhoramento zootécnico tornaram-se domésticos, possuindo características biológicas e comportamentais em estreita dependência do homem, podendo inclusive apresentar aparência diferente da espécie que os originou', tais como cães, porcos ou galinhas"[52].

Animal domesticado, por seu turno, já é aquele selvagem e, retirado de seu meio, adaptou-se ao homem ou ao cativeiro, como araras, papagaios etc.

Ainda sobre o objeto material, o tipo traz que o animal pode ser *nativo*, ou seja, da fauna brasileira, ou *exótico*, entenda-se, da fauna estrangeira. A Portaria IBAMA n. 93, de 7 de junho de 1998, a propósito do assunto, dispõe em seu art. 2º, que consideram-se, Fauna Silvestre Brasileira (inciso I) "todos aqueles animais

[50] Cf. GONÇALVES, Victor Eduardo, R.; BALTAZAR, José Paulo. **Esquematizado - Legislação penal especial.** São Paulo: Saraiva, 2020, p. 669.

[51] KUKOWSKI, Rafael Schwez. Coord. CUNHA, Rogério Sanches; PINTO, Ronaldo Batista; SOUZA, Renee do Ó. **Leis penais especiais comentadas artigo por artigo**. Salvador: Juspodivm, 2021, p. 1275.

[52] GONÇALVES, Victor Eduardo, R.; BALTAZAR, José Paulo. **Esquematizado - Legislação penal especial.** São Paulo: Saraiva, 2020, p. 669.

pertencentes às espécies nativas, migratórias e quaisquer outras, aquáticas ou terrestres, que tenham seu ciclo de vida ocorrendo dentro dos limites do Território Brasileiro ou águas jurisdicionais brasileiras" e "Fauna Silvestre Exótica" (inciso II) "todos aqueles animais pertencentes às espécies ou subespécies cuja distribuição geográfica não inclui o Território Brasileiro e as espécies ou subespécies introduzidas pelo homem, inclusive domésticas em estado asselvajado ou alçado. Também são consideradas exóticas as espécies ou subespécies que tenham sido introduzidas fora das fronteiras brasileiras e suas águas jurisdicionais e que tenham entrado em Território Brasileiro".

A distinção, entretanto, seja em que sentido for – animal silvestre, doméstico ou domesticado, nativo ou exótico – perde a relevância, pois todas as distinções estão prestigiadas no tipo em estudo.

Por fim, em relação à figura do *caput*, nada impede o concurso do crime em estudo com o inciso III do § 1º do art. 29, já estudado, por exemplo, no caso daquele que exporta animal silvestre em condições insalubres de acondicionamento.

O § 1º do art. 32 traz a figura equiparada, segundo a qual incorrerá nas mesmas penas do art. 32, quem realiza experiência dolorosa ou cruel em animal vivo, ainda que para fins didáticos ou científicos, quando existirem recursos alternativos. Trata-se da vivissecção, ou seja, a dissecação de animal vivo com o propósito de experiência científica. Regulam o tema o art. 14 da Lei n. 5.197/1967 e a Lei n. 11.794/2008, mas, anote-se, em suma, que a conduta é criminosa apenas se existir meio alternativo para a obtenção do resultado pretendido para a pesquisa, também um elemento normativo a ser investigado para a subsunção da conduta.

A Lei n. 10.064, de 29 de setembro de 2020, acrescentou o § 1º-A ao art. 32 da LCA, segundo o qual quando a conduta tiver por objeto material cão ou gato, a pena será de reclusão de dois a cinco anos, multa e proibição da guarda, em verdadeira forma qualificada da figura do *caput*. Polêmicas à parte diante do déficit de punição em relação a outros animais, a lei que trouxe a qualificadora ganhou o apelido de "Lei Sansão" e referência ao episódio do cão da raça pitbull, chamado Sansão, que teve suas patas traseiras decepadas por agressores, no município de Confins, na Região Metropolitana de Belo Horizonte/MG.

A peculiaridade sobre esta forma qualificada está na pena restritiva de direito, de imposição obrigatória, de proibição da guarda de cão e gato, que comentaremos abaixo, sob o prisma de possível condenação por crime militar.

No § 2º do art. 32 da LCA temos a majorante, segundo a qual a pena é aumentada de um sexto a um terço, se ocorre morte do animal, que, inclusive, pode incidir sobre a forma qualificada do § 1º-A. Necessário decompor esta causa especial de aumento de pena.

No caso de animais silvestres, ela entrará em voga apenas na modalidade preterdolosa, porquanto, quando dolosa, haverá subsunção no art. 29 da LCA, podendo incidir a circunstância agravante da alínea "m" do inciso II do art. 15 da mesma Lei (emprego de método cruel). Já no caso de outros animais (doméstico, por exemplo), a majorante alcançará conduta dolosa e preterdolosa[53].

Finalizando a abordagem dos elementos objetivos do crime em estudo, alguns temas atuais devem ser considerados.

O primeiro é a chamada rinha de galo, que não se mostra consentânea com os princípios Constitucionais, por se descaracterizar como manifestação cultural, e, portanto, configura crime ambiental (STF, ADI n. 1856, Rel. Min. Celso de Mello, j. 26/05/2011):

> AÇÃO DIRETA DE INCONSTITUCIONALIDADE - BRIGA DE GALOS (LEI FLUMINENSE Nº 2.895/98) - LEGISLAÇÃO ESTADUAL QUE, PERTINENTE A EXPOSIÇÕES E A COMPETIÇÕES ENTRE AVES DAS RAÇAS COMBATENTES, FAVORECE ESSA PRÁTICA CRIMINOSA - DIPLOMA LEGISLATIVO QUE ESTIMULA O COMETIMENTO DE ATOS DE CRUELDADE CONTRA GALOS DE BRIGA - CRIME AMBIENTAL (LEI Nº 9.605/98, ART. 32) - MEIO AMBIENTE - DIREITO À PRESERVAÇÃO DE SUA INTEGRIDADE (CF, ART. 225) - PRERROGATIVA QUALIFICADA POR SEU CARÁTER DE METAINDIVIDUALIDADE - DIREITO DE TERCEIRA GERAÇÃO (OU DE NOVÍSSIMA DIMENSÃO) QUE CONSAGRA O POSTULADO DA SOLIDARIEDADE - PROTEÇÃO CONSTITUCIONAL DA FAUNA (CF, ART. 225, § 1º, VII) - DESCARACTERIZAÇÃO DA BRIGA DE GALO COMO MANIFESTAÇÃO CULTURAL - RECONHECIMENTO DA INCONSTITUIONALIDADE DA LEI ESTADUAL IMPUGNADA - AÇÃO DIRETA PROCEDENTE. LEGISLAÇÃO ESTADUAL QUE AUTORIZA A REALIZAÇÃO DE EXPOSIÇÕES E COMPETIÇÕES ENTRE AVES DAS RAÇAS COMBATENTES - NORMA QUE INSTITUCIONALIZA A PRÁTICA DE CRUELDADE CONTRA A FAUNA - INCONSTITUCIONALIDADE. - A promoção de briga de galos, além de caracterizar prática criminosa tipificada na legislação ambiental, configura conduta atentatória à Constituição da República, que veda a submissão de animais a atos de crueldade, cuja natureza perversa, à semelhança da "farra do boi" (RE 153.531/SC), não permite sejam eles qualificados como inocente manifestação cultural, de caráter meramente folclórico. Precedentes. - A proteção jurídico-constitucional dispensada à fauna abrange tanto os animais silvestres quanto os domésticos ou domesticados, nesta classe incluídos os galos utilizados em rinhas, pois o texto da Lei Fundamental vedou, em cláusula genérica, qualquer forma de submissão de animais a atos de crueldade. - Essa especial tutela, que tem por fundamento legitimador a autoridade da Constituição da República, é motivada pela necessidade de impedir a ocorrência de situações de risco que ameacem ou que façam periclitar todas as formas de vida, não só a do gênero humano, mas, também, a própria vida animal, cuja integridade restaria comprometida, não fora a vedação constitucional, por práticas aviltantes, perversas e violentas contra os seres irracionais, como os galos de briga ("gallus-gallus"). Magistério da doutrina. ALEGAÇÃO DE INÉPCIA DA PETIÇÃO INICIAL. - Não se revela inepta a petição inicial, que, ao impugnar a validade constitucional de lei estadual, (a) indica, de forma adequada, a norma de parâmetro, cuja autoridade teria sido desrespeitada, (b) estabelece, de maneira clara, a relação de antagonismo entre essa legislação de menor positividade jurídica e o texto da Constituição da República, (c) fundamenta, de modo inteligível, as razões consubstanciadoras da pretensão de inconstitucionalidade deduzida pelo autor e (d) postula, com objetividade, o reconhecimento da procedência do pedido, com a conseqüente declaração de ilegitimidade constitucional da lei questionada em sede de controle normativo abstrato, delimitando, assim, o âmbito material do julgamento a ser proferido pelo Supremo Tribunal Federal. Precedentes.

[53] GOMES, Luiz Flávio; MACIEL, Silvio Luiz. **Lei de crimes ambientais**: comentário à Lei 9.605/1998. Rio de Janeiro: Forense, 2015, p. 152.

Mesma sorte teve a chamada "farra do boi, por impor sofrimento ao animal (STF, RE n. 153531, Rel. Min. Francisco Resek, j. 03/06/1997):

> COSTUME - MANIFESTAÇÃO CULTURAL - ESTÍMULO - RAZOABILIDADE - PRESERVAÇÃO DA FAUNA E DA FLORA - ANIMAIS - CRUELDADE. A obrigação de o Estado garantir a todos o pleno exercício de direitos culturais, incentivando a valorização e a difusão das manifestações, não prescinde da observância da norma do inciso VII do artigo 225 da Constituição Federal, no que veda prática que acabe por submeter os animais à crueldade. Procedimento discrepante da norma constitucional denominado "farra do boi".

Muito comum no caso de cães é a realização de cirurgias como a caudectomia (corte da cauda) ou conchectomia (corte da orelha) para fins estéticos. Cumpre lembrar que o Conselho Federal de Medicina Veterinária veda essas e outras práticas cirúrgicas desnecessárias à saúde do animal, o que torna a conduta típica no artigo em estudo.

No caso dos rodeios, a questão já é mais complexa. Deve-se seguir requisitos da Lei n. 10.519/2002, que busca evitar sofrimento do animal. Acrescente-se que a Lei n. 13.364/2016 considerou o rodeio como manifestação cultural nacional e o elevou à condição de bem de natureza imaterial integrante do patrimônio cultural brasileiro, enquanto atividade intrinsecamente ligada à vida, à identidade, à ação e à memória de grupos formadores da sociedade brasileira[54].

A "vaquejada" também é outra questão bem complexa. Em primeiro momento, foi declarada inconstitucional a Lei n. 15.299/2013 do Estado do Ceará, por crueldade manifesta dos animais nesses eventos (STF, ADI n. 4983, Rel. Min. Marco Aurélio, j. 06/10/2016). Todavia, a EC n. 96 acrescentou o § 7º ao art. 225 da CF:

> § 7º Para fins do disposto na parte final do inciso VII do § 1º deste artigo, não se consideram cruéis as práticas desportivas que utilizem animais, desde que sejam manifestações culturais, conforme o § 1º do art. 215 desta Constituição Federal, registradas como bem de natureza imaterial integrante do patrimônio cultural brasileiro, devendo ser regulamentadas por lei específica que assegure o bem-estar dos animais envolvidos.

Em sequência, a Lei n. 13.364/2016, alterada pela Lei n. 13.873/2019, considerou a vaquejada (ao lado do rodeio, visto acima, e do laço) à condição de manifestação cultural nacional e a elevou à condição de bem de natureza imaterial integrante do patrimônio cultural brasileiro, enquanto atividade intrinsecamente ligada à vida, à identidade, à ação e à memória de grupos formadores da sociedade brasileira. Mas o tema ainda é discutido nas ADI 5.7772 e 5.728.

– Elemento subjetivo:

O elemento subjetivo deste delito é o dolo, não havendo previsão de elemento subjetivo especial do tipo.

---

[54] KUKOWSKI, Rafael Schwez. Coord. CUNHA, Rogério Sanches; PINTO, Ronaldo Batista; SOUZA, Renee do Ó. **Leis penais especiais comentadas artigo por artigo**. Salvador: Juspodivm, 2021, p. 1277.

Atente-se para a forma preterdolosa com o resultado morte do § 2º, especialmente no caso de animal silvestre.

- **Consumação e tentativa:**

O crime se consuma com a prática das condutas descritas no tipo, por exemplo, "ferir", "mutilar" etc.

Admite-se a tentativa, exceto, claro, quando a conduta for omissiva própria.

- **Crime militar:**

Compreendidos os elementos do crime do art. 32 da LCA, deve-se, agora, verificar sua possibilidade de ocorrência como crime militar.

Aqui, a exemplo do art. 29 acima estudado, enxergamos a possibilidade de ocorrência de crime militar, com a afetação da ordem administrativa militar.

Exemplificativamente, é possível que o cavalariço de um Regimento de Cavalaria ou o militar de uma Unidade com canil, que tenha por função afeta à suas atribuições, o dever de cuidar da montaria ou do cão e, negando esse dever, mutile ou imponha maus-tratos ao animal, ferindo a ordem administrativa militar – ou, para alguns, o patrimônio sob a administração militar -, levando à possibilidade de enquadrar o fato na alínea "e" do inciso II do art. 9º do CPM.

Como vimos preparando desde os comentários das disposições gerais, a inovação da Lei n. 14.064, de 29 de setembro de 2020, trazendo a pena restritiva de direito de proibição da guarda de cão e gato ao autor de crime do art. 32 para essa espécie de animal é bem complexa, porquanto o legislador apena a grafou sem trazer pormenores.

Qual sua abrangência e qual a sua duração? No caso de condenação por um crime militar, alcança também outros animais que não os sob administração militar?

Enfim, são vários questionamentos que devem ser enfrentados no caso concreto de uma condenação por crime militar.

Em primeiro plano, tenha-se que se trata de natureza jurídica de pena restritiva de direito e não de efeito da condenação. Pena, ademais, de imposição obrigatória e aditiva e não substitutiva àquela privativa de liberdade, de maneira que, diante de uma condenação, por exemplo, de um militar pelo juiz federal da Justiça Militar de um militar federal como incurso no § 1º-A do art. 32 da LCA, esta pena deverá ser imposta na sentença.

No que concerne à abrangência, ao atender o escopo constitucional de tutela ambiental, pela proteção animal, pensamos que a condenação deve transcender o animal objeto material do delito, alcançando todos aqueles que estiverem sob cuidados do autor do fato, estejam ou não sob administração militar. Assim, por exemplo, no caso de condenação de um militar da ativa que tenha suas funções como tratador em um canil de unidade militar, obviamente, não poderá ele mais desempenhar essas funções, mas, também, em possuindo animal em sua residência, ainda que não tenha sido o animal mutilado, *in exemplis*, terá a proibição da guarda desse animal, pois demonstrou não ter o grau de afabilidade na relação específica.

Nesse sentido, fazemos eco à construção de Kurkowski que parte da interpretação constitucional para trazer a interpretação mais expansiva dessa pena:

> Impende verificar a melhor forma de a "proibição da guarda" cumprir essa finalidade constitucional. Para tanto, o intérprete, notadamente o juiz, deve conciliar o interesse individual com o interesse social, que é superior, e adaptar a norma à finalidade humana; deve adaptar o direito às necessidades presentes e futuras da vida social.
>
> A interpretação, ao conferir relevância para seu resultado, reprova consequências incompatíveis com o bem geral. Prefere-se o sentido conducente ao resultado mais razoável às necessidades da prática e que conduza a melhor consequência para a coletividade. Assim, conclui-se que limitar a "proibição da guarda" apenas à suspensão da guarda do cão ou gato maltratado não é o melhor resultado para a sociedade, a qual exige, pelo art. 225 da CF, o bem estar de todos os animais – e este é um verdadeiro fim social.
>
> Considerando que o juiz atribui aos vocábulos o sentido resultante da linguagem vulgar, porque presume que o legislador tenha-se valido de expressões comuns, tirante os termos técnicos, compreende-se que a "proibição da guarda" é genérica e abrangente, envolvendo tanto a perda da guarda de todos os cães e gatos pertencentes ao agente, no momento da sentença condenatória, bem como a impossibilidade, durante certo tempo, de ele ter animais dessas espécies. A extensão da proibição da guarda para outros cães e gatos que não foram vítimas justifica-se pela alta probabilidade de que eles venham a ser agredidos. Essa é a interpretação que efetivamente atende à força normativa do art. 225, § 1º, VII, da CF[55].

Com efeito, considerando o escopo de proteção dos crimes ambientais, não seria lógico circunscrever a proibição de guarda apenas no animal afetado pela conduta, mesmo porque, em alguns casos, o resultado pode ser morte, o que tornaria inócua a previsão da pena restritiva de direito.

Obviamente, com a implementação da proibição da guarda, os animais sob administração militar não sofreriam alteração em sua alocação, porquanto continuaria no canil das unidades militares, mas sob cuidados de outro militar. No caso dos animais de convívio doméstico do condenado, por outro lado, devem ser encaminhados aos cuidados do município, a quem incumbe esse cuidado, tomando-se a cautela de verificar se as condições serão adequadas, não se afastando outras soluções, como o auxílio de instituições promotoras de bem-estar animal.

No que concerne à duração da proibição de guarda, melhor seria que a lei estabelecesse o prazo mínimo e máximo, mas, em não o fazendo, tem-se como aceitável o prazo da fixação da pena privativa de liberdade[56]. O que não se pode é assimilar a indefinição da pena ou sua perpétua fixação, diante da vedação constitucional da alínea "b" do inciso XLVII do art. 5º.

---

[55] KUKOWSKI, Rafael Schwez. Coord. CUNHA, Rogério Sanches; PINTO, Ronaldo Batista; SOUZA, Renee do Ó. **Leis penais especiais comentadas artigo por artigo**. Salvador: Juspodivm, 2021, p. 1280-1.

[56] KUKOWSKI, Rafael Schwez. Coord. CUNHA, Rogério Sanches; PINTO, Ronaldo Batista; SOUZA, Renee do Ó. **Leis penais especiais comentadas artigo por artigo**. Salvador: Juspodivm, 2021, p. 1281.

10.2.5. Art. 33:

Art. 33. Provocar, pela emissão de efluentes ou carreamento de materiais, o perecimento de espécimes da fauna aquática existentes em rios, lagos, açudes, lagoas, baías ou águas jurisdicionais brasileiras:

Pena - detenção, de um a três anos, ou multa, ou ambas cumulativamente.

Parágrafo único. Incorre nas mesmas penas:

I - quem causa degradação em viveiros, açudes ou estações de aquicultura de domínio público;

II - quem explora campos naturais de invertebrados aquáticos e algas, sem licença, permissão ou autorização da autoridade competente;

III - quem fundeia embarcações ou lança detritos de qualquer natureza sobre bancos de moluscos ou corais, devidamente demarcados em carta náutica

– **Objetividade jurídica:**

Especificamente tutela-se a fauna aquática (ictiológica), existente em rios, lagos etc.

– **Sujeito ativo:**

Não há especificação no tipo penal para o sujeito ativo (crime comum), podendo, portanto ser praticado por qualquer pessoa.

Naturalmente, não se exclui da sujeição ativa o militar, federal ou estadual, em situação de atividade ou inativo, em serviço ou de folga. Entretanto, a depender de sua condição na prática delitiva, haverá a adjetivação da conduta, ao nosso compreender, como crime militar, o que abordaremos adiante.

– **Sujeito passivo:**

O sujeito passivo deste delito, em primeiro plano e acolhendo-se a visão antropocêntrica dominante, é a coletividade (crime vago). Admite-se a União no polo passivo, no caso de ser atingida a fauna aquática em águas federais[57].

Claro, em se acolhendo a tese de crime militar extravagante, deve-se trabalhar com a hipótese de ter no polo passivo, ainda, a administração militar (União ou Estado), lesada na ordem administrativa militar.

– **Elementos objetivos:**

Destaque-se, de partida, que o crime do art. 33 da LCA é, em verdade, uma forma especial em relação ao crime do art. 54 da mesma Lei, que dispõe:

> Art. 54. Causar poluição de qualquer natureza em níveis tais que resultem ou possam resultar em danos à saúde humana, ou que provoquem a mortandade de animais ou a destruição significativa da flora:
>
> Pena - reclusão, de um a quatro anos, e multa.

[57] KUKOWSKI, Rafael Schwez. Coord. CUNHA, Rogério Sanches; PINTO, Ronaldo Batista; SOUZA, Renee do Ó. **Leis penais especiais comentadas artigo por artigo**. Salvador: Juspodivm, 2021, p. 1282.

Assim, verificando-se a poluição causada pela forma trazida pelo art. 33 (emissão de efluentes ou carreamento de materiais), levando ao perecimento de espécimes aquáticas, prevalece o tipo penal em estudo e não o do art. 54 da LCA, mais abrangente.

O tipo penal traz o verbo nuclear *provocar*, que significa causar, dar causa, colocar em marcha. Provoca-se a *emissão de efluentes*, ou seja, despeja-se, descarrega-se, líquidos poluídos. Alternativamente, provoca-se o *carreamento de materiais*, traduzindo-se pelo transporte de materiais de um lugar para outro.

Essas condutas causam o *perecimento*, a morte, a aniquilação, o desaparecimento de espécimes da fauna aquática brasileira encontrada em *rio* (curso d'água natural que corre de um ponto a outro, até desaguar em outro rio, lago, mar etc.), *lago* (depressão no terreno, fechada, que, permanentemente, acumula água), *açude* (construção , de terra, cimento etc., com o fim de represar água para o abastecimento populacional, utilização agrícola etc.), *lagoa* (depressão de pequena profundidade que acumula água doce ou salgada, esta também chamada de laguna), *baía* (sinuosidade costeira por onde entram as águas marinhas), ou *águas jurisdicionais brasileiras* (mar territorial, nos termos do art. 1º da Lei n. 8.617/1993 – "O mar territorial brasileiro compreende uma faixa de doze milhas marítima de largura, medidas a partir da linha de baixa-mar do litoral continental e insular, tal como indicada nas cartas náuticas de grande escala, reconhecidas oficialmente no Brasil")[58].

O parágrafo único do art. 33 traz os casos assimilados.

Pelo inciso I do parágrafo, incorre na mesma pena quem causa *degradação*, isto é, deteriora mesmo sem haver o perecimento, em *viveiros* (local de criação), *açudes* (já definido acima) ou *estações de aquicultura* ["Chama-se aquicultura a ciência que estuda técnicas de cultivo não só de peixes, mas também de crustáceos (como o camarão e a lagosta), de moluscos (como o polvo e a lula), de algas e de outros organismos que vivem em ambientes aquáticos. Até rãs, tartarugas e jacarés podem ser criados para alimentação humana" fonte: www.embrapa.br[59]] de *domínio público* (pertencente à sociedade, como em Universidades). Caso se dê em viveiros, açudes etc. particulares, poderá configurar crime de dano (163 do CP) ou o *caput* do art. 29 da LCA[60].

No inciso II, sujeita-se à mesma pena aquele que *explora* (obtém vantagem) campos naturais de *invertebrados aquáticos* (animais aquáticos sem vértebras, a exemplo da água-viva) e *algas* ["divisão do reino vegetal que reúne plantas eucariotas e procariotas, que apresentam, além de clorofila, outros pigmentos assimiladores (o que determina sua coloração diversa), pouca ou nenhuma diferenciação de tecidos ou órgãos, grande variedade de formas e tamanhos (desde unicelulares, coloniais e

58 Cf. KUKOWSKI, Rafael Schwez. Coord. CUNHA, Rogério Sanches; PINTO, Ronaldo Batista; SOUZA, Renee do Ó. **Leis penais especiais comentadas artigo por artigo**. Salvador: Juspodivm, 2021, p. 1282.

59 https://www.embrapa.br/contando-ciencia/arvores/-/asset_publisher/Zd2bjD3HpAAC/content/o-que-e-aquicultura--/1355746?inheritRedirect=false. Acesso em 12. Out. 2021.

60 GOMES, Luiz Flávio; MACIEL, Silvio Luiz. **Lei de crimes ambientais**: comentários à Lei 9.605/1998. Rio de Janeiro: Forense, 2015, p. 156.

filamentosas até formas parenquimatosas que podem alcançar mais de 50 m) e que vivem na maioria dos ambientes terrestres, esp. em águas (salgadas e doces), algumas adaptadas a extremos de temperatura (Muitas spp. têm grande importância econômica como alimento e para a produção de fertilizantes, fibras, ágar, potassa e iodo)"[61], *sem licença, permissão ou autorização da autoridade competente*, ou seja, constituindo-se em um elemento normativo do tipo que deve ser avaliado pelo julgador.

Por fim, como último caso assimilado, no inciso III, está a conduta de quem *fundeia embarcações* (ancora) ou *lança detritos* (joga resíduos) de qualquer natureza sobre bancos de *moluscos* ("grande filo de animais invertebrados, marinhos, de água doce ou terrestres que compreende os caramujos, ostras e lulas, entre outros; distinguem-se pelo corpo mole e mucoso, com simetria bilateral ou ausente, coberto por um manto fino que ger. secreta uma concha calcária com uma, duas ou mais partes, a cabeça é ger. anterior e dotada de um órgão alimentar característico, chamado rádula, têm pé ventral bem desenvolvido, e a respiração é feita pelas brânquias ou pulmões"[62]) ou *corais* ("design. comum a diversos animais cnidários, antozoários, coloniais, esp. os da ordem dos escleractíneos, cujos pólipos secretam um volumoso esqueleto calcário externo, principal responsável pela formação de recifes"[63]) devidamente demarcados em *carta náutica* ["As Cartas Náuticas são documentos cartográficos que resultam de levantamentos de áreas oceânicas, mares, baías, rios, canais, lagos, lagoas, ou qualquer outra massa d'água navegável e que se destinam a servir de base à navegação; são geralmente construídas na Projeção de Mercator e representam os acidentes terrestres e submarinos, fornecendo informações sobre profundidades, perigos à navegação (bancos, pedras submersas, cascos soçobrados ou qualquer outro obstáculo à navegação), natureza do fundo, fundeadouros e áreas de fundeio, auxílios à navegação (faróis, faroletes, bóias, balizas, luzes de alinhamento, radiofaróis, etc.), altitudes e pontos notáveis aos navegantes, linha de costa e decontorno das ilhas, elementos de marés, correntes e magnetismo e outras indicações necessárias à segurança da navegação)"[64]].

– **Elemento subjetivo:**

O elemento subjetivo deste delito é o dolo, a vontade livre e consciente de praticar as condutas nucleares, não havendo a previsão de elemento subjetivo especial do tipo.

Não há, igualmente, previsão de modalidade culposa.

– **Consumação e tentativa:**

As modalidade do *caput* e do inciso I do p.u. consumam-se com a produção do resultado típico (crimes materiais). Os incisos II e III não exigem resultado material danoso, consumando-se com a simples prática da conduta.

61 https://houaiss.uol.com.br/corporativo/apps/uol_www/v5-4/html/index.php#1. Acesso em 12. Out. 2021.

62 https://houaiss.uol.com.br/corporativo/apps/uol_www/v5-4/html/index.php#1. Acesso em 12. Out. 2021.

63 https://houaiss.uol.com.br/corporativo/apps/uol_www/v5-4/html/index.php#1. Acesso em 12. Out. 2021.

64 https://www.marinha.mil.br/chm/dados-do-segnav-cartas-nauticas/cartas-nauticas. Acesso em 12. Out. 2021.

Possível a tentativa, por se tratar de crime plurissubsistente.

– **Crime militar:**

Também aqui enxergamos possível a prática de crime militar ambiental.

Exemplificativamente, no caso de uma embarcação da Marinha, responsável pela segurança da "Amazônia Azul", fundeada, dolosamente, sobre banco de corais, é possível construção com lesão à ordem administrativa militar, já que a própria Marinha, por seu Centro de Hidrografia, mantém todas as cartas náuticas de águas jurisdicionais brasileiras.

10.2.6. Art. 34:

> **Art. 34.** Pescar em período no qual a pesca seja proibida ou em lugares interditados por órgão competente:
>
> Pena - detenção de um ano a três anos ou multa, ou ambas as penas cumulativamente.
>
> Parágrafo único. Incorre nas mesmas penas quem:
>
> I - pesca espécies que devam ser preservadas ou espécimes com tamanhos inferiores aos permitidos;
>
> II - pesca quantidades superiores às permitidas, ou mediante a utilização de aparelhos, petrechos, técnicas e métodos não permitidos;
>
> III - transporta, comercializa, beneficia ou industrializa espécimes provenientes da coleta, apanha e pesca proibidas.

– **Objetividade jurídica:**

Especificamente tutela-se a fauna aquática (ictiológica).

– **Sujeito ativo:**

Não há especificação no tipo penal para o sujeito ativo (crime comum), podendo, portanto ser praticado por qualquer pessoa.

Naturalmente, não se exclui da sujeição ativa o militar, federal ou estadual, em situação de atividade ou inativo, em serviço ou de folga. Entretanto, a depender de sua condição na prática delitiva, haverá a adjetivação da conduta, ao nosso compreender, como crime militar, o que abordaremos adiante.

– **Sujeito passivo:**

O sujeito passivo deste delito, em primeiro plano e acolhendo-se a visão antropocêntrica dominante, é a coletividade (crime vago).

Claro, em se acolhendo a tese de crime militar extravagante, deve-se trabalhar com a hipótese de ter no polo passivo, ainda, a administração militar (União ou Estado), lesada na ordem administrativa militar.

– **Elementos objetivos:**

Inicie-se com a interpretação autêntica do art. 36 da LCA, que delineia o que se deve entender por pesca. Por ele, pesca é "todo ato tendente a retirar, extrair, coletar, apanhar, apreender ou capturar espécimes dos grupos dos peixes, crustáceos, moluscos e vegetais hidróbios, suscetíveis ou não de aproveitamento econômico, ressalvadas as espécies ameaçadas de extinção, constantes nas listas oficiais da fauna e da flora".

Perde-se, assim, a compreensão rasa de que a pesca envolve apenas o ato de determinadas técnicas, por exemplo, com emprego de petrechos tradicionais como anzol e linha, comportando conceito mais elástico, calcado em verbos como *retirar* e *coletar* espécimes.

Não se restringe, ademais, a peixes, mas alcança outros espécimes, por exemplo, crustáceos.

Ainda como compreensão inaugural, tem-se que o crime em estudo revogou tacitamente o art. 27, § 3º, da Lei n. 5.197/1967, que dispunha:

> Incide na pena prevista no § 1º deste artigo quem praticar pesca predadória, usando instrumento proibido, explosivo, erva ou sustância química de qualquer natureza.

Por outro lado, o art. 2º da Lei n. 7.643/1987, que dispõe sobre a pesca ou molestamento de cetáceo, mamíferos aquáticos como baleias, botos e golfinhos, pela especialidade, com pena de reclusão de dois a cinco anos de reclusão, fora a multa, aplica-se em lugar do art. 34 da LCA (STJ, 5ª T, HC 19.279/SC, rel. Min. Gilson Dipp, j. 17/12/2002)[65].

Ingressando na análise do tipo, o ato incriminado é o de pescar, conforme definição acima, do art. 36 da LCA, comportando um elemento temporal ou espacial, ou seja, *em período no qual a pesca seja proibida* ou *em lugares interditados por órgão competente*, elementos normativos que devem ser preenchidos.

A proibição da pesca decorre de possibilidade trazida pelo art. 6º da Lei n. 11.959, de 29 de junho 2009, que dispõe:

> Art. 6º O exercício da atividade pesqueira poderá ser proibido transitória, periódica ou permanentemente, nos termos das normas específicas, para proteção:
>
> I – de espécies, áreas ou ecossistemas ameaçados;
>
> II – do processo reprodutivo das espécies e de outros processos vitais para a manutenção e a recuperação dos estoques pesqueiros;
>
> III – da saúde pública;
>
> IV – do trabalhador.
>
> § 1º Sem prejuízo do disposto no caput deste artigo, o exercício da atividade pesqueira é proibido:
>
> I – em épocas e nos locais definidos pelo órgão competente;

[65] KUKOWSKI, Rafael Schwez. Coord. CUNHA, Rogério Sanches; PINTO, Ronaldo Batista; SOUZA, Renee do Ó. **Leis penais especiais comentadas artigo por artigo**. Salvador: Juspodivm, 2021, p. 1286.

II – em relação às espécies que devam ser preservadas ou espécimes com tamanhos não permitidos pelo órgão competente;

III – sem licença, permissão, concessão, autorização ou registro expedido pelo órgão competente;

IV – em quantidade superior à permitida pelo órgão competente;

V – em locais próximos às áreas de lançamento de esgoto nas águas, com distância estabelecida em norma específica;

VI – em locais que causem embaraço à navegação;

VII – mediante a utilização de:

a) explosivos;

b) processos, técnicas ou substâncias que, em contato com a água, produzam efeito semelhante ao de explosivos;

c) substâncias tóxicas ou químicas que alterem as condições naturais da água;

d) petrechos, técnicas e métodos não permitidos ou predatórios.

§ 2º São vedados o transporte, a comercialização, o processamento e a industrialização de espécimes provenientes da atividade pesqueira proibida.

Assim, a conduta incriminada dependerá da verificação da existência da proibição temporal ou espacial da pesca, constituindo-se em verdadeira norma penal em branco, com delineamento por órgão competente, integrante do Sistema Nacional do Meio Ambiente (SISNAMA), sob pena de, não havendo esse delineamento, não ocorrer o delito (STJ, 5ª T, HC n. 42.528/MG, rel. Min. Arnaldo Esteves Lima, j. 07/06/2005).

Não se afasta, ademais, a incidência, mesmo havendo a proibição, do princípio da insignificância, sendo fundamental a quantidade de pescado (STF, HC n. 112.563/SC, rel. Min. Ricardo Lewandowski, j:21/08/2012; STJ, 6ª T, AgRg no HC 313815/SP, Rel. Min. Sebastião Reis Júnior, j. 21/09/2017)[66].

O parágrafo único do art. 34 traz os casos assimilados, impondo a mesma pena a quem pesca espécies que devam ser preservadas ou espécimes com tamanhos inferiores aos permitidos, dependendo de regulamentação (inciso I); a quem pesca quantidades superiores às permitidas, ou mediante a utilização de aparelhos, petrechos, técnicas e métodos não permitidos, também dependendo de regulamentação (inciso II); a quem transporta (locomove), comercializa (compra e vende), beneficia (enriquecer) ou industrializa (transforma em bem de produção) espécimes provenientes da coleta, apanha e pesca proibidas (inciso III). No caso daquele que pesca na figura do *caput* e também pratica o inciso III, este é fato posterior impunível[67].

Como se percebe, o *caput* e os casos assimilados dependem fortemente de regulamentação do poder público, podendo-se resumir com Victor Rios e José Baltazar:

---

66 KUKOWSKI, Rafael Schwez. Coord. CUNHA, Rogério Sanches; PINTO, Ronaldo Batista; SOUZA, Renee do Ó. **Leis penais especiais comentadas artigo por artigo**. Salvador: Juspodivm, 2021, p. 1286.

67 KUKOWSKI, Rafael Schwez. Coord. CUNHA, Rogério Sanches; PINTO, Ronaldo Batista; SOUZA, Renee do Ó. **Leis penais especiais comentadas artigo por artigo**. Salvador: Juspodivm, 2021, p. 1285.

Cuida-se, em todas as modalidades, de norma penal em branco, complementada por atos administrativos da autoridade competente, que definirão: a) os períodos e locais proibidos; b) as espécies que devem ser preservadas; c) os tamanhos dos espécimes cuja pesca é permitida; d) as quantidades em que a pesca é permitida; e) os aparelhos, técnicas, petrechos e métodos proibidos (STJ, HC 304.952, Néfi, 6a T., 10/03/2016)[68].

– **Elemento subjetivo:**

O elemento subjetivo deste delito é o dolo, a vontade livre e consciente de praticar as condutas nucleares, não havendo a previsão de elemento subjetivo especial do tipo.

Não há, igualmente, previsão de modalidade culposa.

– **Consumação e tentativa:**

O crime se consuma no instante da pesca proibida ou, no caso do inciso III do p.u., com o transporte, enriquecimento, comércio ou industrialização dos espécimes oriundos da pesca proibida.

A questão é que o conceito de pesca, pelo art. 36 da LCA define a pesca como ato "tendente" de maneira que a efetiva retirada do espécime é o exaurimento. Assim, a grande maioria da doutrina considera o crime do art. 34 da LCA como crime formal e de perigo abstrato.

A tentativa é, também, tem sido considerada inadmissível[69].

– **Crime militar:**

Entendemos possível a ocorrência de crime militar ambiental no tipo estudado.

No caso de uma patrulha do Policiamento Ambiental, responsável pela tutela do meio ambiente no espectro da preservação da ordem pública como mister constitucional (art. 144, § 5º, CF), em que seus integrantes, negando esse compromisso, resolvam pescar em período de proibição durante seu turno de policiamento.

Note-se, justamente os agentes responsáveis por fazer cumprir a lei e fiscalizar a abstenção da pesca, ferindo a ordem administrativa militar, praticam o ato criminoso, podendo ter sua conduta enquadrada na alínea "e" do inciso II do art. 9º do CPM e, portanto, permitindo a adjetivação do delito como crime militar.

10.2.7. Art. 35:

Art. 35. Pescar mediante a utilização de:

I - explosivos ou substâncias que, em contato com a água, produzam efeito semelhante;

[68] GONÇALVES, Victor Eduardo, R.; BALTAZAR, José Paulo. **Esquematizado - Legislação penal especial.** São Paulo Saraiva, 2020, p. 672.

[69] GONÇALVES, Victor Eduardo, R.; BALTAZAR, José Paulo. **Esquematizado - Legislação penal especial.** São Paulo Saraiva, 2020, p. 673.

> II - substâncias tóxicas, ou outro meio proibido pela autoridade competente:
> Pena - reclusão de um ano a cinco anos.

– **Objetividade jurídica:**

O bem jurídico tutelado é o meio ambiente, especificamente a fauna aquática. Veja-se que, para que fique caracterizado um crime militar, não basta a conduta se adequar perfeitamente ao artigo acima, devendo haver a subsunção também aos termos do artigo 9º, II, "e" ou III, "a", do Código Penal Militar.

– **Sujeito ativo:**

Pode ser qualquer pessoa física – militar da ativa, da reserva ou reformado e/ou civil, inclusive em concurso de pessoas.

Nesse sentido, importante mencionar o teor dos artigos 2.º e 79 da Lei 9.605/98:

> Art. 2º: Quem, de qualquer forma, concorre para a prática dos crimes previstos nesta Lei, incide nas penas a estes cominadas, na medida da sua culpabilidade, bem como o diretor, o administrador, o membro de conselho e de órgão técnico, o auditor, o gerente, o preposto ou mandatário de pessoa jurídica, que, sabendo da conduta criminosa de outrem, deixar de impedir a sua prática, quando podia agir para evitá-la.
>
> Art. 79: Aplicam-se subsidiariamente a esta Lei as disposições do Código Penal e do Código de Processo Penal.

– **Sujeito passivo:**

O sujeito passivo deste delito é a coletividade, o meio ambiente e a administração militar (Força) onde a pesca é realizada.

Como dito anteriormente, os animais não são sujeitos de direito, de maneira que o pescado será considerado objeto material do delito e não o seu sujeito passivo.

– **Elementos objetivos/normativos/materiais:**

Considerando que os elementos objetivos se encontram na descrição do tipo, neste caso, tem-se que a conduta consiste em <u>pescar</u> mediante a utilização de explosivos, substâncias que produzam efeito semelhante a explosivos ou substâncias tóxicas.

A atividade de pesca está definida no artigo 36 da LCA, compreendendo todo ato tendente a retirar, extrair, coletar, apanhar, apreender ou capturar espécimes dos grupos dos peixes, crustáceos, moluscos e vegetais hidróbios, suscetíveis ou não de aproveitamento econômico, ressalvadas as espécies ameaçadas de extinção constantes nas listas oficiais da fauna e da flora, as quais constam em portarias publicadas pelo Ministério do Meio Ambiente (MMA).

Entende-se por explosivos os artefatos inflamáveis capazes de causar explosão. A lei também incrimina o uso de substâncias que produzam efeitos semelhantes aos explosivos, tal como descargas elétricas e geradores de ondas sonoras. Por fim, substância tóxica é aquela que produz efeitos nocivos, tal como veneno e agrotóxicos.

– **Elemento subjetivo:**

O elemento subjetivo é o dolo, isto é, consciência e vontade de pescar com a utilização de explosivos ou substâncias tóxicas ou proibidas.

– **Consumação e tentativa:**

Consuma-se o delito com a efetiva pesca com a utilização das referidas substâncias proibidas. Admite-se a tentativa.

– **Pena:**

A pena cominada é a de reclusão, de um a cinco anos.

– **Crime militar:**

Vislumbramos a possibilidade da ocorrência de crime militar ambiental, visto que é comum haver peixes em organizações militares.

Se houver lesão ou perigo à integridade física, à vida ou ao patrimônio de outrem, estará configurado o delito do artigo 269 do Código Penal Militar:

> Art. 269. Causar ou tentar causar explosão, em lugar sujeito à administração militar, expondo a perigo a vida, a integridade ou o patrimônio de outrem:
>
> Pena - reclusão, até quatro anos.

10.2.8. Art. 37:

> **Art. 37.** Não é crime o abate de animal, quando realizado:
>
> I - em estado de necessidade, para saciar a fome do agente ou de sua família;
>
> II - para proteger lavouras, pomares e rebanhos da ação predatória ou destruidora de animais, desde que legal e expressamente autorizado pela autoridade competente;
>
> III – (VETADO)
>
> IV - por ser nocivo o animal, desde que assim caracterizado pelo órgão competente.

Este artigo trata de causas de exclusão da ilicitude, dispondo que não constitui crime o abate de animal, quando realizado: "I – em estado de necessidade, para saciar a fome do agente ou de sua família; II – para proteger lavouras, pomares e rebanhos da ação predatória ou destruidora de animais, desde que legal e expressamente autorizado pela autoridade competente; III – Vetado; IV – por ser nocivo o animal, desde que assim caracterizado pelo órgão competente".

10.2.9. Art. 38:

> **Art. 38.** Destruir ou danificar floresta considerada de preservação permanente, mesmo que em formação, ou utilizá-la com infringência das normas de proteção:

Pena - detenção, de um a três anos, ou multa, ou ambas as penas cumulativamente.

Parágrafo único. Se o crime for culposo, a pena será reduzida à metade.

Pena - detenção, de três meses a um ano, ou multa, ou ambas as penas cumulativamente.

Parágrafo único. No crime culposo, a pena é de um a seis meses, ou multa.

– **Objetividade jurídica:**

O bem jurídico tutelado é o meio ambiente, especificamente o patrimônio florestal. Veja-se que para se caracterizar o crime militar, nos termos do artigo 9º, II, "e", e III, "a", do Código Penal Militar, a floresta deve estar situada em área militar.

– **Sujeito ativo:**

Pode ser qualquer pessoa física – militar da ativa, da reserva ou reformado e/ou civil, inclusive em concurso de pessoas.

Nesse sentido, importante mencionar o teor dos artigos 2.º e 79 da Lei 9.605/98:

> *Art. 2º: Quem, de qualquer forma, concorre para a prática dos crimes previstos nesta Lei, incide nas penas a estes cominadas, na medida da sua culpabilidade, bem como o diretor, o administrador, o membro de conselho e de órgão técnico, o auditor, o gerente, o preposto ou mandatário de pessoa jurídica, que, sabendo da conduta criminosa de outrem, deixar de impedir a sua prática, quando podia agir para evitá-la.*
>
> *Art. 79: Aplicam-se subsidiariamente a esta Lei as disposições do Código Penal e do Código de Processo Penal.*

No tocante ao assunto, tendo em vista que a Lei 9.605/1998 não dispõe de modo diverso, aos delitos contra a flora nacional em área sob administração militar aplicam-se as regras dos artigos 53 e 54 do Código Penal Militar.

– **Sujeito passivo:**

Os sujeitos passivos deste delito militar são a coletividade e, sempre, a Força onde a floresta estiver localizada.

– **Elementos objetivos/normativos/materiais**

Considerando que os elementos objetivos se encontram na descrição do tipo, neste caso, tem-se que a conduta consiste em destruir ou danificar floresta de preservação permanente, ou utilizá-la com infringência das normas de proteção (que podem estar previstas tanto no Código Florestal como em outra lei ou regulamento) – Trata-se, portanto, de norma penal em branco.

Destruir significa fazer desaparecer, aniquilar, desfazer; já danificar consiste em deteriorar, produzir dano, inutilizar.

Faz-se necessário também compreender o conceito atual de floresta, elemento normativo do tipo.

Conforme consta no *site* do Serviço Florestal Brasileiro (SNIF), *Cotidianamente, denomina-se "floresta" qualquer vegetação que apresente predominância de indivíduos lenhosos, onde as copas das árvores se tocam formando um dossel. Sinônimos populares para florestas são: mata, mato, bosque, capoeira, selva. Para tratar de florestas no meio acadêmico, científico e governamental, necessita-se de uma definição mais técnica e objetiva, que possibilite a estimativa de área de florestas do país e também atenda a regulamentos e normas, nacionais ou internacionais, que não podem permitir dúvidas de interpretação.*

Ainda conforme as informações do Governo Brasileiro, *Existem diversas definições, criadas para atender objetivos específicos. A seguir apresenta-se definições da FAO (Organização das Nações Unidas para Agricultura e Alimentação) que leva em conta aspectos de uso e ocupação do solo, e da UNFCC (Convenção Quadro das Nações Unidas sobre Mudanças Climáticas) que trata de florestas no aspecto de mudanças climáticas.*

Floresta - área medindo mais de 0,5 ha com árvores maiores que 5 m de altura e cobertura de copa superior a 10%, ou árvores capazes de alcançar estes parâmetros in situ. Isso não inclui terra que está predominantemente sob uso agrícola ou urbano. (FAO – Organização das Nações Unidas para a Agricultura e Alimentação Termos e definições, utilizados na Avaliação Global dos Recursos Florestais (FRA)

Floresta é uma área de no mínimo 0,05-1,0 ha com cobertura de copa (ou densidade equivalente) de mais de 10-30%, com árvores com o potencial de atingir a altura mínima de 2-5 metros na maturidade in situ. Uma floresta pode consistir tanto de formações florestais fechadas (densas), onde árvores de vários estratos e suprimidas cobrem uma alta proporção do solo, quanto de florestas abertas. Povoamentos naturais jovens e todas as plantações que ainda atingirão densidade de 10-30% e uma altura entre 2 e 5 metros são incluídos como floresta, assim como áreas que normalmente fazem parte da área florestal e que estão temporariamente desflorestadas como resultado da intervenção humana, como a colheita ou causas naturais, mas cuja reversão da floresta é esperada. (UNFCCC - United Nations Framework Convention on Climate Change Acordo de Marrakesh e Declaração de Marrakesh)

Segundo ensina Luiz Régis Prado, *floresta vem a ser um tipo de vegetação, formando um ecossistema próprio, onde interagem continuamente os seres vivos e a matéria orgânica e inorgânica presentes.*

Segundo Carvalho, *"em uma floresta se encontram elementos outros, também integrantes da flora lato sensu considerada, mas que, isoladamente, não caracterizam uma paisagem florestal. Ou seja, uma floresta é um ecossistema dotado de elevada complexidade, em cujo cenário vicejam numerosos vegetais, todos eles imbricados em cadeias interdependentes"*[70].

Ressalta ainda o autor que a definição contida no item 18 do Anexo I da Portaria 486-P/1986 (já revogada), segundo a qual floresta *é a formação arbórea densa, de alto*

[70] Carvalho,Érika Mendes de *Tutela penal do patrimônio florestal* brasileiro, São Paulo: Ed RT, 1999, p. 136.

porte, que recobre área de terra mais ou menos extensa, é equivocada, *pois desconsidera a enorme e complexa teia de seres vivos situados em um ecossistema florestal.*

Florestas de preservação permanente, por sua vez, são aquelas descritas nos artigos 4º e 6º da Lei 12.651/2012 (Código Florestal). As elencadas no artigo 4º são assim consideradas por definição legal. Já as previstas no artigo 6º são assim declaradas por ato do Poder Público.

De acordo com o artigo 4º do Código Florestal, são consideradas Áreas de Preservação Permanente, em zonas rurais ou urbanas:

> *I – as faixas marginais de qualquer curso d'água natural perene e intermitente, excluídos os efêmeros, desde a borda da calha do leito regular, em largura mínima de: a) 30 (trinta) metros para os cursos d'água de menos de 10 (dez) metros de largura; b) 50 (cinquenta) metros para os cursos d'água que tenham de 10 (dez) a 50 (cinquenta) metros de largura; c) 100 (cem) metros para os cursos d'água que tenham de 50 (cinquenta) a 200 (duzentos) metros de largura; d) 200 (duzentos) metros para os cursos d'água que tenham de 200 (duzentos) a 600 (seiscentos) metros de largura; e) 500 (quinhentos) metros para os cursos d'água que tenham largura superior a 600 (seiscentos) metros de largura;*
>
> *II – as áreas no entorno dos lagos e lagoas naturais, em faixa com largura mínima de: a) 100 (cem) metros, em zonas rurais, exceto para o corpo d'água com até 20 (vinte) hectares de superfície, cuja faixa marginal será de 50 (cinquenta) metros; b) 30 (trinta) metros, em zonas urbanas;*
>
> *III – as áreas no entorno dos reservatórios d'água artificiais, decorrentes de barramento ou represamento de cursos d'água naturais, na faixa definida na licença ambiental do empreendimento;*
>
> *IV – as áreas no entorno das nascentes e dos olhos d'água perenes, qualquer que seja sua situação topográfica, no raio mínimo de 50 (cinquenta) metros;*
>
> *V – as encostas ou partes destas com declividade superior a 45º, equivalente a 100% (cem por cento) na linha de maior declive;*
>
> *VI – as restingas, como fixadoras de dunas ou estabilizadoras de mangues;*
>
> *VII – os manguezais, em toda a sua extensão;*
>
> *VIII – as bordas dos tabuleiros ou chapadas, até a linha de ruptura do relevo, em faixa nunca inferior a 100 (cem) metros em projeções horizontais;*
>
> *IX – no topo de morros, montes, montanhas e serras, com altura mínima de 100 (cem) metros e inclinação média maior que 25º, as áreas delimitadas a partir da curva de nível correspondente a 2/3 (dois terços) da altura mínima da elevação sempre em relação à base, sendo esta definida pelo plano horizontal determinado por planície ou espelho d'água adjacente ou, nos relevos ondulados, pela cota do ponto de sela mais próximo da elevação;*
>
> *X – as áreas em altitude superior a 1.800 (mil e oitocentos) metros, qualquer que seja a vegetação;*
>
> *XI – em veredas, a faixa marginal, em projeção horizontal, com largura mínima de 50 (cinquenta) metros, a partir do espaço permanentemente brejoso e encharcado.*

Por sua vez, o artigo 6.º da referida lei dispõe que:

Consideram-se, ainda, de preservação permanente, quando declaradas de interesse social por ato do Chefe do Poder Executivo, as áreas cobertas com florestas ou outras formas de vegetação destinadas a uma ou mais das seguintes finalidades:

I – conter a erosão do solo e mitigar riscos de enchentes e deslizamentos de terra e de rocha;

II – proteger as restingas ou veredas;

III – proteger várzeas;

IV – abrigar exemplares da fauna ou da flora ameaçados de extinção;

V – proteger sítios de excepcional beleza ou de valor científico, cultural ou histórico;

VI – formar faixas de proteção ao longo de rodovias e ferrovias;

VII – assegurar condições de bem-estar público;

VIII – auxiliar a defesa do território nacional, a critério das autoridades militares; e

IX – proteger áreas úmidas, especialmente as de importância internacional.

– **Elemento subjetivo:**

O elemento subjetivo é o dolo, isto é, consciência e vontade de destruir ou danificar floresta considerada de preservação permanente, mesmo que em formação, ou utilizá-la com infringência das normas de proteção, não havendo previsão de elemento subjetivo especial do tipo.

Conforme previsão do parágrafo único, admite-se a modalidade culposa, quando a pena deverá ser reduzida à metade.

– **Consumação e tentativa:**

Consuma-se o delito com a efetiva destruição ou danificação da floresta, ou utilização com infringência das normas de proteção descritas em lei ou outro diploma. Enquanto não ocorrer a efetiva destruição ou danificação, as condutas serão classificadas como tentativa.

– **Pena:**

A pena cominada é a de detenção, de um a três anos, aplicada alternativa ou cumulativamente com a pena de multa. Na modalidade culposa, quando a pena será reduzida à metade.

A pena será aumentada de um sexto a um terço se a diminuição de águas naturais, a erosão do solo ou a modificação do regime climático ou se o crime é cometido: a) no período de queda das sementes; b) no período de formação de vegetações; c) contra espécies raras ou ameaçadas de extinção, ainda que a ameaça ocorra somente no local da infração; d) em época de seca ou inundação; ou e) durante a noite, em domingo ou feriado. Tais causas de aumento de pena estão previstas no artigo 53 da Lei nº 9.605/98.

Considerando que o Código Penal Militar não versa sobre a pena de multa, esta será fixada de acordo com o sistema de dias-multa adotado pelo Código Penal (artigo 49). Entretanto, se revelada ineficaz, ainda que aplicada no valor máximo, poderá ser aumentada até três vezes, tendo em vista o valor da vantagem econômica auferida, conforme previsão do artigo 18, Lei 9.605/1998.

– **Crime militar**

Vislumbramos a possível pratica de crime militar ambiental.

A título exemplificativo, consta da Cartilha de Práticas Ambientais nas Organizações Militares do Exército que *Nos exercícios utilizando viaturas blindadas, deve-se planejar os caminhos de passagem dos veículos, de modo a evitar o desgaste e a degradação da área devido ao trânsito dos mesmos, principalmente, nas áreas de preservação permanente (APP).*

Assim, caso os militares envolvidos nesses exercícios destruíssem a área de preservação permanente com a passagem das viaturas blindadas, poderiam responder pelo delito.

10.2.10. Art. 38-A:

Art. 38-A. Destruir ou danificar vegetação primária ou secundária, em estágio avançado ou médio de regeneração, do Bioma Mata Atlântica, ou utilizá-la com infringência das normas de proteção: (Incluído pela Lei nº 11.428, de 2006).

Pena - detenção, de 1 (um) a 3 (três) anos, ou multa, ou ambas as penas cumulativamente. (Incluído pela Lei nº 11.428, de 2006).

Parágrafo único. Se o crime for culposo, a pena será reduzida à metade. (Incluído pela Lei nº 11.428, de 2006).

– **Objetividade jurídica:**

O bem jurídico tutelado é o meio ambiente, especificamente o Bioma Mata Atlântica, que deve estar localizado em área sob administração militar.

– **Sujeito ativo:**

Pode ser qualquer pessoa física – militar da ativa, da reserva ou reformado e/ou civil, inclusive em concurso de pessoas.

Nesse sentido, importante mencionar o teor dos artigos 2.º e 79 da Lei 9.605/98:

> *Art. 2º: Quem, de qualquer forma, concorre para a prática dos crimes previstos nesta Lei, incide nas penas a estes cominadas, na medida da sua culpabilidade, bem como o diretor, o administrador, o membro de conselho e de órgão técnico, o auditor, o gerente, o preposto ou mandatário de pessoa jurídica, que, sabendo da conduta criminosa de outrem, deixar de impedir a sua prática, quando podia agir para evitá-la.*
>
> *Art. 79: Aplicam-se subsidiariamente a esta Lei as disposições do Código Penal e do Código de Processo Penal.*

No tocante ao assunto, tendo em vista que a Lei 9.605/1998 não dispõe de modo diverso, aos delitos contra a flora nacional em área sob administração militar aplicam-se as regras dos artigos 53 e 54 do Código Penal Militar.

– **Sujeito passivo:**

Os sujeitos passivos deste delito militar são o meio ambiente, a coletividade e, sempre, a Força onde a vegetação estiver localizada.

- **Elementos objetivos/normativos/materiais:**

Neste caso, tem-se que a conduta consiste em destruir ou danificar vegetação primária ou secundária, em estágio avançado ou médio de regeneração, do Bioma Mata Atlântica, ou utilizá-la com infringência das normas de proteção (que estão previstas na Lei 11.428/2006) - Trata-se, também, de norma penal em branco.

A Lei 11.428/2006, em seu artigo 4º, *caput*, dispõe que: *A definição de vegetação primária e de vegetação secundária nos estágios avançado, médio e inicial de regeneração do Bioma Mata Atlântica, nas hipóteses de vegetação nativa localizada, será de iniciativa do Conselho Nacional do Meio Ambiente*, o qual editou a Resolução nº 388, de 23.02.2007, convalidando as resoluções anteriormente emitidas acerca da matéria.

Deve ser ressaltado que o tipo em comento não abrange o *estágio inicial*, não sendo possível considerar típica a conduta que destrói ou danifica vegetação primária ou secundária do Bioma Mata Atlântica, em estágio inicial.

Conforme informações do Instituto de Pesquisa Ambiental da Amazônia (IPAM), *biomas são agrupamentos de tipos de vegetação vizinhos que apresentam condições geográficas e climáticas semelhantes. Em outras palavras, são reuniões de ecossistemas agrupados de acordo com aspectos de vegetação, relevo e clima. A classificação dessas grandes formações vegetais em biomas começou a surgir após a percepção de que várias regiões do planeta possuem diversidades biológicas (ecossistemas) similares mesmo quando estavam em continentes diferentes.*

No Brasil existem sete biomas principais: Amazônia, Caatinga, Cerrado, Mata Atlântica, Campos do Sul (Pampa), Pantanal e Zonas Costeiras.

De acordo com o art. 2º da Lei 11.428/2006, o Bioma Mata Atlântica constitui-se das seguintes formações florestais nativas e ecossistemas associados, com as respectivas delimitações estabelecidas em mapa do Instituto Brasileiro de Geografia e Estatística - IBGE -, conforme regulamento: Floresta Ombrófila Densa; Floresta Ombrófila Mista, também denominada de Mata de Araucárias; Floresta Ombrófila Aberta; Floresta Estacional Semidecidual; e Floresta Estacional Decidual, bem como os manguezais, as vegetações de restingas, campos de altitude, brejos interioranos e encraves florestais do Nordeste.

A Mata Atlântica estende-se ao longo de 17 (dezessete) estados brasileiros e é considerada como patrimônio nacional pela Constituição Federal de 1988 (artigo 225, § 4º).

- **Elemento subjetivo:**

O elemento subjetivo é o dolo, isto é, consciência e vontade de destruir ou danificar vegetação primária ou secundária, em estágio avançado ou médio de regeneração, do Bioma Mata Atlântica. Não há previsão de elemento subjetivo especial do tipo.

Conforme previsão do parágrafo único, admite-se a modalidade culposa, quando a pena deverá ser reduzida à metade.

– **Consumação e tentativa:**

Consuma-se o delito com a efetiva destruição ou danificação da floresta, ou utilização com infringência das normas de proteção descritas em lei ou outro diploma. Enquanto não ocorrer a efetiva destruição ou danificação, as condutas serão classificadas como tentativa.

– **Pena:**

A pena cominada é a de detenção, de um a três anos, aplicada alternativa ou cumulativamente com a pena de multa, no caso de crime doloso. Na modalidade culposa, quando a pena será reduzida à metade.

A pena será aumentada de um sexto a um terço se a diminuição de águas naturais, a erosão do solo ou a modificação do regime climático ou se o crime é cometido: a) no período de queda das sementes; b) no período de formação de vegetações; c) contra espécies raras ou ameaçadas de extinção, ainda que a ameaça ocorra somente no local da infração; d) em época de seca ou inundação; ou e) durante a noite, em domingo ou feriado. Tais causas de aumento de pena estão previstas no artigo 53 da Lei nº 9.605/98.

Considerando que o Código Penal Militar não versa sobre a pena de multa, esta será fixada de acordo com o sistema de dias-multa adotado pelo Código Penal (artigo 49). Entretanto, se revelada ineficaz, ainda que aplicada no valor máximo, poderá ser aumentada até três vezes, tendo em vista o valor da vantagem econômica auferida, conforme previsão do artigo 18, Lei 9.605/1998.

– **Crime militar:**

Vislumbramos a possível ocorrência de crime militar ambiental.

Nesse contexto, interessante notar que a maior área de Mata Atlântica do Nordeste, no trecho acima do Rio São Francisco, pertence ao Exército Brasileiro. São 8.300,46 hectares, distribuídos em cinco unidades militares, todas em Pernambuco. Um hectare tem 10 mil metros quadrados e equivale à área ocupada por um campo de futebol. Os remanescentes estão no Campo de Instrução Marechal Newton Cavalcante (7.342 ha), em Aldeia; no 14º Batalhão de Infantaria Motorizado (401,4 ha), em Jaboatão dos Guararapes; no 7º Grupo de Artilharia de Campanha e 3ª Divisão de Levantamento (43,53 ha), em Olinda; no 4º Batalhão de Comunicações (173,53 ha), no Recife; e no Complexo Militar do Curado (340 ha), que inclui o Comando Militar do Nordeste.

Assim, por exemplo, se o delito em questão for cometido em uma dessas Unidades, a competência para o processo e julgamento restará atraída para a Justiça Militar da União.

10.2.11. Art. 39:

> ***Art. 39. Cortar árvores em floresta considerada de preservação permanente, sem permissão da autoridade competente:***

Pena - detenção, de um a três anos, ou multa, ou ambas as penas cumulativamente.

- **Objetividade jurídica:**

O bem jurídico tutelado é o meio ambiente, especificamente as florestas consideradas de preservação permanente que devem estar localizadas em área sob administração militar.

Florestas de preservação permanente são aquelas descritas nos artigos 4º e 6º da Lei 12.651/2012 (Código Florestal), cuja definição se encontra nos comentários ao artigo 38 da LCA.

- **Sujeito ativo:**

Pode ser qualquer pessoa física – militar da ativa, da reserva ou reformado e/ou civil, inclusive em concurso de pessoas.

Nesse sentido, importante mencionar o teor dos artigos 2.º e 79 da Lei 9.605/98:

> *Art. 2º: Quem, de qualquer forma, concorre para a prática dos crimes previstos nesta Lei, incide nas penas a estes cominadas, na medida da sua culpabilidade, bem como o diretor, o administrador, o membro de conselho e de órgão técnico, o auditor, o gerente, o preposto ou mandatário de pessoa jurídica, que, sabendo da conduta criminosa de outrem, deixar de impedir a sua prática, quando podia agir para evitá-la.*
>
> *Art. 79: Aplicam-se subsidiariamente a esta Lei as disposições do Código Penal e do Código de Processo Penal.*

No tocante ao assunto, tendo em vista que a Lei 9.605/1998 não dispõe de modo diverso, aos delitos contra a flora nacional em área sob administração militar aplicam-se as regras dos artigos 53 e 54 do Código Penal Militar.

- **Sujeito passivo:**

Os sujeitos passivos deste delito militar são a coletividade, o meio ambiente e, sempre, a Força onde a floresta de preservação permanente estiver localizada.

- **Elementos objetivos/normativos/materiais**

A infração penal em análise consiste em cortar árvores em florestas de preservação permanente, em área sob administração militar, sem permissão da autoridade competente.

Cortar significa separar, dividir o tronco da árvore, não configurando a conduta a ação de podar galhos, por exemplo.

A expressão "sem permissão da autoridade competente" é elemento normativo do tipo. Veja-se que se houver a permissão, a conduta será lícita.

A autoridade a quem compete autorizar o corte das árvores em florestas de preservação permanente é o Instituto Brasileiro do Meio Ambiente e dos Recursos Naturais Renováveis (IBAMA) ou órgão estadual que desempenhe função delegada.

– **Elemento subjetivo:**

O elemento subjetivo é o dolo, isto é, consciência e vontade de praticar o tipo objetivo.

Não se admite a modalidade culposa do crime.

– **Consumação e tentativa:**

Consuma-se o delito com o efetivo corte das árvores localizadas em floresta considerada de preservação permanente. Enquanto não ocorrer o efetivo corte, a conduta será classificada como tentativa.

– **Pena:**

A pena cominada é a de detenção, de um a três anos, aplicada alternativa ou cumulativamente com a pena de multa.

A pena será aumentada de um sexto a um terço se a diminuição de águas naturais, a erosão do solo ou a modificação do regime climático ou se o crime é cometido: a) no período de queda das sementes; b) no período de formação de vegetações; c) contra espécies raras ou ameaçadas de extinção, ainda que a ameaça ocorra somente no local da infração; d) em época de seca ou inundação; ou e) durante a noite, em domingo ou feriado. Tais causas de aumento de pena estão previstas no artigo 53 da Lei nº 9.605/98.

Considerando que o Código Penal Militar não versa sobre a pena de multa, esta será fixada de acordo com o sistema de dias-multa adotado pelo Código Penal (artigo 49). Entretanto, se revelada ineficaz, ainda que aplicada no valor máximo, poderá ser aumentada até três vezes, tendo em vista o valor da vantagem econômica auferida, conforme previsão do artigo 18, Lei 9.605/1998.

– **Crime militar**

Vislumbramos possível a prática do crime militar ambiental previsto no artigo 39 da LCA. Se as florestas de preservação permanente estiverem localizadas dentro de alguma Organização Militar e suas árvores forem cortadas sem permissão da autoridade competente, o crime será considerado militar, restando atraída a competência para o seu processo e julgamento para a Justiça Militar da União.

10.2.12. Art. 40:

Art. 40. Causar dano direto ou indireto às Unidades de Conservação e às áreas de que trata o art. 27 do Decreto nº 99.274, de 6 de junho de 1990, independentemente de sua localização:

Pena - reclusão, de um a cinco anos.

§ 1º Entende-se por Unidades de Conservação de Proteção Integral as Estações Ecológicas, as Reservas Biológicas, os Parques Nacionais, os Monumentos Naturais e os Refúgios de Vida Silvestre. (Redação dada pela Lei nº 9.985, de 2000)

§ 2º A ocorrência de dano afetando espécies ameaçadas de extinção no interior das Unidades de Conservação de Proteção Integral será considerada circunstância agravante para a fixação da pena. (Redação dada pela Lei nº 9.985, de 2000)

§ 3º Se o crime for culposo, a pena será reduzida à metade.

– **Objetividade jurídica:**

O bem jurídico tutelado é o meio ambiente, a exemplo dos artigos anteriores. Igualmente, para estar caracterizada a conduta delituosa, as áreas protegidas devem estar sob administração militar.

É necessário definir, para fins de tipificação, o que é Unidade de Conservação. Nesse sentido, a própria Lei nº 9.605/98 esclarece que há unidades de conservação de proteção e de uso sustentável. Entende-se por Unidades de Conservação de Proteção Integral as Estações Ecológicas, as Reservas Biológicas, os Parques Nacionais, os Monumentos Naturais e os Refúgios de Vida Silvestre (art. 40, § 1º). Já as Unidades de Uso Sustentável são as Áreas de Proteção Ambiental, as Áreas de Relevante Interesse Ecológico, as Florestas Nacionais, as Reservas Extrativistas, as Reservas de Fauna, as Reservas de Desenvolvimento Sustentável e as Reservas Particulares do Patrimônio Natural (art. 40-A, §1º).

Também é necessário se atentar ao disposto no artigo 27 do Decreto 99.274/90, o qual menciona as *áreas circundantes das Unidades de Conservação, num raio de dez quilômetros.*

– **Sujeito ativo:**

Pode ser qualquer pessoa física – militar da ativa, da reserva ou reformado e/ou civil, inclusive em concurso de pessoas.

Nesse sentido, importante mencionar o teor dos artigos 2.º e 79 da Lei 9.605/98:

> Art. 2º: Quem, de qualquer forma, concorre para a prática dos crimes previstos nesta Lei, incide nas penas a estes cominadas, na medida da sua culpabilidade, bem como o diretor, o administrador, o membro de conselho e de órgão técnico, o auditor, o gerente, o preposto ou mandatário de pessoa jurídica, que, sabendo da conduta criminosa de outrem, deixar de impedir a sua prática, quando podia agir para evitá-la.
>
> Art. 79: Aplicam-se subsidiariamente a esta Lei as disposições do Código Penal e do Código de Processo Penal.

No tocante ao assunto, tendo em vista que a Lei 9.605/1998 não dispõe de modo diverso, aos delitos contra a flora nacional em área sob administração militar aplicam-se as regras dos artigos 53 e 54 do Código Penal Militar.

– **Sujeito passivo:**

Os sujeitos passivos são o meio ambiente, a coletividade prejudicada pela lesão às Unidades de Conservação e às áreas que as circundam, num raio de 10 (dez) quilômetros, além da Força onde a área protegida estiver localizada.

- **Elementos objetivos/normativos/materiais**

O elemento objetivo consiste em causar dano direto ou indireto às Unidades de Conservação e às áreas que as circundam, num raio de 10 (dez) quilômetros.

Causar dano significa originar, produzir, ocasionar, dar lugar a prejuízos, deteriorações, de qualquer ordem.

Mas o que poderia ser considerado dano direto e indireto nas Unidades de Conservação?

O dano direto ocorre quando há prejuízo ou deterioração de qualquer ordem. Já o dano indireto, conforme Luiz Regis Prado, *seria o dano realizado através ou por intermédio de, por meio de subterfúgio, mediato, derivado, oblíquo ou remoto.*

- **Elemento subjetivo:**

O elemento subjetivo é o dolo, isto é, consciência e vontade de causar dano às Unidades de Conservação.

Conforme previsão do parágrafo terceiro, admite-se a modalidade culposa, quando a pena deverá ser reduzida à metade.

Com muita sabedoria, Carvalho traz uma crítica bem interessante à redação do artigo em comento: *Com efeito, "diante dos termos altamente imprecisos do art. 40, caput, a previsão de forma culposa para esse dispositivo (§ 3.º) revela ofensa inconteste ao princípio da legalidade dos delitos e das penas, na sua vertente da taxatividade/determinação. A toda evidência, tem-se aqui um enfraquecimento da função de garantia do tipo penal, já que a descrição da conduta incriminada se reveste de generalidade e indeterminação, contrastando com a exigência inafastável de se formular leis claras, certas e precisas". Ademais, "a previsão de pena de reclusão para o crime culposo ínsito no art. 40, § 3.º, encerra profunda incoerência, já que o delito culposo mais grave constante do Código Penal – o homicídio (art. 121, § 3.º) – comina pena de detenção, de um a três anos"*[71]

- **Consumação e tentativa:**

Consuma-se o delito com o causar dano direto ou indireto às Unidades de Conservação e às áreas que as circundam, num raio de 10 (dez) quilômetros.

Enquanto não ocorrer o efetivo dano, direto ou indireto, a conduta será classificada como tentativa.

- **Pena:**

A pena cominada é a de reclusão, de um a cinco anos. E, como já se disse, se a conduta for culposa, a pena será reduzida à metade.

Note-se que a previsão do § 2º do artigo 40, segundo o qual: *A ocorrência de dano afetando espécies ameaçadas de extinção no interior das Unidades de Conservação de Proteção Integral será considerada circunstância agravante para a fixação*

[71] Carvalho,Érika Mendes de *Tutela penal do patrimônio florestal* brasileiro, São Paulo: Ed RT, 1999, p. 171.

da pena, já consta do rol de agravantes genéricas da Lei (artigo 15, II, alíneas "e" e "q"), não sendo possível agravar a pena duas vezes pelo mesmo motivo.

A pena será aumentada de um sexto a um terço se a diminuição de águas naturais, a erosão do solo ou a modificação do regime climático ou se o crime é cometido: a) no período de queda das sementes; b) no período de formação de vegetações; c) contra espécies raras ou ameaçadas de extinção, ainda que a ameaça ocorra somente no local da infração; d) em época de seca ou inundação; ou e) durante a noite, em domingo ou feriado. Tais causas de aumento de pena estão previstas no artigo 53 da Lei nº 9.605/98.

– Crime militar

Vislumbramos possível a prática de crime militar ambiental.

O Centro Tecnológico do Exército, localiza-se no bairro de Guaratiba, na cidade do Rio de Janeiro-RJ, e tem sob sua responsabilidade uma área considerada como Unidade de Conservação de aproximadamente 25 Km^2 que se encontra dentro da Reserva Biológica de Guaratiba (RBG).

Assim, caso alguém venha a causar dano nessa área considerada Unidade de Conservação pertencente ao Centro Tecnológico do Exército, estará, em tese, cometendo o crime previsto no artigo 40 da Lei 9.605/98.

Os crimes cometidos nas áreas circundantes das Unidades de Conservação num raio de dez quilômetros também serão de competência da Justiça Militar da União, desde que se trate de área sob administração militar.

10.2.13. Art. 40-A:

Art. 40-A. Vetado.

§ 1º Entende-se por Unidades de Conservação de Uso Sustentável as Áreas de Proteção Ambiental, as Áreas de Relevante Interesse Ecológico, as Florestas Nacionais, as Reservas Extrativistas, as Reservas de Fauna, as Reservas de Desenvolvimento Sustentável e as Reservas Particulares do Patrimônio Natural. (Incluído pela Lei nº 9.985, de 2000)

§ 2º A ocorrência de dano afetando espécies ameaçadas de extinção no interior das Unidades de Conservação de Uso Sustentável será considerada circunstância agravante para a fixação da pena. (Incluído pela Lei nº 9.985, de 2000)

§ 3º Se o crime for culposo, a pena será reduzida à metade. (Incluído pela Lei nº 9.985, de 2000)

Com o veto do *caput* do art. 40-A, as condutas lesivas às Unidades de Conservação em sentido amplo (Unidades de Proteção Integral e de Uso Sustentável) passaram a ser regidas pelo disposto no art. 40, *caput* e § 3.º da Lei.

Porém, não se pode deixar de comentar que, quanto ao § 3º do art. 40-A, parece bem incoerente que tenha havido veto do *caput*, que trazia a forma dolosa, e permanecido em vigor o § 3º, que dispõe sobre a modalidade culposa, ainda sem a descrição da conduta típica, o que fere totalmente o princípio da legalidade.

O § 1º do artigo em tela enumera as Unidades de Conservação de Uso Sustentável. Entende-se por *Unidades de Conservação de Uso Sustentável* as Áreas de Proteção Ambiental, as Áreas de Relevante Interesse Ecológico, as Florestas Nacionais, as Reservas Extrativistas, as Reservas de Fauna, as Reservas de Desenvolvimento Sustentável e as Reservas Particulares do Patrimônio Natural (artigo 14 da Lei 9.985/2000).

A conceituação de cada uma dessas categorias de Unidades de Conservação de Uso Sustentável encontra-se no artigo 15 e seguintes da Lei 9.985/2000.

Aqui também vislumbramos possível a prática de crime militar ambiental.

Caso o crime aconteça em uma Unidade de Conservação situada em área sob administração militar, tratar-se-á de um crime militar cuja competência para processo e julgamento será da Justiça Militar da União.

10.2.14. Art. 41:

Art. 41. Provocar incêndio em mata ou floresta:

Pena - reclusão, de dois a quatro anos, e multa.

Parágrafo único. Se o crime é culposo, a pena é de detenção de seis meses a um ano, e multa.

- **Objetividade jurídica:**

O bem jurídico tutelado é o meio ambiente, a exemplo dos artigos anteriores, mais especificamente o patrimônio florestal (matas e florestas). Igualmente, para estar caracterizada a conduta delituosa, as áreas protegidas devem estar sob administração militar.

Vale ressaltar que o crime de incêndio tem previsão no artigo 250 do Código Penal Brasileiro:

- **Incêndio**

Art. 250 - Causar incêndio, expondo a perigo a vida, a integridade física ou o patrimônio de outrem:

Pena - reclusão, de três a seis anos, e multa.

- **Aumento de pena**

§ 1º - As penas aumentam-se de um terço:

I - se o crime é cometido com intuito de obter vantagem pecuniária em proveito próprio ou alheio;

II - se o incêndio é:

a) em casa habitada ou destinada a habitação;

b) em edifício público ou destinado a uso público ou a obra de assistência social ou de cultura;

c) em embarcação, aeronave, comboio ou veículo de transporte coletivo;

d) em estação ferroviária ou aeródromo;

e) em estaleiro, fábrica ou oficina;

f)) em depósito de explosivo, combustível ou inflamável;

g) em poço petrolífico ou galeria de mineração;

h) em lavoura, pastagem, mata ou floresta.

– Incêndio culposo

§ 2º - Se culposo o incêndio, é pena de detenção, de seis meses a dois anos.

Nesse ponto, deve-se destacar que o artigo 250, § 1º, II, "h", do Código Penal Brasileiro, difere-se do art. 41 da Lei 9.605/1998 porque aquele tutela a incolumidade pública, enquanto este protege especialmente o ambiente, com ênfase à integridade das matas e florestas.

Ocorre que o Código Penal Militar prevê o delito de incêndio em seu artigo 268, também no título "DOS CRIMES CONTRA A INCOLUMIDADE PÚBLICA" e, da mesma forma que o Código Penal comum, prevê, em seu inciso II, "h", a agravante para o delito cometido em *lavoura, pastagem, mata ou floresta.*

Art. 268. Causar incêndio em lugar sujeito à administração militar, expondo a perigo a vida, a integridade física ou o patrimônio de outrem:

Pena - reclusão, de três a oito anos.

§ 1º A pena é agravada:

I - se o crime é cometido com intuito de obter vantagem pecuniária para si ou para outrem;

II - se o incêndio é:

a) em casa habitada ou destinada a habitação;

b) em edifício público ou qualquer construção destinada a uso público ou a obra de assistência social ou de cultura;

c) em navio, aeronave, comboio ou veículo de transporte coletivo;

d) em estação ferroviária, rodoviária, aeródromo ou construção portuária;

e) em estaleiro, fábrica ou oficina;

f) em depósito de explosivo, combustível ou inflamável;

g) em poço petrolífero ou galeria de mineração;

h) em lavoura, pastagem, mata ou floresta.

§ 2º Se culposo o incêndio:

Pena - detenção, de seis meses a dois anos.

Especificamente, a Lei de Crimes Ambientais dispõe sobre o incêndio causado em mata ou floresta. Contudo, pelo fato da lei penal militar também trazer em seu artigo 268, II, "h", a previsão do incêndio causado em mata e floresta, entendemos que, neste caso, a lei aplicada seria o Código Penal Militar.

Se já existe a previsão na lei substantiva militar para uma conduta, não há porque se buscar amparo na lei extravagante.

10.2.15. Art. 42:

> ***Art. 42. Fabricar, vender, transportar ou soltar balões que possam provocar incêndios nas florestas e demais formas de vegetação, em áreas urbanas ou qualquer tipo de assentamento humano:***
>
> ***Pena - detenção de um a três anos ou multa, ou ambas as penas cumulativamente.***

- **Objetividade jurídica:**

O bem jurídico tutelado é o meio ambiente, a exemplo dos artigos anteriores, mais especificamente o patrimônio florestal (florestas e demais formas de vegetação) e também as áreas urbanas ou qualquer tipo de assentamento humano. Igualmente, para estar caracterizada a conduta delituosa, a área atingida deve estar sob administração militar.

- **Sujeito ativo:**

Pode ser qualquer pessoa física – militar da ativa, da reserva ou reformado e/ou civil, inclusive em concurso de pessoas.

Nesse sentido, importante mencionar o teor dos artigos 2.º e 79 da Lei 9.605/98:

> *Art. 2º: Quem, de qualquer forma, concorre para a prática dos crimes previstos nesta Lei, incide nas penas a estes cominadas, na medida da sua culpabilidade, bem como o diretor, o administrador, o membro de conselho e de órgão técnico, o auditor, o gerente, o preposto ou mandatário de pessoa jurídica, que, sabendo da conduta criminosa de outrem, deixar de impedir a sua prática, quando podia agir para evitá-la.*
>
> *Art. 79: Aplicam-se subsidiariamente a esta Lei as disposições do Código Penal e do Código de Processo Penal.*

No tocante ao assunto, tendo em vista que a Lei 9.605/1998 não dispõe de modo diverso, aos delitos contra a flora nacional em área sob administração militar aplicam-se as regras dos artigos 53 e 54 do Código Penal Militar.

- **Sujeito passivo:**

Os sujeitos passivos deste delito militar são a coletividade, o meio ambiente e a Força onde a área atingida estiver localizada.

- **Elementos objetivos/materiais/normativos**

Serão puníveis as condutas de <u>fabricar</u>, <u>vender</u>, <u>transportar</u> **ou** <u>soltar</u> balões que possam provocar incêndio nas florestas e demais formas de vegetação, e também em áreas urbanas, desde que estejam sob administração militar.

Fabricar consiste em produzir, manufaturar; vender significa transferir para outrem em troca de dinheiro, comerciar, negociar; transportar quer dizer levar de um lugar para outro, conduzir; e soltar consiste em desprender-se, deixar livre.

Balão é o artefato de papel fino, com formatos variados, capaz de ganhar altura em virtude do ar aquecido posto em seu interior.

O objeto material do delito constitui as matas e as florestas, e também as áreas urbanas sob administração militar, como, por exemplo, uma vila militar localizada em um centro urbano. Por mata, deve-se entender um terreno repleto de árvores, um pequeno bosque. Sobre florestas, vide comentários ao artigo 38.

– **Elemento subjetivo:**

O elemento subjetivo é o dolo, isto é, consciência e vontade de realizar os elementos do tipo.

Vale lembrar que se trata de um delito de perigo concreto, isto é, só se consumará com a real ocorrência do perigo para o bem jurídico tutelado.

– **Consumação e tentativa:**

Consuma-se o delito com o efetivo fabrico, venda, transporte ou soltura do balão que possa provocar o incêndio, ainda que este não aconteça. A tentativa é possível.

– **Pena:**

A pena cominada é a de detenção de um a três anos ou multa, ou ambas as penas cumulativamente.

Não há previsão para a modalidade culposa.

A pena será aumentada de um sexto a um terço se a diminuição de águas naturais, a erosão do solo ou a modificação do regime climático ou se o crime é cometido: a) no período de queda das sementes; b) no período de formação de vegetações; c) contra espécies raras ou ameaçadas de extinção, ainda que a ameaça ocorra somente no local da infração; d) em época de seca ou inundação; ou e) durante a noite, em domingo ou feriado. Tais causas de aumento de pena estão previstas no artigo 53 da Lei nº 9.605/98.

Considerando que o Código Penal Militar não versa sobre a pena de multa, esta será fixada de acordo com o sistema de dias-multa adotado pelo Código Penal (artigo 49). Entretanto, se revelada ineficaz, ainda que aplicada no valor máximo, poderá ser aumentada até três vezes, tendo em vista o valor da vantagem econômica auferida, conforme previsão do artigo 18, Lei 9.605/1998.

– **Crime militar**

Vislumbramos possível a prática de crime militar ambiental, desde que a área atingida esteja sob administração militar.

Por exemplo, soltar balão capaz de causar incêndio em uma vila militar localizada em um centro urbano constitui crime militar ambiental.

10.2.16. Art. 44:

> ***Art. 44. Extrair de florestas de domínio público ou consideradas de preservação permanente, sem prévia autorização, pedra, areia, cal ou qualquer espécie de minerais:***
>
> ***Pena - detenção, de seis meses a um ano, e multa.***

– **Objetividade jurídica:**

O bem jurídico tutelado é o meio ambiente, a exemplo dos artigos anteriores, mais especificamente o patrimônio florestal (as florestas de domínio público ou consideradas de preservação permanente). Com este artigo, o legislador preocupou-se em proteger elementos garantidores do equilíbrio do meio ambiente (pedra, areia, cal ou qualquer outro mineral), pois a retirada predatória desses elementos ocasiona danos gravíssimos como erosão dos solos e o empobrecimento da vegetação.

Para estar caracterizada a conduta delituosa, a área atingida deve estar sob administração militar.

– **Sujeito ativo:**

Pode ser qualquer pessoa física – militar da ativa, da reserva ou reformado e/ou civil, inclusive em concurso de pessoas.

Nesse sentido, importante mencionar o teor dos artigos 2.º e 79 da Lei 9.605/98:

> *Art. 2º: Quem, de qualquer forma, concorre para a prática dos crimes previstos nesta Lei, incide nas penas a estes cominadas, na medida da sua culpabilidade, bem como o diretor, o administrador, o membro de conselho e de órgão técnico, o auditor, o gerente, o preposto ou mandatário de pessoa jurídica, que, sabendo da conduta criminosa de outrem, deixar de impedir a sua prática, quando podia agir para evitá-la.*
>
> *Art. 79: Aplicam-se subsidiariamente a esta Lei as disposições do Código Penal e do Código de Processo Penal.*

No tocante ao assunto, tendo em vista que a Lei 9.605/1998 não dispõe de modo diverso, aos delitos contra a flora nacional em área sob administração militar aplicam-se as regras dos artigos 53 e 54 do Código Penal Militar.

– **Sujeito passivo:**

Os sujeitos passivos deste delito militar são a coletividade, o meio ambiente e a Força onde a área atingida estiver localizada.

– **Elementos objetivos/normativos/materiais**

Será punível a conduta de <u>extrair</u>, que significa tirar de dentro de, trazer para fora, arrancar.

Note-se que, neste tipo penal, o objeto material do delito é representado pelos minerais (qualquer um).

A expressão "domínio público" designa o poder que o Estado exerce sobre todas as coisas de interesse público. Sendo assim, as terras de domínio público são aquelas cujo domínio pertence ao Estado, tanto em sua esfera federal, estadual ou municipal.

Vale mencionar aqui os conceitos contidos no Código Civil brasileiro:

> Art. 98. São públicos os bens do domínio nacional pertencentes às pessoas jurídicas de direito público interno; todos os outros são particulares, seja qual for a pessoa a que pertencerem.
>
> Art. 99. São bens públicos:
>
> I - os de uso comum do povo, tais como rios, mares, estradas, ruas e praças;
>
> II - os de uso especial, tais como edifícios ou terrenos destinados a serviço ou estabelecimento da administração federal, estadual, territorial ou municipal, inclusive os de suas autarquias;
>
> III - os dominicais, que constituem o patrimônio das pessoas jurídicas de direito público, como objeto de direito pessoal, ou real, de cada uma dessas entidades.

Para entender florestas de preservação permanente, vide comentários ao artigo 38.

A expressão "sem permissão da autoridade competente" é elemento normativo do tipo. Assim, deve ser lembrado que se a extração dos minerais estiver autorizada pelos órgãos competentes – IBAMA (Instituto Brasileiro do Meio Ambiente e Recursos Naturais Renováveis) ou DNOS (Departamento Nacional de Obras de Saneamento) – trata-se de conduta lícita.

– Elemento subjetivo:

O elemento subjetivo é o dolo, isto é, consciência e vontade de extrair os minerais.

Não existe previsão da modalidade culposa.

– Consumação e tentativa:

Consuma-se o delito com a extração dos minerais, a qual deve ser comprovada por perícia. Admite-se a tentativa.

– Pena:

A pena cominada é a de detenção de seis meses a um ano, e multa.

A pena será aumentada de um sexto a um terço se a diminuição de águas naturais, a erosão do solo ou a modificação do regime climático ou se o crime é cometido: a) no período de queda das sementes; b) no período de formação de vegetações; c) contra espécies raras ou ameaçadas de extinção, ainda que a ameaça ocorra somente no local da infração; d) em época de seca ou inundação; ou e) durante a noite, em domingo ou feriado. Tais causas de aumento de pena estão previstas no artigo 53 da Lei nº 9.605/98.

Considerando que o Código Penal Militar não versa sobre a pena de multa, esta será fixada de acordo com o sistema de dias-multa adotado pelo Código Penal (artigo 49). Entretanto, se revelada ineficaz, ainda que aplicada no valor máximo, poderá ser aumentada até três vezes, tendo em vista o valor da vantagem econômica auferida, conforme previsão do artigo 18, Lei 9.605/1998.

- **Crime militar**

Vislumbramos possível a prática de crime militar ambiental, desde que a floresta de domínio público, considerada de preservação permanente, esteja em local sob administração militar.

10.2.17. Art. 45:

> ***Art. 45. Cortar ou transformar em carvão madeira de lei, assim classificada por ato do Poder Público, para fins industriais, energéticos ou para qualquer outra exploração, econômica ou não, em desacordo com as determinações legais:***
>
> ***Pena - reclusão, de um a dois anos, e multa.***

- **Objetividade jurídica:**

O bem jurídico tutelado é o meio ambiente, a exemplo dos artigos anteriores, mais especificamente o patrimônio florestal (conservação dos ecossistemas florestais), a fim de limitar as intervenções do homem. Para estar caracterizada a conduta delituosa, o corte da madeira deve ocorrer em área sob administração militar.

- **Sujeito ativo:**

Pode ser qualquer pessoa física – militar da ativa, da reserva ou reformado e/ou civil, inclusive em concurso de pessoas.

Nesse sentido, importante mencionar o teor dos artigos 2.º e 79 da Lei 9.605/98:

> *Art. 2º: Quem, de qualquer forma, concorre para a prática dos crimes previstos nesta Lei, incide nas penas a estes cominadas, na medida da sua culpabilidade, bem como o diretor, o administrador, o membro de conselho e de órgão técnico, o auditor, o gerente, o preposto ou mandatário de pessoa jurídica, que, sabendo da conduta criminosa de outrem, deixar de impedir a sua prática, quando podia agir para evitá-la.*
>
> *Art. 79: Aplicam-se subsidiariamente a esta Lei as disposições do Código Penal e do Código de Processo Penal.*

No tocante ao assunto, tendo em vista que a Lei 9.605/1998 não dispõe de modo diverso, aos delitos contra a flora nacional em área sob administração militar aplicam-se as regras dos artigos 53 e 54 do Código Penal Militar.

- **Sujeito passivo:**

Os sujeitos passivos deste delito militar são a coletividade, o meio ambiente e a Força em cuja área de administração estiver localizada a madeira de lei.

– **Elementos objetivos/normativos/materiais**

Serão puníveis as condutas de cortar ou transformar. Por cortar, entende-se decepar, talhar, dividir em duas ou mais partes, separar. Transformar significa modificar, alterar.

O objeto material do delito é a madeira de lei (madeira nobre, rígida, resistente, de maior densidade e de alto valor comercial), assim definida por ato do Poder Público, o que faz do tipo uma norma penal em branco.

Como exemplo de ato do Poder Público, podemos citar a Instrução Normativa nº 17/2011 do IBAMA, que suspende por tempo indeterminado o transporte, o beneficiamento e a comercialização de mogno.

Madeira de lei é uma expressão que nasceu ainda na época em que o Brasil era uma colônia de Portugal. Esse termo foi criado para designar as madeiras que só podiam ser derrubadas se a Corte Portuguesa autorizasse. Na época, a primeira árvore a ser classificada como madeira de lei foi o pau-brasil, numa tentativa de impedir que ela fosse contrabandeada por navios espanhóis, franceses e ingleses que aportavam na costa do País. Mais tarde, madeiras como mogno, ipê, cedro e jacarandá também passaram a ser consideradas *de lei*.

É imprescindível a realização de perícia para constatar se a madeira é considerada *de lei*.

Veja-se que existe um elemento normativo do tipo, qual seja, "em desacordo com as determinações legais". Isto é, se o corte ou a transformação são efetuados de acordo com as determinações legais, a conduta será lícita.

– **Elemento subjetivo:**

O elemento subjetivo é o dolo, isto é, consciência e vontade de cortar ou transformar madeira de lei (assim classificada por ato do Poder Público) em carvão, para fins industriais, energéticos ou para qualquer outra exploração, econômica ou não.

Observe-se que o artigo veda, além do corte, a transformação de madeira de lei em carvão vegetal – substância proveniente da queima ou combustão da madeira. No entanto, para que esteja caracterizada a prática do crime previsto no artigo 45 da LCA, o agente deve ter o dolo específico de agir com fins industriais, energéticos ou para qualquer outra forma de exploração, econômica ou não

– **Consumação e tentativa:**

Consuma-se o delito com o efetivo corte ou transformação da madeira de lei, em desacordo com as determinações legais e com a finalidade descrita no artigo. Admite-se a tentativa.

– **Pena:**

A pena cominada é a de reclusão de um ano a dois anos, e multa.

Não há previsão para a modalidade culposa.

A pena será aumentada de um sexto a um terço se a diminuição de águas naturais, a erosão do solo ou a modificação do regime climático ou se o crime é cometido: a) no período de queda das sementes; b) no período de formação de vegetações; c) contra espécies raras ou ameaçadas de extinção, ainda que a ameaça ocorra somente no local da infração; d) em época de seca ou inundação; ou e) durante a noite, em domingo ou feriado. Tais causas de aumento de pena estão previstas no artigo 53 da Lei nº 9.605/98.

Considerando que o Código Penal Militar não versa sobre a pena de multa, esta será fixada de acordo com o sistema de dias-multa adotado pelo Código Penal (artigo 49). Entretanto, se revelada ineficaz, ainda que aplicada no valor máximo, poderá ser aumentada até três vezes, tendo em vista o valor da vantagem econômica auferida, conforme previsão do artigo 18, Lei 9.605/1998.

– Crime militar

Vislumbramos possível a prática de crime militar ambiental desde que as condutas previstas no tipo sejam perpetradas em local sob administração.

10.2.18. Art. 46:

Art. 46. Receber ou adquirir, para fins comerciais ou industriais, madeira, lenha, carvão e outros produtos de origem vegetal, sem exigir a exibição de licença do vendedor, outorgada pela autoridade competente, e sem munir-se da via que deverá acompanhar o produto até final beneficiamento:

Pena - detenção, de seis meses a um ano, e multa.

Parágrafo único. Incorre nas mesmas penas quem vende, expõe à venda, tem em depósito, transporta ou guarda madeira, lenha, carvão e outros produtos de origem vegetal, sem licença válida para todo o tempo da viagem ou do armazenamento, outorgada pela autoridade competente.

– Objetividade jurídica:

O bem jurídico tutelado é o meio ambiente, mais especificamente o patrimônio florestal, a fim de limitar as intervenções do homem.

– Sujeito ativo:

Pode ser qualquer pessoa física – militar da ativa, da reserva ou reformado e/ou civil, inclusive em concurso de pessoas.

Nesse sentido, importante mencionar o teor dos artigos 2.º e 79 da Lei 9.605/98:

> *Art. 2º: Quem, de qualquer forma, concorre para a prática dos crimes previstos nesta Lei, incide nas penas a estes cominadas, na medida da sua culpabilidade, bem como o diretor, o administrador, o membro de conselho e de órgão técnico, o auditor, o gerente, o preposto ou mandatário de pessoa jurídica, que, sabendo da conduta criminosa de outrem, deixar de impedir a sua prática, quando podia agir para evitá-la.*
>
> *Art. 79: Aplicam-se subsidiariamente a esta Lei as disposições do Código Penal e do Código de Processo Penal.*

No tocante ao assunto, tendo em vista que a Lei 9.605/1998 não dispõe de modo diverso, aos delitos contra a flora nacional em área sob administração militar aplicam-se as regras dos artigos 53 e 54 do Código Penal Militar.

- **Sujeito passivo:**

Os sujeitos passivos deste delito são a coletividade, o meio ambiente e a Força em cuja área de administração estiver localizado o produto que vai ser recebido ou adquirido ilegalmente.

- **Elementos objetivos/normativos/materiais**

Serão puníveis as condutas de receber ou adquirir. A palavra receber significa obter, passar a ter, tomar algo para si. Já a conduta de aquisição supõe uma transação de compra, troca ou doação.

O parágrafo único tipifica também as hipóteses de vender (comercializar, negociar, alienar de forma onerosa), expor à venda (pôr à vista, mostrar, apresentar, oferecer e exibir para venda), ter em depósito (pôr em lugar seguro, reter, armazenar), transportar (conduzir de um lugar para outro) ou guardar (manter, ocultar, conservar, reter sob seu cuidado)

Os objetos materiais são os produtos de origem vegetal, dentre eles, madeira, lenha ou carvão.

Veja-se que o *caput* traz um elemento normativo do tipo, inexistindo conduta ilícita se for exibida a licença do vendedor outorgada pela autoridade competente junto com a via que deve acompanhar o produto até o final beneficiamento.

De igual forma, o parágrafo único do artigo 46 da LCA também estabelece um elemento normativo para o tipo penal, ficando excluída a ilicitude da conduta se o agente possuir licença válida para todo o período da viagem ou armazenamento, devidamente outorgada por autoridade competente.

- **Elemento subjetivo:**

O elemento subjetivo é o dolo, isto é, consciência e vontade de praticar as condutas previstas no artigo 46 da LCA.

Vale observar que para a configuração do delito previsto no *caput*, o agente deve agir com o dolo específico de empregar o produto para fins comerciais ou industriais. Ou seja, se não for essa a finalidade do agente, não estará caracterizado o delito.

- **Consumação e tentativa:**

Consuma-se o delito previsto no *caput* com o recebimento ou aquisição dos produtos florestais em comento. Quanto ao delito do parágrafo único, ocorre a consumação do crime quando ocorrer venda, exposição à venda, depósito, transporte ou guarda, alternativamente, independentemente da ocorrência de qualquer outro resultado.

Admite-se a tentativa nas hipóteses de aquisição ou venda.

Não há previsão para a modalidade culposa do crime.

– **Pena:**

A pena cominada é a de detenção, de seis meses a um ano, e multa.

A pena será aumentada de um sexto a um terço se a diminuição de águas naturais, a erosão do solo ou a modificação do regime climático ou se o crime é cometido: a) no período de queda das sementes; b) no período de formação de vegetações; c) contra espécies raras ou ameaçadas de extinção, ainda que a ameaça ocorra somente no local da infração; d) em época de seca ou inundação; ou e) durante a noite, em domingo ou feriado. Tais causas de aumento de pena estão previstas no artigo 53 da Lei nº 9.605/98.

Considerando que o Código Penal Militar não versa sobre a pena de multa, esta será fixada de acordo com o sistema de dias-multa adotado pelo Código Penal (artigo 49). Entretanto, se revelada ineficaz, ainda que aplicada no valor máximo, poderá ser aumentada até três vezes, tendo em vista o valor da vantagem econômica auferida, conforme previsão do artigo 18, Lei 9.605/1998.

– **Crime militar**

Bem difícil imaginar, na prática, a caracterização desse crime na esfera militar.

Isso porque não basta que o agente (civil ou militar) esteja em área sob administração militar. Para que haja um crime militar nos moldes do artigo 9º do CPM é preciso que os produtos florestais recebidos ou adquiridos tenham sido extraídos de área militar, pois se, por exemplo, um militar receber madeira dentro de unidade militar, mas que não seja proveniente de área sob administração militar, não haverá a ocorrência de crime militar, uma vez que a conduta não estará subsumida aos preceitos do artigo 9º do CPM. Nesse caso, a competência será da Justiça Federal comum.

10.2.19. Art. 47:

Art. 48. Impedir ou dificultar a regeneração natural de florestas e demais formas de vegetação:
Pena - detenção, de seis meses a um ano, e multa.

– **Objetividade jurídica:**

O bem jurídico tutelado é o meio ambiente, a exemplo dos artigos anteriores, mais especificamente a flora nacional ameaçada pelo impedimento ou dificuldade de regeneração natural pelo homem.

Para se caracterizar como crime militar, faz-se necessário que a área ameaçada esteja sob administração militar.

– **Sujeito ativo:**

Pode ser qualquer pessoa física – militar da ativa, da reserva ou reformado e/ou civil, inclusive em concurso de pessoas.

Nesse sentido, importante mencionar o teor dos artigos 2.º e 79 da Lei 9.605/98:

> *Art. 2º: Quem, de qualquer forma, concorre para a prática dos crimes previstos nesta Lei, incide nas penas a estes cominadas, na medida da sua culpabilidade, bem como o diretor, o administrador, o membro de conselho e de órgão técnico, o auditor, o gerente, o preposto ou mandatário de pessoa jurídica, que, sabendo da conduta criminosa de outrem, deixar de impedir a sua prática, quando podia agir para evitá-la.*
>
> *Art. 79: Aplicam-se subsidiariamente a esta Lei as disposições do Código Penal e do Código de Processo Penal.*

No tocante ao assunto, tendo em vista que a Lei 9.605/1998 não dispõe de modo diverso, aos delitos contra a flora nacional em área sob administração militar aplicam-se as regras dos artigos 53 e 54 do Código Penal Militar.

– Sujeito passivo:

Os sujeitos passivos deste delito militar são a coletividade e a Força em cuja área de administração estiver localizada a floresta ou as demais formas de vegetação.

– Elementos objetivos/normativos/materiais

Serão puníveis as condutas de impedir, que significa obstar, não permitir; dificultar é tornar difícil, árduo, penoso.

O objeto material do delito consiste nas florestas e demais formas de vegetação (qualquer outra, como cerrados, manguezais etc.).

Para entender o significado de florestas, vide comentários ao artigo 38.

– Elemento subjetivo:

O elemento subjetivo é o dolo, isto é, consciência e vontade de impedir ou dificultar a regeneração natural de florestas e demais formas de vegetação.

– Consumação e tentativa:

Consuma-se o delito com a efetivação das condutas de impedir ou dificultar a regeneração natural de florestas e demais formas de vegetação. A tentativa é admissível, mas de difícil configuração.

Não há previsão para a modalidade culposa.

– Pena:

A pena cominada é a de detenção de seis meses a um ano, e multa.

A pena será aumentada de um sexto a um terço se a diminuição de águas naturais, a erosão do solo ou a modificação do regime climático ou se o crime é cometido: a) no período de queda das sementes; b) no período de formação de vegetações; c) contra espécies raras ou ameaçadas de extinção, ainda que a ameaça ocorra somente no local da infração; d) em época de seca ou inundação; ou e) durante a noite, em domingo ou feriado. Tais causas de aumento de pena estão previstas no artigo 53 da Lei nº 9.605/98.

Considerando que o Código Penal Militar não versa sobre a pena de multa, esta será fixada de acordo com o sistema de dias-multa adotado pelo Código Penal (artigo 49). Entretanto, se revelada ineficaz, ainda que aplicada no valor máximo, poderá ser aumentada até três vezes, tendo em vista o valor da vantagem econômica auferida, conforme previsão do artigo 18, Lei 9.605/1998.

10.2.20. Art. 49:

Art. 49. Destruir, danificar, lesar ou maltratar, por qualquer modo ou meio, plantas de ornamentação de logradouros públicos ou em propriedade privada alheia:

Pena - detenção, de três meses a um ano, ou multa, ou ambas as penas cumulativamente.

Parágrafo único. No crime culposo, a pena é de um a seis meses, ou multa.

– **Objetividade jurídica:**

O bem jurídico tutelado é a espécie vegetal de ornamentação situada em local público ou propriedade privada. Veja-se que para se caracterizar o crime militar, nos termos do artigo 9º, II, "e", e III, "a", do Código Penal Militar, a planta de ornamentação deve estar localizada em local sob administração militar.

– **Sujeito ativo:**

Pode ser qualquer pessoa física – militar da ativa, da reserva ou reformado e/ou civil, inclusive em concurso de pessoas.

Nesse sentido, importante mencionar o teor dos artigos 2.º e 79 da Lei 9.605/98:

> Art. 2º: Quem, de qualquer forma, concorre para a prática dos crimes previstos nesta Lei, incide nas penas a estes cominadas, na medida da sua culpabilidade, bem como o diretor, o administrador, o membro de conselho e de órgão técnico, o auditor, o gerente, o preposto ou mandatário de pessoa jurídica, que, sabendo da conduta criminosa de outrem, deixar de impedir a sua prática, quando podia agir para evitá-la.
>
> Art. 79: Aplicam-se subsidiariamente a esta Lei as disposições do Código Penal e do Código de Processo Penal.

No tocante ao assunto, tendo em vista que a Lei 9.605/1998 não dispõe de modo diverso, aos delitos contra a flora nacional em área sob administração militar aplicam-se as regras dos artigos 53 e 54 do Código Penal Militar.

– **Sujeito passivo:**

Os sujeitos passivos deste delito militar são a coletividade e, sempre, a Força onde a planta ornamental estiver localizada.

- **Elementos objetivos/normativos/materiais**

Considerando que os elementos objetivos se encontram na descrição do tipo, neste caso, tem-se que a conduta consiste em destruir, danificar, lesar ou maltratar plantas de ornamentação.

Destruir significa arruinar, exterminar, acabar com algo a ponto que a coisa não consiga exercer mais sua função. Já danificar é o ato de causar dano, avariar algo de modo que comprometa o funcionamento ou características essenciais da coisa. Lesar é o ato de causar lesão ou prejuízo ao bem jurídico tutelado. Maltratar significa submeter a maus tratos, tratar de forma desrespeitosa, causar sevícia.

O objeto da tutela penal são as plantas ornamentais, entendidas como aquelas que adornam ou decoram determinado local público ou privado. As plantas ornamentais são aquelas cultivadas por sua beleza, tais como lírios, samambaias, begônias.

O artigo sob análise é objeto de críticas por parte da doutrina, uma vez que não haveria nenhum atentado efetivo ao bem jurídico meio ambiente. Em 2007, foi apresentado na Câmara dos Deputados, o Projeto de Lei 2.063, que visava, em termos práticos, a revogação do art. 49 da LCA, sob o argumento de que houve exagero ao estabelecer como crime as condutas que causam danos às plantas ornamentais, em especial na modalidade culposa. O referido projeto de lei foi arquivado, uma vez que a Comissão de Meio Ambiente e Desenvolvimento Sustentável entendeu que, embora a pena seja excessiva, a proteção do bem jurídico na esfera penal é constitucional e necessária.

- **Elemento subjetivo:**

O elemento subjetivo é o dolo, isto é, consciência e vontade de destruir, danificar, lesar ou maltratar plantas ornamentais.

Por previsão expressa, admite-se a modalidade culposa do crime.

- **Consumação e tentativa:**

A consumação ocorre com a efetiva destruição, danificação, lesão ou maltrato da planta ornamental. A tentativa é possível na forma dolosa.

A pena cominada é a de detenção de três meses a um ano, ou multa, ou ambas as penas de forma cumulativa. No caso de crime culposo, a pena aplicável é de um a seis meses, ou multa (não se aplicando ambas de forma cumulativa).

De fato, percebemos um excessivo rigor penal e desproporcional à ação tipificada no art. 49 da LCA. Na forma culposa, potencialmente aplicar-se-ia uma pena de até seis meses ainda que o dano fosse oriundo de imprudência. Não nos parece razoável enquadrar como crime, por exemplo, o fato de um militar derrubar de forma imprudente uma orquídea decorativa do quartel.

A pena será aumentada de um sexto a um terço se a diminuição de águas naturais, a erosão do solo ou a modificação do regime climático ou se o crime é cometido: a) no período de queda das sementes; b) no período de formação de vegetações; c) contra espécies raras ou ameaçadas de extinção, ainda que a ameaça ocorra somente no local da infração; d) em época de seca ou inundação; ou e) durante a noite, em domingo ou feriado. Tais causas de aumento de pena estão previstas no artigo 53 da Lei nº 9.605/98.

Considerando que o Código Penal Militar não versa sobre a pena de multa, esta será fixada de acordo com o sistema de dias-multa adotado pelo Código Penal (artigo 49). Entretanto, se revelada ineficaz, ainda que aplicada no valor máximo, poderá ser aumentada até três vezes, tendo em vista o valor da vantagem econômica auferida, conforme previsão do artigo 18, Lei 9.605/1998.

- **Crime militar:**

Vislumbramos a possível pratica de crime militar ambiental, uma vez que plantas ornamentais são usadas para decorar organizações militares ou até eventos e celebrações realizadas dentro do quartel.

10.2.21. Art. 50:

Art. 50. Destruir ou danificar florestas nativas ou plantadas ou vegetação fixadora de dunas, protetora de mangues, objeto de especial preservação:

Pena - detenção, de três meses a um ano, e multa.

- **Objetividade jurídica:**

O bem jurídico tutelado é o meio ambiente, especificamente no que se refere ao patrimônio florestal. Veja-se que para se caracterizar o crime militar, nos termos do artigo 9º, II, "e", e III, "a", do Código Penal Militar, a floresta ou vegetação tutelada nos termos do artigo 50 deve estar situada em área militar.

- **Sujeito ativo:**

Pode ser qualquer pessoa física – militar da ativa, da reserva ou reformado e/ ou civil, inclusive em concurso de pessoas.

Nesse sentido, importante mencionar o teor dos artigos 2.º e 79 da Lei 9.605/98:

> Art. 2º: Quem, de qualquer forma, concorre para a prática dos crimes previstos nesta Lei, incide nas penas a estes cominadas, na medida da sua culpabilidade, bem como o diretor, o administrador, o membro de conselho e de órgão técnico, o auditor, o gerente, o preposto ou mandatário de pessoa jurídica, que, sabendo da conduta criminosa de outrem, deixar de impedir a sua prática, quando podia agir para evitá-la.
>
> Art. 79: Aplicam-se subsidiariamente a esta Lei as disposições do Código Penal e do Código de Processo Penal.

No tocante ao assunto, tendo em vista que a Lei 9.605/1998 não dispõe de modo diverso, aos delitos contra a flora nacional em área sob administração militar aplicam-se as regras dos artigos 53 e 54 do Código Penal Militar.

– **Sujeito passivo:**

Os sujeitos passivos deste delito militar são a coletividade e, sempre, a Força onde a floresta ou vegetação estiver localizada.

– **Elementos objetivos**

Considerando que os elementos objetivos se encontram na descrição do tipo, neste caso, tem-se que a conduta incriminada consiste em destruir ou danificar florestas (nativas ou plantadas) ou vegetação que fixe dunas ou proteja mangues.

Destruir significa arruinar, exterminar, acabar com algo a ponto que a coisa não consiga exercer sua função. Já danificar é o ato de causar dano, avariar algo de modo que comprometa o funcionamento ou características essenciais da coisa.

Desmatar é o ato de remover mato, causar devastação, derrubar uma quantidade significativa de árvores.

Para entender o conceito de floresta, vide comentários ao artigo 38 da LCA.

Note-se que o termo floresta é empregado em sentido amplo, pouco importando se a floresta é nativa (própria da área ou região) ou plantada (oriundas de intervenção humana). Luiz Regis Prado entende que há uma inadequação no artigo 50, pois o conceito de floresta nativa não se contrapõe ao de floresta plantada. Isso porque pode ocorrer a replantação, por ação humana, de espécies nativas. Inclusive a Lei nº 12.651/2012 demonstra uma clara preocupação com a preservação da floresta nativa, preferindo o replantio da flora original da região.

O crime não só protege florestas, como também vegetação que cumpra a função de fixar dunas ou proteger mangues.

O Conselho Nacional do Meio Ambiente (CONAMA) editou a Resolução nº 303/2002, definindo duna como uma *unidade geomorfológica de constituição predominante arenosa, com aparência de cômoro ou colina, produzida pela ação dos ventos, situada no litoral ou no interior do continente, podendo estar recoberta, ou não, por vegetação.* A norma também elucida a definição de mangue, entendido como um *ecossistema litorâneo que ocorre em terrenos baixos, sujeitos à ação das marés, formado por vasas lodosas recentes ou arenosas, às quais se associa, predominantemente, a vegetação natural conhecida como mangue, com influência flúvio-marinha, típica de solos limosos de regiões estuarinas e com dispersão descontínua ao longo da costa brasileira, entre os estados do Amapá e Santa Catarina.*

Não basta que o objeto de destruição ou dano esteja enquadrado no conceito de duna ou mangue. A norma determina, para fins de tutela penal, que a área seja objeto especial de preservação. O preceito do artigo 50 é incompleto e indeterminado. Por isso, entende-se que o artigo 50 é uma norma penal em branco, que exige complementação de outra norma.

– **Elemento subjetivo:**

O elemento subjetivo é o dolo, isto é, consciência e vontade do agente de destruir ou danificar a área preservada.

Não se admite a modalidade culposa.

- **Consumação e tentativa:**

A consumação ocorre com a efetiva destruição ou danificação da floresta nativa ou vegetação fixadora de dunas, protetora de mangues, objeto especial de preservação. A tentativa é admitida.

- **Pena**

A pena cominada é a de detenção de três meses a um ano, e multa.

A pena será aumentada de um sexto a um terço se a diminuição de águas naturais, a erosão do solo ou a modificação do regime climático ou se o crime é cometido: a) no período de queda das sementes; b) no período de formação de vegetações; c) contra espécies raras ou ameaçadas de extinção, ainda que a ameaça ocorra somente no local da infração; d) em época de seca ou inundação; ou e) durante a noite, em domingo ou feriado. Tais causas de aumento de pena estão previstas no artigo 53 da Lei nº 9.605/98.

Considerando que o Código Penal Militar não versa sobre a pena de multa, esta será fixada de acordo com o sistema de dias-multa adotado pelo Código Penal (artigo 49). Entretanto, se revelada ineficaz, ainda que aplicada no valor máximo, poderá ser aumentada até três vezes, tendo em vista o valor da vantagem econômica auferida, conforme previsão do artigo 18, Lei 9.605/1998.

- **Crime militar:**

Também aqui enxergamos possível a prática de crime militar ambiental.

A Restinga da Marambaia, localizada no literal do Rio de Janeiro, é formada por dunas e matas arbustivas. Trata-se de uma área militar de acesso restrito que é comumente usada pelas três Forças para adestramento de tropa e realização de eventuais testes. Sendo assim, um crime realizado nesse local será de competência da Justiça Militar da União.

10.2.22. Art. 50-A:

Art. 50-A. Desmatar, explorar economicamente ou degradar floresta, plantada ou nativa, em terras de domínio público ou devolutas, sem autorização do órgão competente: (Incluído pela Lei nº 11.284, de 2006)

Pena - reclusão de 2 (dois) a 4 (quatro) anos e multa. (Incluído pela Lei nº 11.284, de 2006)

§ 1º Não é crime a conduta praticada quando necessária à subsistência imediata pessoal do agente ou de sua família. (Incluído pela Lei nº 11.284, de 2006)

§ 2º Se a área explorada for superior a 1.000 ha (mil hectares), a pena será aumentada de 1 (um) ano por milhar de hectare. (Incluído pela Lei nº 11.284, de 2006)

– **Objetividade jurídica:**

O bem jurídico tutelado é o meio ambiente, especificamente no que se refere ao desmatamento e à degradação de áreas florestais e vegetais. Veja-se que para se caracterizar o crime militar, nos termos do artigo 9º, II, "e", e III, "a", do Código Penal Militar, a floresta ou vegetação deve estar situada em área militar.

– **Sujeito ativo:**

Pode ser qualquer pessoa física – militar da ativa, da reserva ou reformado e/ ou civil, inclusive em concurso de pessoas.

Nesse sentido, importante mencionar o teor dos artigos 2.º e 79 da Lei 9.605/98:

> Art. 2º: Quem, de qualquer forma, concorre para a prática dos crimes previstos nesta Lei, incide nas penas a estes cominadas, na medida da sua culpabilidade, bem como o diretor, o administrador, o membro de conselho e de órgão técnico, o auditor, o gerente, o preposto ou mandatário de pessoa jurídica, que, sabendo da conduta criminosa de outrem, deixar de impedir a sua prática, quando podia agir para evitá-la.
>
> Art. 79: Aplicam-se subsidiariamente a esta Lei as disposições do Código Penal e do Código de Processo Penal.

No tocante ao assunto, tendo em vista que a Lei 9.605/1998 não dispõe de modo diverso, aos delitos contra a flora nacional em área sob administração militar aplicam-se as regras dos artigos 53 e 54 do Código Penal Militar.

– **Sujeito passivo:**

Os sujeitos passivos deste delito militar são a coletividade e, sempre, a Força onde a floresta ou vegetação estiver localizada.

– **Elementos objetivos/normativos/materiais**

Considerando que os elementos objetivos se encontram na descrição do tipo, neste caso, tem-se que a conduta consiste em <u>desmatar</u>, <u>explorar</u> economicamente ou <u>degradar</u> floresta, seja plantada ou nativa em terras de domínio público ou devolutas, sem a devida autorização da autoridade competente.

Desmatar é o ato de remover mato, causar devastação, derrubar uma quantidade significativa de árvores. Já explorar é tirar proveito, aproveitar-se, beneficiar-se. Para fins de enquadramento típico, a exploração deve ter cunho econômico, ou seja, a atividade deve visar a obtenção de lucro. Por fim, degradar tem o sentido de destruir, provocar estragos.

Os elementos materiais do tipo penal são as florestas, plantadas ou nativas, em terras de domínio público ou devolutas.

O crime é direcionado às florestas presentes em terras de domínio público ou devolutas. As terras de domínio público são aquelas que integram os bens públicos, seja na esfera federal, estadual ou municipal. As terras devolutas são aquelas que não integram o patrimônio privado e sem destinação de uso especial.

Nesse sentido, mais uma vez, serão citados os conceitos contidos no Código Civil brasileiro:

> Art. 98. São públicos os bens do domínio nacional pertencentes às pessoas jurídicas de direito público interno; todos os outros são particulares, seja qual for a pessoa a que pertencerem.
>
> Art. 99. São bens públicos:
>
> I - os de uso comum do povo, tais como rios, mares, estradas, ruas e praças;
>
> II - os de uso especial, tais como edifícios ou terrenos destinados a serviço ou estabelecimento da administração federal, estadual, territorial ou municipal, inclusive os de suas autarquias;
>
> III - os dominicais, que constituem o patrimônio das pessoas jurídicas de direito público, como objeto de direito pessoal, ou real, de cada uma dessas entidades.

Sobre as terras devolutas, vale consultar a Lei de Terras, instituída pela Lei nº 601 de 1859, que assim dispõe, cujo preâmbulo estabelece:

> *Dispõe sobre as terras devolutas no Império, e acerca das que são possuídas por titulo de sesmaria sem preenchimento das condições legais. bem como por simples titulo de posse mansa e pacifica; e determina que, medidas e demarcadas as primeiras, sejam elas cedidas a titulo oneroso, assim para empresas particulares, como para o estabelecimento de colonias de nacionaes e de extrangeiros, autorizado o Governo a promover a colonisação extrangeira na forma que se declara.*

O artigo 3º da Lei de Terras dispõe:

> Art. 3º São terras devolutas:
>
> § 1º As que não se acharem applicadas a algum uso publico nacional, provincial, ou municipal.
>
> § 2º As que não se acharem no dominio particular por qualquer titulo legitimo, nem forem havidas por sesmarias e outras concessões do Governo Geral ou Provincial, não incursas em commisso por falta do cumprimento das condições de medição, confirmação e cultura.
>
> § 3º As que não se acharem dadas por sesmarias, ou outras concessões do Governo, que, apezar de incursas em commisso, forem revalidadas por esta Lei.
>
> § 4º As que não se acharem occupadas por posses, que, apezar de não se fundarem em titulo legal, forem legitimadas por esta Lei.

O artigo 50-A da Lei de Crimes Ambientais estabelece que não há crime se a conduta for praticada para a subsistência imediata do agente ou da sua família.

A ilicitude da conduta é excluída caso o agente conte com autorização da autoridade competente, sendo esse documento o elemento normativo do tipo.

– **Elemento subjetivo:**

O elemento subjetivo é o dolo, isto é, consciência e vontade que o agente possui de desmatar, degradar ou explorar economicamente a floresta localizada em terra devoluta ou de domínio público.

Não se admite a modalidade culposa.

– **Consumação e tentativa:**

A consumação ocorre com o desmatamento, exploração econômica ou degradação da área. A tentativa é admitida.

– **Pena:**

A pena cominada é a de reclusão, de dois a quatro anos, e multa.

Há uma causa de aumento de pena que leva em consideração a extensão do espaço explorado. Assim, o artigo 50-A, em seu parágrafo 2º, determina o aumento de um ano de pena por milhar de hectare. Esta causa de aumento de pena deve ser aplicada com cuidado, pois pode levar a condenações desproporcionais, uma vez que o agente pode ser condenado a uma pena exorbitante dependendo da extensão da terra afetada.

A pena será aumentada de um sexto a um terço se a diminuição de águas naturais, a erosão do solo ou a modificação do regime climático ou se o crime é cometido: a) no período de queda das sementes; b) no período de formação de vegetações; c) contra espécies raras ou ameaçadas de extinção, ainda que a ameaça ocorra somente no local da infração; d) em época de seca ou inundação; ou e) durante a noite, em domingo ou feriado. Tais causas de aumento de pena estão previstas no artigo 53 da Lei nº 9.605/98.

Considerando que o Código Penal Militar não versa sobre a pena de multa, esta será fixada de acordo com o sistema de dias-multa adotado pelo Código Penal (artigo 49). Entretanto, se revelada ineficaz, ainda que aplicada no valor máximo, poderá ser aumentada até três vezes, tendo em vista o valor da vantagem econômica auferida, conforme previsão do artigo 18, Lei 9.605/1998.

– **Crime militar:**

Também aqui é possível verificar a prática de crime militar ambiental.

É importante ressaltar que as Forças Armadas, em especial o Exército Brasileiro, possuem organizações militares que contemplam áreas formadas por diversos biomas nacionais. Assim, o crime do artigo 50-A da LCA praticado em uma área sob administração militar será de competência da Justiça Militar da União.

10.2.23. Art. 51:

> **Art. 51.** Comercializar motosserra ou utilizá-la em florestas e nas demais formas de vegetação, sem licença ou registro da autoridade competente:
> Pena – detenção, de três meses a um ano, e multa.

– **Objetividade jurídica:**

O bem jurídico tutelado é o meio ambiente, especificamente em face do desmatamento, que é a degradação de áreas florestais e vegetais. Veja-se que para se caracterizar o crime militar, nos termos do artigo 9º, II, "e", e III, "a", do Código Penal Militar, a floresta ou vegetação deve estar situada em área militar.

– **Sujeito ativo:**

Pode ser qualquer pessoa física – militar da ativa, da reserva ou reformado e/ou civil, inclusive em concurso de pessoas.

Nesse sentido, importante mencionar o teor dos artigos 2.º e 79 da Lei 9.605/98:

> Art. 2º: Quem, de qualquer forma, concorre para a prática dos crimes previstos nesta Lei, incide nas penas a estes cominadas, na medida da sua culpabilidade, bem como o diretor, o administrador, o membro de conselho e de órgão técnico, o auditor, o gerente, o preposto ou mandatário de pessoa jurídica, que, sabendo da conduta criminosa de outrem, deixar de impedir a sua prática, quando podia agir para evitá-la.
>
> Art. 79: Aplicam-se subsidiariamente a esta Lei as disposições do Código Penal e do Código de Processo Penal.

No tocante ao assunto, tendo em vista que a Lei 9.605/1998 não dispõe de modo diverso, aos delitos contra a flora nacional em área sob administração militar aplicam-se as regras dos artigos 53 e 54 do Código Penal Militar.

– **Sujeito passivo:**

Os sujeitos passivos deste delito militar são a coletividade, o meio ambiente e, sempre, a Força onde a floresta ou vegetação estiver localizada.

– **Elementos objetivos/normativos/materiais**

Considerando que os elementos objetivos se encontram na descrição do tipo, neste caso, tem-se que a conduta consiste em comercializar ou utilizar motosserra em florestas ou demais tipos de vegetação, sem a devida licença da autoridade competente.

Comercializar significa alienar de forma onerosa, negociar para alienação, pôr em fluxo comercial. Já utilizar denota o ato de fazer uso de algo, empregar, tirar utilidade. Motosserra é uma serra acionada por motor movido a gasolina.

A ilicitude da conduta é excluída caso o agente conte com autorização da autoridade competente através da emissão de licença, sendo esta o elemento normativo do tipo penal sob análise. No caso, a autoridade competente é o Instituto Brasileiro do Meio Ambiente e dos Recursos Naturais (IBAMA) ou autoridade delegada.

– **Elemento subjetivo:**

O elemento subjetivo é o dolo, isto é, consciência e vontade de comercializar motosserra ou utilizá-la em floresta e vegetação.

Não se admite modalidade culposa.

– **Consumação e tentativa:**

A consumação ocorre com a efetiva utilização do bem (delito material) ou comercialização deste (mera atividade). A tentativa é admitida.

– **Pena**

A pena cominada é a de detenção, de três meses a um ano, e multa.

A pena será aumentada de um sexto a um terço se a diminuição de águas naturais, a erosão do solo ou a modificação do regime climático ou se o crime é cometido: a) no período de queda das sementes; b) no período de formação de vegetações; c) contra espécies raras ou ameaçadas de extinção, ainda que a ameaça ocorra somente no local da infração; d) em época de seca ou inundação; ou e) durante a noite, em domingo ou feriado. Tais causas de aumento de pena estão previstas no artigo 53 da Lei nº 9.605/98.

Considerando que o Código Penal Militar não versa sobre a pena de multa, esta será fixada de acordo com o sistema de dias-multa adotado pelo Código Penal (artigo 49). Entretanto, se revelada ineficaz, ainda que aplicada no valor máximo, poderá ser aumentada até três vezes, tendo em vista o valor da vantagem econômica auferida, conforme previsão do artigo 18, Lei 9.605/1998.

– **Crime militar:**

Também aqui existe a possibilidade da prática de crime militar ambiental.

É relevante notar que militares das Forças Armadas possuem acesso relativamente fácil a motosserras. Por exemplo, a Escola Preparatória de Cadetes do Exército (EsPCEx), em parceria com o Sindicato Rural de Campinas/ SENAR- SP, realizou o Curso de Operação e Manutenção de Motosserra nas dependências da própria Escola. Desse modo, se algum participante do curso, aproveitando-se do ingresso de motosserras no quartel, resolvesse utilizá-la em floresta, sem autorização, estaria caracterizada uma hipótese de crime militar.

10.2.24. Art. 52:

Art. 52. Penetrar em Unidades de Conservação conduzindo substâncias ou instrumentos próprios para caça ou para exploração de produtos ou subprodutos florestais, sem licença da autoridade competente:

Pena – detenção, de seis meses a um ano, e multa.

– **Objetividade jurídica:**

O bem jurídico tutelado é o meio ambiente, especificamente com relação à exploração da flora e da fauna protegidas em Unidades de Conservação. Veja-se que para se caracterizar o crime militar, nos termos do artigo 9º, II, "e", e III, "a", do Código Penal Militar, a floresta deve estar situada em área militar.

– **Sujeito ativo:**

Pode ser qualquer pessoa física – militar da ativa, da reserva ou reformado e/ ou civil, inclusive em concurso de pessoas.

Nesse sentido, importante mencionar o teor dos artigos 2.º e 79 da Lei 9.605/98:

> Art. 2º: Quem, de qualquer forma, concorre para a prática dos crimes previstos nesta Lei, incide nas penas a estes cominadas, na medida da sua culpabilidade, bem como o diretor, o administrador, o membro de conselho e de órgão técnico, o auditor, o gerente, o preposto ou mandatário de pessoa jurídica, que, sabendo da conduta criminosa de outrem, deixar de impedir a sua prática, quando podia agir para evitá-la.
>
> Art. 79: Aplicam-se subsidiariamente a esta Lei as disposições do Código Penal e do Código de Processo Penal.

No tocante ao assunto, tendo em vista que a Lei 9.605/1998 não dispõe de modo diverso, aos delitos contra a flora nacional em área sob administração militar aplicam-se as regras dos artigos 53 e 54 do Código Penal Militar.

– **Sujeito passivo:**

Os sujeitos passivos deste delito militar são a coletividade, o meio ambiente e, sempre, a Força onde a floresta estiver localizada.

– **Elementos objetivos/normativos/materiais**

Considerando que os elementos objetivos se encontram na descrição do tipo, neste caso, tem-se que a conduta consiste em <u>penetrar</u> em unidade de conservação portando substâncias ou instrumentos para caça ou exploração de produtos ou subprodutos florestais sem a devida licença da autoridade competente.

Penetrar significa adentrar, invadir, passar através ou dentro, entrar.

Trata-se de crime de mera conduta, uma vez que a lei não exige que seja concretizada a caça ou exploração de produto florestal. Basta adentrar portando tais objetos potencialmente ofensivos e o crime estará configurado.

É necessário definir, para fins de tipificação, o que é Unidade de Conservação. Nesse sentido, a própria Lei nº 9.605/98 esclarece que há Unidades de Conservação de proteção e de uso sustentável.

Entende-se por Unidades de Conservação de Proteção Integral as Estações Ecológicas, as Reservas Biológicas, os Parques Nacionais, os Monumentos Naturais e os Refúgios de Vida Silvestre (art. 40, § 1º). Já as Unidades de Uso Sustentável são as Áreas de Proteção Ambiental, as Áreas de Relevante Interesse Ecológico, as Florestas Nacionais, as Reservas Extrativistas, as Reservas de Fauna, as Reservas de Desenvolvimento Sustentável e as Reservas Particulares do Patrimônio Natural (art. 40-A, §1º).

O tipo penal estabelece que o agente deve adentrar a Unidade de Conservação portando substância ou instrumento próprio para caça ou exploração, tal como armas, redes, extratores e ferramentas análogas.

A palavra produto significa aquilo que é produzido a partir da natureza, enquanto subproduto é o que se obtém da atividade extrativista.

A ilicitude da conduta é excluída caso o agente conte com autorização da autoridade competente através da emissão de licença, sendo esse documento o elemento normativo do tipo. No caso, a autoridade competente é o Instituto Brasileiro do Meio Ambiente e dos Recursos Naturais (IBAMA) ou autoridade delegada.

Note-se que, além de proteger a flora, o delito do artigo 52 também tutela a fauna. De fato, é semelhante ao crime do artigo 29 da LCA, mas com este não se confunde. Nesse ponto, o crime do artigo 52 configura-se com o mero ingresso na Unidade de Conservação (conduzindo instrumento ou substância próprios para caça ou exploração da fauna), enquanto o crime do artigo 29 se concretiza com a efetiva morte, perseguição, caça ou utilização de espécimes da fauna silvestre.

Caso ocorra a penetração em Unidade de Conservação e resulte, por exemplo, na morte de espécime da fauna silvestre, entende-se que o delito do artigo 52 será absorvido pelo crime do artigo 29.

- **Elemento subjetivo:**

O elemento subjetivo é o dolo, isto é, consciência e vontade de adentrar da Unidade de Conservação, portando instrumentos ou substâncias próprias para caça ou exploração da flora.

Não se admite a modalidade culposa.

- **Consumação e tentativa:**

A consumação ocorre com a simples penetração do agente na de Unidade Conservação portando os objetos descritos no tipo, sem a devida autorização da autoridade competente.

Não se admite a tentativa.

- **Pena:**

A pena cominada é a de detenção, de seis meses a um ano, e multa.

A pena será aumentada de um sexto a um terço se a diminuição de águas naturais, a erosão do solo ou a modificação do regime climático ou se o crime é cometido: a) no período de queda das sementes; b) no período de formação de vegetações; c) contra espécies raras ou ameaçadas de extinção, ainda que a ameaça ocorra somente no local da infração; d) em época de seca ou inundação; ou e) durante a noite, em domingo ou feriado. Tais causas de aumento de pena estão previstas no artigo 53 da Lei nº 9.605/98.

Considerando que o Código Penal Militar não versa sobre a pena de multa, esta será fixada de acordo com o sistema de dias-multa adotado pelo Código Penal (artigo 49). Entretanto, se revelada ineficaz, ainda que aplicada no valor máximo, poderá ser aumentada até três vezes, tendo em vista o valor da vantagem econômica auferida, conforme previsão do artigo 18, Lei 9.605/1998.

- **Crime militar:**

Vislumbramos a potencial ocorrência de crime militar ambiental, visto que não há nenhum óbice em uma Unidade de Conservação estar localizada em área sob administração militar.

Segundo Raul Jungmann, à época ministro de Defesa, as Forças Amadas atuam na proteção de áreas de conservação há séculos, como no caso do Atol das Rocas, reconhecido como reserva biológica desde 1979. Inclusive, há estudo de proposta de criação de uma nova categoria de Unidade de Conservação nas áreas sob administração militar.

10.2.25. Art. 54:

> **Art. 54.** Causar poluição de qualquer natureza em níveis tais que resultem ou possam resultar em danos à saúde humana, ou que provoquem a mortandade de animais ou a destruição significativa da flora:
>
> Pena - reclusão, de um a quatro anos, e multa.
>
> § 1º Se o crime é culposo:
>
> Pena - detenção, de seis meses a um ano, e multa.
>
> § 2º Se o crime:
>
> I - tornar uma área, urbana ou rural, imprópria para a ocupação humana;
>
> II - causar poluição atmosférica que provoque a retirada, ainda que momentânea, dos habitantes das áreas afetadas, ou que cause danos diretos à saúde da população;
>
> III - causar poluição hídrica que torne necessária a interrupção do abastecimento público de água de uma comunidade;
>
> IV - dificultar ou impedir o uso público das praias;
>
> V - ocorrer por lançamento de resíduos sólidos, líquidos ou gasosos, ou detritos, óleos ou substâncias oleosas, em desacordo com as exigências estabelecidas em leis ou regulamentos:
>
> Pena - reclusão, de um a cinco anos.
>
> § 3º Incorre nas mesmas penas previstas no parágrafo anterior quem deixar de adotar, quando assim o exigir a autoridade competente, medidas de precaução em caso de risco de dano ambiental grave ou irreversível.

– **Objetividade jurídica:**

O bem jurídico tutelado é o meio ambiente e a saúde pública, especificamente com relação à integridade da fauna e da flora. Veja-se que para se caracterizar o crime militar, nos termos do artigo 9º, II, "e", e III, "a", do Código Penal Militar, a área atingida deve estar sob administração militar.

Vale ressaltar que a saúde pública é um bem jurídico tutelado na esfera constitucional. Segundo o artigo 196 da CF, a saúde é "direito de todos e dever do Estado, garantido mediante políticas sociais e econômicas que visem à redução do risco de doença e de outros agravos e ao acesso universal e igualitário às ações e serviços para sua promoção, proteção e recuperação".

É importante destacar que o Código Penal Militar já prevê a poluição como crime, conforme disposto no artigo 294:

"Art. 294. Corromper ou poluir água potável de uso de quartel, fortaleza, unidade, navio, aeronave ou estabelecimento militar, ou de tropa em manobras ou exercício, tornando-a imprópria para consumo ou nociva à saúde:

Pena - reclusão, de dois a cinco anos.

Modalidade culposa

Parágrafo único. Se o crime é culposo:

Pena - detenção, de dois meses a um ano."

Caso o objeto material do crime militar seja água potável, deve ser aplicado o artigo 294 do Código Penal Militar.

- **Sujeito ativo:**

Pode ser qualquer pessoa física – militar da ativa, da reserva ou reformado e/ou civil, inclusive em concurso de pessoas.

Nesse sentido, importante mencionar o teor dos artigos 2.º e 79 da Lei 9 605/98:

Art. 2º: Quem, de qualquer forma, concorre para a prática dos crimes previstos nesta Lei, incide nas penas a estes cominadas, na medida da sua culpabilidade, bem como o diretor, o administrador, o membro de conselho e de órgão técnico, o auditor, o gerente, o preposto ou mandatário de pessoa jurídica, que, sabendo da conduta criminosa de outrem, deixar de impedir a sua prática, quando podia agir para evitá-la.

Art. 79: Aplicam-se subsidiariamente a esta Lei as disposições do Código Penal e do Código de Processo Penal.

- **Sujeito passivo:**

Os sujeitos passivos deste delito militar são a coletividade, o meio ambiente e, sempre, a Força onde ocorre a poluição.

- **Elementos objetivos/normativos/materiais**

Considerando que os elementos objetivos se encontram na descrição do tipo, neste caso, tem-se que a conduta consiste em <u>causar</u> poluição de forma que possa resultar em danos à saúde humana, provoque mortandade de animais ou a destruição significativa da flora.

O verbo nuclear "causar" denota que a conduta do agente deve provocar ou dar causa à poluição de qualquer natureza, em níveis tais que resultem ou possam resultar em danos à saúde humana, mortandade animal ou destruição significativa da flora.

A Lei nº 6.938/1981, que dispõe sobre a Política Nacional do Meio Ambiente, estabeleceu a seguinte definição:

Art 3º - Para os fins previstos nesta Lei, entende-se por:

(...)

III - poluição, a degradação da qualidade ambiental resultante de atividades que direta ou indiretamente:

a) prejudiquem a saúde, a segurança e o bem-estar da população;

> b) criem condições adversas às atividades sociais e econômicas;
>
> c) afetem desfavoravelmente a biota;
>
> d) afetem as condições estéticas ou sanitárias do meio ambiente;
>
> e) lancem matérias ou energia em desacordo com os padrões ambientais estabelecidos;
>
> IV - poluidor, a pessoa física ou jurídica, de direito público ou privado, responsável, direta ou indiretamente, por atividade causadora de degradação ambiental;
>
> V - recursos ambientais, a atmosfera, as águas interiores, superficiais e subterrâneas, os estuários, o mar territorial, o solo, o subsolo e os elementos da biosfera.
>
> V - recursos ambientais: a atmosfera, as águas interiores, superficiais e subterrâneas, os estuários, o mar territorial, o solo, o subsolo, os elementos da biosfera, a fauna e a flora. (Redação dada pela Lei nº 7.804, de 1989)

Note-se que, para fins de tipificação, a poluição deve ser efetivamente danosa ou perigosa à saúde humana, ou que provoque a morte de animais ou a destruição significativa da flora. Nesse sentido, por ser um crime de resultado, é imprescindível que seja realizada perícia técnica para constatar o nível de poluição.

Trata-se de um tipo legal extremamente aberto, abrangendo várias espécies e formas de poluição (atmosférica, hídrica, sonora, térmica, radioativa), o qual introduz conceitos diferentes entre si e indeterminados. Por isso, há quem defenda que o artigo 54 da LCA fere o princípio da legalidade e, portanto, é inconstitucional.

Há previsão expressa no § 2º do mencionado artigo de modalidades qualificadas do delito: a) tornar uma área, urbana ou rural, imprópria para a ocupação humana; b) causar poluição atmosférica que provoque a retirada, ainda que momentânea, dos habitantes das áreas afetadas, ou que cause danos diretos à saúde da população; c) causar poluição hídrica que torne necessária a interrupção do abastecimento público de água de uma comunidade; d) dificultar ou impedir o uso público das praias; e e) ocorrer por lançamento de resíduos sólidos, líquidos ou gasosos, ou detritos, óleos ou substâncias oleosas, em desacordo com as exigências estabelecidas em leis ou regulamentos.

Por sua vez, o § 3º do artigo 54 pune com as mesmas penas previstas para a modalidade qualificada, aquele que se omite quando tinha o dever de agir (garantidor). Trata-se de mais uma norma penal em branco.

Nesse sentido, caso exista alguma norma que imponha ao agente o dever de adotar medidas de precaução em caso de risco de dano ambiental grave ou irresistível, a omissão do agente será considerada crime.

– **Elemento subjetivo:**

O elemento subjetivo é o dolo, isto é, consciência e vontade de realizar os elementos do tipo.

O delito previsto no *caput* do artigo 54 admite a modalidade culposa, conforme previsão expressa do § 1º.

– **Consumação e tentativa:**

A consumação ocorre com a poluição da natureza, desde que seja em nível suficiente para ser nociva à saúde, provocar mortandade animal ou destruir a flora.

No caso do crime omissivo, a consumação se dará a partir do momento em que o agente, tendo a obrigação de agir, deixar de fazê-lo.

– **Pena:**

A pena cominada é a de reclusão, de um a quatro anos, e multa.

Considerando que o Código Penal Militar não versa sobre a pena de multa, esta será fixada de acordo com o sistema de dias-multa adotado pelo Código Penal (artigo 49). Entretanto, se revelada ineficaz, ainda que aplicada no valor máximo, poderá ser aumentada até três vezes, tendo em vista o valor da vantagem econômica auferida, conforme previsão do artigo 18, Lei 9.605/1998.

Em sua forma qualificada ou omissiva, previstas nas hipóteses dos §§ 2º e 3º do artigo 54, o crime é apenado com reclusão, de um a cinco anos. Nesse caso, não se aplica a pena de multa.

– **Crime militar:**

É plenamente possível a caracterização de crime militar ambiental previsto no artigo 54 da LCA, uma vez que os núcleos do tipo previstos podem todos ser perpetrados em área sob administração militar.

10.2.26. Art. 55:

> **Art. 55.** Executar pesquisa, lavra ou extração de recursos minerais sem a competente autorização, permissão, concessão ou licença, ou em desacordo com a obtida:
> Pena - detenção, de seis meses a um ano, e multa.
> Parágrafo único. Nas mesmas penas incorre quem deixa de recuperar a área pesquisada ou explorada, nos termos da autorização, permissão, licença, concessão ou determinação do órgão competente

– **Objetividade jurídica:**

O bem jurídico tutelado é o ambiente ameaçado pela atividade extrativista de minerais Veja-se que para se caracterizar o crime militar, nos termos do artigo 9º, II, "e", e III, "a", do Código Penal Militar, a área objeto de tutela deve estar situada em área militar.

– **Sujeito ativo:**

Pode ser qualquer pessoa física – militar da ativa, da reserva ou reformado e/ou civil, inclusive em concurso de pessoas.

Nesse sentido, importante mencionar o teor dos artigos 2.º e 79 da Lei 9.605/98:

> Art. 2º: Quem, de qualquer forma, concorre para a prática dos crimes previstos nesta Lei, incide nas penas a estes cominadas, na medida da sua culpabilidade, bem como o diretor, o administrador, o membro de conselho e de órgão técnico, o auditor, o gerente, o preposto ou mandatário de pessoa jurídica, que, sabendo da conduta criminosa de outrem, deixar de impedir a sua prática, quando podia agir para evitá-la.
>
> Art. 79: Aplicam-se subsidiariamente a esta Lei as disposições do Código Penal e do Código de Processo Penal.

– **Sujeito passivo:**

Os sujeitos passivos deste delito militar são a coletividade, o meio ambiente e, sempre, a Força onde ocorre a atividade ilícita.

– **Elementos objetivos/normativos/materiais**

Considerando que os elementos objetivos se encontram na descrição do tipo, neste caso, tem-se que a conduta ilícita consiste em <u>executar</u> pesquisa, lavra ou extração de recursos minerais.

Executar significa realizar, efetuar, fazer.

Conforme previsto no Decreto-Lei 227/1967, entende-se por lavra o conjunto de operações coordenadas objetivando o aproveitamento industrial da jazida, desde a extração das substâncias minerais úteis que contiver, até o beneficiamento das mesmas.

A expressão "sem a competente autorização, permissão, concessão ou licença, ou em desacordo com a obtida" constitui elemento normativo do tipo, referente à ausência de uma causa de justificação. Presente a permissão, a autorização, a concessão ou a licença, a conduta será lícita ou conforme ao direito.

Aquele que deixar de recuperar a área pesquisada ou explorada, nos termos da autorização, permissão, licença, concessão ou determinação do órgão competente, comete o delito em sua forma omissiva, conforme previsto no parágrafo único do artigo 55 da LCA. Trata-se de norma penal em branco, já que faz referência expressa ao conteúdo da autorização (em sentido amplo) do IBAMA.

– **Elemento subjetivo:**

O elemento subjetivo é o dolo, isto é, consciência e vontade de realizar os elementos do tipo.

O delito previsto no artigo 55 admite a modalidade culposa, conforme previsão expressa do parágrafo único.

– **Consumação e tentativa:**

A consumação ocorre com a efetiva realização da pesquisa, lavra ou extração de recursos minerais.

A tentativa é admitida nas formas comissivas.

No caso do crime omissivo, a consumação se dará a partir do momento em que o agente, tendo a obrigação de agir, deixar de fazê-lo.

- **Pena:**

A pena cominada é a de detenção, de seis meses a um ano, e multa.

Considerando que o Código Penal Militar não versa sobre a pena de multa, esta será fixada de acordo com o sistema de dias-multa adotado pelo Código Penal (artigo 49). Entretanto, se revelada ineficaz, ainda que aplicada no valor máximo, poderá ser aumentada até três vezes, tendo em vista o valor da vantagem econômica auferida, conforme previsão do artigo 18, Lei 9.605/1998.

- **Crime militar:**

É plenamente possível a configuração do crime previsto no artigo 55 da LCA como um crime militar. Imaginemos que um Batalhão de Engenharia de Construção esteja realizando uma obra para construção de uma ponte em área militar e, ao fazer as necessárias escavações, os militares se deparassem com minerais e resolvessem extrai-los sem qualquer autorização do Órgão competente. Tal hipótese seria a de crime militar capitulado no artigo II, "e", do Código Penal Militar.

10.2.27. Art. 56:

Art. 56. Produzir, processar, embalar, importar, exportar, comercializar, fornecer, transportar, armazenar, guardar, ter em depósito ou usar produto ou substância tóxica, perigosa ou nociva à saúde humana ou ao meio ambiente, em desacordo com as exigências estabelecidas em leis ou nos seus regulamentos:

Pena – reclusão, de um a quatro anos, e multa.

§ 1º Nas mesmas penas incorre quem: (Redação dada pela Lei nº 12.305, de 2010)

I - abandona os produtos ou substâncias referidos no caput ou os utiliza em desacordo com as normas ambientais ou de segurança; (Incluído pela Lei nº 12.305, de 2010)

II - manipula, acondiciona, armazena, coleta, transporta, reutiliza, recicla ou dá destinação final a resíduos perigosos de forma diversa da estabelecida em lei ou regulamento. (Incluído pela Lei nº 12.305, de 2010)

§ 2º Se o produto ou a substância for nuclear ou radioativa, a pena é aumentada de um sexto a um terço.

§ 3º Se o crime é culposo:

Pena - detenção, de seis meses a um ano, e multa.

- **Objetividade jurídica:**

Os bens jurídicos tutelados são o meio ambiente e a saúde humana. Veja-se que para se caracterizar o crime militar, a conduta deve se subsumir aos termos do artigo 9º, II, "e", e III, "a", do Código Penal Militar,

- **Sujeito ativo:**

Pode ser qualquer pessoa física – militar da ativa, da reserva ou reformado e/ou civil, inclusive em concurso de pessoas.

Nesse sentido, importante mencionar o teor dos artigos 2.º e 79 da Lei 9.605/98:

> Art. 2º: Quem, de qualquer forma, concorre para a prática dos crimes previstos nesta Lei, incide nas penas a estes cominadas, na medida da sua culpabilidade, bem como o diretor, o administrador, o membro de conselho e de órgão técnico, o auditor, o gerente, o preposto ou mandatário de pessoa jurídica, que, sabendo da conduta criminosa de outrem, deixar de impedir a sua prática, quando podia agir para evitá-la.
>
> Art. 79: Aplicam-se subsidiariamente a esta Lei as disposições do Código Penal e do Código de Processo Penal.

– **Sujeito passivo:**

Os sujeitos passivos deste delito militar são a coletividade, o meio ambiente e, sempre, a Força onde ocorre a atividade ilícita.

– **Elementos objetivos/normativos/materiais**

Considerando que os elementos objetivos se encontram na descrição do tipo, neste caso, tem-se que a conduta ilícita consiste em produzir (gerar, criar, dar origem); processar (industrializar, manufaturar); embalar (acondicionar); importar (fazer vir do exterior); exportar (enviar para o exterior); comercializar (comprar, vender, permutar, repassar de forma onerosa); fornecer (prover, abastecer); transportar (deslocar ou conduzir de um local a outro); armazenar (recolher ou conservar em armazém, estocar em lugar próprio); guardar (proteger, preservar, manter, ocultar, reter sob seu cuidado em nome de outrem); ter em depósito (pôr em lugar seguro, reter, conservar, manter para si mesmo); usar (aplicar, empregar) o produto ou substância tóxica, perigosa ou nociva à saúde humana ou ao meio ambiente.

Os objetos materiais do delito são os produtos ou substâncias tóxicas (venenos, combustíveis ou explosivos), desde que perigosos ou nocivos (que ofereçam risco ou sejam prejudiciais) à saúde humana ou ao meio ambiente.

O § 1.º do art. 56, alterado pela Lei 12.305/2010 (Política Nacional de Resíduos Sólidos), por sua vez, pune quem: a) abandona (deixa, larga) os referidos produtos ou substâncias ou os utiliza (emprega, faz uso) em desacordo com as normas ambientais ou de segurança; manipula (compõe, maneja), acondiciona (preserva, conserva), armazena (guarda, coloca em depósito), coleta (recolhe), transporta (transfere de um local a outro), reutiliza (utiliza novamente ou dá novo uso), recicla ou dá destinação final a resíduos perigosos de forma diversa da estabelecida em lei ou regulamento.

Para que a conduta esteja enquadrada nos termos do II do § 1º deve-se atentar ao conceito de resíduos perigosos que, segundo o art. 2º da Resolução 452/2012 (CONAMA) vêm a ser os que, "em função de suas características de inflamabilidade, corrosividade, reatividade, toxicidade e patogenicidade, podem apresentar risco à saúde pública e à qualidade ambiental".

A expressão "em desacordo com as exigências estabelecidas em lei ou nos seus regulamentos" constitui elemento normativo do tipo. Trata-se de norma penal em branco e, por isso, o seu conteúdo depende de outra norma.

- **Elemento subjetivo:**

O elemento subjetivo é o dolo, isto é, consciência e vontade de realizar os elementos do tipo.

O delito previsto artigo 56 admite a modalidade culposa, conforme previsão expressa do § 3º.

- **Consumação e tentativa:**

A consumação ocorre com a efetiva realização da pesquisa, lavra ou extração de recursos minerais com a efetiva produção, processamento, embalagem, importação, exportação, comercialização, fornecimento, transporte, armazenamento, guarda, manutenção em depósito, uso ou abandono dos referidos produtos ou substâncias, mesmo que não ocorram danos ao ambiente.

A tentativa é admissível, salvo nas hipóteses de guarda, manutenção em depósito, uso e abandono.

- **Pena:**

A pena cominada é a de reclusão, de um a quatro anos, e multa, podendo ser aumentada de um sexto a um terço se o produto ou substância for nuclear ou radioativa.

Em se tratando de crime culposo, a pena aplicável é de detenção, de seis meses a um ano.

Considerando que o Código Penal Militar não versa sobre a pena de multa, esta será fixada de acordo com o sistema de dias-multa adotado pelo Código Penal (artigo 49). Entretanto, se revelada ineficaz, ainda que aplicada no valor máximo, poderá ser aumentada até três vezes, tendo em vista o valor da vantagem econômica auferida, conforme previsão do artigo 18, Lei 9.605/1998.

- **Crime militar:**

Se as condutas descritas no tipo penal forem perpetradas em área sob administração militar configurarão crime militar de competência da Justiça Militar União.

10.2.28. Art. 58:

Art. 58 - CAUSAS DE AUMENTO DE PENA

Art. 58. Nos crimes dolosos previstos nesta Seção, as penas serão aumentadas:

I - de um sexto a um terço, se resulta dano irreversível à flora ou ao meio ambiente em geral;

II - de um terço até a metade, se resulta lesão corporal de natureza grave em outrem;

III - até o dobro, se resultar a morte de outrem.

Parágrafo único. As penalidades previstas neste artigo somente serão aplicadas se do fato não resultar crime mais grave.

Art. 60. Construir, reformar, ampliar, instalar ou fazer funcionar, em qualquer parte do território nacional, estabelecimentos, obras ou serviços potencialmente poluidores, sem licença ou autorização dos órgãos ambientais competentes, ou contrariando as normas legais e regulamentares pertinentes:

Pena – detenção, de um a seis meses, ou multa, ou ambas as penas cumulativamente.

– **Objetividade jurídica:**

O bem jurídico tutelado é o meio ambiente. Para se caracterizar o crime militar, faz-se necessário que o fato ocorra em área sob administração militar ou, de alguma forma, a atinja.

– **Sujeito ativo:**

Pode ser qualquer pessoa física – militar da ativa, da reserva ou reformado e/ou civil, inclusive em concurso de pessoas.

Nesse sentido, importante mencionar o teor dos artigos 2.º e 79 da Lei 9.605/98:

> Art. 2º: Quem, de qualquer forma, concorre para a prática dos crimes previstos nesta Lei, incide nas penas a estes cominadas, na medida da sua culpabilidade, bem como o diretor, o administrador, o membro de conselho e de órgão técnico, o auditor, o gerente, o preposto ou mandatário de pessoa jurídica, que, sabendo da conduta criminosa de outrem, deixar de impedir a sua prática, quando podia agir para evitá-la.
>
> Art. 79: Aplicam-se subsidiariamente a esta Lei as disposições do Código Penal e do Código de Processo Penal.

– **Sujeito passivo:**

Os sujeitos passivos deste delito militar são a coletividade, o meio ambiente e, sempre, a Força onde ocorre a atividade ilícita.

– **Elementos objetivos/normativos/materiais**

Considerando que os elementos objetivos se encontram na descrição do tipo, neste caso, tem-se que a conduta ilícita consiste em construir (edificar); reformar (corrigir, consertar, alterar, mudar); ampliar (aumentar); instalar (estabelecer, dispor para funcionar); fazer funcionar (inaugurar, dar início à execução) estabelecimentos, obras ou serviços potencialmente poluidores, sem licença ou autorização dos órgãos ambientais competentes, ou contrariando as normas legais e regulamentares pertinentes.

Os objetos materiais do delito são o estabelecimento, obra ou serviço potencialmente poluidores.

A expressão "sem licença ou autorização dos órgãos ambientais competentes, ou contrariando as normas legais e regulamentares pertinentes" constitui elemento normativo do tipo. Trata-se de norma penal em branco e, por isso, o seu conteúdo depende de outra norma.

– **Elemento subjetivo:**

O elemento subjetivo é o dolo, isto é, consciência e vontade de realizar os elementos do tipo.

Não há previsão da modalidade culposa.

– **Consumação e tentativa:**

Consuma-se o presente delito com a efetiva construção, reforma, ampliação, instalação ou funcionamento de estabelecimento, obra ou serviço potencialmente poluidor. Admite-se a tentativa.

– **Pena:**

A pena cominada é a de detenção, de um a seis meses, ou multa, ou ambas as penas cumulativamente.

Considerando que o Código Penal Militar não versa sobre a pena de multa, esta será fixada de acordo com o sistema de dias-multa adotado pelo Código Penal (artigo 49). Entretanto, se revelada ineficaz, ainda que aplicada no valor máximo, poderá ser aumentada até três vezes, tendo em vista o valor da vantagem econômica auferida, conforme previsão do artigo 18, Lei 9.605/1998.

– **Crime militar:**

Totalmente plausível a hipótese do art. 60 da LCA vir a se caracterizar como crime militar. Mais uma vez, utilizamos o exemplo de um Batalhão de Engenharia de Construção que, ao realizar uma construção nas margens de um rio em área sob administração militar, deixe escapar em suas águas materiais poluentes.

Outrossim, caso um engenheiro qualquer (civil), ao construir em área vizinha a essa mesma organização militar, deixe que um vazamento de produtos poluentes alcance as águas do rio que passa pela área militar, estaria ele (civil) cometendo o crime militar previsto no artigo 60 da LCA.

10.2.29. Art. 61:

> **Art. 61.** Disseminar doença ou praga ou espécies que possam causar dano à agricultura, à pecuária, à fauna, à flora ou aos ecossistemas:
> Pena – reclusão, de um a quatro anos, e multa.

– **Objetividade jurídica:**

O bem jurídico tutelado é o meio ambiente. Para se caracterizar o crime militar, faz-se necessário que o fato ocorra em área sob administração militar ou, de alguma forma, a atinja.

Vale ressaltar que o Código Penal Militar trata a conduta prevista no artigo 61 da LCA da seguinte forma:

> Art. 278. Difundir doença ou praga que possa causar dano a floresta, plantação, pastagem ou animais de utilidade econômica ou militar, em lugar sob administração militar:
>
> Pena - reclusão, até três anos.
>
> Modalidade culposa
>
> Parágrafo único. No caso de culpa, a pena é de detenção, até seis meses.

Se já existe a previsão na lei substantiva militar para tais condutas, entendemos não existir motivos para se buscar amparo na lei extravagante.

REFERÊNCIAS:

ASSIS, Jorge Cesar de. *Crime militar & processo: comentários à Lei 13.491/2017*. Curitiba: Juruá, 2018.

BITENCOURT, Cezar Roberto. *Manual de direito penal: parte geral*. São Paulo: Saraiva, 2002, v. 1.

Carvalho,Érika Mendes de *Tutela penal do patrimônio florestal* brasileiro, São Paulo: Ed RT, 1999.

GOMES, Luiz Flávio; MACIEL, Silvio Luiz. *Lei de crimes ambientais*: comentários à Lei n. 9.605/1998. Rio de Janeiro: Forense, 2015.

GONÇALVES, Victor Eduardo, R.; BALTAZAR, José Paulo. *Esquematizado - Legislação penal especial*. São Paulo: Saraiva, 2020.

JÚNIOR, Flávio Martins Alves N. *Curso de direito constitucional*. São Paulo: Saraiva, 2020.

KUKOWSKI, Rafael Schwez. Coord. CUNHA, Rogério Sanches; PINTO, Ronaldo Batista; SOUZA, Renee do Ó. *Leis penais especiais comentadas artigo por artigo*. Salvador: Juspodivum, 2018.

LIMA, Renato Brasileiro de. *Legislação criminal especial comentada*. Salvador: Juspodivum, 2020.

NEVES, Cícero Robson Coimbra. *Inquietações na investigação criminal militar após a entrada em vigor da Lei n. 13.491, de 13 de outubro de 2017*. Revista Direito Militar, Florianópolis, n. 126, p. 23-28, set./dez. 2017.

NEVES, Cícero Robson Coimbra; STREIFINGER, Marcello. ***Manual de direito penal militar***. Salvador: Jus Podium, 2021.

NUCCI, Guilherme de Souza. *Leis Penais e Processuais Penais Comentadas*. Rio de Janeiro: Grupo GEN, 2020, v. 2.

PEREIRA, Carlos Frederico de Oliveira. *A Lei nº 13.491, de 13 de outubro de 2017, e os crimes hediondos*. Disponível em: < http://www.mpm.mp.br/portal/wp-content/uploads/2017/11/lei-13491-crimes-hediondos.pdf. Acesso em: 04 jul. 2018.

PRADO, Luiz Regis. *Direito Penal do Ambiente*. Rio de Janeiro: Grupo GEN, 2019.

VANZOLINI, Patrícia; JUNQUEIRA, Gustavo Octaviano Diniz. *Manual de direito penal*. São Paulo: Saraiva, 2013.

11

CRIME MILITAR EXTRAVAGANTE DE LICITAÇÕES E CONTRATOS (LEI N. 8.666/1993 X LEI N. 14.133/2021)

Luciano Coca Gonçalves

11.1. CONSIDERAÇÕES INICIAIS

11.1.1. Introdução

Por imperativo constitucional[1] e internacional[2], o Poder Público, quando necessita adquirir, alienar, locar bens, contratar a execução de obras ou serviços, deverá em regra realizar um procedimento prévio e previsto em lei, denominado *licitação*, no qual são estabelecidos critérios objetivos para a seleção da proposta mais vantajosa.

Com esse procedimento se visa impedir ações de conluio ou favoritismos entre agentes públicos e particulares contrários ao interesse público, resguardando-se, dentre outros, os princípios constitucionais da moralidade e impessoalidade administrativa.

---

1 CF, art. 37: *"A administração pública direta e indireta de qualquer dos Poderes da União, dos Estados, do Distrito Federal e dos Municípios obedecerá aos princípios de legalidade, impessoalidade, moralidade, publicidade e eficiência e, também, ao seguinte: (...) XXI – ressalvados os casos especificados na legislação, as obras, serviços, compras e alienações serão contratados mediante processo de licitação pública que assegure igualdade de condições a todos os concorrentes, com cláusulas que estabeleçam obrigações de pagamento, mantidas as condições efetivas da proposta, nos termos da lei, o qual somente permitirá as exigências de qualificação técnica e econômica indispensáveis à garantia do cumprimento das obrigações."*.

2 Artigo 9º, 1, primeira parte, da Convenção das Nações Unidas contra a Corrupção (Decreto Presidencial nº 5.687, de 31 de janeiro de 2006): *"Cada Estado Parte, em conformidade com os princípios fundamentais de seu ordenamento jurídico, adotará as medidas necessárias para estabelecer sistemas apropriados de contratação pública, baseados na transparência, na competência e em critérios objetivos de adoção de decisões, que sejam eficazes, entre outras coisas, para prevenir a corrupção."* (grifo nosso)

Procura-se ainda proteger os recursos governamentais pela seleção da proposta mais vantajosa, além de assegurar o princípio constitucional da isonomia, pois garante aos interessados a oportunidade de concorrerem, em igualdade de condições, à contratação pretendida pelo Poder Público.

Até recentemente o ato normativo que estabelecia normas gerais sobre licitações e contratos administrativos no âmbito dos Poderes da União, dos Estados, do Distrito Federal e dos Municípios era a Lei nº 8.666/93, cujo descumprimento poderia levar à responsabilização dos envolvidos nas esferas administrativa, civil e penal. Sob o aspecto penal, que constitui objeto do nosso estudo, a Lei nº 8.666/93 previa dez crimes, especificamente, do art. 89 ao art. 98. Além disso, estabelecia um rito próprio para o processamento e julgamento desses crimes em seus artigos 100 a 108.

Ocorre que em 1º de abril de 2021 entrou em vigor a Lei nº 14.133, que instituiu um novo regime geral licitatório e de contratos administrativos para toda a administração pública direta, autárquica e fundacional, revogando não só a Lei nº 8.666/93, mas também a Lei nº 10.520/02 (Pregão) e os artigos 1º a 47-A da Lei nº 12.462/11, que tratam do Regime Diferenciado de Contratações Públicas – RDC.

Por outro lado, a Nova Lei de Licitações estabeleceu um período de transição, de forma que as leis citadas somente serão *efetivamente* revogadas após decorridos dois anos da sua publicação oficial, exceto no que se refere aos dispositivos penais e ao rito para o processamento e julgamento previstos na Lei nº 8.666/93, cuja revogação foi a partir da data da sua publicação (art. 193). Ou seja, no que se refere aos aspectos penais e processuais penais da Lei nº 8.666/93 a revogação foi imediata, sem qualquer prazo de transição.

Paralelamente à revogação dos crimes em licitações e contratos da Lei nº 8.666/93, a Nova Lei de Licitações instituiu novos crimes, porém, não mais em lei específica, conforme o fez a Lei nº 8.666/93, mas sim acrescentou novos tipos penais no Código Penal Comum[3].

Com efeito, o Título XI da Parte Especial do Código Penal Comum, que trata dos crimes contra a Administração Pública, passou a vigorar acrescido do Capítulo II-B, definido como *"DOS CRIMES EM LICITAÇÕES E CONTRATOS ADMINISTRATIVOS"*[4], constituído de onze tipos penais que serão objetos de nosso estudo, especialmente, na perspectiva do Direito Penal Militar.

---

3 Se bem que, conforme será visto adiante em um esforço comparativo entre novos e antigos tipos penais, à exceção do art. 337-O do CP, que trata da "omissão grave de dado ou de informação por projetista", não houve verdadeiramente a criação de novos crimes, mas sim a repetição daqueles da Lei nº 8.666/93 no Código Penal Comum, com alteração do texto e o endurecimento da pena em alguns casos.

4 Parcela doutrinária faz uma crítica à denominação escolhida pelo legislador, uma vez que "contratos administrativos" não se confunde com contratos puramente civis realizados pela Administração Pública, estes denominados de "contratos privados da Administração". A nomenclatura "contratos administrativos" tecnicamente deveria ser empregada somente nos casos em que a Administração está autorizada a legalmente exercer os seus poderes administrativos, a exemplo da possibilidade de alteração unilateral dos contratos. Assim, para tal doutrina, a melhor denominação teria sido "Dos crimes em licitações e contratos ***da Administração***", expressão mais abrangente, eis que os crimes em questão também englobam os desvios em licitações para contratações civis, como, por exemplo, a venda de imóveis ou a permuta (nesse sentido: GRECO, Ana Márcia; GRECO FILHO, Vicente. RASSI, João Daniel. *Dos crimes em licitações e contratos administrativos*. 1. ed. São Paulo: RT, 2021. *E-book*).

Finalmente, no que se refere à Administração Militar, por integrar a Administração Direta e manejar recursos públicos para a consecução das suas finalidades constitucionais e legais, sempre que pretender a contratação de terceiros, todos os envolvidos igualmente deverão observar as regras e princípios que norteiam a Administração Pública em geral, o que inclui aquelas relativas à licitação e aos contratos celebrados. Logo, em caso de inobservância, da mesma forma, poderá haver incidência das normas penais consecutivas.

11.1.2. Da (in)dependência das instâncias penal, civil e administrativa

À semelhança do estabelecido no Código Civil[5], Código de Processo Penal[6] e Estatuto dos Servidores Civis da União (Lei nº 8.112/90)[7], dispõe a Lei nº 8.666/93 que os agentes administrativos que praticarem atos em desacordo com os seus preceitos ou visando a frustrar os objetivos da licitação, estarão sujeitos às sanções nela previstas, *sem prejuízo das responsabilidades civil e criminal que o ato ensejar* (art. 82).

Há, portanto, na Lei nº 8.666/93, um reforço ao entendimento prevalente da independência ou incomunicabilidade entre as diversas esferas de responsabilidades pela prática de um ilícito, ou seja, que uma mesma conduta pode ser sancionada cumulativamente no âmbito civil, penal e administrativo.

No âmbito da Lei nº 14.133/21, embora não se tenha repetido a redação do artigo 82 da Lei nº 8.666/93, que somente será revogado após o decurso do prazo fixado no art. 193, II, daquela Lei, pensamos que a independência entre as instâncias ainda persiste no espírito da novel legislação, consoante se infere, por exemplo, da leitura dos seus artigos 72, 148, §1º, 156, §9º e 169, §3º, II.

Por outro lado, é cediço que essa independência ou incomunicabilidade não é absoluta, tendo em vista que a depender do fundamento da sentença penal absolutória, possível a comunicabilidade entre as instâncias para afastar o ilícito civil ou administrativo, o que implica dizer que o nosso ordenamento jurídico, na verdade, adotou o *sistema da independência relativa*.

É o que ocorre, por exemplo, nas hipóteses de absolvição criminal pela comprovação da inexistência do fato ou negativa de autoria[8] ou pela comprovação da

---

[5] CC, art. 935: *"A responsabilidade civil é independente da criminal, não se podendo questionar mais sobre a existência do fato, ou sobre quem seja o seu autor, quando estas questões se acharem decididas no juízo criminal."*

[6] CPP, art. 63: *"Transitada em julgado a sentença condenatória, poderão promover-lhe a execução, no juízo cível, para o efeito da reparação do dano, o ofendido, seu representante legal ou seus herdeiros."*; CPP, art. 64: *"Sem prejuízo do disposto no artigo anterior, a ação para ressarcimento do dano poderá ser proposta no juízo cível, contra o autor do crime e, se for caso, contra o responsável civil."*; CPP, art. 66: *"Não obstante a sentença absolutória no juízo criminal, a ação civil poderá ser proposta quando não tiver sido, categoricamente, reconhecida a inexistência material do fato."*

[7] Lei nº 8.112/90, art. 125: *"As sanções civis, penais e administrativas poderão cumular-se, sendo independentes entre si."*

[8] Lei nº 8.112/90, art. 126: *"A responsabilidade administrativa do servidor será afastada no caso de absolvição criminal que negue a existência do fato ou sua autoria."*; CC, art. 935: *"A responsabilidade civil é independente da criminal, não se podendo questionar mais sobre a existência do fato, ou sobre quem seja o seu autor, quando estas questões se acharem decididas no juízo criminal."*; CPP, art. 66: *"Não obstante a sentença absolutória no juízo criminal, a ação civil poderá ser proposta quando não tiver sido, categoricamente, reconhecida a inexistência material do fato."*; Decreto nº 4.346/2002 (Regulamento Disciplinar do Exército), art. 14, §3º: *"As responsabilidades cível e administrativa do militar*

existência de causa excludente de ilicitude (legítima defesa, estado de necessidade etc.)[9]. Nas hipóteses citadas, a questão *materialidade*, *autoria* e *justificante* não poderá ter solução diversa nas esferas civil e administrativa, que observarão aquilo que foi decidido no processo criminal.

No âmbito do regime jurídico dos militares federais,[10] entretanto, a relação entre as instâncias penal militar e administrativa disciplinar é ainda mais estreita. Na verdade, não é demasiado concluir que existe uma espécie de subsidiariedade do Direito Disciplinar Militar em relação ao Direito Penal Militar, conforme se observa pelo §2º do artigo 42 da Lei nº 6.680/80 (Estatuto dos Militares), que tem a seguinte redação: *"No concurso de crime militar e de contravenção ou transgressão disciplinar, quando forem da mesma natureza, será aplicada somente a pena relativa ao crime."*.

Coerente com aquele estatuto, os regulamentos disciplinares das três Forças Armadas replicam e aprofundam essa subsidiariedade em diversos dispositivos, conforme segue abaixo:

– Regulamento Disciplinar do Exército (Decreto nº 4.346, de 26 de agosto de 2002, da Presidência da República):

> Art. 14. (...) § 1º Quando a conduta praticada estiver tipificada em lei como crime ou contravenção penal, não se caracterizará transgressão disciplinar. (...) § 3° As responsabilidades cível e administrativa do militar serão afastadas no caso de absolvição criminal, com sentença transitada em julgado, que negue a existência do fato ou da sua autoria.; § 4º No concurso de crime e transgressão disciplinar, quando forem da mesma natureza, esta é absorvida por aquele e aplica-se somente a pena relativa ao crime. § 5º Na hipótese do § 4º, a autoridade competente para aplicar a pena disciplinar deve aguardar o pronunciamento da Justiça, para posterior avaliação da questão no âmbito administrativo.

– Regulamento Disciplinar para Marinha (Decreto nº 88.545, de 26 de julho de 1983, da Presidência da República):

> Art. 6º – Contravenção Disciplinar é toda ação ou omissão contrária às obrigações ou aos deveres militares estatuídos nas leis, nos regulamentos, nas normas e nas disposições em vigor que fundamentam a Organização Militar, desde que não incidindo no que é capitulado pelo Código Penal Militar como crime.; Art. 7º – São contravenções disciplinares: (...) 29. ofender física ou moralmente qualquer pessoa, procurar desacreditá-la ou concorrer para isso, desde que não incorra em crime; (...) 69. introduzir clandestinamente matérias inflamáveis, explosivas, tóxicas ou outras em Organização Militar, pondo em

serão afastadas no caso de absolvição criminal, com sentença transitada em julgado, que negue a existência do fato ou da sua autoria.".

9 CPP, art. 65: *"Faz coisa julgada no cível a sentença penal que reconhecer ter sido o ato praticado em estado de necessidade, em legítima defesa, em estrito cumprimento de dever legal ou no exercício regular de direito."* Lei nº 13.869/2019 (Lei de Abuso de Autoridade), art. 8º: *"Faz coisa julgada em âmbito cível, assim como no administrativo-disciplinar, a sentença penal que reconhecer ter sido o ato praticado em estado de necessidade, em legítima defesa, em estrito cumprimento de dever legal ou no exercício regular de direito.".*

10 No âmbito dos militares estaduais deve ser verificada a respectiva legislação administrativa estadual, que pode coincidir ou não com as disposições da legislação dos militares das Forças Armadas.

> risco sua segurança, e desde que não seja tal atitude enquadrada como crime; (...) 80. faltar com o respeito devido, por ação ou omissão, a qualquer dos símbolos nacionais, desde que em situação não considerada como crime; (...) 81. fazer uso indevido de viaturas, embarcações ou aeronaves pertencentes à Marinha, desde que o ato não constitua crime; (...) Parágrafo único – São também consideradas contravenções disciplinares todas as omissões do dever militar não especificadas no presente artigo, desde que não qualificadas como crimes nas leis penais militares, cometidas contra preceitos de subordinação e regras de serviço estabelecidos nos diversos regulamentos militares e determinações das autoridades superiores competentes; Art. 9º – No concurso de crime militar e de contravenção disciplinar, ambos de idêntica natureza, será aplicada somente a penalidade relativa ao crime.

– Regulamento Disciplinar da Aeronáutica (Decreto nº 6.322, de 22 de setembro de 1975, da Presidência da República):

> Art. 9º No concurso de crime militar e transgressão disciplinar, ambos de idêntica natureza, será aplicada somente a penalidade relativa ao crime. Parágrafo único. A transgressão disciplinar será apreciada para efeito de punição, quando da absolvição ou da rejeição da denúncia da Justiça; Art. 10. São transgressões disciplinares, quando não constituírem crime: (...) Parágrafo único. São consideradas também, transgressões disciplinares as ações ou omissões não especificadas no presente artigo e não qualificadas como crime nas leis penais militares, contra os Símbolos Nacionais; contra a honra e o pundonor individual militar; contra o decoro da classe; contra os preceitos sociais e as normas da moral; contra os princípios de subordinação, regras e ordens de serviço, estabelecidos nas leis ou regulamentos, ou prescritos por autoridade competente.

O Código Penal Militar igualmente deixa transparecer essa subsidiariedade quando possibilita ao Juiz, preenchidos os requisitos legais, *considerar a infração (penal) como disciplinar*, no caso de lesão corporal (art. 209, §6º), furto (art. 240, §1º), apropriação indébita (art. 250), estelionato (art. 253) e dano (art. 260).

Enfim, ao se analisar o conjunto normativo sancionador dos militares, denota-se que o Direito Disciplinar Militar figura como uma espécie de "soldado de reserva" do Direito Penal Militar, o que pode ser justificado porque o crime militar e a transgressão disciplinar não podem ser distinguidos ontologicamente, mas sim legalmente, de acordo com o grau de ofensa às obrigações e aos deveres militares, algo similar à distinção entre crime comum e contravenção penal. Neste, por ser menor a ofensa ao bem jurídico tutelado, o legislador reservou uma sanção menos grave. Naquele, pela maior intensidade da lesão, reservou-se uma sanção mais grave.[11]

Destaca-se, entrementes, que há posicionamento doutrinário que defende a incompatibilidade dos dispositivos estatutário e regulamentares citados com a atual Constituição Federal, eis que estariam a ferir o princípio constitucional da independência dos três poderes (art. 2º). Sustenta-se, em síntese, que a Administração Militar não pode ficar à mercê de uma decisão judicial nem pode o Judiciário interferir

[11] Nesse sentido: ABREU, Jorge Luiz Nogueira de. *Manual de Direito Disciplinar Militar*. Curitiba: Juruá, 2015 p. 188-189.

sobremaneira no Poder Disciplinar da Administração, como se o Poder Executivo lhe fosse subsidiário.[12]

Por fim, cabe ressaltar que o Superior Tribunal Militar, de forma geral, para fins penais, tem considerado irrelevante a circunstância de o agente ter sido punido administrativamente pelo mesmo fato apurado no processo penal militar, ainda que a questão não tenha sido definitivamente solucionada na esfera penal, reconhecendo-se, assim, o sistema da independência entre as instâncias penal e administrativa em sua plenitude *(STM, Emb Dcl nº 138.10.2014.7.09.0009, j. 29/06/2017; Apel. nº 7000101-61.2019.7.00.0000, j. 05/07/2019)*[13].

11.1.3. Da competência da Justiça Militar para julgar crimes militares em licitações e contratos

A competência criminal da Justiça Militar brasileira é constitucionalmente estabelecida em razão da matéria, ou seja, pela natureza *militar* do delito, conforme se observa pelos artigos 124 e 125, §4º, da Lei Maior. O primeiro trata da competência da Justiça Militar da União, sem restrição quanto ao agente do crime: *se militar ou civil*. O segundo trata da competência da Justiça Militar dos Estados, restringindo, porém, o julgamento de *militares estaduais*, de forma que os civis escapam da sua competência[14].

Em consequência, se o civil pratica conduta em detrimento das instituições militares estaduais tipificada no Código Penal Militar, somente responderá *penalmente* se houver correspondência (tipo penal) na legislação penal comum, pois a Justiça Comum não julga crime militar[15] e a Justiça Militar Estadual não julga civil *(Súmula 53/STJ; STF, HC 70.604, j. 10/05/1994)*. Porém, rigorosamente, o que se exige é o *status* de militar no momento da conduta delitiva, sendo irrelevante a perda posterior dessa qualificação para fins de fixação da competência da Justiça Militar Estadual *(STJ, 6ª Turma, RHC 20.348, j. 24/06/2008)*.

---

[12] Nesse sentido: MELO, Matheus Santos. *Relação entre Direito Disciplinar e Penal Militares: Análise com a Estrutura da Matemática de Conjuntos e da Teoria dos Juízos de Schopenhauer.* Curitiba: Juruá, 2019, p. 82.

[13] A despeito disso, temos que a punição administrativa do militar pelo mesmo fato apurado na esfera penal militar deve gerar consequências que vão, conforme o caso concreto, desde a atenuação ou detração da pena *(CP, art. 66 – analogia; ou CPM, art. 72, III, "e"; e CPM, art. 67 – analogia)* até, excepcionalmente, a absolvição pela incidência do princípio da bagatela imprópria ou da irrelevância penal do fato. Nesse sentido: GONÇALVES, Luciano Coca *et al. Perspectivas da Justiça Militar Contemporânea.* Rio de Janeiro: Lumen Juris, 2018, p. 1-23.

[14] Se presente conexão ou continência entre crime militar e crime comum, não haverá unidade de processos, conforme, inclusive, se infere da Súmula nº 90 do Superior Tribunal de Justiça: *"Compete à Justiça Estadual Militar processar e julgar o policial militar pela prática do crime militar, e à Comum pela prática do crime comum simultâneo àquele".* Destarte, por exemplo, se o civil e um policial militar, em concurso de pessoas, praticam crimes em licitações e contratos em detrimento da instituição militar estadual, a Justiça Militar estadual somente poderá processar e julgar o policial militar, restando à Justiça Comum estadual processar e julgar o paisano.

[15] Salienta-se que as condutas tipificadas somente no CPM, ou seja, sem tipo penal correspondente na legislação penal comum, por força do art. 9º, I, daquele código, terão sempre natureza de crime *militar*, e nunca de crime *comum*. Em tais hipóteses, no contexto das instituições militares estaduais ofendidas pela conduta do civil, este não poderá ser *penalmente* responsabilizado.

Em tempo de paz, extrai-se a natureza militar da infração penal conjugando o texto constitucional (artigos 124 e 125, §4º) com o artigo 9º do Código Penal Militar, que prevê as hipóteses ou circunstância lesivas ou potencialmente lesivas às instituições militares. Ou seja, daquele artigo infraconstitucional se extrai os crimes que podem ser considerados *militares* e, assim, ficam estabelecidos os limites da competência da Justiça Militar.

Até o início de outubro de 2017, somente poderiam ser considerados crimes militares as condutas tipificadas na Parte Especial do Código Penal Militar, de modo que os delitos previstos em leis penais especiais e no Código Penal Comum escapavam da competência da Justiça Castrense.

Não por outra razão, era pacífica a jurisprudência do Superior Tribunal de Justiça de que competia à Justiça Comum – e não à Justiça Militar – processar e julgar a suposta prática, por militar da ativa, de crime previsto **apenas** na Lei nº 8.666/93, ainda que praticado contra a administração militar *(3ª Seção, CC 146.388, j. 22/06/2016).*

Essa realidade foi alterada pela Lei nº 13.491, de 13 de outubro de 2017, que modificou o inciso II do artigo 9º do Código Penal Militar, passando a caracterizar como crime militar não somente as condutas previstas na sua Parte Especial, mas também aquelas tipificadas na legislação penal comum, desde que presente uma das hipóteses das alíneas daquele inciso (*ex: contra o patrimônio ou ordem administrativa militar ou militar da ativa contra militar da ativa).*[16]

Portanto, atualmente, crimes não previstos ou tipificados no Código Penal Militar, com algumas exceções constitucionais[17], poderão ser considerados de natureza militar e, assim, por determinação constitucional, serão julgados pela Justiça Militar, restando denominados pela doutrina de crimes militares *por equiparação ou extravagantes ou por extensão,* o que outrora incluía os crimes da Lei nº 8.666/93 e, atualmente, os crimes em licitações e contratos administrativos previstos no CP Comum.

---

16 Inclusive, a Lei nº 13.491/17 teve aplicabilidade imediata (caráter híbrido – penal e processual), de modo que os processos em andamento na Justiça Comum que apuravam crimes da Lei nº 8.666/93 praticados contra as instituições militares deveriam ser encaminhados à Justiça Militar, exceto apenas aqueles com sentença de mérito por ocasião da entrada em vigor da Lei nº 13.491/17. A exceção se deve porque o sistema recursal e a estrutura da Justiça Militar são diferentes da Justiça Comum, o que justifica a manutenção nesta última dos processos com sentença de mérito. Do contrário, a decisão proferida por órgão de primeira instância da Justiça Comum seria reanalisada por órgão de segunda instância da Justiça Militar, o que viola o sistema recursal previsto nas leis e na Constituição Federal. Porém, importante reforçar que a Justiça Militar deverá respeitar o princípio constitucional e legal da irretroatividade da lei penal mais gravosa com relação aos crimes praticados antes da Lei nº 13.491/17, o que implica dizer que dispositivos da lei penal comum, quando mais benéfico ao agente do crime, deverão ser observados pela Justiça Militar (ex: pena restritiva de direitos ou suspensão condicional do processo) *(STJ, 3ª Seção, CC 160.902, j. 12/12/2018; STM, RESE 7000428-06.2019.7.00.0000, j. 01/07/2019).* Em sentido semelhante, quanto a aplicabilidade imediata da Lei nº 13.491/17, dispõe o Enunciado nº 18 (12/02/2019), do Ministério Público Militar: *"A competência da Justiça Militar, para o processamento e julgamento dos delitos militares por extensão, aqui considerados os previstos exclusivamente na Lei Penal comum e Legislação Penal extravagante, trazidos à competência da Justiça Especializada por força da Lei nº 13.491/2017, abrange também os fatos praticados antes da vigência da citada lei, não havendo, em tal retroação, ofensa ao princípio da anterioridade da lei penal.".*

17 Exemplos: crimes contra o sistema financeiro *(CF, art. 109, VI e Lei 7.492/1986, art. 26 – Justiça Federal Comum)* e crimes eleitorais *(CF, art. 121 e Código Eleitoral, arts. 22, 29 e 35).*

Por fim, ressaltamos, desde já, que a natureza militar dos crimes em licitações e contratos do CP Comum e, consequentemente, a competência da Justiça Militar, será extraída pela alínea "e" do inciso II do art. 9º do Código Penal Militar *(contra o patrimônio sob administração militar ou ordem administrativa militar)*, no caso de o agente do crime for militar da ativa; ou pela alínea "a" do inciso III do art. 9º do Código Penal Militar *(contra o patrimônio sob administração militar ou ordem administrativa militar)*, no caso de o agente do crime for civil, militar da reserva ou reformado.[18]

11.1.4. Dos crimes em licitações e contratos e o Direito Penal Intertemporal

Conforme já explanado, a Lei nº 14.133/2021, malgrado tenha inserido novos tipos penais na Parte Especial do Código Penal Comum (arts. 337-E a 337-O), revogou de forma imediata os tipos penais existentes na Lei nº 8.666/93 (arts. 89 a 98).

Nesse contexto, na perspectiva do Direito Penal Intertemporal, questiona-se: *com a revogação dos tipos penais da Lei nº 8.666/93 pela Lei nº 14.133/2021, poderia se falar em extinção da punibilidade pela abolitio criminis?*

Para respondermos a essa pergunta, primeiro devemos relembrar que *abolitio criminis* ou abolição do crime é a retirada da infração penal do ordenamento jurídico por meio de lei descriminalizadora. Ou seja, por vontade do legislador, que entende não mais necessária a incriminação de determinada conduta, suprime-se o crime do ordenamento jurídico *(ex: art. 240 do CP Comum – delito de adultério, revogado pela Lei nº 11.106/2005)*. Em consequência, a conduta criminosa praticada na vigência do tipo penal suprimido não poderá ser penalmente sancionada, devendo ser extinta a punibilidade do agente, cessando, inclusive, a execução e os efeitos penais de eventual sentença condenatória *(arts. 2º e 123, III, CPM; arts. 2º e 107, III, CP)*.

Entretanto, o legislador, por vezes, apesar de revogar formalmente o tipo penal, persiste com o desejo de manter o caráter criminoso do fato ou da conduta, pois desloca o conteúdo criminoso para outro tipo penal. Nessa hipótese, onde existe simples deslocamento do conteúdo criminoso, não há que se falar em abolição do crime, eis que ocorre tão somente alteração geográfica ou topográfica da conduta ilícita, incidindo o chamado princípio da continuidade normativo-típica *(ex: art. 214 do CP Comum – atentado violento ao pudor, cujo conteúdo criminoso foi deslocado para o art. 213 do CP pela Lei nº 12.015/2009)*.

Da mesma forma, não haverá abolição do crime, mas incidência do princípio da continuidade normativo-típica, se for possível enquadrar o fato em qualquer outro

[18] Neste ponto deve ser relembrado que a Justiça Militar Estadual, por imperativo constitucional, não julga civis, razão pela qual, no caso de o sujeito ativo não ostentar o *status* de policial ou bombeiro militar no momento da conduta delitiva, ainda que a Administração Militar tenha sido atingida, a competência será da Justiça Estadual Comum. Além disso, se houver concurso de agentes (militar e civil) para a prática delitiva, será necessária a separação de processos, cabendo à Justiça Militar Estadual processar e julgar o militar estadual pela prática do crime militar em licitações e contratos, e à Justiça Estadual Comum julgar o civil pela prática do crime comum em licitações e contratos simultâneo àquele (Súmula 90/STJ).

tipo penal **já existente** por ocasião da entrada em vigor da lei revogadora, a exemplo do que ocorreu com o crime previsto no art. 125, XIII (declaração falsa), da Lei nº 6.815/1980 (Estatuto do Estrangeiro), revogada pela Lei nº 13.445/2017 (Lei de Migração), em que houve, após a revogação, deslocamento da conduta delitiva para o crime já previsto no art. 299 do CP – falsidade ideológica (*Nesse sentido: STJ, 5ª Turma, AgRg no HC 434.541, j. 28/04/2020).*

Portanto, para que seja efetivamente abolido o crime e extinta a punibilidade do agente, é necessária não só a supressão *formal*, mas também a supressão *material* da figura criminosa *(nesse sentido: STF, 1ª Turma, HC 106.155, j. 04/10/2011; STJ, 5ª Turma, HC 204.416, j. 17/05/2012; STJ, 5ª Turma, AgRg no AREsp 1.422.129, j. 05/11/2019).*

Nessa linha de raciocínio, para responder à pergunta inicial é preciso verificar se a lei revogadora suprimiu *formal* e *materialmente* a conduta criminosa do ordenamento jurídico (CPM, CP e legislação penal extravagante). Em especial, o intérprete deverá realizar um esforço comparativo entre os tipos penais da Lei nº 8.666/93 e aqueles inseridos no Código Penal Comum pela Lei nº 14.133/2021, o que, no presente trabalho, será feito oportunamente, durante a análise individualizada dos crimes em espécie.

Com relação às condutas que permaneceram incriminadas pela incidência do princípio da continuidade normativo-típica (somente supressão formal), salienta-se que por imperativo constitucional (art. 5º, XL), deve ser respeitado o princípio da irretroatividade da lei penal mais gravosa para os fatos praticados ainda na vigência dos tipos penais da Lei nº 8.666/93, cujos efeitos persistirão quando houver benefício para o agente do crime (*ultratividade da lei penal mais benéfica*), o que, diga-se de passagem, será a regra nos crimes em licitações e contratos, eis que em geral houve um recrudescimento das penas pelo legislador, vedada, no entanto, a combinação de leis (CPM, art. 2º, §2º).

Ainda no campo do Direito Penal Intertemporal, pensamos que o operador do direito ao lidar com os crimes em licitações e contratos terá um outro desafio, especificamente, com relação aos tipos penais que reclamam complementação de seu sentido pelas normas extrapenais da Lei de Licitações (norma penal em branco), a exemplo do art. 337-E do CP (contratação direta ilegal), cuja conduta ilícita era também incriminada pelo revogado art. 89, primeira parte, da Lei nº 8.666/93. Neste exemplo, tanto um quanto outro tipo penal necessitam de complementação com relação às *hipóteses legais de dispensa e de inexigibilidade de licitação ou de contratação direta*, que foram estabelecidas pela Lei nº 8.666/93 e Lei nº 14.133/2021, porém, nem sempre de forma coincidente.

Nesse contexto, a situação do autor do crime, no aspecto penal, poderá ou não restar mais favorável, a depender da complementação da norma penal em branco (Lei nº 8.666/93 ou Lei nº 14.133/2021), cujo desafio para o operador do direito basicamente residirá, pensamos, em duas situações distintas:

1) no caso de delito que requer complementação e que foi praticado antes da Nova Lei de Licitações.

2) no caso de delito que requer complementação e que foi praticado na vigência (simultânea) das Leis nº 8.666/93 e nº 14.133/2021. Neste caso, um importante lembrete: a Lei nº 14.133/2021, durante dois anos após a sua publicação, em seu art. 191, permite que a Administração opte por licitar ou contratar diretamente de acordo com qualquer uma daquelas leis. Em contrapartida, a Administração deverá indicar expressamente no edital ou no aviso ou instrumento de contratação direta a opção escolhida, vedada, entretanto, a aplicação combinada de leis. Em resumo e no que interessa: *poderá existir dois complementos possíveis para os tipos penais durante o prazo de dois anos da publicação da Nova Lei de Licitações – os previstos na Lei nº 8.666/93 ou na Lei nº 14.133/2021.*

Na primeira situação, parece-nos que, em geral, a melhor resposta é aquela assentada na busca da *complementação mais favorável ao agente do crime*, eis que o complemento da norma penal em branco ao ser empregado com a finalidade de integrar e completar o tipo penal, passa, em tal contexto, a ter natureza penal, ainda que originariamente seu conteúdo ou natureza seja diversa (administrativa). Logo, as regras e princípios deverão ser os mesmos aplicáveis à lei penal incriminadora. Ou seja, o complemento estará subordinado às mesmas regras e princípios que disciplinam as leis penais, o que inclui os princípios constitucionais da retroatividade da lei penal mais benéfica ou irretroatividade da lei penal mais gravosa, além do princípio da interpretação mais favorável ao réu.

Excepcionalmente, sempre respeitando eventual posicionamento contrário, tal entendimento não se aplicaria quando o complemento da norma penal em branco estiver inserido em um contexto de *anormalidade/excepcionalidade ou temporalidade*. Nesta hipótese, a modificação posterior do complemento, ainda que mais benéfico ao réu, não poderá retroagir, aplicando-se, como fundamento legal, o art. 4º do Código Penal Militar; ou seja, a ultratividade das leis penais excepcionais e temporárias. Ao contrário, quando o complemento estiver inserido em um contexto de normalidade ou intemporalidade, se mais benéfico ao agente, deverá retroagir.

Assim, no caso dos crimes em licitações e contratos, o operador do direito deverá verificar caso a caso se o complemento está ou não inserido num contexto de normalidade (ou temporalidade) ou não.

A título de exemplo, poderíamos imaginar como exceção à retroatividade do complemento mais benéfico, a hipótese de *dispensa de licitação por baixo valor da contratação*, que teve expressivo aumento de limites pela Nova Lei de Licitações e que serve também de complemento para o tipo penal do art. 337-E do CP (correspondente – Lei nº 8.666/93, art. 89) – delito de contratação direta ilegal. Ou seja, hipoteticamente, pode existir caso de dispensa de licitação que seria ilegal no âmbito da Lei nº 8.666/93 (e respectivas atualizações de valores) por ultrapassar o valor de contratação direta por ela permitido, podendo configurar, portanto, o crime citado, mas que estaria dentro dos limites da Nova Lei de Licitações. Entretanto, ainda que concretamente possível a ocorrência de tal situação, pensamos que não haveria abolição do crime, pois os limites de dispensa por baixo valor da contratação, em nossa percepção, carregam em si o caráter de *temporalidade*, consoante se infere do art. 120 da Lei nº 8.666/93[19] e art. 182 da Nova Lei de Licitações[20].[21]

Neste ponto, devemos observar que para quem entende não recepcionado o art. 4º do CPM pela atual Constituição Federal, diante do que dispõe o seu art. 5º, XL, que não fez ressalvas quanto à natureza da lei mais favorável ao réu, forçoso concluir que sempre haveria retroatividade do complemento da lei penal mais benéfico ao agente, ainda que inserido em um contexto de excepcionalidade ou temporalidade.

Finalmente, com relação aos crimes praticados durante o prazo de vigência simultânea das Leis nº 8.666/93 e nº 14.133/2021 (segunda situação), a despeito do art. 191 desta última lei, pensamos ser incabível a possibilidade de o tipo penal ser complementado pelo regime jurídico escolhido pela Administração, sob pena de ofensa aos princípios da segurança jurídica, legalidade e taxatividade. Do contrário, o delineamento da conduta delitiva, em última instância, ficaria indevidamente a cargo do Administrador Público. Portanto, para fins penais, o complemento da norma penal em branco deverá ser sempre aquele mais benéfico ao agente (Lei nº 8.666/93 ou Lei nº 14.133/2021, conforme o caso).

11.1.5. Da pena de multa prevista para os crimes em licitações e contratos

Consoante se observa pela leitura de *todos os preceitos secundários* dos tipos penais que tratam dos crimes em licitações e contratos administrativos, além da pena privativa de liberdade, sem exceção, foi prevista cumulativamente (e não alternativamente) a pena de multa.

Diante disso, algumas indagações poderão surgir em torno da possibilidade ou não da aplicação dessa espécie de sanção penal no âmbito dos casos submetidos à apreciação da Justiça Militar, tendo em vista que a Parte Geral do Código Penal Militar, diferente do Código Penal Comum, não prevê a pena de multa como espécie de sanção passível de ser aplicada.

Com efeito, o Código Penal Militar, na sua Parte Geral, especificamente, em seu artigo 55, prevê as seguintes espécies de penas (principais): *a) morte; b) reclusão; c) detenção; d) prisão; e) impedimento; f) suspensão do exercício do posto, graduação, cargo ou função;* e *g) reforma*. Coerente com a sua Parte Geral, na Parte Especial, não prevê em nenhum dos seus tipos penais a cominação de pena de multa.

---

[19] *Art. 120. Os valores fixados por esta Lei poderão ser anualmente revistos pelo Poder Executivo Federal, que os fará publicar no Diário Oficial da União, observando como limite superior a variação geral dos preços do mercado, no período.*

[20] *Art. 182. O Poder Executivo federal atualizará, a cada dia 1º de janeiro, pelo Índice Nacional de Preços ao Consumidor Amplo Especial (IPCA-E) ou por índice que venha a substituí-lo, os valores fixados por esta Lei, os quais serão divulgados no PNCP.*

[21] Inclusive, os valores da Nova Lei de Licitações já foram atualizados pelo Decreto Presidencial nº 10.922, de 30 de dezembro de 2021.

Já o Código Penal Comum, na sua Parte Geral, especificamente, em seu artigo 32, prevê as seguintes espécies de penas: *a) privativas de liberdade (reclusão e detenção); b) restritivas de direitos; e c) multa*. Em sintonia com sua Parte Geral, o referido código prevê em diversos tipos penais da sua Parte Especial a cominação de multa. Da mesma forma, essa modalidade de sanção é prevista em diversas leis penais especiais, o que se repetiu no caso dos crimes em licitações e contratos administrativos.

Sobre a celeuma, ou seja, quanto à possibilidade de aplicação de pena de multa pela prática de crime militar, de forma geral, podemos apontar, em resumo, dois posicionamentos divergentes:

1) não é possível, uma vez que o Código Penal Militar e o Código de Processo Penal Militar compõem um microssistema normativo, com regras e princípios próprios. Por isso, em homenagem ao *princípio da especialidade das leis*, a aplicação da pena de multa deve ser afastada pela Justiça Militar, eis que não encontra previsão na Parte Geral do Código Penal Militar. Logo, no que diz respeito aos crimes militares em licitações e contratos, somente seria possível a aplicação da pena privativa de liberdade[22].[23]
2) perfeitamente possível, uma vez que o legislador, quando ampliou a competência da Justiça Castrense para julgar delitos não previstos no Código Penal Militar, não fez restrição ao preceito secundário da infração penal, ou seja, o "pacote foi completo". A norma penal é composta por dois elementos: hipótese fática (preceito primário) e consequência jurídica (preceito secundário), ambas imprescindíveis para adequada proteção do bem jurídico. Sem o primeiro, inexiste norma proibitiva. Sem o segundo, inexiste a coercibilidade necessária para qualificar a norma como "jurídica". Assim, quando se fala em delito, não se pode desassociá-lo do preceito secundário da norma penal, a qual é pensada e sopesada pelo legislador, após um juízo de proporcionalidade, para reprimir adequada e suficientemente condutas que lesam ou colocam em perigo os bens jurídicos imprescindíveis ao convívio e estrutura social. Portanto, importar da legislação comum apenas parte da norma prevista para o ilícito penal, além de ferir o princípio da legalidade[24] e inderrogabilidade da pena, também se lesa o princípio constitucional da proporcionalidade na sua vertente "*vedação à proteção insuficiente*". Essa opção nos parece ser

[22] Em sentido semelhante: VASQUES, Iremar Aparecido da Silva. *Os crimes militares por extensão e seu apenamento: uma solução possível.* **Observatório da Justiça Militar Estadual**, Belo Horizonte, 31 out. 2018. Disponível em: https://www.observatoriodajusticamilitar.info/single-post/2018/10/31/Os-crimes-militares-por-extens%C3%A3o-e-seu-apenamento-uma-solu%C3%A7%C3%A3o-poss%C3%Advel. Acesso em: 02 abr. 2020.

[23] Dessa forma já se posicionou o Tribunal de Justiça Militar do Estado de São Paulo, conforme se verifica no Acórdão da Apel. Crim. nº 007820/2019, j. 17/12/2019.

[24] Em sentido semelhante: NEVES, Cícero Robson Coimbra. *A Lei nº 13.491/17 e os reflexos na aplicação da parte geral do Código Penal Militar e nas penas.* **Observatório da Justiça Militar Estadual**, Belo Horizonte, 26 set. 2018. Disponível em: https://www.observatoriodajusticamilitar.info/single-post/2018/09/26/A-Lei-n%C2%BA-1349117-e-os-reflexos-na-aplica%C3%A7%C3%A3o-da-parte-geral-do-C%C3%B3digo-Penal-Militar-e-nas-penas. Acesso em 02 abr 2020.

a mais adequada, pois também mantém a coerência do sistema penal e evita distinções desarrazoadas (ex: crime de licitações praticado contra instituição militar estadual por civil em concurso com policial militar, onde somente o primeiro seria sancionado com pena de multa, pois o militar seria julgado pela Justiça Militar e o paisano pela Justiça Estadual Comum).[25]

Para aqueles que adotarem a segunda posição, não custa salientar que a Lei nº 8.666/93, em seu art. 99, previa critérios diferentes do Código Penal Comum para o cálculo da multa. Este adotou o *sistema de dias-multa*, que considera as *circunstâncias do crime e a capacidade econômica do sentenciado* na fixação da reprimenda. Naquela a base de cálculo da multa correspondia ao *valor da vantagem obtida ou potencialmente auferida pelo agente*, cujos índices incidentes não poderiam ser inferiores a dois por cento, nem superiores a cinco por cento do valor do contrato licitado ou celebrado com dispensa ou inexigibilidade de licitação. Ademais, a multa aplicada no contexto dos crimes da Lei nº 8.666/93 deveria ser destinada às entidades lesadas, e não ao Fundo Penitenciário, conforme previsto no Código Penal Comum em seu art. 49.

Contudo, a Nova Lei de Licitações inseriu o art. 337-P no Código Penal Comum estabelecendo que para os crimes em licitações e contratos, no que tange à pena de multa, deverá ser empregada a metodologia de cálculo daquele código. Também não dispôs a quem a multa será destinada, o que nos leva a concluir que deverá ser seguida a regra da Parte Geral do CP, ou seja, o recolhimento do valor deverá ser feito ao Fundo Penitenciário, e não mais às entidades lesadas.

Por outro lado, diferente daquilo que foi fixado para os demais crimes do CP, no caso dos crimes em licitações e contratos, a Nova Lei de Licitações estabeleceu que o valor da multa não poderá ser inferior a 2% (dois por cento) do valor do contrato licitado ou celebrado com a contratação direta (CP, art. 337-P). Ou seja, neste ponto, retirou o teto de 5% (cinco por cento) existente na Lei nº 8.666/93, mas manteve o piso de 2% (dois por cento) do valor do contrato licitado ou celebrado com contratação direta. Destarte, se após realizar o cálculo da pena de multa, o resultado ficar aquém de 2% (dois por cento) do valor do contrato licitado ou celebrado com contratação direta, o juiz deverá elevar o valor da pena de multa para atingir o mínimo legal estabelecido. Obviamente, embora não expresso na lei, nem sempre haverá contrato licitado ou celebrado com contratação direta, quando então será observado tão somente as disposições gerais do Código Penal Comum. Neste ponto, relembre-se ainda que se o crime foi praticado ainda na vigência da Lei nº 8.666/93, o teto de 5% (cinco por cento) nela estabelecido para a fixação do valor da multa deverá ser observado, sob pena de ofensa ao princípio da irretroatividade da lei penal mais gravosa, eis que a pena de multa tem natureza *criminal*.

[25] O Tribunal de Justiça Militar do Estado de São Paulo também já admitiu a aplicação da pena de multa em caso de crime militar, conforme se observa no Acórdão da Apel. Crim. nº 007886/2019, j. 04/02/2021.

No que se refere à **execução** da pena de multa, existia divergência na doutrina e jurisprudência quanto à legitimidade e competência para a sua execução, acaso não houvesse adimplemento voluntário, que pode ser assim resumida:

– **1ª Posição:** legitimidade da Fazenda Pública para promover a execução de pena de multa imposta em sentença penal condenatória, restando competente a Vara de Execuções Fiscais (Súmula 521/STJ), uma vez que se trata de **dívida de valor** e, portanto, escapa da esfera de atuação do Juízo da Execução Penal.

– **2ª Posição:** legitimidade do Ministério Público e competência da Vara de Execuções Penais, eis que a pena de multa consiste em espécie de **sanção de natureza criminal**.

Essa divergência restou dissipada pelo Supremo Tribunal Federal (STF) durante apreciação da Ação Direta de Inconstitucionalidade (ADI) 3150 e questão de ordem na Ação Penal (AP) 470, onde ficou assentada a legitimidade do Ministério Público e competência da Vara de Execuções Penais para execução da pena de multa (**2ª posição**). Em seguida a tal decisão, a Lei nº 13.964/19 (Lei Anticrime) compatibilizou o texto do artigo 51 do CP ao que foi decidido pelo STF, passando a prever expressamente que a competência para a execução da pena de multa será do juiz da execução penal.

No que toca ainda à legitimidade para promover a execução da pena de multa, o STF, no bojo da mencionada ADI, apesar de fixar que *prioritariamente* a legitimidade seria do Ministério Público, estabeleceu que *"por ser também dívida de valor em face do Poder Público, a multa pode ser subsidiariamente cobrada pela Fazenda Pública, na Vara de Execução Fiscal, se o Ministério Público não houver atuado em prazo razoável (90 dias)"*.

No entanto, com a entrada em vigor da Lei nº 13.964/19, que se deu após a citada decisão da Corte Suprema, pensamos que a legitimidade passou a ser *exclusiva* do Ministério Público. Deste modo, em caso de inércia do *Parquet* em promover a execução da multa em 90 (noventa) dias, não será mais cabível ao Juiz da execução criminal cientificar o órgão competente da Fazenda Pública para a respectiva cobrança na Vara de Execução Fiscal, sem prejuízo, obviamente, da ocorrência da prescrição penal, pois não é possível que o juiz inicie a execução da pena de multa sem provocação do Ministério Público (Lei de Execução Penal, art. 164).

No âmbito da Justiça Militar da União, por sua vez, a execução se dará perante a Auditoria por onde correu o processo, ou, nos casos de competência originária do Superior Tribunal Militar, perante o seu presidente *(CPPM, art. 588)*, possuindo o Ministério Público Militar legitimidade para executar a multa imposta. Quanto ao rito, deverá ser observado, por analogia, aquele estabelecido nos artigos 164 e seguintes da Lei de Execução Penal (Lei nº 7.210/84), eis que a legislação militar é silente a respeito.

Finalmente, considerando a jurisprudência do Superior Tribunal de Justiça, salienta-se que a declinação de competência para execução da pena de multa para a Justiça Comum será possível apenas na hipótese do reconhecimento, pela Justiça

Militar, da sua incompetência para execução da pena privativa de liberdade **cumulada** com multa (ex: condenado civil ou ex-militar), tendo em vista a impossibilidade de cisão da execução da pena privativa de liberdade e da pena de multa *(Súmula nº 192 e 3ª Seção, CC 168.815, j. 10/06/2020).*

11.1.6. Da aplicação da Lei nº 9.099/95 (suspensão condicional do processo e transação penal) e possibilidade do Acordo de Não Persecução Penal (ANPP)[26]

Segundo o art. 89 da Lei nº 9.099/95, é possível a **suspensão condicional do processo** nas infrações penais em que *a pena mínima abstratamente cominada ao delito for igual ou inferior a um ano*, presentes os demais requisitos legais. Já a **transação penal**, conforme a referida lei, permite o imediato cumprimento de pena restritiva de direitos ou multa, evitando-se a instauração do processo (art. 76), sendo aplicável às infrações penais consideradas de *menor potencial ofensivo*, ou seja, as *contravenções penais e crimes a que a lei comine pena máxima em abstrato não superior a 2 (dois) anos, cumulada ou não com pena de multa* (art. 61).

Os dois benefícios constituem medidas despenalizadoras que evitam a instauração do processo ou impedem o seu prosseguimento, não gerando ao beneficiado o reconhecimento de culpa, reincidência, efeitos civis, administrativos ou penais próprios de uma sentença penal condenatória.

Analisando as sanções previstas para os crimes em licitações e contratos, poderia se cogitar, para alguns deles *(arts. 337-G, 337-I, 337-M – caput, 337-N*[27] *e 337-O)*, a aplicação dos institutos despenalizadores da Lei nº 9.099/95, notadamente, a *suspensão condicional do processo.*

Em termos estritamente legais, entretanto, a Lei nº 9.099/95 vedou a sua aplicabilidade na Justiça Militar, o que impede em tese o reconhecimento dos benefícios citados no âmbito dessa Justiça Especializada. Confira-se o texto do seu art. 90-A, que foi expresso nesse sentido: *"As disposições desta Lei não se aplicam no âmbito da Justiça Militar."*.

Trata-se de artigo inserido pela Lei nº 9.839/99, que colocou fim à divergência sobre a aplicabilidade ou não da Lei nº 9.099/95 aos processos submetidos à Justiça Militar[28]. Salienta-se que a constitucionalidade desse dispositivo já foi confirmada no âmbito dos tribunais superiores, que o tem considerado válido perante a Constitui-

---

26 Sobre o acordo de não persecução penal na Justiça Militar, recomendamos a leitura do excelente artigo do Juiz de Direito Rodrigo Foureaux, cujas lições foram importantes para nossas conclusões no tópico ora tratado, intitulado "O acordo de não persecução penal na Justiça Militar". FOUREAUX, Rodrigo. *O acordo de não persecução penal na Justiça Militar.* **Observatório da Justiça Militar Estadual**, Belo Horizonte, 29 jan. 2020. Disponível em: https://www.observatoriodajusticamilitar.info/single-post/2020/01/29/O-acordo-de-n%C3%A3o-persecu%C3%A7%C3%A3o-penal-na-Justi%C3%A7a-Militar. Acesso em 02 abr. 2020.

27 Único que admite a transação penal.

28 O Superior Tribunal Militar editou a seguinte súmula sobre o assunto: *"Súmula 9. A Lei n° 9.099, de 26.09.95, que dispõe sobre os Juízos Especiais Cíveis e Criminais e dá outras providências, não se aplica à Justiça Militar da União."*. Entretanto, antes da inclusão do art. 90-A, o Supremo Tribunal Federal se posicionou em sentido contrário ao Superior Tribunal Militar, ou seja, pela aplicação da Lei nº 9.099/95, bem como determinou que a vedação do art.

ção Federal *(STF, HC 115.247, j. 12/11/2013; STM, Apel. 7000062-64.2019.7.00.0000, j. 18/06/2019).*

Contudo, deve ser anotado que no bojo do HC nº 99.743/RJ, julgado em 09/10/2011, o Pleno do Supremo Tribunal Federal sinalizou para uma possível flexibilização da vedação *em relação aos civis*, pois estes não estão submetidos aos princípios de hierarquia e disciplina militares (declaração *obiter dictum*). Ou seja, a vedação somente seria constitucionalmente válida para os militares.

De todo modo, por ora, enquanto a Suprema Corte não enfrente diretamente a questão (o *habeas corpus* citado não envolvia civil), prevalece o entendimento jurisprudencial de que os crimes militares em licitações e contratos não sofrem os influxos da Lei nº 9.099/95, ainda que civil o sujeito ativo, restando excepcionado somente as condutas praticadas antes da vigência da Lei nº 13.491/17, por força do princípio da irretroatividade da lei penal mais gravosa.

Ainda no contexto de medidas despenalizadoras, cumpre registrar que o Código de Processo Penal Comum foi alterado pela Lei nº 13.964/19 *(Lei Anticrime)*, que, dentre inúmeras modificações e no espírito da justiça consensual, criou o chamado acordo de não persecução penal (ANPP), cujos requisitos estão previstos no art. 28-A daquele código.

Em síntese, desde que necessário e suficiente para reprovação e prevenção do crime, o ANPP será proposto pelo Ministério Público na hipótese de infração penal *sem violência ou grave ameaça e com pena mínima inferior a 4 (quatro) anos.* Pressupõe-se ainda que não seja caso de arquivamento do procedimento investigatório ou de transação penal e que o investigado tenha confessado formal e circunstanciadamente a prática do delito.

As condições do acordo, teoricamente menos severas do que a sanção penal aplicável ao fato imputado ao investigado (ex: prestação pecuniária), serão ajustadas entre o órgão de acusação e o investigado, devidamente assistido por advogado e homologado esse acordo pelo juiz. Se cumprido integralmente o que foi ajustado e homologado judicialmente, será declarada extinta a punibilidade pelo juízo competente. O descumprimento, por sua vez, poderá levar à rescisão do acordo e ao oferecimento da denúncia, sem prejuízo ainda de ser usado como justificativa para o não oferecimento da suspensão condicional do processo.

Com relação aos crimes militares, já existe precedentes do Superior Tribunal Militar em que se decidiu pela inaplicabilidade do ANPP na Justiça Militar, em suma, porque:

> ... o alcance normativo do Acordo de Não Persecução Penal está circunscrito ao âmbito do processo penal comum, não sendo possível invocá-lo subsidiariamente ao Código de Processo Penal Militar, sob pena de violação ao Princípio da Especialidade, uma vez que não existe omissão no Diploma Adjetivo Castrense. Somente a falta de um

---

90-A somente deveria ser aplicada, em homenagem ao princípio da irretroatividade da lei penal desfavorável, aos fatos posteriores à vigência da Lei nº 9.839/99 *(HC 79.988, j. 28/03/2000; HC 75706, j. 12/12/1997).*

regramento específico possibilita a aplicação subsidiária da legislação comum, sendo impossível mesclar-se o regime processual penal comum e o regime processual penal especificamente militar, mediante a seleção das partes mais benéficas de cada um deles. (Apel. nº 7001106-21.2019.7.00.0000, j. 20/02/2020).

Acrescente-se o argumento de que apesar de a Lei nº 13.964/19 ter alterado o Código de Processo Penal Militar (inserção do art. 16-A), não previu a possibilidade do ANPP nesse código, o que indicaria um *silêncio eloquente*, ou seja, o legislador não teve intenção de estender o instituto despenalizador para os crimes militares, mas somente aos crimes comuns. Poderia se argumentar ainda que seria incoerente a admissão do ANPP na Justiça Militar, pois o legislador vedou nessa justiça a aplicação da Lei nº 9.099/95 (art. 90-A), cujos institutos despenalizadores são aplicados a crimes menos graves do que aqueles abrangidos pelo ANPP.

Em contrapartida, à semelhança do aventado pelo STF no citado HC nº 99.743/RJ, não menos razoável posicionamento pela aplicação do ANPP aos casos em que o sujeito ativo do crime for civil, que não está submetido aos princípios de hierarquia e disciplina militares. Poderia se sustentar ainda em favor dessa posição, com a qual concordamos:

1) o ANPP objetiva a celeridade na solução dos casos menos graves, priorização dos recursos financeiros e humanos do Ministério Público e do Poder Judiciário, minoração dos efeitos deletérios de uma sentença penal condenatória, redução dos efeitos sociais e estigmatizantes da pena e o desafogamento dos estabelecimentos penais[29], objetivos que não colidem com as finalidades do Direito Processual Penal Militar e anseios da Justiça Militar. Em verdade, a realização do ANPP não deixa de constituir uma solução penal, muitas vezes, mais célere, efetiva e eficaz do que a solução encontrada no processo penal militar;
2) o Supremo Tribunal Federal já caracterizou o sistema penitenciário como "estado de coisas inconstitucional", tendo em vista o quadro de violação generalizada e sistêmica de direitos fundamentais, causado pela inércia ou incapacidade reiterada e persistente das autoridades públicas em modificar a conjuntura do sistema penitenciário, cuja população carcerária se encontra acima da capacidade dos estabelecimentos prisionais *(STF, Pleno, Medida Cautelar na ADPF 347, j. 09/09/2015)*. Neste ponto, cumpre lembrar ainda que o Brasil já foi alvo de medidas provisórias adotadas pela Corte Interamericana de Direitos Humanos por violações de direitos humanos no interior de estabelecimentos prisionais superlotados[30]. Por-

---

[29] Nesse sentido: LIMA, Renato Brasileiro de. *Manual de Processo Penal: volume único*. 8. ed. Salvador: JusPodivm, 2020, p. 275.

[30] Consoante anotam Caio Paiva e Thimotie Aragon: *"Com exceção da medida provisória indeferida pela Corte IDH no Caso Gomes Lund em 15.07.2009, todas as demais medidas provisórias adotadas pela Corte Interamericana contra o Brasil referem-se a violações de direitos humanos no interior de estabelecimentos prisionais. Vejamos quais estabelecimentos prisionais já foram objeto de medida de urgência pela Corte IDH: Urso Branco (Porto Velho, Rondônia); Complexo de Tatuapé da FEBEM (São Paulo, São Paulo); Penitenciária Dr. Sebastião Martins Silveira (Araraquara, São Paulo); Unidade de internação socioeducativa (Cariacica, Espírito Santo); Complexo Penitenciário de Curado (Recife, Pernambuco); Complexo*

tanto, considerando que os civis condenados pela Justiça Militar cumprem pena privativa de liberdade em estabelecimento prisional comum *(CPM, art. 62)*, com a remessa da execução penal para a Justiça Estadual Comum *(Súmula 192/STJ)*, não lhes possibilitar a aplicação de institutos despenalizadores, que visam também a desafogar o sistema penitenciário, *é fazer parte do problema, e não da sua solução.*

3) a aplicação do instituto despenalizador não prejudica a índole do processo penal militar, quando o delito tenha sido praticado por civil. Este sequer é julgado por um Conselho de Justiça formado por militares, mas sim monocraticamente pelo juiz togado. Destarte, com a realização do ANPP não se pode ao menos argumentar que se estaria a subtrair do conselho o "poder" de decidir e de avaliar a ofensa à hierarquia e disciplina militares;

4) o princípio da especialidade não é "um fim em si mesmo", precisa ser invocado para dar efetividade a determinado bem jurídico ou, ao menos, para se evitar um prejuízo relevante, o que não se supõe ocorrer no contexto dos crimes militares praticados por civis. Ao contrário, a sua não realização em nada contribui para a efetividade e melhoria do sistema de justiça criminal analisado como um todo. Relembre-se ainda que a Resolução nº 45/110, da Assembleia Geral das Nações Unidas, que estabelece regras mínimas padrão das Nações Unidas para elaboração de medidas não privativas de liberdade (Regras de Tóquio), fomenta a adoção de **medidas alternativas ao processo penal**, impondo-se medidas não privativas de liberdade para infrações menores. Portanto, vai ao encontro do posicionamento ora defendido. Confira-se:

> 5.1 Sempre que adequado e compatível com o sistema jurídico, a polícia, o Ministério Público ou outros serviços encarregados da justiça criminal podem retirar os procedimentos contra o infrator se considerarem que não é necessário recorrer a um processo judicial com vistas à proteção da sociedade, à prevenção do crime ou à promoção do respeito pela lei ou pelos direitos das vítimas. Para a decisão sobre a adequação da retirada ou determinação dos procedimentos deve-se desenvolver um conjunto de critérios estabelecidos dentro de cada sistema legal. Para infrações menores, o promotor pode impor medidas não privativas de liberdade, se apropriado.

Nesse contexto, apesar de não previsão do ANPP no CPPM, considerando a citada resolução da ONU e compromissos internacionais assumidos pelo Brasil, seria de todo recomendável[31] a aplicação daquele instituto despenalizador pela Justiça

Penitenciário de Pedrinhas (São Luís, Maranhão); Instituto Penal Plácido de Sá Carvalho (Rio de Janeiro, Rio de Janeiro).". (PAIVA, Caio; HEEMANN, Thimotie Aragon. *Jurisprudência Internacional de Direitos Humanos.* 3ª ed. Belo Horizonte: CEI, 2020, p. 426).

31 A proposito e consoante anota Rodrigo Leite Ferreira Cabral, ao tratar das influências para a criação do ANPP no CPP: *"...ainda que a Resolução da ONU não consubstanciasse norma vinculante, é certo que essa recomendação tem força de soft law, no sentido de impor um constrangimento ao Brasil, para a implementação de tais medidas, o que somente reforça o acerto do legislador na ampliação do nosso sistema de acordo, relativamente aos delitos de pequena e média gravidade.".* (CABRAL, Rodrigo Leite Ferreira. *Manual do Acordo de Não Persecução Penal: À luz da Lei 13.964/2019 (Pacote Anticrime).* 2. ed. Salvador: *JusPodivm*, 2021, p. 43).

Militar, ainda que por analogia, sobretudo porque em mais de uma ocasião a Corte Interamericana de Direitos Humanos deixou claro que nos Estados em que se conserve a Justiça Militar, esta deverá *"encontrar-se inspirada nos princípios e garantias que regem o Direito Penal moderno[32]" (Caso Radilla Pacheco vs. México, de 2009; e Caso Palamara Iribarne vs. Chile, de 2005)*;

5) do silêncio podem ser feitas interpretações diametralmente opostas. Se podemos extrair que a omissão do legislador foi para impedir a realização do ANPP na Justiça Militar, não menos razoável concluir que a intenção foi justamente o contrário, pois quando quis vedar medidas despenalizadoras para aquela Justiça, o legislador o fez expressamente, a exemplo do citado art. 90-A da Lei 9.099/95;

6) a legislação processual e penal militar não é avessa às medidas que procuram evitar o cárcere e desafogar o sistema penitenciário, pois estabeleceu a suspensão condicional da pena (sursis) como medida alternativa às penas restritivas de liberdade até dois anos. Veda, é verdade, a sua concessão para alguns delitos (CPM, art. 88), porém, consoante jurisprudência pacífica do Superior Tribunal Militar, essa vedação é inaplicável aos civis, muito embora a lei penal militar não tenha ressalvado os paisanos *(STM, Apel. nº 7000254-94.2019.7.00.0000, j. 13/08/2019)*. Ora, se de acordo com a jurisprudência daquele tribunal, o Poder Judiciário pode superar vedação expressa da lei, por que não a aplicação analógica? Negar o que foi dito expressamente pelo legislador potencialmente configura, aparentemente, lesão mais intensa ao princípio da especialidade e legalidade do que a colmatação de uma lacuna "supostamente" intencional do legislador.

Enfim, a Justiça Castrense e o Direito Penal e Processual Penal Militar não estão inseridos numa bolha ou realidade paralela, mas sim compartilham e se ressentem das mesmas dificuldades, necessidades e problemas enfrentados pelos diversos órgãos estatais que compõem o sistema de justiça criminal. Destarte, se o legislador objetivou com o ANPP um sistema de justiça criminal mais efetivo nos crimes que merecem esse tratamento, a Justiça Militar não poderia ficar de fora.

De todo modo, ao lado dos caminhos acima apontados, resta aguardarmos uma posição mais sedimentada da jurisprudência, em especial, do Supremo Tribunal Federal, devendo ser destacado ainda que outros caminhos poderão ser construídos, a exemplo daquele que, prestigiando o princípio constitucional da isonomia, aponta para a aplicação do ANPP em favor dos militares[33,34].

---

32 Pensamos que dentre os princípios que informam o Direito Penal Moderno se encontra o **princípio da intervenção mínima**, que, por sua vez, ilumina a atividade estatal na criação de institutos despenalizadores, como o ANPP.

33 Nesse sentido: CABRAL, Rodrigo Leite Ferreira. *Manual do Acordo de Não Persecução Penal: À luz da Lei 13.964/2019 (Pacote Anticrime)*. 2. ed. Salvador: *JusPodivm*, 2021, p. 225.

34 Antes da Lei nº 13.964/19, a Resolução nº 181, de 07/08/2017, do Conselho Nacional do Ministério Público (CNMP), vedava o ANPP para os delitos militares **cometidos por militares que afetam a hierarquia e a disciplina (art. 18, §12)**. *A contrario sensu*, possível aos demais crimes militares. Já a Resolução nº 101, de 26/09/2018, do Conselho Superior do Ministério Público Militar, permitia o ANPP para os crimes militares por equiparação, tal como assim considerados por força da Lei nº 13.491/2017, exceto quando o autor do delito fosse militar da ativa. Também não

Finalmente, para quem entende aplicável o ANPP na Justiça Militar, no contexto dos crimes em licitações e contratos, seria possível de ser realizado em relação aos seguintes crimes: *art. 337-G (patrocínio de contratação indevida), art. 337-I (perturbação de processo licitatório), art. 337-J (violação de sigilo em licitação), art. 337-K (afastamento de licitante, exceto nas hipóteses praticadas mediante violência e grave ameaça), art. 337-M (contratação inidônea), art. 337-N (impedimento indevido) e art. 337-O (omissão grave de dado ou de informação por projetista).*

Por outro lado, seria impossível a sua realização: *art. 337-E (contratação direta ilegal); art. 337-F (frustração do caráter competitivo de licitação), art. 337-H (modificação ou pagamento irregular em contrato administrativo), art. 337-K (afastamento de licitante, especificamente nas hipóteses praticadas mediante violência e grave ameaça) e art. 337-L (fraude em licitação ou contrato).*

11.1.7. Perda do cargo

Da condenação penal decorrem efeitos principais e secundários, estes também denominados de reflexos, acessórios ou indiretos. Os efeitos principais são aqueles relacionados com a finalidade da pretensão punitiva, consistente na imposição de penas privativas de liberdade, restritivas de direitos, pecuniárias e medidas de segurança. Já os efeitos secundários não se referem diretamente à finalidade da pretensão punitiva, podendo ser de natureza penal ou extrapenal, a exemplo da reincidência e maus antecedentes (penal); e a perda do cargo, função pública ou mandato eletivo (extrapenal).[35,36]

Em tal contexto, a Lei nº 8.666/93 previa como efeito secundário (extrapenal) da sentença penal condenatória a perda do cargo, emprego, função ou mandato eletivo, consoante se verifica em seu art. 83, com a seguinte redação[37]: *"os crimes*

poderia ser proposto o ANPP se o autor do delito fosse civil em concurso com militar da ativa. Contudo, a possibilidade de ANPP foi revogada pela Resolução nº 115, de 29/10/2020, do Conselho Superior do Ministério Público Militar, malgrado ainda vigente a citada resolução do CNMP.

35 Nesse sentido: BARROS, Flávio Augusto Monteiro de. *Manual de Direito Penal – Parte Geral e Especial: volume único.* Salvador: *JusPodivm*, 2019, p. 599/600.

36 No âmbito penal castrense se observa que o Código Penal Militar prevê a perda da função pública como pena acessória de natureza penal, e não como efeito secundário da condenação de natureza extrapenal. Da mesma forma, a exclusão das praças das Forças Armadas e a perda do posto e da patente dos oficiais foram elencadas como espécies de pena acessória (art. 98). De todo modo, com relação ao crime em licitações e contratos, à época da Lei nº 8.666/93, ainda antes da nova Lei de Licitações, pela matéria ser inteiramente regulada por lei especial, defendíamos que deveria prevalecer as disposições daquela lei em detrimento da Parte Geral do CPM, a fim de que a perda do cargo ou da função pública fosse tratada como efeito secundário da condenação, e não como pena acessória. A propósito, as disposições da Lei nº 8.666/93, por serem especiais, também deveriam prevalecer sobre as disposições da Parte Geral do CP, que trazem requisitos diferentes para a perda do cargo ou da função pública, malgrado o rompimento do vínculo funcional com o Estado fosse considerado igualmente no CP como efeito secundário da condenação e de natureza extrapenal.

37 Outras leis especiais também estabelecem como efeito secundário da condenação penal a perda do cargo ou função pública, a exemplo da Lei nº 9.455/97 (Lei de Tortura), Lei nº 7.716/89 (Lei contra o Racismo) e Lei 13.869/19 (Lei de Abuso de autoridade). Igualmente, o Código Penal Comum nos seguintes casos: a) quando aplicada pena privativa de liberdade por tempo igual ou superior a um ano, nos crimes praticados com abuso de poder ou violação de dever para com a Administração Pública; e b) quando for aplicada pena privativa de liberdade por tempo superior a 4 (quatro) anos nos demais casos (art. 92, I).

definidos nesta Lei, ainda que simplesmente tentados, sujeitam os seus autores, quando servidores públicos, além das sanções penais, à perda do cargo, emprego, função ou mandato eletivo.".[38]

Entretanto, o art. 83 da Lei nº 8.666/93, no âmbito da Justiça Militar, tinha aplicabilidade plena *somente em desfavor das praças das Forças Armadas.* Em relação aos oficiais das Forças Armadas e aos oficiais e praças das Forças Auxiliares (polícias militares e corpo de bombeiros militares), forçoso concluir que a sua incidência estava mitigada pelas garantias constitucionais estabelecidas para esse grupo de militares.

Com efeito, a Lei Maior, quando trata dos oficiais das instituições militares federais e oficiais e praças das instituições militares estaduais, garantiu-lhes que a perda do posto e da patente dos oficiais ou da graduação das praças somente ocorrerá por decisão de tribunal competente, mediante procedimento específico, conforme se infere dos seguintes dispositivos: *art. 142, §3º, VI e VII; art. 42, §1º e 125, §4º, parte final.* Deste modo, em observância aos dispositivos constitucionais citados, no caso de sentença penal condenatória por crime militar (extravagante) da Lei nº 8.666/93, a perda do cargo prevista no seu art. 83 não se aplicava aos oficiais das instituições militares federais, bem como aos oficiais e praças das instituições militares estaduais.[39]

Isso não significava a absoluta impossibilidade de perda do cargo militar. Acaso, por exemplo, um oficial das Forças Armadas fosse condenado definitivamente por crime militar da Lei de licitações à pena privativa de liberdade superior a 02 (dois) anos, nos termos dos dispositivos constitucionais citados, seria submetido a julgamento perante o tribunal competente *(leia-se: em tempo de paz, Superior Tribunal Militar)*, que poderia declará-lo indigno ou incompatível com o oficialato, perdendo o posto e a patente (e o cargo militar). Para tanto, transitada em julgado a sentença condenatória, seria formulada uma representação para declaração de indignidade ou de incompatibilidade com o oficialato, cuja legitimidade, no âmbito federal, é do Ministério Público Militar, por meio do Procurador-Geral de Justiça Militar *(LC nº 75/93, art. 116, II; RI/STM, art. 112 e ss)*. Se a condenação fosse até 02 (dois) anos, poderia ser submetido a Conselho de Justificação *(Lei 5.836/72, art. 2º, IV; RI/STM, art. 157 e ss)* e, ao final, a julgamento perante o tribunal competente *(leia-se: em tempo de paz, Superior Tribunal Militar)*, que poderia, da mesma forma, declará-lo indigno ou incompatível com o oficialato, perdendo o posto e a patente (e o cargo militar). No caso dos oficiais das Forças Auxiliares, *mutatis mutandis*, o procedimento seria bastante semelhante, de acordo com a legislação estadual respectiva e o regimento interno do tribunal de justiça militar ou tribunal de justiça, se inexistente este no Estado-Membro.

---

[38] No artigo seguinte define servidor público como aquele que exerce, mesmo que transitoriamente ou sem remuneração, cargo, função ou emprego público, o que inclui os militares (servidor público em sentido lato).

[39] A razão dessa garantia constitucional, assim como os impedimentos impostos a esse grupo de agentes públicos (ex: proibição de greve, sindicalização e de filiação a partidos políticos), reside na concepção de que as atividades por eles exercidas são singulares e, em regra, sem paralelo no regime jurídico dos servidores públicos civis, o que demanda um regramento constitucional diferenciado em deveres e direitos (Nesse sentido: ABREU, Jorge Luiz Nogueira de. *Manual de Direito Disciplinar Militar*. Curitiba: Juruá, 2015, p. 376-377)

Com relação à praça das Forças Auxiliares, da mesma forma, se condenada pela Justiça Militar Estadual por crime militar da Lei de licitações, poderia ser submetida a julgamento perante o tribunal competente *(leia-se: tribunal de justiça militar ou tribunal de justiça)* para a perda da graduação, cujo instrumento seria a *representação para a perda da graduação* proposta pelo Ministério Público. Entretanto, diferentemente dos oficiais, poderia haver a representação independentemente do *quantum* da pena aplicada, uma vez que nem o art. 83 da Lei de licitações nem o art. 125, §4º da Constituição Federal fez limitação à quantidade da pena privativa de liberdade. Em nossa opinião, pois, bastava a condenação criminal transitada em julgado.

Em relação às praças das Forças Auxiliares, possível ainda a perda da graduação no âmbito administrativo, independentemente de decisão de tribunal, consoante Súmula nº 673 do STF, segundo a qual *"o art. 125, § 4º, da Constituição não impede a perda da graduação de militar mediante procedimento administrativo"*.

Deve ser ressaltado, por outro lado, ainda com relação às praças, que no RE nº 447.859, j. 21/05/2015, o Pleno do Supremo Tribunal Federal, contrariando precedente antigo (RE nº 121.533, j. 26/04/1990), decidiu que é inexigível pronunciamento de Tribunal, em processo específico, para que se declare a perda da graduação das **praças das Forças Auxiliares**, o que, na prática, acabou por esvaziar a parte final do §4º do artigo 125 da Constituição Federal, equiparando, nesse aspecto, as praças das Forças Auxiliares às praças das Forças Armadas[40]. Disso decorre, em nosso entendimento, se de fato firmado tal posicionamento na Suprema Corte[41], que o próprio órgão judicial de primeira instância poderia declarar a perda da graduação das praças, sem necessidade de decisão de tribunal ou de procedimento específico. Enfim, a garantia constitucional somente subsistiria em favor dos oficiais das Forças Armadas e das Forças Auxiliares.

Adverte-se ainda que a decretação da perda da função ou cargo público, que tinha por fundamento o art. 83 da Lei nº 8.666/93, deveria ser justificada na sentença condenatória, ou seja, os efeitos não eram automáticos. Além disso, a perda se limitava ao cargo ou função ocupada pelo condenado por ocasião do crime cometido, e não eventual outro cargo ou função exercida no momento da condenação *(STJ, 6ª Turma, Resp 1.244.666, j. 16/08/2012).*

Para finalizar, deve ser ressaltado que arrefeceu a discussão sobre a perda do cargo **no âmbito dos crimes em licitações e contratos**, eis que a Nova Lei de Licitações não possui dispositivo específico sobre perda do cargo ou função pública. Salienta-se, neste ponto, que, embora o art. 83 da Lei nº 8.666/93 não tenha sido revogado de forma expressa e imediata, ele faz remissão em seu texto aos crimes nela previstos. Ocorre que tais crimes foram imediata e expressamente revogados pela Lei nº 14.133/2021, ou seja, formalmente não existem mais. Portanto, muito

---

40 Foram opostos embargos de declaração contra a decisão, porém, embora conhecidos, o STF negou-lhes provimento em sessão virtual de 19 a 26/03/2021.

41 Isso porque aparentemente o STF retomou o posicionamento anterior, consoante se infere da fundamentação do voto vencedor no bojo do RE 601.146, j. 08/06/2020. Ou seja, pensamos que a questão não está pacífica.

embora o texto do artigo 83 da Lei nº 8.666/93 ainda perdure por mais um tempo (dois anos da publicação oficial da Nova Lei de Licitações, segundo o seu art. 193, II), conclui-se que ele restou tacitamente revogado ou inaplicável desde a revogação dos crimes da Lei nº 8.666/93. Em síntese: desde a entrada em vigor da Nova Lei de Licitações, os agentes condenados pelos delitos em licitações e contratos ficam sujeitos às normas da Parte Geral do Código Penal Comum (efeito secundário extrapenal da condenação) ou do Código Penal Militar (pena acessória), conforme se trata de crime comum ou de crime militar, respectivamente.

Com relação àqueles que perderam o cargo (militar ou não) em decorrência do trânsito em julgado de condenação por crime previsto na então Lei nº 8.666/93, pensamos que a situação do agente permanece inalterada. Ou seja, persiste a perda do vínculo funcional decretada ainda sob a égide (unicamente) da Lei nº 8.666/93, eis que o seu respectivo dispositivo possuía efeito extrapenal e o fato pelo qual resultou à época na condenação penal não deixou de configurar um ilícito administrativo.

11.1.8. Natureza da ação penal e procedimento

A Lei nº 8.666/93, diante dos interesses envolvidos e do sujeito passivo do delito, previa de forma expressa em seu artigo 100 que os crimes nela definidos eram de *ação penal pública incondicionada*, cabendo ao Ministério Público promovê-la. Da mesma forma, a Nova Lei de Licitações manteve a natureza da ação penal como *pública e incondicionada.*

Tal posicionamento vai ao encontro do Código de Processo Penal Militar (art. 29) e Código Penal Militar (art. 121). Estes também estabeleceram que os crimes militares serão de ação penal pública, a ser promovida pelo Ministério Público Militar. Fixaram ainda que em regra a ação será *incondicionada*, podendo, excepcionalmente, ser condicionada à requisição da autoridade competente, o que não é o caso dos crimes em licitações e contratos *(CPM, art. 122; CPPM, art. 31).*[42]

Quanto ao procedimento a ser seguido, observa-se que a Lei nº 8.666/93 tinha procedimento próprio, definido nos artigos 104 a 107. Analisando o então procedimento da Lei nº 8.666/93, percebe-se que fora concebido no contexto da realidade e estrutura da Justiça Comum, e não da Justiça Militar, que possui peculiaridades que dificultavam a sua adoção, em especial, pela atuação colegiada em primeira instância com participação de um juiz togado e quatro juízes militares sorteados.

Isso implicava dizer que ainda que fosse adotado o rito da Lei nº 8.666/93 na Justiça Militar, haveria necessidade de complementação por disposições do Código de

[42] Neste ponto, merece ser relembrado que muito embora o Código Penal Militar e o Código de Processo Penal Militar não tenham previsto a ação penal privada, por força de disposição constitucional, a propositura de ação penal privada subsidiária da pública será possível perante a Justiça Militar, consoante observa Jorge César de Assis: *"A ação penal militar é sempre pública (CPPM, art. 29). Somente pode ser intentada pelo Ministério Público Militar (CF, art. 129, I), ressalvada a hipótese da ação privada subsidiária da pública, nos termos do art. 5º, inc. LIX, da Carta Magna, em uma aplicação analógica do art. 28 do Código de Processo Penal Comum, permitido pelo art. 3º, letra 'e', do Código de Processo Penal castrense"* (ASSIS, Jorge César de. *Comentários ao Código Penal Militar: Comentários – Doutrina – Jurisprudência dos Tribunais Militares e Tribunais Superiores*. 7. ed. Curitiba: Juruá, 2013, p. 253).

Processo Penal Militar a fim de adequá-lo à estrutura e específica forma de atuação daquela justiça especializada, notadamente, no que se refere à fase de julgamento *(CPPM, art. 431 e seguintes)*, que demanda regramento próprio para se atender às características de um órgão colegiado composto por juízes leigos.

Soma-se ainda o fato de que o procedimento da Lei nº 8.666/93 necessitava de adequação ao decidido pelo Pleno do Supremo Tribunal Federal no HC nº 127.900, j. 03/03/2016, no qual restou assentado que o art. 400 do Código de Processo Penal Comum deve ser observado em todos os procedimentos penais previstos em leis especiais, de modo que o interrogatório deve ser realizado ao final da instrução criminal.[43]

Nesse contexto, para observância do procedimento da Lei nº 8.666/93, no âmbito da Justiça Militar, seria necessário não só a complementação com dispositivos do Código de Processo Penal Militar, mas também com as disposições do Código de Processo Penal Comum, o que configura um hibridismo exacerbado, no qual seria impossível identificar qual foi o rito realmente adotado. Em verdade, em nosso entendimento, estaria instituído um quarto rito, sem previsão legal e com prejuízo à segurança jurídica e, por isso, inaceitável.

Destarte, perfeito o precedente do Superior Tribunal Militar no bojo do HC nº 7001068-09.2019.7.00.0000, j. 12/11/2019, onde prevaleceu o entendimento de que nos crimes militares extravagantes da Lei nº 8.666/93 deveria ser observado o rito ordinário do Código de Processo Penal Militar *(em sentido contrário, pela aplicação da legislação processual penal comum aos crimes militares extravagantes de licitações e contratos, conferir: STM, Apel. nº 7001490-81.2019.7.00.0000, j. 15/10/2020; HC nº 7000597-56.2020.7.00.0000, j. 19/11/2020)*.

Também não nos parecia adequado simplesmente adotar somente o procedimento ordinário do Código de Processo Penal Comum, pois, da mesma forma, ante a sua insuficiência para atender as necessidades inerentes à especificidade da Justiça Militar, teria que ser complementado pelas disposições da legislação processual penal militar.

Assim, sob o aspecto procedimental, o Código de Processo Penal Militar já à época deveria ser considerado como norma especial em relação à Lei nº 8.666/93 e ao Código de Processo Penal Comum, sendo certo que a adoção do procedimento da então lei de licitações, respeitados entendimentos contrários, não trazia nenhum benefício concreto se adotado no âmbito da Justiça Militar. Pelo contrário, seria insuficiente para atender as necessidades daquela justiça especializada.

Enfim, éramos pela não aplicação do rito da Lei nº 8.666/93 aos crimes militares extravagantes nela previstos, mas sim o procedimento ordinário do Código de Processo Penal Militar, com observância apenas do art. 400 do Código de Processo

---

[43] Interessante que o STJ já havia decidido que não existia irregularidade na adoção do procedimento ordinário do Código de Processo Penal na Justiça Comum, em substituição ao procedimento da Lei de licitações (5ª Turma, HC 282.828, j. 03/08/2017).

Penal Comum, a fim de que o interrogatório do réu fosse realizado ao final da instrução criminal *(ex vi, STF, HC nº 127.900, j. 03/03/2016)*.

Atualmente, não existindo previsão de rito específico pela Nova Lei de Licitações, que **revogou os dispositivos processuais penais da Lei nº 8.666/93**, com mais razão, deve ser observado, no âmbito da Justiça Militar, o procedimento ordinário do Código de Processo Penal Militar *(ex vi, art. 394, §2º, parte final, do CPP Comum)*.

De todo modo, para uma direção mais segura com relação ao rito a ser adotado, importante se aguardar e acompanhar como o Superior Tribunal Militar se posicionará diante da revogação do procedimento especial da Lei nº 8.666/93 e, também, diante do rito a ser aplicado no caso de crimes militares ***extravagantes em geral***, ou seja, se a *legislação processual penal comum* deverá ou não prevalecer quando se tratar de crime militar não previsto no CPM.

11.1.9. Jurisprudência selecionada

A) Supremo Tribunal Federal:

Habeas corpus. 2. Direito Processual Penal Militar. Desrespeito a superior (art. 160 do CPM). Condenação. 3. **Possibilidade de aplicação da Lei 9.099/95 aos delitos militares praticados anteriormente à vigência da Lei 9.839/99.** Precedentes. 4. Ressalva. Impossibilidade de aplicação retroativa do art. 89 da Lei dos Juizados Especiais Criminais existindo ato de condenação penal (HC 74.305/SP, Pleno). 5. Ordem denegada. Prejudicado o agravo regimental contra decisão que indeferiu o pedido liminar (2ª Turma, HC 115.247, j. 12/11/2013) (grifo nosso)

Ementa: Penal Militar. Habeas corpus. Deserção – CPM, art. 187. Crime militar próprio. Suspensão condicional do processo – art. 90-A, da Lei n. 9.099/95 – Lei dos Juizados Especiais Cíveis e Criminais. Inaplicabilidade, no âmbito da Justiça Militar. Constitucionalidade, face ao art. 98, inciso I, § 1º, da Carta da República. Obiter dictum: inconstitucionalidade da norma em relação a civil processado por crime militar. **O art. 90-A, da n. 9.099/95 – Lei dos Juizados Especiais Cíveis e Criminais –, com a redação dada pela Lei n. 9.839/99, não afronta o art. 98, inciso I, § 1º, da Carta da República no que veda a suspensão condicional do processo ao militar processado por crime militar. In casu, o pedido e a causa de pedir referem-se apenas a militar responsabilizado por crime de deserção, definido como delito militar próprio, não alcançando civil processado por crime militar. Obiter dictum: inconstitucionalidade da norma que veda a aplicação da Lei n. 9.099 ao civil processado por crime militar.** Ordem denegada (Tribunal Pleno, HC 99.743, j. 06/10/2011) (grifo nosso).

(...) **A Justiça Militar estadual não dispõe de competência penal para processar e julgar civil que tenha sido denunciado pela prática de crime contra a Polícia Militar do Estado.** Qualquer tentativa de submeter os réus civis a procedimentos penais-persecutórios instaurados perante órgãos da Justiça Militar estadual representa, no contexto de nosso sistema jurídico, clara violação ao princípio constitucional do juiz natural (CF, art. 5., LIII). – A Constituição Federal, ao definir a competência penal da Justiça Militar dos Estados-membros, delimitou o âmbito de incidência do seu exercício, impondo, para efeito de sua configuração, o concurso necessário de dois requisitos: um, de ordem objetiva (a prática de crime militar definido em lei) e outro de índole subjetiva (a qualificação do agente como policial militar ou como bombeiro militar). A competência constitucional da Justiça Militar estadual, portanto, sendo de direito estrito, estende-se, tão-somente, aos integrantes da Polícia Militar ou dos Corpos de

Bombeiros Militares que hajam cometido delito de natureza militar (1ª Turma, HC 70.604, j. 10/05/1994) (grifo nosso).

Ementa: Execução penal. Constitucional. Ação direta de inconstitucionalidade. **Pena de multa. Legitimidade prioritária do Ministério Público.** Necessidade de interpretação conforme. Procedência parcial do pedido. 1. **A Lei nº 9.268/1996, ao considerar a multa penal como dívida de valor, não retirou dela o caráter de sanção criminal, que lhe é inerente por força do art. 5º, XLVI, c, da Constituição Federal. 2. Como consequência, a legitimação prioritária para a execução da multa penal é do Ministério Público perante a Vara de Execuções Penais.** 3. Por ser também dívida de valor em face do Poder Público, a multa pode ser subsidiariamente cobrada pela Fazenda Pública, na Vara de Execução Fiscal, se o Ministério Público não houver atuado em prazo razoável (90 dias). 4. Ação direta de inconstitucionalidade cujo pedido se julga parcialmente procedente para, conferindo interpretação conforme à Constituição ao art. 51 do Código Penal, explicitar que a expressão "aplicando-se-lhes as normas da legislação relativa à dívida ativa da Fazenda Pública, inclusive no que concerne às causas interruptivas e suspensivas da prescrição", não exclui a legitimação prioritária do Ministério Público para a cobrança da multa na Vara de Execução Penal. Fixação das seguintes teses: (i) O Ministério Público é o órgão legitimado para promover a execução da pena de multa, perante a Vara de Execução Criminal, observado o procedimento descrito pelos artigos 164 e seguintes da Lei de Execução Penal; (ii) Caso o titular da ação penal, devidamente intimado, não proponha a execução da multa no prazo de 90 (noventa) dias, o Juiz da execução criminal dará ciência do feito ao órgão competente da Fazenda Pública (Federal ou Estadual, conforme o caso) para a respectiva cobrança na própria Vara de Execução Fiscal, com a observância do rito da Lei 6.830/1980. (Tribunal Pleno, ADI nº 3150, j. 13/12/2018) (grifo nosso).

FORÇA MILITAR – PRAÇA – PERDA DO POSTO. **Relativamente a praça, é inexigível pronunciamento de Tribunal, em processo específico, para que se tenha a perda do posto** (Tribunal Pleno, RE nº 447.859, j. 21/05/2015) (grifo nosso).

(...) O art. 102 do Código Penal Militar (Decreto-Lei 1.001, de 21 de outubro de 1969) estabelece que a condenação da praça à pena privativa de liberdade, por tempo superior a 2 (dois) anos, importa sua exclusão das Forças Armadas. 4. O art. 125, § 4º, da Constituição de 1988 dispõe que "compete à Justiça Militar estadual processar e julgar os militares dos Estados, nos crimes militares definidos em lei e as ações judiciais contra atos disciplinares militares, ressalvada a competência do júri quando a vítima for civil, cabendo ao tribunal competente decidir sobre a perda do posto e da patente dos oficiais e da graduação das praças". 5. **O texto constitucional não recepcionou o art. 102 do Código Penal Militar em relação aos Policiais Militares, exigindo para esses, no campo judicial, a incidência do procedimento previsto pelo artigo 125, §4º da CF. A Constituição Federal de 1988 estabeleceu a possibilidade de perda de graduação dos praças das polícias militares em virtude de decisão do Tribunal competente, mediante procedimento específico.** (...) (Tribunal Pleno, RE nº 08/06/2020, j. 08/06/2020) (grifo nosso).

(...) **Competência da Justiça Castrense configurada (CF, art. 124 c/c CPM, art. 9º, I, b). Pacientes que não integram mais as fileiras das Forças Armadas. Irrelevância para fins de fixação da competência. Interrogatório. Realização ao final da instrução (art. 400, CPP). Obrigatoriedade. Aplicação às ações penais em trâmite na Justiça Militar dessa alteração introduzida pela Lei nº 11.719/08, em detrimento do art. 302 do Decreto-Lei nº 1.002/69. Precedentes.** Adequação do sistema acusatório democrático aos preceitos constitucionais da Carta de República de 1988. Máxima efetividade dos princípios do contraditório e da ampla defesa (art. 5º, inciso LV). Incidência da norma inscrita no art. 400 do Código de Processo Penal comum aos processos penais militares cuja instrução não se tenha encerrado, o que não é o caso. Ordem denegada. **Fixada orientação quanto a incidência da norma inscrita no art. 400 do Código de Processo Penal comum a partir da publicação da ata do presente julgamento, aos processos penais militares, aos processos penais eleitorais e a todos os procedimentos penais regidos por legislação especial, incidindo somente naquelas ações penais cuja instrução não se tenha encerrado.** 1. Os pacientes, quando soldados da ativa, foram surpreendidos na posse de substância entorpecente (CPM, art. 290) no interior do 1º Batalhão de Infantaria da Selva em Manaus/AM. Cuida-se, portanto, de crime praticado por militares em situação de atividade em lugar sujeito à administração militar, o que atrai a competência da Justiça Castrense para processá-los e julgá-los (CF, art. 124 c/c CPM, art. 9º, I, b). 2. **O fato de os pacientes não mais integrarem as fileiras das Forças Armadas em nada repercute na esfera de competência da Justiça especializada, já que, no tempo do crime, eles eram soldados da ativa.** 3. Nulidade do interrogatório dos pacientes como primeiro ato da instrução processual (CPPM, art. 302). 4. A Lei nº 11.719/08 adequou o sistema acusatório democrático, integrando-o de forma mais harmoniosa aos preceitos constitucionais da Carta de República de 1988, assegurando-se maior efetividade a seus princípios, notadamente, os do contraditório e da ampla defesa (art. 5º, inciso LV). 5. Por ser mais benéfica (lex mitior) e harmoniosa com a Constituição Federal, há de preponderar, no processo penal militar (Decreto-Lei nº 1.002/69), a regra do art. 400 do Código de Processo Penal. 6. De modo a não comprometer o princípio da segurança jurídica (CF, art. 5º, XXXVI) nos feitos já sentenciados, essa orientação deve ser aplicada somente aos processos penais militares cuja instrução não se tenha encerrado, o que não é o caso dos autos, já que há sentença condenatória proferida em desfavor dos pacientes desde 29/7/14. 7. Ordem denegada, com a fixação da seguinte orientação: a norma inscrita no art. 400 do Código de Processo Penal comum aplica-se, a partir da publicação da ata do presente julgamento, aos processos penais militares, aos processos penais eleitorais e a todos os procedimentos penais regidos por legislação especial incidindo somente naquelas ações penais cuja instrução não se tenha encerrado (Tribunal Pleno, j. 03/03/2016) (grifos nossos).

Súmula 673: O art. 125, § 4º, da Constituição não impede a perda da graduação de militar mediante procedimento administrativo.

B) Superior Tribunal de Justiça:

PENAL. PROCESSUAL PENAL. HABEAS CORPUS. 1. CRIME MILITAR COMETIDO POR POLICIAL MILITAR DO ESTADO. COMPETÊNCIA DA JUSTIÇA MILITAR ESTADUAL. DEMISSÃO ANTERIOR À INSTAURAÇÃO DO INQUÉRITO POLICIAL. IRRELEVÂNCIA. JUÍZO NATURAL QUE SE FIXA À ÉPOCA DO FATO. 2. RECURSO A QUE SE NEGA PROVIMENTO.

1. Crime militar cometido por militar no exercício da função. **Em homenagem à garantia do juízo natural, a competência deve ser fixada sempre em relação à qualidade que o recorrente apresentava no momento do cometimento do fato, não podendo ser alterada por conta de alteração fática posterior (exoneração).** 2. Recurso a que se nega provimento (6ª Turma, RHC 20348, 24/06/2008) (grifo nosso).

CONFLITO NEGATIVO DE COMPETÊNCIA. PENAL E PROCESSUAL PENAL. CRIME CONTRA A LEI DE LICITAÇÕES PRATICADO POR MILITAR EM SITUAÇÃO DE ATIVIDADE CONTRA PATRIMÔNIO SOB A ADMINISTRAÇÃO MILITAR. SUPERVENIÊNCIA A LEI N.º 13.491/2017. AMPLIAÇÃO DA COMPETÊNCIA DA JUSTIÇA CASTRENSE. APLICAÇÃO DA LEI NO TEMPO. PRINCÍPIO DO TEMPUS REGIT ACTUM. SENTENÇA DE MÉRITO NÃO PROFERIDA. NÃO APLICAÇÃO DO PRINCÍPIO DA PERPETUATIO JURISDICTIONIS. CONFLITO CONHECIDO PARA DECLARAR COMPETENTE O JUÍZO SUSCITANTE. 1. Hipótese em que a controvérsia apresentada cinge-se à definição do Juízo competente para processar e julgar crime praticado, em tese, por militar em situação de atividade contra patrimônio sob a administração militar antes do advento da Lei n.º 13.491/2017. 2. **A Lei n.º 13.491/2017 promoveu alteração na própria definição de crime militar, o que permite identificar a natureza material do regramento, mas também ampliou, por via reflexa, de modo substancial, a competência da Justiça Militar, o que constitui matéria de natureza processual. É importante registrar que, como a lei pode ter caráter híbrido em temas relativos ao aspecto penal, a aplicação para fatos praticados antes de sua vigência somente será cabível em benefício do réu, conforme o disposto no art. 2.º, § 1.º, do Código Penal Militar e no art. 5.º, inciso XL, da Constituição da República. Por sua vez, no que concerne às questões de índole puramente processual – hipótese dos autos –, o novo regramento terá aplicação imediata, em observância ao princípio do tempus regit actum.** 3. Tratando-se de competência absoluta em razão da matéria e considerando que ainda não foi proferida sentença de mérito, não se aplica a regra da perpetuação da jurisdição, prevista no art. 43 do Código de Processo Civil, aplicada subsidiariamente ao processo penal, de modo que os autos devem ser remetidos para a Justiça Militar. 4. Conflito conhecido para declarar competente o Juízo Auditor da 4.ª Auditoria da 1.ª Circunscrição Judiciária Militar do Estado do Rio de Janeiro, ora Suscitante (3ª Seção, CC 160.902, j. 12/12/2018) (grifo nosso).

CONFLITO POSITIVO DE COMPETÊNCIA. EXECUÇÃO DA PENA DE MULTA. SENTENÇA PROFERIDA POR JUÍZO FEDERAL. PENA PRIVATIVA DE LIBERDADE EXECUTADA POR JUÍZO ESTADUAL. NATUREZA PENAL SANCIONATÓRIA DA MULTA. UNICIDADE DA EXECUÇÃO PENAL. VALORES DESTINADOS AO FUNDO PENITENCIÁRIO NACIONAL REPASSADOS A ENTES FEDERADOS. INEXISTÊNCIA DE DESTINAÇÃO ESPECÍFICA A ESTABELECIMENTOS FEDERAIS OU PROGRAMAS ADMINISTRADOS PELA UNIÃO. AUSÊNCIA DE INTERESSE ESPECÍFICO DA UNIÃO. COMPETÊNCIA DO JUÍZO ESTADUAL. (...) Em que pese o Juízo Federal suscitado ter afirmado que intimou o Ministério Público Federal para requerer o que entendesse pertinente, haja visto o entendimento fixado pelo Supremo Tribunal Federal - STF no julgamento da ADI 3150/DF, **resta analisar se a execução da pena de multa compete ao Juízo Federal ou ao Juízo Estadual, uma vez que o apenado encontra-se em presídio estadual. Em outras palavras, cabe analisar a possibilidade de cindir a execução penal para coexistir uma execução penal exclusivamente da pena privativa de liberdade, perante o Juízo Estadual da Execução Penal e de uma execução da pena de multa, promovida pelo Ministério Público Federal perante o Juízo Federal da Execução.** É certo que a Suprema Corte reconheceu total prioridade ao Ministério Público quanto à execução da pena de multa (ADI 3.150, Rel. Min. MARCO AURÉLIO, Rel. p/ Acórdão: Min. ROBERTO BARROSO, Tribunal Pleno, Dje 6/8/2019), o que deve ser observado pelo Superior Tribunal de Justiça. Entretanto, no caso em análise, não se discute a prioridade do Parquet na execução da multa, mas tão somente se referida execução deve ser conduzida pela Justiça Federal ou Estadual. 4. **A execução da pena de multa deve seguir no Juízo das Execuções Penais, que é o Juízo Estadual, no caso de haver cumprimento de pena privativa de liberdade em presídio estadual aplicada cumulativamente com a multa. Além de a multa ter natureza de sanção penal, sendo racional a existência de execução penal una, ressalte-se que os valores recolhidos, quer por sentença condenatória proferida por Juízo Estadual ou por sentença condenatória proferida por Juízo Federal, têm o mesmo destino: o Fundo Penitenciário Nacional, nos termos do art. 2º, inciso V, da Lei Complementar nº 79/1994.** Os montantes depositados no referido Fundo são repassados a outros entes federativos, conforme regras estabelecidas na Lei Complementar que o criou. Destarte, os valores referentes à multa penal imputada por Juízo Federal não tem destinação específica para estabelecimento prisional federal ou programas de inserção social exclusivamente administrados pela União, razão penal qual não se identifica especial interesse da União na execução da multa penal por ela imposta. 5. Conflito conhecido para declarar que a execução da pena de multa compete ao Juízo de Direito da 2ª Vara de Execuções de Penas e Medidas Alternativas e Cartas Precatórias Criminais de Curitiba -PR. (...) (3ª Seção, CC 168.815, j. 10/06/2020) (grifos nossos).

RECURSO ESPECIAL. PENAL. SANÇÕES ADMINISTRATIVAS E TUTELA JUDICIAL RELATIVA À LEI N. 8.666/1993, ARTS. 83 E 89. PREFEITO. LICITAÇÃO DISPENSADA INDEVIDAMENTE. CONDENAÇÃO DO AGENTE PÚBLICO. PERDA DE MANDATO. RECONDUÇÃO AO CARGO MEDIANTE ELEIÇÃO POPULAR. INVESTIDURA ORIGINÁRIA. DIPLOMAÇÃO CONCEDIDA PELO JUÍZO ELEITORAL. NECESSIDADE DE MOTIVAÇÃO CONCRETA PARA AFASTAMENTO DE CARGO PÚBLICO. 1. Cinge-se a controvérsia à possibilidade de efeitos extrapenais do decisum condenatório de agente político (prefeito) alcançarem novo mandato – recondução ao cargo público obtida por meio de eleições democráticas –, a provocar o afastamento do cargo atual (arts. 83 e 89 da Lei n. 8.666/1993). 2. No caso, ao contrário da pretensão recursal – em relação ao pedido de afastamento de prefeito eleito para novo mandato –, o acórdão estadual não violou o art. 83 da Lei n. 8.666/1993, pois, se fosse julgado e condenado em 2001, ao tempo em que era prefeito (mandato de 2001 a 2004), não resta dúvida de que perderia o mandato eletivo, em decorrência do previsto no art. 83 da Lei n. 8.666/1993. 3. Com a eleição para prefeito em 2009, firmou-se nova investidura originária, com outra diplomação concedida pelo juízo eleitoral – para período de mandato eletivo diverso (2009 a 2012). Consequentemente, não pode perder o cargo por um fato anterior, cometido em 2001, porque aquele período de mandato eletivo já se encontra encerrado, desde o ano de 2004. 4. **A norma de regência determina a perda do mandato eletivo. Logo, por óbvio, o cargo em questão só pode ser aquele que o infrator ocupava à época da conduta típica. Em outros termos, caso o servidor ou agente político se mantivesse no mesmo cargo, ceteris paribus, até o decisum condenatório, perderia-o em razão do disposto no art. 83 da Lei n. 8.666/1993. Hipótese inexistente in casu. 5. Exige-se, em acréscimo, para a conveniente adequação dos efeitos da condenação penal, que o decisum seja revestido de motivação concreta para o afastamento do mandato eletivo (art. 92, parágrafo único, do CP).** 6. Recurso especial conhecido em parte e, nessa parte, improvido (6ª Turma, REsp 1244666, j. 16/08/2012) (grifo nosso).

PROCESSUAL PENAL. HABEAS CORPUS SUBSTITUTIVO DE RECURSO PRÓPRIO. INADEQUAÇÃO. CRIME CONTRA O PROCESSO LICITATÓRIO. ALEGADA NULIDADE POR ADOÇÃO DE RITO ORDINÁRIO. PRINCÍPIO PAS DE NULLITÉ SANS GRIEF. AUSÊNCIA DE DEMONSTRAÇÃO DO PREJUÍZO. PROCEDIMENTO MAIS BENÉFICO AO RÉU. AMPLA DEFESA ASSEGURADA. NULIDADE NÃO CONFIGURADA. HABEAS CORPUS NÃO CONHECIDO. (...) 2. Segundo entendimento pacífico desta Corte Superior, a vigência no campo das nulidades do princípio pas de nullité sans grief impõe a manutenção do ato impugnado que, embora praticado em desacordo com a formalidade legal, atinge a sua finalidade, restando à parte demonstrar a ocorrência de efetivo prejuízo. 3. **A adoção do procedimento ordinário estabelecido no Código de Processo Penal, em detrimento do rito especial da Lei n. 8.666/1993, confere ao réu maior amplitude no exercício de sua defesa e do contraditório, portanto, mais benéfico ao réu.** 4. No caso concreto, além de não comprovado o alegado prejuízo, restou concretizado os ditames estabelecidos pelo Supremo Tribunal Federal, por seu Plenário, no julgamento do HC n. 127.900/AM, Rel. Min. DIAS TOFFOLI, julgado em 3/3/2016, quanto à realização do interrogatório ao final da instrução criminal, conforme o artigo 400 do CPP, incidente em todos os procedimentos especiais, preponderante o princípio da ampla defesa sobre o princípio da especialidade. 5. Habeas corpus não conhecido (5ª Turma, HC 282828, j. 03/08/2017). (grifo nosso)

Jurisprudência em tese, Edição nº 134 – Dos crimes da Lei de Licitação – Lei nº 8.666/93:

Número 13: À luz do sistema constitucional acusatório e dos princípios do contraditório e da ampla defesa, a norma contida no art. 400 do Código de Processo Penal – CPP (com redação dada pela Lei n. 11.719/2008), que prevê a realização do interrogatório ao final da instrução criminal, é de observância obrigatória no âmbito dos procedimentos especiais, não havendo que se falar em afronta ao rito procedimental previsto no art. 104 da Lei de Licitações.

Número 14: Compete à Justiça Castrense processar e julgar os crimes licitatórios praticados por militar contra patrimônio sujeito à administração militar (art. 9º do Código Penal Militar – CPM).

Súmula 43: Incide correção monetária sobre dívida por ato ilícito a partir da data do efetivo prejuízo.

Súmula 53: Compete a Justiça Comum Estadual processar e julgar civil acusado de prática de crime contra instituições militares estaduais.

Súmula 90: Compete a Justiça Estadual Militar processar e julgar o policial militar pela prática do crime militar, e a comum pela prática do crime comum simultâneo aquele.

Súmula 171: Cominadas cumulativamente, em lei especial, penas privativas de liberdade e pecuniária, é defeso a substituição da prisão por multa.

Súmula 192: Compete ao Juízo das Execuções Penais do Estado a execução das penas impostas a sentenciados pela Justiça Federal, Militar ou Eleitoral, quando recolhidos a estabelecimentos sujeitos a Administração Estadual.

C) Superior Tribunal Militar:

EMBARGOS DE DECLARAÇÃO. CONHECIMENTO. PRINCÍPIO DO NE BIS IN IDEM. VIOLAÇÃO. MATÉRIA DE ORDEM PÚBLICA. EFEITO INFRINGENTE NEGADO. NULIDADE ABSOLUTA. AUSÊNCIA. COEXISTÊNCIA DAS PUNIÇÕES DISCIPLINAR E PENAL. A Defesa arguiu omissão no julgado por nada dizer a propósito da violação ao princípio do ne bis in idem. Alega a Defesa que o embargante fora punido administrativamente com a prisão disciplinar e o licenciamento. Mesmo diante da aplicação da punição administrativa foi sentenciado como incurso na pena do art. 290 do CPM, configurando dupla punição por fato motivador idêntico. Trata-se de matéria de ordem pública, podendo ser arguida em qualquer fase ou instância processual. Inexiste dupla punição pelo mesmo fato. **Inquestionável funcionarem as esferas penal, administrativa e civil de modo autônomo e harmônico. Possível a coexistência das punições disciplinar e penal.** Embargos Declaratórios conhecidos e acolhidos parcialmente. Decisão unânime (Emb Dcl nº 138.10.2014.7.09.0009, j. 29/06/2017) (grifo nosso).

EMENTA: RECURSO EM SENTIDO ESTRITO. MPM. CONFLITO APARENTE DE NORMAS. LEI DE LICITAÇÕES E CPM. LEI Nº 13.491/2017. PRINCÍPIO TEMPUS REGIT ACTUM. COMPETÊNCIA DA JUSTIÇA MILITAR. 1. A Lei nº 13.491/2017 ampliou o conceito dos crimes militares, incluindo nas hipóteses do inciso II do art. 9º do CPM também as previsões da legislação penal comum. 2. Com relação aos aspectos puramente processuais, a Lei deve ser aplicada de imediato, inclusive para os fatos praticados antes da sua vigência, em observância ao Princípio Tempus Regit Actum, sem que com isso haja ofensa ao Princípio da Anterioridade da Lei Penal. 3. A classificação de um crime tido como comum para um delito de natureza militar não se traduz, automaticamente, em situação menos benéfica para o Réu. Recurso conhecido e não provido. Decisão unânime (RESE 7000428-06.2019.7.00.0000, j. 01/07/2019).

(...) Ressalta-se que a doutrina e jurisprudência majoritárias já reconheceram a constitucionalidade dos crimes de perigo abstrato. Ademais, inviável a aplicação da Lei nº 11.343/06 nessa Justiça Castrense, ante a incidência do princípio da especialidade. **Súmula nº 14 do STM. Entendimento em harmonia com a Suprema Corte. Também impossível aplicar os dispositivos da Lei nº 9.099/95 na Justiça Militar da União. O**

art. 90-A, da referida lei, prevê tal vedação, que, inclusive já foi declarada constitucional pelo Supremo Tribunal Federal. Igualmente, não encontra guarida nessa Justiça castrense a aplicação de penas alternativas, previstas no artigo 44 e §§ do Código Penal Comum, com fundamento no Princípio da especialidade e na impossibilidade de se mesclar o regime penal comum e o castrense, mediante a seleção das partes mais benéficas de cada um deles. (...) Apelo desprovido. Decisão por unanimidade (Apel. 7000062-64.2019.7.00.0000, j. 18/06/2019) (grifo nosso).

PROCESSO PENAL MILITAR. HABEAS CORPUS. DEFENSORIA PÚBLICA DA UNIÃO. DESACATO PRATICADO POR CIVIL CONTRA MILITAR DAS FORÇAS ARMADAS. CRIME MILITAR. COMPETÊNCIA DA JUSTIÇA MILITAR DA UNIÃO PARA PROCESSAR E JULGAR O RÉU. APLICAÇÃO DA LEI Nº 9.099/95. IMPOSSIBILIDADE ANTE A EXPRESSA VEDAÇÃO LEGAL CONTIDA NO ART. 90-A DO REFERIDO DIPLOMA. REJEITADA A TESE DE INCONSTITUCIONALIDADE PARCIAL SUSCITADA PELA DPU. ORDEM DENEGADA POR FALTA DE AMPARO LEGAL. **Conforme reiterada jurisprudência do Supremo Tribunal Federal e desta Corte Castrense, é constitucional o dispositivo contido no art. 90-A da Lei nº 9.099/95, que veda a aplicação de institutos despenalizadores, tais como o sursis processual, à Justiça Militar da União. A declaração obter dictum do Supremo Tribunal Federal não tem o condão de impingir a esta Corte Castrense o reconhecimento de uma suposta inconstitucionalidade. O Superior Tribunal Militar ratifica a constitucionalidade do art. 90-A da Lei nº 9.099/95** (HC 0000189-05.2011.7.00.0000, j. 19/09/2012) (grifo nosso).

(...) **O alcance normativo do Acordo de Não Persecução Penal está circunscrito ao âmbito do processo penal comum, não sendo possível invocá-lo subsidiariamente ao Código de Processo Penal Militar, sob pena de violação ao Princípio da Especialidade, uma vez que não existe omissão no Diploma Adjetivo Castrense. Somente a falta de um regramento específico possibilita a aplicação subsidiária da legislação comum, sendo impossível mesclar-se o regime processual penal comum e o regime processual penal especificamente militar, mediante a seleção das partes mais benéficas de cada um deles.** Preliminar rejeitada. (...) Apelo defensivo não provido. Decisão por unanimidade (Apel. Nº 7001106-21.2019.7.00.0000, j. 20/02/2020). (grifo nosso).

(...) NÃO ADOÇÃO DO RITO INSERIDO NO ART. 100 E SEGUINTES DA LEI 8.666/1993. REFORMA PROCEDIMENTAL. LEI 11.719/2008. DECISÃO DO SUPREMO TRIBUNAL FEDERAL (STF) QUE DETERMINA A APLICAÇÃO DO ART. 400 DO CÓDIGO DE PROCESSO PENAL (CPP). ADOÇÃO DO PROCEDIMENTO COMUM ORDINÁRIO. INCIDÊNCIA DO CÓDIGO DE PROCESSO PENAL MILITAR. PAS DE NULLITÉ SANS GRIEF. ORDEM DENEGADA. DECISÃO UNÂNIME. (...) **Muito embora a Lei 8.666/1993 disponha, em seu art. 100 e seguintes, sobre rito específico para os crimes nela contidos, com a alteração do CPP inserida pela Lei 11.719/2008, há que prevalecer o entendimento no sentido de que a norma passou a adotar o procedimento comum ordinário. III – Diante da incidência, nesta Justiça Militar da União (JMU), do art. 400 do diploma processual penal comum, plenamente viável a aplicação do CPPM ao crime militar por extensão imputado ao Paciente.** IV – Outrossim, vigora no ordenamento jurídico pátrio o princípio pas de nullité sans grief. Não comprovado qualquer prejuízo ao Réu pelo Impetrante, impossível o reconhecimento da nulidade. V – Habeas Corpus conhecido. Ordem denegada. Decisão unânime (HC nº 7001068-09.2019.7.00.0000, j. 12/11/2019) (grifo nosso).

"(...) O delito de dispensa ou inexigibilidade de licitação fora das hipóteses previstas em lei, previsto no art. 89 da Lei de Licitações (Lei nº 8.666/93), embora categorizado como 'crime militar por extensão' quando cometido na forma e nas circunstâncias delineadas pelo inciso II do artigo 9º do Código Penal Militar, em sua essência, é um crime comum, de sorte que, pelo menos em tese, e em caráter excepcional, poder-se-ia considerar eventual aplicação subsidiária dos ritos procedimentais próprios da legislação comum, sem que com isso se pudesse cogitar de eventual violação ao primado da especialidade. Conforme prevê o art. 108 da Lei de Licitações '(...) No processamento e julgamento das infrações penais definidas nesta Lei, assim como nos recursos e nas execuções que lhes digam respeito, aplicar-se-ão, subsidiariamente, o Código de Processo Penal e a Lei de Execução Penal'. **Portanto, aos crimes militares por extensão deverá ser observado o rito procedimental comum e, em se tratando de delitos encartados na Lei de Licitações, a despeito da especialidade do rito determinado pela Lei nº 8.666/93, poderá ser aplicado subsidiariamente o Código de Processo Penal comum e, em consequência, a absolvição sumária prevista no art. 397 do referido Diploma Adjetivo. Preliminar de nulidade rejeitada.** Decisão por unanimidade. (...)" (grifo nosso) (Apel. nº 7001490-81.2019.7.00.0000, j. 15/10/2020)

Súmula 9: A Lei nº 9.099, de 26.09.95, que dispõe sobre os Juízos Especiais Cíveis e Criminais e dá outras providências, não se aplica à Justiça Militar da União.

11.2. DOS CRIMES EM LICITAÇÕES E CONTRATOS ADMINISTRATIVOS

11.2.1. Considerações gerais

A **Lei nº 8.666/93** tratava dos crimes em espécie nos artigos 89 a 98, com cominação de pena de detenção e multa para todos os delitos, sem, entretanto, previsão de reclusão, o que **impossibilitava a fixação de regime inicial fechado** para o início do cumprimento da pena privativa de liberdade (CP, art. 33). Também **não havia possibilidade de interceptação telefônica** no âmbito dos crimes em licitações e contratos, pois essa importante medida de obtenção de provas exige para o seu deferimento que a infração penal seja apenada com reclusão *(Lei nº 9.296/1996, art. 2º, III).*[44]

Além disso, **à exceção do crime do art. 95, se realizado por meio de violência ou grave ameaça[45], todos os delitos em licitações e contratos da Lei nº 8.666/93 admitiam a aplicação de medidas despenalizadoras**, desde a transação penal e a suspensão condicional do processo até o acordo de não persecução penal (ANPP).

Nesse contexto, **parte da doutrina entendia que o legislador havia sido brando** na fixação da sanção penal para os crimes em questão, o que acabava por colaborar para a ineficácia dos objetivos da pena e servia de estímulo à prática desses delitos, notadamente, pela possibilidade de aplicação de medidas despenalizadoras.

Particularmente, parecia-nos razoável a crítica para alguns tipos penais, pois conforme anota Jessé Torres Pereira Júnior:

> ... o campo das licitações públicas, por envolver vultosas somas de verbas pertencentes ao erário, sempre esteve entregue ao apetite dos interesses escusos, constituindo-se num

[44] Ressalvados os casos de conexão com outro crime sancionado com pena de reclusão, quando, então, seria possível o deferimento da interceptação telefônica, a exemplo da prática de crime licitatório em conexão com o crime de corrupção.

[45] Por outras palavras: no caso do crime previsto no então art. 95 da Lei nº 8.666/93, somente seria possível o ANPP quando a conduta fosse praticada mediante o oferecimento de vantagem, ficando de fora as hipóteses da prática delitiva por meio de violência ou grave ameaça, nos termos do art. 28-A do CPP.

dos muitos ralos pelos quais escoam os recursos públicos que irão faltar ao atendimento de programas e investimentos de relevância social."[46,47]

Com os novos tipos inseridos pela Lei nº 14.133/2021 no Código Penal Comum, em substituição àqueles da Lei nº 8666/93, observa-se que o legislador aparentemente ouviu os reclamos daquela parcela doutrinária, tendo em vista que **houve significativo e inequívoco endurecimento das penas.** Somente o crime de violação de sigilo em licitação não teve alterado o seu preceito secundário (art. 94 – art. 337-J). Os demais delitos foram modificados nesse aspecto, seja em relação ao mínimo ou máximo da pena abstratamente aplicável (para maior), seja em relação ao tipo de pena privativa de liberdade (de detenção para reclusão).

Com efeito, atualmente, dos **onze tipos penais** dos crimes em licitações e contratos, em apenas dois deles não foi prevista pena de reclusão, quais sejam: art. 337-I (perturbação de processo licitatório) e art. 337-J (violação de sigilo em licitação). Além disso, o número de crimes que não admite medida despenalizadora também aumentou consideravelmente, passando de um, para cinco, quais sejam: art. 337-E (contratação direta ilegal), art. 337-F (frustração do caráter competitivo de licitação), art. 337-H (modificação ou pagamento irregular em contrato administrativo), art. 337-K (afastamento de licitante, se praticado mediante violência ou grave ameaça) e art. 337-L (fraude em licitação ou contrato).

Além disso, com a inserção dos crimes em licitações e contratos no Título XI da Parte Especial do Código Penal, que cuida dos crimes contra a Administração Pública, não há mais dúvida de que a **progressão de regime** para quem foi condenado por crime daquela espécie fica **condicionada à reparação do dano que causou, ou à devolução do produto do ilícito praticado**, com os acréscimos legais, nos exatos termos do §4º do art. 33 do Código Penal.

Por outro lado, ainda no aspecto da sanção penal, a Lei nº 8.666/93 previa uma causa *obrigatória* de aumento de pena para o agente do crime que ocupasse cargo em comissão ou função de confiança em órgão da Administração direta, autarquia, empresa pública, sociedade de economia mista, fundação pública, ou outra entidade controlada direta ou indiretamente pelo Poder Público (art. 84, §2º), à semelhança do previsto no art. 327, §2º, do Código Penal. Porém, **a Lei nº 14.133/2021 não previu dispositivo semelhante no Código Penal.**[48]

46 PEREIRA JR., Jessé Torres. *Comentários à Lei das Licitações e Contratações da Administração Pública*. 8. ed. Rio de Janeiro: Renovar, 2009, p. 836.

47 Segundo divulgação do Instituto de Pesquisa Econômica Aplicada (Ipea), o mercado de compras governamentais brasileiro representa 12,5% do PIB do País (média calculada para o período 2006-2016), o que demonstra a necessidade de arcabouço jurídico adequado e eficiente para se prevenir e punir a prática de ilícitos, sob pena de significativo custo social, especialmente, porque não é possível ao Estado atender às necessidades coletivas sem a contratação da iniciativa privada. (RIBEIRO, Cássio Garcia; et al. **O mercado de compras governamentais brasileiro (2006-2017): mensuração e análise**. Brasília, Ipea, 2019. (Texto para discussão, n. 2476). Disponível em: https://www.ipea.gov.br/portal/images/stories/PDFs/TDs/td_2476.pdf. Acesso em: 27 dez. 2021.

48 O art. 84, §2º, da Lei nº 8.666/93 faz remissão aos crimes nela previstos. Ocorre que tais crimes foram revogados pela Lei nº 14.133/2021, portanto, muito embora aquele dispositivo, formalmente, ainda perdure por mais um tempo, conclui-se que ele restou tacitamente revogado ou inaplicável desde a revogação dos crimes previstos na Lei nº 8.666/93 pela nova Lei de licitações.

Neste ponto, deve ser ressaltado que a citada causa de aumento de pena do §2º do art. 327 do Código Penal se limita aos crimes do Capítulo I do Título XI da Parte Especial desse código (*"DOS CRIMES PRATICADOS POR FUNCIONÁRIO PÚBLICO CONTRA A ADMINISTRAÇÃO MILITAR"*), consoante expressamente disposto no seu próprio texto. Razão pela qual, a majorante não deve incidir na hipótese dos crimes em licitações e contratos, que foram previstos em capítulo próprio e diverso (Capítulo II-B – DOS CRIMES EM LICITAÇÕES E CONTRATOS ADMINISTRATIVOS), muito embora eles também tenham sido inseridos no Título XI da Parte Especial do Código Penal Comum (*"dos crimes contra a Administração Pública"*).

Para além do recrudescimento da sanção penal, o legislador inovou e **ampliou também o poder punitivo estatal**, eis que inseriu no Código Penal crime não previsto na Lei nº 8.666/93, expressamente nominado de *"omissão grave de dado ou de informação por projetista"*, sancionando com multa e seis meses a três anos de reclusão. Em contrapartida, **não repetiu a segunda parte do art. 89 da Lei nº 8.666/93, que incriminava a conduta de *"deixar de observar as formalidades pertinentes à dispensa ou à inexigibilidade"*.**

Ainda em termos de inovação, mas de menor importância, destaca-se que o legislador, seguindo a sistemática do CP, diferentemente da Lei nº 8.666/93, que foi omissa, implicando diferentes nomenclaturas no meio jurídico, **nominou todos os crimes em licitações e contratos**. Agora, com a nomenclatura legal, certamente haverá maior uniformidade na doutrina e jurisprudência.

Quanto ao **fundamento da criminalização** das condutas lesivas aos processos licitatórios e contratos administrativos, encontra-se implicitamente na **Constituição Federal, especialmente, nos seus artigos 5º (igualdade e propriedade) e 37, XXI**. Além desses dispositivos constitucionais, José Paulo Baltazar Júnior[49]nos lembra que existe ainda **fundamento internacional para a criminalização, qual seja, a Convenção da ONU** contra a corrupção, cujo artigo 9º tem a seguinte redação:

> Cada Estado Participante, em conformidade com os princípios fundamentais de seu ordenamento jurídico, adotará as medidas necessárias para estabelecer sistemas apropriados de contratação pública, baseados na transparência, na competência e em critérios objetivos de adoção de decisões, que sejam eficazes, entre outras coisas, para prevenir a corrupção.

Com relação aos **bens jurídicos penais tutelados** pelos crimes em licitações e contratos, embora inseridos no Título XI da Parte Especial do Código Penal Comum (*"dos crimes contra a Administração Pública"*) e possuírem uma **objetividade jurídica genérica** voltada à preservação dos princípios que regem a Administração Pública (**legalidade, impessoalidade, moralidade, igualdade, publicidade, probidade administrativa, regularidade administrativa etc.**), ainda assim, **cada tipo penal possui a**

---

[49] BALTAZAR JUNIOR, José Paulo. *Crimes Federais*. 9.ed. São Paulo: Saraiva, 2014. *E-book*.

sua própria objetividade jurídica.[50] De todo modo, durante a análise individualizada dos tipos penais, envidaremos esforços para identificar o bem jurídico *especificamente* tutelado, alertando, desde já, que a doutrina não é convergente nessa tarefa.

11.2.2. Dos Crimes em espécie[51]

11.2.2.1. Contratação direta ilegal

Novo Tipo Penal (CP)	Lei nº 8.666/93
Art. 337-E Admitir, possibilitar ou dar causa à contratação direta fora das hipóteses previstas em lei: *Pena – reclusão, de 4 (quatro) a 8 (oito) anos, e multa.*	*Art. 89. Dispensar ou inexigir licitação fora das hipóteses previstas em lei, ou deixar de observar as formalidades pertinentes à dispensa ou à inexigibilidade:* *Pena – detenção, de 3 (três) a 5 (cinco) anos, e multa.* *Parágrafo único. Na mesma pena incorre aquele que, tendo comprovadamente concorrido para a consumação da ilegalidade, beneficiou-se da dispensa ou inexigibilidade ilegal, para celebrar contrato com o Poder Público.*

– **Considerações gerais:** o tipo penal reforça o mandamento constitucional que impõe, salvo exceções legais, a obrigatoriedade da realização de licitação pela Administração Pública sempre que pretender contratar terceiros para suprir suas necessidades (CF, art. 37, XXI).

A conduta criminosa resta caracterizada quando o agente público (militar ou servidor público) admite, possibilita ou dá causa à contratação direta fora das hipóteses legais. No âmbito da Lei nº 8.666/93, a contratação direta ilegal era incriminada pelo seu artigo 89, **primeira parte**, embora com redação diferente do art. 337-E e com pena mais branda (detenção de 3 a 5 anos). Pensamos que a revogação do mencionado art. 89 pela Nova Lei de Licitações não implicou em abolição do crime, pois a dispensa ou inexigibilidade de licitação indevida passou a ser abarcada pelo tipo penal em estudo. Malgrado o texto legal não seja exatamente o mesmo, a norma penal proibitiva carreada em ambos os tipos é a mesma: *proibição de contratação direta fora das hipóteses legais (dispensa e inexigibilidade)*. Por outro lado, a **segunda parte** do art. 89 da Lei nº 8.666/93, que incriminava aquele que não observava as

[50] É o que nos ensina Cezar Roberto Bitencourt: *"A despeito de se poder identificar uma objetividade jurídica genérica nos crimes licitatórios, qual seja, preservar os princípios básicos da legalidade, da impessoalidade, da moralidade, da igualdade, da publicidade, e da probidade administrativa, não se pode olvidar que cada tipo penal possui a sua própria objetividade jurídica, sem, contudo, afastar-se do amplo contexto em que está inserido."*. (BITENCOURT. Cezar Roberto. *Direito Penal das Licitações*. São Paulo: Saraiva, 2012. *E-book)*.

[51] Na primeira edição desta obra, considerando que a Lei nº 8.666/93 não havia nominado os crimes nela previstos, como o fez o CPM e o CP, para facilitar a identificação, à época achamos por bem rotular cada crime, utilizando-se a nomenclatura comumente adotada na doutrina e jurisprudência dos tribunais. Entretanto, com a Lei nº 14.133/21, todos os crimes em licitações e contratos foram nominados pelo legislador. Assim, em prol da uniformidade, a partir desta edição, passaremos a utilizar a denominação legal.

formalidades pertinentes à dispensa ou à inexigibilidade de licitação, acertadamente[52], não encontra mais correspondência na legislação penal; portanto, temos que o fato, por vontade do legislador, deixou de ser um ilícito penal, sem prejuízo de constituir um ilícito administrativo ou civil.

Salienta-se, por fim, que o parágrafo único do art. 89 não foi reproduzido pela Nova Lei de Licitações no CP, o que, em nossa opinião, afasta entendimento anterior de parcela doutrinária de que se tratava de limitação à punibilidade do *extraneus*, que estaria **condicionada à obtenção de benefício representado pela celebração de contrato com o Poder Público**[53]. Ou seja, a partir de agora não há mais restrição à plena incidência da regra do art. 53 do CPM (art. 29, do CP) ao *extraneus*, ainda que ele não tenha se beneficiado pela celebração de contrato com o Poder Público.

- Objetividade Jurídica: assegurar a excepcionalidade das hipóteses de dispensa e inexigibilidade de licitação, reforçando-se o princípio da obrigatoriedade de licitação para a contratação pública; garantir a igualdade e competitividade entre aqueles que pretendem contratar com o Poder Público; bem como proteger a moralidade administrativa e o patrimônio público.

- Sujeito Ativo (crime militar): o militar ou servidor público responsável pelo procedimento de contratação direta ilegal com a Administração Militar *(crime próprio)*, sem prejuízo de o particular também responder pelo crime em questão, nos termos do art. 53 do Código Penal Militar (CP, art. 29)[54].[55]

- Sujeito Passivo (crime militar): é o Estado, pela Instituição Militar (federal ou estadual, conforme o caso) interessada na contratação de terceiros e que tinha o dever de licitar.

---

52 Isso porque, de forma desproporcional, punia-se o *error in procedendo* do agente público, o que, na esfera administrativa disciplinar, de forma eficaz e efetiva, já poderia ser sancionado sem necessidade de se recorrer ao Direito Penal, que, num Estado Democrático de Direito, deve ser pautado pelos princípios da subsidiariedade e fragmentariedade. Havia, em verdade, excesso por parte do legislador, que ampliava de forma desmedida o poder punitivo estatal. Neste ponto, deve ser observado que já antes da nova Lei de licitações, na esteira da jurisprudência do STF, o mero descumprimento das formalidades inerentes à dispensa e à inexigibilidade, sem violação dos princípios cardeais ou fundamentais da administração pública, não era suficiente para a caracterização do crime da segunda parte do art. 89 da Lei 8.666/93, sob pena de flagrante desproporcionalidade do poder punitivo estatal. Destarte, irregularidades pontuais relacionadas com a burocracia estatal, por si sós, não geravam a criminalização da conduta. Esta, na época, deveria projetar uma ofensa consistente ao bem jurídico tutelado (tipicidade material), buscando-se, assim, distinguir o administrador inepto e descuidado daquele ardiloso, venal ou malicioso, quem verdadeiramente seria merecedor de sanção criminal *(Nesse sentido: STF, 1ª Turma, Inq. 3962, j. 20/02/2018)*. Enfim, antes da sua revogação, a segunda parte do art. 89 da Lei 8.666/93, de forma acertada, já era interpretada de forma restritiva pelo STF.

53 Nesse sentido, analisando o parágrafo único do art. 89 da Lei nº 8.666/93, Cézar Roberto Bitencourt assevera que: *"... ainda que alguém (extraneus) tenha concorrido para a consumação da ilegalidade, se não houver se beneficiado celebrando contrato com o Poder Público não responderá como partícipe desse crime. Trata-se, na realidade, de verdadeira e expressa limitação à responsabilidade penal de 'quem, de qualquer modo, concorre para o crime' (art. 29), constituindo uma exceção à teoria monística da ação que, por determinação do art. 12, aplicar-se-ia também aos fatos incriminados por lei especial, 'se esta não dispuser de modo diverso'."* (BITENCOURT, Cezar Roberto. *Direito Penal das Licitações*. São Paulo: Saraiva, 2012. *E-book)*.

54 Diante dos diversos núcleos do tipo penal *(admitir, possibilitar ou dar causa)*, difícil mantermos o entendimento anterior, defendido ainda na vigência do art. 89 da Lei nº 8.666/93, de que se tratava de *crime de mão própria*.

55 Neste ponto, cumpre dizer que a nova Lei de Licitações, na hipótese de contratação direta ilegal, previu expressamente a responsabilidade solidária entre o contratado e o agente público, no caso de dolo, fraude ou erro grosseiro, pelos danos causados ao erário, sem prejuízo de outras sanções legais cabíveis, o que inclui, portanto, a responsabilização penal (art. 73).

– **Elementos Objetivos:** o tipo penal prevê três núcleos verbais: **1)** *admitir*, que significa *anuir, aceitar* ou *consentir*; **2)** *possibilitar*, que carrega o sentido de *tornar possível* ou *dar condições*; e **3)** *dar causa*, que, por sua vez, significa *causar, ensejar, propiciar* ou *oportunizar*. As condutas recaem sobre a contratação direta ilegal, que constitui o objeto material do crime. Trata-se ainda de *tipo penal misto alternativo*, razão pela qual, ainda que realizado mais de um núcleo verbal, no mesmo contexto, estaremos diante de crime único.

Como se observa ainda pela leitura do tipo penal, para a sua perfeita compreensão há necessidade de se conhecer as hipóteses legais permissivas de contratação direta, ou seja, as hipóteses de dispensa e de inexigibilidade de licitação, o que foi estabelecido tanto pela Lei nº 8.666/93 quanto pela Nova Lei de Licitações *(norma penal em branco imprópria ou homogênea)*.

De forma geral, a *dispensa* ocorre quando a licitação, ainda que possível a competição, mostra-se *inconveniente* diante dos interesses públicos envolvidos, a exemplo da contratação direta que tenha por objeto o abastecimento de efetivos militares em estada eventual de curta duração em localidade diferente de sua sede, por motivo de movimentação operacional ou de adestramento *(art. 75, IV, "i", Nova Lei de Licitações)*.

No âmbito da Lei nº 8.666/93, os casos de dispensa foram previstos nos seus artigos 17 e 24 *(rol taxativo)*. Na Nova Lei de Licitações, no seu art. 75. Parte da doutrina subdivide a dispensa em dois grupos: licitação *dispensada*, em que a lei *determina* a não realização de licitação; e *dispensável*, em que a lei *autoriza* a não realização de licitação.

Já a inexigibilidade resulta da *inviabilidade de competição*, como no caso de existir apenas um particular apto para executar a prestação pretendida pelo Poder Público. O art. 25 da Lei nº 8.666/93 trata das hipóteses de inexigibilidade de licitação, muito embora possa existir outros casos (*rol exemplificativo*). Na Nova Lei de Licitações os casos de inexigibilidade estão previstos no seu art. 74.

Com base no magistério de Vicente Greco Filho, necessário ressaltar que o crime resta caracterizado não só pela falta de previsão legal de inexigibilidade ou dispensa de licitação, mas também *"pela inexistência da situação fática que legitimaria a dispensa ou inexigibilidade. Ou seja, ocorrerá a infração, por exemplo, se o administrador afirma emergência mas ela não existe, ou se afirma a notória especialização do contratante e não tem ele essa qualidade."*[56].

Por outro lado, presente a hipótese legal de inexigibilidade ou de dispensa de licitação (abstrata e concretamente), possível a contratação direta, sem que o administrador público incorra na norma penal incriminadora (fato atípico).

Isso não significa que a contratação direta poderá ser realizada de modo informal, sem controle e transparência. Pelo contrário, pressupõe um procedimento legal prévio de justificação que visa a impedir justamente a fraudulenta utilização

[56] Nesse sentido: GRECO FILHO, Vicente. Dos crimes da Lei de Licitações. São Paulo: Saraiva, 1994, p. 9.

dos mecanismos legais autorizadores da contratação sem licitação. Não se cumprindo essa formalidade para contratação direta, de acordo com a segunda parte do revogado art. 89, da Lei nº 8.666/93, o agente restaria incurso (por omissão) na terceira conduta nele prevista, qual seja, *"deixar de observar as formalidades pertinentes à dispensa ou à inexigibilidade"*, que estão previstas no art. 26 da Lei nº 8.666/93 (art. 72, Nova Lei de Licitações).

Ocorre que o legislador não repetiu tal modalidade no novo tipo penal do art. 337-E do CP, razão pela qual, a conduta passou a configurar tão somente um ilícito administrativo e/ou civil, a depender do caso concreto. Sob esse viés, pois, a Lei nº 14.133/2021 constitui lei descriminalizadora, o que resulta na abolição do crime (*abolitio criminis*) e extinção da punibilidade dos fatos praticados anteriormente à sua vigência[57].

– **Elemento Subjetivo:** é o dolo, não se admitindo a prática delitiva na modalidade culposa. Ou seja, necessária a consciência e a vontade de realizar a contratação direta fora das hipóteses legais. Disso decorre que aquele que dispensa a licitação com base em parecer jurídico prévio, desde que inexistentes outros indícios em contrário, não pode ser responsabilizado pelo delito em questão, pois não atuou com o dolo exigido pelo tipo penal. Nada obsta, porém, a prática delitiva em concurso de agentes, como na hipótese de conluio entre o agente público que realizou a contratação direta ilegal e aquele que emitiu o parecer jurídico com desvio de finalidade *(STF, Inq. 3674, j. 21/02/2017)*. Por outro lado, deve ser ressaltado que não compete à assessoria jurídica da Administração, a qual tem por dever examinar e aprovar previamente a minuta do contrato (art. 38, Lei nº 8.666/93; art. 53, Lei nº 14.133/2021), verificar a real existência da situação fática autorizadora da dispensa ou inexigibilidade, mas sim verificar se há nos autos ato da autoridade responsável que a reconhece. De fato, consoante decidiu a 2ª Turma do STF, a função da assessoria jurídica *"é zelar pela lisura sob o aspecto formal do processo, de maneira a atuar como verdadeiro fiscal de formalidades, somente. Assim, a assinatura do assessor jurídico na minuta do contrato serve de atestado do cumprimento de requisitos formais, e não materiais."*. *(HC nº 171576, j. 17/09/2019)*. Ademais, o parecer jurídico não tem caráter vinculante, mas meramente opinativo, portanto, sem a demonstração da atuação consciente e ativa no esquema criminoso, fica afastada a responsabilidade criminal do assessor jurídico.

Na vigência do art. 89 da Lei nº 8.666/93, de acordo com a jurisprudência dos tribunais pátrios, além do dolo, exigia-se ainda elemento subjetivo diverso para sua configuração (dolo específico ou elemento subjetivo especial), qual seja, que o agente atuasse com a **intenção de causar dano ao erário e de favorecimento indevido** *(STF,*

57 Poderia se cogitar a permanência da conduta criminosa diante do previsto no art. 324 do CPM (inobservância de lei, regulamento ou instrução), entretanto, temos que esse tipo penal é incompatível com o princípio da legalidade, taxatividade, fragmentariedade e subsidiariedade penal, pois ampliou de forma desproporcional e indevida o poder punitivo estatal. Enfim, trata-se de dispositivo não recepcionado pela ou incompatível com a Constituição Federal. De todo modo, observa-se que o STM tem se posicionado pela vigência do art. 324 do CPM (Apel. nº 0000088-15.2012.7.07.0007, j. 29/09/2014; 0000001-66.2012.7.10.0010, j. 02/04/2019)

Pleno, Inq. 3077, j. 29/03/2012; STJ, 6ª Turma, REsp 1495504, j. 10/03/2020; STJ, 5ª Turma, AgRg no REsp 1740504, j. 06/11/2018; STM, HC 7000992-82.2019.7.00.0000, j. 12/11/2019).

Ressalta-se, porém, que o art. 89 da Lei nº 8.666/93 não exigia *expressamente* finalidade de *causar dano ao erário e favorecimento indevido*, sendo, portanto, uma construção jurisprudencial que tinha por objetivo, nas palavras do Ministro Gilmar Mendes: *"... separar os casos em que a dispensa buscou efetivo favorecimento, daqueles em que decorreu de interpretação equívoca das normas, ou mesmo puro e simples erro do administrador." (STF, Pleno, Inq. 3077, j. 29/03/2012).*

Com relação ao novo tipo penal, apesar dele também não exigir expressamente elemento subjetivo diverso do dolo, o conteúdo proibitivo da norma penal é o mesmo e os motivos acima elencados ainda persistem, razão pela qual, da mesma forma, em termos jurisprudenciais, pensamos que continuará necessária a presença da finalidade ou intenção do agente em causar dano ao erário e de favorecimento indevido para a caracterização delitiva. Em sentido contrário, podemos antever, porém, a seguinte argumentação: se o legislador revogou o art. 89 da Lei nº 8666/93, substituindo-o por dispositivo semelhante, mas sem exigir expressamente finalidade específica do agente, apesar da jurisprudência dos tribunais pátrios, doravante, diante do silêncio (eloquente), desnecessária a finalidade especial do agente para a caracterização do crime. De todo modo, importante aguardarmos a manifestação dos Tribunais Superiores a respeito do assunto.

– **Consumação e tentativa:** com a contratação direta fora das hipóteses legais autorizadoras (celebração do contrato), mesmo antes da sua execução *(crime formal)*. Entretanto, na esteira da jurisprudência ao tratar do crime do art. 89 da Lei 8.666/93, da mesma forma, deve prevalecer a necessidade de demonstração do prejuízo ou dano ao erário para a consumação delitiva *(crime material) (STF, 2ª Turma, Inq 3731, j. 02/02/2016; STJ, 6ª Turma, HC 377711, j. 09/03/2017; STJ, 5ª Turma, AgRg no REsp 1740504, j. 06/11/2018; STJ, 6ª Turma, AgRg no HC 404854, j. 05/06/2018).* Em sentido contrário, podemos antever, porém, a seguinte argumentação: se o legislador revogou o art. 89 da Lei nº 8666/93, substituindo-o por dispositivo semelhante, mas sem exigir dano ao erário, apesar da jurisprudência dos tribunais pátrios, doravante, diante do silêncio (eloquente), desnecessário o resultado "dano ao erário" para consumação delitiva. A tentativa é admitida, diante da possibilidade de fracionamento das condutas *(crime plurissubsistente).*

– **Tipicidade indireta:** artigo 9º, II, "e", do Código Penal Militar, no caso do agente ser militar da ativa. Para os demais: artigo 9º, III, "a", do Código Penal Militar.

– **Jurisprudência selecionada:**

A) Supremo Tribunal Federal:

Ementa. (...) **O artigo 89, segunda parte, da Lei 8.666/93, é norma penal em branco, a qual, quanto às formalidades a que alude, é complementada pelo art. 26 da mesma Lei. 2. O delito em questão tutela bem jurídico voltado aos princípios da administração pública (CF, artigo 37). O descumprimento das formalidades só**

tem pertinência à repressão penal quando involucrado com a violação substantiva àqueles princípios. 3. No caso, as justificativas do preço, da escolha do fornecedor e a ratificação do procedimento atenderam às formalidades legais, no que diz com perspectiva do denunciado. Conduta do gestor lastreada em Pareceres Técnicos e Jurídicos razoavelmente justificados, e não identificados conluio ou concertamento fraudulento entre o acusado os pareceristas, nem intenção de fraudar o erário ou de enriquecimento ilícito. 4. Ausência constatável ictu oculi de indícios mínimos de tipicidade objetiva e subjetiva, a inviabilizar um prognóstico fiável de confirmação da hipótese acusatória. Denúncia não recebida (1ª Turma, Inq. 3962, j. 20/02/2018) (grifo nosso).

Ementa: (...) **O parecer jurídico do órgão técnico especializado, favorável à inexigibilidade, impede a tipificação criminosa da conduta, precisamente por afastar, a priori, a ciência da ilicitude da inexigibilidade e determina o erro do agente quanto a elemento do tipo, qual seja, a circunstância "fora das hipóteses legais"** (art. 20 do Código Penal). (ii) **A distinção do ilícito administrativo (ato de improbidade) do ilícito penal (ato criminoso) reclama que a exordial acusatória narre a ação finalística do agente, voltada à obtenção de vantagem indevida por meio da dispensa da licitação, violando, com isto, o bem jurídico penal protegido pelo tipo incriminador;** (...) *(1ª Turma, Inq. 3674, j. 21/02/2017. (grifos nossos).*

EMENTA Penal e Processual Penal. Inquérito. Parlamentar federal. Denúncia oferecida. Artigo 89, caput e parágrafo único, da Lei nº 8.666/93. (...) **Pressupõe o tipo, além do necessário dolo simples (vontade consciente e livre de contratar independentemente da realização de prévio procedimento licitatório), a intenção de produzir um prejuízo aos cofres públicos por meio do afastamento indevido da licitação.** 5. Ausentes os requisitos do art. 41 do Código de Processo Penal, não há justa causa para a deflagração da ação penal em relação ao crime previsto no art. 89 da Lei nº 8.666/93. 6. Acusação, ademais, improcedente (Lei nº 8.038/90, art. 6º, caput) (STF, Pleno, Inq. 3077, j. 29/03/2012) (grifo nosso).

Ementa. (...) Art. 89 da Lei 8.666/93 (inexigibilidade indevida de licitação). Prova da inexigibilidade fora das hipóteses legais. Indícios de autoria. 6. **Necessidade de demonstração de prejuízo ao erário e da finalidade específica de favorecimento indevido**. Secretária de Estado. Pareceres pela conveniência e oportunidade da licitação e pela juridicidade da contratação direta. Ausência de indicativo de influência na escolha ou relação com a contratada. Preponderância da prova no sentido da inexistência do propósito de causar prejuízo ou favorecer indevidamente. 7. Denúncia rejeitada (2ª Turma, Inq 3731, j. 02/02/2016) (grifo nosso).

B) Superior Tribunal de Justiça:

(...) **O tipo descrito no art. 89 da Lei de Licitação tem por escopo proteger o patrimônio público e preservar o princípio da moralidade, mas a conduta só é punível quando produz resultado danoso**. 2. É penalmente irrelevante a conduta formal de alguém que desatente das formalidades da licitação quando não há consequência patrimonial para o órgão público. 3. O dolo genérico não é suficiente para levar o administrador à condenação por infração à Lei de Licitações (APn n. 261, Ministra Eliana Calmon, DJ 5/12/2005). Precedentes. 4. Recurso em habeas corpus provido para trancar a ação penal por falta de justa causa. (STJ, RHC 51958, 01/10/2015) (grifo nosso).

RECURSO ESPECIAL. CRIME PREVISTO NO ART. 89 DA LEI N. 8.666/1993. CARÁTER EMERGENCIAL EVIDENCIADO. RECURSO NÃO PROVIDO. 1. A partir dessas afirmações entabuladas pelas instâncias de origem, sobressai evidenciado o caráter emergencial da conduta praticada pelo acusado, bem como a cautela do Chefe do Poder Executivo de acionar a Procuradoria-Geral do estado, cuja função essencial é prestar assessoria e consultoria jurídica. Assim, não se constata a alegada violação do art. 24 da Lei de

Licitações. Do mesmo modo, não há que se falar em afronta ao art. 89 da mesma lei. 2. **A Corte Especial deste Tribunal Superior, no julgamento da APn n. 480/MG, decidiu, por maioria, que seria imprescindível a presença do dolo específico de causar dano ao erário e a demonstração do efetivo prejuízo para a tipificação do crime previsto naquele dispositivo.** 3. No caso em análise, como bem explanado pelos trechos do acórdão recorrido, não ficou demonstrado o dolo específico do acusado, tampouco se mostrou evidente o prejuízo ao erário, para caracterizar o alegado delito contra a licitação. 4. Recurso especial não provido. (STJ, 6ª Turma, REsp 1495504, j. 10/03/2020) (grifo nosso).

Jurisprudência em tese, Edição nº 134 – Dos crimes da Lei de Licitação – Lei nº 8.666/93:

Número 1: Para a configuração do delito tipificado no art. 89 da Lei n. 8.666/1993, é indispensável a comprovação do dolo específico do agente em causar dano ao erário, bem como do prejuízo à administração pública.

Número 2: O art. 89 da Lei n. 8.666/1993 revogou o inciso XI do art. 1º do Decreto-Lei n. 201/1967, devendo, portanto, ser aplicado às condutas típicas praticadas por prefeitos após sua vigência.

Número 3: A condição de agente político (cargo de prefeito) é elementar do tipo penal descrito no caput do art. 89 da Lei n. 8.666/1993, não podendo, portanto, ser sopesada como circunstância judicial desfavorável.

C) Superior Tribunal Militar:

EMENTA: HABEAS CORPUS. CRIMES DE DISPENSA DE LICITAÇÃO E DE FALSIDADE IDEOLÓGICA. RECEBIMENTO DE DENÚNCIA. INCONFORMISMO DA DEFESA. PEDIDO LIMINAR DE SUSPENSÃO DO FEITO. INDEFERIMENTO. PRELIMINAR DE NÃO CONHECIMENTO. REJEIÇÃO. NO MÉRITO, ALEGAÇÃO DE CONSTRANGIMENTO ILEGAL. ATIPICIDADE DA CONDUTA. TRANCAMENTO DA AÇÃO PENAL MILITAR. ORDEM CONCEDIDA. (...) No mérito, a defesa pediu o trancamento da Ação Penal Militar, por falta de justa causa, tendo em vista que o paciente estava sendo processado por fato que não constituía crime, com fundamento nas alíneas "c" e "g" do art. 467 do Código de Processo Penal Militar. "In tela", ***não ficou claro que o paciente teve a intenção deliberada para causar dano ao erário ou prejuízo aos cofres públicos, tampouco restou evidente a existência de provas robustas, demonstrando que o referido oficial agiu em comunhão de esforços, com outros militares, para se locupletar financeiramente, motivo pelo qual a Ação Penal merece ser trancada.*** *Habeas Corpus conhecido. Ordem concedida. Decisão por maioria (HC 7000992-82.2019.7.00.0000, j. 12/11/2019) (grifo nosso).*

11.2.2.2. Frustração do caráter competitivo de licitação

Novo Tipo Penal (CP)	Lei nº 8.666/93
Art. 337-F. Frustrar ou fraudar, com o intuito de obter para si ou para outrem vantagem decorrente da adjudicação do objeto da licitação, o caráter competitivo do processo licitatório: *Pena – reclusão, de 4 (quatro) anos a 8 (oito) anos, e multa.*	*Art. 90. Frustrar ou fraudar, mediante ajuste, combinação ou qualquer outro expediente, o caráter competitivo do procedimento licitatório, com o intuito de obter, para si ou para outrem, vantagem decorrente da adjudicação do objeto da licitação:* *Pena – detenção, de 2 (dois) a 4 (quatro) anos, e multa.*

– **Considerações gerais:** a norma penal resguarda a competitividade da licitação, a qual é fundamental para viabilizar os objetivos constitucionais que motivaram a exigência do certame para as contratações pretendidas pelo Poder Público. A disputa é inerente à licitação e a conduta ilícita procura justamente frustrar ou fraudar o seu caráter competitivo. O art. 337-F do CP tem redação semelhante ao art. 90 da Lei nº 8.666/93, revogado pela Nova Lei de Licitações, que também tinha por finalidade resguardar o caráter competitivo da licitação, razão pela qual, não há que se falar em abolição do crime. Por outro lado, o legislador passou a tratar de forma mais rigorosa a conduta em questão, eis que a pena passou de 2 a 4 anos de detenção para 4 a 8 anos de reclusão.

– **Objetividade Jurídica:** proteger o caráter competitivo do certame e o princípio da isonomia entre os licitantes. Ao se assegurar a isonomia e competitividade da licitação, também se tutela, de forma mediata, o patrimônio público.

– **Sujeito Ativo (crime militar):** diferentemente do artigo anterior, qualquer pessoa pode figurar como agente do delito (*crime comum*), sendo possível o concurso de pessoas na forma de participação ou coautoria, inclusive, a hipótese de concurso entre o particular e o militar *(STJ, 6ª Turma, AgRg no REsp 1795894, j. 26/03/2019)*.

– **Sujeito Passivo (crime militar):** o Estado, pela Instituição Militar, que teve a regularidade de seu procedimento licitatório atingido pela conduta. De forma mediata, os eventuais concorrentes da licitação que não participaram do ilícito, pois a conduta delitiva fere também o princípio da isonomia entre os licitantes.

– **Elementos Objetivos:** trata-se de *tipo penal misto alternativo* que tem por núcleos os verbos *frustrar* ou *fraudar*. Destarte, se realizados os dois núcleos verbais no mesmo contexto, o agente terá praticado um único delito. *Frustrar* significa *malograr*, *falhar*, *baldar*, de forma a privar alguém daquilo que era esperado. No caso, frustra-se indevidamente o caráter competitivo do certame (objeto material da conduta), o qual se esperava pela realização do procedimento licitatório. *Fraudar* significa *iludir, enganar, trapacear, burlar,* vale dizer que o agente se utiliza de artimanha e desvirtua o caráter competitivo do procedimento licitatório. Nas duas hipóteses, a disputa inerente ao processo licitatório é eliminada com a finalidade de se obter para si ou para outrem vantagem decorrente da adjudicação do objeto da licitação. O crime pode ser praticado por qualquer meio (*crime de ação livre*), desde que apto a obstar a livre competição entre os licitantes. O meio utilizado pelo agente deverá implicar em prejuízo ao caráter competitivo do certame, sob pena de não restar configurado o delito em questão, mas sim aquele do art. 337-I do CP, conforme as peculiaridades do caso concreto.

São comuns na doutrina os seguintes exemplos de condutas delitivas: estabelecimento de cláusulas ou condições discriminatórias no edital; predefinição dos valores das ofertas pelas empresas licitantes; divulgação de notícia falsa para afastar licitante; julgamento das propostas em desconformidade com instrumento convocatório, beneficiando-se um proponente específico; e participação de pessoas jurídicas inexistentes ou "empresas fantasmas" para atingir o número mínimo exigido pelo art. 22, §3º, da Lei 8.666/93.[58]

– **Elemento Subjetivo:** é o dolo, não se admitindo a prática delitiva na modalidade culposa. Também se exige elemento subjetivo diverso do dolo (dolo específico ou elemento subjetivo especial), conforme expresso no tipo penal, consistente no objetivo *"de obter para si ou para outrem vantagem decorrente da adjudicação do objeto da licitação"*. A vantagem pretendida pelo agente não precisa ser necessariamente econômica nem que ele a pretenda para si, pois não são exigências expressas. Por fim, a adjudicação mencionada no tipo penal constitui a etapa derradeira da licitação, na qual se atribui ao licitante vencedor o objeto do certame, impedindo ainda a Administração Pública de contratar com qualquer outra pessoa que não o vencedor (Lei nº 8.666/93, art. 50).

– **Consumação e tentativa:** quando o caráter competitivo do procedimento licitatório resulte frustrado ou fraudado pela conduta do agente. Por outro lado, não é necessário efetiva obtenção de vantagem decorrente da adjudicação do objeto da licitação, que se ocorrer, constituirá mero exaurimento do crime, porém, hábil para ser levado em conta na dosimetria da pena (*crime formal*). Trata-se, a propósito, de entendimento dominante no STJ, consolidado ainda na vigência do art. 90 da Lei 8.666/93, consoante Súmula nº 645: *"O crime de fraude à licitação é formal, e sua consumação prescinde da comprovação do prejuízo ou da obtenção de vantagem"*. Neste ponto, necessária a seguinte observação: a citada súmula se refere especificamente ao art. 337-F do CP (art. 90 da Lei nº 8.666/93), legalmente denominado de *"frustração do caráter competitivo de licitação"*, e não ao art. 337-L do CP (art. 96 da Lei nº 8.666/93), que é crime material e exige prejuízo à Administração Pública, apesar deste ter sido legalmente denominado de *"fraude em licitação ou contrato"*[59].

É possível a tentativa, pois viável o fracionamento da conduta *(crime plurissubsistente)*. Colaciona-se o seguinte exemplo formulado por Cleber Masson: "*... o agente responsável pela licitação insere cláusulas restritivas e desnecessárias no edital, as quais inviabilizam a competitividade da licitação. Essa manobra, contudo, é percebida pelo superior hierárquico, que vem a determinar a elaboração de novo (e correto) edital.*".[60] Porém, é indispensável, em nosso entendimento, que haja o início da execução do crime para configuração da tentativa, que não se contenta apenas com o ajuste ou combinação entre os agentes, os quais são meros atos preparatórios *(STJ, 5ª Turma, HC 484.690, j. 30/05/2019)*. Ademais, sob pena de ser reconhecido o crime impossível pela ineficácia absoluta do meio *(CPM, art. 32; CP, art. 17)*, necessário que os meios empregados sejam idôneos a ludibriar.

– **Tipicidade indireta:** artigo 9º, II, "e", do Código Penal Militar, no caso de militar da ativa. Para os demais agentes: artigo 9º, III, "a", do Código Penal Militar.

---

58 Nesse sentido: SOUSA, Renee Ó *et al. Leis Penais Especiais: Comentadas artigo por artigo*. Salvador: JusPodivm, 2018, p. 898-899.

59 Talvez se a súmula houvesse sido aprovada após a nova Lei de licitações, que diferentemente da Lei nº 8.666/93 nominou todos os crimes em licitações e contratos, a redação teria sido diversa para não causar confusão.

60 MASSON, Cleber. *Direito Penal – Parte Especial (Arts. 213 a 359-H)*. Rio de Janeiro: Forense; MÉTODO, 2021, p. 791.

– Jurisprudência selecionada:

A) Superior Tribunal de Justiça:

(...) **jurisprudência deste Tribunal Superior firmou-se no sentido de que o crime previsto no art. 90 da Lei n. 8.666/1993 classifica-se como comum, não se exigindo, assim, do sujeito ativo nenhuma qualidade em específico**. 2. Mostra-se idônea a valoração negativa do vetor da culpabilidade pelo fato de o agente exercer o cargo de Chefe do Poder Executivo Municipal, ocupação que demanda exercício com efetivas lisura e ética, inexistentes in casu. 3. Agravo regimental desprovido (STJ, 6ª Turma, AgRg no REsp 1795894, j. 26/03/2019) (grifo nosso).

(...) 2. **O mero ajuste informal entre os réus não possui o condão de frustrar o caráter competitivo da licitação, regra que o tipo penal previsto no art. 90 da Lei 8.666/1993 visa a preservar.** Tal ajuste caracteriza-se meramente como ato preparatório, na medida em que o elemento subjetivo do tipo, consistente no intuito de obter, para si ou para outrem, vantagem decorrente da adjudicação do objeto do certame, somente ocorrerá com a formalização do contrato administrativo, momento em que consolidarão os direitos e deveres do licitante. 3. Em relação ao delito previsto no art. 90 da lei n. 8.666/1993, o termo inicial para contagem do prazo prescricional deve ser a data em que o contrato administrativo foi efetivamente assinado. 4. No caso em exame, o recebimento da denúncia ocorreu em 18/4/2011 e a assinatura do contrato administrativo em 1/7/2003, não transcorrendo, portanto, o prazo prescricional de 8 anos, previsto no art. 109, IV, do CP, razão pela qual não há falar em prescrição da pretensão punitiva. (...) (STJ, 5ª Turma, HC 484690, j. 30/05/2019). (grifo nosso).

Jurisprudência em tese, Edição nº 134 – Dos crimes da Lei de Licitação – Lei nº 8.666/93:

Número 4: O crime do art. 90 da Lei n. 8.666/1993 é formal e prescinde da existência de prejuízo ao erário, haja vista que o dano se revela pela simples quebra do caráter competitivo entre os licitantes interessados em contratar, causada pela frustração ou pela fraude no procedimento licitatório.

Número 5: O crime previsto no art. 90 da Lei n. 8.666/1993 classifica-se como comum, não se exigindo do sujeito ativo nenhuma característica específica, podendo ser praticado por qualquer pessoa que participe do certame.

Número 6: É possível a incidência da agravante genérica prevista no art. 61, II, g, do Código Penal, no crime de fraude em licitação, quando violado dever inerente à função pública, circunstância que não integra o tipo previsto no art. 90 da Lei n. 8.666/1993.

Número 7: É possível o concurso de crimes entre os delitos do art. 90 (fraudar o caráter competitivo do procedimento licitatório) com o do art. 96, inciso I (fraudar licitação mediante elevação arbitraria dos preços), da Lei de Licitações, pois tutelam objetos distintos, afastando-se, portanto, o princípio da absorção.

Número 8: Em relação ao delito previsto no art. 90 da Lei n. 8.666/1993, o termo inicial para contagem do prazo prescricional deve ser a data em que o contrato administrativo foi efetivamente assinado.

Número 9: É idônea a valorização negativa da culpabilidade do agente pelo fato de exercer cargo de prefeito ao cometer os crimes previstos nos art. 90 e art. 92 da Lei n. 8.666/1993, dada a lisura e a ética que se esperam de um representante do interesse público.

11.2.2.3. Patrocínio de contratação indevida

Novo Tipo Penal (CP)	Lei nº 8.666/93
Art. 337-G. Patrocinar, direta ou indiretamente, interesse privado perante a Administração Pública, dando causa à instauração de licitação ou à celebração de contrato cuja invalidação vier a ser decretada pelo Poder Judiciário: *Pena – reclusão, de 6 (seis) meses a 3 (três) anos, e multa.*	*Art. 91. Patrocinar, direta ou indiretamente, interesse privado perante a Administração, dando causa à instauração de licitação ou à celebração de contrato, cuja invalidação vier a ser decretada pelo Poder Judiciário:* *Pena – detenção, de 6 (seis) meses a 2 (dois) anos, e multa.*

– **Considerações gerais:** trata-se de modalidade especial do crime de advocacia administrativa já previsto no Código Penal Comum (art. 321), que também foi inserido no Código Penal Militar (art. 334), porém, neste último diploma, foi melhor denominado como "patrocínio indébito"[61]. Nos três tipos penais a conduta delitiva consiste no patrocínio de interesse privado perante a Administração Pública, entretanto, a especialidade do crime em questão reside na circunstância de que o interesse privado patrocinado pelo agente resulta na *"instauração de licitação ou à celebração de contrato"*. E mais: *necessário ainda que a licitação instaurada ou contrato celebrado tenha sido invalidado pelo Poder Judiciário.* Registra-se que a Lei nº 8.137/1990, que trata dos crimes contra a ordem tributária, econômica e contra as relações de consumo, também possui modalidade especial de patrocínio indébito em seu art. 3º, inciso III, cuja especialidade reside na circunstância de que o interesse privado patrocinado pelo funcionário público seja *perante a administração fazendária.* A Lei 8.666/93 já tipificava, em seu art. 91, a conduta de patrocínio de contratação indevida com redação praticamente idêntica, porém, a Nova Lei de Licitações, além de mudar a pena de detenção para reclusão, aumentou o seu limite máximo de 2 para 3 anos, permanecendo o limite mínimo de 6 meses.

– **Objetividade Jurídica (crime militar):** é a Administração Militar, cuja regularidade é atingida pela conduta lesiva aos princípios administrativos da moralidade, probidade e impessoalidade.

– **Sujeito Ativo (crime militar):** o militar ou servidor público *(crime próprio)*, eis que nada obsta que o particular patrocine interesse privado perante a Administração Pública *(CF, art. 5º, XIII e XXXIV)*. Ou seja, o que a norma pretende evitar é a utilização desleal da função pública na defesa ou patrocínio de interesse particular alheio ao interesse da Administração. Possível o concurso de agentes, inclusive com o particular *(CPM, art. 53)*.

– **Sujeito Passivo (crime militar):** é o Estado, pela Instituição Militar (federal ou estadual, conforme o caso), que teve anulada a licitação ou contrato celebrado pelo Poder Judiciário.

[61] O nome advocacia administrativa pode levar à conclusão equivocada de que o crime somente pode ser praticado por advogados, o que seria um erro. Assim, melhor a denominação utilizada pelo Código Penal Militar: patrocínio indébito.

– **Elementos Objetivos:** o núcleo do tipo consiste em "patrocinar", que pressupõe conduta comissiva e significa *amparar, postular, pleitear, favorecer ou defender* interesse particular perante a Administração Pública, sem necessidade de qualquer ganho ou vantagem pelo agente do crime (a motivação dele é irrelevante).

O patrocínio pode ser feito direta ou indiretamente, ou seja, pelo próprio agente ou por interposta pessoa. A forma é livre, podendo ser escrita, verbal etc. *(crime de ação livre). Interesse privado* referido no tipo penal deve ser compreendido como qualquer vantagem ou meta pretendida pelo particular favorecido, porém, a atuação do militar ou servidor público deverá resultar diretamente na *instauração de licitação ou celebração de contrato,* numa *relação de causa e efeito.* Deste modo, se já está em andamento a licitação quando do patrocínio indevido, o crime em análise não se perfaz, sem prejuízo, entretanto, da configuração do delito do art. 334 do CPM. Da mesma forma, não configurará o crime se por outras razões, que não o patrocínio do agente, for instaurada a licitação ou celebrado o contrato. Ademais, o interesse privado deve ser *alheio,* pois, conforme bem observado por Jessé Torres Pereira Júnior, é impossível o servidor ou militar *"ser titular de interesse próprio que importe abertura de certame licitatório ou celebração de contrato com o Poder Público, vez que a norma estatutária lhe veda o exercício de atividade comercial."*[62].

Note-se que diferentemente do tipo penal do art. 334 do CPM (CP, art. 321), no delito em análise não se exige que o agente se valha da *"qualidade de funcionário ou de militar"*. Entretanto, a condição de servidor público ou de militar constitui uma elementar implícita do crime em questão, pois não há proibição de o particular patrocinar interesses privados perante a Administração Pública (militar ou não) *(CF, art. 5º, XIII e XXXIV).* Ademais, conforme ressaltado acima, o que a norma pretende evitar é a utilização desleal da função pública na defesa ou patrocínio de interesse particular alheio ao interesse da Administração.

Conforme ainda se infere do tipo penal, exige-se a ocorrência de uma condição objetiva de punibilidade, não abrangida pelo dolo, qual seja: *a decretação de invalidade da licitação ou contrato pelo Poder Judiciário.* Parte da doutrina, porém, entende que se trata de elementar do tipo penal, abrangida, portanto, pelo dolo do agente, sobretudo por estar contida a exigência no próprio tipo penal[63]. Contudo sentimos dificuldade em adotar tal posicionamento, eis que a invalidação da licitação ou do contrato está fora do poder de decisão do agente do crime, dependendo de decisão futura e incerta de terceiro (Poder Judiciário).

Reforça-se que a invalidação deve ser operada pelo Poder Judiciário, de modo que se a nulidade for levada a efeito pela própria Administração Militar no uso do seu poder de autotutela, a conduta poderá ser aquela do artigo 334 do CPM.

Diante ainda dessa exigência contida no tipo penal consistente na necessidade de invalidação da licitação ou contrato pelo Poder Judiciário, alguns doutrinadores

---

62 PEREIRA JR., Jessé Torres. *Comentários à Lei das Licitações e Contratações da Administração Pública.* 8. ed. Rio de Janeiro: Renovar, 2009, p. 910.

63 GRECO FILHO, Vicente. *Dos crimes da Lei de Licitações.* São Paulo: Saraiva, 1994, p. 24-25.

concluíram que o interesse particular patrocinado necessariamente deve ser ilegítimo, pois seria justamente o fundamento da nulidade da licitação ou do contrato decretada pelo Poder Judiciário. Nessa linha de raciocínio, se o interesse patrocinado for legítimo, a conduta não se amoldaria ao tipo penal em questão, mas sim ao do artigo 334 do CPM. Nesse sentido, Vicente Greco Filho: "*... no dispositivo comentado, é prevista a invalidação, por parte do Poder Judiciário, da licitação causada pela advocacia administrativa. Isso significa que a licitação provocada pela atuação do funcionário deve corresponder a uma pretensão ilegítima, porque reconhecida como tal pelo Poder Judiciário.*"[64].

Em sentido contrário, sustenta Cézar Roberto Bitencourt que "*o que torna inválida a licitação ou o contrato celebrado não é a ilegitimidade do interesse privado, mas a do patrocínio levado a efeito pelo funcionário público.*"[65]. Portanto, para esse distinto autor, no crime em questão, o interesse privado pode ser legítimo ou ilegítimo, o que nos parece razoável já que, em geral, a punição dos crimes de patrocínio indébito se assenta não na licitude ou ilicitude do interesse patrocinado, mas especificamente na utilização desleal da função pública em defesa de interesse particular alheio ao interesse da Administração. Ademais, o tipo penal não fez expressamente menção a respeito da legitimidade ou não do interesse privado patrocinado.

- Elemento Subjetivo: é o dolo, não se admitindo a prática delitiva na modalidade culposa, ou seja, o agente deve atuar com consciência e vontade de patrocinar interesse privado perante a Administração, valendo-se de sua condição de militar ou de funcionário público. Também está abrangido pelo dolo a vontade e consciência de dar causa à instauração de licitação ou à celebração de contrato. Por outro lado, por se tratar de condição objetiva de punibilidade, pensamos que o dolo não abrange também *a decretação de invalidade da licitação ou contrato pelo Poder Judiciário.*

- Consumação e tentativa: com a instauração da licitação ou celebração do contrato. Temos que embora se trate de crime plurissubsistente, que permite o fracionamento da conduta, a tentativa não pode ser punida, pois conforme assevera Sílvio Luís Ferreira da Rocha: "*... se o crime foi tentado é porque não houve a instauração de licitação ou a celebração do contrato e, com isso, não haveria ato a ser invalidado, condição objetiva de punibilidade.*"[66]. Em sentido semelhante, o Superior Tribunal de Justiça, com base nas lições de Hely Lopes Meirelles, já decidiu que não é possível a modalidade tentada, tendo em vista que o crime em questão resta consumado "*com a realização da licitação ou celebração do contrato, mas a persecução fica subordinada à condição objetiva de punibilidade, que é a invalidação pelo Poder Judiciário. Em razão dessa condição, não admite a tentativa" (6ª Turma, HC 114.717, j. 17/12/2009).*

- Tipicidade indireta: artigo 9º, II, "e", do Código Penal Militar, no caso de militar da ativa. Para os demais agentes: artigo 9º, III, "a", do Código Penal Militar. Ademais, temos que para ser caracterizado o patrocínio indébito como crime

64 GRECO FILHO, Vicente. *Dos crimes da Lei de Licitações*. São Paulo: Saraiva, 1994, p. 21.

65 BITENCOURT, Cezar Roberto. *Direito Penal das Licitações*. São Paulo: Saraiva, 2012. *E-book*.

66 ROCHA, Silvio Luís Ferreira da. *Crimes na licitação*. São Paulo: Contracorrente, 2016. *E-book*.

de *natureza militar*, a atuação indevida *deverá ser perante a Administração Militar*, valendo-se o agente da qualidade de militar ou de servidor público.

– **Jurisprudência selecionada:**

A) Superior Tribunal de Justiça:

> PROCESSO PENAL. HABEAS CORPUS. PECULATO-DESVIO TENTADO. LEI 8.666/93: ARTS. 90 E 91. FALTA DE JUSTA CAUSA. RECONHECIMENTO EM PARTE. 1. O crime de peculato-desvio é material e admite, portanto, a tentativa. In casu, tendo o paciente, supostamente, empregado todos os esforços para desviar recursos públicos, o que não teria se consumado tão somente em razão de medida liminar deferida no seio ação popular ajuizada, afigura-se típico o conatus. Em igual medida, também é relevante para o direito penal, amoldando-se ao disposto no art. 90 da Lei 8.666/93, a ação de promover licitação, mediante o convite de apenas duas empresas, sendo que uma delas sequer atuava no ramo profissional, cujo serviço compunha o objeto do certame. 2. **Carece de justa causa a ação penal quando se imputa a prática do crime do art. 91 da Lei 8.666/93, que depende da invalidação da contratação, uma vez coarctada, ab ovo, a concretização da licitação. 3. Ordem concedida, em menor extensão, para trancar, em parte, a ação penal em relação ao paciente, apenas em relação ao art. 91 da Lei 8.666/93.** (com voto-vencido) (6ª Turma, HC 114717, j. 17/12/2009) (grifo nosso).

11.2.2.4. Modificação ou pagamento irregular em contrato administrativo

Novo Tipo Penal (CP)	Lei nº 8.666/93
Art. 337-H. Admitir, possibilitar ou dar causa a qualquer modificação ou vantagem, inclusive prorrogação contratual, em favor do contratado, durante a execução dos contratos celebrados com a Administração Pública, sem autorização em lei, no edital da licitação ou nos respectivos instrumentos contratuais, ou, ainda, pagar fatura com preterição da ordem cronológica de sua exigibilidade: *Pena – reclusão, de 4 (quatro) anos a 8 (oito) anos, e multa.*	*Art. 92. Admitir, possibilitar ou dar causa a qualquer modificação ou vantagem, inclusive prorrogação contratual, em favor do adjudicatário, durante a execução dos contratos celebrados com o Poder Público, sem autorização em lei, no ato convocatório da licitação ou nos respectivos instrumentos contratuais, ou, ainda, pagar fatura com preterição da ordem cronológica de sua exigibilidade, observado o disposto no art. 121 desta Lei:* *Pena – detenção, de dois a quatro anos, e multa.* *Parágrafo único. Incide na mesma pena o contratado que, tendo comprovadamente concorrido para a consumação da ilegalidade, obtém vantagem indevida ou se beneficia, injustamente, das modificações ou prorrogações contratuais.*

– **Considerações gerais:** a norma penal possui duas incriminações autônomas: na primeira parte, visa a correta execução dos contratos celebrados pelo Poder Público, punindo a alteração contratual realizada em benefício do contratado sem autorização em lei, no edital da licitação ou nos instrumentos contratuais; ou seja, nos termos da Nova Lei de Licitações *"o contrato deverá ser executado fielmente pelas partes, de acordo com as cláusulas avençadas e as normas desta Lei" (art. 115);* na segunda parte, visa assegurar a ordem de pagamento estabelecida pelo art. 5º da Lei nº 8.666/93 (art. 141 da Nova Lei de Licitações), punindo o agente que paga fatura com preterição da ordem cronológica de sua exigibilidade. A ideia do legislador aparentemente foi estabelecer algo semelhante ao art. 100 da Constituição Federal, que instituiu uma ordem cronológica de pagamento dos precatórios.

A Lei nº 8.666/93 possuía norma penal incriminadora similar em seu art. 92, porém, com pena consideravelmente inferior (detenção, de dois a quatro anos, e multa). Ademais, o art. 92 da Lei nº 8.666/93 possuía um parágrafo único, não repetido na novel legislação, com a seguinte redação: *"Incide na mesma pena o contratado que, tendo comprovadamente concorrido para a consumação da ilegalidade, obtém vantagem indevida ou se beneficia, injustamente, das modificações ou prorrogações contratuais."*. De fato, não havia necessidade de repetição, eis que a conduta pode ser criminalmente responsabilizada na forma do art. 53 do CPM (CP, art. 29). De todo modo, a não repetição, pensamos, afasta entendimento anterior de parcela doutrinária de que o dispositivo se tratava de limitação à punibilidade do **contratado**, que estaria **condicionada à obtenção de vantagem indevida decorrente das modificações ou prorrogações contratuais**[67]. Ou seja, a partir de agora não há mais restrição à plena incidência da regra do art. 53 do CPM (art. 29, do CP) ao contratado, ainda que ele não tenha se beneficiado com as modificações ou prorrogações contratuais.

– **Objetividade Jurídica:** prioritariamente, resguardar os princípios da impessoalidade, isonomia, moralidade administrativa e o patrimônio público. A doutrina costuma incluir ainda outros bens jurídicos protegidos pelo tipo penal, quais sejam: princípios da vinculação ao instrumento convocatório, boa-fé e lisura do contrato administrativo, manutenção do equilíbrio econômico-financeiro do contrato, regularidade do procedimento licitatório e competitividade.

– **Sujeito Ativo (crime militar):** pressupõe-se, em todas as hipóteses, que o agente esteja no efetivo desempenho da função pública. Na primeira hipótese *(modificação irregular de contrato administrativo)*, trata-se de *crime próprio*[68]. Na segunda hipótese, porém, temos que se trata de *crime de mão própria*, pois não basta ser militar ou servidor público, necessário ainda que tenha a específica atribuição para determinar o pagamento da fatura (em regra, o ordenador de despesas), sem prejuízo de eventual concurso de agentes *(CPM, art. 53; CP, art. 29).*

---

[67] Nesse sentido, analisando o parágrafo único do art. 92 da Lei nº 8.666/93, Cézar Roberto Bitencourt assevera que: *"... ainda que o contratado tenha concorrido para a consumação da ilegalidade, descrita na primeira parte do caput, se não houver se beneficiado com as modificações ou prorrogações contratuais, não responderá por esse crime (parágrafo único). Não é outro o magistério de Costa Jr.: 'Consoante mandamento expresso do parágrafo único do mencionado dispositivo, o contratado só responde pelo crime se, além de ter 'comprovadamente concorrido para a consumação da ilegalidade, obtém vantagem indevida ou se beneficia, injustamente, das modificações ou prorrogações contratuais''. Trata-se, na realidade, de verdadeira e expressa limitação à responsabilidade penal de 'quem, de qualquer modo, concorre para o crime' (art. 29), constituindo mais uma exceção à teoria monística da ação, a qual, por determinação do art. 12, aplicar-se-ia também aos fatos incriminados em lei especial, 'se esta não dispuser de modo diverso'. Neste caso, no entanto, a lei especial dispõe diversamente."* (BITENCOURT, Cezar Roberto. *Direito Penal das Licitações*. São Paulo: Saraiva, 2012. *E-book).*

[68] Diante dos diversos núcleos do tipo penal (admitir, possibilitar ou dar causa), difícil mantermos o entendimento anterior, exposto ainda na vigência do art. 92 da Lei nº 8.666/93, de que se tratava de crime de mão própria.

– **Sujeito Passivo (crime militar):** é o Estado, pela Instituição Militar (federal ou estadual, conforme o caso), que teve ilegalmente o seu contrato alterado e a moralidade e impessoalidade administrativas afetadas pelo pagamento de fatura sem observância da ordem cronológica estabelecida pela Lei de licitações. No caso do pagamento de fatura com preterição da ordem cronológica de exigibilidade, os credores preteridos figuram também como sujeitos passivos mediatos.

– **Elementos Objetivos:** preliminarmente, conforme já adiantado, observa-se que o tipo penal previu dois crimes distintos e autônomos, quais sejam: *a) modificação irregular do contrato administrativo; e b) pagamento de fatura com preterição da ordem cronológica de sua exigibilidade.*

Com relação ao primeiro crime, foram previstos três núcleos verbais: **1)** *admitir*, que significa *anuir, aceitar* ou *consentir*; **2)** *possibilitar*, que carrega o sentido de *tornar possível* ou *dar condições*; e **c)** *dar causa*, que, por sua vez, significa *causar, ensejar, propiciar* ou *oportunizar*. Segundo precisamente aduz César Roberto Bitencourt[69], esses três núcleos verbais são redundantes, pois quem *admite ou possibilita* está, em última instância, *dando causa*.

A forma da prática delitiva é livre (*crime de forma livre*), podendo ser concretizada por um comportamento comissivo ou omissivo do agente. Trata-se ainda de *tipo penal misto alternativo*, razão pela qual, ainda que realizado mais de um núcleo verbal, no mesmo contexto, estaremos diante de crime único. Por outro lado, nada obsta o concurso (material) com o crime da segunda parte do dispositivo legal ora analisado – *pagamento de fatura com preterição da ordem cronológica de sua exigibilidade*. Da mesma forma, se houver sucessivas prorrogações indevidas em benefício do contratado, estaremos diante de concurso de crimes.

O complemento dos núcleos verbais consiste em *qualquer modificação ou vantagem*. Apesar da confusa redação do dispositivo legal, temos que a alteração indevida que se quer evitar *é a do contrato celebrado com o poder público, durante a sua execução, incluindo a sua prorrogação*, que não deixa de ser uma espécie de alteração. E mais: que essa modificação resulte em *vantagem (favorecimento)* a uma figura em especial, qual seja, o *contratado*[70].

Dúvida pode surgir se o favorecimento ao contratado, mencionado no tipo penal ("em favor do contratado"), deve ser interpretado como mera alteração contratual irregular ou se seria necessário um benefício ao contratado, por si mesmo, indevido. Na vigência do art. 92 da Lei nº 8.666/93, parecia-nos que a melhor interpretação seria aquela onde se exigia que a vantagem ou favorecimento ao contratado fosse indevido ou injusto, eis que o seu parágrafo único era expresso em qualificar a vantagem como *indevida* ou o benefício como *injusto*. Entretanto, o citado art. 92 foi revogado e substituído pelo tipo penal ora em análise, que, por sua vez, não possui

---

69 BITENCOURT, Cezar Roberto. *Direito Penal das Licitações*. São Paulo: Saraiva, 2012. *E-book*.

70 Aqui houve uma alteração textual em relação ao art. 92 da Lei 8.666/93, pois esta, de forma imprópria, utilizava o termo "adjudicatário", cuja denominação mais apropriada, no contexto, seria mesmo "contratado", pois o crime versa sobre a fase contratual.

dispositivo semelhante ao mencionado parágrafo único, bem como não mencionou em seu texto que o favorecimento ou vantagem seja injusta ou indevida. Entretanto, ainda assim pensamos que eventual punição no âmbito criminal requer que o benefício ou vantagem ao contratado sejam indevidos, com o consequente prejuízo à Administração Pública, sob pena de responsabilidade criminal ainda que a alteração contratual resulte em prejuízo ao contratado e vantagem à Administração Pública[71]. Nada obsta, por outro lado, que a conduta seja apreciada no âmbito administrativo ou civil, com aplicação das penalidades correspondentes, quando não houver benefício *indevido*.

Em sentido diverso, o professor Rogério Sanches ensina que:

> Pensamos que a vantagem decorrente da conduta para favorecer o contratado consiste na mera modificação ou prorrogação ilegal do contrato, ainda que não se trate de algo, em si, indevido. Se, por exemplo, o agente público prorroga indevidamente um contrato de prestação de serviços pagando exatamente o mesmo valor original, a vantagem recebida pelo contratado não é indevida, mas ainda assim há o crime, pois a ilegalidade está no ato de prorrogação que não segue as diretrizes legais.[72]

Após encerrado o contrato sem alteração indevida, não há mais que se falar no crime em análise, eis que o tipo penal exige que a conduta ocorra "*durante a execução dos contratos celebrados com a Administração Pública*"; se porventura houver contratação direta ilegal, mascarada de "prorrogação" contratual com o "ex-contratado", pensamos que poderá restar configurado o delito do art. 337-E do CP.

Note-se ainda que o tipo não impede toda e qualquer alteração ou prorrogação contratual, mas somente aquela *sem autorização em lei, no edital da licitação ou nos respectivos instrumentos contratuais (ex: Lei nº 8.666/93, arts. 65 e 57; Nova Lei de Licitações, arts. 124 e 107) (norma penal em branco).*

Com relação à segunda hipótese do tipo penal, pratica o crime aquele que *paga (quita)* fatura preterindo (desprezando) a ordem cronológica de sua exigibilidade. Neste ponto, pertinente a observação de Vicente Greco Filho no sentido em que quando a lei fala em *pagar*, obviamente, "*não quer referir-se ao caixa do banco que entrega o dinheiro. Refere-se ao agente que, dentro das competências administrativas, autoriza o pagamento, desencadeando o procedimento para efetivá-lo.*"[73]. Em geral, quem determina o pagamento é o ordenador de despesas, após a regular liquidação, estágio onde se verifica o direito adquirido pelo contratado/credor, tendo por base os títulos e documentos comprobatórios do respectivo crédito *(Lei nº 4.320/64, arts. 60, 62, 63 e 64)*.[74]

---

71 Nesse mesmo sentido, porém, em análise ao art. 92 da Lei nº 8.666/93: BITENCOURT, Cezar Roberto. *Direito Penal das Licitações*. São Paulo: Saraiva, 2012. E-book.

72 CUNHA, Rogério Sanches. *Manual de Direito Penal – Volume Único*. 13.ed. Salvador: JusPODIVM, 2021, p. 1034.

73 GRECO FILHO, Vicente. *Dos crimes de Lei de Licitações*. São Paulo: Saraiva, 1994, p. 32.

74 Aqui, relembre-se que existem três estágios de execução das despesas públicas previstos na Lei nº 4.320/64: empenho, liquidação e pagamento.

O termo *fatura* empregado no tipo penal, segundo magistério de José Paulo Baltazar Júnior, deve ser compreendido como qualquer documento "*representativo da venda para pagamento futuro, que contém a descrição do serviço prestado ou do bem fornecido, bem como do valor a ser pago, servindo para instruir o procedimento de pagamento pela administração pública*"[75]. Por sua vez, a data da *exigibilidade* da fatura, que também é o marco da ordem cronológica estabelecida pela Lei de Licitações (Lei nº 8.666/93, art. 5º; Nova Lei de Licitações, art. 141), ocorre na liquidação da despesa, especificamente, com o registro do recebimento do material ou da prestação do serviço (quando o servidor público ou militar atesta o recebimento do material ou a prestação do serviço).[76] Sem esse registro não se tem fatura ou obrigação *exigível* para se estabelecer a sequência determinada pelo art. 5º da Lei nº 8.666/93 (Nova Lei de Licitações, art. 141).

Ademais, o que a lei quer garantir é o princípio da impessoalidade e isonomia entre os credores da Administração Pública, evitando-se favoritismos ou arbitrariedades. Assim, pelo tipo penal, basta o pagamento da obrigação (fatura) com preterição da ordem cronológica de sua exigibilidade para a configuração do delito, sem a necessidade de efetivo prejuízo ao Poder Público. Destarte, o falso registro do recebimento do material pelo agente não constitui motivo para a desconfiguração do delito em questão, acaso a obrigação falsamente reconhecida tenha sido também quitada com preterição da ordem cronológica de sua exigibilidade. Na realidade, neste caso, além do crime em estudo, tem-se ainda o crime de peculato (concurso material), uma vez que quitada obrigação que não foi efetivamente realizada pelo contratado. Por outro lado, se a falsidade reside na data do registro do recebimento do material (para subverter a ordem cronológica do pagamento), que, porém, foi efetivamente entregue, reputamos que o agente deverá responder apenas pelo crime em estudo, pois o delito de falsidade documental restará absorvido (crime meio).

Finalmente, o art. 337-H em análise deve ser interpretado conjuntamente com o art. 5º da Lei nº 8.666/93 (*interpretação sistemática*), que estabeleceu a necessidade de obediência pela Administração da ordem cronológica das datas de exigibilidades das obrigações assumidas, porém, ressalva a possibilidade de afastamento dessa sequência "*quando presentes relevantes razões de interesse público e mediante prévia justificativa da autoridade competente, devidamente publicada*". A Nova Lei de Licitações, embora não vedando, foi mais criteriosa quanto à possibilidade de alteração da ordem cronológica. Confira-se:

---

[75] BALTAZAR JUNIOR, José Paulo. *Crimes Federais*. 9.ed. São Paulo: Saraiva, 2014. *E-book*.

[76] Na verdade, a exigibilidade é da obrigação, e não da fatura ou documento, que não se torna exigível pela sua simples existência ou apresentação na Administração. O legislador teria procedido melhor se houvesse empregado o termo "obrigação" no lugar de "fatura" ("pagar obrigação"), como o fez corretamente no art. 5º da Lei 8.666/93, pois, repise-se, a exigibilidade é da obrigação, e não da fatura ou documento, que inclusive é dispensável para efeito de estabelecer a ordem cronológica do pagamento das dívidas da Administração Pública (Nesse sentido: JUSTEN FILHO, Marçal. *Comentários à Lei de Licitações e Contratos Administrativos*. 11. ed. São Paulo: Dialética, 2005, p. 86/87)

Art. 141 (...) § 1º A ordem cronológica referida no caput deste artigo poderá ser alterada, mediante prévia justificativa da autoridade competente e posterior comunicação ao órgão de controle interno da Administração e ao tribunal de contas competente, exclusivamente nas seguintes situações:

I – grave perturbação da ordem, situação de emergência ou calamidade pública;

II – pagamento a microempresa, empresa de pequeno porte, agricultor familiar, produtor rural pessoa física, microempreendedor individual e sociedade cooperativa, desde que demonstrado o risco de descontinuidade do cumprimento do objeto do contrato;

III – pagamento de serviços necessários ao funcionamento dos sistemas estruturantes, desde que demonstrado o risco de descontinuidade do cumprimento do objeto do contrato;

IV – pagamento de direitos oriundos de contratos em caso de falência, recuperação judicial ou dissolução da empresa contratada;

V – pagamento de contrato cujo objeto seja imprescindível para assegurar a integridade do patrimônio público ou para manter o funcionamento das atividades finalísticas do órgão ou entidade, quando demonstrado o risco de descontinuidade da prestação de serviço público de relevância ou o cumprimento da missão institucional.

Trata-se de causa de exclusão de ilicitude da conduta ou de atipicidade por falta de dolo do agente. Além disso, pelo dispositivo citado, a ordem cronológica citada no tipo penal deverá ser verificada dentro da mesma unidade da Administração (leia-se: dentro do mesmo órgão com competência para determinar pagamentos) e por fonte diferenciada de recursos (leia-se: por categorias contratuais que deu origem à obrigação – fornecimento de bens, locação, prestação de serviços ou realização de obras[77]).

– **Elemento Subjetivo:** considerando a jurisprudência do STJ para o então crime do art. 92 da Lei 8.666/93, o que acreditamos que se repetirá em relação ao art. 337-H do CP, requer-se o dolo direto, não sendo possível o dolo eventual *(STJ, 6ª Turma, HC 253013, j. 18/06/2014)*. Além disso, apesar de posicionamentos contrários, exige-se também elemento subjetivo diferente do dolo (dolo específico) para o crime de *alteração contratual indevida*, consistente na finalidade de *"causar dano ao erário e favorecimento indevido" (STJ, 5ª Turma, AgRg no AREsp 1279151/RS, j. 05/09/2019; STJ, 6ª Turma, AgRg no AREsp 1426799 / SP, j. 27/08/2019)*. Não se admite a modalidade culposa.

[77] Sobre a interpretação dada a "fonte diferenciada de recursos" mencionado no art. 5º da Lei 8.666/93 como sinônimo de categorias contratuais, pertinente transcrever os esclarecimentos de Marçal Justen Filho (Comentários à lei de licitações e contratos administrativo. São Paulo: Dialética, 2005, p. 88-89): *"Outra questão que pode dar margem de dúvidas se relaciona com o conceito de 'fonte diferenciada de recursos'. Não é possível interpretar o texto legislativo na acepção de 'rubricas orçamentárias'. O legislador, quando pretendeu indicar essa figura, sempre o fez de modo expresso e específico. Portanto, haveria de admitir-se que teria ocorrido erro na formulação redacional legislativa – o que não pode ser excluído de modo absoluto, mas deve ser reputado como excepcional. Mas o argumento mais relevante reside em que adotar a aludida interpretação conduziria a neutralizar a eficiência do dispositivo. É que restringir a preferência ao âmbito estrito da rubrica orçamentária conduziria à possibilidade de o Estado controlar o processo de liquidação das dívidas. Então, bastaria liberar recursos para determinadas rubricas e não para outras: o resultado seria a frustração da ordem cronológica das exigibilidades. Credores que fossem menos simpáticos aos olhos dos governantes não receberiam os pagamentos, na medida em que não ocorreria a liberação dos recursos para as rubricas orçamentárias 'adequadas'. (...) Diante de tais considerações deve reputar-se que a expressão legislativa relaciona-se à sistematização realizada pelo próprio art. 5º, quando se refere a 'fornecimento de bens, locações, realização de obras e prestação de serviços'. As verbas destinadas a cada um desses grupos de contratações deverão ser consideradas como 'fontes diferenciadas de recursos', de modo que o pagamento correspondente terá de respeitar a ordem cronológica das referidas categorias."*

– **Consumação e tentativa (crime militar):** com o efetivo dano ao patrimônio sob administração militar (*crime material*) ou com a autorização de pagamento antecipado da fatura (*crime formal*). Para quem entende desnecessária a ocorrência de prejuízo ao erário e de vantagem indevida ao contratado por conta da alteração contratual, consuma-se com a mera alteração contratual irregular. Para quem entende que a simples autorização ou determinação de pagamento não caracteriza o crime (no máximo, tentativa)[78], o delito se consuma com o efetivo pagamento do credor (*crime material*). Admite-se a tentativa.

– ***Tipicidade indireta:*** artigo 9º, II, "e", do Código Penal Militar, no caso de militar da ativa. Para os demais agentes: artigo 9º, III, "a", do Código Penal Militar.

– **Jurisprudência selecionada:**

A) Superior Tribunal de Justiça:

> (...) Segundo a jurisprudência desta Corte, o crime do artigo 92 da Lei 8.666/1992 depende, ademais da existência de prejuízo para a Administração, do reconhecimento de dolo direto, não se admitindo apenas a modalidade eventual. (...) (6ª Turma, HC 253013, j. 18/06/2014).
>
> (...) A jurisprudência do Superior Tribunal de Justiça – STJ firmou o entendimento de que, "para a configuração do delito tipificado no art. 92 da Lei n. 8.666/93, deve-se demonstrar, ao menos em tese, o dolo específico de causar dano ao erário, bem como o efetivo prejuízo causado à administração pública" (AgRg no AREsp 1265657/MT, Rel. Ministro JOEL ILAN PACIORNIK, QUINTA TURMA, julgado em 14/5/2019, DJe 20/5/2019). (...) (5ª Turma, AgRg no AREsp 1279151/RS, j. 05/09/2019)
>
> (...) A jurisprudência desta Corte Superior firmou-se no sentido de que a configuração dos delitos previstos nos arts. 89 e 92 da Lei nº 8.666/93 exige a demonstração do dolo específico de causar dano ao Erário e do efetivo prejuízo causado aos cofres públicos, cujos contornos devem estar descritos e minimamente demonstrados na denúncia. (...) (6ª Turma, AgRg no AREsp 1426799 / SP, j. 27/08/2019).

Jurisprudência em tese, Edição nº 134 – Dos crimes da Lei de Licitação – Lei nº 8.666/93:

> **Número 9:** É idônea a valorização negativa da culpabilidade do agente pelo fato de exercer cargo de prefeito ao cometer os crimes previstos nos art. 90 e art. 92 da Lei n. 8.666/1993, dada a lisura e a ética que se esperam de um representante do interesse público.

11.2.2.5. Perturbação de processo licitatório

Novo Tipo Penal (CP)	Lei nº 8.666/93
Art. 337-I. Impedir, perturbar ou fraudar a realização de qualquer ato de processo licitatório: *Pena – detenção, de 6 (seis) meses a 3 (três) anos, e multa.*	*Art. 93. Impedir, perturbar ou fraudar a realização de qualquer ato de procedimento licitatório:* *Pena – detenção, de 6 (seis) meses a 2 (dois) anos, e multa.*

78 Nesse sentido: BITENCOURT, Cezar Roberto. *Direito Penal das Licitações*. São Paulo: Saraiva, 2012. *E-book*.

– **Considerações gerais:** trata-se de norma penal incriminadora que assegura a regularidade, correção e respeitabilidade do certame licitatório, punindo aquele que impede, perturba ou frauda a realização de qualquer ato do processo licitatório. Possui redação praticamente idêntica ao art. 93 da Lei nº 8.666/93, substituindo, porém, o termo "procedimento" licitatório por "processo" licitatório. Além disso, aumentou a pena máxima em abstrato, que passou de 2 (dois) anos para 3 (três) anos de detenção.

Com relação ao artigo 328 do CPM (CP, art. 335, primeira parte), que tem conteúdo semelhante ao tipo penal em estudo, ainda na vigência do art. 93 da Lei nº 8.666/93, na primeira edição desta obra, sustentamos que ele foi tacitamente revogado.

Com efeito, segue transcrição do nosso entendimento em comentário ao respectivo dispositivo da Lei nº 8.666/93, que também pensamos se encaixar à realidade apresentada pelo art. 337-I do CP, somando-se ainda que a revogação do art. 93 da Lei nº 8.666/93 não implica repristinação do art. 328 do CPM (LINDB, art. 2º, §3º):

> Pensamos que o dispositivo em análise revogou o art. 328 do CPM, pois a Lei nº 8.666/93 é posterior, especial e possui tipos penais mais abrangentes. Na verdade, já com a entrada em vigor da Lei de licitações, o referido código se tornou anacrônico e insuficiente para proteger de forma ampla e satisfatória a regularidade e objetivos dos procedimentos licitatórios. Por exemplo: não protege todas as modalidades de licitação, a exemplo do convite. Neste ponto lembramos os termos do §1º do art. 2º da Lei de Introdução às Normas do Direito Brasileiro (LINDB), que assim está redigido: 'A lei posterior revoga a anterior quando expressamente o declare, quando seja com ela incompatível ou quando regule inteiramente a matéria de que tratava a lei anterior'. Ademais, com a entrada em vigor da Lei nº 13.491/17, a circunstância de o artigo 328 trazer elemento especializante, qual seja, que o procedimento licitatório seja de interesse da administração militar, em nossa opinião, perdeu força para justificar a sua manutenção em detrimento do artigo 93 da Lei nº 8.666/93. Isso porque o crime da Lei de licitações apenas será considerado de natureza militar acaso praticado em detrimento do patrimônio sob administração militar ou contra a ordem administrativa militar, que, por sua vez, somente ocorrerá se o procedimento licitatório for de interesse da Administração Militar. Vale dizer que o elemento especializante que existe no artigo 328 do Código Penal Militar, após a Lei nº 13.491/17, agora também está presente no artigo 93 da Lei nº 8.666/93, ainda que de forma implícita[79].

– **Objetividade Jurídica (crime militar):** a regularidade da Administração Militar, além da regularidade e lisura do processo licitatório, moralidade administrativa e patrimônio público (de forma mediata).

– **Sujeito Ativo (crime militar):** qualquer pessoa, militar ou não (*crime comum*).

[79] Importante ressaltar que antes da entrada em vigor da Lei nº 13.491/17, prevalecia na jurisprudência do Superior Tribunal Militar que os tipos penais do CPM eram especiais quando comparados com aqueles da Lei nº 8.666/93, portanto, não revogados por essa lei *(RESE 0000120-20.2015.7.03.0203, j. 03/11/2016; RESE 0000159-39.2013.7.11.0211, j. 13/10/2015)*. Após a Lei nº 13.491/17, a questão se encontra controvertida, eis que, em pesquisa na jurisprudência daquele Tribunal, encontramos pelo menos duas decisões em sentidos opostos. A primeira delas manteve o entendimento anterior, em favor da especialidade do CPM *(Apel nº 7000011-82.2021.7.00.0000, j. 26/05/2021)*. Na segunda, mais recente, prevaleceu os tipos penais da Lei nº 8.666/93 *(RESE nº 7000070-70.2021.7.00.0000, j. 19/08/2021)*. Enfim, necessário o contínuo acompanhamento das decisões daquele Tribunal até que a questão seja pacificada.

– **Sujeito Passivo (crime militar):** o Estado, pela Instituição Militar (federal ou estadual, conforme o caso), que teve fraudado, obstado ou perturbado qualquer ato do processo licitatório realizado pela Administração Militar. Secundariamente, os participantes do processo licitatório que não concorreram para impedir, perturbar ou fraudar o processo licitatório realizado pela Administração Militar.

– **Elementos Objetivos:** o *tipo penal é misto alternativo*, possuindo três núcleos verbais, quais sejam: *impedir, perturbar ou fraudar*. Se realizado mais de um núcleo verbal no mesmo contexto, o agente terá praticado crime único. *Impedir*, significa *obstar, obstruir* ou *impossibilitar; perturbar* significa *embaraçar, atrapalhar, estorvar* ou *importunar; fraudar* corresponde a *iludir, enganar, trapacear* ou *burlar*.

Não há limitação quanto aos meios utilizados pelo agente (*crime de forma livre*), desde que idôneos e eficazes para prejudicar ou afetar a regularidade do processo licitatório, sob pena de configuração de crime impossível. Por exemplo: não configura o delito em questão se o meio fraudulento for absolutamente incapaz de enganar o encarregado do processo licitatório. Ademais, se a fraude for perpetrada pelo uso de documento falso, haverá absorção do crime de falsidade, acaso o falso exaurir a sua potencialidade lesiva no delito em análise.

Também deve ser destacado que nem sempre que o processo licitatório for *obstruído* ou *embaraçado* haverá crime, sob pena de abuso do poder punitivo estatal, a exemplo do licitante que se utiliza de mecanismos jurídicos legalmente previstos para assegurar um interesse que julga legítimo (recurso administrativo, mandado de segurança etc.). Ainda que o processo licitatório seja perturbado ou mesmo obstruído, não há que se falar em ilícito penal, eis que a atuação, em última análise, estaria garantida pelos direitos constitucionais de acesso ao Judiciário e de petição aos Poderes Públicos. Na verdade, sempre que o agente estiver amparado pelo ordenamento jurídico, temos que o crime não resta configurado, seja porque haveria no tipo penal um elemento normativo *implícito* (impedir ou perturbar *sem justa causa ou indevidamente*)[80], seja porque o agente teria atuado no exercício regular de um direito[81].

Ademais, diante da garantia constitucional da inafastabilidade do acesso à jurisdição, eventual abuso em demanda judicial (manifestamente improcedente) visando obstar ou embaraçar o processo licitatório deverá ser resolvido no próprio processo judicial, com aplicação das penalidades correspondentes (multas e indenizações decorrentes de litigância de má-fé), sendo incabível, pensamos, a responsabilização pelo tipo penal em questão. Até porque eventual perturbação ou obstrução do processo licitatório em razão de demanda judicial (ex: liminar), ainda que posteriormente isso seja revertido judicialmente, em última análise, a perturbação ou obstrução do processo licitatório não decorreu propriamente do exercício do direito de ação, mas sim de decisão ou ordem judicial, a qual se reputa lícita e obrigatória.[82]

80 Nesse sentido: GRECO FILHO, Vicente. *Dos crimes da Lei de Licitações*. São Paulo: Saraiva, 1994, p. 35.

81 Nesse sentido: BITENCOURT, Cezar Roberto. *Direito Penal das Licitações*. São Paulo: Saraiva, 2012. E-book.

82 Em sentido contrário: GRECO FILHO, Vicente. *Dos crimes da Lei de Licitações*. São Paulo: Saraiva, 1994, p. 35.

O tipo penal também requer que o impedimento, perturbação ou fraude seja especificamente contra a realização de *qualquer ato do processo licitatório* (objeto material da conduta), o que engloba a fase interna *(ex: elaboração do instrumento convocatório)* ou externa da licitação *(ex: habilitação, julgamento das propostas etc.)*[83].

Contudo, se a conduta do agente *não* for realizada *durante o curso do processo licitatório*, o delito em questão não resta caracterizado, a exemplo do uso de documento falso *após o término do processo licitatório*[84]; nada obsta, porém, a configuração do crime de falsidade documental. Enfim, necessário delimitar precisamente o início e o término do processo licitatório.

No âmbito do revogado art. 93 da Lei nº 8.666/93, de acordo com a jurisprudência do STJ, o início do procedimento licitatório ocorre com a abertura do processo administrativo, devidamente autuado, protocolado e numerado, contendo a autorização respectiva, a indicação sucinta de seu objeto e do recurso próprio para a despesa, nos termos do art. 38 da Lei nº 8.666/93; e o término com a homologação do processo licitatório *(STJ, 6ª Turma, HC 348.414, j. 07/04/2016)*.

Em relação à Nova Lei de Licitações, verifica-se que o processo licitatório é composto pelas seguintes fases, em sequência (art. 17): *1) preparatória; 2) de divulgação do edital de licitação; 3) de apresentação de propostas e lances, quando for o caso; 4) de julgamento; 5) de habilitação; 6) recursal; e 7) de homologação*. Portanto, constituem marcos, inicial e final, entre os quais é possível a prática delitiva, respectivamente, *a fase preparatória*, caracterizada pelo planejamento, que compreende, dentre outros, a descrição da necessidade da contratação, a definição do objeto, a elaboração do edital e da minuta de contrato (art. 18), e a *fase de homologação*, que encerra a licitação (art. 71).

– **Elemento Subjetivo:** o dolo. Não há exigência de elemento subjetivo diverso do dolo (dolo específico), sendo despicienda a motivação do agente. Não se admite modalidade culposa.

– **Consumação e tentativa:** na figura "impedir", resta consumado o delito com a não realização do ato do processo licitatório (*crime material)*. Na figura "perturbar", basta que o ato seja dificultado, demandando-se medidas supletivas para a sua realização (*crime formal*). Para alguns doutrinadores, a figura "perturbar" também se constitui *crime material*, eis que o resultado naturalístico seria a "anormalidade" provocada no procedimento licitatório. Por fim, na modalidade "fraudar", consuma-se com a realização do ato do processo licitatório de forma viciada (*crime material*). A tentativa seria possível em todos os casos, por se vislumbrar a possibilidade de fracionamento da conduta *(crime plurissubsistente)*.

---

83 Segundo Fernanda Marinela, a fase interna *"é aquela em que a entidade promotora do certame pratica todos os atos condicionais à sua abertura, antes de começar a convocação dos interessados"*. Já a fase externa se abre *"com a publicação do edital ou com o envio dos convites, estampando para os interessados as condições de participação na disputa"* (MARINELA, Fernanda. *Direito Administrativo*. 6. ed. Niterói: Impetus, 2012, p. 395).

84 Jurisprudência em tese, Edição nº 134 – Dos crimes da Lei de Licitação – Lei nº 8.666/93: Número 10: "O delito do art. 93 da Lei n. 8.666/1993 somente se tipifica se as condutas nele previstas forem praticadas no curso do procedimento licitatório.".

– ***Tipicidade indireta:*** artigo 9º, II, "e", do Código Penal Militar, no caso de militar da ativa. Para os demais agentes: artigo 9º, III, "a", do Código Penal Militar.

– **Jurisprudência selecionada:**

A) Superior Tribunal de Justiça:

> HABEAS CORPUS. WRIT SUBSTITUTIVO DE RECURSO ESPECIAL. IMPROPRIEDADE DA VIA ELEITA. ART. 93 DA LEI DE LICITAÇÕES. CONDUTAS PRATICADAS APÓS O TÉRMINO DO PROCEDIMENTO LICITATÓRIO. NÃO CARACTERIZAÇÃO DO TIPO. POSSÍVEL PRÁTICA DE FALSIDADE DOCUMENTAL (CP, ART. 297). ALEGAÇÃO DE AUSÊNCIA DE DOLO. INVIABILIDADE. WRIT NÃO CONHECIDO. (...) O delito tipificado no art. 93 da Lei nº 8.666/93 somente se tipifica se as condutas nele previstas forem praticadas no curso do procedimento licitatório. Falsidades de documentos públicos perpetradas posteriormente à contratação administrativa preenchem, na ausência de outros elementos específicos, o tipo penal do artigo 297 do Código Penal. (...) (6ª Turma, HC 348.414, j. 07/04/2016).

Jurisprudência em tese, Edição nº 134 – Dos crimes da Lei de Licitação – Lei nº 8.666/93:

> **Número 10:** O delito do art. 93 da Lei n. 8.666/1993 somente se tipifica se as condutas nele previstas forem praticadas no curso do procedimento licitatório.

11.2.2.6. Violação de sigilo em licitação

Novo Tipo Penal (CP)	Lei nº 8.666/93
Art. 337-J. Devassar o sigilo de proposta apresentada em processo licitatório ou proporcionar a terceiro o ensejo de devassá-lo:	*Art. 94. Devassar o sigilo de proposta apresentada em procedimento licitatório, ou proporcionar a terceiro o ensejo de devassá-lo:*
Pena – detenção, de 2 (dois) anos a 3 (três) anos, e multa.	*Pena – detenção, de 2 (dois) a 3 (três) anos, e multa.*

– **Considerações gerais:** a norma penal em questão, além da moralidade e impessoalidade administrativa, em última análise, resguarda a competitividade da licitação, a qual é fundamental para viabilizar os objetivos constitucionais que motivaram a exigência de certame para as contratações pretendidas pelo Poder Público. Por isso, apesar de a licitação não ser sigilosa, o conteúdo das propostas deverá ser resguardado até o momento adequado para a respectiva abertura, sob pena de se incorrer no tipo penal em análise. Com efeito, será penalmente responsabilizado aquele que devassar o sigilo de proposta apresentada em processo licitatório ou proporcionar a terceiro o ensejo de devassá-lo. Possui redação praticamente idêntica ao revogado art. 94 da Lei nº 8.666/93, substituindo tão somente o termo "procedimento" licitatório por "processo" licitatório. A sanção penal permaneceu inalterada.

Com relação ao artigo 327 do CPM (CP, art. 326), que tem conteúdo semelhante ao tipo penal em estudo, ainda na vigência do art. 94 da Lei nº 8.666/93, na primeira edição desta obra, sustentamos que ele foi tacitamente revogado.

Com efeito, segue transcrição do nosso entendimento, em comentário ao respectivo dispositivo da Lei nº 8.666/93, que também se encaixa à realidade apresentada pelo art. 337-J do CP, somando-se ainda que a revogação do art. 94 da Lei nº 8.666/93 não implica repristinação do art. 327 do CPM (LINDB, art. 2º, §3º):

> Pensamos que o dispositivo em análise revogou o art. 327 do Código Penal Militar (CP, art. 326), pois a Lei nº 8.666/93 é posterior, especial e possui tipo penal com maior abrangência. Na verdade, já com a entrada em vigor da Lei de licitações, o referido código se tornou anacrônico e insuficiente para proteger de forma ampla e satisfatória a regularidade e objetivos dos procedimentos licitatórios. Por exemplo: não protege todas as modalidades de licitação, a exemplo do convite. No caso do art. 327 do CPM, somente se tutela o sigilo da concorrência, ficando de fora todas as demais modalidades. Neste ponto lembramos os termos do §1º do art. 2º da Lei de Introdução às Normas do Direito Brasileiro (LINDB), que assim está redigido: 'A lei posterior revoga a anterior quando expressamente o declare, quando seja com ela incompatível ou quando regule inteiramente a matéria de que tratava a lei anterior'.[85]
>
> Ademais, com a entrada em vigor da Lei nº 13.491/17, a circunstância de o artigo 327 trazer elemento especializante, qual seja, que a licitação na modalidade concorrência seja de interesse da administração militar, em nossa opinião, respeitados os entendimentos em contrário, perdeu força para justificar a sua manutenção em detrimento do artigo 94 da Lei nº 8.666/93. Isso porque o crime da Lei de licitações apenas será considerado de natureza militar acaso praticado em detrimento do patrimônio sob administração militar ou contra a ordem administrativa militar, que, por sua vez, somente ocorrerá se o procedimento licitatório for de interesse da Administração Militar. Vale dizer que o elemento especializante que existe no artigo 327 do Código Penal Militar, após a Lei nº 13.491/17, agora também está presente no artigo 94 da Lei 8.666/93, ainda que de forma implícita.
>
> Também não podemos deixar de mencionar que as sanções dos dispositivos penais ora confrontados, apesar de tratarem da mesma conduta, são consideravelmente desiguais. O art. 327 do Código Penal Militar prevê pena em abstrato de três meses a um ano de detenção. Já o art. 94 da Lei de licitações, pena em abstrato de dois a três anos de detenção e multa. Diante dessa discrepância de sanção penal, manter a vigência dos dois dispositivos colocaria em risco não só a coerência do sistema penal, como também os princípios constitucionais da isonomia e da proporcionalidade. Por exemplo: como o Código Penal Militar não tutela o sigilo da licitação convite [de interesse da administração militar federal], no caso de devassa, por civil, de sigilo da proposta de licitante nessa modalidade, o intérprete, mesmo que considere ainda vigente o art. 327, é obrigado a se socorrer do art. 94 da Lei de licitações, sob pena de a conduta restar impune (princípio da legalidade/taxatividade). Entretanto, considerando que a pena deste último dispositivo é consideravelmente mais grave, haveria flagrante desproporcionalidade sem um fator de diferenciação razoável que lhe dê sustentação. Ou seja, acaba se punindo mais rigorosamente quem indevidamente devassou o sigilo da licitação convite do que aquele que eventualmente devassar o sigilo da concorrência pública [tipificado no art. 327 do CPM], embora esta envolva contratações muito mais complexas e dispendiosas.

85 Importante ressaltar que antes da entrada em vigor da Lei nº 13.491/17, prevalecia na jurisprudência do Superior Tribunal Militar que os tipos penais do CPM eram especiais quando comparados com aqueles da Lei nº 8.666/93, portanto, não revogados por essa lei *(RESE 0000120-20.2015.7.03.0203, j. 03/11/2016; RESE 0000159-39.2013.7.11.0211, j. 13/10/2015)*. Após a Lei nº 13.491/17, a questão se encontra controvertida, eis que, em pesquisa na jurisprudência daquele Tribunal, encontramos pelo menos duas decisões em sentidos opostos. A primeira delas manteve o entendimento anterior, em favor da especialidade do CPM *(Apel nº 7000011-82.2021.7.00.0000, j. 26/05/2021)*. Na segunda, mais recente, prevaleceu os tipos penais da Lei nº 8.666/93 *(RESE nº 7000070-70.2021.7.00.0000, j. 19/08/2021)*. Enfim, necessário o contínuo acompanhamento das decisões daquele Tribunal até que a questão seja pacificada.

A disparidade de tratamento poderá ser ainda maior no caso de conduta delitiva em detrimento das instituições militares estaduais. Pense-se na hipótese de violação do sigilo de licitação concorrência envolvendo civil e militar (militar proporcionou ao civil devassar o sigilo da proposta), onde, no caso de condenação, o paisano inevitavelmente seria penalizado mais gravemente do que o militar, pois a Justiça Militar Estadual não julga civil e a Justiça Estadual comum não julga crime militar, conforme orientação predominante. Portanto, o militar restaria incurso no art. 327 do CPM e o civil no art. 94 da Lei 8.666/93. Pela tamanha diferença de sanção penal entre esses tipos penais, nem o juiz na dosimetria da pena poderia amenizar a desproporcionalidade. Ora, o bem jurídico tutelado nos dois tipos penais é o mesmo, por isso, não se justifica disparidade de tratamento, sendo certo que em geral a reprovabilidade da conduta do militar é maior do que a do civil, pois é ele quem mais do que ninguém tem o dever de resguardar os princípios regentes da atividade administrativa.[86]

– **Objetividade Jurídica (crime militar):** o princípio do sigilo das propostas (art. 3º, §3º, da Lei 8.666/93; art. 13, parágrafo único, I e art. 56, II, da Nova Lei de Licitações), competitividade do certame e isonomia entre os licitantes. Também se pode vislumbrar a proteção dos princípios da impessoalidade e moralidade administrativa, especialmente, quando a conduta delitiva for praticada pelo militar ou servidor público.

– **Sujeito Ativo (crime militar):** a despeito de respeitável corrente doutrinária contrária, que limita o sujeito ativo a quem tem a guarda das propostas e dever de sigilo *(crime próprio)*[87], entendemos que qualquer pessoa pode realizar o tipo penal *(crime comum)*. Para tanto, basta a violação do sigilo, não importando quem o fez, mesmo sem a concorrência daquele que tem a guarda ou dever funcional de sigilo das propostas.

– **Sujeito Passivo (crime militar):** o Estado, pela Instituição Militar (federal ou estadual, conforme o caso), que teve violado o sigilo de proposta apresentada em processo licitatório de seu interesse. Secundariamente, o participante do procedimento licitatório cuja proposta foi devassada.

– **Elementos Objetivos:** possui dois núcleos verbais: *devassar*, que significa *revelar* ou *tomar conhecimento* de algo proibido ou vedado; e *proporcionar*, que significa *facilitar*, *propiciar* ou *permitir* que terceiro tome conhecimento de algo proibido. Nas duas hipóteses, o objeto material da conduta é a proposta mantida sob *sigilo*. Trata-se de *tipo penal misto alternativo*, razão pela qual, se o agente violar o sigilo da proposta e depois proporcionar que terceiro também o faça, haverá crime único, sem prejuízo do agravamento da pena pelo juiz no momento da sua dosimetria.

A prática do delito não requer uma forma ou meio específico, podendo ser praticado de diversas maneiras (*crime de forma livre*), de modo que é desnecessária

---

86 Em sentido contrário, confira-se o respeitável entendimento do professor Cícero Coimbra: NEVES, Cícero Robson Coimbra. *Do conflito aparente entre o novo art. 337-J do CP, trazido pela Lei n. 14.133/2021 e o art. 327 do CPM (violação de sigilo de proposta de concorrência).* **GRAN CURSOS ONLINE**, Brasília, 05 abr. 2021. Disponível em: https://blog.grancursosonline.com.br/do-conflito-aparente-entre-o-novo-art-337-j-do-cp-trazido-pela-lei-n-14-133-2021-e-o-art-327-do-cpm-violacao-de-sigilo-de-proposta-de-concorrencia/. Acesso em 10 mai. 2021.

87 A classificação do crime como *próprio* nos parece fazer sentido no contexto do art. 327 do CPM, eis que este está inserido no capítulo que trata dos crimes contra o *dever funcional*.

a efetiva abertura do invólucro em que está contida a proposta. Assim, resta caracterizado o delito, por exemplo, quando o agente tem conhecimento do seu conteúdo colocando o invólucro contra a luz ou usando raio x. Ou seja, basta o conhecimento do conteúdo da proposta antes do momento previsto para a sua abertura.

Também não é necessário que se dê publicidade ou divulgação ao conteúdo da proposta. Por outro lado, a devassa deve ser do sigilo da *proposta*, não configurando o crime em questão, por exemplo, o sujeito que indevidamente abre o envelope contendo a documentação relativa à fase de *habilitação* dos proponentes, sem prejuízo da configuração de crime diverso a depender das circunstâncias do caso concreto (ex: art. 326, do CPM).

Finalmente, conforme já ressaltado, igualmente pratica o delito aquele que, apesar de não tomar conhecimento do conteúdo da proposta, *proporciona* que terceiro devasse o seu sigilo, como, por exemplo, o militar que entrega o invólucro da proposta sob sigilo para que um licitante, sozinho, em sua empresa, possa devassá-lo utilizando um escâner.

– **Elemento Subjetivo:** o dolo (direto ou eventual). Não se exige elemento subjetivo diverso do dolo (dolo específico), sendo despiciendo ter ou não o agente agido com intuito de obter vantagem com a devassa do sigilo da proposta. Não se admite a modalidade culposa.

– **Consumação e tentativa:** com a efetiva devassa do sigilo da proposta (*crime material*), sendo desnecessária a posterior divulgação do seu conteúdo ou dano patrimonial à Administração ou ao licitante cuja proposta foi devassada. Por outro lado, na conduta de *proporcionar a terceiro o ensejo de devassar o sigilo da proposta*, não se requer a efetiva devassa pelo facilitador. Ou seja, nessa modalidade, o crime se perfaz com a simples facilitação pelo agente, independentemente dele próprio ter revelado o sigilo (*crime formal*). Neste caso, se o terceiro efetivamente devassar o sigilo, responde igualmente pelo crime, subsumindo-se a sua conduta na primeira parte do dispositivo. Nas duas hipóteses, possível a modalidade tentada (*crime plurissubsistente*).

– ***Tipicidade indireta:*** artigo 9º, II, "e", do Código Penal Militar, no caso de militar da ativa. Para os demais agentes: artigo 9º, III, "a", do Código Penal Militar.

11.2.2.7. Afastamento de licitante

Novo Tipo Penal (CP)	Lei nº 8.666/93
Art. 337-K. Afastar ou tentar afastar licitante por meio de violência, grave ameaça, fraude ou oferecimento de vantagem de qualquer tipo:	*Art. 95. Afastar ou procurar afastar licitante, por meio de violência, grave ameaça, fraude ou oferecimento de vantagem de qualquer tipo:*
Pena – reclusão, de 3 (três) anos a 5 (cinco) anos, e multa, além da pena correspondente à violência.	*Pena – detenção, de 2 (dois) a 4 (quatro) anos, e multa, além da pena correspondente à violência.*
Parágrafo único. Incorre na mesma pena quem se abstém ou desiste de licitar em razão de vantagem oferecida.	*Parágrafo único. Incorre na mesma pena quem se abstém ou desiste de licitar, em razão da vantagem oferecida.*

– **Considerações gerais:** trata-se de norma penal incriminadora que visa assegurar a lisura do procedimento licitatório e garantir o maior número de licitantes possível, fortalecendo-se, assim, a competitividade e isonomia do certame. A conduta consiste em afastar licitante, por meio de violência, grave ameaça, fraude ou oferecimento de vantagem de qualquer tipo. A tentativa já é punida como crime consumado *(crime de atentado ou de empreendimento)*, pois descrita expressamente no tipo penal - "*tentar*" afastar –, sem prejuízo de o juiz melhor equacionar a pena durante a sua dosimetria. No parágrafo único, pune-se aquele que se abstém ou desiste de licitar em razão da vantagem oferecida[88]. Possui redação praticamente idêntica ao revogado art. 95 da Lei nº 8.666/93, substituindo tão somente o verbo "procurar" por "tentar". Além disso, a pena em abstrato passou de 2 (dois) a 4 (quatro) anos de detenção e multa para 3 (três) a 5 (cinco) anos de reclusão e multa. O Código Penal Comum possuía análoga tipificação na parte final do seu art. 335, o qual restou tacitamente revogado pelo art. 95 da Lei nº 8.666/93. Não vislumbramos no Código Penal Militar dispositivo similar a não ser aquele do art. 328, que restou revogado pelo art. 93 da Lei nº 8.666/93, conforme alhures explicado.

– **Objetividade Jurídica (crime militar):** a regularidade e lisura do processo licitatório, afetadas pela conduta lesiva à competitividade, isonomia e busca da proposta mais vantajosa à Administração Militar. De forma mediata, podemos apontar também o patrimônio público e a liberdade de ação dos licitantes.

– **Sujeito Ativo (crime militar):** qualquer pessoa pode praticar o delito previsto no *caput*, não sendo exigida uma qualificação especial ou diferenciada do agente (*crime comum*). De forma diversa, no parágrafo único, implicitamente, exige-se uma qualificação do agente, qual seja, a de *licitante* (*crime próprio*).

– **Sujeito Passivo (crime militar):** o Estado, pela Instituição Militar (federal ou estadual, conforme o caso). Secundariamente, o licitante que foi prejudicado pela conduta.

– **Elementos Objetivos:** conforme adiantado, trata-se de *crime de atentado ou de empreendimento*, uma vez que a lei optou por punir de forma idêntica o crime consumado e aquilo que, em tese, seria hipótese de tentativa. Com efeito, o núcleo verbal é *afastar,* ou seja, *arredar, apartar* ou *repelir,* contentando-se com o simples *"tentar"* afastar (*crime de perigo e formal*). Assim, resta consumado o delito ainda que o agente ao final não consiga efetivamente afastar o licitante do certame, bastando que empreenda esforços idôneos com tal objetivo.

O objeto da conduta recai sobre o "licitante" (objeto material da conduta), o que para parte da doutrina, ainda na análise do então art. 95 da Lei nº 8.666/93, não abrange o simples "interessado" ou "potencial licitante". Destarte, somente poderia ser considerado "licitante" aquele cuja proposta está apta a ser examinada, pressupondo-

[88] Parte da doutrina entende que seria despiciendo o tipo penal em análise, pois a conduta nele prevista poderia ser subsumida nos arts. 90 ou 93 da Lei nº 8.666/93 (atuais art. 337-F e 337-I do CP). Nesse sentido: FERREIRA, Wilson Luiz Palermo Ferreira; PORTOCARRERO, Cláudia Barros. *Leis Penais Extravagantes: Teoria, jurisprudência e questões comentadas – Análise artigo por artigo*. 5. ed. Salvador: JusPodivm, 2020, p. 663.

-se, assim, o cumprimento das fases ou etapas anteriores do procedimento licitatório. Antes disso, não teríamos propriamente "licitante", mas tão somente "interessado" ou "potencial licitante". Assim, por exemplo, se a ameaça é dirigida àquele que sequer teve aberto o seu envelope de habilitação, não há que se cogitar o delito em questão, ainda que a ameaça tenha a intenção de afastar a vítima do processo licitatório, sem prejuízo de a conduta configurar outro delito, como, por exemplo, o crime de constrangimento ilegal[89]. Entretanto, prevalecia na doutrina o entendimento de que o crime poderia ocorrer durante ou antes da licitação, bastando que o agente possuísse condições ou qualificação para licitar, salvo se nem em tese existisse tal qualificação (crime impossível)[90].

Com a Nova Lei de Licitações, parece que a celeuma foi resolvida, eis que define licitante como a "*pessoa física ou jurídica, ou consórcio de pessoas jurídicas, <u>que participa ou manifesta a intenção de participar de processo licitatório</u>, sendo-lhe equiparável, para os fins desta Lei, o fornecedor ou o prestador de serviço que, em atendimento à solicitação da Administração, <u>oferece proposta</u>*" (art. 6º, IX). Ou seja, o interessado que tenha manifestado sua intenção em participar do processo licitatório já pode ser considerado "*licitante*" para fins penais.

O tipo penal previu os meios pelos quais o agente pode executar a conduta delitiva (elementares do tipo penal), ou seja, previu as formas possíveis para afastar o licitante do procedimento licitatório. Vejamos cada um deles:

a) *violência (vis corporalis ou vis absoluta):* consiste no emprego de força física, que pode ir desde as vias de fato até o homicídio. Não se exige que a violência recaia necessariamente sobre o licitante, sendo possível o seu emprego contra pessoa diversa, desde que voltada para afastá-lo do certame. Segundo lições de Cezar Roberto Bitencourt, a violência física não precisa ser *irresistível*, basta que seja "*idônea para coagir a vítima a permitir que o sujeito ativo realize o seu intento*"[91].

Diante do preceito secundário da norma penal em análise, que utilizou a expressão "*<u>além</u> da pena correspondente à violência*", donde se denota a ideia de "soma" ou "adição", se em decorrência da violência resultar também lesões corporais ou homicídio, não haverá absorção de crimes. Vale dizer que o agente deverá ser sancionado pelo crime em análise e pelos crimes de homicídio ou lesão corporal, conforme o caso, aplicando-se a regra ou sistema do cúmulo material, independentemente de estarmos diante de concurso material ou formal de crimes.

b) *grave ameaça (vis compulsiva ou moral):* consiste em uma promessa de mal grave, iminente e verossímil, que anula ou mitiga a vontade ou que-

89 Em sentido semelhante: ROCHA, Silvio Luís Ferreira da. *Crimes na licitação*. São Paulo: Contracorrente, 2016. *E-book*.

90 ARAÚJO, Glaucio Roberto Brittes de. *Intervenção penal nas licitações*. Orientador: Antônio Carlos da Ponte 2012. 307 f. Dissertação (Mestrado em Direito) – Pontifícia Universidade Católica – PUC, São Paulo, 2012, p. 207-209. Disponível em: https://tede2.pucsp.br/bitstream/handle/5904/1/Glaucio%20Roberto%20Brittes%20de%20Araujo.pdf. Acesso em: 13 jun. 2020.

91 BITENCOURT, Cezar Roberto. *Direito Penal das Licitações*. São Paulo: Saraiva, 2012. E-book.

rer da vítima, podendo ser exteriorizada por palavras, gestos, símbolos ou qualquer meio idôneo a intimidá-la. O potencial intimidatório deverá ser verificado de acordo com o caso concreto, com todas as suas circunstâncias, devendo ainda a ameaça estar *diretamente* ligada à intenção de afastar o licitante do processo licitatório. Porém, não requer o tipo penal que a ameaça necessariamente seja injusta, mas tão somente que seja grave e com o objetivo de afastar o licitante do certame licitatório.

c) *fraude*: consiste em enganar ou iludir alguém, mantendo-o em erro, com a finalidade de afastar o licitante do procedimento licitatório. Os meios fraudulentos utilizados devem ser concretamente idôneos a enganar, sob pena de configurar crime impossível, podendo consistir em ardil, artifício, simulação, dissimulação etc.

d) *vantagem de qualquer tipo:* aqui o agente não emprega fraude ou mitiga ou tolhe a vontade do licitante, mas sim oferece uma vantagem para afastá-lo do procedimento licitatório. Importante dizer que a vantagem não precisa ser necessariamente econômica, o que implica dizer que pode ser qualquer benefício ou utilidade ao licitante ou pessoa por ele indicada. Também não se requer a aceitação da vantagem para a configuração do delito. Caso a vantagem seja aceita e o licitante se retire do procedimento licitatório, haverá a consumação também do crime do parágrafo único. Por sua vez, se o licitante recebe a vantagem oferecida, porém não desiste do certame, pode incidir no crime de estelionato, sem prejuízo da prática do delito em questão daquele que *tentou* afastar o licitante pelo oferecimento e pagamento de vantagem.

No caso do parágrafo único, deve estar claro que o agente somente incidirá na conduta delitiva se se abstém (*conduta omissiva*) ou desiste (*conduta comissiva*) de licitar em razão da vantagem oferecida, que apesar de não usufruída ou recebida (o tipo não requer o efetivo recebimento), foi a *causa direta* da abstenção ou desistência. Deste modo, aquele que desiste ou se abstém de licitar por qualquer outro motivo que não a vantagem oferecida com aquela específica finalidade – afastamento do certame, não incide no parágrafo único.

Para finalizar a análise da hipótese do parágrafo, verifica-se que a conduta delitiva se concretiza alternativamente pela *abstenção* ou *desistência* de licitar, que no dicionário pode significar a mesma coisa. Contudo, para os fins do dispositivo penal, temos que na *abstenção* o agente simplesmente deixa de licitar, consubstanciando-se numa conduta negativa (*não apresenta a proposta)*. Já na *desistência*, pressupõe-se uma conduta positiva do agente para a consumação delitiva, pois a simples inação não seria suficiente para excluí-lo do certame (*retira a proposta anteriormente apresentada*).

– **Elemento Subjetivo:** dolo. Não tem previsão de elemento subjetivo diverso do dolo (dolo específico) nem de modalidade culposa.

– **Consumação e tentativa:** com o emprego dos meios expressos no tipo penal (violência, grave ameaça, fraude ou oferecimento de vantagem), ainda que não ocorra o afastamento do licitante ou o aceite da vantagem oferecida (*crime formal*). Não é possível a tentativa por se tratar de *crime de atentado* (ou de empreendimento), embora materialmente possível (*crime plurissubsistente*). No caso do parágrafo único, a consumação ocorre com a abstenção ou desistência de licitar, desde que em razão do oferecimento de vantagem, embora não seja necessário que o licitante efetivamente a tenha recebido (exaurimento do crime). Quanto à tentativa, inequívoca a impossibilidade no caso da abstenção (crime omissivo). Na *desistência*, apesar de possível imaginarmos exemplo de *conatus*, prevalece na doutrina que o crime não pode ser tentado. Sobre a temática, explica Jessé Torres Pereira Júnior que:

> No primeiro caso [abster-se] porque, em se tratando de conduta omissiva, a abstenção da atividade esgota o momento consumativo do delito; no segundo [desistir] porque se cuida de crime de mera conduta, que se consuma com a só realização da conduta nuclear do tipo, sendo impossível fracionar-se seu processo executivo: o ato de desistência já configura a exaustão do processo executivo do delito.[92]

– ***Tipicidade indireta:*** artigo 9º, II, "e", do Código Penal Militar, no caso de militar da ativa. Para os demais agentes: artigo 9º, III, "a", do Código Penal Militar.

11.2.2.8. Fraude em licitação ou contrato

Novo Tipo Penal (CP)	Lei nº 8.666/93
Art. 337-L. Fraudar, em prejuízo da Administração Pública, licitação ou contrato dela decorrente, mediante: *I – entrega de mercadoria ou prestação de serviços com qualidade ou em quantidade diversas das previstas no edital ou nos instrumentos contratuais;* *II – fornecimento, como verdadeira ou perfeita, de mercadoria falsificada, deteriorada, inservível para consumo ou com prazo de validade vencido;* *III – entrega de uma mercadoria por outra;* *IV – alteração da substância, qualidade ou quantidade da mercadoria ou do serviço fornecido;* *V – qualquer meio fraudulento que torne injustamente mais onerosa para a Administração Pública a proposta ou a execução do contrato:* *Pena – reclusão, de 4 (quatro) anos a 8 (oito) anos, e multa.*	*Art. 96. Fraudar, em prejuízo da Fazenda Pública, licitação instaurada para aquisição ou venda de bens ou mercadorias, ou contrato dela decorrente:* *I – elevando arbitrariamente os preços;* *II – vendendo, como verdadeira ou perfeita, mercadoria falsificada ou deteriorada;* *III – entregando uma mercadoria por outra;* *IV – alterando substância, qualidade ou quantidade da mercadoria fornecida;* *V – tornando, por qualquer modo, injustamente, mais onerosa a proposta ou a execução do contrato:* *Pena – detenção, de 3 (três) a 6 (seis) anos, e multa.*

– **Considerações gerais:** trata-se de norma penal incriminadora que pune a conduta de fraudar licitação ou contrato dela decorrente, em prejuízo da Administração Pública, mediante uma das formas descritas no próprio tipo penal (*crime de forma vinculada*). A fraude pode ocorrer tanto na fase licitatória, como na fase de

[92] PEREIRA JR., Jessé Torres. *Comentários à Lei das Licitações e Contratações da Administração Pública*. 8. ed. Rio de Janeiro: Renovar, 2009, p. 930.

execução do contrato, exigindo-se expressamente prejuízo a uma vítima em especial, qual seja: a Administração Pública (*crime material*).

O revogado artigo 96 da Lei nº 8.666/93 possuía redação semelhante, contudo deixava de fora a fraude em licitação que tinha por objeto a contratação de serviços, sem prejuízo da incidência dos arts. 90 ou 93 da Lei nº 8.666/93, conforme o caso concreto. Com o novo tipo penal, houve ampliação do poder punitivo estatal, de modo que não existe mais limitação quanto ao objeto pretendido pela Administração Pública. Neste ponto, salienta-se também que o legislador endureceu a sanção penal, que de 3 (três) a 6 (seis) anos de detenção e multa passou para 4 (quatro) a 8 (oito) anos de reclusão e multa. Relembre-se, por outro lado, que tanto em relação à ampliação do poder punitivo estatal, quanto ao endurecimento da pena, deve ser observado o princípio da irretroatividade da lei penal mais gravosa.

Finalmente, destaca-se que há semelhante tipo penal no art. 339 do Código Penal Militar, porém, entendemos que este dispositivo já havia sido revogado pelos arts. 90, 93, 95 e 96 da Lei nº 8.666/93, remetendo-se o caro leitor às razões declinadas na análise dos crimes dos arts. 337-I e 337-J do CP.[93]

– **Objetividade Jurídica:** o patrimônio público e a lisura dos procedimentos licitatórios e contratos administrativos.

– **Sujeito Ativo (crime militar):** embora exista posicionamento doutrinário no sentido de que somente o licitante ou o contratado pode praticar o delito em questão (*crime próprio*)[94], acompanhamos a corrente doutrinária que admite a possibilidade da prática delitiva por qualquer pessoa, inclusive o militar ou servidor público (*crime comum*), eis que o tipo penal (explícita ou implicitamente) não exigiu uma qualificação especial ou diferenciada do sujeito ativo.

– **Sujeito Passivo (crime militar):** o Estado, pela Instituição Militar (federal ou estadual, conforme o caso), atingido no seu patrimônio pela conduta fraudulenta.

– **Elementos Objetivos:** o núcleo verbal do tipo é *fraudar*, que significa *iludir, enganar, trapacear ou burlar*, cujos meios de realização estão descritos nos incisos do art. 337-L do CP (*crime de ação vinculada*). Com efeito, o agente pode praticar a conduta, mediante: *entrega de mercadoria ou prestação de serviços com qualidade ou em quantidade diversas das previstas no edital ou nos instrumentos contratuais (inciso I); fornecimento, como verdadeira ou perfeita, de mercadoria falsificada, deteriorada, inservível para consumo ou com prazo de validade vencido (inciso II); entrega de uma mercadoria por outra (inciso III); alteração da substância, qualidade ou quantidade da mercadoria ou do serviço fornecido (inciso IV); ou qualquer meio fraudulento*

[93] Importante ressaltar que antes da entrada em vigor da Lei nº 13.491/17, prevalecia na jurisprudência do Superior Tribunal Militar que os tipos penais do CPM eram especiais quando comparados com aqueles da Lei nº 8.666/93, portanto, não revogados por essa lei *(RESE 0000120-20.2015.7.03.0203, j. 03/11/2016; RESE 0000159-39.2013.7.11.0211, j. 13/10/2015)*. Após a Lei nº 13.491/17, a questão se encontra controvertida, eis que, em pesquisa na jurisprudência daquele Tribunal, encontramos pelo menos duas decisões em sentidos opostos. A primeira delas manteve o entendimento anterior, em favor da especialidade do CPM *(Apel nº 7000011-82.2021.7.00.0000, j. 26/05/2021)*. Na segunda, mais recente, prevaleceu os tipos penais da Lei nº 8.666/93 *(RESE nº 7000070-70.2021.7.00.0000, j. 19/08/2021)*. Enfim, necessário o contínuo acompanhamento das decisões daquele Tribunal até que a questão seja pacificada.

[94] GRECO FILHO, Vicente. *Dos crimes da Lei de Licitações*. São Paulo: Saraiva, 1994, p. 51.

que torne injustamente mais onerosa para a Administração Pública a proposta ou a execução do contrato (inciso V). Vejamos cada um dos meios de execução elencados no tipo penal:

1) *entrega de mercadoria ou prestação de serviços com qualidade ou em quantidade diversas das previstas no edital ou nos instrumentos contratuais (inciso I)*: a Administração contrata uma coisa, mas recebe outra, em qualidade ou quantidade diversa daquela prevista no edital ou contrato. Exige-se a efetiva entrega para consumação delitiva, além disso é imprescindível a existência de prejuízo à Administração Pública. Exemplo: contrata-se a entrega de 1000 litros de leite para consumo dos militares do Batalhão, porém, o contratado entrega somente 800 litros de leite, gravando nas embalagens do leite conteúdo superior ao que efetivamente nelas está contido (fraude). No mesmo exemplo, se o contratado, por qualquer razão, entrega 1200 litros de leite, não há crime, uma vez que não houve prejuízo à Administração Militar, muito embora exista divergência entre a quantidade entregue e o que foi efetivamente contratado.
2) *fornecimento, como verdadeira ou perfeita, de mercadoria falsificada, deteriorada, inservível para consumo ou com prazo de validade vencido (inciso II)*: a fraude recai sobre a qualidade ou propriedades físicas da mercadoria negociada com o Estado, perfazendo-se a conduta com o efetivo fornecimento do produto. Exemplo: determinado Batalhão contrata o fornecimento de 1000 litros de leite para consumo dos militares da unidade. Embora o contratado efetivamente forneça a quantia ajustada, o produto se encontra com o prazo de validade vencido, porém, o contratado grava novo prazo de validade nas embalagens do alimento para esconder que ele não deve ser mais consumido (fraude).
3) *entrega de uma mercadoria por outra (inciso III)*: nesse caso, a fraude recai sobre o tipo de mercadoria, ou seja, a Administração contrata uma coisa, mas recebe outra.
4) *alteração da substância, qualidade ou quantidade da mercadoria ou do serviço fornecido (inciso IV)*: a fraude atinge a mercadoria ou serviço intrinsecamente, alterando a sua *substância* (essência), *qualidade* ou *quantidade* (número, peso ou dimensão), como na hipótese de mistura de água no leite ou injeção de líquido na carne animal destinada ao consumo, aumentando-se, assim, o seu peso.
5) *qualquer meio fraudulento que torne injustamente mais onerosa para a Administração Pública a proposta ou a execução do contrato (inciso V)*: trata-se de cláusula genérica que abrange as hipóteses de fraude não especificadas nos outros incisos e que tornam injustamente mais onerosa a proposta ou a execução do contrato.

Observa-se que o tipo penal em estudo não repetiu uma das formas de execução prevista no revogado art. 96, I, da Lei nº 8.666/93, que tinha a seguinte redação: *"Art. 96. Fraudar, em prejuízo da Fazenda Pública, licitação instaurada para aquisição ou venda de bens ou mercadorias, ou contrato dela decorrente:* ***I – elevando arbitrariamente os preços;***". Nesta hipótese, o agente aumenta os preços cotados sem motivo justificado (*arbitrariamente*), durante o processo licitatório ou execução do contrato. Conforme pontuado por Vicente Greco Filho: "*Teve em mira o legislador, certamente, a hipótese de o licitante ou contratante, aproveitando-se da necessidade ou falta de condições de verificação de preços da Administração, aumentar seus preços na certeza de contratar ou tendo já o contrato em andamento*". E exemplifica: "*É a hipótese, v.g., do contratado que fornece alimentos ou material hospitalar e, sabendo que a Administração não pode paralisar o fornecimento sequer pelo tempo de realizar nova licitação, eleva seus preços acima do mercado.*".[95]

Diante dessa circunstância de não repetição, resta saber como os Tribunais irão se posicionar sobre o tema. Desde logo, pode-se antever posicionamento no sentido de que a omissão da novel legislação pode ser superada pelo inciso V do art. 337-L, que trouxe uma fórmula genérica. Por outro lado, colhemos na doutrina posicionamento em sentido oposto. Nesse sentido, Luís Irapuan Campelo Bessa Neto, após considerar acertada a opção do legislador em retirar da norma incriminadora a conduta de elevar os preços de forma arbitrária, discorda que a hipótese continuaria abrangida pela redação do inciso V do art. 337-L, uma vez que:

> A uma, porque tal redação já constava da Lei nº 8.666/93, em conjunto com o revogado inciso I, não sendo lógico imaginar que criminalizariam a mesma conduta; e a duas, porque claramente inconstitucional naquilo que se propunha o inciso I do artigo 96. Inclusive, poder-se-ia também questionar a constitucionalidade do inciso V, porquanto demasiado aberto seu conteúdo. Fato é que se existente conluio no procedimento licitatório, seja com o agente público ou com os particulares, oferecendo-se proposta com sobrepreço, tal conduta já se insere no delito do artigo 337-F, justamente porque, ao fim e ao cabo, a fraude ou frustração do caráter competitivo do certame obsta a finalidade do processo licitatório: a busca pela proposta mais vantajosa à Administração — não necessariamente a de menor preço. Inclusive, o preceito secundário dos artigos 337-F e 337-L é idêntico, ao contrário do que ocorria na Lei nº 8.666/93. A bem da verdade, o que se buscou com a reformulação do artigo 96, agora artigo 337-L, foi dar um enfoque maior na execução do contrato, o que fica bastante claro a partir de uma simples análise de seus incisos.[96]

Neste ponto, apesar das colocações colacionadas, cabe ressaltar que na vigência dos dispositivos penais da Lei nº 8.666/93, o Superior Tribunal de Justiça havia fixado o entendimento de que "*é possível o concurso de crimes entre os delitos do artigo 90 (fraudar o caráter competitivo do procedimento licitatório) com o do artigo 96, inciso*

[95] GRECO FILHO, Vicente. *Dos crimes da Lei de Licitações*. São Paulo: Saraiva, 1994, p. 52.

[96] BESSA NETO, Luis Irapuan Campelo. O crime de fraude em licitação ou contrato na nova Lei de Licitações. **Revista Consultor Jurídico**, São Paulo, 23 abr. 2021. Disponível em: https://www.conjur.com.br/2021-abr-23/bessa-neto--crime-fraude-lei-licitacoes#:~:text=Era%20a%20reda%C3%A7%C3%A3o%3A%20%22Fraudar%2C,%E2%80%94%20elevando%20arbitrariamente%20os%20pre%C3%A7os%22.&text=%C3%A9%20uma%20esp%C3%A9cie%20de%20estelionato,procedimentos%20licitat%C3%B3rios%22%20%5B3%5D. Acesso em 07 mai 2021.

I (fraudar licitação mediante elevação arbitraria dos preços), da Lei de Licitações, pois tutelam objetos distintos, afastando-se, portanto, o princípio da absorção."[97].

Para além, em todas as formas de execução do crime, verifica-se que a fraude deverá ser perpetrada em licitação ou durante a *execução* do contrato *"dela decorrente"*, de modo que se for praticada durante a execução de contrato *não precedido de licitação*, como na hipótese de contratação direta por inexigibilidade ou dispensa, o crime em questão não se perfaz, sem prejuízo da subsunção da conduta, por exemplo, no crime de estelionato.

A elementar "contrato" expressa no tipo penal, nos termos do parágrafo único do art. 2º da Lei nº 8.666/92, inclui "*todo e qualquer ajuste entre órgãos ou entidades da Administração Pública e particulares, em que haja um acordo de vontades para a formação de vínculo e a estipulação de obrigações recíprocas, seja qual for a denominação utilizada*". A Nova Lei de Licitações, por sua vez, não possui dispositivo análogo.

No âmbito doutrinário, o professor Matheus Carvalho ensina que contratos administrativos "*são as manifestações de vontade entre duas ou mais pessoas visando à celebração de negócio jurídico, havendo a participação do Poder Público, atuando com todas as prerrogativas decorrentes da supremacia do interesse público, visando sempre à persecução de um fim coletivo.*".[98]

Nesse contexto, para fins penais e caracterização delitiva, temos que não importa a natureza ou meio da formalização do acordo de vontades entre a Administração e o particular (instrumento de contrato, carta-contrato, nota de empenho de despesa, autorização de compra ou ordem de execução de serviço). Ou seja, basta que exista o ajuste ou acordo (negócio jurídico) entre a Administração e o particular, ainda que não formalizado por meio de "*instrumento*" de contrato.[99]

Em sentido contrário, ainda antes da Nova Lei de licitações, destaca-se o respeitável posicionamento de Cézar Roberto Bitencourt, segundo o qual, é um equívoco equiparar "contrato" com qualquer pacto firmado pela Administração Pública, sob pena de *lesão ao princípio da taxatividade penal*, uma vez que

> ... a própria lei de regência distingue o 'contrato' de 'outros instrumentos hábeis' (art. 62, caput), quando determina que 'o instrumento de contrato é obrigatório nos casos de concorrência e de tomada de preços' (...) 'e facultativo nos demais em que a Administração puder substituí-lo por outros instrumentos hábeis', os quais, aliás, o

97 STJ, Jurisprudência em teses, Edição 134: DOS CRIMES DA LEI DE LICITAÇÃO – LEI N. 8.666/1993, tese nº 7. Disponível em: http://www.stj.jus.br/docs_internet/jurisprudencia/tematica/download/JT/JT_ramos_ed.1.pdf. Acesso em 16 abr. 2020.

98 CARVALHO, Matheus. *Manual de Direito Administrativo*. 8.ed. Salvador: JusPodivm, 2019. *E-book*.

99 Isso porque o art. 95 da nova Lei de Licitações (art. 62, da Lei nº 8.666/93) permite a formalização do negócio jurídico entre a Administração e o particular por instrumentos diversos: *"Art. 95. O instrumento de contrato é obrigatório, salvo nas seguintes hipóteses, em que a Administração poderá substituí-lo por outro instrumento hábil, como carta-contrato, nota de empenho de despesa, autorização de compra ou ordem de execução de serviço: I – dispensa de licitação em razão de valor; II – compras com entrega imediata e integral dos bens adquiridos e dos quais não resultem obrigações futuras, inclusive quanto a assistência técnica, independentemente de seu valor. § 1º Às hipóteses de substituição do instrumento de contrato, aplica-se, no que couber, o disposto no art. 92 desta Lei. § 2º É nulo e de nenhum efeito o contrato verbal com a Administração, salvo o de pequenas compras ou o de prestação de serviços de pronto pagamento, assim entendidos aqueles de valor não superior a R$ 10.000,00 (dez mil reais)."*

> próprio caput do art. 62 exemplifica-os, relacionando 'tais como carta-contrato, nota de empenho de despesa, autorização de compra ou ordem de execução de serviço'[100].

Deve ser observando mais uma vez que na vigência do revogado art. 96 da Lei nº 8.666/93 prevalecia o entendimento de que, diante do princípio da taxatividade penal, o respectivo dispositivo não poderia incidir em licitações ou contratos que tinham por objeto *"obras e prestações de serviços" (obrigações de fazer)*, eis que o tipo penal somente havia contemplado expressamente a *"aquisição ou venda de bens ou mercadorias"*. Nesse sentido, inclusive, estava sedimentada a jurisprudência do Superior Tribunal de Justiça. Confira-se:

> A jurisprudência do Superior Tribunal de Justiça firmou-se no mesmo sentido de que 'o art. 96 da Lei n. 8.666/1993 apresenta hipóteses estreitas de penalidade, entre as quais não se encontra a fraude na licitação para fins de contratação de serviços. O tipo penal deveria prever expressamente a conduta de contratação de serviços fraudulentos para que fosse possível a condenação do réu, uma vez que o Direito Penal deve obediência ao princípio da taxatividade, não podendo haver interpretação extensiva em prejuízo do réu' (5ª Turma, HC 485791, j. 07/05/2019).

O Supremo Tribunal Federal também possuía posicionamento semelhante: *"a conduta de quem, em tese, frauda licitação ou contrato dela decorrente, cujo objeto é a contratação de obras e serviços, não se enquadra no art. 96, I, da Lei 8.666/93, pois esse tipo penal contempla apenas licitação ou contrato que tem por objeto aquisição ou venda de bens e mercadorias." (1ª Turma, Inq 3331, j. 04/04/2016).*

Contudo, a redação do art. 337-L do CP não mais restringe o objeto do certame ou do contrato administrativo, de modo que passou a incriminar também a fraude praticada em licitações e contratos que tenham por finalidade a realização de *"obras e prestações de serviços" (obrigações de fazer)*, obviamente, entretanto, deverá ser observado o princípio da irretroatividade da lei penal mais gravosa.

É ainda elementar do tipo penal que da fraude perpetrada pelo agente resulte ou implique *prejuízo* à Administração Pública, ou seja, necessário o dano econômico. Por outro lado, não exigiu (expressamente) que o agente obtenha vantagem indevida.

Por fim, o revogado art. 96 da Lei nº 8.666/93 não empregava a expressão "Administração Pública", mas sim "Fazenda Pública", o que limitava o âmbito de sua abrangência, ficando de fora as pessoas jurídicas de direito privado (sociedade de economia mista, empresas públicas etc.). Atualmente, o art. 337-L do CP, com o uso da expressão "Administração Pública" em substituição à "Fazenda Pública", pensamos que não existe mais tal limitação.

– **Elemento Subjetivo:** o dolo, não admitindo a modalidade culposa. A maioria da doutrina entende que também se exige elemento subjetivo diverso do dolo, consubstanciado na finalidade de causar prejuízo à Administração Pública.

---

[100] BITENCOURT, Cezar Roberto. *Direito Penal das Licitações*. São Paulo: Saraiva, 2012. *E-book*.

- **Consumação e tentativa:** com o efetivo prejuízo à Administração Pública (*crime material*). Em todas as formas legais de execução da fraude é possível o fracionamento da conduta, o que leva à conclusão da possibilidade da modalidade tentada em todas elas (*crime plurissubsistente*).

- **Tipicidade indireta:** artigo 9º, II, "e", do Código Penal Militar, no caso de militar da ativa. Para os demais agentes: artigo 9º, III, "a", do Código Penal Militar.

- **Jurisprudência selecionada:**

A) Supremo Tribunal Federal:

(...) Em razão do princípio da taxatividade (art. 5º, XXXIX, da CR), a conduta de quem, em tese, frauda licitação ou contrato dela decorrente, cujo objeto é a contratação de obras e serviços, não se enquadra no art. 96, I, da Lei 8.666/93, pois esse tipo penal contempla apenas licitação ou contrato que tem por objeto aquisição ou venda de bens e mercadorias. (...) (1ª Turma, Inq 3331, j. 04/04/2016).

B) Superior Tribunal de Justiça:

(...) A jurisprudência do Superior Tribunal de Justiça firmou-se no mesmo sentido de que "o art. 96 da Lei n. 8.666/1993 apresenta hipóteses estreitas de penalidade, entre as quais não se encontra a fraude na licitação para fins de contratação de serviços. O tipo penal deveria prever expressamente a conduta de contratação e serviços fraudulentos para que fosse possível a condenação do réu, uma vez que o Direito Penal deve obediência ao princípio da taxatividade, não podendo haver interpretação extensiva em prejuízo do réu" (5ª Turma, HC 485791, j. 07/05/2019).

(...) O tipo penal do art. 96 da Lei 8.666/93, por se tratar de delito material, exige a ocorrência do resultado naturalístico, com descrito prejuízo à Fazenda Pública. (...) A ausência de descrição do efetivo prejuízo à Fazenda Pública exigido pelo art. 96 da Lei 9.666/93, uma vez que o bem licitado foi adjudicado a empresa estranha ao suposto cartel, e da demonstração do domínio de mercado exigido pelo art. 4º da Lei 8.137/90, impõe o restabelecimento da decisão de rejeição da denúncia, com fundamento no art. 395, inciso III, do Código de Processo Penal. (...) (6ª Turma, REsp 1683839, j. 12/12/2017).

Jurisprudência em tese, Edição nº 134 – Dos crimes da Lei de Licitação – Lei nº 8.666/93:

Número 7: É possível o concurso de crimes entre os delitos do art. 90 (fraudar o caráter competitivo do procedimento licitatório) com o do art. 96, inciso I (fraudar licitação mediante elevação arbitraria dos preços), da Lei de Licitações, pois tutelam objetos distintos, afastando-se, portanto, o princípio da absorção.

Número 11: A fraude na licitação para fins de contratação de serviço não está abrangida pelo tipo penal previsto no art. 96 da Lei n. 8.666/1993, uma vez que apresenta hipóteses estreitas de penalidade, não podendo haver interpretação extensiva em prejuízo do réu, à luz do princípio penal da taxatividade.

C) Superior Tribunal Militar:

(...) Embora se admita a existência de um aparente conflito de normas entre a Lei Substantiva castrense e a Lei de Licitações, não há como descurar que o tipo penal descrito no art. 339 do CPM, ao dispor sobre fraude em procedimento administrativo "para aquisição ou venda de coisas ou mercadorias de uso das Forças Armadas", resolve a quaestio em favor da norma castrense, diante de sua maior especialidade. (...) (Apel nº 7000011-82.2021.7.00.0000, j. 26/05/2021).

(...) EMENTA: DECISÃO. DENÚNCIA REJEITADA. CRIME DE LICITAÇÃO. FATOS OCORRIDOS ANTES DA VIGÊNCIA DA LEI Nº 13.491/2017. INCIDÊNCIA DE CRIME PREVISTO NO CPM. RECURSO DO MPM. TESE. PREVALÊNCIA DO ART. 96 DA LEI Nº 8.666/1993. REVOGAÇÃO. LEI Nº 14.133/2021. ULTRATIVIDADE. PREENCHIDOS OS REQUISITOS DO ART. 77 DO CPPM. RECEBIMENTO DA DENÚNCIA. PROVIMENTO. DECISÃO UNÂNIME. I. Merece reforma a decisão que afasta a aplicação do art. 96 da Lei nº 8.666, para fazer incidir crimes previstos no Código Penal Militar (art. 328 ou 339, ambos do CPM), considerando que a Denúncia foi ofertada sob a égide da Lei nº 13.491/2017, embora os fatos tenham ocorrido em data pretérita. (...) (Apel nº 7000070-70.2021.7.00.0000, j. 12/08/2021).

11.2.2.9. Contratação inidônea

Novo Tipo Penal (CP)	Lei nº 8.666/93
Art. 337-M. Admitir à licitação empresa ou profissional declarado inidôneo: *Pena – reclusão, de 1 (um) ano a 3 (três) anos, e multa.* *§ 1º Celebrar contrato com empresa ou profissional declarado inidôneo:* *Pena – reclusão, de 3 (três) anos a 6 (seis) anos, e multa.* *§ 2º Incide na mesma pena do caput deste artigo aquele que, declarado inidôneo, venha a participar de licitação e, na mesma pena do § 1º deste artigo, aquele que, declarado inidôneo, venha a contratar com a Administração Pública.*	*Art. 97. Admitir à licitação ou celebrar contrato com empresa ou profissional declarado inidôneo:* *Pena – detenção, de 6 (seis) meses a 2 (dois) anos, e multa.* *Parágrafo único. Incide na mesma pena aquele que, declarado inidôneo, venha a licitar ou a contratar com a Administração.*

– **Considerações gerais:** com a sanção administrativa de declaração de inidoneidade da empresa ou profissional, o legislador visa retirar o direito deles de manter vínculo com a Administração Pública, tendo em vista a prática de falta grave, evitando-se, desta forma, possíveis danos ao erário. Nesse contexto, a norma penal incriminadora pune o servidor público ou militar que admite à licitação ou celebra contrato com empresa ou profissional declarado inidôneo, colocando em risco o patrimônio público. Da mesma forma, pune-se aquele que, declarado inidôneo, venha a licitar ou a contratar com o Poder Público. O revogado art. 97 da Lei nº 8.666/93 já contemplava a norma penal incriminadora sob análise, entretanto, estabelecia a mesma sanção penal para todas as condutas criminosas (*pena de detenção de 6 (seis) meses a 2 (dois) anos, e multa)*. Já o novo dispositivo legal, acertadamente, pune de forma mais grave aquele que celebra contrato com empresa ou profissional inidôneo (*reclusão, de 3 anos a 6 anos, e multa)* do que aquele que tão somente os admite no processo licitatório (*reclusão, de 1 ano a 3 anos, e multa)*. Da mesma forma, pune-se de forma mais rigorosa o particular que, declarado inidôneo, contrata com a Administração Pública (*reclusão, de 3 anos a 6 anos, e multa)* do que o particular que tão somente participa do processo licitatório (*reclusão, de 1 ano a 3 anos, e multa*), embora tenha sido declarado inidôneo. De fato, a intensidade da lesão ou perigo de lesão aos bens jurídicos protegidos é maior na hipótese de *celebração* de contrato com empresa ou profissional declarado inidôneo, o que justifica, portanto, sanções penais diferenciadas. Não há tipo penal semelhante no Código Penal Militar.

– **Objetividade Jurídica:** a moralidade administrativa e o patrimônio público, que ficaria em risco com a realização de negócio jurídico com empresa ou profissional reconhecida e presumidamente inidôneos. Parte da doutrina aponta que o objeto jurídico da norma penal alcançaria também a autoridade da decisão que decretou a inidoneidade.

– **Sujeito Ativo (crime militar):** trata-se de *crime próprio*, eis que somente o militar ou servidor público podem realizar as condutas do *caput* e do §1º. Da mesma forma, o parágrafo 2º requer uma qualificação peculiar do agente, qual seja, que tenha contra si uma declaração de inidoneidade (*crime próprio*).

– **Sujeito Passivo (crime militar):** o Estado, pela Instituição Militar (federal ou estadual, conforme o caso), que teve admitido no seu processo licitatório empresa ou profissional declarado inidôneo ou com este celebrado contrato administrativo.

– **Elementos Objetivos:** o *caput* tem por núcleo o verbo *admitir* enquanto no §1º a conduta é *celebrar. Admitir* significa *permitir* ou *aceitar. Celebrar* significa *realizar, pactuar* ou *efetivar.* No caso em apreço, o administrador público *admite* à licitação *(objeto material)* ou *celebra* contrato *(objeto material)* com particular declarado inidôneo pelo Poder Público. Se após a admissão da empresa ou profissional inidôneo na licitação, ocorrer também a celebração de contrato com essa mesma empresa ou profissional inidôneo, o agente responderá somente pela figura do §1º, que é mais grave do que a hipótese do *caput.*

Adverte-se que a celebração de contrato com profissional ou empresa declarado inidôneo não precisa ser precedido de processo licitatório para a configuração delitiva, pois existem hipóteses legais de contratação direta. Portanto, a figura do §1º poderá se concretizar sem que o agente tenha antes incursionado na figura do *caput.* Por outro lado, se a contratação direta com o particular declarado inidôneo tenha sido realizada fora das hipóteses legais poderá haver concurso de crimes com o crime de contratação direta ilegal (art. 337-E).

A declaração de inidoneidade mencionada no dispositivo sob análise constitui sanção administrativa aplicada à empresa ou profissional em razão de descumprimento total ou parcial de contrato (art. 87, da Lei 8.666/93); condenação definitiva pela prática, por meios dolosos, de fraude fiscal no recolhimento de quaisquer tributos; prática de atos ilícitos visando a frustrar os objetivos da licitação; ou demonstração de não possuir idoneidade para contratar com a Administração em virtude de atos ilícitos praticados (art. 88, da Lei nº 8.666/93).

No âmbito da Nova Lei de Licitações as infrações administrativas passíveis de serem sancionadas estão previstas nos incisos do artigo 155, quais sejam: *I – dar causa à inexecução parcial do contrato; II – dar causa à inexecução parcial do con-*

trato que cause grave dano à Administração, ao funcionamento dos serviços públicos ou ao interesse coletivo; III – dar causa à inexecução total do contrato; IV – deixar de entregar a documentação exigida para o certame; V – não manter a proposta, salvo em decorrência de fato superveniente devidamente justificado; VI – não celebrar o contrato ou não entregar a documentação exigida para a contratação, quando convocado dentro do prazo de validade de sua proposta; VII – ensejar o retardamento da execução ou da entrega do objeto da licitação sem motivo justificado; VIII – apresentar declaração ou documentação falsa exigida para o certame ou prestar declaração falsa durante a licitação ou a execução do contrato; IX – fraudar a licitação ou praticar ato fraudulento na execução do contrato; X – comportar-se de modo inidôneo ou cometer fraude de qualquer natureza; XI – praticar atos ilícitos com vistas a frustrar os objetivos da licitação; XII – praticar ato lesivo previsto no art. 5º da Lei nº 12.846, de 1º de agosto de 2013.

Segundo ainda a novel legislação, a pena de declaração de inidoneidade para licitar ou contratar, precedida de processo administrativo, será aplicada ao responsável pelas infrações administrativas previstas nos incisos VIII, IX, X, XI e XII do citado art. 155, bem como pelas infrações administrativas previstas nos incisos II, III, IV, V, VI e VII do mesmo artigo e que justifiquem a imposição de penalidade mais grave do que a *sanção de impedimento de licitar e contratar*.

Os efeitos da declaração de inidoneidade persistirão enquanto durarem os motivos determinantes da punição ou até que seja promovida a reabilitação perante a própria autoridade que aplicou a penalidade, que será concedida sempre que o contratado ressarcir a Administração pelos prejuízos resultantes e após decorrido o prazo de dois anos (art. 87, da Lei 8.666/93). Já a Nova Lei de Licitações especificou os requisitos para a reabilitação, dentre outros, a reparação integral do dano causado à Administração Pública e o decurso do prazo mínimo de 3 (três) anos da aplicação da penalidade (art. 163).

Cumpre dizer que além da declaração de inidoneidade prevista na Lei nº 8.666/93 e na Nova Lei de Licitações, há possibilidade também de que o Tribunal de Contas da União, com fundamento no artigo 46 da Lei nº 8.443/92, caso verifique a ocorrência de fraude comprovada à licitação, declare a inidoneidade do licitante fraudador para participar, por até cinco anos, de licitação na Administração Pública Federal. Se declarada e reunidos os demais requisitos do tipo penal, temos que tal sanção também é suficiente para caracterizar o crime em questão, pois o legislador não fez distinção entre as espécies de declaração de inidoneidade nem quem a declara. Basta a efetiva existência de declaração de inidoneidade para licitar ou contratar com a Administração Pública[101].

[101] Cleber Masson ainda cita mais duas leis que preveem a declaração de inidoneidade como sanção administrativa: Lei 12.527/2011 – Lei de Acesso à Informação (art. 33, V); e Lei 13.019/2014 – Regime Jurídico das Parcerias entre a Administração Pública e as organizações da sociedade civil (art. 73, III). MASSON, Cleber. *Direito Penal – Parte Especial (Arts. 213 a 359-H)*. Rio de Janeiro: Forense; MÉTODO, 2021, p. 826.

Ademais, para fins penais, não se questiona a justiça ou injustiça da decisão que aplicou a sanção administrativa de declaração de inidoneidade para licitar ou contratar. Basta a sua existência e registro.

Por outro lado, se ainda não há efetiva declaração de inidoneidade, o delito não se perfaz. Vale dizer que não é suficiente a existência de procedimento administrativo visando a aplicação de sanção administrativa, requer-se a formal declaração de inidoneidade para licitar ou contratar. É a interpretação que se faz do texto do dispositivo penal que diz "*declarado*" inidôneo, que traduz a ideia de ato consumado, sem possibilidade de reversão no âmbito administrativo. Existindo questionamento judicial (civil) contra a penalidade, parece-nos razoável se aguardar a solução no outro juízo, tratando-se a questão no processo criminal como "questão prejudicial". Se houver reabilitação posterior, conforme permite a legislação, não haverá descaracterização do delito, pois ela não possui efeitos retroativos.

De todo modo, pensamos que a admissão ou não do licitante inidôneo ocorrerá na fase de habilitação, portanto, antes disso, difícil a configuração do crime previsto no *caput* do art. 337-M do CP, pois o administrador público ainda não tem condições de verificar se contra o licitante recai declaração de inidoneidade. Neste ponto, importante lembrar também que a Nova Lei de Licitações foi taxativa ao determinar que antes de formalizar ou prorrogar o prazo de vigência do contrato, a Administração deverá consultar o Cadastro Nacional de Empresas Inidôneas e Suspensas (Ceis), emitir a certidão negativa de inidoneidade e juntá-la ao respectivo processo (art. 91, §4º). Tal diligência, de caráter obrigatório à Administração, facilita eliminar possíveis dúvidas com relação à presença ou não do elemento subjetivo do tipo penal[102].

No caso do §2º do art. 337-M, pune-se aquele que, declarado inidôneo, venha a *participar* de licitação ou a *contratar* com a Administração Pública. A conduta constitui em *participar* de licitação, ou seja, apresentar-se para o certame instaurado, concorrendo formalmente; ou *contratar* com a Administração, ou seja, *firmar ou celebrar contrato.*

– **Elemento Subjetivo:** em todas as hipóteses, é o dolo, direto ou eventual. Não se exige elemento subjetivo diverso do dolo (dolo específico) nem se admite a modalidade culposa.

– **Consumação e tentativa:** com a admissão na licitação daquele que foi declarado inidôneo, o que se dá na fase de habilitação; ou com a celebração do contrato com pessoa declarada inidônea. A tentativa é possível nas duas hipóteses, como, por exemplo, no caso daquele que não tem confirmada a habilitação em grau recursal ou quando há convocação do particular para assinar o contrato, mas por circuns-

[102] Registre-se que a nova Lei de licitações determina que os órgãos e entidades dos Poderes Executivo, Legislativo e Judiciário de todos os entes federativos, no prazo máximo 15 (quinze) dias úteis, contado da data da aplicação da sanção, deverão informar e manter atualizados os dados relativos às sanções por eles aplicadas, para fins de publicidade no Cadastro Nacional de Empresas Inidôneas e Suspensas (Ceis), instituído no âmbito do Poder Executivo federal (art. 161), o que já era determinado pela Lei nº 12.846/2013 (Lei anticorrupção) em seu art. 23.

tâncias alheias à vontade dos agentes, a celebração não ocorre[103]. No caso do §2º, a consumação ocorre com a efetiva e formal participação no processo licitatório do particular declarado inidôneo ou com a celebração do contrato com a Administração Pública. A tentativa também é juridicamente possível. Pensamos, ademais, que não há bilateralidade necessária entre as condutas do *caput* e §1º e aquelas do §2º, a exemplo da falta do conhecimento da declaração de inidoneidade para licitar por parte do militar responsável pela licitação, mas cuja sanção administrativa era de conhecimento do particular licitante (ou vice-versa). No exemplo, somente o particular teria praticado conduta criminosa.

– **Tipicidade indireta:** artigo 9º, II, "e", do Código Penal Militar, no caso de militar da ativa. Para os demais agentes: artigo 9º, III, "a", do Código Penal Militar.

11.2.2.10. Impedimento indevido

Novo Tipo Penal (CP)	Lei nº 8.666/93
Art. 337-N. Obstar, impedir ou dificultar injustamente a inscrição de qualquer interessado nos registros cadastrais ou promover indevidamente a alteração, a suspensão ou o cancelamento de registro do inscrito: *Pena – reclusão, de 6 (seis) meses a 2 (dois) anos, e multa.*	*Art. 98. Obstar, impedir ou dificultar, injustamente, a inscrição de qualquer interessado nos registros cadastrais ou promover indevidamente a alteração, suspensão ou cancelamento de registro do inscrito:* *Pena – detenção, de 6 (seis) meses a 2 (dois) anos, e multa.*

– **Considerações gerais:** a norma penal incriminadora guarda relação com os artigos 34 a 37 da Lei 8.666/93 (Nova Lei de Licitações, arts. 87 e 88), que tratam dos registros cadastrais mantidos pela Administração Pública para efeito de habilitação. Consoante Vicente Greco Filho: "*o registro cadastral é de interesse público na medida em que facilita aos cadastrados a apresentação de propostas e amplia o universo de possíveis concorrentes, que ficam sendo de conhecimento da Administração.*"[104] Além disso, o registro cadastral tem por finalidade simplificar a atividade da Administração Pública e tornar mais rápido o trâmite das licitações, pois não será preciso verificar alguns requisitos da fase de habilitação. Para o particular, a vantagem reside na possibilidade de comprovar os requisitos para contratação com o Poder Público sem os atropelos e riscos de uma licitação, pois a inscrição pode ser feita antes de iniciado o certame.

Nesse contexto, dentre outros objetivos, o dispositivo penal pune, em última análise, condutas atentatórias à segurança, integridade e eficiência dos registros cadastrais mantidos pela Administração Pública. Com efeito, pratica o delito aquele que injustamente obstar, impedir ou dificultar a inscrição de qualquer interessado nos registros cadastrais. Ademais, resta incurso na segunda parte do tipo penal

[103] Em sentido semelhante: CUNHA, Rogério Sanches. *Manual de Direito Penal – Volume Único*. Salvador: JusPODIVM, 2021, p. 1055.

[104] GRECO FILHO, Vicente. *Dos crimes da Lei de Licitações*. São Paulo: Saraiva, 1994, p. 62.

aquele que promove indevidamente a alteração, suspensão ou cancelamento de registro do inscrito. O revogado art. 98 da Lei nº 8.666/93 já contemplava a norma penal incriminadora sob análise, cujo texto legal era praticamente idêntico ao do art. 337-N do CP. Ademais, possuía o mesmo intervalo de pena de 6 (seis) meses a 2 (dois) anos, além de multa, porém, a pena privativa de liberdade era de detenção, e não de reclusão.

– **Objetividade Jurídica:** os princípios da impessoalidade, moralidade, isonomia entre os licitantes e competitividade, além da segurança e integridade dos registros cadastrais. De forma mediata, protege também o patrimônio público.

– **Sujeito Ativo (crime militar):** somente o servidor ou militar podem praticar o delito em comento (*crime próprio*). Se o particular impedir o interessado de realizar inscrição nos registrc cadastrais, poderá incorrer no delito de constrangimento ilegal. Entretanto, há posição doutrinária que entende ser possível a prática da primeira parte do delito pelo particular.

– **Sujeito Passivo (crime militar):** o Estado, pela Instituição Militar (federal ou estadual, conforme o caso). De forma mediata, o particular ou interessado que teve injustamente obstada ou dificultada a sua inscrição nos registros cadastrais da Administração, bem como aquele que indevidamente teve alterado, suspenso ou cancelado o registro cadastral.

– **Elementos Objetivos:** na primeira parte do tipo penal, a conduta possui três núcleos, correspondentes aos verbos *obstar, impedir* ou *dificultar,* cuja prática cumulativa, no mesmo contexto, constitui crime único (*tipo misto alternativo*). É pertinente a observação da doutrina de que *obstar* e *impedir* significam a mesma coisa, ou seja, ambos dão a ideia de *bloquear* ou *obstruir*, incorrendo o legislador em redundância. Já o núcleo verbal *dificultar* encerra a noção de *embaraçar, colocar empecilho* ou *tornar mais custosa* a inscrição do interessado nos registros cadastrais. Assim, pratica o delito tanto quem *obsta* a inscrição no registro cadastral, como quem apenas *dificulta* essa inscrição, ou seja, o efetivo impedimento do cadastro no banco de dados da Administração não é imprescindível para a consumação delitiva. Os meios para a prática do crime são livres (*crime de ação livre*).

Na segunda parte do tipo penal, o núcleo é representado pelo verbo *promover,* ou seja, *realizar* a *alteração, suspensão* ou *cancelamento* do registro cadastral *existente* na Administração Pública (*crime material*). Consoante ensina Vicente Greco Filho, *"promover alteração é modificar o que consta, como, por exemplo, colocar o interessado em outra especialidade; promover suspensão é retirar temporariamente a eficácia ou validade; e promover o cancelamento é decretar a sua extinção"*[105]. Diferente da primeira parte do tipo penal, que se refere a registro não realizado, aqui pressupõe-se a existência de efetivo registro do interessado na Administração Pública, porém, ele é indevidamente alterado, suspenso ou cancelado.

[105] GRECO FILHO, Vicente. *Dos crimes da Lei de Licitações*. São Paulo: Saraiva, 1994, p. 63.

Nas duas hipóteses do tipo penal a conduta recai sobre o registro cadastral *(objeto material do crime)* referido no artigo 34 da Lei 8.666/93 (Nova Lei de Licitações, art. 87), que, segundo Jorge Munhos Souza, *"consiste em banco de dados mantido pela Administração Pública, contendo relação de pessoas reputadas habilitadas a participar de licitação e informações sobre a situação jurídica, fiscal, trabalhista, técnica e econômico-financeira"*[106].

O tipo penal, na primeira parte, exige que a conduta seja *injusta*; na segunda, que seja *indevida*. São elementares normativas do tipo penal, razão pela qual, se houver justa causa para as condutas de obstar ou dificultar a inscrição no registro cadastral ou para realizar a alteração, suspensão ou cancelamento do registro existente, a conduta obviamente será atípica.

– **Elemento Subjetivo:** é o dolo, que abrange as elementares "injustamente" e "indevidamente", de modo que se por qualquer razão (ex: erro de interpretação das normas) o agente atue sem o conhecimento de que a sua conduta é injusta ou indevida, o delito não se configura. Inexiste a necessidade de elemento subjetivo diverso do dolo (dolo específico). Também não é possível a modalidade culposa.

– **Consumação e tentativa:** na modalidade *obstar* e *impedir*, com a efetiva ocorrência do resultado (*crime material*), ou seja, quando o interessado não consegue realizar a sua inscrição no registro cadastral. Na figura *dificultar*, com a causação de empecilhos, tornando mais penoso para o interessado o registro cadastral, embora ao final consiga realizá-lo (*crime formal*). Já na modalidade *promover*, o delito estará consumado com a efetiva alteração, suspensão ou cancelamento do registro do inscrito (*crime material*). Segundo a doutrina majoritária, é possível a tentativa em todas as modalidades, exceto na figura *"dificultar"*, uma vez que o crime se perfaz com a simples ação do agente, sem necessidade de resultado. Entretanto, possível se vislumbrar a ocorrência de tentativa inclusive nessa figura delitiva, conforme bem exemplifica Renee de Ó Souza: *"seria a hipótese de crime tentado a conduta do agente que é flagrado prestando a informação incorreta para o interessado, mas esse, antes de estar convencido, obtém a informação correta de outro servidor público."*[107].

– **Tipicidade indireta:** artigo 9º, II, "e", do Código Penal Militar, no caso de militar da ativa. Para os demais agentes: artigo 9º, III, "a", do Código Penal Militar.

[106] IDALGO, Carolina Barros; MUNHÓS, Jorge. *Legislação Administrativa para concursos*. Salvador: JusPodivm, 2014, p. 288.

[107] SOUSA, Renee Ó *et al. Leis Penais Especiais: Comentadas artigo por artigo*. Salvador: JusPodivm, 2018, p. 921.

11.2.2.11. Omissão grave de dado ou de informação por projetista

Novo Tipo Penal (CP)	Lei nº 8.666/93
Art. 337-O. Omitir, modificar ou entregar à Administração Pública levantamento cadastral ou condição de contorno em relevante dissonância com a realidade, em frustração ao caráter competitivo da licitação ou em detrimento da seleção da proposta mais vantajosa para a Administração Pública, em contratação para a elaboração de projeto básico, projeto executivo ou anteprojeto, em diálogo competitivo ou em procedimento de manifestação de interesse: *Pena – reclusão, de 6 (seis) meses a 3 (três) anos, e multa.* *§ 1º Consideram-se condição de contorno as informações e os levantamentos suficientes e necessários para a definição da solução de projeto e dos respectivos preços pelo licitante, incluídos sondagens, topografia, estudos de demanda, condições ambientais e demais elementos ambientais impactantes, considerados requisitos mínimos ou obrigatórios em normas técnicas que orientam a elaboração de projetos.* *§ 2º Se o crime é praticado com o fim de obter benefício, direto ou indireto, próprio ou de outrem, aplica-se em dobro a pena prevista no caput deste artigo.*	***Sem correspondente***

– **Considerações gerais:** trata-se de *novatio legis* incriminadora, pois não havia previsão igual na Lei nº 8.666/93, tampouco no Código Penal Militar ou Código Penal Comum. A redação do tipo penal não foi das melhores, mas segundo consta em parecer da Comissão Especial do Desenvolvimento Nacional do Senado Federal, cujo relator foi o Senador Fernando Bezerra Coelho, a tipificação penal busca *"evitar que ações oportunistas da empresa que elaborou o projeto de engenharia possam frustrar o caráter competitivo da licitação"*[108]. De fato, a disputa é inerente à licitação e a conduta ilícita em questão pode prejudicar o caráter competitivo do certame, o que, diga-se de passagem, também foi objeto de preocupação do legislador no crime previsto no art. 337-F, porém, com pena consideravelmente mais grave (reclusão, de 4 anos a 8 anos, e multa). Para além de resguardar a competitividade, o tipo penal também buscou expressamente resguardar a Administração Pública no que se refere à seleção da proposta mais vantajosa, o que constitui um dos objetivos da licitação.

– **Objetividade Jurídica:** os princípios da isonomia e competitividade, além do patrimônio público.

– **Sujeito Ativo:** o crime foi nominado pelo legislador de *"omissão grave de dado ou de informação por projetista"*, entretanto, o texto do tipo penal não restringiu ou elencou expressamente o sujeito ativo do delito. Isso pode gerar dúvida se se trata de *crime próprio*, que somente pode ser praticado pelo *projetista*, ou seja, profissio-

[108] Disponível em: https://legis.senado.leg.br/sdleg-getter/documento?dm=3802029&disposition=inline. Acesso em: 04 mai. 2021.

nal capacitado a elaborar o levantamento cadastral ou a condição de entorno[109]; ou de *crime comum*, que pode ser praticado por qualquer pessoa, inclusive, pelo agente público/militar ou particular. Em nossa opinião, trata-se de *crime comum*, especialmente, porque um dos núcleos do tipo penal é representado pelo verbo *"entregar"*, que pode ser realizado não só pelo próprio projetista, como também por qualquer outra pessoa.[110] Por fim, salienta-se que encontramos mais duas posições diversas na doutrina: a primeira ensina que o sujeito ativo é o *agente público* responsável pelo levantamento cadastral[111]; a segunda, o *potencial licitante*[112]. De todo modo, em um ou outro caso, existe a possibilidade de concurso de pessoas.

– **Sujeito Passivo (crime militar):** o Estado, pela Instituição Militar (federal ou estadual, conforme o caso). De forma mediata, o particular prejudicado pela conduta criminosa, a exemplo do licitante que teve sua proposta prejudicada em razão do levantamento cadastral apresentado em desacordo com a realidade.

– **Elementos Objetivos:** o tipo penal possui três núcleos: *omitir* (ocultar, deixar de agir ou de fazer algo), *modificar* (alterar ou mudar alguma coisa) e *entregar* (apresentar ou dar algo a alguém). Na primeira figura temos *crime omissivo próprio*, nas duas outras, *crime comissivo*. Trata-se de *tipo penal misto alternativo*, razão pela qual, ainda que o agente realize mais de um núcleo verbal, no mesmo contexto, estaremos diante de crime único.

O *objeto material* da conduta é o *levantamento cadastral* ou a *condição de contorno*. A Nova Lei de Licitações não definiu "levantamento cadastral", mas pode ser entendido, em linhas gerais, como o trabalho realizado por profissional habilitado (ex: engenheiro, topógrafo ou arquiteto) em que se levantará, por meio de medição, as características físicas ou detalhes de uma área, ou seja, tudo que existe de fato no local (ex: vegetação, desníveis, construções etc.). Em tal atividade, há ainda conferência dos limites e contornos do local, podendo ser elaborados documentos a partir desse levantamento (ex: plantas das construções) que servirão de base para tomada de decisões, como: viabilidade de um projeto de engenharia, avaliação de imóveis, manutenções preventivas, construção de prédios etc.

Por "condição de contorno", nos termos do §1º do art. 337-O do CP, consideram-se

> ... as informações e os levantamentos suficientes e necessários para a definição da solução de projeto e dos respectivos preços pelo licitante, incluídos sondagens, topografia, estudos de demanda, condições ambientais e demais elementos ambientais impactantes, considerados requisitos mínimos ou obrigatórios em normas técnicas que orientam a elaboração de projetos.

---

[109] Nesse sentido: MASSON, Cleber. *Direito Penal – Parte Especial (Arts. 213 a 359-H)*. Rio de Janeiro: Forense; MÉTODO, 2021, p. 338.

[110] Nesse sentido: LAGO, Natasha do; et al. *Mudanças penais da nova Lei de Licitações*. **Revista Consultor Jurídico**, São Paulo, 05 abr. 2021. Disponível em: https://www.conjur.com.br/2021-abr-05/opiniao-mudancas-penais-lei--licitacoes?utm_source=dlvr.it&utm_medium=facebook. Acesso em: 20 abr. 2021.

[111] Nesse sentido: PRADO, Luiz Régis. *Curso de Direito Penal: Volume Único*. 19. ed. Rio de Janeiro: Forense; MÉTODO, 2021. *E-book*.

[112] CUNHA, Rogério Sanches. *Manual de Direito Penal – Volume Único*. 13.ed. Salvador: JusPODIVM, 2021, p. 1059.

Em resumo, consoante bem observado por Rogério Sanches:

> O levantamento cadastral e a condição de contorno compreendem informações imprescindíveis para a concepção de projetos de obras e serviços, e a precisão de seu conteúdo é condição elementar não apenas para que a contratação seja adequada, mas também para que a execução ocorra sem percalços desnecessários, muito comuns na ausência do devido planejamento.

No caso do tipo penal, a *omissão*, *modificação* ou *entrega* à Administração Pública de levantamento cadastral ou condição de entorno em desacordo com a realidade deve ser relevante (substancial) para ensejar a *frustração do caráter competitivo da licitação* ou *detrimento da seleção da proposta mais vantajosa para a Administração Pública*. Do contrário, temos que o crime não se perfaz, a exemplo da omissão em levantamento topográfico sobre a existência de um arbusto no local onde será construído o prédio público, incapaz de prejudicar o caráter competitivo da licitação.

Ademais, consoante se extrai do tipo penal, a conduta delitiva deverá ocorrer no contexto de *contratação para a elaboração de projeto básico, projeto executivo* ou *anteprojeto*, em *diálogo competitivo* ou em *procedimento de manifestação de interesse*. Do contrário, o crime poderá ser outro, a exemplo daquele previsto no art. 337-F (frustração do caráter competitivo de licitação). A compreensão de cada uma dessas situações passa pela leitura dos dispositivos da Nova Lei de Licitações:

– **projeto básico (art. 6º, XXV):** *conjunto de elementos necessários e suficientes, com nível de precisão adequado para definir e dimensionar a obra ou o serviço, ou o complexo de obras ou de serviços objeto da licitação, elaborado com base nas indicações dos estudos técnicos preliminares, que assegure a viabilidade técnica e o adequado tratamento do impacto ambiental do empreendimento e que possibilite a avaliação do custo da obra e a definição dos métodos e do prazo de execução, devendo conter os seguintes elementos: a) levantamentos topográficos e cadastrais, sondagens e ensaios geotécnicos, ensaios e análises laboratoriais, estudos socioambientais e demais dados e levantamentos necessários para execução da solução escolhida; b) soluções técnicas globais e localizadas, suficientemente detalhadas, de forma a evitar, por ocasião da elaboração do projeto executivo e da realização das obras e montagem, a necessidade de reformulações ou variantes quanto à qualidade, ao preço e ao prazo inicialmente definidos; c) identificação dos tipos de serviços a executar e dos materiais e equipamentos a incorporar à obra, bem como das suas especificações, de modo a assegurar os melhores resultados para o empreendimento e a segurança executiva na utilização do objeto, para os fins a que se destina, considerados os riscos e os perigos identificáveis, sem frustrar o caráter competitivo para a sua execução; d) informações que possibilitem o estudo e a definição de métodos construtivos, de instalações provisórias e de condições organizacionais para a obra, sem frustrar o caráter competitivo para a sua execução; e) subsídios para montagem do plano de licitação e gestão da obra, compreendidos a sua programação, a estratégia de suprimentos, as normas de fiscalização e outros dados necessários em cada caso; f) orçamento detalhado do custo global da obra, fundamentado em quantitativos de serviços e fornecimentos propriamente ava-*

liados, obrigatório exclusivamente para os regimes de execução previstos nos incisos I, II, III, IV e VII do caput do art. 46 desta Lei;

– **projeto executivo (art. 6º, XXVI):** *conjunto de elementos necessários e suficientes à execução completa da obra, com o detalhamento das soluções previstas no projeto básico, a identificação de serviços, de materiais e de equipamentos a serem incorporados à obra, bem como suas especificações técnicas, de acordo com as normas técnicas pertinentes;*

– **anteprojeto (art. 6º, XXIV):** *peça técnica com todos os subsídios necessários à elaboração do projeto básico, que deve conter, no mínimo, os seguintes elementos: a) demonstração e justificativa do programa de necessidades, avaliação de demanda do público-alvo, motivação técnico-econômico-social do empreendimento, visão global dos investimentos e definições relacionadas ao nível de serviço desejado; b) condições de solidez, de segurança e de durabilidade; c) prazo de entrega; d) estética do projeto arquitetônico, traçado geométrico e/ou projeto da área de influência, quando cabível; e) parâmetros de adequação ao interesse público, de economia na utilização, de facilidade na execução, de impacto ambiental e de acessibilidade; f) proposta de concepção da obra ou do serviço de engenharia; g) projetos anteriores ou estudos preliminares que embasaram a concepção proposta; h) levantamento topográfico e cadastral; i) pareceres de sondagem; j) memorial descritivo dos elementos da edificação, dos componentes construtivos e dos materiais de construção, de forma a estabelecer padrões mínimos para a contratação;*

– **diálogo competitivo (arts. 6º, XLII e 32):** *modalidade de licitação para contratação de obras, serviços e compras em que a Administração Pública realiza diálogos com licitantes previamente selecionados mediante critérios objetivos, com o intuito de desenvolver uma ou mais alternativas capazes de atender às suas necessidades, devendo os licitantes apresentar proposta final após o encerramento dos diálogos. A fase de diálogo poderá ser mantida até que a Administração, em decisão fundamentada, identifique a solução ou as soluções que atendam às suas necessidades. Concluída a fase de diálogo, inicia-se a fase competitiva com a divulgação de edital contendo a especificação da solução que atenda às necessidades da Administração e os critérios objetivos a serem utilizados para seleção da proposta mais vantajosa, abrindo-se prazo para todos os licitantes previamente selecionados apresentarem suas propostas. A Administração definirá a proposta vencedora de acordo com critérios divulgados no início da fase competitiva, assegurada a contratação mais vantajosa como resultado;*

– **procedimento de manifestação de interesse (arts. 78, III e 81):** *constitui procedimento auxiliar das licitações e das contratações regidas pela Lei nº 14.133/2021, em que a Administração poderá solicitar à iniciativa privada, mediante procedimento aberto de manifestação de interesse a ser iniciado com a publicação de edital de chamamento público, a propositura e a realização de estudos, investigações, levantamentos e projetos de soluções inovadoras que contribuam com questões de relevância pública, na forma de regulamento. Os estudos, as investigações, os levantamentos e os projetos vinculados à contratação e de utilidade para a licitação, realizados pela Administração ou com a sua autorização, estarão à disposição dos interessados, e o vencedor da lici-*

tação deverá ressarcir os dispêndios correspondentes, conforme especificado no edital. A realização, pela iniciativa privada, de estudos, investigações, levantamentos e projetos em decorrência do procedimento de manifestação de interesse: não atribuirá ao realizador direito de preferência no processo licitatório; não obrigará o poder público a realizar licitação; não implicará, por si só, direito a ressarcimento de valores envolvidos em sua elaboração; será remunerada somente pelo vencedor da licitação, vedada, em qualquer hipótese, a cobrança de valores do poder público. Para aceitação dos produtos e serviços de que trata o caput deste artigo, a Administração deverá elaborar parecer fundamentado com a demonstração de que o produto ou serviço entregue é adequado e suficiente à compreensão do objeto, de que as premissas adotadas são compatíveis com as reais necessidades do órgão e de que a metodologia proposta é a que propicia maior economia e vantagem entre as demais possíveis.

– **Elemento Subjetivo:** é o dolo. Inexiste a necessidade de elemento subjetivo diverso do dolo (dolo específico). Por outro lado, se o agente pratica o crime com a finalidade de obter benefício, direto ou indireto, próprio ou de outrem, aplica-se a pena em dobro (art. 337-O, §2º, CP). Conforme se infere do dispositivo legal que prevê a causa de aumento de pena em questão, o benefício pode ser de qualquer natureza (econômico ou não). Além disso, o benefício não precisa ser necessariamente para o agente do crime, ou seja, admite que terceiro seja beneficiado pela conduta delitiva. Não é possível a modalidade culposa.

– **Consumação e tentativa:** apesar de a redação do tipo penal ser um tanto confusa, entendemos que o crime resta consumado com a frustração do caráter competitivo da licitação ou prejuízo da seleção da proposta mais vantajosa, em razão da omissão, modificação ou entrega à Administração Pública de levantamento cadastral ou condição de contorno em relevante dissonância com a realidade (*crime material*). Possível a tentativa.

– **Tipicidade indireta:** artigo 9º, II, "e", do Código Penal Militar, no caso de militar da ativa. Para os demais agentes: artigo 9º, III, "a", do Código Penal Militar.

REFERÊNCIAS

ABREU, Jorge Luiz Nogueira de. **Manual de Direito Disciplinar Militar.** Curitiba: Juruá, 2015.

ARAÚJO, Glaucio Roberto Brittes de. **Intervenção penal nas licitações.** Orientador: Antônio Carlos da Ponte. 2012. 307 f. Dissertação (Mestrado em Direito) – Pontifícia Universidade Católica – PUC, São Paulo, 2012. Disponível em: https://tede2.pucsp.br/bitstream/handle/5904/1/Glaucio%20Roberto%20Brittes%20de%20Araujo.pdf. Acesso em: 13 jun. 2020.

ASSIS, Jorge César de. **Comentários ao Código Penal Militar: Comentários – Doutrina – Jurisprudência dos Tribunais Militares e Tribunais Superiores.** 7. ed. Curitiba: Juruá, 2013.

BALTAZAR JUNIOR, José Paulo. **Crimes Federais.** 9.ed. São Paulo: Saraiva, 2014. *E-book.*

BARROS, Flávio Augusto Monteiro de. **Manual de Direito Penal – Parte Geral e Especial: volume único.** Salvador: JusPodivm, 2019.

BESSA NETO, Luis Irapuan Campelo. O crime de fraude em licitação ou contrato na Nova Lei de Licitações. **Revista Consultor Jurídico**, São Paulo, 23 abr. 2021. Disponível em: https://www.conjur.com.br/2021-abr-23/bessa-neto-crime-fraude-lei-licitacoes#:~:text=Era%20a%20reda%C3%A7%C3%A3o%3A%20%22Fraudar%2C,%E2%80%94%20elevando%20arbitrariamente%20os%20pre%C3%A7os%22.&text=%C3%A9%20uma%20esp%C3%A9cie%20de%20estelionato,procedimentos%20licitat%C3%B3rios%22%20%5B3%5D. Acesso em 07 mai. 2021.

BITENCOURT, Cezar Roberto. **Direito Penal das Licitações**. São Paulo: Saraiva, 2012. *E-book*.

CABRAL, Rodrigo Leite Ferreira. **Manual do Acordo de Não Persecução Penal: À luz da Lei 13.964/2019 (Pacote Anticrime)**. 2. ed. Salvador: *JusPodivm*, 2021.

CARVALHO, Matheus. **Manual de Direito Administrativo**. 8.ed. Salvador: JusPodivm, 2019. *E-book*.

CUNHA, Rogério Sanches. **Manual de Direito Penal – Volume Único**. 13.ed. Salvador: JusPODIVM, 2021.

FERREIRA, Wilson Luiz Palermo Ferreira; PORTOCARRERO, Cláudia Barros. ***Leis Penais Extravagantes: Teoria, jurisprudência e questões comentadas – Análise artigo por artigo***. 5. ed. Salvador: JusPodivm, 2020.

FIDALGO, Carolina Barros; MUNHÓS, Jorge. **Legislação Administrativa para concursos**. Salvador: JusPodivm, 2014.

FOUREAUX, Rodrigo. *O acordo de não persecução penal na Justiça Militar.* **Observatório da Justiça Militar Estadual**, Belo Horizonte, 29 jan. 2020. Disponível em: https://www.observatoriodajusticamilitar.info/single-post/2020/01/29/O-acordo-de-n%C3%A3o-persecu%C3%A7%C3%A3o-penal-na-Justi%C3%A7a-Militar. Acesso em 02 abr. 2020.

GONÇALVES, Luciano Coca *et al.* **Perspectivas da Justiça Militar Contemporânea**. Rio de Janeiro: Lumen Juris, 2018.

GRECO, Ana Márcia; GRECO FILHO, Vicente. RASSI, João Daniel. **Dos crimes em licitações e contratos administrativos**. 1. ed. São Paulo: RT, 2021. *E-book*.

GRECO FILHO, Vicente. **Dos crimes da Lei de Licitações**. São Paulo: Saraiva, 1994.

JUSTEN FILHO, Marçal. **Comentários à Lei de Licitações e Contratos Administrativos.** 11. ed. São Paulo: Dialética, 2005.

LAGO, Natasha do; et al. *Mudanças penais da Nova Lei de Licitações.* **Revista Consultor Jurídico**, São Paulo, 05 abr. 2021. Disponível em: https://www.conjur.com.br/2021-abr-05/opiniao-mudancas-penais-lei-licitacoes?utm_source=dlvr.it&utm_medium=facebook. Acesso em: 20 abr. 2021.

LIMA, Renato Brasileiro de. **Manual de Processo Penal: volume único**. 8. ed. Salvador: JusPodivm, 2020.

MARINELA, Fernanda. **Direito Administrativo**. 6. ed. Niterói: Impetus, 2012.

MASSON, Cleber. **Direito Penal – Parte Especial (Arts. 213 a 359-*H*)**. Rio de Janeiro: Forense; MÉTODO, 2021.

MELO, Matheus Santos. **Relação entre Direito Disciplinar e Penal Militares: Análise com a Estrutura da Matemática de Conjuntos e da Teoria dos Juízos de Schopenhauer**. Curitiba: Juruá, 2019.

NEVES, Cícero Robson Coimbra; STREIFINGER, Marcello. **Manual de direito penal militar**. 2. ed. São Paulo: Saraiva, 2012.

NEVES, Cícero Robson Coimbra. *A Lei nº 13.491/17 e os reflexos na aplicação da parte geral do Código Penal Militar e nas penas*. **Observatório da Justiça Militar Estadual**, Belo Horizonte, 26 set. 2018. Disponível em: https://www.observatoriodajusticamilitar.info/single-post/2018/09/26/A-Lei-n%C2%BA-1349117-e-os-reflexos-na-aplica%C3%A7%C3%A3o-da-parte-geral-do-C%C3%B3digo-Penal-Militar-e-nas-penas. Acesso em 02 abr. 2020.

NEVES, Cícero Robson Coimbra. *Do conflito aparente entre o novo art. 337-J do CP, trazido pela Lei n. 14.133/2021 e o art. 327 do CPM (violação de sigilo de proposta de concorrência)*. **GRAN CURSOS ONLINE**, Brasília, 05 abr. 2021. Disponível em: https://blog.grancursosonline.com.br/do-conflito-aparente-entre-o-novo-art-337-j-do-cp-trazido-pela-lei-n-14-133-2021-e-o-art-327-do-cpm-violacao-de-sigilo-de-proposta-de-concorrencia/. Acesso em 10 mai. 2021.

PAIVA, Caio; HEEMANN, Thimotie Aragon. **Jurisprudência Internacional de Direitos Humanos**. 3ª ed. Belo Horizonte: CEI, 2020.

PEREIRA JR., Jessé Torres. **Comentários à Lei das Licitações e Contratações da Administração Pública**. 8. ed. Rio de Janeiro: Renovar, 2009.

PRADO, Luiz Régis. **Curso de Direito Penal: Volume Único**. 19. ed. Rio de Janeiro: Forense; MÉTODO, 2021. *E-book*.

RIBEIRO, Cássio Garcia; et al. **O mercado de compras governamentais brasileiro (2006-2017): mensuração e análise**. Brasília, Ipea, 2019. (Texto para discussão, n. 2476). Disponível em: https://www.ipea.gov.br/portal/images/stories/PDFs/TDs/td_2476.pdf. Acesso em: 27 dez. 2021.

ROCHA, Silvio Luís Ferreira da. **Crimes na licitação**. São Paulo: Contracorrente, 2016. *E-book*.

SOUSA, Renee Ó *et al.* **Leis Penais Especiais: Comentadas artigo por artigo**. Salvador: JusPodivm, 2018.

VASQUES, Iremar Aparecido da Silva. *Os crimes militares por extensão e seu apenamento: uma solução possível*. **Observatório da Justiça Militar Estadual**, Belo Horizonte, 31 out. 2018. Disponível em: https://www.observatoriodajusticamilitar.info/single-post/2018/10/31/Os-crimes-militares-por-extens%C3%A3o-e-seu-apenamento-uma-solu%C3%A7%C3%A3o-poss%C3%Advel. Acesso em: 02 abr. 2020.

12

CRIME MILITAR EXTRAVAGANTE E ESTATUTO DA CRIANÇA E DO ADOLESCENTE (LEI N. 8.069/1990)

Mariana Queiroz Aquino e Jorge César de Assis

12.1. CONSIDERAÇÕES SOBRE O ESTATUTO DA CRIANÇA E DO ADOLESCENTE

O sistema de proteção aos menores de dezoito anos no Brasil solidificou-se com o **Estatuto da Criança e do Adolescente- ECA- Lei 8.069/90**, o qual foi criado em virtude da necessidade de uma Justiça especializada que protegesse e amparasse as crianças e adolescentes como pessoas em desenvolvimento, e teve por base a Convenção sobre os Direitos da Criança, promulgada pelas Nações Unidas em 1989 e ratificada pelo Brasil em 1990. Dessa forma, tal Convenção consiste em importantíssimo documento que estabelece amplo conjunto de direitos fundamentais, civis, políticos, econômicos, sociais e culturais de todas as crianças, bem como disciplina sua forma de aplicação.

Assim, nesse contexto de garantias asseguradas às crianças e aos adolescentes, a parte geral do Estatuto da Criança e do Adolescente trata de princípios norteadores, como o da proteção integral da criança e do adolescente, dos direitos fundamentais e da prevenção. A parte especial, por sua vez, inclui a política de atendimento, as medidas de proteção, a prática do ato infracional, as medidas pertinentes aos pais ou responsáveis, o conselho tutelar, o acesso à justiça, a apuração de infração administrativa, os crimes e as infrações administrativas.

Nota-se, portanto, que a Lei n° 8.069/90 é dotada de caráter especial, pois visa à proteção dos direitos infanto-juvenis, assegurando todas as garantias e princípios a eles inerentes, por meio de uma política de atendimento específica, destinada ao seu desenvolvimento físico, moral e mental, em condições de dignidade e liberdade.

Atualmente, o Estatuto da Criança e do Adolescente consiste em um conjunto de normas de proteção à criança e ao adolescente.

Nesse diapasão, ao mesmo tempo em que são assegurados direitos às crianças e adolescentes, são-lhes disciplinadas, também, obrigações. Assim, se intencionalmente violarem as normas básicas de convivência social, investindo contra a vida, integridade física, patrimônio das pessoas, poderão se sujeitar a medidas socioeducativas, quais sejam, advertência, obrigação de reparar o dano, prestação de serviços à comunidade, liberdade assistida, semiliberdade e internação (privação de liberdade), medidas estas que só poderão ser aplicadas mediante o exercício do direito da ampla defesa e contraditório, com todas as garantias constitucionais e processuais previstas.

Com efeito, crianças e adolescentes podem vir a praticar atos tipificados como crimes ou contravenções; no entanto, a Lei 8069/90 classificou os atos delituosos da criança e do adolescente como **atos infracionais**. O art. 103 do referido diploma legal preceitua que se considera ato infracional a conduta descrita como crime ou contravenção penal.

Todavia, para os atos infracionais praticados por menores de dezoito anos não se comina pena, e sim são aplicadas medidas socioeducativas previstas no art. 112, incisos I a VII do ECA, as quais poderão ser cumuladas com medidas protetivas, estipuladas no art. 101 do referido Estatuto. Cumpre ressaltar que a criança (menor de doze anos) está sujeita às referidas medidas de proteção somente, não lhe sendo aplicável as medidas socioeducativas.

Dessa forma, para o adolescente autor de ato infracional, a proposta dentro do contexto da proteção integral é a aplicação de medidas socioeducativas tendentes a interferir no seu processo de desenvolvimento, objetivando melhor compreensão da realidade e efetiva integração social, reeducando-o para o convívio em sociedade.

Na apresentação da obra Estatuto da Criança e do Adolescente Anotado e Interpretado[1], Murilo José Digiácomo e Ildeara de Amorim Digiácomo, lembraram que "*Ao completar 30 (trinta) anos de existência, o Estatuto da Criança e do Adolescente continua sendo uma das leis mais avançadas em matéria de proteção e promoção de direitos de crianças e adolescentes em todo o mundo. Tendo sido constantemente atualizado ao longo desse período – foram nada menos que 30 (trinta) leis*[2]*, que alteraram, suprimiram e/ ou acrescentaram dezenas de artigos ao texto original – o ECA passou a contar com o suporte de outras leis e mesmo normas infralegais, que complementam suas disposições e preenchem algumas lacunas*[3]*, visando dar maior concretude à promessa de "proteção integral" a todas as crianças e adolescentes brasileiras*".

---

1 DIGIÁCOMO, Murilo José; DIGIÁCOMO, Ildeara de Amorim. **Estatuto da Criança e do Adolescente Anotado e Interpretado – Lei nº 8.069, de 13 de julho de 1990 (Atualizado até a Lei nº 13.869, de 05 de setembro de 2019),** 8ª edição revisada e ampliada, Curitiba: Ministério Público do Estado do Paraná. Centro de Apoio Operacional das Promotorias da Criança e do Adolescente, junho de 2020.

2 Sem mencionar algumas emendas constitucionais e decisões do Supremo Tribunal Federal que também alteraram alguns de seus dispositivos.

3 Merecendo especial destaque as Leis nº 12.594/2012 (que institui o SINASE), 13.257/2016 (o "Marco Legal da 1ª Infância) e 13.431/2017 (destinada especificamente a crianças e adolescentes vítimas ou testemunhas de violência).

O presente artigo não analisará a possibilidade de cometimento de crime militar pelo militar adolescente, tema que já foi tratado pelos autores em outro espaço.[4] Pretende sim, verificar se em decorrência da Lei 13.491/17, alguns tipos penais previstos no ECA podem, efetivamente, ser caracterizados como crime militar extravagante (ou por extensão).

12.2. OS DELITOS PREVISTOS NO ECA E QUE PODEM SER CLASSIFICADOS COMO CRIME MILITAR

Com o advento da Lei 13.491/17 houve um aumento considerável no rol dos crimes militares, impulsionado pela alteração do inciso II, do art. 9º, do Código Penal Militar – CPM, que mudou o conceito até então pacífico sobre o que seria o crime militar impróprio.

Conforme dito alhures, "este, sempre se caracterizava quando um fato típico estivesse previsto, ao mesmo tempo no CPM **embora também estivesse**, com igual definição na lei penal comum. Os exemplos eram facilmente identificáveis: furto, lesão corporal, injúria, difamação, calúnia etc.

Agora, o legislador abandonou a expressão "**embora também o sejam com igual definição na lei penal comum**", para agasalhar a expressão "**e os previstos na legislação penal**", significando que não mais existe necessidade de identidade de definição penal, criando outra categoria de crime militar, que passa a ser, qualquer crime previsto na legislação penal [*Código Penal e legislação extravagante específica*]. a ensejar o processo e julgamento por uma **Justiça Especial**, a castrense"[5].

A expressão "**e os previstos na legislação penal**" abarca a Lei 8.069, de 13 de julho de 1990, que dispõe sobre o Estatuto da Criança e do Adolescente – ECA, desde que a conduta delituosa ali encontrada seja cometida em uma das hipóteses do inciso II, do art. 9º, do CPM.

Os crimes previstos no ECA, encontram-se tipificados a partir do art. 228 até o art. 244-B, constituindo 23 (vinte e três) condutas delitivas, devendo ser salientado que nem todas elas poderão vir a ser caracterizadas como crime militar.

Na sequência, passamos a analisar aqueles tipos que, em tese, poderão vir a ser classificados como crime militar.

12.2.1. Crimes ocorrentes nos hospitais militares

De plano identificamos 2 (dois) delitos previstos no ECA e que podem vir a ser considerados crime militar extravagante, e eles terão como palco os hospitais militares.

---

4 ASSIS, J. C.; CAMPOS, M. Q. A.. O adolescente militar pode cometer crime militar?. **Prática Jurídica**, v. 130, p. 46-49, 2013.

5 ASSIS, Jorge Cesar de. **Crime Militar e Processo – Comentários à Lei 13.491/2017,** 2ª edição, Curitiba: Juruá, 2019, p.35.

Como se sabe, os hospitais militares também estão sujeitos às normas legais de saúde prevalentes, como por exemplo, a Lei 9.431, de 06 de janeiro de 1997[6], e o próprio art. 10, do Estatuto da Criança e do Adolescente, ao dispor que os hospitais e demais estabelecimentos de atenção à saúde de gestantes, públicos e particulares, são obrigados a: I – manter registro das atividades desenvolvidas, através de prontuários individuais, pelo prazo de dezoito anos; II – identificar o recém-nascido mediante o registro de sua impressão plantar e digital e da impressão digital da mãe, sem prejuízo de outras formas normatizadas pela autoridade administrativa competente; III – proceder a exames visando ao diagnóstico e terapêutica de anormalidades no metabolismo do recém-nascido, bem como prestar orientação aos pais; IV – fornecer declaração de nascimento onde constem necessariamente as intercorrências do parto e do desenvolvimento do neonato; V – manter alojamento conjunto, possibilitando ao neonato a permanência junto à mãe. VI – acompanhar a prática do processo de amamentação, prestando orientações quanto à técnica adequada, enquanto a mãe permanecer na unidade hospitalar, utilizando o corpo técnico já existente. (*Incluído pela Lei nº 13.436, de 2017*).

Assim, desde que cometido por militar da ativa, em uma das hipóteses do inciso II, do art. 9º, do CPM, pode, em tese, caracterizar crime militar extravagante (*ou por extensão*), valendo lembrar que os tipos penais previstos no ECA tutelam bens e direitos de crianças e de adolescentes, considerados em condição peculiar de pessoas em desenvolvimento (art. 6º, ECA), e claro, destinatários do princípio da proteção integral que norteia as relações que os envolve.

Se em princípio qualquer pessoa pode cometer os crimes previstos no Estatuto da Criança e do Adolescente, passemos a analisar, agora, os tipos penais possíveis de serem enquadrados como crime militar, tendo por sujeito ativo o militar:

Art. 228. Deixar o **encarregado de serviço ou o dirigente de estabelecimento de atenção à saúde de gestante** de manter registro das atividades desenvolvidas, na forma e prazo referidos no art. 10 desta Lei, bem como de fornecer à parturiente ou a seu responsável, por ocasião da alta médica, declaração de nascimento, onde constem as intercorrências do parto e do desenvolvimento do neonato:

Pena – detenção de seis meses a dois anos.

Parágrafo único. Se o crime é culposo:

Pena – detenção de dois a seis meses, ou multa.

O **bem jurídico tutelado** consiste na integridade física e nos direitos do recém-nascido e da gestante. O tipo penal descreve duas condutas: a) deixar o encarregado de serviço ou dirigente de estabelecimento de atenção à saúde de gestante de manter registro das atividades desenvolvidas, na forma e prazo referidos no art. 10 do ECA – lembrando que os hospitais e demais locais de atendimento à saúde

6 Dispõe sobre a obrigatoriedade da manutenção de programa de controle de infecções hospitalares pelos hospitais do País.

(públicos e particulares) possuem tal obrigação; b) fornecer à parturiente ou a seu responsável, por ocasião da alta médica, declaração de nascimento, onde constem as intercorrências do parto e do desenvolvimento do neonato.

Há ainda a previsão da forma culposa, no parágrafo único.

O **sujeito ativo** deste crime será o militar da ativa, encarregado do serviço (chefe da maternidade ou do serviço de registro, p.ex.), ou o Diretor do Hospital Militar. Se o chefe do serviço de registro ou maternidade for um civil, não comete crime militar extravagante, e a conduta delituosa será resolvida com base apenas no ECA, sendo competente a Justiça comum.

A gestante e o recém-nascido são os **sujeitos passivos** das condutas tipificadas.

O enquadramento deste tipo penal especial será feito da seguinte forma: art. 228, *caput*, e/ou parágrafo único, do ECA combinado com o art. 9º, inciso II, alínea 'c' *(militar em serviço ou atuando em razão da função)*, ou seja, adequando-se a tipicidade direta da legislação extravagante (ECA) à indireta, prevista no art. 9º, II, "c" do CPM.

Com relação à **consumação**, em regra esta ocorre no momento da omissão. É possível, porém, que o agente mantenha por algum tempo o registro das atividades desenvolvidas e, antes do prazo de 18 anos a que se refere o art. 10, I, destrua-os. Nesse caso, o delito é comissivo e se consuma em tal ocasião[7].

A **tentativa** é possível, na forma comissiva.

> **Art. 229.** Deixar o **médico, enfermeiro ou dirigente de estabelecimento de atenção à saúde de gestante** de identificar corretamente o neonato e a parturiente, por ocasião do parto, bem como deixar de proceder aos exames referidos no art. 10 desta Lei:
> Pena – detenção de seis meses a dois anos.
> Parágrafo único. Se o crime é culposo:
> Pena – detenção de dois a seis meses, ou multa.

O **bem jurídico tutelado** consiste na integridade física e nos direitos do recém-nascido e da parturiente. O tipo penal descreve duas condutas: a) deixar o médico, enfermeiro ou dirigente de estabelecimento de atenção à saúde de gestante de identificar corretamente o neonato e a parturiente, por ocasião do parto; b) deixar de proceder aos exames referidos no art. 10 do ECA.

Assim, na primeira parte do dispositivo pune-se o médico ou dirigente do estabelecimento de atenção à saúde que deixa de identificar corretamente o neonato e a parturiente por ocasião do parto. De acordo com o artigo 10, II, do Estatuto, a identificação deve ser feita mediante o registro da impressão plantar e digital do recém-nascido e da impressão digital da mãe, sem prejuízo de outras formas normatizadas pela autoridade administrativa competente. A simples omissão constitui

7 GONÇALVES, Victor Eduardo Rios. Legislação Penal Especial. 6 ed – São Paulo: Saraiva Educação, 2020, p. 15.

crime, pois pode gerar trocas intencionais ou acidentais de bebês em maternidades ou hospitais. Na segunda arte do dispositivo, pune-se o médico que deixa de proceder aos exames mencionadas no art. 10 do Estatuto: exames visando ao diagnóstico e à terapêutica de anormalidades no metabolismo do recém-nascido. Ex.: o denominado exame do pezinho, que pode constatar inúmeras doenças.[8]

Os exames previstos no art. 10, do ECA, e que devem ser obrigatoriamente realizados são: a identificação do recém-nascido mediante o registro de sua impressão plantar e digital e da impressão digital da mãe, sem prejuízo de outras formas normatizadas pela autoridade administrativa competente (inciso II) e aqueles visando ao diagnóstico e terapêutica de anormalidades no metabolismo do recém-nascido, bem como prestar orientação aos pais (inciso III).

O **sujeito ativo** deste crime será o médico militar da ativa, ou enfermeiro militar da ativa, ou o Diretor do Hospital Militar. Se o médico ou enfermeiro for um civil, não comete crime militar extravagante, e a conduta delituosa será resolvida com base apenas no ECA, sendo competente a Justiça comum. Da mesma forma que seu antecedente, o art. 229 insere-se na categoria dos chamados crimes próprios, que são aqueles que somente podem ser cometidos por determinada categoria de pessoas, tendo em vista que o tipo penal exige certa característica do sujeito ativo, na espécie ser médico militar, enfermeiro militar ou diretor do hospital militar. Há uma conclusão implícita que o Diretor do Hospital Militar seja, igualmente um oficial militar. É que os hospitais constituem organizações militares – OM, sendo que nos termos do art. 34, do Estatuto dos Militares, *Comando é a soma de autoridade, deveres e responsabilidades de que o militar é investido legalmente quando conduz homens ou dirige uma organização militar. O comando é vinculado ao grau hierárquico e constitui uma prerrogativa impessoal, em cujo exercício o militar se define e se caracteriza como chefe.*

Quando o parágrafo único do art. 34, dispõe aplicar-se à direção e à chefia de organização militar, no que couber, o estabelecido para comando, está deixando claro que os termos comando, chefia e direção são equivalentes.

Por fim, nos termos do art. 36 do Estatuto, o oficial é preparado, ao longo da carreira, para o exercício de funções de comando, de chefia e de direção, justificando afirma-se, em conclusão, que o Diretor do Hospital Militar será sempre um oficial.

A parturiente e o neonato são os **sujeitos passivos** do crime em estudo.

Ainda, destaca-se que a **consumação** ocorre no momento da omissão, **não sendo viável a tentativa** por se tratar de crime omissivo próprio, ou seja, perfaz-se pela simples abstenção do agente, independentemente de um resultado.

O parágrafo único prevê a modalidade culposa do crime.

O enquadramento deste tipo penal especial será feito da seguinte forma: art. 229, *caput*, e/ou parágrafo único, do ECA combinado com o art. 9º, inciso II, alínea 'c' *(militar em serviço ou atuando em razão da função)*, ou seja, adequando-se a tipicidade direta da legislação extravagante (ECA) à indireta, prevista no art. 9º, II, "c" do CPM.

[8] GONÇALVES, Victor Eduardo Rios. Legislação Penal Especial. 6 ed – São Paulo: Saraiva Educação, 2020, p. 15.

12.2.2. Crimes ocorrentes em operações de garantia da lei e da ordem ou de policiamento ostensivo

Existem alguns tipos penais que envolvem adolescente infrator em tese, e que, podem ocorrer amiúde nas operações policiais e de garantia da lei e da ordem.

Há que se dar especial atenção ao art. 15 do Estatuto que assegura à criança e ao adolescente o direito à liberdade, ao respeito e à dignidade como pessoas humanas em processo de desenvolvimento e como sujeitos de direitos civis, humanos e sociais garantidos na Constituição e nas leis.

Na sequência, o art. 16 exemplifica a abrangência do direito de liberdade, entre os quais, o de ir, vir, e estar nos logradouros públicos e espaços comunitários, ressalvadas as restrições legais. Mesmo quando acusado da prática de ato infracional, a apreensão do adolescente e a consequente apuração daquele ato devem seguir o disposto no art. 171 e seguintes do ECA, lembrando ainda da necessidade de observância do art. 178[9], sob pena de responsabilização do agente militar ou policial.

Cabe aqui um esclarecimento necessário. Não se desconhece o aumento da violência e da criminalidade que assola o país. Daí porque a hipótese de participação de adolescentes no cometimento de crimes das mais variadas espécies tornou-se uma triste realidade. O clamor da sociedade por mais segurança tem obtido como resposta da parte dos governos federal e estadual, um incremento no policiamento ostensivo e repressivo, envolvendo não só as policias estaduais como, no caso da garantia da lei e da ordem, também as Forças Armadas.

Todavia, ocorrendo apreensão de adolescentes, por cometimento de ato infracional, policiais e militares responsáveis pela guarda e apresentação dos infratores à autoridade policial competente devem, obrigatoriamente e sob pena de responsabilidade, obedecer aos ditames prescritos no Estatuto da Criança e do Adolescente.

Dentre os crimes passíveis de ocorrer em uma operação policial ou de GLO, destacamos:

> **Art. 230.** Privar a criança ou o adolescente de sua liberdade, procedendo à sua apreensão sem estar em flagrante de ato infracional ou inexistindo ordem escrita da autoridade judiciária competente:
>
> Pena – detenção de seis meses a dois anos.
>
> Parágrafo único. Incide na mesma pena aquele que procede à apreensão sem observância das formalidades legais.

O **bem jurídico tutelado** pelo dispositivo legal é a liberdade da **criança ou adolescente**, ambos protegidos como sujeitos passivos. Nesse sentido, colaciona-se jurisprudência do STF:

---

9 Art. 178. O adolescente a quem se atribua autoria de ato infracional não poderá ser conduzido ou transportado em compartimento fechado de veículo policial, em condições atentatórias à sua dignidade, ou que impliquem risco à sua integridade física ou mental, sob pena de responsabilidade.

> **Ação direta de inconstitucionalidade. Direito Constitucional. Estatuto da Criança e do Adolescente. 2. Art. 16, I, consagra o direito de ir e vir da criança e do adolescente, e art. 230 tipifica criminalmente a apreensão de menor fora das hipóteses de flagrante ou de cumprimento de mandado de apreensão. Alegação de ofensa ao devido processo legal e à proteção integral – art. 5º, LV, e 227 da CF. "A criança e o adolescente gozam de todos os direitos fundamentais inerentes à pessoa humana" – art. 3º do ECA. Reconhecimento da aplicabilidade à criança e ao adolescente da garantia contra a prisão arbitrária – art. 5º, LXI, CF. Inexistência de violação à proporcionalidade ou ao dever de proteção**. 3. Art. 105 comina medidas protetivas como sanção ao ato infracional praticado por criança, e os arts. 136 e 138 tratam do atendimento da criança infratora por conselho tutelar. Inexistência de cominação da aplicação de medidas socioeducativas para a criança que comete ato infracional. Suposta violação à inafastabilidade da jurisdição – art. 5º, XXXV, da CF. A decisão do legislador, de não aplicar medidas mais severas, é compatível com a percepção de que a criança é um ser em desenvolvimento, a ser, acima de tudo, protegida e educada. O legislador dispõe de considerável margem de discricionariedade para definir o tratamento adequado a ser dado à criança em situação de risco criada por seu próprio comportamento. A opção pela exclusividade das medidas protetivas não é desproporcional. 4. Art. 122, II e III, exigem, para aplicação da medida de internação, a reiteração de atos infracionais ou o descumprimento injustificado de outras medidas. Alegação de ofensa à proporcionalidade. Deve ser reconhecida uma margem larga de conformação ao legislador para estabelecer as medidas aplicáveis ao adolescente infrator. A norma, fora das infrações violentas, restringe o poder do magistrado de aplicar a internação. Opção perfeitamente proporcional do legislador, em razão do caráter estigmatizando e traumatizante da internação de uma pessoa em desenvolvimento. Situação de superlotação das unidades de acolhimento e internação que está sendo inclusive apreciada pelo STF. Sugestão do encaminhamento da decisão do Tribunal ao CNJ, a fim de que este órgão amplie suas ações na promoção de políticas periódicas de monitoramento do cumprimento das medidas socioeducativas previstas no art. 112 da Lei nº 8.069/1990. 5. Ação direta de inconstitucionalidade julgada improcedente. (STF – ADI: 3446 DF 0001155-76.2005.1.00.0000, Relator: GILMAR MENDES, Data de Julgamento: 08/08/2019, Tribunal Pleno, Data de Publicação: 31/07/2020).

O **sujeito ativo** pode ser qualquer pessoa, inclusive policiais e/ou militares, estes últimos, desde que cometam o delito nas hipóteses do inciso II, do art. 9º, do Código Penal Militar.

A **consumação** ocorre com a privação ilegal da liberdade, sendo possível a **tentativa.**

Importante lembrar que esse dispositivo prevalece sobre aquele previsto na Lei de Abuso de Autoridade (Lei 13.869/19, art. 9º), já que se trata de tipo penal especial cujo bem jurídico tutelado é a liberdade da criança ou adolescente.

O enquadramento deste tipo penal especial será feito da seguinte forma: art. 230, *caput*, e/ou parágrafo único, do ECA combinado com o art. 9º, inciso II, alínea 'c' *(militar em serviço ou atuando em razão da função)*, ou seja, adequando-se a tipicidade direta da legislação extravagante (ECA) à indireta, prevista no art. 9º, II, "c" do CPM.

> **Art. 232.** Submeter criança ou adolescente sob sua autoridade, guarda ou vigilância a vexame ou a constrangimento:
>
> Pena – detenção de seis meses a dois anos.

O **bem jurídico tutelado** é a integridade psicológica da criança e do adolescente.

É necessário que o agente realize qualquer conduta que faça o menor se sentir humilhado, envergonhado, ultrajado. São exemplos da configuração do delito: vestir uma roupa totalmente inadequada para a ocasião no menor que o deixe em situação ridícula; colocar uma placa no peito com dizeres humilhantes e fazê-lo sair às ruas para ser visto, etc.[10]

Com relação ao **sujeito ativo**, trata-se de crime próprio, uma vez que só pode ser praticado por aqueles que têm a criança ou o adolescente sob sua guarda, autoridade ou vigilância, como pode ocorrer durante o desenvolvimento das denominadas *blitz* levadas a cabo por policiais e militares; são **sujeitos passivos** do delito a criança e o adolescente.

A **consumação** ocorre no momento em que a criança e/ou adolescente sob a autoridade, guarda e vigilância do sujeito ativo é submetido a vexame ou ao constrangimento; a tentativa é possível.

12.2.3. Crimes relacionados a sexo e pornografia envolvendo crianças e adolescentes

Os crimes relacionados a sexo e pornografia envolvendo crianças e adolescentes estão dispostos no ECA, entre os artigos 240 até 241-E, relacionando 07 (sete) condutas delitivas envolvendo cena de sexo explicito e pornografia. Nos termos da Lei, a expressão *"cena de sexo explícito ou pornográfica" compreende qualquer situação que envolva criança ou adolescente em atividades sexuais explícitas, reais ou simuladas, ou exibição dos órgãos genitais de uma criança ou adolescente para fins primordialmente sexuais.* (Art. 241-E, incluído pela Lei nº 11.829, de 2008).

São crimes da lei específica que **podem ser cometidos por qualquer pessoa**, inclusive por militar, e desde que a conduta não se enquadre nas hipóteses do inciso II, do art. 9º, do CPM serão da competência da justiça comum.

Em uma análise perfunctória já é possível afirmar que **em princípio** os crimes de conotação sexual previstos no Estatuto da Criança e do Adolescente não caracterizam crime militar extravagante, ou se preferir crime militar por extensão. É que sendo as organizações militares baseadas na disciplina e hierarquia, com rígidos padrões de controle e segurança, a adequação do inciso II, do art. 9º, do Código Penal Militar parece ser de difícil ocorrência, devendo a conduta ser analisada no caso concreto, e com muita atenção. Se por uma lado parece difícil o fato de um militar *produzir, reproduzir, dirigir, fotografar, filmar ou registrar, por qualquer meio, cena de sexo explícito ou pornográfica, envolvendo criança ou adolescente (ECA, art. 240)* **em local sob administração militar**, algumas hipóteses são de maior possibilidade, como por exemplo, o fato de *oferecer, trocar, disponibilizar, transmitir, distribuir, publicar ou divulgar por qualquer meio, inclusive por meio de sistema de informática ou telemático, fotografia, vídeo ou outro registro que contenha cena de sexo explícito*

[10] GONÇALVES, Victor Eduardo Rios. **Legislação Penal Especial**. 6 ed – São Paulo: Saraiva Educação, 2020, p. 18.

ou pornográfica envolvendo criança ou adolescente (ECA, art. 241-A), quando o ato delituoso for realizado nas dependências da caserna, armazenando imagens e vídeos nos computadores do quartel ou deles se aproveitando para disponibilizá-los através da internet e assim por diante.

A melhor análise, portanto, é aquela feita a partir de alguns casos concretos envolvendo militares em local sob administração militar, como se fará a seguir.

Entre os meses de abril e maio do ano de 2013, um Cabo do Exército servia em um Forte no interior do qual um menino residia com sua família, eis que seu pai, Sargento do Exército, também servia naquele Forte.

Nessa época o militar e a criança, que então contava com 11 (onze) anos de idade, tornaram-se amigos na rede social Facebook, e por meio desta passaram a estabelecer conversas. Em um desses diálogos, o militar perguntou se aquela criança gostaria de ter com ele uma relação sexual. O menino relatou ter ficado na dúvida, mas que decidiu, afinal, ir ao encontro daquele militar. Encontraram-se já tarde da noite, no interior do Forte, atrás da marcenaria, próximo ao alojamento. Nessa oportunidade, o Cabo pediu a criança que lhe fizesse sexo oral, ao que o menor atendeu. O militar chegou a colocar uma camisinha e sugerir que ambos praticassem sexo anal, mas essa proposta foi recusada pela vítima, que disse ter ficado com medo.

O IPM foi instaurado porque, em agosto de 2013, a mãe da criança descobriu outra conversa de conteúdo sexual entre o menor e o Cabo, mantida por meio da rede social Facebook. O diálogo tratava da marcação de outro encontro para a prática de ato sexual – encontro este que acabou por não ocorrer – e foi devidamente averiguada e registrada por meio de exame pericial realizado no computador do Denunciado e naquele utilizado pelo garoto.

Analisando-se os fatos atualmente, verifica-se, inicialmente, que eles foram praticados antes da Lei 13.491/17, diploma legal que ampliou o conceito de direito militar, acrescendo uma modalidade a mais, qual seja a dos crimes militares extravagantes ou por extensão.

Naquela oportunidade, o militar foi denunciado como incurso no art. 233, combinado com o art. 236, inciso I, do Código Penal Militar (**atentado violento ao pudor com violência presumida**), e, tratando-se de apuração de crime sexual em que a vítima é criança, por força da alteração do Código Penal comum, a apuração dos crimes contra a dignidade sexual correu em segredo de justiça (CP, art. 234-B). Condenado a 5 (cinco) anos de reclusão, a sentença foi mantida pelo Superior Tribunal Militar[11].

Cabe ressaltar que de acordo com a legislação vigente à época, caberia, igualmente, o enquadramento do militar no tipo penal do art. 241-D, do ECA, que pune a conduta de quem **alicia ou assedia criança com a finalidade de com ela praticar ato libidinoso**, punível com uma pena de 1 a 3 anos de reclusão e multa, e que seria, naquele momento, julgado pela Justiça comum.

11 STM, APELAÇÃO N° 103-10.2013.7.05.0005 – PR, relator Min. Artur Vidigal de Oliveira, julgado em 04.11.2016, unânime.

Com o advento da Lei 13.491/17, quer nos parecer que o enquadramento mais adequado seria, ao invés do art. 233 do CPM o de estupro de vulnerável, previsão esta estampada no art. 217-A do Código Penal: **ter conjunção carnal ou praticar outro ato libidinoso com menor de 14 (catorze) anos**, ficando o agente sujeito a uma pena de reclusão, de 8 (oito) a 15 (quinze) anos, tipo penal incluído pela Lei 12.015/2009 e apresentando a característica de crime hediondo.

Um outro caso envolvendo a exposição de criança e adolescente foi praticado por um sargento, que valendo-se da facilidade que lhe proporcionava o fato de ser responsável pela Sala de Meios do seu esquadrão, passou a usar do seguinte expediente:

De posse de revistas pornográficas copiou fotos pornográficas e, digitando texto de igual conteúdo obsceno passou a produzir panfletos pornográficos, que eram todos impressos, com auxílio do computador, cabendo ressaltar que toda esta atividade licenciosa do militar foi realizada no interior do aquartelamento onde servia, com o uso indevido, em horários fora do expediente, do **microcomputador de propriedade da Fazenda Nacional.**

Desta forma, o militar reproduziu textos e fotos pornográficas de sexo explícito em arquivos, conforme registro do computador acima referido, imagens e panfletos de caráter obsceno, em lugar sujeito à Administração Militar (a Sala de Meios do esquadrão a que pertencia). **Conforme apurou-se na investigação, o material obsceno produzido destinou-se à distribuição para crianças e adolescentes, nas proximidades de escolas do seu município**.

O militar restou condenado a uma pena de 06 (seis) meses de detenção com direito ao *sursis*, que foi confirmada pelo Egrégio Superior Tribunal Militar[12].

Por ser anterior à Lei 13.491/17, os fatos foram enquadrados no art. 239 do Código Penal Militar – **escrito ou objeto obsceno**: *Produzir, distribuir, vender, expor à venda, exibir, adquirir ou ter em depósito para o fim de venda, distribuição ou exibição, livros, jornais, revistas, escritos, pinturas, gravuras, estampas, imagens, desenhos ou qualquer outro objeto de caráter obsceno, em lugar sujeito à administração militar, ou durante o período de exercício ou manobras*, sujeito a uma pena de detenção de seis meses a dois anos.

Atualmente, a conduta da distribuição do material pornográfico para crianças escolares, **poderia ser enquadrada em concurso material**, no art. 241-D, do ECA: *Aliciar, assediar, instigar ou constranger, por qualquer meio de comunicação, criança, com o fim de com ela praticar ato libidinoso:* (Incluído pela Lei nº 11.829, de 2008), que possui uma pena de reclusão, de 1 (um) a 3 (três) anos, e multa, e cujo parágrafo único dispõe que nas mesmas penas incorre quem: *I – **facilita ou induz o acesso à criança de material contendo cena de sexo explícito ou pornográfica** com o fim de com ela praticar ato libidinoso; (Incluído pela Lei nº 11.829, de 2008),*

[12] STM, Apelação nº 2004.01.049620-3-RS, relator Min. Henrique Marini e Souza, julgado em 27.09.2005, unânime.

assumindo então a característica de crime militar extravagante, cuja competência de processamento e julgamento será da Justiça Militar.

Independente dos crimes previstos no Estatuto da Criança e do Adolescente, sempre vale lembrar que o Código Penal comum possui um capítulo específico – dos crimes sexuais contra vulnerável, previsto entre seus artigos 217-A até 218-C, não se descuidando, igualmente da previsão de lesão corporal praticada contra descendente (*que pode ser criança ou adolescente*), tipificada no art. 129, § 9º, do CP, caracterizando a violência doméstica praticada por um militar no interior dos próprios nacionais residenciais – PNR.

12.3. DO DEPOIMENTO SEM DANO NA INVESTIGAÇÃO DO CRIME PRATICADO CONTRA CRIANÇA OU ADOLESCENTE

Conforme dito alhures, variante recente da Psicologia Judiciária é o uso do denominado depoimento sem dano. Para Ney Fayet Júnior, sistematicamente, o depoimento infantil sempre preocupou a Justiça Penal, em todas as fases de sua evolução histórica, constituindo-se a menoridade (ao lado do sexo, da situação civil, da vida pregressa, entre outros) em fator que, por via de regra, incapacitava a pessoa em testemunhar.

Lembra o referido autor, dentre outras coisas, que o depoimento infantil pode conter graves defeitos psicológicos, obstaculizando que, dele, se possa formar um juízo adequado de certeza; sendo assim, somente em situações excepcionais (em que as declarações prestadas por crianças se mostrassem coerentes e confortantes de outros dados da prova) essa modalidade de prova seria apta a estribar uma sentença condenatória. Em face dos entendimentos controvertidos acerca do depoimento infantil refere, concretamente, ao projeto Depoimento Sem Dano, implantado, em 2003, na 2ª Vara da Infância e Juventude da comarca de Porto Alegre – RS.

Ney Fayet identifica o autor do projeto, o Juiz de Direito José Antonio Daltoé Cezar, titular da referida Vara, sendo que visa, em última análise, evitar a revitimização e reduzir os danos de crianças e adolescentes que devam ser inquiridos em Juízo, diminuindo o número de oitivas às quais teriam de ser, normalmente submetidos; o que pode elevar, sob outro aspecto, a qualidade da prova. Para tanto, o procedimento consiste na criação de uma sala à parte, vinculada à de audiências por sistema de vídeo e de áudio, na qual permanece a criança (ou o adolescente) a ser inquirida, juntamente com um profissional – psicólogo ou assistente social, por ilustração – nomeado pelo Juízo, que repassa à vítima (ou à testemunha), de forma adequada, as perguntas formuladas em audiência[13].

Em estudo sobre a escuta especializada e o depoimento especial de criança e adolescente na Justiça Militar, Eduardo Rodrigues Barcellos e Ana Paula Farnesi

[13] JUNIOR, Ney Fayet. O valor processual do depoimento (testemunhal ou vitimário) infantil. **Revista Jurídica Consulex, 406**, Brasília – DF, 15.12.2013, p.38.

lembraram da inovação trazida pela Lei 13.431/17[14], que trata do depoimento sem dano, quando criança ou adolescente for ouvido na Polícia e em Juízo, atendendo aos ditames do art. 227 da Constituição Federal.

Anotaram que segundo a definição legal do art. 13.431/17, a escuta especializada é o procedimento de entrevista sobre situação de violência com criança ou adolescente perante órgão de proteção, limitado o relato estritamente ao necessário para o cumprimento de sua finalidade. Já o depoimento especial, nos termos do art. 8º da mesma lei, é o procedimento de oitiva de criança ou adolescente vítima ou testemunha de violência perante a autoridade policial ou judiciária. Percebe-se, então, que a lei criou duas espécies de oitiva da criança e adolescente, uma realizada por profissionais da área da saúde, como assistentes sociais e psicólogos e outra como meio de produção de prova. Porém, uma precaução deve ser tomada, pois apesar da escuta especializada destinar-se a um contato informal com a criança ou adolescente por um profissional habilitado, nada impede de que se atestada durante sua realização a uma infração penal esta escuta pode, sim, ser usada como elemento de convicção do magistrado, apesar de não ser este o objetivo.

Os referidos autores concluem que, tanto no âmbito da Polícia Judiciária Militar como também no âmbito da Justiça Militar, da União e Estadual, podem ser aplicadas as medidas protetivas da Lei 13.431/17, quando criança ou adolescente foram ouvidos, aplicando-se, assim, tanto os institutos da escuta especializada como o depoimento especial[15].

Mesmo antes da edição da Lei 13.431/17, o depoimento sem dano foi aplicado nas investigações que resultaram no processo do atentado violento ao pudor contra o menino de 11 anos. Na oportunidade, o órgão do Ministério Público Militar fez a requisição ao oficial encarregado do IPM, estabelecendo dentre outras, as seguintes orientações para avaliação: 1.1 Deveria ser procedida por psicólogo (a) atuante e junto à Vara da Infância e Juventude, que abrange o município onde se situava o Forte Militar. Para isso, o encarregado do inquérito deveria se dirigir a Vara da Infância e Juventude, a fim de que lhe fosse indicado o respectivo profissional, tendo em vista o art. 87, III do ECA; 1.2 Deveria igualmente verificar com o profissional de psicologia a necessidade de participação dos pais da criança na avaliação, bem como, deixar a cargo do psicólogo (a) determinar o número de sessões que entender necessário para melhor confecção da avaliação; 1.3 Compromissar o (a) perito (a) nos termos do art. 48 e seu parágrafo único do CPPM, em especial quanto à natureza sigilosa da investigação; 1.4 Deveria ser feito carga dos autos do IPM para o (a) perito (a), mediante recibo assinado pelo (a) profissional.

Os resultados foram efetivamente promissores naquele caso concreto.

---

14 Lei 13.431, de 04.04.2017. Estabelece o sistema de garantia de direitos da criança e do adolescente vítima ou testemunha de violência e altera a Lei nº 8.069, de 13 de julho de 1990 (Estatuto da Criança e do Adolescente).

15 BARCELLOS, Eduardo Rodrigues; FARNESI, Ana Paula. A escuta especializada e o depoimento especial de criança e adolescente na Justiça Militar. **Revista Direito Militar nº 132**, novembro/dezembro de 2019, pp.37-40.

12.4. DO RITO PROCESSUAL DOS CRIMES MILITARES PREVISTOS NO ECA E DOS EFEITOS DE SUA CONDENAÇÃO

Questão interessante no processamento de eventuais crimes militares extravagantes (ou por extensão) é definir qual o rito a ser aplicado, tanto durante o processo penal militar quanto por ocasião da aplicação efetiva da pena já que existe diferenças dos dispositivos do Código Penal e do Código de Processo Penal comum, com seus correspondentes de natureza militar.

De plano se diga que nos termos do art. 226, do ECA, aplicam-se aos crimes nele definidos as normas da Parte Geral do Código Penal e, quanto ao processo, as pertinentes ao Código de Processo Penal. Por sua vez, o art. 227 do diploma infanto-juvenil deixa claro que os crimes definidos nesta Lei são de ação pública incondicionada, identificando-se, nesta parte com os crimes previstos no Código Penal Militar.

Deve ser levado em conta também, que nos termos do art. 227-A, **os efeitos da condenação** prevista no inciso I do caput do art. 92 do Decreto-Lei nº 2.848, de 7 de dezembro de 1940 (Código Penal), para os crimes previstos no ECA, praticados por servidores públicos com abuso de autoridade, **são condicionados à ocorrência de reincidência**. (*Incluído pela Lei nº 13.869, de 2019*). Já pelo que foi disposto no seu parágrafo único, **a perda do cargo, do mandato ou da função, nesse caso, independerá da pena aplicada na reincidênci**a. (*Incluído pela Lei nº 13.869, de 2019*)

Já foi dito em outro espaço, que com o advento da Lei 13.491/17, esses processos oriundos dos crimes previstos apenas na legislação penal comum levarão consigo os institutos específicos daquela legislação, os quais devem ser observados pela Justiça Militar. Parece extremamente difícil ignorar institutos específicos da lei penal comum em relação à lei penal militar, ou da lei processual penal comum para o processo castrense, aplicando uma menos-valia para aquilo que não for originariamente castrense. A própria natureza castiça, que sempre se deu ao princípio da especialidade do direito Militar, restou mitigada pela criação dessa nova espécie de crime militar por extensão. Portanto, analisar a aplicabilidade ou inaplicabilidade dos dispositivos da Parte Geral do CP aos casos em que ocorra um crime militar por extensão não parece encontrar guarida em eventual solução simplista a ser dada pelo art. 12 do Código Penal comum, que dispõe que suas regras gerais "aplicam-se aos fatos incriminados por lei especial, se esta não dispuser de modo diverso". Quer nos parecer que por ocasião da edição do referido art. 12 – com a redação que lhe deu a Lei 7.209, de 11.07.1984 – a expressão "lei especial" estava a se referir a um conjunto normativo de natureza especial, mas especial em relação ao Código Penal, como nos casos de leis constantemente citadas sobre a questão em análise, como a que prevê o crime de abuso de autoridade, o crime de tortura, a lei dos crimes hediondos, Maria da Penha e, no caso específico, o Estatuto da Criança e do Adolescente.

Isto porque, embora o Código Penal comum tenha a previsão dos principais ilícitos penais, as leis acima referidas, dentre outras, também preveem outros ilícitos dignos de relevante tutela penal. Resumindo, abuso de autoridade, tortura, os crimes hediondos, Maria da Penha e Estatuto da Criança e do Adolescente formam a chamada legislação especial a que se refere o art. 12 do CP, e neles será aplicada a parte geral do CP, se dita legislação especial não dispuser de modo diverso, caso em que prevalecerá a regra especial sobre a regra geral, seguindo o conhecido princípio da especialidade. Mas esta legislação especial, anotamos, pertence ao direito penal comum, o CP não se dirige, em princípio, ao direito penal militar, que é (ou era) um ramo do direito especial por excelência[16].

Desta forma, voltando ao caso acima citado do militar praticando crime sexual contra um menino de 11 anos, há que se atentar, como já foi feito anteriormente, que em termos de rigor na apuração e responsabilização dos agentes, os crimes hediondos estão equiparados à prática da tortura, ao tráfico ilícito de entorpecentes e drogas afins e ao terrorismo.

Se esse processo do estupro de vulnerável se deslocar para a Justiça Militar, seria possível que, a pretexto de se aplicar a norma mais benéfica ao réu, na justiça especializada o processo se transfigurasse para a figura do atentado violento ao pudor (CPM, art. 233, sujeitando o autor a uma pena de 2 a 6 anos, sem prejuízo da correspondente à violência)? Acreditamos que não, a repulsa do constituinte originário e do legislador posterior à edição do Código Penal Militar não autoriza essa mudança, principalmente porque em defesa daqueles que a legislação específica considera possuidores da condição peculiar de que crianças e adolescentes como pessoas em desenvolvimento.

Nessas circunstâncias, **o processo pelo cometimento do crime hediondo será julgado na Justiça Militar com todas as nuances da Lei 8.072/1990, do Código Penal e do Código de Processo Penal, e, naquilo que couber, observados o Código Penal Militar e o Código de Processo Penal Militar**. Não se trata, reafirme-se, de crimes militares impróprios, com previsão idêntica no CPM e na legislação penal comum, mas de crimes sem previsão na legislação castrense, **que não são novos crimes**, apenas passaram a ser considerados militares por extensão da norma do art. 9º do código castrense.

REFERÊNCIAS

ASSIS, Jorge Cesar de. **Crime Militar e Processo – Comentários à Lei 13.491/2017**, 2ª edição, Curitiba: Juruá, 2019.

ASSIS, J. C.; CAMPOS, M. Q. A. O adolescente militar pode cometer crime militar? **Prática Jurídica**, v. 130, p. 46-49, 2013.

BARCELLOS, Eduardo Rodrigues; FARNESI, Ana Paula. A escuta especializada e o depoimento especial de criança e adolescente na Justiça Militar. **Revista Direito Militar nº 132**, novembro/dezembro de 2019, pp.37-40.

16 Nesse sentido, conferir ASSIS, Jorge Cesar de. **CRIME MILITAR & PROCESSO – COMENTÁRIOS À LEI 13.491/17, 2ª edição**, CURITIBA: JURUÁ, 2019: pp. 66-68.

DIGIÁCOMO, Murilo José; DIGIÁCOMO, Ildeara de Amorim. **Estatuto da Criança e do Adolescente Anotado e Interpretado – Lei nº 8.069, de 13 de julho de 1990 (Atualizado até a Lei nº 13.869, de 05 de setembro de 2019),** 8ª edição revisada e ampliada, Curitiba: Ministério Público do Estado do Paraná. Centro de Apoio Operacional das Promotorias da Criança e do Adolescente, junho de 2020.

GONÇALVES, Victor Eduardo Rios. **Legislação Penal Especial**. 6 ed – São Paulo: Saraiva Educação, 2020.

JUNIOR, Ney Fayet. O valor processual do depoimento (testemunhal ou vitimário) infantil. **Revista Jurídica Consulex, 406**, Brasília – DF, 15.12.2013.

13

CRIMES MILITARES EXTRAVAGANTES RESULTANTES DE PRECONCEITO DE RAÇA OU DE COR (LEI N. 7.116/1989)

Mariana Queiroz Aquino

13.1 CRIMES MILITARES EXTRAVAGANTES

A Lei 13.491/17 promoveu significativa ampliação da competência da Justiça Militar, destacando-se, em especial, o alargamento do rol de condutas criminosas a serem julgadas pela Justiça castrense para aquelas previstas na legislação penal comum e na legislação extravagante, desde que praticadas no contexto previsto no inciso II e III do art. 9º do Código Penal Militar, criando os crimes militares por extensão, ou extravagantes.

Dessa forma, sob a égide dessa Lei, condutas típicas outrora inaplicáveis na Justiça Castrense agora possuem o amparo legal para sê-lo, permitindo que os fatos sejam apurados nessa Justiça Especializada e fortalecendo seus princípios basilares, quais sejam, a hierarquia e a disciplina.

Dessa sorte, os tipos penais resultantes de discriminação ou preconceito de raça, cor, etnia, religião ou procedência nacional, previstos na Lei 7.716/89, podem ser submetidos à esfera castrense, desde que, além da adequação típica direta, também perfaçam a adequação típica indireta no enquadramento da conduta aos requisitos previstos no art. 9º do Código Penal Militar.

13.2 HISTÓRICO DE CRIAÇÃO DA LEI

Segundo ensina Denise Maria Perissini da Silva (2017, p. 83),

> A invisibilidade do racismo (ou seja, condutas racistas que não eram consideradas ofensivas ou criminosas) começou a se desfazer com a promulgação da Lei 1.390/1951 (Brasil, 1951), conhecida como 'Lei Afonso Arinos', que foi a precursora da tipificação penal de condutas discriminatórias em função da raça ou cor. Nela, havia sanções pecuniárias (multas) e prisão aos agentes que se recusassem a hospedar alguém, vender mercadorias, atender em restaurantes ou estabelecimentos comerciais, permitir a entrada de pessoa em locais públicos ou de diversão e esporte, ou matricular aluno em instituição de ensino, ou permitir o acesso a cargo público, ou a emprego, em função da raça ou cor. Porém, essa modificação foi gradativa, considerando o racismo como 'contravenção penal' e não como crime.

Posteriormente, com a entrada em vigor da Constituição Federal de 1988, os valores da igualdade, dignidade da pessoa humana e o ideal de uma sociedade justa e sem preconceitos passaram a constar expressamente na Carta Magna, tanto em seu preâmbulo, como nos objetivos fundamentais (art. 3º), nos princípios internacionais (art. 4º) e nos direitos e garantias fundamentais (art. 5º), firmando o compromisso do Estado brasileiro em efetivá-los, e, nesse sentido, em obediência ao comando previsto no inciso XLII do art. 5º da CF, a **Lei 7.716/1989**, apresentada pelo deputado Carlos Alberto Caó (motivo pelo qual ficou conhecida como "Lei Caó") foi promulgada, tipificando condutas criminosas oriundas de preconceito de raça e cor inafiançáveis e imprescritíveis.

Na sequência, a referida Lei sofreu importantes alterações por meio das leis: a) 9.459/97, que ampliou a proteção ao bem jurídico, considerando típica a conduta, além da discriminação em virtude de raça ou cor, àquela em face da etnia, religião ou procedência nacional; b) 12.288/10, que instituiu o Estatuto da Igualdade Racial e incorporou alguns dispositivos à "Lei Caó", e c) 12.735/12, que alterou o inciso II ao § 3º do art. 20, dispondo que o juiz poderá determinar a cessação das transmissões radiofônicas, televisivas, eletrônicas ou da publicação por qualquer meio no caso do crime previsto no art. 20 ter sido praticado por intermédio dos meios de comunicação social ou publicação de qualquer natureza.

13.3. DIFERENÇA ENTRE O CRIME DE INJÚRIA RACIAL E RACISMO

Muitos confundem essas duas espécies de crimes, mas eles tipificam condutas diferentes, bem como violação a bens jurídicos diferentes.

Dessa forma, os crimes previstos na lei de racismo tipificam condutas objetivas que possuem como finalidade específica impedir, obstar ou dificultar o exercício de direitos a determinado grupo ou coletividade em face de sua cor, raça, etnia, religião ou precedência nacional, tendo como bem jurídico tutelado a dignidade da pessoa humana e o direito à igualdade; já a injúria racial ou injúria qualificada por preconceito prevê conduta que viola a honra subjetiva de determinada pessoa utilizando-se elementos referentes à raça, cor, etnia, origem ou condição referente a pessoa idosa ou portadora de deficiência, protegendo o bem jurídico honra.

Ainda, importa destacar que o racismo possui um tratamento penal mais severo, sendo inafiançável e imprescritível, ao passo que a injúria racial prescreve em 8 (oito) anos.

Todavia, vale destacar que o **STF, ratificando decisão do STJ, decidiu pela imprescritibilidade do crime de injúria racial**, sob o fundamento de que esse crime, por também traduzir preconceito de cor, atitude que conspira no sentido da segregação, veio a somar-se àqueles outros, definidos na Lei 7.716/89, cujo rol não é taxativo.

Assim, segundo noticiado[1], recentemente, no julgamento dos embargos de declaração de decisão tomada em Agravo Regimental no Recurso Extraordinário nº 983.531, do Distrito Federal, o Supremo Tribunal Federal (STF), por meio de sua 1ª Turma, reconheceu a equiparação dos crimes de injúria racial e racismo e, por conseguinte, a imprescritibilidade e inafiançabilidade daqueles.

Na ocasião, o STF ratificou a decisão emitida pelo STJ, que reconheceu não ser taxativo o rol dos crimes previstos na Lei nº 7.716/1989, encontrando-se presentes o preconceito e a intolerância da conduta tipificada como injúria racial

Trata-se do episódio em que um jornalista chamou outro jornalista de "negro de alma branca" e que "não conseguiu revelar nenhum atributo para fazer tanto sucesso, além de ser negro e de origem humilde". As publicações foram feitas, na internet, ainda nos idos de 2009.

O caso levou o Ministério Público do Distrito Federal a apresentar denúncia por racismo. Em primeira instância, o juiz tipificou o crime como injúria racial e declarou extinta a punibilidade do crime, já que entendeu que a injúria racial era prescritível. O caso foi encaminhado para o Superior Tribunal de Justiça (STJ). Em 2015, o autor do fato foi condenado pela 6ª Turma que concluiu que injúrias raciais são imprescritíveis, por representarem mais um delito no cenário do racismo. O réu, por sua vez, apresentou recurso ao STF, que rejeitou os embargos, criando o seu primeiro precedente nesse sentido.

Nessa esteira de entendimento, cumpre colacionar a seguinte jurisprudência:

> APELAÇÃO CRIMINAL. INJÚRIA RACIAL. PRESCRIÇÃO. INCOMPORTABILIDADE. ABSOLVIÇÃO. INSUFICIÊNCIA DE PROVAS. IMPOSSIBILIDADE. PERDÃO JUDICIAL. AUSÊNCIA DOS PRESSUPOSTOS. CONDENAÇÃO MANTIDA. PENA. REGIME. MANUTENÇÃO. PRESTAÇÃO SERVIÇOS À COMUNIDADE. ALTERAÇÃO. PRESTAÇÃO PECUNIÁRIA. MULTA. REDUÇÃO IMPOSSIBILIDADE. 1) **Com o advento da Lei 9.459/97, que introduziu a denominada injúria racial, criou-se mais um delito no cenário do racismo, portanto, imprescritível, inafiançável e sujeito à pena de reclusão. 2) Comprovada pelas declarações da vítima e das testemunhas inquiridas que a referência à cor da pele do ofendido foi usada como justificativa para as agressões perpetrada durante a atividade**

[1] Sítio do Ministério Público do Paraná. Disponível em: http://www.comunicacao.mppr.mp.br/ 2018/06/20604/STF--admite-a-injuria-racial-como-crime-imprescritivel.html. Acesso em: 06.07.20.

> **laboral desenvolvida naquela oportunidade (porteiro), imperativa a manutenção da sentença que condenou o apelante pela prática do crime de injúria racial.** 3) Não restando demonstrado que as ofensas irrogadas à vítima se deram na forma de retorsão imediata, impossível o reconhecimento do perdão judicial. 4) Sem reparos o processo dosimétrico das penas impostas sem bem sopesadas as circunstâncias judiciais, além de respeitados todos os critérios do procedimento trifásico previsto no artigo 68 do Código Penal. 5) Não há que se falar em modificação da pena restritiva de direito de prestação de serviços à comunidade, quando esta atinge as finalidades da pena, de prevenção e repressão do delito, além de ter sido estabelecida dentro do preceito legal. 6) Não se admite a diminuição do valor fixado a título de pagamento de prestação pecuniária, em razão da substituição da pena corpórea por restritivas de direitos, e de multa, haja vista que aplicadas em montante razoável, sendo proporcional à gravidade do delito e suficiente para a reprovação e prevenção do crime, impondo-se ao Juízo da Execução proceder ao seu parcelamento, caso comprovada a incapacidade financeira do sentenciado. 7) APELO CONHECIDO E DESPROVIDO. (TJ-GO - APR: 01870051720148090175, Relator: DES. NICOMEDES DOMINGOS BORGES, Data de Julgamento: 03/08/2017, 1ª CAMARA CRIMINAL, Data de Publicação: DJ 2337 de 28/08/2017).

De acordo com tal entendimento, em relação ao crime de injúria racial, é possível a realização de investigação, oferecimento de denúncia, condenação e execução de pena, independentemente da ocorrência dos prazos de prescrição previstos no art. 109 do CP.

Manifestando-se contrário a esse precedente, Rogério Sanches Cunha (2017):

> A segregação ou a intenção de segregar que o racismo pressupõe é real, ou seja, utilizada com o intuito de criar, por meio de ações concretas, efetiva divisão dos cidadãos em categorias baseadas em preconceito de raça, cor etc. Basta, para assim concluir, que sejam lidas as condutas tipificadas na Lei nº 7.716/89, que, quando não relacionadas diretamente ao impedimento de acesso a locais diversos (como os arts. 3º, 4º, 5º, 6º, entre outros), são relativas a atos que visam a produzir o mesmo efeito (como o art. 20, § 1º).
>
> Na injúria, de forma absolutamente diversa, a intenção é a ofensa moral, que, mesmo tendo como meio o abjeto preconceito de raça ou de cor, de nenhuma forma se equipara à conduta anterior. Ainda que neste caso se possa identificar, como menciona o acórdão, segregação, aqui o termo não tem, como no racismo, sentido literal.
>
> É evidente que se alguém profere uma ofensa utilizando elementos relativos a raça ou cor o faz convencido de que essa condição faz da vítima alguém menor, desigual, o que, de fato, evidencia um caráter segregativo. Não obstante, mesmo que na origem possamos identificar no racista e no injuriador racial a convicção de que há cidadãos que, por sua raça ou cor, devam ser discriminados (segregados), as formas como ambos exteriorizam essa convicção são legalmente tipificadas de formas completamente distintas, e não compete ao Poder Judiciário igualar duas situações que o legislador, ao menos até o momento, pretendeu claramente diferenciar.

Para melhor compreensão da matéria, estabelecemos as diferenças no quadro abaixo:

	INJÚRIA RACIAL	RACISMO
BEM JURÍDICO TUTELADO	HONRA SUBJETIVA	IGUALDADE E DIGNIDADE DA PESSOA HUMANA
CONDUTA	XINGAMENTO OFENSIVO UTILIZANDO ELEMENTOS REFERENTES À COR, RAÇA, ETNIA, RELIGIÃO, ORIGEM OU CONDIÇÃO DE PESSOA IDOSA OU PORTADORA DE DEFICIÊNCIA.	IMPEDIR, OBSTAR, DIFICULTAR O ACESSO DE UMA COLETIVIDADE AO EXERCÍCIO DE UM DIREITO.
PREVISÃO LEGAL	ARTIGO 140, §3º, DO CÓDIGO PENAL COMUM.	LEI Nº 7.716/89.
AÇÃO PENAL	PÚBLICA CONDICIONADA À REPRESENTAÇÃO	PÚBLICA INCONDICIONADA
FIANÇA	CABE	INAFIANÇÁVEL
PRESCRIÇÃO	EM TESE, PRESCREVE. LEMBRANDO QUE O STF E O STJ JÁ DECIDIRAM PELA IMPRESCRITIBILIDADE DESSE DELITO (PRECEDENTES JÁ CITADOS).	IMPRESCRITÍVEL

Com o advento da Lei 13.491/17, conforme já mencionamos, ambos os tipos de crime serão de competência da Justiça Militar se praticados em uma das hipóteses previstas nos incisos II e III do art. 9º do CPM.

Dessa sorte, colaciona-se jurisprudência referente a fatos que outrora foram tipificados como crime militar de injúria (art. 216 do CPM, que prevê pena de detenção, de 30 (trinta) dias a 6 (seis) meses) mas que, atualmente, poderiam ser tipificados como crime militar extravagante de injúria racial (cuja pena é de reclusão, de 1 (um) a 3 (três) anos e multa):

> EMENTA: APELAÇÃO. CRIME CONTRA A HONRA. INJÚRIA (ART. 216 DO CPM). PRELIMINAR DE INCOMPETÊNCIA DA JUSTIÇA M ILITAR. REJEIÇÃO. INSUFICIÊNCIA PROBATÓRIA NÃO CONFIGURADA. MANUTENÇÃO DA SENTENÇA RECORRIDA. A alegação defensiva de que a conduta se amolda ao art. 140, § 3º, do Código Penal e, ainda, que os fatos ocorreram na esfera privada dos dois militares envolvidos, não tem o condão de afastar a competência da Justiça Militar da União para processar e julgar o Feito, uma vez que a injúria cometida se deu no interior da Organização Militar a que pertenciam o agente e o ofendido, além disso foi praticada na presença de outros militares, afetando a Hierarquia e a Disciplina, cenário esse que se enquadra na hipótese prevista no art. 9º, inciso II, alínea "a", c/c o art. 216, tudo do CPM. Preliminar rejeitada. Unânime. **Existem nos autos provas testemunhais robustas e aptas a corroborar os fatos imputados na Exordial Acusatória, deixando claro que o Apelante agiu de forma livre, por**

> **meio de gestos ultrajantes, com o ânimo de ofender o sentimento de dignidade de outro militar em razão da cor de sua pele. Presente o dolo específico consubstanciado na vontade livre e consciente de ofender o bem jurídico tutelado, denegrindo a honra subjetiva do Ofendido**. A conduta revela-se típica, estando a autoria e a materialidade suficientemente comprovadas nos autos, não se verificando quaisquer excludentes de ilicitude e de culpabilidade. Apelo a que se nega provimento. (STM. APELAÇÃO N° 61-75.2014.7.03.0103/RS, Rel. Ministro Gen Ex LÚCIO MÁRIO DE BARROS GÓES, data de julgamento 17.09.2015).

Nesse caso, a denúncia narrou a conduta de um soldado que, ao avistar um aluno de Curso de Formação de Oficiais da Reserva, com o propósito de ofender-lhe a dignidade, colocou a mão direita na cabeça e a coçou, bem como se inclinou e colocou a mão esquerda na cintura, simulando as características de um animal (macaco), fazendo gesto ofensivo à raça do ofendido, na presença de outros militares.

> EMENTA: APELAÇÃO. DEFESA. INJÚRIA (CPM, ART. 216). PRELIMINARES DE PRESCRIÇÃO E DE INCOMPETÊNCIA. IMPROCEDÊNCIA. DESCLASSIFICAÇÃO DO CRIME DE INJÚRIA PARA DIFAMAÇÃO. IMPOSSIBILIDADE. AFASTAMENTO DE UMA DAS CONDIÇÕES DO SURSIS. IMPROCEDÊNCIA.
>
> 1. Preliminar de prescrição. Não há previsão na legislação penal castrense, no caso da prescrição superveniente, de contagem do prazo prescricional considerando como termo inicial a data da consumação do crime. Inocorrência também da prescrição intercorrente. Preliminar rejeitada. Decisão unânime.
>
> 2. Preliminar de Incompetência da Justiça Militar. O art. 92, II, "a", do CPPM, não faz diferenciação entre o militar da ativa que está de serviço e aquele que está de folga, bastando que seja praticado por militar da ativa contra militar na mesma situação. Preliminar rejeitada. Decisão unânime.
>
> 3. Impossibilidade de desclassificação para o delito de difamação. O Acusado não atribuiu aos Ofendidos nenhum fato concreto ofensivo, mas elenca características pejorativas dos seus superiores hierárquicos. Capitulação utilizada corretamente.
>
> 4. A alegação defensiva de que se tratava de brincadeira não é suficiente para afastar a tipicidade do delito. A paródia e as legendas do filme serviram como um meio para a injúria, refletindo na hierarquia e na disciplina, e atingindo a honra dos indivíduos.
>
> 5. Não há razão para o afastamento da condição para o "sursis" prevista no art. 626, "d", do CPPM. (STM. APELAÇÃO N° 65-65.2013.7.06.0006/B A, Rel. Ministro Gen Ex LÚCIO MÁRIO DE BARROS GÓES, data de julgamento 05.10.2017).

A denúncia descreve a conduta de subordinado que atribui qualidades negativas a superior hierárquico, ofendendo sua dignidade, criando um vídeo com o filme "A queda", publicado no *facebook*, cujas legendas retratam o superior hierárquico como Adolf Hitler, e também por meio de paródia de uma música imputando-lhe adjetivos desqualificantes.

Finalmente, é importante lembrar que o crime de injúria racial é de ação pública condicionada à representação do ofendido, ao contrário do crime de racismo, cuja ação é pública incondicionada.

No entanto, reconhecendo-se a injúria racial como crime militar por extensão, seu processamento se dará de acordo com o CPPM, ou seja, a ação será pública incondicionada, trasladando-se, apenas, o tipo penal incriminador (preceitos primário e secundário) já que, nos delitos militares, o bem jurídico impactado transcende o interesse individual do ofendido, atingindo também toda a coletividade militar e, por consequência, a hierarquia e a disciplina.

Nessa perspectiva, Cícero Coimbra Neves já se posicionou (2020, p. 492):

> Em conclusão, o crime militar extravagante, ao ser incorporado ao universo dos crimes militares, ainda que possua ação penal de iniciativa pública condicionada ou privada, passará, dadas as condições em que é praticado (hipóteses do inciso II ou do inciso III do art. 9º do CPM), a ser de iniciativa pública condicionada (...).

13.4. TRATAMENTO PENAL DA LEI 7.716/89, COMO CRIME MILITAR EXTRAVAGANTE

13.4.1. O bem jurídico tutelado

Consiste em direitos constitucionalmente assegurados: a dignidade da pessoa humana e o direito à igualdade, importantes vetores do Estado Democrático de Direito.

13.4.2. A ação penal

Conforme já mencionado, é pública incondicionada, de iniciativa exclusiva do Ministério Público, haja vista os crimes previstos na Lei de Racismo ofenderem a coletividade.

Na seara processual penal militar, a competência é exclusiva do Ministério Público Militar, salvo se houver inércia do órgão ministerial, oportunidade em que poderá ser ajuizada a ação penal privada subsidiária da pública (artigo 5º, LIX da CF).

13.4.3. Elementos normativos

Inicialmente, destaca-se que a ementa da norma, por esquecimento, não foi alterada pelo legislador, prescrevendo que a Lei 7.716/89 define os crimes resultantes de preconceito de raça e cor.

O art. 1º, alterado pela Lei 9.459/97, alargou o rol de proteção da norma, determinando que *"serão punidos, na forma desta Lei, os crimes resultantes de discriminação ou preconceito de raça, cor, etnia, religião ou procedência nacional"*.

Assim, conforme adverte Josiane Pilau Bornia (2008, p. 128),

> (...) o legislador utilizou específica técnica legislativa ao condicionar a aplicação dos tipos penais dos arts. 3º a 14 a discriminação ou preconceito de raça, cor, etnia, religião ou procedência nacional previstas no art. 1º da lei. Ou seja, ao invés de se repetir em todos os tipos penais, como ocorria na Lei Afonso Arinos, o objeto da discriminação ou do preconceito, fez-se uma única vez, ocorrendo uma "adequação típica mediata limitativa por subordinação intrínseca.
>
> (...)

> Porque os referidos termos indicados no dispositivo legal são elementos normativos, com exceção de cor, que é elemento descritivo, a compreensão dos demais depende não só de uma atitude cognitiva mas, principalmente, de juízos de valor, cuja valoração será extrajurídica ou empírico-cultural.

Dessa forma, Amaury Silva e Arthur Carlos Silva ensinam que (2012, p. 38/41):

a) **conduta discriminatória** relevante, para o racismo, consolida-se no momento em que o agente exterioriza seu preconceito impondo restrições ou privações a um indivíduo, impedindo-o de exercer determinado direito em razão de sua raça, cor, etnia, religião ou procedência nacional;

b) **preconceito** é um sentimento que vem do interior do ser humano, materializado por atitudes de antipatia e desprezo exercidas contra determinados indivíduos, por não aceitá-los em razão de sua raça, cor, origem, classe social, entre outras;

c) **raça** consiste na sucessão de ascendentes e descendentes de uma família, um povo. São grupos de indivíduos cujos caracteres biológicos são constantes e passam de uma para outra geração;

d) **cor** é a cor da pele, assim como a cor e formato dos olhos e o tipo de cabelo é um dos critérios utilizados para distinção de raça. Assim, a pele branca demonstra ser o indivíduo de ascendência europeia; a negra, gênese africana, incluindo também nesta as variações da cor da pele; a amarela, a raça asiática;

e) **etnia** significa povo. Na palavra etnia estão contidos os fatores culturais como língua, religião, as manifestações artísticas e religiosas;

f) **religião** origina-se do latim *religari*, ou seja, ligar-se a Deus pela fé, lembrando que a Lei 7.716/89 também prevê punição quando o preconceito é direcionado contra a opção religiosa ou simplesmente pela ausência de fé (contra os ateus);

g) **procedência nacional** trata-se de preconceito contra os estrangeiros em virtude de sua ascendência nacional. Não só os nascidos em territórios estrangeiros podem ser vítimas de discriminação baseada na origem nacional, mas também aqueles nascidos em solo brasileiro, porém descendentes de outros povos, como os judeus, os portugueses, os italianos, etc.

Importante destacar que, para os supramencionados autores, o preconceito em desfavor de brasileiros em virtude da origem nas diferentes regiões do país não configura crime de racismo sob o prisma da procedência nacional, uma vez que não abarcada em tal elemento normativo, e não prevista na lei de racismo a discriminação regionalista.

Contudo, a jurisprudência tem reconhecido como racismo a discriminação regionalista:

> APELAÇÃO CRIMINAL. **CRIME DE DISCRIMINAÇÃO E PRECONCEITO DE PROCEDÊNCIA NACIONAL. ARTIGO 20, § 2º, DA LEI N. 7.716/89. PUBLICAÇÃO DE MENSAGEM OFENSIVA, DIRIGIDA À COLETIVIDADE PERTENCENTE À REGIÃO DO NORDESTE DO PAÍS,**

EM REDE SOCIAL "FACEBOOK". SENTENÇA CONDENATÓRIA. RECURSO DA DEFESA. PEDIDO DE ABSOLVIÇÃO. AVENTADA ATIPICIDADE DO CRIME ANTE A AUSÊNCIA DO ELEMENTO SUBJETIVO DO TIPO. IMPOSSIBILIDADE. MATERIALIDADE E AUTORIA COMPROVADAS. **APELANTE QUE, APÓS O RESULTADO DA ELEIÇÃO PRESIDENCIAL DO ANO DE 2014, PÚBLICA TEXTO PEJORATIVO, DISCRIMINATÓRIO E PRECONCEITUOSO AOS HABITANTES DA REGIÃO DO NORDESTE DO PAÍS. VEICULAÇÃO DE EXPRESSÕES QUE DEMONSTRAM DESPREZO E REPÚDIO À COMUNIDADE NORDESTINA. PROVA ORAL FIRME E COERENTE EM AMBAS AS FASES DA PERSECUÇÃO PENAL. CONJUNTO PROBATÓRIO SUFICIENTE PARA SUSTENTAR O ÉDITO CONDENATÓRIO. EXALTAÇÃO DE ÂNIMO, DECORRENTE DE REVOLTA POLÍTICA, INCAPAZ DE EXCLUIR O CRIME. DOLO ESPECÍFICO EVIDENCIADO**. CONDENAÇÃO IRRETORQUÍVEL. "Configura crime de racismo, a oposição indistinta à raça ou cor, perpetrada através de palavras, gestos, expressões, dirigidas a indivíduo, em alusão ofensiva a uma determinada coletividade, agrupamento ou raça que se queira diferenciar. **Comete o crime de racismo, quem emprega palavras pejorativas, contra determinada pessoa, com a clara pretensão de menosprezar ou diferenciar determinada coletividade, agrupamento ou raça".** (TJ-SC – APR: 00047111820158240054 Rio do Sul 0004711-18.2015.8.24.0054, Relator: Ernani Guetten de Almeida, Data de Julgamento: 12/03/2019, Terceira Câmara Criminal)

13.5. EFEITOS DA CONDENAÇÃO

Consistem em consequências extrapenais advindas de uma condenação irrecorrível.

Com relação à lei em estudo, constituem efeitos da condenação: a) art.16 – a perda do cargo ou função pública, para o servidor público, e a suspensão do funcionamento do estabelecimento particular por prazo não superior a três meses-, efeito esse aplicável a todos os tipos penais previstos na Lei 7.716/89; b) a destruição do material apreendido no caso do crime do art. 20, quando praticado por intermédio dos meios de comunicação social ou publicação de qualquer natureza (art. 20, §§ 2º e 4º).

Importante destacar que os efeitos de que trata o art. 16 não são automáticos, devendo ser motivadamente declarados na sentença (art. 18), já aquele previsto nos §§ 2º e 4º do art. 20 é automático, pois decorre da condenação como efeito genérico.

13.6. CRIMES EM ESPÉCIE

Abordaremos os tipos penais previstos na Lei 7.716/89, como crime militar extravagante.

13.6.1. Artigo 3º

Art. 3º Impedir ou obstar o acesso de alguém, devidamente habilitado, a qualquer cargo da Administração Direta ou Indireta, bem como das concessionárias de serviços públicos.

Pena: reclusão de dois a cinco anos.

Parágrafo único. Incorre na mesma pena quem, por motivo de discriminação de raça, cor, etnia, religião ou procedência nacional, obstar a promoção funcional.

– Objetividade Jurídica:

Igualdade entre todos e dignidade da pessoa humana (art.1º, III; art.3º, IV; art.5º, "*caput*" da CF).

– Sujeito Ativo:

Crime comum, podendo ser praticado por qualquer pessoa, já que não se exige qualidade específica do agente.

– Sujeito Passivo:

Como sujeito passivo primário, qualquer pessoa que esteja habilitada, por lei, a concorrer a cargos públicos ou a ser promovida funcionalmente; como sujeito passivo secundário, o Estado (Administração Pública).

– Elementos Objetivos:

Impedir significa obstruir, inviabilizar; obstar, criar dificuldade, opor-se, em virtude de preconceito, a que uma pessoa devidamente habilitada tenha acesso ao serviço público, bem como à promoção funcional.

– Elemento Subjetivo:

O elemento subjetivo deste crime é o dolo, consubstanciado em impedir ou obstar o acesso de pessoa devidamente habilitada ao serviço público, ou obstar sua promoção funcional, por motivo de preconceito.

Não há previsão da modalidade culposa.

– Consumação e tentativa:

A consumação ocorre quando se efetiva o impedimento ou a obstrução ao cargo público a indivíduo legalmente habilitado, bem como quando ocorre a obstrução à promoção funcional.

A tentativa é possível. Exemplo: militar que trabalha em OM responsável pelas inscrições no concurso público para o quadro de médico no Corpo de Saúde da Marinha rejeita a inscrição de candidato que preenche todos os requisitos do edital, pelo motivo de ser negro, e, logo após, ao ser pressionado por ele, aceita a referida inscrição, efetivando o ato (SILVA; SILVA, 2012, p. 59, adaptado para a esfera castrense).

13.6.2. Artigo 4º

Art. 4º Negar ou obstar emprego em empresa privada.

Pena: reclusão de dois a cinco anos.

§ 1º Incorre na mesma pena quem, por motivo de discriminação de raça ou de cor ou práticas resultantes do preconceito de descendência ou origem nacional ou étnica: (Incluído pela Lei nº 12.288, de 2010)

I - deixar de conceder os equipamentos necessários ao empregado em igualdade de condições com os demais trabalhadores; (Incluído pela Lei nº 12.288, de 2010)

II - impedir a ascensão funcional do empregado ou obstar outra forma de benefício profissional; (Incluído pela Lei nº 12.288, de 2010)

III - proporcionar ao empregado tratamento diferenciado no ambiente de trabalho, especialmente quanto ao salário. (Incluído pela Lei nº 12.288, de 2010)

§ 2º Ficará sujeito às penas de multa e de prestação de serviços à comunidade incluindo atividades de promoção da igualdade racial, quem, em anúncios ou qualquer outra forma de recrutamento de trabalhadores, exigir aspectos de aparência próprios de raça ou etnia para emprego cujas atividades não justifiquem essas exigências.

- Objetividade Jurídica:

Igualdade entre todos e dignidade da pessoa humana - art.1º, III; art.3º, IV; art. 5º, "*caput*"-, especificamente a igualdade de condições no mercado de trabalho (art.7º, XXX), todos da Constituição Federal.

- Sujeito Ativo:

O funcionário, com poder de decisão, que seja responsável pelo processo de seleção de candidatos, no caso do núcleo do tipo "negar"; já com relação à conduta de "obstar", pode ser qualquer pessoa.

Nas condutas previstas nos incisos I, II e III do § 1º, o sujeito ativo poderá ser funcionário com competência para a prática dos referidos atos (conceder os equipamentos de proteção individual e coletiva; decidir sobre progressão funcional ou benefício profissional, e decidir sobre tratamento dos empregados, inclusive com relação a salário).

- Sujeito Passivo:

Como sujeito passivo primário, qualquer pessoa que preencha os requisitos para o cargo oferecido e que lhe tenha sido negado ou obstado em razão de preconceito, bem como àquela que se deixou de conceder os equipamentos necessários ao empregado em igualdade de condições com os demais trabalhadores; teve impedida sua ascensão funcional ou obstada outra forma de benefício profissional, e sofreu tratamento diferenciado no ambiente de trabalho, especialmente quanto ao salário, por motivo de preconceito; como sujeito passivo secundário, a coletividade.

- Elementos Objetivos:

<u>Negar</u> significa recusar; <u>obstar</u>, impedir, criar dificuldades ao emprego em empresa privada; <u>deixar de conceder</u> os equipamentos necessários ao empregado em igualdade de condições com os demais trabalhadores; <u>impedir</u> a ascensão funcional do empregado ou obstar outra forma de benefício profissional e <u>proporcionar</u> ao empregado tratamento diferenciado no ambiente de trabalho, especialmente quanto ao salário em virtude de preconceito de raça, cor, etnia, religião ou procedência nacional.

- Elemento Subjetivo:

O elemento subjetivo deste crime é o dolo, consubstanciado em negar ou obstar o acesso a emprego em empresa privada, bem como deixar de conceder os equipamentos necessários ao empregado em igualdade de condições com os demais trabalhadores; impedir a ascensão funcional do empregado ou obstar outra forma de benefício profissional e proporcionar ao empregado tratamento diferenciado no ambiente de trabalho, especialmente quanto ao salário por motivo de preconceito.

Não há previsão da modalidade culposa.

- Consumação e tentativa:

A consumação ocorre quando se nega ou obsta a admissão de candidato a cargo em empresa privada, bem como quando se deixa de conceder os equipamentos necessários ao empregado em igualdade de condições com os demais trabalhadores; impede-se sua ascensão funcional ou é obstada outra forma de benefício profissional e quando se proporciona ao empregado tratamento diferenciado no ambiente de trabalho, especialmente quanto ao salário por motivo de preconceito.

A tentativa é possível na modalidade obstar, impedir e proporcionar.

Importante: com relação ao § 2º, impende tecer alguns comentários:

a) para que se caracterize o crime, as exigências ao cargo devem ser desarrazoadas às tarefas que o funcionário poderia realizar; entretanto, se as exigências forem justificadas (ex: exigência de homem negro para interpretar Nelson Mandela em um filme), o fato é atípico;
b) a pena de multa e a prestação de serviços à comunidade deverão ser aplicadas de acordo com o CP (arts. 46 e 49 a 52), de forma cumulativa, além da pena privativa de liberdade prevista no tipo penal;
c) a prestação de serviços à comunidade deve incluir atividades de promoção da igualdade racial, como forma de prevenção especial da pena.

13.6.3. Artigo 5º

Art. 5º Recusar ou impedir acesso a estabelecimento comercial, negando-se a servir, atender ou receber cliente ou comprador.

Pena: reclusão de um a três anos.

- Objetividade Jurídica:

Igualdade entre todos, dignidade da pessoa humana (art.1º, III; art.3º, IV; art. 5º, "*caput*") e proteção ao consumidor (art. 5º, XXXII), previstos na Constituição Federal.

- Sujeito Ativo:

Crime próprio, que somente pode ser cometido por funcionário ou proprietário de estabelecimento comercial que recuse ou impeça acesso de possível cliente ou comprador a estabelecimento comercial, negando-se a servi-lo, atendê-lo ou recebê-lo, em virtude de preconceito previsto nessa lei.

– Sujeito Passivo:

Como sujeito passivo primário, qualquer pessoa que esteja na condição de cliente ou comprador e tenha recusada ou impedida a sua entrada a estabelecimento comercial, ou que lhe tenha sido negado atendimento, serviço ou recebimento, em virtude de preconceito; como sujeito passivo secundário, a coletividade.

– Elementos Objetivos:

Recusar ou impedir, negar-se a servir, atender ou receber cliente ou comprador, por motivo de preconceito de raça, cor, etnia, religião ou precedência nacional em estabelecimento comercial.

– Elemento Subjetivo:

O elemento subjetivo deste crime é o dolo. Não há previsão da modalidade culposa.

– Consumação e tentativa:

A consumação ocorre quando se efetiva a recusa ou o impedimento de acesso do cliente ou comprador ao estabelecimento comercial ou, também, quando o sujeito ativo se nega a atendê-lo, servi-lo ou recebê-lo.

A tentativa não é possível, por ser crime unissubsistente.

13.6.4. Artigo 6º

Art. 6º Recusar, negar ou impedir a inscrição ou ingresso de aluno em estabelecimento de ensino público ou privado de qualquer grau.

Pena: reclusão de três a cinco anos.

Parágrafo único. Se o crime for praticado contra menor de dezoito anos a pena é agravada de 1/3 (um terço).

– Objetividade Jurídica:

Igualdade entre todos, dignidade da pessoa humana (art.1º, III; art.3º, IV; art. 5º, "*caput*") e direito à educação (art. 205); ainda, no tocante à causa de aumento de pena prevista no parágrafo único, o bem jurídico protegido é o direito à educação da criança e do adolescente (art. 227), todos previstos na Constituição Federal.

– Sujeito Ativo:

Na prática dos verbos recusar ou negar o crime é próprio, vez que somente pode ser cometido por funcionário de estabelecimento de ensino público ou privado; já com relação ao verbo impedir, o crime é comum, pois pode ser praticado por qualquer pessoa.

- Sujeito Passivo:

Como sujeito passivo primário, qualquer pessoa que se candidate à vaga em estabelecimento de ensino público ou privado e que lhe tenha recusado, negado ou impedido o acesso ou a inscrição, em virtude de preconceito previsto nessa lei; como sujeito passivo secundário, a coletividade.

- Elementos Objetivos:

Recusar, negar ou impedir a inscrição ou ingresso de aluno em estabelecimento de ensino público ou privado, por motivo de preconceito de raça, cor, etnia, religião ou precedência nacional em estabelecimento comercial.

- Elemento Subjetivo:

O elemento subjetivo deste crime é o dolo. Não há previsão da modalidade culposa.

- Consumação e tentativa:

A consumação ocorre quando se efetiva a recusa, negativa ou impedimento da inscrição ou ingresso de aluno em estabelecimento de ensino público ou privado. A tentativa é possível apenas na modalidade impedir, já que nos casos de recusa e negativa o crime é unissubsistente, ou seja, a realização da conduta esgota a concretização do delito.

- Causa de aumento de pena:

Se o crime for praticado contra menor de 18 (dezoito) anos, a pena é aumentada em 1/3, visando, assim, punir com maior rigor aquele que atenta contra os direitos da pessoa em desenvolvimento.

13.6.5. Artigo 7º

> **Art. 7º** Impedir o acesso ou recusar hospedagem em hotel, pensão, estalagem, ou qualquer estabelecimento similar.
>
> Pena: reclusão de três a cinco anos.

- Objetividade Jurídica:

Igualdade entre todos, dignidade da pessoa humana (art.1º, III; art.3º, IV; art. 5º, "*caput*") e proteção ao consumidor (art. 5º, XXXII), previstos na Constituição Federal.

A doutrina critica a existência desse tipo penal autônomo, haja vista que as condutas nele previstas estariam abarcadas por aquelas tipificadas no art. 5º da lei em comento (recusar ou impedir acesso a estabelecimento comercial, negando-se a servir, atender ou receber cliente ou comprador), destacando, de outra banda, que a intenção do legislador foi restringir ao máximo a discriminação no comercio hoteleiro (SILVA; SILVA, 2012, p. 72).

– Sujeito Ativo:

Na prática da modalidade recusar o crime é próprio, vez que somente pode ser cometido por funcionário do setor hoteleiro; já com relação ao verbo impedir, o crime é comum, pois pode ser praticado por qualquer pessoa.

– Sujeito Passivo:

Como sujeito passivo primário, qualquer pessoa que tenha impedido o acesso ou recusada a hospedagem, em virtude de preconceito previsto nessa lei; como sujeito passivo secundário, a coletividade.

– Elementos Objetivos:

Impedir o acesso ou recusar a hospedagem em hotel, pensão, estalagem, ou qualquer estabelecimento similar, por motivo de preconceito de raça, cor, etnia, religião ou precedência nacional em estabelecimento comercial.

– Elemento Subjetivo:

O elemento subjetivo deste crime é o dolo. Não há previsão da modalidade culposa.

– Consumação e tentativa:

A consumação ocorre quando se efetiva o impedimento ao acesso ou a recusa a hospedagem em hotel, pensão, estalagem, ou qualquer estabelecimento similar.

A tentativa é possível na modalidade impedir, não sendo cabível quanto ao verbo "recusar", vez que consiste em ato único, não sendo admitindo o fracionamento da conduta.

13.6.6. Artigo 8º

> **Art. 8º** Impedir o acesso ou recusar atendimento em restaurantes, bares, confeitarias, ou locais semelhantes abertos ao público.
>
> Pena: reclusão de um a três anos.

– Objetividade Jurídica:

Igualdade entre todos, dignidade da pessoa humana (art.1º, III; art.3º, IV; art. 5º, "*caput*") e proteção ao consumidor (art. 5º, XXXII), previstos na Constituição Federal.

– Sujeito Ativo:

Na prática da modalidade recusar o crime é próprio, vez que somente pode ser cometido por funcionário do estabelecimento (restaurantes, confeitarias, bares ou locais semelhantes abertos ao público); já com relação ao verbo impedir, o crime é comum, pois pode ser praticado por qualquer pessoa.

– Sujeito Passivo:

Como sujeito passivo primário, qualquer pessoa que tenha impedido o acesso ou recusado o atendimento nos locais descritos no tipo, em virtude de preconceito previsto nessa lei; como sujeito passivo secundário, a coletividade.

– Elementos Objetivos:

Impedir o acesso ou recusar o atendimento, por motivo de preconceito de raça, cor, etnia, religião ou precedência nacional, em restaurantes, confeitarias, bares ou locais semelhantes abertos ao público.

– Elemento Subjetivo:

O elemento subjetivo deste crime é o dolo. Não há previsão da modalidade culposa.

– Consumação e tentativa:

A consumação ocorre quando se efetiva o impedimento ao acesso ou a recusa a atendimento em restaurantes, confeitarias, bares ou locais semelhantes abertos ao público.

A tentativa é possível na modalidade impedir, não sendo cabível quanto ao verbo "recusar", vez que consiste em ato único, não sendo admitindo o fracionamento da conduta.

13.6.7. Artigo 9º

Art. 9º Impedir o acesso ou recusar atendimento em estabelecimentos esportivos, casas de diversões, ou clubes sociais abertos ao público.

Pena: reclusão de um a três anos.

– Objetividade Jurídica:

Igualdade entre todos, dignidade da pessoa humana (art.1º, III; art.3º, IV; art. 5º, "*caput*") e proteção ao consumidor (art. 5º, XXXII), previstos na Constituição Federal.

– Sujeito Ativo:

Na prática da modalidade recusar o crime é próprio, vez que somente pode ser cometido por funcionário do estabelecimento; já com relação ao verbo impedir, o crime é comum, pois pode ser praticado por qualquer pessoa.

– Sujeito Passivo:

Como sujeito passivo primário, qualquer pessoa apta a ingressar e frequentar os estabelecimentos previstos no tipo e que lhe tenha sido impedido o acesso ou recusado o atendimento, em virtude de preconceito previsto nessa lei; como sujeito passivo secundário, a coletividade.

– Elementos Objetivos:

Impedir o acesso ou recusar o atendimento, por motivo de preconceito de raça, cor, etnia, religião ou precedência nacional, em estabelecimentos esportivos, casas de diversões, ou clubes sociais abertos ao público.

Como exemplo, pode-se citar a conduta de militar de serviço no clube de oficiais que impede o acesso de um major sócio em virtude de preconceito racial.

– Elemento Subjetivo:

O elemento subjetivo deste crime é o dolo. Não há previsão da modalidade culposa.

– Consumação e tentativa:

A consumação ocorre quando se efetiva o impedimento ao acesso ou a recusa a atendimento em estabelecimentos esportivos, casas de diversões, ou clubes sociais abertos ao público.

A tentativa é possível na modalidade impedir, não sendo cabível quanto ao verbo "recusar", vez que consiste em ato único, não sendo admitindo o fracionamento da conduta.

– Inexigibilidade de conduta diversa:

Impende destacar, conforme ensinamentos de Amaury Silva e Artur Carlos Silva (2012, p. 78/79), que a jurisprudência já reconheceu a exclusão da culpabilidade, por inexigibilidade de conduta diversa, de empregado que deixou de vender cota de clube a mulher em função de sua cor negra, por ordem da presidência e imbuído do verossímil temor da perda de sua única fonte de subsistência há longos anos. (TJMG, apelação criminal nº 1.0701.01.007044/001, 1ª Câmara Criminal, Rel. Des. Márcia Milanez, j. 05/08/2008).

13.6.8. Artigo 10

> **Art. 10.** Impedir o acesso ou recusar atendimento em salões de cabeleireiros, barbearias, termas ou casas de massagem ou estabelecimento com as mesmas finalidades.
>
> Pena: reclusão de um a três anos.

– Objetividade Jurídica:

Igualdade entre todos, dignidade da pessoa humana (art.1º, III; art.3º, IV; art. 5º, "*caput*") e proteção ao consumidor (art. 5º, XXXII), previstos na Constituição Federal.

– Sujeito Ativo:

Na prática da modalidade recusar o crime é próprio, vez que somente pode ser cometido por funcionário do estabelecimento; já com relação ao verbo impedir, o crime é comum, pois pode ser praticado por qualquer pessoa.

- Sujeito Passivo:

Como sujeito passivo primário, qualquer pessoa a que tenha sido impedido o acesso ou recusado o atendimento, em virtude de preconceito previsto nessa lei; como sujeito passivo secundário, a coletividade.

- Elementos Objetivos:

Impedir o acesso ou recusar o atendimento, por motivo de preconceito de raça, cor, etnia, religião ou precedência nacional, em salões de cabeleireiros, barbearias, termas ou casas de massagem ou estabelecimento com as mesmas finalidades.

- Elemento Subjetivo:

O elemento subjetivo deste crime é o dolo. Não há previsão da modalidade culposa.

- Consumação e tentativa:

A consumação ocorre quando se efetiva o impedimento ao acesso ou a recusa a atendimento em salões de cabeleireiros, barbearias, termas ou casas de massagem ou estabelecimento com as mesmas finalidades, por questão de preconceito.

A tentativa é possível na modalidade impedir, não sendo cabível quanto ao verbo "recusar", vez que consiste em ato único, não sendo admitindo o fracionamento da conduta.

13.6.9. Artigo 11

> **Art. 11.** Impedir o acesso às entradas sociais em edifícios públicos ou residenciais e elevadores ou escada de acesso aos mesmos:
>
> Pena: reclusão de um a três anos.

- Objetividade Jurídica:

Igualdade entre todos e dignidade da pessoa humana (art.1º, III; art.3º, IV; art. 5º, "*caput*") previstos na Constituição Federal.

- Sujeito Ativo:

Crime comum, pois pode ser praticado por qualquer pessoa.

- Sujeito Passivo:

Como sujeito passivo primário, qualquer pessoa a que tenha sido impedido o acesso ou recusado o atendimento, em virtude de preconceito previsto nessa lei; como sujeito passivo secundário, a coletividade.

- Elementos Objetivos:

Impedir o acesso às entradas sociais em edifícios públicos ou residenciais e elevadores ou escada de acesso aos mesmos, por motivo de preconceito de raça, cor, etnia, religião ou precedência nacional.

– Elemento Subjetivo:

O elemento subjetivo deste crime é o dolo. Não há previsão da modalidade culposa.

– Consumação e tentativa:

A consumação ocorre quando se efetiva o impedimento ao acesso às entradas sociais em edifícios públicos ou residenciais e elevadores ou escada de acesso aos mesmos, por motivo de preconceito de raça, cor, etnia, religião ou precedência nacional.

A tentativa é possível, já que a conduta pode ser fracionada em vários atos (crime plurissubsistente).

13.6.10. Artigo 12

> **Art. 12.** Impedir o acesso ou uso de transportes públicos, como aviões, navios barcas, barcos, ônibus, trens, metrô ou qualquer outro meio de transporte concedido.
>
> Pena: reclusão de um a três anos.

– Objetividade Jurídica:

Igualdade entre todos, dignidade da pessoa humana (art.1°, III; art.3°, IV; art. 5°, "*caput*"), e direito de locomoção (art. 5°, XV) previstos na Constituição Federal.

– Sujeito Ativo:

Crime comum, pois pode ser praticado por qualquer pessoa.

– Sujeito Passivo:

Como sujeito passivo primário, qualquer pessoa a que tenha sido impedido o acesso aos meios de transporte público previstos, em virtude de preconceito previsto nessa lei; como sujeito passivo secundário, a coletividade.

– Elementos Objetivos:

Impedir o acesso ou impedir o uso de transportes públicos, como aviões, navios barcas, barcos, ônibus, trens, metrô ou qualquer outro meio de transporte por motivo de preconceito de raça, cor, etnia, religião ou precedência nacional.

– Elemento Subjetivo:

O elemento subjetivo deste crime é o dolo. Não há previsão da modalidade culposa.

– Consumação e tentativa:

A consumação ocorre quando se efetiva o impedimento ao acesso ou uso dos meios de transporte público previstos no tipo penal, por motivo de preconceito de raça, cor, etnia, religião ou precedência nacional.

Se o impedimento for para acessar ou usar meio de transporte particular, o agente incidirá na conduta prevista no art. 20 desta lei.

A tentativa é possível.

13.6.11. Artigo 13

> **Art. 13.** Impedir ou obstar o acesso de alguém ao serviço em qualquer ramo das Forças Armadas.
>
> Pena: reclusão de dois a quatro anos.

- Objetividade Jurídica:

Igualdade entre todos, mais especificamente no serviço militar, e dignidade da pessoa humana (art.1º, III; art.3º, IV; art. 5º, "*caput*") previstos na Constituição Federal.

Importante salientar que o Serviço Militar consiste no exercício de atividades específicas desempenhadas nas Forças Armadas - Exército, Marinha e Aeronáutica - e compreende, na mobilização, todos os encargos com a defesa nacional. A estrutura do Serviço Militar está baseada numa ampla legislação, com alto sentimento da história e das tradições nacionais.

A Constituição Federal de 1988, em seu artigo 143, estabelece que o Serviço Militar seja obrigatório nos termos da lei. Como principal instrumento legal, a Lei do Serviço Militar (Lei nº 4375, de 17 de agosto de 1964) e seu Regulamento fixam as normas, os procedimentos, os direitos e os deveres de todos os cidadãos brasileiros.

No Exército, o Serviço Militar compreende um conjunto de órgãos de direção e execução destinados, precipuamente, a assegurar: - o recrutamento do pessoal necessário ao seu efetivo de paz; - o licenciamento do seu pessoal incorporado ou matriculado; - a administração e o controle da Reserva, com vistas à sua mobilização[2].

- Sujeito Ativo:

Crime comum, pois pode ser praticado por qualquer pessoa, não se exigindo qualidade especial do sujeito ativo.

- Sujeito Passivo:

Como sujeito passivo primário, a pessoa apta à prestação do serviço militar, seja de forma voluntária ou obrigatória, que tem impedido ou obstado o acesso ao serviço militar em virtude de preconceito previsto nessa lei; como sujeito passivo secundário, o Estado e a sociedade.

---

2 Informações disponíveis em: http://www.eb.mil.br/web/ingresso/duvidas-mais-frequentes?p_p_id=101&p_p_lifecycle=0&p_p_state=maximized&p_p_mode=view&_101_struts_action=%2Fasset_publisher%2Fview_content&_101_assetEntryId=109273&_101_type=content&_101_urlTitle=servico-militar-obrigatorio&inheritRedirect=true. Acesso em: 07.07.20.

– Elementos Objetivos:

Impedir ou obstar o acesso de alguém ao serviço em qualquer ramo das Forças Armadas, por motivo de preconceito de raça, cor, etnia, religião ou precedência nacional.

– Elemento Subjetivo:

O elemento subjetivo deste crime é o dolo. Não há previsão da modalidade culposa.

– Consumação e tentativa:

A consumação ocorre quando se tem dificultada a prestação do serviço militar ou quando se efetiva o impedimento dessa prestação, por motivo de preconceito de raça, cor, etnia, religião ou precedência nacional (exemplo: militar responsável pelo alistamento na Junta Militar deixa de efetivar o ato de um convocado em virtude de preconceito racial).

A tentativa é possível.

13.6.12. Artigo 14

> **Art. 14.** Impedir ou obstar, por qualquer meio ou forma, o casamento ou convivência familiar e social.
> Pena: reclusão de dois a quatro anos.

– Objetividade Jurídica:

Igualdade entre todos, mais especificamente na constituição da família (art. 226), e dignidade da pessoa humana (art.1º, III; art.3º, IV; art. 5º, "*caput*") previstos na Constituição Federal.

Assim, a CF prevê a proteção do Estado tanto para o casamento como a união estável entre homem e mulher (art. 226, § 3º), destacando-se que a união estável e o casamento entre pessoas do mesmo sexo possuem a mesma proteção que aquela (Resolução 175, de 14.05.2013, pelo Conselho Nacional de Justiça, dispondo sobre a habilitação, celebração de casamento civil ou de conversão de união estável em casamento, entre pessoas de mesmo sexo, além de decisões do STF no mesmo sentido).

– Sujeito Ativo:

Crime comum, pois pode ser praticado por qualquer pessoa, não se exigindo qualidade especial do sujeito ativo.

– Sujeito Passivo:

Como sujeito passivo primário, a pessoa que tenha seu casamento ou convivência familiar e social impedida ou obstada em virtude de preconceito previsto nessa lei; como sujeito passivo secundário, o Estado e a sociedade.

- Elementos Objetivos:

Impedir ou obstar, por motivo de preconceito de raça, cor, etnia, religião ou precedência nacional, o casamento ou convivência familiar e social.

Se o preconceito for em razão de orientação sexual de casais homoafetivos, por exemplo, que intentem contrair casamento ou união estável e forem impedidos ou obstados de exercerem esse direito, o fato é atípico, uma vez que tal motivação não é prevista nessa Lei.

- Elemento Subjetivo:

O elemento subjetivo deste crime é o dolo. Não há previsão da modalidade culposa.

- Consumação e tentativa:

A consumação ocorre quando se efetiva o impedimento ou se tem dificultado o casamento ou a convivência familiar e social por motivo de preconceito de raça, cor, etnia, religião ou precedência nacional.

Exemplos: em se tratando de casamento formal, seja civil ou religioso, a consumação se efetiva quando o sujeito ativo impede a ida dos noivos ao cartório ou à igreja; omite ou destrói os documentos necessários à habilitação; ameaça um dos contraentes ou a seus familiares de retaliações caso o casamento se realize; sequestro do celebrante, seja ele padre, pastor ou juiz de paz.

Com relação à união estável, pode ocorrer quando uma mãe esconde os pertences do filho ou filha prestes a deixar o lar materno para conviver com o companheiro; faz ameaças ao casal ou a seus familiares caso ocorra a convivência; mantém o pretendente à união estável em cárcere privado, etc. (SILVA; SILVA, 2012, p. 88).

A tentativa é possível.

13.6.13. Artigo 20

Art. 20. Praticar, induzir ou incitar a discriminação ou preconceito de raça, cor, etnia, religião ou procedência nacional. (Redação dada pela Lei nº 9.459, de 15/05/97)

Pena: reclusão de um a três anos e multa.(Redação dada pela Lei nº 9.459, de 15/05/97)

§ 1º Fabricar, comercializar, distribuir ou veicular símbolos, emblemas, ornamentos, distintivos ou propaganda que utilizem a cruz suástica ou gamada, para fins de divulgação do nazismo. (Redação dada pela Lei nº 9.459, de 15/05/97)

Pena: reclusão de dois a cinco anos e multa. (Incluído pela Lei nº 9.459, de 15/05/97)

§ 2º Se qualquer dos crimes previstos no caput é cometido por intermédio dos meios de comunicação social ou publicação de qualquer natureza: (Redação dada pela Lei nº 9.459, de 15/05/97)

Pena: reclusão de dois a cinco anos e multa. (Incluído pela Lei nº 9.459, de 15/05/97)

§ 3º No caso do parágrafo anterior, o juiz poderá determinar, ouvido o Ministério Público ou a pedido deste, ainda antes do inquérito policial, sob pena de desobediência: (Redação dada pela Lei nº 9.459, de 15/05/97)

I – o recolhimento imediato ou a busca e apreensão dos exemplares do material respectivo; (Incluído pela Lei nº 9.459, de 15/05/97)

II – a cessação das respectivas transmissões radiofônicas, televisivas, eletrônicas ou da publicação por qualquer meio; (Redação dada pela Lei nº 12.735, de 2012)

III – a interdição das respectivas mensagens ou páginas de informação na rede mundial de computadores. (Incluído pela Lei nº 12.288, de 2010)

§ 4º Na hipótese do § 2º, constitui efeito da condenação, após o trânsito em julgado da decisão, a destruição do material apreendido. (Incluído pela Lei nº 9.459, de 15/05/97)

– Objetividade Jurídica:

Igualdade entre todos e dignidade da pessoa humana (art.1º, III; art.3º, IV; art. 5º, "*caput*") previstos na Constituição Federal.

– Sujeito Ativo:

Crime comum, pois pode ser praticado por qualquer pessoa, não se exigindo qualidade especial do sujeito ativo.

– Sujeito Passivo:

Como sujeito passivo primário, qualquer pessoa que sofra as ações descritas no tipo; como sujeito passivo secundário, a sociedade.

– Elementos Objetivos:

Praticar, induzir (convencer, inspirar) ou incitar (instigar, encorajar) a discriminação ou preconceito de raça, cor, etnia, religião ou procedência nacional; fabricar, comercializar, distribuir ou veicular símbolos, emblemas, ornamentos, distintivos ou propaganda que utilizem a cruz suástica ou gamada, para fins de divulgação do nazismo.

O símbolo da cruz suástica se popularizou durante o movimento Nazista, que adotou essa imagem como ícone do seu partido (Partido Nacional Socialista Alemão dos Trabalhadores), a partir de 1920, como representação da supremacia da raça ariana.

Devido a tal uso e às atrocidades cometidas durante o período da Segunda Guerra Mundial, a cruz suástica ganhou um significado negativo, pois representa até hoje a memória dos atos desumanos praticados pelos membros do *III Reich* durante o Nazismo[3].

– Elemento Subjetivo:

O elemento subjetivo deste crime é o dolo. Não há previsão da modalidade culposa.

3 Significados. Disponível em: https://www.significados.com.br/suastica/. Acesso em: 08.07.20.

– Consumação e tentativa:

Quanto às condutas descritas no *caput*, a consumação ocorre no momento em que a prática, a indução e a incitação à discriminação ou preconceito de raça, cor, etnia, religião ou procedência nacional ocorrem, independentemente de resultado naturalístico, haja vista ser crime formal.

Na hipótese de um indivíduo induzir ou incitar outro a praticar a discriminação, havendo a consumação o indutor ou induzidor responde pela conduta de induzir ou incitar. Já o que discriminou responde na modalidade praticar. Se o induzido ou incitado não praticar o delito, por nada responderá, porém aquele que induziu ou incitou responderá por essas condutas (SILVA; SILVA, 2012, p. 95).

A tentativa é admissível.

Com relação às condutas prevista no § 1º, o crime se consuma com a efetiva fabricação, comercialização, distribuição ou veiculação de símbolos, emblemas, ornamentos, distintivos ou propaganda que utilizem a cruz suástica ou gamada, para fins de divulgação do nazismo. A tentativa é possível em todas as modalidades.

– Qualificadora:

Prevista no § 2º do art. 20, quando qualquer dos crimes nele previstos é cometido por intermédio dos meios de comunicação social ou publicação de qualquer natureza, a pena cominada é de 2 (dois) a 5 (cinco) anos e multa.

Dessa forma, o legislador optou por punir com mais rigor aquele que pratica a conduta por tais meios de comunicação ou publicação (internet, jornais, revistas, rádio, redes sociais, etc.), uma vez que a difusão das condutas é potencializada.

Assim, colaciona-se pertinente jurisprudência sobre o tema:

> PENAL E PROCESSUAL PENAL. CRIME DE RACISMO. ART. 20, PARÁGRAFO 2º, DA LEI Nº 7.716/89. AUTORIA E MATERIALIDADE INCONTESTES. DOLO ESPECÍFICO NA CONDUTA. COMPROVAÇÃO. DOSIMETRIA DA PENA. IMPOSSIBILIDADE DE DIMINUIÇÃO DA PENA-BASE FIXADA NO MÍNIMO LEGAL. SÚMULA 231, DO STJ. APELAÇÃO NÃO PROVIDA. 1. Apelação criminal interposta por Rodolfo Dagoberto Rocha do Bú Strucker, pugnando por sua absolvição do delito de racismo, capitulado no art. 20, parágrafo 2º, da Lei nº 7.716/89. 2. Autoria e materialidade incontestes, tendo em vista que o réu não apela de tais constatações judiciais. 3. **Dolo específico comprovado, porquanto o réu, com livre e consciente vontade, utilizou-se dos sítios eletrônicos do "Orkut" e "Flogão" para disseminar discursos de ódio e segregação contra supostas raças inferiores à ariana**. 4. Incabível a diminuição da pena-base fixada no mínimo legal por conta de outras atenuantes contidas no art. 65 do CPB. Súmula 231 do STJ. 5. Apelação não provida. (TRF-5 – ACR: 00011768720114058201 PB, Relator: Desembargador Federal Élio Wanderley de Siqueira Filho (Convocado), Data de Julgamento: 19/01/2016, Quarta Turma, Data de Publicação: Diário da Justiça Eletrônico TRF5 (DJE) – 18/02/2016 – Página 116).

> PENAL. PROCESSO PENAL. INCITAÇÃO AO RACISMO. CRIME PREVISTO NO ART. 20, § 2º, DA LEI Nº 7.716/89. COMPETÊNCIA DA JUSTIÇA FEDERAL RECONHECIDA. PROVAS SUBMETIDAS AO CONTRADITÓRIO JUDICIAL. MATERIALIDADE E AUTORIA COMPROVADAS. APELAÇÃO NÃO PROVIDA. 1. A Justiça Federal é competente para processar e julgar a presente ação penal, nos termos do art. 109, V, da CF. O Brasil é signatário da Convenção Internacional sobre Eliminação de todas as Formas de Discriminação Racial. **Os crimes**

> **foram praticados por meio da rede mundial de computadores, em blog pessoal do acusado, sítio de fácil e livre acesso a qualquer usuário que esteja conectado à internet em qualquer parte do mundo**. 2. As provas produzidas durante a fase inquisitiva foram devidamente submetidas ao contraditório judicial com o ajuizamento da ação penal, em que as partes puderam ter livre acesso aos documentos e depoimentos colhidos perante a autoridade policial. 3. **A materialidade e autoria do delito de incitação ao racismo ficaram comprovadas nos autos por documentos e pelo interrogatório do acusado colhido perante a autoridade policial. Apesar de o réu ser considerado revel, seu depoimento na fase pré-processual está corroborado pela prova documental, não havendo dúvidas de que agiu com consciência e vontade livre ao divulgar na rede mundial de computadores, por meio de sítio de livre acesso, conteúdo preconceituoso e discriminatório contra as mulheres brasileiras, em forte apelo contra a miscigenação e também contra os judeus, subvertendo fatos históricos incontroversos como o holocausto, veiculando ideal antissemita.** 4. Apelação a que se nega provimento (TRF-1 – APR: 00413482320114013500 0041348-23.2011.4.01.3500, Relator: DESEMBARGADOR FEDERAL NEY BELLO, Data de Julgamento: 28/09/2016, TERCEIRA TURMA, Data de Publicação: 07/10/2016 e-DJF1).

– Pena de multa:

O tipo penal *sub examine* prevê a pena de multa cominada cumulativamente com a pena privativa de liberdade.

Apesar de não prevista no rol das penas principais do CPM (art. 55), a multa deverá ser aplicada e executada de acordo com o previsto nos arts. 49 a 52 do CP, tendo em vista que não há como importar-se apenas o preceito primário (tipificação legal) sem que se importe, também, o secundário (penas), em sua totalidade.

REFERÊNCIAS

BORNIA, Josiane Pilau. **Discriminação, preconceito e direito penal**. Curitiba: Juruá, 2008.

NEVES, Cícero Robson Coimbra. **Manual de Direito Processual Penal Militar – volume único**. Salvador: Editora Juspodivm, 2020.

SANCHES, Rogério. **Artigo Injúria qualificada por preconceito. Racismo. Prescritibilidade**. Disponível em: https://meusitejuridico.editorajuspodivm.com.br/ 2017/11/28/injuria-qualificada-por-preconceito-racismo-prescritibilidade/. Acesso em: 05.07.20.

Significados. Disponível em https://www.significados.com.br/suastica/, acesso em 08.07.20.

SILVA, Amaury; SILVA, Artur Carlos. **Crimes de racismo**. Leme: J.M. Mizuno, 2012.

SILVA, Denise Maria Perssini da. **Racismo: a psicologia e o judiciário no trato dos crimes de intolerância racial.** Curitiba: Juruá, 2017.

Sítio do Exército Brasileiro. Informações disponíveis em: http://www.eb.mil.br/web/ingresso/duvidas-mais-frequentes?p_p_id=101&p_p_lifecycle=0& p_p_state=maximized&p_p_mode=view&_101_struts_action=%2Fasset_publisher%2 Fview_content&_101_assetEntryId=109273&_101_type=content&_101_urlTitle=servico-militar-obrigatorio&inheritRedirect=true. Acesso em: 07.07.20.

Sítio do Ministério Público do Paraná. Disponível em: http://www.comunicacao.mppr.mp.br/2018/06/20604/STF-admite-a-injuria-racial-como-crime-imprescritivel.html. Acesso em: 06.07.20.

ANOTAÇÕES

ANOTAÇÕES

ANOTAÇÕES

ANOTAÇÕES

ANOTAÇÕES

ANOTAÇÕES

EDITORA
*Jus*PODIVM
www.editorajuspodivm.com.br

Impressão e acabamento: BMF Gráfica e Editora